中国共产党攀枝花执政实录

ZHONGGUOGONGCHANDANGPANZHIHUA
ZHIZHENGSHILU

第七卷

中国共产党攀枝花市委员会　主　办
中共攀枝花市委党史研究室　编

方志出版社
Publishing House of Local Records

图书在版编目（CIP）数据

中国共产党攀枝花执政实录．第七卷／中共攀枝花市委党史研究室编．—北京：方志出版社，2016.4

ISBN 978-7-5144-1983-2

Ⅰ.①中… Ⅱ.①中… Ⅲ.①中国共产党—执政—史料—攀枝花市 Ⅳ.①D25

中国版本图书馆 CIP 数据核字（2016）第 076140 号

中国共产党攀枝花执政实录（第七卷）

编　　者：中共攀枝花市委党史研究室
责任编辑：黄　彦

出 版 人：冀祥德
出 版 者：方 志 出 版 社
地址　北京市朝阳区潘家园东里 9 号（国家方志馆 4 层）
邮编　100021
网址　http://www.fzph.org
发　　行：方志出版社发行中心
电话（010）67110500
经　　销：各地新华书店
装祯设计：成都市标点制版印务有限责任公司
印　　刷：成都市标点制版印务有限责任公司

开　　本：889×1194　　1/16
印　　张：78.25
字　　数：1312 千字
版　　次：2016 年 4 月第 1 版　2016 年 4 月第 1 次印刷
印　　数：0001～1000 册

ISBN 978-7-5144-1983-2　　定价：360.00 元

攀枝花市地图

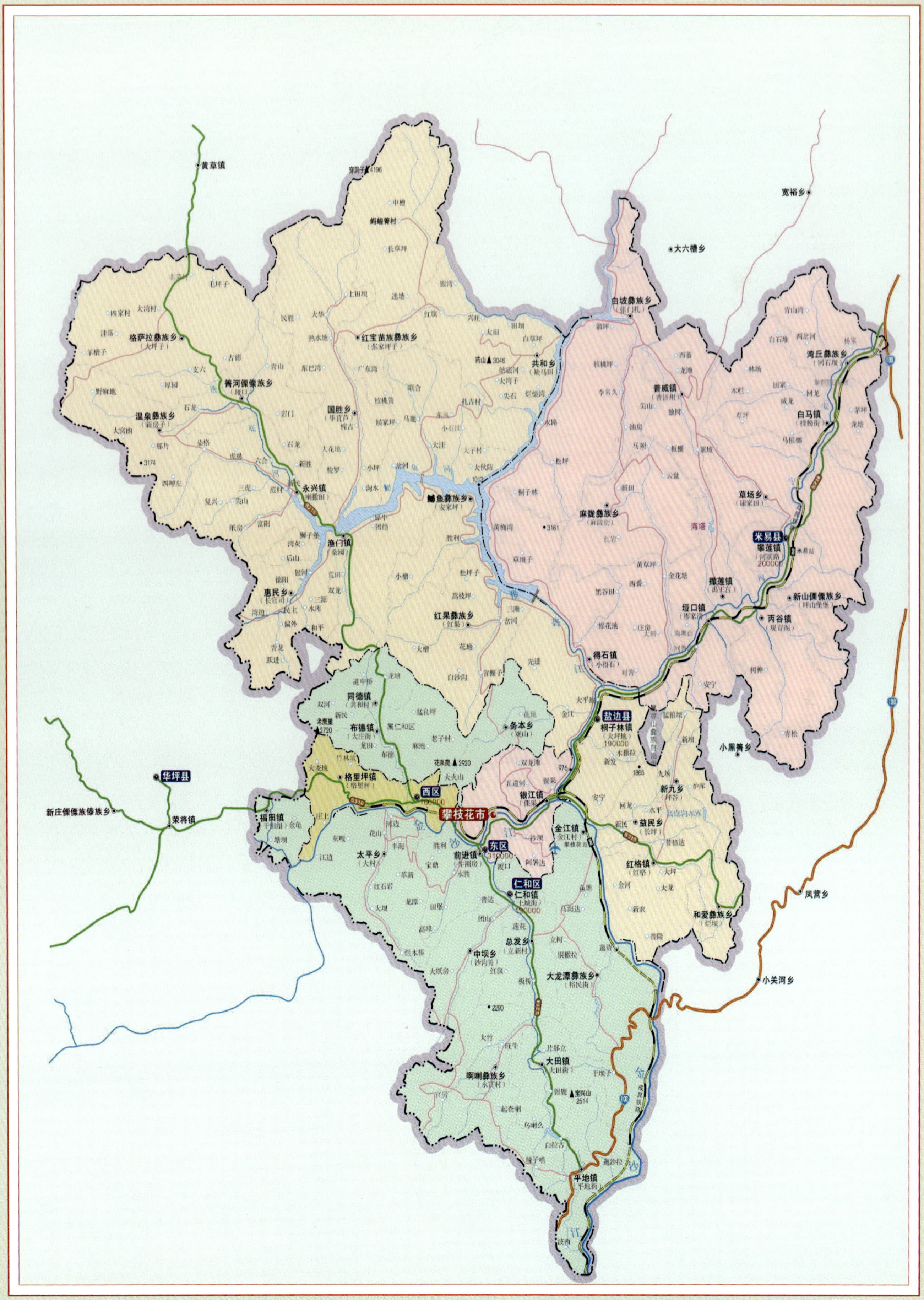
攀枝花市
西区
东区
仁和区
米易县
盐边县
华坪县
黄草镇
格萨拉彝族乡
箐河傈僳族乡
温泉彝族乡
永兴镇
渔门镇
惠民乡
国胜乡
红宝苗族彝族乡
共和乡
鳡鱼彝族乡
红果彝族乡
白坡彝族乡
普威镇
麻陇彝族乡
撒莲镇
垭口镇
得石镇
湾丘彝族乡
白马镇
草场乡
攀莲镇
新山傈僳族乡
丙谷镇
桐子林镇
同德镇
布德镇
务本乡
格里坪镇
福田镇
荣将镇
新庄傈僳族傣族乡
银江镇
金江镇
新九乡
益民乡
红格镇
和爱彝族乡
太平乡
前进镇
仁和镇
总发乡
中坝乡
大龙潭彝族乡
大田镇
啊喇彝族乡
平地镇
宽裕乡
大六槽乡
小黑箐乡
凤营乡
小关河乡

攀枝花市概况

建置沿革 1965年2月5日，中共中央、国务院《关于成立攀枝花特区人民委员会的批复》（电报）批准成立攀枝花特区人民委员会；同年2月26日，中共中央、国务院《关于西南三线建设问题的决定》（中发[1965]123号）批准成立中共攀枝花特区党委和工地指挥部；同年4月22日，国务院《关于攀枝花特区改名问题的批复》（国密字[1965]153号）批准攀枝花特区对外改称渡口市；同年7月至12月，中共中央、国务院批准分批地从四川省盐边县、会理县和云南省永仁县、华坪县划出43个公社，区域总面积为1411.96平方千米，作为渡口市行政区域范围。

1974年11月8日，国务院《关于将云南省永仁县两个公社划归四川省渡口市管辖的批复》（国发[1974]107号）批准将云南省永仁县的平地、大龙潭公社（区域面积381.97平方千米）划归渡口市管辖。

1978年2月4日，四川省《关于调整会理县部分公社行政区划的通知》（川革函[1978]19号）决定将会理县的红格、新九、猛新三个公社和和爱公社的4个生产大队（区域面积392平方千米）划归渡口市管辖。同年10月4日，国务院《关于四川省将西昌地区与凉山彝族自治州合并和将米易、盐边两县划归渡口市领导的批复》（国发[1978]199号）批准，将西昌地区的米易县（区域面积2494.60平方千米）和盐边县（区域面积2753.87平方千米）划归渡口市领导。至此，渡口市行政辖区面积增至7434.4平方千米。

1987年1月23日，国务院《关于四川省渡口市更名为攀枝花市的批复》（国函[1987]19号）批准渡口市更名为攀枝花市。

2002年3月12日，攀枝花市民政局《关于我市行政区域面积的通报》（攀民政[2002]19号）核定：攀枝花市行政区域面积为7440.398平方千米。

地理概貌 攀枝花市位于中国西南川滇交界的金沙江与雅砻江汇合处，东经101° 08'-102° 15'，北纬26° 05'-27° 21'。东、北面与四川省凉山彝族自治州的会理、德昌、盐源3县接壤，西、南面与云南省的宁蒗、华坪、永仁3县为界。成昆铁路和108国道、西攀高速、攀田高速、丽攀高速纵贯全境，北距成都749千米，南到昆明351千米，是四川省通往华南、东南亚沿边、沿海口岸的最近点，为“四川南向门户”上重要的交通枢纽和商贸物资集散地。周边城市有西昌、丽江、楚雄、昭通、大理等。

攀枝花市地处攀（枝花）西（昌）古裂谷中南段，东临大凉山脉，西跨横断山脉，南抵金沙江，北接大雪山源，属浸蚀、剥蚀中山丘陵、山原峡谷地貌，具有山高谷深，盆地交错分布的特点，地势由西北向东南倾斜，山脉走向近于南北，是大雪山的南延部分。海拔最高点位于盐边县境内的柏林山穿洞子（4195.5米），最低点位于仁和区平地镇师庄（937米），相对高差3258.5米，一般相对高差1500米-2000米。地形被金沙江、雅砻江分为三大片区（即：金沙江以北，雅砻江以西为西北片；金沙江以北，雅砻江以东为东北片；整个金沙江以南为江南片）和两个峡谷（即：金沙江峡谷和雅砻江峡谷）。

攀枝花市属长江水系，河流众多，境内有大小河流95条，分属金沙江、雅砻江和安宁河、三源河、大河。两江三河构成了攀枝花市水系的主干。流域控制面积较大的支流主要有新庄河、巴关河、摩梭河、热水河、红果河、藤桥河、楠木河等。全部水流从四周汇入金沙江。其中流域面积大于500平方千米以上的6条；100平方千米至500平方千米的26条；50平方千米至100平方千米的18条；5平方千米至50平方千米的小河流只统计直接汇入金沙江、雅砻江的共 45 条。

自然资源 矿产资源高度富集。全市发现矿产 76 种，探明储量的矿产 39 种，已得到开发利用的矿产 45 种。全市发现矿产地 490 余处（含矿床、矿点、矿化点），其中，特大型、大型矿床 46 个，中型矿床 30 个。全市宝玉石资源也较为丰富，有各类矿点 81 个。在这片占全国面积不足千分之一的土地上，蕴藏着占全国 16%的铁、59%的钒和 93%的钛，并伴生有钴、镍、铬、钪、镓、铂金等 20 多种稀贵金属，其中，拥有占全国 98%的钪和 1/3 的钴、铬、镍等资源，被授予“中国钒钛之都”称号。非金属矿藏也极为丰富，主要包括近 4 亿吨优质炼焦煤和动力煤，1500 多万吨晶质石墨，8 千多万立方米饰面用花岗石，2 千多万吨直却砚石以及大量的石灰石、粘土矿等冶金辅助材料。

水能资源丰沛神州。全市水流过境径量流量达 1102 亿立方米，理论蕴藏量达 687.9 万千瓦以上。全市可开发量占理论蕴藏量的 87.1%，可达 599.4 万千瓦，现有装机容量约 350 万千瓦，年发电量可达 271.5 亿千瓦小时，平均每平方千米占有年均发电量 365.19 万千瓦小时，为全国的 17.7 倍，四川省的 4 倍，攀西地区的 1.27 倍。攀枝花地区水能资源分布集中，主要分布在过境的金沙江、雅砻江和安宁河水系。

气候资源别具一格。攀枝花市属南亚热带—北温带的多种气候类型，被称为南亚热带为基带的“岛状”立体气候。具有夏季长，四季不分明，而旱雨季分明，昼夜温差大，气候干燥、降雨量集中，全年日照时数 2300–2700 小时，年总降水量 1066–1166 毫米，太阳辐射强（578 千焦 / 平方厘米 –628 千焦 / 平方厘米），蒸发量大，小气候复杂多样等特点。年平均气温 19.7℃ –20.5℃。是四川省年平均气温总热量最高的地区。一般最热月出现在 5 月，最冷月出现在 12 月或 1 月。一般 6 月上旬至 10 月为雨季，11 月至翌年 5 月为干季，无霜期达 300 天以上。

生物资源奇异大观。全市的野生植物和野生动物种类繁多，达 2500 多种。珍稀濒危的野生动、植物中，国家级重点保护野生动物有 34 种，其中一级有 4 种（金雕、豹、四川山鹧鸪、黑颈鹤），国家二级重点保护动物 30 种；国家级重点保护的一级、二级珍稀濒危植物达 14 种，其中，一级重点保护珍稀濒危植物“攀枝花苏铁”举世称奇，是 2.7 亿年前遗留下来的“植物活化石”并经联合国教科文组织命名，总面积达 1358.3 公顷，成片生长，达 23.4 万株，且年年开花，雌雄竞放，与恐龙化石、大熊猫一起被誉为“巴蜀三宝”。

旅游资源特色多彩。**自然景观**：有国内目前存在的海拔最高的天坑地漏，高峡平湖，阳光温泉，攀西第一天然溶洞等共生一地；**城市景观**：有布局奇巧的“象牙微雕”式攀钢大型联合企业和以二滩水电站为标志的“中国全面对外开放的试验田”，还有以路“经”、桥“纬”相连的具有亚热带风光的城市风景；**人文景观**：有诸葛亮“五月渡泸”遗址和异国情调、风景幽雅的“欧方营地”，兼具以多姿多彩的民族风情为特色的人文景观、现代移民文化与传统民族风情。此外，本市为整个川、滇、藏大香格里拉旅游圈的重要旅游目的地，与大理、丽江、泸沽湖等著名风景区相连，优势互补，交通便捷，是前往各大景区的最捷径之处，旅游及旅游市场开发潜力巨大。

行政区划与人口 攀枝花市 2013 年幅员面积 7440.403 平方千米，辖盐边县、米易县、仁和区、东区、西区。有 16 个城市街道办事处，44 个乡镇，129 个社区居委会（其中：城市社区 86 个，乡镇社区 43 个），351 个村民委员会。

年末户籍总人口 112 万人，其中，农业人口 52.14 万人，非农业人口 58.86 万人，男性人口 57.20 万人，女性 54.80 万人。当年出生人口 9639 人，当年死亡人口 6094 人，人口自然增长率 3.7‰。年末常住人口 123.33 万人，城镇化率为 63.43%，比上年提高 0.42 个百分点。

（赵东宇、牟来斌）

《攀枝花执政实录》编纂委员会

《攀枝花执政实录》总编室

编辑说明

《中国共产党攀枝花执政实录》一书是由中共攀枝花市委主办，中共攀枝花市委党史研究室承办的系统记述攀枝花市各级党组织执政实践的年度综合性资政参考文献，每年编辑出版一册。旨在连续回顾和总结执政历程，为各级领导正确把握执政规律，实施科学决策，做到科学执政、民主执政、依法执政，实现坚持以攀枝花改革发展的巨大成就激励人，以攀枝花开发建设的成功经验启迪人，以攀枝花创业精神的价值体系教育人，以攀枝花执政历程的深刻教训警示人的目的。

本书采用归类综述的方法，全书设政务活动、执政方略、执政实践、统一战线、群团建设、党管武装、地方纵横、特稿视窗、人事任免、大事记、中共攀枝花市组织史资料、附录等 12 个类目。

本书所载稿件由攀枝花市各县（区）、市直各单位、垂直管理部门和中央、省直属机构撰（供）稿，并经各征集机构领导审核，单位签章确认。

本书在编纂过程中，得到了全市各有关单位和人员的大力支持、鼎力相助，在此深表感谢。全书文字、图片等虽然经多次审核、校对，仍难免有差错和疏漏之处，敬请各界人士给予批评、指正。

《执政实录》总编室

中共攀枝花市第

刘成鸣
（2013.01–2013.12）

张　剡
（2013.01–2013.12）

赵辉
（2013.01–2013.12）

杨自力
（2013.01–2013.12）

李群林
（2013.01–2013.12）

程少华
（2013.01–2013.06）

九届委员会常委

沈　钧
（2013.01–2013.12）

许健民
（2013.01–2013.12）

张　伟
（2013.01–2013.12）

王海波
（2013.01–2013.12）

李章忠
（2013.01–2013.12）

熊　伟
（2013.01–2013.12）

张　青
（2013.07–2013.12

艾　磊
（2013.12–2013.12）

刘成鸣 政务活动选辑

① 在钒钛园区企业调研
② 在电业局调研
③ 在丽攀高速公路C3合同段调研
④ 在半坡咖啡基地调研
⑤ 在南山循环经济发展区内的市东林汽车制动有限公司调研
⑥ 在东区高峰社区调研

张 剡 政务活动选辑

① 深入到企业、工地一线，暗访检查安全生产工作

② 调研格福路改造项目

③ 在东区调研重大项目推进情况和安全生产工作

④ 调研攀枝花金沙江沿江景观打造工作情况

⑤ 调研烤烟收购工作

⑥ 为第五届攀枝花市青少年科技创新市长奖获奖学生颁奖

赵　辉 政务活动选辑

① 民进中央主席、全国人大常委会副委员长严隽琪（右五），民进中央副主席、民进省委主委张雨东（右四）亲切会见赵辉副书记一行

② 出席2013年“质量月”暨《质量发展纲要》宣传活动启动仪式

③ 民建中央主席、全国人大常委会副委员长陈昌智（右四）亲切会见赵辉副书记一行

④ 调研教育改革情况

杨自力 政务活动选辑

① 慰问贫困户
② 在钒钛产业园区调研困难企业
③ 调研地质灾害治理情况
④ 出席全市财政工作座谈会

①

②

李群林
政务活动选辑

① 在米易县调研新农村建设情况
② 在仁和区中坝乡调研新农村建设
③ 在布德镇调研挂包帮工作
④ 在仁和区调研抗旱工作

③

④

程少华 政务活动选辑

① 在联系企业调研
② 组织手榴弹实弹投掷训练
③ 慰问看望参加庐山救灾的民兵医疗防疫分队
④ 组织“中国梦、强军梦、官兵梦”专题教育授课

沈 钧 政务活动选辑

① 深入盐边县红宝乡检查指导抗洪防汛、安全生产
② 在山区调研扶贫帮困工作
③ 调研三线博物馆建设进展情况
④ 陪同新华社四川分社社长房方调研钒钛产业园区

许健民 政务活动选辑

① 看望留守儿童
② 在乡村调研
③ 慰问酷暑中执勤交警
④ 在西区调研招商引资工作

张 伟 政务活动选辑

① 在中心广场督导"法治基层行"活动
② 走访慰问大河中路社区困难职工
③ 在迎宾苑小区居民家中下访
④ 在湾丘司法所调研工作

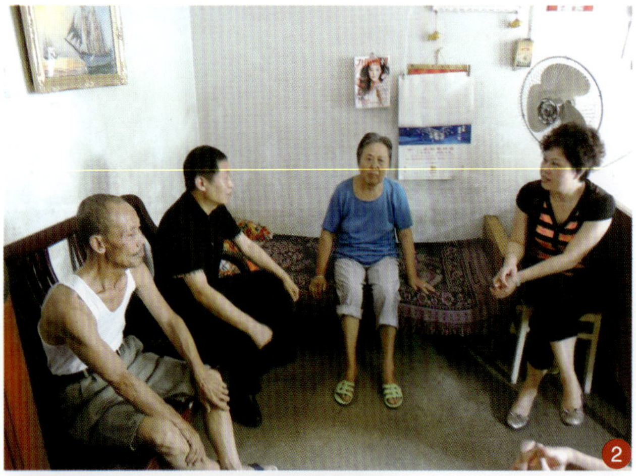

王海波 政务活动选辑

① 陪同市委书记刘成鸣调研
② 陪同市委书记刘成鸣调研公安工作
③ 在医疗机构调研
④ 在西区调研

李章忠 政务活动选辑

① 专题调研农贸市场建设
② 率队调研丽攀高速公路 C5-C10 标段建设情况
③ 到水务集团公司调研
④ 检查二滩水上交通安全工作

熊伟 政务活动选辑

① 调研沿江景观打造和班子队伍建设工作
② 陪同省委组织部副部长、省委编办主任王川参观钒钛园区建设
③ 深入平地镇迤沙拉村“走基层”
④ 调研老干部活动中心建设项目

张青 政务活动选辑

① 检查军分区指挥所开设演练
② 迎接拥军慰问团
③ 在欢送新兵仪式上，为新兵戴上红花
④ 检查指导东区人武部

《攀枝花执政实录》编纂委员会

总 顾 问　张　剡（市委书记）
顾　　问　杨自力（市委副书记、市长）
　　　　　于会文（市委副书记）
主　　任　熊　伟（市委原常委、市委组织部原部长）
副 主 任　肖光辉（市委副秘书长、市委办公室主任）
　　　　　徐明义（市政府秘书长、市政府办公室主任）
执行副主任　彭本瑜（市委党史研究室主任）
　　　　　起光勇（市委党史研究室原主任）
编　　委　唐明怡（市委副秘书长、市委保密办主任）
　　　　　申　剑（市委组织部常务副部长）
　　　　　孔　炜（市委宣传部常务副部长）
　　　　　张　玲（市委副秘书长、市目标督查办主任）
　　　　　程桂兰（市直机关工委常务副书记）
　　　　　夏应云（市委副秘书长、政策研究室主任）
　　　　　郭　勇（市政府办公室副主任）
　　　　　刘元海（市财政局局长）
　　　　　柳建红（市统计局局长）

《攀枝花执政实录》总编室

主　　编　彭本瑜
副 主 编　钟少曦　牟来斌
编　　辑　沙　马　牟来斌　徐　鹏　何岱俐
编　　务　周　飞　谢梦娟　房永杰

编辑说明

《中国共产党攀枝花执政实录》一书是由中共攀枝花市委主办，中共攀枝花市委党史研究室承办的系统记述攀枝花市各级党组织执政实践的年度综合性资政参考文献，每年编辑出版一册。旨在连续回顾和总结执政历程，为各级领导正确把握执政规律，实施科学决策，做到科学执政、民主执政、依法执政，实现坚持以攀枝花改革发展的巨大成就激励人，以攀枝花开发建设的成功经验启迪人，以攀枝花创业精神的价值体系教育人，以攀枝花执政历程的深刻教训警示人的目的。

本书采用归类综述的方法，全书设政务活动、执政方略、执政实践、统一战线、群团建设、党管武装、地方纵横、特稿视窗、人事任免、大事记、中共攀枝花市组织史资料、附录等 12 个类目。

本书所载稿件均为 2013 年的内容，由攀枝花市各县（区）、市直各单位、垂直管理部门和中央、省直属机构撰（供）稿，并经各征集机构领导审核，单位签章确认。

本书在编纂过程中，得到了全市各有关单位和人员的大力支持、鼎力相助，在此深表感谢。全书文字、图片等虽然经多次审核、校对，仍难免有差错和疏漏之处，敬请各界人士给予批评、指正。

《执政实录》总编室

2015 年 12 月

党史资料征集机构、责任人、执笔人名单

（排名不分先后）

序号	征集机构	责任人	执笔人（征搜人）
1	中共攀枝花市委办公室	夏应云	但镗宏　王小龙　陈太秋　冯光旭
2	攀枝花市人大常委会	钟国元	王　熙
3	攀枝花市人民政府办公室	郭　勇	刘　菲
4	政协攀枝花市委员会	唐云城	周玉婷
5	中共攀枝花市纪律检查委员会	王汉军	林　莉
6	中共攀枝花市委组织部	申　剑	王兴全　谭　红　米　源
7	中共攀枝花市委宣传部	孔　炜	雍茹元
8	中共攀枝花市委统战部	陈　忆	高　雷
9	中共攀枝花市委政法委	周元明	敬　波
10	中共攀枝花市直机关工作委员会	程桂兰	李　楠
11	攀枝花市发展和改革委员会	覃发树	王红梅
12	攀枝花市经济和信息化委员会	熊启高	羊辅军
13	攀枝花市教育局	董之云	彭　茹
14	攀枝花市科学技术和知识产权局	丁建高	胡　荣
15	攀枝花市民族宗教事务委员会	罗文跃	马　灏
16	攀枝花市公安局	殷旭东	蓝　伟
17	攀枝花市民政局	钱　卫	李林宝
18	攀枝花市司法局	陈志峰	何　源
19	攀枝花市财政局	刘元海	夏　琼
20	攀枝花市人力资源和社会保障局	刘忠杰	肖礼荣
21	攀枝花市住房和城乡规划建设局	刘志君	梁明俊
22	攀枝花市交通运输局	雷　雨	胡晓莉
23	攀枝花市水务局	马泽林	王　平
24	攀枝花市农牧局	李春华	李　恒
25	攀枝花市林业局	凌永航	尹　念
26	攀枝花市文化广播影视新闻出版局	杨　军	何金华

序号	征集机构	责任人	执笔人（征搜人）
27	攀枝花市卫生局	徐　翠	田维新
28	攀枝花市人口和计划生育委员会	徐　翠	何双江
29	攀枝花市审计局	张　雷	蔡　华
30	攀枝花市环境保护局	刘华太	严健生
31	攀枝花市体育局	刘　跃	彭小平
32	攀枝花市统计局	柳建红	周先华　胡　滔
33	攀枝花市旅游局	李福惠	张志明
34	攀枝花市商务和粮食局	战立君	杨金红
35	攀枝花市安全生产监督管理局	谭兴忠	肖皇尧
36	攀枝花市城市管理局	赵　琪	姜雪娇
37	攀枝花市政府国有资产监督管理委员会	胡汉军	任文辉　杨　惠
38	攀枝花市中级人民法院	彭维滨	郑天君
39	攀枝花市人民检察院	卢旭东	王　凯
40	攀枝花市工商行政管理局	姜文斌	杨承刚
41	攀枝花市地方税务局	彭　骏	何明岚
42	攀枝花市国家税务局	黄平银	郭　凌
43	攀枝花质量技术监督局	陈　力	胡学敏　梁　华
44	攀枝花市食品药品监督管理局	何昌文	蒋劲松
45	攀枝花市国土资源局	陈忠恕	贾　磊
46	攀枝花市气象局	肖仲民	李忠华
47	攀枝花出入境检验检疫局	李明春	刘梦周
48	攀枝花海关	陶　毅	范　静
49	攀枝花国家安全局	蒋德民	谢　凌
50	攀枝花市烟草专卖局	郭明全	刘思源
51	中国人民银行攀枝花市中心支行	李　睿	万敏高
52	中国银行业监督管理委员会攀枝花监管分局	康跃辉	马　艳
53	中共攀枝花市委台湾工作领导小组办公室	代兴强	王　铎
54	中共攀枝花市委机构编制委员会办公室	陈建新	陈绍伟
55	攀枝花市扶贫和移民工作局	吕小平	张细平
56	攀枝花市人民防空办公室	苏　毅	杨子仪
57	中共攀枝花市委保密委员会办公室	唐明怡	丁　利
58	中共攀枝花市委老干部局	熊培元	王　丽

序号	征集机构	责任人	执笔人（征搜人）
59	中共攀枝花市委、攀枝花市人民政府接待办公室	张　洁	陈　岚
60	中共攀枝花市委群众工作局	蒋光忠	苏正军
61	攀枝花市烤烟办	谢　军	开隆国
62	攀枝花市邮政管理局	雷云平	柳　兰
63	四川攀枝花钒钛产业园区管理委员会	赵　中	余　斌
64	攀枝花市花城新区管理委员会	唐成斌	曹洪英
65	攀枝花市人民政府政务服务中心	杨秋林	高泽林
66	攀枝花市政府驻成都办事处	孙承春	廖丹叶
67	攀枝花市人民政府驻北京联络处	张孝铭	张丽华
68	攀枝花市精神文明建设办公室	赖小红	刘嘉华
69	攀枝花市总工会	张开锋	张　磊
70	共青团攀枝花市委	卢　瑜	何晓燕
71	攀枝花市妇女联合会	刘道泸	徐云芳
72	攀枝花市社会科学界联合会	杜　非	谭　瑛
73	攀枝花市文学艺术界联合会	李　平	杨　解
74	攀枝花市归国华侨联合会	陈君仁	张穗蓉
75	攀枝花市残疾人联合会	李维忠	黄金秀
76	攀枝花市工商业联合会	刘宝林	刘　波
77	攀枝花市科学技术协会	林智深	潘学才
78	攀枝花军分区	张　青	斯建斌
79	武警攀枝花市支队	李顺杰	孙玉壶
80	攀枝花市公安消防支队	陈　琳	黄建智
81	武警攀枝花市森林支队	李昌德	杨冬梅
82	攀枝花学院	朱波强	莫家莉
83	中共攀枝花市委党校	李国庆	周　玮
84	中共攀枝花市委党史研究室	起光勇	何岱俐
85	攀枝花日报社	张　春	王　可
86	攀枝花市档案局	杨星坪	赵　莉
87	攀枝花市供销合作社联合社	袁　斌	席红岩
88	攀枝花市防震减灾局	杜勇进	王　斌
89	攀枝花市机关事务管理局	毛　明	陈其祥
90	攀枝花市住房公积金管理中心	谢安德	张治文

序号	征集机构	责任人	执笔人（征搜人）
91	攀枝花市农林科学研究院	张洪祥	吕金燕
92	攀枝花市地方志办公室	李冠华	龚思宇
93	四川省盐边县	刀国平	周玉国
94	四川省米易县	曾　科	米易县委党史研究室
95	攀枝花市仁和区	李云洲	郑秀华
96	攀枝花市东区	何俊峰	张忠庆　鄢　平
97	攀枝花市西区	尚滟佳	杨　岷　李　静
98	攀枝花市商业银行股份有限公司	杨宗林	裴文敏
99	国家统计局攀枝花调查队	景培朗	陆苏渝
100	攀钢集团有限公司	顾智忠	姜智明
101	攀枝花煤业（集团）有限责任公司	李文池	易　德
102	中国十九冶集团有限公司	赵志云	江秉洪
103	攀枝花钢城集团有限公司	王明伟	莫基秀
104	攀枝花市农村商业银行股份有限公司	刘德顺	夏浚淞
105	中国电信股份有限公司攀枝花分公司	于永川	瞿雪峰
106	四川省邮政公司攀枝花分公司	杨　军	寇建梅　吴　莉
107	中国移动通信集团公司四川有限公司攀枝花分公司	彭加文	朱　楹
108	中国联通攀枝花分公司	刘　华	周　舟

CONTENTS
目录

第二篇　执政方略

第三篇　执政实践

第六篇　党管武装

第七篇　地方纵横

第八篇　特稿视窗

第九篇　人事任免

第十篇　大事记

第十一篇　中共攀枝花市组织史资料

第十二篇　附　录

综 述

2013 年，中共攀枝花市委深入贯彻落实党的十八大和十八届三中全会精神，团结带领全市人民，积极应对宏观经济下行压力，努力克服产能过剩、出口不畅、内需不足、成本上行、效益下滑、煤矿关停的困难局面，齐心协力、攻坚克难，千方百计稳增长、调结构、促改革、惠民生，在严峻复杂形势和特殊困难下，保持了经济社会平稳健康发展。全年实现地区生产总值 800.88 亿元，增长 10.7%；完成地方公共财政收入 58.55 亿元，增长 2.4%；城镇居民人均可支配收入和农民人均纯收入分别达到 24906 元、9838 元，居全省第二和第三位，增长 9.2% 和 12.7%。

一、千方百计促跨越，科学发展增添共识

坚持一以贯之与与时俱进相统一，根据形势任务的变化及时调整完善发展思路。在坚定不移实施“三个加快建设”、推进“三个走在全省前列”、打好“六大硬仗”的同时，市委九届五次全会根据省委十届三次全会精神，确立了深入落实“三大发展战略”、奋力推进“两个跨越”的总体思路和目标，进一步明晰了在全省率先全面建成小康社会的目标任务和战略途径，明确了各县区在全市发展大局中的功能定位，发展思路更加完善、脉络更加清晰，极大地激发了全市上下干事创业的热情，各县区呈现出人心思进、竞相发展的生动局面。

二、千方百计稳工业，产业实力持续提升

坚持市级领导对口联系帮扶重点企业，深入工厂、深入项目，了解情况，谋划对策，解决问题，全力帮助企业渡难关。积极启用 1 亿元的财政资金，撬动 12.9 亿元的搭桥贷款，加强煤炭、原油、电力等能源保障和铁路运输保障，确保企业资金链条不断裂、市场不丢失、员工不裁减、新的发展机遇不错过，稳住了企业、稳住了工业、稳住了财政。钒钛产业园区创建为省级高新技术产业园区，富邦 1000 万件钒钛制动毂、朵实 10 万吨铸锻件等重点项目竣工投产，瑞钢渣钢渣铁综合利用、黑沙钒钛 20 万吨高性能铸件等重点项目加快推进。全年完成规上工业增加值 452.9 亿元，增长 12.8%。

三、千方百计扩投资，发展后劲不断增强

坚持市级领导对口联系抓重点项目，强力推进 10 大类 55 项“急难险重”工作，国省干道改扩建、西区沿江快速通道、桐子林电站、观音岩电站、“缅气入攀”工程、梅子箐水库、马鞍山水库加快建设，成昆铁路攀枝花段扩能改造开工，攀宜高速、攀大高速前期工作有序开展。实行重点项目会审制，致力解决征地拆迁、行政审批等实际问题，确保项目建设顺利实施。着眼打基础、利长远、促转型，编制了涵盖 804 个项目、计划总投资 6735 亿元的《攀枝花市 2013—2017 年重大项目规划》，为长远发展构筑坚实支撑。全年完成固定资产投资 545.74 亿元，增长 17.8%。

四、千方百计调结构，发展方式逐步转变

围绕建设国家现代农业示范区，大力发展现代农业、精品农业，早春蔬菜、特色水果、优质烤烟等支柱产业进一步壮大，全年实现农业增加值 27.88 亿元，增长 4.5%。加快推进工业结构调整优化，着力提升产业层次和技术水平，突出发展钒钛、机械制造等特色产业和太阳能、风电等新兴产业，实施煤矿清理整顿和兼并重组，积极推进节能减排，下决心关闭煤矿 42 个，关闭小选厂、小堆场、小烧结 103 个。突出发展现代服务业，围绕打造中国阳光康养旅游城市，加快推进红格、阿署达、普达、银泰综合体等重大项目建设，成功承办全省百镇建设暨重点旅游项目推进现场会。全年实现旅游总收入102亿元，增长52.63%；接待游客1200万人次，增长45%；实现第三产业增加值175.81亿元，增长8.0%。

五、千方百计抓城建，城市面貌明显改观

坚持把城市作为经济、社会建设的主战场，一批重大基础项目加快建设，城市综合承载力不断提升。强力推进基础设施建设，机场恢复通航，丽攀高速攀枝花主城区段贯通，新建密地大桥，倮果大桥、巴关河大桥、荷花池大桥除险加固工程完工，国省干道改扩建攻坚、西区沿江快速通道等项目进展顺利，成昆铁路攀枝花段扩能改造正式开工，攀宜、攀大高速公路前期工作加快推进。全面加快花城新区建设，花城大道、阳光大道、三线建设博物馆、新区医院、山地森林公园等重点工程加快推进，核心区路、水、电等基础设施工程进展顺利。大力实施沿江景观打造，人行步道、自行车道、绿化工程及排污口整治均已竣工，公益服务设施正加紧施工，美化、亮化、绿化工程正有序推进。扎实开展“五创联动”工作，顺利通过省级森林城市、省级文明城市的考核验收，城市发展环境和发展空间不断优化。

六、千方百计促开放，发展活力充分激发

依托“民企入川”“央企入川”“港澳企业四川行”和西博会、昆交会、广交会等活动搭建招商对接平台，积极加强与长三角、珠三角、环渤海、成渝经济区的区域合作，以钒钛、机械、物流、旅游等为招商重点，组建小分队赴北京、上海、广州、深圳等地开展专题招商，实行市主要领导带队招商，积极引进大企业、大项目。全年共开展全国性招商活动120余次，举办投资说明会10余场，新签约项目197个，招商引资到位资金434.65亿元，增长6.37%。

七、千方百计惠民生，群众生活显著改善

共投入资金35.3亿元，持续推进“十大民生工程”，大力实施居民收入倍增计划，突出农村居民、企业职工、中低收入者和困难家庭“四个群体”，拓宽创业、就业、社保、投资和帮扶“五大渠道”，进一步扩大城乡低保、城乡医疗救助、临时救济、社会互助等救助范围，在农村突出抓好“8+8”对口援助边远民族地区工作，在城市强力推进宜居工程建设，在全省率先启动“筒子楼”改造，切实解决低收入群体生产生活中的实际困难，推动保障和改善民生工作逐步从基本保障型向福利普惠型转变。全年新开工建设保障性住房6276套，开工率106%；城镇登记失业率控制在3.6%以内。

八、千方百计保稳定，社会秩序更加和谐

积极加强和创新社会管理，着力构建党委领导、政府负责、社会协同、公众参与、法治保障的社会管理体制，社会管理科学化、精细化水平明显提高。充分发挥市民热线、效能热线等载体作用，矛盾纠纷源头处理、动态调解和应急处置能力不断提升。突出抓好本质安全型城市构建和全国综合减灾示范社区建设等工作，公共安全监管体系不断完善。成功化解省挂牌信访积案53件，化解率94.64%，全年没有出现大的群体性事件和恶性事件，实现了全国全省重大节会期间非访“零进京”、集访“零赴蓉”的目标。1~11月，全市社会治安满意率达到94%，位居全省第三。

九、千方百计聚合力，民主法治提升水平

高度重视和不断加强民主法治建设，支持人大依法履行职权，切实提升工作监督、法律监督的科学化水平；支持政府深化行政管理体制和机构改革，推进法治政府、责任政府和阳光政府建设；支持政协丰富政治协商形式，完善民主监督机制，提高参政议政水平。加强同各民主党派、工商联和无党派爱国人士的广泛联系，统一战线工作不断巩固和壮大。高度重视老干部和关心下一代工作，工、青、妇等群团组织的桥梁纽带作用得到充分发挥。民族、宗教、妇儿、残联、侨务、外事、对台等工作取得新的成绩。加快推进依法治市进程，积极开展“六五”普法活动，全社会学法、守法、用法的自觉性不断增强。积极加强国防动员和国防后备力量建设，军政军民团结得到巩固和发展，党管武装工作水平进一步提高。

十、千方百计强党建，执政基础更加稳固

坚持“好干部”标准，鲜明“崇尚实干”用人导向，突出选拔在“急难险重”岗位勇挑重担、在重大工程项目建设一线攻坚克难；在招商引资和经济建设主战场建功立业的优秀干部，形成了干事创业、争先进位的良好氛围。深化干部人事制度改革，选优配强领导班子，统筹推进干部交流，突出加强年轻干部培养，提拔交流县级干部343名，大批优秀年轻干部列入重点培养对象。大规模全覆盖开展干部培训，各级领导干部1万余人次参加各类培训，74名优秀年轻干部选派到“四个一线”接受锻炼、加速成长。全面加强基层组织建设，着力打造基层党建“五彩花城”工作品牌。深入开展“实现伟大中国梦，建设美丽繁荣和谐四川”和“思想大解放，作风大转变，工作大落实”主题教育活动，党员干部作风持续好转。深入推进反腐倡廉建设，惩治和预防腐败体系更加健全，反对“四风”成效明显。

第一篇

政务活动

第一章　中共四川省委常委来攀活动集

一、省委书记、省人大常委会主任王东明

2月3日，省委书记王东明在市领导刘成鸣、张剡的陪同下，前往东区弄弄坪街道大花地社区团山路看望慰问困难职工，并给社区居民送去节日的问候。（张中　摄）

2月2日至3日，带着对民族地区、贫困地区广大人民群众的深切牵挂，省委书记、省人大常委会主任王东明率省委、省政府慰问团，轻车简从，前往凉山彝族自治州和攀枝花市看望基层干部群众，代表省委、省政府向困难群众送上慰问品和慰问金，并致以节日的问候和新春的祝福。

省委常委、秘书长陈光志，武警四川省总队司令员肖凤合一同看望慰问并调研。

帮助低收入家庭解决实际困难，是王东明一直记挂于心的事。3日上午，王东明在攀枝花市委书记刘成鸣，攀枝花市委副书记、市长张剡的陪同下，来到东区大花地社区和东风社区的困难职工钟家广、秦广义家中慰问，详细了解有关情况后，称赞他们虽然遇到了困难，但不等不靠、自力更生、精神可嘉。他叮嘱当地党委政府要主动为困难家庭排忧解难、多办实事，特别是要把最低生活保障、新型农村合作医疗、教育助学、大病补助等政策不折不扣地落到实处，帮助贫困家庭渡过难关。慰问结束后，王东明主动来到在社区内休憩的退休老职工中间，询问大家的生活情况，称赞各位老同志为攀枝花建设发展做出了重要贡献。对一些居民反映的菜市远、部分职工住房老旧等问题，王东明嘱咐市区两级负责人做好统筹规划，加快市场调迁和旧城改造步伐，尽快改善社区居民生活条件。

慰问期间，王东明还前往攀钢集团轨梁厂，调研企业生产经营情况。他勉励企业依托资源优势，坚持质量取胜，加快转型升级，力争在激烈市场竞争中扩大份额；叮嘱两地党委政府领导要积极为企业发

展创造更好环境。在听取攀枝花市委、市政府的工作汇报后，王东明强调，攀枝花在全省发展格局中占有重要地位，要把握发展机遇，保持良好势头，在着力次级突破中发挥优势和潜力，为全省科学发展、加快发展做出更大贡献。要围绕建设“中国钒钛之都”，加大科研投入和技术攻关力度，科学有序开发国家重大战略资源，走出一条资源富集地区创新驱动发展的成功路子。要大力推进新型工业化，做大钒钛产业规模，提高精深加工和综合利用水平，在技术领先、产品领先、产业领先上下功夫。要提升城镇化质量，统筹安排城乡基础设施、产业布局、公共服务和社会保障，力争在城乡一体化发展上走在全省前列。要坚定不移地推进国有企业改革，完善现代企业制度，优化内部经营机制，增强市场竞争能力。王东明还就攀枝花进一步做好节日期间改善民生工作，加强班子队伍建设提出要求。

省委、省政府慰问团在攀期间，市领导谢道全、单荣、赵辉、杨自力、许健民、王海波、殷旭东、刘建明、贾德华陪同慰问或参加工作汇报会。

二、省委常委、省纪委书记王怀臣

3月15日，省委常委、省纪委书记王怀臣在市委书记刘成鸣陪同下，前往仁和区总发乡立新村调研基层党风廉政建设。（张中　摄）

3月14日至15日，省委常委、省纪委书记王怀臣在市委书记刘成鸣陪同下，深入我市部分村组、企业、重点项目建设现场调研纪检监察等工作，看望慰问基层干部群众。王怀臣指出，在攀枝花市委、市政府高度重视，强力推进下，攀枝花纪检监察措施落实到位，工作效果佳。希望攀枝花不断巩固提升经济发展和党风廉政建设“两手抓、两手硬”的成果和态势，坚持党委政府中心工作在哪里，群众热点难点问题在哪里，纪检监察工作就跟到哪里，全力打造一支“党委政府放心、人民群众信赖、能战斗能打硬仗”的纪检监察队伍，为地方经济社会科学发展、加快发展提供坚强保证。

两天行程中，王怀臣一行轻车简从，先后深入米易县白马镇马槟榔村、攀枝花钒钛产业园区、仁和区总发乡立新村、市政务中心和公共资源交易中心等地，调研党委政府“一岗双责”落实、纪检监察系统“三项建设”活动开展和基层党风廉政建设等工作。去年，攀枝花不断加大各级纪检监察系统“人、财、物”投入，并通过推进“急难险重”任务、新村建设等，为各级党组织增强凝聚力、战斗力，纪检监察干部提升履职能力、水平搭建了平台。特别是在贯彻落实党的十八大精神中，攀枝花开展了“三大主题教育”活动，认真贯彻中央、省委转变工作作风、密切联系群众的各项规定，开创了党风廉政建设新局面。

机关干部作风和效能如何，曝光栏和表扬栏上一目了然；群众点题、村两委审题和答题的“点题公开制度”，让群众关心的热点难点问题得到及时答复和解决；“两集中、两到位”让群众办事更便捷。通过实地调研，王怀臣对攀枝花党风廉政建设工作给予了充分肯定。他指出，加强党风廉政建设的关键在基层，要量化工作评价，以群众满意为标准，继续把群众满意度测评纳入惩防体系建设，着力创新工作机制，全面提高纪检监察工作科学化水平，用建设成果取信于民、造福于民。

王怀臣十分关心攀枝花钒钛资源开发利用情况。位于攀枝花钒钛产业园区的攀钢海绵钛厂，现已打通海绵钛生产全流程，并生产出国内最高品质的产品。在此调研时，王怀臣说，进一步培育、壮大攀枝花钒钛等新兴产业既是国家战略的需要，也是四川构建多点多极支撑发展格局的现实需要。一个产业要实现突破性发展，离不开一批大企业、好企业的支撑和引领，企业纪检监察部门既是搞好党风党纪建设的重要力量，又是支持和保护改革、促进经济发展的重要力量，一定要加强对经营决策、执行政策和党员干部遵纪守法、廉洁奉公情况的了解和监督，全力为企业持续发展创造一个纪律严明、作风过硬、统一协调、政通人和的内部环境。

王怀臣还看望慰问了市纪委干部职工，并与大家亲切交谈。王怀臣说，攀枝花广大干部、群众抓发展、谋发展的生动实践和鲜活力量让人深受感染。在攀枝花市委、市政府高度重视，强力推进下，攀枝花纪检监察工作，尤其是在落实“一岗双责”、纪检监察组织实现“横向到边、纵向到底”全覆盖等方面的经验和做法，为全省提供了借鉴。希望攀枝花进一步巩固提升经济发展和党风廉政建设“两手抓、两手硬”的成果和态势，坚持党委政府中心工作在哪里，群众热点难点问题在哪里，纪检监察工作就跟到哪里，全力打造一支“党委政府放心、人民群众信赖、能战斗能打硬仗”的纪检监察队伍，为地方经济社会科学发展、加快发展提供坚强保证。

刘成鸣表示，当前全市纪检监察干部工作状态好、工作效果佳，要继续按照省上相关部署要求，保持干劲，保持作风，做好本职工作，牢牢把握加强党的执行能力建设、先进性和纯洁性建设这条主线，全力打造一支“忠诚于党、人民信赖、能打硬仗”的纪检监察队伍，为攀枝花在四川多点多极支撑战略中跨越争先，率先实现全面建成小康社会目标贡献力量。

市委常委、市纪委书记李群林陪同调研。

三、省委常委、副省长钟勉

11月11日至12日，省委常委、副省长钟勉先后前往我市东区、仁和区、钒钛产业园区、西区等地，实地调研战略资源开发、产业园区建设、地质灾害防治和保障改善民生等方面工作。钟勉强调，要认真贯彻落实省委、省政府推进科学发展、加快发展的决策部署，深入实施创新驱动发展战略，深化体制机制改革，增强转型发展、跨越提升新动力；注重资源节约和环境保护，强化节能减排，在推动经济跨越发展中保护自然生态、创造优美环境。

省财政厅厅长王一宏，省国土资源厅厅长杨冬生参加调研。市委副书记、市长张剡陪同调研。

据了解，我市紧紧围绕省委、省政府实施“三大发展战略”、推进“两个跨越”的战略部署，大力实施“三个加快建设”、大力推进“三个走在全省前列”、全力打好“六大硬仗”、奋力实现“四个翻番”，努力在全省率先全面建成小康社会，全力推动经济、政治、文化、社会以及生态文明建设协调发展。

钟勉强调，要围绕加快转变发展方式，深入实施创新驱动发展战略，坚持做大规模与提升质量效益并举、改造提升传统产业和培育发展新兴产业并举、产业链技术创新和价值链高端融入并举，以技术创新推动产业升级。要围绕构建资源节约型、环境友好社会，抓住和用好建设攀西国家级战略资源创新开发试验区的重大机遇，把资源开发、产业发展与资源节约、环境保护有机结合，推进体制机制创新，充分发挥企业在技术创新和环境保护中的主体作用，推动战略资源科学开发，提高综合利用水平，促进产业结构升级、技术水平提升，实现可持续发展。要高度重视保障和改善民生工作，围绕群众急需和直接受益的事情，每年合理确定和认真办好一批重大民生事项，让群众真正受益。要加强城乡生态环境保护和建设，让天更蓝、水更清、空气更洁净、环境更优美，努力为群众创造健康舒适宜人的环境。

市委常委、常务副市长杨自力，副市长贾德华陪同调研。

四、省委常委、省委政法委书记刘玉顺

7月24日至7月26日，省委常委、省委政法委书记刘玉顺，副省长、省公安厅厅长侍俊率省调研组，深入我市部分基层政法单位和街道、社区进行调研，看望慰问基层政法干警和干部群众。刘玉顺强调，攀枝花维护社会和谐稳定的各项工作措施有力，成效明显，攀枝花各级党委政府要从维护全省和谐稳定的大局出发，努力构建维稳工作“大格局”，准确把握维稳工作的规律，把法治思维融入各项工作之中，全力营造和谐稳定的发展环境。

市委书记刘成鸣陪同。

在攀期间，刘玉顺、侍俊一行深入市公安局、市公安局禁毒支队、东区公安分局炳草岗派出所、米易县公安监管中心、米易县公安消防大队城北新区中队、攀枝花市司法强制隔离戒毒所、仁和区司法局仁和司法所、东区炳草岗街道、湖光社区、市公安局交通警察支队、攀枝花市人防办等地进行了实地调研。每到一处，刘玉顺、侍俊都认真了解我市在维护社会稳定、加强和创新社会管理等方面的举措，并与基层政法干警和干部群众探讨交流，对强化社区“三无”人员管理、延伸司法调解工作触角等提出具体指导意见。

调研中，刘玉顺对我市维护社会和谐稳定的各项工作给予了充分肯定。他指出，近年来，攀枝花做到了发展和稳定“两手抓、两手硬”，为经济社会发展注入了生机与活力，注重从制度上、源头上维护社会和谐稳定，基层服务管理水平不断提升，妥善解决了发展过程中伴生的矛盾，政法队伍建设进一步加强，全市政法队伍始终保持了振奋进取的精神状态。

刘玉顺强调，当前，全省大局是稳定的，总的大局是好的，但随着宏观经济形势日趋严峻，各种矛盾交织叠加，维稳形势错综复杂。攀枝花作为四川重要的战略资源基地，四川的南大门和攀西城市群、攀西经济区的重要组成部分，在全省维护社会稳定工作中占有举足轻重的地位。攀枝花各级党委政府要站在全局和战略的高度，将维稳工作纳入各项工作的重要议事日程，把维稳责任落实到各项工作之中，努力筑牢社会和谐稳定的根基，全力营造和谐稳定的发展环境。

一是要构建维稳工作“大格局”，推进社会“大平安”。要按照党的十八大提出的“五位一体”总体布局的要求，把“大平安”作为当前和今后一个时期维稳工作的中心，努力构建党政领导、政法综治、部门负责、社会协同、公众参与的工作格局，维护经济安全、政治安全、文化安全、社会安全、生态安全；要认真落实“属地管理、守土有责”的要求，把维稳责任落实到各个系统、部门和方方面面；

要强化统筹协调，形成齐抓共管的合力，不能一个部门“包打天下”；要坚持“一岗双责”，充分依靠群众、动员群众，实现维稳工作在各个层面的协调联动。

二是要充分把握维稳工作的规律，增强工作主动性。深刻认识维稳工作现状，透过问题看本质，增强工作的前瞻性；找准矛盾从产生到爆发期间的“发酵期”、预警期，从根本性、源头性、基础性的工作抓起，把矛盾化解在萌芽状态；强化对互联网舆情的引导，为维稳工作营造良好环境。

三是要善于运用法治思维和法治方式解决问题、推动工作。强化职权法定，努力实现依法履职与依法治权的有机统一；抓住依法行政、公正司法、全民自觉守法三个关键，调动一切积极因素，维护社会和谐稳定。

刘玉顺要求，要不断提升政法维稳队伍的执法水平和法律素养，塑造良好形象，提升公信力；要自觉把政法维稳工作放到全市发展大局中谋划、推进；加强政法系统领导班子和队伍建设，加强工作保障，努力增强政法部门服务全市经济社会发展大局的能力。

刘玉顺还就全市进一步做好禁毒工作提出了具体要求。

刘成鸣代表市委、市政府对省委、省政府长期以来对攀枝花政法维稳工作的关心支持表示感谢。他说，过去一年多来，攀枝花维稳工作逐渐由过去的“维稳”向“创稳”转变，由过去的“被动维稳”向“主动维稳”转变，由过去的“应急化解”向“主动化解”转变。下一步，攀枝花将认真吸纳调研组的意见和建议，强化守土有责的责任意识，维护社会稳定；把维稳第一责任和发展第一要务紧密结合，做到维稳与发展的各项工作同步安排、同步布置、同步考核；进一步注重源头预防，强化基层基础工作，变过去的“头痛医头、脚痛医脚”为“标本兼治、综合治理”，变过去的“事后控制”为“源头治理”，变过去的“管控打压”为“服务管理”，创造一个稳定的环境；继续深化平安创建工作，不断提升群众安全感，为在全省率先全面建成小康社会营造良好社会环境。

省委政法委秘书长潘奇峰、省公安厅副厅长王雄、省公安厅禁毒总队政委晏长林参加调研。市委常委、市委政法委书记张伟，市委常委、市委秘书长王海波，副市长、市公安局局长殷旭东，副市长贾德华陪同调研或出席汇报会。

五、省委常委、省委宣传部部长吴靖平

（一）

2 月 25 日，省委常委、省委宣传部部长吴靖平在市委书记刘成鸣，市委副书记、市长张剡陪同下，深入我市部分企业、社区和重点工程建设现场进行调研。（张中　摄）

2 月 25 日，省委常委、省委宣传部部长吴靖平在市委书记刘成鸣，市委副书记、市长张剡的陪同下，深入我市部分企业、社区和重点工程建设现场调研。吴靖平对我市基层公共文化建设工作和特色文化产业发展情况给予了充分肯定，他强调，攀枝花要按照“规划引领、交通先行、生态打底、文化为魂”的思路，推进新型城镇化与文化事业的共融发展，继续推动建立健全公共文化服务体系，全面推进文化惠民。

省纪委常委、监察厅副厅长贾瑞云，省委组织部副部长戴允康参加调研。

调研中，吴靖平首先来到位于攀枝花钒钛产业园区的攀钢集团钛业有限责任公司海绵钛厂，与攀钢集团董事长、党委书记姚林深入探讨企业在钛产业方面的发展思路，吴靖平鼓励企业继续发挥在技术、产业等方面的比较优势，不断做大做强。吴靖平指出，攀枝花要牢牢把握国家批准设立攀西战略资源创新开发试验区的机遇，努力促进钒钛等优势产业发展壮大。

在东区炳草岗街道湖光社区调研时，吴靖平对社区开展的丰富多彩的文化活动表示了充分肯定，他对社区干部说，基层公共文化建设，不仅是丰富群众文化生活的载体，也是党委政府的决策部署在基层“落地生根”的重要举措，要重点加强对老旧社区的社会管理创新工作，为人民群众营造更加温馨的生活环境。

在花城新区、三线建设博物馆、奥林匹克公园等项目现场调研时，吴靖平详细了解了我市城市发展总体规划，他指出，在加快推进新型城镇化的进程中，要注重优化城市功能与环境质量，完善路网结构和公共服务设施。

仁和区苴却砚产业园区是四川省文化产业示范基地，在这里调研时，吴靖平称赞园区企业走上了一条生产工厂化、管理公司化的发展路子，他指出，攀枝花要加大对特色文化资源的保护力度，推进特色文化产业园区集聚发展。

调研中，吴靖平强调，攀枝花产业发展、城市建设和文化建设等工作思路清晰、重点突出，要坚持把思想和行动统一到中央和省委的决策部署上来，继续推动建立健全公共文化服务体系，进一步提高公共文化产品和服务供给能力，为人民群众提供健康丰富的精神食粮；要按照“规划引领、交通先行、生态打底、文化为魂”的思路，推进新型城镇化与文化事业的共融发展；要依托特色文化资源，深入挖掘其内在魅力，推动文化产业繁荣发展。

市领导沈钧、王海波、贾德华陪同调研。

（二）

3 月 12 日，省委常委、省委宣传部部长吴靖平在市委书记刘成鸣的陪同下，来到米易县白马镇马槟榔旅游新村，实地调研我市新农村建设情况。（张中　摄）

为贯彻落实省委、省政府构建多点多极支撑发展战略，推动国家攀西战略资源创新开发试验区建设，3 月 12 日至 14 日，省委常委、省委宣传部部长吴靖平率省委宣传部、省发展和改革委员会、省交通运输厅等部门的同志，在市委书记刘成鸣的陪同下，深入我市重点项目建设现场、企业、村组调研，看望慰问边远民族地区少数民族干部群众。吴靖平强调，攀枝花要牢牢把握攀西战略资源创新开发试验区建设的重大机遇，牢固树立科学的资源开发观，构建完善现代产业体系、现代交通体系、现代城镇体系，努力成为全省多点多极支撑发展格局中的重要一极，率先实现全面建成小康社会目标。

3 月 12 日，吴靖平一行来到位于米易县的白马铁矿调研。“作为攀西地区的钢铁钒钛‘新粮仓’，白马铁矿已累计实现工业总产值 65 亿元。”听了攀钢集团相关负责人的介绍，吴靖平对白马铁矿在资源综合利用方面取得的成绩表示肯定，他强调，既要金山银山，更要绿水青山，树立科学的资源开发观，构建产业发展和环境保护的双赢格局。在米易县湾丘乡杨家河坝蔬菜基地和白马镇马槟榔旅游新村，吴靖平详细了解了我市现代特色农业发展和新农村建设情况，他希望攀枝花充分发挥比较优势，坚持把一产业与三产业结合起来，大力发展现代特色农业和乡村旅游业，带动农民增收致富，快步迈向全面小康。在与我市部分企业负责人座谈时，吴靖平希望企业坚定发展信心，坚持做大总量和调整结构并举，加大科技研发力度，创新资源开发模式，不断增强产业整体实力和竞争力。

3 月 13 日，吴靖平一行沿着崎岖的山路，来到扶贫联系点——盐边县温泉彝族乡道角村，深入该村干河沟组和傈僳坪组，为这里的少数民族干部群众送去党和政府的温暖。吴靖平鼓励乡亲们说，困难只是暂时的，要自力更生、自强不息，在各级党委政府的支持下，依靠勤劳的双手，建设美好家园。要立足本地资源，大力发展马铃薯、烤烟等产业，摆脱贫困，致富奔小康，过上更加幸福的生活。随后，吴靖平一行还听取了攀枝花至盐源高速公路建设规划、二滩旅游发展规划介绍，实地察看了红格旅游集镇建设。吴靖平指出，攀枝花要充分挖掘独特的山水、阳光等旅游资源，注重以人为本、扬长避短、抓纲挈领、找准定位，把旅游产业培育为新的经济增长点。

3 月 14 日，吴靖平一行先后来到攀枝花云钛实业有限公司、攀钢集团钛业有限责任公司、大互通钛业有限公司、富邦钒钛制动毂有限公司进行了调研。吴靖平充分肯定了攀枝花推进工业园区建设的成效，他希望攀枝花继续努力，积极培育大企业、大项目，做强做大、做长做深产业链，不断提升工业发展的规模化、集约化水平。吴靖平一行还来到仁和区大龙潭彝族乡混撒拉村，调研了万亩芒果种植基地和新农村综合体建设。他强调，要更加注重规划引领，进一步加强路网、电网、水网等基础设施建设，大力发展现代特色农业和旅游业，把混撒拉村建设成为全省新农村综合体建设的样板和示范。

在调研中，吴靖平强调，省委、省政府对攀西地区发展十分关心，攀枝花要按照多点多极支撑发展战略的部署，用好攀西战略资源创新开发试验区这个金字招牌，以规划、项目、产业、企业、投资为主线，努力构建现代产业体系、现代交通体系、现代城镇体系，为率先全面建成小康社会而努力。要组织强有力的力量，对攀西战略资源创新开发试验区的战略目标、战略任务、战略布局、战略重点、战略举措、战略机制和战略保障进行系统的研究和部署。要立足资源优势，走工业强市、产业兴市的路子，紧紧扭住资源科学开发、科学利用这个关键，推进资源开发市场化、资本化和产业化。特别要把着力点放在钒钛战略资源综合利用上，打造五千亿级钒钛产业、千亿级产业园区、千亿级企业和一批百亿级企业。要大力实施创新驱动战略，积极研发具有自主知识产权和自主品牌的产品。要坚持“规划引领、交通先行、生态打底、文化为魂”，努力打造“阳光花城、康养天堂”。要以科学规划为龙头，把城乡建设与产业发展、新农村建设、公共服务和社会事业发展等有机结合起来；加快构建城市交通主体骨架，打通城市环形干道，形成区域性的综合交通枢纽；更加注重绿色环保，保护好城市的生态本底；要把文化作为城市发展的灵魂，进一步发掘和弘扬攀枝花的文化底蕴，加快文化强市建设步伐。同时，要把城乡共荣作为目标，加大工业反哺农业、城市支持农村力度，加快构建现代城市与现代农村和谐相融、协调发展的新型城乡形态。

市领导赵辉、李群林、沈钧、王海波、李章忠、刘建明、李仁杰陪同调研。

（三）

7 月 1 日，省委常委、省委宣传部部长吴靖平在市委书记刘成鸣的陪同下，来到盐边县温泉彝族乡，为这里的少数民族干部群众送去了省委、省政府的关怀。（张中　摄）

6 月 30 日至 7 月 1 日，按照省委统一部署和要求，省委常委、省委宣传部部长吴靖平率省委宣传部相关同志，在市委书记刘成鸣，市委副书记、市长张剡的陪同下，深入我市部分高校和边远民族乡镇调研，征求广大干部群众对即将开展的党的群众路线教育实践活动的意见建议，看望慰问联系点的基层干部和父老乡亲。吴靖平强调，要认真贯彻落实党的十八大和省委十届三次全会精神，坚定推动边远民族地区跨越发展的信心和决心，沉到一线抓发展，面向群众转作风，以硬碰硬、实打实的举措，加快全面建成小康社会步伐，让广大人民群众共享改革发展成果。

省委宣传部常务副部长邹吉祥参加调研。

7 月 1 日，是中国共产党成立 92 周年华诞。当天，吴靖平一行来到扶贫联系点——盐边县温泉彝族乡，为当地少数民族群众送去了省委、省政府的关怀。

今年 3 月 12 日至 14 日，吴靖平在我市调研时，曾来到温泉彝族乡道角村，看望慰问了联系的两户彝族同胞家庭，并对盐边县和温泉彝族乡道角村的基础设施建设、产业发展、组织建设等工作提出了要求。此后，吴靖平一直挂念联系点的广大干部群众，多次询问关心当地的发展情况。

“这次来，一是了解帮扶项目实施得怎么样，二是听听大家对即将开展的以‘为民、务实、清廉’为主要内容的党的群众路线教育实践活动的希望和建议。”7 月 1 日上午 10 时许，在温泉彝族乡政府，吴靖平与 50 多名基层干部和村民们围坐在一起，和大家摆家常、谈发展，共同谋划摆脱贫困奔小康的路子。

“今年，我家已经收入了 8000 多元，好多乡亲们都在向我学习呢。”阿尔堵卡是吴靖平的联系户，也是第一个打开话匣子的村民。他给吴靖平算起了自家的增收账。得知阿尔堵卡通过与乡亲们合作发展养殖业，收入比过去大幅增加，吴靖平频频点头，对他拓宽致富门路的创新做法表示肯定。来自道角村的彝族大姐友色莫接过阿尔堵卡的话茬，她说，自己的两个孩子都参加了今年的高考，都考了400多分，看到两个即将走出大山的孩子，她觉得今后的生活充满希望。大家你一言，我一语，现场的气氛越来越热烈，有40多年党龄的道角村的老党员毛阿要、村文书安卡卡和野麻地村的村民马兴胜也先后说出自己的心里话。毛阿要说，发展不能只靠领导关心，我们也要自力更生；安卡卡对帮扶工作提出了建议：多送知识、送技术、送人才、送优良品种；马兴胜则盼望村上的道路能尽快硬化，让乡亲们出行更方便。

村民们的话语，反映出温泉彝族乡几个月来点点滴滴的变化。该乡37个村民小组6029人的人畜饮水困难问题已得到解决；道角村干河沟村民小组建起了通讯基站；马当史和阿尔堵卡家新建了厨房和浴室；在道角村放羊坪村民小组试种的15亩脱毒马铃薯长势良好……

“温泉乡的变化，证明了一个道理，在党和政府的关怀下，只要父老乡亲齐心协力、共同努力，就一定能摆脱贫困，快步奔小康。”吴靖平说，大家所说的，体现了攀枝花边远民族地区的新发展、新变化，也能从中感受到攀枝花广大干部群众真抓实干的工作劲头。省委十分重视支持民族地区发展，真心实意关心少数民族群众生活。各级领导干部要认真贯彻落实党的十八大和省委十届三次全会精神，以硬碰硬、实打实的举措，解决边远民族地区面临的各种问题，补齐全面建成小康社会的“短板”，让广大人民群众共享改革发展成果。

吴靖平强调，要加快发展主导产业。攀枝花边远民族地区资源富集，是发展特色产业的沃土，要找准定位，扬长避短，选择符合本地实际的主导产业，集中力量加以推进，不能“胡子眉毛一把抓”；要大力实施“造血式”扶贫，帮扶不能仅仅停留在物质层面，要把先进的科学知识、适用的农业技术和农村需要的各类人才源源不断地输送到边远民族地区，提升边远民族地区自我发展能力，增强少数民族群众增收致富的本领；要鼓励边远民族地区群众自力更生、自强不息，在各级党委政府的支持下，依靠勤劳的双手，创造幸福生活。

吴靖平要求，推动边远民族地区跨越发展的任务十分艰巨，各级领导干部要坚定信心和决心，沉到一线去，敢于碰硬，苦干实干，狠抓落实。要坚持面向群众转变作风，到贫困地区和偏远山区去，到群众最需要的地方去，思群众所思，解群众所急，实现群众所盼，赢得群众的信任和支持，把各族群众紧密团结在党和政府的周围；要当好群众的“领头羊”，做推动发展的“实干家”，和群众同甘共苦，以埋头苦干的实际行动，把各项帮扶措施落到实处，让群众得温暖、得实惠；要统筹整合省、市、县、乡和广大人民群众的力量，积极引导边远民族地区群众转变观念，大力倡导勤劳致富、勤俭持家、健康文明的生活方式。

刘成鸣鼓励边远民族地区广大干部群众，要把各级党委政府的关心支持转化为推动边远民族地区跨越发展的精神动力，转化为增收致富奔小康的实际行动，自力更生、自强不息，向更加美好的明天奋进。

6月30日，吴靖平一行还前往攀枝花市大学生科技创业孵化园和攀枝花学院调研，了解我市大学生就业创业情况和攀枝花学院发展情况，并广泛听取学院师生对即将开展的党的群众路线教育实践活动的意见建议。

市领导沈钧、张敏、吴文发陪同调研。

（四）

7月15日，省委常委、省委宣传部部长吴靖平在市委书记刘成鸣，市委副书记、市长张剡等陪同下，到攀钢马家田尾矿库检查指导防汛工作。（宋俊康　摄）

7月15日至16日，按照省委、省政府统一部署和要求，省委常委、省委宣传部部长吴靖平率领的省委、省政府督导组在市委书记刘成鸣，市委副书记、市长张剡陪同下，深入我市部分地质灾害隐患点、水利工程、道路交通运输单位督查安全工作。吴靖平对我市地质灾害防治、防汛减灾、矿山安全生产等工作给予了充分肯定，他强调，安全工作系于细节和严格，攀枝花要按照省委、省政府的安排部署，始终把人民群众生命放在首位，继续抓好防灾避险等安全教育，确保每家每户都有一位明白人，严格落实安全生产、防汛减灾责任、制度和措施，奋力夺取防汛减灾和经济社会发展双胜利。

15日中午，吃过盒饭，顾不上休息，吴靖平一行便赶往我市部分地质灾害隐患点，了解治理情况及防灾避险措施落实情况。经过20个月努力，被业内人士称为“民航第一难”的攀枝花机场滑坡体治理工程已完成，并恢复通航，机场日最大排水能力达488吨。目前，仁和区金江镇喻家坪滑坡体在加紧治理，同时落实了11名监测人员实行24小时巡逻守护。吴靖平指出，“治滑先治水”，汛期地质灾害防治，关键要抓好排水系统建设和运行管理，确保畅通。

近年来，在经济社会持续发展的同时，我市还形成了45座矿山尾矿库、8个大型弃土场。目前，这些场库已被纳入全市防汛减灾工作的重点，并实行了“一库一策”的管理、防治措施。

“主要开展哪些方面的应急演练?”“与地方政府建立了哪些联动机制?”在位于东区的攀钢马家田尾矿库、公山湾弃土场调研时，吴靖平详细了解防治措施及防灾避险应急预案、措施。吴靖平强调，人命关天，发展决不能以牺牲人的生命为代价，各级各部门、企业单位要始终把群众生命安全放在首位，建立健全联动机制，密切配合，完善制度，强化责任，加强管理，严格监管，把安全生产责任制落实到基层、落实到人，做到安全、安全、再安全，稳定、稳定、再稳定。要严格落实、不断优化防灾避险预案和措施，并加强群众安全教育，确保每家每户都有一位明白人，做到提前转移、主动避让。

在位于仁和区的大竹河水库、胜利水库检查指导工作时，吴靖平详细了解防汛救灾措施及落实情况。吴靖平肯定了我市防汛物资储备方面委托商家托管的“平战结合”方式，并指出防汛减灾工作要坚决防止松懈情绪和麻痹思想，及时检查、更换抢险救援物资，加强应急演练，做到有备无患。

在市汽车客运中心，吴靖平详细了解、察看车容、车况、车型、行车线路及驾驶员管理、安全检查、运营情况。吴靖平强调，进出攀枝花山高坡陡，尤其是汛期公路客运更要绷紧安全生产这个弦，严格落实各项安全措施，确保安全运营。

在攀督导期间，吴靖平还组织召开了防汛减灾工作会，听取我市相关工作情况汇报。

吴靖平对我市防汛减灾等安全工作给予充分肯定。在通报今年全省防汛减灾工作情况后，吴靖平指出，攀枝花山高谷深，降雨集中，水系复杂，受“8·30”地震、连续几年干旱等因素影响，一旦发生强降雨，极易引发山洪、泥石流、滑坡等地质灾害。为此，攀枝花各级各部门要把情况考虑得更复杂些，把问题考虑得更严峻些，把工作做得更充分细致些，务必守住安全、稳定底线，做好防汛减灾工作，坚决杜绝重大安全事故发生，保障人民群众生命安全。

就下一步工作，吴靖平强调，要把防灾避险放在首要位置，坚决落实省委、省政府部署和要求，在防汛减灾和矿山、交通等方面深入开展安全隐患大排查，做到全域覆盖、全面梳理、不留死角；进一步完善应急预案，充实抢险救援物资、设备储备，加强专业救援队伍和力量实战演练，为实现主动避让、提前避让、预防避让提供有力支撑。

要完善协调联动机制，建立统一高效的指挥系统。落实市、县、乡、村四级领导干部责任制，尤其要严格实行24小时值班等制度；要把各项制度、措施落实到基层，落实到具体岗位和人员，加强督促检查，对因组织指挥不力、工作疏忽、处置不当等造成严重后果的要坚决给予严肃处理。

要因地制宜，突出重点，抓好防汛减灾工作。重点加强桥梁、重点路段、矿山、尾矿库、弃土场、重大工程现场、水库等地的隐患排查和监控，制定完善防控预案。同时，气象、水文、国土部门要紧密配合，密切监测天气和汛情变化，强化预测、预报预警，及时会商分析，提出准确度高、实效性强的信息，并多渠道多种方式及时发布预警信息。

吴靖平强调，攀枝花要保持现有的良好发展势头，一手抓安全、稳定，一手抓发展，夺取防汛减灾和经济社会发展双胜利。

刘成鸣要求，全市各级各部门要全力落实省委、省政府防汛减灾工作部署，加强对汛情的监测预警预测；要加强与上级有关部门、周边市（州）、各县（区）、乡镇的汛情会商，密切关注汛情，及时向群众发布预警信息；要进一步完善应急预案，对照预案加强演练，检查应急措施、抢险队伍、物资储备是否到位，提高预案的实用性和可操作性；要突出防汛重点，严密监测河流、水库、尾矿库、排土场、老城区低洼地带等灾害易发区，强化隐患排查和道路、通讯保障；要各司其职，协调配合，严格落实各项防汛工作制度，做到责任到领导，责任到岗位、到个人，奋力夺取防汛减灾和经济社会发展双胜利。

省委宣传部巡视员郝跃南、省人防办巡视员李春华；市领导李群林、王海波、柳康健、贾德华参加调研或工作会。

又讯 7月16日10时许，省委在省防汛指挥中心召开全省防汛减灾工作视频会，了解部分市州防汛减灾、恢复重建工作进展情况及存在的问题、困难，并对近期防汛减灾工作进行再动员、再部署。

吴靖平、刘成鸣、张剡、郝跃南、李春华等在攀枝花防汛指挥部参加会议，并就攀枝花贯彻会议精神，做好防汛减灾工作提出要求。

六、省委常委、省委组织部部长范锐平

7月21日至22日，省委常委、省委组织部部长范锐平深入我市厂矿、农村、园区，围绕党的群众路线教育实践活动和省委十届三次全会精神贯彻落实情况等进行调研。范锐平强调，各级党组织和党员干部要以高度的政治自觉深入贯彻落实省委十届三次全会精神，继续深化“实现伟大中国梦、建设美丽繁荣和谐四川”主题教育活动，牢牢把握科学发展、加快发展这个主题，把保障和改善民生作为一切工作的出发点和落脚点，以优良作风凝聚党心民心，以工作实绩赢得群众信赖，确保经济发展见实效，民生改善见真章，为实现“两个跨越”、建设美丽繁荣和谐四川作出积极贡献。

市委书记刘成鸣，市委常委、市委组织部部长熊伟陪同调研。

攀钢集团是四川重点发展的千亿企业之一，省委、省政府十分关注攀钢的发展。甫抵攀枝花，范锐平便首先来到攀钢集团，先后走进攀钢钒管控中心、轨梁厂和钒氮合金生产车间，实地察看企业生产情况，了解攀枝花在钒钛资源综合利用领域取得的进展。攀钢集团董事长、党委书记姚林向范锐平汇报了企业的发展情况。范锐平结合当前宏观经济形势分析指出，企业要深入研判市场趋势，不断提高资源综合利用率，充分实施差异化发展战略，打好扭亏增盈这场攻坚战；要充分发挥基层党组织的战斗堡垒和党员干部的模范带头作用，充分发挥优秀工作者的才干，凝聚起推动企业发展的强大动力。

一直以来，攀枝花与攀钢秉承一家亲的地域观、一体化的发展观、一条船的奋进观和一盘棋的大局观，互相支持，亲密合作，创造了地企共同发展的良好局面。得知这一情况，范锐平对攀枝花市委、市政府与企业共渡难关的举措给予了充分肯定，他指出，攀枝花市委、市政府要继续紧贴企业发展所需和产业战略指向，为企业排忧解难、主动服务，助推企业发展。

盐边县益民乡新民村是省级新农村建设示范片，在这里调研时，范锐平走进了村民雷开洪的家中。“乡亲们的收入来源主要靠什么？现在最关心什么问题?”坐在雷开洪家的堂屋里，范锐平和雷开洪亲切交流，详细了解农房建设成本等情况，并与他一起计算“增收账”。新民村村委会主任沈传富告诉范锐平，现在党的惠民政策多、扶持项目多，党员干部和村民们谋发展、奔小康的干劲也很足。范锐平对我市干群齐心干事创业的生动局面给予了充分肯定，他说，农村基层党组织要注重选好配强党组织书记，打造一支党性纯洁、一心一意为群众谋福祉的干部队伍；农村党员干部要当好群众的“领头羊”，不断提高推动发展、服务群众、凝聚人心、促进和谐的能力，团结和带领广大群众增收致富奔小康；要大力发展集体经济，增强农村发展的内生动力，不断拓宽服务群众的渠道。

从钛精矿到钛白粉，从富钛料到海绵钛……在攀枝花钒钛产业园区调研时，范锐平以钛产业链为主线，重点了解了我市钛产业发展情况。当前，我市紧紧抓住攀西战略资源创新开发试验区建设的机遇，坚持以规划为龙头、以企业为主体、以项目为关键、以科技为动力、以机制为核心、以政策为保障，加快建设钒钛产品生产中心、质检中心、研发中心和交易中心。范锐平对我市发展钒钛产业的思路和举措给予了充分肯定，他指出，钒钛产业是四川重点发展的千亿产业之一，攀枝花要发挥好钒钛资源的比较优势，不断增强自主创新能力，努力攻克钒钛资源综合利用的技术瓶颈；要处理好发展与环保的关系，大力发展循环经济，实现变废为宝，增强工业经济发展的生命力，为长江上游筑起一道坚固的环保屏障。

调研中，范锐平充分肯定了我市经济社会发展、党的建设及群众工作取得的成绩。他指出，近年来，攀枝花市委、市政府认真贯彻省委、省政府部署要求，积极抢抓重大发展机遇，坚持加快发展不动摇，改善民生不放松，推进了全市经济社会健康平稳发展。全市干部队伍作风建设不断加强，为推动加快发展提供了坚强保障。

范锐平强调，省委十届三次全会是在我省改革发展处于关键时期、全面建成小康社会进入决定性阶段召开的一次重要会议，各级党组织要把学习好、贯彻好、落实好省委十届三次全会的精神作为当前和今后一个时期重要的政治任务。攀枝花各级党组织和广大党员干部要把思想和行动统一到省委十届三次全会的决策部署上来，始终扭住发展第一要务，把保障和改善民生作为一切工作的出发点和落脚点，以优良作风凝聚党心民心，以工作实绩赢得群众信赖，确保经济发展见实效，民生改善见真章，为实现“两个跨越”、建设美丽繁荣和谐四川作出积极贡献。

范锐平要求，各级党委和组织部门要以强烈的政治意识和责任意识，组织党员干部深入学习贯彻省委十届三次全会精神，始终做到坚定不移把科学发展、加快发展作为工作指导思想，始终做到坚定不移落实全会提出的各项目标任务，始终做到坚定不移为推动“两个跨越”提供坚强组织保证，用全会精神凝聚党员干部和群众的共识和力量，真正做到思想上同心、目标上同向、行动上同步；各级党组织和广大党员干部，要按照中央和省委部署，认真做好开展群众路线教育实践活动各项准备，围绕发展所需、群众所愿创新党建工作，不断提高群众工作水平，更好地服务推动加快发展和民生改善；要加强基层服务型党组织建设，着力解决群众反映强烈的突出问题，提高做好新形势下群众工作的能力，多干让群众满意的好事实事；要大力改进工作作风，严格执行中央、省委、市委进一步改进作风、密切联系群众的有关制度规定，在联系群众中提升能力水平，以更大的力度、更强的决心、更实的举措推进科学发展、加快发展。

第二章　中共攀枝花市委常委政务活动集

一、市委书记刘成鸣

（一）讲话文稿

在中共攀枝花市委九届四次全体（扩大）会议暨市委经济工作会议上的讲话

2013 年 1 月 7 日

现在，我受市委常委会委托，向全会报告 2012 年工作，并对 2013 年工作提出建议，请各位委员、同志们提出意见。

一、充分肯定成绩，坚定科学发展的信心和决心

2012 年是攀枝花很不寻常、很不平凡的一年。一年来，在省委、省政府的正确领导下，市委团结带领全市干部群众，深入学习贯彻落实党的十八大、省第十次党代会和市委九届三次全会精神，坚定信心、振奋精神，攻坚克难、务实进取，积极应对严峻复杂的宏观经济形势和主导产业市场疲软、效益下滑的困难局面，努力化解“8·29”事故带来的负面影响，大力实施“三个加快建设”，大力推进“三个走在全省前列”，全力打好“六大硬仗”，实现了经济社会持续快速健康发展，全市上下呈现出众志一心谋发展、加压奋进攻难关、创新实干求突破的良好局面。预计全年完成地区生产总值 730 亿元以上，增长 13.5% 以上；实现地方财政收入 82.94 亿元，增长 17.9%，其中公共财政预算收入 57.2 亿元，增长 15.6%；完成固定资产投资 463.2 亿元，增长 20.8%；实现城镇居民人均可支配收入 22500 元、农民人均纯收入 8700 元，分别增长 14%。

——稳中求进抓工业，综合实力持续增强。围绕加快建设中国钒钛之都，努力克服出口不畅、内需不足、市场持续低迷造成的不利影响，集中力量保企业，着眼长远抓规划，健全机制抓落实，全力以赴稳生产、保增长、调结构、增效益。

强化顶层设计，坚持以规划为龙头、以企业为主体、以项目为关键、以科研为动力、以机制为核心、以政策为保障，出台并实施了加快发展工业经济、强力推进重大工业产业化项目建设、“急难险重”任务专项考核奖惩等系列政策措施，着力推动工业由钢铁经济为主向钒钛经济为主转变、由粗放式发展向集约化发展转变、由初级产品向精深加工转变、由分散布局向工业园区集中布局转变，发展思路更清、发展方向更明。

强化路径支撑，大力推进“四个优化”“四个集中”，着力优化工业空间布局、产业流程、设施配套、企业产业结构，促进企业向园区集中、资源向优势企业集中、土地向规模集中、居民向小区集中，加快打造千亿产业、培植百亿企业、建设百亿园区、发展中小企业、扶持上市公司、争创中国名牌，努力做大做强钒钛产业，发展路径更明、发展部署更实。

强化机制保障，建立督办会、联席会、信息报送、定期督查及考核等制度和机制，狠抓项目推进、政策争取、要素保障、技改创新四大重点，预计全年工业投资增长9.2%，规模以上工业增加值增长16.7%，在十分困难的局面下实现了投资不减、增速不降。我市成功跻身国家首批资源综合利用示范基地，并成功举办了“攀枝花钒钛资源综合利用院士行暨2012·攀枝花钒钛论坛”，极大提升了我市钒钛产业的知名度。

——强化措施抓转型，城市面貌明显改观。围绕建设宜居宜业百万人口区域中心城市目标，努力推动重化工业城市转型发展。坚持规划引领，突出项目支撑，统筹编制建设方案，分类出台实施意见，以“五创联动”为载体，以花城新区建设和金沙江沿江景观打造为抓手，大力推进重大城市基础项目建设，加快提升城市综合承载力。成功引进了总投资30亿元的银泰城市综合体项目，开工建设了花城新区山地森林公园、缅气入攀LNG加注站等五大项目，启动实施了金沙江中心区段沿江景观打造的七大项目，顺利通过了国家卫生城市和省级园林城市复查，创建国家环保模范城市规划已获环保部批准。

——攻坚克难抓交通，枢纽建设扎实推进。围绕打造四川南向开放门户和区域综合交通枢纽，大力实施国省干线公路改扩建攻坚和“畅通城市”工程，深入推进通村公路、城市公交站场和城乡客运站场建设，加快构筑以“两高两铁一水”为重点的综合交通体系。丽攀高速公路攀枝花段推进顺利，预计今年春节前贯通；攀宜、攀大高速公路已纳入四川省高速路网规划，前期工作正加快推进；成昆铁路新线米易至攀枝花段即将开工建设；机场滑坡治理工程正加快实施；城市交通畅通方案已经确定，农村公路建设掀起高潮，新建通乡、通村公路255.2公里。

——统筹城乡抓新村，农业农村发展成效明显。按照“依山就势、错落有致、适度集中”的原则，坚持“道路标美化、产业特色化、农房标准化、庭院优美化、公共服务城镇化”的标准，加快建设功能完善、环境优美、特色鲜明的农民新村，统筹推进城乡一体化发展。全年共投入资金9.03亿元，在79个村开展了新村建设。目前，已完成新村住房24795户，建成39个30户以上规模的新村聚居点、4个新农村综合体、3个市级示范片；全面完成了盐边红格和米易“湾丘—垭口”2个省级新村示范片建设，并提前通过验收；16个旅游新村建设全面完成，新增1万张床位的接待能力。攀枝花“春赏花、夏避暑、秋品果、冬养生”的乡村旅游形象正逐步突显。

——多措并举抓旅游，阳光康养旅游品牌初步形成。围绕打造全国著名阳光休闲康养旅游目的地，加快构建以都市阳光休闲旅游发展核心区、百里生态长廊旅游发展轴、仁和—米易乡村旅游发展翼为重点的“一心一轴两翼”旅游发展体系。

细化发展思路，编制完成《中国阳光康养旅游城市发展规划》《二滩小环线得石镇片区核心景区修建性详细规划》《米易龙潭溶洞中国龙文化主题景区旅游文化策划方案》等旅游项目规划，发展路径更加明确具体，产业布局更加科学合理。

狠抓项目带动，正式启动了总投资130亿元的阿署达花舞人间景区和总投资80亿元的普达阳光国际康养度假区项目，红格温泉旅游度假区、米易南部新城休闲度假核心区等项目加快推进。

突出品牌塑造，积极在央视和四川卫视宣传攀枝花“阳光花城”旅游形象，成功了举办“2012中国·攀枝花欢乐阳光节”“米易·迷易灯会”“索玛花节”等重大节庆活动。预计全年实现旅游总收入66亿元，增长39.6%。

——创新方式抓开放，发展活力不断激发。坚持把招商引资作为经济工作的重要抓手，创新招商方式，全面扩大开放，努力引进大企业、大集团、大项目，为经济社会发展注入新活力。实行市主要领导带队招商，组建招商小分队分赴北京、上海、广州、深圳、成都等地驻点招商，精心组织参加西博会、昆交会、广交会、厦洽会等专题招商，切实加强与长三角、珠三角、成渝经济区的对接。全年共开展全国性招商活动300余次，举办投资说明会10余场，引进亿元以上项目173个，开工建设137个，建成投产34个，仅在第十三届西博会上，就签约项目75个，签约金额达800亿元。预计全年招商引资实际到位资金突破400亿元大关。

——排忧解难抓民生，社会更加和谐稳定。全年共投入资金31.6亿元，深入实施十大民生工程。广开渠道扩大就业再就业，成功创建“全国创业先进城市”。大力加强文化建设，公共文化服务体系在全省率先覆盖到村。积极推进教育改革，基础教育得到巩固，高等教育、职业教育加快发展。不断健全社会保障体系，新增“五险”参保人员4.05万，新型农村养老保险、新型农村合作医疗、城镇居民养老保险实现“全覆盖”。扎实推进住房保障工作，开工建设保障性住房2976套、棚户区改造1651套，完成省下达任务的102%和126%。千方百计加快边远民族地区发展，出台对口支援实施意见，建立“6+2”结对帮扶机制，全力解决全面建成小康社会的“短板问题”。积极加强和创新社会管理，确保了党的十八大、省第十次党代会及全国全省“两会”等重要敏感期非访“零进京”和集访“零赴蓉”，人民群众的安全感和满意度进一步提升。

——痛定思痛抓整治，安全生产形势逐步稳定。深刻吸取“8·29”事故的沉痛教训，痛定思痛、举一反三、迅速行动，对全市103家煤矿进行停产整顿，全体市级领导分头带队下井开展安全生产大检查，全部关闭了29家年产6万吨以下的煤矿。召开警示教育大会，深刻剖析原因，深入查找问题，建立市级领导包县（区）、县（区）领导包矿责任制度，层层落实安全生产责任。在全省率先启动社会主义新矿山建设，对矿区生产生活环境进行综合治理，推动矿区环境面貌显著改观、安全保障能力大幅提升，全市安全生产形势迅速好转。

——协调各方抓合力，民主政治建设进一步加强。积极加强和改进党领导下的人大工作，支持和保证人大及其常委会依法履行职责，人大工作成效显著。坚持和完善党领导下的多党合作和政治协商制度，充分发挥人民政协政治协商、民主监督、参政议政职能作用，人民政协事业健康发展。加强同各民主党派、工商联和无党派爱国人士的广泛联系，统一战线工作不断巩固和壮大。高度重视老干部和关心下一代工作，工、青、妇等群团组织的桥梁纽带作用得到充分发挥。民族、宗教、妇儿、残联、侨务、外事、对台等工作取得新的成绩。加快推进依法治市进程，积极开展“六五”普法活动，全社会学法、守法、用法的自觉性不断增强。扎实做好党管武装工作，加强国防动员和国防后备力量建设，军政军民团结得到巩固和发展。

——率先垂范抓党建，执政能力全面提升。突出加强市委常委班子自身建设，领导科学发展的能力进一步提升。深化干部人事制度改革，拿出8个县级、58个科级领导岗位面向全省、全市统筹公选，选派干部到木里藏区挂职锻炼、到一线城市招商引资，选人用人公信度和干部实战能力明显提高。深入开展“创先争优”活动，积极推行“4+2”分级分类管理法，基层党建工作扎实推进。认真开展“三心一推进”“百千万·干群心连心”“与党同心、为民解困”等活动，党的影响力不断扩大。创新开展宣传思想工作，党的十八大、省第十次党代会精神系列宣传活动扎实有效。集中开展“思想大解放，作风大转变，工作大落实”主题教育活动，党员干部作风持续好转。全面落实党风廉政建设责任制，扎实推进惩防体系建设，源头预防和治理腐败工作取得新进展。

回顾一年来的工作，我们收获了在困难局面下推动工作的启示和经验：

第一，吃透市情、理清思路、明确重点是加快发展、实现跨越的前提和基础，只有找准方向、找对路子，一张蓝图绘到底，一以贯之抓落实，才能抓住机遇、有效发展、赢得未来。一年来的工作成效已经证明，市委提出的“三个加快建设”“三个走在全省前列”“四个翻番”“六大硬仗”的部署，是符合党的十八大精神和中央、省委工作要求的，必须坚持并务必抓出成效。

第二，快发展小困难，慢发展大困难，只有坚持加快发展、科学发展不动摇，咬定目标不松懈，坚定方向不折腾，坚持“好”字当头、“快”字为要，好中求快、又好又快，才能抢占先机、掌握主动、走在前列。攀枝花要尽快解决“欠发达、不平衡、发展不足、发展不够”的问题，率先在全省全面建成小康社会，必须靠全力以赴加快发展，必须要有比较快的发展速度，必须始终保持追赶跨越的发展势头。

第三，创新才能发展，守旧没有出路，只有坚定不移地解放思想、更新观念，不为传统模式所制约、不为已有经验所羁绊，才能充分调动一切积极因素，把钒钛、阳光等资源的优势转化为发展的优势，打好钒钛资源开发利用和阳光康养旅游发展等硬仗，尽快形成攀枝花的核心竞争力。

第四，民生连着民心，民心凝聚民力，群众是根，民心是魂，只有坚持以人为本不偏离，把人民群众放在心中最高位置，真正做到发展为了人民、发展依靠人民、发展成果人民共享，才能凝万众之心，汇万民之智，聚全民之力，把我们的事业不断推向前进。

第五，创业充满艰辛，奋斗成就伟业，只有保持“敢为人先”的勇气和“坐不住”“等不起”“慢不得”的紧迫感和责任感，坚持求真务实、苦干实干，才能精神振奋、斗志昂扬、乘势而进、迎难而上，把攀枝花跨越发展的宏伟蓝图变成现实。

同志们，成绩来之不易，经验弥足珍贵。这些成绩的取得归功于党中央、国务院和省委、省政府的坚强领导，归功于全市干部群众的团结拼搏，归功于驻攀省级部门、企事业单位、人民解放军、武警官兵的全力支持，归功于各民主党派、工商联、人民团体、无党派人士的广泛参与。在此，我代表中共攀枝花市委，向所有关心、支持和参与攀枝花建设发展的同志们、朋友们表示衷心的感谢，并致以崇高的敬意!

在充分肯定成绩的同时，我们也必须清醒地看到，工作中还存在着一些突出的差距和问题：一是经济总量还不大，“发展不足、发展不够、发展不充分”仍然是我市最大的实际，在5年内跃进全省“1500亿经济方阵”的难度还很大。二是创新驱动能力不足，经济增长方式粗放，产业层次较低，缺乏产业高端和产品高端。三是农业生产基础还比较脆弱，农民持续增收难度较大。四是基础设施欠账较多，特别是交通枢纽建设任重而道远。五是安全生产形势不容乐观，安全责任落实还需加强，社会主义新矿山建设才刚起步。六是区域发展不平衡，边远民族地区依然十分贫困，不少群众生活还很困难。七是一些干部思想不够解放，“精气神”不足，作风不务实，工作不落实；一些领域消极腐败现象还比较突出。面对这些问题，我们必须高度重视，并采取有力措施，切实加以解决。

二、深刻分析形势，明确努力方向和奋斗目标

2013年，是全面贯彻落实党的十八大精神的开局之年，是实施“十二五”规划的关键一年，是打好“六大硬仗”的攻坚之年，是为在全省率先全面建成小康社会奠定坚实基础的重要一年。做好今年工作，任务艰巨，意义重大。我们必须按照党的十八大精神及中央和省委经济工作会议要求，准确把握各方面形势任务变化，科学谋划经济社会发展各项工作。

纵观国际国内形势，世界经济进入深度转型调整期。我国发展仍处于大有可为的重要战略机遇期，国内经济企稳回升趋势明显，外资西进、内资西移步伐加快，西部快速发展态势日益显现。党的十八大立足当今世界和当代中国发展大势，明确提出了到2020年全面建成小康社会的宏伟目标，科学确立了经济建设、政治建设、文化建设、社会建设、生态文明建设“五位一体”的中国特色社会主义建设总体布局，昭示了建设富强、民主、文明、和谐、美丽中国的坚强决心。中央继续把“稳中求进”作为今年经济工作的总体基调，把提高增长质量和效益作为经济工作的中心，并辅之以“宽财政、稳货币”的宏观经济政策，下决心推动发展模式向“质量效益型”深刻转变，传递出稳增长、转方式、促发展、惠民生的强烈信号。

立足全省发展大局，四川正处于工业化和城镇化双加速时期，加快发展有基础、有条件、有支撑，省委将“科学发展、加快发展”作为今年经济工作的总体基调，明确提出全省要坚持主题主线，努力保持一个较快的发展速度，保持追赶跨越态势；提出要推进多点多极城市发展战略，5年之内要培育10个2000亿城市、5个1500亿城市，大力推动四川由西部经济大省向全国经济强省迈进。

审视攀枝花自身发展，在历届市委、市政府的坚强领导下，经过几代建设者的艰苦奋斗，我们已经取得令人瞩目的发展成就，为加快发展奠定了坚实基础；经过过去一年的共同努力，我市“三个加快建设”“三个走在全省前列”“六大硬仗”已经全面铺开，各类发展规划已经制定出台，一大批急难险重任务正加紧实施，一系列重大决策正在落实并发挥效应，一大批项目即将竣工投产见效；特别是国家《钒钛资源综合利用和产业发展“十二五”规划》已经出台，攀西战略资源创新开发试验区即将获批，一系列利好政策将接踵而至，必将为我市科学发展、加快发展开辟广阔的空间，我们迎来了一个十分难得的重大机遇期。当前和今后一个时期，全市上下务必始终保持奋发有为的精神状态、干事创业的旺盛激情，抢抓机遇，乘势而上，全力推进经济社会跨越发展，确保全市GDP总量2014年突破千亿元大关、2017年以前达到1500亿元，成功跃进全省第二方阵，奋力实现在全省率先全面建成小康社会。

立足新形势新任务，2013年，全市工作的总体要求是：

坚持以党的十八大精神为总揽，全面贯彻落实中央和省委经济工作会议精神，以科学发展为主题，以转变经济发展方式为主线，以提高经济增长质量和效益为中心，牢牢把握“稳中快进，提质增效，争先进位，跨越提升”的工作基调，突出产业支撑、投资拉动、“四化”同步、统筹城乡、改善民生，大力推进“三个加快建设”“三个走在全省前列”，继续打好“六大硬仗”，全力促进经济持续快速发展、社会更加和谐稳定，朝着在全省率先全面建成小康社会的目标奋勇前进。

全市经济社会发展的主要目标是：地区生产总值确保增长13.5%，力争14%以上；规模以上工业增加值确保增长16%，力争17%以上；全社会固定资产投资确保增长17%，力争18%以上；社会消费品零售总额确保增长15%，力争16%以上；地方财政收入确保14%以上；城镇居民人均可支配收入和农民人均纯收入确保增长14%，力争15%以上。

为圆满完成今年目标任务，我们一定要准确把握“稳中快进，提质增效，争先进位，跨越提升”的工作基调，“稳”，就是稳住加快发展态势，稳住物价总体水平，稳住经济安全底线，稳住安定和谐的社会局面；“快”，就是要保持较快的发展速度，加快转变经济发展方式，经济总量尽快跃上新台阶，民生和社会事业取得新进步，努力实现各项指标和各项工作在全省争先进位。要准确把握提高经济增长质量和效益这个中心，努力推进产业转型升级取得新进展。要坚持以科学发展观为统领，以建设资源节约型和环境友好型社会为目标，坚定不移走“两化”互动、“四化”同步的发展路径，科学推进“三个加快建设”“三个走在全省前列”，确保“六大硬仗”年度目标任务全面完成。要准确把握深化改革、扩大开放的鲜明导向，努力实现在深化改革开放上取得新突破。要准确把握加快民生保障的重大要求，努力实现在改善民生上取得新成效。要准确把握中央和省委关于转变作风的新规定、新要求，强化发展意识、责任意识、创新意识、实干意识和服务意识，坚持讲实话、办实事、求实效，以百折不挠的拼劲和闯劲攻坚克难、勇打硬仗。

三、突出工作重点，全力推动各项事业又好又快发展

（一）坚定不移打好“六大硬仗”，奋力推进经济社会发展新跨越

1. 坚持不懈地打好资源综合开发利用的硬仗，在建设中国钒钛之都上取得新突破

紧紧抓住中央突出发展战略新兴产业、先进制造业，省委着力打造钒钛稀土五千亿元产业集群的重

大机遇，加快推进“四个转变”，全力打造千亿产业、培植百亿企业、建设百亿园区、发展中小企业、扶持上市公司、争创中国名牌，着力把资源优势转化为产业优势、发展优势，不断提升工业发展的整体素质和综合竞争力。

一是强化创新驱动。坚持以市场为导向，以企业为主体，以产业园区、重点实验室、高职院校为依托，集聚高水平科研资源。深化部省会商机制和“院士行”活动，努力将“钒钛论坛”办成国家级论坛，积极创建国家级研究院所、研发中心。强化技术攻关和转化运用，大力发展循环经济，积极淘汰落后产能，全面完成省上下达的节能减排任务。加快提升信息化水平，促进产业转型升级。坚持标准引领和品牌带动，大力发展海绵钛、钛锭、钛材、含钒钛耐磨件等优势产业，引导企业开发高技术、高质量、高附加值产品，加强品牌推广和市场营销，提高“攀枝花制造”的美誉度和市场占有率。

二是突出项目牵引。严格落实重点建设项目责任制、市级领导分工负责制、急难险重任务保证金制度，重点推动富邦1000万件钒钛制动毂、旭鼎10万吨钒钛铸件、翰通100万吨焦化、缅气入攀、桐子林电站等一批项目加快建设，确保云钛钛锭项目、攀钢炼铁厂烧结系统改造等一批项目投产达效。全力加快项目前期工作，做好项目策划包装，抓紧对接一批项目，力争更多项目挤进中央和省上的盘子，力争中国重汽、中石化石油压裂支撑剂等一批项目引进落地，金沙、银江电站等一批项目开工建设。

三是狠抓园区建设。高起点规划、高标准建设、高水平管理，加快产业园区发展，做到在开发上整合、优化、扩容“三同步”，在布局上集聚、集群、集约“三提高”，在功能上商务、政务、服务“三配套”。大力推进钒钛产业园区扩区升级，力争到“十二五”末建成千亿园区；积极支持格里坪工业园区、白马工业园区、高新技术产业园区加快发展，确保到2015年销售收入突破300亿元；着力构建安宁河、金沙江两大工业带，加快拓展工业发展空间。

四是培育龙头企业。积极支持攀钢等国有企业搞活体制机制，优化产业结构，提高管理水平，增强经济效益，确保到“十二五”末，攀钢（本部）销售收入突破500亿元，钢城集团突破300亿元。全力引进大企业、大集团参与资源深度开发，以资源换资本、换产业、换市场，加快提升资源综合利用水平。突出发展民营经济，积极扶持中小企业，促进龙蟒、德胜、富邦、新中钛等8家企业加快发展为百亿企业。

2. 坚持不懈地打好建设宜居宜业大城市的硬仗，在建设中国阳光花城上开创新局面

坚持新区开发与老城提升同步、中心城区和农村集镇共进、完善功能与塑造风貌并重，全面构筑硬件基础、风貌形象和功能内涵，加快建设宜居宜业区域性中心城市。

一是着眼长远抓规划。按照“全域全程全面”的要求，统筹编制城市总体规划及专项规划，不断整合优化城镇布局。坚持多轴向拓展、网络化开发，推进城区南拓东扩、三区联动，着力构建“一心两轴四片”中心城区，强化核心带动力。加快建设以两县县城及盐边渔门镇、红格镇为副中心，以成昆线为主发展轴，以向西沿市区—渔门、向东沿市区—红格为次发展轴的城镇体系，形成层次分明、布局科学、协同发展的城镇新格局。

二是集中财力抓建设。加快推进花城新区建设，加紧政策制定和拆迁安置，加强资金筹措和招商引资，加快项目报规报建和落地实施，推进已开工的五大项目建设，尽快启动鱼塘至一棵树、大河中学、钒钛园区连接线及干坝塘花城大道和阳光大道双十字路架、三线建设博物馆、商务办公区、新区医院等重点项目建设，迅速形成连片开发的局面。加快实施金沙江沿江景观打造，推进已开工的七大项目，抓紧与电站衔接，力争汛期来临之前开工建设银江电站，抓紧污水管网和堤防配套建设，抓紧实施绿化美化亮化工程，抓紧商业项目包装招商，打造城市滨江新风貌。大力开展生态文明建设，深入推进“五创联动”工作，按照“科学规划、分步实施、逐年攻坚、重点突破、全面推进”的要求，加快建设国家环保模范城市、国家森林城市、国家园林城市、全国文明城市和中国阳光康养旅游城市。

三是创新方式抓经营。引进市场机制，积极探索BT、BOT、银行融资、信托融资等模式，破解城建资金难题。做活土地文章，促进土地和部分基础设施使用权、经营权有偿出让和有序流转，吸纳多元资本参与城市建设。创新推进城市营销，举办高质量、有影响的节庆会展、体育赛事、宣传推介等活动，增强城市聚合资源能力，提高城市品牌附加值。

四是以人为本抓管理。理顺管理体制，形成统筹协调、分级负责、以块为主、齐抓共管、全社会共同参与的城镇管理新格局。整合公安、城管、安监、消防、卫生、环保等力量，建立集监控、调度、指挥为一体的管理服务和应急指挥平台，实现数字化城市管理。加快供水、排水、供气、供电及垃圾处理等公用设施建设管护，开展交通秩序、环境卫生、违章建筑等专项整治，不断提高城镇环境质量和宜居指数。

3. 坚持不懈地打好区域交通枢纽建设的硬仗，在构建四川南向开放门户上形成新格局

加快完成丽攀高速、新密地大桥、机场地质灾害综合治理及倮果、巴关河等大桥病害整治等一批重大项目；加快开工建设成昆铁路新线、三堆子大桥、鱼塘高速出口至机场路连接线等一批重大项目；加快推进攀枝花综合客运中心、沿江快速通道西区段、钒钛产业园区快速通道等一批重大项目建设，深化国省干线公路改扩建三年攻坚活动。加快谋划储备攀宜沿江高速、丽攀遵铁路、金沙江航道等一批关系长远的重大项目，扎实做好攀枝花—大理、攀枝花—盐源、绕城高速公路和钒钛园区至金河跨江大桥前期工作，加快城市过境通道布局建设，全面提高骨干和支线公路通行衔接能力，着力构建立足攀西、辐射川滇、水陆空兼备的综合交通运输体系。

4. 坚持不懈地打好农业发展和新村建设的硬仗，在建设国家现代农业示范区上取得新进展

一是加快完善基础设施。大力推进马鞍山、梅子箐、跃进水库灌区节水配套改造等中小型水库、微型水利设施和地下水资源利用等设施建设，加强防汛抗旱减灾能力建设。大力改造中低产田，开发利用后备耕地资源，切实保护耕地。推进农村地区尤其是边远民族地区交通建设，确保2015年实现全部乡镇和行政村通村公路全硬化。

二是大力发展特色产业。优化种养结构和区域布局，高水平建设优质水果、早春蔬菜、畜牧水产、优质烤烟和林业生物等特色农业基地。大力推进国家现代农业示范区建设，积极扶持专业合作组织和龙头企业，加强农业科技和机械作业推广，健全农产品销售、加工、配送、包装、储运等一条龙服务，推动农业产业化、集约化、标准化发展。

三是全面推进新村建设。按照“依山就势、错落有致、适度集中”和“道路标美化、产业特色化、房屋标准化、庭院优美化、公共服务城镇化”的要求，重点抓好“一水二路三产业四增收五新村六旅游”，全域全程推进新村建设。重点做好第二轮省级成片推进示范县、市级示范片建设工作，突出抓好西攀高速沿线、二滩环线、边远民族地区新村和16个旅游新村建设。

5. 坚持不懈地打好全国著名阳光休闲康养旅游目的地的硬仗，在推动服务业大发展上取得新成效

一是加快发展旅游经济。高起点、高层次重点打造二滩、阿署达、普达、红格等旅游产业项目群。围绕“吃、住、行、游、购、娱”六大要素，完善服务设施，提升旅游内涵，强化接待服务能力。加强区域旅游合作，积极融入大香格里拉旅游圈。加强营销推广，办好欢乐阳光节、金芒果节、石榴节等旅游节庆活动，努力拓展旅游市场。

二是加快发展康养产业。加强与省内外养生科研机构和协会、老龄委、老干部局、养老院的战略合作，整合政府公共服务和社会养老服务资源，以运动、健身、休闲、度假、养生养老为主要内容，做大做强以冬季度假为主体的阳光康养产业。

三是加快发展服务业。积极发展现代物流、金融保险、信息网络、商业服务等生产性服务业和教育医疗、休闲健身、餐饮娱乐等生活性服务业，重点推进“五园区”“三中心”“两平台”等物流项目建

设，支持国有商业银行和攀枝花商业银行、农村商业银行加快发展，规划建设一批特色商贸城、商业街、专业市场，构建大商贸、大流通格局，不断提升我市区域辐射聚集、配套服务能力。

6. 坚持不懈地打好民生改善和社会事业发展的硬仗，在建设幸福攀枝花上迈出新步伐

一是千方百计提高居民收入。大力实施居民收入倍增计划，重点突出农村居民、企业职工、中低收入者和困难家庭“四个群体”，积极拓宽创业、就业、社保、投资和帮扶“五大渠道”，完善富民增收长效机制。健全服务和援助体系，保障劳动者充分就业，新增城镇就业1.5万人，城镇登记失业率控制在4%以内。深入推进创业型城市建设，鼓励支持自主创业和自谋职业。重点针对边远民族地区，坚持“输血”和“造血”并举，加大对口帮扶、产业拉动、基础设施和新村建设力度，加快改善农民生产生活条件。

二是大力提升社会保障水平。积极推进以养老、医疗、失业、工伤和生育保险为主体的社会保障体系建设；加快完善由新型农村养老保险、新型农村合作医疗和最低生活保障组成的农村社保体系；推动城乡社保扩面提标，由基本保障型向福利普惠型转变。加大扶贫攻坚力度，进一步扩大城乡低保、城乡医疗救助、临时救济、社会互助等救助范围，突出抓好边远民族地区扶贫开发，让困难群众生活得到有效保障，尽快解决全面建成小康社会的“短板”。

三是着力解决民生基本问题。坚持教育优先发展，统筹推进各级各类教育健康均衡发展。加快攀西职业病防治中心、花城新区医院和乡村医疗站所等机构建设，建立覆盖城乡的医疗卫生服务体系。加强保障性住房建设，加快推进棚户区改造、公租房建设等项目，确保完成省下达的建设任务。努力保持物价基本稳定，确保居民消费价格指数控制在4%以内。积极实施文化强市战略，大力推进社会主义核心价值体系建设，丰富群众精神文化生活，提高公民道德素质，切实做好文化惠民工作。

四是全力以赴维护社会稳定。加强和创新社会管理，着力健全党委领导、政府负责、社会协同、公众参与、法制保障的社会管理体制，提高社会管理科学化、精细化水平。充分发挥市民热线、效能热线等载体功能，切实提高矛盾纠纷源头处理、动态调解和应急处置能力。加强治安防控体系建设，严厉打击违法犯罪活动。健全公共安全监管体系，加快构建本质安全型城市，积极建设全国综合减灾示范社区。时刻警钟长鸣，毫不松懈地抓好生产安全、食品安全、消防安全、交通安全、环保安全的监督管理，确保不发生重特大安全责任事故。

（二）坚定不移地深化改革开放，不断增强经济社会发展的动力与活力

一是加快推进各项改革。按照城乡一体化的要求，加快推进户籍制度、社保制度、公共服务制度、产权制度、规划建设制度、社会管理制度改革，健全统筹城乡发展的体制机制。完善现代企业制度，优化企业资产结构，提高管理和营运水平。坚持市场化改革方向，深化金融财税融资体制改革，更好地发挥市场配置资源的基础性作用，努力拓宽投融资渠道。以行政审批制度改革为重点，稳步推进行政体制改革，健全完善公共财政管理体制。加快文化、教育、医药卫生、就业和社会保障等社会事业领域改革，努力形成利于公益、服务社会、推动发展的生动局面。

二是全面扩大对外开放。进一步深化区域合作，加强与长三角、珠三角、环渤海等发达区域的交流与合作。围绕加快建设四川南向开放门户，依托川滇黔12市地州峰会合作平台，在基础设施建设、资源开发、旅游文化等方面加强与周边地区的战略合作。积极谋划重大区域合作活动，主动融入成渝经济区、昆明经济带，密切与省内外各地的合作，借助云南桥头堡建设，广泛参与中国—东盟自由贸易区的合作。精心组织参加西博会、昆交会、珠洽会等经济活动，不断拓展合作领域，主动承接产业转移，扩大对外开放成果。

三是突出抓好招商引资。坚持政企联动、群专结合，采用中介代理招商、专业化招商、以商招商和利用现代信息手段招商等方式，提高招商引资实效。加大小分队驻点招商工作力度，出台最优政策、安

排最强力量，实施最严考核，以开放性的思维、市场化的眼光、企业家的意识、艺术家的浪漫，大招商、招大商。按照保姆式服务要求细化招商方案，不断优化投资环境，积极打造零障碍、低成本、高效率的服务体系，努力营造重商、亲商、惠商的良好环境。

（三）坚定不移地加强和改进党的建设，为加快发展提供坚强的政治保证

一是加强民主政治建设，凝聚强大合力。坚持和完善人民代表大会制度、中国共产党领导的多党合作和政治协商制度，支持人大及其常委会依法履行职能，充分发挥人民政协政治协商、民主监督和参政议政的职能作用。巩固和壮大新时期最广泛的爱国统一战线，加强同民主党派和无党派人士的合作共事。支持工会、共青团、妇联、科协、工商联等人民团体依照法律和各自章程开展工作。坚持依法治国方略，推进依法治市进程，认真做好依法执政、依法行政、公正司法的各项工作。加强城乡基层政权建设，逐步扩大公民有序政治参与的范围和途径。切实加强新形势下民族、宗教、对台、侨务和保密等工作，一如既往地抓好老干部工作。坚持党管武装，加强“双拥”工作，积极支持驻攀部队建设，巩固和发展军政军民团结。

二是强化思想理论武装，推进思想解放。坚持“为民、务实、清廉”准则，认真贯彻执行中央政治局关于改进工作作风、密切联系群众的八项规定，不断加强作风建设，把心思放在工作上，把感情投在民生上，把力气用在工作落实上。以开展“思想大解放，作风大转变，工作大落实”主题教育活动为抓手，深入贯彻落实科学发展观，着力构建解放思想的长效机制，在思想解放中凝聚共识、在思想解放中改革创新、在思想解放中跨越赶超，以思想大解放引领经济大发展。

三是创新选人用人机制，鲜明实干导向。紧扣科学发展需要，大胆起用一批眼界宽、思路活、脑子灵的开拓者，懂经济、晓市场、善经营的创业者，顺时应势、敢试敢闯、开拓进取的领头雁，埋头苦干、身体力行、励精图治的实干家，向庸者懒者说不，向散者慢者问责，让能干事者有机会、干成事者有舞台，不让老实人吃亏，不让投机钻营者得利，重点打造在急难险重工作一线抓攻坚、在招商引资工作一线抓开放、在边远民族地区一线抓发展、在群众信访工作一线抓稳定的干部队伍。深化干部人事制度改革，不断扩大公推公选、公推直选范围，大力培养选拔年轻干部，加大少数民族干部、妇女干部、党外干部选拔力度，形成人心思进、你追我赶的生动局面。

四是推进基层组织建设，夯实执政基础。改进党员发展工作，优化党员队伍结构，提升党员队伍整体活力和战斗力。以“三级联创”活动为载体，突出为民服务中心抓手，全面推进机关、企业、农村和社区基层组织建设。健全教育、管理和服务党员长效机制，完善党内激励、关怀、帮扶机制，做好流动党员教育管理服务。创新基层党组织设置模式，加快推进非公有制经济组织、新社会组织党建工作，扩大党组织覆盖面。深入开展“领导挂点、部门包村、干部帮户”和“百千万·干群心连心”活动，建立健全党建惠民的长效机制。

五是深化党风廉政建设，永葆清廉形象。坚持“标本兼治、综合治理、惩防并举、注重预防”的方针，全面推进惩治和预防腐败体系建设，严格执行党风廉政建设责任制，加强反腐倡廉宣传教育，严厉查办违法违纪案件，做到干部清正、政府清廉、政治清明。严明政治纪律，凡是对市委、市政府的决策部署和工作安排有令不行、有禁不止的，拖着不办、顶着不干的，阳奉阴违、敷衍塞责的，坚决予以查处，以铁的纪律保证中央、省委、市委的各项决策部署落到实处。

六是优化督查考评机制，强化工作执行。严格目标管理，逐级签订目标责任书，把抽象指标分解落实到每一件实事、每一个项目、每一项工程，落实到每一个单位、每一个人头，规定完成的时限、质量和标准。建立健全督查考核机制，加强对重点工作的交办、催办、督办、查办，做到工作推进到哪里，督查考核就跟进到哪里。严查不落实的人和事，通过查不落实推动落实，查不作为推动作为，查不勤廉推动勤廉。

各位委员、同志们，在严峻复杂的2012年，我们齐心协力攻难关，取得可喜的成绩。在充满希望的2013年，我们更需集中全力打硬仗，续写辉煌的篇章。让我们紧密团结在以习近平同志为总书记的党中央周围，以十八大精神为指引，高举中国特色社会主义伟大旗帜，深入贯彻落实科学发展观，解放思想、坚定信心、振奋精神、顽强拼搏，奋力推进全市经济社会发展新跨越，为在全省率先全面建成小康社会而努力奋斗！

在市九届人大二次会议闭幕会上的讲话

2013年1月14日

市九届人大二次会议，经过全体代表和与会同志的共同努力，圆满完成了各项任务，即将胜利闭幕。大会审议通过了市人民政府、市人大常委会以及“两院”和计划、预算等工作报告，依法选举了2名市人大常委会委员，选举产生了26名出席省十二届人代会的代表。会议期间，与会代表牢记人民重托，以高度的历史责任感和饱满的政治热情，认真履行职责，共商跨越大计，共谋发展良策，就推动攀枝花更好更快发展提出了一系列真知灼见。会议开得很成功，集中展现了与会同志争先进位的精神风貌，充分反映了全市人民跨越提升的壮志豪情，是一次统一思想、明确目标的大会，是一次集中民智、集思广益的大会，更是一次鼓舞人心、催人奋进的大会。大会的成功召开，必将对我市实施”三个加快建设”、推进“三个走在全省前列”、打好“六大硬仗”产生积极而深远的影响。在此，我代表中共攀枝花市委，向大会的圆满成功、向新当选的省人大代表、市人大常委会委员，表示热烈的祝贺！向来自全市各条战线的人大代表，向为攀枝花改革发展稳定做出贡献、付出辛劳的全市人民，致以亲切的问候和崇高的敬意！同时，衷心希望新当选的省人大代表和市人大常委会委员，牢记宗旨、不辱使命，以高度的责任感和饱满的热情投入工作，认真履行职责，不断把组织的期望和全市人民的重托转化为实实在在的工作成果。

各位代表，同志们！

刚刚过去的2012年，是很不寻常、很不平凡的一年，也是攀枝花历经考验、攻坚克难的一年。一年来，全市上下牢牢把握主题主线，深入贯彻落实科学发展观，坚定信心、振奋精神，团结拼搏、务实进取，积极应对严峻复杂的宏观经济形势和主导产业市场疲软、效益下滑的困难局面，努力化解“8·29”事故带来的负面影响，大力实施“三个加快建设”，大力推进“三个走在全省前列”，全力打好“六大硬仗”，实现了经济社会持续快速发展，全市上下呈现出众志一心谋发展、加压奋进克难关、创新实干求突破的良好局面。预计全年完成地区生产总值730亿元以上，增长13.5%以上；实现地方财政收入82.94亿元，增长17.9%；完成固定资产投资463.2亿元，增长20.8%；城镇居民人均可支配收入和农民人均纯收入分别达到22500元、8700元，分别增长14%。总的来看，主要经济指标均高于全省平均水平，圆满完成了年初市人代会确定的目标任务，攀枝花的发展站在了新的更高起点上。

在去年严峻复杂的宏观形势下，能够取得这样的成绩，实属来之不易。这是在省委、省政府的正确领导下，全市人民同心同德、奋力拼搏、真抓实干的结果，其中也凝结着全市各级人大、各位代表的聪明才智和辛勤汗水。一年来，各级人大和人大代表，始终坚持在市委的领导下，围绕中心、服务大局，认真履行职责，扎实开展工作，实现了人大各项工作创新发展、监督成效更加显著、代表工作日益完善、自身建设全面加强、履职水平不断提高，为全市经济社会又好又快发展发挥了重要作用。借此机会，我代表市委向你们表示衷心的感谢并致以崇高的敬意！

各位代表，同志们！

2013年，是全面贯彻落实党的十八大精神的开局之年，也是打好“六大硬仗”的攻坚之年，更是为在全省率先全面建成小康社会奠定坚实基础的重要一年。做好今年工作，任务艰巨，意义重大。前不久，市委召开了九届四次全会暨经济工作会议，确定了“稳中快进，提质增效，争先进位，跨越提升”的工作基调，并对今年全市各项事业发展做出了总体部署。这次会议，张剡市长所做的政府工作报告进一步细化、量化了全年的目标、任务和措施，并通过法定程序转变为了全市人民的共识，为我们新一年的工作指明了方向。发展为了人民，发展离不开人民，发展必须依靠人民。推动攀枝花争先进位、跨越提升，还需要进一步挖掘全市人民干事创业的潜能，还需要更加广泛地调动全市干部群众务实进取的积极性和创造性，还需要在全市上下进一步解放思想、转变作风、强化执行。

市委九届四次全会暨经济工作会全面总结分析了攀枝花发展面临的机遇和挑战，特别指出了我们工作中还存在着的突出问题和不足：一是经济总量还不大，“发展不足、发展不够、发展不充分”仍然是我市最大的实际，在5年内跃进全省“1500亿经济方阵”的难度还很大。二是创新驱动能力不足，经济增长方式粗放，产业层次较低，缺乏产业高端和产品高端。三是农业生产基础还比较脆弱，农民持续增收难度较大。四是基础设施欠账较多，特别是交通枢纽建设任重而道远。五是安全生产形势不容乐观，安全责任落实还需加强，社会主义新矿山建设才刚起步。六是区域发展不平衡，边远民族地区依然十分贫困，不少群众生活还很困难。七是一些干部思想不够解放，“精气神”不足，作风不务实，工作不落实；一些领域消极腐败现象还比较突出。面对这些问题和不足，我们必须始终保持清醒的头脑，必须进一步增强发展意识、责任意识、创新意识、实干意识和服务意识，顽强拼搏、百折不挠，攻坚克难、务实进取，通过全市人民包括在座各位人大代表的共同奋斗，努力让攀枝花发展得更好一些、更快一些，以扎实的工作、卓越的业绩回报省委、省政府和全市120万人民对我们的期望、信任和重托。

各位代表，同志们！

当前，攀枝花正处于逆水行舟、不进则退的关键时刻，正处于稳中快进、跨越提升的重要阶段，实现年度目标任务、为在全省率先全面建成小康社会打好基础，需要全市各级各部门携手共进、苦干实干，更需要全体人大代表积极参与、鼎力支持。希望全市各级人大和人大代表，紧紧围绕市委决策部署和本次大会精神，高举发展旗帜，凝聚发展力量，充分发挥作用，切实履行职能，为推动我市经济社会跨越发展多做贡献、再立新功。

第一，要牢牢把握全市总体工作基调，努力在推进科学发展上做出新贡献

紧紧围绕党委中心工作，充分发挥人大的优势和作用，是人大工作必须始终坚持的一条基本原则。“稳中快进、提质增效、争先进位、跨越提升”，是今年全市工作的总体基调，是我们做好各项工作必须牢牢把握的基本要求。各级人大和人大代表要牢牢把握这个总体基调和基本要求，找准人大工作与中心工作的结合点，在全市工作大局中勇挑重担、主动作为，真正把职务当成责任来看，把工作当成事业来干，把心思集中在“想干事”上，把胆识体现在“敢干事”上，把能力展示在“会干事”上，把追求落实在“干成事”上，紧紧围绕市委重大决策部署，突出产业支撑、投资拉动、“四化”同步、统筹城乡、改善民生，大力推进“三个加快建设”“三个走在全省前列”，奋力打好“六大硬仗”，全力促进攀枝花经济持续快速发展、社会更加和谐稳定，朝着在全省率先全面建成小康社会的目标奋勇前进。

第二，要大力弘扬密切联系群众的优良作风，努力在促进社会和谐上展现新成效

实现好、维护好、发展好人民群众的根本利益是我们一切工作的出发点和落脚点，也是各级人大义不容辞的责任。要充分发挥人大代表广泛联系群众的优势，带头深入基层，深入群众，深入实际，把工作的着力点放到研究解决当地发展的重大问题上来，放到维护人民群众切身利益上来，坚持问政于民、问需于民、问计于民，使人大工作更好地顺应民心、反映民意、贴近民生，使人大代表真正成为立足本

职、敬业奉献的模范，顾全大局、团结协作的模范，维护法律、遵纪守法的模范，牢记宗旨、为民服务的模范，切实推动各项民生工作的落实，努力促进社会更加和谐稳定。

第三，要始终坚持党对人大工作的领导，努力在依法履行职能上取得新成绩

人民代表大会制度是我国的根本政治制度，人大工作是党的全局工作的重要组成部分。全市各级人大要把坚持党的领导、人民当家做主和依法治国有机统一起来，自觉把人大工作纳入党委工作的总体布局，主动使人大工作服从和服务于全市改革发展稳定大局，做到人大工作与党委要求思想统一、目标一致、行动一体。要坚持把依法治市、建设法治攀枝花作为神圣使命，严格依法履行职责，保证宪法和法律法规的正确实施。要加强对“一府两院”的监督，促进依法行政和公正司法。要依法行使人事任免权，正确处理党管干部原则与人大常委会依法任免干部的关系，切实按照法律程序和规定办事。同时，各级党委也要高度重视和支持人大工作，努力为人大和人大代表履行职能创造良好的环境。

第四，要不断加强自身建设，努力在提升工作能力和履职水平上实现新突破

人民群众把信任和选票给了我们，也把责任和期盼给了我们。各级人大和人大代表要不断加强自身建设，切实提高履职尽责的能力和水平。人大代表要珍惜荣誉，积极顺应人民群众新期盼、适应人大工作新形势，切实改进学风，加强学习，不断提升思想认识水平和精神境界，始终站在时代发展的潮头浪尖，始终保持人大代表的先进性。人大及其常委会要坚持工作创新，紧密结合正在开展的“三大主题”教育活动，积极创新工作思路，切实改进工作方法，着力提高会议质量、议事能力和审议水平，不断增强服务经济社会发展的工作实效，真正使人大工作在不断开拓中发展、在不断创新中提高，努力把全市各级人大及其常委会建设成为忠实代表人民利益，更加富有生机与活力，公正、廉洁、高效的地方国家权力机关。

各位代表，同志们！

党的事业重于泰山，人民重托不容懈怠。让我们紧密团结在以习近平同志为总书记的党中央周围，高举中国特色社会主义伟大旗帜，深入贯彻落实科学发展观，不断解放思想，坚持开拓创新，奋力推动科学发展，全力促进社会和谐，为在全省率先全面建成小康社会而努力奋斗！

新春佳节即将来临，借此机会，我代表市委向全体代表和各位同志提前拜个早年，祝大家春节愉快，身体健康，阖家幸福！

在市政协八届二次会议闭幕会上的讲话

2013 年 1 月 15 日

元旦刚过，新春将至。在这辞旧迎新的喜庆时期，攀枝花市政协八届二次会议，经过全体委员和与会同志的共同努力，圆满完成各项议程，就要胜利闭幕了。这次会议开得既隆重热烈，又务实高效。会议期间，大家以饱满的政治热情和强烈的历史使命感，围绕推进攀枝花发展，积极建言献策，提出了大量具有建设性的意见建议，取得了丰硕的成果，对于全市上下进一步统一思想、凝聚力量、形成共识，推动攀枝花新一轮跨越发展，具有重大而深远的意义。在此，我代表中共攀枝花市委，向大会的胜利召开，表示热烈的祝贺！向全体政协委员和与会同志们，表示衷心的感谢并致以崇高的敬意！

刚刚过去的2012 年，是攀枝花发展史上很不寻常、很不平凡的一年。一年来，在省委、省政府的正确领导下，全市上下深入贯彻落实党的十八大、省第十次党代会和市委九届三次全会精神，积极应对严峻复杂的宏观经济形势和主导产业市场疲软、效益下滑的困难局面，有力化解“8·29”事故带来的负

面影响，紧紧围绕大力实施“三个加快建设”、大力推进“三个走在全省前列”、全力打好“六大硬仗”的工作思路，稳中求进抓工业，强化措施抓城建，攻坚克难抓交通，统筹城乡抓新村，多措并举抓旅游，创新方式抓开放，排忧解难抓民生，痛定思痛抓安全，协调各方抓合力，率先垂范抓党建，实现了经济社会持续快速发展。预计全年完成地区生产总值730亿元以上，增长13.5%以上；实现地方财政收入82.94亿元，增长17.9%；完成固定资产投资463.2亿元，增长20.8%；实现城镇居民人均可支配收入22500元、农民人均纯收入8700元，分别增长14%左右，为我市在全省率先全面建成小康社会奠定了坚实基础。

成绩来自砥砺奋进，发展源于上下同心。这些成绩的取得，归功于党中央、国务院和省委、省政府的坚强领导，归功于全市干部群众的团结拼搏、真抓实干，归功于各级政协组织、各民主党派、工商联、无党派人士、各人民团体的鼎力支持、全力参与。回首一年的朝夕奋斗，大家始终洋溢着“团结”的气氛。全市各级政协组织和全体政协委员，始终高举中国特色社会主义伟大旗帜，牢牢把握团结和民主两大主题，坚持与市委在思想上同心，在目标上同向，在行动上同行，形成了攀枝花加快发展的生动活泼、团结一心的强大合力。回首一年的朝夕奋斗，大家始终燃烧着“争先”的激情。全市各级政协组织和全体政协委员，按照市委的要求，不忘人民重托，认真履行职责，努力发挥协调关系、汇聚力量、建言献策的重要作用，奋力推进政协工作争先进位，实现了服务大局有高度、建言献策有强度、团结联合有广度，有力推进了全市整体工作欣欣向荣、跨越提升。回首一年的朝夕奋斗，大家始终充满着“创新”的活力。全市各级政协组织和全体政协委员始终坚持围绕中心、服务大局，不断创新政治协商、民主监督、参政议政的思路和方式，在沟通上下关系、搭建科技平台、改善民计民生、化解社会矛盾等方面，做了大量卓有成效的工作，有力促进了全市经济社会又好又快发展。回首一年的朝夕奋斗，大家始终保持着“实干”的精神。全市各级政协组织和全体政协委员，不分一线二线，以强烈的主人翁责任感，坚持苦干实干，勇挑发展重担，在“三个加快建设”“六大硬仗”的战场上，充分发挥人民政协的政治优势，既当“监督员”又当“战斗员”，提出具有建设性的提案254件，形成高质量的调研报告16份，为全市经济社会发展做出了应有贡献。在此，我代表中共攀枝花市委，向市政协和全体政协委员，向所有关心支持攀枝花改革发展的各界朋友，表示衷心的感谢！

各位委员、同志们，

成绩属于过去，经验弥足珍贵，历史的车轮总是在不断前进，新的形势、新的任务赋予了我们新的使命、新的责任。2013年，是我们全面贯彻落实党的十八大精神的开局之年，是实施“十二五”规划的关键一年，是打好“六大硬仗”的攻坚之年，是为在全省率先全面建成小康社会奠定坚实基础的重要一年。站在新的发展起点上，我们必须继续保持“团结”的气氛、“争先”的激情、“创新”的活力、“实干”的精神，不断开创攀枝花加快发展、科学发展新局面。

一、认清形势，提高认识，切实增强加快发展的责任感和使命感

去年12月，中央和省委相继召开了中央经济工作会和省委经济工作会，对当前的发展形势进行了深刻分析，对今年的经济工作进行了研究部署。

纵观国际国内形势，世界经济进入深度转型调整期。我国发展仍处于大有可为的重要战略机遇期，国内经济企稳回升趋势明显，外资西进、内资西移步伐加快，西部快速发展态势日益显现。党的十八大立足当今世界和当代中国发展大势，明确提出了到2020年全面建成小康社会的宏伟目标，科学确立了经济建设、政治建设、文化建设、社会建设、生态文明建设“五位一体”的中国特色社会主义建设总体布局，昭示了建设富强、民主、文明、和谐、美丽中国的坚强决心。中央继续把“稳中求进”作为今年经济工作的总体基调，把提高增长质量和效益作为经济工作的中心，并辅之以“宽财政、稳货币”的宏观经济政策，下决心推动发展模式向“质量效益型”深刻转变，传递出稳增长、转方式、促发展、惠民生的强烈信号。

立足全省发展大局，四川正处于工业化和城镇化双加速时期，加快发展有基础、有条件、有支撑，省委将“科学发展、加快发展”作为今年经济工作的总体基调，明确提出全省要坚持主题主线，努力保持一个较快的发展速度，保持追赶跨越态势；提出要推进多点多极城市发展战略，5 年之内要培育 10 个 2000 亿城市、5 个 1500 亿城市，大力推动四川由西部经济大省向全国经济强省迈进，为我们加快提升综合竞争实力和在全省发展格局中的战略地位，带来了重大利好消息。

审视攀枝花自身发展，在历届市委、市政府的坚强领导下，经过几代建设者的艰苦奋斗，我们已经取得令人瞩目的发展成就，为加快发展奠定了坚实基础；经过过去一年的共同努力，我市“三个加快建设”“三个走在全省前列”“六大硬仗”已经全面铺开，各类发展规划已经制定出台，一大批急难险重任务正加紧实施，一系列重大决策正在落实并发挥效应，一大批项目即将竣工投产见效；特别是国家《钒钛资源综合利用和产业发展“十二五”规划》已经出台，攀西战略资源创新开发试验区即将获批，一系列利好政策将接踵而至，必将为我市科学发展、加快发展开辟广阔的空间，我们迎来了一个十分难得而又大有可为的重大机遇期。

看到发展机遇的同时，我们在发展中所面临的挑战和困难也不能忽视，具体体现在这几个方面：一是国际经济形势依然错综复杂。当前全球经济低速增长态势仍将延续，世界经济的不确定、不稳定因素与国内发展不平衡、不协调、不可持续的突出问题叠加交织，市场有效需求不足和企业生产成本上升、利润下降的矛盾仍很突出，将会给我市经济增长特别是工业增速带来较大影响。二是区域竞争态势将会愈发猛烈。截至去年底，除成都外，全省有 10 个市州 GDP 超过千亿，而攀枝花要到 2014 年才能进入“千亿方阵”。省委经济工作会又提出，要通过五年的努力，力争有 10 个市州 GDP 超过 2000 亿元，5 个市州 GDP 超过 1500 亿元。今后一个时期，各地发展的势头将会越来越猛，区域竞争的态势将会越来越烈。三是自身发展矛盾仍然比较突出。虽然过去取得了很好的发展成绩，但对比起来，我们必须充分看到，“总量小、不协调、欠发达”仍然是我市最大的问题，“发展不足、发展不够、发展不充分”仍然是我市最大的实际，经济发展结构性矛盾、城乡二元结构矛盾、经济发展与环境改善的矛盾还比较突出，给我们推进科学发展带来了巨大的压力。

前不久召开的市委九届四次全体（扩大）会议暨经济工作会议，综合分析研判了当前面临的形势和任务，明确提出当前和今后一个时期，全市上下要抢抓机遇、乘势而上，全力推进经济社会跨越发展，确保 2014 年 GDP 总量突破千亿元大关、2017 年以前达到 1500 亿元，努力跃进全省第二方阵，奋力实现在全省率先全面建成小康社会。2013 年，市委确定的工作基调就是“稳中快进，提质增效，争先进位，跨越提升”，就是要突出产业支撑、投资拉动、“四化”同步、统筹城乡、改善民生，加快推进“三个加快建设”“三个走在全省前列”，继续打好“六大硬仗”，全力促进经济持续快速发展、社会更加和谐稳定，朝着在全省率先建成全面小康社会的目标奋勇前进，实现全市地区生产总值确保增长 13.5%，力争 14% 以上；地方财政收入确保 14% 以上；城镇居民人均可支配收入和农民人均纯收入确保增长 14%，力争 15% 以上。

确定这样的思路和目标，是我们抢抓机遇、加快发展的战略抉择，是提升攀枝花战略地位的迫切要求，是 120 万攀枝花人民的强烈愿望，更是我们攀枝花人“敢为人先”“勇创一流”的现实需要。过去一年的实践已经证明，市委九届三次全会确定的“三个加快建设”“三个走在全省前列”“六大硬仗”的战略部署是符合党的十八大精神和中央、省委工作要求，符合攀枝花发展实际的，已经成为全市上下的共同追求和行动实践，我们必须一张蓝图绘到底，一以贯之抓到底。对 2013 年工作，我们提出“稳中快进，提质增效，争先进位，跨越提升”的总体基调”，“稳”，就是要坚持既定发展思路、战略举措不动摇，稳住加快发展态势，稳住物价总体水平，稳住经济安全底线，稳住安定和谐的社会局面；

“快”，就是要保持较快的发展速度，加快转变经济发展方式，经济总量尽快跃上新台阶，民生和社会事业取得新进步，努力实现各项指标和各项工作在全省争先进位，最终实现全市发展水平跨越提升。只有这样，我们才能真正做到“年年有新变化，三年见大成效，五年上大台阶”，才能在全省率先全面建成小康社会，让全市人民更好地享受发展成果。

二、明确任务，突出重点，继续坚定不移地打好“六大硬仗”

目标催人奋进，历程充满艰辛。我们的每一项战略都事关攀枝花的长远发展，都事关全市人民的幸福生活；我们的每一项战略都是一份沉甸甸的重担，都将面临一道道难关。实施好发展战略，完成好奋斗目标，需要全市上下始终保持奋发有为的精神状态、干事创业的旺盛激情，增强“坐不住”“等不起”“慢不得”的紧迫感和责任感，解放思想，开拓创新，团结拼搏，苦干实干。

一是要坚持不懈地打好资源综合开发利用的硬仗。坚定不移地推进工业强市战略，始终把工业作为全市经济工作的重中之重，坚持“规划是龙头、企业是主体、项目是关键、机制是核心、科研是动力、政策是保障”，加快推进四个转变，全力打造千亿产业、培植百亿企业、建设百亿园区、发展中小企业、扶持上市公司、争创中国名牌，着力把资源优势转化为产业优势、发展优势，不断提升工业发展的整体素质和综合竞争力。大力发展海绵钛、钛锭、钛材、含钒钛耐磨件等优势产业，引导企业开发高技术、高质量、高附加值产品，加强品牌推广和市场营销，提高“攀枝花制造”的美誉度和市场占有率。重点推动富邦1000万件钒钛制动毂、旭鼎10万吨钒钛铸件、翰通100万吨焦化、缅气入攀、桐子林电站等一批项目加快建设，确保云钛钛锭项目、攀钢炼铁厂烧结系统改造等一批项目投产达效。到“十二五”末，力争把钒钛产业园区建成千亿园区，确保攀钢（本部）销售收入突破500亿，钢城集团突破300亿。

二是要坚持不懈地打好建设宜居宜业大城市的硬仗。坚持新区开发与老城提升同步、中心城区和农村集镇共进、完善功能与塑造风貌并重，以花城新区建设和沿江景观打造为抓手，以“五城联创”为载体，全面构筑硬件基础、风貌形象和功能内涵，加快建设宜居宜业百万人口区域中心城市。推进城区南拓东扩、三区联动，着力构建“一心两轴四片”中心城区，强化核心带动力。尽快启动鱼塘至一棵树、大河中学、钒钛产业园区连接线及炳仁线与花城大道和阳光大道双十字路架、三线建设博物馆、新区医院、炳四区安置房等项目，打造城市发展新内核。加快实施金沙江沿江景观打造，推进已开工的七大项目，抓紧与电站衔接，力争汛期来临之前开工建设银江电站，确保创国家环保模范城市和森林城市取得新突破。

三是要坚持不懈地打好区域交通枢纽建设的硬仗。按照“扩展南北，打通东西”的思路，举全市之力推动区域性综合交通枢纽建设，加快构筑畅通高效、方便快捷的现代综合交通体系。加快完成丽攀高速、新密地大桥、机场地质灾害综合治理及倮果、巴关河等大桥病害整治等一批重大项目；加快开工建设成昆铁路新线、三堆子大桥、鱼塘高速出口至机场路连接线等一批重大项目。加快谋划储备攀宜沿江高速、丽攀遵铁路、金沙江航道等一批关系长远的重大项目，扎实做好攀枝花—大理、攀枝花—盐源、绕城高速公路和钒钛产业园区至金河跨江大桥前期工作，加快城市过境通道布局建设，全面提高骨干和支线公路通行衔接能力，着力构建立足攀西、辐射川滇、水陆空兼备的综合交通运输体系。

四是要坚持不懈地打好农业发展和新村建设的硬仗。紧紧抓住建设国家现代农业示范区的机遇，重点抓好“一水二路三产业四增收五新村六旅游”，全域全程推进新村建设。大力推进大竹河水库、跃进水库灌区节水配套改造等中小型水库、微型水利设施和地下水资源利用等设施建设，加强防汛抗旱减灾能力建设。优化种养结构和区域布局，高水平建设优质水果、早春蔬菜、畜牧水产、优质烤烟和林业生物等特色农业基地。重点做好第二轮省级成片推进示范县、市级示范片建设工作，突出抓好西攀高速沿线、二滩环线、边远民族地区新村和16个旅游新村建设。

五是要坚持不懈地打好全国著名阳光休闲康养旅游目的地的硬仗。加快发展旅游经济，积极融入大香格里拉旅游圈，重点打造二滩、阿署达、普达、红格等旅游产业项目群，办好欢乐阳光节、金芒果节、石榴节等旅游节庆活动，努力拓展旅游市场，完善服务设施，强化接待服务能力。整合政府公共服务和社会养老服务资源，以运动、健身、休闲、度假、养生养老为主要内容，做大做强以冬季度假为主体的阳光康养产业。重点推进“五园区”“三中心”“两平台”等物流项目建设，规划建设一批特色商贸城、商业街、专业市场，构建大商贸、大流通格局，不断提升我市区域辐射聚集、配套服务能力。

六是要坚持不懈地打好民生改善和社会事业发展的硬仗。以解决人民群众最关心最直接最现实的利益问题为重点，千方百计提高居民收入，加快完善社会保障体系，着力解决民生基本问题，全力以赴维护社会稳定。重点突出农村居民、企业职工、中低收入者和困难家庭“四个群体”，积极拓宽创业、就业、社保、投资和帮扶“五大渠道”，完善富民增收长效机制。重点针对边远民族地区，坚持“输血”和“造血”并举，加大对口帮扶、产业拉动、基础设施和新村建设力度，加快改善农民生产生活条件。加大扶贫攻坚力度，进一步扩大城乡低保、城乡医疗救助、临时救济、社会互助等救助范围，突出抓好边远民族地区扶贫开发，让困难群众生活得到有效保障，尽快解决全面建成小康社会的“短板”。

三、解放思想，改进作风，以更加昂扬的精神和更加务实的工作推进跨越发展

只有好作风才能带出好队伍，只有好作风才能推进大发展。近年来，市委、市政府一直高度重视干部作风建设，始终把作风建设作为推动经济社会发展的关键环节来抓，锻造了一支政治坚定、顾全大局、作风优良、能打硬仗的干部队伍。应该说，我市干部队伍的主流是好的。但是，对照十八大提出的更高目标，对照攀枝花加快发展的迫切需要，对照我们面临的繁重且艰巨的发展任务，我们也必须清醒地看到我市干部队伍中还或多或少地还存在“怕、满、浮、慢、僵”等不良作风，这也正是目前全市上下正在深入开展的“思想大解放，作风大转变，工作大落实”主题教育活动的原因。开展这“三大主题”教育活动，市委、市政府就是想下决心从思想上、作风上、精神状态上破除制约发展的问题和束缚，使全市上下干事有激情、做事有思路、推进有举措、落实有效率、工作有实效，为推进攀枝花新一轮跨越发展提供坚强的思想和作风保障。

一是破除“怕”字，强化“创新”观念，开拓奋进添活力。坚决破除怕这怕那、怕负责任、怕担风险的“保守”思想，牢固树立“创新”观念，敢于突破陈规陋习和条条框框的束缚，做到“敢”字当先，敢担责任，敢冒风险，敢试敢闯，敢想敢干，敢争一流。

二是破除“满”字，强化“赶超”观念，只争朝夕谋跨越。坚决破除满足于已有成绩、已有现状、已有水平的“自满”思想，知耻而后勇，牢固树立“赶超”观念，把思想从坐井观天、夜郎自大的桎梏中解放出来，对比先进找差距，变压力为动力，变心动为行动，敢与强的比、敢与高的攀、敢与勇的争、敢与快的赛，以强烈的进取精神，咬住发展不放松，奔着目标不停步。

三是破除“浮”字，强化“务实”观念，真抓实干写新篇。坚决破除讲起来头头是道、干起来没有真招的“浮躁”思想，牢固树立“务实”观念，不折不扣落实首问责任制、限时办结制、责任追究制，做到为官一任，就要造福一方，就要知难而进、迎难而上，就要脚踏实地、务实进取，努力在全市形成百姓创家业、能人创实业、干部创事业的生动局面。

四是破除“慢”字，强化“机遇”观念，与时俱进争一流。坚决破除对发展的机遇认识慢、对上面的政策理解慢、对新生事物的接受慢、对工作任务的落实慢的“迟漫”作风，进一步强化机遇观念，善于发现机遇、积极创造机遇、用心把握机遇、切实用好机遇，说了就算，定了就干，干就干好，与时俱进去争创一流，去谱写攀枝花科学发展的新篇章，去谱写无愧青春和人生的新华章。

五是破除“僵”字，强化“市场”观念，广聚资源增动力。坚决破除限于框框、囿于传统、局于一城的“经验主义”，牢固树立“市场”观念，充分发挥市场配置资源的基础性作用，在更宽广的领域，用更开放的办法，向市场寻求经济发展迫切需要的各种经济要素，用市场的办法解决经济发展中的资金、技术、人才等问题，用招商引资、资本运作和信贷投入等各种手段，积累资本，拓宽市场，引进人才、技术和管理，培育竞争优势，更好地服务社会、服务企业、服务发展。

心存忧患，方能从容应对挑战；破除障碍，才能始终走在时代前沿。市委希望，全市各级政协组织在积极开展自身“三大主题”教育活动的同时，更要充分发挥民主监督的职能和政协委员来自各个方面的优势，协助我们各级各部门，深入查找思想、作风和精神状态上存在的问题，敢于揭短，敢于亮丑，共同消除“怕、满、浮、慢、僵”等现象，共同破解约束我们的一系列发展难题，建诤言、当诤友，弘扬正气，形成合力，构建全市上下咬定目标不放松、众志成城谋跨越的大好局面，为攀枝花争先进位、跨越提升提供强大的干部基础和浓厚的舆论氛围。

四、突出优势，发挥职能，不断提高政协工作科学化水平

伟大的事业需要广泛的团结，广泛的团结创造伟大的业绩。人民政协是中国共产党领导的多党合作和政治协商的重要机构，具有广泛的政治影响、独特的自身优势和不可替代的重要作用，在推动加快发展、科学发展的征程中，人民政协重任在肩、使命光荣。希望全市各级政协组织和广大政协委员认清形势、明确任务，紧紧围绕市委决策部署，牢牢把握团结、民主两大主题，履行政治协商、民主监督、参政议政职能，积极建言献策，广泛凝聚力量，更好地服务和推进幸福攀枝花建设。

第一，要充分发挥群贤汇聚、智力密集的人才优势，在服务发展上取得新成效。人民政协人才荟萃、智力密集，素有“人才库”和“智囊团”之称。要紧紧围绕市委、市政府中心工作，围绕经济社会发展的大事要事，围绕人民群众关心的热点难点问题，多建科学发展之言，多献富民强市之计，多谋跨越发展之策，在更大范围统一思想、凝聚共识，在更高层次参政议政、履行职责，努力把政协的人才优势和智力优势转化为工作优势，以实际行动助推攀枝花更好更快发展。

第二，要充分发挥联系面广、包容性强的组织优势，在凝聚合力上取得新成效。众人拾柴火焰高，合力摇桨开大船。团结和民主始终是人民政协要牢牢把握的两大主题。人民政协作为大团结大联合的组织，既要做建设幸福攀枝花的参与者、支持者、实践者，又要坚持发扬民主、增进团结。要切实把各界人士的思想统一到市委的部署要求上来，努力做好联系群众、服务群众、团结群众、组织群众的工作，最大限度地把各方面的积极性和创造性调动起来，最大限度地把各方面的智慧和力量凝聚起来，多做沟通思想、解疑释惑、增进团结的工作，为攀枝花改革发展减少阻力、增加动力、形成合力。

第三，要充分发挥民主监督、参政议政的职能优势，在发展民主政治上取得新成效。人民政协作为社会主义民主的重要形式，只有牢牢把握团结、民主两大主题，才能不断增强亲和力、感召力、凝聚力。要坚持民主协商、平等议事、求同存异、体谅包容的原则，进一步扩大团结面、增强包容性，不断加强同各党派、各团体、各民族、各阶层人士的联合，促进政党关系、民族关系、宗教关系、阶层关系和海内外同胞关系的和谐。要坚持和完善建议案、提案、视察、反映社情民意等有效监督形式，把工作做深、做细、做实，不断增强民主监督的实效。

第四，要充分发挥协调关系、化解矛盾的独特优势，在促进社会和谐上取得新成效。要充分发挥政协委员来自基层、贴近群众的优势，进一步拓展上情下达、下情上传的渠道，不仅让市委、市政府及时了解各界别、普遍性的社情民意，也要让老百姓深入理解和支持市委、市政府的决策部署，使建设幸福攀枝花成为全市上下的自觉行动。要围绕群众思想认识的困惑点、利益关系的交织点、现实矛盾的易发点，积极做好教育引导、协调关系、理顺情绪、化解矛盾工作，促进社会和谐稳定。

第五，要强化创新意识、提升履职能力，在加强自身建设上取得新成效。各级政协组织要主动适应形势任务的新要求，积极探索开展界别活动的新方法新途径，充分调动各界别委员参政议政的积极性。要加强政协委员队伍建设，着力提高各位委员的履职能力，尊重委员首创精神、维护委员民主权利，鼓励和引导委员深入实际、走向基层、贴近群众，在报效社会、服务人民的实践中施展才华。广大政协委员要切实发挥在本职工作中的带头作用、政协工作中的主体作用、界别群众中的代表作用，自觉树立和展示政协委员良好形象。要切实加强政协机关建设，着力增强全局观念、服务意识，增强统筹协调和综合服务能力，为人民政协有效履行职能提供有力保障。

政协工作是党的工作的重要组成部分。各级党委要切实加强和改进对人民政协工作的领导，把政协工作摆在全局工作的重要位置，主动开展政治协商，虚心接受民主监督，认真办理政协提案，积极采纳意见建议，确保人民政协政治有地位、建言有机会、出力有舞台、工作有作为。要加强政协组织机构建设，关心政协委员、政协机关干部成长进步，为人民政协履行职能、开创新的工作局面创造更好的条件。

各位委员、同志们：

攀枝花新一轮跨越发展的目标召唤着我们，置身于政协会议的庄严殿堂，一种历史的使命感愈加深重，一种发展的紧迫感愈加强烈。让我们携起手来，紧密团结在以习近平同志为总书记的中共中央周围，高举中国特色社会主义伟大旗帜，以邓小平理论和“三个代表”重要思想为指导，深入贯彻落实科学发展观，同心同德，开拓进取，共同开创全市经济社会发展新局面，为攀枝花在全省率先全面建成小康社会而努力奋斗！

新春佳节即将来临，借此机会给大家拜个早年，预祝各位委员、各位同志和全市各族人民新春快乐，身体健康，阖家幸福，万事如意！

在全市县区工作暨“急难险重”任务推进会上的讲话

2013 年 2 月 27 日

“一年之计在于春”，在全市上下奋力夺取“开门红”之际，市委决定用两天的时间组织召开县区工作暨“急难险重”任务推进会，主要任务是：深入贯彻落实中央、省委经济工作会议和市委九届四次全会精神，全面检阅三区两县工作，认真总结 2012 年“急难险重”工作，安排部署今年重点项目建设任务，动员全市上下进一步坚定信心、振奋精神、攻坚克难、务实进取，全力谱写攀枝花加快发展、跨越发展新篇章。

昨天下午和今天上午，我们花了整整一天的时间，现场参观了 8 个点，都是去年确定的 10 大类、56 项“急难险重”任务的内容。这些点里面，既有城市建设项目，也有产业发展项目；既有新农村建设项目，也有旅游发展项目；既有事关经济社会发展的项目，也有涉及民生改善的项目；既有有利于改善城市近期形象的项目，也有为攀枝花长远发展打基础的项目。大家一路看，一路议，一路想，应该都深有体会、深有感触。

应该说，去年“急难险重”任务下达后，从市委、市政府领导到县区、部门的同志，大家都紧紧围绕市委中心工作，发挥优势、突出特色，找准突破口、打好攻坚战、唱好拿手戏，抓出了实实在在的成效。这些项目，不管是工业项目还是旅游项目，不管是城市建设还是新村建设，都让我们真切地看到了攀枝花的变化和希望，都经得起历史的检验，也一定会受到人民群众的欢迎和肯定。事实证明，市委、市政府关于 10 大类 56 个“急难险重”项目的决策是正确的，攀枝花的干部队伍是一支作风务实、敢打硬仗、能打胜仗、能干出一流业绩的高素质干部队伍。借此机会，我代表市委、市政府，向为完成“急难险重”任务付出辛勤劳动的同志们表示衷心的感谢！

刚才，赵辉同志通报了2012年全市“急难险重”任务完成情况，及我们对2013年“急难险重”任务的初步打算；张剡市长作了讲话，特别是针对项目管理和政府工作推动，讲了很好的意见，我都赞同，请同志们下来认真抓好贯彻落实。下面，我讲几点意见。

一、客观总结，找准差距，以更加积极的姿态投入重大项目和“急难险重”任务

抓项目就是抓发展，抓住了项目就抓住了发展的关键。2012年，我们确定了10大类56项“急难险重”项目，这些工作的责任主体涉及三区两县和市级主要部门，内容涵盖了基础设施建设、产业发展、新村建设、民生改善等各个方面，是事关攀枝花经济社会发展全局的基础性、长远性工作。前段时间，在各项目责任单位自查的基础上，市委、市政府目标管理工作小组统一组织了检查验收，总体上进展良好，主要表现为：

一是抓出了成效。从考核的结果来看，59个“急难险重”子项目中，得满分的就有35项，占项目总数的59%；得分在80—99分的有19项，占项目总数的32%，80分以上的项目占了项目总数91.5%，绝大部分项目都按计划推进。二是抓住了突破口。我们要围绕“三个加快建设”“三个走在全省前列”“六大硬仗”“四个翻番”，把宏伟蓝图变成“施工图”，目前来看这些工作的突破口应该说是抓住了。富邦钒钛制动鼓项目对我们建设中国钒钛之都，沿江景观打造和阿署达、红格旅游项目建设对我们建设中国阳光花城，丽攀高速公路对我们建设四川南向开放门户，都有积极的推动作用。只要我们扎扎实实推进、一个一个突破，积小胜为大胜，攀枝花的未来就大有希望。三是锤炼了干部。通过这些“急难险重”任务的锻炼和考验，我们不仅坚定了既定的发展目标和发展方向，积累了很多好的经验和做法，而且还造就了一支干实事、真爬坡、敢破难的干部队伍，这是我们的事业能不断取得成功的关键所在。

在充分肯定成绩的同时，我们也必须看到，在项目管理上仍存在不少的问题，比如：项目推进不平衡，有7个项目到现在都还没动；有的责任单位认识还不到位，进度不快；有的项目管理严重滞后，比如机场滑坡治理、格福路建设，都这么久了还是老样子；有的项目不推不动，甚至推也不动，比如花城新区建设，实在是拿不出什么亮点来看。去年，我们一再强调，对纳入“急难险重”的项目到年终要兑现承诺、逗硬奖惩。现在考核结果出来了，按照考核办法，该通报就通报，该奖励就奖励，保证金该扣就扣，班子该调整就调整，真正体现干与不干不一样、干好干坏不一样，切实调动全市上下干事创业的进取心和积极性。

通过去年一年的工作，尤其是推进“急难险重”任务的具体实践，我们得到了深刻的启示：一是推动跨越发展，思路是前提。正是因为市委提出了“三个加快建设”“三个走在全省前列”“六大硬仗”“四个翻番”的总体部署，确定了“急难险重”的具体工作任务，才让我们行动有方向、落实有抓手、干事有成效。我们只有按照既定的思路坚定不移地走下去，才能不断取得新的成果、开创新的局面。二是推动跨越发展，干部是根本。只要干部素质过得硬，革命工作无不胜。在去年大容量、快节奏、高强度的“急难险重”任务推进中，全市干部队伍经受住了考验、得到了锻炼，我们拥有了一支越来越敢打硬仗、善打胜仗的干部队伍，这才是我们的事业能不断取得成功的关键所在。三是推动跨越发展，落实是关键。“一步实际行动胜过一打纲领”，再好的理念、思想和政策，不认真落实，最终都是空谈。过去，我们靠真抓实干取得了实实在在的成就；面对激烈的竞争，未来我们更要强化执行，一步一个脚印抓好落实，才能把攀枝花的事业不断推向前进。

二、认清形势，把握机遇，坚定不移地推进县域经济跨越发展

郡县治则天下安。县域经济是整个国民经济的重要组成部分，县域经济发展好了，全市、全省乃至全国经济就发展好了。面对党的十八大之后的新形势新任务，省委明确提出实施多点多极支撑战略。所谓“多点”，就是要在提升首位城市的同时，着力次级突破，夯实底部基础，底部基础主要就是县域经济。所谓“多极”，就是要做大区域经济板块，培育“四大城市群”，打造“五大经济区”，推动民族、贫困地区和革命老区跨越发展，形成竞相发展的局面，打造支撑四川发展的新的增长极。为实施多点多极支撑战略，省委、省政府领导带头转变作风，一名省领导联系一个市（州）、一个县、一个村。其中，攀西城市群是省委常委、宣传部长吴靖平同志和副省长黄彦蓉同志联系，吴靖平同志同时还联系我市的盐边县温泉乡道角村。

县域经济是构建多点多极支撑重要基础和支撑。攀枝花因攀钢而建，过去全市经济发展严重依赖于攀钢，但在目前攀钢产能过剩、严重亏损的情况下，如果再不加快发展县域经济，情况就会非常严重。去年全市完成地区生产总值740个亿，县域经济占了半壁江山；从县区的财政收入来看，去年全市公共财政一般预算收入57.2亿，东区、米易、盐边、仁和4个县区过了7亿。县域经济在全市发展大局中的地位越来越重要，我们要通过实施一批重大项目，努力推动县域经济再上新台阶。按照市委、市政府的规划，2017年全市经济总量要进入全省“第二方阵”、达到1500亿，县域经济必须发挥突出的支撑作用。全市五个县区要力争5年内再上一个台阶，在综合实力考核中排在全省类区县的前列。各县区在加快发展的同时要注意避免恶性竞争，服从全市大局，突出发展特色，努力在“两化”互动、改善民生、社会事业发展上下功夫、见成效。

围绕实施多点多级支撑战略，省委、省政府已经出台了12个方案，分别为：七大优势产业培育发展方案，加快推进新型工业化城镇化工作方案，产村相融统筹推进新村建设方案，促进农民征收方案，加快民营经济发展工作方案，投资和重点项目工作方案，重大科技和成果转化工作方案，产业园区培育发展方案，加快服务业工作方案，扶贫开发工作方案，对外开放投资促进工作方案，高速公路路网建设工作方案。对这些方案，市和县区两级都要加快对接，特别是盐边作为扩权县，具有更为突出的优势，一定要抓紧去对接，争取更多项目进入省上盘子，推动县域经济不断上台阶。各县区要尽快把实施多点多极支撑战略方案做出来，并报给市委、市政府。市里也要制定一个方案，要吸收县区一些有益的东西，把全市的工作统筹起来。

三、突出重点，真抓实干，以更好的劲头推动攀枝花争先进位、跨越发展

项目是拉动经济增长和社会事业发展的“火车头”。今年我们初步确定了14大类“急难险重”任务，配套了一大批重点项目做支撑。从这些项目的责任主体来看，既有县区，也有市级部门，同时都有相关的市领导来牵头和分管。从这些项目的类别来看，涵盖了经济社会发展的各个方面，都是基础中的基础、重点中的重点。这些项目如果能顺利推进、如期完成、竣工达产，一定会产生“裂变式”的效益，促进“爆发式”的增长，翻开攀枝花发展史上崭新的一页。为此，我们一定要集中全市优势力量，按照“四个一批”的要求，用创新的思维谋划项目，用超常的举措建设项目，用加倍的努力落实项目，推动项目快建设、快投产、快见效。

第一，要着眼投产率，加快竣工一批。发展时不我待，机遇稍纵即逝。项目早一天竣工投产，就早一天占领市场，就能抢占发展先机。对今年要建成投产的重大项目，必须准确把握进度，合理调配施工力量，集中人力、物力和财力，正排工序，倒排工期，加快推进。丽攀高速公路攀枝花段、密地大桥至龙箐大桥主干路、钒钛检测中心、红格酒店建、机场地质灾害综合治理以及富邦钒钛制动毂、大西南10万吨钒钛蠕墨铸铁汽车耐磨铸件、钛都高档化纤钛白扩能改造、丰源矿业技改扩能、新九至安宁铁精矿管道等29个项目是今年必须竣工的项目，相关部门要根据项目不同阶段的特点，切实抓好科学调度和协调服务，做到领导靠上、银行绑上、部门企业负责人盯上，对项目建设中碰到的困难和问题，坚持急事急办、特事特办。发改、环保、安监等部门对竣工项目要提前介入，尽快验收，确保竣工一个、验收一个、投产一个。

第二，要着眼竣工率，加快推进一批。现在已经开工的项目，符合国家产业政策和投资方向，从财政、信贷等渠道都落实了资金来源，是非常现实的投资拉动。凡是已进入建设阶段的项目，要在保持质量安全的前提下，千方百计加快资金投放和建设进度，实行倒计时，做到一天一落实，一周一调度，尽可能多地形成实物量。西区沿江快速通道、国省干线改造、攀枝花综合客运中心建设、马鞍山水库建设等重大基础设施建设项目以及保障性安居工程、新村建设等重大民生及社会事业项目，大都是政府投资的项目，全市人民都期盼早日建成，必须全力以赴加快建设，尽力超进度完成。中石化石油液压支撑剂项目、新中钛钒钛系列项目二期、山东重汽集团系列汽车销售及改（组）装、富邦载货车钒钛制动鼓、云钛钛锭、阿署达花舞人间景区、普达阳光国际康养度假区、密地现代物流园区、观音岩和桐子林水电站等重大产业化项目，投资额大、带动力强，各责任单位要全面进入战斗状态，做好充分准备，着力优化项目设计，科学安排施工方案，及早落实设备订货、原材料供应；积极创造建设条件，尽早落实项目用地、建设资金、施工用电、施工用水等；精心组织施工力量，落实工程质量、工程进度、安全生产等责任，加快项目实施进度。

第三，要着眼开工率，加快开工一批。当前发展形势复杂多变，国家宏观政策可能随时变化调整，今年能够开工的，必须创造条件，千方百计启动，确保来年项目工作在政策层面得到上级支持。发改、国土、环保等部门要坚持积极介入，主动搞好与中央和省级相关部门的对接，加强对项目工作的监督检查和指导，增强服务意识，做深做细项目立项审批、环评、安评等前期工作，做好做实征地、拆迁、安置等配套工作，努力创造条件让施工单位进场建设。对开工要件不够的，要抓住主要问题，把握主要矛盾，实施重点突破。要确保成昆铁路攀枝花段扩能改造、观音岩引水工程、新区至鱼塘高速公路出口连接线、沿江景观步行系统、钒钛公司金红石钛白粉项目、金沙和银江电站等项目按市委、市政府确定的时间节点和要求进场开工，为今年和今后持续增长奠定基础。

第四，要着眼进场率，加快一些项目的前期工作。项目前期工作是项目能否顺利实施的基础。目前，项目前期工作准备不足是我市项目推进不力的主要原因之一。我们很多项目只要前期准备充足了，后期推进就会比较顺利。各级各部门要加强协调配合，加快立项审批，做好环评、安评和资金筹集等前期工作，尽快推进丽攀遵铁路、攀宜沿江高速公路、拉鲊至安宁道路及跨江桥梁等一批项目开工建设。同时，要紧紧围绕省委多点多级支撑战略，着眼构建攀西经济增长极，抓紧在新型工业化、新型城镇化、农业产业化及社会事业等重点领域，尽快谋划、论证、储备、包装一批产业关联度大、覆盖面广、带动性强的产业、民生和基础设施项目，力争通过实施一批重大项目，推动我市经济结构优化升级，实现经济跨越式发展。

今年我们的发展任务很重，必须全力以赴抓好以下14个方面的重点工作：一是实施金沙江沿江景观打造，确保金沙、银江水电站开工建设。二是推进花城新区建设，突出抓好新区“十大项目”、鱼塘到机场的高速公路及“两个十字架”道路工程建设，新区重要建筑包括行政中心、三线博物馆、新区医院、森林公园等项目的建设也要抓紧实施。三是推进“五创联动”工作，重点抓好城市生态及国家环保模范城市、森林城市、园林城市建设。四是加快区域交通枢纽建设，大力实施“畅通城市”工程，重点抓好沿江两岸道路的整治、城区的治堵、城市道路以及进出大通道的建设。五是规划和打造二滩环线旅游项目，加快推进阿署达、普达旅游项目建设及红格镇功能完善。红格镇今年突出抓好新老集镇的环境整治及迎宾大道、步行街、人行通道、红格酒店的建设，完善生态环境治理，尽快形成铜火锅一条街。六是推进钒钛产业园区扩区升级，着力解决园区直供电等能源保障问题。七是启动城市“宜居工程”，着力推动城区“筒子楼”改造、农贸市场改造，着力解决低收入群体就业和社会保障等问题。八是推进新村建设，促进边远民族地区跨越发展，重点是成片推进西攀高速公路和二滩沿线的新村建设。九是推进钒钛重大项目以及矿业、机械制造业做大做强，加快培育上市公司。市经信委要抓好钒钛重大项目的谋划编制，把培育上市公司和8个百亿企业纳入“急难险重”任务。十是抓住国家发改委正式批准设立攀西战略资源创新开发试验区的机遇，推动试验区省级和国家支持平台建设，积极创建钒钛资源综合利用国家级研发平台，加快建设世界钒钛产品生产中心、质检中心、研发中心和交易中心。十一是推进统筹城乡综合配套改革，重点推进户籍制度改革和宅基地使用权流转等产权制度改革。十二是推进攀钢机制体制改革，支持攀钢扭亏为盈。攀钢要围绕省委、省政府提出的打造1000亿企业的要求，尽快编制完成科学的实施方案。十三是推动区划调整工作。十四是谋划一批重大发展项目，尤其是三产项目。下来后，请赵辉和章忠同志认真梳理2013年重点工作和重大项目，在“十二五”规划和钒钛产业“十二五”发展规划的基础上，结合省委、省政府多点多极支撑战略，抓住机会，找准结合点，扎实推进“三个加快建设”，全面打好“六大硬仗”，推动全市各项事业又好又快发展。

四、强化措施，落实责任，全力确保“急难险重”任务圆满完成

一分部署，九分落实。面对新形势新任务，我们要以深入开展“思想大解放，作风大转变，工作大落实”主题教育活动为抓手，以加快攀枝花建设为己任，进一步转变作风、强化落实，以只争朝夕的精神和干劲全面完成好各项目标任务。

第一，要细化方案，分解任务。要坚持全市一盘棋、部门一条心、上下一股劲，抓好方案的细化和任务的分解，在纵向上实行“立状定责，分层落实”，即市、县（区）和部门层层签订责任状，细化量化目标任务、责任标准、考核奖惩，把责任落实到各级各部门各单位，落实到每一个领导干部和具体人员身上，做到目标明确、责任到人、上下贯通、环环紧扣、一级抓一级、层层抓落实；横向上实行“按岗定责，分类落实”，即对牵头部门着重落实牵头责任，对协同配合单位着重落实成员责任，形成“千斤重担人人挑、人人肩上有指标”的格局，确保各项工作不留空档、稳步推进。

第二，强化领导，狠抓落实。要进一步强化市级领导分管包抓责任，包括我和张剡市长在内的市四大班子领导都要牵头负责至少一项“急难险重”任务，带头挂项目、抓落实、同奖惩。对今年的14项重点工作，我牵头负责沿江景观打造，张剡同志牵头负责花城新区的建设，道全同志牵头负责“五创联动”工作，单荣同志牵头负责区域交通枢纽和“畅通城市”工程建设，赵辉同志牵头负责二滩环线、阿署达、普达等旅游项目的打造，自力同志牵头负责钒钛产业园区的扩区升级，对其他各个常委也都要分配相关的“急难险重”任务。希望大家对照自己的责任分工，切实负起责任，既要挂帅更要出征，带头当好指挥员、战斗员，不当裁判员、评论员，把工作往深里做、往细里做、往实里做。各责任单位的负责同志特别是一把手要深入一线，盯在现场，及时掌握情况、协调矛盾、解决问题，确保事事有人管、项项不落空、件件有回音。

第三，倒排工期，确保进度。各责任单位要全面进入战斗状态，对照项目进度要求，倒排工期，挂图作战，全力确保建设进度。要加强项目监管，对于在建项目，要排出时间表，卡死时间点，精心组织施工力量，落实工程质量、工程进度、安全生产等责任，争取项目早建成、早投产、早收益；对尚未开工的项目，要实行“一个项目，一名领导，一个班子抓到底”的责任制，多方筹措资金，积极创造条件，确保尽快开工；对于前期工作项目，有关部门要协调配合，提高效率，加快审批；对项目的谋划，要拓宽视野，提升水平，抓紧谋划一批事关长远发展的重大项目，争取我市更多的项目纳入省、国家的大盘子。

第四，营造氛围，凝聚合力。下来之后，请沈钧同志负责，媒体要开设“急难险重”任务专栏，经常反映项目的进展情况，多报道项目建设一线的工人和干部，多介绍好的经验和做法。要大张旗鼓地宣传每个项目建设的意义、内容、时限和政策，讲清这些项目对大局、对长远发展的影响和群众的受益程度，动员社会各界共同关心支持重点项目建设。要大力宣传在合法权益保障后支持征地、支持拆迁的先进典型，着力弘扬“全力以赴谋发展”的正气，着力营造“聚精会神搞建设”的社会氛围。要通过“急难险重”任务的推进，发现一批干实事、打硬仗、能够攻坚破难的干部，提拔到重要的领导岗位上来。在工程建设过程中，可以组织人大代表、政协委员和市民代表进行专题视察和实地感受，多听建议，问计于民，形成重点项目齐抓共建的工作格局，合力推进项目建设。

第五，严格考核，务求实效。市委、市政府督查办要不断完善督查方法，严格把好重点项目和重点工作各个阶段、各个环节的进度关和质量关，迅速反馈一线信息，及时通报工作动态，并及时向市委、市政府主要领导汇报重点项目建设中存在的突出问题，提出加快推进的意见建议，真正督出压力、督出效果、督出实绩。各项目组的领导要多到一线解决问题，在牵头包抓的同时，也要担负起督查责任，对所负责项目的建设进度以及责任单位、工作人员的履职情况，加强督查，加强调度，全面掌握，为责任单位和工作人员年度考核提供重要依据。要建立健全重大工作（项目）协调推进、重点工程现场办公会、专项工作周报月会等制度，坚持以制度管人，用制度保障落实。要充分运用考核结果，坚决兑现奖惩，该奖的要奖到位，真正奖出士气、奖出干劲；该罚的要坚决惩罚，特别是对那些工作推进仍在观望、行动迟缓、严重影响重点项目和“急难险重”任务完成的干部，市委、市政府一定会坚决问责和调整，就是要充分体现抓与不抓不一样、抓好与抓坏不一样，真正在全市上下形成争当先进、争创一流的浓厚氛围。

同志们，省委、省政府对我们寄予厚望，120 万攀枝花人民对我们寄予厚望。从现在起，我们就全面进入了实战状态，希望大家认真贯彻落实这次会议精神，对会议安排的每项工作进行深入研究、做出具体安排，做到人人头上有指标、个个肩上有压力、件件工作有着落，确保全面完成全年目标任务，推动攀枝花经济社会发展再上新台阶、再创新辉煌！

在中共攀枝花市第九届纪律检查委员会第三次全体会议上的讲话

2013 年 2 月 27 日

前不久，中纪委和省纪委相继召开了全会，就今年党风廉政建设和反腐败工作做出了全面部署，习近平总书记和省委书记王东明同志都做了重要讲话。特别是习近平总书记在中纪委十八届二次全会上的讲话，讲得非常深刻。习总书记从历史的、现实的角度分析了党风廉政建设和反腐败工作的重要性，深刻指出“不反腐败，就会亡党亡国”，并针对严明政治纪律、改进作风、制止奢侈浪费、严惩腐败，提出了新的要求。我们要迅速把思想和行动统一到中央、省委的部署要求上来，切实推动我市党风廉政建设和反腐败工作深入开展。下面，我结合中央和省委要求，讲几点意见。

一、认真落实党的十八大和中纪委、省纪委全会部署，坚定不移地把反腐倡廉建设引向深入

党风廉政建设和反腐败斗争，是党的建设的重大任务，必须持之以恒、一以贯之地深入推进。党的十八大突出强调要坚持党要管党、从严治党，特别指出要反对腐败、建设廉洁政治，做到干部清正、政府清廉、政治清明。十八大以来，100 多天的时间里，习近平总书记发表了一系列的重要讲话，要求加强党风廉政建设要从领导干部做起，下大气力解决党内存在的问题，尤其是一些党员领导干部贪污腐败、脱离群众的问题，强调“有腐必反、有贪必肃”。习近平总书记在中央纪委全会上提出的新要求和新论述，是指导当前和今后一个时期党风廉政建设和反腐败的纲领性文献。省委东明书记在省纪委全会上代表省委对加强纪律建设、作风建设和反腐倡廉建设做出了重要部署，这些都充分体现了党中央和省委对严肃党纪、惩治腐败的信心和决心。

反腐倡廉事关发展大局，严格要求是对干部的最大爱护。当前，我们正在加快建设中国钒钛之都、中国阳光花城、四川南向开放门户，正在全力打好“六大硬仗”，正在全力推进省委提出的多点多极发展战略。我们能否按东明书记 2 月 3 号在攀调研时提出的要求，走出一条资源富集地区创新驱动发展的成功路子，能否在全省率先全面建成小康社会，根本上取决于我们有没有一支纪律严明、作风优良、勤政廉洁的干部队伍，有没有一个干部清正、政府清廉、政治清明的政治生态，有没有一个风清气正、社会和谐、廉洁守信的良好环境。我们要看到，我市干部队伍的主流是好的，是讲党性、顾大局、守纪律的；但同时也要清醒地看到，个别单位和部门行政效能不高、为民办事的态度和方法都有待改进，一些领域消极腐败现象依然易发多发，一些违纪违法案件时有发生。刚才市纪委通报的案件查办情况，足以引起我们的警醒和深思。我们必须充分认识党风廉政建设和反腐败工作的长期性、复杂性和艰巨性，必须始终保持强烈的忧患意识、风险意识和责任意识，既要果断刹风整纪，又要常抓不懈、警钟长鸣。要按照党的十八大和中纪委、省纪委全会部署，以严明政治纪律为重点加强纪律建设，以保持党和人民群众血肉联系为重点加强作风建设，以完善惩防体系为重点加强反腐倡廉建设，更加科学有效地防治腐败，为我市科学发展、加快发展提供坚强的纪律保障。

二、严明政治纪律，确保党的路线方针和重大决策部署贯彻落实

我们党作为马克思主义政党，是有理想、有纪律的战斗队伍，纪律严明是党的光荣传统和独特优势。党的纪律是多方面的，政治纪律是最重要、最根本、最关键的纪律，遵守党的政治纪律是遵守党的全部纪律的重要基础。严明政治纪律，核心在于坚持党的领导。要坚持党的基本路线、基本理论、基本纲领、基本经验、基本要求，同以习近平同志为总书记的党中央保持高度一致，自觉维护中央权威。坚持用中央精神统一思想、凝聚共识，在重大问题、大是大非面前保持头脑清醒。严明政治纪律，基础在于遵守和维护党章。党章是全党必须共同遵守的根本行为规范，全市各级党组织和全体党员干部要强化党章意识，自觉学习、遵守、贯彻和维护党章，时刻对照党章规定的八项义务，认真查找和纠正自己在党性党风党纪方面存在的问题；严格按照党章的规定、要求，经常检查和弥补自身的不足，始终做到政治信仰不变、政治立场不移、政治方向不偏。严明政治纪律，根本在于令行禁止。各级党组织和领导干部要牢固树立大局观念和全局观念，坚决做到政令畅通，决不允许“上有政策、下有对策”，决不允许在贯彻执行上级决策部署上打折扣、做选择、搞变通；决不允许散布违背党的理论和路线方针政策的意见、公开发表违背中央决定的言论、泄露党和国家机密、参与各种非法组织和非法活动、制造传播政治谣言及丑化党和国家形象的言论；决不允许在党委集体研究形成决定后，随意散布和发表与集体决定不同的个人意见。严明政治纪律，关键在于增强执行力。各级各部门要坚决维护中央、省委、市委的重大决议、决定，积极主动抓好贯彻落实，决不能搞“上有政策、下有对策”。各级领导干部要认真履职尽责，一级承担一级的责任，一级对一级负责，层层领导到位、工作到位，确保中央、省委、市委重大决策部署和每一项工作都不折不扣地落到实处。纪检监察机关要全面履行职责，加强对党的纪律和重大决策部署执行情况的督促检查，逗硬问责，对阳奉阴违、敷衍塞责、拖着不办、顶着不干等行为，坚决予以查处，努力形成全市上下步调一致、奋发进取的强大力量，以铁的纪律保证各项工作顺利推进、见到成效。

三、切实改进作风，以作风建设的实际成效取信于民

我们党92年的实践证明：只有作风扎实，党群关系密切，我们的事业才会顺利发展；反之，就会遭受挫折。中央政治局关于改进工作作风、密切联系群众的“八项规定”，省委、省政府“十项规定”和市委市政府“十项规定”，是党和政府对社会的政治承诺，体现了党要管党、从严治党的根本要求，顺应了人民群众的热切期待，各级各部门（单位）必须严格执行、狠抓落实。改进工作作风，根本在于发扬艰苦奋斗精神。要严格落实习近平总书记关于厉行勤俭节约、反对铺张浪费的重要批示精神，坚决反对讲排场比阔气，坚决抵制享乐主义和奢靡之风，坚决整治公款消费，严格执行公务接待制度，严格落实公务用车规定，严控公用经费支出，坚决制止公款请客送礼、大吃大喝，坚决杜绝公款浪费现象，带动全社会形成崇俭抑奢的正能量。改进工作作风，关键在于倡导求真务实、苦干实干精神。要切实破除

"怕、满、浮、慢、僵"思想，把心思放在工作上，把感情投在民生上，把力气用在工作落实上，求真务实、真抓实干，多做实事，少务虚功，真正把"落实"抓在手里、放在心上。各级领导干部要敢抓敢管、敢于担当，说了就做、定了就干、干就干好，不能纸上谈兵、坐而论道，决不允许责任上推、矛盾下交、中间"溜号"。要切实改进文风会风，坚决砍掉那些不必要的会议和文件，从"文山会海"、迎来送往中解脱出来，全心全意谋事业、促发展、解民忧。改进工作作风，目的在于密切党群干群关系。要牢记全心全意为人民服务的根本宗旨，自觉把人民对美好生活的向往作为奋斗目标，增强群众观点，站稳群众立场，坚持民生为先、民生为重、民生为大，深入开展"领导挂点、部门包村、干部帮户"和"百千万？干群心连心"活动，建立健全惠民的长效机制，让各级干部真正做到深入基层、深入一线、深入群众，带着感情、带着责任帮助人民群众脱贫致富奔小康，坚持为群众利益出实招、办实事、求实效，在办好一件件具体的民生"小事"中密切党同人民群众的血肉联系。改进工作作风，重点在于提升机关行政效能。要以建设法治、服务、责任和效能机关为目标，以更新观念、转变职能、创新管理、完善制度和规范行为为主要内容，以建立健全首问负责制、限时办结制和责任追究制为重点，切实提升政务服务能力，提高办事效率，优化发展环境。要紧紧抓住人民群众不满意、容易发生执法问题、不作为和乱作为问题的岗位和环节，着力加强执法责任体系、执法质量考评体系和执法监督体系建设，提高政府执行力和公信力，形成行为规范、运转协调、公正透明、廉洁高效的管理体制和运行机制，让群众从干部作风转变中得到实惠，以实实在在的业绩让党放心、让群众满意。

四、坚持两手抓、两手硬，以更加有力的举措推进反腐倡廉建设

要坚定不移地推进惩治和预防腐败体系建设，着力完善干部"不愿腐败、不能腐败、不敢腐败"的制度机制，始终保持干部队伍的清正廉洁，切实维护党的先进性和纯洁性，以反腐倡廉的实际成效取信于民。要深化反腐倡廉制度建设。紧紧围绕制约监督权力这个中心，科学设计制度，合理制约和分解权力，加强权力监管，实行权力问责制，把权力关进制度的笼子里，形成不敢腐、不能腐、不易腐的制度机制。要全面开展制度廉洁性评估工作，建立健全制度执行监督和问责机制，增强制度执行力。要进一步健全公共资源交易监督管理体系，坚决破除公共资源交易领域的非法利益格局；继续深化行政审批制度、投融资体制和国有资产管理体制改革，加大财政预算公开、公务卡改革力度，推进政府采购监管制度和司法机关公正廉洁执法制度建设，不断消除滋生腐败的体制因素。结合我市实际，制定和落实好惩防体系2013—2017年实施意见。要完善廉政风险防控体系。深化"三早"预警机制建设，推进部门内控机制建设，清理权力事项，排查权力风险，优化运行流程，完善防控措施。要推动权力上网，强化权力外部监督；加强电子实时监察，使权力行使全程留痕、可查可控，实现权力在内控中规范、阳光下运行、网络上监控。要突出加强对"一把手"特别是经济往来比较多的部门"一把手"的监督，真正做到防患于未然，抓"早"抓"小"抓"了"。要推动反腐倡廉教育创新。健全反腐倡廉教育机制，发挥反腐倡廉学习教育、廉政文化创建和新闻舆论引导功能。分类分层开展廉政教育，把坚持经常教育与有效管理相结合，将反腐倡廉教育贯穿于领导干部的培养、选拔、管理、使用的全过程，切实增强教育的针对性和有效性。要督促领导干部坚持理想信念，保持共产党人的高尚品格和廉洁操守，提高拒腐防变能力，在全社会培育清正廉洁的价值理念，使清风正气得到弘扬。要严格干部管理。健全权力运行制约和监督体系，让人民监督权力，让权力在阳光下运行。各级党政组织和纪检监察组织要切实履行监督职责，将监督作为管理干部的重要抓手，进一步拓展监督管理的范围，掌握领导干部在"工作圈""社交圈""生活圈"的情况，做到权力行使到哪里，监督就延伸到哪里。要特别加强对"一把手"的监督，认真执行民主集中制，健全施政行为公开制度，决不允许任何人凌驾于组织之上，凌驾于班子和集体之上。要善于用法治思维和法治方式反对腐败，加强反腐倡廉党内法规制度建设，让法律制度刚性运行。要加大案件查办力度。始终保持惩治腐败的高压态势，让腐败分子无处遁形。要按照中央和省委确定的查案重点，坚持“老虎”“苍蝇”一起打，既严肃查处领导干部违纪违法案件，又切实解决发生在群众身边的不正之风和腐败问题；既要严肃查处受贿行为，又要加大对行贿行为惩处力度。坚持有案必查，不管涉及到谁，都要一查到底，决不姑息。要针对查办案件中发现的薄弱环节，切实堵塞漏洞。各级党委、政府要全力支持纪检监察机关依纪依法查办案件，纪检监察、司法、公安、执法等机关和部门要加强协作，形成查办案件的强大合力。

五、加强组织领导，形成“抓落实、出成效”的工作合力

抓好党风廉政建设和反腐败工作，必须全体党员动手，必须坚持和完善党委统一领导、党政齐抓共管、纪委组织协调、部门各负其责、依靠群众支持参与的反腐败领导体制和工作机制，形成整体联动、齐抓共管的强大合力。领导干部要以身作则、率先垂范。带头严守纪律，带头改进作风，带头廉洁从政。市委从我做起，从各位常委、各位副市长做起，每位领导干部都要自觉接受广大党员干部和社会群众的监督。要坚决反对特权思想、特权现象，坚决纠正领导干部特权行为，不准违规占有多套住房、违规占有公家车辆、违规侵占群众利益、违规明里暗里为子女亲属升官发财奔走，维护社会公平正义。积极投身以为民、务实、清廉为主要内容的党的群众路线教育实践活动，着力解决人民群众反映强烈的突出问题。各级党委、政府要全面落实领导责任。切实肩负起全面领导党风廉政建设的政治责任，认真履行第一责任人的职责，坚持原则、敢抓敢管，切实抓好职责范围内的反腐倡廉工作。各级党组织一定要负起责任，督促教育干部廉洁自律、守住底线，不能放弃责任。要把作风建设和纪律建设纳入党风廉政建设责任制和党风廉政建设社会评价，作为绩效考核和干部选拔任用的重要依据。各级纪检监察机关要强化监督职能。把维护党的政治纪律放在首位，加强对政治纪律执行情况的监督检查。把监督执行中央“八项规定”、省委“十项规定”和市委“十项规定”作为改进作风的重点工作，定期开展督促检查，通报执行情况，对违反规定的要严肃处理。

总的来说，近年来，全市各级纪检监察机关和广大纪检监察干部为加强党风廉政建设、保障发展大局做出了重要贡献。市委对纪检监察工作是满意的、肯定的。各级党委、政府要支持纪检监察机关履行职责，关心爱护纪检监察干部，特别要保护那些党性强、敢于坚持原则的同志，为他们开展工作创造条件。各级纪检监察机关要按照忠诚可靠、服务人民、刚正不阿、秉公执纪的要求，加强领导班子和干部队伍建设，不断提高履职能力和水平。要牢固树立“监督者更要接受监督”的意识，以过硬纪律打造队伍，做严守纪律、改进作风、拒腐防变的表率。

同志们，面对新形势新任务，我们一定要振奋精神、激昂斗志，在党的十八大精神指引下，深入贯彻落实科学发展观，以严明的纪律和优良的作风，深入推进反腐倡廉建设，为实现市委确定的各项目标任务，推动我市科学发展、加快发展而努力奋斗！

在2013年市委工作会议上的讲话

2013年2月28日

为深入贯彻落实中央和省委关于进一步改进工作作风的有关要求，大力精简会议和文件，今天，我们召开市委工作会议，把宣传与精神文明建设、组织、纪检、政法（综治、信访、维稳）、统战、机关党建等工作会议，打捆召开，以减少会议时间，让大家有更多的时间抓落实。刚才，赵辉、群林、沈钧、张伟、海波、熊伟同志分别就分管的2012年党建工作作了总结，对2013年工作进行了安排部署，我完全赞同。同时，在今天的会上，根据年度目标任务，市委与各县区党委、相关部门党工委签订了目标责任书，请大家下来后严格按照责任书的要求抓好落实。下面，我对进一步加强和改进全市党的建设讲几点意见。

一、肯定成绩，认清形势，切实增强做好党委工作的责任感和使命感

去年一年，全市各级党委工作部门在市委的领导下，认真学习贯彻党的十八大和省第十次党代会精神，围绕市委提出的大力实施“三个加快建设”、大力推进“三个走在全省前列”、全力打好“六大硬仗”、奋力实现“四个翻番”、努力在全省率先全面建成小康社会的战略部署，开拓创新，超常努力，攻坚克难，做了大量卓有成效的工作，为全市加快发展、科学发展提供了强大的舆论氛围、组织保障、纪律保障和平安保障，得到了省委的高度肯定。

一是宣传思想工作再掀高潮。围绕学习贯彻党的十八大精神、省第十次党代会、市第九次党代会和市委九届三次全会精神，宣传舆论部门根据中央和省委要求，把党的十八大和省第十次党代会精神贯穿于全市宣传思想工作中，大量反映在实施“三个加快建设”、推进“三个走在全省前列”、打好“六大硬仗”等方面涌现出来的先进典型。特别是在“8·29”事故中，牢牢把握舆论宣传主阵地，积极应对、正确导向，充分发挥了舆论的正面引导作用。在启发干部思维方面，邀请了一批专家学者到攀枝花宣讲，提高了干部的素质。在推进文化体制改革和全国文明城市创建等方面也成效显著，攀枝花在全省文明城市测评中继续走在前列。

二是组织工作亮点纷呈。组织部门按照“干部工作出人才、组织工作出经验、人才工作出成果”的要求，扎实推进各项工作，先进典型不断树立，优秀人才不断涌现。去年我们完成了市人大、市政府及市政府组成部门换届，一批年富力强的干部走上领导岗位，为攀枝花加快发展提供了坚强的组织保证。在去年的“一报告两评议”中，我市干部选拔任用工作满意度得分97.52，新选拔任用干部的满意度得分95.47；在全省组织工作满意度排名中，我市也排在前列。

三是纪检监察工作卓有成效。深入开展对党员干部的警示教育，加大对违纪违法案件的查处力度。全年共给予党纪政纪处分123人，结案率100%；为200多人澄清了事实，保护了干部干事创业的积极性。继续开展机关作风评议，投资发展环境不断优化，全市党风、政风、行风、社会风气和干部作风持续好转。

四是政法维稳和群众工作战果辉煌。始终保持对犯罪分子和黑恶势力的高压严打态势，群众对平安建设满意度达87.34%、安全感达96.2%；党的十八大、全国“两会”期间等重要敏感期，实现非访“零进京”和集访“零赴蓉”工作目标，维护社会和谐稳定取得扎实成效。

五是统一战线工作成绩突出。统战部门在加强对上对内对外协调，组织各民主党派、各人民团体参与和支持攀枝花建设，巩固和发展全市大发展、大和谐、大团结的局面上，做出了突出的贡献。去年我们拜访了各民主党派中央及四川省委，先后接待了全国政协副主席张梅颖、王志珍等领导，到攀的国家领导人和各民主党派领导人人数创历史新高。

六是机关党建工作再上新台阶。去年机关党建以“挂包帮”“百千万？干群心连心”等各类实践活动为载体，围绕中心，主动作为，充分发挥了机关党组织的战斗堡垒作用和机关党员的模范带头作用，密切了党群干群关系，机关党建工作的规范化、科学化进一步加强。特别是正在深入开展的“思想大解放、作风大转变、工作大落实”主题教育活动，必将有力促进机关作风的转变，全面提升干部干事创业的激情。

在此，我代表市委向常年奋战在纪检、组织、宣传、政法、统战和机关党建工作一线的同志们表示衷心的感谢和亲切的慰问！向受表彰的先进集体和先进个人表示热烈的祝贺！

在充分肯定成绩的同时，我们必须清醒认识到，今年面临的发展形势将更加严峻，当前全球经济低速增长态势仍将延续，世界经济的不确定、不稳定因素与国内发展不平衡、不协调、不可持续的突出问题叠加交织，影响发展稳定的各种不确定因素日益增多。我们必须清醒认识到，随着省委、省政府“多点多极支撑”等战略的深入实施，各市州之间的竞争态势将更加激烈。省委东明书记春节前来攀调研时，要求我们全面把握发展机遇，以更高的标准审视和确定发展定位，努力打造四川重要经济增长极。市委九届四次全会明确提出全市GDP总量2014年突破千亿元大关，2017年以前达到1500亿元，奋力跃进全省第二方阵，实现在全省率先全面建成小康社会。实现这个目标，任务很重，困难很多，压力很大。我们必须清醒认识到，我们的自身发展还存在着一些不容忽视的问题，“总量小、不协调、欠发达”仍然是我市最大的问题，“发展不足、发展不够、发展不充分”仍然是我市最大的实际，经济发展结构性矛盾、城乡二元结构矛盾、经济发展与环境改善的矛盾、加快发展与民生改善的矛盾还比较突出，个别干部的思想观念、工作作风和精神状态与发展形势还不相适应，尤其是在推进“急难险重”任务中，还存在观念不新、思路不宽、办法不多、措施不硬、作风不实的问题，我们必须采取有力措施，尽快加以解决。

我们党是中国特色社会主义事业的领导核心。《党章》明确规定，党必须按照总揽全局、协调各方的原则，在同级各种组织中发挥领导核心作用。也就是说，各级党委既要抓方向、议大事、管全局，从政治上、思想上、组织上加强对各项工作的领导，保证党的路线方针政策和上级的决策部署全面贯彻落实；还要从大局出发，协调好社会各阶层和各种组织之间的关系，使各方面都能各司其职、各负其责、相互配合、形成合力。各级党委领导核心作用发挥得如何，不仅事关一个地方、一个部门工作的成效，而且事关我们党执政地位的巩固和加强。全市各级各部门，特别是市委几个主要部门必须保持清醒的头脑，进一步增强工作责任感和紧迫感，时刻绷紧加快发展这根弦，以更加昂扬奋发、朝气蓬勃的精神状态投入到各项工作中去，为我们实施“三个加快建设”、推进“三个走在全省前列”、打好“六大硬仗”营造更加浓烈的舆论氛围，提供更加有力的组织、纪律和作风保障，创造更加稳定和谐的发展环境，凝聚更加广泛的智慧和力量！

二、求真务实，开拓创新，不断提高党委工作科学化水平

2013年，是全面贯彻落实党的十八大精神的开局之年，是实施“十二五”规划的关键一年，是打好“六大硬仗”的攻坚之年，是为在全省率先全面建成小康社会奠定坚实基础的重要一年。做好今年的工作，非比寻常，非常重要。全市党委各部委要进一步强化大局意识、责任意识、紧迫意识、作为意识，紧紧围绕“三个加快建设”“三个走在全省前列”和“六大硬仗”，找准目标定位，发挥职能作用，干一流工作，树一流形象，创一流业绩。

第一，要切实抓好宣传工作，在营造良好发展氛围上实现新突破。要按照高举旗帜、围绕大局、服务人民、改革创新的总要求，在统一思想、凝聚人心上下工夫，在树好典型、用好典型上下工夫，在解疑释惑、化解矛盾上下工夫，努力开创宣传思想文化工作新局面。要强化理论武装。继续深入学习宣传党的十八大精神，建好用好学习基本阵地，充分发挥各级党委理论学习中心组的带头作用，积极推进学习型党组织、学习型机关、学习型城市建设，营造崇尚学习、认真学习、不断学习的浓厚氛围，提升全市上下攻克发展难关、打开困难局面、化解复杂矛盾的能力。要加大舆论宣传力度。加强对推进科学发展、加快发展特别是攻坚克难先进典型的宣传，以身边活生生的事例教育人、引导人、激励人。加强对市委重大决策部署的宣传，大力宣传在落实市委决策部署中涌现出的先进典型和事例，切实做好对群众的宣传引导。加强对文明城市创建的宣传，不断提高市民综合素质。要加强精神文明建设。以争创全国文明城市为目标，广泛开展群众性精神文明创建活动，在巩固、深化、拓展、延伸上下功夫，创建一批国家级、省级文明单位，持续提升社会文明程度。要加快文化事业发展。深入挖掘丰富的文化资源，加快特色文化大市建设，促进文化大发展大繁荣，着力增强城市文化“软实力”；加快发展公共文化事业，持续加大文化基础设施项目的争取和实施力度，继续推进文化惠民工程，不断满足人民群众精神文化需求。要加强网络舆论引导。不断提升同网络媒体打交道的能力，着力引领正确的舆论导向，牢牢掌握网络话语权，使重点论坛成为公正舆论辐射源，引导新闻跟帖在碰撞中走近真实。

第二，要切实抓好组织工作，在选贤任能和夯实基础上实现新突破。要把选干部、配班子，建队伍、聚人才，抓基层、打基础作为组织工作的重中之重，进一步提高组织保障能力。要强化班子建设。不断提高议事决策的科学化、民主化水平，充分凝聚和发挥领导班子的整体合力，把各级领导班子建设成为朝气蓬勃、团结干事的领导集体。尤其是各级各部门“一把手”，要有广阔的胸怀，听得进不同意见，以良好的作风抓班子带队伍，形成“大事讲原则、小事讲风格”“相互交流而无戒备之心、相互补台而无拆台之为、相互提醒而无旁观之意”的团结和谐的氛围和局面。要打造“四支队伍”。要坚持正确的用人导向，健全考核、用人、激励“三套机制”，赛场选马，末位淘汰，以实绩论英雄，靠贡献坐位子，大胆起用一批眼界宽、思路活、脑子灵的开拓者，懂经济、晓市场、善经营的创业者，顺时应势、敢试敢闯、开拓进取的领头雁，埋头苦干、身体力行、励精图治的实干家，向庸者懒者说不，向散者慢者问责，让能干事者有机会、干成事者有舞台，不让老实人吃亏，不让投机钻营者得利，重点培养和选拔在急难险重工作一线抓攻坚、在招商引资工作一线抓开放、在边远民族地区一线抓发展、在群众信访工作一线抓稳定的干部。要推进基层组织建设。坚持围绕中心、服务大局、拓宽领域、强化功能，努力探索新形势下基层党建新思路。大胆创新基层党建工作理念、活动载体和方式方法，突出加强乡镇党委及街道、社区、村党支部建设，打造一批典型，选树一批能人，建设一批基地，建立一批机制，在农村、社区、企业、机关、“两新”党建上推出能在全省乃至全国推广的先进典型，努力做到“一个党员一面旗帜、一个支部一个堡垒”。深入开展“领导挂点、部门包村、干部帮户”和“百千万？干群心连心”活动，建立健全党建惠民的长效机制。要加强人才队伍建设。坚持党管人才原则，抓住引进、培养、使用三个环节，推进钒钛产业、旅游服务业、现代农业、城乡规划建设等优秀人才培养开发，为全市经济社会发展提供人才保障。对于优秀人才，要坚持用事业留人、用感情留人、用适当待遇留人，努力为广大人才在攀贡献智慧创造条件。要抓好老干部工作。老干部是攀枝花的宝贵财富。不折不扣地落实老干部各项政治、生活待遇，做到政治上尊重、思想上关心、生活上照顾，多一点细心，多一点耐心，多一点恒心，真正让他们老有所养、老有所乐、老有所为。

第三，要切实抓好纪检工作，在廉政建设和改进作风上实现新突破。新一届中央政治局对党风廉政建设非常重视，履职以来对党的纪律和党的作风“三令五申”，出台了关于改进工作作风、密切联系群众的八项规定，习近平总书记专门就厉行勤俭节约、反对铺张浪费做出了重要批示，中央严厉查处了一批贪污腐败的领导干部，充分彰显了新一届中央政治局严肃党纪、严查腐败的力度和决心。全市各级领导干部一定要以敏锐的目光和高度的警觉，从全局和战略的高度，准确把握并坚决贯彻中央和省委关于改进作风、严明纪律的具体要求，带头讲党性、守纪律、转作风，努力以良好的党风促政风带民风。要严明政治纪律。纪律严明是党的光荣传统和独特优势。毛泽东同志说，路线是“王道”，纪律是“霸道”，这两者都不可少。党的纪律是多方面的，政治纪律是最重要、最根本、最关键的纪律。政治纪律是各级党组织和全体党员在政治方向、政治立场、政治言论、政治行为方面必须遵守的规矩，是维护党的团结统一的根本保证。严明党的纪律首要的就是严明政治纪律。全市各级党组织、全体共产党员，特别是党的领导干部，都必须严格遵守党的政治纪律。要始终坚持党的领导，自觉用党章规范自己的一言一行，在思想上政治上行动上时刻与党中央和省、市委保持高度一致，不能想说什么说什么、想干什么干什么，更不能专挑那些明确规定的政治原则来说事，在任何情况下都要做到政治信仰不变、政治立场不移、政治方向不偏。要坚决执行中央和省、市委做出的决策部署，决不允许“上有政策、下有对策”，决不允许有令不行、有禁不止，决不允许在执行中央和省、市委的决策部署时打折扣、做选择、搞变通。要强化程序观念，该报告的必须报告，该打招呼的必须打招呼，该履行的职责必须履行，该承担的责任必须承担，决不允许出现“迈过锅台上炕”“事后诸葛亮”的做法和行为。要勇于担当，遇事不推诿、不退避、不说谎，向组织说真话道事情。凡是对中央、省委和市委、市政府的决策部署和工作安排有令不行、有禁不止的，拖着不办、顶着不干的，阳奉阴违、敷衍塞责的，坚决予以查处，以铁的纪律保证中央、省委、市委各项决策部署落到实处。全市各级纪律检查机关要把维护党的政治纪律放在首位，加强对政治纪律执行情况的监督检查。要认真贯彻执行中央政治局关于改进工作作风、密切联系群众的八项规定。工作作风上的问题绝对不是小事，关系到党的执政形象和群众根基。当前，我市信访案件中最大的问题就是作风问题、执行力问题。我们必须下大决心改进工作作风，提高执行力。要以开展“思想大解放，作风大转变，工作大落实”主题教育活动为抓手，不断加强作风建设，引领和督查全市各级干部把心思放在工作上，把感情投在民生上，把力气用在工作落实上。要大力弘扬艰苦奋斗的优良作风，坚决反对铺张浪费、大吃大喝，讲排场、比阔气、搞特殊化。纪检部门、新闻媒体要继续加大明察暗访、亮丑曝光力度，不管涉及到哪个单位、涉及到什么人，不遮不掩，以强有力的措施确保作风有新转变、工作有新进展。要深入推进党风廉政建设和反腐败斗争。坚持“标本兼治、综合治理、惩防并举、注重预防”的方针，全面推进惩治和预防腐败体系建设，健全完善反腐败领导体制和工作机制，形成不敢腐的惩戒机制、不能腐的防范机制、不易腐的保障机制，努力提高反腐倡廉建设科学化水平。要不断强化反腐倡廉宣传教育，常吹“廉政风”、常敲“警示钟”、常打“预防针”，筑牢拒腐防变的思想防线。要认真履行“一岗双责”，严肃查处腐败案件，做到有案必查、有腐必惩，做到干部清正、政府清廉、政治清明。

第四，要切实抓好政法工作，在维护社会和谐稳定上实现新突破。发展是第一要务，稳定是第一责任。各级党组织和政法部门一定要以对党和人民高度负责的精神，全力抓好政法工作，创造良好的社会环境。要深化平安创建活动。严格落实维稳工作责任制，深入开展矛盾纠纷预防化解工作，健全利益协调、诉求表达、矛盾调处、权益保障、社会稳定风险评估机制，注重经常性工作，坚持从源头上预防、从实践中化解各类矛盾。健全社会治安防控体系，深入开展严打整治斗争，努力减少违法犯罪行为。要认真抓好群众信访工作。带着责任和感情做好新形势下的信访工作，坚持市、县区主要领导信访接待日和领导包案制度，以责任制为抓手，以解决问题为核心，加大涉法涉诉案件督办力度，进一步提高积案化解效率和质量，特别要做好全国“两会”期间的信访工作，坚决防止赴省进京非正常上访事件的发生。要强化积案办理。把市委常委会专题研究的挂牌信访案件列入今年的急难险重任务，严格落实领导、部门和县区的责任，一个一个地加以化解。要加强社会管理创新。着力健全党委领导、政府负责、社会协同、公众参与、法制保障的社会管理体制，提高社会管理科学化、精细化水平。坚持以人为本、服务为先的工作理念，充分发挥市民热线、效能热线等载体功能，切实提高矛盾纠纷源头处理、动态调解和应急处置能力。要强化政法队伍建设。加强和改进党对政法工作的领导，提升政法干警适用法律的能力和水平，充分发挥政法机关在维护社会公正、促进社会和谐中的重要作用。深入开展“警民亲”活动，全力办好涉及群众切身利益的各类案件，让人民群众从每一个司法案件中都能感受到公平正义，切实增进司法机关同人民群众的联系。

第五，要切实抓好统战工作，在团结共事、凝聚力量上实现新突破。巩固和发展统一战线、维护安定团结的政治局面，调动一切积极因素弘扬正气、唱响主旋律是统战部门的一项重要职能。要充分发挥统一战线协调关系、化解矛盾的作用，坚持不安定因素定期排查制度，对发现的问题要及时汇报、妥善处理，切实维护安定团结的大好局面。要充分发挥联系广泛、人才荟萃的优势，动员各界人士积极投身我市“六大硬仗”的主战场，大力引进资金、技术和项目。要本着“肝胆相照、荣辱与共、和衷共济、精诚团结”的精神，加强与民主党派合作共事，建立重大决策、重大工作部署、重要事项定期通报制度，充分发挥各民主党派参政议政、民主监督的作用，为推动政治文明建设贡献力量。

第六，要切实抓好机关党建工作，在服务大局、率先垂范上实现新突破。按照省委、市委加强党的建设的总体部署，以党的执政能力和先进性建设为主线，以建设为民、务实、清廉机关为目标，以加强机关党员、干部党性锻炼和改进机关作风为重点，用改革创新精神全面推进机关党的思想、组织、作风、制度和反腐倡廉建设，更好地为市委、市政府工作大局服务、为高质量完成机关工作任务服务、为基层和群众服务，使机关党建工作始终走在党的基层组织建设的前头。要找准切入点，进一步推进机关党建工作规范化、科学化。要认真贯彻落实《党和国家机关基层组织工作条例》，积极探索加强和改进机关党务干部的选拔配备、培训教育、轮岗交流、实践锻炼等工作，切实解决制约机关党建工作的突出问题，努力建设一支政治强、业务精、作风好的机关党务干部队伍。要把握中心点，积极服务市委市政府工作大局。要做到市委、市政府有部署、有安排，机关党建工作就有行动、有落实；中心工作在哪里，机关党建工作就参与到哪里，渗透到哪里，服务到哪里，坚决克服党建工作与业务工作两张皮现象。要抓住着力点，努力丰富机关党建工作的新内涵。进一步完善机关工作制度，把机关工作纳入“急难险重”任务，强化考核，鲜明导向，大张旗鼓地表彰奖励在全国、全省获得荣誉、争得先进的单位和个人，引导各级机关启动内力、提升素质、发挥作用，切实把广大机关党员的积极性调动起来。

三、统一思想，强化措施，协力推动市委各项工作持续深入开展

新形势、新任务给我们提出了新的更高的要求。全市党委各部委都要从强身固本抓起，内强素质，外树形象，以更加饱满的政治热情，更加旺盛昂扬的斗志，投入到各项工作的落实中去，为全市当好表率，发挥好模范带头作用。

一是要加强领导，落实责任。全市各级党委要充分发挥“总揽全局，协调各方”的领导核心作用，将主要精力放在把方向、议大事、作决策、管全局上，协调好方方面面的关系，把各方面力量凝聚到干事创业上来，把工作的目标确定到市委九届四次全会确定的目标任务上来。要进一步加强对组织、宣传、统战、政法、机关党务等工作的领导，科学谋划，精心组织，把握好工作原则和方向，及时研究解决存在的困难和问题，推动党委各项工作顺利开展。要靠实工作责任，健全和落实目标责任管理体系，凡因落实不力而影响工作全局的，要严肃追究相关人员的责任，真正形成千斤重担人人挑、人人肩上有指标的工作局面。

二是要解放思想，创新举措。创新是加快发展的不竭动力。党委工作只有不断创新，才能开创新的局面。要创新工作理念，不断解放思想、拓宽思路，深入研究服务发展的切入点和着力点，做到工作思路清晰、重点任务明确、落实措施得力。要创新工作方法，善于统筹兼顾、突出重点，勇于克难攻坚、破解难题，积极打造亮点、培育典型，努力在争创一流特别是争创全省一流上下工夫。要创新工作机制，注重从管理方式、组织配置、制度建设、工作督查等方面入手，着力构建充满活力、富有效率、务实管用、有利于科学发展的体制机制，不断增强党委工作的实效。要深入开展“思想大解放、作风大转变、工作大落实”主题教育活动，认真解决“怕、满、慢、浮、僵”等突出问题，切实推动广大党员干部做事有思路、推进有举措、落实有效率、工作有实效。

三是要振奋精神，真抓实干。能否保持良好的精神状态，对于全面完成今年各项目标任务至关重要。党委机关干部务必保持攻坚克难、爬坡实干的拼劲和闯劲，突出一个“快”字，对市委、市政府布置的工作和自己包抓的重点工作、重大项目，必须不讲条件、不摆困难，雷厉风行、立说立行，决不能推诿扯皮、磨磨蹭蹭；体现一个“硬”字，大胆负责、敢抓敢管、迎难而上、动真碰硬、放开手脚大干，决不能瞻前顾后、缩手缩脚；坚持一个“实”字，强化任务概念、责任概念、质量概念、时效概念，说实话、办实事、求实效、创实绩，言行一致，表里如一，说到做到，决不能摆花架子、做表面文章。各级各部门、各级领导干部要深入“急难险重”任务建设一线，以踏石留印、抓铁留痕的韧劲和狠劲，解决一个一个问题，克服一个一个困难，变被动工作为主动工作，变按部就班为创造性工作，变慢节奏为高效率工作，以愈战愈勇的良好精神状态落实各项工作，全力完成全年目标任务。

四是要精诚团结，凝心聚力。团结出政绩、团结出人才，团结出干部。当前我们正处在加快发展的关键时期，每一个领导干部都要以对组织、对人民、对自己高度负责的精神，维护好、巩固好、推动好我们来之不易的发展局面、发展态势和发展成果。要准确把握中央和省、市委提出的新意图、新要求，把思想和行动统一到市委的安排部署上来，把智慧和力量凝聚到我们确定的各项目标任务上来，互相理解、互相尊重、互相配合，切实做到难题共同解、难关共同闯、责任共同担、工作共同干。各级党委领导班子要强化民主集中，凡属方针政策性的大事、全局性的问题和重要人事安排、重大项目决策，必须按照规定进行集体决策，研究工作不带框框，讨论问题不讲空话，有意见充分发表，有问题当面提出，一旦集体做出决策，个人就要坚决服从，排除万难抓好执行，自觉维护好班子的形象和权威。各级各部门“一把手”要自觉发挥表率作用，身先士卒，大气包容，协调各方，充分调动各方面的积极性。各级各部门之间要加强沟通、增强协作，及时相互通报信息，及时共同研究解决问题，既各司其职，又密切配合，齐抓共管，形成合力，不扯皮，不推诿，确保各项工作顺利推进。

同志们，做好今年党委工作，任务艰巨，责任重大。让我们紧密团结在以习近平同志为总书记的党中央周围，以党的十八大精神为指引，深入贯彻落实科学发展观，以更加昂扬的精神状态、更加有力的工作措施、更加务实的工作作风，奋力推进各项工作，为在全省率先全面建成小康社会而努力奋斗！

在市委农村工作暨新村建设、烤烟生产会议上的讲话

2013 年 3 月 11 日

为深入贯彻落实中央和省委农村工作会议精神，全面总结 2012 年全市农业农村工作，安排部署今年农业农村工作，今天我们实行三会合一，在这里召开市委农村工作暨新村建设、烤烟生产会议。上午，我们参观了仁和区大龙潭乡混撒拉村和盐边益民乡新民村，让大家直观感受了我市新村建设的推进情况。刚才，会议表彰了 2012 年全市新村建设先进单位，签定了烤烟生产责任书，市委农工委、市农牧局、市烟办、市烟草专卖局分别就各个口的工作作了很好的发言，仁杰同志全面总结了 2012 年全市农业农村工作，并对今年工作作了具体的安排，我都赞成，希望大家认真学习领会，抓好贯彻落实。下面，我讲几点意见。

一、充分肯定 2012 年成绩，切实增强推动“三农”发展的信心和决心

2012 年，是我市大力实施“三个加快建设”、大力推进“三个走在全省前列”、全力打好“六大硬仗”的首战之年。一年来，全市农口相关部门、各县区、各乡镇全面贯彻落实市委九届三次全会精神，瞄准“在推进新村建设、实现统筹发展上走在全省前列”的奋斗目标，立足各自优势，抢抓各种机遇，全力打好现代农业和新村建设的硬仗，全面完成了市委、市政府确定的目标任务，在推进城乡一体化、加快统筹城乡发展上实现了新的突破，成为全市整体工作中的一大亮点。

一是新村建设成效显著。这项工作从去年开始启动到规划建设，应当说，经历了一个从“统一认识到完善工作方法再到强力推动建设”的探索过程。省委提出借鉴灾后重建经验来推动全省的新村建设，我们从抓规划、抓群众发动、抓资金筹集，到 16 个旅游新村基本建成，经历了一个艰辛的过程，特别是在资金筹措、宣传发动环节，各县区、各部门认真抓落实，做了大量卓有成效的工作。16 个旅游新村建成后，全市农村生产生活条件进一步改善，农村面貌焕然一新。

二是农民收入快速增长。2012 年，全市农民人均纯收入达到 8728 元，比上年增加 1101 元，增长

14.4%，高于全省0.2个百分点，高于全国0.9个百分点，位居全省第三位。在增长基数本身较大的情况下，能达到这样的增长速度实在来之不易。

三是农村基础设施条件不断改善。农村道路、水利等基础设施建设扎实推进，尤其是水利，去年上了两个大项目——梅子箐水库和马鞍山水库。农村村道建设方面，去年完成通村公路255.2公里，特别是一些边远山区的交通状况也得到了显著改善，已硬化为弹石路，极大地方便了群众出行。

四是对口扶贫工作扎实有效。去年我们制定和出台了新一轮的十年扶贫开发计划，启动了“8+8”对口扶贫措施，特别是各支援单位立足优势，迅速行动，在基础设施建设、产业发展、扶贫帮困等方面全面开展对口支援。这项工作对于推进全面小康社会建设、缩小边远民族地区与全市整体水平的差距，具有十分重要的推动作用。

五是农村各项改革有序推进。全面启动了以农村土地承包经营权、农民宅基地使用权、集体收益分配权为核心内容的农村产权制度改革，土地承包经营权确权登记扎实开展，经营权流转正在逐步规范，农民组织化程度持续提高。

总的来说，去年农业农村工作值得充分肯定。所以，今天市“四大班子”主要领导除了张剡市长在参加全国“两会”外，其他都来参加这个会议，充分说明市委、市政府对农业农村工作的高度重视。虽然攀枝花的农业总产值占全市经济总量的份额并不大，但是涉及的面很广，非常重要。全面建成小康社会，重点在农村、难点在农村、关键在农村，没有农村的全面小康，就没有全市的全面小康。在此，我代表市委、市政府，对全市农口部门以及从事农业农村工作的同志们表示衷心的感谢！

二、充分认识面临的挑战和机遇，进一步增强做好“三农”工作的责任感和紧迫感

首先，要深刻认识我们面临的挑战。攀枝花农业农村工作和其他市州不同，有自己鲜明的特点。当前，我们主要面临以下几方面的挑战：一是我市广大农村地区还比较落后，特别是边远民族地区还基本处于刀耕火种的状态，全面建成小康还任重道远。二是靠天吃饭的现象依然存在，由于雨量时空分布不均，在一些地区，人畜饮水十分困难。三是农村基础设施特别是公共服务设施薄弱，城乡差距较大。四是新村建设还需进一步加强，按照产村相融的要求、成片成规模的新村目前还没有突出的典型。如米易县的马槟榔村，新村聚居点虽有100多户，但离省上建设300户以上的大型新农村综合体的要求，差距还很大。五是农民持续增收难度加大，在全市农民人均纯收入已经比较高的基础上，每年再要增收1000多元，难度很大。对这些问题，我们必须高度重视，找准途径，增添措施，切实加以解决。

第二，牢牢把握我们面临的机遇。当前，我们也面临着一系列新的重大机遇：一是中央提出要在2020年全面建成小康社会，为我们新时期农业农村工作指明了方向。今年中央一号文件又提出要加大对农业农村工作的投入，着力改善内需，更为我们下一步拓展农产品市场、促进一些项目落实提供了政策支撑。二是省委提出实施多点多极支撑发展战略，把发展县域经济、农村经济作为夯实底部基础的一个关键，进一步加大对农业农村工作的投入，今年又拿出20亿来推进新村建设，为我们带来了重大的利好消息。三是市委、市政府对今年工作提出了“稳中快进、提质曾效、争先进位、跨越提升”的总体要求，依然把农业农村工作放在与工业工作同等重要的位置、作为全市工作的重中之重来推进，这也是农业农村发展面临的大好机遇之一。抓农业农村工作，就是抓民生、抓发展，各级各部门一定要高度重视，坚决按照市委、市政府部署和要求扎实推进各项工作。

三、把握关键，突出重点，奋力推进我市“三农”工作再上新台阶

今年和今后一个时期，全市上下要按照省、市委的决策部署，坚持把产村相融、成片推进新村建设作为统筹城乡发展、加快农村全面小康的重要抓手，始终保持跨越争先的创业激情，抓住机遇，找准突破口，始终保持农业农村经济社会发展的良好势头，努力开创“三农”工作新局面。

第一，要扎实推进新村建设。要切实抓好48个新村聚居点、8个新农村综合体和旅游新村的建设，重点围绕攀西高速和二滩沿线，按照“依山就势，错落有致，适度集中”的原则，成线、成片、成带推进新村建设。特别是对去年的16个旅游新村1万张床位的目标任务，要尽快组织验收，给全市一个交代。今年这16个旅游新村要进一步突出各自的特色，如混撒拉村的芒果、新民村的蔬菜、芭蕉箐村的枇杷、片那立村的石榴等，要突出发展好“一村一品”。宣传部门要做好旅游新村的宣传推介工作，把每个旅游新村的环境、亮点、特色向群众和游客宣传清楚，引导城区群众周末去乡村亲近大自然、享受田园生活。旅游新村建好后，要积极策划在成都、重庆等地的电视台做宣传，把中国阳光康养旅游城市的形象宣传出去。下一步，市旅游局要认真研究旅游新村宣传、管理、接待等方面的工作，不仅要让老百姓住上新房子，而且还要过上好日子。

第二，要突出抓好产业发展。围绕建设国家现代农业示范区，大力促进蔬菜、水果、烟叶、林下产业和养殖业的成片推进。尤其是烟叶，要抓住机遇，努力争取更多的指标，把规模做到60万担以上；蔬菜方面，要扩大规模、提高品质。同时，要加强农产品的销售网络建设，争取在攀枝花建设一个大型的销售市场，充分发挥区域中心城市的优势，做大做强农副产品的供应销售。

第三，要加快完善农村基础设施。去年我们已基本解决边远地区用电、看电视的问题，今年要突出抓好农村道路建设，全面完成通村公路的硬化工作，切实解决群众出行难的问题。同时，要积极完善超市、医院、教育、金融等公共服务，逐步缩小和城市的差距。

第四，要持续推进扶贫攻坚工作。攀枝花要在全省率先全面建成小康社会，关键就在于边远民族地区的加快发展，这个“短板”不解决，全面小康就将是一句空话。去年我们启动了“8+8”的对口扶贫工程，省领导对此给予高度肯定和殷切希望。今年我们一定要推出更多的措施，以更大的力度坚持不懈地推进这项工作，确保取得实际效果。

第五，要深入开展农村综合配套改革。市委已经把农村产权制度改革列为今年的“急难险重”任务，我们要努力在农村集体土地所有权、农村土地承包经营权、宅基地使用权、集体林权等产权改革方面实现新的突破，试点探索出可行的实施办法，为下一步深入推进农村改革奠定坚实基础。

第六，要进一步加强农村基层组织建设。今天我们看到的混撒拉村，之所以能在很短的时间内面貌焕然一新，这与他们有一个好的支部、好的带头人是分不开的。今年，农村基层组织建设要按照“基层组织建设出典型”的要求，努力在全省乃至全国推出典型。

四、加强领导，强化执行，确保今年“三农”工作任务全面完成

做好“三农”工作，重在领导带头，贵在深入持久，关键在抓好落实。各级各部门要把思想统一到中央和省、市委的决策部署上来，迅速落实责任、强化措施，确保各项工作扎实推进、圆满完成。

一是强化组织领导。各县区和乡镇党委、政府要围绕省委、省政府提出的统筹城乡发展和市委提出的要在新村建设、统筹城乡上走在全省前列的总体要求，加强对农业农村工作的领导，把农业农村工作作为重中之重，切实抓紧抓好。

二是积极做好政策和项目的争取工作。中央和省上针对农业农村工作推出了很多优惠政策，新一届国务院对农村的直补政策也将有所调整，下一步的重点很可能会放在项目上。因此，我们要充分利用好国家关于国家现代农业示范区、攀西战略资源创新开发试验区和扶贫开发等有关政策，主动加强对接，积极“跑厅、跑部”，争取资金，集中力量，全力抓好项目攻坚。

三是积极培植典型。抓农业农村工作，关键在于典型示范。各县区要突出典型示范，积极培植自己的典型，着力用典型来带动整个面上的工作。东区、西区至少要培植5个以上的典型，盐边县、米易县、仁和区典型数要达到15个以上，真正做到抓两头带中间。

四是要切实抓好当前工作。一年之计在于春。当前正是春耕生产的关键时期，要认真做好小春的田间管理、大春的配耕工作，尤其是烤烟的育苗工作。在建的工厂、道路和水利工程要抓紧建设，赶在雨季之前完成主体部分。要集中力量抓抗旱，全力保障人畜饮水。仁和区、米易县、盐边县的干部，要深入基层、深入一线、深入现场，让群众看得到我们的干部，感受得到我们的辛勤努力。要严格落实森林防火责任，涉及到的县区要全面加强人防、物防和机防，强化火源控制，确保不发生大的森林火灾。

同志们，做好2013年农业农村工作，任务艰巨，责任重大，能否按时间进度和质量标准圆满完成，关键在于抓落实。各级各部门一定要精心组织、周密部署、乘势而上、扎实工作，努力开创全市农业农村发展新局面，为我市在全省率先全面建成小康社会奠定坚实的基础！

在传达学习贯彻全国“两会”精神时的讲话

2013年3月21日

刚才，张剡同志传达了十二届全国人大一次会议和全国政协十二届一次会议的主要精神，介绍了四川代表团在会议期间的活动情况，攀枝花代表、委员提交议案以及在京活动情况。下面，我就深入贯彻落实全国“两会”精神、奋力推进攀枝花发展新跨越讲几点意见：

一、深刻领会全国“两会”的主要精神，把思想和行动统一到中央和省委省政府要求上来

刚刚闭幕的全国“两会”，是在国家发展进入新的历史时期、站在新的历史起点上召开的一次重要会议，是一次团结求实、承前启后、继往开来的大会，是继党的十八大之后全国人民政治生活中的又一件大事。这次全国“两会”，全面总结了过去五年取得的伟大成就，对今年政府主要工作提出了建议，明确了今年经济社会发展的总体要求、主要预期目标和宏观经济政策，体现了科学发展观和构建社会主义和谐社会的重大战略思想，体现了执政为民的执政理念，体现了对转变经济发展方式的要求，体现了区域发展、城乡发展、经济社会发展、人与自然环境统筹协调发展的要求。特别是习总书记的讲话，深情阐述了实现中华民族伟大复兴的“中国梦”，提出要让中国人民共同享有人生出彩的机会、共同享有梦想成真的机会、共同享有同祖国和时代一起成长与进步的机会，为我们吹响了实现中华民族伟大复兴的时代号角，对于动员全国各族人民围绕“两个百年奋斗目标”努力奋斗，具有重大而深远的意义。

这次全国“两会”，通过了中央政府工作报告、计划报告、预算报告及国务院机构改革和职能转变方案、“两高”工作报告等一系列重要的报告、议案和决议，政府工作报告对今年的宏观经济政策、经济发展目标、总体要求和发展举措作了全面的阐述。选举产生了新一届全国人大、国务院、全国政协、国家军委组成人员及国家主席、“两高两长”。新的一届国家领导人的执政纲领和执政目标十分明确，特别是李克强总理在答记者问时，对新一届政府改革发展的方向、重点和基本措施进行了阐述，明确了新一届中央政府工作的核心任务，提出了持续发展经济、不断改善民生、促进社会公正以及建设创新政府、廉洁政府、法治政府的工作重点，是对党的十八大提出的全面建成小康社会目标的进一步阐述和落实。我们一定要准确理解、深刻领会、牢牢把握全国“两会”精神实质，尤其是要准确把握中央提出的转变作风、改进会风的总体要求，把我们的思想和行动统一到中央的决策部署上来，把我们的力量凝聚到促进加快发展上来，奋力开创攀枝花加快发展、科学发展新局面，不断把幸福攀枝花的宏伟蓝图转变为美好现实，向着在全省率先全面建成小康社会的目标扎实迈进。

二、深入贯彻落实全国“两会”的安排部署，积极对接国家有关政策，努力推动攀枝花经济社会又好又快发展

学习贯彻全国“两会”精神，关键要落实在行动上、贯穿在工作中、体现在实效上。要牢牢把握今年市委提出的“稳中快进，提质增效，争先进位，跨越提升”的总体要求，紧紧抓住产业支撑、投资拉动、“四化”同步、统筹城乡、改善民生等工作重点，吃透国家政策，找准切入点和着力点，把中央的部署和要求落到实处，切实推动攀枝花经济社会又好又快发展。

第一，要全面落实省委多点多极发展战略，全力推动我市经济总量迈上新台阶。新一届中央政府明确今后一个时期的着力重点仍然是持续发展经济，并将今年经济增长目标确定为7.5%左右。省委着眼于保持一个较快的速度，提出要实施多点多极发展战略，并将在今年5月初召开一次全会，就实施多点多极支撑发展战略、工业强省战略、创新驱动战略、统筹城乡战略和富民和谐战略作出部署、形成决议。目前，全省各个市州都在围绕全面建成小康社会的宏伟目标和实施多点多极支撑发展战略的总体部署，积极对接政策、抢抓机遇，奋力赶超、竞相发展。最近，省委常委、省委宣传部长吴靖平同志作为联系攀枝花的省领导，专程到攀就我们贯彻落实省委多点多极发展战略的情况进行调研，对我们提出了建设性的意见和要求。市委、市政府将尽快出台实施多点多极发展战略的意见，认真贯彻落实省委相关部署和要求，努力实现2014年全市GDP过千亿，2017年GDP过1500亿、钒钛稀土产业产值达到5000亿元、攀钢建成千亿企业、新增8个百亿企业的目标。

第二，要牢牢把握攀西战略资源创新开发试验区建设的机遇，切实加大创新驱动力度，为攀枝花加快发展提供新的活力和动力。今年2月7日，国家发改委正式批准设立攀西战略资源创新开发试验区。省委、省政府高度重视试验区的建设，省委常委、省委宣传部长吴靖平同志来攀调研后，提出了“五个一”的工作安排，即：要出台一部规划，建立一个省级以上的推进机制，建立一套政策保障体系，召开一次工作推进会，搞一个启动仪式。我们要围绕这五方面的任务积极做好准备。目前，四川省“国字号”的区域发展战略包括成渝经济区、成都统筹城乡试验区、绵阳科技城和攀西战略资源创新开发试验区，而攀西战略资源创新开发试验区还是全国唯一一个资源开发综合利用试验区，国家给了我们很多优惠支持，允许我们在很多方面先行先试。怎样把这些政策用好用足用活，推动攀枝花加快发展、跨越发展，是对我们工作能力和工作水平的一次重大考验。我们一定要牢牢把握这个机遇，抓紧推动落实“五个一”的相关工作。

第三，要紧紧抓住推进新型城镇化这个历史机遇，扎实推进统筹城乡发展。我们要着眼于全面建成小康社会的奋斗目标，进一步加大统筹城乡发展力度，找准着力点，选好突破口，加快城乡一体化发展进程，努力在推进新村建设、统筹城乡发展上取得新成效。

一是扎实推进基础设施建设。要加大政策支持和资金投入力度，在确保市本级财政投入的基础上，积极争取国家和省上支持，把基础设施建设的重点放在农村。尤其要加快推进农村道路、重大水利、电网、通讯等基础设施建设，努力改善农村生产生活条件。

二是大力发展特色产业。要优化种养结构和区域布局，促进早春蔬菜、优质水果、优质烤烟、林业生物、畜牧水产等产业规模化发展。要大力推进国家现代农业示范区建设，积极扶持专业合作组织和龙头企业，加强农产品销售网络建设。同时，要抓好农产品安全生产和质量监管，确保农产品品质，提升农产品效益。要通过特色产业的发展，整体上实现基地上规模、产品上档次、营销上手段、农民见效益。

三是加快推进新农村建设。新村建设是统筹城乡发展的重点，也是切入点，要按照“依山就势、错落有致、适度集中”的原则，成线、成片、成带推进。要突出抓好西攀高速公路沿线、二滩环线、边远民族地区新村和16个旅游新村建设，重点做好第二轮省级成片推进示范县、市级示范片建设工作。今年要确保完成48个新村聚居点、8个新农村综合体以及旅游新村、民族新村的建设任务。

四是进一步强化农村公共服务。要加强农村教育、医疗、文化、商贸、金融、邮政、物流等公共服务设施建设，建立城乡一体的公共教育体系、公共就业服务体系、公共医疗卫生体系、公共文化体系、金融商贸体系，逐步消除城乡居民福利差距，让农民享受与城市居民同等的公共服务。

五是继续抓好扶贫攻坚工作。要坚持不懈地推进扶贫开发工作，加大对贫困地区的政策、资金、技术和人才支持，突出抓好对口支援边远民族地区发展工作，积极扶持和帮助城市低收入群体增收致富，努力推动全市各地区平衡发展、同步小康。

第四，要着力保障和改善民生，积极推进社会各项事业健康发展。政府工作报告指出，“当前，社会结构、社会组织形式、社会利益格局发生深刻变化，社会矛盾明显增多，我们必须把保障和改善民生作为党委、政府一切工作的出发点和落脚点，放在更加突出的位置，着力加强社会建设”。这表明，国家对民生的重视程度越来越高，在民生领域的投入也必将越来越大。我们要始终把保障和改善民生放在工作的首要位置，积极落实要求、争取支持，坚持不懈地打好民生改善和社会事业发展的硬仗，为建设幸福攀枝花奠定坚实基础。

一是加快发展各项社会事业。今年政府工作报告的亮点之一，就是着重阐述了如何通过保障民生、促进社会事业发展，全面提高人民物质文化生活水平，并从教育、就业、医药卫生、人口和计划生育、食品药品安全、住房等方面提出了明确要求。市委、市政府围绕保障和改善民生提出的“八有目标”，很好地契合了中央的精神和部署。我们要按照中央和省委的要求，深入实施今年确定的各项民生工程，全力对接争取相关政策、项目和资金，继续有针对性地解决边远民族地区扶贫开发、采空区移民安置、筒子楼改造及城市低收入家庭社会保障等关系百姓生产生活的大事、难事、好事，真正让老百姓享受到改革发展的成果。

二是完善社会保障体系建设。政府工作报告提出，要“坚持全覆盖、保基本、多层次、可持续方针，不断扩大社会保障覆盖面，提高统筹层次和保障水平”。攀枝花社会保障体系建设历来任务繁重，今年中央政府工作报告再次要求，企业退休人员基本养老金继续提高10%，城乡低保和优抚对象补助标准也要进一步提高，虽然压力很大，但我们仍要不折不扣地落实。要进一步扩大各类社会保险覆盖范围，提高城乡居民基础养老金水平和城乡医疗救助筹资标准，积极推进企业养老、医疗、失业、工伤和生育保险“五险合一”，认真落实城镇居民医疗保险门诊统筹和城乡居民大病保险，力争城乡居民社会养老保险参保率达95%以上。

三是加强和创新社会管理。政府工作报告提出，要“改进政府提供公共服务方式，加强基层社会管理和服务体系建设，改革社会组织管理体制，引导社会组织健康有序发展”。攀枝花在加强和创新社会管理方面，应该说已经走在全省的前列，但随着经济社会的不断发展和进步，我们还必须进一步建立健全维护群众权益机制，完善人民调解、行政调解、司法调解联动的工作体系，健全法律援助制度，推动涉法涉诉信访工作改革，充分发挥市民热线、效能热线等载体功能，畅通和规范群众诉求表达、利益协调、权益保障渠道，健全重大决策社会稳定风险评估和突发事件应急管理机制，维护社会公共安全，促进社会和谐稳定。

第五，要深入推进改革开放，不断增强经济社会发展的动力与活力。政府工作报告提出，要“以更大的政治勇气和智慧，深入推进改革开放”；习总书记在全国人大闭幕会上指出，“改革创新始终是鞭策我们在改革开放中与时俱进的精神力量”，把改革开放提到了一个新的高度。我们要深刻领会和深入落实中央部署要求，以改革创新的精神和措施凝聚发展力量、推动工作落实、加快发展步伐。

一是推进重点领域改革。李克强总理在答中外记者问时29次提到改革，鲜明指出喊破嗓子不如甩开膀子，表明了新一届政府深化改革的坚定决心。我们要进一步完善社会主义市场经济体制，鼓励、支持和引导非公有制经济发展，深化攀钢等国有企业改革以及金融、财税和投融资等重点行业改革。加快推进农村户籍制度、社保制度、产权制度等改革，健全统筹城乡发展的体制机制，缩小收入分配差距，使发展成果更多更公平地惠及全体人民。以推进政府职能转变为重点，稳步推进行政体制改革，健全完善公共财政管理体制。加快文化、教育、医药卫生、就业等社会事业领域改革，努力形成利于公益、服务社会、推动发展的生动局面。

二是扩大对外开放。政府工作报告指出，要“坚持把深化沿海开放与扩大内陆和沿边开放结合起来，加快形成各具特色、优势互补、分工协作、均衡协调的区域开放格局”。当前，国内外形势的深刻变化，对我国开放型经济发展提出了新的更高要求。我们要紧紧围绕实施西部大开发战略、建设攀西战略资源创新开发试验区、打造四川南向开放门户和外资西移、内资西进等机遇，进一步深化区域合作，加强与长三角、珠三角等发达区域的交流与合作。依托川滇黔12市地州峰会合作平台，加强与周边地区的战略合作。主动融入成渝经济区、昆明经济带，密切与省内外各地的合作，借助云南桥头堡建设，广泛参与中国—东盟自由贸易区的合作。精心组织参加西博会、昆交会、珠洽会等经济活动，不断拓展合作领域，主动承接产业转移，扩大对外开放成果。

此外，还要积极争取项目和资金支持。省和中央“两会”都已开过，两级政府工作报告、计划报告和财政预算报告都已获得批准，进入全面实施阶段。市级相关部门和各县区要抓紧与省及中央有关部门对接，勇于“跑部进厅”，努力争取基础设施建设、科技创新、特色产业发展、环境保护、生态建设等方面的政策和资金支持。特别是省上换了厅长的部门，市委、市政府主要领导包括分管领导、对口部门都要去主动对接一次，汇报工作，展现姿态，争取支持。

三、全力抓好当前各项重点工作

一是要全力确保一季度“开门红”。从今年前1～2月的情况看，全市规模以上工业增加值80.58亿元，同比增长14.8%，增速排全省第五位，实现一季度“开门红”应该是没有问题的；但同时也要看到，固定资产投资总量、社会消费品零售总额等多项指标都在全省靠后，必须进一步加大工作力度，来不得半点大意和松懈。各级各部门要针对薄弱环节和突出问题，认真分析原因，果断采取措施，切实抓好煤电油运等要素保障，全力推动项目投资和产业发展，争分夺秒，克难奋进。既要确保一季度良好开局，更要着眼上半年“双过半”和全年“满堂红”，卡牢时间节点，狠抓工作落实，不折不扣地把各项目标任务落到实处、见到成效。

二是要全力推动项目建设。各级各部门要牢固树立抓项目就是抓发展的理念，紧扣今年确定的14大类“急难险重”任务，按照“四个一批”的要求，强化责任落实，狠抓项目建设。各项目分管领导要深入一线抓落实，相关责任单位和部门要密切配合、强力攻坚，加快推进区域综合交通枢纽建设、二滩旅游环线打造、城市“宜居”工程建设、机场滑坡治理、沿江景观打造、花城新区建设等重大基础设施项目、重大民生项目和重大产业化项目建设，全力以赴抢进度、争主动，切实推动项目建设上台阶。

三是要全力抓好抗旱救灾和春耕生产。目前，我市又已连续170多天没有有效降水，旱情日益严重的严重。市级相关部门和各区县要全面行动起来，切实加强组织领导、强化部门协作配合，齐心协力、全力以赴打好抗旱救灾这场硬仗，尤其是水利、气象、农牧等部门，要认真做好旱情的监测研究和科学抗旱的宣传推广，教育引导广大群众正确看待和应对旱灾，不等不靠，抗灾自救，千方百计抓好春耕生产。相关部门和单位要深入乡镇、村社，及时摸清灾害情况，拿出相应的抗旱措施，按照“小春损失大春补，粮食损失经作补，经作损失劳作补，农业损失畜牧补”的方针，最大限度地降低灾害损失，确保群众生产生活不受大的影响。

四是要全力抓好安全稳定工作。各级党委政府要认真落实维稳工作责任制，高度重视并认真解决土地征用、房屋拆迁、环境污染、食品药品安全等群众反映强烈的突出问题，及时化解各种社会矛盾。进一步畅通信访渠道，健全落实维稳风险评估机制、利益协调机制，推进人民调解、司法调解、行政调解“三调联动”机制建设，强化源头治理，把矛盾解决在基层。深化社会治安综合治理，依法严厉打击各种刑事犯罪活动，切实增强群众的安全感。严格落实安全管理责任，狠抓煤矿、非煤矿山、道路交通、消防等方面的安全隐患排查，深入开展重点行业、重点领域的安全生产专项整治，突出抓好森林防火工作，坚决防止重特大安全事故发生。

五是要深入开展“三大主题”教育活动。目前，三大主题教育活动点评阶段基本结束，即将进入公开承诺和整改落实阶段。市委、市政府要认真筹划、统一部署，精心组织实施好在新闻媒体上的公开承诺事宜。要坚持取信于民，自觉接受群众监督，迅速把承诺的事项落实下去，切实解决老百姓生产生活中的实际问题，为全面完成今年各项目标任务提供有力支撑。

同志们，在新的起点上推进攀枝花科学发展，任务艰巨，责任重大。让我们紧密团结在以习近平同志为总书记的党中央周围，认真学习、宣传、贯彻、落实好全国“两会”精神，抢抓机遇，扎实工作，大干快上，大力实施“三个加快建设”，扎实推进“三个走在全省前列”，全力打好“六大硬仗”，努力保持经济社会发展的良好势头，为在全省率先全面建成小康社会而努力奋斗！

在2013年全市环境保护暨创国模攻坚大会上的讲话

2013年3月29日

为巩固和扩大中国优秀旅游城市、国家卫生城市、省级环保模范城市创建成果，去年4月，市委、市政府启动了创建国家文明城市、国家园林城市、国家环保模范城市、国家森林城市和中国阳光康养旅游城市“五创联动”工作。在这五项工作中，创建国家环保模范城市是核心，这个目标一实现，其他四项创建也就水到渠成了。经过过去一年的工作，全市上下对创建国家环保模范城市的思想认识进一步统一，广大市民对创建国家环保模范城市的期盼越来越大、呼声越来越高。针对创建国家环保模范城市的26项考核指标，各县区、各部门主动作为，大多数企业积极配合，锁定工作重点和工作目标，全力以赴向前推进。尤其难能可贵的是，在较短的时间内，我市创建国家环保模范城市的规划就得到了环保部的认可和批准，为下一步工作明确了推进方向和着力重点，提供了“路线图”和“施工图”，为整个创建工作开好了头、起好了步。

当前，创国模工作进入了全面攻坚阶段。今天，市委、市政府召开这样一次环保和创国模攻坚大会，主要目的就是深入贯彻落实全国、全省环境保护工作会议精神，动员全市上下进一步行动起来，扎实推进环境保护及创建国家环保模范城市工作，促进整个“五创联动”加快实施。刚才，大家书面学习了全国、全省环保工作会议精神，德华同志总结了2012年环保工作并对2013年环保和创国模工作做出了安排部署，省环保厅杨雪鸿副厅长对我市创建工作进行了指导并提出了殷切希望，市政府与各县区、钒钛产业园区及部分大企业还签订了目标责任书，希望大家深刻领会会议精神、认真抓好贯彻落实。下面，我再强调几点意见。

一、认清形势，提高认识，增强推进国家环保模范城市创建工作的紧迫感和责任感

创建国家环保模范城市，是我们在过去成功创建国家卫生城市和省级环保模范城市的基础上，站在新的历史起点，综合考虑经济实力、发展需要、群众期盼等各方面因素，做出的一项重大战略部署。通过全市上下过去一年的共同努力，我们较好地完成了年度各项目标任务，环境保护和创国模工作稳步推进、取得新的成效。主要表现在：一是工作机制更加健全。市县（区）两级政府、钒钛产业园区管委会及攀钢等大企业都成立了指挥部及办公室，制定完善了督查督办、工作例会、信息通报、公众参与、舆论监督和考核奖惩等切实有效的管理制度，建立起“横向到边、纵向到底”的创国模目标管理与考核体系，形成了长效的信息沟通、工作协调和督促落实机制。二是总量减排全面完成。按照2012年主要污染物总量减排要求，各级各部门各企业严格落实责任、强化措施，全面完成了省政府下达的氨氮、二氧化硫、氮氧化物等污染物总量减排目标，为加快发展腾出了新的环境容量。三是污染防治成效明显。省、市政府下达的9项污染源限期治理民生工程项目全面完成，区域污染综合防治工作全面启动。同时，西区区域污染综合整治三年攻坚项目被省环保厅列为全省区域污染防治示范区给予重点支持，获得了2933万元的资金支持，并带动其他项目资金5098万元。四是企业环境行为逐步规范。深入开展环保专项执法检查活动，严厉打击违法排污行为，及时消除了环境安全隐患，企业更加自觉规范环境行为，群众环境权益得到更好保障。总的来看，通过一年来的努力，全市上下对环保和创国模的工作思路更加清晰、目标任务更加明确，为全面打好创国模攻坚战奠定了坚实基础。

在充分肯定成绩的同时，我们也必须看到，作为资源型重化工业城市，目前我市环保基础设施建设依然滞后，粗放型经济发展方式和能源消耗高、污染排放大的产业结构还没有根本改变，生态环境、自然资源与经济社会发展的矛盾还比较突出，高排放、高污染的状况在短时间内很难得到改变，SO_2超标严重。部分人对攀枝花创建国家环保模范城市信心不足、正能量不够，特别是一些企业投入不足、主体作用发挥不好，给创建工作带来了很大的困难。可以说，我市环境保护和生态建设还任重而道远，创建国家环保模范城市还要经过一个艰难、艰巨、艰苦的过程，需要巨大的勇气和动力。特别是在当前全国很多城市大气污染都较重的情况下，更需要努力改变污染严重的状况，尽快让人民群众看到希望，看到党委、政府的主动作为。因此，全市上下一定要站在落实科学发展观，推动产业升级、城市转型，加快建设“中国阳光花城”，率先全面建成小康社会的高度，进一步增强创建国家环保模范城市的紧迫感和责任感，做好打持久战、攻坚战的充分准备，下定决心、坚定信念，坚持不懈地推进环境保护和污染治理，全力以赴争创国家环保模范城市，不断改善赖以生存的生态环境，让全市人民共享环境优美、生态文明的幸福生活。

同志们，创建国家环保模范城市，是市委、市政府深入贯彻落实科学发展观，围绕建设幸福攀枝花的宏伟目标，立足攀枝花市情做出的一项重大决策，是关系到攀枝花未来发展能否做到经济、政治、社会、文化、生态“五位一体”，实现全面协调可持续发展的关键工程，对其重要性、必要性和紧迫性我们务必要有足够充分的认识：

第一，创建国家环保模范城市是推进攀枝花科学发展的迫切需要。党的十八大将生态文明建设提到了中国特色社会主义事业总体布局的高度，提出了“建设美丽中国”的战略任务，表明了加强生态环境建设的坚定决心。省委经济工作会议提出实施多点多极支撑战略，大力支持建设攀西城市群和攀西经济区，对我们的产业和城市发展提出了更高要求。攀枝花作为重化工业城市，受资源禀赋、特定历史条件等因素影响，长期以来基础设施建设滞后，发展方式粗放，产业升级难，城市转型难，特别是随着新型工业化和城镇化的快速推进，资源环境制约经济社会发展的矛盾日益凸显。我们急需通过创建国家环保模范城市，积极顺应科学发展的大势，加快推进产业升级和城市转型，为加快发展腾出环境容量，为科学发展提供环境保障，切实推动经济社会迈上全面协调可持续发展的轨道。

第二，创建国家环保模范城市是全面建成小康社会的迫切需要。美好环境是幸福生活的基本要素，改善人居环境是重要的民生工程。面对在全省率先全面建成小康社会的历史使命，我们急需通过创建国家环保模范城市，实施新一轮的环境惠民工程，以坚决有力的措施，切实解决影响老百姓切身利益的环境问题，加快改善城市环境、提升城市功能、提高城市综合竞争力，着力建设一个“天蓝、地绿、水清、气爽”的城市生态环境和优美舒适的生产生活环境，真正让人民群众过上有品质的幸福生活，切实增强全市人民的归属感、自豪感和幸福感。

第三，创建国家环保模范城市是建设中国阳光康养旅游城市的迫切需要。我们建设中国阳光康养旅游城市，仅仅依靠阳光气候资源是远远不够的，关键还要让我们的城市宜居宜业宜游，提升辐射力、吸引力和凝聚力，让各方人士愿意来、玩得好、留得住。因此，我们也急需通过创建国家环保模范城市，从根本上、整体上打造整洁优美的市容环境、鲜花灿烂的生态环境、清新怡人的居住环境、团结奋进的创业环境，真正使攀枝花“来者依恋、居者自豪、业者奋进”。

第四，创建国家环保模范城市是企业自身长远发展的迫切需要。在党的十八大把生态文明建设纳入“五位一体”总体布局的基础上，前不久，李克强总理答记者问时明确指出，要推动经济转型，使质量和效益、就业和收入、环境保护和资源节约有效提升，打造中国经济的“升级版”。可以预见，未来几年，国家对环境问题的治理力度必将越来越大、标准必将越来越高、要求必将越来越严，落后产能将会被全面淘汰，粗放式发展将越来越没有空间。因此，我们的企业必须牢固树立科学发展观念和大局意识、长远意识，从企业自身的发展质量、效率、效益等根本问题入手，积极实施创新驱动，主动淘汰落后产能，加快推进企业转型升级，努力掌握未来发展的主动权、抢占新一轮发展的制高点，确保企业长远发展、可持续发展。今天在座的有70多位企业老总，希望你们牢牢把握发展大势，着眼企业长远，全面参与到全市创国模的工作中来，并以此为契机，主动作为，大力推进企业升级换代，为自身发展赢得空间、赢得主动，为推进攀枝花科学发展作出应有的贡献。

同志们，创建国家环保模范城市，是市委、市政府向全市人民做出的庄严承诺，必须言必行、行必果，决不能“放空炮”。全市上下一定要进一步增强紧迫感和责任感，在创国模工作上真正做到认识到位不犹豫、行动自觉不消极、工作落实不应付，努力把创国模活动办成惠民工程、德政工程、发展工程，加快资源节约型、环境友好型现代化大城市的建设步伐，切实推动全市经济社会又好又快发展。

二、突出重点，攻坚克难，以壮士断腕的决心和勇气打好创国模攻坚战

按照“三年基本达标、五年基本完成”的要求，市委、市政府决定把2013年和2014年作为我市创建国家环保模范城市的攻坚之年，做好这两年工作对于成功创建国模具有决定性意义。全市上下要按照“科学规划、分步实施、逐渐攻坚、重在实效、全面推进”的总体要求，重过程、重实效、重特色、重民生，以背水一战、破釜沉舟的决心和勇气，举全市之力、集全民之智，扎扎实实推进各项创建工作。具体来讲，就是要重点抓好以下几个方面的工作：

第一，要抢抓机遇。当前，从国际国内形势要求看，加快转变发展方式势在必行，我们的发展最终要走资源节约型、环境友好型的路子，这对我们既是挑战，更是机遇。党的十八大提出了建设“美丽中国”的战略，国家对环保的要求必将越来越高，2016年以后，国模的考核指标将会更严；同时，国家和省上大力支持生态文明建设，并将出台一系列促进产业转型升级和生态环境保护的扶持政策。攀西战略资源创新开发试验区已经获得国家批准，允许我们先行先试。攀枝花已被列为国家新型工业化示范基地、国家外贸转型升级示范基地，并被纳入全国老工业基地调整改造之列。所有这些都要求我们必须在产业上升级、在城市上转型，并且已具备了良好的基础和条件。全市上下要牢牢把握发展大势和发展机遇，尽快从单一追求经济增长为主的思维中解放出来，从粗放式增长的模式中解放出来，牢固树立“既要金山银山，更要绿水青山”的理念，抓住并用好各种重大机遇，以产业升级、城市转型为目标，以创建国家环保模范城市为载体，下大决心淘汰落后产能、促进经济转型升级，下大力气解决环境污染问题、促进城市转型升级，加快驶入科学发展的快轨道，促进经济社会持续发展、生态环境持续改善。下来后，各责任单位、各大企业要抓紧包装一批项目，尽快跑部进厅，争取国家和省上的最大支持，把各类政策用足用够。

第二，要依法依规。规划是龙头。我们必须把科学规划放到创建工作的首位，认真贯彻落实国家环境保护的法律法规，认真贯彻落实国家环保部已经通过的《创建国家环保模范城市规划》，加大环保执法力度，形成强大的创国模工作声势。要坚持多规衔接，把创国模规划与产业发展、城市建设等规划有机结合起来，下大力气调整工业布局和城市布局，尽快解决生活区与工矿区相互交错、“小、散、乱、杂”到处可见的不良现状。对新上项目要进行严格筛选，通过建立项目引进评估机制，严格执行环境保护“三同时”制度，坚决杜绝高耗能、高污染、低产出、低效益的项目上马，决不能以牺牲环境和人民群众的健康为代价来换取经济的发展。

第三，要分期分批。创国模是一项长期性、系统性的复杂工程，必须抓住关键、抓住重点。按照我市创建国家环保模范城市规划的总体要求，到2015年，要基本达到国家环保模范城市5大类26项指标的标准，并通过环保部西南环保督查中心的技术评估，时间十分紧迫。对此，我们必须列出时间表，制定路线图，分期分批扎实推进创国模工作。2013—2014年，是我市创建国家环保模范城市的攻坚之年，要对“三片一线一企”的环境问题进行分期分批整治。东区要重点抓好马家田—流沙坡、高梁坪工业园区环境综合整治项目，沿江景观打造工程视野区生态建设项目；西区要重点抓好河门口二砖厂片区、大水井八社灰坝片区、金家村片区环境综合整治项目，攀青物流中心项目；仁和区要重点抓好巴关河、摩梭河、灰老沟、纳西河小流域企业及水环境综合整治项目，城市备用水源地项目；盐边县要重点抓好安宁、新九工业园区环境综合整治项目，红格镇生活污水处理厂建设项目；攀钢要重点抓好高炉、焦化、烧结和转炉系统烟粉尘治理项目，钛白粉厂技改搬迁项目，尾矿库闭库项目。对近两年的攻关项目，今天张剡市长已经和相关责任单位签订了目标责任书，大家一定以攻坚克难的劲头和壮士断腕的决心来抓好落实。

第四，要先易后难。创国模是系统工程，要把创国模与我们企业的发展、工业的跨越、产业的升级和经济的质量效益型发展有机结合起来，以创国模考核指标体系为轴心，细分轻重缓急，紧盯问题关键，按照先易后难的原则，排出时序，倒排工期，稳步推进。要准确把握创国模工作的特点，尊重创国模工作的专业性、全域性和规律性，找准切入点，打开突破口，一个难关一个难关地攻克，一个目标一个目标地实现。在治理内容上，要采取先治水后治渣再治气的方式安排工作进度，尽快下决心把污水处理率从目前的47%提高到80%以上，要采取管（皮）带运输、高速路运输、铁路运输等解决大宗物料运输造成的扬尘污染，加大对建筑工地、采矿工地的扬尘污染整治力度，特别下大工夫、花大力气开展二氧化硫减排的深度治理，确保年均浓度值逐年下降。在治理对象上，要采取先取缔非法企业后整改现有企业的方式稳步推进，尤其是对小堆场、小选矿、小化工企业，要坚决予以取缔。在工作安排上，要采取先急后缓的方式安排目标进度，统筹安排创国模与经济发展工作，做好时间衔接和工序衔接，既要如期完成创国模任务，又要尽力不影响生产和税收。

第五，要健全机制。要加紧研究创国模配套政策，尤其是企业搬迁政策，充分激发企业参与创国模、加快创国模的积极性。要按照“搬活、搬大、搬强”的原则，采取分类施策、一企一策等多种方式配套扶持政策。对采取“退二进三”方式搬迁的企业，就着重以土地置换、土地增值款分成等方式给予扶持；对园区内的企业，可采取土地置换、贷款贴息、资金补偿、规费减免等方式给予扶持；对主动积极整改且成效显著的企业，可采取以奖代补等方式给予扶持。同时，要积极争取中央和省上产业转型、城市转型、老工业基地改造、环境保护等各类政策和资金支持，为企业整改搬迁创造良好的环境。要严格实行创国模目标责任制，严格落实企业的主体责任、县区的属地责任、市级部门的联动责任，实行倒排工期，推动创建国家环保模范城市工作的落实。每项工作都要明确牵头单位、责任单位的工作职责和工作任务。各县区、市级各责任单位要把创国模工作纳入重要议事日程，认真研究所在区域、所在行业、所在单位创国模工作的责任和现状，查找差距和薄弱环节，及时解决重点难点问题，真正把各项创建任务落到实处。各企业要认真履行创国模的主体责任，立足全市发展大局和企业长远利益，坚持“算大账不算小账、算长远账不算近期账、算活账不算死账”，努力将创国模工作作为企业自身求发展的一项自觉行为，坚决服从全市统一部署，高质量、高标准完成各项治理任务，为企业长远发展奠定坚实基础，为攀枝花人民的幸福生活做出应有贡献。

第六，要富有成效。开展创国模工作不仅要注重指标的完成，更要注重实际的成效。要以创建国家环保模范城市为契机和载体，全力推进环境改善、产业升级、城市转型、经济发展，达到“总量减排达标、环境质量明显改善、市民感观良好”的要求。要以打造优美人居环境、提高群众生活质量为出发点，以改善环境质量、突出实际效果为着力点，以建立健全领导机制、责任机制、考核机制为切入点，通过“蓝天行动、碧水行动、绿地行动、宁静行动、洁净行动、企业达标行动”等工作的有效开展，确保创国模工作“每年有新变化、三年完成攻坚任务、五年通过达标验收”。要按照“出特色、出亮点”的要求，着力将创国模成果以形象化、具体化、可视化的场景展示在全市人民的眼前，形成独特的创国模工作亮点，让全市人民充分感受到创国模工作成果，使创建过程成为宣传发动群众的过程，成为全民参与的过程，成为各级各部门各企业推进自身工作和发展上台阶的自觉行为过程，成为全力推进攀枝花跨越发展的过程。

三、加强领导，强化保障，确保创国模各项工作任务圆满完成

环境保护和创国模工作面广量大，任务艰巨。各级各部门务必高度重视，加强领导，精心组织，狠抓落实，确保各项创建目标如期实现。

一是强化组织领导。创国模指挥部及其办公室要发挥组织领导、决策指挥的职能作用，按照创国模规划的总体要求、时间节点安排，指导落实各级各部门各大企业的年度创国模目标任务，推动国模创建正常、有序、高效开展。各级各部门要强化机构建设，加强组织领导，及时掌握工作情况，研究解决创建中遇到的困难和问题。要坚持把创建工作列为“一把手”工程，摆上重要议事日程，做到党政“一把手”亲自抓、负总责，分管领导集中精力抓、负具体责任，其他领导积极配合抓、负相关责任，把每一项任务落实到人头，形成“一级抓一级、一级带一级、层层有压力、人人有责任、事事有人管、分分有人保”的责任体系。

二是强化协调配合。各级各部门要在创国模指挥部的统一领导下，树立“全市一盘棋”思想，按照职责分工，互相支持，互相配合，主动作为，优质服务，形成齐抓共管的强大合力。尤其是需要多个部门共同完成的工作任务，要以牵头单位为主，协助单位积极配合，确保按时完成，避免出现创建死角。凡市委、市政府提出的工作要求、协调确定的事项，各部门、各单位必须无条件服从，雷厉风行抓好落实，任何单位、任何个人不得敷衍塞责，更不允许讨价还价，这是一条铁的纪律。下来后，市创国模指挥部要牵头建立市区联动、部门联动、政企联动的工作机制，充分凝聚创国模工作合力。

三是强化资金保障。各级政府要以改善生态环境质量，保护群众健康，实现经济社会与环境可持续发展为出发点，进一步加大环保投入。要集中财力优先保证污染防治、生态环境保护、环保基础设施和环境保护能力建设。要积极做好项目储备、申报、协调工作，争取国家、省更多的项目和资金对环境保护、生态建设的投入。要发挥市场机制的作用，运用政策引导和鼓励民间资本、社会资金积极投入环保建设，形成多元化的投入新格局。

四是强化宣传发动。民众的广泛参与是创国模成功的基础，企业的积极自觉行动是创国模成功的关键。要针对目前全市创国模工作社会参与度还不够高、氛围还不够浓、有些部门和企业认识还不够清的状况，千方百计加大环境保护的宣传引导，以宣传典型、推广经验、曝光问题、改进不足为主要途径，激发公众参与热情，让人人关注创国模、关心创国模、支持创国模，最大限度地把全市方方面面的活力激发出来、力量凝聚起来，为推进环境保护工作赢得强大的组织保障和社会支撑。特别是宣传部门要充分利用报纸、电视、广播和信息等新闻媒体，广泛宣传抓好环境建设的重要性和必要性，使节约资源、保护环境、建设生态文明成为全社会共同的价值取向和自觉行动。要广泛开展“绿色学校、绿色企业、绿色社区、绿色家园”等群众性创建活动，搭建多种形式的环境保护活动平台和载体，使每个公民、每个家庭、每个单位、每个社区都从我做起、积极参与，在全市形成“人人珍惜环境、保护环境、美化环境”的良好氛围。

五是强化督查考核。市委、市政府已经把创国模工作纳入今年的“急难险重”任务，把“五创联动”督导检查工作交给市人大。市人大要加强考核，实行月报季会制，对“三线一片一企”推进情况每月要有报告，每季度要有全面分析，全年要进行检查督促。今天签订了目标责任书，刚才道全主任也作了深刻的报告，提了“八大”难题，下来后，请道全主任组织相关部门进行专题研究，一个难题一个难题地破，一个仗一个仗地打，积小胜为大胜，通过艰苦努力，使我市创建国家环保模范城市工作取得圆满成功。

同志们，创建国家环保模范城市已进入攻坚阶段，时间紧、任务重，是对我们工作作风和执行能力的又一次重大考验。今天这个攻坚会既是一次动员会，也是一次责任落实会，请各县区、市级各部门、各企业认真研究落实肩上的任务，集中力量打一场艰难、艰巨、艰苦的创建国家环保模范城市攻坚战，加快提升攀枝花环境质量，为建设幸福攀枝花做出新的更大的贡献！

在全市非公有制企业党的建设工作会议上的讲话

2013 年 4 月 25 日

在全市上下深入学习党的十八大精神、深入实施多点多极支撑发展战略、加快建设中国钒钛之都、中国阳光花城、四川南向开放门户，奋力推进幸福攀枝花建设之际，市委召开非公有制企业党的建设工作会议，对于促进我市非公企业健康发展、提升非公企业党建科学化水平具有十分重要的意义。刚才，与会同志参观了非公企业党建工作成就展览，为 2012 年市级“两新”组织党建示范单位授了牌。这些经验都很好，请大家认真学习借鉴。

在历届市委、市政府的高度重视和大力扶持下，我市非公有制企业得到了迅猛发展。2012 年非公企业经济总量占到全市 GDP 的 43.8%，对地方财政的贡献率达到 62.3%，提供了 90% 以上的新增就业岗位，成为我市经济增长的重要支柱、地方税收的重要来源、吸纳就业的重要渠道。在非公有制经济发展壮大的同时，党建工作也得到了进一步加强，呈现出许多新亮点：一是党建工作的组织领导不断强化。各级党委把非公企业党建工作提上重要议事日程，成立了工作机构，配备了工作人员，建立和完善了工作机制，形成了上下联动、齐抓共管的工作格局。二是党组织覆盖面进一步提高。我市已建立非公企业党组织 627 个、党员 7746 人，党的组织覆盖面提高到了 84%。三是党组织的凝聚力和战斗力不断增强。企业党组织围绕生产经营，结合党员岗位特点，积极探索非公企业党组织和党员发挥作用的有效途径，开辟新的工作载体和活动载体，党员和党组织的领导核心作用得到了更好发挥。四是全市抓非公企业党建工作的氛围更加浓厚。我们通过各种途径和办法，提高了全市上下对非公企业党建的认识，增强了各级党组织的责任感、紧迫感，由原来的不理解到主动作为，把党的建设作为做大做强企业的重要抓手，形成了“抓企业党建、促企业发展”的浓厚氛围。在此，我代表市委、市政府，向长期辛勤工作在非公有制企业党建战线上的同志们表示衷心的感谢，向命名授牌的示范单位表示热烈的祝贺！

在看到成绩的同时，我们也要清醒地看到，当前我市非公企业党建工作基础仍然比较薄弱，还存在一些突出的问题和不足，主要表现为：一是非公企业单独建党率离省委要求还有较大差距；二是党员总体比例仍然偏低且分布不均；三是党组织和党员作用发挥得还不够充分，党员、群众的满意度还不高；四是党建工作保障力度偏低，部分小型、微型企业在党务工作力量、场地、经费方面还缺乏有效保障。全市上下要把抓好非公企业党建工作作为夯实党的执政基础的客观要求，作为推进攀枝花加快发展、科学发展的重要保证，作为企业加强自身建设、做大做强的客观需要，进一步增强紧迫感和责任感，努力推动各项工作迈上新台阶。

下面，我就加强非公企业党建工作，讲三点意见。

一、统一思想，提高认识，增强抓好新形势下非公企业党建工作的责任感和紧迫感

党的十八大指出，要“毫不动摇地鼓励、支持、引导非公有制经济发展”。各级党组织要站在贯彻落实党的十八大精神、服务全市发展大局的高度，充分认识加强非公企业党建工作的重要意义，以改革创新精神推进非公企业党的建设。

第一，加强非公有制企业党建工作，是夯实党的执政基础的客观要求。随着非公有制经济的快速发展，非公企业中聚集了一大批新社会阶层人才和有文化、有技术的现代产业工人，使工人阶级的构成和党的群众基础发生了很大变化，对党的领导提出了新的更高要求。要巩固党的执政基础，把包括新社会阶层在内的一切力量凝聚到党组织的周围，就必须切实加强党的工作，使他们始终保持正确政治方向，真正成为推动发展、促进和谐的重要力量。实践证明，经济发展与党的建设是相辅相成、互保双赢的，党的建设抓好了，企业发展就会日新月异，品牌价值就更加显现，市场竞争力就会提高；反过来，企业得到了发展，对党的认同就会增强，对党建工作就更加重视，党的执政基础就更加牢固。

第二，加强非公有制企业党建工作，是实现攀枝花加快发展、科学发展的坚强保证。当前，全市上下正围绕实施多点多极支撑发展战略，大力实施“三个加快建设”，大力推进“三个走在全省前列”，全力打好“六大硬仗”，着力次级突破，夯实底部基础，力争全市 GDP 总量 2014 年突破 1000 亿元大关，2017 年达到 1500 亿、成功跃进全省“第二经济方阵”。实现这一目标，需要非公有制经济的跨越发展和强力支撑。我们必须通过加强非公企业党建工作，把非公企业党组织和广大党员的思想行动统一到市委的决策部署上来，充分发挥党组织的政治引领和政治核心作用，发挥好党员的先锋模范作用，引导非公企业优化产业结构、推进节能减排、加强自主创新、促进产业升级，为攀枝花加快发展、科学发展做出更多更大的贡献。

第三，加强非公有制企业党建工作，是促进企业自身健康发展的现实需要。党的政治优势和组织支持，是非公企业健康发展的重要保证。近年来，我市非公企业数量越来越多、规模越来越大、涉足领域越来越宽，但存在产业、产品整体层次不高、市场竞争力不强的问题。加强非公企业党建工作，有助于充分发挥党组织把握方向、引领发展的优势，凝聚人心、激发活力的优势，协调各方、整合资源的优势，引导企业牢固树立科学发展、协同发展理念，把自身发展融入全市发展大局中去，找准位置、找好路径，上下游衔接、高低端互补，优化发展环境、增添发展动力，实现可持续发展。实践证明，加强非公企业党建工作既是在为巩固党的执政基础做工作，也是在为非公企业发展做工作，两者相得益彰，互相促进，在根本上是一致的。

二、加大力度，扎实推进，不断提升我市非公企业党建工作科学化水平

党的十八大强调要加大非公有制经济组织党建工作力度，充分发挥其推动发展、服务群众、凝聚人心、促进和谐的作用。省委也召开了专题会议，对非公企业党建工作做了专门安排部署。我们要按照中央和省委要求，创新思路举措，发挥好党的政治优势，引领非公有制经济健康快速发展。

（一）着力扩大非公有制企业党组织覆盖面。哪里有党员，哪里就应有党组织；哪里有党组织，哪里就应有党的作用发挥。当前，扩大党的组织和工作覆盖面仍然是非公企业党建工作的首要任务。一是坚持不懈抓好非公企业建党工作。紧紧围绕“两个覆盖”目标，联合工会、共青团、妇联等群众组织，整合党建资源和要素，进一步扩大党的组织覆盖面。今年，要在保持党的组织覆盖率基础上，实现 25% 的非公企业单独建立党的基层组织，到 2015 年，职工人数 30 以上的非公企业都要单独建立党的基层组织。二是加快壮大非公有制企业党员队伍。发展壮大党员队伍，是建立党组织、扩大覆盖面的基础。要认真组织开展“双找三培养”等工作，加大在非公企业优秀一线员工和技术、经营、管理骨干中发展党员力度，使规模以上非公企业高层管理人员中都有一定数量的党员，中层管理人员和业务技术骨干中党员人数占到一半以上。力争2015年建市五十周年时，非公企业党员比例提高到5%以上。三是及时跟进非公有制经济发展。对新增规模以上非公企业和新建项目，要掌握情况，及时跟进，及时把党的工作开展到新上的经济发展项目、新建的非公企业中。

（二）充分发挥非公有制企业党组织的战斗堡垒作用。中央明确指出，非公有制企业党组织是党在企业中的战斗堡垒，在企业职工中发挥政治核心作用，在企业发展中发挥政治引领作用。各级党委和组织部门要深刻理解、正确把握非公企业党组织的功能定位，加强工作指导，切实发挥好非公企业党组织的战斗堡垒作用。一是帮助企业做大做强。党建工作要与企业发展目标、生产经营相融合。非公企业党组织要敢于负责、敢于担当，在推动企业发展中领航；要围绕中心、服务大局，在促进企业发展中聚力；立足岗位、展示风采，在攻坚克难中当先锋。要积极宣传引导和监督企业遵章守法、安全生产、诚信经营、规范管理，自觉履行社会责任。同时，要正确认识党组织在企业中的重要位置，不是党委、政府夺权，而是在帮助企业做大做强。特别是矿山企业党组织要把推进社会主义新矿山建设当作义不容辞的责任，按照省、市委要求加快实施。要强化“两新”党建工作责任制落实，着力实施“强基”工程，深化“金沙江两新党建示范集群”打造，精心组织实施“两新”组织“金沙民生”党建工程，推陈出新、解决问题，“出示范、出品牌、出先进、出优秀、出成果”，使非公企业党建品牌建设走在全省前列。二是为企业发展聚人才、带队伍。要积极推动企业文化建设，着力建设符合社会主义核心价值体系的企业文化，塑好企业“气质”，展现企业精神，增强员工自豪感、归属感。要开展文明企业创建活动，引领带动党员、员工和出资人投身“五创联动”，共建幸福美丽攀枝花。要加强社会公德、职业道德和法制宣传，教育引导每一位员工成为一个健康的人、快乐的人、有人格有质量的人、一个具有契约精神的人。三是创新活动方式增强党的凝聚力。要围绕增强党的政治影响力、思想向心力和工作推动力，积极探索开放式党组织活动，促进党群活动一体化。创新作用发挥途径，敢当、能当企业员工思想依靠上的“主心骨”、工作落实上的“领头羊”、作风形象上的“导航标”。

（三）大力推进非公企业党建工作骨干力量建设。加强非公企业党建工作，关键是选优配强党组织领头人。加强非公企业党组织书记和党建工作指导员“两支队伍”建设，既有现实的紧迫性，又有长远的重要性。为此，要坚持选育并重，选好配强党务干部。按照守信念、讲奉献、重品行，懂经营、会管理、善协调，热爱党务工作和熟悉群众工作等要求，以公开推荐、社会招聘、民主选举、挂职锻炼等方式，选优配强非公企业党组织书记和党建工作指导员。要加强考核评价，提升党务干部专业素养。非公企业发端于市场、生存竞争于市场，决定非公企业党建不同于机关党建和国有企业党建。市、县（区）两级党委要把非公企业党务干部培训纳入党员干部教育培训总体规划，每年都要采取开放式培训的办法，培训一批非公企业党组织书记和党建指导员。要加强党建工作指导员、党务干部工作实绩考核，并作为其评优评先和续聘的依据，以激活动力、提升能力、催化活力。要加强工作支持，强化激励保障。各级党委（党组）要主动关心爱护非公企业党务干部，支持他们开展工作，及时给予必要的帮助和支持。要鼓励、引导企业把党组织书记纳入管理人员序列，明确岗位职责，落实待遇保障。要加强政治激励，积极推荐符合条件的企业党组织书记作为各级党代会代表、人大代表、政协委员和劳动模范人选。

三、加强领导，狠抓落实，努力开创我市非公企业党的建设新局面

党建工作抓得怎么样，关键在领导，基础在保障，根本在落实。要按照党的十八大、全省非公企业党的建设工作会议精神和本次会议要求，进一步加强组织领导，周密部署安排，确保我市非公企业党的建设各项目标任务得到落实。

一是强化组织领导，形成工作合力。要坚持“书记抓、抓书记”，“系统抓、抓系统”，把抓非公企业党建工作情况作为各级党组织书记专项述职和领导班子考核评价的重要内容。各级领导干部要结合当前开展的“思想大解放、作风大整顿、工作大落实”主题教育活动和即将开展的以“为民、务实、清廉”为主要内容的党的群众路线教育实践活动，带头深入非公企业，与企业业主沟通感情、结交朋友，指导企业做好党建工作，切实帮助企业研究、解决问题，着力营造“招商、稳商、促商”的浓厚氛围。

二是强化工作保障，加大投入力度。市、县（区）两级财政要加大对非公企业党建工作的投入，把非公企业党建工作经费列入年度预算。要按照有场所、有设施、有标志、有党旗、有书报、有制度的“六有”标准，厚植沃土，夯基固本，亮点示范，为提升非公企业党建规范化、标准化水平创造有利条件。

三是强化思想引导，赢得业主支持。做好新时期非公企业党建工作，出资人的理解和支持非常重要。应当说，我市非公企业的出资人，在攀枝花创新创业，非常辛苦，事业来之不易，为攀枝花建设发展做出了巨大贡献。各级党委要从思想上、政治上关心帮助非公企业家，注意听取他们对党建工作的意见建议，增强他们的政治认同、思想认同和感情认同。对非公企业出资人的评先选优、政治安排，各级党委统战、组织部门要事先征求企业党组织、“两新组织”党工委意见，推动形成鲜明的政治导向和激励机制。

同志们，非公有制经济发展事关全局、举足轻重，加强非公企业党的建设意义重大、任务艰巨。相关部门和各级非公企业工委、非公企业党组织要自觉负起责任、切实强化措施，不断探索新思路、解决新问题，努力开创全市非公企业党建工作新局面，为攀枝花率先全面建成小康社会做出新的更大的贡献！

在第二届“攀枝花市人才奖”表彰大会上的讲话

2013 年 4 月 25 日

今天，我们在这里隆重召开第二届“攀枝花市人才奖”表彰大会，表彰为我市经济建设和社会发展做出突出贡献的人才工作先进单位和优秀个人。首先，我代表市委、市政府，向受到表彰的单位和个人表示热烈的祝贺！向为攀枝花经济社会发展做出卓越贡献的全市各级各类人才表示亲切的慰问和衷心的感谢！

“攀枝花市人才奖”，是我市人才的最高奖。刚才，我们向获得第二届“攀枝花市人才奖”的 34 名优秀人才和 5 个先进单位颁了奖。获奖的这些同志就是全市各类人才和人才工作的优秀代表，在他们中间，有潜心新产品开发的行业专家，有矢志新技术攻关的专业人才，有致力新工艺应用的一线工人，有普及现代农业技术、带领农民致富奔小康的农村实用技术人才，他们是实现攀枝花科学发展、加快发展的重要推动力量和宝贵财富。今天的表彰，既是对大家过去工作的充分肯定、鼓励和鞭策，也是对明天寄予的更大期望，更是在全社会营造关心人才、爱护人才、促进人才成长更加积极的浓厚氛围，希望大家珍惜荣誉，再接再厉，再创佳绩。全市干部群众要以他们为榜样，开拓进取，锐意创新，积极作为，努力为攀枝花的发展建功立业。下面，我就做好新形势下人才工作，讲几点意见。

一、认清形势，明确任务，切实增强建设区域人才高地的紧迫感和责任感

区域经济发展的竞争，归根到底是人才特别是高层次人才的竞争。党的十八大指出，“广开进贤之路，广纳天下英才，是保证党和人民事业发展的根本之举”。做好人才工作，对于我们实施“三个加快建设”、推进“三个走在全省前列”、打好“六大硬仗”、实现“四个翻番”以及在全省率先全面建成小康社会具有重要而深远的意义。特别是我们要建设中国钒钛之都、中国阳光花城、四川南向开放门户，如果没有大批各类人才的献智献力、倾力奉献，推进起来将会非常艰难。因此，全市上下必须用战略的眼光审视人才工作，以创新的思维做好人才工作，以人才高地建设促进综合实力提升，牢牢把握区域竞争主动权，努力抢占区域发展制高点。

（一）深刻认识人才在推动攀枝花发展中的重要作用，坚定不移地实施人才优先发展战略

建市之初，在党中央、国务院的重视下，全国大批优秀人才集聚到“不毛之地”攀枝花，各类人才来攀建功立业，通过自主创新，攻克了用普通高炉冶炼钒钛磁铁矿的世界难题，打破了外国专家关于攀枝花钒钛磁铁矿是“呆矿”的断言，在不到2.5平方公里的地方建成了产能达100万吨的“象牙微雕钢城”，闯出了一条建设具有中国特色大型钢铁联合企业的成功之路，实现了第一次发展大跨越。上世纪80～90年代，随着攀钢二期和二滩水电站等重大工程的落地，攀枝花开始了从“钢铁厂”到“百里钢城”的华丽转变，实现了第二次发展大跨越。可以毫不夸张地说，攀枝花的开发建设就是人才资源转变为人才资本的生动实践，攀枝花的开发建设史就是一部依靠科技进步和人才创新创业的历史。新世纪以来，人才对经济社会发展的极端重要性愈发凸显，国内外对人才资源的争夺愈演愈烈。受地理位置、国家政策等因素影响，攀枝花在人才竞争中的优势逐渐丧失，甚至与很多地区相比还处于劣势。特别是在教育、卫生、政法、企业方面的人才流失严重，要尽快研究出台相关保障措施，扭转被动局面。

要推进攀枝花从“百里钢城”向“中国钒钛之都”转变，从重化工业城市向“中国阳光花城”转变，从盆地边远山区向“四川南向开放门户”转变，就必须把人才工作放在更加突出的重要位置，抓紧培养造就一支数量充足、富有创新精神和竞争力的人才队伍，特别是高层次人才队伍，来承担历史赋予的重任。各级各部门一定要牢固树立人才资源是第一资源、人力资本是第一资本的理念，树立保护人才就是保护生产力、爱护人才就是发展生产力的观念，进一步增强做好人才工作的主动性、紧迫感和责任感，坚定不移地落实人才优先发展战略，抓紧集聚和培养一批高素质人才，为推进攀枝花经济社会又好又快发展提供坚强的人才保障。

（二）深刻认识我市人才工作存在的突出问题，坚定不移地推进区域人才高地建设

市委、市政府历来高度重视人才工作。特别是近年来，我们积极探索新形势下实施人才强市战略的新途径，以机制建设为核心，积极转变人才使用理念，搭建人才成长平台，落实人才待遇政策，健全培养激励机制，营造创新创业创优环境，努力稳定和不断壮大人才队伍，基本形成了区域人才高地的雏形。但同时，我们也要看到，我市人才发展总体水平与省内外先进地区相比仍有较大差距，与我市经济社会发展需要相比还有诸多不适应的地方。做好新形势下我市人才工作，还需抓紧解决好四个方面的突出问题：一是解决高层次和重点行业领域人才总量偏小的问题。从全行业来看，全市各类在职人才总量达19.6万人，但重大产业、重要领域、创新型人才总量偏小，首批公示并享受优惠待遇的高层次人才仅有316人，高学历、高职称人才短缺。我们在人才工作中必须突出高层次和急需紧缺人才这个重点，大力培养，优先引进，重点使用。二是解决人才优惠政策比较优势逐步丧失的问题。上世纪80年代我市产业优势及工资标准、津贴制度、户籍待遇等均处于西部前列，吸引了大批优秀人才来攀建功立业。但随着区域人才竞争加剧，我市人才政策的比较优势逐渐丧失，高层次人才引进和稳定难度越来越大。要克服这个问题，就必须坚持以科技创新和成果转化促进产业结构调整升级为导向，加大人才政策创新和落地力度，努力使一流人才享受一流待遇。三是解决人才有效发挥作用不够的问题。要突出以用为本，进一步强化人才工作面向经济社会发展主战场这个导向，采取特殊的机制和办法引导人才在市场中实现价值、创造财富、服务发展。四是解决进一步增强人才工作合力的问题。要大力普及和运用科学人才观，真正把人才工作作为全市经济社会发展和各部门、各单位的“第一工程”“第一动力”，凝聚形成强大的人才工作合力。

当前，攀枝花正处于跨越发展、转型提升的重要时期，正处在负重爬坡、不进则退的关键时刻。国家《西部大开发“十二五”规划》提出要重点建设攀西钢铁、钒钛加工基地；攀西战略资源创新开发试验区获得国家批准，我市被列为国家新型工业化示范基地、国家外贸转型升级基地，并纳入全国老工业基地调整改造之列。特别是省委鲜明提出实施多点多极支撑发展战略，要做强市州经济梯队，做大区域经济板块，着力次级突破，夯实底部基础，更为攀枝花科学发展、加快发展指明了方向、增添了动力。要切实抓住和用好这些重大战略机遇，实现攀枝花跨越发展，人才是关键。我们必须进一步加强人才工作，突出在“急难险重”任务中锻炼干部，在维稳工作中锻炼干部，在边远民族地区一线锻炼干部，在对外开放工作中锻炼干部，让广大干部事业有奔头、工作有劲头，切实培养和造就一支规模宏大、结构优化、布局合理、素质优良的人才队伍，加快推进区域人才高地建设，为率先全面建成小康社会提供坚强的人才保证和智力支撑。

二、加强培养，突出使用，统筹推进各类人才队伍建设

要按照国家和省统一要求，认真落实《攀枝花市中长期人才发展规划纲要（2010—2020 年）》，统筹发展各类人才队伍，加快建设区域人才高地。

一是要着力形成人才优先发展的战略布局。坚持把人才资源作为第一资源，把人才资源开发作为首要任务，突出抓好“四个优先”，加快形成人才优先发展的战略布局：一是人才资源优先开发。要切实转变重物质资源、轻人才资源的陈旧观念，把人才资源开发摆在经济社会发展的突出位置，确立人才资源开发在其他资源开发中的优先地位，加大人才培养力度。二是人才结构优先调整。要适应经济转型升级特别是发展创新型经济的需要，确立人才结构优先调整的地位，及时谋划和率先调整人才素质结构、层级结构、分布结构，大力开发工业、农业、城市等重点领域急需紧缺专门人才，以人才结构的优化适应和引领经济发展方式转变、产业结构优化升级、经济社会协调发展。三是人才投资优先保证。要牢固树立人才投入是赢得未来的战略性投入、效益最大投入的理念，把人才发展主要指标纳入经济社会发展规划，把人力资本投资作为重要考核指标，在经济社会发展中更加重视人才队伍建设、更加重视人力资本投资、更加重视招才引智。四是人才制度优先创新。要突出加强人才制度创新，全面改善人才发展的社会环境、工作环境、生活环境和制度环境，努力营造创新活力强、创业环境好、服务效能高、人居条件佳的人才环境，充分激发各类人才的创新活力和创造智慧。

二是要加快造就一批高技术、高技能人才。高层次技术、技能人才是推动经济社会发展特别重要的战略资源，高技术、高技能人才队伍建设是人才工作的重中之重。要根据经济社会发展需求大力培养人才，尤其是要集中力量培养一批能够攻克优势资源综合开发利用、推动产业链延伸瓶颈技术的高层次创新创业人才。要大力实施包括院士后备人才、创新团队、优秀企业家、工程技术人才、高技能人才在内的“钒钛之光”人才培养工程，深入推进工业优势产业、特色农业、旅游、现代服务业和公共服务等“五大人才培养工程”，积极探索构建“项目—引智—基地”三位一体机制，实现人才开发、科技创新和产业发展的相融互动、共生共长，努力实现“引进一个、带来一批、影响一片”的人才倍增效应。要着眼我市优势资源开发、特色产业和战略性新兴产业发展瓶颈制约，抓紧实施高技术、高技能人才培养计划，以高层次人才培养带动各级各类人才培养，以人才“塔尖”支撑引领产业“塔尖”。

三是要不断深化干部人才队伍建设。全市各级干部是人才队伍的重要组成部分，是重要的实务性人才。要紧密结合和紧紧依托正在全市开展的“思想大解放、作风大转变、工作大落实”主题教育活动，突出建章立制，着力重点突破，大力推进干部人才队伍建设。要建立完善体现科学发展观要求的考评体系，以发展论人才，凭实绩用干部。要按照加强党的执政能力建设和先进性、纯洁性建设的要求，在重点工作、重点项目推进中，把那些政治坚定、勇于创新、善打硬仗、能打胜仗的人才选拔出来。要突出抓好优秀年轻干部的培养选拔，在急难险重的重点工作、重点项目中培养锻炼干部，在支持、扶持边远民族地区工作中培养锻炼干部，在信访维稳中培养锻炼干部。要坚持把重点工作、中心工作、基层一线作为检验、发现、选拔干部的主战场，针对全市经济社会发展的迫切需要，着力打造在急难险重工作一线抓攻坚、在招商引资工作一线抓开放、在边远民族地区一线抓发展、在群众信访工作一线抓稳定、在城市宜居工作一线抓提升的五支干部人才队伍，努力营造崇尚实干、克难攻坚的浓厚氛围，奋力开创攀枝花科学发展、加快发展新局面。

四是要积极引导各级各类人才充分发挥才干。当前，我市在人才使用上，普遍存在着人才作用发挥不充分的问题。少数单位对人才求全责备、论资排辈、四平八稳、不敢突破，使优秀的人冒不出来、想干事的人没事干、能干事的人干不成事。建设区域人才高地，归根结底就是要让人才的作用得到充分发挥，依靠人才的智慧和力量推动经济社会加快发展。我们要紧扣全市中心工作，积极为各类人才干事创业、实现价值创造条件，使全社会创新智慧竞相迸发，创造源泉充分涌流。要坚持用当适任，把人才的素质能力与岗位需求结合起来，力求把优秀人才放到合适岗位上培养锻炼；坚持用当其时，使人才在黄金时期充分施展才干、实现价值；坚持用当尽才，让各类人才在全力打好“六大硬仗”中各展所长、各得其所。要以识才的慧眼、用才的气魄、爱才的感情、聚才的方法，切实做好人才配置和使用，让各类人才创业有机会、干事有舞台、发展有空间、社会有地位，加快形成人才“引得进、留得住、用得好”的良好局面。

三、落实规划，增添措施，积极优化人才创新创业环境

要加快人才发展体制机制改革和政策创新，着力解决制约人才工作发展和人才作用发挥的突出矛盾，切实开创“人人皆可成才、人人尽展其才”的生动局面。

一是要大力推进人才优先发展试验区建设。要按照服务发展、改革创新、先行先试、典型示范的工作思路，大力推进人才优先试验区建设，让试验区真正成为高层次人才集聚区、人才政策和体制机制创新的试验区、先进科技成果和先进生产力创造的示范区。到2015年，建成3个以上各具特色、充满活力的市级人才优先发展试验区。

二是要着力构建事业发展平台载体。事业留人是人才引进、稳定、使用的重要手段。要瞄准突破关键技术，加快推进国家级重点实验室、院士（专家）工作站、工程技术中心等建设，切实为现有重点行业领域人才搭建干事创业的平台；要围绕重点产业发展，加强各类产业园区、高校、创业园等建设，着力优化创业软硬条件，努力为大学毕业生、来攀兴业者搭建创业服务平台；要面向基层生产一线，整合各方面培训资源，扎实开展钒钛资源综合开发及利用科技人才培养基地、国家级高技能人才培训基地、优势产业人才培养基地等建设，积极搭建各类人才培养平台。

三是要探索创新人才工作机制体制。要抓紧完善人才评价、选拔使用、分配保障、荣誉激励机制，积极探索出台更加优惠、更具吸引力的人才引进政策，健全服务人才的政策法规，真正做到以事业留人，以感情留人，以待遇留人。倍加关心人才的学习和生活，千方百计帮助他们解决好住房、医疗、养老、子女教育等实际问题，让各类人才在攀枝花工作有干头、事业有奔头、待遇有想头、生活有靠头。

四、强化领导，完善机制，努力开创人才工作新局面

要坚持党管人才原则，充分发挥政府在服务人才中的宏观调控作用、用人单位在人才资源开发中的主体作用、市场在人才资源配置中的基础性作用和社会组织服务人才的桥梁纽带作用，形成各方参与和推动人才工作的大格局。

一是要切实落实人才工作责任。各级党委要进一步加强对人才工作的领导，把人才工作摆在更加突出的重要位置，及时研究部署人才工作，谋划大局，解决问题；要深化“一把手”抓“第一资源”责任，统筹抓好经济社会发展和人才事业发展，切实履行好管宏观、管政策、管协调、管服务的职责，努力把更多优秀人才凝聚在党的周围，引导广大人才投身到攀枝花经济社会事业发展中去。各级领导干部特别是党政主要领导同志要树立强烈的人才意识，带头抓好人才工作，以宽广的胸怀、民主的作风、科学的方法，发现人才、培养人才、团结人才、用好人才、服务人才，当好人才的“后勤部”，做好人才的“贴心人”。要进一步加大人才工作考核力度，督促各县（区）、市级部门抓好落实。市委、市政府建立了领导联系专家制度，要切实落实好责任，发挥好专家的作用，为市委、市政府加快发展注入新的动力。

二是要着力增强人才工作合力。积极探索构建统分结合、协调高效、优势互补、整体联动的人才工作格局，充分整合各方资源，凝聚人才工作的强大合力。市人才工作领导小组要重点抓好全局性问题调研、综合性政策论证、跨部门工作统筹协调等工作，建立科学的决策机制、协调机制和督促检查机制，确保人才工作高效推进。要逐步建立政府、社会、用人单位和个人多元化的人才发展投入机制，保证人才投入的不断增长。党委组织部门要履行好牵头抓总的职责，做好人才战略研究、抓好顶层设计和人才规划制定、重大工程策划、重点人才培养统筹等工作，及时发现和解决人才工作中遇到的突出问题。人力资源和社会保障部门要在制定人才政策、构建人才服务体系、培育和发展人才资源市场等方面发挥作用。承担党政人才、企业经营管理人才、专业技术人才、高技能人才、农村实用人才和社会工作人才队伍建设的主要职能部门要各负其责、各司其职。要充分发挥工、青、妇等人民团体、各民主党派和各类社会组织作用，组织动员社会力量形成整体推进人才工作的强大合力。

三是要进一步壮大人才工作队伍。各县区要进一步充实完善人才工作机构，落实专门的机构、编制、岗位和人员，确保专人专职专干。市级各部门单位要落实专门的人员，负责部门单位和行业系统的人才工作。人才工作者肩负着“人才强市”的光荣使命和重大职责，要注重学习充电，拓宽视野，提升能力。各级党组织、用人单位要加强人才工作者的教育培训，不断提高人才工作者知全局、懂人才、干实事、善服务的能力，不断提高人才工作服务科学发展的水平。

同志们，事业造就人才，人才成就事业。让我们牢固树立人才优先发展理念，大力营造更有吸引力的发展环境，全力打造人才核心优势，加快建设区域人才高地，以人才工作和人才事业发展新成就，引领全市经济社会发展新跨越，为率先在全省全面建成小康社会而努力奋斗！

在全市科学技术奖励大会上的讲话

2013 年 4 月 27 日

今天，我们在这里隆重召开攀枝花市科学技术奖励大会，主要任务是深入贯彻落实全国、全省科技工作会议精神，表彰2012 年度为攀枝花科技事业和经济社会发展做出突出贡献的科技工作者，研究和部署全市科技工作，进一步在全社会营造尊重劳动、尊重知识、尊重人才、尊重创造的浓厚氛围，激发广大科技工作者的创新热情，大力推动自主创新，加快创新型城市建设，为全市各项事业争先进位、跨越提升增添强劲动力。刚才，自力同志对全市科技工作作了总结安排，赵辉同志宣读了表彰决定，我们为获得表彰的先进单位和个人颁了奖。在此，我代表市委、市政府，再次向今天获奖的单位和个人表示热烈的祝贺！向全市广大科技工作者表示亲切的问候和衷心的感谢，并致以崇高的敬意！

近年来，特别是2012 年以来，全市各级各部门各企业认真贯彻党的十八大精神，深入落实科学发展观，紧紧围绕建设幸福攀枝花、在全省率先全面建成小康社会的奋斗目标，积极参与和大力推进创新型城市建设，把增强自主创新能力作为转变经济发展方式的中心环节来抓，推动全市科技创新工作取得了显著成绩，科技创新体系不断完善，自主创新能力不断增强，科技成果转化步伐加快，科技创新载体建设进一步加强，产学研一体化水平不断提升，科技创新投入逐年增加，鼓励科技创新的氛围日益浓厚，为促进经济社会又好又快发展发挥了十分重要的作用。广大科技工作者积极投身创新型城市建设的生动实践，大胆探索、开拓进取，锐意创新、顽强拼搏，努力创造科技成果，奋勇攀登科技高峰，取得了令人振奋的成绩，为全市改革开放和现代化建设作出了重大贡献。对此，市委、市政府表示充分肯定。

在看到成绩的同时，我们也要清醒地认识到，我市科技工作还存在薄弱环节，科技发展水平与全省相比还有不小的差距，主要体现在以下几个方面：一是科技创新能力还不强。尤其是重点产业还存在一系列重大关键技术瓶颈尚未突破，很大程度上制约着产业的升级发展。二是科技成果的产业化转化还不够。我市每年取得的科技成果质量和数量均居全省前列，但成果的产业化转化率并不高，技术优势尚未转化成经济优势。三是科技创新的环境还不优。缺乏高水平的研发平台作支撑，高端人才还相当匮乏，科技体制、机制还很大程度上制约了科技创新发展。因此，我市科技工作依然形势严峻、任务艰巨，加快科技创新至关重要、至为紧要。全市各条战线特别是科技战线的同志，一定要深刻认识推进科技创新的重要作用，自觉以今天获奖的先进典型为榜样，认真学习他们勇于实践、勇于探索的创新精神，坚韧不拔、百折不挠的优良作风，甘于奉献、埋头苦干的宝贵品质，推动全市科技事业不断向前发展，加快把我市的资源优势转化成为产业优势、经济优势。

下面，我讲几点意见：

一、认清形势，明确要求，坚定做好科技工作的信心和决心

当前，创新已成为时代的最显著特征，科技已成为最核心的竞争力。我们要从战略和长远的高度，深刻把握形势任务，下定决心，坚定信心，抢抓机遇，主动作为，大力推进科技创新和技术进步，奋力开创我市创新驱动发展新局面。

首先，加快科技创新是我们顺应国际国内发展大势的需要。当前，全球经济发展进入了调整、增长的新阶段，以科技创新为核心的国际竞争更加激烈，新科技革命和产业变革正在孕育兴起。国内经济下行压力迫切需要把创新驱动作为构建现代产业体系、化解过剩产能、提高产业整体素质的根本之策，对当前科技创新发展提出了新任务。党的十八大明确了到2020年全面建成小康社会的宏伟目标，提出必须实施科教兴国战略，把科技创新摆在国家发展全局的核心位置，使科技创新真正成为我国经济社会发展的内生动力，赋予了广大科技工作者神圣而光荣的新使命，开启了我国科技事业发展的新阶段。国际国内发展大势促使我们必须加强科技创新，我们一定要审时度势、把握机遇、开拓进取，奋力推动全市科技工作迈上新台阶。

第二，加快科技创新是我们落实省委省政府发展战略的需要。在国家深入推进新一轮西部大开发的重大战略机遇期，省委、省政府明确提出，要实施多点多级支撑发展战略，着力次级突破，夯实底部基础，推动四川从西部经济大省向全国经济强省迈进；要重点围绕高新技术产业和战略性新兴产业等7大优势产业发展，着力培育万亿产业、千亿园区、百亿企业，加快推进四川由工业大省向工业强省跨越，其核心就是要推进科技创新，运用科技创新提升产业发展水平，抢占产业高端，实现集中集群集约发展。目前，省委、省政府明确把科技成果转化作为全省科技工作的“一号工程”，着力构建四川科技“一手抓研发，一手抓转化”的工作新格局，进一步突出了科技对经济社会发展的支撑引领作用，对全省科技事业发展提出了新的更高要求，也为我们推进科技创新带来了新机遇、注入了新动力。我们一定要深入贯彻落实省委重大决策部署，突出科技的“第一生产力”作用和“一号工程”地位，以科技为动力推动经济社会又好又快发展。

第三，加快科技创新是我们推动攀枝花跨越式发展的需要。市委、市政府按照中央和省委的统一要求，立足攀枝花发展实际，做出了大力实施“三个加快建设”、大力推进“三个走在全省前列”、全力打好“六大硬仗”、奋力实现“四个翻番”，到2014年全市GDP过千亿，到2017年达到1500亿、迈进全省“第二方阵”的战略部署。作为资源型重化工业城市，目前我市“总量小、不协调、欠发达”，“发展不足、发展不够、发展不充分”仍然是全市最大的实际，要实现上述战略目标任务艰巨、压力很大，走常规发展道路很难做到，只有依靠科技创新加快提升产业发展水平，才能抢占产业发展制高点，为经济社会发展注入强劲动力。同时，今年我市又迎来了科技事业和经济社会发展的一个新的重大机遇。3月13日，国家发改委正式复函，同意设立攀西战略资源创新开发试验区，这是全国唯一一个资源开发利用的试验区，标志着我市钒钛资源综合开发利用上升为了国家战略，为我们推进科技创新、加快特色优势产业发展提供了强大的政策保障。我们一定要抓住和用好这一难得机遇，乘势而进，顺势而为，在科技攻关和技术成果产业化上下功夫，以科技创新的实际成果推动和支撑攀枝花从“资源之都”向“产业之都”转型升级。

二、突出重点，强化措施，推动创新驱动发展取得新突破

当前和今后一个时期，要按照“自主创新、重点跨越、支撑发展、引领未来”的要求，紧密结合攀枝花实际，重点抓好以下三个方面的工作。

（一）狠抓科技创新平台建设。科技创新平台是增强自主创新能力的重要基础，也是攀枝花建设创新型城市的薄弱环节。要大力推进国家级的科技研发平台建设，积极推动钒钛资源综合利用工作指导委员会和专家咨询委员会的建立，实现部、省、市三级联动。要加快四川省钒钛产业技术研究院、攀枝花钛及钛合金研究所的组建工作，尽快完成相关人员配置，完善运行机构，尽早实现实质性的运行，并不断将其培育为国家级的研发平台。要着力将“攀枝花钒钛论坛”打造成知名品牌，推动钒钛产业园区创建国家高新产业园区，重点指导和协助园区做好孵化器建设、钒钛中心建设和高新技术企业培育等工作。要加强省级工程技术中心、重点实验室的建设和创新型企业、国家高新技术企业的培育。要完善公共技术创新服务平台，实现科技文献信息共享，加强大型科学设备仪器的协作共用共享。要大力培育发展科技咨询、科技金融服务、技术交易服务等科技中介机构，不断增强科技创新服务能力。

（二）狠抓科技成果转化。要突出加强先进技术的推广应用，重点组织实施一批重大科技成果的产业化转化，加快将科技创新成果转化为现实的生产力。在工业方面，要以提高企业的经济效益和技术水平为中心，以高科技含量、高市场占有率、高竞争能力的新产品开发及新技术的应用为主攻方向，结合产业、产品结构调整，引进一批先进的技术和关键设备，嫁接改造一批大中型骨干企业，新上一批具有高技术水平、对全局有影响、对行业发展有带动作用的大项目，创出一批高技术含量、高附加值的名牌产品。在农业方面，要以提高农业劳动生产率为重点，大力推进农业科技进步，鼓励和支持更多的科技人员到基层和农村，与农民结成利益共同体，为农民提供技术、管理、营销等综合服务，推动农业产业化经营，促进农业产业结构调整，加速传统农业向现代农业的转变。在第三产业方面，要加快推进公共社会事业和社会服务业的科技进步，抓好科技在教育、卫生、广播电视等社会事业中的应用，积极运用数字化、网络化技术改造商贸流通、交通运输等传统服务业，大力发展电子商务、金融、现代物流业，促进第三产业实现服务现代化、信息网络化、管理智能化。在高新技术产业培育方面，要以我市优势主导产业为重点，培植和发展一批拥有自主知识产权、具有竞争优势的高新技术产品和高新技术企业。

（三）狠抓科技人才培养。人才是科技创新的第一资源。要继续抓好人才引进、培养、使用等工作措施的落实，进一步加大科技人才培养和引进工作力度，切实用好现有人才、留住本地人才、吸引外地人才，为我市经济和社会发展服务。要紧紧依托工业园区、重大项目和重点工程聚集、吸引和培育人才，积极加强与中科院、工程院、四川大学等院校的联合，开展多种形式的科技人才培养。要树立科学的人才观，建立科学的人才评价办法，把品德、知识、能力和业绩作为衡量人才的主要标准，努力创造人尽其才、才尽其用的生动局面。要积极改善科技人员的工作、学习和生活条件，对有突出贡献的给予重奖，切实解决他们的各种实际困难和问题，充分调动全市科技人员创新创造的积极性。

三、加强领导，强化保障，不断提高全市科技工作水平

加快科技创新、推动经济社会发展由要素驱动向创新驱动转变，是一项长期而艰巨的任务。各级党委、政府要从贯彻落实科学发展观的战略高度，切实加强对科技工作的领导，扎实推进科技进步与创新，全面开创我市科技工作新局面。

一是要加强组织领导。各县区要进一步强化一把手抓“第一生产力”的工作责任，把加速科技进步和自主创新放在经济社会发展的重要战略位置，列入重要议事日程，纳入目标考核，真正做到认识到位、工作到位、措施到位、责任到位。县（区）党政一把手要亲自抓科技工作的总体部署和重大决策，亲自研究解决科技工作中存在的困难和问题。各级科技管理部门要进一步强化服务意识，认真履行职能职责，认真研究和掌握科技发展的新动态、新方向、新特点，切实发挥好参谋助手作用。各相关部门要相互协作、密切配合，积极支持科技事业，形成推动科技工作的整体合力。

二是要完善目标责任制。从2012年开始，省委、省政府将自主创新和科技成果转化纳入了考核地市州的目标任务内容。要按照省上的考核要求，进一步强化党政领导抓科技进步目标责任制的考核工作，建立健全目标责任体系，细化责任，明确分工。市、县（区）都要制定具体方案，量化分解工作任务，落实相应责任，加强督导考核，对成绩突出的，要进行表彰奖励，对达不到要求甚至造成工作失误的，要严格追究责任。

三是要加大科技投入。各级党委、政府要着眼长远，认真研究和建立多元化的投融资体制，打破科技发展中的资金制约瓶颈。要切实加大财政投入，确保财政科技投入增长高于同期财政支出增长速度。要充分发挥市场机制的作用，积极建立科技发展风险投资机制，引导企业、社会和金融机构增加科技投入，形成以企业为主体的多元化科技投入格局。要规范科技经费的监管和使用，周密计划，科学安排，把有限的资金用在刀刃上，不断提高资金的使用效益。

四是要培育创新文化。大力弘扬创新精神，鼓励科研机构和广大科技工作者求真务实、勇于创新，不断实现创新突破，创造新的价值。广泛宣传做出突出贡献的优秀科技人才，树立全社会尊重知识、尊重人才、尊重劳动、尊重创新的良好社会风尚。深入开展群众性技术革新活动，着力营造有利于打造自主创新高地的浓厚氛围。各级各部门要把创新作为自己责无旁贷的工作任务，通力合作，上下联动，齐抓共管，形成共同推动科技创新的良好局面。

同志们，推进攀枝花跨越式发展，科技创新作用突出、意义重大。希望全市上下特别是广大科技工作者认清形势、抢抓机遇，扎实工作、奋发有为，不断提升我市科技发展水平，为推进创新型城市建设、加快经济社会发展、在全省率先全面建成小康社会做出新的更大贡献！

在全市“挂包帮”第一阶段总结暨市领导联系基层工作会上的讲话

2013年4月25日

今天，我们在这里召开全市“领导挂点、部门包村、干部帮户”活动第一阶段总结暨市领导联系基层工作会议，主要任务是深入贯彻党的十八大精神，认真落实中央和省、市委关于改进工作作风、密切联系群众的要求，结合全市正在开展的“思想大解放、作风大转变、工作大落实”主题教育活动，总结工作、交流经验、表彰先进，进一步深化“挂包帮”活动，全面启动攀枝花市领导联系指导县（区）和基层工作，并对“百千万？干群心连心”活动进行再动员、再部署。刚才，大会表彰了全市“挂包帮”活动开展以来涌现出的先进单位和优秀下派干部，在这里，我代表市委、市政府向受表彰的单位和个人表示热烈的祝贺！希望你们再接再厉，再创佳绩，再立新功！同时，也希望各级各部门和广大干部积极学先进、赶先进、超先进，扎实工作，奋发有为，为密切党群干群关系、共建和谐幸福攀枝花做出更多更大的贡献。

下面，我讲几点意见。

一、肯定成绩，正视差距，切实利用好“挂包帮”这一新时期党的群众工作的有效载体

自2010年3月“挂包帮”活动启动以来，全市各级各部门（单位）和广大干部立足攀枝花实际，围绕中心、服务大局，在推动城乡统筹协调发展、切实做好新时期群众工作上进行了积极的探索和有益的尝试，取得了明显的成效，深受群众欢迎。一是整个活动做到了“三个全覆盖”。即市级领导参与挂点全覆盖、市县（区）两级部门包村全覆盖、352个行政村被帮扶全覆盖。同时，帮扶工作还向30个城市社区进行了延伸。二是示范村、示范户亮点打造扎实推进。全市各级部门、企事业单位积极参与统筹城乡实践，推动农村基础设施建设、社会事业发展、党的建设、基层组织建设等各方面工作加快发展。市委、市政府确定了67个亮点示范村和243户示范户进行集中打造，第一批16个亮点村和83户示范户建设已初见成效。前不久，省委常委、省委宣传部部长吴靖平同志到我市最偏远的盐边县温泉乡道角村干河社调研，当地老百姓发自内心地向他表达了对党和政府的感激之情。经过我们去年的努力，当地以往那种刀耕火种、“日出而作、日落而息”的传统生产生活方式得到了根本改变，他们对“挂包帮”活动表示由衷的认可和支持。三是农技培训活动深入开展。市“挂包帮”活动办公室结合老百姓最需要的增收致富门路，到农村送种子、送技术、送管理，组织各涉农部门的专家，在水果、烤烟、土豆等特色种养殖业方面对广大干部群众进行培训。培训活动确定了34个主题，历时5个月，举办了22场理论培训班，派遣专家近50人次，辐射到了全市44个乡镇和80%的行政村，效果很好。特别是烤烟从20万担发展到40万担，技术含量提高了，烟农收入也增加了。四是创新动作特色鲜明、成效显著。围绕“挂包帮”工作，我们在全市范围内开展了“百千万？干群心连心”活动，各级干部积极响应、踊跃参加，第一批就完成了1271名县级及以上干部与3599户群众的结对联系，拉开了全市新一轮扶贫攻坚行动的帷幕，迅速在推进边远民族地区跨越发展等方面取得了明显成效。通过干群结对联系，让干部深入基层，了解民情，进一步密切了干群联系、缩短了干群距离、增进了干群感情，改变了过去村干部不开会、乡干部不下村的现象。五是影响力不断扩大。我市“挂包帮”活动在经济日报、中国组织人事报、四川日报和中央、省级网站等媒体上得到多次宣传报道，并得到了省委、省政府的充分肯定。

当然，我们也要清醒地看到，对照中央、省委的要求和发展的需要，我们在联系服务群众上仍存在一些问题和不足：一是对帮扶工作存在认识上的误区。部分干部仍然将联系工作停留在送钱、送物上。有的部门习惯把所有贫困户集中到一个地方，发点钱、发点物集中慰问，这种方式非常不好。二是主动谋发展的意识薄弱。部分群众没有充分利用联户活动，变“要我发展”为“我要发展”，主动发展的意识不强，主体作用发挥不够，在一定程度上还存在“等、靠、要”的思想。三是先进典型的示范带动作用发挥还不够充分。尽管我们涌现出了一批先进典型、积累了一些有益经验，但是推广力度还远远不够，通过“挂包帮”和“百千万？干群心连心”活动，让群众彻底摆脱贫困的示范带动作用发挥得不充分，“抓两头、带中间，抓示范、带一般”还不扎实。

这些问题和不足，影响和制约着我们各项帮扶措施作用的充分发挥。各级各部门（单位）一定要认清差距、找准不足，走出认识误区，真正把“挂包帮”和“百千万？干群心连心”活动作为巩固党的执政地位的重要载体，努力让其成为全市干部自觉为民的一种有效形式。

二、明确要求，把握关键，深入开展“百千万？干群心连心”活动

开展“百千万？干群心连心”活动，是我们立足攀枝花实际，在“挂包帮”活动中推出的一项自选动作、创新动作。开展好“挂包帮”活动，关键就是要开展好“百千万？干群心连心”活动。活动最根本的要求是积极探索新时期如何进一步做好群众工作，深化为民务实清廉作风，保持党同人民群众的血肉联系；最直接的体现是深入群众、深入基层、深入实际，访民情、集民智、释民惑、解民忧、惠民生；最重要的任务是加强党的执政基础，巩固党的执政地位，创新社会管理，化解社会矛盾，促进社会和谐；最终的目的是要确保干部受教育、群众得实惠、基层得发展，让全市人民同步达到小康。中央已经决定在全党开展一次以为民务实清廉为主要内容的党的群众路线教育实践活动，我们开展“挂包帮”和“百千万？干群心连心”活动就是落实中央这一教育实践活动的有效载体和抓手。各级各部门和广大干部要按照中央和省委的要求，紧紧围绕市委决策部署，紧密结合全市正在开展的“三大主题”教育活动，积极解放思想、转变作风，突出重点、抓住关键，有力有序有效地推进联系服务基层和群众的各项工作。

第一，把握科学规划这个关键，认真谋划帮扶工作。各部门、各企事业单位要深入农村，实地了解群众的急需急盼，科学制定年度帮扶计划，真正帮到实处，帮到关键处，帮到群众最需要处。由于历史、自然、地理等诸多原因，目前，我市仍有8万多群众生活在贫困线以下，人均年收入不足2300元。去年，在多次深入盐边县边远民族地区调研的基础上，全市启动了“6+2”对口帮扶计划，攀钢、攀煤、钢城集团、两个银行和东区各自帮扶了一个贫困乡镇，投入物资和现金都达300万元以上，有效改变了边远民族地区的整体面貌。同时，针对城市低收入群体，今年上半年我们还将启动城市宜居工程，重点解决筒子楼问题、居民区公共服务设施建设问题以及低收入群体的就医、就业等社会保障问题。没有贫困群众的全面小康，就没有全市的全面小康。解决城市低收入群体的问题比农村更复杂，特别是社会保障方面，由于历史原因，还存在着先参保后断保和该参保而未纳入保障等一些遗留问题。对此，我们要借鉴外地好的经验和做法，通过开展“挂包帮”和“百千万？干群心连心”活动，进一步加大对农村和城市低收入群体的扶持力度，突出抓好强化就业促进工作，切实推动全市同步奔小康。

第二，把握作风转变这个关键，深入了解群众需求。我们开展“挂包帮”“百千万？干群心连心”和“三大主题”教育活动，根本目的都是以开展活动为抓手，促进机关和干部作风转变，使各级党委、政府和广大干部主动问需于民、问计于民、问政于民，实现干部受教育、群众得实惠、基层得发展。要通过“挂包帮”和“百千万？干群心连心”活动，切实解决老百姓行路难、就医难、就学难、增收难、住房难等问题，重点在道路、产业发展、公共服务、新村建设、基础设施建设、基层组织建设等方面加大帮扶力度。帮扶部门和联户干部一定要深入农村、深入农户了解群众需要，不能出现“贫居闹市无人问，富在深山有远亲”的情况。要经常到结对村和联系户家中走动，真正把群众当“家人”，把群众的困难当“家事”，把做好群众工作当“家业”，带着真感情为群众做实事、办好事，以实际行动赢得党心民心的凝聚和党的执政基础的巩固。

第三，把握工作落实这个关键，切实增强工作实效。帮扶工作千头万绪，先做什么、后做什么、再做什么，规划最重要，关键是实效。如果帮扶了那么多年，仍然山水依旧，基础设施、产业发展、公共服务等没有变化，那就应该追究帮扶部门的责任。相关部门要加强对联户工作的检查，要把干部联系前和联系后的情况进行对比，并作为考核帮扶部门和提拔干部的依据。市委组织部和市直机关工委要对这1200多名干部的联系户情况制定具体的考核表册、建立档案，每年由基层来填报帮扶部门和联户干部开展帮扶工作的情况，填好后直接汇总到市委组织部和市直机关工委，绝不能做表面文章。

三、立足实际，紧扣要求，认真做好市领导联系指导县（区）和基层工作

最近，省委提出每位省领导都要联系指导一个县、一个乡镇和一个村。按照省委的要求，市委、市政府决定建立市领导联系指导县（区）和基层工作制度，明确36名市级领导分别联系5个县区的36个村。各县区要做好规划，找出发展中存在的薄弱环节，为市领导联系基层准备好基础资料。市委常委会还要针对不同村、社区的主要问题进行专题研究，每位市领导要撰写调研报告，对所联系村和农户提出今后几年的发展规划。目前先由市领导带头，今后还要扩大到县级领导。在此，我提几点要求：

第一，关于组织要求。联系市领导要把联系指导县（区）工作与推进全市“急难险重”任务相结合，并作为一项经常性工作去部署、去落实。市委常委会每半年听取一次工作情况汇报。各县区要全力协助市领导做好联系指导有关工作。市级各部门要把服务市领导联系指导县区和基层工作作为一项政治纪律，认真履职尽责，抓好相关工作，不推诿、不扯皮、不懈怠，不折不扣落实市委、市政府的决策部署。

第二，关于任务要求。联系市领导和相关部门（单位）要牢牢把握“以人为本、深入实际、分类指导、推动发展”的原则，经常深入基层一线开展调查研究，多到困难集中、情况复杂的地方去，多到基层单位和群众中去，走访看望困难群众，真实掌握社情民意，增强联系指导工作的针对性，为市委、市政府决策提供参谋意见。市领导每年至少要到联系点开展6次调研，专题研究县（区）工作不少于4次。

第三，关于纪律要求。联系市领导在工作开展过程中，要严格执行中央“八项规定”和省、市委“十项规定”，以身作则、率先垂范，一切从实际出发，力戒形式主义，多做打基础、利长远、顺民心的事，切实营造“一级带着一级干、一级干给一级看”的浓厚氛围。

四、细化措施，落实责任，确保活动取得实效

开展“挂包帮”“百千万？干群心连心”活动及市领导联系指导县（区）和基层工作，是我们贯彻落实中央“八项规定”和省、市“十项规定”的具体措施，意义十分重大。全市上下一定要积极参与和推动，加力不松劲，努力不懈怠，确保各项工作顺利推进、圆满完成。

一要强化组织领导。市“挂包帮”活动领导小组及办公室，要在做好活动组织实施和统筹协调的基础上，连同各牵头单位，进一步细化活动措施，全面推进和不断深化活动，并做好对各县区的指导。各县区、各部门（单位）要层层细化工作方案，抓好工作落实。

二要强化制度建设。联系服务群众是一项长期任务，检验标准和群众要求也会不断提高，市县（区）两级“挂包帮”办公室和各级部门（单位）要针对新情况、新问题，及时完善工作机制，推动活动（工作）制度化、常态化开展。各牵头单位和市级有关部门要积极主动支持，搞好协调配合。

三要强化督查考核。坚持把活动开展情况纳入市委、市政府目标管理，严格考核，逗硬奖惩。市委组织部和市直机关工委要加强对各帮扶部门、联户干部的指导、考核，对整个情况要全面了解和掌握，每年要对活动开展情况进行排名，并对做得好的部门进行表彰，让媒体对先进典型和基层变化情况进行宣传报道。对帮扶工作不力、群众满意度不高的部门和单位要进行通报批评，并限期整改。

四要强化舆论引导。充分发挥新闻媒体阵地优势，培育树立先进典型，总结推广成功经验，努力让活动在荧屏上有声音、在报刊上有文字、在网络上有宣传，确保各级干部在帮扶工作中热情不减、激情不退。最近，四川电视台和四川日报大量宣传报道我市盐边县桐子林镇纳尔河村由省级贫困村变为富裕村的发展情况，全面报道了我市在省委、省政府的领导下如何加快发展奔小康的过程。希望通过开展“挂包帮”和“百千万？干群心连心”活动，全市能多出这样的先进典型，解决更多农村和城市群众的发展困难，彻底改变我市城市和农村的面貌。

同志们，深入开展“挂包帮”“百千万？干群心连心”活动、市领导联系指导县（区）和基层工作，是直接联系服务群众工作的重要载体，责任重大，使命光荣。全市上下一定要紧密结合以为民务实清廉为主要内容的党的群众路线教育实践活动和三大主题教育活动的要求，抢抓机遇，主动作为，进一步密切党群干群关系，让群众的冷暖与我们的工作紧密结合，用实际行动为攀枝花在全省率先全面建成小康社会而努力奋斗！

在全市创建国家森林城市、国家园林城市和全国文明城市攻坚大会上的讲话

2013 年 4 月 27 日

去年 4 月，在上一届市委、市政府团结带领全市人民成功创建中国优秀旅游城市、国家卫生城市、省级环保模范城市的基础上，市委、市政府启动了创建国家文明城市、国家园林城市、国家环保模范城市、国家森林城市和中国阳光康养旅游城市的“五创联动”工作。一年来，各县区、各部门、各相关企业积极配合，瞄准目标添措施，围绕措施抓落实，有力有序有效地推进“五创联动”工作，很好地完成了年度目标任务，实现了创建工作的良好开局。当前，我市“五创联动”工作已经进入全面攻坚阶段。3 月 29 日，我们召开了创国模攻坚大会，创阳光康养旅游城市攻坚工作将同全市旅游发展大会一并安排，今天，我们在此召开创建国家森林城市、国家园林城市和全国文明城市攻坚大会，主要目的就是动员全市上下进一步行动起来，提振信心，攻坚克难，扎实推进创建国家森林城市、国家园林城市和全国文明城市工作，促进整个“五创联动”加快实施。

刚才，各专项指挥部指挥长对创建攻坚工作进行了具体的安排部署，张剡市长和道全主任提出了明确要求，市政府与各责任单位签订了目标责任书，责任领导和责任单位负责人当场交纳了保证金，希望大家深刻领会会议精神，认真抓好贯彻落实。下面，我再强调几点意见。

一、肯定成绩，提高认识，进一步增强抓好创建工作的紧迫感和责任感

去年，市委、市政府立足攀枝花市情、顺应全市人民期盼，作出了开展“五创联动”的重大决策，就是要做到“五位”一体、五个文明一起抓，推动攀枝花发展质量、城市环境、市民素质取得质的提升，实现经济社会全面协调可持续发展。五创工作，都是瞄准的“国”字号的招牌，就是要按照国家级的标准来全面改善攀枝花的发展环境。这是我们产业升级和城市转型上的一次大动作，结构调整和环境改善上的一次“大手术”，每项工作都是硬仗。一年来，通过市县（区）联动推进、部门齐抓共建，我们较好地完成了年度目标任务，攻克了五创工作的第一道堡垒。尤其是创建国家森林城市、国家园林城市和全国文明城市工作，最能体现城市面貌和市民素质的变化，经过一年的工作取得了阶段性成效，极大提振了全市上下推进“五创联动”的信心和决心。

一是规划基本明确。编制完成了“五创联动”总体规划和专项工作规划，并逐步得到落实。省相关部门也对我市的创建工作给予了大力支持。

二是工作机制逐步健全。各级各部门成立了“五创联动”工作机构，构建了高规格、强有力的组织领导体系，健全了工作制度，基本上落实了责任分工，为扎实推进“五创联动”工作奠定了组织基础。全市构建了五创领导小组统筹指挥、专项指挥部牵头抓总、区县（园区）属地负责的工作架构，建立了联席会议、督查督办、月报季会等工作机制，形成了横向到边、纵向到底的层层抓落实的责任体系。

三是创建氛围日渐浓厚。通过各级媒体积极宣传引导，采用群众喜闻乐见的的形式加强宣传动员，创建氛围初步形成，创建理念逐步入眼入耳入心，广大干部群众的积极性不断提高，特别是广大市民正在发生由“要我创”向“我要创”、从“我要创”向“带动他人创”的深刻转变。通过创建实现投资拉动，开放力度加大，聚集了大量的人流、物流和信息流，有力支撑了经济社会加快发展。

四是指标进展超过预期。创建国家森林城市 6 大重点建设项目中已完成 3 项，环城景观、森林廊道建设、矿山迹地恢复等“七大工程”建设全面推进，建成绿化面积 4.93 万亩，栽植树木 365 万株。创

建国家园林城市以花城新区绿化建设为着力点，全面完成中心城区花城打造攻坚项目，改造老旧小区10个，创建了19个花园家庭、社区、宾馆（酒店）、度假村（农家乐），大幅提高了园林绿化指标，顺利通过创建省级园林城市复检验收。创建全国文明城市通过广泛宣传发动，着力抓好道德主题活动、细胞建设和志愿服务等相关工作，大力开展文化、科技、卫生"三下乡"集中服务活动，深入开展星级农户、文明集市等创评活动，形成了"人人支持创建、人人参与创建"的生动局面。年度公共文明指数测评在全省排名第4，顺利实现市委提出的"上位求进"目标。

在充分肯定成绩的同时，我们也必须看到工作中还存在大量的困难和问题：一是基础条件差，治理难度大。攀枝花属于资源型重化工业城市、山地城市，基础设施欠账多，环境治理难度大，建设成本高。二是规范创建弱，联动作用小。各专项指挥部对创建指标的分析和解读还不够，各自为阵、孤军奋战的现象明显存在，部分共同指标还存在口径不一、责任交叉的情况，在"联"字上下工夫不够，合力尚未完全形成。三是攻坚力度小，创建活力弱。创建工作信心不足，正能量不够，项目推进时紧时松，个别单位不能以超常规的气魄和过硬办法措施推进创建，部分工作还停留在一般化、过得去的状态中，给我们整个创建工作带来极大的困难。

同志们，做好"五创联动"工作，功在当代、利在千秋，但也必将是一个艰难、艰巨、艰苦的过程，需要有坚定的决心和勇气，需要付出大量的心血和汗水，特别是现在环境污染和生态保护问题越来越受到社会的关心和群众的关注，成为各级党委、政府的一项重要任务。党的十八大作出了建设"美丽中国"的战略部署，把生态文明建设纳入"五位一体"总体布局。今年全国"两会"后，李克强总理答记者问时明确指出，要推动经济转型，使质量和效益、就业和收入、环境保护和资源节约有效提升，打造中国经济的"升级版"。可以预见，未来几年，国家对环境治理和保护力度必将越来越大，创建工作的标准必将越来越高、要求必将越来越严，"十二五"之后，各项创建标准将会全面提高。与全国很多城市相比，我们开展创建国家森林城市、国家园林城市和全国文明城市的基础差、难度大，如果不趁此机会全力攻坚、实现创建目标，从而改善城市环境、提升市民素质、提振群众信心，今后的难度将会越来越大，将无法向全市人民交代，政府公信力和群众支持度也将受到影响。全市上下一定要站在落实科学发展观、在全省率先全面建设小康社会的高度，站在推进产业升级、城市转型的高度，站在建设幸福攀枝花的高度，牢固树立大局意识、长远意识，进一步增强开展创建工作的责任感和紧迫感。各级党委、政府和市级各部门要拿出壮士断腕、刮骨疗伤的决心和勇气，千方百计打好创建工作的持久战和攻坚战，坚持不懈地推进城市绿化、环境保护和文明建设，全力以赴争创国家森林城市、国家园林城市和全国文明城市，努力把创建工作办成惠民工程、德政工程、发展工程，让全市人民共建共享环境优美、生态文明的幸福生活。

二、突出重点，攻克难点，全力打好创建国家森林城市、国家园林城市和全国文明城市的攻坚战

按照"三年基本达标、五年基本完成"的要求，市委、市政府决定把今明两年作为我市"五创联动"的攻坚之年，做好这两年工作对于实现整个创建目标具有决定性的意义。全市上下要按照"科学规划、分步实施、逐渐攻坚、重在实效、全面推进"的总体要求，重过程、重实效、重特色、重民生，凝心聚力，齐抓共管，扎扎实实推进各项工作。下一步的创建攻坚，重点要紧紧围绕一个总体目标，抓住两个工作重心，攻克三个薄弱环节，注重四个有机结合，确保五个落实到位。

第一，要围绕一个总体目标。目标就是方向。理清创建目标是最基础的问题，也是最核心的问题。按照"三年打基础，五年基本完成"的总体要求，今天我们签订了三创"急难险重"目标责任书，分年度推进创建工作。无论是专项目标还是阶段目标，都必须服从这个总体目标，任何专项创建都要在这一总体目标的统揽下，科学制定创建计划，合理安排时间网络，挂图作战，倒排工期，分期分批，有力有序地推进。

第二，要抓住两个工作重心。创建工作千头万绪，切忌平均用力和全面开花，要善于从艰巨繁琐的工作中理清思路、抓住本质，尤其要抓住硬件建设和软件建设两个重心，不可偏废。一方面，要因地制宜地推进项目建设，完善相关硬件设施，攻克难点指标，继续推进创建国家森林城市“七大工程”，加快构建以城区及近郊绿化为重点，道路和河流绿化为主线、城市远郊国土绿化为屏障的森林生态网络；继续推进创建国家园林城市“六大系统工程”，切实提高建成区绿地率、绿化覆盖率和人均公园绿地面积等指标；集中开展全国文明城市创建攻坚整治提升行动，深入开展群众性精神文明创建活动。另一方面，要按照标准、规范的要求，做好创建资料的收集和归档，特别是要搞好印证资料的收集立卷，客观、准确反映工作动态和成效。

第三，要攻克三大薄弱环节。一是要攻克指标短板。各个专项创建都有一些难点指标。如创文的公共文明指数测评、创森的水系绿化率、创园的人均公园绿地面积等，这些指标差距较大，都是硬骨头，决不能掉以轻心，要拿出敢打硬仗、敢啃硬骨头的决心，攻克一个又一个困难，实现一个又一个指标，积小胜为大胜。二是要攻克投入瓶颈。硬件建设永远无法规避的一个问题就是投入保障。面对投入压力大、资金缺口多等问题，要善于解放思想，采用市场的办法，调动社会资金参与创建，建立多元、多量的项目投资机制，集中打捆使用资金，确保资金的使用效益。三是要攻克联动软肋。要遵循创建流程，坚持国家标准，在“五创联动”的大背景下实施单项创建工作，努力在“联”字上做文章，“动”字上下功夫，“创”字上见成效。要树立“一盘棋”的思想，打好五创联动的组合拳，齐头并进，联动推进，统筹协调开展创建工作，决不允许任何一项工作“掉链子”。

第四，要注重四个有机结合。一是要注重规划引领与创建实际相结合。当前，各个指挥部都花了大量的人力、物力和财力开展了创建规划编制工作，已取得明显成效。接下来，还要结合工作实际不断调整完善规划，按照优化后的方案来有序推进各项创建工作，坚决杜绝“规划做得大而全，实际变得小而差”的两张皮现象。二是注重分类指导和联动推进相结合。创森、创园和创文涉及的专业性都比较强，创建工作也各成体系，这就需要分类研究、分头推进。但同时，这些创建工作也涉及一些共性指标和元素，如这三个城市的创建有 2 个共同指标，森林城市和园林城市有 5 个共同指标，园林城市和文明城市有 6 个共同指标，在接下来的难点攻坚过程中，要继续完善共性指标，按照“就高不就低”的原则，统领其他创建工作，做到“同炒一盘菜、各敬各的神”。三是注重创建工作和其他相关工作有机结合。创建工作重点在城市，难点在郊区，关键在群众。特别是创建国家文明城市，公共文明指数测评成绩依赖于市民的整体素质，如果没有群众的主动配合和积极支持，最终只能是政府的一厢情愿、单兵作战，得不偿失。因此，开展创建工作，必须把群众愿不愿意、支不支持、满不满意因素考虑进去，适时将创建工作与新区建设、沿江景观打造、旧城改造、城乡环境综合治理、新农村建设以及民生改善等工作结合起来，统筹协调推进，以赢得群众的大力支持和广泛参与，形成联动推进的工作局面。四是注重迎检考核与实际效果相结合。检查考核只是一种手段，不是最终目的。要真正把解决实际问题放在工作重中之重，脚踏实地，奋力前行，切实解决老百姓关心关注的焦点和难点问题，决不允许为了应付检查而搞面子工程。

第五，要确保五个落实到位。一是责任落实要到位。健全的责任体系是事半功倍的关键因素。会后，各专项指挥部要再次梳理细化工作任务，逐一分解落实，避免责任交叉，消除管理真空，形成创建工作一级抓一级、层层抓落实的生动局面。二是创建指导要到位。指标体系是衡量创建效果的重要依据。各专项指挥部要有针对性地搞好上下协调工作，对上加强指标对接，对下搞好指标解读和技术指导，形成健全、完善和清晰的指标体系，做到规范有序。三是项目建设要到位。项目是工作的载体。要按照“抓紧完工一批、迅速启动一批，及时储备一批”的思路，狠抓环城生态景观林建设、炳三区体育公园和城市综合实力攻坚提升工程等项目建设，使每项指标落实到项目中、成效体现在项目上。四是形象进度要到位。创建工作要有计划性和节奏感，要按照先易后难、先急后缓的原则，排出时序、统筹推进，确保阶段性目标如期实现。特别是国字号创建几乎都有一个共性，就是要通过省级创建这道门槛，这是今年的重要攻坚任务。各专项指挥部要切实搞好牵头抓总，责任部门要通力配合，形成强大合力；市林业局和市文明办要如期实现省级创建阶段性目标；市城管局要继续巩固省级园林城市创建成果，抓好拓展延伸和提档升级。五是资金投入要到位。各级政府要以改善生态环境质量、保护群众健康、实现经济社会与环境可持续发展为出发点，进一步加大创建投入。要集中财力优先保证环境保护和建设投入，积极做好项目储备、申报、协调工作，努力争取国家、省更多的项目和资金对环境保护、生态建设的投入。要发挥市场机制的作用，运用政策引导和鼓励民间资本积极投入森林城市、园林城市和文明城市建设，形成“财政投一点、上级支持一点、招商引资一点、金融投入一点、单位让利一点、市场化运作一点”的多元化投入新格局。

三、强化保障，强力推进，确保创建国家园林城市、国家森林城市和全国文明城市工作取得实效

国家园林城市、国家森林城市和全国文明城市创建工作面广量大，时间紧迫，任务艰巨，各级各部门务必要高度重视，强化措施，加强协调配合，发挥联动优势，确保创建目标如期实现。

一是强化组织领导。要进一步完善“五创联动”组织工作体系。市“五创办”要继续发挥统筹协调，日常联络，督查督办等工作职责。各创建指挥部及其办公室要发挥组织领导、决策指挥的职能作用，指导落实各级各部门的年度创建目标任务，推动创建正常、有序、高效开展。各级各部门要强化机构建设，加强组织领导，及时掌握工作情况，研究解决创建中遇到的困难和问题。要坚持把创建工作列为“一把手”工程，摆上重要议事日程，做到党政“一把手”亲自抓、负总责，分管领导集中精力抓、负具体责任，其他领导积极配合抓、负相关责任，把每一项任务落实到人头，形成“一级抓一级、一级带一级、层层有压力、人人有责任、事事有人管、分分有人保”的责任体系。

二是强化协调配合。各专项指挥部、各级各部门要在“五创”指挥部的统一领导下，树立“全市一盘棋”思想，按照职责分工，互相支持，互相配合，主动作为，优质服务，形成齐抓共管的强大合力。尤其是需要多个部门共同完成的工作，要以牵头单位为主，协助单位积极配合，确保按时完成，避免出现死角和扯皮。凡市委、市政府提出的工作要求、协调确定的事项，各县区、各部门必须无条件服从，雷厉风行抓好落实，任何单位、任何个人不得敷衍塞责，更不允许讨价还价。下来后，市五创指挥部牵头建立市区联动、部门联动、政企联动的工作机制，充分凝聚创建工作合力。

三是强化舆论宣传。针对目前创建工作中气势不壮、氛围不浓和参与不够的问题，要全方位、多角度进行宣传发动，激发群众参与热情，凝聚各方力量形成参与“五创联动”、共创美好家园的浓厚氛围。特别是宣传部门要充分利用报纸、电视媒体加大典型宣传，注重经验推广，实施问题曝光。各创建单位也要采取群众喜闻乐见的形式，推动创建工作进机关、进企业、进学校、进社区，做到家喻户晓、人人明白，充分调动广大群众参与创建的积极性，真正使创建过程和宣传发动融为一体，使创建成为全民参与的平台，形成共创、共管、共享的生动局面。

四是强化督查考核。市委、市政府已经把创建国家园林城市、国家森林城市和全国文明城市工作纳入今年的“急难险重”目标任务，把“五创联动”督导检查工作交给市人大，市人大要加强督导，实行月报、季会制，创建工作推进情况每月要有报告，每季度要有全面分析，全年要进行检查督促。今天，我们都签了责任书，立了军令状，交了保证金。下来后，各专项指挥部和各责任单位要全面进入攻坚状态，一个难题一个难题地破，一个仗一个仗地打，积小胜为大胜，通过艰苦努力，使整个创建工作取得圆满成功和良好成效。

下面，我再强调一下当前几项重点工作：

关于今年一季度我市经济形势，张剡市长前几天已作了具体分析，整体来看是有喜有忧。喜的是，

GDP 指标、工业指标在全省位居前列；忧的是，当前宏观经济形势不是很好，一季度全省规模以上工业增加值只增长了 11.8%，GDP 只增长了 10.02%，距省委东明书记增长 12% 的要求还有很大差距。各县区、各部门一定要认真总结分析，努力抢抓机遇，积极应对挑战，全力推动经济社会又好又快发展。

一是继续保持经济持续健康发展。当前，全国宏观经济形势很不景气，而我市由于产业结构相对单一，面临钢铁行业产能过剩、钒钛产业市场不畅，加之受去年“8·29”事故的影响，矿业正在逐步复产之中，整体发展遇到了一些困难。但同时，我们也迎来了新的发展机遇：国家已批准建设攀西战略资源创新开发试验区；我市被纳入老工业城市调整改造之列；省委提出实施多点多极支撑发展战略，大力发展攀西城市群和攀西经济区。各县区、市级有关部门要对经济指标进行综合分析，找出薄弱环节所在，明确工作重点和难点，坚定信心、攻坚克难，继续保持经济持续健康发展。今年我们的财政收入增长比较困难，下来之后要认真研究培植税源，保持财政稳定增长。市经信委及其他相关部门要切实做好资金、煤、电、油、运等生产要素的保障工作，千方百计保持工业经济稳定增长。要突出抓好项目投资工作，在建项目要加快建设、尽快投产；要尽快谋划一批项目，争取在半年的时候集中开工，确保投资高速增长。要切实抓好扩大内需工作，促进餐饮业、房地产业健康发展。

二是全力做好对上项目和资金争取工作。对于尽快启动攀西战略资源创新开发试验区建设，前不久联系我市的省委常委、宣传部长吴靖平同志作了专题调研，并向省委、省政府主要领导作了报告；市委、市政府也就此事向省委、省政府及省相关部门作了专门汇报。省上准备今年六月份在北京召开一次由省和国家相关部委牵头的关于攀西战略资源创新开发试验区建设的政策研究会。目前，国家正在启动编制攀西—六盘水经济区规划，攀枝花也是其中的成员之一。按照这样的势头，今后攀西战略资源创新开发试验区也会像绵阳科技城一样，每年由国务院副秘书长牵头开一次会，层次将大为提升。此外，今年省上还划出了 120 多亿元的专项补助款，用于支持创新主体培育、战略性新兴产业发展、新区建设、新村建设、地质灾害治理、文化事业发展等八个方面的工作。各级各部门一定要抓紧对接，时刻不能放松，尽最大努力争取。

三是积极谋划一批重大招商项目。今年，我们的开工项目明显不足。前不久，我和赵辉同志专门去了一趟陕西宝钛集团，他们答应支持攀枝花钒钛产业发展，并商定由我们抓好前端、他们抓好中端、双方联合发展高端。今后，我们要努力把攀枝花建设成为五个中心——钒钛资源中心、产品中心、质检中心、研发中心和交易中心，全面支撑整个钒钛产业的发展。因此，今年的招商工作，各县区、各相关部门都要加倍努力，抓紧谋划落实一批实实在在的项目。下来之后，请健民、仁杰同志牵头抓好此项工作。

四是深入推进民生工程。今年省委、省政府下达的民生工程要层层分解到县区、分解到部门，全力推进。特别是我们自己确定的民生工作任务，包括边远民族地区的跨越发展问题，城市低收入群体的住房、就业、生活保障问题，以及城市农贸市场的建设和改善问题等，今年都要拿出具体措施、取得实质成效。

五是抓紧抓好安全和稳定工作。“五一”劳动节即将来临，各级各部门对涉及到的煤矿、非煤矿山、道路交通、消防、森林防火等安全工作一定要抓紧抓好，坚决杜绝各类重特大事故发生。维护社会稳定方面，要突出抓好信访积案的化解，下来之后，请张伟同志牵头负责，努力化解一批信访积案，切实为老百姓解决问题。要做好境外渗透防范工作，正面引导舆论和网民情绪，下来之后，请沈钧同志牵头研究，切实解决一些实际问题。当前，社会矛盾还在不断积聚中，维稳的难度和压力很大，对苗头性问题一定要抓早、抓小，做到“大事化小，小事化了”，千万不要“小事拖大、大事拖炸”。

六是扎实开展“三大”主题教育活动。“思想大解放，作风大转变，工作大落实”主题教育活动开展几个月来，全市上下围绕实施“三个加快建设”、推进“三个走在全省前列”、打好“六大硬仗”、实现“四个翻番”的总体部署，思想更加统一，信心更加坚定，工作更加努力，干劲更加高涨，效果更加明显，呈现了心齐、气顺、劲足的良好局面。希望大家倍加珍惜这个来之不易的局面，多干事，少议论，努力把工作做得更好。我相信，只要大家齐心协力，我们的目标就一定能实现，攀枝花的发展就一定会越来越好。

同志们，当前，创建国家森林城市、国家园林城市和全国文明城市工作已进入大干快干的攻坚阶段和关键时刻，希望各级各部门以更加奋发的精神，更加务实的作风，全力以赴打好这场攻坚战，为建设幸福攀枝花作出新的更大贡献！

在全市开展“实现伟大中国梦、建设美丽繁荣和谐四川”主题教育活动动员大会上的讲话

2013年5月8日

刚才，我们参加了省委开展“实现伟大中国梦、建设美丽繁荣和谐四川”主题教育活动动员的视频大会，东明书记对活动的开展进行了总动员、作出了总部署。按照省委的安排，从即日起，将集中两个月左右的时间，在全省范围内广泛开展这次主题教育活动。为此，省委成立了由东明书记亲自挂帅任组长，省委副书记、组织部部长柯尊平同志为副组长，其他省委常委及相关省领导为成员的活动领导小组，并从省委各部委、各单位抽调人员组成了领导小组办公室，足见省委的重视程度。我们一定要深刻认识，高度重视，积极开展，务求实效。

当前，我市“三大主题”教育活动已进入最后冲刺阶段即“总结提炼、形成成果”阶段，活动的成效正逐步显现，各方面成果正在提炼升华之中。我们高兴地看到，活动开展以来，全市广大干部群众精神面貌焕然一新，思发展、谋发展、抓发展蔚然成风，争先进位、跨越提升的信心倍增，实施“三个加快建设”、推进“三个走在全省前列”、打好“六大硬仗”的干劲十足，展现出前所未有的蓬勃生机与活力，鲜明生动地展现了活动的作用和成果。在这样一个关键节点上，我们迎来了全省“实现伟大中国梦、建设美丽繁荣和谐四川”主题教育活动，让我们有机会对“三大”主题教育活动进行再深化、对市情进行再认识、对思路进行再明晰、对措施进行再落实，这是我们推进攀枝花科学发展、跨越发展的又一重大机遇，全市上下一定要增添动力、再鼓干劲，再提高、再突破，坚定不移、凝心聚力推动我市经济社会发展上台阶，加快把攀枝花建成全省新的经济增长极，为建设美丽繁荣和谐四川作出应有的贡献。今天的会议，既是学习传达省委要求的贯彻会，也是我市开展“实现伟大中国梦、建设美丽繁荣和谐四川”主题教育活动的动员会。下面，我就贯彻落实东明书记讲话精神、扎实开展主题教育活动，讲几点意见。

一、深刻把握活动的重大现实意义，切实增强开展好活动的紧迫感和主动性

省委提出开展“实现伟大中国梦、建设美丽繁荣和谐四川”主题教育活动，是着眼于四川发展的重要阶段和特殊省情，做出的一项重大部署，对于全省上下统一思想、凝聚力量，推进科学发展、加快发展，谱写中国梦的四川篇章，建设美丽繁荣和谐四川，具有重要的现实意义和深远的历史意义。反观我们攀枝花，当前也正处于加快发展、跨越提升的关键时刻，正处在负重爬坡、不进则退的重要时期，亟需通过开展这样一次教育活动，增添新动力，激发新活力，促进大发展。目前，“总量小、不协调、欠发达”仍然是我市最大的实际，“发展不快，发展不够，发展不充分”仍然是我市最突出的市情，我们还面临着城乡差距、工农差距、贫富差距三大差距日益扩大的问题，全市还有近10万人处于贫困线之下，边远民族地区、城市低收入群体行路难、上学难、就医难、就业难、社会保障难等问题还十分突

出，扶贫攻坚的任务还相当繁重。要破除这些困难、消除这些“短板”、全面建成小康社会，离不开全市人民的共同努力、团结奋斗，迫切需要通过开展主题教育活动，用新的更高的目标把全市人民的思想统一起来、力量凝聚起来，形成全市人民同舟共济、共克时艰的强大力量，激发全市上下争先进位、跨越提升的动力活力。

各级各部门和广大党员干部要深刻认识开展这次主题教育活动的重要性和迫切性，以强烈的政治责任感和工作紧迫感，扎扎实实开展好活动，切实把思想和行动统一到省委的部署上来，把省委的要求落实到实施“三个加快建设、推进“三个走在全省前列”、实现“四个翻番”的具体实践之中，为在全省率先全面建成小康社会提供强大的思想基础和精神动力，为建设美丽繁荣和谐四川作出应有的贡献。

二、深刻把握活动总体要求，不折不扣地把省委的部署要求落到实处

东明书记对开展“实现伟大中国梦、建设美丽繁荣和谐四川”主题教育活动作出了统一部署、提出了总体要求，同时省委还下发了开展这次活动的实施意见。我们要结合实施意见，深入学习领会东明书记讲话精神，把握重点、抓住关键，切实把省委的安排部署落到实处，抓出特色，抓出成效。

一要把握好活动的指导思想。省委提出，要用中国梦统一思想、凝聚共识，教育引导全省人民在大灾面前增强多难兴邦、攻坚克难的昂扬斗志，大力弘扬伟大抗震救灾精神，坚持科学发展、加快发展，实施多点多极支撑发展战略，万众一心、众志成城，努力建设美丽繁荣和谐四川。我们要围绕这一指导思想，紧密联系攀枝花实际，上下一心、众志成城，创新活动方式，丰富活动载体，确保主题教育活动顺利推进。

二要把握好活动的目标要求。省委提出，要通过主题教育活动的开展，进一步统一思想、凝聚力量、转变作风、推动工作，汇聚建设美丽繁荣和谐四川的强大正能量，切实把坚强四川、美丽四川的形象展示出来。我们要按照东明书记“四个统一”的要求，把主题教育活动融入全市中心工作，把心思和精力用到干事创业上来，找准结合点和突破口，发扬披荆斩棘、昼夜兼程的作风，发扬奋勇争先、敢为善成的作风，发扬求真务实、埋头苦干的作风，奋力推进全市经济社会加快发展、跨越发展，以实际成果谱写出中国梦的攀枝花恢弘篇章。

三要把握好活动的内容和方式。东明书记强调，主题教育活动，要重点开展“科学发展、加快发展”“团结和谐、维护稳定”“抗震救灾精神和感恩奋进”三个专项教育，引导党员干部和群众为谱写中国梦的四川篇章而努力奋斗。同时，省委明确要采取学习讨论、广泛交流、宣传引导、表彰奖励、建章立制等方式来确保教育活动扎实开展、取得实效。我们要紧紧围绕省委的统一部署，紧密结合当前各项重点工作，采取灵活多样的形式，扎实开展好三项教育，抓好“规定动作”、创新“自选动作”，重点开好党组织委员会、党员大会、群众大会，做到全面覆盖、全员参与，切实把主题教育活动抓出成效。

三、紧密联系攀枝花实际，以活动的开展汇聚推进科学发展、加快发展的强大动力

中国梦，就是中国人民真抓实干、开拓奋进的发展梦，过上富裕、文明、有尊严生活的幸福梦，实现中华民族伟大复兴的富强梦。建设美丽繁荣和谐四川，是四川对实现伟大中国梦的具体追求、具体落实和积极贡献。开展教育活动本身不是目的，目的是通过教育活动的开展，教育引导全省干部群众围绕实现伟大中国梦、建设美丽繁荣和谐四川，进一步统一思想、振奋精神、凝聚正能量，奋力夺取抗震救灾和经济社会发展“双胜利”，为全面建成小康社会提供强大的思想基础和精神动力。攀枝花作为四川重要的工业基地和南向开放门户，要努力在活动的开展和全省的发展大局中发挥作用、展现特色、做出贡献，不仅要解决好思想上的问题，还要努力实现发展上的突破。

在“三大主题”教育活动中，我们提出要破除“怕、满、慢、浮、僵”的问题，添活力、增动力、谋跨越、争一流，目前这项工作已基本完成。在接下来的“实现伟大中国梦、建设美丽繁荣和谐四川”主题教育活动中，我们要进一步巩固和深化“三大主题”教育活动成果，弘扬“闯、进、快、实、活”

的精神，凝聚正能量，增强主动性，打好攻坚战，以实实在在的发展成绩促进全市经济跨越、社会进步、民生改善和人民幸福。具体来说：“闯”，就是要解放思想、敢闯敢试，切实抓住攀西战略资源创新开发试验区建设、全国老工业基地改造、省委实施多点多极支撑发展战略等重大机遇，坚持非禁即入，敢于突破陈规陋习和条条框框的束缚，敢担责任，勇于创新，主动作为，奋发有为。“进”，就是要赶超跨越、争先进位，以强烈的进取精神，敢与高的攀、敢与强的比、敢与快的赛，咬住发展不放松，积极争创全国、全省的先进，努力在更多方面走在全国、全省的前列。“快”，就是要与时俱进、稳中快进，善于捕捉机遇、迅速作出反应，加大政策、资金、项目的对接和争取力度，做到快人一拍、先人一步、高人一着，切实抓住和用好机遇，充分发挥各种条件和优势，奋力谱写攀枝花科学发展新篇章。“实”，就是要求真务实、真抓实干，坚持以发展大局为重、以群众利益为重，扑下身子，沉下心来，脚踏实地干事业，埋头苦干促发展，以扎实的工作创造经得起实践和历史检验的业绩。“活”，就是要面对机遇和挑战并存的局面放活思路、创新方式，坚持“市场”的理念和开放的办法，向市场寻求发展所需的各种要素，在市场中解决发展遇到的各种问题，促进政府的“有形之手”与市场的“无形之手”有机连接，更好地服务发展、服务民生。

同时，结合当前我市发展实际，我们要按照省、市委的总体部署和要求，将开展主题教育活动与抓好各项重点工作有机结合起来，真正把开展活动的过程变成凝聚力量的过程、转变作风的过程、落实工作的过程、推动发展的过程、实现提升的过程。

一是要与“三大”主题教育活动紧密结合起来。面对接踵而来的各种教育实践活动，全市上下务必正确对待，真正将之视为解决问题、加快发展的契机，克服厌倦情绪，把我们正在开展的“三大主题”教育活动与“实现伟大中国梦、建设美丽繁荣和谐四川”主题教育活动有机结合起来，切实凝聚起抓发展、保民生、促跨越的强大动力。要认真按照“三大主题”教育活动的步骤和节点安排，做好最后阶段的跟踪问效、考评总结工作，开展好群众满意度测评，针对群众反映强烈的突出问题，进一步强化措施，切实加以解决；要抓好总结提炼，重点总结在解决问题、健全机制、推动发展等方面的思路和措施，总结在解放思想、转变作风、强化执行等方面的经验和做法，建立长效机制，巩固整改成果，为开展“实现伟大中国梦、建设美丽繁荣和谐四川”主题教育活动、促进各项工作长足发展打下坚实基础。在开展“实现伟大中国梦、建设美丽繁荣和谐四川”主题教育活动中，要充分运用“三大主题”教育活动中积累的好经验好做法，健全完善“三大主题”教育活动中形成的好制度好机制，结合“三大主题”教育活动中查找出的问题的整改落实，进一步统一思想、凝聚力量、创新方式、加快整改，努力抓出特色、取得扎实成效、成为全省典范。

二是要与实施多点多极支撑发展战略紧密结合起来。实施多点多极支撑发展战略，是省委作出的一项重大战略部署，在即将召开的省委十届三次全会上还将进一步明确和深化，其根本目标和这次“实现伟大中国梦、建设美丽繁荣和谐四川”主题教育活动是一致的，都是着眼于解决“人口多、底子薄、不平衡、欠发达”的基本省情，促进全省区域平衡发展、城乡统筹发展，与全国同步全面建成小康社会。我们要深刻把握二者的内在联系，将二者有机结合起来，通过活动的开展为实施多点多极支撑发展战略凝聚共识、明晰思路、增添动力，教育引导各级各部门紧紧围绕实施“三个加快建设”、推进“三个走在全省前列”、打好“六大硬仗”、实现“四个翻番”的总体思路和目标，思想再统一、认识再提高、作风再务实，真正在全市上下形成聚精会神搞建设、一心一意谋发展的良好格局，努力把攀枝花建成四川的重要一极，切实为建设美丽繁荣和谐四川、推动四川由西部经济大省向全国经济强省转变贡献力量。

三是要与完成今年的急难险重任务紧密结合起来。事实证明，发展是检验教育活动成果的唯一标准，要把教育活动融入抓发展的具体工作特别是“急难险重”任务之中，以实实在在的发展成果彰显教育活动的作用和价值。今年，市委、市政府确定了10个大类55项“急难险重”任务，并于上个月下发到了各县区、市级各部门（单位）。这些项目涵盖了产业发展、城市建设、新村建设、社会事业发展和民生改善等各个方面，都是基础中的基础、重点中的重点，事关攀枝花发展的全局和长远，都具有一定的艰巨性，需要经过艰苦奋斗、超常努力才能实现。我们要把“实现伟大中国梦、建设美丽繁荣和谐四川”主题教育活动的目标要求转化为推进每一项“急难险重”任务的具体行动，充分调动一切积极因素，超常付出，百倍努力，确保各项“急难险重”任务全面完成，为攀枝花长远发展、可持续发展打下坚实基础。

四是要与克服当前的发展困难紧密结合起来。从今年一季度的情况看，全国、全省、全市的形势都不容乐观，我市GDP、规模以上工业增加值、社会消费品零售总额、城乡居民收入等指标完成情况均落后于进度要求，要完成全年目标任务，困难很多、压力很大，需要我们进一步振奋精神、坚定信心、加倍努力。对此，市委已明确了克服困难、促进发展的工作措施，就是要做到五个“千方百计”：一是要通过稳住工业、狠抓投资、促进消费，千方百计保持经济持续健康发展的良好势头；二是要抓住央企入川、港澳企业入川等机遇，千方百计做好招大引强工作，力争一批大项目在攀落地；三是要继续实施“6+2”对口支援边远民族地区工作，细化城市宜居工程，着力提升城市低收入群体生活水平，千方百计改善民生；四是要积极搭建平台、完善机制、对接项目，千方百计争取中央和省上的政策、项目、资金支持；五是要认真抓好安全生产，做好隐患排查，努力化解信访积案，千方百计维护社会和谐稳定。思想认识是行动的先导，这五个方面的“千方百计”要成为全市上下的共识和共同行动，还需要通过进一步的学习、教育、引导和深入实践才能实现，这也正是我们开展“实现伟大中国梦、建设美丽繁荣和谐四川”主题教育活动的重要目的。我们要把活动的开展与面临的形势任务和各单位的重点、难点工作结合起来，寻找办法，突破难题，形成系统化的措施和制度化的成果，积极有效应对当前的困难局面。

四、精心组织，落实责任，确保主题教育活动扎实深入开展

开展“实现伟大中国梦、建设美丽繁荣和谐四川”主题教育活动，是深入学习贯彻党的十八大和习近平同志一系列重要讲话精神的一项重大举措，是当前全省、全市工作的一件大事。全市各级各部门务必要高度重视，加强领导，精心组织，狠抓落实，切实抓紧、抓细、抓出成效。

一要强化组织领导。为开展好这次主题教育活动，市委成立了由我任组长，张剡、赵辉同志任副组长，市委常委和相关市领导为成员的领导小组，领导小组下设办公室、综合组、组织指导组、宣传组和督查组，负责领导小组日常工作并指导全市主题教育活动的开展。各级党委（党组）也要成立相应组织和工作机构，落实领导和指导责任，切实把主题教育活动摆上突出位置、列入重要日程，当做大事来抓，从制定规划、组织领导、制度保障、督促检查等方面采取措施，形成一级抓一级、一级带一级、一级对一级负责、层层抓落实的工作局面。党委（党组）主要负责同志要自觉承担起第一责任人的责任，带好班子、管好下属，抓紧抓好本地、本单位主题教育活动的开展，在各个阶段、各个方面都起到表率带头作用。全市各单位都要根据省委和市委的部署，结合本地本单位实际，制订切实可行的活动方案，周密部署，科学安排，精心组织，深入实施。

二要强化分类指导。这次主题教育活动涉及面广，时间紧迫，要求较高，必须因地制宜，分类指导。各地各部门各单位要在坚持活动总体要求的同时，紧密结合教育对象的实际，针对不同地区、不同行业、不同层面、不同群体，分别提出教育活动的具体要求，分层分类进行指导。党政机关、高等学校、国有企业、工会、共青团、妇联以及非公经济组织、社会组织等，都要成立系统、行业组织指导组，指导本系统、本行业抓好主题教育活动，切实增强活动的针对性和实效性。

三要强化宣传引导。坚持宣传引导、舆论先行，充分发挥新闻媒体的阵地优势，市内新闻媒体都要开设主题教育活动专题专栏，拿出重要版面、重要时段，高密度、全方面、多层次进行宣传，培育树立先进典型，总结推广成功经验，形成强大的舆论声势。要采取政策解读、专题报告、理论评论、热点剖析等方式，善于运用互联网、手机报、微博、微信等新兴媒体，创新宣传方式，让“中国梦”家喻户晓，使省委重大决策部署深入人心，为建设美丽繁荣和谐四川增添正能量。要广泛开展群众性宣传活动，采取文艺表演、征集公益广告等群众喜闻乐见的方式，促进主题教育活动进机关、进学校、进企业、进社区，做到家喻户晓、人人参与，营造浓厚的社会氛围。

四是强化检查督导。督查组要切实负起责任，加强对活动开展情况的督促指导，采取经常性督查、随机抽查等方式，了解活动进展，总结交流经验，研究解决问题，坚决防止走过场、搞形式。要加强考核、逗硬奖惩，严格检验各县区、各部门（单位）通过开展主题教育活动取得的实际成效，看党员干部的思想观念、精神状态是否发生了实质性的变化，看科学发展、加快发展的各项措施是否得到真正落实，看经济实力是否增强、人民生活是否改善，对思想上不重视、工作上不得力的，要及时提出批评、要求限期整改，确保活动开展的过程成为党员干部受教育、科学发展上水平、人民群众得实惠的过程。

同志们，加快发展，时不我待；跨越争先，正逢其时。各级各部门和广大党员干部，一定要以这次主题活动为契机，全面贯彻落实科学发展观，以更加良好的精神状态，更加务实的工作作风，开拓进取，扎实工作，奋力开创攀枝花加快发展、科学发展新局面，为建设美丽繁荣和谐四川做出攀枝花应有的贡献！

在传达学习贯彻省委十届三次全会精神会议上的讲话

2013 年 5 月 16 日

今天，我们在这里召开市委常委（扩大）会议，主要任务是深入学习贯彻省委十届三次全会精神，结合攀枝花实际研究贯彻落实措施，并对当前重点工作进行强调，确保各项工作时间过半任务过半，为圆满完成全年任务奠定坚实基础。

省委十届三次全会是在我省改革发展处于关键时期、全面建成小康社会进入决定性阶段召开的一次重要会议。全会深入贯彻落实党的十八大和省第十次党代会精神，总结回顾了省第十次党代会召开以来的主要工作，研究部署了四川今后一个时期的发展，确定了科学发展、加快发展的工作基调，明确了实施多点多级支撑、“两化”互动、城乡统筹、创新驱动“三大发展战略”，提出了实现四川由经济大省向经济强省跨越、由总体小康向全面小康跨越的“两个跨越”的奋斗目标，并对芦山“4·20”地震灾后重建作出作出了安排部署。这是一次谋划长远的重要会议——党的十八确立了到2020 年全面建成小康社会的宏伟目标，四川必须与全国同步全面建成小康社会；这是一次承前启后的重要会议——近年来，四川发展成效显著，GDP 全国第八位。但人口多、底子薄、不平衡、欠发达的省情没有根本改变，四川既需立足当下，更需着眼未来；这是一次砥砺前行的重要会议——经历“4·20”芦山强烈地震的四川，承担起推动经济社会科学发展、加快发展与灾区科学重建、跨越发展的双重重任。会议把省第十次党代会制定的宏伟蓝图与全省人民的热切期盼凝聚成新起点上再出发的响亮号角和强劲动力，号召全省人民为实现“两个跨越”而努力奋斗。

下面，我就学习贯彻会议精神，讲几点意见：

一、深刻领会，准确把握，切实把思想认识统一到省委十届三次全会精神上来

省委十届三次全会明确了“科学发展、加快发展”的指导思想，做出了实现“两个跨越”和实施“三大发展战略”的部署，是省委在科学发展观指导下，站在更高起点谋划四川发展的重大战略决策，是在前几年加快发展基础上更大力度推进四川发展的根本要求，是全面建成小康社会、谱写中国梦四川篇章的行动纲领，使我们的发展目标更加明确、方向更加明了、重点更加突出、思路更加清晰。我们要从以下五个方面突出把握全会的精神实质和基本要求：

一要深刻把握十八大以来，以东明书记为首的十届省委领导集体取得的工作成效。十届省委常委会认真学习宣传贯彻党的十八大精神，坚持把发展作为第一要务，集中精力抓经济工作，确立了科学发展、加快发展的工作基调，提出了实施多点多极支撑发展战略，制定了推动工作的具体方案和举措，保持了全省经济持续较快发展的态势。同时，着力提高人民生活水平，全力维护全省社会大局稳定，突出抓好干部队伍建设和作风建设，各项工作扎实推进。特别是在党中央、国务院坚强领导下，迅速、有序、科学、高效地开展芦山强烈地震抗震救灾工作，取得了抢险救援阶段工作的重大胜利。目前，全省上下形成了人心思进、追赶跨越的生动局面。这些成效的取得，充分表明省委领导班子是一个坚强的领导集体，我们一定要在政治上、思想上、行动上坚定地与省委保持高度一致。

二要深刻把握省委关于实现“两个跨越”的奋斗目标。全面建成小康社会，是我们党确立的“两个一百年”目标之一，是实现中国梦的重要基础。四川作为西部省份，人口多、底子薄，虽然经济总量排在全国各省（自治区、直辖市）的前列（2012 年 GDP 全国第八，23849.80 亿元），但不平衡、欠发达的基本省情没有根本改变；现在离 2020 年全面建成小康社会只有屈指可数的七八年了，时间紧、任务重，必须以等不得的使命感、拖不得的责任感、慢不得的紧迫感，集中力量打一场全面小康决战决胜的总体战，推动四川与全国同步全面建成小康社会。同步，就是到 2020 年如期全面建成小康社会，人均地区生产总值和城乡居民收入赶上全国当年水平。全面，就是既重视全省整体全面小康，更重视以县为单位的全面小康；既在经济建设上实现重大突破，也在政治、文化、社会、生态文明建设上取得全面进步；既保持较快的增长速度，更注重提高增长的质量与效益。小康，核心要义在富民，发展成果必须让老百姓看得见、摸得着、享受得到，让绝大多数城乡家庭和群众实际生活水平有显著提升。我们要深刻领会省委的战略意图、战略部署和战略要求，坚定信心、锐意进取、扎实工作，圆满完成全面建成小康社会的攀枝花答卷，奋力谱写中国梦的攀枝花篇章。

三要深刻把握省委关于实施“三大发展战略”的重大部署。推动四川“两个跨越”，需要坚持和深化历届省委治蜀兴川思路，紧扣四川发展主要矛盾，进一步优化发展格局、培育竞争优势、增强发展动力，要求我们必须实施事关全局和长远的多点多极支撑、“两化”互动、统筹城乡和创新驱动三大发展战略，走出一条具有四川特点的科学发展、加快发展之路。多点多级支撑发展战略，就是要在提升首位城市的同时，着力次级突破，夯实底部基础，支持成都领先发展，打造西部经济核心增长极；推动有条件的市（州）和重点经济区率先突破，形成更多更强的支撑点和增长极；发展壮大县域经济，构筑多点多极支撑的牢固基石，形成首位一马当先、梯次竞相跨越的生动局面。“两化”互动、城乡统筹发展战略，就是要把新型工业化新型城镇化互动发展作为我省推进工业化、信息化、城镇化、农业现代化“四化”同步的主要途径，促进产业和城镇融合发展，构建以工促农、以城带乡、工农互惠、城乡一体的新型工农、城乡关系，推进我省现代化健康发展，全面增强产业核心竞争力、城市整体竞争力和区域综合竞争力，加快全面小康和现代化进程。创新驱动发展战略，就是要大力推进发展理念创新、体制机制创新、科技创新和管理创新，强化科技支撑引领，推进结构调整升级，破解发展中的深层次矛盾和问题，推动我省发展进入创新驱动、内生增长的轨道。实施“三大发展战略”，是推进新阶段四川发展的重大决策，是全面建成小康社会的行动指引。其中，多点多级支撑是总揽，“两化”互动、城乡统筹是路径，创新驱动是动力，三者有机统一于推进“两个跨越”的发展实践。我们要深刻把握“三大发展战略”的基本内涵和工作要求，使之贯穿全市改革发展的全过程，开创攀枝花科学发展的新局面。

四要深刻把握省委提出的主要工作任务。实施“三大发展战略”，根本目的在于促进发展、实现

“两个跨越”目标，需要从经济社会发展各方面来加以落实和体现，为此，必须重点抓好八个方面的工作：一是大力推进工业强省产业兴省，发展壮大电子信息、装备制造、饮料食品、油气化工、能源电力、钒钛稀土、汽车制造七大产业，建设清洁能源生产基地、国家重要的战略资源开发基地、现代加工制造基地、科技创新产业化基地、农产品深加工基地五大产业基地，加快构建现代产业发展体系。二是加快推进新型城镇化，走出一条形态适宜、产城融合、城乡一体、集约高效的新型城镇化道路，拓展更大发展空间。三是积极发展现代农业，扎实推进社会主义新农村建设，加快消除我省农村收入水平与全国水平的差距，逐步缩小农村居民与城镇居民收入差距。四是继续加强基础设施建设，构建畅通高效的现代综合交通枢纽体系、人水协调的现代供水保障体系、安全稳定的现代能源供应体系和高速可靠的现代信息网络体系，挖掘投资潜力，拓展投资领域和空间，发挥投资对经济的拉动作用。五是深化改革、扩大开放，承接产业转移，引进龙头企业和高端项目，发展民营经济，不断增强发展动力和活力。六是加强生态文明建设，提高可持续发展能力，让人民群众喝上干净水、呼吸新鲜空气、吃上安全食品。七是加大扶贫攻坚力度，推进基础扶贫、产业扶贫、新村扶贫、能力扶贫、生态扶贫，推动贫困地区跨越发展。八是着力保障和改善民生，努力在学有所教、劳有所得、病有所医、老有所养、住有所居上持续取得新进展，保持社会和谐稳定。这八个方面的工作，是我省推进“两个跨越”的着力点和突破口，我们一定要高度重视，切实把省委的部署要求融入到攀枝花各项具体工作之中，认真抓好落实，努力推动我市经济社会发展上台阶。

五要深刻把握省委关于实施“三大发展战略”、推进“两个跨越”的工作要求。落实发展战略、实现奋斗目标，关键在党，关键在人。突出“重品行、重实干、重公认”的用人导向，优化各级领导班子配备，建设德才兼备、真抓实干、群众公认的干部队伍，为强化各项事业发展的组织保证和人力支撑。必须全面加强党的思想建设、组织建设、作风建设、反腐倡廉建设和制度建设，把各级党组织和党员干部队伍建设得更加坚强有力。我们要认真学习领会省委关于加强党的建设和组织保障的新部署、新要求，全面推进新形势党的建设新的伟大工程，不断提升我市党建科学化水平，以更加饱满的激情、更加务实的作风、更加有力的举措，全面开创我市经济社会发展新局面。

二、认真学习，融会贯通，迅速掀起学习贯彻省委十届三次全会精神的高潮

省委十届三次全会是一次承上启下、承前启后的重要会议。要把学习贯彻全会精神与其他重点工作紧密结合起来，做到弄懂吃透、融会贯通、举一反三、掀起高潮。

一是要与学习贯彻党的十八大精神紧密结合起来。省委十届三次全会与党的十八大精神一脉相承，无论是全会的主题、确定的思路目标，还是作出的安排部署，都是站在四川的角度对十八大部署要求的深化、细化、具体化。弄懂吃透全会精神，就是立足四川发展实际再次对十八大精神的深刻领会和全面把握。我们要把学习贯彻全会精神与十八大精神紧密结合起来，跳出四川看四川，跳出攀枝花看攀枝花，站在全国的高度来理解省委的决策部署，站在全国、全省的高度理解和落实全会精神、思考和谋划攀枝花发展，做到在思想和行动上始终与中央、省委保持高度一致。

二要与正在开展的主题教育活动紧密结合起来。落实省委十届三次全会部署、实现“两个跨越”目标，需要全省上下团结拼搏、倾力推动。而我们开展“三大主题”教育活动和“实现伟大中国梦、建设美丽繁荣和谐四川”主题教育活动，根本目的正是为了教育引导大家解放思想、更新观念，把思想统一起来、把力量凝聚起来，以更饱满的激情、更务实的作风、更协调的行动，强化执行、狠抓落实、推进工作、加快发展，把中央和省、市委各项安排部署落到实处。因此，我们学习贯彻省委十届全会精神，一定要与正在开展的两项主题教育活动紧密结合起来，把教育活动的开展统筹到落实全会安排部署的各项工作之中，以教育活动的开展为落实全会作出的安排部署凝聚正能量、提供强大精神动力和智力支持。

三要与攀枝花的工作实际紧密结合起来。省委十届三次全会作出的实施“三大战略”、推进“两个跨越”、抓好“八项重点任务”等安排部署立足的是全省的基本省情和各地的共性特点，而攀枝花的发展必须在坚持全省统一要求的前提下，立足自身实际，顺应特殊性要求。我们学习贯彻省委全会精神，要与攀枝花的具体工作实际紧密结合起来，着重从精神实质上去把握、从总体要求上去落实，灵活机动，因地制宜，抓好政策机遇的运用，做到贯彻上级要求不僵化、不走样，要入脑入心，切实体现省委全会精神对地方发展的科学指引作用。

三、联系实际，突出重点，深入贯彻落实省委十届三次全会精神

要以贯彻落实省委十届三次全会精神为契机，对照目标找差距，针对差距添措施，把理论与实践、学习与运用、当前与长远统筹起来，科学把握发展规律，主动适应经济形势，着力优化重大产业和城镇布局，全方位激发各地发展活力，塑造区域发展新版图，向着在全省率先全面建成小康社会的目标奋力前行。

（一）深入分析我市全面建成小康社会进程

推进全面小康社会建设进程，必须切实找准攀枝花在全国、全省全面小康整体格局中所处的地位，准确把握攀枝花全面建成小康社会所处的形势，以历史的眼光判断攀枝花发展的阶段性特征，以实事求是的态度评估攀枝花发展的现实状况和机遇挑战，进一步理清思路、强化措施，全力推进攀枝花发展新跨越。

根据国家统计局发布的《全面建设小康社会统计监测方案》，到2010年，我国全面小康总体实现程度为80.1%；2011年，四川省全面小康总体实现程度为78.4%，攀枝花是80.7%。攀枝花的全面小康总体实现程度略高于全国，比全省高2.3个百分点，体现在全部六个方面的指标体系上，分别是“经济发展”83.1%，“社会和谐”89.3%，“生活质量”90.6%，“民主法制”79.5%，“文化教育”59.1%，“资源环境”75%。

综合来看，攀枝花全面建成小康社会具有鲜明的阶段性特征，正处在以下“六个特殊时期”：

一是正处于全面建成小康社会的“关键期”。尽管我市全面建成小康社会的总体实现程度要高于全省，但我们也要清醒认识到，距离在全省率先建成全面小康社会的奋斗目标，我们还有不小的差距。特别是从全面小康几大指标的综合分析来看，提升较慢的指标都是“硬骨头”，解决起来比较难，对发展的制约也特别大。如“文化教育”指标，2000年即为52.5%，2011年也只有59.1%；又如“资源环境”指标，2000年是66.4%，2011年为75%；还有我们发展不平衡的问题，工农差距、贫富差距较大的问题。所以，下一步，我们必须千方百计解决边远民族地区的“短板”，加快解决发展不平衡不协调、产业结构不合理、科技创新能力不强、资源环境约束加剧等突出问题。所以说，今后几年干得怎样，对我市能否在全省率先全面建成小康社会十分关键。

二是正处于“两化”互动、“四化”同步、城乡一体化发展的“加速期”。大力提升工业化和城镇化，是迈向全面小康的必由之路。2012年，攀枝花工业化率达到72.03%，城镇化率达到63.01%，都居于全省领先水平，为我市全面建成小康社会提供了强劲动能、奠定了坚实基础。今年初，省统计局开展了《四川“两化”互动、统筹城乡统计监测分析》，我市的“两化”互动水平排在成都之前居全省第一。可以说，立足于特殊的市情条件，经过连续多年的“以城带乡、以工哺农”，我市工业化、城镇化、信息化、农业现代化四者的互动性、协调性、融合性正在逐步增强。特别是近两年来，全市上下高度重视城乡之间、农村不同区域之间的统筹发展，制定了一系列针对性规划、出台了一整套政策措施，如推进新村建设、加大对边远民族地区跨越发展给予大力扶持等，通过这些行之有效的举措，我市“两化”互动、“四化”同步、城乡一体化发展正进一步加快步伐。

三是正处于老工业基地持续发展的“振兴期”。上个月初，国务院正式批复《全国老工业基地调整改造规划》，提出将振兴工作由前期以东北地区为主向巩固深化东北、统筹推进全国老工业基地振兴转变。攀枝花也纳入到这个规划确定的95个城市当中。攀枝花作为典型的全国老工业基地，几十年来，在为国家经济建设和社会发展作出了巨大贡献的同时，也越来越突出地面临着结构调整、城市转型、产业升级难度大及调整改造资金不足、资源保障能力不足、生态环境修复难等一系列的问题，亟需得到支持和帮助。随着这个规划的出台，我市将在投资政策、财政政策、融资政策、土地政策等方面，得到更大的支持力度，迎来更多的发展机遇，进入到科学发展、加快发展的“振兴期”。

四是正处于改革开放、创新驱动的“突破期”。这些年来，面对国内外产业布局大调整和新一轮创新浪潮，我们积极推动全方位、多层次、宽领域的对外开放，主动融入川南经济区、昆明经济带、成渝经济区，积极参与中国—东盟自由贸易区合作，不断加强与珠三角、长三角、环渤海等发达区域的经济技术交流与合作，对外开放的能力和水平在不断提高，招商引资到位资金连年创出新高，去年突破400个亿，达到408.6亿元。在创新能力上，我们主动加强与中工院、中科院等全国最高科研机构的合作，举行了攀枝花钒钛资源综合利用院士行暨“攀枝花钒钛论坛”等一系列非常有影响力的活动，中国工程院干勇副院长率6位院士组织开展“攀枝花钒钛资源综合利用战略研究”；设在我市的国家钒钛制品质量监督检验中心和全国唯一的钒钛资源综合利用国家重点实验室通过验收，四川钒钛产业技术研究院获准成立。前年我市新增4家省级创新型企业，去年又新增了5家，目前我市省级以上创新型企业达到30家。通过创新引领，我市产业高端领域的核心技术攻关能力在大幅提升，前段时间我到龙蟒去看了他们的转底炉项目，感到企业特别是民营企业在技术创新上很积极、很主动，都在主动搞研发。可以说，我市在技术创新的突破上基础非常扎实，只要我们敢闯敢试敢干，前景非常美好，一旦取得突破，必将把资源优势转化为产业优势，转化为经济优势。

五是正处于扶贫解困的“攻坚期”。攀枝花全面建成小康社会，重点在农村，难点在农村，关键也在农村。以城镇化为例，全市城镇化率已经达到63%，但是县区之间发展很不平衡，最高的东区已经达到98.6%，而盐边县还只有22%，工农差距、城乡差距、贫富差距“三大差距”较为突出，城乡之间在居民收入、公共服务、社会保障等方面的差距仍然较大。我们既有现代化的大工业，又有“刀耕火种”的原始农业；既有现代化的城市，又有非常落后的农村；既有亿万富翁，又有家产不过万元的贫困户；在边远民族地区，不通路、不通水、不通电、不通广播电视的地方依然存在，全市农村绝对贫困人口总数还有接近10万人。去年以来，钟勉副省长、吴靖平部长先后到我们盐边北部调研，他们看了之后都说没想到攀枝花还有这么困难的地方，回去之后都在努力帮我们呼吁。同时，在城市这一块，还有数量不小的低收入群体，他们有很大部分还是为攀枝花作了贡献的老一辈建设者，我们有责任让这些群众住上好房子、过上好日子，今年2月省委东明书记到攀调研时，专门就这个问题对我们提出了要求。当前，做好这些工作还有不小的难度，所以今年我们把这些工作纳入到“急难险重”任务中，目的就是要大家一起来攻坚、一起来克难，一个问题一个问题地加以解决。

六是正处于由资源之都向产业之都、经济之都跨越的“质变期”。攀枝花是名副其实地资源之都，特别是钒、钛资源分别占到全国的63%和93%。经过长期的努力，攀枝花在钒钛资源利用上取得了显著成绩，成为全国唯一以资源综合利用为主的国家级新型工业化产业示范基地，国家外贸转型升级示范基地，被授予“中国钒钛之都”称号。目前，全市已具备年产40万吨钛白粉、3万吨海绵钛、8000吨钛锭和3万吨钒制品的生产能力，成为国内最大、世界第二的钒制品生产基地，国内最大的铁矿供应和钛白粉生产基地，国内重要的钛金属生产基地。今年初，国家发改委正式同意设立攀西战略资源创新开发试验区，这是目前国家批准设立的唯一一个资源综合开发利用试验区，为攀枝花和整个攀西地区的发展带来了前所未有的重大机遇。依托独特的资源优势，下一步，我们将有更多的项目进入到钒钛终端产品的生产领域，如制动毂、齿轮、汽车配件、防盗门、医学应用等等，同时还将加快建设钒钛资源中心、产品中心、质检中心、研发中心和交易中心。随着产业链条的逐步延伸和产业集群的加速壮大，攀枝花已进入到钒钛“资源之都”向“产业之都”“经济之都”迈进的“质变期”。

只要我们牢牢把握好这“六个期”的阶段性特征，顺势而为、有所作为，我们就一定能够加快推进攀枝花全面建成小康社会的进程。

（二）深入贯彻落实省委重大决策部署

省委提出的“三大发展战略”，是在科学发展观指导下立足更高起点谋划发展的鲜明取向，是更大力度推进发展的根本要求。当前和今后一个时期，要紧紧抓住攀西战略资源创新开发试验区和振兴老工业基地的机遇，以做大总量为基础，以提高质量和效益为核心，以创新驱动为动力，以产业升级和城市转型为重点，深入实施“三大发展战略”，加快推进攀枝花由资源大市向经济强市跨越发展，由总体小康向在全省率先全面建成小康社会跨越。

第一，深入实施多点多极支撑发展战略，全力打造四川发展新的增长极

要按照省委部署要求，立足我市发展实际，大力推进资源综合利用，加快壮大县域经济，全力推动攀枝花转型提升、跨越发展。

一是大力发展工业经济，提升整体经济实力。去年，我市工业增加值占到了全市经济总量的75.8%，是一、三产业之和的三倍还要多，这样的格局在短期内是不可能改变的。我们要做大全市经济总量，关键就是要发展好工业经济，工业强了，整体实力就强了。按我市目前的发展水平，据初步测算，从今年起经济增速必须保持年均16%左右、工业增加值增速必须保持年均17%以上，才能实现2014年GDP突破1000亿大关，2017年迈进1500亿方阵。因此，我们必须坚持工业强市战略不动摇，坚定不移地走新型工业化道路，紧紧抓住国家批准建设攀西战略资源创新开发试验区、攀枝花被列入国家新型工业化示范基地和被纳入全国老工业城市调整改造之列等重大机遇，深入推进资源综合开发利用，大力培育千亿产业、建设千亿园区、打造千亿和百亿企业、发展中小企业、扶持上市公司、争创中国名牌，努力把资源优势转化为产业优势、发展优势，把攀枝花建设成为钒钛资源中心、产品生产中心、质检中心、研发中心和产品交易中心，力争到2017年，全市钒钛钢铁及相关产业产值突破3000亿元，钒钛产业园区建成为1000亿园区，攀钢集团发展为1000亿企业、形成一批百亿企业集群，新增1~2家上市公司，创成一批全省名牌、国家名牌和地理标志，为攀枝花跨越发展提供强劲支撑。

二是大力发展县域经济，筑牢跨越提升的底部基础。县域强则底部实，底部实则支撑稳。从去年我市各县区发展情况来看，东区实现地区生产总值306亿元、仁和区152亿元、西区85亿元、米易县93亿元、盐边县102亿元，按照目前的发展势头，到2017年，我市县区要进入300亿元队列或走在全省类区县的前列，除东区和仁和区以外，其他均有较大难度。因此，我们必须加快培育各具特色、充满活力的县域经济，鼓励支持东区以建设中央商务区为目标，重点发展现代服务业；西区以建设综合能源基地为目标，集中发展煤化工产业；仁和区以建设新材料产业基地为目标，优先发展机械制造业；米易县、盐边县以建设特色经济强县为目标，突出发展钒钛磁铁矿综合利用、现代特色农业、阳光休闲旅游等产业，努力推动各县区到2015年实现地区生产总值、地方财政收入、固定资产投资总量、城乡居民收入在2010年的基础上翻一番，促进东区、仁和、米易县、盐边县公共财政收入达到10亿、西区达到5亿，力争2~3个县（区）在综合实力考核中排在全省类区县的前列，切实筑牢多点多级支撑的底部基础。

第二，深入实施“两化”互动、统筹城乡发展战略，努力开创城乡和谐相融的一体化发展新格局

去年，我省和我市都召开了深入实施“两化”互动、统筹城乡发展战略的专项工作会，对如何抓好此项工作、推进科学发展作出了全面部署。在今后的工作中，要结合省委新要求，突出抓好以下三方面的工作：

一是加强顶层设计，强化路径支撑和规划引领。从我市的情况来看，去年我市的工业化率、城镇化

率分别达到72%和62.6%，居于全省前列，实施“两化”互动、统筹城乡的基础和条件较好，但是县区之间发展得极不平衡（2012年工业化率：东区67.5%、西区82.1%、仁和区78.9%、米易县63.8%、盐边县74.7%；城镇化率：东区98.7%、西区96.3%、仁和区45.7%、米易35.0%、盐边县24.6%），又增加了推进“两化”互动的困难和制约因素。对此，我们一定要认清形势、掌握状况，强化顶层设计，做好科学规划，对实施总体战略的方方面面进行通盘考虑、整体设计，明确思路，突出重点，制定“路线图”“时间表”“任务书”，以顶层设计推动整体联动，以顶层设计形成整体合力。要结合国家、省“十二五”规划纲要和新一轮西部大开发战略、全国老工业城市振兴计划，国家攀西战略资源创新开发试验区规划及金沙江流域经济发展带规划，科学编制覆盖城乡的产业发展、基础设施建设、社会事业发展、生态环境建设等专项规划，做到多规衔接、协调联动，高起点、高标准、全方位谋划好我市“两化”互动、统筹城乡发展工作。要把产业园区作为产城融合的重要结合点，同步规划产业园区和城市新区，同步实现产业聚集和人口聚集，以产业发展支撑城市发展。要因地制宜推进“三个集中”，深化户籍制度、农村土地产权制度、社会保障制度三项核心制度改革，加强城乡规划、基础设施、产业发展、公共服务和社会管理“五个统筹”，促进城乡生产要素平等交换、公共资源均衡配置，促进农村生产生活方式同步变革。

二是加快城镇化进程，拓展更大发展空间。城镇化是推动城乡、区域协调发展的重要动力。要紧密对接四川攀西城市群建设规划，遵循城镇化发展一般规律，按照“显山露水、依山就势、错落有致、适度集中”的原则，借鉴国内外成功经验，走出一条具有攀枝花特色的形态适宜、产城融合、城乡一体、集约高效的新型城镇化道路。重点是大力实施花城新区建设，按计划、按步骤、高标准推进新区重大项目建设，特别是今年开工的十大基础设施项目建设，尽快见到实际成效，进一步完善城市整体功能、提升城市综合承载能力；大力实施沿江景观打造，加快亲水步道及绿化、美化、亮化设施建设，着力推进银江电站建设；根据组团式发展要求，加快县城发展，同时建设一批有承载能力的小城镇，形成以米易攀莲镇及盐边桐子林镇、渔门镇、红格镇为副中心的城镇体系。创新旧城改造模式，实施城市危旧房、棚户区改造，支持扩大改善型住房消费。

三是推进新村建设，提升农村整体发展水平。要按照“全域、全程、全面小康”的要求和“统筹城乡、产村相融、成片推进”的思路，坚持基础设施、新型村庄、产业发展、公共服务和社会管理综合配套深入推进社会主义新农村建设，既让农民享受现代生活，又保持好农村特色和田园风光。要按照“道路标美化、产业特色化、房屋标准化、庭院优美化、公共服务城镇化”的要求，围绕“一水二路三产业四增收五新村六旅游”，重点抓好第二轮省级成片推进示范县、市级示范片建设工作，扎实推进西攀高速沿线、二滩环线、边远民族地区新村和16个旅游新村建设。要实行农民增收县（区）委书记、县（区）长负责制，大力发展特色效益农业，拓宽农民增收渠道，把促进农民增收的各项工作落到实处。要以国家现代农业示范区建设为载体，深入推进农业产业化经营，推动农业向优质化、标准化、集约化、品牌化方向发展，提高农业综合竞争力和增收效益，提升农民生活水平。要在去年16个旅游新村建设任务超额完成的基础上，切实抓好新一批旅游新村和48个新村聚集点、8个新农村综合体的建设，着力打造新农村建设和统筹城乡发展的样板。

第三，深入实施创新驱动发展战略，切实增强转型发展、跨越发展新动力

要按照省委关于实施创新驱动发展战略的要求，大力推进发展理念创新、体制机制创新、科技创新和管理创新，以改革创新破解发展中的深层次矛盾和问题，促进经济社会转型发展、跨越提升。

一是推进发展理念创新。要结合当前形势任务，对照创新要求，牢固树立“转型才能更好发展”“后发也要高点起步”“危机也是发展契机”的观念，及时清除认识障碍、增强精神动力，做到在思想观念上先行跨越、在精神面貌上焕然一新，切实增强干事创业的锐气朝气，为实现攀枝花跨越发展努力做

贡献。要充分利用国家推进产业结构调整、淘汰落后产能的机遇，形成转型升级的倒逼机制，苦练内功，促进企业优化产品结构、优化成本结构、优化销售区域。要深刻认识当前面临困难的根本原因在于产业结构单一、科技含量不高、产品层次低、市场竞争力不强，积极反思、危中寻机，增强推进创新驱动的紧迫感和主动性，努力在科技创新和转型发展上寻求出路，加快走出困境、抢占先机。

二是推进体制机制创新。扎实推进重点领域和关键环节改革创新，加快形成有利于科学发展、加快发展的体制机制。要深化部省会商机制和“院士行”活动，努力将“钒钛论坛”办成国家级论坛，积极创建国家级研究院所、研发中心，切实提升研发能力和研发水平。要加快攀钢等国有企业改革步伐，推进主辅分离，建立现代企业制度，优化企业资产结构，提高管理和营运水平。要按照城乡一体化的要求，加快推进户籍制度、社保制度、公共服务制度、产权制度、规划建设制度、社会管理制度改革，健全统筹城乡发展的体制机制，让人民群众共享“改革红利”。要加快文化、教育、医疗、就业、社会保障等社会事业领域改革，努力形成利于公益、服务社会、推动发展的生动局面。

三是推进科技创新。要围绕打造“千亿产业、百亿企业、发展中小企业、扶持上市公司、争创中国名牌”的战略目标，在建立企业研发机构、整合企业研发力量、完善企业研发机制、提高企业研发水平上添措施、想办法，使企业真正成为研究开发投入的主体、技术创新活动的主体和创新成果应用的主体。要积极组建“攀枝花市技术转移中心”“中国科学院成都技术转移中心攀枝花分中心”，大力支持有条件的企业建立技术中心，为我市的科技成果转化服务。特别是钒钛产业园区，要以创建省级高新技术产业园区、启动创建国家级高新技术开发区或国家级经济开发区为契机，以钒钛资源开发为主题，大力引进创新型企业，激发园区企业科技创新活力，不断提高园区的研发能力、创新能力和对科技企业的孵化能力，发挥对全市其它园区的示范带动作用。

四是推进管理创新。适度调整政府管理制度，探索建立决策、执行、监督既相互协调又适度分离的行政运行机制，实现决策科学、执行顺畅、监督有力。要深化行政审批制度改革，简化和规范行政审批程序，建立健全多部门协同服务机制。要完善行政监管制度和政府信息发布制度，推进政务公开，建立健全政府相关部门的信息共享和工作联动机制。要充分发挥专家决策咨询委员会高层次、多领域、跨行业的综合智力优势，大力推动企业做强做大、重大科技成果产业化、产学研用合作对接、高端领军人才的引进培育和对外交流合作。

第四，大力保障和改善民生，始终保持社会和谐稳定

要认真落实省委“学有所教、劳有所得、病有所医、老有所养、住有所居”的民生工作要求，紧密结合市委提出的“八有目标”，全力打好民生改善的硬仗，努力在提升群众生活质量、建设幸福攀枝花上实现新突破，让全市人民共享改革发展新成果。

一是持续打好扶贫开发攻坚战。攀枝花要全面建成小康社会，重点在农村，难点在边远民族地区、在城市低收入群体。要继续抓好8个边远民族乡镇的对口扶贫工作，要采取基础扶贫、产业扶贫、新村扶贫、能力扶贫、生态扶贫等方式，加快改善贫困地区发展条件，增强内生发展动力，切实解决好贫困地区群众的脱贫致富问题。要尽快启动并大力实施城市宜居工程，加快推进城市“筒子楼”工程，着力解决城市低收入群体的就医、就业、就学、社会保障等现实问题，促进城乡困难群众与全市同步达小康。

二是大力解决民生基本问题。要坚持民生优先、共同富裕，着眼率先全面小康的目标，加快建立覆盖城乡、富民惠民的民生保障体系，进一步强化民生事业发展的制度、政策、机制和工作保障。要继续实施十大民生工程，拿出一些实实在在的举措，加大就业促进力度，加快发展社会事业，优先发展教育事业，持续提升医疗卫生服务水平，不断完善社会保障体系，突出加强保障性住房建设，每年干成一批让群众看得见、摸得着、得实惠的好事实事，让全市人民不断过上更加幸福美好的生活。

三是切实加强和创新社会管理。要以解决影响社会和谐稳定的突出问题为突破口，把城乡社会管理作为加强和创新社会管理的重要切入点，完善党委领导、政府负责、社会协同、公众参与的社会管理格局。要完善“大调解”工作体制，深化社会稳定风险评估，加强信访积案化解，加强社会治安综合治理，重视安全生产工作，发挥工青妇等人民团体参与社会管理和公共服务的重要作用，推动“保稳定”向“促和谐”转变，保持全市社会和谐稳定。要时刻警钟长鸣，毫不松懈地抓好生产安全、食品安全、消防安全、交通安全、环保安全的监督管理，坚决防止重特大安全事故的发生。

（三）不断强化推动各项事业发展的组织保障

要坚持以党的执政能力建设、先进性和纯洁性建设为主线，不断提高党的执政能力和领导水平，切实把党的政治优势和组织优势转化为推进科学发展、建成全面小康的强大力量

一是要加强领导班子和干部队伍建设。突出重品行、重实干、重公认的用人导向，优化各级领导班子配备，注重选拔经过实践锻炼、重大考验的优秀干部，充实重点领域、重点行业急需的干部，选配熟悉产业发展、城市规划、金融财政等的干部，突出打造在急难险重工作一线抓攻坚、在招商引资工作一线抓开放、在边远民族地区一线抓发展、在群众信访工作一线抓稳定的干部队伍。深化干部人事制度改革，不断扩大公推公选、公推直选范围，大力培养选拔年轻干部，加大少数民族干部、妇女干部、党外干部选拔力度，优化干部队伍年龄和知识结构，激发各级干部干事创业的激情。

二是要加强基层组织建设。重视抓基层、打基础工作，推进党的组织和工作全社会有效覆盖。深入开展争创基层服务型党组织和为民务实清廉型党员干部活动，构建灵活高效、贴近群众的基层党组织服务体系。按照政治组织好、带动力强、服务能力强的要求，选好配强基层党组织负责人。改进党员发展工作，优化党员队伍结构，提升党员队伍整体活力和战斗力。创新基层党组织设置模式，加快推进“两新组织”党建工作，扩大党组织覆盖面。深入开展“领导挂点、部门包村、干部帮户”和“百千万？千群心连心”活动，建立健全党建惠民的长效机制。

三是要加强干部作风建设。认真践行中央和省、市委关于改进工作作风、密切联系群众的规定，扎实开展以为民务实清廉为主要内容的党的群众路线教育实践活动。加强和改进新形势下群众工作，心系群众所需所急所盼，真心诚意为群众办实事。强化工作执行力，把主要精力放在抓落实上，对确定的各项工作扭住不放、一抓到底。加强惩防体系建设，保持惩治腐败的高压态势，认真解决群众反映强烈的突出问题，切实搞好党风廉政建设社会评价工作，努力提升我市在全省的排位。弘扬艰苦奋斗作风，坚持勤俭办一切事，坚决反对和制止公款浪费现象，树立党和政府机关及党员干部的良好形象。

四是要加强保障机制建设。建立完善市级领导包抓重点项目责任制及重大工作（项目）协调、重点工程现场办公、专项工作周报月会等制度，深入落实市领导联系指导县区和乡镇工作制度，明确工作重点，分解目标任务，落实责任主体，形成一级抓一级、层层抓落实的工作机制。制定完善分类考核指标体系，按照主体功能区定位，明确各县区在全面建成小康社会中的定位和任务，实行差异化的目标考核。完善奖惩激励机制，对工作表现突出、贡献巨大的，要大张旗鼓地给予表彰；对工作落实不力、不作为甚至乱作为的，要旗帜鲜明地予以惩处。加强监督检查，对规划实施、产业发展、项目建设等方面的重大部署落实情况开展专项督查，确保各项工作落到实处。

最后，我再强调一下当前几项重点工作：

一是全力保持经济持续健康发展。今年一季度，我市 GDP、规模以上工业增加值、社会消费品零售总额、城乡居民收入等指标完成情况均落后于进度要求，特别是财税收入增速同比下降了3.5%，5 年来首次出现负增长。要完成今年目标任务，困难很多，压力较大。各县区、市级有关部门要加强对经济发展的监测和分析，找准薄弱环节，果断采取措施。要切实做好资金、煤、电、油、运等生产要素的保障工作，千方百计保持工业经济稳定增长。要加强对企业的“一对一”帮扶，进行分类指导帮助，引导企

业优化产品结构、优化成本结构、优化区域销售，确保资金链条不断裂、现有市场不丢失、发展机会不错过、就业人员不裁减。要突出抓好项目投资工作，抓紧谋划储备一批、审批推进一批、开工建设一批、竣工投产一批重大项目，掀起项目建设的新高潮，始终保持较大的在建项目投资规模。

二是加快推进“急难险重”任务。今年我们确定了10大类55项“急难险重”任务，配套了一大批支撑力、带动力强的项目做支撑。建好这些项目，对我们应对困难局面、促进经济增长、实现长足发展具有重要作用。对此，一定要认识到位、责任到位、措施到位，一项一项盯紧，一个一个抓实，倒排工期，强力攻坚，在保证安全和质量的前提下，加快建设进度，确保年内取得重大突破，促进全市发展面貌和发展格局进一步发生改观。

三是切实做好招商引资工作。今年，我们的开工项目明显不足，当务之急就是要积极谋划一批重大招商项目，狠抓招大引强工作，提高招商引资实效。要加大小分队驻点招商工作力度，出台最优政策、安排最强力量，实施最严考核，以开放性的思维、市场化的眼光、企业家的意识、艺术家的浪漫，大招商、招大商。要强化产业招商工作，对钒钛、机械制造、铸造件等产业进行专门招商。要进一步优化投资环境，积极打造零障碍、低成本、高效率的服务体系，努力营造重商、亲商、惠商的良好范围。

四是扎实抓好安全稳定工作。认真落实维稳工作责任制，高度重视并认真解决土地征用、房屋拆迁、环境污染、食品药品安全等群众反映强烈的问题，及时化解各种社会矛盾。进一步畅通信访渠道，强化源头治理，把矛盾解决在基层、消灭在萌芽状态。突出抓好舆情监测、分析、引导和控制工作，及时化解消除各类突出矛盾和不稳定因素。积极做好地质灾害的监测，严格落实安全管理责任，狠抓煤矿、非煤矿山、道路交通、消防等方面的安全隐患排查，深入开展重点行业、重点领域安全生产专项整治，坚决防止重特大安全事故发生。

五是深入开展省委“实现伟大中国梦、建设美丽繁荣和谐四川”主题教育活动和全市“三大主题”教育活动。将两项主题教育活动紧密结合起来，做到科学安排、相互促进、协调推进、共同发展。一方面，要认真按照“三大主题”教育活动的步骤和节点安排，做好最后阶段的跟踪问效、考评总结和提炼升华工作，建立长效机制，巩固整改成果，为开展“实现伟大中国梦、建设美丽繁荣和谐四川”主题教育活动提供良好经验指导和机制保障。另一方面，在开展“实现伟大中国梦、建设美丽繁荣和谐四川”主题教育活动中，要充分运用“三大主题”教育活动中积累的好经验好做法，健全完善“三大主题”教育活动中形成的好制度好机制，结合“三大主题”教育活动中查找出的问题的整改落实，进一步统一思想、凝聚力量、创新方式、加快整改，努力抓出特色、取得实效、成为全省典范。

同志们，东风好作阳和使，逢草逢花报发生。省委十届三次全会的召开，为我们开启了科学发展、加快发展的又一个春天。让我们紧密团结在以习近平同志为总书记的党中央周围，深入贯彻落实党的十八大和省委十届三次全会精神，振奋精神，开拓进取，真抓实干，奋力开创攀枝花科学发展、加快发展新局面，为在全省率先全面建成小康社会、谱写实现伟大中国梦的攀枝花篇章而努力奋斗！

在攀枝花市工会第九次代表大会上的讲话

2013年6月13日

今天，攀枝花市工会第九次代表大会隆重开幕了，这是全市工人阶级的一次盛会，也是广大职工群众政治生活中的一件大事。在此，我代表中共攀枝花市委、市人大、市政府、市政协，向大会的召开表示热烈的祝贺！向莅临大会的省总工会胥纯副主席表示热烈的欢迎！向出席大会的全体代表，并通过你们向全市广大职工群众和工会工作者致以亲切的问候和崇高的敬意！

过去五年，在省委、省政府的领导下，全市干部群众和社会各界同心同德、砥砺奋进，积极应对严峻复杂的宏观形势，全力化解“8·29”事故带来的负面影响，坚定信心、跨越争先，推动全市特色产业取得新发展、城乡统筹迈出新步伐、民生工作再上新台阶，经济社会呈现持续快速发展的良好势头，人均GDP、人均财政收入、城乡居民人均收入保持全省领先。在这一伟大进程中，广大职工以高度的主人翁精神和昂扬向上的劳动热情，在各个领域施展才华，在各条战线建功立业，展现了当代工人阶级的主力军风采；全市各级工会组织坚持以职工为根本，认真履行职责，在推动幸福攀枝花建设中发挥了不可替代的重要作用！

站在新的历史起点上，党的十八大提出了全面建成小康社会的宏伟目标，习近平总书记发出了实现中华民族伟大复兴的“中国梦”的时代号召，省委十届三次全会作出了实施“三大发展战略”、实现“两个跨越”的总体部署，国家正式批准设立了攀西战略资源创新开发试验区，攀枝花迎来了新一轮加快发展的重大战略机遇。当前和今后一个时期，市委、市政府将团结带领全市上下，牢牢把握机遇，大力实施“三个加快建设”、大力推进“三个走在全省前列”、全力打好“六大硬仗”、奋力实现“四个翻番”，全力谱写伟大“中国梦”的攀枝花篇章，努力在全省率先全面建成小康社会。新的形势新的任务，赋予了我们新的使命和新的责任，也为广大职工建功立业提供了大舞台、开辟了新天地。在此，我们衷心希望全市各级工会组织和广大职工同志们：

第一，在推进科学发展上再创新业绩。建设幸福攀枝花和率先全面建成小康社会是全市人民的共同追求，也是工会工作必须把握的重点和目标。各级工会组织要以开展“实现伟大中国梦、建设美丽繁荣和谐四川”主题教育活动为契机，以“五创联动”为抓手，以创建“工人先锋号”为载体，积极在打造中国钒钛之都、中国阳光花城、四川南向开放门户上贡献智慧和力量。要立足自身职能和独特优势，切实把“组织引导”的作用发挥出来，团结带领广大职工把思想和行动统一到全市的发展目标和主要任务上来，凝聚成推动攀枝花科学发展的强大正能量。广大职工群众要进一步增强主人翁意识，大力弘扬“中国梦·劳动美”的时代新风，在推进重点项目、重大工程和重要任务的伟大实践中，立足本职，爱岗敬业，发扬“特别能吃苦、特别能战斗、特别能奉献”的精神，干一行、爱一行，钻一行、精一行，充分展示工人阶级新风貌、新作为。

第二，在加快转型升级上再作新贡献。当前，是我市城镇化、工业化发展的加速时期，也是经济社会全面转型发展的关键时期，工人阶级作为推动先进生产力发展的动力源，必然是推动转型发展的主体力量。各级工会组织要准确把握经济结构调整、产业转型升级的客观规律性，特别是要立足于攀枝花发展的特点和优势，引导广大企业职工抢抓机遇、乘势而上，在钒钛资源综合利用、阳光康养旅游发展等方面积极作为，在改造提升传统产业、使用先进生产工艺、淘汰落后产能上勇于开拓，在资源节约利用、生态环境保护等生态文明建设方面大胆实践，在“两新”组织中凝聚职工合力，努力形成创新智慧竞相迸发、创造能量充分释放、创业典范不断涌现的良好局面。广大职工群众要争当与时俱进、勇于创新的模范，主动适应新形势，努力学习新知识、掌握新技能、增强新本领，不断革新生产技术、工艺流程，在生产实践中磨砺自己、提高自己，实现自身价值。要争当主动作为、勇挑重担的模范，在科技攻关、重大项目建设等急难险重任务面前，争当排头兵、急先锋。

第三，在构建和谐社会上再展新风采。构建和谐社会是人民群众安居乐业的基本保障，也是工会工作的主要任务和目标。各级工会组织要进一步发挥好桥梁纽带作用，开展“学劳模、当先进”“争做最美攀枝花人”等活动，不断巩固广大职工团结奋斗的共同思想基础，用崇高的理想凝聚职工，用劳模的精神激励职工，用工人阶级的先进思想和优良品格影响和带动全社会。要依法履行好维护职责，建立健全职工利益协调、诉求表达、矛盾调处和权益保障机制，协助党委、政府解决好职工群众最关心、最直接、最现实的利益问题，满腔热情为职工办实事、做好事、解难事，当好职工群众的“贴心人”。要以和谐劳动关系创建助推和谐攀枝花建设，完善工会源头参与机制，大力推进工资集体协商，着力构建合法、合理、合情的劳动关系，努力实现维护职工权益与促进企业发展、增进社会和谐的有机统一。广大职工要进一步增强政治意识和责任意识，倍加顾全大局，倍加珍视团结，坚决做维护社会和谐稳定的中流砥柱。

第四，在重视支持工会工作上再添新举措。全市各级党委、政府要站在历史、全局和时代的高度，坚决贯彻落实全心全意依靠工人阶级的根本指导方针，充分认识工会工作的重要性，认真研究工会工作的重大问题，进一步畅通工会参政议政的渠道，建立健全工会经费保障机制，积极支持工会依照法律和工会章程独立自主、创造性地开展工作。要把工会工作纳入重要议事日程，把更多资源和手段赋予工会组织，把党政所需、职工所急、工会所能的事更多地交付给工会组织去办，通过行政与工会联席会、职代会、恳谈会等形式，及时帮助解决工会工作中遇到的实际困难和问题。要关心、重视工会干部的培养和使用。各级人大、政协要加强对《工会法》等涉及职工权益法律法规的执法检查和视察调研，各部门（单位）要在政策制定、机制完善特别是实际工作中对工会给予更多支持，共同为攀枝花工运事业发展创造更好的环境。

各位代表，同志们，历史赋予工人阶级光荣而艰巨的使命，时代呼唤工运事业谱写更加壮丽的历史新篇章。我相信，具有光荣传统的全市工会组织和广大工人阶级，不仅能创造灿烂辉煌的过去，也一定能开辟更加美好的未来。让我们在中共攀枝花市委的坚强领导下，不负重托、不辱使命，团结一心、苦干实干，为在全省率先全面建成小康社会作出新的更大的贡献！

在传达省委读书班学习情况时的讲话

2013 年 6 月 19 日

省委为了深化党员领导干部对贯彻落实党的十八大精神，特别是习近平总书记提出的实现中华民族伟大复兴中国梦的深刻理解，使省委十届三次全会提出的“两个跨越”目标和“三大发展战略”在广大干部中生根、开花、结果，本月 15—17 日，集中拿出三天时间，举办了这个“学习贯彻党的十八大和省委十届三次全会精神读书班”，省级四大班子成员、省级各部门负责人、各市州党政以及高校、科研院所、企业负责人共 300 余人参加。省委对这个读书班非常重视，东明书记在开班时作了动员讲话，魏宏省长在结束时作了总结，并专门邀请到中央文献研究室主任冷溶、国家发改委地区经济司司长范恒山、中央财经领导小组办公室副主任杨伟民、中科院院长白春礼等中央、国家部委领导及知名权威专家作了专题辅导报告。通过学习，大家都感到学有所获、受益匪浅、收获很大。为进一步深入学习领会党的十八大精神和实现伟大“中国梦”的重大意义和科学内涵，进一步贯彻落实省委十届三次全会精神，省委还将对全省厅级干部和县区领导班子成员进行专题培训，把这些精神传达到所有党员领导干部，做到入心入脑，使大家充分了解和掌握中央、省委的决策部署，强化理论武装，坚定谱写伟大“中国梦”四川篇章的决心和信心，进一步增强使命感、责任感和紧迫感。

刚才，张剡市长传达了这个读书班的基本情况和主要精神。下面，我就认真贯彻落实好这次读书班的主要精神，切实抓好我市各项工作，提几点要求：

一、深刻领会，把握实质，深入贯彻落实党的十八大和省委十届三次全会精神

省委开展这次读书班活动，让我们有机会对党情、世情、国情和当前形势任务进行再学习、再认识，使我们推动科学发展、加快发展的思路更加明晰、信心更加坚定、目标更加明确、措施更加有力。

我感到落实好省委读书班特别是东明书记和魏宏省长的重要讲话精神，关键是要把思想行动与党的十八大精神紧密集合起来，与省委十届三次全会的重大决策部署紧密结合起来，与“实现伟大中国梦，建设美丽繁荣和谐四川”主题教育活动紧密结合起来，与切实转变干部作风紧密结合起来，与扎实有效地推进当前各项工作紧密结合起来，努力在各个重点方面和关键环节取得新的成效。

第一，要深刻把握当前的形势任务和工作主题，切实增强贯彻落实中央和省、市委决策部署的自觉性、坚定性。党的十八大确定了在新的历史条件下全面建成小康社会的奋斗目标，描绘了党和国家未来发展的宏伟蓝图，对推进中国特色社会主义事业“五位一体”总体布局作了全面部署。十八大召开以后，习近平总书记发表了一系列重要讲话，对实现党的十八大确立的目标任务和中华民族伟大复兴中国梦作了一系列重要论述，对在思想多元化、信息多元化、出现信任危机和信仰危机的情况下，凝聚精神和力量，实现“两个一百年”奋斗目标作出了安排部署。中国梦的本质内涵，就是国家富强、民族振兴、人民幸福；实现中国梦，必须走中国道路、弘扬中国精神、凝聚中国力量。四川作为祖国大家庭的重要成员，必须深入贯彻落实党的十八大精神，奋力谱写“中国梦”的四川篇章。在这样的大背景下，省委十届三次全会坚持省第十次党代会部署，结合新形势新任务，对全省当前和今后一个时期的工作作了进一步部署。全会鲜明突出“深入贯彻落实党的十八大精神，与全国同步全面建成小康社会”这一主题，确立了“科学发展、加快发展”的工作指导思想，提出了实施多点多极支撑、“两化”互动城乡统筹、创新驱动“三大发展战略”，明确了推动四川由经济大省向经济强省跨越、由总体小康向全面小康跨越的奋斗目标，对推进四川“五位一体”建设作了全面部署。这些安排和部署，都是在深入调查研究、充分论证的基础上形成的，得到了全省上下广泛的认同，正在转化为推动发展的生动实践。我们攀枝花作为四川的工业重镇、西部重要的钢铁工业基地、国家攀西战略资源开发试验区的核心区，尤其应当提振精气神、凝聚正能量、强化执行力，推动经济社会科学发展、加快发展，为推进全省“两个跨越”、实现全国“两个一百年”奋斗目标提供有力支撑、做出突出贡献。

第二，要深刻把握新形势新任务对干部素质的新要求，不断提升领导科学发展、加快发展的能力和本领。政治路线确定之后，干部就是决定因素。推动科学发展，实现宏伟目标，不是靠哪一个人或哪几个人，而要靠集体，靠党委的坚强领导，靠四大班子的密切合作，靠各级党组织、广大干部的共同努力和艰苦奋斗。不管是从全省还是从攀枝花市来说，发展任务都艰巨繁重，安全稳定压力大，宏观形势严峻，各项工作也千头万绪，难免会遇到这样那样的新情况新问题，但是我们往往新办法不会用、老办法不管用、硬办法不敢用、软办法不顶用，要认识和解决好这些新情况新问题，唯一的途径就是好学上进、加强学习，保持思想不僵化、能力不退化，并把学到的知识运用于实践，使抓发展更有章法、干事情更有成效。当前，中央和省、市委的重大部署都已明确，各级党员干部特别是领导干部要带头学习把握好这些重大部署，认真抓好贯彻落实。要从理论与实践的结合上深刻领会中国特色社会主义的丰富内涵，深刻领会实现伟大中国梦的重大意义和科学内涵，准确把握四川省情特征和攀枝花发展面临的突出矛盾，增强贯彻落实中央和省、市委重大决策部署的自觉性、坚定性，积极优化知识结构，不断开阔眼界思路，突出加强产业发展、城市建设、“三农”工作、开放合作和社会管理等方面知识的学习，切实提高领导和推动科学发展的能力和水平。

第三，要深刻把握省委关于密切联系实际的作风要求，积极有效地谋划和推动经济社会发展。理论来自实践，更要指导实践。要实现发展任务和奋斗目标，必须大力弘扬理论联系实际的马克思主义学风，好学深思，带着问题学，跟着群众学，做到干中学、学中干，学以致用、用以促学、学用相长。全市党员干部要紧密结合当前正在开展的“三大主题教育”活动和“实现伟大中国梦，建设美丽繁荣和谐四川”主题教育活动，密切联系我市发展实际加强学习、思考和实践，尤其要紧紧围绕全省实施“三大发展战略”、推进四川“两个跨越”，以及我市实施“三个加快建设”、推进“三个走在全省前列”、打好“六大硬仗”的生动实践进行思考和提升。要重点思考如何更好地推进科学发展、加快发展的问题，坚持主题主线，主动转方式、调结构，推动发展由要素驱动为主向创新驱动为主转变，实现全面协调可持续发展。重点思考如何提高城镇化的质量和水平，着力完善城镇体系，深化综合配套改革，有序推进农业转移人口市民化，走出一条形态适宜、产城融合、城乡一体、集约高效的新型城镇化道路。重点思考如何提高保障和改善民生的实效，研究产业富民、政策富民等多种路径，积极采取更有效的民生制度性安排。重点思考如何更有成效地维护稳定，把握稳定工作面临的新形势新挑战，强化底线思维，树立“主动维稳”观念，依法治市、依法行政，注重通过民生工作、群众工作打牢稳定的基础。重点思考如何加强干部队伍建设，优化班子结构，建强干部队伍，锤炼一支思想解放、能力突出、作风过硬的骨干队伍，更好地团结带领干部群众，奋力推动攀枝花各项事业又好又快发展，为全省发展大局作出更大的贡献。

第四，要深刻把握多点多级支撑战略的核心统揽地位，全力打造四川发展新的增长极。实施多点多极支撑发展战略，是省委作出的一项新的重大战略部署，是四川打破一城独大局面，形成一马当先、四马腾飞、竞相发展局面的主要路径，根本目的在于充分激发各地发展活力，塑造区域发展新版图，形成多点多极支撑新局面，确保实现“两个跨越”奋斗目标。从全省来看，“人口多、底子薄、不平衡、欠发达”的基本省情没有根本改变。2012 年，全省 GDP 总量达到 23849.8 亿元，居全国第 8 位，但人均 GDP 仅为 29617.88 元，低于全国平均 8830.62 元，在 31 个省（自治区、直辖市）中排第 24 位；省内各地发展也极不平衡，民族地区、革命老区、盆周山区贫困问题突出，首位城市成都 GDP 已达到 8138.94 亿元，而居于第二位的绵阳也才 1346.42，有 12 个市州尚未进入千亿方阵。到 2017 年，除成都外，全省将初步形成“6453”的格局，即有 6 个市州 GDP 达到 2500 亿，4 个市州 GDP 达到 2000 亿，5 个市州 GDP 达到 1500 亿，3 个市州 GDP 达到 1000 亿。我市将进入 1500 亿行列，属于第二三梯队。从攀枝花来看，“总量小、不协调、欠发达”仍然是最大的问题，“发展不足、发展不够、发展不充分”仍然是最大的实际。2012 年，全市 GDP 为 740.03 亿元，仅占全省的 3.1%，与攀枝花在全省应有的战略地位极不相称；全市 5 个县区之间发展也很不平衡，东区 GDP 已达到 306.7 亿元，占到全市经济总量的 41.44%，仁和区和盐边县也超过了百亿元，但西区才 85.67 亿元，仅占全市的 11.58%。我们要提升在全省的战略地位、率先全面建成小康社会，还任重而道远。省委多点多极支撑发展战略的提出，抓住了全省发展的要害，更为攀枝花强力推进科学发展破了题、指明了方向。我们要积极对接和落实省委相关部署，不断夯实底部基础，加快做大各县区和全市经济总量，努力把攀枝花建设成全省发展的重要一极。近期，市委将召开九届五次全会，将围绕全面建成小康社会及实施“三大发展战略”等进行再分析、再部署，各县区、市级各部门也要提出自己的奋斗目标，明确到 2017 年要达到怎样一个发展状态和发展水平。

第五，要深刻把握“两化”互动、城乡统筹的基本路径，努力开创城乡和谐相融的一体化发展新格局。实施“两化”互动、城乡统筹发展战略，是新一届省委深入贯彻落实党的十八大精神、坚持和深化历届省委治蜀兴川思路作出的重大战略部署，也是我们攀枝花增强发展动力、促进城乡共同繁荣、实现全面小康的根本路径。目前，从全省来看，工业化、城镇化发展不平衡并相对滞后，2012 年，全省工业化率、镇化率分别为 52.8% 和 43.53%，而全国为 45.3% 和 52.6%，城镇化率低于全国平均水平近 10 个百分点，严重制约着整体发展水平和发展质量的提升。从攀枝花来看，工业化、城镇化整体水平较高，2012 年，工业化率、城镇化率分别达到 72.03% 和 63.01%，位居全省第二位和第一位，但是城镇化的质量还不高，还需要通过加快实施新区建设、沿江景观打造和老城区宜居工程建设等来加以提升；城镇居民人均可支配收入、农民人均纯收入分别达到 22808 元和 8728 元，居全省第二和第三位，在推进“两化”互动、城乡统筹上具有明显优势。但同时，我市工农差距、城乡差距、贫富差距依然明显，城乡之间在居民收入、公共服务、社会保障等方面的差距较大，既有现代化的大工业，又有“刀耕火种”的原始农业；既有现代化的城市，又有极端落后的农村；既有亿万富翁，又有家产不过万元的贫困户；

在边远民族地区，还存在不通路、不通水、不通电、不通广播电视的地方。我们亟需通过实施“两化”互动、城乡统筹发展战略，尽快在户籍制度改革、农村产权制度改革及新农村建设等方面有所突破，促进城乡生产要素平等交换、公共资源均衡配置，推动城市基础设施向农村延伸、城市公共服务向农村覆盖、城市现代文明向农村辐射，切实消除“三大差距”，加快实现城乡一体化发展。

第六，要深刻把握创新驱动的关键性作用，切实增强转型发展、跨越发展新动力。当今世界科技创新和产业革命孕育新的突破，我国投资驱动、出口导向、规模扩张的发展模式正在发生重大转变，经济发展进入了从以要素驱动为主向以创新驱动为主过渡的阶段。党的十八大审时度势，提出实施创新驱动发展战略，把科技创新摆在国家发展全局的核心位置，全面提升科学技术对提高社会生产力和综合国力的支撑能力。从全省来看，产业层次偏低、科技创新能力不强，仍是制约我省发展的关键性问题之一，要切实转变经济发展方式，提升发展质量和效益，实施创新驱动发展战略是必然之选。从攀枝花来看，尽管拥有占全国63%的钒和93%的钛，钢铁产业在全省占有重要份额，并打通了全流程钒、钛产业链，钒钛及相关产业初具规模，形成了一批品牌产品，但总体上产业结构还不合理，核心技术缺乏，资源综合利用率不高，产品附加值低，经济增长方式粗放，抵御市场风险能力不强，迫切需要通过改革创新来增强跨越提升的动力、加快转型发展的步伐。我们要认真落实省委部署要求，坚持通过发展理念创新、体制机制创新、科技创新和管理创新来破解发展中的深层次矛盾和问题，加快把资源优势转变为产业优势、经济优势，把攀枝花建设成为钒钛资源中心、生产中心、检测中心、研发中心、交易中心，促进产业结构优化升级，真正走上科技引领、创新驱动、内生增长的可持续发展道路。

第七，要深刻把握省委提出的工作任务和工作要求，奋力推动我市经济社会发展上台阶。今年的发展任务很重、安全稳定的压力很大，特别是钒钛产业园区产能释放难度较大，税收按“时间过半、任务过半”完成目标没有问题，但要有所增长难度就很大。各县区、市级相关部门一定要全力推进“急难险重”工作，确保各项目标任务落到实处。这次省委读书班特别强调了执行力的问题，下来之后，各位常委、副市长以及其他承担“急难险重”任务的市领导，一定要深入一线、深入基层，把各项工作做深、做细、做实。特别是对事关民生的重大工作，包括煤矿的关停整顿工作，各县区一定要按照省委的要求，不折不扣地执行下去、落实到位。

二、突出重点，抓好当前，全力确保各项工作按年初目标扎实推进

6月份是实现各项工作任务“双过半”的重要时期和关键节点，目前即将进入6月下旬，时间十分紧迫、任务极其繁重。各级各部门要对照目标任务，把牢时间节点，加大工作力度，加快工作进度，确保尚未过半的按时过半，已经过半的进一步提前，为全面完成年度目标任务打下坚实基础。

一是要围绕年度目标确保“双过半”。今年以来，受工业大环境不景气、全省煤矿停产整顿、房地产交易市场低迷等因素影响，1~5月我市GDP、规模以上工业增加值、社会消费品零售总额、城乡居民收入等指标完成情况均落后于进度要求，特别是财税收入增速同比下降了6.98%。我们必须拿出更大的力度、更实的措施，在剩下不多的时间里全力以赴加快发展，确保时间、任务双过半，为下半年留出比较宽裕的空间。特别是要强化资金、煤、电、油、运等生产要素的保障工作，千方百计保持工业经济稳定增长；要全力稳住企业、稳住企业家的信心，加强对企业的“一对一”帮扶，做好分类指导，引导企业苦练内功，优化产品结构、成本结构和区域销售，确保资金链条不断裂、现有市场不丢失、发展机会不错过、就业人员不裁减；要做到“逢快不要赶，逢慢不要懒”，进一步加强银企合作，全力解决企业融资困难，帮助企业渡过难关；要狠抓招商引资工作，积极对接上级政策，全力抢抓发展机遇，主动做好各项服务，努力实现招商引资项目签约数、资金到位额双突破。

二是要突出抓好项目建设工作。项目是经济社会发展的重要抓手和支撑，必须始终坚持大抓项目、抓大项目不放松、不动摇。尤其是对今年确定的10大类55项“急难险重”项目，大家一定要时刻紧盯，做到心理有数、不拖进度。半年结束后，我们还要召开“急难险重”任务推进会，对上半年工作进行认真总结，并梳理一批具体项目，如城市宜居工程、筒子楼改造、城市低收入群体提标扩面等，纳入目标考核，并根据完成情况，加以通报表扬或通报批评。近期，我们还要召开工业经济形势分析会、交通枢纽建设攻坚大会、旅游新村建设现场会和中国阳光康养城市创建攻坚大会，并举行一次项目集中开工仪式，确保各项重点工作扎实推进，始终保持较大的投资规模和较快的增长速度。

三是要积极争取攀西战略资源创新开发试验区建设的相关政策支持。国家攀西战略资源创新开发试验区建设是攀枝花面临的一次重大历史机遇，不容错失，必须抓住并用足、用活、用好。目前，试验区建设尚未正式启动，领导小组、建设机制等问题都还需要进一步细化，我们还有大量工作要做，还有很大的空间可以运作。6 月 27 日将在北京召开国家攀西战略资源创新开发试验区建设的对接会，将会研究相关政策的制定。发改、经信、交通、环保、国土、住建等相关部门要抓紧与上级沟通衔接，主动“跑部进厅”，通过扎实有效的工作，真正引起国家有关部委和省上的高度重视，切实争取到有利的政策和充分支持。

四是要切实抓好安全稳定工作。我市“8·29”肖家湾煤矿特别重大事故发生还不到一年，最近全国安全事故又接连发生，对此我们一定要万分小心、慎之又慎，决不允许再出丝毫差错。全市上下要牢固树立“发展是第一要务、稳定是第一责任”的意识，深入落实维稳工作责任制，高度重视并认真解决土地征用、房屋拆迁、环境污染、食品药品安全等群众反映强烈的问题，及时化解各种社会矛盾；进一步畅通信访渠道，强化源头治理，把矛盾解决在基层、消灭在萌芽状态；突出抓好舆情监测、分析、引导和控制工作，及时化解消除各类突出矛盾和不稳定因素；严格落实安全管理责任，做好地质灾害监测，狠抓煤矿、非煤矿山、道路交通、消防等方面的安全隐患排查，深入开展重点行业、重点领域安全生产专项整治，坚决防止重特大安全事故发生。

五是要扎实开展两个主题教育活动。“思想大解放，作风大转变，工作大落实”主题教育活动和“实现伟大中国梦，建设美丽繁荣和谐四川”主题教育活动，都已到了总结升华阶段，进入了建章立制、形成长效机制的关键时期。各级各部门要发扬连续作战的精神，认真对照活动方案和要求，查漏补缺、总结提炼，形成经验、推出典型、巩固成果，为下一步开展以为民务实清廉为主要内容的党的群众路线教育实践活动打下坚实基础。

此外，各级各部门还要继续抓好“6.29”义务植树活动，争取在雨季来临之前做好栽花植绿工作，并形成长效机制。政协要积极筹备五省二十四市州联席会议，做好接待和相关准备工作，充分展现攀枝花的热情，展示攀枝花的经济发展态势、历史文化和城市形象，使整个工作有条不紊推进。

总之，希望大家一如既往地保持蓬勃向上的精神状态，保持只争朝夕的顽强干劲，扎扎实实推进各项工作，确保省委、省政府的方针政策和决策部署在攀枝花得到全面深入的贯彻落实。

在全市工业经济形势分析暨先进表彰工作会上的讲话

2013 年 6 月 20 日

经市委、市政府决定，今天在这里召开全市工业经济形势分析暨先进表彰工作会，主要任务是：深入贯彻落实党的十八大、省委十届三次全会精神，认真分析当前全市工业经济形势，安排部署下半年工作，进一步统一大家思想，凝聚各方力量，坚定发展信心，破解困难局面，努力推动全市工业经济持续健康发展。刚才，自力同志宣读了表彰决定，我们对 2012 年度工业经济、非公经济工作先进单位和首届攀枝花“优秀中国特色社会主义事业建设者”进行了表彰。在此，我代表市委、市政府，对受到表彰的单位和个人表示热烈的祝贺！

去年以来，面对出口不畅、内需不足、市场疲软、效益下滑的宏观经济形势，全市上下紧紧围绕建设中国钒钛之都的战略目标，牢牢把握“两化”互动、统筹城乡、投资拉动、产业支撑四个着力重点，努力克服资金、市场、成本、用地等各种困难，扎实推进各项工作，工业经济保持平稳较快增长，呈现出一些鲜明的特色和亮点：一是工业发展规划更加完善。制定出台了加快发展工业经济、强力推进重大工业产业化项目建设、“急难险重”任务专项考核奖惩等一系列政策措施，着力推动工业由钢铁经济为主向钒钛经济为主转变、由粗放式发展向集约化发展转变、由初级产品向精深加工转变、由分散布局向工业园区集中布局转变，发展思路更清、发展方向更明。二是工业发展推进机制更加健全有力。建立和落实了督办会、联席会、信息报送、定期督查及考核等制度机制，抓项目推进、政策争取、要素保障和技改创新的力度进一步加大，成效更加明显。三是工业发展速度和质量实现双提升。2012 年，全市工业增加值达到 561. 41 亿元，增长 15. 5%，对经济增长的贡献率为 83%，拉动经济增长 11. 6 个百分点，其中规上工业实现增加值 460. 10 亿元，增长 16. 8%，主要指标均高于全省平均水平。四是工业发展后劲进一步增强。攀枝花被确定为国家首批 24 个资源综合利用示范基地，攀钢集团被确定为首批资源综合利用骨干企业；攀钢铁精矿生产首破千万吨，攀钢烧结系统改造工程、华润攀钢燃气、攀枝花Ⅱ500KV 输变电工程等项目竣工投产；白马铁矿选钛工程、富邦 1000 万件刹车制动毂、翰通 100 万吨焦化、朵实 10 万吨铸件等重大项目稳步推进，我市工业发展整体站在了新的起点上。五是一大批懂市场、会管理、善经营的企业家在茁壮成长。一个地方的经济发不发达，关键在企业家。经过市场的历练，我们一大批企业家在逐步健康成长，这是攀枝花工业经济发展的不竭动力。今年以来，我市工业经济仍然保持了平稳快速增长的良好势头。1 ~5 月，全市规上工业增加值增速 15. 2%，高于全省平均水平 3. 4 个百分点，在全省的排位从去年底的第二十位提升到了第三位。在严峻复杂的宏观经济形势下，这些成绩的取得，浸透着上上下下、方方面面的汗水和心血，实属来之不易。借此机会，我代表市委、市政府向为全市工业发展作出贡献的企业家和全体工业战线的同志们，表示衷心的感谢！

在看到成绩的同时，我们也要清醒地看到，当前我市工业发展还面临不少困难和问题，比如：工业经济总量还不大，工业增长过度依赖于单个产业、依赖于大企业，抵御市场风险的能力较弱；企业自主创新能力不强，经济发展方式仍然比较粗放；不少行业产能相对过剩，节能减排、环境保护的任务还相当艰巨；管理服务水平与经济快速发展的态势不相适应，等等。特别是今年以来，受宏观经济形势的影响，全市企业普遍经营效益不佳，1 ~4 月，规上工业企业实现利润 6868 万元、同比减亏 6. 9 亿元，但扣除二滩电站后就是亏损 5. 2 亿元；重大项目推进缓慢，实际完成投资低于预期，在建项目进度延缓、竣工项目推迟投产等现象较为普遍；主导产业产能释放不足，尤其是高载能企业、钒钛企业、机械企业等，部分处于停产或限量生产状态，钒钛园区企业整体产能释不足 50%。针对这些问题，各级各部门和广大企业必须拿出更有力的举措、付出更多的心血和汗水，抱团取暖、共克时艰，披荆斩棘，全力推动企业扭亏增盈，促进全市经济持续快速健康发展。

今天，我们开的这个会既是形势分析和表彰大会，也是鼓舞斗志、坚定信心、振奋精神、共克时艰的动员大会。刚才，自力同志对我市上半年工业经济形势进行了分析，对下半年的工作也提出了要求，我都赞同，希望大家认真抓好贯彻落实。下面，我结合当前形势和目标任务，讲三点意见：

一、认清形势，把握机遇，坚定推进工业发展的信心和决心

攀枝花作为典型的工业城市，工业经济占全市经济总量的 70% 以上，是经济发展的主导力量、财政收入的主要来源、吸纳就业的重要渠道，全市发展的重点在工业，突破点也在工业。我们必须始终坚持“工业强市”战略不动摇，深刻把握形势任务，切实抓住用好各种机遇，努力在更高起点上实现更大突破。

一要深刻把握国家层面的政策机遇。工业化是现代化的核心内容，是我们加快建设社会主义现代化强国的必然选择。党的十八大明确提出，要“推进新型工业化、信息化、城镇化、农业现代化同步发展”“实施创新驱动战略，推动战略性新兴产业、先进制造业健康发展，加快传统产业转型升级”，进一步明确了工业在推动经济结构战略性调整中的重要地位，把工业化提到了新的高度。国家《西部大开发“十二五”规划》提出要重点建设攀西钢铁、钒钛加工基地，攀西战略资源创新开发试验区获得国家批准，我市被列为国家新型工业化示范基地、国家外贸转型升级基地，并纳入全国老工业基地调整改造之列。这些战略部署表明，攀枝花仍是国家重要的工业发展布局节点，我市工业经济必将得到国家更大力度的扶持，我们迎来了又一轮加快发展的黄金期。

二要深刻把握省委的重大决策部署。前不久召开的省委十届三次全会明确提出，要坚持“科学发展、加快发展”的主基调，大力实施多点多极支撑发展战略、“两化”互动城乡统筹发展战略和创新驱动发展战略，着力推进四川由经济大省向经济强省跨越、由总体小康向全面小康跨越，推动四川发展再上一个新台阶。全会同时指出，当前四川正处于工业化城镇化“双加速”时期，要把经济建设作为兴省之要，突出工业主导地位，坚持走新型工业化道路，深入实施工业强省、产业兴省战略，把发展特色优势产业和战略性新兴产业作为主攻方向，培育形成一批万亿产业、千亿园区、百亿企业，加快建设全国工业经济强省，对发展工业经济提出了新的更高要求。特别是省委实施多点多极支撑发展战略，发展钒钛稀土5000亿产业，做强市州经济梯队，做大区域经济板块，明确把攀西地区列为全省“五大经济区”和“四大城市群”之一，为我们强力推进科学发展进一步破了题、指明了前进方向。

三要深刻把握攀枝花自身发展实际。攀枝花作为资源型工业城市，由于产业结构相对单一、粗放式发展方式比较明显，再加上规模小、布局分散、效益低、产品低端等问题，工业发展存在诸多不利因素。但是，我们也要看到，经过近半个世纪的开发建设，特别近年来应对国际金融危机的生动实践，我们也积累了在困难局面下推动工业发展的丰富经验，奠定了实现跨越发展的坚实基础，具备了较强的工业经济实力。随着区域次级交通枢纽建设的不断深入，特别是“两高两铁”等重大项目的加快推进，支撑我市经济发展的交通条件正在发生重大改善；随着观音岩、桐子林水电站和“缅气入攀”工程等重大能源项目的加快建设，我市综合能源体系正加速形成，经济发展的能源保障能力将进一步提升；随着“五创联动”的实施和宜居宜业百万人口区域性中心城市建设的推进，承载经济发展的城市综合服务体系正在加快完善，攀枝花的要素集聚能力、资源整合能力、服务辐射能力正不断增强，这些都为我们加快工业发展带来了难得的机遇，创造了有利的条件。

基于以上形势和任务要求，我们要切实增强大局意识、发展意识、危机意识和竞争意识，认真学习领会和深入贯彻落实中央、省委关于工业发展的重大决策部署，充分认识和把握面临的各种不利因素和有利条件，把我市工业发展放到全国、全省的大局中去谋划和推动，积极对接政策，努力争取支持，创新举措、加大力度，抢抓机遇、乘势而上，全力推动工业发展质量和发展效益实现更大提升。

二、突出重点，狠抓落实，以创新举措推动工业经济又好又快发展

坚持走新型工业化道路，紧紧抓住重大历史机遇，以转变发展方式为主线，以发展特色优势产业为主攻方向，积极应对困难和挑战，大力开展科技攻关、推进项目建设、加强园区建设、强化要素保障，着力培育千亿产业、建设千亿园区、打造千亿和百亿企业、发展中小企业、扶持上市公司、争创中国名牌，努力把攀枝花的资源优势转化为产业优势和发展优势，为攀枝花加快发展、跨越发展提供强劲支撑。

第一，要大力推进工业发展方式转变。当前攀枝花正处于在加快转型调整的关键期，转变经济发展方式已刻不容缓。全市上下要紧紧扭住这一条主线，坚定不移地推进“五个优化”，不断提高经济发展的质量和效益，为全市经济快速增长提供活力和动力。一是着力优化产业结构。要在大力发展钒钛、钢铁、能源、化工、建材等传统优势产业的基础上，大力发展战略性新兴产业，培育新的优势产业，摆脱对资源的过度依赖，做大工业经济总量，提高抵御市场风险的能力；在继续支持有实力、有市场的加工制造企业发展壮大的同时，积极引进带动性强的大项目，努力为产业延伸提供有力支撑。二是要着力优化产品结构。要把工作重点放在资源综合利用的技术创新和新产品研发上来，大力推动科技创新与技术进步，促进产品结构优化升级，大力发展高端产品和产品高端，提高产品附加值，增强市场竞争能力。三是着力优化成本结构。越是困难时候，企业越要沉下心来。要通过适当扩大规模、提高产能，降低固定成本；加强财务分析和管理，减少不必要的支出，降低流动成本，以成本的优化，不断为企业的加快发展积聚能量。四是着力优化市场结构。要认真分析新形势下的区域销售特点，加大拳头产品的开发力度，把质量优、前景好、效益高的产品推向市场，提高市场占有率，助推企业发展。五是着力优化体制机制结构。要积极向产业高端和高端产品看齐，善于"站在巨人的肩膀上"谋发展，主动与大企业联手合作，通过以股份换产品、换市场、换技术、换管理、换利润等方式促进体制机制完善和整体结构优化。要通过这"五个优化"的措施，全面强化工作措施、加大工作力度，千方百计确保企业资金链条不断裂、产品市场不丢失、企业员工不裁减、投资机会不错过。

第二，要大力推进重大工业项目建设。加快工业发展，投资是关键。大发展靠大项目，快发展靠好项目。全市上下要牢固树立"抓投资就是抓项目，抓项目就是抓发展"的理念，对符合结构调整要求、符合国家政策的重大项目要盯住不放，积极谋划一批项目，大力引进一批项目，加快开工一批项目，建成投产一批项目，牢牢扭住工业发展的这个"牛鼻子"，全力推进重大工业项目建设。要完善重大项目推进机制。继续推行重点项目市级领导分工负责制度、重大项目推进督办制度，坚持市领导联系重大项目，健全督导考核机制，层层分解目标任务，把任务落实到具体的部门和个人，切实形成一级抓一级、层层抓落实的抓项目建设工作格局。要做好项目的配套服务工作。无论是项目的策划、包装、推介，还是与投资者的衔接、联系，都要把工作做深做细，把方案考虑全面，增强项目的吸引力，提高签约的成功率。要加快重大项目建设步伐。加强对重大产业化项目的跟踪和协调服务，努力抓好一批续建项目和新建项目，督促意向项目尽快签约，签约项目尽快开工，开工项目尽快投产，投产项目尽快增效。要继续强化县区抓大项目的责任机制。把重大项目任务分解落实到县区，对县区进行考核，促使各县区每年都争取和上马一些大项目，通过发挥县区的积极作用来带动全市的投资，推动全市经济的加快增长。

第三，要大力推进工业园区建设。工业园区是工业经济发展的重要载体，是促进经济增长的重要引擎。攀枝花之所以工业总量还不大，园区工业不够强大是其中的一个重要原因，我们必须坚定不移地做大做强工业园区。要按照"四个优化"和"四个集中"的原则，进一步完善园区产业发展规划，将其与全市工业空间布局、城镇发展总体规划、交通发展规划等进行全方位衔接，优化园区产业布局，培育园区主导产业，整合发展优势产业链，促进园区关联、成链、集聚、集约、合作发展。要加快园区服务平台建设，完善园区水、电、路、管网等基础设施，支持园区建设开发、担保融资、货运物流、技术研发、信息管理等公共服务平台建设，不断提升园区项目承载能力。要提高园区的科技创新能力，支持重点企业加强自主研发、合作研究、引进吸收等全方位的技术创新能力建设，增强核心竞争力。今年，重点是要加快推进钒钛产业园区创建为国家级园区，积极支持格里坪工业园区、白马工业园区、高新技术产业园区加快创建为省级园区。

第四，要大力强化工业运行保障。我市作为国家新型工业化产业示范基地、资源综合利用示范基地和攀西战略资源创新开发试验区的核心区，必将得到国家和省上更多的关注和更大的支持。我们要牢牢把握机遇，积极优化政务服务，切实营造良好环境，努力推动企业发展生产、释放存量、扩展营销、提升效益，促进各项经济指标不断好转。一是强化要素保障。要加强工业运行调度，密切关注企业生产运行，将资源向产品有市场、前景好、效益佳的企业倾斜，确保骨干企业、优势企业的生产需要。做好不同时期的需求预测，加强协调衔接，做好煤电油运等大宗原材料的供应，为工业生产提供可靠的能源保障。二是强化服务扶持。要增强服务大企业、大集团、大项目的能力，采取跟踪服务、“一企一策”等方式，积极协调解决企业生产经营中各种困难和问题，帮助企业健康发展，做大做强。要深化政企银融资平台建设，拓宽企业融资渠道，特别是各金融机构要与企业同甘苦共患难、同呼吸共命运，主动加强金融服务，切实解决好中小企业的融资难、贷款难等问题。要加强对企业的政策性扶持，营造优质宽松的发展环境，大力推进企业社会化服务体系建设，努力为企业提供专业化、规范化服务。三是强化产销衔接。要建立健全政府、行业协会、企业“三位一体”的产销联动机制，加强市场行情监测，推动生产企业和商贸流通企业的联合，帮助企业做好产销衔接，引导企业开发适销产品、抢占市场份额，提高流通效率和生产效益，巩固经济回升态势，加快企业扭亏增盈步伐。

第五，要大力争取上级政策支持。政策是机遇、是保障，是加快发展的强大外源动力，全国、全省各地都在千方百计向上争取政策支持。政策是有限的资源，别人多分一点，我们就必然少得一点。因此，必须进一步加大政策争取力度，坚持“两眼向上、两眼向外”的思路，围绕国家和省上产业政策、投资方向和投资重点，精心组织、包装、筛选一批优质项目，加强对上沟通衔接，主动“跑厅跑部”，力争更多的项目纳入国家和省上的“笼子”和“盘子”。要在国家和省委省政府的支持下，围绕攀西战略资源创新开发试验区建设，积极开展政策试点、先行先试，争取以特殊的政策机制破解制约我市发展的关键问题，力争在财税、企业融资、供地用地、直供电、资源配置管理、生态补偿等方面取得重大突破，加快做大做强我市钒钛、钢铁等特色优势产业。同时，要做好国家和省技改、创新、战略新兴产业等专项资金的申报工作，切实缓解企业生产经营和项目建设中的资金问题。

三、精心组织，全力支持，为加快工业经济发展创造良好环境

切实发挥党政推动、企业主体作用，广泛调动方方面面的积极性、主动性、创造性，为工业经济加快发展凝聚强大合力、提供坚强保障。

一是强化组织领导。各级各部门要坚定不移地把思想和行动统一到中央、省委的决策部署上来，统一到市委、市政府确定的工业发展目标任务上来，把工业工作摆在突出的位置抓紧抓好。不仅主要领导、分管领导要抓，所有班子成员都要抓；不仅党委、政府要抓，各职能部门都要抓；不仅经济主管部门要全力抓，非经济部门也要配合抓，要调动一切积极因素，形成合力，确保工业发展各项工作落到实处。

二是加大扶持力度。各县区、市级相关部门要统筹安排、集中财力，进一步加大对工业经济的扶持力度，确保工业性专项资金逐年增加。要认真梳理、有效整合现有政策，切实改变“天女散花”式的扶持方式，突出重点、集中资源，进一步加大对工业公共服务体系建设的扶持力度，加大对战略性新兴产业和特色优势产业特大项目的扶持力度，加大对财政税收贡献大、辐射带动力强的大企业、大集团的扶持力度，加大对科技创新能力强、社会贡献大的中小企业的扶持力度，充分发挥政策的激励导向作用。

三是转变工作作风。做好工业工作，作风是保证，落实是关键。要把转变作风作为一项重要任务来抓，大力倡导“四个特别”的作风，紧紧围绕市委、市政府的工作部署，扎扎实实做好本职工作，多干打基础、利长远、保增长的事。要营造与时俱进的人文环境，大力弘扬“攀枝花精神”，鼓励企业攻坚克难加快发展；要营造规范有序的行政环境，积极转变政府职能，千方百计提高行政效率；要营造务实高效的服务环境，进一步转变作风，在提高服务质量上下功夫；要营造公正严明的法治环境，规范市场经济秩序，切实保护企业的合法权益；要营造赏罚分明的激励环境，制定科学合理的考核目标，进一步加大目标考核，做到责任到人，奖惩到人。

同志们，工业兴则攀枝花兴，工业强则攀枝花强。面对当前这个关键时期，希望各级各部门尤其是工业战线上的同志们，以责无旁贷、时不我待的紧迫感和责任感，满怀责任抓工业、满怀信心谋工业、满怀激情干工业、满怀执着兴工业，抢抓机遇、迎难而上，务实进取、加快发展，奋力开创我市工业经济发展新局面，为加快建设中国钒钛之都、在全省率先全面建成小康社会作出新的更大的贡献！

在全市创建中国阳光康养旅游城市暨旅游新村建设攻坚大会上的讲话

2013 年 6 月 22 日

今年 3 月到 4 月，我们先后召开了创建国家环保模范城市、国家森林城市、国家园林城市和全国文明城市的攻坚大会，对“五创联动”中的四项工作作了攻坚动员和安排部署。今天上午，我们在米易丙谷镇芭蕉村、盐边益民乡新民村、仁和总发乡板桥村和东区银江镇阿署达村，实地观摩了旅游新村建设成果，并举行了旅游新村建设现场会。现在，我们在这里召开全市创建中国阳光康养旅游城市暨旅游新村建设攻坚大会，主要目的是动员全市上下进一步行动起来，坚定信心，提振士气，攻坚克难，全力打好创建攻坚战，推动旅游产业跨越发展，促进“五创联动”工作全面加快实施。刚才，仁杰和康健两位副市长对创建工作进行了安排部署，张剡市长和道全主任分别提出了明确要求，我都赞同，希望大家深刻领会精神，认真抓好贯彻落实。

下面，我再强调四点意见：

一、总结经验，查找不足，坚定抓好创建攻坚工作的信心和决心

去年 4 月，我们充分分析攀枝花市情，在历届市委、市政府打下的坚实基础上，启动了创建国家文明城市、国家园林城市、国家环保模范城市、国家森林城市和中国阳光康养旅游城市“五创联动”工作。在这五项工作中，创建中国阳光康养旅游城市是我们发展旅游产业的一次新的探索和尝试，既无先例参考，也无现成的评价体系标准来评判，难度很大、困难很多，必须要有坚韧顽强的精神和毅力，必定要付出大量的心血和汗水。创建工作开展一年来，面对严峻的宏观经济形势，各级各部门和相关企业积极配合，充分发扬敢打硬仗、善打硬仗的精神，瞄准目标添措施，着眼效果抓落实，推动创建工作取得了阶段性成效，极大提振了全市上下推进“五创联动”的信心和士气。主要表现在：一是旅游发展思路更加完善。编制完成了《中国阳光康养旅游城市发展规划》《二滩小环线得石镇片区核心景区修建性详细规划》《米易龙潭溶洞中国龙文化主题景区旅游文化策划方案》，开展了一系列创建中国阳光康养旅游城市的活动，进一步提升攀枝花在全国、全省的旅游形象和知名度，发展思路不断明细、旅游规划不断完善、工作劲头不断增强。二是旅游项目建设取得重大突破。总投资 130 亿元的阿署达花舞人间景区、总投资 80 亿元的普达阳光国际康养度假区和金沙江中心区段沿江景观带等一批重大旅游项目正式启动，八个重点旅游产业项目群建设扎实推进，为创建中国阳光康养旅游城市开好了头、起好了步。三是旅游接待能力显著提升。宾馆、酒店、农家乐全面提档升级，16 个旅游新村已完成农房建设目标，基本配套建成了“1 +6”村级活动中心等公共服务设施，新增 1 万张乡村旅游接待床位的目标全面实现，全市旅游接待床位达到 13945 张。四是“阳光花城”旅游品牌形象初步形成。通过在中央 4 台、四川卫视、云南《假日旅游》等媒体开设宣传专栏，在成、渝等地开展大型宣传促销活动，举办“欢乐阳光节”“米易？迷易花会”“乌拉好运桃花节”等旅游节庆活动，以及加强对外交流合作等方式，攀枝花的城市知名度和美誉度迅速提升，“阳光花城”品牌形象逐步深入人心。五是旅游经济快速增长。2012 年，全市实现旅游总收入 66.83 亿元、同比增长 32.29%，接待游客 852.57 万人次、同比增长 12.85%，过夜游客同比增长14.74%，完成项目签约金额221.08亿元，成功应对了去年国庆和今年春节黄金周的游客高峰，旅游总收入、旅游招商引资到位资金和签约金额均创历史新高。

这些成绩的取得，凝聚了市委、市政府等四大班子和各县区、市级各个部门同志们付出的心血，借此机会，向为我市旅游业发展付出了辛勤劳动的同志们，表示衷心的感谢！

在充分肯定成绩的同时，我们也要清醒地看到，当前我市旅游发展和阳光康养旅游城市创建中仍存在一些突出的困难和问题：一是旅游经济总量偏小。在全省的排名比较靠后，旅游业总体上还欠发达，在经济发展中的支撑力量还比较弱。二是独树一帜的景区景点不多，建设滞后。两个4A级景区内涵不够丰富、游客参与度不高、带动消费能力不够强，度假项目除红格初步形成了接待能力外，还没有拿得出手的康养度假产品。三是旅游基础设施建设欠账较多。外部交通单一，内部交通可进入性还不够便捷，景区、宾馆服务设施不足、服务水平不高。此外，还有一些同志对创建工作存在畏难情绪，信心不够坚定、行动不够迅速、落实不够有力、协调配合不够好。这些问题如果不尽快解决，势必会阻碍中国阳光康养旅游城市创建工作的整体推进。

各县区和市级相关部门要拿出背水一战、不达目的不罢休的决心和勇气，全力以赴打好创建中国阳光康养旅游城市的持久战、攻坚战，坚持不懈地推进旅游产业加快发展，努力把创建工程办成惠民工程、德政工程、发展工程，真正让全市人民共建共享环境优美、生态文明的幸福生活。

二、认清形势，提高认识，增强抓好创建攻坚工作的紧迫感和责任感

创建中国阳光康养旅游城市，是市委、市政府深入贯彻落实科学发展观，加快建设中国阳光花城，打造四川南向开放门户，在全省率先全面建成小康社会的一项重大决策部署，对攀枝花发展的全局和长远具有重大而深远的影响。全市上下要深刻认识其重要性、必要性和紧迫性，以时不我待的责任感和紧迫感，积极行动，主动作为，扎实推进创建攻坚工作，切实做好旅游发展这篇大文章。

（一）创建中国阳光康养旅游城市是攀枝花优化经济结构、转变经济发展方式的重要举措。近年来，我市经济社会始终保持持续快速发展的良好势头，经济以年均增长13%以上的速度运行。但作为典型的资源型重化工业城市，目前我市产业结构不合理、发展不平衡等问题仍很突出，整个产业过度依赖资源的特征比较明显，产业结构单一、发展方式粗产品缺乏高端的情况比较严重，特别是第三产业发展滞后，现代服务业比重严重偏低，与建设现代化大都市的要求很不相称。2012年，我市第三产业实现增加值152.86亿元，增长10.5%，占全市经济总量的20.7%，低于全省、全国平均水平（全省第三产业增加值7964.8亿元，增长11.2%，占经济总量的33.4%；全国第三产业增加值231626亿元，增长8.1%，占经济总量的44.6%），在全省各市州中排名靠后。旅游业是公认的资源消耗低、污染排放少的“无烟工业”，是第三产业中具有综合性强、关联度大、对相关产业和行业带动促进作用明显的产业。我们创建中国阳光康养旅游城市，就是要把旅游业放在更加优先的位置加快发展，作为经济社会发展的重要支柱产业来培育，带动第三产业迅速发展，促进经济结构优化升级和发展方式加快转变。

（二）创建中国阳光康养旅游城市是攀枝花扩大内需的重要抓手。旅游业是有着经济与社会双重功能的综合性产业，产业链已从传统意义上的观光、休闲和度假向商务、会展、文化、农业等众多领域延伸，可以带动交通运输、商业零售、金融服务、邮电通信、文化娱乐、住宿、餐饮等多个行业的发展，越来越成为事关区域整体发展的重要经济增长点。旅游消费具有最终消费、综合消费、绿色消费、可重复消费的特点，是扩大消费的重要领域，在扩大内需中具有不可替代的突出优势。据统计，旅游业关联国民经济109个产业、行业和39个部门，旅游收入每增加1元，可带动相关行业增收4.5元；旅游投资每增加1元，可带动其他行业投资5元，使经济增长产生乘数效应。当前，国际金融危机的影响仍在持续，经济运行的环境还没有彻底好转，大量的民间资本、社会资本陆续从相关行业转移、寻找更好的投资方向。我们开展创建中国阳光康养旅游城市工作，有助于充分吸纳社会富余资金，加快旅游产业发展，切实刺激内需消费，为整体经济增长提供更加多元和有力的支撑。

（三）创建中国阳光康养旅游城市是提高攀枝花人民生活质量的现实需要。旅游业在满足人民群众精神文化需求方面具有不可替代的作用。旅游的过程可以说就是亲近自然、品味文化的过程，是放松心情、体验快乐的过程，改善了生活质量，提高了生活档次，让人们得到物质与精神的双重享受，开阔眼界、增长见识、丰富阅历，在潜移默化中增智增才，促进综合素质全面提升。目前，我市城乡居民生活水平稳步提升，消费观念、消费热点不断更新，消费层次明显提高，对旅游等精神文化产品的消费需求日益增长。截止 2012 年底，我市旅游直接从业人员已达到 16695 人，加快旅游业发展已经成为满足群众个性化、多样化旅游需求的迫切需要，成为提高人民幸福指数、促进社会和谐的重要内容。我们创建中国阳光康养旅游城市，就是要以此为抓手，在短期内迅速改善城乡基础设施条件、提升城市综合承载能力，让人民群众游有所赏、玩有所乐，更好地满足不同阶层群众的物质和精神文化生活需求。

（四）创建中国阳光康养旅游城市是促进攀枝花城乡协调发展的助推器。我市旅游资源十分丰富，既有现代工业旅游资源，又有自然生态旅游资源，还有民族人文旅游资源，尤其在乡村旅游方面非常有特色，如混撒拉的芒果、大田的石榴、普威的雪梨、芭蕉箐的枇杷等，都是可以开发的特色旅游资源。大力发展旅游业，促进旅游资源科学合理开发，既有利于强化产业支撑、增加群众收入，又有利于引导资金、信息、技术、人才等生产要素合理流动，还可以增进民族交往、和谐民族关系，对于统筹城乡发展、缩小城乡差距、促进民族地区脱贫致富，具有很强的助推作用。特别是乡村旅游的发展，既可以为城市居民提供更多短途旅游和短期度假的选择，满足城市居民的休闲旅游需求，还可以发挥旅游业附加值高、综合性强、关联带动性大的特点，多渠道助推农村经济发展、促进农民增收致富。我们开展创建中国阳光康养旅游城市工作，就是要充分调动一切可利用资源，加快城乡统筹步伐，推动城市基础设施向农村延伸、公共服务向农村覆盖、现代文明向农村辐射，促进农民生产生活方式同步改变，实现农业农村发展水平、发展质量双向提升。

同志们，当前旅游产业正面临重大发展机遇，正处于大发展、大调整的关键时期。一方面，我国经济持续快速增长，人们的消费结构正在由“吃、穿、用”向“住、行、游”升级，旅游需求进入高增长期，成为新的消费热点，旅游业已经成为经济发展和产业结构调整的重要推动力。另一方面，国际金融危机的影响还在持续，直接影响外部需求，造成我国出口下降，旅游业在拉动内需消费、促进经济增长中的作用显得更为重要，国家的扶持力度也正在进一步加大。全市各级党委、政府及相关部门要认真研究国际国内旅游产业发展的新动向，准确把握旅游市场结构的新变化，分析旅游休闲方式的新特点，进一步提高认识、抓住机遇、乘势而上，全力打好创建中国阳光康养旅游城市攻坚战，努力推动全市旅游产业又好又快发展，为实现经济社会跨越提升提供强力支撑。

三、突出重点，攻坚克难，打好创建中国阳光康养旅游城市的攻坚战

今年，省旅游产业发展领导小组拟将我市旅游产业发展目标调整为到 2015 年实现总收入 208 亿，差不多是要在 2012 年的基础上（66.83 亿元）翻两番。从现在算起，只有两年多时间了，任务十分艰巨，必须硬件软件同时跟上，才有可能实现。我们要紧紧抓住国家建设攀西战略资源创新开发实验区、省委实施多点多极支撑发展战略等重大历史机遇，按照“科学规划、分步实施、逐渐攻坚、重在实效、全面推进”的总体要求，突出“春赏花、夏避暑、秋品果、冬养生”的特色，采取超常手段、付出超常努力，全力抓好创建中国阳光康养旅游城市各项工作，确保“三年基本达标、五年基本完成”。

（一）突出抓好重大项目建设，为阳光康养旅游城市提供产品支撑。我们规划的八大旅游重点项目群是构成中国阳光康养旅游城市的基础和骨架，也是我们主攻的重点。要着力将攀枝花康养旅游产业发展成千亿规模。今年，红格温泉旅游度假区要完成主体工程建设，全面形成接待能力；阿署达阳光生态旅游度假区、普达阳光国际康养度假区、金沙江中心区段沿江景观带、米易南部新城休闲度假核心区要加快工程进度；二滩桐子林山水休闲度假区、米易龙潭溶洞，要进一步做好服务保障，确保项目落地并在年内启动建设。二滩国家森林公园旅游开发策划、米易龙潭溶洞风景区龙文化主体公园策划今年要全面完成。明年，省上将在攀枝花召开旅游项目建设推动现场会，我们必须拿出亮点、拿出新意，以良好的形象、成熟的旅游项目来迎接全省的审视和检验，为全省旅游项目建设起好示范带动作用。今年即将过去一半了，时间紧、任务重，我们一方面必须加大工作力度、加快建设进度，同时还必须积极向上汇报争取，力争得到省上直至国家层面在技术、人才、资金等方面更多的扶持。旅游、发改、交通、财政等部门要多向上级主管部门汇报，主动邀请省上领导到攀调研指导，争取他们的支持。当前，全市旅游的“急难险重”任务已经下达，各级、各部门要想办法、添措施，做到责任落实到位、现场协调到位、服务保障到位、工程进度到位、资金投入要到位，确保重大旅游项目建设按要求扎实推进，尽快将我市丰富的旅游资源转化为现实的旅游生产力。

（二）突出抓好招大引强工作，争取更多项目落地攀枝花。千方百计招引更多大项目、好项目，为优化旅游资源配置、拓展旅游发展空间、提升综合竞争力提供持续有力的支撑。要认真总结去年我市招商引资工作的经验，借鉴并深入研究旅游发达地区的投融资模式和相关政策，加大投融资体制机制的改革与创新力度，进一步优化投融资环境，搭建投融资平台。要坚持内外资并举，创新招商手段，采取以会招商、上门招商、小分队招商、以商招商、网上招商、友情招商等多种手段，主攻重点地区和重点客商，以优势的旅游资源、成熟的项目策划、广阔的发展前景、良好的投资环境引进大企业、大集团投资我市旅游项目建设。要加强对旅游企业的指导和扶持，想企业所想、急为企业所急，真诚为企业服好务，切实解决好企业在建设、发展中的困难和问题，帮助企业发展好经营、管理、产品创新、市场拓展等核心业务，为企业发展营造良好环境，增强企业自身的造血功能。

（三）突出抓好基础设施建设，提升我市旅游的综合竞争力。完善功能、提升品位，基础设施配套是关键。为此，一要加快完善交通设施。交通问题仍然是制约我市旅游发展的一大软肋，相关部门要高度重视，主动搞好对接，争取做到同步规划、同步建设，解决好外部交通能力不足、内部景区可进入性差的问题。二要加快完善旅游接待设施。去年，我市接待床位总数增长较快，但地理位置分布不均、质量参差不齐，有的地方没人住，有的地方游客高峰期又住不下。近两次黄金周尤其是春节期间，这个问题特别明显。要在内部挖潜的基础上，积极引进加盟国际国内知名的商务连锁酒店，引导经济型酒店和农家乐（乡村酒店）加快发展、进一步壮大。三要加快完善旅游服务设施。认真贯彻落实好刚刚颁布的《旅游法》和各级旅游标准规范，推进法制化、标准化、规范化建设，进一步完善标识标牌，编制好旅游集散服务中心建设规划，加快旅游信息化服务、个性化服务、特色化服务、标准化服务设施的健全完善。同时，要认真研究阳光康养旅游城市的定义和标准体系的建设，真正在全国开好先河、做好示范。

（四）突出抓好旅游新村建设，强化阳光康养旅游城市的内涵支撑。坚持把新村建设作为创建阳光康养旅游城市的重要载体，纳入到全市旅游发展的总体布局中去谋划和推动，集中力量抓好今年的48个新村和8个新农村综合体建设，努力建得更有特色、更有品味、更有魅力。一要积极试点建设幸福美丽新村。省上正在制定相关实施方案，按要求，作为成片推进示范县的仁和区年内要建成至少2个幸福美丽新村，其它四个县区要分别建成至少1个幸福美丽新村。市委农工委、市财政局、市住建局要认真总结去年16个旅游新村建设的成功经验，对照省上的实施方案，共同编制我市的方案，尽快印发县区，抓紧启动实施。二要着力提升乡村形象品位。深化城乡环境治理，抓好乡村风貌塑造，既要做到村容整洁，还要能够展现民族文化、地域特色、自然生态和田园风光。突出一村一品，加快发展现代农业，持续改善农村生产生活条件，努力为农民提供更多创业就业、增收致富的渠道，让农民“住上新房子、装满钱袋子、过上好日子”，促进农民生活方式转变和精神面貌改观。三要着力增强新村综合承载能力。坚持基础设施、新型村庄、产业发展、公共服务和社会管理“五位一体”，整体联动，全面推进。基础设施和村庄建设要在精细上做文章，水、电、路、气、网络、“微田园”要高标准规划建设、精细化管理；产业发展要在热带亚热带特色上做文章，以品质求效益；公共服务要依托“1+6”村级活动中心建设，完善服务体系，拓展服务功能，提升服务质量；社会管理要顺应变化、创新机制，真正做到“民建、民管、民受益”。

（五）突出抓好旅游宣传营销，塑造“阳光花城、康养胜地”品牌。要认真分析旅游市场出现的新特点，紧扣“阳光康养”主题，科学策划、丰富内涵、优化机制、整合力量、创新方式，充分展现攀枝花“阳光花城、康养胜地”的独特魅力。一是突出针对性。在客源市场开拓上，要着力巩固成、渝、昆和周边稳定的核心客源市场，逐步拓展北方市场；在营销时间段上，要着重把握冬春两季和三伏季节，开展排山倒海的宣传攻势；在宣传内涵上，要充分挖掘历史文化底蕴，突出我市春赏花、夏避暑、秋赏果、冬避寒的旅游特色，增强感染力、震撼力和亲和力。二是彰显差异性。要让广大游客知晓、认同我们的阳光康养度假旅游产品，增强游客到攀枝花旅游的期望度。要着力引进中高端客人，提升旅游消费能力和水平。要办好、办大“欢乐阳光节”等特色鲜明的节庆活动，丰富节庆内涵，增强节庆吸引力，做到“年年有创新、次次有亮点”。三是推进一体化。要加强与周边兄弟市州的合作，真正融入大香格里拉旅游环线，依托周边地区的优势特别是客源多的优势，积极拓展中高端客源，在“苦练内功”的基础上，善于“借船出海”“借牌造势”，带动我市旅游经济长足发展。

四、加强领导，强化保障，确保创建攻坚工作扎实有序推进

创建中国阳光康养旅游城市，是一项全局性的重点工作，任务艰巨，影响深远，意义重大。各级各部门务必高度重视、强化措施、协同作战，形成强大的领导合力、组织合力、思想合力，激发强大的发展动力、工作动力、精神动力，全面加速推进。

一要强化组织领导。各级各部门要强化机构建设，加强组织领导，及时研究解决创建中遇到的困难和问题。要把创建工作列为“一把手”工程，各级党政“一把手”亲自抓、负总责，分管领导集中精力抓，其他领导积极配合抓。要切实转变工作作风，提高行政效能，增强执行能力，形成“一级抓一级、一级带一级、层层有压力、人人有责任、事事有人管、分分有人保”的责任体系。

二要强化政策推动。近年来，市上和各县区都相继出台了多项促进旅游业发展的优惠政策，发挥了良好激励和推动作用。各级各部门要持续深入落实好这些政策措施，充分发挥政策的导向作用，切实调动一切积极因素加快旅游产业发展。同时，要根据形势变化和发展需要，适时出台新的政策，为旅游产业发展注入源源不断的动力和活力。

三要强化督查考核。市委、市政府已经把创建中国阳光康养旅游城市工作纳入今年的“急难险重”任务，把“五创联动”督导检查工作交给了市人大。我们要实行月报季会制，创建工作推进情况要每月有报告、每季度有全面分析，全年要进行综合考核。相关部门要加强督导、严格考评，确保各项目标任务圆满完成。

四要强化宣传造势。要全方位、多角度进行宣传发动，充分激发群众参与热情，凝聚各方力量参与中国阳光康养旅游城市创建。要充分利用报纸、电视媒体加强典型宣传，注重经验推广和问题曝光。相关部门要采取群众喜闻乐见的形式，深入社区、深入工厂、深入学校开展宣传，把创建过程与宣传发动融为一体，使创建工作成为全民参与的平台，形成共创、共管、共享的生动局面。

同志们，创建中国阳光康养旅游城市已进入关键时刻和攻坚阶段，时间紧、任务重、要求高，这是对我们工作能力和工作作风的又一次重大考验。各级各部门要以更加昂扬的斗志，更加务实的作风，再鼓干劲、再添措施，攻坚克难、开拓进取，全力以赴打好这场攻坚战，为全市旅游产业腾飞、为攀枝花在全省率先全面建成小康社会做出新的更大贡献！

在全市交通枢纽建设攻坚大会上的讲话

2013 年 6 月 23 日

市委、市政府从去年开始，把交通枢纽建设作为“六大硬仗”之一，把涉及交通的项目都列入了“急难险重”任务在加快推进。从交通枢纽建设的推进情况来看，应该说全市上下围绕进出口通道建设、国省干道整治、危病桥整治以及农村公路建设，做了大量卓有成效的工作，为加快推进中国钒钛之都、中国阳光花城和四川南向开放门户建设，在全省率先全面建成小康社会奠定了坚实的基础。

今天上午，我们实地察看了国省干道改造、危病桥整治、丽攀高速公路建设等施工现场。这些项目总投资达50多亿元，都是我市交通建设的骨干工程和重大项目。沿途所见，是一片热火朝天、大干快上的繁忙景象，令人深感欣喜、倍感振奋。现在，我们在此召开全市交通枢纽建设攻坚大会，主要目的就是抢抓省委实施多点多极支撑发展战略的重大机遇，动员全市上下进一步提振精气神、凝聚正能量，时间往前推，任务往前压，进度往前赶，全力打好交通枢纽建设攻坚战，加快建设成贯通南北、连接东西、通江达海、内畅外通的区域性综合交通枢纽。会上，市交通运输局、市铁建办、攀枝花机场公司、丽攀高速公路开发有限公司、仁和区作了书面发言，康健同志总结了去年以来的交通工作，对下一步推进交通枢纽建设做了全面安排部署，单荣主席和张剡市长做了重要讲话，我都赞同。希望大家认真贯彻落实会议精神，群策群力完成目标任务。下面，我再强调几点意见。

一、认清形势，统一思想，切实增强加快交通枢纽建设的责任感和紧迫感

交通运输事关经济发展、事关社会进步、事关民生改善，在国民经济发展中发挥着基础性、先导性和战略性作用。在历届市委、市政府的坚强领导下，通过历代建设者的辛勤努力，我市交通面貌发生了翻天覆地的变化。特别是我市被确定为全省次级综合交通枢纽、省级二级物流节点城市以来，交通领域投资规模不断扩大、建设速度持续加快，全市交通状况得到了显著改善。主要表现在：

一是全市上下建设综合性交通枢纽共识初步形成。四大班子高度重视，今年以来市委确定由市政协来牵头推进综合交通枢纽建设，单主席带领市政协班子，包括专委会，深入到交通项目建设各个工地、各个环节，去了解协调铁路、保安营机场、国省干道、丽攀高速公路等重大交通项目推进，到一线抓推动，抓得很具体、难实在、很扎实，尤其是几条国省干道的建设速度、建设效果都很突出。分管领导章忠和康健同志也做了大量卓有成效的工作，各区县围绕建设综合交通枢纽，从财力、人力、物力上加大投入；相关企业为推进交通枢纽建设，也倾注了力量。全市人民改善交通状况的愿望日益增强，大家都希望离省会城市最远的攀枝花城市交通更便捷、更快速、更通畅。

二是交通规划体系逐步完善。编制完善了交通枢纽、高速公路、国省干道、农村公路、港口码头等系列专项规划，研究制定了建设交通枢纽城市、推进交通发展等专项方案，形成了较为完善的规划体系。我市已被规划为全国179个公路主枢纽之一、西部综合交通枢纽12个次级枢纽之一、全省次级综合交通枢纽、省级二级物流节点城市，多个重点项目被纳入国家和省上规划，为我市新一轮交通大发展提供了有力支撑。目前，省交通厅正着手编制攀枝花出川通道建设五年攻坚推进专项方案，首开省厅为市州编制交通发展规划的先河。

三是对外通道日益通畅。攀枝花至成都高速公路全线建成通车，攀昆高速公路即将全线贯通，丽攀高速公路加快推进，攀大高速公路计划年内开工，成昆铁路新线、丽攀昭遵铁路和攀宜、攀盐、绕城高速公路等项目前期工作稳步推进，机场即将复航，进出攀通道日益通畅、方式日益多元，彻底改变了毛主席当年说的“骑着毛驴来”的闭塞状况。

四是城乡路网建设成效明显。全面启动国省干线公路改扩建攻坚活动，境内国省干线的通行能力和服务水平得到全面改善。建成了渡口桥南立交、新密地大桥，启动了沿江快速通道西区段等一批重点项目，城区交通衔接通达能力有效提升。全市实现100%的乡镇通水泥路（或油路），75%的行政村通水泥路（或弹石路），农村交通条件大为改善，整个城乡路网成效明显。

五是运输服务能力不断提升。城市公交、班线客运、农村客运、客货运站场、物流园区等健康快速发展，客货运周转量逐年递增，道路管护水平不断提升，全市交通运输状况不断改善。这些成绩是在起点低、欠账多、任务重的情况下取得的，来之不易、难能可贵，凝聚着全市各级各部门特别是交通系统同志们的辛勤努力，应当充分肯定。在此，我代表市委、市政府向为建设综合性交通枢纽付出心血的同志们，表示衷心感谢！

在肯定成绩的同时，我们也必须清醒地看到，由于受自然、地形和历史条件的限制，我市交通发展还存在不少问题和困难，与人民群众出行需求和经济社会发展形势还不相适应，与打造区域性交通枢纽、构建区域性中心城市还有一定差距，按照通畅、迅速、便捷的要求，还有很多工作要做，主要表现在：

一是对外通达能力还不强。目前，铁路只有成昆线南北向通道，且已超负荷运转，节假日一票难求状况仍然存在。高速公路仅有南北向的京昆高速，丽攀高速全线贯通还需时日，辐射能力比较有限。航空发展还受制于机场建设，经济效益较差。攀宜、攀盐、绕城高速公路和丽攀昭遵铁路、金沙江航道等重点项目尚未进入实质性建设阶段。

二是市域路网还不尽合理。公路干线支线总量规模小、密度低，北疏南密的路网特征明显。部分骨干公路和通达乡镇、行政村的公路技术标准低、抗灾害能力差，一些边远农村的交通条件仍然较为困难，特别是米易、盐边北部一些乡镇和村交通不便，不通路、不通水的情况还存在。公路线网与城市建设、产业发展衔接不够，缺少城市快速过境通道及重车通道，过境交通与城区交通的相互干扰还比较严重。

三是交通物流还不够通畅。公路运输与铁路、城市公交、农村客运等多种运输方式衔接性、网络化程度不高，没有做到客运零换乘和货运的无缝对接。公交站场设施建设和支路公交覆盖率不足，客货运站场有效使用率低。中心城区结构性、阶段性和局部性交通拥堵问题突出。物流系统建设才进入起步阶段，现代化物流设施不足。

四是要素制约还比较突出。由于地形地质因素，我市交通基础设施建设难度大、成本造价高，加上负债总额较大、建设成本上升、融资难度加大等多重压力，建设资金缺口问题突出。国家用地指标、环境保护等方面政策日趋严格，征地拆迁工作困难日益增大。

同志们，要想富、先修路，交通建设一直是广大群众民心所向、党委政府工作重心所在，其重要性不言而喻。这就需要我们进一步认清形势、统一思想，用发展的眼光和理念去审视、解决发展中的困难与问题。因此，加快推进交通枢纽建设，是当代干部义不容辞的重任。放眼全国，国家实施内需主导型经济战略，交通运输作为拉动投资、扩大内需和促进外贸的先导性产业，政策倾向比较明显，交通建设形势持续向好。国家批准设立攀西战略资源创新开发试验区，攀枝花的战略地位日益凸显。纵观四川，省委十届三次全会提出实施多点多级支撑发展战略，要求构建畅通高效的现代综合交通运输体系，加快形成西部综合交通枢纽，把交通建设放在优先发展位置。攀枝花作为攀西城市群重要城市，已被确定为全省次级综合交通枢纽、省级二级物流节点城市、全省着力培育的百万人口以上特大城市之一，为我们加大交通基础设施建设提供了有利条件。审视自身，攀枝花资源丰富，产业优势明显，作为国家级战略资源创新开发试验区，新一轮大跨越蓄势待发。推进交通枢纽建设是我们绕不开、躲不过的一件大事，攀枝花要加快发展，交通枢纽滞后，严重制约经济发展。市委、市政府把区域交通枢纽建设作为六大硬仗之一，加快推进重大交通项目建设，着力构建四川南向开放门户。总的来看，攀枝花交通发展正处于重要的战略机遇期，全市上下要形成共识，我们要抱有对历史负责、对老百姓负责和对组织负责的态度，增强使命感责任感，创新思维、攻坚克难，坚持不懈推动，否则裹脚不前、原地踏步。

同时，我们也要清醒地认识到，我市交通发展水平与省内兄弟市州相比还有较大的差距。当前，绵阳、内江、南充等地交通建设基础条件优越、发展势头迅猛，已经成为区域性交通枢纽。一些交通后发地区，也在加快追赶，如我们近邻的凉山州正深入实施“交通建设大会战”，推进“五高五铁”建设，可谓大手笔、大气魄。可以说，目前全省交通发展正处于群雄逐鹿的激烈竞争期。面对叠加释放的政策机遇，面对前有标兵、后有追兵的竞争态势，如果我们不奋起直追、加快发展，势必会错失良机、在日趋激烈的竞争中退步落后。全市上下一定要站在落实科学发展观、在全省率先全面建成小康社会的高度，站在推进产业升级、城市转型的高度，站在建设幸福攀枝花的高度，不断增强紧迫感和责任感，化挑战为机遇，变压力为动力，努力推动交通事业发展上台阶。

二、突出重点，抓住关键，全力打好交通枢纽建设攻坚战

面对新形势、新任务，全市各级各部门一定要牢固树立“交通先行”的发展理念，集全市之智，举全市之力，打一场交通枢纽建设攻坚战，全面优化升级我市交通网络，力争到2015年，初步建成市域内半小时城市经济圈和一小时县域经济圈、与周边区域两小时经济合作圈、与邻近大城市三小时经济协作圈，建成区域性综合交通枢纽，为建设中国钒钛之都、中国阳光花城、四川南向开放门户提供强劲支撑和有力保障。为此，要重点抓好以下几个方面：

第一，要全力以赴推项目。项目建设是实现交通宏伟蓝图的出发点和落脚点，我们必须在项目建设上出实招、使实劲、求实效，努力保持较快发展速度和较大建设规模。一是狠抓在建项目的进度。丽攀高速公路攀枝花主城区段、国道108拉鲊至干海子段和省道310线格里坪至504电厂路面改造、倮果大桥和巴关河大桥应急抢险工程、纳拉河桥新建工程等项目要按照年内完工的目标要求，精心组织、加快进度，争取早竣工、早见效。市综合客运中心、沿江快速通道西区段、灰老沟桥新建工程等项目要不断加快施工进度，加强监管力度，确保完成年度建设任务。对进展缓慢的项目，要加大督促检查力度，查清问题和制约因素，采取有效措施抓紧解决，促使其迎头赶上。二是狠抓拟建项目的开工。对纳入今年新开工计划的三堆子大桥、鱼塘高速出口至机场路连接线、绕城高速公路、省道310格福路后段等重大项目，要加快前期工作，扎实做好可行性研究、核准报告、规划许可、土地预审及审批、环境影响评价、节能评估等工作，力争尽快开工建设。三是狠抓规划项目的前期。对攀宜、攀大、攀盐高速公路和金沙江航道、丽攀昭遵铁路等重点项目，要紧盯不放、主动跟进、加强对接，全力加快前期工作进度，争取早日动工建设。要围绕交通枢纽建设目标任务和总体布局，加强与全国、全省交通建设规划的衔接，加强与产业发展、城市发展、物流发展等规划的协调，加强与周边市州的联动，认真包装储备一批关系长远的重大交通项目，切实加大向上争取和衔接力度，促进更多项目入规划、进盘子。

第二，要攻坚克难建体系。加快构筑方便快捷、安全有序、经济环保、保障有力的现代综合交通体系，巩固和发展攀枝花区域性交通枢纽地位。一是打通进出主要通道。尽早开建成昆铁路新线、丽攀昭遵铁路，形成两纵一横铁路大通道。新建丽攀和攀宜、攀大、攀盐高速，形成高速公路十字大通道。攀枝花机场复航后，力争开通到北京、上海、广州、成都、重庆等地的航班，打通与华北、华东、华南、西南各大城市的空中连接。通过铁路、高速公路、航空等多元通道，实现与凉山、宜宾、楚雄、昭通、六盘水、大理、丽江等周边市州和成都、重庆、昆明、贵阳等省会城市的快速连接。二是完善市域路网布局。加快城市过境通道、快速通道布局建设，改造国省干线公路，初步形成“五纵四横”公路骨架网络。加强道路布局与工业园区、物流园区和货物集散地的协调联动，加大交通性道路与生活性道路功能区分，促进对外通道与市域、市区路网紧密衔接、功能互补。稳步推进农村地区交通基础设施建设，确保2015年实现100%的乡镇和行政村通村公路通畅（硬化）的目标，有些有条件的地方要实现硬化道路通社通户的目标。三是构建立体交通网络。坚持综合运输发展方向，促进航空、铁路、公路、水运和管道等各种运输方式统筹协调、衔接配套，着力实现货运“无缝衔接”和客运“零换乘”，提升交通运输综合效能。整合现有站场、线路、信息等资源，加快构建城区成环、全市成网、环网相连、节点畅通的城乡立体交通网络。

第三，要以人为本促畅通。推进管理体制、运行模式创新发展，不断增强交通事业的全面性、协调性和可持续性，努力打造人畅其行、货畅其流的优良环境，满足经济社会发展和人民群众日益增长的交通需求。一是发展公共交通。大力发展城乡公共交通，加快建设集公路网络、客运站点、智能交通为一体的城乡公共交通体系。统筹实施“畅通城市”工程，加强道路布线、交通信号、公交站点、停车库位等方面规划、建设和管理工作，提升道路通达通畅能力，切实缓解交通拥堵、出行不便等困难。二是强化管理服务。建立完善电子监控、信号控制、交安设施等系统，加快智能化、网络化交通管理设施建设。在完善管护机制、强化管护措施上下功夫，不断优化提升路况水平。强化交通管理，加大市民交通法规教育，逗硬惩处交通违章行为，深入整治客货运市场秩序，加强源头治超治渣工作，提升交通运输科学安全发展水平。

第四，要多措并举筹资金。交通枢纽建设，资金需求大，缺口也很大，要坚持“政府引导，社会参与，市场运作”模式，拓宽融资渠道，优化融资结构，健全完善可持续发展的资金保障机制。一是加大财政支持。各级政府要切实优化财政支出结构，合理压缩一般性支出，适当集中财力，对重大交通基础设施项目资金优先安排、及时拨付，最大限度发挥政府性资金的引导作用和乘数效应。二是积极向上争取。充分研究利用全国老工业基地调整改造、攀西战略资源创新开发试验区建设、省委实施多点多极支撑发展战略等重大机遇，紧紧把握国家对交通事业的扶持政策和重点投向，抓住时机积极向上争资金争政策，力争使更多的项目进入国家和省上的盘子，获得更多的专项补助和政策支持。三是创新投融资手段。注重发挥资本市场的作用，通过债券融资、信贷融资、平台融资等方式多渠道、多层次筹措资金。加大招商引资力度，吸引各类社会资本向交通建设领域聚集。省道310格福路后段、三堆子大桥、鱼塘高速出口至机场路连接线等项目可探讨BT融资代建模式，绕城高速公路项目可采用BOT+EPC建设模式，加快推进重点交通项目建设。

第五，要着眼长远抓物流。现代物流，是传统运输方式的革命性突破，是交通发展的高级阶段，可谓是前景广阔的朝阳产业，其总体还处于初期发展阶段，谁见势早、出手快，谁就能抓住主动权、占领制高点。我们要紧紧抓住被列为省级二级物流节点城市的契机，不断加大政策扶持力度，大力发展现代物流业，开辟交通发展新领域。一是加快现代物流基地建设。积极推进密地、总发、格里坪、金江、丙谷“五园区”，白马、盐边、倮果“三中心”，物流运输和信息平台“两平台”等重大物流基础设施项目建设，尽快形成以政策措施环境为保障，以物流运输平台和物流信息平台为支撑，以物流园区（中心）为依托的现代物流业基地，加快建设成为西部重要的现代物流中心和全国重要的物流节点城市。二是培育物流产业市场主体。按照引进移植一批、培育壮大一批、分离发展一批、整合提升一批的思路，大力培育大型物流企业，着力扶持中小物流企业，积极发展民营物流企业。要积极引进国内外资本和企业，参与我市物流企业的改制重组、兼并联合、整合改造，培育一批专业化、社会化的物流企业集团，促进市场主体做活做强。三是创新物流发展服务机制。尽快研究制定扶持现代物流发展的优惠政策，完善税费扶持，强化用地支撑，推进信息共享。着力构建现代化、社会化、专业化、信息化的物流服务体系，推动干线运输网、城市配送网和农村物流网加快发展，促进运输服务业向现代物流产业链上下游延伸。

三、落实责任，强力推进，确保交通枢纽建设攻坚战顺利实施

我市交通建设任务重、困难多、要求高，各级各部门一定要站在战略和全局的高度，把交通建设摆在更加突出的位置，纳入总体规划，统筹安排部署，确保交通项目建设顺利实施、快速推进。

一是强化组织领导。要围绕项目抓落实，确保每个交通建设项目有领导牵头、有部门负责、有团队推进、有方案保障。要认真落实好“一把手”亲自抓、分管领导专门具体抓、其他领导协同抓的工作责任，把每一项任务细化到节点、落实到人头，形成“一级抓一级、一级带一级、层层有压力、人人有责任、事事有人管”的责任体系，确保服务项目“零距离”、调处纠纷“零拖延”、施工现场“零阻工”。

二是强化协调配合。交通建设点多、面广、线长，是一项系统工程，需要各级各部门通力合作、协同攻关。要健全工作机制，实行周报月会制度，协调解决困难和问题。交通和发改、财政、规建、国土、环保、电力、金融等部门，要树立全局观念，主动服务协调，主动研究解决问题；区县要搞好协调服务，做好征地拆迁工作，想方设法筹措资金；项目业主单位要加强建设管理，科学施工、高效施工、文明施工，确保按时按质实现建设目标。同时，要善于做群众工作，依法规范征迁建设秩序，最大限度争取社会各界对交通建设的理解和支持。

三是强化监督管理。质量、安全、廉洁是项目建设的三条“高压线”。要健全“政府督查、部门指导、企业自检、专业监理、群众监督”五级质量监督体系，强化交通建设项目从规划设计到施工建设、竣工验收的全过程控制、全方位监管，严格实行质量一票否决制，力争把每个项目都建成“优质工程”。要在设计、建设、管理各个环节充分考虑安全问题，严格落实安全生产主体和监管主体责任，坚决防止重大安全事故发生，力争把每个项目都建成“安全工程”。要建立工程项目廉政建设责任制，强化项目资金监督管理；整顿和规范市场秩序，完善建设管理单位准入、管理、考核等制度，严格招标投标和监理程序，杜绝腐败现象的发生，力争把每个项目都建成“廉洁工程”。我们不能项目上去了，干部倒下了。越是项目多，干部越要自觉，不要为小钱，把家庭毁了，不要都快退休了还被送进班房，我们干部要增强免疫力，要算好账。

四是强化督查考核。把重大交通建设工作列入急难险重任务，对现有开工项目和前期项目要实行月报制。监察、效能、督查等部门要把交通建设推进情况作为重点督查内容，逐项分解任务，逐级明确责任，强化全程动态监督，定期督查通报。要分年度、分季度落实目标责任，签订责任书，缴纳保证金，建立完善工作绩效考核评价机制，加大考核力度，严格逗硬奖惩，对实绩突出的进行表彰；对工作落实不力的，要通报批评，直至追究责任。切实树立支持敢于负责、用心干事的鲜明导向，努力形成齐心抓项目、合力促发展的良好氛围。

同志们，交通枢纽建设功在当代，利在千秋。全市上下要保持干事激情，坚定必胜信心，锐意开拓进取，打好项目攻坚战，掀起建设新热潮，持续、全面改善我市交通基础设施条件，推进交通枢纽建设取得新的成效，为我们率先全面建成小康社会奠定坚实基础，为建设幸福攀枝花、谱写伟大中国梦攀枝花篇章做出新的更大贡献！

在全市庆祝中国共产党成立92周年暨主题教育活动先进典型座谈会上的讲话

2013年6月27日

七一即将来临。今天，我们在这里隆重集会，庆祝中国共产党成立92周年，重温党的光辉历史，歌颂党的丰功伟绩，邀请先进典型一起共同畅谈我们攀枝花人的中国梦。首先，我代表市委，向参加今天会议的各位同志尤其是来自各条战线的先进典型代表致以节日的问候，并通过你们向奋战在各个岗位的广大共产党员表示诚挚的慰问和衷心的感谢!

刚才，8位来自我市不同领域的先进典型代表作了精彩发言。他们的发言使我们大家深受教育、深受启发、深受感动。“钢城螺丝钉”代表何丽，在平凡的工作岗位上做出了不平凡的成绩，获得全国“五一劳动”奖章，并得到习总书记的接见；“花城追梦人”代表夏朝进，让攀枝花的树越来越绿，花越来越红，为建设阳光花城付出了辛勤的劳动；“金牌志愿者”徐刚，志愿服务超过4000小时，深入边远山区百余次，服务历程超过1万公里，践行了志愿者服务精神；“我们的村干部”代表谭继森，一心谋发展，带动群众发展优质晚熟芒果，把曾经的“上访村”变为了今天的“富裕村”；“钒钛领军人”朱胜友带领一班钒钛科研人员，致力开展钒钛冶炼新技术攻关，为打造中国钒钛之都提供了技术支持；“花城守望人”代表“田坎”法官胡华元，为实现自己落实司法为民、维护公平正义的“中国梦”，始终扎根基层，坚持热心办案、细心调查、耐心调解，最大限度保障群众合法利益，维护了基层公平公正的法治环境；“花城大妈”代表王辉荣创建了辉荣“志愿者之家”，用一颗热心照亮孩子的路、温暖孤寡老人的心，把温暖送到社区的每个角落；“援藏助梦人”代表马国志老师，以16年的从教历程深刻解读了自己的中国梦，以优异的教育教学成绩展现了攀枝花援藏干部的良好形象，为我市援助木里藏区工作增添了浓墨重彩的一笔。这样的典型，在推动攀枝花经济社会发展的各条战线、各个岗位上还有很多，像在座的丁爱谱丁大姐，几十年如一日地为社区老百姓做好事、办实事，还参加了党的十八大，得到了包括习近平总书记在内的中央领导的亲切接见。他们都以平凡的岗位上创造了不平凡的业绩，他们身上都闪烁着爱岗敬业、争创一流的自强光彩，饱含着艰苦奋斗、勇于创新的时代气息，浸润着淡泊名利、甘于奉献的传统美德，为攀枝花人民树立了光辉的学习榜样。让我们以热烈的掌声向他们表示崇高的敬意!

下面，我结合贯彻落实党的十八大和省委十届三次会议精神、深化正在开展的“三大主题”教育活动和“实现伟大中国梦、建设美丽繁荣和谐四川”主题教育活动，讲几点意见：

一、重温党史，牢记使命，进一步坚定实现伟大中国梦的信心和决心

2012年11月29日，习近平同志在参观国家博物馆《复兴之路》展览时首次向世界宣示“中国梦”，指出“实现中华民族伟大复兴，就是中华民族近代以来最伟大的梦想”。中国共产党从成立那一天起，就肩负起了实现中华民族伟大复兴的重任，也开启了自身迄今为止92年的奋斗历程。我们要不断从党的成长和奋斗历程中吸取经验、增添动力、坚定信心，沿着中国特色社会主义道路，向着全面建成小康社会、实现伟大中国梦的目标奋勇前进。

回望历史，中国共产党的发展史就是带领中华民族实现伟大中国梦的奋斗史。92年的光阴，92年的征程。92年前的党还宛若一个初生的婴儿，幼弱但却充满生命力。在走过无数泥泞、崎岖的道路后，中国共产党已经完成了从幼小到壮大，从贫弱到成熟的伟大转变。1921年中国共产党的诞生到1949年新中国成立，中国共产党几经磨难，从幼稚走向成熟，带领中国人民实现了中国革命的伟大胜利。从建国初期到1956年基本确立了社会主义制度，再到改革开放以来，我们党带领人民不断地探索中华民族伟大复兴的道路，历尽艰辛，终于找到了一条正确而伟大的道路——中国特色社会主义道路，取得了举世瞩目的成就，GDP位居世界前列，神舟上天，蛟龙潜海，国家繁荣昌盛，人民安居乐业。回顾92年的发展历程，我们党始终怀着“从头越”的精神战胜了一个又一个的困难，带领中华民族在实现伟大复兴的道路上奋勇前进。“雄关漫道真如铁”，92年的辉煌业绩一再昭示：没有共产党，就没有新中国；没有中国共产党的坚强领导，就没有中华民族的伟大复兴!

事实证明，攀枝花的开发建设就是攀枝花的共产党人带领全市各族人民实现伟大中国梦的生动实践。回顾攀枝花48年来的发展历程，就是几代攀枝花人在党中央和省、市委的正确领导下，为实现中国梦而不懈努力、艰苦创业的奋斗历程。在那些激情燃烧的岁月里，一批批来自祖国四面八方的建设者，积极响应中央号召，为攀枝花建设甘洒热血、勇于奉献，以“献了青春献终身，献了终身献子孙”的豪迈气概和无私品格，创造了攀枝花经济社会建设的巨大成就。从荒无人烟的攀西裂谷，到第一座矿山的建设开工，到攀钢一号高炉的成功出铁，到成昆铁路的建成通车，到二滩水电站的落成发电，直至今天，我们加快建设中国钒钛之都、中国阳光花城、四川南向开放门户，成为了中国大三线建设的成功典范。以“六金花”“八闯将”等为代表的先进典型铸就的“艰苦创业、无私奉献、开拓进取、团结协作、科学求实”的攀枝花精神，是攀枝花老一辈建设者用心血和汗水、勤劳和智慧铸就的宝贵财富，激励着一代又一代攀枝花人前赴后继、奋力前行、勇攀高峰、续写辉煌。现如今，攀枝花已成功创建为中国优秀旅游城市、国家卫生城市、全国“双拥”模范城市、全国社会治安综合治理优秀市、全国人民防空先进市、全国民族团结模范市、国家现代农业示范区、省级环保模范城市，并作为全国唯一以钒钛资源综合利用为主的城市跻身首批国家新型工业化产业示范基地。“人间正道是沧桑”，有了中国共产党的坚强领导和历代攀枝花人的不懈奋斗，攀枝花的中国梦正在变成现实。

展望未来，依靠广大攀枝花人民必将谱写伟大中国梦的攀枝花壮丽篇章。习总书记强调：“中国梦归根到底是人民的梦，必须紧紧依靠人民来实现，必须不断为人民造福”。在这次省委开展的主题教育活动中，我们实施了“感恩奋进”圆梦行动，凝聚了建设“美丽攀枝花”的共同愿景；实施了“急难险重”攻坚行动，汇聚了建设“繁荣攀枝花”的强大动力；实施了“集中普法”全民行动，集聚了建设“和谐攀枝花”的积极因素；实施了“花城典型”示范行动，合聚了建设“幸福攀枝花”的精神力量。在活动中涌现出了如“花城大妈”“钢城螺丝钉”“钒钛领军人”“花城守望人”“援藏助梦人”“花城追梦人”“我们的村干部”等一批先进典型群体，这些先进典型力量的发挥，必将汇聚更多攀枝花人的正能量。“长风破浪会有时”，只要我们坚定实现伟大中国梦的信心和决心，紧紧依靠123万攀枝花人民，美丽幸福和谐的攀枝花梦就一定能实现。

二、主动作为，积极奉献，在推进科学发展、加快发展的实践中彰显主题教育活动成果

开展主题教育活动，是我们党着眼于完成不同历史时期的使命和任务，加强自身建设的重要经验和有效方式。当前，“发展不足、发展不够、发展不充分”仍然是我市最大的实际，发展仍然是解决攀枝花所有问题的关键，我们肩负的最大使命就是科学发展、加快发展。面对新形势新任务，按照中央、省委的部署要求，市委勾画了“建设幸福攀枝花”的宏伟蓝图，确定了大力实施“三个加快建设”、大力推进“三个走在全省前列”、全力打好“六大硬仗”、奋力实现“四个翻番”、在全省率先全面建成小康社会的总体思路。能否顺利推进各项目标任务，关键看各级党组织和广大党员干部的思想解不解放、发展本领强不强、作风务不务实、先锋引领作用发挥得好不好。为此，我们要自觉担负使命，切实抓住和用好各种政策机遇，在已经取得的成绩基础上，继续聚精会神搞建设、一心一意谋发展，主动作为、积极奉献、勇做表率，切实打牢全面建成小康社会的思想和物质基础。

第一，要在解放思想、先行先试中彰显主题教育活动成果。当前，攀枝花正处于全面建成小康社会的“关键期”，“两化”互动、“四化”同步、城乡一体化发展的“加速期”，老工业基地持续发展的“振兴期”，改革开放、创新驱动的“突破期”，基础设施建设和扶贫解困的“攻坚期”，由资源之都向产业之都、经济之都跨越的“质变期”，改革发展的任务十分艰巨。特别是省委明确实施多点多极支撑发展战略，提升首位城市、着力次级突破、夯实底部基础，全省各地都在你追我赶的、竞相发展。加快做大经济总量、提升经济实力、建成四川发展的重要一极，是摆在全市干部群众特别是广大党员面前一项重大而紧迫的历史任务。解放思想、先行先试是推动攀枝花大发展、大跨越的动力源泉和根本法宝。区域竞争，表面上是资源、时间、速度和质量的竞争，归根结底是思想、智慧、精神、意志和作风的比拼。各级党组织和广大党员干部要摒弃安于现状、小进即满的观念，摒弃坐井观天、井底之蛙的意识，带头解放思想、先行先试，带头树立国际视野、世界眼光，努力打破常规、超越自我。市委已经确立了明确的导向，只要是对改革开放有利、对科学发展有利、对群众利益有利，就要大胆地试、大胆地闯、大胆地干，不被惯例所约束，不被干扰所影响，不被杂音所迷惑。在推动经济发展和各项“急难险重”任务过程中，允许在先行先试、创新创造中有失误，但决不允许改革裹足不前、创新碌碌无为、发展不求有功、干事一无所成。

第二，要在抢抓机遇、推动发展中彰显主题教育活动成果。机遇是稍纵即逝的流动资源，只有眼界宽、嗅觉敏、主动谋，才能看得见、抓得住、用得好。一个地方，党有没有先进性，关键就是要看能否在抢抓机遇上先人一拍、在发展速度上快人一步、在发展水平上高人一筹，始终站在引领发展的最前沿、走在科学跨越的最前列。特别是当前，宏观经济形势异常复杂，国家政策预调微调的力度加大、频率加快，灵活性、针对性更强，谁能研判准、见事早、行动快，谁就能在发展中夺得先机、赢得主动。我们要切实增强机遇意识，加强对当前宏观形势和政策的研究、研判，敏锐捕捉政策信息，切实抓住和用好国家新一轮西部大开发、攀西战略资源开发试验区建设、老工业基地调整改造等重大历史机遇，不断加大项目对接和资金争取力度，力争我市更多的项目进入国家和省上的“盘子”、国家和省上更多的政策资金投入我市各项建设之中。要准确把握攀枝花发展的阶段性特征，坚持把项目建设作为第一抓手，把扩大投资作为第一动力，以超常的力度推进交通大建设、产业大提升、城市大转型，切实做好打基础、增动力、强后劲的基础性工作，为长远发展提供强有力的支撑。

第三，要在改进作风、真抓实干中彰显主题教育活动成果。“空谈误国，实干兴邦”。攀枝花要实现跨越发展，首先是干，关键是实干。各级党组织和广大党员干部要大力弘扬求真务实精神，发扬真抓实干作风，真正把心思用在谋发展、把精力用在抓发展上，在推进攀枝花加快发展的进程中，当好“指挥员”“战斗员”，不当“观察员”“评论员”，带头出实招、干实事、求实效，努力在深化改革、扩大开放、转型发展、项目建设、城乡统筹、改善民生中努力工作、争创一流。要始终保持共产党人的蓬勃朝气、昂扬锐气、浩然正气，敢于直面难题、敢抓善管、敢担责任，努力在破除发展困难局面、解决实际问题上见功夫、显身手。要充分发挥党组织的战斗堡垒作用和党员干部的先锋模范作用，团结带领广大人民群众大干苦干实干，调动一切积极因素，团结一切力量，把党的组织资源转化为发展资源，把党的组织优势转化为发展优势。要充分总结、提炼和运用主题教育活动成果，形成转作风、抓发展、促落实的长效机制，为各项工作任务扎实推进、做到“三年见大成效，五年上大台阶”提供坚强的组织保证。

第四，要在牢记宗旨、改善民生中彰显主题教育活动成果。党的根基在人民、血脉在人民、力量在人民。要坚持把人民群众的利益放在首位，把实现好、维护好、发展好最广大人民群众的根本利益作为一切工作的出发点和落脚点，以实实在在的工作成效，赢得人民群众的信赖和支持。一是要强化宗旨意识。始终把人民放在心中最高位置，坚持问政于民、问需于民、问计于民，拜人民为师，把政治智慧的增长、执政本领的增强深深扎根于人民的创造性实践之中。坚持一切从人民根本利益出发，高度重视并切实做好新形势下群众工作，把对上级负责与对群众负责紧密结合和高度统一起来，深入基层了解情况，深入群众听取意见，使各项决策和各方面工作符合实际情况、符合客观规律、符合人民意愿。坚持工作重心下移，多到困难的地方去，到群众意见多的地方去，到工作推不开的地方去，做到知民情、解民忧、暖民心，引导干部在同群众朝夕相处中增进对群众的思想感情、增强服务群众本领。二是要着力改善民生。始终坚持以人为本的导向，既做大蛋糕，又分好蛋糕，将新增财力向教育、医疗、社保与就业、“三农”等民生领域倾斜，让人民群众共享发展成果。积极抢抓国家新一轮扩大内需、稳定增长的政策机遇，加大民生和社会事业重大项目的争取和建设力度，办成一批有长远影响、群众最为期盼的大事、好事。以构建中等收入阶层占多数的“橄榄型”社会结构为导向，合理调整收入分配关系，推进基本公共服务均等化，让人民群众过得更加有尊严。积极加强和创新社会管理，不断提高人民群众的安全感和满意度，确保社会和谐稳定。三是要主动接受群众监督。密切联系群众是我们党最大的政治优势，脱离群众是我们党最大的危险。我们手中的权力是人民赋予的，只能用来为人民谋利益，行使权力必须为人民服务、对人民负责并自觉接受人民监督，真正做到权为民所授、权为民所用。主动把权力置于人民群众的监督下，自觉地接受群众监督，让权力公开、透明运行，确保人民群众的知情权、参与权、选择权和监督权，创造条件让人民群众行使监督权利，从根本上避免脱离群众的最大危险。

三、与时俱进，改革创新，为实现伟大中国梦提供坚强的政治保证

我们党之所以从小到大，由弱到强，历经磨难而巍然屹立，千锤百炼而更加坚强，一个重要的原因就是始终加强和改进党的建设，不断增强党的创造力、凝聚力和战斗力，永葆党的生机和活力。要全面落实中央和省、市委部署要求，谱写“中国梦”的攀枝花篇章，必须坚定不移地加强和改进党的建设，引领全市广大党员干部，以等不得的使命感、拖不得的责任感、慢不得的紧迫感，扎实工作，砥砺奋进，努力开创攀枝花科学发展、加快发展新局面。

（一）以思想政治建设为主要抓手，进一步加强领导班子建设。6月22～25日，中央政治局召开专门会议，对照中央八项规定落实情况讨论研究深化改进作风举措，习近平总书记对加强中央政治局自身建设提出了5点要求；6月25日下午，政治局还就中国特色社会主义理论和实践进行了第七次集体学习，习近平总书记对加强党史、国史学习提出了新的要求。习总书记的要求，既是对中央政治局及政治局委员的要求，也是对全国各级领导班子及其成员的统一要求。全市各级领导班子要认真学习、对照检查、深刻反思、深入落实，坚定不移地推进班子自身建设，不断提升领导和推动科学发展的水平。

一要不断提高思想政治水平。“无论搞革命、搞建设、搞改革，道路问题都是最根本的问题。”要坚持正确的政治路线、政治立场、政治方向、政治道路，加强对马克思主义理论特别是邓小平理论、“三个代表”重要思想、科学发展观的学习，以马克思主义政治观对照自己、改造自己、提高自己，把握科学的世界观和方法论，加强思想武装，坚定理想信念，增强政治敏锐性和政治鉴别力，增强中国特色社会主义道路自信、理论自信、制度自信，为实现中华民族伟大复兴而努力奋斗。

二要善于观大势、谋大事。正确认识和坚定维护党和国家工作大局、改革发展稳定大局、党的领导和社会主义政权安全大局、全党全国团结大局，自觉在大局下想问题、做工作。密切关注国际国内形势发展变化，正确认识和积极顺应发展大势，正确认识和妥善处理经济社会发展大事，在时代前进潮流中把握主动、赢得发展。各级领导班子中的每位同志都要从做好整体工作出发，找准本职工作在全局中的位置，增强工作合力，做到谋发展一盘棋、干工作一条心、抓落实一股劲。

三要全面贯彻执行民主集中制。领导班子集体研究工作，要畅所欲言，鼓励每位同志充分发表意见、积极贡献智慧，在集思广益的基础上按少数服从多数的原则集体做出决策。做出决策后，必须雷厉风行、不折不扣一抓到底，抓出成效。在班子内部，要倡导开展积极的善意的实事求是的批评和自我批评，大家坦诚相待，总结经验教训，交流思想认识，达到帮助同志、增进团结、做好工作的目的。

四要发挥模范带头作用。各级领导班子成员要有无私的胸怀和雍容的气度，摒弃任何私心杂念，把为人民谋利益作为自己唯一的追求，为党的事业和人民利益鞠躬尽瘁。要带头树立正确的权力观、地位观、利益观，坚持自重、自省、自警、自励，严格遵守党纪国法，严格按制度和程序办事，不搞以权谋私，不搞特殊化，切实树立爱党爱民、勤政敬业、廉洁奉公的榜样。

五要保持同人民群众的血肉联系。我们党之所以得到人民拥护和支持，从根本上说，就是因为能始终代表中国最广大人民根本利益。作为各级领导班子成员，必须识民情、接地气，自觉把立党为公、执政为民落实到全部工作中，认真贯彻党的群众路线，坚持人民主体地位，发挥群众首创精神，紧紧依靠人民，全心全意服务人民，着力解决好人民群众最关心最直接最现实的利益问题，不断让人民群众得到实实在在的利益，充分调动人民群众的积极性、主动性和创造性，最广泛动员和组织人民投身到党领导的各项事业中来。

（二）以创新选人用人机制和构建多层次人才支撑体系为重点，加强干部和人才队伍建设。坚持

"干部工作出人才"，紧扣科学发展需要，突出在"急难险重任务一线、招商引资工作一线、边远民族地区一线、群众信访工作一线"等"四个一线"培养选拔干部，大胆起用一批眼界宽、思路活、脑子灵的开拓者，懂经济、晓市场、善经营的创业者，顺时应势、敢试敢闯、开拓进取的领头雁，埋头苦干、身体力行、励精图治的实干家，向庸者懒者说不，向散者慢者问责，让能干事者有机会、干成事者有舞台，不让老实人吃亏，不让投机钻营者得利。深化干部人事制度改革，不断扩大公推公选、公推直选范围，大力培养选拔年轻干部，加大少数民族干部、妇女干部、党外干部选拔力度，形成人心思进、你追我赶的生动局面。坚持"人才工作出成果"，抓住引进、培养、使用三个环节，构建多层次人才支撑体系，为全市经济社会发展提供强有力的人才保障。对于优秀人才，要坚持用事业留人、用感情留人、用适当待遇留人，努力为广大人才在攀贡献智慧创造条件。

（三）以实施基层党建"品牌工程"为载体，大力推进基层党建工作。坚持"组织工作出经验"，着力推动基层服务型党组织建设，深入开展"争创基层服务型党组织、争创为民务实清廉型党员干部"活动，构建灵活高效、贴近需求的基层党组织服务体系。把服务群众、做群众工作作为基层党组织的核心任务和基层干部的基本职责，进一步深化"领导挂点、部门包村、干部帮户"和"百千万？干群心连心"活动，健全完善党建惠民的长效机制。集中精力在各领域各行业推出一批服务群众、做群众工作突出的基层服务型党组织和党组织书记、党员典型，以"五彩花城党建"品牌为引领，推出能在全省乃至全国推广的先进典型，努力做到"一个党员就是一面旗帜、一个支部就是一个堡垒"。

（四）以密切党群干群关系为宗旨，进一步加强作风建设。前不久，中央启动了党的群众路线教育实践活动。这次党的群众路线教育实践活动的主要任务聚焦到作风建设上，总要求是"照镜子、正衣冠、洗洗澡、治治病"，集中解决形式主义、官僚主义、享乐主义和奢靡之风"四风"问题。各级党员领导干部要坚决执行中央"八项规定"和省、市委的贯彻措施，进一步密切党群干群关系，巩固执政地位、夯实执政基础。按照中央整体安排，教育实践活动分两批进行，我市属于第二批，启动时间在明年初。全市各级党组织要进一步巩固和深化"三大主题"教育活动、"实现伟大中国梦，建设美丽繁荣和谐四川"主题教育活动成果，破除"怕、满、慢、浮、僵"的思想，保持"闯、进、快、实、活"的激情，勇于变革、勇于创新，永不僵化、永不停滞，以积极向上的姿态迎接群众路线教育实践活动的开展。市级有关职能部门要抽调精干力量，充分做好活动组织准备、理论准备和思想准备，确保活动一启动就能出亮点、见实效。

同志们，回顾光辉历程，我们党历经考验、无比坚强；展望美好未来，我们党肩负重任、信心满怀。让我们更加紧密地团结在以习近平同志为总书记的党中央周围，高举中国特色社会主义伟大旗帜，深入贯彻落实科学发展观，充分发挥各级党组织的战斗堡垒作用和广大党员的先锋模范作用，锐意进取、开拓创新，攻坚克难、加快发展，努力创造无愧于时代、无愧于历史、无愧于人民的辉煌业绩，奋力谱写伟大中国梦的攀枝花壮丽篇章！

在市委九届五次全体（扩大）会议上的讲话

2013 年 7 月 10 日

市委九届五次全会是在我市全面建成小康社会进入攻坚阶段召开的一次重要会议。会议的主要任务是：贯彻落实党的十八大和省委十届三次全会精神，研究部署我市当前及今后一个时期的发展目标和任务，动员全市干部群众凝心聚力，再鼓干劲，众志成城，克难奋进，为实现攀枝花由资源大市向经济大市跨越、由总体小康向全面小康跨越而共同奋斗。

下面，我代表市委常委会报告市委九届三次全会以来的工作，并就今年下半年和今后一个时期的工作提出建议，请各位委员、同志们提出意见。

一、凝心聚力，攻坚克难，努力推动全市经济社会发展迈上新台阶

从市委九届三次全会至今，已有一年多的时间了。一年多来，喜逢党的十八大和省第十次党代会胜利召开，时逢宏观经济形势复杂多变、我市主导产业市场疲软，全市经济结构艰难调整，城市加快转型。一年多来，我们不断审视市情，统一了思想，更达成了共识；我们迎难而上，经历了艰难，更凝聚了力量；我们抢抓机遇，经受了挑战，更增强了信心，全市上下始终以昂扬的斗志、务实的作风和扎实的举措，推动经济社会健康平稳发展，形成了众志成城谋跨越、加压奋进克难关、齐心协力求突破的良好局面。

坚持继往开来不折腾，不断明晰发展路径，全市思想更加统一。在省委的坚强领导下，围绕市第九次党代会确立的建设幸福攀枝花的宏伟目标，全面审视和把握市情，提出了实施“三个加快建设”、推进“三个走在全省前列”、打好“六大硬仗”、实现“四个翻番”的总体思路和目标。党的十八大、省第十次党代会和省委十届三次全会召开后，按照中央和省委新的部署要求，立足当前，放眼长远，进一步突出特色和优势，不断完善发展思路，探索明晰实现路径，既狠抓打基础、利长远的基础性工作，又着力解决影响科学发展的重点工作，发展思路更清、发展路径更明、发展措施更实、发展成效更好。国家攀西战略资源创新开发试验区获批，攀枝花被列入国家新型工业化产业示范基地、国家钒钛新材料产业基地、国家外贸转型升级示范基地和国家现代农业示范区，在全国、全省发展格局中的战略地位进一步提升。

坚持加快发展不动摇，集中精力搞建设，发展信心更加坚定。创新建立“急难险重”任务制度，每年确定一批“急难险重”任务，每项任务明确市级包抓领导和一个牵头部门、一支工作队伍，签订责任书，交纳保证金，强化监督考核，强力推进各项事业发展。大力发展特色优势产业，制定出台一系列促进产业发展的政策措施，狠抓项目推进、政策争取、要素保障和技改创新，促进经济持续较快增长。去年，全市完成地区生产总值740.03亿元，增长14%，增速居全省第七位；人均GDP达到60391元，高居全省首位。今年上半年，在复杂严峻的宏观形势下，GDP预计增长11.5%，高于全国、全省平均水平。通过一年多来应对复杂困难局面、推进“急难险重”任务的积极实践，我们凝聚了不畏艰险的拼搏精神，提振了加快发展的坚定信心，汇聚了克难奋进的无穷力量。

坚持改善民生不放松，着力提高群众生活水平，发展成效更加明显。不断加大资金投入，深入实施“十大民生工程”，着力解决群众最急最盼的民生问题。深入开展“挂帮包”“百千万？干群心连心”等活动，各级干部深入群众办实事、解难事。突出支持边远民族地区发展，出台专项实施意见，建立“6+2”结对帮扶机制，努力帮助困难群众增收致富；大力实施城市宜居工程，在全省率先启动“筒子楼”改造，着力解决城市低收入群体实际生活困难，全力弥补全面小康的“短板”问题。通过这一系列行之有效的举措，全市各族群众得到了实惠、看到了希望、增强了信心，催生了齐心协力奔小康的强大动力，凝聚了攀枝花科学发展、加快发展的正能量。

坚持攻坚克难不懈怠，切实加强队伍和作风建设，工作干劲更加高涨。紧扣科学发展需要，狠抓班子、队伍、基层组织和作风建设，在市级领导干部中明确提出了“五带头、五表率”的行为要求。注重在工作一线锤炼干部、检验干部、选拔干部，突出打造在急难险重工作一线抓攻坚、在招商引资工作一线抓开放、在边远民族地区一线抓发展、在群众信访工作一线抓稳定的干部队伍。深入开展“创先争优”活动，积极推行“4+2”分级分类管理法，不断夯实党的基层基础。大力开展“实现伟大中国梦、建设美丽繁荣和谐四川”和“思想大解放，作风大转变，工作大落实”主题教育活动，着力转变干部作风，提高工作执行力，形成了心齐、气顺、劲足的大好局面。

二、顺应期盼，乘势而上，进一步确立在全省率先全面建成小康社会的新目标

党的十八大提出了在中国共产党成立一百年时全面建成小康社会、在新中国成立一百年时建成富强民主文明和谐的社会主义现代化国家的“两个一百年”奋斗目标，习近平总书记发出了实现中华民族伟大复兴的中国梦的时代号召。省委十届三次全会确立了与全国同步全面建成小康社会的目标，做出了实施多点多极支撑、“两化”互动城乡统筹、创新驱动“三大发展战略”，实现四川由经济大省向经济强省跨越、由总体小康向全面小康跨越的重大部署。按照中央和省委的决策部署，我们必须紧跟全国、全省发展步伐，在更高层次谋划，以更大力度推进，集中力量打一场全面小康决战决胜的总体战，奋力实现在全省率先全面建成小康社会的目标，谱写伟大中国梦的攀枝花恢宏篇章。

（一）准确把握全市发展的阶段性特征

根据目前国家统计局发布的数据，在全面小康的六大指标体系中，我市“经济发展”“社会和谐”“生活质量”三项已处于靠前位次，“民主法制”“资源环境”两项处于中等水平，“文化教育”还明显不足。总体来看，我市全面建成小康社会的阶段性特征极为明显。

一是正处于全面建成小康社会的“关键期”。尽管我市全面小康的总体实现程度高于全省，但距离在全省率先全面建成小康社会的目标，还有不小的差距。特别是从全面小康的六大指标综合分析，提升较慢的都是“硬骨头”，解决起来难度较大，对发展的制约也很明显。如“文化教育”“资源环境”等指标提升速度较慢、实现程度相对较低，与全省其他市州相比还存在一定差距。同时，我们还存在发展不平衡、不协调，工农差距、城乡差距、贫富差距较大等问题，这些都是我们全面建成小康社会的“短板”。

二是正处于“两化”互动、“四化”同步、城乡一体化发展的“加速期”。大力提升工业化和城镇化，是迈向全面小康的必由之路。2012 年，我市工业化率达到 72.03%，城镇化率达到 63.01%，都居于全省领先地位；按照省统计局的监测分析，我市的“两化”互动水平也高居全省第一位，为全面建成小康社会提供了强劲动能、奠定了坚实基础。特别是近两年来，市委、市政府高度重视城乡统筹和区域协调发展，制定出台了一系列政策措施，实施了新村建设、推进边远民族地区跨越发展、帮助城市低收入群体增收致富等一揽子扶贫开发计划，我市“两化”互动、“四化”同步、城乡一体化发展步伐正进一步加快。

三是正处于老工业基地持续发展的“振兴期”。今年 4 月初，国务院正式批复《全国老工业基地调整改造规划》，提出将振兴工作由前期以东北地区为主向巩固深化东北、统筹推进全国老工业基地振兴转变，攀枝花也被纳入其中。攀枝花作为典型的全国老工业基地，几十年来，在为国家经济建设和社会发展做贡献的同时，也面临着越来越突出的结构调整、城市转型、产业升级难度加大及调整改造资金不足、资源保障能力不足、生态环境修复难等一系列问题，亟需得到国家的帮助。随着这项规划的出台，我市必将在财政、投融资、建设用地等方面面临更多的机遇、得到更大的支持。

四是正处于改革开放、创新驱动的“突破期”。近年来，面对国内外产业布局大调整和新一轮创新浪潮，我们坚持社会主义市场经济改革方向，全方位扩大对外开放，建立起更具活力、更加开放、城乡一体的现代经济体系，发展活力和综合竞争力明显增强，招商引资到位资金连年增长，去年突破了 400 亿元大关。在创新能力建设上，我们主动加强与中国工程院、中国科学院等全国最高科研机构的合作，举办了钒钛论坛等一系列有影响力的活动，四川钒钛产业技术研究院获准成立，中国工程院 7 位院士正在开展“攀枝花钒钛资源综合利用”战略研究，全市省级创新型企业达到 30 家，创新发展的基础扎实、实力雄厚、蓄势待发。

五是正处于扶贫解困的“攻坚期”。攀枝花全面建成小康社会，重点在农村，难点在农村，关键也在农村。目前，我市城镇化率位居全省第一，但县区之间发展很不平衡，东区已达到98.6%，而盐边县只有22%，城乡之间在居民收入、公共服务、社会保障等方面的差距都比较大。全市农村还有近10万绝对贫困人口，城市也有为数不少的低收入群体，这些都突出制约着全面小康的实现。

六是正处于由资源之都向产业之都、经济之都跨越的“质变期”。攀枝花是名副其实的资源之都，特别是钒、钛资源分别占到全国的63%和93%。今年初，国家发改委正式同意设立攀西战略资源创新开发试验区，为攀枝花和整个攀西地区的发展带来了前所未有的重大机遇。随着产业链的逐步延伸和产业集群的加速壮大，攀枝花已进入由钒钛“资源之都”向“产业之都”“经济之都”迈进的“质变期”。

（二）准确把握在全省率先全面建成小康社会的目标任务

攀枝花作为我国西部重要的新兴工业城市，工业化率、城镇化率、人均生产总值和城乡居民收入均处于全省前列，完全有条件在全省率先全面建成小康社会。现在距2020年只有屈指可数的七八年了，时间紧、任务重，要牢牢把握时间节点和核心要求，加快发展，奋力赶超，始终保持在全省发展的领先水平。一是紧扣“率先”要求，实现进度的超前性。“率先”，就是要领先一步、快人一拍。攀枝花作为四川重要的工业基地，既拥有48年开发建设打下的坚实基础，又面临着国家攀西战略资源创新开发试验区、国家新型工业化示范基地建设和全国老工业城市调整改造等重大历史机遇。我们唯有努力争先进位，始终保持高于全省平均水平的发展速度，才能确保人均地区生产总值处于全省领先地位，城乡居民收入高于全国当年水平，在全省率先全面建成小康社会。二是紧扣“全面”要求，增强发展的统筹性。“全面”，就是要区域平衡、领域协调、发展可持续。要强化中心城区带动，推进县域经济跨越，提升乡镇发展水平，既注重全市整体小康，更注重以村为单位实现涵盖城乡的全面小康，增强发展的平衡性。既注重推进经济跨越发展，又注重统筹城乡和改善民生；既注重文化建设、生态文明和环境保护，又注重充分开放合作，更注重全面提升党的建设科学化水平，增强发展的协调性。既注重保持较快发展速度，又注重加快转变发展方式，提升发展的质量和效益，增强发展的可持续性。三是紧扣“小康”要求，体现成果的普惠性。“小康”，要义是“全面发展”，核心是富民。要坚持富民与强市相统一，重视总量更重视人均，重视平均数更重视大多数。特别要加大城乡统筹、强农惠农富农力度，大力推进综合扶贫开发，拓宽群众增收渠道，促进城乡居民收入增长与经济发展同步，使发展成果更多更公平地惠及全市人民，朝着共同富裕方向稳步前进。

发展是解决一切问题的“总钥匙”。要牢牢把握“科学发展、加快发展”工作要求，全力推进攀枝花大发展、大跨越，不断提升在全国、全省的战略地位。一是加快推进攀枝花由资源大市向经济大市跨越。立足得天独厚的资源优势，抓住叠加释放的政策机遇，把发展特色优势产业和战略性新兴产业作为优化产业结构的主攻方向，全力推进国家攀西战略资源创新开发试验区、国家现代农业示范区、中国阳光康养旅游城市建设，努力把资源优势转化为产业优势、发展优势，加快壮大整体经济实力。力争全市地区生产总值2014年达到1000亿元，确保2017年达到1500亿元，进入全省“第二方阵”，建成特色鲜明、辐射面广、竞争力强的特色经济强市。二是加快推进攀枝花由总体小康向全面小康跨越。坚持工业化与城镇化并力、扩张总量与优化结构并举、发展经济与保障民生并重、整体小康与全面小康并进，全面推进经济、政治、文化、社会、生态文明“五位一体”建设，全力缩小城乡差距、工农差距、贫富差距，实现发展更加全面、协调。坚持速度和结构、质量、效益相统一，经济发展和人口、资源、环境相协调，实现发展更加可持续。

（三）准确把握在全省率先全面建成小康社会的战略途径

省委明确提出“三大发展战略”是全面建成小康社会的行动指引，其中多点多极支撑是总揽，“两化”互动、城乡统筹是路径，创新驱动发展是动力，为我们推进经济社会发展进一步指明了方向。要深刻把握“三大发展战略”的基本内涵和工作要求，坚持以做大经济总量为基础，以提高发展质量和效益为核心，以推动产业升级和城市转型为重点，以特色优势产业发展、新型城镇化建设、城乡统筹发展为支撑，以改革开放和创新驱动为动力，着力优化发展格局、培育竞争优势、增强跨越动力，向着率先全面小康的目标奋力前行。

1. 认真落实多点多极支撑发展战略，提升攀枝花在攀西城市群和川滇结合部的战略地位。按照分类指导、重点突破、以点带面、由点到极的思路，做强优势产业，做大县域经济，提升城市综合承载能力，构建多点多极支撑发展格局，带动和支撑全市经济社会又好又快发展。

一是充分发挥区域性中心城市的引领作用。牢牢把握加快建设中国钒钛之都、中国阳光花城、四川南向开放门户的目标定位，增添工作措施，加大推进力度，努力把攀枝花建成四川发展的重要一极。要在钒钛资源综合开发利用上再上台阶。依托丰富的钒钛资源，抓住国家攀西战略资源创新开发试验区建设的重大机遇，坚持以规划为龙头、企业为主体、项目为关键、科研为动力、机制为核心、政策为保障，坚定不移走新型工业化道路，创新资源开发模式，加快建设钒钛产品生产中心、质检中心、研发中心和交易中心，推动攀枝花由钒钛资源中心、产业中心向经济中心加快转变。要在阳光康养旅游城市建设上取得突破。依托得天独厚的阳光资源，大力推进红格、阿署达、普达、二滩等旅游产业项目群建设，围绕“吃、住、行、游、购、娱”六大要素，完善服务设施，提升旅游内涵，增强接待服务能力，加快把攀枝花打造成全国著名的阳光康养旅游目的地。要在构建区域综合交通枢纽上迈出步伐。围绕打造“四川南向开放门户”，大力推进“两高两铁一水”及攀大、攀盐、绕城高速公路等对外大通道建设，扎实开展国省干线公路改扩建攻坚，统筹实施“畅通城市”工程，加快构建方便快捷、安全高效的综合交通运输体系，确立攀枝花在川西南、滇西北的区域性交通枢纽地位。要在建设区域商贸物流中心上见到成效。大力发展现代物流业，加快建设一批综合服务型物流园区，培育发展一批物流龙头企业，培植壮大第三方物流市场；改造提升传统商贸流通业，引进一批精品店、专卖店、名餐饮店，规划建设一批特色商贸城、商业街、专业市场，扶持发展连锁经营、配送中心、代理制等现代经营业态，繁荣商贸流通，集聚商气人气。要在打造区域教育文化卫生高地上形成优势。坚持教育优先投入、优质发展，突出抓好学前教育，均衡发展义务教育，全力办好富有特色的职业教育、优质多样的高中教育、更高水平的高等教育、体系完善的终身教育，推动各级各类教育协调发展，培育一批有区域影响力的名师名校。加大对文化事业的投入，完善基层文化组织，健全公共文化服务体系，挖掘特色文化资源，推进以农村、城市社区为重点的公共文化基础设施建设，加快建设中国三线建设博物馆，打造一批创意文化街区，推出一批艺术精品，不断提升城市文化软实力。深化医药卫生体制改革，科学配置医疗资源，积极推进公立医院改革，鼓励支持民营医院发展，健全基层医疗卫生服务体系，建设区域一流的现代化综合性大型医院，发展一批特色鲜明、优势突出的专科医院，为全市和周边地区群众提供更加优质的医疗卫生服务。

二是大力推进县域经济跨越发展。鼓励支持东区以建设中央商务区为目标，重点发展现代服务业；西区以建设综合能源基地为目标，进一步提升煤化工产业；仁和区以建设新材料产业基地为目标，优先发展机械制造业；米易县、盐边县以建设特色经济强县为目标，突出发展钒钛磁铁矿综合利用、现代特色农业、阳光康养旅游等产业，米易县重点发展涉钒产业，盐边县重点发展矿业、钛产业；钒钛产业园区突出发展资源综合开发利用，着力打造千亿工业园区，创建具有示范性、带动性的国家级园区。力争到2017年，全市各县区地区生产总值在2012年的基础上翻一番，东区达到600亿元以上，仁和区达到300亿元以上，西区、米易县、盐边县分别达到200亿元以上，2~3个县区走在全省类区县的前列，切实推动和支撑全市发展目标的实现。

2. 大力实施“两化”互动、城乡统筹发展战略，形成“四化”同步、良性增长的发展格局。坚持以新型工业化为主导、新型城镇化为载体、农业现代化为基础、信息化为支撑，加快构建具有现代气息和地域特色的现代产业体系、现代城镇体系、现代城乡形态，全面增强产业核心竞争力、城市整体竞争力和区域综合竞争力。一是坚持“两化”互动，推进产城融合发展。抓住和利用我市工业化、城镇化“双加速”机遇期，推动工业化和城镇化互动发展，以产兴城、以城促产、产城融合、协调推进。着力在互动上下功夫，围绕工业发展优化城镇功能，促进城镇扩张，力争城镇化率每年提高 1 ~ 1.5%；依托城镇发展集聚生产要素，推动工业发展。着力在结合上做文章，把钒钛产业园区等工业园区和花城新区作为“两化”互动发展的重要载体，打造产业集聚新高地、城市发展新组团。着力在新型上求突破，发挥信息化的先导作用，推动工业制造智能化、城市智慧化和农业农村现代化，全面增强可持续发展能力，提高工业化水平和城镇化质量。二是坚持城乡统筹，推进城乡一体化发展。坚持以工促农、以城带乡、工农互惠、城乡一体，因地制宜推进工业向园区集中、农民向城镇或社区集中、土地向规模经营集中，走集中、集约、集群发展道路。深化户籍制度、农村产权制度、社会保障制度改革，最大程度吸纳符合条件的农业转移人口落户城镇，促进农村资源和要素资本化，不断扩大社会保障覆盖面。加强城乡规划、基础设施、产业发展、公共服务、社会管理“五个统筹”，大力推进新村建设，促进城乡生产要素平等交换、公共资源均衡配置、生产生活方式同步变革，加快构建现代城市和现代农村和谐共融、协调发展的新型城乡形态。

3. 大力实施创新驱动发展战略，增强科学发展、转型升级的内生动力。坚持“自主创新、重点跨越、支撑发展、引领未来”的方针，以自觉创新为理念，以提升企业创新能力为核心，以体制机制创新为关键，以促进科技与经济社会发展紧密结合为重点，加快创新体系建设和重大科技成果转化，促进经济增长由要素支撑向创新驱动转变、由资源依赖向科技依托转变，增强转型发展、跨越提升新动力。一是推进发展理念创新。巩固和深化“三大主题”教育活动成果，勇于冲破陈旧观念的束缚、利益固化的障碍，牢固树立“转型才能更好发展”“后发也要高点起步”“危机也是发展契机”的观念，做到在思想观念上先行跨越、在精神面貌上焕然一新，努力在科技创新和转型发展上寻求出路，加快走出困境、抢占先机。二是推进科学技术创新。深入实施人才强市和科教兴攀战略，建立完善以企业为主体、市场为导向、产学研紧密结合的技术创新体系，整合研发资源，提升研发能力，支持有条件的企业建设高水平研发机构，促进攀枝花钒钛研究院提档升级，推动钒钛产业园区创建省级、国家级高新技术产业园区，保持科技工作在全省的领先水平。培育发展一批创新型企业、高新技术企业、高成长型企业，未来 5 年，新增 6 ~ 10 家国家高新技术企业，大中型工业企业平均研发投入占主营业收入比例提高到 1.5% 以上，高新技术产业实现产值翻一番、占规模以上工业总产值的比重超过 30%，全社会研究与实验发展经费支出占地区生产总值的比例达到 2.2%，科技进步对经济增长的贡献率达到 53%。强化重点领域科技攻关，掌握一批关键核心技术，推动钒钛钢铁、机械制造等特色优势产业加快发展、向下延伸，到 2015 年，铁资源综合利用率达到 75%，钒资源综合利用率达到 50%，钛资源综合利用率达到 20% 以上，钒钛磁铁矿尾矿回收利用率达到 70% 以上，铬、钴、镍等主要伴生金属实现产业化、规模化回收利用。三是推进体制机制创新。推动攀钢等国有企业加快主辅分离步伐，建立现代企业制度，优化资产结构，提高管理和运营水平。重点抓好统筹城乡综合配套改革，深化投融资体制、国有资产管理体制改革，加快财政体制、事业单位分类改革，努力在体制机制上创新突破。实施充分开放合作战略，全方位、宽领域、深层次配置资源、深化合作，形成辐射周边、面向国内外的开放型发展格局。

三、鼓足干劲，增添措施，奋力开创全市各项事业发展新局面

今后几年，要紧紧围绕省委“三大发展战略”“两个跨越”的战略部署，按照市委既定的思路和目标，突出重点，把握关键，扎实深入抓好经济社会发展各项工作。

一是大力推进产业发展，提升整体经济实力。工业是攀枝花的立市之本、强市之基。要坚持工业强市战略不动摇，坚定不移走新型工业化道路，着力优化产业结构、产品结构、成本结构、市场结构和体制机制，深入推进钒钛等资源综合开发利用，发展壮大特色优势产业，加快培育战略性新兴产业，不断提升工业化质量和水平，全力打造特色工业强市，加快建设中国钒钛之都。力争到2017年，全市钒钛及相关产业产值突破3000亿元，钒钛产业园区建成国家级千亿园区，攀钢集团发展为千亿企业，形成一批百亿企业集群，新增1~2家上市公司，创成一批全国、全省品牌和地理标志品牌。现代服务业是经济增长的重要引擎。要突出发展与先进制造业相配套的现代物流、金融保险、科技研发等生产性服务业，大力发展文化旅游、餐饮娱乐、房地产等生活性服务业，积极发展信息、会展、商务服务、社区服务等新兴服务业，培育形成新的经济增长点。

二是大力推进新型城镇化建设，拓展产业发展空间。城镇化是扩大内需的战略重点，是促进产业发展的强大动力。要把推进新型城镇化作为拓展发展空间的重要抓手，紧密对接四川攀西城市群建设规划，遵循山地城市一般发展规律，借鉴国内外成功经验，走出一条具有攀枝花特色的形态适宜、产城融合、城乡一体、集约高效的新型城镇化道路。要按照“显山露水、依山就势、错落有致”的原则，高标准、高起点、高速度推进花城新区建设，加快把新区建设成为科学发展的示范区、产城一体的样板区、承接产业转移的前沿区、体制机制创新的先行区、繁荣和谐的首善区。要大力实施沿江景观打造，加快把金沙江中心城区段两岸打造成为独具特色、风景靓丽的景观带、生态带、休闲带、娱乐带，争创中国人居范例奖。要把宜居宜业放在首要位置，合理规划市政设施、生活设施和公共服务设施，完善城镇功能，加强城镇管理，提升城市品位。要创新旧城改造模式，盘活城镇建设用地存量，实施城市“筒子楼”、危旧房、棚户区改造，支持扩大改善型住房消费。要有序推进农业转移人口市民化，统筹解决其住房、就业、养老、医疗、子女教育等问题，让进城落户农民享受和城镇居民同等的待遇。要按照规模适度、布局合理、功能健全的要求，统筹城乡发展，优化城镇整体布局，以米易、盐边县城和渔门镇、红格镇为重点加快建设一批城市副中心，因地制宜打造一批特色鲜明的中心集镇，充分发挥示范带动作用，加快推进城乡一体化进程。

三是大力推进农业农村发展，夯实统筹城乡发展基础。全面建成小康社会，最艰巨最繁重的任务在农村，没有农村的全面小康，就没有全市的全面小康。要充分利用攀枝花独特的光热气候资源，以国家现代农业示范区建设为载体，高水平建设特色水果、早春蔬菜、优质烤烟、畜牧水产和林业生物等现代农业基地，优化种养结构和区域布局，提高农业综合竞争力和增收效益。要加强农业基础设施建设，突出抓好农田、水利、道路及公共服务设施建设，不断改善农村生产生活条件。要深入推进农业产业化经营，大力发展农业龙头企业和农村专业合作组织。要健全农业社会化服务体系，推进农业科技和成果转化推广。要加快新村建设，重点抓好第二轮省级成片推进示范县、省级财政新村基础设施、新农村综合体、市级新村聚集点等重点项目建设，扎实推进西攀高速沿线、二滩环线、城镇周边地区新村建设。

四是大力推进基础设施建设，强化加快发展的基础保障。投资是拉动经济增长的强大引擎，基础设施建设是扩大投资规模、促进产业发展的重要抓手。要把投资作为全局性的重要任务，把好投资方向，加大投资力度，抓好重大基础设施、优势产业、民生和社会事业等领域的投入，稳定和扩大投资规模。要按照国家和省上发展规划和政策法规，坚持“两眼向上、两眼向外”，进一步加大项目对接和资金争取力度，力争更多的项目挤进国家和省上的“盘子”，更多的政策资金投向攀枝花。要注重从城市新区、旧城改造、新村建设、企业技改等方面挖掘投资潜力，超前研究谋划一批项目，论证和储备一批项目，创造条件开工一批项目，加快进度投产一批项目。要立足产业和城镇发展需要，抓住政策机遇，着眼长远、适度超前建设一批重大基础设施，重点加强交通、水利、能源、信息等重大项目建设，不断改善加快发展的保障条件。

五是大力推进改革开放，增强加快发展的动力与活力。改革是中国发展的最大红利。要坚持社会主义市场经济的改革方向，处理好政府与市场、政府与社会的关系，扎实推进重点领域和关键环节改革创新，加快形成有利于科学发展、加快发展的体制机制。要深化行政管理体制改革，推进政府职能转变，精简审批事项，提高行政效能，提升政务服务水平。要深化经济体制改革，加快国有资产战略性重组和股权多元化改革，加快攀钢等国有企业改革步伐。要优化政府投融资平台，创建市级资源统筹平台，拓展融资渠道，支持各类金融机构健康发展，切实解决企业融资难问题。要加快文化、教育、医疗、社会保障等社会事业领域改革，分类推进事业单位改革，鼓励和支持社会力量兴办公益事业，满足人民群众多层次多样化的服务需求。充分开放合作是促进攀枝花加快发展的不竭动力。要坚持把招商引资作为开放合作的重中之重，立足资源特色和产业优势，创新招商引资方式，着力引进一批成长性好、关联度高、带动力强的大企业、大集团和高端项目，促进我市产业优化升级。要深化与周边市州在资源开发、基础设施建设、旅游文化产业发展等方面的战略合作，主动加强与长三角、珠三角、成渝经济区等区域的交流合作，积极承接产业转移，不断拓展合作领域。要充分发挥地处川滇黔毗邻地区的地缘优势，以更加开放的姿态融入西部经济版图和东南亚、南亚发展格局，开辟更加广阔的发展空间。

六是大力推进生态文明建设，提高可持续发展能力。保护生态就是保护生产力，改善生态就是发展生产力。要把生态建设摆在更加突出的位置，大力实施绿色发展战略，加快形成节约能源资源和保护生态环境的产业结构、增长方式和消费模式。要加大节能减排力度，强化结构减排、工程减排、管理减排，狠抓重点行业、重点产业、重点区域污染治理，坚决落实产业环境准入制度，引导和支持企业加快淘汰落后产能，促进环境质量持续改善。要以“五创联动”为抓手，大力实施生态修复工程、环境亮化工程、素质提升工程，重点加强江河流域和水源地污染防治，推进全域污染治理。要大力发展绿色循环经济，编制完善绿色经济发展规划，积极扶持太阳能、生物质能等绿色能源及绿色食品、绿色旅游等相关产业发展，增强可持续发展能力。要以解决危害健康的突出环境问题为重点，强化大气、水、土壤等污染防治，努力让攀枝花“天更蓝、水更清、山更绿、空气更清新、食品更安全”，全面完成创建国家环保模范城市任务。

七是大力推进扶贫攻坚，促进全域同步全面小康。攀枝花率先全面建成小康社会，重点和难点在边远民族地区、在城市低收入群体。要把边远民族地区作为扶贫攻坚的主战场，作为补齐“短板”的主方向，深入实施新10年扶贫开发纲要，继续抓好对口扶贫工作，全力推动边远民族地区跨越发展，加快实现贫困村向小康村、贫困户向小康户转变。要大力实施“五大扶贫工程”，推进基础扶贫，把道路、水利、电网、通信等作为基础和先导，加快改善贫困地区发展条件；推进产业扶贫，因地制宜发展现代农业、生态旅游等特色产业，增强发展内生动力；推进新村扶贫，按照“产村相融、成片推进”的要求，开展具有地域和民族特色的扶贫新村建设；推进能力扶贫，加快提升教育、医疗、文化、信息等公共服务水平，增强贫困群众就业和致富能力；推进生态扶贫，依托生态优势发展生态经济，对生活环境恶劣的地方有序开展生态移民。要尽快启动实施城市宜居工程，加快推进城市“筒子楼”改造，着力解决城市低收入群体就医、就业、就学、社保等实际问题，促进城乡困难群众与全市同步小康。

八是大力保障和改善民生，保持社会和谐稳定。让人民群众过上更加幸福美好的生活，是我们肩负的一项重大而光荣的使命。要着眼率先全面小康的目标，坚持民生优先、共同富裕，加快建立覆盖城乡、富民惠民的民生保障体系，强化民生事业发展的制度、政策、机制和工作保障。要持续加大民生投入，继续实施十大民生工程，根据群众需要丰富工作内容，不断提升人民群众生活水平。要加快发展社会事业，加大就业促进力度，优先发展教育事业，提高医疗卫生服务水平，完善社会保障体系，加强保障性住房建设，努力在贫有所助、学有所教、病有所医、老有所养、住有所居、人有所业、劳有所得、怨有所诉上持续取得新进展。要深化平安建设、法治建设，加强和创新社会管理，健全党委领导、政府负责、社会协同、公众参与、法治保障的社会管理格局，完善“大调解”工作体系，做好社会稳定风险评估，加强信访积案化解，深化社会治安综合治理，狠抓安全生产工作，全力维护全市社会和谐稳定。

四、强化党建，改进作风，为谱写中国梦攀枝花篇章提供坚强保障

实现目标任务，关键在党、关键在人。要以党的执政能力建设、先进性和纯洁性建设为主线，认真学习贯彻习近平总书记在中央政治局专门会议上关于作风建设的重要讲话精神，全面推进新形势下党的建设新的伟大工程，为攀枝花各项事业发展提供坚强的组织保证和人才支撑。

（一）进一步加强思想理论建设，着力提升党员干部思想政治素质。要坚持用党十八大和省委十届三次全会精神武装头脑、指导实践、推动工作，增强中国特色社会主义的道路自信、理论自信、制度自信。要巩固深化主题教育活动成果，努力把活动要求转化为谋划发展的共识、推动发展的动力、促进发展的举措。要在改进思想政治工作方式上下功夫，以建设学习型党组织为载体，建立健全思想政治工作长效机制。要坚决破除“怕、满、慢、浮、僵”的消极思想，保持“闯、进、快、实、活”的进取激情，做到在思想解放中凝聚共识、在作风转变中改革创新、在工作落实中跨越赶超。

（二）进一步加强班子和干部队伍建设，着力提高领导能力和工作水平。为政之要，唯在得人；用人之道，重在导向。要选好配强各级班子，尤其要选好一把手，建强执政骨干队伍。要坚持“干部工作出人才”，紧扣科学发展需要，鲜明重品行、重实干、重公认的用人导向，突出在“急难险重”任务、招商引资、边远民族地区和群众信访工作“四个一线”培养选拔干部，大胆起用一批眼界宽、思路活、脑子灵、懂经济、晓市场、善经营的干部。要坚持“人才工作出成果”，抓好引进、培养、使用、服务四个环节，加快构建多层次人才支撑体系。要围绕全市发展规划部署，开展全方位、多层次干部培训，鼓励和选派干部到经济建设、改善民生、维护稳定等一线经受考验和磨砺，不断提升领导能力和工作水平。

（三）进一步加强基层组织建设，着力夯实促发展惠民生的工作基础。要坚持“组织工作出经验”，深入开展“争创基层服务型党组织、争创为民务实清廉型党员干部”活动，构建灵活高效、贴近需求的基层党组织服务体系。要按照“政治素质好、带领力量强、服务能力强”的要求，选好配强基层党组织带头人。要深化“挂包帮”和“百千万？干群心连心”活动，建立健全党建惠民的长效机制。要突出先进性和纯洁性要求，以创建“五彩花城党建”品牌为引领，激励广大党员立足岗位创先争优，适时选树一批服务群众、为民办事的典型，推出能在全省乃至全国推广的模范，发挥导向引领作用，做到“一个党员一面旗帜、一个支部一个堡垒”。

（四）进一步加强干部作风建设，着力营造为民务实清廉的良好风气。要努力践行中央和省、市委关于改进工作作风、密切联系群众的各项规定，认真学习领会中央和省委关于开展为民务实清廉群众路线教育实践活动的要求，超前谋划，精心组织，确保明年初活动一启动就能出亮点、见实效。要加强和改进新形势下群众工作，心系群众所需所急所盼，真心诚意为群众办实事，努力解决群众生产生活中的实际困难。要强化执行力，把主要精力放在抓落实上，对确定的工作任务扭住不放、一抓到底。要完善惩治和预防腐败体系，保持惩治腐败的高压态势，切实解决群众反映强烈的突出问题。要倡导艰苦奋斗，坚持勤俭办一切事业，坚决反对和制止公款浪费现象，树立领导机关和党员干部的良好形象。

五、突出重点，狠抓落实，圆满完成今年目标任务

上半年，面对复杂多变的宏观经济形势，我们坚持稳增长、调结构、提质量、惠民生，采取各种前瞻性、针对性措施，全力以赴加快发展、提质增效，基本实现了“时间过半，任务过半”；但同时，也还存在部分指标进展滞后、一些指标推进不快、个别指标推进压力较大等问题，需要引起高度关注。下半年是我们顺势而为、借势发力、跨越提升的关键时期，全市上下一定要充分认识当前经济环境的复杂性和经济形势的严峻性，进一步增强忧患意识和责任意识，迎难而上，狠抓落实，全力推进各项目标任务。

一是坚定发展信念。面对危机和挑战，信心比黄金还重要。要准确研判形势，既直面问题又坚定信心，做到充分估计稳增长面临的各种压力，充分看到经济发展中的各种积极因素，坚持目标不变、要求不变、任务不变、决心不变，在求进上下功夫，在创新中谋发展，以非常之策，行非常之举，确保全年目标圆满完成。

二是营造合力氛围。各级各部门要严格按职履责，咬定目标不放松，积极担当责任，加强协作，通力配合，坚持部门联动，一起上、联手督、共同推；坚持各司其职，尽心抓、尽力干、尽责做。全市各级干部一定要把心思放在工作上，把精力用在推进发展中，同心同德，同舟共济，少一些指指点点和说三道四，多一些扎扎实实和示范带头，形成全市上下聚精会神搞建设、一心一意抓发展的强大正能量。

三是强化执行落实。今年的目标任务特别是“急难险重”任务年初就已确定，今后一段时期的努力方向刚才也已明确，对下半年的工作，一会儿张剡市长还要做具体安排，现在的关键就是抓执行、促落实。对市委确定的目标任务，要层层明确专人，级级落实责任，卡牢节点、挂牌督办，做到责任主体明确、工作标准明确、完成时限明确、追究措施明确。各级各部门要围绕市委总体部署和具体要求，环环相扣去落实、倒排工期去推进、级级督办去完成。对市委的决策部署，要定一项，抓一项，项项落地；对市委的工作安排，要干一件，成一件，件件落实。

四是严格考核奖惩。抓考核就是抓落实，抓考核就是抓发展。要健全考核机制，创新考核办法，分级分类进行考核，做到定性考核与定量考核相结合，年度集中考核与经常性考核相结合，组织考核与群众评价相结合，动态监控与跟踪问效相结合，确保考核结果客观公正。要注重对考核结果的运用，坚决逗硬奖惩，强化激励鞭策，无论哪项工作，无论形势如何变化，我们今年确定的目标不会变、考核标准不变会、奖惩条件不会变。总之，有什么样的业绩，就一定会兑现什么样的待遇！

同志们，因时之势，故易为力。让我们紧密团结在以习近平同志为总书记的党中央周围，深入贯彻落实党的十八大和省委十届三次全会精神，进一步振奋精神、坚定信心，励精图治、务实进取，全力以赴抓好今年和今后一个时期的各项工作，为在全省率先全面建成小康社会、谱写伟大中国梦的攀枝花篇章而努力奋斗！

在全市“实现伟大中国梦、建设美丽繁荣和谐四川”暨“思想大解放，作风大转变，工作大落实”主题教育活动总结表彰大会上的讲话

2013 年 7 月 30 日

从去年 12 月中旬至今年 7 月中旬，全市先后开展了“思想大解放，作风大转变，工作大落实”和“实现伟大中国梦、建设美丽繁荣和谐四川”两次主题教育活动，分别有 92 个和 100 个一级单位参加。经过 7 个月的扎实推进，两大活动在全市深入展开、掀起热潮，取得了明显成效。今天，我们在此召开总结表彰大会，总结经验做法，深化活动成果，为即将开展的群众路线教育实践活动谋篇布局。同时，这次我们是把总结表彰大会和经济形势报告会进行套开，以便大家更加深刻地把握当前形势，充分凝聚发展共识，切实体现转变作风。刚才，我们对活动中涌现出来的 19 个优秀组织和 45 项优秀成果进行了表彰，在此，我代表市委向受到表彰的集体和个人表示热烈的祝贺，向为活动付出辛勤劳动的同志们表示衷心的感谢！下面，我讲几点意见。

一、精心组织，求真务实，两大主题教育活动取得明显成效

7 个多月来，我市各级党组织紧紧抓住树立和落实科学发展观这个核心，突出让人民群众得实惠这

个根本，把握解放思想、转变作风、落实工作三项重点，把主题教育活动放到全市经济社会发展的全局来谋划，立足改革发展稳定的实际来部署，坚持抓理论武装、抓主题实践、抓载体创新、抓作风转变、抓制度规范，推动活动有序开展、取得显著成效。

（一）坚持突出务实性，着力加强组织领导。市委高度重视两个主题教育活动，召开市委常委会专题研审活动方案，召开市县乡三级视频会进行动员部署，及时研究解决实际问题。从市四大班子做起，各级领导干部率先垂范、真抓实管，各级各部门迅速行动，层层成立工作领导小组，广大干部群众积极投身参与，实现了全程全域全面推进。建立推进和督查并行机制，实行领导责任制、辖区负责制、行业指导制，将主题教育活动纳入考核测评，组建专项督查组，分层建立联系点，加强工作指导，开展明察暗访，严肃问责整改，高标准推进各阶段工作，使得两大活动既氛围浓厚、形成浩大声势，又扎实深入，取得良好实效。

（二）坚持突出思想性，着力强化理论武装。坚持理论先导、分类施教，以学习贯彻党的十八大精神为主线，把学习贯穿主题教育活动始终。机关单位采取集中培训、分散自学、座谈讨论、撰写心得等形式，搞好思想发动和学习提高。基层组织利用远程教育站点和社区网格开展专题学习，开展棚户区住房梦、大学生创业梦等互动讨论。农村组织“土专家”“田秀才”一边讲解种养技术，一边宣讲主题教育活动精神；组织干部进村入户，与群众一起劳动，一起畅谈中国梦。“两新”组织围绕活动主题，学习政策知识和行业自律公约。企业围绕提高核心竞争力开展学习讨论，把思想解放转变为企业发展动力，把企业发展梦融入伟大中国梦。

（三）坚持突出针对性，着力推动环节创新。坚持因类制宜、分类指导，“思想大解放，作风大转变，工作大落实”主题教育活动，制定了1个总体方案和组织、宣传、巡查3个子方案，划分为思想发动、集中教育、整改落实、跟踪问效4个阶段；“实现伟大中国梦、建设美丽繁荣和谐四川”主题教育活动，确定了“突出一个主题、搞好两个结合、开展三个教育、实现四个目标”的总体思路，划分为集中学习、讨论交流、总结提高3个阶段。活动环环相扣、步步推进，更加贴近实际、有的放矢。在开展过程中，突出“面、线、点”细化，科学把握进度、安排活动，面上制定总体框架；线上针对各个层面、行业和领域分别确定活动方案；点上加强联系指导，提升活动灵活性、针对性和实效性。

（四）坚持突出统筹性，着力彰显实践特色。将“实现伟大中国梦、建设美丽繁荣和谐四川”与“思想大解放，作风大转变，工作大落实”两大活动紧密结合，整合活动资源，通盘安排部署，统筹推进落实，实现了相得益彰、效果升级。将主题教育活动与实施省、市委发展战略紧密结合，通过主题教育活动为实施省委“三大发展战略”和市委“三个加快建设”“三个走在全省前列”“六大硬仗”“四个翻番”总体思路凝聚共识、明晰思路、增添动力。将主题教育活动与完成“急难险重”任务紧密结合，在“急难险重”一线选树典型，把“急难险重”现场作为学习教育基地，把“急难险重”责任单位作为活动重点对象，加快推进“急难险重”任务。将主题教育活动与克服当前发展困难紧密结合，教育引导干部群众正视困难、提振信心，积极寻找办法、突破难题，形成系统化的措施和制度化的成果，有效应对、加快走出困难局面。

（五）坚持突出开放性，着力扩大社会参与。为推动两个主题教育活动深入开展，先后邀请厉无畏、辛鸣、郎咸平、解洪、张星炜、王长江等专家学者“请进来”宣讲，整合干部、专家、教师、先进典型等组建宣讲团“走下去”宣讲，新闻媒体开展全即时报道和话题引导，在公共场所高密度宣传展示，广泛开展文艺宣传活动，选树、宣传先进典型和经验，营造强大舆论声势，广泛调动群众参与活动的积极性、主动性，实现活动全覆盖。坚持活动全程公开，开展媒体网络问政、问卷调查征民意及问诊决策咨询专家、人大代表和政协委员等活动，做到查找问题听社会意见、谋划思路向社会问计、改进措施向社会请教、衡量成效由社会评判，真正使活动成为社会满意工程。

经过全市各级党组织和广大党员干部群众的共同努力，我们较好地完成了各阶段、各环节的工作，两大主题教育活动已经圆满告一段落。总体来看，活动时间虽短，但内容丰富、安排紧凑、效果明显，基本达到了预期目的，受到了广泛的认可和好评。中央和省级媒体播发我市两个主题活动消息80余条，省上采用我市主题教育活动信息40余条。在组织党代表、人大代表、政协委员、基层干部对两次主题教育活动进行的测评中，满意度均达到94.96%。

一是思想认识有新收获。全市共组建宣讲团13个、宣讲小分队1400多支，选配宣讲员和学习辅导员19015名，科级以上领导干部建立活动联系点2053个，举办宣讲报告会2.1余万场，参加人数50余万人次。开展了主题教育活动“十进”，举办了主题征文、演讲比赛、文艺汇演、巡回展览等丰富多彩的活动，开展宣传展示1000余场次、参观人数30余万人。编印了辅导学习资料10万余份，编发乡土教材1000多种、100多万份。广大干部群众经受了全方位、深层次的锤炼和洗礼，思想观念和精神状态明显转变，进一步破除了陈规陋习的束缚，更加坚定了坚持中国道路、弘扬中国精神、凝聚中国力量的思想意识，对“中国梦？四川篇章？攀枝花章节”的内涵、目标、路径等认识更加深刻，形成了干部群众同心同德、政府企业同舟共济、机关基层同频共振的生动局面，涌现和选树了“花城百姓大妈”丁爱谱、吃苦耐劳的“钢城螺丝钉”周树春、勇攀高峰的“钒钛领军人”缪俊辉、无私奉献的“援藏助梦人”马国志、一心为民的“我们的村干部”李玉娇等先进典型，为推动攀枝花科学发展、加快发展提供了强大的思想和精神动力。

二是作风素质有新提升。各级各部门公开征集、曝光问题，承诺整改效果，强化工作落实，主动接受组织考核和社会监督，共查找问题5000余个，采纳合理化建议和意见5000余条，提出公开承诺事项407项、整改措施969项，解决实际问题4663个，机关作风不断改善，服务效能显著提升。各级党员干部主动接受教育、深刻分析检查、着力整改落实，注重在活动中转变作风，在改进作风中提升素质，“怕、满、慢、浮、僵”等作风问题得到有效治理，“闯、进、快、实、活”的良好风气持续兴起，实现了以优良党风带政风促民风，百姓创家业、能人创实业、干部创事业的热潮正在攀枝花城乡大地涌动。特别是在改进工作作风、密切联系群众上，市委根据中央“八项规定”和省委“十项规定”，制定出台了有关精简会议、联系群众、提高工作效率、厉行勤俭节约等“十项规定”，市委常委带头精简会议，市“四大班子”成员带头深入一线，大力整治形式主义、官僚主义、享乐主义和奢靡之风，公款大吃大喝现象少了，节俭办事的情况多了；文山会海少了，深入一线抓落实多了；庸懒散慢等问题少了，务实进取的干部多了，全市上下精神面貌焕然一新、干事创业激情竞相迸发。

三是推进发展有新起色。全市各行业、各系统结合自身工作实际、围绕经济社会发展开展集中讨论1000余场次、近3万人次参与，提振了全市干部群众的精气神，推进科学发展、加快发展的意识和能力有了新的提升，进一步明确了推动攀枝花由资源大市向经济大市跨越、由总体小康向全面小康跨越，在全省率先全面建成小康社会的奋斗目标。各地各部门着力抢抓发展机遇，完善思路措施，整改存在问题，强化攻坚破难，全力完成目标任务，各项工作取得了新进展、新成效。今年全市确定的55项“急难险重”任务，有47项达到进度要求；28个重点项目中，有24项稳步实施。金沙江沿江景观打造、花城新区建设、“五创”联动、云钛公司钛锭、阿署达花舞人间景区、普达阳光国际康养度假区等重点项目加快推进；“缅气入攀”工程和丽攀高速公路攀枝花段进展顺利，有望今年底建成投入使用；机场地质灾害综合治理工程竣工，顺利实现复航。上半年，在复杂严峻的宏观形势下，全市实现地区生产总值392.39亿元，增长10.6%，高于全省平均0.5个百分点，规上工业增加值增长14.7%，居全省第6位。特别是经过全市上下的共同努力，国家攀西战略资源创新开发试验区获批，攀枝花在全国全省发展格局中的战略地位进一步提升。

四是改善民生有新作为。把改善民生作为活动的载体和目标，深入开展了“挂帮包”“百千万？干群心连心”等活动，完善便民服务措施，真情为群众办实事、解难事，做到了市级领导参与挂点、市县（区）两级部门包村、352个行政村被帮扶“三个全覆盖”，“百千万？干群心连心”活动第一批就完成了1271名干部与3599户群众的结对联系，第一批16个乡村旅游点和83户示范户建设初见成效。上半年，行政服务窗口按时办结率达100%、现场办结率达100%、群众评议满意度达99%。突出支持边远民族地区发展，加大扶危解困力度，城乡居民持续增收。安排35.8亿元资金，深入实施“十大民生工程”，着力解决事关群众切身利益的实际问题，在全省率先启动“筒子楼”改造，上半年开工各类保障性住房及棚户区改造住房4884套。加强和创新社会管理，深化“平安攀枝花”建设，开展“十项法制行动”，今年挂牌的56个积案已成功化解32个。全市各族群众从活动中得到了实惠、看到了希望、增强了信心，进一步密切了党群干群关系。最近，省委常委、政法委书记刘玉顺，省委常委、宣传部部长吴靖平，省委常委、组织部部长范锐平，副省长黄彦蓉，副省长侍俊来攀调研时，都充分肯定了我市开展的主题教育活动及由此带来的新发展、新变化，高度评价了攀枝花干部真抓实干的工作劲头和工作作风。

五是队伍建设有新成效。把组织建设作为活动重点之一，着力打造“五彩花城党建”品牌，一些党建工作较为薄弱的领域有了新气象，基层组织创造力、凝聚力、战斗力不断提升，战斗堡垒作用得到更好的发挥。进一步鲜明了“重品行、重实干、重公认”和重点在“急难险重”、招商引资、边远民族地区、群众信访工作“四个一线”培养选拔干部的用人导向，启动实施了年轻干部培养选拔“5211工程”，对21个市级部门（单位）的34名县级领导干部、2个区（县）党委正职、3个区（县）政府正职实施了统筹联动交流，对任职满7年以上的部门正职进行了统一轮岗交流，切实激发干部的工作热情和积极性，整个干部队伍的精神面貌更好了、工作效率更高了、为群众服务的劲头更足了，全市上下想干事、敢干事的氛围日益浓厚，求发展、谋跨越的合力不断增强，重大项目和重点工作的推进更加迅速有力。

六是建章立制有新进展。坚持探索创新，注重总结提炼主题教育活动中的好经验好做法，两个主题教育活动先后制发文件40个，建立了关于推进“急难险重”工作、领导干部直接联系指导基层、群众自我教育的“三项制度”，形成了关于解放思想、转变作风、强化督促检查、加强和改进干部选拔任用、创新社会管理的“五大机制”，构建起充满活力、长效管用、有利于促进科学发展的体制机制，为即将开展的群众路线教育实践活动打下了坚实的理论和实践基础。

二、总结经验，深化认识，不断巩固和扩大主题教育活动成果

通过开展主题教育活动，我们形成了许多新的认识，得到了许多重要启示。对此要认真总结提炼，把好的理念、好的做法、好的制度转化为长效机制，切实巩固和深化教育活动成果，持续深入推进思想解放、作风转变和工作落实，为加强和改进新形势下党的建设，推进动攀枝花科学发展、加快发展注入源源不竭的动力。

第一，必须坚持解放思想，推动工作创新，增强党组织的生机与活力。解放思想、大胆创新是主题教育活动充满生机和活力的源泉，也是教育活动取得成效的重要动力。活动中，我们通过创新抓好学习讨论、载体设计、典型选树等工作，把主题教育活动融入到全市发展大局中去，以活动开展促进各项工作落实，以加快发展的实际成效来检验活动成果，保证活动实现了最大的政治、经济和社会效益。实践证明，只有把思想解放贯穿于推动发展的全过程，只有坚持制度创新、机制创新、载体创新，形成新的亮点和品牌，党的工作才有吸引力、凝聚力和战斗力，党的组织才有活力和生命力，党的建设才能在改进中加强，在加强中改进。

第二，必须坚持领导带头，发挥表率作用，凝聚加快发展的强大合力。严格实行领导抓、抓领导的责任制，是搞好主题教育活动的坚强保证。在这次活动中，各级领导干部以身作则、率先垂范，主要领导严格履行第一责任人职责，带头贯彻落实中央和省、市委各项规定，带头密切联系群众，带头深入基层调查研究，带头解决实际问题，形成了表率和示范效应，凝聚了强大的“正能量”。实践证明，只有领导干部以身作则、身体力行，以勤政廉政的良好形象，以优良的党风政风，带头动员部署、带头接受教育、带头分析检查、带头整改落实，才能真正影响和带动广大干部群众齐心协力、齐抓共建，形成良好的干事创业氛围，推动经济持续快速发展、社会持久和谐稳定。

第三，必须坚持群众路线，为群众办实事，以实际行动赢得群众的真心拥护。开展主题教育活动的目的是促进发展，而发展的根本目的在于增进人民福祉，必须紧紧依靠人民来实现，必须不断为人民造福。活动中，我们坚持开门搞活动，查找问题听群众意见、谋划思路向群众问计、改进措施向群众请教、落实任务请群众监督、衡量成效由群众评判，切实把教育活动融入到老百姓的上学梦、就医梦、就业梦、致富梦、安居梦等具体要求之中，突出与人民群众生活的紧密联系，使对策措施更加符合发展规律、更加符合客观实际、更加符合基层和群众愿望。实践证明，只有坚持走群众路线，多为群众办好事实事，充分激发群众追求发展、实现目标的原动力，才能使教育活动具有广泛的党内基础和群众基础，才能得到广大干部群众的真心拥护和支持，不断增强活动的吸引力和带动力。

第四，必须坚持分类指导，加强督导检查，激发广大党员参与活动的内在动力。开展好主题教育活动，既要结合本地的经济、文化等市情特征，也要结合各行业、各领域的具体实际，针对不同的群体进行分类指导、因材施教，增强活动的针对性和实效性。活动中，我们注重从行业特点、党组织和党员的实际出发，在方式方法上突出灵活性和实效性，使教育的形式和方法为大多数党员所接受。同时，坚持高标准、严要求、从实际出发，把检查督导工作贯穿主题教育活动始终，严格把关，大胆纠偏，是我们防止活动走过场的一条重要措施，在活动中发挥了不可替代的重要作用。实践证明，只有坚持从实际出发，遵循分类指导的原则，强化督导检查，才能真正使教育活动在广大干部群众的积极参与和有效监督之下进行，确保实现预期目的。

第五，必须坚持典型引领，强化正面引导，营造干事创业的浓厚舆论氛围。社会舆论的正面引导，及时宣传党内的先进模范人物，宣传身边的人和事，对于统一思想、凝聚人心、弘扬正气、振奋精神，树立新时期共产党员的良好形象，推动主题教育活动深入开展，有着十分重要的意义。活动中，我们坚持正面发声、宣传先行，构建“传统媒体有专题、新兴媒体有行动、公共空间有展示”的立体轰炸式宣传格局，精心选树了丁爱谱、周树春等一批先进典型，大家学习先进、追赶先进，形成了“比、学、赶、帮、超”的浓厚氛围。实践证明，只有强化典型的正面引导，才能做到评有对照、议有标杆、改有方向，充分调动广大党员干部群众的积极性、创造性，形成良好的舆论氛围、工作环境和发展态势。

三、加强学习，创新实践，奋力开创全市经济社会发展新局面

目前，两个主题教育活动虽然结束了，但一些地方和部门存在的突出矛盾与问题，特别是一些长期积累的问题，不可能通过几个月的教育活动就全部解决。各级各部门和广大党员干部，务必把主题教育活动作为一项永不竣工的系统工程，长抓不懈，常抓常新，持续增强抓落实、促发展的动力与活力，坚持不懈地把攀枝花各项事业推向前进。

（一）积极总结运用活动成果，不断把主题教育活动推向深入。要把主题教育活动中形成的好做法、好经验特别是具有攀枝花特色的一些创新性做法提炼出来，总结好、运用好、发扬好，进一步统一思想、凝聚力量、创新思路、强化举措，切实用活动成果来指导实践、推动工作，促进活动向广度和深度发展。按照省委的安排部署，明年上半年我市将开展党的群众路线教育实践活动。我们要充分运用这两次主题教育活动中形成的好的经验、做法和体制机制，持续破除“怕、满、慢、浮、僵”的消极思想，始终保持“闯、进、快、实、活”的进取精神，充分做好思想准备、理论准备和组织准备，确保在明年的教育实践活动中出特色、出亮点、出典型、见实效。

（二）突出加强制度创新，建立健全促进科学发展的长效机制。要认真梳理主题教育活动的成功经验，把行之有效的做法制度化，把切实管用的制度长效化，努力扩大和拓展活动成果。在活动中，我们已经形成了“五大机制”、建立了“三项制度”，这是活动取得的重要成果，也是今后扩大成果、实现长效的重要保障。各级各部门要紧扣市委中心工作，紧密结合自身实际，细化各项制度、规定和办法，切实抓好贯彻落实。要深入研究分析各领域、各层面存在的制度缺失和体制障碍，尽快完善相关的政策方案和体制机制，健全保障科学发展的制度体系，确保各项目标任务扎实有序推进。

（三）持续转变工作作风，全力破解制约科学发展的突出问题。开展主题教育活动，归根结底都是为了解决作风问题，以更好地统一思想、凝聚力量、推动工作。现在，这两大活动即将告一段落，但我们转作风、抓发展的实践永远没有尽头。要大力弘扬活动中形成的优良作风，以崭新的精神面貌，全力推动各项事业发展上台阶。要大兴务实之风，坚持胸怀大局、锐意进取，以对党和人民高度负责的态度，力戒形式主义，不做表面文章，严谨细致、一丝不苟，高质量地完成每一项工作。要大兴创新之风，坚持解放思想、实事求是，大力推进观念创新、制度创新、工作创新，以改革的精神和科学的态度，对一些长期没有解决好的重点、难点问题，换一个角度去思考，换一个途径去探索，换一种思路去解决，努力开辟新途径、寻找新路子、开创新局面。要大兴清廉之风，坚持清正廉洁、克己奉公，认真贯彻执行中央和省、市委关于改进工作作风、密切联系群众的各项规定，坚决抵制形式主义、官僚主义、享乐主义和奢靡之风，全身心投入服务发展、服务群众的各项工作中去，勇当勤政廉政的表率、攻坚克难的尖兵。

（四）切实保障和改善民生，努力让人民群众得到更多实惠。要把解决民生问题作为实现率先全面建成小康社会目标的核心内容，从解决群众最基本的生活问题着眼，从群众最关心、反映最强烈的事情入手，从最困难、最需要帮助的群体抓起。各级党员干部特别是领导干部要带头走出机关，深入基层，多“接地气”，实地体验群众生活，体察群众忧乐，体味群众情感，真诚地化民怨、解民忧、帮民富，不断增进民生福祉，提升人民群众的幸福感和满意度，促进全市社会大局和谐稳定。要重点围绕就业、就学、就医、社会保障、安全生产等群众普遍关注的现实问题，持续加大工作力度，突出抓好边远民族地区扶贫、城市低收入群体帮扶、危旧房改造、保障性住房建设等重点民生工作，让人民群众切身感受到党委、政府保障和改善民生的真心与决心，以实实在在的民生工作成果赢得人民群众的信任、支持和拥护。

（五）坚持加强和改进党的建设，全面提升党的建设科学化水平。要以党的执政能力建设、先进性和纯洁性建设为主线，认真学习贯彻习近平总书记在中央政治局专门会议上关于作风建设的重要讲话精神，全面推进新形势下党的建设新的伟大工程，为攀枝花各项事业发展提供坚强保障。要坚持用党十八大、省委十届三次全会和市委九届五次全会精神武装头脑、指导实践、推动工作，进一步加强思想理论建设，着力提升党员干部思想政治素质。要按照“干部工作出人才、组织工作出经验、人才工作出成果”的总体要求，突出在“四个一线”培养选拔干部，鲜明重品行、重实干、重公认的用人导向，引导广大党员干部争做“信念坚定、为民服务、勤政务实、敢于担当、清正廉洁”的好干部；抓住引进、培养、使用三个环节，加快构建多层次人才支撑体系；深入开展“争创基层服务型党组织、争创为民务实清廉型党员干部”“挂包帮”和“百千万？干群心连心”活动，不断提升基层党建工作水平。要按照构建具有攀枝花特色惩治和预防腐败体系的要求，坚持教育、制度、监督、惩处多管齐下，推动反腐倡廉建设取得明显成效，全面营造“干部清正、政府清廉、政治清明”的良好环境。

（六）始终保持加速快进，奋力推进攀枝花发展新跨越。实现科学发展、加快发展是各级党组织和党员干部的使命所在、责任所在。要紧紧围绕市委决策部署，着力把全市人民的智慧和力量凝聚到实施“三个加快建设”、推进“三个走在全省前列”、打好“六大硬仗”、实现“四个翻番”的总体思路上来，落实到今年的目标任务、工作重点和“急难险重”任务中去，形成齐心协力抓发展的生动局面。要深入落实“三大发展战略”，抓住和用好国家攀西战略资源创新开发试验区建设和老工业基地调整改造等重大历史机遇，坚持以做大经济总量为基础，以提高发展质量和效益为核心，以推动产业升级和城市转型为重点，以特色优势产业发展、新型城镇化建设、城乡统筹发展为支撑，以改革开放和创新驱动为动力，着力优化发展格局、培育竞争优势、增强跨越动力，不断壮大整体经济实力，切实提升攀枝花在全国全省发展格局中的战略地位。要坚持工业化与城镇化并力、扩张总量与优化结构并举、发展经济与保障民生并重，加快推动攀枝花由资源大市向经济大市跨越、由整体小康向全面小康跨越，向着在全省率先全面建成小康社会的目标扎实迈进。要充分发挥攀西城市群区域性中心城市的引领作用，努力在阳光康养旅游城市建设上取得新突破，在构建区域综合交通枢纽上迈出新步伐，在建设区域商贸物流中心上见到新成效，在打造区域教育文化卫生高地上形成新优势，始终保持全市经济社会发展的良好势头，加快把攀枝花建设成全省发展的重要一极。

同志们，回顾过去是为了更好地着眼未来，总结经验是为了更好地指导实践，教育活动没有穷期，加快发展时不我待。希望大家站在新的起点上，以更加坚定的信念、更加自觉的行动，更加务实的作风，积极投身全市发展大局，加强学习，勇于探索，开拓创新，扎实工作，奋力推进“两个跨越”，不断开创全市科学发展、加快发展新局面，为在全省率先全面建成小康社会、谱写中国梦的攀枝花篇章而努力奋斗！

在攀枝花市第29个教师节庆祝大会上的讲话

2013年9月10日

满载着桃李芬芳的硕果累累，蕴含着尊师重教的蔚然之风，今天，我们在这里隆重集会，热烈庆祝第29个教师节，隆重表彰我市优秀教师和教育工作者，激励全市教育系统广大教职工进一步振奋精神、牢记使命，无私奉献、开拓进取，把我市教育事业不断推向前进。在此，我代表市委、市人大、市政府、市政协，向全市各级各类学校教师和广大教育工作者们、向曾经为我市教育事业改革发展无私奉献的离退休老教师们致以节日的问候和崇高的敬意！向受到表彰的优秀教师和教育工作者表示热烈的祝贺！向一直以来关心和支持我市教育事业发展的社会各界朋友表示衷心的感谢！

教育是民族振兴的基石，是经济社会发展的先导。历届市委、市政府始终把教育摆在优先发展的战略地位，大力实施教育品牌工程，不断加大教育投入，初步形成了体现终身教育理念、具有攀枝花特色、充满生机活力的现代教育体系，有效发挥了教育事业的全局性、基础性、先导性作用，有力促进了全市经济社会又好又快发展。特别是近年来，我市大力实施“科教兴攀、人才强市”战略，教育投入持续增加，师资力量持续增强，在全省率先实施了农村免费义务教育、民区免费中等职业教育，率先普及了九年义务教育、高中阶段教育和学前三年教育，教育质量和水平不断提升。2013年，全市本科上线总人数和重点院校上线人数突破3000人大关，达到3161人，高于全省平均水平，创历史新高。

这些成绩的取得，是全市上下重视、关心、支持的结果，更是广大教师和教育工作者辛勤耕耘、锐意进取的结果。特别是工作在教育教学一线的广大人民教师和教育工作者，爱岗敬业、矢志不渝，淡泊名利、甘为人梯，为培育英才、促进教育事业发展倾注了心血和汗水，做出了成绩和贡献，受到了广大学生及家长的衷心爱戴和全社会的普遍尊重。老师们，你们辛苦了！市委、市政府感谢你们，全市人民感谢你们！

刚才，张敏同志宣读了市委、市政府的表彰决定，希望受到表彰的教师和教育工作者珍惜荣誉、再接再厉，努力创造新的更大的业绩。米易县得石镇坊田小学郭富荣老师、市特殊教育学校罗春辉老师代表受表彰的教师和教育工作者作了很好的发言，他们的事迹让人感动、令人敬佩，使我们深受教育，充分展现了我市优秀教师群体的素质和面貌，他们是托起攀枝花教育事业蓬勃发展的中流砥柱！下面，我就加快攀枝花教育事业发展、推进区域性教育高地建设，讲三点意见：

一、统一思想，提高认识，切实增强加快发展教育事业的责任感和使命感

当前，我市正处于科学发展、加快发展的关键阶段，深入落实“三大发展战略”，大力推进“三个加快建设”，奋力实现“两个跨越”，统筹推进新型工业化、城镇化、信息化、农业现代化，根本出路在创新，关键因素在人才，最终途径靠教育。全市各级各部门和广大教育工作者要牢牢把握新时期教育工作面临的形势和任务，增强发展意识、大局意识和责任意识，主动作为，无私奉献，建功立业，努力把攀枝花教育事业推向前进。

第一，要充分认识到，加快发展教育事业是攀枝花实现产业发展的需要。教育兴则人才兴，人才兴则百业兴。攀枝花产业的发展、经济的繁荣，一直都与教育事业密不可分。早在建市之初，攀枝花人依靠自己的智慧和力量攻克了用普通高炉冶炼钒钛磁铁矿的世界难题，打破了外国专家关于攀枝花钒钛磁铁矿是“呆矿”的断言，较早地尝到了科教投入的丰硕回报，有力促进了全市经济的腾飞和城市的崛起。如今，世界进入了知识经济时代，科技成为第一生产力，知识对发展的主导作用日益突出，我们要实现攀枝花发展新跨越，更离不开知识的指引和创新的驱动。只有坚持教育优先发展战略不动摇，大力发展现代教育事业，才能为攀枝花的产业发展提供坚强的人才和智力支撑，推动经济增长由产能扩张型向创新驱动型转变，不断提升发展的质量和水平，确保在全省率先全面建成小康社会。

第二，要充分认识到，加快发展教育事业是攀枝花实现城市转型的需要。人是城市发展的主体，而教育是知识创新、传播和应用的主要基地，也是培育创新精神和高素质人才的重要途径，在城市建设和发展中具有先导性和基础性作用。新加坡从 1976 年开始，就把《公民与道德》作为学生必修课，通过不断的教育和一代代的积累，培养出了具有良好道德素质的公民，造就了高度发达的社会文明。我们要建设百万人口区域性中心城市，实现从工矿城市向现代宜居城市的根本性转变，也离不开教育事业的推动和支撑。只有始终高举“科教兴市”的大旗，大力发展现代教育事业，扩大教育有效投入，才能促进人口集聚、加快产城融合，推动城市竞争力加快提升；只有大力发展现代教育事业，才能不断提高市民素质，塑造城市文化内涵，形成攀枝花特有的“精气神”，增强对周边地区的辐射力和影响力。

第三，要充分认识到，加快发展教育事业是攀枝花实现民生改善的需要。知识改变命运，教育成就未来。随着生活水平的不断提高，广大人民群众对教育越来越重视，对优质教育的需求越来越迫切。现在，攀枝花许多有条件的家庭，从初中甚至小学开始，就把子女送到成都、绵阳等地的名牌学校学习。有些家庭哪怕节衣缩食，也要让孩子接受最好的教育。这是我们的压力，更应成为我们加快教育发展的动力。近年来，由于区位、体制等原因，我市的师资力量、教学条件和教育水平，与先进地区相比还存在较大的差距，各级党委政府和教育主管部门以及在座的各位，必须引起深思、正确对待，把群众不出攀就能享受到全省最好的中学、小学教育作为奋斗的目标，以满腔的热情、有力的措施、持续的投入，加快提升教育教学水平，切实满足人民群众对多样化、多层次优质教育的需求，真正把教育惠民的工作落到实处。

二、突出重点，抓住关键，不断开创全市教育事业发展新局面

我市要在全省率先全面建成小康社会，就必须在全省率先实现教育现代化，率先建成学习型社会、建成教育强市和区域性教育高地，这是一项长期的、系统的、持续的工程。我们必须遵循教育发展规律，突出重点，抓住关键，以点带线，以线促面，全方位推进教育事业发展。

一是以坚定的决心推进教育优先发展。要切实保证经济社会发展规划优先安排教育发展、财政资金优先保障教育投入、公共资源优先满足教育和人力资源开发需要，并尽快形成科学规范的制度。财政供养人口最多的是教师，要以加大公共财政对教育投入的保障力度为重点，健全以政府投入为主、多渠道筹集教育经费的体制，继续加大上级财政转移支付和专项支持力度，将《国纲》中“国家财政性教育经费支出占国内生产总值比例2012年达到4%”和《省纲》中“确保到2012年按可比口径计算的全省各级各类财政性教育支出占全省财政支出的比例达到18%”的规定不折不扣地落到实处。各级各部门要从自身实际出发，明确分工，落实责任，密切配合，形成推动优先发展教育的合力。

二是以公平的举措推进教育均衡发展。要坚持教育的公益性和普惠性，是促进社会公平的重要基础性任务。要按照实施“两化”互动、统筹城乡要求，转变政府教育管理职能，落实政府发展和管理教育责任，积极推动建设覆盖城乡的基本公共教育服务体系，逐步实现基本公共教育服务均等化，加快缩小城乡、区域教育发展差距。要健全资助政策体系，完善家庭经济困难学生资助制度和工作机构，努力做到不让一个孩子因家庭经济困难、就学困难或学习困难而失学。要进一步加大农村、边远贫困地区、民族地区教育投入，实施好第二批“百村支教行动”、一师一校建设，加强农村中小学校舍维护改造、农村薄弱学校改造、教师周转房建设和民族地区十年行动计划，逐步缩小城乡教育发展差距。

三是以精品的意识提高教育教学质量。要全面发展和规范学前教育，重点发展农村学前教育和优化城区幼儿园布局结构，遵循幼儿身心发展规律，坚持科学保教方法，加强学前教育管理，保障幼儿快乐健康成长。要全域提升义务教育质量，巩固提高义务教育发展水平，推进义务教育均衡发展，确保适龄儿童少年接受良好义务教育。要整体提高高中阶段教育普及水平与质量，合理确定普通高中和中等职业学校招生比例，实施精品战略，做强普通高中教育，全面提高普通高中学生综合素质，推动普通高中多样化发展。要大力发展职业教育，优先发展钒钛、钢铁、能源、化工以及水果、蔬菜、烤烟、畜牧水产等生物产业相关的专业，形成适应经济发展方式转变和产业结构调整要求、体现终身教育理念、中等和高等职业教育协调发展的现代职业教育体系，增强学校办学能力和服务地方经济社会发展的能力。要全面提高高等教育质量，提高人才培养、科学研究、社会服务整体水平。同时，要抓好继续教育、民族教育、特殊教育，推动各级各类教育全面协调发展。

四是以务实的作风提升教师队伍素质。要遵循教育规律和教师成长发展规律，加强教师工作薄弱环节，创新教师管理体制机制，全面加强教师队伍建设，努力造就一支师德高尚、业务精湛、行为示范、结构合理、充满活力的高素质专业化教师队伍。要继续将师德建设放在首位，全面提高教师思想政治素质，把师德表现作为教师业绩考核、职称评审、岗位聘用、评优奖励的首要内容，建立健全教育、宣传、考核、监督与奖惩相结合的师德建设工作机制，完善学生、家长和社会参与的师德监督机制，构建师德建设长效机制。要坚持把农村教师、骨干教师队伍建设放在关键环节，提高教师专业化水平，促进教师自主学习，对农村边远地区教师实行倾斜政策，全面提高农村教师队伍质量。要采取更有力的措施，提高教师地位，维护教师权益，改善教师待遇，关心教师健康，为教师解决后顾之忧。

五是以创新的精神深化教育教学改革。要以扩大学校办学自主权和深化学校内部管理改革为重点，建设现代学校制度，完善中小学和中等职业学校校长负责制，倡导教育专家办学，探索符合不同类型教育和人才成长规律的学校管理体制与办学模式，增强学校办学活力。要以深化办学体制改革为重点，进一步完善政府主导、社会参与的办学体制，加快发展民办教育事业，动员全社会共同关心支持教育事业科学发展。要以推进招生考试评价制度改革为重点，完善中小学招生机制，坚持义务教育阶段公办学校就近免试入学制度，严禁各种形式的选拔考试。要以改革教育行政管理方式为重点，进一步转变政府职能，进一步明确政府的职责和管理权限，加快推进政校分开、管办分离，更多地运用法规、政策、标准、公共财政等手段引导和支持教育发展，着力提高公共教育服务水平。要以积极探索中外合作办学新模式为重点，坚持“引进来”与“走出去”相结合，继续扩大教育对外开放水平。

六是以完善的保障营造尊师重教的氛围。各级党委、政府要切实加强对教育工作的领导，引导和鼓励社会各界进一步更新教育观、成才观和用人观，理解教育改革，支持教育创新，形成共同推动教育改革发展的生动局面。相关部门要按照职能分工，完善配套政策，制定落实措施，加强协调合作，在制订规划、项目安排、学校用地、建设报批、基础设施配套、资金拨付等方面给予大力倾斜、支持，确保教育优先发展战略落到实处。要调动全社会关心教育的积极性，共同担负起培养下一代的责任，形成推动教育事业科学发展和促进人的全面发展的社会氛围。要完善相关制度和政策，积极改善教师工作生活条件，多为教师办实事、办好事，保障教师的政治地位、社会地位、职业地位，发动更多社会力量支持教育、投入教育、兴办教育。要加大宣传力度，推广教育战线先进人物和先进事迹，让尊师重教蔚然成风，让教师成为全社会最受人尊敬、最值得羡慕的职业，进一步营造尊师重教的良好风尚。

三、牢记使命，提高素质，努力办好人民满意的教育

教育大计，教师为本。广大教师要进一步增强责任感和使命感，从自身做起，身体力行，既注重教书，更注重育人，既注重言传，更注重身教，自觉加强师德修养、追求高尚情操、锤炼卓越品格，用人格塑造人格，用尊重换取尊重，用智慧点燃智慧，以“学为人师、行为世范”的人格魅力，做有德之师、模范之师。

一是要忠诚事业，爱岗敬业。教师的身上，既承载着千万个家庭的希望，更承载着整个民族的未来。作为光荣的人民教师，大家要忠诚于党和人民的教育事业，牢记神圣使命，坚定职业理想，甘于把满腔热血和毕生精力奉献给教育事业，做爱岗敬业、恪尽职守的楷模。教师的岗位在学校，要视校为家，爱校兴校，自觉增强职业认同感、归属感和自豪感。习近平总书记指出，教师要做学生健康成长的指导者和引路人。教师岗位的真谛就是真情关爱学生，要视生如子，春风化雨，润物无声。要像对待自己的孩子一样关爱和尊重学生，把爱的暖流送到每个孩子心田，做到用真心感化学生、用真诚教育学生、用真情塑造学生，努力成为学生的良师益友。要突出关爱特困家庭学生，帮助他们健康快乐成长。

二是要刻苦钻研，增强本领。古人说“自渡者渡人”，“名师出高徒”。教师作为知识的重要传播者和创造者，尤其应当与时俱进、博学强记、增智广才。广大教师要牢固树立终身学习理念，孜孜不倦、努力钻研，做热爱学习、善于学习、终身学习的标兵。要认真钻研本学科相关专业知识、教育基础理论和教学基本技能，加强教育教学研究和交流合作，力求掌握本学科最前沿的信息和研究成果。要广泛涉猎自然科学、社会科学等人类一切优秀文明成果，开阔视野胸怀，完善知识结构，提高综合素养，不断增强教书育人本领、提升教育教学质量。要崇尚科学精神，恪守学术道德，坚持求真务实，力戒浮躁心态，坚决抵制各种学术不正之风。

三是要锐意进取，开拓创新。目前，我市人才培养的质量还不能适应经济社会发展对高素质创新型人才的要求。解决这些问题，关键在于深化改革、开拓创新。广大教师要积极顺应时代发展要求，踊跃投身教育改革实践，大胆探索教育教学规律，积极创新教育教学方法，为推动我市教育科学发展献智出力。要牢固树立“育人为本、德育为先”的理念，把德育融入课堂教学、学生管理、学生生活，发挥好德育在人才培养中的导向作用。要注重学思结合、知行统一、因材施教，激发学生的学习兴趣和主动精神，鼓励学生进行创造性思维，提高学生的创新创造和实践操作能力，使广大青少年在发掘兴趣和潜能的基础上全面发展。要立足于经济社会发展的需要，更新课程内容，优化教学结构，为推进我市各项建设事业培养更多的高素质实用型、复合型人才。

四是要以身作则，立德立人。古人说“学是师之骨，德为师之魂”，教师的道德品质，对青少年的成长进步和人生发展具有潜移默化的深刻影响。广大教师要自觉坚持社会主义核心价值体系，树立崇高信念和远大理想，以“捧着一颗心来、不带半根草去”为精神追求，把个人抱负、事业发展与建设家乡、服务人民紧密联系起来，脚踏实地、奋力作为。要带头践行社会主义核心价值理念，坚持以德修身、以德治教、以德育人，在维护和践行传统美德、职业道德、社会公德上率先垂范、为人师表。要始终保持健康的生活情趣和积极的人生态度，自觉抵制社会上各种不良风气的侵蚀，用自身的人格魅力和卓有成效的工作赢得学生的爱戴和全社会的尊重。

老师们，同志们，教育是实现人的全面发展的前提，是经济社会发展通向明天的桥梁，是人类文明传承不熄的火炬。让我们以振兴攀枝花教育为己任，热爱教育、投身教育、创新教育，拉高标杆、加快发展，奋力开创全市教育事业发展新局面，加快推进区域性教育高地建设，为在全省率先全面建成小康社会、谱写中国梦的攀枝花篇章做出新的更大的贡献！

最后，衷心祝愿全市教师和教育工作者节日快乐，身体健康，阖家幸福，万事如意！

在全市学习兰辉同志先进事迹干部大会上的讲话

2013 年 11 月 5 日

今天，我们召开学习兰辉同志先进事迹干部大会，主要任务是贯彻落实中央、省委有关要求，观看兰辉同志先进事迹专题记录片，对我市开展向兰辉同志学习活动进行安排部署。

兰辉同志是全党开展群众路线教育实践活动中涌现出来的第一个先进典型，生前是北川羌族自治县副县长。今年 5 月 23 日，他带病下乡检查交通建设和安全工作，不幸因公殉职。兰辉同志牺牲后，当地干部群众非常悲痛，中央、省委对他的事迹和精神给予了高度评价。9 月 22 日，习近平总书记做出重要批示，“兰辉同志始终把党和人民的事业放在心中最高位置，是用生命践行党的群众路线的好干部，是新时期共产党人的楷模。广大党员干部要学习他信念坚定、对党忠诚的政治品质，心系群众、为民尽责的公仆情怀，忘我工作、务实进取的敬业精神，克己奉公、敢于担当的崇高品格，牢固树立宗旨意识，自觉做到为民务实清廉，更好发挥表率作用，不断做出经得起实践、人民、历史检验的实绩。”9 月 25 日，中组部追授兰辉同志“全国优秀共产党员”称号，并专门下发通知号召向兰辉同志学习。同时，在人民大会堂举行了兰辉同志先进事迹报告会，刘云山同志到会并讲话指出，兰辉同志是一个标杆，是一面镜子，是一本教科书，强调要加大学习宣传力度，使兰辉同志先进事迹变成我们党的精神财富、成为全社会的精神动力。省委授予兰辉同志“实践党的群众路线优秀党员领导干部”称号，并多次召开常委会、座谈会，学习兰辉同志的先进事迹，对全省学习活动做出安排部署。

开展向兰辉同志学习，是中央、省委的部署要求，对奠定我市即将开展的群众路线教育实践活动的思想基础，具有重要的现实意义；是引导党员干部争做兰辉式好干部的具体举措，对建设高素质干部队伍，具有鲜明的导向作用；是凝聚全市干部群众力量的重要载体，对推动我市“两个跨越”目标的实现，必将发挥强大的激励作用。各级各部门要认真组织学习兰辉同志先进事迹和精神品质，增添动力，振奋精神，做好本职工作，推动跨越发展。下面，我讲四点意见。

一、学习兰辉同志信念坚定、对党忠诚的政治品质，以兰辉为榜样，坚定共产党人的理想信念

在“5·12”地震发生时，兰辉正带着客商在该县曲山镇东溪山考察项目。地震发生后，他家有 3 人遇难，他没有过多考虑亲人的情况，而是第一时间参与抗震救灾，翻山越岭一天多，将 100 多名被困群众转移出来，而后一直坚持在抢险救人第一线。2009 年担任副县长后，他分管交通运输、安全生产等工作，有三分之二的时间是在跑项目、下工地、排隐患，几年下来行程 24 万公里，平均每天 200 公里，被北川群众称为“车轮子县长”。在抗震救灾、灾后重建的繁重任务面前，兰辉的工作表现，真实地反映出这位干部始终把党和人民的事业放在最高位置，对党忠诚，对人民赤诚，充分展现出一名共产党干部优秀的政治品质。

习近平总书记指出，世界观、人生观、价值观是干部理想信念的“总开关”。理想信念是共产党人精神上的“钙”，精神上“缺钙”，就会得“软骨病”。我们要对照兰辉这个生动的榜样，牢记政治信仰、理想信念和根本宗旨，把所有心思放在为党的事业奉献上，把全部精力用在为人民谋福祉上。要不断加强党性锤炼，切实解决好世界观、人生观、价值观这个“总开关”问题，树立正确的是非观、义利观、权力观、事业观，自觉把个人理想融入到党的事业中去。要坚持共产主义远大理想，坚定中国特色社会主义道路自信、理论自信、制度自信，永葆共产党员先进性和纯洁性，始终做到与党同心、与人民贴心。

二、学习兰辉同志心系群众、为民尽责的公仆情怀，以兰辉为楷模，全力做好群众工作

了解兰辉的人都知道，他这个同志有个特点，就是“讷言少语，不愿表白”，但常把“领导干部有朋友圈、生活圈，但首先要有群众圈”挂在嘴边。他的家境不宽裕，不抽烟，很少喝酒，生前穿着简朴，衣服不过百、八十块钱，但却长期资助贫困学生、困难群众。他从不利用手中权力为家人谋取私利，却一直真心为老百姓办事。离世后，上千名相识不相识的人自发为他送行，足见群众对他的真挚感情。

我们要对照兰辉这个实实在在的楷模，把解决“四风”问题、密切联系群众作为重中之重，加强服务型党组织建设，把党组织功能从“管理”转到“服务”上来，引导广大党员干部更好地服务发展、服务民生、服务群众、服务党员。要坚持改善民生不放松，着力实现好群众的上学梦、就医梦、就业梦、致富梦、安居梦，不断提高群众生活水平。要持续抓好边远民族地区扶贫、城市低收入群体帮扶、危旧房改造、保障性住房建设等重点民生工作，让人民群众切身感受到党委、政府保障和改善民生的真心与决心，以实实在在的民生工作成果赢得人民群众的信任、支持和拥护。要深入开展“挂、包、帮”“百千万？干群心连心”活动，让干部走出机关、多“接地气”，到基层化民怨、解民忧、帮民富，多去体验群众生活、体察群众甘苦、体味群众忧乐，切实回归干部的“公仆”本位。

三、学习兰辉同志忘我工作、务实进取的敬业精神，以兰辉为标杆，奋力推进攀枝花发展新跨越

“5·12”地震后，兰辉被提拔为副县长，分管县上的交通运输、安全生产、民政、公安、消防等工作。灾后重建期间，全县有12条县域主干道、1800公里道路需要新修重建；有几万生活困难的受灾群众需要政府救助、妥善安置；山体滑坡、泥石流等重大安全问题随时可能发生……“5+2”“白+黑”成为他的工作常态。他没有官架子，经常一个人到道路建设、地质灾害治理的现场，下煤矿、上矿山暗访，工作非常务实。生命的最后时刻，也是倒在下乡检查工作的路上。以上种种，生动诠释了兰辉同志为民务实的精神，不愧为践行群众路线的好干部，不愧为新时期共产党人的楷模。

攀枝花要实现在全省率先全面建成小康社会，需要广大党员干部像兰辉同志那样，增强忘我工作、务实进取、崇尚实干、夙夜在公的拼劲和闯劲。要对照兰辉这个鲜明的标杆，持续破除“怕、满、慢、浮、僵”的消极思想，始终保持“闯、进、快、实、活”的进取激情，以持之以恒的奋斗精神、百炼成钢的砥砺品质、攻坚克难的进取意识，持续增强抓落实、促发展的动力与活力。要紧紧围绕市委决策部署，大力实施“三个加快建设”，大力推进“三个走在全省前列”，全力打好“六大硬仗”，奋力实现“四个翻番”，确保“每年有新变化、三年见新成效，五年上大台阶”。要抓住和用好国家攀西战略资源创新开发试验区建设和老工业基地调整改造等重大历史机遇，着力优化发展格局、培育竞争优势、增强跨越动力，切实提升攀枝花在全国全省发展格局中的战略地位。要坚持工业化与城镇化并力、扩张总量与优化结构并举、发展经济与保障民生并重，加快推动攀枝花由资源大市向经济大市跨越、由整体小康向全面小康跨越。要充分发挥攀西城市群区域性中心城市的引领作用，在建设阳光康养旅游城市、构建区域综合交通枢纽、建设区域商贸物流中心、打造区域教育文化卫生高地等方面，取得新的突破，加快把攀枝花建设成全省发展的重要一极。

四、学习兰辉同志克己奉公、敢于担当的崇高品格，以兰辉为典范，争当“兰辉式”好干部

刚才我们看到，大家是这样评价兰辉的：群众说他“是好人，是恩人”；曾经的上访户直言“这样的官，我服”；网友说他“有着兰花一样高贵的品格，把太阳的光辉奉献给了人民”……作为一名副县长，他帮助贫困户找工作，自己的妻子和兄弟至今还是临时工；修路建桥，眼里容不得半点沙子；经常带病坚持工作，深入基层一线为民解困。……一点一滴，无不反映出兰辉同志做官的准则、做人的品格，体现了中央、省委倡导的好干部要求。

全市党员干部特别是领导干部要对照兰辉这个突出的典范，争做像兰辉一样的好干部，始终保持知难而进、迎难而上的精气神，敢抓敢管敢负责，奋发有为促发展。要充分发挥典型的示范带动作用。今天在座的都是副县级以上干部，你们要率先学、带头学，当好表率、争当模范。组织部门要落实“重品行、重实干、重公认”的用人导向，坚持“干部工作出人才”，健全“好干部”选拔机制，着力打造一支“好干部”队伍。要坚持从严要求和关心爱护相结合，健全基层干部关爱激励政策，突出在“急难险重”任务、招商引资、边远民族地区和群众信访工作“四个一线”培养选拔干部，把兰辉式的好干部及时发现出来、合理使用起来。要以兰辉同志为教材，作为开展大规模干部教育培训的重要内容，引导党员干部学习先进、争当先进。要通过中心组学习、组织生活会、座谈交流等方式，开展学习讨论，不断把学习活动引向深入。

同志们，开展向兰辉同志学习，重在学习精神，重在推动工作。各级各部门要把学习活动与推动工作紧密结合起来，把兰辉精神转化为推进科学发展、加快发展的内在动力，在全市上下营造履职尽责、敢于担当、开拓进取的干事环境，形成学习先进、争当先进、赶超先进的浓厚氛围，进一步提振精神、坚定信心，全力推动各项任务落实，确保全市各项目标任务顺利实现。

在全市组织工作会议上的讲话

2013 年 11 月 5 日

这次全市组织工作会议，主要任务是贯彻落实全国、全省组织工作会议精神，部署当前和今后一个时期全市党的建设和组织工作。刚才，熊伟同志对市委九届三次全会以来的组织工作进行了总结回顾，对当前和今后一个时期的组织工作进行了安排部署，讲得很好，我都赞同。希望各县（区）、各部门认真学习领会，抓好贯彻落实。下面，我讲几点意见。

一、准确把握，切实把思想认识统一到中央、省委对党的建设和组织工作的决策部署上来

在 6 月底召开的全国组织工作会议上，习近平总书记从实现党的历史使命的战略高度，就培养选拔党和人民需要的好干部、推进干部制度改革、落实党要管党从严治党方针等作了精辟阐述，深刻回答了一系列事关党的建设和组织工作全局的重大理论与实践问题，是我们做好新形势下党的建设和组织工作的纲领指南。刘云山同志、赵乐际同志对做好当前和今后一个时期的组织工作做出了全面部署。在 9 月召开的全省组织工作会议上，省委书记王东明同志着眼全省工作大局，着重从大力培养党和人民需要的好干部、加强领导班子和干部队伍建设、深化服务型党组织建设等方面对全省党的建设和组织工作提出了要求，为我们进一步抓好党的建设和组织工作指明了方向。省委常委、组织部部长范锐平同志在安排部署全省组织工作时要求，要牢牢把握和坚决贯彻省委加强领导班子与干部队伍建设、进一步转变作风做好党的群众工作两条主线，扎实抓好六项重点工作及组织部门自身建设。同时，省委陆续出台了“2+6”文件，进一步加强对全省党的建设和组织工作的具体指导。下一步，市委也将出台对省委“2+6”文件的具体贯彻实施意见。学习贯彻全国、全省组织工作会议精神，必须准确把握三个关键。

（一）准确把握党的建设和组织工作的形势与任务，自觉担当、主动作为。党的十八大确立了“两个一百年”的奋斗目标，习近平总书记提出了实现中华民族伟大复兴的“中国梦”，激发了全党全国各族人民全面建成小康社会的奋斗热情。省委十届三次全会提出实施“三大发展战略”、推进“两个跨越”的目标任务，开启了谱写中国梦四川篇章的新征程。围绕在全省率先全面建成小康社会的奋斗目标，市委九届五次全会在坚持实施“三个加快建设”、推进“三个走在全省前列”、打好“六大硬仗”、实现“四个翻番”总体思路的基础上，进一步确立了推进“两个跨越”的奋斗目标。实现这些目标任务，从根本上讲需要加强党的建设和组织工作来保障，需要充分发挥基层党组织的战斗堡垒作用和广大党员的先锋模范作用来担当，需要建设一支干实事、敢打硬仗、能打胜仗的干部人才队伍来推进，一年一年干下去，不断干出成绩来。全市各级组织部门要迅速把思想统一到中央和省委的要求上来，振奋精神、真抓实干，不断提高组织工作科学化水平。

（二）准确把握攀枝花发展的机遇和挑战，凝心聚力、攻坚克难。当前，世情、国情、党情发生深刻变化，全球经济低速增长态势仍将延续，宏观经济形势复杂多变，国内经济增长趋势放缓，我市主导产业市场疲软，全市经济结构艰难调整，实现全市 GDP 总量 2014 年突破千亿元大关，2017 年以前达到 1500 亿元，奋力跃进全省第二方阵，在全省率先全面建成小康社会目标，到建市 50 周年时，把“百里钢城”建设成为宜居宜业的百万人口区域性中心城市，任务很重，困难很多，压力很大。从全市大局看，有利条件和不利因素相互交织。一方面，“总量小、不协调、欠发达”仍然是我市最大的问题，“发展不足、发展不够、发展不充分”仍然是我市最大的实际，发展的阶段性特征决定了转型发展任务艰巨。另一方面，国家设立攀西战略资源创新开发试验区，重点建设攀西钢铁、钒钛加工基地，将攀枝花列为国家新型工业化产业示范基地、国家外贸转型升级基地，并纳入全国老工业基地调整改造规划；四川深入实施多点多极支撑发展战略，着力做强市州经济梯队、做大区域经济板块，为攀枝花实现由资源大市向经济大市跨越、由总体小康向全面小康跨越提供了千载难逢的历史机遇。面对全省各地竞相发展的逼人态势，犹如逆水行舟，不进则退，需要我们切实将组织优势转化为发展优势、组织资源转化为发展资源、组织活力转化为发展活力，引导各级党组织和广大党员干部视困难为考验、把挑战当机遇、变被动为主动，着力建设一支信念坚定、为民服务、勤政务实、敢于担当、清正廉洁的高素质干部人才队伍，在全市上下形成万众一心、众志成城、攻坚克难的强大合力。

（三）准确把握我市党的建设和组织工作的成绩和不足，改革创新、奋发有为。市委九届三次全会以来，全市组织系统牢牢把握“干部工作出人才、组织工作出经验、人才工作出成果”的工作要求，坚持围绕中心、服务大局，选干部、配班子，抓基层、打基础，聚人才、建队伍，为全市经济社会发展提供了坚强的组织保证和人才支撑。特别是立足全市干部队伍长远建设，紧扣“四个一线”重点，强力推进年轻干部培养选拔“5211”工程，在全省率先开展换届后县（区）领导班子跟踪考核，结合“思想大解放，作风大转变，工作大落实”主题教育活动开展市级部门领导班子巡视考核，在部门之间、县（区）之间、部门与县（区）之间实施了几批干部统筹联动交流，在干部队伍中引起了强烈震动和积极反响；积极创建基层党建“五彩花城”工作品牌，盐边县纳尔河村党支部先进经验在《四川日报》头版先后刊载、《四川新闻联播》连续播出 3 集专题；着眼于提升区域人才竞争力，大力实施“钒钛之光”等重点人才工程，有 1 名人才成功入选全省海外高层次人才“百人计划”；大力推进党员之家、干部之家、人才之家建设，探索开展“智慧组工”建设等，形成了一批在全省叫得响、立得住的工作品牌，有的还引起了中组部的关注。在肯定成绩的同时，也要清醒地看到，我们的工作中还存在年轻干部储备不够，党员先锋模范作用发挥不充分，部分党员干部“怕、满、慢、浮、僵”消极思想突出，“闯、进、快、实、活”进取激情不足等问题。面对这些差距和不足，需要我们强化问题导向，正视问题、对标定位，把中央精神和省委部署与攀枝花实际具体结合起来，坚持用改革创新精神破解难题，扎扎实实落实好各项工作任务。

二、鲜明导向，大力培养选拔党和人民需要的好干部

实践表明，一个地方的发展，关键在于干部，可以说成也干部、败也干部。着眼全市工作大局，组织工作要把培养选拔好干部作为首要任务来抓，大力培养选拔党和人民需要的好干部，努力建设一支宏大的能够担当领导科学发展、加快发展重任的高素质执政骨干队伍。

第一，深刻理解好干部的内涵特征，鲜明选人用人导向。习近平总书记提出的“信念坚定、为民服务、勤政务实、敢于担当、清正廉洁”的好干部标准是新时期党的干部矢志不渝的价值追求和躬身实践的行为准则，要让好干部成为全市干部的共同追求。要在全市党员干部中广泛开展“好干部”标准学习讨论，引导大家深刻认识到市委提出的“五带头、五表率”要求，就是落实“二十字”好干部标准和省委“重品行、重实干、重公认”用人导向的具体体现，忠诚实践好干部标准，争做“三重”干部，争当“兰辉式”好干部，真正把全部心思和主要精力放在服务群众、干事创业上来，勇于担当、攻坚克难，在投身“四个一线”中大显身手，在推进“急难险重”任务中建功立业，奋力推进攀枝花“两个跨越”。各级党委和组织部门在干部选用实践中，要坚持好干部标准，鲜明省委“三重”用人导向，注意体现人岗相适、优势互补，体现能打硬仗、执行力强，体现面向“四个一线”培养干部、发现干部、锤炼干部、使用干部的用人原则，大力培养党和人民需要的好干部。

第二，科学把握干部成长规律，加强年轻干部培养选拔。好干部不会自然而然产生，优秀年轻干部的培养是一项长期任务和长远战略。要立足攀枝花未来 5 至 10 年乃至更长时期发展对干部人才的需要，扩大选人用人视野，遵循干部成长规律，加强干部理论培训、实践锻炼，培养一大批能够担当重任的骨干力量。要注重长远，实行递进培养。着眼推进攀枝花跨越发展的现实需要，着眼党的事业后继有人，制定中长期工作规划，分阶段确定具体目标、政策措施，建立公开遴选、分类培训、多岗锻炼、跟踪管理的干部递进培养机制。通过强力推进年轻干部培养选拔“5211”工程，积极面向全社会公开遴选优秀年轻干部人才，为实施省委“优秀年轻干部人才递进培养计划”储备干部来源。力争用 5 年时间分级分批培养优秀年轻干部 1400 名，其中市级遴选县（处）级培养对象 400 名、县（区）级遴选乡（科）级培养对象和村（社区）主要负责人后备人选 1000 名。要注重培训，提升能力素养。按照“干什么学什么、管什么训什么、缺什么补什么”的原则，把组织要求、岗位履职需要和干部个人需求有机结合起来，紧扣实施省委“三大发展战略”、推进攀枝花“两个跨越”目标，特别是“三个加快建设”“三个走在全省前列”“六大硬仗”“四个翻番”和“两个跨越”等市委中心工作，整合市内外培训资源，分级分类开展全覆盖的干部教育培训，提升干部队伍谋发展、抓发展、促发展的能力水平。要注重实践，突出一线培养。把优秀年轻干部放到“四个一线”去锤炼摔打，放到艰苦环境中去磨炼意志，放到“急难险重”任务中去历练本领，放到群众最需要的地方去接受教育，重点选派优秀年轻干部开展党政机关与省级部门、发达地区、国企高校等双向交叉挂职，让干部在深入基层、服务群众过程中多“接地气”、砥砺品质、增长才干、提高本领。教育引导干部把下基层作为一种组织信任、一种人生历练，在基层实干中练就真本领。

第三，紧扣发展需要和功能定位，配优配强领导班子。要在全省率先全面建成小康社会，离不开各级领导班子的坚强领导、接续奋斗。各地发展情况千差万别，班子配备也应各有侧重。一要突出选优配强一把手。火车跑得快，全靠车头带。一把手在领导班子中处于核心地位，担负全面责任，起着关键作用，必须更加严格标准条件，真正选优配强。要把一把手队伍建设作为领导班子的灵魂工程，实行重点配备、重点教育、重点考核、重点监管，把经过“四个一线”锤炼的最优秀干部、最精干力量选配到县乡党政正职岗位，充分发挥其政治方向的引领作用、重大决策的主导作用、民心民力的凝聚作用、党风政风的示范作用。要强化届期观念，保持一把手相对稳定，使他们沉下心来、俯下身子，踏踏实实地为人民干一番事业。二要实行差异化配班子。当前，我市各县（区）在工作基础、发展条件上差异较大，不同县（区）、不同乡镇（街道）发展重点、工作重心不同，决定了班子配备结构要求不同。要紧扣实施多点多级支撑发展战略和推进“急难险重”任务需要，根据不同地区在功能定位、区域特征、资源禀赋、发展阶段等方面的不同特点，分类建立领导班子结构模型，加强领导班子结构控制和状态管理。比如，城市化程度较高的地区，要特别注重配备懂城市、懂金融、懂现代服务业，善于推进城乡统筹的干部；处于工业化加速期的地区，要特别注重配备熟悉工业经济、产业发展，善于招商引资、推动项目建设的干部；对于艰苦边远民族地区，要特别注重配备领导科学发展能力较强、熟悉群众工作，善于攻坚克难、干实事打硬仗的干部。三要注重增强班子整体合力。重视班子成员间的合理搭配，注重考虑班子成员在性格气质经历等方面的特点，做到知识能力相长、经历经验互补、性格气质相容，充分发挥班子整体功能。既要认真贯彻落实配备党外干部、民族干部、女干部、年轻干部等政策规定，又要坚持人选条件，不能降格以求。

第四，把握干部人事制度改革方向，建立务实管用机制。为政之要，唯在得人；用人之道，重在导向。选准用好一个干部，就能树立一个标杆，鼓舞人心；选偏用错一个干部，就会损害党的事业，贻误发展。一要改进完善干部选任方法，让好干部出得来。把加强党的领导与充分发扬民主结合起来，充分发挥党组织的领导和把关作用，适当增加领导班子、分管领导、组织部门在推荐干部方面的权重，特别是对敢于负责、敢抓敢管的干部，要全面分析、辩证看待，主持公道、综合考虑，防止简单以票取人。合理确定公开选拔和竞争上岗的范围和规模，全面衡量成绩与实绩、口才与口碑、平时表现与一贯表现，引导干部在实干、实绩上竞争，让干得好的考得好、考得好的用得上。二要建立科学考核评价机制，把好干部识别准。认真总结换届后县（区）领导班子跟踪考核和市级部门班子巡视考核的经验做法，重点针对县（区）发展定位不同、部门职能职责不同，分别设置各有侧重、各具特色的考核指标，建立差异化考核评价体系。加强经常性考核，把民生改善、社会进步、生态效益等指标纳入重要考核内容，既看发展又看基础，既看显绩又看潜绩，引导干部树立正确政绩观，做到定性考核与定量考核相结合，年度集中考核与经常性考核相结合，组织考核与群众评价相结合，动态监控与跟踪问效相结合，努力把德考准，把绩考实，考出口碑，考出民意。三要坚持统筹联动交流，让好干部流得动。积极推进跨地区、跨层级、跨部门、跨行业的干部交流，对在同一职位任职时间较长的干部实行轮岗式交流；对工作不在状态的干部实行调整式交流；对年龄结构老化、干事无动力、创业无激情、执行无效率的班子予以交流调整；对表现突出的优秀年轻干部实行培养式交流。下一步，市委将采取分类统筹、通盘考虑的方式，对市级部门领导班子副职进行统筹联动交流，多岗位锻炼干部，激发干部队伍活力。

三、从严治党，切实加强领导班子和干部队伍建设

党要管党，才能管好党；从严治党，才能治好党。当前，我市各级领导班子和干部队伍的主流是好的，但个别党员干部的思想观念、工作作风和精神状态与发展形势还不相适应，必须采取有力措施，切实加以解决。

第一，坚定理想信念，增强政治定力。信念坚定是好干部标准的首要标准。要带头讲学习，坚持不懈地用中国特色社会主义理论体系武装头脑，深化“中国梦”主题教育，弘扬社会主义核心价值观，广泛凝聚推进攀枝花“两个跨越”的正能量，坚定发展信心。要带头讲党性，持续深入地开展党员干部党性教育，坚定理想信念，在任何情况下都要做到政治信仰不变、政治立场不移、政治方向不偏。要带头讲纪律，严守党的政治纪律、组织人事纪律和工作纪律，坚决贯彻中央、省委和市委的决策部署，严格执行民主集中制，做到讨论问题讲民主、进行决策讲程序、执行决议讲纪律。要带头讲团结，做到正确对待矛盾、虚怀若谷、相互包容而不迁就，做到分工协作、协调配合、相互补台而不拆台，形成难题共解、难关共闯、责任共担、工作共进的良好氛围。

第二，加强作风建设，提高工作执行力。风气好不好，主要看领导。干部作风最具导向和示范作用，直接影响到一个单位干部队伍整体风气的好与坏，直接关系到一个地方发展环境的优与差，直接决定着我们事业发展的成与败。要把作风建设贯穿干部选拔任用全过程，做到干部考核有作风标准、干部选拔有作风导向、干部监督有作风约束，把作风考核结果作为干部奖惩和使用的重要依据，让作风好的干部受到重用，让作风不好的干部受到警醒和惩戒，教育引导各级领导班子和广大干部牢固树立“每年干成几件事”和“打基础、利长远”的理念，始终保持打硬仗的精神，拿出打硬仗的作风，增强打硬仗的本领，强化执行、狠抓落实，遇到问题不回避、遇到困难不躲避、遇到矛盾不逃避，把主要精力放在抓落实上，对确定的工作任务扭住不放、一抓到底、抓出成效。

第三，从严监督管理，强化制度约束力。当官不自在，自在莫当官。领导干部搞一次特殊，就失一分威信；破一次规矩，就留一个污点；谋一次私利，就失一片民心。要围绕严格教育、严格管理、严格监督重点，坚持用制度管权管事管人，真正把权力关进制度的笼子。进一步坚持和完善议事决策、沟通协调、监督约束等工作制度，坚持重大决策、重要干部任免、重大项目安排和大额度资金的使用集体研究决策，一把手一般不直接分管财务、工程项目、物资采购等工作。要探索建立新提拔干部任职承诺、决策终身负责制、职位限入和提拔限制等制度，切实增强干部的规矩意识、法纪意识、底线意识。严是爱，宽是害。各级党委和组织部门要以“认真”的精神加强干部日常监督管理，不能当“小木匠”，睁只眼闭只眼；也不准当“泥瓦匠”，和稀泥搞遮掩；要大胆当“打铁匠”，敢于碰硬较真。对各种苗头性、倾向性、潜在性问题，要早提醒、早预防、早纠正，防止小毛病发展为大问题，小漏洞演变为大窟窿。

第四，注重关心关爱，激发干部队伍活力。坚持从严要求和关心爱护相结合，健全干部关心激励机制，切实保护广大干部的工作积极性。要认真落实干部谈心谈话全覆盖制度，实行上级对下级、组织部门对管理对象、一把手对班子成员的全覆盖谈心谈话，让广大干部有困难的时候能够想到组织、信任组织、依靠组织。要牢固树立向基层倾斜、向主干线倾斜、向边远民族地区倾斜的导向，从政治激励、经济待遇、生活保障、工作支持等方面关心关爱基层干部，做到真正重视、真情关爱、真诚理解。市委正在研究制定参照省委有关县（区）委书记职级高配政策，对经济发展成效突出、区域辐射带动作用明显、艰苦边远民族地区以及在党政正职岗位任职时间较长的乡镇（街道）党（工）委书记实行职级高配。老干部是攀枝花的宝贵财富，要不折不扣地落实老干部各项政治、生活待遇，满怀感情全心全意做好老干部工作，做到政治上尊重、思想上关心、生活上照顾，多办实事、多做好事、多解难事，真正让他们老有所养、老有所乐、老有所为，让党委放心、让老干部满意。

四、突出主题，全面推进基层服务型党组织建设

党的十八大强调要加强基层服务型党组织建设，这是党在新形势下领导方式、执政方式的重大转变。当前和今后一个时期，要牢牢把握进一步转变作风加强党的群众工作这条主线，使服务发展、服务群众、服务党员、服务基层成为各级党组织的自觉追求，成为党的建设的鲜明主题。

第一，加强群众工作，在抓好群众路线教育实践活动准备工作上下功夫。根据中央部署，市县两级将在今年底明年初开展群众路线教育实践活动，各级党员干部要努力践行中央和省、市委关于改进工作作风、密切联系群众的各项规定，认真学习领会中央和省委关于开展为民务实清廉群众路线教育实践活动的要求，超前谋划，精心组织。重点做好三项准备：一是做好思想准备。群众工作是一项经常性工作，更是一个常抓不懈的工作。要通过中心组学习、专题讲座、座谈讨论等形式，教育引导党员干部克服不以为然的思想、等待观望的态度、消极被动的情绪，甚至是与己无关的想法，进一步深化党员干部对党的群众路线的理解，为活动开展奠定思想基础。二是做好方案准备。要准确把握“照镜子、正衣冠、洗洗澡、治治病”的总要求，积极借鉴第一批活动的经验做法，抽调精干力量，广泛开展调研，收集意见建议，筹划活动方案，确保明年初活动一启动就能出亮点、见实效。三是做好实践准备。要进一步巩固深化“中国梦”主题教育活动和“思想大解放、作风大转变、工作大落实”主题教育活动成果，教育引导广大党员干部对当前存在的“四风”问题立说立改，坚决破除“怕、满、慢、浮、僵”的消极思想，保持“闯、进、快、实、活”的进取激情，对不思进取、不在状态的干部果断进行调整，做到在思想解放中凝聚共识、在作风转变中改革创新、在工作落实中跨越赶超，形成全市上下聚精会神搞建设、一心一意抓发展的强大正能量，为开展群众路线实践活动奠定实践基础。

第二，注重服务实效，在转变服务功能上下功夫。基层党组织是党全部工作和战斗力的基础。要以服务型党组织建设统领党的建设工作，加快工作重心转移，实现工作方式转变，使服务发展、服务群众、服务党员、服务基层成为各级党组织的自觉追求，成为党的建设的鲜明主题。要拓展服务内容。坚持围绕服务发展抓党建、抓好党建促发展，切实把实施省委“三大发展战略”，推进攀枝花“两个跨越”目标具体化、路径化、项目化，推动战略落地、责任落实。抓住服务群众这个核心，真心诚意帮助群众解决增收致富、看病入学、就业养老、住房出行等实际民生问题，把服务群众工作做到群众身边。加强党员教育服务，坚持民主评议党员制度，健全党员能进能出机制，形成“一个党员就是一面旗帜，一个支部就是一个堡垒”的效应。要提高服务能力。以村（社区）党组织换届为契机，选优配强村级党组织书记，把党性强、能力强、服务意识强的人充实到基层领导岗位上来。加强教育培训，大力提高基层党组织和党员干部服务大局、推动科学发展的能力，服务群众、凝聚人心的能力，化解矛盾、维护稳定的能力，使基层党组织真正成为带领群众创造幸福生活的主心骨、领路人。要丰富服务载体。主动适应产业布局、行业分工、党员流向的新变化，推动促进基层党建工作从传统领域向新兴领域延伸、从纵向领域向横向领域拓展、从常规管理向科学管理转变，着力构建灵活高效、贴近需求的基层党组织服务体系，真正做到哪里有群众、哪里就有党组织，哪里有群众需要、哪里就有党组织服务，不断扩大组织覆盖、工作覆盖和作用发挥覆盖。健全完善实践证明行之有效的群众工作方法，深化拓展“百千万？干群心连心”活动和“挂包帮”活动，推动服务群众、做群众工作制度化、常态化、长效化。要挖掘服务典型。围绕“打造一批典型，选树一批能人，建设一批基地，建立一批机制”的目标，以创建基层党建“五彩花城”工作品牌为契机，集中精力打造一批具有区域特色和服务实效的基层服务型党组织及党员优秀典型，进一步挖掘“花城百姓大妈”“钢城螺丝钉”等先进人物群雕的先进事迹，力争推出一批具有全市带动力、全省辐射力、全国影响力的先进典型和鲜活经验，引导全市党员干部向典型看齐、向先进学习，激发干事创业活力。

第三，突出强基固本，在强化基层党建工作保障上下功夫。上面千根线，下面一针穿。基层处于推动发展的最前沿、服务群众的第一线，是我们全部工作的基础和堡垒，必须要有一套系统科学的制度体系来保障和支撑。要强化责任落实。坚持书记抓、抓书记，各级党组织书记要切实履行抓党建“第一责任人”职责，领导班子成员要根据各自分工，积极抓好分管领域的党建和组织工作。全面落实党建工作责任制，健全考核问效机制，把抓基层党建工作情况作为领导班子、领导干部年度目标考核和“三级联述联评联考”的重要内容。要强化工作保障。注重把工作力量沉向基层，把优势资源投向基层，特别是要从人才、资金、项目、培训等方面，加大对基层特别是边远民族地区党建工作的投入力度，建立基层党组织工作经费和村（社区）干部报酬待遇稳定增长机制，确保基层党组织有资源、有能力为群众服务。要强化激励措施。从基层实际出发，突出关心爱护基层干部，充分保护和激发他们的工作积极性。建立基层党组织书记定期表彰制度，市委每三年集中表彰一次优秀乡镇（街道）党（工）委书记和村

（社区）党支部书记，对受到表彰的优先提拔使用。

五、创新机制，大力提升攀枝花人才竞争力

国以才立，政以才治，业以才兴。当前，受地理位置、生活环境、体制机制、管理服务等多种因素叠加影响，攀枝花高层次人才引进和稳定难度越来越大，个别行业、个别领域人才流失特别是高层次人才流失现象不容忽视。必须坚定不移地推进人才强市战略，大力营造人才干事创业环境，全力推动人才工作出成果。

第一，坚持高端引领，着力形成高层次人才竞争优势。“千军易得，一将难求”。谁能够培养、吸引、凝聚、用好高层次人才，谁就掌握了科学发展的第一资源，抓住了竞争的主动权。要以国家攀西战略资源创新开发试验区建设为契机，以“钒钛之光”人才培养工程为统揽，抓紧实施高层次专业技术人才和高技能人才培养计划，集中力量培养一批能够攻克优势资源综合开发利用瓶颈技术的高层次创新创业人才。要加快引进急需紧缺人才，着眼优势资源开发、特色产业和战略性新兴产业发展，大力实施高层次人才引进计划，力争到2020年，引进打造10个高层次领军型创新创业项目团队，引进200名高层次人才、100个国外智力项目，力争有1～2个团队成为省级顶尖团队、有1～5名高层次人才挤进国家“千人计划”和全省“百人计划”，努力形成“引进一个、带来一批、影响一片”的人才倍增效应。

第二，坚持以用为本，着力构建多层次人才支撑体系。人才重在使用，用之则愈出，置之则愈匮。要牢固树立人才是第一资源的理念，真正做到“寻觅人才求贤若渴，发现人才如获至宝，举荐人才不拘一格，使用人才各尽其能”，让各类人才用当其时、用在其位、才尽其用。要着眼创新驱动发展聚人才，围绕重大项目建设引进人才、重点产业发展培养人才、重要领域需求开发人才，深入推进“五大人才培养工程”，积极盘活本地人才资源，着力构建多层次人才支撑体系。要积极构建人才流动良性机制，优化人才配置和使用，尊重人才流动客观规律，坚持“不求所有，但求所用”，注重“柔性引才”，加快形成人才“引得进、留得住、用得好、流得动”的可喜局面。

第三，坚持成果导向，着力营造拴心留人的服务环境。“良禽择木而栖”，良好的人才环境是人才集聚的前提。要加快创建人才优先发展试验区，依托钒钛资源综合利用国家重点实验室、国家钒钛制品质量监督检验中心以及科技成果孵化基地、产学研创新联盟、技能大师工作室等平台，鼓励人才更多地参与项目管理决策，牵头承担重大课题，领衔重大攻关项目，使他们“英雄有用武之地”。要加强人才政策创新，抓紧完善现有人才评价、选拔使用、分配保障、荣誉激励机制，落实重大科技成果转化激励制度，推行在攀服务年限津贴制度，千方百计帮助他们解决好住房、医疗、养老、子女教育和就业等实际问题，大力营造筑巢引凤、拴心留人的环境。要拓展人才优惠政策覆盖面，消除部分人才在事业发展和职称晋升、聘用及待遇增长方面的“天花板”现象，实现一流人才一流业绩一流报酬，让各类人才在攀枝花政治上有地位、事业上有舞台、经济上有实惠。

组织工作是党的工作的重要组成部分，组织部是管党治党的重要职能部门。组工干部既要甘为人梯，也要健康成长。希望大家继续保持和发扬组织部门优良作风，积极投身落实省委“三大发展战略”、推进攀枝花“两个跨越”和“急难险重”任务主战场，攻坚克难，健康成长。各级党委要切实加强对组织工作的领导，认真研究和解决组织工作中的重大问题，真诚关心爱护组工干部，为他们健康成长创造条件、搭建平台。全市组织部门要牢牢把握“干部工作出人才、组织工作出经验、人才工作出成果”的工作要求，坚持从严治部、从严律己、从严带队伍，努力建设“讲政治、重公道、业务精、作风好”的模范部门。特别是即将开展的群众路线教育实践活动，组织部门作为活动参与者、组织者、推动者，担负“双重责任”、履行“双重职能”，要带头开展活动，带头改进作风，自觉走在前列，作联系服务群众的表率，以工作实际成效让组织满意、干部满意、群众满意。

同志们，做好组织工作，责任重大，使命光荣。我们要更加紧密地团结在以习近平同志为总书记的党中央周围，认真贯彻全国、全省组织工作会议精神，自觉履行管党治党职责，全面提高党的建设和组织工作科学化水平，为在全省率先全面建成小康社会提供坚强的组织保证和人才支撑！

在2013年全市小城镇建设及产业园区发展工作会上的讲话

2013年11月7日

今天，市委、市政府将两项重要的工作会议合并召开，主要有三个目的：一是进一步贯彻落实省委、省政府关于推进新型城镇化、产业园区建设系列会议和抓投资稳增长、工业经济稳增长、促进消费和加快新型城镇化“四个八条措施”精神，再掀我市新型城镇化和产业园区建设新高潮。二是进一步健全机制、细化措施，以新型城镇和产业园区的统筹推进、协调发展，构建我市“两化”互动新格局。三是进一步鼓舞士气、奋力冲刺，确保全年各项目标任务顺利完成、圆满收官。刚才，自力、德华同志分别通报了全市产业园区发展和小城镇建设情况，钒钛园区、格里坪园区及红格镇分别作了很好的交流发言，我都赞同，希望大家认真学习好、贯彻好。下面，我讲四点意见。

一、抢抓机遇，高位求进，努力开创攀枝花新型城镇化建设新局面

去年以来，我市深入贯彻落实中央、省委关于推进新型城镇化建设的重大决策部署，围绕打造中国阳光花城，突出宜居宜业主题，加快完善城镇基础设施，强化城镇产业支撑，城镇发展步伐不断加快，城镇化水平持续提高，呈现出几个鲜明的特色和亮点：一是城镇化水平明显提高。坚持以中心城区为龙头，两县县城及红格、渔门等中心城镇为节点，以普威、布德、白马、丙谷等特色小城镇为纽带，全面推进具有攀枝花特色的新型城镇化建设，着力打造中国阳光花城的崭新名片。2012年，全市城镇人口达到77.56万，比上年增加2.41万；城镇化率达到63.01%，比上年提高1.41个百分点，居于全省前列；城市建成区面积达到66.39平方公里，比上年增加5.47平方公里。红格镇被列为全省“百镇建设试点行动”重点镇，普威被列为全省“百镇建设试点行动”试点镇。二是生态环境保护明显加强。着眼于积小成为大成，以“五创联动”为抓手，大力实施绿化、亮化、美化工程，2011年到2012年，森林覆盖率从58.97%提升到60.03%，园林绿地面积从2106公顷提高到2364公顷，煤矿和非煤矿山整治扎实推进，棚户区和采空沉陷区治理全面加速。三是居民生活质量明显改善。加快完善城镇配套设施，启动了城市宜居工程，已开工建设廉租住房912套、4.56万平方米，经济适用房848套、5.94万平方米，公共租赁住房3878套、15.45万平方米，棚户区改造4450户、35.6万平方米，解决住房困难户和无房户住房10719户。大力推进社会主义新农村建设，两年共投入资金20.98亿元，乡村道路提质升级，乡村面貌持续改观，公共服务加快向基层延伸，16个旅游新村基本建成。2012年，全市城镇居民人均可支配收入和农民人均纯收入分别达到22808元、8728元，居全省第二和第三位。四是城市综合承载能力明显增强。启动花城新区建设，突出抓好行政中心、三线博物馆、新区医院、森林公园等项目建设，着力打造集行政文化中心、高端服务业和高品质居住区于一体的现代化新型城区。全力推进以“两高两铁一水”为重点的区域综合交通枢纽建设，到成都、昆明的高速公路全线贯通，丽攀高速公路攀枝花段即将建成通车，攀大高速公路即将开工建设，攀枝花机场复航，并新开通到重庆、北京的航线，城市半小时经济圈、县域一小时经济圈、与周边县域两小时经济合作圈、与邻近大城市三小时经济协作圈正在形成。五是城市知名度、美誉度明显提升。围绕打造攀西区域性中心城市，全面启动“五创联动”工作，创建国家环保模范城市规划获得环保部批准，通过了国家卫生城市复审省级复查和省级园林城市复查，创建省级文明城市工作获得省检查测评组高度评价，中国阳光花城形象初步形成、阳光康养旅游品牌深入人心。

在看到成绩的同时，也要看我市城镇化质量不高、发展不平衡，老城区改造任务重，从工矿城市到宜居城市的道路还很漫长；城镇综合实力还不强，城市建设欠账较多，一批重大交通项目还在建设或规划之中，服务业发展滞后，各具特色的城镇经济还有待形成；城镇粗放式发展的状况尚未根本改变，城市建设质量不高，城市规划编制与土地利用总体规划、产业规划、交通规划等衔接不够紧密，城市管理跟不上建设的速度，节能减排、生态环境、土地问题已成为制约我市城镇化发展的突出瓶颈。针对这些问题，我们必须进一步认清形势、理清思路、强化措施，充分发挥优势，全力破解难题，推动我市城镇化工作始终走在全省前列。

（一）认清形势，深化认识，增强推进新型城镇化建设的紧迫感和责任感

城镇化是人类社会走向现代文明的重要标志，是一个地方综合经济实力和现代化水平的重要体现。党的十八大把城镇化作为推进经济结构战略性调整的一个突出重点，做出了总体部署。中央明确要求，要以人的城镇化为核心，有序推进城镇化，提高城镇化质量。省委立足全省实际，将“两化”互动、统筹城乡确定为全省“三大发展战略”之一，对走出具有四川特点的新型城镇化路子做出了具体安排。我们要深刻认识城镇化建设的重要意义，深入落实中央、省委决策部署，全力推动我市相关工作出亮点、见成效、上水平。

首先，要深刻认识城镇化建设是推动经济持续增长的强大动力。一般来说，城镇化水平越高，经济越发达。据专家研究，城镇居民的消费水平高出农民3倍以上，城镇化率每提高1个百分点，社会消费品零售总额上升1.4个百分点，可拉动GDP增长0.5个百分点；城镇人口每提高一个百分点，仅住房消费就能拉动GDP增长1个百分点。二者相加，城镇人口每提高1个百分点，可直接拉动GDP增长1.5个百分点。如果再加上城镇基础设施的巨大投入和农民进城从事二、三产业的投资，对经济增长的拉动作用就更显著。从我市各地的情况来看也是如此，城镇建设搞得越好，经济发展就越快；城镇建设越滞后，经济发展就越迟缓。我们要实现“两个跨越”、在全省率先全面建成小康社会，没有城市的聚集和带动、没有城镇化水平的大幅提升是不行的。

第二，要深刻认识城镇化建设是工业化的重要载体。城镇是工业发展的重要载体，只有城镇化水平提高了，才能聚集生产要素，为工业发展创造良好的环境和条件。如果城镇化滞后于工业化，必然对工业发展产生制约和阻碍。市委、市政府立足攀枝花资源型工业城市特点，大力实施工业强市战略，确立了建设中国钒钛之都的战略部署，确定了到2017钒钛及相关产业产值达到3000亿元的奋斗目标，如果不加快城镇建设、提高城镇化水平，势必拖工业发展的后腿、影响战略目标的实现。我们要始终坚持“两化”互动、统筹城乡不动摇，把工业发展与城镇建设紧密结合起来，使之相互促进、协调发展，以城镇化推进工业化，以工业化加速城镇化。

第三，要深刻认识城镇化建设是建设社会主义新农村的必然要求。工业化国家的实践证明，只有农村人口数量下降到总人口的25%以下，农业土地集约式生产、农业规模化生产和工业化生产才能达到一定水平，农业的科技含量、生产效益和农民收入才能大幅度提高，农民文化水平和整体素质才会有明显进步。尽管目前我市城镇化率已处于全省领先水平，但要实现经济社会的长足发展，还必须进一步提高城镇对人口的吸纳和承载能力，把更多的农民从农村转移出来。这将是一个长期的历史过程，我们要立足当前、着眼长远，跳出就农村抓农村的圈子，朝着城乡一体化的方向不断迈进。

第四，要深刻认识城镇化建设是提升对外开放水平的重要途径。发达地区的经验表明，良好的城市形象本身就是吸引客商的品牌和竞争力。尽管我们的资源很丰富，特色很鲜明，客商也很感兴趣，但由于城市规模小、功能不完善、生产要素聚集和产业配套能力差，再加上软环境还不尽人意，导致我市招商引资总是力度很大但成效不优。我们要提升对外开放水平、增强外源发展动力，就要花更大的力气抓城镇建设，塑造良好城市形象，改善对外开放硬环境。

（二）突出重点，强化措施，掀起城镇化建设的新高潮

要按照中央、省委总体部署，紧密结合攀枝花实际，坚持以“全域规划、突出特色、产城一体、城乡互动、以人为本”为原则，以“两化”互动、统筹城乡走在全省前列为目标，加快构建大中小互动、产城一体、城乡互动、特色鲜明、环境优美的新型城镇体系，力争每年城镇化率增长1.5%以上、2017年达到70%以上。

一是突出抓好产业发展和就业促进。产业是城市化的核心。要把促进产业集聚发展与加快城镇化进程紧密结合起来，推进产城互动，加快建立布局合理、各具特色、节能环保、竞争力强的产业体系，实现产城融合发展。要充分发挥工业主导作用，在加快产业结构调整、发展高新技术和新兴产业的同时，大力发展吸纳就业能力强的传统优势产业。要围绕吸纳就业、促进增收，加快发展高效设施农业、观光农业、现代畜牧养殖业等特色产业，促进劳动力就近转移就业。要坚持生产性服务业和生活性服务业并重，突出发展特色商贸城、商业街、专业市场、连锁经营、配送中心等现代经营业态，做大阳光康养、休闲度假等服务业品牌，充分发挥其“最大就业容纳器”的功能。

二是突出抓好小城镇建设。要以“五创联动”为抓手，以花城新区建设为示范，加快完善城市生活居住、教育医疗、文化体育、社会保障等配套功能，尽快建成区域性的交通、医疗、教育、科研、商贸、物流中心。要突出阳光生态特色，务实推进米易、盐边县城建设，形成区域性辐射带。要按照市委、市政府关于小城镇建设“七个一”的要求，重点规划建设好列入全省百镇建设试点行动的红格镇、普威镇以及攀莲镇、桐子林镇、渔门镇等中心镇，逐步形成一批特色工业示范镇、旅游示范镇和商贸示范镇。要抓紧做好其他乡镇总体规划的编制修编，加快落实乡村规划管理机构和人员配备，带动全市小城镇建设整体提速，为更多农业人口就近就地转移创造条件。

三是突出抓好危旧房和棚户区改造。要以保障性住房建设为基础，创新旧城改造模式，分年度推进“退二进三”和城市“筒子楼”、危旧房、棚户区改造工作，支持扩大改善型住房消费。东区、西区、仁和区和钒钛产业园区要按照市里关于加快推进城区老旧房屋（含筒子楼）改造的试行意见，加快推进今年11个旧改项目，确保在年内完成旧城改造计划编制。要把进城农民工的住房问题纳入城镇住房保障体系统筹解决，逐步建立农民工住房保障政策体系，将有稳定职业并在城镇居住满一定年限的农民工纳入公租房享受范围。

四是突出抓好城市基础设施建设。要按照“先地下，后地上”的原则，全力推进中心城区、县城和小城镇的道路网络、通信网络、供排水系统、视野区绿化、建筑色彩、夜景照明等基础设施建设，不断完善城市功能，提高公共服务能力。特别是在改善城市交通状况方面，要紧扣“打通进出口、客货运分流、片区间道路成环、片区内道路成网、逐步形成立体交通”的要求，重点打通断头路，优先确保西攀、攀昆、丽攀、攀大等高速公路进出口建设及畅通，在城内实行客货运输分离，切实解决交通拥堵问题。

（三）深化改革，强化保障，充分激发城镇化建设的动力与活力

要敢于先行先试，探索创新，搭建平台，破除瓶颈，增强城镇可持续发展动力。一是创新户籍管理制度。要按照“降低门槛、放宽政策、简化手续”的原则，深化户籍制度改革，放宽小城镇户籍限制，鼓励农业转移人口就地在城市和小城镇落户，逐步把符合条件的农业转移人口转为城镇居民，力争全市每年新增城镇居民1.1万人左右，确保到2017年全市城镇化率达到70%以上。二是创新城乡公共服务体系。要加大改革力度，逐步推进养老、医疗、教育、贫困救助、失业保险等公共服务城乡一体化，消除城乡居民福利差距，让农民享受与城市居民平等的公共服务。三是创新农村产权制度。要全面启动农村土地确权颁证工作，探索建立农村产权交易所，规范推进集体经营性建设用地流转，探索农村宅基地有偿退出的办法，赋予农民更多财产权利，有效盘活农村资源，增加农民财产性收入，促进农民加快向城镇转移。四是创新社会管理制度。要重点推进基层社会管理体制机制创新，推行流动人口居住证制度，完善人口信息采集动态管理体系，加强法制、科技、精神文明等宣传，帮助进城农民更好地适应城市生活，加快农业转移人口市民化。五是创新投融资机制。要牢固树立“经营城市”的理念，采取租赁、拍卖、信托、转让、股份合作、特许经营等多种方式，将城镇无形资产变有形，真正实现资源变资产、资产变资本、资本变资金，拓宽城镇建设融资渠道，提高城镇自我积累、自我发展能力。要充分发挥国投、城投、交投等投资公司在城镇开发建设中的作用，积极筹备组建旅游投资公司、农业投资公司，采用BT、BOT、市区共建、项目换土地等模式，积极盘活和经营城市资源资产，多渠道筹措城镇建设资金。

二、筑牢载体，做大品牌，把产业园区打造成全市转型发展的强大引擎

工业园区是产业发展的火车头、统筹城乡的主战场、开放合作的桥头堡、科学发展的突破口、民生改善的动力源、体制机制的试验田，在经济社会发展中举足轻重、至关重要。要把产业园区作为发展的主引擎，推动产业园区从布局分散向布局集中转变、从要素投入向内生增长转变、从粗放发展向集约发展转变、从数量扩张向质量提升转变，实现园区集约、集群、关联、成链、合作发展。

（一）把握新阶段，形成新共识，清晰定位产业园区发展目标

近年来，市委、市政府把产业园区作为推动经济加快发展的重大举措，大力推进成长型园区建设和重点园区培育，全市产业园区进入了一个全新的发展阶段，呈现出以下亮点和特征：一是园区综合实力迈入跨越阶段。2012年，全市产业园区实现工业总产值674亿元，其中，钒钛园区、高新技术园区、格里坪园区、白马园区产值均突破100亿元。今年1～9月，全市产业园区完成工业总产值570.26亿元，增长23.11%。目前，产业园区增加值约占全市GDP总量的35%左右，总产值占全市规上工业总产值的50%以上，已成为推进工业强市、产业兴市的主要战场、中坚力量。二是园区布局定位迈入完善阶段。结合园区基础条件、产业特性和承载能力，强化产业功能与城市功能对接、产业空间与城市空间互联，调整和优化了园区版图，构建了空间上科学布局、产业上各具特色、功能上协调互补的园区体系，钒钛产业园区和五个县区的园区蓬勃发展，形成了“参天大树”和“一片森林”。三是园区承载能力迈入升级阶段。各产业园区水、电、路等基础条件明显改善，综合渣场、污水处理等环保公共设施已初具规模，现代化信息管理系统正在逐步覆盖，公共物流、科技研发平台正在加快形成。四是园区城镇共建迈入提速阶段。产业园区与辖区乡镇都建立了“两化”互动共建机制，园区牵头组织企业支持乡镇基础设施、公共服务设施建设，乡镇为园区发展创造良好环境。钒钛产业园区所在的金江镇实行产城一体化的行政管理、规划、建设体制，各县区政府在领导机构配置、财政资金、社会管理等方面为“产业新城”建设提供支持，园区和城镇互享互惠、共建共荣。

在看到成绩的同时，我们也要清醒看到，我市产业园区发展还存在一些突出的差距和不足，主要表现在：总体规模不大，目前还没有国家级园区；规划建设水平不高，部分园区存在“小、散、乱、杂”现象，特色产业集聚度不高，“两化”互动、产城融合度不高，同质化现象突出，甚至存在恶性竞争；自主创新能力不强，入园企业研发投入不足；园区之间同质化发展现象突出；土地集约化利用程度不高，单位面积投资强度偏低、产出不高；基础设施和公共服务平台建设亟待加强，园区管理服务体制机制有待进一步创新等。这些问题不仅影响了产业园区的发展速度，而且影响到全市工业化城镇化水平的迅速提升。

随着区域开放合作的加速推进和生产要素的加速转移，建设专业化园区和发展产业集群已经成为经济发展的必然选择。全市上下要充分认识到园区对加快建设中国钒钛之都、实现在全省率先全面建成小康社会目标的重要性，紧紧抓住国家新一轮西部大开发、推进国家老工业基地调整改造、建设攀西战略资源创新开发试验区和东部地区产业转移、省政府实施“51025”重点产业园区发展计划等重大机遇，不断完善思路、增添举措，在全市迅速掀起产业园区建设发展的热潮，力争到2017年，全市产业园区营业收入超过3000亿元，工业集中度达到80%以上，钒钛产业园区成功创建为国家级园区，建成1个“千亿园区带”、3个500亿园区和2个300亿园区，切实把产业园区建设成为经济发展的“加速区”、产业集聚的“承载区”，科技创新的“先导区”、项目投资的“优选区”、产城一体的“示范区”。

（二）抓住新重点，务求新成效，扎实推进全市产业园区发展

要深入把握产业园区发展的特点和趋势，切实做好规划、做优平台、做大项目、做强科技、做实保障，全力促进企业向园区集中、项目向园区布局、产业在园区提升、政策向园区倾斜、人才向园区流动，加快建设完善我市产业园区发展体系。

一是坚持以规划为引领，增强园区发展的牵引力。规划是龙头，是行动的指针，必须坚持高点定位、系统谋划，以科学规划引领园区发展。要解决好园区与城市、乡镇之间关系定位，使园区发展规划与经济社会发展总规、城市建设总规以及土地利用、环境保护等专项规划相衔接，做到“多规统一、多规协调”；充分利用现有城市基础设施和公共设施，低成本、高效益建设园区；积极推动企业“退城入园”，在“腾笼换鸟”中搬出企业发展新活力，搬出城市发展新空间。要解决好园区与园区之间关系定位，对现有园区进行联合、扩容、调整，建设边界清晰、各有侧重、特色明显、多元并举、相互配套的产业园区体系。要解决好园区内企业之间的关系定位，按照“集聚发展、集约发展、关联发展、成链发展、合作发展”的原则和“一业为主、多业配套、协同发展”的要求，科学确定园区的产业定位，以大企业、大项目为龙头，沿产业链方向整合集聚相关企业，突出主导产，形成产业集群，促进统筹配套发展。

二是坚持以基础设施为载体，增强园区发展的配套力。园区不仅承担着承载产业发展、加速新型工业化进程的功能，还肩负着拓展城市框架、推进新型城镇化进程的使命。要把园区建设和城镇化工作统筹部署、系统推进，提升产业园区综合承载能力和城市功能，实现以园兴城、以城哺园、产城一体。要抓好以道路、水、电、气、环保、通信、网络为主的基础设施建设，做到规划建设一片，配套完善一片，开工投产一片，不断发挥放大基础设施的先导效应。特别是缅气入攀后，园区要规划好、利用好这一能源，使之成为工业用能的典范。要加快公共服务平台建设，健全完善电子政务信息服务网络，不断提高政务服务效能，为入园企业提供高效优质的服务环境。要推动物流配送体系建设，突出抓好鑫铁物流、金江铁路货场等重点物流项目建设，加快构建产业园区物流网络，提高通达深度和通行能力。要加强专业市场体系建设，加快人力资源、技术交易、风险投资等市场建设，促进生产要素向产业园区聚集，当前可以在基础较好的钒钛产业园区等园区开展试点。

三是坚持以项目为重点，增强园区发展的推动力。园区建设，项目是关键。要未雨绸缪开发项目，全方位收集、筛选、编制对接性强、成熟度高、能够吸引上级支持和商业投资欲望的优质项目。要千方百计引进项目，采取专业化招商、驻点招商等模式，建立长期稳定的招商引资机制和渠道，形成政府推动和园区自主相结合共同招商的局面。着力引进一批市场前景好、对园区发展带动性强的产业项目，加快以企业核心技术为依托的项目裂变，以持续有效的增量投入支撑园区转型升级和结构优化。要真抓实干服务项目，进一步完善领导联系产业制度、调度协调制度、督查考核制度，主动搞好服务，积极排忧解难，确保签约项目早开工、开工项目早建成、建成项目早投产。尤其是要全力加大“急难险重”项目和重大工业产业化项目工作力度，深入推进钒钛等资源综合开发利用，发展壮大特色优势产业，加快培育战略性新兴产业，把大企业做强、小企业做大、微型企业做多，形成大中小企业协作配套、产业链上下游协调发展良性格局，不断提升工业化质量和水平。

四是坚持以科技和人才为支撑，增强园区发展的聚集力。产业园区是现代工业发展的产物，领时代之先，踞产业之巅，不仅应成为加快发展的典范，更应成为科学发展的典范。要推广资源节约和循环利用技术，引导园区进行生态化改造和建设，全面落实节能减排措施，大力发展循环经济，提高资源综合利用效益。要加强环境保护，大力推进集中式污染处理设施建设，共同治理污染。要严格落实国家产业政策措施，按期淘汰落后产能、工艺、设备和产品，鼓励企业实施清洁生产。要坚持把产业园区作为创新驱动的策源地，加快推进企业创新主体培育、产业创新牵引升级、园区创新发展示范、产学研用协同创新等重大创新工程，加大科技人才培养引进力度，加快推进重大科技攻关，促进科技与经济紧密结合，着力优化产业结构、产品结构、成本结构、市场结构和体制机制，争创国家、四川名牌，提高产业园区、入园企业和企业产品的核心竞争力。

五是坚持以要素为保障，增强园区发展的承载力。要素保障难是园区反映较多的共性问题，要开阔思路，创新体制机制，有效解决要素保障方面的困难和问题。要着力破解资金要素制约，加强市级部门、产业园区和金融部门对接力度，构建政府专项资金和金融机构贷款有机互补、民间资金积极介入的金融配套体系，为园区发展提供资金保障。要着力破解土地要素制约，一手抓集约利用、盘活存量，一手抓挖掘潜力、拓展增量，集中清理闲置用地，加快工矿废弃地复垦利用试点工作，想方设法向上争取指标，努力腾出发展新空间；加强用地监督，大力推行企业亩均产出、亩均税收等“以亩产论英雄”的考核评价制度和方法，防止低效率用地，坚决打击违法用地。要着力破解煤电油运瓶颈，做好电煤丰存枯用工作，加大“外煤入攀”力度，确保企业生产所需；积极研究和争取重点园区享受直购电政策，加强与铁路部门、石油企业的沟通和协调，确保园区全天候点火、无障碍运输。要破解政策制约瓶颈，兑现落实市里已经出台的各项政策，进一步研究制定支持措施；重点针对当前国家和省上出台的优惠政策开展专题研究，积极争取支持，力争在我市落地。

三、加强领导，统筹协调，确保各项工作落到实处

推进城镇建设和产业园区发展，是一项战略性、综合性、基础性很强的系统工程，事关攀枝花发展，事关全市人民福祉，必须加强领导、统筹协调，扎实推进、务求实效。

第一，强化领导，构建合力。要把推进城镇建设和园区发展摆上重要议事日程，加强指导、协调和服务，形成一级抓一级、层层抓落实的强大合力。各县区、钒钛产业园区和发改、经信、财政、住建、交通、国土等市级相关部门要用足用活上级政策，研究制定支持措施，强化服务指导，推动工作落实。积极加强与上对接，争取更多政策、项目、资金落地。组织人事部门要把这两项工作作为培养锻炼和提拔重用干部的主战场、主平台，努力锻造一批善抓城建和工业的领导人才。加强高端技术、经营管理人才的引进和使用，加强技术人才培训，增强科技和智力支撑。纪检监察、政务服务等部门要加强行政效能建设，营造规范、高效、优质的政务服务环境。宣传部门要强化宣传引导，充分调动群众的积极性和主动性，积极发挥群众的主体作用。其他各部门也要立足实际，主动融入，提供支持帮助，强化要素保障，形成上下联动破难题、步调一致抓落实的工作推进格局。

第二，解放思想，开拓创新。发展根本的出路在于改革，最大的希望在于创新。我们要破除思想桎梏、制度壁垒、能力缺陷，放心、放手、放胆去干，边试边干边积累，边试边干边完善，宁可宽容纠正在实干苦干中出现失误，也决不允许在等待观望中贻误时机。要充分发挥我市城镇化率、工业化率在全省领先的优势，以快人一步的速度、超人一等的胆识、高人一筹的措施，以逢山开路、遇水架桥的勇气，奋力走出一条具有攀枝花特色的成功路子。要积极学习兄弟市州好的做法，找准着力点和切入点，订方案、添措施、探路子，做到行动不盲动、奋进不冒进、作为不乱为，努力形成能够推向全省乃至全国的成功经验。

第三，勇于担当、务实重干。由于国际国内宏观经济形势影响，当前我们确实面临不少困难。但是解决问题本身就是推动发展，解决的问题越多，发展的步子就越快。对城镇建设和园区发展，要把各项工作细化分解，制定“作战图”，列出任务书，排出时间表，不讲条件，不找理由，一抓到底，一气呵成，力争开工一批、建成一批、见效一批。各级领导干部特别是相关负责同志，既要身入，更要心入，要蹲在点上，蹲到项目上，“点对点”地解决问题，“面对面”地抓好落实，完不成任务就不撤手，干不出样子就不罢休，以“苦干加巧干”“五加二、白加黑”的精神，把规划图变成施工图，将施工图变成发展现实。

第四，严格考核，逗硬奖惩。我市城镇化和工业化已处于较高水平，高位求进，步步艰难，必须以非常之力求非常之功。要把这两项工作纳入“急难险重”任务，健全统计制度和目标考核管理办法，将任务逐级分解到人、责任落实到岗、进度规定到天。要加强督查考核，坚持周报月会、评比通报制度，一个一个项目盯进度，一个一个难点抓突破，确保各项任务按计划、高标准完成。要坚持一线选人用人导向，一切以工作推进展示作为，一切以一线需要配备使用干部，形成令出必行、有责必担、迎难必上的良性氛围，促进我市城镇建设和园区发展稳步推进、亮点纷呈、走在全省前列。

四、锁定目标，奋力冲刺，全面完成今年各项目标任务

今年以来，面对复杂严峻的国际国内形势，经过全市上下的共同努力，我市经济社会仍保持了良好的发展势头。到年底只有不到两个月的时间，完成全年目标任务，时间很紧、任务很重、压力很大，我们必须鼓足干劲，迈大步子，奋力冲刺。一是要找准差距抢进度。对照年度目标任务，找准症结所在，进一步强化工作措施，做到心中有数、应对有成。从现在起，凡是承担重点目标、重点项目、重点工作的部门，原则上星期天不要休息，进度滞后或者任务紧的部门，该加班的必须加班。这些要求可能有些苛刻，但这是工作的需要、发展的需要。二是要集中力量抓项目。按照年初确定的“急难险重”任务要求，加快推进重大项目建设，建成项目抓生产，在建项目抓施工，拟上项目抓开工，前期项目抓推进，千方百计克服一切困难和障碍，确保项目建设任务如期或提前完成，为促进经济持续快速增长提供有力支撑。三是要全力确保安全稳定。牢记安全稳定是第一责任，进一步加大工作力度，深化社会治安综合治理，严打各类违法犯罪活动，狠抓安全生产，严防重特大事故发生，为元旦、春节提供和谐稳定的社会环境。四是要积极谋划明年工作。按照省委、省政府相关要求，认真总结经验教训，科学研判未来经济走势，及早谋划明年的工作思路和工作目标，制定更加强有力的工作措施，为推动各项事业突破性发展做好铺垫、筑牢支撑。

同志们，推进新型城镇化和产业园区建设工作，是一项长期、艰巨的历史使命，是一个创新实干、攻坚克难的过程，使命光荣、任务艰巨、意义深远。我们要举全市之力、集全市之智，凝心聚力、开拓创新、真抓实干，尽快走出一条以产兴城、以城促产、产城相融的新路子，努力推动全市“两化”互动工作始终走在全省前列，为实现全市“两个跨越”、在全省率先全面建成小康社会提供坚实支撑！

在传达学习贯彻党的十八届三中全会精神时的讲话

2013 年 11 月 15 日

党的十八届三中全会，是在我国改革开放新的重要关头召开的一次重要会议。学习宣传贯彻全会精神，是当前全市各级党组织和广大党员的重要政治任务。昨天上午，省委已经召开常委（扩大）会议，对全会精神进行了传达学习；今天，我们召开市委常委（扩大）会议，集中传达学习全会精神，并就贯彻落实中央和省委相关要求、做好当前各项工作进行安排部署。刚才，张剡市长对全会概况和主要精神作了传达，下面，我提几点要求。

一、认真学习，迅速把思想统一到十八届三中全会精神上来

当前和今后一个时期，要把学习宣传贯彻十八届三中全会精神作为全市工作的重中之重。要按照中央和省委要求，迅速组织传达学习，把全会精神传达到基层、传达到每个党组织和全体党员。要坚持领导干部带头学习，各级党委（党组）中心组要开展集中学习，认真研读《公报》及《决定》原文，不断加深对全会精神实质的理解，进一步凝聚改革共识，增强推进改革的自觉性和坚定性。要坚持理论联系实际，把学习贯彻十八届三中全会精神与学习贯彻党的十八大精神紧密结合起来，与学习贯彻以习近平同志为总书记的党中央的一系列重要指示、决策、部署紧密结合起来，与我市的重点工作紧密结合起来，进一步明确形势任务，增强推进改革的责任心和使命感。组织部门要把学习贯彻党的十八届三中全会精神与干部培训工作结合起来，与加强领导班子建设和基层党组织建设结合起来，切实加强组织协调。宣传部门要充分发挥新闻媒体的主导作用，牢牢把握正确导向，努力营造学习贯彻十八届三中全会精神的浓厚氛围。工会、共青团、妇联等人民团体要充分发挥广泛联系各界群众的优势，结合各自职能，开展各具特色的学习贯彻活动。广大基层党组织要把学习贯彻十八届三中全会精神同加强自身建设紧密结合起来，同即将开展的党的群众路线教育实践活动紧密结合起来，同本单位、本部门工作实际结合起来，制定具体的学习贯彻活动方案，一级抓一级，层层抓落实，形成全社会深入学习贯彻三中全会精神的生动局面。

二、深刻领会，准确把握十八届三中全会的精神实质

十八届三中全会，对当前我国所面临的国际国内形势进行了深入分析，对国家发展所面临的各种困难和问题进行了认真研究，有针对性地部署了全方位的改革任务，既承继了35年来改革开放的历史逻辑，又展现了新的视角和立意。我们要准确把握全面深化改革的指导思想和总目标，明确改革的战略重点、优先顺序、主攻方向、工作机制、推进方式和时间表、路线图，领会在改革理论和政策上的一系列新的重大突破，以及全面深化改革的新思想、新论断、新举措，尤其要注意把握各项改革措施的出台背景、出发点、目标指向、政策界限，真正学懂吃透中央的精神和要求。

（一）深刻把握十八届三中全会确定的15项重大改革任务

一是坚持和完善基本经济制度。核心是明确公有制经济和非公有制经济都是社会主义市场经济的重要组成部分，要毫不动摇地巩固和发展公有制经济，不断增强国有经济的活力、控制力、影响力；毫不动摇地鼓励、支持、引导非公有制经济发展，激发非公有制经济活力和创造力。二是加快完善现代市场体系。核心是建设统一开放、竞争有序的市场体系，使市场在资源配置中起决定性作用。三是加快转变政府职能。核心是建设法治政府和服务型政府，优化政府组织结构，提高科学管理水平。四是深化财税体制改革。核心是完善立法、明确事权、改革税制、稳定税负、透明预算、提高效率，建立现代财政制度，发挥中央和地方两个积极性。五是城乡发展一体化。核心是赋予农民更多财产权利，推进城乡要素平等交换和公共资源均衡配置。六是构建开放型经济新体制。重点是放宽投资准入，加快自由贸易区建设，扩大内陆沿边开放。七是加强社会主义民主政治制度建设。重点是推动人民代表大会制度与时俱进，推进协商民主广泛多层制度化发展，发展基层民主。八是推进法治中国建设。重点是维护宪法法律权威，深化行政执法体制改革，确保依法独立公正行使审判权、检察权。九是强化权力运行制约和监督体系。重点是构建决策科学、执行坚决、监督有力的权力运行体系，健全惩治和预防腐败体系。十是推进文化体制机制创新。重点是完善文化管理体制，建立健全现代文化市场体系，构建现代公共文化服务体系，提高文化开放水平。十一是推进社会事业改革创新。重点是深化教育领域综合改革，健全促进就业创业体制机制，形成合理有序的收入分配格局，建立更加公平可持续的社会保障制度，深化医药卫生体制改革。十二是创新社会治理体制。重点是建设国家安全委员会，健全公共安全体系，改进社会治理方式，激发社会组织活力，创新有效预防和化解社会矛盾体制。十三是加快生态文明制度建设。重点是健全自然资源资产产权制度和用途管制制度，划定生态保护红线，实行资源有偿使用制度和生态补偿制度。十四是深化国防和军队改革。重点是深化军队体制编制调整改革，推进军队政策制度调整改革，推动军民融合深度发展。十五是加强和改善党对全面深化改革的领导。核心是中央成立全面深化改革领导小组，负责改革总体设计、统筹协调、整体推进、督促落实。

（二）深刻把握十八届三中全会展现的一系列改革新亮点

一是要把握好在改革总目标设置上展现的新亮点。全会提出全面深化改革的总目标是“完善和发展中国特色社会主义制度，推进国家治理体系和治理能力现代化”，并提出了到2020年“在重要领域和关键环节改革上取得决定性成果，形成系统完备、科学规范、运行有效的制度体系，使各方面制度更加成熟、更加定型”的时间表，既在改革广度上涵盖了经济、政治、文化、社会和生态文明“五位一体”建设，而且深入到了制度的核心和关键。“推进国家治理体系和治理能力现代化”，首要的就是制度的现代化；时间表的设置，也从“小康”的民生导向，推进到了兼顾民生和制度导向，充分体现了我们党坚持用制度管权管事管人的坚定决心。

二是要把握好在市场角色定位上展现的新亮点。过去，我们提的都是让“市场在资源配置中起基础性作用”，这次全会一再强调要让“市场在资源配置中起决定性作用”。虽然只是两字之差，但却体现了中央对政府和市场关系的新定位。市场起决定性作用的表述，更加强调市场作为资源主要分配者的地位，政府则应当扮演市场仲裁者、服务者、保障者的角色。在全会公报中，对这方面有比较多的表述，比如“形成企业自主经营、公平竞争，消费者自由选择、自主消费，商品和要素自由流动、平等交换的现代市场体系”，“完善主要由市场决定价格的机制”等，指向的都是发挥市场的决定性作用。这对于如何处理政府与市场关系，作了权威的界定。

三是要把握好在对法治的高度强调上展现的新亮点。在建设什么样的政府上，全会提出了“建设法治政府和服务型政府”的方向；在如何建设法治中国的问题上，全会提出了“深化司法体制改革，确保依法、独立、公正行使审判权、检察权，健全司法权力运行机制，完善人权司法保障制度”的操作路径。建立服务型政府，中央早就已经开始实践探索。近期，注册资本登记制度的改革，上海自贸区“负面清单管理”的先行，地方政府改革的启动，这些试点都体现出行政职能转变的鲜明导向，核心都是向社会让渡可以放手的权力，最大限度地发挥出政府与社会共同参与治理的合力。而全会中对司法体制改革使用的“依法、独立、公正”三个词，也预示着法治建设有望迈出新的步伐。

四是要把握好在对教育、就业创业、社会保障、医药卫生等民生领域改革上展现的新亮点。公报将这些领域的改革，描述为“人民最关心最直接最现实的利益问题”。三个“最”，既表明了对民生问题的持续关注，也体现出了改革的创新。其中，对教育领域的改革，使用了“综合改革”的字眼，按照专家的分析，这实际上拓展了教育改革的范畴，意味着不仅要强化政府在基础教育、义务教育中法定义务的履行，还要着力推动职业教育、高等教育将向更加注重教育规律、注重创新的模式转变。

五是要把握好在对城乡二元结构弊端的认识上展现的新亮点。全会提出，城乡二元结构是制约城乡发展一体化的主要障碍，因此，必须“健全体制机制，形成以工促农、以城带乡、工农互惠、城乡一体的新型工农城乡关系，让广大农民平等参与现代化进程、共同分享现代化成果”，“加快构建新型农业经营体系，赋予农民更多财产权利，推进城乡要素平等交换和公共资源均衡配置，完善城镇化健康发展体制”。“城乡一体”，表明在城乡发展上，将更加注重实现权利和机遇的平等，努力让“发展成果更多更公平惠及全体人民”。“赋予农民更多财产权利”，表明将进一步加强对土地制度改革的探索和实践，加快土地确权和流转进程，帮助农民增加财产性收入、加快城镇化步伐，让广大农民及早享受与城市居民一样的基本公共服务。

六是要把握好在对建立现代财政制度的部署上展现的新亮点。全会提出，要“通过完善立法、明确事权、改革税制、稳定税负、透明预算、提高效率，建立现代财政制度，发挥中央和地方两个积极性”。这为处理好中央和地方关系，提高科学调控水平指明了路径，抓住了中央和地方关系的关键。只有通过建立现代财政制度，改进预算管理制度，完善税收分配制度，形成更加科学合理的中央和地方税收体系，地方政府事权和财权才能统一，才有实实在在的动力和能力去推进全面协调可持续的发展。

七是要把握好在对建立生态文明制度的强调上展现的新亮点。生态文明建设之所以重要，是因为它抓住了当前发展模式中的两大主要矛盾：一方面是GDP数据的快速增长，另一方面则是大气、江河海洋、土壤土质的大面积恶化。长此以往，不仅GDP增长的成果都将被吞噬，而且还将影响到当前和未来公众的基本生存权。建立生态文明制度，既是对十八大“建设美丽中国”目标的继承和延伸，更表明一系列有关生态文明建设的制度优化即将开始。从今年6月开始，习近平总书记在多个场合反复强调“再也不能以GDP论英雄”，从中我们也不难看出中央加强生态文明建设的决心和力度。

此外，全会还首次提出“加强顶层设计和摸着石头过河相结合”“建立更加公平可持续的社会保障制度”等，通过这些新提法、新表述、新部署，各方面的改革轮廓已经清晰呈现出来，今后一段时间，中央必将陆续推出更多相关的具体配套改革措施，为全面深化改革提供支撑、指明路径。可以说，十八届三中全会昭示着中国改革发展的崭新未来，必将成为进一步改变中国面貌的又一个关键节点。

三、广泛动员，切实抓好宣传舆论引导工作

政策引领，舆论先行。要根据中央和省委的要求，制定工作方案，落实责任分工，全面加强对十八届三中全会精神的宣传，着力营造强大声势和浓厚氛围，让全会精神深入基层、深入群众、深入人心，使之更好地为广大干部群众所掌握，切实增强广大干部群众贯彻全会精神、推动改革发展的自觉性和坚定性。要充分发挥各类新闻媒体的主体作用，通过开辟专题、专栏和集中报道，组织一批有说服力、影响力的理论文章，策划有深度、有声势的系列宣传，深入解读三中全会提出的重大理论观点、重大方针政策、重大工作部署，及时报道我市学习贯彻三中全会精神的重要举措，全方位展示我市学习贯彻三中全会精神的做法、经验和成效。要认真组织学习三中全会精神宣讲团，持续广泛开展有声势、有深度、有广度的宣讲活动，推动全会精神进机关、进企业、进学校、进社区、进农村，真正做到家喻户晓、入心入脑。要注重宣传的方式和效果，积极结合全市重点工作开展宣传，积极回应社会关切的热点问题，引导干部群众对改革的心理预期，既增强改革信心，又看到改革的复杂性、艰巨性，不片面追求表面的轰轰烈烈，真正把全市干部群众的思想统一到全会精神上来，统一到中央全面深化改革的总体部署上来。

四、立足实际，在落实改革部署上见行动

学习贯彻全会精神，重在行动，重在落实。我们要以十八届三中全会精神为指导，紧密联系攀枝花实际，抓紧研究制定贯彻落实的措施和办法，立说立行，主动作为，迅速在贯彻落实全会精神上见行动、见实效。

一是要深入研究，把握关键。全会关于全面深化改革的决策部署，蕴含了大量的政策机遇，我们要抓紧时间，深入研究，找准我市贯彻落实全会精神的切合点和关键点。要深入研究深化经济体制改革的思路措施，推进经济领域深层次改革，进一步释放经济发展活力，推动我市经济发展更有效率、更加公平、更加可持续。要深入研究深化政治体制改革的思路措施，推进政治体制变革，发展更加广泛、更加充分、更加健全的人民民主，加快建设法治政府、效能政府。要深入研究深化文化体制改革的思路措施，加快推进文化改革发展，努力建设区域文化高地。要深入研究深化社会体制改革的思路措施，推进社会领域制度创新，确保群众安居乐业、社会安定有序。要深入研究深化生态文明体制改革的思路措施，推动形成人与自然和谐发展现代化建设新格局，努力建设美丽攀枝花。要深入研究深化党的建设制度改革的思路措施，推进领导体制、干部人事、反腐倡廉、作风建设等领域改革，为推进现代化建设提供坚强政治保证。

二是要积极对接，抢抓机遇。一步快，则步步快。对全会释放出来的政策机遇，我们必须抓紧对接，牢牢抓住，力求先人一拍、快人一步、高人一着。对中央和省里已经出台的改革事项，要认真梳理，尽快实施；对需要提出改革方案的，要抓紧研究，提出方案。当前，特别是要紧紧围绕中央的重点改革方向，结合我市实际，认真做好攀西战略资源创新开发试验区建设、国有企业体制改革、老工业基地调整改造、老工业城市棚户区改造、统筹城乡发展、钒钛等战略性新兴产业发展、交通枢纽建设等领域的项目储备和包装，抓紧与上级有关部门对接，全力争取更多的项目、资金进入国家和省上的“笼子”“盘子”，争取已经纳入国家和省上规划的重大项目尽快启动实施和加快建设。要增强创新意识，着力把抓全会精神落实的过程变成工作协同创新的过程，深入推进涉及本地区、本部门工作思路、工作领域、工作载体和工作方法的改革创新，使各项工作不断创出新特色、取得新突破、创造新业绩。

三是要真抓实干，务求实效。各级党员干部要强化进取意识、机遇意识、责任意识，大胆探索、勇于实践，注重各项改革的统筹协调，紧紧依靠人民群众，全力推动改革部署的落实。要大力发扬“钉钉子”精神，用心想事，用心谋事，用心干事，绝不能唱高调、喊空话、说大话，只说不干。尤其是现在已近年终岁首，决不能有辛苦一年放松放松、休息休息，一切工作等过完节再说的思想。要进一步增强时间观念和效率意识，始终立足于争、立足于干、立足于上，做到时间上快抓紧、工作上快执行、项目上快推进，确保今年各项目标任务圆满收官。

最后，我再强调一下今年最后40多天的工作重点。一是对照年初制定的目标，认真查找差距、增添措施，尽最大努力完成好全年目标任务。二是抓紧对接“三大投资促进活动”、世界华商大会、财富论坛、西博会、科博会等系列活动的签约项目，强化跟踪服务，确保项目尽早落地。三是继续强力推进重大项目建设。对于在建项目，要盯住不放，争取早竣工早投产早见效。同时，要抓紧谋划年底前两次项目集中开工，确保成昆铁路扩能改造攀枝花段、绕城高速公路、银江水电站、中国重汽70矿用车装配线、中水太阳能项目等重大项目如期开工。四是精心组织、周密部署，认真抓好“全省两个现场会”和“欢乐阳光节”相关筹备工作，借此契机，充分展现攀枝花的对外良好形象。五是加快推进煤矿安全复产工作，在符合安全生产要求的前提下，对达标煤矿，条件成熟一个，尽快复产一个。六是统筹安排并认真筹备好边远民族地区对口帮扶工作现场会、全市统一战线专题调研成果汇报会、攀枝花—凉山区域合作联席会等会议和活动。七是深入贯彻落实好省政府攀西战略资源创新开发试验区建设工作会议精神。一要充分发挥企业的主体作用，调动企业积极性，用活用好各项支持政策和措施。二要加快推动钒钛产业园区创建国家级高新技术产业园区，不断提升我市相关产业核心竞争力。三要积极筹备好第二届攀枝花钒钛论坛相关活动，力争把钒钛论坛打造成为国内外知名的钒钛资源综合开发利用技术成果发布和展示平台。四要积极谋划钒钛产品交易会相关前期工作，进一步加快我市钒钛资源产品交易中心的建设进程。八是紧紧抓住年末两个月是省政府实现财政支出的关键时段，强化向上工作对接，全力争取更多的项目和资金支持。同时，要进一步深化银政企交流合作，创新合作方式，认真筹备好相关交流合作活动。九是毫不松懈地抓好安全和维稳工作。要进一步落实煤矿非煤矿企业安全生产责任制，进一步加强消防安全及森林防火、道路交通安全等领域的隐患排查，切实将安全责任细化分解到班组和个人，坚决防止重特大安全事故发生。要继续推进信访积案化解工作，尤其要协调解决好民工工资拖欠等涉稳问题的化解，努力完成好省上下达的“信访积案年底前要有显著变化”的目标任务。十是认真抓好党的群众路线教育实践活动的准备工作，按照省委的要求，早安排、早部署，先学先改，坚决反对“四风”，切实正风肃纪。十一是积极谋划2014年各项工作，确保明年工作开好局、起好步。要认真梳理总结今年的工作，准确研判和把握形势，特别是要深入研究中央和省委、省政府出台的一系列重大政策措施。市委常委和市级分管领导要带头开展专题调查研究，进一步理清思路，明确明年的工作目标、工作重点和工作举措，为明年工作实现良好开局打下坚实基础。十二是统筹安排好2014年元旦、春节前后的相关工作。认真做好市委全委会、经济工作会、县（区）工作会和岁末年初各项走访慰问活动的相关准备工作。

同志们，党的十八届三中全会胜利召开，为我国改革发展指明了前进方向，提出了新的更高要求。我们一定要认真学习、深刻领会、全面贯彻全会精神，更加紧密地团结在以习近平同志为总书记的党中央周围，高举中国特色社会主义伟大旗帜，万众一心，励志拼搏，开拓进取，为奋力实现“两个跨越”、在全省率先全面建成小康社会而努力奋斗！

在全市宣传思想工作会议上的讲话

2013年12月20日

高度重视宣传思想工作，是我们党的优良传统、政治优势和宝贵经验。8月19日，中央召开全国宣传思想工作会议，习近平总书记发表了重要讲话，为当前和今后一个时期做好宣传思想工作指明了前行方向；10月28日，我省召开全省宣传思想工作会议，对全省宣传思想工作进行了安排部署。今天，我们召开全市宣传思想工作会议，主要任务是结合攀枝花实际，深入贯彻落实中央、省委会议精神，回顾总结工作，分析当前形势，研究部署明年宣传思想工作。

回首即将过去的2013年，全市宣传思想战线坚持高举旗帜、围绕大局、服务人民、改革创新，坚持贴近实际、贴近生活、贴近群众，各项工作在协调推进中重点突破，在服务大局中有为有位，在改革创新中焕发活力，呈现出几个鲜明特点：一是围绕大局，提升服务。立足改革发展稳定大局，围绕“思想大解放、作风大转变、工作大落实”和“实现伟大中国梦，建设美丽繁荣和谐四川”主题教育活动，组织开展了丰富多彩、卓有成效的宣传教育活动，充分发挥了思想引导、宣传造势作用，为全市经济社会发展提供了强大的精神动力、思想保证、舆论支持和文化条件。二是抢抓机遇，加快发展。以学习宣传贯彻十八大和十八届三中全会精神为动力，深化文化体制改革，加快基层公共文化服务体系标准化建设，推进文化发展繁荣，加强城市宣传推介，深化全国文明城市创建工作，全力建设区域文化高地，有力提升了我市知名度和吸引力。三是把握主动，增强活力。主动适应新形势新要求，积极创新宣传思想工作的内容、手段、方式，改进导向管理、内容管理和阵地管理，增强了宣传思想工作的针对性、实效性和吸引力、感染力，主流价值观占据了主导地位。实践证明，全市宣传思想工作卓有成效，宣传思想工作队伍值得信赖，市委是满意和肯定的。借此机会，我代表市委向全市宣传思想战线的全体同志，向所有关心攀枝花发展并提供客观友善舆论环境的媒体朋友特别是驻攀新闻单位的朋友们，表示诚挚的问候和衷心的感谢！下面，我讲几点意见。

一、把握大势，提高认识，切实增强做好宣传思想工作的责任感使命感

（一）国内外错综复杂的形势，对宣传思想工作提出了更大挑战。综观形势，当前，我们面临着三大现实考验：一是国际形势发生深刻变化带来的考验。随着我国综合国力和国际地位不断提升，国际敌对势力凭借其经济科技优势对我国的干扰、遏制、渗透和有目的的文化输出活动更加频繁而隐蔽，与我争夺群众、争夺人心、争夺阵地的斗争一刻也没有停止。如何在复杂多变的国际形势中应对渗透、抵御干扰，以中国立场、国际表达的方式赢得主动、运用好战略机遇期，这是对我们的考验。二是我国改革发展进入转型时期带来的考验。改革开放以来，我国经济实力大幅提升，人民生活显著改善，但由于转型时期，经济体制深刻变革、社会结构深刻变动、利益格局深刻调整，分配不公、贫富差距有扩大趋势，经济发展与民主政治、社会建设不平衡，腐败问题还比较严重，人们对改革的预期普遍提高，矛盾多元多发。如何理顺情绪、化解矛盾，对宣传思想工作提出了现实考验。三是宣传思想工作格局发生深刻变化带来的考验。伴随着对外开放程度扩大、信息传播技术发展，各种社会媒介风起云涌，各种社会思潮此起彼伏，各种社会力量竞相发声，一元化指导思想与多样化社会意识并存，传统思想观念与现代思想观念相互交融，本土文化与外来文化相互碰撞，给宣传思想工作带来了新考验。在纷繁复杂的环境中，必须增强辨识力，提高掌控力，抢占制高点，积极引领社会思潮风向。

（二）在全省率先全面建成小康社会的战略任务，对宣传思想工作提出了更高要求。市委九届五次全会确定了加快实现“两个跨越”、在全省率先全面建成小康社会的总体目标，这是在新的历史起点上谋划攀枝花改革发展的重大战略部署。实现这一目标，必须通过政策宣传、思想发动把全市干部群众的思想统一起来、力量凝聚起来。宣传思想战线的同志们要切实做好团结鼓劲、宣传造势的工作，更有力地提振信心、凝聚人心，大力营造聚精会神搞建设、一心一意谋发展的社会氛围。要紧扣全面建成小康社会的路径措施，精心策划宣传主题、安排文化活动项目，吸引、集聚各方资源资金资本，形成加快发展的巨大精神推力和现实支撑。

（三）推进文化大发展大繁荣，对宣传思想工作提出了更重任务。攀枝花作为重工业城市，文化这篇文章大有必要、大有可为。从有利条件看，中央和省委对宣传思想文化建设高度重视，为我们提供了坚强的政治保证；经济社会持续快速发展，为我们提供了有利的物质条件；加快推进攀西战略资源创新开发试验区建设、在全省率先全面小康社会的崭新探索，为我们提供了广阔的实践空间；人民群众精神文化需求不断增大，为我们提供了不竭的发展动力。但也要清醒地看到，我市文化发展总体水平不高，公共文化服务能力和水平还比较薄弱，文化产品数量质量还不能满足群众日益增长的需求；制约文化事业发展的体制机制问题尚未完全解决，文化创新能力和人才支撑能力还不强；文化产业基础较为薄弱，企业规模偏小，产品附加值不高；文化工作方式手段、队伍素质有待进一步提高，与建设文化强市、打造区域文化高地的要求还有较大差距。我们一定要正对不足、抓住机遇、乘势而上，以更加有力的举措争创文化发展新优势、开创新局面，切实担当起建设文化强市的历史使命。

二、围绕中心，服务大局，全力做好明年宣传思想工作

（一）围绕打牢全市人民团结奋斗共同思想基础，进一步做好理论武装、统一思想工作

从苏东剧变、“颜色革命”到“阿拉伯之春”，历史发展轨迹雄辩地证明：意识形态事关党的前途命运、事关国家长治久安、事关民族永续发展，我们必须高度重视、高度警觉，做到旗帜鲜明、引导有力、守好阵地、妥当应对。

一要强化理论学习，坚定干群政治立场。只有主义真才能信念牢，只有是非清才能方向明，只有意志坚才能干劲足。要以各级党委理论学习中心组为龙头，以市民讲坛、文化下乡、社区和农村书屋等为载体，深入推进学习型城市建设，促进理论学习宣传活动进机关、进企业、进社区、进农村、进学校、进家庭，用中国特色社会主义理论体系武装党员、教育人民、指导工作，不断增强干部群众道路自信、理论自信、制度自信，为实现共同理想而努力奋斗。要加强重大理论和现实问题研究，立足攀枝花实际，明确研究方向，突出研究重点，不断深化对经济社会客观规律的认识，不断推出有深度有价值的研究成果，为改革发展提供战略指引和理论支撑。当前，首要任务是深入宣传十八大、十八届三中全会精神，把形势任务、主题主线、政策措施等讲清楚、学透彻，用中央精神统一思想、凝聚力量、指导实践、推进工作。

二要加强管理引导，把握意识形态方向。党管宣传、党管意识形态是在长期实践中形成的重要原则和制度。要掌握领导权，在大是大非面前站稳坚定立场，在社会深刻变革中坚持正确方向，不为杂音噪音所扰，不为传闻谣言所惑，以强烈的责任感和担当精神，宣传党的路线方针政策，促进中央、省委大政方针和工作部署在攀枝花得到不折不扣的贯彻落实。要掌握管理权，旗帜鲜明地抓、理直气壮地管，加强对关键部位、薄弱环节的管理，健全调控体系，提高调控水平，确保意识形态领域可管可控。要掌握话语权，真正做到适时发声、有效发声、善于发声，让我们想说的内容真正入脑入心，确保主流思想和舆论占领意识形态主阵地，最大限度挤压负面信息和错误思想观念的传播空间。

三要注重正面宣传，营造社会和谐氛围。当前，影响社会和谐稳定的因素仍然较多，必须提振精气神，弘扬正能量。要唱响共产党好、伟大祖国好、社会主义好、改革开放好的主旋律，充分展示我市经济社会辉煌的发展成就和欣欣向荣的发展态势，不断提升全市人民的自豪感、归属感。要充分挖掘、宣传各行各业先进典型，引导干部群众向模范学习，立足本职，建功立业。要挖掘心灵向善因素，引导人们不浮躁、不迁怒，懂得感恩、懂得知足，让社会心态更加平和、更加积极。特别是要深化“思想大解放、作风大转变、工作大落实”和“实现伟大中国梦，建设美丽繁荣和谐四川”主题教育活动成果，系牢干群一心的团结纽带、增强自强不息的精神动力，激励全市人民奋力谱写伟大中国梦的攀枝花篇章。

（二）围绕在全省率先全面建成小康社会战略任务，进一步做好宣传造势、凝心聚力工作

胸怀大局才能高屋建瓴，因势而谋；把握大势才能明辨方向，应势而动；着眼大事才能切中要害，顺势而为。宣传思想工作肩负提供思想文化保障的重大使命，必须要围绕中心、服务大局，找准工作切入点和着力点，把干部群众的积极性、创造力汇聚到推动经济社会发展的生动实践中来。

一要将面临的形势讲深讲透，增进信心动力。当前，我市正处于全面建成小康社会的“关键期”，“两化”互动、“四化”同步、城乡一体化发展的“加速期”，老工业基地持续发展的“振兴期”，改革开放、创新驱动的“突破期”，扶贫解困的“攻坚期”，由资源之都向产业之都、经济之都跨越的“质变期”，面临着国家实施新一轮西部大开发、建设攀西战略资源创新开发试验区、推进老工业基地调整改造，以及我省实施多点多极支撑发展战略、发展攀西经济区等战略机遇。同时，我们也面临着艰巨任务和严峻挑战，“发展不足、发展不够、发展不充分”仍是最大的实际。要结合市情实际，把问题挑战讲清楚，把潜力机遇讲明白，让干部群众认识形势、把牢机遇，保持奋发向上的精神状态，坚定加快发展的信心决心。

二要将确定的目标讲清讲明，树立前行方向。攀枝花作为新兴工业城市，工业化率、城镇化率均处于全省前列，完全有条件在全省率先全面建成小康社会。为此，我市提出了实现“两个跨越”、在全省率先全面建成小康社会的战略目标，明确了确保到2015年，地区生产总值、地方财政收入、城乡居民收入在2010年基础上翻一番，固定资产投资总量在前五年基础上翻一番；力争地区生产总值2014年达到1000亿元，确保2017年达到1500亿元，进入全省“第二方阵”；在2020年以前，在全省率先全面建成小康社会的阶段性任务。要全面宣传、深入解析这些目标任务，统一全市上下意志，激发拼搏动力，引导干部群众增强等不得的使命感、拖不得的责任感、慢不得的紧迫感，坚持一步一个脚印、一锤一个铆钉，攻坚克难、凝心聚力促进发展。

三要将采取的措施讲活讲实，动员执行落实。为实现在全省率先建成小康社会的战略目标，当前，全市上下正以“三个加快建设”“三个走在全省前列”“六大硬仗”“四个翻番”战略部署为统揽，全力推进经济、政治、文化、社会、生态文明“五位一体”建设。宣传思想部门要多做提神鼓劲的工作，大力宣传各地各部门推进发展的战略思路、生动实践、标杆典型和突出成就，不断提升广大干部群众干实事、打硬仗的精神动力；要大力宣传推进民生工程和扶贫攻坚行动的务实举措，增强全市各族人民齐心协力奔小康的决心；要大力宣传加强和创新社会管理、推进法治建设的成效，凝聚起维护安定团结、促进社会和谐的思想共识。

四要将发展的优势讲足讲够，聚集各方资源。对外宣传是服务开放合作、展示良好形象的重要途径，各级各部门要高度重视，通过日常宣传和节事节庆、专题宣传、推介活动等方式，持续形成冲击力、影响力。要大力宣传城市形象，紧扣中国钒钛之都、中国阳光花城、四川南向门户三张城市名片，不遗余力地宣传攀枝花的独特魅力，扩大城市知名度和美誉度，使闻者向往、听者期待，让攀枝花走出去，把更多人引进来。要大力宣传发展优势，宣传我市矿产、水能、光热、生物资源，尤其是得天独厚的钒钛资源、阳光资源；宣传我市交通便利、辐射力强的区位优势和工业化和城镇化程度高、基础设施健全的基础优势；宣传国家和省上大力关注、利好政策多的宏观优势；宣传政务服务优、城市包容性强的人文优势，促进资源资本项目加速向我市汇聚。

（三）围绕迎接建国65周年、建市50周年，进一步做好舆情处置、思想引导工作

舆论导向正确是党和人民之福，舆论导向错误是党和人民之祸。明年，将迎来建国65周年，后年，攀枝花将迎来建市60周年。我们要把握“明年大事喜事多、敏感问题也不少”这一特点，提前谋划、精心准备、周密安排，提高应对力，打好主动仗，建好主阵地，既利用重大题材和重大舞台，把大事喜事宣传好，又要把敏感问题引导好，最大限度地减少负面影响，最大程度地发挥正面效应。

一要做好舆情引导处置工作。现代社会，坚持信息公开、处置透明，是赢得舆情主动、取得群众理解的法宝。要建立重大决策、重大项目和重点时段、重点地域舆情风险评估机制，做到未雨绸缪、未动先知，把负面舆情消弭于未然。要把即将开展的群众路线教育实践活动与“走转改”活动结合起来，办好“反对四风、联系群众”专题专栏，研究群众思想状况，掌握社会思想动态，畅通党群沟通平台，到工作困难的地方排忧解难，到意见集中的地方理顺情绪，引导群众理性表达诉求，为党和政府分忧，为发展清障助力。要积极回应教育、就业、医疗、住房、物价、食品安全、生态环境等热点问题，做好释疑解惑，加强正面引导，稳控心理预期。要构建舆情发现、预警、研判、处置一体化工作体系，对炒作苗头第一时间发声，对热点问题第一时间回应，对不实信息第一时间澄清，确保管得了、封得住、疏得通。同时，要树立底线思维，敢抓敢管、敢于亮剑，对串联煽动和造谣生事的言论第一时间封堵删除、落地查人，把牢舆论引导主导权。

二要正确对待新闻舆论监督。当今社会，主流意识形态已不仅仅靠行政力量来推行，更多地要通过新闻媒体来传播。要高度重视媒体功能，抓好新闻传播舆论阵地建设，做到工作尽责、守土有责，绝不给错误思想言论提供传播渠道。要在思想上尊重媒体、感情上善待媒体、实践中善用媒体，支持媒体的工作，加强与媒体的沟通，善于借助媒体开展工作。要办好效能热线等节目，充分发挥新闻媒体监督反馈、查漏补缺作用。要正确对待和主动应对市外新闻媒体监督，做好采访接待、沟通、协调工作，做到不失语、不失控、有礼有节、分寸得当，因工作失职或向媒体发表不负责任言论而被曝光且情节严重的，要追究相关责任。要提高新闻发言人的素质和能力，做到胸有成竹、应对有方。

三要加强各类新兴媒体管理。随着互联网、手机等新兴媒体迅猛发展，自媒体时代已经到来，人人都是报道员、人人都是宣传员，新兴媒体已经成为利益诉求的集散地和意识形态的主战场。对于新兴媒体，一方面要积极利用，支持加快发展，培育健康的网络文化，成为推动社会进步的有生力量；要利用现代信息技术，加快传统媒体数字化、网络化转型步伐，支持攀枝花公众信息网、中国攀枝花网、四川新闻网攀枝花频道、GOGO攀枝花及政务微博等发展壮大，抢占信息传播和舆论引导制高点。另一方面要强化管理，建强网络管理、网站从业人员、网络评论员三支队伍，健全互联网信息发布、政策解读、舆论引导联动、舆情风险评估、政策保障等机制，探索建立行政监管、行业自律、技术保障相结合的新兴媒体管理格局，促进网络健康发展。

（四）围绕建设区域文化高地，进一步做好文化强市、文化惠民工作

发展文化软实力，是从粗放型发展向科学发展转变的标志和支撑，具有重大的战略意义和现实价值，必须把文化元素融入经济社会建设各方面，提升城市文化内涵，提高文化产业水平，打造区域文化高地，推动产业转型和城市升级。

一要健全公共文化服务体系。发展公益文化事业，建立全覆盖的公共文化体系，是群众共享文化成果的重要途径。要推动文化资源配置向农村、社区基层倾斜，加快推进广播电视“村村通”、农村电影放映、城市应急广播体系建设，推进边远民族地区文化广电基础建设，加强乡、村文化活动站点建设，打造好集宣传教育、文体娱乐、应急广播、科技普及等功能于一体的“乡村文化院坝”。要深入实施重点文化惠民工程，加快三线建设博物馆及市中心图书馆、市文学艺术创作中心等项目建设，保障公共文化服务单位有效运转，推动公共文化设施免费开放，开展攀枝花讲坛、“三下乡”“四进社区”等公益文化活动，加快建立覆盖城乡的公共文化服务体系。要当好东道主，举办好省第七届少数民族艺术节。

二要提高文化艺术创作水平。文艺活动和文化产品具有引领风尚、教育人民、服务社会、推动发展的作用。要坚持群众参与、群众创造，弘扬主旋律、提倡多样化，贴近人民群众的精神世界，引领人民群众的精神生活，激发人民群众的创造热情。要以“五个一工程”为龙头，充分发挥文化部门及协会的作用，加快完善创作生产体系，充分激发文化团体和艺术家的创作热情，大力扶持重点题材创作，创作更多思想性、艺术性、观赏性高度统一的精神食粮，形成一批音乐、舞蹈、戏曲、文学、书法、美术、摄影等文艺精品，用特色文化精品彰显攀枝花的地域特征、人文特点、发展特色，带动我市文化大繁荣大发展。

三要推进文化产业繁荣发展。随着时代的发展，文化与经济融合发展的趋势日益凸显，文化的经济功能越来越强，经济的文化含量越来越高。要深化文化体制改革，建立畅通高效的文化管理体制和富有活力的文化产品生产经营机制。要扶持文化企业发展，培育一批主业突出、竞争力强的成长性企业。要加快文化产业集群建设，推动红格温泉度假区、阿署达花舞人间景区、普达阳光康养度假区、苴却砚文化区、奥林匹克体育公园、西区文化岛等项目加快建设，促进文化与旅游、新型城镇化融合发展。要打造一批具有攀枝花特色和比较优势的文化产业品牌，特别是利用钒钛、阳光、苴却石、茶叶、块菌、水果等特色资源和产品，开发特色文化旅游产品。要注重培育和开拓文化市场，用市场化运作方式打造文化品牌，实现经济效益和社会效益双丰收。

（五）围绕创建全国文明城市，进一步做好提升素质、塑造形象工作

城市文明程度和市民文明素养是社会和谐的基石，是城乡发展水平的重要标志。宣传思想战线要坚持以创建全国文明城市为抓手，统筹安排，狠抓关键，强化保障，提升城市文明程度，培塑攀枝花城市精神，推动创建目标如期实现。

一要狠抓创建工作落实。创建全国文明城市，关键在全域发动、全民参与。要深入实施城市综合实力、市民素质、市民幸福指数、阳光花城形象“四项提升工程”，狠抓硬件达标、软件提升，确保如期创成全国文明城市。要推动城乡精神文明共创共建和“讲文明、树新风”活动蓬勃开展，推进文明村镇、文明单位、文明社区、文明家庭等群众性创建活动，抓好“诚信攀枝花”建设，推进廉政文化建设，加快形成廉洁高效的政务环境、民主公正的法治环境、公平诚信的市场环境、健康向上的人文环境、有利于青少年健康成长的社会文化环境、舒适便利的生活环境、安全稳定的社会环境、可持续发展的生态环境。

二要狠抓城市精神塑造。城市精神是城市的发展之魂、文化之根、活力之源。攀枝花即将走过50年历程，从当年头上一片蓝天、脚下一片荒原的不毛之地，到今天建设起一座新兴工业城市，靠的就是历代建设者用鲜血、汗水和真情浇筑的“艰苦创业、无私奉献、开拓进取、团结协作、科学求实”的攀枝花精神。要以攀枝花精神为统揽，挖掘攀枝花开发建设的历史底蕴、文化内涵，不断培育、塑造、弘扬新时期攀枝花的精气神，不断增强市民的认同感、归宿感和自豪感。要注重典型模范为引领，以榜样形象来诠释精神的力量，引导干部群众见贤思齐、团结友爱、奋发向上。要发挥群众的积极性和参与性，让攀枝花精神内化于心、外化于行。

三要狠抓思想道德建设。要弘扬以爱国主义为核心的民族精神和以改革创新为核心的时代精神，不断深化社会主义核心价值教育，将其融入进国民教育、精神文明建设和党的建设全过程，贯穿于改革开放各领域，体现到新闻宣传、文艺创作生产各方面，用先进思想文化占领阵地、引领思潮。要深入贯彻落实《公民道德建设实施纲要》，颂扬真善美、鞭笞假恶丑，广泛开展社会公德、职业道德、家庭美德、个人品德教育，加强未成年人思想道德建设和大学生思想政治教育，培育一代新人，推动知荣辱、讲正气、促和谐良好风尚的形成，不断提高公民思想道德素质和社会文明水平。

三、加强领导，协力推进，不断提高宣传思想工作科学化水平

（一）落实领导责任，加强统筹协调。宣传思想工作关系全局，无论任何时候其重要地位不能变，其政治优势不能丢。各级党委要担负起政治和领导责任，把宣传思想工作摆在重要议程，切实抓紧抓好。党政主要负责同志要抓在手上，在思想上高度重视、领导上切实加强、工作上强力推进，各级党员干部要当好党的政策的宣传者、党的宗旨的实践者、党的形象的代表者。要健全组织协调机制，宣传思想部门要发挥监督指导作用，文化、广电、新闻出版等部门要发挥主力军作用，相关部门要各司其职、协同配合，确保宣传思想工作上有引力、下有撑力、内有动力、外有助力，形成党委统一领导、宣传部门协调指导、各级各部门密切协作、社会各界支持参与的工作格局，提升工作合力和整体效应。

（二）健全制度措施，推进改革创新。宣传思想工作综合性、时代性强，必须要从战略上思考、整体上谋划。要加强对文化、广电、新闻出版等部门及文联、社科联等团体的协调指导，加强基层基础工作，实现工作效果最大化。要主动适应信息接受方式和意见表达渠道的新变化，研究广大群众特别是青年一代心理特点，善于运用大众传媒，善于运用文化载体，善于运用高新技术，使工作体现时代性、把握规律性、富于创造性。要从满足信息需求切入，积极引导社会舆论。要从丰富文化生活切入，推动文化繁荣发展。要从传播大政方针切入，凝聚各方合力。要从平等交流切入，倡导思想道德，使宣传思想工作更加入耳、入脑、入心，不断增强亲和力、吸引力、感染力，推动工作出亮点、创品牌、上水平，全面开创我市宣传文化工作新局面。

（三）大力培养人才，抓好队伍建设。开创宣传思想工作新局面，归根到底要靠班子、靠队伍、靠人才。要配备好宣传思想工作部门领导班子，加强基层宣传思想干部队伍建设，确保领导权掌握在忠于党和人民的人手中。要从工作上、生活上关心宣传思想干部，加大教育培训力度，帮助解决实际问题，大胆启用优秀人才，充分调动积极性和创造性。要加强宣传思想人才选拔、引进和培养工作，着力造就一批文化产业领军人物和优秀企业家，一批现代传媒技术专门人才，一批懂经营、善管理的复合型人才。要健全宣传思想人才评选和精品工程奖励制度，在全社会形成尊重劳动、尊重知识、尊重人才、尊重创造的良好氛围。

同志们，做好新形势下的宣传思想工作，责任重大，使命光荣，大有可为，我们要牢记使命，不负厚望，开拓进取，扎实工作，不断提升宣传思想工作的战斗力和影响力，努力营造科学发展、共创和谐的良好环境，为我市加快实现“两个跨越”、在全省率先全面建成小康社会做出更大的贡献！

（二）调查研究

2月2日　上午，先后到攀煤花山矿、仁和区布德镇片区中心敬老院看望慰问生活困难的群众和职工。

△　下午，先后到金沙江城区段沿江景观慢行系统示范工程、新密地大桥工程、金沙江大道东段绿

化景观工程、东区阿署达“花舞人间”项目、仁和大河景观工程等项目建设现场，调研景观工程建设情况。

2月3日　上午，陪同东明书记率领的省委、省政府慰问团先后到东区大花地社区和东风社区看望慰问了困难职工，到攀钢轨梁厂调研了企业的生产经营情况。下午，在会展中心向东明书记作了我市的工作汇报。

2月4日　上午，率队到武警攀枝花支队、攀枝花军分区、攀枝花市公安消防支队和武警攀枝花森林支队，看望慰问驻攀部队官兵、优抚对象和军队离退休老同志。

△　下午，先后到攀枝花电业局电力调度中心、市公交总公司11路和109路公交车调度室、东区垃圾处理场、市水务（集团）炳草岗水厂、市煤气总公司煤气储备站、市公安局交警支队等地，看望慰问部分一线职工和公安干警。

2月5日　上午，先后到观音岩水电站城乡取水工程现场、桐子林水电站施工现场，看望慰问一线施工人员和武警水电部队官兵。

△　下午，先后看望慰问了市老领导韩国宾、孙本先同志。

2月6日　上午，到盐边县渔门镇看望慰问高坪村村干部和朵古村联系户。

△　下午，先后到攀煤、攀钢、钢城集团有限公司看望慰问生产一线职工。

2月7日　上午，先后到市广播电视台、市群工局、市委办公楼看望慰问新闻媒体、“12345”市民热线和党政机关的工作人员。

2月10日　下午，先后到欧方营地、二滩水电站、密地桥、滨江大道、金沙公园、市中心广场、阳光大梯道等地检查节日期间旅游及城市亮化工程等工作。

2月18日　上午，到市民主党派和工商联机关大楼看望慰问了市级各民主党派、工商联机关和市党外知识分子联谊会工作人员。到市委群工局会议室接待信访群众。

2月25日　下午，陪同省委常委、宣传部长吴靖平先后到攀钢集团钛业有限责任公司海绵钛厂、东区炳草岗街道湖光社区、仁和区苴却砚产业园区和花城新区三线建设博物馆、奥林匹克公园等项目现场，调研我市基层公共文化建设工作和特色文化产业发展情况。

2月28日　下午，到攀枝花机场调研机场滑坡治理工程进展情况。

3月6日　上午，率市党政代表团到云南省楚雄彝族自治州云南新世纪中药饮片有限公司、红塔集团楚雄卷烟厂、云南摩尔农庄生物科技开发有限公司、云南云开电气股份有限公司等地，考察当地推动改革发展的成功经验，并出席在楚雄州公务中心召开的交流座谈会。座谈会上，双方就加强交通基础设施建设、特色资源开发利用、旅游产业发展等方面的合作达成了共识。楚雄州委常委、常务副州长杨照辉，州委常委、州委秘书长赵克义，副州长周兴国，市领导杨自力同志陪同考察并出席座谈会。

3月7日　率市党政代表团到云南省大理白族自治州学习考察大理在旅游产业发展、城市新区建设等方面的先进经验，并于下午出席在大理国际会议中心召开的座谈会。座谈会上，双方就进一步推动两地深化合作等事宜进行了交流和探讨。大理州州委副书记李雄，州委常委、州委秘书长岳黎松，副州长程云川，市领导杨自力同志陪同考察并出席座谈会。

3月8日　上午，率市党政代表团到云南省丽江市学习考察城市建设、文化旅游产业发展等方面的先进经验，并与丽江市委书记罗杰就进一步增进友谊、加强合作，共同推动区域重大项目建设、加快产业结构调整升级等事宜进行了沟通和交流座谈。丽江市委常委、常务副市长吉宏龙佳，丽江市委常委、市委秘书长和春雷，市领导杨自力同志陪同考察并出席座谈会。

3月12日至14日　陪同省委常委、宣传部长吴靖平先后到米易县白马铁矿、湾丘乡杨家河坝蔬菜基地、白马镇马槟榔旅游新村、盐边县温泉彝族乡道角村、攀枝花云钛实业有限公司、攀钢集团钛业有限责任公司、大互通钛业有限公司、富邦钒钛制动毂有限公司、仁和区大龙潭彝族乡混撒拉村，对我市的资源综合利用、特色农业发展、新村建设、新农村综合体建设、钒钛产业发展等工作情况进行了调研。

3月14日至15日　陪同省委常委、省纪委书记王怀臣先后到我市米易县白马镇马槟榔村、攀枝花钒钛产业园区、仁和区总发乡立新村、市政务中心和公共资源交易中心等地，对党委政府“一岗双责”落实、纪检监察系统“三项建设”活动开展和基层党风廉政建设等工作情况进行调研。

3月27日　先后到部分工业企业、园区、居民生活区调研我市创建国家环保模范城市工作推进情况，并于下午在会展中心听取了《攀枝花市创建国家环保模范城市规划》《2013－2014年创国模重点攻坚项目》等情况的汇报。

3月28日　下午，先后到炳三区、炳二区调研我市城市道路建设工作。

3月30日　上午，先后到米易县得石镇草坝村八屯桥组和得石镇政府实地检查旱情、灾情，并暗访抗旱工作落实情况和基层干部工作状态。

3月30日至31日　陪同由全国政协常委、中国文联原党组书记、副主席胡振民率队的中国剧协“梅花奖”艺术团一行，先后到仁和区南山循环经济发展区内的罗氏兄弟石艺研究所和二滩游客中心、二滩水电站大坝，调研我市苴却砚文化产业发展等情况。中国文联原党组副书记、副主席李牧，中国剧协分党组书记、驻会副主席季国平，省人大常委会原副主任、省文联主席郭永祥，市领导王海波、张敏同志陪同调研。

4月7日　下午，实地踏勘三堆子跨江大桥选址前期工作推进情况，并调研倮果大桥维修加固工程进展情况。

4月9日　上午，先后到炳三区金海世纪城拟建生鲜市场点、五十四农贸市场、瓜子坪攀北社区蔬菜便民直销店、大湾丘拟建农贸市场点、小攀枝花农贸市场和五十四港华片区、金华巷片区和炳草岗德阳巷视察我市旧城改造项目进展情况，并专题听取了相关方面情况汇报，进一步明确了推进城市宜居工程建设的思路和措施。

4月12日　上午，率队调研花城新区建设工作进展情况，并召开会议对加快推进花城新区建设工作进行了安排部署。

4月13日　上午，陪同国家发改委副秘书长赵家荣、省发改委副主任代永波，先后到攀钢集团钛业公司、攀枝花新中钛科技有限公司调研我市循环经济发展情况。

4月17日　率队到陕西省宝鸡市考察了宝钛集团公司。

4月18日至19日　率市党政代表团先后到重庆市万州区、涪陵区考察山地城市建设工作经验。

4月22日　上午，到市防震减灾局台网数据中心调研我市防震减灾工作。

4月23日　上午，先后到滨江大道、金雅仙客度假村、水文站、金沙公园、攀钢汽运公司俱乐部、马坎污水处理厂等地，调研沿江景观打造重点项目建设情况，并针对具体问题进行现场办公。

4月24日　上午，到仁和区平地镇、苴却砚博物馆等地，调研苴却砚产业发展情况，并于下午在会展中心听取了相关工作的情况汇报。会议对加快推进苴却砚产业发展、建设中国苴却砚文化主题公园等事宜做出了安排部署。

4月27日　上午，先后到盐边县红格镇红格村尖角地、昔格达村岔河桥、红山国际红格温泉音乐广场、昆钢假日酒店二期项目现场，调研红格温泉旅游集镇打造工作涉及的部分重点项目进展情况，并在红格假日酒店会议室听取了相关工作情况汇报。

4月28日　上午，到仁和区前进镇带金煤矿抽查煤矿企业安全生产工作整改落实情况。

5月5日　上午，先后到米易县丙谷镇芭蕉箐村、丙谷镇雷窝村和垭口镇安全村等地，调研新村建设工作进展情况。

5月9日　上午，先后到安宁铁钛股份有限公司、四川龙蟒矿冶有限责任公司调研企业生产经营情况。

5月10日　上午，先后到炳三区和渡口大桥调研城市绿化建设工作。

5月15日　下午，先后到保安营机场、仁和区金江镇喻家坪，视察滑坡治理工程进展情况，并听取了全市地质灾害防治工程的情况汇报。

5月23日　上午，陪同省交通运输厅厅长彭琳视察丽攀高速公路C11、C12、C13标段的建设施工情况和已改造完工的S214线总发至大田路段建设情况，并听取了我市的相关工作汇报。

6月12日　下午，先后到沿江景观步行系统南岸Ⅱ标段工程、滨水新空间项目、步行系统南岸Ⅱ标段亲水栈道工程、观音岩引水工程（东区段）管道铺设工程、滨江大道路面改造工程、金雅仙客度假村项目、步行系统南岸Ⅰ标段工程、北岸Ⅰ标段绿化工程和S310线路面改造工程等施工现场调研沿江景观打造重点工程推进情况。

6月14日　上午，先后到马鹿箐杨家屋基义务植树点和江北生态功能区治理项目现场调研沿江两岸视野区绿化工作。

6月18日　下午，到攀枝花机场调研复航准备工作。

6月20日　上午，先后到普达阳光国际康养度假区和花舞人间景区项目建设现场，视察项目推进情况。

6月21日　先后到东区、西区和仁和区部分旧城改造项目现场调研旧城改造工作推进情况，并召开会议对加快推进城市宜居工程建设工作进行了专题研究。

6月26日　下午，陪同省政协副主席、秘书长高烽先后到丽攀高速公路攀枝花段、金沙江倮果特大桥、攀钢研究院有限公司、钒钛产业园区、龙蟒集团等地调研我市区域交通枢纽建设及钒钛产业创新驱动发展战略工作等情况。

6月28日　上午，先后到花城新区干坝塘1020亩土地整理二期项目、花城大道电子商务一条街段和阳光大道商务办公区段两条主干道项目、花城大道老黑地至龙塘沟及连接线调研部分骨干道路建设情况。

6月30日　下午，陪同由省委常委、宣传部长吴靖平率队的调研组一行，先后到我市大学生科技创业孵化园和攀枝花学院调研我市大学生就业创业和攀枝花学院发展情况，并听取学院师生对即将开展的党的群众路线教育实践活动的意见建议。

7月4日　上午，先后到攀阳钒钛工贸有限公司、中汇机械制造有限公司和天伦化工公司调研，了解企业生产经营情况及困难。并于下午在会展中心出席专题研究会，进一步明确帮助企业渡过难关的举措。

7月5日　上午，先后到金勇工贸、汉风物流、润莹齿轮和白云铸造等企业调研企业生产经营情况并于下午出席在会展中心召开的专题研究会。

7月6日　上午，到米易县新山傈僳族乡调研农村产权制度改革工作。

7月7日　上午，先后到倮果桥南、密地桥南步行道示范段、炳草岗污水处理厂等地督导观音岩引水工程（东区段）管道铺设工程、步行系统南岸标段等项目进展情况。

7月11日　上午，先后到机场路、炳三区、炳四区、花城新区、仁和区等地调研14个城市景观打造重点工程项目推进情况。

7月12日　上午，前往市防汛抗旱指挥部，调研汛情并检查防汛减灾工作。

7月15日至16日　陪同由省委常委、宣传部长吴靖平同志率队的省委、省政府督导组，先后到攀钢马家田居民区、公山湾弃土场、大竹河水库、胜利水库、市汽车客运中心等我市部分地质灾害隐患点、水利工程现场和道路交通运输单位督查安全工作。

7月17日　上午，到盐边县共和乡检查防汛减灾工作并先后视察对口支援、交通项目进展情况。

7月18日　上午，与省委省政府防汛减灾工作组成员一起到盐边县国胜乡淘水村花果山村民小组督查防汛减灾工作。

7月21日至22日　陪同省委常委、组织部长范锐平先后到攀钢钒管控中心、轨梁厂和钒钛合金生产车间、盐边县益民乡新民村等地调研党的群众路线教育实践活动和省委十届三次全会精神贯彻落实情况。

7月23日　率队赴雅安市名山区开展对口援建对接工作。下午，在雅安召开工作对接会，就我市对口援建雅安名山区事宜与雅安市进行了沟通洽谈。

7月24日至26日　陪同省委常委、省委政法委书记刘玉顺，副省长、省公安厅厅长侍俊一行先后到我市基层政法单位和街道、社区调研维稳工作，看望慰问基层政法干警和干部群众，并听取我市的工作汇报。

7月31日　上午，率队到武警攀枝花市支队教导队看望慰问驻攀部队官兵，并与驻攀部队领导进行座谈，就要继续发扬人民军队的光荣传统，发挥军队参与地方建设的积极性和创造性，积极投身全市改革发展的具体实践，进一步增进军地、军民团结等事宜提出要求。

8月1日　上午，率队调研鱼塘至机场路新建道路工程施工现场并出席开工动员会。

8月2日　上午，先后到密地桥南至龙箐大桥主干路工程、炳二区主干路A标段工程、滨江大道沿江步行系统工程、木棉路大修工程、西区沿江快速通道工程和省道310线格福路改建工程现场督导交通基础设施建设工作。

8月2日至4日　陪同由全国人大外事委员会副主任委员陆浩率队的中央党的群众路线教育实践活动第七督导组，先后到金色攀枝花展览馆、攀钢集团管控中心、万能轧机重轨生产线、二滩水电站和仁和区大龙潭乡混撒拉村调研党的群众路线教育实践活动开展工作。

8月6日　下午，率队到山东省济南市考察中国重型汽车集团有限公司，并与中国重型汽车集团有限公司董事长、党委书记马纯济进行座谈。双方就进一步深化合作，加快项目建设等事宜进行了交流。

8月12日　上午，到银江水电站大坝修建点督导银江水电站项目建设工作进展情况，并听取相关工作汇报。

8月15日　上午，先后到东区炳草岗街道湖光社区和弄弄坪街道东风社区调研社区文化广场建设工作。

8月18日　上午，先后到滨江大道人行步道、自行车道、亲水栈道、滨水新空间、金雅仙客度假区等工程现场视察沿江景观工作进展情况。

8月20日至21日　陪同全国政协常委、全国政协经济委员会副主任、第二炮兵原政治委员彭小枫上将率领的全国政协调研组，先后到钒钛资源综合利用国家重点实验室、金色攀枝花展览馆、攀钢钒业公司、攀钢海绵钛厂、大互通钛业有限公司、二滩水电站等地，调研我市加快建设攀西战略资源创新开发试验区的各项工作进展情况。21日下午，彭小枫一行在会展中心听取我市相关工作汇报。

8月22日至23日　陪同副省长曲木史哈率队先后到盐边县渔门镇朵古村、米易县丙谷镇雷窝村、仁和区总发乡板桥村大竹河水库、大龙潭乡高效节水灌溉蓄水池项目建设现场调研我市农业农村及水利基础设施建设工作。

9月4日至6日　先后到仁和区南山循环经济发展区运力汽车上装生产线项目、仁和区迤资工业园区富邦制动鼓和钢城渣钢渣铁资源综合利用项目、西区格里坪产业园区二砖厂老工业片区产业转型升级项目、翰通焦化项目、西宇紫茎泽兰项目现场及盐边县安宁工业园区天伦化工、福川机械、云钛钛锭、新九工矿区、龙蟒公司，钒钛产业园区大西南、天民钛业、四川有色金砂、奥磊工贸、朵实工贸、旭鼎机械，米易白马产业园区华铁钒钛、东方钛业、吉鑫管业等公司调研园区企业的发展现状、存在的主要问题及下一步的发展思路。

9月9日　上午，先后到西区格里坪镇中小学校竹林坡办学点和格里坪镇中小学校看望慰问一线教师。

9月10日　上午，先后到市实验学校、密地桥南至龙箐大桥主干路立交桥工程和市内地下通道建设现场督导交通设施建设项目。

9月15日　上午，到滨江大道视察沿江景观打造重点工程进展情况。

9月16日　上午，先后到省道310雅江桥至红格段路灯绿化工程现场、红格镇昔格达新村、红格安置区、红格桥、竞训基地、红山国际社区视察红格旅游集镇及小城镇建设工作。

9月17日　上午，先后到仁和区芭蕉湾高标准基本农田建设项目、大竹河水库观景台公路安全保障设施建设项目、劳动大厦社会保障卡发放项目现场调研民生工程项目建设情况。下午，陪同云南省委常委、常务副省长李江一行先后到攀钢海绵钛厂、金色攀枝花展览馆、沿江景观打造项目等地考察我市钒钛产业发展、城市建设等工作。

9月18日　上午，先后到巴斯箐隧道出口、干坝塘花果社石头潭水库、电子商务一条街现场调研渡仁片区、花城新区景观规划情况，并在城投公司会议室听取相关工作汇报。

9月21日　上午，到仁和区总发乡大竹河水库视察水库渗漏点治理情况。

9月22日　上午，先后到鱼塘至机场路新建工程、倮果金沙江大桥应急抢险工程、丽攀高速C13—C2合同段施工现场督导交通重点项目建设进展情况。

9月23日至24日　陪同省国土资源厅厅长杨冬生一行先后到喻家坪滑坡（泥石流）地质灾害工程治理项目现场、川煤集团攀煤小宝鼎矿、省地矿局106地质队红格钒钛磁铁矿项目普查部、红格钒钛磁铁矿矿区等地调研我市地质灾害防治、矿产资源开发利用等工作。

9月28日　下午，先后到红格街口志愿者服务站、红格温泉宾馆、二滩库区观景台、欧方营地等地督导“十一”期间旅游安全和接待工作准备情况。

9月29日　上午，先后到温州商城农贸市场、百盛购物中心、滨江大道等地，视察节日期间市场供应、食品安全卫生情况和沿江景观打造情况。

9月30日　上午，先后到钢城经贸大厦建设项目现场、市公交总公司、小沙坝长途客车路检点、金江油库等地视察节日施工、交通和消防安全工作。

10月9日　上午，到银江水电站建设现场调研银江水电站开工筹备情况，并在会展中心听取了相关工作汇报。

10月10日　上午，先后到仁和区仁和镇老街社区、东区人民街南部小区和东区新亚街，看望慰问我市部分老年人，并代表市委市政府向他们致以重阳节的关怀和问候。

10月12日　上午，先后到金沙江沿线南岸Ⅱ标段、滨水新空间、南岸Ⅰ标段、金雅仙客、北岸Ⅰ标段、北岸Ⅱ标段、马坎污水处理厂等地，调研沿江景观打造工作进展情况。

10月15日　上午，先后到西区政务服务中心、大水井城市景观中轴线项目现场、西佛寺景区项目现场、巴关河社区、攀西铁路物流集散中心项目现场，调研西区经济社会发展情况，并于下午在会展中心听取西区经济社会发展情况汇报。

10月17日　下午，先后到省道310雅江桥至红格段、红格镇昔格达村、红格集镇、红格竞训基地等地督导“全省两个现场会”筹备工作情况。

10月18日　上午，先后到东区阿署达村、米易县普威镇独树村调研我市乡村旅游发展工作，并于下午在米易宁泽阳光酒店会务中心听取相关工作汇报。

10月19日　上午，先后到攀枝花学院太阳能屋顶发电项目现场、瓜子坪旧城改造项目现场、密地现代物流集聚区项目现场、大渡口休闲广场项目现场、“渡口记忆”文化商业街区项目现场、炳草岗商贸流通集聚区项目现场和东区经济社会管理综合信息平台等地调研东区经济社会发展情况，并于下午在会展中心听取相关工作汇报。

10月23日　下午，陪同省委常委、宣传部部长吴靖平巡视第十四届西博会攀枝花展区参展情况。到2013年四川农业博览会攀枝花展区巡视参展情况。

10月25日　上午，陪同省委书记、省人大常委会主任王东明，省委副书记、省长魏宏巡视第十四届西博会攀枝花展馆参展情况。

10月28日　上午，先后到机场路绿化景观改造工程和马坎生态功能区建设工程现场督导重点绿化景观打造工作。

10月29日　上午，陪同省委副书记、省长魏宏一行先后到迤资工业园区富邦1000万件钒钛制动鼓项目和丽攀高速攀枝花段金江互通立交建设现场调研我市产业项目和基础设施建设情况。

10月30日　下午，先后到花城新区两个“十字架”道路施工现场、龙密路、炳二区主干道路建设现场等地调研城市路网建设工作。

10月31日　上午，先后到米易县立宇矿业有限公司、高龙移民新村等地调研米易县经济社会发展情况，并于下午在米易宁泽阳光酒店会议室听取相关工作汇报。

11月6日　上午，先后到东区、仁和区部分城市路网节点调研城市路网规划建设工作。

11月10至13日　率队到广东省佛山、东莞市及海南省海口、万宁市学习考察并开展招商项目对接工作。

11月14日　上午，先后到东区东风创业路连接线、西区丽攀高速新庄下线口等地调研城市道路项目建设情况。

11月16日　先后到仁和区平地镇白拉古村、盐边县桐子林镇纳尔河村调研新村建设工作。

11月17日　上午，先后到沿江步行系统、沿江边坡绿化、滨水新空间、金雅仙客度假区等工程现场调研沿江景观打造工作推进情况。下午，到钒钛产业园区调研园区经济社会发展情况。

11月27日　上午，率队先后到米易县滨河步道、滨江大道、仁和滨河公园、东区阿署达花舞人间、盐边县红格镇昔格达村等地，对我市筹备全省百镇建设现场会暨重点旅游项目推进现场会的工作情况进行督导。

11月28日　上午，先后到炳三区建筑工地、成都铁路局倮果战略装车点、东区瓜子坪隆庆路、攀钢厂区、西区货运通道等地，突击检查我市部分建筑工地、货场、工业企业、货运公路等扬尘污染重点区域治理情况。下午，陪同国家发改委副主任胡祖才一行先后到攀钢钒生产管控中心和轨梁厂、攀钢钒业公司、钒钛产业园区等地调研我市钒钛资源综合利用工作。国家发改委产业协调司司长陈斌、副巡视员李忠娟、价格司副司长李才华，省政府副秘书长范波，省发改委副主任邵小龙，鞍钢集团公司董事长、党委书记张广宁，市领导张剡、赵辉、许健民同志陪同调研。

12月2日　上午，率队到雅安市名山区中峰万亩生态茶园、蒙顶山茶叶批发市场等地，考察产业援建项目相关情况。下午，我市与雅安市就产业援建、人才援建及产业合作等方面工作进行了交流座谈，并签订了雅攀蒙顶山茶产业园区框架协议。省政府秘书长、雅安市委书记叶壮，雅安市委副书记、市长陈越良，雅安市政协副主席岑刚，我市领导吴文发同志出席座谈会。

12月12日　上午，到盐边县渔门镇朵古村开展“走基层”活动。

12 月 13 日　上午，先后到新密地大桥立交项目、鱼塘至机场路新建道路工程、攀田高速鱼塘连接线出口立交系统项目等地，调研交通基础设施建设工作。

12 月 16 日　上午，先后到市农林科学院五十一基地、沙沟基地，调研基地发展规划及热带植物园项目建设进展情况。

12 月 17 日　下午，先后到市体育馆、德铭阳光、湖光剧场、机场路等正在实施地下通道建设的区域，调研交通拥堵状况并督导地下通道建设工作。

12 月 24　下午，到仁和区平地镇、中坝乡、同德镇检查指导防灾减灾工作。

12 月 25 日　上午，到米易县攀莲镇检查指导防灾减灾工作。

12 月 25 日至 26 日　陪同副省长甘霖一行先后到东方钛业、云钛公司、富邦钒钛、瑞钢公司等企业及红格旅游集镇、昔格达旅游新村调研我市工业经济发展和旅游新村建设工作开展情况。省政府副秘书长吴显奎、四川银监局局长王筠权、省投资促进局局长刘中伯、四川博览事务局局长慕新梅，市领导杨自力、许健民、刘德顺等同志陪同调研。

（三）会议活动

1 月 4 日　上午，出席在四川铁道大酒店会议中心举行的攀枝花市人民政府与成都铁路局战略合作框架协议签字仪式。

△　下午，出席在成都世纪城新会展中心举行的攀枝花市与省级银行机构银政企对接会。

1 月 5 日下午，主持召开中共攀枝花市委九届第三十三次常委会议。张剡、赵辉、杨自力、李群林、程少华、沈钧、许健民、张伟、李章忠、熊伟同志出席会议；单荣、赵勇同志列席会议；柳康健同志参加了有关议题的讨论。1. 会议审议并原则通过了“刘成鸣同志在中共攀枝花市委九届四次全体（扩大）会上的讲话”“张剡同志在中共攀枝花市委九届四次全体（扩大）会上的讲话”和关于“市委九届四次全体（扩大）会暨市委经济工作会议“的相关材料；2. 审议并原则通过了市政府党组《关于〈市政府工作报告〉、〈攀枝花市 2012 年国民经济和社会发展计划执行情况及 2013 年计划草案报告〉、〈攀枝花市 2012 年财政预算执行情况和 2013 年财政预算草案报告〉的请示》；3. 审议并原则通过了市人大党组《关于攀枝花市人大常委会工作报告（送审稿）的报告》；4. 审议并原则通过了市政协党组《关于中国人民政治协商会议第八届攀枝花市委员会常务委员会工作报告（送审稿）的报告》；5. 审议并原则通过了市法院党组《关于市中级人民法院工作报告（送审稿）的报告》；6. 审议并原则通过了市检察院党组《关于市人民检察院工作报告（送审稿）的报告》；7. 听取了市关工委关于“2012 年工作情况和 2013 年工作打算”的汇报，对相关事宜进行了研究；8. 研究了干部问题。

1 月 6 日　上午，出席市“思想大解放、作风大转变、工作大落实”主题教育活动巡查组工作会，听取了相关情况汇报。

△　下午，出席市委理论学习中心组 2013 年第一季度集中学习会。会议对我市 2013 年的工作重点及措施进行了研究。

1 月 7 日　上午，出席市委九届四次全会暨市委经济工作会。会议传达学习了党的十八大、中央和省委经济工作会议精神，对全市 2012 年和 2013 年工作分别进行了总结和安排部署。

△　下午，出席市 2012 年度干部选拔任用工作“一报告两评议”暨市级党政领导班子和领导干部年度考核述职测评会。

1月8日　下午，出席在市交通局会议室召开的市公交车、出租车驾驶员代表征求意见座谈会。会议征求了相关人员对我市治堵工作的意见建议。

1月9日　上午，出席市委、市政府召开的加快推进银江水电站建设工作专题研究会。会议听取了银江水电站前期工作和项目推进过程中有关问题的情况汇报，对加快推进银江水电站建设工作提出了具体要求。

1月10日　下午，出席中国人民政治协商会议第八届攀枝花市委员会第二次会议开幕式。会议审议了《中国人民政治协商会议第八届攀枝花市委员会常务委员会工作报告》。参加市九届人大二次会议的分组讨论。

1月11日　下午，出席市九届人大二次会议预备会议。会议表决通过了《攀枝花市第九届人民代表大会第二次大会主席团和秘书长名单》和《攀枝花市第九届人民代表大会第二次大会议程》。出席市九届人大二次会议主席团第一、第二次会议，并参加市九届人大二次会议的分组讨论。

1月12日　上午，出席攀枝花市第九届人民代表大会第二次会议开幕式。会议听取了由市长张剡同志向大会所做的《攀枝花市人民政府工作报告》，审查了《关于攀枝花市2012年国民经济和社会发展计划执行情况及2013年计划草案的报告》《关于攀枝花市2012年财政预算执行情况和2013年财政预算草案的报告》，表决通过了《市九届人大二次会议选举办法》。出席市九届人大二次会议主席团第三次会议，并参加市九届人大二次会议的分组讨论。

△　下午，参加市九届人大二次会议和市八届政协二次会议的分组讨论。出席市政协八届七次常委会第一次会议，会议听取了市政协八届二次会议各小组讨论《市政府工作报告》和计划、财政报告的情况汇报。出席市九届人大二次会议主席团第四次会议。

1月13日　上午，出席市九届人大二次会议第二次全体会议。会议审议了《攀枝花市人大常委会工作报告》《攀枝花市中级人民法院工作报告》《攀枝花市人民检察院工作报告》。参加市九届人大二次会议的分组讨论。

△　下午，参加市九届人大二次会议和市政协八届二次会议的分组讨论，并出席市人大九届二次会议主席团第五次会议。

1月14日　上午，参加市九届人大二次会议的分组讨论，并出席市九届人大二次会议主席团第六次会议。出席中国人民政治协商会议第八届攀枝花市委员会第二次会议闭幕式。会议审议通过了《政协第八届攀枝花市委员会第二次会议决议》《政协第八届攀枝花市委员会第二次会议提案委员会关于提案审查情况的报告》。

△　下午，出席市九届人大二次会议闭幕式。会议通过了《关于攀枝花市人民政府工作报告的决议》《关于攀枝花市2012年国民经济和社会发展计划执行情况及2013年国民经济和社会发展计划的决议》《关于攀枝花市2012年财政预算执行情况和2013年财政预算的决议》《关于攀枝花市人民代表大会常务委员会工作报告的决议》《关于攀枝花市中级人民法院工作报告的决议》《关于攀枝花市人民检察院工作报告的决议》。

1月15日　上午，出席市委、市政府在攀枝花宾馆举行的2013年老干部春节团拜会。

1月16日　上午，在深圳拜会华润（集团）有限公司副总经理、华润电力控股有限公司董事局主席周俊卿。双方就共同推进银江水电站建设等相关事宜研究并达成共识。

1月18日　上午，在成都参加由成都市政府主办的“城市区域合作联席会”。

1月24日　上午，到攀枝花市成都干休所看望慰问我市离休老干部。

1月24日至31日　在成都参加省第十二届人民代表大会第一次会议。

2月1日　上午，在成都金牛宾馆参加省纪委十届二次全会。

2 月 4 日　上午，主持召开中共攀枝花市委九届第三十五次常委（扩大）会议。张剡、赵辉、杨自力、李群林、程少华、沈钧、许健民、张伟、王海波、李章忠、熊伟同志出席会议；谢道全、单荣、张如英、唐建民、张汝林、张国民、许秀峰、王向阳、柳康健、殷旭东、张敏、刘建明、李仁杰、贾德华、赵勇、伍维根、何群、吴文发、刘德顺、马晓凤、周治端同志列席会议。会议传达学习了省委书记王东明同志在攀慰问和调研时的指示精神，就深入贯彻落实好指示精神进行了研究和安排部署。

2 月 5 日　下午，出席市金融系统座谈会。

△　晚，市 2013 年春节团拜电视文艺晚会在攀枝花学院大礼堂举行。刘成鸣同志到场观看了文艺晚会。

2 月 6 日　上午，出席在西区举行的攀煤宝鼎矿区棚户区改造清香坪小区安置房交钥匙仪式。

2 月 18 日　下午，出席在市委三楼会议室召开的市“急难险重”项目工作研究会。

2 月 19 日上午，在市委三楼会议室主持召开攀枝花市“四大班子”主要领导联席会 2013 年第一次会议。张剡、谢道全、单荣、赵辉同志出席会议；王海波等同志列席会议。会议听取了“春节期间全市的旅游、安全、治安和值班工作情况”的汇报，通报了市委、市人大、市政府、市政协近期工作情况，对下一步的相关工作进行了研究和安排部署。

△　下午，在市委三楼会议室主持召开九届第三十六次常委会议。张剡、赵辉、杨自力、李群林、程少华、沈钧、许健民、张伟、王海波、李章忠、熊伟同志出席会议；谢道全、单荣、赵勇同志列席会议。1. 会议传达学习了“习近平同志在第十八届中央纪律检查委员会第二次全体会议上的讲话”（中办通报〔2013〕第 7 期）精神，就深入贯彻落实好“习近平同志的讲话”精神进行了研究和安排部署；2. 审议并原则通过了由市委办公室草拟的《关于进一步改进工作作风、提高工作效能的规定》；3. 审议并原则通过了《市纪委九届三次全会工作报告》；4. 审议并原则通过了《市委宣传部关于攀枝花市突发网络舆情事件管控及应对处置联动工作方案的报告》；5. 听取了市委政法委关于“全省政法工作会议”精神的情况汇报，审议并通过了我市的相关贯彻落实意见和建议；6. 听取了市委政法委关于“当前我市涉稳和信访突出问题”的情况汇报；7. 听取了市委统战部关于“全省统战部长会议”精神的情况汇报，审议并通过了我市的相关贯彻落实意见和建议；8. 听取了市委组织部关于“全省组织部长会议”精神的情况汇报，审议并通过了我市的相关贯彻落实意见和建议；9. 对近期全市的重点工作进行了研究和安排部署；10. 研究了干部问题。

2 月 20 日　上午，出席市驻点招商工作座谈会。会议听取了各驻点招商组的工作情况汇报，对开展好下一步的驻点招商工作进行了安排部署。

下午，出席市“思想大解放、作风大转变、工作大落实”主题教育活动巡查工作会。会议听取了各巡查组的工作情况汇报，对进一步做好巡查和领导点评工作进行了安排部署。

2 月 21 日　上午，出席西区区委常委 2012 年度民主生活会暨“思想大解放、作风大转变、工作大落实”主题教育活动领导点评会，进行了点评。

△　下午，出席市加快推进银江水电站及沿江打造建设工作会。会议听取了关于银江水电站及沿江打造建设工作推进、年度计划及存在问题的情况汇报，对进一步加快项目建设工作提出了有关要求。

2 月 22 日　上午，出席在金沙明珠大酒店召开的市民营企业家新春座谈会。

2 月 26 日　上午，出席 2012 年度市委常委民主生活会。省委常委、宣传部长吴靖平，省纪委常委、监察厅副厅长贾瑞云，省委组织部副部长戴允康，省委第六巡视组副组长黄桂花，省委宣传部秘书长李江，相关市领导出席会议。

2 月 26 日至 27 日　出席攀枝花各县区工作暨急难险重任务推进会。会议组织与会人员先后参观考察了东区阿署达“花舞人间”旅游度假区花香果园区、大西南实业有限公司、仁和迤资工业园区、西区格里坪庄上村、米易县白马镇马槟榔旅游新村、盐边县红格旅游集镇打造等项目亮点，对2012年度全市急难险重工作的完成和考核情况分别进行了总结和通报，对2013年度全市急难险重任务工作进行了安排部署，并签订了目标考核责任书。

2月27日　下午，出席中国共产党攀枝花市第九届纪律检查委员会第三次全体会议。会议传达学习了省纪委十届二次全会精神，对2012年全市党风廉政建设和反腐败工作进行了总结，对2013年工作进行了安排部署，审议通过了市纪委工作报告和市纪委九届三次全会决议。

2月28日　上午，出席市委工作会。会上，市委各分管领导分别对全市反腐倡廉建设工作、组织工作、宣传思想文化工作、统战工作、政法维稳信访工作、机关党的建设工作进行了总结和安排部署。

3月4日　下午，出席在市委三楼会议室召开的市矿业公司组建事宜研究会。在会展中心会见了广东海一投资有限公司董事长、总经理陈超和香港动蛋王国文化娱乐有限公司创作总监赵崇邦一行。双方就实施雅砻江综合开发项目相关事宜进行了交流和协商。

3月5日　下午，在金海开元名都大酒店会见了成都海关党组书记、关长窦志民一行。双方就加快建设保税仓库、物流检验检测平台，推动攀枝花外向型经济发展等事宜进行了交流和协商。

3月11日　出席市委召开的2013年农村工作暨新村建设、烤烟生产现场会。会上，与会代表先后到仁和区大龙潭乡混撒拉村、盐边县益民乡新民一组参观考察了产业与新村建设相融互动及旅游新村建设工作，并对2012年全市农业农村工作进行了总结，对2013年农业农村工作进行了安排部署。

△　下午，在会展中心会见中国石油西南油气田公司四川华油集团董事长、总经理白华一行。双方就“缅气入攀”项目建设进展情况等事宜进行了交流。

3月12日　下午，在会展中心听取了由市旅游局牵头制定的《笮山若海旅游区全案策划》方案相关情况的汇报。

3月15日　上午，出席在市委三楼会议室召开的市“急难险重”任务考核工作研究会。

3月18日　下午，出席在北京中科院举行的“攀枝花钒钛资源综合利用战略研究”项目启动会。

3月19日　下午，出席在北京召开的市委、市政府与中国国际经济交流中心《攀西战略资源创新开发试验区》战略合作座谈会。会上，中国国际经济交流中心与我市就开展战略合作，加快攀西战略资源创新开发试验区建设，推动我国资源富集地区的资源科学利用等事宜进行了交流。会议结束后，我市与中国国际经济交流中心控股子公司——国经咨询股份有限公司签署了《关于共同推进中国城市德国医疗谷国际合作项目的框架协议》。

3月21日　上午，主持召开市“四大班子”主要领导联席会议。张剡、谢道全、赵辉同志出席会议；杨自力、王海波、赵勇同志列席会议。会议通报了市委、市人大、市政府、市政协近期工作情况，对做好下一步相关工作进行了研究和安排部署。出席市传达全国“两会”精神大会。会议学习传达了全国“两会”精神，并就抓好当前全市各项重点工作进行了安排部署。

3月22日　上午，主持召开中共攀枝花市委九届第三十七次常委会议。张剡、赵辉、杨自力、李群林、程少华、许健民、张伟、王海波、李章忠同志出席会议；谢道全、单荣、殷旭东、赵勇等同志列席会议。1. 会议审议并原则通过了市政府党组《关于进一步深化户籍制度改革意见的请示》；2. 听取了市政府党组关于“当前我市安全生产形势”“2013年全市安全生产工作要点”和“省政府安全生产综合督查组近期对我市安全督查情况及我市整改措施”的情况汇报，对相关事宜进行了研究；3. 审议并原则通过了市政府党组《关于实施多点多极支撑发展战略的意见的请示》；4. 审议并原则通过了市委目标督查办、市政府目标督查办《关于攀枝花市2012年度“急难险重”项目考核结果和兑现奖励的请示》；5. 审议并原则通过了市委目标督查办、市政府目标督查办《关于攀枝花市2013年度“急难险重”项目的请示》；6. 审议并通过了市纪委《关于攀枝花市规范性文件廉洁性审查工作办法的请示》。

3月26日　下午，在会展中心主持会议，专题听取全市“思想大解放，作风大转变，工作大落实”主题教育活动开展情况的汇报，并对下一步开展相关工作事宜进行了研究和安排部署。

3月28日　上午，参加“攀枝花发展讲坛”首场报告会——由北京师范大学公益研究院院长王振耀应邀为我市领导干部作题为“围绕十八大后的民生事业格局与中国社会管理转型”的专题讲座。

△　下午，在会展中心会见鞍钢集团公司董事长、党委书记张广宁一行。双方就深化合作，推动企业发展，加快建设攀西战略资源创新开发试验区等事宜进行了交流。

3月29日　上午，出席2013年攀枝花市环境保护暨创国模攻坚大会。会议传达学习了2012年全国及全省环境保护工作会议精神，并对我市加快创建国家环保模范城市工作进程等事宜进行了安排部署。

下午，出席市“思想大解放，作风大转变，工作大落实”主题教育活动集中点评会。会议听取了与人民群众关系密切的六个市级部门的自查及整改情况的汇报，并由与会市领导对六个部门进行了集中点评。

3月30日　下午，在市委三楼会议室主持召开中共攀枝花市委九届第三十八次常委会议。张剡、赵辉、杨自力、李群林、许健民、张伟、王海波、李章忠同志出席会议；单荣、赵勇同志列席会议。会议研究了干部问题。

4月8日　上午，向由省委第六巡视组组长杨素率领的省委第六巡视组汇报巡视反馈意见整改落实情况。

4月10日　下午，主持召开中共攀枝花市委九届第三十九次常委会议。张剡、赵辉、杨自力、李群林、程少华、沈钧、张伟、王海波、熊伟同志出席会议；谢道全、单荣、赵勇同志列席会议。1. 会议研究了干部问题；2. 审议并通过了市纪委《关于对市安监局局长庞德等二人实行责任追究立案的请示》；3. 审议并通过了市委政法委《关于加强管理防范进一步做好新形势下国家安全工作的意见的请示》；4. 审议并通过了市总工会《关于召开攀枝花市总工会第九次代表大会的请示》；5. 传达了《中共四川省纪委办公厅关于对贯彻落实习近平同志重要批示精神和中央及省委、省人民政府改进工作作风有关规定情况开展抽查的通知》（川纪办〔2013〕44号）精神，对我市进一步贯彻落实好有关精神并切实做好自查自纠工作等事宜进行了研究和安排部署；6. 审议并通过了市委宣传部《关于攀枝花市2013年未成年人思想道德建设工作要点的报告》。

4月11日　下午，出席市融资工作研究会。会议就进一步做好全市融资工作进行了研究部署。

4月15日　下午，在成都会见了上海复星高科技（集团）有限公司副董事长兼首席执行官梁信军。双方就加强在机械制造、旅游和康养产业等领域的合作事宜进行了交流和探讨。省政府驻上海办事处主任李成平、副主任徐群会见时在座。

4月16日　下午，在西安拜会了陕西省原副省长吴登昌，并介绍了攀枝花钒钛资源综合利用的相关情况。省国防科工委主任李宏志，陕西省国防科工办副主任闫录芳，市领导赵辉同志随同考察。

4月23日　上午，出席市委、市人大、市政府、市政协领导和机关干部职工向“4·20”芦山地震灾区捐款献爱心活动，带头向地震灾区捐款。

4月25日　上午，出席第二届“攀枝花市人才奖”表彰大会。会议对进一步做好全市的人才工作等事宜作出了安排部署。出席市“挂包帮”活动第一阶段总结暨市领导联系基层工作会议。会议对2010—2012年的“挂包帮”活动先进单位和优秀下派干部进行了表彰。出席市非公有制企业党的建设工作会。

4月25日　下午，在红格假日酒店会见了天津渤海商品交易所董事长阎东升一行，双方就渤海商品交易所在攀设立基地，加强合作，推动攀枝花仓储、物流、贸易等行业发展等事宜进行了交流洽谈。

4月26日　上午，出席在攀钢南山宾馆会议室召开的市委市政府与攀钢集团有限公司地企对接合作工作座谈会。会上，市委市政府就加快落实多点多极支撑发展战略，加快推进机制和科技创新、资源配置、环境保护等方面的工作等事宜，对攀钢提出了相关要求。

△ 下午，出席市委人才工作会。会议分析了当前全市人才工作总体情况，对进一步做好我市人才队伍稳定工作进行了研究。

4 月 27 日 上午，参加市委、市人大、市政府、市政协领导及市委各部委班子成员在市政府大楼前举行的“4·20”芦山地震默哀日活动。

△ 下午，出席市科学技术奖励大会。

出席市创建国家森林城市、国家园林城市和全国文明城市攻坚大会。

5 月 6 日 下午，在会展中心主持召开市委九届第四十次常委会议。张剡、赵辉、杨自力、李群林、程少华、沈钧、张伟、王海波、李章忠、熊伟同志出席会议；谢道全、单荣、赵勇同志列席会议。1. 会议传达了“习近平同志关于‘4？20’芦山地震抗震救灾工作重要批示”“5 月 3 日省委常委会议”和“全省市（州）长专题会议”精神，对我市进一步贯彻落实好有关精神并切实做好当前工作进行了研究和安排部署；2. 审议并原则通过了市政府党组《关于 2013 年攀枝花市十项民生工程实施方案的请示》；3. 审议并原则通过了市纪委《关于攀枝花市 2013 年党风廉政建设和反腐败工作的意见的请示》；4. 审议并原则通过了市纪委《关于加强和改进市直机关纪检监察组织建设的意见的请示》；5. 审议并通过了市委统战部《关于加强新形势下党外代表人士队伍建设的工作意见的请示》；6. 审议并原则通过了市委组织部《关于强力推进培养选拔年轻干部工作的意见的请示》；7. 研究了干部问题。

5 月 7 日 上午，聆听了省政协副主席解洪在会展中心为我市领导干部作题为《加快试验区建设努力实现跨越突破》的专题报告。

△ 下午，出席“实现伟大中国梦、建设美丽繁荣和谐四川”主题教育活动专题研究会。在红格温泉假日酒店会见了全国政协委员、中国民间商会副会长、四川宏达集团董事局主席、党委书记刘沧龙一行。双方就加快推动合作项目进程等事宜进行了交流洽谈。

5 月 8 日 上午，主持召开市委九届第四十一次常委会议。张剡、赵辉、杨自力、李群林、张伟、王海波、李章忠、熊伟同志出席会议；谢道全、单荣、赵勇同志列席会议。1. 会议审议并原则通过了市委组织部《关于在全市广泛开展“实现伟大中国梦、建设美丽繁荣和谐四川”主题教育活动的工作方案的请示》；2. 审议并通过了市委办公室《关于成立攀枝花市“实现伟大中国梦、建设美丽繁荣和谐四川”主题教育活动领导小组的请示》。在攀枝花分会场收听收看了全省召开“实现伟大中国梦、建设美丽繁荣和谐四川”主题教育活动动员大会电视电话会议。电视电话会议结束后，出席我市主题教育活动动员大会，对贯彻落实好全省电视电话会议精神，深入开展好我市主题教育活动进行了安排部署。

△ 下午，出席向省政协副主席解洪率队的省政协调研组关于我市加快推进攀西战略资源创新开发试验区建设工作情况汇报会。

5 月 10 日 下午，在会展中心主持召开市委九届第四十二次常委会议。张剡、赵辉、杨自力、李群林、程少华、张伟、王海波、熊伟同志出席会议；谢道全、单荣、赵勇同志列席会议。会议研究了干部问题。

5 月 13 日至 15 日 在成都参加省委十届三次全体会议。

5 月 16 日 下午，在会展中心主持召开市委九届第四十三次常委（扩大）会议。赵辉、杨自力、李群林、程少华、沈钧、张伟、王海波、李章忠、熊伟同志出席会议；谢道全、单荣、张如英、唐建民、张汝林、张国民、许秀峰、王向阳、柳康健、殷旭东、张敏、贾德华、庞向东、伍维根、何群、吴文发、刘德顺、马晓凤同志列席会议。会议传达学习了省委十届三次全会精神，对深入贯彻落实好会议精神并抓好当前重点工作进行了研究和安排部署。

△ 在会展中心主持召开市委九届第四十四次常委会议。赵辉、杨自力、李群林、程少华、沈钧、

张伟、王海波、李章忠、熊伟同志出席会议；谢道全、单荣同志列席会议。会议研究了干部议题。

5月17日　下午，出席在红格假日酒店会议室召开的红格集镇配套设施建设工作研究会。

5月20日　上午，出席银江水电站建设项目推进会。

△　下午，在会展中心为全市民营企业家作“实现伟大中国梦、建设美丽繁荣和谐四川”主题教育活动专题宣讲报告。

5月21日　上午，聆听了中央党校教授辛鸣应邀在会展中心为我市领导干部作题为“中国梦的理论逻辑与实践要求”的专题报告。

5月22日　下午，聆听了十一届全国政协副主席、民革第十一届中央委员会常务副主席厉无畏应邀在会展中心为我市领导干部作题为“十二五规划与发展创意产业、促进经济发展方式的转变”的专题报告。

5月23日　下午，到盐边县渔门镇朵古村卫生站，为盐边北部山区群众作“实现伟大中国梦、建设美丽繁荣和谐四川”主题教育活动宣讲报告。

6月9日　上午，在成都主会场参加省委省政府召开的安全生产工作电视电话会议。下午，出席攀枝花至大理（过境）高速公路合作意向协议仪式。省铁建办副主任、省铁投集团董事长、党委书记孙云，省国资委党委副书记雷建，省交通运输厅副巡视员黄兴棣，省铁投集团副董事长、总经理何兴江，省铁投集团董事、党委副书记、副总经理杨川，省铁投集团副总经理陈大智和张剡同志出席签约仪式。

6月13日　上午，在市委三楼会议室主持召开市“四大班子”主要领导联席会议。张剡、谢道全、单荣、赵辉同志出席会议，王海波等同志列席会议。会议听取了2013年端午节期间全市旅游、安全、治安和值班情况汇报，通报了市委、市人大、市政府、市政协近期工作情况，对做好下一步相关工作进行了研究和安排部署。下午，出席市工会第九次代表大会，来自全市各条战线的313名工会会员出席了会议。会议审议了市总工会第八届委员会工作报告，对市先进工会组织、优秀工会工作者、优秀工会之友、优秀工会积极分子进行了表彰。

6月15日至16日　在成都参加全省学习贯彻党的十八大和省委十届三次全会精神读书班学习。

6月19日　上午，在会展中心主持召开中共攀枝花市委九届第四十六次常委（扩大）会议。会议学习传达了“全省学习贯彻党的十八大和省委十届三次全会精神读书班”的主要精神，并就抓好当前重点工作进行了研究和安排部署。张剡、杨自力、程少华、沈钧、许健民、张伟、李章忠等同志出席会议；谢道全、单荣、张如英、唐建民、张国民、王向阳、柳康健、贾德华、赵勇、伍维根、何群、吴文发、刘德顺、马晓凤、周治端等同志列席了会议。下午，在会展中心专题听取了三线建设博物馆项目推进情况的工作汇报，并对相关工作进行了研究。

6月20日　下午，出席市工业经济形势分析暨先进表彰工作会。会议表彰了2012年度工业经济、非公经济工作先进单位和首届攀枝花市优秀中国特色社会主义事业建设者，对我市工业经济当前面临的形势、问题和前期相关工作情况进行了分析和总结，对做好下一步工作进行了安排部署。

6月22日　出席市委市政府召开的创建中国阳光康养旅游城市暨旅游新村建设攻坚大会。会议组织与会人员先后到米易县丙谷镇芭蕉箐村、仁和区总发乡板桥村和东区银江镇阿署达村参观考察了旅游新村建设情况，并于下午在会展中心举行大会，对我市旅游产业面临的困难和问题进行了分析，对进一步推进创建中国阳光康养旅游城市和加大旅游新村建设攻坚工作提出了具体要求。

6月23日　出席市委市政府召开的交通枢纽建设攻坚大会。会议组织与会人员先后到省道214线攀枝花段、丽攀高速倮果特大桥、省道310倮渡北线、荷花池大桥维修加固工程和巴关河大桥等地参观考察了交通基础设施建设情况，并于下午在会展中心举行大会。会上，市政府与各县（区）和有关责任部门（单位）签订了目标责任书，并对全力推进交通枢纽建设攻坚工作进行了安排部署。

6月24日　上午，出席在东区银江镇阿署达村举行的市“6·29”义务植树活动。

6月26日　上午，出席川滇黔赣冀五省二十市州政协第三十三次联系会议。会议交流探讨了新形势下发挥人民政协协商民主等渠道作用的做法和经验。

6月27日　上午，出席市庆祝中国共产党成立92周年暨主题教育活动先进典型座谈会。下午，出席县（科）级年轻干部座谈会。晚上，观看市党委办公室系统庆祝中国共产党成立92周年文艺演出。

7月2日　上午，出席银江水电站工程建设项目推进情况汇报会。

7月3日　上午，在成都主会场参加省党的群众路线教育实践活动工作会议。

7月8日　下午，在会展中心主持召开中共攀枝花市委九届第四十八次常委会议。张剡、赵辉、杨自力、李群林、沈钧、张伟、王海波、李章忠、熊伟同志出席会议；谢道全、单荣、殷旭东、张敏、李仁杰、贾德华、赵勇等同志列席会议。1. 会议传达学习了“6月22日至25日召开的中共中央政治局会议”“习近平、刘云山、赵乐际同志在党的群众路线教育实践活动工作会议上的讲话”“全省党的群众路线教育实践活动工作会议”和“王东明、陆浩、范锐平同志在全省党的群众路线教育实践活动工作会议上的讲话”、《中共四川省委关于深入开展党的群众路线教育实践活动的实施意见》（川委发〔2013〕14号）精神，对我市深入贯彻落实好有关精神进行了研究和安排部署；2. 传达学习了“攀西战略资源创新开发试验区首次部省联席会议”精神，对我市深入贯彻落实好会议精神进行了研究和安排部署；3. 传达学习了《中共四川省委关于认真学习贯彻习近平总书记来川视察重要讲话精神的通知》（川委发〔2013〕15号）精神，对我市深入贯彻落实好“讲话”精神进行了研究和安排部署；4. 传达学习了《中共中央办公厅印发〈关于当前意识形态领域情况的通报〉的通知》（中办发〔2013〕9号）精神，对我市贯彻落实好文件精神进行了研究和安排部署；5. 传达学习了“王怀臣同志在贯彻落实中央纪委主要领导同志重要指示精神座谈会上的讲话”精神，对我市贯彻落实好“讲话”精神进行了研究和安排部署；6. 传达学习了《中共四川省委办公厅、四川省人民政府办公厅关于转发省委编办等9部门〈关于做好地方政府机构改革和分类推进事业单位改革工作有关要求的通知〉的通知》（川委厅〔2013〕19号）精神，对我市贯彻落实好文件精神进行了研究和安排部署；7. 审议并原则通过了“刘成鸣同志在中共攀枝花市委九届五次全体（扩大）会上的讲话”“张剡同志在中共攀枝花市委九届五次全体（扩大）会上的讲话”、《中共攀枝花市委关于深入贯彻落实党的十八大精神为在全省率先全面建成小康社会而奋斗的决定（草案）》《中共攀枝花市委九届五次全会决议（草案）》等相关会议材料；8. 听取了市委政法委关于“深化平安四川建设工作会议精神”的情况汇报，审议并原则通过了我市的相关贯彻落实意见和建议；9. 审议并通过了《市目标督查办关于2012年度市级党群系统、县（区）和钒钛园区目标绩效考核情况及兑现目标绩效奖的请示》；10. 审议并通过了《市委组织部关于递补杨礼文、张雷二同志为中共攀枝花市第九届委员会委员的决定（草案）的请示》；11. 研究了干部问题。

7月9日　上午，在会展中心专题研究城市形象营销工作。

7月10日　上午，主持召开中共攀枝花市委九届五次全体（扩大）会议。会议审议通过了《中共攀枝花市委关于深入贯彻落实党的十八大精神为在全省率先全面建成小康社会而奋斗的决定》，总结了2013年上半年全市经济社会发展情况，对2013年下半年工作进行了安排部署。张剡、谢道全、单荣、赵辉、杨自力、李群林、程少华、沈钧、张伟、王海波、李章忠、熊伟等同志出席会议。

7月19日　上午，在会展中心会见了来攀考察的耀贵集团董事长董平一行，双方就推动攀枝花机械制造业加快发展等事宜进行了沟通交流。

7月20日　下午，在成都参加省“4·20”芦山强烈地震灾后恢复重建工作会议。

7月22日　下午，在会展中心主持召开中共攀枝花市委九届第四十九次常委会议。张剡、赵辉、杨自力、李群林、沈钧、许健民、张伟、王海波、李章忠、熊伟同志出席会议；谢道全、单荣、赵勇同志列席会议。1. 会议传达学习了“全省‘4·20’芦山强烈地震灾后恢复重建工作会议”和“王东明、魏宏同志在‘4·20’芦山强烈地震灾后恢复重建工作会议上的讲话”精神，对我市深入贯彻落实好有关精神进行了研究和安排部署；2. 传达学习了《中共四川省委关于深入学习贯彻张高丽同志在四川省调研指导党的群众路线教育实践活动时的重要讲话精神的通知》（川委发〔2013〕7 号）精神，审议并通过了《市委办公室关于成立市委党的群众路线教育实践活动领导小组的请示》；3. 传达学习了“全省主题教育活动领导小组办公室主任会议”精神，对我市深入贯彻落实好有关精神进行了研究和安排部署；4. 传达学习了“全省组织系统贯彻全国组织工作会议精神专题研讨会”和“省委常委、组织部长范锐平同志来攀调研重要指示”精神，对我市深入贯彻落实好有关精神进行了研究和安排部署；5. 传达学习了“全省党外代表人士队伍建设工作电视电话会议”精神，对我市深入贯彻落实好有关精神进行了研究和安排部署；6. 审议并通过了《市妇联关于召开攀枝花市妇女第九次代表大会的请示》；7. 审议并通过了《市委统战部关于两个民主党派换届有关干部问题的请示》；8. 研究了干部问题。

7 月 27 日　上午，出席在东区创业路举行的由东区创业路老旧小区居民自发组织的老旧小区房屋自主改造启动仪式。

7 月 28 日　上午，在成都参加省委中心组党的群众路线教育实践活动第二次专题学习会。

△　下午，出席市苴却砚文化区建设工作推进情况研究会。

7 月 30 日　上午，出席市经济形势报告会暨主题教育活动总结表彰大会。会议对我市两项主题教育活动进行了全面总结，对 19 个优秀组织和 45 项优秀成果进行了表彰奖励。下午，在市委三楼会议室主持召开市“四大班子”主要领导联席会 2013 年第 4 次会议。张剡、单荣、赵辉同志出席会议，王海波、张如英同志列席会议。会议通报了市委、市人大、市政府、市政协近期工作情况，对下一步的相关工作进行了研究和安排部署。在会展中心会见中国人民解放军军事科学院原副院长、中国三线建设研究会筹备领导小组组长钱海皓中将，原国家计委三线建设调整办公室主任、中国三线建设研究会筹备领导小组副组长王春才等一行。

8 月 1 日　下午，出席市级机关离退休干部情况通报会。会议通报了上半年全市经济社会发展情况及下一步的工作安排。

8 月 2 日　下午，出席市对外开放和招商引资工作领导小组 2013 年第二次会议。会议对我市上半年招商引资工作进行了总结，对进一步做好下半年工作暨参加第十四届西博会的相关筹备工作进行了安排部署。在南山宾馆会见了鞍钢集团公司董事长、党委书记张广宁一行。双方就进一步加强沟通协调、深化合作，推动企业走出困境，促进地方经济社会发展等事宜进行了交流。

8 月 5 日　上午，率队到北京与中石化石油工程技术服务有限公司进行工作对接。双方就加快推动前期合作项目、拓展合作领域、创新合作模式等事宜进行了交流。

8 月 6 日　上午，商务部副部长王超在北京会见刘成鸣同志一行，并就我市钒钛产业园区相关创建工作作出具体指导。

8 月 7 日　上午，出席在山东省济南市举行的攀枝花市与中国重汽集团有限公司战略合作框架协议签订仪式。

8 月 13 日　上午，在会展中心听取马坎生态治理和机场路绿化景观改造工程相关规划情况汇报。下午，在会展中心会见了华润新能源控股有限公司副总经理刘凡顺一行，双方就加快银江水电站建设等事宜进行了交流。

8 月 14 日　上午，出席在红格温泉假日酒店召开的市旅游重点工作研究会。

8 月 19 日　上午，在会展中心主持召开中共攀枝花市委九届第五十次常委会议。张剡、赵辉、杨自力、李群林、程少华、沈钧、许健民、王海波、李章忠、熊伟同志出席会议；谢道全、单荣、贾德华、赵勇等同志列席会议。1. 会议传达学习了“全省加快推进新型城镇化工作现场会”精神，审议并原则通过了我市的相关贯彻落实意见建议；2. 传达学习了“全省推进产业园区发展大会”精神，审议并原则通过了我市的相关贯彻落实意见建议；3. 审议并原则通过了《市目标督查办关于2013年度市级党群系统、市政府部门、县（区）和钒钛产业园区目标绩效考核办法的请示》；4. 审议并原则通过了《市政府党组关于攀枝花市2013—2017年重大项目规划的请示》；5. 对《市政府党组关于进一步扩大和深化对外开放合作的实施意见的请示》进行了审议；6. 审议并原则通过了《市委宣传部关于攀枝花市宣传文化系统“四个一批”人才选拔培养管理工作实施办法的请示》；7. 通报了《市委宣传部关于贯彻落实中央政治局〈八项规定〉、省委省政府〈十项规定〉和市委市政府〈十项规定〉及实施细则具体办法》；8. 听取了市纪委“关于我市开展党风廉政建设社会评价工作有关情况”的汇报，对我市进一步贯彻落实好党风廉政建设责任制、加强党风廉政建设社会评价工作等事宜进行了研究和安排部署；9. 审议并通过了《市文联关于召开攀枝花市文学艺术界联合会第六次代表大会的请示》；10. 研究了干部问题。在会展中心会见了成都天诚谢非联俱乐部名誉主席肖星华、顾问黄容生一行。双方就进一步加强康养等产业的合作等事宜进行了交流。下午，出席市委、市政府在会展中心召开的市商业网点规划编修暨亿元商品交易市场建设工作专题研究会。会议对进一步完善商贸网点规划编修等工作提出具体要求。

8月20日　上午，在攀枝花分会场收听收看全省召开推进民营经济发展工作电视电话会议。

8月22日　上午，在会展中心听取全市贯彻落实省“四个八条措施”对接工作汇报。会议对我市进一步贯彻落实省“四个八条措施”，推动攀枝花科学发展、加快发展等工作进行了安排部署。

9月2日　下午，在市委三楼会议室主持召开2013年第五次市“四大班子”主要领导联席会议。张剡、谢道全、单荣、赵辉同志出席会议；王海波同志列席会议。会议通报了市委、市人大、市政府、市政协近期工作情况，对下一步的相关工作进行了研究和安排部署。

9月3日　上午，在会展中心听取欢乐阳光节筹备工作情况汇报。下午，出席市委、市政府研究部署重大项目推进工作会。会议对狠抓项目开工、谋划一批重点项目、强化项目前期工作、圆满完成全年目标任务提出了具体要求。

9月5日　下午，在会展中心会见了银泰置地（集团）董事长辛向东一行，双方就加快银泰在攀商业项目建设等事宜交换了意见。

9月9日　下午，在会展中心主持召开中共攀枝花市委九届第五十二次常委会议。赵辉、李群林、沈钧、许健民、张伟、王海波、李章忠、熊伟同志出席会议；谢道全、单荣同志列席会议。1、会议传达学习了“全省组织工作会议”精神，对省委“2+6”文件进了专题讨论，审议并原则通过了我市的有关贯彻落实意见建议；2、传达学习了“全省信访工作电视电话会议”精神，审议并原则通过了我市的相关贯彻落实意见建议；3、传达学习了“全省党内法规工作会议”精神，审议并原则通过了我市的相关贯彻落实意见建议；4、审议并原则通过了《市委办公室关于加强和改进党委信息工作的实施意见的请示》。

9月10日　下午，出席市庆祝第29个教师节大会。会议表彰了优秀乡村教师和校长代表。

9月11日　上午，在会展中心听取苴却砚文化项目规划设计情况汇报。

9月12日　上午，在成都参加省委读书班学习。

9月22日　下午，在会展中心主持召开中共攀枝花市委九届第五十三次常委会议。张剡、赵辉、杨自力、沈钧、许健民、张伟、王海波、李章忠、熊伟同志出席会议；单荣、李仁杰、赵勇等同志列席会议。1. 会议审议并原则通过了《市政府党组关于创新农业发展体制机制加快建设现代农业促进农民增收的意见的请示》；2. 审议并原则通过了《市政府党组关于进一步扩大和深化对外开放合作的实施意见的请示》；3. 审议并通过了《市外事工作领导小组办公室关于中共攀枝花市委外事工作领导小组职责和工作规则的请示》；4. 审议并通过了《市外事工作领导小组办公室关于攀枝花市因公出国（赴港澳）审批程序的请示》；5. 学习了“省纪委、省监察厅4期关于涉及‘四风’问题等典型案件的通报”（川纪通〔2013〕1号、川纪通〔2013〕2号、川纪通〔2013〕3号、川纪通〔2013〕4号），对我市相关工作进行了研究和安排部署；6. 审议并通过了《市委组织部关于开展优秀年轻干部双向交叉挂职工作的请示》；7. 研究了干部问题。

9月24日至26日　在成都参加第十二届世界华商大会。

9月28日　上午，出席在炳四区陈家垭口隧道口举行的市恒大城等66个项目开工动员大会。

9月29日　下午，出席市迎接“全省两个现场会”六十天奋战动员大会。会议对我市要抓紧做好年底在攀召开的全省百镇建设现场会和重点旅游项目推进现场会的各项筹备工作进行了安排部署。

10月8日　上午，主持召开2013年第六次市四大班子主要领导联席会议。张剡、单荣、赵辉同志出席会议；王海波、张如英等同志列席会议。会议听取了国庆期间全市的旅游、安全、治安和值班工作情况的汇报，通报了市委、市人大、市政府、市政协近期工作情况，对下一步的相关工作进行了研究和安排部署。下午，在会展中心主持召开中共攀枝花市委九届第五十四次常委会议。张剡、赵辉、杨自力、李群林、沈钧、许健民、张伟、李章忠、熊伟同志出席会议；单荣、柳康健、殷旭东、张敏、李仁杰、贾德华、赵勇同志列席会议。1. 会议传达学习了《省委办公厅关于转发〈中共中央办公厅转发〈陕西省委关于学习贯彻习近平总书记重要批示情况的报告〉的通知〉的通知》和《中共中央纪委关于八起违反中央八项规定精神典型问题的通报》（中纪通〔2013〕5号）精神；2. 传达了“全省学习兰辉同志先进事迹座谈会”精神，学习了“王东明同志在学习兰辉同志先进事迹座谈会上的讲话”，审议并原则通过了我市的相关贯彻落实意见建议；3. 对抓好当前重点工作进行了研究和安排部署；4. 传达学习了“全国党委秘书长会议”“全省党委秘书长办公厅（室）主任会议”精神，审议并原则通过了我市相关贯彻落实意见建议；5. 审议并原则通过了《市委党史研究室关于〈中国共产党攀枝花历史〉（第一卷）编写提纲的请示》；6. 审议并通过了《市委组织部关于推荐2013年度市（厅）级优秀年轻干部和人才培养对象的请示》。

10月9日　下午，出席市工业园区建设和新型城镇化工作座谈会。会议对工业园区建设和新型城镇化工作的目标、定位、原则和重点进行了研究部署。

10月10日　下午，出席加快建设攀西战略资源创新开发试验区专题研究会。会议对加快试验区建设提出了具体工作要求。

10月11日　上午，在会展中心听取攀枝花宾馆安全隐患、餐饮中心改造工作情况汇报。

10月14日　上午，到成都先后参加省委常委班子专题民主生活会情况通报会、全省党的群众路线工作经验交流会。

10月15日至16日　出席向省文明办专职副主任张亚平率领的第三届省文明城市明查考核测评组的工作汇报会。

10月17日　上午，出席攀枝花—宜宾区域经济合作会。会上，我市与宜宾市签订战略合作框架协议。宜宾市委书记王铭晖，市委副书记、市长徐进，市人大常委会主任陆振华，市政协主席葛燎原，市委副书记吕晓莉，市委常委、秘书长周宇，市委常委、军分区司令员袁兵，副市长谢杰、肖渭明、李学焦，及我市张剡、谢道全、单荣、赵辉、杨自力、贾德华等领导同志出席会议。

10月20日　上午，在市委三楼会议室主持召开中共攀枝花市委九届第五十五次常委会议。张剡、赵辉、杨自力、李群林、程少华、沈钧、张伟、王海波、李章忠、熊伟同志出席会议；谢道全、单荣同志列席会议。1. 会议对“王东明同志在推动战略性新兴产业加快发展座谈会上的讲话”（省委办公厅通报〔2013〕第32期）精神进行了学习；2. 传达了《省委办公厅关于认真学习贯彻〈习近平总书记在参加河北省委常委班子专题民主生活会时的讲话〉的通知》精神，学习了“习近平同志在参加河北省委常委班子专题民主生活会时的讲话”（中办通报【2013】第23期）精神；3. 传达学习了“全省党的群众路线工作经验交流会”精神，审议并通过了我市的相关贯彻落实意见建议；4. 审议并通过了《市政府党组关于进一步加快产业园区发展的意见的请示》；5. 审议并原则通过了《市委群工局关于组建驻京信访工作组的请示》；6. 听取了市委政法委关于我市维护社会稳定工作相关情况的汇报，对有关事宜进行了研究和安排部署；7. 审议并原则通过了《市委组织部关于〈中共攀枝花市委关于大力推进“干部工作出人才、组织工作出经验、人才工作出成果”的意见〉（送审稿）等文件的请示》；8. 审议并原则通过了《市委组织部关于第三批市委直接掌握联系高层次人才建议人选名单的请示》。

10月21日　上午，在会展中心主持召开中共攀枝花市委九届第五十六次常委会议。张剡、赵辉、杨自力、李群林、沈钧、许健民、张伟、王海波、李章忠、熊伟同志出席会议；谢道全、单荣同志列席会议。会议研究了干部问题。

10月21日　下午，出席市城市路网规划工作研究会。

10月23日　下午，出席在成都新会展中心举行的攀枝花城市推介会暨项目签约仪式。会上，各县（区）政府与相关投资企业就进一步深化在钒钛资源利用、机械加工制造、现代农业发展、矿业开发、基础设施建设、康养旅游、新能源开发等方面的合作事宜进行了集中签约。省委常委、宣传部部长吴靖平，市领导张剡、赵辉、沈钧、李仁杰同志出席推介会。

10月23日　下午，在成都世纪新城国际会议中心会见了日本株式会社全球执行董事、中国总代表大野滋，日中经济协会总代表横山达也，久保田（中国）投资公司总经理魏杰等企业家，双方就深化合作在清洁能源、机械制造、电化工产业等方面的发展事宜交换了意见。

10月24日　上午，在成都锦江宾馆分别与川威集团、中国重汽、中国水利水电建设集团新能源开发有限责任公司、香港蔬菜协会、天诚集团、成都伟经投资集团等企业负责人进行座谈，分别就促进重大项目在攀落地等事宜交换了意见。下午，出席在成都锦江宾馆举行的攀枝花阳光康养产业恳谈会。省旅游局副局长郑学炳，市领导张剡、赵辉、沈钧、许健民、李仁杰同志出席会议。下午，在成都锦江宾馆分别会见了四川省铁路产业投资集团有限公司、中水电、阿尔斯通、SMG基金公司、中国铸造协会等负责人，并就资源综合开发利用、城市建设、新能源利用、新材料开发等事宜进行了深入交流。

10月28日　下午，在会展中心会见省电力公司总经理王抒祥一行，双方就进一步加快攀枝花电网建设等事宜进行了交流。

10月29日　下午，参加省政府在攀枝花会展中心召开攀西国家级战略资源创新开发试验区建设工作会。会议对进一步创新体制机制，健康推进试验区科学发展、加快发展等事宜进行了安排部署。省委副书记、省长魏宏，副省长王宁，省政协副主席、凉山州委书记翟占一，市领导张剡、杨自力、王海波等同志出席会议。

11月1日　上午，在成都参加全省领导干部会议。

11月4日　上午，在会展中心专题听取二滩国家森林公园旅游开发工作情况汇报，并对相关工作进行了研究。

△　下午，在市委三楼会议室主持召开2013年第七次市“四大班子”主要领导联席会议。张剡、谢道全、单荣、赵辉同志出席会议；王海波等同志列席会议。会议通报了市委、市人大、市政府、市政协近期工作情况，对下一步的相关工作进行了研究和安排部署。

11月5日　上午，在会展中心主持召开中共攀枝花市委九届第五十七次常委会议。张剡、赵辉、杨自力、李群林、沈钧、张伟、王海波、李章忠、熊伟同志出席会议；谢道全、单荣、贾德华等同志列席会议。1. 会议传达学习了“省委书记王东明同志在全省领导干部大会的讲话”精神，对近期的相关工作进行了研究和安排部署；2. 审议并原则通过了《市政府党组关于加快推进小城镇建设的实施意见的请示》；3. 传达学习了“全省宣传思想工作会议精神”，审议并原则通过了我市的相关贯彻落实意见建议；4. 审议并原则通过了《市委组织部关于年轻干部“5211”工程实施情况的报告》；5. 研究了干部问题。

△ 下午，出席市组织工作会。会议就贯彻落实好全国、全省组织工作会议精神，做好当前和今后一个时期全市党的建设和组织工作等事宜进行了安排部署。出席全市学习兰辉同志先进事迹干部大会。

11 月 6 日 下午，出席市银江水电站建设工作督导会。会议听取了银江水电站前期工作及存在问题的情况汇报，对进一步加快项目建设工作提出了有关要求。

11 月 7 日 上午，出席市城区夜景照明总体规划编制工作研究会。会议听取了设计单位的相关工作情况汇报，明确了我市夜景规划的原则、重点和目标。下午，出席市小城镇建设暨产业园区发展工作会在会展中心召开。会议对推进新型城镇化和产业园区发展、冲刺全年目标任务等工作提出了明确要求。

11 月 8 日 上午，出席攀枝花市妇女第九次代表大会闭幕式。省妇联副主席李静，市领导张剡、谢道全、单荣、赵辉、杨自力、许健民、张如英、张敏、马晓凤同志出席大会开幕式。

11 月 14 日 下午，刘成鸣、张剡同志在会展中心会见省交投集团公司董事长朱以庄一行，双方就共同加快推进丽攀高速攀枝花段建设和进一步深化合作等事宜交换了意见。省交投集团公司董事、川高公司董事长唐勇，市领导单荣、李章忠、柳康健同志会见时在座。

11 月 15 日 上午，在会展中心主持召开中共攀枝花市委九届第五十八次常委会议。张剡、李群林、程少华、沈钧、许健民、张伟、王海波、李章忠同志出席会议。谢道全、单荣、柳康健、李仁杰、贾德华等同志列席会议。1. 会议传达学习了“党的十八届三中全会”精神，对深入贯彻落实好全会精神进行了研究和安排部署；2. 传达学习了省委常委、常务副省长钟勉同志来攀调研重要指示精神，对深入贯彻落实好指示精神进行了研究和安排部署；3. 传达学习了《中共四川省委关于进一步深入学习贯彻习近平总书记系列重要讲话精神的意见》，对相关工作进行了研究和安排部署；4. 传达了《中共中央关于薄熙来严重违纪违法案及其教训的通报》精神。

11 月 18 日 上午，出席全市铁路建设工作研究会。会议听取了成昆铁路扩能改造工程攀枝花南站站房建筑概念方案、全市铁路物流体系项目规划和全市轨道交通线网规划等情况汇报，对下一步工作提出了要求。下午，在会展中心会见了武警四川省总队政委黄志远少将一行。

11 月 19 日 上午，在市委常委会议室主持召开中共攀枝花市委九届第五十九次常委会议。张剡、赵辉、杨自力、李群林、沈钧、许健民、王海波、李章忠、熊伟同志出席会议。谢道全、单荣同志列席会议。会议研究了干部问题。下午，出席市财经工作领导小组会议

11 月 20 日 上午，参加市学习党的十八届三中全会精神报告会。聆听了著名经济学家、党建研究专家、反腐理论研究专家、《求是》杂志研究员黄苇町为我市领导干部作中共十八届三中全会精神的专题学习辅导报告。下午，出席市攀西战略资源创新开发试验区建设座谈会，会议听取了我市部分大企业就推进试验区建设的意见建议，对如何发挥试验区牵引作用推动经济社会跨越发展等问题进行了研究。

11 月 21 日 上午，在会展中心听取全市中心城区山体保护与利用规划工作情况汇报。

11 月 22 日 上午，出席市委理论学习中心组（扩大）学习会。省统计局党组书记、局长范秋美应邀到会作题为“经济发展的速度与效益”的专题辅导报告。

11 月 23 日 出席在红格温泉假日酒店举行的攀枝花钒钛资源综合利用院士行暨 2013 · 攀枝花钒钛（国际）论坛。中国工程院院士、中国工程院副院长干勇，中国工程院院士、长沙矿冶研究院教授级高工余永富，中国工程院院士、中国科学院过程工程研究所研究员张懿，中国工程院院士、攀成钢公司教授殷国茂，澳大利亚墨尔本大学教授马前，乌克兰巴顿焊接研究院副主任科瓦尼斯基 · 维克多、韩国生产技术研究院江源圈地区本部长金元镕，哈萨克斯坦吉姆坎苏达尔斯科选矿厂技术局冶金工程师叶甫图

赫·安德烈·马利杨诺维奇，第十届省政协副主席、第五届致公党省委主委陈杰，省委、省政府决策咨询委员会常务副主任李成云，省科技厅副厅长周孟林，以及我市领导谢道全、单荣、赵辉、何群同志出席论坛。

11 月 25 日　上午，在成都与国家开发银行四川分行行长王中就推进二滩国家森林公园等我市重点旅游项目建设事宜进行会谈。国家开发银行四川分行副行长邵立波，市领导许健民同志出席座谈会。下午，出席市对口援建雅安市名山区地震灾后恢复重建工作领导小组会议，会议就进一步落实省委部署、搞好援建工作等事宜进行了研究和安排部署。

11 月 26 日　上午，在攀枝花分会场收听收看了中央宣讲团党的十八届三中全会精神报告电视电话会议，中央宣讲团成员、全国政协社会和法制委员会副主任施芝鸿为全省领导干部作辅导报告。下午，出席全市统一战线专题调研成果汇报会在会展中心召开，会议听取了各民主党派、市工商联就各自所承担的调研课题成果情况的工作汇报。

11 月 29 日　上午，出席攀枝花特利小五金产业孵化园等 38 个项目在攀枝花钒钛产业园区举办的集中开工仪式。

12 月 3 日上午，出席市委市政府专题调研工作汇报会。会议听取了市委、市政府各相关分管市领导就 2013 年“急难险重”任务推进情况、重大项目落地情况和对开展 2014 年工作意见建议的汇报。

12 月 4 日　下午，在会展中心会见了省电力公司党委书记刘勤。双方就深化合作，推动地企共同发展事宜进行了交流。

12 月 5 日至 6 日　参加在我市召开的全省百镇建设暨重点旅游项目推进现场会。与会代表先后到米易河滨景观长廊、金沙江中心城区滨江景观带、仁和区滨河公园、阿署达花舞人间景区等地，考察我市重点旅游项目推进情况。6 日上午，2013？攀枝花欢乐阳光节开幕暨重点旅游项目集中开工仪式在盐边县红格镇四川省体育竞训中心棒垒球基地举行。开幕式上，盐边县中国箐村、东区菩提苑、西区西佛寺、仁和区七彩水岸生态区、米易县中驿车旅康养休闲度假中心等 5 个旅游重点项目集中开工。6 日下午，全省百镇建设暨重点旅游项目推进大会在红格温泉假日酒店召开。会议对全省“百镇建设试点”工作和重点旅游项目推进工作进行了安排部署。副省长黄彦蓉，省政府副秘书长王七章，省住房城乡建设厅厅长何健，省旅游局局长郝康理，省级相关部门、全省各市（州）政府分管领导和住建、旅游部门负责人，部分重点旅游企业和全省“百镇试点行动”中 50 个代表镇的相关负责人出席会议；我市领导张剡、谢道全、单荣、赵辉、王海波、柳康健、贾德华同志出席会议。

12 月 11 日　下午，在会展中心主持召开中共攀枝花市委九届第六十次常委会议。张剡、杨自力、沈钧、许健民、张伟、王海波、李章忠、熊伟同志出席会议；谢道全、赵勇同志列席会议。1. 会议传达学习了“习近平同志在党的十八届三中全会上的讲话”（中办通报〔2013〕第 29 期）精神，对我市深入贯彻落实好讲话精神进行了研究和安排部署；2. 传达学习了全省“走基层”活动现场会议精神，审议并原则通过了我市的有关贯彻落实意见建议；3. 审议并通过了《市委宣传部关于进一步深入学习贯彻习近平总书记系列重要讲话精神的意见的请示》；4. 审议并通过了《市委宣传部关于攀枝花市学习贯彻党的十八届三中全会精神宣讲工作方案的请示》；5. 审议并原则通过了《市委宣传部〈关于加强和改进新形势下宣传思想工作的意见〉、〈2013 -2017 年全市宣传文化系统干部教育培训规划〉、〈关于进一步加强党委（党组）中心组学习的意见〉、〈关于基层公共文化服务体系标准化建设的意见〉的请示》；6. 审议并原则通过了《市政府党组关于攀枝花市第六批学术和技术带头人及后备人选、第八批有突出贡献专家建议人选名单的请示》；7. 审议并通过了《市委外事工作领导小组办公室关于进一步规范国家工作人员因公临时出国的实施意见的请示》；8. 审议并通过了《市委统战部关于政协第八届攀枝花市委员会增补委员的请示》；9. 审议并通过了《市人大党组关于召开攀枝花市第九届人民代表大会第三次会议有关事宜的请示》；10. 审议并通过了《市政协党组关于召开市政协八届三次全委会议的请示》；11. 传达学习了“6省区市村‘两委’换届中选好村党组织带头人座谈会”精神，审议并原则通过了我市的有关贯彻落实意见建议；12. 听取了市委组织部关于“全省组织部长培训班”情况的汇报，对相关工作进行了研究和安排部署；13. 研究了干部问题。在会展中心会见农业银行四川省分行党委书记、行长张军洲。双方就深化合作、推动地企共同发展事宜交换了意见。

12月17日　上午，出席以“一卡在手通花城，便民惠民行天府”为主题的市民卡首发仪式及运用体验活动。

12月18日　下午，出席在红格温泉假日酒店举行的“资源型城市可持续发展——打造中国经济升级版”高层研讨会。会议对我国资源型城市转型发展的成就进行了总结回顾，对国务院发布的《全国资源型城市可持续发展规划（2013－2020）》要点进行了解读。中国经济体制改革研究会会长、原国务院振兴东北办副主任宋晓梧，国家发改委东北振兴司副司长姜四清，东北师范大学资源型城市研究中心主任支大林，中国经济体制改革研究会副秘书长、中国经济体制改革杂志社社长兼总编辑马克，山西省、山东省和河南省的部分资源型城市有关负责人及我市领导张剡、谢道全、单荣、杨自力、沈钧、王海波、柳康健等同志出席研讨会。

12月19日　上午，出席向省政协副主席、省委统战部部长崔保华率队的省委统战部检查组情况汇报会。

12月20日　上午，出席市宣传思想工作会。

12月21日至22日　在成都参加省委经济工作暨城镇化工作会议。

12月23日　下午，在会展中心主持召开中共攀枝花市委九届第六十一次常委会议。张剡、赵辉、杨自力、李群林、沈钧、许健民、张伟、王海波、李章忠、熊伟、张青同志出席会议；谢道全、单荣、殷旭东、张敏、李仁杰、贾德华、赵勇等同志列席会议。1. 会议传达学习了中央经济工作会议、中央城镇化工作会议和省委经济工作暨城镇化工作会议精神，就深入贯彻落实好会议精神进行了研究和安排部署；2. 审议并原则通过了“刘成鸣同志在中共攀枝花市委九届六次全体（扩大）会议上的讲话”“张剡同志在中共攀枝花市委九届六次全体（扩大）会议上的讲话”“中共攀枝花市委九届六次全体（扩大）会议决议（草案）”和“中共攀枝花市委九届六次全体（扩大）会议暨市委经济工作会议”的相关材料；3. 传达学习了“全省领导班子内部运行机制建设经验交流会”精神，审议并原则通过了我市的相关贯彻落实意见建议；4. 研究了干部问题。出席“全省两个现场会”等四项重大活动总结表彰大会。

12月25日　上午，出席市政协2014年新年茶话会。

12月27日　上午，出席2013年度市委常委民主生活会在会展中心召开。副省长甘霖、省委组织部副部长戴允康，市领导张剡、谢道全、单荣、赵辉、杨自力、李群林、沈钧、许健民、张伟、王海波、李章忠、熊伟、张青同志出席会议。

12月27日　下午，出席2013年四季度重大项目集中开工仪式在花城新区举行。省发改委副巡视员田源，成昆铁路公司董事长、总经理兼成都铁路局副局长王斌，市领导张剡、谢道全、单荣、李章忠、柳康健、贾德华同志出席开工仪式。晚，观看了由中国文联、中国剧协梅花奖艺术团组织的“送欢乐、下基层”慰问演出。

12月29日至30日　出席全市县区工作现场会暨急难险重任务推进会。会议组织与会代表先后参观考察了米易县城滨河健身步道、盐边县红格镇昔格达村、攀西亚高原冬季体育训练基地、迤资园区渣钢渣铁钒钛资源综合利用项目、金沙纳米、天民钛业项目、沿江景观打造绿化工程、丽攀高速攀枝花段工程、庄上？梅子箐阳光生态度假区项目、普达阳光国际康养度假区项目、花城新区干坝塘大桥工程、龙密路工程等2013年部分急难险重项目，并于30日下午在会展中心主持召开县区工作现场会暨急难险重任务推进大会。

12 月 31 日　上午，主持召开中共攀枝花市委九届六次全体（扩大）会议在会展中心召开。会议传达学习了党的十八大、中共十八届二中、三中全会精神和中央、省委经济工作会议暨城镇化工作会议精神，回顾总结了 2013 年市委工作，对 2014 年全市经济工作进行了安排部署。

二、市委副书记、市长张剡

（一）讲话文稿

在中共攀枝花市委九届四次全体（扩大）会议暨市委经济工作会议上的讲话

2013 年 1 月 7 日

本次会议，是在全市上下认真学习贯彻党的十八大、省第十次党代会和中央、省委经济工作会议精神，为在全省率先全面建成小康社会奠定坚实基础的关键时期召开的一次十分重要的会议。刚才，成鸣书记代表市委常委会总结了 2012 年工作，并对 2013 年工作进行了全面安排和部署，请大家认真学习领会并抓好贯彻落实。下面，我就抓好全市经济工作讲几点意见。

一、攻坚克难，2012 年全市经济实现平稳较快增长

一年来，全市上下坚持以科学发展观为指导，大力实施“三个加快建设”，大力推进“三个走在全省前列”，全力打好“六大硬仗”，深入开展“五创联动”，经济社会发展保持了速度、质量、效益同步提升的良好态势。

——经济实现平稳较快增长。预计全年实现地区生产总值 730 亿元以上，比上年（下同）增长 13.5% 以上，其中第一产业增加值 25 亿元，增长 4.5%，第二产业增加值 555 亿元，增长 14.8% 以上，第三产业增加值 150 亿元，增长 10.3%；实现民营经济增加值 320 亿元，增长 16%；完成地方财政收入 82.94 亿元，增长 17.9%；国税、地税系统分别组织收入 54.21 亿元、44.13 亿元，分别增长 5.2% 和 14%。

——可持续发展能力切实增强。预计完成全社会固定资产投资 463.2 亿元，增长 20.8%；万元生产总值综合能耗下降 5%，化学需氧量削减 1.5%、二氧化硫削减 6%，全市空气质量优良率达到 93.7%；人口自然增长率为 3.08‰。

——人民生活水平进一步提高。预计实现社会消费品零售总额 191.7 亿元，增长 15.7%；地方财政支出 137.2 亿元，增长 18.1%；城镇居民人均可支配收入 22500 元，增长 14%，农民人均纯收入 8700 元，增长 14%；城镇登记失业率控制在 3.6% 以内。

2012 年，在极其困难的情况下仍能取得上述成绩，是市委正确领导的结果，是市人大、市政协有效监督支持的结果，是全市广大干部群众负重自强、共克时艰的结果。

二、认清形势，科学谋划 2013 年经济工作

2013 年，是全面贯彻落实党的十八大精神的第一年。正确判断和准确把握当前形势，科学谋划和周密部署经济工作，对于巩固全市经济稳中求进的良好势头，加快推进幸福美丽攀枝花建设，确保在全省率先全面建成小康社会至关重要。

当前，世界经济的不确定、不稳定因素与国内发展不平衡、不协调、不可持续的突出问题叠加交织，全省市场有效需求不足和企业生产成本上升、利润下降的矛盾仍很突出，我市经济特别是工业发展有可能比 2012 年更加困难。但挑战往往蕴含机遇，关键看我们能否发现和把握。当前的发展机遇不再是简单纳入全球分工体系、扩大出口、加快投资的传统机遇，而是政策倒逼形成的新机遇。刚刚结束的省委经济工作会议明确提出，要进一步提高钒钛等战略性资源利用水平，变资源优势为经济优势，这必将为我市加快建设中国钒钛之都带来更多机遇；党的十八大指出要建设美丽中国，表明中央将对生态文明建设、城镇化进程等给予更多支持，必将为我市加快建设中国阳光花城带来积极影响；省委经济工作会议强调要积极对接云南开放桥头堡战略，推进南向开放，必将为我市加快建设四川南向开放门户带来难得契机。

面对新的形势，我们要坚持有所为有所不为的发展取向，正确处理好当前与长远、经济发展与资源环境、发展速度与质量效益的关系，最大限度发挥好各类政策的联动效应，敢于从挑战中发现新的机遇，善于从矛盾中寻求新的路径，勇于从困难中找到新的举措。

在综合考虑全市经济社会发展面临的严峻形势和有利条件的基础上，市委、市政府确定今年全市经济社会发展的主要预期目标为：地区生产总值确保增长 13.5%，力争 14% 以上；全社会固定资产投资确保增长 17%，力争 18% 以上；社会消费品零售总额确保增长 15%，力争 16% 以上；地方财政收入确保增长 14% 以上；城镇居民人均可支配收入和农民人均纯收入确保增长 14%，力争 15% 以上；万元生产总值综合能耗下降 3.3%；城镇登记失业率控制在 4% 以内；人口自然增长率控制在 4‰以内。上述目标，是我们全面实现“四个翻番”必须确保的目标，是我们在困难时期必须跳起摸高才能实现的目标，是我们在全省竞相发展的大格局中进位赶超必须达到的目标。

三、突出重点，全力做好 2013 年各项工作

要顺利实现全年目标任务，必须重点做好以下工作：

（一）着力构建现代产业体系。推进产业结构转型升级是转变经济发展方式、实现经济持续健康发展的重要保障和紧迫任务。为此，要加快构建现代产业体系，努力增强产业核心竞争能力，促进经济结构优化升级。一是要全面提升新型工业化水平。坚定不移地实施工业强市战略，扎实推进攀西国家级战略资源创新开发试验区和矿产资源综合利用示范基地建设，全力推动钒钛、机械制造、矿业和太阳能产业快速发展，确保规模以上工业增加值增长 16%，力争 17% 以上。加大扶持力度，帮助攀钢进一步优化经营结构，打好扭亏控亏增效攻坚战；积极支持攀煤、钢城集团等大企业降本增效、加快发展；切实落实各项优惠政策，支持鼓励中小企业不断壮大。加强园区基础设施建设，扎实推进钒钛产业园区创建国家级高新技术产业开发区和国家级经济开发区工作，为项目建设、企业发展营造更加良好的服务环境。加快创新型城市创建步伐，着力构建重点实验室、工程中心等创新平台，加快建设四川钒钛产业技术研究院、钛及钛合金研究所，加大科技攻关力度，加速科技成果转化，充分发挥科技的支撑引领作用。积极推进智慧城市和通信枢纽中心建设，不断提高信息化水平，推动工业化和信息化深度融合。牢固树立生态文明理念，强化节能降耗管理，严格控制“两高”及产能过剩行业发展，加快淘汰落后产能，推进循环经济发展，提高资源综合利用水平。二是要加快推进农业现代化。要认真贯彻落实中央农村工作会议精神，按照“保供增收惠民生、改革创新添活力”的要求，积极构建新型农村经营体系，加快发展现代农业。大力推进国家现代农业示范区建设，加快发展现代农业主导产业，深入实施全国高效节水示范、中低产田改造、高标准农田示范区等项目，进一步增强农业发展保障。继续加大农产品品牌建设力度，引导扶持农业龙头企业做大做强做优。加强农产品质量全程监管和重大动物疫病防治，确保农产品质量安全。落实好各项强农惠农富农政策，促进农民收入持续较快增长。三是要全力促进服务业繁荣发展。要以旅游业和现代物流业为重点，加快构建省际商贸和物流中心，推动现代服务业繁荣发展。加快红格温泉旅游度假区、阿署达花舞人间景区、普达阳光国际康养度假区等重大旅游项目建设，继续办好欢乐阳光节、金芒果节等旅游节庆活动，丰富旅游内涵，塑造旅游品牌，实现旅游总收入和接待人数持续增长。推进密地现代商贸物流园区、攀青物流中心等项目建设，加快培育成长型物流企业，壮大现代物流企业集群，推动物流业快速发展。加快市场体系建设，努力培育消费热点，着力引进国际、国内知名品牌，推动餐饮、住宿、娱乐等产业快速发展。

（二）统筹推进城乡建设。按照中央经济工作会议关于推动工业化、信息化、城镇化、农业现代化同步发展的要求，以“两化”互动为双翼，加快推进新型城镇化，加速城乡统筹发展，切实增强全市城乡发展的平衡性、协调性和可持续性。一是强力推进以花城新区为重点的中心城区建设。高度体现集约、智能、绿色、低碳的新型城镇化要求，研究编制好城乡统筹规划，科学推进中心城区的拓展、建设与发展，加快构建百万人口特大城市。完成花城新区核心区修建性详规编制工作，加强基础设施、公共设施建设，形成整体开发、连片推进的良好局面。加快旧城改造步伐，加大城市道路和桥梁建设力度，着力完善市政设施和公共服务设施，切实增强城市服务能力。深化“数字城管”系统建设，建立覆盖两县和重点乡镇的城乡一体化数字城管体系，推动城市管理精细化。二是着力推进新型乡镇和新村示范片建设。要因地制宜发展一批特色鲜明的商贸镇、旅游镇和工业镇，大力构建以中心城区为核心、县城和重点镇为依托、一般乡镇和中心村为基础的新型城镇网络体系。积极引导资金、技术、人才等要素向农村集聚，继续高标准、高起点规划建设好一批新村和新农村综合体，系统推进产村相融。把城乡环境综合治理与新农村建设有机结合起来，推进农村道路、饮水安全、清洁能源、互联网络、金融商务等基础设施建设，切实改善农村生产生活条件。三是深入实施“五创联动”。扎实推进重大生态环境建设工程，着力解决危害群众健康、影响可持续发展的突出环境问题，力争空气质量优良率保持在90%以上。大力推进创建国家森林城市“七大工程”，加快构建森林生态网络。编制实施《创建国家园林城市工作规划》，进一步提高建成区绿地率和绿化覆盖率。加快推进阳光康养旅游目的地建设，不断提升“阳光花城、康养胜地”的影响力和美誉度。深化群众性精神文明创建活动，着力提升市民素质和幸福指数。四是加大建设资金筹集力度。牢固树立经营城市理念，充分发挥政府“融资平台”的优势和作用，加强与各类金融机构的联系与合作，不断创新融资方式，努力拓宽融资渠道，着力扩大融资规模，采取BOT、银行融资等模式大力筹集城乡建设资金，推动城乡基础设施和公共服务设施不断完善。

（三）全力促进投资和消费增长。在全球经济增长动力依然较弱、经济企稳回升基础尚不牢固的背景下，要更加注重发挥投资和消费的重要拉动作用，促进经济稳定增长。一是保持投资持续较快增长。要把稳投资作为稳增长的主要抓手，认真梳理、对接国家和省上投资的方向与重点，规划实施一批对长远发展具有重大影响和带动作用的项目，积极争取国家更多更大的支持。对已纳入国家和省上相关专项规划的重点项目，要千方百计加快建设。优先加大对教育、卫生、保障性住房、公共服务设施、社会保障等民生领域的投入，支持鼓励企业和民间各类资金投向优势特色产业、战略性新兴产业，向自主创新、节能减排、生态建设等领域延伸。突出产业创新和技术改造，加快新中钛科技钒钛系列工程、富邦1000万件钒钛制动毂、攀钢煤矸石综合利用等项目建设，推动一批产业化项目投产达效。加快构建区域性交通枢纽，开工建设成昆铁路新线攀枝花段、鱼塘高速出口至机场路连接线等项目，完成机场地质灾害综合治理、丽攀高速公路攀枝花段建设等项目，启动或完成倮果大桥、巴关河大桥等一批桥梁的除险加固。积极推进能源开发利用，加快观音岩引水工程和桐子林、金沙、银江等水电站建设，建成中缅天然气管道攀枝花支线、楚雄至攀枝花成品油管道。二是努力扩大消费需求。要利用好国家收入分配改革方案出台的有利时机，调整收入分配关系，鼓励居民增加即期消费。充分发挥攀枝花作为四川南向开放门户在消费领域的“集聚效应”，吸纳更多川内及省外毗邻地区的消费需求。实施品牌促消费战略，鼓励我市知名品牌产品加强市场营销。拉动农村消费，建立和完善农村超市、邮政、电讯等销售网点，加快小城镇商业中心和售后服务体系建设，为农民消费提供更多便利和优惠。用好国家鼓励节水、节能、环保产品等相关政策，培育需求热点，促进消费增长。

（四）持续深化改革开放。改革是发展的最大红利，必须继续深化重点领域和关键环节的改革，努力提升对外开放水平，为经济发展注入新的活力与动力。一方面，要继续加大改革力度。要进一步加强国有资产监管，扩大国有资本经营预算范围。积极稳妥推进产权多元化改革，激发各类市场主体活力，引导支持民营经济转型升级、快速发展。继续深化民生领域改革，积极实施新一轮医药卫生体制改革，加快教育综合改革，努力形成政府主导、覆盖城乡、可持续的基本公共服务体系。深入开展行政管理体制和事业单位分类改革，创新行政管理方式。加快统筹城乡综合配套改革步伐，完成农村集体土地所有权、使用权和承包经营权确权登记，稳步开展户籍制度改革。另一方面，要全面加强开放合作。要依托外贸转型升级示范基地，推进保税仓库建设，提升口岸服务能力。不断培育壮大外贸企业，积极拓展国际新兴市场，努力扩大对外贸易规模。强化外资项目引进，引导外商投资向科技研发、高端设计、现代流通等新领域延伸。继续实施“走出去”战略，推进十九冶、攀钢工程公司、钢城集团等企业开展境外投资、国际工程承包和劳务合作。围绕产业升级和城市转型，用好西博会、广交会等一系列投资洽谈平台，重点对接世界和中国500强、跨国公司和大型国企及知名民企，实施成链引进。充分发挥小分队招商和驻点招商的作用，确保全年招商引资实际到位资金完成400亿元。以打造四川南向开放门户为目标，强化与周边地区的经济技术和商贸流通合作。

（五）切实保障和改善民生。民生问题关系和谐稳定大局，要继续大力实施民生工程，着力解决好群众关心和热盼的现实问题。健全城乡公共就业服务体系，加强高校毕业生、农村转移劳动力、城乡困难人员的就业工作，搞好职业技能培训，促进创业带动就业。有序推动企业工资集体协商，构建和谐劳动关系。加大扶贫开发力度，积极支持边远民族地区经济社会发展，着力改善贫困地区生产生活条件，帮助困难群众增收致富。规范市场秩序，严厉打击制售假冒伪劣商品行为，确保食品药品质量安全。完善困难群众基本生活价格补贴机制，保持主要消费品价格稳定。继续大力推进保障性住房建设和棚户区改造等工作，探索完善廉租住房制度。完善城乡居民养老保险市级统筹，健全城乡居民大病保险制度，不断提升社会保障水平和统筹层次。大力推进教育、医疗、文化等基本公共服务均等化，努力实现基本公共服务覆盖城乡、区域均衡、全民共享。

（六）全力维护社会稳定。要加强和创新社会管理，深化“大调解”工作体系建设，畅通和规范诉求表达、利益协调、权益保障渠道，增强群众依法维权的意识和能力。积极推进依法治市，强化社会诚信建设，完善立体化社会治安防控体系，不断提升人民群众安全感。深刻吸取“8·29”特别重大瓦斯爆炸事故惨痛教训，切实加强安全生产及监管能力建设，坚决遏制重特大事故发生。继续强力推进煤炭资源整合、煤矿兼并重组、“打非治违”和矿区环境综合整治，全面开展社会主义新矿山建设，有效改善煤矿生产生活条件。

四、强化措施，做好新年伊始各项工作

新年伊始万象重开，起步工作千头万绪。抓好当前工作，既可以为完成全年目标奠定基础，又有利于提振信心，促进全年发展。当前，全市上下要突出抓好以下工作。

（一）确保实现经济工作“开门红”。要抓紧梳理全市项目进展情况，做深做细项目前期工作，提前与国家和省上相关部门衔接沟通，力争能有更多项目进入国家和省上计划；对具备开工条件的项目要立马实施，对在建项目尤其是去年年底集中开工的39个项目，要加大推进力度，争取完成更多的实物工作量。要把工业提速升级作为重中之重，加大产业扶持资金投放和政策支持力度，加强煤电油运等生产要素的统筹协调，推动钒钛、能源、机械制造等优势产业加快发展，帮助钢铁产业尽快扭转负增长局面。抓住冬季农闲时机，大力开展农田水利建设，做好防旱抗旱各项准备工作。抓住春节消费旺季，精心组织“迎春购物月”等主题促销活动，组织好旅游宣传推介活动，促进消费持续增长。

（二）切实做好节日期间各项工作。一年一度的新春佳节即将来临，各级各部门要统筹兼顾，确保让全市人民过上一个安全文明、欢乐祥和的节日。一是要妥善安排好节日期间群众生活。要采取有力措施，解决好群众生活中的实际困难和问题，及时足额发放基本养老金、失业保险金、困难群众救助资金和优抚对象抚恤补助金，及早发放困难群众和重点优抚对象春节一次性生活补贴，广泛开展走访慰问、送温暖献爱心和志愿服务活动。集中开展农民工工资支付情况专项执法检查，保证农民工及时足额拿到应得报酬。周密制定春运工作方案，落实好重大节假日小型客车免费通行政策，统筹增加运力，确保群众安全顺利出行。积极组织货源，加强价格监管，确保节日市场供应充足、价格稳定。深入开展文化卫生科技“三下乡”活动，精心组织各类民间节庆习俗活动，丰富群众节日文化生活。二是要抓好安全生产和维护稳定工作。要时刻紧绷安全生产这根弦，集中开展节前安全生产大检查和专项治理整顿行动，切实抓好煤矿、非煤矿山、消防、交通运输、危险化学品和烟花爆竹等重点行业和领域安全隐患排查治理，严密防范森林火灾，坚决遏制重特大事故发生。加大社会治安综合治理力度，强化维稳措施，确保社会大局稳定。做好应对各种突发事件的应急力量、应急物资准备，坚持节假日值班和领导带班制度，确保信息畅通和工作有序衔接。三是要强化党风廉政建设。要本着节约、简朴的原则，安排好节日期间各项活动。严格执行廉洁自律各项规定，严肃财经纪律，加大监督检查力度，坚决制止各种不正之风和奢侈浪费行为。对有令不行、有禁不止的顶风违纪行为，发现一起查处一起。

同志们，做好2013年经济工作，任务艰巨，责任重大。让我们以党的十八大精神为指引，在市委的坚强领导下，解放思想，抢抓机遇，同心同德，扎实奋进，为加快建设幸福美丽攀枝花、在全省率先全面建成小康社会而努力奋斗！

在攀枝花市2013年创建国家森林城市、国家园林城市和全国文明城市攻坚大会上的讲话

2013年4月27日

今天，市委、市政府在这里召开的创建国家森林城市、国家园林城市和全国文明城市攻坚大会，主要任务是动员组织全市广大干部群众，统一思想，振奋精神，明确目标，全力攻坚，确保三项创建工作完成阶段性目标，顺利申报创建省级森林城市，成功通过省级文明城市暗访测评。刚才，道全主任和3个专项指挥部指挥长就创建工作情况进行了认真总结，并对2013年度创建工作，特别是重点、难点任务进行了安排部署，我完全赞同。一会儿，成鸣书记还将作重要讲话，希望大家结合各自工作，认真抓好落实。下面，我就进一步做好今年创建工作先讲三点意见。

一、肯定成绩，坚定攻坚信念

自去年4月创建工作正式开展以来，各专项指挥部和各县（区）、各部门紧紧围绕“三年打基础、

五年基本达标、力争通过验收”这一总体目标，上下联动，真抓实干，攻坚克难，创建工作稳步推进，各项工作成效显著。关于成绩，刚才道全主任和各位指挥长已做了客观总结和认真分析，这里我不再赘述。

成绩值得肯定，但压力也不容忽视。创建工作是一个由浅入深、由易入难的过程，经过一年多的“磨合”，一些相对容易完成的指标已经完成，摆在面前的、留在后面的都是难啃的“硬骨头”。今年，我市要顺利申报创建四川省级森林城市，成功通过省级文明城市暗访测评，全面完成创建园林城市年度任务，困难多，压力大。但俗话说得好，困难“逼”出英雄汉，这几年，我市在极其困难的情况下，仍能实现经济社会平稳较快发展，靠的就是迎难而上的勇气，敢为人先的锐气和誓不罢休的志气。我们要把这种勇气、锐气和志气，放到三项创建工作中来，齐心协力打一场声势浩大的攻坚战，确保完成创建任务，让老百姓实实在在感受到环境的变化、城市的变化、生活的变化！

二、对照差距，明确工作重点

创建工作绝不是简单地拿几块牌子，而是要通过开展“五创联动”，全面推动城市建设、产业发展、文化建设、社会建设和生态建设等各项重大工作，从根本上改善人居环境，重建发展优势，提高城市综合竞争力。从“创森、创园、创文”具体项目上看，指标繁多，涉及经济、文化、社会、生态等各方面内容。我们既要分析定量指标，也要分析定性指标；既要分析静态指标，也要分析动态指标；既要分析经济指标，也要分析社会、文化、生态指标。通过对照分析，真正搞清我们的优势和问题，明确下步重点，细化分解任务，纵深推进工作。

一是要理顺工作思路。“创森”工作，要始终围绕“七大工程”这一核心，在去年的基础上，持续巩固与提升工作成效，切实抓好花城新区山地森林公园建设、环城景观林工程等重点项目建设，有选择性地突出工作亮点，让创建成果看得见、摸得着、感受得到。要不断开展矿山迹地植被恢复以及森林廊道建设工程，推动特色食品、花卉等产业发展，真正让群众在“创森”工作中得实惠，在产业发展上见实效，在生活品质上有提高。“创园”工作，要突破难点，继续深入推进“六大系统工程”建设，完成或启动老旧小区绿化改造、花城景观打造、综合性公园等28个攻坚项目。要将“创园”工作与城市管理有机结合起来，在创建的同时加强管养，坚决避免“重建轻管、建管脱节”的现象。不断提高管理的科学性、合理性和长效性。“创文”工作，要立足信息时代传媒多元化特征，不断创新工作方式，在继续强化电视、报刊、网络媒体等舆论引领作用的同时，着力丰富和更新信息传播渠道，不断增进与群众的贴合性。要强化社会正面教育，大力开展职业道德、社会公德、家庭美德教育，不断增强市民的卫生意识、公德意识和规则意识。要以提升居民素质为中心，广泛开展形式多样的宣传教育活动，着力推进公民思想道德建设，不断提升市民文明素质和全市文明程度。

二是要增强工作实效。在“五创联动”工作中，我们提出了“三年打基础、五年基本达标、力争通过验收”的总体目标。今年，是创建工作承上启下的关键一年，也是能否实现“三年打基础”目标的重要一年。在具体创建工作中，尤其是项目指标的安排，要更加注重项目设置的科学性、合理性和连续性，严格对照国家标准，综合考虑各方因素，坚持“就高不就低”的原则，通盘考虑年度创建实施方案，并在认真研究的基础上，将创建目标分类细化。在目标设定、单项规划以及制定具体实施方案时，既要防止部门条块分割、各自为战，又要避免重复建设、浪费资源，做到目标任务科学合理，数据统计口径统一，切实增强创建工作的实效性。

三是要创新工作方式。“五创联动”重点在“联”，关键在“动”，三项创建攻坚，不能单干蛮干，不能“闭门造车”，更不能照搬照套，而是要创新思路，努力推行“走出去、引进来”的工作模式，切实加强与上级对口部门的沟通衔接。它山之石可以攻玉。在今后一段时期的创建工作中，要切实加强与全省乃至全国创建成功地区的工作交流，不断拓宽视野，充分吸收消化各种先进经验，促进我市在创建思路、工作方法上不断提升。各专项指挥部之间也要进一步加强沟通协调，互相学习借鉴彼此的好办法好经验，形成全市上下同创、共创、联创的生动局面。

三、立足实际，完善工作机制

一是要进一步完善协作机制。各相关部门尤其是各专项指挥部要牢固树立大局意识，通力合作，各尽其职，步调一致，配合默契，真正发挥出“1+1>2”的倍增效应。要坚持定期召开联席会议，认真研究、及时解决创建工作中的具体问题，确保创建工作按计划推进。

二是要进一步完善投入机制。要不断完善财政投入、银行贷款、社会资金以及市场化运作等方式，加快建立多元化投入机制，合理设置资金准入门槛，进一步拓宽投融资渠道。要全面整合城乡各类资源，大力鼓励社会资本投入基础设施和公共服务设施建设等领域，以多元化投入方式促使创建工作向纵深推进。

三是要进一步完善宣传机制。加快形成科学合理、切实可行的长效宣传机制，从根本上解决宣传不到位、不持续的问题。要进一步强化舆论监督，充分利用广电、报刊、网络等多种媒体，对各类反面典型进行公开曝光，以舆论压力促进不文明行为甚至不法行为有效减少。要及时报道创建工作动态，向社会公开创建进展情况，深入挖掘先进典型，大力宣传先进事迹，弘扬新风正气，进一步激发广大群众的参与热情，使创建工作家喻户晓、人人关注，形成干群同心、共创共荣的良好氛围。

四是要进一步完善督查机制。督查是推动创建工作全面落实的有效手段，督查考核要按照“失分就失职、得分就得奖”的要求，做到查事、查人、查责相结合，动真逗硬，不走过场。要从市监察局、目标督查办等部门抽调专人组成联合督查组，对各县（区）各部门各单位创建工作进展情况进行随机暗访，做到按月抽查，按季通报，定期和不定期考核，确保任务布置到位、督查考核到位、工作落实到位。

同志们，创建国家森林城市、国家园林城市和全国文明城市，惠泽民生，事关长远。让我们在中共攀枝花市委的坚强领导下，振奋精神、坚定信心、真抓实干，坚决打赢攻坚战，务求取得新成效，为加快建设幸福美丽攀枝花做出新的更大贡献！

在市安委会第二次（扩大）会议暨一季度安全生产形势分析会议上的讲话

2013 年 5 月 9 日

今天，市安委会召开第二次（扩大）会议暨一季度安全生产形势分析会，主要任务是分析当前安全生产形势，部署二季度安全生产工作。刚才，旭东同志对全市安全生产工作进行了安排部署，我完全同意，希望大家认真抓好落实。下面，我再强调两点意见。

一、认清形势，充分认识安全生产的极端重要性

安全生产工作事关人民群众生命财产安全，事关改革发展稳定大局。去年 9 月以来，经过全市上下的共同努力，社会主义新矿山建设取得显著成效，我市安全生产特别是煤矿安全生产形势稳定好转，没有发生较大及以上事故，各类死亡人数占省政府下达全年控制指标的 12.31%。但必须正视，全市安全生产工作与省委、省政府的期许和广大群众的愿望，与构建本质安全型城市、实现安全发展的要求，还存在较大差距，任务仍然十分艰巨，形势依然十分严峻。从产业结构来看，钢铁、钒钛、煤矿、化工等主导产业安全风险较高，且短期内这种产业格局不会发生大的变化；从企业情况来看，我市传统工业项目和中小型企业较多，安全生产基础比较薄弱，企业主体责任有待进一步落实；从当前大局来看，我市正以攀西战略资源创新开发试验区建设为契机，全面落实省委、省政府多点多极支撑发展战略，着力实现次级突破，在此大背景下，当前和今后一个时期全市将首抓项目，狠抓工业，开工建设或加快推进一大批重点工程和重大项目，全市安全生产工作必将面临更加严峻的挑战。面对新情况、新问题，全市上下特别是各级领导干部，一定要保持清醒，时刻警惕，始终信守“所有发展中安全发展是最硬的发展”，始终秉持“所有指标中安全指标是最硬的指标”，把安全生产作为发展工程、生命工程、民生工程抓紧抓好，为争先进位，跨越提升提供坚强有力的安全保障。

二、狠抓落实，确保安全生产工作取得实效

“落实不下去，严格不起来”是安全生产的主要问题，也是事故频发的主要原因。抓而不严等于不抓。在今后的工作中，必须坚持“严”字当头，敢于碰硬，敢于“亮剑”，确保安全生产各项工作、各项措施落到实处。

（一）严格责任落实。各级各部门要层层签订安全生产目标责任书，各单位一把手负总责，切实把安全生产责任落实到具体分管领导和个人。企业对安全生产负主体责任，务必按照安全标准进行操作和生产，把安全生产责任落实到每个班组、每名职工。

（二）严谨工作作风。各种会议、文件、制度、机制归根结底要由人来执行，人的作风好坏直接关系工作成效。各级各部门和每一名负责安全工作的同志，务必转变工作作风，努力弘扬善于发现问题、敢于直言问题、注重解决问题的优良作风，深入一线、深入现场发现和解决问题，把安全事故消灭于萌芽之中。对省、市政府和有关部门部署的各项工作，要集中精力，不走过场，不打折扣，狠抓落实。在这里，我要特别强调，对于事关安全的问题，绝不允许降门槛、有例外，绝不允许违规通融、暗箱操作，绝不允许菩萨心肠、心慈手软，一旦发现类似问题，一律严肃查处，绝不手软。

（三）严细安全管理。一是要重点抓好安全标准化生产工作，深入开展安全达标活动，积极创建本质安全型企业，从规范标准入手遏制重特大事故发生。二是要认真排查整治煤矿、非煤矿山、道路交通、危险化学品生产经营、公众聚集场所消防、建筑施工、特种设备等重点领域的安全隐患，对存在事故隐患，逾期不整改或整改不合格的，该停则停、该关则关。要实行政府挂牌督办，跟踪到底，隐患不除，牌子不摘。三是要妥善应对突发安全事件，一旦发现事故预警信号，要本着快速反应、立即撤人的原则，最大限度减少事故损失。四是要切实抓好重要时段的专项检查治理，确保重大节假日和政治敏感期安全形势平稳。

（四）严厉监督执法。要切实加强安全监管，对无视法律法规、无视政府监管的各类生产经营单位，必须坚决打击，依法惩处。要落实安全生产“黑名单”制度，凡列入“黑名单”的企业，采取舆论、经济、行政、法律等手段进行惩处。对执法涉及面广、难度大的，各相关部门要开展联合执法，对反面典型案件的查处要及时公开曝光，起到警示和教育的作用。

（五）严肃事故追究。对各类安全事故尤其是非法违法生产引发的事故，必须查清原因，分清责任，对失职渎职、监管不力的有关人员要严肃追究、严肃查处；对事故责任方的企业或个人要依法依规严惩不贷。

同志们，科学发展必须是有安全保障的发展，必须是广大劳动者生命和身体健康得到充分保障的发展。在其它工作上，我们可以讲胆子要大一点、步子要快一点，环境要宽松一点，但对于安全生产工作，则是越谨小慎微越好，越严格监管越好。全市上下特别是各级领导干部和安全战线的同志们，一定要以如履薄冰、如临深渊的态度，认真做好事关安全的每一项工作，切实抓好事关安全的每一个环节，坚决遏制重特大安全事故，确保全市安全生产形势稳定好转，为建设美丽幸福攀枝花营造更加良好的安全生产环境！

在市委九届五次全体（扩大）会议上的讲话

2013 年 7 月 10 日

在全省上下深入实施“三大发展战略”、奋力推进“两个跨越”的重要时期，在全年时间已经过半而完成各项目标任务依然十分艰巨的关键时刻，今天，我们在这里召开市委九届五次全体（扩大）会议，主要是为了深入贯彻党的十八大和省委十届三次全会精神，总结回顾全市上半年经济社会发展情况，分析研判当前面临的新形势、新情况、新问题，安排部署今后一个时期工作，动员全市上下坚定信心，振奋精神，努力奋斗，为圆满完成全年目标任务和在全省率先全面建成小康社会奠定坚实基础。刚才，成鸣书记做了重要讲话，下午大会还将表决关于我市为在全省率先全面建成小康社会而奋斗的决定，请大家务必认真学习，深刻领会，抓好贯彻落实。下面，我讲两点意见。

一、上半年，经济社会发展总体平稳，但形势非常严峻，问题不容忽视

今年上半年，在世界经济持续低迷、宏观经济制约、国内经济下行压力加大、经济发展困难增多的大背景下，全市上下坚持把发展作为第一要务，创新举措，攻坚克难，扎实工作，在困境中努力保持经济平稳增长、社会较快发展、民生不断改善。据预测，1～6 月，全市 GDP 同比（下同）增长 11.5%，欠年度计划 2 个百分点；全社会固定资产投资增长 20%，超年度计划 3 个百分点；规模以上工业增加值增长 14.7%，欠年度计划 1.3 个百分点；社会消费品零售总额增长 13.4%，欠年度计划 1.6 个百分点；财政收入下降 4.9%，欠年度计划 18.9 个百分点；城镇居民人均可支配收入增长 9.5%，欠年度计划 4.5 个百分点，农村人均纯收入增长 16%，超年度计划 2 个百分点。

固定资产投资方面。1～5 月，完成全社会固定资产投资 212.83 亿元，增长 21.7%，较去年同期回落 4.6 个百分点，较全国、全省平均增速高 1.3 和 2.1 个百分点，投资总量和增速分别排全省第 15 和第 14 位。一、二、三产业投资分别增长 129.2%、5.7% 和 37.2%，第二产业投资下滑明显，增速低于全市平均水平 16 个百分点，预计上半年工业投资增速仅为 5%。新中钛科技钒钛系列工程、金江钛业二期等部分在建项目投资进度放缓，林威 20 万吨钒钛铸件、四川钒钛 10 万吨钛白粉等项目开工时间推迟。

工业方面。1～5 月，全市完成规模以上工业总产值 624.9 亿元，增长 12.9%；累计完成规模以上工业增加值 205.7 亿元，增长 15.2%，排名全省第三。从纵向看：规模以上工业增加值较去年同期回落 3.5 个百分点，3、4、5 月规模以上工业增加值单月分别增长 18.4%、18.1%、14.1%，呈逐月下滑趋势，工业增长乏力。从县（区）和重点企业看：1～5 月，大企业中除二滩增长 26%，超过年初下达的责任目标外，攀钢、攀煤、钢城集团增速分别为 3.1%、-8.1% 和 -8.7%，均远低于责任目标；县（区）中，东区增长 26.4%，西区增长 18.4%，仁和区增长 15.4%，米易县增长 25%，盐边县增长 11.5%，除东区和米易县外，其他县（区）均未实现年初下达的责任目标。从经营效益看：1～5 月，全市规模以上工业企业实现利润 2.41 亿元，规模以上工业企业亏损 113 户，亏损面达 33.4%。其中，攀钢亏损 12 亿元，钢城集团亏损 1.74 亿元，园区 43 家规模以上企业累计亏损 0.46 亿元，园区亏损面达 58.1%。从要素保障看：受外煤入攀量增加、铁路检修等因素的影响，铁路运力吃紧；企业流动资金紧张，仅攀钢拖欠地方企业货款就达 10 多亿元；部分企业资产负债率高，生存面临困难。

农业方面。上半年，气象条件总体适宜，农业生产形势良好，种养结构调整初见成效，预计实现农林牧渔业总产值 18.65 亿元，增长 4.5%。其中，小春粮食种植面积和产量分别达到 19.97 万亩、4.42 万吨，分别增加 0.15 万亩、41 吨；大春粮食播种面积 46 万亩，增加 0.5 万亩。早春蔬菜种植面积和产量分别达到12.35万亩和39.54万吨，分别增加0.3万亩、2.27万吨；肉类总产量3.59万吨，增长2%，受H7N9疫情影响，出栏家禽减少3%；14万亩烟苗长势良好，预计可收烟叶37.5万担；水果产业情况总体较好，预计全年水果产量可达20万吨，增长9%。

第三产业方面。上半年，预计实现第三产业增加值78亿元，增长8.2%。1~5月，全市累计实现社会消费品零售总额88.76亿元，比全国平均增速高0.9个百分点，与全省持平，但较去年同期回落2.2个百分点。今年尚无新增限额以上商贸企业，限下企业规模不足、成长缓慢，制约了消费市场发展。餐饮市场下滑明显，1~5月，全市住宿餐饮业增长12.2%，较去年同期回落6.4个百分点。受国家宏观调控政策影响，截至5月末，全市商品房待售面积累计18.62万平方米，增长165.2%，其中住宅待售面积10.93万平方米。

财税金融方面。财税收入呈负增长态势，1~6月，全市完成地方财政收入41.74亿元，较去年同期回落27.2个百分点，其中完成公共财政预算收入31.7亿元，下降3.5%，较去年同期回落20.9个百分点。1~6月，国税系统组织收入27亿元，下降6.1%；地税系统组织收入29.12亿元，下降1.2%。截至5月末，全市金融机构本外币各项存款余额772.94亿元，比年初增长1.9%，各项贷款余额573.82亿元，比年初增长7.5%，分别较去年同期回落5.5和5个百分点。

外贸进出口方面。1~5月，全市外贸进出口总额8663万美元，下降39.8%，较去年同期回落42.3个百分点。其中，出口总额4577万美元，仅完成省政府下达考核目标任务2.2亿美元的21%，下降59%，较去年同期回落122.4个百分点。

上半年，尽管受产能过剩、内需不足、出口不畅、盈利空间被严重挤压等不利因素影响，发展十分困难，但各项工作仍不乏特色和亮点。一是发展规划进一步完善。今年2月，攀西战略资源创新开发试验区获批设立，攀枝花被全域纳入，通过主动作为和积极争取，我市在加强科学规划、建立协调机制、争取配套政策等方面已取得一定成效。同时，《攀枝花市城市总体规划（2011—2030）》已上报省政府审批，《中国阳光康养旅游城市发展规划》正式出台，城市商业网点规划修编有序推进，阳光花城形象初见端倪。二是应对措施更加有力。对外，我们主动对接国家和省上相关部门，特别是与国家发改委、国家能源局、中国工程院、中国电力建设集团、中国铁路物资股份有限公司等单位以及恒大集团、川威集团等一批全国知名民营企业，在产业对接和项目互动上取得重大突破。上半年，共履约招商引资项目256个，到位资金255.97亿元，超计划进度11个百分点，国内最大民用光伏发电项目——攀枝花学院2.1兆瓦太阳能屋顶光伏发电等重大项目建成投运；共利用外资7000万美元，增长70.4%，位居全省第三。对内，我们与企业抱团取暖、共克时艰，主动对接攀钢等困难企业，深入产业园区，从金融、财税、保障、服务、减负等方面加大扶持力度，帮助企业重拾信心、走出困境；加大对中小企业和小微企业升规培育力度，进一步破除了阻碍非公有制经济发展的体制弊端，预计上半年全市非公有制经济增长13.5%。钒钛资源综合利用战略咨询研究全面启动，钒钛资源综合利用工作指导委员会及专家组开始筹建，四川省钒钛产业技术研究院、钛及钛合金产业研究所正式运行，科技进步获奖数量居全省第二位。三是城乡建设管理得到加强。花城新区建设提速，沿江景观打造按计划推进，新农村建设步伐加快，48个新村聚居点已有33个开工建设。出台了《关于进一步深化户籍制度改革的意见》，统筹城乡发展的新型城镇化建设加速推进。攀枝花机场成功复航，丽攀高速攀枝花段有望年底通车，成昆铁路新线攀枝花段等一批重大交通项目进展顺利。四是民生改善成效明显。计划投入35.8亿元的民生工程10个大项、118个分项按计划推进，一批群众关注的热点、难点问题正加快解决。1~5月，居民消费价格累计上涨0.6%，较去年同期回落3.5个百分点，低于全国、全省平均水平1.8和1.7个百分点。廉租房保障范围由城镇最低收入家庭扩大到城镇低收入家庭（申请标准由家庭人均收入330元/月放宽至660元/月）；"农民工住房保障行动"启动，在今年竣工交付的公租房中，30%以上将分配给符合条件的农民工及外来务工人员。普通高校毕业生就业工作成效显著，全市本专科应届毕业生签约率分别达到94.7%和95.9%。五是社会事业不断进步。学前教育实施家庭经济困难儿童、孤儿和残疾儿童资助制度，义务教育实现城乡“两免一补”全覆盖；中职学校高职高考专科以上上线率达73.4%，较去年提高14.7个百分点；高考本科上线人数首超3000人，达到3161人，本科及重本上线率均远超全省平均水平，实现历史性突破。三线建设博物馆顺利开工，“大地书香新农村家园工程”通过国家评审，成为第一批国家公共文化服务体系示范项目。市中西医结合医院改扩建、新区医院建设等一批重大卫生基础设施项目进展顺利，区域卫生高地加快构建。

同志们，总结成绩，是为了提振信心；分析形势，是为了明晰方向；查找问题，是为了妥善应对。当前，困难问题叠加，形势十分严峻，但越是困难的时候，越能考验我们负重拼搏的斗志和干劲，越能凸显我们创新求变的思维和能力。在困难和问题面前，谁“怕、满、慢、浮、僵”，谁就必被赶超、淘汰出局，谁“闯、进、快、实、活”，谁就能抓住机遇、屹立潮头。

二、下半年，发展任务更加艰巨，务必突出重点、统筹推进

下半年，总体经济形势依然复杂严峻，不排除持续低迷甚至恶化的可能。要保持经济平稳较快增长，实现地区生产总值增速“保13.5%、争14%”等既定目标，困难不少，阻力不小。全市上下务必抢抓机遇、创造机遇、用好机遇，坚持既定目标不动摇，科学统筹，抓住关键，带动全局，把主要精力放到当前急需、事关全局的重点难点工作上来，想方设法把欠下的进度追回来，全力打赢发展攻坚战，保质保量完成全年各项目标任务。要重点抓好以下六个方面的工作：

（一）全力以赴抓项目，促投资。要坚定不移地把重大项目作为推进经济社会发展的主载体和总抓手，全力上项目、增投入、促发展、强后劲。一是要强力推进项目建设。坚持“一个项目、一套班子、一套方案、一抓到底”的项目推进责任制，定期召开联席会、现场会、通报会，完善集中审批、工作调度、督查督办、目标考核等工作制度，力促重大项目早开工、早建设、早竣工、早见效。尤其是对年初确定的55项“急难险重”任务和省政府下达的13个重点项目，要按照考核办法，进行认真梳理和仔细排查，全面掌握项目进度，找出存在的困难和问题，拿出切实可行的措施和办法，推动项目顺利进展。要加快新中钛科技钒钛系列工程、富邦1000万件刹车制动毂、攀钢煤矸石综合利用等项目建设，推动一批重大产业化项目投产达效；加大交通基础设施项目建设力度，确保成昆铁路新线攀枝花段年内开工，国道108线拉鲊至川滇界改建等项目如期竣工，扎实推进攀宜沿江高速公路、攀大（理）高速公路前期工作及倮果大桥等一批桥梁的维修加固；抓好民生项目建设，确保如期建成中缅天然气管道攀枝花支线、楚雄至攀枝花成品油管道，稳步推进桐子林、金沙、银江等水电站和观音岩引水工程、三线建设博物馆及攀西职业病防治中心等项目建设。要加强项目储备，进一步挖掘和包装一批对全市经济增长带动强、对长远发展影响大的重要项目。二是要加大招商引资力度。要深入实施招商引资“一把手工程”，突出我市钒钛深加工、机械制造、新能源、阳光康养旅游等产业特色，努力引进一批投资规模大、科技含量高、带动能力强的大项目、好项目。要切实抓好意向性项目的跟踪与转化工作，提高招商实效，力争在引进世界500强和中央企业上实现新的突破。

（二）强化服务抓工业，保增长。完成全年目标任务，关键在工业，重点在工业，难点也在工业。必须大力提升新型工业化水平，千方百计扭转当前工业经济持续下滑的不利局面，确保实现规模以上工业增加值增长16%、新增规模以上工业企业30户等年度目标。一是要想方设法帮助企业渡过难关。要进一步完善稳定工业经济增长的政策措施，实时掌握企业的生产经营状况及存在的困难和问题，切实帮助企业转思路、调结构、找市场、引人才、强技术，着力解决企业产能释放不足、效益下滑、投融资困难等问题，让企业休养生息、走出困境。需要强调的是，要继续加大同攀钢的地企合作力度，帮助其打好扭亏控亏增效攻坚战；积极支持攀煤、钢城集团等大企业降本增效，加快发展；大力推动全民创业，支持和鼓励中小企业不断发展壮大。二是要切实加强园区建设。把产业园区作为工业经济增长和工业项目实施的重要载体，扎实推进钒钛产业园区创建国家级园区以及格里坪工业园区、白马工业园区、高新技术产业园区创建省级园区工作，加快完善水、电、路等基础设施，健全货运物流、创业孵化、信息管理等公共服务平台，创新管理体制机制，不断提升园区的承载和发展能力。三是要大力推进技术创新。充分发挥四川省钒钛产业技术研究院、钛及钛合金产业研究所功能，推进四川机械研究设计院攀枝花分院和四川省装备制造业中小企业科技服务港攀枝花分港建设，深化部省会商机制，推动与中国工程院合作的“攀枝花钒钛资源综合利用战略研究”项目，努力增强工业科技创新服务能力。

（三）多措并举抓三产，促内需。要加快红格温泉旅游度假区、普达阳光国际康养度假区、阿署达花舞人间景区等八大旅游产业项目群建设，完善旅游新村软硬件设施，加大特色旅游产品开发力度，提高旅游服务和管理水平，打造中国阳光康养旅游品牌，确保全年旅游总收入达到96亿元。重点推进密地物流园区、金江物流园区、攀青物流中心、新区高端城市综合体等项目建设，大力引进一批名品名店，加快构建省际商贸物流中心。加快发展金融保险、信息网络、商业服务等生产性服务业和教育医疗、休闲健身、住宿娱乐等生活性服务业，全面提升服务业的规模、档次和水平。把积极稳妥推进新型城镇化作为扩大内需的重要手段，积极引导人口和要素向城镇集聚，大力发展会展节庆经济，办好金芒果节等旅游节庆活动，深度激发住房、汽车等消费需求，促进消费结构优化升级，不断激活城乡消费潜力。

（四）城乡统筹稳农业，促增收。坚持以城乡统筹发展为主线，以增加农民收入为核心，推动农村经济社会又好又快发展，确保第一产业增长4.5%、农民增收14%以上。一是要加快国家现代农业示范区建设步伐，推进特色水果、早春蔬菜、优质烤烟、畜牧水产和林业生物等农业基地建设，优化种养殖结构和区域布局，推动现代特色农业加快发展。二是要进一步夯实农业发展基础，推进马鞍山水库、梅子箐水库（扩建）等重点水利工程及农田、农村公路等项目建设，确保20座病险水库除险加固、2万亩高标准农田示范区连片建设等任务顺利完成。三是要全域、全程、全面开展新村建设，重点抓好第二轮省级成片推进示范县、省级财政新村基础设施、新农村综合体、市级新村聚居点等建设。四是加大对贫困地区的扶持力度，做好边远民族地区对口帮扶和乌东德、金沙、银江等水电站的移民工作，促进贫困地区特色产业发展壮大、基础设施和公共服务设施加快建设、社会事业全面发展、社会保障不断完善，切实改善贫困地区生产生活条件，努力增强贫困地区特别是边远民族地区的可持续发展能力，为同步奔小康奠定坚实基础。

（五）千方百计强保障，促发展。要认真分析影响和制约全市发展的难点问题，进一步强化要素保障，确保发展步伐不乱、势头不减、速度不降。一是要强化财税金融支撑作用。加强对重点税源和重点投资项目的税收监控，加大对土地出让金、城市基础设施配套费等重点非税收入的征管和清缴，确保各项收入及时足额入库。严格控制一般性财政支出，建立健全预算绩效管理体系，集中财力办大事，重点支持重大项目建设，充分发挥财政资金四两拨千斤的重要作用。加快发展多层次金融资本市场，加快发展壮大地方金融机构，用好住房公积金闲置资金。促进银企对接，鼓励金融机构改进对企业的资信评估制度，拓宽信贷“绿色通道”。进一步加强信用体系建设，特别是要加快建立覆盖全市中小企业的信用体系，努力解决中小企业融资难问题。二是要加强产业要素保障。积极推进工矿废弃地复垦利用，不断提高土地利用率。加强与云、贵、疆等产煤地合作，进一步建立健全煤炭储备机制，稳妥推进煤矿验收复产工作。抓好直购电政策落地和消纳丰水期富余电量电价优惠政策的争取工作。做好均衡供应，确保成品油库存稳定。加强运输供需对接，完善企业与铁路部门长效合作机制，提高铁路货运组织的预见性、规划性和执行效率。三是要加大环境保护力度。完善绿色经济发展规划，实施绿色发展战略，加大节能减排工作力度，引导和支持企业加快淘汰落后产能，促进企业转型升级。大力实施生态修复工程、环境量化工程、素质提升工程，提高生态文明建设水平，确保城市发展与环境改善步调一致。

（六）想方设法惠民生，保稳定。保障和改善民生是一切工作的出发点和落脚点。在财力十分紧张的情况下，要统筹安排，合理调度财政资金，不断增加民生投入，全力保障民生工程顺利实施。要利用国家收入分配改革方案出台的有利时机，落实好强化收入分配调节的各项政策措施，加大就业促进力度，促进城乡居民收入稳步增长。要统筹发展社会事业，保持物价相对稳定，强化食品药品安全工作，进一步提升群众幸福指数。要按照“单项突破、整体推进”的思路，深入推进“五创联动”，确保年内创成省级文明城市，通过省级森林城市验收。要始终把人民生命财产安全放在首位，认真吸取全国、全省近期发生的各种重特大安全事故的深刻教训，严格按照国家、省、市要求，加快推进煤矿关停整合工作，全面深入排查治理安全生产隐患，有效防范和坚决遏制重特大安全事故发生。要不断创新社会管理，深化“大调解”工作，加大信访案件化解力度，加强民族宗教工作，保持社会和谐稳定。

最后，我要特别强调一下抓落实的问题。在上个月举办的全省学习贯彻党的十八大和省委十届三次全会精神读书班结业典礼上，魏宏省长明确要求，市县党委政府要准确领会、切实把握、坚决贯彻中央的大政方针和省委决策部署，强化执行能力，绝不允许上有政策、下有对策、有令不行、有禁不止。面对当前我市繁重的发展任务，各级各部门务必把形势估计得更加严峻一些，把困难认识得更加充分一些，把办法想得更加周全一些，把工作做得更加扎实一些。一是各级领导干部要亲自抓项目、抓推动、抓落实，既当统领、驾驭、摆布全局的“一把手”，也当决断、裁定、解决问题的“操盘手”，形成落实链条，一件事情一件事情去做，一个项目一个项目去推，一个难关一个难关去闯。二是要带头跑上去、沉下去、走出去，要按照职责和分工，以敏锐的目光发现信息、盯住项目、争取政策，随时与上级有关部门保持对口跟进，把可用的、该得的、能争的第一时间落实到位；要身心下移，通过包点、入企、驻村等多种形式，为企业、为基层、为群众解决实际问题；要狠抓招商引资和项目推进，紧盯大客商，主攻大项目，对重大项目要亲自跑、亲自谈、亲自签。三是要少开会、开短会，少发文、发短文，少讲话、讲短话，确保贯彻中央“八项规定”、省委省政府“十项规定”、市委市政府“十项规定”不走样，集中精力抓好各项工作的落实。

同志们，发展是解决一切问题的关键。让我们在中共攀枝花市委的坚强领导下，以党的十八大精神为指导，深入贯彻落实省委十届三次全会、市委九届五次全体（扩大）会议精神，坚定信心，迎难而上，顽强拼搏，奋力开拓，确保圆满完成全年各项目标任务，为在全省率先全面建成小康社会、谱写伟大中国梦攀枝花绚丽篇章做出新的更大贡献！

在全市经济运行重点工作推进会上的讲话

2013 年 7 月 25 日

前天，省政府召开了全省上半年经济运行和社会事业工作分析电视电话会议，魏宏省长做了重要讲话，科学研判了上半年经济形势和新阶段发展大势，安排部署了下半年工作重点，并就县域经济发展提出了三个需要研究和探讨的重大课题。今天，我们在这里召开经济运行重点工作推进会，主要目的就是深入贯彻落实魏宏省长重要讲话精神和市委九届五次全会精神，通达情况，分析问题，研究工作，提出要求，确保全面完成年度目标任务。由于时间关系，各县（区）、各部门在会上不作发言，已经形成的文字材料请于会后报市政府研究室。下面，我讲几点意见：

一、审慎分析上半年各项数据，正确看待成绩和问题

由于时间关系，市委九届五次全会上通报给大家的绝大部分是预计数或 1 ~ 5 月的数据。现在，我向大家通达一下上半年全市经济发展的准确情况。

（一）全市经济平稳较快发展，主要指标好于全省

上半年，全市实现地区生产总值392.39亿元，比去年同期（下同）增长10.6%，比全省（10.1%）高0.5个百分点，排全省第12位；完成农林牧渔业增加值11.28亿元，增长3.5%，比全省（3.1%）高0.4个百分点，位居全省第4，较一季度提升10位；规上工业增加值239.22亿元，增长14.7%，比全省（11.9%）高2.8个百分点，位居全省第6；全社会固定资产投资265.99亿元，增长20%，比全省（19.3%）高0.7个百分点，排全省第14位；社会消费品零售总额107.47亿元，增长13.4%，排全省第16位；城镇居民可支配收入11748元，比全省（11707元）高41元，位居全省第8，增长8.9%；农村居民人均现金收入6049元，比全省（4819元）高1230元，位居全省第2，增长11.7%。

（二）经济下滑趋势明显，部分指标完成情况不理想

上半年，全市经济指标增速回落、位次下滑、指标欠目标进度的现象较一季度更为突出。从增速及位次来看，与一季度相比，GDP增速回落1个百分点，增速在全省位次下降6位。其中，第一产业回落0.3个百分点，第二产业回落1个百分点，第三产业回落1.2个百分点；全社会固定资产投资回落3.4个百分点，增速位次下降2位；城镇居民人均可支配收入回落0.3个百分点，增速位次下降4位；农村居民人均现金收入回落0.6个百分点；地方财政收入41.74亿元，下降4.9%，回落1.4个百分点。从目标完成情况来看，GDP增速低于年初人代会（下同）确保目标（13.5%）2.9个百分点，低于奋斗目标（14%）3.4个百分点；规上工业增加值增速低于确保目标（16%）1.3个百分点，低于奋斗目标（17%）2.3个百分点；社会消费品零售额增速低于确保目标（15%）1.6个百分点，低于奋斗目标（16%）2.6个百分点；城镇居民人均可支配收入低于确保目标（14%）5.1个百分点，低于奋斗目标（15%）6.1个百分点；农民人均现金收入低于确保目标（14%）2.3个百分点，低于奋斗目标（15%）3.3个百分点；地方财政收入低于确保目标（14%）18.9个百分点。2014年GDP总量要过千亿，2013年至少应完成860亿元，目前仅完成年度任务的45.6%，还差37.6亿元。

（三）部分问题比较突出，务必引起高度重视

一是“三上”企业数量少、规模小，难以带动全市经济快速增长。截至6月底，全市共有“三上”企业（规模以上工业企业、限额以上商贸企业、有资质等级的建筑业企业）627家，比2012年末净增25家，仅增长4.2%。其中，规上工业企业338户，比上年末（345家）减少7户；有资质等级的建筑业75户（不含劳务分包），比上年末（78家）减少3户；限额以上商贸企业（单位）214户，比上年末（179家）增加35户。全市“三上”企业总量在全省排第17位，仅高于雅安、巴中、甘孜和阿坝。与经济总量在我市之前的眉山和广安相比，比眉山市（852户）少225户，比广安市（837户）少210户；与经济总量在我市之后的遂宁和广元相比，比遂宁市（769户）少142户，比广元市（732户）少105户。

二是工业增长乏力，企业效益欠佳。上半年，规上工业增加值239.22亿元，增长14.7%，增速比去年同期回落3.4个百分点。从单月看，3～6月，单月增加值分别为42.1亿元、42.8亿元、40.2亿元、33.5亿元，增速分别为18.4%、18.1%、14.1%和3.8%，增加值和增速均呈逐月下降态势。大企业中，除二滩增长34.9%外，攀钢仅增长2.5%，钢城集团下降7.8%，攀煤下降8.9%。1～5月，规上工业负债合计2181.4亿元，资产负债率达78%，其中，有47.3%的规上工业企业资产负债率超过75%。

三是第三产业增速持续下滑。上半年，全市金融业实现增加值12.58亿元，增长10.7%，比去年同期回落9.9个百分点。消费市场持续低迷，批发业商品销售额下降1.4%，同比回落19个百分点；零售业商品销售额增长15.3%，同比回落6.1个百分点；住宿餐饮业营业额增长15.6%，同比回落4.9个百分点。公共管理服务业实现增加值10.78亿元，下降0.9%，而去年同期增速达19.8%。交通运输、仓储和邮政业实现增加值11.62亿元，仅增长4.9%，同比回落4.2个百分点。

四是投资持续增长动力不足。上半年，全市竣工投产项目284个，而新开工项目仅264个，新开工项目少于竣工投产项目，投资存量仅为378亿元。615个在建项目中，完成率在90%以上的项目371个（含房地产），占在建项目的60.3%；完成率在50%－89%的项目140个，占22.8%；完成率50%以下的104个，占16.9%。全市完成全社会固定资产投资虽保持了较快增速，但新开工项目较少，库存投资量不足，将影响下半年乃至明年投资的持续增长。

五是建筑业增加值下滑明显，外地企业挤占本地市场情况严重。上半年，共实现建筑业增加值13.15亿元，同比下降21.9%，严重影响全市GDP增速提升和总量做大。在攀未注册的外地建筑企业数量（136家）远远大于本市资质等级企业数量（6月末为75家），而按照国家统计方法制度的规定，未在本地注册登记为法人的外地企业不能纳入当地统计，对我市建筑业增加值核算带来严重影响。

六是城乡居民收入增速明显放缓。受企业效益下滑、生猪价格持续低迷、农资价格上涨等多重因素影响，城乡居民收入增速明显放缓。上半年，全市城镇居民可支配收入增速比一季度回落0.3个百分点，比去年同期回落7.1个百分点。农村居民人均现金收入增速比一季度回落1.3个百分点，比去年同期回落6.3个百分点。

二、紧密结合新阶段发展大势，全力做好下半年重点工作

当前，全国、全省进入发展新阶段，经济增长的速度、重心和动力正在转换。国家不可能再沿用经济高速增长时期的思路来调控经济；经济增长的重心转到更多依靠现代服务业和战略性新兴产业带动，加快结构调整和转型升级上来；需求动力正在由过去的更多依靠外需和投资拉动转向更多依靠内需拉动，要素动力正在由过去的更多依靠资源、一般劳动力等要素投入驱动，转向更多依靠科技进步、创新驱动，改革动力正在由全面建立社会主义市场经济体制的基础上，转向全面深化经济体制及其他领域改革。这些转换，为我市赶超跨越发展提供了广阔空间和前所未有的机遇，也要求我们必须摆脱过去发展的“路径依赖”，研究如何从全市实际出发，挖掘比较优势，激发内在潜力；研究解决我市产业长期积累的结构性矛盾，在结构调整中推动经济增长；研究如何激发动力，构建新的发展机制。在前不久召开的市委九届五次全会上，对下半年的工作已经进行了具体安排部署，今天不再重复。在此，我强调四个方面的工作。

（一）不讲条件，确保完成任务

对照今年年初市九届人大二次会议确定的全市国民经济和社会发展主要目标，上半年，除固定资产投资外，其他各项指标均欠进度，有些指标更是相距甚远。从当前的形势看，要完成全年目标，困难很多，任务艰巨。但困难再多，任务不能减，目标不能变，必须咬定目标、绝不放松，再下决心、再鼓干劲、再加力度，以壮士断腕、破釜沉舟的勇气，以踏石留印、抓铁有痕的劲头，作风沉下去，务实升上来，全力以赴抓好落实，确保全年目标任务顺利完成。一是政府分管领导要及时组织相关部门对工作进行认真梳理，查漏补缺，把目标任务进一步细化，明确责任主体、时间进度，逐项分解，一件一件地抓绩效、保完成。二是各县（区）、各部门要切实承担起主体责任。对完成较好的目标任务，要继续赶超，争取突破；对还没有完成的难度较大的目标任务，要找准问题，查清原因，抓紧今年剩余时间，千方百计去落实。三是目标督查和效能监察等部门要对各项工作进展情况进行跟踪检查督促，形成落实链条，做到工作有布署、有检查、有结果、有奖惩。

（二）突出重点，带动整体突破

工业方面。当前，国内钢铁、钒产品、钛白粉、海绵钛等产能过剩、竞争激烈，煤矿关停并转任务艰巨，攀钢等大企业生产经营形势不容乐观，要实现规上工业增加值增长16%以上的目标困难重重。为此，我们要做好打硬仗的准备，千方百计扭转工业经济持续下滑的不利局面，确保工业平稳较快增长。

要加快攀西国家级战略资源创新开发试验区建设，全力推动钒钛、机械制造、矿业和太阳能等产业加速发展，不断提升新型工业化质量和水平。要建立健全推进责任制，完善集中审批、工作调度、督查督办、目标考核等工作制度，加快新中钛科技钒钛系列工程、富邦1000万件刹车制动毂、攀钢煤矸石综合利用等工业项目建设，推动一批重大产业化项目早日投产达效。要完善稳定工业经济增长的政策措施，进一步支持攀钢做好改制、改革和减亏控亏工作，支持攀煤、钢城集团等大企业扭转亏损、加快发展，支持中小企业不断发展壮大，帮助企业休养生息、走出困境。要加强园区基础设施和公共服务平台建设，扎实推进钒钛产业园区创建国家级高新技术产业开发区和国家级经济开发区工作，提升园区的产业承载能力。要加快创新型城市创建步伐，加快建设四川钒钛产业技术研究院、钛及钛合金研究所，加大科技攻关力度，加速科技成果转化，充分发挥科技的支撑引领作用。要进一步抓好煤、电、油、运、土地、资金等产业要素保障，加强企业运行监测，强化产销衔接，努力提高工业经济运行质量，推动工业经济提速增效。

三产方面。要把物流业和旅游业作为现代服务业加快发展的引擎，着力打造区域商贸、物流、金融、教育、医疗卫生高地和阳光康养旅游胜地，确保全市服务业增加值增长10.2%以上。除了面上的工作外，各县（区）、各部门当前要重点研究、着力解决好两个问题：一是服务业领域中的同类竞争问题。比如目前我市拥有同乐、三森美居、元亨、博美等多个大型建材城，建材家居行业经营户已达1561户，对于仅有120多万人的攀枝花来说已呈严重饱和状态；再比如城市综合体的发展，绝不能单纯追求量的扩张，而更应注重布局的合理性与科学性。类似问题必须引起高度重视，在招商引资过程中，既要注重总量的提升，也要注重结构的合理。二是扩大消费的问题。三季度，消费将进入旺季，节庆活动多，会展活动多，省政府将制定实施一系列促消费增长的措施，商务厅将在全省范围开展为期3个月“商务为民惠民促销活动”，各县（区）和有关部门要切实跟进，抓好落实。要搞好具有攀枝花特色的节庆经济，促进消费要素聚集，如2011年为期3天的第七届啤酒节，就吸引市民参与53万人次，拉动消费6880万元，消费啤酒1300吨；要加强电子、连锁等消费平台建设，扩大本地消费市场；要不断改善消费环境，增强外地人来攀消费、本地人就地消费的意愿。

农业方面。要以城乡统筹发展为主线，以增加农民收入为核心，以国家现代农业示范区建设为载体，不断提高农业综合竞争力和增收效益，推动农业农村经济加快发展。要稳步推进特色水果、早春蔬菜、优质烤烟、畜牧水产和林业生物等现代农业基地建设，逐步优化种养结构和区域布局，深入推进农业产业化经营，大力发展农业龙头企业和农村专业合作组织，加强农业科技和成果转化推广，强化农产品质量安全，加大现代农业发展步伐。要加快推进马鞍山水库、梅子箐水库（扩建）等重点水利工程及农田、农村公路等农业基础设施建设，不断夯实农业发展基础。要全域、全程、全面开展新村建设，重点抓好第二轮省级成片推进示范县、省级财政新村基础设施、新农村综合体、市级新村聚居点等建设，打造好一批特色鲜明的旅游新村，促进农村生产生活条件加快改善。

投资方面。要继续把投资作为拉动经济增长的重要引擎来抓，加大工作力度，加强对城乡基础设施、优势产业、民生和社会事业、生态建设等领域的投入，努力稳定和扩大投资，促进经济平稳较快增长。要按照符合国家和省上产业政策的要求，加大争取力度，加强工作对接，积极谋划一批项目，论证储备一批项目，开工建设一批项目，加快推进一批项目，以重大项目的又好又快建设实现投资快速增长。要狠抓今年工业经济51个重点项目的开工和投产工作，做到一个项目一套班子一个机制一追到底；加大交通基础设施项目推进力度，确保成昆铁路新线攀枝花段年内开工，国道108线拉鲊至川滇界改建、倮果大桥维修等项目如期竣工，攀宜沿江高速公路、攀大（理）高速公路前期工作顺利进展；抓好民生项目建设，确保如期建成中缅天然气管道攀枝花支线、楚雄至攀枝花成品油管道，稳步推进桐子林、金沙、银江等水电站和观音岩引水工程、三线建设博物馆及攀西职业病防治中心等项目建设。要进一步加大招商引资力度，狠抓项目跟踪服务和签约落地工作，成功引进一批符合产业政策、产业关联度高、带动引领作用强的大企业、大集团和高端项目，推动全市借力大发展。

民生方面。当前，我市社会保障、居民住房等民生领域还存在不少矛盾和问题，城乡居民人均收入与人均 GDP 两项指标在全省排位差距较大，惠民政策的水平和层次还需要进一步提升。在下一步工作中，要按照“守住底线、突出重点、完善制度、引导舆论”的要求，切实加大民生投入，继续实施民生工程，不断调整和丰富民生工作内容，有针对性的安排项目，集中财力物力办好社会发展急需、人民群众热盼的大事实事。民生工程涉及项目太多，在这里我就不一一阐述。对于民生工作，我提三点要求：一是在项目安排上，既要遵从省上统一安排，又要结合我市实际，充分了解和尊重民意，真正坚持从民所愿，真正把民生工程办到人民群众的心坎上。二是在工作内容上，要特别注意处理好物质需求与精神需求的关系，把解决民众的精神需求问题放在更加突出的位置，致力于创造和谐的人文环境。三是在资金统筹上，要坚持尽力而为、量力而行的原则，尽力解决当前必须解决和能够解决的民生问题，最大限度地满足人民群众需求。另外需要强调的是，目前正值汛期，要扎实做好防汛及地质灾害防治工作，稳妥推进煤矿关停整合，全面深入排查和治理安全生产隐患，有效防范和坚决遏制重特大安全事故发生，确保人民群众生命财产安全。要扎实做好对口援建名山各项工作，帮助地震灾区尽快重建美好家园。

（三）创新探索，壮大县域经济

县域经济是市域经济的底部基础和核心支撑，对于我市总量过千亿、实现“两个跨越”至关重要。魏宏省长在前天的电视电话会议上专门强调了打造县域经济“升级版”的问题，并提出了四大问题要求各县（区）研究和探讨：一是如何构建具有鲜明县域特色的产业体系，二是如何在城镇化过程中使县城扩容提质，三是如何进一步激发县域民营经济发展，四是如何在县域范围实现城乡统筹发展。这四个问题，准确把握了县域经济发展的规律和特征，为我们抓县域经济发展解决了“应当抓什么”的问题。在座各位尤其是各县（区）领导，要围绕这四个问题，进一步开动脑筋、理清思路、完善举措，充分发挥比较优势，加快发展县域特色产业，科学推进县域城镇化提质扩容，大力扶持发展县域民营经济，全面深化县域开放合作机制，奋力推动县域经济创新发展、赶超跨越。具体来说，东区要以建设中央商务区为目标，重点发展现代服务业，西区要以建设综合能源基地为目标，集中发展煤化工产业，仁和区要以建设新材料产业基地为目标，优先发展机械制造业，米易县、盐边县要以建设特色经济强县为目标，突出发展钒钛磁铁矿综合利用、现代特色农业、阳光休闲旅游等产业，尽快壮大县（区）经济实力，形成“板块引领、多点支撑、多极崛起”的格局。

（四）着眼长远，加快转型步伐

准确把握经济形势和发展变化，应时而动、顺势而为，在发展中促转型，在转型中谋发展，是加快经济转型步伐、推动经济社会科学可持续发展的前提和基础。5 月 13 日，国务院发展研究中心向国家领导人呈送了一篇题目为“美国底特律市衰败的原因及启示”的调研报告，该报告深入总结了底特律市衰败的教训，指出底特律市是城市化和工业化转型失败的典型城市，其失败的最根本原因在于产业单一化，过度依赖汽车产业，财政收入的 80% 依靠汽车产业。今年 2 月，底特律被《福布斯》杂志评为 2012 年美国最悲惨城市。曾经有 200 万人口的底特律，现在只剩下 70 万人口，7 月 18 日，底特律成为美国历史上申请破产保护的最大城市。同为工业城市，实事求是地说，就单一化的产业格局这一点来说，攀枝花与底特律有着相似之处，我们曾经一直是“以钢为纲”的钢铁之城。尽管我们从 2004 年左右就开始了钢城的突围之路，产业结构调整和经济转型升级都取得了非常明显的成效，但直到现在，尤其是这两年，大家仍然明显感觉到全市经济社会发展受钢铁产业的影响波动较大。以“底特律”为鉴，当前我市必须进一步认清国内外产业发展形势和走向，坚持改造传统产业与培育新兴产业并重，坚持产业外延增长与内涵发展并重，以培育支撑城市发展的产业基础为着眼点，加快升级钢铁、矿业、能源等传统支柱产业，做大做强钒钛、机械制造、光伏利用等战略性新兴产业，大力发展以商贸物流、康养旅游等为主导的服务业，倾力推动产业升级、城市转型。

最后，我要特别强调一下统计方法制度的问题。国家统计方法制度，是我们埋头苦干抓发展需要抬头看清的方向，只有了解、研究和顺应统计方法制度，我们的各项工作开展起来才能事半功倍，才能客观全面反映出攀枝花经济社会发展的实绩。一是要顺应统计方法制度。在全国既定统一的统计方法制度下，各县（区）以及经信、住建、商粮等经济主管部门，要以全国第三次经济普查为契机，认真做好单位清查，扎实抓好“三下”升“三上”的清理、培育和入库工作，妥善解决异地企业在攀注册法人、车辆异地上牌在攀营运及其他车辆未纳入统计等问题，为做大做强全市经济总量奠定基础。二是要努力破解市场价格难题。价格指数对GDP总量影响巨大，但又往往被人忽视，去年7月以来，攀枝花PPI持续倒挂，直接影响就是总量攀升慢于实际增速，即速度上去了，总量没上去。上半年，我市PPI（95%）低于全省（98%）3个百分点，如按全省价格计算，攀枝花的GDP总量将多9个亿；保持价格不变，9个亿的增量必须要规上增速由14.7%提升到18.7%，加快4个百分点才能拉动。工业提升4个百分点是什么概念，有多大难度，我想大家都很清楚，由此可见价格对GDP总量的重要性。为此，我们不仅要重视工业经济增速对全市发展的拉动，更要关注价格指数对总量攀升的贡献作用，通过提高产品附加值、提升经济效益、提升工业品价格指数（PPI）等措施拉动总量。三是要切实做好第三次经济普查。第三次经济普查是摸清家底，修正核定历史数据的重要依据，也是我市能否跨越提升，顺利实现2014年、2017年两个突破的关键。要提高认识，明确目标，把握重点，做到组织领导、宣传发动、经费保障、部门配合、工作督查五个到位，切实提高普查质量。

同志们，时不我待，转眼间就过去了半年，完成全年目标，形势严峻，时间紧迫，任务艰巨。我们一定要以更加振奋的精神、更加务实的作风，坚定信心，迎难而上，开拓进取，顽强拼搏，确保全面完成年度目标任务，为推进“两个跨越”、在全省率先全面建成小康社会、谱写伟大中国梦攀枝花壮丽篇章做出新的更大贡献！

联动推进新型城镇化
共同建设川滇黔活力城市圈
——在第四届川滇黔十二市州合作与发展峰会上的主题演讲

2013年9月17日

非常高兴，能来到我国西部大开发帷幕开启的地方、科学发展观的策源地——山海苍莽、人文荟萃的美丽毕节，借川滇黔十二市州合作与发展峰会这一平台，继往开来，凝智聚力，共商区域发展大计。首先，我谨代表中共攀枝花市委、攀枝花市人民政府，对东道主毕节市为本届峰会所作的精心谋划和周到安排，表示衷心的感谢！

上届峰会以来，我市认真落实峰会议定事项，在加快区域交通基础设施建设、开发区域优势资源、构建区域无障碍旅游区等方面身体力行、扎实推进，取得了显著成效。丽攀高速公路攀枝花段将于今年年底通车，攀大（理）高速公路攀枝花段和成昆铁路新线攀枝花段将于年内开工建设，丽攀昭遵铁路和攀宜（宾）、攀盐（源）高速公路等项目前期工作稳步推进；与凉山、楚雄等市州共推钒钛资源优化组合；攀枝花市商业银行凉山分行已开业运营；与昆明、丽江、楚雄、大理等市州的无障碍旅游区建设已进入实质性阶段。

得益于峰会各市州的鼎力支持，攀枝花已发展成为中国西部重要的钢铁、钒钛、能源基地和新兴工业城市，先后荣获“中国优秀旅游城市”“国家卫生城市”“四川省环保模范城市”等称号，成功跻身首批国家新型工业化产业示范基地，被命名为国家钒钛新材料高新技术产业化基地，被全域纳入攀西国家级战略资源创新开发试验区。2012 年，全市人均 GDP 在四川省率先突破 6 万元，实现地方财政收入 82.94 亿元，城镇居民人均可支配收入达 2.28 万元、居四川省第二位，农民人均纯收入达 8728 元、居四川省第三位，城镇化率达 63.01%、居四川省第二位，工业化率达 72.03%、居四川省第一位。

当前，全市上下正以转变经济发展方式为主线，加快建设中国钒钛之都、中国阳光花城和四川南向开放门户，大力推进“两化”互动、新村建设、保障性住房建设等工作走在四川省前列，奋力实现由资源大市向经济大市跨越、由总体小康向全面小康跨越的奋斗目标。

峰会各市州之间山水相连、人文相亲，资源匹配度高、产业关联度大，是情同手足的兄弟市州和禀赋天成的战略伙伴。当前，大家同处于以新型城镇化建设为引擎，激活内生动力，驱动经济增长和社会发展的关键阶段，发展的目标相近，工作的重点相似，面临的困难相关，存在的问题相通。以“深化合作，共谋发展”为主题的本届峰会，契合发展大势，紧扣合作关键，顺应各地关切，必将激发出共赢发展的巨大正能量。

为此，我们倡议并致力推动峰会各方，联动推进区域新型城镇化，共建川滇黔活力城市圈。

让我们以区域一体为理念，齐心绘制区域发展新版图。牢固树立一家亲的地域观、一体化的发展观、一条船的奋进观、一盘棋的大局观，建立健全共同的政策争取机制、项目推进机制和发展互惠机制，全力推动区域联动发展、融合发展、升级发展。当前，十二市州之间的合作内涵日益丰富，合作机制不断完善，推动川滇黔毗邻地区合作升级为国家战略，已成为峰会各方的共同愿景。我们特别希望与各兄弟市州一道，借国发〔2012〕2 号文“统筹攀西（昌）—六盘水经济区规划建设”和国家“十三五”发展规划编制在即之东风，整合放大毕节扶贫开发生态建设试验区、攀西战略资源创新开发试验区、云南桥头堡建设等政策机遇，推动建立经国务院批复、由国家发改委牵头统筹实施的基本涵盖峰会各市州的攀西—六盘水经济区，以实现市州机遇区域共享、区域发展国家统筹，把川滇黔毗邻地区打造成为我国省际交界区域一体化发展的成功典范。

让我们以产业呼应为核心，联动打造区域产业新优势。遵循品牌战略、梯次布局、联动推进的总体思路，坚持产业共兴、要素共享、市场共构，充分发挥各自比较优势，调整优化产业结构，引导产业组织形式从市州点状分割向区域产业集群转型升级，形成要素聚集能力强、空间时序合理、上下游关系紧密、配套功能完善、发展环境良好的区域产业结构和市州分工体系。我市将以壮大区域产业为己任，重点在钒钛深加工、机械制造、矿业、光伏利用、现代农业和康养旅游等领域，进一步深化同峰会各市州的产业呼应和发展互动，全力推动区域资源优势转化为区域产业优势和经济优势，为把十二市州打造成为西部大开发的重要新兴增长极贡献出最大力量。

让我们以通道共建为纽带，合力构建区域交通新网络。把交通基础设施的互联互通放在城乡统筹和区域合作的先导位置，重点加强跨省、跨市州高速铁路和高速公路项目建设，尽快打通市州间的“断头路”和“梗阻路”，推动区域交通从“单中心放射式”向“多中心网络式”转变，实现人畅其行、物畅其流，为深化合作、促进发展创造便捷的交通条件。目前，我市正致力于化区位地缘为区位功能和区位优势，倾力打造四川南向开放门户，真诚希望与相关市州通力合作，加快推进丽攀高速公路、攀宜（宾）沿江高速公路、攀大（理）高速公路、攀盐（源）高速公路和成昆铁路新线、丽攀昭遵铁路以及金沙江航道等重大交通项目建设，争取早日贯通全线，最大限度地为十二市州北承成渝经济区、南接云南桥头堡、内达峰会各方发挥交通枢纽及商贸物流中心功能。

让我们以机制创新为保障，共同提升区域合作新水平。首届峰会以来，十二市州的合作已经形成了一系列富有成效的合作机制，但与区域一体化发展的要求相比，还有一定距离。建议进一步打破地域限制，消除行政壁垒，探索建立相关市州“1+1”和“1+X”紧密合作专项促进机制，强化对口部门的责任落实，提高跨市州基础设施建设、生态建设和环境治理，以及区域产业升级、科技研发、人才引进等方面的合作成效；探索建立企业跨行政区域发展的财税分配和统计制度，促进企业进行跨区域投资、支持产业在区域内合理转移；逐步建立和完善一体化的社会管理和公共服务体系，营造公平、开放和富有吸引力的发展环境，不断扩大区域的影响力和辐射力。

尊敬的各位领导、各位同仁，合作是时代的主流，发展是永恒的命题。推动川滇黔十二市州的合作与发展，成在坚持，重在务实。以峰会为媒，十二市州业已形成空前良好的合作基础，又共同面临联动推进区域新型城镇化的迫切需求，我们深信，通过各市州的共同努力，随着区域合作的持续深入，我们十二市州将建设成为伟大中国梦的川滇黔活力城市圈！

最后，衷心祝愿毕节的明天更加美好！祝峰会各市州经济繁荣、社会进步、人民幸福！祝峰会圆满成功！

在攀西战略资源创新开发试验区建设工作会议上的发言

2013年10月29日

一、试验区获批以来所做的工作

今年3月1日，国家发改委正式复函，同意设立攀西战略资源创新开发试验区，攀枝花市三区两县被全域纳入其中。7月4日，省政府和国家发改委在北京召开了攀西战略资源创新开发试验区首次部省级联席会议，标志着试验区建设工作正式启动。8月26日，省政府常务会正式审议通过了《攀西国家级战略资源创新开发试验区建设规划（2013－2017年）》和《关于支持攀西国家级战略资源创新开发试验区建设的政策意见》（以下简称《建设规划》和《政策意见》），为推进试验区建设提供了强大动力和有力支撑。按照魏宏省长今年5月5日在全省市（州）长专题会议上所做的“要抓紧完善攀西战略资源创新开发试验区建设规划，争取政策做实项目”的重要指示和王宁副省长“尽快落实部省联席会议精神”的工作要求，我们认真贯彻落实，做了大量工作。

一是强化组织领导，统筹安排部署。成立了由市委书记和市长任组长，分管市领导任副组长，相关市级部门和县（区）主要负责人为成员的试验区建设工作推进领导小组，构建高位推动机制，统筹推进试验区建设各项工作。

二是编制规划方案，明晰工作思路。初步完成了《攀枝花市攀西国家级战略资源创新开发试验区建设实施方案》，正积极拟定《攀西战略资源创新开发试验区科技攻关方案》《关于加快推进基础设施建设的实施方案》《关于攀西战略资源创新开发试验区建设财税支持方案》《攀枝花市工矿废弃地复垦利用专项规划》《关于进一步加快产业园区发展的意见》等一系列配套方案，努力以高水平、系统性的规划来引领试验区的建设发展。

三是深化市州合作，构建推进合力。9月17日，在贵州省毕节市举行的川滇黔十二市州合作与发展峰会上，我市与11个兄弟市州议定抓紧开展攀西—六盘水经济区发展的规划编制，并力争将此经济区规划上升为国家战略。10月17日，攀枝花—宜宾区域经济合作会在攀举行，双方签订了战略合作框架协议，议定了推进区域共荣、通道共建、产业共促、文化共兴、旅游共推、生态共保等相关事宜。下月，我们还将和凉山州举行第四次区域合作联席会议，深入研究试验区建设各项事宜。

四是抓紧跟进对接，争取更大支持。在发展资金上，积极争取国家发改委的支持，力争设立国家级“攀枝花（钒钛）产业投资基金”。在建设用地上，积极争取国土资源部和省国土资源厅的支持，推进工矿废弃地复垦利用试点和采矿用地方式改革试点工作。在交通改善上，加快推进四川重要南向通道——攀枝花至大理（过境）高速公路前期工作，已与省铁投公司签订框架协议，力争年底开工建设；与丽江市积极协商，促成了丽攀高速公路云南段在今年底开工建设。在财税政策上，积极争取国家税务总局的支持，已原则同意在攀开展资源税从价计征改革试点工作。在园区发展上，积极争取国家科技部的支持，全力做好钒钛产业园区创建国家级高新技术产业园区的申报工作。在科技支撑上，积极争取国家质检总局、国家标准化委员会、全国铁矿石与直接还原铁标准化技术委员会的支持，做好全国铁矿石与直接还原铁标准化技术委员会钒钛磁铁矿分会组建工作，国家标准化委员会正式批文即将下发。在人才培养上，积极争取各民主党派做了大量工作，由民盟中央向国务院提交的《关于试点建设钒钛产业高技能人才培养基地的建议》引起了李克强总理、刘延东副总理、马凯副总理等国务院领导的高度重视，已责成教育部、人力资源和社会保障部等国家有关部门统筹研究并提出意见。

二、下步打算

在党中央、国务院和省委、省政府的关心支持下，我市在试验区建设上取得了一定成效，但仍然面临着国家产业政策限制、关键核心技术瓶颈制约、自主创新能力有待加强、生产要素长期偏紧特别是电价偏高等困难和问题。下一步，我市将按照省委、省政府的统一部署，携手凉山州和雅安市，共同推进试验区建设各项工作。

（一）发展目标。以建成世界级“钒钛之都”为目标，把攀枝花打造成为全球规模最大、资源利用效率最优、自主核心技术最强的钒钛产业基地。到2015年，钒钛及相关产业产值力争达到2000亿元，钒钛产品产量居世界第一；到2020年，全面实现铬、钪、镍、钴、镓、铜等伴生金属的产业化开发，钒钛及相关产业产值力争达到3000亿元，建成世界最大、最强的钒钛产业基地。

（二）主要工作。根据省政府的《建设规划》和《政策意见》，结合自身实际，未来五年，我市将重点抓好九个方面的工作：一是调整产业结构，优化产业布局；二是加强引导管控，优化资源配置；三是突出创新驱动，攻克关键技术；四是推动财税改革，加大投入力度；五是强化土地管理，提高用地效益；六是创新投融资机制，建设金融生态高地；七是坚持保护与修复并举，建设生态文明；八是补齐基础设施短板，提升区域承载力；九是转变政府职能，提高政务服务效能。

三、四点建议

（一）实施差别化的产业政策。攀西钒钛磁铁矿以富含多种稀贵金属而有别于普通铁矿，但目前钒钛资源开发仍属钢铁类范围，配套产业也多属国家限制类项目，严重制约了钒钛资源的综合开发利用。建议对钒钛新技术、新工艺、新产品实施差别化的产业政策：一是将钒钛产业从冶金化工类产业中剥离，纳入战略性新兴产业，并单独列为《产业结构调整指导目录》（2011年本）鼓励类的大项目，予以引导扶持；二是在试验区内将钒钛开发配套产业纳入允许类项目。

（二）加大科技支持和人才培养力度。钒钛资源综合开发利用是世界性难题，技术要求高，开发周期长，研发投入大。建议进一步加大科技支持和人才培养力度：一是组建国家级钒钛科技攻关团队，并将钒钛新材料纳入国家重大攻关项目新材料专项，予以支持；二是按照克强总理、延东副总理、马凯副总理等国务院领导在民盟中央《关于试点建设钒钛产业高技能人才培养基地的建议》上的重要批示精神，在攀建设国家层面的钒钛产业高技能人才培养基地。

（三）创新供地用地机制。国土资源部于去年3月将我市纳入工矿废弃地复垦试点城市。综合一年多来的试点情况，建议在以下方面继续深化：一是为我市配套安排一定的土地利用年度计划和规划指标；二是深化工矿废弃地复垦利用试点，允许复垦挂钩指标等量在全市统筹使用；三是将矿山临时用地时间由2年延至5年。

（四）加大电力建设和电价支持力度。进一步支持攀枝花电网建设，在攀开展电力用户和发电企业直接交易的直购电试点。

加快攀西战略资源的综合开发，既是维护国防和经济安全的迫切需要，也是贯彻实施“三大发展战略”、实现“两个跨越”、推动区域经济社会发展的强大动力。我市将深入贯彻落实此次会议精神，全力以赴，主动作为，切实承担好国家钒钛战略资源创新开发利用的重大使命，努力实现试验区建设的战略意图，不辜负省委、省政府的期望与重托。

在市委九届六次全体（扩大）会议暨经济工作会议、县区工作会议上的讲话

2013年12月31日

刚才，成鸣书记代表市委常委会做了工作报告，客观总结了2013年工作成绩，安排部署了当前和今后一个时期全市的中心任务和重点工作，请大家认真学习领会，抓好贯彻落实。下面，我就明年工作讲两点意见。

一、认清形势，坚定信心，科学谋划明年工作

当前，世界经济形势错综复杂，新的增长动力源尚不明朗，大国货币政策、贸易投资格局、大宗商品价格变化方向等都存在不确定性；国内经济运行存在下行压力，中央经济工作会议提出要坚持稳中求进总基调，继续实施积极的财政政策和稳健的货币政策；全省发展形势不容乐观，经济增速有所放缓；我市经济下行压力加大与传统产能过剩、生产经营成本上升与自主创新能力不足、发展任务艰巨与资源环境约束趋紧等三大矛盾叠加凸显，要素瓶颈、企业经营困难、煤矿关停整改等制约因素依然存在，明年经济保持平稳较快增长难度不小。

在正视挑战、保持高度警醒的同时，我们也必须认清机遇、坚定发展信心。习近平总书记今年7月做出了打造全流域黄金水道、建设长江流域大经济区的重要指示，将为地处长江上游、肩负长江上游生态屏障重任的攀枝花带来福音；党中央、国务院高度重视，李克强总理、俞正声主席、张高丽副总理等党和国家领导人亲自批示的攀西国家级战略资源创新开发试验区建设加快推进，将为作为主体功能区、肩负钒钛资源创新开发重任的攀枝花带来前所未有的发展机遇；省委、省政府实施“三大发展战略”，把攀西城市群和攀西经济区列为发展重点，将为产业基础雄厚、肩负区域中心城市重任的攀枝花带来更多的前行动力；新一轮西部大开发、老工业基地调整改造等一系列重大政策的加快实施，将为我市利用资源优势推进城市可持续发展带来更多的政策支持。特别是今年，在极其困难的形势下，市委把舵全局，人大全力支持，政府狠抓落实，政协积极建言，全市共同努力，工作亮点纷呈。今年以来，党和国家领导人亲自批示，国家发改委副主任胡祖才等国家部委领导和东明书记、魏宏省长等省领导先后莅攀指导工作。这表明，借攀西战略资源创新开发试验区建设之东风，攀枝花的发展再次上升为国家战略，迎来了战略资源创新开发的第二个“春天”。

综合分析判断，深入冷静思考，我市正处于老工业基地持续发展的振兴期、改革开放创新驱动的关键期、产业升级与城市转型的“阵痛期”和转型发展的机遇期。明年，我们必须以科学发展为主题，深入贯彻落实党的十八大、十八届三中全会和中央、省委经济工作会议精神，抢抓机遇，主动作为，做到“四个更加注重”。一是更加注重转方式、调结构。一产抓特色，二产抓延伸，三产抓壮大，整体抓提

升，把资源开发与富民强市结合得更实，把特色优势产业规模做得更大，把主导产业深加工做得更好。二是更加注重抢机遇、抓项目。围绕有什么优势、靠什么转型、凭什么调结构，抓好项目设计，把谋划项目的深度、争取项目的力度和建设项目的速度有机统一起来，把安排的重大项目、重点产业推进落实好。三是更加注重抓改革、活市场。主动谋划改革，充分发挥市场在资源配置中的决定性作用，坚定不移地运用市场手段整合各类资源，促进政府"有形的手"与市场"无形的手"良性互动。四是更加注重统城乡、惠民生。按照"规划一体、产业协同、资源共享、服务均等"的原则，推进城乡统筹发展，增进城乡居民福祉，确保在推进新型城镇化建设、实现统筹城乡全程全域全面发展方面走在全省前列。

根据省委、省政府工作要求，按照市委统一部署，明年全市经济社会发展的主要预期目标是：地区生产总值确保增长10%，力争11%，其中，第一产业增加值确保增长4%，力争4.5%，第二产业增加值确保增长12%，力争13%（其中，规模以上工业增加值确保增长12%，力争13%），第三产业增加值确保增长8.5%，力争9%；全社会固定资产投资确保增长13%，力争14%；地方公共财政收入确保增长7%，力争8%；社会消费品零售总额确保增长12%，力争13%；城镇居民人均可支配收入和农民人均纯收入均确保增长11%，力争12%；单位生产总值能耗下降4~5%。

二、抓住关键，带动全局，全力做好明年各项工作

（一）以攀西国家级战略资源开发试验区建设为契机，在打造"中国钒钛之都"上迈出新步伐

——加大科技攻关力度，不断提升新型工业化水平。深入实施工业强市战略，大力推进攀西国家级战略资源创新开发试验区建设，积极争取钒钛新材料在全省装备制造业中的应用推广，不断壮大钒钛、机械制造、矿业、生物、新能源等重点产业。着力完善科技创新体系，不断提升四川钒钛产业技术研究院等平台的创新能力，积极支持企业和科研机构开展钒钛低微合金铸锻造技术开发及应用等关键瓶颈技术研发，新培育国家高新技术企业6家，实现高新技术产业产值130亿元。加大行业整合和企业培育力度，促进攀钢、钢城集团等大企业跨地域兼并重组、加快发展，支持攀昆矿业、德胜、龙蟒等企业发展壮大，推进小选矿、表外矿利用等企业整合升级，努力提高企业核心竞争能力。继续实施"一企一策"，做好服务帮扶工作，组织开展钛白粉、汽车制动毂和制动系统、矿山机械等产品的产销对接，帮助企业走出困境。完善园区产业发展规划，加快园区基础设施和服务平台建设，确保将钒钛产业园区创建为国家级高新技术产业开发区，钒钛产业园区工业总产值达到255亿元。强化要素保障和资金协调服务，积极争取电价优惠政策，促使企业产能全面释放。抓好重点行业、重点企业节能降耗工作，加快实施重大节能工程，淘汰关闭、优化升级落后产能企业14户。加快建设全省首个全光网城市，争取成为国家创新型城市试点，争创国家知识产权示范城市，促进工业化、信息化深度融合。

——坚持城乡统筹发展，不断提升农业现代化水平。按照"三化同步"和"两个带动"要求，以新村建设、农业产业发展、农村改革和农民增收为重点，加快构建现代农业产业体系，确保实现粮食产量21万吨、蔬菜产量61.5万吨、水果产量21.6万吨、肉类总产量5.2万吨，烤烟生产完成省上下达目标。加快国家现代农业示范区建设步伐，抓好米易蔬菜、仁和芒果、盐边种草养畜等示范园建设，推进新品种、新技术集成示范。加快建设区域化、专业化、特色化生产基地，新建3个万亩示范区。积极培育农业产业化龙头企业和新型农业经营主体，不断完善农产品质量安全体系，构建农产品营销网络，加速农业产业化进程。扎实推进马鞍山水库、观音岩引水、梅子箐水库（扩建）等重点水利工程建设，尽快实施跃进水库、麻陇至晃桥引水等渠系配套工程和中小河流治理，做好高效节水项目，建设高标准农田2万亩。继续抓好省级新农村建设成片推进示范项目和新村点建设，确保已建的46个新村点通过省级验收。认真落实各项惠农措施，加强农民负担监管，促进农民持续增收。

——强化投资关键作用，不断提升项目支撑发展能力。突出钒钛、机械制造、阳光康养、农业产业化等重点，瞄准世界500强、中国500强等领军企业，进一步创新方式招大引强，实现招商引资到位资金430亿元。按照“四个一批”项目管理办法和“急难险重”工作要求，加强项目跟踪、协调和服务，着力解决土地、资金等难题，确保134个重大项目按计划推进，其中新开工58个，加快建设49个，竣工投产27个。产业化方面，加快推进观音岩水电站、桐子林水电站、特利小五金产业孵化园、钢城集团渣钢渣铁钒钛资源综合利用等29个重大项目，开工建设攀钢钛业10万吨钛白粉、现代农业综合产业园、中国重汽矿用车组装线等33个重大项目，确保富邦钒钛制动毂、220千伏输变电工程等16个重大项目竣工投产。基础设施建设方面，加快推进综合客运中心等11个重大项目，开工建设机场路边坡治理、攀枝花迎宾大道、三堆子跨江大桥等9个重大项目，确保宝灵寺片区河道整治、红格市政主干道等3个重大项目如期竣工。民生方面，加快推进保障性安居工程、大河中学体育运动中心等7个重大项目，开工建设华山片区旧城改造、大中型水库农村移民避险解困试点等14个重大项目，确保金沙江中心区段沿江景观步行栈道系统、瓜子坪商场旧城改造、第三十九小学、马坎污水处理厂及截污干管工程等8个重大项目如期竣工。生态环保方面，开工建设生活垃圾焚烧发电、机场路沿线生态治理等2个项目，加快推进钛白粉废酸资源化利用、攀煤集团煤矸石综合利用等2个项目。

（二）以深化改革扩大开放为主线，在打造“四川南向开放门户”上取得新进展

——全面深化各项改革。认真贯彻落实《中共中央关于全面深化改革若干重大问题的决定》，在按照顶层设计积极稳妥推进各项改革的同时，主动加强政策研究，做好制度安排。加快发展非公有制经济，积极探索发展混合所有制经济的实现途径，鼓励和引导符合条件的个体工商大户转型升级。不断完善国资监管制度，制定出台加强地方企业国有资产监管意见，努力构建“大国资、一盘棋”新格局。统筹推进城乡综合配套改革，积极有序推进农村产权制度改革，探索建立农村土地产权交易中心。稳步实施户籍管理制度改革，促进外来人口和本市农村人口向城镇有序流动。不断深化公务员分类改革，探索在艰苦边远地区适当降低公务员进入门槛。适时启动攀宾等事业单位改革，完成卫生事业单位岗位设置和聘用管理调整工作，推动试点县（区）和直属学校教师人事制度改革取得实质性突破。进一步深化财政体制、文化体制等各项改革。

——不断扩大对外开放。以国家外贸转型升级示范基地建设为抓手，立足优势产业和特色产品，明确重点，分类推进，支持攀钢、东方钛业、钛海科技、白云铸造等外贸领军企业做大做强，扶持新中钛科技、海峰鑫化工、天成丝绸等外贸成长型企业壮大规模，助推恒源石化等潜力企业实现自营出口，推动对外贸易稳步发展。鼓励十九冶、攀钢冶建等企业开展国际工程承包和劳务合作，积极推动境外投资。充分借助川滇黔十二市州合作与发展峰会这一有利平台，加强与相关市州的沟通、衔接。围绕攀西国家级战略资源创新开发试验区建设，推动建立市州联席会议、重大项目会商、共同宣传推广等工作机制，力争在打破行政壁垒、优化试验区整体产业布局等方面取得建设性成效。

——努力构建更加便捷的交通体系。以打造区域性交通枢纽为目标，加快修订完善全市交通运输发展规划及公路、水运等专项规划，科学编制攀西国家级战略资源创新开发试验区交通建设规划，全面完成国省干线三年攻坚任务。加快建设对外大通道，确保丽攀高速公路攀枝花至华坪段如期通车，加快成昆铁路扩能改造工程攀枝花段建设步伐，开工建设攀枝花至大理（过境）高速公路，做好丽攀昭遵铁路、攀盐高速公路等项目的前期工作，力争开通攀枝花至上海、广州等国内航线。不断优化市域路网，加快推进花城大道和阳光大道“双十字”路架、干坝塘至鱼塘高速路出口连接线、S310线504电厂至福田段改建等项目建设，开工建设红格西环线一期、地龙箐至金沙江大道连接线立交工程、五道河至桐雅公路等一批重大项目。积极推进农村公路联网建设，力争提前实现100%的行政村通水泥路或柏油路的目标。

（三）以城市转型可持续发展为目标，在打造“中国阳光花城”上实现新突破

——积极释放有效需求，加快发展现代服务业。完善和落实有利于服务业发展的政策措施，积极争取纳入全省现代服务业改革试点市范畴，促进服务业发展提速、比重提高、水平提升，确保服务业增加值增长9%。大力推进阿署达花舞人间、普达阳光国际康养度假区、米易南部新城、二滩桐子林山水休闲度假区等重点旅游项目群建设，确保红格温泉旅游度假区创建为国家4A级景区；探索组建文旅集团，科学整合、有序开发旅游资源；积极开展营销活动，重点拓展东北、华北客源市场；加强旅游标准化服务体系建设，创建成为四川省标准化示范城市，确保实现旅游总收入146亿元，增长43%。加快全省现代物流示范城市建设，按计划推进密地现代商贸物流园区、攀青物流中心等项目建设，开工建设伟经物流园、渤商物流中心、桐子林铁路物流中心等重大项目，实现第三方物流（样本）企业营业额增长35%以上。大力发展电子商务，加快推进银泰城市综合体、奥林匹克城市综合体等在建项目，开工建设汽车城、钢材交易市场、炳三区高端城市综合体等重大项目，着力引进一批名品名店，积极培育本地高端消费市场，吸引毗邻地区居民来攀消费。统筹推进旧城改造，分步实施“筒子楼”、危旧房、棚户区改造工作，支持扩大改善型住房消费。

——深入开展“五创联动”，全力建设生态宜居城市。以改善人居环境、提升城市形象为目标，纵深推进“五创联动”，明确节点，倒排时序，重点突破，按计划推进各项创建工作，确保通过省级环保模范城市复查验收，取得“四川省森林城市”称号。按照新型城镇化要求，突出抓好小城镇建设，在二、三级城镇大力实施“七个一”工程，着力打造一批独具特色、错位发展的旅游型、工贸型、农业型小城镇。坚持滚动开发，强力推进新区建设，以“双十字”路架为中心，加快已开工基础设施项目建设步伐，开工建设龙塘沟弃土场、干坝塘中心湖区园林景观工程、巴斯箐安置房等项目。全面加强生态文明建设，深入实施天保二期工程，积极发展退耕还林后续产业，巩固退耕还林成果27.5万亩。结合环境空气质量新标准的实施，积极探索PM2.5污染治理途径，从源头控制新增污染，以铁的手腕扭转空气质量现状，促进环境空气质量持续向好。深入开展以“三片一线一企”为重点的区域流域污染综合整治，切实加强对环境风险源的监管，确保环境安全。纵深推进城乡环境综合治理，加强城市基础设施建设，建立完善城乡一体化数字城管体系。

——努力推动文化繁荣，不断丰富城市内涵。加快建设区域性文化高地，深度打造具有地域特色和时代特征的城市文化，为“中国阳光花城”增添内涵。结合迎接建市50周年庆祝纪念活动安排，浓墨重彩、旗帜鲜明地弘扬攀枝花精神，高效推进三线建设博物馆建设，规划建设一批具有鲜明攀枝花特色和文化内涵的街区、街景。高标准构建以县级为枢纽、乡级为骨干、村级为基础的基层公共文化服务体系，不断提升公共文化服务水平。加快发展文化产业，积极推进国家级苴却砚文化园区建设，配套推进39个重点文化产业项目，不断提高苴却砚、钛金属纪念品、国胜茶、何首乌茶等特色文化产品的市场竞争力。以举办第七届四川省少数民族艺术节为契机，加大群众文艺创作力度，努力打造独具特色的本土文化品牌。

（四）以保障和改善民生为根本，在建设幸福攀枝花上增添新亮点

以民盼民需为导向，深入实施民生工程，加大资金投入力度，为老百姓办成一批实事好事。全面推进“九大重点工程”和“九项改革试点”，加快建设区域教育高地。以打造区域医疗卫生高地为主线，优化医疗服务资源配置，不断提升医疗服务水平和公共卫生保障能力。大力发展阳光体育产业，加快推进攀西亚高原竞训基地建设，努力打造亚高原训练和冬季训练两大品牌。巩固创业型城市创建成果，打好政策促进、创业带动、职业培训、公共服务等组合拳，确保就业总量稳中有增、就业质量不断提升。积极构建城乡一体的社会保障体系，进一步提高城乡居民养老保险缴费档次和补贴标准，适时调整医疗保险及大病报销水平，在全省率先实现完全意义上的城乡市级养老保险统收统支。按时足额兑现移民后期扶持资金，做好整村推进工作。加大价格行为监管力度，保持物价总体稳定，居民消费价格指数控制在4%以内。畅通诉求表达渠道，健全群众舆情反馈机制，继续推动信访积案化解，有效维护群众合法权益。强化隐患排查治理，坚决遏制重特大安全事故发生。加强社会治安综合防控，不断提升群众安全感。

借此机会，我再强调一下岁末年初的各项工作。一是确保实现经济工作“开门红”。各县（区）、各部门要高度重视各项工作的有效衔接、查漏补缺，总结好今年工作，谋划好明年任务，加强协调服务，加快项目进度，支持企业开足马力生产，确保实现首季“开门红”，为圆满完成明年目标任务赢得主动、奠定基础。二是要抓好安全生产和维护稳定工作。年终岁尾，人员往来更为频繁，安全形势更加严峻，维稳任务更加艰巨。各县（区）、各有关部门要时刻绷紧安全生产这根弦，严格落实政府监管责任和企业主体责任，抓好交通、矿山、危化品、烟花爆竹、食品药品等重点领域的专项整治，加强春运安全检查，消除安全隐患；切实做好元旦、春节等重大节日和全省“两会”等重大政治活动期间的群众工作，确保不发生大的群体性事件。三是要严格执行中央和省市厉行节约相关规定。不折不扣地执行中央八项规定和中纪委《关于严禁元旦春节期间公款购买赠送烟花爆竹等年货节礼的通知》，坚决反对“四风”，以优良党风政风带动民风社风，过一个勤俭节约、移风易俗，欢乐祥和的佳节。严肃财经纪律，加大监督检查力度，对有令不行、有禁不止的违规违纪行为，发现一起查处一起，绝不姑息。四是要妥善安排好节日期间群众生活。及时足额发放基本养老金、失业保险金、困难群众救助资金和优抚对象抚恤补助金，及早发放困难群众和重点优抚对象春节一次性生活补贴，广泛开展走访慰问、送温暖献爱心和志愿服务活动。集中开展农民工工资支付情况专项执法检查，保证农民工及时足额拿到应得报酬。周密制定春运工作方案，统筹增加运力，确保群众顺利出行。加强重要商品和生活必需品的组织调度，加强价格监管，确保节日市场供应充足、质量可靠、价格稳定。精心组织开展形式多样、内容健康的文体活动，营造热烈、喜庆的节日氛围。

同志们，做好2014年各项工作，任务艰巨，责任重大。让我们以党的十八大和十八届三中全会精神为指引，在市委的坚强领导下，抢抓机遇，务实进取，确保各项工作任务落到实处，为推动“两个跨越”、在全省率先全面建成小康社会而不懈努力！

关于攀枝花市加快推进攀西国家级战略资源创新开发试验区建设的对策研究

【前言】

2013年3月1日，国家发改委正式复函，同意设立攀西国家级战略资源创新开发试验区（以下简称“试验区”），攀枝花市三区两县被全域纳入其中。7月4日，省政府和国家发改委在北京召开了试验区首次部省级联席会议，标志着试验区建设工作正式启动。2013年8月26日，省政府常务会正式审议通过了《攀西国家级战略资源创新开发试验区建设规划（2013－2017年）》和《关于支持攀西国家级战略资源创新开发试验区建设的政策意见》（以下简称《建设规划》和《政策意见》），为推进试验区建设提供了强大动力和有力支撑。2013年10月29日，省政府在攀枝试验区建设工作会议，省委副书记、省长魏宏出席会议并作重要讲话，体现了省委、省政府对试验区建设工作的高度重视。

试验区建设，是攀枝花人民长期以来孜孜以求的梦想，是攀枝花新时期面临的重大战略机遇，是攀枝花经济社会发展中的头等大事。本课题以试验区建设为背景，着重就攀枝花如何夯实自身发展基础、构建区域整体合力、争取相关政策支持等关键问题进行研究并提出对策。

一、攀枝花钒钛战略资源禀赋情况

（一）资源状况

以攀枝花为代表的攀西地区蕴藏着十分丰富的钒钛磁铁矿，从北到南依次形成太和、白马、红格、攀枝花四个特大型矿床，除太和外，其余三大矿区均位于攀枝花市境内，具有储量大、分布集中、埋藏浅、开发条件优越、综合利用价值高等特点。目前，攀枝花境内钒钛磁铁矿探明储量71.8亿吨，钒、钛储量分别占全国的63%、93%和全世界的11%、35%，分别居世界第三和世界第一位；矿石中伴生的钒、钛、镓、钪、钴、铬等稀贵金属都是国家重要的战略资源，其储量均达到相应元素的特大型矿山等级，战略地位十分突出。据最新资源潜力评，攀枝花市钒钛磁铁矿储量超过200亿吨。另外，在攀枝花境市内及周边地区还拥有与钒钛磁铁矿开发利用相匹配的大量资源，如水电、煤炭、熔剂灰岩、冶金用白云岩、耐火黏土、硅藻土等。

整个试验区的战略资源包括攀枝花市的钒钛，凉山州的稀土，雅安市的碲、铋。实际上，以上资源的分布在三个地区不是完全独立的，而是相互有交叉，只是集中程度有高低。攀枝花地区除钒钛以外，还有钪、镓、锗、铟、镉、钴、镍、铬、铜、锌及少量的铌、锆、铍等战略元素。这些元素基本上没有独立矿床，克拉克值较低，多伴生在其他矿物中，量微且分散，难以直接从原矿中提取，一般要从提取有色和黑色主体金属的副产物或废弃物中回收。

（二）前景分析

1. 钒钛方面。目前，我国钒产业的发展明显落后于世界先进水平，钢铁工业中钒消耗强度仅为20~25公斤/1000吨钢左右，而发达国家的钒消耗量平均为50公斤/1000吨钢左右，随着钒的应用领域不断扩展，特别是钒在非钢铁领域的应用，钒电池、钒铝合金、氧化钒薄膜等已引起广泛重视，市场潜力极大。全球钛白粉市场增长主要来自亚洲，尤其是中国，随着全国发展战略的提升，以及经济社会发展水平的提高，钛白粉、钛材等传统钛产品消费市场将不断拓展，需求量将快速增加，钒钛产业的发展前景十分广阔。

2. 稀贵金属方面。攀枝花钒钛磁铁矿中伴生的镓、钪、钴、铬等稀贵金属的开发应用前景非常可观，甚至不亚于钒钛的开发前景，现仅举有关钪、镓的资料予以说明。

（1）钪

从理论上讲，钪在攀枝花矿中的贡献率仅次于钒钛（钪占41%，钒钛占52%，铁占7%），理论价值达到1.4万亿元。

废酸中的钪呈离子态、含量很低（平均13ppm），但容易提取。按每年硫酸法钛白产量80万吨计算，一年产生废酸520万吨（6.5t废酸/t钛白）。实验证明，收得率可达80%，则一年可获得纯度为99.9%的三氧化二钪41.6吨，按目前市场价1300万/t来算，一年总产值约为4.9亿元。

钪对合金组织的作用主要是细化晶粒，其细化作用远远超过Ti、Zr和V。例如含0.28~0.38钪的铝钪合金，其强度比纯铝高出3~4倍，并显著改善焊接和应力腐蚀性能。随着钪在航海、航天、核能、国防军工等高新技术领域的广泛应用，其战略性日益凸显。

钪的用途日益显露其重要性，最近美国战略资源部和能源局在中国大量收购钪，用于开发钪-铱-锆固体储能电池，其效果远超钒电池。由于是美国独家收购，钪的市场价由2200万元/吨降至1300万元/吨。

（2）镓

镓在攀枝花钒钛磁铁矿中的含量约11.36万吨，仅次于钪，理论价值达4500亿元。

镓随铁走，其含量在铁精矿中39克/吨，尾矿中22克/吨，高炉烟尘中37克/吨，钒渣中300克/吨，吹钒炉烟囱灰中300克/吨，炼钢炉烟囱灰中150克/吨，电厂粉煤灰中50~70克/吨，而在电厂烟囱灰中可高达3.8千克/吨~15.6千克/吨，废酸中0.1~0.15克/吨。

镓的用途很广，镓的化合物主要用于光电器和光电集成电路、微波元件、红外发光二极管、高效率光源、太阳能电池、数字储存器、超导材料等制造领域。

需要特别指出的是，除钒钛外，攀枝花钒钛磁铁矿中伴生的钪、镓、锗、铟、镉、钴、镍、铬、铜、锌及少量的铌、锆、铍等战略元素基本难以直接从原矿中提取，一般要从提取有色和黑色主体金属的副产物或废弃物中回收。

每年可从废弃物中可回收的稀贵金属

废弃物		氧化钪	氧化镓	氧化锗	氧化铟	五氧化二钒	三氧化二铬
名称	数量						
瓦斯泥	10～13万吨		7吨	1吨	5.2吨		
废酸	350万吨	45吨	3.5～5.3吨				
提钒炉及炼钢炉烟囱灰	5万吨		7.5吨				
四氧化钛收集灰	1万吨	0.9吨					
钒铬渣	8万吨					1400吨	7200吨
粉煤灰	10万吨		6吨	3.5吨			
提钒弃渣	10万吨		13吨				

注：1. 钪、镓、锗、铟氧化物纯度99.9%～99.99%；

2. 未算尾矿中的钪（10－12ppm）；

3. 以上四种稀贵元素的氧化物可生产大约80吨，成为世界上最大稀贵金属基地；

4. 以上数据未考虑收得率（收得率估计在80%以内）。

二、攀枝花钒钛战略资源综合开发利用情况

经过48年的开发建设，特别是近年来的转型攻关，攀枝花钒钛磁铁矿资源综合利用已进入深度开发阶段，钒钛产业集群入选“中国产业集群50强”，实现了从单一的钢铁经济向钒钛、钢铁经济并进的战略性转变。攀枝花市已成为全国唯一以钒钛资源综合利用为主的国家级新型工业化产业示范基地，被命名为国家钒钛新材料高新技术产业化基地，荣膺“中国钒钛之都”称号，资源优势正加快转化为产业优势和经济优势。

（一）钒钛资源产业群

钒钛资源产业群是指为钒钛产业发展提供原料的产业集群，主要包括钒钛铁精矿、钛精矿、钒渣、富钛料（钛渣和人造金红石）、钒钛球团矿、直接还原铁等生产企业。

1. 钒钛磁铁矿采选

2012年，攀枝花市共有钒钛磁铁矿开采企业13家、选矿企业40家，钒钛磁铁矿原矿产量达6320万吨，生产铁精矿约2200万吨、钛精矿195万吨。目前，攀枝花已成为西南地区最大的铁矿石供应基地、国内最大的钛矿供应基地，钛矿产量占国内的40%以上，低品位矿选矿、微细粒级钛精矿选矿等技术国内领先，极大提高了钒钛磁铁矿资源利用效率。

主要企业：攀钢矿业、龙蟒矿产品、安宁铁钛、立宇矿业、谷田科技等。

2. 钒钛渣生产

2012年，攀枝花共生产钒渣25.6万吨。“十一五”以来，攀枝花钒渣供应量随着钢铁产能增加、废渣提钒工艺进步等而稳步提升。

主要企业：攀钢。

2012年，攀枝花有钛渣生产企业10家，已形成年产钛渣55余万吨的能力，实际生产钛渣37.6万

吨，居国内第一位。攀钢从乌克兰引进的2.5万千伏安特大型埋弧电炉，是国内已建成的规模最大、技术最先进的钛渣电炉；金江钛业3万千伏安矩形钛渣电炉技术来自加拿大QIT公司，达到世界先进水平，目前也进入了试运行阶段；新中钛科技独创技术建设了3万吨/年规模的，以攀枝花钛精矿为原料采用盐酸浸取法生产二氧化钛含量分别达80%的富钛渣和90%的人造金红石生产线。

主要企业：攀钢钛业、国钛科技、金江钛业、源通钛业、金港钛业、新中钛科技等。

3. 钒钛球团矿生产

2012年，攀枝花共有钒钛球团矿生产企业6家，产量904万吨。

主要企业：钢城集团、一立、中禾等。

4. 直接还原铁钒钛

针对钒钛磁铁矿铁、钒、钛共生的特点，攀枝花正在开发“钒钛磁铁矿直接还原—电炉熔分”非高炉冶炼新工艺。该工艺省略了焦化、烧结、高炉等工序和设备，并一次性提取铁、钒、钛等元素。目前，已有龙蟒矿冶、攀钢集团、攀阳钒钛等企业建成了5~10万吨级的示范线。

（二）钒钛材料产业群

钒钛材料产业群主要指生产钒钛冶金材料、钒钛化工材料、钒钛新能源材料、钛金属材料、稀贵金属材料的产业集群。主要包括冶金用钒（钒氧化物、钒铁、钒氮合金）、钛白粉、海绵钛、钛锭等生产企业。

1. 钒制品生产

2012年，攀枝花共产钒渣25.6万吨、钒氧化物3.11万吨、钒铁2.92万吨、钒氮合金4924吨。攀枝花钒产业形成了从钒渣到五氧化二钒、三氧化二钒、钒氮合金、中钒铁（FeV-50）、高钒铁（FeV-80）等全系列的冶金用钒制品产业链，是国内第一、世界第二的钒制品生产基地。攀枝花钒产业技术处于国内领先、国际先进水平，如低品位含钒废弃物提钒、焦炉煤气还原三氧化二钒、电铝热法冶炼高钒铁、TBY窑常压连续生产钒氮合金等。同时，在钒清洁生产、钒电池等新工艺、新产品方面也取得了重大进展。

主要企业：攀钢（攀宏钒制品厂）、钢城集团（柱宇钒钛、卓越钒业）、兴辰钒钛、红杉钒等。

2. 钛白粉生产

2012年，攀枝花共有钛白粉生产企业10余家，已建成的钛白粉产能近50万吨，实际生产37.6万吨，约占全国五分之一，是国内最大的钛白粉生产基地。除了常规的颜料级钛白外，还开发了化纤钛白、脱销催化剂载体二氧化钛、电子粉体二氧化钛等特种钛白产品。硫酸法钛白粉清洁生产体系日益成熟，钛白废酸浓缩复用技术取得突破，多家钛白粉生产企业均利用该技术建设废酸浓缩生产线；钛白废弃的硫酸亚铁生产高附加值的铁系颜料、纳米铁粉也建成了工业化生产线。

主要企业：攀钢钛业、东方钛业、大互通钛业、钛海科技、海峰鑫钛业、卓越钛业、兴中钛业、钛都化工等。

3. 海绵钛生产

截至2012年，攀枝花已建成海绵钛企业3家，形成了年产2.75万吨海绵钛的能力，实际生产3146吨。3家企业均采用克劳尔工艺，电解氯化镁实现镁氯循环利用，是全流程的海绵钛生产线。2012年，攀枝花云钛实业有限公司建成了一期第一条4000吨钛锭生产线，试生产出长8.36米、宽1.395米、厚0.21米、重10.85吨的目前世界上最长、最宽、最重的钛扁锭；攀钢钛业海绵钛厂基本打通镁氯联合循环工序，成功生产出大批量的PTI-90超软海绵钛，填补了国内空白，标志着我市钛金属产业的装备和技术水平迈上新台阶。

主要企业：攀钢钛业、钢城集团（欣宇化工）、新中钛（恒为制钛）、云钛实业等。

（三）钒钛延伸应用产业群

钒钛延伸应用产业群主要指含钒钛低微合金钢材、含钒钛合金化机械制造产品生产。

1. 含钒钛低微合金钢材生产

2012 年，攀枝花已形成年产 650 万吨铁、600 万吨钢、500 多万吨钢材的生产能力，全市实际产生铁 614.2 万吨、粗钢 575.5 万吨、钢材 462 万吨（其中重轨 94 万吨），是中国西部最大的钢铁基地、国内最大的钒钛低（微）合金钢生产基地。利用钒钛低（微）合金钢优异性能，我市企业开发了一系列拳头产品。攀钢重轨国内市场占有率超过 1/3，远销欧美等发达国家，是国内最大的重轨出口厂家；无公害绿色家电用钢板是国内第一品牌，突破欧盟技术壁垒；汽车大梁板、管线用钢、气瓶用钢和冷轧板质量国内领先。受产业政策限制、淘汰落后产能、攀钢集团生产布局及宏观经济不景气等因素影响，攀枝花近几年钢铁产量有所下降。

主要企业：攀钢、钢城集团、宏冶线材、银山冷轧等。

2. 含钒钛合金化机械制造

2012 年，攀枝花机械制造产业产值为 100 亿元左右，生产铸铁件 41.4 万吨、同比增长 18.8%，铸钢件 21.4 万吨、同比增长 73.4%。由于含钒钛微合金，我市机械制品具有优异的耐磨、耐蚀等特性，较同类产品具有更强的市场竞争力；汽车和轨道交通用机械配件产业发展迅速，随着富邦公司1000 万件钒钛制动毂、蓝天锻造 30 万吨机械铸锻件、大西南 10 万吨钒钛蠕墨铸铁汽车铸件、东林公司汽车制动器等重点项目的加快建设，攀枝花正加速成为国内有影响力的耐磨铸件生产基地。

主要企业：攀钢机制公司（鸿舰重机）、富邦公司、润莹齿轮、白云铸造、大西南实业、蓝天锻造、大藏工贸、东林公司、锦秀机械等。

三、推进试验区建设的重大意义

钒钛是稀缺的军工材料，国际上将钛材占金属材料的比重作为衡量军用飞机性能的重要标志，钒也越来越多地应用于航空、航天、激光防护、核反应堆、超硬材料等高科技领域。在试验区建设中，加快钒钛战略资源创新开发利用，切实把资源优势转化为产业优势和经济优势，无论是对推动攀枝花成为全省多点多极支撑发展格局中的重要支撑，还是对带动攀西民族地区经济发展、实现全面建成小康社会目标，以及对深入推进西部大开发，促进长江上游生态建设和环境保护，维护国家国防和经济安全，都具有十分重要而深远的历史意义。

（一）对全国经济社会发展具有重大战略意义

1. 有助于加快国防建设和保障经济安全。在试验区建设过程中，攀枝花将加速国家优势战略资源科学开发综合利用，有利于打破发达国家的技术封锁和垄断，推动我国国防军工科技进步和建设，提高我国战略资源保障能力。

2. 有利于提升我国相关产业的国际竞争力。在试验区建设过程中，攀枝花将加快钒钛等重大科技攻关，推动产业优化升级发展，为我国战略性钒钛新兴产业及相关产业发展提供有力支撑，有利于推进我国相关产业由大到强的转变。

3. 能为资源富集地区科学开发利用资源提供经验示范。在试验区建设过程中，攀枝花将在财税金融、资源配置、技术转化、生态补偿、土地管理等领域进行创新和突破，加快构建资源科学开发综合利用新模式新机制，成为国家资源综合利用和产业发展的成功典范，为国内资源富集地区科学开发利用资源积累经验、提供示范。

4. 有利于促进生态建设和环境保护。在试验区建设过程中，攀枝花将把生态建设和环境保护摆在重要位置，通过创新资源开发方式，组织实施一批矿区生态修复和工业污染防治重大工程，大力推进节能减排和“三废”利用，积极发展循环经济，全面建立完善生态补偿机制，以利于加快构建长江上游生态安全屏障。

（二）对全省多点多极发展具有重大支撑作用

1. 有利于促进区域资源科学整合。在试验区建设过程中，攀枝花将积极推动建立资源、科技、政策、项目推进、基础设施建设等方面的国家、省、市（州）联动协调机制，促进国家战略需求与资源开发协同落实，加快攀西战略资源整合，协同推进攀西战略资源综合开发利用。

2. 能够提供强劲的产业动能。在试验区建设过程中，攀枝花将充分发挥比较优势，以延伸产业链、提升价值链为抓手，大力调整产业产品结构，倾力发展钒钛、稀贵金属深加工和高端产品，加快建成世界级钒钛产业基地和我国重要的稀贵金属产业基地，为我省实现由经济大省向经济强省跨越提供极具竞争优势的产业支撑。

3. 能够助推攀西民族地区跨越发展。在试验区建设过程中，攀枝花将培育打造一批优势特色先进产业，有利于增强整个攀西地区“造血机能”和自我发展能力，辐射带动欠发达区域和民族地区实现跨越式发展，加速我省全面建成小康社会进程。

四、存在的主要困难和问题

（一）国家产业政策限制。攀西钒钛磁铁矿尽管以富含多种稀贵金属而有别于普通铁矿，但国家目前将钒钛资源开发作为钢铁类项目，制约了钒钛资源的综合开发利用。另外，钒钛资源开发所需的配套产业也多属国家限制类项目，致使钒钛资源综合利用缺少配套产业及相关政策的支撑。

（二）关键核心技术瓶颈制约。攀枝花开发利用钒钛磁铁矿的水平虽在国内领先，但目前仍只回收利用了70%的铁、47%的钒、15%的钛，铬、镓、钪等尚未得到有效回收利用，钒在中间合金、化工催化剂、光学功能材料、能源功能材料、精细化工等高端领域的应用严重不足，钛材、钛合金等钛金属深加工产品涉足尚浅，钛功能材料仍是空白，亟待攻克一批重大关键技术，以实现资源的高效开发利用。

（三）自主创新能力有待加强。攀枝花市有限的研发力量与钒钛资源开发的高技术要求不相适应，从事产业链下游高端产品开发及应用研究的力量较为薄弱，缺少在国际、国内具有重要影响力的科技领军人才，对产业发展起核心支撑作用的国家级行业研发平台不足。

（四）产业集中度和产品档次不高。大量民营企业进入钒钛领域推动了攀枝花钒钛产业的发展，但也造成了市域钒钛企业分散、规模偏小、发展后劲不足的问题。如钒制品生产企业均围绕攀钢进行产品开发，还不具备独立发展壮大的能力；全市近40户钛精矿企业中，原矿年产量达百万吨的不足10户；钛白粉企业规模效应不足，没有形成竞争力强的区域品牌。攀枝花钒钛产业目前以生产低附加值、低技术含量的产品为主，产品难以进入高端市场。钒在中间合金、化工催化剂、光学功能材料、能源功能材料、精细化工等高端领域的应用比较缺乏，钛材、钛合金等钛金属深加工产业缺乏，钛功能材料等产业还是空白。

（五）生产要素尚不能完全满足钒钛战略资源创新开发利用的需要。攀枝花市的煤、电、运等生产要素长期偏紧，与周边地区尚未形成明确的地区协作和产业分工机制，技术与资本市场发育尚不成熟，钒钛产业直接受钢铁产能、原矿开采规模以及用地指标等限制，制约因素不断加大。特别是在用电方面，尽管攀枝花境内拥有丰富的水电资源，但钒钛企业和园区用电价格却长期偏高，严重制约钒钛资源的创新开发。

五、对策建议

攀西国家级战略资源创新开发试验区，是全国首个也是我国目前唯一的国家战略资源创新开发试验区，没有成型的老路可沿袭，没有系统的经验可借鉴，更没有既有的模式可复制。攀枝花市要在省政府关于试验区建设的制度框架下，以敢闯敢试的锐气和会闯会试的睿智，结合实际，先行先试，理清“负面清单”，着力重点突破，努力走出一条试验区战略资源创新开发、综合利用的新路子，率先推动试验区建设向“深水区”挺进。

（一）夯实自身发展基础，先行先试，率先突破

“打铁还需自身硬。”攀枝花承担着国家钒钛资源创新开发利用的重大使命，是试验区建设的重要主体，其自身的建设能力直接关系着整个试验区建设的成败。

1. 树立试验区建设的主体意识。试验区不同于特区，两者的区别主要表现在：一是特区在其发展初期阶段，主要是借助特殊优惠政策来实现超常规发展，但试验区依靠的不是特殊优惠政策驱动，而是依靠体制机制创新来实现超常规发展；二是特区在初期主要是依靠外资、外商等外部力量来发展自己，而试验区主要是依靠内部的力量来发展自己。基于试验区与特区的区别，我们对攀西战略资源创新开发试验区建设必须要有至少两个方面的清醒认识。首先，试验区不具有行政意义，建设的主体是攀西地区而非国家，国家比照攀枝花开发建设初期的特区模式大力推进攀西资源开发的可能性不大。其次，试验区建设不是“扶贫”工程，国家出台一系列特殊优惠政策的可能性不大，试验区建设成败的关键在于，攀西地区能否根据国家的要求，围绕战略资源创新开发利用这一主题，在体制机制方面做出切实可行的创新，有效解决攀西地区资源开发和产业发展所面临的难题。

2. 建立强有力的专项推进机制。试验区建设千头万绪，很多工作都极具开创性和挑战性，没有强有力的组织领导予以大力支持、不懈推进，是非常难以奏效的。对此，攀枝花已成立了由市委书记和市长任组长，分管市领导任副组长，相关市级部门和县（区）主要负责人为成员的试验区建设工作推进领导小组，构建高位推动机制，统筹推进试验区建设各项工作。

3. 全力突破关键核心技术瓶颈。建立试验区科技攻关工作领导小组和专家组，加强研发创新体系建设，不断提高自主创新能力。加快钒钛资源综合利用国家重点实验室、国家钒钛材料工程技术研究中心、四川钒钛产业技术研究院和攀枝花钛及钛合金研究所等建设，搭建多层次、多方式的技术创新平台。加快建设攀枝花国家钒钛制品质量监督检验中心，鼓励攀枝花钒钛研究院、攀枝花学院以及攀钢等重点企业加入全国钒钛标准化工作组，主导或参与行业标准、国家标准、国际标准制（修）订。加强企业创新主体能力建设，协调攀钢、龙蟒等重点企业打破现有割据壁垒，在直接还原新流程、高品质富钛料生产等共性关键技术研发上，采取合作成立公司、技术成果作价入股等市场运作方式，开展协同攻关，早日攻克一批对试验区产业发展具有战略意义的技术瓶颈制约。加强产学研用合作，推动钒钛、钢铁等重点产业上游企业与省内外产业下游企业及相关高校、科研单位开展战略合作，推进产业集聚发展和新材料、新产品开发。探索建立类似“钒钛硅谷”的研发中心或钒钛产业孵化园，研究和制定一系列土地、财税、项目配套、人才等特殊优惠政策，发展一批新型研发机构，孵化一批高新技术企业，使之成为承接组织重大科研攻关的枢纽和中心。到2017年，铁资源综合利用率达到75%，钒资源综合利用率达到50%，钛资源综合利用率达到20%以上，钒钛磁铁矿尾矿回收利用率达到30%以上，实现铬、钴、镍等主要伴生金属的产业化、规模化回收利用。

4. 改革创新资源开发保护模式。坚持资源配置的市场化取向，建立完善矿产资源开发进入和退出机制。推进“城市矿产”建设试点，促进尾矿、废渣、废液、废气的循环利用，提高稀贵元素和二次资源利用水平。创新“矿冶电”联营机制，推进符合条件的钒钛生产加工企业与发电企业开展直购电交易试点，鼓励钒钛企业和电力企业通过资产重组、兼并、联合等形式，组建大型钒、钛、电联营企业或集团。积极推进“水电冶”和“煤电冶”联营，重点支持攀钢、钢城集团等大企业大集团延伸产业链，重组整合上下游关联企业。加快矿区规范整合，重点推进红格北矿区选矿企业整合，将现有19家企业整合为2家规模化、现代化采选集团，提高可持续发展能力。加快推进钒钛磁铁矿资源整装勘察，提高铁矿石资源保障度和钒钛产业可持续发展能力。积极推进工矿废弃地复垦利用试点工作，进一步探索土地审批、耕地占补平衡、重点转型项目用地保障、未利用地审批等用地制度改革。编制《攀枝花市攀西国家级战略资源创新开发试验区建设项目环境保护准入条件指南》，明确环保准入门槛，支持企业发展。探索建立资源开发生态补偿新机制，争取启动金沙江干热河谷地区生态恢复和治理试点工作。积极探索更加高效的钒钛资源综合开发重大项目推进机制，细致梳理申报、审批、建设等各个环节，凡是不违反国家法律、法规的，均大胆改革，放手一试，确保项目引得进、留得住、建得快。

5. 调整优化产业产品结构。完善的钒钛产业体系是钒钛经济实力和影响力的重要指标。为此，既要以钒钛产业为主线，又要积极抓好钒钛资源创新开发利用所需产业的配套，变单纯的线状钒钛产业链为综合交织的钒钛产业综合开发利用网。在调整产品结构的时候，要加大含钒钛钢铁新材料的开发力度，提高含钒钛钢铁产业核心竞争力，推进含钒钛钢铁新材料产业向纵深发展。巩固钒产业地位，进一步完善包括新产品研发、市场开拓、生产技术水平提升等在内的钒行业体系，将攀枝花建成国际三氧化二钒、五氧化二钒、钒氮合金和钒铁生产基地、中国最大的含钒微合金钢生产基地。促进钛产业向大型化、规模化、集群化、高精尖方向发展，不断提高国际市场占有率，建成国内最具竞争力的钒钛产业基地。与此同时，要创新接替产业发展促进机制，坚持低污染、低消耗、高附加值、高技术含量的产业技术标准，强化政策引导，推动接替产业跨越式发展。

6. 搭建创新发展平台。创新投融资机制，充分发挥攀枝花市金源创业投资有限公司的作用，大力引进国内外风险投资基金，突破钒钛产业发展的投融资瓶颈。高标准打造钒钛产业孵化园，建成钒钛企业的“黄埔军校”，加速钒钛技术的研发、引进和成果转化。创新市场推介平台，以攀枝花为主体定期召开中国国际钒钛产品博览会暨投资洽谈会，引导全球资源高端化发展攀枝花钒钛产业。

（二）构建区域整体合力，打破壁垒，协同推进

试验区涉及攀枝花、凉山、雅安三市州共十三个县市区，资源相互匹配，组合优势突出，整体联动则多赢，各自为战则俱伤。

1. 牢固树立“三个共识”。牢牢把握“抓试验区建设，就是抓攀西地区的协同发展、转型发展和跨越发展”的共识，深化试验区一家亲的地域观、一体化的发展观、一条船的奋进观、一盘棋的大局观，勇于打破行政壁垒，敢于突破即有模式，放开视野去看，放开手脚去干，积极主动地加强与凉山州、雅安市的合作，逐步建立完善步伐一致的政策争取、项目推进、定期协商等工作机制，加大合作开发力度，全力推动区域联动发展、融合发展、共赢发展。

2. 建立健全市州联席会议制度和重大项目会商协调机制。加强试验区各市（州）、县（区）之间的沟通交流，尽快与凉山州、雅安市协商建立市州联席会议制度，形成常态化工作格局。我市将与凉山州、雅安市协商，申请担当首任轮值主席，并争取明年 3 月底前承办第一次市州联席会议。建立健全重大项目会商机制，定期或不定期召开重大项目协商会议，努力打破行政壁垒，共同推进试验区各重大项目签约落地、建成达效，优化试验区整体产业布局，避免同质化竞争，增强区域发展合力。

3. 提档升级区域承载力。按照试验区内交通建设一体化思路，积极汇报，加强对接，争取参照凉山州补助标准和建设模式，建设境内国省干线公路，力争在三年内域内干线路网通达能力有大幅度提升。积极构建区域性综合交通枢纽，加快推进“两高两铁一水”等重大项目建设，争取将丽攀昭遵铁路纳入国家“十二五”铁路建设中期调整规划，将金沙江航运纳入国家长江航运总体规划，开辟攀西地区通往成渝经济区、华中、华东地区内河水路运输的黄金通道。积极完善园区发展规划，全力做好钒钛产业园区创建国家级高新技术产业园区各项工作，支持各工业园区采取资源整合、异地托管、项目共建、税收共享等方式积极承接发达地区链式或集群式产业转移，使园区成为试验区建设的重要平台和钒钛资源创新开发利用的主要载体。

（三）积极争取政策支撑体系，开拓创新，示范推进

虽然常规的试验区一般都难以获得国家层面的直接政策支持，但攀西战略资源创新开发试验区毕竟事关国家战略，国家理应特殊对待，配套推进。为适应试验区建设需要，攀枝花应做好汇报、沟通和对接工作，争取国家和省上在产业发展、供地用地、财税金融、资源配置等方面给予针对性的政策支持。

1. 争取差别化的产业政策。攀西钒钛磁铁矿以富含多种稀贵金属而有别于普通铁矿，但目前钒钛资源开发仍属钢铁类范围，配套产业也多属国家限制类项目，严重制约了钒钛资源的综合开发利用，亟需国家对钒钛新技术、新工艺、新产品实施差别化的产业政策：一是将钒钛产业从冶金化工类产业中剥离，纳入战略性新兴产业，并单独列为《产业结构调整指导目录》（2011 年本）鼓励类的大项目，予以引导扶持；二是在试验区内将钒钛开发配套产业纳入允许类项目。

2. 争取进一步加大科技支持和人才培养力度。钒钛资源综合开发利用是世界性难题，技术要求高、开发周期长、研发投入大，非一省一市之力所能为之，需要国家有关部委进一步加大科技支持和人才培养力度：一是组建国家级钒钛科技攻关团队，并将钒钛新材料纳入国家重大科技攻关项目新材料专项，予以支持；二是设立产业创新人才培育基金，积极实施国内外高层次人才引进工程，建立院士、专家流动工作站，研究制定特殊的人才政策吸引人才、留住人才；三是按照克强总理、延东副总理、马凯副总理等国务院领导在民盟中央《关于试点建设钒钛产业高技能人才培养基地的建议》上的重要批示精神，在攀建设国家层面的钒钛产业高技能人才培养基地。

3. 争取创新供地用地机制。国土资源部于去年 3 月将攀枝花市纳入工矿废弃地复垦试点城市。综合一年多来的试点情况，需要国土资源部在以下方面继续深化：一是为我市配套安排一定的土地利用年度计划和规划指标；二是深化工矿废弃地复垦利用试点，允许复垦挂钩指标等量在全市统筹使用；三是将矿山临时用地时间由 2 年延至 5 年。

4. 争取开展财税金融改革试点。攀枝花自身的财力不足以支付钒钛战略资源创新开发所需的巨大成本，需要国家和省上支持在攀开展财税金融改革试点。一是将攀枝花市作为全国和全省的资源型城市可持续发展准备金制度的试点地区，规范矿产资源开发基金的收费管理。二是将攀枝花钒钛磁铁矿纳入资源税改革范畴，改从量计征为从价计征，并在税收分配上向资源产地倾斜。三是将钒钛产业纳入《西部地区鼓励类产业目录》，使目录规定的产业项目为主营业务、且其当年度主营业务收入占企业收入总额 70% 以上的企业，减按 15% 的税率征收企业所得税；将钒钛相关技术及应用列入《资源综合利用企业所得税优惠目录（2008 年版）》，使生产目录内符合国家和行业标准及要求的产品所取得的收入，在计算应纳税所得额时，减按 90% 计入当年收入总额，以提高钒钛企业综合利用钒钛资源的积极性。四是对钒钛产品恢复增值税先征后返的优惠政策，引导所得优惠部分全部用于企业研发钒钛产品和扩大再生产。五是对钒氮合金和高钒钛产品以及部分钛产品恢复出口退税政策。六是对科研人员奖励免征个人所得税，提高科研人员开展科技攻关和新产品新技术研发的积极性。七是设立攀西战略资源创新开发专项资金，由中央财政每年安排一定额度的专项资金，用于支持钒钛资源综合利用关键核心技术攻关；由省财政每年将省级分享攀枝花市的增值税、一般营业税、个人所得税、资源税、房产税、印花税、城镇土地使用税、契税等 8 个税种收入，以专项补助的形式安排给攀枝花市，重点支持企业、科研单位加强科研成果转化。八是支持试点发行地方政府债券、企业债券。

5. 争取创新用电机制。目前，用电成本过高，是攀枝花钒钛产业发展需要解决的最直接、最紧迫的问题，亟需争取相关支持，允许攀枝花先行先试、用活用够境内丰富的水电资源，力争在直供电、消纳丰水期富余电量、安排地方留存电量以及水电企业与钒钛企业联营等方面取得实质性突破。

6. 争取生态环境建设支持。资源开发对生态环境安全的影响是不言而喻的。作为特殊历史时期建设起来的资源型城市，攀枝花环保历史欠账较多、环境污染较为严重、生态比较脆弱，这些都已成为加快试验区建设的重要制约因素。为此，需要国家和省上加大对攀枝花生态环境建设的支持力度，充分开展试验区的规划环境影响评价工作，制订统一的矿山生态恢复规划，加大中央和省级财政对攀枝花水源保护、生态恢复的投入力度，建立试验区资源开发生态补偿新机制。

【结语】

加快攀西战略资源的综合开发，既是维护国防和经济安全的迫切需要，也是贯彻实施“三大发展战略”、实现“两个跨越”、推动区域经济社会发展的强大动力。作为试验区资源核心区，攀枝花市定当全力以赴、主动作为，抢抓机遇、加快建设，切实承担好国家钒钛战略资源创新开发利用的重大使命，努力实现试验区建设的战略意图，又好又快地把资源优势转变产业优势、经济优势和发展优势。

大力发展钒钛产业
加快建设世界级“钒钛之都”

党的十八大报告指出，要“推动战略性新兴产业、先进制造业健康发展”。今年3月，攀西战略资源创新开发试验区正式获批，这是目前国家批准设立的唯一一个资源开发综合利用试验区，攀枝花三区两县全部纳入。作为试验区内钒钛磁铁矿资源主要富集区，如何借试验区建设之东风，加快钒钛资源综合开发利用进程，变资源优势为产业优势、竞争优势和经济优势，力争到2015年，钒钛及相关产业产值达到2000亿元，钒钛产品产量居世界第一，到2020年，钒钛及相关产业产值达到3000亿元，成为世界最大、最强的钒钛产业基地，建成世界级“钒钛之都”，是攀枝花当前必须深入研究并着力解决的重大命题。

一、攀枝花钒钛产业发展现状

（一）发展概况

经过40多年的开发建设，攀枝花已建成国内最大、世界知名的钒产品生产基地，正在建设国内规模最大的钛金属生产基地，2008年被授予“中国钒钛之都”称号，钒钛产业集群入选“中国产业集群50强”。目前，全市共有钒钛企业70余户，年产钒渣25.61万吨、五氧化二钒1.27万吨、三氧化二钒1.47万吨、高钒铁3.26万吨、钛精矿174.7万吨、高钛渣25.74万吨、四氯化钛3.66万吨、钛白粉26.25万吨、海绵钛0.5万吨。2012年，钒钛产业集群（包括钒钛资源产业群、钒钛材料产业群、钒钛延伸应用产业群）实现产值约760亿元。

钒产业方面，已有涉钒生产企业（含钒渣提炼）15家，能生产钒渣、五氧化二钒、三氧化二钒、钒氮合金、中钒铁、高钒铁等全系列冶金用钒制品，钒制品国内市场占有率80%，国际市场占有率达20%，形成了以攀钢（集团）公司为主体、国有和民营多种经济成分共同开发的钒产业集群。

钛产业方面，通过技术引进和自主创新，建成了国内最先进的钛渣、海绵钛生产线和国内最大规模的颜料钛白、特种钛白生产基地。目前，全市有钒钛磁铁矿选矿企业40户，钛渣生产企业10余户，钛白粉生产企业10户，海绵钛生产企业3户，钛锭冶炼企业2户。攀钢钛业海绵钛厂于2011年10月生产出布氏硬度低于90的超软海绵钛，填补了国内产品空白。

（二）存在的主要困难和问题

1. 要素制约日益突出。攀枝花的煤、电、运等生产要素长期偏紧，全省煤、电、运等生产要素和盐、硫铁矿等资源的区域调配尚未形成明确的地区协作、产业分工、各方共赢的机制，技术与资本市场发育尚不成熟，钒钛产业直接受钢铁产能和原矿开采规模限制，发展制约因素不断加大。

2. 产业链延伸不足。尽管我市已成为国内最大的钒钛制品生产基地，但由于提高资源利用效率、钛精矿制备高品质富钛料、氯化法钛白粉工艺、钒钛新材料等关键技术尚未突破或实现产业化，我市钒钛产业目前以生产低附加值、低技术含量的产品为主，产品难以进入高端市场。钒在中间合金、化工催化剂、光学功能材料、能源功能材料、精细化工等高端领域的应用比较缺乏，钛材、钛合金等钛金属深加工产业缺乏，钛功能材料等产业还是空白。

3. 产业集中度较低。大量民营企业进入钒钛领域推动了我市钒钛产业的发展，但也造成了我市钒钛企业分散、规模偏小、发展后劲不强的问题。如钒制品生产企业均围绕攀钢进行产品开发，还不具备独立发展壮大的能力；全市近40户钛精矿企业中，年入选原矿达到百万吨的还不足10户；钛白粉企业规模效应不足，没有形成竞争力强的区域品牌。

4. 资源综合利用效率不高。目前采用的“选铁尾矿选取钛精矿工艺”尽管已取得重大进展，但钛资源利用率仍然较低，原矿中大约50%左右的钛资源进入铁精矿，最后富集在高炉渣中难以有效利用。以采出原矿计，目前我市钒资源回收率不足50%，钛资源回收率仅为15%左右。

5. 环境承载压力加大。钒钛产业是高投入、高技术、高载能行业，受攀枝花地理条件限制，与外界较长的运输距离，较高的基础设施建设投资，较高的技术和环保投入，远远高于先进国家的产业能耗，增加了产品成本和市场风险，环境承载能力的制约日益趋紧，制约了钒钛产业的可持续发展。

二、攀枝花打造世界级钒钛之都的有利条件

一是有禀赋天成的资源能源。攀枝花钒钛磁铁矿累计探明储量71.8亿吨，其中，钒储量占全国的63%、全球的11%，居世界第三；钛储量占全国的93%、全球的35%，居世界第一。据最新整装勘察工作表明，全市钒钛磁铁矿储量超200亿吨。同时，攀枝花水能资源富集，现有电力装机容量448万千瓦（二滩发电厂330万千瓦，米易、盐边已建成合计17.4万千瓦装机容量的小电站，火电装机容量101万千瓦），60万千瓦桐子林水电站、300万千瓦观音岩水电站、50万千瓦金沙水电站、34.5万千瓦银江水电站和2×30万千瓦煤矸石发电等项目建设快速推进，煤炭保有储量3.3亿吨，周边可利用煤炭资源达550亿吨。优势资源禀赋为攀枝花钒钛产业的发展提供了强大的资源能源保障。

二是有较为强大的研发实力。在钒钛领域，攀枝花具有明显的技术优势，全市拥有独立科研机构9所、科技人员790余人，大中型工业企业科技活动人员7400余人，每万人拥有科技人才量居全省第一位，为钒钛之都建设提供了丰富的人才资源。同时，与中科院等20个科研院所、高等院校就钒钛资源综合利用的技术研发建立了长期合作关系。建立了2个国家级钒钛工程技术中心、3个省级钒钛工程技术中心、7个市级钒钛工程技术中心以及1个国家级钒钛重点实验室、2个省级钒钛重点实验室、2个市级钒钛重点实验室，转炉提钒、电铝热法冶炼高钒铁、焦炉煤气还原制取三氧化二钒、钒氮合金生产、低品位含钒弃渣提钒等多项技术取得突破并实现产业化应用，特别是钒产业技术水平国内领先、国际先进，直接还原新工艺流程取得阶段性突破。全国唯一的国家钒钛制品质量监督检验中心在我市顺利建成，检测能力覆盖23个钒钛制品、304个项目（参数），重点产品5个、关键项目（参数）40个，关键项目（参数）均可按国际先进标准实施检验。

三是有极为广阔的市场前景。目前，我国钒产业的发展明显落后于世界先进水平，钢铁工业中钒消耗强度仅为20~25公斤/1000吨钢左右，而发达国家的钒消耗量平均为50公斤/1000吨钢左右，随着钒的应用领域不断扩展，特别是钒在非钢铁领域的应用，钒电池、钒铝合金、氧化钒薄膜等已引起广泛重视，市场潜力极大。全球钛白粉市场增长主要来自亚洲，尤其是中国，随着全国发展战略的提升，以及经济社会发展水平的提高，钛白粉、钛材等传统钛产品消费市场将不断拓展，需求量将快速增加，钒钛产业的发展前景十分广阔。

四是有前所未有的政策机遇。攀西战略资源创新开发试验区正式获批且攀枝花被全域纳入，攀枝花成为全国老工业基地调整改造规划的城市之一，全省实施多点多极支撑发展战略，攀枝花被确定为重点推进的支撑点之一，都将为我市加速壮大钒钛产业、打造世界级钒钛之都带来政策、资金、项目、科技、人才等方面的强力支持。

三、攀枝花打造世界级钒钛之都的对策措施

一是要更新发展理念。正确处理钒钛资源与钒钛经济、钒钛产值与钒钛产业、钒钛产业与钢铁等其他产业、建设钒钛之都与经济社会全面发展的内在有机关系，摈弃优势资源即优势产业、钒钛产值大市就是钒钛经济强市的陈旧观念，从根本上转变以输出钒钛原料或初级制成品换取产值上升的发展观念；以钒钛经济作为特色经济的主导产业和重要载体，进一步培育特色生物资源开发、旅游业、生产性和民生性服务业、高新技术产业等新的经济增长点，把攀枝花建设成我国重要的钢铁、能源、钒钛工业基地，具有亚热带特色的高产、优质、高效的农副产品生产基地，川滇交界的科技、金融、商贸基地，成为承接成渝经济区和云南桥头堡、钒钛经济在国内外具有举足轻重地位的百万人口特大城市。

二是要加强资源整合力度。建设世界级钒钛之都不只是钒钛资源配置的简单叠加，而是通过优化配置寻求效益最大化。要加快矿业结构调整，优化矿产品结构，推动现有小矿山企业的整合，大力提高矿业生产规模化程度。加快市内重点矿区、重点矿种的资源整合，搞好市内市外矿产的互补利用，组建规模以上矿业企业和企业集团，逐步形成跨区域、规模化、集约化的矿业发展格局。优化矿产资源配置，科学调控资源供求关系，淘汰落后产能，促进优势资源向支柱产业、优势企业集中，将资源优势转变为产业优势。

三是要进一步壮大产业规模。产业规模和市场占有率是产业优势的集中体现，强大的钒钛经济实力和影响力是世界级钒钛之都的重要指标。为此，必须加大含钒钛钢铁新材料的开发力度，提高含钒钛钢铁产业核心竞争力，推进含钒钛钢铁新材料产业向纵深发展。巩固钒产业地位，进一步完善包括新产品研发、市场开拓、生产技术水平提升等在内的钒行业体系，将攀枝花建成国际三氧化二钒、五氧化二钒、钒氮合金和钒铁生产基地、中国最大的含钒微合金钢生产基地。促进钛产业向大型化、规模化、集群化、高精尖方向发展，不断扩大国际市场占有率，建成国内最大的钛白粉和海绵钛生产基地。

四是要大力实施重大科技攻关。积极开发攀枝花高钙镁钛精矿制取富钛料技术，积极开发过渡性技术，突破利用攀枝花钒钛磁铁矿规模生产四氯化钛的技术瓶颈。研究和推广先进采选矿、微细粒级钛精矿回收、尾矿、表外矿提钛、高炉渣提钛利用等技术，全力推动新技术、新流程项目上马，组织实施直接还原工艺技术的研发和产业化。积极开发钛白粉初品的后处理技术和专用型钛白粉生产技术，进行二氧化钛直接电解法生产的研究。跟踪国际先进技术和发展方向，进一步加强低含钒废弃物科研攻关，加强钒铝合金、含钒催化剂、无毒钒颜料、钒酸钇光学材料及器件、含钒荧光材料和钒在非钢领域应用等方面研究和技术开发，力争在钒铝合金、含钒催化剂领域实现产业化。在钴、铬、铜、镍、镓、钪回收产业化技术上取得新的突破，开发出一批在国际国内领先、具有自主知识产权的工艺技术和高附加值、高技术含量的新产品，占领国际、国内钒钛产业发展制高点。

五是要深化体制机制创新。进一步转变政府职能，减少行政审批，改善服务水平，提高工作效率，实行有利于钒钛产业发展的财税、金融、土地政策，对钒钛产业的重大项目建设，采取特殊优惠政策，个案研究解决，为企业的发展提供良好环境。支持国有大中型企业深化内部改革，搞好主辅分离，做大做强钢铁钒钛主业，加快建立和完善现代企业制度，提高企业竞争实力。加强指导和协调，实施积极的财政、税收、土地政策，鼓励民间资本采取联合、联营、集资、入股等多种方式进入钒钛投资领域，允许民间投资者依法获得钒钛资源的探矿权和采矿权，促进民营钒钛企业的快速发展。积极争取上级在能源、税收、资金、科技、产业、资源、机制等方面的政策支持，努力赢得钒钛产业发展主动权。

六是要加强基础产业配套。以“两高两铁一水”为重点，加快打造全省次级交通枢纽，为发展钒钛产业集群构筑现代化交通平台。加快城市电网建设，确保电力需求。加快钒钛产业园区基础设施建设，做好钒钛产业园区扩园升级工作。鼓励市内钒钛企业开发利用海外钒钛资源，通过利用进口钒钛原料，丰富钒钛产业原料来源。为符合条件的企业落实西部大开发政策和相关的税费优惠政策，为钒钛企业拓展市场提供良好的配套服务。

十多年的钢铁突围之战，十多年的钒钛发展之路，昔日的百里钢城完成了历史的蜕变，成就了今日的中国钒钛之都、中国阳光花城。站在新的历史起点，面临新的历史机遇，攀枝花将以党的十八大精神为总揽，以提高经济增长质量和效益为中心，按照“五位一体”总体布局，继续打好资源综合开发利用硬仗，奋力实现中国钒钛之都向世界级钒钛之都的二次跨越！

（二）调查研究

1 月 22 日　对我市交通在建项目及道路沿线环境进行调研，副市长柳康健、殷旭东陪同调研。

2 月 26 日　与出席全市县区工作暨急难险重任务推进会的代表到我市部分急难险重任务项目一线调研。

3 月 27 日　市委书记刘成鸣前往部分工业企业、园区、居民生活区进行调研，并召开专题研究会。市委副书记、市长张剡，市委常委、常务副市长杨自力出席研究会。

4 月 7 日　率市级相关部门负责人到攀钢钒业公司、银江金勇工贸有限责任公司实地调研。

4 月 7 日　实地踏勘三堆子跨江大桥选址等前期工作推进情况，副市长柳康健陪同。

4 月 12 日　率队调研花城新区建设工作，并召开专题会议。副市长贾德华主持会议。

4 月 20 日　陪同国家环境保护部政策法规司司长李庆瑞一行就我市国模创建工作进行调研。

4 月 20 日至 21 日　深入攀钢所属地龙箐生活小区，对群众在《小科帮忙》栏目反映的问题进行调研。

4 月 22 日　前往市防震减灾局，调研防震减灾工作。副市长贾德华陪同调研。

5 月 28 日　下午，前往仁和区调研煤炭资源整合、防汛等工作。副市长殷旭东陪同调研。

6 月 21 日　深入我市人才服务中心、大学生科技创业孵化园、炳草岗街道民建社区等地，就人力资源和社会保障工作开展情况进行调研。市委常委、常务副市长杨自力参加调研。

6 月 21 日　前往攀枝花学院进行调研，副市长张敏陪同调研。

7 月 12 日　上午，刘成鸣、张剡同志前往市防汛抗旱指挥部，调研汛情并检查防汛减灾工作。李群林同志陪同调研。

7 月 16 日　下午，副省长黄彦蓉莅攀并先后到我市部门厂矿、高校、重点项目建设工地，调研安全生产、城市建设、教育发展工作。省教育厅厅长朱世宏，省住房和城乡建设厅厅长何健，市领导张剡、沈钧同志陪同调研。

8 月 8 日　前往阿署达花舞人间景区和普达阳光国际康养度假区建设现场，调研重大项目建设情况。

8 月 20 日　市人大常委会组织第十二届全国人大代表攀枝花代表小组、第十二届四川省人大代表攀枝花代表团的部分代表，对我市推进“两化”互动、城乡统筹发展情况进行调研。市委副书记、市长张剡，副市长贾德华陪同调研。

8 月 21 日　全国政协常委彭小枫上将率全国政协调研组莅攀调研攀西战略资源创新开发试验区工作。市委副书记、市长张剡，副市长柳康健陪同调研。

8 月 23 日　副省长曲木史哈率队调研我市农业和农村工作，市委副书记、市长张剡，副市长李仁杰陪同调研。

8月28日　对金沙江中心区段沿江景观打造工作所涉及的重要节点调研。副市长贾德华陪同调研。

8月30日　前往中启矿业尾矿库、仁和区迤资工业园区，就部分重大项目建设情况及安全生产工作进行调研。

9月9日至11日　率队赴南京、昆山、太仓等地考察学习东部地区在发展非公经济、机械制造、汽车及零部件制造等产业的先进经验和做法。市政协副主席、市委统战部部长赵勇陪同考察。

9月22日　前往啊喇烟叶收购点、平地烟叶收购中心站调研烟叶收购工作。副市长李仁杰陪同调研。

9月24日　省国土资源厅厅长杨冬生前往我市喻家坪滑坡（泥石流）地质灾害工程治理项目现场、川煤集团攀煤小宝鼎矿、省地矿局106地质队红格钒钛磁铁矿项目普查部、红格钒钛磁铁矿矿区，就我市地质灾害防治、矿产资源开发利用等方面工作进行调研。市委副书记、市长张剡，副市长贾德华陪同调研。

10月11日　前往金江物流园区和密地现代商贸物流园区，就我市重点项目推进情况进行调研。

11月8日　下午，市长张剡前往钛产业园区、仁和区迤资工业园区，就企业转型升级及相关重大工业项目建设情况进行调研。

11月10日　前往西区调研经济社会发展情况。

11月11日至12日　省委常委、副省长钟勉先后前往东区、仁和区、钒钛产业园区、西区等地，实地调研我市战略资源开发、产业园区建设、地质灾害防治等工作开展情况。省财政厅厅长王一宏，省国土资源厅厅长杨冬生，市长张剡、常务副市长杨自力、副市长贾德华陪同调研。

11月13日　四川省农业厅厅长任永昌前往西区、仁和区、米易县等地，就我市花卉产业建设项目、种养循环和高效节水集成集约示范项目建设进行调研。市长张剡、副市长李仁杰陪同调研。

11月28日　国家发改委副主任胡祖才一行前往攀钢钒生产管控中心和轨梁厂、钒业公司，攀枝花钒钛产业园区，对我市钒钛资源综合利用工作进行调研。市委书记刘成鸣、市长张剡陪同调研。

12月2日　市委书记刘成鸣，市长张剡在雅安市委书记叶壮，市长陈越良的陪同下，前往雅安市名山区、中峰万亩生态茶园、蒙顶山茶叶批发市场等地，实地考察当地产业援建以及茶叶产业等发展情况。张剡代表攀枝花市政府与名山区政府负责人签订雅攀蒙顶山茶产业园区框架协议。

12月4日　前往平地镇中心校马头村教学点、平地镇中心校、大河中学和市实验学校，对全市基础教育工作情况进行调研。副市长张敏陪同调研。

12月5日　前往丽攀高速公路攀枝花段C11、C9合同段，对工程进展情况进行调研。市委常委、政法委书记张伟陪同调研。

12月9日　下午，前往成昆铁路扩能改造工程攀枝花段米易东站规划建设选址现场，对工程推进情况进行调研。

12月24日　前往西区河门口和东区弄弄坪空气质量监测站，对我市空气质量监测及空气污染防治工作开展情况进行调研。

12月24日　前往仁和区前进镇，调研纳拉河桥和灰老沟桥右半幅桥通车情况。副市长柳康健陪同调研。

12月25日至26日　副省长甘霖在市委书记刘成鸣、市长张剡、常务副市长杨自力的陪同下，前往我市部分金融机构、产业园区、小集镇和旅游新村，对我市推动产业升级、城市转型相关工作进行调研。

（三）会议活动

1月4日　攀枝花市与省级银行机构银政企对接会在成都世纪城新会展中心举行。市委副书记、市长张剡作项目推介并代表市政府与省级银行机构签署战略合作框架协议。

△　攀枝花市人民政府与成都铁路局在四川铁道大酒店会议中心举行战略合作框架协议签字仪式。市委副书记、市长张剡，副市长柳康健、刘建明出席会议，并签订战略合作框架协议。

1月6日　市委理论学习中心组2013年第一季度集中学习会在攀枝花会展中心召开。市委副书记、市长张剡等市委理论学习中心组成员参加集中学习。

1月7日　中共攀枝花市委九届四次全体（扩大）会议暨市委经济工作会议在攀枝花会展中心举行。市委副书记、市长张剡安排2013年经济工作。市委常委、常务副市长杨自力出席会议。

1月8日　主持召开全市重大工业产业化项目推进会，副市长刘建明出席会议。

1月9日　市委、市政府在攀枝花会展中心召开会议，专题研究加快推进银江水电站建设工作。市委副书记、市长张剡，副市长柳康健、贾德华出席会议。

1月10日　中国人民政治协商会议第八届攀枝花市委员会第二次会议在攀枝花会展中心开幕。市委副书记、市长张剡出席开幕大会并在主席台就座，祝贺大会召开。

1月11日　攀枝花市第九届人民代表大会第二次会议预备会议在攀枝花会展中心大会堂举行。市委副书记、市长张剡出席会议。

1月12日　攀枝花市第九届人民代表大会第二次会议在攀枝花会展中心开幕。出席和应邀出席昨天大会并在主席台就座的有：市委副书记、市长张剡、市委常委、常务副市长杨自力、副市长柳康健、殷旭东、张敏、刘建明、李仁杰、贾德华。

1月13日　市九届人大二次会议在攀枝花会展中心举行第二次全体会议。出席和应邀出席大会并在主席台就座的有：市委副书记、市长张剡、市委常委、常务副市长杨自力、副市长柳康健、殷旭东、张敏、刘建明、李仁杰、贾德华。

1月13日　先后参加了市九届人大二次会议仁和区代表团和米易县代表团的审查。

1月14日　市九届人大二次会议经过全体参会代表的共同努力，圆满完成各项议程，在攀枝花会展中心闭幕。出席和应邀出席昨天大会并在主席台就座的有：市委副书记、市长张剡、市委常委、常务副市长杨自力、副市长柳康健、殷旭东、张敏、刘建明、李仁杰、贾德华。

1月14日　省委、省政府召开全省安全生产工作电视电话会。市委副书记、市长、市安委会主任张剡，副市长、市安委会副主任殷旭东在攀枝花分会场参加会议。

1月15日　市委、市政府在攀枝花宾馆举行2013年老干部春节团拜会，向全市老领导、老前辈、老同志送上新春的问候和良好的祝愿。市委副书记、市长张剡通报了2012年全市经济社会发展情况和2013年经济社会发展预期目标。

1月16日　会见了华润（集团）有限公司副总经理、华润电力控股有限公司董事局主席周俊卿。双方就银江水电站列为攀枝花环境改善工程的重点项目建设达成共识。

1月20日　与鞍钢集团公司董事长、党委书记张广宁一行座谈，双方就深入推进攀钢改革，携手加快地企发展进行了交流。市委常委、常务副市长杨自力，副市长刘建明参加座谈会。

1月22日　对我市交通在建项目及道路沿线环境进行调研，副市长柳康健、殷旭东陪同调研。

1月23日　抵蓉参加四川省第十二届人大一次会议。

1月24日　出席四川省十二届人大一次会议的攀枝花代表团召开全体会议。省人大代表、市委副书记、市长张剡出席会议。

△　带着市委、市政府对老一辈开发建设者的亲切关怀和问候，市委副书记、市长张剡，前往攀枝花市成都干休所，看望慰问居住在这里的市离休老干部，感谢他们为攀枝花建设发展做出的贡献，祝他们新春愉快，身体健康。

△　我市在成都举行新春座谈会，来自成都片区的21位市政府顾问和特聘专家齐聚一堂，共商攀枝花发展大计。市委副书记、市长张剡出席座谈会，并代表市委、市政府向与会人员致以新春的问候。副市长刘建明出席座谈会。

1月26日　省人大常委会副主任彭渝参加了省十二届人大一次会议攀枝花代表团审议。省人大代表、市委副书记、市长张剡参加审议。

1月27日　省十二届人大一次会议攀枝花代表团举行全体会议，审议省政府工作报告、计划报告、财政报告和省人大常委会工作报告。市委副书记、市长张剡等省人大代表参加审议。

2月4日　中共攀枝花市委常委（扩大）会议在攀枝花会展中心召开。市委副书记、市长张剡在会上传达了王东明书记在我市慰问和调研时的重要指示精神。李章忠副市长出席会议。

△　看望慰问消防、武警官兵，部分生活有困难的党员、职工和劳模，向他们送去新春的祝福和美好的祝愿。副市长李仁杰一同看望慰问。

2月5日　市委宣传部、市重大节日办、市文广新局主办的“攀枝花市2013年春节团拜电视文艺晚会”拉开帷幕，市委副书记、市长张剡观看了文艺晚会。

△　带着市委、市政府对老一辈开发建设者的亲切关怀和问候，市委书记刘成鸣，市委副书记、市长张剡看望慰问了市老领导韩国宾、孙本先，感谢他们为攀枝花建设发展所作出的贡献，向他们致以节日的美好祝愿。

2月6日　到攀煤宝鼎矿区棚户区改造清香坪小区安置房住户中间，将新房钥匙送到了他们手中，与他们共同分享乔迁新居的喜悦，并鼓励他们在党和政府的关心支持下，共建共享美好家园。

2月7日　率队对农贸市场、超市、客运中心、攀枝花火车站等地进行节前安全大检查。市委常委、常务副市长杨自力，副市长殷旭东、张敏一同检查。

2月26日　与出席全市县区工作暨急难险重任务推进会的代表到我市部分急难险重任务项目一线调研。

3月6日　在京参加十二届全国人大一次会议的全国人大代表、攀枝花市委副书记、市长张剡应邀接受人民网记者专访，张剡畅谈了攀枝花强力推进钒钛战略资源创新开发利用的目标和举措。

3月18日　“攀枝花钒钛资源综合利用战略研究”项目启动会在北京召开。市委副书记、市长张剡出席会议。

3月19日　市委、市政府与中国国际经济交流中心在京举行《攀西战略资源创新开发试验区》战略合作座谈会。市委副书记、市长张剡出席座谈会。

3月21日　攀枝花市传达全国“两会”精神大会召开。市委副书记、市长张剡传达了十二届全国人大一次会议和全国政协十二届一次会议主要精神，介绍了“两会”新风、四川代表团参加会议情况等。

3月27日　市委书记刘成鸣前往部分工业企业、园区、居民生活区进行调研，并召开专题研究会。市委副书记、市长张剡，市委常委、常务副市长杨自力出席研究会。

3月29日　2013年攀枝花市环境保护暨创国模攻坚大会在会展中心召开。市委副书记、市长张剡主持会议并代表市政府与相关县（区）和企业签订目标责任书。

3 月 29 日　全市“思想大解放，作风大转变，工作大落实”主题教育活动集中点评会在攀枝花会展中心召开。市委副书记、市长张剡出席会议并进行点评。

4 月 7 日　实地踏勘三堆子跨江大桥选址等前期工作推进情况，副市长柳康健陪同。

4 月 8 日　省委第六巡视组组长杨素一行莅临我市，就攀枝花市和东区、米易县对巡视组巡视反馈意见整改落实情况进行回访。市委副书记、市长张剡主持汇报。

4 月 9 日　率市级相关部门负责人前往炳三区、五十四、瓜子坪、炳草岗片区进行视察，并召开专题研究会。

4 月 11 日　市长张剡主持召开市政府第 19 次常务会议，会议审议并原则通过了《关于全市林业产业发展情况的报告》等。

4 月 12 日　率队调研花城新区建设工作，并召开专题会议。副市长贾德华主持会议。

4 月 15 日　在成都先后与日照钢铁控股集团有限公司、浙江森禾种业股份有限公司、江苏三木集团有限公司相关负责人举行会谈，就进一步加强交流合作进行了深入探讨。

4 月 18 日　我市召开全市重点项目推进工作会，市委副书记、市长张剡参加会议，并提出要求。

4 月 19 日　全省旅游多点多极发展攀西片区座谈会议在攀召开。市委副书记、市长张剡致辞，副市长柳康健出席会议。

4 月 20 日，雅安芦山发生地震，市委副书记、市长张剡第一时间对支援雅安地震灾区工作进行安排部署，全市迅速启动支援工作。

4 月 24 日，国家发改委副主任、国家能源局局长吴新雄在北京就攀枝花钒钛产业园区申请直购电事宜，听取了市委副书记、市长张剡的专题汇报。

4 月 25 日，率市级相关部门负责人，在蓉拜会国家开发银行四川省分行行长王中，重点就开发性金融支持攀枝花建设攀西战略资源创新开发试验区、国家现代农业示范区、中国阳光康养旅游城市等事宜进行了对接。

4 月 26 日，市委、市政府与攀钢集团有限公司举行地企对接合作工作座谈会。市委副书记、市长张剡出席会议并提出要求。

4 月 27 日　在市政府大楼前，与全市人民一道，深切哀悼“4·20”芦山 7.0 级地震遇难同胞和在抗震救灾中牺牲的英雄。

4 月 27 日　攀枝花市科学技术奖励大会在攀枝花会展中心举行，转炉—方圆铸机流程优特钢生产集成技术与产品开发等项目、四川安宁铁钛股份有限公司等单位获得奖励。市委副书记、市长张剡主持会议。市委常委、常务副市长杨自力作全市科技和知识产权工作报告。

4 月 27 日　市委、攀枝花市创建国家森林城市、国家园林城市和全国文明城市攻坚大会在攀枝花会展中心召开，市委副书记、市长张剡，副市长张敏、李仁杰、贾德华出席会议。市委常委、常务副市长杨自力主持会议。

△　第五届攀枝花市青少年科技创新市长奖颁奖大会举行。市委副书记、市长张剡为获奖学生颁奖。

5 月 6 日　市长张剡主持召开市政府第 21 次常务会议。会议学习传达了全省市州长专题会议精神。

5 月 7 日　十届省政协副主席解洪在攀枝花会展中心为我市领导干部作《加快试验区建设努力实现跨越突破》的专题报告，市委副书记、市长张剡聆听报告。

5 月 8 日　全市开展“实现伟大中国梦、建设美丽繁荣和谐四川”主题教育活动动员大会在攀枝花会展中心召开，市委副书记、市长张剡主持大会并就贯彻落实会议精神提出要求。

5 月 9 日　全市招商引资工作会在攀枝花会展中心召开。市委副书记、市长张剡在会上提出要求，副市长李仁杰出席会议。

△ 市安委会第二次（扩大）会暨安全生产形势分析会在攀枝花会展中心召开。市委副书记、市长张剡出席会议，副市长殷旭东对下一阶段安全生产工作提出具体要求。

5月16日 在成都会见了鞍钢集团公司董事长、党委书记张广宁。双方就开展地企合作相关事宜深入交换了意见。副市长李仁杰参加会见。

△ 攀枝花市与中国水利水电建设股份有限公司在成都举行项目促进会。市委副书记、市长张剡，副市长李仁杰出席签约仪式。

5月17日 四川与中央企业深化合作座谈会在成都锦江宾馆召开，四川攀枝花钒钛产业园区、西区人民政府分别与中石化石油工程公司、攀钢集团公司签订了总投资达50亿元的项目开发协议。市委副书记、市长张剡出席座谈会并在主席台就座。

5月19日至23日 率队前往广东、浙江实地考察，并与恒大集团董事局主席许家印、浙江森禾种业股份有限公司等知名民营企业及永康五金城等企业负责人进行座谈。

5月28日 香港中文大学首席教授、著名经济学家郎咸平应邀来攀，在攀枝花会展中心大会堂作了题为“中国梦·这里仁和：区域经济发展与展望”主题演讲。市委副书记、市长张剡到场聆听演讲。

6月3日 主持召开市政府第22次常务会议。会议审议并原则通过了《中国阳光康养旅游城市发展规划》《四川省攀枝花市创建国家环境保护模范城市规划》《四川省攀枝花市创建环保模范城市实施方案(2013－2014年度)》和《攀枝花市发展和改革委关于申报国家级新能源示范城市的请示》等。

6月6日 前往米易县，就开展好“实现伟大中国梦、建设美丽繁荣和谐四川”主题教育活动，为米易县440余名干部职工作宣讲。

6月6日 率队前往米易县，检查米易中学考点的高考准备工作，并听取今年高考的考点分布、交通指挥、安全保卫等工作情况汇报。副市长张敏陪同检查。

6月8日 下午，在金海开元名都大酒店会见了由达州市市委副书记、市长包惠带队的达州市考察团一行。副市长贾德华参加会见。

6月9日 攀枝花市政府与四川省铁路产业投资集团有限责任公司在成都签订攀枝花至大理（过境）高速公路合作意向协议。市委副书记、市长张剡与省铁投集团副董事长、总经理何兴江在合作意向协议上签字。

△ 省委省政府召开全省安全生产工作电视电话会议。市委副书记、市长张剡代表市政府在主会场签订煤矿整顿关闭目标任务责任书。

6月13日 全省就业创业工作暨2013年高校毕业生就业电视电话会议召开。市委副书记、市长张剡，市委常委、常务副市长杨自力在攀枝花分会场参加会议。

6月19日 中共攀枝花市委常委（扩大）会议在攀枝花会展中心召开。市委副书记、市长张剡传达全省学习贯彻党的十八大和省委十届三次全会精神读书班的主要精神。

6月20日 全市工业经济形势分析暨先进表彰工作会在攀枝花会展中心召开。市委副书记、市长张剡主持会议。

△ 我市与攀钢集团有限公司举行地企合作协调会。市委副书记、市长张剡，市委常委、常务副市长杨自力出席会议。

6月22日 全市创建中国阳光康养旅游城市暨旅游新村建设攻坚大会召开。市委副书记、市长张剡对创建工作提出要求。

6月23日 全市交通枢纽建设攻坚大会召开。市委副书记、市长张剡出席会议。

6月28日 在北京与中国铁路物资股份有限公司主要负责人进行座谈，交换意见，双方就加快钒钛资源综合利用、机械制造业发展达成共识。

7 月 4 日　国家发改委、四川省人民政府在北京召开攀西战略资源创新开发试验区首次部省联席会议，攀枝花市委副书记、市长张剡参加会议。

7 月 8 日　中共攀枝花市委常委（扩大）会议在攀枝花会展中心召开。市委书记刘成鸣主持会议并讲话。市委副书记、市长张剡对中央、省委相关精神和攀西战略资源创新开发试验区首次部省联席会议精神进行了传达。

7 月 10 日　中共攀枝花市委九届五次全体（扩大）会议在攀枝花会展中心举行。市委副书记、市长张剡就《决定（审议稿）》向全会做了说明，并对全市经济工作作了总结和安排。市领导谢道全、单荣、赵辉、杨自力、李群林、程少华、沈钧、张伟、王海波、李章忠、熊伟等出席会议。

7 月 14 日　全省防汛减灾电视电话会议召开。市委副书记、市长张剡，副市长李仁杰、贾德华在攀枝花分会场参加会议。

7 月 23 日　全省上半年经济运行和社会事业工作分析电视电话会议召开。市委副书记、市长张剡，市委常委、常务副市长杨自力，副市长柳康健、张敏在攀枝花分会场参加会议。

7 月 24 日　市长张剡主持召开市政府第 23 次常务会议，会议审议并原则通过了《关于调整全市最低工资标准的请示》《关于启动攀枝花市民卡工程建设的请示》等。

7 月 30 日　中国人民解放军军事科学院原副院长、中国三线建设研究会筹备领导小组组长钱海皓中将，原国家计委三线建设调整办公室主任、中国三线建设研究会筹备领导小组副组长王春才，在攀枝花会展中心会见了市委书记刘成鸣，市委副书记、市长张剡。

7 月 30 日　市委、市政府在攀枝花会展中心召开全市经济形势报告会暨主题教育活动总结表彰大会。市委副书记、市长张剡主持表彰大会并就运用好主题教育活动经验，扎实推动各项工作提出具体要求。

7 月 31 日　我市召开“2013 攀枝花企业 50 强”发布暨攀枝花企业高峰会。市委副书记、市长张剡，市政协主席单荣，市委副书记赵辉，市人大常委会副主任张如英出席会议并为企业代表颁发证书。

△　我市召开会议传达贯彻中央政治局会议精神。市委副书记、市长张剡传达中央政治局会议精神。

8 月 1 日　攀枝花市鱼塘至机场路新建道路工程开工，市委书记刘成鸣，市委副书记、市长张剡，副市长柳康健出席开工仪式。

△　市委在攀枝花会展中心召开市级机关离退休干部情况通报会，市委书记刘成鸣，市委副书记、市长张剡出席会议。

8 月 2 日　攀枝花市对外开放和招商引资领导小组在会展中心召开 2013 年第二次会议。市委副书记、市长张剡出席会议并对招商引资工作提出具体要求。副市长李仁杰出席会议。

8 月 19 日　市委书记刘成鸣，市委副书记、市长张剡会见由成都天诚谢菲联俱乐部名誉主席肖星华、顾问黄容生等组成的中国天诚（集团）总公司考察团一行。副市长李仁杰陪同考察并参加会见。

8 月 20 日　四川省推进民营经济发展工作电视电话会议在成都召开。市委副书记、市长张剡在攀枝花分会场参加会议。

8 月 23 日　主持召开市城市管理委员会 2013 年第二次主任会议，审议《攀枝花中心区金沙江沿江景观设计—植物景观专项方案》等五项内容。副市长殷旭东、贾德华出席会议。

8 月 24 日　省政府副秘书长、省政府参事室主任蔡竞率领省政府参事室调研组调研我市现代农业发展、农业基层服务站建设等情况。市委副书记、市长张剡出席相关汇报会。

8 月 26 日　攀枝花市与名山区正式签订《攀枝花市对口支援雅安市名山区“4·20”地震灾后重建

框架协议》。市委副书记、市长张剡出席签约仪式。

8月27日　市安委会召开第三次（扩大）会，市委副书记、市长、市安委会主任张剡出席会议。

8月28日　市九届人大常委会第十三次会议在攀枝花会展中心召开。市人大常委会主任谢道全主持会议。市委副书记、市长张剡，市委常委、常务副市长杨自力列席会议。

△　攀枝花市与中国电信四川公司在攀枝花会展中心签署“宽带中国・光网攀枝花”战略合作协议。市委副书记、市长张剡，市委常委、常务副市长杨自力出席签字仪式。

9月2日　省地税局副局长邓国建率队对我市地税征管、纳税服务等工作进行调研。调研组一行察看了我市“12366”纳税服务热线、办税服务大厅环境和运行情况。市委副书记、市长张剡就地税工作开展情况和推动地方经济发展等与调研组交换了意见。

9月3日　市委书记刘成鸣在会展中心主持召开全市重大项目推进会，对做好下一步重大项目推进工作进行了研究和安排部署。市委副书记、市长张剡，市委副书记赵辉，市委常委、市委秘书长王海波，市委常委李章忠出席会议。

△　市委、市政府召开欢乐阳光节专题会议，对欢乐阳光节筹备工作进行细化部署。市委书记刘成鸣，市委副书记、市长张剡、市委副书记赵辉出席会议。

9月4日　全省加快服务业发展工作电视电话会议召开。市委副书记、市长张剡在攀枝花分会场参加会议。市长张剡就我市贯彻落实电视电话会议精神，进一步做好服务业工作进行了安排部署。

△　在成都双流机场与省机场集团董事长李伟会谈，双方就攀枝花机场航班运行、航线开发等情况进行了深入交流。副市长柳康健参加会谈。

9月5日　与成都铁路局局长武勇进行座谈，双方重点就成都铁路局支持攀枝花建设四大物流园区有关事宜进行了对接。

9月16日　参加第四届川滇黔十二市州合作与发展峰会的攀枝花市政府代表团与丽江市政府代表团在贵州省毕节市召开座谈会。市委副书记、市长张剡与丽江市委副书记、市长和良辉出席座谈会。双方在丽攀高速建设、观音岩水电站库区管理等方面达成共识。

9月17日　第四届川滇黔十二市州合作与发展峰会在贵州省毕节市召开。攀枝花市委副书记、市长张剡出席会议，并作题为《联动推进新型城镇化共同建设川滇黔活力城市圈》的主题演讲。

9月29日　“全省两个现场会”（全省百镇建设现场会和重点旅游项目推进现场会）六十天奋战动员大会在攀枝花会展中心召开。会上，市委副书记、市长张剡传达了省委、省政府相关精神，并代表市政府与责任单位签订目标责任书。

△　市城管委召开会议，审议《东区政府沿江打造美化方案》《东区、仁和区花城示范街打造方案》等三大类九项方案。市委副书记、市长张剡，副市长殷旭东、贾德华出席会议。

10月8日　市委召开市委常委（扩大）会议，传达学习习近平总书记关于贯彻落实中央八项规定重要指示精神，对第四季度工作进行了安排部署。市长张剡、常务副市长杨自力出席会议。

10月9日　市委市政府召开工业园区建设和新型城镇化工作专题会议。市委书记刘成鸣，市长张剡，常务副市长杨自力，副市长柳康健、贾德华出席会议。

△　市长张剡主持召开市政府第二十五次常务会议。审议并原则通过《攀枝花市促进进出口稳增长调结构十二条措施》《攀枝花市城市商业网点规划（2011～2020）》等。

10月10日　市委、市政府召开加快建设攀西战略资源创新开发试验区专题会议，讨论试验区相关建设方案。市委书记刘成鸣、市长张剡、常务副市长杨自力、副市长柳康健出席会议。

△　市长张剡前往西区玉泉街道动力站社区、河门口街道，走访慰问我市部分生活困难老人。

10月12日　我市召开攀枝花市质量发展大会暨国家钒钛制品质量监督检验中心服务项目说明会。

市长张剡、常务副市长杨自力出席会议。

10月15日　攀西经济区科技投资推介会在绵阳召开。攀枝花成功签约重大投资项目12个，重大科技成果转化项目5个，签约金额达57亿余元。市长张剡出席推介会。

10月16日至17日　宜宾市党政代表团一行前往攀钢轨梁厂、沿江景观打造项目现场、钒钛产业园区等地，对我市经济社会发展情况进行考察。考察结束后召开了攀枝花—宜宾区域经济合作会议，共同签订了战略合作框架协议书。市委书记刘成鸣、市长张剡、常务副市长杨自力、副市长贾德华出席会议。

10月21日　市委、市政府召开城市路网规划工作会议。市委书记刘成鸣、市长张剡、副市长贾德华出席会议。

10月23日　市委书记刘成鸣，市长张剡在成都会见日本双日株式会社全球执行董事、中国总代表大野滋，日中经济协会总代表横山达也，久保田（中国）投资公司总经理魏杰。

10月24日　市委书记刘成鸣，市长张剡在成都分别会见川威集团、中国重汽、香港蔬菜协会、成都伟经投资集团等企业负责人，就促进重大项目在攀落地等事宜进行会谈。副市长李仁杰参加会见。

△　我市在成都举行攀枝花阳光康养产业恳谈会。市委书记刘成鸣、市长张剡出席会议并向应邀参会的香港世茂集团、首旅集团等众多知名旅游康养企业代表推介攀枝花旅游产业。副市长李仁杰参加会议。

△　市委书记刘成鸣，市长张剡在成都分别会见了四川省铁路产业投资集团有限公司、中水电、阿尔斯通、SMG基金公司、中国铸造协会各有关负责人。

10月28日　省电力公司总经理王抒祥一行前往花城新区、普达阳光国际康养度假区，就电力保障等情况进行调研。调研结束后，市委书记刘成鸣，市长张剡与王抒祥举行座谈会，就继续加强合作以及加快攀枝花电网建设等内容深入交流。常务副市长杨自力参加会议。

10月29日　省政府在攀召开攀西国家级战略资源创新开发试验区建设工作会。省委副书记、省长魏宏出席会议，听取有关攀西战略资源创新开发试验区工作情况汇报，并提出工作要求。市委书记刘成鸣、市长张剡、常务副市长杨自力出席会议。

11月5日　中共攀枝花市委在会展中心召开九届第五十七次常委会。会议传达了“全省领导干部大会”和“全省宣传思想工作会议”精神，审议了《关于加快推进小城镇建设的实施意见》等文件。市长张剡、常务副市长杨自力出席会议，副市长贾德华列席会议。

△　我市在会展中心召开学习兰辉同志先进事迹干部大会，来自全市各级各部门近600余人参加会议并收看兰辉同志先进事迹专题纪录片。市委书记刘成鸣、市长张剡出席会议。

△　全市组织工作会议在攀枝花会展中心召开。会议总结了市委九届三次全会以来的组织工作，并就贯彻落实全国、全省组织工作会议精神进行了安排部署。市委书记刘成鸣，市长张剡出席会议。

11月7日　我市在会展中心召开全市小城镇建设暨产业园区发展工作会。市委书记刘成鸣、市长张剡、常务副市长杨自力、副贾德华出席会议。

△　我市在会展中心召开城区夜景照明总体规划编制方案工作汇报会。市委书记刘成鸣，市委副书记、市长张剡听取专项工作汇报，并就规划理念、思路、重点等与设计单位进行交流。副市长贾德华参加会议。

11月8日　攀枝花市妇女第九次代表大会在攀枝花会展中心召开。省妇联副主席李静到会并讲话。市委书记刘成鸣、市长张剡、常务副市长杨自力、副市长张敏出席会议。

11月11日　攀枝花学院举行建校30周年庆祝大会。市长张剡、副市长张敏出席会议。

11月13日　与中国水利水电建设股份有限公司副总经理刘明江一行在攀枝花会展中心进行座谈，

就加快推进盐边县120万千瓦光伏发电项目交换了意见。

11月14日　市委书记刘成鸣，市长张剡与省交投集团公司董事长朱以庄一行在攀枝花会展中心举行座谈，就共同加快推动丽攀高速攀枝花段建设、深化合作等达成了共识。

11月15日　市委书记刘成鸣在会展中心主持召开市委九届第五十八次常委会。会议传达学习了“党的十八届三中全会”精神、习近平总书记系列重要讲话精神和省委常委、常务副省长钟勉同志来攀调研重要指示精神。市长张剡出席会议，副市长柳康健、李仁杰、贾德华列席会议。

11月15日　与省烟草专卖局（公司）局长（总经理）、党组书记胡存忠在成都举行座谈，就继续加强烟草收购工作、烟叶计划指标、土地整理及政策支持等方面进行了深入交流。

11月18日　市委、市政府在攀枝花会展中心召开铁路建设专项工作会议，对攀枝花南站站房建筑概念方案、全市铁路物流体系项目规划和全市轨道交通线网规划进行了研究。市委书记刘成鸣，市长张剡，常务副市长杨自力，副市长柳康健、贾德华出席会议。

11月19日　我市召开党风廉政建设领导小组会议。会议通报了今年以来我市党风廉政建设工作情况，听取了关于我市部分部门单位贯彻落实中央“八项规定”，省委、省政府“十项规定”情况汇报，研究讨论并通过了《攀枝花市党风廉政建设责任制考核办法》。市长张剡、常务副市长杨自力出席会议。

11月20日　我市深入贯彻十八届三中全会精神报告会在会展中心召开。经济学家、党建研究专家、反腐理论研究专家、《求是》杂志研究员黄苇町应邀为我市600余名领导干部作专题学习辅导报告。市委书记刘成鸣、市长张剡出席报告会。

1△　市委、市政府在攀枝花会展中心召开座谈会，听取部分大企业代表关于推动我市加快实验区建设以及发挥实验区引领作用相关意见和建议。市委书记刘成鸣、市长张剡、常务副市长杨自力出席座谈会。

11月21日　我市召开全市中心城区山体保护与利用规划汇报会。市委书记刘成鸣、市长张剡、副市长贾德华出席会议。

11月25日　省政府召开学习贯彻习近平总书记安全生产工作重要讲话精神电视电话会。市长张剡在攀枝花分会场参加会议。

11月26日　中央宣讲团党的十八届三中全会精神报告电视电话会在成都举行。市委书记刘成鸣、市长张剡在攀枝花分会场参加会议。

△　全市统一战线专题调研成果汇报会在攀枝花会展中心举行。市委书记刘成鸣，市长张剡出席会议。

11月29日　我市特利小五金产业孵化园等38个项目集中开工仪式在钒钛园区举行。此次集中开工的38个项目总投资达68.7亿元。市委书记刘成鸣、市长张剡出席开工动员大会。

△　国家发改委在西昌市召开攀西战略资源创新开发试验区建设专题座谈会。市长张剡出席会议并做专题汇报。国家发改委副主任胡祖才与张剡就我市试验区建设交换意见。

12月2日　市委书记刘成鸣，市长张剡在雅安市委书记叶壮，市长陈越良的陪同下，前往雅安市名山区、中峰万亩生态茶园、蒙顶山茶叶批发市场等地，实地考察当地产业援建以及茶叶产业等发展情况。张剡代表攀枝花市政府与名山区政府负责人签订雅攀蒙顶山茶产业园区框架协议。

12月3日　市委、市政府召开专题调研工作汇报会，对明年工作基本思路、主要目标及重点工作安排进行研究部署。市委书记刘成鸣，市长张剡，常务副市长杨自力，副市长柳康健、殷旭东、张敏、贾德华出席会议。

12月4日　市委书记刘成鸣，市长张剡在攀枝花会展中心会见了省电力公司党委书记刘勤一行。双方就深化合作，推动地企共同发展进行了深入交流。常务副市长杨自力参加会见。

12月5日　市政府与市级群团组织联席会在攀枝花会展中心举行。会议通报了2013年全市经济社会发展情况，对进一步加强群团组织工作进行安排部署。市长张剡，常务副市长杨自力出席会议。

12月6日　全省百镇建设暨重点旅游项目推进现场会在红格假日酒店召开。副省长黄彦蓉出席会议并讲话，市委书记刘成鸣在大会致辞，市长张剡作交流发言。来自全省各市（州）政府，省级相关部门以及全省“百镇试点行动”代表乡（镇）负责人参加会议。

△　2013·攀枝花欢乐阳光节开幕式暨重点旅游项目集中开工仪式在盐边县红格镇四川省体育竞训中心棒垒球基地举行。副省长黄彦蓉，省旅游局局长郝康理，市委书记刘成鸣，市长张剡出席开幕开工仪式。

12月11日　市委召开常委会议传达学习习近平同志在党的十八届三中全会上的讲话以及全省“走基层”活动现场会议精神，对我市贯彻落实有关精神具体措施进行研究部署。市委书记刘成鸣，市长张剡，常务副市长杨自力出席会议。

△　中国农业银行四川省分行党委书记、行长张军洲前往盐边县，对昔格达旅游新村、红格集镇打造情况进行实地查看。市长张剡与张军洲就深化合作、推动地企共同发展交换了意见。常务副市长杨自力、副市长李仁杰出席座谈。

△　市长张剡主持召开市政府第27次常务会议。审议并原则通过《攀枝花市攀西国家级战略资源创新开发试验区建设实施方案》《关于进一步加强最低生活保障工作的实施意见》等事项。

12月12日　攀枝花市召开重大基础设施建设推进协调领导小组第一次会议，围绕成昆铁路米易至攀枝花段扩能改造工程进展情况进行研究。市长张剡、副市长柳康健出席会议。

12月18日　我市举行“资源型城市可持续发展·打造中国经济升级版”高层研讨会。市委书记刘成鸣出席研讨会并致辞，市长张剡作主题演讲，常务副市长杨自力、副市长柳康建出席会议。

12月19日　我市召开花城新区核心区景观专项规划中间成果汇报会。市长张剡，副市长贾德华出席汇报会。

12月20日　全市宣传思想工作会议在攀枝花会展中心召开。市委书记刘成鸣出席会议并就加强宣传工作提出要求。市长张剡、副市长张敏出席会议。

△　民盟第十八次川西南片区盟务工作研讨会在我市举行。市长张剡出席会议并致辞。

12月23日　市委书记刘成鸣、市长张剡、常务副市长杨自力出席中共攀枝花市委在攀枝花会展中心召开常委（扩大）会议。

△　市文学艺术界联合会第六次代表大会在攀枝花会展中心举行，会议选举产生了市文联第六届领导组成成员。市长张剡、副市长张敏出席会议。

△　在攀枝花会展中心会见四川省能源投资集团有限责任公司董事长郭勇一行。

12月25日　市政协在攀枝花宾馆举行2014年新年茶话会。市政协主席单荣主持茶话会，市委书记刘成鸣出席会议并致辞，市长张剡出席会议。

12月27日　总投资达158亿元的30项成昆铁路米易至攀枝花段扩能改造工程在花城新区集中开工。市委书记刘成鸣，市长张剡，副市长柳康健、贾德华出席开工动员会。

△　全省道路交通安全综合整治攻坚年行动电视电话会议召开。会议确定2014年为全省“道路交通安全综合整治攻坚年”。市长张剡，副市长柳康健、殷旭东在攀枝花分会场参加会议。

12月29日　我市召开县区工作现场会暨急难险重任务推进会。市委书记刘成鸣，市长张剡率参会代表前往米易县城、盐边红格镇昔格达旅游新村等地，实地参观考察我市一年来各项工作所取得的成就。

12月30日　市委书记刘成鸣，市长张剡率参加全市县区工作现场会暨急难险重任务推进会的代表前往迤资园区、沿江景观打造绿化现场、龙密路工程等现场，对全市经济社会发展情况进行视察。

12月31日　中共攀枝花市委九届六次全体（扩大）会议暨市委经济工作会议举行。市长张剡安排了2014年全市经济工作。

△　市政府召开全市道路交通安全综合整治攻坚年行动会议。会议决定将2014年作为全市“道路交通安全综合整治攻坚年”，明确了六大工作任务。市长张剡出席会议并讲话，副市长柳康健、殷旭东出席会议。

三、市委副书记赵辉

（一）讲话文稿

在攀枝花市泸州商会成立大会上的讲话

2013年7月16日

在这火热的七月，攀枝花市泸州商会正式成立了。成立攀枝花市泸州商会是增进攀枝花与泸州两地经济文化交流，加快我市经济发展和社会全面进步的一件大事，具有十分重要的意义。借此机会，我代表市委、市政府对攀枝花市泸州商会的成立表示热烈祝贺！向莅临今天会议的省工商联陈建副主席一行和泸州市的曹建国副书记一行的各位领导表示热烈欢迎！向各位来宾及与会全体同志致以亲切的问候！下面我讲几点意见，供大家参考。

一、充分认识成立攀枝花市泸州商会的重要意义

首先，成立泸州商会是我市扩大开放和经济发展的客观要求。近几年来，攀枝花市大力招商引资，采取走出去、请进来的招商办法的同时，综合运用重点项目招商、重点区域招商、以商招商、委托招商等新型方式，提高了招商引资的效率和质量。在实施对外开放的战略中，我市曾多次组团到泸州等地开展参观考察、招商引资和经贸洽谈活动。其原因就在于泸州有四川省第一大港口和第三大航空港，是四川省南向综合交通枢纽、世界级白酒产业基地，是成渝经济区重要的商贸物流中心，长江上游重要的港口城市。攀枝花要实现“工业强市”战略，实施多点多极支撑发展战略，““两化”互动、城乡统筹发展战略，创新驱动发展战略，客观上要求我们不断扩大开放和加大民营经济发展的力度。成立攀枝花市泸州商会的主要目的，就是要为我市进一步扩大开放和引进外资提供一个展示交流的平台，为增进攀枝花与泸州两地的城市互助、经济互助、优势互补创造良好的机遇。

其次，成立攀枝花市泸州商会是建立和完善社会主义市场经济体制的必然趋势。商会是市场经济关系深化发展和社会分工的必然产物，攀枝花市泸州商会成立以后，将在政府、企业、市场之间，架起一座联系沟通的桥梁，为政府管理、服务民营经济发展当好助手。我相信，随着我国社会主义市场经济体制的不断完善，攀枝花市泸州商会将会在我市经济社会建设中发挥越来越重要的作用。

再次，成立泸州商会是在攀泸州籍商人的一致愿望。攀枝花投资兴业的泸州籍商人，最早来到攀枝花的有的已近30年，主要从事建筑、建材、房地产开发、矿业、五金机电、交通运输、餐饮娱乐等多个行业。泸州商人已成为攀枝花市经济建设中一支不可忽视的重要力量。新成立的攀枝花市泸州商会就是会员的“家”。可以说，攀枝花市泸州商会自筹备之日起，就充分体现了泸州客商促进攀枝花、泸州两地共同发展，维护自身权益的自发性和对社会高度负责的责任感。我坚信，攀枝花市泸州商会成立以后，在全体会员的共同努力下，严格按照《章程》办事，一定会有所作为，树立泸州人在建设攀枝花、发展攀枝花伟大进程中的新形象。

二、切实发挥攀枝花市泸州商会在经济发展中的作用

攀枝花市泸州商会作为自愿组成的具有法人资格的非赢利性社团，要在经济发展的主战场发挥应有的独特作用，要做好三方面的工作。

第一要认真做好维权协调工作，为促进民营企业快速发展搞好服务。攀枝花市泸州商会是党和政府领导下的民间社团，要坚持“自愿入会、自选领导、自聘人员、自筹经费、自理会务”的组织原则，实行“自我管理、自我服务、自我协调、自我约束、自我教育”的活动方针，紧紧围绕市委市政府的中心工作，切实为会员经济发展搞好服务。一要维护企业的合法权益，沟通政府与企业的关系，开展经常性的调查研究，及时了解会员的需求和行业发展状况，协助政府营造良好的市场经济环境。二要维护企业之间公平的市场竞争关系，创造良好的市场经济秩序。在市场经济条件下，行业之间，以及行业内部各企业之间的竞争是市场经济规律的内在体现和客观现实。地缘关系上是同乡，生意场上可能是竞争对手，这就需要商会发挥协调、服务、沟通的职能，避免行业、企业之间的不合理竞争、恶性竞争。三要面向企业提供全方位服务，不断提高企业和行业的经营效率和管理水平。会员企业在经营活动中，遇到自身无法解决的问题时，商会要积极出面，通过提供咨询、信息、培训、技术、市场等各种方式的服务来为企业排忧解难，促进行业、企业的健康发展。

第二要发挥商会的组织优势，努力做好招商引资工作。目前，泸州市在成都、昆明、重庆等多地都建有同类商会，攀枝花市泸州商会要充分利用联系广泛的组织优势，协助市委、市政府建立对外的广泛联系，抓住有利时机，进行多渠道、多层次、多形式的对外交往，积极引进技术、资金、信息、人才和管理经验，拓宽外贸渠道，为促进我市经济与外地经济的联系、联合搞好服务。要把国家、省、市出台的相关政策及时传递给企业，特别要把各项优惠政策落实到实处，帮助企业解决实际问题，使企业得到实惠。要把企业存在的问题及时反映给市委、市政府，多提合理化建议，为党委、政府当好参谋助手。要积极为全市招商引资牵线搭桥，联系介绍更多的客商到攀枝花投资兴业。

第三要发扬商会光荣传统，切实做好思想政治工作。“爱国、敬业、诚信、守法、贡献”是工商界人士的光荣传统，攀枝花市泸州商会要坚持“团结、服务、引导、教育”的八字方针，认真做好会员的思想工作，让商会的优良传统在攀枝花市泸州商会得以发扬光大。一要认真加强对在攀泸州籍商人的教育，教育他们遵守国家法律法规，依法经营、照章纳税、提高法律意识。二要引导商会全体会员牢固树立社会主义价值体系，自觉把自身企业发展与国家发展结合起来，把个人富裕与全体人民的共同富裕结合起来，把遵循市场法则与发扬社会主义道德结合起来，牢记发展才是硬道理，不断提高自身素质，把企业做大做强，同时要树立社会主义的世界观，义利观、价值观，时刻不忘回报社会，造福社会，奉献大众，做一个合格的中国特色社会主义建设者，促进我市经济社会建设协调发展。

三、几点希望

（一）树立商会良好的社会形象

我希望攀枝花市泸州商会要坚持正确的办会方向，带动广大会员走诚信、敬业、守法的路子，树立起自身良好形象。要本着“团结、交流、拓展、服务”的宗旨，团结和引导会员企业，为两市经济、商贸、文化和信息交流，扩大交往，进一步适应改革开放的新形势，推进两地的经济与社会发展而努力。

（二）坚持发挥组织优势，不断增强商会桥梁作用

要充分发挥商会职能，不断拓宽服务领域，丰富服务内容，提高服务质量，通过各种形式为会员企业提供服务。一要搭建商会会员企业与政府职能部门沟通的平台，增强相互了解，切实发挥联结政府、企业、市场之间的桥梁纽带作用二要加强与商会会员的联系，组织会员进行法律法规教育和职业道德教育，了解国内外经济形势和市场动态，学习和吸收外地经验；要加强与兄弟商会的横向联系，取长补短，积极探索基层商会的有效运行机制。三要加强与市内外、省内外、港澳台及海外工商社团组织的联络与交流，广交海内外朋友，扩大商会的对外影响，提高商会的知名度，为我市招商引资牵线搭桥。

（三）坚持加强自身建设，不断开创商会工作新局面

新成立的攀枝花市泸州商会应该注重以思想建设为核心，以组织建设为基础，以作风和制度建设为保证，以商会服务为载体，以引导会员企业健康发展为目标，全面加强自身建设，不断提高亲和力、吸引力、凝聚力。商会不是一个人或几个人的组织，要靠大家共同参与和维护，希望商会的领导班子能团结一心，加强自身建设，团结、帮助、引导会员提高自身素质，认真帮助会员排忧解难，协调关系、调解纠纷，切实维护会员的合法权益。举办各种有益的联谊活动，增进乡亲间的感情交流，增强本团体的凝聚力，加强本会与社会各商会团体组织的联系，为会员与政府有关部门的沟通与交流建立一个政策咨询和信息服务的平台。作为会员也要积极参加商会组织的各项活动，热心于商会的工作，商会的作用发挥了，那么大家在互惠互利的基础上就能求得共同发展。

最后，衷心祝愿各位客商、各位朋友事业兴旺、财源广进；祝福大家身体健康、万事如意！

在全市宗教界代表人士座谈会上的讲话

2013年9月17日

在中秋佳节和国庆节即将来临之际，我们把大家请来，在这里召开全市宗教界代表人士座谈会，主要目的是，与各爱国宗教团体的领导班子成员见个面、谈谈心，共叙友情，共话发展，共同交流如何进一步发挥爱国宗教团体及广大宗教界人士在推动全市科学发展、促进社会和谐中的积极作用，齐心协力共同建设幸福攀枝花。首先，我代表市委，向在座的各位并通过你们，向全市广大宗教界人士、信教群众和宗教工作者，致以亲切的问候和良好的祝愿！

刚才，四个爱国宗教团体的负责人紧紧围绕今天座谈的主题，畅所欲言，就各自基本情况、工作开展情况以及做好新形势下宗教工作提出了好的意见和建议；市委统战部、市民宗委也作了很好的发言。大家好的建议，在下一步工作中我们将认真研究和采纳。

下面，借此机会，我讲四点意见。

一、认清发展形势，倍加珍惜和维护发展的良好局面

这几年来，围绕省委、省政府的工作部署和攀枝花的市情实际，我们先后确定了建设幸福攀枝花的宏伟蓝图，提出了要大力实施“三个加快建设”，大力推进“三个走在全省前列”，全力打好“六大硬仗”，奋力实现“四个翻番”的全市发展的总体思路，确立了加快推进攀枝花由资源大市向经济大市跨越、由总体小康向全面小康跨越，力争到2014年，全市地区生产总值达到1000亿元，2017年达到1500亿元，进入全省“第二方阵”，在全省率先全面建成小康社会的总体思路和奋斗目标。

围绕这些战略目标和任务，我们团结和带领全市各族人民，在省委、省政府的领导下，积极应对各种困难和严峻挑战，抢抓机遇，迎难而上，全市经济社会保持了健康平稳发展，取得了可喜的成绩。特别是今年以来，面对出口不畅、内需不足、主导产业市场低迷的严重冲击，我们坚持以党的十八大精神为总揽，牢牢把握“稳中快进，提质增效，争先进位，跨越提升”的工作基调，突出产业支撑、投资拉动、“四化”同步、统筹城乡、改善民生，全市经济社会保持平稳较快发展势头。主要体现在以下几个方面：一是发展路径更加明确。刚才我已给大家做了介绍。通过不断完善全市经济社会发展的奋斗目标、实现步骤，使我们发展思路更明、推进路径更实。二是产业保持增长态势。上半年，实现地区生产总值392.39亿元，增长10.6%，比全省平均高0.5%，规上工业增加值增长14.7%，居全省第6位。国家攀西战略资源创新开发试验区获批，我市被列入国家老工业调整改造城市，攀枝花在全国全省发展格局中的战略地位进一步提升。三是城乡面貌日新月异。以建设中国阳光花城为统揽，在城市建设上，主攻花城新区建设、沿江景观打造和“五创联动”等重点工程；在新村建设上，重点推进西攀高速沿线、二滩环线、城镇周边和边远民族地区新村、旅游新村建设；在基础设施建设上，加快推进“两高两铁一水”及攀大（大理）、攀盐（盐源）高速、“缅气入攀”工程、丽攀高速攀枝花段、机场地质灾害综合治理等，都取得了很好的成效。四是改善民生加快推进。深入开展“挂帮包”“百千万？干群心连心”等活动，完善便民服务措施，实现市级领导参与挂点、市县（区）两级部门包村、352个行政村被帮扶“三个全覆盖”。加强对边远民族地区和城市低收入群体的帮扶，上半年实现城镇居民可支配收入11748元、农村居民人均收入6049元，增长8.9%和11.7%，分别位居全省第8、第2位。安排35.8亿元资金，深入实施“十大民生工程”，着力解决事关群众切身利益的实际问题，在全省率先启动“筒子楼”改造，开工各类保障性住房及棚户区改造住房4884套。五是干部队伍建设持续加强。着力打造“五彩花城党建”品牌，加大干部培养交流力度，大力开展“实现伟大中国梦、建设美丽繁荣和谐四川”和“思想大解放，作风大转变，工作大落实”主题教育活动，制定出台了关于进一步改进工作作风、提高工作效能“十项规定”，在全市形成了干事创业的良好局面。这些成绩的取得，这种良好局面的形成，凝聚着全市社会各界的心血和汗水，也凝聚着全市广大宗教界人士及信教群众的智慧和力量。长期以来，我市各爱国宗教团体和宗教界人士，高举爱国主义、社会主义旗帜，坚持独立自主自办的原则不动摇，坚持爱国爱教，努力加强自身建设，依法开展教务活动，积极协助党和政府贯彻落实党的宗教信仰自由政策，在依法管理宗教事务、抵御宗教渗透、化解矛盾纠纷、团结教育信教群众等方面做了大量卓有成效的工作，为促进全市经济发展、宗教和顺、社会和谐做出了积极贡献。在此，我也代表市委，向大家表示衷心的感谢和崇高的敬意！

应该说，发展的形势催人奋进，成绩来之不易，必须倍加珍惜和维护。当前，随着政治多极化、经济全球化、社会世俗化的趋势愈来愈明显，宗教问题日益凸现，成为国际社会瞩目的热点之一。党和国家高度重视宗教工作，党的十八大报告强调，要全面贯彻党的宗教工作基本方针，促进宗教关系和谐，发挥宗教界人士和信教群众在促进经济社会发展中的积极作用。党的十八大通过的《中国共产党章程（修正案）》总纲指出，要“全面贯彻党的宗教工作基本方针，团结信教群众为经济社会发展做贡献”。这些重要论述，体现了我们党对待宗教的科学态度，为做好当前和今后一个时期的宗教工作指明了方向。因此，宗教界要认真学习贯彻落实党的十八大精神，切实把思想和行动统一到中央和省市委的决策部署上来，把智慧和力量凝聚到目标任务上来，紧跟发展大势，融入发展大局，始终做到与与党委、政府同心、同向、同行。

二、坚持爱国爱教，走与社会主义社会相适应的道路

历史与现实充分说明，只有国家繁荣昌盛，宗教才能健康发展；只有融入中国社会、形成中国特色，中国宗教才能不断焕发生机。宗教界要坚持爱国爱教传统，拥护党的领导，热爱国家、热爱社会主义、热爱人民群众、坚定走中国特色社会主义道路。深刻认识中国特色社会主义道路是实现中华民族伟大复兴的必由之路，不断增强道路自信、理论自信、制度自信。要自觉加强对社会主义、爱国主义和法律知识的学习，认真履行宪法和法律规定的各项义务，不断提升国家意识、公民意识和法律意识，引导广大信教群众既当好教徒、也当好公民。要树立大局意识，积极参政议政、建言献策。要服从国家整体利益和中华民族最高利益，坚决反对一切利用宗教分裂祖国的破坏活动，维护和促进社会和谐稳定。

三、发扬优良传统，发挥宗教界的积极作用

目前全市有10多万信教群众，这是助推攀枝花实现又好又快发展的重要力量。宗教界要发扬爱国爱教、团结进步、服务社会的优良传统，紧紧围市委、市政府的中心工作和战略目标任务，凝聚全市信教群众的智慧和力量，找准促发展保稳定的着力点，带领广大信教群众积极投身到建设幸福攀枝花的伟大实践中来。

一是要做社会和谐的促进者。宗教界人士，经常与信教群众打交道，能够准确掌握信教群众的所思、所想、所盼，是我们党做好新形势下群众工作和社会管理创新工作的一支重要力量。要积极探索和创新工作方式方法，积极参与社会管理及创新工作。积极协助党委、政府化解矛盾、协调关系，多做排忧解难的工作，多做凝聚人心的工作，多做团结鼓劲的工作，维护民族和睦、宗教和顺、社会和谐。充分发挥慈善优势，更加广泛地参与救灾救济、捐资助学、扶贫帮扶等各种慈善活动和社会公益事业。

二是要做文化建设的参与者。宗教文化是社会文化的重要组成部分，加强宗教文化建设，是宗教界人士和信教群众在促进文化繁荣发展中发挥积极作用的重要途径。各爱国宗教团体和宗教界人士要积极投身到全市文化建设中来，结合打造旅游文化产业，深入挖掘源远流长、特色鲜明的宗教文化，发挥宗教建筑、宗教活动场所的独特魅力，提高宗教场所的文化品位，打造宗教文化旅游品牌。要恪守宗教基本教义，发扬宗教优良传统，顺应时代发展形势，努力发掘弘扬宗教教义和宗教文化中积极、健康、向上的因素，对宗教教义中符合时代发展和社会进步的内容作进一步阐释，赋予新的时代内涵，充分发挥宗教在净化人心、调适心理、促进和谐中的积极作用，从更深的层次上引导宗教与社会主义社会相适应。

三是要做宗教活动场所的管理者。要认真贯彻落实《宗教事务条例》规定，加强场所内部管理，提高规范化、民主化、社会化管理水平。要按照“爱国爱教、知法守法、教风端正、管理规范、服务社会”的要求，继续做好“和谐寺观教堂”创建活动，加强宗教场所标准化建设，促进宗教活动正常化，确保所有宗教活动都在法律允许的范围内规范有序地开展。

四、加强自身建设，推动宗教事业健康发展

爱国宗教团体的自身建设关系到宗教的健康发展，关系到宗教的社会形象，关系到宗教界积极作用的有效发挥。各爱国宗教团体要结合实际情况，进一步加强自身建设，发挥好职能作用。要坚持正确的政治方向，坚定不移走爱国爱教道路，自觉与社会主义社会相适应。要进一步加强信仰建设，开展社会主义和爱国主义教育，不断提高教职人员的综合素质，提高宗教学识，增强在信教群众中的威信。要加大宗教教职人员的培养、选拔力度，努力造就一支政治上靠得住、学识上有造诣、品德上能服众的宗教教职人员队伍，为宗教事业健康发展提供人才保障。进一步加强宗教团体的制度建设、教风建设、文化建设，提高工作水平和服务能力，切实发挥好爱国宗教团体应有作用。

同志们，全面贯彻党的宗教信仰自由政策，依法管理宗教事务，坚持独立自主自办的原则，积极引导宗教与社会主义社会相适应，是我们党宗教工作的基本方针。我们府将一如既往地贯彻执行党的宗教工作基本方针，高度重视宗教工作，支持爱国宗教团体依法加强自身建设，服务经济社会发展。市委统战部、市民宗委要加强与爱国宗教团体的密切联系，积极帮助解决实际困难，切实保障爱国宗教团体的合法权益。

最后，希望各爱国宗教团体及广大宗教界人士继续高举爱国爱教的伟大旗帜，带领宗教界人士和广大信教群众，与党和政府风雨同舟，不断融入时代，融入社会，融入国家民族发展繁荣的大业，为全面建成小康社会、实现中华民族伟大复兴的中国梦做出新的更大贡献！

祝大家中秋节快乐！

在全市统一战线各界人士迎中秋茶话会上的讲话

2013 年 9 月 17 日

值此中秋佳节即将来临之际，我们在这里举办全市统一战线各界人士迎中秋茶话会，特别邀统一战线各界人士代表欢聚一堂，共庆佳节，共谋发展，倍感高兴。在此，我代表中共攀枝花市委、市人大、市政府、市政协，向在座的各位朋友，并通过你们，向全市各民主党派、工商联、无党派人士和三胞三属、民族宗教界等统一战线各界人士表示节日的祝贺和亲切的问候！

每年的中秋前夕，我们都坚持在这里召开全市统一战线各界人士迎中秋茶话会，邀请大家一起畅叙友情、共谋发展，同时向大家通报全市的经济社会发展情况和形势，这对于凝聚全市统一战线各界人士的智慧和力量，更好地促进我市各项事业健康发展，具有十分重要的意义。刚才，贾市长通报了我市上半年经济社会发展情况，各界人士代表围绕我市经济发展、社会建设等方面作了很好的发言，展望了美好未来，提出了很好的意见和建议，我们将在今后的工作中认真研究和吸纳。

今年以来，面对出口不畅、内需不足、主导产业市场低迷的严重冲击，我们坚持以党的十八大精神为总揽，在省委、省政府的坚强领导下，牢牢把握“稳中快进，提质增效，争先进位，跨越提升”的工作基调，突出产业支撑、投资拉动、“四化”同步、统筹城乡、改善民生，全市经济社会保持平稳较快发展势头。从刚才 副市长给大家通报的情况来看，可以说，上半年我市经济社会发展取得了可喜的成绩，呈现出几个突出的亮点：一是发展路径更加明确。我们在坚持并深化市委九届三次全会确立的实施“三个加快建设”、推进“三个走在全省前列”、打好“六大硬仗”、实现“四个翻番”总体思路的基础上，深入贯彻落实省委经济工作会议、省委十届三次全会的新部署、新要求，立足当前，放眼长远，努力扩宽视野，加压跳起摸高，调整并完善了全市经济社会发展的奋斗目标、实现步骤，发展思路更明、推进路径更实。今年，我们着力实施了“急难险重”任务专项推进机制，全年 55 项“急难险重”总任务，目前有 47 项达到进度要求；28 个重点项目中，有 24 项稳步实施。二是产业保持增长态势。以建设中国钒钛之都为统揽，充分发挥钒钛资源优势，突出项目投资、创新驱动，稳中求进抓工业；充分发挥气候资源优势，突出基地建设、品牌创建，着力发展现代农业；充分发挥光热资源优势，突出旅游带动、市场培育，加快发展第三产业，培育经济增长点，壮大整体实力。上半年，实现地区生产总值 392.39 亿元，增长 10.6%，比全省平均高 0.5%，规上工业增加值增长 14.7%，居全省第 6 位。国家攀西战略资源创新开发试验区获批，我市被列入国家老工业调整改造城市，攀枝花在全国全省发展格局中的战略地位进一步提升。三是城乡面貌日新月异。以建设中国阳光花城为统揽，在城市建设上，主攻花城新区建设、沿江景观打造和“五创联动”等重点工程，花城新区 5 大项目、沿江景观打造 7 大项目加快推进，总投资 130 亿元的阿署达花舞人间和总投资 80 亿元的普达阳光项目进展迅速。在新村建设上，重点推进西攀高速沿线、二滩环线、城镇周边和边远民族地区新村、旅游新村建设，上半年开工建设了 33 个新村聚居点。在基础设施建设上，“两高两铁一水”及攀大（大理）、攀盐（盐源）高速前期工作加快推进，“缅气入攀”工程和丽攀高速攀枝花段进展顺利，有望今年底建成投入使用；机场地质灾害综合治理工程竣工，顺利实现复航。四是改善民生加快推进。深入开展“挂帮包”“百千万？干群心连心”等活动，完善便民服务措施，实现市级领导参与挂点、市县（区）两级部门包村、352 个行政村被帮扶“三个全覆盖”。加强对边远民族地区和城市低收入群体的帮扶，上半年实现城镇居民可支配收入 11748 元、农村居民人均收入 6049 元，增长 8.9% 和 11.7%，分别位居全省第 8、第 2 位。安排 35.8 亿元资金，深入实施“十大民生工程”，着力解决事关群众切身利益的实际问题，在全省率先启动“筒子楼”改造，开工各类保障性住房及棚户区改造住房 4884 套。五是干部队伍建设持续加强。着力打造“五彩花城党建”品牌，基层组织创造力、凝聚力、战斗力不断提升。鲜明了重点在“急难险重”、招商引资、边远民族地区、群众信访工作“四个一线”培养选拔干部导向，加大干部培养交流力度。大力开展“实现伟大中国梦、建设美丽繁荣和谐四川”和“思想大解放，作风大转变，工作大落实”主题教育活动，制定出台了关于进一步改进工作作风、提高工作效能“十项规定”，全市上下精神面貌焕然一新、干事创业激情竞相进发。这些成绩的取得，凝聚着全市社会各界，包括广大统一战线各界人士的心血和汗水。在此，我代表市委、市政府，向全市统一战线各界人士，表示衷心的感谢和崇高的敬意！

同志们，朋友们，潮平岸阔催人进，风正扬帆正当时。当前，我市已站在一个新的历史起点，面临着国家攀西战略资源创新开发试验区获批准，被列入国家新型工业化产业示范基地、国家钒钛新材料产业基地、国家外贸转型升级示范基地和国家现代农业示范区等一系列的重大发展机遇。今年召开的市委九届五次全体（扩大）会议，提出了当前和今后一个时期我市的目标任务和工作重点，通过了《关于深入贯彻落实省委十届三次全会精神为在全省率先全面建成小康社会而奋斗的决定》，确立了加快推进攀枝花由资源大市向经济大市跨越、由总体小康向全面小康跨越，力争到 2014 年，全市地区生产总值达到 1000 亿元，2017 年达到 1500 亿元，进入全省“第二方阵”，在全省率先全面建成小康社会的总体思路和奋斗目标。实现这些目标任务，使命重大、任务紧迫，需要集中全市人民的智慧、凝聚全市人民的力量、调动方方面面的积极因素，更需要统一战线各界人士的同舟共济和共同努力。全市统一战线要以更加坚定的政治立场、更加积极饱满的精神状态、更加求真务实的工作作风，继续发挥自身优势，深入开展调查研究，积极反映社情民意，为党和政府排忧解难，为实现各项工作目标任务广泛凝聚共识、汇聚力量，为建设幸福攀枝花添砖加瓦、多做贡献。借此机会，向大家提几点希望和要求。

一、希望统一战线各界人士要始终坚定政治信念，不断凝聚思想共识

思想的统一、行动的一致、力量的凝聚，都需要以取得共识为前提。坚持中国共产党的领导，坚持走中国特色社会主义政治发展道路，是我们多党合作历程中取得的最基本、最重要的政治共识。全市统一战线要牢固树立思想上同心同德，目标上同心同向，行动上同心同行的思想，始终保持清醒的头脑，发扬多党合作优良传统，进一步增强贯彻落实市委、市政府一系列发展思路、工作目标的自觉性和坚定性，自觉地把思想认识统一到中央、省市委的决策部署上来，把智慧力量凝聚到中心任务上来，做到心往一处想，劲往一处使。要通过深入开展学习践行社会主义核心价值体系活动和“同心共筑中国梦”教育活动，进一步凝聚人心、汇聚力量，以“中国梦”凝聚共识，以“中国梦”激励服务发展，以“中国梦”促进社会和谐，为建设幸福攀枝花贡献智慧和力量。

二、希望统一战线各界人士要继续发挥自身优势，深度服务全市发展

统一战线人才荟萃、智力密集，位置超脱、视野开阔，在各行各业、各个领域中发挥着不可替代的作用，在助推和服务全市经济社会发展中具有独特的优势。这几年来，我市各民主党派、工商联、知联会充分发挥优势，创新工作思路，积极投身全市发展，通过争取民主党派中央、省委的支持和帮助，开展多形式、高层次的调研和服务活动，为助推攀枝花科学发展牵线搭桥、建言献策，以实际行动为全市的发展做出了积极贡献，探索出了一条统一战线服务经济社会发展的崭新路子，工作和成效都值得肯定。希望统一战线要继续发扬成绩，以饱满热情和高度责任感，发挥好独特优势，围绕全市中心工作和总体布局，增强主动性，找准着力点，多途径、多渠道、多层面的深度服务全市科学发展。一是要继续在助推攀枝花科学发展上积极作为。希望各民主党派、工商联和各界人士，要在党政所急、社会所需、统一战线所能上做文章、下功夫，充分发挥智力密集、人才荟萃的优势，围绕实施“两化”互动、统筹城乡发展、攀西战略资源创新开发试验区建设、城市新区建设、保障和改善民生等重大战略课题，深入开展更加深入、更加务实、更加管用的调研，多建睿智之言，多献务实之策，为市委、市政府科学决策提供可靠依据。继续深化对外、对上交流合作，积极为攀枝花对外开放、招商引资、经贸交流等牵线搭桥，争取更多的支持和帮助，营造更好的发展氛围。二是要继续在保障和改善民生上积极作为。希望各民主党派、工商联和各界人士把保障和改善民生作为履行职能的重要着力点，围绕人民群众普遍关心的就学、就业、就医、社会保障等民生问题，广泛开展扶贫帮困、捐资助学、科教文卫等社会服务活动，积极参与感恩行动、光彩事业等活动，努力打造统一战线服务民生的“同心”品牌。三是要继续在促进社会和谐中积极作为。要充分发挥统一战线在理顺情绪、排忧解难、化解矛盾、协调关系、促进稳定中的特殊作用，加强同人民群众的联系，倾听群众呼声，反映实际情况，解决实际困难。积极探索服务社会管理的途径形式，推进统一战线服务社区社会管理试点工作，团结引导各界人士参与社会管理创新工作，为维护社会和谐稳定做出贡献。

三、希望统一战线各界人士要坚持维护祖国统一，切实加强海外联谊交流

“但愿人长久，千里共婵娟。”中秋节既是团圆节，又是思亲节。此时此刻，我们更加企盼祖国的统一。希望统一战线各界人士，特别是全市广大“三胞三属”要继续发挥优势，深化联谊交流，当好经济社会建设的参与者，当好祖国统一大业的促进者，当好中华文明的积极传播者。要继续发挥海外联系广泛、信息资源丰富的优势，不断加强同海外亲友和企业的联系，大力宣传、推介攀枝花取得的发展成就、独特的优势资源、良好的发展环境，努力扩大攀枝花的知名度，让更多的海外人士了解攀枝花、走进攀枝花。要积极为我市引进资金、技术、人才牵线搭桥，为攀枝花经济社会发展献计献策。要坚持执行中央的各项对台政策，多形式、多渠道、多领域地向台湾同胞介绍和展示大陆的发展变化，抓住两岸现阶段难得的历史机遇，不断加强和深化两岸间的交流交往，为两岸民众增进友谊、和平发展添砖加瓦。要充分发挥联系海内外亲友的桥梁和纽带作用，加强同台湾及海外亲朋好友的联系与交往，多做凝聚人心、增进共识的工作，为促进攀枝花与港澳台和海外的文化交流与合作做出积极贡献。

四、希望统一战线各界人士要继续发扬优良传统，不断加强自身建设

要着眼于“政治素质高、履职能力强、社会形象好”的目标，不断加强自身建设，不断提高履职能力和水平。思想上要有新境界，系统学习中国特色社会主义理论，特别是深入学习贯彻落实党的十八大精神，认真领会市委、市政府重大决策部署，提高理论水平和政策水平。队伍上要有新风貌，不断提高政治把握能力、参政议政能力、组织领导能力和合作共事能力，培养一支素质优良、始终同中国共产党同心同德的队伍。制度上要有新加强，建立健全议事决策、组织发展、内部监督等制度，使各项活动都有规可依、有章可循。作风上要有新形象，扎实开展作风建设活动，坚决贯彻落实好中央、省市“八项规定”和厉行节约的要求，树立良好社会形象。

市委将按照“长期共存、互相监督、肝胆相照、荣辱与共”的方针，进一步加强与市各民主党派、工商联、无党派人士等各界人士的合作共事，进一步支持统一战线履行职能，不断增强统一战线工作的生机和活力，合力开创在全省率先全面建成小康社会的新局面。

同志们、朋友们，推进祖国统一大业，实现国家繁荣昌盛，是我们的共同心愿；建设一个繁荣、富裕、文明、和谐的攀枝花，是我们的共同目标。我们一定要同心同德，齐心协力，开拓进取，共同谱写攀枝花跨越发展的新篇章！

（二）调查研究

1月11日　上午，市人大、市政协分别组织人大代表、政协委员先后到东区阿署达花舞人间景区、丽攀高速公路C12合同段、攀枝花钒钛产业园区、盐边县红格温泉旅游度假区、攀枝花云钛实业有限公司等地视察重点项目建设情况活动。赵辉同志出席视察活动。

1月16日　先后到市汽车流通商会和部分汽车销售服务企业，调研汽车销售行业发展状况。

1月29日　上午先后到干坝塘山地森林公园太阳能钒电池提灌抽水示范工程、视野区绿化灌溉阿米什景观区太阳能水泵系统工程、水木风华住宅小区太阳能集中供热系统项目现场，调研太阳能应用示范工作推进情况。

2月3日　上午，陪同东明书记一行先后到东区大花地社区和东风社区看望慰问困难职工，到攀钢轨梁厂调研企业的生产经营情况。

3月5日　下午，到仁和区迤沙拉村调研苴却砚文化建设工作。

3月10日至11日　率队到成都考察成都北部城区老旧城市形态和生产力布局（城市业态）改造工程经验。

3月12日至14日　陪同省委常委、宣传部部长吴靖平率队先后到我市米易县白马铁矿、湾丘乡杨家河坝蔬菜基地、白马镇马槟榔旅游新村、盐边县温泉彝族乡道角村、攀枝花云钛实业有限公司、攀钢集团钛业有限责任公司、大互通钛业有限公司、富邦钒钛制动毂有限公司、仁和区大龙潭彝族乡混撒拉村，对我市的资源综合利用、特色农业发展、新村建设、新农村综合体建设、钒钛产业发展等工作情况进行调研。

4月2日　上午，到盐边县金谷一号煤矿督导煤矿复工复产工作。

4月27日　上午，陪同刘成鸣同志先后到盐边县红格镇红格村尖角地、昔格达村岔河桥、红山国际红格温泉音乐广场、昆钢假日酒店二期项目现场，调研红格温泉旅游集镇打造工作涉及的部分重点项目进展情况，并在红格假日酒店会议室听取了相关工作情况汇报。

5月13日　下午，先后到龙蟒集团有限公司、昆钢云钛实业有限公司调研企业生产经营工作。

5月23日　上午，陪同十一届全国政协副主席、民革第十一届中央委员会常务副主席厉无畏，先后到攀钢轨梁厂、金色攀枝花展览馆等地参观考察。

5月27日　上午，先后到钒钛产业园区大西南实业、朵实企业调研企业生产经营情况。

5月30日　下午，陪同省委省政府决策咨询委员会主任甘道明率领的调研组，先后到米易县攀莲镇、盐边县红格镇等地调研我市推进新型城镇化工作情况，并听取我市相关工作汇报。

6月13日至14日　陪同由省总工会副主席胥纯率队的省委主题教育活动第三督查组先后到米易县人民医院、中国移动四川攀枝花分公司、东区炳草岗街道湖光社区等地对我市开展“实现伟大中国梦、建设美丽繁荣和谐四川”主题教育活动情况进行督查，并在会展中心听取了我市开展主题教育活动的工作汇报。

6月21日　陪同刘成鸣同志先后到东区、西区和仁和区部分旧城改造项目现场调研旧城改造工作推进情况，并出席加快推进城市宜居工程建设工作专题研究会。

6月21日　上午，到米易县水塘村格林威有机农业公司调研企业生产经营情况。

7月23日　上午，在东区调研市区视野区荒山绿化工作。

8月20日至21日　陪同全国政协常委、全国政协经济委员会副主任、第二炮兵原政治委员彭小枫上将率领的全国政协调研组先后到钒钛资源综合利用国家重点实验室、金色攀枝花展览馆、攀钢钒业公司、攀钢海绵钛厂、大互通钛业有限公司、二滩水电站等地，调研我市加快建设攀西战略资源创新开发试验区的各项工作进展情况。

9月4日至6日　陪同刘成鸣同志先后到仁和区南山循环经济发展区运力汽车上装生产线项目、仁和区迤资工业园区富邦制动鼓和钢城渣钢渣铁资源综合利用项目、西区格里坪产业园区二砖厂老工业片区产业转型升级项目、翰通焦化项目、西宇紫茎泽兰项目现场及盐边县安宁工业园区天伦化工、福川机械、云钛钛锭、新九工矿区、龙蟒公司，钒钛产业园区大西南、天民钛业、四川有色金砂、奥磊工贸、朵实工贸、旭鼎机械，米易白马产业园区华铁钒钛、东方钛业、吉鑫管业等公司调研园区企业的发展现状、存在的主要问题及下一步的发展思路。

9月16日　上午，陪同刘成鸣同志先后到省道310雅江桥至红格段路灯绿化工程现场、红格镇昔格达新村、红格安置区、红格桥、竞训基地、红山国际社区视察红格旅游集镇及小城镇建设工作。

10月16日　下午，先后到东区瓜子坪城市商业综合体项目现场、大花地社区调研我市旧城改造工作。

10月17日　下午，陪同刘成鸣同志先后到省道310雅江桥至红格段、红格镇昔格达村、红格集镇、红格竞训基地等地督导“全省两个现场会”筹备工作情况。

10月18日　上午，陪同刘成鸣同志先后到东区阿署达村、米易县普威镇独树村调研我市乡村旅游发展工作，并于下午在米易宁泽阳光酒店会务中心听取相关工作汇报。

11月21日至22日　陪同省政府副秘书长王七章率队到我市东区、仁和区、米易县、盐边县检查“全省两个现场会”筹备情况。

11月27日　上午，陪同刘成鸣、张剡同志率队先后到米易县滨河步道、滨江大道、仁和滨河公园、东区阿署达花舞人间、盐边县红格镇昔格达村等地，对我市筹备全省百镇建设现场会暨重点旅游项目推进现场会的工作情况进行督导。

11月28日　下午，陪同国家发改委副主任胡祖才一行先后到攀钢钒生产管控中心和轨梁厂、攀钢钒业公司、钒钛产业园区等地调研我市钒钛资源综合利用工作。

12月8日　率队到北京拜访民革中央和民进中央相关领导及部门，并就我市创建中国阳光康养旅游城市、加强长江上游生态环境保护等问题进行了汇报。

（三）会议活动

1月5日　上午，出席花城新区管委会“思想大解放、作风大转变、工作大落实”主题教育活动领导点评会，并进行了点评。

△　下午，出席中共攀枝花市委九届第三十三次常委会议。

1月6日　下午，出席市委理论学习中心组2013年第一季度集中学习会。会议对我市2013年的工作重点及措施进行了研究。

1月7日　上午，出席市委九届四次全会暨市委经济工作会在会展中心召开。会议传达学习了党的十八大、中央和省委经济工作会议精神，对全市2012年和2013年工作分别进行了总结和安排部署。

△　下午，出席市2012年度干部选拔任用工作“一报告两评议”暨市级党政领导班子和领导干部

年度考核述职测评会。

1月8日　上午，出席米易县委、县政府民主生活会暨“思想大解放、作风大转变、工作大落实”主题教育活动领导点评会，并进行了点评。

1月9日　上午，出席市委、市政府召开的加快推进银江水电站建设工作专题研究会。会议听取了银江水电站前期工作和项目推进过程中有关问题的情况汇报，对加快推进银江水电站建设工作提出了具体要求。

△　下午，出席在市科知局会议室召开的社会组织创新与培育课题评审会。

1月10日　上午，出席市工商联领导班子民主生活会暨“思想大解放、作风大转变、工作大落实”主题教育活动领导点评会，并进行了点评。

△　下午，出席中国人民政治协商会议第八届攀枝花市委员会第二次会议开幕式。

△　参加市九届人大二次会议的分组讨论。

1月11日下午，出席市九届人大二次会议预备会议。

△　出席市九届人大二次会议主席团第一、第二次会议，并参加市九届人大二次会议的分组讨论。

△　参加市政协八届二次会议的分组讨论。

1月12日　上午，出席攀枝花市第九届人民代表大会第二次会议开幕式。

△　出席市九届人大二次会议主席团第三次会议，并参加市九届人大二次会议的分组讨论。

△　下午，分别参加市九届人大二次会议和市八届政协二次会议的分组讨论。

△　出席市政协八届七次常委会第一次会议。

△　出席市九届人大二次会议主席团第四次会议。

1月13日　上午，出席市九届人大二次会议第二次全体会议。

△　参加市九届人大二次会议的分组讨论。

△　下午，参加市九届人大二次会议和市政协八届二次会议的分组讨论，并出席市人大九届二次会议主席团第五次会议。

△　出席市政协八届七次常委会第二次会议。

△　出席市城市规划委员会2013年第一次会议。

1月14日　上午，参加市九届人大二次会议的分组讨论，并出席市九届人大二次会议主席团第六次会议。

△　出席中国人民政治协商会议第八届攀枝花市委员会第二次会议闭幕式。

△　下午，出席市九届人大二次会议闭幕式。

1月15日　上午，出席市委、市政府在攀枝花宾馆举行的2013年老干部春节团拜会。

△　下午，出席市委统战部拜访各民主党派和工商联上级组织总结研究工作会。

1月17日　上午，出席攀枝花军分区党委九届二次全体（扩大）会议。

1月18日　上午，出席在会展中心举行的向国家环保部总量司司长刘炳江所率国家主要污染物总量减排第十九核查组的工作汇报会。

△　出席九三学社攀枝花市委员会成立30周年纪念大会。

△下午，出席武警攀枝花支队2012年度先进集体和个人表彰大会。

△　出席由市工商联主办的市银企对接会。

△　晚，出席“榜样的力量”攀枝花第二届道德模范颁奖晚会。

1月20日　下午，陪同张剡同志在金海开元名都大酒店会见了鞍钢集团公司董事长、党委书记张广宁一行，双方就加快推进攀钢改革相关事宜进行了研究。

1月21日　下午，出席四川钒钛产业技术研究院筹建工作会。

△　出席市政协为参加省政协第十一届一次会议的驻攀省政协委员举行的欢送会。

1月22日　下午，出席市人大为参加省第十二届人大一次会议的驻攀省人大代表举行的欢送会。

1月23日　上午，出席在市工商局会议室举行的向省工商局党组书记、局长万鹏龙一行的工作汇报会。

△　下午，在市委党校为市投资促进业务培训班学员作题为“围绕三个定位，开阔视野，开辟招商引资新领域”的专题培训。

△　1月24日，到仁和区大田镇庄村前哨组看望慰问生活困难党员。

△　1月25日上午，出席在会展中心举行的向国家科技部高新司副巡视员耿战修汇报我市创建国家高新技术产业园区的相关工作汇报会。

△　下午，出席在市委三楼会议室召开的市太阳能产业投资促进会。

1月30日　上午，出席在会展中心召开的市2013年工业经济“开门红”工作会。会议对全市一季度工业经济工作推进情况进行了分析研究。

1月31日　上午，出席市党外人士迎春座谈会。

△　下午，出席在金沙明珠大酒店二楼会议室召开的2013年各民主党派、市工商联拜访各民主党派、市工商联上级组织支持事宜对接会。

2月1日　上午，在攀枝花分会场收听收看在成都金牛宾馆召开的省纪委十届二次全会。

△　下午，出席在市公安局车管所会议室召开的市汽车行业发展问题督办会。会议听取了有关部门对我市汽车行业发展过程中存在相关问题的情况汇报，对汽车行业企业反映突出的问题进行了研究。

2月3日　下午，出席在会展中心举行的向东明书记一行的工作汇报会。

2月4日　上午，出席中共攀枝花市委九届第三十五次常委（扩大）会议。

△　陪同刘成鸣、张剡同志到武警攀枝花支队、攀枝花军分区、攀枝花市公安消防支队和武警攀枝花森林支队，看望慰问驻攀部队官兵、优抚对象和军队离退休老同志。

△　出席在市科知局会议室召开的市决策咨询委员会主任会议。

△　出席在会展中心召开的市“思想大解放、作风大转变、工作大落实”主题教育活动征求意见分析会。

△　2月5日　上午，出席在市委三楼会议室召开的市太阳能利用工作研究会。

△　下午，陪同刘成鸣、张剡同志先后看望慰问了市老领导韩国宾、孙本先同志。

△　出席在市委三楼会议室召开的煤炭复产保供工作会。

△　晚，出席在攀枝花学院大礼堂举行的市2013年春节团拜电视文艺晚会。

2月7日　上午，出席在市委三楼会议室召开的大宗物资运输方式转变推进会。

△　下午，到仁和区大龙潭乡看望慰问生活困难群众。

2月18日　上午，陪同刘成鸣同志到市民主党派和工商联机关大楼看望慰问市级各民主党派、工商联机关和市党外知识分子联谊会工作人员。

△　下午，出席在市委三楼会议室召开的市“急难险重”项目工作研究会。

2月19日　上午，出席在市委三楼会议室召开的攀枝花市“四大班子”主要领导联席会2013年第一次会议。

△　下午，出席九届第三十六次常委会议。

2月20日　上午，到西区调研大宗物资运输方式转变工作推进情况。

△　下午，出席在会展中心召开的市“思想大解放、作风大转变、工作大落实”主题教育活动巡查

工作会。

2 月 21 日　上午，出席在市林业局会议室召开的金沙江干热河谷生态恢复与治理工作研究会。

△　出席在市经信委会议室召开的市决策咨询委员会专家座谈会。

2 月 22 日　上午，出席在金沙明珠大酒店召开的市民营企业家新春座谈会。

2 月 24 日　晚，出席在米易县委会议室召开的中国米易龙潭溶洞龙文化主题公园专题研究会。

2 月 25 日　上午，出席在米易宁泽阳光大酒店召开的攀煤集团领导班子民主生活会。

2 月 26 日　上午，出席在会展中心召开的 2012 年度市委常委民主生活会。

2 月 26 日至 27 日　出席在会展中心召开的攀枝花各县区工作暨急难险重任务推进会。

2 月 27 日　下午，出席在会展中心召开的中国共产党攀枝花市第九届纪律检查委员会第三次全体会议。

2 月 28 日　上午，出席在会展中心召开的市委工作会。

3 月 1 日　上午，出席在市老科协会议室召开的市老科协庆祝建市 48 周年座谈会。

3 月 4 日　下午，出席在市委三楼会议室召开的市矿业公司组建事宜研究会。

△　陪同刘成鸣同志在会展中心会见了广东海一投资有限公司董事长、总经理陈超和香港动蛋王国文化娱乐有限公司创作总监赵崇邦一行。

3 月 5 日　上午，出席在会展中心举行的“推进五创联动、建设幸福攀枝花”暨市志愿服务集中行动启动仪式。

3 月 6 日　下午，出席在米易安宁明珠大酒店召开的打造中国米易龙文化主题公园工作研究会。

3 月 8 日　上午，出席在会展中心召开的市 2013 年“两化”互动工作领导小组第一次会议。

3 月 14 日　下午，出席在市科知局会议室召开的《攀枝花市主城区交通拥堵成因及对策研究》课题结题会。

3 月 15 日　上午，出席在市委三楼会议室召开的市“急难险重”任务考核工作研究会。

3 月 18 日　下午，出席在北京中科院举行的“攀枝花钒钛资源综合利用战略研究”项目启动会。

3 月 19 日　下午，出席在北京召开的市委、市政府与中国国际经济交流中心《攀西战略资源创新开发试验区》战略合作座谈会暨我市与中国国际经济交流中心控股子公司——国经咨询股份有限公司《关于共同推进中国城市德国医疗谷国际合作项目的框架协议》的签约仪式。

3 月 21 日　上午，出席在会展中心召开的市“四大班子”主要领导联席会议。

△　出席在会展中心召开的市传达全国“两会”精神大会。

△　下午，出席在市委三楼会议室召开的市太阳能工作领导小组会议。

3 月 22 日　上午，出席中共攀枝花市委九届第三十七次常委会议。

△　下午，出席在市委三楼会议室召开的煤炭资源整合方案研究会。

3 月 25 日　下午，出席在盐边县委会议室召开的《笮山若海旅游区全案策划》征集意见座谈会。

3 月 26 日　下午，出席在会展中心召开的全市“思想大解放，作风大转变，工作大落实”主题教育活动开展情况的汇报会。

3 月 27 日　出席在会展中心召开的《攀枝花市创建国家环保模范城市规划》《2013 –2014 年创国模重点攻坚项目》等情况的工作汇报会。

3 月 28 日　上午，出席在会展中心召开的“攀枝花发展讲坛”首场报告会。

△　出席在会展中心召开的市统战工作第一次联席会。

△　下午，陪同刘成鸣同志在会展中心会见鞍钢集团公司董事长、党委书记张广宁一行。

3 月 29 日　上午，出席在会展中心召开的 2013 年攀枝花市环境保护暨创国模攻坚大会。

△　下午，出席在会展中心召开的市“思想大解放，作风大转变，工作大落实”主题教育活动集中点评会。

3月30日　下午，出席中共攀枝花市委九届第三十八次常委会议。

△　出席在市政府三楼一会议室召开的市煤炭复产督导工作例会。

4月1日　下午，出席在市经信委会议室召开的市“两化”互动新农合工作专题研究会。

△　下午，出席在市旅游局会议室召开的二滩风景区打造工作研究会。

4月3日　上午，出席在市科知局会议室召开的金沙江干热河谷生态恢复治理课题结题会。

4月8日　上午，出席在会展中心举行的向省委第六巡视组组长杨素一行汇报我市对巡视反馈意见整改落实情况的汇报会。

△　下午，出席在会展中心召开的市钒钛磁铁矿开发利用规划研究会。

4月9日　上午，出席我市旧城改造项目进展情况研究会，进一步明确了推进城市宜居工程建设的思路和措施。

4月10日　上午，出席在会展中心召开的钒钛产业园区涉氯气事件典型案例分析会。

△　下午，出席中共攀枝花市委九届第三十九次常委会议。

△　出席在会展中心召开的市规划委员会议。

4月11日　上午，出席在会展中心召开的四川钒钛产业技术研究院首届理事会成立暨第一次会议。

△　下午，出席在会展中心召开的市融资工作研究会。

4月12日　上午，出席在市科知局会议室召开的打造西部文化高地课题结题会。

△　下午，出席在市委三楼会议室召开的市煤矿复工复产督导例会。

4月16日　下午，陪同刘成鸣同志在西安拜会了陕西省原副省长吴登昌，并介绍了攀枝花钒钛资源综合利用的相关情况。

4月17日　随同刘成鸣同志到陕西省宝鸡市考察了宝钛集团公司。

4月23日　上午，出席在会展中心举行的市委、市人大、市政府、市政协领导和机关干部职工向“4·20”芦山地震灾区捐款献爱心活动，并带头向地震灾区捐款。

△　出席在市经信委会议室召开的市民营企业家座谈会。

△　下午，出席在市委三楼会议室召开的市干坝塘森林公园招商建设协调会。

4月24日　下午，出席在会展中心召开的苴却砚产业发展工作情况汇报会，会议对加快推进苴却砚产业发展、建设中国苴却砚文化主题公园等事宜作出了安排部署。

4月25日　上午，出席在会展中心召开的市“挂包帮”活动第一阶段总结暨市领导联系基层工作会议。会议对2010—2012年的“挂包帮”活动先进单位和优秀下派干部进行了表彰。

4月26日　上午，出席在攀钢南山宾馆会议室召开的市委市政府与攀钢集团有限公司地企对接合作工作座谈会。

4月27日　上午，为哀悼在“4·20”芦山地震和抗震救灾中遇难的同胞，在市政府大楼前参加四川省默哀日活动。

△　下午，出席在会展中心召开的市科学技术奖励大会。

△　出席在会展中心召开的市创建国家森林城市、国家园林城市和全国文明城市攻坚大会。

4月28日　上午，出席在会展中心召开的城市文化形象塑造工作研讨会。

△　下午，出席在会展中心召开的《大三线》电视剧推进工作座谈会。

5月3日　上午，在市委三楼会议室主持召开煤矿复工复产工作会。

5月6日　下午，出席在会展中心召开的市委九届第四十次常委会议。

5月7日　上午，在会展中心聆听了十届省政协副主席解洪为我市领导干部作题为《加快试验区建设努力实现跨越突破》的专题报告。

△　陪同刘成鸣同志在红格温泉假日酒店会见了全国政协委员、中国民间商会副会长、四川宏达集团董事局主席、党委书记刘沧龙一行。双方就加快推动合作项目进程等事宜进行了交流洽谈。

5月8日　上午，出席市委九届第四十一次常委会议。

△　在攀枝花分会场收听收看全省召开“实现伟大中国梦、建设美丽繁荣和谐四川”主题教育活动动员大会电视电话会议。随后，出席我市主题教育活动动员大会。

5月10日　下午，出席在会展中心召开的市委九届第四十二次常委会议。

5月14日　上午，到盐边县红宝乡广东湾村走访慰问联系户。

5月15日　上午，先后到仁和区平地镇、大田镇调研城镇体系建设情况。

△　下午，出席在市经信委会议室召开的市“两化”互动城镇体系建设及保障性住房建设工作专题研究会。

5月16日　下午，出席在会展中心召开的市委九届第四十三次常委（扩大）会议。

△　出席在会展中心召开的市委九届第四十四次常委会议。

5月17日　上午，出席在市委三楼会议室召开的市委主题教育活动工作会。

△　下午，出席在红格假日酒店会议室召开的红格集镇配套设施建设工作研究会。

5月19日　上午，出席在市中心广场举行的市科技活动周启动仪式。

5月21日　上午，在会展中心聆听中央党校教授辛鸣应邀为我市领导干部作题为“中国梦的理论逻辑与实践要求”的专题报告。

5月22日　下午，在会展中心聆听十一届全国政协副主席、民革第十一届中央委员会常务副主席厉无畏应邀为我市领导干部作题为“十二五规划与发展创意产业、促进经济发展方式的转变”的专题报告。

5月24日　下午，在东区区委会议室为东区干部作“实现伟大中国梦、建设美丽繁荣和谐四川”主题教育活动宣讲报告。

5月28日　上午，在会展中心聆听香港中文大学首席教授、著名经济学家郎咸平为我市领导干部作题为“中国梦？这里仁和：区域经济发展与展望”主题报告。

△　出席在会展中心召开的市残疾人联合会第六次代表大会。会议听取并审议了市残疾人联合会第五届主席团工作报告，选举产生了新一届主席团委员、主席、副主席，推举了执行理事会理事长、副理事长，选举了专门协会委员、主席和我市出席四川省残疾人联合会第六次代表大会代表。

△　下午，出席在市委三楼会议室召开的市委主题教育活动领导小组工作会。

5月29日　上午，在东区银江镇阿署达村为当地干部群众作“实现伟大中国梦、建设美丽繁荣和谐四川”主题教育活动宣讲报告。

5月30日　上午，省委组织部副部长、省人才办主任刘东在会展中心听取我市学习贯彻省委十届三次全会精神和开展“实现伟大中国梦、建设美丽繁荣和谐四川”主题教育活动情况汇报。赵辉同志出席会议。

5月31日　上午，出席在会展中心召开的市2013－2017年重大项目编制专题研究会。

6月3日　下午，出席在金海开元名都酒店召开的盐边县红格镇箐村温泉文化康养旅游度假区项目协调会。

6月4日　上午，在市政府二会议室听取市科知局关于竹湖园水系建设工作汇报。

△　下午，“中国梦·我的梦——砥砺奋进”市直属机关党员科级干部轮训班在市委党校开班。

赵辉同志到场为学员作全市经济形势专题报告。

6月13日　上午，出席在市委三楼会议室召开的市“四大班子”主要领导联席会议。

△　下午，出席市工会第九次代表大会开幕式。

6月18日　上午，在会展中心大会堂聆听省委宣讲团成员、省委党校教授裴泽庆为我市干部职工作“学习贯彻省委十届三次全会精神奋力谱写中国梦四川篇章”宣讲报告。

6月19日　上午，陪同由省委第六巡视组组长杨素、副组长黄桂花同志率队的省委“实现伟大中国梦、建设美丽繁荣和谐四川”主题教育活动巡视组先后到东区、西区和攀枝花钒钛产业园区巡视企业、社区主题教育活动开展情况。

6月20日　上午，出席在会展中心举行的市委市政府与攀钢集团有限公司地企合作协调会。会议围绕在机制创新、资源配置、科技创新、环境保护、要素保障等方面强化地企合作以及推动攀钢加快落实多点多极支撑发展战略等事宜，进行了交流沟通。

6月22日　出席市委市政府创建中国阳光康养旅游城市暨旅游新村建设攻坚大会。

6月24日至28日　在省委党校参加市、县党委分管统战工作领导干部培训班学习。

7月1日至6日　到广州先后与动蛋王国文化娱乐公司、香港国际工商业精英联合会、观澜湖集团、港中旅集团、海一公司合作洽谈来攀投资事宜。

7月8日　下午，出席在会展中心召开的中共攀枝花市委九届第四十八次常委会议。

7月9日　下午，出席在会展中心召开的市国企改革领导小组会。

7月10日　上午，出席在会展中心召开的中共攀枝花市委九届五次全体（扩大）会议。

△　出席在攀枝花军分区会议室召开的四川省军区宣布攀枝花军分区班子调整命令大会，会上宣布了中央军委命令和省军区党委关于攀枝花军分区班子调整的命令决定。

△　下午，出席在会展中心召开的西区众一化工项目推进工作专题研究会。

7月11日　下午，出席在金海开元名都酒店举行的白云铸造与华西证券IPO合作项目签约仪式。

7月12日　上午，出席在会展中心举行的攀枝花钛白产业降本挖潜提质增效研讨会。

△　下午，出席在会展中心召开的市城区老旧房屋改造工作会。

7月15日　上午，在市委三楼会议室专题研究扩区并园及直购电工作。

7月16日　下午，出席在会展中心召开的市泸州商会成立大会。

7月17日　上午，到东区阿署达村检查防汛减灾工作。

7月18日　上午，出席在会展中心召开的省科技厅党的群众路线教育实践活动征求意见座谈会。

7月19日　上午，在市委三楼会议室专题研究金瓯广场D座维稳工作。

7月22日　下午，出席在会展中心召开的中共攀枝花市委九届第四十九次常委会议。

7月23日　下午，出席在会展中心召开的市第五次规划委员会会议。

7月30日　上午，出席在会展中心召开的市经济形势报告会暨主题教育活动总结表彰大会。

△　下午，出席在市委三楼会议室召开的市“四大班子”主要领导联席会2013年第4次会议。

△　出席在会展中心举行的全国钛白粉产业技术创新战略联盟首届理事会第三次全体会议暨攀枝花钛白粉产业发展研讨会。

7月31日　上午，出席市委、市政府在金海开元名都酒店会议室召开“2013攀枝花企业50强”发布暨攀枝花企业高峰会。

8月1日　上午，在红格温泉假日酒店听取米易龙潭溶洞规划设计方案情况汇报。

△　下午，出席在红格温泉假日酒店举行的盐边县政府与四川省煤炭产业集团有限责任公司战略合作签约暨攀枝花川煤华荣红坭有限公司授牌仪式。

8月2日　上午，出席在攀枝花国家钒钛制品质量监督检验中心举行的市质监局与攀钢集团研究院有限公司深化合作签约仪式。

△　下午，出席在会展中心召开的市对外开放和招商引资工作领导小组2013年第二次会议。

△　陪同刘成鸣、张剡同志在南山宾馆会见了鞍钢集团公司董事长、党委书记张广宁一行。双方就进一步加强沟通协调、深化合作，推动企业走出困境，促进地方经济社会发展等事宜进行了交流。

8月5日　上午，出席在会展中心召开的中国国民党革命委员会攀枝花市第三次代表大会。会议听取并审议了民革攀枝花市第二届委员会工作报告，讨论通过了《民革攀枝花市第三次代表大会决议》，选举产生了民革攀枝花市第三届委员会主任委员、副主任委员。

8月6日　上午，出席在会展中心召开的中国民主促进会攀枝花市第七次代表大会。会议听取并审议了民进攀枝花市第六届委员会工作报告，审议并通过了《民进攀枝花市第七次代表大会决议》，选举产生了民进攀枝花市第七届委员会主任委员、副主任委员。

8月8日　上午，出席在市委三楼会议室召开的苴却砚文化区建设工作专题研究会。

8月16日　下午，出席在欧方营地举行的"中国阳光康养旅游城市"概念征集终评会。

8月17日　上午，出席在会展中心召开的中国铸造协会赴攀考察座谈会。

8月19日　上午，出席中共攀枝花市委九届第五十次常委会议。

△　下午，出席在会展中心召开的市2013年下半年重大涉旅活动协调领导小组第一次会议。

8月20日　上午，在攀枝花分会场收听收看全省召开推进民营经济发展工作电视电话会议。

8月21日　下午，出席在会展中心举行的向全国政协常委、全国政协经济委员会副主任、第二炮兵原政治委员彭小枫上将一行汇报我市相关工作的汇报会。

8月22日　上午，刘成鸣同志在会展中心听取全市贯彻落实省"四个八条措施"对接工作汇报。赵辉同志出席汇报会。

△　出席在会展中心举行的大医博爱协会捐赠暨"胡大一院士工作站""攀枝花市心脏康复中心"授牌仪式。

△　下午，出席在会展中心召开的市中心区金沙江沿江景观设计方案汇报会暨市城乡建筑及环境艺术咨询委员会会议。

8月23日　上午，出席在市委三楼会议室召开的全省"两个现场会"筹备工作研究会。

8月23日至26日　由8家企业组成的北京旅游投资考察团先后对红格温泉旅游度假区、阿署达花舞人间景区、米易南部新城休闲度假核心区和金沙江中心区段景观带等旅游项目进行了考察，并与我市就旅游、养老项目等事宜进行了交流座谈。赵辉同志出席座谈会。

8月26日　上午，出席在会展中心召开的市旅游产业发展领导小组会议。

8月27日　下午，出席在会展中心召开的市传达贯彻中共中央、国务院有关通知精神专题会议。

△　出席在会展中心召开的市花城新区核心区景观规划设计方案评比会。

8月28日　上午，出席在会展中心召开的四川民主党派代表人士综合评价试点工作启动会。

8月29日　下午，出席在市委三楼会议室召开的"金婚老人欢乐阳光行"工作方案研究会。

8月30日　上午，出席在市政府三楼一会议室召开的攀西战略资源创新开发试验区直购电工作研究会。

△　下午，出席在位于攀枝花的国家钒钛质检中心召开的国家钒钛制品质量监督检验中心实验室定期监督及扩项评审会。

△　出席在市委三楼会议室召开的市体育设施分布规划工作研究会。

9月2日　下午，出席在市委三楼会议室召开的2013年第五次市"四大班子"主要领导联席会议。

9月3日　上午，出席在会展中心召开的欢乐阳光节筹备工作情况汇报会。

△　下午，出席在会展中心召开的市委、市政府研究部署重大项目推进工作会。

9月5日　下午，陪同刘成鸣同志在会展中心会见了银泰置地（集团）董事长辛向东一行，双方就加快银泰在攀商业项目建设等事宜交换了意见。

9月9日　上午，在市委三楼会议室主持召开下半年三次集中开工项目部署会。

△　下午，出席在会展中心召开的中共攀枝花市委九届第五十二次常委会议。

9月11日　上午，出席在会展中心召开的苴却砚文化项目规划设计情况汇报会。

9月12日　下午，在会展中心会见了中国邮政集团公司党的群众路线教育实践活动第七督导组组长李永康、省邮政公司总经理韩广岳一行，双方就我市邮政系统开展群众路线教育实践活动有关情况交换了意见。

9月15日　上午，出席在市中心广场举行的市2013年“质量月”活动暨《质量发展纲要》宣传启动仪式。

9月17日　上午，出席在会展中心召开的市统一战线各界人士迎中秋茶话会。

9月18日　上午，在市委三楼会议室出席市老科协理事会。

9月22日　下午，出席在会展中心召开的中共攀枝花市委九届第五十三次常委会议。

9月23日　上午，出席在红格假日酒店会议室召开的中电建盐边120万千瓦光伏发电项目开发规划汇报会。

△　下午，在市科知局会议室主持召开产业发展和城市建设转型升级课题论证会。

9月24日　上午，在会展中心主持召开大宗物资运输方式转变规划方案研究会。

9月25日　上午，出席在会展中心召开的市党外人士代表队伍建设工作会议。

9月26日　上午，在会展中心出席“新型城镇化和新型工业化”工作领导小组2013年第三次专题会。

△　下午，出席在会展中心召开的市城区空气质量达标方案研究会。

9月28日　上午，出席在炳四区陈家垭口隧道口举行的市恒大城等66个项目开工动员大会。

9月29日　下午，出席在会展中心召开的市迎接“全省两个现场会”六十天奋战动员大会。

9月30日　上午，在会展中心出席2013年旅游发展第四次领导小组会。

10月8日　上午，出席在市委三楼会议室召开的2013年第六次市四大班子主要领导联席会议。

△　下午，出席在会展中心召开的中共攀枝花市委九届第五十四次常委会议。

10月9日　下午，出席在会展中心召开的市工业园区建设和新型城镇化工作座谈会。

10月10日　上午，出席在市委三楼会议室召开的花城新区山地森林公园招商、规划及市干热河谷区林业生态建设总体策划工作会。

△　下午，出席市委、市政府在会展中心召开的加快建设攀西战略资源创新开发试验区专题研究会。

10月12日上午，出席在红格假日酒店会议室召开的“全省两个现场会”筹备进展情况督办工作会。

△　下午，到仁和区调研迤沙拉历史文化名村建设工作。

10月14日　上午，到仁和区迤沙拉村调研景区打造工作，并听取相关工作汇报。

10月15日　下午，在市委三楼会议室主持召开太阳能产业研讨会。

10月17日　上午，出席在会展中心召开的攀枝花—宜宾区域经济合作会，会上，我市与宜宾市签订战略合作框架协议。

10月19日　下午，成都—攀枝花棒球友谊赛在盐边县红格高原竞训基地举行。赵辉同志到场观看了比赛。

10 月 20 日　上午，出席在市委三楼会议室召开的中共攀枝花市委九届第五十五次常委会议。

△　东区玉佛寺开山暨广成法师升座法会在炳三区玉佛寺举行。赵辉同志到场祝贺。

10 月 21 日　上午，出席在会展中心召开的中共攀枝花市委九届第五十六次常委会议。

△　出席在会展中心召开的市第五次旅游产业发展领导小组会。

10 月 23 日　下午，出席在成都新会展中心举行的攀枝花城市推介会暨项目签约仪式。

△　陪同省委常委、宣传部长吴靖平到西博会攀枝花展区巡视参展情况。

△　陪同刘成鸣、张剡同志在成都世纪新城国际会议中心会见了日本株式会社全球执行董事、中国总代表大野滋，日中经济协会总代表横山达也，久保田（中国）投资公司总经理魏杰等企业家，双方就深化合作在清洁能源、机械制造、电化工产业等方面的发展事宜交换了意见。

10 月 24 日　上午，陪同刘成鸣、张剡同志在成都锦江宾馆分别与川威集团、中国重汽、中国水利水电建设集团新能源开发有限责任公司、香港蔬菜协会、天诚集团、成都伟经投资集团等企业负责人进行座谈，分别就促进重大项目在攀落地等事宜交换了意见。

△　下午，出席在成都锦江宾馆举行的攀枝花阳光康养产业恳谈会。

△　陪同刘成鸣、张剡同志在成都锦江宾馆分别会见了四川省铁路产业投资集团有限公司、中水电、阿尔斯通、SMG 基金公司、中国铸造协会等负责人，并就资源综合开发利用、城市建设、新能源利用、新材料开发等事宜进行了深入交流。

10 月 25 日　上午，陪同省委书记、省人大常委会主任王东明，省委副书记、省长魏宏到第十四届西博会攀枝花展馆巡视参展情况。

10 月 27 日　省政协副主席、农工党四川省委主委王正荣率队莅攀，对我市医疗卫生工作进行视察指导，并向米易县医院捐赠了价值 60 万元的药品和医疗器械。赵辉出席捐赠仪式。

10 月 28 日　下午，出席在攀枝花会展中心举行的农工党四川省 2013 年机关工作研讨会暨工作人员培训会。

10 月 29 日　下午，出席在会展中心召开的市民营企业家座谈会。

△　晚，出席在会展中心召开的市 2013 年第 7 次城市规划委员会主任会。

10 月 30 日　上午，在攀枝花分会场收听收看全国召开非公有制经济人士理想信念报告电视电话会。

10 月 31 日　上午，出席在红格假日酒店会议室召开的“全省两个现场会”筹备工作进展情况督办会。

11 月 1 日　上午，出席在市委三楼会议室召开的市国有企业改革领导小组工作会。

11 月 4 日　上午，出席在会展中心召开的二滩国家森林公园旅游开发工作情况汇报会

△　下午，出席在市委三楼会议室召开的 2013 年第七次市“四大班子”主要领导联席会议。

11 月 5 日　上午，出席在会展中心召开的中共攀枝花市委九届第五十七次常委会议。

△　下午，出席在会展中心召开的市组织工作会。

△　出席在会展中心召开的全市学习兰辉先进事迹干部大会。

11 月 6 日　下午，在市委三楼会议室主持召开“欢乐阳光节”开幕式暨旅游重大项目开工仪式协调会。

11 月 7 日　上午，出席在会展中心召开的市城区夜景照明总体规划编制工作研究会。

△　下午，出席在会展中心召开的市小城镇建设暨产业园区发展工作会。

11 月 8 日　上午，出席攀枝花市妇女第九次代表大会开幕式。

△　下午，出席在市委三楼会议室召开的资源型城市可持续发展高层研讨会筹备工作会。

11 月 9 日　出席在西区清香坪街道举行的市统一战线“同心？服务民生”社会服务活动启动仪式。

11 月 11 日　上午，在市委三楼会议室主持召开迎接“全省两个现场会”督办工作会。

11 月 12 日　下午，到川投集团公司协调黄磷厂无害化处置及资产移交工作。

11 月 13 日　上午，到成都中医学院协调普达阳光康养旅游项目相关工作。

11 月 15 日　上午，在重庆出席攀枝花市阳光康养推介会和西区招商引资推介会。

11 月 17 日　下午，到攀枝花电视台调研迎接“全省两个现场会”相关筹备工作。

11 月 18 日　上午，出席市委、市政府在会展中心召开的铁路建设工作研究会。

11 月 19 日　上午，出席在市委常委会议室召开的中共攀枝花市委九届第五十九次常委会议。

△　下午，出席在攀枝花军分区会议室举行的四川省军区宣布攀枝花军分区领导班子调整命令大会。会上，省军区副司令员丁忠汉宣读中央军委命令，即：攀枝花军分区政治委员陈向东调整任云南省大理军分区政治委员，成都军区政治部组织部副部长李钊任攀枝花军分区政治委员。

11 月 20 日　上午，出席在会展中心召开的市学习党的十八届三中全会精神报告会。并聆听了著名经济学家、党建研究专家、反腐理论研究专家、《求是》杂志研究员黄苇町为我市领导干部作十八届三中全会精神的专题学习辅导报告。

△　下午，出席在会展中心召开的市攀西战略资源创新开发试验区建设座谈会。

11 月 23 日　出席在红格温泉假日酒店举行的攀枝花钒钛资源综合利用院士行暨 2013 · 攀枝花钒钛（国际）论坛。

11 月 25 日　上午，在市委三楼会议室主持召开迎接“全省两个现场会”督办工作会。

△　下午，在会展中心会见由中国铸造协会耐磨分会 2013 年轮值会长、迁西奥帝爱机械铸造有限公司董事长张会友率队的考察团一行。

△　在会展中心主持召开会议研究盐边县申报“全国社会扶贫创新试点县”相关工作。

11 月 26 日　上午，在攀枝花分会场收听收看中央宣讲团党的十八届三中全会精神报告电视电话会议。中央宣讲团成员、全国政协社会和法制委员会副主任施芝鸿为全省领导干部作辅导报告。

△　下午，出席在会展中心召开的全市统一战线专题调研成果汇报会。

11 月 29 日　上午，出席在攀枝花钒钛产业园区举行的攀枝花特利小五金产业孵化园等 38 个项目集中开工动员大会。

△　下午，在市委三楼会议室主持召开会议研究全市体育设施规划相关工作。

12 月 5 日至 6 日　出席在我市召开的全省百镇建设暨重点旅游项目推进现场会。

12 月 23 日　上午，出席在会展中心举行的市文联第六次代表大会。

△　下午，出席在会展中心召开的中共攀枝花市委九届第六十一次常委会议。

△　出席市委、市政府在会展中心召开的“全省两个现场会”等四项重大活动总结表彰大会。

12 月 27 日　上午，出席在会展中心召开的 2013 年度市委常委民主生活会。

△　晚，在会展中心观看由中国文联、中国剧协梅花奖艺术团组织的“送欢乐、下基层”慰问演出。

12 月 29 日至 30 日　出席市委、市政府召开的县区工作现场会暨急难险重任务推进会。

12 月 31 日　上午，出席在会展中心召开的中共攀枝花市委九届六次全体（扩大）会议。

四、市委常委、常务副市长杨自力

（一）讲话文稿

在2013年全市民政工作会议上的讲话

2013年3月15日

今天，我们在这里召开全市民政工作会议，主要任务是深入贯彻落实党的十八大和今年全省民政工作会议精神，回顾审视2012年取得的工作成绩和经验，研究部署2013年的民政工作任务。刚才，钱卫同志总结了去年的工作，安排部署了今年的任务，讲得很好，我都赞同。借此机会，我再讲几点意见。

一、抓大事、办实事，2012年民政工作硕果累累

去年全市民政系统在市委、市政府的坚强领导下，在各部门的大力支持和全社会的广泛关注参与下，团结奋进，扎实工作，在调节社会利益、化解社会矛盾、促进社会公平、维护社会稳定方面发挥了重要作用，为全面建设和谐社会、助推我市“三个加快建设”，“三个走在全省前列”，全力打好“六大硬仗”重大战略做出了积极的贡献。

（一）社会慈善事业取得新发展。基本形成了覆盖市、县二级的慈善组织体系和服务网络，各类慈善公益项目深入实施，慈善工作的社会影响力逐步扩大，社会慈善体系建设取得长足进步，荣获中国五星级公益慈善城市的称号。特别是通过“同一片蓝天下”慈善关爱捐资助困活动，共募集资金5287.05万元。通过这一活动，目前已有914名贫困学生受到资助，537户因病造成家庭困难群众受到帮扶。

（二）公共服务水平实现新跨越。坚持以项目建设为重点，大力开展社会养老服务、社区服务、社会福利、优抚安置、防灾减灾等体系建设，初步形成了数量适当、分布合理、功能健全、便利群众的社会服务设施网络，进一步提高了社会服务设施建设水平。去年我市在全省率先建立80至89岁高龄老人生活津贴制度，农村社区覆盖率居于全省前列，2个社区获得“全国综合减灾示范社区”称号，连续三届被命名为全国双拥模范城称号。

（三）工作机制建设取得新突破。完善健全了防灾减灾、双拥创建、社区建设、流浪乞讨人员救助、惠民殡葬改革等工作机制，增强了工作的规范性、科学性，进一步提升了民政工作效能和水平。

这些成绩的取得，凝结着全市广大民政工作者的心血和汗水。在此，我谨代表市委、市政府向工作在民政战线的全体干部职工表示衷心的感谢！

二、判清形势，提高认识，进一步增强抓好民政工作的责任感和使命感

（一）把握机遇，顺势而为。孟子说：“虽有智慧，不如乘势”。我们工作要牵住牛鼻子，卡住七寸，认清民政事业发展的内外环境，很有必要。当前民政事业发展的大环境可以用“形势最严峻、政策最宽松，挑战最巨大、机遇最难得”来概括。前段时间王岐山副总理推荐了《旧制度与大革命》这本书，里面讲到一个核心问题，也是跟以往不一样的问题；即在经济社会发展最快、最好的时期，还会产生一个副作用，社会阶层分化最厉害的时候最容易产生革命，这就告诫我们一定要处理好社会各阶层之间的关系，加快构建和谐社会。可以这样说，在我们经济快速发展的过程中，不和谐、不稳定等非经济因素，因为长期掩盖在经济增长的光环下，很可能经济一旦出现波动，会有一个集中的爆发，甚至对社会稳定造成严重冲击，可以预计民政服务对象将有一个面上量的扩张。民政部门作为改善民生、维护稳定、发展民权的桥头堡、兜底网和减压阀，可以说面临的形势是非常严峻的，这是挑战。越是困难时刻，越将凸显民政在改善民生、维护稳定方面的重要性，也越将民政部门推向前线，民政在全局中的地位和作用中将进一步提升，可以作为的舞台将进一步拓宽。可以说，民政工作从来没像今天这样肩负如此重大的政治使命，在国家经济社会发展全局中占据着如此重要的位置。党的十八大明确提出，要在改善民生和创新管理中加强社会建设，进一步完善社会救助体系，健全社会福利制度，支持发展慈善事业，做好优抚安置工作，加强基层社会管理和服务体系建设，增强城乡社区服务功能，引导社会组织健康有序发展，充分发挥群众参与社会管理的基础作用。省委、省政府也重点强调了要着力保障和改善民生，对加强防灾减灾工作、完善社会救助体系、社会福利体系、做好双拥优抚安置工作等民政业务工作进行了安排部署。我市也始终将民生、民政放在重要位置，切实保障和改善民生。这些是我们民政部门面临的机遇。做好新时期下民政工作，必须从全局的角度找准工作定位，在社会发展的大背景中，把民政工作的新特点、新任务思考清楚，危中求机，乘势而上，把各项民政工作做得更好。

（二）提高认识，服务发展。民政工作是推进经济和社会全面发展的一项基础性工作。加强民政工作，积极化解社会矛盾，可以为经济社会发展创造一个长期安定有序的发展环境。今年我市提出了“三个加快建设”“三个走在全省前列”，继续打好“六大硬仗”的奋斗目标，要实现这一发展目标，就必须将民政工作“保障民生、服务经济社会发展大局”的作用充分发挥出来。与此同时，民政工作与和谐社会有着密切联系，在构建和谐社会方面有着不可替代的作用：通过搭建城乡社区建设平台，完善基层服务和管理网络，从而促进基层管理和谐；通过加强社会组织建设和管理，增强服务社会功能，从而促进社会服务和谐；通过解决城乡困难群众基本生活问题，调整利益关系，促进社会公平，从而促进社会稳定和谐；通过推动慈善事业发展，从而促进人际关系和谐；通过做好“双拥”和优抚安置工作，从而促进军政军民团结和谐等等。只有把民政工作做实做好，才能为全市经济社会提质增效、跨越提升营造良好的氛围和环境，也只有这样，我们的发展才是真正的科学发展。

三、把握重点，抓到实处，全面加快民政事业发展步伐

（一）在“急难险重”项目建设上求突破、见成效。“急难险重”工作是事关经济社会发展的基础性、长远性工作，是市委、市政府大力督办的重点工程，涉及千家万户的切身利益，是为民办实事、办好事的“德政工程”，备受人民群众关注。今年，我市民政系统在“急难险重”工作中承担着兜底保障和服务群众的重要任务，社会救助工作任务标准进一步提高，区划调整和低收入群体帮扶提上日程，“同一片蓝天下”慈善助医助学、临时生活救助和先心病救治工作持续开展，这些项目要求高，任务重，责任大。全市民政部门要统筹结合民生工程建设，充分发挥主观能动性，攻坚克难，务实奋进，打好我市2013年“急难险重”项目建设攻坚战。

（二）在民生保障体系建设上强落实、夯基础。民生保障体系建设重点在社会救助、防灾减灾和社会慈善工作。一是要着力抓好社会救助。进一步加强和改进城乡低保工作，不断完善医疗救助制度，实现医疗救助管理信息化；切实加快建设城乡居民家庭经济状况核对信息系统及城市医疗救助一站式服务系统，在年内建成覆盖全市的“城乡社会救助信息系统”，全力做好低保、农村五保供养、医疗救助、临时救助、低收入家庭认定等与住房、教育、医疗、司法、就业等救助、慈善帮扶的衔接协调，提高社会救助整体效应。二是要着力抓好救灾减灾。民政系统作为减灾救灾的重要力量，要常备不懈，坚持“宁可备而不用，不可用时无备”的工作原则，全面加强减灾救灾综合能力建设，建立健全减灾救灾联动机制，全面改善现有的救灾物资储备条件，优化救灾装备，抓好防灾救灾应急指挥体系建设，深入推进减灾宣传和减灾示范社区工作，切实将自然灾害的损失降到最低。三是要着力打造慈善品牌。进一步打造“在同一片蓝天下”慈善品牌活动，采用“政府推动、民间运作、社会参与、各方协作”的机制，以宣传推动和政策激励为主要方式，加强慈善组织建设，发挥慈善组织作用，完善慈善捐赠方面的政策法规和免税机制，更广泛地动员社会力量参与慈善事业。

（三）在社会养老服务事业上下功夫、创特色。当前我国已逐渐步入老龄化社会，人民群众对养老服务的需求日益迫切。各级、各部门要以打造阳光康养旅游城市为契机，以满足中低收入老年群体基本养老服务需求为着力点，加快建立完善城乡社区养老服务体系，鼓励支持引进社会力量兴办养老机构，全面构建以居家养老为基础、社区服务为依托、机构养老为补充，功能完善、覆盖城乡的养老服务新格局。

（四）在城乡社会管理上作探索、求创新。一是切实加强社会组织培育管理。当前我市社会组织日趋丰富，在助推经济社会发展中发挥着积极作用；但发展培育不足、规范引导不够、结构和分布不合理等问题也严重制约了我市社会组织协同管理功能的发挥。加强和创新社会管理指的就是政府与社会互动共进的过程，因此全市民政系统和有关部门务必坚持一手抓积极培育发展、一手抓严格依法管理，不断完善社会组织扶持政策，着力培育经济社会发展急需的公益慈善类、社区服务类社会组织，支持和鼓励社会组织参与社会管理、公共服务，共同推动社会组织健康有序发展。二是深入推进城乡社区建设。要结合新农村建设、旅游新村建设和阳光康养城市打造，进一步夯实城乡社区作为社会管理的基础平台。要不断健全完善以民主选举、民主决策、民主管理、民主监督为主要内容的城乡社区基层群众自治机制，认真做好第九届村（居）民委员会换届选举工作。要切实加强城乡社区基础设施、组织队伍、运行机制、服务功能建设，积极拓展居民群众喜爱的文体娱乐、志愿互助、儿童托管、卫生保健、商业便民等便民利民服务，着力构建公共管理服务综合平台。

（五）在拥军优抚安置工作上抓创建、保稳定。要充分把握好我市连续三届成功创建全国双拥模范城这一工作优势，认真总结经验，创新工作举措，深入贯彻落实拥军优抚安置政策，切实发挥双拥协调机制作用，进一步巩固和扩大双拥工作成果，提早谋划第四届双拥模范城创建工作。要认真做好退役士兵安置新老政策过渡时期衔接工作，加强退役士兵职业教育和技能培训，加快形成城乡一体、以扶持就业为主、多种方式相结合的新型退役士兵安置制度。要认真做好复员干部、军队离退休干部、退休士官、无军籍退休退职职工接收安置等工作，进一步强化涉军信访维稳工作，切实维护社会稳定。

（六）在专项社会事务管理上出实招、树形象。民政专项社会事务管理是加强和创新社会管理的重要内容。全市民政系统要大力促进区域协调发展和城乡一体化建设，健全完善专项社会救助保护机制，深入推进婚姻收养登记规范化建设和殡葬改革，加强行政区划、地名和界线管理，促进人际更加和谐、社会更加正义、社会服务更加均等、社会管理更加规范。

同志们，2013 年是为全面建成小康社会奠定坚实基础的重要一年，也是我市民政事业实现跨越式发展的关键一年，任务艰巨，使命光荣。让我们在市委、市政府的坚强领导下，努力拼搏，奋勇争先，在新的一年以新的姿态开创民政工作新局面。

在全市人力资源和社会保障工作会议上的讲话

2013 年 3 月 26 日

今天，我们在这里召开全市人力资源和社会保障工作会议，主要任务是总结去年的工作，安排部署今年的工作。刚才，忠杰同志对去年工作进行了总结，对下一步工作进行了安排部署；相关单位也作了很好的交流发言，我都赞同。希望同志们认真抓好贯彻落实。

在过去的一年里，全市人力资源和社会保障部门在市委、市政府的正确领导下，紧紧围绕“民生为本、人才优先”的工作主线，攻坚克难，锐意进取，圆满完成了各项工作任务，取得了新的成绩。概括起来讲有四个方面：

——就业工作成效突出。坚持把促进就业摆到突出位置，全面落实更加积极的就业优惠政策，积极开展创建国家级创业型城市，深入推进“就业促进”民生工程，全市就业形势保持稳定。全年城镇新增就业 17617 人，动态消除了当期“零就业”家庭；并被评为“全国创业先进城市”。

——社会保障体系建设成效明显。按照“保基本、广覆盖、有弹性、可持续”的基本原则，深入推进城乡居民社会养老保险各项工作，进一步整合了城镇居民养老保险与新型农村社会养老保险制度，建立了失地农民参加养老保险、医疗保险、失业保险制度，确立了社会保障标准与物价上涨挂钩联动机制。全年基本养老、基本医疗、失业、工伤、生育五项保险参保总人数达 202.93 万人，五项社保基金总收入达 35.70 亿元，共支付五项社保待遇 47.53 亿元；企业退休人员月人均基本养老金达到 1870 元，高于全省平均水平。

——人事人才、工资制度改革取得新进展。引进海外高层次专家和人才稳步推进，高技能人才和农村实用人才培养步伐不断加快。全年引进高层次人才 128 名，建成国家级和省级技能大师工作室各 1 个。事业单位人事制度改革平稳推进，聘用制度、岗位管理制度和公开招聘制度基本实现全覆盖。事业单位绩效工资稳步实施，企业工资分配宏观指导和调控制度不断完善，收入分配秩序进一步规范。

——维护社会稳定做出新贡献。认真做好了藏区“9 +3”学生就业促进工作，就业率达 98.4%。深入开展和谐劳动关系创建活动，协调劳动关系三方机制普遍建立，劳动人事争议调解仲裁机构建设加快推进。重视和加强劳动者权益维护工作，为劳动者追发工资等待遇 1746.72 万元。

从去年卓有成效的工作来看，全市人力资源和社会保障部门善攻坚、敢创新、信得过，市委、市政府对此是充分肯定的。借此机会，我代表市委、市政府，对全市人力资源和社会保障部门所取得的成绩，表示热烈的祝贺；向全体奋战在人力资源和社会保障战线上的同志们，表示衷心的感谢！下面，就做好今年的工作，我再着重谈几点意见：

一、认清形势、主动作为，在服务大局中强化责任意识

人力资源和社会保障工作涵盖经济、社会两大主战场，关乎发展、稳定两大中心工作，是党委、政府十分重视的一项工作。人力资源是第一资源，缺乏各类人才支撑，跨越提升就无从谈起；就业是民生之本，不能保障充分就业，就难以确保民生幸福；社会保障是个“稳定器”，缺少这道防线，社会稳定的就会失去基石。所以，我们一定要有大局意识、责任意识，切实把思想和行动统一到市委、市政府对形势的科学判断上来，在各项工作的相互联系中明确发展方向，在各种有利和不利条件的相互转化中把握发展机遇。

一方面，要顺应形势发展，切实增强工作的主动性。我们经常讲，有为才有位，一个部门能否在党委、政府占有地位，关键取决于它在中心工作中到底出了多大力气、作了多大贡献、起了多大作用。当前的形势发展，就迫切需要我们自觉服从、服务、融入全市发展大局。第一，自上而下的高度重视，为我们挺进经济社会两大主战场提供了难得的机遇。党的十八大对人力资源社会保障工作提出的战略要求是：围绕民生为本、人才优先工作主线，实施两大战略、推进两大建设、深化两项改革。实施两大战略，就是深入实施就业优先战略和人才强国战略；推进两大建设，就是着力推进城乡社会保障体系建设与和谐劳动关系建设；深化两项改革，就是全面深化干部人事制度改革和工资制度改革。市委也提出了，坚持不懈地打好民生改善和社会事业发展的硬仗，在建设幸福攀枝花上迈出新步伐的要求。这些充分表明，人社工作在各级党委和政府工作大局中的地位越来越重，人社部门肩负的责任越来越大。第二，转型升级的迫切需要，为我们融入全市发展大局提供了平台。可以说，作为典型的资源型重工业城市，当前我们正面临着一场转型升级的改革。而人力资源是转型升级的基础，一个地方的转型升级要靠人才，产业结构的调整已经对人力资源在素质上、结构上提出了越来越高的要求；当前，经济下行压力增大，部分企业生产经营困难加重，用工需求减少，我们要把扩大就业放在经济社会发展的优先位置，在经济结构调整过程中增加就业机会，优化就业结构，增强经济增长的内生动力和经济社会发展的长期潜力。与此同时，我们现在经常提“社会管理创新”，那么社会管理创新究竟是什么？有些同志对社会管理的理解好像有些偏差，认为社会管理就是治安问题，就是维稳。事实上，社会管理的根本应该是依法办事，社会管理的基础应该是社会保障。只有建立起社会保障体系，让社会每一个人的生活有保障，才能稳定，因此社会保障体系是“稳压器”，是“减压阀”。新的形势和新的要求与我们直接相关联，为我们提供了主战场，搭建了发展平台。全市人力资源和社会保障部门要积极顺应形势，坚定信心决心，增强责任感和紧迫感，提高积极性与主动性，抓住有利条件，把握发展时机，在幸福攀枝花建设中做出更大贡献，也谋求自身更大的发展。

另一方面，要盯住重点难点，不断强化工作的针对性。人力资源和社会保障工作涉及群众的切身利益，是国计民生的重要部份。我们的工作做得好，就能增强群众的信心，就能坚定群众对党和政府的信任，我们的人社部门也才能赢得各级党委、政府的肯定；如果做得不好，则会引发一些矛盾，增加社会不稳定因素。因此，我们人社部门务必既充分认清要自身工作的重点难点，更要牢牢把握、逐一突破。我认为，当前我们的重点难点是：第一，就业形势更加严峻。“就业难”“招工难”两难矛盾比较严重，人才结构性短缺现象突出；特别是最近受企业经营普遍不景气影响，部分企业劳动关系趋于紧张，拖欠或克扣工资、裁员等现象开始抬头，因欠薪、裁员引发的劳资纠纷案件上升，部分案件已经成为可能诱发群体性事件的不稳定因素。与此同时，随着劳务输出力度的加大，农村的留守老人、留守儿童，给社会管理、权益维护、社会保障等方面都造成了潜在的风险和压力，我们要未雨绸缪，高度重视监管和社保扩面等方面工作，为迎接高包袱时期的到来做好各种准备。第二，社保压力前所未有。攀枝花是一个典型的“未富先老”的地区，60岁以上老人占总人口的比例相当大，人口红利可能会丧失得很快。目前企业养老保险基金支撑能力脆弱，当期基金收支缺口将达到14.7亿元。如何搞好人口老龄化带来的社保问题，已经成为我们人社部门面临的最紧迫、最重大课题；迫切需要我们创新思路，加快研究对策建议，制定战略措施加以克服。第三，稳定劳动关系形势不容乐观。企业员工投诉和上访已由以前的单一投诉和上访逐渐演变为群体性投诉和上访，个体和群体的劳动争议数量都急剧上升。农民工工资清欠难度增大，严重影响劳动保障执法权威性，等等。这些重点难点问题，各级各部门要予以高度关注，加大工作力度，采取有效措施，认真加以解决。

二、突出重点，创新举措，在跨越提升中积极履职尽责

各级人力资源和社会保障部门要善于统揽全局、找准关键，特别是对于那些影响发展全局的大事，对于那些影响民生幸福的难题，要盯紧抓好、务求实效。

（一）突出抓好就业促进工作。就业是民生之本，是最大的民生。在一个城市里，如果人人有事做、人人有活干、人人有饭吃、人人有保障，这就是一个和谐的城市，一个幸福的城市；就业问题不解决，保增长、保民生、保稳定就无从谈起。加之，今年经济发展不确定因素很多，经济增长下行压力巨大，部分企业经营困难加重，供求矛盾更加突出。为此，今年要把就业工作摆在更加重要的位置上。一是抓好就业总量的增加。要全面落实更加积极的就业政策，加强就业政策与产业、财税、金融等政策措施的协调，强化产业发展对就业增长的拉动作用。要健全公共投资带动就业增长机制，积极做好经济发展方式转变中的就业工作。要鼓励企业积极吸纳低收入家庭人员就业，帮助企业落实社会保险补贴和岗位补贴。要探索将低收入家庭大中专毕业生纳入公益性岗补贴范围，对由人力资源社会保障部门遴选认定并安置在公益性岗位就业的大中专毕业生，给予社会保险补贴和公益性岗位补贴。要落实小额担保贷款政策和妇女、青年创业小额贴息政策。二是抓好重点人群的就业。要把高校毕业生就业工作放在就业工作首位，大力实施高校毕业生就业推进行动。要继续抓好藏区“9＋3”免费职业教育计划学生就业工作，帮助毕业生及时落实就业岗位、开展顶岗实习。要针对“零就业家庭”等困难群体，建立就业帮扶长效机制，帮助其及时实现就业。要进一步做好农村劳动力转移输出工作，增强农民工就业的稳定性。三是提高劳动者素质。要进一步加强就业培训、创业培训和提升培训，提高劳动者就业能力、创业能力和职业转换能力。同时，探索建立创业促就业的长效机制，完善促进创业的政策措施，以创业带动就业。

（二）重点推进社会保障体系建设。目前，我市覆盖城乡的社会保障体系框架基本建立，但无论是保障水平还是覆盖面，都还有很大的提升空间。一是要以全民覆盖为目标，统筹推进城乡社会保障体系建设。要全面准确把握公平性、流动性、可持续性，加快健全覆盖城乡居民的社会保障经办管理体制和便民快捷的服务体系。要大力提升社会保障水平，努力走出一条适应攀枝花经济发展水平的新路子。二是要建立完善低收入群体参加基本养老保险帮扶机制，通过调查、摸底，建立城市低收入群体数据库，对低收入群体实行动态管理。三是要建立完善低收入群体医疗保险帮助制度，进一步调整和完善我市基本医疗保险大病补保和二次补偿政策。四是要做好社会保险待遇发放工作。完善和落实农民工、被征地农民等群体社会保障政策，进一步提高企业退休人员基本养老金水平，尤其要抓紧做好2013年企业退休职工养老金调整兑现工作。五是要加强对资金的监督管理。审计、财政部门要及时跟进、不能放手，要时刻保持清醒的头脑，确保各种专项资金和社保基金安全，为人民群众收好、管好、用好“养命钱”。

（三）扎实做好人事人才和工资制度改革工作。当前，人社部门负责的机关事业单位人事制度改革、收入分配改革，备受社会关注，特别是收入分配问题，以前我们强调把社会财富这个“蛋糕”做大，现在不仅要做大更强调要分好，这些都是涉及面广、影响巨大的民生事项，务必保持敬畏之心、谨慎对待。一是深化事业单位人事制度改革。按照上级部署，稳妥推进事业单位分类改革，年底前基本完成事业单位分类工作。要深化中小学教师职称制度改革，启动工程技术人员职称制度改革试点。要规范公开招聘制度，完善聘用合同制度，探索完善聘后管理机制。二是反复论证、科学研究、稳步推进工资制度改革。要扩大企业工资集体协商覆盖范围，稳慎调整全市最低工资标准。要要进一步规范公务员津贴补贴，巩固事业单位实施绩效工资工作成果。三是加强人才队伍建设。要继续实施领军人才培养工程、专业技术人才知识更新工程和专家下基层行动工程等重大人才工程。要积极引进国（境）外智力，加快创新发展。要深入实施技师培训、高技能人才培训基地等重点项目，进一步加强技能人才队伍建设。

（四）加快推进市民卡工程建设。在这里我要着重强调讲一下市民卡建设的问题，今年市里把市民卡建设纳入了急难险重项目，由人社部门承担责任主体。这项工作时间紧、任务重，我想强调两点：一是要高度重视，提高认识。全市各级、各相关部门要充分认识市民卡建设工程的目的意义；通过推动市民卡建设，实现“一卡多用、一卡通用”，为市民提供社保、就业、医疗、教育等多种高效便捷的服务，实现市民与政府部门及公共服务机构的信息对接，提高政府公共服务的有效性、准确性和及时性，是市委、市政府确定的重大民生工程，势在必行。二是要加强配合、加快进度。通过推动市民卡项目建设，可以最大限度地在政府公共服务信息化领域避免重复投资和资源浪费，有效地整合相关部门和机构的信息化资源，提高信息化建设效率。人社部门要起好牵头作用，各级各部门务必要积极支持配合，加快项目推进速度，确保圆满完成目标任务。

（五）积极构建和谐劳动关系。劳动关系是最基础、最重要的社会关系，劳动关系不和谐，社会稳定就缺乏基础。要从体制机制入手，重点抓好四项工作：一是保障工资增长。要继续把促进职工工资增长作为一件大事，大力推行工资集体协商制度，保证最低工资标准，完善工资正常增长机制和支付保障机制，做到与全省同步增长。二是抓好源头规范。全面推行劳动合同制度和劳动备案制度，健全三方协调机制。三是搞好调解仲裁。加强调解组织建设，推进劳动人事争议调解仲裁实体化。四是加强执法监察。加大劳动保障监察执法力度，打击非法用工、超时加班等违法行为。特别要加强农民工工资支付专项检查，下大力气解决拖欠农民工工资这一“顽症”。

三、转变作风、强化落实，在队伍建设中打造团队文化

今年的目标、任务和措施已定，关键是要狠抓落实。这不仅是我们工作方法和工作作风的集中体现，更是我们人格品味和思想境界的集中展示。

（一）加强协调，精心构建工作合力。各级人力资源和社会保障部门要切实履行好主体职责，主动谋划，大胆工作，积极协调，扎实推进人力资源和社会保障事业长期稳定发展。也希望各相关部门在今后的工作一如既往地给予配合、支持和帮助，不论事大、事小，不论份内、份外，只要对社会保障有利，只要对社会稳定有利，就要当成头等大事，就要当成自己的事，齐心协力，齐抓共管，推动工作落到实处。

（二）强化融合，努力打造团队文化。人力资源和社会保障局作为由人事和劳动整合而成的部门，还要进一步加大工作事项、职工关系的融合力度，要深入开展人社系统文化建设，形成人社系统核心价值理念，并将其融入工作全过程，使之真正成为广大干部职工的普遍共识，转化为自觉行动。

（三）严格纪律，切实加强廉政建设。人力资源和社会保障工作，大多涉及国家政策的贯彻落实，涉及到广大群众的切身利益，政策性极强，大家一定要把好这个关口，上不碰高压线，下不触底线，决不能感情用事，当然在社会管理之中要有对人民群众的深厚感情，但感情之中要有原则。人力资源和社会保障的各项资金金额巨大，出了问题就是大事，一定要引起高度重视。要自觉维护政策、纪律的严肃性，认真落实党风廉政建设责任制，强化重点部位和关键环节的监督，深入开展廉政教育，努力把人力资源和社会保障部门建设成为清正廉洁的政府机关。

同志们，让我们以党的十八大精神为指引，开拓创新，发奋图强，扎实工作，努力开创人力资源和社会保障事业发展新局面，为建设美丽攀枝花做出积极贡献！

全市科技暨知识产权工作报告

2013 年 4 月 27 日

根据会议安排，下面，我向大会报告全市科技暨知识产权工作的相关情况。

一、开拓进取，2012 年全市科技暨知识产权工作取得新成绩

2012 年，我市各级科技暨知识产权部门紧紧围绕发展大局，以“构建大科技，推动大发展”为目标，以“整合科技资源、提升创新能力、加速成果转化”为重点，不断优化科技创新环境，着力完善科技创新体系，大力提升科技创新能力，切实加快科技成果转化，各项工作取得明显成效，为全市经济社会平稳较快发展提供了强有力的科技支撑。

一是科技产业化步伐加快。成功举办了“攀枝花钒钛资源综合利用院士行暨攀枝花钒钛论坛”，国家钒钛制品质量监督检验中心、攀钢“钒钛资源综合利用国家重点实验室”顺利通过国家验收，钒钛产业园区创建省级高新技术产业园区、四川钒钛产业技术研究院和攀枝花钛及钛合金研究所筹建工作取得阶段性成效，钒钛及相关产业发展的创新转化平台不断完善。建成芒果、枇杷、蔬菜核心区5.5万亩，示范区10.5万亩，辐射带动25万亩，科技服务“三农”水平进一步提升。积极开展食品药品安全科普宣传、“浅井取水抗旱科技示范”等活动，科技服务民生工作取得新成效。全年新增国家级高新技术企业4家、省级创新型企业5家，科技推动发展方式转变、经济结构调整的正能量逐步显现。

二是科技成果转化成效明显。积极推进决策咨询与战略研究工作，成立了市委、市政府决策咨询委员会，组织开展了《攀枝花市钛白产业发展现状及对策研究》《攀枝花公园水系设计和竹湖园公园水质净化》等重大课题研究，全年提出合理化建议200多条，提交决策咨询建议60余篇。出台《攀枝花市重大科技成果转化工程实施方案（2011～2015年）》，对全市科技成果转化目标予以明确，设立了科技成果转化专项资金，首批支持项目12个、资金319万元。四川省技术转移（攀枝花）中心、市技术转移中心、四川省高新技术产业金融服务中心攀枝花分中心组建成功，组织实施省、市级重大科技成果转化项目11项，产值达56亿元，技术合同认定登记金额8098.91万元。科技人才队伍培养力度加大，市顶尖和优秀人才、院士后备人才、技术创新团队培养计划稳步实施。我市被列为全省首批创建国家技术创新工程示范市，科技创新成果丰硕，27项优秀科技成果获年度四川省科学技术进步奖，获奖等级和数量位居全省前列。

三是知识产权工作取得新突破。国家知识产权示范城市培育工作稳步推进，制定了工作方案，设立了市知识产权服务中心，知识产权的创造、运用、保护和管理能力进一步提高。在全省率先出台《关于在科技管理工作中加强专利申请的措施》，建立了专利服务平台，全市专利申请量达到1308件，同比增长7.7%，实施专利项目数1508件，同比增长43.9%，专利转化率达71.6%。积极开展专利质押融资试点工作，组织专利质押融资试点1项，混合融资900万元。扎实开展知识产权执法维权“护航”行动，立案查处假冒专利23件，实现专利侵权纠纷调解案件零的突破。

四是科技环境不断优化。搭建和完善“钒钛之都·科技之光”科技工作信息共享服务平台，利用网络、电视、报刊等多种途径全面加强科技宣传。大力开展省、市级项目专项清理检查行动，廉政风险防控体系进一步完善。创新型企业技术开发费加计扣除认定工作扎实开展，认定企业13家、金额2亿元。对外科技合作交流深入开展，与中国钢研科技集团签订了院市科技战略合作协议，与四川大学开展了钛合金材料与制造交流对接，川滇黔区域科技合作交流得到加强。

在看到成绩的同时，我们也清醒地认识到我市科技暨知识产权工作还存在不少问题和不足，主要表现在：一是创新驱动发展能力还不强，科技成果转化工作仍处在起步探索阶段，与发展要求和目标任务相比仍有较大差距；二是部分企业对科技创新的重视程度不够，认识尚不到位，未将创新驱动作为推动发展的战略选择。

二、振奋精神，努力开创2013年全市科技暨知识产权工作新局面

今年，是我市贯彻落实多点多极支撑战略、全力打好“六大硬仗”、为在全省率先全面建成小康社会奠定坚实基础的重要一年。全市科技暨知识产权工作要紧紧围绕全市工作大局，进一步整合科技资源，提升创新能力，加速成果转化，在钒钛及相关产业、农业和社会发展科技创新、知识产权保护与管理等方面狠下功夫，推动各项工作不断取得新突破、新进展、新成效。

（一）以重大技术创新和科技成果转化为重点，推动钒钛等产业加快发展

一是扎实推进重大技术攻关及成果转化。要紧紧围绕钒钛及其相关产业新技术、新工艺、新产品开发，重点开展好选矿新技术、新装备应用推广，钒钛粉末冶金技术及产品、钛及钛合金铸锻件开发，煤基转底炉、新型隧道窑等直接还原技术工艺装备优化及产业化，钛白生产大型化和自动化技术、特色含钒钛工程机械及冶金装备零部件产品开发、钛材生产工艺及装备等研究，加快解决制约产业发展的关键技术问题。积极引进市外科技成果转化项目，加强钛及钛合金先进技术推广应用，实施市级重大科技成果转化项目15项，申报四川省科技成果转化项目24项，完成技术合同认定登记9000万元。

二是逐步完善产业创新体系。要加快钒钛产业园区创建国家级高新区步伐，推进四川省钒钛产业技术研究院、攀枝花钛及钛合金研究所的筹建工作，积极申报省级工程技术研究中心、重点实验室、创新型企业和国家级高新技术企业，力争组织申报工程技术中心或重点实验室1家、新增创新型企业3家、高新技术企业6~10家。推动建立国家、省、市三级联动的钒钛资源综合利用工作指导委员会和专家顾问委员会，加强对钒钛资源综合利用的组织、协调。加大对重点产业领域人才的引进培养和团队建设的支持力度，做好海外高层次人才引进工作，推进创新团队建设。继续办好攀枝花钒钛资源综合利用院士行暨攀枝花钒钛论坛活动，完善公共技术创新服务平台、科技文献信息共享服务平台功能，加强大型科学设备仪器协作共用共享，促进科技交流合作深入开展。

三是积极开展农业科技服务工作。要充分发挥科技在攀枝花国家现代农业示范区建设中的支撑和引领作用，申报国家、省农业科技项目3项，实施特色农业重点产业技术攻关、农业成果转化6~8项。加强省级农业科技示范园区核心区、示范区“四新”技术的推广应用，支持和培育龙头企业3家、农村专合组织5个。筹建农村产业技术服务中心、芒果工程技术中心，开展芒果产业功能区划研究，强化农技“110”作用。

（二）以科技服务民生行动为载体，推动社会事业不断发展

一是持续推进重大战略决策咨询与研究工作。要进一步加大与中国工程院合作力度，推进钒钛资源综合利用战略研究，抓好四川钒钛产业技术研究院建设和运行模式研究。围绕攀西战略资源开发试验区建设、打造四川南向开放门户等重点领域，开展好相关政策措施、产业发展和战略规划研究。

二是积极开展疾病防治和公共安全研究。要重点抓好重大传染病、地方病、职业病和临床疾病诊疗技术的研究，深入实施食品、农产品安全科技促进活动，加快山地灾害防治工程技术中心、废水控制工程技术中心等项目建设。

三是突出特色生物资源开发利用。要努力推动穿山甲、爬沙虫人工繁育的前瞻性技术攻关；加快林下生物资源开发，搞好攀枝花块菌地理标志产品申报和紫茎泽兰的综合开发；积极申报国家惠民计划、四川省战略性新兴产业生物专项；加快重楼等中药材的良种繁育技术研究，启动铁皮石斛、黄牡丹技术研究；开展生态环境建设技术研究，抓好金沙江沿岸视野区生态景观滴水灌溉示范等工作。

四是加快新能源技术推广应用。要扎实推进国家金太阳示范工程建设，抓好太阳能光热、光电技术示范和钒电池储能装置示范工程建设；加快钒钛资源在太阳能新材料、新产品中的应用开发步伐；围绕二次资源和废弃资源无害化、减量化、资源化目标，重点抓好煤矸石、低品质粉煤灰高附加值等技术研究。

（三）以体制机制创新为途径，推动科技工作大发展

一是要着力营造大科技环境。面向国家、省科技战略部署，围绕市委、市政府发展目标，进一步整合科技资源，推进科研院所、企业、科技管理部门、市级相关单位互动，健全完善部、省、市、县（区）会商联动机制，逐步完善大协同科技攻关体系，为科技工作不断注入新活力。

二是要不断创新科技金融模式。加快发展创业风险投资市场，拓宽科技创新型企业投融资渠道，推进区域性多层次资本市场建设；建立和完善中小企业融资信用担保体系，加强企业信用自律管理；努力搭建政府投融资、银科企交流和投融资信息服务平台，促进科技、金融、产业深度融合，努力提高投融资效率。

（四）以创建国家知识产权示范城市为抓手，推动知识产权工作取得新进展

一要在促进知识产权转化率上求突破。以争创国家知识产权示范城市为契机，推动全市知识产权创造、运用、保护、管理工作迈上新台阶，今年要组织申请专利1308件（其中发明专利申请557件），组织实施新增专利项目152项以上，新增产值28亿元以上。

二要在知识产权保护力度上不断加大。加强知识产权政策措施宣传，提升全社会知识产权意识，调动企事业单位和专利申请人专利申请和转化实施的积极性。深入开展打击侵犯知识产权和制售假冒伪劣商品、知识产权执法维权护航等专项行动，切实维护知识产权权利人的合法权益。

三要在知识产权服务与管理能力上进一步提升。强化专利工作目标绩效管理，健全专利质押融资管理办法，组织实施2~3项专利质押融资。探索在大专院校及科研院所中的专利转让和许可，促进专利成果转化。进一步完善专利信息服务网络，努力提供更加方便快捷的知识产权特别是专利信息服务。

各位领导、同志们，谋创新就是谋未来，抓科技就是抓发展。我们一定要把思想和行动统一到市委、市政府的决策部署上来，锐意进取，开拓创新，扎实工作，把科技暨知识产权事业不断推向前进，为全市经济社会平稳健康快速发展，为在全省率先全面建成小康社会再立新功！

在工业经济形势分析座谈会上的讲话

2013年5月27日

今天我们召开这次会议的主要目的是摸清情况、落实任务。现在已经是5月底了，如何实现全市经济的双过半，时间紧、任务重，工业又是我们的重中之重，迫切需要把任务再落实下去。下面讲三个方面的意思。

第一：判清形势。

刚才，各县区和市级相关部门把情况说得很细，从目前的情况来看，全市工业经济止跌回升的势头不明显，工业经济发展低迷的态势还没有得到有效扭转，纵向比较，我们压力很大，经济下行的压力，财政收支的压力，企业生存和发展的压力。对于企业而言，原材料价格上涨和出厂价格下跌，直接影响到企业的利润空间和生存空间，企业融资难、融资贵仍比较突出。可以说目前我们工业发展中遇到的困难是前所未有的，但越是在这个时候往往孕育机遇，往往能开拓新的局面。我们过去经常讲逆水行舟不进则退，慢进也是退，这时候你观望等待，是肯定不行的。从大环境来看，我国经济出现了一些积极变化，作为宏观经济先行指标的制造业采购经理指数（PMI），4月份我国为50.6%，连续7个月高于50%，表明经济增长进入了上升通道。从市里的情况来看，1-4月，全市规模以上工业企业实现工业总产值506.35亿元、同比增长15.6%，实现工业增加值165.49亿元、同比增长16%，较全省平均增速高4.2个百分点，在全省排第三位；一季度，全市非公有制经济增加值增长13.9%，高于GDP增速2.3个百分点，增速在全省排第4位。非公有制经济增加值占全市经济总量（GDP）的比重为45.7%，比去年同期提高1.9个百分点，非公有制经济已成为攀枝花经济的重要组成部分。虽然这两项指标未达到进度要求，与全省的大环境相关，但总体来说在全省比还是不错的。因此，预计今年工业发展的整体环境应略好于去年。只要我们对问题和困难积极应对、趋利避害、攻坚克难，就一定能够扭转全市工业发展低迷态势，确保全面完成今年的目标任务。

第二：咬定目标。

困难永远存在，但越是在困难的时候，越需要鼓足干劲、自我加压，越需要放大优势、提振信心。这里我要强调的是咬住目标不放松，有三层含义：一是必须想方设法，把一季度欠下的进度追回来；二是必须千方百计，实现二季度时间、任务“双过半”；三是必须全力以赴，确保全年目标任务顺利完成。如何保证目标实现，我谈几句话：保不死，促投产，抓前期，调思路。

——保不死，就是要想方设法，保证企业不垮，没有任何一个企业愿意自生自灭，都希望生存下去。越是在此艰难时刻，我们政府部门、相关金融机构要树立与企业的共存共荣意识，只有企业活出来了，我们的工业增速才有机会上得去。特别是针对企业在资金上面临的短暂困难，我们政府部门要“一企一策”地帮助研究对策，协调金融机构，给予企业喘息的机会。

——促投产，就是要千方百计，为企业创造条件，鼓励在建项目尽快投产。特别是要切实加强工业“急难险重”项目建设，围绕开工、建设、投产、达产，把序时进度排出来，按照序时要求需要做哪些工作，每一项工作落实到具体的人，争取项目顺利建设、顺利开工、顺利投产，早日达产、达效。

——抓前期，就是要围绕资源优势、拓展产业链、优化产业结构和布局、市场变化，精心筹备一批重点产业发展项目，对筛选出的项目要指定专人专门跑项目、争项目、引项目，特别要舍得投入一定资金提高项目前期工作深度，提升项目质量，增强对上争取和对外招商的吸引力。

——调思路，就是要引导企业转变发展方式，加快技术创新和新产品研发，积极调整产业结构和产品结构，提高抗风险能力和市场竞争力。

第三：增添措施。

（一）抓项目攻坚，确保工业投资目标实现。今天推进的工业建设项目，就是明天工业发展的增量；今天的工业投资结构，就是明天的工业产业结构。要牢固树立“项目经济”理念，奋力破解项目建设难题，主攻项目建设，始终保持工业投资强劲的势头，不断夯实工业发展后劲。一要狠抓项目开工，今年列入重点推进的项目51个，预计开工19个，目前仅开工4个，有15个没有开工，相关责任单位要逐个项目查找问题，分析原因，加快完善项目规划、土地、招投标等手续，落实开工条件，逾期开工或开不了工，责任单位主要负责人要向市委政府说明情况、做出检查。二要狠抓项目推进，按计划今年我们应该有13个项目建成投产，但目前时间即将过半而尚未有一个项目投产，进度严重滞后，各相关单位要对筛选出的重大项目进行再梳理，紧紧抓在手中，全力推进，加速项目开工建设、建成投产。三要狠抓协调服务。各县区、市级部门要落实领导包项目责任制，强化项目的协调服务和跟踪落实，做到一个项目、一套班子、一个机制、一抓到底，千方百计加快项目建设进度。四要狠抓项目督查监察，对不能按期开工，进展不力的单位公开通报，限期整改。

（二）抓工业运行调度，确保工业经济平稳增长。一是改进工业经济运行调度方式。强化对工业经济运行动态的跟踪、监测、预警、分析，加强重点企业、重点行业、重点区域协调调度，加强企业生产动态调度，提升工业运行监测、分析和服务质量。二是强化煤电等要素保障。加快煤矿整合进度，加大煤矿安全生产及验收复产力度，尽快恢复煤炭生产；积极做好疆煤、黔煤等境外电煤、焦煤入攀工作，缓解煤炭紧缺矛盾；据省电力公司预测，2013年我省统调水电丰水期富余电量将达到100亿千瓦时以上，我市要多措并举，充分利用优惠政策，积极挖掘有效用电潜力，鼓励工业企业消纳丰水期富余电量。三是落实好省、市工业扶持政策措施。认真落实我市《关于稳定工业经济增长的若干措施》，下更大力气帮助企业缓解融资难、用地难、开拓市场难、产能释放不足等现实问题，采用“一企一策”等办法，帮助企业休养生息、渡过难关。对攀钢，要督促落实与鞍钢达成的合作方案，并引导其加大改革力度，打好扭亏控亏增效攻坚战；对攀煤、钢城集团等企业，要支持其加强科技创新和企业管理，降本增效、扭亏为盈。四是主动适应统计方式的改革。超前对接、主动服务，帮助企业或项目业主完善手续，促进更多符合条件的企业、项目纳入工业统计“菜单”；做好企业上规入库工作，做到依法依规统计、应统尽统。

（三）抓新兴产业培育，增强工业发展后劲。一是在加快机械制造项目建设的同时，着力引进大型成套设备、整机制造、热处理中心等，构建含钒钛特色机械制造产业基地。二是在继续做大钛白粉、开发特种专用钛白的基础上，推进盐边安宁钛材深加工园建设，加强和宝钛等行业龙头的合作，大力引进钛材、钛合金加工项目，构建全流程钛工业基地。三是依托城乡建设推进太阳能应用，引导钒电池、太阳能光热光伏装备制造发展，构建太阳能示范基地。

全市工业经济形势报告

2013 年 6 月 20 日

根据会议安排，下面，我向大会报告全市工业经济发展情况。

一、去年以来工作回顾

2012 年以来，面对宏观经济下滑、主导产业疲软和“8·29”煤矿事故等严峻形势，全市工业战线在市委、市政府的坚强领导下，迎难而上，开拓创新，顽强拼搏，工业经济实现平稳较快增长，取得了来之不易的成绩，为全市经济社会发展做出了决定性贡献。

据统计，2012 年，全市完成规模以上工业总产值 1274.4 亿元，同比（下同）增长 10.8%；实现规模以上工业增加值 460.1 亿元，增长 16.8%，高于全省平均增速 0.7 个百分点；完成工业投资 222.8 亿元，增长 9.2%，完成技改投资 194.3 亿元，增长 17.5%；规模以上工业增加值单位能耗下降 9.2%，超责任目标 2.2 个百分点；非公经济实现增加值 323.93 亿元，增长 16%，增速全省第 11，占全市 GDP 比重的 43.8%，占全市税收收入的 62.3%，对全市经济增长的贡献率为 47.3%。今年 1～5 月，全市完成规模以上工业总产值 624.9 亿元，增长 12.9%；实现规模以上工业增加值 205.7 亿元，增长 15.2%，高出全省平均增速 3.4 个百分点，位居全省第 3；完成工业投资 101.8 亿元，增长 8.4%；完成技改投资 59 亿元，增长 7.9%。一季度，规模以上工业增加值单位能耗下降 8.5%；非公经济增加值为 84.59 亿元，增长 13.9%，增速全省第 4。

一是工业发展政策措施不断完善。出台了《关于进一步加快工业经济发展的意见》《关于加快建设中国钒钛之都的实施意见》和“打造千亿产业、培育百亿企业、建设百亿园区、发展中小企业、扶持上市公司、争创中国名牌”六个工作方案，形成了工业结构调整升级的路线图和行动指南。制定了“两化”互动发展、稳定工业经济增长、重大工业产业化项目推进责任制年度方案等一系列政策措施，加大对困难企业的扶持力度，推进重大工业项目加快建设。

二是工业经济结构调整力度加大。一批引领发展、优化结构的重大工业项目如期建成或加快推进，2012 年全市 46 个重大工业产业化项目累计完成投资 40.5 亿元，今年又有 51 个项目被列入全市重大工业产业化推进项目，计划总投资 362 亿元，其中今年投资 88.3 亿元。大力淘汰落后产能，编制了《攀枝花市工业固废综合利用示范基地建设“十二五”实施方案（2011～2015 年）》，完成省政府下达的 12 户淘汰目标。工业创新能力进一步提升，2012 年全市新增国家级高新技术企业 4 家、省级创新型企业 5 家、省级企业技术中心 4 家，建成钒钛资源综合利用国家重点实验室、国家钒钛制品质量监督检验中心等科技创新平台。

三是工业生产要素保障切实增强。积极应对“8·29”煤矿事故的不利影响，及时完善运输协调机制，积极组织周边尤其是疆煤入攀，2012 年累计外调煤炭 1273.62 万吨，增长 7.8%，今年 1~5 月累计调入煤炭 550.49 万吨。攀枝花 500 千伏 II 变电站、米易 500 千伏变电站全面建成，2012 年二石线送入我市电量 51.7 亿千瓦时，增长 6.23%，争取到省政府消纳丰水期电价优惠电量 3.7 亿千瓦时。成品油供需稳定，2012 年累计购进成品油 72.41 万吨，增长 4%；销售 71.85 万吨，增长 2.5%。铁路运输互动机制进一步完善，2012 年实现铁路运输货运 2818 万吨，今年 1~5 月累计货运 1236.34 万吨，增长 6.7%，铁路运输需求得到基本满足。

四是企业培育和服务工作得到加强。着力抓好大中小企业梯度培育和小微企业升规培育工作，促使企业做大做强，2012 年全市有 2 户企业列入全省 100 户大企业大集团培育名单，45 户企业列入全省小巨人、成长型企业培育名单，新增规模以上工业企业 27 户。大力推进融资方式创新，切实帮助中小企业解决资金难题，截至 2012 年底全市银行机构对中小企业授信 1651 户，贷款余额 249.92 亿元，占全市贷款总额的 43.5%。努力争取上级资金及税收优惠支持，2012 年共争取上级工业发展扶持资金 1.4 亿元，企业享受税收优惠 9000 余万元。

五是信息化工作稳步推进。信息化工作机制进一步完善，制定了《攀枝花市政府投资信息化项目管理办法》《攀枝花市信息化工作领导小组会议制度》《攀枝花市智慧城市总体规划》等一批政策措施。信息化基础设施建设步伐加快，通信枢纽中心项目前期工作扎实推进，2012 年全市光缆总长达到 2.01 万皮长公里，带宽 240G，数字电视用户数 8.45 万。企业信息化规划和两化融合试点工作积极开展，全市工业（中小企业）信息化系统拓展项目（工业“私有云”、网络安全系统、物联展示系统）建设顺利进展，电子商务交易平台进一步发展壮大，“两化”融合逐步深入。

二、当前面临的形势

当前，宏观经济形势依然错综复杂。一方面，世界经济仍处于深度调整期，复苏缓慢，国际金融危机还在深化，西方发达经济体通过紧缩政府开支、货币贬值和推进制造业恢复等以整顿财政、刺激出口、保证就业，大国对外转嫁内部经济困难意图十分明显；新兴经济体面临出口需求减缓、自身发展不平衡等问题。另一方面，国内经济增长下行压力和产能相对过剩矛盾加剧，企业生产经营成本上升、盈利下降和创新能力不足等问题交织并存，调整产业结构、消化过剩产能和稳定就业三者之间难以平衡。据国家统计局最新数据，5 月 CPI 上涨 2.1%，环比下降 0.6%；PPI（生产者物价指数）下降 2.9%，比 4 月的 -2.6% 继续下滑 0.3 个百分点，创 8 个月以来最低，工业领域持续疲弱，需求低迷；PMI（采购经理指数）西部地区为 49.1%，位于临界点以下，表明国内尤其是西部地区制造业仍不活跃。从全省来看，1~5 月，规模以上工业增加值增长 11.8%，增速下降 5.1 个百分点，经济发展明显放缓。

受宏观经济影响，以钢铁、钒钛、能源、矿产等资源性上游产业为主体的我市经济，面临着回升乏力、产能过剩、竞争激烈、效益下降等巨大压力。一是市场持续低迷，企业经营效益不佳。我市主要工业企业产品市场仍然不景气，产品价格长期处于低位，外销产品价跌量缩，绝大部分工业企业处于微利甚至亏损状态。一季度，全市规模以上工业企业利润亏损 1.3 亿元，其中园区 43 家规模以上企业累计亏损 6043 万元，是 2012 年同期亏损额的 2.32 倍，亏损面超过 50%。二是项目推进不快，企业产能释放不足。1~4 月，51 个市级重大工业产业化推进项目仅完成投资 9.46 亿元，只占年度计划的 10.7%。鸿舰重机含钒钛耐磨铸锻造、富邦钒钛制动鼓等项目，由于环评手续办理难度大、融资困难等各种原因而推进缓慢；新中钛钛系列、祥安 30 万吨钒钛特钢等部分在建项目，因经济形势不景气而投资进度放缓。1~4 月，钒钛园区规模以上企业整体产能释放仅为 41.98%，目前园区约有 10 家企业处于半停产状态，大西南实业、泓兵钒镍等企业则处于停产状态。三是资金紧张，企业融资困难。受攀钢等大企业降价降量采购、使用承兑汇票等措施影响，地方企业垫付资金量加大，资金周转困难，对生产影响较大，有的企业甚至面临生存危机。此外，一些地方企业土地证、房产证等手续不完备，无资产抵押，导致融资困难，企业财务十分紧张。

在直面困难问题、保持清醒头脑的同时，我们也应坚定发展信心、抢抓难得机遇。一是国家出台了《钒钛资源综合利用和产业发展“十二五”规划》，对攀西地区钒钛资源开发的规模、技术方向、产业布局等提出了明确要求，为我市钒钛及相关产业发展指明了方向和路径。二是国家批准设立了攀西战略资源创新开发试验区，将攀西钒钛资源创新开发上升为国家开发战略，并作为国家重大产业基地之一纳入国家“十二五”发展规划，势必对我市加快建设世界级钒钛之都产生积极作用和深远影响。三是国家将攀枝花纳入全国老工业基地调整改造规划，将在结构调整、产业发展、要素保障等方面给予我市更多支持。四是在全省多点多极支撑发展战略中，省委、省政府把攀西城市群确定为第四增长极，提出要进一步提高钒钛等战略性资源利用水平，打造钢铁钒钛稀土五千亿元产业集群，将为我市加快发展带来新的契机。

三、下步工作安排

按照市委统一部署和市九届人大二次会议确定的发展目标，今年全市工业经济发展的主要目标是：规模以上工业增加值增长16%，力争18%，规模以上工业增加值单位能耗下降7%，规模以上工业增加值单位水耗下降7.5%，技改投资完成221亿元，增长14%，新增规模以上工业企业30户；全市非公经济增加值增速15.5%，力争16%。目标既定，就要咬定目标不放松，坚定信心破难题，扎实工作抓落实，抢抓机遇促发展。

必须重点抓好六项工作：

一是要狠抓重大工业项目建设。一方面，要加大项目建设力度。对建成项目，要全力推动，确保其尽早达产增效；对在建项目，要加快推进，确保其尽早投产达效；对待建项目，要想方设法，确保其尽快开工建设。要坚持重大项目推进责任制，实行“月报季会”制度，积极协调项目建设中出现的各种问题，努力向上争取专项扶持资金，促进重大工业项目建设顺利进展。另一方面，要抓好项目规划储备工作。要抓住国家发展战略新兴产业、设立攀西战略资源创新开发试验区、我市纳入全国老工业基地调整改造规划和省委、省政府打造钒钛稀土五千亿元产业集群等契机，积极编制、申报建设实施规划，争取将我市优势产业和重点发展项目纳入国家及省上支持范围。同时，要做好项目策划和包装工作，加大招商引资及与央企对接力度，力争引进一批重大工业项目。

二是要加大企业主体培育力度。要努力培育龙头企业，支持攀钢创新体制机制，优化产业结构，提高管理水平，增强经济效益，力争2017年销售收入达到1000亿元；支持钢城集团力争今年经营收入突破200亿元，“十二五”末达到300亿元；扶持龙蟒、德胜、富邦等企业加快发展为百亿企业。鼓励大企业、大集团跨地域兼并重组，采取以股份换市场、换产品、换技术等多种方式加快发展，提高企业竞争能力和水平。要加快中小企业发展，按照“非禁即入、平等待遇”的原则，落实好中央、省、市扶持非公经济和中小企业发展的政策措施；大力推动全民创业，努力营造创业、置业、兴业的浓烈氛围，不断增加中小企业数量；着力培育“小巨人”企业和成长型中小企业，逐渐形成一批发展前景好、产业结构优、科技含量高、带动作用强的骨干企业。要进一步改善企业融资环境，完善政银企三方合作机制，大力推进银企对接，加大信贷投放力度；围绕优势传统工业、战略性新兴产业、高新技术产业等重点领域，积极开发各种差异化信贷产品，对有信用、有市场、有订单、经营稳定的企业适当放宽放贷条件；做好企业上市工作，尽量培植有条件的企业上市。要根据当前经济形势和企业状况，进一步研究出台新的支持企业健康发展的政策措施。要加强对企业运行情况的实时监测，对存在的问题按照“一企一策”要求及时予以解决。

三是要推进工业技术创新。要加快筹建四川省钒钛产业技术研究院、钛及钛合金产业研究所，积极推进四川机械研究设计院攀枝花分院和四川省装备制造业中小企业科技服务港攀枝花分港建设，不断增强科技平台服务能力。深化部省会商机制，推进与中国工程院合作的“攀枝花钒钛资源综合利用战略研究”项目建设，努力将“钒钛论坛”办成国家级论坛，不断提升科技合作层次。继续抓好固定资产投资项目用能审核，强化审核项目建设跟踪督查，制定落实节能中长期规划配套政策措施，明确各行业阶段性目标，推进工业企业节能降耗。完善工业用水统计体系，加强对攀钢等企业二次资源的规范有序利用。

四是要强化工业要素保障。煤炭方面，要加强与云贵及新疆等地联系，积极协调铁路部门，形成足够的入攀煤炭调运能力；加快电煤储备基地建设，建立煤炭保供长效机制；加大煤矿安全验收力度，积极稳妥推进煤矿复产。电力方面，要加强与攀Ⅱ、米易500KV变电站的配套电网建设，确保电网安全和主网供电能力；做好直购电政策和省消纳丰水期富余电量电价优惠政策的争取工作，尤其是要争取降低钒钛园区享受优惠电价的门槛。运输方面，要加强供需对接，提高铁路货运组织的预见性、规划性和执行效率，完善企业与铁路部门的长效合作机制；加快推进金江物流园区和青杠坪铁路货场扩建等项目建设。

五是要加强产业园区建设。要不断创新园区建设融资方式，加快园区水、电、路等基础设施建设，完善园区建设开发、担保融资、货运物流、技术研发、创业孵化、信息管理等公共服务平台，努力提升园区发展能力。大力推进钒钛产业园区创建国家级园区工作，积极支持格里坪工业园区、白马工业园区、高新技术产业园区创建省级园区。积极推进有条件的园区与所在乡镇实行产城一体化的行政管理、规划、建设，在机构配置、财政资金、社会管理等方面为产业新城建设提供有力支持。

六是要努力提高信息化水平。要根据《攀枝花市智慧城市总体规划》及《攀枝花市“十二五”信息化发展规划》，稳步推进智慧城市建设。着力开展信息化和通信基础设施共建共享，切实加快三网融合进程。大力推进电子政务基础资源整合、信息系统互联互通、信息资源共享共用，切实提高信息化管理水平。制定实施“两化”深度融合指导意见，加快“两化”融合发展步伐，完成年度培育20户以上规模企业的示范试点任务。积极推进企业信息化综合集成应用，不断完善电子商务加快发展的相应政策措施。

各位领导、同志们，工业经济事关全市发展大局，任务艰巨，责任重大。让我们在市委、市政府的坚强领导下，以只争朝夕的干劲，以跳起摸高的勇气，以务实高效的作风，凝心聚力，抢抓机遇，克难奋进，努力推进工业发展迈上新台阶，为全市经济社会平稳健康快速发展，为谱写伟大中国梦攀枝花篇章做出积极贡献！

在全市2013年深化医药卫生体制改革工作会议上的讲话

2013年8月15日

今天，我们在这里召开的这次深化医药卫生体制改革工作会议，是在全面完成医改前三年阶段任务，医改进入新阶段情况下召开的一次重要会议。刚才，张敏副市长传达了全国和全省医改工作电视电话会议精神，全面总结了去年全市医改工作，分析了当前医改存在的问题和面临的形势，部分区县、部门及有关单位代表作了很好的交流发言，我都赞同，请同志们下来以后认真借鉴学习、抓好落实。下面，我就进一步深化医药卫生体制改革工作，再讲以下三点意见。

一、肯定成绩，坚定信心，切实增强做好医改工作的紧迫性和主动性

深化医药卫生体制改革，是事关广大人民群众健康福祉的重大民生工程，是全面建成小康社会和实现中国梦的重要保障。改革的主要目的是要建立覆盖城乡居民的基本医疗卫生制度，把政府主导与市场作用结合起来，在基本医疗和基本公共卫生服务方面突出公益性，在非基本医疗方面发挥市场机制的作用，走出一条具有中国特色的社会主义卫生事业发展道路。我市2009年启动医改工作以来，认真贯彻落实国家和省里的决策部署，按照“保基本、强基层、建机制”的原则，加强领导，完善政策，落实责任，加大投入，基层医疗卫生服务体系覆盖城乡，基本医疗保障实现制度全覆盖，基本药物制度不断巩固深化、基层医疗卫生机构运行新机制初步建立，公共卫生服务的公平性、可及性显著提高。应该说，我市医改前三年的阶段性工作是扎实有效的，结合了本市市情，把握住了正确方向，工作扎实深入，让攀枝花的老百姓真真切切地得到了实惠。这些成绩的取得是来之不易的，同志们付出了许多的辛劳和汗水；在此，我代表市政府向大家表示衷心的感谢！

前一阶段工作的结束，也就意味着新阶段的开始。当前医改已经进入了一个攻坚克难的关键时期，也就是社会上经常讲的深水区。可以说，前三年的改革主要是硬件、是政府投入，今后的改革更多的是体制机制的改革，特别是随着改革向纵深推进，利益格局深刻调整，体制性、结构性等深层次矛盾集中暴露，改革的难度明显加大。医疗保障制度建设有待进一步加强，基本药物制度还需巩固完善，公立医院改革需要深化拓展，推进社会力量办医仍需加大力度，人才队伍总量和结构性矛盾依然突出，政府职能转变亟待加快步伐，制度法规建设的任务更加紧迫。同时，随着经济社会进入新的发展阶段，工业化、城镇化、农业现代化、经济全球化以及人口老龄化进程加快，城乡居民健康需求不断提升并呈现多层次、多元化特点，进一步加剧了卫生资源供给约束与卫生需求日益增长之间的矛盾；医药技术创新、重大传染病防控和卫生费用快速增长等，对优化资源配置、扩大服务供给、转变服务模式、合理控制费用和提升管理能力等都提出了更高要求。解决这些问题和挑战，必须掌握实情、分析问题，了解外情、找准位置，吃透上情、挖掘潜力，持续不断地推进改革。各级、各部门一定要站在科学发展、和谐发展的高度，进一步增强做好医改工作的紧迫感、责任感和使命感，抓住基层综合改革取得重大进展、经济持续快速发展的有利时机，不断凝聚和扩大社会共识，把改革不断推向深入，进一步深化医疗保障、医疗服务、公共卫生、药品供应以及监管体制、运行机制等领域的综合改革，着力在全民医保建设、基本药物制度巩固和公立医院改革三个方面取得重点突破，不断巩固和发展改革成果，让广大人民群众人人享有基本医疗卫生服务。

二、突出重点，抓住难点，打好医改攻坚战

近期，国务院和省上相继印发了今年医改工作主要安排，市里也于近日正式印发。各县区各市级有关部门要按照既定的工作部署，结合我市实际情况，就是要突出两个重点，抓住一个难点，搞好一个统筹，扎实做好各项工作。

（一）突出两个重点：即继续加快全民医保体系建设，进一步巩固深化基层医改

——第一个重点：就是全面提升质量，不断强化全民医保制度保障。要从以下八个方面继续加快健全全民医保体系建设。一是要扩面提标，继续做好关闭破产企业退休人员和困难职工等特殊困难群体参保工作，将基本医疗保险参保（合）率稳定在96%以上。二是要提高基本医疗保障水平，将城乡居民参保（参合）政府补助标准提高到每人每年280元，适当提高个人缴费水平，政策范围内住院费用支付比例稳定在70%以上，力争达到75%。三是要积极探索建立大病保险制度，调整大病补充医疗保险政策及大病二次补偿政策，做好城乡居民大病保障制度实施的准备工作。四是要推进建立统筹城乡的居民基本医疗保险制度，整合职工医保、城镇居民医保和新农合制度管理职能和经办资源，各有关部门要协同努力，在年内编制好整合方案，做好相关工作的衔接。五是要改革完善医保支付制度，在全市积极推行按病种付费、按人头付费、按床日付费、总额预付等，增强医保支付制度对医疗行为的激励约束作用，深化医保门诊统筹改革，形成与全科医生制度改革相适宜的门诊支付方式。六是要提高基本医保服务水平，争取将我市纳入四川省首批异地就医结算试点城市，加快推进异地就医结算平台建设工作，重点推进省内异地就医直接结算；推动退休人员、外出务工人员跨省异地就医直接结算，同时还要积极稳妥推进商业保险机构参与新农合等医疗保障经办服务工作。七是要进一步发挥医保对医疗服务的监管作用，探索将监管延伸到医务人员，鼓励定点医疗机构加强对医务人员的监管；各有关单位要继续规范程序，依法行政，按照程序依法监管和处理违法违规行为。八是要不断完善城乡医疗救助制度，加大救助资金投入，筑牢医疗保障底线。提高医疗救助封顶线，对救助对象政策范围内住院自负医疗费用救助比例提高到64%以上；建立疾病应急救助制度，通过多渠道筹资建立疾病应急救助基金。近日，省上已经印发了实施意见，请有关部门认真研究，按要求设立疾病应急救助基金，进一步健全多层次医疗保障体系，解决少数身份不明或无能力支付医疗费用的患者医疗急救保障问题，确保按要求10月1日起在全市范围内启动实施。

——第二个重点，就是不断深化基层医改，巩固完善基本药物制度和基层运行新机制。2013年，基层医改要适应医改工作的新形势，实现工作重心的转移。从“打基础、建框架”向“建机制、可持续”的方向转变。要认真解决基层运行中存在的具体问题，查漏补缺，增添措施，完善制度，建立起灵活高效的运行机制，确保政府投入到位、激励机制到位、工作到位、服务到位，不断提高基层医疗卫生服务水平。

一是要加强基本药物采购监管。各县区、各基层医疗卫生服务机构要加强工作针对性、提高预见性，进一步规范采购及集中支付工作，加强对辖区居民常用药的准备，提高基本药物的配送效率，探索建立短缺药品、传染病治疗药品和急救药品类基本药物供应保障机制。

二是要扩大基本药物制度实施范围。探索采取购买服务的方式，鼓励非政府办基层医疗卫生机构实施基药制度。

三是要深化基层医疗卫生机构综合改革。进一步健全多渠道补偿机制，全面落实一般诊疗费及医保支付政策，健全绩效考核和激励机制，建立完整有效的内部控制系统

四是要巩固村卫生室实施基本药物制度改革成效。继续全面落实村医政策，创新村医各项补助考核发放办法，稳定和优化乡村医生队伍。

五是要加快推进全科医生制度建设。探索全科医生服务新路径，推进家庭签约医生服务模式改革，力争在年内实现全科医生临床培养基地项目主体封顶，明年一季度投入使用。

六是要持续提高基层医疗卫生机构服务能力。全面推进基层医疗卫生机构管理信息系统建设，大力实施基层中医药服务能力提升工程，研究制定促进民族地区卫生事业发展专项政策措施。加紧推进中央预算内投资建设项目，市发改委、市卫生局要加强对中央资金支持项目的督促检查和落实，今年下达的项目计划必须在年底前开工，以往年度下达的项目要按要求完成。

七是要按时化解基层医疗卫生机构债务。各县（区）要按去年与市政府签订的化债责任书的有关要求，在今年8月30日前全面完成基层医疗卫生机构长期债务的清理化解工作，按要求落实政府办基层医疗卫生机构的基本建设、设备购置、经常性收支差额补助等各项经费，加强源头控制并坚决制止新债发生。

（二）抓住一个难点：推进公立医院改革。要在县级公立医院改革的关键环节和重点领域取得实质性突破

公立医院改革是医药卫生体制改革的中心环节，公立医院改革的成败决定着医改的成败；县级公立医院改革是公立医院改革的探索与起步，是巩固基层医改成果充分发挥县域医疗服务龙头作用的重要手段。请各县区要按照中央和省市的安排部署，认真研究，切实制定实施方案，要通过改革理顺政府与医院的关系，推进法人治理机制，建立起现代医院管理制度。一方面，要积极稳妥推进县级医院综合改

革。要以取消“以药补医”为切入点，深入推进医药分开、营利性和非营利性分开，完善公立医院改革补偿机制，统筹推进补偿机制、药品供应、医疗服务价格等综合改革；要尽快研究制定县级公立医院取消药品加成补偿实施方案，将米易县中医药、盐边县人民医院、仁和区人民医院纳入取消“以药补医”范畴。另一方面，要统筹推进各项配套改革。要不断提升医疗服务质量，积极控制医疗费用不合理增长，注意引导医疗机构规范诊疗行为、提高服务质量和主动控制成本。要继续完善城市医院对口支援县级医院帮扶机制，强化公立医院与基层医疗卫生机构的分工协作，规范双向转诊和分级医疗工作。要借鉴其他市州的先进做法，积极探索建立医疗服务联合体，推进医院与社区、乡镇卫生院一体化，增强医疗服务连续性和协调性。要继续推行对特殊困难群体门诊就医、购药优惠救助等便民惠民政策，广泛开展预约挂号、节假日门诊、优质护理等便民惠民措施，让老百姓真正感受到医改政策带来的好处。

（三）搞好一个统筹：统筹推进相关领域改革，不断叠加改革正向效应。统筹推进相关领域改革也是今年医改工作的重要内容。在药品流通领域，我市已启动了西部零售药店药品电子监管项目，在全市250家药品零售企业逐步开展试点工作。各有关部门要继续加强药品生产、流通环节监管及药品电子监管，强化药品不良反应监测和安全性评价，推进药品质量安全诚信体系建设。要按省上方案完善药品价格形成机制和公立医院药品采购机制。在公共卫生服务均等化方面，要提高经费标准，进一步强化公共卫生服务机构的公益性职能。人均基本公共卫生服务经费标准提高到30元，并按国家、省要求增添服务项目，提高服务质量。在人才创新培养方面，要加快建立住院医师规范化培训制度、全科医师制度等，完善卫生人才培养开发机制、卫生人才评价机制等。加强急需紧缺专门人才培养和住院医师规范化培训，推进医师多点执业。在社会资本办医方面，根据我市的医疗机构设置规划，在符合准入标准的条件下，优先考虑由社会资本举办医疗机构，促进公立医院合理布局，形成多元化办医格局。在其他领域方面，要推进医疗资源结构优化和布局调整，完善区域卫生规划和医疗卫生机构设置规划。加快推进医疗卫生信息化建设，加强以电子病历为基础的医院信息化，加快居民健康卡的实施。加强卫生行业监管，强化医疗卫生服务行为和质量监管，严肃查处药品招标采购、医保报销等关键环节和医疗服务过程中违法违规行为。

三、加强领导，落实责任，确保全年各项目标任务完成

刚才，市上与各县区签订了责任书。各县区、各部门要高度重视，落实领导责任，精心组织实施，认真履行责任书各项内容，确保如期完成各项改革任务。

（一）进一步强化医改领导机制。医改是一项长期而艰巨的任务，不可能一蹴而就，要建立良好的工作机制和运行机制。各县区党委政府要进一步提高认识、精心组织，继续坚持政府主要领导对本地区医改工作负总责，分管常务和卫生工作的领导具体抓的工作机制，保持改革决心不动摇、力度不减弱，保持推进改革的领导力和协调力。要切实为医改工作的顺利推进营造良好的舆论氛围，积极引导社会舆论，加大医改进展和成效的宣传力度；要明确广大医务人员在医改中的职责和作用，充分调动其积极性、主动性和创造力，在全社会营造尊重医学、尊重医务人员的良好氛围。

（二）进一步强化目标责任制。继续把医改工作纳入政府年度目标考核。今年，市委市政府已明确将医改纳入政府目标考核体系，分值为2分。下来，市医改办要结合省医改考核新要求及我市市情重新修订目标考核办法，要进一步细化方案量化指标，强化目标考核工作，严格考核、奖惩逗硬；市医改办要继续实行“按月通报、按季考核、全年评估”，继续对医改进展情况通报，定期组织工作督导，对发现的违纪违规行为，严格责任追究。

（三）加强协调配合持续形成改革合力。医改工作是系统工程，在推进过程中必须加强部门配合，形成改革合力。市县医改办要进一步发挥统筹协调作用，切实加强重大问题研究，及时提出有针对性的政策措施，定期组织开展各地医改工作的督查。卫生部门要锐意改革创新，摸清底数，细化方案，广泛发动医疗机构和医务人员积极参与改革。财政部门要积极探索多渠道补偿途径，加大资金投入，加强资金监管力度，确保资金按照工作任务和进度及时安排到位。人力社保部门要进一步做好医保支付制度改革。其他有关部门也要按照分工，认真履行职责。

（四）加强医改工作作风建设。要严格按照中央落实“八项规定”的要求，结合当前正在进行的群众路线教育实践活动，在医疗卫生系统开展作风整顿和落实工作，让医德医风有一个大的转变。特别是基层医疗卫生机构，在改革伊始就要形成良好的医德医风和职业习惯，不断提高工作质量和效率，持续增强改革执行力。

同志们，做好深化医改工作，使命光荣，任务繁重。我们一定要坚定信心、开拓创新、真抓实干、奋发有为，持续推动医改向纵深发展，为把攀枝花建成“区域性医疗卫生高地”，在全省率先全面建成小康社会做出新的贡献！

全市产业园区发展情况通报

2013 年 11 月 7 日

根据会议安排，我就近年来全市产业园区发展情况作一简要汇报。

近年来，市委、市政府高度重视产业园区发展工作，把产业园区建设发展作为深入实施“两化”互动、统筹城乡发展战略和打造中国钒钛之都的重要载体，依托产业园区优化产业布局、发展产业集群、壮大骨干企业、做强优势产业，为产业集聚、集约、成链、关联、配套发展提供了坚实的基础，在引领产业结构升级、促进发展方式转变、带动全市经济发展等方面发挥了十分重要的作用。

园区总体发展水平稳步提升。坚持提质升级，着力招商引资，加快项目建设，努力争取国家级园区，加快培育省级园区，发展壮大市级园区，大力实施“百亿园区”工程，园区规模不断扩大，总体发展水平迈上新台阶。去年，全市园区完成工业总产值 673.53 亿元，3 年年均增长 29%，占全市规模以上工业总产值的 52.82%，比 2009 年底提高 9 个百分点。其中，钒钛产业园区、东区高新技术产业园区、西区格里坪工业园区、米易白马工业园区产值均已突破 100 亿元大关；钒钛产业园区被列入全省产业园区“51025”工程重点培育的 1000 亿园区，成为国家外贸转型升级专业型示范基地和四川省循环经济试点园区。今年前三季度全市园区实现工业总产值 570.2 亿元，同比增长 23.11%。园区正逐步发展成为我市打造国家新型工业化产业示范基地和建设攀西战略资源创新开发试验区最重要的载体。

园区集聚集约效应加速形成。坚持园区规划与城市总体规划、土地利用规划、综合交通规划、工业布局规划“四大”规划多规统筹、无缝对接，坚持园区规划与园区产业、基础设施、公共平台、生产要素“四小”规划配套协同、功能促进，以科学布局促进企业集中，以项目配套促进产业成链，以企业耦合促进产业集群，修编完善园区发展规划，全力实施“千亿产业”工程，产业集聚水平进一步增强。截至目前，全市产业园区集中度为 51.34%，比 2009 年底提高 13 个百分点，形成了钒钛、机械制造两个超百亿的产业集群。坚持集约节约利用，走循环经济发展之路，以土地、资源、能源为重点，着力改变传统工业高投入、低利用、低效益格局，园区可持续发展能力不断增强。钒钛磁铁矿平均入选品位由 2009 年底的 23% 以上降低到 20% 以上，综合利用最好的龙蟒、安宁铁钛等企业把最低边界品位降到了 15%；钒钛产业园区 2012 年工业增加值能耗为 2.07 吨标准煤/万元，比全市工业增加值能耗低 1.04 吨标准煤/万元。

园区创新发展成为新亮点。坚持以企业为主体、以平台为基础、以项目为支撑，依靠科技创新改造提升传统产业，着力突出钒钛特色，努力推动产业和产品向高端发展。2010 至今，新增安宁铁钛、东方钛业、华铁钒钛等 7 个省级企业技术中心；拥有攀钢钛业、龙蟒矿冶、秉扬科技、富邦钒钛等 6 户国家级高新技术企业，运达钛业、德铭化工、大西南实业等 7 户省级创新型企业，恒为制钛等 15 户市级高新技术企业。以脱硝催化剂载体二氧化钛、化纤专用钛白粉等技术为代表，攀枝花钛白粉实现了从普通型向专用、高品质的突围；以富邦 1000 万件钒钛制动毂、大西南 10 万吨钒钛铸铁汽车部件等项目为代表，标志着攀枝花钢铁业正朝着深加工方向阔步前行；以攀钢超软海绵钛、天民钛业钛铸件为代表，标志着攀枝花钛金属深加工产业正扬帆起航。

园区发展后劲显著提升。坚持大项目引领、大企业带动，不断创新招商引资思路，积极参加西博会、珠洽会、国际铸造博览会、西部制博会等展会活动，全力开展以商招商和产业链招商，全面施行重点项目专人负责制、领导联系制和跟踪责任制，全程做好引进项目的跟踪服务工作；较好地实现了从单纯项目招商向产业招商和产业链招商转变，从抓一般性企业向抓支柱型企业转变，从集中办企业向集中做产业转变。2010 年至今，吸引企业入园投资约 379 亿元，成功引进了天民钛业、运力汽车、朵实机械、吉鑫管业等一批符合园区主导产业发展要求或与之相关联的附加值高、技术溢出效应强、产业带动大的项目，做到了开工一批、竣工一批、投产一批、储备一批，园区可持续发展的后劲明显增强。

园区承载服务能力明显增强。坚持以园区发展目标、产业定位来规划基础设施和公共服务平台，多渠道筹集资金、多主体建设平台，园区基础设施进一步完善，投资平台功能进一步增强，物流、信息、科技研发等平台步入发展的快车道。坚持基础平台“首要抓”，各园区加大了对道路、水、电等基础设施投入，新成立了米易白马工业园区和盐边县园区建设开发公司，至此全市各园区都有了自己的投资平台；坚持个性平台“量身做”，建成了钒钛产业园区综合渣场、马店河铁路货场、高新技术产业园区地理信息平台等，正在建设米易白马产业园区综合渣场、格里坪工业园区鑫铁物流等项目，园区综合承载能力进一步提升。2010 年至今，园区平台建设投资约 56 亿元，90% 以上的新增工业企业进入了园区。坚持服务就是生产力和投资环境的理念，不断探索加快园区发展的体制机制，创造性的实施了钒钛园区托管金江镇、西区格里坪镇和格里坪工业园区实施合管、米易经信局与白马工业园区交互管理等机制；进一步建立健全产业园区高效服务机制，实行一个机构管理、一个窗口对外、“一条龙”服务，推行重大项目保姆制，努力为投资者落户园区和投资发展提供规范、高效、优质的政务服务。

在充分肯定成绩的同时，我们也要清醒地看到发展中存在的差距和不足。一是规模小、层次低。截至 2012 年底，全省已有超千亿园区 2 个、超 500 亿园区 7 个，而我市最大的园区产值还不足 200 亿元；全省国家级园区 13 个，省级园区 44 个，而我市仅有省级园区 1 个。二是配套差、平台弱。基础设施配套滞后，水、电、路等基础设施配套较差，特别是部分“一园多区”的园区“雨天一脚泥，进园靠越野，跨区上高速”，充分说明了基础设施薄弱；加之，公共研发平台和物流平台建设发展不足，极大地影响了重大项目的引进。三是产业分散、结构雷同。各园区都想成为“全能冠军”什么产业都舍不得、放不下、满手抓，园区产业“杂散”，即使主业最突出的钒钛产业园区，支撑园区发展的主要产业也涵盖了钒钛、化工、机械制造三大产业，主业依然较为分散；各园区间产业结构雷同，钒钛产业园区、高新技术产业园区、米易白马工业园区、盐边县产业园区 4 个园区均有钛白粉产业，全市 6 个园区均有机械制造产业，差异化、错位化发展不足。

针对这些困难和问题，我们要知不足而急奋进，知不易而添举措，以全省产业园区发展大会和市委九届五次全会精神为统领，深入贯彻落实本次大会精神，全力推动产业园区加快发展，努力把产业园区建设成为经济发展的“加速区”、产业集聚的“承载区”、科技创新的“先导区”、投资创业的“优选区”和产城一体的“示范区”，为我市在全省率先全面建成小康社会，谱写伟大中国梦攀枝花篇章做出新的更大贡献！

“三大发展战略”科学内涵的初步认识

省委十届三次全会确定的多点多极、两化互动城乡统筹和创新驱动三大发展战略，科学回答了未来四川发展什么、在哪里发展、以何种路径发展、以什么方式发展等基本问题，形成了完整的目标——路径——动力三位一体发展战略，充分体现了区域经济发展规律、顺应了时代要求和发展使命、符合四川经济社会发展的阶段性特征，为富民强省、兴川奔康指明了方向，在理论和实践上具有十分重大的意义。深刻把握“三大发展战略”的理论基础和科学内涵，有利于凝聚推进我省加快发展的力量，有利于激发投身“两个跨越”的热情，谱写中国梦的我省篇章。

一、多点多极支撑发展战略：既是对区域经济理论的生动实践，也是实现区域协调发展的大胆探索

多点多极支撑战略的提出，充分反映了经济转型新时期，区域格局从单中心带动到多中心拓展，经济发展从非均衡不协调到非均衡协调发展的变化。其政策含义是提升首位城市，着力次级突破，夯实底部基础；既发挥核心增长极——成都首位城市的聚集带动功能，又调动各市州、各领域的积极性，是推动我省科学发展、加快发展，重塑四川经济版图的重大举措。

（一）多点多极支撑发展战略是立足区域增长极理论的整合运用

1. 这一战略立足于区域经济增长极理论的基本观点。增长极理论最先由法国经济学家佩鲁（FrancoisPerroux）提出，主要是用于抽象的经济空间分析，以解释经济结构的关系，是西方经典的非均衡经济增长理论。后来法国经济学家保德维尔和拉塞把区域和空间纳入到考察范围，进一步发展了增长极理论，使得增长极理论在产业区位和城市集聚的研究当中也有了解释力。增长极理论认为：一个国家要实现平衡发展只是一种理想，在现实中是不可能的，经济增长通常是从一个或数个“增长中心”逐渐向其他部门或地区传导；提倡的是一种非均衡的增长方式，但非均衡增长的最终结果是整个区域走向均衡发展。增长极对地区经济增长产生的作用主要表现为两种效应，即极化效应和扩散效应，极化效应促成各种生产要素向增长极的回流和聚集，扩散效应促成各种生产要素从增长极向周围不发达地区的扩散。在发展的初级阶段，极化效应是主要的，当“增长极”发展到一定程度后，极化效应削弱，扩散效应加强。多点多极支撑发展战略是“增长极”理论与区域开发实践相结合的生动案例。一方面，这里的“极”和“点”是指“增长极”。按照弗里德曼的“中心—外围”理论，现阶段我省必须加速各种生产要素向条件优越的中心区转移，加速“极化”过程。另一方面，这里的“多”是指“增长极”的数量多。弗里德曼认为，在经济发展初始阶段，二元结构十分明显，表现为一种单核结构；随着经济进入起飞阶段，单核结构逐渐为多核结构替代。当前，我省正处于经济大省向经济强省转变的关键时期，已经从起飞阶段的向心式极化向腾飞阶段的等级极化转变，打造多个“增长极”和“增长点”，符合区域开发“增长极”—“发展轴”—“增长网”的普遍规律。

2. 这一战略遵循了经济地理变迁理论的核心要求。经济地理学认为，没有人口和生产力地区分布的变化即地理变迁，任何国家或地区都不能走向繁荣。推动经济地理变迁必须坚持三个原则：提高密度，即提升区域经济活动的密集程度，实现经济集聚；缩短距离，即拉近经济活动密集区和落后地区的距离，加强人口等生产要素交流；减少分割，即减少区域之间的制度、文化等差别，推动区域参与生产分工。美国和日本都据此重塑了自己的经济地理，我国亦是如此。多点多极支撑发展战略就是旨在促进我省经济活动的地理变迁，“塑造区域发展新版图”，其中，打造“极”和“点”，就是提高密度；通过

“极”和“点”带动区域经济发展，就是缩短距离；推动区域一体化，就是减少分割；多点多极支撑发展战略符合推动经济地理变迁的核心要求和关键路径，是切合省情的经济版图重构思想。

3. 这一战略符合了城市规模与结构理论的根本主张。阿隆索、捷夫等西方城市经济学家认为，合理的城市规模和城镇体系，是发挥城市辐射带动作用、促进区域协调发展的必然要求。为此，要提高城市作为区域经济增长极的作用，必须形成合理的城市规模和体系结构。根据城市序位理论，我省第二位城市合理的经济规模应超过4000亿元以上，第三位应在3000亿元以上；而目前我省成都以后的城市规模普遍在1500亿以下，相当于合理城市规模的第6位以后，城市体系中第2～5位城市欠缺，难以带动全省各个区域发展。多点多极支撑发展战略，符合城市规模与结构理论，对于解决我省存在的首位城市一极独大、缺乏多点多极支撑的突出矛盾，构建合理的城镇体系结构，促进区域经济协调快速发展具有重要意义。

4. 这一战略推动了经济区与行政区界限的契合。经济区是按人类经济活动空间分布规律划分的一种区域类型，边界模糊，具有开放性特点；而行政区是具有明确范围的地域空间，地方保护和分割明显，具有封闭性的特征，两者的性质、功能存在较大差异。在实践中，两者却又密切相关、互相促进，完全脱离行政区的经济区很难顺利发展，更难实现区域平衡发展；主要原因是市场竞争会产生一种区域积累因果效应，导致资源配置失误，加剧区域经济发展的不平衡。相反，如果经济区界限与行政区界限一致，则有利于激发各级行政区政府制定并执行合适的区域经济政策，实现经济区发展。在多点多极支撑发展战略中，“点”是指以单个市州为范畴的经济区，“极”是指由多个市（州）组成的经济区，实现了经济区与行政区的统一。打造“点”和“极”，就是充分发挥政府在经济区发展中的作用，缩短要素向条件优越地区集聚的过程，加快打造区域增长极，同时适当调整区域发展不平衡，推动增长结果和增长极点的分散化，实现区域同步发展。

（二）多点多极支撑发展战略是促进区域协调发展的现实要求

纵观国内外区域经济发展总体趋势，对于面积较广、规模较大的国家和区域，其经济发展过程中，一般都呈现从单个或少数增长点和增长极向多个增长点和增长极变化的趋势，经济发展的动力也呈现由单个或少数引擎带动向多引擎带动变化的趋势。

1. 从国际经验来看，多极支撑带动区域发展是发达国家、地区的普遍特征和经验总结。从发达国家看，美国率先在东部沿海形成纽约、费城、波士顿、匹兹堡等城市群，构成东部增长极；而后利用开发大西部建成旧金山、洛杉矶、西雅图等城市群，构成西部增长极；随着芝加哥等城市的崛起，构成中部增长极，最终形成多极发展全面振兴的格局。日本在经历了首位城市东京高度聚集发展后，多极化发展趋势明显，在3.5万平方公里范围内，形成了东京、名古屋、大阪－神户三大都市圈，集中了日本51%的经济总量。德国在35.7万平方公里的范围内，有莱茵—鲁尔区、柏林—勃兰登堡区、斯图加特区、慕尼黑区、纽伦堡区、法兰克福区和德国中部城市圈等11个城市圈。

2. 从国内经验来看，多点多极支撑是我国发达省份的共同特点和必经路径。我国的长三角、珠三角、环渤海城市群，集中了全国40%的经济总量。就一个省来讲，广东、江苏、山东、浙江等发达省份经济总量迈上2万亿元台阶之后，均呈现出“全域有多极，每极有多点”的多点多极支撑格局。如广东除了在2.44万平方公里上形成了由广州、深圳、佛山、东莞4个地区生产总值过5000亿元的珠三角核心区外，还包括由珠三角外围、粤东沿海、粤西沿海片区构成的广东经济新的增长极，其中有地区生产总值超过2000亿元的茂名、湛江、汕头等城市。江苏省国土面积只有10万平方公里，相当于成都经济区和川南经济区面积之和，全省13个地级市就有12个GDP超过2000亿，分为苏南、苏中、苏北三大区域，苏南有苏州、无锡、南京3个地区生产总值超6000亿元的城市，苏中则有南通、扬州、泰州3个在3000亿－4000亿元的城市，苏北也有徐州、盐城2个过3000亿元的城市。相比较而言，我省与这些经济大省的差距，主要在于除成都外，其他地级市经济规模普遍较小，难以形成合理的大中小城市规模金字塔结构，支撑区域经济均衡协调增长。

二、两化互动、城乡统筹发展战略：既是对新古典主义区域均衡发展理论的科学实践，也是实现现代化的必然选择

诺贝尔经济学奖获得者斯蒂格利茨曾预言：中国的城市化和以美国为首的新技术革命将成为影响人类21世纪的两件大事。“两化”互动、城乡统筹发展战略，是我省推进新型工业化、新型城镇化、农业现代化、信息化同步发展的主要途径，是全省区域内实现城乡一体、城际一体、区域一体的最优协调与达到公序良俗的制度设计。通过实施“两化”互动、城乡统筹发展战略，形成“四化”同步发展新态势，全面增强产业核心竞争力、城市整体竞争力和区域综合竞争力。

（一）两化互动、城乡统筹发展战略是新古典主义区域均衡发展理论的科学实践

1. 这一战略践行了新古典主义区域均衡发展理论的核心要义。新古典主义区域均衡发展理论源于发展经济学的经济增长理论，其代表人物有纳克斯（R. Nurkse）、罗森斯坦—罗丹（Posenstein - Rodan）、诺思（North）等。新古典主义区域均衡发展理论认为经济发展动力来源于“报酬递减”“比较优势”等，对工业化过程中片面强调工业化，忽视地区之间、部门之间的均衡协调发展的倾向提出批评，强调均衡的大规模投资和有效配置稀缺资源的重要性以及市场机制的局限性，实行宏观经济计划的必要性，为欠发达国家和地区的工业化和区域开发提供了一种新的理论模式。从本质上讲，就是要推动资源优化配置，而资源配置的最根本目标是要实现资源的最有效使用，即帕累托最优（ParetoOptimality）。具体地讲，“两化”互动，“促进产业和城镇融合发展”，就是充分利用和放大产业发展和城市建设的正外部性，控制二者的负外部性，实现产业资源和城镇资源的共享、互促，从而实现外部规模经济；而城乡统筹，就是“促进城乡要素平等交换、公共资源均衡配置”。推进“两化”互动、统筹城乡发展，就是通过创造最优的区域生产、交换条件，实现产业之间、城乡之间资源配置的帕累托改进，这实现了资源配置客观规律与区域开发主观意志的统一。

2. 这一战略体现了劳动分工与交易费用理论的实践性。亚当·斯密认为，劳动分工有利于提高劳动生产率，增进国民社会财富。科斯（RonaldH. Coase）提出的交易费用理论，认为产品或服务从一个单位转移到另一个单位过程中产生的所有成本和代价，主要由搜索成本、谈判成本、签约成本与监督成本构成，交易费用决定了资源配置效率。“两化”互动、城乡统筹发展战略较好地结合了劳动分工理论与集聚理论，并成功运用到区域经济发展战略中。“两化”互动的内在机理是：分工与专业化在提高生产率、推动工业化的同时造成了企业间交易费用的提高；企业为降低交易费用，一般选择将其经济活动集聚于城市，从而推动了城镇化的发展；由于城市集聚经济效益促进了分工的进一步深化，城镇化又推动工业化水平的提高。由此可见，“两化”互动的过程就是由劳动分工—工业化加速—交易费用提升—城镇化加速—集聚效应发挥—劳动分工加速几个环节组成的闭合循环过程，这一过程将极大地推动区域要素自由、有效配置。

3. 这一战略实现了经济战略与社会战略的有机统一。“两化”互动、城乡统筹是生产分工深化和社会交换扩大的必然结果，是现代经济活动追求最少生产成本和最低交易费用过程中出现的自然的、历史的现象，是人类社会追求人与自然、社会和谐的必然要求。“两化”重点任务之一是要实现农民工工作、居所和身份的同步转化，重视新市民的工作、生活和精神状态；而城乡统筹是要实现城乡之间的“五个统筹”。因此，“两化”互动、城乡统筹既是经济发展战略也是社会发展战略，实现了二者的完美统一。在理念上，改变了区域发展“只见物不见人”的思路，强调人的需求在区域发展中的导向作用；转变了城市化只谈城市建设和发展的传统思路，强调了社会建设的重要地位。在实践上，要求区域发展既要反映产业结构变革和经济地理调整的结果，又要体现社会建设的过程；强调在创造就业机会的同时，实现居民生活质量和区域经济发展需要之间的平衡，提升城市的居住舒适度。在效果上，能够平等地满足不同居民生活、发展和情感需求，能够较好地平衡物质与精神、个人与集体的需要，能够保持所有居民享受区域发展的成果，能够实现各种文化间的交流和共处，形成居民持久的情感认同和归属感。

（二）两化互动、城乡统筹发展战略是我省实现现代化的时代要求

一个国家和地区工业化和城镇化水平是衡量现代化程度的重要标准。从区域层面看，工业化、城镇化和市场化是现代化的重要基础；从经济层面看，工业化是实现现代化的必由之路，对欠发达地区而言，工业化始终处于主导地位；从社会层面看，城市化是现代化的空间载体。从人类社会发展历程来看，工业革命前，城镇发展缓慢，1800 年前世界城镇化率只有 3% 左右，但工业革命后城镇化进程每 50 年翻一番，1850 年为 7%，1900 年为 14%，1950 年为 28.4%，2000 年为 50% 左右。从我省的现代化阶段历程看，我省从 1998 年人均 GDP 的 519 美元，到 2012 年达到 4714 美元，用时 14 年；我们平均发展水平至少比上海晚 13 年，比北京晚 11 年，比浙江、广东至少晚 7 年，比全国至少晚 3 年。因此，“两化”互动、城乡统筹发展阶段不可逾越，“两化”互动、城乡统筹势在必行，没有工业化就不可能支撑城市化，没有工业化城市化就没有农业现代化，没有信息化就没有现代产业和现代城市、新型农村，这对全国和全省都是如此。实施“两化”互动、城乡统筹发展战略既反映了当前国际国内的发展趋势，也是我省实现“两个跨越”的必然要求。实施这一战略要求我们主动作为，实质是要顺应规律，利用规律，实现发展速度与质量的统一，经济、社会、环境、人的协调，即处理好稳中求快、快中求好。关键的落脚点是改革突破，要解决城市化进程中的制度障碍。具体说就是，在空间统筹上破除城乡二元结构体制政策障碍，统筹城市和乡村、城镇和产业，重构农村、农业、农民的生产、生活方式；在要素统筹上要提供持久动力，把大量农村人口、富余劳动力、土地、资金转移到城镇。

（三）两化互动、城乡统筹发展战略符合我省现代化进程的阶段性特征

近年来，四川工业化、城镇化进程取得了很大的进步，到 2012 年底，全省工业化率达到 45.3%、城镇化率达到 43.5%。根据工业化和城市化发展阶段的划分，目前我省正处在两者互促发展的第二阶段，即加速发展阶段，其特点是工业化城镇化处于扩容状态，其中工业化占据主导地位，工业化速度高于城镇化速度，工业经济的发展推动劳动力、生产要素和资本要素不断向城市集中，带动城市基础设施、服务设施不断完善，城市规模不断拓展和数量不断增多。为此，从赶超和追赶跨越的角度，就要求我们的工业化城镇化速度要同时高于全国同期水平，才能在既定赶超目标下 2020 年完成同步小康的发展目标。

1. 从产业发展看，工业是推动我省经济社会发展的主导力量。“十五”期间，我省全部工业增加值年均增速递增 15.6%，比“九五”时期提高 5.8 个百分点，其中规模以上工业增加值年均增长 24.5%。“十一五”期间，我省规模以上工业增加值年均增长 22.4%，增速居全国第四位，高于全国同期 7.5 个百分点。2012 年，全省工业经济保持持续快速发展的良好势头，全省规模以上工业增加值总量历史性突破万亿元大关，达到 10026.5 亿元，增长 16.1%，列全国第 5 位。

2. 从发展阶段看，工业化城镇化正处于重要的“双加速”时期。根据世界各国的发展经验，当一个国家或地区人均 GDP 超过 3000 美元，非农就业比重和城镇化率超过 30%，工业化城镇化就进入“双加速”时期。“九五”和“十五”期间，全国城镇化率年均提高 1.49 个百分点，而四川只有 0.89 个百分点。2003 年，我省工业化率与城镇化率持平，均为 30.1%。2004 年，我省工业开始进入加速发展阶段，带动城镇化水平也同步加速提高，体现高度的正相关性。2004 年至今，我省工业化率平均每年提高 1.7 个百分点，带动城镇化率平均每年提高 1.55 个百分点，呈现出典型的“双加速”特征。到 2012 年，全省工业化率达到 45.3%、城镇化率达到 43.5%。

3. 从工业化城镇化互动发展成效看，工业成为集聚产业与人口的主要力量。根据统计数据分析，从

2007年到2011年，工业化率每平均提高1个百分点，新增城镇就业14.3万人，新增城镇常住人口57.08万人；每新增1000亿工业增加值，可新增城镇就业22.3万，新增城市常住人口88.6万。同期城市化率每提高1个百分点，新增城镇就业19.2万人，新增城镇常住人口76万人。但是，同期也出现了土地城镇化的速度远高于人口城镇化速度的问题。2008年到2011年，全省城市建成区面积从3534.8平方公里增长到6112.7平方公里，年均增长20%以上，高于同期GDP增速。城镇人口比2008年增加353.8万人，年均增长3.8个百分点。

4. 从区域发展看，区域发展不平衡与两化差距分化现象并存。按工业化城镇化发展水平全省可以分为三类：第一类是工业化和城镇化水平均低于35%的城市，有甘孜藏族自治州、阿坝藏羌自治州、巴中市等3个市州，主要是少数民族聚集区域和川东地区；第二类工业化率和城市化率在35%～50%左右，有广安市、广元市、凉山彝族自治州等16个市州，主要是成都平原地区和川南各市，部分市州工业已高于50%，但城市化还没同步跟上；第三类是处于工业化和城市化中后期，有成都市和攀枝花市；地区间发展的极度不平衡，严重影响了我省整体小康建设进程。

三、创新驱动发展战略：既是对经济发展阶段的准确把握，也推动区域经济快速发展的内生动力

（一）创新驱动发展战略是对创新经济理论的准确把握

1. 这一战略，第一次将创新作为我省经济发展的关键变量。创新经济学将创新视作与资本、人力同等重要的经济增长因素。熊彼特（JosephSchumpeter）认为，创新是指生产要素的重新组合，是打破经济静止均衡状态、推动经济向前发展的根本力量。阿罗（Kenneth. J. Arrow）和克鲁格曼（Paul. R. Krugman）进一步解释了创新如何成为区域发展的动力，他们认为由于技术进步具有正外部性，不仅进行创新投资的厂商可以通过积累生产经验而提高生产率，其他厂商也可以通过“学习”而提高生产率，这样技术进步就成为了区域经济发展的内生变量。著名管理学家迈克尔？波特（MichaelE. Porter）最早提出区域的创新驱动发展理论，把国家经济发展划分为四个阶段：即生产要素驱动阶段、投资驱动阶段、创新驱动阶段和财富驱动阶段。佩鲁的增长极理论也认为，创新是产生极化效应的动力，创新活动不仅使单个企业获得生产效率的提高，而且还通过创新对当地和周边地区产生重要影响；从技术方面看，增长极内的技术创新活动使企业产出增长率、投资回报率大大高于落后地区同类企业，从而引起周围其他企业的学习和效仿；从社会结构方面看，创新使现有的社会价值观念、行为方式和组织结构更容易朝着变革方向转变，使之适应创新结果，并成为下一次创新活动的基础；从社会心理方面看，创新强化了社会群体的进取意识，同时推动了周边地区劳动力为改变自己进入增长中心的比较劣势而努力提高自己的素质。自从熊彼特提出创新是经济增长的关键因素，创新就成为政府、企业和社会各界关注的对象。省委省政府高度重视创新工作，但很长时间内没有将其视为区域经济发展的关键因素。省委十届三次全会第一次将创新驱动发展战略作为区域发展的主体战略，这是科学研判全省发展阶段得出的必然结果。

2. 这一战略，第一次将制度和技术同等视为创新核心任务。创新包括制度创新和技术创新两个方面。戴维斯（L. E. Davis）和诺思（DouglassC. North）认为，制度创新是指能使创新者获得追加利益的现存制度变革，是技术创新的保证。根据新制度经济学的理论，好的制度将会节约交易成本，而不好的制度将提高交易成本，阻碍交易进行。自主创新活动是多种创新要素交易的结果，制度会通过交易成本作用于自主创新活动，良好的制度将会有利于降低创新要素交易成本，而高昂的交易成本将制约自主创新活动的开展。因此，要进行技术创新，必须加速制度创新，降低创新要素交易成本。省委十届三次全会第一次将制度创新和科技创新一起纳入了创新战略的内容，提出“大力推进发展理念创新、体制机制创新、科技创新和管理创新”，“形成有利于创新的体制机制，把我省科教资源优势转化为创新优势、发展优势”，这是深化创新活动认识的必然结果。

3. 这一战略，第一次实现了企业创新、产业创新、区域创新的有机融合。创新驱动发展战略包括企业创新、产业创新、区域创新三个层次，分别代表了创新战略的微观、中观和宏观视角，其中，企业创新是基础，产业创新是核心，区域创新是最终目标。区域创新决定着区域竞争力的水平和可持续性，实施创新驱动发展战略，最终的目标就是要建立完善区域创新系统。依据弗里曼（C. Freeman）的国家创新体系理论，区域创新体系是指由公共和私有部门与机构组成的网络系统，其主要功能是优化创新资源配置。省委十届三次全会首次将提升区域创新能力作为创新驱动发展战略的重点任务，“四个创新工程”实际上就是对创新体系三个层面的具体描述，其中，企业创新主体培育工程就是要建立企业创新系统；产业创新牵引升级工程是要通过企业创新活动的集聚实现产业创新能力的提升；区域创新发展示范工程和产学研用协调创新工程都属于建设区域创新体系的范畴，基本的要求是将企业、高等院校、科研院所、政府机构以及各种社会中介服务组织聚集在一起形成一个区域创新体系，提升区域创新能力。

（二）创新驱动发展战略是区域经济发展的内在要求

1. 这一战略，要求切实转变经济发展方式。转变经济发展方式就是推动经济发展方法、途径和模式由传统的、旧的发展方式向现代的、创新的发展方式转变，需要产业结构、需求结构、要素结构、城乡结构、区域结构、内外结构等各个方面全面做出战略性调整，加快转变最核心有效的方法，就是提高自主创新能力。自主创新本质是生产要素的新组合，利用知识、技术、企业组织制度和商业模式等无形要素对现有的资本、劳动力、物质资源等有形要素进行新组合，以新的知识和技术改造物质资本、提高劳动者素质和管理水平。推动自主创新，可以在减少资本、劳动力、物质资源等有形要素投入的情况下实现经济增长，提升产业结构层次，提高产业竞争力。

2. 这一战略，要求坚持走新型工业化道路。新型工业化道路，是指坚持以信息化带动工业化，以工业化促进信息化，走科技含量高、经济效益好、资源消耗低、环境污染少、人力资源优势得到充分发挥的工业化道路。新型工业化道路是速度和质量、效益兼顾的又快又好发展之路，其本质是自主创新之路。推进新型工业化道路，就是要大力开发和利用资源消耗低、污染排放少、人力资源优势得到充分发挥、生态环境友好的先进适用技术。只有这样，才能有效解决工业化进程中的深层次矛盾和问题，促进经济发展从粗放经营到集约经营，从高消耗、高污染到节约资源、清洁生产。通过创新驱动发展战略实施，推进工业自主创新，有利于形成新型工业化的内在动力，有利于加快新型工业化的进程，有利于增强工业企业竞争力。

3. 这一战略，要求大力发展低碳经济。低碳经济是指在可持续发展理念指导下，通过技术创新、制度创新，促进产业结构的调整及其转型升级、促进清洁能源的规模化利用，达到减少化石燃料等高碳能源的消耗，减少二氧化碳等温室气体的排放目的，形成经济社会发展与生态环境保护双赢的一种经济发展形态。低碳经济的本质是能源的高效利用以及清洁能源的开发利用，具有低能耗、低排放、低污染的特点。低碳经济具体经济形态表现为低碳技术、低碳产业、低碳能源、低碳生活、低碳城市等。可以说，低碳是工业自主创新的方向和指引，自主创新是实现低碳经济的内在驱动力，发展低碳经济的根本出路在于提升工业自主创新能力。与低碳经济所包含的三个方面内容相对应，低碳经济条件下的工业自主创新应该包括以下方面内容，一是节能减排科技创新，包括化石能源先进采掘技术、高耗能行业节能清洁的先进生产工艺和装备技术、资源回收与综合利用技术等。二是清洁能源科技创新，包括太阳能先进综合利用技术、先进风力发电技术、先进核电（含废弃物处理）装备技术等。三是碳收集与利用科技创新，包括大流域及大气环境综合治理先进技术、特殊环境（如沙漠）先进植被养育技术、先进洁净煤利用技术（含 IGCC 技术）等。低碳经济的发展离不开科技创新的强力支撑，反过来，低碳经济发展也为科技创新不断提出新的科学命题，促进并繁荣着科技的创新与进步。

4. 这一战略，要求着力发展战略性新兴产业。战略性新兴产业是以重大技术突破和重大发展需求为基础，对经济社会全局和长远发展具有重大引领带动作用，知识技术密集、物质资源消耗少、成长潜力大、综合效益好的产业。战略性新兴产业是引导未来经济社会发展的重要力量。发展战略性新兴产业已成为世界主要国家抢占新一轮经济和科技发展制高点的重大战略。战略性新兴产业是新兴科技和新兴产业的深度结合，技术是战略性新兴产业的核心要素，战略性新兴产业的发展在很大程度上受科学技术发展水平的制约。培育战略性新兴产业的关键是掌握核心技术，拥有自主知识产权技术和持续创新能力。为此，必须完善以企业为主体、市场为导向、产学研相结合的技术创新体系，围绕经济社会发展重大需求，集中力量突破一批支撑战略性新兴产业发展的关键共性技术；特别是在生物、信息、海洋、地球深部等基础性、前沿性技术领域超前部署，加强交叉领域的技术和产品研发，提高基础技术研究水平。同时，要强化企业技术创新能力建设，加强高技能人才队伍建设和知识产权的创造、运用、保护和管理，实施重大产业创新发展工程，建设产业创新支撑体系，推进重大科技成果产业化和产业集聚发展。

学习践行“三大发展战略”推动攀枝花跨越式发展

省委十届三次全会确定的多点多极、两化互动城乡统筹和创新驱动三大发展战略，承继党的十八大重要精神，紧扣区域失衡、“两化”失调两大难题，融通统筹发展、创新发展两大理念，契合和谐共荣、绿色低碳两大取向，实现了针对性、创造性、时代性的有机统一，是贯彻落实科学发展观的经典范例，是理论与实践相结合的生动诠释，对于各市州科学发展、加快发展具有极其重要的指导和实践意义。作为全省工业化率最高的城市和资源高度富集区域，攀枝花如何深入践行“三大发展战略”，加快打造中国钒钛之都、中国阳光花城、四川南向开放门户，是当前必须深入思考、积极探索的重大命题。

一、理论解读：“三大发展战略”的深刻内涵

“三大发展战略”，源于理论，契合实际，相互促进，互为补充，其最具创造性之处就是运用整合方法论，对多个理论进行融合、贯穿和应用。可以说，“三大发展战略”，不仅是经济理论的生动实践，更是理论运用的大胆探索。

（一）多点多极支撑发展战略是总揽，是对区域经济理论在地理空间和经济空间运用的深度结合而非简单遵循

——这一战略，科学融合了经济地理变迁理论和经济区划理论的核心要求。《2009年世界发展报告：重塑世界经济地理》指出，发展中国家或地区要实现繁荣发展，必须遵循提高密度、缩短距离和减少分割这三大特征的地理变迁。经济区划理论则主张，遵循经济中心与吸引范围相结合、专业化与综合发展相结合、自然条件与自然资源相关性、远景发展方向一致性、适当照顾行政区划完整性五大原则，对经济区域进行适当划分，从而更有效地推动区域经济发展。多点多极支撑发展战略，既包含了推动经济地理变迁的关键路径，又体现了通过地域形式有效组织区域经济的核心要求。具体来说，打造“极”和“点”，就是提高密度；通过“极”和“点”带动区域经济发展，就是缩短距离；推动区域一体化，就是减少分割。实施多点多极支撑发展战略，能够引导经济要素向具有发展潜力的中心城市和重点区域集聚，实现经济活动与地理空间的转换统一。

——这一战略，有机融合了区域经济增长极理论和城市规模与结构理论的根本主张。“增长极”理论的鼻祖，法国经济学家佩鲁（FrancoisPerroux）提出了一个完全不同于地理空间的经济空间，认为经济增长通常是从一个或数个“增长中心”逐渐向其他部门或地区传导，这些增长极对地区经济增长产生的作用主要表现在两种效应，即极化效应和扩散效应。极化效应促成各种生产要素向增长极回流和聚集；扩散效应促成各种生产要素从增长极向周围不发达地区扩散。在发展的初级阶段，极化效应是主要的，当“增长极”发展到一定程度后，极化效应减弱，扩散效应加强。阿隆索、捷夫等西方城市经济学家则提出了城市规模与结构理论，认为合理的城市规模和城镇体系，是发挥城市辐射带动作用、促进区域协调发展的必然要求。为此，要充分发挥区域经济增长极的作用，就必须以合理的城市规模和体系结构为基础。经济学家普遍主张，城市经济规模是首位城市与其具体排序的值。按此要求，我省第二位城市合理的经济规模应超过4000亿元以上，第三位应在3000亿元以上，而目前我省成都以后的城市规模普遍在1500亿元以下，相当于合理城市规模的第6位以后，城市体系中第2～5位城市欠缺，自然难以带动全省各个区域发展。我省实施多点多极支撑发展战略，壮大城市规模，打造多个“增长极”和“增长点”，符合区域开发“增长极”—“发展轴”—“增长网”的普遍规律，有利于增长结果和增长极点的分散化，逐步消除成都一极的虹吸效应，实现区域同步发展。

——这一战略，有力推动了经济区与行政区界限的深度契合。经济区是按人类经济活动的空间分布规律划分的一种区域类型，边界模糊，具有开放性特点；而行政区是具有明确范围的地域空间，地方保护和分割明显，具有封闭性的特征。虽然两者的性质、功能存在较大差异，但在实践中两者密切相关、相互促进，完全脱离行政区的经济区很难顺利发展，更难实现区域平衡发展。因为市场竞争会产生一种区域积累因果效应，导致资源配置失误，加剧区域经济发展的不平衡。相反，如果经济区界限与行政区界限一致，则有利于激发各级行政区政府制定并执行合适的区域经济政策，实现经济区的发展。在多点多极支撑发展战略中，“点”是指以单个市州为范畴的经济区，“极”是指由多个市（州）组成的经济区，实现了经济区与行政区的统一。打造“点”和“极”，就是充分发挥政府在经济区发展中的作用，缩短要素向条件优越地区集聚的过程，加快打造区域增长极，同时适当调整区域发展不平衡。这是在资本、技术等生产要素相当有限的条件下，有效推动欠发达地区加快发展的现实途径。

（二）两化互动、城乡统筹发展战略是路径，是对新古典主义区域均衡发展理论在经济欠发达地区运用的深度挖掘而非简单传承

——这一战略，深刻体现了新古典主义区域均衡发展理论的核心要义。新古典主义区域均衡发展理论源于发展经济学的经济增长理论，其代表人物有纳克斯（R. Nurkse）、罗森斯坦—罗丹（Posenstein－Rodan）、诺思（North）等。新古典主义区域均衡发展理论认为经济发展动力来源于“报酬递减”“比较优势”等，对工业化过程中片面强调工业化，忽视地区之间、部门之间的均衡协调发展的倾向提出批评，强调均衡的、大规模投资和有效配置稀缺资源的重要性以及市场机制的局限性，实行宏观经济计划的必要性，为欠发达国家和地区的工业化和区域开发提供了一种新的理论模式。具体来说，“两化”互动，就是充分利用和放大产业发展和城市建设的正外部性，控制二者的负外部性，实现产业资源和城镇资源的共享、互促；而城乡统筹，就是“促进城乡要素平等交换、公共资源均衡配置”。实施“两化”互动、统筹城乡发展战略，就是通过创造最优的区域生产、交换条件，实现产业之间、城乡之间资源配置的帕累托改进，从而实现资源配置客观规律与区域开发主观意志的统一。

——这一战略，积极探索了经济欠发达地区推进区域相对均衡发展的有效途径。在全国范围内来看，四川仍然属于经济欠发达地区，经济总量在全国靠前，人均水平靠后；工业化城镇化进程滞后于全国，城乡、区域发展不平衡，县域经济和民营经济不发达；产业层次偏低，科技创新能力不强，经济外向度不高；民族地区、革命老区、盆周山区贫困问题突出，工业化城镇化还处于必须加快发展的阶段。从省内情况分析，按工业化城镇化发展水平全省可以分为三类：第一类是工业化率和城市化率均低于35%的城市，有甘孜、阿坝和巴中等3个市州；第二类是工业化率和城市化率均在35%～50%左右的城市，有广安、广元、凉山等16个市州，其中部分市州工业化率已高于50%，但城市化还没同步跟上；

第三类是处于工业化和城镇化中后期的城市，仅有成都和攀枝花。地区间发展的极度不平衡，已严重影响了全省整体小康建设进程。“两化”互动、统筹城乡发展战略，是全省区域内实现城乡一体、城际一体、区域一体的最优协调与达到公序良俗的最优制度设计。具体就是，在空间统筹上，破除城乡二元结构体制政策障碍，统筹城市和乡村、城镇和产业，重构农村、农业、农民的生产、生活方式；在要素统筹上，提供持久动力，把大量农村人口、富余劳动力、土地、资金转移到城镇。从本质上来说，这一战略，就是通过工业化、城市化“两个车轮”，突出城市、农村“两个部分”，采取积极的方法，对不均衡进行适度调控，以期实现区域整体经济的快速、健康和可持续发展。

（三）创新驱动发展战略是动力，是运用创新经济理论对发展阶段和增长动力的准确把握而非简单判断

——这一战略，极大彰显了创新经济理论对区域经济发展的重要作用。现代创新理论的提出者约瑟夫·熊彼特（Joseph. A. Schumpeter）认为，“创新”就是把生产要素和生产条件的新组合引入生产体系，即“建立一种新的生产函数”，其目的是为了获取潜在的利润，而生产要素在创新过程中实现优化组合，经济就会不断发展。熊彼特把创新理论置于他的经济发展理论核心地位，直接地、明确地把创新活动作为经济增长的原动力。阿罗（Kenneth. J. Arrow）和克鲁格曼（Paul. R. Krugman）进一步解释了创新如何成为区域发展的动力，他们认为，由于技术进步具有正外部性，不仅进行创新投资的厂商可以通过积累生产经验而提高生产率，其他厂商也可以通过“学习”而提高生产率，这样技术进步就成为了区域经济发展的内生变量。自从熊彼特提出创新是经济增长的关键因素，创新就成为政府、企业和社会各界关注的对象。省委十届三次全会将创新驱动发展战略作为当前和今后相当长一段时期的主体战略之一，并第一次将创新作为全省经济发展的关键变量，第一次将制度和技术同等视为创新核心任务，第一次实现了企业创新、产业创新、区域创新的有机融合。这既是对党的十八大重要精神和创新经济理论的理解、把握、传承和运用，也从另一个侧面显示了对创新经济理论的尊重、支持以及将创新作为经济发展主引擎的坚定决心。

——这一战略，逆向找出了发展阶段和增长动力的正确答案。基于创新理论，著名管理学家迈克尔？波特（MichaelE. Porter）最早提出区域的创新驱动发展理论，他把国家经济发展划分为四个阶段：即生产要素驱动阶段、投资驱动阶段、创新驱动阶段和财富驱动阶段。前三个阶段是国家竞争优势的主要来源，一般伴随着经济上的繁荣，第四个阶段则是个转折点，可能由此开始衰退。中国科技发展战略研究小组也研究提出，经济发展阶段可分为要素驱动、要素驱动向投资驱动过渡、投资驱动、投资驱动向创新驱动过渡、创新驱动五个阶段。一些分析人士还认为，创新驱动是摆脱中等收入发展陷阱的重要力量，当一个国家的人均收入达到中等水平后，由于不能顺利实现经济发展方式的转变，导致经济增长动力不足，最终出现经济停滞的一种状态；要顺利跨过“中等收入陷阱”，必须通过创新驱动，提高社会生产力，促进经济社会科学发展、快速发展。创新驱动发展战略的提出和实施，科学回答了当前全省处于哪个发展阶段、最需哪种增长动力的问题。当前，我省正面临着由以传统的比较优势为基础的投资驱动阶段，向以不断递增的竞争优势为基础的创新驱动阶段的深刻转变，适时提出并实施创新驱动发展战略，既可以缩短过渡和转变时间，赢得发展先机和主动权，也能更好地适应新时期必须增强跨越提升驱动力的要求，从而促进产业向“微笑曲线”两端攀升，推动“四川制造”向“四川创造”和“四川设计”加速转型，建成西部产业发展高地、科技创新高地、内陆开放高地和人才建设高地。

二、实践运用：“三大发展战略”的攀枝花贯彻路径

“三大发展战略”，是当前和今后一个时期全省进一步优化发展格局、培育竞争优势、增强发展动能的主路径，也是攀枝花在未来相当长一段时期内建设、发展和进步的总路线。我市将结合自身实际，全面深入贯彻“三大发展战略”，努力实现省委、省政府的战略意图。

（一）以攀西战略资源创新开发试验区建设为契机，奋力实现次级突破

攀西战略资源创新开发试验区获批建设，为攀枝花加快迈向世界级“钒钛之都”、攀西城市群加速发展壮大带来了前所未有的机遇，也为贯彻落实多点多极支撑发展战略找到了极其重要的切入点和突破口。作为唯一被全域纳入攀西战略资源创新开发试验区的地级市，攀枝花将全力抢抓这一重大机遇，千方百计做大经济总量，转变经济发展方式，努力使攀枝花和攀西经济区成为全省经济版图中的重要一点和新的增长极。

——做大经济总量，在规模效应中构建区域竞争新优势。2012 年，攀枝花经济总量达到 740 亿元，人均 GDP 在全省率先突破 6 万元。但“总量小、不协调、欠发达”仍是攀枝花当前面临的最大问题，尽快迈入千亿方阵、实现次级突破是我市贯彻落实多点多极支撑发展战略的当务之急。因此，当前和今后一个时期，必须深度挖掘比较优势，把优化经济结构与扩大经济总量有机结合，坚持改造传统产业与培育新兴产业并举、产业外延增长与内涵发展并重，着力培育千亿产业，加快打造千亿、百亿企业，努力建设千亿园区，重点扶持一批中小企业发展为十亿及以上企业。加快资源整合力度，推进企业兼并重组，优化资源配置，加强资源保护，着力构建资源开发利用新模式，努力实现资源的集约高效开发利用和价值最大化。加快发展现代服务业，积极创建中国阳光康养旅游城市，努力打造区域商贸、物流中心和教育、文化、医疗高地，不断提升服务业比重。到 2014 年，力争全市 GDP 总量突破千亿元大关，2017 年达到 1500 亿元，跃进全省第二方阵，2020 年前在全省率先全面建成小康社会。

——壮大县域经济，在差异发展中形成市域空间发展新格局。县域经济是市域经济的底部基础和核心支撑，对攀枝花实现由资源大市向经济强市跨越、由总体小康向全面小康跨越至关重要。必须坚持“突出特色、提升层次、错位发展、均衡推进”的原则，支持东区以建设中央商务区为目标，重点发展现代服务业；西区以建设综合能源基地为目标，升级发展煤化工产业；仁和区以建设新材料产业基地为目标，优先发展机械制造业；米易县、盐边县以建设特色经济强县为目标，突出发展钒钛磁铁矿综合利用、现代特色农业、阳光休闲旅游等产业，其中米易县重点发展钒产业，盐边县重点发展钛产业。力争到 2017 年，全市各县（区）地区生产总值在 2012 年的基础上翻一番，东区达到 600 亿元以上，仁和区达到 300 亿元以上，西区、米易县、盐边县分别达到 200 亿元以上，2 ~ 3 个县（区）走在全省类县区的前列，形成“板块引领、多点支撑、多极崛起”的发展新格局。

——融入区域经济，在一体化发展中争做区域振兴新龙头。作为川滇黔毗邻区域、特别是在攀西战略资源创新开发试验区中不可或缺的重要城市，攀枝花区位禀赋独特、资源富集度高、工业底蕴深厚，有条件更有责任为攀西经济区在次级突破中加快崛起做出更大贡献。为此，必须秉承“产业共兴、要素共享、交通共建”的理念，积极融入区域经济，共同打造区域经济版图。立足区域资源优势，与凉山、雅安等市州合作发展钒钛、能源、机械制造、太阳能等产业，构筑跨区域的产业链，努力打造各具特色、梯次布局的产业集群。主动作为，进一步消除合作发展的各种障碍和壁垒，推进资本、土地、技术、人才和煤电油运等要素市场一体化，实现区域内各大要素市场互通有无、资源共享，促进各类要素合理流动、有效整合。加强沟通协调，合力推进丽攀遵铁路以及丽攀、攀大（理）、攀宜沿江高速公路等跨市州、跨省的重大交通项目建设，尽快形成便捷、顺畅的区域交通体系，逐步实现铁路、公路、水运、航空、管道等基础设施的互联互通、全面接轨。

（二）以“四化”为抓手，推动“两化”互动内涵式发展

作为因“三线建设”需要、依资源而建的新兴工业城市，攀枝花拥有时代造就的高比例城市人口、高起点工业化水平；但与之相对应的，却是现实存在的低水准城镇建设和低集成度产业格局。要破解这一不平衡问题，就必须大力实施“两化”互动、统筹城乡发展战略，走提质增效同步演进、产城并重相得益彰的“两化”互动内涵式发展道路。

——力促工业转型，在量质齐升中打造工业“升级版”。我市去年工业化率达到72.03%，居全省第一位，是全省2个进入工业化后期的城市之一。在全省新型工业化进程中，攀枝花理应承担起排头兵重任，努力打造工业“升级版”。具体来说，就是加快核心优势产业的系统推进，构建以钒钛为核心，包括资源、材料、延伸应用三个层次的关联产业群，打造包括矿业、钢铁、能源、化工等资源优势产业和钒钛新材料、装备制造、新能源、生物、节能环保等战略性新兴产业的现代产业体系。着力壮大钒钛等特色优势产业，大力发展钒合金、钒能源材料、钒催化剂等战略性高端产品和各种高档专用钛白产品、海绵钛、金属钛、钛材等，打造强大的钒钛产业集群。大力发展铁路和桥梁用钢、汽车及家电用高档冷热板材、机械加工、高锻铸件等产品，打造国内一流的优质钢生产基地、全国最大的钛金属生产基地、钒制品生产基地和以钒钛低微合金钢为原料的特色装备制造业基地。

——坚持以人为本，在破解难题中推进新型城镇化。攀枝花市去年城镇化率为63.01%，居全省第二位。但由于是由工矿区逐步演化而来的城市，攀枝花从建市之初就具有不完全城镇化的特征，基础设施欠账较多，城市功能先天不足，环境条件较差，承载能力不强。要破解这一难题，就必须走以人为本的城镇化道路，加速推进城市转型，着力提高城镇化质量，使城镇化速度与质量相匹配。着力优化功能布局，形成江南、江北、城东、城西四个各具特色、功能突出的城区组团。加快完善城市基础设施，着力打造区域性交通枢纽，为新型城镇化发展提供畅通的物流、信息流、资金流等要素支撑。积极稳妥实施户籍制度改革，有序推进农业转移人口市民化。坚持生态文明的理念和原则，大力实施“五创联动”，使城镇化过程与资源环境承载能力相适应。力争到2015年全市建成区面积达到100平方公里，城镇化率达到70%，建成10个左右二级中心城镇。

——突出特色品质，在做精做优中加快农业现代化步伐。去年，攀枝花市被农业部认定为国家现代农业示范区，但全市农业仍然存在规模小、基础设施薄弱、机械化程度不高、品牌化和信息化水平低等问题，距真正意义上的现代农业还有较大差距。为此，应当重点搞好优势农产品的区域布局和规划建设，大力发展优质、高效、生态、安全农业。大胆创新农业产业化经营体制，因地制宜走产业化发展道路，不断提升农业产业化经营水平。积极推进农业科技进步，将重点放在优质高效作物新品种、农产品质量安全、旱作节水农业、生态农业、农产品精深加工、储运等关键技术的研究、引进和推广上。力争用10年左右的时间，将攀枝花建设成为国际知名、国内一流的现代农业示范区，并带动整个攀西生态农业产业带和川滇黔地区绿色农业快速发展。

——打造智慧城市，在共建共享中构建城乡一体的信息化网络。目前，攀枝花总体信息化水平在省内仅次于成都，且于去年在全省率先开始智慧城市建设，市民卡工程也将于近期全面启动，建设智慧城市具有先发优势。当前和今后一个时期，还需加快建立健全智慧城市推进机制，着力推动智慧政务、智慧产业、智慧民生三大智慧工程建设，不断提升公共服务水平，增强城市综合竞争力。要着力推动信息化与工业化深度融合，以信息化高端切入工业化，走科技含量高、经济效益好、资源消耗低、环境效益好和人力资源优势得到充分发挥的新型工业化道路；着力推动农业和农村信息化建设，用信息技术改造传统农业、装备现代农业，通过信息服务实现小农经济与大市场的对接，通过提高信息化水平缩小城乡差距。

（三）以创新能力建设为突破口，深度激发发展活力

当前，攀枝花已进入由钒钛“资源之都”向“产业之都”“经济之都”迈进的质变期，正处于老工业基地持续发展的振兴期和改革开放、创新驱动的突破期，只有深入贯彻创新驱动发展战略，不断激发发展活力，才能摆脱过去发展的“资源路径依赖”，实现源于创新动力的可持续发展。

——创新发展模式，在不断探索中推动城市转型。创新资源型城市经济发展模式，就是要调整经济发展思路、产业结构、改革所有制形式和分配方式等。为此，创新经济发展模式，就是要大力发展高新技术，加强以新材料为主的高新技术领域技术创新，攻克一批钢铁、钒钛等重点产业发展的重大关键技术，推动先进信息技术、先进制造技术等高新技术广泛运用于钢铁、化工、建材、矿业等传统产业，全面改造提升传统产业。大力发展战略性新兴产业，实施战略性新兴产品培育计划，重点培育以绿色钢铁材料、新型钒钛材料、新型石墨和硅材料、高档冶金粉体材料等为主的新材料产业；以机械零部件、含钒钛机械设备、高品质合金设备为主的特色装备制造产业；以光伏、生物质能、储能电池为主的新能源产业；以节能减排、高效环保、循环利用为主的节能环保产业；以生物制品、现代中药为主的生物医药产业，形成有攀枝花特色的五大战略性新兴产业。大力倡导低碳经济理念和循环经济生产模式，以技术创新、管理创新和机制创新为动力，提高资源利用率和降低废弃物排放，推进产业结构优化升级。

——搭建创新平台，在整合资源中提升区域创新能力。从世界产业发展和科技创新的潮流看，由企业独立创新到产学研用互动创新，已成为技术创新的普遍趋势和有效形式。当前，要不断完善创新资源统筹协调机制，以创建国家级创新型试点城市和国家技术创新工程四川省示范市为契机，持续开展“院士行”活动，着力打造国内国际知名的高水平“攀枝花钒钛论坛”，大力促进科技资源向产业功能区、科技园区（基地）加快集聚和优化配置，探索建立公共创新资源开放共享的运行机制。不断完善科技成果转移转化机制，积极探索成果交易模式，探索建立政府、高校院所、行业部门等共同举办区域性、专业性、综合性科技成果展示交易活动的互动机制，促进科研院所、高校科技成果向企业流动转化，逐步建立起服务功能完善的科技中介服务体系。进一步激发知识创新活力，充分发挥本地高校、科研院所学科特点和优势，积极创建国家级、省级重点实验室、工程实验室和重点学科，支持具有地方优势的基础性、前瞻性和探索性研究，支持高校、科研机构、产业技术联盟每年举办国际性、前沿性学术论坛，争取在钒钛新材料、特色生物等领域获得原始创新的重大突破，逐步培育、形成一批全国知名品牌，成为具有国际影响力的学术交流中心。

——加快技术攻关，在科技引领中提高资源综合利用效率。攀枝花境内的钒钛磁铁矿含20余种有价金属，目前，仅回收利用了70%的铁、47%的钒、17%的钛，铬、镍、镓、钪等尚未得到有效回收利用，亟待加强科技创新，突破技术瓶颈制约，以资源的高效开发利用推动经济社会大发展。要加大自主创新力度，进一步完善科技创新体系，不断优化科技创新环境，切实推进投融资体制改革，积极引进国内外风险投资基金，加速钒钛等领域关键技术的研发、引进和成果转化。要发挥好四川省钒钛产业技术研究院、钛及钛合金产业研究所的功能作用，高标准打造钒钛产业孵化园，推进四川机械研究设计院攀枝花分院和四川省装备制造业中小企业科技服务港攀枝花分港建设，开发出一批在国际领先、具有自主知识产权的工艺技术和高附加值、高技术含量的新产品。要积极开展重大技术攻关，集中力量攻克钒钛磁铁矿直接还原、氯化法钛白、高钛型高炉渣提钛利用、钒电池组件等一批制约产业技术升级的技术瓶颈，掌握一批具有核心技术的自主知识产权。到2015年，铁、钒、钛的资源综合利用率分别达到75%、50%和20%以上，钒钛磁铁矿尾矿回收利用率达到70%以上，铬、钴、镍等主要伴生金属实现产业化、规模化回收利用，到2018年，科技进步对经济增长的贡献率达到53%。

——加强人才工作，在人才竞争中夯实创新智力支持。发展的竞争，最终是人才特别是高层次人才的竞争。近年来，受地理位置、国家政策等因素影响，攀枝花高层次和重点行业领域人才引进困难、外流严重，至今还没有一名“两院”院士，与“中国钒钛之都”的战略地位极不相符，更无法适应新时期创新驱动发展的需要。为此，应培养一批优势产业创新人才，以项目合作、共建企业技术中心或研发机构等产学研联合形式，通过团队引进、核心人才带动引进吸引国内外高校、科研院所的科技人员参与企业技术创新活动，培养打造重点支柱产业领域的创新团队。要进一步优化完善创新人才发展环境，建立健全适应市场经济要求的选人、用人机制，逐步建立起科学合理的自主创新人才评价指标体系；完善创新人才激励政策，在人才引进培养、选拔应用、流动配置、激励保障等方面出台更具创新性和吸引力的优惠政策，建立以技术等入股的方式对具有重大贡献的科技创新项目和个人实行重奖的激励制度，为高层次人才搭建全方位的发展平台。

发展，是永恒的主题。曾经辉煌、正在转型的攀枝花，将在建设与发展的实践中，深入贯彻落实“三大发展战略”，奋力谱写伟大中国梦攀枝花壮丽篇章，为建设美丽繁荣和谐四川、打造西部经济发展高地贡献最大的力量！

（二）调查研究

1月13日　市政协八届七次常委会议第二次会议在攀枝花会展中心召开。市委常委、常务副市长杨自力应邀到会听取“两院”工作报告讨论情况汇报。

1月20日　下午，市委副书记、市长张剡与鞍钢集团公司董事长、党委书记张广宁一行座谈，双方就深入推进攀钢改革，携手加快地企发展进行了交流。市委常委、常务副市长杨自力，副市长刘建明参加座谈会。

1月25日　走访慰问了东区、仁和区部分生活有困难的党员、群众及退休职工。

2月7日　市委副书记、市长张剡率队对农贸市场、超市、客运中心、攀枝花火车站等地进行节前安全大检查。市委常委、常务副市长杨自力，副市长殷旭东、张敏一同检查。

3月6日　市委书记刘成鸣率市党政代表团赴云南省楚雄彝族自治州学习考察。市委常委、常务副市长杨自力陪同考察。

3月8日　由市委书记刘成鸣率领的市党政代表团前往云南省丽江市学习考察。市委常委、常务副市长杨自力参加考察。

3月14日　上午，莅攀督查我市安全生产工作的省政府安全生产综合督查组一行，在会展中心听取了市政府相关工作汇报。市委常委、常务副市长杨自力主持汇报会，副市长、市安委会常务副主任殷旭东代表市政府汇报我市安全生产工作情况。

3月27日　市委书记刘成鸣前往部分工业企业、园区、居民生活区进行调研，并召开专题研究会。市委副书记、市长张剡，市委常委、常务副市长杨自力出席研究会。

4月9日　市政协主席单荣率市政协常委会组成人员、驻攀省政协委员和部分市政协委员，前往国家钒钛制品质量监督检验中心、攀钢研究院国家重点钒钛实验室和攀钢钒业公司，通过实地察看、听取汇报等方式，对钒钛资源综合开发利用情况进行了视察。市委常委、常务副市长杨自力陪同视察。

4月16日　省残联理事长毛大付率督查组抵攀，对我市残联开展“量体裁衣”式个性化服务残疾人情况进行督查。通过现场走访和督查，督察组对我市有关工作给予了肯定。市委常委、常务副市长杨自力出席市残联向省残联工作汇报会，就进一步加大全市残疾人工作力度提出具体要求。

4月16日　四川省机关事务管理局副局长黎兵莅临我市，就贯彻实施国务院《机关事务管理条例》工作进行调研。市委常委、常务副市长杨自力出席汇报会。

4月22日　市人大常委会主任谢道全先后前往攀钢钒公司炼铁厂、攀钢焦化厂、河门口二砖厂、攀钢504电厂等地，对我市国模创建重点攻坚项目进行督导检查。市委常委、常务副市长杨自力、副市长贾德华陪同督导检查。

4月23日　上午，市委副书记、市长张剡、市委常委、常务副市长杨自力等带头向地震灾区捐款献爱心，市委、市人大、市政府、市政协机关干部职工也纷纷慷慨解囊，短短10多分钟就募集捐款

120510 元。

5 月 7 日　十届省政协副主席解洪率省政协调研组，深入我市东区、西区、盐边县和钒钛产业园区，就加快推进攀西战略资源创新开发试验区建设工作进行调研。市委常委、常务副市长杨自力陪同调研。

5 月 8 日　十届省政协副主席解洪及省政协调研组听取了我市加快推进攀西战略资源创新开发试验区建设汇报。市委常委、常务副市长杨自力出席会议并做汇报。

5 月 13 日　市人大常委会主任谢道全率部分市人大常委会组成人员和市人大代表前往攀枝花钒钛产业园区，视察园区扩区升级打造千亿园区推进情况。市委常委、常务副市长杨自力陪同视察。

5 月 15 日　市人大常委会主任谢道全率队前往我市创建国家园林城市、创建国家森林城市、创建全国文明城市的部分重点攻坚项目进行督导检查，就加快推进创建工作进行安排部署。市委常委、常务副市长杨自力参加督导检查。

5 月 23 日　上午，省交通运输厅党组书记、厅长彭琳莅临攀枝花，就我市交通建设情况进行了调研。市委常委、常务副市长杨自力陪同调研。

6 月 7 日　市委常委、常务副市长杨自力前往攀枝花钒钛产业园区，开展“实现伟大中国梦、建设美丽繁荣和谐四川”主题教育活动宣讲。

7 月 4 日　上午，刘成鸣同志先后到攀阳钒钛工贸有限公司、中汇机械制造有限公司和天伦化工有限公司调研，了解企业生产经营情况及困难。并于下午在会展会展中心出席专题研究会，进一步明确帮助企业渡过难关的举措。杨自力同志陪同调研并出席研究会。

7 月 5 日　上午，刘成鸣同志先后到金勇贸易、汉风物流、润莹齿轮和白云铸造等企业调研企业生产经营情况并于下午出席在会展中心召开的专题研究会。杨自力同志陪同调研并出席研究会。

8 月 14 日　市委常委、常务副市长杨自力代表市政府与成都天府通公司签订攀枝花市民卡项目合作协议。

8 月 28 日　攀枝花市与中国电信四川公司在攀枝花会展中心签署“宽带中国·光网攀枝花”战略合作协议。市委副书记、市长张剡，市委常委、常务副市长杨自力出席签字仪式。

9 月 17 日　云南省委常委、常务副省长李江率领考察团一行，先后前往攀枝花钒钛产业园区的攀钢海绵钛厂、花城新区和沿江景观项目建设点，对我市钒钛产业发展、城市建设等进行了考察。云南省政府副秘书长黄立新、楚雄州州长李红民和云南省发改委、省工信委等部门负责人参加考察。市委书记刘成鸣，市委常委、常务副市长杨自力，市委常委、市委秘书长王海波，副市长张敏陪同考察。

9 月 17 日　市委书记刘成鸣前往仁和区芭蕉湾高标准基本农田建设项目现场和省道 214 线总发至平地段安全保障设施建设项目现场，对我市部分民生工程项目建设情况进行调研。市委常委、常务副市长杨自力陪同调研。

9 月 21 日　市委书记刘成鸣前往仁和区总发乡的大竹河水库工地，就我市水利和防汛工作进行调研。市委常委、常务副市长杨自力陪同调研。

9 月 25 日，以省政府督查室副主任范德荣为组长的省第三次全国经济普查督查组一行莅攀，通过听汇报、座谈交流、查阅资料、走访普查对象等方式，了解了我市第三次全国经济普查工作进展情况，并就下一步工作提出指导意见。市委常委、常务副市长杨自力代表市政府与省政府签订了攀枝花市第三次全国经济普查工作目标责任书。

10 月 10 日，市委书记刘成鸣前往仁和区仁和镇老街社区、东区人民街南部小区，走访慰问老年人。常务副市长杨自力陪同慰问。

10 月 15 日，市委书记刘成鸣前往西区政务服务中心、大水井城市景观中轴线项目和西佛寺景区项目建设现场进行调研。常务副市长杨自力陪同调研。

10月16日~17日，宜宾市党政代表团一行前往攀钢轨梁厂、沿江景观打造项目现场、钒钛产业园区等地，对我市经济社会发展情况进行考察。考察结束后召开了攀枝花—宜宾区域经济合作会议，共同签订了战略合作框架协议书。市委书记刘成鸣、市长张剡、常务副市长杨自力、副市长贾德华出席会议。

10月19日，市委书记刘成鸣前往东区，实地查看攀枝花学院太阳能屋顶发电项目、瓜子坪旧城改造项目、密地现代物流集聚区等项目推进情况，并听取相关经济社会发展情况汇报。常务副市长杨自力陪同调研。

10月23日，市人大常委会主任谢道全前往攀钢、钢城集团等大企业，就创国模攻坚项目推进情况进行调研。常务副市长杨自力、副市长贾德华陪同调研。

10月26日至27日　省人力资源和社会保障厅厅长王建军一行前往东区弄弄坪街道东风社区和炳草岗街道民建社区、仁和区大田镇班庄村等地，就我市就业工作、社会保障工作和金保工程等方面进行调研。常务副市长杨自力陪同调研。

10月28日　省电力公司总经理王抒祥一行前往花城新区、普达阳光国际康养度假区，就电力保障等情况进行调研。调研结束后，市委书记刘成鸣，市长张剡与王抒祥举行座谈会，就继续加强合作以及加快攀枝花电网建设等内容深入交流。常务副市长杨自力参加会议。

10月31日　市委书记刘成鸣前往米易县白马铁矿二期工程建设现场、贤家旅游新村、米易部分城市建设重点项目建设现场，对米易经济社会发展情况进行调研。常务副市长杨自力陪同调研。

11月4日　听取市统计局关于当前全市第三次经济普查工作开展情况汇报，并前往东区了解工作开展情况。

11月11日至12日　省委常委、副省长钟勉先后前往东区、仁和区、钒钛产业园区、西区等地，实地调研我市战略资源开发、产业园区建设、地质灾害防治等工作开展情况。省财政厅厅长王一宏，省国土资源厅厅长杨冬生，市长张剡、常务副市长杨自力、副市长贾德华陪同调研。

11月18日　下午，市委书记刘成鸣，市长张剡在攀枝花会展中心会见武警四川省总队政委黄志远少将一行。双方就武警部队在维护地方稳定、抢险救灾、推进“急难险重”任务以及为地方经济发展保驾护航等进行了深入交流。常务副市长杨自力参加会见。

11月21日　省统计局党组书记、局长范秋林率队前往米易县和攀枝花钒钛产业园区，就城市建设和工业经济工作进行调研。常务副市长杨自力陪同调研。

11月23日　下午，参加攀枝花钒钛资源综合利用院士行暨2013·攀枝花钒钛（国际）论坛的中国工程院课题组，就攀枝花钒钛资源综合利用战略研究课题作中期汇报。中国工程院院士、中国工程院副院长干勇，中国工程院院士、长沙矿冶研究院教授级高工余永富，市委书记刘成鸣、常务副市长杨自力出席会议。

11月28日　上午，攀枝花市首届职工经济技术创新成果展示活动在市工人文化宫举行。展示会全面展示了我市“十二五”以来的100项职工经济技术创新成果。常务副市长杨自力出席展示会。

12月3日　市委、市政府召开专题调研工作汇报会，对明年工作基本思路、主要目标及重点工作安排进行研究部署。市委书记刘成鸣，市长张剡，常务副市长杨自力，副市长柳康健、殷旭东、张敏、贾德华出席会议。

12月4日　市委书记刘成鸣，市长张剡在攀枝花会展中心会见了省电力公司党委书记刘勤一行。双方就深化合作，推动地企共同发展进行了深入交流。常务副市长杨自力参加会见。

12月10日　市人大常委会主任谢道全率部分市人大代表前往东区瓜子坪筒子楼旧城改造现场、米易县草场乡克朗村公租房建设现场等地，对民生工程推进情况和“五创联动”工作开展情况进行视察。

常务副市长杨自力陪同视察。

12 月 11 日　中国农业银行四川省分行党委书记、行长张军洲前往盐边县，对昔格达旅游新村、红格集镇打造情况进行实地查看。市长张剡与张军洲就深化合作、推动地企共同发展交换了意见。常务副市长杨自力、副市长李仁杰出席座谈。

12 月 17 日　我市在中心广场开展攀枝花市民卡首发及运用体验活动。市委书记刘成鸣、常务副市长杨自力出席活动。

12 月 19 日　财政部科研所与我市合作共建科研基地签字暨揭牌仪式在攀枝花会展中心举行。常务副市长杨自力出席签约仪式。

12 月 19 日　财政部财政科学研究所所长贾康应邀来到攀枝花，以“在全面改革中深化财政改革”为主题，为我市党员干部作党的十八届三中全会精神专题报告。常务副市长杨自力主持报告会。

12 月 25 日至 26 日　副省长甘霖在市委书记刘成鸣、市长张剡、常务副市长杨自力的陪同下，前往我市部分金融机构、产业园区、小集镇和旅游新村，对我市推动产业升级、城市转型相关工作进行调研。

12 月 27 日　由省委省政府决策咨询委员会常务副主任、省县域经济学会顾问李成云，省县域经济学会会长、省政府参事张成明带领的省县域经济学会调研组一行，前往米易县、阿署达以及红格旅游集镇，就我市新型城镇化和旅游新村建设进展情况进行调研。常务副市长杨自力，副市长李仁杰陪同调研。

12 月 30 日　前往人民银行攀枝花市中心支行、市商业银行、攀枝花农村商业银行等 12 家金融机构，看望慰问一线工作人员。

（三）会议活动

1 月 7 日　中共攀枝花市委九届四次全体（扩大）会议暨市委经济工作会议在攀枝花会展中心举行。市委副书记、市长张剡安排 2013 年经济工作。市委常委、常务副市长杨自力出席会议。

1 月 8 日　市九届人大常委会第九次会议在攀枝花会展中心召开，市人大常委会主任谢道全主持会议并讲话。市委常委、常务副市长杨自力列席会议。

1 月 12 日　攀枝花市第九届人民代表大会第二次会议在攀枝花会展中心开幕。出席和应邀出席昨天大会并在主席台就座的有：市委副书记、市长张剡、市委常委、常务副市长杨自力、副市长柳康健、殷旭东、张敏、刘建明、李仁杰、贾德华。

1 月 13 日　市九届人大二次会议在攀枝花会展中心举行第二次全体会议。出席和应邀出席大会并在主席台就座的有：市委副书记、市长张剡、市委常委、常务副市长杨自力、副市长柳康健、殷旭东、张敏、刘建明、李仁杰、贾德华。

△　市政协八届七次常委会议第二次会议在攀枝花会展中心召开。市委常委、常务副市长杨自力应邀到会听取“两院”工作报告讨论情况汇报。

1 月 14 日　市九届人大二次会议经过全体参会代表的共同努力，圆满完成各项议程，在攀枝花会展中心闭幕。出席和应邀出席昨天大会并在主席台就座的有：市委副书记、市长张剡、市委常委、常务副市长杨自力、副市长柳康健、殷旭东、张敏、刘建明、李仁杰、贾德华。

1 月 20 日　市委副书记、市长张剡与鞍钢集团公司董事长、党委书记张广宁一行座谈，双方就深入推进攀钢改革，携手加快地企发展进行了交流。市委常委、常务副市长杨自力，副市长刘建明参加座谈会。

1月24日　全市国税工作会议召开，市委常委、常务副市长杨自力出席会议并要求。

1月25日　走访慰问了东区、仁和区部分生活有困难的党员、群众及退休职工。

1月31日　全市党外人士迎春座谈会在攀枝花会展中心召开。市委常委、常务副市长杨自力出席会议。

2月7日　市委副书记、市长张剡率队对农贸市场、超市、客运中心、攀枝花火车站等地进行节前安全大检查。市委常委、常务副市长杨自力，副市长殷旭东、张敏一同检查。

2月28日　市九届人大常委会第十次会议在攀枝花会展中心举行。市委常委、常务副市长杨自力列席会议。

2月28日　中共攀枝花市委工作会议在攀枝花会展中心召开。市委常委、常务副市长杨自力、副市长李章忠出席会议。

3月6日　市委书记刘成鸣率市党政代表团赴云南省楚雄彝族自治州学习考察。市委常委、常务副市长杨自力陪同考察。

3月8日　由市委书记刘成鸣率领的市党政代表团前往云南省丽江市学习考察。市委常委、常务副市长杨自力参加考察。

3月11日　2013年市委农村工作暨新村建设、烤烟生产会议在攀枝花会展中心召开。市委常委、常务副市长杨自力、副市长李仁杰出席会议。

3月12日　《笮山若海旅游区全案策划》汇报会在攀枝花会展中心举行。常务副市长杨自力、副市长柳康健出席会议。

3月14日　莅攀督查我市安全生产工作的省政府安全生产综合督查组一行，在会展中心听取了市政府相关工作汇报。市委常委、常务副市长杨自力主持汇报会，副市长、市安委会常务副主任殷旭东代表市政府汇报我市安全生产工作情况。

3月15日　全市民政工作会议召开，市委常委、常务副市长杨自力出席会议。

3月19日　全市统计工作会议召开。市委常委、常务副市长杨自力出席会议。

3月26日　市人力资源和社会保障工作会议召开。市委常委、常务副市长杨自力出席会议。

3月27日　市委书记刘成鸣前往部分工业企业、园区、居民生活区进行调研，并召开专题研究会。市委副书记、市长张剡，市委常委、常务副市长杨自力出席研究会。

3月27日　全市政务服务工作座谈会召开。市委常委、常务副市长杨自力出席会议。

3月28日　全市金融工作会召开。市委常委、常务副市长杨自力出席会议。

4月9日　市政协主席单荣率市政协常委会组成人员、驻攀省政协委员和部分市政协委员，前往国家钒钛制品质量监督检验中心、攀钢研究院国家重点钒钛实验室和攀钢钒业公司，通过实地察看、听取汇报等方式，对钒钛资源综合开发利用情况进行了视察。市委常委、常务副市长杨自力陪同视察。

4月11日　全市融资工作研究会在攀枝花会展中心召开。市委常委、常务副市长杨自力主持。

4月12日　市人大常委会主任谢道全在“五创联动”工作推进汇报会召开，市委常委、常务副市长杨自力主持会议。副市长殷旭东、李仁杰出席会议。

4月12日　我市召开会议讨论由市政协编写的《关于加快推进“攀西战略资源创新开发试验区”建设的汇报材料》。会上，市发改委、攀枝花钒钛产业园区管委会等部门围绕汇报材料中提及的“推进试验区建设的意见和建议”展开了讨论。市委常委、常务副市长杨自力、副市长柳康健出席会议。

4月15日　全省一季度经济形势分析电视电话会议召开。会议总结了今年以来经济运行情况，分析了当前形势，并对下一步工作进行研究部署。市委常委、常务副市长杨自力，副市长柳康健在攀枝花分会场参加会议。

4 月 16 日　省残联理事长毛大付率督查组抵攀，对我市残联开展“量体裁衣”式个性化服务残疾人情况进行督查。通过现场走访和督查，督察组对我市有关工作给予了肯定。市委常委、常务副市长杨自力出席市残联向省残联工作汇报会，就进一步加大全市残疾人工作力度提出具体要求。

4 月 16 日　四川省机关事务管理局副局长黎兵莅临我市，就贯彻实施国务院《机关事务管理条例》工作进行调研。市委常委、常务副市长杨自力出席汇报会。

4 月 18 日　我市召开一季度经济形势分析会。市委常委、常务副市长杨自力主持会议。

4 月 19 日　市九届人大常委会第十九次主任会议举行。市人大常委会主任谢道全主持会议并讲话。常务副市长杨自力列席会议。

4 月 19 日　我市与北京京城机电控股有限责任公司举行项目对接座谈会。市委常委、常务副市长杨自力出席会议。

4 月 22 日　市人大常委会主任谢道全先后前往攀钢钒公司炼铁厂、攀钢焦化厂、河门口二砖厂、攀钢 504 电厂等地，对我市国模创建重点攻坚项目进行督导检查。市委常委、常务副市长杨自力、副市长贾德华陪同督导检查。

4 月 25 日　第二届“攀枝花市人才奖”表彰大会在攀枝花会展中心举行，市委常委、常务副市长杨自力主持会议。

4 月 26 日　市委在攀枝花会展中心召开人才工作会，市委常委、常务副市长杨自力出席会议。

△　市九届人大常委会第十一次会议在攀枝花会展中心举行。市委常委、常务副市长杨自力应邀列席会议。

4 月 27 日　攀枝花市科学技术奖励大会在攀枝花会展中心举行，转炉—方圆铸机流程优特钢生产集成技术与产品开发等项目、四川安宁铁钛股份有限公司等单位获得奖励。市委副书记、市长张剡主持会议。市委常委、常务副市长杨自力作全市科技和知识产权工作报告。

△　市委、攀枝花市创建国家森林城市、国家园林城市和全国文明城市攻坚大会在攀枝花会展中心召开，市委副书记、市长张剡，副市长张敏、李仁杰、贾德华出席会议。市委常委、常务副市长杨自力主持会议。

5 月 6 日　市委召开常委会议，传达贯彻中共中央总书记、国家主席、中央军委主席习近平同志关于抗震救灾工作重要批示精神和省委常委会议、全省市州长专题会议精神，市委副书记、市长张剡在会上传达了全省市州长专题会议精神。市委常委、常务副市长杨自力参加会议。

5 月 8 日　十届省政协副主席解洪及省政协调研组听取了我市加快推进攀西战略资源创新开发试验区建设汇报。市委常委、常务副市长杨自力出席会议并做汇报。

5 月 10 日　市行政效能电子监察延伸工作领导小组召开专项工作会。市委常委、常务副市长杨自力出席会议并讲话。

5 月 16 日　中共攀枝花市委常委（扩大）会议在攀枝花会展中心召开。市委常委、常务副市长杨自力出席会议并在主席台就座。

5 月 28 日　市残疾人联合会第六次代表大会在攀枝花会展中心召开。市委常委、常务副市长杨自力出席会议。

5 月 31 日　攀枝花装备制造业科技成果转化对接推进会召开。市委常委、常务副市长杨自力出席会议。

6 月 3 日　我市召开全市金融形势分析座谈会，市委常委、常务副市长杨自力主持。

6月7日　市委常委、常务副市长杨自力前往攀枝花钒钛产业园区，开展“实现伟大中国梦、建设美丽繁荣和谐四川”主题教育活动宣讲。

6月9日　我市组织召开机械加工制造行业骨干企业座谈会。市委常委、常务副市长杨自力出席座谈会。

6月13日　全省就业创业工作暨2013年高校毕业生就业电视电话会议召开。市委副书记、市长张剡，市委常委、常务副市长杨自力在攀枝花分会场参加会议。

6月20日　我市与攀钢集团有限公司举行地企合作协调会。市委副书记、市长张剡，市委常委、常务副市长杨自力出席会议。

6月21日　市政府第三次全国经济普查领导小组第一次全体会议在攀枝花会展中心召开。市委常委、常务副市长杨自力出席会议并对做好相关工作提出要求。

△　全市2013年上半年统计工作联系会议召开，市委常委、常务副市长杨自力出席会议并讲话。

7月10日　中共攀枝花市委九届五次全体（扩大）会议在攀枝花会展中心举行。市委副书记、市长张剡就《决定（审议稿）》向全会做了说明，并对全市经济工作作了总结和安排。市领导谢道全、单荣、赵辉、杨自力、李群林、程少华、沈钧、张伟、王海波、李章忠、熊伟等出席会议。

7月23日　全省上半年经济运行和社会事业工作分析电视电话会议召开。市委副书记、市长张剡，市委常委、常务副市长杨自力，副市长柳康健、张敏在攀枝花分会场参加会议。

8月9日　全市中小企业融资培训对接会议召开，市委常委、常务副市长杨自力出席会议。

8月14日　市委、市政府召开全市重点旅游工作部署会议。市委常委、常务副市长杨自力、副市长柳康健、贾德华参加会议。

8月14日　市委常委、常务副市长杨自力代表市政府与成都天府通公司签订攀枝花市民卡项目合作协议。

8月19日　市委召开常委会议，传达全省加快推进新型城镇化工作现场会和全省推进产业园区发展大会精神。市委书记刘成鸣主持会议。市委副书记、市长张剡、市委常委、常务副市长杨自力出席会议。

8月28日　市九届人大常委会第十三次会议在攀枝花会展中心召开。市人大常委会主任谢道全主持会议。市委副书记、市长张剡，市委常委、常务副市长杨自力列席会议。

△　攀枝花市与中国电信四川公司在攀枝花会展中心签署“宽带中国·光网攀枝花”战略合作协议。市委副书记、市长张剡，市委常委、常务副市长杨自力出席签字仪式。

9月27日　全市医疗领导小组会议在攀枝花会展中心召开。会议专题讨论并审议了《攀枝花市县级公立医院取消药品加成经费补偿实施方案》和《攀枝花市疾病应急救助制度实施方案》。市委常委、常务副市长杨自力，副市长张敏出席会议。

10月8日　市委召开市委常委（扩大）会议，传达学习习近平总书记关于贯彻落实中央八项规定重要指示精神，对第四季度工作进行了安排部署。市长张剡、常务副市长杨自力出席会议。

10月9日　市委市政府召开工业园区建设和新型城镇化工作专题会议。市委书记刘成鸣，市长张剡，常务副市长杨自力，副市长柳康健、贾德华出席会议。

10月10日　市委、市政府召开加快建设攀西战略资源创新开发试验区专题会议，讨论试验区相关建设方案。市委书记刘成鸣、市长张剡、常务副市长杨自力、副市长柳康健出席会议。

△　市委书记刘成鸣前往仁和区仁和镇老街社区、东区人民街南部小区，走访慰问老年人。常务副市长杨自力陪同慰问。

10月16至17日　宜宾市党政代表团一行前往攀钢轨梁厂、沿江景观打造项目现场、钒钛产业园区等地，对我市经济社会发展情况进行考察。考察结束后召开了攀枝花—宜宾区域经济合作会议，共同签订了战略合作框架协议书。市委书记刘成鸣、市长张剡、常务副市长杨自力、副市长贾德华出席会议。

10 月 20 日　市委书记刘成鸣主持召开市委常委会，传达学习习近平总书记在参加河北省委常委班子专题民主生活会时的重要讲话精神，对全市贯彻落实会议精神措施进行研究部署。常务副市长杨自力出席会议。

10 月 24 日　我市召开全市重点领域行政执法监督检查工作情况汇报大会。常务副市长杨自力出席会议。

△　常务副市长杨自力在市政务中心主持召开全市政务服务系统座谈会。

10 月 25 日　我市召开市企业联合会成立三十周年座谈会。常务副市长杨自力，市老领导韩国宾、孙本先等出席会议。

10 月 28 日　省电力公司总经理王抒祥一行前往花城新区、普达阳光国际康养度假区，就电力保障等情况进行调研。调研结束后，市委书记刘成鸣，市长张剡与王抒祥举行座谈会，就继续加强合作以及加快攀枝花电网建设等内容深入交流。常务副市长杨自力参加会议。

10 月 29 日　省政府在攀召开攀西国家级战略资源创新开发试验区建设工作会。省委副书记、省长魏宏出席会议，听取有关攀西战略资源创新开发试验区工作情况汇报，并提出工作要求。市委书记刘成鸣、市长张剡、常务副市长杨自力出席会议。

11 月 1 日　我市在会展中心召开 2013 年第四季度“五创联动”工作推进会。会议听取了相关创建工作情况汇报，对实现年度创建目标任务进行了部署。市政府领导杨自力、柳康健、李仁杰、贾德华出席会议。

11 月 4 日　市委常委、常务副市长杨自力听取市统计局关于当前全市第三次经济普查工作开展情况汇报，并前往东区了解工作开展情况。

11 月 5 日　中共攀枝花市委在会展中心召开九届第五十七次常委会。会议传达了“全省领导干部大会”和“全省宣传思想工作会议”精神，审议了《关于加快推进小城镇建设的实施意见》等文件。市长张剡、常务副市长杨自力出席会议，副市长贾德华列席会议。

11 月 6 日　常务副市长杨自力主持召开财政收入分析会。

11 月 7 日　我市在会展中心召开全市小城镇建设暨产业园区发展工作会。市委书记刘成鸣、市长张剡、常务副市长杨自力、副贾德华出席会议。

11 月 7 日　我市在会展中心召开城区夜景照明总体规划编制方案工作汇报会。市委书记刘成鸣，市委副书记、市长张剡听取专项工作汇报，并就规划理念、思路、重点等与设计单位进行交流。副市长贾德华参加会议。

11 月 8 日　攀枝花市妇女第九次代表大会在攀枝花会展中心召开。省妇联副主席李静到会并讲话。市委书记刘成鸣、市长张剡、常务副市长杨自力、副市长张敏出席会议。

11 月 18 日　市委、市政府在攀枝花会展中心召开铁路建设专项工作会议，对攀枝花南站站房建筑概念方案、全市铁路物流体系项目规划和全市轨道交通线网规划进行了研究。市委书记刘成鸣，市长张剡，常务副市长杨自力，副市长柳康健、贾德华出席会议。

11 月 18 日　市委书记刘成鸣，市长张剡在攀枝花会展中心会见武警四川省总队政委黄志远少将一行。双方就武警部队在维护地方稳定、抢险救灾、推进“急难险重”任务以及为地方经济发展保驾护航等进行了深入交流。常务副市长杨自力参加会见。

11 月 19 日　我市召开党风廉政建设领导小组会议。会议通报了今年以来我市党风廉政建设工作情况，听取了关于我市部分部门单位贯彻落实中央“八项规定”，省委、省政府“十项规定”情况汇报，研究讨论并通过了《攀枝花市党风廉政建设责任制考核办法》。市长张剡、常务副市长杨自力出席会议。

11月20日　市委、市政府在攀枝花会展中心召开座谈会，听取部分大企业代表关于推动我市加快实验区建设以及发挥实验区引领作用相关意见和建议。市委书记刘成鸣、市长张剡、常务副市长杨自力出席座谈会。

11月23日　参加攀枝花钒钛资源综合利用院士行暨2013·攀枝花钒钛（国际）论坛的中国工程院课题组，就攀枝花钒钛资源综合利用战略研究课题作中期汇报。中国工程院院士、中国工程院副院长干勇，中国工程院院士、长沙矿冶研究院教授级高工余永富，市委书记刘成鸣、常务副市长杨自力出席会议。

11月28日　攀枝花市首届职工经济技术创新成果展示活动在市工人文化宫举行。展示会全面展示了我市“十二五”以来的100项职工经济技术创新成果。常务副市长杨自力出席展示会。

12月3日　市委、市政府召开专题调研工作汇报会，对明年工作基本思路、主要目标及重点工作安排进行研究部署。市委书记刘成鸣，市长张剡，常务副市长杨自力，副市长柳康健、殷旭东、张敏、贾德华出席会议。

12月4日　市委书记刘成鸣，市长张剡在攀枝花会展中心会见了省电力公司党委书记刘勤一行。双方就深化合作，推动地企共同发展进行了深入交流。常务副市长杨自力参加会见。

12月5日　市政府与市级群团组织联席会在攀枝花会展中心举行。会议通报了2013年全市经济社会发展情况，对进一步加强群团组织工作进行安排部署。市长张剡，常务副市长杨自力出席会议。

12月10日　第四届攀枝花科技论坛在攀枝花会展中心开幕。本届论坛以“生态与环保，筑就攀枝花梦”为主题，对我市生态文明建设和环保事业发展进行全面探讨。常务副市长杨自力，副市长张敏出席开幕式。

12月11日　市委召开常委会议传达学习习近平同志在党的十八届三中全会上的讲话以及全省“走基层”活动现场会议精神，对我市贯彻落实有关精神具体措施进行研究部署。市委书记刘成鸣，市长张剡，常务副市长杨自力出席会议。

12月11日　中国农业银行四川省分行党委书记、行长张军洲前往盐边县，对昔格达旅游新村、红格集镇打造情况进行实地查看。市长张剡与张军洲就深化合作、推动地企共同发展交换了意见。常务副市长杨自力、副市长李仁杰出席座谈。

12月16日　市九届人大常委会召开第三十一次主任会议。会议听取了“一府两院”、人大人事代表工委、市政府相关工作汇报。常务副市长杨自力列席会议。

12月17日　我市在中心广场开展攀枝花市民卡首发及运用体验活动。市委书记刘成鸣、常务副市长杨自力出席活动。

12月18日　我市举行“资源型城市可持续发展·打造中国经济升级版”高层研讨会。会议全面总结了我国资源型城市转型发展的巨大成就，对《全国资源型城市可持续发展规划（2013～2020）》进行了权威解读。第十一届全国政协副主席阿不来提·阿不都热西提向研讨会发来贺信。市委书记刘成鸣出席研讨会并致辞，市长张剡作主题演讲，常务副市长杨自力、副市长柳康建出席会议。

12月19日　财政部科研所与我市合作共建科研基地签字暨揭牌仪式在攀枝花会展中心举行。常务副市长杨自力出席签约仪式。

△　财政部财政科学研究所所长贾康应邀来到攀枝花，以“在全面改革中深化财政改革”为主题，为我市党员干部作党的十八届三中全会精神专题报告。常务副市长杨自力主持报告会。

12月20日　市九届人大常委会第十五次会议召开。会议听取和审议了市政府关于2013年民生工程实施情况、有关审计整改情况等工作汇报。常务副市长杨自力列席会议。

12 月 23 日　市委书记刘成鸣、市长张剡、常务副市长杨自力出席中共攀枝花市委在攀枝花会展中心召开常委（扩大）会议。

△　市委、市政府在攀枝花会展中心召开“全省两个现场会”等四项重大活动总结表彰大会。市委书记刘成鸣，常务副市长杨自力，副市长殷旭东、贾德华出席会议。

12 月 24 日　市政协八届十一次常委会议召开。会议听取了我市 2013 年经济社会发展目标完成情况及 2014 年经济社会发展目标的初步安排等专项工作汇报。常务副市长杨自力参加会议。

12 月 30 日　前往人民银行攀枝花市中心支行、市商业银行、攀枝花农村商业银行等 12 家金融机构，看望慰问一线工作人员。

五、市委常委、市纪委书记李群林

（一）讲话文稿

在全市冬春农田水利暨抗旱表彰会议上的讲话

2013 年 1 月 25 日

在全市上下深入贯彻党的十八大精神、全市“两会”胜利闭幕、“三大主题”教育活动如火如荼开展之际，我们在这里召开全市冬春农田水利暨抗旱表彰会议，很及时，很必要，也很重要。刚才泽林同志对当前和今后一个时期的农田水利建设工作做了全面总结和部署，仁杰同志对冬春农田水利和抗旱工作提出了要求，我完全同意，请各级各部门认真贯彻执行。下面，我再讲三点意见。

一、科学分析形势，充分认识加强农田水利基本建设的长期性和艰巨性。

刚才，会上通报了全市“农建杯”和 2010－2012 年抗旱工作先进表彰。在充分肯定全市水利建设取得辉煌成就的同时，我们必须清醒地看到，我市农田水利建设历史欠账多、薄弱环节多的问题尚未根本解决，农业抗御自然灾害能力较低的状况仍然没有根本改变，而随着“两化互动”、新农村建设和城乡统筹发展深入推进，又带来了一些新情况、新问题、新挑战。对此，必须有清醒的认识、长远的谋划和有效的举措。

第一，农田水利基本建设承担的任务越来越重。尽管全市农田水利基本建设取得了一些成效，但全市农田水利基础设施薄弱状况还没有得到根本改变，全市农田灌溉保证率仅有 45%，中低产田占耕地面积比例达 60%，大部分耕地基础设施条件差，抗旱抗低温设施、防雹设施、防泥石流及滑坡设施缺乏，遇旱则干，遇洪则涝，小灾减产，大灾绝收。我市仍有近半数的耕地是“望天田”，现有灌溉排水设施大多建于上世纪 60 年代至 80 年代，普遍存在标准低、配套差、老化失修、效益衰减等问题，农田灌排“最后一公里”问题日益突出。必须大力加强农田水利基本建设，强化田网、渠网、路网配套，不断提升农田排灌能力，加强以高效节水灌溉工程、灌排渠系、“五小水利”（小水窖、小水池、小塘坝、小泵站、小水渠）工程、雨水集蓄利用工程和农田灌排“最后一公里”为重点的小型农田水利基础设施建设，配套实施土地平整、机耕道建设和土壤改良、测土配方施肥等技术措施，改造中低产田，建设旱涝保收高标准农田，全面提升小型农田水利设施建设、维护和管理水平。在新的形势下，农田水利基本建设既要保障农产品供给，又要保障饮水安全、防洪安全、生态安全，肩负着多重目标、多种任务、多项责任。

第二，农田水利基本建设面临的要求越来越高。多年的实践证明，加强农田水利基本建设是产村相融、成片推进新农村建设的重要抓手。成片推进新农村建设中实现产业新村互动相融，农田水利基本建设起着十分重要的纽带作用，既关系到现代农业产业的发展，又关系到生产生活条件的改善。因此，要通过加强农田水利基本建设，为农业产业结构调整、发展特色效益农业、建设现代农业产业基地打下基础、创造条件。要通过农田水利基本建设，切实解决农民群众道路、饮水等基础设施问题，不断改善农民群众生产生活条件。要通过农田水利基本建设，结合开展旅游新村建设、农村风貌改造、农村环境综合治理，加快推进新农村建设步伐。

第三，推进农田水利基本建设的难度越来越大。在多种力量的推动下，农村经济社会结构正在发生深刻变化，给农田水利基本建设带来了新的困难和问题。一是收入结构变化，带来农民水利建设意愿下降。由于农业比较效益不高，农业收入占农民收入的比重降低，农民开展农田水利建设的积极性减弱。二是人口结构变化，带来水利建设力量不足。随着我市大批农村青壮年劳动力转移就业，农村劳动力老龄化严重，农田水利建设劳力不足的制约更加突出。三是建设方式变化，带来水利建设成本提升。过去农田水利建设主要靠农民投工投劳，现在机械施工和物资投入增加。随着农业生产资料价格和劳动工资水平持续上涨，农田水利建设的成本越来越高。四是经济形势变化，带来资金压力增大。现在农田水利建设投资大部分来自财政资金，随着经济增速放缓和财政收入增速下降，农田水利建设资金足额到位难度加大，特别是部分县（区）资金配套压力较大。在这些因素的综合作用下，农田水利建设出现了组织难、投入难、管理难等问题。

各级各部门一定要从战略和全局出发，充分认识发展水利事业、加强农田水利基本建设、提高抗旱保障能力的重要性、长期性和艰巨性，切实把加强农田水利基本建设放在突出位置，坚持不懈、一以贯之地抓紧抓好，任何时候都不能放松。要正确把握经济社会发展的新要求和水利发展变化的新趋势，与时俱进地研究加强农田水利基本建设的重大举措，切实把农田水利基本建设作为促进经济社会又好又快发展的大事要事来部署，作为加强农业基础设施建设的重要方面来推进，作为保障和改善民生的重要问题来解决，作为发展现代农业、推进社会主义新农村建设的重要举措来实施，不断推进体制机制创新，不断加大投入力度，把广大农民和社会各界参与农田水利基本建设的积极性保护好、引导好、发挥好，奋力推进农田水利基本建设上新台阶。

二、突出工作重点，扎实做好冬春农田水利基本建设和抗旱工作

搞好今冬明春农田水利基本建设和筹划下一步抗旱工作，要深入贯彻落实党的十八大精神和中央、省委关于推进水利改革发展的决策部署，围绕发展现代农业、推进社会主义新农村建设，以提高抗灾减灾能力、供水保障能力、农业综合生产能力和水土资源利用效率为目标，针对当前薄弱环节和突出问题，着力抓好抗旱工程建设、水毁灾毁工程修复、病险水库除险加固、灌区续建配套、高效节水建设、农村饮水安全工程建设、水土流失综合治理，加大资金投入，强化保障措施，搞好宣传动员，推动农田水利建设再上新台阶，为农业继续增产、农民持续增收和全市经济社会又好又快发展提供有力支撑和保障。

农田水利基本建设和抗旱工作是一个复杂的社会系统工程。各级各部门要进一步强化顶层设计，科学确定农田水利建设的总体规模、目标任务和工程布局，合理制定抗旱应急预案，严密监测旱情，充分细化抗旱措施。要进一步强化资金投入，确保本级财政性资金对水利投入的总量和增幅都有明显提高，鼓励和引导社会资金投入农田水利基本建设。要进一步强化建设管理，健全完善农田水利项目建设和管理制度，深入推进基层水利服务体系建设。要进一步强化宣传引导，大力宣传农田水利建设的重大意义，树立一批典型和样板，要充分调动各方面积极性，努力营造冬春农田水利建设的良好氛围。总之，各级各部门要抓住政策机遇、抓实工作部署、抓紧时间节点，努力抓好实施效果，不断夯实农田水利基础设施和抗旱工程设施。

三、强化组织保障，确保农田水利建设和抗旱工作落实。

（一）进一步强化组织领导。各级各部门要进一步强化农田水利基本建设和抗旱组织领导，全面落实以行政首长负责制为核心的工作责任制，充分发挥政府的主导作用。要形成党政和部门主要领导亲自安排部署、分管领导狠抓具体落实、相关部门密切配合的良好工作格局。要完善目标责任制，明确目标任务，逗硬考核奖惩，认真抓好农田水利基本建设绩效考核，健全长效抗旱工作机制。

（二）进一步强化监督检查。要加大对农田水利基本建设的监督检查力度，重点督查领导责任落实、目标任务完成、资金投入和配套、重点任务推进、资金使用和监管、最严格水资源管理制度实施等情况，确保项目建设进度、质量和效益。要严格抗旱纪律，各职能部门要深入抗旱第一线开展调研，全面掌握旱情，科学指导抗旱工作，切实帮助基层解决实际问题。

（三）进一步强化项目安全。充分汲取“8·29”安全事故教训，全面排查水利工程建设领域突出问题，切实加强各在建水利工程安全建管，确保生产安全、项目安全和人员安全。

深入贯彻落实党的十八大精神
为在全省率先全面建成小康社会提供坚强纪律保障

——在中国共产党攀枝花市第九届纪律检查委员会第三次全体会议上的工作报告

2013 年 2 月 27 日

现在，我代表中共攀枝花市第九届纪律检查委员会常务委员会向第三次全体会议做工作报告，请予审议。

一、2012 年党风廉政建设和反腐败工作回顾

2012 年，市委、市政府在团结带领全市人民抢抓机遇、推进科学发展加快发展的同时，始终把党风廉政建设和反腐败工作摆在事关全局重要位置来抓。全市各级党委、政府认真落实党风廉政建设责任制，切实承担起党风廉政建设政治责任。全市各级纪检监察机关坚持标本兼治、综合治理、惩防并举、注重预防的方针，毫不动摇保障跨越发展，全力以赴促进社会和谐，旗帜鲜明维护党的纯洁，扎实推进党的纪律建设、作风建设、反腐倡廉建设和自身队伍建设，党风廉政建设和反腐败工作取得新成效。

（一）加强监督检查，主动服务中心工作

加强对落实始终保持党的纯洁性要求的监督检查。督促推进对口支援木里藏区建设。参与工程建设招投标、政府采购和土地矿权出让、国有资产处置招拍挂监督 556 宗，节约资金 4.91 亿元。对全市农口部门中央、省政策性资金和向上争取的 17.67 亿元资金使用情况进行了监督检查。统筹推进“三个加快建设”“三个走在全省前列”、全力打好“六大硬仗”等重大决策部署和“急难险重”等项目的监督检查，组织和参与各类监督检查 173 次，自主立项开展监督检查 33 次，督促建章立制 17 项，查处违纪违法案件16件，挽回经济损失300余万元。

（二）抓好作风建设，营造高效发展软环境

实施《机关工作人员“八不准”工作纪律规定》，先后6次对市、县（区）、部分乡镇（街道）73个部门（单位）的工作作风、办事效率等情况明察暗访，问责处理89人。对政务服务中心受理的300余万件行政审批项目进行了电子监察，预防超时件150余件次。播出“效能热线”节目30期，现场解答和解决群众问题240件，满意率100%。受理并办结效能投诉32起，满意率100%。确定了30个重点企业和重点项目效能直报点。抽查44个市级部门（单位）面向社会公开电话值守情况，对14个部门（单位）未能接通情况进行了处理纠正。对5个县（区）和98个市级部门（单位）开展了软环境季度测评，对86个市级单位部门进行了服务对象满意度测评。组织15个巡查小组对全市5个县（区）、87个市级部门（单位）“思想大解放、作风大转变、工作大落实”主题教育活动开展情况进行集中巡查，收集意见建议300余条。

（三）注重教育监督，深化领导干部廉洁自律工作

开展了对全市县处级领导干部执行《廉政准则》情况的监督检查。严格落实党内监督制度，领导干部述职述廉1092人，任职廉政谈话161人。对存在苗头性、倾向性和一般性轻微违纪问题的党员干部实施提醒谈话66人次、信访诫勉谈话25人次。对全市县（区）、部门、企事业单位610名领导干部进行集中警示教育。对416名党员干部、8个单位实施了信访监督，强化提醒防范。对20名县处级领导干部进行了任中和离任经济责任审计。清理“小金库”涉及金额42万元。全市共有24名党员领导干部主动上缴未能拒收的现金和有价证券共计20.46万元。

（四）突出专项治理，解决损害群众利益的突出问题

先后清理党政机关超标公务用车97辆、超编车辆40辆。对全市39所中小学、幼儿园公车接送学生现象进行暗访，纠正了30个单位38辆次公务车辆违规私用行为。对节假日期间7辆公车私用私驾情况进行了处理。查处各级各类学校教育乱收费问题6起，清退违规收费58.7万元。严肃查处医药卫生服务乱收费行为，没收违规违法所得298.73万元。组织对63个保障性安居工程项目进展情况进行检查，开工率达100%。督促纠正了群众反映的驾校乱收费、大型零售企业向供应商违规收费等问题。对5个“急难险重”项目及民生工程的招投标合同履行情况进行了重点监管。

（五）加大查案力度，严肃惩治腐败行为

全年共立案153件153人，较上年上升12.5%，其中县处级领导干部6人；结案153件153人，党纪政纪处分150人。严肃查处了市钒钛产业园区管委会原主任及园区财政局原局长、市机关事务管理局原一名副局长受贿，“8·29”肖家湾煤矿特大瓦斯爆炸事故涉及人员玩忽职守、收受贿赂礼金等一批典型案件。为236名受到错告、诬告党员干部澄清了是非。对全市8个单位2008年以来党纪政纪处分决定执行情况进行了集中检查。制定了案件线索管理、信访举报案件交叉联办等制度。加大基层办案力度，全市44个乡镇、16个街道纪（工）委共查办案件48件48人。

（六）深化源头治理，加快推进惩防体系建设

全面建成惩防体系基本框架，形成配套制度400余项。切实完善廉政风险防控体系，启动廉政风险防控工作“回头看”。在全市8个单位开展了规范性文件廉洁性审查试点工作。扎实推进廉政文化“八进”活动，会同宣传、广电部门组织创作了廉政公益广告宣传片，充分利用党报党刊等主流媒体加强廉政文化宣传。与攀枝花学院建立廉政理论研究合作机制。制定了《关于党政领导干部职务变动后党风廉政谈话实施办法》《严禁公车私用私驾暂行规定》等制度；督促建立了政府投资工程建设项目招投标后督查、投标和履约保证金集中统一管理等制度，积极推行了政府投资工程建设项目实施固定价比选法；深入推进农村党风廉政建设，认真执行农村基层干部廉洁履行职责若干规定（试行）；初步建立了党风廉政建设社会评价体系，社会各界满意度调查权重在责任制考核中增加到50%。

（七）开展“三项建设”，着力打造“阳光纪检”

大力推进能力素质、思想作风、基层组织建设活动，开展“天天阅读”“周末大讲堂”等教育培训活动，共组织1000余人次开展了岗位模拟训练。发送信函征求意见表3160份，对收集到的335条意见建议以书面形式给予回复。举办了首次“纪委开放日”活动。对37个市级部门纪检监察机构进行了作风巡察，发现问题120余个，收集意见建议150余条。市直机关45个机关党委、57个机关党总支、707个党支部新增专（兼）职纪检干部315名。乡镇（街道）纪工委书记、专职副书记、村（社区）纪检小组长、村（居）民小组党风廉政信息员配备率达100%。建成了以专用网络、视频会议、办案指挥、语音通信、安全防范为架构的信息化工作平台。

一年来，各位市纪委委员和各级纪检监察机关履职尽责、开拓进取，为推进我市反腐倡廉建设创新发展做了大量卓有成效的工作。在此，我代表市纪委常委会向同志们表示衷心感谢！

在肯定成绩的同时，我们也清醒的看到存在的问题：一些部门和领域腐败现象尚未得到有效遏制，权力运行的监督制约机制有待进一步完善；一些部门单位工作作风不实，庸懒散慢、执行不力、脱离实际等不良现象依然存在；一些群众反映强烈的突出问题还没有得到切实解决等。对此，我们将高度重视，采取有效措施认真加以解决。

二、认清形势任务，坚定不移地把反腐倡廉建设引向深入

中共十八大对当前和今后一个时期反腐倡廉建设做出新部署，明确指出：“反对腐败、建设廉洁政治，是党一贯坚持的鲜明政治立场，是人民关注的重大政治问题”，要做到干部清正、政府清廉、政治清明。今年1月21日至22日召开的十八届中央纪委二次全会上，习近平总书记发表重要讲话，从党和国家事业发展全局和战略的高度，强调要严明政治纪律，自觉维护党的团结统一；抓好“八项规定”落实，下大力气改进作风；依纪依法严惩腐败，继续全面加强惩防体系建设，着力解决群众反映强烈的突出问题，反对特权思想、特权现象，更加科学有效地防治腐败，坚定不移地把党风廉政建设和反腐败斗争引向深入。王岐山同志的工作报告，全面部署了2013年反腐倡廉建设工作任务。2月1日召开的省纪委十届二次全会，对我省党风廉政建设和反腐败工作进行了部署，省委书记王东明做了重要讲话，对全省反腐倡廉建设和严明政治纪律、落实改进作风有关规定提出了明确要求。我们一定要认真学习领会，坚决贯彻落实，切实把思想和行动统一到中共十八大和十八届中央纪委二次全会、省纪委十届二次全会精神上来。全市各级纪检监察机关要充分发挥职能作用，切实抓好2013年各项工作，努力推进廉洁政治建设。

今年，是全面贯彻落实党的十八大精神的开局之年，是实施“十二五”规划的关键一年，是我市全力打好“六大硬仗”、为在全省率先全面建成小康社会奠定坚实基础的重要一年。我们面临牢牢把握“稳中快进、提质增效、争先进位、跨越提升”工作基调，突出产业支撑、投资拉动、“四化”同步、统筹城乡、改善民生，着力构建多点多极城市发展格局，努力促进优势产业发展壮大，加快赶超跨越，奋力推进“三个加快建设”的目标任务。要实现这些目标，就必须善于发现机遇、抢抓机遇；必须敢于碰硬，打破常规，重点突破。面对新形势新要求，各级纪检监察机关要明确职责定位，理清工作思路，坚持把反腐倡廉建设放到全市总体工作格局中去谋划和推进，坚持把维护群众利益作为开展工作的立足点和出发点，坚持锐意进取、开拓创新，切实增强忧患意识、风险意识和责任意识，既要坚定果断刹风整纪，又要坚持常抓不懈，努力为服务保障全市经济社会发展大局做出最大贡献。

三、认真履职尽责，奋力推进反腐倡廉建设科学发展

2013年全市反腐倡廉工作的总体要求是：深入学习贯彻党的十八大精神，认真落实十八届中央纪委二次全会、省纪委十届二次全会部署，以维护党章为重点推进纪律建设，以落实中央关于改进工作作风、密切联系群众“八项规定”、省委省政府“十项规定”、省纪委省监察厅“21条意见”、市委市政府“十项规定”为重点推进作风建设，以完善惩防体系为重点推进反腐倡廉建设，以深化“三项建设”为载体推进自身建设。严格执行党风廉政建设责任制，进一步健全防治腐败制度机制、形成崇尚廉洁良好风气、提高党风廉政建设群众满意度，不断增强党风廉政建设和反腐败工作实际成效，努力实现干部清正、政府清廉、政治清明，为攀枝花科学发展加快发展提供有力纪律保障。

（一）严明纪律，确保党的路线方针和重大决策部署贯彻落实

要切实维护党章和其他党内法规，把加强对党章贯彻落实情况的督促检查作为一项经常性工作，督促各级党组织认真落实管党治党各项要求，坚决维护党章的权威性和严肃性。

加强党的政治纪律建设。把维护党的政治纪律放在首位，把检查党的路线、方针、政策和决议的执行情况作为一项重要职责，开展政治纪律执行情况监督检查。深入开展政治纪律教育，纳入各级党员干部教育整体规划。健全维护政治纪律责任落实机制，把遵守政治纪律情况纳入领导班子党风廉政建设责任制考核，对发生违反政治纪律行为的地区和部门（单位），实行一票否决。

健全监督检查机制。紧紧围绕“科学发展、加快发展”工作基调和党委政府重大决策部署开展监督检查。督促落实好构建多点多极支撑、“三个加快建设”、推进转型发展、“四化”同步、统筹城乡等战略部署以及“急难险重”项目、扶贫资金项目管理、民生工程等重大举措，严把政策落实关、项目建设关、资金管理关和干部履职关。探索建立重大项目廉政风险评估机制。健全党委政府主抓、纪检监察机关牵头、职能部门各司其责、社会力量有序参与的大监督机制。

强化党风廉政建设责任。认真落实党风廉政建设责任制，督促各级各部门领导干部切实落实“一岗双责”。深化党风廉政建设社会评价体系建设，强化评价结果运用。把作风建设和纪律建设纳入党风廉政建设责任制和党风廉政建设社会评价。加大责任制落实的问责力度。

（二）狠抓作风，认真贯彻落实改进作风各项规定

深入贯彻落实中央、省委省政府、省纪委省监察厅、市委市政府改进作风各项规定，定期开展督促检查，严查违规违纪行为，坚决防止走形式、搞变通。深入开展以为民务实清廉为主要内容的党的群众路线教育实践活动，切实转变领导机关和领导干部作风，始终保持党同人民群众的血肉联系。

大力整治庸懒散奢风气。坚决反对形式主义、官僚主义，正文风、改会风、转作风、树新风。坚持和发扬艰苦奋斗精神，厉行勤俭节约，制止奢侈浪费，严格执行公务接待制度，严肃整治公款大吃大喝行为，严禁以各种名义利用公款互相宴请、互赠礼物和组织消费性质的娱乐、健身活动，严禁借开会、调研、考察、检查、培训等名义变相旅游。从严控制楼堂馆所建设，规范公务用车管理和干部出访活动。大力整治吃拿卡要行为，狠刹“不花钱、不送礼、不吃请就不办事”等歪风。深入推进“思想大解放、作风大转变、工作大落实”主题教育活动巡查工作，大力破除“怕、满、浮、慢、僵”思想，着力纠正不作为、慢作为、乱作为等现象。

促进领导干部廉洁从政。督促各级领导班子和领导干部带头执行改进工作作风各项规定，以身作则，率先垂范，引领作风转变。继续加强对执行《廉政准则》情况的监督检查，坚持查处和纠正少数党员干部漠视党纪国法、以权压法、与民争利等行为，坚决纠正利用职权和职务影响为配偶、子女、亲友谋取特殊利益的行为，坚决反对和克服特权思想、特权现象。

切实解决群众反映强烈的突出问题。重点纠正教育、医疗、涉农、征地拆迁、涉法涉诉等领域损害群众利益的不正之风和突出问题，切实纠正食品药品安全、保障性住房、环境保护、安全生产等领域损害群众利益的不正之风和突出问题。深化工程建设领域突出问题专项治理，建立建筑市场动态监测机制。开展市场中介领域突出问题专项治理。继续抓好发展软环境测评工作，完善效能直报点工作制度。深入开展民主评议部门、行业风气和基层站所等工作，建立健全群众参与的机制制度。

推进基层党风廉政建设。强化村务监督机构作用，促进农村集体“三资”科学监管，加强村级组织换届纪律监督；强化城市社区民主监管，提升社区公共服务水平；全面落实《国有企业领导人员廉洁从业若干规定》，认真执行“三重一大”决策制度和职务消费、薪酬管理等制度；加强高校招生、基建、科研等关键环节监督，推进师德师风校风建设。

（三）惩防并举，构建不敢腐、不能腐、不易腐机制

坚持“两手抓、两手硬”，着力形成不敢腐的惩戒机制、不能腐的防范机制、不易腐的保障机制。认真制定并实施我市惩防体系2013—2017年贯彻落实意见，充分发挥惩防体系的系统防治功能。

健全惩治腐败查处机制。把查办案件工作放在更加突出的位置。严肃查办发生在领导机关和领导干部中滥用职权、贪污贿赂、腐化堕落、失职渎职等案件；群体性事件和重大责任事故背后的腐败案件；商业贿赂案件。继续加大基层办案力度，严肃查处发生在群众身边的腐败问题。推广协作办案、提级办案、驻点督导等创新实践。完善实名举报人保护制度，全面推行重大案件案发地专题民主生活会、重大典型案件内部通报等治本制度。健全反映党员干部问题甄别机制，保护干部干事创业积极性。

构建反腐倡廉宣传教育机制。以增强党员干部从政道德素质为重点，加强道德领域突出问题教育和治理。深入开展示范教育、警示教育、岗位廉政教育和分层分类教育，引导党员干部筑牢拒腐防变思想道德防线。以廉政文化“八进”工程为重点，加大廉政文化示范点建设力度。充分发挥各类新闻媒体在反腐倡廉建设中的窗口和引领作用，让廉洁价值理念深入人心。

完善权力运行监督体系。严格执行述职述廉、诫勉谈话、函询、罢免或撤换等制度，认真执行领导干部报告个人有关事项和经济责任审计制度。深化各领域办事公开，进一步扩大群众参与面。加强对权力集中部门和资金、资源密集领域的监督，严肃查处和纠正违规收送红包礼金、私设“小金库”、滥发津补贴等问题，严肃查处公务员考录、国有企事业单位招聘中的违纪问题，深入整治“跑官要官”“买官卖官”、拉票贿选等问题，切实防止“权力部门化”“部门利益化”等不良倾向。加强对“一把手”的监督，不断完善规范领导干部权力运行的制度机制。

（四）改革创新，不断提升防治腐败的科学化水平

坚持以改革创新为动力，不断推进反腐倡廉实践创新、理论创新和制度创新。

深化体制机制改革。进一步减少行政审批事项，规范审批程序和行为；推进财政预决算公开，完善财政转移支付和国库集中收付等制度；规范政府投资管理，加快电子招投标系统建设，探索异地远程电子评标工作；优化公共资源交易流程，完善交易参与主体行为规范和责任追究制度；继续深化干部人事制度改革，匡正选人用人风气。推进社会诚信平台建设，构建有效的失信惩戒机制。推进政府绩效管理，建立健全问责制度和工作机制。

加大制度创新力度。全面开展制度廉洁性审查，建立健全制度执行监督和问责机制，提高制度执行力。进一步健全廉政舆情收集整理报告机制、反腐倡廉网络舆论引导机制。健全覆盖各行业、各领域及权力运行各环节的廉政风险防控机制。不断完善与高等院校、科研机构合作开展反腐倡廉课题研究工作机制。建立健全改进作风有关规定落实情况的监督机制，保障作风建设持续有效。

推进科技手段运用。探索利用电子监察系统和行业监控网络对重大项目进行全程监督、动态监测、实时预警。推动权力事项上网，强化外部监督；加强电子实时监察，使权力行使全程留痕、可查可控。建立纪检监察机关远程信访接待系统，及时解决和回应群众诉求。推进案件信息共享、流程监督、中心数据库等系统和监控指挥平台建设，不断提高反腐倡廉的科学化、智能化水平。

（五）强基固本，打造人民满意的纪检监察干部队伍

深入开展以为民务实清廉为主要内容的党的群众路线教育实践活动，深化“三项建设”活动和“思想大解放、作风大转变、工作大落实”主题教育活动，建立加强自身建设长效机制，建设一支忠诚可靠、服务人民、刚正不阿、秉公执纪的纪检监察队伍。

抓作风做表率。从主要领导做起、从领导班子做起，带头严守纪律、改进作风、拒腐防变。大兴调查研究之风，深入实际掌握实情、把握规律解决问题。大兴密切联系群众之风，建立纪检监察干部直接联系群众制度。大兴艰苦奋斗之风，守得住清贫、耐得住寂寞、抗得住诱惑、稳得住心神、管得住行为，不断提高自我净化、自我革新和自我完善能力。

抓机制促履职。巩固乡镇纪检组织建设成果，推动非公有制经济组织和社会组织纪检机构建设，大力加强部门、国有企业、高等院校纪检监察组织建设，加强对派驻机构的领导和管理，优化运行机制，强化监督和办案职能。建立绩效考核机制，实行重大工作领导牵头指导制度。建立纪委书记下基层、“纪委开放日”、纪检监察系统作风巡察长效机制。

抓管理树形象。大力推进教育培训和实践锻炼一体化建设，加大干部轮岗、挂职、交流力度。丰富和拓展纪检监察信息化工作平台的系统功能，推进纪检监察运行模式和工作机制创新。完善内部监督制约机制，严格执行各项纪律，建立健全强化预防、及时发现、严肃处理的内控机制，自觉接受党组织、人民群众和新闻舆论的监督，始终维护纪检监察干部可亲、可信、可敬的良好形象。

同志们，新的一年，任务艰巨，使命光荣，责任重大。我们要努力增强责任感和紧迫感，在省纪委、省监察厅和市委、市政府的坚强领导下，以踏石留印、抓铁有痕的劲头，切实转变作风，科学推进反腐倡廉建设，为我市争先进位、打好“六大硬仗”，赶超跨越、推进“三个加快建设”，改善民生、建设幸福美丽攀枝花提供坚强纪律保证，为贯彻落实党的十八大各项决策部署，实现我市在全省率先全面建成小康社会的宏伟目标，做出新的更大贡献！

在市级部门纪检组长（纪委书记）年度考核述职测评会上的讲话

2013 年 3 月 7 日

刚才，有10位同志报告了去年的工作，其他市级部门纪检组长（纪委书记）也进行了书面述职，述职材料电子文档已经发到了各位手中，相信同志们已经认真阅读过。这是一年一度派驻机构纪检组长、纪委书记向市纪委监察局作的一次全面的工作报告，是对自己一年来履职情况的检查，至于工作情况怎么样，大家共同来评判，我们还要进行测评。上周，市纪委九届三次全会胜利召开，结合会议精神，我今天主要讲两个方面内容：一是总结2012 年的工作特点，二是安排部署2013 年的重点工作。

一、2012 年的工作特点

2012 年，全市各部门纪检组（纪委）以市纪委九届二次全会精神为指导，认真执行党风廉政建设责任制，加强作风建设、能力建设和组织建设，完善惩防体系建设，着力解决反腐倡廉建设中人民群众反映强烈的突出问题，围绕中心、服务大局，推动了年度反腐倡廉各项工作任务的落实，为攀枝花科学发展加快发展做出了贡献。

（一）市级各部门对反腐倡廉工作的重视程度越来越高，工作成效进一步显现。

各纪检组（纪委）积极主动争取党组（党委）的领导、支持，协助党组（党委）始终把党风廉政建设和反腐败工作摆在事关全局重要位置来抓。市级各部门领导干部“一岗双责”意识明显增强，“一把手”抓党风廉政建设责任制、落实“四个亲自”制度到位，抓反腐倡廉工作的积极性和主动性进一步提高，形成了一级抓一级、层层抓落实的工作机制和格局。去年，在市纪委对市级机关开展作风巡察活动中，市级各部门“一把手”基本都亲自参加了工作汇报，对整改方案、整改措施都亲自开会研究。从反馈回来的信息看，市级各部门领导班子、领导干部对党风廉政建设和反腐败工作的了解度、关注度、支持度明显增强，纪检监察工作成效明显提高。

（二）扎实开展“三项建设”活动，纪检监察自身建设进一步加强。

在活动开展的8个多月时间里，市级各部门纪检监察干部积极行动，踊跃参加。既扎实推进本单位本系统的“三项建设”工作，又认真参加全市组织的各项活动。全市纪检监察系统“三项建设”活动推进有序，活动载体形式多样，阳光、开放、公正的活动氛围日益浓厚。“大讨论”活动开展得有声有色、“岗位模拟训练”开展得精彩务实、“天天阅读”进行得津津有味、“周末大讲堂”进行得热潮不断、“纪委开放日”“纪委书记下基层”等活动进行得如火如荼。在活动开展过程中，市直机关党组织新增专兼职纪检干部315名，乡镇（街道）纪检组织建设已圆满完成。去年，省纪委对我市“三项建设”活动开展情况进行巡察时用了三个词来总结他们的感受：很漂亮、很满意、很感动；春节前，省纪委计划召开全省“三项建设”活动经验交流会，在列入交流先进经验的市州、县和省级部门中，攀枝花排在了第一位。我们的工作成绩已经得到了省纪委的肯定和认同。

（三）认真开展“三大主题教育”活动，机关工作作风进一步转变。

市委开展“三大主题教育”活动以来，全市纪检监察干部严格按照工作要求，立足工作实际，深刻思考全市经济社会发展与纪检监察业务工作的联系，广泛征求各方意见，认真查找自身不足，有针对性进行整改，为全市广大干部树立了良好的榜样。我们除了按照市委统一部署完成本单位、本部门活动之外，还承担了对全市活动开展情况进行督导检查的职责，经过一段时间的努力，巡查工作也取得了一定的成效。一是动作迅速、步调一致，围绕全市统一部署，紧跟活动步骤，督促检查迅速、有力；二是职责明确、力量充足，各阶段巡查工作内容、标准、方法具体可行，时间安排和任务分工翔实明确；三是措施得力、成效初显，将日常巡查与集中巡查相结合、明察暗访相结合、定期与不定期相结合，巡查方式多样、方法科学，巡查网络已基本形成，巡查工作已初见成效。

（四）加强组织协调，纪检监察系统的凝聚力、战斗力进一步增强。

一是“三项建设”活动中，为了避免纪检干部“单兵作战”，在市级部门建立了协作小组，把除了公安、教育等人数多的大系统、大单位之外的市级部门划分成10个小组，指定牵头单位召集小组活动的开展，进一步加强了市级部门之间的联系协作。如，即将进行的“知识竞赛”就要求每个协作组组织一支参赛队，在市纪委没有出面协调的情况下，由牵头单位组织，成员单位配合，10支协作组的参赛队已经组建，市财政局等个别牵头单位还组建了2支参赛队。二是通过抽调市级部门纪检监察干部到市纪委挂职锻炼、参加全市“三大主题教育”活动的督导，参加岗位“模拟训练”、参与干部考察等方式，进一步提高了市级部门纪检监察干部的工作能力，加强了大家的交流合作。三是建立市级部门信访交叉办理、案件审理协作等制度，促进市级部门纪检监察业务交流提高。通过这些工作，市级各部门纪检机构之间的团结合作意识进一步增强，全市纪检监察系统“一盘棋”的基础更加牢固。

我们在肯定工作成绩的同时，也要清醒地认识到当前工作中仍然存在一些不容忽视的问题：一是对干部队伍建设的重视不够。少数部门把纪检监察岗位当成解决干部职级待遇或“养老”的地方，不是把年富力强的干部放到纪检监察岗位，而是将年龄大、工作激情减退甚至是即将到任职年限的干部安排过来，从思想上就对纪检监察工作不重视。二是在能力素质上还不完全适应新时期的反腐倡廉工作。当前，对反腐倡廉工作的要求越来越高，一些同志对在新形势、新环境、新任务下如何开展工作思考不够，能力素质也没跟上，在网络反腐、应对媒体、信息化建设和应对突发事件等方面还不适应。三是对纪检监察宣传工作认识不到位。存在不想宣传、不愿宣传、不敢宣传的认识误区，导致做了工作只有自己知道，其他干部职工和群众都不了解，更别说支持和满意了。在去年对市级部门纪检监察机构进行的作风巡察中，我们发现一些部门确实扎扎实实做了很多工作，但都没有宣传出来，少数部门的一些好做法甚至连市纪委和本单位的干部职工都不清楚，广大干部群众就更不清楚了，那么也就无法理解和支持你的工作。

上述问题必须引起我们的高度重视，必须采取切实有效的措施在今后的工作中认真加以解决。

二、2013 年的重点工作

（一）严明纪律、狠抓作风，加强对贯彻落实十八大精神的监督检查。

学习宣传贯彻党的十八大精神，是全党全国当前和今后一个时期的首要政治任务。全市各级纪检监察机关既要认真学习，做出榜样，又要加强对各级各部门贯彻落实情况进行监督检查，确保十八大精神得到切实贯彻落实。一是要加强对党的政治纪律执行情况的监督检查。全市纪检监察干部要严格按照十八大“六个决不允许”的要求，坚决维护党的集中统一，坚决维护党委权威，切实保证政令畅通。维护党的政治纪律是一场严肃的政治斗争，当前一些党员干部违反政治纪律的问题时有发生，对中央决策和要求阳奉阴违、另搞一套，甚至对一些丑化党和国家形象的谣言不负责任的传播，这些都是党的政治纪律所不容许的。纪检监察干部要分得清是非、站得住立场，以身作则，严于律己，对违反党的政治纪律行为坚决抵制，向社会公众传递党员干部“正能量”。二是要加强对转变作风情况的监督检查。深入贯彻落实中央关于改进工作作风、密切联系群众“八项规定”、省委省政府“十项规定”、省纪委“21 条意见”和市委、市政府《关于进一步改进工作作风、提高工作效能的规定》。定期开展督促检查，严查违规违纪行为，坚决防止走形式、搞变通。深入开展以“为民务实清廉”为主要内容的党的群众路线教育实践活动，切实转变领导机关和领导干部工作作风，始终保持党同人民群众的血肉联系。三是要加强对中央、省、市委重大决策部署执行情况的监督检查。紧紧围绕“科学发展、加快发展”工作基调和党委政府重大决策部署开展监督检查。督促落实好构建多点多极支撑、“三个加快建设”、推进转型发展、“四化”同步、统筹城乡等战略部署以及“急难险重”项目、扶贫资金项目管理、民生工程等重大举措，严把政策落实关、项目建设关、资金管理关和干部履职关。

（二）不动摇、不松懈，以更加饱满的政治热情将“三项建设”活动推向新高潮。

当前，“三项建设”活动已进入承前启后的关键时期，各部门纪检监察机构要按照全市的统一安排，不断提高纪检监察干部参与“三项建设”活动的积极性、自觉性和主动性，全面深入持久地推进“三项建设”活动。要坚定理念信念不动摇，不骄不躁；坚持真抓实干不松懈，再接再厉；坚持完善体系保长远，再创佳绩。在能力素质建设上，勇于探索创新工作方法，敢于承担“急难险重”工作任务，争做业务工作的“标兵”；在思想作风上，勇于正视问题，敢于从自我改起，争做作风转变的“模范”；在基层组织建设上，要勇于“下深水”、敢于“攻坚难”，争做为基层、为群众办实事的“先锋”。以持之以恒、永不满足的精神再度将“三项建设”活动引向深入、推向高潮。要做到“三个务必”：一是务必认清当前我市经济社会发展现状和反腐倡廉所处的严峻形势，齐心协力打硬仗，坚定不移促发展，努力把“三项建设”活动转化为保障我市经济持续快速发展、社会更加和谐稳定、在全省率先全面建成小康社会的目标的实际成果，以活动实效取信于民；二是务必深刻理解“三项建设”活动不是单独的、孤立的、简单的工作，而是一项常态性、持续性、系统性工作，要紧紧抓住“三项建设”活动契机，推动“三项建设”常态化、制度化发展，全面建立责任明确、分工合理、结构完善、运转有效的“三项建设”长效机制。三是务必正确认识我市“三项建设”取得的成绩和不足，既要看到成绩，坚定信心，又要看到不足，加以改进。要不断巩固“三项建设”前期成果，把成功的经验、失败的教训都进行深刻剖析，用心、用智、用情投入到“三项建设”活动之中，确保我市“三项建设”活动在全省展形象、争风采、创一流。

（三）高标准、严要求，以高度的责任感扎实推动“三大主题”教育活动取得新成效。

全市纪检监察系统要认真学习贯彻市委、市政府关于深入开展“思想大解放，作风大转变，工作大落实”主题教育活动的意见和刘成鸣书记在动员大会上的重要讲话精神，要充分认识开展此项活动的重大意义，把思想认识统一到市委的安排部署上来，主动融入到活动中去，积极主动地找差距、理思路、添措施、促发展，自觉增强开展好活动的责任感和紧迫感，争当全市“三大主题教育”活动的排头兵。要以更高的标准开展好纪检监察系统内部的活动，起到表率作用，在纪检监察系统掀起活动热潮；要以更严的要求加强对活动开展情况的督导检查，确保整个活动取得良好的效果。

（四）统筹兼顾、合理安排，协调推动纪检监察各项工作顺利开展。

2013年，是全面贯彻落实党的十八大精神的开局之年，是实施“十二五”规划的关键一年，是打好“六大硬仗”的攻坚之年，是为在全省率先全面建成小康社会奠定坚实基础的重要一年，做好今年工作，任务艰巨，意义重大。市级各部门纪检监察机构要紧紧围绕全市中心任务，顾全大局，认真谋划今年反腐倡廉建设的主要任务、工作思路和具体措施，深入调查研究，加强基础工作，做到情况明、数字准、责任清、作风正。着力抓好以下五个方面的工作。

一要切实维护人民群众的根本利益，提高对反腐倡廉工作的满意度。着力解决扶贫移民、征地拆迁、强农惠农、保障性住房、食品药品安全、环境保护、安全生产以及教育、就业、医疗、养老等方面的突出问题，坚决纠正各类乱收费问题。要深入推进农村、社区、企业党风廉政建设，积极探索加强非公有制经济组织和新社会组织党风廉政建设的有效途径，切实解决群众身边的腐败问题。

二要深入推进惩防体系建设，使其更具严密性、操作性和实效性。巩固惩防体系建设的已有成果，认真研究谋划下一个五年惩防体系建设工作。积极探索社会领域防治腐败的措施办法，加大社会信用体系建设力度，加强廉政（洁）文化建设，努力培育守法、诚信、廉洁的社会风尚。要认真落实《廉政准则》，严格执行厉行节约各项规定，切实解决领导干部在廉洁自律方面存在的突出问题。深入推进廉政风险防控机制建设，深入推进统一规范的公共资源交易市场建设，努力形成市、县、乡三级联动的公共资源交易服务体系和监管体系。

三要始终保持惩治腐败的强劲势头，努力实现良好的政治效果、社会效果和法纪效果。坚持有案必查、有腐必惩，保持惩治腐败高压态势。健全腐败案件及时发现和查处机制，加强案件监督管理和审理工作，严肃查办违纪违法案件，坚决遏制腐败现象易发多发的势头。积极推行信访交叉办理、案件协作办理等机制，市级各部门纪检监察干部都要参与到案件检查工作中来，提高办案能力和实战水平。加强典型案件的深入剖析和跟案分析，坚持案件通报制度。

四要不断创新反腐倡廉工作举措，提升反腐倡廉建设科学化水平。扎实抓好党风廉政建设社会评价工作，为反腐倡廉建设提供量化评价标准和科学研判依据。要健全反腐倡廉网络舆情收集、研判、处置机制，及时了解群众呼声，不断增强反腐倡廉网络舆论引导能力。要加快信息化平台建设成果的推广应用，全面创新纪检监察工作的理念思路、运行机制和工作方式，以信息化建设跨越发展。

五要加强对纪检监察工作的宣传力度，提高广大群众的知晓度和认可度。要善于总结好的经验，善于提炼好的方法，善于推广好的经验。要充分运用各种媒体和传播手段，大力宣传反腐倡廉工作的新进展和新成效，力争在有影响力的中央和省级、市级媒体上宣传我市的纪检监察工作，从而形成良好的舆论环境。

在全市林业暨创森工作会议上的讲话

2013年3月9日

在全市深入贯彻落实党的十八大精神，凝心聚力、攻坚克难、全力以赴推进“五创联动”，打好“六大硬仗”，加快经济社会快速发展的关键时刻，我们召开全市林业暨创森工作会议，充分体现了市委、市政府对林业、创森工作的高度重视。刚才礼文同志对林业和创森工作进行了总结和安排，东区和市城管局分别就森林城市创建作了经验交流发言，仁杰副市长讲了很好的意见，我都同意。下面，我再强调几点：

一、2012年林业工作成绩可喜

2012年，全市林业各项工作均取得了可喜的成绩，林业工作实现了跨越式发展。主要体现在以下几个方面。

首先创森工作措施得力、推进有序、成效明显，走在了“五创”工作前列。全市上下，协调配合、齐抓共管，按创森总体规划和实施方案要求，创新机制、丰富创建形式，多方筹措资金43820万元，深入实施了两大山地森林公园建设、渡金线景观打造、金沙江沿江景观打造、大河景观打造等一大批创森工程，取得了良好的创建成果。创森工作得到了全社会的高度关注、广泛认可和市委市政府的充分肯定。

其次，林业产业健康、快速发展，助农增收效益凸显。林业产业持续、高速增长，走上了健康、良性发展轨道，2012年林业产值超过20亿元，农民人均从林业获得收入超过1200元，提前三年实现了十二五发展目标。米易县成功申报为全省林业产业发展预培县。

第三，森林资源管理和保护迈上新台阶。林地管理日趋规范，森林资源管护责任落实较好，林业三防工作取得不俗成绩，林业基础设施不断加强，有效地维护了全市森林资源安全。市林业局被省政府表彰为建设长江上游生态屏障先进集体。

总结成绩我们看到，成绩的取得是市委、市政府坚强领导，各级各部门协作配合，全社会广泛关心支持，全体林业干部职工积极作为、开拓创新、奋力拼搏的结果。

成绩来之不易，当需倍加珍惜；正视困难问题，方能更上层楼。我们清醒的看到，林业和生态建设还面临诸多困难和挑战：干热河谷生态治理难题亟待破解；造林绿化成果管护困难、费用高昂问题尚需解决；生态保护与经济社会发展统一协调有待提高；生态文明建设还任重道远。

二、当前林业工作的形势和任务

分析形势，当前林业正迎来最佳历史发展机遇。

从国家层面看：党的十八大对生态文明建设做出了全面部署，形成了中国特色社会主义事业五位一体总体布局，要求将生态文明建设融入经济建设、政治建设、文化建设、社会建设各方面和全过程。建设生态文明林业肩负着重要使命，林业必将迎来加快发展、跨越式发展的历史机遇。从全市来看：各级领导、全市上下、社会各界关心支持林业工作，积极参与生态建设，共建生态文明的良好氛围正逐步形成，林业已由过去的行业工作转变为党委政府高度重视、全社会共促共建的中心工作。从社会需求来看：随着社会的进步，人民对优美的生态环境、清洁的空气、安全的水源等生态产品需求日趋迫切，建设美丽家园的愿望更加强烈。

习近平总书记强调，“人民对美好生活的向往，就是我们的奋斗目标”。建设森林城市、加强生态建设和保护、推进林业发展，为全社会提供丰富、优质的生态产品，肩负起建设生态文明重要职责，是我市林业当前和今后工作的重要任务。

三、把握重点，切实抓好2013年林业工作

（一）全面完成各项创森任务，确保通过省级验收

创建森林城市是建设生态文明的重要举措，是市委、市政府做出的重要决定，更是全市人民的共同期盼。做好创森工作，对我市的经济发展、城市建设、社会进步具有长远、深刻和现实的意义。2012年，创森工作推进顺利，成效显著，但也存在工作推进不平衡，个别单位、个别地方推诿扯皮、工作不力的问题。今年创森工作工作任务繁重，将面临省级森林城市检查验收。如何深入推进创森工作，刚才礼文同志、仁杰同志已做了安排部署。下来，各县区、各部门要从建设生态文明的高度，进一步提高对创建森林城市重要性的认识，积极、主动的做好相关工作，全面完成年度目标任务。市委、市政府目标督查部门要加强对创森工作的督促检查，确保创森工作有序、有效、有力推进。市创森领导小组成员单位、各县区要协调配合，做好迎接省检各项准备工作，确保通过省级森林城市检查验收。

（二）切实加强林业三防工作，确保全市生态安全

要进一步强化森林资源的管理和保护工作，不断加强林业"三防"建设，有效保护全市森林资源安全，努力在全面提升生态安全上取得新成绩。

这里我要特别强调森林防火。当前，我市气温持续攀升，森林防火压力巨大，近期森林火灾多发，还出现了扑火人员伤亡情况。我们要引以为戒，高度重视，务必把森林防火工作作为当前农村工作的重中之重，切实抓好、抓实、抓出成效。一要进一步做好防火宣传工作。在进一步加强常规宣传的基础上，要采取对火案肇事者、故意纵火犯公开处理、新闻曝光等形式，震慑犯罪，教育群众。二要进一步强化责任落实，严格责任追究。要层层落实森林防火行政首长负责制等各项制度，将防火责任分解、细化、落实到人头。对责任落实不到位、森林火灾频发的地方，扑救组织不力、火灾损失大、造成较大社会影响的单位，必须严格追究相关人员的行政责任，涉嫌犯罪的移交司法机关，追究刑事责任。三要进一步加强队伍建设。强化扑火人员灭火技战术、火场避险知识培训和安全教育，提高扑火队伍战斗力。始终把扑火安全放在扑救工作的首位，牢固树立以人为本、安全第一的思想，科学指挥、安全扑救。努力培养一支作风顽强、吃苦耐劳、能打硬仗的森林消防队伍。

（三）努力发展林业产业，确保农民增收致富

林业产业是国民经济的基础产业，是现代林业的重要组成部分，对促进农村经济发展、产业结构调整、农业效益提高、农民增收致富具有特殊重要的作用。我市林业资源丰富，林业产业发展潜力巨大，大有可为。我们要进一步加强对林业产业发展的组织领导，按照"生态与产业并重、生态与产业协调发展"和"因地制宜、突出特色、富民增收"的原则认真做好产业发展规划，统筹安排，依靠科技，有序推进。要整合各种资源，切实加强林业产业基地建设，大力发展核桃、块菌、咖啡、中药材、林下种养殖等特色优势产业。要扶持帮助林业龙头企业、专合组织发展壮大，着力培育一批规模大、辐射广、带动强的林业龙头企业和专合组织，并引导他们开展林产品精深加工，延长产业链，提高林业产业效益。要着力加强全省林业产业强县的培育，推进全市林业产业均衡发展。

同志们，2013 年，是我市全面贯彻落实党的十八大精神的开局之年，也是打好"六大硬仗"的攻坚之年，更是为在全省率先全面建成小康社会奠定坚实基础的重要一年。我们要牢牢把握市委九届四次全体（扩大）会议暨市委经济工作会议确定的"稳中快进、提质增效、争先进位、跨越提升"的工作基调，以坚韧不拔的精神、百折不挠的意志、真抓实干的作风，深入推进全市林业和创森工作，为奋力推进全市经济社会发展新跨越，建设生态文明和美丽幸福攀枝花做出新的更大的贡献！

在 2013 年市委农村工作暨新村建设、烤烟生产会议上的总结讲话

2013 年 3 月 11 日

今天大会的主要议程已经完成，整个一天的会议内容丰富，既看了新村点，市级相关部门又对今年的工作重点提出了意见，仁杰副市长对全市的农业农村工作进行了全面部署，特别是成鸣书记的重要讲话，既给我们指明了工作方向，又给我们分析了农业农村工作面临的大好形势，通过肯定农业农村工作

的成绩，又对农业战线的同志们给予了鼓励和鞭策，这些工作重点正是我们要去努力完成的任务，结合贯彻成鸣书记的讲话，贯彻这次会议精神，我讲三点贯彻意见：

一、要深化三大主题活动

农口系统的三大主题活动，前段时间我们是查摆问题，增添措施，我觉得下一阶段农口系统要真正把三大主题活动抓好，就要按照刚才成鸣书记给我们农口战线提的要求，无论是向上争取政策、项目支持还是新村建设的推进、农业产业化发展、现代农业示范区建设的推进等等工作都要抓好，我觉得农口系统都要在对攀枝花农业农村再认识、再分析、再解放思想、再克服工作中的不足上下功夫，转变我们的工作作风，转变我们的一些思路来抓工作。

二、要认真按照全国现代农业示范区的要求，突出今年的工作要点

成鸣书记给我们指出六个方面工作重点，我就如何抓好这六项工作，给同志们提一些建议。一是“新村建设，统筹城乡发展”方面。今年的重点米易县、仁和区就是以高速公路沿线“连点成线，成片推进”，中间抓好几个环节：第一是抓规划，防止规划的不完善、不经济、不美观、不适用的问题。前段时间按照成鸣书记的要求，我下去搞调研，我们有些规划真的浪费，我看了一个点，觉得这个规划单位很蠢，这不怪我们县上，是一个矿山安置农民，出钱委托搞的规划。结果我去看，如果按照成鸣书记的要求“依山就势，错落有致”，那个地方建出来是很漂亮的，结果我们的规划设计大挖大建，堡坎修了两、三米厚，开挖基础和堡坎就花了一千多万，才安置一百多户，我看到心痛啊。所以我们在规划上一定要把好关，坚决克服不美观、不适用、不经济、不环保的现象，这是规划要控制的问题。第二是在建设中要按照成鸣书记“依山就势，错落有致”的要求，体现农村风貌、农家情趣、农业生产功能和现代生活品质，各县区一定要抓好。纯农业新村一定要考虑生产半径问题，相对集中要与实现产村相融结合。第三个要注意的问题是新村建设政府主导，农民主体作用发挥问题，一定要调动农民积极性，而不是全部依赖政府。二是成鸣书记要求我们围绕现代农业示范区发展特色产业的问题。今年我们一定要在全国现代农业示范区当中出亮点、出经验、出典型，因为全国现代农业示范区交到我们攀枝花了，我们这个地方一定要有一个典型示范带动的作用。刚才成鸣书记说要有典型，这是一语道破我们的工作弱项，就是我们缺乏去总结提炼的这种习惯，典型引路这是我们党工作的好的传统和方法，榜样的力量是无穷的。但我们现在缺乏榜样，尽管现在有了一些点，但榜样还不够，所以今年要出亮点、出典型，这是成鸣书记给我们提的第二个要求，就是现代农业包括蔬菜、烤烟、畜牧这些发展，我们都要有好的典型。

三、关于农村产权制度改革问题

当前重点是抓好产权制度改革当中可能出现问题的调查研究和应对措施的思考。那天在赵辉书记组织召开的统筹城乡会上，我提出了三个问题：第一是农房确权问题，国家政策规定农村住户面积人均占地面积不能超过30平方米，有些农民就不愿意确权，比如今天我们看到的，他肯定不能确权，为什么？不好确权。我们往往把住宅面积和农业生产用房搅和在一起，该怎么办？诸如此类的问题，一个是宅基地问题与农业生产用房问题之间的关系，怎么处理要研究清楚。第二是农民自耕地、自开垦耕地怎么处理的问题，要思考清楚。以前没确权，哪家去开垦种起就种起了，这次农民耕地确权是政府再一次给农民的实惠，现在自己开的地，很不均衡，有的上百亩，有的只有几亩、十几亩，你没确权，大家觉得都是集体的，哪个种起就算了，但这次要确权了，这些问题又怎么处理？要提前研究。第三是原来一、二轮土地承包过程中的政策与这次的政策如何衔接的问题，要研究清楚。改革是好事，可以极大地激活农村生产积极性，增强农民的致富能力，但是具体问题不研究清楚，会出大问题，所以成鸣书记刚才要求我们抓好这项工作。建议各区县、各乡镇对这些问题要早思考、早研究，不要推进起来了才去研究，矛盾出来了才去研究就晚了。

关于扶贫攻坚，一要积极争取上级关于土地整理的政策、项目。二要研究各地扶贫的突破口，要形成集中连片发展区，整体推进。

最后就是年底一定要见到突破性的进展，按照成鸣书记说的，年底要拿东西来交账，那就是现场会，区县要做好准备。

关于成鸣书记给我们提的六大重点工作，我建议同志们在具体工作当中，这几个环节要注意把握。

最后就是成鸣书记讲的关于当前的工作，一是抗旱工作。我们一定要克服那种轰轰烈烈的背水送水这种倾向，而是要早部署、早安排、早思考、早打算，成鸣书记要求一定要现在就把干部撒下去，抓基础性工作，把抗旱工作与保证今年农民增收结合起来搞，就是要喊出一句口号："抗旱保增收"，不管采取什么措施，今年农民增收15%的任务一定要完成。

二是烤烟生产。烤烟生产当前重点是一要抓好预征地，这个月底必须全面完成这项工作；另一个是育苗，一定要打足打够今年的种植任务和旱情可能造成的损失；三是要确保今年5月5日我们所有的烟苗要移栽出去。

三是成鸣书记刚才要求我们的关于水利工程的建设推进问题。马鞍山、梅子箐水库以及烟水工程今年都要加快推进，各项工作都要经得起上级的检验，尤其是烟水工程，上级给了那么多钱，如果我们用不好会影响到下一批项目的争取，要抓质量、抓进度，把各项工程推进上去。

四是森林防火。这段时间气候非常干燥，各区县一定要按照"严管火种，严管野外用火，坚决查处违法行为"这个思路，把森林防火工作控制到位。今天上午在车上，自力市长问我：山上有的一片一片长得这么好，有的一片一片就不行。我说：其中除了我们原来抓这个力度还不够之外，有一个重大原因是辛辛苦苦种出来的树，栽了三、五年，正是苗子生长的时候，一把火就烧了。只要是胸径不超过15公分的树，什么火一烧就没有了，胸径超过15公分的还能抗点小火，大火也不得行，尤其是长到两、三米高的时候，一把火一烧什么都没有了，要巩固我们的绿化成果，防火是关键。今年防火工作要按照上次森林防火工作会上讲的：凡是发生火灾，案件查处要到位，责任追究要到位，刑事处罚要到位，行政处罚要到位，而且要通报，森林防火这段时间一定要集中精力认真抓好。

就如何贯彻落实成鸣书记给我们提的要求，我给同志们提了这几方面的建议，希望同志们会后认真领会成鸣书记和仁杰副市长的安排，把各区县、各部门的工作认真梳理好，抓好落实，抓出成效。

在纪检监察系统"实现伟大中国梦，建设美丽繁荣和谐四川"主题教育活动会上的讲话

2013年5月29日

2012年11月29日，习近平同志在参观国家博物馆《复兴之路》展览时首次向世界宣示"中国梦"——"实现中华民族伟大复兴，就是中华民族近代以来最伟大的梦想。"2013年3月17日，新一任党和国家领导人换届完成，习近平同志再次畅谈"中国梦"——"实现中华民族伟大复兴的中国梦，就是要实现国家富强、民族振兴、人民幸福。"中国梦体现了中华民族的整体利益，是全体中国人民的共同期盼，为指引全党全国各族人民凝心聚力、共同推进中国特色社会主义事业注入了强大的精神力量。

一、中国梦为中国特色社会主义注入强大的正能量

（一）中国历史给我们的深刻启示

国家富强，民族振兴，人民幸福是近代以来几代中国人的梦想，当封建王朝的落日辉煌黯然消退，

有着五千年文明历史的中华民族，“国破山河在”。每一个想挽救民族危亡、改造中国社会的炎黄子孙，有谁不“夜阑卧听风吹雨，铁马冰河入梦来”。一百七十多年来，我们有过救亡图存的“变法梦”，有过中体西用的“洋务梦”，有过资本主义的“宪政梦”（孙中山五权宪法），有过科学民主梦——。尝试过各种改良主义，社会达尔文主义，无政府主义，自由主义，无政府主义、实用主义、民粹主义、工团主义，最后选择特色社会主义。

（二）比较美国梦给我们的深刻启示

习近平2012年11月29日参观《复兴之路》展览时，提出“实现中华民族伟大复兴，就是中华民族近代以来最伟大的梦想”。无独有偶，美国总结奥巴马也于同年11月6日演讲表示每个人都有着追求个人幸福权利的这一信念，也就是所谓的“美国梦”。此前也有过“英国梦”“俄国梦”“日本梦”的提出，但真正引起世界关注的却是“中国梦”“美国梦”。

300多年前，一部分英格兰移民乘“五月花”号木船横穿大西洋到美洲寻找新大陆，本意是为“清教徒”寻找一块“净土”。随着独立战争的胜利，“美国梦”便开始悄然萌芽——美国给全世界每一个人均等的机会，只要努力奋斗，都可以实现自己的梦想，吸引到了欧洲各国人的淘金潮。当然这时的“美国梦”只是属于欧洲移民，而不属于被他们杀戮的印第安人。1863年，美国总统林肯颁布了《解放宣言》，为“美国梦”的形成构建了精神和物质支撑。从欧洲来的移民中，涌现出了爱迪生、洛克菲勒、福特等不少出身贫寒、依靠个人奋斗成功的传奇人物，也使得“美国梦”有了新的内涵。1931年，亚当斯完成了著作《美国的史诗》，其主题是“让我们所有阶层的公民过上更好、更富裕和更幸福的生活的美国梦”，第一次明确提出“美国梦”。当时美国正处在世界经济危机及其引发的大萧条的关键时刻，亚当斯提出的“美国梦”感染、激励了很多人。被称为20世纪美国最伟大的两个总统罗斯福和里根也都被视为“美国梦”的代表。罗斯福赢得了二战的胜利，带领美国度过了经济大萧条。出身贫寒的里根三次参加总统竞选并以69岁高龄当选，被认为是“美国梦”的完美体现。当然，黑人牧师马丁·路德金1963年的那次著名演讲《我有一个梦》，也激起不少美国人对“美国梦”的认同和向往。从林肯、里根、再到奥巴马，这些美国总结，都通过“美国梦”宣传美国的价值观，引来人才，凝聚国人，增强国人信心，推动国家发展，提升国家软实力。

（三）深刻理解“中国梦”的丰富内涵

1. 把握背景和重大意义。

新加坡《联合早报》5月14日有篇文章题为《“中国梦”需要超越中国意识危机》。文章指出，历史上，每一次“中国梦”的背后都是当时面临的信心危机，而信心危机的背后则是深刻的“中国意识危机”。有危机才会有梦想，有梦想才会有进步的动力。今天中国所经历着的“中国意识危机”，实际上是自近代以来的第三波。清末到“五四运动”是第一波，改革开放后的上世纪80年代中期之后是第二波。1992年初邓小平的南巡谈话和当年中共十四大“社会主义市场经济”的提出，克服了第二波危机。不管是自愿的还是被迫的，苏联及东欧共产主义的解体，“淘汰”了1980年代很多过于理想的主义，而符合中国国情的“社会主义市场经济”则成为社会的主流意识。在这个主流意识的引导下，中国获得到了快速的发展。人们的“中国梦”也是在这个主流意识下展开的。1992年以来，中国经济快速的增长（GDP），总量已经跃升为世界第二。但同时，中国社会对国家和个人前途的信心，也到了一个非常低的水平。为什么产生这样一个矛盾的现象？从国际环境来看，第一次是国家的生存问题，第二次是国家的贫穷问题，这次是国家富强问题，对中国人来说，富强不仅仅意味着不受外国欺负，也意味着能够得到国际社会，尤其是西方应有的尊严。

和前两次危机一样，中国内部问题因素更加重要，其一是中国自身所面临的实践问题。中国是转型中社会。所有转型国家的转型都会遇到很大的问题，只是中国的问题更为深刻。中国几十年的时间完成了西方上百年的经济发展路程，许多问题迅速暴露出来，让社会不可忍受。其二是改革发展的理论问题。西方的东西解释不了中国的成功与失败。当来自西方的过于理想化的概念泛滥的时候，尤其当这些概念走出书本和校园，来评判中国的改革实践的时候，“中国意识危机”必然加深。文章还称：“中国意识危机”能否克服，取决于两点，一是能否确立这样一个为社会的大多数所接受的主流意识；二是这个主流意识能否帮助中国推进各项改革，确立有效的政策来消化和解决目前所面临各种社会问题。只有有了主流意识，社会才会有共识；有了共识，社会就会具有凝聚力；有了凝聚力，才可以动员资源来克服危机。

我觉得这篇文章有利于我们准确把握“中国梦”的时代背景和重大意义。

2. “中国梦”的基本内涵和本质要求

实现中华民族伟大复兴，是近代以来中国人民最伟大的梦想，我们称之为“中国梦”，其基本内涵是实现国家富强、民族振兴、人民幸福。这三句话，简明扼要，简单说中国梦就是复兴梦，人民梦。这个含义，在十八大报告中表述得很清楚。中国道路的总任务是：“实现社会主义现代化和中华民族的伟大复兴”；中国道路的现状是：已经“不可逆转地开启了中华民族不断发展壮大、走向伟大复兴的历史进军”。中国道路的前景是：“促进人的全面发展、逐步实现全体人民的共同富裕，建设富强民主文明和谐的社会主义现代化国家。”在中国梦的四种含义里，现代化是形态，社会主义是灵魂，民族复兴是主体，人民是根本。因此，中国梦是历史的、现实的，也是未来的。

中国梦，它是一个不断实现的过程。对于今天的中国来说，中国梦有两条明确的路线图和两个明确的时间表。第一，到2021年，就是中国共产党成立100年的时候，我们要全面建成小康社会；到2049年，就是新中国成立100年的时候，我们要把中国建成富强、民主、文明、和谐的社会主义现代化国家。

但是，中国梦，还需要解读，需要解读什么呢？不仅要讲清楚中国梦的内涵是什么，更重要的还要讲清楚中国梦实现的路径是什么。要通过什么样的方式才能把中国梦给实现出来，让它从梦想变成现实，这不是一句空话，也不是轻而易举的，也不是想当然的。如果没有正确路径的话，这个中国梦它就真会变成一种梦。这个正确的路径是什么呢？就是习近平主席在这次会议上讲的，实现中国梦，必须走中国道路，必须弘扬中国精神，必须凝聚中国力量。为什么走中国道路？很简单，梦不同，圆梦的道路也不可能一样。过去有一句话叫条条大路通罗马，但是还要加一句，通往罗马的大路一定通不到香格里拉，不同的道路指向不同的梦境。

对于中国社会来说，我们的中国梦要靠什么呢？从鸦片战争以来，170年的发展历史，从中国共产党成立以来90多年的发展历史，告诉我们，中国社会要想实现国家富强、民族振兴、人民幸福，只有中国道路，走中国特色社会主义道路，才能实现我们的梦想，才能实现我们的追求。中国道路，是经过中国特色社会主义实践30年，中国社会主义探索60年，中国共产党领导下的中国社会发展90年，进而是鸦片战争以来170年，更甚至它是我们中华文明五千年这么一个历史大背景下，它走出的一条发展道路。这条路是我们自己的路，是属于我们自己的道路，也是为了我们自己的道路。我们说这叫中国道路，中国精神。

不同的梦，它背后支撑它的精神和价值是不一样的。对于中国梦来说，支撑我们的精神是什么呢？就是以爱国主义为核心的民族精神，和以改革创新为核心的时代精神。为什么爱国主义对我们中国社会如此的重要，因为中华民族56个民族，我们是一个大家庭，五千年的发展历程，在这个过程中间，我们历经磨难，百折不挠，我们从苦难中走向辉煌，靠着什么，就是着爱国主义把大家凝聚起来，让中华文明五千年绵绵不绝，现在世界上来看，一个能延续五千年文明的大国，就我们中国唯一一个。这靠的是什么？靠的是我们的爱国主义。

我们改革创新的民族精神，就更不用说了。我们说了，我们的中国梦是什么？是中华民族的伟大复兴。那么，中华民族的伟大复兴，我们的复兴不是复古，不是要回到中华民族过去那么一种状况。我们说我们的伟大复兴，是要实现中华民族的强盛，强盛也不是霸权。我们如何要做到既是复兴，又不是复古，既强盛又不会去威胁世界，那么靠什么？我们必须走出一条全新的人类社会主义发展的道路。这靠什么，要靠改革，要靠创新。没有创新精神，不可能开辟新路呀。

凝聚力量，同样如此。中国梦，是一个美好的愿景、宏伟的事业、美丽的蓝图，这靠什么？要有强大的力量作保障。中国社会百年以来历史发展告诉我们，在一盘散沙、各自为战的状况下是实现不了中国梦的。我们一定要凝聚力量，什么是中国力量？首先是中国人民的力量。同时，我们的中国力量内涵很丰富，包括我们的经济力量、政治力量、制度力量、文化力量。要把所有这一切的力量凝聚起来，共同指向一个目标，实现中国梦。这样，我们的梦想才会真正照进中国社会的现实。

“中国梦”的本质要求是中国特色社会主义。中国梦把中国特色社会主义共同理想用可亲可感的话语表达出来，它让人民群众真切地感受到，人生的出彩、进步、成功从来没有离自己如此之近。可以说，中国梦给全社会和全体中国人一个既能有憧憬有超越又能看得见摸得着的目标，让中国特色社会主义共同理想更加亲和、更加清晰、更加具体。“中国梦”是在社会主义初级阶段的背景下实现中华民族伟大复兴，在发展中国家的基础上建设现代化，在为西方主导的世界格局中实现大国的和平崛起，这些都是全新的探索与实践。“中国梦”是人类社会前所未有的一个崭新的梦，必须要用中国特色社会主义来为其界定内涵、塑造灵魂、彰显本质。中国特色社会主义以人民为主体，决定了“中国梦”既是个体梦又是国家梦。中国特色社会主义把共同富裕作为根本原则，始终坚持使发展成果公平惠及全体人民。当我们把“国”与“家”“民”与“族”融为了国家民族，把“你”“我”“他”整合为了“大家”，共同富裕的根本原则就会变成现实的生活状态。

中国特色社会主义坚持和平发展，决定了“中国梦”同时也是世界梦。复兴的中国是倡导人类命运共同体意识的中国，是在谋求本国发展中促进各国共同发展的中国；复兴的中国是负责任的大国，坚持把中国人民利益同各国人民共同利益结合起来，应对全球性挑战，共同破解人类发展难题。在中国这块土地上，让13多亿人民过上好日子，这本身就是对世界最大的贡献。我们设想一下，如果我们中国这13亿人在自己这块国土上过不下去了，我们走向世界，去寻找活路去了，对这个世界来讲究竟是福还是祸。所以，用中国梦为中国社会的发展，做一种合法性的国际话语的辩护，这也是很有必要的。正是在这样一个背景下，我们看到中国梦这个话语一经提出，确实迅速得到了整个中国社会的共鸣，也引发了国际社会的关注。

中国特色社会主义作为现实的运动，决定了“中国梦”既指向未来又呈现当下。面向未来，“中国梦”承载了我们美好的希冀与追求；着眼当下，“中国梦”要求我们的一切制度安排都应努力扶正却邪，通过阶段性的目标为走向新社会奠基铺路，用实实在在的行动表明“中国梦”的起点就在脚下而不在别处。

二、深刻理解省委“三大战略”“两个跨越”，坚定发展信心

全面建成小康社会，根本要靠发展。省第十次党代会确定的发展思路和主要任务符合党的十八大精神，符合四川实际，必须一以贯之抓落实，一张蓝图绘到底。刚刚闭幕的省委十届三次全会提出要全面实施“三大发展战略，奋力推进“两个跨越”，也就是要实施多点多极支撑发展战略，“两化”互动、城乡统筹发展战略，创新驱动发展战略，推动四川由经济大省向经济强省跨越、由总体小康向全面小康跨越。

推动四川“两个跨越”，要坚持和深化历届省委治蜀兴川思路，紧扣四川发展主要矛盾，实施事关全局和长远的“三大发展战略”，进一步优化发展格局、培育竞争优势、增强发展动力，走出具有四川特点的科学发展、加快发展之路。归纳起来就是一个指导思想，实施三大发展战略，实现两个跨越，清晰指明了推动四川发展新跨越的前进方向。

要实施多点多极支撑发展战略，构建全省竞相发展新格局。在提升首位城市的同时，着力次级突破，夯实底部基础，形成首位一马当先、梯次竞相跨越的生动局面。要提升首位城市，支持成都领先发展，打造西部经济核心增长极。要着力次级突破，通过壮大区域中心城市做强市（州）经济梯队，通过加快城市群和经济区发展做大区域经济板块，形成更多更强的支撑点和增长极。要高水平建设天府新区，推动川南经济区一体化发展，加快发展川东北经济区，培育支撑四川发展的新兴增长极。要依托区域发展重要平台，推进成渝经济区四川部分建设，加快绵阳科技城、攀西战略资源创新开发试验区、川西北生态经济示范区建设。要夯实底部基础，发展壮大县域经济，构筑多点多极支撑的牢固基石。

要实施"两化"互动、城乡统筹发展战略，形成"四化"同步发展新态势。坚持"两化"互动，以工业化带动城镇化，同步规划产业园区和城市新区，同步实现产业聚集和人口聚集，促进产业和城镇融合发展。坚持城乡统筹，着力解决城乡分割分治问题，形成以工促农、以城带乡、工农互惠、城乡一体的新型工农、城乡关系。坚持"四化"同步，以新型工业化为主导，以新型城镇化为载体，以农业现代化为基础，以信息化为支撑，推进我省现代化健康发展。

要实施创新驱动发展战略，增强转型发展、跨越提升新动力。大力推进发展理念创新、体制机制创新、科技创新和管理创新，以改革创新破解发展中的深层次矛盾和问题，加快推动我省发展进入创新驱动、内生增长的轨道。以科技支撑引领为核心动力，实施企业创新主体培育、产业创新牵引升级、区域创新发展示范、产学研用协同创新等四大创新工程，促进科技与经济紧密结合。以结构调整升级为主攻方向，坚持做大规模与提升质量效益并举、改造提升传统产业和培育发展新兴产业并举、产业链技术创新和价值链高端融入并举，加快解决发展面临的结构性矛盾。

三、深刻认识我市当前形势，建设美丽幸福攀枝花

市委九届三次全会在综合分析攀枝花面临的形势和任务的基础上，提出了我市今后一个时期的总体思路和目标任务，归纳起来就是五句话：大力实施"三个加快建设"、大力推进"三个走在全省前列"，全力打好"六大硬仗"，奋力实现"四个翻番"。确保"每年有新变化、三年见新成效、五年上大台阶"

大力实施"三个加快建设"：

——加快建设中国钒钛之都，就是要依托攀枝花的钒钛资源，按照"规划是龙头、企业是主体、项目是关键、科技是动力、机制是核心、政策是保障"的要求，不断扩大资源开发规模，提升资源综合利用水平，建成国际领先的国家战略性新兴产业基地。

——加快建设中国阳光花城，就是要紧紧依托山地城市特征和亚热带气候特点，突出阳光和花卉两大要素，推动区域性百万人口特大宜居城市建设，把攀枝花建设成以花命名、以花为景、特色鲜明的中国阳光花城。

——加快建设四川南向开放门户，就是要充分发挥地处川滇结合部的地缘优势，以"两高两铁一水"为重点，加快推进次级交通枢纽建设和现代商贸物流建设，实施全方位、宽领域、多层次的充分开放合作，把攀枝花建成区域性的综合交通枢纽、区域性的商贸物流中心和四川通向东南亚的经济社会发展高地。

大力推进"三个走在全省前列"：

——在推进新型工业化新型城镇化、实现"两化"互动上走在全省前列。就是以打造千亿经济强市和百万人口大城市为目标，联动推进新型工业化和新型城镇化，实现时间上同步演进，空间上产城一体，布局上功能分区，产业上三产融合，以工业化带动城镇化，以城镇化促进工业化，形成新型工业化新型城镇化良性互动、相互支撑的发展格局。力争到2015年，钒钛钢铁核心产业产值突破2000亿元，力争城镇化率每年递增1.5%—2%以上，实现城镇人口社会保障全覆盖。

——在推进新村建设、实现统筹发展上走在全省前列。就是以科学规划为前提，统筹城乡全面协调发展，在现代农业发展、农民人均收入、旅游新村建设上实现重大突破。力争到2015年，全市农业五大主导产业全面建成现代特色农业基地，低山河谷地区基本建成新农村，农民人均纯收入达到13000元左右。力争到2020年，国家现代农业示范区全面建成，全市现代特色农业走在全国前列。

——在推进保障性住房建设、实现改善民生走在全省前列。按照“扩大保障范围、调整保障标准、创新保障模式”的原则，进一步加大廉租房、公租房、经济适用房等保障性住房建设力度，加快推进城市、国有工矿、农、林、煤棚户区改造，切实满足城市中等偏下不同收入层次家庭的住房需求，力争到2015年，基本解决人均住房建筑面积15平方米以下的中等偏下收入家庭住房问题，住房保障覆盖率达到25%，确保走在全省前列，力争走在全国前列。同时，大力加强保障和改善民生工作，全面提升社会保障水平和群众生活质量，到2015年，社会保障实现基本覆盖，真正做到贫有所助、学有所教、病有所医、老有所养、住有所居、人有所业、劳有所得、怨有所诉。

全力打好“六大硬仗”：

——一是打好资源综合开发利用的硬仗；

——二是打好建设宜居宜业百万人口大城市的硬仗；

——三是打好区域交通枢纽建设的硬仗；

——四是打好现代农业和新村建设的硬仗；

——五是打好建设全国著名阳光度假康养旅游目的地的硬仗；

——六是打好民生改善和社会事业发展的硬仗。

奋力实现“四个翻番”：

——到2015年，地区生产总值、地方财政收入、城镇居民人均可支配收入和农民人均纯收入分别在2010年的基础上翻一番，固定资产投资总量在前五年的基础上翻一番。

确保“每年有新变化、三年见新成效、五年上大台阶”：

每年实施一批急难险重任务，每年干成几件大事情，每年呈现一批新的亮点。

通过三年的努力，经济总量进入千亿方阵，“三个走在前列”基本实现，富民升位进入新的阶段。

通过五年的努力，全面实现市第九次党代会的目标任务，真正把攀枝花建成中国钒钛之都、中国阳光花城、四川南向开放门户，成为经济繁荣发展、交通四通八达、城市宜居宜业、社会全面进步、人民生活更加美好的幸福攀枝花。

过去的一年，我市“三个加快建设”“三个走在全省前列”“六大硬仗”已经全面铺开，一大批急难险重任务正加紧实施，一系列重大决策正在落实并发挥效应，一大批项目即将竣工投产见效，一系列利好政策将接踵而至，这些都必将为我市科学发展、加快发展开辟更加广阔的空间。

在发展中我们也面临困难和挑战。一是世界经济的不确定、不稳定因素与国内发展不平衡、不协调、不可持续的突出问题叠加交织，市场有效需求不足和企业生产成本上升、利润下降的矛盾仍很突出，将会给我市经济增长特别是工业增速带来较大影响。二是区域竞争态势将会愈发猛烈。截至去年底，除成都外，全省有10个市州GDP超过千亿，而攀枝花要到2014年才能进入“千亿方阵”。今后一个时期，各地发展的势头将会越来越猛，区域竞争的态势将会越来越烈。三是自身发展矛盾仍然比较突出。“总量小、不协调、欠发达”是我市最大的问题，“发展不足、发展不够、发展不充分”是我市最大的实际，经济发展结构性矛盾、城乡二元结构矛盾、经济发展与环境改善的矛盾还比较突出，给我们推进科学发展带来了巨大的压力。

2013年，市委提出了“稳中快进，提质增效，争先进位，跨越提升”的工作基调。确定了全市经济社会发展的主要目标：地区生产总值确保增长13.5%，力争14%以上；规模以上工业增加值确保增长

16%，力争17%以上；全社会固定资产投资确保增长17%，力争18%以上；社会消费品零售总额确保增长15%，力争16%以上；地方财政收入确保14%以上；城镇居民人均可支配收入和农民人均纯收入确保增长14%，力争15%以上。

为圆满完成今年目标任务，我们一定要准确把握今年的工作基调。准确把握提高经济增长质量和效益这个中心，努力推进产业转型升级取得新进展。要坚持以科学发展观为统领，以建设资源节约型和环境友好型社会为目标，坚定不移走“两化”互动、“四化”同步的发展路径，科学推进“三个加快建设”“三个走在全省前列”，确保“六大硬仗”年度目标任务全面完成。要准确把握深化改革、扩大开放的鲜明导向，努力实现在深化改革开放上取得新突破。要准确把握加快民生保障的重大要求，努力实现在改善民生上取得新成效。要准确把握中央和省委关于转变作风的新规定、新要求，强化发展意识、责任意识、创新意识、实干意识和服务意识，坚持讲实话、办实事、求实效，以百折不挠的拼劲和闯劲攻坚克难、勇打硬仗。要准确把握“中国梦”的深刻内涵和本质特征，认真开展“实现伟大中国梦、建设美丽繁荣和谐四川”主题教育活动，把广大干部群众的思想统一起来、力量凝聚起来，继续保持“团结”的气氛、“争先”的激情、“创新”的活力、“实干”的精神，不断开创攀枝花加快发展、科学发展新局面。

在今年的工作中，要进一步巩固和深化“三大主题教育活动”成果，弘扬“闯、进、快、实、活”的精神；要把正在开展的“三大主题教育活动”与“实现伟大中国梦、建设美丽繁荣和谐四川”主题教育活动有机结合，做到思想再统一、认识再提高、作风再务实；要深入贯彻实施多点多极支撑发展战略，努力把攀枝花建成四川发展的重要一极，切实为建设美丽繁荣和谐四川、推动四川由西部经济大省向全国经济强省转变贡献力量；要确保今年的“急难险重”任务完成。把“实现伟大中国梦、建设美丽繁荣和谐四川”主题教育活动的目标要求转化为推进每一项“急难险重”任务的具体行动，充分调动一切积极因素，超常付出，百倍努力，千方百计保持经济持续健康发展的良好势头，千方百计做好招大引强工作；千方百计改善民生；千方百计争取中央、省委在政策、项目资金等方面的更大支持；千方百计维护社会和谐稳定。寻找办法，突破难题，为攀枝花长远发展、可持续发展打下坚实基础。

四、克服认识误区，增强道路自信、理论自信、制度自信

（一）克服对民主的认识误区，增强中国特色社会主义理论自信和政治自信

我们处在网络时代，宣传西方民主的各种理论都很多，加之我们对民主也有向往和追求，也在思考在中国怎么样建立民主制度？中国的发展道路与西方发达国家有什么联系？我国发展是否正确？怎样看待当前各个层级存在的腐败现象？这个问题要是不解决好，会影响判断，甚至动摇干部的理想信念。

所谓民主政治，本质上讲是民众同公共权力之间的互动。公共权力来源于民众，以民众的授权为依据，权力运行过程受民众的评判检验，运行结果要得到民众的认同。公共权力在公众的评判中获得偏差调整，要通过民众的支持才能保持和提高自身的合法性。

西方多党制是民主政治长期发展形成的一种最典型的政治沟通模式。这种模式中，政党成了人们最基本的政治沟通载体，人们为表达和维护自身利益而组织政党，不同的利益群体（阶级、阶层、集团等）被不同的政党代表，构成多党竞争态势，为西方社会多元利益表达沟通提供了比较有效的渠道和空间。多党制最大特点是把这种可能的利益诉求都纳入到制度框架内，最大限度地消解了制度外力量，为政治体制设置一个安全阀。无论国家的领导人是谁，国家都会维持正常轨迹，这正是多党制被看作西方民主政治经典模式的原因。其他尝试的多种模式也各有优点，但实践来看，其缺点也相对明显，没有真正形成可以效仿的模式。于是，人们自然得出一个结论，唯有西方多党制才能解决政治沟通问题。在我国一些“左”派看来，谁主张民主，谁就是主张多党制，中国不适合搞多党制，自然不应强调民主。一些形右实左的的人即使提了也是形式上的民主。

其实，民主政治中的政治沟通载体并不仅仅只有政党，政治沟通的渠道并不单靠政党就能完成。时代发展到现在，我们的政治沟通有了更加丰富的选择，政治沟通的载体和渠道多元化，是当代民主政治发展的重要趋势。除政党之外，至少有两种力量，一是迅速发展的民间组织（如行业协会），二是高度发达的现代传媒（如网络手机），也越来越担负起沟通载体的功能。在某些方面这两种力量比政党沟通作用更强。维护群体具体利益方面，政党表达层级多，手续繁琐。而现代传媒，特别是网络、手机短信等则速度更快，更具体，更直接。另外，政党要在各种利益间协调，无法代表一个群体的利益和诉求，而民间组织则可作为某种利益代表参与博弈。由此，北京大学王长江博士认为，多党制不是实现民主的唯一选择，政党数量多少也不是判断政治体制是否稳定民主的根本标准，政治民主流量大小，才是政治稳定的根本指标。

一党制条件下，同样存在发展民主的巨大空间。多党合作，政治协商，执政党代表最广大人民根本利益，发展党内民主等原则与政治沟通的大方向相吻合。例如新加坡就是一党执政的民主国家。我们应该有这样的文化自信、民族自信和政治自信，特别是十八大提出要有理论自信，指出了未来的发展方向，我们完全可以创造一种有别与西方的先进民主形式，即中国特色社会主义政治。从2008年以来的金融危机暴露出的西方经济上、政治上的诸多问题看，更应坚定我们的政治方向，坚定我们中国特色社会主义的理想信念。

（二）克服发展模式的认识误区，增强中国特色社会主义道路自信

不同的发展模式决定一个国家的兴衰成败。为找到开启国家繁荣富强之门的钥匙，各国孜孜以求，探索出无数的发展模式，其中有成功，有失败，特别是二战以后，有的国家或地区迅速崛起，而有的则停滞不前。世界上公认的成功模式当属欧美。它们同属于资本主义社会，但西欧和美国也有区别，政治学家们把西欧称为“社会市场经济”，其福利体系比较完整，政府在财富的分配中扮演着重要角色。美国被称为“自由市场经济”，政府对经济干预少，社会福利不如西欧。从60年代开始，亚洲的香港、新加坡和韩国、台湾推行出口导向型战略，重点发展劳动密集型的加工产业，在短时间内实现了经济的腾飞，形成所谓“东亚模式”。但经历了1997年亚洲金融危机后，“亚洲四小龙”都一度走向低谷。这之后，新加坡转向电子、化工等产业，香港在大陆支持下转向国际金融等，传统的东亚模式发生很大变化。

从二战到上世纪90年代，德、日模式似乎比美国模式好，尤其是上世纪80年代后半期，美国曾出现“美国衰落”的悲观论调。但90年代的日本经济陷入衰退，一衰二十年，到今天也没完全走出来。德国经历两德统一阵痛后成为欧盟诸国的强者。但无论怎样，相比之下，美国经济始终是全球第一，特别是苏联解体后，美国更是唯一的超级大国，在政治、经济、军事上都享有霸主地位。由此，一些经济学家似乎又找到理论依据来说明，美国模式是效率最高、最有效的，俄罗斯、东欧各国及拉美大多国家必须以美国模式为样板进行激进的改革。于是，在1989年美国国际经济研究所所长约翰．威廉姆逊在其论文中提出“华盛顿共识”概念，含义是美国所有现行的一切经济制度及价值观为世界其他国家，尤其是第三世界国家提供了蓝图。因此，具有普遍的世界意义，即“共识”。可惜，拉美发展中国家在“共识”运用后陷入了“拉美陷阱”，至今没有找到良策走出来，唯有金砖四国中的巴西多少改变思路有了些起色。俄罗斯曾经一度采用哈佛大学教授萨克斯的“休克疗法”，这一充满玫瑰色彩的纸上画饼，不仅没能使国家财富增长，而且一度大幅下降萎缩，人民生活水平大幅下降，最高下降幅度为40%。萨克斯也随“休克疗法”的失败而臭名昭著。时间到了本世纪，08年由美国信贷危机引发的全球金融危机再次引起世界各国政治家、经济学家们的深刻反思，美国财政债务危机久拖不决，希腊、西班牙的债务危机几乎把整个欧盟拖垮等等，这些问题到底出在哪里？

尽管国际上一些学者有“崩溃论”等各种说法，但我国改革开放三十年保持了高速发展，就是自08

年金融危机以来仍然也保持了良好发展势头。因此，早在04年美国高盛公司政治经济问题资深顾问乔舒亚．雷默尔先生在比较“华盛顿共识”的基础上提出了“北京共识”的概念。可能有人会问，我国的收入差距问题、食品药品问题、社会建设问题等这么多问题存在，怎么将“中国模式走下去”？但我要说，世界上没有一个国家，一个制度是能在短期内成熟的，都有一个经历反复的探索完善的过程，甚至是在付出相当大的代价后才走向辉煌。目前，巴西、越南在追寻“中国模式”，印度在比较中借鉴，越来越多的俄罗斯人也在喊向中国看齐，这些就可以说明我们走的是一条不仅适合中国发展而且可供他国借鉴的发展道路，我们应该充满道路自信，坚定我们的发展道路，

（三）克服对腐败问题的认识误区，增强我们的制度自信

历史证明，腐败作为一种世界性现象，其严重暴发与社会经济迅速发展密切联系，腐败高发期通常发生在各国现代化进程中最激烈的阶段。有的国家因腐败问题的严重而导致社会动荡，甚至出现革命和战争，政权更迭，这就是我们通常说的“政治周期律”。我国封建社会的政权更迭同样如此。但通过改良或调控走出腐败陷阱，从而保住国家发展成果和人民安居稳定有生活，仍是一条民族兴盛的必由之路。这样的例子，世界上最典型的当属英美。

18世纪，英国在第一次工业革命的蒸汽和煤烟中崛起，成为海上霸主，成就殖民霸业。19世纪的美国在第二次工业革命的电力、内燃机和新交通工具助推下，一举成为世界头号工业国家，并从此稳坐世界头号大国的交椅。与此同时，18－19世纪“西方崛起”，特别是英美等国崛起时，又都处于国际公认的腐败高发期。如17－18世纪英式腐败则是在王公贵族与新兴资产阶级的“夹缝”中，围绕等级治权（身份权、话语权、治理权等）这根轴运转。美国侧重在19世纪70年代的加速工业化和城市化中开始“起飞”，而其后到第一次世界大战前正好也是美国学者们公认的腐败高发期—“镀金时代”。当时“美式”腐败是围绕经济特权（特许经营权、垄断权）这个轴心来经营，强盗大亨靠它聚财，金融投机家用它来制造概念炒作，城市老板凭它换取贿金，收买选票。选举阶层（行政官员、立法机关等）需要它来筹措资金，维持运转。两国共同的都是围绕特权，只不过美国比英国的特权范围小了，但含金量更高了，特权的运行更复杂精巧了。面对腐败导致的国家动荡，社会面临崩溃的危险，两国都采取的是“国家重组”式的改革。

英美作为盎格鲁－撒克逊体系的核心国家，其政治制度、历史传统、民族心理等有着极大的内生性关联，面对巨大的腐败挑战，英国在19世纪通过改革走出腐败高发期，除了用文官制度对恩赐体制加以改革。废除王权势力对行政权的垄断，还依托的四项改革，即有人称之谓“英式老爷车”式的改革。一是渐进的选举制度改革，取消了“腐败选区”议席，分配给新兴工业城市；二是改革审计制度。英国是近代审计的发源地，在13世纪就建立了王室财政审计制度，1861年在议会下院设立决策审查委员会，并在1866年颁布《国库及部门审计法》，首次建立公共支出问责制；三是创新反腐立法。1889年颁布了世界上第一部反腐败法——《公共机构腐败行为法》；四是广泛的社会改革，英国是世界上第一个克服城市病，实现城市社会保障体系的国家；也是第一个提出建设“花园城市”的国家。

美国走出腐败高发期同样是四个方面的改革—“四轮驱动”。有人称之为“美式越野车”，马力更大，外形更彪悍。第一是反托拉斯，政府根据公共利益和国家利益对大企业进行指导和管制；第二是推行预算改革，打击国库偷窃行为，重整政府形象，重新赢得民心；第三是有序引导舆论监督，通过“黑幕揭发”运动，在媒体推动下开始全国性改革运动，并成功塑造了美国社会关于经济集中与政府角色的公共舆论；第四是加快社会立法。英美两国通过改革，成功实现国家重组，保住了两次工业革命的成果，也推动了两国持续发展。

英美两国腐败治理的“盎格鲁－撒克逊”模式，既非所谓“宪政制度的胜利”，也非“西方经济的崛起”，而是领导集团始终保持了国家的完整，政治的传续和社会的黏合。走出腐败高发期根本的不在

权力分立、政党竞争，乃至舆论的开禁等。

古往今来，权力如同河水，是变成清洁能源，还是成为泛滥的洪水灾害，关键是看它流经的河道。权力严重透支导致的腐败高发期从来不是某种制度的“专属品”，也不是某类国家的“土特产”，更不是某个政党的“等价物”。英美两国在18、19世纪从腐败高发到改革实现“国家重组”，应该给我们以下几点启示：第一，“修补”强于“毁掉”。自17、18世纪以来，各国的腐败与反腐败不再是“内务”，而是有了全球意义。如英国东印度公司的管理人员把腐败作风带到了印度，把腐败的政治带到了美国。任何国家都会面临腐败这个问题，只是发展阶段不同，其腐败的表现形式不同而已。英美两国走出腐败高发期形成的一种观念值得深思：“当国家这艘船偏离航线的时候，也就是说没有按照应有的方式运转的时候，你完全没有必要毁掉它，然后再造一艘大船，相反，加入这条船上的每个船员始终保持着警惕，时刻仔细地检查并且及时修补的话，你完全可以通过一系列调整和改进，一边保持继续行驶，一边继续维修”。我们今天抓反腐败工作，不能寄希望于根本性的制度变革，更不允许根本性制度变革，而通过相应的立法制度是完全可以解决腐败问题，我们要维护大船而不应该毁掉大船。第二，变情绪为“行动”。英美两国把社会从濒临分崩离析的边缘拉了回来，规避了执政者“破产清算”的宿命，从某种程度上讲，这是通过顶层设计、顶层救济和顶层治理实现了对“历史周期律”的良性修补。当年西奥多．罗斯福在美国曾说过这样一句话“要么一起沉没，要么一起上升”，并提出情绪应转变为行动的观念。“那些只想到破坏而不提出任何建设性建议的人——所有这些人都是真正改革最危险的敌人，如果他们得逞，将把人民引向比现存制度更深的罪恶之渊”。社会上人们对腐败深恶痛绝，但是真正付诸行动时，谁都不愿意做。没有行动，只有情绪。解决当前腐败问题要把情绪变为行动，这就要求我们纪检监察干部要善于宣传组织，变群众的情绪为行动，为我们创造一个良好的执纪执法环境和反腐败环境。第三，必须正视目前我们面临的严峻形势，增强反腐紧迫感。先发国家走出国在腐败高度发期有更大的“透支授信”，即在当时现代化探索中，本国民众对腐败问题、社会问题的宽容度是比较大的，可以接受、忍受或承受包括腐败在内的更大的负面压力。如英国民众可以长期忍受“城市病”，美国民众可以长时间里容忍“政治老板”。然而，越往后走，“政治透支”因为民众的心理反弹和政治清算将会形成倍增效果，放眼现下，全国各地发生“大表哥”等反腐行动，以及其它不稳定事件更证明了这点。要实现干部清正，需要每位干部自觉行动，政府清廉，需要每位干部积极参与廉政建设，政治清明，需要全党努力，情绪解决不了问题。作为党的干部，要增强反腐败紧迫感、责任感和忧患意识，变情绪为行动，自觉投身与反腐倡廉各项工作之中，最大限度的消除腐败形象，最大限度的赢得人民群众的支持。

同志们，实现“中国梦”，需要我们党员干部在思想上要有全心全意为人民服务的精神，在行动上要有勇于担当、求真务实的精神，在具体工作中要树立实干精神，脚踏实地做事，通过我们的不懈努力全面实现市委、市政府提出的各项目标，以实实在在的成绩圆全市人民的“中国梦”。

在全市纪检监察系统“三项建设”活动总结大会上的讲话

2013年6月24日

今天这次会议的主要目的是总结、交流、提高。即各县区、各单位对一年来开展“三项建设”活动的情况进行认真总结，对存在的不足进行冷静分析，促进我们相互学习、相互交流，从而进一步提高我们纪检监察工作水平和能力。刚才，我们一起观看了全市开展“三项建设”活动纪录片，岩辞同志代表市纪委监察局宣读了对活动中涌现出的先进集体和先进个人的表彰决定，米易县纪委、盐边县纪委、市直机关纪工委、市教育局纪委、钢城集团公司纪委做了大会发言，介绍了本地区本单位“三项建设”活动开展情况和特色亮点，达到了沟通情况、展示特色、交流经验、发现不足、推动工作的目的。总结起来，我认为全市纪检监察系统“三项建设”活动主要有三个特点：

一是思路清晰，特色明显，“阳光纪检”形象深入人心。自去年6月活动启动以来，我们立足实际，紧贴中心，全力打造“阳光纪检”品牌，以“三项建设”活动取得实效为目标，以群众满意为标尺，落实保障基础，适时协调推进，在塑造干部形象、夯实组织基础、完善工作体系、健全长效机制上达到了预期目的。全市纪检监察干部以认真负责的态度、坚决有力的措施、求真务实的作风、贴近群众的行动诠释了“阳光纪检”的深刻内涵。活动中，动员部署广泛深入，纪检干部贯彻执行有力；征求意见广泛真实、反馈意见及时到位；查找问题全面准确、整改落实迅速有效；宣传报道丰富多彩，干部群众喜闻乐见，具有攀枝花特色的“阳光纪检”新形象得到充分展现，得到了省纪委监察厅的高度认可和社会各界的广泛好评。

二是载体丰富，氛围浓厚，主题活动效果更加明显。全市纪检监察系统“三项建设”活动载体丰富，形式多样，阳光、开放、公正的活动氛围持续热烈。在先后开展的24项活动中，“周末大讲堂”解放思想、“纪委开放日”凝聚民心、“演讲比赛”有声有色、“知识竞赛”精彩纷呈、“岗位模拟训练”高效务实、“征文活动”得到了广泛响应。同时，各县区也亮点纷呈，东区纪委“三项建设”活动进入街道网格化社会管理、西区纪委提出“十子工作法”，仁和区纪委创建“十个一”工作载体、米易县纪委深入开展“五化联动”、盐边县纪委制作发放“纪委书记下基层联系卡”“三项建设明白卡”，这些做法各有特色、都有影响、都有实效，得到了上级纪委的肯定，体现了我市纪检监察干部的智慧、能力和水平，增进了人民群众对纪检监察机关的了解，拉近了群众与纪检监察干部之间的距离。

三是体系健全、制度规范，服务大局能力愈加彰显。通过开展“三项建设”活动，全市纪检监察工作体制更加顺畅，工作力量显著增强，长效机制更加健全。在组织建设上，实现了市、县、乡、村、组五级“全覆盖”，并创新扩大基层组织建设范围，将街道纪工委建设纳入其中，形成了全面覆盖、上下贯通、左右衔接的纪检监察组织工作体系，工作责任制、联动协作机制、教育培训机制、管理选拔考核机制和内部监督机制等一系列科学规范的工作制度机制逐步健全，责任明确、分工合理、结构完善、运转有效的“三项建设”长效机制已初步建立。通过分层分类的教育培训，纪检监察干部综合素质得到优化提升，业务能力得到强化提高，村（社）纪检监察干部的“三懂三会”正逐步提升、乡镇（街道）纪检监察干部的“四熟四能”正逐步强化、市县（区）纪检监察干部的“五种能力”正逐步升华，纪检监察干部围绕中心、服务大局的能力得到大幅度提升，为全市经济社会发展保驾护航的作用得到充分发挥。

总体来说，我们“三项建设”活动取得的成绩是有目共睹的。省委常委、省纪委书记王怀臣同志和省纪委作风巡察组都对攀枝花市开展“三项建设”活动给予了高度肯定。前几天，省纪委通知我们，米易县纪委将代表攀枝花市纪检监察系统在全省“三项建设”活动总结大会上进行经验交流。这些成绩的取得，是全市纪检监察干部共同努力的结果。

目前，“三项建设”活动临近尾声，加强思想作风建设、能力素质建设、基层组织建设却是纪检监察机关的一个永恒主题，也是一项长期艰巨的任务。党的十八大已经将反腐倡廉工作再一次摆在了至关重要的位置上，我们面临的形势愈加复杂，担负的任务愈加艰巨，自身建设愈加重要。

下面，我就继续推进全市纪检监察机关自身建设，奋力开创纪检监察工作新局面讲三个方面的意见。

一、明确目标，认真总结，继续加大纪检监察机关自身建设工作力度

我们要进一步巩固深化“三项建设”活动成果，牢固树立“监督者更要带头接受监督”的意识，坚决防止和纠正自我感觉良好，消极厌战以及应付走过场的行为，积极行动，继续加强纪检监察队伍自身建设，全面落实党章和行政监察法赋予的职责。

一是认真总结“三项建设”活动成果，进一步提高纪检监察干部思想作风和履职能力。要把实现和维护最广大人民群众的根本利益作为纪检监察干部自身建设的出发点和落脚点，不断密切党同人民群众的血肉联系。要以身作则，认真贯彻落实中央“八项规定”、省委、省政府“十项规定”、全省纪检监察系统“21条规定”和市委“十项规定”，坚决反对形式主义、官僚主义、享乐主义和奢靡之风。

要深入开展党性党风党纪、理想信念和廉洁从政教育，着力培育当代纪检监察干部正确的世界观、人生观和价值观，不断坚定为反腐倡廉事业不懈奋斗的信心决心。严格按照《2012－2016年全市纪检监察干部教育培训规划》要求，进一步加大纪检监察干部的教育培训，特别是新进纪检监察干部的培训力度，强化理论武装、优化知识结构、提升业务水平、增强实战技能。按照《干部轮岗锻炼实施办法》等文件要求，继续开展轮岗锻炼、技能竞赛等活动，有计划选派年轻干部参与重大案件、重要活动、疑难信访的处理，培养一支高素质、复合型纪检监察干部队伍。

二是巩固基层纪检组织建设成果，切实发挥基层纪检组织的保驾护航作用。我市已全面完成了省纪委监察厅规定的乡镇纪检组织建设各项工作任务，全市基层纪检监察干部增加到了3000多人。在村一级有了纪检小组、村（居）务监督委员会、党风廉政信息员，乡镇（街道）配备了纪（工）委书记和专职纪（工）委副书记、纪委委员，市直机关各基层党总支、党支部均配备了专兼职纪检干部，一些民营企业也建立了纪检组织，真正做到了纵向到低、横向到边的建设要求。但是，这些新建立起来的组织是不是能够真正发挥监督检查作用，是不是真正能够解决问题，是摆在我们面前一道难题。省纪委监察厅科学论证出“80%的党员干部工作在基层、80%的群众诉求集中在基层、80%的违纪违法案件发生在基层”，与之相对应的是基层纪检监察干部业务能力还不够高、监督履职还不到位，一些基层纪检组织不能办案、不敢办案、办不了案的情况还大量存在。

坚持不懈加强基层基础建设，打造坚强有力的基层纪检监察队伍，构筑党在基层的领导核心和战斗堡垒，全力以赴巩固党的执政基础，是一项重大政治任务。基层纪检组织要切实履行职能职责，及时调查处理群众反映强烈的案件，查处发生在基层的违纪违法行为，各级纪检监察机构要深刻认识基层纪检组织建设的重要性，指导、支持基层案件查办工作，探索建立县直部门、乡镇协作办案模式，加强案件监督管理，确保依纪依法、安全文明办案。充分发挥基层纪检监察工作服务群众、凝聚人心的作用，不断密切党同人民的血肉联系，夯实党执政的组织基础和群众基础。各县（区）纪委监察局一定要抓住乡镇、村（社）换届的时机，进一步加强基层纪检干部的教育、管理、使用和考核，注重选拔群众信任、群众认可的纪检干部。

三是加强派驻（派出）纪检监察机构管理，充分发挥派驻（派出）机构的职能作用。当前，市委、市政府已经出台了《加强和改进市直机关纪检监察组织建设的意见》，各县区也正在开展这项工作。但是，派驻派出机构管理关系还不够顺畅、职能职责还不够清晰、履行职责的制度还不够健全、履职能力还不够适应，派驻派出纪检监察干部不敢监督、不愿监督、监督不了、监督不好的现象还不同程度存在。我们要按照省纪委监察厅的要求，强化“干部一家人”“工作一盘棋”，大力推进管理服务一体化、组织建设规范化、工作运行科学化、作用发挥最大化的“四化”建设，充分发挥派驻派出机构的职能作用。

要加强管理，加大委局机关、驻在部门、派驻机构之间干部交流，加强人文关怀，增强派驻派出干部归属感。要科学界定责权，依据有关规定逐一明确各类部门纪检监察组织的具体职能职责，切实解决职责交叉重叠、职能职责不明确等问题。要充实工作人员，通过内部调剂、合署办公、交叉任职等方式，配齐配强工作力量，做到有人做事。要制定派驻派出机构办理信访、案件检查、监督检查、执法监察等工作规程，切实解决程序性制度缺失的问题。要建立驻在部门中层领导干部廉政档案、制度廉洁性审查、内设机构和直属单位主要负责人述廉等制度，充分赋予派驻机构开展监督的办法手段。要建立派驻工作统筹协作机制，依托派驻工作归口管理部门进行组织协调，整合利用各派驻机构、有关职能部门资源，加强工作支持，为派驻机构履职创造良好条件。要完善派驻派出机构工作考核办法，改进派驻派出机构干部考核，将考核结果作为评优评先、职级晋升的重要依据。要建立问责机制，明确问责的情形、方式及程序，对有情不报告、监督不到位、工作不落实导致严重后果的，严肃追究责任。近期，在省纪委监察厅组织召开的贯彻落实中央纪委领导同志指示精神座谈会上，省委常委、省纪委书记王怀臣同志对中央纪委、省纪委正在开展的几项重点工作进行了解读，包括理顺内部机构，将工作重点放到监督和办案上来；强化巡视工作，将重点放到发现问题、打击腐败上来；一对一约谈，面对面听情况、交任务、提要求等。我们要严格按照会议精神，拿出具体的措施，加大派出派驻机构的管理，充分发挥派驻派出机构的职能作用。

四是认真总结长效机制建设成果，确保各项制度正常运行并发挥预期作用。在“三项建设”活动中，我们建立了一系列的长效机制。机制建立了，并不就是一劳永逸的，它必须随着时间、条件的变化而不断丰富、发展和完善。我们要随时总结好的经验，不断提炼好的方法，进一步健全各项制度及其配套制度，推动各项制度正常运行，发挥作用。

我们要定期开展“纪委开放日”活动，主动搭建与公众“零距离”交流平台，展示反腐倡廉建设成就和纪检监察干部良好的工作状态及开明务实的精神风貌。继续推进“纪委书记下基层”和“挂包帮”活动，通过调研走访、带案下访、明察暗访、定点接访等方式深入基层指导纪检监察工作，了解民诉民求，维护群众切身利益，解决人民群众实际困难，推动反腐倡廉工作，服务地方经济发展。继续开展作风巡察，通过民主评议、作风测评、听取工作汇报、个别谈话、查阅相关资料、综合评价、延伸巡察等方式了解各级纪检监察机构工作情况，整体推进全市纪检监察工作。各级纪检监察机构要认真执行“三项建设”活动总结出来的各项制度，促进各项活动常态化、经常化。领导干部要带头执行，要加强对执行情况的监督检查，对有章不循的要严肃地批评，限期纠正，情节严重的要执行纪律，维护制度的严肃性。市纪委监察局将把这些机制制度执行情况纳入单位年度考核的重要内容，作为干部年度考核等工作的重要参考依据，切实抓紧抓好。

二、严明纪律，突出重点，强力推动全市纪检监察工作开创新局面

2013 年，是全面贯彻落实党的十八大精神的开局之年，是为在全省率先全面建成小康社会奠定坚实基础的重要一年，做好今年工作，任务艰巨，意义重大。省委十届三次全会已落幕，大会通过了《关于深入贯彻落实党的十八大精神，为与全国同步全面建成小康社会而奋斗的决定》，明确要求要深入推进惩治和预防腐败体系建设，保持惩治腐败高压态势，严格执行党风廉政建设责任制，深化党风廉政建设社会评价工作，开展政风行风群众满意度测评，更加科学有效地防治腐败。省委常委、省纪委书记王怀臣同志和市委书记刘成鸣同志就贯彻落实省委十届三次全会精神分别做了重要讲话。全市纪检监察系统要深刻领会讲话精神，紧紧围绕全市中心大局，认真谋划反腐倡廉建设的主要任务、工作思路和具体措施，深入调查研究，推动纪检监察工作开创新局面。

一是全力保障重大决策部署贯彻落实。全市纪检监察机构要增添措施，全力保障省委、省纪委、市委重大决策部署的贯彻落实。开展对大力实施“三个加快建设”、大力推进“三个走在全省前列”、奋力实现“四个翻番”的战略任务和加快实施“五创联动”、全力打好“六大硬仗”建设任务、急难险重项目资金管理使用等重大决策部署落实情况的监督检查。要完善重大决策部署监督检查机制，强化各级党委、政府贯彻落实市委重大决策部署和组织开展监督检查的双重主体责任，落实部门监管职责，切实加强对党委政府和职能部门履行职责情况的监督检查，确保政令畅通。要严明工作纪律，明晰法纪“红线”，严格区分改革创新与违纪违法的政策界限，规范在前、预防在先，做到项目建成、干部不倒，工作落实、群众满意。

二是扎实开展党风廉政建设社会评价。要结合开展“实现伟大中国梦、建设美丽繁荣和谐四川”主题教育活动，进一步转变工作作风，坚持重心向群众贴近、工作让群众参与、成效由群众评判，不断赢得群众的信任和支持，最大限度激发反腐倡廉正能量。要注重宣传发动，重视群众意见，抓好问题整改，完善结果运用，切实发挥评价工作的导向和推动作用，着力督促解决扶贫移民、征地拆迁、强农惠农、保障性住房、食品药品安全、环境保护、安全生产以及教育、就业、医疗、养老等方面的突出问题，坚决纠正各类乱收费行为。要进一步拓展社会评价范围，加强政府部门和公共服务行业开展政风行风群众满意度测评，重点测评依法履职、办事效率、服务态度、清正廉洁等情况，将测评结果作为部门（单位）党风廉政建设责任制考核、年度绩效管理考核的重要指标，促进部门和行业加强作风建设。

三是深入推进惩治和预防腐败体系建设。认真履行纪检监察机关查办案件的基本职责，坚持有案必查、有腐必惩，“老虎”“苍蝇”一起打，坚决查处领导干部违纪违法案件，以惩治腐败的实际成效取信于民，彰显从严治党治政的坚强决心。深入推进廉政风险防控机制建设，进一步健全反腐败法规制度，加强对领导干部、关键岗位和重点部门权力运行的监控，促进权力规范运行。立足关心爱护干部，把教育融入干部管理使用全过程，把警示教育作为重要内容，确保全员受教育。要把警示教育纳入干部教育培训总规划，充分利用各级各类法纪教育基地开展警示教育活动。要坚持重大案件内部通报制度，以案说法、以案明纪，用身边的事教育身边的人，做到警钟长鸣。

四是大力提升反腐倡廉信息化水平。全市各级纪检监察机构要抓住中央纪委在四川省开展“纪检监察业务综合信息系统建设”试点的契机，严格按照怀臣书记在全省纪检监察工作视频会议上的讲话精神，高标准、严要求，在限定时间完成信息系统建设各项任务，提升反腐倡廉信息化水平。依托全省纪检监察信息化平台，整合办公自动化、信访信息管理、案件管理、案件审理等业务应用，实现全市纪检监察机关业务工作网络化运行、数据资源共建共享。建立覆盖广泛、功能完善的行政权力运行电子监察系统。大力推进电子监察网络由效能监察向行政权力运行监察转变，由行政审批领域向公共服务领域拓展，由政务服务中心向基层便民中心延伸，努力实现市县乡三级行政权力和公共服务实时监督、全程监控、预警纠错、效能评估。督促推动各级政府和相关职能部门，依托省市县三级公共资源交易中心，同步建设统一规范的电子交易平台，对政府采购、工程建设项目招标投标、国有资产交易、土地使用权矿业权出让、特许经营权出（转）让等，全面实施电子化管理和监督。市发改委和招监办要针对现在招投标工作中存在的问题，总结出具有攀枝花特色的、符合招投标法律法规的，既能有效遏制招投标工作中的不法行为，又简便快捷的实施办法，彻底杜绝借牌招标、围标行为。

三、统一思想，凝聚共识，认真开展“实现伟大中国梦”主题教育活动

开展这次主题教育活动是省委根据当前形势做出的重大决策部署，纪检监察系统既是活动的推动者、监督者，更是参与者、实践者。全市纪检监察系统要按照省委、省纪委、市委、市纪委的统一部署，充分认识开展此项活动的重大意义，带头开展主题教育活动。

一是扎实开展纪检监察系统主题教育活动。全市纪检监察系统要严格按照实施方案“突出‘一个主题’，搞好‘两个结合’，开展‘三个教育’，实现‘四个目标’”的要求，深刻领会“中国梦”的丰富内涵，用“中国梦”统一思想、凝聚共识，把主题教育活动与加强纪检监察机关自身建设、推动纪检监察工作结合起来，大力弘扬伟大抗震救灾精神，通过专题学习、交流讨论、建章立制，增强广大纪检监察干部共克时艰、砥砺奋进的昂扬斗志，提升纪检监察机关服务大局、忠诚履职的能力和水平，努力实现“思想进一步统一、力量进一步凝聚、作风进一步转变、工作进一步推动”的目标。

二是切实加强主题教育活动的督导巡查。全市纪检监察系统要认真按照市委、市纪委的统一部署，及时安排对本地区本单位主题教育活动开展情况的巡查工作，及时掌握上报主题教育活动进展情况，对发现的问题，及时提出整改建议。严格考核，逗硬奖惩，确保“规定动作”一个不少，“自选动作”积极创新，对推诿扯皮、不按照规定要求进行整改的单位和个人，将进行严肃处理，防止走过场、搞形式，确保巡查工作高效推进。

同志们，反腐倡廉使命光荣、责任重大。我们要时刻牢记自己的使命，解放思想、转变作风、落实工作，继续推进纪检监察机关自身建设，深入扎实开展“为民、务实、清廉”的群众路线教育实践活动，着力构建一支忠诚可靠、服务人民、刚正不阿、秉公执纪的纪检监察干部队伍，奋力开创新形势下党风廉政建设和反腐败斗争工作新局面。为谱写“中国梦”攀枝花篇章，推动攀枝花市率先完成全面建设小康社会做出新的更大贡献！

（二）调查研究

7月16日　根据市委、市政府当前防汛减灾的紧急部署，市委常委、市纪委书记李群林同志专门听取了市水务局、市防汛指挥部当前防汛减灾工作情况汇报。听完汇报后，群林书记指出：今年防汛减灾形势不容乐观，当前要切实做好以下几项工作。一是进一步落实防汛减灾责任制，二是抓紧完成水毁工程修复和防汛应急工程建设，三是加强应急管理能力建设，四是加强协作，团结奋战，确保人民群众生命财产安全。

7月17日　市委常委、市纪委书记李群林同志带队前往仁和区、西区督导防汛减灾工作。督导中，李群林先后前往仁和区毛家河沟水库加固除险施工现场和西区梅子箐水库大坝等重要防汛点，对施工进展情况、汛期防洪措施进行了解。在认真听取了仁和区、西区相关负责人对汛期的监测、抢险预案、巡查值守等度汛方案的工作汇报后，李群林要求，要千方百计保证人民群众的生命财产安全，对所有的地质灾害隐患点要进行再排查，加强对大中型水库、病险库塘、沿江河谷城镇、泥石流滑坡多发地带的监测。要想尽办法进行各种防汛应急演练，提高群众的防灾避难意识。同时要加强预警预报，在暴雨天气出现时，及时安排危险地带的群众疏散转移。

10月11日　市委常委、市纪委书记李群林同志带领相关人员前往攀枝花市鸿鹄农业开发有限责任公司调研农业资源综合开发工作，并和盐边县有关领导及该公司总经理胡红超进行了座谈。调研中，李群林同志听取了该公司负责人对企业生产经营、企业远景规划、存在的困难和问题等情况介绍，参观了公司芒果生产基地及其它基础设施。在详细了解了该公司具体情况后，李群林强调，只有不断推进企业在“种植模式”“生产模式”“经营理念”三个方面制定科学规划，并持之以恒为之实践，企业才有生命力。在发展思路上，应摒弃单一作物的种植模式，建议仔细研究套种其它经济作物；充分利用资源空间，走种养结合之路，着重探讨林下养殖、生态养殖、循环利用等项目；在经营模式上，要寻求更多的合作伙伴，科学作好布点工作，培育自己的企业文化，让“金芒果”畅销四海。

10月14日　下午，市委常委、市纪委书记李群林深入盐边县红格镇调研当前烟叶收购工作。调研组一行在盐边县红格地烟站查看了当前烟叶收购情况，重点了解了各烟农剩余待交售烟叶情况。李群林与前来交烟的烟农亲切交谈，详细询问了家庭收入和种烟收益等情况，并鼓励烟农坚持种烟，努力种好烟。随后，调研组一行前往红攀申公司红格镇大面山烟叶生产基地进行调研。李群林在调研中指出，发展烤烟产业是我市调整农业种植结构、促进农民增收致富的有效途径。全市各级各部门要全力以赴抓好烟叶收购工作，加快烟叶收购进度，确保圆满完成今年的收购任务。市烟草公司、攀申公司要科学规划，在红格镇大面山形成“烤烟规模化种植、机械化操作、专业化服务”的一体化智能烤烟生产模式，带领更多烟农规范种烟、科学种烟。

11月2日至5日　市委常委、市纪委书记李群林先后到东区、西区、仁和区、米易县、盐边县，开展党风廉政建设工作调研。李群林同志与各县（区）党政主要领导、纪委班子成员围绕党风廉政建设重点工作、贯彻落实改进作风各项规定、学习宣传十八届三中全会精神、基层纪检组织建等工作深入交换了意见，并对各县（区）2014年党风廉政建设工作提出了具体要求。李群林同志在调研中充分肯定了各县（区）党风廉政建设工作能紧紧围绕党政中心、服务大局，开拓创新、履职尽责，突出特色，打造亮点；同时，也指出了各县（区）在党风廉政建设中存在的问题和不足。李群林同志在调研中对下一步工作提出了明确要求：一是认真抓好十八届三中全会精神的贯彻落实，吃透中央对党风廉政建设和反腐败工作的要求，明确工作思路，把握工作重点，确保工作有的放矢。二是要严格执行中央“八项规定”、省市“十项规定”，制定完善相关制度，抓常态化监督检查，查办典型案件，坚持不懈纠正“四风”。三是强化外宣工作，加大自身工作的宣传，营造良好的廉政文化氛围，树立纪检干部公平正义、刚正不阿的良好形象；总结提炼好的工作经验，形成具有特色的经验、做法、模式；创新纪检监察宣传新模式，要有“随风潜入夜、润物细无声”的潜移默化的引导，传播廉政文化正能量。四是狠抓案件查办工作，发挥查办一案、治理一线、教育一片的综合作用。五是及时妥善处理好群众来信来访工作，做好信访积案化解，提前谋划、抓紧准备，为第二批党的群众路线教育实践活动开展做好铺垫。六是选齐配强乡镇（街道）纪（工）委和村（居）纪检小组干部，分层分类加大培训力度，完善内部管理制度，畅通进出渠道，理顺工作机制，最大程度发挥各级纪检监察组织作用。

11月6日至7日　市委常委、市纪委书记李群林率队到盐边县格萨拉、温泉、红宝、鳡鱼4个少数民族乡调研，与干部群众面对面交流，听取意见和建议，共同研究民族乡产业发展工作。李群林一行走村入户，逐一察看扶贫攻坚项目，并召开乡村干部群众座谈会，详细了解少数民族同胞在种草养畜、产业发展、项目建设等方面遇到的困难和问题。李群林强调，攀枝花要在全省率先全面建成小康社会，关键是补齐边远民族地区的短板，与全市同步达到小康。因此，乡镇干部要以扶贫攻坚为重点，完善扶贫规划，把规划落实到烤烟、种植养殖等项目上，促进农民增收致富；要分类指导，突出发展重点，完善农村交通、水利等基础设施；县区要和乡镇村组联手，加强科技培训，提高农民种植养殖技术，搞好示范带头，促进共同富裕。

（三）会议活动

1月5日　下午，在会展中心议事厅参加市委中心学习组学习。

1月6日　上午，在市委常委会议室参加“三大主题”教育活动巡查工作会。

1月7日　在会展中心参加市委全委扩大会。

1月8日　上午，在会展中心报告厅参加全市森林防火及义务植树管护工作会。

1月9日　上午，在金沙明珠酒店二楼会议室参加全市现代烟草发展分析会。

1月10日　上午，在市政府3楼1会议室参加移民扶贫工作汇报会；下午，在会展中心大会堂参加市政协八届三次会议开幕式。

1月12日至15日　参加市九届人大二次会议。

1月16日至17日　到省烟草公司、省水利厅及省委巡视组汇报工作。

1月21日　下午，到仁和区布德镇猛粮坪村、老村子村慰问联系户。

1月22日　上午，到米易县丙谷镇慰问困难党员。

1月23日　下午，到森警支队参加党委扩大会。

1月24日　上午，在市纪委会议室组织研究贯彻落实“八项规定”的措施及“三大主题”教育活动暗访工作。

1月25日　上午，在米易县安宁明珠酒店参加全市农田水利基本建设暨高标准农田建设现场会和抗旱工作会。

1月28日　到盐边县箐河乡石龙村慰问联系户刘祖顺。

1月29日　上午，慰问森警攀枝花支队和盐边县专业扑火队；下午，在市政府3楼1会议室参加观间岩收水工程领导小组例会。

1月30日　上午，到攀钢纪委、仁和区纪委慰问纪检监察干部；下午，在市纪委教育培训基地参加市纪委监察机关2012年度述职测评会。

2月1日　在成都参加省纪委十届二次全会。

2月4日　在会展中心议事厅参加市委常委扩大会。

2月19日　下午，在常委会议室参加市委常委会。

2月20日　下午，在会展中心议事厅参加“三大主题”教育活动巡查工作会。

2月22日　在成都参加省委农村工作会。

2月26日　上午，在会展中心203会议室参加市委常委2012年度民主生活会。

2月26日至27日　参加区县工作暨急难险重任务工作会；市纪委九届三次全会。

2月28日　上午，在会展中心国际厅参加市委工作会。

3月1日　上午，在市纪委教育培训基地参加省纪委贯彻王东明书记在省纪委全会上的讲话精神视频会；下午，在会展中心202会议室参加农口系统“三大主题教育活动”点评会。

3月4日　下午，到东区银江镇阿署达村调研新村建设。

3月5日　下午，在市纪委会议室参加市纪委班子民主生活会。

3月6日　在米易县调研新村建设。

3月7日　上午，在会展中心203会议室参加市级机关纪委书记、纪检组长述职测评会；下午，到西区调研新村建设和统筹城乡发展工作。

3月8日　上午，在会展中心议事厅参加统筹城乡领导小组会。

3月11日　到仁和区、盐边县参加全市旅游新村建设现场会，在会展中心参加新村建设、烤烟生产工作会。

3月12日　上午，在市纪委会议室参加市纪委常委会；下午，陪同省委常委、宣传部部长吴靖平到米易县调研。

3月13日　上午，在市农牧局会议室参加市农牧局班子民主生活会。

3月14日至15日　陪同省委常委、纪委书记王怀臣在攀调研纪检监察工作。

3月19日　上午，到仁和区检查抗旱工作和烟基工程建设进展情况。

3月20日　下午，在市纪委会议室参加市纪委常委会，研究贯彻落实王怀臣在攀调研期间有关指示精神。

3月22日　上午，参加市委常委会。

3月26日　上午，在会展中心议事厅参加“三大主题教育活动”领导小组会。

3月27日　上午，在会展中心综合厅参加政务服务工作总结表彰会；下午召集有关人员研究省委第六巡视组来攀回访有关工作。

3月29日　在会展中心议事厅参加“三大主题教育活动”部分单位集中点评会。

3月30日　上午，陪同市委书记刘成鸣到米易县得石镇调研抗旱工作；下午，参加市委常委会。

4月2至3日　在省委党校参加十八大精神学习培训。

4月8日　在会展中心报告厅参加省委巡视组反馈巡视意见及整情况汇报会。

4月9日　上午，陪同中央有关媒体记者在攀采访抗旱工作；下午，参加市委常委会。

4月10日　上午，陪同省委第六巡视组到仁和、盐边视察；下午参加市委常委会。

4月12日　陪同省委巡视组到米易县回访。

4月15日　上午，在红格温泉酒店向水利部农水司司长王爱国和省水利厅副厅长张强言汇报“五小水利”及节灌溉工程建设情况。

4月17日　到米易县、盐边县、仁和区参加烤烟移栽现场会。

4月19日　上午，陪同省农委副主任刘铁到东区、仁和区调研新农村建设；下午，参加市纪委常委会。

4月23日　下午，在市委常委会议室参加干坝塘森林公园招商建设协调会。

4月24日上午，在会展中心202会议室主持召开党风廉政建设社会评价分析会，安排下阶段工作。

4月25日　上午，到市信访局参加领导接待日活动，接待上访群众；下午，陪同省水利厅副厅长胡云调研水利工程和抗旱工作。

4月26日　上午，到仁和区布德镇参加纪委书记下基层活动，与镇村干部座谈。

4月27日　上午，陪同市委书记刘成鸣到盐边县红格镇调研。

5月3日　到省林业厅联系工作。

5月6日　下午，参加市委常委会。

5月7日　上午，在会展中心大会堂参加中心组学习；下午，在会展中心议事厅参加市委书记刘成鸣主持的“中国梦”主题教育活动专题会议，研究活动方案。

5月8日上午，参加市委常委会和省委“中国梦”主题教育活动电视电话会。

5月9日　到米易县、盐边县和仁和区督查烤烟移栽工作。

5月13日　上午，在会展中心议事厅组织召开分管范围内“急难险重”目标任务督办会；

5月14日至15日　到盐边县共和乡、箐河乡调研对口帮扶工作。

5月16日　下午，参加市参加市委常委会。

5月17日　上午，在市纪委教育培训中心参加全省纪检监察工作视频会议。

5月21日　上午，在会展中心大会堂参加中心组学习。

5月22日　下午，在会展中心大会堂参加中心组学习，全国政协副主席厉无畏做报告。

5月23日　到米易县北坡乡调研对口帮扶少民族工作。

5月24日　上午，在会展中心国际厅参加干部大会。

5月28日　上午，在会展中心大会堂听郎咸平做报告。

5月29日　上午，在会展中心报告厅为市纪委监察局机关和农口部门作“中国梦”主题宣讲。

5月31日　上午，到仁和区布德镇猛粮坪村作“中国梦”主题宣讲。

6月3日　上午，陪同省财政厅党组副书记、副厅长帅克率队先后到盐边县桐子林镇纳尔河村、益民乡鲊石村等地，调研我市高效节水灌溉项目建设工作。

6月4日　上午，在攀枝花分会场参加全省召开农民增收工作电视电话会议。

6月5日　上午，到钢城集团有限公司调研党风廉政建设工作。

6月9日　上午，在会展中心参加由省文化厅党组成员、机关党委书记严飒爽率队的“4·20”芦山强烈地震抗震救灾先进事迹报告团举行的报告会。

6月13日　下午，在会展中心参加市工会第九次代表大会。

6月13日至14日　陪同由省总工会副主席胥纯率队的省委主题教育活动第三督查组先后到米易县人民医院、中国移动四川攀枝花分公司、东区炳草岗街道湖光社区等地对我市开展“实现伟大中国梦、建设美丽繁荣和谐四川”主题教育活动情况进行督查，并在会展中心听取了我市开展主题教育活动的工作汇报。

6月14日　上午，陪同刘成鸣书记先后到马鹿箐杨家屋基义务植树点和江北生态功能区治理项目现场调研沿江两岸视野区绿化工作。

6月22日　参加全市创建中国阳光康养旅游城市暨旅游新村建设攻坚大会。

6月23日上午，在会展中心参加全市义务植树动员大会。

6月24日下午，在盐边县红格镇召开市纪委（监察局）“三项建设”活动总结大会。

7月10日上午，在会展中心报告厅参加市委九届五次全委（扩大）会。

7月12日上午，陪同市委书记刘成鸣到市防汛办调研检查我市防洪度汛工作。

△　陪同省委常委、省委宣传部部长吴靖平同志前往仁和区大竹河水库检查防汛工作。

7月16日上午，在市纪委仁和教育培训中心参加四川省特邀监察员暨监察厅第八届特邀监察员聘任视频会议。

7月17日上午，在市纪委会议室参加市纪委九届二十五次常委会。

7月17日下午，到仁和区布德镇猛粮坪村看望慰问“百千万干群心连心”帮扶联系户；同时查看了仁和区布德镇老村子毛家河沟整治情况及西区梅子箐水库，并对仁和区、西区防汛工作进行了督查指导，做出了要求。

7月18日上午，在攀枝花市军分区视频会议室参加四川省军区和公安、武警防汛减灾再动员电视电话会议。

7月22日下午，在会展中心议事厅参加市委九届49次常委会。

7月23日上午，在会展中心议事厅参加全市新农村建设暨农业招商引资工作会议。

7月29日下午，到市森警支队慰问支队森警官兵。

7月30日上午，在会展中心大会堂参加市委理论中心组学习并参加市委“三大主题”教育活动总结表彰大会。

8月2日　午，在市纪委仁和教育培训中心视频会议室参加四川省党的群众路线教育实践活动正风肃纪工作动员暨会员卡专项清退会议。

8月3日　上午，陪同中央督导组参观金色攀枝花展厅，调研攀刚管控中心、万能轧机重轨生产线；3日下午前往二滩水电公司考察。

8月4日　上午，到仁和区大龙潭混沙拉村调研。

8月5日　下午，在会展中心国际厅参加2013年烟叶收购工作会议。

8月8日　到省纪委汇报工作。

8月11日　在成都参加攀枝花市金芒果季营销活动启动仪式。

8月13日　上午，在会展中心议事厅参加马坎生态治理暨机场路绿化景观改造方案汇报会。

8月13日　下午，到仁和区迤撒拉村调研新农村建设、高效节水灌溉项目。

8月14日　上午，在市纪委会议室参加市纪委9届26次常委会。

8月15日　下午，在会展中心203会议室参加全市水资源总体规划审查会。

8月16日　下午，在市纪委会议室参加市纪委9届27次常委会。

8月19日　上午，在会展中心议事厅参加市委9届50次常委会。

8月20日　上午，到米易县新民新村、马鞍山水库、芭蕉箐新村、坪山新村、坪山烟站调研农民增收、新农村建设、水利设施工程建设等工作。

8月21日　上午，在会展中心议事厅参加2013年上半年党风廉政建设社会评价满意度工作专题研讨会。

8月22日　下午，陪同省烟草专卖局（公司）副总经理肖瑞同志前往米易县横山烟站、云峰烟叶生产基地调研烟站建设、烟叶生产情况。

8月23日　上午，陪同副省长曲木史哈同志前往米易县雷窝村万亩稻菜轮作基地、仁和区大竹河水库、大龙潭混沙拉村调研农业农村工作。

8月24日　上午，陪同省政府参事室调研组前往米易县白马镇、横山烟站调研农业基层服务站、烟站建设情况。

8月27日，下午，在会展中心综合厅参加市委会议。

8月29日，到省纪委汇报工作。

9月9日，下午，在会展中心议事厅参加市委9届52次常委会。

9月10日　下午，在市政协会议室参加研究成都干休所有关事宜会议。

9月11日　上午，在会展中心203会议室参加攀枝花市创建省级森林城市迎检工作会。

△　下午，在市委三楼常委会议室参加市纪委清理议事协调机构工作会。

9月12日　陪同省烟草专卖局（公司）副总经理肖瑞同志一行前往盐边县和爱烟站、红格烟站，仁和区平地烟站、大龙潭乡烟站调研烤烟收购情况。

9月13日　下午，在会展中心综合厅参加攀枝花市创建省级森林城市工作汇报暨检查验收通报会。

9月16日　上午，在市纪委会议室参加市纪委9届28次常委会。

△　下午，前往仁河区大河中路街道大河中路社区看望慰问所联系困难职工龙兴华户。

9月17日至18日　到省纪委汇报工作。

9月22日至29日　在浙江省委党校参加由四川省委农工委组织的新农村建设与农业现代化专题培训班学习。

10月8日　下午，在会展中心议事厅参加市委9届54次常委会。

10月9日　下午，在会展中心202会议室听取仁和区大竹河水库建设有关情况汇报。

10月10日　上午，在市委常委会议室参加攀枝花市森林公园招商工作会。

△　下午，在市纪委会议室参加市纪委第三季度工作会。

10月11日　上午，在盐边县桐子林镇木撒拉村调研鸿鹄农业开发有限公司。

10月14日　上午，在会展中心202会议室参加“四川农博会”攀枝花市展馆筹备协调工作会。

△　下午，到红格镇检查烟叶收购情况，到攀申公司大面山烟叶生产基地调研。

10月15日　陪同市委书记刘成鸣调研西区经济社会发展情况。

△　下午，在仁和区武装部会议室参加省委第六巡视组巡视动员会及汇报会。

10月16日　下午，在西区411会议室参加省委第六巡视组巡视筹备会。

10月17日　上午，陪同上海烟草（集团）公司副总经理皓强调研。

10月17日　下午，前往米易县麻陇乡调研烟叶收购情况暨2015年全省烤烟现场会工作安排。

10月18日　上午，陪同市委书记刘成鸣调研全市旅游新村建设情况；下午在米易宁泽阳光酒点参加全市乡村旅游发展工作研究会。

10月19日　陪同市委书记刘成鸣调研东区经济社会发展情况。

10月20日上午，在市委常委会议室参加市委9届55次常委会。

10月21日至25日　在成都参加西博会。

10月28日　上午，调研机场路景观改造暨马坎生态治理工作。

10月31日　全天，陪同市委书记刘成鸣调研米易县经济社会发展情况。

11月1日　上午，在会展中心202会议室参加迎接全省党风廉政建设工作考核准备会。

△　下午，在仁和区大竹河水库参加大竹河水库建设协调工作第一次联席会。

11月4日　下午，在盐边县常委会议室参加迎接省委第六巡视组准备工作会。

11月5日　上午，在会展中心议事厅参加市委9届57次常委会。

△　下午，在会展中心大会堂参加兰辉同志事迹报告会。

11月6日　上午，在市纪委会议室参加全省党风廉政建设和反腐败宣传教育暨互联网政务平台建设工作视频会议。

11月6日　下午，到盐边县格萨拉乡、温泉乡调研对口帮扶工作及新农村建设。

11月7日　到盐边县红宝乡、鳡鱼乡调研对口帮扶工作及新农村建设。

11月12日　上午，在盐边县接待中心三楼会议室参加省委第六巡视组巡视动员会及汇报会。

△　下午，在会展中心301会议室参加现代烟草农业示范区建设会。

11月13日　下午，陪同省农业厅厅长任永昌调研农业农村工作。

11月15日　上午，在会展中心议事厅参加市委9届58次常委会。

△　下午，在省烟草专卖局（公司）37楼会议室参加市现代烟草农业工作座谈会。

11月16日　陪同市委书记刘成鸣调研新农村建设工作。

11月17日　下午，陪同市委书记刘成鸣调研钒钛产业园区。

11月18日　下午，在会展中心201会议室参加大竹河水库建设协调工作第二次联席会。

11月19日　上午，在市委常委会议室参加市委9届59次常委会。

△　下午，在会展中心议事厅参加党风廉政建设领导小组会议。

11月20日　上午，在会展中心大会堂参加十八届三中全会精神学习。

△　下午，在会展中心102会议室参加二滩库区网箱养鱼整治工作协调会暨村支两委、村民代表座谈会。

11月21日　下午，在会展中心102会议室参加二滩库区网箱养鱼整治工作协调会暨县区、乡镇干部座谈会。

11月22日　上午，在会展中心203会议室参加烟站建设用地协调会。

△　上午，在会展中心102会议室参加全市贯彻中央省市各项规定、反对“四风”专项检查工作会。

11月26日　上午，在会展中心迎宾厅参加中央宣讲团十八届三中全会精神报告会。

△　下午，在马鞍山水库建设指挥部会议室参加马山安水库建设协调第一次联席会。

11月27日　上午，陪同省统计局副局长黄国芹到米易县和仁和区调研农民增收工作。

11月29日　上午，到省纪委汇报工作。

12月2日　下午，调研东区党风廉政建设和反腐败工作。

12月3日　全天，在会展中心议事厅参加市“急难险重”工作任务汇报会。

12月4日　上午，调研西区党风廉政建设和反腐败工作。

△　下午，调研仁和区党风廉政建设和反腐败工作。

12 月 5 日　上午，调研米易县区党风廉政建设和反腐败工作。

△　下午，调研盐边县党风廉政建设和反腐败工作。

12 月 6 日　上午，在会展中心 201 会议室参加全市贯彻落实中央“八项规定”财务专项检查工作汇报会。

12 月 10 日至 14 日　在四川省委党校参加省委组织部四大片区扶贫攻坚行动专题培训班。

12 月 16 日　上午，陪同成鸣书记前往农林科学院调研西南亚热带植物园项目进展情况。

12 月 19 日　上午，前往观音岩水电站调研观音岩引水工程。

△　下午，在会展中心 301 会议室参加霜冻灾害情况分析会。

12 月 20 日　上午，陪同省纪委招监室副主任李新华同志调研花舞人间。

△　下午，前往仁和区平地镇查看霜冻灾害情况。

12 月 23 日　上午，在会展中心 201 会议室参加大竹河水库建设协调工作第三次联席会。

△　下午，在会展中心议事厅参加市委 9 届 61 次常委会。

12 月 24 日　下午，陪同市委书记刘成鸣前往仁和区平地镇查看霜冻灾害情况。

12 月 25 日　上午，在攀宾餐饮二楼参加政协新年茶话会。

△　上午，在市政府三楼二会议室参加沙坝田水库回购工作第一次领导小组会议。

△　下午，在市纪委会议室参加市纪委 9 届 30 次常委会。

12 月 27 日　上午，在会展中心议事厅参加市委常委民主生活会。

12 月 29 日　下午，攀枝花市县区工作暨急难险重任务参观考察。

12 月 30 日　攀枝花市县区工作暨急难险重任务参观考察。

12 月 31 日　在会展中心国际厅参加市委九届六次全委（扩大）会议暨县区工作会（市经济工作会）。

六、市委常委、攀枝花军分区司令员程少华

（一）讲话文稿

深入学习贯彻党的十八大精神
奋力开创军分区部队建设科学发展新局面
——在军分区党委九届二次全体（扩大）会议上的工作报告

2013 年 1 月 17 日

二〇一二年工作回顾

2012 年是党、国家和军队发展进程中具有特殊意义的一年，面对特殊的形势任务和要求，军分区党委认真贯彻落实军区、省军区党委扩大会议精神和市委、市政府有关指示，牢牢把握稳中求进总基调，紧紧围绕国防和军队建设主题主线，扎实抓好以提高遂行多样化军事任务能力为龙头的各项工作，官兵高举旗帜、听党指挥的思想根基更加牢固，部队履行使命任务能力稳步提升，后装综合保障能力有新的进步，党委班子和党组织凝聚力创造力战斗力进一步增强，部队建设呈现全面发展、稳步推进良好势头。

（一）思想政治建设进一步加强。把迎接十八大召开、宣传学习贯彻十八大精神作为部队首要政治任务抓紧抓好。面对十八大召开的特殊背景和考验，始终坚持把坚决听党指挥、绝对忠诚可靠作为部队建设的根本，把严守政治纪律作为重点突出出来，切实从思想上政治上牢牢掌握部队。按照习主席“走在前列”“四个下功夫”指示要求，组织全区官兵、职工和专武干部集中收听收看大会盛况，集中参加军地组织的传达学习和宣讲活动，制定下发了专武干部和民兵预备役人员学习贯彻十八大精神的具体措施并抓好落实，通过扎实的学习，使十八大精神迅速融进官兵血脉，指导工作实践，推动部队建设。深入开展“讲政治、顾大局、守纪律”和“赞颂科学发展成就，忠实履行历史使命”两项重大教育以及“三比三知三珍惜”“每月一课”教育活动，广大官兵职工高举旗帜、听党指挥、履行使命的思想政治基础更加牢固。积极推进先进军事文化建设，开展了“红心永向党”主题征文、“迎春杯”篮球赛等群众性文化活动，军分区机关建成了网球场、排球场等军营文化设施，盐边县人武部建成了军营文化走廊。持续抓好“十分钟讲坛”、图书室、“优秀图书漂流”活动等学习阵地和载体建设，“优秀图书漂流活动”经验做法被省军区转发。努力搞好新闻报道工作，全年在市级以上报刊、杂志、电台、电视台、网络上稿共计 564 篇，较好的完成了上级赋予的报道任务，军分区政治部被省军区表彰为新闻宣传工作“先进师旅级单位”，仁和区人武部被表彰为新闻宣传工作“先进团级单位”，仁和区人武部政工科长彭烽被省军区表彰为新闻宣传工作先进个人，司令部参谋赵绪平被省军区表彰为要讯工作先进个人。利用全民国防教育日等时机，搞好国防知识的宣传和普及，军分区被省国教委表彰为“全民国防教育‘十

佳’贡献单位”，米易县县委书记刘先伟被省国教委表彰为“全民国防教育‘十佳’杰出人物”。

（二）战备训练工作稳步推进。认真落实战备制度，结合形势发展和任务转换，修订完善应急应战预案及保障方案22个。扎实抓好战备值班综合整治，制定《军分区战备值班管理规定》，落实了值班首长检查监督和问责制度，战备值班进一步正规。建好以基干民兵和应急救援专业力量为核心的国防后备力量队伍，整合建成“应急”“支援”“储备”三支应急队伍共计XXX人，市、县（区）两级组建了地质灾害救援、森林灭火、交通运输、医疗救护等XX支应急救援专业队伍，提升了国防后备力量队伍整体建设水平。扎实开展首长机关训练，组织完成了“三实”作业及参谋业务等训练，提高了全区干部业务技能。狠抓了民兵应急、支援XX支队伍训练，实训XXX多人，完成了队列、战术、射击、防暴、抢险救灾等共同科目和专业科目训练。严格按省军区下发的“13张表”进一步健全训练档案，切实加强训练管理，建立严格正规的训练、生活秩序，确保了训练的“四落实”，米易县民兵接受省军区考核，成绩得到了工作组的充分肯定，东区人武部民兵在军分区机关组织的考核中，训练落实率第一。组织民兵军事三项比武竞赛集训，遴选5名队员参加省军区的选拔并有1名队员被选入省军区集训队。全力抓好“5·12”防灾救灾演习，组织驻攀部队官兵、民兵预备役人员XXX余人，完成了灾情报知、组织筹划、动员集结、疏散转移、应急救援、道路抢通等防灾救灾科目演习。扎实抓好信息化和通信工作落实，高标准完成了信息化建设和通信战备值勤任务，军分区被省军区表彰为“电视会议系统值勤维护管理先进单位”。加大学生军训工作的指导和协调力度，全市共7家单位取得学生军训资质认证，全年为全市各类院校军训学生5000余人。圆满完成了316名新兵征集、1名士官选取、2名士官转业、3名战士退役任务。高质量完成了军事志编撰工作，军分区被成都军区表彰为“军事志编撰工作先进单位”，仁和区人武部被省军区表彰为“军事志编撰工作先进单位”，军分区司令部参谋许正选被省军区表彰为“军事志编撰工作先进个人”。

（三）正规化建设与管理力度加大。坚持把依法治军、从严治军贯彻到部队建设的各方面和全过程。认真贯彻落实“眉山会议”精神，制定下发了《军分区（人武部）正规化建设实施方案》。改造分区办公设施及电网、水网等设施，对市、县（区）两级武器库安防系统和战备值班系统进行升级改造。认真贯彻军委、总部和两级军区安全稳定工作指示，结合分区部队实际，扎实开展“三互”“三责”活动和“条令学习月”“百日三无竞赛”等活动，组织安全督导组常年不间断地督导落实。坚持以防范“六类重大安全问题”为重点，以“六个管好”为抓手，在重大节日、重要时期和敏感时段，逐人、逐车、逐库、逐室、逐柜、逐机、逐院、逐岗进行检查，消除事故案件苗头和安全隐患。加强预防犯罪工作力度，协助地方党委、政府做好军队复转退人员稳控工作，确保了大事之年的安全稳定，军分区被省军区评为安全稳定工作先进单位。军分区部队近十年未发生重大安全事故，受到两级军区党委首长的充分肯定，经验做法向上级做了专题汇报。

（四）基层全面建设稳步推进。认真贯彻全军和两级军区基层建设工作会议精神，召开军分区基层建设工作会议，端正指导重基层、真招实招建基层、真情实意帮基层、政绩检验看基层，不断夯实基层建设基础。5月份组织全区干部及部分乡镇专武干部进行了“两个经常性工作能力集训”，采取连队化管理、院校式教学的模式，通过课题式研究等方式将做两个经常性工作存在的难点进行了广泛的研究和探讨，帮助大家进一步理清了抓好两个经常性工作的思想，提高了官兵的工作能力。扎实推进两个经常性工作能力培训成果转化，先后分两批，由分区5名常委带领机关干部分别到5个人武部蹲点调研，解决了基层存在的20个具体问题，有效提高经常性基础性工作的落实质量。加大对乡镇武装部建设的检查和督导力度，乡镇武装部建设整体推进。依据《纲要》和《要则》，狠抓各县区人武部全面建设，部队建设整体水平不断提升。盐边县人武部被省军区表彰为基层全面建设先进单位，米易县人武部部长和政委被省军区表彰为“一对好主官”，盐边县人武部后勤科助理员付春辉被省军区表彰为“基层建设先进个人”，西区玉泉街道武装干游钦全被省军区表彰为“基层民兵预备役建设先进个人”。

（五）后装建设取得了新成绩。着眼全面建设现代后勤，狠抓后勤战备教育，完善后勤保障预案，积极开展应急保障演练，组织1期后勤干部集训。修订完善了《分区机关经费管理规定》，坚持党委当家理财，严格财经管理各项制度规定，确保经费投向投量科学合理，省军区综合检查考评小组对分区党委理财情况给予了高度评价，总评为优秀。加强军交运输管理，组织了一期驾驶员复训，开展了“红旗车驾驶员”评比竞赛活动，强化车辆安全运行和管理。加大基础设施建设力度，积极推进攀枝花市国防动员综合教育训练基地建设并如期竣工，拟于今年上半年投入使用。投入资金260余万元，建成了军分区应急指挥系统。按规定完成军队职工工资调增工作，协调市中心医院为全区官兵进行体检，有效提高了后勤保障效益。进一步修订完善《武器弹药管理规定》，调整补充应急维稳装备，圆满完成报废弹药运送上缴任务。

（六）双拥共建深入发展。以巩固第三届全国双拥模范城创建成果为契机，紧紧围绕攀枝花市经济社会建设的战略定位、战略目标和战略重点，扎实搞好拥政爱民工作。协调市委把全市国防后备力量建设纳入各县（区）党委、政府和市级部门目标管理考核内容，组织对五个县（区）党委、政府加强国防后备力量建设情况进行考核，有力地推动了全市国防后备力量建设和经济社会协调发展。极力搞好“挂、包、帮”工作，全年为帮扶单位筹集帮扶资金30余万元，帮助修复损毁公路10余公里，修建饮水灌溉工程20余个，提高了帮扶民众的生产生活水平。继续开展军地联防联治共建平安活动，全年共出动民兵12232人（次），圆满完成了煤炭管理秩序维护、打击煤炭私挖盗采、保护苴却石矿、护林防火、重大活动维稳执勤等任务70多次。组织官兵及民兵预备役人员搞好抗旱救灾、抗洪抢险等工作，特别是今年攀枝花出现了“四连旱”，13个乡（镇）受灾，军分区积极响应市委、市政府号召，先后出动官兵6000余人（次），挖沟疏渠3500余米、修堤筑坝20多条2500余米、送水300多吨，抗旱保苗4万余株，有效缓解了13个乡（镇）村民生活用水的困难，仁和区人武部政工科干事刘满昌被省政府表彰为防汛抗旱先进个人。“8·29”肖家湾矿难发生后，军分区组织民兵通过备勤及现场执行任务的方式搞好事故的救援，西区人武部先后出动民兵1800余人次，历时近两月，协助配合地方政府搞好政策宣传、秩序维护、医疗救护、应急救援、善后处置等工作，受到市、区两级党委政府的高度赞扬。

（七）党委班子和干部队伍建设有新的提高。突出以思想作风建设为重点，以提高党委班子能力建设和先进性建设为目标，不断加强各级党委班子思想、组织、制度和作风建设。认真学习贯彻《军队党员领导干部廉洁从政若干规定》，突出抓好倾向性问题专项整治，六类倾向性问题得到有效治理。大力加强基层党组织建设，深入开展创先争优活动，推动创先争优常态化长效化，东区人武部党委被省军区党委表彰为“创先争优先进团级党委”，仁和区人武部政工科长彭烽被表彰为“创先争优优秀共产党员”。加强对人武部党委班子经常性考帮建，先后利用各单位召开党委民主生活会等时机对人武部班子进行帮带考查，不定期围绕重大现实问题或者重大任务组织各单位主官集中研讨，党委决策水平有新提高。认真抓好党风廉政建设制度落实，严肃查处违法违纪问题，对违纪违规干部通过戒勉谈话等方式进行帮教。严格落实干部选拔任用制度规定，加强干部宏观调控和精确管理，调整了3个人武部党委班子，选送4名干部培训深造，圆满完成6名转业干部的安置。搞好老干部的服务管理工作，全年走访慰问老干部及遗孀70余人（次），移交地方安置老干部1人。做好计划生育工作，十项工作指标均达标。

在肯定成绩的同时，必须清醒地看到存在的问题。一是党委班子原则性战斗性有待进一步加强。有的对暴露的问题、违纪违规的人和事，患得患失，狠不下心、下不了手，迁就照顾；有的受关系、情面的影响，作决策时灵活性大于原则性，讲关系胜于讲政策；有的对上级不敢提意见，对同级不敢指问题，对部属不敢开展批评，搞无原则的“一团和气”；有的不敢承担责任，有了成绩把功劳往里揽，出了问题把责任往外推。二是干部队伍的事业心责任感有待进一步加强。有的工作不勤奋、不刻苦、不认真落实，存在工作上的惰性；有的工作标准不高，满足于一般性完成任务；有的能力素质与形势任务要求不相适应，不懂不会问题比较突出，想事情看问题层次低，考虑个人得失多。三是军事训练落实有待进一步加强。有的单位抓军事斗争准备的使命感和紧迫感不强，真打实备的思想树得不牢；有的对作战问题研究不深，对新军事理论、信息化指示了解不多，导致军事训练的针对性不强、科技含量不高；有的战斗力标准树得不牢，粗训、偏训、漏训、训练随意性大的问题不同程度地存在。四是正规化建设与管理有待进一步加强。个别同志抓安全的意识树得不牢，有侥幸心理和厌倦情绪；有的条令法规意识淡化，"四个秩序"不正规，落实规章制度随意性大，时紧时松，忽冷忽热，打折扣、搞变通，没有真正把条令条例和规章制度落实到每个人、每个环节和每项工作中；个别单位车辆、营院管控不够严，文电管理仍有漏洞。

二〇一三年主要任务

2013年是学习贯彻十八大精神的开局之年，是加速推进军事斗争准备的关键之年。军分区部队建设总的要求是：全面学习贯彻党的十八大精神，高举中国特色社会主义伟大旗帜，以邓小平理论、"三个代表"重要思想、科学发展观为指导，深入贯彻国防和军队建设主题主线，突出举旗铸魂，聚焦准备打仗，狠抓从严治军，大力改进作风，确保部队听党指挥、能打胜仗、作风优良，坚决完成上级党委和市委、市政府赋予的任务。

（一）围绕学习贯彻十八大精神大力加强思想政治建设。着眼确保部队建设坚定正确的政治方向，突出坚定理想信念、强化军魂意识、永葆政治本色，把思想政治建设抓得更加扎实有效。一是深入学习宣传贯彻党的十八大精神。把学习贯彻十八大精神作为首要政治任务，采取有力举措，持续兴起热潮。按照党委机关抓深化、基层官兵抓普及的思路，把党的十八大精神作为党委中心组学习、部队政治教育、干部理论集训的主要内容，加大对重大问题的研究力度，2月份，组织一期政工干部业务集训。抓好基层官兵和民兵预备役人员的学习，切实在武装头脑、指导实践、推动工作上下功夫见成效。二是强化官兵"军魂"意识。广泛开展"坚定信念、筑牢军魂"主题教育活动，进一步强化官兵对中国特色社会主义道路自信、理论自信和制度自信。持续培育当代革命军人核心价值观，大力弘扬我军听党指挥、服务人民、英勇善战的优良传统和战区特有的"五种精神"，培育官兵和民兵预备役人员的精气神。深入抓好军魂教育和党史军史学习，继续抓好"每月一课"经常性思想教育，打好意识形态领域主动仗，确保官兵坚定不移听党的话、永远跟党走。三是加强中心任务中的思想政治工作。围绕确立战斗力标准，不断强化"三战"功能，紧密结合军事训练、演习演练、抢险救灾等任务，深入抓好职能使命教育和战斗精神培育，大力强化"准备打仗、练兵打仗"意识，为分区部队遂行多样化军事任务提供有力的精神保证。加强新闻报道、理论研讨和要讯工作，不断提高政治工作的质量效益。4月份，组织1期新闻报道骨干业务培训。

（二）紧贴实战化要求拓展和深化军事斗争准备。扭住核心军事能力建设不放松，坚持从实战需要出发从难从严训练，确保召之即来、来之能战、战之能胜。一是狠抓战备建设。深入贯彻《战备工作条例》和全军战备工作条例集训精神，加强形势战备教育，严格落实战备制度，修订完善各类预案，加强作战问题研究，8月份，参加省军区首长机关指挥所要素演练。强化侦察情报工作，扎实抓好以涉藏县市为重点的情报信息搜集和研判工作，2月份，选拔民兵信息网骨干参加省军区集训。按照功能完备、设施齐全的要求，抓好市民兵轻武器射击场的建设。二是大抓军事训练。深入贯彻落实全军军事训练改革集训精神，立足现有条件积极探索研究基于信息系统的集成训练，不断推进军分区信息化条件下军事训练改革创新，持续兴起大抓军事训练热潮。突出抓好首长机关训练和基础训练、专业技能训练，切实提高干部业务水平。搞好专武干部和民兵干部训练，迎接省军区对民兵训练落实情况抽考。10月份前，完成军分区首长机关室内战术作业和指挥所演习，组织参加全省专武干部远程网络教育，二季度，组织新任专武干部和民兵情报信息骨干集训，各人武部完成专武干部在职训练和民兵连排长集训。三是加强国防动员建设。不断深化民兵工作调整改革，优化民兵编组结构，抓好民兵常备分队建设和应急救援专业队伍建设，3至5月份，对各县市民兵整组情况进行检查考评。认真贯彻成都军区国动委第七次全会精神，抓好《国防动员法》和《四川省〈国防动员〉实施办法》贯彻落实，深化兵员工作调整改革，扎实开展兵员潜力调查，加强兵员储备，高标准完成兵员征集工作。

（三）突出纪律建设加大依法治军从严治军力度。坚持以纪律建设为核心，狠抓依法治军、从严治军，促进部队秩序正规，确保部队安全稳定。一是深入抓好条令条例的贯彻落实。组织新兵役法、共同条令、警备条例和士官管理规定学习教育，扎实开展“学法规、用法规、守法规”活动，全面规范部队“四个秩序”。3月份，组织开展“条令学习月”活动。大力加强纪律建设，严格政治纪律、军事纪律、组织人事纪律、财经纪律和保密纪律，养成令行禁止、步调一致的良好作风。二是下大力加强部队正规化建设。深入贯彻两级军区“眉山会议”精神，按照《四川省军区正规化建设两年达标规划》和《军分区（人武部）正规化建设实施方案》持续推进正规化建设达标活动。一季度，迎接省军区正规化达标考评验收，分区和各县市人武部力争全部实现达标。三是突出部队安全管理。认真落实“六个管好”，持续开展“三责”“三互”活动，坚持每季度讲评部署，重大活动派出安全督查组，不打招呼检查抽查等制度，全程跟踪抓管理。一、三季度，集中开展打击假冒军车专项整治活动。6－8月份，以军械、弹药、油料等危险品库（室）和出租营房为重点，组织重大安全隐患排查。三季度，组织开展“百日安全‘三无’竞赛”活动，突出抓好预防季节性事故工作。

（四）贯彻全面建设思想推动基层建设整体提高协调发展。坚持全面搞建设、扎实打基础、反复抓落实，注重在提高经常性工作质量中打牢基础，在破解矛盾中推进发展。一是坚持按纲抓建。深入开展“学纲要、知纲要、用纲要”活动，进一步提高机关按纲抓建，基层按纲建设，官兵、职工按纲争先的能力。严格落实组织生活制度，提高党支部“三个能力”，推进创先争优活动常态化长效化。“七一”前，评选表彰一批先进党组织、优秀共产党员和优秀党务工作者。二是抓好经常性基础性工作落实。巩固两个经常性工作培训成果，持续加强“三个一线”“四个基本”建设，狠抓八项经常性主要工作落实。严格落实“两课一讲评”和基层“六项制度”，继续抓好蹲点调研和当兵锻炼，上下半年各组织一批，每批时间不少于15天，加强对经常性基础性工作检查督导，研究解决基层的新情况新问题。三是加强乡镇武装部规范化建设。认真贯彻《四川省乡镇（街道）人民武装部规范化建设意见》，大力加强乡镇武装部规范化建设。下半年组织对乡镇武装部规范化建设进行专项达标验收，做好迎接省军区检查验收准备。

（五）扭住提升体系保障能力加快全面建设现代后勤。坚持抓准备强能力，抓保障求质量，抓建设促发展，抓管理增效益，抓作风树形象，大力推进全面建设现代后勤，不断提升后勤保障能力和质量效益。一是做好军事斗争后勤准备。修订完善后勤战备方案、保障预案，抓好后勤战备库室建设，搞好战备物资储备。扎实抓好医疗救护、卫生防疫、交通运输等后勤保障分队建设。广泛开展岗位练兵，二季度，组织1期人武部后勤科长集训。4月份，组织驾驶员复训。开展后勤装备达标建设，协调解决人武部配备野战炊事车事宜。二是整体推进全面建设现代化后勤。积极推进医疗和油料保障社会化、用工制度改革，不断提高后勤保障效益。积极稳妥推进公务卡结算改革，实现军人保障卡“单轨”运行、“一站式”转接供给关系常态化，推进团职干部全军医院门诊就医“一卡通”。加大全区绿色生态营区建设力度，争取推荐1－2个人武部评为军区绿色营院。指导米易人武部抓好武装部整体搬迁新建工作，协调推进军分区饮用水工程改造项目和完成军分区机关营房资料及水电管网图纸整理归档工作，统筹抓好分区经济适用住房产权办理，搞好市国防动员基地建设并如期投入使用。三是加强后勤科学管理。认真落实党委理财责任制，规范经费使用管理，确保优先保障中心工作、大项任务和重大军事行动需要。深入开展基层后勤科学管理达标活动，从严控制机关办公、会议、接待等行政消耗性支出，加大经费使用管理审计力度。做好卫生防病和医疗保健工作，抓好《军人大病互助保险》等新出台法规政策落实。大力加强装备战备建设，广泛开展装备保障训练，严密组织民兵报废弹药销毁处理工作，不断提升装备保障能力。

（六）着眼攀枝花社会发展稳定积极参建参治。认真贯彻中共十八大“坚持走中国特色军民融合式发展路子”要求，紧紧把握市委、市政府经济社会发展战略，充分发挥职能作用，努力为推动攀枝花市“五位一体建设”做贡献。一是主动投身经济建设主战场。紧紧围绕市委市政府提出的战略目标，主动融入地方党委、政府的中心工作，当好参谋助手，把参与和支援地方经济建设作为义不容辞的政治责任，积极组织民兵预备役人员广泛参与全市重点工程项目建设，深入开展“挂、包、帮”活动，以实际行动为攀枝花市在全省率先全面建成小康社会做出应有贡献。二是大力维护社会和谐稳定。高度关注敏感时期的社会维稳和森林火灾、暴雨、泥石流等灾情，继续发挥民兵护林防火、护线护矿、防洪抢险、处突维稳、应急救援、情报信息等队伍的作用，加强针对性演练，确保一旦有事，能够拉得出、用得上、起作用，全力保护社会稳定和人民生命财产安全，为推进攀枝花市经济社会全面发展提供和谐稳定的社会政治环境。三是不断巩固军政军民关系。深化全民国防教育，结合开展第十三个全民国防教育日，加大党政领导干部、大中小学生和民兵预备役人员国防教育力度，不断强化全民国防观念。加强双拥共建工作，积极参与驻地和谐创建、平安创建、文明创建工作，广泛开展送温暖、送文化、送教育、送健康活动。协调做好春节、“八一”等节日期间的走访慰问，进一步密切心连心、同呼吸、共命运的军政军民关系。

（七）以能力建设、先进性和纯洁性建设为主线加强党委班子和干部队伍建设。认真贯彻党的十八大部署要求，全面加强部队党的思想、组织、作风、廉政和制度建设，把党的政治优势和组织优势转化为推动部队建设的强大力量。一是着力加强能力建设。着眼建设学习型领导班子、培养学习型领导干部，深入推进学习型党组织建设，完善和落实集体学习、培训轮训、调查研究、学习交流等制度，增强学习效果。突出抓好民主集中制学习贯彻，进一步强化集体领导，增进班子团结，提高决策水平。坚持以完成重大任务为平台，在组织筹划、靠前指挥重大军事行动和完成急难险重任务中摔打锻炼，提高谋略、决策和指挥水平。二是着力加强作风建设。认真贯彻落实习主席和军委关于作风建设的指示要求以及两级军区党委机关改进作风的规定，制定军分区党委机关改进作风的规定，切实加强思想作风和工作作风。广泛开展“学习贯彻党章、弘扬优良作风”教育活动，强化党的意识、党章意识和党员意识，以整风精神解决作风方面的突出问题。继续抓好倾向性问题专项整治，狠刹酗酒、违规驾车、乱交往、乱议论、乱告状等不良风气。进一步加大党风廉政建设力度，加强在干部任用、兵员征集、士官选取、工程建设等领域的监察。10 月份，召开分区倾向性问题专项整治分析汇报会。三是着力加强干部队伍建设。着力强素质、强管理、强作为、强作风、强形象，加大主官队伍培养教育力度，发挥主官队伍的引领和导向作用，带动和促进部队建设全面发展进步。继续抓好人才培养教育，选送一批有发展潜力的干部到军地院校培训。严格执行指挥军官考评体系和干部选拔任用程序规定，坚持按照德才兼备、群众公论的原则选拔、调整和使用干部，不断优化干部队伍结构。提高老干部服务质量，做好干部转业安置、老干部移交和计划生育工作。

同志们，面对新的形势任务，让我们紧密团结在以习近平同志为总书记的党中央周围，进一步凝聚全区官兵的意志和力量，振奋精神，扎实工作，开拓进取，努力开创分区部队和民兵预备役建设科学发展新局面！

在2013年军分区运动会开幕式上的致辞

2013年3月11日

在这暖春时节，我们满怀火热的心情，在这里举行我们自己的运动会。在此，我代表军分区党委机关，向给予这次活动大力支持的各位裁判和全体工作人员表示衷心感谢！对各参赛代表队表示热烈的欢迎！

举办这次活动对于丰富官兵职工的文体生活，展示健康文明、积极向上的精神风貌，激发开拓进取、干事创业的工作热情，增强部队凝聚力和战斗力，推动各项工作的落实，都有着十分重要的意义。

运动会为大家提供了一个展示自我的平台，在这个舞台上，大家可以尽情地展示自己的体育才华；可以尽情地体会成功的喜悦；可以尽情地感悟竞争的激烈和残酷，同时也可以实现追求卓越、超越自我的梦想。

在这次运动会期间，我希望各位裁判员，要公正执法，公正裁决。各位运动员要发扬“友谊第一，比赛第二”的良好体育道德风尚，赛出成绩，赛出水平。要发扬不怕苦、不怕累的吃苦精神，力争使运动成绩和精神文明双丰收。

最后，预祝各支参赛队伍和各位运动员在本次比赛中取得优异成绩，预祝本次运动会圆满成功！

在2013年军分区运动会闭幕式的讲话

2013年3月15日

军分区2013年运动会，经过五天紧张的比赛，胜利闭幕了。这次大会，处处涌现出团结、紧张、严肃、活泼、文明守纪、勤奋进取的氛围，圆满完成了各项既定比赛项目。

本届运动会的成功召开，与各参加队伍及队员的大力支持分不开，与各位裁判的辛勤工作和全体人员的共同努力是分不开的。在此，我代表军分区党委机关，对全体运动员、裁判员和工作人员的辛勤劳动表示衷心的感谢，并对取得优异成绩的单位和运动员表示衷心的祝贺。

为参加本次运动会，赛前各代表队都经过了充分的准备，组织有序，发扬了不怕苦不怕累的拼搏的精神，参赛者遵循了“友谊第一、比赛第二”的宗旨，互敬互让，表现出了高尚的风格。

举办运动会是建强军营文化的重要举措，它有利于我们不断挑战自我、追求卓越，让我们继续发扬在本次运动会所展现出的团结互助、勇于拼搏、敢于争先的精神，脚踏实地、迎难而上、开拓进取，为军分区部队全面建设再上一个新台阶做出新贡献。

我宣布，军分区2013年运动会闭幕！

最后，祝大家工作顺利、身体健康。谢谢大家！

（二）调查研究

1月29日　看望慰问盐边县鳡鱼乡候家坪村，察看了军民共建路的建设情况和村民饮水情况，嘱咐当地干部要加快农村交通基础设施建设。

3月12日　深入高粱坪工业园区联系企业进行调研，鼓励企业要抓住机遇，争取创造更大的效益，带动全市经济的长足发展。

4月17日　深入米易县联系工厂进行调研，参观了工厂车间生产状况，听取工厂管理者的汇报，鼓励工厂要紧密结合市场经济发展规律抓好生产，不断取得更大的成绩。

（三）会议活动

1月17日　召开军分区党委九届二次全体扩大会议。代表军分区党委作2012年工作报告，并安排部署2013年工作。

1月22日　到成都参加省政协会议。

2月26日　参加市委常委民主生活会。

2月26日　参加市急难险重任务观摩会议。

2月27日　参加市委常委会议。

3月11日　参加军分区“迎春杯”运动会开幕式。

3月16日　参见军分区“迎春杯”运动会闭幕式。

4月25日　在东区人武部参加攀枝花军分区民兵医疗防疫分队驰援芦山抗震救灾出征仪式，并做了动员讲话。

5月9日　慰问看望在雅安芦山参加抗震救灾的军分区民兵医疗防疫分队，鼓励官兵要发扬传统，再接再厉，树好形象。

6月20日　参加省委宣传部、成都军区政治部联合主办的“4·20”芦山抗震救灾先进事迹报告会。

七、市委常委、市委宣传部部长沈钧

（一）讲话文稿

贯彻党的十八大精神
为攀枝花科学发展提供强大思想舆论保障
——在市委工作会上的讲话

2013 年 2 月 28 日

根据会议安排，我就深入学习宣传贯彻党的十八大精神，做好今年全市宣传思想文化工作讲三点意见。

一、保持清醒坚定，全面把握宣传思想文化工作的时代要求

2012 年，在市委的正确领导下，全市宣传思想文化战线紧紧围绕全市中心工作，深入学习宣传贯彻党的十八大、省第十次党代会和市委九届三次全会精神，在舆论引导、理论武装、文明城市创建、文化体制改革、对外宣传等方面取得了较好的成绩。一是围绕迎接、学习、宣传、贯彻十八大精神这条主线，组织开展了一系列声势浩大、时间持久、影响广泛的主题宣传，掀起了学习宣传贯彻十八大精神热潮。二是围绕全市中心工作，创新理论学习方法和内容，邀请了王长江、孟建等 12 名国内知名专家学者来攀举办高质量的专题讲座，学习型城市建设和中心组理论学习收到良好效果。三是建立健全了新闻发布工作机制，积极应对“8·29”煤矿事故等多起重大新闻舆论“热点”，锻炼提高了我市应对突发事件的舆论引导和危机公关能力。四是大力推进文明城市创建，城市公共文明指数测评实现了争先进位。五是积极稳妥地推进了文艺院团的转企改制，完成了市、县（区）文化广播影视新闻出版部门合并、攀枝花电台与攀枝花电视台合并等改革任务。六是深入开展“三大主题教育”活动，充分发挥宣传思想文化战线的载体优势，营造了良好舆论环境。

但是，我们也清醒地看到，抓好新时期宣传思想文化工作的任务十分艰巨，统一思想、凝聚共识的任务更加迫切。一是随着改革开放的不断推进，社会思想空前活跃，各种观念相互交织，各种文化相互激荡，意识形态领域杂音、噪音时有出现。二是随着市场经济的深入发展，精神文明建设面临着许多新情况、新问题。一些涉及群众切身利益的矛盾呈现出新的特点，一些人的价值观发生扭曲，道德失范、诚信缺失等问题严重，一些地方封建迷信、黄赌毒等丑恶现象沉渣泛起。三是人民群众精神文化需求日益增长，发展文化事业和文化产业的任务更加紧迫。对于攀枝花而言，如何加快文化发展，成为必须认真研究解决的重大课题。四是宣传环境发生了重大变化，特别是网络、手机等新兴信息传播渠道的迅速兴起，既为宣传思想文化工作提供了新的手段和途径，同时也对党报党刊、广播电视等传统主流媒体的影响力产生了冲击，对传统的管理方式提出了挑战。

各级党委和全市宣传思想文化战线一定要增强忧患意识和责任意识，时刻保持政治上的清醒坚定，使宣传思想文化工作始终体现时代性、把握规律性、富于创造性。

二、明确总体思路，全面完成宣传思想文化工作任务

今年的工作重心是：抓住学习宣传贯彻党的十八大精神这条主线，围绕全市中心工作，大力营造解放思想、凝聚力量、艰苦奋斗、真抓实干的良好舆论氛围，为在全省率先全面建成小康社会提供强大的精神文化力量。

做好宣传思想文化工作，最根本的是要立场坚定、旗帜鲜明。对于党的基本政治路线、重大原则问题、重要方针政策，对于市委重大决策部署，宣传思想文化战线一定要立场坚定、态度鲜明，决不能似是而非、模棱两可。最重要的是把握全局、统筹协调。要紧紧围绕全市中心工作大局，把对内宣传与对外宣传、传统媒体与新兴媒体、文化事业与文化产业统筹起来，共同推进、协调发展。最关键的是要解放思想、转变作风、落实工作。要大力弘扬攀枝花精神，深入开展“三大主题教育”和“转正改”活动，把解放思想作为加快发展的总开关，为开创攀枝花科学发展新局面提供强大的思想舆论保障。

具体抓好四方面工作：

（一）以学习贯彻十八大精神为重点，切实加强理论武装

要按照中央和省委、市委的要求，把中国特色社会主义宣传教育作为第一位的政治任务，创新载体手段，持续兴起学习宣传贯彻十八大精神热潮。

一是在学习理解上下功夫，进一步深化思想认识。以市委理论学习中心组为龙头，通过专题学习、专家辅导、个人自学、集体交流、课题研究相结合的方式，深入学习宣传贯彻十八大精神，把学习成果真正转化为全市干部群众对中国特色社会主义的政治信念，转化为贯彻落实科学发展观的自觉行动，转化为推进攀枝花科学发展的具体实践。

二是在宣传阐释上下功夫，努力做到家喻户晓。广度上要做到全覆盖，深度上要学以致用、推动工作、解决问题。在内容上，既要全面系统、又要突出重点，既要讲清“是什么”、又要讲清“为什么”，既要讲清“怎么看”、又要讲清“怎么办”。在方式上，市、县（区）都要再制定方案，建立由专家、干部和基层群众组成的宣讲团队，打好宣讲“组合拳”。理论宣讲，必须紧贴基层实际，回应社会关切，用群众爱听的语言，讲群众听得懂的道理。媒体宣传，要找准科学理论与人民群众关心问题的结合点，增强理论宣传针对性。全市各新闻媒体要继续开设专题、专栏、专版，开展好贯彻十八大精神相关宣传。特别是要注重发挥互联网、手机报等新兴媒体的独特优势，构建网上理论宣传阵地，提高宣传的到达率和吸引力。理论研究，要围绕十八大提出的新思想、新观点、新论断和省第十次党代会、市委九届四次全会精神，组织全市社科力量开展应用型专题研究，形成一批重点理论研究成果，推荐一批优秀论文在国内核心刊物上发表。

三是要在指导实践上下功夫，巩固学习效果。要结合当前深入开展的“思想大解放，作风大转变，工作大落实”主题教育活动，鼓励实践探索，强化成果转化，检验学习效果。

（二）紧紧围绕全市工作大局，大力营造科学发展、跨越提升的良好舆论氛围

加强主题宣传，壮大主流舆论。坚持团结稳定鼓劲、正面宣传为主的方针。深入宣传我市“稳中快进、提质增效、争先进位、跨越提升”的工作基调。深入宣传推进“三个加快建设”“三个走在全省前列”、打好“六大硬仗”、实现“四个翻番”、突出产业支撑、投资拉动、“四化”同步、统筹城乡的重要部署。深入宣传在全省多点多极发展格局中勇立潮头的坚强决心和争当区域发展重要增长极的丰富实践。深入宣传市委、市政府保障和改善民生的重大政策、有力举措和最新进展。开展好“五创联动”“急难险重”专题宣传，全面反映重大工程建设的进展和成效。开展好党的建设新的伟大工程专题宣传，全面报道各级党组织在思想、组织、作风、制度和反腐倡廉建设各方面取得的进展和成效。组织开展好重大活动和重点工作的宣传，使正面、积极、健康的舆论占领主阵地。

做强对外宣传，提升攀枝花美誉度。加强与中央、省级新闻机构和主流媒体的沟通联系。利用多种载体和平台，做好城市形象宣传营销工作，精心策划“中国钒钛之都”“中国阳光花城”“四川南向开放门户”等主题宣传，全方位、多渠道展示攀枝花城市新形象。

开展网络宣传，积聚发展正能量。利用好“攀枝花公众信息网”“中国·攀枝花网”“GoGo·攀枝花”等重点网站，办好攀枝花手机报、攀枝花文明网等新媒体平台，发挥论坛、微博、微信等作用，主动占领网络舆论阵地。

发挥公益广告作用，扩大社会宣传效果。整合公益广告资源，集中推出一批积极上进、提神鼓劲的公益广告。全市各级新闻媒体、网络平台、平面广告等要增加刊播公益广告的时长、版面和频率，传播文明、倡导正气，营造积极健康的良好氛围。

（三）以社会主义核心价值体系建设为重点，深入开展群众性精神文明创建活动

培育和践行社会主义核心价值观。紧扣十八大提出的“三个倡导”，培育和践行社会主义核心价值观。广泛开展“公民道德宣传教育月”“道德模范巡讲”“我们的节日”等主题活动，组织“身边好人”和“四川好人”推荐评选活动，掀起学先进、争先进、当先进的热潮。深入开展“幸福家园建设”活动，探索基层思想政治工作新模式。推进关爱空巢老人、留守儿童、农民工、残疾人等“四关爱”志愿服务活动，推动学雷锋活动常态化。

推进文明城市创建。健全文明城市创建工作机制，加强工作组织领导。实施城市综合实力、市民素质、市民幸福指数、阳光花城形象“四项提升工程”，夯实创建文明城市的工作基础，做好第三届四川省文明城市考核迎检工作。加强文明单位的检查指导，开展文明单位、文明村镇创评工作。深化城乡精神文明共创共建和“讲文明、树新风”主题活动。

加强未成年人思想道德建设。做好“乡村（城市试点）学校少年宫”建设工作，支持34所示范学校广泛开展未成年人主题实践活动。指导建好市未成年人心理成长指导中心，推进青少年心理健康辅导。开展未成年人思想道德建设“六进社区”“做一个有道德的人”“中华经典诵读进校园”等活动。

（四）以增强文化整体实力为重点，推进文化建设

完善公共文化服务体系建设。完成市文学艺术创作中心建设工程，加快建设“三线建设博物馆”。继续实施好广播电视村村通、文化信息资源共享、乡镇综合文化站、农家书屋、农村电影放映等文化惠民工程，不断丰富群众的精神文化生活。完善纪念馆、图书馆、文化馆等公益性文化设施长期免费开放的保障机制。推进企业文化、校园文化、社区文化、地域文化等特色文化建设。

扶持文化精品创作。加大文艺创作扶持，激发创作热情，围绕“贯彻十八大精神”、迎接“四川省第七届少数民族艺术节”和“建市50周年”等重大主题开展创作，推出一批优秀原创文艺作品。支持“金沙放歌”、广场“大家唱”“大家跳”等群众文艺活动。

推进文化体制改革。巩固国有文艺院团改革成效，推进《攀枝花广播电视报》改革，深化广播电视台内部运行机制改革，增强各类文化单位的发展活力。

加快文化产业发展。加快培育一批文化龙头企业，支持苴却砚产业园区、格萨拉影视基地等文化产业园区建设，推动县（区）特色文化街区和文化主题公园建设，夯实文化产业承载基础。探索文化与旅游融合发展新途径，打造一批具有鲜明攀枝花特色和比较优势的文化产业品牌。力争全市年内文化产业增加值占全市国内生产总值的比重达到2.5%。

三、加强能力建设，全面提升宣传思想文化工作科学化水平

全市宣传思想文化战线要把“思想大解放、作风大转变、工作大落实”主题教育活动的成果，转化为干部队伍能力大提升的实际效果，着力抓好“三项建设”，增强“四种意识”，提升“七种能力”。

“三项建设”。一是抓好基层基础建设。宣传思想文化工作服务对象在基层，依靠力量和工作主体在基层。要把“抓基层、打基础”工作作为提高宣传思想文化工作科学化水平的重要抓手，坚持眼睛向下、重心下移，更多地把资源投放到基层，把触角延伸到基层。要按照横向到边、纵向到底“网格化”工作思路，加快基层宣传思想阵地和宣传文化队伍建设。二是抓好外宣平台建设。整合各类外宣资源和外宣平台，形成大外宣工作合力，提高对外宣传效果。加强对新闻发言人、新闻联络员的配备和培训，提高新闻发言人应对媒体的能力和新闻发布水平。完善突发事件的宣传报道应急机制，加强突发事件新闻报道管理，确保在重大问题上不缺位、关键时刻不失声。三是抓好网络内容建设。新兴媒体超越甚至取代传统媒体，是大势所趋。要积极拓展手机报、网络多媒体等新兴传播阵地，确保在深刻变化的舆论传播格局中始终保持主流舆论的强大影响力。贯彻“积极利用、科学发展、依法管理、确保安全”的方针，力争在互联网内容建设和管理上取得新突破。要建立健全网络舆论引导协调机制、网络舆情预警机制、网上新闻发布机制，建强网络舆情监测队伍、网络评论员队伍、网络文明传播志愿者等网络工作力量，切实提高知网、用网、管网能力。要抓住落实网络身份管理这一关键环节，推进网络依法规范有序运行。加强重要节点、敏感事件的网上信息监管工作，切实维护社会和谐稳定。深入开展整治互联网和手机媒体淫秽色情及低俗信息专项行动，督促行业自律，净化网络环境。

“四种意识”，就是增强政治意识、服务意识、问题意识和改革创新意识。增强政治意识就要加强学习，提高分析问题、洞察是非的鉴别力和政治敏锐性，提高党的路线方针政策的执行力。宣传思想文化战线的同志们必须在思想上、政治上、行动上同市委保持高度一致，在政治方向、政治原则问题上，做到旗帜鲜明，立场坚定，不能有丝毫含糊。在宣传舆论上，严格按照市委的要求，清楚、准确地传达市委的声音，不能发出任何杂音。增强服务意识，重点是在“主动”二字上下功夫，宣传思想文化战线同志要“下好先手棋、打好主动仗”，善于用“软实力”去配合服务“硬任务”，善于用“舆论强势”去推动形成“发展强势”。增强问题意识，就是要善于发现问题、提出问题、直面问题、研究问题、回答问题，积极推动问题的解决。增强改革创新意识，就是要深入推进体制机制创新、内容形式创新、方法手段创新，增强宣传思想文化工作的前瞻性和主动性。

“七种能力”，就是针对“三大主题教育”活动中征集梳理出来的主要问题，广泛开展政策理论教育和业务技能培训，强化实践锻炼，着力提升宣传思想文化战线干部理论创新、创意策划、市场运作、应急处置、媒体公关、决策执行和联系群众七个方面的能力，努力打造一支党性强、作风正、纪律严、效能高、形象好、工作优的宣传思想文化队伍。

同志们！做好新形势下的宣传思想文化工作，任务繁重，责任重大，使命光荣。我们一定要牢记宗旨，不辱使命，超常努力，创新求进，在新的历史征程中做出更大贡献！

在全市宣传部长会议上的讲话

2013 年 3 月 4 日

今天召开的全市宣传部长会，主要任务是深入学习宣传贯彻党的十八大、全省宣传部长会议和 2 月 28 日召开的市委工作会议精神，总结去年宣传思想文化工作，安排部署今年的工作。

2012 年，在市委的正确领导下，在省委宣传部的有力指导下，我市宣传思想文化战线按照“高举旗帜、围绕大局、服务人民、改革创新”的总体要求，坚持以邓小平理论和“三个代表”重要思想为指导，深入贯彻落实科学发展观，始终突出迎接宣传贯彻党的十八大这条主线，紧紧围绕全市中心工作，在舆论引导、理论武装、对外宣传、文明城市创建、文化体制改革等方面努力创新求进，取得了较好的成绩。

一是全力开展党的十八大主题宣传，在唱响主旋律上创新求进。全市宣传思想文化战线始终把迎接宣传贯彻党的十八大摆在中心位置，坚持报、刊、台、网整体联动，组织开展了一系列声势浩大、时间持久、影响广泛的党的十八大主题宣传，形成了全社会共同关注党的十八大、坚持中国特色社会主义、共谋发展追寻“中国梦”的良好舆论氛围。

二是围绕中心服务大局，在理论武装上创新求进。扎实推进学习型城市建设，创新理论学习方法，创办了“攀枝花发展讲坛”，邀请中央党校王长江教授、复旦大学孟建教授等12名国内知名专家学者、名家大师来攀枝花举办高质量的专题讲座，让广大干部群众在学习中开阔视野、启迪思想、增长知识、拓宽工作思路。全年举办专题讲座、报告会12期，现场听众超过8000人。

三是积极应对公共突发事件，在正确引导舆论上创新求进。建立健全了新闻发布工作制度，建立完善了突发事件新闻舆论引导应急反应机制，巩固壮大了对外宣传危机公关网络。在应对“8·29”肖家湾煤矿事故中，我们牢牢把握舆论宣传主导权，积极应对、正确导向，及时消除了流言和猜疑，使“8·29”事故新闻报道的导向保持正向平稳，为事故处理创造了良好的舆论环境，受到了社会各界的一致认同。去年，我们还妥善处理了“盐边县温泉乡村民猝死”“金沙江倮果公路桥病害”等多起突发事件的新闻舆论应对工作，避免了攀枝花因为这些事件成为媒体扭住不放的焦点。2012年，我市被省委宣传部评为外宣工作先进。

四是加强社会主义核心价值体系建设，在推进文明城市创建上创新求进。大力实施市民文明素质提升工程，组织系列文明创建主题活动。全力做好了全省城市公共文明指数测评工作，组织了氛围营造、净化社会文化环境、窗口行业规范化服务等专项行动，对215个实地考察点位开展了专项督查。通过全市各级各部门的共同努力，我市城市公共文明指数测评名次由2011年的全省第12名跃升至第4名，在所有参评市州中成绩最突出，名次上升最快。

五是深化文化体制改革，在推动文化繁荣发展上创新求进。按照国家文化体制改革的路线图和时间表，结合我市实际，积极稳妥地推进了文艺院团体制改革，真正实现了文艺院团转企改制，圆满完成了改革目标任务，被文化部通报表彰为国有文艺院团改革先进单位。加快推进并提前完成了市、县（区）广播电视部门与文化新闻出版部门的合并，理顺了工作关系。顺利完成了攀枝花电台、攀枝花电视台的合并，挂牌成立了攀枝花市广播电视台。

六是深入开展“三大主题教育”活动，在提升服务能力上创新求进。根据市委的统一部署，在全市“思想大解放，作风大转变，工作大落实”主题教育活动中，市委宣传部从活动酝酿策划阶段就提早介入、主动作为。在工作策划阶段牵头制定工作方案；在活动启动阶段，牵头做好宣传动员；在活动全程，组织做好舆论引导，为活动的顺利开展营造了良好的舆论环境。新华社于2012年12月14日，播发了《攀枝花开展“思想大解放，作风大转变，工作大落实”主题教育活动》的消息，《四川日报》头版多次报道了我市“三大主题教育”活动开展情况。

成绩的取得，是因为市委市政府的高度重视、坚强领导，为我们提供了有力保障；是因为全市上下真抓实干，以出色的工作业绩为我们提供了坚实支撑；是因为全市宣传思想文化战线的同志们把握了宣传工作规律，团结拼搏、创新求进，赢得了主动。在此，我代表市委对大家付出的辛勤劳动表示衷心的感谢！

下面，我就如何做好2013年的宣传思想文化工作讲两点意见。

一、认清发展形势，正确把握宣传思想文化工作的基本方向

从国际形势看，2013年，国际形势极为复杂，国际恐怖主义、核扩散问题、跨国犯罪活动、全球气候恶化问题等依然严峻。世界经济进入了深度转型调整期，结构改革不到位和需求增长乏力等问题难以根本改观，金融危机的影响呈现长期化趋势。西方敌对势力在加紧对我国实施政治、经济遏制的同时，也极力在对我国意识形态进行渗透，大力营造不利于我国的外部舆论环境，抵御敌对势力西化分化任务更加繁重。

从国内形势看，我国发展仍处于大有可为的重要战略机遇期，虽然还面临着一定下行压力，物价上涨压力有所上升，出口竞争力开始出现下降等困难，但是国内经济企稳回升趋势明显，外资西进、内资西移步伐加快，西部快速发展态势日益显现。党的十八大立足当今世界和当代中国发展大势，明确提出了到2020年全面建成小康社会的宏伟目标，科学确立了经济建设、政治建设、文化建设、社会建设、生态文明建设“五位一体”的中国特色社会主义建设总体布局，昭示了建设富强、民主、文明、和谐、美丽中国的坚强决心。今年，中央继续把“稳中求进”作为经济工作的总体基调，把提高增长质量和效益作为经济工作的中心，并辅之以“宽财政、稳货币”的宏观经济政策，下决心推动发展模式向“质量效益型”深刻转变，传递出稳增长、转方式、促发展、惠民生的强烈信号。

从四川省发展大局来看，虽然受国际宏观经济环境复杂多变的影响，但随着国家加快实施区域协调发展战略、深入推进新一轮西部大开发、国内外重大产业加快向西部地区转移等有利因素的积极推动，全省优势产业增势依然较强，投资消费增势稳定，经济仍将继续保持平稳较快增长态势。目前，四川正处于工业化和城镇化双加速时期，加快发展有基础、有条件、有支撑，省委将“科学发展、加快发展”作为今年经济工作的总体基调，明确提出全省要坚持主题主线，努力保持一个较快的发展速度，保持追赶跨越态势；提出要推进多点多极发展战略，5年之内要培育10个2000亿城市、5个1500亿城市，大力推动四川由西部经济大省向全国经济强省迈进。

从攀枝花自身发展来看，在历届市委、市政府的坚强领导下，通过全市各族人民的共同努力，我市已经取得令人瞩目的发展成就，为加快发展奠定了坚实基础。我市“三个加快建设”“三个走在全省前列”“六大硬仗”重要部署已经全面展开，各类发展规划已经制定出台，一大批急难险重任务正加紧实施，一系列重大决策正在落实并发挥效应，一大批项目即将竣工投产见效。特别是国家《钒钛资源综合利用和产业发展“十二五”规划》已经出台，攀西战略资源创新开发试验区获得批准，一系列利好政策接踵而至，必将为我市科学发展、加快发展开辟广阔的空间，攀枝花迎来了一个十分难得的重大机遇期。今年，市委将“稳中快进，提质增效，争先进位，跨越提升”作为工作基调，提出了以科学发展为主题，以转变经济发展方式为主线，以提高经济增长质量和效益为中心，继续大力推进“三个加快建设”“三个走在全省前列”，打好“六大硬仗”，确保全市GDP总量成功跃进全省第二方阵，奋力实现在全省率先全面建成小康社会的奋斗目标。这个工作基调不仅是对经济工作的要求，而且是对社会、文化等各项事业和工作的总要求。全市宣传思想文化工作步入“争先进位，跨越提升”新时期，倍受重视的良好发展环境与倍加艰巨的发展任务，必将激发出我们更加旺盛的工作激情。同时，对我市宣传思想文化工作来说，我们还有一个有利的特殊工作条件，即是省委确定省委常委、宣传部长吴靖平同志挂点联系攀枝花。今后，靖平部长到攀枝花检查指导工作的机会更多，攀枝花的宣传思想文化工作得到靖平部长的关心、指导和帮助也会更多。

机遇与挑战并存。2013年，是全面贯彻落实党的十八大精神的开局之年，是实施“十二五”规划的关键一年，是打好“六大硬仗”的攻坚之年，是为在全省率先全面建成小康社会奠定坚实基础的重要一年，也是我市宣传思想文化干部队伍的能力建设年。做好全年宣传思想文化工作意义重大。同志们务必提振精神，坚定信心，以等不起的使命感、慢不得的危机感和坐不住的紧迫感，团结拼搏，创新求进，扎实抓好今年各项工作。

二、明确总体思路，认真落实宣传思想文化工作的主要任务

今年宣传思想文化工作总体思路是：坚持以邓小平理论、“三个代表”重要思想、科学发展观为指导，高举旗帜、围绕大局、服务人民、改革创新，以学习宣传贯彻党的十八大精神为主线，紧紧围绕市委中心工作，准确把握“稳中快进、提质增效、争先进位、跨越提升”的工作基调，大力营造坚定道路自信、理论自信、制度自信的良好氛围，大力营造努力打造四川重要经济增长极的良好氛围，大力营造解放思想、凝聚力量、艰苦奋斗、真抓实干的良好氛围，着力推进社会主义核心价值体系建设，着力壮大主流思想舆论，着力丰富人民精神文化生活，着力增强文化整体实力，为在全省率先全面建成小康社会提供强大的精神文化力量。

今年宣传思想文化工作的总体要求是：

贯穿“一条主线”，围绕“一个大局”，营造“三个良好氛围”，开展“三项建设”，提升“七种能力”。

“一条主线”，就是全年的宣传思想文化工作要始终贯穿学习贯彻党的十八大精神这条主线。“一个大局”，就是围绕市委中心工作这个大局。“三个良好氛围”，就是营造坚定道路自信、理论自信、制度自信的良好氛围；营造努力打造四川重要经济增长极的良好氛围；营造解放思想、凝聚力量、艰苦奋斗、真抓实干的良好氛围。“三项建设”，就是开展基层基础建设、外宣平台建设和网络内容建设。“七种能力”，就是提升宣传文化干部的理论创新、创意策划、市场运作、应急处置、媒体公关、决策执行和联系群众的能力。

做好今年宣传思想文化工作，最根本的是要立场坚定、旗帜鲜明。对于党的基本政治路线、重大原则问题、重要方针政策，对于市委重大决策部署，宣传思想文化战线一定要有坚定的立场、正确鲜明的观点和坚定的态度，决不能似是而非、模棱两可，更不能沉默失语、失声。最重要的是把握全局、统筹协调。要紧紧围绕市委中心工作大局，加强宣传思想文化工作的统筹协调，把对内宣传与对外宣传、传统媒体与新兴媒体、文化事业与文化产业都统筹起来，共同推进、协调发展。要强化大宣传意识，把宣传工作融入到各县（区）、部门和企业工作中去，利用一切宣传平台和资源，形成有效互动，实现攀枝花城市营销效应的最大化，形成地方外宣的大合唱。最关键的是要解放思想、转变作风、落实工作。要大力弘扬攀枝花精神，进一步解放思想、转变工作作风、推动工作大落实。要把解放思想作为加快发展的总开关，以新一轮的思想大解放推动经济大发展，为全面建设幸福攀枝花提供思想先导。要把着力点放在加强干部能力建设上，全面提升宣传干部的工作能力和工作水平。

今年的各项工作任务在宣传思想文化工作要点里面已经作了安排，我在市委工作会上也已讲过，这里就不再赘述了，我再着重强调五个方面的工作：

第一，全力做好文明城市创建工作，纵深推进“五创联动”。

创建全国文明城市，是全国各种城市创建的最高荣誉，是“五创联动”工作中任务最重、创建难度最大和最具含金量的一项工作，它是今年市委市政府急难险重任务项目，是关系到攀枝花未来发展能否做到经济、政治、社会、文化、生态“五位一体”全面、协调、可持续发展的关键工程，是建设幸福攀枝花的重要工作载体。

一是深入开展创建活动，提升市民文明素质。要按照党的十八大提出的“倡导富强、民主、文明、和谐，倡导自由、平等、公正、法治，倡导爱国、敬业、诚信、友善”，积极培育和践行社会主义核心价值观。要以突出文明规范、文明行为、文明服务、文明新风、城市精神等为重点，广泛开展文明创建活动，深入开展道德领域突出问题专项教育和治理。要广泛开展“公民道德宣传教育月”“公民道德宣传日”“道德模范巡讲”“我们的节日”等主题活动，积极组织“我推荐、我评议身边好人”和“四川好人”推荐评选活动，掀起学先进、争先进、当先进的热潮。要坚持把加强和改进未成年人思想道德建设作为希望工程、民心工程，深入开展“做一个有道德的人”主题活动，持续开展净化社会文化环境工作、扎实推进乡村学校少年宫等阵地建设，促进形成学校、家庭、社会三方面紧密协作的教育网络，不断提升社会文明程度。要广泛开展“学雷锋”志愿服务活动，大力普及志愿服务理念，完善志愿服务机制、营造氛围，引导群众从自身做起、从具体事情做起，自觉践行和弘扬雷锋精神，推动学雷锋活动常态化。要以“关爱他人、关爱社会、关爱自然”为主题，积极推进关爱空巢老人、留守儿童、农民工、残疾人等志愿服务活动。以深入开展“幸福家园建设”活动为抓手，积极探索基层思想政治工作新模式，引导市民树立正确的幸福观，推进幸福攀枝花建设。

二是不断完善创建机制，强化制度保障。要全力实施城市综合实力提升工程、市民素质提升工程、市民幸福指数提升工程、阳光花城形象提升工程，不断夯实创建文明城市的工作基础。要进一步完善五创联动工作领导机制，切实加强对创建工作的组织领导；要加强细胞建设，做好新申报省级文明单位、省级文明村的检查指导，加强文明单位、文明社区、文明村镇、文明家庭的创建管理工作；要完善督查考评机制，加强对文明城市创建的督查考评，坚持每季度一次专项督查和定期组织市人大代表、政协委员专项视察的督导；要进一步完善以财政资金为引导、多方筹措资金的投入机制。要认真做好城市公共文明指数测评反馈问题的整改，重点做好未达标和易反弹的项目。扎实做好第三届四川省文明城市自查申报、自测和考核迎检工作，抓好方案策划、检查线路设计、档案资料、汇报短片、检查点的人员安排等每个迎检环节和细节，确保取得良好的创建实效。

三是大力开展文明宣传，营造良好的创建氛围。全市新闻媒体、网络媒体以及各种新兴传媒平台要开设文明城市创建的专栏、专版，刊播有关市民素质教育的文章和评论，及时报道全市各级各部门开展文明创建的重大举措、重要活动、进展情况和成效，形成强大的宣传热潮。要加强正面典型的宣传，广泛开展学习宣传道德模范、时代楷模、身边好人活动，发掘群众身边的平凡英雄，大力倡导崇德向善，培育新风正气，推动形成见贤思齐蔚然成风、凡人善举层出不穷的良好局面。通过开设“曝光台”等形式，曝光负面问题，加强媒体监督，促进问题整改，推动工作落实。各新闻媒体、网络媒体和平面广告等要在重要时段、重要版面、重要栏目和重要地点刊播文明城市创建公益广告，营造积极健康的良好氛围，传播文明、弘扬正气，努力使创建活动家喻户晓、人人皆知、人人参与、人人受益。

第二，大力发展文化产业，全面增强文化整体实力。

党的十八大报告要求“要扎实推进社会主义文化强国建设。要将文化产业发展成为国民经济支柱性产业。要发展新型文化业态，提高文化产业规模化、集约化、专业化水平。”市委提出了“到2020年，文化产业成为我市国民经济支柱性产业，整体实力和核心竞争力显著增强”的目标，推动文化产业的大发展已经成为当前和今后一段时期我市文化工作的重中之重，这就要求我们必须充分利用好丰富的文化资源，优化产业布局、健全产业体系、突出产业特色、推动产业创新，提高文化产业产能，使文化产业成为我市转变经济发展方式的重要着力点和新经济增长点，全力提升文化产业增加值在全市国内生产总值中的占比，为推动攀枝花文化大繁荣大发展、打造区域文化高地、建设文化强市，在全省率先全面建成小康社会提供重要支撑。

一是全力推进重大文化设施建设，搭建文化产业发展平台。加快推进三线建设博物馆、市文学艺术创作中心、奥林匹克公园等一批重大文化设施建设。“三线建设博物馆”项目的选址、预算等工作已经完成，要加快落实方案设计等前期准备工作，争取今年7月以前正式开工；市文学艺术创作中心、奥林匹克公园项目都已经动工，要加强质量监管、加快工程进度，争取在今年8月底前完成市文学艺术创作中心主体工程建设。要做好“攀枝花大剧院”“攀枝花中心图书馆”等重点文化工程项目的规划，加快项目推进，争取早日分步启动。要积极推进县（区）图书馆、文化馆、电影院建设。

二是继续深化文化体制改革，增强文化产业发展动力。要继续巩固国有文艺院团改革成效，稳步推进《攀枝花广播电视报》改革，深化广播电视台内部运行机制改革。要根据市场发展的规律加强文化单位管理，努力把新闻媒体、演艺团体等发展成文化市场的主体，着力增强各类文化单位的发展活力。要拓宽文化产业利用外资的领域，逐步形成以政府资金为引导、以企业投入为基础、以银行信贷和民间资金为主体的多元化文化产业投融资体系，使经营性文化实体的投融资环境得到根本改善。落实好《关于建设文化强市的实施意见》《关于加快全市文化产业发展的若干意见》《关于深化文化体制改革，推动文化大发展大繁荣的实施意见》等一系列推进攀枝花文化发展的政策，着力搭建包括信息发布、贸易合作、人才培养、统计分析、公共技术支撑等功能在内的文化产业综合服务平台，优化政务服务内容，为文化企业提供良好的发展环境。

三是发展壮大文化企业，增强文化产业发展实力。依托攀枝花优势文化资源和产业基础，以项目为支撑，以园区建设为重点，培育壮大一批我市规模较大、主业突出、竞争力强的成长型文化企业，在资金投入、项目支持、资源配置等方面加大扶持力度。积极引进一些有较强实力和市场竞争力的文化企业或文化产业投资者，与我市文化企业相互促进、共同发展，提高我市文化产业的集中度和集约化经营水平，推动形成文化旅游、印刷服务、职业教育、文化用品生产、广播影视传播业为主体的特色文化产业集群。加快推进苴却砚文化产业园区、格萨拉影视基地建设，积极推动苴却砚文化街区等县（区）特色文化街区建设。大力发展非公有制文化企业，鼓励社会力量办文化，支持、引导社会资本以股份制、股份合作制、合伙制和独资等多种形式，参与或兴办文化企业，不断提高民营文化企业在全市文化产业中的比重。

四是创新文化产业发展模式，提升文化产业核心竞争力。紧紧抓住“打造阳光生态旅游度假基地”的战略重点，以“阿署达花舞人间景区项目”等八大项目建设为重点，探索文化与旅游融合发展新途径，打造一批具有鲜明攀枝花特色和比较优势的文化产业品牌。利用钒钛、苴却石、茶叶、咖啡、水果等攀枝花特色资源和产品，开发富有文化价值和品位的特色文化旅游商品。积极拓展大众性文化消费，推动文化与教育、体育、信息、物流、建筑、节庆、广告、会展等产业融合发展，提高相关产业的文化含量和附加值，延伸文化产业链。开展好“欢乐阳光节”“金芒果节”“四川省第七届少数民族艺术节”等重大节庆文化活动，既丰富群众精神文化生活，又推动文化企业创新发展，增强文化企业市场竞争力。做好年度文化产业统计工作，把握好文化产业统计项目分类、调整等，力争全市文化产业增加值占全市国内生产总值的比重达到2.5%。

第三，加强对外宣传工作，全面提升城市形象。

对外宣传工作是宣传思想文化工作中的最具影响力的重大工作，市委、市政府历来十分重视。做好对外宣传工作不仅能为我市经济持续快速发展、社会更加和谐稳定创造良好的舆论氛围，还能进一步扩大和提升攀枝花的知名度、美誉度和影响力。我们要在2012年外宣工作取得全省先进的基础上，进一步创新思路，大力宣传好攀枝花“阳光花城、钒钛之都、南向开放门户”三张城市名片，努力宣传好攀枝花的发展成就，进一步扩大攀枝花在全省、全国的影响力，为建设幸福攀枝花营造良好的舆论氛围。

一是积极搭建外宣平台，形成大外宣合力。整合投资促进、旅游、文化、城管、交通、发改、经信等外宣窗口部门及各县（区）、大企业的外宣平台和资源，把外宣工作融入到全市各项工作中，形成有效互动，组成地方外宣大合唱。强化大外宣意识，主动把攀枝花置身于全省乃至全国大外宣格局之中，科学整合各类外宣资源，把对内宣传与对外宣传紧密结合起来，把政府往来与民间交流结合起来，把社会各界力量联合起来，把与我市有共同需求的区域要素整合起来，解放思想、抢抓机遇、主动融入，借大船出海、靠大平台发声，形成大外宣工作合力，实现攀枝花城市营销效应的最大化。

二是精心策划外宣活动，扩大城市影响力。要紧围绕市委中心工作，突出攀枝花特色，精心策划组织外宣活动。继续实施对外宣传“请进来”，加强与中央、省级新闻机构和主流媒体的沟通联系，畅通信息渠道。充分利用川滇黔12市地州峰会、西博会、昆交会、珠洽会、攀枝花欢乐阳光节等活动，做好城市形象宣传营销工作，提高攀枝花的美誉度。精心策划“中国钒钛之都”“中国阳光花城”“四川南向开放门户”“幸福攀枝花”等活动主题宣传，全方位、多渠道展示攀枝花城市新形象。拍摄制作攀枝花城市形象片，征集设计城市形象LOGO，构建城市形象视觉识别系统，强化攀枝花城市形象标识。邀请中央电视台、四川电视台等主流电视媒体来我市拍摄制作专题节目，并适时在传统主流媒体或重点门户网站推出专版、专题、专页。举办“欢乐阳光攀枝花行”采风活动，邀请新华网、人民网、凤凰网、新浪网、搜狐网、腾讯网、网易等国内知名网站负责人来攀采风，宣传攀枝花。与中央电视台、全国老龄委合作，举办全国“老龄养生论坛”和阳光康养系列活动，全面宣传攀枝花阳光、运动、休闲、康养的城市特色。组织开展迎接攀枝花建市50周年图片资料拍摄和征集活动，组织开展“寻找最美邻居”大型公益活动，提高攀枝花的知名度。

第四，不断强化舆论引导，做大做强主流思想舆论。

全市各级新闻媒体、网络媒体以及手机等新媒体平台，要紧紧围绕市委市政府决策部署和发展大局，主动占领舆论主阵地和制高点，以正面宣传为主、坚持团结稳定鼓劲，形成正面舆论宣传强势，提升媒体的引导力。要大力创新新闻宣传的内容、形式和手段，强化受众意识、对象意识、时效意识，做到言之有物、言之有理、言之有情，以客观真实的报道、权威公正的言论、清新平实的文风赢得受众，提升媒体的号召力，不断做大做强主流思想舆论。

一是加强发展主题宣传，增强凝聚力。全市各级各类媒体要大力开展中央、省委和市委经济会议精神宣传，准确解读中央、省委和市委关于经济社会发展的总体要求及主要任务，引导干部群众正确认识经济发展形势、坚定发展信心。要大力唱响稳中快进、提质增效、争先进位、跨越提升得工作基调，引导干部群众把握基调不动摇，追赶跨越不松劲。要深入宣传推进“三个加快建设”“三个走在全省前列”、打好“六大硬仗”重大战略，引导全市上下形成你追我赶、千帆竞发的良好态势。深入宣传突出产业支撑、投资拉动、“四化”同步、统筹城乡的重要部署，引导各地各部门共同努力真抓实干。深入宣传推进新型城镇化的重要部署，引导各地走新型城镇化道路，统筹城乡、区域协调发展。深入宣传促进农业和农村经济稳步发展的重要部署，引导各地各部门毫不放松地抓好“三农”工作。加大“五创联动”工作宣传，全面报道我市创建国家环保模范城市、国家森林城市、国家园林城市、中国阳光康养旅游城市和全国文明城市的进展和成效。开展“急难险重”专题宣传，全面报道花城新区建设、沿江景观打造等重大工程建设的进展和成效，为我市经济建设和社会事业持续快速发展提供强大的舆论支持。

二是做好民生主题宣传，凸显亲和力。要深入宣传市委市政府保障和改善民生的重大政策、工作思路、重要举措和不懈努力，宣传我市正在实施的民生重点项目推进情况和实际成效，让广大群众知道各级党委政府是真心实意的在全力保障和改善民生，是实实在在的关心和帮助群众。加强致富观念的思想引导，引导人们树立通过勤劳致富改善生活的理念。

三是加强社会热点问题引导，提高引导力。要切实做好物价、住房、教育、医疗、就业、食品安全、收入分配、生态环保等社会热点问题的引导，加强正面宣传，客观分析、报道造成社会热点问题的深层原因，准确解读中央、省委、市委的方针政策、及时公布政府信息，掌握话语主导权。要主动回应社会关切，多做解释工作，注重解疑释惑、情绪疏导，理顺群众情绪，推动形成理性健康的社会心态。要加强和改进舆论监督，统筹处理好成绩与问题的宣传，既充分展示好成绩也积极正视问题，使媒体真正成为党委政府加强社会管理的好帮手，增强群众对党委、政府的信心。要加强网络舆情信息的收集，确保第一时间及时收集和掌握舆情动态，重点关注改革发展、社会意识形态和有倾向性的涉攀舆情，及时了解群众思想状况，把握社会动向。加强重要网络舆情的跟踪、分析、研判，控制舆情升级、扩散和蔓延，引导社会舆论向好发展。加大对舆情信息的深度调研分析，对带有倾向性的问题，提出切实有效的对策建议，提升舆情信息工作服务于市委、市政府领导决策的能力。

四是加强宣传阵地建设和管理，增强执行力。要坚持党管宣传、党管意识形态、党管媒体的原则，认真落实谁主管谁负责和属地管理原则，做到守土有责、守土尽责。加强新闻发布平台和新闻发言人制度建设，完善外宣联席会议制度，及时主动发布新闻，正确引导社会舆论。严格规范新闻采编秩序，对媒体法人微博要建立严格的信息审核签发制度，编辑记者以职务身份开设的微博未经批准不得刊发本媒体未刊播的新闻报道、不得传播利用职务行为获得的各种信息。各县（区）除了要管好自己的传统媒体外，还要加强辖区内网络、微博、论坛、手机短信、微信等新媒体的管理，加强讲坛、学术研讨会的管理，加强文学作品、文艺创作的管理，绝不给错误思想言论提供传播载体和渠道，决不允许公开发表同中央决定相违背的言论。完善突发事件的宣传报道应急机制和新闻发布快速响应机制，进一步健全突发事件新闻处置工作预案，建立突发事件部门联动协调处理机制。分类建立自然灾害、事故灾难、公共卫生和社会安全事件等应急报道预案体系，不断健全重大突发事件应急报道机制。加强突发事件新闻发布和新闻报道管理，严格把握应急报道的相关政策，主动应对、化危为机，在第一时间发声，确保在重大问题上不缺位、在关键时刻不失声。积极探索互联网新兴领域管理办法，加快构建互联网管理整体联动的工作体系，完善管理制度和工作措施。强化互联网信息管理，推进互联网信息管理规范化、法制化。抓住落实网络身份管理这一关键环节，严格实行真实身份登记制度，推动网络运营商、服务商履行法定义务、承担社会责任，大力推进网络依法规范有序运行。加强重要节点、敏感事件的网上信息监管工作，建立互联网信息内容管理应急预案，切实维护社会和谐稳定。要进一步规范互联网新闻传播秩序，建立整治非法网络公关长效机制，继续深入开展整治互联网和手机媒体淫秽色情及低俗信息专项行动，督促行业自律，净化网络环境。

第五，加强队伍能力建设，全面提升干部素质。

我们把今年确定为宣传思想文化干部的能力建设年，就是要通过“三大主题教育”活动、深化“走转改”、践行“转正改”，采取组织专门培训、开展继续教育、实施重点培养、强化实践锻炼等方式，切实增强宣传思想文化干部的政治意识、服务意识、问题意识和改革创新意识，全面提升宣传思想文化干部理论创新、创意策划、市场运作、应急处置、媒体公关、决策执行和联系群众的能力，努力打造一支党性强、作风正、纪律严、效能高、形象好、工作优的宣传思想文化队伍。

一是提升理论创新能力。要深入推进党的最新理论成果在基层的创新实践，努力推动十八大精神深入城乡基层、走进千家万户，引导干部群众准确把握十八大精神实质，深刻领会中国特色社会主义理论体系丰富内涵。要坚持学以致用，努力推动十八大确定的各项任务落到实处。要加强相对于顶层设计的底层设计，把坚持和发展马克思主义与中国特色社会主义理论统一起来，与攀枝花的具体实践结合起来，解放思想、实事求是、与时俱进，不断推进理论创新，及时回答攀枝花改革、发展中的重大问题，用攀枝花的创新理论推动攀枝花经济建设、改革开放和社会进步。要进一步创新理论学习的方式、方法，扎实推进学习型城市建设，继续办好“攀枝花发展讲坛”，不断提升讲坛的影响力和号召力。要加强对理论工作人才的培养，重点培养有理论研究潜力的年轻人才，给他们工作压担子、学习给机会、成长给平台，让那些理论上有才华、工作上有成绩、思想上过得硬的年轻干部迅速脱颖而出，形成结构平衡、梯次合理、业务精深、水平一流的宣传思想理论工作队伍。

二是提升创意策划能力。创意策划是宣传思想文化工作的牛鼻子。牵住牛鼻子，拿出金点子，工作就成功了一大半。“凡事预则立，不预则废”。策划需要创新和创意，既要低头拉车，又要抬头看路；既要借鉴别人，又要自我超越；既要善于捕捉机会，又要善于堵塞漏洞；既要系统思考，全程运作，又要重点突破，精确打击。创意策划凭的是脑力思考、丰富阅历、敏锐洞察、深刻分析和出其不意。

创意策划能力培养，三分天注定，七分靠打拼。关键靠用心，重在实践历练。只要我们用心把握每一次机会，用心对待每一项工作，切实经历像清代文学家王国维提出的“读书三境界”，必定有所成就。

王国维在《人间词话》说："古今之成大事业、大学问者，必经过三种之境界：'昨夜西风凋碧树。独上高楼，望尽天涯路'。此第一境也。'衣带渐宽终不悔，为伊消得人憔悴。'此第二境也。'众里寻她千百度，蓦然回首，那人却在灯火阑珊处'。此第三境也。"第一境是准备过程，首先要有执着的追求，登高望远，瞰察路径，明确目标与方向。第二境是酝酿过程，必须坚定不移，经过一番辛勤劳动，废寝忘食，孜孜以求，直至人瘦带宽也不后悔。第三境是顿悟过程，必须有专注的精神，反复追寻、研究，下足功夫，自然会豁然贯通，有所发现，有所发明，就能够从必然王国进入自由王国。要继续发挥宣传思想系统的优良传统，在重大活动、重点工作的创意策划上，坚持组织精干力量集中攻坚，发挥团体的作用、集纳众人智慧，打好歼灭战。同时，要注重引进"外智"，为我所用，帮助我们提高创意策划的档次和水平。

三是提升市场运作能力。笼统的说，市场运作能力大致包括驾驭市场的能力和依据市场变化有效变革的能力。从大的方面讲，市场运作就是要实现政企分开，该由政府办的交由政府办，该交给市场办的交给市场办。我们要切实提高对社会主义市场经济的认识，准确把握公益性与经营性的根本区别与相互联系，坚持一手抓公益性事业，一手抓经营性产业，通过政府负责和市场主导两轮驱动，实现事业和产业两翼齐飞。从小的方面讲，市场运作就是要根据消费者的需求来定位工作方向与方式，找准需求点，以满足需求为路径，来实现运作目的。结合攀枝花工作实际来讲，提升市场运作能力就是要通过政策引领、项目支撑、资金扶持和政府购买服务等方式，加大对文化企业培育扶持力度，不断提升文化企业的市场竞争力；就是要运用市场化的手段来推进宣传思想文化工作，不论是组织举办活动、会议，还是建设工程、推进工作，都要善于搭台，让企业唱戏，引导社会力量参与，既有力推动工作又有效增强队伍的市场开发能力和市场引导能力，同时还为企业提供发展机会。

四是提升应急处置能力。当前，新闻应急处置已经成为一项常态化的宣传工作。应对突发事件，五分靠处置、五分靠宣传！应急宣传工作的成效，影响着整个应急处置工作的最终成败。应对突发事件，靠"堵"和"防"，是堵不住也防不了的，一定要按照"及时准确、公开透明、有序开放、有效管理、正确引导"的原则，及时抢占新闻应急处置事件的社会舆论的制先权，保证在第一时间发声，主动发布事实真相。要加强外来媒体的管理和服务，不要让他们"躲在暗处"、自由行动，而要让他们"现身"，在我们的视线范围内、为我所控、为我所用。要提前预判和及时把握外媒来访的时间节点，主动联系他们，多采取"组团采访"和"主动喂料"的方式，精心设定采访路线、巧妙设置报道主题、提供宣传资料，在尽量为他们提供好服务的同时加强管控。

五是提升媒体公关能力。随着传播方式的变革和公民意识的提高，除专业新闻媒体之外，越来越多的普通网民加入到社会建设和管理中来了，党委政府的一举一动、一言一行都在媒体和公众关注下。只有熟练掌握了媒体公关能力，在政府的一些政策出台、行为执行或负面消息出现时，主动应对、及时回应，才能赢得公众支持，推动工作，提升形象。要转变被动的、以堵为主的观念，以开放的心态面对媒体和民众的信息诉求，依法依规、积极主动应对媒体。要全面搜集、掌握信息。无论是召开新闻发布会应对媒体，还是网上灌水拍砖应对普通网民，都要本着诚心解决问题的态度，围绕关注焦点，认真公正作出处置，及时全面向公开。要学习掌握媒体公关知识，深刻领会"工夫在诗外"的丰富内涵，抓好平时谋篇布局的功课，避免临时抱佛脚的尴尬。

六是提升决策执行能力。执行力就是战斗力。个人执行力的强弱取决于两个要素——个人能力和工作态度，能力是基础，态度是关键。所以，我们要提升个人执行力，一方面是要通过加强学习和实践锻炼来增强自身素质，而更重要的是要端正工作态度。如何树立积极正确的工作态度？我认为，要着眼于"严"，积极进取，增强责任意识；要着眼于"实"，脚踏实地，树立实干作风；要着眼于"快"，只争朝夕，提高办事效率；要着眼于"新"，开拓创新，改进工作方法。要始终保持奋发有为、勇争一流的工作激情，以高昂的斗志、饱满的热情、务实的态度，奋勇争先、迎难而上、兢兢业业、尽职尽责做好宣传思想文化工作。要把决策执行能力表现在落实市委市政府各项工作任务中，坚持一抓到底、件件落实、抓出成效，做到踏石留印、抓铁有痕，不让布置的工作在我们这里耽误，不让差错发生在我们这里，更不能不让市委市政府的形象在我们这里受损。

七是提升联系群众能力。宣传思想文化工作的服务对象是基层广大群众，今年，我们要把工作重心放在基层，切实加强基层宣传思想文化工作的力度，全面提升联系群众的能力。要加强基层宣传思想文化阵地建设，努力抓好基层，特别是乡镇（社区）的宣传思想文化工作平台建设，积极推进企业、部门、学校和各类高新组织建强配齐的宣传机构和宣传员，逐步构建起基层宣传思想文化机构覆盖全市，宣传思想文化触角延伸到每个社会领域的基层宣传思想文化工作体系。要坚持“三贴近”原则，进一步深化“走转改”活动，大力践行“转正改”，深入开展群众路线教育，积极组织宣传思想文化工作人员深入基层一线，真心地和群众交朋友，用从群众的视角、用平实的语言和的文风，客观真实的宣传报道市委市政府决策部署在基层的落实情况，反映改革发展的生动实践，反映社会生活的崭新变化，反映人民群众的愿望要求，进一步拉近宣传思想文化工作与人民群众的距离，密切党同人民群众的血肉联系，在提高为群众服务水平的同时提升宣传思想文化工作的影响力。

新起点、新挑战，全市宣传思想文化战线一定要切实增强责任感和紧迫感，在市委的坚强领导下，深入贯彻党的十八大精神，认真落实市委各项重大决策，率先行动、主动作为，进一步解放思想、凝聚共识、引领发展，为攀枝花在全省率先全面建成小康社会作出新的贡献。

加强自身建设　顺应时代呼唤
努力开创攀枝花文艺事业新局面

——在市文学艺术界联合会五届六次全委会上的讲话

2013 年 3 月 13 日

“等闲识得东风面，万紫千红总是春。”正值全国“两会”召开之际，今天，我们在这里召开攀枝花文学艺术界联合会五届六次全委会，认真贯彻落实党的十八大精神，总结经验、分析形势、谋划工作，很有意义。

第五届文代会以来，市文联及各团体协会深入贯彻党中央的重大决策部署，坚持用科学发展观统领文艺工作和文联工作，积极服务市委和市政府的工作大局；广大文艺工作者以昂扬的精神状态、出色的艺术劳动，积极投身构筑区域性文化高地和美丽幸福攀枝花的艺术实践，唱响社会发展和时代进步的主旋律，为我市文化大发展大繁荣作出了积极贡献。

同志们，文化是民族的血脉，是人民的精神家园。实现中华民族伟大复兴，离不开中华文化繁荣兴盛。党在十八大报告中强调：要扎实推进社会主义文化强国建设。习近平总书记也指出，“实现中华民族伟大复兴，就是中华民族近代以来最伟大的梦想”，他深情阐述了“中国梦”的核心内容。“中国梦”就是“强国梦”。“强国梦”，是时代和人民的呼唤，也是广大文艺工作者的心声和肩负的历史使命。文艺工作，历来是党和人民事业的重要组成部分，在党和人民事业发展中具有十分重要的地位。面对当今各种思想文化相互激荡的大潮，面对我国全面建成小康社会对文化发展的新形势、新要求，面对群众文化生活多样活跃的态势，如何找准我市文艺事业前进发展方位，创造文艺事业发展的新辉煌，努力建设幸福和谐攀枝花，提升城市区域竞争力和文化软实力，是摆在我们面前的一个重大现实课题。

借此机会，我讲几点意见，与广大文艺工作者共勉：

一、增强使命意识，激发创新活力，努力开创文艺事业新局面

当前和今后一个时期，全市文艺工作者要深入学习贯彻党的十八大精神，进一步把思想和行动统一到党的十八大精神和习近平总书记系列重要讲话精神上来，统一到中央关于文化繁荣发展的决策部署上来。通过学习，进一步增强使命感和责任感，激发创新热情，焕发创造活力。一切有理想有抱负的文艺工作者，都要担当起时代赋予的神圣使命，积极投身讴歌时代的文艺创造活动中；一切有成就的文艺家，都要注重在时代进步的伟大实践中汲取创作灵感。以人民为中心的创作导向，是时代和人民对文艺工作者的殷切期望，也是文艺工作者真正能够施展才华、作出无愧于时代的业绩的必然要求。我市广大文艺工作者一定要正确认识和牢牢把握社会发展的正确方向，深刻体验人民前进的准确信号，自觉响应社会发展的客观要求，坚持把个人的艺术追求融入国家发展的洪流之中，把文艺的生动创造寓于时代进步的运动之中，奋力开创我市文艺事业发展新局面。

二、增强服务意识，发挥独特优势，促进幸福和谐攀枝花建设

当前是正是我市大力推进“三个加快建设”“三个走在全省前列”，打好“六大硬仗”，朝着在全省率先全面建成小康社会目标奋勇前进的关键时期，也为我市文艺事业大发展大繁荣带来了前所未有的机遇。市文联和各文艺协会要切实担当起时代使命，认真研究和探索文联在促进文化大发展大繁荣中的地位和作用，认真研究和探索文联在发展文化产业中的作用方式，全方位发挥文艺工作者在攀枝花经济、政治、文化、社会建设和城市建设中的重要作用，为实现科学发展、富民强市目标做出新的更大的贡献；要紧紧围绕“提升城市形象和文化品位，建设幸福和谐攀枝花”这一主题，增强大局意识、改进服务方式，拓宽服务领域，探寻服务新思路，以敢于担当、敢想敢做的勇气，以坐不住、等不起、慢不得的紧迫感，以求真务实、实干、敢干、快干的作风，推动工作出亮点、创品牌、上水平，为助推攀枝花科学发展、全面小康的总要求提供强大精神动力、舆论支持和文化条件。

三、增强精品意识，着力打造文艺精品、推出优秀人才

文化的生命力在于文化的创造力。精品力作是文艺繁荣发展的根本标志，在当今文化建设的春天里，人民群众呼唤更多思想性艺术性观赏性相统一的精品力作。文联及所属文艺家协会要引领广大文艺工作者发扬十年磨一剑的精神，不断挖掘作品的深刻主题，不断丰富作品的表现形式；要有敏锐的目光，对重大题材文艺创作的深刻把握，立足本土，服务本土，两眼下向，把创作重心放在文艺影响力的突破和提升上，努力创作生产更多经得起历史和人民检验的精品力作；要紧紧围绕市委、市政府工作大局，以“文学活动品牌建设”为工作重点和突破口，精心组织一系列主题性文艺活动；要以五十周年市庆活动为契机，搞好重点文学项目创作，创作一批能够反映时代主旋律、具有攀枝花文化特质、文化气派的精品力作。打造文艺精品，队伍是基础，人才是关键，要牢固树立人才是第一资源的思想，以能力建设为重点，以“四个一批”文化人才培养工作为抓手，制订切合攀枝花实际的文艺人才队伍培养的中长期规划，建立健全相应的激励机制，加快培养造就一批德艺双馨、规模宏大的文艺人才队伍及各领域各门类高层次领军人物。

四、深入开展“三大主题”教育活动，不断提高文联自身建设水平

文联作为党领导的重要人民团体，是党和政府联系广大文艺工作者的桥梁和纽带。面对新形势和新任务，文联要进一步加强自身建设，不断增强凝聚力、扩大影响力，更好地团结广大文艺工作者为发展社会主义文艺作贡献。当前，攀枝花市正在全市范围内开展“思想大解放，作风大转变，工作大落实”主题教育活动，这是攀枝花深入贯彻落实党的十八大精神的创新性举措。要以此次“三大主题教育”活动为契机，认真践行“转正改”，切实增强文联领导班子和文联干部队伍的政治素质、服务意识、问题意识和改革创新意识，着力提升理论创新、创意策划、市场运作、应急处置、媒体公关、决策执行和联系群众七个方面的能力，努力打造一支干事有激情、做事有思路、推进有举措、落实有效率、工作有实效的领导班子和干部队伍。要加强文联及所属文艺家协会的组织网络体系、管理制度体系、行业服务体系建设，大力加强文联的信息化建设，运用现代传播手段提升文联工作的信息化水平。

同志们，我们站在新的起点，面临新的挑战。全市文艺工作者一定要切实增强使命感和责任感，在市委的坚强领导下，深入贯彻落实党的十八大精神，团结一心、扎实工作、开拓进取、努力奉献，为推动攀枝花文艺事业大发展大繁荣作出新的更大贡献！

在攀枝花市创建全国文明城市攻坚会暨第三届四川省文明城市迎检工作会上的讲话

2013 年 4 月 23 日

四川省文明城市申报、推荐工作已经开始，预计暗访测评将于5、6月展开。在这重要时刻，今天在这里召开会议，主要任务就是进一步动员全市上下迅速行动起来，以更加坚定的信心、求真务实的作风、决战决胜的姿态，全力以赴做好迎接四川省文明城市迎检工作。一会儿，成鸣书记还要作重要讲话，我们要认真贯彻执行。下面，我先讲三点意见。

一、前期文明城市创建工作回顾

通过开展扎实有效的创建活动，创建工作机制逐步健全，文明城市创建宣传氛围愈加浓厚，公民道德实践活动更加丰富，社会志愿服务活动蓬勃开展，学雷锋、讲文明、树新风等活动深入开展，有利于未成年人健康成长的社会文化环境不断优化，市民文明素质逐步提高，社会文明程度全面提升，城市公共文明指数测评跃居全省第四，文明城市创建取得了显著成效。与此同时，4 月份，省文明办将“申报前12个月内曾发生有全国、全省影响的重大安全事故不能申报四川省文明城市”的“资格审核”条件调整为“申报前6个月内曾发生有全国、全省影响的重大安全事故不能申报”，申报时间的变化，可以说是给攀枝花量身定做，有效避免了“8·29”事故对创建进程的影响，体现了省文明办对市委、市政府强力推进全国文明城市创建工作的充分肯定，也极大了给予攀枝花创建四川省文明城市的最大支持，有力提振了我们创建全国文明城市的信心和决心。

二、科学研判创建工作形势

在肯定成绩、总结经验的同时，我们更要清醒地看到，我市创建工作还面临巨大挑战，还存在一些突出问题。综合起来看，主要有以下几点：

一是创建步骤严格化。要创建全国文明城市，必须经过“四川省文明城市、全国文明城市提名资格城市和全国文明城市”三个创建步骤及路径。因此，创建成为四川省文明城市，是创建全国文明城市提名资格城市和全国文明城市的前提和基础。即使今年成功创建为第三届四川省文明城市，明年还必须争取成为全国文明城市提名资格城市，我们才有机会参加“全国文明城市”创建，如果创建一切顺利通过，预计2017年接受中央文明委的检查验收。如果今年创建不顺利，那么明年必须继续参加第四届四川省文明城市创建，再经过三年创建争取成为四川省文明城市。而根据中央文明委总体部署，每年分配给四川的全国文明城市提名资格城市名额只有1个，最多2个。同时，今年从5月份开始，省文明委将对申报的17个市（州）进行考评，严格按照得分高低，评选出第三届四川省文明城市，并将得分最高的1至2个城市作为向中央文明委推荐申报全国文明城市提名资格的城市。因此，创建全国文明城市，任重道远。

二是考核测评常态化。四川省文明城市考核测评主要有两大依据：第一，《四川省城市公共文明指数测评细则》是参加申报评选省级文明城市的一项重要权数，它包括公共环境、公共秩序、公共服务、公共文化、公益行动和公共关系等6个方面、39个测评指标、114项测评标准。省文明办从2011年开始，每年开展城市公共文明指数测评，并将每年测评成绩以一定比例计入四川省文明城市评选的总成绩，纳入省委对市（州）的保证目标考核。第二，《四川省文明城市考核测评细则（2013年版）》是对申报城市考核测评的主要依据，包括基本指标和特殊指标，共有49个测评指标、149项测评内容、409条测评标准，总分110分。

三是同城竞争白热化。截至目前，全省有成都、绵阳2个全国文明城市，有广安、遂宁2个全国文明城市提名资格城市，第一届有成都、绵阳、广安3个省级文明城市，第二届有成都、绵阳、广安、遂宁、南充、内江6个省级文明城市。而文明城市评选表彰实行届期制，每三年为一届，获得荣誉称号的城市在每届期满后，须重新参加申报、评选。因此，已经获得全国文明城市、全国文明城市提名资格城市和省级文明城市荣誉称号的城市也必须重新参加新一届的申报、评选。而今年已有包括攀枝花在内的17个地级市（成都、绵阳、广安、遂宁、广安、遂宁、南充、内江、眉山、资阳、德阳、泸州、宜宾、自贡、雅安、巴中、达州）明确提出申报争创省级文明城市，创城工作可谓“强手如林”“竞争激烈”。如果我们在关键时刻不奋力争先或者是稍有懈怠，我们就会在激烈的竞争中淘汰出局，一落后就是三年。

四是创评程序规范化。文明城市评选表彰工作要经过自愿申报、逐级推荐、考核测评等12大程序。在所有程序中，考核测评工作是最重要、最关键的部分，考核测评又由资格审核、问卷调查、暗访测评、明查考核、整体观察五个重要环节组成。特别是本届四川省文明城市测评，方式和内容都发生了很大变化，除了听取汇报、材料审核等必须的工作以外，其余的数据采集均以暗访为主，最显著特点就是随机性、不可控性。尤其是今年将未成年人思想道德建设工作作为文明城市创建的前置条件，包括6大测评项目、75个测评指标、262条测评标准等工作内容，增加了创建难度。综合起来看，可以说得上是“形势严峻”。

五是创建存在较大差距。对照《测评细则》和《任务分工》，我市在创建文明城市方面还存在“城市硬件设施和软件建设仍有缺失、公共环境和公共秩序还需加强管理、部分窗口服务质量较差、创建文明城市长效机制还未健全”等一些突出问题（比如：主要大街存在流动摊贩沿街乱摆摊设点现象，经营性公共场所存在证照不齐全等问题；网吧存在接纳未成年人上网现象）。

总之，这次测评时间紧、范围广、要求高。当前，我市的创建工作已经进入关键时期，全市各级各部门务必迅速行动起来，立即进入迎检状态，全力以赴，认真迎接省级考评，全力争创第三届四川省文明城市。

三、全面落实各项迎检工作责任

从目前掌握的情况分析，省上将在5、6月份开展暗访测评，9、10月份开展材料审核和明查工作，因此我们要按这个时间节点，扎实做好各项迎检准备工作。

一是强化突出问题整改落实。各县（区）、钒钛产业园区、市级各创建责任单位“一把手”是创建工作的第一责任人，要把创建工作摆在突出位置，做到亲自组织研究，亲自动员部署，亲自督促检查，亲自协调解决问题。要按照新调整的《任务分工》和《全国未成年人思想道德建设工作测评体系》的要求，以《攀枝花市创建四川省文明城市重点指标任务分解表》为重点，以《2012年攀枝花市城市公共文明指数测评整改问题清单》和《攀枝花市创建四川省文明城市集中整治行动实施方案》为难点，锁定A级标准不放松，全面落实各项考核指标任务，把创建责任分解到位、工作落实到位、细节整改到位，切实把各项迎检基础工作做深做细做扎实。

二是形成创建工作强大合力。9个专项工作组牵头单位既要切实履行本工作组牵头单位所担负的工作职责，也要履行其它专项工作组安排给本单位所承担的工作任务，各部门、各单位必须无条件配合、支持、执行市创建指挥部及办公室和9个专项工作组分配的工作任务。全市各级各部门要切实履行职责，按照“谁牵头谁负责、谁主管谁负责、谁丢分谁负责”和“属地管理、分级负责”的原则，认真对照各自工作职责，充分发挥能动作用，切实加强对本系统、本行业、本区域迎检整改工作的检查督促，确保把整治任务落到实处。对涉及众多部门单位共同承担的工作任务，各部门各单位要牢固树立“创建一盘棋”思想，加强协调配合，相互理解支持，力戒推诿扯皮，做到依法行政，严格执法、文明执法，切实保证每项测评标准落到实处。比如无障碍设施建设与完善工作等，市住建局、市城管局要牵头进行整改落实，诸如此类问题，要逐一进行落实。

三是加强创建工作督查督办。市委、市政府目标督查办、市“五创联动”督查组、市创建全国文明城市指挥部要联合开展督查行动，采取定期暗访、书面通知、办结销号等办法，督促各责任单位切实整治难点问题。特别是对《测评细则》和《任务分工》明确要求的实地考察点、必查行业、重点行业、窗口单位，要做到有督导、有检查、有通报。要积极发挥各级人大、政协的依法监督和民主监督职能，组织人大代表和政协委员对创建工作进行专项督查和视察，推动各项工作上新水平。市级新闻媒体要充分履行新闻监督职责，对创建工作中的问题监督整改。创建文明城市已经纳入市委、市政府“急难险重”年度目标考核内容，市创建办要加强对各县（区）、各部门开展创城工作落实、迎检要求工作安排的专项督促检查，确保工作任务落到实处。对措施不力、行动迟缓的，要给予批评教育，限期整改；对推诿扯皮、影响恶劣的，除进行通报外，严格追究主要领导和相关人员的责任。

四是营造浓厚创建舆论氛围。各级各部门要通过动员会、干部职工会等方式，组织广大干部职工认真学习文明城市创建知识、文明礼仪知识、“四川省文明城市和城市公共文明指数测评调查问卷（模拟卷）”内容，提升广大市民对创建工作的知晓率、参与率和满意率。要加强对重点部门和窗口从业人员的教育，在积极推进“文明礼仪进机关、进社区、进学校、进企业、进农村、进家庭、进景区、进市场、进窗口”活动基础上，突出抓好机关事业单位干部职工、中小学生、行业服务人员等重点人群的基本礼仪知识普及与实践，不断提升市民文明素质。各级志愿服务组织要结合“创建文明城市、志愿者在行动”系列活动，组织开展各具特色的志愿服务主题活动，积极开展文明劝导，加强对空巢老人、留守儿童、残疾人、特殊困难群体帮扶，进一步推动学雷锋、志愿服务活动常态化开展。在统筹推进全市“五创联动”宣传工作的基础上，把握迎检工作的关键节点、重点时段，重点抓好四川省文明城市宣传及氛围营造，掀起创建文明城市暗访测评、明查考核的新一轮迎检高潮。要加大互联网监督与管理，杜绝不良信息传播，尤其要避免形成对攀枝花不利的重大舆情事件。

同志们，四川省文明城市称号是一个城市的综合性荣誉称号。这个荣誉称号不仅仅属于一个城市，也属于文明城市创建指标所覆盖的每个行业、每个部门，更属于工作、生活、居住在这个城市的每一个市民。通过创建，进一步促进城市管理上水平，促进行业和部门工作上台阶，促进市民素质上档次，让我们生活的城市更美丽，人民更幸福，这是我们的终极目的。希望通过今天这个会，各区（县）、钒钛产业园区、市级各创建责任单位切实按照市委、市政府的部署，再添措施、再鼓干劲，全面完成各项创建指标任务，力争创建四川省文明城市取得成功！

齐心协力　乘势而进
打好创建中国阳光康养旅游城市攻坚战
——在2013年旅游工作会上的讲话

2013年4月9日

今天会议的主要任务就是贯彻落实市委九届四次全体（扩大）会议暨市委经济工作会议、全省旅游工作会议精神，进一步统一思想、明确任务，实施多点多极支撑发展战略，加快推进中国阳光康养旅游城市的建设。会上，成斌副秘书长宣读了表彰决定，望受表彰的单位再接再厉。康健市长对去年的旅游工作进行了全面总结，对今年的工作进行了安排部署，并代表市政府签订了2013年目标责任书，各级各部门要抓好贯彻落实。五个区县和市旅游局都作了很好的发言，希望大家相互学习借鉴。下面，我讲四点意见：

一、对去年旅游工作的总体评价

总的来说，去年旅游工作成绩令人振奋，但是来之不易。全年实现旅游总收入66.9亿元，全省增幅排位上升14位，各项经济指标均创历史新高。中秋、国庆和春节黄金周，游客爆满，出现景区拥堵、排队，宾馆饭店一房难求的火爆场面。我认为主要有四个方面的经验：

（一）思路清晰，目标明确

去年，市委、市政府在审慎分析我市旅游资源禀赋特质，周边市场环境，未来旅游发展趋势的基础上，认为我市阳光资源优势明显，运动康体资源特色突出，非常适宜发展休闲康养旅游。将旅游发展的方向定位于阳光康养旅游，提出了通过5-8年创建成“中国阳光康养旅游城市”的目标。从一年的实践证明，这一定位顺应了当前国际、国内休闲度假旅游时代的发展大趋势，又能充分展现攀枝花资源特点，创造新的发展和市场空间，市场认可度很高。

（二）政府主导，推动有力

市委、市政府强力推动旅游发展，主要领导亲自过问、十余次到项目现场调研，分析解决问题和困难；分管领导直接联系重点旅游项目，经常深入一线督办检查；各区县和各部门各负其责、各司其职，共同推动旅游发展。旅游项目还纳入了“急难险重”考核督办，坚持“半月督察、每月分析、季度考评、现场协调、现场落实”。对重大项目引进实行一事一议，给予特殊政策，大力扶持。

（三）招大引强，项目支撑

招商引资，建设项目是旅游业发展的核心。去年，我市新引进5000万元以上旅游项目21个、1亿元以上项目17个、10亿元以上项目5个，100亿元项目2个，有效调整了旅游产业结构，增强了我们发展旅游的信心，凝聚了发展旅游的力量，同时也塑造了阳光康养旅游城市的新形象。

（四）攻坚克难，突破瓶颈

我市旅游发展起步晚，问题多，瓶颈突出。去年我们主要解决了部分交通瓶颈问题，旅游基础设施瓶颈问题，实现了市内旅游交通部分改善，旅游标示标牌、旅游服务站、旅游厕所等配套设施完善，提高了部分住宿接待能力，成功应对了黄金周的旅游“井喷”。

取得以上成绩和经验，是大家团结奋斗，辛勤工作，共同努力的结果，尤其是不分节假日战斗在一线的旅游工作者无私付出的结果。在此，我代表市委向大家表示深深的谢意和诚挚的问候！

当然，去年的工作也存在一些不足，比如：旅游经济总量不大，旅游产品结构不优，旅游营销仍需加强等。希望在今年的工作中加以改进。

二、对今年工作的总体要求

2013 年是全面贯彻落实党的十八大精神的开局之年，也是我市旅游业发展十分关键的一年。今年，全球金融危机仍在持续，国际经济环境仍然复杂多变，世界经济仍将延续低速增长的态势，世界经济已由危机前的快速发展期进入深度调整期，这将增大全球旅游业逆势上扬的难度。相对而言，国内旅游发展环境仍保持着“黄金发展期”的状态，国民经济将持续健康发展，城乡居民生活水平和质量不断提高，旅游消费蓬勃发展的趋势不会改变，旅游消费仍然是中央和各地大力培育的消费增长点。4 月 2 日，《全国老工业基地调整改造规划（2013－2022 年）》获得国务院批准，我市也位列其中，这意味着我市将获得国家在资金、土地政策等方面的倾斜扶持，是我市旅游产业加快发展的机遇。面对各种复杂变化的经济形势和机遇，我们在发展旅游产业时，既要充满信心，又要增强忧患意识，不回避矛盾，不掩盖问题，深入研判，早做谋划，灵活应对。

（一）充分认识发展旅游业的重要意义

我市是一个典型的资源城市，二产占据了三大产业的绝对优势比重，这与经济社会发展的趋势是不符的，随着有限的、不可再生的矿产资源的开发殆尽，城市就失去了赖以生存的基础。市委、市政府很早就意识到这一问题，并采取了多项措施有意识地调整城市产业结构，促进城市转型，积极发展乘数效应大、就业面广、资源消耗低、环境成本小、投资见效快，能够传承发扬文化，促进对外交流，提升文化软实力的旅游业就是我市产业结构调整的重要途径。

1. 加快发展旅游业是落实多点多极支撑发展战略的具体行动

2013 年，全省经济工作会议作出了构建“多点多极支撑”区域发展格局的重大部署。所谓“多点”就是要做强市（州）经济梯队，通过五年左右的努力，力争有一批市（州）经济总量超过 2000 亿元，有一批市（州）超过 1500 亿元。“多极”就是要做大区域经济板块，实施成渝经济区和天府新区区域规划，培育成都平原、川南、川东北、川西北及攀西“四大城市群”，发展成都、川南、攀西、川东北、川西北“五大经济区”，形成支撑四川发展新的增长极。多点多极支撑发展战略的深入实施必然带来全省区域发展格局的深刻调整。对攀枝花来讲，这既是一次重大机遇，也是一项重大挑战。作为“多极”中的一员，我市出台了《关于实施多点多极支撑发展战略的意见》，并明确提出要打好六大硬仗，其中就包括打好全国著名阳光度假康养旅游目的地建设的硬仗。要求高起点、高标准重点打造二滩、阿署达、普达、红格等旅游产业项目群。围绕“吃、住、行、游、购、娱”六大要素，完善服务设施，提升旅游内涵，强化接待服务能力。加强区域旅游合作，积极融入大香格里拉旅游圈。加强营销推广，办好欢乐阳光节、金芒果节、石榴节等旅游节庆活动，努力拓展旅游市场。力争 2015 年实现旅游总收入达 200 亿元以上。要加快发展康养产业，以运动、健身、休闲、度假、养生养老为主要内容，做大做强全年度，特别是以冬季阳光度假为主体的阳光康养产业，到 2018 年，基本建成全国知名的阳光康养旅游度假目的地。要加快发展服务业，积极发展现代物流、金融保险、信息网络、商业服务等生产性服务业和教育医疗、休闲健身、餐饮娱乐等生活性服务业，构建大商贸、大流通格局，不断提升我市区域辐射聚集、配套服务能力。

2. 加快发展旅游业是推进统筹城乡的重要途径

旅游业具有综合性强，市场化程度高，开放程度高等特性，对区域经济社会发展具有很强的带动作用，对于转变城乡“二元”结构、统筹城乡发展具有重要的作用。通过“旅城一体”的旅游新村建设，可以带来活跃的人流、物流和资金流，促进城镇发展。因地制宜地打造特色鲜明的旅游新村，建设城乡一体化的旅游基础设施和接待设施网络，积极开发具有攀枝花特色的旅游商品，形成原材料供应、加工、包装、销售一条龙服务，提高农副产品的附加值，为农民提供更为广阔的就业渠道，不仅促进农村经济社会快速发展，还可以推动农村同步小康进程。

3. 加快发展旅游业是实现边远民族地区经济社会发展的重要抓手

我市边远民族地区民风民俗独特、淳朴、浓郁，旅游资源特色鲜明，但大多地处偏远、经济社会发展整体滞后。发展旅游业，能够带动当地多种相关行业的发展，包括交通运输、农副业、旅馆餐饮业、娱乐业等多个行业的发展，有利于实现新的产业支撑，增加群众收入，又有利于引导资金、信息、技术、人才等生产要素向边远民族地区的合理流动，还可以增加异域人们相互间的交往和了解，从而带来更多新鲜的信息，打破人民原有的偏见和狭隘的思想，使当地居民扩大视野，更新观念，促进民族之间的交流，增进民族情谊，能促进边远民族地区脱贫致富、同步小康。

另外，加快发展旅游业也是扩大内需的重要途径。国家“十二五”规划提出，扩大内需是中国未来五年发展的第一要务，扩大消费需求为扩大内需的战略重点。旅游业在消费上具有最终消费、综合消费、绿色消费、可重复消费的特点，是扩大消费的重要领域，加快发展旅游业还是一项富民惠民的民生工程，就业容量大，能够吸纳不同层次的人群就业。目前，全球旅游业的就业岗位占到总人数的近十分之一，截止2012年底，我市旅游直接从业人员已经达到16695人。旅游业虽然对财政收入的直接贡献不大，但老百姓受益大。通过发展旅游业，人居环境变好了、大量游客涌来了、老百姓就业机会和经济收入就增多了。旅游业在经济社会发展中的地位也越来越凸显。

（二）重点落实推动旅游产业大发展的各项措施

旅游产业是具有高综合性的产业，涉及“吃、住、行、游、购、娱”六要素的各行各业。我市旅游产业起步晚，问题多。目前我市旅游经济总量在全省还靠后。在发展上，不能一蹴而就，必须突出重点，突破难点，分轻重缓急，才能在短期内实现突破。今年，省旅游产业发展领导小组拟将我市旅游总收入调整为到2015年达到208亿，进入第三梯队。我们深知这是省里对攀枝花工作的肯定、对攀枝花发展前景的认可，更是鞭策。这个目标任务十分艰巨，要完成，我们还面临很多困难，需要用超常的发展手段，付出超常的努力，破解更多的发展瓶颈方可能实现。

1. 抓项目建设，为阳光康养旅游城市提供产品支撑

建设重大项目，打造旅游精品，是持续支撑和左右我市旅游经济增长的关键因素，不仅具有经济增长的乘数效应，而且具有优化资源配置的催化效应。我们要全力抓好三方面工作：一是围绕重点旅游项目群继续招大引强。要在去年基础上，总结经验，创新机制，采取以会招商、上门招商、小分队招商、以商招商、网上招商、亲情招商等多种手段招大引强，全面形成阳光康养旅游城市的核心项目体系。二是继续推动落地项目建设。今年是全省旅游“项目建设年”，全市旅游的“急难险重”任务即将下达，各级各部门要想办法、定措施，切实抓好阿署达花舞人间景区、普达阳光国际康养度假区、海一得石旅游开发项目等旅游重大项目建设，尽快将我市丰富的阳光资源转化为现实的旅游生产力。三是要为旅游企业排忧解难。目前，受宏观经济形势和政策的影响，有相当部分旅游企业处于“寒冬”期，一些旅游大项目在建设中遇到了这样那样的困难。我们要主动过问，帮助旅游企业树立信心，“勇气和信心比黄金更重要”，要引导企业调整经营方式，加大促销力度，开拓更广市场；政府相相关部门要主动研究具体扶持解困政策，帮助企业渡过难关。

2. 抓重点旅游区域打造，增强我市旅游的吸引力

打造好重点旅游区域，就是在树立阳光康养旅游的标杆和品牌。抓重点区域打造，关键要进一步完善旅游业态，优化产业结构，要做到招商引资、项目建设、基础设施完善同步开展。红格温泉旅游度假区各个项目今年要全部完成主体工程建设，形成接待能力；二滩策划编制完成后要立刻启动项目的包装和招商，加快桐子林山水休闲度假区建设；二滩湖区和高速公路沿线的旅游新村要重点打造，连点成线，连线成片，全面发展。

3. 抓旅游基础设施完善，提升我市旅游的竞争力

一是继续抓好市内外交通设施建设。交通问题仍然是我市旅游发展的软肋。旅游部门要围绕打通攀枝花与主要客源地城市的陆上、空中通道，主动与发改委、交通等部门沟通信息，争取支持。发改、交通等有关部门要主动向上争取支持，搞好对接，争取我市主要交通项目早日开工，早日建成。年内，争取丽攀高速公路攀枝花段贯通、丽江段开工；加速推动攀大高速公路的立项工作；要在上半年实现机场复航，并争取开通北京、上海、广州、深圳等主要旅游客源城市的航线；要加快市区到红格道路改造工程，要开工建设高速公路延伸到阿署达等重点旅游区的连接线工程；要做好二滩环线旅游通道及北部边远地区旅游通道的论证和规划。二是要抓旅游接待能力提高。去年，我们在“吃、住、行、游、购、娱”旅游六要素方面的整体水平都得到了明显提高。今年，我们要再接再厉！16个重点旅游新村要在今年6月底以前全面形成接待能力，开门迎客。要继续引进国际国内知名的商务连锁酒店，引导、壮大经济型酒店和农家乐发展。要在东区、盐边县的红格镇试点研究民宿旅游的发展，提高全市旅游接待能力。三是要抓好旅游服务质量提升。要通过旅游标准化示范城市创建，进一步完善景区标志标牌等服务设施，加快旅游集散服务中心的建设，提供标准化的旅游服务，提高我市旅游服务的软、硬件水平。我重点强调一下创建工作的建标立制问题，创建中国阳光康养旅游城市，既然是创新，那么我们就很有必要好好研究一下阳光康养旅游城市的定义和标准体系建设，力争上升到国家层面并予以推广，这也是攀枝花对全国旅游发展的贡献。

4. 抓重点营销，塑造“阳光花城·康养胜地”品牌

营销要紧扣“阳光康养”主题、突出“阳光”和“花卉”亮点，做好策划、丰富内涵、优化机制、整合力量、创新方式，展现魅力，扩大影响。一是紧紧围绕“阳光花城·康养胜地”的形象抓宣传。康养旅游是我市旅游发展创新的成果，其内涵、外延都需要在实践中不断丰富和完善。今年要通过征集“康养”定义的方式，来为塑造我市“阳光花城·康养胜地”旅游形象造势，提高旅游形象的知名度和认可度。二是举办节庆活动。节庆活动具有凝聚人心、招徕游客、树立形象、扩大市场影响等诸多作用。今年要办好以金婚活动为特色的“2013年中国·攀枝花欢乐阳光节”，丰富阳光节的内涵，增强阳光节的吸引力。旅游部门要将民政部门牵头的结婚活动纳入阳光节重要活动板块，抓好工作对接。三是加强区域合作。我市周边地区，无论西昌，还是大理、丽江，其旅游发展都快于我们，优势也比较明显。我市还处于阳光康养旅游发展的起步阶段，需要依托周边地区的优势，特别是他们旅游产品和企业成熟，客源多的优势，实现自身的发展。我们要在“苦练内功”的基础上，善于“借船出海”“借牌造势”。四是利用新媒体营销。新媒体营销一直是我市旅游营销的薄弱环节，今年要加大对现代旅游营销方式的探索研究，充分利用微博、微信等各种新媒体，开展小成本、大收效的营销宣传。

5. 抓重点产业融合，实现旅游与相关产业协调发展

随着休闲度假时代的到来，旅游也从单一的观光内涵发展到了当前集观光、休闲、会展、宗教、运动等多种元素于一体的新内涵，旅游业与三大产业融合也形成了形式多样的旅游方式，如乡村旅游、工业旅游、观光旅游、会展旅游、休闲度假旅游等等。刚刚过去的“清明节”小长假，在我市，由于百姓的祭奠活动带活了公墓沿线的农家乐；同时，旅游的发展又让樱桃园的农民赚得盆满钵满。可见，有效的产业融合可以实现共赢发展。我们要重点通过旅游与农业、旅游与林业、旅游与工业等多方融合，开发出极具攀枝花特色的乡村旅游、林业旅游、工业旅游等旅游产品，丰富阳光康养旅游产品体系和内涵，形成“大旅游”的发展格局。

（三）加强领导，确保各项工作扎实推进

创建阳光康养旅游城市，是一项全局性、战略性、系统性、前瞻性的工作，必须要形成强大的领导合力、组织合力、思想合力，激发强大的精神动力，发展动力，工作动力，方能实现目标。在此，我强

调三点：

1. 加强组织领导

各级党委、政府要把旅游工作摆在突出位置，做到领导到位、责任到位，靠前指挥，及时协调解决发展中的问题，提高工作质量和效率。各涉旅部门要各司其职、各负其责，加大对旅游业发展的支持，加强互相之间的协作和配合，形成齐抓共管的工作局面，部门联动、合力兴旅的良好氛围。旅游部门要做好产业规划、综合协调、行业指导、市场监管、政策研究、加大宣传等工作，不断创新工作机制，改进工作方法，努力提高工作水平。

2. 强化督办协调

市、县两级旅游产业发展领导小组要充分发挥综合协调职能，及时协调解决旅游产业发展中的问题；要落实目标责任，加强督促检查；要严格考核奖惩，兑现奖励问责。

3. 增强自我发展能力

各旅游企业要积极主动开拓市场，丰富产品，开展营销，做强企业。

同志们：今年的目标已经明确，任务十分艰巨。希望大家继续发扬敢于拼搏、锐意进取、开拓创新的精神，团结一心，再鼓干劲，共同打好创建中国阳光康养旅游城市攻坚战。

在第二届金沙江彝族文学笔会上的致辞

2013 年 8 月 17 日

正值金秋时节，我们迎来了第二届金沙江彝族文学笔会的隆重召开，在此，我谨代表中共攀枝花市委、攀枝花市人民政府，向莅临此次笔会的各位领导、教授、理论家、作家、诗人等来宾及文学界的朋友表示热烈的欢迎！

攀枝花是中国唯一以花名命名的城市。经过近48年的开发建设，攀枝花已发展成为中国西部重要的钢铁、钒钛、能源基地和新兴工业城市，人均发展水平和城市综合竞争力连续多年位居全省前列，各项事业蒸蒸日上。

攀枝花市是一座移民城市，具有得天独厚的资源优势。同时也是长江水系金沙江和雅砻江的汇合地，流经攀枝花的金沙江，是世界上最重要的古老文明的河流之一；攀枝花是南方丝绸之路的重镇，也是彝族人民居住迁徙往返金沙江南北两岸的走廊，留下了中国彝族第一村——迤沙拉等彝人古镇。除此之外，还有历史悠久、璀璨夺目的大笮文化、迷易文化、迤沙拉文化。近年来，攀枝花市委市政府在深化文化体制改革、促进文化大发展大繁荣和城市营销方面做出了积极有益的探索。此次笔会，是继2011年四川省首届金沙江彝族文学笔会之后在攀枝花举行的又一次向外界展示攀枝花市历史文化和城市形象的文学盛会。这次盛会，将交流探讨攀枝花民族文化传承与发展、金沙江旅游文化品牌建设、本土人文资源优势及可持续发展、县域经济发展与文化软实力间的关系等问题，将极大的推进金沙江流域彝族文学发展、实现彝族文化的转型探讨，进一步丰富和发展攀枝花的地方文化，促进攀枝花市经济社会的发展。因此，此次笔会在攀枝花的召开，对于进一步促进攀枝花文化以及金沙江沿岸各民族文学大发展、大繁荣将产生十分深远的影响。

花是一座城、城是一朵花。目前，全市上下正在按照市委九届五次全会确定的战略目标，确保2020年以前，在全省率先全面建成小康社会，实现由资源大市向经济大市跨越、由总体小康向全面小康跨越，建成宜居宜业、繁荣富裕、和谐美好的特色经济强市。我们相信，通过全市上下的共同努力，攀枝花的明天会更美好，攀枝花各族人民既有大自然的阳光照耀，也有文学光芒的照耀，将有更加健康的体魄和更加阳光健康的精神！

预祝此次笔会取得圆满成功！诚邀各位领导、教授、理论家、作家、诗人来攀感受阳光花城的独特魅力，并祝愿在攀期间身体健康，万事如意！

谢谢大家！

在2013年“寒窗助学”行动暨“攀枝花市商业银行助学金”集中资助仪式上的讲话

2013年8月22日

在新学年即将开学之际，今天，我们在这里隆重举行攀枝花市2013年“寒窗助学”行动暨“攀枝花市商业银行助学金”集中资助仪式，这是全市各级民政和工会组织落实市委、市政府保障和改善民生要求，积极开展“同一片蓝天下”公益行动的一项具体举措。在此，我代表市委、市人大、市政府、市政协，向慷慨解囊、奉献爱心的全市各企事业单位和社会各界人士表示崇高的敬意和衷心的感谢！向在“寒窗助学”行动中不辞辛劳、默默奉献的工作人员表示亲切的慰问！向历经寒窗苦读得以圆梦大学的受助学生表示热烈的祝贺！

刚才，谢强同志对近年来全市助学行动的情况进行了总结，现场为部分贫困大学生发放了助学金，部分热心助学的先进单位、个人受到了表扬，攀枝花晚报、市商业银行、市个私协三个单位作了发言，大家都讲得很好，令人感动，我们也很受启发。

开展扶贫解困、捐资助学活动是新时期工会组织参与社会管理创新和服务的重要内容，是动员社会各方力量为国家培养人才的一项战略性举措，是一项党政主导、工会牵头、企业联动、社会参与的崇高事业。2004年开展“寒窗助学”行动以来，全市工会组织共筹集发放助学资金2105.24万元，资助贫困学生7378名，这样的成绩来之不易，工作效果也非常显著，但是我们面临的助学任务依然艰巨，仍然需要社会多关注、企业多资助。今年，我市通过工会口申报的上了本科录取分数线的困难家庭学生就有601名，这些品学兼优的学子正因家庭经济原因面临可能无法进入大学校门的处境。他们是祖国的未来，也是家庭的希望，资助一名困难家庭的子女读完大学找到工作往往可能使整个家庭摆脱贫困，这是实实在在的民生工程。因此，我们要站在落实科学发展观、主动改善民生、共建和谐社会的高度，充分认识开展“寒窗助学”行动的重要意义，坚持不懈地做好这项功在当代、利在千秋的崇高事业，要把工会的“寒窗助学”行动放到社会大环境中去运作，全面充分调动全社会的帮困助学力量。在此，我们要特别感谢近年来坚持奉献爱心的企事业单位和个人，你们主动承担社会责任，以捐资助学实际行动弘扬了中华民族“团结互助、扶贫济困”的传统美德。同时我们也希望更多的单位和个人加入到这项凝聚爱心、倾注真情的活动中来，有岗位的提供岗位、有资金的提供资金、有点子的出谋划策，共同把我市的扶贫帮困助学活动做得更大更强。

各位同学，昨天，你们以坚韧不拔的毅力和顽强拼搏的精神，克服家庭的困难，在学习上取得了优异成绩。你们的事迹令人感动，你们的精神令人鼓舞。“宝剑锋从磨砺出，梅花香自苦寒来”，尽管你们经受了比同龄人更多的艰辛与磨炼，但你们却又是幸运的，一是因为生活的艰难困苦让你们获得了比同龄人更多的人生历练，二是因为在你们人生的关键时刻，有各级党委政府、工会组织、爱心企业和社会各界的关心和帮助，我们相信，你们一定能够克服暂时的困难，通过不懈努力改变个人的命运和家庭的贫困面貌。希望受到资助的同学们珍惜这来之不易的求学机会，珍惜这份来自社会沉甸甸的爱心，在未来的求学道路上，常怀感恩之心、常念感激之情，化关怀为力量，变逆境为源泉，在困境中磨炼意志，自立自强，健康成长，不辜负党和政府的期望和关爱，做一个对社会有用、对自己负责的人，以优异的成绩回报祖国、回报社会、回报家乡。

同志们、同学们，爱心成就梦想，爱心点燃希望。开展好“寒窗助学”行动，确保我市每一位困难学子能够圆梦大学，这是一项顺民心、得民意的德政工程，让我们以务实的工作态度、饱满的工作热情，积极投身于“寒窗助学”行动当中，为幸福和谐攀枝花的建设贡献一份力量。

谢谢大家！

在全市“牵手强基层·服务百姓健康行动”启动仪式上的讲话

2013 年 10 月 13 日

今天，我们在这里举行“牵手强基层·服务百姓健康行动”启动仪式。刚才，市卫生局徐翠同志介绍了本次活动方案，四家医疗机构代表 16 家支援单位和 60 个受援单位签订了帮扶协议。启动仪式结束后，市中心医院、三医院、中西医结合医院、妇幼保健院、攀钢总医院、十九冶医院还将在这里举行大型义诊活动。在此，我代表攀枝花市委、市人大、市政府、市政协，向参加“牵手强基层·服务百姓健康行动”的全体医务人员表示诚挚的慰问和衷心的感谢！

新一轮深化医药卫生体制改革启动以来，在市委、市政府的坚强领导下，全市各县区和市级有关部门把深化医改作为重大民生工程来抓，各项改革措施推进有力、有序、有效。基层医改取得阶段性成果：基层医疗卫生体系得到加强，群众看病贵、看病难问题逐步缓解；基层医疗卫生机构通过实施基本药物制度，初步建立了基层医疗机构管理运行新机制；基本公共卫生均等化服务覆盖面不断扩大，补助标准持续提高，群众健康得到有力保障。与此同时，我们也应清醒地认识到目前取得的成效与群众的期盼还有差距，比如：基本公共卫生服务不断扩大，但基层医疗服务能力仍然不足，均等化水平有待进一步提高；全市医疗卫生资源分配不均，基层医疗卫生机构人才短缺、技术匮乏的状况还比较严重，不能完全满足广大群众对医疗卫生保健的需求。

开展“牵手强基层·服务百姓健康行动”活动，是打造区域医疗卫生高地，实现城乡医疗卫生统筹协调发展的重要措施之一，也是深化医改、强基固本、惠民便民、提升基层医疗服务水平，实现群众就近享受优质的医疗卫生服务的重要举措。市县（区）卫生局、支援和受援机构及要充分认识到开展此次活动的重要意义，进一步增强责任感和使命感，持之以恒的抓紧、抓好、抓实。支援单位要按照协议要求，选好帮扶的切入点、重点和项目，扎扎实实真切支援；下乡的卫生人员要俯下身子耐心开展“传、帮、带”，为受援单位培养技术人才，留下一支不走的医疗队。要认真总结帮扶经验，把集中开展活动与建立长期对口帮扶机制结合起来，把“输血”和“造血”结合起来，全面提升医疗卫生服务水平，以更好的服务质量，使全市人民群众共享同质优良的医疗卫生服务，彰显医疗卫生服务新成效。

在攀枝花旅游推介会上的致辞

2013 年 10 月 18 日

金秋十月，丹桂飘香。今天，在美丽的锦江河畔举办“阳光花城，康养胜地”攀枝花旅游推介会，我们感到十分荣幸。在此，我谨代表中共攀枝花市委、攀枝花市人民政府，向百忙之中光临推介会的各位领导、各位嘉宾表示热烈的欢迎！向长期以来关心和支持攀枝花旅游业的各界朋友表示衷心的感谢！下面，我从几个方面向大家介绍攀枝花：

攀枝花阳光灿烂、四季花香，是内陆不可多得的“康养天堂”。

作为全国唯一以花命名的城市，攀枝花地处川西南滇西北交界区域，北接西昌，南通昆明，西邻丽江，东望昭通，是国家攀西战略资源创新开发试验区的核心区、四川南向开放门户和大香格里拉旅游圈的重要枢纽。全市辖三区两县，总面积 7440 平方公里，总人口 123 万。

这是一个阳光迷恋的地方，四季阳光气候宜人，冬无严寒夏无酷暑。年日照时数 2700 小时，在国内仅次于拉萨，常年平均气温 20.3℃，无霜期 300 天以上，是中国内陆不可多得的阳光地带，是四川唯一没有“冬天”的城市。

这是一个城如其名的地方，一年四季鲜花怒放，出门见花步移景换。诗人赞誉攀枝花“花是一座城，城市一朵花“。

冬春两季，这里风和日丽、温暖干爽，光热条件可与海南、西双版纳媲美，平均气温比春城昆明高出 4 到 5 度，对老年人的常见多发病如风湿性关节炎、气管炎、骨质疏松、心脑血管病等具有显著的自然疗效。每年都有数以万计来自长城内外、大江南北的老年人到这里过冬；每年都有棒垒球、皮划艇、射击射箭等众多国家级、省级体育运动队来这里冬训。

优越的自然条件、良好的康养环境，使攀枝花被列入世界卫生组织第二批健康城市试点城市。根据最新调查，全市目前有 24 位百岁寿星，其中年龄最大的已有 110 岁。

攀枝花资源富集、物华天宝，是大自然造就的“神奇聚宝盆”。

这里的矿产资源得天独厚，钛和钒的储量分居世界第一和第三位，用苴却石制作的苴却砚比肩四大名砚，被誉为“砚中瑰宝”。这里的水能资源潜力巨大，每平方公里分布密度是四川的 4 倍、全国的 17.7 倍。这里的生物资源种类繁多，攀枝花苏铁年年开花，与大熊猫、恐龙并称“巴蜀三宝”；块菌（松露）人工培植技术全国领先，成为“中国块菌之乡”；优质水果蔬菜月月出鲜货，季季不重样，畅销省内外。

不仅如此，神奇的大自然还孕育了攀枝花丰富多彩的旅游资源，集雄、奇、峻、秀于一身。百里生态长廊风景如画，二滩国家森林公园烟波浩渺，米易龙潭溶洞精巧别致，红格氡气温泉举世罕见，百灵山 10 万亩野生杜鹃花海入选上海吉尼斯纪录，被评为“中国最大野生杜鹃花海“。

攀枝花文化多元、包容开放，是引领区域的“活力之城”。

这里的文明源远流长，回龙洞、何家坝、南丝绸之路、谈经古乐、史迪威公路、大田会议旧址、十三栋等一大批文明遗址和文化遗产，让攀枝花的文明史追溯到两万年前的旧石器时代。

这里经历了波澜壮阔的三线建设，留存了微雕钢城、成昆铁路、二滩电站等一大批举世闻名的工业文化遗产，形成了独具特色的“三线文化”。

这里是新中国历史上第一个资源开发特区，98% 的城镇人口由全国各地汇聚而来，南腔北调和谐共鸣，“五湖四海”融洽相处，造就了海纳百川的“移民文化”。

这里地处“藏彝文化走廊”腹地，42个民族和睦相处，共存共荣，形成了多姿多彩、具有攀枝花地域特色的“本土文化“。

经过48年的开发建设，今天的攀枝花已为中国重要的钢铁、钒钛、能源基地和新兴工业城市，拥有了中国优秀旅游城市、国家卫生城市、全国双拥模范城、全国民族团结模范市、国家新型工业化产业示范基地、国家现代农业示范区等一大批国家级“城市名片”，人均发展水平和城市综合竞争力连续多年位居全省前列。

今天的攀枝花，已成为一座引领川西南、滇西北广袤大地发展的活力之城。

攀枝花旅游特色鲜明、快速崛起，是潜力巨大的优秀旅游城市。

近年来，攀枝花市委、市政府把旅游业发展上升到推动城市转型和产业升级的高度，提出了创建中国阳光康养旅游城市的发展目标，推动了全市旅游业快速发展。2012年，全市实现旅游总收入66.86亿元，同比增长32.3%。2013年前三季度，全市实现旅游总收入73.89亿元，同比增长49.21%。全市已建成国家4A级景区2个、国家工农业旅游示范点3个、国家级自然保护区和国家历史文化名村各1个、国家级和省级森林公园各1个。

目前，攀枝花正在进一步完善《中国阳光康养旅游城市发展规划》。我们将以超过1000亿元的投资规模，重点打造红格温泉旅游度假区、普达阳光国际康养度假区、阿署达阳光生态旅游度假区、桐子林山水休闲度假区、米易城南休闲度假旅游区、金沙江中心区段沿江景观带、米易龙潭溶洞龙文化风景区、重点旅游新村等八大项目群，力争到2018年把攀枝花建成全国著名的阳光康养旅游目的地。

自2010年创办以来，“欢乐阳光节”已成为攀枝花的城市名片和旅游“金字招牌”，被人民网评选为“中国十大品牌节庆”活动。今年的“欢乐阳光节”将继续唱响“畅享缤纷冬日　相约阳光花城”的主题，从今年12月持续到2014年2月。活动内容包括开幕式系列活动、闭幕式暨“金婚老人阳光行”系列活动、欢乐阳光行系列活动等三大板块、20余个项目。本届“欢乐阳光节”活动更节俭、内容更丰富、参与性更强。“最美攀枝花”拍客大赛、美丽乡村游、“舌尖上的攀枝花”、全国桥牌赛和小球赛等项目，可以让游客和市民充分感受阳光休闲的魅力。

在此，我代表123万攀枝花人民与各位来宾、各位朋友相约“阳光花城，康养胜地”。我们将以最诚挚的热情、最周到的服务欢迎五湖四海的人们走进阳光灿烂的攀枝花，尽情体验充满奇思妙想的“阳光康养之旅”。

在市二医院三级乙等医院复核工作汇报会上的致辞

2013年11月8日

在这冬日暖阳的十一月，我们迎来了省卫生厅组织的医院等级评审专家组，对攀枝花市第二人民医院“三级乙等”医院进行复核评审。在此，我谨代表中共攀枝花市委、市人大、市政府、市政协，向前来参加医院等级复核的各位领导、各位专家、各位来宾表示热烈的欢迎！并对你们长期对攀枝花卫生事业发展给予的关心、支持和帮助表示诚挚的感谢！

攀枝花市是全国唯一以花命名的城市，地处川西南滇西北交界区域，北接西昌，南通昆明，西邻丽江，东望昭通，是国家攀西战略资源创新开发试验区的核心区、四川南向开放门户。全市辖三区两县，总面积7440平方公里，总人口123万。经过40多年的开发建设，今天的攀枝花已发展成为中国西部重要的钢铁、钒钛、能源基地和新兴工业城市，拥有了中国优秀旅游城市、国家卫生城市、全国双拥模范城、全国民族团结模范市、国家新型工业化产业示范基地、国家现代农业示范区等一大批国家级“城市名片”，人均发展水平和城市综合竞争力连续多年位居全省前列，已成为一座引领川西南、滇西北广袤大地发展的活力之城。

近年来，市委市政府高度重视医疗卫生事业发展，提出了打造区域卫生高地的奋斗目标，切实加大对卫生事业的投入，并从人才队伍、科研立项等政策上对卫生事业给予了大力支持，不断满足人民群众的就医需求。通过多年的不懈努力，使我市医疗卫生服务水平迈上了一个新台阶。

市二医院建院四十六年来，始终坚持“以病人为中心”，不断开拓创新，与时俱进，持续改进医疗质量和提高医疗安全，2011 年创建成为“国家三级乙等综合医院”，为保障人民群众（特别是攀枝花西区人民群众）的身体健康和生命安全，促进我市医疗卫生事业发展作出了应有的贡献。近年来，为了适应我市卫生事业的发展，满足西区人民就近享有优质医疗服务的需要，市委、市政府将攀西职业病防治中心纳入了发展规划。当前，医院新“外科大楼”和“攀西职业病防治中心”建设正在按计划稳步推进，建成后医院将在硬件上会有很大的提高。同时，希望医院以此次复核为契机，按照区域卫生规划，明确自身定位，转变发展方式，紧扣“三个转变，三个提高”，以有只争朝夕的精神，针对各位专家的意见和要求，以卓有成效的管理，持续提高医疗品质和医疗服务。也恳请考评组的各位领导和专家在今后的工作中不吝赐教，给予我们更多的关心和帮助。

最后，祝各位专家、各位来宾在市二医院工作期间工作顺利，身体健康！也预祝市二医院的等级复核评审工作取得圆满成功！

在攀枝花市文学艺术界联合会第六次代表大会上的讲话

2013 年 12 月 23 日

攀枝花市文学艺术界联合会第六次代表大会经过全体代表的共同努力，圆满完成了大会既定的各项议程。这是文艺界一次承前启后，继往开来的盛会；这是一次凝聚力量、催人奋进的盛会。在此，我代表市委、市政府，对大会的圆满成功，对新当选的文联领导集体，表示热烈的祝贺！

在此次大会上，市委副书记赵辉同志代表市委对我市文艺工作提出了新的要求。学习贯彻落实好市委的新要求，是当前及今后一段时期文艺工作的重要任务。

同志们，新一届文联领导班子已经产生，如何在全面建成小康社会的进程中发挥好我们的作用，是大家面临的重要任务，在此，我提三点希望。

一、认清形势，把握好文艺工作的时代特征

新时期以来，文艺创作始终与民族振兴联系在一起，始终与祖国的进步息息相关。党的十八大鲜明提出“在中国共产党成立一百年时全面建成小康社会”，“在新中国成立一百年时建成富强民主文明和谐的社会主义现代化国家。”我市第九次党代会描绘了攀枝花加快发展、科学发展、在全省率先全面建成小康社会的宏伟蓝图。我们要看到，鲜活生动的全面建成小康社会的伟大实践，为我们的文艺创作提供了新的题材、新的人物、新的情感和新的精神，我们也应该看到，人民群众的文化需求，对文学艺术的期待和欣赏，也是空前的多样化、多层次、多方面、多角度，这种状况向我们的文艺创作提出了富有时代特征的挑战，也为我们的文化发展、文艺创作提供了前所未有的历史机遇。

在这样的背景下，如何进一步做好文艺工作，意义十分重大。全面建成小康社会，实现中华民族的伟大复兴就意味着文化的大发展大繁荣；全面建成小康社会就意味着文化产品需求的极大丰富。新世纪新阶段，我们如何正确认识所处的历史方位，准确把握时代脉搏，深刻理解人民群众对文学艺术提出的新要求，是摆在我们文艺工作者面前的现实课题，如果我们不能站在时代高度奉献出富有厚重精神气象的文艺精品，如果我们不能在创作源头上呈现勃勃生机，文化大发展大繁荣便无从谈起，就无法向时代和人民交出一份满意的答卷。

一个民族的挺立，是因为拥有不竭的智慧和不屈的灵魂；一个时代的辉煌，是因为时代的文化精神激励着民族的抗争和奋起。我们的作家、艺术家适逢中华民族复兴的伟大时代，适逢攀枝花全面建设小康社会的伟大时代，必须勇当时代进步的弄潮儿，想象更加丰富，思想更加深邃，眼界更加开阔，理想更加远大；必须善于抵御各种诱惑，坐得了冷板凳，在不懈的文艺创作追求中，重塑自己的精神个性和审美表现力；必须以民族复兴、文化繁荣为己任，以表达人民的愿望为己任，以创作代表这个伟大时代的精神作品为己任，这是当代作家、艺术家神圣的历史使命。

我们的文艺工作要紧跟时代脉搏，踏着时代的鼓点，用科学发展观指导下形成的新的文化发展理念来引领我们的文艺创作和文艺实践，这样才能准确把握时代主题，在提升攀枝花民众文化精神层面创作出具有攀枝花精神、攀枝花气派、攀枝花风格的精品力作；才能从有利于富民强市、民族团结、社会和谐，有利于改革发展稳定，有利于人民群众的幸福出发，来唱响时代的主旋律，更好地满足人民群众日益增长的多样化的精神文化需求，以文艺的形式更好地体现时代潮流，留下我们给予这个时代的“精神图谱”。

二、围绕中心，履行好文艺工作的现实职责

围绕中心，服务大局，是新时期党对文艺工作的一个基本要求。那么，什么是中心？什么是大局呢？我认为，市委市政府提出的实现两个跨越，在全省率先全面建成小康社会的目标，就是中心，就是大局。文艺工作就是要紧紧围绕这个中心来开展。反映人民群众在实现两个跨越中的伟大实践和火热生活就是坚持以人民为中心的文艺创作导向，只有在围绕中心和服务大局中，文联才能体现自己的性质，实现自身的价值，谋求自己的位置，壮大自己的实力。

随着攀枝花现代化建设的全面深入推进，随着攀枝花人民群众对文化需求的日益增长，随着各种思想文化竞争的日趋复杂与激烈，文化发展在攀枝花全面建成小康社会全局中的地位和作用更加重要。充分发挥四川南向开放门户的优势，增强文化引领功能和文化软实力，建设“区域文化”高地，这是市委市政府在新的历史时期对文化建设提出的新要求，也是攀枝花市文艺工作实现新的发展的重大历史机遇。

没有文化的大发展大繁荣，就不会有我市全面建成小康社会目标的如期实现。因此，全市文艺战线的首要任务，就是要把握好文艺工作的历史定位和光荣使命，把围绕中心、服务大局作为基本职责，把充分发挥文艺构建社会主义核心价值体系、塑造攀枝花城市文化品格、提升攀枝花城市文化软实力、推动攀枝花社会进步的巨大作用，作为全市文艺工作者的庄严使命，胸怀大局、把握大势、着眼大事，找准文艺工作的切入点和着力点，努力为攀枝花文化大繁荣大发展建功立业，为提升城市文化软实力、促进攀枝花科学发展作出新贡献。

三、服务人民，担当起文艺工作的历史使命

为人民服务、为社会主义服务，历来都是我们党领导文艺工作的指导方针，这个方针极大地鼓舞了一代又一代文艺工作者自觉深入群众，深入生活，撷取崭新题材，开掘时代主题，不断满足人民群众多元化的精神的需求。邓小平同志在总结建国以来文艺工作经验教训的基础上，提出了“我们的文艺属于人民”，“人民需要艺术，艺术更需要人民”，“一切进步文艺工作者的艺术生命，就在于他们同人民之间的血肉联系”。他要求文艺工作者必须把作品的社会效益放在第一位，精益求精，力求把最好的精神食粮贡献给人民。

服务人民，首先要密切与人民群众的联系。真正富有生活底蕴的文艺作品，才有可能产生强烈的社会共鸣。当前，全国、全省乃至我市都处在一个转型发展的关键时期，个人、社会乃至整个民族都在经历着史无前例的创建和重塑。情绪的冲动，灵魂的撞击，社会生活的复杂性和人的内在复杂性，都要求我们的作家、艺术家必须深入生活，经风沐雨，只有真切的体味，才能产生有血有肉的文字，才能产生精神灌注的文艺作品，才能留给文艺史永远不灭的感动。

我们的文艺工作者要真切体验攀枝花人民群众的现实社会生活，就要到生活中去，到社会的每一个阶层中去，到具有不同利益诉求的人群中去，与他们同甘苦、共命运。只有了解群众所思所想，观察其所累所困，体会其所爱所恨，共同其所忧所乐，作家、艺术家才能成为生活经验的集大成者，才能成为社会阅历丰富的参与者，才能成为人生感受的切肤之痛或得意尽欢者，才有可能产生文艺作品中艺术符号的感人肺腑、艺术意境的断人魂魄、艺术精神的振聋发聩。努力提高文艺作品的质量，不向金钱低头，不搞低俗、媚俗，坚持文艺作品思想性、艺术性和观赏性的统一，这既是党和人民对文艺作品的要求，也是文艺创作的规律性总结。只有通过优秀作品，我们的文艺创作才能真正建立起与群众的联系，满足群众多样化、多层次的审美需求；才能真正服务于群众，在潜移默化中提高群众的审美情趣和文化素养；才能真正团结和鼓舞人民，促进全社会形成积极向上的思想基础和价值取向，创造良好的道德风尚和民族精神。

各位代表、同志们：文艺工作责任重大，任务艰巨，意义深远。面对新形势新要求新任务，全市文艺战线的同志们要切实担负起丰富攀枝花人民精神生活、构筑攀枝花人民精神家园、弘扬先进文化这一重大责任，更加自觉地投身全面建设小康社会的宏伟事业，更加自觉地投身推动攀枝花文化大发展大繁荣的生动实践，创作出更多符合时代要求、群众喜闻乐见的优秀文艺作品，努力提升文化软实力和核心竞争力，为建设和谐富裕攀枝花、在全省率先实现小康社会作出新的更大贡献。

在攀枝花城市推介会暨川滇黔毗邻市州工商联（总商会）第九次联席会议上的致辞

2013 年 12 月 17 日

在外面已是白雪皑皑的隆冬时节，攀枝花却还是鲜花簇生，暖意融融。

今天，我们在这里隆重召开川滇黔毗邻市州工商联联席会，首先，我代表市委、市政府及 120 万攀枝花人民对大会的召开表示热烈的祝贺！对各位领导、知名企业家到来表示真诚的欢迎！向长期关心、支持攀枝花建设与发展的各界朋友表示衷心的感谢！

攀枝花位于川西南与滇西北结合部、金沙江和雅砻江交汇处，是全国唯一一座以花命名的城市；1965 年建市，辖三区两县，总人口 123.09 万，城镇化率 63.01%。经过 48 年的开发建设，已发展成为中国西部重要的钢铁、钒钛、能源基地和新兴工业城市，先后被授予“中国优秀旅游城市”“国家卫生城市”“中国钒钛之都”等称号，成功跻身首批国家新型工业化产业示范基地，被命名为国家钒钛新材料高新技术产业化基地。

攀枝花是一座英雄的城市。建设攀枝花，是上世纪六十年代党中央、国务院作出的重大决策。毛主席说“攀枝花不是钢铁厂问题，而是战略问题”，“建不好攀枝花，我睡不好觉”；邓小平说“这里得天独厚”。建市以来，来自五湖四海的几十万建设大军，在艰苦卓绝的条件下，凭着对党和人民的忠诚，战天斗地，艰苦创业，创造了百里钢城的恢弘奇迹，铸就了我国建设大三线、构建战略大后方的成功典范。

攀枝花是一座资源富集的城市。矿产资源储量巨大，已发现矿种76种，尤以钒钛磁铁矿最为丰富。钒、钛储量分别占全国的63%和93%，占全球的11%和35%。水能资源高度集中，金沙江、雅砻江纵贯全境，年过境径流量1105亿立方米，已开发和可开发量达700多万千瓦。气候资源独具特色，属岛状立体气候，年平均气温20.3℃，无霜期达300天以上，年日照时数达2700多小时。旅游资源多姿多彩，既有群山林海、高峡平湖、溶洞奇石、阳光温泉共存一地的自然景观，又有布局奇巧、风光独特的城市景观，还有以“象牙微雕钢城”攀钢和二滩水电站为标志的工业景观，以及融川滇风情为一体、兼具本地民族特色的人文景观，开发潜力巨大。

攀枝花是一座产业兴旺的城市。钢铁工业举世闻名，建成了攀钢、攀煤等一批大型骨干企业，培育壮大了钒钛产业园区、高新技术园区等一批特色工业园区，形成了位居全国产业集群50强的钒钛产业集群，工业化率达71.5%，为全省第一。特色农业初具规模，建成了热带水果、早市蔬菜、畜牧水产、优质烤烟等五大现代特色农业基地，国胜茶、芒果、枇杷、脐橙获得“国家地理标志保护产品”称号，是四川省立体农业开发试验区、国家“南菜北调”基地和现代农业示范区。现代服务业蓬勃发展，以休闲旅游为重点的民生型服务业、以商贸物流为重点的生产型服务业加快壮大，经济结构逐步优化，发展后劲十分强劲。2012年，全市人均GDP达到60391元，远高于全国、全省平均水平。

攀枝花是一座活力无限的城市。全市98%以上的城镇人口来自全国各地，是典型的移民城市。开放、包容是攀枝花文化的主旋律，阳光、时尚是攀枝花人的精神特征。攀枝花是四川南向开放门户、川滇交界区域中心城市，人流、物流、资金流、技术流、信息流在这里集聚与辐射，处处充满生机与活力。市委、市政府坚持对外开放的方针、秉持重商亲商的理念，建立了前期“保姆式”、中期“跟踪式”、后期“服务式”的工作模式，形成了零障碍、低成本、高效率的服务体系，竭诚为广大投资者提供兴业的舞台和双赢的平台。

攀枝花是一座充满希望的城市。当前，攀枝花正面临重大战略发展机遇。国家《西部大开发“十二五”规划》提出要重点建设攀西钢铁、钒钛加工基地；攀西战略资源创新开发试验区获批设立，攀枝花被列为国家新型工业化示范基地、外贸转型升级基地，并纳入全国老工业基地调整改造之列。省委深入实施多点多极支撑发展战略，突出南向发展，提出要把攀枝花建设成为省际商贸和物流中心、次级综合交通枢纽、阳光度假旅游区、二级物流节点城市，重点培育成百万人口特大城市，为我们推进科学发展、加快发展指明了方向、增添了动力。在市委、市政府的团结带领下，全市上下正积极抢抓机遇、加快发展，大力实施中国钒钛之都、中国阳光花城、四川南向开放门户“三个加快建设”，大力推进新型工业化新型城镇化“两化”互动、新村建设城乡统筹发展、保障性住房建设民生改善“三个走在全省前列”，全力打好资源综合开发利用、宜居宜业百万人口大城市建设、区域交通枢纽建设、现代农业发展和新村建设、全国著名阳光康养旅游目的地建设、民生改善和社会事业发展“六大硬仗”，奋力推动地区生产总值、地方财政收入、城乡居民收入和五年固定资产投资总量“四个翻番”，努力实现由资源大市向经济大市跨越、由总体小康向全面小康跨越，在全省率先全面建成小康社会的目标。攀枝花新一轮投资开发的黄金期已经到来，正成为海内外有识之士投资兴业的热土、实现梦想的宝地，一批批知名企业纷至沓来、大显身手。

各位领导，各位来宾，各位朋友，“花是一座城，城是一朵花”，这里美丽富饶、热情包容，这里活力四射、潜力无限。我们热忱欢迎省内外企业家及各界朋友到攀枝花考察指导，访友做客，增进友谊，深化合作。我们坚信，通过互惠合作，我们一定能实现互利双赢，一定能共同开创彼此更加美好的未来！

最后，祝川滇黔毗邻市州工商联第九次联席会暨民营企业家阳光康养攀枝花行取得圆满成功，也衷心祝愿各位领导、各位来宾、各位企业家朋友身体健康，工作顺利，阖家幸福！

（二）调查研究

3月8日　到花城新区调研三线建设博物馆建设工作推进情况。

5月3日　到市中心医院第二住院大楼、全科医生培养基地、花城新区等地调研医院建设项目进展情况。

5月6日　到盐边县调研我市自驾游营地和桐子林镇山水休闲旅游区项目群建设情况。

5月17日　到花城新区干坝塘、东区流沙坡三线文物库房等地，调研三线建设博物馆项目推进和文物征集工作。

5月19日　率队到东区督查创建四川省文明城市集中攻坚工作推进情况。

5月21日　率我市创建四川省文明城市集中攻坚第一督查组检查窗口行业政风行风建设、文化活动阵地建设、创建工作氛围营造等方面的工作。

5月30日　到盐边县国胜乡大花地村调研扶贫帮扶工作。

6月7日　率队到市三中和大河中学巡视高考考务工作。

6月8日　在市电视台会议室专题研究三线建设博物馆口述历史工作。

7月18日　到盐边县红宝乡检查防汛减灾工作。

9月17日　先后到东区密地街道上密地社区、瓜子坪街道青年路社区调研公共文化服务体系建设工作。

9月25日　先后到西区大宝鼎街道沿江社区和陶家渡街道宝鼎中路社区调研公共文化服务体系建设工作。

（三）会议活动

1月5日　出席在攀枝花会展中心召开的中共攀枝花市委九届第三十三次常委会议。

1月6日　出席在市委三楼会议室召开的市“思想大解放、作风大转变、工作大落实”主题教育活动巡查组工作会

△　出席在会展中心召开的市委理论学习中心组2013年第一季度集中学习会。

1月7日　出席在会展中心召开的市委九届四次全会暨市委经济工作会。

△　出席在会展中心召开的市2012年度干部选拔任用工作“一报告两评议”暨市级党政领导班子和领导干部年度考核述职测评会。

1月10日　出席在会展中心举行的中国人民政治协商会议第八届攀枝花市委员会第二次会议开幕式。

△　在会展中心参加市九届人大二次会议的分组讨论。

1月11日　出席市人大、市政协组织的人大代表、政协委员视察活动。

△ 出席在会展中心召开的市九届人大二次会议预备会议。

△ 出席在会展中心召开的市九届人大二次会议主席团第一、第二次会议，并分别参加市九届人大二次会议的分组讨论。

1 月 12 日 出席在会展中心举行的攀枝花市第九届人民代表大会第二次会议开幕式。

△ 出席在会展中心召开的市九届人大二次会议主席团第三次会议，并分别参加市九届人大二次会议的分组讨论。

△ 参加在会展中心举行的市九届人大二次会议和市八届政协二次会议的分组讨论。

△ 出席在会展中心召开的市九届人大二次会议主席团第四次会议。

1 月 13 日 出席在会展中心召开的市九届人大二次会议第二次全体会议，并参加市九届人大二次会议的分组讨论。

△ 分别参加市九届人大二次会议和市政协八届二次会议的分组讨论，并出席市人大九届二次会议主席团第五次会议。

1 月 14 日 参加市九届人大二次会议的分组讨论，并出席市九届人大二次会议主席团第六次会议。

△ 出席在会展中心举行的中国人民政治协商会议第八届攀枝花市委员会第二次会议闭幕式。

△ 出席在会展中心举行的市九届人大二次会议闭幕式

1 月 18 日 参观在成都宽窄巷子举行的畅想阳光？最美攀枝花” 主题摄影展。

1 月 21 日 出席在仁和广场举行的仁和？山城灯会亮灯仪式。

1 月 25 日 出席在市文广新局会议室召开的市文化广播影视新闻出版局领导班子民主生活会。

△ 出席在会展中心召开的市文化产业统计暨文化产业发展工作会。

1 月 28 日 出席在武警攀枝花支队会议室召开的市 2013 年度卫生系统知识分子代表迎春座谈会。

1 月 29 日 出席在市图书馆会议室召开的市三线建设时期文物及本土文物征集工作会。

△ 出席在会展中心召开的市欢乐阳光节第四次组委会工作会，研究“2012 中国 · 攀枝花欢乐阳光节”闭幕式晚会相关筹备工作。

2 月 1 日 在攀枝花分会场收听收看了省纪委十届二次全会会议实况。

2 月 2 日 在成都参加全省宣传部长会议。

2 月 4 日 出席在会展中心召开的中共攀枝花市委九届第三十五次常委（扩大）会议。

2 月 4 日 出席在会展中心召开的市“思想大解放、作风大转变、工作大落实”主题教育活动征求意见分析会。

2 月 5 日 到仁和区同德校区看望慰问优秀贫困教师。

2 月 5 日 出席在攀枝花学院大礼堂举行的市 2013 年春节团拜电视文艺晚会。

2 月 6 日 到位于仁和区务本乡大黑山的市广播电视发射台，看望慰问广播电视职工。

2 月 7 日 陪同刘成鸣同志先后到市广播电视台、市群工局、市委办公楼看望慰问新闻媒体、“12345” 市民热线和党政机关的工作人员。

2 月 8 日 出席在东区阿署达村举行的攀枝花阿署达花舞人间花香果园区游客接待中心落成仪式。

2 月 19 日 在市教育局会议室对市教育局“思想大解放、作风大转变、工作大落实”主题教育活动进行了点评。

△ 出席在市委三楼会议室召开的九届第三十六次常委会议。

2 月 20 日 在市体育局会议室对市体育局“思想大解放、作风大转变、工作大落实”主题教育活动进行了点评。

△ 出席在会展中心召开的市“思想大解放、作风大转变、工作大落实”主题教育活动巡查工

作会。

2 月 21 日　在市卫生局会议室对市卫生局“思想大解放、作风大转变、工作大落实”主题教育活动进行了点评。

△　在攀枝花日报社会议室对攀枝花日报社“思想大解放、作风大转变、工作大落实”主题教育活动进行了点评。

2 月 22 日　出席在金沙明珠大酒店召开的市民营企业家新春座谈会。

△　出席在会展中心召开的攀枝花创建四川省文明城市工作推进会。

△　在攀枝花分会场收听收看了全国、全省未成年人思想道德建设工作电视电话会议实况。

2 月 25 日　陪同省委常委、宣传部长吴靖平莅攀调研。

2 月 26 日　上午，出席 2012 年度在会展中心召开的市委常委民主生活会。

2 月 26 日至 27 日　出席在会展中心召开的攀枝花县区工作暨急难险重任务推进会。

2 月 27 日　出席在会展中心召开的中国共产党攀枝花市第九届纪律检查委员会第三次全体会议。

2 月 28 日　出席在会展中心召开的市委工作会。

3 月 1 日　出席在市委宣传部会议室召开的市委宣传部 2012 年度民主生活会。

△　在大河中学体育场观看仁和区城市形象推广晚会。

3 月 4 日　陪同刘成鸣同志在会展中心会见广东海一投资有限公司董事长、总经理陈超和香港动蛋王国文化娱乐有限公司创作总监赵崇邦一行。

△　出席在会展中心召开的 2013 年宣传部长工作会。

3 月 5 日　出席在会展中心举行的“推进五创联动、建设幸福攀枝花”暨市志愿服务集中行动启动仪式。

3 月 6 日　在市委宣传部会议室对市文联、市社科联、市地方志办“思想大解放，作风大转变，工作大落实”主题教育活动进行了点评。

3 月 7 日　出席在会展中心召开的市教育、卫生、文化工作会。

3 月 8 日　在市旅游局会议室对市旅游局“思想大解放，作风大转变，工作大落实”主题教育活动进行了点评。

3 月 12 日　出席在会展中心召开的《笮山若海旅游区全案策划》方案相关情况汇报会。

3 月 12 日至 14 日　陪同省委常委、宣传部长吴靖平一行在攀调研。

3 月 13 日　出席在会展中心召开的市文联五届五次全委会。

4 月 8 日　在会展中心出席省委巡视组听取了我市对巡视反馈意见整改落实情况汇报会。

4 月 9 日　出席在会展中心召开的市旅游工作会。

4 月 10 日　出席在会展中心召开的中共攀枝花市委九届第三十九次常委会议。

4 月 12 日　出席在会展中心召开的市“五创联动”工作推进会。

4 月 18 日　陪同省旅游局局长郝康理在攀调研。

4 月 19 日　出席在会展中心召开的全省旅游多点多极发展攀西片区座谈会。

4 月 22 日　陪同刘成鸣、张剡同志到市防震减灾局台网数据中心调研我市防震减灾工作。

4 月 23 日　出席在会展中心举行的市委、市人大、市政府、市政协领导和机关干部职工向“4·20”芦山地震灾区捐款献爱心活动并带头向地震灾区捐款。

4 月 24 日　陪同刘成鸣同志到仁和区平地镇、苴却砚博物馆等地，调研苴却砚产业发展情况，并出席在会展中心召开的相关工作情况汇报会。

4 月 27 日　参加在市政府大楼前举行的 4·20 地震四川省默哀日活动。

△ 陪同刘成鸣同志先后到盐边县红格镇红格村尖角地、昔格达村岔河桥、红山国际红格温泉音乐广场、昆钢假日酒店二期项目现场，调研红格温泉旅游集镇打造工作涉及的部分重点项目进展情况，并在红格假日酒店会议室听取了相关工作情况汇报。

△ 出席在会展中心召开的市创建国家森林城市、国家园林城市和全国文明城市攻坚大会。

4月28日 出席在会展中心召开的城市文化形象塑造工作研讨会。

△ 出席在会展中心召开的《大三线》电视剧推进工作座谈会。

5月6日 出席在市政府三楼一会议室召开的攀枝花市赴大理、丽江旅游投资说明会动员会。

△ 出席在会展中心召开的市委九届第四十次常委会议。

5月7日 出席会展中心举行的《加快试验区建设努力实现跨越突破》的专题报告会。

5月8日 出席在云南省大理白族自治州召开的攀枝花旅游投资说明会。

5月10日 出席在云南省丽江市举行的攀枝花旅游投资说明会。

5月13日 出席市委宣传部“实现伟大中国梦、建设美丽繁荣和谐四川”主题教育活动动员大会。

5月15日 在攀枝花分会场收听收看全省召开宣传文化系统学习宣传贯彻省委十届三次全会精神电视电话会议实况。

5月16日 出席在会展中心召开的市委九届第四十三次常委（扩大）会议。

△ 出席在会展中心召开的市委九届第四十四次常委会议。

5月18日 上午，到市中心广场观看了市涉旅企业服务技能大赛决赛。

5月21日 出席在会展中心举办的领导干部“中国梦的理论逻辑与实践要求”专题报告会。

5月22日 出席在会展中心举行的“十二五规划与发展创意产业、促进经济发展方式的转变”的专题报告会。

5月24日 出席在会展中心召开的市社科界“实现伟大中国梦、建设美丽繁荣和谐四川”主题教育活动座谈会。

5月28日 出席在会展中心召开的“中国梦？这里仁和：区域经济发展与展望”主题报告会。

5月29日 在会展中心为市文广新局和市体育局的干部职工作“实现伟大中国梦、建设美丽繁荣和谐四川”主题教育活动宣讲报告。

5月30日 到盐边县红宝乡干坪子村为当地干部群众作“实现伟大中国梦、建设美丽繁荣和谐四川”主题教育活动宣讲报告。

6月6日 在会展中心会见了民建中央委员、新浪网创始人汪延。

6月8日 出席在市中心广场举行的“同创文明城·共筑中国梦”主题集中宣传活动。

6月9日 出席在会展中心举行的“4·20”芦山强烈地震抗震救灾先进事迹报告会。

6月15日 在成都参加第四届中国成都国际非物质文化遗产节相关活动。

6月19日 出席在会展中心召开的中共攀枝花市委九届第四十六次常委（扩大）会议。

6月19日 出席在会展中心召开的三线建设博物馆项目推进情况工作汇报会。

6月20日 陪同刘成鸣同志先后到普达阳光国际康养度假区和花舞人间景区项目建设现场，视察项目推进情况。

6月20日 出席在攀枝花学院召开的“实现伟大中国梦、建设美丽繁荣和谐四川”主题教育活动高校座谈会。

6月22日 出席市委市政府创建中国阳光康养旅游城市暨旅游新村建设攻坚大会。

6月24日 出席在东区银江镇阿署达村举行的市“6·29”义务植树活动。

6月26日 出席在会展中心召开的市创建第三届四川省文明城市攻坚大会。

6月27日　出席在会展中心召开的县（科）级年轻干部座谈会。

6月27日　在会展中心观看了市党委办公室系统庆祝中国共产党成立92周年文艺演出。

6月28日　在市政府二会议室专题研究花城新区医院建设工作。

6月29日　出席市委宣传部在东区炳草岗街道二街坊社区开展的文明城市创建志愿服务活动。

6月30日　下午，陪同省委常委、宣传部长吴靖平在攀调研。

7月3日　在攀枝花分会场收听收看了省党的群众路线教育实践活动工作会议实况。

△　出席在市政府二会议室召开的三线建设博物馆文物征集工作会。

7月8日　出席会展中心召开的中共攀枝花市委九届第四十八次常委会议。

7月9日　出席在会展中心召开的城市形象营销工作专题研究会。

7月10日　出席在会展中心召开的中共攀枝花市委九届五次全体（扩大）会议。

7月11日　出席市委宣传部学习传达市委九届五次全体（扩大）会议精神会议。

7月13日　出席在会展中心召开的攀枝花欢乐阳光节策划方案征集意见会。

7月22日　出席在会展中心召开的中共攀枝花市委九届第四十九次常委会议。

7月24日　在市政府二会议室专题研究三线建设博物馆布展陈列设计工作。

7月28日　出席在会展中心召开的市苴却砚文化区建设工作推进情况研究会。

7月30日　出席在会展中心召开的市经济形势报告会暨主题教育活动总结表彰大会。

△　陪同刘成鸣、张剡同志在会展中心会见中国人民解放军军事科学院原副院长、中国三线建设研究会筹备领导小组组长钱海皓中将，原国家计委三线建设调整办公室主任、中国三线建设研究会筹备领导小组副组长王春才等一行。

8月2日　出席在市广播电视台召开的市新闻监督员座谈会。

8月6日　在会展中心出席市红格特色风情小镇旅游要素完善座谈会。

8月7日　出席在市委五楼会议室召开的市未成年人思想道德建设工作会。

△　出席在会展中心召开的市2013年“五创联动”工作半年分析会。

8月8日　出席在市委三楼会议室召开的苴却砚文化区建设工作专题研究会。

8月9日　出席在会展中心召开的市旅游重点工作专题研究会。

△　出席在会展中心举行的攀枝花建市50周年系列讲座之一“西行漫记”讲座。

8月12日　在攀枝花分会场收听收看了全省召开涉藏非法出版物及反宣品集中整治专项行动电视电话会议实况。

8月14日　出席在红格温泉假日酒店召开的市旅游重点工作研究会。会议对我市今年冬季的旅游工作进行了安排部署。

8月15日　陪同刘成鸣同志先后到东区炳草岗街道湖光社区和弄弄坪街道东风社区调研社区文化广场建设工作。

△　出席在市政府二会议室召开的市花城新区医院规划设计专题研究会。

8月15日至16日　陪同省旅游局副局长陈加林率调研组先后到红格温泉旅游度假区、普达阳光国际康养度假区、阿署达花舞人间景区等地调研我市重大旅游项目建设情况，并在会展中心听取我市相关情况汇报。

8月16日　出席在欧方营地举行的“中国阳光康养旅游城市”概念征集终评会举行。

8月17日　出席在红格温泉假日酒店召开的第二届金沙江彝族文学笔会暨阿库乌雾诗歌研讨会。

8月19日　出席在会展中心召开的中共攀枝花市委九届第五十次常委会议。

8月19日　出席在会展中心召开的市2013年下半年重大涉旅活动协调领导小组第一次会议。

8月21日　上午，市2013年上半年党风廉政建设社会评价满意度工作专题研讨会在会展中心召开。李群林同志出席会议。

8月22日　出席在市工人文化宫举行的市2013年“寒窗助学”行动暨“攀枝花商业银行助学金”集中资助仪式

8月23日　出席在市委三楼会议室召开的全省“两个现场会”筹备工作研究会。

8月23日至26日　陪同北京旅游投资考察团在攀考察并出席座谈会。

8月26日　出席在会展中心召开的市旅游产业发展领导小组会议。

9月9日　陪同刘成鸣同志先后到西区格里坪镇中小学校竹林坡办学点和格里坪镇中小学校看望慰问一线教师。

9月9日　出席在会展中心召开的中共攀枝花市委九届第五十二次常委会议。

9月10日　出席在会展中心召开的市庆祝第29个教师节大会。

9月11日　出席在会展中心召开的苴却砚文化项目规划设计情况汇报会。

9月12日　出席在市政府二会议室召开的市三线建设博物馆文物征集工作专题研究会。

9月13日　全省召开维护社会稳定工作电视电话会议。张伟、殷旭东同志在攀枝花分会场收听收看了会议实况。

9月16日　陪同刘成鸣同志先后到省道310雅江桥至红格段路灯绿化工程现场、红格镇昔格达新村、红格安置区、红格桥、竞训基地、红山国际社区等地视察红格旅游集镇及小城镇建设工作。。

9月17日　在学府酒店会议室主持召开三线建设博物馆、花城新区医院项目建设专题研究会。

9月22日　出席在会展中心召开的中共攀枝花市委九届第五十三次常委会议。

9月23日　在会展中心出席授予俞维泉同志市道德模范专题研究会。

9月25日　出席在会展中心召开的市创建第三届四川省文明城市迎检工作会。

10月8日　出席在会展中心召开的中共攀枝花市委九届第五十四次常委会议。

10月10日至11日　陪同新华社四川分社党组书记、社长房方率新华社四川分社采访组先后到攀钢钒轨梁厂、攀枝花钒钛产业园区和二滩水电站，调研我市在攀西战略资源创新开发试验区建设、统筹经济社会发展、加快转型升级等方面的工作。

10月12日　出席在红格假日酒店会议室召开的“全省两个现场会”筹备进展情况督办工作会。

△　陪同赵辉同志到仁和区调研迤沙拉历史文化名村建设工作。

10月13日　出席在市中心广场举行的“牵手强基层·服务百姓健康行动”启动仪式。

10月15日　观看由市创建全国文明城市指挥部在市中心广场举行的《与文明同行》文艺汇演。

10月16日　在会展中心出席省文明办对我市创建省级文明城市各项工作进行检查测评的汇报会。

10月18日　在成都锦江宾馆举行的2013攀枝花阳光康养旅游推介会及自驾游发车仪式。

10月20日　出席在市委三楼会议室召开的中共攀枝花市委九届第五十五次常委会议。

10月21日　出席在会展中心召开的中共攀枝花市委九届第五十六次常委会议。

△　出席在会展中心召开的市第五次旅游产业发展领导小组会。

△　出席在成都举行的市委、市政府媒体见面会，推介攀枝花参加第十四届中国西部国际博览会、2013年四川省农业博览会和举办2013中国·攀枝花欢乐阳光节的相关情况。

10月23日　出席在成都新会展中心举行的攀枝花城市推介会暨项目签约仪式。

△　陪同省委常委、宣传部长吴靖平到西博会攀枝花展区巡视参展情况。

△　陪同刘成鸣、张剡同志到2013年四川农业博览会攀枝花展区巡视参展情况。

10月24日　出席在成都锦江宾馆举行的与川威集团、中国重汽、中国水利水电建设集团新能源开发有限责任公司、香港蔬菜协会、天诚集团、成都伟经投资集团等企业负责人座谈会。

10月24日　出席在成都锦江宾馆举行的攀枝花阳光康养产业恳谈会。

10月28日　在成都参加全省宣传部长会议。

10月31日　出席在红格假日酒店会议室召开的“全省两个现场会”筹备工作进展情况督办会。

11月1日　在市政府三楼二会议室主持召开会议研究“中国苴却砚之乡书画名家作品展”及三线建设博物馆建设工作。

11月4日　出席在会展中心召开的二滩国家森林公园旅游开发工作情况专题汇报会。

△　在市政府三楼一会议室主持召开会议研究重大旅游项目集中开工相关事宜。

11月5日　出席在会展中心召开的中共攀枝花市委九届第五十七次常委会议。

11月8日　出席在市第二人民医院召开的省等级医院复核评审工作组听取我市关于市第二人民医院迎接三级乙等综合医院评审工作的情况汇报会。

△　出席在市委三楼会议室召开的资源型城市可持续发展高层研讨会筹备工作会。

11月8日　出席在学府酒店举行的市三线建设文物捐赠仪式在。

11月11日　出席攀枝花学院建校30周年庆祝大会。

11月12日　在市政府三楼二会议室主持召开会议研究三线建设博物馆建设工作。

11月14日　在攀枝花分会场收听收看了全省召开学习贯彻全国宣传部长会议精神电视电话会实况。

11月15日　出席在会展中心召开的中共攀枝花市委九届第五十八次常委会议。

11月19日　出席在会展中心召开中共攀枝花市委九届第五十九次常委会议。

11月20日　出席在会展中心召开的市学习党的十八届三中全会精神报告会。

11月22日　出席在会展中心召开市委理论学习中心组（扩大）学习会。

11月26日　在攀枝花分会场收听收看了中央宣讲团党的十八届三中全会精神报告电视电话会议实况。

11月27日　陪同刘成鸣、张剡同志率队先后到米易县滨河步道、滨江大道、仁和滨河公园、东区阿署达花舞人间、盐边县红格镇昔格达村等地，对我市筹备全省百镇建设现场会暨重点旅游项目推进现场会的工作情况进行督导。

12月3日　出席在会展中心召开的市委市政府专题调研工作汇报会。

12月4日　上午，陪同张剡同志先后到仁和区平地镇中心校、大河中学、市实验学校调研我市基础教育工作情况。

12月7日　出席在米易宁泽阳光酒店举行的第二届米易中华养生健康产业发展高端论坛开幕式。

12月10日至11日　陪同省广电局党组书记、局长赵勇先后到盐边县红格镇昔格达村、市广电中心、米易县撒莲镇及禹王宫村、米易县新山乡等地，调研我市广播“村村响”、地面数字电视、应急广播系统、乡镇广播电视服务站建设等情况。

12月11日　出席在会展中心召开的中共攀枝花市委九届第六十次常委会议。

12月13日　陪同省委宣传部常务副部长邹吉祥率队到盐边县温泉彝族乡道角村寨子山组“走基层”。

12月18日　出席在红格温泉假日酒店举行的“资源型城市可持续发展——打造中国经济升级版”高层研讨会。

12月19日　陪同国家发改委东北振兴司副司长姜四清先后到西区摩梭河采空沉陷区、沿江沟研石山、席草坪老工业区和东区大渡口特色街区改造项目调研我市老工业基地调整改造情况。

12月20日　出席在会展中心召开的市宣传思想工作会。

12 月 23 日　出席在会展中心召开的市文联第六次代表大会。

△　出席在会展中心召开的中共攀枝花市委九届第六十一次常委会议。

12 月 27 日　出席在会展中心召开的 2013 年度市委常委民主生活会。

△　出席在会展中心召开的《“打造区域医疗卫生高地”规划》专题研究会。

△　在会展中心观看了由中国文联、中国剧协梅花奖艺术团组织的“送欢乐、下基层”慰问演出。

12 月 31 日　出席在会展中心召开的中共攀枝花市委九届六次全体（扩大）会议。

八、市委常委许健民

（一）讲话文稿

在钒钛产业园区 2012 年度总结表彰大会上的讲话

2013 年 1 月 16 日

刚才，启高同志对钒钛产业园区 2012 年的工作进行了系统总结，并对 2013 年的重点工作做了安排部署，会议还对 2012 年先进个人和先进集体进行了表彰奖励。在此，我代表市委，对在 2012 年度园区各项工作中任劳任怨、无私奉献、辛勤工作的广大干部职工表示衷心的感谢和诚挚的慰问。

2012 年是极其不平凡的一年，市委积极应对严峻复杂的宏观经济形势和主导产业市场疲软、效益下滑的困难局面，努力化解“8 · 29”事故带来的负面影响，紧紧围绕大力实施“三个加快建设”大力推进“三个走在全省前列”、全力打好“六大硬仗”的工作思路，实现了经济社会持续快速发展。在市委的正确领导下，园区面对严峻形势迎难而上，呈现出众志一心谋发展、加压奋进克难关、创新实干求突破的良好局面，各项工作取得了可喜成绩。

首先，在创建国家高新技术产业园区的工作中取得了阶段性的胜利，成功通过四川省科技厅组织的省级高新技术产业园区初评，已和四川省生产力促进中心达成意向协议，在园区挂牌成立四川省生产力促进中心攀枝花钒钛分中心，向国家级高新技术产业园区迈出了坚实的一步。

其次，在受市场低迷的影响园区部分企业的产销量和往年相比都有明显的下降的经济大背景下，园区仍然取得了完成工业总产值 160 亿元、固定资产投资 50 亿元、招商引资到位资金 60 亿元、进出口总额 8000 万美元、地方财政一般预算收入 1. 56 亿元、城镇居民人均可支配收入达到 24000 元、农民人均纯收入达 9700 元的较好成绩。

园区实施“十二五”规划已经取得初步成效，各项社会事业取得长足进步，群众收入明显提高，这为园区全体干部群众上下同心共同朝着在全市率先全面建成小康社会的目标奋勇前进打下了坚实的基础。

刚才，建明副市长对园区下一步的工作开展提出了要求，我都同意。下面，我再讲三点意见。

一、瞄准差距，抢抓机遇，全力推动园区争先进位

2013年是完成“十二五”规划各项目标任务的关键之年，也是园区实现晋位升级和跨越发展的重要一年。中央经济工作会议已经明确了今年稳中求进的总基调，随着生产方式的转型升级，各项经济政策日趋收紧，包括资金、能源、资源、土地十分紧张，这些对园区大多数企业和招商引资产生了一定的影响。全省经济工作会议也明确了要认真落实省第十次党代会部署，紧紧围绕主题主线，把握科学发展、加快发展的工作基调，以提高经济增长质量和效益为中心，实施“两化”互动、统筹城乡总体战略，突出投资拉动和产业支撑，深化改革开放，强化创新驱动；提出了今年要加大特色优势产业的建设和投入，重点发展钒钛稀土金属材料等七大产业。可以说，当前园区面临的发展机遇和挑战并存，积极因素和不利条件交织，需要我们全面把握，妥善应对。我们要坚持以创业的精神来做好今年的工作，继续保持昂扬的斗志、蓬勃的朝气、担责的勇气，推动园区争先进位。

过去的一年，园区取得了160亿元的好成绩，但距离500亿元的目标还有很大的差距，这就需要我们在剩下不到3年的时间里，继续坚持不怕吃苦、任劳任怨的工作作风，艰苦奋斗，团结拼搏，确保2015年成功创建500亿产业园区。园区重点采取的制定招商目标、项目包装、小分队招商等措施，在招商引资工作中取得了较好成绩，这种做法值得相关部门借鉴和推广。要想在2015年有500亿元的产值，就必须在2013年前完成500亿产值项目的招商工作。希望园区各条战线的同志攻坚克难，再接再厉，坚持大招商、招大商，积极为园区招凤引凰。

园区各企业要抓住全省计划提供大量政策性发展扶持资金的机遇，积极争取上级资金和政策，不断壮大企业生产经营实力。各企业要树立以市场占有率为核心竞争力理念，不断加大市场开拓力度，全面释放产能，把生产优势转化成资金优势。各企业要接受园区的统一管理，坚决杜绝一切违法行为。首先要加大安全生产管理，完善安全生产保障措施；其次要加大环保治理投入，坚决杜绝偷排、漏排和不达标排放行为，保持园区环境质量稳定；各企业一定要严格合法用地，不随意占用红线外的土地，不长期不开发红线内的土地，不随意租用农民集体土地违反规划用途用地。园区不仅仅是企业集中地，也是产业发展的集约平台，没有统一的管理，就不能发挥园区的作用。只有各位企业家都把园区当成自己的家，园区才能为大家更好的服务，企业发展了园区才能发展，园区发展了企业才能壮大。这个道理大家都要懂。

二、解放思想，不断创新，坚持走特色园区发展道路

党的十八大报告中提出，“要加快形成新的经济发展方式，把推动发展的立足点转到提高质量和效益上来，着力激发各类市场主体发展新活力，着力增强创新驱动发展新动力，着力构建现代产业发展新体系，着力培育开放型经济发展新优势，不断增强长期发展后劲”，为园区经济发展指明了方向。园区作为特殊区域，作为全市经济发展的增长极，应该在全市发展中起到引领、创新的作用。引领就是不管在经济发展和社会建设等各个方面都要走在前列；创新就是要在机制方面、在体制方面要探索出一条符合攀枝花实际的创新之路。

（一）提升能力，挖掘潜力，提供人力保障

开发区的发展关键在人，为适应新形势下开发区工作的要求，园区人必须在提质、提气、提效上下功夫。提质，就是要采取多种方式提高开发区干部职工的业务本质，着力提高干部的政策水平、业务水平和操作能力。提气，就是要切实增强工作人员责任心、事业心和奉献精神，弘扬干事创业的正气，形成良好的工作作风和工作氛围。提效，就是要通过完善岗位管理、实行绩效考评、推行竞争上岗，建立以工作实绩为核心的平时考核和激励机制，不断探索开发区绩效评价体系。

（二）创新手段，破解难题，不断探索开发区发展新途径

思维创新一步，发展就迈出一大步。开发区是全市对外开放的窗口和创新的平台，更要大力解放思想，冲破“条条框框”和“经验主义”，实现创新创优。要在创新思路中抢得先机，在调整中赢得更大发展，不断开创园区各项工作的新局面。

（三）求真务实，狠抓落实，提升工作的实效

1. 要进一步强化责任意识。当前，开发区发展正处于一个重要的关口，进一步就能乘势而上，慢一拍就会丧失机遇。面对创建国家级开发区的重大使命与责任，园区要坚持信心不动摇、工作不懈怠，以只争朝夕的精神和勇争一流的勇气，确保争先进位。

2. 要进一步强化目标意识。围绕市委、市政府下达的各项工作目标和任务以及园区 2013 年的工作计划，要按时序推进到位，确保一环套一环、环环相扣，做到“以日保旬、以旬保月、以月保季、以季保年”，通过完成每一阶段的工作任务来保证全年目标任务的全面实现。

3. 要进一步强化效率意识。园区上下一定要保持时不我待的紧迫感，每项工作都要从紧安排、从头抓好。看准的事、定下的事要说了算、定了办、马上干，雷厉风行、出手要快、争分夺秒，干出高效率、快节奏，干出高质量、高水平。要迅速出击组织招商引资；要抓好项目推进，抓紧组织开工一批项目；基础设施要加快建设，确保新一年工作开好头、起好步，确保首季“开门红”，为全年目标的完成夯实基础，争得主动。

4. 要进一步强化实效意识。园区上下要“实”字为先、“干”字当头，多做运动员、少做评论员，一级带着一级干、一级干给一级看，在抓落实上下真功夫、见真成效。要雷厉风行抓落实，紧紧围绕重点工作，提高工作效率，加快工作节奏，在高效运转中争取主动、创造优势；要严格考核抓落实，对落实不力、进展不快的要及时问责。坚持以成绩论英雄，对实绩突出者，大胆激励，重奖重用。

总之，园区从开发建设以来一直就遵循着超常规发展的运行模式，园区在发展中产生的问题一定要在发展中去解决，而且必须用创新的模式去突破，必须在摸索中前进，必须打破一切传统陈旧的工作方式，这样园区的发展才会有希望，才会迈上新的台阶，并为全市的经济发展探索出一条特色之路。

三、加强党建，统筹发展，努力建设和谐幸福园区

园区要更加坚定不移地加强和改进党的建设，为加快发展提供坚强的政治保证。强化思想理论武装，推进思想解放，在“思想大解放，作风大转变，工作大落实”主题教育活动中，要敢于揭短、敢于亮丑、敢于直面矛盾。创新选人用人机制，重点打造在急难险重工作一线抓攻坚、在招商引资工作一线抓开放、在群众信访工作一线抓稳定的干部队伍。推进基层组织建设，深化党风廉政建设，进一步巩固和扩大党的执政基础。

统筹抓好招商引资、重大项目、基础设施建设、资金保障、土地保障、社会民生、安全环保、综治维稳、党的建设等工作，以坐不住、等不起、拖不得、慢不得的强烈使命感推动各项工作有序开展。更加关注民生，逐年加大民生改善投入，使辖区群众更多地感受到发展带来的实惠和好处，与群众一起分享发展的成果。一是进一步加大教育的投入，引进教育人才，不断提升学校硬软件实力。二是继续加强农村的基础设施投入，推动农村特色产业发展，不断促进农民增收。三是继续加大社区建设投入，加快提高社区服务能力，增加社区服务功能。四是继续开展城乡环境综合治理，加快卫生、垃圾处理等设施建设，提高生活及环境质量。五是加大廉租房建设投入，推进经济适用房建设，加快安置房、过渡房建设，改善辖区居民居住条件。六是促进适龄人口充分就业，鼓励支持群众自主创业，组织失地农民和下岗工人进行就业培训。

同志们，历史已经翻开新的一页，让我们高举中国特色社会主义伟大旗帜，坚持以党的十八大精神为总揽，以邓小平理论、“三个代表”重要思想、科学发展观为指导，全面贯彻落实中央、省委和市委经济工作会议精神，大力推进“三个加快建设”“三个走在全省前列”，继续打好“六大硬仗”，抢抓机遇、奋力赶超，努力为攀枝花在全省率先建成小康社会做出应有贡献！

祥龙归位，瑞蛇吐新，值此中国传统节日春节即将来临之际，我给大家拜个早年，祝大家春节快乐，蛇年大吉！谢谢大家。

在市总工会八届十次全委（扩大）会上的讲话

2013 年 2 月 28 日

今天市总工会召开八届十次全委会，主题是：深入学习贯彻党的十八大和省总工会第十二届七次全委会、市委九届四次全委会暨市委经济工作会议精神，认真总结 2012 年工作，研究部署 2013 年工会主要任务。这对于进一步认清形势、统一思想、提高认识，把全市各级工会干部和职工的思想和行动统一到市委决策部署上来，团结动员广大职工群众为幸福攀枝花建设做出新贡献，具有十分重要的意义。

刚刚过去的 2012 年，是攀枝花发展进程中很不寻常、很不平凡的一年。在省委、省政府的坚强领导下，市委、市政府团结带领全市人民，推动各项事业持续快速健康发展，全年实现地区生产总值 740 亿元，增长 14%，增速居全省第七位，实现城镇居民人均可支配收入和农民人均纯收入分别居全省第二和第三位。这些成绩的取得，是包括全市广大职工和工会干部在内的全市人民团结奋斗的结果。在此，我代表市委，向全市各级工会组织、工会干部和广大职工群众表示亲切的问候和衷心的感谢！

一年来，全市各级工会组织紧紧围绕省总和市委的决策部署，主动作为，务实创新，团结和动员广大职工群众，坚持以“围绕一个主题、抓住一条主线、紧盯一个目标、落实十项举措”为抓手，扎实开展各项重点工作，在服务大局、服务职工中有效发挥了工会组织的积极作用，取得了实实在在的效果，呈现出了许多亮点，得到了有关省、市领导的充分肯定，赢得了职工群众的信赖和社会各界的认可，为全面建设幸福攀枝花做出了新的贡献。过去的一年，对工会工作而言是一个丰收年，我代表市委向同志们取得的成绩表示热烈的祝贺！

2013 年，是全面贯彻落实党的十八大精神的开局之年，是我们为在全省率先全面建成小康社会奠定坚实基础的重要一年。在刚刚召开的市委九届四次全委会暨市委经济工作会议上，市委要求全市上下要牢牢把握“稳中快进，提质增效，争先进位，跨越提升”的工作基调，坚持不懈地打好“六大硬仗”，深化改革开放，更加坚定不移地加强和改进党的建设，朝着在全省率先全面建成小康社会的目标奋勇前进。新时期新要求，工会组织大有可为，各级工会要认真把握形势，切实履行组织职工、引导职工、服务职工和维护职工合法权益职责，服务大局、服务职工，切实把各项事业不断推向前进。刚才，开锋同志对去年工作进行了全面总结，对今年工会工作提出了打造“服务型工会”的理念和具体安排部署，讲的很好，我完全同意，请大家认真领会，在工作中加以贯彻落实。下面，我再讲三点意见：

一、认清形势，统一思想，把打造服务型工会作为当前工会工作的重点和目标

近年来，攀枝花工会工作确实取得了不错的成绩，多年保持着省内一流水平。但是在看到成绩的同时，我们更应该保持清醒的头脑，看到我们的不足和差距，认清面临的形势和挑战。攀枝花以往大都作为部分兄弟市州学习的对象，可如今也有一部分单项工作，其他市州已经排在攀枝花前面。可见，躺在以前的成绩上睡大觉是危险的！随着工会地位更加重要、作用更加突出、责任更加重大，工会工作要求高、新意多，靠老经验干工会工作已不能满足新形势的需要。因此，我们在仔细研究全国工运事业发展趋势的基础上，结合攀枝花经济社会发展现状，攀枝花工会工作现状，提出三年打造服务型工会的目标，我们认为它是绝对可行的、是绝对必要的。

为什么是可行的？有三个原因：一是党政支持工会工作，十八大提出“支持工会、共青团、妇联等人民团体充分发挥桥梁纽带作用，更好反映群众呼声，维护群众合法权益”，攀枝花市委已经召开了三次工会工作会、市政府与市总工会联席会已连续召开 19 次；二是工会领导班子有一颗干事创业、服务职工的热心，真正把心思放在工作上、把感情投在每一位职工群众身上；三是工会有一支能干事、会干事的优秀干部职工队伍，从顺利完成的工会各项重大工作任务，圆满完成市委政府交办的急难险重任务中可见一斑。

为什么是必要的？改革开放30年来，我国经济社会发展迅猛，但30年的重视发展而忽视其他，也埋下了一些不稳定隐患，劳资矛盾则是众多隐患中较为突出的一类。可以说，党中央早已敏锐意识到这一问题，从十八大提出的着力改善民生，提高人民收入，大力治理腐败，到领导层的廉洁务实亲民新风，无一不透露着中央正在前所未有地高度重视解决不稳定隐患的决心。工会组织作为党领导下的工人阶级群众组织，必须紧跟党的工作思路，突出围绕中心、服务大局的宗旨，进一步增强服务意识、提高服务能力、创新服务机制、拓宽服务领域，为党政分忧，为职工争利，实现双赢互动。

二、服务大局，服务职工，引导广大职工群众在攀枝花“十二五”规划中建功立业

当前，全市上下正在深入学习、宣传、贯彻党的十八大精神，全面推进攀枝花“十二五”规划目标顺利实现，需要各级工会组织和全市广大职工群众的积极参与，希望全市各级工会组织把工会工作置于经济社会发展的全局中去思考、去谋划、去推进，在加快推进攀枝花“十二五”规划目标的实践中再立新功。

（一）要着眼于发挥主力军作用，最大限度地焕发劳动热情和创造活力

刚刚召开的市委经济工作会议提出，2013年全市经济社会发展的主要预期目标是：地区生产总值确保增长13.5%，力争14%以上；城镇居民人均可支配收入和农民人均纯收入确保增长14%，力争15%以上。在实现上述目标的过程中，全市广大职工群众是主力军，也是一支突击队，各级工会组织要根据市委提出的目标，团结动员全市广大职工群众，结合我市经济社会发展的新趋势新特点，按照加快转变经济发展方式的新任务新要求，深入开展“钒钛之光”职工经济技术创新活动、“百岗万人”职工职业技能大赛、“安康杯”竞赛等多种形式的建功立业活动，突出发挥主力军作用、提升职工素质、弘扬劳模精神三个重点，提高职工的参与率、受益面，引导广大职工立足本职、学赶先进、争创一流。尤其是攀钢、攀煤，面对企业寒冬，战胜困难一要靠创新，二要靠职工。要通过更大力度推进技术创新、管理创新、制度创新和商业模式创新，以改革创新的新成果构造竞争新优势。职工是创新的主体和根本力量，要大力推进职工全员自主创新，凝聚强大创新合力，推动与企业共渡难关。

（二）要着眼于服务职工、赢得职工，最大限度的深入基层接“地气”

工会是职工群众的组织，工作对象是职工，工作重心只能在企业、在基层。各级工会必须从自身的职能、性质、特点出发，真正使工作体现鲜明的群众性，真正把工作做到职工群众中去，走一条具有鲜明特色的工会工作路子。要深入基层接“地气”，多问问职工的“恼火事”，把实施好“五必进”、五必访”活动作为密切联系群众，努力改善党群、干群关系的抓手，做到职工队伍状况在一线掌握、工会维权帮扶在一线实施、构建和谐劳动关系在一线推进、工会重点工作任务在一线落实、创先争优活动在一线开展，以更好地发挥好党联系职工群众的桥梁和纽带作用，密切党和政府与职工群众的血肉联系。

（三）要着眼于推进社会和谐，切实做好维权维稳工作

各级工会组织要从构建社会主义和谐社会的高度，突出履行维护职工合法权益的基本职责，坚持主动维权、依法维权、科学维权，使工会组织真正成为职工群众信赖的“职工之家”，成为推动共建共享和谐社会的重要力量。

一是要深入细致地做好职工群众的思想政治工作。要结合国际国内形势的变化，把党和国家的大政方针、保障和改善民生的各项措施讲清楚；结合市委常委（扩大）会议精神，把市委、市政府为攀枝花120万人民谋取新福祉的理念讲明白；结合各单位的实际情况，从职工群众的需求出发，紧扣社会现实，回应职工群众关切的重点，有针对性地开展职工形势任务教育和做好职工思想政治工作。要把为职工群众做好事、解难事贯穿于职工思想政治工作的全过程，特别要重视做好对普通职工、青年职工、农民工的人文关怀和心理疏导，增强他们克服暂时困难的勇气和依靠勤奋劳动创造美好生活的信心。

二是要推动解决职工群众最关心最直接最现实的利益问题。正如全总副主席、书记处第一书记王玉普提出的要求：“要把职工群众的呼声作为第一信号，把职工群众的需要作为第一选择，把职工群众是否满意作为第一标准，真正为职工群众谋福利、办实事。”我们工会组织，要发挥工会在社会管理与创新中的服务作用，继续深入开展“面对面、心贴心、实打实服务职工在基层”活动，继续做大困难职工帮扶中心平台，做强“送温暖”“寒窗助学”“就业创业”等工会品牌，积极参与以保障和改善民生为重点的社会建设，继续争取各级党委领导、政府支持和社会参与，把这项利国利民利职工的事业不断推向前进。

三、带好队伍，改进作风，不断提高做好新形势下工会工作的能力和水平

2月3日，省委王东明书记莅攀慰问并调研指导工作时特别强调，要继续抓好班子、带好队伍，要配好配强各级班子，抓好作风建设、廉政建设，落实好省委的各项部署。全市各级工会组织要把学习贯彻东明书记讲话精神与正在深入开展的“思想大解放、作风大转变、工作大落实”主题教育活动结合起来，与当前工会工作密切结合起来，认真履职尽责，改进作风，不断提高做好工会工作的能力和水平。

一是要切实加强工会领导班子和干部队伍建设。去年市总工会提出要增添工会干部的书香气、工作上的朝气、作风上的正气，并采取了一系列措施，切实提高了全市工会干部的素质，这是非常好的，希望继续保持和发扬。按照市委成鸣书记“要有一番新作为”的要求，全市工会干部要进一步拧成一股绳，心往一处想，力往一处使，以高度的责任心、使命感，做一番对得起职工、对得起社会、对得起自己的事业。事业成功最关键还是靠人，今年，我们即将迎来攀枝花工会第九次代表大会，要借换届之机，进一步鲜明德才兼备、以德为先、任人唯贤、实干优先的用人导向；要继续通过公选、公招、竞争上岗等形式选聘人才组成工会干部队伍。事在人为，相信如果有一支想干事、能干事、能干成事的工会干部队伍，建成服务型工会指日可待。

二是要继续深化“思想大解放、作风大转变、工作大落实”主题教育活动。各级工会要按照刘成鸣书记“坚持高标准、严要求，善于发现问题，敢于指出不足”的要求，以三大主题教育活动切实纠正干部作风上存在的“怕、满、慢、浮、僵”等毛病。领导班子带头解放思想、转变作风，把心思放在工作上、把感情投在职工身上、把力气用在工作落实上，拿一颗真诚的心，做实实在在的事，变空谈为服务，用实干兴工会。同时，认真贯彻习近平总书记关于厉行节俭、反对铺张浪费的批示精神，工会全体干部职工要从思想上深刻认识厉行节约的重要性，反对铺张浪费，把更多的资源和力量用在实实在在为职工群众办实事上面去。

各位委员、同志们，蓝图已经绘就，奋斗正当其时。让我们紧密团结在以习近平同志为总书记的党中央周围，按照市委市政府的决策部署，以坚定的信心、昂扬的斗志、百倍的干劲、务实的作风，迎难而上，开拓进取，不断开创工会工作新局面，为幸福攀枝花建设、率先在全省全面建成小康社会做出新的更大贡献！以优异成绩迎接攀枝花市工会第九次代表大会的胜利召开！

在共青团攀枝花市十届二次全委（扩大）会议上的讲话

2013年2月28日

今天，团市委召开十届二次全委（扩大）会议，深入学习贯彻党的十八大、市委九届四次全会暨市委经济工作会和共青团四川省十三届二次全会精神，总结2012年工作，研究部署2013年工作。开好这次会议，对于我市各级共青团组织更好地团结带领广大团员青年积极投身我市实施“十二五”规划，打好“六大硬仗”，加快经济社会发展的生动实践，具有十分重要的意义。

过去一年，是攀枝花很不寻常、很不平凡的一年。市委团结带领全市干部群众，深入学习贯彻落实党的十八大、省第十次党代会和市委九届三次全会精神，坚定信心、振奋精神，攻坚克难、务实进取，积极应对严峻复杂的宏观经济形势和主导产业市场疲软、效益下滑的困难局面，努力化解“8·29”事故带来的负面影响，大力实施“三个加快建设”，大力推进“三个走在全省前列”，全力打好“六大硬仗”，实现了经济社会持续快速健康发展，全市上下呈现出众志一心谋发展、加压奋进攻难关、创新实干求突破的良好局面：实现地区生产总值740.03亿元，比上年（下同）增长14%；完成地方财政收入82.94亿元，增长17.9%；城镇居民人均可支配收入22808元，增长15.6%，农民人均纯收入8728元，增长14.4%。成绩来之不易。这些成绩的取得，是市委坚强领导，坚持加快发展、科学发展不动摇，咬定目标不松懈的结果，也是包括全市团干部和广大团员青年在内的全市各族人民坚持求真务实、实干苦干，乘势而进、迎难而上的结果。借此机会，我代表市委、市政府，向全市广大团干部和团员青年，表示衷心的感谢和亲切的问候！向刚才受到表彰的先进集体和个人表示热烈的祝贺！

过去一年，全市各级团组织按照市委、市政府决策部署和团省委的工作安排，围绕全市作大局，切实履行团的基本职能，各项工作取得了很好的成效。一是围绕学习宣传贯彻党的十八大、省第十次党代会精神和纪念建团90周年，通过座谈、讲座、论坛等传统方式和微博、QQ等新媒体手段开展的思想引导工作形式多样、内容丰富；二是围绕党政中心服务大局工作卓有成效，特别是青年突击队建功竞赛、阳光旅游志愿服务、关爱农民工子女和进城务工人员子女、盐边北部山区帮扶等工作紧密结合地方实际，特色鲜明；三是成功召开了市青联六届一次全会、市第四次少代会和第十次团代会，完成了三个基础性换届工作，会议务实高效、生动新颖，明确了工作思路，奠定了坚实基础。同时，还在这些基础工作之上，延展创新了一些工作，充分展示了攀枝花青年的良好风貌，共青团在青年人特别是青年干部心中的影响与日俱增，也赢得了社会的广泛赞誉。市委对共青团的工作是肯定的。

去年年底和今年年初先后召开的市委九届四次全体（扩大）会议暨市委经济工作会议，市“两会”明确了今年工作的总体要求，明确了“稳中快进，提质增效，争先进位，跨越提升”的工作基调，确定了以科学发展为主题，转变经济发展方式为主线，提高经济增长质量和效益为中心，突出产业支撑、投资拉动、“四化”同步、统筹城乡、改善民生，大力推进“三个加快建设”“三个走在全省前列”，继续打好“六大硬仗”，全力促进经济持续快速发展、社会更加和谐稳定，在全省率先全面建成小康社会的奋斗目标，全市各级团组织和团干部必须深刻学习领会会议精神，认清形势，把握大局，自觉把思想和行动统一到市委的决策部署上来，自觉服务攀枝花又好又快发展的工作实践，不断提高做好青年群众工作的能力和水平，推动团的各项事业迈上新台阶。下面，我讲三点意见。

一、把握团的政治属性，用十八大精神凝聚广大青年

共青团是具有鲜明政治属性的青年组织。认真学习党的重大决策部署，结合实际抓好贯彻落实，对于共青团组织来说，是光荣传统，也是政治任务。学习宣传贯彻十八大精神是当前全党全国的首要政治任务。各级团组织要牢固树立政治意识、大局意识和服务意识，紧紧围绕“不断巩固和扩大党执政的青年群众基础”这一共青团的根本职责，紧密结合青年思想、结合青年面临的实际问题，采取有效手段，务求工作实效，用青年人喜欢和易于接受的方式和语言，用党的十八大精神凝聚广大团员青年，让十八大精神在广大青年中入脑入心。要结合全党开展的中国特色社会主义学习教育，积极探索有效的工作路径和方法，在青年中广泛开展“三观”“三热爱”主题教育活动，引导广大青年进一步增强中国特色社会主义道路自信、理论自信、制度自信；要以中国特色社会主义教育为总揽，推进青年马克思主义者培养工程，以“我的中国梦”为主题，引导广大青年把个人理想与国家、民族命运和攀枝花发展紧密结合起来，为我市加快发展凝聚青春力量。要重视运用网络等新媒体做青年工作，增强思想引导的生动性实效性。

二、围绕全市大局，发挥共青团组织的生力军和突击队作用

市委九届四次全体（扩大）会议提出在全省率先全面建成小康社会的奋斗目标，这为广大团员青年发挥生力军和突击队作用提供了广阔舞台，也为团的工作创新发展提供了难得机遇，各级团组织要抓住机遇，发挥优势、彰显作为。一是要有力服务经济发展大局。紧紧围绕“六大硬仗”“五创联动”等急难险重工作，广泛深入开展好青年突击队建功竞赛、青工技能大赛，创新青年文明号、青安岗等品牌工作，引导青年提高服务水平，创造经济效益，通过开展创新创效、科技攻关等活动，凝聚青年智慧，发挥青年创造力，引导和带领广大团员青年有力助推攀枝花发展新跨越。二是要扎实推进民生工程实施。各级团组织不仅要完成好承担的民生工程任务，还要组织动员广大团员青年主动积极参与边远民族地区帮扶、新村建设等各项民生任务的实施，有力有效助推民生改善，促进社会和谐。三是要积极参与社会管理创新工作。注重把握青年参与社会事务、服务社会发展的方式方法，最大限度激发青年活力、调动社会力量，化解和调处社会矛盾，加强志愿服务体系建设，不断完善志愿服务的组织网络和工作机制，打造特色服务品牌。

三、重视基层基础，加强团的自身建设

团的基层组织建设，不仅关系共青团自身的发展，还关系党的事业的兴旺发达。各级团组织要坚持党建带团建，以改革创新精神全面加强团的自身建设，夯实基础、强化队伍、转变作风，为推动事业发展提供坚强保障。一是要不断夯实团的基层基础。巩固深化乡镇实体化“大团委”建设成果，积极探索在“两新”组织和外出务工青年中开展工作的有效途径，进一步加强青联、少先队等外围组织建设，加大对青年社会组织的引导力度，不断扩大共青团的组织覆盖和工作覆盖。二是要加强团的干部队伍建设。培养和锻炼团干部的能力素质，大力培养和输送优秀青年干部，加强党性锻炼，提高党性修养，保持清醒的政治头脑和坚定的政治立场。选派有潜力、有抱负的团干部到基层和艰苦复杂环境中经受考验锻炼，增进对群众的感情，培养艰苦奋斗作风，提高应对复杂局面、处理实际问题的能力，把严格要求与关心爱护结合起来，定期与团干部谈话指导，引导他们正确认识自己，警惕各种诱惑，保持清正廉洁、朝气蓬勃的良好形象，以真抓实干的工作业绩赢得党和青年的信赖。三是切实转变工作作风。各级团组织要认真贯彻落实中央、省委、市委和团省委关于改进工作作风、密切联系群众各项规定和要求，严格遵守纪律、自律自省，带头做好表率，改文风、转会风，厉行节约、反对铺张浪费，以一流的作风创造一流的业绩。要深入开展“思想大解放，作风大转变，工作大落实”主题教育活动，切实加强学习型、服务型、创新型的共青团组织建设。

团的工作是党的工作重要组成部分。各级党委要认真落实党建带团建的要求，把团的建设纳入党的建设总体规划，研究团的工作的重要问题，提供必要资源，解决实际困难，支持共青团组织创造性开展工作，要热情关心团干部的成长，加大优秀年轻团干部的培养、选拔和使用力度，使他们在实践中尽快成长。社会各方面也要关心和支持共青团工作，形成做好青年工作的整体合力。

同志们，在推进幸福攀枝花建设的进程中，共青团组织和广大青年责无旁贷、大有可为。希望全市各级团组织和广大团员青年切实肩负起光荣使命，开拓创新、高位求进，爬坡实干、激情工作，为我市大力推进“三个加快建设”“三个走在全省前列”，继续打好“六大硬仗”，在全省率先全面建成小康社会做出新的更大贡献！

在攀枝花市纪念“三八”国际劳动妇女节103周年女性人才座谈会上的讲话

2013年3月6日

在“三八”国际劳动妇女节即将到来之际，市纪委、市委组织部、市妇联、市工商联在这里联合召开我市女性人才座谈会，交流成长成才体会，畅谈立足岗位创先争优、建功立业的体会和感受，为推进美丽幸福攀枝花建设和我市在全省率先全面建成小康社会积极建言献策。这是一次难得的互相学习交流的机会，对于进一步加强我市女性人才队伍建设，促进女性人才成长，具有十分重要的意义。刚才，有7位来自各条战线的优秀女性人才代表作了典型发言，特别是我们的方芹主席率先垂范，带头作了很好的发言。大家谈的都是亲身经历和切身感受，有思想、有见解、也有深度，充分展示了我市女性人才的整体素质和良好形象。希望大家相互学习，相互借鉴，共同提高。

下面，我谈几点意见：

一、深化认识，充分发挥女性人才的积极作用

在前不久召开的市委九届四次全会和全市“两会”上，市委、市政府进一步明确了推进攀枝花“三个加快建设”“三个走在全省前列”、继续打好“六大硬仗”、建设美丽幸福攀枝花和我市在全省率先全面建成小康社会奋斗目标。要实现这个目标，必须坚持人才强市战略，发挥好党政人才、企业经营管理人才、专业技术人才、社会工作人才等人才队伍的积极作用。这其中也包括妇女人才。无论是妇女人才的整体力量，还是个体精英的作为与贡献，都对推动经济社会发展有着至关重要的影响。

我市女干部、女企业家、女科技工作者等女性人才是妇女中的佼佼者，她们勤奋学习、扎实工作、任劳任怨、辛勤耕耘、勇挑重担、不负众望，在各项工作中付出很大心血，取得了优异成绩，是推动攀枝花经济社会发展的重要力量。在新形势新任务下，要立足攀枝花科学发展、加快发展的大局，牢牢把握“稳中快进，提质增效，争先进位，跨越提升”工作基调，充分发挥女性聪明才智，以及耐心、细心、热情、善于合作等长处，大胆探索，勇于担当，以奋发有为的精神、求真务实的作风，在实际工作中以能力求发展，以贡献求地位。机关女领导干部要增强忧患意识，树立全局眼光，坚持以人为本，大力发扬密切联系群众、深入基层的作风，把群众的安危冷暖挂在心上，关注民生，倾听民意，化解民难，力求为民多办实事好事；企事业单位女领导干部，要密切关注经济、科技发展新动向，大力采用高新技术和先进实用技术，做出特色，创出品牌，提高质量，增强竞争力。女企业家要加强新理论、新知识的运用，在市场经济条件下，使新知识、新技术不断转化为生产力。全市各行各业的女性人才要根据职业素质特点，着力培养理性思维习惯，锤炼坚决果断的风格，掌握开放纳新的技巧，坚持脚踏实地的作风，把女性特有的优势转化为创业创新的动力，在推动攀枝花经济社会发展的同时，不断加快女性自身的发展。

二、突出重点，切实加大女性人才的培养使用力度

大力培养使用女性人才，是社会主义民主政治建设与和谐社会建设的重要内容。妇女解放的程度是衡量普遍解放的天然尺度。扩大妇女参与社会管理范围，提高妇女参政议政水平，是发展社会主义民主政治的内在要求，也是构建和谐社会的重要保证。

各级组织部门和妇联组织要密切与妇女群众联系，及时发现各行各业特别是在基层一线的优秀妇女人才，纳入组织视野，使她们尽快成熟起来。要加强教育培训，使女性充分享有平等优先的教育资源。

要着力培养一批高素质的女性人才队伍，培养选拔优秀女干部，培养高层次的女性专业技术人才和人文社会科学人才，培养能带动产业发展，不断创新创造，参与省内、国内乃至国际竞争的女企业家。通过高层次妇女人才培养，带动整个妇女人才队伍建设。要重点培养造就一批建设社会主义新农村需要的女生产能手、女能工巧匠、女经营能人和女科技人员，切实抓好农村实用妇女人才的培养工作。要坚持学习与实践相结合，培养与使用相结合，通过选拔女大学生村官、妇女干部到基层一线锻炼、挂职交流的方式，进一步拓宽妇女人才培养渠道，不断提高女性人才的创新能力和实用能力。

三、齐抓共管，进一步优化女性人才成长环境

妇女人才能否充分发挥作用，环境至关重要。要着力营造妇女人才干事创业的社会环境。加大马克思主义妇女观和男女平等基本国策的宣传力度，提高全社会尤其是提高各级党政干部的国策意识。加大对妇女人才的培训，建立和完善妇女人才库，充分利用妇女人才库的作用。积极营造良好的政策的环境，在引才引智、就业创业竞争、激励奖惩中积极构建公平竞争的选人用人机制，平等甚至优先对待女性人才。在培养选拔经营管理人才、科技人才、高技能人才等各类人才时，也要注重适当提高女性的比例。要营造良好的舆论氛围，加大对优秀妇女人才的宣传表彰力度，大力开展好“十大女杰”“三八红旗手”“巾帼建功标兵”“双学双比能手”等评选活动，更好的发挥女性人才的示范带动作用，使更多的女性人才脱颖而出。

组织人事部门要加强对妇女人才工作的具体指导、组织协调和督促检查，建立健全与妇联组织的沟通协调机制，定期研究妇女人才工作。妇联组织要充分发挥自身优势，加强源头参与，积极配合相关部门做好联系妇女人才的工作，配合制定、出台和完善加强妇女人才工作的相关政策，提供切实有效的服务。优化女性成长的外部环境，向社会广泛宣传推荐女性优秀人才和女性在经济社会建设中的作用。依法维护妇女儿童的合法权益，不断创新拓展各项工作和活动，为女性成才搭建起更多的平台，进一步引导好、发挥好广大妇女的积极性、创造性，努力推动全社会形成尊重妇女，关心支持妇女成才创业的良好局面。

四、加强领导，推动妇女事业创新发展

各级党委政府要高度重视妇女事业的进步与发展，切实加强对妇女工作的领导。要坚持“党建带妇建”原则，积极支持妇联依照法律和章程创造性开展工作，着重建立相关的保障机制，在人员配备、干部待遇、工作经费等方面给予大力支持，逐步改善活动场所条件，扩大妇女工作覆盖面。要全面实施妇女儿童发展纲要，确保男女平等的基本国策落到实处，使女性在资源分配、就业、教育等方面享有与男性平等的权利，为全市广大妇女平等发展、健康发展、全面发展营造良好的社会环境。各级妇联组织要切实履行好组织妇女、引导妇女、服务妇女和维护妇女儿童合法权益的职责，围绕中心定好位，服务大局尽好责，进一步深化“党群共建，创先争优”活动，深化“妇女之家”建设，深入开展“双学双比”“巾帼建功”等主题活动，积极为妇女参与发展、推动发展、实现发展搭建平台。

希望全市广大妇女顺应时代要求，进一步发扬自尊、自信、自立、自强的精神，勤于学习，内强素质，外树形象；勇于实践，锐意创新，积极参与经济社会发展的伟大实践，在建设幸福攀枝花的进程中施展才华，贡献力量；同时要发挥自身独特优势，在文明城市创建、农村环境整治、幸福家庭建设、社会管理创新等方面争当先行者，成为家庭和美、邻里和睦、传承美德的中坚力量，用自身的良好形象带动和影响家庭及社会，在构建和谐社会中更好地发挥“半边天”的作用。

在座的各位优秀女性是全市妇女投身全面建设小康社会的领头雁和排头兵，希望你们不断解放思想，按照市委的总体部署，充分发挥女性特有的优势，以更高的目标，更严格的要求，更扎实的作风，动员和引导全市妇女继续发扬求进图强、拼搏向上的精神，以“巾帼不让须眉”的气概，坚定信心、攻坚克难，勇争一流，为美丽幸福攀枝花建设和我市在全省率先全面建成小康社会创造新业绩，展现新风采！

拥有事业的女性才会魅力永存，事业与家庭双丰收才是精彩人生。希望大家在干好工作和事业的同时，统筹兼顾，合理安排，工作时不要想着自己是女性，生活中不要忘了自己是女性，妥善处理好事业与家庭的关系，以自身丰富的学识、精明的才干、显著的成绩、良好的形象来赢得社会的认可和广大群众的信赖。

再过两天，就是“三八”节了。在此，我代表市委市政府，向在座的各位女同志，并通过你们向辛勤工作在全市各条战线上的广大妇女和妇女工作者致以崇高的敬意和节日的问候！祝大家身体健康、工作顺利、家庭幸福！

在全市新一轮妇女儿童发展纲要实施推进会上的讲话

2013 年 3 月 27 日

今天，我们在这里召开全市新一轮妇女儿童发展纲要实施推进会。刚才，张敏副市长作了主题报告，简要回顾了我市 2001－2010 年“两纲”实施情况，认真总结了我市妇女儿童事业发展的工作经验，安排部署了 2011－2020 年新“两纲”实施的重点工作；市财政局、市卫生局、东区政府代表成员单位签订了新“两纲”目标责任书；市教育局、市统计局、盐边县政府代表成员单位作了很好的表态发言。相信通过这次会议，将大力促进我市新“两纲”的实施，也希望各级各部门积极主动做好各项工作，推动妇女儿童事业更好更快发展。

下面，我讲三点意见。

一、统一思想，深化认识，切实增强推动妇女儿童事业发展的责任感、使命感

妇女是推动经济社会发展的重要力量，儿童是国家的未来、民族的希望。妇女儿童事业发展是社会文明进步的标志，是落实科学发展观的必然要求，是社会和谐、民生改善的重要内容，也是党委政府履行职能的重要任务。党和政府始终高度重视妇女儿童的进步与发展，始终秉承儿童优先原则及男女平等参与、共同发展、共同受益的原则。党的十八大报告明确提出：“坚持男女平等基本国策，保障妇女儿童合法权益”，这是首次写入党的报告中，同时也为新时期妇女儿童工作指明了方向。我们要进一步增强做好新形势下妇女儿童工作的责任感，把妇女儿童事业放到发展大局中去统筹安排、协调推进，努力促进妇女儿童事业与经济社会全面协调发展，男女两性和谐发展。

当前，做好妇女儿童工作面临大好机遇，具备许多有利条件。从宏观环境看，保障妇女儿童权益、促进妇女儿童发展的法律法规体系逐步形成，中央出台了一系列保民生、惠民生的政策措施，为妇女儿童发展提供了有力的法制政策保障。随着社会发展进步，广大妇女儿童参与发展的意识更加主动，对生活质量更加重视，对权益保障更加关注，为我们进一步做好妇女儿童工作提供了动力。从现实条件看，市委市政府着眼大局，提出了建设幸福攀枝花和攀枝花在全省率先全面建成小康社会的奋斗目标，要实现这个目标，就必须着力解决发展的短板问题，注重民生改善，实现贫有所助、学有所教、病有所医、老有所养等“八有”目标，这就为妇女儿童事业发展提供了良好契机。我市去年地区生产总值达 730 亿元，地方财政收入 82.94 亿元，同比增长幅度较大，经济社会已进入快速提升的重要阶段，正迈入发展的“快车道”，为妇女儿童事业发展奠定了更加坚实的物质基础。全市上下尊重妇女、关爱儿童的氛围日益浓厚，社会力量参与妇女儿童事业发展的意识和能力不断增强，必将促使妇女儿童发展的社会环境更加优化。

同时，我们也要清醒地看到，当前我们正处在改革发展的关键阶段，一些事关妇女儿童生存、保护、发展的新情况、新问题不断显现，我市妇女儿童事业发展仍然存在不少矛盾和问题：一是男女不平等的现象还一定程度地存在，重男轻女的陈旧观念尚未根除，出生性别干预情况时有发生，就业领域针对妇女的性别歧视仍然存在。二是城乡间和区域间妇女儿童事业发展不平衡现象比较突出，民族地区、贫困地区滞后于全市平均水平，农村滞后于城市，城市常住人口与流动人口权益保护存在差异。三是侵害妇女儿童合法权益特别是拐卖妇女儿童等违法行为还时有发生，青少年犯罪率增加，未成年人思想道德教育工作亟待加强。四是我市离婚率居高不下，离异家庭子女亲情缺失、家庭教育缺位的问题比较突出。这些情况表明，妇女儿童事业仍然任重道远。

二、落实责任，夯实基础，全力推进妇女儿童事业向前发展

全市各级、各部门要按照构建和谐社会、建成小康社会的总体要求，切实把妇女儿童工作作为促进社会发展的重要工作去推进，把落实妇女儿童发展指标作为促进人的全面发展要求去推动。具体要做到“五个到位”：

一是两个纲要要实施到位。全面实施2011—2020年妇女儿童发展纲要，将妇女儿童事业纳入经济社会发展的整体布局，坚持党委领导、政府主导、各方参与，加大投入、强化保障。各级各相关部门要深刻认识实施“两纲”的重要性和紧迫性，切实抓好纲要实施的宣传引导，不断建立健全工作机制，确保“两纲”确定的目标任务全面完成。

二是民生项目要落实到位。积极顺应妇女儿童特殊性、多样化的需求，大力实施事关妇女儿童切身利益的民生项目。如妇女财政贴息小额担保贷款，去年就完成了4.08亿元，全市6500余名妇女获贷，帮扶带动了近两万名妇女创业就业。通过实施免费婚前医学检查，我市婚检率从2007年的0.15%上升到2011年的70.26%，有效遏制了出生缺陷的发生；当然，这项工作还有待进一步加强，今天的会议专门印发了市两办关于“加大婚前保健服务工作力度，提高出生人口素质的意见”的通知及其具体的工作方案，希望大家下来把这项工作抓实抓好。做好宣传，抓好典型。这些都是惠及妇女儿童的民生项目，不管大小，只要做好了，就会造福广大妇女儿童。各级各部门都要把妇女儿童民生项目摆上案头、放在心头，结合实际切实抓好落实，确保民生项目快速推进、有效实施。

三是妇女事业要推进到位。积极作为，创新举措，为妇女充分平等参与经济社会建设创造更多的机会和条件。不断加强城镇妇女的职业培训和农村妇女的实用技术培训，提高广大妇女的思想道德素质和科学文化素质，增强她们善创业、谋发展的能力；不断加大优秀妇女干部的选拔使用力度，让她们承担更重要的职责，发挥更重大的作用。

四是儿童成长要关爱到位。认真贯彻“儿童优先原则”，全面保障儿童生存、发展和受保护的权利，切实培养好我们各项事业发展的“后备军”和“接班人”。特别要加大对留守儿童和孤困儿童、残疾儿童、事实无人抚养儿童等特殊困难群体的救助力度，积极推进巾帼志愿服务等活动，逐步完善困难儿童关爱帮扶体系，努力让每个孩子都能健康快乐成长。

五是基本权益要维护到位。维护妇女儿童权益是妇女儿童工作的根本任务，也是加强社会管理和公共服务的重要方面。要进一步加大执法力度，切实维护妇女儿童特别是农村留守妇女儿童在经济社会生活和人身安全等方面的权益；要积极预防和制止家庭暴力，严厉打击侵害妇女儿童人身安全的违法犯罪行为；要强化妇女儿童生活用品和食品药品安全监管，为妇女儿童身心健康创造良好条件。

三、强化领导，统筹兼顾，努力为妇女儿童事业发展提供有力保障

妇女儿童工作是事关每个家庭、关系整个社会的基础性工作，是庞大的系统工程。政府主导、部门联动是妇女儿童事业发展的重要保障，机制创新、强力推进是妇女儿童事业发展的手段，加大投入、强化保障是妇女儿童事业发展的重要支柱。各级各部门要把妇女儿童工作摆上重要日程，有力有效推动新

“两纲”实施。

一要加强组织领导。各级党委要高度重视，各级政府要切实承担起推进妇女儿童事业发展的职责，将实施新“两纲”纳入当地经济社会发展规划，纳入公共事业发展计划和政府公共政策体系。各级政府是妇女儿童工作的责任主体和工作主体，必须定期研究妇女儿童事业发展中的重大问题，切实加强对妇女儿童工作的领导和组织协调，抓好工作落实，切实解决具体困难。要进一步完善妇儿工委工作机构，做到组织健全、人员到位、职责明确、任务落实。

二要加大投入力度。各级政府要将妇女儿童事业发展经费纳入财政预算，提供可靠的经费保障。要认真贯彻落实攀办发〔2008〕47号文“关于妇联工作经费的意见”精神，按照相关标准落实工作经费，保障专项经费，并随财政收入的增长和工作需要逐步增加。同时，对贫困地区和少数民族地区妇女儿童事业要给予重点扶持，保障所有妇女儿童享有基本公共服务，并广泛动员社会力量，多渠道筹集资金，支持妇女儿童事业发展。

三要创新工作机制。各级政府和市妇儿工委成员部门要细化“两纲”目标任务安排，制定年度计划和工作方案，并加强对“两纲”实施情况的定期监测评估和经常性分析，及时解决实施中出现的问题。各级妇儿工委及其办公室要进一步加强自身建设，建立完善督促检查、目标考核、工作报告、督办反馈等工作制度；部门之间、部门与县（区）之间要进一步加强工作衔接和信息对接，形成良性互动的整体合力。总结探索妇女儿童发展规律和工作规律，不断完善典型示范带动机制，及时推广经验，发挥示范效应。

四要营造良好环境。各级各部门要拓宽渠道，真诚倾听妇女儿童呼声，真实反映妇女儿童诉求，真情关心妇女儿童疾苦，依法维护妇女儿童权益。要从实际出发，按照立足基层、面向社会、形式多样、注重实效的原则，搞好分层次、分类别的宣传培训。大力宣传男女平等基本国策和儿童优先原则，深入宣传实施“两纲”的重大意义，宣传促进妇女儿童保护和发展的法规政策，在全社会掀起学习、宣传、贯彻“两纲”的热潮。要坚持先进文化前进方向，为妇女儿童提供更多更好的精神文化产品，净化文化市场、网络、校园周边环境，创造有益于儿童身心健康的文化氛围。社会各界都要积极参与妇女儿童事业，在全社会形成尊重妇女、保护儿童的良好氛围。

同志们，在新的历史起点上，加快发展我市妇女儿童事业任务艰巨、使命光荣。希望全市各级各部门进一步解放思想、开拓创新、扎实工作，努力开创我市妇女儿童工作的新局面，为幸福攀枝花建设和攀枝花在全省率先全面建成小康社会奠定坚实基础！

在攀枝花市全民科学素质工作领导小组（扩大）会上的讲话

2013年3月28日

今天我们在这里召开我市全民科学素质工作领导小组（扩大）会议，刚才，智深同志传达了国务院《全民科学素质行动计划纲要》实施工作汇报会有关精神，礼华同志就我市2012年《纲要》实施工作作了一个系统的总结汇报。我认为去年我市《纲要》实施工作在市委、市政府领导下，各成员单位和县（区）围绕提高重点人群科学素质、加强公民科学素质建设基础工作、优化公民科学素质建设环境和建立健全工作机制等方面，做了大量工作，取得明显成效。在此，我对大家的辛苦工作表示衷心的感谢！今年是实现《纲要》提出的“十二五”全民科学素质工作目标承上启下的关键一年，做好今年工作意义重大。下面我就我市今年《纲要》实施工作讲几点意见：

一、增强责任认识，切实推动全民科学素质工作

全民科学素质工作，是增强公众科学素养和创新能力、促进人的全面发展的基础工程，是建设创新型国家、实现创新驱动发展的战略举措。党的十八大从扎实推进社会主义文化强国建设的战略高度出发，要求开创“人民思想道德素质和科学文化素质全面提高”的新局面。国务院发布的《国民经济和社会发展第十二个五年规划纲要》也明确要求“深入实施全民科学素质行动计划，加强科普基础设施建设，强化面向公众的科学普及”。应该说党和国家的重要战略部署进一步彰显了全民科学素质工作的重要性，为推进公民科学素质建设指明了方向。立足攀枝花实际，我市正处于加快转变经济发展方式的攻坚时期，也是全力打好“六大硬仗”，实现科学发展、跨越式发展的关键阶段。要建成绿色、繁荣、开放、文明的新型城市，从根本上说，还是要依靠全市广大人民群众来实施，依靠具备较高科学素养的大量劳动者和创新型人才来推动。只有广大市民能够运用科学知识处理实际问题、参与公共事务，具备科学理性的认知后，全市才会实现又好又快发展，社会和谐才能得到保障。因此，大家一定要认真贯彻落实国家、省、市的有关要求和部署，进一步增强责任感、紧迫感和使命感，扎实推进科学素质各项工作的实施。

二、服务主题主线，提升重点人群科学素质整体水平

当前，全国上下都在深入学习贯彻党的十八大会议精神，我们《纲要》实施工作中也必须围绕“全面建成小康社会”的总目标，正视自身工作差距和薄弱环节，找准服务主题主线的着力点和突破点，积极开展工作。一是要围绕科学发展主题，把宣传普及科学发展理念作为提升全民科学素质的核心内容，贯穿《纲要》实施的全过程，使科学发展的理念更加深入人心，更好的指导公众的生活与实践。二是要围绕转变经济发展方式主线，广泛宣传普及资源能源节约、生态环境保护、安全生产和防灾减灾、人与自然和谐相处等观念和知识，引导公众科学认识经济社会发展的阶段性特征，积极投身转方式、调结构、上水平的生动实践。三是要围绕改善民生、促进社会和谐，把《纲要》实施工作渗透到群众日常生活中，普及低碳环保、疫病防治、应急避险等方面的观念和知识，开展卫生保健、移风易俗、反对愚昧迷信的宣传教育，激发公众参与科学素质建设的积极性。四是要围绕培育创新文化和诚信文化，弘扬实事求是、追求真理的科学精神，营造尊重知识、尊重劳动、尊重人才、尊重创新创造的社会氛围，让广大群众特别是青少年更加热爱科学、关注科技、参与创新、提升素质。

三、加强科普服务能力建设，努力构建社会化大科普格局

《纲要》确定的几项重点工程是实施《纲要》的基础和保障，归根结底就是要加强科普服务能力建设与共享，为公众提升科学素质提供场所和阵地。这一块工作事关长远，大家一定要打破部门界限和利益隔阂，务求有所创新、有所建树。一是要坚持科研与科普有机结合，加强科研资源、教育资源、企业资源的整合转化，充分利用高等院校、科研机构、高新企业的智力、人才、场地等优势，推动有关展馆和有条件的实验室向公众开放，弥补我市现有公众性科普活动场所不足的短板。二是要坚持科技工作者与公众密切互动，在不涉及保密的情况下，加大科技信息公开力度，拓宽科技工作者参与科学素质建设的渠道，开展教育、培训和主题科普活动，激发公众对科学的兴趣。三是要坚持传统媒体和新兴媒体优势互补，要充分发挥广播、电视、网络、报刊等新闻媒体作用，组织专家通过媒体解读社会热点问题，引导公众正确理解和科学认识社会热点事件，不断扩大科技传播覆盖面，激励更多社会力量投入到全民科学素质建设中来。四是要坚持政府推动和社会参与双管齐下，以市委、市政府的中心工作为重点，将科普工作融合到地方经济社会发展中，加强基层科普设施等公共服务体系建设，推动各类科普平台的整合共享。

四、强化组织协调，为科学素质工作提供坚实保障

全民科学素质工作是一项系统性工程，工作涉及部门多、工作要求高，必须进一步加强组织领导，搞好通力协作，建立科学的工作机制，真正把各个方面的积极性调动起来，才能形成共同推进的整体合力。一是要加强组织领导，市纲要领导小组要加强此项工作的组织领导及督促指导力度。市纲要办（市科协）和市政府目标办要按照市政府文件有关“把贯彻落实《纲要》的重点任务列入年度工作目标，纳入目标管理考核”的要求，加强督导、考评和服务，及时发现问题，提出意见建议，促进各项工作任务有序推进，全面完成。二是要加大经费保障力度，要认真落实市政府“将科普活动经费列入财政预算，并逐年增加，到2015年达到年人均不低于1.5元”的文件要求，增加投入，保证工作需要，加强对基层实施工作的具体指导和服务，为《纲要》实施创造良好的环境和条件。三是加强协作配合，各成员单位要树立上下一盘棋思想，在按照责任分工履行好各自职责的同时，加强协作配合，努力形成大协作、大联合、大科普的工作格局。还没有制定重点任务分解实施方案的牵头部门要在4月15日前上报方案，已制定实施方案的部门，要按工作职责进一步完善，并认真抓好落实。牵头部门要认真履行“一岗双责”，在落实本部门所承担工作任务的同时，还要对牵头负责的工作项目进行分解，明确参与部门的具体指标任务，并在实施过程中，组织参与部门共同完成所承担的重点任务，确保各项工作同步推进。四是要进一步建立和完善全民科学素质工作的监测评估和考核激励机制，调动各方面参与全民科学素质工作的积极性、主动性和创造性。

同志们，普及科学技术知识、提高全民科学素质，使命光荣、意义重大。我们一定要按照市委、市政府的统一部署和《攀枝花市全民科学素质行动计划纲要实施方案（2011—2015）实施方案》的要求，进一步振奋精神，克难奋进，扎实工作，为全市经济社会又好又快发展做出新的更大贡献！

在市科协七届二次全委会议上的讲话

2013年3月28日

今天，我们在这里召开市科协七届二次全委会议，主要任务是，认真贯彻市委九届四次全体（扩大）会议和市委经济工作会议精神，学习领会《中央书记处关于科协工作的几点意见》及省科协党组书记和全委会议精神，回顾总结2012年工作，研究部署2013年任务。开好这次会，对于我们进一步做好新形势下的科协工作，更好地履行“三服务一加强”工作职能，充分激发广大科技工作者的创新热情和创造活力，服务加快幸福攀枝花建设，为助推我市实现在全省率先全面建成小康社会宏伟目标，具有十分重要的意义。

去年以来，全市科协系统认真贯彻中国科协八大和市委九大、九届三次全体（扩大）会议精神，深刻领会《中央书记处关于科协工作的几点意见》，紧紧围绕全市发展大局和中心工作，认真履行党和政府联系科技工作者的桥梁纽带职责，在促进经济社会发展上取得了新成效，在提高全民科学素质上推出了新举措，在服务科技工作者上搭建了新平台，在建设科技工作者之家上彰显了新活力。许多工作主题突出、特色鲜明，在全市乃至全省都产生了一定影响。

刚才智深同志代表常委会向大家报告了去年的工作，并对今年的工作作了安排，我都赞成。

下面我讲几点意见：

一、深入贯彻落实党的十八大精神，认真开展“三大”主题教育活动，切实肩负起党和政府联系科技工作者的桥梁纽带和推动科学技术事业发展的重要力量的时代使命。十八大精神的核心，是坚持和发展中国特色社会主义。要充分发挥科协科技工作之家的独特优势，有针对性地开展中国特色社会主义教育，引导科技工作者坚定对中国特色社会主义的道路自信、理论自信、制度自信。要结合全市正在开展的“思想大解放、作风大转变、工作大落实”主题教育活动，切实增强责任感、使命感、机遇感，联系科技工作和科技工作者实际，思考谋化未来五年的科协工作，围绕目标找差距，围绕差距抓重点，围绕重点添措施，围绕措施抓落实，及时清除认识障碍、增添思想动力，不断形成工作的新理念、新定位、新思路和新举措，为推进攀枝花加快发展、和谐发展，建设幸福攀枝花，全面建成小康社会做贡献。

二、搭建平台、搞好协作，切实把提高全民科学素质和促进社会主义精神文明建设作为科协工作的龙头。提高全民科学素质，既是激励科技创新、建设创新型攀枝花的内在要求，也是促进社会主义精神文明建设的基础工程。要认真贯彻“政府推动、社会参与、提升素质、促进和谐”的方针，切实抓好《全民科学素质纲要》的实施。要组织广大科技工作者充分发挥科普主力军作用，努力成为科学知识的传播者、科学方法的实践者、科学思想的倡导者、科学精神的弘扬者，帮助人们以科学思想观察问题、以科学态度看待问题、以科学方法处理问题，促进人与自然和谐相处，努力形成全体人民各尽其能、各得其所而又和谐相处的局面。要进一步加强重点人群科学素质建设，扎实做好未成年人、农民、社区居民、城镇劳动人口、领导干部和公务员等五类重点人群科学素质工作，通过重点人群科学素质提高，带动全民科学素质整体提升。当前，要特别注意对城镇劳动者、返乡农民工进行就业和再就业技能培训，着力提高他们的就业能力、创新能力、创业能力和公共事务参与能力、社会适应能力，为企业培养更多的高素质劳动者，为社会培育更多健康文明生活方式的践行者。要进一步开展好各类主题科普活动，紧紧围绕“节约能源资源、保护生态环境、保障安全健康”等主题，建立健全科普展品巡展制度，让优质科普服务惠及广大人民群众。要积极参与全国科技周、文化科技卫生“三下乡”、科教进社区、科普进军营等各类主题活动，创新科普工作形式，丰富人民群众的文化生活，推动形成讲科学、爱科学、学科学、用科学的良好社会风尚。

三、围绕中心、服务大局，为攀枝花加快发展、科学发展、又好又快发展提供强有力的科技支撑。围绕中心、服务大局，是科协组织为经济社会发展服务的基本要求。各级科协组织要紧紧围绕大力实施“三个加快建设”，大力推进“三个走在全省前列”，全力打好“六个硬仗”，奋力实现“四个翻番”，深入实施“五创联动”的工作大局，积极组织和引导科技工作者，开展以增强自主创新能力为导向的跨学科、跨领域、综合性的学术交流和科技攻关，把广大科技工作者在自主创新中的先导作用充分发挥出来，为加快建设幸福攀枝花，在全省率先全面建成小康社会贡献聪明才智。要大力推动创新要素向企业集聚，广泛开展各种形式的科技咨询和技术服务，深入实施“金桥工程”“讲理想、比贡献”竞赛活动，抓好院士专家服务中心和工作站建设，促进科技成果的转化与推广，帮助企业在激烈的市场竞争中抢占先机、赢得主动，不断增强企业自主创新能力和抵御市场风险能力。要大力引导科技知识向农村流动，动员广大科技工作者围绕农业科技创新，加强农业科技研发和推广应用，深入实施科普惠农兴村计划，加强农村专业技术协会、农村科普示范基地、农村科普带头人等科普队伍建设，组织广大科技工作者开展农民技术培训，造就有文化、懂技术、会经营的新型农民，为建设社会主义新农村提供有效的科技动力。要高度重视、关心、支持青少年科技教育和创新实践活动，认真总结和推广青少年科技创新市长奖评选的成功经验和做法，共同营造有利于青少年科技创新的社会环境和舆论氛围，为我市经济社会发展培养大批的科技后备人才。

四、反映诉求、提供服务，切实把发挥党和政府联系科技工作者的桥梁纽带作用作为科协工作的重要职责。科协是党领导下的人民团体，是党和政府联系广大科技工作者的桥梁纽带，是科技工作者之家。各级科协组织要深刻领会中央书记处对今年科协工作的几点意见，把反映诉求、提供服务的要求体现到工作的方方面面，提高认识、坚定信念，在思想上高度重视起来，在措施上行动起来，抓住当前大好机遇，创造性地开展工作，开拓进取、务实创新，不断推动科技工作、科协工作开创新局面。要进一步加强基层科协建设，继续做好企业、高校、园区、社区和乡镇科协基层组织的巩固和完善，不断扩大科协基层组织覆盖面，真正做到哪里有科技工作者，科协工作就做到哪里；哪里科技工作者密集，科协组织就建到哪里，让科协组织提供的服务延伸到每一个科技工作者。要进一步提高为科技工作者服务的能力和水平，把为科技工作者提供优质高效服务、维护他们的合法权益作为科协组织的重要职责，着力完善科技工作者利益表达机制，探索创新服务载体和渠道，深入了解他们的实际情况，及时反映他们的意见和呼声，推动解决他们在工作学习生活中遇到的实际困难和问题，把科协组织建设成为名符其实的科技工作者之家。

在市总工会八届十一次全委（扩大）会暨全市工会代表会议上的讲话

2013 年 5 月 29 日

今天召开的市总工会八届十一次全委会，是本届委员会的最后一次全会，也是一次承前启后的会议。刚才，会议讨论通过了即将召开的攀枝花市工会第九次代表大会三个工作报告和相关组织人事事项，为大会的顺利召开提供了坚实的保证。同时，为精简会议而合并召开的全市工会代表会议也圆满完成了选举出席四川省工会第十三次代表大会代表的任务。现在距市工会“九大”召开仅有半个月时间了，时间紧、任务重、要求高，希望市总工会做好筹备工作的最后冲刺，希望各级工会鼎力配合，保证大会胜利召开。下面，我讲几点意见。

一、深刻认识过去五年取得的成绩和经验来之不易，必须倍加珍惜和大力弘扬

市工会第八次代表大会以来的五年，全市各级工会组织认真贯彻落实市委和省总工会决策部署，真抓实干，奋发进取，充分发挥组织职工、引导职工、服务职工和维护职工合法权益作用，在实施建功立业工程、提升职工技能素质、维护职工合法权益、构建和谐劳动关系、打造攀枝花工会品牌等方面做了大量工作，取得了良好成绩，多项工作走在全省乃至全国前列，创造了一批省内有特色、全国有影响的鲜活经验。其中，“百岗万人”技能大赛有效促进了职工素质提升，主要职业危害防治研究工作在全省率先实施，“一小时法律援助服务圈”的建成构筑了职工维权快速通道，“寒窗助学”行动已成为帮扶工作社会化的典范。成绩来之不易，经验弥足珍贵，全市各级工会组织一定要倍加珍惜五年来的经验启示，毫不动摇地坚持党的领导，坚持服务大局，坚持依法维权，坚持务实创新，不断开创全市工会工作新局面。

二、深刻认识未来五年面临的机遇和挑战前所未有，必须正确把握和积极应对

党的十八大为我们描绘了美丽的“中国梦”画卷，习近平总书记与全国劳模代表座谈时的重要讲话对工会工作提出了新要求，各级党委、政府赋予了工会组织更多的资源和手段，社会各界高度关注为工会工作营造了良好氛围，工会工作的外部环境得到前所未有的优化。但同时也要清醒地认识到，我国仍处于改革的攻坚期和矛盾的凸显期，经济社会发展中的不稳定不确定因素日益增加，职工主体的多元化和利益诉求的多样化，增加了工会工作的难度和复杂程度。面对巨大的机遇和挑战，攀枝花工会工作舞台广阔、大有可为。刚才讨论通过的“九大”《工作报告》已经确定了未来五年攀枝花工会工作的总体思路和“一、二、三、四、五”发展战略，全市各级工会组织必须在思想上同心同德，目标上同心同向，行动上同心同行，深刻认识新时期工会工作在全局中的重要位置，充分发挥工会组织联系职工群众的桥梁纽带作用，最广泛地把职工群众组织起来，最充分地把工会组织的活力激发出来，为攀枝花实现“两个跨越”、推进“三大发展战略”贡献力量。

三、深刻认识当前工会工作的重要性和紧迫性刻不容缓，必须全面履职和争先进位

当前工会工作的任务十分繁重，全市各级工会要从实际出发，根据新的形势完善工作思路，细化具体任务，强化工作措施。尤其注意抓住重点、难点和薄弱环节，认真研究解决问题的办法，开创工作新局面。

一是要增强使命感，团结带领全市职工谱写“中国梦”攀枝花篇章。工人阶级是经济社会发展的中坚力量，肩负着实现伟大中国梦，建设美丽幸福攀枝花的历史使命。工会组织作为党联系职工群众的桥梁和纽带，就要承担起团结动员全市职工共同谱写“中国梦”攀枝花辉煌篇章的重任。全市各级工会组织要巩固和深化“三大主题教育”活动成果，积极参与“实现伟大中国梦、建设美丽繁荣和谐四川”主题教育活动和即将在全党开展的党的群众路线教育实践活动，凝聚正能量，增强主动性，为攀枝花科学发展、加快发展注入强大动力。

二是要增强紧迫感，打好“确保四川一流，争创全国先进”攻坚战的第一仗。即将召开的市工会第九次代表大会，将为我们描绘出全市工会工作未来五年的发展蓝图，今年是开局之年，只有开好头、起好步，才能为今后工作打下坚实基础。现在已到了五月底，全市各级工会必须增强紧迫感，对照全年目标找差距，确保时间过半、完成任务过半。我们必须清醒地看到，要实现“确保四川一流，争创全国先进”的目标，未来五年任务十分艰巨。从全省各市（州）工会发展情况来看，虽然攀枝花工会工作多年保持着省内一流水平，但是目前兄弟市（州）间你追我赶的竞争态势已经形成，在有些单项工作方面，过去在我们后面的某些市（州）已经超越我们了，可见，躺在以前的成绩上睡大觉是危险的！正是前有标兵、后有追兵，不进是退，慢进也是退，若再不增强创新意识、进取意识，必将导致我市工会在全省第一方阵的位置不保。从攀枝花工会自身发展来看，仍存在一些不容忽视的问题。去年，我市工会工作在省里的考核一定程度上受到“8・29”事故的影响，综合目标考核被一票否决，班子年度考核受此影响也降了档，“两个普遍”考核有明显的下滑态势。我们必须深刻反思事故暴露出的工会工作不到位之处，调整心态、正确面对，找准原因、知耻后勇，卧薪尝胆、争先进位，以更大的决心和更艰苦的努力确保我市工会各项工作始终走在全省前列。

三是要增强责任感，在保障和改善民生中切实发挥工会不可替代的重要作用。及时准确了解职工群众的民生诉求，努力推动党和政府保障与改善民生重要措施的贯彻落实，是工会服务大局的重要举措和基本任务。全市各级工会要突出履行维权帮扶职责，把关注民生、保障民生、改善民生作为全市工会组织的重点工作和工会干部研究的核心问题，继续完善富有攀枝花特色的工会维权、帮扶和服务机制，促进解决劳动就业、收入分配、社会保障、劳动安全等涉及职工切身利益的民生问题。要着力建好工会参与民生工作的窗口阵地，积极构建全方位、多层次的帮扶救助体系，探索困难职工帮扶中心可持续发展的有效模式和途径，完善帮扶网络、强化资金保障、增强帮扶实效。要着力打造工会参与民生工作的优势品牌，在升级做强“送温暖”“寒窗助学”“困难职工帮扶中心”等传统品牌的同时，再培育打造一批造福广大职工特别是困难职工、农民工的工会新品牌，进一步扩大社会影响力。

各位委员，各位代表，让我们团结一心，奋发努力，以实际行动迎接市工会第九次代表大会的胜利召开，为攀枝花科学发展、加快发展作出新的更大贡献！

在“实现伟大中国梦、建设美丽繁荣和谐四川”主题教育活动妇女代表座谈会上的讲话

2013年6月20日

今天，市妇联在此举办“实现伟大中国梦、建设美丽繁荣和谐四川”主题教育活动妇女代表座谈会，为美丽幸福攀枝花建设及实现伟大中国梦建言献策。刚才，有9位来自各条战线的妇女代表作了典型发言，大家围绕主题，结合工作实际讲梦想、谈发展、说打算，都讲得很好。希望大家下来相互学习，相互借鉴，共同提高。下面，我谈几点意见：

一、深入学习，提高认识，积极参与“中国梦”主题活动

开展“实现伟大中国梦、建设美丽繁荣和谐四川”主题教育活动，是深入学习贯彻党的十八大和习近平总书记一系列重要讲话精神的一项重大举措。实现中华民族的伟大复兴是国家的梦，人民的梦，也是占人口半数的广大妇女的梦。当前，全市上下正在大力开展“实现伟大中国梦、建设美丽繁荣和谐四川”主题教育活动。广大妇女要积极参与到活动中来，加强学习交流，充分认识“中国梦”的本质内涵是实现国家富强、民族振兴、人民幸福；充分认识每个人的前途命运与国家民族的前途命运紧密相连，没有国家的强大，个人的幸福就是海市蜃楼，没有民族的昌盛，个人的追求就是镜花水月。“中国梦”的实现，必将推动男女两性并肩携手，共同享有人生出彩的机会，共同享有梦想成真的机会，共同享有与祖国和时代一起成长与进步的机会。

实现“中国梦”是一个长期任务，需要一代又一代中国人共同为之努力，需要广大妇女贡献出自己的智慧和力量。作为攀枝花人，我们要进一步坚定信念，增强信心，敢于有梦、勇于追梦、勤于圆梦，积极投身全面建成小康社会的伟大实践。只有包括广大妇女在内的全体人民有梦想、有机会、有奋斗，一切美好的东西才能够创造出来，才能成就更加辉煌的未来。

二、立足岗位，创新创造，为实现“中国梦”贡献力量

“中国梦”是真抓实干的奋斗梦。全市广大妇女要围绕在全省率先全面建成小康社会、建设美丽幸福攀枝花这个全市人民的共同梦想，进一步发扬“四自”精神，围绕中心，服务大局，主动作为，创先争优。积极参与“做幸福女性，建幸福家庭，建设幸福攀枝花”活动，立足本职岗位，不断学习新知识、掌握新技能、增强新本领，把工作岗位当成奋斗的舞台，把工作实践作为奉献的载体，深入开展技术革新、科技攻关、发明创造等活动，争当岗位先锋、文明先锋、创业先锋，为推动攀枝花加快中国钒钛之都建设、加快中国阳光花城建设、加快四川南向门户建设发挥积极作用。要特别发挥女性在家庭和社会中不可替代的独特优势作用，认真践行社会公德、职业道德、家庭美德，在攀枝花创建国家文明城市、国家园林城市和国家环保模范城市、国家森林城市、中国阳光康养旅游城市中，争当践行文明的先行者、良好风尚的引领者、科学发展的促进者、和谐社会的推动者。用自身良好的素质影响家庭和社会，以积极向上的生活态度和实际行动，推动建立科学文明健康的生活方式，努力以家庭的文明进步推动社会的文明进步。

三、履职尽责，服务妇女，凝聚实现“中国梦”的正能量

当前，各种新情况、新问题、新挑战不断出现。务实的工作作风和工作的扎实程度决定了每一项工作的最终成败，也具体而微地影响着“中国梦”的进程。各级妇联干部要不断完善工作机制，深入基层，走进一线，真诚倾听群众呼声，真实反映群众愿望，真情关心群众疾苦，切实解决妇女群众最关心

最直接最现实的利益问题，通过一点一滴的扎实工作凝聚妇女力量，助推“中国梦”的实现。

一要加强宣传引领。充分利用村妇代会、社区妇联、机关单位妇委会、“两新”组织妇委会等各领域妇女组织，发挥农村、社区“妇女之家”的主阵地作用和妇联执委、团体会员联系广泛的优势，组织妇联干部、执委、巾帼志愿者等深入到妇女群众中去，，进一步开展“现代女性大讲堂”“和谐家庭大课堂”等活动，以生动活泼的形式和妇女群众听得懂、记得住、感触深的语言，讲解“中国梦”及攀枝花的发展蓝图，引导妇女从当下做起、从自己做起，苦干实干，人人争做“中国梦”的参与者、实践者、推动者。

二要充分发挥妇女“半边天”作用。以工作项目化为手段，继续深化统筹城乡妇女发展工作。伟大的梦想需要有能力的人来实现，各级妇联组织要在妇女中广泛开展“女性素质提升工程”，提高妇女个人修养和个人能力，尤其是业务技能和心理调适能力。团结带领妇女深化“巾帼建功”“双学双比”“五好文明家庭建设”和妇女创业就业促进行动。强化信息服务、项目运作、资金扶持等工作，促进妇女创业就业。要努力探索帮助民族地区、边远山区妇女脱贫致富的新路子，加强对贫困妇女的技能培训、转移就业培训、再就业培训，帮助贫困妇女增强自我发展能力。组织妇女立足岗位作贡献、脚踏实地促发展，为实现在全省率先全面建成小康社会、建设美丽幸福攀枝花这个全市人民的共同梦想贡献广大妇女的聪明才智和力量。

三要让广大妇女共享“中国梦”实惠。要努力维护妇女儿童权益。继续坚持“大维权”工作理念，以源头维权、社会化维权、实事化维权为着力点，进一步推动实施《妇女发展纲要》和《儿童发展纲要》。进一步改善妇女儿童民生，把开展主题教育活动与改善民生结合起来，帮助妇女解决生产生活中遇到的困难和问题。要围绕党委、政府民生工程目标任务，有效承接党政赋予的资源手段和社会管理职能。积极争取政策、资金、项目支持，进一步加大对贫困妇女儿童的帮扶力度，切实做好“两癌”筛查救助、“母亲水窖”工程等工作，切实为妇女儿童办好事、实事，让广大妇女儿童在实现“中国梦”的进程中得实惠、长受惠。

有梦想就有希望，有希望就有力量。让我们在市委、市政府的领导下，以饱满的热情和昂扬的姿态，扎实工作，奋发有为，汇聚建设美丽幸福攀枝花的强大正能量，用实际行动书写“中国梦”的华美篇章。

在共青团攀枝花市十届三次全委（扩大）会议上的讲话

2013 年 7 月 2 日

刚刚闭幕的共青团十七大，全面贯彻党的十八大精神和党中央对共青团工作的要求，部署了今后 5 年团的工作，选举产生了新的团中央委员会。这是共青团事业继往开来的大会，是团结动员广大团员青年为实现中国梦而奋斗的大会，是广大团员青年和团干部政治生活中的一件大事。刚才，团市委对学习传达、贯彻落实团的十七大精神和下半年共青团工作的安排部署，我都赞同，希望各级团组织认真抓好贯彻落实。在此，我讲三点意见。

第一，把思想和行动迅速统一到党中央精神和团中央的工作部署上来，深入开展“中国梦”主题教育活动。

当前和今后一个时期，全市各级团组织要把学习宣传、贯彻落实党中央精神和团中央安排部署作为首要政治任务抓紧抓实。要深刻领会党中央和习近平总书记提出的为实现中国梦而奋斗是当代中国青年运动的时代主题，认清共青团和广大青年在全面建成小康社会，实现中华民族伟大复兴中国梦中肩负的历史责任，组织动员广大团员青年特别是团干部认真学习，发挥好示范带动作用，领会好党中央领导同志重要讲话和团十七大报告精神，学在前，用在前，结合工作实际，认真领会吸收，理清工作思路，明确工作任务，推动工作落实。要加大宣传力度，开展形式多样、富有实效的宣传，把党中央精神迅速传递到广大青年中去。要深入开展“实现中国梦　青春勇担当”主题教育实践活动，用中国梦激发广大青年的理想，引导青年树立正确世界观、人生观、价值观，坚定中国特色社会主义的理想追求。对党中央的指示精神的新思想、新要求，团中央工作部署的新精神、新内容，要联系当前形势，结合“中国梦”主题教育活动，联系不同青年群体实际，根据不同年龄段青少年的认知特点，转换成青少年的语言，用他们听得懂、易接受的语言和方式搞好宣传，进行生动有效的宣传解读。

第二，切实抓好当前各项重点工作的推进落实，组织动员广大青年为建设幸福美丽攀枝花充分发挥生力军作用。

刚才，团市委对当前各项重点工作做了具体的安排部署，各级团组织要切实抓好落实，以务实的工作推动来学习贯彻好团的十七大精神。要准确把握共青团“围绕中心、服务大局”的工作主线，紧紧围绕省委、市委的重大战略部署，深化传统工作品牌，探索新的工作载体，继续深入开展“青年突击队建功竞赛”、青年岗位能手、青工技能振兴计划等青春建功活动，在全市急难险重任务中充分发挥青年的生力军作用，不断深化青年就业培训、见习基地、小额贷款等青年就业创业工作，要深入开展服务进城务工青年、关爱留守学生等工作，探索推进社会组织和志愿者管理服务工作，助推攀枝花经济社会发展。要团结带领广大团员青年积极投身全市大力实施“三个加快建设”、大力推进“三个走在全省前列”、全力打好“六大硬仗”的主战场，勇做走在时代前面的奋进者、开拓者、奉献者，在实现中国梦的征程中施展才华、建功立业。要充分发挥服务青年职能，真心实意面对青年、帮助青年、服务青年，切实维护青少年合法权益，与时俱进跟进青年需求，拓宽服务领域，丰富服务内容，让每个青少年都敢于有梦、勇于追梦、勤于圆梦，根据不同层次青年的不同需求，努力为青年圆梦创造条件，引导和帮助青年在实现“中国梦”“攀枝花篇章”中实现个人的“青春梦”。

第三，按照党的群众路线教育实践活动要求和团的十七大精神，狠抓团干部作风建设。

团干部是共青团工作的骨干力量。共青团组织能否出色地完成党交给的各项任务，开创工作的新局面，关键看是否有一支高素质的团干部队伍。团的干部必须锤炼优良作风，既要有干事创业的激情，更要有脚踏实地的作为。各级团组织要对照习近平总书记对团干部提出的坚定理想信念、心系广大青年、提高工作能力、锤炼优良作风的期望，结合为民务实清廉为主要内容的党的群众路线教育实践活动，切实加强团干部作风建设，根据“照镜子、正衣冠、洗洗澡、治治病”的总要求，努力建设一支政治坚定、工作勤奋、作风优良、青年信任的团干部队伍。团市委委员、团的各级领导机关干部要认真对照要求，带头全面提高自己，从严要求自己，做到信仰坚定，理想信念不动摇；植根青年，做“青年友”，不做“青年官”；勤奋学习，练就过硬本领；加强修养，提升道德感召力，真正成为全市团干部和团员青年的表率。

团十七大上，党中央明确提出，各级党委和政府要从巩固党的执政基础、保证党的事业后继有人的高度，从实现“两个一百年”奋斗目标、实现中国梦的高度，充分认识做好共青团工作和青年工作的极端重要性。希望全市各级党委认真贯彻落实，按照党建带团建要求，把团的建设纳入党的建设总体规划，研究共青团工作的重要问题，切实解决人员、经费等实际困难，支持共青团组织创造性开展工作。要按照市委强力推进年轻干部培养选拔工作的意见，热情关心团干部的成长，严格要求团干部，加大对优秀团干部的培养、选拔和使用力度，帮助他们在实践中尽快成长。社会各方面也要关心和支持共青团工作，形成做好青年工作的整体合力。

同志们，站在新的起点，应有新的作为。让我们在以习近平同志为总书记的党中央领导下，坚持以邓小平理论、“三个代表”重要思想、科学发展观为指导，要以深入学习贯彻党的十八大和团的十七大精神为契机，以更加良好的精神状态，更加务实的工作作风，开拓创新、真抓实干，努力为攀枝花科学发展、加快发展和在全省率先全面建成小康社会作出新的更大贡献！

在攀枝花市妇联九届一次执委会上的讲话

2013 年 11 月 7 日

在全体代表的共同努力下，攀枝花市妇女第九次代表大会胜利闭幕了。在大会主席团的领导下，顺利完成了大会的各项议程。在此，我代表市委对大会取得圆满成功，表示热烈祝贺！市委、市政府对这次大会高度重视，市委、市人大、市政府、市政协主要领导出席了大会开幕式。成鸣书记作了重要讲话，充分肯定了我市妇女工作取得的成绩，对新形势下妇联组织和全市广大妇女提出了希望和要求，大家一定要深入学习领会，在工作中贯彻落实。

大会选举产生了市妇联新一届执委，本次执委会上又选举产生了市妇联新一届主席、副主席和常务委员。在此，我代表市委向新当选的市妇联领导班子表示热烈祝贺！借此机会，我讲几点意见：

一、主动融入大局，服务中心，在助推发展上彰显新作为

各级妇联组织要始终坚持正确的政治方向，紧紧围绕经济建设这个中心，紧扣攀枝花妇联工作实际，在推动全市经济社会发展中建功立业。

一要高举旗帜，把握妇联工作方向。深入学习中国特色社会主义理论，深刻领会中央、省、市委对妇女事业和妇联工作的一系列新思想、新论述、新要求，以及重要指示精神，坚定不移贯彻党的妇女工作方针政策，确保攀枝花妇女事业沿着正确的方向前进。

二要突出重点，把握工作目标要求。党的十八大明确提出了全面建成小康社会、实现“两个一百年”的奋斗目标，开启了实现中华民族伟大复兴中国梦的新征程。市委九届五次全会作出了实施多点多极支撑、“两化”互动城乡统筹和创新驱动“三大发展战略”的总体部署，明确了推动攀枝花由经济大市向经济强市跨越、由总体小康向全面小康跨越的奋斗目标。各级妇联组织要准确把握发展新形势，自觉把妇联工作与党委、政府的中心工作结合起来，最大限度地汇聚广大妇女的智慧和力量，为攀枝花加快发展、科学发展做出新贡献。

三要围绕大局，切实发挥“半边天”作用。各级妇联组织要以建设“坚强阵地”和“温暖之家”为主线，以服务大局、服务妇女为根本，围绕党政中心和妇女需求，深入开展“幸福攀枝花巾帼齐行动”“女性素质提升工程”等活动，激励广大妇女立足本职岗位，大力弘扬创业创新精神，积极投身“中国阳光花城”“中国钒钛之都”和“四川南向开放门户”建设，引导妇女在全面建成小康社会的实践中彰显“半边天”的力量和风采。

二、认真履行职责，维护权益，在促进和谐上创造新业绩

为妇女儿童服务是妇联工作的根本。各级妇联组织要全面落实妇女儿童政策，关心妇女生产生活，千方百计推动解决广大妇女最关心、最直接、最现实的利益问题，使广大妇女在构建和谐社会中实现平等参与、平等发展。

一要切实维护妇女儿童合法权益。要坚持男女平等基本国策，加大宣传力度，推动男女平等在政策、机制和社会环境等方面的落实。推动妇女权益保障法、未成年人保护法和妇女儿童发展纲要的贯彻落实。充分发挥妇联维权服务站（点）、“妇女之家”等阵地作用，推动消除歧视妇女、拐卖妇女儿童的现象，依法打击侵害妇女儿童权益的行为，让妇女儿童平等享有民主权利、平等享有改革发展成果。

二要着力促进妇女儿童民生改善。市委提出了贫有所助、学有所教、病有所医、老有所养、住有所居、人有所业、劳有所得、怨有所诉的“八有”民生目标，各级妇联组织要以此为工作抓手，着力关注城镇下岗失业妇女、农村失地妇女、留守妇女和进城务工妇女的利益诉求，为她们在创业就业、平等就业等方面提供服务；着力关注贫困妇女，通过技能培训、信贷支持、牵手帮扶等措施，帮助她们脱贫致富；着力关注孤残儿童、单亲家庭儿童、留守流动儿童、事实无人抚养儿童的学习与生活。积极开展惠民关爱行动，通过实施“母亲水窖”“贫困妇女儿童帮扶”“免费婚前医学检查”“幸福家园建设”“妇女小贷”等项目，使更多的妇女儿童得实惠、普受惠、长受惠。

三要发挥优势作用促进社会和谐。要引导广大妇女自觉坚持社会主义核心价值观，动员广大妇女积极参与群众性精神文明创建活动。以“五家”建设为重点，大力开展特色家庭创建活动，为攀枝花“五创联动”发挥积极作用。引导妇女追求文明向上的生活方式，发挥妇女在家庭教育中的重要作用，培养健康有益的生活情趣，营造平等和谐的良好家风，以家庭和谐促进社会和谐。

三、加强自身建设，增强活力，在提升水平上迈出新步伐

在新形势下，各级党政要进一步加强对妇联工作的领导，赋予妇联更多的资源手段，为妇女事业发展提供有力保障。各级妇联要进一步加强自身建设，增强组织活力，提高服务水平，推动全市妇联工作再上新台阶。

着力加强妇联组织建设。坚持“党建带妇建、妇建服务党建”原则，巩固党执政的群众基础。要根据妇女的群体分布、职业构成、利益诉求等特点，切实加强农村、社区妇联组织建设，积极探索不同经济组织、社会组织、利益群体的妇女组织建设，把工作延伸到广大妇女最需要的地方去。建立健全妇女诉求表达、困难群众帮扶等机制，推动妇联服务大局、服务妇女工作的落实。

着力加强妇联班子和干部队伍建设。妇联新一届执委会要发挥执委紧密联系妇女的优势，广泛宣传推动妇女事业发展、促进妇女全面进步的重要性，团结凝聚妇女力量，争取社会资源，形成工作合力。新一届常委会要切实行使好执委会赋予的职权，肩负起领导全市妇联经常性工作的重任，进一步健全和完善议事决策机制，坚持民主集中制原则，互相学习，共同提高。领导班子成员要有宽广的胸怀，谦虚的品质，相互信任，相互支持，共同维护建立在党性原则、民主集中制、同志友谊基础上的团结，达到思想上的统一，工作上的协调，步调上的一致，建设坚强有力的领导集体，更好地推动妇联工作。妇联干部自身要加强学习，拓宽工作视野，增强工作能力；要践行党的群众路线，改进工作作风，深入基层，倾听妇女呼声，把妇女群众的安危冷暖挂在心上，积极为妇女群众排忧解难。

各位执委、同志们，妇女事业任重而道远。市委相信，市妇联新一届领导班子一定能牢记使命，同心同德，扎实工作，开拓创新，按照中央、省、市委的要求，团结带领全市广大妇女，为幸福攀枝花建设做出新的更大贡献！

在全市厂务公开民主管理工作总结暨推进会上的讲话

2013 年 11 月 26 日

今天我们在这里召开专门会议，对近年来全市厂务公开民主管理工作进行简要总结，对下一步深入推进思路进行部署。会上对一批先进集体和先进个人进行了表扬，有 3 个单位还做了发言，都讲得很好，我很赞同。刚刚闭幕的党的十八届三中全会通过了《中共中央关于全面深化改革若干重大问题的决定》，其中就明确强调："要健全以职工代表大会为基本形式的企事业民主管理制度，保障职工参与管理和监督的民主权利。"我们及时召开这个会议，就是以实际行动学习十八届三中全会精神，并落实到具体的工作中，为共建共享幸福攀枝花做出积极努力。下面，我讲两方面意见：

一、客观总结，全市厂务公开民主管理工作取得长足进步

近年来，全市各级厂务公开深化民主管理协调领导机构和广大企事业单位，紧紧围绕科学发展这一主题和加快转变经济发展方式这条主线，求真务实，开拓创新，大力推进厂务公开民主管理制度化、规范化建设，各项工作稳步推进，取得了新的进展和成效。概括起来就是"五个进一步"。

一是党政高度重视，推进力度得到进一步增强。市委、市政府对发展厂务公开民主管理工作高度重视，建立了由两位市领导牵头，12个相关部门为成员的协调领导小组，定期召开专题会议听取汇报、研究问题，每年开展成员单位述职工作，认真落实市委、市政府下发的《攀枝花市企事业单位厂（事）务公开责任追究暂行规定》。各部门密切配合、共同推进，形成了"党委统一领导、党政共同负责、有关方面齐抓共管、职工群众广泛参与"的组织领导体制和工作格局，推进工作的力度逐年加大。我市厂务公开深化民主管理协调领导小组被评为全国推动厂务公开工作先进单位。

二是拓展工作领域，覆盖面得到进一步扩大。通过开展职代会、厂务公开建制专项行动，各企事业单位职代会、厂务公开建制率有了大幅度的提高。2012年底统计，全市国有、集体及其控股企业、学校医院等事业单位，职代会、厂（事）务公开实行率达100%，规范化率达98%以上；各类非公企业职代会、厂务公开实行率达75%，规范化率达60%以上。我市已建立煤炭、餐饮、石材加工、农家乐、幼儿园等各类区域（行业）职代会77个，覆盖企业1587个、职工38192人。市中心医院在公开范围上，由院级延伸到二级科室，制定了科务公开制度，内容上由行政管理扩展到医疗业务领域。

三是突出工作重点，内容得到进一步丰富。近年来，在应对国际金融危机影响和推动国有企业、事业单位改革过程中，通过开展"公开解难题、民主促发展"等主题活动，使厂务公开民主管理的内容从侧重关注职工切身利益问题向企业经营管理的重大问题延伸、向职工关心的热点难点问题延伸、向反腐倡廉和党风建设的重点领域延伸，向企业文化建设的重要环节延伸，逐步与企业党风建设、领导班子建设、职工队伍建设、企业文化建设等结合起来，有力地维护了职工合法权益和劳动关系稳定，推动企业又好又快发展。市水务（集团）有限公司坚持重大决策如招投标工程、干部任免、职称评定、材料采购、评先评优等提交职代会通过。

四是加强制度建设，运行得到进一步规范。认真贯彻落实中央纪委等六部门联合下发的《关于进一步做好职工代表大会民主评议国有企业领导人员工作的意见》《企业民主管理规定》等文件，根据不同类型企事业单位特点，加强工作指导，不断探索区域（行业）职代会制度、职工代表巡视制度、职工代表竞选制度等一系列民主管理制度化建设，推动厂务公开民主管理制度融入现代企业经营管理制度之中。钢城（集团）公司通过召开职代会，对公司董事会、监事会工作报告、财务预决算报告、利润分配方案、工资分配办法、职工晋升培训等方面进行审议，充分听取职工的意见建议，并形成制度加以固化。

五是构筑企业和谐，积极作用进一步彰显。通过督促企事业单位建立、实施、完善、深化职代会、厂务公开等制度，通过协商、协调、沟通的办法，努力解决劳动就业、劳动报酬、劳动条件、社会保险和福利待遇等涉及职工劳动经济权益方面的矛盾和问题，保障职工知情权、参与权、表达权和监督权，维护职工合法权益，及时有效化解劳动关系矛盾，以劳动关系和谐促进社会和谐，以职工队伍稳定促进社会稳定。如在应对国际金融危机中，攀钢通过厂务公开民主管理，把企业发展过程中遇到的困难和原因向职工讲清楚，把克服困难的办法措施提交职代会讨论，群策群力、共度时艰、共谋发展，并以显著的效果得到职工拥护和党政认可。

在肯定成绩的同时，我们也要清醒地看到工作中存在的问题：一是认识不到位。一些领导对厂务公开的重要性、紧迫性缺乏足够的认识，不想公开，不敢公开，工作处于被动、应付状态。同时也有不少企业职工的参与意识不强，对厂务公开持观望、怀疑和不信任的态度；二是运作不够规范。不少企业存在“重形式、轻效果”问题，表现在公开不真实，不具体，不全面，不经常，对重大问题、重点问题和热点、焦点问题的公开不深入，把公开当成公布，搞形式、走过场现象依然存在；三是监督有待加强。工作是否有效，主要取决于职工满意不满意，赞同不赞同。目前我市厂务公开的监督评价方式侧重于自查、互查和上级检查，缺乏职工群众的日常监督和评议，容易流于形式。这些问题，我们必须在今后的工作中认真加以研究解决。

二、多措并举，不断推进厂务公开民主管理工作创新发展

当前，我国经济社会发展既处于重要战略机遇期，更处于诸多矛盾交汇凸显期，厂务公开民主管理工作的发展既有许多有利因素和条件，也面临不少困难和挑战。党的十八大、十八届三中全会精神以及习近平总书记的重要讲话，对健全以职工代表大会为基本形式的企事业单位民主管理提出了明确要求。这些要求，为我们推进厂务公开民主管理工作指明了前进的方向。当前，攀枝花正处在实施“三个加快建设”、推进“三个走在全省前列”、打好“六大硬仗”、实现“四个翻番”的关键时期，这也是厂务公开民主管理工作围绕中心、服务大局的切入点。要进一步发挥厂务公开民主管理在扩大基层民主、强化群众监督、加强企业管理、维护职工权益、促进改革发展稳定中的积极作用，奋力推进攀枝花发展新跨越。

今后一段时期，我们要紧紧围绕“加快转型升级、建设幸福攀枝花”的核心任务，进一步统一思想、凝聚力量、创新思路、强化举措，努力把厂务公开民主管理工作推上新台阶。

（一）深入开展“公开解难题、民主促发展”主题活动，团结广大职工为建设“钒钛之都”献计出力。抓住和用好国家攀西战略资源创新开发试验区建设和老工业基地调整改造等重大历史机遇，将加快转变经济发展方式、实施创新驱动战略的要求贯穿于主题活动之中，把厂务公开民主管理工作融入到企业日常经营管理之中，根据不同企事业单位的特点、改革发展的难点、职工关注的热点，确定主题活动工作重点和活动方式，就企事业单位改革发展重大问题和涉及职工群众切身利益的热点问题广泛征求职工意见建议，进一步丰富活动的内容和形式，破解企业经营管理中遇到的困难和问题，共同为提高经济增长质量和效益贡献智慧和力量。

（二）认真落实以职代会为基本形式的企事业民主管理制度，保障广大职工共享改革发展成果。要按照党的十八届三中全会《关于全面深化改革若干重大问题的决定》中关于民主政治制度建设的要求，按照“两手抓、两头抓，分类型、求实效”的工作思路，继续大力健全以职代会为基本形式的企事业单位民主管理制度。“两手抓”就是一手抓建制，一手抓规范化建设。“两头抓”就是一头抓大型中型企业，一头抓小型微型企业，既保质量又保数量。“分类型”就是根据国有企业、非公企业和事业单位等不同类型的特点，实施分类指导。“求实效”就是围绕改革发展的目标任务和职工关心的热点难点问题开展工作，确保职工共享改革发展成果。

（三）充分尊重职工主人翁地位，推动企事业单位健康发展。继续完善职代会民主评议企业领导人制度，将国有企业“三重一大”事项决策制度的执行情况、领导人员廉洁从业情况、涉及职工切身利益重大事项的决策及执行情况、重要规章制度的制定及执行情况等，作为职代会民主评议的重要内容，提高管理决策科学化水平。要尊重职工的主体地位，勇于把企业遇到的困难、生产经营的不利因素和采取的应对办法等向职工讲清楚，真心实意问计于职工，充分听取和采纳职工的意见和建议，把广大职工的智慧和力量凝聚到促进企业发展上来。

（四）巩固和拓展基层民主协商，切实维护职工合法权益和社会和谐稳定。在坚持职代会这一企事业单位民主管理制度基本形式的基础上，不断健全市政府与群团联席会、行政与工会联系会、区域（行业）职代会、工资集体协商等制度，形成多层次、多渠道、多样化的基层民主协商机制，推动解决企事业单位改革发展中劳动关系存在的突出问题。要通过职工议事会、民主恳谈会等基层民主协商的有效形式，畅通职工表达利益诉求的渠道，并坚持该提交职代会审议的必须提交审议，该由职代会审议通过的必须经职代会审议通过，切实维护职工合法权益，促进企业劳动关系和谐稳定。

（五）加强组织领导和工作指导，推动厂务公开民主管理工作创新发展。厂务公开工作能否取得成效，领导是关键。要进一步巩固厂务公开民主管理工作的领导体制和工作格局，对厂务公开民主管理工作的领导只能加强，不能削弱。同时，厂务公开是一项系统工程，需要各方密切配合、相互协作、共同推进。各级成员单位要切实履行职责，强化手段措施，发挥自身优势，加强协调配合，形成整体合力，确保机构规格不变、保障力度不降、工作劲头不松。各级厂务公开协调领导小组办公室要认真履行策划、指导、协调、服务、督促的工作职责，及时总结、交流和推广好做法好经验。要充分利用报刊、电视、广播以及网络等宣传手段，营造良好的工作氛围，推动厂务公开民主管理工作不断深入发展。

同志们，新时期赋予厂务公开民主管理工作新的任务和新的要求。我们要紧紧围绕“幸福攀枝花”建设目标，全面深化和创新厂务公开民主管理工作，使其更具活力和时代特色，真正调动和发挥好企业和职工“两个积极性”，为推进攀枝花经济社会又好又快发展，谱写好“中国梦”攀枝花篇章中作出新的更大贡献！

（二）调查研究

1月11日　上午，市人大、市政协分别组织人大代表、政协委员先后到东区阿署达花舞人间景区、丽攀高速公路C12合同段、攀枝花钒钛产业园区、盐边县红格温泉旅游度假区、攀枝花云钛实业有限公司等地视察重点项目建设情况。许健民同志出席视察活动。

3月20日　上午，到钒钛产业园区调研园区基础设施建设及企业生产经营情况。

6月13日至14日　陪同由省总工会副主席胥纯率队的省委主题教育活动第三督查组先后到米易县人民医院、中国移动四川攀枝花分公司、东区炳草岗街道湖光社区等地对我市开展“实现伟大中国梦、建设美丽繁荣和谐四川”主题教育活动情况进行督查。

6月17日　下午，到钒钛产业园区调研企业生产经营及园区急难险重项目推进情况。

6月26日　上午，到米易县调研招商引资及西博会项目筹备工作。

7月2日　下午，陪同省关工委常务副主任张中伟率队先后到东区西海岸社区、盐边县红格镇调研我市关心下一代工作。

7月17日　下午，到仁和区啊喇乡检查防汛减灾工作。

7月19日　下午，到钒钛产业园区调研企业生产经营情况并检查防汛减灾工作。

7月26日　下午，在攀钢集团公司会议室研究攀钢公司进出口工作。

8月5日　上午，陪同刘成鸣同志率队到北京与中石化石油工程技术服务有限公司进行工作对接。双方就加快推动前期合作项目、拓展合作领域、创新合作模式等事宜进行了交流座谈。

8月6日　下午，陪同刘成鸣同志率队到山东省济南市考察中国重型汽车集团有限公司，并与中国重型汽车集团有限公司董事长、党委书记马纯济进行座谈。

8 月 14 日　上午，先后到炳三区学府游园、独松树梁子绿地、仁和区大河河道整治二期工程景观建设、西区西佛寺景区等项目现场调研我市创建园林城市工作进展情况。

9 月 20 日　下午，到仁和区总发乡大竹河水库视察水库安全情况。

11 月 10 至 13 日　陪同刘成鸣同志率队到广东省佛山、东莞市及海南省海口、万宁市学习考察并开展招商项目对接工作。

11 月 17 日　下午，陪同刘成鸣同志到钒钛产业园区调研园区经济社会发展情况

11 月 21 日　上午，先后到钒钛产业园区、四川富邦钒钛制动鼓公司及部分“急难险重”项目现场调研。

11 月 28 日　下午，陪同国家发改委副主任胡祖才一行先后到攀钢钒生产管控中心和轨梁厂、攀钢钒业公司、钒钛产业园区等地调研我市钒钛资源综合利用工作。

12 月 25 日至 26 日　陪同副省长甘霖先后到东方钛业、云钛公司、富邦钒钛、瑞钢公司等企业及红格旅游集镇、昔格达旅游新村对我市工业经济发展、旅游新村建设工作开展情况进行调研。

（三）会议活动

1 月 5 日　下午，出席中共攀枝花市委九届第三十三次常委会议。

1 月 6 日　下午，出席在会展中心召开的市委理论学习中心组 2013 年第一季度集中学习会。

1 月 7 日　上午，出席在会展中心召开的市委九届四次全会暨市委经济工作会。

△　下午，出席在会展中心召开的市 2012 年度干部选拔任用工作“一报告两评议”暨市级党政领导班子和领导干部年度考核述职测评会。

1 月 10 日　下午，出席中国人民政治协商会议第八届攀枝花市委员会第二次会议开幕式。

参加市九届人大二次会议的分组讨论。

1 月 11 日　下午，出席在会展中心召开的市九届人大二次会议预备会议。

△　出席市九届人大二次会议主席团第一、第二次会议，并参加市九届人大二次会议的分组讨论。

1 月 12 日　上午，出席在会展中心举行的攀枝花市第九届人民代表大会第二次会议开幕式。

△　出席市九届人大二次会议主席团第三次会议，并参加市九届人大二次会议的分组讨论。

△　下午，参加市九届人大二次会议和市八届政协二次会议的分组讨论。

△　出席市九届人大二次会议主席团第四次会议。

1 月 13 日　上午，出席在会展中心召开的市九届人大二次会议第二次全体会议。

△　参加市九届人大二次会议的分组讨论。

△　下午，参加市九届人大二次会议和市政协八届二次会议的分组讨论，并出席市人大九届二次会议主席团第五次会议。

1 月 14 日　上午，参加市九届人大二次会议的分组讨论，并出席市九届人大二次会议主席团第六次会议。

△　出席在会展中心举行的中国人民政治协商会议第八届攀枝花市委员会第二次会议闭幕式。

△　下午，出席在会展中心举行的市九届人大二次会议闭幕式。

1 月 15 日　上午，出席在市中心广场举行的“2012 中国 · 攀枝花欢乐阳光节”——“行远牧业”杯电视厨艺争霸赛开幕式。

△ 出席在市工人文化宫三楼会议室召开的市2012年度关心下一代工作目标考核总结会。

△ 下午，先后到市公交客运总公司和川煤集团攀煤公司看望慰问部分困难职工。

1月16日 上午，出席在钒钛产业园区服务中心会议室召开的市钒钛产业园区2012年工作总结表彰和2013年工作部署会。

1月18日 下午，在成都参加省总工会第十二届七次全委会。

1月23日 上午，出席在市委党校举行的市投资促进工作业务培训班开班仪式。

1月25日 上午，国家科技部高新司副巡视员耿战修在会展中心听取了我市创建国家高新技术产业园区的相关工作汇报。许健民同志出席汇报会。

△ 下午，到东区金江镇看望慰问生活困难群众。

1月26日 上午，在攀枝花分会场收听收看省关工委召开传达贯彻落实全国关工委工作会议精神电视电话会议。

1月31日 上午，出席在市工人文化宫三楼会议室举行的“让会员证香起来”活动启动暨工会联名卡发卡仪式。

△ 出席在市政府三楼二会议室召开的团市委“思想大解放、作风大转变、工作大落实”主题教育活动领导点评会，并进行点评。

2月1日 上午，在攀枝花分会场收听收看在成都金牛宾馆召开的省纪委十届二次全会。

2月3日 下午，省委书记、省人大常委会主任王东明一行在会展中心听取了我市的工作汇报，许健民同志出席工作汇报会。

2月4日 上午，出席中共攀枝花市委九届第三十五次常委（扩大）会议。

2月5日 下午，出席在市政府三楼一会议室召开的广州恒大集团与攀枝花项目合作协调会。

△ 晚，观看在攀枝花学院大礼堂举行的市2013年春节团拜电视文艺晚会。

2月18日 上午，出席在钒钛产业园区服务中心会议室召开的市钒钛产业园区管委会“思想大解放、作风大转变、工作大落实”主题教育活动领导点评会，并进行点评。

2月19日 下午，出席在市委三楼会议室召开的九届第三十六次常委会议。

2月20日 上午，出席在会展中心召开的市驻点招商工作座谈会。

2月21日 下午，出席在金海开元名都大酒店五楼会议室召开的中德医疗项目推进座谈会。

△ 出席在市工人文化宫三楼会议室召开的市妇联、市残联“思想大解放、作风大转变、工作大落实”主题教育活动领导点评会，并进行点评。

2月22日 上午，出席在金沙明珠大酒店召开的市民营企业家新春座谈会。

2月26日 上午，出席在会展中心召开的2012年度市委常委民主生活会。

2月26日至27日 出席在会展中心召开的攀枝花各县区工作暨急难险重任务推进会。

2月27日 下午，出席在会展中心召开的中国共产党攀枝花市第九届纪律检查委员会第三次全体会议。

2月28日 上午，出席在会展中心召开的市委工作会。

△ 下午，出席共青团攀枝花市十届二次全委（扩大）会议。

△ 出席在市工人文化宫三楼会议室召开的市总工会八届十次全委（扩大）会议。

3月1日 上午，出席在钒钛产业园区服务中心会议室召开的钒钛产业园区创建省级高新区现场考察论证会。

△ 下午，出席在钒钛产业园区服务中心会议室召开的钒钛产业园区民主生活会暨“思想大解放，作风大转变，工作大落实”主题教育活动领导点评会，并进行点评。

3月5日　上午，出席在会展中心举行的“推进五创联动、建设幸福攀枝花”暨市志愿服务集中行动启动仪式。

3月6日　上午，出席在会展中心召开的市纪念“三八”国际劳动妇女节103周年女性人才座谈会。

3月15日　上午，出席在会展中心召开的市关心下一代基金会第二次筹建工作会暨第一届理事会。

3月21日　上午，出席在会展中心召开的市传达全国“两会”精神大会。

3月22日　上午，出席中共攀枝花市委九届第三十七次常委会议。

3月27日　上午，出席在市政府三楼一会议室召开的钒钛产业园区污水处理厂回购问题协调会。

△　出席在会展中心召开的市“妇女儿童发展纲要”实施推进会。

△　下午，出席在会展中心召开的《攀枝花市创建国家环保模范城市规划》《2013－2014年创国模重点攻坚项目》等情况的汇报会。

3月28日　上午，在会展中心聆听北京师范大学公益研究院院长王振耀应邀为我市领导干部作题为“围绕十八大后的民生事业格局与中国社会管理转型”的专题讲座。

△　下午，出席在会展中心召开的市科协七届二次全委会。

△　出席在会展中心召开的市全民科学素质工作领导小组（扩大）会议。

3月29日　上午，出席在会展中心召开的市对外开放和招商引资领导小组会。

3月30日　下午，出席在市委三楼会议室召开的中共攀枝花市委九届第三十八次常委会议。

4月2日　下午，在北京参加2013年国家循环化改造实施方案评审会。

4月7日至23日　在中国井冈山干部学院参加由中组部举办的2013年年轻干部党性教育专题培训班学习。

4月24日　下午，出席在钒钛产业园区管委会会议室召开的菲德勒污水处理厂回购协调会。

4月25日　上午，出席在会展中心召开的市非公有制企业党的建设工作会。

△　下午，陪同刘成鸣同志在红格假日酒店会见了天津渤海商品交易所董事长阎东升一行，双方就渤海商品交易所在攀设立基地，加强合作，推动攀枝花仓储、物流、贸易等行业发展等事宜进行了交流洽谈。

4月26日　上午，出席在钒钛产业园区管委会会议室举行的创建国家级出口工业产品质量安全示范区合作备忘录签约仪式。

4月27日　下午，出席在会展中心召开的市创建国家森林城市、国家园林城市和全国文明城市攻坚大会。

△　出席在会展中心召开的第五届攀枝花市青少年科技创新市长奖颁奖大会。

4月28日　上午，出席“榜样力量托起中国梦”道德讲堂暨“五创联动”志愿服务工作推进会。

5月6日至26日　在上海浦东干部学院参加“城市创新驱动发展专题研讨班”学习。

5月28日　上午，在会展中心聆听香港中文大学首席教授、著名经济学家郎咸平为我市领导干部作题为“中国梦？这里仁和：区域经济发展与展望”主题报告。

△　出席在会展中心召开的市残疾人联合会第六次代表大会。

5月29日　上午，到仁和区啊喇乡啊喇村看望慰问联系户并为当地干部群众作“实现伟大中国梦、建设美丽繁荣和谐四川”主题教育活动宣讲报告。

△　下午，出席市总工会八届十一次全委（扩大）会暨全市工会代表会议。

△　晚，观看在会展中心举行“中国梦？劳动美”攀枝花市工会第九次代表大会专题文艺演出。

5月30日　上午，在市工人文化宫为市总工会、团市委、市妇联、市科协、市残联和市投促局的干部职工作“实现伟大中国梦、建设美丽繁荣和谐四川”主题教育活动宣讲报告。

△ 下午，到市儿童福利院看望慰问少年儿童。

6月3日 下午，出席在金海开元名都酒店召开的盐边县红格镇箐村温泉文化康养旅游度假区项目协调会。

6月4日 下午，出席在市委三楼会议室召开的密地物流中心建设项目协调会。

6月13日 下午，出席在会展中心召开的市工会第九次代表大会。

6月14日 下午，出席在会展中心举行的市工会第九次代表大会闭幕式。闭幕式前，大会选举产生了市总工会第九届委员会。

△ 出席在会展中心召开的市总工会九届一次全委会，并当选为市总工会主席。

6月16日 上午，在金沙明珠大酒店出席奥林匹克购物中心商业开放暨主力店签约仪式。

6月18日 上午，在会展中心大会堂聆听省委宣讲团成员、省委党校教授裴泽庆为我市干部职工作“学习贯彻省委十届三次全会精神奋力谱写中国梦四川篇章”宣讲报告。

6月19日 上午，出席在会展中心召开的中共攀枝花市委九届第四十六次常委（扩大）会议。

6月20日 上午，出席由市妇联组织的“实现伟大中国梦、建设美丽繁荣和谐四川”主题教育活动妇女代表座谈会。

△ 出席在市国资委会议室召开的由团市委组织的“共筑中国梦青春勇担当”各界青年代表座谈会。

6月21日 上午，出席在钒钛产业园区服务中心会议室召开的第一批国家新型工业化产业示范基地复核专家评审会。

△ 下午，出席在会展中心举行的由市委宣传部、团市委、市教育局等部门联合主办的“同创文明城市·共建幸福家园”演讲比赛决赛，并为获奖者颁奖。

△ 在会展中心聆听台湾农业专家廖树宏先生应邀为我市农林科技工作者作题为“台湾现代农业发展情况”的专题报告。

6月24日 上午，出席在东区银江镇阿署达村举行的市“6·29”义务植树活动。

△ 下午，在钒钛产业园区服务中心会议室先后出席钒钛产业园区党工委（扩大）会和国家级经济开发区创建工作专题汇报会。

6月25日 上午，先后到西区和钒钛产业园区调研招商引资及西博会项目筹备工作。

△ 下午，出席在金海开元大酒店举行的山东齐翔通用航空公司赴攀考察交流洽谈会。

6月28日 下午，在成都参加省总工会十二届八次全委会。

7月3日 上午，出席在会展中心举行的市关心下一代基金会成立大会。

7月4日 上午，出席在米易县中学举行的全省万名青少年夏令营主营暨攀枝花米易分营开营仪式。

△ 下午，出席在金海开元名都酒店会议室召开的中石化集团公司赴攀考察座谈会。

7月5日 上午，出席在市委三楼会议室召开的市钒钛产业园区创建国家级经济开发区第三次领导小组会。

△ 下午，到西区看望慰问困难群众。

7月8日 下午，在成都参加省总工会第十三次代表大会。

7月11日 下午，出席在金海开元名都酒店举行的白云铸造与华西证券IPO合作项目签约仪式。

7月15日 上午，出席在市委三楼会议室召开的扩区并园及直购电工作专题研究会。

△ 下午，在金海开元酒店会议室专题研究攀枝花参加西博会的布展设计方案。

7月16日 下午，出席在会展中心召开的市泸州商会成立大会。

7月17日 上午，出席在市委宣传部会议室召开的攀枝花资源型城市转型改革实践座谈会。

7月19日　上午，陪同刘成鸣同志在会展中心会见了来攀考察的耀贵集团董事长董平一行，双方就推动攀枝花机械制造业加快发展等事宜进行了沟通交流。

7月22日　下午，出席中共攀枝花市委九届第四十九次常委会议。

7月29日　上午，出席百盛购物广场开业典礼。

7月30日　上午，出席在会展中心召开的市经济形势报告会暨主题教育活动总结表彰大会。

7月31日　下午，出席在会展中心召开的欢送出席省第十二次妇代会代表座谈会。

8月1日　上午，出席在攀枝花广播电视大学举行的2013年市大学生志愿服务西部计划出征仪式。

8月2日　下午，出席在会展中心召开的市对外开放和招商引资工作领导小组2013年第二次会议。

8月6日　上午，商务部副部长王超在北京会见刘成鸣同志一行，并就我市钒钛产业园区相关创建工作作出具体指导。许健民同志会见时在座。

8月7日　上午，出席在山东省济南市举行的攀枝花市与中国重汽集团有限公司战略合作框架协议签订仪式。

8月16日　上午，出席在西海岸农贸市场举行的"恒力？辉荣春芽书屋"揭牌仪式。

8月19日　上午，出席中共攀枝花市委九届第五十次常委会议。

△　陪同刘成鸣、张剡同志在会展中心会见了成都天诚谢菲联俱乐部名誉主席肖星华、顾问黄容生一行。双方就进一步加强康养等产业的合作等事宜进行了交流。

8月23日至26日　由8家企业组成的北京旅游投资考察团先后对红格温泉旅游度假区、阿署达花舞人间景区、米易南部新城休闲度假核心区和金沙江中心区段景观带等旅游项目进行了考察，并与我市就旅游、养老项目等事宜进行了交流座谈，许健民同志出席座谈会。

9月5日　下午，陪同刘成鸣同志在会展中心会见了银泰置地（集团）董事长辛向东一行，双方就加快银泰在攀商业项目建设等事宜交换了意见。

9月9日　下午，出席中共攀枝花市委九届第五十二次常委会议。

9月10日　上午，出席在市三中体育馆举行的市教育系统教职工趣味运动会开幕式。

9月11日　上午，出席在会展中心举行的苴却砚文化项目规划设计情况汇报会。

9月17日　下午，出席在金海开元酒店会议室举行的中国重汽品牌推广会。

9月18日　上午，在金沙明珠酒店会议室出席钒钛产业园区中秋茶话会。

9月22日　下午，出席中共攀枝花市委九届第五十三次常委会议。

9月23日　上午，出席在红格假日酒店会议室召开的中电建盐边120万千瓦光伏发电项目开发规划汇报会。

9月24日至26日　在成都参加第十二届世界华商大会。

9月30日　上午，在会展中心出席钒钛产业园区创建国家级高新区领导小组会。

10月8日　上午，出席在市科知局会议室召开的攀枝花市参加2013年中国科技城科技博览会筹备工作会。

△　下午，出席在会展中心召开的中共攀枝花市委九届第五十四次常委会议。

10月15日　上午，2013年中国科技城科技博览会在绵阳开幕。陪同全国政协副主席、科技部长万钢，省委书记、省人大常委会主任王东明，省委副书记、省长魏宏参观攀西经济区展馆。

10月16日　上午，陪同副省长刘捷到2013年中国科博会攀枝花展区参观。

10月21日　上午，出席中共攀枝花市委九届第五十六次常委会议。

10月23日　下午，在成都参加全省钢铁行业重组整合座谈会。

10月24日　下午，出席在成都锦江宾馆举行的攀枝花阳光康养产业恳谈会。

△ 陪同刘成鸣、张剡同志在成都锦江宾馆分别会见了四川省铁路产业投资集团有限公司、中水电、阿尔斯通、SMG基金公司、中国铸造协会等负责人，并就资源综合开发利用、城市建设、新能源利用、新材料开发等事宜进行了深入交流。

10月31日 下午，出席在会展中心召开的市第十四届西博会总结暨招商引资工作会。

11月1日 上午，出席在会展中心召开的2013年第四季度“五创联动”工作推进会。

11月5日至7日 在成都参加省委组织部举办的“开放合作与投资促进”专题培训班学习。

11月8日 上午，出席在攀枝花会展中心大会堂举行的攀枝花市妇女第九次代表大会开幕式。

△ 出席在金海开元名都大酒店会议室召开的市国家园林城市建设规划评审会。

△ 下午，出席市妇联第九届执行委员会第一次全体会议。

11月15日 上午，出席中共攀枝花市委九届第五十八次常委会议。

11月19日 上午，出席中共攀枝花市委九届第五十九次常委会议。

11月20日 上午，在会展中心聆听著名经济学家、党建研究专家、反腐理论研究专家、《求是》杂志研究员黄苇町为我市领导干部作十八届三中全会精神的专题学习辅导报告。

△ 下午，出席在会展中心召开的攀枝花科技论坛工作协调会。

△ 出席在会展中心召开的长江沿岸中心城市信息合作联盟来攀调研座谈会。

11月25日 上午，陪同刘成鸣同志在成都与国家开发银行四川分行行长王中就推进二滩国家森林公园等我市重点旅游项目建设事宜进行会谈。

下午，陪同赵辉同志在会展中心会见由中国铸造协会耐磨分会2013年轮值会长、迁西奥帝爱机械铸造有限公司董事长张会友率队的考察团一行。

11月26日 上午，在攀枝花分会场收听收看在成都举行的中央宣讲团党的十八届三中全会精神报告电视电话会议。中央宣讲团成员、全国政协社会和法制委员会副主任施芝鸿为全省领导干部作辅导报告。

△ 下午，出席在市工人文化宫召开的市厂务公开民主管理总结及推进会。

11月27日 上午，在红格假日酒店与由中国铸造协会耐磨分会2013年轮值会长、迁西奥帝爱机械铸造有限公司董事长张会友率队的考察团一行就开展机械加工制造业方面的技术交流与合作等事宜进行了座谈。

11月28日 上午，出席在市工人文化宫召开的市首届职工经济技术创新成果展示暨技术交流会。

11月29日 上午，出席在攀枝花钒钛产业园区举行的攀枝花特利小五金产业孵化园等38个项目集中开工动员大会。

12月3日 上午，出席在会展中心召开的市委市政府专题调研工作汇报会。

12月5日 上午，出席在会展中心召开的市政府与市级群团组织联席会。

12月10日 出席在会展中心举行的第四届攀枝花科技论坛开幕式。

12月11日 下午，出席在会展中心召开的中共攀枝花市委九届第六十次常委会议。

12月15日 上午，出席在盐边县红格中学举行的长江商学院EMBA第21期学院“长江情、暖童心”关爱特殊少儿公益活动。

12月23日 下午，出席在会展中心召开的中共攀枝花市委九届第六十一次常委会议。

12月25日 上午，出席在市工人文化宫广场举行的市迎庆元旦职工运动会开幕式。

12月27日 上午，出席在会展中心召开的2013年度市委常委民主生活会。

△ 出席在会展中心举行的市女企业家联谊会第二次会员大会。

12月29日至30日 出席市委、市政府召开的县区工作现场会暨急难险重任务推进会。

12月30日 下午，出席在金海开元名都大酒店举行的攀枝花与四川科瑞得实业集团有限公司合作发展100MW屋顶光伏项目签约仪式。

12月31日　上午，出席在会展中心召开的中共攀枝花市委九届六次全体（扩大）会议。

九、市委常委、市委政法委书记张伟

（一）讲话文稿

在全市民族宗教暨“两资”管理工作会上的讲话

2013年5月2日

这次会议是市委、市政府决定召开的一次重要会议。主要任务是深入分析当前我市民族工作面临的形势，总结过去一年的工作成绩和经验，研究部署当前和今后一个时期的民族工作。借此机会，我代表市委，向受到表彰的同志们表示热烈祝贺！向全市从事民族宗教工作的同志们表示诚挚的问候！

刚才，仁杰市长、怀云同志分别作了重要讲话和工作报告，实事求是地总结了2012年全市民族宗教工作，对今年的民族宗教工作做出了安排部署，提出了具体要求，我完全同意，希望大家认真抓好贯彻落实。下面，我就做好我市的民族宗教工作，简要谈几点想法，供大家参考。

一、提高思想认识，充分认识做好民族宗教工作的重要意义

（一）做好民族宗教工作，是建设幸福攀枝花的重要基础。加快少数民族和民族地区发展，实现各民族的共同繁荣发展，是党的民族政策的基本出发点。我市是一个有着42个民族居住的散杂居地区，全市民族地区幅员面积3940平方公里、少数民族人口17万余人、民族乡镇17个，分别占全市的54%、14.4%、39%。可以说，没有少数民族和民族地区的发展，就没有全市的协调发展；没有民族宗教领域的和谐与稳定，也就不可能有全市的和谐与稳定，没有少数民族和民族地区的全面小康，就没有全市的小康。因此，我们必须把民族地区的发展置于十分重要的位置，加大对民族地区的政策、资金扶持力度，推进民族地区加快发展，缩小民族地区与汉族地区的差距，努力实现全市的共同繁荣和各族人民的共同富裕，为建设幸福攀枝花奠定物质基础。

（二）做好民族宗教工作，是构建和谐攀枝花的重要任务。正确处理民族宗教问题，是维护社会稳定、构建和谐社会的必然要求。没有少数民族的发展和宗教领域的和谐稳定，也就不可能实现社会的全面和谐。目前，我市正处于经济社会转型的关键时期，各种利益关系更为复杂，更种价值取向更趋多样，自发迁居管理问题更加突出，构建和谐社会任务更为繁重。我们必须增强政治敏锐性，自觉地把民族宗教工作中的各种问题与社会稳定发展大局相联系，依法妥善处理因民族宗教因素引发的矛盾冲突和热点问题，切实维护好少数民族群众和信教群众的合法权益，扎实有效地做好我市民族宗教各项工作，为构建和谐攀枝花创造更为有利的社会条件，奠定更为坚实的社会基础。

（三）做好民族宗教工作，是加强执政能力建设的重要内容。民族宗教问题向来关系执政大局、稳定大局和发展大局。民族宗教问题解决得好，则政权巩固，社会稳定，人民得益，反之则不然。但是，在实际工作中，民族地区经济问题往往与政治问题交织在一起，现实问题往往与历史问题交织在一起，民族问题往往与宗教问题交织在一起，国内问题往往与国际问题交织在一起，民族宗教工作依然面临着大量的复杂情况和新的挑战。能否正确处理民族宗教问题，不断推进民族团结进步事业，实现宗教领域和谐稳定，是考验我们立党为公、执政为民的重大问题，也是衡量党的执政能力和各级党组织领导水平的重要标志，我们只有进一步做好民族宗教工作，才能不断提高党的执政能力、巩固党的执政地位，才能更好地凝聚全市各族人民的智慧和力量，共同实现我们的奋斗目标。

二、把握总体要求，奋力推进民族地区经济社会跨越发展

（一）着眼于第一要务，大力推进民族地区经济加快发展。当前民族地区面临的许多问题，归根结底是发展不足的问题，最终必须通过推进发展来解决。由于区位劣势，经济发展基础薄弱，各方面资源开发度不够，自我发展能力不强，少数民族地区一直是我市发展最滞后的地区。但民区资源人均占有量大、环境承载能力强、生态环境良好，随着交通、水利等基础设施的改善，民区发展的潜力将日益凸显，发展的空间将更加广阔。关键是要确立正确的发展思路和发展目标，立足特有的资源优势和后发优势，走生产发展、生活富裕、生态良好的可持续发展道路，着力将资源优势转化为经济优势。要大力发展能源、烤烟、林果、畜牧、中药材、生态农业等特色支柱产业，实现从特色资源向特色产品、特色产业的转化，为经济发展提供强有力的产业支撑。要加大基础设施建设力度，优先安排和建设对本地经济发展具有关键作用、与群众生产生活密切相关的重点项目，全力建设一批交通、水利、能源、通信等项目，着力缓解“瓶颈”制约。

（二）着眼于改善民生，促进民族地区社会事业协调发展。改善民生是民族工作的出发点和落脚点。要抓住最突出的问题，采取最有效的措施，推动我市民族地区民生状况改善，进一步凝聚民心、用好民智、激活民力。要继续实施“民族新村”建设工程、广播电视村村通工程、农家书屋等惠民工程，切实改善民族地区群众居住生活条件，不断丰富群众精神文化生活，让民区群众共享改革发展成果。要深入实施攀枝花市民族地区教育和卫生发展两个十年行动计划，统筹做好社会保障、文化广电、生态环保等工作，切实解决少数民族地区群众的住房难、生活难、上学难、就业难、就医难等突出问题，推进基本公共服务均等化。

（三）着眼于支持帮扶，不断增强民族地区自我发展能力。支持少数民族和民族地区加快发展，既是一项基本方针，更是一项重要任务。要抓住中央和国家高度重视民族地区贫困现状的机遇，积极争取将我市民族地区纳入中央、省对民族地区的发展扶持规划总盘子，切实加大对民族地区的投入力度。要深入推进民族地区综合扶贫开发，分阶段、分步骤抓好综合扶贫开发规划实施，切实解决好困难群众的生产生活问题。要继续加大市级部门、重点企业对民族地区的帮扶支援力度，探索更加有效的机制和措施，不断增强帮扶实效。要做好两项资金项目常态化管理，坚决杜绝资金跑、冒、滴、漏，发挥两项资金对民族地区经济发展的助推作用。要充分调动少数民族和民族地区广大干部群众的积极性、主动性和创造性，真正把各项政策和扶持转化为自我发展的能力，逐步走上由“输血型”到“造血型”的发展道路。

三、维护民族团结，全力确保民族地区社会政治长治久安

（一）要切实加强民族团结教育。要深入开展党的民族理论、民族政策、民族法律法规的教育，引导干部群众自觉珍惜和维护民族团结，使各族群众深刻理解“汉族离不开少数民族、少数民族离不开汉族、少数民族之间也相互离不开”的道理；要广泛宣传民族团结进步模范集体和模范个人，用生动的事例教育各族干部群众珍惜和维护来之不易的良好局面；要高度重视对各级干部民族政策的教育，充分发挥各族干部在维护民族团结中的骨干作用；要深化民族团结进步创建活动，不断提高创建活动的针对性和实效性，激励和引导更多的部门、行业、单位和个人投入到民族团结进步事业中来。

（二）要扎实推进依法治理工作。要从维护法律尊严、维护民族团结、维护发展大局的高度，严格贯彻执行党和国家的民族宗教政策和法律法规，切实把民族宗教工作纳入法制化、规范化轨道，全力营造团结稳定、政通人和的社会环境；要教育各族群众增强法制观念，自觉遵守法律法规，争做守法知法公民；少数民族的合法权益受到侵犯时，要引导他们通过合法渠道反映诉求、解决问题；要充分尊重少数民族的风俗习惯，依法妥善处理涉及民族风俗习惯和宗教信仰的各种矛盾纠纷。

（三）要妥善处理民族宗教问题。坚持“团结、教育、疏导、化解”方针，妥善处理影响民族团结的问题，准确甄别、严格区分影响民族团结的矛盾和问题，杜绝把发生在不同民族成员、群体之间的所有矛盾和纠纷都归结为民族问题；对于涉及少数民族的人民内部矛盾，要妥善及时处理，切实把矛盾涉及解决在基层、解决在萌芽状态，避免事态扩大和矛盾激化；对于极少数蓄意挑拨民族关系、破坏民族团结、制造恶性事件的犯罪活动，要坚决斗争、果断处置、依法打击，切实防范和消除影响民族团结的一切不和谐因素；要旗帜鲜明地反对和抵制敌对势力打着“民族”“宗教”等旗号，对我进行的西化、分化活动，牢牢掌握斗争主动权，坚决维护民族团结。

四、加强改善领导，不断开创我市民族宗教工作新局面

加强党的领导是做好民族宗教工作的根本保证。我们一定要按照中央、省、市委的要求，不断加强和改善党对民族宗教工作的领导，努力把全市民族宗教工作提高到一个新的更高水平。

一要加强领导，落实责任。各级党委、政府要始终坚持把民族工作摆上重要议事日程，深入研究民族工作面临的新情况、新问题，不断提高驾驭民族工作全局、解决民族问题的能力。要进一步完善民族工作目标责任制，健全“党委统一领导、党政齐抓共管、民族宗教工作部门综合协调、相关部门各司其职、社会各方共同参与”的民族宗教工作新格局，推进民族宗教工作制度化和规范化，着力提升民族宗教工作成效和水平。

二要关心基层，夯实基础。民族工作的重点在基层，难点也在基层。必须按照加强党的执政能力建设和先进性建设的要求，大力加强基层党的建设，高度重视抓基层、打基础的工作，建立健全常抓不懈的基层党建工作机制，确保党的民族政策落到实处。要重视和加强民族工作部门和民族工作干部队伍建设，注重选拔优秀干部特别是年轻干部充实到民族工作部门，注重从民族工作部门选拔熟悉民族政策的优秀干部到其他部门和基层任职。要帮助解决民族工作部门工作中遇到的实际困难和问题，提供必要的工作条件和经费保障，增强他们的协调能力和调控能力。

三要改进作风，服务群众。民族工作者要进一步增强对广大少数民族群众的深厚感情，结合“三大主题”教育实践活动，经常深入基层，深入到少数民族群众中，了解他们的情况，听取他们的意见，想少数民族群众之所想，急少数民族群众之所急，帮少数民族群众之所需，全心全意地为少数民族群众服好务。

同志们，做好今年的民族宗教工作，任务繁重，意义重大，使命光荣。我们一定要以对党、对人民高度负责的态度，进一步统一思想，振奋精神，开拓创新，扎实苦干，努力开创我市民族宗教工作新局面，为建设幸福攀枝花做出新的更大贡献！

在全市维护社会稳定工作会上的讲话

2013 年 5 月 22 日

刚才，我们传达学习了省市委主要领导指示精神和省委维稳领导小组、省信联办文件要求，旭东同志对做好当前和今后一个时期维护稳定工作提出了明确要求，具有很强的指导性、针对性和操作性，希望大家认真抓好贯彻落实。下面，我再强调几点意见。

（一）进一步深化思想认识。全省主题教育活动开展以来，省、市委主要领导多次对维稳工作作出重要指示，省委政法委、省委维稳领导小组、省信联办连续下发文件安排部署维稳工作，规格之高、密度之大、要求之严、力度之强是以往比较少见的，大家对此要有深刻领悟和充分认识，不断增强工作责任感和紧迫感。今年以来，在全市各级各部门的共同努力下，我市没有发生在全国、全省有影响的群体性事件，全国"两会"、元旦春节等重大节会期间实现了非访"零进京"、集访"零赴蓉"工作目标，维稳工作取得了阶段性成效。但必须看到，当前和今后一个时期是维稳工作的特殊阶段，"六四""七一""七五"等重大敏感节点接踵而至，维稳形势依然复杂严峻，必须把思想和行动统一到省、市的决策部署上来，高度紧张起来，立即行动起来，强化忧患意识，增强底线思维，从最坏处准备、向最好处努力，以最高规格来打赢这场维稳仗，确保万无一失，不出任何问题。

（二）进一步突出工作重点。省市委主要领导对维稳工作作出了重要指示，《关于维护当前全省社会稳定工作的意见》围绕"六个方面""七项措施"对维稳工作作出了全面部署，各区县、各部门要结合实际，明确各自的工作重点，全力抓好贯彻落实。

一是要加大矛盾隐患排查化解力度。要坚持区县和市级部门每月、乡镇（街道）每半月、村（社区）每周、滚动排查矛盾纠纷和不稳定因素。同时要按照省里文件要求，在6月1日前要开展一次重大涉稳隐患和矛盾纠纷集中排查，对可能引发群体性事件、政治性事件、敏感事件等问题和隐患，落实责任、限期整改。

二是要加强和改进群众信访工作。要结合主题教育活动，以"事要解决"为核心，以定点接访、重点约访、带案下访为主要形式，以安排解决疑难复杂、涉及面广、政策性强及苗头性、群体性信访事项作为重点内容，深入开展领导干部"大接访"和机关干部"大下访"，千方百计把隐患消除在萌芽状态，努力减少集体访和越级访。

三是要加强重点人员教育管控工作。要认真梳理本地"民运""资化""涉军""维权""法轮功""全能神"等重点人员和境外非政府组织、媒体记者等重点对象的活动情况，突出做好大城市重点区域、人口密集场所的安全保卫和刑释解教、社区矫正、吸毒等重点人员的教育稳控工作，严防捣乱破坏、渗透颠覆活动。

四是要加快挂牌涉稳信访积案化解工作。全市56个涉稳信访积案已交办各责任单位开展挂牌督办、专案攻坚，各相关单位要按照"一个问题、一名领导、一个专班、一个方案、一抓到底"的要求，进一步锁定目标、突出重点、增添举措、创新方法、破解难题、落实责任，全力以赴，迎难而上，不断加快挂牌案件化解进度，确保按期全面完成。

五是要做好特殊敏感时期维稳工作。"六四""七一""七五""成都全球财富论坛"等特殊敏感期，各区县、各部门要统筹好各方力量、增添工作举措、加大工作力度，确保形势研判、情报信息、排查化解、教育稳控、舆情引导、应急处置等工作同步开展、齐头并进，坚决防止重要时段和敏感节点出现涉稳事件。

六是要完善应急处置准备。要运用"底线思维"，凡事从最坏处准备，向最好方向努力，根据情况变化，不断调整完善分类应急处突工作预案，适时开展预案推演和实战演练，提高处置突发事件的能力。要按照省里要求从即日起到7月5日，不断加强值班备勤工作，落实24小时专人值班和领导带班制度，随时做好参与处置突发事件的全面准备。各区县政法委书记、公安局长要坚守岗位，靠前指挥，无特殊情况不得请假离岗。

（三）进一步落实工作责任。各区县、各单位要按照"属地管理、分级负责"的原则，切实承担起维护稳定第一责任，严格执行主要领导亲自抓，分管领导具体负责，一级抓一级，层层抓落实的责任体系，确保维稳任务逐项落实到职能部门，落实到基层组织，落实到一线干部，坚决把问题化解在基层、解决在当地。对因工作不到位、责任不落实、反应不及时、处置不妥当而导致重大涉稳事件、造成恶劣影响或严重后果的，要严格按照责任追究和责任倒查的有关规定，严肃追究相关人员的责任。

在全市禁毒工作会上的讲话

2013 年 6 月 20 日

下午好！在“6·26”国际禁毒日即将到来之际，我们在此召开全市禁毒工作会议，回顾总结前一时期的禁毒工作，分析当前面临的毒情形势，安排部署今后一个时期的禁毒工作。刚才，森荣、金民同志对做好禁毒工作提出了很好地意见，我完全同意，请大家抓好贯彻落实。下面，我再强调几点意见。

一、认清严峻形势，增强禁毒工作紧迫感

近年来，面对复杂多变的毒情形势和繁重艰巨的禁毒工作任务，各级政法机关、禁毒委成员单位在市委、市政府的领导下，紧紧依靠广大人民群众，深入开展禁毒斗争，有效遏制了毒品问题发展蔓延的势头，最大限度地减少了毒品的社会危害，为维护社会稳定、促进经济发展、保障人民安居乐业作出了突出贡献，得到了社会各界和广大人民群众的普遍赞誉。在此，我谨代表市委、市政府和市禁毒委，向长期战斗在我市禁毒第一线的广大禁毒工作者致以亲切的慰问，向关心支持禁毒工作的社会各界人士表示衷心的感谢！

在看到成绩的同时，必须清醒地认识到，由于我市地处川滇交界处，历来被毒贩视为毒品由云南进入四川，并向内陆和沿海地区扩散的重要通道，当前我们面临的形势依然严峻，禁毒工作任重道远。毒品与青少年犯罪、环境污染并称世界三大社会公害。开展禁毒斗争，是历史赋予的神圣职责，是社会发展的现实需要，是护国利民的重要举措，是建设幸福攀枝花的基础工程。全市各级党委、政府和禁毒成员单位必须深刻认识到禁毒形势的严峻性，深刻认识到毒品危害社会的严重性，深刻认识到禁毒工作的长期性、艰巨性、复杂性和极端重要性，从顺应人民群众意愿、维护最广大人民根本利益的高度，从推进经济社会协调发展、构建社会主义和谐社会的高度，从建设幸福攀枝花、实现全面小康的高度，进一步增强做好禁毒工作的政治责任感、历史使命感和工作紧迫感，以务实的工作，扎实的举措，推进禁毒工作不断取得新的成效。

二、推动关口前移，筑牢全民禁毒思想防线

只有从思想上真正筑牢远离毒品的防线，才能在行动上坚决抵制毒品侵害。广泛深入地开展禁毒宣传教育，着力提高全民禁毒意识和抵制毒品能力，是禁毒工作的治本之策，也是禁毒社会化的重要方面。全市各部门要立足于从根本上减少毒品问题发生，切实把禁毒宣传教育贯穿到禁毒工作的每个环节，最大限度地减少新涉毒人员的滋生。要把《禁毒法》和《戒毒条例》纳入普法宣传重点，结合禁毒成果、新型毒品危害等内容，组织开展禁毒宣传教育，使广大群众了解党和政府禁毒工作的方针政策，了解毒品的严重危害。要以“6·26”国际禁毒日宣传活动为重点，组织和动员全社会力量共同参加集中宣传活动，形成全民禁毒的社会氛围；要以学校为主阵地，加强面向青少年的禁毒宣传教育，广泛开展学生禁毒志愿活动，带动禁毒教育从学校向社区、场所和家庭辐射；要以“流动课堂”为载体，加强对外出务工人员、下岗失业人员、返乡农民工的禁毒宣传，提高他们识毒、防毒、拒毒意识，自觉远离毒品。要紧紧依靠群众，充分尊重群众的首创精神，大力发展禁毒协会、禁毒志愿者、社区禁毒工作者等群众性禁毒自治组织，积极组织开展切合当地实际的、形式多样的群众性禁毒宣传活动，逐步形成全社会关注抵制毒品、参与禁毒斗争的良好氛围。

三、坚持严打整治，全力遏制毒品犯罪行为

对毒品犯罪，只有“打”，才有警示力；只有“严打”，才有震慑力。要坚持以“打团伙、破大案、抓毒枭、摧网络”为目标，大力加强侦查破案工作，强化毒情情报信息研判，突出打击重点，改进打击方式，不断提高对毒品犯罪的发现打击能力、侦查破案能力、办案取证能力，依法严厉打击毒品犯罪活动和贩毒分子。全市各级政法部门要切实发挥打击毒品犯罪主力军作用，抓住人民群众反映强烈的毒品犯罪问题，因地制宜地开展禁毒专项斗争和整治行动。公安部门要深入推进打击毒品违法犯罪活动，切实抓好堵源截流和缉毒执法工作，从源头上截断毒品流入渠道；要加强重点区域、重点场所的查缉力度，最大限度地挤压毒品的生存空间。各级检察机关、审判机关要坚持重特大案件适时介入制度，不断规范完善毒品案件起诉、审判工作运行机制，切实提高打击效能，形成打击毒品犯罪的强大合力。公安、文化、工商等部门要加大对涉毒歌舞娱乐场所的整治力度，遏制歌舞娱乐场所贩卖吸食毒品问题的发展蔓延。交通、邮政、铁路等部门，要配合公安部门加强毒品的查堵工作，截断毒品运输通道。公安、卫生、药监、工商等部门要完善易制毒化学品和麻醉药品、精神药品严管机制，规范经营秩序，严防流入非法渠道。

四、狠抓关键环节，切实巩固禁毒斗争成果

吸毒人员戒断巩固率低、复吸率居高不下，是当前的一个世界性难题。加强禁吸戒毒工作，是确保禁毒斗争取得决定性胜利的重要因素。要全力开展“大普查、大收戒、大帮教”活动，坚持从关心帮助和教育挽救吸毒人员出发，抓住吸毒人员发现、戒毒、康复和巩固四个关键环节，采取强制手段和自愿方式把吸毒人员集中起来，依法做好强制戒毒、劳教戒毒和戒毒回归人员的帮教工作，充分运用多种戒毒方式和模式增强戒毒效果，提高戒断巩固率，降低复吸率，最大限度地减少社会面失控吸毒人员。全市各级政府、特别是街道、乡镇一级基层政府要按照《戒毒条例》的规定，主动承担社区戒毒康复工作的主体责任，把巩固和提高“无毒社区”创建作为推动禁毒斗争深入开展的有效载体，纳入精神文明建设和社会治安综合治理重要内容，结合创建“平安单位”“文明单位”等活动，综合运用政治、经济、法律、行政、教育、文化、医疗等多种手段，推动无毒社区创建工作向纵深发展，实现社区戒毒（康复）人员回归社会的最终目标。

五、注重协调配合，不断提升禁毒整体水平

禁毒工作是一项综合性很强的系统工程，需要全社会共同参与、通力合作。全市各级党委政府、各有关部门要进一步明确工作重点，增强工作的主动性和针对性，根据《禁毒法》和《禁毒条例》等法律法规的要求，找准本部门参与禁毒斗争的切入点、着力点，广泛开展各具行业特色的禁毒工作，既各司其职、各负其责，又密切配合，形成合力。全市各级基层党政组织以及相关部门要充分发挥各自优势，加强与厂矿企业、机关单位的协作配合，在开展禁毒宣传教育、社区戒毒（社区康复）、落实帮教措施、动员群众参与禁毒斗争等方面发挥好组织协调作用。各乡镇、街道办事处和社区要整合人民群众参与禁毒工作的意愿，把人民群众参与禁毒事业的共同志向和热情转化为自觉行动，发动不同社会背景、不同职业特长、不同年龄层次的人主动参与戒毒帮教、禁毒宣传等工作，集全民之力，聚全民之智，形成全民围剿毒品违法犯罪的良好态势。

六、强化责任落实，提高禁毒工作组织保障

加强禁毒工作，群众是基础，领导是保证，责任是关键，队伍是依靠，落实是根本。一要加强组织领导。各级党委、政府要把禁毒工作真正摆在突出地位，放到经济社会发展的总体规划中去考虑，放到维护稳定和推进发展中去谋划。党政主要负责人要对本地区本部门的禁毒工作负总责，亲自管，亲自抓，真正担负起第一责任人的责任；分管领导要具体抓，一级抓一级，一级对一级负责，层层落实禁毒工作责任。二要健全责任机制。要把禁毒工作纳入社会治安综合治理考评范畴，积极探索建立科学的禁毒工作绩效考评，以新滋生吸毒人员是否逐年减少、吸毒人员戒断巩固率是否提高、毒品来源和毒品危害是否得到有效遏制、人民群众对禁毒工作是否满意为主要标准，定期对禁毒基础工作、打击整治、宣传教育、禁吸戒毒等各项禁毒工作进行综合考评，推动禁毒工作责任制的落实。三要优化专业队伍。进一步充实禁毒工作队伍，大力加强禁毒队伍建设，积极培养具有较高政策法律水平、较强侦查办案能力和社会工作经验丰富的禁毒专门人才，着力提高业务技能和执法水平。

同志们，禁绝毒品，功在当代，利在千秋，责任艰巨，使命光荣。我们一定要认清形势，坚定信心，精心组织，周密部署，以饱满的精神状态，求真务实的工作作风，全面开展禁毒人民战争，为构建和谐社会，建设幸福攀枝花作出新的更大的贡献！

在政法综治维稳战线贯彻落实
市委九届五次全会精神工作会上的讲话

2013 年 7 月 18 日

刚才，市级政法部门主要负责同志结合部门工作实际，就贯彻落实市委九届五次全会精神作了很好的发言，听后深受启发。希望大家回去以后结合贯彻落实市委九届五次全会精神，认真讨论和领会几位领导的发言，互相学习，互相借鉴，共同提高，真正把市委九届五次全会精神学习好、领会好、贯彻落实好。

下面，结合政法、综治、维稳工作实际，就学习贯彻市委九届五次全会精神，讲三点意见。

一、深刻领悟市委九届五次全会对我市发展阶段性特征的判断，准确把握政法综治维稳工作定位

市委九届五次全会是在我市全面建成小康社会进入攻坚阶段召开的一次重要会议。会议深入贯彻落实党的十八大和省委十届三次全会精神，客观回顾总结了市委九届三次全会以来的工作，研究部署了攀枝花当前及今后一个时期的发展目标和任务，确立了加快推进攀枝花由资源大市向经济大市跨越、由总体小康向全面小康跨越的新目标，吹响了集中力量打一场全面小康决战决胜总体战的号角。

全市政法综治维稳单位要准确把握全市发展脉络、领会发展思路、融入发展大局，切实找准结合点、切入点、着力点。要牢牢把握、紧紧抓住发展这条主线，主动承担幸福攀枝花建设者、捍卫者的职责使命，更加自觉地将政法综治维稳工作置于全市经济社会发展总布局来审视，紧贴在全省率先全面建成小康社会新要求来谋划，融入加快推进“两个跨越”全过程来推动，切实在攀枝花经济社会发展大局中发挥职能作用、作出积极贡献。

科学审视我们所处的历史方位，准确把握全市阶段性特征，是我们谋全局、把方向、定重点的首要前提。学习贯彻好市委九届五次全会精神，首先要在深刻领悟市委九届五次全会对我市发展阶段性特征的判断，准确把握政法综治维稳工作定位上狠下功夫。

市委九届五次全会认为，当前我市全面建成小康社会的阶段性特征极为明显：一是正处于全面建成小康社会的“关键期”；二是正处于“两化”互动、“四化”同步、城乡一体化发展的“加速期”；三是正处于老工业基地持续发展的“振兴期”；四是正处于改革开放、创新驱动的“突破期”；五是正处于扶贫解困的“攻坚期”；六是正处于由资源之都向产业之都、经济之都跨越的“质变期”。

这六个判断中“我市正处于全面建成小康社会的关键期”是全局性的判断，其他几个判断是路径性判断。何为全面建成小康社会的关键期？就是在实现我市全面建成小康社会的进程中环境影响能起最大作用的时期。在这一时期内，对环境影响极为敏感。在适宜的环境下，发展特别迅速；反之则引起病态反应，甚至阻碍日后的正常发展。就是在这样的敏感时期，我们同时还要实现“加速期”“振兴期”“突破期”“攻坚期”“质变期”的目标任务。

由此不难看出，为我市在全省率先全面建成小康社会营造适宜的环境就是全市政法综治维稳单位的首要任务。全面建成小康社会需要的是整体环境，单靠哪个单位、部门都无法完成这一艰巨任务，必须靠各部门的整体合力。因此，当前和今后一个时期全市政法综治维稳单位的工作定位就应该是：恪尽职守，优化环境，敢于担当，助力护航攀枝花“两个跨越”。主要任务是：努力营造公平正义的法治环境、平安和谐的社会环境、健康有序的发展环境。

目前，经济下行压力进一步加大，不确定因素不断增多。在经济效益下滑的背景下，群众抵御风险的能力降低，社会化解纠纷的能力减弱。这一趋势短时间内还难以消除，全市政法综治维稳单位的工作任务将更加繁重。我们一定要把困难和风险估计得更充分一些，应对准备工作做得更扎实一些。

二、紧紧围绕市委九届五次全会率先全面建成小康的战略部署，准确把握政法综治维稳工作重点

攀枝花加快推进“两个跨越”的新目标，为政法综治维稳工作提出了更高的要求，也提供了大有作为的广阔平台。各级政法综治维稳单位要自觉把政法综治维稳工作融入推动全市跨越提升的大局，突出工作重点，发挥职能作用，全力为“两个跨越”提供有力保障、营造良好环境。

（一）构建“大格局”，推进“大平安”。当前，我市社会秩序总体和谐稳定，人民群众的安全感达96.2%，但社会安全指数仅有45.7%。对此，必须牢固树立“大平安”理念，不断拓展平安建设的领域，丰富平安建设的内涵，切实把工作触角从打击犯罪、维护稳定延伸到维护国家政治安全、经济安全、文化安全、社会安全、生态安全等各个领域，推动平安建设从打击、防范、管控到服务、管理、建设等各个环节转变，推动平安建设向前端、向基层延伸。

“大平安”需要“大格局”，要按照“属地管理、守土有责”的要求，落实平安建设责任制，形成党政领导、政法综治协调、部门负责、社会协同、公众参与的工作格局。各区县党委政府要认真履行平安建设的主体责任，将平安建设纳入工作大局，纳入经济社会发展总体规划，与经济发展同部署、同检查、同考核。市级成员单位要切实履行平安建设的职责任务，强化责任分解和任务分工，真正使平安建设的任务要求细化实化，特别是“一把手”要切实担负起维护一方稳定、确保一方平安的重大政治责任，亲自谋划部署、组织领导和督促检查。各级政法综治部门要切实发挥组织协调的职能作用，推动各部门既各司其职又协调联动，形成齐抓共管的工作合力。

（二）严格执行法律，维护社会公平正义。根据国家统计局发布的数据，在全面小康的六大指标体系中，我市“经济发展”“社会和谐”“生活质量”三项已处于靠前位次，“民主法制”“资源环境”两项处于中等水平，“文化教育”还明显不足。六大指标体系之一的“民主法制”的核心内容是维护公平正义，与政法综治维稳工作息息相关。各级政法综治维稳部门必须把维护社会公平正义作为首要价值追求，始终心存敬畏，把严格执法、公正司法贯穿于工作全过程，真正实现执法的法律效果、政治效果与社会效果三效统一，不断推动法治攀枝花建设。

维护和实现公平正义，是一个系统的工作过程，需要各部门密切配合、形成合力。政法部门要充分发挥主力军作用，严格依照法定权限和程序履行职责、行使职权，完善以公开促公正、以规范促公正的各项制度，进一步提升执法司法公信力；综治维稳其他成员单位要严格依法决策，公正文明执法，善于运用法治思维和法治方式化解本系统的矛盾纠纷，努力让人民群众切身感受到公平正义就在身边。

当前，要以“六五”普法中期督导为契机，不断加大法治城市创建力度，进一步推进各级党委依法执政、各级政府依法行政、司法机关公正司法、广大群众学法用法，努力形成办事依法、遇事找法、解决问题用法、化解问题靠法的良好氛围。

（三）预防化解矛盾，全力社会维护稳定。当前，影响全市社会稳定的主要问题是因征地拆迁、劳资纠纷、环境污染等问题引发的社会矛盾增多。能否有效预防和化解社会矛盾，是对我们政法综治维稳部门的直接检验。我们必须牢固树立主动维稳理念，着力构建源头治理、动态管理、应急处置相结合的维稳工作机制，切实做好矛盾纠纷源头预防化解和突发事件应急处置工作，坚决防止各类矛盾碰头叠加、交叉感染、蔓延升级。

要认真贯彻落实社会稳定风险评估有关规定，坚持在重大项目出台、实施前全面评估利益风险、民意风险和舆论风险，实施过程中开展重大项目进程节点“五查”活动，跟踪做好重大工程项目建设风险防范、化解工作，从源头上预防和减少项目建设伴生的社会矛盾。

要加大力度推进挂牌涉稳信访积案化解。截止6月底，全市挂牌化解的56件涉稳和信访积案，已经化解31件，化解率55.4%。但也存在部分责任单位责任压实不到位、推进进度不平衡等问题。各责任单位、责任领导对尚未化解的积案，要进一步倒排期限、增添举措、创新方法、破解难题，力争尽快化解完结。政法各部门协助领导要认真落实成鸣书记指示精神，全力指导、协助、解决化解中的困难和问题，推动积案按期化解完毕。

要进一步健全大调解工作体系，推动三大调解联动协调，努力做到对各类矛盾纠纷早发现、早解决，防止和避免矛盾纠纷累积叠加。要推进医患纠纷、劳动争议等矛盾多发领域调解组织建设，及时有效化解行业性、专业性矛盾纠纷。

（四）坚持党政主导，健全维护群众权益机制。今年以来，全市信访总量同比批次上升31.2%、人次上升32.6%，到省上访人次同比上升375.9%，进京非访人次同比上升33.3%，信访形势较为严峻。各区县、各部门要对本地本单位今年以来的群众信访进行一次分析评估，以畅通群众诉求渠道为重点，进一步构建党政主导的维护群众权益机制。

要加强日常信访接待处理工作，充分发挥12345市民热线、信访接待等畅通群众诉求渠道的阵地作用，带着责任和感情认真对待和办理好群众反映的问题，确保群众诉求得到及时反映和有效回应。

要深入开展领导干部接访下访活动，认真贯彻中央和省、市委关于改进作风、密切联系群众的有关规定，推动领导干部直接联系群众，及时就地解决群众合理诉求，切实维护群众合法权益。

要搭建基层民意表达便捷平台，充分发挥街道（乡镇）、社区（村）、网格联系群众、沟通群众、服务群众的优势作用，就地就近开通对话沟通平台，努力减少集体上访和越级上访。

要坚持以“事要解决”为核心，注重从政策制度层面研究解决问题。特别是对群众反映的普遍性的问题，有关部门要主动进行研究和思考，努力从政策制度层面构建兼顾公平的利益调整和利益补偿机制，从源头上预防和减少社会矛盾的发生。

（五）着力固本强基，强化基层基础建设。政法综治维稳工作的活力源泉在基层，主要的执法和管理活动在基层，工作的重点难点也基层。没有强有力的基层基础工作，再好的思路、政策、措施也难以落到实处，惠及人民群众。近年来，政法综治维稳基层基础建设有了很大加强，但总体薄弱的状况还没有根本改变。各级各部门要牢固树立固本强基的思想，建立健全重重心下移、力量下沉、保障下倾的工作机制，做强基层、做实基础，夯实政法综治维稳工作根基。

要加强基层组织建设，规范健全基层政府职责体系，推进街道（乡镇）工作重心向社会管理服务转变；加强派出所、司法所、法庭、检察室、综治办、维稳办、乡镇（街道）社会管理服务中心、群众工作中心、社区（村）综合服务站等基层组织建设，充分发挥他们在服务广大群众、预防化解社会矛盾、维护社会治安中的第一道防线作用。

要大力开展平安创建活动，通过深入开展平安区县、平安街道（乡镇）、平安社区（村）、平安家庭、平安学校、平安医院、平安文化市场、平安景区等基层、行业平安创建活动，积小安为大安，以基层平安促全局平安。特别是要深入开展“五规范五减少”社区（村）创建活动，着力推进社区（村）组织、制度和机制建设，着力推进社区（村）管理和服务网络建设，不断提升基层社会管理成效，使社区成为加强平安建设的结合点和有效抓手。

要加快建设社会管理综合信息系统，围绕人、地、物、事、单位、组织等基本要素，做好基础信息的动态采集、更新、维护工作，完成中央、省综治委提出的“攀枝花在全省率先完成社会服务管理综合信息平台建设工作”的目标任务。

三、着力落实市委九届五次全会强化党建改进作风的总体要求，全面加强政法综治维稳队伍建设

市委九届五次全会指出，实现目标任务，关键在党、关键在人。面对越来越繁重的工作任务、越来越复杂的执法环境、越来越高的群众期盼，全市政法综治维稳单位要结合主题教育活动，切实加强队伍建设，着力提升能力素质，为政法综治维稳工作提供坚强的组织保证和人才支撑。

一要着力提升做好新形势下群众工作能力。政法机关既是执法机关，也是群众工作机关，要坚持不懈地加强宗旨意识、群众观念、服务意识教育，严格落实关于改进工作作风、密切联系群众的规定，在增进同群众感情、维护群众合法权益、创新群众工作方法上下功夫求实效。要组织政法干警经常深入基层、融入群众，带着对群众的深厚感情去办案，本着对群众高度负责的态度去执法，从群众最需要的地方做起，从群众最不满意的地方改起，坚决克服特权思想和不良习气，善于在执法、管理中消除、减少群众对立情况，把执法司法过程变成联系群众、服务群众、维护群众合法权益的过程，切实赢得群众的广泛信任和支持，不断提高群众对政法工作和政法干警的满意度，为即将开展的群众路线教育活动奠定坚实基础。

二要着力提升维护社会公平正义能力。实现社会公平正义，既是党的一贯主张，也是人民群众的执着追求。政法机关处在保障社会公平正义的最后一道防线，必须把维护社会公平正义作为首要价值追求，坚持严格执法、公正司法，着力提升维护社会公平正义的能力。要坚决制止徇私枉法、权钱交易、办人情案、关系案、金钱案等现象，解决好执法不公正的问题；坚决扭转耍特权、抖威风、粗暴执法等现象，解决好执法不文明的问题；坚决纠正不按法定程序执法、不按法定职责作为等现象，解决好执法不规范的问题；坚决改变有案不立、有报不查、有访不接等现象，解决好执法不作为的问题，确保每一起案件的办理都能成为维护社会公平正义的具体实践，努力让人民群众在每一个司法案件中都能感受到公平正义。

三要着力提升拒腐防变能力。政法机关掌握着很大的执法司法权，是各种社会消极因素侵蚀的重要对象；政法干警也不是生活在真空里，面临的考验诱惑多。政法各部门要深刻认识拒腐防变的重要性、紧迫性，毫不动摇地坚持从严治警方针，严格落实中央“八项规定”，省委省政府、市委市政府“十项规定”，严格执行党风廉政建设责任制，抓好班子、带好队伍，努力促进干警清正、队伍清廉、司法清明。要紧紧围绕容易滋生腐败问题的重点领域和关键环节，强化政法系统内部管理和外部监督机制，严格落实“四个严禁”：严禁接受当事人的吃请和财物；严禁出差、公务活动由企事业单位、个人接待；严禁违规使用公务车辆；严禁经商办企业、插手经济纠纷、插手工程项目、参与经营娱乐场所或为非法经营活动提供保护。一旦违反，坚决清除政法队伍，绝不姑息。

综治维稳成员单位是党委、政府联系群众的窗口，在化解矛盾纠纷、促进社会稳定、维护群众权益、构建和谐社会等方面发挥着重要作用，必须进一步加强机构和队伍建设，不断加大教育培养力度，着力解决平时工作中容易出现的法治意识薄弱、工作程序不规范、问题梳理不细、群众工作能力不强、解决疑难问题办法不多、工作协调配合力度不够等突出问题，进一步提升工作能力和水平。

同志们，贯彻落实市委九届五次全会精神，政法综治维稳单位责任重大，任务艰巨，使命崇高。我们一定要在市委、市政府的坚强领导下，以更加奋发有为的精神状态、更加求真务实的工作作风、更加富有成效的工作举措，努力开创平安攀枝花、幸福攀枝花建设新局面，为推动攀枝花发展新跨越作出新的更大贡献！

攀枝花市维护稳定工作情况汇报

2013 年 7 月 26 日

尊敬的玉顺书记、侍俊副省长，省调研组的各位领导：

受成鸣书记委托，我代表市委、市政府向省调研组各位领导莅临攀枝花视察调研工作表示热烈的欢迎，向各位领导长期以来对攀枝花的关心帮助表示衷心的感谢！根据调研组要求，我就全市维稳工作情况作如下汇报。

上半年全市维护稳定工作情况

今年以来，我市认真贯彻落实中央、省关于维稳工作的决策部署，紧紧围绕幸福攀枝花建设的现实需求，以服务保障科学发展为取向，以运用法治思维和法治方式为路径，以源头预防和矛盾化解为重点，以机制创新和能力建设为抓手，强化问题导向，用好倒逼机制，规范责任递进，着力过程推动工作，坚持结果检验实效，积极探索加强和创新维护稳定的有效途径，有力维护了全市社会大局持续稳定。全市没有发生在全国、全省有影响的群体性事件，元旦春节、全国全省“两会”“成都财富全球论坛”等重大节会期间实现了非访“零进京”、集访“零赴蓉”工作目标，为全市推进“三个加快建设”“三个走在全省前列”和“幸福攀枝花”建设营造了良好的社会环境。

一、强化组织领导，逐级压实第一责任，构筑了齐抓共管工作格局

（一）党政高度重视，强化组织推动。市委、市政府牢固树立“第一责任与第一要务统筹抓”的理念，坚持把维稳工作摆上重要议程，纳入经济社会发展全局来研究和谋划，做到维稳工作与经济社会发展同规划部署、同研究落实、同考核奖惩。今年以来，市委常委会、市政府常务会先后 5 次专题听取维稳工作情况汇报，分析研判形势，研究部署重大工作。市委、市政府及市委维稳领导小组 9 次召开会议，安排部署全年和阶段性工作任务，确保了中央、省工作部署迅速在全市贯彻落实。市委维稳领导小组、市信访联席会议切实当好市委、市政府的参谋助手，在实际工作中坚持做到“三个必汇报”，即上级重大安排部署必向市委常委会汇报，全市涉稳形势新动向必向市委常委会汇报，重大涉稳问题化解工作方案必向市委、市政府主要领导汇报，积极争取市委、市政府对维稳工作的领导和支持。

（二）严格落实责任，形成工作合力。全市各级党政领导认真落实维稳“一岗双责”，成鸣书记、张剡市长就重大节日、重要敏感节点和事关全市稳定的重大问题作出批示67 次，身体力行接访群众、下访基层、带头包案化解社会矛盾；市委、市政府班子成员按照各自工作分工，认真疏理分管领域存在的问题，加大从政策和制度层面研究解决问题的力度，集中研究、牵头协调、攻坚解决了一批涉稳信访积案。依托维稳领导责任制和目标考核体系，全市各级各部门逐级与下属单位签订了维稳目标责任书，切实将维稳责任逐级、逐项细化分解落实到部门、落实到岗位、落实到人头，在全市范围内建立和完善了党政主要领导负总责、班子成员负责分管范围维稳工作的责任体系。

（三）注重过程推动，强化督导检查。根据实际工作需要，我市建立了涉稳信访突出问题化解“三坚持”工作制度，即针对重大不稳定因素、集体上访苗头等突出问题，坚持及时协调处理，最大限度消除隐患；针对重点时期、敏感时段、重点工作、薄弱环节等不同情况，坚持现场调研督导，推动各项工作落实；针对部分积案历史成因复杂、涉及人数多、化解难度大等实际困难，坚持每周分析研究一个疑难重点案件，帮助基层推动难点问题化解。今年以来，市委维稳领导小组、市信访联席会先后召开案例分析会、专题协调会40余次，研究化解涉稳信访突出问题90余件。

二、注重源头预防，推动涉稳隐患化解，维护了社会和谐稳定局面

（一）开展“五查”活动，深化落实稳定风险评估。认真贯彻落实中央、省、市社会稳定风险评估的有关规定，坚持把社会稳定风险评估作为重大事项出台、实施的前置条件，全市共实施稳定风险评估41件，化解稳定隐患132起。针对项目建设进程中伴生矛盾日益增多的趋势，按照“源头预防，动态管理，过程监督”的总体要求，在深入调查研究的基础上，探索开展了项目节点“五查”活动，即一查项目进程伴生矛盾化解情况，二查项目报批手续及方案落实情况，三查依法维护各方权益情况，四查依法履职到位情况，五查竣工项目遗留问题处理情况，既确保项目顺利推进，又实现社会和谐稳定。今年以来，全市共开展“五查”活动80余次，提出改进建议40余条，化解各类隐患20余件。

（二）完善调解体系，有效化解各类矛盾纠纷。坚持“大调解”促“大和谐”，进一步健全完善“大调解”工作体系，推进“大调解”工作向基层延伸、向纵深发展，做到调小防大、调个体防群体、调萌芽防扩大。健全完善大调解“三联两进”工作机制，即行政调解员和法官联系县（区）、乡镇（街道），人民调解联络员和司法调解联络员联系部门，行政调解员联系法院，人民调解进法院，人民调解进派出所，促进“大调解”协调联动、有效衔接，提升了“大调解”工作实效。目前，全市共建立“大调解”协调中心66个、调解组织1176个。今年以来，全市共调解各类矛盾纠纷8664件，调解成功7946件，调解成功率达91.7%。

（三）实施专案攻坚，推进涉稳信访积案化解。按照中央、省还清历史旧账和开展积案大化解行动的要求，市委、市政府决定将排查梳理出的56件涉稳信访积案，纳入年度“急难险重”目标任务，实施挂牌化解。各责任单位坚持把积案化解作为主题教育实践活动转变工作作风、整改突出问题、维护群众合法权益的重要内容，按照“一个问题、一名领导、一个专班、一个方案、一抓到底”的要求实施专案攻坚。市委维稳领导小组、市信访联席会议建立政法部门协助、动态跟踪督办、每月定期通报、进度滞后约谈等工作制度，加快挂牌积案化解进程。目前，挂牌积案已化解32件，化解率达57.1%。省上挂牌督办我市的3件涉稳问题均已妥善化解销案。结合主题教育实践活动开展，全市行政执法部门对近年来行政执法活动引发的利益纠纷问题，进行了全面梳理、分析评估、举一反三、完善机制，坚决避免类似问题发生。

（四）畅通诉求渠道，全力维护群众合法权益。按照成鸣书记提出的“主动解决群众合理诉求，决不能因部门间、部门与企业间推诿扯皮而殃及群众”的要求，全市各级各部门坚持以“事要解决”为核心，扎实推进领导干部接访下访活动，大力拓展网上信访、电话信访、绿色邮政、网上留言、市长信箱、12345市民热线等诉求渠道，努力为群众提供便捷高效的信访服务平台，方便群众及时就地就近反映解决问题，较好地维护了群众合法权益。今年以来，全市各级领导干部505人次接访下访群众4707人次，解决信访问题906件；其中市领导接访下访52批416人次。全市群众信访工作呈现出“四下降，一好转”的良好态势（信访总量、集体访、到省进京访、重信重访下降，信访秩序持续好转）。市、县两级群工信访部门共受理群众来信来访1204件次、4405人次，同比件次下降7.6%、人次下降5.7%；集体访、到省进京访、重信重访率同比分别下降5.9%、25.4%、8.3%。

三、健全工作机制，做足应急处突准备，确保了突发事件妥善处置

（一）围绕灵敏快速，构建信息预警机制。认真落实成鸣书记“国保先动、政府主动”的要求，进一步完善专群结合的情报信息网络，加强公安国保队伍建设，加强基层维稳信息员队伍建设，加强重点领域、重点部位秘密力量物建工作，实现了情报信息网络的全覆盖。紧紧围绕重大活动、敏感时期，紧紧盯住重点领域、重点群体、重点人员，按照“快、准、灵”的要求，及时获取了深层次、内幕性、行动性信息。严格涉稳信息报告纪律，健全维稳部门与职能部门、信访部门的快速沟通、会商研判机制，全力做好预知、预警、预防工作，确保了涉稳信息资源共享和发挥作用。今年1—6月，全市维稳系统共收集涉稳信息600余条，形成预警性书面信息180余份，牢牢掌握了工作主动权。

（二）围绕实战应用，构建预案管理机制。结合今年维稳应急实际，各县（区）、市级有关部门健全完善突发群体性事件工作预案、重点人员稳控预案和重要舆情应对预案，进一步形成了覆盖基层、种类齐全、可操作性强的预案体系。着力加强应急预案动态管理，组建了市、县（区）两级500人的公安应急处突预备队，建立了150人应急常备力量，加强了技能培训、战术训练和实战演练，充分做好执行应急处突任务准备。市和县（区）把领导干部应急培训工作纳入了干部队伍培训计划，采取专题辅导、党校培训、以会代训等方式培训干部1306人次，进一步提高了各级领导干部对涉稳突发事件的判断预测和自主处置能力。

（三）围绕协同高效，构建现场处置机制。按照中央、省关于进一步推动“健全应急处置机制”工作的有关要求，市、县（区）、乡镇（街道）设立了党政领导负责、有关部门参加的联合应急处置指挥机构，确保“第一时间”统筹协调各种处置力量，分级负责、责任递进地开展现场处置。在突发事件处置过程中，严格执行党政领导第一时间处置第一现场、面对面做群众工作和慎用警力、警械、强制措施的有关应急处置规定，把握时机，把握分寸，依法妥善处置了今年以来发生的集体上访、群体性事件苗头，没有发生处置不当、不及时致使事态升级扩大的情况，最大限度地减少了社会危害。进一步健全舆论引导工作责任制、舆论监测、舆论风险评估、舆论引导预案、沟通协调和提醒制度，加强突发事件、敏感问题舆情监控和引导，确保了第一时间掌握最新动向、第一时间作出有效处理，今年以来没有发生有较大影响的涉稳网络舆情事件。

四、加强社会管理，深入推进平安建设，保持了社会秩序平稳有序

（一）深入开展严打整治，切实增强群众安全感。本着“什么问题突出整治什么问题、哪里问题突出整治哪里”的要求，坚持以整治方案群众认同度测评过半为基本前提，以事关群众生命财产安全的源头性、根本性、基础性问题为整治重点，以群众安全感持续提升为检验标准，深入开展“打黑除恶”“缉枪治爆”“两抢一盗”“打非治违”、反邪教等专项行动和治安突出问题整治，保持了对违法犯罪行为打击的高压态势。针对我市地处川滇交界处，是毒品由云南进入四川并向内陆扩散的主要通道的客观现实，建立了公路、铁路、山路、邮政“四位一体”的查缉机制，加大了禁毒宣传、公开查缉、大案攻坚、禁种铲毒等工作力度，较好地发挥了全省禁毒工作的前沿阵地作用。今年以来，共排查确立治安整治重点10处，已整治完毕8处；破获毒品刑事案件259件，抓获毒品犯罪嫌疑人193名，缴获各类毒品57.7千克；立破邪教案件3起，抓获邪教人员6人，利用手机短信开展反邪教警示教育92万人次。全市“八类严重暴力犯罪”案件、刑事案件、多发性侵财案件、治安突出案件同比分别下降11.6%、17.5%、36.5%、27.2%，人民群众安全感不断提升。

（二）着力加强社会管理，确保社会安定有序。坚持以出租房屋管理和“三无”闲散人员教育劝返为重点，推广中心城区“流动人口管理站”制度，实行流动人口子女就近入学和“一费制”。开展外来“三无”闲散人员教育劝返行动315次、教育劝返581人，流动人口违法犯罪率同比下降14.7%。创新社区矫正方法，坚持及时登记造册建档、家访核实情况、明确帮教责任、开展法制教育、落实帮扶措施“五措并举”，加强刑释解教人员安置帮教工作，创新结对帮扶机制，全市刑释解教人员安置率、帮教率分别达91.4%、100%，无重新违法犯罪行为。不断深化平安乡村、平安社区、平安市场、平安楼院、平安景区、平安家庭等各种形式的创建活动，全市325个村、114个社区建立了调解室，建成社区警务室129个、企业警务室146个、农村警务室19个，校园警务“室站点”覆盖面达100%。

（三）强化基层基础建设，夯实平安创建根基。为切实改变社区（村）“事务多于服务、管控多于疏导、服务不到位、管理常越位”的现状，在认真贯彻落实市委、市政府《关于加强和创新社区（村）社会管理工作的意见》（攀委发〔2012〕5号）和对“社会管理居（村）民满意社区（村）”试点工作进行充分论证评估的基础上，按照夯实平安建设基层基础、提升基层社会管理成效的新要求，在全市范围内探索开展了以提升群众安全感和满意度为目标，以完善基层社会管理和服务体系为重点的“五规范五减少社区（村）”创建活动。“五规范”即规范维稳综治机构和社区服务平台建设、规范网格设置和网络工作队伍建设、规范矛盾纠纷排查和化解机制建设、规范平安创建和法治创建制度建设、规范服务管理和经费保障机制建设，“五减少”即辖区可防性侵财案件发案明显减少、辖区10人以上集体访和赴省进京访无信息报告的情况明显减少、辖区发生重大民事转刑事案件明显减少、辖区群众对社区管理和服务意见明显减少、辖区特殊人群违法犯罪人数明显减少。目前，已投入创建活动经费873万余元；182个社区实施网格化管理，划分网格1343个，配备网格员10417名、社工283名，43个市级试点社区（村）治安案件、可防性侵财案件发案率同比分别下降11.8%、8%。我市加强和创新社区（村）社会管理工作经验被省综治办转发全省交流推广，东区网格化管理、社区信息平台建设工作得到中央综治委和省综治委充分肯定。

五、围绕能力素质，加强政法队伍建设，提升了维稳工作能力水平

（一）注重岗位练兵，提升政法队伍业务素质能力。针对换届后维稳综治信访战线干部变化大、新同志多、没有熟悉工作过渡期等实际情况，坚持把队伍培训融入推动维稳工作全过程，注重在专题培训中开阔视野、在工作调研中明确方向、在案例分析中破解难题、在督导检查中规范行为、在实战演练中提升能力。今年以来，全市政法系统组织专题学习讨论170余场，主题讲座35场，开展岗位练兵竞赛17次、实战演练22次，培训政法干警6000余人次。

（二）强化主题教育，提升新形势下群众工作能力。坚持把主题教育实践活动与“警民亲”“创先争优”“挂包帮”“百千万干群心连心”活动紧密结合起来，组织政法干警经常深入基层、融入群众，积极回应群众关切，及时出台便民利民措施，赢得了群众的广泛信任和支持。今年以来，全市各级干警深入基层、深入一线进行调查研究327次，听取群众意见753条，完善便民利民措施404条，整改群众反映问题237个，涌现出了“最美警察”“田坎法官”“花城守望人”等一大批深受群众喜爱的先进个人，群众对政法机关满意度达96.2%。

（三）严格公正执法，提升维护社会公平正义能力。坚持以规范促公正，全市法院建立随机分案、结案预警、案件评查制度加强审判管理，全市检察院启动案件集中管理加强案件跟踪监督，全市公安机关实施领导班子集体审案、办案质量每月评查、涉案财物集中管理制度规范执法工作，提升了执法司法公信力。坚持以公开促公正，举行“法院开放日”“警营开放日”“检察开放日”等活动23次，开办“攀枝花警界”“现在开庭”“每周一案”等政法公开栏目8个，邀请“两代表一委员”和基层群众代表监督评价、观摩评议政法一线单位38次，刊播政法新闻稿件2300余篇（条），提升了政法工作亲和力。坚持以维权促公正，及时办理民生案件，加大案件执行力度，加强法律援助和司法救助，切实维护群众合法权益，让群众切身感到公平正义就在身边。今年以来，审结涉民生案件1335件、缓减免诉讼费39.4万元，提供法律援助案件610件、减免费用97万余元。执结案件2284件、标的总金额1.94亿元，结案率达83.5%。

上半年，全市维稳工作虽然取得了一定的成绩，但仍存在不少困难和问题。一是维护稳定形势仍然严峻。当前，宏观经济下行压力进一步加大，企业经济效益逐步下滑，部分企业开始裁员和降薪，劳动争议纠纷呈增长趋势。在此背景下，群众抵御风险的能力降低，社会化解纠纷的能力减弱，社会张力进一步增强，我市维稳工作面临严峻考验。二是利益类矛盾纠纷化解难度较大。我市涉及城乡建设、土地征用、劳动社保、环境保护、企业改制等重点领域新老矛盾交织、涉及人数众多、化解难度较大；部分群众利益诉求过高、缠访闹访、择机上访和“信访不信法”“弃法转访”现象仍未从根本上得到扭转，“三跨三分离”信访事项协调难度越来越大，涉稳问题人员稳控任务越来越重。三是队伍建设还有待加强。我市地处西部边远山区，生活和交通条件较差，远离省会城市，政法干警招录工作多次因报考人数不足、不能达到开考比例而被迫缩减或取消招考计划，优秀人才引进难、留住难，基层一线政法干警工作重、压力大，一定程度上影响和制约了政法队伍建设。如法院系统近五年公招、调入干警141名，但辞职、调离就高达135名，相当于五年仅增加6名干警。东区法院一线办案法官年人均办案达173件，相当于平均2天就要审结1件案子。同时面对人民群众对维护社会公平正义的新期待，少数干警执法和工作理念、能力、作风还不适应，群众工作能力还不强，执法公信力还有待提升。

下半年全市维护稳定工作思路

下半年，全市维护稳定工作将全面贯彻落实中央、省关于维护稳定的各项决策部署，以助力护航攀枝花“两个跨越”为定位，以运用法治思维和法治方式预防化解矛盾为重点，以健全完善维护稳定机制为保障，奋力开创维稳工作新局面，努力为幸福攀枝花建设创造平安和谐的社会环境。重点抓好以下五个方面的工作。

一、紧扣全市工作大局，全力服务保障科学发展。一是针对经济下行压力进一步加大的趋势，按照市委的安排部署，组织政法各部门深入开展“服务企业、服务基层”专项行动，主动走进企业，帮助企业分析研究应对措施，为企业发展提供更加主动、高效的法律服务保障。二是坚持在重大项目实施前评估社会稳定风险，实施过程中开展进程节点“五查”活动，妥善解决发展过程中的伴生矛盾，保障全市急难险重项目顺利推进。三是依法整顿和规范市场经济秩序，严厉打击各类破坏投资环境、阻碍经济发展、影响和谐稳定的违法犯罪行为，努力营造安全规范、充满生机活力的经济发展环境。

二、深化两项创建活动，加快幸福攀枝花建设进程。一是认真贯彻落实全国、全省深化平安建设工作会议精神，牢固树立“大平安”理念，不断拓展平安建设领域，丰富平安建设内涵，落实平安建设责任，着力构建党政领导、政法综治协调、部门负责、社会协同、公众参与的平安建设工作“大格局”，从更高层次上深化平安攀枝花建设，持续提升人民群众安全感。二是深入开展法治攀枝花创建活动，加大“六五”普法工作力度，积极探索进一步提高普法针对性和实效性的实现路径，在全社会形成学法尊法守法用法的良好氛围；坚持把法治建设贯穿于政法工作全过程，严格依照法定权限和程序履行职责，严格执法、公正司法，努力让人民群众在每一个司法案件中都能感受到公平正义。

三、预防化解矛盾纠纷，全力维护社会和谐稳定。一是围绕当前经济社会发展中的突出矛盾和历史遗留问题，深入开展“攻坚破难”化解行动和涉稳信访积案挂牌化解工作，推动三大调解联动协调，防止和避免矛盾纠纷累积叠加、蔓延升级。二是继续加大对治安重点区域、生产经营领域重大安全隐患的排查整治行动，有效预防和减少安全事故发生，积极创造平安有序的社会治安环境。三是着力建立健全党政主导的维护群众权益机制，深入开展领导干部“大接访”和机关干部“大下访”活动，及时就地解决群众合理诉求。四是运用“底线思维”，根据情况变化，不断调整完善分类应急处突工作预案，适时开展预案推演和实战演练，提高处置突发事件的能力。

四、强化基层基础工作，切实提升工作规范化水平。一是规范基层政府职责体系，推进街道（乡镇）工作重心向社会管理服务转变；加强派出所、司法所、法庭、检察室、群众工作中心、社区（村）综合服务站等基层组织建设，充分发挥他们在服务广大群众、预防化解社会矛盾、维护社会治安中的第一道防线作用。二是深入开展“五规范五减少”社区（村）创建活动，着力推进社区（村）管理和服务网络建设，不断提升基层社会管理成效。三是加快建设社会管理综合信息系统，推广东区社区信息平台建设工作，完成中央、省综治委提出的“攀枝花在全省率先完成社会服务管理综合信息平台建设工作”的目标任务。

五、深化“警民亲”活动，全面加强政法队伍建设。一是坚持把深化“警民亲”活动作为开展群众路线教育实践活动的载体，增进同群众感情、维护群众合法权益、创新群众工作方法，进一步提高政法工作亲和力和公信力。二是围绕提升“五个能力”，突出抓好政法干警素质能力建设，全面提高政法队伍业务素质和实战能力。三是坚持从严治警方针，全面加强政法队伍反腐倡廉建设，努力促进干警清正、队伍清廉、司法清明。

尊敬的玉顺书记、侍俊副省长，我们将以此次视察调研为契机，认真贯彻落实各位领导的指示精神，进一步锁定目标，增添举措，扎实工作，以更加奋发有为的精神状态、更加求真务实的工作作风、更加富有成效的工作举措，全力以赴做好全市维护稳定工作，为建设幸福攀枝花营造和谐稳定社会环境，为全省推进“两个跨越”作出积极贡献！

在全市信访维稳工作专题会议上的讲话

2013 年 9 月 17 日

今天，经市委、市政府同意召开全市信访维稳工作专题会议，主要是贯彻落实全省信访、维稳工作电视电话会议和省、市主要领导重要批示精神，总结前一阶段的信访维稳工作情况，安排部署当前和今后一个时期的信访维稳工作，确保打赢“年底前要有显著变化”这场攻坚战，全力为党的十八届三中全会召开营造和谐稳定的社会环境。

刚才，光忠、元明两位同志分别通报了全市信访、维稳形势，情况有喜有忧，希望各级各部门围绕省市最新部署，针对工作薄弱环节，进一步增添工作措施，进一步强化工作责任，切实做好信访维稳工作，全力确保全市社会大局和谐稳定。下面，我再强调几点意见：

一、落实总体要求，进一步锁定目标任务

9 月 5 日，全省信访工作电视电话会议与各市州签订了化解信访突出案件责任书，提出了“确保打赢‘年底前要有显著变化’攻坚战”的目标任务；9 月 13 日，全省维护稳定工作电视电话会议相继召开，对做好从当前起至党的十八届三中全会期间信访维稳工作进行了安排部署。

全省信访、维稳工作电视电话会议，分析通报了当前形势，安排部署了信访维稳工作，明确提出了全年目标任务。对此，我们必须围绕省市关于信访维稳工作的各项决策部署，结合我市信访维稳工作实际，进一步提高思想认识、对接工作目标、突出工作重点、增添工作举措、强化工作责任，全面办结省上交办的信访重点案件，强力推动解决涉稳及信访突出问题，全力实现“六个确保”工作目标，即：确保不发生较大规模进京到省集访，确保不发生信访恶性事件和重大个人极端事件，确保不因工作不到位引发群体性事件，确保不发生严重暴力恐怖事件，确保不发生重大公共安全事件，确保不发生重大网络舆情炒作事件。

二、突出工作重点，进一步增添工作举措

（一）集中攻坚涉稳和信访重点案件

一是突出攻坚化解全省信访工作电视电话会议上交办的 17 件进京非访、进京到省集访、重信重访案件。全省该“三类重点案件”共计 777 件，其中，交办我市的共有 17 件并已签订化解责任书，要求“集中攻坚，挂牌督办，力争在年底前全部化解掉”，案件办理情况将纳入 2013 年度市（州）绩效保证目标考评。对省上交办的17件访积案，市委、市政府高度重视，市委常委会进行了专题研究，成鸣书记、张剡市长主动要求带头包难案解难题，现17件案件已按常委会要求全部由市委市政府领导包案，分解落实了相关责任单位、责任人，并已以市委、市政府两办文件下发。请各责任单位按两办文件要求，对重点案件进行再梳理、再核实，制定案件办结工作方案，明确办结措施和办结时间，确保12月10日前全部办结，确保重点案件所涉信访人不进京到省上访。各责任单位在开展此项工作过程中，要将办结工作方案于9月25日前报送向市信访联席会议办公室，同时各责任单位要具体明确1名责任人，按“半月一报”的最新要求（两办文件要求为“一月一报”，据省信联办最新要求改为“半月一报”），将领导包案、落实责任、有效措施、工作推进等情况形成综合材料，每月15日、月底前报市信访联席会议办公室。17件重点信访案件办结情况已纳入全市目标考评内容，办理情况及时在全市通报。

二是继续全力化解纳入全市“急难险重”目标任务的挂牌涉稳信访积案。年初市上挂牌督办的56件涉稳信访积案化解工作，各牵头责任单位、责任单位、协助单位高度重视，密切配合，加快化解，截止目前，已化解33件，化解率达58.9%，化解工作进展情况总体良好。但也存在责任压实不到位、推进进度不平衡等问题，请各相关单位继续把该项工作作为当前的一项重点工作来抓，全力以赴，倒排工期，迎难而上，不断加快挂牌案件化解进度，确保如期完成化解任务。

（二）全力做好敏感时段信访维稳工作

9月13日全省维护稳定工作电视电话会议上明确从即日起至党的十八届三中全会期间全省信访维稳工作又进入重要敏感时段，期间“9·18”、中秋节、世界华商大会（9月24—26日）、国庆节、西博会及党的十八届三中全会等重大节庆、活动、会议接踵而至，工作任务繁重，各级各部门务必高度重视，全力做好重要敏感时段信访维稳工作。

一是排查要彻底，确保不留死角。各区县、各部门要结合各自实际，在前期集中大排查的基础上，加大矛盾纠纷的排查力度，对重点区域、重点部位、重点行业、重点人员全面开展“横向到边、纵向到底”的信访突出问题和重大矛盾纠纷等不稳定因素排查，排查后要一一建立台账，切实做到底子清、情况明，不疏忽、不遗漏。

二是接访要经常，确保渠道畅通。在特殊敏感时段，要保证每周有1名市领导、每天有1名区县领导在市、区县群众工作中心接访群众，保证乡镇（街道）每天安排领导干部接访下访，进一步充实接访下访力量，延长接访下访时间，畅通信访诉求渠道，着力解决群众反映强烈的信访突出问题，将信访群众牢牢吸附在基层。

三是化解要到位，确保事要解决。对排查清理出来的信访积案和涉访人员，特别是省上交办的17件积案和全市挂牌督办的56件积案，要按照“谁主管、谁负责”和“属地管理”的原则，层层落实包案领导，采取“一个案件、一名领导、一个专案组、一个方案、一抓到底”的办法，建立领导包案台账，明确责任主体、承办人员、化解措施、办结时限，因案施策、逐案化解，确保件件有着落，事事有结果。

四是稳控要有力，确保就地化解。要将源头稳控工作作为重中之重，想尽一切办法将矛盾化解在当地，化解在基层。对重点人员要重点监控，要将责任落实到人，任务分解到岗。同时要视情况适时成立赴京到省信访维稳工作组，严格落实“24小时防控”措施，启动“五道防线”，切实把进京赴蓉上访、“法轮功”等重点人员稳控在当地、劝返在途中、疏导在外围，确保重要敏感时期非访“零进京”和集访“零赴蓉”工作目标实现。

五是处置要坚决，确保果断及时。在处置过程中，要坚持依法按政策办事，对该解决的问题，严格按照法律、政策解决到位；对诉求合理的，加大政策层面解决问题的力度，该完善的抓紧完善，切实解决因政策不协调、不衔接、不完善引发的信访问题；对诉求不合理的，认真做好政策解释和疏导教育工作，属于生活困难的要给予帮扶和救济；对缠访闹访、违反《信访条例》的，要按照中央联席会议《关于预防和处置极端信访行为的通知》（中信联发〔2013〕4号）、公安部《关于公安机关处置信访活动中违法犯罪行为适用法律的指导意见》（公通字〔2013〕25号）和我省《关于依法处理违法上访行为的意见》（川公发〔2010〕126号）要求，坚决予以依法处理，坚决把信访秩序规范好。

六是报告要及时，确保信息畅通。重要敏感时期，按全省统一要求，从9月17日起，全市严格执行领导领导带班和专人值班制度，切实实行“日报告”和“零报告”制度，每日下午15时以前向市维稳办、市信访联席办上报信息，做到随时掌握情况、随时报告情况，随时处理情况。要进一步健全完善应急预案，妥善应对可能出现的突发事件和恶性事件。

（三）继续做好基层基础工作

一是要加大稳定风险评估。各区县、各部门要认真贯彻落实《四川省社会稳定风险评估暂行办法》和《攀枝花市社会稳定风险评估实施细则》，切实将社会稳定风险评估嵌入决策程序和审批体系中。重大政策的起草部门、重大项目的报（建）批部门、重大改革的牵头部门、重大活动的承办部门要切实履行社会稳定风险评估的主体责任，对项目风险、风险等级做出准确科学研判，坚决防止“政策措施一出台，涉稳问题跟着来”的现象。要以开展重大项目节点“五查”活动为抓手，深化落实重大项目社会稳定风险评估机制，发挥好预防矛盾的“关口”作用，从源头上减少和避免不稳定因素。

二是要继续加大社会管控。要切实加强打击各类违法犯罪的力度，继续加大治安突出问题整治，着力解决突出治安问题，增强人民群众的安全感。要切实加强对流动人口、特殊人群、社会组织和信息网络等的服务和管理，着力提高对社会面的掌控能力。要深入开展安全生产大检查，对安全隐患及时发现、及时整改、及时消除。特别是要加强对交通安全、矿山安全、施工安全、危险物品安全、食品卫生安全和党政机关、大型商场、车站、公共复杂场所等重点领域、重点场所的监管，及时发现和消除安全隐患，确保人民群众的生命财产安全。

三是要高度重视初信初访。坚持把解决初信、初访问题作为减少信访问题的一项根本性工作突出出来，强化首接首办责任制，确保在第一时间、第一地点把应当解决、能够解决的合理诉求有效化解，市里将出台初信初访、重信重访预警工作机制，坚决防止初信、初访转化为重复信访，重复信访转化为信访积案。网上信访是今后信访工作的大趋势，网上信访办理越好，传统的来信来访就会越少。目前全市通过多个平台“市长信箱”、人民网地方领导留言板、“省长信箱”、12345市民热线、国家网上投诉受理办公室等网上信访工作，由于种种原因，办理质效还不够好，回复时效性不强，推诿扯皮情况还时有发生，市委、政府两办将发文对网上信访办理工作进行专门部署，望各单位要对网上信访工作高度重视起来，要按“认识要提升、办理要规范、保障要到位”的要求，认真做好“市长信箱”、人民网地方领导留言板、“省长信箱”、12345市民热线、国家网上投诉受理办公室等网上信访工作，着力提升网上信访工作水平。

三、加强组织领导，进一步落实工作责任

一要强化责任落实。各区县、各单位要按照“属地管理”和“谁主管、谁负责”原则，切实承担起维护稳定第一责任，严格执行主要领导亲自抓，分管领导具体负责，一级抓一级，层层抓落实的责任体系。要完善工作方案，细化工作措施，明确办理时限，把责任逐一落实到部门、分解到岗位、明确到人头。

二要强化督导检查。坚持重要敏感时段联合督导制度和重点地区、重点领域、重点案件通报制度，情况通报将直接通报给县（区）委书记、县（区）长和市级有关部门主要领导。各区县、各部门也要随时检查信访维稳工作推进情况，特别是对省上交办、全市挂牌的重点案件，要逐案会诊，挂牌督办，一股劲抓到底，强力推动限时化解和有效稳控。

三要严格责任追究。对因维稳信访工作不到位、措施不落实、反应不及时、处置不妥当而导致发生重大群体性事件和信访恶性事件的，要按照问责制相关规定严格实行责任倒查，严肃追究相关人员的责任。

同志们，做好当前和今后一个时期信访工作，形势紧迫，任务艰巨，责任重大，我们一定要在市委、市政府的坚强领导下，以更加务实的作风，更加有力的举措，更加扎实的工作，全力打好“年底前要有显著变化”攻坚战，共同营造和谐稳定社会环境，为建设幸福攀枝花作出新贡献，以优异成绩迎接党的十八届三中全会胜利召开！

中秋、国庆佳节即将来临，在此恭祝各位节日快乐、身体健康、合家欢乐！谢谢大家！

在全市执行工作联席会上的讲话

2013 年 10 月 18 日

同志们：

刚才，祝鸿院长就充分发挥联席会议作用，深化执行联动机制提出了很好的倡议，我都完全赞成。近年来，在市委的坚强领导，市人大、市政协的监督，全市两级法院共同努力，各成员单位的全力配合下，全市法院执行工作的一些核心指标走在了全省法院前列。这些成绩的取得无不凝聚着全市两级法院的辛勤努力和在座各成员单位的通力配合。在此，我代表市委、市委政法委向同志们表示衷心的感谢！

今天的会议本来要请人大的唐主任、政协的马主席给我们作一些重要讲话。两位领导对政法工作、法院执行工作也历来是高度重视的，考虑到当前开短会的要求，两位领导非常谦虚，今天都不讲了，委托我讲一讲。我也按照要求尽量讲短话，借这个机会强调三点意见：

一、进一步深刻认识开展执行联动工作的重要意义

全市执行联动工作会从第一次召开到现在中间间隔了两年，我想在座的很多同志都和我一样，对这项工作不一定很了解。我们首先要增进了解，因为这是做好下一步工作的基础。有这样几个关键点要把握好。一个是中央有要求。党的十八大已经明确提出了到 2020 年在全面建设小康社会的同时，实现依法治国方略全面落实，法治政府全面建成，司法公信力不断提高，人权得到切实的尊重和保障这样一个法制建设的目标。习总书记最近也要求“要努力地让人民群众在每一个司法案件中都感受到公平正义”。执行工作在司法工作中占有举足轻重的地位，如果说司法是维护社会公平正义的最后一道防线，那么执行就是维护司法公平正义的最后一道防线。法律的生命在于法律的实现，执行工作就是确保法律实现的最后一道防线。但从现状看，“执行难”是客观存在的，而且已经成为困扰司法工作的一道难题，有人甚至说它是第一道难题。由于这个难题的长期存在，已经深深地影响了人民法院的司法权威，成为人民群众对司法工作意见较大的，甚至有人说是丧失信心的重要原因，也严重地影响着司法公正的实现。那么从“执行难”的成因来看，大家可能都认为那是法院的事，但是这么多年来，全国法院系统为此作出了艰辛的努力，也取得了很好的成效，但是仍然有些难题破解不了。这也映射出“执行难”问题的成因是很复杂的，包括信用体系、法律体系的不健全，其中，信用体系不健全尤为突出，因为信用体系不健全，被执行人没有因为信用受损而影响到今后的生存发展。而信用体系、法律体系的健全，仅仅靠法院系统单独的工作，靠法院系统孤军作战是不行的。二是执行有困难。从这个里边来看，包括人难找，财产难查，资产难动等问题。单靠法院一家，是做不了的，或者是无法高效率地去做，需要全社会各方面共同配合。也正是基于此，2010 年 7 月 20 号，最高法院发布了《关于建立和完善执行联动机制若干问题的意见》。这个意见的根本目的，在于推动和构建“党委领导、人大监督、政府支持、政法委协调、人民法院主动、社会各界配合”的这样一个执行工作格局。从其意义来讲，最高法院解释了三点，我们都应该把握：一个是将消极、被动、单一的协助执行机制转变为积极、主动、多员的执行联动机制；第二是将法院单打独斗的执行模式转变为法院为主，各部门联动执行的模式；第三是将单纯依靠强制执行工作模式转变为强制执行与联动威慑相结合的工作模式，通过联动威慑让那些法院已经判决，还没有进入强制执行的被执行人，促成他们积极主动地执行法院的判决，促成社会慢慢养成和建立信用体系。我想就是因为这样的一个顶层设计，最高法院出了这样一个机制，市委也按照最高法院和省里面的要求建立了这样一个机制，这就是我们今天联席会议的要求，我们成员单位的责任。

二、进一步建立健全执行联动工作的长效机制

（一）切实加强党委领导。各级党委政法委要把握执行工作的方向，研究、部署执行工作的新问题、新举措、新任务，特别是在排除地方和部门保护主义的干扰，清理阻碍执行的地方性规定，查处党政部门、领导干部非法干预执行的违法违纪行为方面要有新作为。要经常听取人民法院的工作汇报，重点帮助，协调解决执行工作中遇到的重大困难和问题，在丰富的执行实践中寻找和发现解决执行难的新方法、新途径。各级政府要从财力、物力上支持人民法院的执行工作，帮助人民法院改善执行工作条件。

（二）强化成员单位参与。各成员单位要明确各自的职责，积极参与配合、多策并举、综合施策、共同治理，全力支持配合法院执行工作。要积极协助人民法院查找被执行人、提供被执行人的财产状况及线索，积极协助查封、扣押、冻结被执行财产，并尽可能简化工作程序，尽可能提供各种便利，努力提高协助执行效率。对此不能简单的理解为是协助法院工作，构建、推动依法治国方略，是全党、全社会共有的责任，这也是我们自身的义务。法、检、公三家要加强协调与配合，依法打击拒不执行人民法院判决裁定、暴力抗拒执行、非法处置查封、扣押、冻结财产等违法犯罪行为，维护法律的尊严。要切实发挥和保障法院的主体作用。法院是执行工作的主体，要切实提高办案质量，提升执行效率，坚决杜绝消极执行，违法执行现象的发生，加强对执行工作的统筹安排，提高工作实效，实现廉洁执行，加大执行公开力度，大力推行阳光执行，特殊案件要主动邀请人大代表、政协委员、人民陪审员参与执行，现场监督，以公开促规范，以规范保公正，让建立执行信息公开窗口，公布执行案件相关信息，不断增强执行工作的透明度，努力让人民群众在每一个司法案件中都感受到公平正义。

（三）加快网络查控建设。“点对点”网络查控机制，是创新社会管理的新举措，是执行联动的新模式。建成后，不仅能节省大量的人力、物力，缓解人民法院“案多人少”的情况，也能提高办事效率，提升人民群众对执行工作满意度，是贯彻落实中央群众路线教育活动的重要实践。“点对点”网络查控系统建设，不单是法院的工作，也是各联动单位的重要工作。法院在建设过程中要起主导作用，各联动单位务必大力配合，提供必要支持。法院应尽快建立新机制下的办案流程，制定办案机制、管理机制、保密机制、监督保障机制，相关联动单位的配合机制、工作监督机制，让网络技术真正成为解决“执行难”的利器。省高院要求各中级法院要在年内建立‘点对点’网络执行查控系统，全省各地法院也在开展此项建设工作，攀枝花要迎头赶上，力争走在全省前列。做好此项工作，对促进全市破解“执行难”问题既是一个有力的探索，也必将发挥积极的推动作用。

三、着力破解制约执行工作推动的四个“瓶颈”

（一）着力破解被执行人难找的问题。执行不同于审判，它是人民法院执行机构运用国家法律赋予的强制力将生效法律文书的内容付诸实施，绝不能让法院的判决成为“法律白条”。因此，人民法院在执行中依法有权向被执行人、有关单位、社会团体、企事业单位或公民个人，调查了解被执行人的财产状况，有关单位、社会团体、企事业单位的法定代表人应当积极支持本单位职工、协助人民法院的执行工作。各乡（镇）、街道要深入推进社会矛盾化解、社会管理创新，充分发挥村（居）组织在查找被执行人方面的积极作用，加强与人民群众的联系，建立信息沟通渠道，及时掌握被执行人的动向及财产线索，快速有效地寻找被执行人、及时控制被执行人的财产，为高效执行打下坚实基础。

（二）着力破解被执行财物难寻的问题。有的被执行人多头开户，化名存款，公款私存，或者把企业财产登记到案外人名下；有的借企业转制、改制之名，通过转换机制、投资转产、化整为零等手段搞“脱壳经营”，悬空债务；有的采取“一套人马，多块牌子”或设立多个关联公司等形式，使资金在不同“企业”间互相流动；有的故意放弃债权，无偿转让财产；有的恶意提起诉讼或者仲裁，利用法院裁判或仲裁裁决将财产转移到案外人名下等等。遇到类似情况，法、检、公三家要密切配合，该侦查的侦查，该提起公诉的提起公诉，该判刑的要判刑。大多数执行案件需要及时控制和处理被执行人的财产，因此离不开有关部门的协助与配合。但实践中，有的协助执行人因为各种原因，拒不协助执行，甚至设置障碍，这些现象以后一定要杜绝。

（三）着力破解特殊主体难碰的问题。去年，中央开展了“涉党政机关执行案件清理”专项活动，法院共清理出13件涉及党政机关的案件。对此，市委高度重视，法院积极开展了相关工作，主动与党委、政府沟通，各区（县）党委、政府大力支持，特别是米易、盐边县拨专款将积案全部化解，我市在全省率先完成了积案清理任务，取得了较好的成绩。党政机关要依法规范参与民事经济活动的民事行为和执行公务的行政行为，建立健全长效机制，从源头上预防和减少执行案件的发生。对一些特殊案件的执行可能会引发职工下岗、企业倒闭、群众上访，甚至会引发群体性暴力抗法事件，法院要向党委、人大汇报，向政府通报，在争取党委领导、人大监督、政府支持下妥善解决。

（四）努力实现“三个效果”的统一。在执行过程中，力争做到法律效果、社会效果和政治效果相统一，这不仅是对法院和执行人员的重大考验，更是对各级各部门，特别是党政部门的重大考验。“三个效果”的具体内容我们都知道，但是在具体实践当中，有的时候这“三个效果”被有些地方按照“为我所用”的视角，选择性的放大某一方的作用，这种现象是比较突出的。所以有必要再次强调。“三个效果”是统一的整体，不能单独的强调某一方的效果。根据近两年的情况，法律效果这一块大家都知道，也都能照着去办。但是在社会效果这一块，我们有些问题处理上还值得斟酌。比如在有些涉及群体较大的案件诉讼过程中，很多单位，包括区（县），都强烈要求，有的虽然没有口头表达，但意思我们都能充分理解、感受到，都希望法院在判决当中，要考虑方方面面。实际上是对法院公正司法的干扰，是一种违背依法治国的负面的做法。从形势发展和现实实践来看，对于这些做法，同志们要坚定一点，那就是无论如何，不能在司法诉讼过程中，去闯法律的底线。我们不要把精力放在说服法院怎么怎么样上面。大家看最近媒体披露的案子，只要你不依法办案，中央不会接受你，社会不会接受你，群众不会接受你，舆论炒作，群体性事件等接踵而来，你无法应对。因为懂法的人越来越多了，你办错的17年的案子，都要把你纠回来。你办的案子，只要诉讼程序当中有错，犯原则性的错误，犯法律底线性的错误，迟早要被纠正，而且迟早要形成恶劣的影响。我们应该怎么办？现实当中，的确有些事情简单按法律程序去处理，会有一个矛盾纠纷化解的效果的问题。中央也在强调化解矛盾，实际上是依法维护各方的合法权益，提高运用法治思维、法治方式化解纠纷的能力。所以遇到这些事情，我们要把主要精力放在群众工作、案前工作、案外工作上。侵犯公民合法权益是绝对违法的，通过一定思想工作让利益各方适当地放弃权利是不违法的。这就看我们做群众工作的能力，这就看我们做群众工作的方式。比如最近有个区（县）的案子，让法院很难办，一判，区（县）政府处于被动，同时，又涉及到一个已经都执行得差不多的事情，全部都要翻过来。如果不这样判，那绝对违法。怎么办？这时就要特别注意社会效果，如果用所谓的社会效果让法院违法判决，显然是行不通的。这个时候，我们就应该在案外去做群众工作，动用各种手段去调解。在这一点上，同志们都要向东区学习。东区政法委的华凯同志也来了，你们能不能把最近办的案子总结一下，比如金瓯广场开发商和129户业主的纠纷、龙密路216户的案子，都是通过艰苦细致的群众工作，最后争取到了群众的理解。他们做得非常艰难，但是，群众是满意的。有些事情，尽管还有人有意见，但是我们要看到，要让没有人有意见是不可能的，况且他所有有意见的点，没有一个是站得住脚的。所以，强调“三个效果”统一，一方面要求法院不能简单地，机械执行法律，要按照维护公平正义的法律精神去执行法律。另一方面，也要求我们各级党委政府，要从依法治国这个角度，去全面统一地把握“三个效果”，不能用“三个效果”来推卸责任，转移矛盾。我想，真正要把“三个效果”统一落实到实处，还真是个瓶颈，因为它好说难做，对我们能力是一个大考验。

同志们，努力让人民群众在每一个执行案件中都感受到公平正义，维护司法权威和构建社会主义和谐社会是我们共同的责任，让我们以十八精神为指引，深刻认识加强执行联动的重要性、紧迫性，加强协同配合，切实履行职责，不断推进“执行难”问题的最终解决，为实现伟大中国梦、建设美丽繁荣和谐攀枝花作出新的更大的贡献。

在全市政法系统“转变作风司法为民”活动动员部署会上的讲话

2013 年 11 月 22 日

刚才，政法各部门主要负责同志，从各自职能出发，紧密联系实际，分别就本系统开展“转变作风，司法为民”活动作出了安排，目标明确，措施具体，我都赞成，希望大家抓好落实。下面，我讲几点意见。

一、统一思想认识，增强自觉性和责任感

近年来，全市政法机关紧紧围绕党委、政府的中心工作，充分发挥职能作用，打赢了一场又一场硬仗，为维护社会和谐稳定、保障人民安居乐业、促进经济社会发展作出了突出贡献。广大政法干警积极参与社会主义法治理念、政法干警核心价值观、“警民亲”等一系列教育实践活动，政法干警整体素质不断提高，政法队伍形象显著提升，涌现出了一大批先进典型。人民群众的安全感和对政法机关的满意度不断提升，市委对政法工作是满意的。

但从全省政法机关第一批群众路线教育实践活动征求意见看，人民群众对政法机关还有不少的意见。究其原因，玉顺书记在全省政法系统“转变作风，司法为民”活动电视电话会议上指出，归根结底就是因为少数“害群之马”的纪律作风问题，伤害了群众感情，损害了群众利益。前段时间被媒体曝光的安徽 *à*(*bù*) 警察见死不救、河北武邑公安人员刁难办证群众等问题，在全社会引起公愤，这些问题在我市政法机关也不同程度的存在。这些现象严重损害了执法司法公信力，在社会上造成了恶劣影响。为此，中央政法委对加强政法队伍纪律作风进行了部署和要求。党的十八届三中全会提出了“建设法治中国”“深化司法体制改革”“创新社会治理”“维护国家安全”等重大任务，站在新的历史起点，政法系统必须自我革新、解决积弊，为担当重任、攻坚破难作好准备、奠定基础。为此，我们必须要有强烈的危机意识和责任意识，将作风建设作为政法队伍建设的重点，以整风精神解决好人民群众反映强烈的突出问题，以教育整顿的实际成效回应人民关切，维护政法干警良好形象，提升执法司法公信力，保持政法事业旺盛的生命力。

二、把握活动要义，突出工作重点

经省委同意，从今年 11 月至明年 3 月底，在全省政法系统集中开展纪律作风教育整顿活动。全面准确地把握活动要义是我们抓好这次活动的前提和基础。

（一）准确把握活动定位

当前，全省第一批群众路线教育实践活动已进入整改落实、建章立制的关键环节，开展“转变作风，司法为民”活动，就是全省政法系统的整改行动，就是要以整风精神解决政法队伍纪律作风方面的突出问题。由于政法队伍在党政干部队伍中数量最大、辐射范围最广、延伸程度最深、与群众打交道最多，整改工作必须统一步调，才能集中展示整改效果。攀枝花政法队伍是全省政法队伍的重要组成部分，我们必须站在全省大局的高度，既要自觉主动承担起落实全省政法系统整改举措的义务，也要先学先改，为我市明年即将展开的群众路线教育实践活动做好工作铺垫。

（二）准确把握活动总体要求

省委书记王东明同志在全省群众路线教育实践活动工作座谈会上明确要求：全省政法系统要结合纪律作风教育整顿，将“转变作风，司法为民”作为主题，重点解决“冷硬横推”、徇私枉法、群众打官司难等问题。要把政法系统纪律作风教育整顿作为全省群众路线教育实践活动的一项标志性动作。同时，省委决定，把政法系统纪律作风教育整顿活动作为全省教育实践活动中集中开展“走基层、解难题、办实事、惠民生”活动的三大重点之一。我们必须积极响应省委号召，以务实之举将省委要求贯彻落实到行动中，体现到活动的实际成效上。

（三）准确把握活动主要内容

从省里对教育整顿活动的定位和总体要求看，其总体思路是：围绕当前与群众关联度高的工作环节，查找损害政法队伍形象、影响执法公正、伤害群众感情的突出问题和典型行为，采取坚决有效的整顿举措，务求尽快见到实效，持续提高人民群众的满意度。

按照省委政法委的总体要求，开展“转变作风，司法为民”活动，要着力抓好“四项教育”“五项整顿”“五项制度建设”和“六项专项行动”。具体工作中，要把握好以下重点环节：

一要紧扣政法队伍形象环节，着力在服务群众上狠下功夫。政法机关既是执法机关，也是群众工作机关；政法干警既是执法司法者，也是群众工作者。要把整改的重点对象聚焦在基层窗口单位和一线执法岗位，切实解决办事推诿、拖拉、效率不高的问题；严格规范干警执法执勤活动中的言行举止，改变“冷、硬、横、推”的衙门作风。要把整改的主要内容聚焦在警容警纪存在的突出问题上，集中整治“庸、懒、散、拖”，提升精气神；严格执行各项规章、禁令，进一步规范警车使用、规范干警“八小时外”言行，做到“令行禁止”。要把整改的目标聚焦在便民利民惠民上，全面落实各项司法便民举措，让群众充分感受到真诚、文明、高效、优质的服务。

二要紧扣公正执法环节，着力在发挥职能作用上狠下功夫。政法机关处在保障社会公平正义的最后一道防线，必须坚持严格执法、公正司法，充分发挥职能作用，全力维护公平正义。要认真梳理人民群众关注的社会热点，结合工作职能和现实情况，开展有针对性的专项治理。针对人民群众最关心的公共安全问题，重点打击整治食品安全、交通安全问题，保障人民生命财产安全；针对人民群众最关切的社会治安问题，集中打击整治“两抢两盗一诈骗”和治安混乱地区、复杂场所，增强人民群众的安全感；针对人民群众最期盼的权益保障问题，加大化解涉法涉诉信访积案和清理拖欠农民工工资力度，切实维护人民群众的合法权益；针对人民群众最关注的公平正义问题，开展执法突出问题集中整治和违法违纪集中查处，以公正廉洁的形象赢得人民群众的信赖和拥护。

三要紧扣建章立制环节，着力在构建长效机制上狠下功夫。开展教育整顿活动既要在活动中整改突出问题、务求工作实效，又要在巩固活动成果、建立长效机制上狠下功夫。因此，我们必须坚持长短结合，注重将解决当前存在的突出问题与健全完善各项制度规范相结合，推动作风改进常态化。针对窗口单位服务存在的问题，进一步健全完善窗口单位服务行为规范，明确接待群众的工作礼仪；针对政法干警工作生活作风、日常行为等方面存在的问题，抓紧梳理完善各项禁令、规定，健全干警的职业道德规范；针对执法权力运行不规范的问题，加快执法公开、执法规范、执法责任和执法监督等制度建设；针对极个别顶风违纪、吃拿卡要，甚至徇私枉法的干警，要果断从严查处，坚决清除害群之马；针对警民沟通互动不够的问题，进一步健全完善政法机关密切联系群众的制度。

三、加强组织领导，确保活动取得实效

为确保这次活动取得实效，市委政法委按照上级要求，制定出了《关于在全市政法系统开展“转变作风，司法为民”活动的工作方案》，明确提出了总体要求、措施办法、时间步骤和具体要求。全市政法机关要按照《工作方案》要求，进一步细化方案，细化工作措施，严格按照“实打实、硬碰硬”的要求，加强组织领导，精心组织实施，全力推动和保障活动顺利开展，确保这次活动既在形式上轰轰烈烈，又在内容上扎扎实实，取得良好效果。

（一）加强组织领导。这次活动以条为主，由各级政法委牵头抓总，具体组织实施由各政法部门负责。市里成立市委、政府分管领导为组长、市级政法各部门主要领导为成员的教育活动整顿领导小组，负责教育活动的牵头协调和督促指导。市级政法各部门要切实担负起主体责任，围绕《工作方案》，紧密结合队伍建设和业务工作实际，制订本系统的活动方案并成立对应的领导小组，负责本系统教育整顿活动的组织实施，推动各项部署要求落实到位。各区县也要组建相应的机构，对活动开展进行具体安排部署，加强对活动的指导、督促和检查，确保整个活动有序推进。特别需要强调的是，我们有的领导干部热衷于抓见效快的业务工作，不愿意在见效慢的队伍建设上下功夫。但此项活动不仅是政法系统内部纪律作风教育整顿的重要举措，也是全省群众路线教育实践活动的标志性动作，省委常委会专题研究，省委书记亲自批示，规格之高、要求之严、范围之广历来少有，大家对此务必高度重视，精心组织实施，扎实有效推进，决不允许出现要求不落实、开展不扎实、整改不得力等情况。凡在教育整顿活动期间出现上述情况或发现顶风违纪违规行为，一方面，事发单位要立即整改、严肃查处；另一方面，视情节轻重，酌情给予事发单位及主要领导向市级政法主管部门党组做出书面检查、全市通报批评，直至追究相关责任人责任。

（二）严格督促检查。省委政法委将会同省纪委、省委组织部开展作风巡察，同时还将对服务窗口、警车使用、机关作风等进行明察暗访，对工作开展不力、纪律作风问题突出的予以通报批评。市里也将组织相关部门组建联合督导检查组，深入各区县、各部门及基层一线单位加强督促检查，坚决防止活动走过场、流于形式。各区县及政法各部门要建立例会制度，定期听取活动开展情况，研究活动事项，强化督导检查，及时发现问题，及时督导整改。

（三）注重教育引导。政法部门要把学习先进典型作为“转变作风，司法为民”活动的重要内容，注重发现、培养、树立一批不同层次、不同岗位、作风过硬、为民服务的先进典型，以正面典型提振士气；同时又要严厉查处一批顶风违法违纪的反面典型，形成震慑力，彰显政法系统动真碰硬的决心。政法各部门要把宣传作为活动的重要内容和有力抓手，制定专门的宣传方案，加强与宣传部门、新闻媒体的联系，大力宣传先进典型、经验做法及教育整顿成果，形成强大舆论声势，营造良好舆论氛围。为确保教育引导质量、提高宣传工作实效，基层政法单位推出的先进典型或反面典型，都要报经市级政法主管部门同意。

（四）坚持统筹推进。岁末年初，政法机关任务繁重，要把“转变作风，司法为民”活动与各项工作结合起来，切实在执法办案和服务管理中转变作风，通过转变作风进一步提升执法办案和服务管理水平；要认真检查总结今年工作完成情况，及时查漏补缺；要提早谋划明年各项工作，切实做到“两不误、两促进”。

同志们，开展“转变作风，司法为民”活动是政法系统的一件大事，省、市委和人民群众都在拭目以待。我们一定要精心组织实施，狠抓整改落实，务求工作实效，全力推动全市政法工作迈上新台阶，为即将开展的群众路线教育实践活动奠定坚实基础，为全市推进“两个跨越”作出新的更大贡献！

在攀枝花武警支队士兵退役欢送仪式上的致辞

2013 年 11 月 25 日

今天，我们在这里隆重举行攀枝花市武警支队士兵退役欢送仪式，依依不舍地欢送各位战友。在此，我谨代表中共攀枝花市委、市政府及全市人民向你们几年来为攀枝花的经济发展和社会稳定所作出的突出贡献表示衷心的感谢!

几年前，你们带着家乡父老的殷切希望，满怀崇高理想和报国之志，走进绿色警营，走进攀枝花这片热土。从那天起，你们牢固树立“忠诚于党、热爱人民、报效国家、献身使命、崇尚荣誉”的当代革命军人核心价值观，大力弘扬“听党指挥、服务人民、英勇善战”的优良传统，把驻地当故乡，视人民为父母，认真学习政治理论，刻苦提高军事技能，忠实履行神圣使命，用青春和热血践行了永做党和人民忠诚卫士的铮铮誓言，为全市经济社会发展和人民群众幸福生活作出了突出贡献，赢得了党和人民的高度赞誉。

在大型活动安保和急难险重任务中，你们顾全大局、服从命令、听从指挥，始终以饱满的政治热情、昂扬的精神斗志和顽强的战斗作风，出色地完成了各项任务，用生命和忠诚诠释了新时期“最可爱的人”的光辉形象，赢得了攀枝花人民的深情爱戴。你们用实践再次证明，武警支队不愧是一支听党指挥、能征善战，关键时刻拉得出、打得赢的过硬部队，不愧是一支让党和政府放心，让人民群众信赖的威武之师、文明之师。你们的功绩，市委、市政府不会忘记，攀枝花人民不会忘记!

今天，你们光荣服满现役，即将告别心爱的部队，即将离开眷恋的攀枝花，即将踏上返乡的旅程，即将开始崭新的生活。希望你们回到家乡后，一如既往地关心攀枝花的建设与发展，一如既往地支持部队的全面建设。我坚信，有对党和人民赤胆忠诚的政治素质，有部队磨炼的特殊经历，有吃苦耐劳的拼搏精神，在地方建设中，你们一定能施展才华、大有作为，一定能再立新功、再创辉煌!

最后，祝战友们旅途顺利，前程似锦，万事如意!

谢谢大家!

（二）调查研究

1 月 9 日　到大河中路街办调研路栖花园涉稳隐患化解工作。他要求，市区两级政府主管部门要切实加大工作监管力度，项目开发商要加快筹集建设资金，业主要依法维护自己合法权益，共同确保社会大局和谐稳定，确保各方合法权益有效维护。

2 月 7 日　到西区花山矿处理居民房屋涉险处置工作。他要求，政法机关要紧急行动起来，全力施救、科学施救、精心施救，切实发挥英勇善战、不怕牺牲的优良传统，确保不出现安全事故，确保人民群众生命财产安全。

3 月 6 日　到湖光社区调研小区物业管理引发涉稳问题化解工作。他强调，物业管理是改善城市人居环境、优化城市基础配套、构建和谐社区的重要内容，也是当前广大居民十分关注的一个热点问题，直接关系群众的日常生活和社会稳定。要认真分析当前物业管理工作中存在的矛盾和问题，动员社会各方面力量，共同做好群众服务工作，切实化解社会矛盾纠纷，努力构建和谐社区。

3 月 14 日　到金江镇调研小砟石安置房涉稳隐患化解工作。他强调，征地拆迁安置工作直接关系到人民群众的切身利益，关系到党和政府同人民群众的血肉联系，一定要加大工作力度，确保按期按约定交房，切实维护好被征地群众的合法权益。

4 月 2 日　到七中调研涉稳隐患化解工作。强调项目建设工作必须依法依规予以推进，政法机关既要维护正常施工秩序，也要维护老百姓的合法权益不受损害。

5 月 28 日　带领市委群工局、综治办、维稳办联合督导组到米易县督导综治维稳信访工作。他强调，要坚持把加快攀枝花科学发展作为根本取向，把执政为民和改善民生作为重要基础，把推进社会管理法制化作为工作取向，把系统设计和统筹推进作为工作方法，把加强基层细胞建设作为工作着力点，把着力化解社会矛盾作为工作突破口，把机制创新和能力建设作为工作抓手，积极探索具有攀枝花特色的加强和创新社会管理的有效途径，确保人民群众安居乐业、社会和谐稳定。

5 月 29 日　到仁和区调研亿锦林业涉稳隐患化解工作。他强调，要抓紧梳理群众的诉求，认真做好群众的接待和思想教育工作，引导群众依法理性表达诉求；同时，市、区两级相关部门要加大统筹力度，积极与省林业厅和成都公安联系，及时掌握案件进展情况，切实做好相应应对工作，确保不出现越级上访，确保社会和谐稳定。

6 月 18 日　到市中心广场、竹湖园督导全市政法系统“法治基层行”集中行动开展情况。他强调，要紧紧围绕幸福攀枝花建设的现实需求，坚持以“六五普法”规划为基础，引导群众通过合法理性的方式表达利益诉求，依靠法律规范调整社会关系、平衡社会利益、解决社会问题，切实营造“事事有法可依、人人知法守法、各方依法办事”的良好环境。

7 月 11 日　到仁和区大河中路社区走访慰问联系困难户，为他们送去了市委、市政府的关心和祝福。

7 月 15 日　到东区调研社会管理信息化平台建设工作。他强调，要围绕社会管理中的突出问题和薄弱环节，坚持把加快攀枝花科学发展作为根本取向，把执政为民和改善民生作为重要基础，把推进社会管理法制化作为工作取向，把系统设计和统筹推进作为工作方法，把加强基层细胞建设作为工作着力点，把着力化解社会矛盾作为工作突破口，把机制创新和能力建设作为工作抓手，积极探索具有攀枝花特色的加强和创新社会管理的有效途径，确保人民群众安居乐业、社会和谐稳定。

7 月 17 日　到盐边县鳡鱼乡督导防汛工作。他强调，今年防汛形势十分严峻，必须立足于防大汛、抢大险、抗大灾、防强风，始终把人民生命安全放在首位，进一步提高思想认识，加大工作力度，结合各自实际，全面抓好防汛各项工作部署的贯彻落实，确保一方平安。要切实抓好各项防汛责任制落实，严肃防汛纪律，对领导没有及时上岗到位，重大汛情灾情没有及时上传下达，重大险情没有及时处置、没有及时组织群众转移等造成严重后果的，严肃追究相关人员责任。

8 月 5 日　到仁和区督导挂牌积案化解工作。他强调，挂牌化解涉稳信访积案是经市委常委会、市政府常务会审定，并以市委办、市政府办文件明确为全市 54 个“急难险重”目标任务之一，必须全力以赴，迎难而上，不断加快挂牌案件化解进度，确保既定目标任务按期全面完成。

8 月 21 日至 23 日、26 日至 30 日　带领市委群工局、维稳办、综治办到米易县、西区调研督导综治维稳群工工作。他强调，一是把握总体要求，明确工作方向。各级各部门要认清形势，提高认识，把思想和行动统一到中央、省委和市委的决策部署上来，以强烈的政治责任感、扎实的工作作风和过硬的工作措施，切实解决好当前涉稳信访的突出问题。要高度警惕境内外敌对势力的渗透破坏活动，严密防范境内外敌对势力利用我们统筹协调不够和工作失误恶意炒作、混淆视听、制造混乱。二是锁定保证目标，增强工作针对性。各级各部门要紧紧围绕“四个坚决防止”（即：坚决防止发生重大政治事件、非法聚集事件、大规模群体性事件、暴力恐怖事件）和非访“零进京”、集访“零赴蓉”的目标要求，切实抓好涉稳和信访突出问题的化解、稳控和处置工作，做到情况明、底数清。三是围绕薄弱环节，狠抓源头治理。各级各部门要全面加强社会稳定风险评估工作，尽可能减少出台、实施重大事项引发的社会稳定风险，真正从源头上预防和减少矛盾，把改革发展进程中的不稳定风险降至最低。

9月25日　到相关政法部门调研涉法涉诉信访改革工作。他强调，要求按照全国、全省政法工作会议关于涉法涉诉信访工作改革的部署要求，组织各县区政法委、全市政法机关开展以规范入口、完善出口为重点的涉法涉诉信访改革工作，改变层层交办、通过信访启动法律程序的工作方式，把解决涉法涉诉信访问题纳入法治化轨道，由政法机关依法按程序进行处理，依法保障合法权益，依法维护公正结论，依法纠正错误裁决，保护合法信访、制止打击违法上访，逐步实现涉法涉诉信访形势和信访秩序根本好转，进一步提升我市涉法涉诉信访工作的法治化水平。

10月18日　到检察院调研预防职务犯罪。他强调，要认真分析和研究职务犯罪的态势、特点和规律，提出有针对性的预防对策，做到教育在先、制度在先、监督在先，努力构筑一个不愿犯、不能犯、不敢犯的思想防线、制度防线和监督防线，切实从源头上预防和减少职务犯罪的发生。要坚持把查办职务犯罪摆在突出位置，充分发挥这个特殊预防手段，突出查办影响社会民生、社会稳定的职务犯罪，有效震慑犯罪。要坚持把完善监督作为预防职务犯罪的关键措施，综合运用党内监督、国家专门机关监督、民主党派监督、群众监督和舆论监督等多种形式，建立健全严密的权力运行制约监督机制，把权力置于党和人民群众的监督之下，从源头上遏制和减少职务犯罪。

11月6日至7日　在园区及相关区县调研征地拆迁安置信访积案化解工作。他强调，要围绕城镇开发、工业园区建设、新农村建设、重大项目建设四大领域中目前尚未妥善解决的征地拆迁安置类突出矛盾，全面摸清底数，深刻查找问题，认真落实责任，合力攻坚化解，着力消除工作瑕疵，消除涉稳隐患，消除群众怨气，切实维护群众合法权益，全力保持社会和谐稳定，为群众路线教育实践活动做好前期基础工作，为全市推进“两个跨越”、建设幸福攀枝花营造和谐稳定社会环境。

12月17日至19日　到各区县相关街道、乡镇调研司法所建设工作。他强调，针对目前乡镇（街道）综治维稳信访司法等工作机构条块分割、力量分散、单打独斗、任务重叠、专职人员缺乏、基础工作不扎实、工作程序不规范、实际成效不明显等实际情况，各区县要在不增加编制的前提下，以司法所为依托，整合盘活现有司法所、综治办、维稳办、信访办等部门工作“资源存量”，专门负责矛盾纠纷的排查、汇总、分派、督查、调解等工作，逐步建成社情民意汇集中心、矛盾纠纷调处中心、群众工作服务中心、综治维稳指挥中心、基层平安创建中心，实现群众来访一站式接待、矛盾纠纷一体化调处、解决问题一竿子到底，切实提升基层综治维稳信访司法工作规范化、专业化水平，真正将矛盾纠纷化解在基层。

（三）会议活动

1月18日　在武警支队会议室出席武警攀枝花支队党委四届六次全体（扩大）会议。他强调，支队领导班子要坚持以先进性建设和能力建设为主线，不断提高领导艺术和指挥才能，切实把领导班子建设成为既有政治远见，又有领导能力，能团结带领部队出色完成任务的坚强领导核心；支队领导班子要按照“政治合格、军事过硬、作风优良、纪律严明、保障有力”的总要求，全面加强部队革命化、现代化、正规化建设，不断提高应对各种复杂问题、执行急难险重任务的能力，切实推动部队建设不断取得新发展、新提高、新进步；支队领导班子要继续发扬“听党指挥、服务人民、英勇善战”的优良传统，忠实履行党和人民赋予的光荣使命，切实履行好职责使命，为支援地方发展、维护大局稳定、促进社会和谐、加快幸福攀枝花建设作出新的更大贡献。

2月5日　主持召开市委政法委书记办公会。他要求，市委政法委班子成员要认真落实“一岗双责”，严格执行党风廉政建设责任制，努力做到组织落实、制度落实、工作落实，不断提升党风廉政建设和反腐败工作成效。

2月20日　在政法委会议主持会议，安排部署全市重大涉稳、信访突出问题责任分解、包案化解工作。他强调，要按照“谁主管、谁负责”和“属地管理”的原则，层层落实包案领导，采取“一个案件、一名领导、一个专案组、一个方案、一抓到底”的办法，建立领导包案台账，明确责任主体、承办人员、化解措施、办结时限，因案施策、逐案化解，确保件件有着落，事事有结果。

2月28日　在会展中心参加市委工作会，并安排部署全年政法工作。他要求，全市政法机关要全面贯彻落实党的十八大以及全国、全省政法工作会议和市委九届四次全会精神，牢牢把握“稳中快进，提质增效，争先进位，跨越提升”的工作基调，以维护社会和谐稳定、提高群众安全感、提升司法公信力为工作取向，以平安攀枝花、法治攀枝花、政法队伍建设为工作重点，以夯实基层基础、强化矛盾化解、抓好“六五”普法、深化“警民亲”活动为抓手，全面推动政法事业科学发展，努力为推进“三个加快建设”“三个走在全省前列”创造和谐稳定的社会环境、公平正义的法治环境和优质高效的服务环境。

3月1日　参加市公安局“三大主题”教育活动点评会。他要求，全市公安队伍要紧紧适应时代发展的要求、经济社会发展的需要和人民群众的期待，全面加强公安队伍正规化建设，深入推进“警民亲”活动，进一步改善服务态度、提高服务质量，全力打造一支政治坚定、业务精通、作风优良、执法公正的公安队伍，努力在群众中树立起公安机关可亲、可敬、可信的良好形象。

3月6日　参加市司法局“三大主题”教育活动点评会。他强调，要按照统一部署，深入开展以“忠诚、为民、公正、廉洁”为主要内容的核心价值观教育实践活动，解决司法行政队伍的政治立场、群众观点、思想意识问题，始终坚持党在心中、人民在心中、法律在心中、正义在心中，始终做到理想信念不动摇、政治立场不动摇、大是大非不含糊，不断增强司法行政队伍的凝聚力和战斗力，努力打造一流的司法行政机关。

3月7日　在市综治办会议室主持会议，安排部署平安创建活动。他要求，要把深化平安建设纳入重要议事日程，牢固树立“大平安”理念，在更高起点、更高水平上推进平安建设，努力解决深层次问题，不断提升人民群众安全感和满意度。

3月11日　在市综治办会议室主持会议，研究“五规范无减少”社区（村）创建活动实施方案。他要求，全市各级各相关部门要以深入开展创建“五规范五减少”社区（村）活动为抓手，着力推进社区（村）组织、制度和机制建设，努力实现基层基础工作能力明显提升；着力推进社区（村）管理和服务网络建设，努力实现基层社会管理成效明显提升；着力推进社区（村）平安和法治创建活动，努力实现“幸福攀枝花”建设水平明显提升。

3月13日　参加市中院“三大主题”教育活动点评会。他强调，随着经济社会的快速发展和人民群众法治意识的不断增强，社会各界对法院工作的期望和要求将越来越高，这就迫切需要把法院队伍建设摆上更加重要的位置，切实解决好“为谁掌权，为谁执法，为谁服务”这一根本问题，不为蝇头小利所动，不为人情、关系、金钱所影响，保持职务的廉洁性和法官的人格尊严，确保所有诉讼当事人的合法权利，确保裁判的每一起案件都经得起法理的推敲、历史的检验，努力造就一支严格公正、文明清廉的法官队伍，切实担负起党和人民赋予的神圣使命。

4月1日　参加市委群工局“三大主题”教育活动点评会。他要求按照为民、务实、清廉的要求，深入基层、深入群众，深入到矛盾和问题较多的地方去，把群众工作链条向两头延伸，使信访工作关口前移、重心下沉，站在群众立场处理问题，从思想上尊重群众、感情上贴近群众、工作上依靠群众，多做人对人、面对面、手拉手、心连心的工作，办好顺民意、解民忧、惠民生的实事。

4月8日　在市群工局会议室参加市委群工局干部职工会。他要求，群工局全体干部职工要按照市委、市政府的安排部署，深入推进领导干部接访下访，积极开展矛盾纠纷排查化解，集中进行信访积案攻坚，狠抓干部队伍建设，不断推动新时期群众信访工作迈上新台阶。

4月15日　在会展中心201室参加炳二区道路恢复施工协调会。他要求各相关责任单位务必强化时间观念，对照工作方案明确的工作目标、时间节点等要求，抓紧启动和开展相关工作，要善于运用法治思维和法治方式，多与群众沟通交流，多做群众思想工作，坚决避免激化矛盾、扩大事态，既确保项目顺利推进，又实现社会和谐稳定。

5月2日　在会展综合厅参加全市民族宗教暨两资管理工作会议。他强调，做好民族宗教工作，是建设幸福攀枝花的重要基础，是构建和谐攀枝花的重要任务，是加强党的执政能力建设的重要内容。全市各级民族宗教部门要牢牢把握“共同团结奋斗，共同繁荣发展”的民族工作主题和贯彻宗教信仰自由政策，紧紧围绕“促进少数民族和民族地区经济社会发展、促进宗教和谐稳定”这两条工作主线，充分调动少数民族群众和广大信教群众的积极性、主动性和创造性，为促进全市民族团结、宗教和睦、社会和谐做出积极贡献。

5月14日　在会展议事厅主持召开全市挂牌涉稳信访积案交办会。他要求，各责任单位要结合挂牌化解的涉稳信访积案，按照“一个问题、一名领导、一个专班、一个方案、一抓到底”的要求，抓紧制定切实可行的化解方案，从化解的目标要求、时间进度、措施办法、组织机构、责任领导等方面进行具体的部署，进一步锁定目标、突出重点、增添举措、创新方法、破解难题、落实责任，全力以赴，迎难而上，不断加快挂牌案件化解进度，确保既定目标任务按期全面完成。

5月22日　在会展综合厅主持召开全市维稳领导小组成员暨信访联席会成员工作会。他要求，要突出抓好各级领导干部接访、下访工作。结合“三大主题”教育活动，以“事要解决”为核心，以定点接访、重点约访、重点接访、带案下访为主要形式，以安排解决疑难复杂、涉及面广、政策性强及苗头性、群体性信访事项作为重点内容，重点开展市县两级领导接访下访，及时就地解决群众合理诉求，切实维护群众的合法权益，努力减少集体要访和越级上访。保证每周有一名市领导、每天有一名区县领导在市、区县群众工作中心接访群众，各乡镇（街道）领导干部和企事业单位负责同志随时接待群众来访，职能部门保证每个工作日有一名班子成员在本单位接访群众。

6月8日　在会展中心参加全市政法系统中国梦主题宣讲会。他要求，全市政法系统干部职工要以此次主题教育活动为契机，改进工作作风、密切联系群众，维护大局利益，积极回应老百姓求平安、求公平、求公正的愿望；要以解决影响司法公正和制约司法公信力的深层次问题为着力点，紧紧抓住容易发生问题的执法岗位和关键环节，建立有权必有责、用权受监督、失职要问责、违法要追究的管理体系，努力实现执法程序流程化、执法裁量标准化、执法行为规范化。要教育引导政法干警树立社会主义法治理念，严格依照法定权限和程序履行职责、行使权力，真正做到依法必依、执法必严、违法必究，坚决防止以言代法、以权压法、徇私枉法。要下大力气解决执法不严、裁判不公和诉讼难、执行难等人民群众关心关注的公平正义问题，确保每一起案件的办理都能成为维护社会公平正义的具体实践，努力让人民群众在每一个司法案件中都能感受到公平正义。

6月20日　在会展中心参加全市禁毒工作会议。他指出，近年来，全市各级禁毒部门坚持把禁毒工作摆在重要位置，以禁毒预防、禁吸戒毒、堵源截流、禁毒严打、禁毒严管等工作为重点，大打禁毒人民战争，全民禁毒意识明显增强，禁毒工作取得阶段性成效，得到了社会各界和广大人民群众的普遍赞誉。他要求，全市各级党委、政府和禁毒成员单位必须深刻认识到禁毒形势的严峻性，深刻认识到毒品危害社会的严重性，深刻认识到禁毒工作的长期性、艰巨性、复杂性和极端重要性，进一步增强做好禁毒工作的政治责任感、历史使命感和工作紧迫感，以务实的工作，扎实的举措，推进禁毒工作不断取得新的成效。

7 月 18 日　在会展综合厅参加全市政法系统、综治维稳成员单位贯彻落实市委九届五次全会精神工作会议。他要求，全市政法综治维稳单位要准确把握全市发展脉络、领会发展思路、融入发展大局，切实找准结合点、切入点、着力点。要牢牢把握、紧紧抓住发展这条主线，主动承担幸福攀枝花建设者、捍卫者的职责使命，更加自觉地将政法综治维稳工作置于全市经济社会发展总布局来审视，紧贴在全省率先全面建成小康社会新要求来谋划，融入加快推进“两个跨越”全过程来推动，切实在攀枝花经济社会发展大局中发挥职能作用、作出积极贡献。

7 月 26 日　在会展中心出席向省委、省政府维稳调研督导组工作汇报会。他指出，全市维护稳定工作将全面贯彻落实中央、省关于维护稳定的各项决策部署，以助力护航攀枝花“两个跨越”为定位，以运用法治思维和法治方式预防化解矛盾为重点，以健全完善维护稳定机制为保障，奋力开创维稳工作新局面，努力为幸福攀枝花建设创造平安和谐的社会环境。

8 月 14 日　在会展中心综合厅主持召开迎宾苑小区征地补偿及龙密路建设施工保障工作会议。他指出，龙密路建设项目是缓解炳草岗片区交通压力，进一步完善我市路网结构，方便居民出行，惠及人民群众，带动炳四区、花城新区开发建设的一大重点项目和重要民生工程。各责任单位务必从落实市委、市政府决策部署、完成急难险重任务、保持社会和谐稳定、维护群众合法权益的高度，进一步强化大局意识、履职意识、责任意识、协作意识，确保项目如期顺利推进。

9 月 17 日　在会展综合厅出席全市信访维稳工作专题会议。他要求，充分认清当前信访维稳工作面临的严竣形势和肩负的重大使命，在加大排查化解力度，进一步推动事要解决；开展接访下访活动，进一步畅通诉求渠道；强化清劝接返工作，进一步做好稳控工作；抓好依法处置工作，进一步规范信访秩序；强化情报信息工作，进一步掌握工作主动等重点工作上狠下功夫，坚决防止发生进京到省非正常信访事件和重大个人极端事件。

10 月 18 日　在会展 203 室参加全市执行工作联席会暨“点对点”网络查控机制建设签字仪式。他要求，深刻认识加强执行联动的重要性、紧迫性，着力破解被执行人难找的问题，着力破解被执行财物难寻的问题，着力破解特殊主体难碰的问题，不断推进“执行难”问题的最终解决，努力实现“三个效果”的统一。

10 月 30 日　在政法委会议室主持召开集中打击整治破坏森林和野生动植物资源违法犯罪专项行动领导小组第一次会议。他要求根据全省统一部署，立即在全市开展代号为“亮剑行动”的集中打击整治破坏森林和野生动植物资源违法犯罪专项行动，全力实现“侦破一批大要案件，打掉一批犯罪团伙，摧毁一批犯罪网络，查处一批违法犯罪单位”四个一批目标，有效遏制破坏生态资源违法犯罪高发势头。

11 月 22 日　在会展中心出席政法系统“转变作风，司法为民”活动动员会。他要求，全市政法干警要有强烈的危机意识和责任意识，将作风建设作为政法队伍建设的重点，围绕当前与群众关联度高的工作环节，查找损害政法队伍形象、影响执法公正、伤害群众感情的突出问题和典型行为，采取坚决有效的整顿举措，务求尽快见到实效，持续提高人民群众的满意度，以教育整顿的实际成效回应人民关切，维护政法干警良好形象，提升执法司法公信力，保持政法事业旺盛的生命力。

11 月 25 日　出席武警支队老兵退役欢送仪式。他代表市委、市政府向武警支队退役老兵几年来为攀枝花的经济发展和社会稳定所作出的突出贡献表示衷心的感谢。他希望退役老兵回到家乡后，在地方建设中施展才华、大有作为，再立新功、再创辉煌。

12 月 12 日　在会展 201 参加全市重大基础设施建设工作领导小组第一次会议。

12 月 29 日至 31 日　参加市委九届六次全委会暨市委经济工作会、县区工作现场会暨急难险重任务推进会。

十、市委常委、市委秘书长王海波

（一）讲话文稿

在 2013 年市委工作会上的讲话

按照会议安排，下面，我就 2012 年的全市机关党建工作作一简要总结，并对 2013 年的工作进行部署。

一、2012 年全市机关党建工作回顾

2012 年，全市机关党的工作坚持以提升机关党建工作科学化水平为主线，以各类实践活动为载体，紧紧围绕市委大力实施“三个加快建设”、大力推进“三个走在全省前列”、全力打好“六大硬仗”、奋力实现“四个翻番”的总体部署，主动作为，扎实工作，取得了较好的成绩。

一是强化思想教育，机关党员干部能力素养进一步提高。始终坚持把党员干部的理论学习和思想教育放在突出位置，以“思想大解放、作风大转变、工作大落实”主题教育活动为抓手，以转变职能、改进作风、搞好服务、提高效率为目标，以学习型城市、学习型机关、学习型党组织创建为抓手，完善机关学习制度，严格规范管理，完善务虚研讨，增强学习效果，使学习研究与科学决策、解决问题、推进发展有机统一，有效提高了机关干部素质和机关服务水平。

二是夯实基层基础，机关基层党组织活力进一步激发。全年新成立机关党组织 7 个，改建 2 个，按期换届 39 个。进一步完善机关党建目标考核内容，将学习型机关创建、“挂包帮”“百千万 · 干群心连心”、创先争优、五创联动及城乡环境综合治理“进机关”工作等纳入党建目标考核内容。举办了入党积极分子培训班和市直机关学习贯彻《中国共产党党和国家机关基层组织工作条例》暨四川省《实施细则》专题讲座。召开了市直机关纪念建党 91 周年暨“创先争优”表彰大会，对 30 个先进基层党组织、30 名优秀党务工作者、90 名优秀共产党员进行了表彰。组建了市直机关青年党员服务队，组织机关青年党员积极为全市中心工作、急难险重任务、险救灾、社会公益活动等贡献力量。公推直选工作逐步扩大，在所有党支部开展公推直选基础上，将范围扩大到了党总支。党务公开工作更加完善，市直机关民主监督氛围基本形成，党务公开工作得到较好落实。党内激励机制不断巩固，建立了困难党员台帐和定期走访制度。进一步完善生病住院党员和去世党员家属走访慰问制度，为 158 名生病住院党员和去世党员家属发放慰问金 24600 元。

三是创新载体支撑，机关党组织实践平台进一步拓展。创先争优长效机制建设工作基本完成，市直机关各级党组织共建立长效机制225个。“挂包帮”活动成效明显，全市各级各部门共组织开展农民实用技术培训705次，培训农民53836人，共发展优质果树9.7万亩、优质蔬菜1.94万亩，养殖生猪2.2万头、牛羊2.1万头、水产17万平方米、家禽9.6万只；新改建村级公路322公里、桥梁28座，整治山坪塘172口、渠道319公里，整修蓄水池339口；新建村民聚居点39个，新改建农房10，423间，改水改厕2，695户，新建沼气池2，987口，解决3.5万余群众的饮水困难问题；新建农村书屋45个、村级健身场所47个、村级活动室305个。“百千万·干群心连心”活动深入推进，走访慰问贫困群众5766户、贫困党员3400人、贫困学生8，191人，捐款297万元，赠送物品折价180万元。活动中，我市先后有7个部门、8名下派干部受到省“挂包帮”办公室表彰。城乡环境综合治理“进机关”活动进一步深化，结合“五创联动”进机关、国家卫生城市复审、文明城市指数测评等工作，持续开展了“攻坚治‘五乱’、喜迎十八大专项行动”、机关节能降耗活动、文明劝导活动等工作，机关办公环境和政务服务环境进一步优化。

四是加强廉政建设，机关纪检组织职能作用进一步发挥。坚持把党风廉政建设考核工作纳入机关党建目标考核，并结合工作实际不断完善考核细则。全面开展市直机关纪检监察系统“三项建设”主题实践活动，市直机关各级纪检监察干部参与面、教育面、受益面达到100%。加强宣传教育，为市直机关党组织订购下发警示教育光碟10部420张。

回顾一年来的实践，我们体会到：机关党建工作要有作为、有地位，就必须以服务中心、促进发展为第一要务，始终着眼大局谋划机关党建，努力服务保障发展；机关党建工作要有动力、有活力，就必须着力强化改革创新，不断创新工作思路，努力使机关党建工作永葆生机；机关党建工作要有实绩、出精品，就必须弘扬求真务实的作风，始终坚持真抓实干，努力在一招一式、一点一滴上狠下功夫；机关党建工作要有发展、有进步，就必须紧紧依靠广大党务干部，充分激发热情、激活动力，努力形成上下齐心的工作局面。

二、2013年全市机关党建工作安排

2013年，是全面贯彻落实党的十八大精神的开局之年，是实施“十二五”规划的关键一年，是打好“六大硬仗”的攻坚之年。市委九届四次全会对2013年的工作作出了全面部署，确定了“稳中快进，提质增效，争先进位，跨越提升”的总体工作基调，作出了坚持实施“三个加快建设”“三个走在全省前列”，继续打好“六大硬仗”的总体部署，提出了确保经济增长14%以上的总体目标。实现这些部署和目标，全市机关各级党组织和广大党员干部必须率先垂范，主动作为，发挥好党组织的战斗堡垒作用和党员的先锋模范作用，为全市经济社会发展作出更大贡献。

2013年，全市机关党建工作的总体思路是：以邓小平理论、“三个代表”重要思想和科学发展观为指导，认真学习贯彻党的十八大和省第十次党代会精，按照市委九届四次全会神的总体部署，以党的执政能力建设、先进性和纯洁性建设为主线，以开展“思想大解放、作风大转变、工作大落实”题教育活动为载体，坚持解放思想、改革创新，坚持服务中心、建设队伍，坚持求真务实、真抓实干，努力建设学习型、服务型、创新型机关党组织，不断提高机关党的建设科学化水平，努力使我市机关党建工作走在全省机关党建工作的前列、走在全市党的基层组织建设的前列，为建设幸福攀枝花提供坚强的组织保证。

围绕这个思路，今年的机关党建工作要重点抓好六个方面的工作。

一是强化思想建设，着力在统一思想、凝智聚力上取得新突破。要根据新形势新要求，创新理论学习方式，不断丰富和拓展教育内容和教育空间，增强实效性和吸引力。一方面，要结合我市经济社会发展面临的新形势和党员干部关注的热点问题，有针对性地聘请高水平专家学者适时开展各项专题辅导讲座。同时要以深入学习宣传贯彻党的十八大精神为重点，举办学习贯彻党的十八大精神专题报告会、党的十八大精神知识竞答、党章知识竞赛等活动；另一方面，要发挥机关党组织职能作用，扎实推进市直机关青年党员服务队队伍建设，组织基层党组织和广大党员深入到“六大硬仗”的一线战场，深入开展“五创联动”进机关、城乡环境综合治理“进机关”等服务急难险重任务、服务企业、服务基层、服务群众的活动，提高党员活动参与率，发挥党员先进性，增强机关党员服务基层、服务群众的责任感、使命感、自豪感。

二是强化组织建设，着力在基层组织和党员队伍建设上取得新突破。要继续深化为民服务创先争优活动，将窗口单位和服务行业为民服务创先争优作为重点，将创先争优活动与“学习型机关”创建、“挂包帮”“五创联动”进机关等工作紧密结合，推动创先争优活动长效化常态化。要加强对基层党建工作的分类指导，由重检查评比向宏观指导、调查研究、典型推动转变，积极培育党建工作示范点，形成长效机制，真正做到受欢迎、起作用、有实效，使党员受教育、群众得实惠，打造创新机关党建工作的新亮点。不断推进门户网站和微博等新兴信息工具的应用，加快上情下达、下情上报运转速度，提高机关工作效率，减少“文山会海”，节约党建成本，提高服务水平。全面落实党员民主权利，充分发挥党员主体作用，进一步激发广大党员参与党内事务、推进党内民主建设的积极性和主动性。不断扩大“公推直选”范围，扎实推进“党务公开”工作，创新党内组织生活方式方法。定期主动了解党员的思想动态，尊重并满足党员的正当合理需求。

三是强化作风建设，着力在密切联系群众上取得新突破。继续深入推进“挂包帮”活动和“百千万·干群心连心”活动，不断加强党员干部党性修养，切实转变作风，深入基层、深入党员群众广泛调查研究，倾听群众的呼声，了解掌握基层的需求，实实在在为基层排忧解难。采取灵活多样的联系方式，加强与基层党组织和党员群众的联系和沟通，牢固树立执政为民的理念，做党员、群众的知心朋友。要增强纪律和责任意识，严肃党的政治、组织、经济工作和群众工作纪律，保证政令畅通，围绕大局做好本职工作。

四是强化廉政建设，着力在树立为民务实清廉形象上取得新突破。进一步完善党风廉政建设责任制工作，强化“三述两报告”制度，积极探索机关党风廉政建设和反腐倡廉的有效做法，带头保持党的纯洁性。继续深入开展“三项建设”主题实践活动，加强纪检组织建设，大力提升机关纪检监察机构的履职能力和水平。坚持开展廉政文化进机关“十个一”主题活动，着力打造1~2个廉政文化进机关示范点，进一步强化机关反腐倡廉宣传工作。充分履行机关纪检监察机构监督职能，通过教育引导，增强党员的监督意识，更好地发挥监督约束作用。积极开展廉洁从政教育，警示广大机关党员干部廉洁自律，保持高尚的情操和良好的作风。

五是扎实推进机关文化建设，着力在构建文明和谐机关上取得新突破。不断推动机关先进文化和精神文明建设，适时举办各种有益身心健康的文体活动或比赛，丰富机关党建工作内容，增强机关党建工作活力。深入开展社会主义核心价值体系学习教育，大力弘扬社会主义核心价值体系，争当践行社会主义核心价值观的表率。深入推进城乡环境综合治理“进机关”活动，进一步改善机关环境面貌，提高机关办事效率。切实做好维护稳定和防范邪教组织活动工作。

六是统筹抓好统战和群团工作，着力在扩大党的群众基础上取得新突破。发挥机关人才荟萃、智力密集的优势，充分调动党外知识分子的积极性，组织和支持党外专家学者和技术人员为全市经济社会发展建言献策、贡献智慧。进一步加强与市直机关各民主党派基层组织负责人及侨胞侨属的联系沟通，对党外人士和侨胞侨属的思想动态、利益诉求和有关情况进行调研了解，建立无党派党外知识分子、党外代表人士后备库。坚持以党建带群团，把群团组织建设与党的建设紧密结合，充分发挥机关群团组织优势，支持机关工青妇组织依照法律和各自章程开展工作。

同志们，当前我们正站在一个新的历史起点，做好今年的机关党建工作，意义更加重大，任务更加艰巨。希望市直机关各级党组织以饱满的热情、良好的作风和扎实的工作，不断创新机关党建工作载体，推动机关党的工作迈上新台阶，努力在打好“六大硬仗”的战场上，在建设幸福攀枝花的实践中，再创新业绩、再谱新篇章！

在市委办公室（接待办）、市直机关工委开展“实现伟大中国梦，建设美丽繁荣和谐四川”宣讲会上的讲话

2013 年 5 月 30 日

当前，我省正在深入开展“实现伟大中国梦，建设美丽繁荣和谐四川”主题教育活动。按照省委的要求，活动中党员领导干部特别是一把手要围绕这个主题讲党课、作报告。5 月 21 日，成鸣书记以“大力发展民营经济，加快实现跨越提升，奋力谱写中国梦的攀枝花篇章”为题，面向全市民营企业家做了首场宣讲报告，收到了良好的反响。作为规定动作，今天把大家召集到一起，我想就在我们内部，就中国梦是什么，市委、市政府关于攀枝花圆梦的构想，我们该为实现伟大中国梦做些什么等问题做一个交流与探讨，让大家进一步认清形势、统一认识、明确任务、坚定信心，更加积极主动地服务全市中心工作，为谱写中国梦的攀枝花篇章而努力奋斗。

一、“中国梦”的提出及开展这次主题教育活动的背景

去年 11 月，党的十八大胜利召开，明确了“两个一百年”的奋斗目标，即在中国共产党成立一百年时全面建成小康社会，在新中国成立一百年时建成富强民主文明和谐的社会主义现代化国家。围绕这个宏伟目标，2012 年 11 月 29 日，习近平总书记带领新一届中央领导集体参观中国国家博物馆“复兴之路”展览现场时，首次向世界宣示了“中国梦”。

习近平总书记说：“每个人都有理想和追求，我们说的每个人都有梦想，现在大家也在讨论中国梦，何为中国梦？我以为实现中华民族的伟大复兴就是中华民族近代最伟大的中国梦，因为这个梦想，它是凝聚和寄托了几代中国人的这样的一种宿愿，它体现了中华民族和中国人民的整体利益，它是每一个中华儿女的一种共同的期盼。”

习近平总书记指出：“实现中华民族伟大复兴去奋斗的历史任务光荣而艰巨，是需要我们一代又一代的中国人不懈的为之共同努力。”

习近平总书记强调：“空谈误国，实干兴邦，我们这一代的共产党人就是要继往开来，承前启后，建设好我们的党，团结全国各族人民。我们要把我们的国家建设好，要把我们的民族发展好，要继续坚定不移的朝着中华民族伟大复兴的这样一个历史目标奋勇前进。”

习近平总书记表示：“我坚信中华人民共和国成立一百周年之时，把我国建成富强、民主、文明、和谐的社会主义现代化国家的目标一定会实现。我更坚信中华民族伟大复兴的梦想一定会实现。”对此，我们每一个人也应当满怀信心。

特别是在今年 3 月 17 日十二届全国人大一次会议闭幕会上，习近平总书记发表重要讲话，再次畅谈中国梦，并对中国梦进行了深刻阐释，为全国人民描绘了一幅关于中国未来美好蓝图的中国梦想。习总书记开宗明义地指出，“实现中华民族伟大复兴的中国梦，就是要实现国家富强、民族振兴、人民幸福，既深深体现了今天中国人的理想，也深深反映了我们先人们不懈奋斗追求进步的光荣传统”，“面对浩浩荡荡的时代潮流，面对人民群众过上更好生活的殷切期待，我们不能有丝毫自满，不能有丝毫懈怠，必

须再接再厉、一往无前，继续把中国特色社会主义事业推向前进，继续为实现中华民族伟大复兴的中国梦而努力奋斗”。

习总书记强调，实现中国梦要坚持“三个必须”：一是必须走中国道路，这就是中国特色社会主义道路。二是必须弘扬中国精神，这就是以爱国主义为核心的民族精神，以改革创新为核心的时代精神。三是必须凝聚中国力量，这就是中国各族人民大团结的力量。

习总书记最后还指出，要让“生活在我们伟大祖国和伟大时代的中国人民，共同享有人生出彩的机会，共同享有梦想成真的机会，共同享有同祖国和时代一起成长与进步的机会。有梦想，有机会，有奋斗，一切美好的东西都能够创造出来”“中国梦归根到底是人民的梦，必须紧紧依靠人民来实现，必须不断为人民造福”。实现伟大中国梦，需要全国各族人民的不懈奋斗；建设美丽繁荣和谐四川，需要全省各族人民的共同努力。“中国梦”的提出，体现了中华民族的整体利益，是全体中国人民的共同期盼，必将为全党全国各族人民凝心聚力、共同推进中国特色社会主义事业注入强大的精神力量。

四川是祖国大家庭的重要成员，谱写“中国梦”四川篇章，首要目标和重要基础就是要确保到2020年与全国同步全面建成小康社会，实现由经济大省向经济强省跨越、由总体小康向全面小康跨越。当前，四川正处于抗震救灾的重要时刻和全面建成小康社会的关键时期，作为西部人口大省和“人口多、底子薄、不平衡、欠发达”的基本省情，决定了要与全国同步建成小康社会，经济社会发展的任务异常艰巨，迫切需要用中国梦把全省党员干部和群众的思想统一起来、力量凝聚起来，形成全省各族人民同舟共济、共克时艰的强大力量，激发全省上下推动科学发展、加快发展的动力活力。为此，省委决定在全省开展这次为期两月的“实现伟大中国梦、建设美丽繁荣和谐四川”主题教育活动，要通过活动的开展，动员、引导全省广大党员和干部群众，把个人前途命运与国家和民族的命运紧密联系起来、与推动四川各项事业发展紧密联系起来，为建设美丽繁荣和谐四川而努力奋斗。

二、深刻领会中国梦的丰富内涵，用中国梦统一思想、凝聚力量

（一）提出“中国梦”的重大意义

1. “中国梦”进一步明确了国家和民族的前进方向

朝着什么方向前进，是关系国家民族命运的第一位的问题。如果这个问题没有搞清楚，可能用的劲越大、越努力，越可能偏离。实现“两个一百年”的目标、实现中华民族的伟大复兴这样一个“中国梦”，清晰阐明了我们的中华民族、我们的国家、我们的人民到底要“到什么地方去”这个重大问题。

2. “中国梦”是对民族自尊心和自信心的极大增强

曾经的耻辱历史，使中国处于相对落后的发展水平和国际地位，始终感到“抬不起头”。现在习近平总书记鲜明地提出“中国梦”，是对我们民族自尊心的一种极大增强，使中国人觉得“腰杆更硬了”，也对将来实现这个目标充满了信心。

3. “中国梦”必将汇聚起全体中华儿女的巨大力量

“中国梦”不仅感召着全体中国人民团结奋斗，对全世界的中华儿女、炎黄子孙都有着强大的号召力，因为这是我们一个伟大民族的复兴梦想。从这个意义上讲，确立这个奋斗目标，就会凝聚起方方面面建设祖国的强大力量。

（二）中国梦的基本内涵和本质要求

实现中华民族伟大复兴，是近代以来中国人民最伟大的梦想，我们称之为“中国梦”，其基本内涵是实现国家富强、民族振兴、人民幸福。这三句话，简明扼要，具体说来，中国梦就是现代化之梦，社会主义之梦，民族复兴之梦，人民之梦。这四个含义，党的十八大报告中表述得很清楚。报告指出，中国道路的总任务是“实现社会主义现代化和中华民族的伟大复兴”，中国道路的现状是已经“不可逆转地开启了中华民族不断发展壮大、走向伟大复兴的历史进程”，中国道路的前景是“促进人的全面发展、逐步实现全体人民的共同富裕，建设富强民主文明和谐的社会主义现代化国家”。在中国梦的四种含义里，现代化是形态，社会主义是灵魂，民族复兴是主体，人民是根本。因此，中国梦是历史的、现实的，也是未来的。

中国梦与中国特色社会主义一脉相承，中国梦的灵魂就是中国特色社会主义，不是改旗易帜而是更好地坚持，深刻体现了我们对中国特色社会主义的道路自信、理论自信和制度自信。

1. 道路自信：明确实现“中国梦”的正确路径

“举什么旗，走什么路”，一直是事关党和国家命运的根本问题，旗帜引领道路，道路支撑旗帜，只有高举中国特色社会主义伟大旗帜沿着中国特色社会主义道路前进才能真正实现“中国梦”。党的十八大关于“中国特色社会主义是当代中国发展进步的根本方向，只有中国特色社会主义才能发展中国”的重要论断，对“举什么旗，走什么路”作出了最鲜明、最正确、最直接、最深刻地回答。只有在旗帜、方向、道路问题上坚定不移，不动摇、不懈怠、不折腾，才能带领全党全国各族人民进一步深化对中国特色社会主义总依据、总布局、总任务的认识、理解和认同，既不走封闭僵化的老路、也不走改旗易帜的邪路，始终坚持并沿着中国特色社会主义这条正确道路去实现“中国梦”。

2. 理论自信：指引实现“中国梦”的前进方向

中国共产党从诞生之日起就一直非常重视理论学习和理论创新，强调要学会用马克思主义的箭射中国革命的靶子，毛泽东思想就是马列主义普遍原理和中国革命具体实践相结合的伟大产物，这是马克思主义中国化的第一次历史性飞跃。正如习近平同志所强调，“马克思列宁主义、毛泽东思想一定不能丢，丢了就丧失根本”，历史和现实都已经证明，毛泽东思想是我们党最可宝贵的精神财富。中国特色社会主义理论体系是马克思主义基本原理同中国具体实际和时代特征相结合的伟大产物，是马克思主义中国化的最新成果，是马克思主义中国化的第二次历史性飞跃。中国特色社会主义理论体系指引实现“中国梦”的前进方向，是我们党和国家必须坚定信仰、长期坚持的指导思想。

3. 制度自信：推动实现“中国梦”的根本保障

科学揭示社会制度变迁规律、指引社会前进方向是马克思主义政党与其他一切政党的一个根本区别，也是体现马克思主义政党革命性、先进性的重要标志之一。正如习近平同志所强调，中国特色社会主义是社会主义而不是其他什么主义，科学社会主义基本原则不能丢，丢了就不是社会主义。一个国家实行什么样的主义，关键要看这个主义能否解决这个国家面临的历史性课题。历史和现实都告诉我们，只有社会主义才能救中国，只有中国特色社会主义才能发展中国，这是历史的结论、人民的选择。这些话对那些曲解、诋毁甚至攻击中国特色社会主义制度的言论给予了有力回击，发人深思、令人振奋、催人奋进。

（三）中国梦的实现路径

刚才，我在讲习近平总书记的论述时已经讲到，实现中国梦，就是要坚持好“三个必须”：

1. 实现中国梦必须走中国道路，即中国特色社会主义道路。新中国成立60多年特别是改革开放30多年的实践已经无可辩驳地证明：中国现在走的这条路是成功的、正确的。我们看不到世界上还有哪个与中国有可比性的国家比中国发展得更好、更成功；相反，我们在当今世界看到了很多可以从反面或者侧面证明中国的路走对了的事实。我们有充分的理由坚定自己的道路自信、理论自信、制度自信，而没有任何理由重走封闭僵化的老路或改旗易帜的邪路。全国各族人民一定要增强对中国特色社会主义的理论自信、道路自信、制度自信，坚定不移沿着正确的中国道路奋勇前进。

2. 实现中国梦必须弘扬中国精神，即以爱国主义为核心的民族精神、以改革创新为核心的时代精神。民族精神是一个民族生生不息、薪火相传的精神血脉。在五千多年的发展中，中华民族形成了团结统一、爱好和平、勤劳勇敢、自强不息的民族精神，我们党领导人民在长期奋斗中不断丰富着以爱国主义为核心的伟大民族精神。在当代中国，爱国主义同社会主义是紧密结合的。高扬爱国主义、社会主义旗帜，就能最大限度地凝聚和动员全民族的力量，为振兴中华而奋斗。创新是民族进步的灵魂，全民族的创造精神和创新能力，是实现中华民族伟大复兴的不竭动力。改革开放使我国各族人民焕发出巨大的创造活力，形成了以改革创新为核心的鲜明时代精神。只有坚持改革创新，才能让一切创造新生活的活力和源泉竞相迸发、充分涌流。民族精神和时代精神是相互交融的，深深熔铸在民族的生命力、创造力和凝聚力之中，是凝心聚力的兴国之魂、强国之魄。弘扬伟大的民族精神和时代精神，就能增强团结一心的精神纽带、自强不息的精神动力，永远朝气蓬勃地迈向未来。

3. 实现中国梦必须凝聚中国力量，即中国各族人民大团结的力量。中国梦归根到底是人民的梦，必须紧紧依靠人民来实现，必须不断为人民造福。人民是历史的创造者，群众是真正的英雄，中国各族人民的大团结是我们实现中国梦的力量源泉。只要全国各族人民紧密团结、万众一心，为实现共同理想而奋斗，实现梦想的力量就无比强大。当人民群众处在一盘散沙的状态时，是没有力量的，只能任人宰割、任人奴役；一切与人民为敌的势力，最害怕的就是人民的团结。人民只有组织起来、团结起来才有力量，才能在争取自身利益的斗争中取得胜利。把人民组织起来、团结起来的任务，只能由马克思主义政党来承担。在当代中国，中国共产党的坚强领导是56个民族、13亿人民大团结的必不可少的条件，人民的支持永远是党的生存之基、力量之源、胜利之本。在实现中国梦的征程中，党要始终植根人民、造福人民，始终保持党同人民群众的血肉联系，始终与人民心连心、同呼吸、共命运。全国各族人民也要牢记使命，心往一处想，劲往一处使，用13亿人的智慧和力量汇集起不可战胜的磅礴力量。

同时，实现中国梦关键在党，关键在人。中国共产党是实现中国梦的领导核心。打铁还需自身硬，要肩负起这个使命，中国共产党就必须加强自身建设，保持自身的先进性和纯洁性，保持同人民群众的血肉联系，不断提高领导水平和执政水平，不断提高拒腐防变和抵御风险能力，不断提高科学执政、民主执政、依法执政水平，更好为人民服务。

三、准确把握当前面临形势和任务，切实增强加快攀枝花发展的紧迫感和责任感

党的十八大确定了在新的历史条件下全面建成小康社会、全面深化改革开放的目标和任务，习近平总书记发出了实现中华民族伟大复兴的中国梦的时代号召。全面建成小康社会，是我们党确立的“两个一百年”目标之一，是实现中国梦的重要基础。今后几年是全面建成小康社会的攻坚期，我们必须紧跟全国、全省的发展步伐，准确把握当前面临的形势和任务，切实增强加快攀枝花发展的紧迫感和责任感，上下一心，抓住机遇，开拓进取，扎实工作，以实实在在的工作成效，圆满交出全面建成小康社会的攀枝花答卷，奋力谱写中国梦的攀枝花篇章。

（一）深刻认识当前面临的发展机遇和风险挑战

1. 从国际上看，一方面，总体稳定的国际环境有利于我们更好发展自己。一是和平、发展、合作仍然是时代的主题；二是经济全球化深入发展；三是新科技革命正在孕育突破；四是世界经济深度转型调整加快；五是发展中国家的地位作用不断上升。另一方面，世界经济持续低迷严重影响我国发展。未来几年，世界经济将由危机前的快速发展期进入深度调整期，国际金融危机影响仍在持续，全球市场需求疲软，贸易投资保护主义明显抬头，牵制遏制明显增强，全球经济低迷将成为常态。

2. 从国内来看，一方面，举世瞩目的巨大成就为今后发展奠定了坚实基础。改革开放30多年来，我国综合国力显著增强，人民生活显著改善，国际地位显著提高。2012年经济总量达到51.9万亿元，约合8.2万亿美元，相当于美国的52.8%，首次超过一半，中国GDP已接近欧洲德法英三国总和，世界排名跃居第二位。我国物质基础更加雄厚，产业体系更加完备，基础设施日益完善，财政金融体系运行稳健，科技教育整体水平提升，国内市场潜力巨大，经济社会发展基本面长期趋好。另一方面，我们面临跨越“中等收入陷阱”的严峻考验。2012年，我国人均国内生产总值达到6100美元，根据世界银行标准，已进入中等收入国家行列。世界上不少国家进入中等收入阶段后，出现经济徘徊不前、贫富差距扩大、社会矛盾增多等问题，有的甚至出现倒退。我们取得的成就举世瞩目，积累的矛盾问题也客观存在：一是三大需求动力减弱；二是经济结构不尽合理；三是自主创新能力不强；四是经济领域存在潜在风险；五是社会矛盾日益凸显。国际国内的大量情况表明，我国面临的发展机遇和风险挑战确实前所未有，必须增强忧患意识，用心把握，守住底线，管控风险，沉着应对。

3. 从四川来看，近几年来，四川夺取了汶川特大地震抗震救灾和灾后恢复重建的巨大胜利，全省经济持续较快发展，人民生活质量稳步提高，社会大局和谐稳定，为今后发展打下了良好基础。当前和今后一个时期，要牢固确立科学发展、加快发展的工作指导思想，坚持把经济建设作为兴省之要，推动四川由经济大省向经济强省跨越、由总体小康向全面小康跨越。但是，四川“人口多、底子薄、不平衡、欠发达”的基本省情没有根本改变，四川全面建成小康社会还面临艰巨繁重的任务，必须坚定地确立与全国同步全面建成小康社会的目标，以等不得的使命感、拖不得的责任感、慢不得的紧迫感，集中力量打一场全面小康决战决胜的总体战，始终保持快于全国的发展态势，确保到2017年实现省第十次党代会确立的“三个翻番”“五个提升”的目标，到2020年如期全面建成小康社会，人均地区生产总值和城乡居民收入赶上全国当年水平。

4. 从我市的情况来看，当前，攀枝花正处于加快发展、跨越提升的关键时刻，正处在负重爬坡、不进则退的重要时期。“总量小、不协调、欠发达”仍然是我市最大的实际，“发展不快，发展不够，发展不充分”仍然是我市最突出的市情，我们还面临着城乡差距、工农差距、贫富差距三大差距日益扩大的问题，全市还有近10万人处于贫困线之下，边远民族地区、城市低收入群体行路难、上学难、就医难、就业难、社会保障难等问题还十分突出，扶贫攻坚的任务还相当繁重。要破除这些困难、消除这些“短板”、全面建成小康社会，离不开全市人民的共同努力、团结奋斗，迫切需要通过开展主题教育活动，用新的更高的目标把全市人民的思想统一起来、力量凝聚起来，形成全市人民同舟共济、共克时艰的强大力量，激发全市上下争先进位、跨越提升的动力活力。

（二）深入贯彻落实省委重大战略部署

1. 认真贯彻省第十次党代会决策部署

去年5月召开的省第十次党代会提出了今后五年全省发展的奋斗目标，即“三个翻番”“五个提升”。“三个翻番”，指的是全省生产总值、地方公共财政收入、城乡居民收入实现翻番；“五个提升”，指的是产业实力显著提升、城镇化水平显著提升、开放水平显著提升、发展保障能力显著提升、社会建设和管理水平显著提升。

实现“三个翻番”，提出了未来五年四川发展“量”的目标。过去5年，全省生产总值增长1.42倍，年均增长14.02%；地方公共财政收入增长2.36倍，年均增长27.4%；城镇居民人均可支配收入增长91%，年均增长13.8%；农民人均纯收入增长104%，年均增长15.3%。省委在对未来形势进行深入研判的基础上，经过科学测算，明确今后五年全省经济年均增速只要达到12.6%（考虑2个百分点的价格因素）、地方公共财政收入和城乡居民收入年均增速只要达到14.9%，就完全能够实现翻番的目标。

实现“五个提升”，提出了未来五年四川发展“质”的要求。推动科学发展，不仅要有“量”的扩张，更要有“质”的跃升。过去五年，我省在推进产业发展、加快城镇化进程、充分开放合作、夯实发展保障、加强社会建设管理等五个方面都取得重大成就，但与建设西部经济发展高地的目标相比，仍然存在较大差距。实现“五个提升”，对四川来说，既是巩固现有优势的必然举措，更是顺应发展大势的紧迫要求。

2. 深入学习贯彻省委十届三次全会精神

（1）坚定不移地走科学发展、加快发展之路全面建成小康社会，根本要靠发展。省第十次党代会确定的发展思路和主要任务符合党的十八大精神，符合四川实际，必须一以贯之抓落实，一张蓝图绘到底。刚刚闭幕的省委十届三次全会指出，当前和今后一个时期，要牢固确立科学发展、加快发展的工作指导思想，坚持把经济建设作为兴省之要，推动四川由经济大省向经济强省跨越、由总体小康向全面小康跨越。推动四川“两个跨越”，要坚持和深化历届省委治蜀兴川思路，紧扣四川发展主要矛盾，实施事关全局和长远的“三大发展战略”，进一步优化发展格局、培育竞争优势、增强发展动力，走出具有四川特点的科学发展、加快发展之路。归纳起来就是一个指导思想，实施三大发展战略，实现两个跨越，清晰指明了推动四川发展新跨越的前进方向。

（2）全面贯彻落实省委提出的“三大发展战略”

省委十届三次全会最核心的内容，就是实施“三大发展战略”，即多点多极支撑发展战略、“两化”互动、城乡统筹发展战略、创新驱动发展战略。

实施多点多极支撑发展战略，构建全省竞相发展新格局。就是要在提升首位城市的同时，着力次级突破，夯实底部基础，形成首位一马当先、梯次竞相跨越的生动局面。提升首位城市，就是要支持成都领先发展，打造西部经济核心增长极。着力次级突破，就是要通过壮大区域中心城市做强市（州）经济梯队，通过加快城市群和经济区发展做大区域经济板块，形成更多更强的支撑点和增长极。要高水平建设天府新区，推动川南经济区一体化发展，加快发展川东北经济区，培育支撑四川发展的新兴增长极。要依托区域发展重要平台，推进成渝经济区四川部分建设，加快绵阳科技城、攀西战略资源创新开发试验区、川西北生态经济示范区建设。夯实底部基础，就是要发展壮大县域经济，构筑多点多极支撑的牢固基石。

实施“两化”互动、城乡统筹发展战略，形成“四化”同步发展新态势。就是要坚持“两化”互动，以工业化带动城镇化，同步规划产业园区和城市新区，同步实现产业聚集和人口聚集，促进产业和城镇融合发展；坚持城乡统筹，着力解决城乡分割分治问题，形成以工促农、以城带乡、工农互惠、城乡一体的新型工农、城乡关系；坚持“四化”同步，以新型工业化为主导，以新型城镇化为载体，以农业现代化为基础，以信息化为支撑，推进我省现代化健康发展。

实施创新驱动发展战略，增强转型发展、跨越提升新动力。就是要大力推进发展理念创新、体制机制创新、科技创新和管理创新，以改革创新破解发展中的深层次矛盾和问题，加快推动我省发展进入创新驱动、内生增长的轨道。以科技支撑引领为核心动力，实施企业创新主体培育、产业创新牵引升级、区域创新发展示范、产学研用协同创新等四大创新工程，促进科技与经济紧密结合。以结构调整升级为主攻方向，坚持做大规模与提升质量效益并举、改造提升传统产业和培育发展新兴产业并举、产业链技术创新和价值链高端融入并举，加快解决发展面临的结构性矛盾。

四、市委、市政府关于谱写中国梦攀枝花篇章的基本构想

实现梦想，需要科学的思路和途径，必须经过艰苦的努力和不懈的奋斗。攀枝花是我们共同的攀枝花，攀枝花的梦是我们大家的梦。实现这个梦，离不开各级各部门和全市人民的共同努力；实现这个梦，必须和攀枝花的发展实际紧密结合起来。去年3月召开的市委九届三次全会围绕市第九次党代会确定的总体目标，立足历届市委、市政府团结带领全市人民打下的坚实基础，综合考虑自身产业优势、发展需要、群众期盼等各方面因素，对市情进行再认识、对思路进行再谋划、对目标进行再明确、对措施进行再细化，形成了新形势下引导和激励全市人民团结奋斗、抢抓机遇、共建幸福和谐攀枝花的总体思路和目标。市委明确提出，当前和今后一个时期，我们要大力实施“三个加快建设”、大力推进“三个走在全省前列”，全力打好“六大硬仗”，奋力实现“四个翻番”，做到“每年有新变化、三年见新成效、五年上大台阶”，到2017年，全市GDP达到1500亿元，迈进全省“第二经济方阵”，在四川率先全面建成小康社会。

在战略定位上，我们要大力实施“三个加快建设”：

一是加快建设中国钒钛之都，就是要依托攀枝花的钒钛资源，按照“规划是龙头、企业是主体、项目是关键、科技是动力、机制是核心、政策是保障”的要求，不断扩大资源开发规模，提升资源综合利用水平，建成国际领先的国家战略性新兴产业基地。

二是加快建设中国阳光花城，就是要紧紧依托山地城市特征和亚热带气候特点，突出阳光和花卉两大要素，推动区域性百万人口特大宜居城市建设，把攀枝花建设成以花命名、以花为景、特色鲜明的中国阳光花城。

三是加快建设四川南向开放门户，就是要充分发挥地处川滇结合部的地缘优势，以“两高两铁一水”为重点，加快推进次级交通枢纽建设和现代商贸物流建设，实施全方位、宽领域、多层次的充分开放合作，把攀枝花建成区域性的综合交通枢纽、区域性的商贸物流中心和四川通向东南亚的经济社会发展高地。

在关键环节上，我们要大力推进“三个走在全省前列”：

一是在推进新型工业化新型城镇化、实现“两化”互动上走在全省前列。就是以打造千亿经济强市和百万人口大城市为目标，联动推进新型工业化和新型城镇化，实现时间上同步演进，空间上产城一体，布局上功能分区，产业上三产融合，以工业化带动城镇化，以城镇化促进工业化，形成新型工业化新型城镇化良性互动、相互支撑的发展格局。力争到 2015 年，钒钛钢铁核心产业产值突破 2000 亿元，力争城镇化率每年递增 1.5%—2% 以上，实现城镇人口社会保障全覆盖。

二是在推进新村建设、实现统筹发展上走在全省前列。就是以科学规划为前提，统筹城乡全面协调发展，在现代农业发展、农民人均收入、旅游新村建设上实现重大突破。力争到 2015 年，全市农业五大主导产业全面建成现代特色农业基地，低山河谷地区基本建成新农村，农民人均纯收入达到 13000 元左右。力争到 2020 年，国家现代农业示范区全面建成，全市现代特色农业走在全国前列。

三是在推进保障性住房建设、实现改善民生走在全省前列。按照“扩大保障范围、调整保障标准、创新保障模式”的原则，进一步加大廉租房、公租房、经济适用房等保障性住房建设力度，加快推进城市、国有工矿、农、林、煤棚户区改造，切实满足城市中等偏下不同收入层次家庭的住房需求，力争到 2015 年，基本解决人均住房建筑面积 15 平方米以下的中等偏下收入家庭住房问题，住房保障覆盖率达到 25%，确保走在全省前列，力争走在全国前列。同时，大力加强保障和改善民生工作，全面提升社会保障水平和群众生活质量，到 2015 年，社会保障实现基本覆盖，真正做到贫有所助、学有所教、病有所医、老有所养、住有所居、人有所业、劳有所得、怨有所诉。

在着力重点上，我们要全力打好“六大硬仗”：

一是打好资源综合开发利用的硬仗。着力培育千亿产业、打造百亿企业、建设百亿园区、发展中小企业、扶持上市公司、争创中国名牌。

二是打好建设宜居宜业百万人口大城市的硬仗。大力推进花城新区建设，加快实施金沙江沿江景观打造，着力推进创建国家文明城市、园林城市、环保模范城市、森林城市和中国阳光康养旅游城市“五创联动”工作。

三是打好区域交通枢纽建设的硬仗。加快推进“两高两铁一水”（即丽攀、攀宜高速公路，成昆铁路新线、丽攀遵铁路，金沙江航道）等重点项目，努力打通对外大通道。

四是打好现代农业和新村建设的硬仗。重点抓好“一水二路三产业四增收五新村六旅游”，加快推进农村水利建设配套化、产业发展特色化、道路建设标准化、新村建设规范化、公共服务城市化。

五是打好建设全国著名阳光度假康养旅游目的地的硬仗。大力建设景点景区，突出发展康养产业，全面繁荣商贸物流，努力打造特色旅游品牌，加快发展现代服务业。

六是打好民生改善和社会事业发展的硬仗。着力解决人民群众最关心最直接最现实的利益问题，加快实现贫有所助、学有所教、病有所医、老有所养、住有所居、人有所业、劳有所得、怨有所诉的“八有”目标。

在发展目标上，我们要奋力实现“四个翻番”：

即到2015年，地区生产总值、地方财政收入、城镇居民人均可支配收入和农民人均纯收入分别在2010年的基础上翻一番，固定资产投资总量在前五年的基础上翻一番，真正做到“每年有新变化、三年见新成效、五年上大台阶”，全面实现市第九次党代会的目标任务，把攀枝花建成名副其实的中国钒钛之都、中国阳光花城、四川南向开放门户，成为经济繁荣发展、交通四通八达、城市宜居宜业、社会全面进步、人民生活更加美好的幸福攀枝花。

同志们，过去的一年，我市“三个加快建设”“三个走在全省前列”“六大硬仗”已经全面铺开，一大批急难险重任务正加紧实施，一系列重大决策正在落实并发挥效应，一大批项目即将竣工投产见效，一系列利好政策将接踵而至，这些都必将为我市科学发展、加快发展开辟更加广阔的空间。

但是，在发展中我们也不可回避地遇到了一些困难和挑战，既有宏观条件，也有内部因素包括自身原因，综合起来，主要有以下方面：一是世界经济的不确定、不稳定因素与国内发展不平衡、不协调、不可持续的突出问题叠加交织，市场有效需求不足和企业生产成本上升、利润下降的矛盾仍很突出，将会给我市经济增长特别是工业增速带来较大影响。二是区域竞争态势将会愈发猛烈。截至去年底，除成都外，全省有10个市州GDP超过千亿，而攀枝花要到2014年才能进入“千亿方阵”。今后一个时期，各地发展的势头将会越来越猛，区域竞争的态势将会越来越烈。三是自身发展矛盾仍然比较突出。如前所述，“总量小、不协调、欠发达”是我市最大的问题，“发展不足、发展不够、发展不充分”是我市最大的实际，经济发展结构性矛盾、城乡二元结构矛盾、经济发展与环境改善的矛盾还比较突出，给我们加快发展带来了巨大的压力。

面对这些困难和挑战，2013年，市委提出了“稳中快进，提质增效，争先进位，跨越提升”的工作基调。确定了全市经济社会发展的主要目标：地区生产总值确保增长13.5%，力争14%以上；规模以上工业增加值确保增长16%，力争17%以上；全社会固定资产投资确保增长17%，力争18%以上；社会消费品零售总额确保增长15%，力争16%以上；地方财政收入确保14%以上；城镇居民人均可支配收入和农民人均纯收入确保增长14%，力争15%以上。

为圆满完成今年目标任务，我们一定要准确把握今年的工作基调，紧紧围绕提高经济增长质量和效益这个中心，努力推进产业转型升级取得新进展。坚持以科学发展观为统领，以建设资源节约型和环境友好型社会为目标，坚定不移走“两化”互动、“四化”同步的发展路径，科学推进“三个加快建设”“三个走在全省前列”，确保“六大硬仗”年度目标任务全面完成。要准确把握深化改革、扩大开放的鲜明导向，努力实现在深化改革开放上取得新突破。要准确把握加快民生保障的重大要求，努力实现在改善民生上取得新成效。要准确把握中央和省委关于转变作风的新规定、新要求，强化发展意识、责任意识、创新意识、实干意识和服务意识，坚持讲实话、办实事、求实效，以百折不挠的拼劲和闯劲攻坚克难、勇打硬仗。要准确把握“中国梦”的深刻内涵和本质特征，认真开展“实现伟大中国梦、建设美丽繁荣和谐四川”主题教育活动，把广大干部群众的思想统一起来、力量凝聚起来，继续保持“团结”的气氛、“争先”的激情、“创新”的活力、“实干”的精神，不断开创攀枝花加快发展、科学发展新局面。

在今年的工作中，我们要紧紧围绕全市中心工作，进一步巩固和深化“三大主题教育”活动成果，弘扬“闯、进、快、实、活”的精神；要把正在开展的“三大主题教育活动”与“实现伟大中国梦、建设美丽繁荣和谐四川”主题教育活动有机结合，做到思想再统一、认识再提高、作风再务实；要深入贯彻实施多点多极支撑发展战略，努力把攀枝花建成四川发展的重要一极，切实为建设美丽繁荣和谐四川、推动四川由西部经济大省向全国经济强省转变贡献力量；要把“实现伟大中国梦、建设美丽繁荣和谐四川”主题教育活动的目标要求转化为推进每一项“急难险重”任务的具体行动，积极寻找办法、增添措施，抓住重点、突破难题，努力为攀枝花长远发展、可持续发展打下坚实基础。

五、对大家的几点希望和要求

同志们，不管是市委办、市直机关工委，还是市委市政府接待办，都是市委的重要工作部门，都是为全市中心工作服务的核心服务部门，地位突出，作用重大。在过去的工作中，你们紧紧围绕市委工作大局，发扬特别能吃苦、特别能战斗、特别能奉献的一贯作风，对待工作有激情、服务群众有热情，呈现出勃勃生机和旺盛活力，为促进全市经济社会又好又快发展做出了积极贡献，发挥了重要作用。对于大家的工作，市委是满意的；对于你们这支队伍，市委是肯定的。根据全省深入开展“实现伟大中国梦，共建美丽繁荣和谐四川”主题教育活动和我市正在开展的“思想大解放、作风大转变、工作大落实”主题教育活动的安排要求，下面，我结合我市发展需要和各部门工作实际，提几点希望和要求，与大家共勉。

（一）要坚持用心谋事

万事谋为先，做好服务市委、服务大局的工作，必须未动先谋、通盘考虑、周密筹划。大家要切实增强“身在其位、参谋其政”的意识，形成“身在兵位、胸为帅谋”的自觉，做好参谋辅政工作，提高参谋服务水平，发挥参谋助手作用。

首先，要弄清情况。当前，形势发展变化很快，值得关注和需要研究的新情况、新问题很多。我们要紧跟市委的工作部署，深入调查，潜心研究，真正吃透上情，了解外情，把握市情，掌握下情。见多才能识广，识广才能善谋。要按照实事求是、可靠有用的原则，保持政治敏锐，加强甄别分析，真正把领导没有听到的情况听明白，把领导没有看到的情况看清楚，切实发挥好市委的“耳目”作用。对市委政府出台的重大决策、重要文件，都要及时学习、认真领会；对本地区、本部门的工作思路、重要经济指标、重要工作动态、重要会议精神，都要随时掌握、心中有数。

其次，要开阔眼界。眼界决定境界。要做到科学谋划，必须不断拓宽眼界、拓宽思路、拓宽胸襟，力求参在点子上、谋在关键处。作为市委机关干部，大家要善于站在政治的高度看待问题，自觉把本职工作放在全局中来谋划、来推进，找准服务大局的切入点、结合点、着力点，坚持一切服务大局、一切为了大局，用大局来检验工作。要善于站在领导的高度思考问题，始终站在中心的位置、领导的角度，紧紧抓住事关全局的重点问题、群众关心的热点问题、亟待解决的难点问题，自觉服务市委的中心工作，主动追靠领导的决策思路，真正想领导之所想，供领导之所需。

第三，要深入思考。用心谋事，就必须坚持理性思考，做到深思熟虑。要从领导重视的时候就开始关注，从领导关注的时候就开始思考，从领导思考的时候就开始完善。要注重培养系统性思维，不能局限一个方面、一个角度，不能囿于一个定势、一个传统，要注重从整体上、大局上去理解和把握，全方位考察，多层面思索，善于从一般情况中归纳经验，从特殊情况中掌握规律，从复杂现象中探索本质。要注重培养创新性思维，强化思想解放，更新陈旧观念，善于审时度势，创新工作思路，不断用新的理念指导新的实践，用新的办法开拓新的局面，努力做一个“开拓型”的机关干部。

（二）要坚持精细做事

所谓精细，就是要细心、细致，精益求精，力求万无一失。“诸葛一生唯谨慎”，诸葛亮之所以屡建奇功，靠的就是小心谨慎、算无遗策。我们的工作不显山、不露水，看起来是小事，但做不好就会误大事。我们在座的各位一定要有“尽小者大”的思想，从细节入手，从小处抓起，精细做事，精心服务。

一是要在强化责任中求精细。责任是做好一切工作的基本前提。生活中，一颗道钉足以倾覆一列火车，一根火柴足以毁掉一片森林。很多错误的发生，就是因为责任心不够。作为从事市委机关工作的同志，在履职尽责的过程中，一定要有高度的责任心，无论是领导交办的任务还是日常工作，都要始终做到工作认真、态度端正，从严要求、从优服务，从小事做起、把小事做好，一步一个脚印、一步一个台阶。要大事细办，抱着一种如临深渊、如履薄冰的谨慎态度，防止因1%的疏忽而导致100%的失败，努力做到“零差错、零失误、零缺陷”。特别是市委办公室的同志，这里我要多强调一点。办公室事多、事杂，上自领导决策，下至衣食住行，没人管的难办事要管，踢皮球的棘手事也要管，领导交办的事要管，没有交办的事有时也得管，加班加点，挑灯夜战是平常事，“八小时外”甚至比“八小时内”还要忙，做的事情很多，登台亮相、出头露面的机会却很少，有时还免不了受些委屈，的确十分辛苦。但是，我们所处的位置、所肩负的职责，要求我们必须有默默无闻的平常心态，有不图名、不图利，忘我工作的精神境界，有甘于清贫、甘于幕后、甘于任劳任怨的责任担当，要耐得住寂寞，经得住磨练，要有甘于奉献的精神境界。

二是要在坚持标准中求精细。一个哲人曾经说过：“一个人追求的目标越高，他的才能就发展得越快，对社会就越有益。”一个人是如此，一个团队、一个单位也是如此。我们的工作无止境，没有最好、只有更好。无论哪个方面、什么工作，都要追求完美，拒绝平庸，坚持高标准、严要求，不能满足于过得去、一般化，力求精致、精到、精美。这次省委组织开展的“实现伟大中国梦，共建美丽繁荣和谐四川”主题教育活动和我市正在开展的“思想大解放、作风大转变、工作大落实”主题教育活动，就是一种很好的形式、一个很好的平台，一定要组织好，尽量把每一项工作、每一个细节做得尽善尽美。比如，办文要办成美文佳作，办会要办得圆满成功，办事要办得无可挑剔，服务要让基层组织和基层群众满意，以一流的精神面貌，创造一流的工作成绩，努力实现领导满意、机关满意、基层和群众满意。

三是要在提升本领中求精细。作为市委机关干部，要不断加强对业务的学习和钻研，做到“提笔能写、开口能讲、问策能对、遇事能办”，切实用业务的精通、服务的精准、工作的高效、作风的过硬，把各项工作做到最好、做到极致、做到卓越。要重视学习，把学习当作一种政治责任、一种精神状态、一种思想境界，不做理论上的“盲人”、知识上的“穷人”、行动上的“糊涂人”，要通过学习，做到学以致用，练就精业的本领，真正把学到的知识转化为我们工作的动力和能力。

（三）要坚持和谐共事

和谐共事的氛围是干事创业的重要保障。一个优秀的团队，不仅仅是人的集合，更重要的是能量的聚合、是思想和情感的融合。我们都是在市委领导下从事服务性工作、协调性工作的党群机关工作人员，不仅要有干事的精神和本领，还要有共事的意识和水平，注重营造一种和谐共事的氛围，为全市机关做好表率。

一是要相互信任。法国文学家约瑟夫曾经说过：“信任是友谊的重要空气。”在一个单位里，只有互相信任，才能消除误会，才能包容缺点，才能和谐相处。如果相互猜忌，互不信任，就谈不上团结协作。作为市委机关干部，一定要有“出于公心干事、为了团结尽力”的胸怀，注重养成以诚待人、以德取信的良好习惯，一切以大局为重、以事业为重、以发展为重、以原则为重，相互之间开诚布公、胸怀坦荡，不打小算盘，不搞小动作，真正在思想上坦诚相待，感情上充分尊重，工作上协调一致。

二是要相互尊重。人与人之间的交往，是建立在相互尊重的基础上的。一个人只有受到了尊重，才会感到被认可、被重视，做事情才会真正发自内心，积极主动、心甘情愿地去付出自己的努力。在一个单位里，虽然职位有高低、分工有差别、能力有大小，但在人格上、政治上、心理上是平等的。作为市委机关干部，无论领导与下属之间，还是同事与同事之间，都要相互尊重。懂得尊重，关键是要有放下的姿态。放下了自我，才能想到事业和发展；放下了卑微，才能赢得崇高与伟大。要放下名利计较，放下私心杂念，做到在共事中共心，在共心中共勉，在共勉中共济。

三是要相互支持。俗话说，相互补台，好戏连台；相互拆台，一起倒台。市委机关是全市的神经中枢，无论是哪项工作、哪个环节，都需要各个部门的支持配合，都离不开方方面面的通力协作。虽然大家来自不同的地方，有着各自的分工，但都为了一个共同的目标，都是一个有机的整体。我们要树立一荣俱荣、一损俱损的思想，在坚持各司其职、各尽其责的前提下，从大局出发，把分工和协作更好地结合起来，加强上下之间、同志之间的团结，搞好部门之间、单位之间的合作，善于沟通交流，学会拾遗补缺，力求做到领导交办的事情认真办、职责明确的事情积极办、职责不明的事情商量办、涉及面广的事情合力办。

四是要相互包容。包容是一种宽广的胸怀，一种崇高的境界，一种高贵的品质，一种文化底蕴和涵养。一个人的胸怀能容下多少人，就能赢得多少人的尊重和喜爱。由于我们个性脾气有急有慢、受教育的程度有高有低、眼光视野有宽有窄、工作方法有粗有细，有时难免会产生误会，形成隔阂。作为市委机关干部，在为人处世上姿态要高、心胸要宽，不能小肚鸡肠、斤斤计较，务求严于律己、宽以待人。要善于用感恩的心态去珍惜美好的时光，用换位的思维去体谅对方的难处，用欣赏的目光去发现别人的优点。特别是要包容与自己有不同观点、不同意见、不同想法的人，做到容言、容事、容人。只有这样，才能消除隔阂，增进理解，推动发展。

同志们，新形势、新任务给市委机关工作带来了新的挑战，也为大家提供了更加广阔的工作领域和发展空间。事业维艰，奋斗以成。希望市委办、市直机关工委、市委市政府接待办的干部职工再接再厉、开拓进取，以饱满的热情、良好的作风和扎实的工作，推动各项工作不断迈上新台阶，努力在打好“六大硬仗”的战场上、在建设幸福攀枝花的实践中，创造新业绩、谱写新篇章！

在市直机关新党员宣誓暨老党员重温入党誓词仪式上的讲话

2013 年 10 月 25 日

金秋十月，硕果累累。在这阳光灿烂的日子里，市直机关工委在攀枝花英雄纪念碑前举行隆重的新党员入党宣誓暨老党员重温入党誓词仪式。刚才，我们在鲜红的党旗下庄严宣誓，向党表达了愿意承担的政治责任，表达了为共产主义事业奋斗终身的信心和决心。入党宣誓，意义不在于读誓词，而在于践行誓言、恪守承诺。老党员重温入党誓词，也就是重温当年的决心和信念，鞭策和激励自己始终铭记入党誓言。借此机会，我代表市委向新党员表示热烈祝贺，祝贺你们开启人生新航程，同时向市直机关全体党员提出希望和要求：

一、坚定理想信念，坚守精神追求

对马克思主义的信仰，对社会主义和共产主义的信念，是共产党人的政治灵魂，是共产党人经受住任何考验的精神支柱。共产党员只有始终不渝树立共产主义理想和共产主义必胜的信念，才能明确奋斗目标和方向，才能保持旺盛的生命意志和献身精神，才能自觉履行党员的义务，永远保持先进性和纯洁性。只有理想信念坚定，才能在大是大非面前把握住原则，辨得明方向，才能在各种社会思潮面前，做到立场坚定，旗帜鲜明。市直机关全体党员要在改革开放和社会主义现代化建设的实践中，自觉加强思想政治修养，增强党性锻炼，保持高尚的道德情操，追求积极向上的生活情趣，始终把共产主义的坚定信念作为人生永恒的追求，矢志不移。

二、坚持“三个自信”，坚守人生底线

道路自信、理论自信和制度自信是党的十八大对全党全国各族人民精神状态的新要求。在新的历史条件下，我们党面临着执政、改革开放、市场经济、外部环境等四大考验，党员中还存在着精神懈怠、能力不足、脱离群众、消极腐败等四大危险。当前的国情、省情、市情要求我们要不断增强忧患意识、创新意识、宗旨意识、使命意识。市直机关全体党员要坚持弘扬党的优良传统，自觉加强党的作风建设，反对形式主义、官僚主义、享乐主义和奢靡之风。要始终保持清醒的政治头脑，务必牢记任何人都没有法律之外的绝对权力，任何人行使权力都必须为人民服务、对人民负责，并自觉接受人民监督。要不断增强自我净化、自我完善、自我革新、自我提高的能力，坚持廉洁自律，把反腐倡廉当作政治必修课来认真对待，守住做人、处事、用权、交友的底线，永葆共产党人清正廉洁的政治本色。

三、争做先锋模范，争创一流业绩

中国共产党党员是中国社会各阶层中的先进分子，是中国特色社会主义理论的实践者和代言人，是被广大群众寄予厚望的模范人物。机关党员在公职岗位行使公权，为社会各界所关注，我们的一言一行、一举一动，直接影响着广大人民群众对党的认识、看法和评价。市直机关全体党员要牢固树立“一名党员就是一面旗帜”的理念，做爱岗敬业的表率、勤奋学习的表率、开拓创新的表率、无私奉献的表率、遵纪守法的表率、团结协作的表率，立足平凡岗位创造一流业绩，让党放心、让人民满意。

同志们，党的事业任重道远，我们一定牢记使命、坚定信念、明确目标，把握机遇、攻坚克难、乘势而上，勇于担当、积极参与、主动作为，为实现攀枝花率先在全省全面建成小康社会的目标任务贡献智慧和力量。

（二）调查研究

1 月 11 日　上午，市人大、市政协分别组织人大代表、政协委员先后到东区阿署达花舞人间景区、丽攀高速公路 C12 合同段、攀枝花钒钛产业园区、盐边县红格温泉旅游度假区、攀枝花云钛实业有限公司等地视察重点项目建设情况。王海波同志出席视察活动。

2 月 3 日　上午，陪同省委书记、省人大常委会主任王东明率省委、省政府慰问团先后到东区大花地社区和东风社区看望慰问困难职工，到攀钢轨梁厂调研企业的生产经营情况。

2 月 25 日　下午，陪同省委常委、宣传部长吴靖平先后到攀钢集团钛业有限责任公司海绵钛厂、东区炳草岗街道湖光社区、仁和区苴却砚产业园区和花城新区三线建设博物馆、奥林匹克公园等项目现场，调研我市基层公共文化建设工作和特色文化产业发展情况。

3 月 12 日至 14 日　陪同省委常委、宣传部长吴靖平率队先后到我市米易县白马铁矿、湾丘乡杨家河坝蔬菜基地、白马镇马槟榔旅游新村、盐边县温泉彝族乡道角村、攀枝花云钛实业有限公司、攀钢集团钛业有限责任公司、大互通钛业有限公司、富邦钒钛制动毂有限公司、仁和区大龙潭彝族乡混撒拉村，对我市的资源综合利用、特色农业发展、新村建设、新农村综合体建设、钒钛产业发展等工作情况进行调研。

3 月 28 日　下午，陪同刘成鸣同志先后到炳三区、炳二区调研我市城市道路建设工作。

3 月 30 日至 31 日　陪同全国政协常委、中国文联原党组书记、副主席胡振民率队的中国剧协“梅花奖”艺术团一行，先后到位于我市仁和区南山循环经济发展区内的罗氏兄弟石艺研究所和二滩游客中心、二滩水电站大坝，调研我市苴却砚文化产业发展等情况。

4 月 7 日　下午，陪同刘成鸣、张剡同志实地踏勘三堆子跨江大桥选址前期工作推进情况，并调研倮果大桥维修加固工程进展情况。

4 月 18 日至 19 日　陪同刘成鸣同志率市党政代表团先后到重庆市万州区、涪陵区考察山地城市建设工作经验。

5 月 23 日　上午，陪同省交通运输厅厅长彭琳视察丽攀高速公路 C11、C12、C13 标段的建设施工情况和已改造完工的 S214 线总发至大田路段建设情况，并听取我市的相关工作汇报。

5 月 30 日　下午，陪同省委省政府决策咨询委员会主任甘道明率领的调研组先后到米易县攀莲镇、盐边县红格镇等地调研我市推进新型城镇化工作情况，并听取我市相关工作汇报。

7 月 15 日至 16 日　陪同由省委常委、宣传部长吴靖平同志率队的省委、省政府督导组先后到攀钢马家田居民区、公山湾弃土场、大竹河水库、胜利水库、市汽车客运中心等我市部分地质灾害隐患点、水利工程现场和道路交通运输单位督查安全工作。

7 月 16 日　上午，到仁和区福田镇检查防汛减灾工作。

7 月 24 日至 26 日　陪同省委常委、省委政法委书记刘玉顺，副省长、省公安厅厅长侍俊同志一行先后到我市基层政法单位和街道、社区调研维稳工作，看望慰问基层政法干警和干部群众，并出席工作汇报会。

8 月 20 日至 21 日　陪同全国政协常委、全国政协经济委员会副主任、第二炮兵原政治委员彭小枫上将率全国政协调研组先后到钒钛资源综合利用国家重点实验室、金色攀枝花展览馆、攀钢钒业公司、攀钢海绵钛厂、大互通钛业有限公司、二滩水电站等地，调研我市加快建设攀西战略资源创新开发试验区的各项工作进展情况。

9 月 17 日　下午，陪同云南省委常委、常务副省长李江一行先后到攀钢海绵钛厂、金色攀枝花展览馆、沿江景观打造项目等地考察我市钒钛产业发展、城市建设等工作。

9 月 18 日　上午，陪同刘成鸣同志先后到巴斯箐隧道出口、干坝塘花果社石头潭水库、电子商务一条街现场调研渡仁片区、花城新区景观规划情况，并出席在城投公司会议室召开的相关工作汇报会。

9 月 28 日　下午，陪同刘成鸣同志先后到红格街口志愿者服务站、红格温泉宾馆、二滩库区观景台、欧方营地等地督导“十一”期间旅游安全和接待工作准备情况。

9 月 29 日　上午，陪同刘成鸣同志先后到温州商城农贸市场、百盛购物中心、滨江大道等地，视察节日期间市场供应、食品安全卫生情况和沿江景观打造情况。

10 月 19 日　上午，陪同刘成鸣同志先后到攀枝花学院太阳能屋顶发电项目现场、瓜子坪旧城改造项目现场、密地现代物流集聚区项目现场、大渡口休闲广场项目现场、“渡口记忆”文化商业街区项目现场、炳草岗商贸流通集聚区项目现场和东区经济社会管理综合信息平台等地调研东区经济社会发展情况，并于下午出席在会展中心召开的相关工作汇报会。

10 月 29 日　上午，陪同省委副书记、省长魏宏先后到迤资工业园区富邦 1000 万件钒钛制动鼓项目和丽攀高速攀枝花段金江互通立交建设现场调研我市产业项目和基础设施建设情况。

11 月 6 日　上午，陪同刘成鸣同志先后到东区、仁和区部分城市路网节点调研城市路网规划建设工作。

11 月 14 日　上午，陪同刘成鸣同志先后到东区东风创业路连接线、西区丽攀高速新庄下线口等地调研城市道路项目建设情况。

11 月 27 日　上午，陪同刘成鸣、张剡同志率队先后到米易县滨河步道、滨江大道、仁和滨河公园、东区阿署达花舞人间、盐边县红格镇昔格达村等地，对我市筹备全省百镇建设现场会暨重点旅游项目推进现场会的工作情况进行督导。

11 月 29 日　上午，到花城新区管委会调研“急难险重”项目推进情况。

12 月 12 日　上午，陪同刘成鸣同志到盐边县渔门镇朵古村开展“走基层”活动。

12 月 24　下午，到仁和区福田镇金台子村走访慰问困难群众。

（三）会议活动

1月5日　上午，在成都参加全省市（州）党委秘书长、政府秘书长工作会。

1月7日　上午，出席在会展中心召开的市委九届四次全会暨市委经济工作会。

△　下午，出席在会展中心召开的市2012年度干部选拔任用工作“一报告两评议”暨市级党政领导班子和领导干部年度考核述职测评会。

1月9日　上午，出席在市直机关工委会议室召开的市直机关工委“思想大解放、作风大转变、工作大落实”主题教育活动领导点评会，并进行点评。

1月10日　下午，出席在会展中心举行的中国人民政治协商会议第八届攀枝花市委员会第二次会议开幕式，并参加市九届人大二次会议的分组讨论。

△　下午，出席在会展中心召开的市九届人大二次会议预备会议和市九届人大二次会议主席团第一、第二次会议，并分别参加市九届人大二次会议的分组讨论。

1月12日　上午，出席在会展中心举行的攀枝花市第九届人民代表大会第二次会议开幕式和市九届人大二次会议主席团第三次会议，并分别参加市九届人大二次会议的分组讨论。

△　下午，参加市九届人大二次会议和市八届政协二次会议的分组讨论，并出席市九届人大二次会议主席团第四次会议。

1月13日　上午，出席在会展中心召开的市九届人大二次会议第二次全体会议，并参加市九届人大二次会议的分组讨论。

△　下午，参加市九届人大二次会议和市政协八届二次会议的分组讨论，并出席市人大九届二次会议主席团第五次会议。

1月14日　上午，参加市九届人大二次会议的分组讨论，并出席市九届人大二次会议主席团第六次会议。

△　出席在会展中心举行的中国人民政治协商会议第八届攀枝花市委员会第二次会议闭幕式。

△　下午，出席在会展中心举行的市九届人大二次会议闭幕式。

1月24日　上午，陪同刘成鸣、张剡同志到攀枝花市成都干休所看望慰问我市离休老干部。

2月1日　上午，在攀枝花分会场收听收看在成都金牛宾馆召开的省纪委十届二次全会。

2月3日　下午，出席在会展中心举行的向东明书记一行汇报我市工作的情况汇报会。

2月4日　上午，出席中共攀枝花市委九届第三十五次常委（扩大）会议。

△　陪同刘成鸣、张剡同志分别率队到武警攀枝花支队、攀枝花军分区、攀枝花市公安消防支队和武警攀枝花森林支队，看望慰问驻攀部队官兵、优抚对象和军队离退休老同志。

△　下午，出席市“思想大解放、作风大转变、工作大落实”主题教育活动征求意见分析会。

2月5日下午，陪同刘成鸣、张剡同志先后看望慰问了市老领导韩国宾、孙本先同志。

2月6日　上午，出席在西区举行的攀煤宝鼎矿区棚户区改造清香坪小区安置房交钥匙仪式。

△　下午，陪同刘成鸣同志先后到攀煤、攀钢、钢城集团有限公司看望慰问生产一线职工。

2月7日　上午，陪同刘成鸣同志先后到市广播电视台、市群工局、市委办公楼看望慰问新闻媒体、“12345”市民热线和党政机关的工作人员。

2月18日　上午，陪同刘成鸣同志到市民主党派和工商联机关大楼看望慰问了市级各民主党派、工商联机关和市党外知识分子联谊会工作人员。

2 月 19 日　上午，列席在市委三楼会议室召开的攀枝花市“四大班子”主要领导联席会 2013 年第一次会议。

△　下午，出席在市委三楼会议室召开的九届第三十六次常委会议。

2 月 20 日　下午，出席在会展中心召开的市“思想大解放、作风大转变、工作大落实”主题教育活动巡查工作会。

2 月 22 日　上午，出席在金沙明珠大酒店召开的市民营企业家新春座谈会。

△　出席在攀枝花公园举行的市直机关第十二届元宵节登山活动启动仪式。

2 月 26 日　上午，出席在会展中心召开的 2012 年度市委常委民主生活会。

2 月 26 日至 27 日　出席在会展中心召开的攀枝花各县区工作暨急难险重任务推进会。

2 月 27 日　下午，出席在会展中心召开的中国共产党攀枝花市第九届纪律检查委员会第三次全体会议。

2 月 28 日　上午，出席在会展中心召开的市委工作会。

△　下午，出席在市委三楼会议室召开的市密码工作领导小组会。

3 月 5 日　下午，陪同刘成鸣同志在金海开元名都大酒店会见了成都海关党组书记、关长窦志民一行。

△　出席在市委三楼会议室召开的市委办公室 2012 年度民主生活会暨“思想大解放，作风大转变，工作大落实”主题教育活动领导点评会，并进行点评。

3 月 21 日　上午，列席在会展中心召开的市“四大班子”主要领导联席会议。

△　出席在会展中心召开的市传达全国“两会”精神大会。

3 月 22 日　上午，出席中共攀枝花市委九届第三十七次常委会议。

3 月 26 日　下午，出席在会展中心召开的全市“思想大解放，作风大转变，工作大落实”主题教育活动开展情况汇报会。

3 月 28 日　上午，在会展中心聆听北京师范大学公益研究院院长王振耀应邀为我市领导干部作题为“围绕十八大后的民生事业格局与中国社会管理转型”的专题讲座。

△　下午，陪同刘成鸣同志在会展中心会见鞍钢集团公司董事长、党委书记张广宁一行。

3 月 29 日　下午，出席在会展中心召开的市“思想大解放，作风大转变，工作大落实”主题教育活动集中点评会。

3 月 30 日　下午，出席在市委三楼会议室召开的中共攀枝花市委九届第三十八次常委会议。

4 月 2 日至 3 日　在省委党校参加学习贯彻十八大精神培训班学习。

4 月 8 日　上午，省委第六巡视组组长杨素率省委第六巡视组莅攀，并在会展中心听取了我市对巡视反馈意见整改落实情况的汇报，王海波同志出席会议。

4 月 10 日　下午，出席中共攀枝花市委九届第三十九次常委会议。

4 月 11 日　下午，出席在会展中心召开的市级部门（单位）机关党委（党总支）专职书记 2012 年度述职测评会。

4 月 12 日　上午，刘成鸣、张剡同志率队调研花城新区建设工作进展情况，并召开会议对加快推进花城新区建设工作进行了安排部署。王海波同志出席会议。

4 月 23 日　上午，出席在会展中心举行的市委、市人大、市政府、市政协领导和机关干部职工向“4・20”芦山地震灾区捐款献爱心活动，并带头向地震灾区捐款。

4 月 25 日　上午，出席在会展中心召开的市“挂包帮”活动第一阶段总结暨市领导联系基层工作会议。

4月25日　下午，陪同刘成鸣同志在红格假日酒店会见了天津渤海商品交易所董事长阎东升一行，双方就渤海商品交易所在攀设立基地，加强合作，推动攀枝花仓储、物流、贸易等行业发展等事宜进行了交流洽谈。

4月27日　上午，在市政府大楼前参加四川省默哀日活动。

5月6日　下午，出席在会展中心召开的市委九届第四十次常委会议。

5月7日　上午，在会展中心聆听十届省政协副主席解洪为我市领导干部作题为《加快试验区建设努力实现跨越突破》的专题报告。

△　下午，出席在会展中心召开的"实现伟大中国梦、建设美丽繁荣和谐四川"主题教育活动专题研究会。

△　陪同刘成鸣同志在红格温泉假日酒店会见了全国政协委员、中国民间商会副会长、四川宏达集团董事局主席、党委书记刘沧龙一行。

5月8日　上午，出席市委九届第四十一次常委会议。

△　在攀枝花分会场收听收看全省召开"实现伟大中国梦、建设美丽繁荣和谐四川"主题教育活动动员大会电视电话会议，随后，出席我市主题教育活动动员大会。

5月10日　下午，出席在会展中心召开的市委九届第四十二次常委会议。

5月15日　下午，到仁和区福田镇金台子村调研当地经济社会发展情况，并看望慰问联系户。

5月16日　上午，到花城新区调研"急难险重"项目进展情况。

△　下午，出席在会展中心召开的市委九届第四十三次常委（扩大）会议。

△　出席在会展中心召开的市委九届第四十四次常委会议。

5月17日　上午，出席在市委三楼会议室召开的市委主题教育活动工作会。

5月21日　上午，在会展中心聆听中央党校教授辛鸣应邀为我市领导干部作题为"中国梦的理论逻辑与实践要求"的专题报告。

5月22日　下午，在会展中心聆听十一届全国政协副主席、民革第十一届中央委员会常务副主席厉无畏应邀为我市领导干部作题为"十二五规划与发展创意产业、促进经济发展方式的转变"的专题报告。

5月28日　上午，在会展中心聆听香港中文大学首席教授、著名经济学家郎咸平为我市领导干部作题为"中国梦？这里仁和：区域经济发展与展望"主题报告。

5月30日　下午，出席在市委三楼会议室召开的市委主题教育活动领导小组工作会。

△　在会展中心为市委办干部职工作"实现伟大中国梦、建设美丽繁荣和谐四川"主题教育宣讲报告。

6月9日　上午，出席在市中心广场举行的由市委宣传部、市安监局、市公安局等7个部门牵头承办的"安全生产宣传咨询日"活动。

△　出席在会展中心举行由市直机关工委举办的"中国梦·我的梦——幸福花城"演讲比赛暨"中国梦·我的梦——时代号角"知识竞赛抽奖仪式。王海波同志到场观看了演讲比赛并出席抽奖仪式。

6月13日　上午，列席在市委三楼会议室召开的市"四大班子"主要领导联席会议。

△　下午，出席在会展中心举行的市工会第九次代表大会开幕式。

6月17日至28日　在四川行政学院参加第23期市厅级公务员"生态文明建设"专题研讨班学习。

7月2日　上午，到西区河石坝街道走访慰问困难群众。

△　下午，出席攀枝花学院2.1兆瓦太阳能屋顶光伏发电项目并网投运启动仪式。

7月3日　上午，在攀枝花分会场收听收看在成都召开的省党的群众路线教育实践活动工作会议。

△　下午，在市委三楼会议室主持召开市四大班子秘书长联席会议。

7月5日　上午，在市委三楼会议室主持召开市委市政府重点工作信息网上发布工作会。

7月8日　下午，出席在会展中心召开的中共攀枝花市委九届第四十八次常委会议。

7月10日　上午，出席在会展中心召开的中共攀枝花市委九届五次全体（扩大）会议。

7月15日　上午，在市委二楼会议室专题研究市级部门（单位）结对联系基层工作。

7月16日　上午，在攀枝花防汛指挥部收听收看全省召开防汛减灾工作视频会议。

7月22日　下午，出席在会展中心召开的中共攀枝花市委九届第四十九次常委会议。

7月23日　刘成鸣同志率队赴雅安市名山区开展对口援建对接工作。下午，在雅安召开工作对接会，就我市对口援建雅安名山区事宜与雅安市进行了沟通洽谈。王海波同志出席工作对接会。

7月26日　上午，出席在会展中心召开的市“挂包帮”活动第二批下派干部动员、培训会。

7月30日　上午，出席在会展中心召开的市经济形势报告会暨主题教育活动总结表彰大会。

△　下午，列席在市委三楼会议室召开的市“四大班子”主要领导联席会2013年第4次会议。

7月31日　上午，陪同刘成鸣、张剡同志率队到武警攀枝花市支队教导队看望慰问驻攀部队官兵，并与驻攀部队领导进行座谈。

8月2日　下午，在成都参加全省市州保密委员会主任会议。

8月19日　上午，出席在会展中心召开的中共攀枝花市委九届第五十次常委会议。

△　下午，出席在会展中心召开的市2013年下半年重大涉旅活动协调领导小组第一次会议。

8月21日　下午，出席在会展中心召开的向彭小枫一行汇报我市相关工作的汇报会。

8月27日　下午，出席在会展中心召开的市传达贯彻中共中央、国务院有关通知精神专题会议。

8月28日下午，在市委三楼会议室主持召开市“四大班子”秘书长联席会议。

9月2日　下午，列席在市委三楼会议室召开的2013年第五次市“四大班子”主要领导联席会议。

9月3日　上午，在市委三楼会议室主持召开市“四大班子”秘书长联席会。

△　下午，出席在会展中心召开的市委、市政府研究部署重大项目推进工作会。

9月9日　下午，出席在会展中心召开的中共攀枝花市委九届第五十二次常委会议。

9月10日　下午，出席在会展中心召开的市庆祝第29个教师节大会。

9月11日　下午，出席在市委三楼会议室召开的市纪委清理议事协调机构研究会。

9月22日　下午，出席在会展中心召开的中共攀枝花市委九届第五十三次常委会议。

9月25日　上午，出席在会展中心召开的花城新区工作推进情况研究会。

9月29日　下午，出席在会展中心召开的市迎接“全省两个现场会”六十天奋战动员大会。

晚，出席在市政府三楼一会议室召开的市委编委会。

10月8日　上午，列席在市委三楼会议室主持召开2013年第六次市四大班子主要领导联席会议。

10月8日至16日　到北京参加由省委组织部与省政府应急办举办的“依法行政与应急管理”专题培训班学习。

10月20日　上午，出席在市委三楼会议室召开的中共攀枝花市委九届第五十五次常委会议。

10月21日　上午，出席在会展中心召开的中共攀枝花市委九届第五十六次常委会议。

△　下午，出席在会展中心召开的市城市路网规划工作研究会。

10月25日　上午，出席在攀枝花公园举行的市直机关新党员入党宣誓暨老党员重温入党誓词活动。

10月29日　下午，出席省政府在攀枝花会展中心召开的攀西国家级战略资源创新开发试验区建设工作会。

11月1日　上午，在攀枝花分会场收听收看全国转变地方政府职能和机构改革电视电话会议。

△　下午，在市委三楼会议室主持召开“四大班子”秘书长联席会议。

11月4日　下午，列席在市委三楼会议室召开的2013年第七次市“四大班子”主要领导联席会议。

11月5日　上午，出席在会展中心召开的中共攀枝花市委九届第五十七次常委会议。

△　在市委三楼会议室主持召开迎接“全省两个现场会”接待、会务工作协调会。

11月12日　上午，出席在市体育馆举行的市直机关2013年第九套广播体操比赛开赛仪式。

11月15日　上午，出席在会展中心召开的中共攀枝花市委九届第五十八次常委会议。

11月18日　下午，陪同刘成鸣、张剡同志在会展中心会见了武警四川省总队政委黄志远少将一行。

11月19日　上午，出席在市委常委会议室召开的中共攀枝花市委九届第五十九次常委会议。

11月22日　上午，出席在会展中心召开的市委理论学习中心组（扩大）学习会。省统计局党组书记、局长范秋美应邀到会作题为“经济发展的速度与效益”的专题辅导报告。

11月26日　上午，在攀枝花分会场收听收看在成都举行的中央宣讲团党的十八届三中全会精神报告电视电话会议。

11月28日　下午，出席在会展中心召开的市直机关党的十八届三中全会精神宣讲会。

12月3日　上午，出席在会展中心召开的市委市政府专题调研工作汇报会。

12月5日至6日　出席全省百镇建设暨重点旅游项目推进现场会。

12月11日　下午，出席在会展中心召开的中共攀枝花市委九届第六十次常委会议。

12月18日　下午，出席在红格温泉假日酒店举行的“资源型城市可持续发展——打造中国经济升级版”高层研讨会。

12月19日　上午，出席在会展中心召开的中国民主促进会攀枝花市委员会成立三十周年纪念大会。

12月23日　下午，出席在会展中心召开中共攀枝花市委九届第六十一次常委会议。

△　出席在会展中心召开的“全省两个现场会”等四项重大活动总结表彰大会。

12月27日　上午，出席在会展中心召开的2013年度市委常委民主生活会。

△　晚，在会展中心观看由中国文联、中国剧协梅花奖艺术团组织的“送欢乐、下基层”慰问演出。

12月29日至30日　出席市委、市政府召开的县区工作现场会暨急难险重任务推进会。

12月31日　上午，出席在会展中心召开的中共攀枝花市委九届六次全体（扩大）会议。

十一、市委常委李章忠

（一）调查研究

1月25日　上午，到攀枝花机场调研机场滑坡治理工程进展情况。

2月28日　下午，陪同刘成鸣同志到攀枝花机场调研机场滑坡治理工程进展情况。

3月6日　上午，到东区银江镇调研银江水电站建设进展情况。

3 月 20 日　上午，陪同单荣同志先后到省道 310 线格福路改建工程、沿江快速通道西区段工程等施工现场，调研我市国省干线公路扩建及交通重点建设项目实施情况。

3 月 26 日　上午，到攀枝花机场调研机场滑坡治理工程进展情况。

4 月 2 日　上午，到丽攀高速公路攀枝花段调研项目建设进展情况。

4 月 8 日至 28 日，在上海浦东干部学院参加由中组部举办的推进城市生态文明建设专题研讨班学习。

5 月 28 日　上午，到市保安营机场调研地质灾害治理工程及复航准备工作进展情况。

6 月 18 日　下午，陪同刘成鸣同志到攀枝花机场调研复航准备工作。

7 月 3 日　下午，到市金泰房地产公司调研市场销售情况。

7 月 4 日　下午，到钢城集团汉风物流公司调研攀枝花汽车城项目和南山钢材交易市场项目进展情况。

7 月 11 日　上午，专题研究老工业基地转型与攀西战略资源开发试验区项目储备工作。

7 月 12 日　上午，到丽攀高速 C5 – C10 标段督导施工进度。

7 月 16 日　上午，到东区、仁和区调研城区农贸市场改造急难险重项目推进情况。

7 月 17 日　上午，到米易县草场乡检查防汛减灾工作。

7 月 31 日　上午，到观音岩水电站调研项目进展情况。

8 月 1 日　上午，陪同刘成鸣、张剡同志调研鱼塘至机场路新建道路工程施工现场并出席开工动员会。

△　下午，陪同省国资委副主任任丁调研我市国企改革发展工作，并出席工作汇报会。

8 月 12 日　上午，陪同刘成鸣同志到银江水电站大坝修建点督导银江水电站项目建设工作进展情况。

8 月 20 日至 21 日　陪同全国政协常委、全国政协经济委员会副主任、第二炮兵原政治委员彭小枫上将率全国政协调研组先后到钒钛资源综合利用国家重点实验室、金色攀枝花展览馆、攀钢钒业公司、攀钢海绵钛厂、大互通钛业有限公司、二滩水电站等地，调研我市加快建设攀西战略资源创新开发试验区的各项工作进展情况。

9 月 4 日至 6 日　陪同刘成鸣同志先后到仁和区南山循环经济发展区运力汽车上装生产线项目、仁和区迤资工业园区富邦制动鼓和钢城渣钢渣铁资源综合利用项目、西区格里坪产业园区二砖厂老工业片区产业转型升级项目、翰通焦化项目、西宇紫茎泽兰项目现场及盐边县安宁工业园区天伦化工、福川机械、云钛钛锭、新九工矿区、龙蟒公司，钒钛产业园区大西南、天民钛业、四川有色金砂、奥磊工贸、朵实工贸、旭鼎机械，米易白马产业园区华铁钒钛、东方钛业、吉鑫管业等公司调研园区企业的发展现状、存在的主要问题及下一步的发展思路。

9 月 22 日　上午，陪同刘成鸣同志先后到鱼塘至机场路新建工程、倮果金沙江大桥应急抢险工程、丽攀高速 C13—C2 合同段施工现场督导交通重点项目建设进展情况。

9 月 24 日　上午，到西区河门口街道席草坪社区调研环境综合治理项目推进情况。

下午，听取攀枝花宾馆半年运营情况及改造设计方案汇报，并对相关工作进行了研究。

10 月 9 日　上午，陪同刘成鸣同志到银江水电站建设现场调研银江水电站开工筹备情况，并在会展中心听取了相关工作汇报。

10 月 30 日　下午，陪同刘成鸣同志先后到花城新区两个“十字架”道路施工现场、龙密路、炳二区主干道路建设现场等地调研城市路网建设工作。

11 月 6 日　上午，陪同刘成鸣同志先后到东区、仁和区部分城市路网节点调研城市路网规划建设工作。

11 月 13 日　上午，先后到米易县、盐边县和仁和区调研成昆铁路扩能改造工程攀枝花段规划建设相关工作。

11 月 22 日　上午，到丽攀高速公路攀枝花市区段调研项目建设情况。

11 月 25 日　上午，到丽攀高速公路 C9 标段调研项目建设情况。

12 月 10 日至 11 日　陪同省广电局党组书记、局长赵勇先后到盐边县红格镇昔格达村、市广电中心、米易县撒莲镇及禹王宫村、米易县新山乡等地，调研我市广播“村村响”、地面数字电视、应急广播系统、乡镇广播电视服务站建设等情况。

12 月 13 日　上午，陪同刘成鸣同志先后到新密地大桥立交项目、鱼塘至机场路新建道路工程、攀田高速鱼塘连接线出口立交系统项目等地，调研交通基础设施建设工作。

12 月 20 日　上午，到金沙水电站建设现场调研项目建设进展情况。

（二）会议活动

1 月 4 日　上午，出席攀枝花市人民政府与成都铁路局战略合作框架协议签字仪式。

1 月 5 日　下午，出席中共攀枝花市委九届第三十三次常委会议。

1 月 6 日　下午，出席市委理论学习中心组 2013 年第一季度集中学习会。

1 月 7 日　上午，出席市委九届四次全会暨市委经济工作会。

下午，出席市 2012 年度干部选拔任用工作“一报告两评议”暨市级党政领导班子和领导干部年度考核述职测评会。

1 月 8 日　下午，出席市重大工业产业化项目推进会。

1 月 9 日　上午，出席加快推进银江水电站建设工作专题研究会。

1 月 10 日　下午，出席中国人民政治协商会议第八届攀枝花市委员会第二次会议开幕式。参加市九届人大二次会议的分组讨论。

1 月 11 日　上午，出席市人大、市政协组织的人大代表、政协委员到东区阿署达花舞人间景区、丽攀高速公路 C12 合同段、攀枝花钒钛产业园区、盐边县红格温泉旅游度假区、攀枝花云钛实业有限公司等地视察重点项目建设情况的活动。

△　下午，出席市九届人大二次会议预备会议。出席市九届人大二次会议主席团第一、第二次会议，参加市九届人大二次会议的分组讨论。

1 月 12 日　上午，出席攀枝花市第九届人民代表大会第二次会议开幕式。出席市九届人大二次会议主席团第三次会议，参加市九届人大二次会议的分组讨论。

△　下午，参加市九届人大二次会议和市八届政协二次会议的分组讨论。出席市政协八届七次常委会第一次会议。出席市九届人大二次会议主席团第四次会议。

1 月 13 日　上午，出席市九届人大二次会议第二次全体会议。参加市九届人大二次会议的分组讨论。

△　下午，参加市九届人大二次会议和市政协八届二次会议的分组讨论，并出席市人大九届二次会议主席团第五次会议。

1 月 14 日　上午，参加市九届人大二次会议的分组讨论，并出席市九届人大二次会议主席团第六次会议。

△ 出席中国人民政治协商会议第八届攀枝花市委员会第二次会议闭幕式。

△ 下午，出席市九届人大二次会议闭幕式。

1 月 16 日 上午，陪同刘成鸣、张剡同志在深圳拜会华润（集团）有限公司副总经理、华润电力控股有限公司董事局主席周俊卿。

1 月 17 日 上午，在成都参加全省国有资产监督管理工作会。

1 月 21 日 上午，到场观看“2012 中国·攀枝花欢乐阳光节”首届电视厨艺争霸赛闭幕式。

△ 下午，出席市旅游局领导班子民主生活会。

△下午，参加市国资委“思想大解放、作风大转变、工作大落实”主题教育活动领导点评会。

1 月 31 日 下午，出席市 2013 年度国资监管工作会。

2 月 1 日 上午，在攀枝花分会场收听收看省纪委十届二次全会实况。

2 月 4 日 上午，出席中共攀枝花市委九届第三十五次常委（扩大）会议。

△ 下午，陪同刘成鸣同志先后到攀枝花电业局电力调度中心、市公交总公司 11 路和 109 路公交车调度室、东区垃圾处理场、市水务（集团）炳草岗水厂、市煤气总公司煤气储备站、市公安局交警支队等地，看望慰问部分一线职工和公安干警。

2 月 5 日 上午，陪同刘成鸣同志先后到观音岩水电站城乡取水工程现场、桐子林水电站施工现场，看望慰问一线施工人员和武警水电部队官兵。

2 月 19 日 下午，出席中共攀枝花市委九届第三十六次常委会议。

2 月 21 日 下午，出席市加快推进银江水电站及沿江打造建设工作会。

2 月 22 日 上午，出席市民营企业家新春座谈会。

2 月 26 日 上午，出席 2012 年度市委常委民主生活会。

2 月 26 日至 27 日 出席攀枝花各县区工作暨急难险重任务推进会。

2 月 27 日 下午，出席中国共产党攀枝花市第九届纪律检查委员会第三次全体会议。

2 月 28 日 上午，出席市委工作会。

3 月 1 日 上午，参加市交通局“思想大解放，作风大转变，工作大落实”主题教育活动领导点评会。

3 月 7 日 上午，出席市 2013 年服务业发展领导小组第一次会议。

下午，出席市人口和计划生育工作会。

3 月 11 日 下午，陪同刘成鸣同志会见中国石油西南油气田公司四川华油集团董事长、总经理白华一行。

3 月 14 日 上午，出席攀枝花保安营机场公司与四川机场集团公司座谈会。

3 月 19 日 上午，出席市国资委系统党建暨党风廉政建设工作会。

3 月 21 日 上午，出席市传达全国“两会”精神大会。

3 月 22 日 上午，出席中共攀枝花市委九届第三十七次常委会议。

3 月 27 日 上午，出席市国有企业“挂包帮”工作座谈会。

3 月 28 日 上午，参加“攀枝花发展讲坛”首场报告会。

3 月 29 日 下午，出席市“思想大解放，作风大转变，工作大落实”主题教育活动集中点评会。

3 月 30 日 下午，出席中共攀枝花市委九届第三十八次常委会议。

4 月 2 日 下午，出席丽攀高速公路攀枝花段建设领导小组 2013 年第一次路地联席会。

4 月 23 日 上午，出席市委、市人大、市政府、市政协领导和机关干部职工向“4·20”芦山地震灾区捐款献爱心活动并向地震灾区捐款。

△ 4月27日 上午，参加四川省默哀日活动，哀悼在“4·20”芦山地震和抗震救灾中遇难的同胞。

5月3日 下午，出席市老工业基地调整改造工作研究会。

5月6日 下午，出席中共攀枝花市委九届第四十次常委会议。

5月8日 上午，出席中共攀枝花市委九届第四十一次常委会议。

△ 收听收看全省“实现伟大中国梦、建设美丽繁荣和谐四川”主题教育活动动员大会电视电话会议。出席我市主题教育活动动员大会。

5月9日 上午，在成都参加全省投资暨重点项目工作专题分析会议。

5月10日 上午，在成都参加全省高速公路建设工作座谈会。

5月15日 上午，出席华润公司银江水电站综合效益分析和投资方案研究会。

5月16日 下午，出席中共攀枝花市委九届第四十三次常委（扩大）会议。

△ 出席中共攀枝花市委九届第四十四次常委会议。

5月20日 上午，出席银江水电站建设项目推进会。

5月29日 下午，出席市家居市场发展情况研究会。

5月30日 上午，在会展中心为市国资委干部职工作“实现伟大中国梦、建设美丽繁荣和谐四川”主题教育活动宣讲报告。

5月31日 上午，出席市2013－2017年重大项目编制专题研究会。

6月7日 下午，出席市丽攀高速建设领导小组2013年第二次路地联席会。

6月13日 下午，出席市工会第九次代表大会开幕式。

6月18日 上午，到场聆听省委宣讲团成员、省委党校教授裴泽庆在会展中心大会堂为我市干部职工作的“学习贯彻省委十届三次全会精神奋力谱写中国梦四川篇章”宣讲报告。

6月19日 上午，出席中共攀枝花市委九届第四十六次常委（扩大）会议。

6月20日 上午，出席由市国资委组织的“实现伟大中国梦、建设美丽繁荣和谐四川”主题教育活动国有企业代表座谈会。

△ 下午，出席向省交通厅专员李传林同志的市交通运输工作汇报会。

6月23日 出席市委市政府交通枢纽建设攻坚大会。

6月27日 上午，出席市庆祝中国共产党成立92周年暨主题教育活动先进典型座谈会。

△ 晚，观看市党委办公室系统庆祝中国共产党成立92周年文艺演出。

7月1日 下午，到东区望江社区走访慰问困难群众。

7月2日 上午，出席银江水电站工程建设项目推进情况汇报会，并听取项目推进情况汇报。

下午，出席《攀枝花市城市商业网点规划》修编评审会。

7月3日 上午，收听收看省党的群众路线教育实践活动工作会议实况。

7月5日 上午，到米易县草场镇晃桥村看望慰问困难群众。

7月8日 下午，出席中共攀枝花市委九届第四十八次常委会议。

7月9日 下午，出席市国企改革领导小组会。

7月10日 上午，出席中共攀枝花市委九届五次全体（扩大）会议。

7月19日 上午，出席鱼塘至机场路连接线工程建设专题研究会。

7月20日 下午，在成都参加省“4·20”芦山强烈地震灾后恢复重建工作会议。

7月22日 下午，出席中共攀枝花市委九届第四十九次常委会议。

7月23日　上午，在成都参加“4·20”芦山强烈地震灾后恢复重建省内对口援建工作会议。

7月24日　到雅安市名山区对接“4·20”芦山地震灾后援建工作。

7月30日　上午，出席市经济形势报告会暨主题教育活动总结表彰大会。

下午，出席“4·20”芦山强烈地震对口援建工作研究会。

8月7日　下午，出席“4·20”芦山强烈地震对口援建雅安名山区领导小组成员工作会。

8月8日　上午，出席丽攀高速路C9标段工程推进工作专题研究会。

8月9日　上午，出席市旅游重点工作专题研究会。

8月13日　上午，出席马坎生态治理和机场路绿化景观改造工程相关规划情况汇报会。

△　下午，陪同刘成鸣同志会见华润新能源控股有限公司副总经理刘凡顺一行。

8月19日　上午，出席中共攀枝花市委九届第五十次常委会议。

△　下午，出席市商业网点规划编修暨亿元商品交易市场建设工作专题研究会。

8月20日　下午，出席市服务业经济运行、目标分解和普查动员工作会。

8月21日　下午，出席彭小枫一行在会展中心听取我市相关工作的汇报会。

8月22日　上午，出席全市贯彻落实省“四个八条措施”对接工作汇报会。

9月3日　下午，出席市委、市政府研究部署重大项目推进工作会。

9月9日　上午，出席下半年三次集中开工项目部署会。

△　下午，出席中共攀枝花市委九届第五十二次常委会议。

9月11至13日　率队到凉山州木里县列瓦小学开展爱心捐赠活动并视察市水务集团援建项目进展情况。

9月17日　下午，出席市丽攀高速公路建设领导小组2013年度第三次路地联席会。

△　出席市第九届啤酒节开幕式。

9月22日　下午，出席中共攀枝花市委九届第五十三次常委会议。

9月25日　上午，出席第三季度市服务业统计工作联席会。

9月28日　上午，出席市恒大城等66个项目开工动员大会。

10月8日　下午，出席中共攀枝花市委九届第五十四次常委会议。

10月9日　下午，出席市工业园区建设和新型城镇化工作座谈会。

10月10日　上午，出席成昆铁路攀枝花段扩能改造、攀（枝花）大（理）过境高速项目推进会。

△　下午，出席市委、市政府加快建设攀西战略资源创新开发试验区专题研究会。

10月11日　上午，出席攀枝花宾馆安全隐患、餐饮中心改造工作情况汇报会。

△　下午，出席市国资委党委会议。

10月20日　上午，出席中共攀枝花市委九届第五十五次常委会议。

10月21日　上午，出席中共攀枝花市委九届第五十六次常委会议。

10月28日　上午，出席市第二次项目会商会议。

△　下午，出席丽攀高速公路年底通车相关事宜专题研究会。

11月1日　上午，出席市国有企业改革领导小组工作会。

11月5日　上午，出席中共攀枝花市委九届第五十七次常委会议。

△　下午，出席全市学习兰辉同志先进事迹干部大会。

11月6日　下午，出席市银江水电站建设工作督导会。

11月8日　上午，在成都会见华润电力董事局副主席张沈文。

11月11日　下午，出席市艺术剧院改制问题研究会。

11 月 13 日　下午，出席丽攀高速 C9 标工程推进工作协调会。

11 月 14 日　下午，陪同刘成鸣、张剡同志在会展中心会见省交投集团公司董事长朱以庄一行。

11 月 15 日　上午，出席中共攀枝花市委九届第五十八次常委会议。

11 月 18 日　上午，出席市委、市政府铁路建设工作研究会。

11 月 19 日　上午，出席中共攀枝花市委九届第五十九次常委会议。

11 月 20 日　上午，参加市学习党的十八届三中全会精神报告会。

△　下午，出席市攀西战略资源创新开发试验区建设座谈会。

11 月 21 日　上午，出席市银江水电站施工总布置规划审查会。

11 月 25 日　下午，出席市对口援建雅安市名山区地震灾后恢复重建工作领导小组会议。

11 月 27 日　上午，率队到雅安市名山区对接对口援建工作。

12 月 3 日　上午，出席在会展中心召开的市委市政府专题调研工作汇报会。

12 月 11 日　下午，出席中共攀枝花市委九届第六十次常委会议。

12 月 12 日　出席市重大基础设施建设推进协调领导小组第一次会议。

12 月 23 日　下午，出席中共攀枝花市委九届第六十一次常委会议。陪同张剡同志在会展中心会见了四川省能源投资集团有限责任公司董事长郭勇一行。

12 月 27 日　上午，出席 2013 年度市委常委民主生活会。

△　下午，出席 2013 年四季度重大项目集中开工仪式。

12 月 31 日　上午，出席中共攀枝花市委九届六次全体（扩大）会议。

十二、市委常委、组织部长熊伟

（一）讲话文稿

在全市组织部长座谈会暨组织工作经验交流会上的讲话

2013 年 1 月 22 日

（根据录音整理，未经本人审阅）

我到攀枝花工作近三个月时间，感悟很多、感慨良多、感受很深，感到攀枝花有“四个独特”：独特的地形地貌形成了独特的攀枝花精神；独特的人文环境形成了攀枝花独特的人文情怀；独特的阳光资源形成了攀枝花独特的阳光心态；独特的创市历史形成了攀枝花人独特的心路历程。这次全市组织部长座谈会暨组织工作经验交流会，是经市委同意召开的，主要任务是传达学习全省组织部长会议和全省基层党建工作会议精神，深入贯彻落实市委九届四次全会暨市委经济工作会议精神，总结交流 2012 年工作，安排部署 2013 年工作。刚才，各位副部长对 2013 年的工作进行了安排部署，都讲得很好，很有针对性和可操作性，希望各区县、各单位和市委组织部机关结合各自实际，抓好落实。

回顾去年，通过全市组织系统的共同努力、齐心协力和倾心尽力，各方面工作都取得了可喜成绩，圆满完成了各项目标任务。去年我们做的事情主要有15项：一是圆满完成了市级领导班子换届。同时，还做好了十八大和省第十次党代会代表的推选工作。特别是丁爱谱同志，是我市第一名来自基层一线的全国党代表，也是四川代表团年龄最大的十八大代表。二是县区领导班子建设进一步稳固。集中开展了换届后县区党政领导班子及成员的跟踪考核工作，形成了高质量的考核报告，成鸣书记专门批示表扬。干部人事制度改革不断深化，开展了县级领导干部和科级领导干部统筹公选。特别是首次选派了10名干部到北京、上海、深圳、成都等发达地区，开展驻点招商。三是干部队伍建设进一步摸清了底数。开展了年轻干部、妇女干部、少数民族干部和党外干部工作现状调查研究。特别是对年轻干部工作的调研，形成了《关于我市年轻干部的现状、问题、成因、对策简要分析报告》，得到市委高度肯定。四是干部培训工作扎实推进。采取集中培训、分批轮训和省外挂训等多种形式，组织开展了县级正职、新任县级干部、中青年干部、选调生及大学生村官培训班。特别是结合“三大主题教育活动”开展了专题培训，并在攀枝花日报连版刊登学员学习心得，达到了“训有所获、训有所得”的效果。五是干部监督工作向纵深发展。开展了《提高选人用人公信度集中学习教育宣传月》活动，联合审计部门下发了《攀枝花市党政领导干部“双责联审”办法》。特别是换届风气的监督和换届纪律的执行，得到省委组织部肯定。六是基层组织建设年活动成果丰硕。扎实开展基层党组织“三分类三升级”工作，重点抓好基层党组织带头人队伍培训和基层党建示范点的打造。逐步实现了地域化党建向区域化党建转变、单位党建向社区党建转变、定点党建向线和面党建转变。特别是创先争优活动深入推进，开展了“百千万·干群心连心”活动，形成了一批创先争优成果。七是党员教育管理信息化不断推进。开展了党员管理信息化和党员组织关系无纸化接转试点，初步实现了党员分级分类管理和组织关系无纸化接转。特别是在东区开展的“红卡”工程试点，引起了中组部、省委组织部的高度关注，力争打造成示范性的品牌工程。八是“两新”党建取得新进展。成立了首家商务楼宇“两新”党组织。全市非公企业党的组织覆盖面达到84.2%，党的工作覆盖面达到100%，新社会组织党组织覆盖率达到64.5%，超额完成了年度目标。特别是钢城集团的党建工作富有成效，被全国党建研究会评为“非公企业党组织建设优秀案例”。九是远程教育作用发挥充分。率先在全省实现远程教育节目播放收看“一点通”。特别是《优秀共产党员丁爱谱》获得全省远程教育教学课件暨党员电教片三等奖。十是人才工作取得重大突破。开展了人才优先发展试验区初步评选工作，确定了5个单位入选，将报市人才领导小组批准后实施。特别是攀枝花新中钛科技公司技术总监陈树忠博士成功入选四川省引进海外高层次人才“百人计划”；十九冶集团“周树春技能大师工作室”被评为国家级技能大师工作室。十一是援藏工作成效显著。选派了第二批干部人才40人赴木里藏区帮助工作，选派了10名县级领导干部赴甘孜州甘孜县开展群众工作。加强对藏区干部人才培养，多次组织木里县各级干部参加我市各类主题培训班。特别是省委书记王东明对我市援藏工作进行了肯定性批示，激励我们进一步做好援藏工作。十二是老干部工作取得新进展。制定出台《攀枝花市市级单位离退休干部特殊困难帮扶暂行办法》，对长期患重病、家庭遇突发事件等造成生活困难的老干部给予重点关心和帮扶。特别是成立了攀枝花首家老干部学习活动小组，并分别组建了棋牌娱乐、健康运动、休闲活动兴趣小组，实现了让市委满意、让老干部满意。十三是调研信息工作进一步提升。全市组织系统涌现了一批调研成果，刚才已经进行了表彰。网络宣传和舆情应对成效明显，去年我市出现的几件涉组涉干舆情都迅速处置在萌芽状态。特别是专门召开了信息工作推进会，为今年的信息宣传工作打下了坚实基础。十四是公务员管理工作有序推进。公开招考、统筹遴选、调任等工作圆满完成，这项工作也得益于组织、人事、编制等部门共同合力推进。特别是去年开展的全市最大规模的事业单位招考，过程顺利、平稳推进。十五是组织部门自身建设进一步加强。开展了“一迎双争”主题活动，深化学习李林森同志活动。特别是全市组织系统的“三大主题教育活动”扎实推进，取得阶段性成效，得到成鸣书记多次批示肯定。同时，全市组织系统机关党的建设、组工文化建设、组工干部队伍建设都得到很好推进。特别是财务、信访、档案管理等工作，在默默无闻中付出、默默无闻中奉献、默默无闻中做出了成效，下一步要设特别敬业奖，特别关注那些默默无闻的人。

今年，是全面贯彻落实十八大精神的开局之年，是实施“十二五”规划的攻坚之年，是我市打好“六大硬仗”的关键之年。为此，我对今年组织工作讲几点意见：

（一）总体要求。牢固树立“干部工作出人才、组织工作出经验、人才工作出成果”的理念，紧扣市委九届四次全会提出的“稳中快进、提质增效、争先进位、跨越提升”工作基调，为攀枝花跨越式发展、加快发展，率先全面建成小康社会提供组织保证和人才支撑。

（二）工作理念。今后一个时期，全市组织系统要牢牢把握“四个更看重”的工作理念。一是既看重过程，更看重积累。人生是个过程，事业需要积累。有积累的人生才是充实的人生，有沉淀的人生才是成功的人生。二是既看重人才，更看重人品。人才是第一资源，但个人品德尤为重要。中央突出强调“德才兼备，以德为先”，中国传统文也始终把“德”放在第一位。三是既看重方向，更看重导向。工作必须要有方向感。我们要努力，但是更要有努力的方向。思想的高度决定人生的高度。方向明确了才有目标，这就是导向。四是既看重状态，更看重一个人的心态。心态决定状态。既要有积极主动的工作状态，昂扬向上的精神状态，更要有良好的心态。机关工作是独木桥，面对职级、职务和待遇，我们必须保持一颗平常心，抱素守朴，淡泊名利，轻松工作，快乐生活。

（三）工作思路。全市组织系统要重点把握“三句话”，常规工作常规推进、日常工作日常推进、重点工作重点推进，坚持统筹兼顾、突出重点，不能面面俱到。全市组织系统要切实减负、减压、减虚。特别是市委组织部机关要带头做起，减负就是少开会、开短会，材料不要穿靴戴帽，直接列出菜单式的工作事项；减压就是不加班尽量少加班，工作之余多陪陪家人；减虚就是多干实事，不务虚功，少做无用功。

（四）工作方法。要做到“三个自如”：一是收放自如，组织工作要提得起放得下，不要让工作成为负担，真正做到轻松生活、快乐工作。二是从容自如：无论工作过程多么困难、多么繁忙，都要不慌不忙，工作不能有硬伤。三是应对自如：始终掌握工作主动权，前提就来源于不断学习、不断思考。习近平同志指出：摸石头就是摸规律，摸着石头过河就是摸着规律过河。这是从方法论的角度来讲的，希望大家细细体会内涵。

（五）工作措施。今年，我们重点抓好的工作也是15项，主要有：

一是抓好十八大精神的学习培训。培训工作要突出实效。一方面市委组织部要亲自抓，分期分批开展县级领导干部集中培训。另一方面，各区县、各单位要采取多种形式、多种措施加强干部培训。

二是抓好群众路线教育实践活动的开展。按照中组部的安排和省委组织部的部署，积极会同有关部门深入调查研究，做好“党的群众路线主题教育实践活动”前期准备工作。

三是抓好领导班子思想政治建设。深入开展以“道路自信、理论自信、制度自信”为主要内容的理想信念教育，注重对干部特别是年轻干部严格的党内生活锻炼，锤炼党性。教育引导干部自觉做到“三比三不比”，即比奉献不比待遇、比付出不比享受、比境界不比逾越红线。要加大干部跟踪管理，进一步完善干部谈心谈话制度，通过谈心谈话让组织部门了解干部，让干部了解组织工作，取得理解支持。

四是加强年轻干部的培养选拔。要实施干部“培养工程”，代市委起草《关于大力加强年轻干部培养使用的实施意见》，围绕“关心60后，使用70后，培养80后，储备90后”的思路，力争用3年左右时间，到建市50周年时，重点掌握一批25岁左右储备型优秀干部人才、30岁以下潜力型优秀年轻干部、35岁以下成长型科级年轻干部、40岁以下使用型县级后备干部。注重严把公务员“入口关”，抓好“源头”，做好选调生和大学生村官工作。要加强后备干部信息库建设，注重对后备干部的培养管理。

五是抓好干部监督工作。干部监督工作的理念是重在关口前移、事前监督，就是拉拉袖、拍拍肩、踩踩脚。重点是要让干部了解政策，让干部知道什么该做什么不该做，明白工作为了什么、人生为了什么。坚持既要从严管理干部，又要关心爱护干部，尽快研究出台《进一步关心爱护干部的意见》，从政治上、思想上、生活上关心关爱干部。

六是抓好基层服务型党组织建设。实施党建“品牌工程”，着力打造攀枝花特色的党建品牌。要紧紧围绕统筹城乡、两化互动，注重把城市党建、农村党建、企业党建、学校党建“四位一体”结合起来，找准临界点，寻找基层党组织建设的突破口，重点打造城乡一体化党建示范片、示范带，实现基层党建出成效、出典型。要像红旗连锁一样打造“丁爱谱连锁”工作室，形成一种“遍地开花”的态势。

七是抓好党员教育管理。重视从青年工人、农民、知识分子中发展党员，提高发展党员质量。要转变党员培养发展理念，注意从重点项目、急难险重、支持边远民族地区发展一线培养发展党员。改进流动党员教育管理服务，探索建立基层党员定期轮训制度。探索建立党员积分制管理办法和优秀共产党员集中休假制度。进一步总结完善“红卡”工程，加快推进党员信息库建设和党员组织关系网上接转，改进服务党员载体和方法。开展疏通党员出口试点，建立健全党员队伍纯洁机制。

八是抓好党的组织制度健全完善。各区县、各单位要紧扣十八大精神思考组织工作，重点在加强民主集中制建设，完善民主生活会制度，落实和完善党代会代表任期制，建立党代会代表列席党委有关会议、直接联系党员群众等制度，探索试点党代表提案制、乡镇党代会年会制等方面做进一步思考，力争形成一批实践成果、制度成果、理论成果。

九是抓好各领域基层党建工作。坚持要典型不要造型、要经验不要试验、要创新不要标新的工作理念，树立“项目到哪里，基层党组织建设就推进到哪里”的思路，紧紧围绕全市重大项目、阳光康养旅游新村建设和社会主义新矿山建设等重点工作推进基层党组织建设，发现先进典型。

十是抓好“两新”党建工作。坚持以“创新”作为“两新”党建工作基调，实施“两新组织党建动力工程”，继续完善“两新”党组织“六有”建设，着力推进“两新”领域党的工作从有形覆盖向有效覆盖转变。

十一是抓好人才工作。重点是加快建设人才高地、人才洼地、人才宝地。要围绕重大项目推进，大力引进高精尖人才，推动企业自主创新、产业转型，建设人才高地。要降低人才引进门槛，强调凭能力而不是凭学历，突出引进能力而不是引进学历，吸引各类优秀人才加快聚集，建设人才洼地。要大力营造筑巢引凤、栓心留人环境，突出事业留人为主，注重从政治上、生活上、事业上关心爱护干部人才。要进一步打破体制机制壁垒，盘活人才资源，形成合理的人才流动机制，建设人才宝地。

十二是抓好“干部人才援藏”工作。认真落实对口援藏五年规划，研究出台《援藏项目资金管理办法》，进一步加强援藏项目资金使用管理，积极推进援藏项目实施。“干部人才援藏”工作是一项政治任务，各区县、各单位必须重视支持，切实加强对援藏干部人才的关心关爱。

十三是抓好组织工作调研和信息宣传工作。信息工作是提升工作水平的有效手段，也是干部成长的重要手段。全市组织系统高度重视信息工作，加强总结思考提炼，形成信息的过程就是提升工作的过程。各区县、各单位要主动对接市委组织部研究室、信息处，加大向《组工通讯》《组工信息》等投稿力度。市委组织部的信息刊物要发送到组织人事处室和信息员，落实到人头。

十四是抓好老干部工作。老干部的今天就是我们的明天。市委组织部将把老干部工作纳入“一把手”任职谈话的内容。市委老干部局一方面要亲自抓好直接管理服务的老干部工作，另一方面要加强对各区县、各单位老干部工作的指导。各单位要切实做好本单位老干部工作，努力为老干部做实事、办好事、解难事。

十五是抓好组织部门自身建设。全市组织系统要大力推进学习型、创新型、服务型组织部门建设，特别是要继续深入开展“三大主题教育活动”。要牢固树立“细节、细心、细微”工作理念，坚持“表里一致做人，严谨细致做事，淋漓尽致展现自己的智慧和才华”，做一名思想型、思维型、思考型组工干部。工作之路就是我们的成长之路。希望全市组织系统共同努力，着力打造“形散而神不散”的组工团队。

同志们，一分部署，九分落实。希望同志们回去及时把会议精神向党委（党组）负责同志报告，扎扎实实推进今年的组织工作。春节将到，我代表市委组织部部务会向全市组织工作战线的全体同志拜个早年，祝同志们工作顺心、生活开心、家庭幸福、新春快乐！

在市委工作会议上的讲话

2013 年 2 月 28 日

去年，全市组织工作在市委的领导和省委组织部的指导下，各方面工作有序开展、有力推进，在领导班子建设、基层党组织建设、人才队伍建设等方面都取得了成绩，顺利完成了各项目标任务。比方说，圆满完成了市级领导班子换届，集中开展了换届后区县党政领导班子及其成员的跟踪考核，开展了年轻干部队伍现状大调研，开展了“三大主题教育活动”专题培训。又比方说，突出抓好了基层党组织带头人和基层党建示范点打造，在泰隆商厦成立了全市首家商务楼宇“两新”党委，在东区开展了党员管理“红卡”工程试点，引起了中组部、省委组织部的高度关注。人才工作上，新中钛科技公司技术总监陈树忠博士成功入选四川省引进海外高层次人才“百人计划”，十九冶集团“周树春技能大师工作室”被评为国家级技能大师工作室，评选出了 5 个市级人才优先发展试验区。还选派了 55 名干部人才赴木里和甘孜藏区帮助工作，援藏工作得到省委书记王东明同志的肯定性批示，是对我们最大的激励和鼓舞。

回顾过去的一年的组织工作，我们清醒地认识到还有不少问题和不足，还有不少需要进一步改进和完善的地方，主要表现在：一是干部队伍建设还要进一步加强。在少数干部身上存在着一股“自满”的情绪，自以为是的情绪，自以为干得久了资格老了组织上就该提拔的情绪；有的干部喜欢对别人做的事指手划脚、说长道短，而对自己做没有做、做了什么、做了多少不闻不问、不以为是；有的干部喜欢跑上跑下、找东找西、托这托那，成天想着如何提拔高升。这种干部坚决不能用！这是市委选人的原则，也是市委用人的底线。二是在年轻干部问题上做得很不够。在使用年轻干部问题上思想很不解放，也解放得很不理想。什么是年轻干部，就目前而言，70 年出生是一个分界线。下一步，干部工作的重点是四句话，即：“关心 60 后，重用 70 后，培养 80 后，储备 90 后”，要着眼于攀枝花未来 5 年、10 年甚至 20 年的干部队伍长远建设，着力夯实全市干部队伍的底部基础。在全市急难险重等重大任务推进中，对那些敢打硬仗、能打实仗、大显身手的干部，不仅要大力发现，而且要大胆使用。我们各个部门和单位需要年轻人，攀枝花的建设和发展需要年轻人，实现“中国梦”和中华民族的伟大复兴需要年轻人。因此，在年轻干部问题上，我们要认真、更要较真；要宽容、更要包容；要大气、更要有勇气；要看长远、更要看深远。此外，在人才队伍建设上引不进、管不好、留不住的问题还比较突出，在基层组织建设上出不了在全省乃至在全国有影响力的经验和典型，与我们当前工作不对接、不对称、不对路的情况和现象还时有发生，等等这些，都需要我们走制度化的路子认真并切实加以解决。

关于今年的组织工作，有以下几个层面需要把握：

（一）总体要求。要按照市委提出的“干部工作出人才、组织工作出经验、人才工作出成果”的工作理念，紧扣市委九届四次全会提出的工作基调，重点在急难险重一线、招商引资一线、信访维稳一线和扶贫攻坚一线中发现干部、培养干部和使用干部，为攀枝花科学发展、加快发展，率先在全省全面建成小康社会提供组织保证、人才支撑和要素保障。

（二）工作理念。就是我多次讲，也反复讲的四句话：一是人生路上，既看重过程，更看重积累。人生是个过程，事业需要积累。有积累的人生才是充实的人生，有沉淀的人生才是成功的人生。二是工作之中，既看重人才，更看重人品。要把人品永远摆在第一位置，“德才兼备，以德为先”。三是付出之时，既看重方向，更看重导向。工作要有方向感。我们讲努力重要，但努力的方向更重要。思想的高度决定工作的高度。四是未来日子，既看重状态，更看重一个人的心态。心态决定状态。既要有积极主动的工作状态，昂扬向上的精神状态，更要有良好的心态。机关工作是独木桥，面对职级、职务和待遇，我们必须保持一颗平常心，抱素守朴，淡泊名利。

（三）工作思路。组织工作要创新，但不要标新；要典型，但不要造型；要经验，但不要试验。因为，组织工作经不起折腾，组织工作也需要顶层设计、顶层施工和顶层推进。

（四）工作方法。要做到“三个自如”：一是收放自如：做工作既要提得起又要放得下，要敢于担当，不要让工作成为负担。二是从容自如：无论工作压力多大，一定要善于调节自己，善于情绪释放，放松自己，张弛有度。三是应对自如：要始终掌握工作的主动权，主动作为。习近平总书记指出：摸石头就是摸规律，摸着石头过河就是摸着规律过河。这是从方法论的角度来讲，我想大家能够体会其深刻内涵。

（五）工作措施。今年要重点抓好6个方面的工作：

一是围绕学习贯彻十八大精神，突出抓好领导班子思想政治建设。重点开展以“道路自信、理论自信、制度自信”三个自信为主要内容的理想信念教育，教育引导各级干部讲政治、顾大局、守纪律。注重对领导干部特别是年轻干部的党性锻炼，教育引导干部自觉做到“三比三不比”：比奉献不比待遇、比付出不比享受、比境界不比职级。

二是围绕开展群众路线教育实践活动，突出抓好干部队伍作风建设。按照中央部署，党的群众路线教育实践活动将在今年3月下旬启动试点，从下半年开始自上而下、分级分批展开。我市的“思想大解放、作风大转变、工作大落实”主题教育活动在5月底结束，我们将通过主题教育活动的开展，从中发现使用一批、调整交流一批、转任改非一批、重点培养一批。

三是围绕深化干部人事制度改革，突出抓好执政骨干队伍建设。一是鲜明崇尚实干用人导向。选人是无声的导向，用人是无言的旗帜。我们要在无声和无言中体现市委的用人理念和思想，鲜明崇尚实干的用人导向。二是特别注重选准配强领导班子。今年，我们将进一步加大竞争性选拔干部力度，特别注重从急难险重一线培养选拔干部，进一步完善干部考核评价体系，加强对干部的日常考察考核，加强统筹联动配备班子，打造优秀领导团队。三是强力推进年轻干部培养选拔。在年轻干部问题上，要把握三句话：“发掘式培养、发现式管理、发芽式使用”。下一步，我们将通过调研论证，形成加快年轻干部培养选拔的意见报市委审定。力争用3年左右的时间，到2015年建市50周年时，重点掌握一批30岁以下储备型优秀干部人才、35岁左右潜力型优秀年轻干部、40岁以下成长型科级年轻干部、45岁以下重用型县级后备干部，大力实施干部工作“培养工程”。希望各区县、各部门、各单位在年轻干部的培养选拔问题上进一步解放思想，动真格、出实招，为年轻干部的成长创造宽松的社会环境和成长舞台。四是突出从严管理与关心爱护干部相结合。克服重选拔、轻培养，重使用、轻管理，重任前、轻任后的倾向，切实解决干部管理失之于柔、失之于宽、失之于软、失之于放的问题。

（四）围绕基层服务型党组织建设，突出抓好基层党建出典型出经验。重点把握好五个关键词：一是“服务”。按照十八大提出的加强基层服务型党组织建设的要求，扎实推进“三分类三升级”活动，努力构筑党员干部服务群众的实践平台。二是“覆盖”。统筹推进城市、农村、国企、学校、非公经济、新社会组织等不同领域党建工作，着力扩大基层党组织覆盖面。三是“队伍”。要特别重视从基层一线、重大项目、急难险重一线发展党员，按照中央提出的“控制总量、优化结构、提高质量、发挥作用”的总要求，突出攀枝花特点，务求工作实效，努力建设一支规模适度、结构合理的党员队伍，不断夯实党执政的组织基础。四是“带头人”。要围绕新村打造，选好带头人，形成示范效应。同时要做好大学生村官的选拔培养和管理服务。五是“典型”。牢固树立“急难险重在哪里，典型经验就出在哪里”的工作理念，紧紧围绕全市重大项目、旅游新村建设和社会主义新矿山建设等重点工作推进基层党组织建设，挖掘经验，捕捉典型，打造城乡一体化党建示范片、示范带，大力实施基层党建“品牌工程”。

（五）围绕提升区域人才竞争力，突出抓好人才工作机制建设。牢固树立人才是第一资源的理念，致力于打造高端人才集聚的高地，汇集各类人才的洼地，人才干事创业的宝地，加快人才优先发展试验区建设，大力实施人才工作“聚焦工程”。目前，市人才办正在研究起草有关刚性措施，进一步营造筑巢引凤、栓心留人环境，力争在人才问题上走出一条新路，真正能把人才引进，又能把人才留住。

（六）围绕老干部满意目标，突出抓好老干部工作。老干部的今天就是我们的明天。希望各区县、各部门、各单位高度重视老干部工作。有的单位对老干部漠不关心，甚至看不起看不惯老干部，这种现象必须坚决杜绝。做老干部工作要特别用心、特别细心、特别有耐心，对老干部要做到百听不厌、百见不厌、百求不厌。从今年开始，市委组织部将把老干部工作列入“一把手”任职谈话的内容，希望今后再也没有不重视老干部工作的情况和现象出现，真正让老干部满意、让市委放心。

在东区区委常委2012年度民主生活会上的讲话

2013年3月12日

（根据录音整理，未经本人审阅）

今天我和巡查组的洪达、贵荣以及市纪委的明强、市委组织部的星钢一起参加东区区委常委班子2012年度民主生活会。民主生活会我参加了多次，感触很深。民主生活会是我们党思想建设的一个法宝，是我们中国的独创，比苏共搞得还好，也是世界各国所有政党中的独创，这么多年以来，也是坚持最好的一项制度。民主生活会不仅仅是一种形式，通过召开民主生活会，相互之间的交流，对自己的总结，对未来的规划，对班子和个人都很有好处。

昨天，我看了会议的相关材料。刚才，开会期间看了大家的学习笔记。结合今天会上各位常委的发言，总体感受，今天的民主生活会有以下几个特点：一是态度端正，准备充分。刚才明强和星钢也说到这一点。我看了学习笔记，总体做的很不错，虽然程度有深浅，有的是会议的感悟，有的是学习摘抄，有的是个人的一些思考。态度是端正的，但深度可能还不够。学习笔记应该是一种感触，通过看一本书、听一次讲话，自己有一个感悟，而不是纯粹的摘抄。二是主题紧扣、内容实在。大家都能紧紧围绕民主生活会的主题发言，发言的内容也非常的实在，没有虚话套话、空话大话。三是发言认真，坦诚面对。大家对自身的问题、班子的问题、发展的问题，能够正视，既能展开自我批评，又能展开批评，这很难得。批评是有度的，是一种艺术，不是乱批评。今天会上相互之间的批评，大家是心服口服的，并没有让大家心里不舒服。四是富于质量、富有效果。今天的民主生活会是充实的、有质量的。我相信，通过区委常委班子的带动，进而会推进东区各部门、街道（镇）的民主生活会的整体提升。

关于下一步工作，我提几点建议：

一、站高一层，想深一度，看高一眼，不断加强自身学习和自我修养。

近日，近平总书记在中央党校开班仪式上的讲话，通篇文章贯穿的一条红线就是“学习”两个字，提的理念内涵很深刻："积少成多、积沙成塔，积跬步以至千里"，意思就是通过点滴的积累来提升自己。党要上升、国家要上升、干部要上升，必须要学习，很深刻。以前大家都在谈学习，但是站在总书记的角度讲，并且作为主线贯穿全篇，讲得这么透彻、这么深刻、这么全面还是第一次，里面有很多精彩的语言，希望大家下来有时间再认真学习一下。总书记提出"把学习作为一种追求、作为一种爱好、作为一种健康的生活方式"，要求是很高的。这是一种境界，我们不一定做得到，但是我们可以朝这个方向努力。加强自我学习和自我修养需要磨砺。大家都知道，磨砺有两种磨法，一种是磨鹅卵石，一种是磨刀锋。鹅卵石最终只能成为被人把玩的东西，玩物丧志；而刀锋则越磨越锋利，最终成为自我提升、自我驾驭、自我推进的利器。人生也是如此，经过磨砺、积淀，要么成为"鹅卵石"被人把玩，要么成为"刀锋"主宰自我。

二、敢打硬仗，能打实仗，擅于主场作战，不断推进东区经济社会加快发展、科学发展。

"敢打硬仗，能打实仗"是市委成鸣书记多次在大会上强调过的，内涵非常深刻。"硬"就是要攻坚克难，"实"就是要落实、落地，"擅于主场作战"是针对东区来说的，东区是攀枝花的中心城区，永远在主场，各位常委对东区的区情很熟悉，工作起来有实力、有底气、有自信，做好自己的分管工作。刚才德华市长和忠恕区长都说到这个问题，在东区，发展是个永恒的主题，"不通过发展，只能解决小部分问题，只有通过发展才能解决前进中的问题"，这句话中央、省上领导多次讲到的，所以要牢牢抓住发展来推进工作。一是要靠重大项目支撑。从东区一、二、三产业比重来看，还是要靠第二产业、实体经济。要实现市委“”1000亿俱乐部"和1500亿"第二方阵"的目标，必须靠第二产业、靠大项目来支撑，靠招商引资来推动。市上很重视招商引资工作，这也是各区县的紧迫问题，不通过招商，大项目无法推进。东区引进了一些项目，很不错，但还需进一步加强这方面的工作。二是产业结构多元化调整。东区的第一产业很小，二产比重很大，三产发展具有得天独厚的优势。东区既要围绕全市"4+2"产业抓好工业，又要立足城市发展、区位优势大力发展三产，还要统筹城乡发展现代农业。产业结构调整，要有强烈的推进意识，年初，市委专门召开了区县工作暨急难险重工作推进会，就是要在全市上下形成强烈的推进意识。三是城市管理创新问题。东区作为主城区，存在主体功能区打造的问题，需要进一步研究。需要做的事情还很多，包括攀枝花的三大瓶颈问题：交通的问题、环保的问题和水的问题。比如我们的阿署达，规划得很好，投资很大，规模也大，感觉是雄心勃勃，但未来前进中的问题很多，如水的问题怎么解决，如何保证源源不断的供应用水的问题。同时，攀枝花市作为阳光花城，要体现花的味道，要一年四季看得到花，体现阳光花城的内涵，这些都需要区委一班人认真研究，切实加以解决。工作推进中，要注重细节，细节决定成败，我们的工作要做细节，说高了是顶层设计，说低了就是细节，细节才能吸引人气，凝聚人气。四是民营经济发展问题。省里"两会"时，魏省长在攀枝花团上专门提了这个问题，攀枝花的民营经济大有可为。春节后，市上召开了民营企业家座谈会，书记、市长在这方面很重视。东区在这方面具备潜力，应该说是大有可为，在民营经济的发展、推进、提升上有很多文章可以做。

总结各方面的经济发展，东区在今后的工作中要从三个方把握：一是克服优越感，增强危机感。东区作为首善之区、中心城区，有天然的优越感是正常的，从正面看就是有底气、有自信，但从负面看会产生"小富即满""小富即安"思想，要克服这种优越感，增强危机感。二是克服大手笔，培养大气场。大手笔要建立在长远规划、充分论证的基础之上，而不是盲目的、模糊的、朦胧的，要站在全市的角度看问题，形成一种发展的气场、大局的气场。我们的发展建设需要气场，集聚气场的人气来推动工作。三是克服加速度，树立可持续。一方面要追求速度，但是速度必须经得起时间和历史的检验。原来我在省上干部二处工作时，到了很多市州、很多县上去看过很多园区，常听到"今年引进多少多少个项目"，但过两年去后还是那样；另一方面要提升，攀枝花发展不强调速度是不行的，但过分强调加速度也不行，对工作推动就有影响，可能今年的GDP达到目标了，但5年、10年以后就有很大影响。

三、鲜明导向、把握方向、明确指向，不断加强干部队伍和基层组织建设。

“鲜明导向”就是在选人用人上要一以贯之地坚持崇尚实干的用人导向，这也是市委反复强调的，要在“四个一线”中选干部、用干部。下一步，市委组织部要在“四个一线”中筛选一批干部出来：一是急难险重一线、二是招商引资一线、三是信访维稳一线、四是扶贫攻坚一线。形成一种好的导向，这样对我们未来的发展就很好。希望东区要在这方面要走出新路子，必须从入口抓起，从遴选工作抓起，从二十一、二岁的年轻人抓起，形成有梯次，有意识的培养，不仅抓即用、现用，更要着眼于未来5年、10年、20年来考虑干部队伍建设；另一方面，在急难险重、重点项目推进中工作做得好的，我们还要发现一批干部，从正科到副县、从副县到正县，甚至正县到副厅的，我们都要向市委、向省委组织部大力推荐。

“把握方向”就是在基层组织建设方面，要按照成鸣书记强调的“出典型、出经验”的要求来抓。上级领导说攀枝花的工作扎实，让人放心，表面听上去是表扬我们，但实际上也是对我们的一种告诫，说明我们工作的创新能力很弱。工作还是要靠典型和经验来推动。从中央、省、市来讲，必须要通过树立一批典型、一批经验，通过以点带面、典型引路这样一种方法来推动整体工作。搞点并不是搞形式、搞政绩，典型引路是我们党的一种优良传统和好的工作方法，以点带面、以点促面，通过一个点带动一方、带动一片是非常好的。原来我对搞典型也产生过歧义，认为是走形式，是搞来给领导看的，但现在我的看法改变了，实际上搞典型是一种无形的推动，培养典型的初期难免会存在一些形式的东西，但从长远看，就会影响一片，带动一方，进而推动整个地区的工作。

“明确指向”就是人才队伍建设方面，必须要高度重视，一方面要引进人才，另一方面要考虑如何留得住。我们一方面要鼓励大家参加中央、省里遴选，往上面走，另一方面要创造条件把人才留下来，要知道有理想的年轻人是不注重钱的，他们有事业心、有追求、有向上的动力。我们要深入研究这些需求，真正做到拴心留人。我相信东区在干部工作、人才队伍建设以及基层组织建设工作中能够在全市各个区县中率先走在前面。

四、把握分寸，学会分享，能够分担，不断增强领导班子的整体功能和质量提升。

班子的整体功能是靠一种结构来支撑的，班子成员不可能都是一个性格，正是有多样化的性格、多样化的气质、多样化的思维方式和工作方式，整个班子才能形成合力，才有活力，才能推动整体工作质量的提升。“分寸”就是凡事要有度，做事情不能过激、过头，做任何事情、任何决策必须把握好“度”，经得起时间和历史检验的决策才是科学的。“分享”就是班子整体的担当，既有成功喜悦的分享，也有困难挫折的分享，班长和班子成员、班子成员相互之间要分享成功、困难以及发展中的问题，大家要群策群力、集中智慧。我到市委组织部后提出了三个“凝”，即：凝智出力、凝心聚力、凝慧出招，“凝”字的内涵是很深的，把它聚集起来，班子的整体合力就出来了。“分担”就是要敢于分担工作。大家平时对人生中的分担、家庭中的分担都有感悟，班子也是如此，工作中要敢于分担，才能有效避免一些不必要的误解、分歧和矛盾。分寸、分享、分担对人生来讲是非常重要的三个词，对班子建设也是如此，今天我把这三个词送给我们东区的区委班子。

整体来说，今天的民主生活会开的很好，我来既是学习的机会，同时我也是了解大家，熟悉大家。各位常委的发言很不错，但是也有层次、分高低。发言是考手艺的、显示自己水平的，也有度在里头，什么场合讲什么话、表达什么语言，形成自己思维的东西不仅是对工作的提升，对自身成长也有好处。希望各位常委能在未来的工作生活中能够逐步得到更好的历练、沉淀和成长。

谢谢大家！

在全市大学生村官座谈会上的讲话

2013 年 5 月 3 日

今天，市委组织部专门召开大学生村官座谈会，主要是想听听大家发自内心的感悟体会和真实想法，刚才部分村官代表做了很好的交流发言。因为时间关系还有同志没有发言，今后我们还要召开这样的会议。听了大家的发言很感慨，大家的业绩事迹很感动，同时也生出很多感悟，我们的村官就如同在田间地头展翅欲飞的雏鹰。今天的座谈会是一个年轻人的聚会，我也讲点年轻人的话与大家共勉，就是三句话：

第一句话：要给村官们“孵化”的时间。村官们要像雄鹰一样翱翔天空，既需要组织呵护，也需要自身积累和沉淀。人生有很多阶段，大家刚出校门不久，还处在事业的“孵化期”，心理、情绪显得不坚定，彷徨、迷茫这些心态都正常，每个人都经历过这样的过程，刚刚走上工作岗位的时候也有过彷徨时期和心灵脆弱期。从今天大家的发言中，我感受到了一种内心的力量，积极向上的力量，昂扬奋进的力量。和你们的同学或者同龄人相比，你们可能没有华灯初上的舞台，也没有前呼后拥的喝彩，更没有振聋发聩的欢呼，有的只是默默无闻的付出，有的只是泪水与委屈的相伴，同时也有无数小事堆积起来的成功的喜悦和快乐。人生是个过程，村官也是个过程，当我们老了回首的时候，肯定会感到这段人生历程很值得。

选派大学生到村任职是中央的一项战略决策，中央、省委十分重视大学生村官工作，这次全国组织部长培训班上，中组部赵乐际部长专门强调了大学生村官工作，省委组织部还成立了大学生村官联席会议办公室，我们攀枝花市县两级组织部门也有专人负责村官工作。自 2008 年实施“大学生村官计划”以来，截至去年底全国共选拔村官 30 多万，在岗的有 20 多万，计划到 2015 年达到 40 万，到 2020 年达到 60 万，基本实现“一村一名大学生”的目标。选派大学生到村任职，从根本上打破了村官队伍来源模式，改善了农村干部队伍结构，同时也为基层党政干部队伍提供了新的来源，大学生村官已经成为“一道亮丽的风景线”。

村官之路并非一条坦途。这些年我们的村官工作总体上做得不错，但也还有不尽人意的地方。主要表现在村官自身层面和工作管理层面：从村官自身层面看，有的思想上没有完全扎根，只是把村官作为“跳板”；有的工作上不够投入，和群众没有共同语言，很难和群众打成一片，工作难有起色；有的能力上不够适应，性格单纯、经历单一、方法单调，缺乏基本的人际沟通能力。这些都是问题，有问题并不可怕，因为没有十全十美的人，谁也不是天生的天才。大家要树立问题意识，通过学习、总结、提炼，达到自我提高，自我完善，自我进步。从管理层面看，一些地方对村官存在偏见，缺乏基本的信任；个别村干部甚至担心被村官占了位置、抢了饭碗；有的村官没有名符其实，工作主要在乡镇机关。当然乡镇也需要有人从事一些文字及后勤等日常的琐碎事务，但琐碎的背后一定要有感悟和收获。无论做什么事情，多做一点总比不做好。细节决定成败，要在平凡的工作中体现不平凡。

第二句话：要给村官们“起飞”的悬崖。我在电视里看到雏鹰开始学习飞行的画面，感到与我们村官的人生第一步很类似、很贴切。村官们大学毕业选择到基层工作，选择的是从田间地头起飞，很有共通之处，大家可以从中得到一些体会和感悟。人生要成长成才，关键的第一步是要把自己带上人生的悬崖，振动自己的翅膀。为此，我希望大家做到四点：一是扣好人生的第一颗纽扣。生活中都有这样的感受，穿衣服第一颗纽扣没扣好，就必须重新扣过。如同人生，大家选择当村官，也是第一颗纽扣。我们村官选择到基层这样的岗位，很不容易，我很理解大家，也很钦佩大家。选择了就要无怨无悔，因为人生没有后悔。二是并不是所有的努力都要开花。大自然的植物中开花的是少数，结果的更是少数，还有很多不开花的小草。人生是个过程，结果并不重要，过程体现我们的价值，只要你的人生表达过了，就有存在的价值。我们努力重要，努力的方向更重要，没有方向感，始终是朦胧的、徘徊的、模糊的。关键看我们树立怎样的价值观，是选择当大官、挣大钱，还是选择生命价值得到体现。三是可以不成熟但不可以不成长。成熟是相对的，可以不成熟但不可以不成长，包括生理的、心理的、事业的成长。村官们从事的是最基层的事业，村官是基层最小的“官”，把底层的事做好就是底气。要树立“底部”意识，始终处于低位，保持低调，做人要有水的性格，做事要有山的性格；要讲求“底线”思维，期望值越高失落感越大，考虑事情多从坏处着眼，这样就会更加坦然；要具有“底蕴”品质，要多读、多写、多积累，不断丰富自身内涵；要坚持“底色”追求，世界五彩缤纷，人生不一定鲜艳华丽，要像围棋一样秉持黑和白的原色。成长的道路千万条，每条路都有人生出彩的机会，只有自己走出来的路才最精彩。四是两点之间最好选择曲线。没有谁的人生是直线的，一步之遥可能是陷阱，要在曲线中展现自己的价值、成就自己的人生、实现自己的梦想、提升自己的境界。有一篇文章谈到，人生有两种选择，有的选择鹅卵石，越冲洗越圆滑，就是世故的人生；有的选择刀锋，越磨越锋利，就能主宰自己。正如一位村官代表发言说的“我们今天所做的一切都将成为美好明天的砝码”。

第三句话：要给村官们“展翅”的空间。飞翔在天空很美丽，飞翔在田间地头一样美丽。去年底，中央出台了《关于进一步加强大学生村官工作的意见》，提出要把村官培养成为高素质的基层干部队伍、党政干部队伍的重要后备来源、各行各业的优秀人才。这个意见是村官队伍成长最大的制度红利，但红利兑现也不能一蹴而就，要有个过程。各区（县）和市级有关部门要以高度的政治责任感抓好大学生村官的教育管理和培养使用工作，重点把握好“三个字”：一是要加强一个“管”字。要加强对大学生村官的管理服务，各区（县）每名县级领导干部至少要联系 1 名村官，每名村官至少有 1 名乡镇领导和 1 名村干部联系，联系情况报市委组织部备案。各区（县）、各乡镇要切实关心村官的工作、生活和心理，可以多种形式开展村官轮岗，让大家历练成长。加强对村官的考核、跟踪和服务工作，实行岗位目标管理，考核结果记入村官的个人档案，作为评先评优、期满聘用和选拔任用的重要依据。二是注重一个“育”字。分类培养是攀枝花村官工作的特色。今天的座谈会就是加强村官培养的起点和平台，对优秀的村官要重点关注、重点培训、重点跟踪、重点使用，尤其要对继续留在村上一线的村官重点培养。今年，要结合村“两委”换届，按照省上“万名人才回引工程”的要求，注意选拔一批优秀村官选举担任村党支部书记、村委会主任。同时，要鼓励村官带头创业和学习深造，将村官纳入全民创业优惠政策范围，对带头创业的村官提供创业指导和资金支持。三是要突出一个“用”字。中央对大学生村官的培养使用提出了具体的、刚性的比例要求，下一步市委组织部还将出台加强大学生村官工作的刚性措施，各区（县）务必要抓好贯彻落实。要提高村官定向考录公务员、事业单位人员的比例，逐步实现选调生工作与村官工作并轨。大胆使用优秀村官，注重选拔有村官工作经历的优秀干部，进入乡镇和区（县）部门领导班子。同时，推荐大学生村官参加国有企业、金融机构、非公有制企业面向社会组织的招考招聘。特别是要重视解决长期流不出去的村官的出路问题，对工作达 5 年以上的村官，采取“一县一策”“一人一策”，通过留村任职、自主创业、推荐就业、定向考录等多元化渠道，逐步疏导和化解。

同志们，选派优秀大学生到农村基层工作，是中央的一项战略决策，只要大家扎实工作、努力学习、躬身实践，村官岗位将成为你们人生经历的宝贵财富，成为你们成长成才的重要基石，我相信你们，并祝福你们！最后，送给大家《老人与海》中的一句话：“生活总是让我们很受伤，但是到后来，那些受伤的部位一定会变成我们身体上最强壮的部分”。艰难困苦，玉汝于成。明天就是“五四”青年节，衷心祝愿大家快乐工作、轻松生活、成长成才。

在全市组织系统信息宣传工作质量分析暨骨干网宣员座谈会上的讲话

2013 年 5 月 9 日

今天我们开个短会，是全市的信息宣传工作质量分析暨骨干网宣员座谈会。刚才申剑同志对今年 1－4 月的信息和网宣工作进展情况以及存在问题等进行了通报，三位网宣员代表也结合自己开展网宣工作的一些体会同大家进行了简短、精彩的交流，结合近几月的信息和网宣工作，我想讲以下三点意见。

一、为什么要开此次座谈会?

今天开这个会，既是一次信息工作质量分析会，又是骨干网宣员座谈会，同时也是一个鼓劲会。在纵向的比较上，攀枝花今年 1－4 月的信息和网宣工作实现了开门红，成绩喜人，总体上要充分肯定。对今后的工作，我想从以下几方面进行一个强调。

首先，省委确定开展为期两个月的“实现伟大中国梦、建设美丽繁荣和谐四川”主题教育活动，市委高度重视此次主题教育活动，紧急召开了专题研究会、常委会、动员会对此次主题教育活动进行了安排部署。此次主题教育活动，跟前期市里开展的“思想大解放、作风大转变、工作大落实”主题教育活动和下一步中央即将开展的“为民、务实、清廉”群众路线教育实践活动是一脉相承的，目的就是提振全省干部群众的信心，凝心聚力，是一个鼓劲的、快乐的、开心的活动。组织部门作为活动的组织者、实施者、参与者，今后的信息和网宣工作要围绕主题教育活动来开展，将主题教育活动与日常工作结合起来，争取达到“两不误、两促进、双丰收”的效果。

其次，中央、省委、中组部、省委组织部历来重视信息和网宣工作，这就需要引起我们的高度重视。虽然攀枝花人口少、县区少，信息报送的压力很大，但是我们决不能以此为由而自甘落后。办法总比困难多，工作就是需要想办法，借助外脑，整合力量，从而实现整体提升，达到以点带面，典型引路的作用。信息和网宣工作最容易牵动组织部神经，必须积极应对，顺势而为。希望此次会后，大家都有切实的提升，切实的改进，切实的提高，切实的取经。

再次，信息和网宣工作虽然不是组织系统压倒一切的工作，但是大家要树立这样一种信念，信息和网宣工作在组织部处于“龙头”地位，它的位置虽不排第一，但是它的“内涵”应该排名第一，需要用它来引领组织部各方面的工作。机关工作很大程度就是文字工作，工作要有成效，有提升，就必须经常进行梳理、总结和提炼，就必须依靠文字来体现。文字工作不是瞎编乱造，而是来源于思想基础、事实基础和理论基础，然后对其进行拓展、深化、延伸，写网评也是这样。可以这样说，信息和网宣工作在组织工作中是牵一发而动全身的工作，是我们的神经中枢。

二、对信息网宣工作有什么要求?

中组部强调，组织工作需要宣传，宣传工作需要组织。组织工作既要埋头拉车，也要抬头看路，既要仰望星空，也要脚踏实地，既要做也要说，既要想更要说。今天，各个县（区）委组织部长、各直属党（工）委的领导、市委组织部机关各处室的负责人都来了，我对信息和网宣工作提几点要求：

强化组织保障。各县（区）委组织部、各直属党（工）委一定要把信息和网宣工作摆上重要位置，坚持与各项业务工作同部署、同检查、同推进。一个系统培养几个骨干网宣员并不是什么难事，省委组织部提出明确要求，各县（区）网宣工作要配备 1 名专职人员，上个月市里专门向各县（区）委组织部下发了函件，要求单设研究室或者增挂研究室牌子，配备 1－2 名专兼职工作人员，我相信各县（区）

委肯定会支持这件事情，因为必须要有这么一个提纲挈领的牵头处室来推进各方面工作。

强化制度落实。年初市里印发了《攀枝花市组织系统信息宣传工作考核办法》，将信息宣传工作纳入全市基层党建工作目标考核，对今年信息宣传任务进行了层层分解，希望各县（区）委、各直属党（工）委、市委组织部机关各处室对照自己的目标要求，落实责任，确保完成任务，市里将严格落实量化考核、定期通报等制度。时间很快过半，今年的信息和网宣工作，各县（区）我们下的是硬任务，部机关各处室我们采取的是自主申报，不管怎么样，年底考核兑现，要拿事实说话，希望大家高度重视。

强化队伍培育。要按照党性要强、业务要精、影响要大、作风要硬的“四项标准”选聘信息员、网宣员，着重从组工干部中“培养一批”，从全市年轻干部、选调生、大学生村官、基层党务工作者等优秀干部人才中“发展一批”，从现有的网络名人、论坛版主等网上“活跃人士”中“团结一批”。将信息员、网宣员作为一支重要的队伍来打造，纳入重点关注对象。下一步我们还将召开选调生座谈会、女干部座谈会、党员干部座谈会、少数民族干部座谈会、乡镇党委书记座谈会等，出台强力推进年轻干部选拔培养的意见等，以此进一步提升攀枝花干部队伍的整体台阶，让攀枝花事业的薪火相传后继有人。

强化出成果出精品。信息和网宣没有最好只有更好，没有最美只有更美，没有最全只有更全。写文章、写信息必须学会“斟”和“酌”，“思”和“考”，要去体会，要去感悟，才能达到出成果、出精品的效果。信息和网宣工作要学会借脑引智、借船出海，对组织工作的重点工作、亮点工作、先进典型等，要高端策划、深度挖掘，组合式宣传，简洁精练的信息在内刊上发，生动鲜活的事例在媒体上发，先进人物还可组织网宣员进行网评，形成有文字、有声音、有视频的“立体”宣传，全方位扩大组织工作影响力。

三、信息员和网宣员该做什么?

信息员和网宣员需要具备鹰的敏锐和牛的勤奋。

要像鹰一样敏锐。信息和网宣工作时效性很强，它需要紧跟时代的步伐。一是政治敏锐性，要在政治的框架内来思考，不能乱写，写的东西要积极向上，经得起历史、时间和人民的检验；二是时代敏锐性，要善于发现敏感的热点，并且要找适合自己特长的来写，这样才能得心应手，越写越顺，越写越好。这就要培养自己的“三眼”：眼界，要站得高，才能发现问题。眼光，要分长短，看问题要看得远、看得长。眼力，想个角度，从哪个角度切入，看得透。我们的网宣和信息都需要练就基本功，没有经过艰苦的历程，怎能写出好的文章，怎能有好的感悟，怎能形成精辟的文章。

要像牛一样勤奋。一个文字就是一块田，就要耕耘、要浇灌、要培育、要施肥、要除杂草，最后才能有收成。这就需要有以下几种意识：不怕重复的意识。要善于积累，要耐得住寂寞，经得住孤独，守得住清贫，通过来回不断地穿梭重复表达自己的思想。不怕陌生的意识。要有敢于创新的意识，敢做、敢想、敢有作为，这样才能有所提升，所以，要趁年轻时多写、多看、多积累。不怕埋头的意识。做事需要埋头，多做事，像水牛一样在田里埋头苦干，无怨言，勇于担当。

具备了以上两种本领，相信信息员和网宣员才能实现自我升华、自我进步、自我完善。

信息和宣传工作是个长期的过程，特别网宣工作，是一个新事物。希望此次会议以后，各县（区）、各直属党（工）委能有实质性进展，实现全方位整体提升。

谢谢大家！

在主题教育活动讨论交流阶段推进会上的发言

2013 年 6 月 20 日

按照省委统一部署，我市快速行动、精心组织，迅速掀起了“实现伟大中国梦、建设美丽繁荣和谐四川”主题教育活动热潮。活动中，坚持把贯彻落实省委十届三次全会精神与开展主题教育活动紧密结合，紧扣“群众知晓、群众参与、群众认同”目标，推动主题教育活动有力有序开展。按照会议安排，下面，我简要汇报三点：

一、精心组织，强力推进，突出群众知晓

市委坚持把主题教育活动作为当前的首要政治任务，突出抓在早、抓实在，确保群众普遍知晓。

一是迅速动员，全面覆盖。5 月 8 日省委动员大会结束后，市委庚即召开市县乡三级干部参加的全市动员视频会议，在第一时间部署启动了主题教育活动。成立了市委书记任组长，市委副书记任副组长，市委常委和人大、政协相关领导为成员的主题教育活动领导小组，下设办公室、综合、组织指导、宣传、督查、普法宣传和创新社会管理等6 个工作组，分别由市委常委担任各组组长，形成了统一指挥、领导有力、分工协作、各负其责的强有力的组织领导架构。并抽调精干力量集中办公，落实了专项经费和办公场所，确保活动顺利推进。同时，按照分级负责、分块包干的原则，如期完成了各个节点的动员工作，实现覆盖面 100%、动员率 100%。

二是集中宣传，营造氛围。充分发挥宣传优势，集中在《攀枝花日报》、攀枝花电视台、攀枝花公众信息网等市级媒体开设专题，采取悬挂宣传标语，LED 显示屏滚动宣传，制作手机报，播放坝坝电影，农村广播村村响等灵活多样的方式，实现主题教育活动宣传全覆盖。形成了“传统媒体有专题、新兴媒体有行动、公共空间有展示”的面上覆盖，实现了“乡镇（街道）有展板、村组（社区）有标语、干部群众都知晓”的纵深覆盖，在全市上下营造了浓厚氛围，真正使中国梦走进群众生活，进入群众头脑，成为群众梦想。

三是强化宣讲，整体推进。“带头作宣讲”重示范。实行市级领导到联系点和分管口“双讲”制度，市委书记刘成鸣率先为民营企业家作专题辅导报告，并深入联系村宣讲。全市各级领导干部纷纷深入联系点，采取“座谈会”“坝坝会”“班组会”“田间谈”等形式与群众面对面宣讲中国梦。“请进来宣讲”重理论。先后邀请十一届全国政协副主席、民革第十一届中央委员会常务副主席厉无畏，省政协副主席解洪，中央党校教授辛鸣，知名专家郎咸平莅攀讲座，帮助广大干部群众深刻理解中国梦。“走下去宣讲”重覆盖。组建主题教育活动暨学习贯彻省委十届三次全会精神宣讲团，组织机关干部、社区干部、大学生村官、专家、教师、学生、先进典型等骨干力量深入基层宣讲，确保宣讲活动无盲区、无死角、全覆盖。

二、抓住关键，创新形式，突出群众参与

重点抓住四个关键环节，创新活动形式，丰富活动内容，积极引导群众参与。

一是抓组织指导，落实群众全面参与。围绕全域覆盖，突出面上推进。制定出台“1 +4”系列方案（即 1 个总体方案和组织指导、宣传、督查、普法等 4 个子方案），明确方法步骤，细化时间节点，加强面上指导。围绕行业系统，突出线上深化。重点针对乡镇（村）、街道（社区）、机关、高等院校、国有企业、非公有制企业、社会组织、中小学校、医药卫生、律师行业、个体工商户等 11 个行业领域的基层单位，分类指导开展活动，增强活动针对性。围绕典型示范，突出点上突破。精选工作基础较好、具有代表性的18个基层单位进行直接联系、重点指导，及时宣传推广经验做法，形成典型示范、标杆引领。

二是抓集中学习，引导群众主动参与。编印资料指导学。编印《学习宣传手册》《市民素质手册》以及涵盖历史文化、三线建设、民风民俗、城市形象等内容的知识读本《攀枝花100问》等辅导学习资料10万余份，编发各类乡土教材1000多种，100多万份，指导群众深入学习。丰富活动大家学。组织开展主题教育活动文艺演出，广场“大家唱”，快板“三句半”，儿童书画展，征文演讲比赛，以及爱国主义教育电影巡展等群众文化活动，吸引群众广泛参与。创新方法分类学。根据不同行业、不同群体实际，积极推行机关干部集中学、基层党员远程学、社区居民网格学、农村群众田间学、企业员工班组学、“两新”组织网络学等“六种学习法”，实现集中学习全覆盖，进一步增强活动实效。

三是抓讨论交流，激发群众热心参与。重点开展以“三谈三讲三说”为主要内容的讨论交流活动，组织学校、企业、机关等分行业的“我的厂·我的梦”“我的家园·我的梦”等“十个主题座谈会”，通过“谈发展讲愿景说工作打算，谈奋进讲梦想说努力方向，谈和谐讲热点说方式方法”，引导群众交流出热点、谈得出焦点、形得成建议。并及时将收集到的群众对经济发展、工作作风、保障民生等方面的诉求建议转交相关责任部门，并跟踪督促整改落实情况，有效激发群众参与热情。

四是抓推进督查，确保群众真正参与。建立主题活动推进机制，将活动责任分层分类落实到行业主管部门和基层单位，形成上下结合、左右贯通、立体交叉的工作推进格局。建立跟踪督查机制，从市级有关部门抽调政治素质好、党性原则强、任职时间长的正县级领导担任督查组组长，采取重点抽查、跟踪调查、现场督办、回访督查等形式，分级分层开展督查，形成横到边、纵到底、全覆盖的主题教育活动督查体系，确保主题教育活动取得实效。

三、紧扣实际，增强实效，突出群众认同

注重把活动与实际相结合，突出攀枝花元素，体现攀枝花特色，实现两不误、两促进、两丰收，增进群众认同。

一是实施“感恩奋进”圆梦行动，凝聚建设“美丽攀枝花”的共同愿景。立足攀枝花特殊的建市历程，组织参观“金色攀枝花”开发建设成就展和“明天的攀枝花”规划蓝图巡回展，让干部群众深入了解攀枝花40多年开发建设的艰辛历程和来之不易的发展成就，重温“攀枝花精神”，实现“知过去艰苦奋斗、看成就鼓足干劲、讲愿景凝聚合力”，激励全市干部群众感恩奋进、砥砺前行。

二是实施“急难险重”攻坚行动，汇聚建设“繁荣攀枝花”的强大动力。紧扣实施“三大发展战略”，推进“两个跨越”目标，发动群众对独特市情再审视、对发展思路再明晰，切实用中国梦四川篇章攀枝花章节凝聚共识、增添动力，加快推进钒钛资源综合开发、基础设施建设、花城新区建设等“急难险重任务”攻坚，努力实现2014年GDP突破1000亿大关、2017年迈进1500亿方阵，在全省率先全面建成小康社会的目标。

三是实施“集中普法”全民行动，集聚建设“和谐攀枝花”的积极要素。在全省首家设立普法宣传教育和社会管理创新工作组，把法制教育纳入宣讲内容，组建法制宣讲团，创新开展“与法同行”“和谐使者”“阳光回归”等集中普法行动。深入开展平安法治社区（村）创建活动，进一步梳理健全村规民约、市民公约，集中化解挂牌督办的信访积案，引导群众依法表达利益诉求，切实增强干部群众的法制观念和自觉维护稳定的责任意识。

四是实施“花城典型”示范行动，合聚建设“幸福攀枝花”的精神力量。开展“身边人讲身边事、身边事教育身边人”典型讲活动，重点推出7个典型24个人物，连线成片打造先进典型群体。分别类型为：展现攀枝花社区大妈亲民为民、甘于奉献等优秀品质的“花城百姓大妈”；展现攀枝花工人吃苦耐劳、拼搏进取等优秀品质的“钢城螺丝钉”；展现新时期攀枝花钒钛产业人才刻苦钻研、勇攀高峰等优秀品质的“钒钛领军人”；展现攀枝花维稳工作一线敬业奉献、公正无私等优秀品质的“花城守望人”；展现援藏干部人才政治可靠、奉献藏区等优秀品质的“援藏助梦人”；展现各行各业攀枝花人坚强奋进、乐善文明等优秀品质的“花城追梦人”；展现攀枝花村官扎根基层、服务群众等优秀品质的“村官带头人”。让群众学有典型、干有标杆、梦有方向。

目前，我市主题教育活动虽然做了一些工作，但与省委的要求相比还有一定差距。下一步，我们将按照省委的部署要求，认真贯彻落实今天会议精神，扎实推进主题教育活动，凝心聚力、攻坚克难，汇聚推动攀枝花科学发展、加快发展的强大正能量。

在市直机关工委调研汇报会上的讲话

2013 年 7 月 30 日

（根据录音整理）

今天来到机关工委很高兴，我到攀枝花工作快一年了，好多单位都还没走，你们这里算是走得比较早的。在省上工作的时候，同省直机关工委联系比较多，切实感受到机关党建工作不好做。机关干部是个特殊的群体，相应的机关党建工作也很特殊，大家从事这个工作很不容易。我们机关工委的领导班子很不错，大家都在思考，今天讲了很多问题，感觉这个工作是难上加难、难中不易，甚至有很多委屈和泪水。我听了也有很多感悟。下面，讲四点意见：

第一，要紧扣中心。机关党建工作不能够游离于市委中心工作之外。我们所有的工作都要围绕市委的中心工作来做，“挂包帮”活动、“百千万・干群心连心”活动都是市委的中心工作之一，另一方面还要围绕“急难险重”“五创联动”等中心工作来抓机关党建工作，下一步要搞党的群众路线教育实践活动，还有很多工作需要机关工委牵头。要树立服务意识，机关党的建设最终要为机关的中心工作服务，为机关的业务工作服务，服务这个内涵要定位好。组织部也是做服务工作的，不是管人的工作，是服务员、操作员、程序员。我们工作的本质是一样的，都是围绕市委的中心工作来推进和开展。各个单位的机关党委、党总支也要围绕单位的工作来推进，不然就觉得无事可做，没有抓手，没有平台，没有方向感，也没有方位感。十八大提出建设基层服务型党组织，这个服务的内涵很深，我们机关的基层服务型党组织如何来抓、如何来做，机关工委要多思考，要发挥优势，积极出谋划策，贡献自己的智慧和力量。

第二，要研究工作。机关工委的定位比较特殊，不是一级党委，又不是党组，是机关党建的牵头单位，“挂包帮”“百千万・干群心连心”等活动都是机关工委在牵头，这一方面是市委的信任，另一方面机关工委是比较好的平台。刚才大家提出的机构人员配备、党务干部队伍建设、离退休党员管理等问题，我们不去找客观原因，要去研究怎么解决问题，积极搞好对接，寻求支持，机关工委层面能解决的就自身解决，实在不能解决，可以争取上级领导的支持。包括刚才说的机关基层组织工作条例的实施情况，要及时向市委常委会汇报，取得市委的支持。机关党建始终是单位党建，肯定要对单位党委党组负责。各单位都有业务处室、核心处室，领导重视的处室，党务这块相对比较薄弱，如果单位“一把手”不重视就会出现“两张皮”。现在机关党建的各个点位很分散，要研究一些行之有效的办法把它凝聚起来，怎么去介入？介入并不是揽权，要打消顾虑，形成合力，把整个机关党建统揽起来，把队伍抓起来，形成一个有效的载体。人抓人、人管人、人对人是不行的，要形成一套制度，通过制度来推进工作。还有“挂包帮”活动如何督促？农村要走下去，我觉得大家说的很好，成天坐在办公室发文肯定是不行的，可以走下去感悟一些东西。单位要走进去，有些东西不是纯粹靠“一把手”加强对接就知道症结在哪里，一定要深入进去把真实信息带回来，给领导提供决策参考。干部要走出去，要组织机关党务干部出去培训。多数机关干部每天从办公室门到家门，如果长期这样面壁上班，视野很难开阔，工作上创新手段少，无法形成独特的思维，时间久了就会老气横秋。现在有些机关干部形成一个东西，就是惯性思维，凭经验办事，按常规工作，不去想更多的问题，没有做好事情的冲动和创新的活力。

第三，要分类指导。机关工委不仅牵头负责机关单位党的建设，还有事业、企业，很复杂的类型，有这样那样的方方面面的问题，需要进行认真梳理和清理。机关党的建设抓了这么多年，总的是不错，但是问题也不少，有的是操作层面的问题，有的是领导不重视的问题，而不是体制机制或者内在自身存在的问题，问题多但并不是不能解决的问题。工作不能眉毛胡子一把抓，要采取分类指导来组织引导、规范引领。要抓两头，好的要推广，差的要鞭策，通过典型引路，实现先进带后进。要抓重点，采取解剖麻雀的方法，对一些问题多的单位、“一把手”不重视的单位进行重点突破，这样工作就会越来越好。机关党建跟农村党建、企业党建、学校党建不一样，工作抓手、平台载体都少很多，机关党建是所有党的建设中最难的一块，很难出亮点，很难出典型，很难出成绩。各个地方都是农村的经验多、典型多，我刚来攀枝花工作到区县调研，看的都是纳尔河、混撒拉、迤沙拉等农村的点，这并不是我们机关党建不好，不是没有先进，而是我们缺少发现。“有为才有位”，有些东西是润物细无声的，不需自己到前台去自我夸扬。

第四，要讲究方法。机关党务工作在很多单位不是核心工作，不是一线处室，这是我们要面对的现实。相应我们要思考怎样寻找方法，尽量调动工作积极性。抓工作就是看思维，一定要换位思考，用抓经济的思维来抓党建。我经常要求市委组织部各个处室之间加强交流，用抓干部工作的思路抓基层党建，抓人才工作的思路抓干部工作，这样思维打开了，形成发散型思维，整个工作才会有方向感，才更有干劲。加强机关党建目标管理的办法很好，把机关党建纳入目标考核，各单位“一把手”就会更重视。前段时间，我们对区县领导班子进行了跟踪考核，围绕“德能勤绩廉”五个字设置了正向指标，结合“怕满浮慢僵”五个字设置反向指标，省委组织部对我们的经验做法进行了转发，几个市州向我们学习经验，这个也可以在市级机关推广，跟市委中心工作也很契合。

办法总比困难多。今天大家摆出了很多问题，相当于一盘菜已经端上来了，但是还没有做，希望大家把智慧贡献出来，加点调料，炒出一盘色香味俱全的制度化的菜出来，那么整个攀枝花机关党的建设，整个基层党组织建设，就会上一个台阶和水平。

在调研党建带团建工作座谈会上的讲话

2013 年 8 月 16 日

（根据录音整理）

党建带团建非常重要，团建工作不是独立的，是党建工作的一部分。团市委的工作总体很好，班子、队伍、工作和自身建设等各方面，在全省的位次也不错。但问题也有，比如基层团干部的配备和培养，去年团省委来函通报了我市部分县（区）团委长期没有配备负责人，经过重点督办，县（区）团委班子配备最终得到了迅速解决。

团的工作虽然不在急难险重任务一线，但实际上团的工作与全市工作紧密结合，无处不在。关于团市委的工作，我讲几点意见：

一是要紧扣市委大局开展团的工作。当前，全市正在大力推进沿江景观打造、花城新区建设、区域性交通枢纽建设、“五创联动”等“四大工程”，分别由四大班子的一把手牵头负责。同时，市委也提出面向急难险重、招商引资、边远民族地区和群众信访“四个一线”加大干部培养锻炼、选拔任用和日常管理。团的工作要服务市委中心工作，就要想清楚市委在抓什么，就必须紧跟市委安排部署，牵头抓总形成一些系统化、制度化、指导性的工作安排，选派团干部到“四个一线”去，组织广大青年参与到“四大工程”中，在“四个一线”培养锻炼干部，在“四大工程”中建功有为。与此同时，在落实团中央、团省委的安排部署时，也要注意把上级团组织的要求，嵌入到服务市委中心大局的具体工作中去，紧扣市委中心大局推进工作。

二是要强化服务理念推进团的工作。中央提出深入开展党的群众路线教育实践活动，核心是服务；党的十八大提出了加强服务型基层党组织建设，体现了服务内涵。团的工作也要重点围绕打造服务型团组织，认真思考怎样更好地服务市委大局、服务青年、服务社会。团市委开展的“手机团委”这项工作体现了服务团员青年的理念，为青年提供了消费打折服务，青年得到了实惠，创新了工作，走在了全国前列。下一步，还要深度挖掘“手机团委”实体店的服务内涵，充分发挥已有“手机团委”新媒体综合服务平台作用，最终达到吸引、凝聚和引导青年的目的。

三是要讲究科学方法创新团的工作。今天我们调研的主题是党建带团建，核心是“带”，有党组织的带动、带领，但归根到底是“建”，关键是自身建设。加强自身建设，方法上要创新，要注重在制度框架下大胆探索，体现工作特色。比如，在基层党组织建设上，我们提出的“五彩花城党建”品牌，就是基于木棉花、蓝花楹、苏铁、三角梅、凤凰树的生长特点和色彩内涵与我市的人文地理、地形地貌、气候特征相适应，与党建工作的特点相符合。党的建设只有与地方经济、地方文化紧贴，才能有生命力。团市委要主动加强与党建工作部门的对接，学习借鉴好的经验和方法。总之，工作上要大胆创新，但不标新，要结合我市独特的文化底蕴，通过以点带面、典型引路，体现地方特色。

四是要珍惜共事缘分助力团的工作。团干部要珍惜团的岗位，班子成员之间要加强团结，像珍惜自己的眼睛一样来珍惜自己的团队。许军峰同志调离团市委后，团市委班子很不错，齐心协力做工作。要继续保持这种好的状态，把工作做好，在岗位上锻炼成长。要多谋事少谋人，不在乎一朝一夕的得失，积累越久才能厚积薄发。

最后送大家三句话：“鞋带系紧的时候，最终有解开的时候”。人生是个过程，很漫长又很短暂，摆正心态对于成长和工作非常重要。要做到“三个学会”，学会放松，保持良好心态；学会放下，取舍有度，不计得失；学会放飞，怀揣梦想，坚定理想。“一根绳子，不能推动任何物体，却能拉动物体”。要做到“松弛有度”，把握好工作中紧张的攻坚期、沉淀积累的缓冲期，找准人生成长的路径、方向和意义。“人的一生，走平路远远多于走台阶”。要在走平路的过程中享受人生，把人生的每一步都当做新的开始，学会从锅底起步，走每一步都是向上的，始终保持积极、向上、阳光的心态。

在调研全市环保干部队伍建设座谈会上的讲话

2013年8月14日

（根据录音整理）

近年来，随着经济社会的发展，环保工作的重要性日益突显。市委、市政府把“创国模”列为“五创联动”之一，可见环保事业、环保工作在全市经济社会发展中的重要地位和作用。通过今天的现场查看和情况介绍，总体感觉，环保局工作思路清晰，任务有序推进，有一支经验丰富、工作敬业、责任心强、精神面貌好的干部队伍，领导班子的凝聚力和向心力强。

关于下一步的工作，我讲三个方面：

一是工作理念上，突出“四个说话”。第一，用底气说话。环保工作的政策层面要求很高，科技和技术含量要求很高，社会影响很大，牵一发而动全身，关系国计民生，需要你们有相应的底气，其中经验是一个方面，知识积累是另一个方面。底气来源于实力，我们要实现“创模”目标、推进环保工作上台阶，需要各级各部门齐心协力、齐抓共管、齐头并进的推进工作，这对你们自身的要求就更高，只有自身底气足，才能更好地发挥牵头抓总的作用。第二，用制度说话。下一步，可以从宏观层面、中观层面、微观层面这三个层面来研究相关制度，形成完整的监控系统、闭合系统，这样环保工作才能不留盲区和空白点，达到可控的状态。第三，用服务说话。环保工作可能会被误解和受到委屈，需要通过做大量的说服、疏导和引导工作，让公众理解环保事业、支持环保工作。因此，大家一定要增强服务意识，千万不能让服务对象产生排斥情绪。第四，用事实说话。只有用事实，才能让别人心服口服。

二是工作要求上，突出“四个字”。第一，理念要“新”，环保工作要求日新月异，新的要求很多，也涉及到攀枝花的方方面面，工作上一定要与时俱进，在参与全市急难险重任务中，所有的链条、所有的环节，所有的点位、所有的要素，都要全程参与。第二，准入门槛要“高”，不能抱有“放一马”的心态，不能讲人情，要针对准入门槛作细化研究。第三，服务意识要“强”，要把服务贯穿于工作的全过程，为经济发展、民生改善提供要。第四，自身要求要“严”，环保局是个敏感的单位，关注度很高，在自身要求和自身形象上要有更高的要求。

三是要素保障上，突出“四个注重”。环保工作归根结底都是为全市的建设、发展、民生提供要素保障的，在要素保障上要从四个方面来着力。第一，注重队伍的提升。环保部门专业性很强、技术含量很高，相应的自身要成长干部，形成储量。因此，在队伍建设上要着眼于长远发展，有意识的做一些实施办法，加强干部轮岗交流和队伍管理，在70后、75后、80后中选拔出一批优秀干部出来，形成梯次，搭建起干部成长的平台。第二，注重人才的监测。人才的监测跟环境监测是一个内涵。攀枝花在人才的引进上做得不错，在人才的管理上还需加强，在人才的留住上还存在一些问题。解决人才的留住问题，需要制定一些激励措施和办法，环保部门有这个资源优势，可以做一些尝试和突破。第三，注重资源整合。首先是对上的协调，对上的资源是无形的，不仅是项目资金的问题，而且能争取到工作的支持；其次是部门资源的整合，用集全民之智、举全市之力的理念，争取全民动员、全民动手，推动工作；最后是自身资源整合，要根据实际情况对自身工作力量进行再分配，盘活现有的资源。第四，注重人文精神。环保工作和事业，要形成自身的文化底蕴，让各责任单位从内心重视、主动接受、积极介入环保工作；要加强环保宣传，通过环保进社区、进单位、进企业，增强意识，形成氛围。

在调研全市交通系统干部队伍座谈会上的讲话

2013年8月15日

（根据录音整理）

今天很高兴到交通局调研。我去年底到攀枝花后，陆续调研了一些部门。交通局有5000多人，是市级部门中最多之一，队伍比较大。上午现场看了丽攀高速的一个点位，参观了交通发展规划，对攀枝花区位交通的骨干网络枢纽有了直观的印象和初步的感受。虽然第一次到市交通局来，但是对交通并不陌生，因为路与我们每一个人都息息相关，只要抬脚起步，就要与路打交道，所以路也与人生密切相关，人生的很多含义和寓意人生的很多东西，都用路来表达。路是向远方延伸的，能缩短心与心之间的距离。修路并不仅仅是修路，而是具有很深的文化内涵。

攀枝花是一个新兴的城市，高速公路里程才140多公里，虽然不长，但是每一段里程都付出了我们辛勤的汗水，其中的回忆、记忆是很深刻的。刚才听了雷雨同志的全面介绍，对全市交通工作情况有了一个全面的了解。我有很深的体会，使我对交通人充满了敬佩，对交通事业充满了振奋。“蜀道难，难于上青天”，在攀枝花得到了真正的体现。我们交通发展的确面临很多困难，高速路1公里要投入1.2亿，在丘陵地区可以修2－3公里，可想而知背后交通人所付出的心血、汗水、泪水、委屈、甚至别人、家人的不解、抱怨，大家牺牲了很多。但看到大家的精神面貌很好，真正体现了交通人无私奉献、无怨无悔的精神。工作上任劳任怨，心灵上无怨无悔。大家并不仅仅是把交通当作一个工作，而是当成一种事业。大家对交通都充满了感情，很多人在交通工作很多年，交通的干部交流也很少，很多人的青春年华都奉献给了交通事业，感情是很深刻的，这种心情我很理解。交通系统班子是一支战斗力强、团结和谐，有战斗力、凝聚力、向心力的团队，交通队伍是一支敢打硬仗、能打实仗、善于攻坚、能够攻坚、甘于奉献、任劳任怨的队伍，给我留下了很深的印象，听了以后我很感动，这么多年走过来，肯定有很多故事、很多典型、很多先进。

关于下一步工作，我有几点想法。

一、工作理念上，要坚持“四个思维”

一是宏观思维。新的时代，我们必须树立大的思维意识，宏观思维就是全局思维，我们不能只站在攀枝花这个市域的角度来看，打造区域性交通枢纽，要从全局战略上来看，是国家战略。刚才雷局长介绍的把省道上升格为国道，内涵是深刻的，从S到G，虽然只是一个字母之差，但其中体现的内涵是有战略性意义的。可想而知，背后的争取是来之不易的。整个四川东西南北出川通道，南向最少，而向东重庆方面有五六条线路，可以看出交通和经济发展是密切相关的，南向还有很大的交通空间，还有很大的潜力可以拓展。只有具备宏观的思维，在交通的把脉、定位、路径拓展上才会有全局的概念。

二是创新思维。攀枝花的交通工作走在了前列，有很多的创新点，包括BT的方式上，内涵的延伸上，高科技的运用上，质量的检测上，把质量检测贯通于建设全过程等，这些理念都很新。中国的惯性思维是什么都做好了，再来检查验收，而你们的理念很好，在各个标段、各个时间段、各个节点，都把检测、监测、监督、监管贯穿于全过程，有利于质量把关，对交通质量的提升和经得起时间的检验是很好的路径和手段。

三是问题思维。习总书记强调我们要有问题意识、问题思维，看问题不要想得太美好，要从坏处着眼。毛主席告诫我们要“战略上藐视它，战术上重视它”，战略上藐视它，就是修一条路很困难，但是我信心很高，这几年全市交通取得了从量到质的飞跃，高速公路从无到有，从乡道县道再到省道国道，在层层提升，公路网络也在逐步拓展。这就是战略上的藐视、信念的坚定。战术上重视它，就是要树立问题意识。首先，要有安全意识。安全生产时刻不能放松，尽量减少安全隐患、安全事故，体现“零差错”。虽然这些要求是最高的，但是要向这些方面努力。其次，要注重细节。细节决定成败。在公路建设上，细节很重要。“差之毫厘，失之千里”，用在交通上很合适。第三，要注重文化，我们路的延伸，也是文化底蕴的延伸。攀枝花虽然建市时间不长，但文化底蕴是很深厚的。比如，路名的选择上，要体现攀枝花的移民文化，移民城市的内涵。树立问题思维，对交通建设、工作细节、注重文化、讲究质量和安全，都是有百利而无一害的。

四是网线思维。最能代表交通的一个词，就是“网”。要把“网”字注入整个交通系统的文化内涵中，注入交通人的工作、事业、队伍、管理中，形成全方位的网状。中国的成语，像纵横交错、四通八达等，形容交通是很适合的。交通如同蜘蛛网似的，网结得越多对后代的贡献就越大。

二、队伍建设上，要突出“四个打造”

抓班子带队伍是一门技术活儿，体现技术、体现艺术。抓好班子、带好队伍有很大的空间。交通要发展，关键靠人。

一是打造一流队伍。交通系统队伍很好，系统有5000多人，机关也有100多人。很多市级部门人员捉襟见肘，所以要善于借人、借脑、借力、借智慧作为支撑。打造一流队伍，要在培养干部上，按照市委强力培养选拔年轻干部的意见，调动各年龄段干部的工作积极性，发挥作用，落实好“三个留人”。同时，要加大对年轻干部培养选拔力度，培养人才，形成梯次结构，让交通事业有源源不断的人才注入。

二是打造一流的组织。机关党建要走在各类基层组织建设的前列，希望交通系统能够在机关基层组织建设以及二级单位组织建设上开辟出一条新路子，推出先进典型经验，通过典型引路，用身边的事教育身边的人，以点带面，实现整体提升。

三是打造一流的管理。对干部、职工一定要从严，不能修完一条路，就倒下一批人；而要修好一条路，成长一批人。要树立好一座丰碑，一种理念，对干部从严要求、从严教育、从严管理、从严监督，做到“四个从严”，干部队伍才能更加纯洁。

四是打造一流团队。交通系统有很好的团队，每个交通人都倾注了自己全部的感情，付出了全部的心血和汗水。团队就是一个整体，我相信交通系统经过大家的齐心协力、团结一心、真抓实干，交通的明天一定会更加美好，一定会走出一条新路子，为我们的子孙后代打下坚实的基础。

三、自身要求上，要体现“四线”

一是拓展视线。视野要开阔，要站得高看得远，找到自身的优势。虽然攀枝花山高路陡坡陡，但是我们要形成独特的气质禀赋。交通四通八达，大家就会爱上攀枝花，以后的子孙后代也会在攀枝花繁衍生息。

二是要善走曲线。攀枝花的路网直线很少，基本都是曲线。人生也是一样，要在曲线中体现我们的内涵，展现交通的气质，形成攀枝花交通系统的气场。

三是要守住底线。在廉政上一定要守住小节，一定要抵得住诱惑。

四是忌踩红线。一定要把握住红线，千万不能越线，有些官员就是因为没有把住红线而失足，成为前车之鉴。

我相信在交通领导班子的带领下以及在座各位的努力下，攀枝花交通的明天一定会展现出更加璀璨的未来和美好的通途。

在调研全市法院系统干部队伍建设座谈会上的讲话

2013年8月21日

（根据录音整理）

今天，虽然调研的时间很短，但收获很大，实地察看的诉讼服务中心和审判庭，给我留下了深刻印象。刚才，还听了法院工作和队伍建设的介绍，大家谈得都非常好。总体感觉，法院工作特点明显，注重法院文化打造，工作卓有成效，尤其是有一个向心力、凝聚力都很强的领导班子，有一支能打硬仗、无私奉献、敢打敢拼、不讲价钱的干部队伍。

关于下一步的工作，我说“三个三”：

一是思想观念上，注重“三个把握”。第一，把握好政策的边界。法院工作很神圣，很崇高，工作的政治性、政策性强，社会影响力大，稍有一个环节或细节没做好，就会产生不良影响和持续后果。政策是经过很多经验积累出来的，但是政策覆盖不了所有的方面，所以要不断地加强政策、法律、法规的学习，及时研究新问题的解决路径。出台任何政策，都要把握好政策的边界和内涵。对于大家所提的人才流失严重的问题，法院要通过自身渠道认真研究人才政策，全面客观地看待人才流动和流失，用事业留人、感情留人、适当的待遇留人。第二，把握好思维的维度。法院的工作很讲究思维性，今天来法院后，听到的问题很多，确实需要做大量的工作，一方面法院可以自己努力，做些思考；另一方面也需要与组织部互动，做些努力，我相信会越来越好。第三，把握好角色的扮演。法院在普通民众心中的地位和作用是独特的，法官45岁才能达到职业的成熟度，因此对干部的要求很高。一方面大家觉得工作很辛苦，年轻干部来了后不知道怎么做些思考、做些提高，很难适应，很快就想走。另一方面，由于法院干部的素质高，其他单位（部门）看上的也多，来挖的也很多。该怎么办？我觉得可以在考得来、管得好、留得住三个方面多做些思考、完善、研究、提高，既可设置一些要件做限制，也可以创造条件适当地缩短成长周期。

二是工作方式上，落实好“三句话”。第一，人才是一切工作的生命线。人才问题对攀枝花来说，区位是一个方面，但区位仅仅是一个相对的概念，一个地方的经济社会发展越好，干部的待遇也越好。如何留住人才，如何形成激励，我们正在进行专题研究，其中包括了法院在内的政法系统。现在都在提倡服务基层，如何为法院的基层工作创造更大的空间，要切实研究出一些措施来。第二，紧扣市委大局开展工作。本届市委、市政府的发展脉络很清晰。法律为经济社会建设提供保障这方面，政法系统包括法院系统一直做得很不错，要继续坚持，避免就事论事，要站在市委的高度来看问题，进一步维护公平正义的环境。第三，打造积极的工作环境。一要加强工作研究。工作只有通过归纳、总结、提炼，才能上升到一个高度；要通过自身努力、市里帮助、向省上呼吁等多条渠道，形成“上下齐心、齐抓共管、共同提升”的良好格局。二要加强工作指导。基层法院、基层法庭、基层法官特别辛苦，我们要眼睛向下，为民服务，做每一件事，办每一个案子都充分体现出服务文明的理念和意识。三要注重情绪疏导。法院工作很辛苦，压力很大，又是风险单位，要关心法官们的心理健康，引导大家保持积极、健康、阳光、向上的心态。

三是自身要求上，品味“三个词”。第一，团结。团结是眼睛，要像爱护自己的眼睛一样来爱护我们的团结。我们能选择自己的朋友，但不能选择自己的同事，所以更需要珍惜共事的缘分和机遇，凡事往好的想，往积极的思考。第二，心态。心态是工作的润滑剂，选择了机关，选择了法官，就选择了奉献；选择了公务员这个独木桥，就当不了大官。目前，年轻干部培养以及职级待遇问题，既是法院存在的突出问题，也是全市存在的普遍问题。法院要思考，组织部门也要思考。第三，追求。希望大家把工作当做事业来思考、来追求，不一味地追求职级待遇，这样才能在职业的追求中吐露人生芳华。

在第七批赴北京市西城区挂职干部总结座谈会上的讲话

2013年8月22日

3个月的时间很短，但我们要求很高。今天听你们的感悟、体会、收获和建议，是想看你们这3个月学到什么，感悟到什么，收获到什么，对未来有什么启迪和意义。你们的体会、感悟都很有自己独到的一面。听了后有两点体会：一是“很值得”。挂职3个月，在人生长河中虽然很短，反过来看也很长。

有些东西靠主动去见证，而不是被动接收，不是别人安排你做什么就做什么。挂职虽然结束了，但与西城区的联系没有结束，一定要形成这种理念，这种资源是无形的、宝贵的。总的来说，你们都很不错，达到了预期的效果。3 个月时间很短，但很值得。二是“有心得”。你们的体会很深，感悟很深。在北京，各种信息量的冲击，对你们来说肯定是爆炸式的。心得体会要经过一段时间才能消化，一段时间后才会慢慢感悟。选派干部外出挂职锻炼，一方面锻炼干部队伍，另一方面为单位和攀枝花的建设奠定一个良好的基础。

对年轻干部，我有四句话和大家共勉：

第一句话，机会永远垂青于有准备的人。针对攀枝花市年轻干部严重匮乏短缺的情况，我们制定了一系列的培养计划，你们到西城区挂职就是其中之一，以后我们还要拓展到上海、广州等沿海经济发达地区挂职，到革命老区如山东临沂去历练党性。世界上没有“应该”二字，你们要摆正心态，组织派你们出去挂职学习，并不是应该的，并不是学习回来就要提拔，3 个月的时间是让你们去历练。能不能提拔，能不能成长，靠你们自己。人生的宝贵时间是 28 岁到 58 岁的 30 年，都是学习、历练、提高。经常历练，人生就有一种向上的动力，一种良好的精神状态。就像骑自行车一样，只有往前走才能保持平衡。

第二句话，没有翅膀就只能努力奔跑。我们不是超人，只有凭双脚去奔跑。人生有不同的起跑线，上大学的时候不同学校有不同的起点，参加工作又是不同的起点，挂职也是不同的起点。人生就是一场马拉松，要注意节奏，有时跑得快，有时跑得慢，跑太快也可能中途掉队。学习、工作、积累，环环相扣、相互交叉、相互促进。在全国组织工作会议上，刘云山同志讲到：“选择了学习，就是选择了进步”。在人生的跑道上要边跑、边思考、边学习、边积累。一个人的成长，与自己的努力、组织的培养和机遇相关，三者缺一不可。只有自己努力的学习，等到组织培养，等到机遇垂青，即使机遇没有垂青，组织没有培养，这个过程也是心安理得，这个过程也值得。一生之中，做好自己的本职工作，心里坦然、淡然一点比较好。

在人生跑道过程中，要处理好三个关系：处理好“快和慢”的关系，人生有时要快跑，也要慢跑，拐弯处就要慢跑。处理好“得和失”的关系，任何事情都有得有失，3 个月得到了很多，感悟了很多，但是也失去了很多。处理好“静和动”的关系，不断奔跑，努力奔跑，有时也要学会停步，学会停留。这样的工作、生活就会很快乐、充实，这样的你，会很阳光，不会因为生活中的委屈、麻烦和同事间人际关系的处理而纠结。有些感悟和体会，是一种心灵的平台，自己的感受一下子开窍了，人生就上了一个高度。有些东西是潜移默化的，无形的，它是看不见摸不着的，就像一只无形的手推着我们向前走。

第三句话，形成自己独特的人生气场。“气场”就是积累心智的成熟，能力的提升，作风的养成，党性的修炼等方面。人生有四个时期：一是“成本期”，是指参加工作以前的时期，花了很高的代价，父母的养育，老师的培育，学校、家庭等方面，是为成长奠定基础。二是“成长期”，是指参加工作后的十年。成长期非常宝贵，要么走得很好，要么很差，但是不能怨天尤人，只能自我奋起。三是“成熟期”，这个时期各方面心智、工作都比较成熟了，处理各种问题比较冷静。现在，各方面对干部要求很高，既要有能力，还要经过民意基础，经过组织认可。只有组织意愿和群众意愿的结合才能成长起来。所以，要求年轻干部要成熟。成熟内涵很深，成熟不是指八面玲珑，处理好各种关系，指的是处理问题冷静，遇到急难险重、复杂问题的时候体现水平。四是“成型期”，感悟有多深，学得有多好，未来就走得有多远。

最后一句话，组织上用那些一路走过来的人。我到攀枝花工作以后，很多干部找到我，提出很多要求。我不认为他们是跑官要官。因为攀枝花区（县）少、职位少，大家的成长空间小。能不能成长，自身内因是很大因素，但相应的外因也促进你的成长，这是一种辩证的关系。首先是内因，如果内因不好，外因再怎么推进都不行。你有历练，有沉淀，才会有底气，组织用你的时候也才会有底气。你自己有底气，觉得自己能力水平好，但不能自己夸耀，要大家说你能力好，组织说你能力好才是好。你们遇到了好的时代，有好的机会一定要珍惜。组织用干部，不可能采取拔苗助长的方式，所以提倡要用一路走来的人，就是要你们多岗位锻炼，多去开阔眼界，开拓视野。市委强力推进年轻干部培养，有一系列的培养计划，要珍惜这样一个机会，把位置摆正。人生是一个过程，不是为了追求待遇多高，只要过程充实，人生就无悔，这样我们就可以开开心心的工作、生活。得失之间就会找到一个平衡点，就会充实、快乐、阳光、向上。

3 个月结束后，与西域区的联系、对接、交往的情谊还没有结束。大家一定要传承下来，充分利用挂职后独特的优势，加强对接，为攀枝花的未来尽一份力。

在 2013 年全市专家评审工作会议上的讲话

2013 年 9 月 10 日

（根据录音整理，未经本人审阅）

大家上午好。

这次专家评审会经市委同意召开。评审会两年召开一次，这次评审的是第八批市有突出贡献专家、第六批市学术和技术带头人及其后备人选。目前，我市有国家、省、市级各类别专家 450 多人，人才总量在不断增大，但与省上比还是不够。所以市委、市政府下了决心，每两年选拔一次市级专家，这项工作必须要搞。

此次评审工作市纪委、市委组织部、市人社局、市财政局高度重视，做了大量前期准备工作。评审工作时间较长，将延续三天。刚才人社局光杰同志对整个评审工作作了安排部署，纪委汉军同志提出了纪律要求，都讲得很好。

大家知道，从中央到省委，都对人才工作高度重视。上周召开了全省组织工作会议，讨论了“2 + 6”文件，其中一个文件就是关于推动我省人才创新驱动的意见，对全省人才工作从工作层面、操作层面、理念层面和激励层面提出了相关要求，很快将下发全省。昨天下午市委常委会还按照省委要求，对“2 +6”文件进行了专题讨论研究，并提出了修改意见。

做好人才工作是大势所趋，已经形成了共识。一个国家的竞争，最终是人才的竞争。一个地方经济社会的发展，最终要看人才的实力。关于工作要求，刚才光杰同志和汉军同志讲得很好，我就不具体再讲了。请专家们在评审工作中把握好“四个向”：

一是评审的导向。组织上交给大家的是一份沉甸甸的信任，各位评委是专家中的专家，省上还来了 4 位专家到我市指导，必将为我们的评审工作提升分量和质量。希望大家在评审过程中，体现客观、公正、准确和实事求是的基本原则和导向。

二是评审的走向。评审的结果将影响到最终有哪些人成为专家和社会层面的评价。希望各位评委专注自己的内心，不受外界干扰，既要擦亮自己的双眼，好中选优，又要发挥集体的智慧，把人评好、选准，也就是俗话说的既要“货比货”，又要“识货”。同时，要坚持标准和原则。做任何事都有高度，任何高度总有限度。珠穆朗玛峰海拔 8848 米，矗立在青藏高原上。我们评审组是个群体，不是一座山，而是一个高原，要体现集体智慧的内涵，发挥评审的优势和力量，体现评审的质量和水平。

三是评审的取向。评审取向也是我们工作的价值取向。整个评审工作要着眼于攀枝花未来的建设和发展。今年市委工作会上提出，2015 年我市 GDP 要进入“千亿元俱乐部”，2017 年 GDP 要达到 1500 亿，争取列入全省“第二方阵”。要达到这一目标，需要人才的支撑。现在市委、市政府压力很大，如果 2017 年我们的 GDP 总量达不到 1500 亿，那么我们经济实力的排名就会跟甘孜、阿坝和巴中并列，成为倒数后三位。希望通过人才的评审，引领、示范、推动我市各方面工作向前推进。在评审过程中，既要注重导向，又要注重成果，同时还要注意平衡。因为人才的内涵很广泛，上周召开全省组织工作会议时，省委常委、组织部长范锐平同志也提到了这个问题。什么是人才？是不是只有博士、博士后、高级专家、高级教授才称为人才？实际上人才的内涵不能这样来理解，在不同领域，人才有不同内涵。比如说舞蹈人员，他获得了全国的大奖，但也许写不出文章，而是通过肢体语言展现自己的价值。所以请各位专家在评审中注意，既要好中选优，体现出人才的价值，经得起历史和时间的检验，同时要结合攀枝花实际，注意面上的相对平衡。

四是评审的方向。评审结果要经得起时间的检验和社会的点评。大家知道，现代社会网络发达，稍不注意就会在网上引起轩然大波。希望大家在评审过程中注意社会层面的影响，体现公平公正。

今天是教师节，祝各位专家节日快乐！

在调研德胜攀煤化工公司座谈会上的讲话

2013 年 9 月 12 日

（根据录音整理）

今天很高兴来到德胜攀煤化工公司，到攀枝花工作近一年时间了，专题到企业调研还是第一次。看到厂区井井有条、环境整洁、生机盎然，员工精神抖擞、信心十足、斗志昂扬，令我感慨万千。公司在李总一班人的带领下，注重精细化管理、注重企业文化建设、注重企业党建工作，成效明显，我很欣赏，心情愉快。下面，讲三点意见：

第一，要克难奋进抓生产。今年宏观经济形势下行比较明显，攀枝花经济形势压力也大，多项指标没有达到年初预期，完成全年发展目标任务艰巨。公司也面临着压力，但要相信困难总是暂时的，要坚定发展信心不动摇。当前，省委、省政府对民营经济发展很重视，出台了一系列政策措施，要主动研究，用好政策，争取支持。市委、市政府提出 2015 年攀枝花 GDP 突破 1000 亿元大关，2017 年突破 1500 亿元，最终要靠项目靠企业发展来支撑。所以，大的形势是比较好的。从企业自身来讲，一方面要开源节流，降低成本渡过难关；另一方面要积极争取支持，抓生产、保生产。我们讲究辩证法，在面对困难的过程中，可能会有新的增长空间、新的发展机遇。

第二，要统筹协调抓党建。把企业做大、做强、做顺，企业党建是关键。公司对党的建设重视，党建工作很规范，有思路，有经验，特别是党的职务和行政职务“双向交叉任职”的领导体制很好。有的地方没有把党的建设和企业产生经营统筹协调起来，认为企业党建是一种累赘和负担。其实，党的建设和企业生产经营并不矛盾，有着一致的、共同的追求。企业党政领导体制分开有分开的好处，合有合的优势，只要有利于企业发展的就是好的。公司注重企业文化建设，善于从哲学上思考问题很好，如，“信仰是一滴水、信仰是一团火、信仰是一种力量。”有了信仰才有凝聚力、向心力、归属感，这也是“以德致胜”的企业文化内涵。比如员工面临被裁时，大家都不愿意走，体现了“家”的文化。中国就是个大家庭，五十六个民族五十六朵花，五十六个兄弟姐妹是一家。组织部门也倡导“家”的文化，建设“干部之家、党员之家、人才之家”，都诠释了儒家文化“家”的概念。企业归根结底是为了提升效益，要通过企业党组织和党员发挥引领示范作用，切实为企业的建设和发展提供动力。

第三，要联系支持抓指导。目前，公司在党建方面有很多好做法、好经验，但多数还停留在操作层面，怎样提炼总结，往深处拓展，还值得纵深挖掘，包括企业领导体制、人才队伍培养、企业文化、党员发展等。中央对企业党建很重视，作了很多探索，但相对于农村党建、高校党建、街道（社区）党建，企业党建还相对薄弱。由于企业的类型很复杂，相当于提出了更多更高的要求。今后，市委组织部和西区区委组织部要加强对公司党委的联系指导，进一步总结经验、挖掘典型。对于公司反映的生产经营方面问题，要在合理的区间寻求综合平衡，不能产生连锁反映。作为联系点，我也会积极协调，在政策范围和合理区间内为公司提供帮助支持。

在部机关新进人员集体谈话会上的讲话

2013 年 9 月 23 日

（根据录音整理）

今天，我们专门召开部机关新进人员集体谈话会，首先我代表部务会祝贺大家从这次遴选中脱颖而出，欢迎你们加入市委组织部这个大家庭。刚才，6 位新同志介绍了自己的基本情况和感悟体会，大家都谈的很好，借此机会，送给大家四句话：

第一句话，学会起跑。站在人生新的起跑线上，要学会起跑。就像田径运动员，要做好揉膝、压腿等热身动作，跑步过程中才不会受伤。人生会面临很多次起跑，但关键的只有几步。机遇永远垂青有准备的人。对大家来说，尽快熟悉市委组织部的工作程序、纪律要求、部风部规就是新起跑线上的跑前准备，为今后的工作奠定扎实基础。组织部门有很多优良传统和好的作风，特别是习近平总书记提出的“讲政治、重公道、业务精、作风好”的“12 字”要求，希望大家认真学习、用心揣摩，老同志也会对大家进行传帮带。中国传统文化强调逆境成才，人生就是在错误中成长，人生要有“两吃”，吃得苦、吃得亏，所以，希望大家今后能够正确对待工作得失，从哪里跌倒就从哪里爬起来。组织部是一个温馨的大家庭，组工干部要正直正派、稳重低调、不张扬，这也是我们倡导的部风内涵，一定要贯穿到今后的工作和生活中。

第二句话，学会练笔。机关工作很大部分是文字工作。工作要有提升，就必须经常进行梳理、总结和提炼，就需要依靠文字来体现。文字工作不是瞎编乱造，而是来源于思想基础、事实基础和理论基础，然后对其进行拓展、深化、延伸。练笔就是练眼力、练功力，要多看、多写、多练、多动脑筋。组织工作的文字和其它部门的还不一样，大家过去写得好，现在不一定写得好；其它文章写得好，组织部门的文章不一定写得好。所以，练笔是个新的过程，把过去的一切放下，重新开始。组织工作政治性很强，方法可以创新，原则不能创新，在练笔过程中要灌输这种理念和思想，体现原则性、严谨性和细节性。

第三句话，学会重复。有的人最怕重复，不希望重复做一件事情。其实，“重复”一词具有很深的哲学内涵。大家不要怕重复，要学会重复，大到组织工作，小到一篇文章，生活中总是充满重复。比如一份材料，不厌其烦地反复修改，最后可能一下子突破，就越过了临界点。太阳每天都是新的。大家的工作也体现出这种内涵，工作每天都是新的，在重复的背后，实际上是不重复。人生是个过程，重复不是机械地复制，要在重复的过程中不断积累和沉淀，要在重复中寻找规律、寻求方法，找到突破口，工作起来就会如“庖丁解牛”般游刃有余，努力成为专业型组工干部。

第四句话，学会选择。组织部门在党政系统具有独特的地位和作用，有独特的运行管理系统、独特的精神风貌、独特的文化和独特的团队。人们常说，选择了组织部就选择了“进步”，这种“进步”并不完全指的是职务职级上的晋升，更主要的是水平的提升、心灵的净化和内心的升华。人生会面临很多选择，不同的选择路径就有不同的人生走向，是选择做圆滑的“鹅卵石”还是做锋利的“刀刃”，结果也大相径庭，选择做“鹅卵石”则意味着选择了随波逐流，但也因此会沦为别人手中的玩物；选择做锋利的“刀刃”则意味着选择不断磨砺。选择了组工干部，其实就是选择甘于奉献、甘为人梯，要保持独立的思考、独立的人格，耐得住寂寞、守得住清苦。人生价值的体现主要是岗位价值的体现，不要去与别人攀比，只要感觉到充实、快乐、阳光、积极向上，就是无悔的人生，有价值的人生。要坚信一分耕耘，一分收获，组织的培养、个人的努力、事业的机遇，组成了你们的人生成长轨迹，希望大家在新的工作岗位上务实低调，在生活上阳光快乐，在人生的道路上越来越好，充满鲜艳色彩。

在全市村（社区）“两委”换届工作会上的讲话

2013 年 9 月 30 日

（根据录音整理）

刚才，省委、省政府召开了全省村（社区）“两委”换届工作会，范锐平部长作了动员部署，强调要深刻认识村（社区）换届工作的重要意义，牢牢把握正确方向，严格依法依规开展换届选举，高标准高质量完成换届各项工作。范部长的讲话，政策性强，要求明确，是我们做好这次村（社区）换届的重要遵循。省民政厅黄厅长、省委组织部周部长，对做好“两委”换届工作作了具体工作部署。各县（区）、部门（单位）要认真抓好贯彻落实。下面我就贯彻落实省上会议精神，扎实做好我市村（社区）“两委”有关换届工作，讲三点意见。

一、注重识人辨才，把握村（社区）好干部标准

换届工作的核心是选出好干部，选出好干部是为了能更好地推动工作、促进发展。习近平总书记提出了“信念坚定、为民服务、勤政务实、敢于担当、清正廉洁”的二十字好干部标准，是新时期我们所有干部的共同追求和行为准则；省委提出了“重品行、重实干、重公认”的用人导向，是好干部标准在干部选任中的具体体现。同时，省委号召要在全省大力培养“兰辉式”的好干部，为我们做好村（社区）干部选拔指明了工作方向

前不久，省委召开了全省组织工作会，省委王东明书记在会上强调，要着眼全省工作大局，大力培养选拔党和人民需要的好干部。省委下发了《面向全社会公开遴选优秀干部和人才工作 2013 年度实施方案》，将大力实施“优秀年轻干部人才递进培养计划”，到 2018 年，计划分期递进培养优秀干部人才 6.2 万名。今年，首批培养 12200 名，其中乡（科）级培养对象和村（社区）主要负责人后备人选 10000 名左右。选好村（社区）干部，做好村（社区）“两委”换届选举，是落实省委好干部培养计划的重要环节，关系到党在基层政权基础是否稳固，关系到市委、市政府的重大决策部署在基层的贯彻落实是否到位，关系到农村、社区基层群众的生活是否幸福。

在这次村（社区）换届中，要选好村（社区）干部，首先要明确“选什么人”“选什么样的人”，把省委提出的政治素质好、带领能力强、服务能力强“一好双强”选人标准具体化、本土化，体现攀枝花的特色。要选好“一好双强”村（社区）干部，需要我们练就一双慧眼，看准人、识准人、辨准人、用准人。落实“一好双强”标准，要把握好以下几个方面的具体要求：政治素质好，就是要求干部政治

党悟高、党性强，在大是大非、重大事件和重大工作面前，立场坚定、纪律严明、服从领导，始终做到与党中央保持一致；就是要求干部有公心、讲奉献，不贪不占，不谋私利，对人公平，处事公正，在群众中有良好的口碑。带领能力强，就是要求干部能站到发展的最前沿、冲在维稳的第一线、身处民生建设的主战场，善于带头发展，带领群众发展；就是要在新村建设、征地拆迁、项目推进、产业发展、基础设施建设、城市发展建设等急难险重工作中，敢闯敢试，敢于担当；就是要善于化解矛盾纠纷、处理突发事件，成为保稳定、促和谐的主力军。服务能力强，就是要求干部坚持两手抓，既抓好经济发展，又抓好党的建设，坚持服务发展、服务民生、服务群众、服务党员，发挥好党组织的领导核心作用；就是要善于做群众工作，走群众路线，与群众有感情，把群众冷暖挂于心，履职尽职，勤政务实；就是要关注民生，贯彻落实好党的惠民利民政策，特别在帮助群众解决上学、看病、就业、养老、住房等实际困难上有作为、见成效，为群众谋福利。

二、突出关键环节，选拔一批村（社区）好干部

这次村（社区）党组织换届选举工作，从今年10月上旬开始，到2014年春节前基本结束。要统筹村（社区）党组织和村（居）民委员会换届，原则上村（社区）党组织要先于村（居）民委员会进行换届选举。换届工作的具体要求，会后市委组织部、市民政局将专门下发文件。重点要突出抓好五个关键环节。

第一，严格把关资格条件。村（社区）“两委”换届选举的核心目标，是选好配强村（社区）“两委”班子，尤其是村（社区）党组织书记、村（居）委会主任。各县（区）、钒钛产业园区要紧扣这一目标，精心制定候选人资格条件，以资格条件来选能人、卡庸人、弃懒人。制定资格条件时，要坚持“一县（区）一策”“一乡镇（街道）一策”，细化村（社区）党组织书记具体标准，明确村（社区）党组织人选应具备的政治素质、服务能力、道德品行的具体要求。乡镇（街道）党（工）委要严格资格条件审查。各县（区）、钒钛产业园区可结合本地发展和稳定的需要，合理设置年龄、学历等资格条件，选好配强村（社区）党组织负责人。

第二，完善选举方式。村（社区）党组织选举坚持“两推一选”，根据党员、群众推荐和上级党组织推荐的情况，由村（社区）党组织研究提出候选人初步人选，报乡镇（街道）党（工）委批准，再举行党员大会选举产生新一届村（社区）党组织委员会成员。主要程序包括：推荐候选人初步人选、群众测评、组织审查、确定正式候选人、投票选举、公示、乡镇（街道）党（工）委审批任命。在选举中，可先选委员，再选书记、副书记；也可以直接选书记、副书记和委员。对正式选举出的班子成员，进行不少于5个工作日的公示。村（居）委会换届要在党组织的有力领导下，依法推选村（居）选举委员会，依法搞好选民登记，依法进行候选人提名，依法做好选举日投票工作。

第三，做好人选推荐。对道德品质好、履职能力较强、工作成效明显、群众广泛认可的优秀村（社区）干部、大学生村官、致富能手、专业合作组织负责人、回乡创业人才、复转军人、务工经商人员、辖区“两新”组织党组织负责人等，乡镇（街道）党（工）委要重点掌握，优先推荐为委员或书记的候选人。对城市近郊村、重大项目实施村、党建示范村（社区）、后进村（社区）的党组织书记人选，乡镇（街道）党（工）委审查后，上报县（区）委组织部、钒钛产业园区工委审定。对继任提名的村（社区）干部，要严格考核承诺目标践行情况，未完成目标任务的，不得继续提名。加大大学生村官培养和选拔力度，符合条件的大学生村官要通过选举担任村（社区）党组织副书记，特别优秀的要推荐参选村（社区）党组织书记。

第四，加强换届配套建设。要以村（社区）“两委”换届为契机，增强村（社区）整体服务能力和水平，加快推进基层服务型党组织建设，统筹抓好团组织、妇女组织建设。全面落实“一定三有”政策，尤其是落实好市政府调整后的村（社区）干部待遇、办公经费标准。坚决防止挤占挪用经费的行为，保障基层组织不断提升为民服务的能力。建立干部“试用期”制度，规定干部当选后6个月为试用期，倒逼当选干部努力实现发展目标。建立干部实绩档案，加强对当选干部任期承诺目标落实情况的管理考核，做到承诺一件、登记一件，兑现一件、销号一件。设置干部“双向”考核指标，根据干部容易犯的错误、群众反映多的问题，设置“正、反”双向考核指标，正向指标引导干部创优争先，反向指标制约干部滑向后进。

第五，严肃换届纪律。全面推行乡镇（街道）党（工）委与候选人选前谈话制度，签订纪律承诺书。建立换届选举重大问题、重要信息、特殊情况报告制度，落实换届选举违法违纪问题专办制度，全面、动态掌握换届选举工作。加大查处力度，查处的典型案例要及时通报，对换届选举风气不好、整治不正之风不力，出现严重问题的，要按照规定追究有关领导责任。

需要特别强调的是，在一些民族村、困难村、矛盾复杂的村，要防止家支、家族、恶势力等对换届工作的影响，提前做好预案，加强纪律宣传，严肃查处违规事件，保证换届风清气正。对宗派势力、家支势力等控制选举、干扰选举、破坏选举、影响换届工作的因素，要消除在萌芽状态。

三、强化组织领导，提升村（社区）换届工作水平

村（社区）“两委”换届，涉及面广，任务重，政策性强，要求高，必须加强领导，精心组织，有力有序有章推进。

第一，落实领导责任。各县（区）委、钒钛产业园区工委要把村（社区）“两委”换届工作纳入重要议事日程，成立领导机构和工作机构。县（区）委常委要采取“一对一”“一对多”等方式，对口负责联系指导乡镇的村（社区）换届工作。要落实县（区）委书记第一责任人、联系领导直接责任人、乡镇（街道）党（工）委具体责任人的职责。各相关部门要做到认识统一、思想一致、各司其职、通力合作、强化指导、整体联动，确保换届选举工作顺利进行。

第二，做好分类指导。要根据前期摸底掌握的情况，分类指导村（社区）党组织换届工作。对经济发展较快、村（社区）班子团结有力、群众公认度高的村，要按照换届日程正常推进；对困难村、问题村、后进村，尤其是家族（宗族）势力，甚至恶势力对换届工作影响较大的村，要加大工作力度，强化工作指导，因地制宜制定换届工作方案。对个别班子软弱涣散的村，要先调整到位再换届。

第三，严格依法选举。村（社区）“两委”换届选举，要严格按照《党章》、党内有关法规和村（居）民委员会组织法等相关规定的要求进行，规范和完善选举的各项程序，做到规定动作一项不少，工作质量一点不降，不搞所谓的“变通”。

第四，加强统筹协调。各县（区）、钒钛产业园区要把村（社区）“两委”换届统筹起来，组织、民政部门要加强协作，相互沟通信息，统筹推进换届工作。在人事安排上，在研究村（社区）党组织班子人选的同时，要统筹考虑村（居）委会班子人选，事先做好有关工作。在换届时间步骤上，要合理安排各个阶段、各个环节的工作，保证换届工作递次推进，健康发展。在换届后续工作上，要做好新老班子交接、落选干部思想疏导、新任干部培训等工作，及时建立健全新一届团支部、妇代会、村务公开监督小组、村民理财小组等村级组织。

同志们，这次村级组织换届工作任务繁重，责任重大，涉及面广，影响面宽，我们一定要按照省、市委统一部署，以高度的责任感、自觉的行动、务实的作风，扎实做好村（社区）“两委”换届各项工作，为奋力推进我市“两个跨越”、在全省率先全面建成小康社会提供坚强的组织保障和基础保障。

在攀枝花市优秀年轻干部双向交叉挂职交接会上的讲话

2013 年 10 月 11 日

（录音整理稿）

今天，我们召开优秀年轻干部双向交叉挂职交接会，做一个挂职干部的正式交接，启动全市首批地企、地校互派优秀年轻干部双向交叉挂职工作。本次双向交叉挂职方案是经市委常委会审定通过的。成鸣书记特别强调，要让双向交叉挂职形成一种气势、一种声势，为年轻干部培养营造积极氛围。这足见市委对年轻干部培养工作的高度重视和紧迫需求。

选派优秀年轻干部双向交叉挂职是全市年轻干部培养“5211 工程”的重要举措，主要有三个特点：一是干部年轻化，选派的 14 名干部年龄都在 30 岁左右，最大的 1979 年出生，最小的 1985 年出生；二是学历层次高，全部都是本科以上学历，其中有 3 名研究生；三是精心挑选，各个单位都高度重视，特别是攀钢、十九冶、攀煤和攀枝花学院都给予了大力支持。可以说，这次双向交叉挂职对年轻干部培养工作起到了以点带面的作用。

借此机会，我讲这样三句话：

第一句话，要清楚的知道，没有年轻干部就没有攀枝花的未来。攀枝花的年轻干部很匮乏。因此，市委 5 月就下发了《关于强力推进培养选拔年轻干部工作的意见》，实施“5211 工程”。最近省委召开的全省组织工作会下发了“2 +6”文件，其中提出要实施“干部人才递进培养计划”，计划用 5 年时间在全省培养 6.2 万名各层次的优秀干部人才，涵盖了市厅级、县处级、乡科级和村（社）四个层次。从根本上来讲，省市的目标和要求是一致的。各县（区）、各部门在推进时要注意统筹兼顾，协调推进。

第二句话，各部门各单位要为年轻干部搭建健康成长的梯子。梯子的内涵很形象，楼梯也好，阶梯也好，都是我们更上一层楼的重要基础。梯子有柔性的梯子，有刚性的梯子，有面上的梯子，有隐形的梯子。作为组织，要为年轻干部搭建阳光的、积极的、健康的梯子，让年轻干部健康成长。要树立“早压担子早成才，不压担子不成才”的观念。压担子是有内涵的，并不是直铺台阶，违反成长规律，也不是单位换的越多就成长越快，而是要靠干部自身内心的积累，积累越多成长越好。多岗位历练就是帮助干部增加内心的沉淀。任何人的成长规律都有三个要素：组织培养、个人努力和机遇，三者缺一不可。个人能力再强，所谓自我感觉良好，没有组织的培养，不会得到成长；组织上培养，自己却没有水平，没有认真踏实的作风，也不可能成长；个人很努力又有才华，组织上也培养，但没有机遇，也是不行的。我们开展双向交叉挂职工作，让年轻干部去历练，就是对你们的培养，给你们提供机遇，搭建平台。希望在座的各位能把握机遇，珍惜平台，积累自己，沉淀内心，健康成长。

第三句话，年轻干部要善于找准自己的人生定位，做到“静”“境”“劲”“净”四个字。英国物理学家希格斯发现了上帝粒子获得诺贝尔物理学奖，是经过几十年的沉淀最终获得的成就；加拿大作家门罗，包括莫言，获得诺贝尔文学奖也是长期积累的结果。借此机会，送我们双向交叉挂职干部四个字：一是“静”：就是静心、静气。我们很多年轻干部都会有急躁的心理，工作上急于求成，想通过一件事情得到认可，想尽快地在人生的阶梯上晋升、提升。但我希望大家一定要把自己的心静下来，好好把握这一年的挂职时间，从头开始，在新的岗位上充分展现自己。人生重要的起跑线往往只有几条，不可能不断地起跑，但每次起跑都是一个新的开始；每次跑的长短也不一样，有时是马拉松考你的忍耐力，有时考你的智力，就像转弯的时候不能跑得太快，跑快了容易跌倒。我相信这一年的时间是你们人生成长路上的一次自我提升、自我完善的过程，因此一定要静心、静气做人做事。二是“境”：就是境界、环境。中央领导在讲年轻干部培养时提到境界，境界有思想境界、事业境界、情操境界、作风境界、职业境界和精神境界。在工作的过程中历练自己，让自己的境界得到升华，就要把自己看成一个普通人、一个在平凡的岗位上做出不平凡的事情的人，要在小事中做大事，在小事中享受成功的喜悦。同时还要学会接受并享受批评，在批评的过程中不断提高自我认识。被批评时往往很难接受，感觉很烦，但当你返过来看的时候，一定会心生感谢。另一个方面是环境，我们人生中会面对很多“逆境”，要学会在逆境中去历练自己、提升自己。第三个字是“劲”，就是干劲、劲头。中国文化强调稳重、踏实、有内涵，希望大家多做少说，拿出年轻人的劲头，拿出一种可行的、干事创业的激情去做好挂职工作。第四个字是“净”，就是干净。希望大家干净做事、干净做人。虽说人际关系比较复杂，也可能面对很多诱惑，但只要你内心保持一份清净，保持一份独立，保持一份个性，就能够保持干净，就会占有一个梯子、占有一条起跑线，就会得到收获。希望大家在新的岗位上历练自己，不仅要成长，更要成熟。就像玫瑰一样，成熟的时候是最美丽的；像成熟的蔬菜，虽然看上去很平庸，但吃起来味道却很好。年轻干部也是一样，做人做事一定要低调，必须要学会积淀，当你成熟的时候，才会有内涵。

最后衷心的祝愿大家在新的岗位上工作愉快！

在市老科协2013年重阳节会员大会上的讲话

2013年10月11日

大家上午好。在金秋十月、芒果飘香的丰收季节，全市老科技工作者代表欢聚一堂，共庆佳节。借此机会，我受赵辉副书记的委托，代表市委、市政府向各位老科技工作者致以节日的问候，并对各位老科技工作者为攀枝花发展做出的突出贡献表示由衷的敬意。

刚才聂会长做了很好的工作报告，增补了1名副会长，颁发了部分老专家的技术职称证书，举行了祝寿仪式，两位寿星代表做了热情发言，我听了之后，感到热血澎湃。今天，我是第一次参加市老科协大会，切实亲身感受到了老科协工作开展得勃勃生机，就像攀枝花的阳光一样，充满了活力，我很感慨、也很感动。在此，我讲三句话：

第一句话，希望市老科协继续保持“重心”。老科协不同于一般性的老年社会团体，是老有作为的重要老年科技组织。近年来，全市老科协工作呈现出工作队伍不断壮大、运行机制不断规范、发展活力不断增强的良好局面。全市广大老科技工作者充分发挥自身优势，紧紧围绕市委中心工作，深入开展科学普及、科技服务、科技咨询活动，特别是在钒钛资源综合开发利用、金沙江干热河谷生态治理、花城新区建设等重点工作中出谋划策，做了大量富有成效的工作，为全市经济社会发展做出了积极贡献。希望市老科协按照市委九届五次全会的精神，继续找准工作的定位和突破口，发挥门类多、学科多、老专家多的优势，积极参与科技活动，提供科技咨询，加强技术开发，在发展转型、节能降耗、保护环境、城镇建设、新农村建设等方面有所作为，为市委、市政府积极建言献策、贡献智慧。

第二句话，希望老科技工作者继续保持一颗“热心”。老科技工作者是党和国家的宝贵财富，是攀枝花跨越发展的重要人才资源。广大老科技工作者不仅工作时奉献了热血，而且离退休以后，继续发挥着余热，一辈子为了攀枝花，为了攀枝花一辈子。攀枝花的发展能有今天，与在坐各位老科技工作者做出的贡献密不可分。市委九届五次全会提出，到2014年全市GDP突破千亿元大关，2017年达到1500亿元，进入全省“第二方阵”，在全省率先全面建成小康社会。攀枝花发展的任务重、困难多、压力大，不进则退、小进是退、慢进也是退，希望各位老专家、老科技工作者也要有紧迫感、危机感，一如既往地关心、关注攀枝花发展，在市委、市政府勾画的蓝图中，积极贡献自己的才智，展现自己的才华，特别是在攀西战略资源创新开发试验区的建设中贡献自己的力量。

第三句话，希望社会各界继续保持对老科协及老科技工作者的“关心”。老科技事业是一项重要的光彩事业，中央提出科技兴国、科教兴国，市上也提出科技强市、科技兴市。老科技工作者是一笔财富、一张名片、一面旗帜、一份力量，对年轻人、年轻干部、年轻专家有一种传帮带的作用，有一种无形的示范带动作用。各级党委、政府和有关部门要从资金、政策、人才开发、课题研究等方面给予老科协工作实实在在的支持。各级老科协会员单位要切实履行职责，多关心、多支持、多帮助、多沟通，为老科技工作者发挥作用创造条件。人才的内涵是很宽泛的，人才不是以年龄来划线的，不是说退休了就不是人才了，人才是一辈子的事情。下一步，市人才办要进行研究，把老专家、老科技工作者一并纳入市人才工作的计划，市委组织部也会积极提供支持和帮助，努力形成做好老科协工作的整体合力。

“莫道桑榆晚，为霞尚满天”。衷心祝愿每位老科技工作者晚年生活更加幸福安康，创造出“夕阳无限好”的多彩人生；更期盼你们一如既往的关心攀枝花，共同谱写攀枝花更加美好的明天。

祝愿各位老专家、老科技工作者节日快乐，身体健康。

在西区调研工作座谈会上的讲话

2013 年 10 月 15 日

（根据录音整理，未经本人审阅）

今天，成鸣书记带领调研组一行深入西区调研经济社会发展情况。上午，实地查看了西区部分项目推进情况，刚才罗军同志代表西区班子作了汇报。部分市级部门作了发言，都讲得很好，都很实在。

通过这次调研，我有三点体会：

一是市委对西区寄托了沉甸甸的期望。西区区情独特，有其独特的经济地位、文化地位、发展地位。如何在只有 100 多平方公里的土地上，杀出一条发展的血路，值得西区班子深层次思考。新一轮发展周期已经来临，可以说是机遇和困难并存、机遇与挑战并存。虽然我们遇到这样那样的问题，但我们敢于面对问题，也有克服问题、攻艰克难的决心。虽然我们缺乏发展空间，但我们不缺发展时间，我们要用时不我待的紧迫感、危机感、压力感来抓发展。虽然我们地方小，但我们能够小中有大、以小见大。今天上午现场调研的几个点，不论是农村还是社区，不论是经济发展、文化发展，还是社会事业发展，都有很大的发展空间。所以，我们要有信心和决心做好各项工作。

二是西区新班子有新气象。去年第一次到西区调研，感觉大家精神不是特别好。但这次来，精神状态明显改变，有精气神、有精神支柱，这是一个很好的气象。我感觉新班子思路更加清晰，重点更加突出，工作情绪更加饱满，对工作出路也更加有信心。只要有个好班子、有支好队伍，我们就一定会有好的出路、一定会有好的未来。

三是逐步在甩掉“8・29”的阴影，呈现出来的是奋进的身影。“8・29”是阴影，现在呈现出来的是奋进的、阳光的、向上的、积极的身影。“多难兴邦”，一个国家、一个民族是这样，一个地方、一个单位也是这样，一个人的一生也是这样，都不可能一帆风顺。要善于变压力为动力，变被动为主动，变不利为有利，用积极的心态去看问题，去开拓创新，才能“柳暗花明”，有灿烂的明天。

关于下一步工作，成鸣书记还要作重要讲话。我先讲三点希望：

一是希望新班子再来一次新的起跑。一个地方和人一样，都在不断的起跑，希望西区再来一次新的起跑。这次起跑定位在百米冲刺，体现爆发力。同时，爆发力背后也要蕴含班子万米长跑的忍耐力。只有爆发力和忍耐力相结合，西区的发展建设才经得起历史和时间的检验，才经得起人民考验，才经得起社会评价，推进工作才更有力。

二是善于在逆境中集聚发展的正能量。当前，西区各项事业百废待举、百业待兴、百事待推。市委、市政府对西区的发展高度重视，市级各部门对西区的发展真情关心、真诚支持。我们要善于在困境中求出路，在逆境中求前行，在困难中求进取。“办法总比困难多。”组织选择了你在这个岗位工作，我们就要有这种信心和决心去开拓。希望西区立足实际，突出“小而精”，不搞“大而全”，在培育新的经济增长点上寻找新的出路，在结构转型中寻找新的发展方向，在发展特色经济中寻找新的力量，不断集聚起加快发展、科学发展的正能量。

三是努力打造一支能打敢拼的队伍。成鸣书记多次强调，攀枝花要打造一支能打实仗、敢打硬仗的干部队伍，要在急难险重一线、招商引资一线、信访维稳一线、扶贫攻坚一线“四个一线”培养、锤炼干部。今年以来，市委几次研究了干部议题，成鸣书记强调要分批统筹、联动推进，让每次选拔使用干部都形成一种积极的导向，形成良性的“地震波”。希望大家认真体会、感受市委的良苦用心，市委在真心实意为攀枝花的发展提供强大的人才资源和组织保证。另一方面，要按照全省优秀干部人才递进培养计划和市委“5211”工程的整体安排，进一步抓好年轻干部的遴选、培养、选拔工作。要进一步加大干部培训力度，干部能力素质要提高，还得“走出去”、开阔眼界、拓展视野，达到干部队伍整体提升的效果。要毫不松懈地抓好干部的教育、管理和监督，开展经常性的干部监督工作，对干部“拉拉袖”“拍拍肩”“跺跺脚”，寓监督管理于关心关爱之中。今年，西区出台了干部状态管理暂行办法，省上也很认可。下步，还要进一步细化和完善，让干部自我警醒、自我提高、自我完善，最终让干部在各自岗位都能保持积极的、清醒的状态。

同时，大家要有这样一种意识，“永远不要留恋你所在的岗位”。人生是个过程，人生价值的体现是岗位价值的体现。干部多些岗位、多些交流，对自身成长、成熟是有好处的。即使没提拔，对未来的路也是有好处的。因此，要看远些、看高些，不要仅仅局限于当前的岗位，不能小富即满、小富即安。今年以来，市上开展了较大规模的干部交流，在社会上引起了强烈反响。市委每次思考、调整、交流干部，都是从党的事业需要、攀枝花的发展需要出发，希望大家要站在这样的高度来看待，抱着积极的心态来对待干部交流、选拔工作。

在调研全市少数民族干部队伍建设时的讲话

2013 年 10 月 24 日

（根据录音整理）

民族宗教工作在国家的整个工作大局中位置独特、地位特殊。尤其是攀枝花作为现代化的资源型工业城市，现代化的背后有着深厚的民族内涵，民族宗教工作更显特别。近年来，市民宗委在民族团结进步、加快民族地区经济发展、宗教工作、少数民族干部队伍建设等方面做了大量卓有成效的工作，为攀枝花率先建成全面小康社会打下了坚实的基础。下一步的民族宗教工作，我觉得要注重“四势”：

一是跟紧当前中心大局的形势。市委九届五次全会为攀枝花进行了清晰的定位和规划，总体而言就是“阳光花城、南向开放门户、钒钛之都”，把攀枝花打造宜居、宜业、宜商，清山绿水、依山旁水、错落有致的现代化城市。攀枝花未来发展 GDP 还要上台阶，2015 年 GDP 总量达到 1000 亿，2017 年达到 1500 亿。要实现这些目标，离不开民族地区的发展。我们要秉承“一辈子为了攀枝花，为了攀枝花一辈子”的理念，围绕市委勾画的发展蓝图，同步推进民族地区经济社会发展，在全省率先全面建成小康社会。

二是把握好民族宗教工作发展的趋势。攀枝花虽然建市时间短，是一座年轻的城市，但年轻的背后也会有古老的东西，要善于挖掘其内涵和底蕴，以小见大，小中有大。近年来，攀枝花出台了一系列民族宗教政策，思路清晰，力度很大，但我们仍需进一步加强民族宗教工作调查研究，挖掘其潜力，提升其实质，使之服务于攀枝花的文化底蕴。同时，民宗工作、少数民族干部工作单靠一家、单枪批马是搞不好的，要注重上上下下，左左右右，互相配合，形成合力，这样工作才能做得更好。

三是发挥好少数民族干部队伍独特的优势。少数民族干部在攀枝花整个干部队伍的占比很大，如何发挥好少数民族干部队伍的潜力、激发其活力、振奋其精神尤为重要。要在急难险重、矛盾化解等一线工作中发现少数民族干部的身影，充分发挥少数民族干部的独特优势；要有意识地培养主体少数民族干部，兼顾其他少数民族干部；要注意打造少数民族干部典型，体现导向、展示活力、挖掘潜力，让少数民族干部有底气。

四是形成民宗工作独有的气势。有气势才有气场，有为才有位，不同干部有不同的用法。攀枝花建市晚，相比其他地方，我们的工作饱合度、工作的力度和工作的文化底蕴还有较大的差距。在今后的工作中，我们要与时俱进，善于选拔做群众思想政治工作的人才，切实加强对县区的指导，形成齐抓共管、上下合力的气场，推动民宗工作再上一个台阶。

关于少数民族干部队伍建设，我讲“三句话”：第一，认识的高度决定工作的力度。目前，部分县区对少数民族、宗教工作的重视力度不够，主要表现在少数民族干部的配备、培养、选拔和培训上。今后要进一步统一思想，把认识统一到民族宗教工作上、少数民族干部培养上来，实行领导亲自抓、有部署地抓，积极探索和研究向上输送优秀少数民族干部的方法和措施，把工作做好、做成，推进少数民族干部队伍建设上新台阶。第二，让少数民族干部努力不输在起跑线。民宗工作政治性、政策性、敏锐性很强，某种程度上政治性压于工作的重要性。民族地区由于教育落后，少数民族考生考取公务员的越来越少，少数民族干部队伍面临数量少越来越少的困境。我们要创新少数民族干部培养、少数民族党员管理、专业人才队伍培养的方式，加大少数民族干部的培训力度，努力做好基础性工作，推进少数民族干部的成长和成才。第三，建好少数民族干部培养的“蓄水池”。少数民族干部队伍在攀枝花举足轻重，培养一支少数民族干部队伍迫在眉睫。今后，我们要有意识的、制度性的、结构性的安排少数民族干部，在引进人才中注重少数民族干部的引进，不断加大少数民族干部补充力度，不断壮大少数民族干部队伍，不断提高少数民族干部队伍整体素质，从而培养更多更优秀的少数民族干部。

调研全市财政系统干部队伍建设座谈会上的讲话

2013 年 10 月 25 日

（根据录音整理）

今天先后参观了国库支付中心和国库、预算两个大处室，给我留下了深刻印象。总体感觉，财政系统有一支敢打硬仗、能打实战的队伍，内部分工精细、管理有方，队伍建设、干部交流、培训等工作走在了市级部门的前列。对下一步的财政工作，我讲“四句话”：

一是牢牢握好财政工作的方向盘。攀枝花的建设和发展一直以来很倚重于财政，既有利也有弊。近年来，攀枝花财政紧紧围绕市委、市政府中心工作和大局这个方向来推进工作，是正确的。就我理解，财政工作主要有两方面的内容：一是抓收入入库，二是抓支出管理。任何一个项目的开展都离不开资金支持，巧妇难为无米之炊。攀枝花受地理条件、人脉关系等影响，争取项目支持和资金支持比较困难，我们要想办法，寻求新的资金出口和渠道，带着感情去做工作，保障全市大局和急难险重、重大项目、民生工程等工作顺利推进。

二是事情越艰难说明我们做的工作越非凡。今年，全球经济总体下滑，我市迄今为止只完成了全年财政任务的40%，要确保实现财政收入增长，压力的确很大。但是，办法总比困难多。抓急解决不了根本问题，坐等更不是办法，我们要争取上级将攀枝花纳入中长期规划进行考虑，只有这样攀枝花的建设和发展才能有更多更稳定的资金支持。增加财源、培植财源的方式是多种多样、多渠道的，不能单靠财政局一家，需要大家齐心协力、努力工作，共同想办法、谋对策，不断增加财政收入。

三是要制造更多更充沛的财政红利。在财政收入上实现市委、市政府的目标，可以有不少办法，其中之一就是要集中大家的智慧，最关键的是要着力打造筹融资平台。一方面，要培植和增加新的财政增长点，不死守以往的老工业和老项目，既善于以小见大、小中有大、以小博大，又善于积少成多，集腋成裘。另一方面，要善于开源节流，把钱用在刀刃上，一手抓收入入库，一手抓开源节流，加强监管，有措施、有力度、有效果地推动财政工作，为全市经济社会发展提供强劲的动力和财力支援。

四是人生不一定精彩，但一定要有自己的颜色。机关工作就是一座独木桥，选择了机关，就选择不了当大官，也挣不了大钱，也出不了大名。人生的价值是通过工作岗位来体现，工作虽然很平淡，但是不能平庸。只要每天过得充实和快乐，积极主动做好工作，工作不出纰漏，这就值得肯定。每个人的人生起点、高度和平台不一样，实现人生的价值角度、过程就不会一样，我们要以平和、淡泊的心态，在平凡的工作岗位实现和体现岗位价值。

关于财政干部队伍建设上，我讲三点：第一，要切实抓好年轻干部的培养选拔。没有年轻干部，就没有攀枝花的未来。人的成长有三要素：组织的培养、个人的努力和人生的机遇，我们要以更开阔的心胸、更宽广的胸怀多输出、多交流、多培养年轻干部。第二，要加强干部的教育管理和监督。财政工作跟组织工作一样，职责很大，风险也很大。干部自身一定要自省，组织也要对干部多提醒、多交流、多关心，经常拉拉袖子、拍拍肩、跺跺脚。第三，要加大财政文化的培育和建设。财政干部一定要“丰富财学、提高财识、增强财力、改进财风、扩大财源、树立财德”，通过财政文化的建设，使我们对财政工作更加充满感情，使我们工作更加敬业，使我们在人生的价值取向上心态更加平和，做到“人生没有刻意，只有顺势而为”。同时，也希望广大财政干部把财政系统好的传统继续发扬下去，用越来越好的财政工作和财政事业支撑起攀枝花的美好明天。

在米易县调研工作座谈会上的讲话

2013 年 10 月 31 日

（根据录音整理，未经本人审阅）

今天，非常高兴陪同成鸣书记到米易调研工作。上午，实地查看了几个重点项目，刚才听了王飚同志的情况汇报。总体感觉，米易县发展思路清晰、动作有力、动力十足。可以说，米易县又处在了一个新的发展起点上。前一段时间，陪同成鸣书记先后调研了东区、西区，一路走来，我深切地感受到市委对县域经济发展十分重视，可以说，没有县域经济的发展，就没有攀枝花的的发展。对此，我有三点体会：

一是有提炼才有生命力。不论是企业的科技攻关，还是新村建设，都要体现品质提炼。这就要求我们的工作要动脑筋，要深度谋划、深入挖掘。

二是有特色才有吸引力。攀枝花的的发展必须走特色发展之路，无论是特色产业，还是特色农村、特色街道，有特色才有吸引力。

三是有底蕴才有潜力。一个地方的发展要有厚度，有文化内涵，才能发展得更好。不能片面追求经济的发展，还要注重社会、文化全面协调发展。比如，“米易”两个字具有很丰富的内涵，“米”代表物质文明，“易”代表精神文明。同志们可以深入研究，真正在全省、全国甚至全世界走出特色，打出名气。

关于下一步工作，我讲两点希望：

第一点希望，不是因为看到希望我们才坚持，而是因为坚持我们才看到希望。做一件事情、一件决策，都是一种坚持。不论是个人，还是一个单位，还是一个地方，只要坚持，我们就会有收获。就象我们种植粮食一样，要经过除草、播种、施肥、浇水等过程，这些过程就是一种坚持。工作中，只要我们认准，就要毫不犹豫地坚持下去。既要注重工作创新，又要注重事业传承；既要从大处着眼，又要从小处着手。

第二点希望，很多事情上，最大的浪费是选择的浪费。为了避免浪费，从一开始，就必须注重顶层设计，就必须想准、想好再动工，避免重复建设、劳而无功。敢不敢选择，取决于我们思想的高度，选择的好与坏，取决于我们的能力与水平。米易的自然禀赋、文化渊源、风土人情得天独厚，我相信，米易县“四大班子”在新的一轮机遇中，能够担当起领导县域经济的重任，也相信米易能建成安宁流流域一颗璀璨的明珠，甚至是我国西南边陲一颗耀眼的明珠。

我衷心祝愿米易的明天越来越好！

在全市组织工作会议上的讲话

2013 年 11 月 5 日

（根据录音整理）

这次全市组织工作会议是一次带全局性的会，市委高度重视，市委常委会专题研究，市委组织部开展了专题调研，在此基础上，形成了贯彻落实全国、全省组织工作会议精神的贯彻实施意见，我们内部简称“1 +5”文件，即一个市委文件加上五个市委组织部的配套文件，是省委“2 +6”文件的一个具体实施意见，内容包括干部工作、基层党组织建设、人才工作、关心爱护干部和老干部工作五个方面，文件已经市委常委会审议通过，待这次会后正式下发。稍后，成鸣书记还要作重要讲话。这里，根据会议安排，我简要讲两点：

一、对全市组织工作的简短回顾

市委九届三次全会以来，全市组织系统紧扣市委工作大局开展工作，围绕“干部工作出人才、组织工作出经验、人才工作出成果”总体要求推进工作，主要体现在：一是价值取向上，“崇尚实干”这四个字叫的更加响亮，坚持用好一个人激励一大片，用错一个人打击一大片，坚持在“急难险重”工作一线、招商引资工作一线、边远民族地区一线、信访维稳工作一线培养锤炼干部，坚持起用能打硬仗、敢打实仗、善打攻坚仗的干部，注重干部的精神状态和作风养成，注意引导干部把心思用在谋事干业上，引导干部站高一层、想开一点、看远一些，正确对待得失、正确对待进退、正确对待名利。二是干部工作上，坚持干部全市“一盘棋”的整体思想，坚持统筹联动的系统方法，“关心60后、重用70后、培养80后、储备90后”已成为大家的共识。比方说，今年的几次干部调整，我们把工作既做在明处，又过得把细，更经得起推敲，在全市上下引起不小的震动。为深入了解干部、研判班子，我们还分期分批开展了区（县）领导班子换届后跟踪考察、市级部门领导班子巡视考核、政法系统领导班子集中考核、部分有问题领导班子调研考核等工作，考核结果得到很好的运用。三是干部交流上，今年以来，先后对40多个部门和5个区（县）、涉及70多名干部进行了交流，无论是交流的广度、力度，还是交流的幅度、深度都是前所未有的，在全市干部队伍中引起良好反响。特别是对市级部门同一职位任职满7年以上的正职进行统一交流，对盘活班子、带动队伍起到了极大的促进作用。四是年轻干部培养上，今年5月，市委下发了《关于强力推进培养选拔年轻干部工作的意见》，经过单位推荐、组织筛选和面上摸排，组织部初步建立起了500名潜力型、200名培养型、100名备用型和100名储备型干部，我们叫“5211”工程。同时，创造性的开展了市级部门、区（县）干部与攀钢、攀枝花学院干部“一对一”双向交叉挂职，第一批14名干部已经挂职到位。培养干部更需要培训干部，我们紧扣“多点多级支撑发展战略”“三个加快建设”“急难险重”任务等中心工作，实施分类培训，选派干部到清华、浙大、复旦等“985”高校参训，抽调干部到各类培训基地、各级党校和行政学院轮训，这些都是费钱、费力、又费脑筋的事情，但同时又是利攀枝花、利各个单位、利干部个人的事情，所以我们组织部也乐意多做这方面的事情。五是基层组织建设上，我们用攀枝花的五朵花，即三角梅、凤凰花、蓝花楹、苏铁、攀枝花来比喻基层组织建设，打造了基层党建“五彩花城”工作的独特品牌，《四川政要参考》《四川党的建设》等多家媒体作了重点推广和介绍。同时，我们还塑造了7组群雕、28个先进典型，比如钢城螺丝钉、花城好大妈等践行群众路线的好典型，涌现出了丁爱谱等先进人物，带动了丁爱谱工作室在我市各社区如红旗连锁一样开展起来，体现了攀枝花做群众工作的独特方法，所以我们叫“爱谱连锁”。同时，我们和宣传部一道推出了纳尔河村支部的经验，在《四川日报》头版头条登载、《四川新闻联播》连续三天播出，在市内外引起极大关注。六是人才工作上，针对省委巡视组反馈的意见，开展了全市人才现状大调研，对我市人才把了脉，开了药方，突出抓了人才如何引进、留住、管好的问题，用一句通俗的话讲就是：对人才“想起来是高手、用起来顺手，干起来放手”，让广大英才努力为攀枝花贡献智力、展现实力、比拼才力。

通过对组织工作的一段简短回顾，得出几点有益的启示：一是组织工作必须坚持中长期、大视野，才有生命力，才经得起历史、人民和实践的检验。比如“5211”工程就是着眼攀枝花未来5年、10年到20年的长远规划，而不是着眼目前见指打指、就事论事，组织工作要着眼长远、多做打基础的事。二是组织工作必须既按规矩出牌、又要善于因势洗牌。组织工作的一个最重要品质就是讲规矩、讲程序，同时，组织工作又不能拘泥传统，摆老资格，有时必须突破惯性思维，从思维的狭缝中杀出一条新路。组织工作不能墨守成规，也要创新，但创新是在框架内创新，而不是无原则地创新。三是组织工作必须既把工作做清晰、又要给大家讲清楚，体现组织工作的透明度。对每一次的干部调整都要讲方法，对每一个干部的变动都要有说法。要敞开窗子说亮话，体现干部工作的公平公正，体现组织部门的底气。四是组织工作不能刻意，更不能随意；组织工作不可能让每一个人开心，但同时不能让每一个人有戒心。组织工作的红利不能覆盖所有的人，但组织工作的阳光要尽可能温暖到大多数人。

二、对下一步组织工作的几点要求

下一步的组织工作，总体要求将体现在成鸣书记稍后的重要讲话精神中，体现在市委的有关文件精神中，具体要求上，我简要强调八个方面：

一是关于培养选拔好干部问题。全国、全省组织工作会议以后，整个组织工作的主题、一根红线就是如何培养选拔党和人民需要的好干部。习近平总书记在全国组织工作会议上专门就“怎样是好干部，怎样成长为好干部，怎样把好干部用起来”这三个组织工作的本质问题进行了全面阐述，提出了“信念坚定、为民服务、勤政务实、敢于担当、清正廉洁”的好干部标准；省委提出了“重品行、重实干、重公认”的用人导向；市委提出了“五个带头、五个表率”的具体要求，这些重要的新提法、新表述，赋予了新时期好干部新的时代内涵，树立了新时期干部成长新的标杆，需要我们在工作实践中细细琢磨，反复揣磨。好干部来源于一线、来源于基层、来源于“急难险重”中，好干部不会来源于拉拢、不会来源于吹捧、更不会来源于“拔苗助长”中。

二是关于加强班子建设问题。加强班子建设，核心问题是选准配强班子，努力建设一支高素质的执政骨干队伍。根据中央和省委要求，今后，选配区（县）党政正职、专职副书记、政府常务副职及市级综合部门特别是“四个一线”重点部门的一把手，标准和条件将会更加严格，经历和能力将会更加注重。配备班子时，区（县）党政正职人选中一般要有1人担任过乡镇（街道）党政正职，乡镇（街道）党政正职人选中一般要有1人有乡镇（街道）任职经历。交流到区（县）任职的干部，如无地方基层领导经历，一般不直接任用为区（县）党政正职。所以，现在的导向就是重基层的导向、接地气的导向。为做好班子建设宏观工作，下一步我们还将重点推行班子结构控制和状态管理，立足我市资源型、工业型城市的特征，按照不同类型、不同区域领导班子特点，分类建立领导班子结构模型和领导班子动态运行台帐，实行班子情况“月更新、季分析、年评估”制度，把握“届初、届中、届末”三个重要时间节点，对班子进行综合研判，既考虑干部的学历、专业、能力结构上的合理性，又将考虑干部的性格、气质、经历上的互补性，根据不同结构选配人岗相适的干部。

三是关于年轻干部培养问题。没有年轻干部就没有攀枝花的未来。在对待年轻干部的问题上，我们所缺的不是伯乐的眼光，而是缺伯乐的胸怀。对待年轻干部，要大气、更要大度，要宽容、更要包容，既要让年轻干部挑担子，又要给他们压胆子。俗话说“早压担子早成才，晚压担子晚成才，不压担子不成才”，不能用领导干部的标准去衡量年轻干部，这样年轻干部永远成长不起来。按照省委“优秀年轻干部人才递进培养计划”要求，着眼于攀枝花未来5到10年干部队伍长远建设，大力做好年轻干部培养的基础性工作。最近，各个单位经过组织推荐和会议推荐，掌握了大量优秀干部，“5211”工程就有900名，高学历、多经历的很多，关键是怎样把他们大胆的用起来，这就考验大家的魄力。按照省委组织部的工作计划，结合攀枝花实际，我们将用5年时间在全市遴选1400名优秀年轻干部，其中市级遴选县（处）级培养对象400名、区（县）一级遴选乡（科）级培养对象和村（社区）主要负责人后备人选1000名，这个计划我们准备在群众路线教育实践活动结束后组织实施。

四是关于干部教育培训问题。坚持“抓什么训什么、管什么学什么、缺什么补什么”，分系统开展全覆盖培训，重点组织县级领导干部和乡镇（街道）党政领导班子成员全员培训，力争每3年将各级干部普遍轮训一遍。省委、市委对培训工作十分重视，特别是市委在财政压力大的情况下，舍得花钱组织干部外出培训，虽然培训的作用从面上看不出来，在效益上算不出百分比，但它潜在的影响、对个人的影响、对地方的影响是无法估量的。要不断创新培训方式，拓展培训渠道，有计划地安排干部到井冈山、延安等革命老区开展党性教育；到北大、清华等国内知名高校和广东省委党校、上海市委党校等培训基地开阔思路眼界；选派优秀干部参与“挂包帮”活动、“援藏”行动和到“四个一线”接受实践锻炼，与省级部门、北京西城区等发达地区、上级机关、攀钢、攀煤等驻攀大型国有企业、攀枝花学院等高校院所继续开展双向交叉挂职工作。干训工作也要创新，要走出去，多学习借鉴、多开阔眼界。

五是关于从严管理与关心爱护干部问题。一方面，对干部要从严管理，进一步建立健全干部谈心谈话全覆盖制度，不仅市委领导要谈、组织部要谈、各单位的一把手也要定期、不定期地和干部谈话，分层级、分类别、分类型地进行谈话。加强对干部经常性敲打提醒，要对干部常常咬咬耳朵、拉拉袖子、拍拍肩膀、踩踩脚。对干部苗头性、倾向性问题早提醒、早打招呼，防患于未然。要从制度入手解决问题，下一步将建立领导干部决策终身负责制度，试行党政领导干部履行干部选拔任用工作职责和任期经济责任“双责联审”制度。同时，要加强对干部日常性的管理和监督，建立干部个人廉政档案，实行新提拔干部任职承诺制度，对配偶子女均已移居国（境）外的干部将实行职位限入和提拔限制，不得担任重要部门、重要岗位领导职务。另一方面，对干部要关心爱护。参照省委有关区（县）委书记职级高配政策，市委将考虑对经济发展成效突出、区域辐射带动作用明显、艰苦边远民族地区及在党政正职岗位任职时间较长的乡镇（街道）党（工）委书记，符合条件的，经推荐考察，其职级可高配为副县级。建立基层党组织书记定期表彰制度，市委将每三年集中表彰一次优秀乡镇（街道）党（工）委书记和村（社区）党支部书记，对受到表彰的同等条件下优先提拔使用，特别优秀的我们还要推荐到省上去表彰。同时，特别强调要多关心干部的身心健康，掌握干部思想动态、心理动态，注重情绪疏导，让干部既工作好、生活好，又心态好、身体好。

六是关于人才工作问题。主要讲三句话：着眼于“引得进”。市里建立了100－500万元的市长引才基金，用于高端、特需、关键岗位特殊类人才的引进，划出了100个事业编制单列，用于急需紧缺高层次人才的引进，着力打造人才聚集的高地。到2020年，力争打造和引进10个高层次领军型创新创业项目团队、200名高层次人才、100个国外智力项目，力争有1－2个项目团队成为省级顶尖团队、1－5名人才进入国家和省级海内外高层次人才引进计划。实践证明，攀枝花经济社会要发展，要建设攀西国家级战略资源创新开发试验区，实现2017年以前GDP达到1500亿元的目标，必须要靠人才创新驱动、高端引领。致力于“用得好”。大力实施“钒钛之光”人才培养和工业优势产业、特色农业、旅游、公共服务、现代服务业“五大人才”培养、宣传文化系统“四个一批”人才培养、农村土专家培养等项目，着力打造各类人才汇集的洼地。到2020年，力争培养400名市级及以上各类别的专家，50名优秀企业家，8000名高技能人才和60名农村土专家。想办法“留得住”。人才强，则攀枝花强；人才兴，则攀枝花兴。我们将探索人才在攀服务年限津贴制度，建立高层次人才待遇增长机制，积极研究解决事业单位职称评聘脱节的问题。要妥善解决人才居住、配偶安置、子女入学、学习培训、医疗保健等问题，真正实现事业留人、感情留人、适当待遇留人，打造人才干事创业的宝地。

七是关于基层党建工作问题。要深刻把握基层党组织“服务型”的内在要求，进一步建立完善领导干部联系基层、机关干部联系群众、定期下访接访、结对帮扶等制度，帮助解决群众关心的切身利益问题。要大规模优化调整现有党组织设置，农村基层党组织要推进村村联建，建立强村带弱村、先进村带后进村的服务型联合党组织；街道党组织要建立大工委或联合党工委，符合条件的辖区党组织负责人可兼任街道党工委委员，城市社区要逐步推行大党委制。要转变党组织功能，推行不同领域党组织功能由管理向服务转变，不断健全完善党员群众服务中心，努力构建党员干部服务群众的实践平台。要以村（社区）党组织集中换届为契机，选好选准配强基层党组织书记，注意选派机关干部、优秀大学生村官到群众工作薄弱的村（社区）担任“第一书记”，注意选拔优秀大学生村官进入村（社区）党组织班子。基层党组织建设的一个着力点就是出典型、出经验，要牢固树立“急难险重在哪里，典型经验就出在哪里”的工作理念，紧紧围绕全市重大项目、五创联动、交通枢纽、旅游新村建设等重点工作推进基层党组织建设，创建基层党建“五彩花城”工作品牌。注重发现典型，挖掘经验，辐射带动各领域基层党建工作创新发展。

八是关于老干部工作问题。要带着感情做老干部工作，认真落实好离退休干部的各项政治和生活待遇。各区（县）、各部门（单位）要加强老干部党组织建设，无论在攀的，还是在蓉的、在外地的离退休干部党员3人以上的，建议都成立离退休干部党支部或党小组，有了党组织，离退休干部心灵上就有慰藉，就能得到感情上的疏解，这项工作请各单位重视起来。要不断丰富老干部学习活动内容，做好问题答疑和政策解读工作，重要会议、重大活动要邀请离退休干部参加，不定期组织老干部参观沿江景观打造、花城新区、红格旅游小镇等全市重大项目。要建立重大决策、重要情况不定期向老干部通报制度，今后市委老干部局将以书面简报的形式向老干部通报市委、市政府重大决策部署和重要工作情况，同时老干部工作要纳入党建目标考核和一把手谈话内容。

最后，我强调一下群众路线教育实践活动。第一批群众路线教育实践活动正进入整改阶段、即将收尾，市县两级群众路线教育实践活动即将拉开序幕。如何做好这一工作，大家已在网上、报纸上、新闻上都看到听到了不少外地好的经验和作法，这次活动的开展与前几次相比有很大不同，比如说民主生活会，大家都感受得到，习近平总书记参加了河北的民主生活会，做了非常精彩、非常重要的讲话。希望各区（县）、各部门（单位）提前介入，提早谋划，为即将开展的群众路线教育实践活动做好思想上、心理上和行动上的准备。

在2013年党政储备人才引进外出招聘工作行前动员会上的讲话

2013年11月6日

（根据录音整理）

“5211”工程作为攀枝花市年轻干部培养和长远建设的一项重要工程，重点要掌握500名潜力型、200名培养型、100名备用型、100名储备型的人才。储备型人才是指大学毕业后，为攀枝花未来10年、20年长远建设而引进的储备人才，市委很重视，在组织工作会上，成鸣书记专门强调了年轻干部培养的重要性，赋予组织部很大的责任。

今天开会的主题是赴外招聘党政储备人才，即是出征壮行又是工作部署动员。申部长他们进行了精心的布置和安排，详细的规划了路线行程，我多次听取了汇报，行程安排和工作方式都很好。全国2000多所大学，顶尖大学即985高校有39所，211高校有116所，其中四川有5所。这次引进的重点是985院校，能把北大清华的人才引进来当然更好，关键看评委们会不会说、用不用心。攀枝花具有自己的独特优势，此次出去要重点推介攀枝花的风土人情，人文地理，历史沿革和阳光花城建设，你们任务很重，身上寄托了市委沉甸甸的重托。我在这里讲四句话：

你们是组织的眼睛。市委给了招聘组每位同志一双慧眼，要用一双慧眼去发现、物色、遴选优秀人才到攀枝花来工作。首先要看“准”，看一个学生是否是人才，第一眼很重要，但第一眼重要并不等于正确，必须要看准；其次要看“清”，一个人的人品、才学，需要通过多种方式来印证，比如说查阅档案、了解背景，集体面谈等，字写得好坏也很重要；第三要看“远”，要通过观察，了解考生的潜质，看考生是否愿意来攀枝花，是否能安心呆在攀枝花，是否具有发展潜力等。

发现考验我们的眼力。攀枝花相对偏远，需要能吃苦的人，需要能通过工作历练沉淀下来的人才，能不能选到我们需要的人才，考验评委的眼力强不强，眼光远不远。有的学生笨嘴笨舌，不代表一定不行；有的学生侃侃而谈，但到了单位却不能安心工作。评委首先要用标准来衡量，用智慧来识别。其次要会看人、选人、识人，要用智慧、理性、耐心去发现人才。

学会用审美的眼光来做事。一个人的美不在于外表，美在内心、美在人品、美在才学、美在人的潜力。不能完全从外貌看这个人才，但也需要注重良好的形象，年轻人需要精神抖擞，充满活力，穿着得体、有气质、有品位。在选聘人才的工作过程中，要注重细节，从细节入手，从细微处着眼，不放过任何细小的东西；要注意方法，方法决定质量，如果报名人多，就要好中选优，如果人少，就要另辟蹊径；要注意各个学校的不同，结合攀枝花专业、民族等需求特点，把人才引进扩展到非理工、非金融、综合类的院校，甚至可以扩展二本院校；要注意安全，一个评委组就是一个整体，工作人员要注重纪律，领队要加强约束，保证安全第一。

带着责任从这里出发。市委赋予了招聘组沉甸甸的责任，希望大家充满信心，加强与各个高校的对接。通过学校网站、广播、海报等宣传方式，增加攀枝花市的知晓度和美誉度，把攀枝花市宣传好、介绍好，达到引进一人带动一片的良好示范效果。

希望大家平安空手出去，平安收获回来。

在市委组织部机关干部职工大会上的讲话

2013 年 11 月 7 日

刚才，大奇同志传达了成鸣书记在全市组织工作会议上的重要讲话，大家能够感受到，成鸣书记对组织战线的同志十分关心、十分看重。成鸣书记强调，组工干部既要甘为人梯，又要健康成长，组织系统的干部政治上可靠、业务上精湛，是一支干实事、打硬仗、靠得住的干部队伍，市委对这支队伍是满意的，我听了都很感动，这是对我们组工干部的巨大鼓舞。我是去年 11 月 7 日来到攀枝花工作，今天刚好满一年。一年来，与大家朝夕相处，结下了战斗的友谊、深厚的情谊，我很感动的是，组织部的每一位干部在每一个岗位上默默无闻的奉献，虽然大家都处在不同的工作岗位，但是我们都有共同的坚守，不在乎身外的名利与得失，在乎内心的收获与满足。虽然我没有经常跟每位同志交流，但是我一直都在关注大家，大家工作的主动性、自觉性十分强，我很放心，希望大家继续保持这样一种状态，不要小富即满、小富即安。借此机会，我讲四句话：

第一句话：不必仰望别人，自己就是一道风景。机关工作是“独木桥”，职务职级都关系我们的切身利益。大家经常说，选择组织部，就选择了进步。这个“进步”是内心的进步、情感的进步、能力的进步、历练的进步，而不是职务职级的晋升。选择组织部，就选择了做“人梯”，就选择了奉献，我们希望大家都能成长，但我们不能保证每个人都成长。大家要有宽容的心态，只要你内心充实，就不会失意。

第二句话：一个人快乐不快乐，不在于拥有得多，而在于计较得少。人生就是一个长途跋涉的过程，拥有得多，负担越重，有可能走不完人生的路；计较得少，就轻装上阵，很可能快快乐乐走过一生。心态决定状态，心态越好，工作的精神状态越好。有人说：人与人之间的差别，就在晚上的八点到十点，这句话很深刻。我之所以要求组工干部少交往、少应酬，是因为认识的人越少，拥有的时间越多，就能够经常看书、深入思考、精进业务、照顾家人，就会有更多属于自己的快乐。

第三句话：人生好比做文章，如果造句错了，就永远没有修改病句的机会。今年以来，各个处室的文字水平都有很大提高，可以说组织部工作质量的提高，很大程度上是文字上的提高。特别是今年的“1 +5”文件，是对我们历年来成果的集中展现，体现我们每一个人的智慧。大家要做指尖上的组工干部，一方面是手指敲打键盘，在电脑上写文章；另一方面是开会时要动手记录，注重在平时收集领导的思想火花和精彩言论，实际上记录的过程也是自己锻炼提高的过程。但我们的手指不能套在手机上，永远不要做手机的奴隶，要做手机的主人，要在工作上保持通讯顺畅。

第四句话：当你上坡的时候，要对周围的人好一点。人的成长，有先有后，有快有慢，每个人的经历不一样，人生走向就不一样，有时候最后上坡，有可能最好。一个人的成长规律关键是三个方面：组织的培养、自身的努力、人生的机遇。人生就像跑道，有一百米跑的爆发力，有万米跑的耐力，还有拐弯处考验你的智慧，谁坚持下来了谁就获得成功，用跑道比喻人生很贴切。组织考虑干部的成长，不求最早，但求更好，体现在无声处、体现在不经意间、体现在润物细无声。人与人之间不比其他的，比谁笑到最后。我在组织工作会上讲的：既要工作好、生活好，又要身体好、心态好，同样适用于组工干部。归结起来就是一句话：快乐工作、轻松生活。

在调研钒钛产业园区座谈会上的讲话

2013 年 11 月 17 日

（根据录音整理）

园区在攀枝花的地位独特而特殊。各级领导非常重视园区工作。对园区的发展有三点体会。

一是园区大有可为。园区要抓住攀西国家级创新资源战略开发试验区等重要契机，充分利用好平台优势，推动下一步大发展。

二是园区要顺势而为。园区要专题研究如何突破投融等关键瓶颈资障碍，实现做大做强的既定发展目标。

三是园区要事在人为。对于人员编制问题，一方面要争取市上支持，同时也要积极自寻出路，增强自我造血功能，创新人才引进培养方式，不单纯依靠行政事业编制解决问题。只要是申园需要的编制、机构、人员，市委组织部、市委编办将给予全力支持。园区要加强队伍建设，可通过遴选、选调等方式充实力量；要强化队伍管理，特别要避免干部出现过去的问题，同时要确保人尽其责；要树立信心，鼓舞士气，进一步凝聚广大干部职工干事创业的合力。

在部机关新提拔干部任前集体谈话会上的讲话

2013 年 11 月 19 日

首先表示祝贺，我为大家感到高兴。上次在推荐会上我讲过，组织部门要体现范仲淹的两句话：“先天下之忧而忧，后天下之乐而乐”。组工干部要有奉献精神、人梯精神，要追求这两句话，不追求最早，但追求更好。我到攀枝花工作后，一直在思考怎么搞好新时期组工干部的自身建设，组织部的干部，每个都要成长，这个成长不是职务上的成长，而是内心的成长。这次提拔了 6 个干部，工作做得很扎实，整个过程很平稳，很有成效。借此机会，我讲四句话，与大家共勉。

第一句话，珍惜履新岗位。大家通过竞争上岗、海推走上新岗位，很不容易。我常说的，人生成长有三个要素：组织的培养、自身的努力、成长的机遇。没有组织的培养，你们就没有今天；没有个人的努力，你们就没有今天；没有抓住机遇，你们也没有今天，机遇都是留给有准备的人，你们有了准备才会有今天。不能说机关工作就走不好，不能说组织工作就走不好。虽然我的工作经历都在组织部，很单一，但单一的背后有多岗多位。我在省、市委组织部每个岗位工作时间都很长，一步步走过来的。大家都比较年轻，部龄都不长，要珍惜这个岗位，时刻自勉，谨记走的早不如走得远。要多历练自己，把学习、积累、提炼这六个字贯穿人生的始终。要学习，选择了学习就是选择了进步，不学习肯定不行；要积累，积累的过程就是沉淀的过程；要学会提炼，在工作中不要闷起做事，要多思考自己的工作怎么来突破、怎么来切入、怎么来贯通。

第二句话，定准工作坐标。有三个方面：一是要把握方向。从宏观上讲，组织工作主要是对上负责，对下负责是间断的、隐性的、间接性的，处里的工作对分管部长负责，分管部长对我负责，一级对一级负责。要明白自己在处里该做什么，不该做什么，紧紧围绕市委中心工作这一方向来思考问题，不能懵懵懂懂，东一榔头西一锤子。二是要多动脑筋。要融入环境、站有高度、思有角度，要站在市委角度，从全局思考问题，围绕市委中心大局工作。今年以来，部里的文字材料、信息工作很有进步，实现了质的飞跃，所以提拔也是对你们工作的认可。一些工作表面上做不出成绩、看不到效果，但其实很快就能取得很好的成绩，所以一定要多动脑筋、多出成果。三是要注重细节。细节决定成败，组织工作要讲政治性、原则性、专业性，不能出硬伤，不能出差错。

第三句话，守住人生的底线。组织工作有很多诱惑，有亲情的诱惑、小恩小惠的诱惑。世间万事万物和人都是相通的，就像非洲动物大迁徙，河马如果不能迅速过河，就会被鳄鱼吃掉，上了岸有老虎、豹子盯着，闯了过去又将遭遇沼泽，危机重重。人也是这样，大家生活在社会中，社会是很复杂的，结交的朋友越少，你拥有的时间越多，你思考的时间就越多，成长得越快，在繁华、功利的背后，要耐得住寂寞。中央强调，广大党员干部要耐得住艰苦、顶得住歪理、经得住诱惑、管得住小节。这句话同样适用于组工干部，只有这样才能不仅走得快、走得好，而且走得远、走得阳光。

第四句话，吐露成长芳华。组织工作是人梯的工作，当不了很大的官。从经济学的角度，价值是通过价格来体现，而组织工作的价值是通过岗位来体现。要想走的远，首先要在岗位上出色，成长的空间才大。很多人把人生比作小树苗，比作花，当上副处长、处长等一定层次的职务，就好比树上的花开放的时候，叫吐露，这句话很形象，很有内涵，退休的时候就结果了，人生也达到一定的高度。组织部工作最忌讳什么，最忌讳急躁、浮躁、烦躁，不克服很难走远。成鸣书记、张剡市长对组织部的干部高度评价，是我们组工干部的强劲动力，大家在这样的大环境生活，在这样的团队中工作，因为你们机遇好一点，所以你们要成功一点，希望你们越走越好。

在市委党的群众路线教育实践活动暨“走基层”活动办公室主任会议的讲话

2013 年 12 月 16 日

（根据录音整理）

群众路线教育实践活动的重要性大家都深有体会，在网络、电视等诸多宣传媒体上都有详细地报道。群众路线教育实践活动是习总书记提出来的，“走基层”活动是东明书记提出来的，两个活动的侧重点不同。在中江现场会上，东明书记提出“走基层”活动要迅速行动，以现场会的形式落实这项工作。群众路线教育实践活动，省上现在进入整改、收尾阶段，第二批活动进入预热升温阶段。

市委高度重视群众路线教育实践活动的开展，今年 7 月份就成立了领导机构和工作机构。成鸣书记 12 月 2 日作出批示，“‘走基层’活动方案和协调小组组建方案要上常委会审议”。我们按照活动要求，迅速成立了专门工作机构。12 月 5 号，省上召开现场动员部署会；12 月 12 日　省直机关工委副书记汤建平来攀督查调研，对攀枝花“走基层”活动所做的前期工作给予了充分肯定。下面，我讲 4 点意见：

一、“两个活动”要形成“两次声势”。思想上认识一定要到位，活动办能解决的问题就要解决。春节期间各单位任务重，人员紧，市委组织部三分之二的人员要参与进去。两个活动有一个衔接问题，“走基层”活动是现在开始到明年3月份结束，群众路线教育活动明年1月下旬要进行统一部署。活动是一个接一个的，市委贯彻省委要求非常坚决，成鸣书记要求十分明确，就是要把“两个活动”抓实抓好、抓出成效。形成声势主要靠宣传，要提早介入，加强宣传，营造强大声势，让群众感觉到“两个活动”的效果。

二、“走基层”活动要突出“传导压力”。成鸣书记在常委会上专门说到“五个一”，在方法、内容、理念、宣传上都要细化、分解。“走基层”活动，要做到“两个全覆盖”，一是所有的村和社区要全覆盖；二是市、县、乡机关要全覆盖。同时，要注意三个统筹，一是组织机构要统筹，市、县、乡组织机构要形成一致，不能另搞一套，搞所谓的“创新”；二是方法要统筹、统一，成鸣书记在常委会上明确要求，“三本台账”市上拿出一个样本，各区县的台账要统一，不要做得不符合标准、要求，要相应加强督促检查；三是内容要统筹。在中江现场会上，我们看到的“三本台账”都做得很完善、很细化，有负责人、有宣传资料。要注重挖掘新的典型，以点带面。

三、群众路线教育实践活动要突出预热升温。“走基层”活动与群众路线教育实践活动的进行存在时间差，它们之间是递进的关系。走基层、解难题是群众路线教育实践活动的一个前期工作预热，作为这项活动的参与者、组织者，就要把它做好。经费上要注意节约，达到效果。要注意收集省内外的典型经验和做法，借鉴好的活动成果。

四、“两个活动”要注重抓好落实。各工作组要及时分解任务、制定台账、细化方案、有序推进；要学习文件，加强活动研究，及时解决工作中的问题和难题；要注重成效，注重方法，既要有声势又不走形式，既要有创新又不唯创新；要突出细节，注重内涵，注意节约，使“两个活动”和岁末年初的工作双促进、双丰收。

在“走基层”活动中走访调研迤沙拉村联系点座谈时的讲话

2013年12月17日

（根据录音整理）

刚才听了大家对迤沙拉村发展的建议，虽然只是三言两语，但都是发自内心，很好。市上、区上、镇上，对迤沙拉都高度重视。为什么重视你们，没重视其他村呢？你们想一下，是因为迤沙拉村历史文化深厚，是攀西地区的一张名片。我看到迤沙拉村的未来光明，有很大发展潜力，可以打造成引路的典型。希望大家要上下齐心，拧成一股绳。

刚才云洲部长提到的“群策群力推动发展”说的很好。有了好的思路，但如果大家各自为政，最终还是没有出路。现在迤沙拉村未来发展的路子已经越来越明确了，要紧紧扭住“旅游、文化、产业、发展”的牛鼻子，来推动迤沙拉未来的发展和建设。对于下一步的发展，我认为有四个关键点。

一是抓观念。抓观念的根本目的就是要让全村上下联动。光是村“两委”班子成员有好的想法、思路，党员群众不支持、想不通，也不行。要通过各种方式，让大家看到村上产业发展的前景和未来才行。抓观念说起来很简单，做起来很难。观念的转变是一个很长远的过程。一个是生活观念的转变，要让村民有现代人的意识，从农耕文明向生态文明转变，这是一个慢慢的转化过程。比如你们卖独具特色的民族服装，就会产生“连锁效应”“传导效应”。这个人买了，他回去一说好看，人家可能自驾车下次开过来又买。不要奢求生意一下子就很火爆，开始可能一、两个月都没人买，但一、两年后慢慢就有人买了，十年二十年后生意就慢慢地来了，要注重潜力。攀枝花到昆明的高速路通了，就打通了成都到昆明交通的要道，要把迤沙拉作为成昆线上的旅游“点位”，游客走到这里刹一脚，就算不住一晚，也要在这吃顿饭，买件你们的民族服装。迤沙拉村历史文化积淀深厚，我们不要奢求高端，但要看潜力。任何东西有文化、有积淀，才有生命力。很多地方以前很有名的村，现在都衰败了，最主要的原因就是文化传承不够。所以，村上要想些办法，转变大家的观念，统一大家的思想，鼓励大家多看、多了解外面的世界。抓观念，既是一个长期的过程，也是一个当务之急，一个短期需要解决的问题。

二是抓发展。大家方才都说的很好，迤沙拉村就是要抓有特色的发展。但是现在，每家每户都各自为政。刚才，我走了几户，发展的产业都不一样，第一户种的苞谷，第二户养了几只羊、两头猪、还喂了一些鸡，都是低端农牧产品。发展的根本还是抓特色，这样“一村一品”才有特色，然后再实现规模化、集约化。要结合迤沙拉村缺水的环境，选择适合干热环境生长的抗旱作物，比如葡萄。我听说好多家庭不愿意发展葡萄，觉得费神费力，有些人愿意干又管理不好。建议你们走专业合作社的路子，不要各自为政。年初，我到国胜乡的一个村，它就引进了一个山西的老板，发展大棚种黄瓜。那个地方原来是种玉米的，大家不愿意改种黄瓜，山西老板就先建了一个大棚，请当地的农民给他打工。一年后，收成很好，村民都看到了，老板就又扩展了很多大棚，精品包装黄瓜，专门往北京、上海超市。那个村本来很穷，现在村民全部都建大棚种蔬菜、黄瓜，我觉得这种方式也很好。在推广一个项目过程中，大家各自为政是不行的，有些人观念也转不过来，觉得玉米、花生种得好好的，你要我改，我就是不改，大家不要觉得不能接受，要花时间先进行宣传、多进行宣传。比如葡萄可以赚钱，大家就会考虑下次就要种葡萄了，但是种葡萄需要技术、需要水，村上就要首先解决水的问题，已经引了水管上来，下面还需要蓄水池，现有蓄水池来支撑产业发展是不够的。我去过巴中，巴中也是高山，也很缺水，他们就有很多蓄水池。我们也要把水塘的储蓄起来，今年雨水很好，蓄水池千万不能漏水，要做好水的储存工作，既要保证生产需要，也要保证生活需要。迤沙拉现在有很多招牌，这些都是争取项目、资金、政策的本钱和底气。这一点跟其他村比起来有优势，所以一定要善于利用中国历史文化名村这块牌子。

三是抓文化。积聚人气需要时间，是一个长期的过程，要先从仁和、永仁这两个区县开始聚集人气，上次彝族火把节做得很好，吸引了很多人，要继续把这种影响往外辐射，往楚雄、丽江、大理那边辐射。其实好多人看过了丽江、大理，也很想去看一下其他地方。现在，人们的旅游观念变了，迤沙拉就要抓住发展机遇和历史契机。迤沙拉有原始的旅游生态环境，没有过度开发，要保持好自己的特色。要注重细节上的打造，先从卫生抓起来，房前屋后多搞绿化、多栽花、多栽树。大家都要有注重环境美化的意识，每家每户都鲜花盛开，争取形成阳光花城·迤沙拉。要形成迤沙拉的品牌效应，形成迤沙拉葡萄、芒果、核桃、土豆、红薯等独特的品牌，把整个村集中起来，产生规模效应。比如花生，卖法不同价格也不同，弄一个精致的包装盒，少量装，便于携带、价格适中，游客可以随手带走，这样就能就地取材、就地生财。要因地制宜，利用现有的农作物发展经济，等条件成熟了再来搞规模化，再来搞深加工。

四是抓人才。要留住村里的年轻人，他们接触过外面的思想理念，可以为村上发展出谋划策，对村上发展很有好处。一要发挥好现有人才作用，经常组织青年人一起开展活动，把村上的年轻人团结、凝聚起来；二要做好人才回引，利用重大节庆等机会，开回乡农民座谈会，用感情留住人才；三要学会广泛引智，要开展迤沙拉村发展建议、意见大征集，广泛征集群众意见，并进行梳理，多找好的点子，拓宽发展思路。刚刚，区上汇报的新型农民培训做法很好，要进一步加大力度，让参加培训的农民接受新的观念，并带动一片，通过轮训，慢慢更新群众的发展理念。

现阶段的当务之急，一是要把现有的农产品整合起来，推销到市、区各大超市，打造迤沙拉的农产品品牌。但是，也不能一下子摒弃现有的农业产业结构，花生、红苕都不种了，大家全部来尝试新的产业，这也不行。产业结构调整是个长期的过程，需要逐步慢慢进行调整，最终形成“一村一品”。农产品包装一定要精细化、精品化，比如花生，把一样大小的挑出来，进行精包装、进超市，价格自然就上来了。我在内江看到过的精包装的糯米、面、黄豆等四五样组成的综合礼盒包装，值十几元的东西就卖到了五六十，农产品的附加值就提高了。所以，一定要就地取材，比如说玉米，可以打成颗粒卖、打成粉卖，把农产品变成商品，增加附加值，从而打造出品牌。二是把周围的山利用起来，能够让来旅游的人走到山上去，从山上再看村一定就更漂亮了，可以修个亭子，打造一个融入彝族文化的地方性、地标性的建筑，同时，村民房前屋后也要注重彝族文化打造。要鼓励大家穿民族服装，让民族文化保持生命力。迤沙拉是个很好的地方，打造它是个长远的过程，我相信，只要大家一起努力，迤沙拉未来的发展一定会越来越好。

在全市“走基层、解难题、办实事、惠民生”活动工作会议上的讲话

2013 年 12 月 18 日

按照省、市委的要求，从现在起到明年 3 月底，在市、县（区）、乡镇（街道）机关中，集中开展“走基层”活动。市委高度重视这项工作，市委常委会专题组织学习，研究审定活动方案，成鸣书记还第一个到联系点走访，为全市干部作出了表率。今天召开这个会议，就是贯彻落实省委、市委要求，对我市“走基层”活动进行安排部署。下面，我讲三点意见。

一、坚决贯彻落实省、市委要求，明确开展“走基层”活动的目的意义

开展“走基层”活动，是省委东明书记在教育实践活动第三环节启动阶段亲自提出、组织、推动的一次全省性的党的群众工作集中行动。省委对这次活动高度重视，专门成立了协调小组和办公室，东明书记亲自审定活动方案和实施意见，并要求“走基层”活动不仅今年要做，以后还要形成制度和规范，每年确定一个主题，每年集中一段时间，坚持不懈地抓下去。省委还在德阳市中江县召开了一次规模大、规格高的现场会，专门安排部署“走基层”活动。上周，省委督查调研组就到我市进行督查，要求适时召开“走基层”活动推进会，形成强大声势。市委贯彻省委要求非常坚决，成鸣书记要求非常明确，就是要把“走基层”活动作为当前一项重要政治任务，抓实抓好、抓出成效。各县（区）各部门要增强政治敏锐性，充分认识活动的重要意义，坚决贯彻落实省、市委要求，迅速掀起“走基层”活动热潮。

第一，开展“走基层”活动，是贯彻落实十八届三中全会精神的重大举措。党的十八届三中全会明确提出：“人民是改革的主体，全面深化改革要坚持党的群众路线，充分发挥人民群众的积极性、主动性、创造性”。当前，我市处于全面建成小康社会的攻坚阶段，“发展不足，发展不够，发展不充分，发展不均衡”的现实问题依然存在。市委提出，到 2020 年，攀枝花要全城全域建成小康社会。实现这一目标，关键要尊重基层群众的首创精神，在群众中汲取改革发展的动力。各县（区）各部门要直面群众意愿，聚焦发展弊端，通过“走基层”活动，问计于民、问需于民、问策于民、问效于民，凝心聚力推动我市“两个跨越”目标的实现。

第二，开展“走基层”活动，是做好新形势下群众工作的重要途径。坚持党的群众路线，就是时刻把群众安危冷暖放在心上，及时准确了解群众所思、所盼、所忧、所急，把群众工作做实、做深、做细、做透。开展“走基层”活动，能够深入群众、吃透基层、增进与群众的感情；能够杜绝“眼高手

低”“遇到问题绕道走”等当前群众工作的问题，改进群众工作方法。各县（区）各部门要借这个活动，拿出更多的时间和精力到基层去、到一线去、到经济落后、问题突出、矛盾比较集中的地方去，以为民务实的实际行动赢得群众的拥护和信赖。

第三，开展“走基层”活动，是推动第二批党的群众路线教育实践活动预热升温的重要前奏。明年1月下旬，第二批教育实践活动就将启动。解决“四风”问题，是党的群众路线教育实践活动的重心和关键。开展“走基层”活动，就是要教育引导广大党员干部增强群众观点，先学先改，迅速在全市形成声势，为全面开展第二批教育实践活动预热升温。各县（区）各部门务必防止“搞形式”“走过场”的错误倾向，思想上真正重视起来，行动上切实紧张起来，以新气象、新面貌、新作风，推动“走基层”活动见到成效、取信于民。

二、突出工作重点，力求“走基层”活动取得实效

开展“走基层”活动，要牢牢把握“2543”目标任务，就是要巩固“三大主题教育”活动和“中国梦”主题教育活动“两项成果”，突出“倾听一次群众意见、走访一次困难户、开展一次感恩法制教育、建立一套联系群众的长效机制、解决一批群众反映的热点难点问题”“五个一”任务，抓好“集中走访基层、化解矛盾纠纷、办好惠民实事、建强基层组织”四项工作，建好民生诉求、困难群众、稳定工作“三本台账”。

就活动的具体任务和要求，市委已下文作出部署。在这里，我着重强调四个方面的工作：

（一）全面完成市委提出的“五个一”任务。一是倾听一次群众意见。市委提出的同步建设小康，是所有村（社区）、所有群众共同的小康，在建成小康道路上“一个都不能少”。各级各部门下去听意见时，要分村、分户征求奔小康存在的问题，特别是在产业发展、道路交通、乡村旅游、社会保障、教育文化、基层干部作风等方面的问题，做到村情社情、户情民情、期盼愿望、问题困难“四个知晓”。在征求意见时，要注意覆盖面，重视来信、来访等送上门的意见，把群众意见听够、找准，防止重复征求意见。要把收集的意见进行梳理登记，指导帮助村（社区）据此建立“三本台账”。二是走访一次困难户。在1月30日前，各县（区）各部门要结合“百千万·干群心连心”活动，组织机关干部走访一次联系户。走访活动要做到“两个全覆盖”，就是机关干部全员参与，村（社区）联系户全部走访。临近元旦、春节，在走访过程中，要广泛开展“暖冬行动”，对联系户进行帮扶慰问，对群众反映问题的解决情况进行反馈，就明年帮扶事项进行沟通了解。各单位走访情况要登记成册，及时检验走访效果。三是开展一次感恩法制教育。在“中国梦”活动中，开展的感恩法制教育效果很好。要继续深化感恩法制教育，在为群众做事的过程中，教育引导群众牢固树立主体地位，增强感恩情怀、感恩精神。要根据基层实际情况，选择集中或分散的方式，运用事例教育、法律宣讲，引导群众学法、知法、懂法，善于依法维权。政法部门要把“转变作风，司法为民”活动引向深入，在基层中广泛开展。四是建立一套联系群众的长效机制。对已有的领导干部联系指导基层制度、“百千万·干群心连心”、机关党员到社区“双报到”等制度，要在运行中听取群众意见、不断完善；根据新形势、新任务的需要，探索建立起群众诉求表达机制、群众工作科学评价机制、群众工作舆情监测、研判、预警、应对机制等。各单位还要与联系村（社区）建立沟通、联系和帮扶制度，推动联系群众工作常态化、规范化，防止活动“一阵风”。五是解决一批群众反映的热点难点问题。“走基层”活动时间紧，任务重，我们既不能“包打天下”，通过活动解决所有问题，更不能无所作为，成为走形式、搞过场。每个单位、每名机关干部必须帮助联系村、联系户至少解决1个问题，特别是在解决群众生活困难、反映干部作风等方面，要立说立行、立查立改。

（二）规范建好“三本台账”。市委要求，要把建好“三本台账”作为一项重要内容，叫响“三本台账”。建立“三本台账”，重点是做好“建账”“议账”“销账”“晒账”四项工作。一是分类建账。

春节前，每个村（社区）都要建立起完整、规范的“三本台账”。市上将统一模板，县（区）要统一印制，乡镇（街道）、村（社区）要按规定建立台账。民生诉求台账，就是收集群众关心关注的热点难点问题，主要涉及经济发展、基础设施、交通、环保、医疗卫生、文化教育等；困难群众工作台账，就是收集困难群众的信息，主要涉及低保、五保、重度残疾人，以及因各种原因造成的住房、生活、医疗、就学、就业困难人群等；稳定工作台账，就是收集涉及社会稳定的信息，主要有征地拆迁、工农矛盾、民工工资等矛盾纠纷，以及各类重点人员的信息等。二是集体议账。乡镇（街道）、村（社区）要认真梳理收集到的信息。对涉及面广、影响大的民生信息和维稳信息，要准确核实，专人跟踪。对台账中反映的问题，按照属地管理、分级负责原则，通过集体商议、综合研判，形成解决问题的措施方案，确保各类问题得到及时有效处理。三是限时销账。按照科学、规范、高效原则，在规定时间内，分级分类对信息进行处理。对收到的信息，能够就地处理的，一律及时处理；不能就地处理的，在5个工作日内召开专题会，研究措施，形成本级自行处理方案；对本级不能处理的信息或重大维稳信息，第一时间上报上级相关部门处理。市、县（区）部门要帮助基层，特别是所联系的村（社区）解决问题、及时销账。四是公开晒账。对已处理的问题，要通过口头、书面、电话等形式，自上而下反馈办理结果。办理结果既要向反映问题的群众反馈，还要向社会进行公示，主动接受监督。要做好台账资料的归档备查，按照“谁建帐、谁处理、谁归档”的原则，做到一事一记一档。活动结束前，要组织专门督查，确保“三本台账”落到实处。

（三）抓好群众路线教育实践活动预热升温。“走基层”活动，是第一批教育实践活动整改落实阶段的重要内容，既独立成篇，也要与当前和即将开展的各项重点工作紧密结合、统筹推进，为第二批教育实践活动打基础、作准备。一要抓紧组建第二批教育实践活动组织机构。第二批教育实践活动马上要启动，各县（区）、各单位要抓紧成立领导小组和工作机构，抽调精干力量，着手开展准备。要把“走基层”活动的机构和群众路线教育实践活动的机构统筹起来，合理调配工作力量。二要抓紧开展调研。这次教育实践活动的主要任务是聚焦作风建设，尤其是集中解决形式主义、官僚主义、享乐主义和奢靡之风这“四风”问题。前段时间，市上通过发放调查问卷，召开各层面、各领域座谈会，调研掌握了我市“四风”问题的具体表现。各县（区）、各单位要以“走基层”活动为契机，广泛征求本地本单位“四风”问题的具体表现，早启动、早介入，开展先学先改、边查边改。三要准备活动方案。按照省上要求，市、县（区）要形成“1＋N”活动方案，就是形成一个活动总方案，分行业、分领域形成活动具体方案。各县（区）、各单位要把“走基层”活动征求到的意见，运用到活动方案中，着力推动问题解决。四要抓好村（社区）换届工作。选好带头人、配强好班子、建强党组织，既是“走基层”活动的重要任务，也是为群众路线教育实践活动做好组织准备。各级机关干部的一项重要任务，就是督促帮助村（社区）推进换届工作，选出好的带头人，制定出新的发展规划。近期，市上将对产业村、山区村、民族村，商业社区和工矿社区等，进行工作督查和调研，分类型掌握村（社区）在教育实践活动中需要解决的突出问题，抓点带面，做好活动准备。

（四）典型示范推动活动开展。春节后，要适时召开现场会，既总结推广“走基层”活动的先进典型，又扎实抓好群众路线教育实践活动征求意见环节的工作，形成强大声势。要发挥典型引路作用，通过推出一批服务民生、服务群众的先进典型，保证活动有亮点、有影响。各县（区）各部门从现在开始，就要做好推出典型的准备，积极挖掘活动中的先进典型。在抓典型时，要把握好三点：一要突破惯性思维。要在原有的党建工作典型外，重点挖掘一批“三本台账”建立规范、问题困难解决及时、工作方法创新有效的新典型，每个县（区）都要有3－5个先进典型。二要拓宽选点视野。不要把目光只盯住农村、社区出典型，还要把视野放到机关、企业等其它领域，使各个领域、各个层面都有一批有影响力的先进典型。三要突出特色亮点。相比其他市州，攀枝花各领域基层党组织数量较少、规模不大，打造典型时，一定要突出特色，体现出攀枝花鲜明的地域特征和工作亮点。

三、传导工作压力，推动“走基层”活动落到实处

这次活动时间紧、任务重、要求高，各县（区）各部门要把“走基层”活动作为一项重大政治任务，下功夫抓好落实，以良好的精神状态确保活动有声势、有力度、有效果。

（一）传导思想压力，强化领导带头。今年以来，主题教育实践活动比较密集，特别是时值岁末年初，有的单位反映事多任务重、人员精力不足，有的干部存在懈怠情绪，容易出现走马观花、蜻蜓点水，图形式、走过场、做表面文章。对此，各级干部特别是领导干部要有政治敏锐性，头脑要清醒，认识要到位，必须真心带着感情和责任沉到基层，做到一个环节不差，一个动作不少，一个程序不丢。各级领导干部要身体力行、率先垂范，带头完成“五个一”任务，帮助基层建好“三本台账”；机关党组织要在农村、社区建立联系点，解剖麻雀，抓点带面；机关干部要全员参与，认真走访基层，帮扶联系户。要严格遵守中央八项规定和省、市十项规定，对违反群众工作纪律、合理诉求不予以解决、矛盾纠纷不予以化解、回避推诿工作责任而造成恶劣影响的，要严格问责、严肃处理。

（二）传导工作压力，强化督促指导。历次活动最有效的经验，就是好的效果出自于严密的督查。协调小组办公室专门设立了指导组，负责整个活动的督促检查。指导组要加强各指导小组的工作衔接，指导各小组分别提出工作方案，形成整体工作指导方案。各指导小组要主动作为，突出重点领域督查，执法监管部门和窗口单位、服务行业要突出正风肃纪，重点解决门难进、脸难看、事难办等问题；政法系统要开展好“转变作风、司法为民”活动，重点解决徇私枉法、群众打官司难、执法便民利民不够等问题；信访和群众工作部门要做好领导接访下访工作，重点解决督办落实信访事项不够、方法手段单一等问题；教育系统要重点解决边远山区上学难、学校乱收费、师德师风不正等问题；卫生系统要重点解决群众看病难、看病贵、医患关系紧张等问题。

（三）传导社会压力，强化倒逼整改。干部下没有下基层、有没有帮助联系村（户）解决问题，要自觉接受群众监督，接受联系村（户）评判。宣传部门要坚持正确的舆论导向，积极组织新闻媒体全程参与，全方位、大容量、高密度、广覆盖地宣传报道，形成“干部下基层、群众得实惠、基层得发展”的良好氛围，用正面典型激励人、鼓舞人。要加强考核，逗硬奖惩，对走访拖沓、建账缓慢、解决问题不力的，及时提出批评、限期整改；对群众反映强烈的问题，长期拖而不决，决而不行的，要实行跟踪报道，倒逼推动整改。

同志们，开展“走基层、解难题、办实事、惠民生”活动，意义重大，影响深远，我们一定要按照省、市委的要求，克服厌倦情绪和应付思想，把功夫真正用在察实情、出实招、办实事、求实效上，做到工作、活动两结合、两不误、两促进，为在全省率先全面建成小康社会、谱写伟大中国梦的攀枝花篇章”作出新的更大贡献。

谢谢大家！

在全市国土系统干部队伍建设座谈会上的讲话

2013 年 12 月 24 日

（根据录音整理）

国土资源工作政策性、政治性、专业性、敏感性十分突出，单位特征、工作特征、事情特征十分明显，既“有形”又“无形”，有形的是土地、资源，无形的是工作中的委屈、泪水和压力，工作很不容易。总体感觉，国土资源局的业绩、队伍、班子精神面貌和整体形象都很不错，业务、内部管理也比较完善，有其自身独特的文化传承和支撑方式。对下一步的国土资源工作，我想讲“四句话”：

第一句话，要勇于承担起科学利用和保护资源、防治灾害的政治责任。要牢固树立“四种意识”。一是大局意识。攀枝花土地资源利用率虽低，但存量也不少，要充分认识到国土资源利用保护不只是国土资源部门自身的事情，而是全市性的工作，是牵一发而动全身的工作。国土资源工作有“两条线”，一条是底线，一条是红线，“红线”不能碰，“底线”更不能越，要把握好政策“边界”。二是问题意识。国土资源局主要有土地资源、矿产资源、地质灾害防治三大块工作，整个攀枝花的地质灾害防治工作做得非常好，但也要在潜移默化中形成一种意识，对自己产生一种无形的影响，达到“润物细无声”的效果，因为人生有可能因无形中的一句话、一张图纸而受影响。三是创新意识。一个人在一个处室或者一个单位呆久了，就容易看不清，要跳出“只缘身在此山中，不识庐山真面目”的惯性思维。创新的内涵是很宽泛的，一个工作，甚至一个总结都可以创新，要不断地总结突破自我，因为总结自己的过程同时也是提升自己的过程。四是忧患意识。攀枝花迄今为止还未出现过重特大的泥石流、滑坡等地质灾害事件，但问题不容忽视。虽然地质灾害不是频繁发生的，但是发生了后果就会很严重，要切实做好地质灾害的防范整治工作，确保不出现重特大地质灾害事件。

第二句话，要切实做好群众路线教育实践活动的预热升温。群众路线教育实践活动是习近平总书记提出来的，“走基层、解难题、办实事、惠民生”活动是省委书记王东明到对口联系的中江县调研以后提出来的，“走基层”活动是党的群众路线教育实践活动的前期预热，二者是递进关系，省、市、县、乡机关所有干部都要走基层，不只是领导走基层。“走基层”可以增进与人民群众之间的感情，国土资源局要领导带头、班子成员带头抓好“两个活动”的落实，把这个活动紧锣密鼓地推动起来，充分利用基层国土资源所这个载体切实走下去看看，通过“两个活动”形成一种声势，形成气势，让大家进一步振奋精神、凝聚力量，在自己的岗位上快乐、阳光、向上、积极地开展工作，重新焕发新的活力。

第三句话，要像呵护自己的眼睛一样呵护自己的队伍。大家在一起共事是一种缘分。魏宏省长曾经说过：“你可以选择自己的朋友，可以选择自己的配偶，但是你无法选择自己的同事。”我们在一个团队、一个集体里面工作，就像是一家人。然而，机关工作就是“独木桥”，只有职务和职级，很多人却看不透。人的一生很多时候都是在走平路，很少上台阶，很少爬楼梯，要学会“看透”，不去计较个人得失。另外，国土资源局要下决心大力培养年轻干部，采取下派锻炼、交流等形式培养干部，做好人才队伍建设工作，积极向组织推荐优秀干部人才，助力干部成长成才。

第四句话，要站在组织给定的位置上扮演好自己的人生角色。“国土人”这支队伍非常优秀，很多人长时间在自身岗位上默默无闻地展示着自身的价值。然而，人生起点、高度、历练不一样，结局就不会一样。国土局是敏感性、高风险岗位，更需要耐得住寂寞、守得住小节、顶得住歪理、抵得住诱惑。干部都是人，人都有七情六欲，都有思想，要用刚性的制度来约束自我，锤炼自身定力，努力让自己沉淀下来，让自己的人生更充实。正如有人说的那样，正部、副部，最后都一起散步，正局、副局，最后都是一样的结局。退休之前把工作干好，退休后把身体养好，退休前比工作好，退休后就是比活得好。

（二）调查研究

1 月 28 日　下午，到市委党校调研党校建设和发展工作。他指出，市委党校在下一步工作中，一是要用够载体，积极争取上级院校支持，充分发挥党校的主体功能作用。二是要整合资源，充实教师和教学管理人才队伍，鼓励引导党校教师开展教学和科研。三是要着眼长远，明确新校区的功能定位，积极稳妥地推进县级党校办学体制改革工作。

1月30日　到盐边县北部国胜、渔门等乡镇开展工作调研，详细了解盐边县北部地区社会经济发展情况和党员干部队伍建设情况。

1月29日　深入到东区银江镇阿署达村和社区走访慰问困难党员、困难群众、职工和老党员。

1月31日　先后到市二医院、市中心医院、市中西医结合医院干部保健基地看望慰问干部保健工作者，并召开座谈会。他强调，干部保健人才要从“细”字入手，从“真”字落实，为干部、知识分子身心健康保驾护航。相关部门要主动为干部保健工作者排忧解难，做到政治上关心、事业上支持、生活上照顾。

2月5日　下午，成鸣书记、张剡市长等看望慰问韩国宾、孙本先等老领导，熊伟同志陪同慰问。

3月6日　省委组织部副部长、省委编办主任王川在攀枝花调研指导机构编制工作，并看望市委编办机关工作人员。熊伟同志陪同调研和看望。

3月20日　与北京市西城区委组织部接洽互派干部挂职事宜。

3月21日至31日　在中央组织部全国组织干部学院参加全国市委组织部长任职培训班。

4月23日　上午，市“四大班子”及机关干部职工向芦山“4·20”地震灾区捐款仪式在会展中心举行，市委常委、组织部长熊伟出席仪式并捐款。

5月10日　上午，到市老干部活动中心施工现场，专题调研活动中心建设项目。

5月23日　到联系点——仁和区平地镇迤沙拉村宣讲中国梦。迤沙拉的梦就是要实现让村民过上城里人一样生活的梦，让老百姓的生活品质不断提高，而不是只满足于吃饱穿暖的追求。要紧密结合旅游新村建设，紧紧依托民族文化和历史文化特色资源，注重在新村建设、品牌包装等方面注入“谈经古乐”等俚濮文化元素，大力发展特色农业和乡村旅游，不断增加村民收入，提高群众生活质量。

5月29日至30日　省委组织部副部长、省人才办主任刘东率调研组到攀枝花开展组织工作大调研，熊伟同志主持贯彻省委十届三次全会精神以及“实现伟大中国梦、建设美丽繁荣和谐四川”主题教育活动情况汇报会，并陪同调研组到钒钛产业园区、攀钢集团研究院开展实地调研。

6月5日至6日　带领市委市政府慰问团赴凉山州木里县看望慰问我市援藏干部人才，对接援藏工作。他要求，要在认识上、方法上、精神上一以贯之，坚持把援藏工作作为政治任务狠抓落实、保持援藏工作有条不紊、深入推进的良好态势，以实际行动为藏区发展稳定贡献更大力量。要在援助措施上倾力为之，以干部人才支援为主，以发展、民生支援为要，进一步突出规划引领、强化资金使用管理、注重人才培养；在援藏效果上绝不能“不了了之”，要进一步建立健全工作机制，落实责任，确保援藏工作常抓不懈。

6月26日　下午，到市住房和城乡规划建设局（市沿江景观打造协调办公室）调研干部队伍建设和沿江景观打造工作。

7月21日至22日　上午，省委常委、组织部长范锐平在攀枝花调研，熊伟同志陪同调研。

7月24日　下午，到市林业局调研沿江景观打造绿化工作和干部队伍建设。

8月2日至4日　中央党的群众路线教育实践活动第七督导组在我市调研指导工作。熊伟同志陪同调研。

8月6日　上午，调研党建带团建工作。他指出，一是要紧扣市委的大局开展团的工作；二是要强化服务的理念推进团的工作；三是要讲究科学的方法创新团的工作；四是要珍惜共事的缘分助力团的工作。

8月14日　上午，调研市环保局干部和人才队伍建设情况。他强调要进一步抓好三个方面工作：一是工作理念上，突出“四个说话”，即用底气说话、用制度说话、用服务来说话和要用事实说话。二是工作要求上，突出工作理念要“新”、准入门槛要“高”、服务意识要“强”、自身要求要“严”。三是要素保障上，突出“四个注重”，即注重队伍的提升、注重人才“监测”、注重资源整合和注重人文关怀。

8月15日　上午，调研市交通局交通建设和干部队伍建设情况。他强调要求要抓好“四个打造”：一是打造一流队伍，结合“5211”工程，发挥各年龄段干部作用。二是打造一流组织，注重典型引路，创建系统文化。三是打造一流管理，做到修好一条公路、成长一批干部、树立一座丰碑。四是打造一流团队，要求交通系统各级领导干部建设齐心协力、团结一心、真抓实干的交通人“团队”。

9月12日　下午，到民营骨干企业联系点德胜集团攀煤化工公司调研指导企业。他要求，德胜集团攀煤化工公司一要克难前行保生产，二要总结挖掘德胜党建工作经验，三要帮助企业解决难题。

10月15日　市委书记刘成鸣率队调研西区经济社会发展情况，熊伟同志陪同调研。

10月24日　下午，到市民宗委调研少数民族干部队伍建设工作。他指出，一是认识的高度决定工作的力度。二是让少数民族干部努力不输在同一起跑线上。三是建好少数民族干部培养的“蓄水池”。

10月25日　上午，熊伟到市财政局调研财政干部队伍建设和全市财政工作情况。

11月11日至14日　全省组织部长培训班在成都举行。熊伟同志参加培训。

12月12日　省委“走基层、解难题、办实事、惠民生”活动调研组到我市调研指导工作，熊伟同志陪同调研并作工作汇报。

12月17日　上午，带队到攀枝花钢城集团有限公司调研企业生产经营和班子人才队伍建设情况。

12月17日　下午，深入联系点仁和区平地镇迤沙拉村开展“走基层”活动。他强调，市、区、镇高度重视迤沙拉的发展，迤沙拉旅游文化产业发展之路越来越清晰。要突出“四抓”。一是抓观念。要进一步转变观念，上下一心谋发展，努力实现农耕文明向生态文明的转变，形成连锁效应和传导效应。二是抓发展。要注意抓特色，把握“一村一品”发展机遇，走合作发展的新路子，实现规模化、集约化发展，走产业化发展之路，达到典型引路、带动一片的效果。三是抓文化。要注意谈经古乐、俚濮文化的抢救和保护，做好传统文化的开发、挖掘和传承，充分利用全国历史文化名村这个品牌，就地取材、因地制宜发展，形成辐射效应。四是抓人才。要重视人才回引，充分发挥年轻人和务工返乡人员的带头作用，将他们团结在村两委班子周围干事创业；要通过意见建议大征集、召开务工返乡人员座谈会等方式，循序渐进地推动迤沙拉发展。

12月24日　下午，率队到市国土资源局调研党建和干部人才队伍建设工作。

（三）会议活动

1月7日　下午，攀枝花市2012年度干部选拔任用工作“一报告两评议”暨市级党政领导班子和领导干部年度考核述职测评会在攀枝花会展中心报告厅召开，熊伟同志参加会议。

1月9日至14日　出席“两会”。

1月15日　上午，市委市政府2013年老干部春节团拜会在攀枝花会展中心举行，熊伟同志主持团拜会，并向老干部发放慰问金。

1月22日　上午，攀枝花市高层次人才代表2013年新春联谊会在攀枝花会展中心举行，熊伟同志主持联谊会。

△ 上午，全市组织部长座谈会暨组织工作经验交流会在攀枝花会展中心召开，熊伟同志主持会议并讲话。他强调，要重点抓好15项工作：一是抓好十八大精神的学习培训，二是抓好群众路线教育实践活动前期准备，三是抓好领导班子思想政治建设，四是加强年轻干部的培养选拔，五是抓好干部监督工作，六是抓好基层服务型党组织建设，七是抓好党员教育管理，八是抓好党的组织制度健全完善，九是抓好各领域基层党建工作，十是抓好“两新”党建工作，十一是抓好人才工作，十二是抓好“干部人才援藏”工作，十三是抓好组织工作调研和信息宣传工作，十四是抓好老干部工作，十五是抓好组织部门自身建设。

1月29日　攀枝花市委“两新组织”工委召开书记会议，熊伟同志对今年“两新”组织党建工作作出安排部署。他要求，一是突出一个载体。进一步深化党员“先锋”行动，以强有力的党建工作帮助小、微企业做大做强。二是强调一个“新”字。推进新领域的党建工作要有新的理念、思路、举措和方法，及时挖掘、捕捉“两新”组织发展、人物、方法、管理等方面的先进典型。三是注重一个“实”字。要抓住薄弱环节强力攻坚，把“两个覆盖”“两个作用”“两支队伍”建设落到实处。四是加强一个“联”字。强“两新”党建联席会议成员单位之间的信息联系、工作沟通，整合各方资源和力量。五是讲究一个“效”字。以强有力的党建工作促进市委确定的各项发展目标实现。

2月1日　上午，全市党史工作会在攀枝花会展中心综合厅召开，熊伟同志出席会议并讲话。

2月5日　下午，参加县区委书记、县区长及家属慰问座谈会。

2月20日　下午，全市“三大”主题教育活动集中巡查工作会在攀枝花会展中心议事厅召开，熊伟同志出席会议。

2月22日　市委组织部召开“三大”主题教育活动领导点评会，市委常委、组织部长熊伟参加会议并对班子成员进行点评。他要求，组织工作要始终紧扣市委“干部工作出人才、组织工作出经验、人才工作出成果”的总要求，突出重点、突破难点，推动组织工作再上新台阶。一是在干部工作方面，要深入研究干部工作规律，用“庖丁解牛”的精神去把握干部工作规律，鲜明崇尚实干用人导向，大力实施“5211”工程，在“急难险重”、招商引资、信访维稳、扶贫开发“四个一线”识别、选拔、使用干部，为攀枝花发展提供干部支撑，为干部成长搭建广阔平台。二是在基层组织建设工作方面，要重新定位基层组织建设工作，深入提炼、挖掘示范典型、经验作法，高标准、高起点总结、宣传基层组织建设工作，以典型示范引导、带动全市基层组织建设工作水平。三是在人才工作方面，要立足攀枝花的实际反思人才政策，既增加“增量”，又要盘活“存量”，从物质、精神、情感等方面多想办法、多出实招，做到“拴心留人”；要发挥好各系统、各部门作用，整合全市力量，共同抓好人才工作。四是在老干部工作方面，要围绕市委、政府中心工作，用心、用情、用爱做好老干部工作，创新工作方法、载体，让老干部老有所乐、老有所为。五是在自身建设方面，要以教育活动为契机，抓好自身建设，切实带好头，做好示范，打造过硬队伍，打造独特组工文化，营造温馨和谐氛围，实现“轻松工作、快乐生活”。

2月28日　中共攀枝花市委工作会议在攀枝花会展中心召开。熊伟同志出席会议。他指出，要按照市委提出的“干部工作出人才、组织工作出经验、人才工作出成果”的工作理念，紧扣全市总体工作基调，坚持在六个方面下功夫，着力提升组织工作科学化水平。一是围绕学习贯彻十八大精神，在突出抓好领导班子思想政治建设方面下功夫。重点开展以“道路自信、理论自信、制度自信”三个自信为主要内容的理想信念教育，注重对领导干部特别是年轻干部的党性锻炼，教育引导干部自觉做到“三比三不比”：比奉献不比待遇、比付出不比享受、比境界不比职级。二是围绕开展群众路线教育实践活动，在突出抓好干部队伍作风建设方面下功夫。要通过“思想大解放、作风大转变、工作大落实”主题教育活动的开展，从中发现使用一批、调整交流一批、转任改非一批、重点培养一批，切实加强干部队伍建设。三是围绕深化干部人事制度改革，在突出抓好执政骨干队伍建设方面下功夫。要鲜明崇尚实干用人导向，选准配强领导班子，强力推进年轻干部培养选拔，力争用3年左右的时间，到2015年建市50周年时，重点掌握一批30岁以下储备型优秀干部人才、35岁左右潜力型优秀年轻干部、40岁以下成长型科级年轻干部、45岁以下重用型县级后备干部，大力实施干部工作“培养工程”。四是围绕基层服务型党组织建设，在突出抓好基层党建出典型出经验方面下功夫。牢固树立“急难险重在哪里，典型经验就出在哪里”的工作理念，紧紧围绕全市重大项目、旅游新村建设和社会主义新矿山建设等重点工作推进基层党组织建设，大力实施基层党建“品牌工程”。五是围绕提升区域人才竞争力，在突出抓好人才工作机制建设方面下功夫。致力于打造高端人才集聚的高地，汇集各类人才的洼地，人才干事创业的宝地，加快人才优先发展试验区建设，大力实施人才工作“聚焦工程”。六是围绕老干部满意目标，在突出抓好老干部工作方面下功夫。始终秉持特别用心、特别细心、特别耐心的理念做好老干部工作，做到百听不厌、百见不厌、百求不厌，真正让老干部满意、让市委放心。

△　市委常委、常务副市长、市人才工作领导小组副组长杨自力主持召开了市人才工作领导小组2013年第一次会议，市委常委、组织部部长、市人才工作领导小组副组长熊伟出席。他强调，一是要强化认识，统一思想。人才资源是战略资源。各部门单位要切实把人才工作上升到本系统单位的发展战略高度来认识，通过政策、平台、载体创新推动人才工作再上新台阶。二是要强化机制，打造“三地”。要加快打造高端人才聚集的“高地”，各类人才汇集的“洼地”，人才干事创业的“宝地”，切实筑巢引凤，拴心留人。三是要强化统筹，注重结合。主动加强对接，从战略的高度统筹谋划人才工作，做到与中央、省上的政策相结合，与市委、市政府中心工作和发展大局相结合，与全市人才工作现状相结合。四是要强化落地，明确要素。组织部要注重重点任务分解，逗硬工作考核，推动人才工作任务落实，确保“人才工作出成果”。

3月15日　上午，攀枝花市召开援藏工作领导小组办公室工作会议，传达贯彻全省对口援藏工作座谈会议精神，市委常委、组织部长，市援藏工作领导小组副组长、办公室主任熊伟主持会议并讲话。他强调，一要明确“政治任务”抓认识，二要带着“政治责任”抓推进，三要严格“政治纪律”抓执行，四要注重“政治影响”抓宣传。

4月8日　上午，省委第六巡视组召开攀枝花市反馈意见整改落实情况汇报会，熊伟同志出席汇报会。

4月24日　下午，专题听取市委党校关于县区党校体制改革和市委党校迁建工作情况汇报。

4月25日　上午，全市“挂、包、帮”活动第一阶段总结暨市领导联系指导基层会议在会展中心报告厅召开，熊伟同志出席会议并为先进单位授牌。

△　上午，第二届“攀枝花市人才奖”表彰大会在会展中心综合厅召开，熊伟同志出席会议并为获奖代表颁奖。

5月3日　上午，出席全市大学生村官座谈会并讲话。他强调一是要给村官们“孵化”的时间。村官们要像雄鹰一样翱翔天空，既需要组织呵护，也需要自身积累和沉淀。二是要给村官们“起飞”的悬崖。村官选择在基层工作，选择从田间地头起飞，与雏鹰学习飞行的画面有共通之处。要树立“底部”意识，始终处于低位，保持低调，水性做人，山性做事；要讲求“底线”思维，考虑事情多从坏处着眼，就会更加坦然；要具有“底蕴”品质，多读、多写、多积累，不断丰富自身内涵；要坚持“底色”追求，像围棋一样秉持黑和白的原色。三是要给村官们“展翅”的空间。加强“管”字。加强对村官的考核、跟踪和使用，实行岗位目标管理，考核结果记入村官的个人档案，作为评先评优、期满聘用和选拔任用的重要依据。注重“育”字。要突出分类培养，对优秀村官要重点关注、重点培训、重点跟踪、重点使用，尤其是要重点培养继续留村工作的村官。突出“用”字。大胆使用优秀村官，注重选拔有村官工作经历的优秀干部，进入乡镇和区（县）部门领导班子。推荐大学生村官参加国有企业、金融机构、非公有制企业面向社会组织的招考招聘。

5月8日　上午，省委召开“实现伟大中国梦、建设美丽繁荣和谐四川”主题教育活动动员大会。熊伟同志在攀枝花分会场参加会议。

△　上午，市委召开“实现伟大中国梦、建设美丽繁荣和谐四川”主题教育活动动员大会。熊伟同志出席会议。

5月9日　上午，攀枝花市组织系统信息宣传工作质量分析暨骨干网宣员座谈会在会展中心203室召开，熊伟同志出席会议并讲话。他强调，组织工作需要宣传，宣传工作需要组织。一要强化组织保障，把信息网宣工作摆上重要位置，落实工作机构，配备专职人员，创造良好的工作环境；二要强化制度落实，严格对照全市信息宣传工作考核办法，抓好目标管理、量化考核、定期通报等制度，落实工作责任；三要强化队伍培养，有针对性地开展不同类别人员座谈会，发现人才、形成薪火相传、生生不息的良好态势；四要强化出成果出精品，不求“最美、最好、最全”，但求“更美、更好、更全”，深入挖掘亮点和典型，“借船出海”“借脑引智”，提升组织工作影响力。

5月14日　上午，主持召开市委主题教育活动办公室会议，听取活动办及各工作组前一阶段工作情况汇报，研究安排下阶段工作。

6月13日　下午，市工会第九次代表大会在攀枝花会展中心大会堂开幕。熊伟同志出席开幕式。

6月27日　上午，全市庆祝中国共产党成立92周年暨主题教育活动先进典型座谈会在会展中心报告厅召开，熊伟同志主持座谈会。

7月2日　下午，北京市西域区来攀挂职干部座谈会在市委六楼会议室召开，熊伟同志主持会议并讲话。

7月30日　上午，全市主题教育活动总结会在会展中心大会堂召开，熊伟同志出席总结会。

8月1日　上午，市级机关离退休干部情况通报会在会展中心国际厅召开，熊伟同志主持通报会。

9月4日　上午，全省政法专项编制管理工作座谈会在会展中心议事厅召开。熊伟同志出席会议并致辞。

9月5日　全省组织工作会议在成都召开。熊伟同志参加会议。

9月10日　上午，市级专家评审工作会在会展中心203室召开。熊伟同志出席会议并讲话。他要求：一是要坚持评审导向。评审工作必须要体现客观、公正、准确。二是要坚持评审走向。各位评委既要独立思考，又要发挥集体智慧，既要坚持评审标准，又要把握评审原则，既要好中选优，又要注重相对平衡。三是要坚持评审取向。评审工作要着眼于攀枝花经济社会发展需要，通过专家评选，选拔出一批主导我市优势资源综合利用核心技术研发的创新人才团队，示范引领带动攀枝花科学发展。四是要坚持评审方向。专家具有崇高的荣誉和学术上的权威性，选拔工作人才普遍关心，社会广泛关注。评审工作要注重社会影响，评审结果要经得起时间、历史和群众的检验。

9月23日　市委组织部机关召开新进人员集体谈话会。熊伟同志出席会议并讲话。他指出，要学会起跑。人生的关键只有几步，起点不同，方向也不同，要学会起跑，敢于吃苦，在逆境中成长。要学会练笔。多看、多写，多练，将谦虚谨慎、严谨细致贯穿到整个工作过程中。要学会重复。工作中不怕重复，学会重复，重复到一定程度就会有质的突破，就会有新的收获。要学会选择。选择不同的路径就有不同的人生走向，人生价值的体现主要在岗位上，只要感觉到充实、快乐、阳光、积极向上，就是无悔的人生、有价值的人生。

9月25日　上午，全市党外人士代表座谈会在会展中心203室召开。熊伟同志出席会议并讲话。

9月30日　上午，全省村（社区）“两委”换届工作会在成都召开，熊伟同志在会展中心迎宾厅攀枝花分会场参加会议。随后，召开全市村（社区）“两委”换届工作会，熊伟同志出席会议并讲话。他强调，要突出五个关键环节，选拔一批村（社区）好干部。一是严格把关资格条件。要坚持“一县（区）一策”“一乡镇（街道）一策”，精心制定候选人资格条件，细化村（社区）党组织书记具体标准，明确党组织人选应具备的政治素质、服务能力、道德品行等具体要求。二是完善选举方式。坚持“两推一选”，做好推荐候选人初步人选、群众测评、组织审查、确定正式候选人、投票选举、公示、乡镇（街道）党（工）委审批任命七个环节的工作。三是做好人选推荐。乡镇（街道）党（工）委要重点掌握一批道德品质好、履职能力较强、工作成效明显、群众广泛认可的农村优秀人才，优先推荐为委员或书记的候选人。四是加强换届配套建设。加快推进基层服务型党组织建设，落实“一定三有”和“三有一化”政策，加强当选干部的管理考核工作。五是严肃换届纪律。全面推行乡镇（街道）党（工）委与候选人选前谈话制度，签订纪律承诺书，全面、动态掌握换届选举中的违法违纪行为，并加大查处力度。

10月11日　上午，全市优秀年轻干部双向交叉挂职交接会在会展中心203室召开。熊伟同志出席会议并讲话。他指出，一是没有年轻干部就没有攀枝花的未来。在培养选拔年轻干部问题上，要形成上下一致，坚定培育信心；二是要为年轻干部搭建健康成长的梯子。各部门各单位要强化意识，树立“早压担子早成才，不压担子不成才”的观念，为年轻干部搭建阳光的、积极的、健康的阶梯。三是年轻干部要善于找准自己的人生定位，做到“静”“境”“劲”“净”四个字。年轻干部要静心静气做人做事；要在工作的过程中历练自己，升华境界；要拿出干劲来干事创业；要保持内心的清净、独立和个性，干净做事，干净做人。

△　上午，市老年科技工作者协会召开2013年重阳节会员大会，熊伟同志出席会议并讲话。他要求，一是希望市老科协继续保持“重心”，二是希望老科技工作者继续保持一颗“热心”，三是希望社会各界继续保持对老科协及老科技工作者的“关心”。

11月5日　下午，全市组织工作会议在会展中心国际厅召开。熊伟同志出席会议并对贯彻落实全国、全省组织工作会议精神进行安排部署。他要求，第一，在培养选拔好干部方面，要严格按照习近平总书记“20字”好干部标准、省委“三重”用人导向和市委“五个带头、五个表率”的要求，从一线、从基层、从急难险重中培养选拔好干部。第二，在加强班子建设方面，要推行班子结构控制和状态管理，建立领导班子结构模型和班子动态运行台账，选配人岗相适的干部。第三，在年轻干部培养方面，要按照省委“优秀年轻干部人才递进培养计划”要求，大力做好年轻干部培养的基础性工作，营造重视和关心年轻干部成长成才的浓厚氛围。第四，在干部教育培训方面，要创新培训方式，拓展培训渠道，分系统开展全覆盖培训，分类别实施差异化培训，继续开展党性教育、开阔思路、实践锻炼、双向交叉挂职等工作。第五，在从严管理与关心爱护干部方面，要建立领导干部终身负责制度，健全干部谈心谈话全覆盖制度，注重情绪疏导，让干部工作好、生活好、身心好。第六，在人才工作方面，要着眼引得进、用得好、留得住，打造人才聚集的高地、人才汇集的洼地和人才干事创业的宝地。第七，在基层党建工作方面，要深刻把握基层服务型基层党组织的内在要求，逐步建立大工委、大党委制，完善党员群众服务中心，选好配强基层党组织书记，发现挖掘典型和经验，辐射带动基层党建工作创新发展。第八，在老干部工作方面，要将老干部工作纳入党建目标考核和一把手谈话内容，切实落实好离退休干部政治和生活待遇。

11月20日　下午，分别与市级各民主党派主要负责人谈话，听取各民主党派对全市组织工作意见、建议。

12月16日　下午，市委党的群众路线教育实践活动暨“走基层”活动办公室主任会议在市委六楼会议室召开。熊伟同志主持会议并讲话。他要求，第一，“两个活动”要形成两次声势。要从思想认识上高度重视，提早介入，加强宣传，营造强大声势，让群众感觉到“两个活动”的效果。第二，“走基层”活动要突出传递压力。要与中央、省委保持高度一致，做到村、社区和市、县、乡机关干部的全覆盖以及组织机构、工作方法、活动内容的“三统筹”。第三，群众路线活动要着手预热升温。“走基层”活动是党的群众路线教育实践活动的前期预热，二者是递进关系，要注意收集省内外的典型经验和做法，借鉴好的活动成果。第四，“两个活动”要注重抓好落实。各工作组要及时分解任务、制定台账、细化方案、有序推进；要学习文件，加强活动研究，及时解决工作中的问题和难题；要注重成效，注重方法，既要有声势又不走形式，既要有创新又不唯创新；要突出细节，注重内涵，注意节约，使“两个活动”和岁末年初的工作双促进、双丰收。

12 月 18 日　上午，全市“走基层、解难题、办实事、惠民生”活动工作会议在会展中心国际厅召开，熊伟同志出席会议并讲话。他要求，要突出工作重点，力求活动取得实效。一是要全面完成市委提出的“倾听一次群众意见、走访一次困难户、开展一次感恩法制教育、建立一套联系群众的长效机制、解决一批群众反映的热点难点问题”“五个一”任务。二是要规范建好“三本台账”，重点做好“分类建账、集体议账、限时销账、公开晒账”四项工作。三是要抓好群众路线教育实践活动预热升温，抓紧组建第二批教育实践活动组织机构，抓紧开展调研和准备活动方案，抓好村（社区）换届工作。四是要典型示范推动活动开展，把握好“突破惯性思维、拓宽选点视野、突出特色亮点”三个关键点，体现攀枝花鲜明的地域特征和工作亮点。“走基层”活动时间紧、任务重、要求高、力度大、内容丰富、涉及面广，要突出传导思想压力、工作压力、社会压力，强化领导带头、督促指导、倒逼整改，下决心、下功夫、下力气抓好落实，以良好的精神状态确保活动有声势、有力度、有效果。

十三、市委常委、攀枝花军分区司令员张青

（一）讲话文稿

在四川省军区宣布攀枝花军分区领导班子调整命令大会上的主持词

2013 年 11 月 20 日

同志们，刚才省军区丁副司令员宣读了中央军委命令和四川省军区党委党内任职的通知，并给我们作了重要指示，赵书记代表市委、市政府对军分区建设提出了殷切期望，向东和李钊同志也都发表了热情洋溢的讲话。在此，我代表军分区党委、机关和全区官兵坚决拥护中央军委的命令，认真贯彻落实好首长的指示，一定不辜负省军区党委、首长和市委、市政府的期望，努力在新的起点上，建好班子、带好队伍、抓好工作，不断推动军分区全面建设科学发展。

向东同志 2011 年 12 月来我们军分区工作，在两年时间里，他和班子成员、地方领导以及全区官兵职工结下了深厚的友谊，建立了很深的感情。对我来说，能和向东同志一起工作、学习、生活，既是一

种缘分更是一份福分，虽说搭班共事只有短短5个月，但我感到非常愉快、非常合拍、非常和谐。对向东同志的调任，我既为他高兴，又有一种割舍不下、难舍难分的感觉。向东同志思想好、作风好、品格好，团结同志、关心部属，讲友谊、重感情，工作思路清晰、工作作风扎实。在他的带领下，无论是军分区机关、还是人武部，无论是部队整体建设、还是军队与地方融合式发展，各项工作都有新的发展和进步。这些成绩和贡献，攀枝花军分区全体官兵职工不会忘记，攀枝花军分区的历史不会忘记，攀枝花这片热土不会忘记。在此，我代表军分区党委、机关和全区官兵职工向向东同志表示衷心的感谢并致以崇高的敬礼！衷心祝愿向东同志在新的岗位工作顺利、心情愉快、生活幸福！真诚期盼向东同志继续关心攀枝花军分区建设，关注攀枝花军分区的发展，常回来看看，给予指导、帮助和批评。

按照中央军委命令，李钊同志由成都军区政治部组织部副部长提升任攀枝花军分区政治委员，从现在起，李钊同志将与大家一道在攀枝花这片热土上同学习、同工作、同生活，为攀枝花部队和民兵预备役建设，为攀枝花经济社会发展贡献自己的聪明才智。在此，我代表军分区党委、机关和全区官兵职工，对李钊同志来军分区工作表示热烈的欢迎！李钊同志是一位非常优秀的领导干部，经历丰富、经验丰富、知识丰富，发展全面、工作全面、素质全面，还参加过云南老山作战，经历过生与死、血与火的考验。李钊同志到军分区工作，充分体现了成都军区和四川省军区党委、首长对攀枝花军分区的重视和关心。我们坚信，李钊同志的到来，必将对军分区全面建设起到积极的推动作用，攀枝花军分区的明天会更好。希望军分区、人武部的全体同志要积极支持李钊同志的工作，主动请示汇报，尊重服从李政委的领导。

总之，请省军区党委、首长和市委、市政府放心，我们一定会在省军区党委、首长和市委、市政府的坚强领导下，把丁副司令员的重要指示和市委赵书记的要求作为今后较长一个时期军分区党委工作和部队建设的基本遵遁，继续保持和发扬老班子的好传统、好作风，团结带领全体官兵职工，高举旗帜、听党指挥，不辱使命、勤奋工作、改进作风、狠抓落实，共同谱写军分区科学发展、创新发展新的篇章。

在市委常委专题民主生活会上的发言提纲

2013年12月27日

我于2013年6月调任攀枝花军分区司令员。通过半年来的工作、学习、生活，我深深感到：在成鸣“班长”的带领下，市委“一班人”认真学习贯彻落实党的十八大、十八届三中全会精神，坚决贯彻执行中央八项规定、省委十项规定，紧紧围绕“三个加快建设”、推进“三个走在全省前列”、打好“六大硬仗”、实现“四个翻番”的总体思路和目标，扎实推进改革发展和党的建设各项工作，全市上下呈现出风正人和、事业兴旺的大好局面。这充分表明，市委领导班子是一个政治坚定、开拓进取、民主团结、亲民为民、勤政务实、奋发有为的坚强领导集体。同时，市委、市政府对全市国防后备力量建设给予了坚强有力地领导，使驻攀部队和全市民兵预备役建设始终保持了良好发展势头。

能成为市委班子一员，我既感到荣幸又深感责任重大，荣幸的是能和大家一起团结协作、共事创业，是我的缘分；但是如何当好市委、市政府的“军事参谋”，发挥军地之间的“桥梁纽带”作用，又深感责任重大。

为了不辜负省委、市委的希望和重托，切实履行好职责，圆满完成好各项工作任务，这里，我向甘霖省长、成鸣同志、张剡同志等各位领导同志表个态：

一要端正态度，自觉服从领导。作为班子新成员，我将时刻牢记自己身份，坚决服从市委领导，做到勤奋工作不推诿，工作主动不越位；主动向成鸣同志、张剡同志等各位领导同志汇报思想、请示报告，经常与班子成员之间沟通协调、以诚相待，自觉维护书记、市长权威，维护集体领导权威，维护班子内部团结，不乱说话，不乱办事。

二要当好参谋，发挥职能作用。紧紧围绕市委中心任务，积极参与集体领导和决策，在全市大局下想问题、提建议、抓工作，切实当好市委、市政府的“军事参谋”。严格按照市委的决策部署和书记、市长的意图，带领驻攀部队抓好贯彻落实，坚决做到执行市委、市政府决议不打折扣、不搞变通、不降标准，以实实在在的工作成效，取信于市委、市政府和全市人民。

三要加强修养，锤炼品行官德。自觉用党员领导干部的标准严格要求自己，顾大局、讲原则、守纪律，切实在思想作风上顶住诱惑，在工作作风上勤奋务实，在生活作风上洁身自好，堂堂正正做人，清清白白为官，干干净净办事。

四要注重学习，提高能力素质。责任是随同任职命令赋予，能力却需要一个不断学习，不断积累的过程。下一步要注重能者为师，特别要虚心学习请教成鸣同志、张剡同志等各位领导同志的进取精神、个人素养、思维方式、工作技巧；同时要注重学习政策、法规，学习经济、管理、法律等基本常识，尽快熟悉攀枝花的社情、民情，掌握参政议政特点、

（二）调查研究

7 月 26 日　到仁和区人武部检查指导工作，现地查看人武部建设管理情况，听取了情况汇报，要求人武部抓好思想政治工作，确保安全稳定。

7 月 28 日　到米易县人武部检查指导工作，听取工作汇报，明确人武部要结合工作实际，抓好全面建设，按照要求完成新兵征集任务。

7 月 29 日　到东区、西区人武部检查指导工作。检查了人武部年度工作特别是征兵工作开展情况，高度肯定人武部正规化建设水平，要求人武部党委按照工作计划，高标准抓好工作落实，廉洁征兵、阳光征兵，确保征兵任务有效完成。

8 月 1 日　到盐边县人武部检查指导工作，对盐边县人武部的工作高度肯定，要求人武部工作标准、工作秩序、管理秩序、生活秩序要更高、更细、更强。

8 月 6 日　到民兵武器仓库检查指导工作。看望了民兵武器仓库值班执勤人员，检查了仓库基础设施建设，掌握了仓库库存武器数质量情况，要求值班执勤人员要履行好职责，坚守好岗位，确保民兵武器仓库绝对安全。

8 月 7 日　到仁和区人武部检查指导工作，并到仁和医院视察征兵体检工作，要求广大医务人员和人武部必须严格按照体检标准组织，做到公平公正廉洁，确保兵员质量。

8 月 8 日　到攀煤集团武装部检查指导工作。听取负责人工作汇报，要求攀煤武装部加强高炮的日常维修和看管工作，加强针对性训练，打造军事过硬、技术过硬的高炮队伍。

（三）会议活动

7 月 19 日　出席参加攀枝花市 2013 年征兵工作会议。

9 月 9 日　参加攀枝花市 2013 年欢送新兵大会。

11 月 21 日　主持军分区领导班子调整命令大会，原政治委员陈向东调离攀枝花军分区，新任政治委员李钊接替上任。

12 月 17 日　参加四川省军区学习贯彻党的十八届三中全会精神宣讲团第五宣讲组在攀枝花军分区举行的巡回宣讲报告会。

12 月 23 日　参加市委常委（扩大）会议。

12 月 25 日　参加市政协新年茶话会。

12 月 27 日　参加市委常委专题民主生活会。

12 月 30 日　上午，参加全市县区工作现场会暨急难险重任务推进会参观。

12 月 30 日　下午，参加全军、成都军区、四川省军区开训动员表彰电视电话会议。

12 月 31 日　参加市委九届六次全委会暨市委经济工作会议。

第二篇

执政方略

第一章　重要文件

中共攀枝花市委2013年工作要点

（攀委发〔2013〕1号）

2013年，是全面贯彻落实党的十八大精神的开局之年，是实施“十二五”规划的关键一年，是打好“六大硬仗”的攻坚之年，是为在全省率先全面建成小康社会奠定坚实基础的重要一年。做好全年工作，任务艰巨，意义重大。全市上下要按照党的十八大精神及中央和省委经济工作会议要求，准确把握各方面形势任务变化，科学谋划经济社会发展各项工作。

纵观国际国内形势，世界经济进入深度转型调整期。我国发展仍处于大有可为的重要战略机遇期，国内经济企稳回升趋势明显，外资西进、内资西移步伐加快，西部快速发展态势日益显现。党的十八大立足当今世界和当代中国发展大势，明确提出了到2020年全面建成小康社会的宏伟目标，科学确立了经济建设、政治建设、文化建设、社会建设、生态文明建设“五位一体”的中国特色社会主义建设总体布局，昭示了建设富强、民主、文明、和谐、美丽中国的坚强决心。中央继续把“稳中求进”作为今年经济工作的总体基调，把提高增长质量和效益作为经济工作的中心，并辅之以“宽财政、稳货币”的宏观经济政策，下决心推动发展模式向“质量效益型”深刻转变，传递出稳增长、转方式、促发展、惠民生的强烈信号。

立足全省发展大局，四川正处于工业化和城镇化双加速时期，加快发展有基础、有条件、有支撑，省委将“科学发展、加快发展”作为今年经济工作的总体基调，明确提出全省要坚持主题主线，努力保持一个较快的发展速度，保持追赶跨越态势；提出要推进多点多极城市发展战略，5年之内要培育10个2000亿城市、5个1500亿城市，大力推动四川由西部经济大省向全国经济强省迈进。

审视攀枝花自身发展，在历届市委、市政府的坚强领导下，经过几代建设者的艰苦奋斗，我市已经取得令人瞩目的发展成就，为加快发展奠定了坚实基础；经过过去一年的共同努力，我市“三个加快建设”“三个走在全省前列”“六大硬仗”已经全面铺开，各类发展规划已经制定出台，一大批急难险重任务正加紧实施，一系列重大决策正在落实并发挥效应，一大批项目即将竣工投产见效；特别是国家《钒钛资源综合利用和产业发展“十二五”规划》已经出台，攀西战略资源创新开发试验区即将获批，一系列利好政策将接踵而至，必将为我市科学发展、加快发展开辟广阔的空间，攀枝花迎来了一个十分难得的重大机遇期。当前和今后一个时期，全市上下务必始终保持奋发有为的精神状态、干事创业的旺盛激情，抢抓机遇，乘势而上，全力推进经济社会跨越发展，确保全市GDP总量2014年突破千亿元大关、2017年以前达到1500亿元，成功跃进全省第二方阵，奋力实现在全省率先全面建成小康社会。

立足新形势新任务，2013年，全市工作的总体要求是：坚持以党的十八大精神为总揽，全面贯彻落实中央和省委经济工作会议精神，以科学发展为主题，以转变经济发展方式为主线，以提高经济增长质量和效益为中心，牢牢把握“稳中快进，提质增效，争先进位，跨越提升”的工作基调，突出产业支撑、投资拉动、“四化”同步、统筹城乡、改善民生，大力推进“三个加快建设”“三个走在全省前列”，继续打好“六大硬仗”，全力促进经济持续快速发展、社会更加和谐稳定，朝着在全省率先全面建成小康社会的目标奋勇前进。

全市经济社会发展的主要目标是：地区生产总值确保增长13.5%，力争14%以上；规模以上工业增加值确保增长16%，力争17%以上；全社会固定资产投资确保增长17%，力争18%以上；社会消费品零售总额确保增长15%，力争16%以上；地方财政收入确保14%以上；城镇居民人均可支配收入和农民人均纯收入确保增长14%，力争15%以上。

一、坚定不移打好“六大硬仗”，奋力推进经济社会发展新跨越

（一）坚持不懈地打好资源综合开发利用的硬仗，在建设中国钒钛之都上取得新突破

紧紧抓住中央突出发展战略新兴产业、先进制造业，省委着力打造钒钛稀土五千亿元产业集群的重大机遇，加快推进“四个转变”，全力打造千亿产业、培植百亿企业、建设百亿园区、发展中小企业、扶持上市公司、争创中国名牌，着力把资源优势转化为产业优势、发展优势，不断提升工业发展的整体素质和综合竞争力。

1. 强化创新驱动。坚持以市场为导向，以企业为主体，以产业园区、重点实验室、高职院校为依托，集聚高水平科研资源。深化部省会商机制和“院士行”活动，努力将“钒钛论坛”办成国家级论坛，积极创建国家级研究院所、研发中心。强化技术攻关和转化运用，大力发展循环经济，积极淘汰落后产能，全面完成省上下达的节能减排任务。加快提升信息化水平，促进产业转型升级。坚持标准引领和品牌带动，大力发展海绵钛、钛锭、钛材、含钒钛耐磨件等优势产业，引导企业开发高技术、高质量、高附加值产品，加强品牌推广和市场营销，提高“攀枝花制造”的美誉度和市场占有率。

2. 突出项目牵引。严格落实重点建设项目责任制、市级领导分工负责制、急难险重任务保证金制度，重点推动富邦1000万件钒钛制动毂、旭鼎10万吨钒钛铸件、翰通100万吨焦化、缅气入攀、桐子林电站等一批项目加快建设，确保云钛钛锭项目、攀钢炼铁厂烧结系统改造等一批项目投产达效。全力加快项目前期工作，做好项目策划包装，抓紧对接一批项目，力争更多项目挤进中央和省上的盘子，力争中国重汽、中石化石油压裂支撑剂等一批项目引进落地，金沙、银江电站等一批项目开工建设。

3. 狠抓园区建设。高起点规划、高标准建设、高水平管理，加快产业园区发展，做到在开发上整合、优化、扩容“三同步”，在布局上集聚、集群、集约“三提高”，在功能上商务、政务、服务“三配套”。大力推进钒钛产业园区扩区升级，力争到“十二五”末建成千亿园区；积极支持格里坪工业园区、白马工业园区、高新技术产业园区加快发展，确保到2015年销售收入突破300亿元；着力构建安宁河、金沙江两大工业带，加快拓展工业发展空间。

4. 培育龙头企业。积极支持攀钢等国有企业搞活体制机制，优化产业结构，提高管理水平，增强经济效益，确保到“十二五”末，攀钢（本部）销售收入突破500亿元，钢城集团突破300亿元。全力引进大企业、大集团参与资源深度开发，以资源换资本、换产业、换市场，加快提升资源综合利用水平。突出发展民营经济，积极扶持中小企业，促进龙蟒、德胜、富邦、新中钛等8家企业加快发展为百亿企业。

（二）坚持不懈地打好建设宜居宜业大城市的硬仗，在建设中国阳光花城上开创新局面

坚持新区开发与老城提升同步、中心城区和农村集镇共进、完善功能与塑造风貌并重，全面构筑硬件基础、风貌形象和功能内涵，加快建设宜居宜业区域性中心城市。

1. 着眼长远抓规划。按照“全域全程全面”的要求，统筹编制城市总体规划及专项规划，不断整合优化城镇布局。坚持多轴向拓展、网络化开发，推进城区南拓东扩、三区联动，着力构建“一心两轴四片”中心城区，强化核心带动力。加快建设以两县县城及盐边渔门镇、红格镇为副中心，以成昆线为主发展轴，以向西沿市区—渔门、向东沿市区—红格为次发展轴的城镇体系，形成层次分明、布局科学、协同发展的城镇新格局。

2. 集中财力抓建设。加快推进花城新区建设，加紧政策制定和拆迁安置，加强资金筹措和招商引资，加快项目报规报建和落地实施，推进已开工的五大项目建设，尽快启动鱼塘至一棵树、大河中学、钒钛园区连接线及干坝塘花城大道和阳光大道双十字路架、三线建设博物馆、商务办公区、新区医院等重点项目建设，迅速形成连片开发的局面。加快实施金沙江沿江景观打造，推进已开工的七大项目，抓紧与电站衔接，力争汛期来临之前开工建设银江电站，抓紧污水管网和堤防配套建设，抓紧实施绿化美化亮化工程，抓紧商业项目包装招商，打造城市滨江新风貌。大力开展生态文明建设，深入推进“五创联动”工作，按照“科学规划、分步实施、逐年攻坚、重点突破、全面推进”的要求，加快建设国家环保模范城市、国家森林城市、国家园林城市、全国文明城市和中国阳光康养旅游城市。

3. 创新方式抓经营。引进市场机制，积极探索 BT、BOT、银行融资、信托融资等模式，破解城建资金难题。做活土地文章，促进土地和部分基础设施使用权、经营权有偿出让和有序流转，吸纳多元资本参与城市建设。创新推进城市营销，举办高质量、有影响的节庆会展、体育赛事、宣传推介等活动，增强城市聚合资源能力，提高城市品牌附加值。

4. 以人为本抓管理。理顺管理体制，形成统筹协调、分级负责、以块为主、齐抓共管、全社会共同参与的城镇管理新格局。整合公安、城管、安监、消防、卫生、环保等力量，建立集监控、调度、指挥为一体的管理服务和应急指挥平台，实现数字化城市管理。加快供水、排水、供气、供电及垃圾处理等公用设施建设管护，开展交通秩序、环境卫生、违章建筑等专项整治，不断提高城镇环境质量和宜居指数。

（三）坚持不懈地打好区域交通枢纽建设的硬仗，在构建四川南向开放门户上形成新格局

加快完成丽攀高速、新密地大桥、机场地质灾害综合治理及倮果、巴关河等大桥病害整治等一批重大项目；加快开工建设成昆铁路新线、三堆子大桥、鱼塘高速出口至机场路连接线等一批重大项目；加快推进攀枝花综合客运中心、沿江快速通道西区段、钒钛产业园区快速通道等一批重大项目建设，深化国省干线公路改扩建三年攻坚活动。加快谋划储备攀宜沿江高速、丽攀遵铁路、金沙江航道等一批关系长远的重大项目，扎实做好攀枝花—大理、攀枝花—盐源、绕城高速公路和钒钛园区至金河跨江大桥前期工作，加快城市过境通道布局建设，全面提高骨干和支线公路通行衔接能力，着力构建立足攀西、辐射川滇、水陆空兼备的综合交通运输体系。

（四）坚持不懈地打好农业发展和新村建设的硬仗，在建设国家现代农业示范区上取得新进展

1. 加快完善基础设施。大力推进马鞍山、梅子箐、跃进水库灌区节水配套改造等中小型水库、微型水利设施和地下水资源利用等设施建设，加强防汛抗旱减灾能力建设。大力改造中低产田，开发利用后备耕地资源，切实保护耕地。推进农村地区尤其是边远民族地区交通建设，确保 2015 年实现全部乡镇和行政村通村公路全硬化。

2. 大力发展特色产业。优化种养结构和区域布局，高水平建设优质水果、早春蔬菜、畜牧水产、优质烤烟和林业生物等特色农业基地。大力推进国家现代农业示范区建设，积极扶持专业合作组织和龙头企业，加强农业科技和机械作业推广，健全农产品销售、加工、配送、包装、储运等一条龙服务，推动农业产业化、集约化、标准化发展。

3. 全面推进新村建设。按照“依山就势、错落有致、适度集中”和“道路标美化、产业特色化、房屋标准化、庭院优美化、公共服务城镇化”的要求，重点抓好“一水二路三产业四增收五新村六旅游”，全域全程推进新村建设。重点做好第二轮省级成片推进示范县、市级示范片建设工作，突出抓好西攀高速沿线、二滩环线、边远民族地区新村和 16 个旅游新村建设。

（五）坚持不懈地打好全国著名阳光休闲康养旅游目的地的硬仗，在推动服务业大发展上取得新成效

1. 加快发展旅游经济。高起点、高层次重点打造二滩、阿署达、普达、红格等旅游产业项目群。围绕“吃、住、行、游、购、娱”六大要素，完善服务设施，提升旅游内涵，强化接待服务能力。加强区域旅游合作，积极融入大香格里拉旅游圈。加强营销推广，办好欢乐阳光节、金芒果节、石榴节等旅游节庆活动，努力拓展旅游市场。

2. 加快发展康养产业。加强与省内外养生科研机构和协会、老龄委、老干部局、养老院的战略合作，整合政府公共服务和社会养老服务资源，以运动、健身、休闲、度假、养生养老为主要内容，做大做强以冬季度假为主体的阳光康养产业。

3. 加快发展服务业。积极发展现代物流、金融保险、信息网络、商业服务等生产性服务业和教育医疗、休闲健身、餐饮娱乐等生活性服务业，重点推进“五园区”“三中心”“两平台”等物流项目建设，支持国有商业银行和攀枝花商业银行、农村商业银行加快发展，规划建设一批特色商贸城、商业街、专业市场，构建大商贸、大流通格局，不断提升我市区域辐射聚集、配套服务能力。

（六）坚持不懈地打好民生改善和社会事业发展的硬仗，在建设幸福攀枝花上迈出新步伐

1. 千方百计提高居民收入。大力实施居民收入倍增计划，重点突出农村居民、企业职工、中低收入者和困难家庭“四个群体”，积极拓宽创业、就业、社保、投资和帮扶“五大渠道”，完善富民增收长效机制。健全服务和援助体系，保障劳动者充分就业，新增城镇就业 1.5 万人，城镇登记失业率控制在4%以内。深入推进创业型城市建设，鼓励支持自主创业和自谋职业。重点针对边远民族地区，坚持“输血”和“造血”并举，加大对口帮扶、产业拉动、基础设施和新村建设力度，加快改善农民生产生活条件。

2. 大力提升社会保障水平。积极推进以养老、医疗、失业、工伤和生育保险为主体的社会保障体系建设；加快完善由新型农村养老保险、新型农村合作医疗和最低生活保障组成的农村社保体系；推动城乡社保扩面提标，由基本保障型向福利普惠型转变。加大扶贫攻坚力度，进一步扩大城乡低保、城乡医疗救助、临时救济、社会互助等救助范围，突出抓好边远民族地区扶贫开发，让困难群众生活得到有效保障，尽快解决全面建成小康社会的“短板”。

3. 着力解决民生基本问题。坚持教育优先发展，统筹推进各级各类教育健康均衡发展。加快攀西职业病防治中心、花城新区医院和乡村医疗站所等机构建设，建立覆盖城乡的医疗卫生服务体系。加强保障性住房建设，加快推进棚户区改造、公租房建设等项目，确保完成省下达的建设任务。努力保持物价基本稳定，确保居民消费价格指数控制在4%以内。积极实施文化强市战略，大力推进社会主义核心价值体系建设，丰富群众精神文化生活，提高公民道德素质，切实做好文化惠民工作。

4. 全力以赴维护社会稳定。加强和创新社会管理，着力健全党委领导、政府负责、社会协同、公众参与、法制保障的社会管理体制，提高社会管理科学化、精细化水平。充分发挥市民热线、效能热线等载体功能，切实提高矛盾纠纷源头处理、动态调解和应急处置能力。加强治安防控体系建设，严厉打击违法犯罪活动。健全公共安全监管体系，加快构建本质安全型城市，积极建设全国综合减灾示范社区。时刻警钟长鸣，毫不松懈地抓好生产安全、食品安全、消防安全、交通安全、环保安全的监督管理，确保不发生重特大安全责任事故。

二、坚定不移地深化改革开放，不断增强经济社会发展的动力与活力

（一）加快推进各项改革。按照城乡一体化的要求，加快推进户籍制度、社保制度、公共服务制度、产权制度、规划建设制度、社会管理制度改革，健全统筹城乡发展的体制机制。完善现代企业制度，优化企业资产结构，提高管理和营运水平。坚持市场化改革方向，深化金融财税融资体制改革，更好地发挥市场配置资源的基础性作用，努力拓宽投融资渠道。以行政审批制度改革为重点，稳步推进行政体制改革，健全完善公共财政管理体制。加快文化、教育、医药卫生、就业和社会保障等社会事业领域改革，努力形成利于公益、服务社会、推动发展的生动局面。

（二）全面扩大对外开放。进一步深化区域合作，加强与长三角、珠三角、环渤海等发达区域的交流与合作。围绕加快建设四川南向开放门户，依托川滇黔12市地州峰会合作平台，在基础设施建设、资源开发、旅游文化等方面加强与周边地区的战略合作。积极谋划重大区域合作活动，主动融入成渝经济区、昆明经济带，密切与省内外各地的合作，借助云南桥头堡建设，广泛参与中国—东盟自由贸易区的合作。精心组织参加西博会、昆交会、珠洽会等经济活动，不断拓展合作领域，主动承接产业转移，扩大对外开放成果。

（三）突出抓好招商引资。坚持政企联动、群专结合，采用中介代理招商、专业化招商、以商招商和利用现代信息手段招商等方式，提高招商引资实效。加大小分队驻点招商工作力度，出台最优政策、安排最强力量，实施最严考核，以开放性的思维、市场化的眼光、企业家的意识、艺术家的浪漫，大招商、招大商。按照保姆式服务要求细化招商方案，不断优化投资环境，积极打造零障碍、低成本、高效率的服务体系，努力营造重商、亲商、惠商的良好环境。

三、坚定不移地加强和改进党的建设，为加快发展提供坚强的政治保证

（一）加强民主政治建设，凝聚强大合力。坚持和完善人民代表大会制度、中国共产党领导的多党合作和政治协商制度，支持人大及其常委会依法履行职能，充分发挥人民政协政治协商、民主监督和参政议政的职能作用。巩固和壮大新时期最广泛的爱国统一战线，加强同民主党派和无党派人士的合作共事。支持工会、共青团、妇联、科协、工商联等人民团体依照法律和各自章程开展工作。坚持依法治国方略，推进依法治市进程，认真做好依法执政、依法行政、公正司法的各项工作。加强城乡基层政权建设，逐步扩大公民有序政治参与的范围和途径。切实加强新形势下民族、宗教、对台、侨务和保密等工作，一如既往地抓好老干部工作。坚持党管武装，加强“双拥”工作，积极支持驻攀部队建设，巩固和发展军政军民团结。

（二）强化思想理论武装，推进思想解放。坚持“为民、务实、清廉”准则，认真贯彻执行中央政治局关于改进工作作风、密切联系群众的八项规定，不断加强作风建设，把心思放在工作上，把感情投在民生上，把力气用在工作落实上。以开展“思想大解放，作风大转变，工作大落实”主题教育活动为抓手，深入贯彻落实科学发展观，着力构建解放思想的长效机制，在思想解放中凝聚共识、在思想解放中改革创新、在思想解放中跨越赶超，以思想大解放引领经济大发展。

（三）创新选人用人机制，鲜明实干导向。紧扣科学发展需要，大胆起用一批眼界宽、思路活、脑子灵的开拓者，懂经济、晓市场、善经营的创业者，顺时应势、敢试敢闯、开拓进取的领头雁，埋头苦干、身体力行、励精图治的实干家，向庸者懒者说不，向散者慢者问责，让能干事者有机会、干成事者有舞台，不让老实人吃亏，不让投机钻营者得利，重点打造在急难险重工作一线抓攻坚、在招商引资工作一线抓开放、在边远民族地区一线抓发展、在群众信访工作一线抓稳定的干部队伍。深化干部人事制度改革，不断扩大公推公选、公推直选范围，大力培养选拔年轻干部，加大少数民族干部、妇女干部、党外干部选拔力度，形成人心思进、你追我赶的生动局面。

（四）推进基层组织建设，夯实执政基础。改进党员发展工作，优化党员队伍结构，提升党员队伍整体活力和战斗力。以“三级联创”活动为载体，突出为民服务中心抓手，全面推进机关、企业、农村和社区基层组织建设。健全教育、管理和服务党员长效机制，完善党内激励、关怀、帮扶机制，做好流动党员教育管理服务。创新基层党组织设置模式，加快推进非公有制经济组织、新社会组织党建工作，扩大党组织覆盖面。深入开展“领导挂点、部门包村、干部帮户”和“百千万·干群心连心”活动，建立健全党建惠民的长效机制。

（五）深化党风廉政建设，永葆清廉形象。坚持“标本兼治、综合治理、惩防并举、注重预防”的方针，全面推进惩治和预防腐败体系建设，严格执行党风廉政建设责任制，加强反腐倡廉宣传教育，严厉查办违法违纪案件，做到干部清正、政府清廉、政治清明。严明政治纪律，凡是对市委、市政府的决策部署和工作安排有令不行、有禁不止的，拖着不办、顶着不干的，阳奉阴违、敷衍塞责的，坚决予以查处，以铁的纪律保证中央、省委、市委的各项决策部署落到实处。

（六）优化督查考评机制，强化工作执行。严格目标管理，逐级签订目标责任书，把抽象指标分解落实到每一件实事、每一个项目、每一项工程，落实到每一个单位、每一个人头，规定完成的时限、质量和标准。建立健全督查考核机制，加强对重点工作的交办、催办、督办、查办，做到工作推进到哪里，督查考核就跟进到哪里。严查不落实的人和事，通过查不落实推动落实，查不作为推动作为，查不勤廉推动勤廉。

2013 年 1 月 8 日

攀枝花市农村扶贫开发纲要（2011—2020 年）

（攀委发〔2013〕2 号）

为进一步加快贫困地区发展，促进共同富裕，实现到2020 年与全省同步建成全面小康社会的奋斗目标，根据《中国农村扶贫开发纲要（2011—2020 年）》和《四川省农村扶贫开发纲要（2011—2020 年）》总体部署，结合我市农村实际，特制定本纲要。

序　言

（一）扶贫事业取得巨大成就。改革开放以来，特别是实施《中国农村扶贫开发纲要（2001—2010 年）》和《四川省农村扶贫开发规划（2001—2010 年）》以及《攀枝花市农村扶贫开发规划（2001—2010 年）》以来，我市各级党委、政府坚决贯彻落实党中央、国务院和省委、省政府的决策部署，积极领导、组织和动员社会各界广泛参与扶贫开发事业，带领贫困地区广大干部群众苦干实干，扶贫开发工作取得了巨大成就。2000 年底至2010 年末，贫困地区农民年人均纯收入从1230 元增加到4310 元，年均增长 13.36%，高于全省、全国同期平均增长水平。同时，贫困地区基础设施和生产生活条件明显改善，社会事业和公共服务不断进步，最低生活保障制度全面建立，农村贫困居民生存和温饱问题基本解决。《攀枝花市农村扶贫开发规划（2001—2010 年）》确定的目标任务圆满完成，为促进全市经济发展、政治稳定、文化繁荣、民族团结、社会和谐发挥了重要作用、做出了重大贡献。

（二）扶贫开发是长期历史任务。我市农村贫困问题“面大、人多、程度深”的特点突出，因灾因病致贫、返贫现象突出，贫困代际传递问题突出，集中连片特殊困难贫困地区（以下简称连片特困地区）发展相对滞后，“插花”贫困现象依然存在，相对贫困问题凸显，扶贫开发任务仍然十分艰巨。随着我市工业化、城镇化不断深入，经济发展方式转变加快，综合实力显著增强，社会保障体系逐步健全，为扶贫开发创造了有利环境和条件。西部大开发战略持续深入推进、“三个加快”和“三个走在全省前列”战略的实施、民族地区跨越式发展等，为扶贫开发提供了新的机遇和支持。贫困地区具备一定自我发展能力，在实践中创造了许多行之有效的经验，广大干部群众企盼尽快脱贫致富奔小康的愿望强烈，为扶贫开发增添了强大信心和动力。全市扶贫开发已经从以解决温饱为主要任务的阶段转入到巩固温饱成果、加快脱贫致富、改善生态环境、提高发展能力、缩小发展差距的新阶段。

（三）深入推进扶贫开发意义重大。扶贫开发事关巩固党的执政基础，事关国家长治久安，事关社会主义现代化大局。深入推进全市扶贫开发，是建设中国特色社会主义事业的重要任务，是深入贯彻落实科学发展观的必然要求，是坚持以人为本、执政为民的重要体现，是统筹城乡区域发展、保障和改善民生、缩小发展差距、促进全市人民共享改革发展成果的重大举措，是推进全市跨越式发展、全面建成小康社会、构建社会主义和谐社会的迫切需要。各级党委、政府必须以更大的决心、更强的力度、更有效的举措，打好新一轮扶贫开发攻坚战，确保全市人民共同实现全面小康。

一、总体要求

（四）指导思想。高举中国特色社会主义伟大旗帜，以邓小平理论、“三个代表”重要思想、科学发展观为指导，认真贯彻落实中央和省农村扶贫开发纲要（2011—2020 年），坚持政府主导，坚持统筹城乡发展，坚持城乡发展一体化道路，提高扶贫标准，加大投入力度，把连片贫困地区作为主战场，把稳定解决扶贫对象温饱、尽快实现脱贫致富作为首要任务，更加注重转变经济发展方式，更加注重增强扶贫对象自我发展能力，更加注重城乡基本公共服务均等化，更加注重解决制约发展的突出问题，努力推动贫困地区经济社会更好更快发展。

（五）工作思路。坚持以科学发展为主题，以解决突出民生问题为核心，以新村建设为载体，以产业发展为支撑，以能力提升为根本，实行扶贫开发与新农村建设相结合、常规扶贫与连片特困地区扶贫相结合、扶贫开发与防灾减灾相结合、扶贫政策与农村低保制度相结合、扶贫开发与发展特色产业相结合、项目扶持与提高发展能力相结合、专项扶贫与强农惠农扶贫相结合、自身努力与争取支持相结合、政府主导与社会各界帮扶相结合。概括起来，就是建设新村、发展产业、脱贫致富、实现小康。

（六）工作方针。坚持开发式扶贫方针，实行扶贫开发与农村最低生活保障制度有效衔接。把扶贫开发作为脱贫致富的主要途径，鼓励和帮助有劳动能力的扶贫对象通过自身努力摆脱贫困；把社会保障作为解决温饱问题的基本手段，逐步完善社会保障体系。

（七）基本原则

——坚持政府主导，分级负责。市、县、乡各级政府对本行政区域内的农村扶贫开发工作负总责，把扶贫开发纳入当地经济社会发展战略及总体规划，实行扶贫开发目标责任制和考核评价制度。

——坚持突出重点，分类指导。加大民族地区、高寒山区的扶持力度，全市重点支持北部连片贫困地区。各县（区）均要确定扶贫重点区域，实行整乡（镇）整村推进。根据不同区域、不同情况、不同群体特点，因地制宜制定扶贫政策，编制扶贫开发规划，实行有差异的扶持措施，解决存在的突出矛盾和问题，确立各具特色的扶贫开发和发展模式。

——坚持部门协作，合力推进。根据中央和省委、省政府对农村扶贫开发总体部署，大力整合资源，市、县（区）有关部门要结合各自职能，在制定政策、编制规划、分配资金、安排项目时向贫困地区倾斜，形成扶贫开发合力。

——坚持社会帮扶，共同致富。广泛动员社会各界参与扶贫开发，不断完善参与机制、拓展参与领域、提高参与水平、注重参与实效。强化政策措施，鼓励先富帮后富，推动实现共同富裕。

——坚持自力更生，艰苦奋斗。加强引导，更新观念，建立激励机制，充分激发贫困地区、扶贫对象的主动性和创造性，尊重扶贫对象主体地位，提高自我管理水平和自我发展能力，立足自身实现脱贫致富。

——坚持统筹兼顾，科学发展。坚持以人为本、民生优先，立足当前、着眼长远，既解决当前突出民生问题，又解决制约长远发展的根本问题，实现贫困地区经济、社会、文化各项事业科学协调发展。坚持扶贫开发与推进城镇化、建设社会主义新农村相结合，与生态建设、环境保护相结合，充分发挥贫困地区资源优势，发展资源节约型、环境友好型产业，增强防灾减灾能力。提倡健康科学生活方式，促进经济社会发展与人口资源环境相协调。

——坚持工作到村，扶贫到户。结合本地实际，按照产村相融的要求，制定好贫困村发展建设规划和贫困群众致富计划，确保扶贫资金项目到村、效益到户，扶贫开发的各项措施实施到村、落实到户。

——坚持改革创新，扩大开放。适应社会主义市场经济要求，创新扶贫开发工作机制。扩大对内对外开放，共享减贫经验和资源。继续搞好扶贫开发试点，积极探索开放式扶贫新途径。

二、目标任务

（八）总体目标。到2015年，全面消除绝对贫困，稳定解决扶贫对象温饱问题，贫困居民显著减少，进一步夯实贫困居民达小康的基础。到2020年，稳定实现扶贫对象不愁吃、不愁穿，保障其义务教育、基本医疗和住房；贫困地区农民人均纯收入在2010年基础上翻两番以上并接近全市农村平均水平，基本公共服务主要领域指标接近全市平均水平，扭转发展差距扩大趋势；实现贫困村向新农村、小康村转变，贫困户向宽裕户、小康户转变，与全市同步达到全面建成小康社会目标。

（九）主要任务

1. 新村建设。一是建设扶贫新村。结合社会主义新农村建设，在贫困地区开展扶贫新村建设；每村总投入不低于300万元，其中，财政性扶贫资金投入不低于100万元。二是建设扶贫新村聚居点。到2015年，聚居度达到20%至25%、全面完成农村困难家庭D级危房改造；到2020年，聚居度达到40%至50%、全面完成农村困难家庭C级危房改造，贫困地区群众居住条件得到显著改善。三是完善配套设施。完成庭院绿化、垃圾收集站点、公共排污设施、沼气池及污水处理等人居配套建设，完成村内道路、饮水安全、教育医疗、科技文化、就业社保、商业服务网点等新村配套建设。

2. 特色产业。到2015年，力争实现每户贫困户有一项增收项目，因地制宜培育形成初具规模的特色优势产业，打造"跨村联乡"特色产业，产业有专业合作组织或产业化经营龙头企业带动，不断壮大农民增收支柱产业，主攻农民增收重点区域，拓宽农民增收发展空间，优化农民增收的政策环境，努力促进农民收入持续稳定增长。到2020年，初步构建"跨乡联县"特色支柱产业体系，农民户户能依托特色产业增收。

3. 公共服务。一是努力提高教育水平。到2015年，贫困地区学前三年教育毛入园率有较大提高，巩固提高九年义务教育水平。少数民族贫困村适龄儿童小学入学率达97%以上，完成率达90%，初中入学率达到95%，完成率达90%。非民族贫困村适龄儿童小学入学率达到98%，完成率达100%，初中入学率达到98%，完成率达90%，高中阶段教育毛入学率达到85%。到2020年，基本普及学前3年教育，义务教育水平进一步提高，普及高中阶段教育和职业教育，加快发展远程继续教育和社区教育。二是健全医疗卫生服务体系。到2015年，重点在扶贫工作重点村建成布局合理、基础设施齐全、服务功能完善的标准化村卫生室。通过推进村卫生室标准化建设，实现标准化村卫生室和合格村医"两个全覆盖"。确保每个村卫生室至少有1名具有执业（助理）医师资格或乡村医生资格的村医。能全面履行卫生院下达的各项基本公共卫生职能，能较好地承担村民常见病、多发病的一般诊疗任务，具备急症的甄别与转诊能力。全面落实村医补助政策，保持村医队伍基本稳定。新农合政策补偿比达到80%，新农合医疗参合率稳定在95%以上。基本解决贫困地区农民看病难问题。到2020年，进一步提高新型农村合作医疗保障水平，新农合政策补偿比达到85%。加大对村级医疗及公共卫生的投入，解决和完善村卫生站医疗设备，方便群众看病，提高农村医疗服务水平，实现村民常见病不出村，急症能得到快速转诊。贫困地区与非贫困地区群众相比获得公共卫生和基本医疗服务均等。三是加快公共文化建设。本着功能完善、适度超前的原则，到2015年，基本建立广播影视公共服务体系，实现20户以下自然村广播电视全覆盖，基本实现广播电视户户通。行政村基本通宽带，自然村和交通沿线通信信号基本覆盖。进一步改善农村公共文化服务体系建设，充分发挥每个行政村文化活动室的作用，满足人民群众的基本文化需要。到

2020年，健全完善广播影视公共服务体系，全面实现广播电视户户通，自然村基本实现通宽带；建设高标准文化室、图书室、农民培训中心，以中心区域建设来根本改善扶贫村群众文化生活环境，使之成为扶贫村重要文化活动平台。

4. 能力提升。一是劳动力培训。到2015年，提高农村实用技术和劳动力转移培训水平；大力实施新型农民培训，农民科学文化素质进一步提高；扫除青壮年文盲，培养一批农村青年致富带头人。到2020年，所有农村外出务工人员均具有普通高中或中等职业学校学历。二是促进人口素质提升。做好人口和计划生育工作，落实好计划生育利益导向相关奖励政策，做好计划生育“三结合”工作，提升家庭发展能力，逐步实现人口均衡发展。

5. 社会保障。到2015年，农村最低生活保障制度、“五保”供养制度和临时救助制度进一步完善，实现新型农村社会养老保险制度全覆盖；到2020年，农村社会保障和服务水平进一步提升。

6. 基础设施。一是农田水利建设。到2015年，贫困地区基本农田和农田水利设施有较大改善，保障人均基本口粮田。到2020年，农田基础设施建设水平明显提高。二是交通道路建设。到2015年，建制村全部通水泥（油）路，稳步提高贫困地区农村客运班车通达率。到2020年，推进村内道路硬化，村通社、社通农业产业化区道路硬化率达到50%，实现具备条件的建制村全部通班车，全面提高农村公路服务水平和防灾抗灾能力。三是饮水安全。到2015年贫困地区农村饮水安全问题基本得到解决，到2020年农村饮水安全保障程度和自来水普及率进一步提高。四是生产生活用电。到2015年大幅度减少偏远地区和民族地区无电人口数量，到2020年全面解决无电人口用电问题。

7. 林业生态。贫困地区森林覆盖率在2010年的基础上稳步提高。

三、对象范围

（十）扶贫对象。以年人均纯收入在2300元以下的具备劳动能力的农村居民为扶贫开发工作主要对象，建立健全扶贫开发对象识别机制，做好建档立卡工作，实行动态管理，确保扶贫开发对象得到有效扶持。有条件的地方可根据当地实际制定高于国家和省扶贫标准的地区扶贫标准，对该标准覆盖范围内的贫困居民给予扶持。

（十一）连片特困地区。盐边县、米易县、仁和区、西区、东区的少数民族地区、边远山区、自然条件恶劣的75个行政村为连片贫困村，盐边县格萨拉乡、温泉乡、箐河乡、红宝乡、鳡鱼乡、共和乡，米易县白坡乡，仁和区平地镇等8个乡（镇）为扶贫开发工作重点乡（镇）。加大投入和支持力度，集中力量，分批实施。集中实施一批教育、卫生、文化、就业、社会保障等民生工程，大力改善生产生活条件，培育壮大一批特色优势产业，加快区域性重要基础设施建设步伐，加强生态建设和环境保护，着力解决制约发展的瓶颈问题，从根本上改变连片特困地区面貌。

四、专项扶贫

（十二）整村推进。结合社会主义新农村建设，按照依山就势、错落有致、适当集中和连线、成带、成片的原则，突出全域、全程、全面小康的要求，自下而上分村制定整村建设规划，分类推进，分期分批实施。有条件的探索试点新农村综合体建设，加快全市新农村建设进程。以县（区）为平台，叠加相关政策和项目，统筹各类涉农资金和社会帮扶资源，集中投入，狠抓生产生活基础设施建设，实施水、电、路、气、房和环境改善“六到农家”工程，建设公益设施较为完善的农村社区，大力改善群众生产生活条件。根据资源配置条件，发展特色支柱产业，重点加快发展特色效益农业，建设现代农业产业基地、产业园区、标准化示范园，增加贫困群众收入，提高自我发展能力。加强新村建设后续管理，健全新型社区管理和服务体制，合理布局学校、卫生院、就业社保及商业服务网点，巩固提高扶贫开发成果，把乡风文明、村容整洁、管理民主的要求体现到新村建设中。坚持不懈开展城乡环境综合治理，改善人居环境。加强精神文明建设，培育新型农民，不断提高农村文明程度和发展水平。在新村建设中，坚持“竞争入围”，做到选准最困难的村、扶持最困难的户、办好群众最急需办的事。

（十三）产业扶贫。充分发挥贫困地区生态环境和自然资源优势，推广先进实用技术，因地制宜发展特色水果、特色蔬菜、优质烤烟、小粒种咖啡、畜牧业、干果、林下种养业等特色产业，培育壮大农户增收的支柱产业，大力推进旅游扶贫。通过扶持龙头企业、农民专业合作社和互助资金组织，带动和帮助贫困农户发展生产。引导和支持企业到贫困地区投资兴业，发展名、特、优农产品和仓储、加工、运输等产业，逐步实现从初级产品到深加工产品的转变，大力推动农业产业化经营，带动农民发展现代农业、带动农民持续稳定增收。

（十四）劳务扶贫。完善劳务扶贫计划，以促进扶贫对象稳定就业为核心，对农村贫困家庭未继续升学的应届初、高中毕业生参加劳动预备制培训，给予一定的生活补助费。对农村贫困家庭新成长劳动力接受中等职业教育给予生活费等特殊补贴。对农村贫困劳动力开展实用技术培训，拓宽致富渠道，开展职业技能培训，引导从事非农产业，开辟新的增收门路。开展增强创业经营管理能力及后续发展能力培训，逐步提高创业带动能力。加大对农村贫困残疾人就业创业的扶持力度。

（十五）生态扶贫搬迁。坚持自愿原则，对生存条件恶劣、生产发展受限地区扶贫对象，特别是高寒边远地区的少数民族，在尊重群众意愿的基础上，实行有计划的生态扶贫搬迁，从根本上解决生存和发展问题。引导其他移民搬迁项目优先在符合条件的贫困地区实施，加强与生态扶贫搬迁项目的衔接，共同促进贫困群众生产生活环境的改善。充分考虑资源条件，因地制宜，保护生态，有序搬迁，改善生存与发展条件，着力培育和发展后续产业。有条件的地方引导向小集镇、新村聚居点适当集中。加强统筹协调，切实解决搬迁群众在生产生活等方面的困难和问题，确保搬得出、稳得住、能发展、可致富。

（十六）以工代赈。大力实施以工代赈，深入推进以工代赈示范村建设项目，有效改善贫困地区生产生活条件。加强基本农田（草场）、小型农田水利设施、村组道路建设，提高耕地（草地）质量，稳步增加有效灌溉面积。开展水土保持、人畜饮水工程建设、小流域治理和片区综合开发，增强抵御自然灾害能力，夯实发展基础。

（十七）扶贫试点。创新扶贫开发机制，针对特殊情况和问题，继续开展特困区域和群体扶贫等试点，扩大完善连片扶贫开发、彩票公益金扶贫、贫困村互助资金、农村金融创新等试点。结合实际，积极探索非政府组织参与政府扶贫项目以及低碳扶贫等新的扶贫试点。

五、行业扶贫

（十八）明确部门职责。各行业部门要把改善贫困地区发展环境和条件作为本行业发展规划的重要内容，在资金、项目等方面向贫困地区倾斜，并完成省和市确定的本行业的扶贫任务。完善定点扶贫、对口帮扶考核机制，增强扶贫帮困实效。

（十九）完善基础设施。推进贫困地区土地整治，加快中低产田土改造，开展土地平整和高标准农田建设，提高耕地质量。推进灌区续建配套与节水改造和小型农田水利建设，发展节水灌溉，扶持修建小微型水利设施，抓好病险水库（闸）除险加固工程和灌溉排水泵站更新改造，加强主要江河的中小河流治理、山洪地质灾害防治及水土流失综合治理。积极实施农村饮水安全工程。加快贫困地区通乡、通村道路建设，积极发展农村配送物流业。继续推进农村电网改造升级，实现城乡用电同网同价。普及信息服务，实施各县（区）村村通有线电视、电话、互联网工程。加快农村邮政网建设，推进电信网、广电网、互联网三网融合。

（二十）发展特色产业。加强农、林、牧、渔产业指导，发展各类专业合作组织，完善农村社会化服务体系。立足贫困地区资源禀赋，制定和完善产业发展规划，加大支持力度，推动特色农业发展。加快建设现代农业产业基地，实行规模化经营、标准化生产和产业化发展。大力培育龙头企业，发展农民专业合作组织。完善龙头企业与农户的利益联结机制，推广“龙头企业+农户”“农民专业合作组织+

农户”“龙头企业＋农民专业合作组织＋农户”等组织模式。强化与市场对接，注重加工配套，推进精深加工，延伸产业链，增加农产品附加值，逐步培育区域主导产业，打造优势特色农产品品牌，培育特色产业园区。把旅游发展与扶贫开发、特色农业产业培育和小城镇建设紧密结合，大力推进乡村旅游、生态旅游、现代农业观光旅游和民族特色旅游扶贫，促进产业结构调整，带动和帮助贫困农户发展生产。围绕主导产品、名牌产品、优势产品，大力扶持建设各类批发市场和专业市场。按照国家和省的主体功能区规划，合理开发当地资源，积极发展新兴产业，承接产业转移，调整产业结构，增强贫困地区发展内生动力。

（二十一）开展科技扶贫。积极推广良种良法，加强科技培训和科普宣传。围绕特色产业发展，加大科技攻关和科技成果转化力度，推动产业升级和结构优化。培育一批科技型扶贫龙头企业。建立完善符合贫困地区实际的新型科技服务体系，加快科技扶贫示范村和示范户建设。继续选派科技扶贫团、科技副县（区）长、科技副乡（镇）长、科技特派员到县（区）或扶贫重点乡、村工作。

（二十二）发展教育文化事业。推进边远贫困地区适当集中办学，加快寄宿制学校建设。加大培训力度，提升教师队伍素质，实施边远艰苦地区教师周转宿舍建设工程。加大对边远贫困地区学前教育的扶持力度，逐步提高农村义务教育阶段家庭经济困难寄宿生生活补助标准。免除中等职业教育学校家庭经济困难学生和涉农专业学生学费，继续落实国家助学资助政策。推动农村中小学生营养改善工作。关心和支持特殊教育发展，加大对各级各类残疾学生扶助力度。积极开展贫困地区进城务工劳动力就业培训。继续推进广播电视村村通、农村电影放映、文化信息资源共享和农（牧）家书屋等重大文化惠民工程建设。加强基层文化队伍建设。

（二十三）改善公共卫生和人口服务管理。扩大新型农村合作医疗保险覆盖面，提高新型农村合作医疗和医疗救助保障水平。进一步健全贫困地区基层医疗卫生服务体系，改善医疗与康复服务设施条件。通过改扩建，达到“一无三配套”（无危房，房屋、设备、人员配套）标准，发挥其在农村医疗防护中的枢纽作用。加大重大传染病和地方病防控力度。加强妇幼保健机构能力建设。继续实施城市医师支援农村卫生工程，组织城市医务人员在农村开展诊疗服务、临床教学、技术培训等多种形式的帮扶活动，提高县级医院和乡镇卫生院的技术水平和服务能力。大力实施民族地区卫生发展十年行动计划。加强贫困地区人口和计划生育工作，坚持计划生育和扶贫开发相结合，进一步完善农村计划生育家庭奖励扶助制度、“少生快富”工程和计划生育家庭特别扶助制度，加大对计划生育扶贫对象的优先优待扶持力度，加强流动人口计划生育服务管理。

（二十四）完善社会保障制度。逐步提高农村最低生活保障和“五保”供养水平，全面实现农村低保和扶贫开发两项制度有效衔接，切实保障没有劳动能力和生活常年困难农村人口的基本生活。健全自然灾害应急救助体系，完善受灾群众生活救助政策。加快新型农村社会养老保险制度覆盖进度，支持贫困地区加强社会保障服务体系建设。加快农村养老机构和服务设施建设，支持贫困地区建立健全养老服务体系，逐步解决广大老年人养老问题。加快贫困地区社区建设，做好新村聚居点规划，扩大农村危房改造试点，帮助贫困户解决基本住房安全问题。完善农民工就业、社会保障和户籍制度改革等政策。

（二十五）重视能源和生态环境建设。加快贫困地区可再生能源开发利用，因地制宜发展小水电、太阳能、风能、生物质能，推广应用沼气、节能灶、固体成型燃料、秸秆气化集中供气站等生态能源建设项目，带动改水、改厨、改厕、改圈和秸秆综合利用。提高城镇生活污水和垃圾无害化处理率，加大农村环境整治力度。加强草原保护和建设，加强自然保护区、森林公园等的建设和管理，大力支持天然林保护、退耕还林、退牧还草、防沙治沙等生态建设工程，加快水土流失综合防治步伐，加强水土保持监督管理，完善生态效益补偿机制。大力支持天然林保护、退耕还林还草等工程，促进贫困地区生态环境有较大改善。加大泥石流、山体滑坡、崩塌等地质灾害防治力度，重点抓好灾害易发区内的监测预警、搬迁避让、工程治理等综合防治措施。

六、社会扶贫

（二十六）继续做好市内党政机关、企事业单位的定点扶贫和对口支边工作。市直党政机关、人民团体、参公管理的事业单位和在攀的国有控股企业、国有控股金融机构、驻攀部队，要积极参加定点扶贫，承担相应的定点扶贫任务。定期选派优秀中青年干部到县（区）和贫困村挂职、蹲点扶贫，直接帮扶到村、到户，努力为贫困地区群众办好事、办实事。扶贫帮村的企事业单位，特别是大企业，要针对贫困村的具体情况，列出帮扶计划，千方百计挤出资金重点解决涉及贫困村经济发展全局的问题，从根本上解决制约发展的突出问题。继续在县、乡开展领导挂点、部门包村、干部帮户的“挂包帮”活动，发挥党政领导定点扶贫的示范效应。积极鼓励、引导、支持和帮助各类非公有制企业、社会组织承担定点扶贫任务。在开展定点扶贫工作的同时，开展对口援边工作，由东区、钒钛产业园区管委会和攀钢集团公司、攀煤（集团）公司、中国十九冶集团公司、钢城集团有限公司、市商业银行、攀枝花农村商业银行等8个单位对口支援盐边县、米易县和仁和区的8个边远贫困乡（镇）。对口支边单位要制定帮扶规划，积极筹措资金，每年投入的资金物资不少于300万元。

（二十七）广泛开展社会扶贫。充分发挥民主党派、工商联、群众团体、大专院校、科研院所、驻攀部队等社会各界在扶贫开发中的重要作用，动员社会各界参与扶贫。鼓励社会组织和个人通过多种方式参与扶贫开发。积极倡导扶贫志愿者行动，构建扶贫志愿者服务网络。鼓励工会、共青团、妇联、科协、侨联等社团组织以及海外华人华侨参与扶贫。

（二十八）开展国际交流合作。通过走出去、引进来等多种方式，创新机制，拓宽渠道，加强国际反贫困领域交流。借鉴国际社会减贫理论和实践，开展减贫项目合作，共享减贫经验，共同促进减贫事业发展。积极开展与扶贫有关的国际组织、区域组织和非政府组织的交流，让国际社会和海外华人了解我市农村的发展状况和贫困问题，争取国际社会对我市扶贫开发工作的关注和支持。市直有关部门和相关组织要结合自身的特点和优势，积极扩大和发展与国际社会在扶贫方面的合作。

七、政策保障

（二十九）政策体系。深入贯彻国家扶贫战略、扶贫政策体系和省“十二五”规划，制定实施连片特困地区专项扶贫规划。充分发挥专项扶贫、行业扶贫和社会扶贫的作用，增强扶贫开发的综合效益。将扶贫开发与社会保障有机结合，与新农村建设有机结合，与地方经济社会发展规划有机结合。重大决策要参考贫困影响评估，重大项目要进行贫困影响评估并提出应对措施。在贫困地区进行资源性开发的项目法人，负有对所在区域扶贫帮困的责任，让当地共享资源开发的成果。

（三十）财税支持。积极争取中央、省加大对我市扶贫开发的财政资金投入，严格按照有关要求安排使用中央、省财政扶贫资金，财政扶贫资金主要投向连片特困地区、重点乡（镇）和贫困村。市级财政要逐年增加扶贫开发投入，从2013年起，市财政每年预算安排不少于1000万元的专项扶贫资金用于扶贫开发，并确保扶贫专项资金增长幅度不低于同期财政经常性收入增长幅度。各县（区）也要加大扶贫开发投入并按财政收入增长幅度相应增长。加大对民族地区和贫困地区的一般性转移支付力度。对贫困地区属于国家鼓励发展的国内投资项目和外商投资项目，按有关规定在财税方面予以优惠支持。企业用于扶贫事业的捐赠，符合税法规定条件的，可按规定在征缴所得税税前扣除。

（三十一）投资倾斜。加大对贫困地区民生工程、基础设施、产业发展、社会事业、公共服务和生态环境等的投入力度，加大对村级道路建设、农业综合开发、土地整治、小流域与水土流失治理、农村能源建设等的支持力度。各级政府要加大对连片特困地区的投资支持力度、涉农资金对贫困地区的倾斜支持力度，加大对贫困地区新村建设和新农村综合体建设的支持力度。

（三十二）金融服务。认真落实国家扶贫贴息贷款政策。积极推动贫困地区金融产品和服务方式创新，推广发展贫困村互助资金，为扶贫对象发展生产提供资金支持。继续实施残疾人康复扶贫贷款项目。尽快实现贫困地区金融服务全覆盖，不断拓宽扶贫龙头企业和贫困地区、贫困群众生产融资渠道，提供更有效的支付结算等金融服务。鼓励和支持贫困地区县域法人金融机构将新增可贷资金70%以上留在当地使用。积极发展农村保险事业，鼓励保险机构在贫困地区建立基层服务网点。认真执行财政农业保险保费补贴政策。针对贫困地区特色主导产业，鼓励发展特色农业保险。加强贫困地区农村信用体系建设，积极稳妥推广小额信贷扶贫方式。

（三十三）产业扶持。认真落实国家西部大开发各项产业政策。国家和省、市的项目、工程、新兴产业优先向具备条件的贫困地区安排。引导劳动密集型产业向贫困地区转移，加大力度支持新型实用技术、高科技农业产业、农作物和畜禽新品种在贫困地区推广和普及。加强贫困地区市场建设，畅通贫困地区农用物资和农产品流通渠道。支持贫困地区资源合理开发利用，完善特色优势产业支持政策。

（三十四）土地使用。按照国家耕地保护和农村土地利用管理有关规定，新增建设用地指标要优先满足贫困地区易地扶贫搬迁建房需求，合理安排小城镇和产业聚集区建设用地。鼓励贫困地区加快土地承包经营权依法有序流转，推行规模化、集约化、标准化经营。加大土地整理力度，在项目安排上向有条件的贫困乡（镇）、村倾斜。在符合国家和省主体功能区定位及保护生态环境的前提下，支持贫困地区合理有序开发利用矿产资源。

（三十五）生态建设。在贫困地区继续实施天然林保护、退耕还林、退牧还草、水土保持、石漠化治理等重点生态建设工程。建立生态补偿机制，适度提高补助标准，并重点向贫困地区倾斜。减少资源开发对生态环境造成的破坏，加大重点生态功能区生态补偿力度，重视贫困地区的生物多样性保护。

（三十六）人才保障。组织教育、科技、文化、卫生等行业人员和志愿者到贫困地区服务。制定大专院校、科研院所、医疗机构为贫困地区培养人才的鼓励政策。引导大中专毕业生到贫困地区就业创业。选派机关干部到贫困地区挂职、任职，对长期在贫困地区工作的干部要制定鼓励政策。对贫困地区各类专业技术人员在职务、职称等方面实行倾斜政策。发挥创业人才在扶贫开发中的作用。加大贫困地区干部和农村实用人才的培训力度。

（三十七）重点群体。把对少数民族、妇女儿童和残疾人的扶贫开发纳入规划，统一组织，同步实施，同等条件下优先安排，加大支持力度。继续加大对人口较少民族的帮扶力度，加快脱贫致富步伐。关注留守老人、留守妇女和留守儿童，组织发动贫困家庭妇女积极参与全国妇女“双学双比”活动，关心支持留守妇女创业增收，采取措施保障留守儿童入园入学，加强身心健康教育和服务。制定实施农村残疾人扶贫开发纲要（2011—2020年），提高农村残疾人生存和发展能力。

八、组织领导

（三十八）强化扶贫开发责任。按照中央和省的部署，坚持“省负总责、市（州）统筹、县抓落实”的管理体制，建立片为重点、工作到村、扶贫到户的工作机制，实行党政一把手负总责的扶贫开发工作责任制。按照“任务到县、村为单元、分批实施、竣工验收”要求，层层落实目标责任。各级党委、政府要进一步提高认识，强化扶贫开发领导小组综合协调职能。原则上连片特困地区所在县（区）及重点乡（镇）党委书记应担任扶贫开发领导小组组长。加强领导，统一部署，加大市、县（区）、乡（镇）工作统筹和资源整合力度，扎实推进各项工作。进一步完善对有关党政领导干部、工作部门和县（区）、乡（镇）的扶贫开发工作考核激励机制，把扶贫开发工作成效作为衡量贫困地区各级干部政绩和提拔使用的重要依据，各级组织部门要积极配合。鼓励和支持有条件的地方探索解决城镇化进程中的贫困问题。

（三十九）加强基层组织建设。充分发挥贫困地区基层党组织的战斗堡垒作用，把扶贫开发与基层组织建设有机结合起来。围绕“选好带头人、扩大覆盖面、增强凝聚力、推进一体化”的思路，坚持

“抓基层、打基础”，扎实推进农村基层党的建设，选好配强扶贫开发重点村党组织书记，拓宽选人视野，改善干部队伍结构。带领贫困群众脱贫致富有突出贡献的村干部，可按有关规定和条件优先考录为公务员。加大扶贫开发重点村党员队伍培训经费投入，在每人每年20元党员培训经费的基础上，逐步增加到每人每年100元经费。建立党内关怀“五必访”制度，在党员生病住院、逝世、重大节日、突遇困难、思想异常等实行“必访”。深入开展“城乡党组织互助工程”和“百千万·干群心连心”活动，全面落实“一定三有”政策，进一步健全工作机制，完善村务公开、党务公开制度，规范村级重大事务决策程序，落实村干部民主评议、监督制度和经济责任专项审计制度。

（四十）加强扶贫机构队伍建设。进一步强化各级扶贫机构及其职能，加强队伍建设，改善工作条件，提高管理水平。扶贫部门干部的培训要纳入各级党政干部培训规划。各级扶贫部门要适应新阶段扶贫开发要求，坚持理论与实践相结合，坚持立足全局抓大事，坚持开拓创新，坚持廉洁从政，大力加强思想、能力、作风和廉政建设，提高执行能力，建设一支爱学习、讲团结，勇担当、敢创新，勤务实、守纪律，强本领、甘奉献的高素质扶贫干部队伍。

（四十一）制定村级扶贫开发规划。村级扶贫开发规划是新阶段扶贫开发工作的基础。制定村级扶贫开发规划要充分尊重农户、基层干部和有关专家的意见，坚持因地制宜，分类指导，实事求是，量力而行，市场导向，综合设计，对象明确，重点突出的原则。要与县（区）经济发展规划衔接，要明确奋斗目标、建设内容、实施措施、帮扶单位和资金来源，具有可行性和可操作性。在村级扶贫开发规划的基础上形成区县扶贫开发规划，一次制定，统一评估，并纳入同级国民经济和社会发展规划，逐年实施。

（四十二）加强扶贫资金使用监管。各类扶贫资金要建立专账，专款专用，统一由各级扶贫开发领导小组按规定的权限审批，资金的安排和使用做到公正、公开、公平。财政专项扶贫资金实行县级财政报账制管理，实行专账核算、专项管理，完善扶贫资金和项目监督管理办法，创新监督机制，开展绩效考评。强化审计监督，各级审计部门要建立扶贫资金审计制度，定期或不定期进行审计或审计调查，把扶贫资金管理使用纳入干部经责审计内容，在考察任用干部前先行对其进行扶贫资金等专项资金审计。各级纪检监察机构要建立纪检监察监督制度和群众监督制度，重大项目聘请群众监督员实施监督。加强社会扶贫捐赠款物管理。全面推行扶贫资金项目公示制，资金分配和使用在乡和村两级必须公示，全面落实群众的知情权、决策权、参与权和监督权，维护群众的权力和利益。坚决查处挤占、挪用、截留和贪污扶贫资金的行为。

（四十三）加强扶贫统计与贫困监测。建立扶贫开发信息系统，开展对重点乡镇和贫困村的贫困监测。进一步完善扶贫开发统计与贫困监测制度，不断规范相关信息的采集、整理、反馈和发布工作，更加及时客观反映贫困状况、变化趋势和扶贫开发工作成效，为科学决策提供依据。

（四十四）加强扶贫调研和宣传工作。切实加强扶贫政策学习和探讨，深入调查研究，不断总结经验，创新工作理念，提高政策水平和实施能力。把扶贫纳入基本市情教育范畴，作为各级领导干部和公务员教育培训的重要内容、学校教育的参考材料。各级宣传部门和新闻单位要继续加大扶贫宣传力度，广泛宣传扶贫开发政策、成就、经验和典型事迹，鼓舞斗志，凝聚人心，吸引更多的力量关注和参与扶贫，营造全社会参与的良好氛围。

（四十五）加强组织实施。本纲要由市扶贫开发工作机构负责协调并组织实施。各县（区）要根据本纲要制定具体规划或实施办法。

2013年2月1日

中共攀枝花市委　攀枝花市人民政府
关于进一步改进工作作风、提高工作效能的规定

（攀委发〔2013〕3号）

一、改进调查研究

市委、市政府领导干部要带头深入困难较多、情况复杂、矛盾尖锐的地方了解实际情况，出主意、想办法解决实际问题，多开展不打招呼、不事前安排、有针对性的调研或蹲点调研。调研课题要结合工作分工围绕市委、市政府制定的总体奋斗目标确定。市委常委、市政府副市长每年到基层调研和检查指导工作时间不得少于60天。到基层调研时，陪同调研的市级部门（单位）、县（区）参加人员均不超过3位，乡镇负责同志1位。现场办公只安排有关部门负责人参加。处置突发事件和组织抢险救灾按有关规定执行。市委、市政府领导干部不集中或轮番到一个点、一条线路调研。开展调研工作时要轻车简从，多人同行时，一律统一乘车，减少不必要的陪同人员，不搞边界迎送，不得接受纪念品和土特产。重大调研工作结束后要形成调研报告上报市委、市政府主要领导。

二、精简会议活动

严格精简控制会议活动，能减则减、能并则并、能用视频会议召开就用视频会议召开。严格会议审批，以市委、市政府名义举办的会议和重要活动应报市委、市政府主要领导审批。市委、市政府工作会议时间原则上不超过2小时，主要领导讲话时间原则上不超过半个小时。减少全市性会议，市级各部门（单位）组织的全市性会议原则上每年只召开1次。控制会议规模，精简参会人数。市委常委会、市政府常务会会议议题涉及到的相关部门无意见的，出其无意见说明给主办单位，不必参会，尽量减少参会人员。以市委、市政府名义召开的专项工作会议只安排与会议内容密切相关的部门及人员参加，需要县（区）党委政府和市级部门（单位）主要负责同志出席的会议必须报市委、市政府主要领导同意，市级各部门（单位）工作会议，原则上不得要求县（区）分管领导参会。未经市委、市政府批准，市委、市政府领导同志一律不得出席各类剪彩、奠基、颁奖、揭幕活动和庆祝会、纪念会、表彰会、博览会、研讨会、论坛、商业性活动演出等。会议活动不安排合影。

三、精简文件简报

精简文件简报，提高文件质量，规范文件报送。凡是国家法律法规和党内法规已作出明确规定的，一律不再制发文件；由部门发文或部门联合发文能够解决的，不再由市委、市政府（含市委办公室、市政府办公室）转发或印发文件；上级下发文件，本级没有新的贯彻意见，不以市委办公室、市政府办公室名义起草新文件，直接进行转发。文件简报要注重质量，文件内容要突出思想性、针对性和可操作性，严格控制篇幅，请示、报告字数一般不超过1500字，简报不超过800字；各部门（单位）向市委、市政府上报的简报只保留1种，主要用于反映重要动态、经验、问题和工作意见建议等内容，时效较强的信息类简报通过信息渠道上报。各级各部门上报的请示、报告、信息、简报等文件材料一律要归口市委办公室、市政府办公室管理，不得直送市委、市政府领导同志。

四、帮助基层、联系群众

市委、市政府领导干部要带头认真开展“挂、包、帮”和“百千万、干群心连心”等活动，市委、市政府班子成员要指定联系1个县区、1个乡镇、1个村、1个街道（社区）、1家企业、3户困难群众，每年至少要到联系点开展2次调研，帮助解决发展难题，深入到困难党员群众中了解实情，排忧解难。

市委常委会、市政府常务会要把群众工作和民生改善工作列入重要议事日程，及时研究解决重点、热点、难点问题。

五、提高工作效率

提高公文处理效率。市委、市政府领导干部要率先垂范，对文件的处理要随到随办，随办随返，原则上公文处理不过夜。各部门（单位）公文接收办理要做到随到随办，网上收文半天不少于1次，文件处理不过夜。逐步推行无纸化办公。加强报送管理，严格按照文件时限要求，做好文件回复工作，坚决杜绝不按时接收、办理事件发生。严格执行部门（单位）工作限时办结制。各部门（单位）的办事时限行政法规已作出明确规定的按规定时限力争提前办结，没有明确规定的，特急事件要随到随办；紧急事件2个工作日内办结；一般事件5个工作日内办结；长期工作要设定总的工作时限，倒排阶段工作时限。

六、规范考察活动

从严控制外出考察学习活动，市委、市政府领导外出考察学习活动一律按照规定报市委、市政府主要领导审批。市委、市政府领导外出考察原则上每年不超过2次。考察学习活动时间和范围及陪同人员、工作人员必须从严控制。严格外出考察学习纪律，一律不得接收企业资助，不得向下属单位分摊考察费用。考察学习结束后，要及时向市委提交报告。出国（境）考察活动按有关外事考察规定办理。

七、改进新闻报道

市委、市政府领导出席会议和活动根据工作需要、新闻价值、社会效果决定是否报道。除经市委、市政府批准的重大展览和文艺演出活动外，市委、市政府领导参观展览、观看一般性文艺演出、出席一般性会议和活动一律不作报道。重点报道涉及市委、市政府重大决策出台、全年工作部署、重要工作安排、处置重大突发事件、涉及全局工作或有重要导向、影响的会议和重要外事活动。报道市委、市政府领导出席会议和活动的新闻要精简务实，简化职务称谓，压缩数量、字数和时长，尽可能地发短消息或标题新闻。

八、严控文稿发表

市委、市政府领导班子成员代表市委、市政府发表涉及全局和重大敏感问题的讲话和文章，一律报市委、市政府批准。除市委统一安排外，个人任职期间不得公开出版著作（含摄影、书画作品），不发贺信、贺电，不题词、题字。

九、规范请销假手续

规范离攀外出请假。市级各部门（单位）主要负责人因对口上级部门工作安排需要出差的必须向市委、市政府主要领导报告，各县（区）、各部门（单位）主要负责人因各自工作安排需要出差的履行请销假手续。市委常委、市人大常委会主任、市政协主席、各县（区）委书记请假由市委书记批准；市政府副市长、各县（区）政府主要负责人请假由市委书记、市长批准。市委各部委、各人民团体、市委直属事业单位主要负责人请假须经市委分管领导同意后报市委书记批准；市政府各部门和市政府直属事业单位主要负责人请假须经市政府分管领导同意后报市委书记、市长批准。规范会议请假。要求各县（区）、市级各部门（单位）主要领导或指定人员参加而因故不能参加的，必须事先书面请假，并注明请假事由，未请假或请假未经批准，不得缺席，也不得擅自派人代会。市委常委会、市委全体会议参会人员需请假的由市委书记批准；市政府常务会议、市政府全体会议参会人员需请假的由市长批准；市委、市政府专题会议和由市委、市政府领导直接召集的重要会议、牵头组织的重要活动参加人员需请假的由召集和牵头组织的市委、市政府领导批准。

十、厉行勤俭节约

市委、市政府班子成员要牢记“两个务必”的要求，坚决反对讲排场、摆阔气和任何形式的铺张浪费。会议、活动和调研工作一律从简。工作会议不得摆放花草，会议驻地不得安放气球标语，严禁提高用餐、住宿标准，严禁组织消费性质的娱乐、健身活动。严格执行公务接待制度和规定，严格落实各项节约措施，坚决杜绝公款浪费现象。

2013 年 2 月 22 日

中共攀枝花市委　攀枝花市人民政府关于实施多点多极支撑发展战略的意见

（攀委发〔2013〕4 号）

2013 年的省委经济工作会议作出了构建“多点多极支撑”区域发展格局的重大部署。为全面贯彻落实省委、省政府《关于实施多点多极支撑发展战略的指导意见》，结合我市实际，现提出以下意见。

一、实施多点多极支撑发展战略对攀枝花加快发展具有重大战略意义

党的十八大作出了全面建成小康社会的战略部署，提出了两个“百年奋斗目标”和“两个翻番”的目标任务。省委经济工作会在深刻审视四川省情的基础上，鲜明提出了实施多点多极支撑发展战略，提升首位城市，着力次级突破，夯实底部基础，形成首位一马当先、梯次竞相跨越的生动局面，推动四川由西部经济大省向全国经济强省跨越。“多点”就是要做强市（州）经济梯队，通过五年左右的努力，力争有一批市（州）经济总量超过2000 亿元，有一批市（州）超过1500 亿元。“多极”就是要做大区域经济板块，实施成渝经济区和天府新区区域规划，培育成都平原、川南、川东北及攀西“四大城市群”，发展成都、川南、攀西、川东北、川西北“五大经济区”，形成支撑四川发展新的增长极。实施多点多极支撑发展战略，就是在加快工业化城镇化进程中，做强市（州）经济梯队，做大区域经济板块，为推进我省科学发展、加快发展和全面建成小康社会增添新的动能。实施这一战略，是新的发展条件下我省推动科学发展、加快发展的重大举措，是促进全省区域协调发展、同步全面建成小康社会的必然选择。

多点多极支撑发展战略的深入实施必然带来全省区域发展格局的深刻调整。对攀枝花来讲，这既是一次重大机遇，也是一项重大挑战。我们拥有得天独厚的资源优势，经过48 年的开发建设，已经积累了雄厚的产业基础，全市工业化率和城镇化率分别达到72.03% 和63.01%，均位于全省前列。当前，全国、全省的发展形势总体向好，我们迎来了国家新一轮西部大开发、建设攀西战略资源创新开发试验区及四川突出南向发展等重大机遇，我市“三个加快建设”“三个走在全省前列”“六大硬仗”已经全面铺开，各项工作正强力推进。但与此同时，“总量小、不协调、欠发达”仍然是我市最大的问题，“发展不足、发展不够、发展不充分”仍然是我市最大的实际，经济发展结构性矛盾、城乡二元结构矛盾、经济发展与环境改善的矛盾、加快发展与民生改善的矛盾还比较突出，我们亟需通过更好更快的发展加速破解发展中存在的问题。实施多点多极支撑发展战略，有助于我们更好地调动各级各部门的积极性和创造性，充分发挥资源优势和产业优势，抓住并用好各种机遇，加快做强产业、做大总量，形成更多经济增长点，切实提升我市在全国全省发展格局中的战略地位。

二、明确实施多点多极支撑发展战略的总体要求

（一）总体思路。以邓小平理论、“三个代表”重要思想、科学发展观为指导，深入贯彻落实党的十八大和省第十次党代会精神，紧紧抓住国家新一轮西部大开发、国家攀西战略资源创新开发试验区建设、四川突出南向发展等重大机遇，充分发挥资源优势和产业优势，以做大经济总量为基础，以提高经济增长质量和效益为中心，以推动产业升级和城市转型为重点，以特色优势产业发展、新型城镇化建设、城乡统筹发展为支撑，以改革开放和创新驱动为动力，分类指导，重点突破，以点带面，由点到极，做强优势产业，做大县域经济，构建多点多极支撑发展格局，有效带动和支撑全市经济社会发展，努力提升攀枝花在全省的战略地位，奋力实现在全省率先全面建成小康社会。

（二）主要目标。

在攀西城市群中充分发挥区域性中心城市的引领作用。

1. 奋力实现“四个翻番”。到2015年，地区生产总值、地方财政收入、城镇居民人均可支配收入和农民人均纯收入分别在2010年的基础上翻一番，固定资产投资总量在前五年的基础上翻一番。

2. 进入全省“第二方阵”。力争全市GDP总量2014年突破千亿元大关、2017年达到1500亿元，成功跃进全省第二方阵，奋力实现在全省率先全面建成小康社会。

3. 做强县域经济梯队。到2017年，全市城镇化水平和质量进一步提高，力争2~3个县区综合实力排在全省类区县前列。

三、打好六大硬仗，着力次级突破

（一）打好资源综合开发利用的硬仗

依托攀枝花丰富的钒钛资源，抓住国家攀西战略资源创新开发试验区建设的重大机遇，坚持“规划为龙头、企业为主体、项目为关键、科技为动力、机制为核心、政策为保障”，大力推进新型工业化，切实把资源优势转化为产业优势、发展优势，把攀枝花建成国际知名、国内领先的中国钒钛之都。

1. 培育千亿产业。突出集约集群发展，着力引进一批有实力的大企业、大集团参与钒钛资源开发。强化项目支撑，加快海绵钛、钛锭、钛材、钛合金、含钒钛耐磨件、铸锻件等优势产业项目的建设进度，重点推进昆钢2万吨钛锭、富邦1000万件钒钛制动毂、旭鼎10万吨钒钛铸件等一批重大钒钛产业项目建设。到2015年，钒钛钢铁及相关产业产值突破2000亿元，力争到2017年，钒钛钢铁及相关产业产值达到3000亿元，把攀枝花建设成为全国最大的钛金属生产基地、钒制品生产基地和以钒钛低微合金钢为原料的装备制造业基地。

2. 打造千亿和百亿企业。积极支持攀钢等国有企业改革发展，大力扶持民营企业做大做强。力争通过3~5年的努力，使攀钢集团产值过1000亿元，钢城集团超300亿元，一大批企业产值达到100~200亿元，加快形成一批百亿企业集群。

3. 建设千亿园区。大力推进钒钛产业园区扩区升级，力争到2017年建成千亿园区；积极支持格里坪工业园区、白马工业园区、高新技术产业园区加快发展，确保到2015年销售收入突破300亿元。

4. 发展中小企业。加大对中小企业的政策、资金、能源等方面的扶持力度，鼓励和支持本地企业与市场竞争力强的外地企业携手发展，重点扶持一批中小企业发展为十亿及以上企业，到2017年，力争全市规模以上工业企业突破1000户，全市各类中小微企业达到10000户以上。

5. 扶持上市公司。鼓励一批有条件的科研机构和企业进军资本市场，着重包装一批有自主创新能力、有科技专利、有市场前景、发展势头好、效益显著的成长性企业，加快培育成上市公司，力争到2017年新增1~2家上市公司。

6. 争创中国名牌。加强自主创新和成果转化，深化部省会商机制和“院士行”活动，努力将钒钛论坛办成国家级论坛，积极创建国家级研究院所、研发中心。研发培育一批专利产品争创为全省名牌、国家名牌和地理标志。

7. 创新资源开发模式。加快资源整合力度，推进企业兼并重组，优化资源配置，加强资源保护，着力构建资源开发利用新模式，努力实现资源的集约高效开发利用和价值最大化。到2015年，铁资源综合利用率达到75%，钒资源综合利用率达到50%，钛资源综合利用率达到20%以上，钒钛磁铁矿尾矿回收利用率达到70%以上，铬、钴、镍等主要伴生金属实现产业化、规模化回收利用。

牵头责任单位：市经信委、市发改委、市国资委、市科知局、市国土局、市环保局、市商务粮食局、市投促局、钒钛产业园区管委会、各县（区）

（二）打好建设宜居宜业百万人口大城市的硬仗

立足山地城市特征和亚热带气候特点，突出阳光、花卉两大要素，按照“新区开发与老城提升同步、中心城区和农村集镇共进、完善功能与塑造风貌并重”的理念，推动区域性百万人口特大宜居城市建设，把攀枝花建设成以花命名、以花为景、山水相依、特色鲜明的中国阳光花城。

1. 科学制定城镇建设规划。按照“全域全程全面”的要求，统筹编制城市总体规划及专项规划。坚持多轴向拓展、网络化开发，推进城区南拓东扩、三区联动，着力构建“一心两轴四片”中心城区。加快建设以盐边、米易两县县城及盐边渔门镇、红格镇为副中心，以成昆线为主发展轴，以向西沿市区—渔门、向东沿市区—红格为次发展轴的城镇体系，形成多级支撑、协同发展的新格局。

2. 加快推动花城新区建设。立足山地城市特点，按照“依山就势、错落有致”的原则，建设高水平、现代化新型城区。抓紧项目落地和实施，突出抓好商务中心、三线博物馆、新区医院、森林公园等项目建设。计划用5~10年时间，把新区打造成集行政文化中心、高端服务业和高品质居住区于一体的现代化新型城区。

3. 加快推进沿江景观打造。高标准搞好点位景观的打造，科学配套、合理规划建设休闲娱乐设施，着重突出花卉特色，塑造金沙江两岸山地风貌景观。到2015年，基本建成独具特色、风景靓丽的生态带、景观带、休闲带、产业带，以此为基础积极争创中国人居范例奖。

4. 扎实开展“五创联动”工作。通过3~5年的努力，到2017年，把攀枝花创建为国家环保模范城市、国家森林城市、国家园林城市、中国阳光康养旅游城市、全国文明城市，推动城市规模、城市面貌、城市功能、环境质量和市民素质实现质的提升。

5. 不断提升集聚辐射能力。立足攀西城市群，放眼川滇交界大区域，全面加快商贸、物流、教育、科技、文化、医疗、卫生等事业发展，努力把攀枝花建设成为区域性商贸中心、物流中心、医疗中心、科研中心、教育高地、文化高地，不断提升攀枝花对周边城市的集聚、辐射、带动能力。

牵头责任单位：市委宣传部、市住建局、市城管局、市旅游局、市环保局、市林业局、市国土资源局、市投促局、花城新区管委会、市国资委、市人防办、东区、仁和区

（三）打好区域交通枢纽建设的硬仗

紧紧围绕四川南向开放门户建设，按照“扩展南北，打通东西”的思路，加快推动区域性综合交通枢纽建设。加快推进“两高两铁一水”重点项目建设，扎实抓好攀枝花机场滑坡治理工作。加快开工建设成昆铁路新线、鱼塘高速出口至机场路连接线等一批重大项目；加快推进攀枝花综合客运中心、沿江快速通道西区段、钒钛产业园区快速通道等一批重大项目建设，深化国省干线公路改扩建三年攻坚活动。加快谋划储备攀枝花—大理、钒钛园区至金河跨江大桥、金沙江航道等一批关系长远的重大项目，扎实做好攀宜沿江高速、丽攀遵铁路、攀枝花—盐源过境高速公路前期工作，加快城市过境通道布局建设，全面提高干线和支线公路通行衔接能力。力争通过3~5年的努力，形成市区—成都市域5小时经济圈、市区—昆明3小时经济圈、与川滇周边县域2小时经济圈、市区—米易县1小时经济圈、市区—三区一县（不含米易）半小时经济圈，构筑起立足攀西、辐射川滇、水陆空兼备的综合交通运输体系。

牵头责任单位：市发改委、市交通运输局

（四）打好现代农业和新村建设的硬仗

紧紧抓住建设国家现代农业示范区的机遇，重点抓好“一水二路三产业四增收五新村六旅游”，努力实现“基地规模、农民收入、旅游新村建设”翻一番。

1. 加快完善基础设施。大力推进马鞍山、梅子箐等中小型水库及观音岩引水工程、微型水利、地下

水资源利用等设施建设，推进高标准农田建设，加强防汛抗旱减灾能力建设。推进农村地区尤其是边远民族地区交通建设，到2015年，实现全部乡镇和行政村通村公路全硬化。

2. 大力发展现代农业。大力推进国家现代农业示范区建设，优化种养结构和区域布局，高水平建设优质水果、早春蔬菜、畜牧水产、优质烤烟和林业生物等特色农业基地。加快构建新型农业经营体系，积极扶持专业合作组织和龙头企业，推动农业产业化、集约化、标准化发展。

3. 全面推进新村建设。按照“依山就势、错落有致、适度集中、成带成片”和“道路标美化、产业特色化、房屋标准化、庭院优美化、公共服务城镇化”的要求，全域全程推进新村建设。重点做好第二轮省级成片推进示范县、市级示范片建设工作，突出抓好西攀高速沿线、二滩环线、边远民族地区新村和旅游新村建设。

牵头责任单位：市委农工委、市农牧局、市水务局、市住建局、市交通运输局、市民宗委、市国资委、市国土资源局、市旅游局、市林业局、市烤烟办

（五）打好全国著名阳光度假康养旅游目的地建设的硬仗

1. 大力建设景点景区。高起点、高标准重点打造二滩、阿署达、普达、红格等旅游产业项目群。围绕“吃、住、行、游、购、娱”六大要素，完善服务设施，提升旅游内涵，强化接待服务能力。加强区域旅游合作，积极融入大香格里拉旅游圈和南丝绸之路旅游圈。加强营销推广，办好欢乐阳光节、金芒果节、石榴节等旅游节庆活动，努力拓展旅游市场。到2015年，接待游客量达到1000万人次以上，旅游总收入达到200亿元以上。

2. 加快发展康养产业。整合政府公共服务和社会养老服务资源，以运动、健身、休闲、度假、养生养老为主要内容，做大做强以冬季阳光度假为主体的阳光康养产业。到2018年，基本建成全国知名的阳光康养旅游度假目的地。

3. 加快发展服务业。积极发展现代物流、金融保险、信息网络、商业服务等生产性服务业和教育医疗、休闲健身、餐饮娱乐等生活性服务业，重点推进“五园区”“三中心”“两平台”等物流项目建设，规划建设一批特色商贸城、商业街、专业市场，构建大商贸、大流通格局，不断提升我市区域辐射聚集、配套服务能力。

牵头责任单位：市旅游局、市住建局、市商务粮食局、市委农工委、市体育局、市文广新局、市民政局、市委老干局、市国资委、市投促局、市人防办

（六）打好民生改善和社会事业发展的硬仗

坚持把民生工作作为一切工作的出发点和落脚点，紧紧围绕贫有所助、学有所教、病有所医、老有所养、住有所居、人有所业、劳有所得、怨有所诉“八有”目标，谋思路、出措施，抓落实，向着在全省率先全面建成小康社会的目标扎实推进。

1. 千方百计提高城乡居民收入。大力实施“就业一号工程”，加快落实居民收入倍增计划，重点突出农村居民、企业职工、城市中低收入者和困难家庭“四个群体”，积极拓宽创业、就业、社保、投资和帮扶“五大渠道”，完善富民增收长效机制，确保城镇登记失业率控制在4%以内。

2. 大力提升社会保障水平。加快推进社会保险、社会救助、社会福利建设，建立完善统筹城乡、覆盖全民、相互衔接的社会保障体系。探索推动新型农村养老保险、新型农村合作医疗与城镇居民养老保险、城镇居民医疗保险并轨。促进城乡社保扩面提标，由基本保障型向福利普惠型转变，到2015年，基本实现社会保障全覆盖。

3. 着力解决民生基本问题。加强城乡学校建设，逐步消除城区大班额现象和农村薄弱学校。加快攀西职业病防治中心、花城新区医院和乡镇卫生院、村卫生室等机构建设，建立覆盖城乡的医疗卫生服务体系。加强保障性住房建设，加快推进棚户区改造、筒子楼改造、公租房建设等项目，力争到2015年，

基本解决人均住房建筑面积15平方米以下的中等偏下收入家庭住房问题，住房保障覆盖率达到25%，确保走在全省前列，力争走在全国前列。

4. 全力以赴维护社会稳定。加强和创新社会管理，着力健全党委领导、政府负责、社会协同、公众参与、法制保障的社会管理体制，提高社会管理科学化、精细化水平。时刻警钟长鸣，毫不松懈地抓好生产安全、食品安全、消防安全等监督管理，确保不发生重特大安全责任事故，构建本质型安全城市。

牵头责任单位：市委政法委、市人社局、市民政局、市教育局、市卫生局、市住建局、市扶贫移民局、市药监局、市公安局、市安监局、市城管局、市国资委、市农牧局

四、做强县域经济，夯实底部基础

（一）壮大县域经济实力。加快培育各具特色、充满活力的县（区）经济，鼓励支持东区以建设中央商务区为目标，重点发展现代服务业；西区以建设综合能源基地为目标，集中发展煤化工产业；仁和区以建设新材料产业基地为目标，优先发展机械制造业；米易县、盐边县以建设特色经济强县为目标，突出发展钒钛磁铁矿综合利用、现代特色农业、阳光休闲旅游等产业。力争到2015年，各县（区）地区生产总值、地方财政收入、固定资产投资总量、城乡居民收入在2010年的基础上翻一番；东区、仁和、米易、盐边4个县（区）公共财政收入力争达到10亿，西区力争达到5亿，力争2~3个县（区）在综合实力考核中排在全省类区县的前列。

（二）加快推进新型城镇化。按照城市中心、次中心、重点发展镇、一般发展乡镇和中心村五级城镇结构，逐步形成以主城区为中心，轴向布局、成群发展，规模等级、空间布局合理的城镇群体。各县（区）要突出重点，根据区位特点和发展优势，建设一批承载力强的中小城镇，加快打造为特色鲜明的旅游镇、工业镇和商贸镇，充分发挥中心镇和小城镇的示范带动作用。

（三）加大扶贫开发力度。认真落实市委、市政府关于全面推进民族地区跨越式发展的意见，着力解决全市年收入在2300元以下的7万多农村贫困居民，特别是边远高寒山区、少数民族聚居区的交通、饮水、上学、就医、住房等问题。重点支持8个边远民族地区乡镇发展，力争通过3~5年的努力，实现乡镇财政收入、农民人均纯收入、特色优势产业收入翻一番，新村建设任务完成一半，基础设施全面改善，公共服务全面发展，努力做到与平坝河谷地区同步奔小康。

（四）加快统筹城乡发展。坚持以工哺农、以城带乡，统筹城乡综合配套改革，重点推进户籍制度改革、社会保障制度改革和农村产权制度改革。按照“全域、全程、全面”的理念，扎实推进省、市、县（区）三级新农村示范片建设，打造一批新农村综合体。加快推进“六个一体化”建设，即城乡规划一体化、产业发展一体化、市场体制一体化、基础设施一体化、公共服务一体化、社会管理一体化，全面提高农村道路交通、医疗卫生、文化教育等基础设施承载能力，促进城乡共同繁荣，基本形成城乡统筹发展新格局。

五、健全推进机制，完善保障措施

（一）强化组织领导。市委、市政府成立实施多点多极支撑发展战略推进领导小组和工作机构，市委书记、市长担任领导小组组长，市委副书记担任领导小组办公室主任，其他市委、市政府领导根据分工牵头包抓相关工作，统筹协调实施多点多极支撑发展战略相关事宜。建立市级领导联系县（区）工作制度。各县（区）、市级各部门要成立相应的领导机构，明确工作职责、细化工作任务，落实工作责任，全力推进相关工作。成立由人大、政协相关领导牵头的督导工作组，加强对市级相关部门、各县（区）实施多点多极支撑发展战略工作的督查指导。

（二）科学规划统筹。按照多点多极支撑发展战略的总体要求，强化全市总体规划与城市规划、产业发展规划、土地利用规划等专项规划的相互衔接，确保在总体要求上指向一致、空间配置上相互协调、时序安排上科学有序。各县（区）、各部门要结合“十二五”规划，制定相应的规划和实施方案。

各县（区）规划要在约束性目标和重大基础设施建设等方面与全市总体规划进行对接，各类专项规划要在发展目标和重大项目建设方面与总体规划进行对接。突破地域局限，在基础设施建设和发展重点方面加强与周边县以及周边跨省市（州）总体规划进行衔接，特别是在攀西战略资源创新开发试验区、攀西城市群、攀西经济区建设上，与凉山州、雅安市携手统筹规划，整合资源优势，合力推动发展。

（三）加强项目建设。坚持把项目建设作为实施多点多极发展战略的抓手，集中全市优势力量，围绕国家产业政策导向，按照“四个一批”（竣工投产一批、加快建设一批、新开工一批、加快前期一批）的要求，瞄准新能源、新材料、新产业、新业态及生态环保、基础设施、民生工程等重点领域，进一步优化投资结构，充分发挥财政资金的引导作用，全力争取国家资金支持，积极开辟多元融资渠道，切实招大引强，加大重点项目推进力度，努力推动重大基础设施项目、重大产业化项目和重大民生项目建设不断取得突破，以扎实的项目建设成果为各项事业又好又快发展提供强力支撑。

（四）完善政策措施。积极对接国家西部大开发战略和四川省突出南向发展以及多点多极支撑发展战略，紧紧抓住建设攀西战略资源创新开发试验区、国家现代农业示范区等政策机遇，集成国家、省、市已有发展政策，抓好贯彻落实。各县（区）和相关部门要按照多点多极支撑发展战略的任务要求，突出区域特色，在改善基础设施、优化生产力布局、要素保障等方面，研究制定贯彻落实多点多极支撑战略、争取政策支持的具体方案和政策措施。分类制定支持边远民族地区、贫困地区、县域经济发展的政策措施，推进各区域加快发展。

（五）推进重点领域关键环节改革。以更大的决心和勇气，稳妥推进居民收入分配改革，深化医药卫生体制改革，深化行政管理体制和事业单位分类改革，优化促进非公有制经济发展的制度环境，稳妥推进资源性产品价格改革；创新财税金融、投融资、直购电、用地制度、生态修复补偿等领域体制机制，先行先试，进一步增添实施多点多极支撑战略的活力。

（六）深化开放合作。坚持对内对外开放并举，加强国际国内经济合作，围绕钒钛产业、现代服务业、特色农业等优势产业，突出抓好优势产业招商，不断加大招商引资力度。充分利用地处长江上游和四川南大门的区位优势、工业产业基础优势，主动融入川南经济区、昆明经济带、成渝经济区。加强与珠三角、长三角、环渤海等发达区域的经济技术交流与合作，积极承接珠三角、长三角产业转移。加强与国内大中城市间的合作，密切与省内地区的合作。主动参与中国—东盟自由贸易区的合作。加强与川滇黔十二市州峰会成员市州的合作，构建强大竞争力的经济协作圈。

2013年3月26日

中共攀枝花市委　攀枝花市人民政府
关于进一步深化户籍制度改革的意见（试行）

（攀委发〔2013〕5号）

为深入推进我市“三个加快建设”，奋力实现“三个走在全省前列”目标，按照《四川省人民政府办公厅关于积极稳妥推进户籍管理制度改革的通知》（川办发〔2012〕47号）要求，结合《中共攀枝花市委、攀枝花市人民政府关于加快推进新型工业化新型城镇化互动发展的实施意见》（攀委发〔2012〕8号）精神，现就进一步深化我市户籍制度改革提出如下意见：

一、指导思想和基本原则

（一）指导思想

以科学发展观为统领，以加快转变经济发展方式为主线，以服务我市新型工业化新型城镇化互动发展为目标，遵循城镇化发展规律，放宽和落实我市城镇户籍准入条件，加强相关政策配套衔接，提高城市吸引力，引进外来人才和劳动力，推动本市农村人口向城镇合理、有序、加快流转，全面提升我市城镇化水平。

（二）基本原则

1. 有利于统筹城乡发展原则。通过深化户籍制度改革，促进人口合理有序流动，优化配置人力资源，加快城市化进程，促进城乡经济社会统筹协调发展。

2. 有利于科学有序管理原则。坚持“管而不死、活而不乱”的理念，创新人口管理手段，积极稳妥、规范有序地推动户籍管理制度改革，更好地为经济社会发展服务。

3. 有利于保障和改善民生原则。按照“因地制宜、群众自愿、稳步推进”的要求，把保障和改善民生作为户籍制度改革工作的出发点和落脚点，靠城市发展的魅力、实力来吸引外来人口和本市农村人口向我市城镇有序迁移，促进我市城镇人口规模增长。

二、工作目标

力争到2015年，在与户籍制度改革相配套的土地、住房、社保、医保、就业、教育、卫生等支撑保障机制、体制基本健全的基础上，全市深化户籍制度改革工作取得实质性进展，外来人口和本市农村人口向我市城镇有序流动，全市城镇化率达70%，“两化”互动建设成效明显，实现打造百万人口大城市目标。

三、户籍制度改革的内容

户籍制度改革的主要内容是放宽和落实城镇户籍落户条件，具体有：

（一）在我市米易县、盐边县有合法稳定职业并有合法稳定住所（含租赁）的人员，本人及其共同生活的配偶、未婚子女、父母，年龄男不超过55周岁，女不超过50周岁的，可申请登记为城镇户口。

（二）在我市东区、西区、仁和区有合法稳定职业2年以上并有合法稳定住所（含租赁）的人员，且按国家规定在所属地区参加社会保险1年以上，本人及其共同生活的配偶、未婚子女、父母，年龄男不超过55周岁，女不超过50周岁的，可申请登记为城镇户口。

（三）凡在我市城镇购买具有合法产权商品房（含“二手房”）的，本人及其配偶、父母和子女可申请登记为城镇户口。

（四）我市的农村人口，凡自愿转为城镇户口的，可以在保留宅基地使用权、土地承包经营权和农村生育、两免一补等政策的前提下申请登记为城镇户口。

（五）因征地拆迁的我市失地农民，应该在安置地登记为城镇户口；对于以前征地拆迁失地农民未登记为城镇户口的，应逐步转为城镇户口。

（六）具有中专以上学历、初级以上技术职称资格，以及我市各级党政机关、社会团体、企事业单位引进的各类人才，本人及其共同居住生活的配偶、未婚子女、父母，可申请登记为城镇户口。

（七）农村居民被录取为国家机关、国有企事业单位、人民团体工作人员的，须在工作地或居住地转为城镇户口。

根据以上条款，应本着“居住地登记户口，人户一致”的原则，坚持最基本的落户条件，及时为符合条件的公民办理城镇落户手续。

四、职责分工

市经信委（市两化办）：负责做好协调服务工作，积极引导户籍制度改革和“两化”互动、统筹城乡发展战略协同推进。

市发改委：负责将深化户籍制度改革工作纳入国民经济和社会发展计划，争取中央和省上支持，会同相关部门加快基本公共服务体系建设。

市公安局：负责制定我市户籍制度改革工作实施细则，督促、指导各县（区）落实户籍制度改革相关政策；按照户籍制度管理相关规定，科学、有序做好人口流转，户籍迁移工作；牵头做好户籍制度改革工作领导小组办公室各项日常工作。

市财政局：负责深化户籍制度改革市级工作经费保障，加大改革涉及的公共基础设施建设投入力度，统筹做好户籍制度改革相关经费保障工作。

市教育局：负责户籍制度改革带来的教育资源承载能力分析、评估，按照适度超前发展思路，统筹制定城市中小学校发展和相关配套功能建设规划；督促、指导各县（区）用活用足相关政策，充实师资力量，保障义务教育学生就近入学、继续享有相关政策待遇，为城市新增学生提供良好的学习条件。

市民政局：负责研究和解决落户到城镇的困难群众的基本生活保障问题，切实保障低保、优抚和安置对象等特殊群体的合法权益，对符合条件的对象给予低保救助，规范落实优抚和安置政策；加大指导城乡社区建设工作力度；认真做好相关地名的命名、更名和门（楼）牌的编制等工作。

市人力资源和社会保障局：负责研究、制订和贯彻执行相关社会保险政策、规定，保障新落户城镇居民与其他城镇居民享受同等的社会保障待遇；加大职业介绍、技能培训、创业培训、技能鉴定等就业优惠政策扶持力度，增加城镇就业岗位，提升新落户城镇居民融入社会的能力。

市国土资源局：负责研究、制订相关政策，对农村人口登记为城镇居民后宅基地使用权、集体建设用地使用权等作出妥善处理，切实保障户籍向城镇迁移群众利益。

市住房和城乡规划建设局：配合城镇新型社区的规划和建设，为外来人口和本市农村人口向城镇集中创造条件；加强廉租房、公租房、经济适用房等规划和建设，不断满足城镇新增人口的住房需求。

市人口计生委：负责做好到城镇落户人员的人口计生服务和管理工作，切实落实计生利益导向政策，并争取农村人口转为城镇人口过程中的计生政策等。

五、工作要求

（一）加强领导，精心组织。深化户籍制度改革工作是事关我市改革、发展、稳定的一件大事，全市各级各部门务必高度重视，要成立领导小组，落实专人，精心谋划和制订相应的配套工作方案。相关部门要各司其责，协调配合，确保此项工作顺利推进。

（二）抓好试点，总结完善。综合考虑相关因素，确定以仁和区为试点单位，2013 年率先试行户籍制度改革工作，在总结经验的基础上全市推广。各县（区）党委、政府要统筹城市和农村协调发展，按照全市城市空间发展战略规划，认真做好城镇和农村人口居住、人口转移、人口发展的总体规划和布局；要依法保护农民土地权益，完全尊重农民本人的意愿；要统筹城镇建设与人口就业，推进城镇化建设，完善城镇体系，引导人口有序流动；要大力发展城镇及周边的工业、服务业和新兴产业，着力解决农民工实际问题，为新融入城镇人口提供更多、更好的创业平台和优质服务。

（三）强化督导，抓好评估。市公安局要会同相关部门，加强对工作的指导和督促，建立不定期动态评估制度和联系制度，及时研究和解决改革工作中遇到的各种困难和问题，确保我市户籍制度改革工作高效、有序推进。

（四）宣传引导，营造氛围。各县（区）、各相关部门要大力开展户籍制度改革目的、意义的宣传和动员，强化舆论宣传引导，增强户籍制度改革政策的社会知晓度和吸引力，推动我市户籍制度改革工作深入开展。

2013 年 4 月 28 日

中共攀枝花市委
关于加强新形势下党外代表人士队伍建设的工作意见

（攀委发〔2013〕6号）

为认真贯彻落实《中共中央关于加强新形势下党外代表人士队伍建设的意见》（中发〔2012〕4号）和《中共四川省委关于贯彻〈中共中央关于加强新形势下党外代表人士队伍建设的意见〉的实施意见》（川委发〔2012〕16号）文件精神，现结合攀枝花实际，提出以下工作意见。

一、准确把握新形势下党外代表人士队伍建设的总体要求

1. 指导思想和目标任务。高举中国特色社会主义伟大旗帜，以邓小平理论和“三个代表”重要思想、科学发展观为指导，坚持德才兼备、以德为先用人标准，以不断增强党外代表人士的代表性为重点，以加强理论培训和实践锻炼为途径，以提高素质、发挥作用为目标，着力做好发现、培养、使用、管理工作，努力建设一支政治坚定、业绩突出、群众认同、与党同心同向同行的高素质党外代表人士队伍，为建设幸福攀枝花提供强有力的人才支撑和智力支持。

2. 党外代表人士的范围。党外代表人士是与中国共产党团结合作、做出较大贡献、有一定社会影响的非中共人士，包括民主党派、无党派、少数民族、宗教界、非公有制经济、港澳台海外等方面代表人士，主要是人大代表、政协委员中的党外人士，在人大、政府及政府工作部门、政协、司法机关、国有企事业单位担任县处级（或相当于县处级）以上职务的党外干部，民主党派各级组织领导班子成员、工商联各级组织领导班子成员中党外人士，在有关社会团体担任一定职务并发挥较大作用的党外人士，其他方面有一定业绩和社会影响的党外人士。

二、切实抓好党外代表人士的发现储备

3. 广泛物色党外代表人士。党委统战部门要定期收集各方面推荐的党外人才信息，建立覆盖全市的党外代表人士信息库。要规范推荐程序，实现党内推荐与党外推荐、组织推荐与个人自荐、定期推荐与日常推荐的有机结合。拓宽视野，重视从高等院校、科研院所、机关、国有企事业单位、新的社会阶层、海外留学归国人员等领域发现和选拔人才。

注重在民主推荐、竞争性选拔和日常考察中发现和储备党外干部。各县（区）委、市级部门党组（党委）、国有企事业党委、科研院所党委、高等院校党委在县级后备干部推荐中，要有相应比例的党外干部。按照民主、公开、择优原则，在公开选拔领导干部工作时，设置一定的职位，定向选拔县级（或科级）党外干部，同时将竞争性选拔过程中发现的综合素质较高、有发展潜力的党外干部列入后备。

党外县级后备干部名单由各县（区）委、市级各部门党组织推荐，经市委组织部与市委统战部共同考察后报市委审定。统战部门负责党外干部人才库建设。对确定为后备的优秀党外干部，依靠所在单位党组织，定培养方向、定培养目标、定培养措施、定培养责任人。

4. 把综合评价作为党外代表人士推荐使用的必经环节。建立健全科学实用的党外代表人士综合评价体系，分类开展综合评价工作。运用单位推荐、民主评议、群众测评、专家评鉴、实地考察等方式，对党外代表人士的政治素质、专业成就、群众基础、合作共事等进行综合评价。严把政治关，真正把拥护党的领导、拥护中国特色社会主义、拥护改革开放的党外代表人士选拔出来。

5. 切实加强党外代表人士后备队伍建设。根据各方面推荐使用的需要，按照多于可配职数的要求，建立党外代表人士后备名单。党外干部在各级后备干部队伍中的比例不少于10%，力争达到15%。市、县（区）两级要统筹建立党外后备人才库，实行动态管理。协助民主党派、工商联加强领导班子后备干部队伍建设，在无党派、少数民族、宗教、新的社会阶层等各领域建立相应的后备干部队伍并有重点地加强培养。党外领导干部一般应从党外后备干部中选拔。

继续贯彻执行把一部分优秀人士留在党外的政策规定。建立组织、统战部门的会商机制，进一步规范党外代表人士加入中国共产党的工作。

支持各民主党派从无党派人士中发展成员。具有副县级和副高以上技术职称的无党派人士加入民主党派，由市委组织部、市委统战部统筹。

三、全面加强党外代表人士的教育培养

6. 坚持把政治培训摆在首要位置。按照全市党外干部培训计划，以“同心”思想为引领，深入开展政治交接学习教育活动，把系统深入开展中国特色社会主义道路、理论体系、制度和社会主义核心价值体系教育作为培训的首要任务，最大限度的增进政治认同。对党外代表人士中的不正确思想观点和行为，要敢于批评，帮助提高认识，促进团结。

对党外代表人士的政治培训主要有以下渠道：中央统战部、省委统战部的调训；省委统战部、市委统战部分别在省、市社会主义学院的轮训；市委组织部组织的中青年干部的培训及相关培训。

7. 充分发挥社会主义学院的主阵地作用。各级党委要把社会主义学院的教育培训纳入党委干部教育培训总体规划进行部署。全市党外代表人士教育培训的主要任务由市社会主义学院承担，市委统战部每年在市社会主义学院举办党外代表人士培训班。强化理论教育、共识教育、传统教育，不断加大研讨交流、现场教学、社会调研、考察学习力度，提高培训质量；积极探索联合办学、委托办学、交流培训等方式培训党外代表人士。学习培训的情况应作为培养使用的重要依据。

8. 加强实践锻炼。将党外干部纳入党政领导干部挂职锻炼总体计划，并针对党外干部的工作阅历、专业特长及发展方向，选派一定数量的优秀党外干部到发达地区、上级部门和基层挂职锻炼。组织部门与统战部门共同协商党外干部上挂、下派锻炼工作，由统战部门统筹推荐的党外干部比例不少于10%，力争达到15%。进一步推进党外干部的交流。

四、进一步加大党外代表人士的选拔任用力度

9. 严格落实党外人士在人大、政府、政协安排的政策规定。根据领导班子建设和工作需要，选配民主党派市委主委、工商联主席、无党派代表人士进入同级人大常委会、政府、政协领导班子。在换届时不再继续担任民主党派市委主委、工商联主席的，一般不再提名为新一届人大、政府、政协领导班子建议人选。

（1）严格执行党外人士在市、县（区）两级人大的安排比例和数量的规定。非中共党员在各级人大代表中的比例不低于35%，其中，统一战线工作范围的党外代表人士应不少于30%；党外代表人士在市、县（区）两级人大常委会中所占比例不得低于30%；市人大常委会要配备党外代表人士担任专职副秘书长，各专委主任、副主任、委员中要有适当数量的党外代表人士。

（2）县（区）政府领导班子中要有党外人士担任领导职务。

（3）确保党外人士在市、县（区）两级政协中占有较大比例。在市、县（区）两级政协委员中不少于60%，政协常委中不少于65%，在政协副主席中不少于50%；市、县（区）两级政协专委会委员中党外代表人士要占适当比例，专门委员会主任、副主任中党外代表人士应有适当数量。市、县（区）两级政协机关要有一定数量的党外代表人士担任专职领导职务；市政协至少有1名党外代表人士担任专职副秘书长；市政协专委会专职主任、副主任中应配备2名以上党外代表人士。

10. 进一步加大政府工作部门、司法机关党外干部安排力度

（1）除有特殊要求的政府部门外，政府其他部门应积极选配党外干部担任领导职务，重点在行政执

法监督、与群众利益密切相关、紧密联系知识分子和专业技术性强的发展与改革、经济与信息、教育、科技、监察、民政、司法、人力资源与社会保障、环保、住建、水务、农业、商务、文广新、卫生、审计、人口与计生、体育、安监、统计、林业、旅游、食品药品监督、民宗委、城管等市级部门配备党外干部。

以往配备过党外领导干部的市级部门，有合适人选的应积极配备；目前配备党外领导干部的市级部门，在党外干部出缺后应继续选配；中央和省委要求重点配备而目前尚未配备党外领导干部的市级部门要及时配备。

在继续保持四分之一以上的市政府工作部门领导班子配备党外干部的基础上，党外领导干部在中央和省委要求重点部门的配备率逐步增加。积极推进党外干部担任政府部门（单位）行政正职。

(2) 按照《法官法》《检察官法》所要求的必备条件，市、县（区）两级人民法院、人民检察院要加大力度选配符合任职条件的党外干部担任领导职务，选拔配备的数量要进一步增加。

11. 统筹做好各领域党外干部使用工作。高等院校领导班子中一般要配备党外干部，目前没有配备的要加紧配备。市总工会、市妇联、市科协等人民团体领导班子中应选配党外代表人士担任领导职务。加大市属科研院所和市属国有企事业单位党外干部的选拔任用力度。进一步做好司法机关和政府部门特约人员的聘用工作。

12. 着力解决党外代表人士成长过程中职级台阶问题。

进一步加大党外干部在人大、政协专门委员会主任和高等院校、科研院所、国有企事业单位行政正职的安排力度。注意选配党外干部担任市政府工作部门的内设机构负责人和县（区）政府工作部门负责人；在需要重点配备党外干部的部门加大党外后备干部的培养力度，其内设机构中要有一定数量的党外后备干部；高等院校行政部门、院系领导班子中应保持一定数量的党外干部担任领导职务；市属科研院所和市属国有企事业单位中层干部中要有一定数量的党外后备干部。注意加大民主党派市级机关干部的培养选拔和交流使用力度。

13. 进一步完善党外代表人士选拔任用工作机制。对特别优秀的党外代表人士或因改善领导班子机构需要配备的，可适当放宽任职资格和任职条件：凡明确必须配备党外干部的，要及时配备；领导班子职数已满又需要配备党外干部的，可采取先进后出的办法予以充实，在领导班子调整时再逐步过渡到规定职数；本单位没有合适人选的，要通过统筹公选、上级选派、交流任职等方式配备到位。加大交流和竞争性选拔任用党外干部的工作力度，结合本单位、本部门对党外干部的需求情况，推广交流调配和定向公选的做法，市、县（区）在统筹公选副县级领导干部和科级干部时，须明确一定的职位定向公选党外干部。

坚持党管干部的原则，在党委的统一领导下，各级组织、统战部门要密切配合、互相支持、协调一致，共同研究制定党外人士在人大、政府、政协、司法机关、人民团体、高等院校等有关方面的人事安排政策，共同提出党外干部任免、调动、交流的意见，共同考察，共同向党委汇报，并共同做好定期考核工作。党委决定对党外干部任免、调动、交流前，组织部门要征求统战部门的意见。

统战部门要会商有关部门，负责做好人大代表和人大常委会委员中党外候选人的推荐提名工作。在各级政协委员的人选推荐工作中，党内的由同级党委组织部门提名，党外的由同级党委统战部门提名，建议名单由统战部门汇总。市总工会、市妇联、市科协等人民团体领导班子中党外干部人选，县（区）人大、政府、政协和法院、检察院领导班子中党外代表人士的安排，市属科研院所和市属国有企事业单位领导班子中党外代表人士的配备，由市委统战部会同有关方面提出推荐意见。

换届时，县（区）人大、政府、政协人事安排方案中党外代表人士比例没有达到规定要求的，一般不予审批。

14. 切实搞好党与党外代表人士的合作共事。坚持民主集中制，健全集体领导和个人分工负责相结合的制度，对党外领导干部分管工作范围内的重要事项，应事先听取并尊重其意见和建议，切实保证党外干部对分管工作享有行政管理的指挥权、处理问题的决定权和人事任免的建议权。党组（党委）会议一般要邀请领导班子中的党外干部列席，党外领导干部要自觉执行党组（党委）决策。进一步完善和规范党外正职与党组（党委）合作共事工作规则。配备党外正职的部门（单位），党组（党委）主要负责同志应积极支持党外正职依法履行行政首长职责。

继续执行担任市、县（区）人大、政府、政协和法院、检察院领导职务和市、县（区）政府部门领导职务的专兼职党外干部与担任同级职务的党内干部享受同等待遇的规定。

五、加强党外代表人士的管理工作

15. 健全管理机制。党委统战部要发挥牵头协调作用，加强与党外代表人士所在单位、所属党派和同级人大、政协以及监察、审计等部门的联系，重视发挥民主党派、工商联组织和相关统战团体作用，及时了解掌握党外代表人士的有关情况。

党委组织部门要注意加强对党外干部的管理。政协党组要注意了解和掌握委员中党外代表人士履行职责的情况，并及时向党委统战部门通报。党外代表人士所属党派、团体要发挥自我教育、自我管理、自我监督的作用，并向党委有关部门和党外代表人士所在单位通报有关情况。党外干部的年度考核结果应按干部管理权限同时报送党委组织、统战部门。

16. 突出管理重点。重点了解和掌握党外代表人士的政治表现、思想状况、履行职责和廉洁自律情况，特别是在重大原则问题上的政治立场和态度，真诚帮助党外代表人士坚定政治共识，增强大局意识、责任意识和自律意识，树立良好形象。

六、加强与党外代表人士的联谊交友

17. 明确联谊交友主体。积极发挥联谊交友的引导作用、沟通作用和纽带作用，各级党员领导干部和统战干部作为联谊交友的主体，按照“坚持原则性、注重平等性、体现包容性、保持连续性”的要求，突出交友重点，广交、深交一批经得住重大政治斗争和复杂形势考验、关键时刻起得了作用的挚友诤友。

18. 健全联谊交友制度。要为联谊交友提供必要的条件，开展经常性交友活动。进一步完善《中共攀枝花市委常委联系党外县级干部制度》。各级党政领导班子成员和市教育局、市卫生局、市文化广播新闻出版局等党外知识分子比较集中部门的党员领导干部，都要带头联系1—2名党外朋友。统战部门要积极协助做好联谊交友的组织、协调和服务工作。

七、切实加强新形势下党外代表人士队伍建设的组织领导

19. 各级党委要高度重视党外代表人士队伍建设。各级党委要把加强党外代表人士队伍建设纳入重要议事日程，纳入人才和干部队伍建设总体规划，纳入领导班子和干部队伍建设的考核内容。

20. 健全党外代表人士队伍建设工作机制。各级党校、行政学院要把统一战线理论和方针政策纳入教学内容，作为党政干部培训的必修课。要为统战工作和党外代表人士队伍建设提供必要的经费保障，将统一战线教育培训、同党外人士联谊交友、党外人士档案管理和社会主义学院工作经费等列入部门综合预算予以保障。建立健全党外干部选拔配备工作情况年度报告和通报制度，坚持市委组织部、市委统战部党外干部工作联席会议制度，定期研究党外干部工作。

21. 支持民主党派、工商联和有关社会团体在党外代表人士队伍建设中发挥作用。协助民主党派加强自身建设，帮助优化队伍结构、选好配强领导班子，支持民主党派按照有关规定发展和培养各自特色的代表人士。选好配强各级工商联领导班子，紧紧围绕“两个健康”工作主题，教育引导非公有制经济人士做优秀中国社会主义特色事业建设者。发挥统一战线有关社会团体的作用，使其成为凝聚党外代表人士的载体、输送党外代表人士的渠道、发挥党外代表人士作用的平台。

各级党委（党组）要将学习贯彻《工作意见》精神作为一项重要工作内容，认真制定贯彻落实的具体措施。要开展专项督查，推动有关政策措施落到实处。

2013年5月9日

中共攀枝花市委　攀枝花市人民政府
关于2013年党风廉政建设和反腐败工作的意见

（攀委发〔2013〕7号）

2013年党风廉政建设和反腐败工作的总体要求是：以邓小平理论、“三个代表”重要思想、科学发展观为指导，紧紧围绕全力打好“六大硬仗”“三个加快建设”“三个走在全省前列”“四个翻番”奋斗目标，以维护党章为重点推进纪律建设，以落实中央关于改进工作作风、密切联系群众“八项规定”、省委省政府“十项规定”、省纪委省监察厅“二十一条意见”、市委市政府“十项规定”和“三大主题”教育活动为重点推进作风建设，以完善惩防体系为重点推进反腐倡廉建设，严格执行党风廉政建设责任制，进一步健全防治腐败制度机制、形成崇尚廉洁良好风气、提高党风廉政建设群众满意度，不断提升党风廉政建设和反腐败工作水平和实际成效，努力实现干部清正、政府清廉、政治清明，为攀枝花科学发展加快发展提供有力纪律保障。

一、严明纪律，确保党的路线方针和重大决策部署贯彻落实

（一）加强党的政治纪律建设。把维护党的政治纪律放在首位，把检查党的路线、方针、政策和决议的执行情况作为一项重要职责，开展政治纪律执行情况监督检查。深入开展政治纪律教育，纳入各级党员干部教育整体规划。健全维护政治纪律责任落实机制，把遵守政治纪律情况纳入领导班子党风廉政建设责任制考核，对发生违反政治纪律行为的地区和部门（单位），实行一票否决。

（二）健全监督检查机制。紧紧围绕“稳中快进，提质增效，争先进位，跨越提升”的工作基调和市委市政府重大决策部署开展监督检查。督促落实好“三个加快建设”“三个走在全省前列”、继续打好“六大硬仗”、推进转型发展、“四化”同步、统筹城乡等战略部署以及“急难险重”项目、扶贫资金项目管理、民生工程等重大举措，严把政策落实关、项目建设关、资金管理关和干部履职关。探索建立重大项目廉政风险评估机制。健全党委政府主抓、纪检监察机关牵头、职能部门各司其责、社会力量有序参与的大监督机制。

（三）强化党风廉政建设责任。认真落实党风廉政建设责任制，督促各级各部门领导干部切实落实“一岗双责”。推进党风廉政建设社会评价工作，强化评价结果运用。把作风建设和纪律建设纳入党风廉政建设责任制和党风廉政建设社会评价。加大责任制落实的问责力度。

二、狠抓作风，认真贯彻落实改进作风各项规定

（四）大力整治庸懒散奢风气。坚决反对形式主义、官僚主义，正文风、改会风、转作风、树新风。坚持和发扬艰苦奋斗精神，厉行勤俭节约，制止奢侈浪费，严格执行公务接待制度，严肃整治公款大吃大喝行为，严禁以各种名义利用公款互相宴请、互赠礼物和组织消费性质的娱乐、健身活动，严禁借开会、调研、考察、检查、培训等名义变相旅游。从严控制楼堂馆所建设，规范公务用车管理和干部出访活动。大力整治吃拿卡要行为，狠刹“不花钱、不送礼、不吃请就不办事”等歪风。深入推进“思想大解放、作风大转变、工作大落实”主题教育活动巡查工作，大力破除“怕、满、浮、慢、僵”五大问题，着力纠正不作为、慢作为、乱作为等现象。

（五）促进领导干部廉洁从政。各级领导班子和领导干部要带头执行改进工作作风各项规定，以身作则，率先垂范，引领作风转变。继续加强对执行《廉政准则》情况的监督检查，坚持查处和纠正少数党员干部漠视党纪国法、以权压法、与民争利等行为，坚决纠正利用职权和职务影响为配偶、子女、亲友谋取特殊利益的行为，坚决反对和克服特权思想、特权现象。

（六）切实解决群众反映强烈的突出问题。重点纠正教育、医疗、涉农、征地拆迁、涉法涉诉等领域损害群众利益的不正之风和突出问题，切实纠正食品药品安全、保障性住房、环境保护、安全生产等领域损害群众利益的不正之风和突出问题。深化工程建设领域突出问题专项治理，建立建筑市场动态监测机制。开展市场中介领域突出问题专项治理。继续抓好发展软环境测评工作，完善效能直报点工作制度。深入开展民主评议部门、行业风气和基层站所等工作，建立健全群众参与的机制制度。

（七）推进基层党风廉政建设。强化村务监督机构作用，促进农村集体“三资”科学监管，加强村级组织换届纪律监督；强化城市社区民主监管，提升社区公共服务水平；全面落实《国有企业领导人员廉洁从业若干规定》，认真执行“三重一大”决策制度和职务消费、薪酬管理等制度；加强高校招生、基建、科研等关键环节监督，推进师德师风校风建设。

三、惩防并举，构建不敢腐、不能腐、不易腐机制

（八）健全惩治腐败查处机制。把查办案件工作放在更加突出的位置。严肃查办发生在领导机关和领导干部中滥用职权、贪污贿赂、腐化堕落、失职渎职等案件；群体性事件和重大责任事故背后的腐败案件；商业贿赂案件。继续加大基层办案力度，严肃查处发生在群众身边的腐败问题。推广协作办案、提级办案、驻点督导等创新实践。完善实名举报人保护制度，全面推行重大案件案发地专题民主生活会、重大典型案件内部通报等治本制度。健全反映党员干部问题甄别机制，保护干部干事创业积极性。

（九）构建反腐倡廉宣传教育机制。以增强党员干部从政道德素质为重点，加强道德领域突出问题教育和治理。深入开展示范教育、警示教育、岗位廉政教育和分层分类教育，引导党员干部筑牢拒腐防变思想道德防线。以廉政文化“八进”工程为重点，加大廉政文化示范点建设力度。充分发挥各类新闻媒体在反腐倡廉建设中的宣传引导和监督作用，让廉洁理念深入人心。

（十）完善权力运行监督体系。严格执行述职述廉、诫勉谈话、函询、罢免或撤换等制度，认真执行领导干部报告个人有关事项和经济责任审计制度。深化各领域办事公开，进一步扩大群众参与面。加强对权力集中部门和资金、资源密集领域的监督，严肃查处和纠正违规收受红包礼金、私设“小金库”、滥发津补贴等问题，严肃查处公务员考录、国有企事业单位招聘中的违纪问题，深入整治“跑官要官”“买官卖官”、拉票贿选等问题。加强对“一把手”的监督，不断完善规范领导干部权力运行的制度机制，切实防止“权力部门化”“部门利益化”等不良倾向。

四、改革创新，不断提升防治腐败的科学化水平

（十一）深化体制机制改革。全面开展制度廉洁性审查，建立健全制度执行监督和问责机制，提高执行力。进一步健全廉政舆情收集整理报告机制、反腐倡廉网络舆论引导机制。健全覆盖各行业、各领域及权力运行各环节的廉政风险防控机制。完善与高等院校、科研机构合作开展反腐倡廉课题研究工作机制。建立健全改进作风有关规定落实情况的监督机制，保障作风建设持续有效。推进社会诚信平台建设，构建有效的失信惩戒机制。

（十二）加大制度创新力度。进一步推进财政预决算公开，完善财政转移支付和国库集中收付等制度；优化公共资源交易流程，完善交易参与主体行为规范和责任追究制度；减少行政审批事项，规范审批程序和行为；规范政府投资管理，加快电子招投标系统建设，探索异地远程电子评标工作；继续深化干部人事制度改革，匡正选人用人风气。推进政府绩效管理，建立健全问责制度。

（十三）推进科技手段运用。探索利用电子监察系统和行业监控网络对重大项目进行全程监督、动态监测、实时预警。推动权力事项上网，强化外部监督；加强电子实时监察，使权力行使全程留痕、可查可控。建立纪检监察机关远程信访接待系统，及时解决和回应群众诉求。推进案件信息共享、流程监督、中心数据库等系统和监控指挥平台建设，不断提高反腐倡廉的科学化、智能化水平。

2013年5月9日

攀枝花市关于强力推进培养选拔年轻干部工作的意见

（攀委发〔2013〕9号）

实现攀枝花跨越式发展，谱写“实现中国梦、建设美丽繁荣和谐四川”攀枝花新篇章，迫切需要一支人品好、敢打硬仗、能打实仗、执行力强的年轻干部队伍。为积极营造年轻干部脱颖而出的良好环境，充分激发年轻干部干事创业的活力，现就大力培养选拔年轻干部提出如下意见。

一、总体要求

全面贯彻落实党的十八大精神，坚持党管干部原则，坚持五湖四海、任人唯贤，德才兼备、以德为先，注重实绩、群众公认的用人标准，紧紧围绕“干部工作出人才”工作思路，按照“关心60后，重用70后，培养80后，储备90后”总体思路，统筹做好年轻干部源头储备、培养锻炼、配备使用、专项管理工作，着力在“急难险重工作一线、招商引资工作一线、边远民族地区一线、群众信访工作一线”培养锻炼年轻干部，构建年轻干部“成长链”，确保攀枝花各项事业薪火相传、人才辈出。

二、工作目标

实施“5211工程”，力争用3年左右的时间，到建市50年，达到以下目标：

市级部门（单位）县级领导干部中“70后”占30%左右；原则上市级部门（单位）领导班子中至少要有1名“70后”年轻干部，基本达到“全覆盖”。

县（区）党政领导班子要以“70后”年轻干部为主体，其中至少要有1名“80后”的年轻干部；乡镇（街道）党政正职中“80后”占20%左右。

三、主要措施

（一）加强年轻干部源头储备

实施“5211”工程：

1. 重点掌握500名30岁以下潜力型优秀年轻干部。干部的来源主要是：从选调生中掌握一批，从公开录用的公务员中筛选一批，从各县（区）引进的优秀人才中优选一批，从事业单位和国有企业推荐一批，实行专项培养。

2. 重点掌握200名35岁以下成长型科级年轻干部。从县（区）、市级部门（单位）、事业单位和国有企业科级干部中推荐产生，实行跟踪考察、动态管理。

3. 重点掌握100名40岁以下使用型县级后备干部。纳入全市县级后备干部人选统筹推选，实行单独管理、优先培养、优先使用。

4. 重点掌握100名25岁左右储备型优秀干部人才。划出专项事业编制用于人才储备，每年从高校选拔35名左右我市急需紧缺专业的高层次优秀毕业生，3年达到100名左右。研究制定储备干部人才的激励管理办法，市委组织部根据干部人才具体情况，制定培养规划，统筹管理使用。

（二）加大年轻干部培养锻炼

1. 实施重点培训。根据储备型、潜力型、成长型和使用型年轻干部不同阶段的发展特点、发展规律，分类分批组织年轻干部参加教育培训，通过网上课堂、岗前培训、专题讲座辅导、业务培训、“985”高校培训、进党校和干部学院培训等多种方式，有意识、有计划、有方向性地进行系统培训。

2. 强化一线锻炼。结合“挂包帮”、对口援藏等工作，积极选送优秀年轻干部到急难险重一线、招商引资一线、边远民族地区一线、群众信访工作一线工作，每年在基层一线实践锻炼的优秀年轻干部不少于100名。

3. 外派挂职锻炼。有计划选派年轻干部到省级部门、发达地区挂职锻炼，每年选派10名左右优秀年轻干部参加“双千工程”，选派5名左右优秀年轻干部到北京市西城区等发达地区学习锻炼；鼓励县（区）和市级部门（单位）自行选派优秀年轻干部赴市外挂职锻炼、顶岗学习，经市委组织部同意的，可纳入全市挂职干部经费补助范围。

4. 加强多岗历练。开展与中央、省属大企业、高校和科研院所的互派挂职工作，每年互派挂职人数在10名左右；选派使用型年轻干部到重要岗位锻炼，每年安排10名左右40岁以下的年轻后备干部到县（区）和市级部门（单位）挂职任党委（党组）成员、主要领导助理，对其中表现优秀的及时补充进领导班子。加强年轻干部在县（区）与县（区）之间、部门与部门之间、县（区）与部门之间跨领域、跨行业的交流，促进年轻干部多岗历练。

（三）加快年轻干部配备使用

1. 实行优先配备。县（区）和市级部门（单位）领导班子中，尚未配备“70后”年轻干部的，要优先配备。一时没有合适人选的，要空出职数、积极物色；本县（区）、本部门（单位）没有合适人选的，可在全市统筹、交流选拔，交流人选原则上从40岁以下的县级后备干部中产生；职数已满但班子年龄结构老化的，经上一级党委组织部门批准后，可采取“先进后出”的办法进行补充。

2. 突出重点使用。按照分步推进的原则，着力选拔一批人品好、综合素质高，敢打硬仗、能打实仗，工作执行力强的优秀年轻干部到县（区）和市级部门（单位）党政正职岗位或重要部门、关键岗位历练成长。注重围绕市委中心工作和重点工作发现和选用一批优秀年轻干部。

3. 建立成长通道。县（区）、市级部门（单位）按照1/3左右推荐35岁以下的副县级后备干部。各县（区）、市级部门（单位）要对潜力型干部优先安排，留出一定的科级领导职数，安排给30岁以下的年轻干部；县级领导干部选配也要空出一定名额给35岁以下的年轻干部，逐步形成年轻干部成长链。

4. 破除成长障碍。一是营造宽松的成长环境。大胆选拔使用那些德才兼备、实绩突出、群众公认的优秀年轻干部，对特别优秀和工作特殊需要的年轻干部可按程序破格提拔。二是拓宽选任渠道。进一步加大统筹公选优秀年轻干部的力度，扩大公选面，报考正科级领导职位的，年龄应在40岁以下，同时留出一定比例安排给35岁左右的年轻干部；报考副科级领导职位的，年龄应在35岁以下，同时留出一定比例安排给30岁左右的年轻干部。加大专业性岗位干部的调任力度，对储备型干部人才和紧缺专业性人才，适当放宽调任资格条件，进一步畅通优秀人才进入党政干部队伍渠道。三是鼓励让贤离位。进一步完善干部职级待遇政策，鼓励任职时间较长、年龄较大的县级领导干部让贤离位。

（四）加强年轻干部专项管理

1. 实行滚动管理。强化动态跟踪管理，对不宜继续作为培养对象或超过相应年龄界限的，及时调整；对表现突出，群众公认的，及时选用。

2. 实行分类管理。根据不同类别的年轻干部特点，建立相应的管理体系，对不同类型的年轻干部实行不同要求、内容和方式的管理，突出关键岗位、重点管理，实现管理的精细化、科学化。

3. 实行从严管理。把从严管理干部的要求落实到年轻干部日常管理和监督工作之中，加强年轻干部理想信念教育、党性修养锻炼和作风养成，严格考核考察，及时发现问题，及时提醒警示。

四、工作要求

（一）思想上重视。市委将加强对各县（区）、市级部门（单位）年轻干部培养使用工作的宏观指导，各县（区）、市级部门（单位）党委（党组）要站在全局和发展的高度来把握年轻干部的培养选拔工作，进一步提高思想认识，增强责任感和紧迫感，确保年轻干部培养选拔工作取得实效。

（二）制度上保障。市委将建立专项督查通报制度，开展专项巡查，定期通报情况。各县（区）、市级部门（单位）党委（党组）要建立年轻干部培养选拔工作责任机制，抓好工作执行；要结合自身实际，制定具体贯彻措施，努力形成培养选拔年轻干部的工作合力。

（三）管理上落实。各县（区）、市级部门（单位）党委（党组）要坚持发芽式培养、发现式管理、发掘式使用年轻干部，克服重选拔、轻培养，重使用、轻管理，重任前、轻任后的倾向。

2013 年 5 月 13 日

中共攀枝花市委
关于深入贯彻落实党的十八大精神
为在全省率先全面建成小康社会而奋斗的决定

（攀委发〔2013〕10 号）

为深入贯彻落实党的十八大、省委十届三次全会精神，中共攀枝花市委九届五次全体（扩大）会议在深入分析当前形势和任务的基础上，按照《中共四川省委关于深入贯彻落实党的十八大精神为与全国同步全面建成小康社会而奋斗的决定》要求，对推进攀枝花由资源大市向经济大市跨越、由总体小康向全面小康跨越，在全省率先全面建成小康社会进行了研究部署，作出如下决定。

一、科学把握形势和任务，确立在全省率先全面建成小康社会的奋斗目标

（一）充分认识在全省率先全面建成小康社会的重大意义。全面建成小康社会，是实现中华民族伟大复兴的中国梦的阶段性历史任务。党的十八大确立了到2020 年全面建成小康社会的宏伟目标，省委十届三次全会作出了《中共四川省委关于深入贯彻落实党的十八大精神为与全国同步全面建成小康社会而奋斗的决定》，确立了到2020 年与全国同步全面建成小康社会的奋斗目标。攀枝花作为四川的工业大市、资源大市，在全省发展大局中具有重要地位和作用。在全省率先全面建成小康社会，是攀枝花实现跨越提升的必经阶段，是全市干部群众的共同期盼，是我们责无旁贷的重大政治任务。必须把思想和认识统一到中央、省委的决策部署上来，把智慧和力量凝聚到在全省率先全面建成小康社会的目标上来，在更高层次谋划，以更大力度推进，加快全面建成小康社会进程，奋力谱写伟大中国梦的攀枝花篇章。

（二）科学研判在全省率先全面建成小康社会的整体形势。在历届市委、市政府的坚强领导下，经过几代建设者的艰苦奋斗，全市积累起了坚实的工业基础和雄厚的经济实力。特别是经过市委九届三次全会以来全市上下的共同努力，“三个加快建设”“三个走在全省前列”“六大硬仗”等发展战略已经全面实施，经济社会发展取得显著成效，为今后发展蓄积了强劲动能、奠定了更加坚实的基础。综观形势，当前，攀枝花正处于全面建成小康社会的“关键期”，“两化”互动、“四化”同步、城乡一体化发展的“加速期”，老工业基地持续发展的“振兴期”，改革开放、创新驱动的“突破期”，扶贫解困的“攻坚期”，由资源之都向产业之都、经济之都跨越的“质变期”，面临着国家实施新一轮西部大开发及钒钛资源综合利用和产业发展“十二五”规划、推进老工业基地调整改造、建设国家攀西战略资源创新开发试验区，以及四川省实施多点多极支撑发展战略、发展攀西经济区、建设攀西城市群等一系列重大战略机遇，发展前景更加广阔。与此同时，我们也面临着一系列艰巨任务和严峻挑战，“总量小、不协调、欠发达”仍然是我市最大的问题，“发展不足、发展不够、发展不充分”仍然是我市最大的实际，实现“五年翻番”、进入全省“第二方阵”，时间紧迫，任务艰巨。必须准确把握发展方位，科学判断发展优势，牢牢抓住发展机遇，以强烈的责任感和紧迫感，谋创新之策，兴超常之举，坚持在加快发展中推动调整升级、提质增效，在科学发展中实现争先进位、跨越提升，打一场全面建成小康社会决战决胜的攻坚战。

（三）准确把握在全省率先全面建成小康社会的目标任务。始终保持高于全省平均水平以上的发展速度，确保到2015年，全市地区生产总值、地方财政收入、城乡居民收入在2010年的基础上翻一番，固定资产投资总量在前五年的基础上翻一番；力争地区生产总值2014年达到1000亿元，确保2017年达到1500亿元，进入全省“第二方阵”；确保在2020年以前，在全省率先全面建成小康社会，人均地方生产总值处于全省领先地位，城乡居民人均收入高于全国当年水平，经济、政治、文化、社会、生态文明建设各项事业在更高层次协调发展，实现由资源大市向经济大市跨越、由总体小康向全面小康跨越，建成宜居宜业、繁荣富裕、和谐美好的特色经济强市。

（四）准确把握在全省率先全面建成小康社会的战略途径。当前和今后一个时期，深入贯彻落实党的十八大和省委十届三次全会精神，牢牢把握“科学发展、加快发展”总体要求，坚持以转变经济发展方式为主线，坚持以做大经济总量为基础，以提高发展质量和效益为核心，以推动产业升级和城市转型为重点，以特色优势产业发展、新型城镇化建设、城乡统筹发展为支撑，以改革开放和创新驱动为动力，以经济、政治、文化、社会、生态文明“五位一体”建设为总体布局，深入实施“三大发展战略”，大力推进“三个加快建设”“三个走在全省前列”，持续打好“六大硬仗”，努力实现“四个翻番”，奋力夺取在全省率先全面建成小康社会的新胜利。

二、深入实施多点多极支撑发展战略，进一步提升攀枝花在攀西城市群和川滇结合部的战略地位

（五）推进资源综合开发利用。依托丰富的钒钛资源，抓住国家攀西战略资源创新开发试验区建设的重大机遇，坚持以规划为龙头、企业为主体、项目为关键、科研为动力、机制为核心、政策为保障，坚定不移走新型工业化道路，创新资源开发模式，加快建设钒钛产品生产中心、质检中心、研发中心和交易中心，推动攀枝花由资源中心、产业中心向经济中心加快转变。大力实施资源就地转化战略，推动钒钛钢铁、矿业、机械制造、太阳能应用等产业实现重点突破，加快形成优势产业集群。围绕重点产业发展企业集群，创造有利条件，支持本地骨干企业做大做强，引进大企业、大集团参与资源综合开发利用。

（六）加快阳光康养旅游城市建设。依托得天独厚的阳光资源，大力推进红格、阿署达、普达、二滩等旅游产业项目群建设，围绕“吃、住、行、游、购、娱”六大要素，完善服务设施，提升旅游内涵，增强接待服务能力，加快把攀枝花打造成全国著名的阳光康养旅游目的地。

（七）构建区域综合交通枢纽。围绕打造四川南向开放门户和次级交通枢纽，加快推进丽攀、攀宜、攀大（绕城）、攀盐高速公路，成昆铁路新线、丽攀遵铁路，金沙江航道等重大交通项目建设，积极开展国省干线公路改扩建攻坚活动，统筹实施“畅通城市”工程，切实加强农村道路标美化建设，尽快建成贯通南北、连接东西、通江达海、内畅外通的区域综合交通枢纽。

（八）建设区域商贸物流中心。重点推进密地、金江、攀青物流基地和炳三区高端城市综合体等重大项目建设，培育发展一批物流龙头企业，引进一批精品店、专卖店、名餐饮店，规划建设一批特色商贸城、商业街、专业市场，积极发展连锁经营、特许经营、仓储超市和物流配送等新型商贸流通业态，繁荣商贸流通，集聚商气人气，打造川滇结合部区域商贸物流中心。

（九）打造区域教育文化卫生高地。坚持教育优先投入、优质发展，突出抓好学前教育，均衡发展义务教育，全力办好富有特色的职业教育、优质多样的高中教育、更高水平的高等教育、体系完善的终身教育，推动各级各类教育协调发展，培育一批有区域影响力的名师名校。加大对文化事业的投入，完善基层文化组织，健全公共文化服务体系，充分挖掘历史文化遗产、优秀民间艺术、工业文明和城市文明，推进以农村、城市社区为重点的公共文化基础设施建设，加快建设中国三线建设博物馆，打造一批创意文化街区，推出一批艺术精品，不断提升城市文化软实力。深化医药卫生体制改革，健全全民医保，科学配置医疗资源，积极推进公立医院改革，鼓励支持民营医院发展，健全基层医疗卫生服务体系。实施“名院工程”，加快建设新区医院，把市中心医院建设成为川西南、滇西北一流的现代化综合性大型医院，把市中西医结合医院、市第二人民医院、攀钢总医院、市妇幼保健院等建设成为各具特色的现代化医院，为全市和周边地区群众提供更加优质的医疗卫生服务。

（十）促进县域经济跨越发展。鼓励支持东区以建设中央商务区为目标，重点发展现代服务业；西区以建设综合能源基地为目标，提升煤化工产业；仁和区以建设新材料产业基地为目标，优先发展机械制造业；米易县、盐边县以建设特色经济强县为目标，突出发展钒钛磁铁矿综合利用、现代特色农业、阳光康养旅游等产业，米易县重点发展涉钒产业，盐边县重点发展矿业、钛产业；钒钛产业园区突出发展资源综合开发利用，着力打造千亿工业园区，创建具有示范性、带动性的国家级园区。力争到2017年，全市各县区地区生产总值在2012年的基础上翻一番，东区达到600亿元以上，仁和区达到300亿元以上，西区、米易县、盐边县分别达到200亿元以上，2~3个县（区）走在全省类区县的前列，切实推动和支撑全市发展目标的实现。

三、深入实施“两化”互动、统筹城乡发展战略，努力走出“四化”同步发展新路子

（十一）推进新型工业化。坚持工业强市战略不动摇，坚定不移走新型工业化道路，构建以工业为主导的现代产业新体系。紧紧抓住国家建设攀西战略资源创新开发试验区、攀枝花被列入国家新型工业化产业示范基地和全国老工业基地调整改造城市等重大机遇，着力优化产业结构、产品结构、成本结构、市场结构和体制机制，深入推进资源综合开发利用，大力发展钒钛钢铁、机械制造、能源等特色优势产业和战略性新兴产业，大力培育千亿产业、建设千亿园区、打造千亿和百亿企业、发展中小企业、扶持上市公司、争创中国名牌，努力把资源优势转化为产业优势、发展优势，全力打造特色工业强市，加快建设中国钒钛之都。力争到2017年，全市钒钛及相关产业产值突破3000亿元，钒钛产业园区建成国家级千亿园区，攀钢集团发展为千亿企业，形成一批百亿企业集群，新增1~2家上市公司，创成一批国家级、省级品牌和地理标志性品牌，为攀枝花跨越发展提供强劲支撑。

（十二）推进新型城镇化。坚持以人口城镇化为核心，走出一条形态适宜、产城融合、城乡一体、集约高效的新型城镇化道路。按照“显山露水、依山就势、错落有致”的原则，高标准、高起点、高速度推进花城新区建设，打造产业集聚新高地、城市发展新组团。大力实施沿江景观打造，加快把金沙江中心城区段两岸打造成为独具特色、风景靓丽的景观带、生态带、休闲带、娱乐带。突出宜居宜业的要求，合理规划市政设施、生活设施和公共服务设施，完善城市功能，加强城市管理，提升城市品位。创新旧城改造模式，盘活城镇建设用地存量，实施城市“筒子楼”、危旧房、棚户区改造，支持扩大改善型住房消费。统筹城乡一体发展，优化城镇整体布局，构建以中心城区为核心、两县县城为支撑、重点镇为骨干、小城镇为基础，布局合理、层级清晰、功能完善的现代城镇体系，力争2017年全市城镇化率达到70%。

（十三）加快农业农村发展。以建设国家现代农业示范区为载体，高水平建设特色水果、早春蔬菜、优质烤烟、畜牧水产和林业生物等现代农业基地，提高农业综合竞争力和增收效益。抓好农田、水利、道路及公共服务设施建设，不断改善农村生产生活条件。大力发展龙头企业、专业合作组织、专业大户、家庭农场等农业产业化经营主体，推进农业专业化生产、标准化管理、市场化经营。健全农业社会化服务体系，推进农业科技和成果转化推广。按照“道路标美化、产业特色化、房屋标准化、庭院优美化、公共服务城镇化”要求，加快新村建设步伐，重点抓好第二轮省级成片推进示范县、省级财政新村基础设施、新农村综合体、市级新村聚集点等重点项目建设，扎实推进西攀高速公路沿线、二滩环线、城镇周边地区新村建设。

（十四）加快现代服务业发展。大力发展与先进制造业相配套的现代物流、金融保险、科技研发等生产性服务业，加快发展文化旅游、餐饮娱乐、房地产等生活性服务业，积极发展信息、会展、商务服务、社区服务等新兴服务业，培育形成新的经济增长点。突出发展现代旅游业，建设精品景点景区，打造精品旅游线路，开发特色旅游产品，提高旅游服务和管理水平，塑造“阳光花城、康养胜地”品牌，加快建成全国著名阳光康养旅游目的地。

（十五）深化统筹城乡综合配套改革。坚持以工促农、以城带乡、工农互惠、城乡一体，因地制宜推进工业向园区集中、农民向城镇集中、土地向规模经营集中，走集中、集约、集群发展道路。深化户籍制度、农村土地产权制度、社会保障制度改革，最大程度吸纳符合条件的农业转移人口落户城镇，促进农村资源和要素资本化，不断扩大社会保障覆盖面。加强城乡规划、基础设施、产业发展、公共服务、社会管理“五个统筹”，促进城乡生产要素平等交换、公共资源均衡配置、生产生活方式同步变革，加快构建现代城市和现代农村和谐共融、协调发展的新型城乡形态。

（十六）加强基础设施建设。大力推进中小型水库、微型水利设施和地下水资源利用等多种水利设施建设，加快建设高标准农田，提高农业综合生产能力，切实保护耕地。加快金沙、银江水电站和“缅气入攀”等能源基础设施建设，大力发展太阳能、生物质能等新能源。加快信息网络基础设施建设，推动光纤宽带、无线网络进村入户，推进电信网、广电网、互联网“三网”融合，构建全域信息化体系，保持在全国全省的领先水平，加快建设智慧城市。

（十七）加强生态文明建设。大力实施绿色发展战略，加快形成节约能源资源和保护生态环境的产业结构、增长方式和消费模式，全力打造长江上游生态屏障。以“五创联动”为抓手，大力实施生态修复工程、环境亮化工程、素质提升工程，全面加强生态环境建设。加大节能减排力度，强化结构减排、工程减排、管理减排，加快淘汰落后产能。落实产业环境准入制度，完善监管体系，强化执法监督，狠抓重点行业、重点产业、重点区域污染治理。大力发展绿色循环经济，积极扶持太阳能、生物质能等绿色能源及绿色食品、绿色旅游等相关产业发展，积极推进资源循环利用和清洁生产，提升可持续发展能力。

四、深入实施创新驱动发展战略，切实增强转型发展、跨越提升新动力

（十八）推进体制机制创新。扎实推进重点领域和关键环节改革创新，加快形成有利于科学发展、加快发展的体制机制。深化行政管理体制改革，推进政府职能转变，精简审批事项，提高行政效能，提升政务服务水平。深化经济体制改革，发挥市场在资源配置中的基础性作用，促进土地、技术、资本、人才等要素合理流动。加快国有资产战略性重组和股权多元化改革，加快攀钢等国有企业改革步伐，完善国有企业法人治理结构，优化企业资产结构，提高管理和营运水平。深化财税体制改革，推进金融创新，加快发展多层次资本市场，优化政府投融资平台，拓展融资渠道，支持各类金融机构健康发展，切实解决企业融资难问题。分类推进事业单位改革，促进社会事业发展和基本公共服务均等化。

（十九）推进科学技术创新。深入实施人才强市和科教兴攀战略，健全完善以企业为主体、市场为导向、产学研紧密结合的技术创新体系。深化部省会商机制和“院士行”“钒钛论坛”等活动，积极创建国家级研究院所、研发中心，做好攀枝花钒钛研究院、钛及钛合金研究院建设，不断提升研发能力和研发水平。推动钒钛产业园区创建国家、省级高新技术产业园区，做强产学研创新合作平台。支持有条件的企业建立技术中心，引导企业加强科技研发和攻关，未来5年，新增6~10家国家高新技术企业，大中型工业企业平均研发投入占主营业收入比例达到1.5%以上，高新技术产业实现产值翻一番、占规模以上工业总产值的比重超过30%，全社会研究与实验发展经费支出占地区生产总值的比例达到2.2%，科技进步对经济增长的贡献率达到53%。强化重点领域科技攻关，掌握一批关键核心技术，加速钒钛钢铁、机械制造等重点领域科研成果转化，到2015年，铁资源综合利用率达到75%，钒资源综合利用率达到50%，钛资源综合利用率达到20%以上，钒钛磁铁矿尾矿回收利用率达到70%以上，铬、钴、镍等主要伴生金属实现产业化、规模化回收利用。

（二十）扩大对外开放合作。坚持对内对外开放并举，构建全方位、多层次、宽领域的开放合作新格局。围绕加快建设四川南向开放门户，依托川滇黔12市地州峰会合作平台，深化与周边地区在基础设施建设、资源开发、旅游文化等方面的战略合作，积极加强与长三角、珠三角、环渤海等发达区域的交流与合作，主动融入成渝经济区、昆明经济带，充分发挥地处川滇黔毗邻区域的地缘优势，借助云南桥头堡建设，广泛参与中国—东盟自由贸易区的合作，在更大范围分享发展机遇。加强开放合作平台建设，充分利用西博会、昆交会、“欢乐阳光节”等平台，扩大攀枝花知名度和影响力。充分运用我市资源优势和产业优势，创新招商引资方式，着力引进一批成长性好、关联度高、带动力强的大企业、大集团和高端项目，促进我市产业优化升级。

（二十一）加快民营经济发展。全面落实发展民营经济的各项政策措施，保证民营企业公平参与市场竞争、同等受到法律保护，放手放胆发展民营企业。放宽市场准入，拓展民间资本进入的行业领域。加强产业引导，重点支持科技型、创新型和劳动密集型民营企业发展，发展壮大竞争力强的民营企业。强化政策保障，切实解决民营企业融资、用地、用能等难题。整顿和规范市场经济秩序，依法保护民营企业和企业家的合法权益，引导民营企业依法经营、履行社会责任。

五、大力保障和改善民生，始终保持社会和谐稳定

（二十二）打好扶贫开发攻坚战。把边远民族地区作为扶贫攻坚的主战场，深入实施新10年扶贫开发纲要，大力实施基础扶贫、产业扶贫、新村扶贫、能力扶贫、生态扶贫“五大扶贫工程”，全力推动边远民族地区跨越发展，促进贫困村向小康村、贫困户向小康户转变。尽快启动实施城市宜居工程，着力解决城市低收入群体就医、就业、就学、社会保障等实际问题，促进城市困难群众与全市同步小康。

（二十三）解决民生基本问题。认真落实省委“学有所教、劳有所得、病有所医、老有所养、住有所居”的民生工作要求，紧密结合市委提出的“八有”目标，全力打好民生改善的硬仗。持续加大民生投入，继续实施“十大民生工程”，根据群众需要不断丰富工作内容。进一步完善民生事业发展的制度、政策、机制和工作保障，每年干成一批让群众看得见、摸得着、得实惠的好事实事，着力解决群众最关心、最直接、最现实的利益问题，努力在提升群众生活质量、建设幸福攀枝花上实现新突破，让全市人民共享改革发展“红利”。

（二十四）深化平安创建和法治建设。健全党委领导、政府负责、社会协同、公众参与、法制保障的社会管理体制，构建源头治理、动态管理、应急处置相结合的社会管理机制。完善“大调解”工作体系，畅通和规范群众诉求表达、利益协调、权益保障渠道，深化社会稳定风险评估，提高保障公共安全和处置突发公共事件能力，推动“保稳定”向“促和谐”转变。加强民主法治建设，支持人大、政协依照法律和章程履行职能、发挥更大作用，推进依法行政、公正司法，维护社会公平正义。完善社会治安防控体系，依法严厉打击各类违法犯罪活动。时刻警钟长鸣，毫不松懈地抓好生产安全和食品药品安全工作，加强防灾减灾体系建设，坚决防止重特大安全事故发生，全力维护全市社会和谐稳定。

（二十五）提高公民素养和社会文明程度。深入开展社会主义核心价值体系学习教育，引领社会思潮，凝聚社会共识。推进公民道德建设工程，加强法制观念教育，开展群众性精神文明创建活动，着力提高公民文明素养。构建大网络、大舆情、全媒体格局，提高舆论引导能力，壮大主流思想舆论。实施文化惠民工程，完善公共文化服务体系，开展公益性文化活动，丰富人民群众精神文化生活。加强民族文化、历史文化、地域文化的保护、传承和发展，重视和支持文化精品创作生产，鼓励社会资本参与文化建设，推动文化大发展大繁荣，增强攀枝花文化整体实力和竞争力。

六、加强和改进党的建设，为各项事业发展提供坚强的组织保障

（二十六）加强思想理论建设。坚持用党的十八大和省委十届三次全会精神武装头脑、指导实践、推动工作，增强中国特色社会主义道路自信、理论自信、制度自信。巩固深化“三大主题教育”活动成果，坚决破除“怕、满、慢、浮、僵”的消极思想，保持“闯、进、快、实、活”的进取激情，努力把活动要求转化为谋划发展的共识、推动发展的动力、促进发展的举措。牢牢把握加强党的执政能力建设和先进性、纯洁性建设主线，加强党性锻炼和党性修养，发挥各级党组织的战斗堡垒作用和广大共产党员的先锋模范作用，提高党组织的创造力、凝聚力和战斗力。

（二十七）加强领导班子和干部队伍建设。坚持抓班子带队伍，突出选好“一把手”，优化各级领导班子配备，建强执政骨干队伍。坚持“干部工作出人才”，紧扣科学发展需要，鲜明重品行、重实干、重公认的用人导向，突出在“急难险重”任务、招商引资、边远民族地区和群众信访工作“四个一线”培养选拔干部，大胆起用一批眼界宽、思路活、脑子灵、懂经济、晓市场、善经营的干部。通过教育培训、挂职锻炼、轮岗交流、公开选拔多种形式培养选拔干部，在实践中考验、锻炼干部，不断提升领导能力和工作水平。坚持“人才工作出成果”，抓住引进、培养、使用、服务等环节，加快构建多层次人才支撑体系，充分激发各类人才创新创造活力。

（二十八）加强基层组织建设。坚持“组织工作出经验”，深入开展“争创基层服务型党组织、争创为民务实清廉型党员干部”活动，构建灵活高效、贴近群众的基层党组织服务体系。按照“政治素质好、带动力强、服务能力强”的要求，选好配强基层党组织带头人。深化“领导挂点、部门包村、干部帮户”和“百千万·干群心连心”活动，建立健全党建惠民的长效机制。改进党员发展工作，优化党员队伍结构，提升党员队伍整体活力和战斗力。创新基层党组织设置模式，加快推进“两新”组织党建工作，扩大党组织覆盖面。突出先进性和纯洁性要求，以创建“五彩花城党建”品牌为引领，激励广大党员立足岗位创先争优。

（二十九）加强干部作风建设。认真践行中央和省、市委关于改进工作作风、密切联系群众的各项规定，扎实开展以为民务实清廉为主要内容的党的群众路线教育实践活动。加强和改进新形势下群众工作，真心诚意为群众办实事，努力解决群众生产生活中的实际困难，始终保持党同人民群众的血肉联系。大力弘扬艰苦奋斗作风，坚持勤俭办事，坚决反对和制止公款浪费现象，树立领导机关和党员干部的良好形象。坚持从严管理干部，强化工作执行力，构建一级抓一级、层层抓落实的工作机制，形成比工作、赛作风、争一流的干事创业氛围。

（三十）加强反腐倡廉建设。按照“干部清正、政府清廉、政治清明”的总体要求，严格执行党风廉政建设责任制，深化惩治和预防腐败体系建设，健全廉政风险防控机制，努力形成用制度管权、管事、管人的机制。创新监督方式，整合监督资源，确保权力正确运行。保持惩治腐败高压态势，严肃查办各类违纪违法案件，认真解决群众反映强烈的突出问题，以反腐倡廉的实际成效取信于民。推进廉政文化建设，深化党风廉政建设和政风行风社会评价工作，营造崇尚廉洁的社会氛围，以优良的党风促政风带民风。

2013 年 7 月 11 日

中共攀枝花市委　攀枝花市人民政府
关于实施创新驱动发展战略增强攀枝花转型发展新动力的意见

（攀委发〔2013〕11号）

为深入贯彻落实党的十八大，全国、全省科技创新大会，省十次党代会、省委十届三次全会、市委九届五次全会精神，现就实施创新驱动发展战略、增强攀枝花转型发展新动力提出如下意见。

一、总体要求

（一）指导思想。全面贯彻落实科学发展观，抓住国家新一轮西部大开发、国家攀西战略资源创新开发试验区建设、四川省实施三大发展战略的机遇，以提高自主创新能力为核心，以推动经济发展方式转变、增强产业核心竞争力为主线，以推动产业技术升级和培育战略性新兴产业为中心任务，以整合科技创新资源、创新体制机制为突破口，着力推进创新体系建设，大力引进和培育创新创业人才，优化创新环境，推动全市经济社会步入创新驱动轨道，力争建成国家创新型城市。

（二）主要目标。未来5年，基本形成以企业为主体、市场为导向、产学研紧密结合，在全省具有示范和带动作用、在全国具有鲜明地区特色的区域创新体系，全市自主创新能力大幅度提升，创新环境明显改善，创新产出能力成效显著。全市从事科技活动的人员达到2万人以上，高技能人才达到3.5万人，力争建成国家钒钛产业高技能人才培训基地。全市专利申请量年均增长18%以上，发明专利占总申请量的比重保持在40%左右，科技成果转化率达到60%以上；全市以新材料为主的高新技术产业产值年均增幅达到20%以上，开发战略性新兴产品20项。到2020年，力争创建国家级高新技术产业园区1个，高新技术产业产值规模达到500亿元，占工业总产值比重达22%，战略性新兴产业产值800亿元。全社会R&D投入占地区GDP比重达到2.2%。全市综合科技竞争力进入全省前三位，建成国家级创新型城市，成为四川省经济社会发展的重要战略支撑。

二、重点任务

（一）实施企业创新主体培育工程，全面提升企业自主创新能力

推动企业建设高水平研发机构。围绕全市重点产业领域布局和推进一批高水平的科研机构、重点实验室和工程技术中心。联合国内相关科研院所、高校、企业共同组建四川钒钛产业技术研究院，并逐步将其培育为国内领先、在国际有一定影响力的国家级钒钛产业公共技术研究院；支持攀枝花学院联合攀枝花钒钛研究院、中国钢研集团建立钛及钛合金研究所；以攀钢、钢城、龙蟒、昆钢、川威等重点企业为骨干，建设一批国家级企业技术中心；鼓励有条件的企业联合研究院、所共建省、市工程技术中心、中试基地，开展产业关键技术和共性技术攻关。

支持企业实施科技成果转化。逐步加大市级重大科技成果转化工程专项资金投入，大力实施钒钛、机械制造、高新技术改造传统产业、特色农业及生物、节能环保产业5个市级重大成果转化专项；实施一批重大科技成果转化平台建设项目，重点支持科技成果信息服务、技术转移服务、创新孵化、融资服务、分析测试等平台建设，不断完善其成果转化服务功能。

培育一批创新型、成长型企业。大力实施技术创新工程，在新材料、特色机械制造、新能源、生物医药、节能环保等领域培育不同类型、具有示范带动作用的创新型企业和高新技术企业；支持攀枝花学院建立大学科技园，推动钒钛产业园区建立高新企业孵化器；以项目支持、政府贴息等方式支持成长速度快、创新能力强、发展潜力大的科技型中小企业，逐步形成以大型创新型企业、高新技术企业为支

柱、中小型科技企业蓬勃发展的产业发展新格局。

推动企业开放合作。鼓励企业加强与国内外有实力的大集团、科研机构交流合作，鼓励多种形式的联合攻关；试点开展重大科技攻关项目全球招标，吸引优秀人才参与资源创新开发；支持引导多种所有制企业参与共同重点发展下游产业和深加工应用；加强战略资源开发利用的薄弱环节和关键领域招商引资，重点引进深加工及制品、尾矿及废弃物综合高利用等项目；提高企业知识产权创造、运用、保护和管理水平，引导企业围绕关键技术建立专利态势分析和预警机制，完善知识产权保护措施。

（二）实施产业创新牵引升级工程，促进经济结构转型发展

突破关键共性技术。支持重点企业加强自主研发、合作研究、引进吸收等全方位的技术创新，通过实施重大科技攻关、产学研联盟建设等形式，集中力量攻克煤基直接还原大规模产业化、高钙镁钛精矿冶炼高钛渣、氯化法钛白工艺、硫酸亚铁全面综合利用、钪镓钴镍回收及清洁生产、高钛型高炉渣提钛利用、电解二氧化钛制钛新工艺、钒电池、航空航天级钛合金材料等一大批关键技术瓶颈，提升钒钛资源综合利用水平，推动产业结构优化升级。进一步完善《钒钛资源综合利用技术路线图》，加紧编制芒果、特色生物、机械制造等产业技术路线图，支撑产业快速发展。

培育战略性新兴产业。重点培育以绿色钢铁材料、新型钒钛材料、新型石墨和硅材料、高档冶金粉体材料等为主的新材料产业；以机械零部件、含钒钛机械设备、高品质合金设备为主的特色装备制造产业；以光伏、燃料电池、生物质能为主的新能源产业；以节能减排、高效环保、循环利用为主的节能环保产业；以生物制品、中药现代化为主的生物与医药产业，形成有攀枝花特色的五大战略性新兴产业。

推动传统产业改造升级。推动先进信息技术、先进制造技术等高新技术广泛运用于钢铁、化工、建材、矿业等传统产业，不断改造提升装备水平和信息化水平；大力实施节能减排技术，推动节能降耗领域的科技进步；提高低品位矿、极贫矿、表外矿、尾矿等的规模化利用，高炉渣、煤矸石等二次资源的综合开发利用，工业废气、废液回收利用的技术水平；支持钛白产业、钒产业等开展“三废”无害化处理共性技术、资源化利用技术、清洁生产技术等的研究与应用；不断开发新技术、新工艺，增强传统产业新产品开发和品牌创建能力，促进传统产业向高端产业发展。

（三）实施区域创新发展示范工程，推动形成多点多极发展新格局

加快建设攀西战略资源创新开发试验区。争取国家、地方共同设立攀西资源开发专项资金，支持战略资源开发重大科技攻关、科研成果转化和人才培养引进；按照“先行先试、创新开发”的原则，用好用活国家支持政策，探索财税、金融、产业、土地、能源、生态等相关试点改革，在管理体制、运行机制、人才引进、市场引导等方面大胆创新，通过创新破解发展难题，转变发展方式，提高资源利用效率，推进产业转型升级，努力构建国内资源富集区科学、集约开发综合利用资源的示范区。

加快发展高新技术产业园区。合理有序推进钒钛产业园区扩区调位，加快园区孵化器、钒钛中心等配套科技创新资源建设和高新技术企业培育力度，尽快将其培育为千亿产业园区，积极创建具有示范性、带动性的国家级高新技术产业开发区；培育一批特色高新技术产业园区，集聚优势资源和优势企业，重点打造东区都市工业园区、格里坪煤工业及现代物流园区、南山循环经济发展区、米易白马矿业及机械制造园区、新九矿业园区5大百亿产业园区，形成采选、钒钛深加工、化工、特色钢铁、机械制造、废弃物利用以及新能源等产业集群；支持攀钢建设成为千亿企业集团，钢城集团建成3百亿企业，攀煤、龙蟒、昆钢（攀枝花）等企业建成“百亿企业”。

加快建设攀枝花国家现代农业示范区。进一步创新攀枝花现代农业示范区机制，强化政策、资金保障。突出科技支撑和引领作用，创新发展特色水果、早春蔬菜、优质烤烟、畜牧水产、林业生物五大支柱产业，通过实施农业技术引进、集成与创新，农业关键技术攻关和重大成果转化，培育“技术链”带动提升产业链。强化企业的主体地位，产学研结合，推进农业科技创新与成果转化推广体系建设，加快国家现代农业示范区的核心区、示范区建设，着力提升良种化、规模化、标准化、产业化和集约化水平，推进农业科技创新人才的培养。努力将攀枝花现代农业示范区建设成为西南山区生态农业科技试验示范的基地、特色农业生产示范基地、新型农民培训示范基地、农业科技创新和农业科技成果转化的基地。

（四）实施产学研协同创新工程，提高技术创新体系整体效能

完善创新资源统筹协调机制。以构建大科技、推动大发展的科技理念，以创建国家级创新型试点城市、国家技术创新工程四川省示范市、国家知识产权示范城市为契机，发挥好省科技厅与我市工作会商联动机制，推进科技管理和服务创新，形成上下联动的工作合力；持续开展“院士行”活动，着力打造国内国际知名的高水平的“攀枝花钒钛论坛”，建立长效科技交流合作机制；加强产业园区等载体的科技创新综合配套能力建设，促进科技资源向产业功能区、科技园区（基地）加快集聚和优化配置；推进科研院所改革，促进创新要素的高效配置和综合集成，逐步构建起有利于整合科技创新资源，促进协同创新的大科技环境。

加快建立产学研合作的科技创新组织。鼓励和支持有条件社会组织建立“民办非”科研机构；探索以政府主导、企业主体、院校支撑、市场化运作、社会化服务的“钒钛产业技术研究院”“钛及钛合金研究所”等公益类产业公共技术研发平台运行机制；推动以国家级钒钛资源综合利用产业技术创新战略联盟为重点的各级联盟健康快速发展，促进产、学、研各方协同制定产业发展规划，主导产业发展方向，攻克共性关键技术，制定行业标准，逐步建立长效的科技创新合作机制，强有力地推动重点产业技术创新。

完善科技成果转移转化机制。建立完善科研院所、大专院校和企业、市场双向互动机制和转化平台，促进科研院所、高校科技成果向企业流动转化；积极探索成果交易模式，发展网上交易市场；探索建立政府、高校院所、行业部门等共同举办区域性、专业性、综合性科技成果展示交易活动的互动机制；鼓励企业购买、引进国内外具有明显经济社会效益的技术成果，在本地实施转化；研究制定促进科技中介服务业发展的政策，支持技术推广、技术贸易信息服务、评估咨询、孵化器等科技中介服务机构建设，引导科技中介服务机构向专业化、规模化、规范化方向发展，逐步建立起服务功能完善的科技中介服务体系。

强化科技创新资源开放共享。完善省科技文献平台攀枝花分平台，攀枝花市大型仪器共享平台、特色数据库等科技创新平台，创新管理模式，探索建立公共创新资源开放共享的运行机制；推进国家钒钛制品质量监督检验中心、钒钛制品分析检测国家重点实验室、钒钛资源综合利用国家重点实验室建设，打造国家集科研开发、检验、检定、检测技术、标准研究制定和科技成果技术验证等于一体的钒钛产业发展所需的基础型、综合性、科技基础公共技术平台，促进公共科技创新资源的有效整合和高效利用。

（五）实施创新人才发展工程，坚实创新驱动发展的智力支撑

大力培养一批优势产业创新人才。围绕我市支柱产业的发展，开展院士后备人才培养、优势工业优势产业人才培养、高技能人才培养等，造就一批政治素质过硬、创新能力卓越的科技领军人才、优秀企业经营管理人才和高技能技术创新人才；实施技术创新团队培养专项、院士后备人才培养计划，围绕钒钛、机械制造、能源化工、特色农业、生物产业等重点产业领域，打造一批结构合理、创新能力强、善于攻坚克难的创新人才队伍。

大力引进一批拔尖人才。以项目合作、共建研发机构等产学研联合形式，吸引国内外高校、科研院所的科技人才参与企业技术创新活动；健全人才引进机制，支持高层次创新创业人才承担国家、省和我市重大科技项目，吸引高层次留学人才和海外科技人才来我市创业、工作和服务；依托博士后工作站、科研机构、重点实验室等载体，引进一批国内外知名的拔尖人才。

优化完善创新人才发展环境。建立健全适应市场经济要求的选人、用人机制，完善创新人才激励政策，采取先行先试的办法，在人才引进培养、选拔应用、流动配置、激励保障等方面出台更具创新性和吸引力的优惠政策；改革和完善科技奖励制度和科技计划管理制度，形成激励人才投身创新创业的制度体系；完善分配激励机制，采取以技术等入股的方式对具有重大贡献的科技创新项目和个人实行重奖的激励制度，逐步建立起科学合理的自主创新人才评价指标体系。

三、推进政策措施落实，确保创新型攀枝花建设取得实效

强化科技创新的组织保障。明确责任和分工，狠抓落实，各相关部门、各县（区）政府要建立健全工作协调机制，尽快制定推进方案和措施，出台相关配套政策，积极向上争取政策、资金支持，形成覆盖全市、协同推进的工作局面；完善工作考核评价体系，加强分类指导和督促检查，确保政策措施落实到位；强化县（区）级政府科技服务管理职能，抓好科技管理人才队伍建设，提高基层科技服务能力和水平；加强宣传和舆论引导，形成全社会支持创新的良好氛围。

健全多元化的投融资体系。加大政府科技投入，确保科技投入增幅高于财政经常性收入的增幅；探索建立具有攀枝花特色的科技金融支撑体系，培育各类科技金融中介服务机构，鼓励风险资本、金融信贷等参与、支持技术转移和成果转化；开展知识产权质押、技术成果入股试点，鼓励相关商业银行为科技型企业服务。

2013 年 8 月 20 日

中共攀枝花市委　攀枝花市人民政府 关于创新农业发展体制机制加快建设现代农业促进农民增收的意见

（攀委发〔2013〕12 号）

目前我市城乡差距仍然较大，全面建成小康社会重点难点仍然在农村，必须始终将“三农”工作作为党委、政府工作的重中之重，把城乡发展一体化作为根本途径，促进“四化”同步，加快推进农业农村现代化。全市“三农”工作的总体要求是：深入贯彻落实党的十八大和中央、省委 1 号文件精神，按照“保供增收惠民生，改革创新添活力”和市委“稳中求进，提质增效，争先进位，跨越提升”的总要求，把促进农民增收摆在核心位置，以国家现代农业示范区和成片推进新农村建设为载体和抓手，全面落实强农惠农富农政策，加大投入，加强基础设施建设，培育新型农业经营主体，创新农业经营体制机制，加快新村建设和扶贫开发，推动农业农村经济发展取得新成效。

一、突出构建现代农业产业体系，加快推进国家现代农业示范区建设

（一）开展新品种、新技术集成集约示范，推进现代农业发展。以蔬菜、芒果、畜牧等三个产业为重点开展新品种、新技术集成集约示范项目建设，重点推进米易县蔬菜现代农业示范园、仁和区芒果基地种养结合示范园、盐边县种草养畜标准化养殖示范园的建设，同时在各个基地进行多点小规模的试点示范，提升现代农业整体水平。

（二）推进现代农业产业基地建设。继续扩大早春蔬菜、特色水果、优质烤烟、畜牧水产、林业生物等主导优势产业发展规模，推进标准化、集约化生产，2013 年创建万亩现代农业示范片 3 个以上。加大招商引资力度，争取引进农产品加工企业，开展水果、蔬菜、畜牧及水产品等的深加工。重点发展省级、市级烟草示范片，推进烟草基地规模化建设。大力发展优质干果、野生动物驯养繁殖、森林旅游、花卉苗木、林下经济等产业。以种草养畜为重点加强养殖业标准化基地建设，创建国家级、省级畜禽养殖标准化示范场（小区），推广“畜—沼—果”“畜—沼—菜”等种养循环生态生产模式。引进、推广名特优水产品，转变二滩库区水产发展方式，发展盐边北部山区冷水生态渔业。推进米易、仁和现代农业重点县、盐边现代畜牧业重点县、米易现代林业重点县建设。

（三）提升农业物质装备水平。依据土地利用总体规划和土地整治规划，在当前耕地及耕地后备区域开展土地整治，2013 年完成土地整治 5.51 万亩。2013 年建设高标准农田 2 万亩，全市推广测土配方施肥 24 万亩次。加快观音岩引水工程、梅子箐水库、马鞍山水库等重点水利工程建设，加快灌区配套建设、中小河流治理，推进小型农田水利重点县建设，增强城乡防洪能力。加大机电提灌建设，增强抗旱能力。发展高效节水农业，2013 年新增高效节水灌面 2 万亩。在攀枝花丰富光照资源的基础上大力发展太阳能设施设备，利用现有电网政策加快推动太阳能、风能等新型能源发展与入网。提升农业机械化水平，推进农机以旧换新试点。

（四）提高现代科技支撑能力。围绕攀枝花国家现代农业示范区建设推进统筹城乡发展科技行动、科技富民行动，实施重大科技攻关与示范工程、农业科技园区建设工程、产业链延伸示范工程、农村科技创新能力建设示范工程、科技特派员服务工程和农村信息化示范工程。加快新技术、新产品、新模式、新机制的推广和应用，推进种养规模化、生产标准化、作业机械化、经营产业化和服务社会化建设。强化产学研合作，搭建农业科技创新与转化服务平台，加快农业科技成果转化，提升科技支撑、示范和带动作用。

（五）构建农产品市场流通服务体系。落实调降农产品生产流通费用政策。优先保障农产品流通基础设施用地，加快区域农产品交易、物流中心建设，辐射周边地区。对重点农产品市场进行改造升级，建成一批社区便民鲜活农产品直销网点。组织推介名、优、特、新农产品进入电子商务平台，建立完善农产品市场流通体系。加大农产品市场开拓力度，支持帮助龙头企业、专合组织做好农超对接。加强冷链建设，扩大绿色通道政策覆盖的农产品范围，提高农产品加工保鲜能力，保障农产品运输顺畅。

（六）改革和完善食品安全监管体系。强化食品安全监管责任，严格农业投入品生产经营使用管理，落实农产品产地准出、市场准入制度，健全追溯体系，构建农产品从生产到市场的全程质量控制系统。依托乡镇农技站，“十二五”末在所有涉农乡（镇）建立农产品质量安全监管机构，在村级食品安全协管职责中落实农产品质量安全监管职责。加强检疫性有害生物和农作物病虫害的监测和防控，做好重大动物疫病防治工作。加快市、县（区）农产品质量安全监测体系建设，支持农产品批发市场食品安全检测室建设，创建农产品质量安全监管规范化建设县。大力发展“三品一标”农产品，健全公用品牌使用许可与监管制度，落实国家地理标志、著名商标、驰名商标等品牌奖励政策。

二、促进一三产业互动，加快建设生态文明新村

（一）成片推进新村建设。按照“产村相融、依山就势、错落有致、适度集中”和“道路标美化、产业特色化、房屋标准化、庭院优美化、公共服务城镇化”的要求，体现农村特色、农家情趣、农村风貌、现代农业生产功能，全域、全程、全面推进新村建设。围绕西攀高速和省道沿线、旅游环线、特色产业集中区等区域，扎实开展第二轮省级新农村建设成片推进示范县工作，切实抓好新村聚居点和新农村综合体建设，继续开展旅游新村和民族新村建设。开展精品文化旅游村寨和历史文化名村、特色旅游景观名村创建。

（二）推进农村生态文明建设。确保农村生态建设基本用地，大力推进重点生态工程，落实集体公益林生态补偿、生态功能转移支付和植被恢复费用用途管理政策，加强林区基础设施建设，加强森林培育经营，增加森林面积和森林蓄积，实施天然林“二期”保护工程。深入开展农村生态环境工程建设，推广人工湿地和“微田园”，培育发展循环农业，建设生态田园新村。深入开展农业面源污染和畜禽养殖污染防治，明确划定生物质禁烧区，实施乡村清洁工程，推动清洁小流域建设和“清水工程”。创建生态文明示范村镇，开展宜居村镇建设综合技术集成示范。

（三）发展观光农业和乡村旅游。依托我市特有的亚热带特色水果基地，大力发展观光农业。结合乡村节庆活动，积极发展乡村旅游，加快建设休闲农庄、果蔬篱园、生态渔村、民族风苑、乡村养老社区等富有乡土文化气息的都市休闲农业旅游项目，带动农村加工、商贸、物流、餐饮等二三产业加快发展。

三、推进农村综合改革，统筹城乡发展

（一）推进农村集体产权制度改革创新。深化统筹城乡综合配套改革，稳定农村土地承包关系，依法落实农民承包土地的各项权利。促进农村土地有序流转，鼓励和支持承包土地向专业大户、家庭农场、农民专业合作社规范流转。稳步推进农村土地承包经营权确权登记颁证工作，探索建立规范统一的农村产权交易市场。探索建立严格的工商企业租赁农户承包耕地（林地、草场）准入和监管制度。

（二）统筹改善农村基础设施条件。强化农村公共交通、能源电力、广播电视、网络宽带、邮政通信、金融商务及安全饮水、山洪灾害防治、农村垃圾回收和再生资源回收体系等基础设施建设，加强城乡环境综合整治，改善农民生活条件和人居环境。抓好农村中小学校舍安全工程，改造完善卫生设施设备，推进农村饮水安全工程建设，完善农村电网，加快实施小水电代燃料、水电新农村电气化项目。加快农村县域路网改造，推进县、乡道硬化工作，加快建制村村道公路通畅建设。进一步落实乡（镇）交通管理站职责，推动农村公路“建、管、养、运”协调发展。实施户用沼气和沼气集中供气工程。启动“金农工程”二期，进一步加强“新农通”建设，提高农村信息网络覆盖率。推进农村危房改造和国有农场、林区（场）棚户区建设、危房改造。

（三）提高农村公共服务水平。围绕农民群众生产生活需要，结合农村社区建设，健全公共服务组织，增强服务功能，农村整体推进、均衡发展，逐步实现城乡公共服务一体化。推进农村公共服务运行维护机制建设示范试点。强化乡镇公益性服务能力建设，建立村级社会服务站点，充分发挥乡镇综合文体站的作用，鼓励和引导农民群众开展多种形式的文化体育活动。建设城乡社会救助信息系统，健全农村三级医疗卫生服务网络。研究制定相对统一的区域城乡低保标准。逐步提高新型农村养老保险参保率。加强农村公共文化设施建设，开展农民实用技术培训和文化、法制、道德教育，提高农民生产技能水平和综合素质。关怀农村留守儿童、留守妇女、留守老人，重视帮助解决具体困难问题，特别要做好留守儿童的教育及事实无人抚养的儿童生活保障、就医就学等工作。

四、培育新型农业生产经营主体，提高农民组织化程度

（一）加快培养新型职业农民。探索建立新型职业农民认证制度、培育机制、政策扶持体系和投入保障机制，积极推动家庭农场的发展。对未能升学的应届农村初中、高中毕业生参加职业技能培训，按规定给予补贴。落实对符合条件的中高等学校毕业生、退役军人、返乡农民工务农创业给予补贴和贷款支持的政策。对职业农民、家庭农场主进行经营业务培训，使他们熟悉政策和管理、技术知识，提高工作水平，减少经营决策的局限性与片面性。2013 年开展新型农民培训 5000 人、农民实用技术培训 30 万人次、新型职业农民和家庭农场主培训 200 人次。

（二）大力发展农民专业合作社。增加农民合作组织扶持资金，创建国家级、省级示范社，扶持一批市级示范社。建立联席会议联合评定示范社机制，分级建立示范社名录，把示范社作为政策扶持重点。逐步扩大涉农项目由合作社承担的规模。推动国家补助项目形成的资产移交给合作组织管护，探索财政投入形成资产转化为农民合作组织成员股份的机制。在信用评定的基础上对示范社开展联合授信，财政按规定给予贴息。建立合作社带头人人才库和培训基地。落实农民合作组织税收优惠政策和生产设施、附属设施用地按农用地管理政策。探索农民专业合作社联合社登记管理工作。

（三）增强龙头企业带动能力。增加扶持农业产业化资金。依托我市资源禀赋，加大农业项目招商引资力度，吸引更多有实力的大企业来攀投资农业，培育年销售收入1000万元以上的龙头企业群，大力支持突破亿元的企业加快发展，创建一批省级农业产业化示范企业和示范基地。大力推广“两个带动”机制模式。落实扩大农产品产地深加工补助项目试点范围政策。支持龙头企业的合理用地需求。

（四）构建新型农业社会化服务体系。加强基层农技、林业、防汛、抗旱及庄稼医院的体系和队伍建设，发展乡村综合服务中心。推进农业和农村信息化，以12316农业热线、农业科技110、96196公共信息服务网、农业专家系统、金农网等为平台，加快农业信息进村入户。开展科技结对，强化市院（校）合作，促进新品种、新技术的转化和推广应用。发挥供销社、农民专业合作社在农业社会化服务的作用。加强农业气象服务和人工增雨体系建设。引导经营性服务组织参与公益性服务。

五、落实责任机制，确保农民收入持续增长

（一）强化助农增收工作机制。实施农民增收促进计划，2013年全市农民人均纯收入增长15%。提高县（区）党委、政府目标管理中农民增收指标权重，实行农民增收工作县（区）委书记和县（区）长负责制，市级建立季度农民增收联系会制度，分解落实相关部门的责任，研究制定增收措施，确保完成农民增收目标任务。

（二）拓宽家庭经营增收渠道。依托资源优势，促进早春蔬菜、特色水果、畜牧水产、优质烤烟、林业生物等特色农业产业升级，加大力度宣传“攀枝花”优质特色农产品，在重点城市开展农产品展示展销活动，叫响“攀芒”“攀菜”“攀枝花块菌”，做大做强农产品知名品牌。

（三）提高务工收入水平。整合农民工培训资源，加强农民工就业技能培训，推广订单培训、定向培训、委托用工企业培训、合作组织培训等有效方式，提高农民工技能。大力发展服务业和中小企业，推动农村劳动力本地就业创业。大力实施创业扶持政策，对有创业意愿的农民工开展创业培训，对符合条件的提供小额担保贷款。强化农民工权益保护，加快户籍制度改革，有序推进农业转移人口市民化，进一步完善农民工平等享有城镇基本公共服务权益的相关制度。

（四）增加财产性转移性收入。依法保障农民的土地承包经营权、宅基地使用权、集体收益分配权。推进农村土地确权登记，深化集体林权制度改革。探索集体经济多种有效实现形式，发展壮大农村集体经济，增加农民财产性收入。落实强农惠农政策，进一步明确财政资金通过民办公助、以奖代补等方式形成的资产权属，增加农民转移性收入。落实农资综合补贴、良种补贴、购销粮食补贴、农机购置补贴等一系列强农惠农政策，确保补贴资金兑现到户。

（五）加快小城镇建设促增收。督促各县（区）落实措施，按国务院要求尽快推进城镇化建设，让一部分农业人口转移成为城镇居民，参与二三产业，提高生活质量。每年减少相应数量的农民有利于推动土地流转，留在农村的居民有更多土地资源从事农业，实现规模生产和经营，促进农民增收。

（六）加快贫困人口增收脱贫。认真组织实施《攀枝花市农村扶贫开发纲要（2011—2020年）》，增加扶贫开发投入，集中力量、整合资源、整村推进，大力改善贫困地区群众的生产生活条件，因地制宜发展增收致富的支柱产业，建设扶贫新村，突出抓好边远民族贫困地区的扶贫攻坚，努力提升贫困地区的公共服务水平。抓好定点扶贫，着力抓好“8+8”对口援边工作，争取多项政策倾斜，促进边远民族地区加快发展。

六、创新投入机制，切实加大农业投入力度

（一）稳定增加财政投入。市、县（区）财政持续增加“三农”投入，确保总量增加、比例提高。逐步增加农业综合开发财政资金投入。落实从土地出让收益中提取10%用于农田水利建设的有关政策。落实新增农业补贴向优势产业集中，向专业大户、家庭农场、农民合作社等新型生产经营主体倾斜政策。完善种养业生产扶持政策。落实农业防灾减灾、稳产增产关键技术补助和土壤有机质提升补助资金。落实涉农小额项目直补政策。完善村级公益事业“一事一议”财政奖补机制，逐步提高奖补比例，推进农村公益设施管护财政奖补试点。加大涉农资金整合力度，突出预算编制、优势产业、重点区域、重大项目、集约创新五个整合平台，推进重大农业项目建设。

（二）鼓励社会资本投入。鼓励企业和经营组织参与现代农业和新村建设，引导社会资本投入农村。支持农民工返乡创业。鼓励企业和社会组织在农村兴办医疗卫生、教育培训、社会服务等各类事业。落实好税收优惠等扶持政策，探索新农村建设投资基金模式。鼓励企业以多种投资方式建设农村生产生活基础设施和农村集贸市场。

（三）创新农村金融服务。鼓励社会资本参与设立新型农村金融组织，引导金融机构围绕特色农业、农业基础设施、农村城镇化、农业产业化等方面，创新金融产品，增加对“三农”的信贷投放，确保涉农贷款增速不低于当年贷款平均增速。加大对新型生产经营主体信贷支持力度，支持符合条件的农业产业化龙头企业通过多层次资本市场筹集发展资金。进一步落实和完善农业产业化龙头企业贷款贴息补助机制。落实县域金融机构涉农贷款增量奖励、农村金融机构定向费用补贴、农户贷款税收优惠、小额担保贷款贴息等政策。大力推进农村信用体系建设、农村支付结算环境建设。支持金融机构创新农户结算支付方式，鼓励探索金融通信合作进村入户新模式。鼓励金融单位设立服务“三农”的融资机构和完善专项机制。推进农村产权抵押融资业务，推行农村土地流转收益和粮食直补抵押贷款业务试点，简化农民林权小额贷款手续，完善林权抵押贷款配套政策。开发符合水利项目特点的信贷产品和贷款模式。扩大农业保险覆盖区域和试点品种，落实农业保险保费补贴政策。推进财政支持的农业保险大灾风险分散机制。

七、加强和创新农村社会管理，促进农村和谐稳定

（一）加强农村基层组织建设。加强农民合作社、专业协会等党建工作，探索农村社区党建新模式，不断扩大农村党组织覆盖面。加强村级组织建设，选好农村基层带头人，做好村党组织和第九届村委会换届选举，选好配强村级组织班子。加强对大学生村官的培养与管理，注重从退伍军人、种养能手、农村经纪人、返乡青年等群众中选拔村干部，持续不断地为农村基层组织注入新鲜血液。开展基层服务型党组织建设，深化“百千万·干群心连心”活动，开展“党建示范亿元村”创建工作。提高村级组织运转和基本公共服务经费保障机制，推进村级组织活动场所标准化建设。贯彻落实中央和省委关于改进工作作风、密切联系群众的有关规定，加强农村党风廉政建设。

（二）加强农村基层民主管理。健全完善基层党组织领导的充满活力的村民自治机制，深入推行党务、村务和社务公开，全面推行“四议两公开一监督”工作法。改进工作方法，完善“一事一议”制度，严格议事标准，严格议事范围，严格议事程序。建立村务监督委员会，健全村级民主监督机制，保障农民群众的知情权、参与权、监督权。制定完善村干部管理办法。推进农村集体资产规范化管理，切实维护农村集体经济组织和农民的合法利益。做大做强农村专业合作经济组织，积极培育和有序发展民事调解、文化娱乐、红白喜事理事会等公益服务社会组织，发挥农民自我管理、自我服务、自我教育、自我监督的作用。深入推进乡（镇）政务公开，加强乡（镇）社会管理和公共服务职能。

（三）维护农民合法权益。畅通农村社情民意表达渠道，坚持市、县、乡三级党政领导干部定期公开接访、带案下访、包案处理信访问题等制度。健全矛盾纠纷预防、排查、调处工作机制，把人民调解、行政调解和司法调解结合起来，完善农村多渠道解决争端的机制。深入开展平安创建活动，建立立体化治安防控体系，严厉打击乡村黑恶势力、黄赌毒和各种刑事犯罪。建立健全突发事件预警和应急处置机制，有效减小农村突发公共事件和自然灾害影响。深入开展乡村文明行动，建立和完善农村社会诚信体系和行为规范体系，提高农民思想道德素质和文明水平。

2013 年 10 月 8 日

中共攀枝花市委　攀枝花市人民政府
关于进一步扩大和深化对外开放合作的实施意见

（攀委发〔2013〕13号）

为深入贯彻落实《中共四川省委四川省人民政府关于进一步扩大和深化对外开放合作的意见》和《中共攀枝花市委关于深入贯彻落实党的十八大精神为在全省率先全面建成小康社会而奋斗的决定》精神，进一步扩大和深化我市对外开放合作，全面提高开放型经济发展水平，加快建设四川南向开放门户，为加快推进“两个跨越”、在全省率先全面建成小康社会集聚动力、提供支撑，现结合我市实际，提出如下实施意见。

一、全面深化对外开放合作的指导思想和目标

（一）指导思想。以邓小平理论、“三个代表”重要思想和科学发展观为指导，深入贯彻落实党的十八大精神，围绕市委、市政府“三个加快建设”“三个走在全省前列”“六大硬仗”“四个翻番”整体部署，抢抓国家实施新一轮西部大开发、推进老工业基地调整改造、建设攀西战略资源创新开发试验区以及四川省实施多点多极支撑发展战略、发展攀西经济区、建设攀西城市群等一系列重大战略机遇，按照中央调结构、转方式、促内需的要求，坚持开放合作战略，以解放思想为前提，以改革为动力，以扩大开放为先导，以招商引资发展产业为重点，以优化环境为保障，创新开放模式，拓展开放领域，集成开放优势，构建全方位、宽领域、多层次的对外开放体系，全面提升对外开放合作水平。

（二）主要目标。实施更加积极主动的开放战略，建立健全适应社会主义市场经济体制和国际经济新秩序的对外开放机制体制，全面提升开放型经济发展水平。到2015年，全市招商引资累计到位资金确保完成1300亿元，力争实现1500亿元；累计引进外商直接投资4亿美元；累计外经合作营业额4000万美元；货物贸易进出口总额突破3亿美元；积极推动服务贸易稳步发展，力争服务贸易进出口总额突破1000万美元。以大开放促大发展，将我市建设成为立足攀西、辐射川滇、面向全国、联动东盟的四川南向开放门户，为全市经济社会跨越式发展注入新活力、增添新动力。

二、强力抓好招商引资工作

（三）更新招商理念，创新招商方式。作为内陆地理交通条件相对较差的地方，要以更加开放的思想、更加灵活的方式、更加百倍的努力搞好招商引资工作。既要紧紧围绕优势资源，延伸产业链，做大经济总量，也要突破资源约束，拓展视野，招引其他产业入市；既要眼睛向外，招市外企业入驻，也要激发本土企业的投资热情，就地做大规模、做强企业；既要招大引强，也要抓产业上档升级、技术含量高的中小企业。在招商方式上既要发挥以往的有效方法，也要采取“小分队”招商、主要领导带队招商、以商招商等方式；既要招进来，也要鼓励优势企业走出去发展。要开展丰富多彩的招商活动，务求实效。

（四）扎实抓好产业招商。抓住国内外发达地区资本和产业转移机遇，以长三角、珠三角和环渤海地区为承接产业转移主要区域，以世界500强、中国500强、港澳台资企业、央企和知名民企为招大引强目标，认真论证、筛选和精心包装项目，积极构建专业化、社会化、市场化的招商网络，重点促进农业产业化、水果及农产品深加工、休闲观光农业，机械加工制造、重型汽车零部件生产及组装总装、钒钛产业链条延伸和新能源开发，阳光康养、民俗文化、旅游配套等项目招商，着力引进一批投资规模大、科技含量高、带动能力强的大项目，完善产业链条，实现产业集群化、集约化发展。

（五）强化招商引资基地建设。把园区作为招商引资的基地，以建设国家攀西战略资源创新开发试验区为统揽，坚定不移走新型工业化道路，坚持以规划为龙头、企业为主体、项目为关键、科研为动力、机制为核心、政策为保障，推进资源综合开发利用，健全完善园区功能布局、项目配套、优惠政策，引导优势产业和企业向园区集中，推动产业和园区提档升级，形成产业积聚和配套发展效应，不断提升园区对开放型经济的贡献份额。力争2015年前，把钒钛产业园区创建成为国家级经济技术开发区或国家级高新技术开发区，成为中国顶级全流程钒钛工业基地；同时，加快白马、南山、格里坪等工业园区建设。推动我市加速从百里钢城向中国钒钛之都转变，加快建设钒钛产品生产中心、质检中心、研发中心和交易中心，建成国际领先的战略性新兴产业基地。

三、大力促进外经贸发展

（六）稳步扩大外资领域。加快推进城市基础设施建设、公用事业以及商贸、金融保险、房地产、科技、教育、文化、医疗卫生等领域的对外开放，推动引资、引技、引智有机结合，鼓励外商投资花城新区、沿江景观等重大项目。抓住钒钛产业纳入《中西部地区外商投资优势产业目录（2013年修订）》的契机，加大钒钛精深加工和综合利用项目外资利用力度，做好新中钛等我市一批涉钒钛产业的外商投资企业享受相关优惠政策的指导服务工作，帮助企业用好用足政策，促进我市钒钛产业加快发展。

（七）做大对外贸易规模。突出特色优势，积极开拓市场，加大高档专用钛白产品、重轨、钒铁、钒钛铸件、早春蔬菜、特色水果制品等优势产品出口，做大外贸规模。注重外贸主体队伍梯队培育，保持攀钢国贸进出口稳定在1亿美元以上，培育东方钛业进出口5000万美元企业1家，钛海科技、攀钢钛业、龙蟒矿冶、四川长矾、白云铸造进出口3000万美元企业5家，培育一批进出口上百万美元的成长型外贸企业，力争2015年外贸备案企业超过150户，保持我市在攀西经济区的外贸领先地位。

（八）优化对外贸易模式。引导企业加强技术研发、品牌培育和市场营销网络建设，扩大高科技、高附加值产品出口。加大电子商务促进外贸发展的扶持力度，加快推进外贸企业利用电子商务拓展国际市场步伐。积极发展服务贸易，推进苴却砚文化产品出口等省级服务贸易特色示范基地建设。扩大先进技术、关键设备和原材料进口，做大我市进口规模，促进贸易基本平衡。充分利用西博会、昆交会、广交会、中国—东盟博览会等重大展会，积极为企业搭建经贸合作与交流平台，不断增强企业国际市场竞争力。

（九）创建外贸示范基地。建设培育国家、省级外贸发展基地，推进以钒钛产业园区为载体的国家外贸转型升级专业型示范基地建设，引进国内外钒钛产业先进技术，发展一批新、特、高、精的钒钛产品出口企业，积极培育攀钢重轨等出口品牌3个，重点扶持东方钛业等出口示范基地企业2家，力争创建省级外贸发展示范基地1个，为外贸可持续发展打下坚实基础。推进外贸公共服务平台建设，重点建设钒钛技术研发、实验检测平台，2015年建成国家钒钛检测重点实验室。加快进出口工业产品质量安全示范区建设，力争2015年前建成国家级质量安全示范区，培育和创建国家出口农产品质量安全示范区，培育块菌、芒果等出口地理标志产品，鼓励申报国际注册，提升附加值，扩大出口量。

（十）积极推进外经合作。加强宣传和引导，促进有条件的企业对外投资和跨国经营。重点支持攀钢集团、钢城集团在东盟设立国际营销、公共信息、公共展示等服务平台。支持十九冶集团、攀钢集团工程技术有限公司扩大境外工程承包规模，带动技术、设备出口和劳务输出。发挥民营企业在境外投资的主体作用，鼓励钢城集团、恒鼎公司等企业在新加坡、缅甸、越南等东南亚国家开展商贸服务、农业种植、资源开发等投资活动。积极对接贸促会、国际商会等行业商会，为企业搭建对外交往平台，及时掌握国际外经贸合作动态。规范外派劳务市场秩序，建立健全境外风险防范和应急处理机制，推动全市外派劳务服务平台和十九冶高级技工学校外派劳务培训中心建设，积极稳妥扩大外派劳务市场。

四、深入推进多层次区域合作

（十一）深化国内区域合作。强化与周边地区的战略合作，主动融入成渝经济区、昆明经济带、攀西经济区，积极参与泛珠三角、长三角、环渤海、环北部湾等区域合作，加强与香港、澳门和台湾的经贸往来。重点依托川滇黔十二市州合作与发展峰会、攀枝花—凉山区域合作联席会平台，围绕基础设施建设、资源开发、旅游文化交流等重点领域，坚持以市场为导向、以产业为依托、以利益为纽带，建立完善区域发展合作机制，深化区域合作和分工，形成优势互补、互利共赢、区域协调发展的良好格局，推进构建一体化水平较高的区域经济共同体。

（十二）加快对外开放大通道建设。按照建设次级交通枢纽的要求，加强与省内周边市（州）和云南、贵州在交通网络、能源管网、物流通道、旅游通道等方面合作。加快建设丽攀高速公路，力争2013年开工建设攀大（过境）高速公路；力争2013年开工建设成昆铁路攀枝花段扩能改造工程，启动丽攀昭遵铁路前期工作；尽早开通至北京、上海、重庆等全国主要城市航线；加快“中缅天然气”管道项目楚雄—攀枝花支线工程建设。加快构建以攀枝花为中心，辐射川滇、水陆空兼备的对外大通道。抓住云南建设内连西南及东中部腹地，外接东南亚、南亚国家的物流国际大通道契机，拓展与东南亚、南亚国家双边贸易和外经合作，巩固传统市场、拓展新兴市场，将我市打造成为四川走向东盟及南亚国家的重要门户。

五、全力提升服务业对外开放水平

（十三）加强口岸基础设施建设。按照建设区域性省际商贸物流中心的要求，推动总发物流园区等项目开工建设，推动金江物流园区、密地商贸物流园区、格里坪鑫铁物流园区、马店河货场改扩建等重点项目加快建设，促进全社会物流总成本占地区生产总值的比重下降到20%以内。加快公路、水运、航空、铁路口岸建设，重点建设1个能存放1000个以上国际标准集装箱，能承担国际标准集装箱海铁联运装卸、中转运输的口岸基地。启动钒钛产业园区海关保税仓库申报和建设工作，用好用足海关保税政策，试行无纸化报检，提高通关和检验检疫效率，加强口岸核心能力建设，构建口岸安全快捷通道。

（十四）扩大服务业开放。按照打造区域商贸物流中心、教育文化卫生高地的要求，鼓励外商投资现代物流业、金融保险业、信息服务业等生产性服务业和商贸流通业、房地产业、医疗服务业、旅游业、社区服务业等民生性服务业。大力发展连锁经营、物流配送、电子商务等现代流通方式和组织形式，鼓励和引进跨国商业集团设立出口采购中心。积极运用国际先进技术和管理手段改造传统的批发、零售、仓储业及餐饮服务业，引导国外商业资本促进城市社区商业和农村商业发展。积极争取我市纳入省级服务业综合改革试点城市，创建全省服务业集聚区。争取攀钢集团纳入大型制造企业“主辅分离”试点企业范围。力争到2015年，全市服务业增加值达205亿元。

（十五）加快中国阳光康养旅游城市创建。按照创建中国阳光康养旅游城市和建成大香格里拉旅游环线重要节点的要求，开放合作发展旅游。以主城区为中心，红格—二滩—格萨拉为主轴，仁和区和米易县为两翼的“一心一轴两翼”的旅游产业发展总体布局，重点建设红格温泉、金沙江中心区段沿江景观带、米易龙潭溶洞、米易南部新城、阿署达花舞人间、普达阳光、二滩桐子林山水、旅游新村等重点旅游产业项目群。加强对外营销城市品牌，办好“欢乐阳光节”等旅游节庆活动，全力塑造“阳光花城、康养胜地”的旅游城市形象，有效扩大我市的知名度和美誉度，努力拓展旅游市场。加强与西昌、昆明、大理、丽江、楚雄等地的合作，积极融入川西南、滇西北以及大香格里拉旅游圈，建成重要的旅游节点城市。到2015年，旅游总收入达200亿元以上，进入全省旅游多点多极发展新格局第三梯队。

六、切实强化对外开放保障措施

（十六）强化充分开放合作要素支撑。争取国家和省上有关开放政策在我市先行先试，进一步完善对外开放合作的政策措施。加强银企对接，促进贸易融资，鼓励金融机构扩大对招商引资项目的信贷投放，给予有市场、有出口订单的小微企业信贷支持，提高出口信用保险覆盖面。加快土地、技术、人力资源市场建设，对鼓励类引进项目、具有牵动力的重大现代服务业项目、重点开放型企业的用地、用电、用水、用气、运输等给予重点支持、优先保障和政策优惠。支持攀枝花学院、四川机电职业技术学院等院校与企业开展外经贸和服务业人才的订单和定向培训。

（十七）打造优质高效政务服务环境。全面实行首问负责制、服务承诺制、一次性告知和限时办结制，实行“一站式”办公，提高项目审批、工商登记、涉外税收、口岸通关、结汇解汇、出入境检验检疫等行政管理和服务效率。实行行政权力网上公开运行和重大政府信息公开，规范执法部门执法行为，着力提高服务水平。强化社会治安综合治理，为投资者提供安全的社会环境，着力打造亲商、安商、富商、稳商环境。

（十八）推进开放型人才队伍建设。坚持人才资源是第一资源理念，深化“人才强市”战略，切实抓好招商引资、服务业发展、外经贸等领域人才的引进、培养和使用，为扩大开放合作提供人才保障。重视引进国内外智力资源，大力引进熟悉产业经济、掌握投资政策、通晓商务规则和国际惯例、精通项目谈判和市场营销、勇于开拓的复合型人才来攀创新创业。注重造就一批眼界宽、思路宽、胸襟宽的干部队伍，加强党政干部对外开放理论和实践的培训，提高各级干部尤其是领导干部的对外开放意识和能力，及时将政治素质优、开放意识强、善于学习谋划的优秀干部充实到外经贸发展、承接产业转移和招商引资工作第一线；选送对外开放合作有潜力的优秀年轻干部到知名高校培训，到经济发达地区挂职锻炼，切实增强我市干部对外开放工作能力。

（十九）建立健全对外开放体制机制。发挥商务部门的综合协调职能作用，强化开放型经济工作联系协作，构建海关、外汇管理、检验检疫、财政、金融、税务等涉外部门的联动机制，不断提升贸易、投资便利化水平。进一步完善促进外经贸增长激励机制，对开放型企业领军人物给予表彰奖励，对在我市备案注册并实现一定进出口额度实绩的流通型企业给予扶持和奖励。全面推行出口企业首席质量官制度，建立进出口质量目标考核和出口质量奖励机制。进一步完善承接产业转移激励机制和驻点招商工作机制。

（二十）加强对外开放工作组织领导。各级各部门要把对外开放工作纳入重要议事日程，实行党政“一把手”负责制，加强组织协调和跟踪服务，确保对外开放各项目标任务落到实处。各级特别是各县（区）党政主要领导要高度重视对外开放工作，要以不少于三分之一的精力抓对外开放。建立健全发展开放型经济的督促检查、考核评价机制，将对外贸易、利用外资、招商引资等主要指标纳入政府绩效管理，列入干部政绩考核内容。对完成目标任务的，予以通报表彰并进行奖励；对未完成目标任务的，要进行约谈，并责令整改；对损害对外开放环境的部门和个人实行问责，全力构建攀枝花“全域开放”新格局。

2013 年 10 月 9 日

中共攀枝花市委　攀枝花市人民政府
关于进一步加快产业园区发展的意见

（攀委发〔2013〕14 号）

为认真贯彻落实市委九届五次全会精神，全面实施“三大发展战略”，奋力推进“两个跨越”，抓住和用好当前新一轮西部大开发、推进国家老工业基地调整改造、建设攀西战略资源创新开发试验区和省政府实施“51025”重点产业园区发展计划等发展机遇和有利条件，推动我市产业园区发展迈上新台阶，实现产城科学互动发展，特提出如下意见。

一、总体要求

（一）基本思路

全面落实科学发展观，紧紧围绕打造中国钒钛之都的战略目标，坚持“集聚发展，集约发展，关联发展，成链发展，合作发展”的原则，促进我市产业园区从布局分散向布局集中转变、从要素投入为主向内生增长为主转变、从粗放发展向集约发展转变、从数量扩张向质量提升转变，形成产业独具特色、功能配套完善、质量效益显著、可持续发展的产业园区，把产业园区建设成为经济发展的“加速区”、产业集聚的“承载区”、科技创新的“先导区”、投资创业的“优选区”、产城一体的“示范区”。

（二）目标及定位

1. 目标。到2017年，建成国家级产业园区1个，省级产业园区2个。建成营业收入超过1000亿元的园区2个，即扩区后的四川攀枝花钒钛产业园区和扩区后的攀枝花高新技术产业园区（含高粱坪园，弄弄坪、瓜子坪工业集中区）；营业收入超过500亿元的园区2个，即西区格里坪工业园区、米易县白马工业园区；营业收入超过200亿元的园区1个，即仁和区南山循环经济发展区的橄榄坪园；营业收入超过100亿元的园区1个，即盐边县新九工矿区。全市产业园区营业收入超过3000亿元，工业集中度达到80%以上。

2. 定位。依据《攀枝花市工业布局总体规划（2011～2030）》，以钒钛资源综合利用为核心，围绕矿业、钒钛钢铁、煤及煤化工、机械制造、新能源及其配套产业，建设各有侧重、特色明显、多元并举、相互配套的产业园区，其中，钒钛产业园区突出发展钒钛产业，高新技术产业园区突出发展钒钛钢铁产业，格里坪工业园区突出发展煤及煤化工产业，仁和区南山循环经济发展区突出发展机械制造产业，米易县白马工业园区突出发展矿业及钒钛钢铁铸造产业，盐边县新九工矿区突出发展矿业产业。

二、工作措施

（一）强化规划引领，促进园区产业集聚发展

1. 强化园区科学规划，借力城镇发展产业园区，使产业园区规划与经济社会发展总体规划相衔接，与城市总体规划、土地利用总体规划、环境保护规划及产业布局规划相协调，特别是结合推进新型城镇化发展产业园区，强化产业功能与城市功能对接、产业空间与城市空间互联，构建连接城乡的产业链条，布局功能互补、协调发展的城镇体系。充分利用现有城市公共设施、生活服务设施，使产业发展与现代交通、物流相配套，把产业园区建成产业聚集的新高地、城市发展的新组团。

2. 突出主导产业，鼓励园区围绕主导产业向集约化、规模化的方向发展。按照“主业突出，辅业配套，主辅成链”的原则，科学确定各产业园区的产业定位，对现有园区进行联合、扩容、升级，理顺、延长、做强产业链，通过项目协调和利益分配等机制，逐步使各产业园区特色更鲜明、布局更合理。到2017年，全市各园区主导产业占园区产业比重达65%以上。

3. 围绕主导产业和龙头企业，引导中小企业积极主动与大企业、重点项目配套协作，提高产业园区内企业的关联度，特别要增强同一产业链上的纵向分工和横向配套协作，形成龙头带动、配套协作的产业园区发展格局。

（二）强化基础设施和公共服务平台建设，提升园区配套能力

1. 建立以财政扶持启动、专项资金推动、内外资金联动、金融民资互动的多元投融资体系，加快园区基础设施和公共服务平台建设，使基础设施和公平服务平台满足园区扩容升级的需要。

2. 发挥基础设施的先导效应，抓好以道路、水、电、气、环保、信息为主的基础设施建设，增强产业园区的吸引力和凝聚力。

3. 加快建设电子政务信息网络公共服务平台，逐步培育和规范市场调查、技术咨询等中介服务机构，为产业园区内企业提供全面周到的服务。

4. 加强产业园区技术平台建设，鼓励产业园区设立国家级、省级技术创新中心，支持高等学校、科研机构与产业园区和企业开展多种形式的合作。

5. 推动产业园区内部的生产型物流体系建设，降低入园企业的资金占用和生产成本，提高入园企业的盈利水平和竞争力。

6. 加强专业市场体系建设，加快人力资源市场、技术交易市场、风险投资市场等建设，促进生产要素向产业园区聚集，拓展产业园区产品销售渠道。

7. 积极创造条件支持产业园区利用多层次资本市场募集资金，拓宽园区建设和发展的资金渠道。

8. 围绕服务园区发展，规划和发展城镇，完善城镇功能，为园区发展提供依托。

（三）强化项目推进，增强园区发展后劲

1. 注重招大引强，引进一批高附加值、高利税、高成长性项目，提高园区的整体经济效益。

2. 针对不同产业提升的关键瓶颈问题，引进一批市场前景好、对园区发展带动性强的产业项目，实施一批园区内重大企业技术改造项目，以持续有效的增量投入支撑产业转型升级和结构优化。

3. 加大重大产业项目的前期谋划力度，积极为重大项目的引进实施创造必要的要素支撑条件，加快形成园区重大招商引资项目库，积极利用园区产业链及配套项目的集群优势，突出“龙头”项目及上下游配套产品项目，开展园区专题招商活动。

4. 鼓励已入驻的企业做好以企引企、以商招商，促进企业配套项目或后续项目进入产业园区发展。根据国家产业政策和园区优势，有重点地确定产业转移主攻方向，变被动接受为主动承接产业转移，支持采取资源整合、异地托管、项目共建、税收共享等方式积极承接发达地区链式或集群式产业转移。

5. 建立项目综合性指标评价及考核体系，健全项目准入和退出机制，进一步完善重大产业化推进制度和项目会商制度，强化重大项目落地市级统筹协调机制，促进园区的有序竞争和发展。

（四）强化科技创新和人才支撑，增强园区的可持续发展能力

1. 围绕钒钛资源综合利用，以构建产业集群、延伸产业链为主线，以抓好重大科技攻关项目、高新技术企业和产业园区为主要环节，面向产业集群的紧迫需求，着力突破钒钛磁铁矿高效选矿、非高炉冶炼产业化、高钛型高炉渣提钛及综合利用、硫酸法钛白清洁生产、钛及钛合金制品及装备开发、钒钛微合金化钢种及制品开发、氯化法钛白、钒铝合金产业化、钒电池产业化等一批共性关键技术，促进其成果转化和推广应用。

2. 引导产业园区、企业加强与高等院校、科研机构的产、学、研合作，建立长效机制，加快创新成果的转化。支持有条件、有潜力的企业在关键技术、关键工艺上进行技术改造与技术创新。

3. 加强高新技术企业培育，支持企业间技术转让，实现技术创新在产业集群内的整体效应，加快园区内整体技术水平的提高，支持企业以发明专利等为基础积极创造和保护自主知识产权，主动参与制订行业标准、国家标准、国际标准，积极占据技术领域的制高点。

4. 建立健全鼓励人才创新的激励机制，鼓励有条件的企业实行期权、股权激励人才，建立完善人才和科研成果有偿转移机制。加强企业经营管理者培养，造就一支懂经营、善管理、具有国际化视野和战略思维的高素质企业家队伍。加强高端技术人才的引进和使用，对重要产业要采取特殊政策引进领军型创新创业人才及其项目团队，增强科技和智力支撑。以企业为主体，加强产业技术工人培训，围绕园区建设、产业发展和企业需求，办好各类职业教育，源源不断输送各类合格的产业技术工人。对引进的大企业、大项目，要搞好对接服务，整合培训资源，帮助企业做好员工招聘和培训工作，为企业的落地发展创造条件。

三、政策支持

（一）加大财政投入。市级工业发展资金要加大对产业园区的投入，各县（区）也要安排一定资金用于支持产业园区的建设和发展。从国家、省争取的园区基础设施和公共服务平台建设资金，按园区现行管理体制，县（区）财政也要根据实际情况安排一定的配套资金。

（二）强化用地支持。工业用地指标向园区倾斜，并且优先支持符合城市总体规划、土地利用总体规划、工业布局规划和产业定位的园区重点工业项目用地。积极争取将项目列入国家项目、全省重点推进项目、全省重点支持项目，争取使用国家、省级土地利用年度计划，快速保障项目用地。在符合规划条件下，允许农村集体、单位或个人以建设用地土地使用权入股或联营兴办各类企业；新入园重大项目可采取租赁方式取得国有土地使用权，分年度支付租金。

（三）保障要素供应。重点保障园区龙头企业生产要素供应和资源配置，优先安排园区企业用电、用气、用水计划和指标，努力为重点园区争取直购电政策。

（四）加强人才支撑。园区人员选用由园区管委会根据工作需要报有关部门批准后聘用，对重要岗位的专业技术人才和管理人才，可实行聘用制和年薪制。园区引进高层次紧缺人才，事业单位编制已满的，经有关部门同意，可先进后出，可申请追加职数。支持校企联合培训人才，培养园区紧缺的技能型人才，人社部门按规定给予职业培训补贴。鼓励人才中介机构和个人为园区企业推荐各类人才，政府按实绩给予奖励。

（五）改善融资环境。积极推进金融机构与园区企业建立协调沟通机制，建立园区担保体系和机制。园区要提高融资协调服务能力，创新服务方式，立足本地融资，开发异地融资，建立多渠道、多层次的园区公共融资平台。鼓励开发适应园区企业实际需要的金融产品和服务，鼓励商业性金融机构在园区设立分支机构，建立完善、适合园区特点的信贷管理方式，优化贷款报批程序。

四、保障机制

（一）加强对产业园区工作的组织领导。成立市产业园区工作领导小组，由市委、市政府主要领导任组长、分管领导任副组长、相关部门为成员单位，领导小组主要负责协调解决产业园区建设和发展中的重大问题。设立市产业园区推进办公室，办公室主任可高配，园区推进办公室负责全市产业园区的协调、指导、督促、检查、考核等日常工作。各县（区）要切实加强领导，把园区发展放在突出位置，选择事业心强、工作能力强、具有开拓精神的同志负责产业园区工作。

（二）建立和完善考评激励机制。建立科学合理的绩效考核体系，把园区产业集中度、投资强度、产出强度、项目与产业定位的符合程度、销售收入、税收等指标纳入年度综合目标考核。编制配备向园区倾斜，编制数随园区规模扩大而增加，将园区发展实绩与干部的选任、考核有机结合起来，实现园区总体发展目标，实绩突出的，其园区负责人可高配。

（三）优化园区服务。市级部门要进一步加强对产业园区的服务，减少和简化审批事项，对园区基础设施项目实行限时办结制度。园区管理机构要把服务企业的重点逐步转向产业政策掌握、形势分析判断、要素保障协调、创业辅导服务等方面。要提升对园区生产运行、基础管理、规划发展等的管理能力，指导和帮助企业建立和完善各项规章制度、构建现代企业管理模式，推动企业上档升级。要进一步改进工作作风，对重点企业、重点项目实行菜单式服务和预约上门服务，切实提高办事效率和服务质量。行政执法部门要按照法律法规的相关规定开展工作，对行政执法的重大事项实行通报制度，切实减轻企业负担，严禁对产业园区内企业进行乱评比、乱考核、乱收费、乱罚款、乱摊派。

五、其他

（一）本意见中“产业园区”是指按照市场经济规律规划建设，在特定的区域内以现代制造业为主体、生产性服务业相配套、协作关联紧密、环境友好和谐的产业聚集区。

（二）本意见自发布之日起执行，原《攀枝花市人民政府关于加快产业园区发展的意见》（攀府发〔2009〕1号）同时废止。

（三）本意见由市经信委负责解释。

2013 年 11 月 4 日

中共攀枝花市委　攀枝花市人民政府
关于加快推进小城镇建设的实施意见

（攀委发〔2013〕16号）

为加快全市新型城镇化进程，把小城镇建设成为连接中心城市、辐射新型农村社区的重要公共服务平台和新的经济增长点，促进小城镇健康、协调、可持续发展，根据《中共四川省委四川省人民政府关于加快推进新型工业化新型城镇化互动发展的意见》（川委发〔2011〕15号）和《四川省人民政府关于2013年加快推进新型城镇化的意见》（川府发〔2013〕2号）有关精神，结合我市实际，现就加快推进小城镇建设提出如下实施意见。

一、指导思想

以邓小平理论、"三个代表"重要思想、科学发展观为指导，深入贯彻落实党的十八大和省委十届三次全会精神，把加快小城镇建设作为推进"两化"互动、城乡统筹的重要战略支撑，坚持"四化"同步、全域统筹，坚持因地制宜、分类指导，以人口城镇化为核心、科学规划为引领、产业发展为依托、基础设施建设为重点、基本公共服务均等化为根本、体制机制创新为动力，着力优化空间布局，发展绿色低碳经济，保护自然生态环境，加强社会管理创新，切实增强小城镇产业发展、公共服务、吸纳就业、聚集人口等功能，推动小城镇建设工作走在全省前列。

二、基本原则

（一）规划引领，分步实施。坚持高起点规划、高标准建设，按照适度集中、设施配套、功能齐备、宜业宜居的要求，规划一步到位，发展留有余地，突出重点，分步实施，逐步推进。

（二）因地制宜，突出特色。按照"宜大则大、宜小则小、宜山则山、宜坡则坡"的思路，科学布局小城镇建设用地，注重保护自然生态，保持地方特色、民族特色和传统风貌，打造一批依山就势、错落有致、环境优美、各具特色的小城镇。

（三）政策推动，改革创新。健全加快小城镇建设的财税、投资、金融、产业、土地、社保等政策，建立适应小城镇快速发展的体制机制，整合各种资源力量，调动一切有利因素，加快推进小城镇建设。

（四）上下联动，属地为主。坚持市、县（区）、乡（镇）三级联动，加强对小城镇建设的统筹协调，充分发挥县（区）、乡（镇）两级的主体作用，形成加快小城镇建设的强大合力。

三、发展目标

力争通过几年的努力，把全市小城镇培育建设成为布局合理、规模适中、环境优美、功能齐备、经济繁荣、辐射力强、各具特色的新型城镇，形成城乡统筹、共同繁荣的新格局。到2020年，规划人口在1万人以上的二、三级城镇建成"七个一"工程，即每个镇区有一个宜居社区、一条贯通的路网、一套完善的市政基础设施、一所寄宿制小学、一个标准卫生院、一个完善的综合服务中心、一个标准化集贸市场，四级城镇根据实际情况开展"七个一"工程建设，确保在推进新型城镇化建设、实现统筹城乡全程全域全面发展方面走在全省前列。

四、工作重点

（一）坚持规划先行

1. 推进城乡规划全覆盖。全市除已纳入中心城区范围的银江镇、格里坪镇、仁和镇、金江镇、前进镇5个镇外，其余39个乡（镇），均以《攀枝花市城市总体规划（2011～2030）》为指导，高起点、高标准、高质量开展小城镇总体规划编制或修编。2014年上半年，二、三级城镇完成总体规划编制或修编；2015年上半年，四级城镇完成总体规划编制或修编。县城（攀莲镇、桐子林镇）总体规划的编制或修编应按照《四川省中小城市总体规划编制暂行办法》要求执行，规划城镇人口5万以上（含5万）的城镇参照执行，渔门镇、大田镇的总体规划应重点突出其区域中心的职能。各类经济开发区、产业园区、物流园区、工业集中区统一纳入城镇总体规划。

2. 做好详细规划编制。各乡（镇）在总体规划完成后半年内完成控制性详细规划编制，并按法定程序和相关规定评审报批。鼓励开展城镇主要出入口、主干道沿线、重要交叉口、滨水地段、商贸街区、广场等重要地段和节点区域的城市设计。

3. 开展城镇风貌整治规划编制。编制与城镇发展目标和定位相适应的城镇风貌塑造整治规划，塑造富有特色与活力的城镇风貌，展现历史文化特质、个性和当地风情，实现建筑风格、建筑色彩协调一致、和谐统一。

（二）强化产业支撑

按照“宜工则工、宜商则商、宜旅则旅”要求，大力实施“产业兴镇”战略，深入挖掘各自优势，加快发展特色经济，构筑小城镇发展产业支撑体系，逐步建成一批特色鲜明的工业型、现代农业型、旅游型、商贸型集镇。一是依托工业园区建设，促进工业型小城镇发展。鼓励引导小城镇工业企业向园区集中，大力发展钒钛、能源、机械制造等特色优势产业，加快推进“两化”互动发展。二是完善农业产业布局，加快现代农业型小城镇打造。建立现代农业产业体系，优化农业产业结构，大力发展立体农业、特色农业和高效农业，推进无公害、绿色、有机农产品生产基地建设，加快规模化、高效化、标准化、生态化、市场化步伐，创建一批生态农产品品牌。三是不断提升“阳光花城”城市品牌，建设新型旅游小镇。围绕建设中国阳光康养旅游城市，打造一批主题鲜明、环境优美、功能完善、服务配套，集观光旅游、休闲度假、康体养身和宜居宜业于一体的、具有核心竞争力的旅游型小城镇。四是发挥交通优势，大力发展商贸型集镇。因地制宜地发展各类综合性或专业性批发市场，以最优惠的政策、最便捷的服务、最宽松的经营环境，吸引工商企业到小城镇开展经营活动，鼓励和引导农民进镇从事商贸活动。

（三）完善城镇功能

1. 加快建设宜居社区。按照布局合理、环境舒适、设施配套、结构安全、造型优美的要求，推进示范宜居社区建设。2017年底前，二级城镇至少建成1个环境优美的宜居社区（含农民居住区、保障性住房小区、商品房小区），老年人日间照料设施建设应一并纳入。

2. 加快市政基础设施建设。按照“先地下、后地上”的原则，加快建设镇区市政公用基础设施，增强小城镇承载能力。

道路交通设施：重点抓好过境公路、主干道、乡（镇）出入口、公共停车站（场）的建设和改造，着力解决小城镇道路短缺、标准不高等问题。过境交通穿越镇区的，尽量将过境交通引到镇区外侧；规划中的二、三级公路不穿过镇区和村庄内部，对于现状穿过镇区和村庄的二、三级公路在规划中进行调整；三、四级城镇的镇区道路按支路标准设计建设。2017年底前，各乡（镇）路网结构基本完善，镇区内部道路、镇域内镇区和村庄之间的道路路面硬化率达到100%，排水、路灯、绿化、消防等设施配套完善，镇区商业、文化、服务设施集中地段建成社会公共停车场，设置公共交通客运站点。

给排水设施：加快小城镇自来水厂和供水管网建设及技术改造，提高供水水质，保障居民用水安全，2017年底前，各乡（镇）自来水供水普及率达到100%。因地制宜选择污水处理方式和技术工艺，2017年底前，二级城镇镇区生活污水处理率达到70%。

环卫设施：因地制宜，一般按照“村收集、镇转运、县处理”的原则，2014年上半年前建成服务全镇域的生活垃圾中转站，用地面积不小于200平方米。医疗垃圾等固体危险废弃物单独收集、单独运输、单独处理，采用密闭医疗垃圾收集车统一收运，进入医疗垃圾处理设施集中进行无害化处理。在公共活动区和住宅区设置垃圾桶、垃圾收集点、公厕等环卫设施，配备专职卫生保洁人员、必要的保洁工具及车辆，建立健全环境卫生管理制度，保持镇容镇貌整洁有序。

电力通讯设施：小城镇供电做到电网布局合理、供电可靠、安全经济，具备2回及以上供电线路，用电负荷较高的工业型小城镇至少有1座35KV及以上变电站。健全和完善广播、电视、互联网、通信等基础设施，建立电子政务、电子商务、电子金融等公共服务平台。

3. 完善公共服务设施配套。各县（区）、乡（镇）政府参照《镇规划标准》（GB50188—2007），推进公共服务设施建设。

教育设施：以确保适龄儿童、青少年义务教育为重点，与城镇住宅区、城镇新区同步建设教育设施，三级城镇设置初中、小学、幼儿园，并充分考虑寄宿要求。学校建设标准按《四川省义务教育学校办学基本标准（试行）》中农村义务教育学校相关标准执行，幼儿园用地面积按《四川省幼儿园基本办园标准（试行）》执行。

医疗保健设施：加快建设和完善卫生院等医疗机构，二级城镇中规划人口3万人以上的城镇设置200张床位以上的综合医院，3万人以下和三、四级城镇设置标准卫生院。

文体综合服务设施：各小城镇要建设与人口规模相适应的文化娱乐、体育健身等设施，每个小城镇至少建设1个灯光篮球场，在镇区广场、公园绿地配置群众健身器材。2014年底前，各小城镇建成城镇综合服务中心，建筑面积1000～2000平方米。

商业金融设施：二、三级城镇均应引进1家以上金融机构，满足镇域及镇区居民需要。

集贸市场：推行集贸市场标准化建设，取消马路菜市场，每个小城镇规划1个标准化集贸市场，用地面积1000平方米左右，全市小城镇标准化集贸市场建设工作在2017年底前完成。

五、保障措施

（一）强化组织领导。成立由市政府主要领导任组长、分管领导任副组长的加快推进小城镇建设工作领导小组，负责统筹协调小城镇建设各项工作。领导小组下设办公室（办公室设在市“两化”办），负责日常工作。领导小组根据全市小城镇建设总体发展目标，分年度制定下达小城镇建设年度工作目标、工作重点和推进计划。各县（区）组建相应的工作机构，制定具体实施方案。市级相关部门各司其职，落实相应责任。

（二）加大扶持力度。各县（区）、市级各部门在安排建设资金时向小城镇倾斜，并积极争取国家、省级资金补助，整合各类资金，切实支持小城镇建设发展。各县（区）设立小城镇建设引导专项资金，乡（镇）规划区范围内（除县城规划区内的乡镇街道）收取的城市维护建设税及土地出让金（除上级部门和缴交基金外）全额返还乡（镇），用于市政基础设施建设。创新小城镇建设融资机制，鼓励搭建小城镇建设融资平台，推进村镇银行、小额贷款公司、融资性担保机构等准金融机构的设立和发展。加强城镇经营，逐步放开市政公用设施投资建设及经营权，广泛吸纳社会资金和民间资本支持小城镇建设发展。

（三）深化制度改革。打破地域界限，在区域范围内研究制定小城镇规划，充分发挥小城镇特别是区域中心镇对周边的辐射带动作用；深入推进户籍、集体土地、林地使用等制度改革，制定相关优惠政策，引导农村人口向城镇有序聚集；用好增减挂钩、土地综合整治、集体建设用地流转、工矿废弃地复垦整理、城镇低效用地再开发等土地政策，保障小城镇建设用地，尤其对省级、市级试点小城镇建设在土地供应上给予大力支持；探索将建设管理、市场监管、公共服务、民生事业等县级管理权限下放到试点镇，增强试点镇自身发展能力；进一步理顺县（区）、乡（镇）之间的城镇管理执法体制，探索向乡（镇）派驻城管综合执法队等工作方式，推进城市管理向农村延伸。

（四）规范日常管理。组建乡村规划管理员队伍，各乡（镇）配备1～2名专职或兼职规划管理员，负责监督实施乡镇规划，规范乡镇建设管理。成立乡（镇）规划建设管理专家服务团，定期赴各乡（镇）对规划编制与实施、重点项目建设等进行指导。对房屋和市政基础设施等建设工程，按照《建筑法》《建设工程质量管理条例》等法律、法规和工程建设强制性标准严格监督管理，并纳入各级工程质量安全监督机构监督范围。市、县行政主管部门对乡（镇）规划执行、工程建设等情况进行监督检查，确保工作落实不走样。

（五）营造良好氛围。充分利用广播、电视、报刊、网络等媒体，广泛宣传加快推进小城镇建设的重要意义、总体思路、工作部署和法律法规等内容，努力营造小城镇建设的良好社会氛围。

（六）严格督促考核。将小城镇建设纳入各级党委、政府年度目标绩效考核范围，市目标督查办将小城镇建设工作成效纳入对各县（区）、市级有关部门的目标绩效考核内容。建立动态评价和激励机制，每年对小城镇建设情况进行跟踪、督查、总结和考评，确保各项任务如期完成。

2013 年 11 月 18 日

中共攀枝花市委
关于加强和改进宣传思想工作的意见

（攀委发〔2013〕17 号）

意识形态工作是党的一项极端重要的工作。加强和改进宣传思想工作，对于巩固马克思主义在意识形态领域的指导地位，巩固全党全国人民团结奋斗的共同思想基础具有十分重要的意义。为认真贯彻落实党的十八大、十八届三中全会、全国全省宣传思想工作会议和省委十届三次全会、市委九届五次全会精神，进一步加强和改进宣传思想工作，现结合我市实际提出如下意见。

一、准确把握宣传思想工作的指导思想和基本原则

（一）指导思想。高举中国特色社会主义伟大旗帜，以邓小平理论、“三个代表”重要思想、科学发展观为指导，深入学习贯彻党的十八大、十八届三中全会精神、习近平总书记系列重要讲话、全国全省宣传思想工作会议、省委十届三次全会和市委九届五次全会精神，坚持解放思想、实事求是、与时俱进，坚持贴近实际、贴近生活、贴近群众，围绕中心、服务大局，牢牢掌握意识形态工作的领导权管理权话语权，找准工作切入点和着力点，因势而谋、应势而动、顺势而为，充分发挥宣传思想工作的思想引领、舆论推动、精神激励和文化支撑作用，凝聚实施“三大发展战略”、推进“两个跨越”和在全省率先全面建成小康社会的强大精神力量。

（二）基本原则。坚持经济建设和意识形态工作“两手抓”，牢牢掌握意识形态工作的领导权管理权话语权；坚持党性和人民性相统一，讲政治，把握正确导向，把体现党的主张和反映人民心声统一起来；坚持团结稳定鼓劲、正面宣传为主，巩固壮大主流思想舆论；坚持把网上舆论工作作为宣传思想工作的重中之重，弘扬主旋律，传播正能量；坚持理念创新、手段创新、基层工作创新，把握好宣传思想工作的时、度、效；坚持贴近实际、贴近生活、贴近群众，走基层、转作风、改文风，接地气、连民心，切切实实走群众路线；坚持大宣传工作理念，构建各条战线各个部门共同参与的大宣传格局，形成共同做好宣传思想工作的强大合力。

二、进一步明确新时期宣传思想工作的主要任务

（一）强化理想信念教育，筑牢团结奋斗的共同思想基础

扎实开展中国特色社会主义学习教育。坚持不懈用中国特色社会主义理论体系武装党员、教育人

民、指导工作。立足改革发展实践，以领导干部和青年为重点，扎实推进理论武装和理论普及工作。党校、高校、社科界、理论学习中心组都要把马克思主义作为必修课，成为马克思主义学习、研究、宣传的重要阵地。加强和改进学校思想政治教育，推进中国特色社会主义理论体系进教材、进课堂、进头脑。加强重大理论和现实问题研究，加强党史国史学习，深入开展形势政策、国情省情市情、民族精神、革命传统、改革开放等主题教育，不断增强广大干部群众中国特色社会主义道路自信、理论自信、制度自信，进一步筑牢马克思主义信仰、中国特色社会主义信念。

深入学习党的十八大和十八届三中全会精神。深刻理解党的十八大作出的各项决策部署，充分认识十八届三中全会关于全面深化改革的重大意义，准确把握全面深化改革的指导思想、总体目标和基本原则，深刻领会全面深化经济体制、政治体制、文化体制、社会体制、生态文明体制和党的建设制度等改革的重大部署。自觉把思想和行动统一到中央关于全面深化改革重大决策部署上来，把智慧和力量凝聚到实现全会确定的全面深化改革各项任务上来，进一步解放思想、明确任务、创新思维、推动发展，为实现在全省率先全面建成小康社会的战略目标而努力奋斗。

深入学习贯彻习近平总书记系列重要讲话精神。把深入学习贯彻习近平总书记系列重要讲话精神作为重要政治任务，摆在突出位置。深刻认识习近平总书记系列重要讲话是对党的十八大精神的阐释、深化和拓展，是对中国特色社会主义理论体系的丰富和发展，是新形势下推进中国特色社会主义的强大思想武器和行动指南。深刻理解系列重要讲话精神与党的十八大精神、与中国特色社会主义理论体系在理论渊源、实践基础、思想内涵、目标任务上的一致性；深刻理解系列重要讲话中的新思想新观点新论断新要求，准确把握系列重要讲话精神的思想特征、理论特征、实践特征、时代特征。加强对系列重要讲话精神的学习宣传贯彻，进一步统一思想、凝聚共识，引导广大党员干部群众自觉运用讲话精神指导实践，推动攀枝花科学发展、加快发展。

深入开展中国梦宣传教育。继续深化“实现伟大中国梦、建设美丽繁荣和谐四川”宣传教育，增强团结一心的精神纽带、自强不息的精神动力。创新学习宣传方式，充分运用“攀枝花发展讲坛”“攀枝花市民讲坛”等深受干部群众欢迎的学习平台，精心组织宣讲活动、教育、文化活动，开展新闻宣传和网络宣传，注重挖掘和宣传平凡人物的普通梦想，推动中国梦入脑入心。深刻阐释国家富强、民族振兴、人民幸福的基本内涵，深刻阐释实现中国梦必须在党的领导下走中国道路、弘扬中国精神、凝聚中国力量，讲清楚国家梦、民族梦与个人梦的关系，讲清楚实现远大理想必须苦干实干，引导广大干部群众把个人理想融入到实现中国梦的伟大实践中，激励全市人民奋力谱写中国梦攀枝花篇章。

深入学习省委十届三次全会和市委九届五次全会精神。深刻理解省委坚持科学发展加快发展工作指导思想、实施“三大发展战略”、推进“两个跨越”、与全国同步全面建成小康社会的奋斗目标和总体方略，准确把握实施“三大发展战略”、推进跨越赶超的“八项主要任务和着力重点”，准确把握省、市委深化重点领域和关键环节改革的政策举措，准确把握全面加强党的建设的各项要求。深刻理解市委大力实施“三个加快建设”、大力推进“三个走在全省前列”、全力打好“六大硬仗”、奋力实现“四个翻番”的要求和部署，切实增强使命感、责任感和紧迫感，凝心聚力促进发展。

（二）坚持正确导向，牢牢掌握意识形态领域的领导权管理权话语权

坚持正确的政治方向。坚定宣传党的理论和路线方针政策，坚定宣传中央的重大工作部署，坚定宣传中央关于形势的重大分析判断，坚决同党中央保持高度一致，坚决维护中央权威。坚持党管媒体不动摇，坚持政治家办报、办刊、办台、办新闻网站，加强马克思主义新闻观教育。在事关中国特色社会主义的大是大非和政治原则问题上，必须旗帜鲜明、态度坚定，对恶意攻击党的领导、攻击社会主义制度、歪曲党史国史、煽动分裂、造谣生事等言论，敢抓敢管，增强主动性、掌握主动权、打好主动仗。

有效掌控宣传思想文化阵地。坚持谁主管、谁负责和属地管理原则，确保所有宣传思想文化阵地可管可控。支持各级文化、广电、新闻出版等部门依法履职、依法管理。加强报刊图书、讲台讲坛、会议会场、电影电视、广播电台、舞台剧场等传播平台的管理，绝不给错误思想言论提供传播渠道和空间。加强对哲学社会科学类报告会、研讨会、论坛等活动的管理。强化对互联网络、移动电视、手机媒体、微博、微信等新兴媒体的监管，对具有新闻舆论和社会动员功能的互联网业务实行许可管理或备案管理。加强校园传播阵地管理。深入开展“扫黄打非”，净化文化市场和网络空间。

切实占领思想舆论制高点。做好舆论引导和思想理论引导，占领制高点，掌握话语权，把握好时、度、效。围绕教育、就业、医疗、住房、生态环境、食品安全等热点问题，找准思想认识的共同点、化解矛盾的切入点，有针对性地解疑释惑，引导人们多看主流、多看本质、多看光明面，引导社会情绪、社会心理朝着积极健康方向发展。坚持贵在早、贵在快，贵在真，做好突发事件报道和舆论引导，及时发出权威声音，回应社会关切，掌握舆论主动。坚持准确监督、科学监督、依法监督、建设性监督，提高舆论监督水平。精心组织网上力量，加强网上舆论引导，严密防范和抑制网上攻击渗透行为。

（三）提高舆论引导能力，巩固壮大主流思想舆论

唱响科学发展加快发展主旋律。紧紧围绕省委十届三次全会、市委九届五次全会和省、市委关于全面深化改革的重大决策部署，精心组织开展主题宣传。大力宣传“三大发展战略”和我市加快推进“五创联动”工作、“急难险重”工作、旅游新村建设的新成效，充分展现干部群众真抓实干的精神风貌；大力宣传加强民主法制建设、加强和创新社会管理、推进文化建设和生态文明建设的新成效；大力宣传推进重大民生工程的新举措，全面展示全市各族人民共建共享改革发展成果的生动局面。

全面展示美丽幸福攀枝花良好形象。坚持“走出去”“引进来”相结合，讲好攀枝花故事，传播好攀枝花声音，增强国内外对攀枝花的了解，塑造攀枝花良好形象。围绕“中国钒钛之都”“中国阳光花城”“四川南向开放门户”三张城市名片，借助重大经贸文化活动平台，依托中央、省级重要媒体，广泛宣传攀枝花发展的良好环境、广阔空间和巨大潜力，不断扩大攀枝花的影响力和美誉度。加强外宣阵地建设，着力抓好城市形象宣传“六个一”工作，提高对外传播力、吸引力和影响力。

提高正面宣传质量和水平。把握传播规律，讲究传播艺术，改进形势宣传、成就宣传、典型宣传和主题宣传，更好发挥正面宣传鼓舞人、激励人的作用。加强党报、广播电视台、新闻网站等建设管理，进一步做好党报党刊征订发行工作，扩大广播电视覆盖面，提升新闻网站宣传引导能力，增强主流媒体公信力影响力。建立健全坚持正确舆论导向的体制机制、信息发布机制和政策解读机制，完善新闻发言人制度，解决好“什么时候说”“说什么”“怎么说”的问题。深化“走基层、转作风、改文风”活动，改进宣传报道方式，增强亲和力、吸引力、感染力，让群众爱听爱看、产生共鸣。

（四）加强精神文明建设，引领良好的社会道德风尚

加强社会主义核心价值体系建设。认真贯彻落实中央《关于培育和践行社会主义核心价值观的意见》，大力倡导富强、民主、文明、和谐，大力倡导自由、平等、公正、法治，大力倡导爱国、敬业、诚信、友善，积极培育和践行社会主义核心价值观。注重宣传教育、示范引领、实践养成相统一，注重政策保障、制度规范、法律约束相衔接，推动社会主义核心价值观内化于心、外化于行。坚持马克思主义指导思想，坚定中国特色社会主义共同理想，弘扬以爱国主义为核心的民族精神和以改革创新为核心的时代精神，践行社会主义荣辱观，把社会主义核心价值体系融入国民教育、精神文明建设和党的建设全过程，贯穿到改革开放和社会主义现代化建设各领域，体现到精神文化产品创作生产传播各方面，使之成为全市人民的共同价值追求和自觉行动。充分运用各种传播手段、宣传阵地和精神文化产品，广泛开展形式多样的主题教育实践活动，努力培育塑造新时期攀枝花精神，建设全市人民共有精神家园。

深入实施公民道德建设工程。大力开展社会公德、职业道德、家庭美德、个人品德宣传教育，传承中华传统美德，弘扬时代新风。广泛开展道德模范评选表彰、“我推荐、我评议身边好人”等活动，树立道德标杆，凝聚道德力量。大力推进政务诚信、商务诚信、社会诚信和司法公信建设，加强道德领域突出问题专项教育和治理。广泛开展志愿服务活动，建立社区志愿服务站点，推动学雷锋活动常态化。健全学校、家庭、社会“三结合”教育网络，巩固未成年人思想道德建设阵地。坚持创建为民、创建利民，深入推进文明城市创建，认真做好城市公共文明指数测评工作，广泛开展群众性精神文明创建活动，提高公民文明素质和社会文明程度。

（五）加快推进新媒体阵地建设，着力构建大网络大舆情全媒体工作格局

推进大网络建设。完善各级互联网领导机制和工作机制，及时研究协调互联网工作重大事项，统筹指导网上政务服务、信息公开、反腐举报和信访等工作。建立健全党委统一领导，宣传部门牵头抓总，互联网信息办公室具体负责，国安、公安、经信、基础运营商等相关单位共同参与、上下联动的互联网管理协同配合机制。强化和创新网络社会管理，落实属地管理原则，形成横向到边、纵向到底，网络社会与现实社会互融、互动的管理新格局。积极推进市网络新闻中心建设，加强网络人才队伍建设，在党政机关、国有企事业单位设立专（兼）职网络宣传、舆情信息工作岗位，建立全面覆盖的工作网络和专兼结合的工作队伍。

完善大舆情体系。整合舆情工作资源，加强舆情信息交流，规范舆情信息服务，不断拓宽舆情工作领域，实现对经济、政治、社会、文化及生态文明建设各个领域舆情工作全覆盖。建立健全网上舆情预警、重大舆情会商、舆论引导联动、网上信息发布和政策解读等工作机制，完善舆情发现、预警、研判、引导、处置有机衔接的工作体系，实行舆情工作评价和定期通报制度。建设核心网评员队伍，加强网上舆论引导，确保舆情引导与党委工作大局同心同向、同频共振。加快建设省、市、县（区）互通的互联网信息内容技术管理平台、应急指挥工作平台，形成统一的互联网信息内容管理技术体系和应急处置工作格局。加大与国内重点商业网站、论坛、微博等的合作力度，提高网络舆情应对处置能力。强化涉事地方和部门主体责任，将舆情工作和舆论引导工作纳入目标考核内容。

打造全媒体平台。加快传统媒体和新兴媒体融合发展，推动集平面媒体、广播电视媒体、网络媒体、移动媒体等为一体的全媒体平台建设。做大做强新闻网站，加强网站内容建设、队伍建设、技术建设，发挥好网上宣传舆论主阵地作用，支持有实力的新闻网站整合资源，拓展业务，建设有影响力和竞争力的网络媒体。做好重点网宣工作策划，建立网宣骨干队伍，提升对外网宣工作影响力。推动传统媒体转型和升级，支持党报党刊、广播电视台在巩固发展传统业务基础上，加快数字化、网络化、移动化转型升级；促进传统媒体和新兴媒体融合发展，优化发展模式，拓展传播领域、创新传播业态、延伸传播链条。加强移动新媒体建设，支持传统主流媒体和重点新闻网站发展移动新闻客服端等新业务，占领移动传播阵地；办好各部门政务微博、支持开通媒体法人微博、鼓励开通社区微博和政务微信公众账号；扎实推进手机报新媒体发展壮大。

（六）推进区域文化高地建设，助推文化事业文化产业繁荣发展

加快完善公共文化服务体系。认真贯彻十八届三中全会关于深化文化体制改革的相关部署，按照全覆盖、保基本、促完善、可持续要求和统筹型、捆绑式、标准化思路，完善公共文化服务体系，促进基本公共文化服务均等化。深入实施重点文化惠民工程，加快城市标志性公共文化设施建设，强力推进“四川三线建设博物馆”等重点项目建设。加快基层公共文化服务体系标准化建设，打造集宣传教育、文体娱乐、应急广播、科技普及等功能于一体的基层公共文化服务平台。完善市、县（区）两级公共文化服务设施配套建设，保障各级公共文化服务单位有效运转。加大对市级爱国主义教育基地投入力度，充分发挥宣传教育功能。

大力实施文化精品战略。全面贯彻“二为”方向和“双百”方针，坚持以人民为中心的创作导向，弘扬主旋律、提倡多样化，坚持发展社会主义先进文化，更加自觉地贴近实际、贴近生活、贴近群众，为人民群众奉献更多思想性、艺术性、观赏性高度统一的精神食粮。以“五个一工程”为龙头，加快完善创作生产体系，加大力度扶持贯彻党的十八大精神文艺创作、“中国梦”主题文艺创作、我市重大历史题材创作和现实题材重点创作工程。充分发挥文化部门及协会的作用，最大限度地激发文化团体和艺术家的创作热情，创作一批能够反映贯彻落实党的十八精神和我市精神风貌的精品力作，以精品生产带动文化大发展大繁荣。

加快文化产业发展。把握好意识形态属性和产业属性、社会效益和经济效益的关系，始终把社会效益放在首位。深化文化体制改革，加快推进转制文化单位建立现代企业制度。按照管人、管事、管资产、管导向相结合的要求，进一步理顺国有文化资产管理体制。推动全市文化产业规模化、集约化、专业化发展，提高文化产业在全市GDP中所占的比例。把苴却砚产业作为我市文化拳头产业打造，着力推进苴却砚文化产业园区、苴却砚文化区建设，完善产业布局，强化苴却石资源管理，培育扶持一批规模较大、主业突出、竞争力强的成长性文化龙头企业，培养苴却砚人才，促进相关边际产业的融合发展。推动文化与科技、旅游等深度融合，发展新型文化业态，促进文化消费，培育文化产业新的增长点。扶持有发展前景的文化企业，鼓励和引导民间资本投资文化产业，形成以公有制为主体、多种所有制共同发展的文化产业格局。

三、加强和改进宣传思想工作的保障措施

（一）党委切实担负起政治责任和领导责任。各级党委要加强对宣传思想领域重大问题的分析研判和重大战略性任务的统筹指导，不断提高领导宣传思想工作的能力和水平。加强宣传思想工作力量，管好阵地、管好导向、管好队伍，确保宣传思想工作领导权牢牢掌握在忠于党和人民的人手里。各地各部门党委主要负责同志要高度重视宣传思想文化工作，以强烈责任感和担当精神，带头抓意识形态工作，带头阅看本地、本部门媒体的内容，带头把住本地、本部门媒体的导向，带头批评错误观点和错误倾向。党委宣传部门要切实担负起宣传思想工作的具体管理职责，做到守土有责、守土负责、守土尽责。

（二）加快构建大宣传格局。各地、各部门要树立大宣传理念，把宣传思想工作与各领域的行政管理、行业管理、社会管理更加紧密地结合起来。经济、教育、科技、政法及其他承担社会管理职能的部门要加强与宣传思想工作部门的沟通配合，自觉支持宣传思想工作。工会、共青团、妇联等人民团体要动员社会力量支持参与宣传思想工作。组织人事、财政税收、发展改革、行政执法等部门要认真落实并不断完善对宣传思想工作的支持政策和工作措施。注重同思想界、理论界、知识界等方面建立良好沟通关系，支持和引导党外人士在意识形态领域工作中发挥积极作用。

（三）加强领导班子和队伍建设。坚持好干部标准和“重品行、重实干、重公认”用人导向，加强宣传思想战线领导班子和干部队伍建设。党委宣传部门要在同级党委领导下，会同组织部门加强对宣传文化系统领导干部的管理和领导班子建设的指导。在宣传思想部门干部配备上，不能只考虑干部资历因素，更多要考虑岗位素质需要。抓基层、打基础，切实加强县（区）社科联、文联、作协组织建设和乡镇（街道）宣传文化工作力量，切实改变基层宣传思想工作薄弱的状态。深入实施“四个一批”人才培养工程，加强党委和政府新闻发言人队伍、网络人才队伍建设。大力探索非公有制经济组织和社会组织思想政治工作人才队伍建设机制。加大培训力度，加强作风建设，全面提高宣传思想干部队伍素质。

（四）健全财政投入保障机制。市、县（区）两级财政对文化建设的投入增长幅度要高于同级财政经常性收入增长幅度，提高文化支出占财政支出比例。保障重大主题宣传、对外宣传、应急宣传、互联网宣传管理、社科理论研究等工作经费，优先安排公共文化基础设施建设项目经费，落实重点文化惠民工程建设及运行的分级负担经费。在财政、税收、金融、土地等方面，加大对文化产业的政策扶持力度。完善宣传思想文化工作督查考核和激励制度。

2013年12月12日

中共攀枝花市委
关于进一步深入学习贯彻习近平总书记
系列重要讲话精神的意见

（攀委发〔2013〕18号）

党的十八大以来，习近平总书记围绕改革发展稳定、内政外交国防、治党治国治军发表了系列重要讲话，提出了许多新思想、新观点、新论断、新要求，为深入贯彻落实党的十八大精神、做好新形势下各项工作提供了强大思想武器。根据省委要求，现就我市进一步深入学习贯彻习近平总书记系列讲话精神通知如下：

一、充分认识深入学习贯彻习近平总书记系列重要讲话精神的重大意义

习近平总书记系列重要讲话，紧密结合我国改革发展面临的新形势、新情况，就坚持和发展中国特色社会主义、做好党和国家各项工作、实现中华民族伟大复兴的中国梦等重大问题进行了深入分析和阐述。讲话高瞻远瞩，思想深刻、内涵丰富，涉及到经济建设、政治建设、文化建设、社会建设、生态文明建设以及党的建设等各个领域，是马克思主义中国化的最新成果，也是对新形势下治国理政方略、内政外交政策的全面阐释。这些重要讲话揭示了中华民族的历史命运和当代中国的发展战略，升华了我们党的执政理念和治国方略，勾画了党和国家走向未来的宏伟图景，为坚持和发展中国特色社会主义注入了新的内涵，充分体现了中国特色社会主义重大思想理论成果的最新进展。

去年年底以来，全市党员干部认真学习了习近平总书记十八大以来的重要讲话精神，全市组织开展了“思想大解放，作风大转变，工作大落实”和“实现伟大中国梦，建设美丽繁荣和谐四川”主题教育活动，进一步激发了全市党员干部干事创业的激情，也为我们进一步深入学习贯彻习近平总书记系列重要讲话精神打下了基础。全市广大党员干部要在前一阶段学习的基础上，把进一步深入学习贯彻习近平总书记系列重要讲话精神作为一项重大政治任务，切实领会习近平总书记重要讲话的深刻内涵、精神实质，切实把握讲话中体现的重要思想观点和工作要求，切实把思想和行动统一到讲话精神上来。要进一步增强政治意识、大局意识和责任意识，更加自觉地遵守党的纪律特别是政治纪律，坚决维护中央的权威，在思想上、政治上、行动上与以习近平同志为总书记的党中央保持高度一致，确保党的路线方针政策和中央的各项决策部署在攀枝花得到坚决有效的贯彻执行，为在全省率先全面建成小康社会而共同奋斗。

二、自觉运用习近平总书记系列讲话精神推动当前工作

深入学习贯彻习近平总书记系列重要讲话精神，关键是把握科学内涵、领会精神实质，重在坚持学用结合、以学促用，做到真学真懂、真信真用，真正用讲话精神武装头脑、指导实践、推动工作。

（一）深刻领会坚持和发展中国特色社会主义的重大意义。党的十八大以来，习近平总书记多次就坚持和发展中国特色社会主义发表重要讲话，对社会主义的历史发展进程特别是我们党探索中国特色社会主义的历史进程和伟大实践，对坚持和发展中国特色社会主义需要把握的重大理论问题、战略部署等，作了全面系统深刻的阐述。要通过学习习近平总书记系列讲话，进一步坚定道路自信、理论自信、制度自信，以更加坚定的信念，毫不动摇坚持、与时俱进发展中国特色社会主义，不断丰富其实践特色、理论特色、民族特色、时代特色。

（二）深入学习贯彻习近平总书记关于实现中国梦的重要论述，继续深化“实现伟大中国梦、建设美丽繁荣和谐四川”宣传教育。把中国梦与中国特色社会主义道路、理论体系、制度的宣传教育结合起来，深入开展形势政策、国省市情、民族精神、革命传统、改革开放等主题教育，筑牢广大党员干部对马克思主义的信仰、对中国特色社会主义的信念。围绕“两个百年”目标，凝聚全市人民的力量和智慧，以过硬的成果谱写好中国梦攀枝花篇章。

（三）深入学习贯彻习近平总书记关于推动科学发展的重要论述，牢固树立科学发展、加快发展的工作指导思想。坚持“在全省率先全面建成小康社会”的全市战略目标不动摇，始终把发展作为第一要务，深入实施“三大发展战略”，大力推进“三个加快建设”“三个走在全省前列”，持续打好“六大硬仗”，奋力夺取在全省率先全面建成小康社会的新胜利。

（四）深入学习贯彻习近平总书记关于调整经济结构、转变发展方式的重要论述，推动全市经济持续健康发展。以建设国家攀西战略资源创新开发试验区、建设攀西城市群等重大战略机遇为契机，推动战略性新兴产业加快发展，推进攀枝花由资源大市向经济大市跨越、由资源之都向产业之都、经济之都跨越。

（五）深入学习贯彻习近平总书记关于深化改革开放的重要论述，不断增强全市经济社会发展动力和活力。要深刻领会习近平总书记在十八届三中全会上的讲话精神，全面深化经济、政治、文化、社会、生态文明和党的建设制度各领域改革。充分发挥地处川滇黔毗邻区域的地缘优势，加强开放合作平台建设，扩大攀枝花知名度和影响力。加快建设四川南向开放门户，坚持对内对外开放并举，着力构建全方位、多层次、宽领域的开放合作新格局。

（六）深入学习贯彻习近平总书记关于建设社会主义法治国家的重要论述，深化平安创建和法治建设。坚持依法行政、依法管理、公正司法，积极稳妥推进司法体制机制改革，大力提升司法公信力和执法能力，加强和创新社会管理，维护社会公平正义，增强党员干部和群众法治意识。

（七）深入学习贯彻习近平总书记关于保障和改善民生的重要论述，让全市人民过上更加幸福美好生活。把实现好、维护好、发展好最广大人民根本利益作为出发点和落脚点，继续实施“十大民生工程”，完善民生事业发展的制度、政策、机制和工作保障，继续推进“五大扶贫工程”，着力解决群众最关心、最直接、最现实的利益问题，让全市人民共享改革发展“红利”。

（八）深入学习贯彻习近平总书记关于思想建设、组织建设和作风建设的重要论述，巩固深化“三大主题教育”活动成果，全面加强党的思想、组织、作风、反腐倡廉、制度建设。坚持党性和人民性相统一，加大正面舆论引导力度，牢牢掌握意识形态领域的领导权、管理权和话语权。认真贯彻落实市委、市政府十项规定，推动党员干部提升形象、转变作风。着力加强各级领导班子和干部队伍建设，建设一支干实事、打硬仗、走正道的高素质干部人才队伍。

（九）深入学习贯彻习近平总书记关于芦山强烈地震救灾的重要论述，弘扬伟大的抗震救灾精神，主动作为，加快推进对口援建雅安市名山区各项工作。坚持“硬件”与“软件”相结合、“输血”与“造血”相结合、当前与长远相结合，为名山区提供资金援助、人才支持、项目援建、产业合作等支持，圆满完成省委下达的各项援建任务。

三、全面兴起学习宣传习近平总书记系列重要讲话精神热潮

学习贯彻习近平总书记系列重要讲话精神是一项长期的重要政治任务，要以领导干部为重点，做到认真学习、深刻领会、系统把握，进一步增强思想认同、理论认同和情感认同。通过学习，努力把讲话中的重要思想观点和工作要求转化为推动改革、促进发展、维护和谐的强大动力，落实到各项工作中，不断开创攀枝花改革发展新局面，在建市五十周年之际，充分展示攀枝花建设中国特色社会主义的辉煌成就。

（一）加强组织领导。各级党组织要精心组织、周密部署，突出重点、创新形式，细化分解工作任务，做到责任落实、措施落实、学习内容落实，切实增强学习实效。要把重点与普及结合起来，以领导干部为重点，带动党员干部兴起学习贯彻热潮。要坚持理论联系实际的学风，紧密结合做好当前工作，把习近平总书记系列重要讲话中的工作要求和重大部署转化为推动发展的制度规定，形成一批利及长远的制度成果。要认真总结学习贯彻过程中的好经验好方法，形成推进改革发展稳定的新思路新举措。党委办公室要认真履行综合协调、督查促进职责，加强对学习贯彻工作的组织协调和督促检查，对学习不及时、不深入、贯彻不力的要通报批评。。

（二）坚持领导干部带头学习。领导干部要带头学、带领学，原原本本地学、逐字逐句地学、联系实际地学，做到先学一步、学深学透。党委（党组）中心组要建立健全随时学、经常学、反复学、持久学的长效机制，通过召开党委（党组）理论中心组学习会、在“攀枝花发展讲坛”和“攀枝花市民讲坛”举办报告会、邀请专家授课、个人自学、带头“讲学”等多种方式，不断提高思想政治水平，坚定理想信念，增强工作本领。要组织党员干部全面学，采取集中学习与个人学习相结合、运用干部培训网络平台、纳入党校培训课程等方式，广泛开展学习交流活动，系统学习讲话精神。要通过举办各种形式的研讨会、座谈会、报告会，组织党员干部学习。各级党校、行政学院要把系列讲话纳入各类班次的学习培训内容。高校、社科机构等都要组织形式多样的专题学习研讨，推出一批高水平的应用成果。要增强学习的系统性，通过系统学习、专题研究、深入思考，更加全面地理解讲话的时代背景、科学内涵和重大意义，真正在深层次上提高思想理论水平。

（三）要联动十八届三中全会精神的学习开展学习宣传活动。要把学习贯彻习近平总书记系列重要讲话精神和学习十八届三中全会精神紧密结合起来，深入准确地宣传全面深化改革的重大部署，尤其是要原文学习习近平总书记关于改革的论述和在十八届三中全会上的讲话，认真领会全会对经济体制、政治体制、文化体制、社会体制、生态文明体制改革和党的建设作出的全面部署。要通过广泛深入的宣传，引导广大干部群众深刻认识和认真落实这些重大部署，全面深化各个领域、各个环节的改革，大胆实践，勇于开拓，破解发展难题，进一步开创经济社会发展的新局面。

（四）要把学习活动贯彻落实到我市党的群众路线教育实践活动的全过程。中央决定在全党深入开展以为民务实清廉为主要内容的党的群众路线教育实践活动以来，习近平总书记先后在中央党的群众路线教育实践活动工作会议、中央政治局专门会议、中央政治局集体学习会上以及在河北调研时发表重要讲话，作出了一系列重要论述，提出了一系列明确的要求。我市即将开展党的群众路线教育实践活动，全市各级党组织要把习近平总书记系列重要讲话精神贯彻落实到我市群众路线教育实践活动的全过程，深入推进各项工作。要把学习领会习近平总书记系列重要讲话精神作为教育实践活动的重要内容，切实学深学透。要确保学习时间，集中开展辅导学习、交流讨论、调查研究、一线体验等活动。要带着问题学，引导党员干部把征求到的意见和查摆出来的问题带到学习讨论中去，从思想深处弄清楚作风问题产生的根源。要大力创新方式方法，把学习不断推向深入。要做到边学边查边改，切实见到成效。

（五）精心组织舆论宣传。党委宣传部门要做好舆论引导工作。新闻媒体要在重要版面（时段）开设专栏（专题），及时转发中央媒体重要报道评论，突出报道中央、省委、市委学习贯彻系列讲话精神的部署举措，及时报道各地各单位学习情况和取得的成效，报道党员干部的学习体会和反响评价，特别是要在联系实际上深入，大力宣传各地各部门运用讲话精神研究解决改革发展问题的进展，宣传解决关系群众切身利益问题的成效，更好地指导推动工作。党报要在理论专版或专栏中，组织刊发一批有深度、有说服力的重点理论文章、学习体会文章。要加强网络舆论引导，新闻网站、手机报、政务微博等要采用理论解读、网民论坛等形式，积极宣传阐释讲话精神，形成网络正面舆论强势。要适应形势发展变化和群众接受习惯，综合运用新闻宣传、社会宣传、文艺宣传等形式，采取富有时代特色、体现实践要求的方法，增强宣传的吸引力感染力。

2013 年 12 月 13 日

中共攀枝花市委办公室　攀枝花市人民政府办公室关于做好2013—2015年定点扶贫工作的通知

（攀委办发〔2013〕1号）

为认真贯彻落实党的十八精神和中央、省、市农村扶贫开发纲要（2011—2020年），大力推进我市农村扶贫开发工作，经市委、市政府同意，现就做好我市2013—2015年定点扶贫工作通知如下。

一、充分认识定点扶贫工作的重要意义

扶贫开发事关群众切身利益，事关全面小康建设全局，事关国家长治久安，事关党的执政基础。定点扶贫工作是扶贫开发工作的重要组成部分，是加大对贫困地区发展扶持力度的重要举措，也是定点扶贫工作单位贴近基层、了解民意、培养干部、转变作风、密切党群干群关系的重要途径。切实做好这项工作，对于确保按期完成扶贫开发任务，顺利实现全面建成小康社会奋斗目标，具有十分重要的意义。

我市在实施《攀枝花市农村扶贫开发规划（2001—2010年）》过程中，广泛动员社会力量参与扶贫开发，参与定点扶贫工作的单位充分发挥自身优势，积极为贫困地区经济社会发展出主意、想办法、解难题、办实事，做了大量富有成效的工作，为贫困地区经济社会事业发展作出了重要贡献。全市农村贫困群众人均纯收入由1230元增加到4310元，贫困地区的基础设施上了一个台阶，贫困群众的生产生活条件得到显著改善，教育卫生文化等社会事业明显进步，取得了扶贫开发的重大胜利。但是，由于我市贫困地区的贫困程度较深，返贫问题突出，自然条件差，经济基础脆弱，贫困群众科技文化素质低，农民增收难度大，按2300元的扶贫标准全市还有8.5万扶贫对象，扶贫工作任务还很艰巨，必须动员各方面力量开展定点扶贫，加快贫困地区脱贫致富步伐。各县（区）、各部门和相关企事业单位要按照党中央、国务院、省委、省政府和市委、市政府的决策部署，以高度的政治责任感和历史使命感，不断加大工作力度，进一步把定点扶贫工作抓紧抓好、抓出实效。

二、全面把握定点扶贫工作的总体要求

（一）指导思想。高举中国特色社会主义伟大旗帜，以邓小平理论、“三个代表”重要思想和科学发展观为指导，全面实施《中国农村扶贫开发纲要（2011—2020年）》《四川省农村扶贫开发纲要（2011—2020年）》和《攀枝花市农村扶贫开发纲要（2011—2020年）》，以贫困乡村贫困居民为工作对象，以解决受扶乡村经济社会发展中的突出矛盾和问题为工作重点，尽快帮助贫困群众脱贫致富，努力推动经济社会又好又快发展。

（二）目标任务。到2015年，推动受扶地经济社会事业全面发展，贫困居民收入大幅度提高，贫困居民显著减少。坚持开发式扶贫和社会保障相结合，大力推进交通、水利等基础设施建设，提高基本服务能力，推动受扶贫困农户行路难、饮水难、住房难、就医难、子女上学难等问题有效解决。广泛宣传党和政府“三农”工作的各项方针政策，加强农业科技知识培训、实用技术培训和转移就业技能培训，贫困居民基本素质和自我发展能力明显提升。推动受扶地调整产业结构，帮助受扶地引进项目、资金，培育优势主导产业，发展现代农业和农业产业化经营，贫困农户收入增长幅度显著提高。配合受扶地乡（镇）党委和政府加强贫困乡村班子建设，发挥党员干部先锋模范作用，进一步扩大基层民主，基层组织建设明显加强。创新工作机制，整合各种资源，努力形成推动扶贫开发工作的强大合力，促进受扶乡村经济社会全面协调可持续发展。

（三）总体安排。与“领导挂点、部门包村、干部帮户”活动、对口支援边远民族地区经济社会事业发展方案相衔接，调动各方面力量推进定点扶贫工作。所有市直部门（单位）、部分中央和省在攀的企业单位、市属大中型企业等106个单位参与定点扶贫工作，承担相应的定点扶贫工作任务。市定75个扶贫开发工作重点村为定点扶贫工作的受扶村，实现贫困村全履盖。按照市委、市政府对口支援边远民族地区经济社会事业发展实施意见，由东区、钒钛产业园区管委会、攀钢集团公司、攀煤（集团）公司、中国十九冶集团公司、钢城集团有限公司、市商业银行、攀枝花农村商业银行等8个单位结对支援盐边县、米易县、仁和区的8个边远民族乡（镇），每年支援资金物资不低于300万元。

三、切实加大定点扶贫工作的力度

（一）突出工作重点。开展定点扶贫要因地制宜、远近结合、标本兼治、科学实施，在整体推进中突出重点，切实增强帮扶实效。参与定点扶贫工作的单位要针对受扶地区经济社会发展实际，充分发挥自身优势，制定帮扶规划，以整村推进、改善民生、产业化扶贫、异地搬迁扶贫、基层干部和劳动力培训、基层组织建设等为工作抓手，努力为受扶地出实招、办实事、求实效，办好群众最急需办的事。各单位要积极筹集和严格监督定点扶贫工作资金，确保专款专用。

（二）健全工作机制。健全定点扶贫工作目标考核制度，定点扶贫工作单位要按照帮扶规划，制定年度工作任务，落实工作责任，加强考核检查。健全联络员制度，定点扶贫工作单位要确立联络员，把定点扶贫与开展“挂帮包”活动结合起来，与开展机关干部“百千万干群心联心”活动结合起来。健全干部下派蹲点扶贫制度，各定点扶贫工作单位要选派优秀干部到定点乡村蹲点扶贫。健全表彰制度，市扶贫开发领导小组每2年开展1次定点扶贫工作先进单位和个人的评选表扬活动，对取得突出成绩的单位和个人授予荣誉称号。每年底，各定点扶贫工作单位要总结当年定点扶贫工作情况，部署下一年度定点扶贫工作，并及时将相关情况报送市扶贫开发领导小组办公室（市扶贫移民局），由市扶贫开发领导小组办公室统一报送市委、市政府。定点扶贫工作纳入市政府目标管理，每年进行1次考核，完成年度定点扶贫任务的给予加分奖励。具体考核办法由市扶贫移民局、市委目标办、市政府目标办研究制定。

（三）加强组织领导。定点扶贫工作由市扶贫开发领导小组统一领导，市委组织部、市直机关工委、市扶贫移民局牵头负责协调、组织实施和督促检查，市扶贫移民局负责日常工作。参与定点扶贫工作的单位要高度重视定点扶贫工作，切实加强领导，明确分管领导和责任部门，做到分工明确、责任到人；单位领导每年要深入受扶地，开展调查研究，实地指导工作，帮助解决实际问题。各县（区）特别是受扶乡（镇）党委、政府要参照本通知要求，制定定点扶贫规划，加强与定点扶贫工作单位的衔接配合，把定点扶贫与自力更生结合起来，充分发挥主体作用，共同做好本行政区域内的定点扶贫工作。

（四）加强宣传交流。各定点扶贫工作单位要及时总结宣传工作中好的做法和经验。各级宣传部门和扶贫移民部门要通过网站、报刊、电视、专题简报等形式，加大对各单位定点扶贫工作开展情况的宣传和工作交流，努力营造良好的工作氛围。

2013年1月21日

攀枝花市创建全国文明城市2013年工作要点

（攀委办发〔2013〕5号）

2013年，全市创建文明城市的总体要求是：以党的十八大精神、省委第十次党代会和市第九次党代会、市委九届四次全体（扩大）会议精神为指导，按照市委、市政府的战略部署，以力争建成第三届四川省文明城市为目标，扎实开展创建活动，着力提升市民素质和社会文明程度，为建设文明和谐幸福攀枝花营造良好的社会环境。

一、全力攻坚克难

1. 狠抓指标达标。以四川省文明城市创建联席会议为平台，以迎接文明城市测评为契机，以《四川省文明城市考核测评细则》为依据，以梳理出我市未达标、易反弹的测评指标为重点，以整改影响2011年、2012年城市公共文明指数测评得分相关问题为难点，督促各责任单位明确目标、责任和完成时限，狠抓补缺补差，巩固完善提高，着力抓好薄弱环节和特色指标加分项目的创建落实。同时，加大统筹协调力度，采取定期检查、模拟测评、督查督办、限期整改等措施，推动各项创建重点、难点工作落实。

2. 开展专项整治。制定专项整治行动方案，按照“统一行动、属地管理、条块结合、以块为主”的原则，广泛动员，全民参与，部门联动，大力开展“城市基础设施、文明交通行为、社会文化环境、公共场所不文明行为、窗口行业规范服务”等五大专项集中整治行动，着力解决创建突出问题，努力塑造整洁优美、规范有序、安全稳定、和谐文明的城市形象。

3. 夯实创建基础。实施市民文明素质提升工程。重点推动文明礼仪“进机关、进社区、进学校、进企业、进农村、进家庭、进景区、进市场、进窗口”，适时对各县（区）、市级相关部门贯彻落实《攀枝花市民文明素质提升工程实施方案》（攀创文指办〔2012〕8号）精神情况开展专项督查，打牢创建群众基础。精心组织好“四川好人”和“我推荐、我评议身边好人”推荐评选活动，认真开展全国第四届道德模范和全省第三届道德模范评选表彰的推荐评议，树立道德标杆。加强道德教育阵地建设，广泛组织开展“道德讲堂”活动，深入开展道德领域突出问题专项教育和治理活动，营造有德光荣、失德可耻浓厚舆论氛围。加强19所乡村（城市）学校少年宫项目建设、管理和使用，在2013年实现县（区）乡村少年宫建设的全覆盖，积极探索“做一个有道德的人”、中华经典诵读进校园、学雷锋等主题活动的新内容、新形式、新举措，切实加强未成年人思想道德建设。实施文明细胞建设工程。加快推进“攀枝花文明网”建设管理，重点抓好全国、省级文明单位“五个一”建设的全覆盖，修订《攀枝花市文明单位建设与管理办法》，加强新申报省级最佳、省级文明单位（村）的检查指导，开展市级文明单位创建和评选，会同市委市政府目标督查办对各县（区）贯彻落实《关于进一步加强新形势下农村精神文明建设工作的实施意见》（攀委办发〔2012〕4号）情况开展专项督查。实施社会志愿服务工程。加强志愿服务组织建设，完善志愿者招募、培训、管理和激励机制，精心打造一批志愿服务活动品牌，广泛开展“三关爱”等志愿服务活动，加大宣传推广力度，广泛宣传志愿服务活动进展、经验和志愿者感人事迹，营造全社会关心、支持和参与志愿服务的浓厚氛围。实施城市形象提升工程。营造整洁优美的生活环境，深化城乡环境综合治理，加强市容环境管理，重点破解乱停车、乱搭建、乱设摊、乱扔垃圾、乱张贴、乱吐痰等难题，抓好城区公园、广场、旅游景点、主要商业街区、主干道等市政公共设施、绿化管护工作。营造健康的文化环境，开展网吧经营秩序和文化出版物市场的整顿，净化银幕荧屏声频，定期、不定期组织开展校园周边环境治理，加强未成年人活动阵地建设，实现爱国主义教育示范基地和公益性文化设施免费向未成年人开放。营造温馨的社会环境，组织开展“传递爱心、温馨花城”暨“创建文明城市、志愿者在行动”系列活动，在城区社区普及推广“爱心超市”、公共服务窗口设立“爱心专箱”、党员干部结对帮扶贫困户等活动，着力开展“幸福家园”建设活动，加强社会诚信体系建设，深入开展“百城万店无假货”示范街（店）创评活动。

二、健全创建机制

4. 建立信息反馈机制。依托市民热线、城管热线，设立文明城市创建热线电话，建立市民巡防、点评会、听证会等群众监督机制，畅通群众反映渠道。

5. 建立督查工作机制。每季度对各创建单位开展1次督查，每年组织1—2次市人大代表、政协委员进行专项视察，促进工作落实。

6. 建立自查自评机制。委托国家统计局攀枝花调查队开展1次文明城市创建测评，及时形成真实客观的测评报告，限期整改相关问题，推动测评工作常态化。

三、扎实做好测评

7. 做好自查申报。对照《攀枝花市创建四川省文明城市任务分工》，督促各责任单位整改相关问题。组织编写《攀枝花市创建四川省文明城市自查报告》上报省文明委，申报争创第三届四川省文明城市。

8. 做好暗访测评。提前谋划和梳理出实地考察测评点位要求，积极向省文明办申报好实地考察点位，督促各测评点位责任单位做好测评准备，营造好实地暗访测评迎检氛围，确保暗访测评顺利推进。

9. 做好考核验收。开展文明城市创建自测，督促有关责任单位认真抓好薄弱环节和难点问题整改。抽调工作人员，汇总整理创建全部档案资料。编写《攀枝花市创建四川省文明城市工作报告》，制作创建四川省文明城市工作专题汇报片。制定迎检方案和考核验收期间氛围营造方案，接受省文明委的全面检查。

四、开展主题活动

10. 开展“创建文明城市、文明礼仪教育”系列活动。在积极推进“文明礼仪九进活动”基础上，深化“三个文明”教育，不断提升市民素质。深化文明礼仪教育。以做“知礼、懂礼、有礼的攀枝花人”为主题，通过攀枝花讲坛、道德讲堂、网上文明学校、社区市民学校、学生德育课堂、文明礼仪知识竞赛等活动形式，突出抓好机关单位干部职工、中小学生、行业服务人员等重点人群的基本礼仪知识教育普及与实践。深化文明交通教育。突出“文明驾驶、文明骑车、文明行路”教育与实践，抓好驾驶人再教育活动，开展“文明交通宣传周”“9·20无交通违章日”等活动，开展文明公交线路、文明出租汽车企业和优秀驾驶员评选表彰活动，提高市民文明交通意识。深化文明服务教育。以“优化管理、优质服务、优良秩序”为标准，在全市各窗口行业建立健全社会服务承诺、公开办事程序、诚信服务标准、投诉监督机制、行风政风热线、文明服务引导、便捷服务通道、安全防范措施等“八项”管理规定，切实提升服务质量、效率和能力。

11. 开展“创建文明城市、小手拉大手”系列活动。通过开展“小手拉大手、文明安全行”“小手拉大手、礼仪我先行”“小手拉大手、文明一起走”“小手拉大手、同读一本书”“小手拉大手、共创文明城”等主题教育活动，举办一次征文比赛、演讲活动、签名活动，征集一批文明格言，组织一支文明小分队等活动，把“小手拉大手、共创文明城”活动引向深入。组织开展“文明小卫士”实践活动，设立文明监督岗，组织学生走上街头对各种不文明行为开展劝诫和监督。通过活动开展，影响和带动市民群众参与到文明城市创建中来，实现“教育一个学生，带动一个家庭，文明整个社会”的活动目的，为文明城市创建作出应有贡献。

12. 开展“创建文明城市、志愿者在行动”系列活动。通过组织重点活动，带动全社会广泛开展学雷锋志愿服务活动。3月，召开攀枝花市志愿服务总队成立大会。4—5月为文明出行月，倡导健康步行、绿色出行、公交出行志愿行动，深入开展文明排队乘车、主动礼貌让座活动，文明交通路口示范创建活动，引导广大市民开文明车、行文明路、做文明人。6月为服务民生行动月，在党政机关开展“践行雷锋精神、争做人民满意公务员”活动，在窗口行业单位设立“文明示范岗、文明示范窗口、巾帼文明岗”，组织机关党员干部深入基层，深入一线，深入实践，问政于民、问需于民、问计于民，切实转变机关作风，服务民生、服务社会。7月为经典文化传播月，以“学道德模范、诵中华经典、做有德之人”为主题，通过“领导带头读经典、干部职工学经典、中小学生诵经典，市民群众讲经典”等活动，引领社会文明风尚。8—9月为扶弱助残关爱月，开展助残、扶贫济困、关爱孤寡老人、关爱留守儿童，帮扶农民工、关爱农民工子女等志愿服务活动。10—12月为敬老爱亲倡导月，重点开展家庭孝老、社会敬老、行业助老等志愿服务行动，为空巢老人提供家政服务、应急救助、心理抚慰、健康保健志愿服务活动。同时，聘请责任心强、热心社会公益事业的志愿者义务监督员，对在公共场所中随地吐痰、乱扔杂物，故意破坏公共设施等各类不文明行为及时进行劝阻、说服和引导，逐步减少各种不文明行为。

13. 开展“创建文明城市、讲文明树新风”系列活动。大力推进学习宣传道德模范常态化，发起“寻找身边的活雷锋”主题活动，通过深化文明礼仪教育，制作刊播公益广告，持续开展文明短信传递活动，组织开展文明交通、文明引导、文明餐桌和文明传播四项行动，精心组织“爱国歌曲大家唱”“广场歌曲大家唱”、群众性歌咏比赛、全民读书节等活动，继续开展“美环境、除陋习、讲文明、树新风”活动，推动良好社会风尚形成。

14. 开展“创建文明城市、攀枝花在行动”系列活动。深入推进“五创联动”，大力开展以“环保在我心中”为主题的创建国家环保模范城市主题活动，以“披绿扮靓阳光城，各行各业携手行”为主题的创建国家园林和国家森林城市主题活动，以“阳光花城、宜居康养”为主题的创建中国阳光康养旅游城市主题活动，各县（区）、各大企业结合实际开展各具特色的主题创建活动，着力营造浓厚的创建氛围。

五、掀起创建热潮

15. 开展新闻宣传。指导各级新闻媒体设立专栏专题，制作和播放公益广告。建立“攀枝花文明网”，开通专题网页等，大力宣传创建重大举措、经验做法和典型事例，充分展示文明城市创建的生动实践和火热场景，刊播社会各界、广大市民关于文明城市创建的意见和建议，曝光各种陋习和各种不文明现象，激发全市人民共同参与的创建热情。

16. 做好社会宣传。通过设置道旗公益广告、单立柱或大型户外公益广告，充分运用社区宣传专栏、增设电子显示屏、编印《攀枝花市民素质手册》、印发创建文明城市宣传单、《致市民的一封信》、文明城市创建测评模拟调查问卷、发送手机短信、运用LED电子显示屏滚动播放创建宣传标语、组织演讲比赛、“我为文明城市创建献一策”活动等形式，加强创建知识宣传教育和普及，引导广大干部群众参与创建、投身创建，不断提高广大干部群众对创建的知晓率、参与率和满意率。

17. 加强对外宣传。主动加强与中央、省级新闻媒体的沟通联系，适时协调新闻媒体深度报道我市创建文明城市工作，全方位、立体式、多层次展现良好对外形象，切实提升攀枝花的知名度和美誉度。

2013年3月12日

中共攀枝花市委办公室　攀枝花市人民政府办公室 关于进一步加强公务用车管理的通知

（攀委办发〔2013〕6号）

加强公务用车管理，事关公务人员生命安全和家庭幸福，事关社会和谐，事关党和政府形象。为进一步规范公务用车使用行为，提高公务用车管理水平，确保全市公务用车规范管理、安全使用，现就进一步加强公务用车管理重申以下要求和规定。

一、进一步加强教育管理，健全各项制度

各级各部门（单位）要进一步强化安全教育，将安全规定铭于心、安全意识刻于脑，时刻警钟长鸣。根据《攀枝花市党政机关公务用车配备使用管理细则》（攀委办发〔2012〕19号）要求，结合各自实际，加强制度建设，形成一整套严格、完备、有效的公务用车使用管理制度，做到公务用车管理制度先行、有规可依。要深入开展公务用车管理自查自纠，认真查找管理中存在的问题和漏洞，切实加以整改，减少公务用车管理使用的随意性，坚决杜绝违规使用、超编超标配备等现象发生。

二、进一步严肃纪律，做到“四个严禁”

1. 严禁违规驾驶。严格执行《中华人民共和国道路交通管理条例》，严禁超速超员，严禁酒后驾驶、带病驾驶、疲劳驾驶。

2. 严禁公车私用。各单位干部职工一律不准用公车进行婚丧嫁娶、探亲访友、接送子女亲属、个人迎来送往、度假、旅游、休闲娱乐等非公务活动，不准借用下属单位或其他单位公车用于非公务活动，不准将公务用车用于出租或参与社会经营活动。各级领导干部要带头做到不以任何理由擅自驾驶公务用车。对因特殊情况确需自己驾驶公车的，要严格遵守审批程序，明确相关责任，并按规定做好登记备案。

3. 严禁乱停乱放。除重大会议、公务接待、公务洽谈、工作检查等特殊情况外，公务用车一律不得停放在餐饮娱乐场所和旅游景点门口。除特殊岗位用车外，公务用车在休息日、夜间实行入库管理，统一停放在各自单位指定地点。

4. 严禁铺张浪费。厉行节约，不准对公务用车进行豪华装修，不准超编制超标准配备公务用车。做好公务用车统筹调度，倡导绿色出行方式，特别是到外地办理公务，应当尽量乘坐公共交通工具，减少公务用车长途行驶，有效降低运行成本。

三、进一步强化责任，严格责任追究

各级各部门（单位）要按照中央、省、市关于公务用车使用管理的有关规定，进一步加强驾驶员政治思想、职业道德和行车安全教育。各单位主要领导作为公务用车使用管理的第一责任人，要切实加强公务车辆管理，确保不发生大的安全事故和不造成不良社会影响的新闻事件。对违反公务用车有关规定的，一经查实，严格按有关规定追究责任，绝不姑息迁就。凡因管理不力发生个人私驾公车被查处或发生重大交通事故、造成财产损失和人员伤亡的，除追究当事人的责任外，还要严肃追究单位主要领导的责任。

2013 年 3 月 27 日

中共攀枝花市委办公室　攀枝花市人民政府办公室关于建立市领导联系指导县（区）和基层工作制度的通知

（攀委办发〔2013〕8 号）

为深入贯彻党的十八大精神，落实中央和省、市委关于改进工作作风、密切联系群众有关规定，推动市委、市政府重大决策部署，特别是实施多点多级支撑发展战略的贯彻落实，市委、市政府决定，建立市领导联系指导县（区）和基层工作制度。现将有关事项通知如下。

一、指导思想

坚持以科学发展为主题，以加快转变经济方式为主线，牢牢把握“稳中快进，提质增效，争先进位，跨越提升”工作基调，深入实施多点多极支撑发展战略，大力推进“三个加快建设”“三个走在全省前列”，持续打好“六大硬仗”，推动全市经济社会持续健康发展，努力提升攀枝花在全省的战略地位，力争全市 GDP 总量 2014 年突破千亿元大关，2017 年达到 1500 亿元以上，努力实现在全省率先全面建成小康社会的目标。

二、基本原则

（一）以人为本。坚持把人民群众利益摆在第一位，把人民群众安危冷暖放在心上，落实保障和改善民生各项措施，更好地为全市人民谋福祉。

（二）深入实际。坚持密切联系群众，从群众中来、到群众中去，深入基层、深入一线，了解基层实情，体察群众所急所盼，为基层和群众解难事、办实事、办好事。

（三）分类指导。结合联系县（区）和基层的资源禀赋、产业特色、区位优势和发展基础，坚持实事求是、因地制宜，增强指导的针对性、实效性。

（四）推动发展。坚持把发展作为第一要务，以特色优势产业发展、新型城镇化建设、城乡统筹发展为支撑，加快县（区）经济社会发展，构建多点多极支撑发展新格局。

三、主要任务

（一）指导当地按照市委、市政府实施多点多极支撑发展战略的总体部署，找准发展定位，完善发展思路，制定发展规划，确立阶段性发展重点和工作目标。

（二）建立县（区）发展协调机制。自2013年起，每个县（区）明确1位市领导为联系人，其他市领导指定联系1个乡（镇）、1个村、3户困难群众。按照做强县域经济梯队的总体要求，结合县（区）和乡（镇）发展实际，研究谋划推进本区域发展的工作措施，协调解决具体困难和问题。

（三）按照全市工业产业发展布局，指导当地结合实际，研究制定优势产业发展、园区建设、招商引资、大企业大集团培育、产业集群发展的具体规划和实施方案，明确分阶段、分年度、分领域发展重点和目标要求。

（四）按照全市城镇体系总体规划，指导当地完善和实施本区域城市建设和中小城镇发展规划，提升城镇化发展质量和水平。

（五）按照加强“三农”工作总体部署，指导当地围绕基层设施建设、特色产业发展、公共服务设施、新村建设和农村综合配套改革，制定完善具体规划和保障措施，督促推进实施。

（六）围绕重大项目建设规划，制定分层次推进方案，强化工作督导，配合当地积极向国家和省上争取政策、项目、资金支持，帮助协调解决项目立项报批、要素保障和推进实施中的重大问题。

（七）围绕全市深化改革总体部署，指导当地实施深化重点领域和关键环节改革措施，为科学发展、加快发展提供体制机制保障。

（八）按照全市对外开放总体部署，指导当地扩大开放，深化区域合作，加强投资促进，承接产业转移。

（九）按照市委、市政府关于保障和改善民生的总体部署，指导当地扎实推进民生工程和扶贫开发工作。督促解决就业、教育、医疗、交通和社会保障等具体民生问题。

（十）指导当地加强基层组织建设，夯实基层基础。围绕新形势下社会管理面临的形势和任务，完善加强和创新社会管理工作机制，促进社会和谐稳定。

四、工作要求

（一）尊重地方主体。市领导联系指导县（区）和基层工作，重点是推动当地科学发展、加快发展，帮助协调解决经济社会发展中有关重大问题，督促贯彻落实市委、市政府重大工作部署。市领导要充分发挥当地主体作用，充分尊重基层意见，充分尊重群众首创精神，充分调动一切积极因素，与当地党委、政府共同谋划工作，不包办，不代替，不过问招投标和干部人事工作，在联系指导工作中切实服务当地、服务基层、服务群众。

（二）切实改进作风。市领导要严格执行中央和省、市委关于改进作风、密切联系群众有关规定，深入开展“思想大解放、作风大转变、工作大落实”主题教育活动，以身作则、率先垂范，一切从实际出发，力戒形式主义，多做打基础、利长远、顺民心的事，以实际成效示范和带动全市形成风清气正、团结干事的良好局面。

（三）加强调查研究。市领导要经常深入基层一线开展调查研究，多到困难集中、情况复杂的地方去，多到基层单位和群众中去，了解当地经济社会发展状况，走访看望困难群众，真实掌握社情民意，增强联系指导工作的针对性，并为市委、市政府决策提供参谋意见。市领导每年至少要到联系点开展6次调研，专题研究县（区）工作不少于4次。

（四）开展督导检查。市领导要加强对县（区）及基层贯彻落实中央方针政策和省、市委决策部署情况的督促检查，确保政令畅通。要推动相关工作任务再分解、目标再明确、措施再细化、项目再延伸、责任再分明，制定科学合理的工作推进方案和时间表，保证工作落实见效。

（五）强化工作落实。全面落实市领导联系指导县（区）和基层工作责任制，并将该项工作纳入个人年度述职和党员领导干部民主生活会的内容。市领导要在做好分管工作的同时，把联系指导县（区）工作作为一项经常性工作去谋划、去部署、去落实。市委常委会每半年听取一次工作情况汇报。各县（区）要全力协助市领导做好联系指导有关工作。市级各部门要把服务市领导联系指导县（区）和基层工作作为一项政治纪律，认真履职尽责，抓好相关工作，不推诿、不扯皮、不懈怠，不折不扣落实市委、市政府决策部署。

2013年4月6日

中共攀枝花市委办公室　攀枝花市人民政府办公室
关于开展“企村（社区）互动，共谋发展”的指导意见

（攀委办发〔2013〕9号）

为认真贯彻落实党的十八大提出的“形成以工促农、以城带乡、工农互惠、城乡一体的新型工农、城乡关系”的要求，根据市委、市政府关于深入实施“两化”互动、加快推进社会主义新农村建设的工作部署，现结合攀枝花实际，就开展“企村（社区）互动，共谋发展”提出如下指导意见：

一、指导思想

坚持以邓小平理论、“三个代表”重要思想和科学发展观为指导，遵循客观经济规律，坚持因地制宜、优势互补、市场运作、项目对接、自愿自主、互利双赢的原则，动员和引导非公有制企业、非公有制经济人士发挥资金、技术、人才、市场、信息及经营理念等方面的优势，与广大农村、社区的市场、生态、矿产和劳动力等资源优势相对接，促进城乡和谐、经济发展、企业增效、农民增收。

二、参与对象

（一）参与企业：部分优秀中国特色社会主义事业建设者所在企业、市工商联执委以上企业、县级以上政协委员、人大代表中的非公经济人士所在企业、年度50强企业、市级领导联系民营骨干企业及其他自愿参与、有一定经济实力和社会影响力且热心公益事业、愿意为攀枝花市新农村建设出力的企业家。

（二）参与互动村：企业所在村、市级领导联系村、特色产业村、政府重点打造旅游村、新农村建设示范村以及参与企业自行选择的村。

（三）参与互动城乡社区：因特殊情况形成的与企业共同发展的城乡社区。

三、互动原则

遵循“就地、自愿、关联”的原则，由参与企业自主确定支持对象、支持方式和支持内容，不搞固

定模式。在积极动员、引导的同时，充分尊重企业和合作村（社区）意愿，由企业和村（社区）根据自身的状况和发展需要来确定互动的形式、内容和期限。市级首批组织30户企业与村（社区）开展结对互动（名单见附件），以后每年各县（区）推动1—5户企业参与互动，并形成长效机制。

四、互动内容

结合实际，开展“企村（社区）”互动可采取如下形式：

（一）公益捐款型。企业自愿捐资，参与结对共建村（社区）的公共事业建设，改善农村（社区）面貌，提高农民（居民）生活质量。

（二）合作开发型。以项目合作开发为纽带，企业出资金、出品牌、出管理，共建村（社区）出土地、出劳动力，共同开发一些高效农业、农产品加工等经营性项目，实现企业发展、村庄（社区）建设提升、村集体和农民（居民）增收的多赢局面。

（三）产业带动型。通过来料加工、定牌生产等途径建设配套产品加工基地。通过订单培训、定向培训、业务指导建立人力资源供应基地，带动农村（社区）经济发展、农民（居民）转移就业和增加收入。

（四）发展顾问型。发挥企业人才、智力密集的优势，为结对共建村（社区）经济社会发展开展有效顾问，理清思路，传递信息，实施创业引导和实业指导，使企业理念融入村务（社区）管理，提高共建村（社区）整体发展水平。

（五）招商引资型。帮助结对共建村（社区）引进建设资金、合作伙伴，促进结对共建村（社区）的开发、建设和劳动力转移。

（六）帮扶济困型。对结对共建弱势群众进行生活救助，对贫困学生进行资金帮助，对创业人员进行创业援助。

五、实施举措

（一）加强领导，注重实效。为确保活动取得实效，成立企村（社区）互动领导小组，由市委分管非公经济的领导任组长，市政府联系工商联工作的领导、市委统战部部长、市工商联主席任副组长，市委组织部、市委统战部、市委农工委、市经信委、市直机关工委、市民政局、市扶贫移民局和市工商联为成员单位。领导小组办公室设在市工商联，负责日常工作。

（二）大力宣传，营造氛围。充分利用各种载体，积极营造氛围，广泛宣传企村（社区）互动的重大意义和活动中涌现的先进典型，及时总结企村（社区）互动的成功经验，推广行之有效的措施和办法，形成关注和参与企村（社区）互动的正确导向和舆论氛围

（三）加大扶持，健全机制。各有关部门要根据相关政策，对“企村（社区）互动”项目给予重点支持，对参与“企村（社区）互动”的村（社区）的公益性项目要优先考虑；对可纳入扶贫开发及其他相关政策扶持的范围互动项目，各有关部门要优先安排；对于全市有较大发展潜力的“企村（社区）互动”示范项目，在专项资金安排上给予一定支持；在推进“企村（社区）互动”过程中，协调企业投入合作村（社区）的无偿资金，按照攀委办〔2011〕118号文件有关精神给予工作经费奖励。

（四）稳步推进，务求实效。领导小组办公室要加强工作协调，做好项目对接和数据统计，及时发现问题，提出对策，确保活动的健康、顺利开展。每年对全市“企村（社区）互动”中的好经验、好做法进行交流推广，对涌现出来的先进个人和先进集体进行评选表彰。要把参与此项活动作为非公有制经济人士及企业评先评优及非公有制经济人士政治安排的一个重要条件。

2013年4月9日

新农村综合体建设实施意见

（攀委办发〔2013〕10号）

为推进我市新农村建设上新台阶，市委、市政府决定在全市深入开展新农村综合体建设，现结合贯彻《中共四川省委、四川省人民政府关于进一步加强产村相融成片推进新农村建设的意见》（川委发〔2013〕2号）、《中共四川省委办公厅、四川省人民政府办公厅关于加快建设新农村综合体的意见》（川委办〔2012〕38号）、《四川省新农村建设示范片推进工作领导小组办公室关于印发2013年全省新村建设实施方案的通知》（川新农办〔2013〕1号）等文件精神，就相关工作提出如下实施意见。

一、新农村综合体建设的总体要求

（一）指导思想

深入贯彻落实党的十八大、省第十次党代会和市委农村工作会议精神，按照市委、市政府“两化”互动、统筹城乡总体战略部署，围绕“道路标美化、产业特色化、房屋标准化、庭院优美化、公共服务城镇化”的要求，坚持统筹城乡发展理念，充分借鉴各地推进新村建设的经验，科学规划、分步实施，加快建设新村（聚居点），同步做好基础设施建设、强化公共服务配套、培育特色主导产业、完善产业化经营机制，努力建设一批具有攀枝花农村特色的新农村综合体，构建县城、中心镇、新农村综合体和新村（聚居点）相协调的新型城乡体系，形成城乡统筹、产村相融，新型城镇化和新农村建设双轮驱动的城乡一体化发展新格局。

（二）建设目标

2013年，全市累计建成新农村综合体8个（东区1个、西区1个、仁和区2个、米易县3个、盐边县1个），新农村综合体内的农民收入与所在县（区）城镇居民收入的差距缩小到1：2以内，享有初步的基本公共服务。

到2015年，累计建成新农村综合体19个（东区2个、西区2个、仁和区6个、米易县6个、盐边县3个），新农村综合体内的农民收入与所在县（区）城镇居民收入的差距缩小到1：1.5以内，享有较为充分的基本公共服务。

到2020年，累计建成新农村综合体34个（东区3个、西区3个、仁和区11个、米易县11个、盐边县6个）。新农村综合体内的农民收入接近所在县（区）城镇居民水平，享有与城镇居民均等的基本公共服务。

（三）基本要求

1. 明确定义，确定类型。建设新农村综合体是社会主义新农村建设深入推进的必然要求。新农村综合体是以农村地缘文化、经济基础相近的若干个村庄及聚居点组合成的聚合空间为基础，将村落民居、产业发展、基础设施、公共服务、社会建设等生产生活要素集约配置的地域空间形态，是聚居适度、产业优化、功能完善、城乡融合、环境优美、管理民主、社会和谐的农村新型社区。

我市正在探索建设的新农村综合体主要有特色产业型、中心集镇型、新型聚居点型等三种类型。特色产业型新农村综合体以现代农业、农产品加工业、商贸物流业、乡村旅游业等集群发展为支撑，其生活群体的主要收入来源是特色产业关联收入；中心集镇型新农村综合体以中心集镇为支撑，农民和产业向中心集镇聚集，紧密带动农村规模化、专业化关联产业基地，其生活群体的主要收入来源是二、三产业收入和财产性收入；新型聚居点型新农村综合体以跨村、跨乡镇连片现代农业产业基地为单元，合理布局建设农民集中居住区（若干个新型规模化、社区化中心村），其生活群体的主要收入来源是现代农业和关联产业收入。

2. 政府主导，农民主体。县（区）、乡（镇）两级党委、政府要把新村建设特别是新农村综合体建设提上重要议事日程，通过优惠政策、规划布局和试点示范进行引导。充分尊重农民群众的建设主体和受益主体地位，确保农民群众参与新农村综合体规划、建设和管理全过程，真正成为新农村综合体的建设者和受益者。

3. 科学规划，合理布局。坚持以县（区）为单位编制新农村综合体建设总体规划，统筹规划布局村庄和公共服务设施。按照因地制宜、分类指导的要求，重点在高速公路沿线、国道及省道沿线、二滩库区环线、特色农业产业基地周边等区域内，优先选择城市近郊、中心场镇周边、撤乡并镇后的闲置场镇，以及旅游集散地或靠近交通要道的部位，布局新农村综合体建设点，以“1 +6”村级公共服务活动中心为基本要素，统筹安排农村产业、村庄、设施建设和环境保护等相关工作，选点布局和规划设计要坚持生态打底，体现农村特色、地域特色、民族特色和文化特色，融入山水田园，体现自然生态，高要求、高标准编制各种类型的新农村综合体建设规划。

4. 城乡统筹，产村相融。把新农村综合体建设融入新型城镇化建设，统筹谋划推进城镇与新农村综合体产业发展、基础设施建设、公共服务配套和管理体制创新，实现城乡经济社会文化互动相融。以新村为载体、产业为支撑，注重产业发展与新村建设的互动相融，统筹考虑新村和产业的布局，形成新村带产业、产业促新村的格局。

5. 整合资源，有序推进。把新农村综合体建设作为全市当前及今后新村建设的重要任务，注重与各级涉农项目资金整合，积极搭建支持新农村综合体建设的投入平台，着力构建政府、金融、企业、农民多元投入体系，推动资金、技术、人才、信息等优势资源向新农村综合体流动。根据不同类型地区的区位条件、资源禀赋、生产力水平和经济发展水平，有重点、分步骤地有序推进新农村综合体建设。

二、建设新农村综合体的重点内容

（一）引导农户向新农村综合体聚居点适度集中居住。坚持宜居、宜业、宜商的原则，按照集中或相对集中的要求，建设适度规模的新农村综合体聚居点。新农村综合体聚居点的规模，一般以100户至300户为宜。根据全市新村建设整体性安排、县域新村建设总体规划和新农村综合体建设规划的要求，以统规统建、统规自建、企业与地方共建等灵活多样的方式建设新农村综合体聚居点。

坚持新建与改建、扩建并举，统一风貌特色、统一配置基础设施和公共服务，采取优惠政策、愿景引导和试点示范等方式积极引导农民自愿向新农村综合体聚居点相对集中居住。对进入新农村综合体建房的农户，免费提供设计图，依法减免有关税费。已规划的农村区域，原则上不再审批分散建房。

（二）强化新农村综合体的产业支撑。把促进现代农业发展作为新农村综合体建设的重要内容，重视开发农业的多种功能。以热带亚热带特色水果、早春蔬菜、畜牧水产、林业生物、优质烤烟、特色中药材等产业为主导产业，以农家乐、休闲观光农业、生态旅游等乡村旅游业为新兴产业，以农产品包装、加工、物流等产业为配套产业，规模化、专业化、集约化、标准化发展绿色农业、低碳农业、循环农业，形成农村一、二、三产业互动融合发展的产业支撑格局。

培育与自然禀赋、主导产业和文化资源、地域特色相结合的多元产业业态，打造休闲度假型、文化体验型、加工生产型、农产品流通集散型等新农村综合体产业体系，创造新的就业岗位，实现农民充分就业，确保农民收入持续增长。

（三）增强新农村综合体服务功能。按照城乡统筹、全域统筹、功能统筹的发展思路，加快推进新农村综合体生产性生活性基础设施和交通、商贸、金融等服务设施建设，增强新农村综合体服务功能。

各县（区）应根据地方条件，因地制宜高标准建设道路、饮水、用电、供气、通信、垃极污水处理、公交站点等生活性基础设施；综合配套教育、文化、医疗、社会保障、治安、有线电视、宽带网络等公共服务设施，广播、电视、电话、宽带入户率要达到100%；加快建设与产业发展相配套的旅游服务中心、文化娱乐中心、购物网点、乡村酒店、再生资源回收网点等设施；切实加强便民服务、卫生服务、警务服务、劳务培训、农业产业技术服务、文化体育、综治调节以及养老托幼等设施建设，新农村综合体公共服务设施建筑总面积一般应在350平方米以上。

有条件的地方应大力推动城镇公共服务设施与新农村综合体公共服务设施融合，可以按照村级组织活动场所建筑面积（以下同）100~150平方米、便民服务中心100~150平方米、农民培训中心100~150平方米、卫生计生中心100~200平方米、文化体育中心100~150平方米、农家购物中心50~200平方米、综合调解中心50平方米、养老院100~200平方米、托（幼）儿园200平方米、小学校人均10平方米等标准，建设新农村综合体公共服务设施。依托城镇建设的新农村综合体应与城镇基础设施建设一体规划、同步推进。

建立健全新农村综合体公共服务与城镇公共服务连接机制，确保城乡公共服务体系有效衔接、聚体运行。依托新农村综合体建设的基础没施和搭建的公共服务平台，要完善与推进产业发展相配套的农业科技、环境保护、农机和金融、保险、商贸、物流等社会化服务体系。

（四）促进新农村综合体社区建设。要积极引导组建并逐步加强新农村综合体社区党组织、社区村民委员会、村务监督委员会和社区服务站建设，突出社区党组织领导核心作用，强化社区村民委员会、村务监督委员会和社区服务站职责，引导新农村综合体社区居民开展自我教育、自我管理、自我服务、自我监督，提高社区综合管理服务水平。

支持和鼓励建立新农村综合体社区物业管理组织，推进社区服务市场化。用与市场经济机制相适应的现代生产经营组织形式，培育并优化新型农村合作组织。探索新农村综合体基层自治基础上的经济组织运行模式，以股份合作、协议合作、要素整合等方式组建新农村综合体经济合作组织，创新机制、明晰产权、确保权益、规范发展。加大对农民的培训力度，大力培养适应新农村综合体建设和发展需要的新型农民。与推动新型农村社区信用体系建设工作相结合，改善农村信用环境。

（五）切实做好环境治理和保护。提高新农村综合体发展环境和人居环境质量。加强新农村综合体建设选点论证和地质与生态环境评价，注意饮用水源保护和生态保护，避让地质灾害隐患点和生态脆弱地带，并充分利用自然地貌，实施山水田林路综合治理，使聚居点风貌突出、山水景观协调融合。推行道路、饮水、公交站点等设施标准化建设，确保新农村综合体基础设施规范有序、整洁实用。

突出新农村综合体聚居点环境和景观特色，大力发展庭院经济，增加聚居点内果蔬和花卉苗木（可以选择种植芒果树、柿子树、三角梅、炮仗花、攀枝花树等热带、亚热带植物）种植面积。规范新农村综合体聚居点民居房前屋后种植园地，形成错落有致、整齐多样的园艺结构。着力推进农业、畜牧业循环发展，加强农业废弃物综合利用，合理控制农业投入品，逐步根除农村面源污染。配套完善排污治污基础设施建设，做到污水、垃圾集中处理。落实新农村综合体聚居点环境卫生保洁责任制，有条件的地方应积极探索社会化专业环境卫生与环境保护管护机制。

三、强化建设新农村综合体的保障措施

（一）切实加强组织领导。各县（区）、市级各部门要强化组织领导，切实增强责任感和使命感，加快推进新农村综合体建设。按照分级负责、上下联动的原则，市农村工作领导小组成员单位要按照职能职责分工，担负起统筹推进的责任。市、县（区）农工委或新农村推进办要承担牵头抓总的工作职责，负责组织启动新农村综合体建设工作，搞好综合协调和督促检查；市、县（区）财政部门负责抓好新农村综合体建设资金投入和项目整合；市、县（区）住建部门负责研究制定新农村综合体建设的标准，指导做好县区新农村综合体建设规划编制和建设管理工作；市、县（区）国土部门要研究制定规范新农村综合体建设用地的办法；其它各相关部门要积极支持配合，形成整体合力，协同推进全市新农村综合体建设。各县（区）党委、政府是新农村综合体建设的责任主体，要把新农村综合体建设纳入重要议事日程，明确责任，细化措施，加大投入，强力推进。

（二）科学编制建设规划。充分借鉴地震灾区灾后恢复重建经验，根据全市新村建设整体性安排和县域新村建设总体规划，高标准编制新村（聚居点）和新农村综合体建设规划。新农村综合体建设规划要注重前瞻性、协调性、系统性、差异性，并与水利、交通、移民搬迁、土地整理、连片扶贫开发、新村基础设施建设、农村环境综合整治等重大项目相衔接，进一步完善规划内容。注重体现农村特色、地方特色和保护自然生态、民族文化，形成独特风貌。

（三）扎实抓好试点工作。以仁和区省级新农村建设成片推进示范县、省级财政新村基础设施建设项目区（米易县、盐边县、仁和区）、二滩水淹区连片扶贫开发地区、盐边红格省级新农村示范片、米易湾丘—垭口省级新农村示范片、2012 年已经建设的 16 个旅游新村、西攀高速及丽攀高速公路沿线、省道 214 沿线、市内重要旅游风景区等区域为重点，按照县（区）申报、市级审核的工作程序，启动全市新农村综合体建设试点工作。纳入试点的地区要根据环境、资源、文化等条件，宜农则农、宜工则工、宜商则商、宜旅则旅，探索建设多种模式、各种类型的新农村综合体。

2013 年 3 月初，各县（区）按照《中共四川省委办公厅、四川省人民政府办公厅关于加快建设新农村综合体的意见》（川委办〔2012〕38 号）要求，向市委农工委申报新农村综合体建设试点。2013 年 3 月底前，市委农工委代市委、市政府审核县（区）申报情况，并报市委、市政府同意后报省级审批。

（四）加大政策支持力度。各县（区）、市级相关部门要切实加强对新农村综合体建设支持政策的研究，抓紧制定相关措施，加大新农村综合体建设财政支持力度。市级相关部门要将新农村综合体建设作为省级新农村成片推进示范县、新村基础设施建设的重要内容予以支持，并积极争取上级专项资金支持。市、县（区）两级财政部门要建立健全先建后补、以奖代补、奖补结合机制，积极推行并完善民办公助方式，大力引导金融资本和社会资金投入到新农村综合体建设中，逐步构建多元投入体系。

2013 年 3 月 21 日

进一步加强产村相融成片推进新村建设的意见

（攀委办发〔2013〕11 号）

为贯彻落实《中共四川省委、四川省人民政府关于进一步加强产村相融成片推进新农村建设的意见》（川委发〔2013〕2 号）、《四川省新农村建设示范片推进工作领导小组办公室关于印发 2013 年全省新村建设实施方案的通知》（川新农办〔2013〕1 号）和《中共攀枝花市委关于印发<中共攀枝花市委 2013 年工作要点>的通知》（攀委发〔2013〕1 号）文件精神，扎实推进全市新农村建设，现就做好 2013 年新农村建设工作提出如下意见。

一、明确总体要求

（一）指导思想。牢牢把握市委提出的“稳中快进、提质增效、争先进位、跨越提升”的工作基调，继续把新农村建设作为全市“六大硬仗”和急难险重工作。按照“生产发展、生活宽裕、乡风文明、村容整洁、管理民主”的新农村建设总体要求，以规划为龙头、新村为载体、产业为支撑、改革为动力，坚持“全域、全程、全面小康”的指导方针和成片连线、扩面连片、整体推进、产村相融、分步实施、有序推进、全面覆盖的思路，统筹推进新村建设和生产生活、公共服务、社会管理的综合配套。积极探索新农村综合体建设，着力打造新村和新型农村社区，推动全市新农村建设再上新台阶。

（二）工作目标。2013年重点开展仁和区省级新农村建设成片推进示范县、新农村综合体、省级新村基础设施、民族乡镇新村、西攀高速及丽攀高速公路沿线、省道214沿线、二滩库区环湖线、特色产业基地集中区、城镇周边等区域内的新村建设项目。

2013年建设各类新村（聚居点）48个，其中：东区4个、西区5个、仁和区17个（至少启动2个边远民族乡镇的新村建设）、米易县14个（至少启动2个边远民族乡镇的新村建设）、盐边县8个（至少启动2个边远民族乡镇的新村建设）；探索建设新农村综合体8个，其中东区1个、西区1个、仁和区2个、米易县3个、盐边县1个；2012年建设的16个旅游新村全面形成旅游接待能力，米易县、盐边县、仁和区分别打造1个乡村旅游环线带。

二、突出重点工作

（一）科学编制新村（聚居点）规划。各县（区）要按照省委、省政府对产村相融成片推进新农村建设的要求，于2013年2月底前进一步修改完善和提升县域新村建设总体规划和专项规划，于2013年3月底前编制完成2013年度拟建设的新村（聚居点）具体规划设计，免费提供至少5种经济、实用、科学的民居户型设计图样供农民群众选择。

规划要覆盖本行政区域内所有村庄村落和农户，包括县域内的村庄村落空间布局、民居规划户型设计、基础设施和公共服务配套建设等内容。新村聚居点规划设计要坚持生态打底，体现农村特色、地域特色、民族特色和文化特色。按照“前庭后院、瓜果菜园、鸡犬之声、鸟语花香”的要求，展现田园风光和农家情趣。

村庄布局、村落规划和民居设计要体现“三打破、三提高”和满足抗震设防的要求，建筑功能与农村产业相结合，功能布局合理，人畜相对分离，人畜饮用水、生产生活用电、新村道路和机耕道路、通讯网络、沼气池和太阳能等新型能源等相关附属设施齐全。

（二）突出抓好新村（聚居点）建设。各县（区）应把新村（聚居点）建设放在新农村建设成片推进的突出位置，严格按照规划的重点和时序，制定新村建设倒排工期表，力争在2013年2月底启动建设，在2013年3月底全面启动土地整理、地基开挖、房建主体等各项建设工程，力争在2013年12月底全面完工。

市、县（区）住建部门应积极引导农民按规划建房，严格按图施工，确保村落民居和农房建设符合相关技术规范要求，质量达到设计标准。各县（区）应注重将新村聚居点建设与农村危房改造、各类移民搬迁安置、洪涝地质灾害等灾后重建、连片扶贫开发、城镇和开发区建设拆迁安置、民族新村建设等民生工程和优化调整农业产业结构结合起来，并保持农村特色和田园风光，体现地域特点和民族风格。要及时总结2012年度开展新村建设的经验，主动学习借鉴并推广各地在新农村建设中探索出的土地整理、统规统建、统规自建、招商引资等方面的先进做法，挖掘和总结当地民居建筑特色，建设更加适合当地风貌特色的农房。通过规划引领、政策激励、功能吸引，引导农民相对集中居住。

2013年3月初，各县（区）按照《中共四川省委办公厅、四川省人民政府办公厅关于加快建设新农村综合体的意见》（川委办〔2012〕38号）要求，向市委农工委申报新农村综合体建设试点。2013年3月底前，市委农工委代市委、市政府审核县（区）申报情况，并报市农村工作领导小组同意后报省级审批。

各县（区）应选择有条件的地方积极申报并加快建设新农村综合体，在具备条件的村以村级公共服务活动中心为平台，初步建成新农村综合体，2013年全市初步建成8个新农村综合体。

（三）大力推进农村基础设施建设。围绕新村建设和产业发展，加快农村基础设施建设。重点围绕集中建设的新村（聚居点）和依山就势建设的相对分散的民居点，开展田间渠系、机耕道路、高效节水灌溉和小型水利工程、机电提灌设施建设，成片整理零星田块，建设高标准农田，配套建设田网、水网、路网、电网。加大新村基础设施建设投入，加强公共交通、集中供水、能源电力、广播电视、网络宽带、邮政通信、金融商务等基础设施建设，加快改厨、改厕、改圈、改水、改路，推进农村沼气建设，改善农民生活条件和人居环境，提升新村整体功能和水平。

2013 年 2 月底前，2013 年度建设的 48 个新村（聚居点）内的基础设施建设项目应全面开工。新村（聚居点）内的道路硬化率、入户率达 100%，边沟、路灯、标示标牌等附属设施配套完善；基本实现统一集中供水，管网入户率、农民安全饮水率达 100%；电力、有线电视、邮政通信、排水、环境卫生等设施设备完备，移动电话覆盖率、供电普及率、有线电视覆盖率、垃圾集中收集率达 100%。

（四）推进农村公共服务体系建设。按照促进城乡基本公共服务均等化要求，大力推进农村公共服务体系建设。继续建设村级“1 +6”公共服务活动中心（村级组织 <村两委> 活动场所和便民服务中心、农民培训中心、文化体育中心、卫生计生中心、综治调解中心、农家购物中心），健全教育服务、文化体育、医疗卫生、就业培训、市场信息和各种社会管理服务体系，配套完善物流配送、商业网点等公共服务设施。积极创新农村社区管理，完善村民自治制度，健全社区管理制度，落实管理人员，畅通农民利益诉求渠道，促进农村社会和谐稳定。加强基层组织建设，增强村级组织的战斗力，发挥推动发展、服务群众、凝聚人心、促进和谐的作用。

2013 年 12 月底，集中居住户数 100 户以上的新村（聚居点）基本建成村级“1 +6”公共服务活动中心。

（五）加快推进现代农业产业基地建设。坚持产村相融发展理念，以规模经营现代农业为主要生产方式，新村带产业、产业促新村。以建设国家现代农业示范区为平台，开展大规模高标准农田建设，连片规划建设特色水果、早春蔬菜、优质烤烟、林业生物、畜牧水产等现代农业产业基地，扶持联户经营、专业大户和家庭农（牧）场，加快培育现代农业经营主体（龙头企业和专合组织），深入开展“两个带动”，产业化经营组织带动农户面达 75% 以上。大力发展农产品物流及加工产业，提高市场对接能力，促进农民持续稳定增收。

2013 年，开展新村建设的村农民人均纯收入增长率应高于所在县平均水平 3 个百分点；所有新村（聚居点）均初步形成至少 1 个标准化、规模化、集约化特色农业产业基地。

（六）努力推进农村生态文明建设。强化农村环境治理，重点对村组道路、民居环境进行清理，统筹建设生活垃圾处理设施，推广生活垃圾户集、村收、乡镇运、县（区）处理等模式，提高农村生活垃圾收集率和无害化处理率。深入开展农村生态环境工程建设，推广人工湿地和“微田园”，培育发展循环农业产业，减少农村面源污染，加大水土流失综合防治力度，建设生态田园新村。有条件的地方要把生态文明建设与文化建设结合起来，打造精品文化旅游村寨，建设美丽乡村。

三、工作措施

（一）强化组织领导。2013 年是贯彻落实党的十八大精神的开局之年，是打好全市“新村建设硬仗”的攻坚之年，是为确保实现“新村建设走在全省前列”目标奠定坚实基础的重要一年。做好今年的新农村建设工作，任务艰巨，意义重大。全市上下要结合贯彻落实党的十八大精神及市委九届四次全体（扩大）会议要求，切实把新农村建设作为推进农业农村发展的综合性载体，科学谋划新农村建设各项工作，切实强化新农村建设的组织领导工作。

全市各级各部门要高度重视，强化领导，明确职责，加快推进。在市农村工作领导小组的统一领导下，由市委农工委牵头负责全市新农村建设的统筹协调、督促检查等工作，各成员单位参与支持相应的工作，做到整体联动，各司其职，工作要抓重点、找难点、出亮点。

各县（区）党委、政府作为新农村建设的责任主体、实施主体和工作主体，要排出建设时间表，明确建设任务和年度工作目标，加大投入力度，责任落实到人，认真组织实施，确保取得实效。

（二）加大资金投入。2013年，市级财政安排一定数量的专项资金，通过以奖代补方式支持新农村建设，专项用于新村（聚居点）基础设施和公共服务设施建设。县（区）财政要在2012年投入基数的基础上继续加大新农村建设投入力度，财政资金主要用于新村基础设施建设、公共设施建设、支持新村建设贷款贴息补助和扩大奖补范围。符合村级公益事业建设“一事一议”财政奖补政策范围规定的项目，要优先纳入财政奖补政策支持，充分调动和发挥农民群众参与新村建设的积极性、主动性和创造性，使其真正成为新村建设的建设主体和受益主体。

继续积极争取中央和省级新农村建设项目、资金支持，坚持以县（区）为单位，以新村建设为平台，整合农田水利、集中供水、集中供气、广播电视、宽带网络等基础设施项目以及卫生、文化、体育、商业等公共服务项目资金。增加土地出让金收益用于新村建设的提取比例，引导农村“三资”（集体资产、资源、资金）投入新村建设。引导金融机构加大对新村建设的信贷投放力度，多措施拓宽投入渠道。在农民自愿的前提下，鼓励个人、企业等民间和社会资金以共建或联建等多种方式投资建设新农村生产生活基础设施，尤其鼓励引导企业和社会组织在农村兴办各类医疗卫生、教育培训、社会福利、社会服务、文化旅游等事业。

要调整优化支出结构，做好新农村建设资金统筹平衡工作，并切实加强新农村建设专项资金的监督管理，接受社会、群众监督和审计监督，确保项目安排和资金使用公正、公平、公开，确保新村建设规划按期、保质、按量完成。

（三）开展结对共建。市级各部门和在攀的中央、省直管部门以及企事业单位应根据《攀枝花市结对共建新村方案》要求，发挥各自职能和优势，继续定点结对共建新村。各县（区）也要建立相应的结对共建机制，动员辖区内所属部门、企事业单位、个人参与新村建设。

各县（区）因地质灾害等特殊原因调整变更新村建设点，需在2013年3月底前向市农村工作领导小组提出报告，经审批同意后实施建设，并负责主动向市级结对共建单位沟通情况。

（四）完善考核体系。继续将新村建设和结对共建工作纳入年度综合目标考核体系，年初签订目标责任书，实行风险抵押、责任到人。工作考核由市委农工委牵头，市财政局、市住建局、市农牧局、市国土资源局、市委目标督查办、市政府目标督查办等部门参与，根据考核结果，兑现奖惩。

2013年3月21日

中共攀枝花市委办公室　攀枝花市人民政府办公室关于建立推动落实改进工作作风、密切联系群众有关规定工作机制的通知

（攀委办发〔2013〕23号）

为进一步落实《十八届中央政治局关于改进工作作风、密切联系群众的八项规定》（中发〔2012〕11号，以下简称《八项规定》）和《贯彻落实〈十八届中央政治局关于改进工作作风、密切联系群众的八项规定〉实施细则》（中办发〔2012〕30号，以下简称《实施细则》），扎实推动《中共四川省委、四川省人民政府关于改进工作作风、密切联系群众的规定》（川委发〔2012〕17号，以下简称《规定》）及《中共攀枝花市委、攀枝花市人民政府关于进一步改进工作作风、提高工作效能的规定》（攀委发〔2013〕3号，以下简称《十项规定》）的贯彻执行，按照《中共四川省委办公厅、四川省人民政府办公

厅关于建立推动落实改进工作作风、密切联系群众有关规定工作机制的通知》要求，结合攀枝花实际，经市委、市政府同意，现就我市建立推动落实改进工作作风、密切联系群众有关规定工作机制的有关事项通知如下。

一、建立分工负责机制

市委办公室、市人大办公室、市政府办公室、市政协办公室按照《规定》及《十项规定》要求负责做好市领导的相关服务工作。市纪委（监察局）、市委办公室、市政府办公室、市委宣传部、市发改委、市财政局、市审计局、市外事办、市机关事务管理局、市委群工局、市接待办、市公安局等部门（单位）在带头执行《规定》及《十项规定》要求的同时，按照工作职能加强对各县（区）、各部门（单位）落实《规定》及《十项规定》的工作指导和督促检查。各县（区）要相应建立推动《规定》及《十项规定》落实的工作机制，切实抓好各项规定的全面落实。

二、建立情况收集机制

各县（区）、各有关部门（单位）要确定1名联络员，每月10日前向市目标督查办报送本县（区）、本部门（单位）落实改进工作作风、密切联系群众有关规定的情况。

（一）市委办公室、市人大办公室、市政府办公室和市政协办公室负责提供本单位参与服务中央领导来攀考察调研时有关部门和县（区）执行《八项规定》及《实施细则》等规定情况，提供本单位参与服务省领导来攀考察调研时执行《规定》情况，提供为市领导开展相关服务中执行《规定》及《十项规定》情况，以及本部门精简文件简报和精简会议活动等方面的情况。

（二）市纪委（监察局）负责提供开展对各县（区）、市级各部门、市内高等院校、国有大企业执行《规定》及《十项规定》监督检查情况。

（三）市委宣传部负责提供对新闻报道工作的统筹协调和日常管理、督促指导市级新闻媒体执行《规定》及《十项规定》有关情况。

（四）市发改委负责提供招投标工作中执行《规定》及《十项规定》有关情况。

（五）市财政局负责提供财政资金管理中执行《规定》及《十项规定》有关情况。

（六）市审计局负责提供审计工作中执行《规定》及《十项规定》有关情况。

（七）市机关事务管理局负责提供市级机关楼堂馆所建设、资产管理、公务用车配备使用、节能降耗等工作中执行《规定》及《十项规定》有关情况。

（八）市公安局负责提供中央领导来攀考察调研时警卫（安保）工作执行《八项规定》及《实施细则》有关情况，提供省领导来攀考察调研时警卫（安保）工作执行《规定》有关情况。

（九）市外事办负责提供因公出国（出境）执行《规定》及《十项规定》有关情况。

（十）市接待办负责提供中央领导来攀考察调研时接待工作执行《八项规定》及《实施细则》有关情况，提供省领导来攀考察调研时接待工作执行《规定》有关情况。

（十一）市委群工局负责提供群众来信来访中对各县（区）、各部门（单位）执行《规定》及《十项规定》有关情况的反映。

（十二）市公共资源交易中心负责提供政府采购工作中执行《规定》及《十项规定》有关情况。

（十三）各县（区）党委、政府办公室负责提供本地执行《规定》及《十项规定》有关情况，并了解、提供市领导在各县（区）考察调研时各县（区）有关服务和执行《规定》及《十项规定》情况。

三、建立实地督查机制

市纪委（监察局）要按照市委、市政府有关要求，定期或不定期采取重点检查、明察暗访、集中检查、巡视监督等方式，加强对各县（区）、各部门（单位）执行有关规定情况的监督检查，及时将有关情况反馈市委办公室、市政府办公室。

四、建立协作会商机制

市目标督查办与纪检监察机关、审计部门每半年交流1次情况，主要是《规定》的监督执行情况和各县（区）、各部门（单位）会议活动等经费使用情况；与市委宣传部、市外事办等有关部门形成工作交流机制，及时沟通了解市领导新闻报道和出访活动有关情况。

五、建立汇总报告机制

市目标督查办按季度定期督促检查，及时汇总每月各县（区）、各部门（单位）落实《规定》及《十项规定》的有关情况，适时形成专项或综合性督查报告，报市委、市政府领导。同时，按照要求在每月15日前分别向省委办公厅、省政府办公厅上报我市落实《八项规定》《实施细则》要求和执行《规定》及《十项规定》的情况。

六、建立情况通报机制

每年年底，市目标督查办对各县（区）、各部门（单位）执行有关规定情况向市委常委会作汇报并进行通报。对违反规定的，建议纪检监察机关和组织等有关部门依纪依规处理。

2013年6月13日

中共攀枝花市委办公室　攀枝花市人民政府办公室
关于开展市属事业单位分类工作的实施意见

（攀委办发〔2013〕27号）

根据《中共中央、国务院关于分类推进事业单位改革的指导意见》（中发〔2011〕5号）和《中共四川省委办公厅、四川省人民政府办公厅关于开展事业单位分类工作的实施意见》（川委办〔2013〕6号）精神，为做好我市事业单位分类工作，现提出如下实施意见。

一、原则要求

坚持政事分开、事企分开、分类指导的原则，结合我市经济社会发展实际，积极稳妥、稳步推进市属事业单位分类工作。

二、分类范围

市委、市政府直属事业单位；市级各部门（单位）所属事业单位；由机构编制部门审批设立，纳入市本级管理的垂直管理部门（单位）所属事业单位。

三、类别划分

以社会功能为依据，将现有事业单位划分为承担行政职能（简称行政类）、从事生产经营活动（简称经营类）和从事公益服务（简称公益类）三个类别。其中，根据职责任务、服务对象和资源配置方式等情况，将公益类事业单位细分为公益一类和公益二类。机构名称、经费来源、人员管理方式等均不作为分类依据。

（一）行政类

即承担行政决策、行政执行、行政监督等职能的事业单位。认定行政职能的主要依据是国家有关法律法规和中央有关政策规定。这类单位逐步将行政职能划归行政机构，或转为行政机构。今后，不再批准设立承担行政职能的事业单位。

认定承担行政类事业单位的依据是国家有关法律法规和中央有关政策规定，包括国家法律、国务院颁布的行政法规、全国人大常委会颁布的法律解释、党中央和国务院文件的有关规定。部门所属事业单位承担的行政职能，还必须有国家法律法规或中央政策规定明确授权。

（二）经营类

即所提供的产品或服务可以由市场配置资源、不承担公益服务职责的事业单位。这类单位要逐步转为企业或撤销。今后，不再批准设立从事生产经营活动的事业单位。

（三）公益类

1. 公益一类

即承担义务教育、基础性科研、公共文化、公共卫生及基层的基本医疗服务等基本公益服务，不能或不宜由市场配置资源的事业单位。这类单位不得从事经营活动，其宗旨、业务范围和服务规范由国家确定。

2. 公益二类

即承担高等教育、非营利医疗等公益服务，可部分由市场配置资源的事业单位。这类单位按照国家确定的公益目标和相关标准开展活动，在确保公益目标的前提下，可依据相关法律法规提供与主业相关的服务，收益的使用按国家有关规定执行。

四、程序和步骤

（一）提出分类意见。市委、市政府直属事业单位由直属事业单位提出分类初步意见；部门（单位）所属事业单位由主管部门（单位）提出分类初步意见。

各事业单位要在主管部门（单位）的指导下，对本单位的职责任务及运作情况进行全面分析，在明确功能定位的基础上，提出分类的初步意见。主管部门（单位）在认真审核、通盘考虑的基础上，拟定本部门（单位）所属事业单位分类建议方案，内容包括：一是本部门（单位）所属事业单位分类的总体方案，包括事业单位的基本情况、职能的清理整合、机构的调整归类意见等；二是各事业单位分类的具体方案，包括主要职能、拟定类别、机构规格、人员编制、领导职数以及认定该类别的理由等，并提供有关依据材料；三是各事业单位改革的初步考虑。在与市委编办沟通协商后，填写《攀枝花市市属事业单位分类申报表》，连同建议方案（附电子文档），于8月31日前报市委编办。

（二）审批确定类别。市委编办对各部门（单位）报送的分类意见进行逐一审查，会同组织、财政、人力资源社会保障部门与相关部门（单位）沟通协商后，提出初步审核意见，按程序报批。机构编制部门要将确定为行政类事业单位的名单报省机构编制部门备案。此项工作于11月底前完成。

五、结合分类，进一步深化事业单位清理规范工作

（一）对类别属性不明显或兼有两种及以上不同类别属性的事业单位，在对其承担的职能进行清理基础上，部门（单位）可同时提出职能调整和分类意见。

（二）对布局不合理，设置过于分散，规模过小，原有主要职能萎缩、任务严重不足，职责任务相近、重复设置的事业单位，部门（单位）可同时提出机构整合和分类意见。

（三）对承担的特定工作任务已完成或履行职责的法定依据已消失的，批准设立两年以上未正式组建、未开展工作或无正式在编工作人员的事业单位，部门（单位）对债权债务和人员进行妥善安置处理后，提出撤销意见，经批准后不再进行分类工作。

六、工作要求

（一）加强组织领导。事业单位分类工作涉及面广、政策性强，关系其他各项改革的顺利推进。事业单位分类工作在市委、市政府和市委编委会的统一领导下，由有关部门密切配合组织实施，具体工作由市委编办承担。各部门（单位）作为本系统事业单位分类工作的责任主体，要严格执行政策、不搞变通、不推诿责任、不上交矛盾；要采取多种形式做好事业单位职工思想工作，深入宣传解释政策，正确引导社会舆论，及时化解改革中出现的矛盾和问题，做到人员思想不散、工作不断、秩序不乱；要健全工作机制，配备专门力量，确保按时保质完成分类工作。

（二）严格人事、资产、档案等管理工作。组织、纪检监察、财政、人力资源社会保障、国有资产管理、档案管理等部门要加强对干部人事、国有资产、文书档案等方面的指导和监管。

（三）从严审批机构编制事项。对全市事业单位（含参照公务员法管理的事业单位）和事业编制实行总量控制，除党中央、国务院和省委、省政府有明确要求外，不得突破总量新设事业单位，新增事业编制，确需加强的公益服务事业，要在现有事业机构编制总量内调剂解决，严禁上级业务主管部门干预下级机构设置和编制配备。

2013 年 7 月 27 日

攀枝花市“急难险重”目标任务管理办法

（攀委办发〔2013〕28 号）

第一条　为切实转变干部作风，抢抓发展机遇，聚力攻坚克难，奋力推进“两大跨越”，开创全市各项事业发展的新局面，在全省率先建成小康社会，特制定本办法。

第二条　本办法所称“急难险重”目标任务，是指关系全市经济发展、社会稳定，且时间紧、任务重、难度大的重点项目和重点工作。

第三条　“急难险重”目标任务按下列程序确定：

（一）提出或申报

1. 市委、市政府领导提出纳入市级“急难险重”目标任务的项目意见，交市目标督查办。

2. 市级有关部门、钒钛产业园区管委会认为需纳入市级“急难险重”目标任务的项目，经分管市领导审签后向市目标督查办申报。

3. 各县（区）目标督查办认为需纳入市级“急难险重”目标任务的项目，经县（区）委、县（区）政府主要领导审签后向市目标督查办申报。

提出或申报的截止时间为每年的 12 月 31 日。

（二）汇总和建议

市目标督查办将各单位提出和申报的“急难险重”目标任务项目进行分类汇总，提出年度“急难险重”目标任务的项目建议名单。

（三）初审和审核。市目标管理工作领导小组初审后，报市委、市政府主要领导审核。

（四）会议审定。市委常委会议、市政府常务会议审定后，市委办、市政府办联合行文下达执行。

第四条　变更或取消。“急难险重”目标任务下达后，原则上不再改变。如因特殊情况，需要变更目标任务部分内容的，由责任单位在报分管市领导和市委、市政府主要领导同意后，市目标督查办予以变更；取消目标任务的，由责任单位报经市委常委会议、市政府常务会议同意后，市目标督查办予以取消。变更或取消目标任务，年度考核时依据《攀枝花市“急难险重”目标任务考核奖惩细则》予以处理。

第五条职责分工。市委、市人大、市政府、市政协相关领导按照“急难险重”目标任务责任分工，充分发挥指导、协调和推动作用，及时开展项目督导；责任单位负责抓好目标任务的细化分解和组织实施工作，相关参与单位按要求完成配合任务。

第六条督查督办制度。

（一）月报制度。每月 1 日前，承担“急难险重”目标任务的责任单位，向市目标督查办书面报送上月项目推进情况。报送材料内容包括：市领导抓落实动态，目标任务完成情况，推进过程中存在的问题及建议，下月工作安排等。

（二）协调制度。对“急难险重”项目推进过程中存在的问题，市目标督查办在收到报告2个工作日内交由相关部门协调解决并立项督办，重大事项书面报请市委、市政府有关领导协调解决。

（三）通报制度。市目标督查办对“急难险重”目标任务项目实施全程管理，定期或不定期开展现场督查，依据每月督查统计分析的结果，按月进行督查通报。

第七条奖惩制度。实行责任领导按年度缴纳“急难险重”目标任务责任保证金制度，实施专项考核奖惩。市目标督查办依据《攀枝花市“急难险重”目标任务项目考核奖惩办法》完善相关的实施细则，组织实施年度考核，并提出奖惩建议，经市目标管理工作领导小组初审，报市委常委会议、市政府常务会议审定后兑现。

第八条　本办法由市目标督查办负责解释，自印发之日起施行。

2013年8月19日

中共攀枝花市委办公室
关于加强和改进党委信息工作的实施意见

（攀委办发〔2013〕35号）

为贯彻落实《中共中央办公厅关于加强和改进党委信息工作的意见》（中办发〔2012〕15号）和《中共四川省委办公厅关于加强和改进党委信息工作的实施意见》（川委办〔2013〕4号）精神，进一步提高新形势下全市各级党委信息工作的质量和水平，更好地为市委和地方各级党委了解情况、科学决策和指导工作提供有力保障，现结合我市工作实际，提出以下实施意见。

一、做好党委信息工作的重要意义

开展信息工作是党委办公室的一项重要职能。信息是各级党委科学决策、民主决策、依法决策的重要依据，信息工作的成效将影响党委的决策以及对全局工作的领导。全市各级各部门要从讲政治、讲大局、讲党性的高度，充分认识新形势下加强和改进党委信息工作的重要性和紧迫性，切实增强向本级和上级党委报送信息的责任感和使命感，主动适应国内外形势的新变化和党委工作的新要求，更加有针对性地收集、及时报送信息，使信息工作成为市委和本级党委掌握情况的主要渠道、科学决策的参谋助手、指导工作的有效依据、联系群众的桥梁纽带。

二、党委信息工作的基本原则

服务大局。坚持把服务领导、服务中心、服务决策作为基本要求，准确把握各级党委的信息需求，创造性地开展信息工作，充分发挥好参谋助手作用。

及时高效。加快信息收集、处理、报送速度，实现“第一手情况”“第一道研判”“第一时间报送”，增强信息时效性。

全面准确。坚持喜忧兼报，客观真实反映各地各部门经济社会发展及党的建设方面取得的新成效新经验、面临的新情况新问题、提出的新思路新建议。

统筹协调。充分发挥党委信息系统主渠道作用，建立党委主导下的信息工作联动机制，构建“大信息”工作格局。

三、党委信息工作的内容和要求

（一）日常信息

报送内容：各地各部门贯彻落实上级党委重大决策、重要工作部署情况，贯彻落实上级党委领导到基层调查研究、检查工作、现场办公时重要讲话精神的情况；改革发展稳定各项工作中的重要进展、重要动向、经验做法、特色亮点、困难问题和进一步做好工作的意见建议；国际国内宏观经济形势变化及对我市的影响；中央和国家部委、其他地区对我市有借鉴意义的重要工作动态；重要的社情民意，各方面人士对中央、省委、市委工作的意见建议等。

工作要求：注重做好信息综合加工，加强信息鉴别和筛选，按照主题鲜明、内容准确、条理清晰、文字精练的要求精心编辑信息。各县（区）委办公室每个工作日至少向市委办公室报送1条信息；市级各部门每周至少向市委办公室报送1条信息。每月重要经济指标完成情况应在次月15日前报送，年度业务工作总结及次年工作要点在1月20日前报送，每季度、半年应分别报送经济形势分析和预测信息，重大经济运行动态信息要随时报送。建立健全信息沟通会商研判和核实机制，对要素不全、内容存疑的信息及时进行补充核实，提高信息质量。

（二）紧急信息

报送内容：凡较大自然灾害、较大事故灾难、较大公共卫生事件、较大群体性事件、较大治安和刑事案件，涉及国家安全和社会稳定的重要紧急情况，本身较为敏感、已经或可能在社会上形成舆论热点的事件，可能引发较大突发事件的内幕性、预警性、行动性信息，均须及时向市委办公室信息工作部门报送。报送标准参照国家、四川省、攀枝花市应对突发事件有关法律法规执行，不在规定范围内但比较敏感的信息也必须及时报送。

工作要求：紧急信息上报按照工作管辖和属地管辖的原则，相关部门和单位必须按时限上报。突发事件发生后，事件所在地县（区）党委和市级业务主管部门必须在30分钟内向市委办公室信息工作部门电话报告初步情况，2小时内书面报送有关情况，并随时续报事件的发展和处置情况。对因特殊情况难以在2小时内报送的，应在接到事件报告后30分钟内向市委办公室说明情况。县（区）党委和市级部门分别向省委和省级主管部门报送重大、特大类紧急信息，须经市委审定确认后，方可上报。发生重大突发事件，需要成立现场抢险指挥部时，指挥部要明确紧急信息报送牵头负责人和具体责任人，严格信息审核和统一归口报送，确保重大紧急信息上报及时、准确、全面。加强信息值班力量，实行紧急信息报送工作24小时值班制度。

（三）互联网等新兴媒体信息

报送内容：把互联网等新兴媒体信息的收集报送列入党委信息工作，注重从网站论坛、音频视频、博客、微博客等传播的信息中掌握网络虚拟社会活动动向，及时收集报送影响现实社会尤其是影响社会稳定的苗头性、倾向性、行动性信息。围绕党委领导关心的重点、重要工作推进的难点、网民关注的热点、社会舆论的焦点，收集、分析、研判互联网等新兴媒体上传播的对经济社会发展具有全局意义的信息。

工作要求：建立完善互联网信息收集体系，市舆情、网监等单位要加强对互联网信息的监测预警，及时掌握重大、敏感舆情动态和走向，及时报送各方反应，使市委始终正确把握整个舆情导向和走势。市委办公室要针对重点网络舆情建立一套科学的收集、报送、交办、处理、监督、反馈的长效工作机制，推动网络舆情信息工作更好地服务发展、服务大局、服务决策。

（四）调研信息

报送内容：紧扣各级党委的决策需求，围绕各级党委的重大决策部署、影响改革发展稳定的突出矛盾和问题、社会热点和工作难点，开展专题信息调研和联合调研；围绕经济建设、政治建设、文化建设、社会建设、生态文明建设和党的建设各个领域，广泛收集对党委决定有重要参考意义的看法、观点、思想、建议等。

工作要求：加强信息调研选题策划，适度超前布置约稿和材料收集工作，力争调研类信息报送节奏与领导阶段性关注重点契合。杜绝空话套话，重点反映问题、意见和建议，形成有宏观、长远指导意义的系统化研究成果。对上级党委交办的信息调研任务要认真抓好落实，按时保质完成，努力使信息调研工作成为各级党委了解基层、关注民生、掌握重要动态的主要渠道。

四、建立健全党委信息工作长效机制

（一）建立健全信息工作联动机制。构建党委统一领导、信息工作部门具体负责、有关部门积极配合、社会力量广泛参与的大信息工作格局。强化党委信息工作部门“信息总汇”作用，逐步减少向省委和市委多头、重复、交叉报送信息。下级党委必须向上级党委报送信息，党委和政府职能部门必须向本级党委报送信息，全市各级机关都要重视和保证党委信息的主渠道地位。党委、人大、政府、政协信息工作部门既要实行信息归口管理，又要加强协作配合，建立健全党委主导下的信息工作联动机制，整合信息资源，形成工作合力。

（二）建立健全报送机制。明确一名党委办公室负责同志主抓信息报送工作。县（区）党委办公室必须建立专门信息工作机构，明确专职人员。市级各部门要明确信息工作承办科处室和专职、兼职人员。建立完善重点高校、科研机构、国有企业信息直报制度，探索在媒体、学校、企业、医院、社区和乡镇建立信息员制度。密切与政府应急系统的互动合作，加强与宣传、公安、安全、信访、通信管理等部门的沟通协调，不断提高快速反应能力和信息收集处理效率。各级各部门要严格按照紧急信息报送时间要求，必须做到第一时间向市委报送，杜绝出现“由上转下”“由外转内”等信息倒流现象。

（三）完善信息工作考评体系。建立健全并严格实施信息收集、处理、报送、考核、奖惩及通报等各项有关制度，不折不扣地落实信息报送工作责任制，确保制度严密、执行严格。市委办公室每个季度通报1次全市党委信息工作情况，及时向信息报送单位反馈信息采用和领导批示情况，肯定工作成绩，指出问题不足，提出改进工作的要求。将党委信息工作纳入党委年度目标管理，每年对信息工作进行1次全面考核评比。对信息工作成绩突出的单位和个人，按照有关规定予以表彰奖励；对未严格按照时间要求报送紧急信息，造成“由上转下”“由外转内”等信息倒流现象的，取消年度评优资格；对漏报、误报、瞒报重要信息的，予以通报批评并督促整改；对授意工作人员瞒报、谎报重要信息的，或在重要信息处理中玩忽职守、失职渎职并造成严重后果的，依纪依法追究责任。

五、强化信息工作力量建设

按照中办发〔2012〕15号和川委办〔2013〕4号文件精神，县级及以上地方党委办公室必须建立专门信息工作机构，高配信息工作机构负责人，配备专职工作人员，确保工作力量与其承担的职责任务相适应。对市委信息工作机构主要负责人高配为副县级，对县（区）党委信息工作机构主要负责人高配为副科级，配齐配强信息工作人员。加强对信息工作人员的培养使用，安排信息工作人员列席本级党委有关重要会议、阅读有关重要文件、参与本级党委领导调研活动，通过专题培训、业务研讨等方式提高信息工作人员的业务素质，对德才兼备、实绩突出的要予以重点培养。

六、加强对党委信息工作的组织领导

党委主要负责同志要高度重视信息工作，为工作开展创造良好条件；分管负责同志要定期听取信息工作部门汇报，及时研究解决工作中的重大问题。上级党委信息工作部门对下级党委信息工作负有业务督导责任，要及时指导和督导下级党委信息工作部门做好信息工作。提升信息化水平，加快完善适应信息技术发展要求的信息监测、收集、加工等技术手段。加强应急通信设施配备，确保紧急特殊情况下信息报送渠道畅通。强化信息传输网络的安全保密管理和运行维护，严防涉密信息泄露。将信息工作经费纳入同级财政预算，并随着经济发展、财力增强适时增加。

2013年9月11日

中共攀枝花市委办公室　攀枝花市人民政府办公室
关于进一步加强网上信访办理工作的意见

（攀委办发〔2013〕40号）

近年来，随着人民网“地方领导留言板”、国家信访局网上投诉、“省长信箱”、我市“市长信箱”及“12345市民热线”等网上信访渠道的开通，网上信访已成为群众反映社情民意、表达各类诉求的重要方式。对此，市委、市政府高度重视，明确专门机构进行受理办理，网上信访办理工作取得了一定成效。但由于我市网上信访办理工作开展时间较短，相应的制度、机制不够健全，目前还存在办理质量不高、程序不规范、回复不及时等问题。为进一步贯彻落实中央、省、市有关文件精神，切实加强网上信访办理工作，不断提高网上信访办理工作的效率和水平，有效维护人民群众的合法权益，现提出如下意见。

一、统一思想，提高认识，深刻领会网上信访办理工作的重要意义

开展网上信访工作是加强和改进新时期信访工作，进一步健全完善党委和政府主导的维护群众权益机制的重要举措；是创新信访工作理念和方法，进一步拓宽和畅通信访渠道的重要手段，也是用群众工作统揽信访工作，创新社会管理的必然要求。进一步加强网上信访办理工作，有利于群众更加方便快捷地通过这一渠道表达诉求，有利于党委和政府更加广泛深入地了解民情民意，有利于强化责任主体的责任，确保问题得到及时妥善解决，有效降低信访成本，迅速化解矛盾纠纷，对于建设幸福和谐攀枝花具有重要意义。各级各部门必须高度重视，统一思想，提高认识，切实增强做好网上信访办理工作的主动性和责任感、使命感。

二、明确要求，落实责任，切实加强对网上信访办理工作的组织领导

（一）成立由市委常委、政法委书记任组长，市政府分管副市长任副组长，有关方面负责同志为成员的市网上信访办理工作领导小组，领导小组办公室设在市委群工局（市政府信访局），办公室主任由市委群众工作局（市政府信访局）局长兼任。各县（区）、各部门（单位）要建立相应的网上信访工作领导小组，及时、定期研究网上信访办理工作。各部门（单位）要高度重视网上信访办理工作，落实主要领导负总责、分管领导具体抓、其他领导成员“一岗双责”的领导责任制，搞好统筹协调，确保形成“主要领导亲自抓、分管领导具体抓、层层抓落实”的工作格局，为网上信访办理工作提供有力组织保证，并落实工作正常运行所必需的人员和经费。

（二）网上信访事项处理的基本原则和总体要求。网上信访工作作为信访工作的重要组成部分，在受理和办理过程中，要遵行“属地管理、分级负责；谁主管、谁负责；依法、及时、就地解决问题，维护信访人合法权益”的基本原则和总体要求。各级政府、各有关职能部门、有关企事业单位是网上信访具体承办责任主体，负责具体承办网上信访事项并拟制回复文本。

（三）缩短办理周期，提高回复时效。各部门（单位）要落实专人每日接收涉及本单位的网上信访事项，做到当日接收，当日着手办理，严格按时限要求回复。

（四）建立会商研判机制，提高办理水平。各部门（单位）要加强对网上信访事项的分析研判，及时掌握网上舆论动向。对可能引发大规模集体上访和群体性事件的苗头性信息要高度关注，提前制定预案，及时采取应对措施，将矛盾化解在基层和萌芽状态。

三、分类指导，规范管理，进一步明确网上信访办理工作具体要求

各部门（单位）要认真对待网上信访办理、回复工作，根据不同平台受理的网上信访办理和回复要求，着力问题解决，努力提升工作实效。在办理过程中，对法律和法规有明确规定的，依法按政策及时解决；对诉求合理但没有明确法律法规和政策规定的，或因客观条件不具备难以解决的，要主动说明情况；对诉求过高或不合理的，要做好宣传解释和引导工作。网上告知等具体操作事宜请与市委群众工作局（市政府信访局）联系。

（一）提高“人民网地方领导留言板”网民留言办理回复水平，确保100%按期公开回复。一是强化办理时效。要认真分析留言所涉及的问题，并严格按规定时限及时办理回复，不得推诿拖延。各承办单位对政策咨询和意见建议类留言，应在2个工作日内反馈回复意见；对求决类留言，应在10个工作日内反馈回复意见；对情况比较复杂的，经本单位主要负责同志批准，向市委群众工作局（市政府信访局）书面递交延期报告，但延期时限不得超过10个工作日；因留言事项涉及多个部门或跨地区、情况特别复杂、25个工作日内仍无法办结的，承办部门应在网上进行二次告知并承诺办结日期以确保网民知情权。二是规范办理程序。承办单位对办理回复意见必须严格审查把关，县（区）办理回复的人民网网民留言，由县（区）政府分管负责同志审签，涉及重大问题的须经党委、政府主要负责同志审签，加盖公章后报送；部门（单位）办理回复的人民网网民留言，由主要负责同志审签，加盖公章后报送，确保回复的严肃性和规范性。三是给县（区）委书记、县（区）长的留言事项，由县（区）自行负责下载、办理、回复。

（二）加大国家信访局投诉受理办公室交办、转送投诉事项的办理力度，确保100%按期办结。一是规范制作《答复意见书》，《答复意见书》须告知投诉人复查复核权利，并送达投诉人，对投诉人因故未在《答复意见书》上签字的，承办单位应做出书面说明。二是严格按时限要求回复，承办单位必须在时限要求（必须在60日内通过信访信息系统网上办结）内办结并回复，无法按期办结的应提前20日书面报告延期理由、进展情况、延期时间及单位负责人批准意见。三是规范网上办理流程。投诉事项必须在全国信访信息系统办结，在办理选项中，选择“自办”，点击办理，系统自动弹出“自办处理单”，根据办理结果填写“自办处理单”上相关选项，完成“答复意见书”（自动生成“答复意见书”编号必须保留），点选信访人“满意度”，最后填写“送达日期”，保存后该信访件“办理状态”即显示“办完”。未开通全国信访信息系统的单位，按要求及时将办理结果反馈给市委群众工作局（市政府信访局），由市委群众工作局（市政府信访局）负责网上办结。四是办理重复信访事项，需按《信访条例》的规定出具告知单告知信访人，对重复信访事项中的新诉求，需在告知单内填入新诉求的办理情况。

（三）加强“省长信箱”信件办理力度，确保100%按期回复。一是加强对回复用语的审核把关，要求文字简明扼要，内容问有所答，表达清晰完整，措辞得当平和，用语礼貌文明。二是严格按时限要求回复。承办单位通过“省长信箱”管理平台及时接收、办理、回复信件。建议、咨询类留言在5个工作日内回复；投诉、求决类留言在20个工作日内回复。不能按期办结的提前10天向市委群众工作局（市政府信访局）书面报送有关情况说明。未使用“省长信箱”管理平台的单位按要求及时办理，办结后及时将回复意见反馈给市委群众工作局（市政府信访局），由市委群众工作局（市政府信访局）进行网上办结。

（四）提高“市长信箱”办理回复质量，切实提高回复率。一是承办单位对信件回复要及时准确，办理情况原则上要求5个工作日内反馈。对交办有疑义、需调整承办单位的，应于收件当天及时向交办部门说明情况、提出申请，以便及时调整办理部门。二是对问题复杂、涉及人数众多的留言，办理结案后应与网民取得联系，告知办理情况，做好政策性解释工作。对办理难度大、不能如期办结的，要在规定办理时限内报告进展情况，不得向来信人作推诿性答复。三是在“事要解决”上狠下功夫，着力提高办理质量和按期办结率。

（五）提高“12345 市民热线”办理回复质量，切实提高网民满意度。一是承办单位认真落实收件、办理、反馈等各个工作环节。二是严格按系统时限要求回复。工作平台设定办理时限为 5 个工作日，因问题复杂需要延期的可申请延期至 10 个工作日。如遇情况特别复杂、确需再次延期的，须向受理中心提出书面说明。三是提高办理质量，规范回复用语，切实提高网民满意度。

四、强化督查，逗硬考核，进一步推动网上信访办理工作上新台阶

市委、市政府已将网上信访办理工作纳入全市目标考核内容，由市委群众工作局（市政府信访局）组织实施。市委群众工作局（市政府信访局）负责加强督促指导，对相关行政机关在办理网上信访事项过程中，有推诿、敷衍、拖延办理，或者未在规定期限内办结的，由市委群众工作局（市政府信访局）会同市目标督查办进行联合督办，提出整改意见。对造成严重后果的责任人员和单位，将由相关部门依法依纪追究责任。

2013 年 10 月 16 日

中共攀枝花市委办公室　攀枝花市人民政府办公室
关于进一步完善城乡社会救助体系建设的意见

（攀委办发〔2013〕42 号）

2005 年以来，按照《中共攀枝花市委攀枝花市人民政府关于推进城乡社会救助体系建设的意见》（攀委发〔2005〕19 号）要求，全市各级党委、政府从保障和改善民生出发，扎实推进社会救助工作。城乡低保制度日臻完善，五保供养顺利转型，医疗救助成效显著，灾害应急救助机制更加完备，困难群众住房难问题明显改善，贫困家庭教育救助机制基本建立，就业援助政策有效落实，法律援助工作成效明显，慈善捐助和社会互助取得丰硕成果。以最低生活保障为核心、专项救助为补充的社会救助体系基本建立，全市社会救助事业实现了跨越式发展。为进一步贯彻党的十八大精神，紧紧围绕市委关于“在全省率先全面建成小康社会”的部署，建设和谐幸福攀枝花，现就进一步完善城乡社会救助体系建设提出如下意见：

一、指导思想

以邓小平理论、“三个代表”重要思想和科学发展观为指导，按照“三个走在全省前列”和加快推进小康社会建设的要求，进一步加强和完善城乡社会救助体系建设，提高救助水平，扩大救助范围，切实解决困难群众最关心、最直接的问题。

二、基本原则

（一）政府主导，社会参与。坚持政府主导，强化政府责任意识。积极动员、扶持社会力量参与救助，对政府救助形成有益补充，多层次、多途径解决困难群众问题。

（二）保障基本，促进发展。从困难群众生存与发展基本需求出发，以基本社会服务均等化为目标，加强制度统筹规划，坚持社会救助与经济社会发展水平相适应，努力解决困难群众最关心的热点和难点问题。

（三）统筹城乡，水平适度。统筹城乡协调发展，推进城乡社会救助公共服务均等化，社会救助水平从我市实际情况出发，既尽力而为又量力而行。

三、目标任务

坚持保基本、可持续、重公正、求实效的方针，围绕全面推进小康社会建设，到 2020 年全面建成以最低生活保障为核心，以医疗、住房、教育、就业、法律、临时等专项救助为补充，与公益慈善和社会帮扶有效衔接，覆盖城乡困难群众的社会救助体系。

四、重点工作任务

（一）最低生活保障。按照《国务院关于进一步加强和改进最低生活保障工作的意见》（国发〔2012〕45号）和《四川省人民政府关于进一步加强最低生活保障工作的实施意见》（川府发〔2013〕28号）要求，进一步完善最低生活保障对象认定条件，规范最低生活保障审核审批程序，建立救助申请家庭经济状况核对机制，加强最低生活保障对象动态管理，健全最低生活保障工作监管机制。建立城乡低保标准与经济发展同步增长机制，稳步提高城乡最低生活保障水平。积极促进最低生活保障制度与就业、扶贫开发政策的有效衔接。积极探索“支出型”贫困家庭救助办法。

（二）农村五保供养。全面贯彻五保供养政策，有效落实五保供养标准的自然增长机制，切实提高五保供养水平。市、县（区）财政要逐年加大投入力度，确保每年预算适当资金用于农村敬老院的维修、改造、设备升级等工作。加强敬老院日常管理，推进敬老院标准化建设，开展农村敬老院星级评定工作。积极推进农村敬老院事业单位登记工作，并建立长效机制。

（三）城乡医疗救助。进一步加大资助参保（合）力度，稳步提高医疗救助比例和封顶线。建立完善重特大疾病医疗救助制度。建立城乡医疗救助与城镇职工医保、城镇居民医保、新农合补偿同步结算的“一站式服务”机制。加强医疗救助与基本医疗保险的衔接，多渠道解决困难群众就医难问题。

（四）自然灾害救助。继续完善以救灾工作分级负责制为基础，灾害应急机制为主体，社会动员机制相配套的灾害救助体系。坚持防灾、减灾、救灾相结合，完善灾害监测和预警、预报制度，健全灾害紧急救援及应急响应机制、救灾联动机制和救灾物资储备体系，加快立项建设市、县两级救灾物资储备库，加强抗灾救灾综合协调，强化灾情信息管理和灾害损失评估工作，全面提高灾害应急救援能力。

（五）流浪乞讨人员救助。强化多部门联动协作，健全救助网络体系，改善救助管理机构设施条件，增强救助保护能力、教育矫治能力、预防干预能力和服务保障能力，基本建成布局合理、规模适度、功能完善、有效覆盖、反应及时的救助保护体系。有效减少街头流浪未成年人数量，通过心理和行为偏差矫治、教育转化、技能培训、职业介绍等服务减少反复流浪现象，帮助受助流浪未成年人回归家庭或实现社会自立。

（六）住房救助。按照《国务院关于解决城市低收入家庭住房困难的若干意见》（国发〔2007〕24号）要求，建立健全以廉租住房为基础、公共租赁住房为主导、经济适用住房和限价商品住房为补充的保障性住房体系。逐步扩大保障范围，合理调整供应结构，完善公共租赁住房管理、限价商品住房管理等配套政策。加快保障性住房建设进度，加大棚户区改造力度，多渠道改善外来务工人员居住条件。力争到“十三五”期末，实现城镇低保家庭住房救助全覆盖；人均住房建筑面积在15平方米以下的城镇中低收入家庭、低收入家庭的住房基本得到保障，并将符合住房保障条件的城中村改造对象、外来务工人员纳入城镇住房保障体系。

（七）教育救助。建立学前教育资助制度，对普惠性幼儿园在园家庭经济困难儿童、孤儿和残疾儿童给予资助。继续开展义务教育阶段“两免一补”政策。实施普通高中国家助学金制度和中等职业教育资助政策。建立健全生源地信用助学贷款制度。落实高校毕业生到艰苦地区就业学费奖补政策。做好大学新生入学资助项目和滋蕙计划。

（八）就业援助。建立完善就业困难群体就业援助制度和工作保障制度，建立健全覆盖城乡的公共就业援助服务体系。将有劳动能力和就业意愿的就业困难群体优先纳入就业服务范围，积极落实就业扶持政策，提供职业指导、求职登记、职业介绍、技能培训、创业指导、政策咨询、劳动权益保护等就业服务，积极开发公益性就业岗位，优先安置就业困难群体。

（九）法律援助。充分发挥法律援助保障和改善民生、维护和促进社会稳定的职能作用，进一步加大组织机构建设、人员队伍建设和业务规范化建设力度，扩大援助对象覆盖面，优化服务形式，提升服务能力，做到“能援尽援”“应援尽援”。进一步完善上下贯通、横向互动、覆盖全市的法律援助网络，畅通法律援助申请渠道，为困难群众提供优质、高效、快捷的法律援助服务。

（十）临时救助。建立稳定有效的临时救助资金保障机制。逐步拓展救助领域，规范操作程序，科学设置救助标准，着力解决低保、低收入家庭的临时性生活困难。做好临时生活救助与最低生活保障制度、城市生活无着的流浪乞讨人员救助制度和其他专项社会救助制度的衔接工作，发挥社会救助综合效应。

（十一）慈善帮扶。进一步加强慈善体系建设，健全覆盖市、县（区）、乡镇（街道）和社区的慈善服务网络；进一步加强慈善爱心超市建设，积极开展慈善物资募集活动，努力拓展慈善物资募集渠道；进一步完善帮扶工作机制，让更多的特殊困难群众得到实惠，使帮扶特殊困难群众工作可持续发展；进一步打造“在同一片蓝天下”慈善品牌，深入推动“慈善助学助医”帮扶活动；进一步管好、用好福彩公益金，使之发挥更大的社会效益。

（十二）优惠政策。加强城市低收入家庭认定工作，将自来水、煤气、有线电视等公用事业收费和惠民医疗服务等优惠政策扩大到城市低收入群体。

五、保障措施

社会救助事业关系全市困难群众的切身利益，事关社会和谐稳定大局，各级党委、政府要高度重视、加强领导，强化资金保障和能力建设，切实推进社会救助事业健康发展。

（一）加强组织领导。各级党委、政府要切实加强对社会救助体系建设的组织领导，将社会救助列入政府目标考核和领导任期目标责任制，完善地方党政主要领导负总责、部门齐抓共管、逐级负责的工作制度。建立社会救助联席会议制度，推进社会救助工作整体规划，增强救助合力。

（二）加强协调配合。进一步明确社会救助体系建设责任分工，各部门要密切配合、共同推进社会救助体系建设。民政部门负责社会救助综合管理和协调服务；财政部门负责落实社会救助资金预算安排和资金使用监督；教育部门负责制定实施城乡困难家庭子女教育费用减免政策；人力资源社会保障部门负责做好对有劳动能力的城镇困难人员提供就业援助，做好城镇职工、城镇居民基本医疗保险、新型农村合作医疗和医疗救助在政策和管理上的衔接；卫生部门负责修改完善惠民医疗服务政策，指导督促医疗机构降低医疗成本、合理收费；住房规划建设部门负责制定完善廉租住房、经济适用房、公租房等住房保障的政策措施；司法部门负责制定完善法律援助的政策措施，为救助对象无偿提供法律援助；审计部门负责加强对社会救助资金的审计监督；工会、妇联、残联、共青团、慈善会、红十字会等在各自职责范围内开展社会公益帮扶工作。

（三）加大财政投入和督查力度。各级政府要按照国家、省有关要求，积极筹措安排社会救助资金，为社会救助提供经费保障，将社会救助经费纳入财政预算。鼓励和引导社会力量参与救助，大力发展慈善事业。健全救助资金使用、监督管理和支出绩效评估机制。加强工作经费监管，防止违法违规使用资金行为。加大责任追究力度，保障社会救助资金规范使用并发挥最大社会效益。

（四）加强能力建设。各级党委、政府要切实加强社会救助工作力量，确保事有人管、责有人负。市、县（区）财政要根据社会救助工作任务量等因素，合理安排社会救助工作经费。大力推进信息化建设，建立市级居民家庭经济状况核对中心，加快居民经济状况核对系统建设，构建多部门信息资源共享平台。

2013年10月30日

第二章　重要会议

【市委九届四次全体（扩大）会议暨市委经济工作会议】2013 年 1 月 7 日，中共攀枝花市委九届四次全体（扩大）会议暨市委经济工作会议在攀枝花会展中心举行。全会由市委常委会主持。市委书记刘成鸣代表市委常委会报告了 2012 年工作，提出了 2013 年的工作意见，市委副书记、市长张剡代表市委常委会对 2013 年经济工作作了具体安排。

刘成鸣指出，2012 年是攀枝花发展史上很不寻常、很不平凡的一年。在省委、省政府的正确领导下，市委团结带领全市干部群众，深入学习贯彻落实党的十八大、省第十次党代会和市委九届三次全会精神，坚定信心、振奋精神，攻坚克难、务实进取，积极应对严峻复杂的宏观经济形势和主导产业市场疲软、效益下滑的困难局面，努力化解“8？29”事故带来的负面影响，围绕实施“三个加快建设”、推进“三个走在全省前列”、打好“六大硬仗”，稳中求进抓工业，强化措施抓转型，攻坚克难抓交通，统筹城乡抓新村，多措并举抓旅游，创新方式抓开放，排忧解难抓民生，痛定思痛抓整治，协调各方抓合力，率先垂范抓党建，全市综合实力持续增强、城市面貌明显改观、枢纽建设扎实推进、农业农村发展成效明显、阳光康养旅游品牌初步形成、发展活力不断激发、安全生产形势逐步稳定、民主政治建设进一步加强、社会大局更加和谐稳定，实现了经济社会持续快速健康发展，呈现出众志一心谋发展、加压奋进攻难关、创新实干求突破的良好局面。

刘成鸣指出，2013 年是全面贯彻落实党的十八大精神的开局之年，是实施“十二五”规划的关键一年，是打好“六大硬仗”的攻坚之年，是为在全省率先全面建成小康社会奠定坚实基础的重要一年，做好全年工作，任务艰巨、意义重大。要坚持以党的十八大精神为总揽，全面贯彻落实中央和省委经济工作会议精神，以科学发展为主题，以转变经济发展方式为主线，以提高经济增长质量和效益为中心，牢牢把握“稳中快进，提质增效，争先进位，跨越提升”的工作基调，突出产业支撑、投资拉动、“四化”同步、统筹城乡、改善民生，大力推进“三个加快建设”“三个走在全省前列”，继续打好“六大硬仗”，全力促进经济持续快速发展、社会更加和谐稳定。全年要确保地区生产总值增长 13.5%，力争 14% 以上；规模以上工业增加值增长 16%，力争 17% 以上；全社会固定资产投资增长 17%，力争 18% 以上；社会消费品零售总额增长 15%，力争 16% 以上；地方财政收入增长 14% 以上；城镇居民人均可支配收入和农民人均纯收入增长 14%，力争 15% 以上。

刘成鸣强调，要按照党的十八大精神及中央和省委经济工作会议要求，准确把握各方面形势任务变化，科学谋划和推动各项工作。要围绕“六大硬仗”，坚持不懈地打好资源综合开发利用的硬仗，在建设中国钒钛之都上取得新突破；坚持不懈地打好建设宜居宜业大城市的硬仗，在建设中国阳光花城上开创新局面；坚持不懈地打好区域交通枢纽建设的硬仗，在构建四川南向开放门户上形成新格局；坚持不懈地打好农业发展和新村建设的硬仗，在建设国家现代农业示范区上取得新进展；坚持不懈地打好全国著名阳光休闲康养旅游目的地建设的硬仗，在推动服务业大发展上取得新成效；坚持不懈地打好民生改善和社会事业发展的硬仗，在建设幸福攀枝花上迈出新步伐，奋力推进经济社会发展新跨越。要坚定不移地深化改革开放，加快推进各项改革，全面扩大对外开放，突出抓好招商引资，不断增强经济社会发展的动力与活力。坚定不移地加强和改进党的建设，加强民主政治建设，凝聚强大合力；强化思想理论武装，推进思想解放；优化监督考评机制，强化工作执行；创新选人用人机制，鲜明实干导向；推进基层组织建设，夯实执政基础；深化党风廉政建设，永葆清廉形象，为加快发展提供坚强的政治保证。

刘成鸣号召，全市上下要紧密团结在以习近平同志为总书记的党中央周围，以党的十八大精神为指引，高举中国特色社会主义伟大旗帜，深入贯彻落实科学发展观，解放思想、坚定信心、振奋精神、顽强拼搏，奋力推进全市经济社会发展新跨越，为在全省率先全面建成小康社会而努力奋斗！

【市委九届五次全体（扩大）会议】 2013 年 7 月 10 日，中共攀枝花市委九届五次全体（扩大）会议在攀枝花会展中心举行。全会由市委常委会主持。全会听取和讨论了市委书记刘成鸣受市委常委会委托所作的工作报告，审议通过了《中共攀枝花市委关于深入贯彻落实党的十八大精神为在全省率先全面建成小康社会而奋斗的决定》。市委副书记、市长张剡就《决定（审议稿）》向全会作了说明，并对上半年全市经济工作作了总结和安排。

刘成鸣指出，市委九届三次全会以来，喜逢党的十八大和省第十次党代会胜利召开，时逢宏观经济形势复杂多变、我市主导产业市场疲软，全市经济结构艰难调整，城市加快转型。市委、市政府团结带领全市人民，坚持继往开来不折腾，不断明晰发展路径，全市思想更加统一；坚持加快发展不动摇，集中精力搞建设，发展信心更加坚定；坚持改善民生不放松，着力提高群众生活水平，发展成效更加明显；坚持攻坚克难不懈怠，切实加强队伍和作风建设，工作干劲更加高涨。一年多的时间里，我们不断审视市情，统一了思想，更形成了共识；迎难而上，经历了艰难，更凝聚了力量；抢抓机遇，经受了挑战，更增强了信心，全市上下始终以昂扬的斗志、务实的作风和扎实的举措，推动经济社会健康平稳发展，形成了众志成城谋跨越、加压奋进克难关、齐心协力求突破的良好局面。

刘成鸣指出，当前攀枝花正处于全面建成小康社会的“关键期”，“两化”互动、“四化”同步、城乡一体化发展的“加速期”，老工业基地持续发展的“振兴期”，改革开放、创新驱动的“突破期”，扶贫解困的“攻坚期”，由资源之都向产业之都、经济之都跨越的“质变期”，必须紧跟全国、全省发展步伐，在更高层次谋划，以更大力度推进，集中力量打一场全面小康决战决胜的总体战，奋力实现在全省率先全面建成小康社会的目标，谱写伟大中国梦的攀枝花恢弘篇章。

刘成鸣强调，要准确把握在全省率先全面建成小康社会的目标任务，紧扣“率先”要求，实现进度的超前性；紧扣“全面”要求，增强发展的统筹性；紧扣“小康”要求，体现成果的普惠性。要准确把握在全省率先全面建成小康社会的战略途径，认真落实多点多极支撑发展战略，大力推进县域经济跨越发展，在钒钛资源综合开发利用上再上台阶，在阳光康养旅游城市建设上取得突破，在构建区域综合交通枢纽上迈出步伐，在建设区域商贸物流中心上见到成效，在打造区域教育文化卫生高地上形成优势，充分发挥区域性中心城市的引领作用，提升攀枝花在攀西城市群和川滇结合部的战略地位；大力实施“两化”互动、城乡统筹发展战略，推进产城融合发展、城乡一体化发展，全面增强产业核心竞争力、城市整体竞争力和区域综合竞争力，形成“四化”同步、良性增长的发展格局；大力实施创新驱动发展战略，推进发展理念创新、科学技术创新、体制机制创新，促进经济增长由要素支撑向创新驱动转变、由资源依赖向科技依托转变，增强科学发展、转型升级的内生动力。

刘成鸣要求，今后几年，要紧紧围绕省委“三大发展战略”“两个跨越”的战略部署，按照市委既定的思路和目标，突出重点，把握关键，坚持以做大经济总量为基础，以提高发展质量和效益为核心，以推动产业升级和城市转型为重点，以特色优势产业发展、新型城镇化建设、城乡统筹发展为支撑，以改革开放和创新驱动为动力，扎实深入推进各项工作，着力优化发展格局、培育竞争优势、增强跨越动力，向着在全省率先全面建成小康社会的目标奋力前行。为此，要大力推进产业发展，提升整体经济实力；大力推进新型城镇化建设，拓展产业发展空间；大力推进农业农村发展，夯实统筹城乡发展基础；大力推进基础设施建设，强化加快发展的基础保障；大力推进改革开放，增强加快发展的动力与活力；大力推进生态文明建设，提高可持续发展能力；大力推进扶贫攻坚，促进全域同步全面小康；大力保障和改善民生，保持社会和谐稳定。

刘成鸣指出，实现目标任务，关键在党、关键在人，必须进一步加强思想理论建设，着力提升党员干部思想政治素质；进一步加强班子和干部队伍建设，着力提高领导能力和工作水平；进一步加强基层组织建设，着力夯实促发展惠民生的工作基础；进一步加强干部作风建设，着力营造为民务实清廉的良好风气。

刘成鸣强调，面对复杂多变的宏观经济形势，要坚持目标不变、要求不变、任务不变、决心不变，突出重点，狠抓落实，以非常之策，行非常之举，少一些指指点点和说三道四，多一些扎扎实实和示范带头，强化激励鞭策，坚决逗硬奖惩，确保任务定一项、抓一项、项项落地，工作干一件、成一件、件件落实，圆满完成年度各项目标任务。

【市委九届六次全体（扩大）会议暨市委经济工作会议】2013年12月31日，中共攀枝花市委九届六次全体（扩大）会议暨市委经济工作会议在攀枝花会展中心举行。全会由市委常委会主持，市委书记刘成鸣受市委常委会委托向全会报告2013年工作，并对2014年工作提出建议，市委副书记、市长张剡代表市委常委会对2014年经济工作作了具体安排。

刘成鸣指出，2013年，是攀枝花发展进程中极不寻常、极不平凡的一年。在省委、省政府的坚强领导下，市委、市政府团结带领全市人民，牢牢把握“稳中快进、提质增效、争先进位、跨越提升”的工作基调，积极应对宏观经济下行压力，努力克服产能过剩、出口不畅、内需不足、效益下滑、煤矿关停的困难局面，千方百计稳工业、扩投资、调结构、抓城建、促开放、惠民生、强党建，发展活力充分激发，发展后劲不断增强，发展方式逐步转变，产业实力持续提升，城市面貌明显改观，群众生活显著改善，执政基础更加稳固，在严峻复杂形势和特殊困难下，保持了经济社会平稳较快发展，各方面都取得了令人鼓舞的新成绩。

刘成鸣指出，2014年，是我们全面深化改革的开局之年，是在全省率先全面建成小康社会的关键之年，是以优异成绩迎接建市50周年的攻坚之年，机遇与挑战并存，希望与困难同在。全年工作要以党的十八大和十八届二中、三中全会精神为指导，深入贯彻落实中央和省委经济工作会议暨城镇化工作会议精神，以科学发展为主题，以转变发展方式为主线，以新型城镇化为引领，以在全省率先全面建成小康社会为统揽，牢牢把握国家攀西战略资源创新开发试验区建设、全国老工业基地调整改造和省委实施“三大发展战略”等重大机遇，坚持抢抓机遇、稳中求进、改革创新、加快发展，全力稳增长、抓改革、促转型、增效益、防风险、惠民生、创和谐，深入开展党的群众路线教育实践活动，坚定不移推进“三个加快建设”“三个走在全省前列”，集中力量打好“六大硬仗”，努力确保地区生产总值增长10%、力争11%，规模以上工业增加值增长12%、力争13%，地方公共财政收入增长7%、力争8%，全社会固定资产投资增长13%、力争14%，社会消费品零售总额增长12%、力争13%，城镇居民人均可支配收入和农民人均纯收入增长11%、力争12%，CPI控制在4%以内，城镇化率提升1~1.5%，以优异成绩迎接建市50周年。

刘成鸣要求，做好2014年工作，必须突出重点，狠抓落实，确保各项目标任务落到实处。一是要围绕率先全面建成小康，坚持对准小康目标找差距，狠抓项目建设稳增长，深化招大引强增后劲，做强县域经济强基础，迈出跨越发展新步伐。二是要围绕全面深化改革开放，着力推进关键领域改革，全面扩大对外开放合作，深入实施创新驱动战略，增强跨越发展新动力。三是要围绕建设攀西战略资源创新开发试验区，在抢抓机遇中求突破，在承担主体责任上有作为，在改革创新上下功夫，在争取支持上聚合力，在转型发展上有影响，在钒钛之都建设上见到新成效。四是要围绕推进新型城镇化和城乡统筹，加快推进花城新区建设，继续抓好沿江景观打造，着力提升城市品位，深入推进“五创联动”工作，全力统筹城乡一体化发展，掀起阳光花城建设新热潮。五是要围绕保障和改善民生，千方百计增加城乡居民收入，全力以赴加快社会事业发展，更大力度完善社会保障体系，让人民群众得到新实惠。六是要围绕促进公平正义，深入推进民主政治建设，平安法治建设和社会管理创新，构建社会和谐新格局。七是要围绕提升党的建设科学化水平，致力凝聚加快发展的精神力量、践行执政为民的群众路线、建设干事创业的干部队伍、构筑固本强基的战斗堡垒、营造风清气正的政治环境，切实形成为民务实清廉的新作风。

刘成鸣强调，蓝图绘就，目标明确，关键在人，关键在干，关键在落实。全市上下要更加紧密地团结在以习近平同志为总书记的党中央周围，坚定信心，抢抓机遇，乘势而上，奋力开创攀枝花各项事业发展新局面，以优异的成绩向建市50周年献礼！

【全市“实现伟大中国梦、建设美丽繁荣和谐四川”主题教育活动动员大会】2013年5月8日，全市开展“实现伟大中国梦、建设美丽繁荣和谐四川”主题教育活动动员大会在攀枝花会展中心召开。市委书记刘成鸣出席会议并讲话，市委副书记、市长张剡主持大会并就贯彻落实会议精神提出要求。

会议指出，全省“实现伟大中国梦、建设美丽繁荣和谐四川”主题教育活动的开展，是对我市“三大主题教育”活动进行再深化、对市情进行再认识、对思路进行再明晰、对措施进行再落实的有利契机，是推进攀枝花科学发展、跨越发展的又一重大机遇。全市上下要深刻把握活动的重大现实意义，切实增强开展好活动的紧迫感和主动性；深刻把握活动的总体要求，不折不扣地把省委的部署要求落到实处。要通过活动的开展，再添措施、再鼓干劲，再提高、再突破，坚定不移、凝心聚力推动我市经济社会发展再上台阶，加快把攀枝花建成全省新的经济增长极，为建设美丽繁荣和谐四川作出应有的贡献。

刘成鸣强调，攀枝花作为四川重要的工业基地和南向开放门户，要努力在活动的开展和全省的发展大局中发挥作用、展现特色、做出贡献，既要解决好思想上的问题，还要努力实现发展上的突破。要与“三大主题”教育活动紧密结合起来，进一步巩固和深化活动成果，大力弘扬“闯、进、快、实、活”的精神，凝聚正能量，增强主动性，打好攻坚战，以实实在在的发展成绩促进全市经济跨越、社会进步、民生改善和人民幸福。要与实施多点多极支撑发展战略紧密结合起来，为实施多点多极支撑发展战略凝聚共识、明晰思路、增添动力，教育引导各级各部门紧紧围绕全市总体发展思路和目标，思想再统一、认识再提高、作风再务实，聚精会神搞建设，一心一意谋发展，努力把攀枝花建成四川发展的重要一极。要与完成年度“急难险重”任务紧密结合起来，充分调动一切积极因素，超常付出，百倍努力，确保各项“急难险重”任务全面完成，为攀枝花长远发展、可持续发展打下坚实基础。要与克服当前发展困难紧密结合起来，寻找办法，突破难题，全力抓好各项重点、难点工作，形成系统化的措施和制度化的成果，始终保持经济持续健康发展的良好势头。

刘成鸣要求，要精心组织，落实责任，确保主题教育活动扎实深入开展；强化组织领导，形成一级抓一级、一级带一级、一级对一级负责、层层抓落实的工作局面；强化分类指导，紧密结合教育对象的实际，分别提出教育活动的具体要求，分层分类进行指导，切实增强活动的针对性和实效性；强化宣传引导，促进主题教育活动进机关、进学校、进企业、进社区，营造浓厚的社会氛围；强化检查督导，严格检验各县区、各部门（单位）通过开展主题教育活动取得的实际成效，确保活动开展的过程成为党员干部受教育、科学发展上水平、人民群众得实惠的过程。

【全市“实现伟大中国梦、建设美丽繁荣和谐四川”暨“思想大解放，作风大转变，工作大落实”主题教育活动总结表彰大会】2013年7月30日，全市“实现伟大中国梦、建设美丽繁荣和谐四川”暨“思想大解放，作风大转变，工作大落实”主题教育活动总结表彰大会在攀枝花会展中心召开。市委书记刘成鸣出席会议并讲话，市委副书记、市长张剡主持表彰大会。

刘成鸣指出，从2012年12月中旬至2013年7月中旬，全市先后开展了“思想大解放，作风大转变，工作大落实”和“实现伟大中国梦、建设美丽繁荣和谐四川”两次主题教育活动，分别有92个和

100个一级单位参加。活动中，全市各级党组织、各级各部门坚持突出务实性，着力加强组织领导；坚持突出思想性，着力强化理论武装；坚持突出针对性，着力推动环节创新；坚持突出统筹性，着力彰显实践特色；坚持突出开放性，着力扩大社会参与，推动两大活动在全市深入展开、掀起热潮，较好地完成了各阶段、各环节的工作。通过活动的开展，全市广大党员干部思想认识有了新收获，作风素质有了新提升，推进发展有了新起色，改善民生有了新作为，队伍建设有了新成效，建章立制了有新进展，在组织党代表、人大代表、政协委员、基层干部对两次主题教育活动进行的测评中，满意度均达到94.96%。

刘成鸣要求，要认真总结提炼教育活动中好的理念、好的做法、好的制度，着力形成长效机制，持续深入推进思想解放、作风转变和工作落实，为加强和改进新形势下党的建设，推进动攀枝花科学发展、加快发展注入源源不竭的动力。要坚持解放思想，推动工作创新，增强党组织的生机与活力；坚持领导带头，发挥表率作用，凝聚加快发展的强大合力；坚持群众路线，为群众办实事，以实际行动赢得群众的真心拥护；坚持分类指导，加强督导检查，激发广大党员参与活动的内在动力；坚持典型引领，强化正面引导，营造干事创业的浓厚舆论氛围，不断巩固和深化主题教育活动成果。

刘成鸣强调，要积极总结运用主题教育活动成果，突出加强制度创新，建立健全促进科学发展的长效机制；持续转变工作作风，全力破解制约科学发展的突出问题；切实保障和改善民生，努力让人民群众得到更多实惠；坚持加强和改进党的建设，全面提升党的建设科学化水平；始终保持加速快进，奋力推进攀枝花发展新跨越，加快把攀枝花建设成全省发展的重要一极。

第三章　重要决策

一、加快农村扶贫开发

为进一步加快贫困地区发展，促进共同富裕，实现在全省率先全面建成小康社会的奋斗目标，根据《中国农村扶贫开发纲要（2011～2020年）》和《四川省农村扶贫开发纲要（2011～2020年）》总体部署，2013年2月1日，中共攀枝花市委、攀枝花市人民政府下发了《关于印发〈攀枝花市农村扶贫开发纲要（2011～2020年）〉的通知》（攀委发〔2013〕2号）。《纲要》明确了攀枝花2011～2020年农村扶贫开发工作的总体要求、目标任务、对象范围、专项扶贫、行业扶贫、社会扶贫和政策保障。《意见》提出，到2015年，要全面消除绝对贫困，稳定解决扶贫对象温饱问题，实现贫困居民显著减少，进一步夯实贫困居民达小康的基础。到2020年，要稳定实现扶贫对象不愁吃、不愁穿，保障其义务教育、基本医疗和住房；贫困地区农民人均纯收入在2010年基础上翻两番以上并接近全市农村平均水平，基本公共服务主要领域指标接近全市平均水平，扭转发展差距扩大趋势；贫困村向新农村、小康村转变，贫困户向宽裕户、小康户转变，与全市同步达到全面小康目标。

二、实施多点多极支撑发展战略

为全面贯彻落实省委、省政府《关于实施多点多极支撑发展战略的指导意见》，2013年3月27日，中共攀枝花市委、攀枝花市人民政府下发了《关于实施多点多极支撑发展战略的意见》（攀委发〔2013〕4号）。《意见》指出，实施多点多极支撑发展战略必须坚持以邓小平理论、“三个代表”重要思想、科学发展观为指导，深入贯彻落实党的十八大和省第十次党代会精神，紧紧抓住国家新一轮西部大开发、国家攀西战略资源创新开发试验区建设、四川突出南向发展等重大机遇，充分发挥资源优势和产业优势，以做大经济总量为基础，以提高经济增长质量和效益为中心，以推动产业升级和城市转型为重点，以特色优势产业发展、新型城镇化建设、城乡统筹发展为支撑，以改革开放和创新驱动为动力，分类指导，重点突破，以点带面，由点到极，做强优势产业，做大县域经济，构建多点多极支撑发展格局，有效带动和支撑全市经济社会发展，努力提升攀枝花在全国、全省的战略地位，奋力实现在全省率先全面建成小康社会的目标。《意见》从打好"六大硬仗"、着力次级突破，做强县域经济、夯实底部基础，健全推进机制、完善保障措施三个方面对落实多点多级支撑战略发展战略作出了安排部署，提出到2015年，地区生产总值、地方财政收入、城镇居民人均可支配收入和农民人均纯收入在2010年的基础上翻一番，固定资产投资总量在前五年的基础上翻一番；到2017年，全市经济总量进入全省"第二方阵"，2~3个县区综合实力走在全省类区县的前列。

三、在全省率先全面建成小康社会

为深入贯彻落实党的十八大、省委十届三次全会精神，推进攀枝花由资源大市向经济大市跨越、由总体小康向全面小康跨越，在全省率先全面建成小康社会，2013年7月11日，中共攀枝花市委下发了《关于深入贯彻落实党的十八大精神为在全省率先全面建成小康社会而奋斗的决定》（攀委发〔2013〕10号）。《决定》指出，要充分认识在全省率先全面建成小康社会的重大意义，科学研判在全省率先全面建成小康社会的整体形势，准确把握在全省率先全面建成小康社会的目标任务和战略途径，以经济、政治、文化、社会、生态文明"五位一体"建设为总体布局，深入实施"三大发展战略"，大力推进"三个加快建设""三个走在全省前列"，持续打好"六大硬仗"，努力实现"四个翻番"，奋力夺取在全省率先全面建成小康社会的新胜利，确保到2015年，全市地区生产总值、地方公共财政收入、城乡居民收入在2010年的基础上翻一番，固定资产投资总量在前五年的基础上翻一番；力争2014年地区生产总值达到1000亿元，2017年达到1500亿元，进入全省"第二方阵"；确保在2020年以前，在全省率先全面建成小康社会，人均地方生产总值处于全省领先地位，城乡居民人均收入高于全国当年水平，经济、政治、文化、社会、生态文明建设各项事业在更高层次协调发展，实现由资源大市向经济大市跨越、由总体小康向全面小康跨越，建成宜居宜业、繁荣富裕、和谐美好的特色经济强市。《决定》要求，要深入实施多点多极支撑发展战略，进一步提升攀枝花在攀西城市群和川滇结合部的战略地位；深入实施"两化"互动、统筹城乡发展战略，努力走出"四化"同步发展新路子；深入实施创新驱动发展战略，切实增强转型发展、跨越提升新动力；大力保障和改善民生，始终保持社会和谐稳定；加强和改进党的建设，为各项事业发展提供坚强的组织保障。

四、实施创新驱动发展战略

为深入贯彻落实党的十八大，全国、全省科技创新大会，省十次党代会、省委十届三次全会、市委九届五次全会精神，2013年8月20日，中共攀枝花市委、攀枝花市人民政府下发了《关于实施创新驱动发展战略，增强攀枝花转型发展新动力的意见》（攀委发〔2013〕11号）。《意见》提出，要全面贯彻落实科学发展观，抓住国家新一轮西部大开发、国家攀西战略资源创新开发试验区建设、四川省实施三大发展战略的机遇，以提高自主创新能力为核心，以推动经济发展方式转变、增强产业核心竞争力为主线，以推动产业技术升级和培育战略性新兴产业为中心任务，以整合科技创新资源、创新体制机制为突破口，着力推进创新体系建设，大力引进和培育创新创业人才，优化创新环境，推动全市经济社会步入创新驱动轨道，努力创建国家创新型城市。未来5年，全市要基本形成以企业为主体、市场为导向、产学研紧密结合，在全省具有示范和带动作用、在全国具有鲜明地区特色的区域创新体系，全市自主创新能力大幅度提升，创新环境明显改善，创新产出能力成效显著；从事科技活动的人员达到2万人以上，高技能人才达到3.5万人，力争建成国家钒钛产业高技能人才培训基地；专利申请量年均增长18%以上，发明专利占总申请量的比重保持在40%左右，科技成果转化率达到60%以上；以新材料为主的高新技术产业产值年均增幅达到20%以上，开发战略性新兴产品20项。要力争到2020年，全市创成国家级高新技术产业园区1个，高新技术产业产值规模达到500亿元、占工业总产值比重达到22%，战略性新兴产业产值达到800亿元；全社会R&D投入占地区GDP比重达到2.2%；综合科技竞争力进入全省前三位，建成国家级创新型城市，成为四川省经济社会发展的重要战略支撑。《意见》要求，要实施企业创新主体培育工程，推动企业建设高水平研发机构，支持企业实施科技成果转化，培育一批创新型、成长型企业，推动企业开放合作，全面提升企业自主创新能力；实施产业创新牵引升级工程，突破关键共性技术，培育战略性新兴产业，推动传统产业改造升级，促进经济结构转型发展；实施区域创新发展示范工程，加快建设攀西战略资源创新开发试验区，加快发展高新技术产业园区，加快建设攀枝花国家现代农业示范区，推动形成多点多极发展新格局；实施产学研协同创新工程，完善创新资源统筹协调机制，加快建立产学研合作的科技创新组织，完善科技成果转移转化机制，强化科技创新资源开放共享，提高技术创新体系整体效能；实施创新人才发展工程，大力培养一批优势产业创新人才，大力引进一批拔尖人才，优化完善创新人才发展环境，坚实创新驱动发展的智力支撑；推进政策措施落实，强化科技创新的组织保障，健全多元化的投融资体系，确保攀枝花创新型城市建设取得实效。

五、扩大和深化对外开放合作

为深入贯彻落实《中共四川省委四川省人民政府关于进一步扩大和深化对外开放合作的意见》和《中共攀枝花市委关于深入贯彻落实党的十八大精神为在全省率先全面建成小康社会而奋斗的决定》精神，进一步扩大和深化对外开放合作，全面提高开放型经济发展水平，加快建设四川南向开放门户，为推进“两个跨越”、在全省率先全面建成小康社会集聚动力、提供支撑，2013年10月9日，中共攀枝花市委、攀枝花市人民政府下发了《关于进一步扩大和深化对外开放合作的实施意见》（攀委发〔2013〕13号）。《意见》提出，要以邓小平理论、“三个代表”重要思想和科学发展观为指导，深入贯彻落实党的十八大精神，围绕市委、市政府“三个加快建设”“三个走在全省前列”“六大硬仗”“四个翻番”整体部署，抢抓国家实施新一轮西部大开发、推进老工业基地调整改造、建设攀西战略资源创新开发试验区以及四川省实施多点多极支撑发展战略、发展攀西经济区、建设攀西城市群等一系列重大战略机遇，按照中央调结构、转方式、促内需的要求，坚持开放合作战略，以解放思想为前提，以改革为动力，以扩大开放为先导，以招商引资发展产业为重点，以优化环境为保障，创新开放模式，拓展开放领域，集成开放优势，构建全方位、宽领域、多层次的对外开放体系，全面提升对外开放合作水平。到2015年，全市招商引资累计到位资金确保完成1300亿元，力争实现1500亿元；累计引进外商直接投资4亿美元；累计外经合作营业额4000万美元；货物贸易进出口总额突破3亿美元；积极推动服务贸易稳步发展，力争服务贸易进出口总额突破1000万美元。《意见》要求，要强力抓好招商引资工作，更新招商理念，创新招商方式，扎实抓好产业招商，强化招商引资基地建设；大力促进外经贸发展，稳步扩大外资领域，做大对外贸易规模，优化对外贸易模式，创建外贸示范基地，积极推进对外经贸合作；深入推进多层次区域合作，深化国内区域合作，加快对外开放大通道建设；全力提升服务业对外开放水平，加强口岸基础设施建设，扩大服务业开放，加快中国阳光康养旅游城市创建；切实强化对外开放保障措施，强化充分开放合作要素支撑，打造优质高效政务服务环境，推进开放型人才队伍建设，建立健全对外开放体制机制，加强对外开放工作组织领导，全力构建攀枝花“全域开放”新格局。

六、加快产业园区发展

为认真贯彻落实市委九届五次全会精神，抓住和用好当前新一轮西部大开发、推进国家老工业基地调整改造、建设攀西战略资源创新开发试验区和省政府实施“51025”重点产业园区发展计划等发展机遇和有利条件，深入落实“三大发展战略”，奋力推进“两个跨越”，推动我市产业园区发展迈上新台阶，实现产城科学互动发展，2013年11月4日，中共攀枝花市委、攀枝花市人民政府下发了《关于进一步加快产业园区发展的意见》（攀委发〔2013〕14号）。《意见》提出，要全面落实科学发展观，紧紧围绕打造中国钒钛之都的战略目标，坚持“集聚发展，集约发展，关联发展，成链发展，合作发展”的原则，促进我市产业园区从布局分散向布局集中转变、从要素投入为主向内生增长为主转变、从粗放发展向集约发展转变、从数量扩张向质量提升转变，形成产业独具特色、功能配套完善、质量效益显著、可持续发展的产业园区，把产业园区建设成为经济发展的“加速区”、产业集聚的“承载区”、科技创新的“先导区”、投资创业的“优选区”、产城一体的“示范区”。到2017年，建成国家级产业园区1个，省级产业园区2个；建成营业收入超过1000亿元的园区2个，即扩区后的四川攀枝花钒钛产业园区和扩区后的攀枝花高新技术产业园区（含高粱坪园，弄弄坪、瓜子坪工业集中区）；建成营业收入超过500亿元的园区2个，即西区格里坪工业园区和米易县白马工业园区；建成营业收入超过200亿元的园区1个，即仁和区南山循环经济发展区的橄榄坪园；建成营业收入超过100亿元的园区1个，即盐边县新九工矿区；实现全市产业园区营业收入超过3000亿元，工业集中度达到80%以上。《意见》要求，要强化规划引领，促进园区产业集聚发展；强化基础设施和公共服务平台建设，提升园区配套能力；强化项目推进，增强园区发展后劲；强化科技创新和人才支撑，增强园区的可持续发展能力。同时，要加大财政投入，强化用地支持，保障要素供应，加强人才支撑，改善融资环境，优化政务服务，确保园区企业正常生产经营，推动园区不断做大做强。

七、加快推进小城镇建设

为加快全市新型城镇化进程，把小城镇建设成为连接中心城市、辐射新型农村社区的重要公共服务平台和新的经济增长点，促进小城镇健康协调可持续发展，根据《中共四川省委四川省人民政府关于加快推进新型工业化新型城镇化互动发展的意见》（川委发〔2011〕15号）和《四川省人民政府关于2013年加快推进新型城镇化的意见》（川府发〔2013〕2号）的相关精神，2013年11月18日，中共攀枝花市委、攀枝花市人民政府下发了《关于加快推进小城镇建设的实施意见》（攀委发〔2013〕16号）。《意见》提出，要以邓小平理论、“三个代表”重要思想、科学发展观为指导，深入贯彻落实党的十八大和省委十届三次全会精神，把加快小城镇建设作为推进“两化”互动、城乡统筹的重要战略支撑，坚持“四化”同步、全域统筹、因地制宜、分类指导，以人的城镇化为核心，以科学规划为引领，以产业发展为依托，以基础设施建设为重点，以基本公共服务均等化为根本，以体制机制创新为动力，着力优化空间布局，发展绿色低碳经济，保护自然生态环境，加强社会管理创新，切实增强小城镇产业发展、公共服务、吸纳就业、聚集人口等功能，推动小城镇建设工作走在全省前列。《意见》指出，要坚持规划引领、分步实施，因地制宜、突出特色，上下联动、属地为主，政策推动、改革创新的原则，力争通过几年的努力，把全市小城镇培育建设成为布局合理、规模适中、环境优美、功能齐备、经济繁荣、辐射力强、各具特色的新型城镇，形成全市城乡统筹、共同繁荣的新格局。《意见》要求，要大力实施“七个一”工程，在每个乡镇建设一个宜居社区、一条贯通的路网、一套完善的市政基础设施、一所寄宿制小学、一个标准卫生院、一个完善的综合服务中心、一个标准化集贸市场，其中四级城镇根据实际情况开展“七个一”工程建设，规划人口在1万人以上的二、三级城镇到2020年要全面建成“七个一”工程，切实推动攀枝花在新型城镇化建设、统筹城乡全程全域全面发展方面走在全省前列。

第三篇

执政实践

第一章 科学执政

第一节 经济建设

改革创新求发展 优惠民生促和谐

攀枝花市发展和改革委员会

2013年，是近年来本市经济社会发展最为困难的一年。面对极为严峻复杂多变的宏观经济形势，全市上下以党的十八大精神为统揽，牢牢把握“稳中快进，提质增效，争先进位，跨越提升”的工作基调，积极应对多重压力和严峻挑战，全面贯彻落实国家和省委、省政府决策部署，着力推进“三个加快建设”“三个走在全省前列”，打好“六大硬仗”，在超预期困境中呈现出经济平稳增长、民生持续改善、环境不断优化、社会较快发展的态势。

一、经济实现平稳增长

2013年全年实现地区生产总值800.88亿元，增长（同比，下同）10.7%。

第一产业增加值实现27.88亿元，增长4.5%。粮食、蔬菜、水果、肉类、水产品产量分别达到21.39万吨、64.64万吨、19.77万吨、5.17万吨和3.07万吨，收购烟叶36.5万担。实现农林牧渔业总产值48.1亿元，增长4.6%。

第二产业增加值实现597.19亿元，增长11.7%。其中，规上工业增加值实现452.9亿元，增长12.8%。全市非公有制经济实现增加值368.9亿元，增长13%，比GDP增速高2.3个百分点。

“十二五”期间国家发改委、水利部拟在东北区、西南区等9个典型区域集中建设120个规模化节水灌溉增效示范项目。攀枝花市盐边县成为四川三个县区之一的项目县。

第三产业增加值实现175.81亿元，增长8%。全市旅游业实现总收入102.18亿元，增长52.9%。成为省现代物流业发展示范市和现代商贸集聚发展示范区。格里坪鑫铁工业物流园一期、米易青杠矿山服务物流中心等项目顺利完工，红格温泉旅游度假区、阿署达花舞人间、密地商贸物流园一期、新启铁路物流项目一期、奥林匹克城市商业综合体等项目加快推进。“百盛”正式营业，成功引进奔驰、路虎等4S店。

财政金融运行平稳，实现地方公共财政收入58.55亿元，增长2.4%。截至12月末，金融机构本外币存款余额785.7亿元，比年初增长3.5%；本外币贷款余额611.58亿元，比年初增长14.5%。

二、投资消费持续增长

全社会固定资产投资总额实现545.74亿元，增长17.8%，增速比年初预期目标高0.8个百分点，对经济增长的贡献率超过50%。加强重大项目谋划，首次编制完成了涵盖804个项目、计划总投资6735亿元的市《2013－2017年重大项目规划》。资金保障能力进一步增强，核准发行企业债券6亿元，争取中央代发行地方政府债券4.61亿元。重大项目和“急难险重”任务顺利推进，其中，100个省市重点项目完成投资188.64亿元，占全社会固定资产投资比重达34.6%。丽攀高速公路攀枝花城区段建成通车，机场正式复航，观音岩水电站、桐子林水电站、国省干线改扩建、攀钢煤矸石发电厂等项目进展顺利，成昆铁路新线攀枝花段、缅气入攀、观音岩引水工程、银江水电站渣场道路等项目开工建设，攀大（理）绕城高速、攀宜（宾）沿江高速、丽攀昭遵铁路等项目前期工作积极推进。

全市社会消费品零售总额实现219.33亿元，增长14.2%。成功举办“迎春购物月”“欢乐阳光节”、第四届烹饪大赛等一系列节庆活动。“万村千乡市场工程”网点商品配送力度加大，便民消费网络体系进一步完善。市场物价总体平稳，居民消费价格指数（CPI）累计上涨1.3%，控制在调控范围内。

三、城乡发展统筹推进

新型城镇化稳步提升。全市城镇化率达63.43%，比上年提高0.42个百分点。花城新区花城大道和阳光大道“双十字”路架、鱼塘至机场路连接线、山地森林公园等项目全面提速。完成龙密路、良友至人大转盘地下人行过街通道、渡口桥至密地桥段步行系统等城市基础设施建设。沿江景观打造、城区老旧房屋（含筒子楼）改造、城市公共服务设施加快推进。省市重点小城镇建设步伐加快，红格镇、普威镇纳入全省“百镇建设试点行动”，全省百镇建设暨重点旅游项目推进现场会在本市成功召开。

2013年9月10日，攀枝花市发改委党组成员、纪检组组长冯正伦带领稽察办、环资处、监察室工作人员，在米易县发改局主要领导陪同下，对安宁铁钛、青杠坪矿业、华瑞工贸2013年中央预算内投资项目进行稽察调研

“五创联动”深入推进。马坎污水处理厂及截污干管工程等68个“五创联动”年度攻坚重点项目顺利实施，创建省级文明城市和省级森林城市年度目标如期实现。

新农村建设扎实推进。2012年确定的16个旅游新村已全面形成旅游接待能力。

四、生态环保扎实推进

总量减排扎实推进，单位生产总值能耗下降3.3%，二氧化硫和化学需氧量排放量完成省下达目标。全年67个污染综合治理项目进展顺利。淘汰落后产能、落后工艺力度加大，恒鼎焦化、圣达焦化等22户企业按期关闭。全年全市累计环境空气质量优良率达92.6%。

五、改革开放继续深化

行政审批制度改革加速推进，全年共减少行政审批事项157项。国家基本药物制度全面实施，市、县公立医院改革试点扎实推进。矿业城市建设用地管理机制改革和工矿废弃地复垦利用试点工作逐步开展。集体土地所有权确权登记基本完成，承包土地确权试点稳妥推进，集体林权制度主体改革全面完成。户籍制度改革意见制定出台。市属国有企业专项整改取得积极成效。在全省率先建立专利权质押贷款财政贴息制度。

川滇黔十二市州合作务实推进，攀西－六盘水经济区发展规划抓紧编制，金沙江下游沿江经济带建设加快推进。成功参加“西博会”“科博会”“民企入川”“央企入川”和“港澳企业四川行”等重大会展及投资促进活动，赴北京、天津、上海、广东、山东、福建等地开展专题招商活动。全年共开展投资促进活动130余次，实现新签约招商引资项目233个，履约项目372个，到位资金434.65亿元，增长6.4%；实际利用外资1.1亿美元，增长7.2%。外贸进出口总额实现1.87亿美元。其中，出口1.23亿美元，进口0.64亿美元。

六、民生社会全面发展

十大民生工程、118个分项按计划推进，全年共投入资金39.99亿元。开工建设保障性安居工程6384套，竣工4189套，继续位居全省前列。完成农村危房改造2728户。发放廉租住房补贴3440户，公租房对外来务工人员定向提供比例达90%。全年农村公路完成投资24089万元，已建成通乡柏油路（水泥路）64.9公里，通村公路257.84公里。全面完成省、市财政投入扶贫攻坚项目21个。

城乡居民收入稳步增长。城镇居民人均可支配收入达24906元，增长9.2%；农村居民人均纯收入达9838元，增长12.7%。

就业规模持续扩大。全年城镇新增就业17683人，完成全年目标任务的116.3%。其中，城镇失业人员再就业8015人，就业困难人员再就业2186人。城镇登记失业率为3.5%。

社会保障水平进一步提高。全市企业养老、失业、医疗、工伤、生育保险人数分别达到46.59万人、21.76万人、68.46万人、21.70万人、23.24万人，分别完成全年目标的110.5%、114.5%、111.1%、100.9%、102.8%。新型农村和城镇居民社会养老保险参保人数达23.52万人，完成20万人目标任务的117.6%。

社会事业全面发展。学前三年教育实施家庭经济困难儿童、孤儿和残疾儿童资助制度，学前毛入园率达96%；义务教育均衡发展，实现城乡“两免一补”全覆盖；高中教育质量明显提升，2013年普通高考本科上线人数突破3000人，达3161人。市中西医结合医院改扩建、攀西职业病防治中心、花城新区医院以及基层医疗服务体系建设等进展顺利。四川省钒钛产业技术研究院、钛及钛合金产业研究所等重点创新平台建立并运行，钒钛产业技术创新战略联盟进入国家试点，成功举办钒钛资源综合利用“院士行”暨2013攀枝花（国际）钒钛论坛、科技论坛等活动，科技进步获奖数量（19项）居全省前列。三线建设博物馆、少数民族艺术节活动场馆改造等项目扎实推进，“大地书香新农村家园工程”通过国家验收。公益电影服务体系基本建立，农村广电信号实现全覆盖，城市应急广播体系建设走在全省前列。市青少年体育活动中心等体育公共服务项目进展顺利。人口自然增长率2.6‰，控制在目标（4‰）内。全年累计发放低保金8000余万元。社会治理水平不断提高，和谐社区和“平安攀枝花”建设持续深化，公安智能系统等项目开工建设。公共安全、生产安全形势总体较好。妇女儿童、福利、档案等各项社会事业扎实推进。

2013年在十分困难的局面下，全市经济保持了平稳增长并出现调整向好迹象，这是市委市政府坚强领导的结果，也是全市上下密切配合、攻坚克难、扎实工作的结果。2014年，市发改委将以党的十八大和中共十八届二中、三中全会精神为统揽，全面落实科学发展观，将改革创新贯穿于经济社会发展的各个领域各个环节，按市委既定目标，砥砺奋进、攻坚克难、狠抓落实，为圆满实现各项目标任务，建设美丽幸福攀枝花而努力奋斗！

突出五抓实现五新　推动科技大发展

攀枝花市科学技术和知识产权局

2013年，攀枝花市科学技术和知识产权工作坚持“构建大科技，推动大发展”的工作主题，面向国家、四川省科技战略部署，面向市委、市政府发展战略目标，大力实施“三大工程”，在加快推进产业技术创新、平台载体建设、科技成果转化、知识产权保护、企业创新培育、科技人才培养等方面“突出五抓、实现五新”，取得了显著成效，成果转化亮点纷呈，创新体系日益完善，科技环境更加优化。

新增国家高新技术企业16家，全年高新技术产业产值突破100亿元，专利转化实施实现产值效益32.4亿元，推动攀西战略资源创新开发试验区确立首批10大科技攻关项目，3大国家级创新平台建立并运行，钒钛联盟升级为国家试点联盟，钒钛园区创建为四川省高新技术产业园区。获得四川省科技进步奖19项，排名全省地市州前列，获省首届专利实施与产业化奖3项。全市专利申请1627件，其中发明专利申请709件，超额完成全年目标任务。完成科技成果登记33项，成果转化实现产值效益30亿元，技术合同认定突破1亿元，科博会签约57亿元。

2013年3月18日下午，“攀枝花钒钛资源综合利用战略研究”项目启动会在中国工程院召开。

一、以推动钒钛资源综合利用技术创新和重大科技成果转化为抓手，实现钒钛及相关产业发展新突破

（一）扎实推进重点领域重大技术攻关。围绕钒钛、化工、能源、特色机械、太阳能等重点产业领域，组织实施重大关键技术科技攻关。在选矿新技术、新装备应用推广，钒钛粉末冶金技术及产品开发，钛白生产大型化和自动化技术研究，煤基转底炉、新型隧道窑等直接还原技术工艺装备优化及产业化，特色含钒钛工程机械及冶金装备零部件产品开发，钛及钛合金铸锻件开发，钛材生产工艺及装备研究，其他伴生金属的回收利用研究等方面着力攻关，取得突破性进展。积极向上对接，争取省重大科技成果转化、科技支撑计划支持，充分利用攀西钒钛资源创新开发试验区建设的契机，协助省科技厅制定攀西战略资源创新开发试验区科技攻关方案，明确八大科技攻关方向，并公开发布。

（二）加快完善钒钛产业技术创新体系。加快四川钒钛产业技术研究院、攀枝花钛及钛合金研究所等重点创新平台建设，完善软硬件设施，启动科研项目10项。积极搭建平台，协调沟通国家、省级相关部门，助推钒钛资源综合利用产业技术创新战略联盟升级为国家试点联盟。充分发挥攀钢国家重点实验室、国家钒钛制品质量监督检验中心的作用，提升钒钛产业技术水平。积极推动钒钛园区创建为省级高新技术园区，着力抓好园区孵化器、钒钛中心和高新技术企业培育，为升级为国家级园区奠定了基础。加强钒钛产业创新人才团队培养，继续开展院士后备人才培养。

（三）强化先进适用重大技术推广，加速重大科技成果转化。积极发挥攀枝花技术转移中心的作用，组织实施重大科技成果转化项目10项；积极组织包装项目，争取国家、四川省重大科技成果转化钒钛专项支持，全年共组织申报国家科技部和省科技厅成果转化项目33项，立项4项（其中国家科技部1项、省科技厅4项），共获500万元资金支持，13项入选省备选库。积极推动技术市场发育，组织申报完成四川省科技成果登记、技术合同认定登记，储备科技成果30项。组织召开产学研对接会、市校合作联系会、投资推荐会促进科技成果转化。

二、以统筹城乡发展科技行动为抓手，实现优势特色农业现代化的新突破

2013年5月30日，甘道明率队调研攀枝花市推进新型城镇化建设。

（一）加强特色农业科技创新和成果转化推广。围绕攀枝花市五大优势特色农业产业发展积极组织科技攻关，开展“晚熟芒果标准化技术集成与示范”“优质肉羊生产与产业化示范”“核桃产业关键技术研究”等系列关键技术攻关和示范研究，着力于解决制约攀枝花市特色优势农业产业生产和持续发展的关键“瓶颈”技术。加强农业新技术、新产品和科技成果转化推广，推进全市芒果、蔬菜、烤烟等产业发展，实现农民增收。向上争取资金取得历史性突破，全年共争取国家、省科技计划项目资金320万。

（二）推动省级特色农业科技示范区建设。通过实施农业科技园区推进工程，抓好枇杷、芒果和核桃标准化生产科技示范园建设。重点开展核心区、示范区的建设，着力“四新”技术的推广应用，发挥农业科技园区的要素聚集、科技创新、成果转化、企业孵化和辐射带动功能，培育壮大优势特色产业。带动农民就业增收，促进城乡统筹发展，农业科技园区建设取得初步成效。

（三）加强龙头企业的培育扶持。加强锐华公司、德益公司、绿生公司等农业龙头企业的培育，引导企业开展技术创新，注重技术集成和示范，发挥企业的示范、带动和辐射作用，不断增强农业科技创新能力和农业产业的核心竞争力。市锐华公司2013年实现销售枇杷207.2万千克，芒果1543万千克，石榴45万千克，果苗216万株，创产值20447.7万元。

（四）加强农业创新服务体系建设。积极筹建南亚热带果蔬产业技术创新联盟和产业研究院，制定联盟和产业技术研究院组建方案。加强农技“110”建设，不断探索农技“110”服务方式，创新服务模式，完善服务机制。进一步加强和完善农村科技服务体系建设，建立四川省农业科技成果转化攀枝花分中心和县（区）农村产业技术服务中心。加强农业科技创新环境营造，编制拍摄农业科技创新宣传片。

三、以推进科技服务民生行动为抓手，实现社会发展科技工作的新突破

（一）积极培育战略性新兴产业。围绕太阳能、特色生物等新兴产业的培育，积极支持太阳能应用、生物资源开发，组织实施花城新区干坝塘、平地迤沙拉村、平地波西村太阳能提灌示范；稳步推进光热光电综合应用“金太阳示范工程”；组织开展钒电池、钒酸液、钒钛黑瓷应用等技术攻关；大力支持道地中药材人工种植、块菌繁育、爬沙虫养殖、枇杷花开发、紫茎泽兰综合利用等技术研发，促进全市太阳能、钒钛集热材料、特色生物等战略性新产品的培育。开展微生物除臭技术、生活垃圾分选、焚烧发电、垃圾生活肥等技术研究，支持组织涵盖生产生活废弃物资源化处理环保企业70余家，实现年产值100亿元。

（二）大力推进节能减排和生态环保。围绕工业废弃物资源化利用、非金属矿二次资源利用、城市垃圾综合开发，积极开展低品位钒钛磁铁矿、高炉渣、钢渣、炼铁污泥、提钒弃渣、废酸、硫酸亚铁等二次资源产业化技术研究。形成高温碳化低温选择性氯化、五氧化二钒清洁生产、钒钛制动毂、钒钛蠕

墨铸球、废酸浓缩等技术示范生产线。对钴、铬、钪、镓等稀有金属进行回收研究。建立年处理60万吨黄磷弃渣添加生产线；煤矸石制备莫来石、堇青石取得重大进展。开展“果、沼、畜”循环利用、秸秆气化科技示范，275户农户享受清洁化燃气新能源。

（三）强化公共医疗和公共安全领域科技支撑能力。引进防震监测系统应用技术，开展水库大坝无线监测研究、生活用水“两虫”（地鞭毛虫、隐孢子虫）检测研究，开展攀枝花市PM2.5（大气中直径小于或等于2.5微米的颗粒物）的污染现状调查及防治研究、危害点监测系统研究、石漠化综合整治技术研究、煤炭采空区植被恢复研究、乡土绿化树种选育研究。开展信息管理平台建设，创建山地灾害防治工程技术中心和工业废水处理中心。积极推进重大疾病、传染病、职业病等诊疗技术研究与推广应用，支持建立攀西职业病防治中心，帮助攀枝花学院医学院建立起了中药制剂室，开发出系列灵芝保健产品。

2013年11月23日上午，攀枝花钒钛资源综合利用院士行暨攀枝花钒钛（国际）论坛在攀枝花红格假日酒店隆重开幕。

四、以创建国家知识产权示范城市为抓手，实现知识产权工作的新突破

（一）知识产权创造和应用成效显著。积极组织科研院所、高校、企业及个人开展专利申请，全市完成专利申请总量达1627件，其中发明专利申请达709件，创历史新高。专利项目实施效益稳步增长，全年新增专利实施182项，新增产值32.4亿元。全年组织申报省级专利项目27项，获得立项13个，资金170万元。专利质押融资、专利奖励工作顺利完成，帮助宏辉科技办理专利质押贷款750万元。

（二）知识产权试点示范工作扎实推进。圆满完成第二批四川省知识产权试点示范6家单位的考核验收。攀钢集团、攀枝花钢城集团和恒鼎实业（中国）集团有限公司成功申报百亿企业知识产权优势培育工程，组织攀枝花钒钛产业园区申报省级知识产权示范园区；申报第三批四川省知识产权试点示范单位13家，获批9家；培育市级以上知识产权试点企业7家，至年底全市已有31家企业成功创建国家级、省级和市级知识产权试点示范，形成国家、省、市三级联动格局。

（三）知识产权保护力度明显增强。注重知识产权保护，加大知识产权执法力度，开展“侵犯知识产权和制售假冒伪劣商品专项行动”和“知识产权执法维权护航行动”，组织集中联合执法9次，出动执法人员113人次，检查超市、药店等各类场所90余家，登记专利标识产、商品300余件，立案专利查处41件，结案41件，扩大知识产权行政执法的影响力，进一步营造良好的市场经济秩序。

五、以创新科技工作体制机制为抓手，实现科技工作大发展的新突破

（一）营造大科技环境。2013年，通过部、省、市联动，厅、市会商，部门协同，产业联盟，市校合作，产学研合作等手段和措施，逐步营造大科技环境。通过面向国家、省的科技战略部署，围绕市委、市政府攀西发展战略目标，借助攀西资源创新开发试验区的契机，推动国家、省、市三级联动的钒钛资源综合利用科技攻关领导小组和专家组的建立。通过建立大协同攻关体系上构建大科技，积极推动攀西实验区科技攻关协同推进机制建立，积极推动钒钛联盟升级为国家联盟，积极推动钒钛园区创建为省级高新园区，推动钒钛研究院、钛及钛合金研究所机制体制创新，为科技工作注入新活力。

（二）不断创新科技金融模式。进一步加快发展创业风险投资，拓宽科技创新型企业投融资渠道，加快区域性多层次资本市场建设，已成功协助攀枝花金源创投公司引入战略合伙人为企业注资1100万元；协助建立和完善为中小企业融资的信用担保体系，加强企业信用自律管理；搭建政府投融资平台、银科企交流平台、投融资信息服务平台，促进科技、金融、产业相结合，完善投融资公共服务功能，提高投融资效率。市科知局与中国建设银行攀枝花分行签定科技金融协议，促进该行设立中小企业科技贷款部。

（三）加强科技宣传，营造大科技氛围。整合资源构建科技工作网络、报纸、电视、手机等媒体宣传大平台，加强科技工作纵向联动、横向互动的宣传报道，营造大科技氛围。

六、积极探索多层次合作工作模式，重大决策咨询工作取得新突破

（一）积极推进“攀枝花钒钛资源综合利用战略研究”。积极推进“攀枝花钒钛资源综合利用战略研究”项目成功启动，干勇、余永富、殷国茂、张懿、周国治、屠海令、刘炯天等七位院士，市委刘成鸣书记、市政府张剡市长、市委赵辉副书记、市政府刘建明副市长、省科技厅孟爱国副巡视员等相关领导出席启动仪式。组织协调项目组赴攀调研，项目组在余永富院士带队下，先后深入攀钢密地选矿厂、攀钢白马选矿厂等企业，开展攀西地区钒钛资源采矿与选矿技术发展、高钛型高炉渣及钒钛深加工技术及产品应用、钒钛资源综合利用及产业化相关政策等方面专题调研。配合开展好项目中期会议，项目组在中国工程院副院长干勇带队下，赴攀召开项目中期会议，极大地推动了项目的进程。至年底攀西地区钒钛资源采矿与选矿技术发展战略、攀西地区钒钛资源新流程技术发展战略研究、高钛型高炉渣及钒钛深加工技术及产品应用战略研究、钒钛资源综合利用及产业化相关政策研究等四个子项目研究进展顺利。

（二）筹备好院士行和钒钛论坛活动，凝聚院士专家智慧。切实做好院士行活动的对接、总体方案制定、接待安排等各项筹备工作。在各方面的大力支持下，攀枝花钒钛资源综合利用院士行活动于2013年11月22日至24日在攀枝花市成功举行。中国工程院副院长干勇等4位院士，中国金属学会常务副理事长王天义教授等100余位市外专家，以及省委省政府决策咨询委员会常务副主任李成云等领导参加院士行活动和钒钛论坛活动。院士行活动取得丰硕的成果，院士专家、领导提出许多建设性的意见和建议。

（三）邀请省级领导和专家，专题开展调研。做好中国科学院、省委省政府决策咨询委员会莅攀调研和考察工作，积极争取上级支持。由中科院院士孙鸿烈带队，中国科学院“我国中西部重点山区发展战略问题与对策研究”课题组赴攀进行调研，市政府常务副市长杨自力等领导陪同参加调研。由甘道明带队，省委省政府决策咨询委员会考察组对攀枝花市新型城镇化建设进行调研。市政府市长张剡、市委副书记赵辉、市政府常务副市长杨自力、市委秘书长王海波等市领导陪同参加调研。由成都理工大学倪师军带队，省政府决策咨询委员会考察组对攀枝花市攀西战略资源创新开发试验区建设进行调研，市政府常务副市长杨自力等领导陪同参加调研。在专题调研后，攀枝花市决策咨询工作办公室专门征集市级相关部门的意见，形成《关于攀西战略资源创新开发试验区建设恳请国家、省支持事项的报告》报省委省政府决策咨询委员会。

（四）组织开展重大决策咨询课题研究。为使重大决策咨询课题研究更具针对性和可操作性，一方面开展向市委、市人大、市政府、市政协主要领导征集全市经济社会发展需要研究的重大决策咨询课题题目，另一方面征集专家和专业组的决策咨询课题题目，根据征集题目的具体情况，经主任会议研究，确定“攀西战略资源创新开发试验区重点问题研究”“攀枝花新型城镇化相关问题对策研究”“提高攀枝花钛资源综合利用回收率对策研究”等8项决策咨询重大课题，并组织专家开展专题研究。至年底，“攀西战略资源创新开发试验区重点问题研究”等课题已完成并报送市领导，报告得到市委书记刘成鸣、市长张剡、市

七、切实抓好机关党建工作，转变机关工作作风取得新突破

（一）遵循规律，加强思想业务建设。把党的建设规律和科技工作的发展规律有机结合起来。抓住国家攀西战略资源创新开发试验区建设、四川省实施“三大发展战略”的机遇，确立“服务中心、建设队伍”的党建工作任务。紧紧围绕科技中心工作，以队伍建设助推科技创新驱动为目标，真正做到决策有建议、贯彻有行动、落实有成效，提高党建工作的针对性。

打造和谐优良的人文环境，建设学习型党组织。通过召开座谈会等加强思想交流和工作沟通，成立各种兴趣小组，开展健康向上文体娱乐活动，积极参与市直机关广播体操比赛。深入学习贯彻十八大精神，分批开展科级领导干部及党员集中培训，加强对新《党章》《党和国家基层组织工作条例》等的学习，积极开展党务干部、入党积极分子的培训，全年共开展专题培训与集中学习活动4次。抓好经常性示范教育、警示教育和岗位廉政教育，组织全体党员认真学习《中国共产党党员领导干部廉洁从政若干准则》，筑牢党员干部拒腐防变的思想防线。

开展经常性思想政治工作。组织全体党员干部参与“思想大解放、作风大转变、工作大落实”主题、“实现伟大中国梦、建设美丽繁荣和谐四川”主题教育活动，积极开展主题教育活动征文活动，取得了良好的效果；通过召开座谈会等加强思想交流和工作沟通，随时掌握党员干部思想状况，关心干部职工诉求表达，理顺工作情绪，化解内部矛盾，营造团结和谐的工作氛围。通过传授经验、典型示范、专题研讨等方法，切实提高党员干部和业务骨干的实际工作能力。全年共开展交心谈心86人次。

（二）围绕中心，推动党建工作制度化。坚持围绕中心建言献策。充分发挥机关广大党员干部的积极性、创造性，紧紧围绕“科技促进产业发展”“科技服务民生”“科技支撑产业发展方式”等问题，结合自身工作实际，认真研究新形势、准确把握新特点，为科技工作出主意、想办法、献良策。2013年，机关及下属事业单位党员干部共提交合理化建议18条，其中采纳8条，取得良好的成效。

坚持围绕中心推进落实。充分发挥机关党组织位置靠前、响应迅速、贯彻坚决、落实有效的作用，强化落实举措，量化工作内容、细化工作办法、优化工作方式，使广大党员干部方向更明、任务更清、干劲更大。市科知局党员干部积极参与筹办了绵阳（中国）科技博览会、攀枝花钒钛资源综合利用院士行暨2013攀枝花钒钛（国际）论坛等大型活动，取得了良好的社会效果。

坚持围绕中心凝聚力量。认真做好围绕中心服务大局的协调工作，坚持机关党建与具体业务相融合，做到上下级机关党建的联动工作，形成长效机制，发挥好机关推动发展、服务群众、凝聚人心、促进和谐的作用。

（三）夯实基础，促进机关党建工作规范化。健全党员日常管理机制。落实“三会一课”和支部成员上党课制度，抓好党费收缴清理和台账建立工作，做好离退休支部党费部分返还工作。坚持支委会制度。组织召开局系统党建工作会，制定2013年党建工作实施方案，抓好2009－2013年党员教育培训工作总结，共召开支委会8次。

加强党员队伍建设。坚持党员目标管理制度和民主测评制度，开展党员管理教育，开展学习贯彻党的十八大精神集中轮训和参加市直机关工委调训；帮助“挂包帮”联系村、社区做好抗旱保民生、防汛减灾工作，联合农村处开展集中抗旱和防汛督导检查3次。全局党员的思想觉悟明显提高，先锋模范作用明显增强。全党总支共有4名同志向组织递交入党申请书，发展1名预备党员。

（四）改进作风，提高机关党建工作水平。深入调查研究，制定“党的群众路线主题教育实践活动”要求进行整改落实工作方案。认真贯彻落实中央“八项规定”和省、市委有关规定，切实解决领导班子和干部队伍作风建设方面的突出问题。深入开展“思想大解放、作风大转变、工作大落实”主题教育活动，进一步深化“百千万·干群心连心”活动，建立完善党员干部直接联系服务群众制度，提高做好新形势下群众工作能力，建设为民务实清廉的党员干部队伍。

在肯定成绩的同时，还应清醒地认识到本市科技和知识产权工作还存在的问题和困难：1. 高端产业发展的技术支撑不够。钛及钛合金等高端产业技术人才缺乏，高技术含量、高附加值产品开发滞后，科技研发和成果转化能力不足。2. 重点产业发展的产学研合作、协同创新力度不够。钛产业、机械制造等重点产业的产学研合作不够紧密，同行企业间还存在不愿合作、难以合作的现象。如何创新机制体制，整合市内资源，开展协同攻关，深入研究不够，开展的工作力度还不够。市场在科技资源配置中的基础性作用没得到充分发挥等。3. 创新人才还不能满足发展的需要。创新人才团队总量不大，高端人才缺乏，尤其是重点产业领域领军人才严重不足，研发团队的建设还有待进一步深入。

提质增效打硬仗，真抓实干促发展

攀枝花市经济和信息化委员会

2013 年，市经信委在市委、市政府的坚强领导下，在省经信委等相关部门的大力支持下，紧紧围绕“稳中快进、提质增效、争先进位、跨越提升”的工作要求，以转变经济发展方式为主线，以提高经济增长质量和效益为中心，突出产业支撑、投资拉动、“四化”同步、统筹城乡、改善民生，大力推进“三个加快建设”“三个走在全省前列”、打好“六大硬仗”，积极应对宏观经济下滑影响，主动作为、真抓实干，全市工业经济和信息化工作取得了较好成绩。

一、加强协调，要素保障能力进一步提升

一是进一步巩固了西北及周边优质煤炭入攀渠道，全年累计外调煤炭入攀超过 1200 万吨；通过 3 年时间的积极沟通协商，华坪县于 10 月起将进入本市的低热值煤矸石过关费从 58.1 元/吨降低到 16 元/吨；这极大保障了当前及今后一段时期全市的煤炭供应。二是积极争取丰水期富余电量电价优惠政策，促进企业产能释放，共争取到 7－9 月 17 户工业企业应享受消纳丰水期富余电量优惠电费 3765 万元。三是加快推进青杠车站铁路货场、鑫铁物流格里坪货场、马店河铁路货场危化品铁路专线等改扩建工程；及时协调铁路部门解决成品油入攀运输及本市重点企业的铁路运输问题。

二、立足优势、突出重点，工业发展后劲增强

随着新兴产业的快速增长，本市工业结构正加快从单一钢铁能源为主向矿业、钢铁、钒钛、能源、化工、机械制造等多产业协调发展转变。一是加强重点项目建设成效显著。2013 年共组织审核上报省重点工业项目 110 个，对 5 个纳入到省政府重点工业项目及 20 个纳入到省经信委重点工业项目、获得 2012 年至 2013 年度国家级省级财政资金的工业项目跟踪反馈进度。将 51 个技术先进、带动性强的工业项目纳入重大工业产业化项目推进机制，进一步完善市领导、部门、项目业主等的工作职责，着力推进产业结构调整优化升级。富邦年产 1000 万件钒钛制动鼓、瑞钢渣钢渣铁综合利用、大西南实业年产 10 万吨/年钒钛蠕墨铸铁件、攀钢密地选厂全尾矿库深度回收利用等一批重点项目竣工。二是新兴产业加速发展。云钛实业钛锭、天民钛业钛铸件等钛金属延伸产业项目投产；全年钛精矿、钛渣、钛白粉产量预计达到 270 万吨、68 万吨、50 万吨，分别增长 40%、50%、20% 以上；钛产业创新能力增强，产业链进一步延伸，产品规模进一步扩大。富邦钒钛制动鼓、东林公司汽车制动系统、运力公司汽车上装生产线、大西南钒钛蠕墨铸铁、润莹齿轮、攀钢履带板等特色机械制造快速发展。金勇工贸钒电池电解液生产线、东泰新能源 1 万套蓝钛膜平板太阳能集热器生产线、钢城机电和攀枝花学院合作 30 兆瓦太阳能电池组件生产线进入安装调试，全市太阳能产业发展加快。

三、搭建平台、加强攻关，技术创新成果应用深化

2013 年有两户企业成功创建省级企业技术中心，使全市拥有国家级企业技术中心 1 家、省级企业技术中心10家。推进省内知名科研院所与本市企业的交流与对接，进一步借力引智，“四川省技术转移（攀枝花）中心”“四川省装备制造业产业集群（攀枝花）窗口服务平台”“四川省装备制造业中小企业科技服务港攀枝花分港”、四川省机械研究设计院攀枝花分院正式落户攀枝花。实施重大科技专项，集中省、市技术研发资金，开发了脱硝催化剂载体二氧化钛、R－298钛白粉、汽车钒钛制动毂、高强度汽车大梁板等一大批新产品，持续重点开展了钒钛磁铁矿直接还原、高钛型高炉渣提钛、高品质富钛料制备、大型氯化法钛白工艺技术、钒电池用硫酸氧钒制备技术开发、高纯氧化钒产业化、宇航级钒铝合金产业化、应用天然气处理钒钛磁铁矿新工艺、从提钒尾渣中提取有价金属钪的工艺、钛及钛合金精密铸造技术、含钒低合金高强度钢开发及应用等重大关键技术研究，为攀枝花加强钒钛资源创新开发和战略性新兴产业发展打下坚实基础。

四、节能降耗、综合利用，循环型工业体系逐步完善

一是推进工业节能降耗工作。把节能降耗目标纳入了全市综合目标和工业目标考核体系；组织全市列入省千户节能行动的80户企业开展能源审计报告和节能规划的编制评审，并进行2011－2012年度节能目标考核；对全市重点用能企业进行了现场节能监察，开展重点用能企业执行国家相关能源法律、法规专项监督检查，加强了重点用能行业、企业的节能监管。二是加快资源综合利用工作。以开展“全国工业固废综合利用示范基地建设试点地区”建设为抓手推进全市工业循环经济发展，兴茂公司攀钢尾矿再选钛精矿和铁精矿、皓盛翔公司黄磷渣生产超细微粉等重大资源综合利用项目加快建设；组织了6户企业的资源综合利用认定和攀钢“十一五”全国钢铁行业循环经济示范试点建设验收。三是全力推进淘汰落后生产能力工作，全面完成了省、市政府下达的淘汰22户落后产能目标。

五、规范管理、加快建设，园区工业承载能力提升

一是抓住城市总体规划、工业空间布局规划修编的时机，组织各园区开展产业发展规划编制工作，促进多规衔接，增强规划的前瞻性、科学性、权威性。二是为进一步促进园区又好又快发展、产城互动发展，起草并由市委、市政府出台了《关于进一步加快园区发展的意见》（攀委发〔2013〕14号）。三是将钒钛产业园区列入省“51025”重点园区培育计划，促进了钒钛产业园区的上档升级。预计全市6大工业园区2013年实现规上工业总产值750亿元左右，同比增长14%。

六、加强支持培育，企业发展再上新台阶

一是积极开展企业融资服务。1月4日，市经信委会同相关部门组织23户企业参加市委、市政府在成都举行的银政企对接会，本市共向各省级银行机构推介项目136个，投资总额685.89亿元、融资需求346.57亿元，国开行、农发行等8家银行的省级机构与市政府签署了授信金额1021.9亿元的战略合作框架协议，工行、农行等9家银行的市级分行与本市9户企业代表签署了金额131.4亿元的银企授信。市经信委和市人行于8月9日举办了全市中小企业融资培训对接会，对市级金融部门、金融机构和有融资需求的100户优势骨干企业负责人进行了培训，有力地推动了政银企良性互动。由市财政出资设立了资金总额1亿元的企业应急转贷专项资金，截至12月20日已发放96笔、累计周转资金13.05亿元，55家企业获得应急帮助。二是积极开展中小企业人才培训。组织全市主导产业、支柱产业、新兴产业的重点企业负责人对南京、昆山、太仓进行考察；会同市委统战部组织40余户重点企业赴上海复旦大学进行培训学习；组织13批企业家187人参加省经信委举办的“企业家大讲堂”、企业家能力素质系列提升、中小企业政策及品牌培育管理等系列专题培训。三是企业上市培育工作进展顺利。全年组织160余户重点企业开展了三期上市培训。列入上市培育的11户企业有3户已进入上市辅导期，新中钛科技6月初步完成境内结构重组工作，境外融资工作进展顺利；安宁铁钛在股改的基础上于4月提前完成财务审计工作，内控体系建设加速推进，潘家田铁矿整装勘探作业及勘探报告评审工作进展顺利；白云铸造完成财务审计工作，7月与华西证券IPO合作项目已正式启动。四是完善了企业政策扶持体系。为有效应对经济危机带来的影响，结合省政府工业经济稳增长八条措施，在2012年稳增长措施基础上出台了《关于进一步稳定工业经济增长若干措施的通知》（攀府发〔2013〕33号），通过财政扶持、金融支持、税费减免、社保扶持等措施积极防范和化解企业风险，并取得了良好成效。为全面贯彻落实国家和省关于扶持小微企业发展的意见精神，发挥小微企业在推动创新发展、增加就业、均衡收入分配与促进社会和谐稳定等方面的重要作用，市政府出台了《关于进一步支持小型微型企业发展的实施意见》（攀府发〔2013〕27号）。五是积极开展产销对接和招商引资工作。组织推荐18户企业33产品进入《2013年四川省地方名优产品推荐目录》；组织企业参加首届“天府网交会”；利用《攀枝花中小企业信息化服务平台》开展电子商务活动；组织优势企业第十七届中国西部制博会、第十四届西博参会等展会、第三届（绵阳）科技城博览会等展会，加大钒钛、机械制造、太阳能、物流等重点产业的招商引资力度。

八、理清思路、规划先行，信息化工作扎实推进

一是建立健全了信息化工作机制。编制、拟定并出台了《攀枝花市智慧城市总体规划》《攀枝花市信息化发展规划（2013－2017）》。《攀枝花市政府投资信息化项目管理办法》《攀枝花市非政府投资信息化项目备案管理办法》《攀枝花市通信基础设施共建共享指导意见》《关于实施〈四川省住宅建筑通信配套光纤入户工程技术规范〉的通知》（与市住建局联合行文）、《攀枝花市应急通信保障实施方案》《攀枝花市地震应急通信保障实施方案》《攀枝花市信息化工作领导小组会议制度》《智慧城市年度推进方案》等一系列信息化发展规划、管理办法和实施方案。二是信息基础设施建设加快。统筹协调加快信息基础设施建设，全市已建成光缆2.77万皮长公里（新增0.77万皮长公里）；城域网总出口宽带达240G；手机基站2230个（新增330个）；固网宽带用户29.35万户（新增1.05万户，固网宽带普及率达到81.32%）；数字电视用户97493户（新增12990户）；市广电网络有线电视用户达125735户（新增4844户）。三是全力推进通信业民生工程建设。提前1个月超额完成全年通信业民生工程任务，共完成投资3062.35万元，完成55个自然村通电话、22个行政村通宽带和69个光网小区建设任务。四是筹推进政府部门信息化建设和应用。开展了数字城管一期验收、市民卡实施方案、市公安智能安全系统、协同办公平台等项目评审；完成市人大、市经信委、市保密局等部门网站建设工作。完成电子政务内网新版公文传输系统、12349居家养老服务信息平台、教育局直属学校监控安防系统建设，实施了“校校通”和直属学校“班班通”工程，市基层医疗卫生机构管理信息系统开始试运行。五是扎实推进信息化与工业化深度融合。启动企业两化融合试点示范工作，初步完成两化深度融合指导意见编制，组织11家技术支撑单位与12家首批参与企业进行了对接。六是积极推进信息产业持续健康发展。经积极争取，省经信委已将攀枝花纳入全省数据中心布点。七是组织开展重点领域网络与信息安全检查。根据国务院、工信部、省政府办公厅和省经信委的要求，组织开展了工业控制系统、重点领域网络与信息安全检查工作。

八、认真做好无线电管理工作

2013年审台站2923个，执法检查了100余家单位，开展2次毗邻地区无线电业务协调。利用多种方式开展无线电管理宣传，增强社会无线电法规意识、无线电安全意识。抽检发射设备217台，开展重点区域、重要时段、重大活动、重大节日无线电安全保障监测3000小时。开展了10余类考试防无线电作弊保障监测31场次，查获1起多人无线电考试作弊案件，阻断1起无线电作弊信号。处理无线电干扰申诉2起，完成信访函件处理以及其他1次。加大技术设施建设，监测网络日趋完善，技术监管能力得到加强。

九、进一步推进“两化”互动发展

安排部署了全市2013年度“两化”互动、统筹城乡重点工作，落实省统筹城乡发展工作部署及时出台了《关于分解2013年度推进统筹城乡发展工作主要任务的通知》（攀委办〔2013〕74号）。为进一步了解和掌握全市城镇建设基本情况，市“两化”办和市住建局对纳入本市中心城区规划范围的二、

三、四级乡镇共计39个乡镇开展了城镇建设现状调查。配合市公安局拟定、出台了《关于关于进一步深化户籍制度改革的意见（试行）》，并积极开展试点工作。配合市住建局拟定并出台了《关于加快推进小城镇建设的实施意见》。

十、急难险重工作进展顺利

全委以超常规的措施和力度全力推进“急难险重”各项工作，除铁路危化品专用线建设项目因业主意外身亡不可抗拒因素外，其余承担的7个牵头的“急难险重”部门任务进展顺利全面完成。

十一、争取上级资金成果显著

2013年市经信委共争取到54个项目、5079.6万元的上级工业扶持资金。其中工信部中小企业技改资金项目1个、200万元；省战略性新兴产业项目资金5个、1840万元；省技改（含安措）资金项目5个、1110万元；省技术创新资金项目7个、260万元；省“开门红”补贴奖励资金项目24个、558.6万元；省“小巨人”专项资金项目1个、40万元；省中小企业发展专项资金项目6个、180万元；省中小企业信用担保服务补助资金项目1个、80万元；省物流业发展资金项目1个、50万元；省产业园区发展资金项目1个、621万元；省两化融合专项资金项目2个、140万元。另外，还有一批国家、省淘汰落后项目和省战略性新兴产业项目完成评审或正在公示，可望获得资金支持。

十二、认真做好党风廉政建设工作

一是认真组织学习贯彻中央《八项规定》、省委省政府《十项规定》、市委市政府《十项规定》；二是领导干部做表率，对照“八项规定”要求带头执行上级关于改进作风、密切联系群众的规定，遵守厉行节约、反对浪费的要求，当好勤俭节约的表率，严格执行公务接待制度，严格落实各项节约措施。三是认真落实党风廉政建设责任制，圆满完成市委、政府下达的1项牵头和39项协办党风廉政建设和反腐败工作任务。

在看到成绩的同时，也要清醒认识到本市工业发展还存在着全市地方煤矿仍在整合建设、尚未复产，工业项目招商日趋困难，部分重大工业项目推进迟缓，企业资金紧张、融资困难，工业生产成本持续上升、企业竞争力下降，主要工业品市场持续低迷等困难，本市工业经济还面临着转型期的阵痛。

深化财政体制改革　优化财政支出结构
促进攀枝花市经济和社会事业又好又快发展

攀枝花市财政局

2013年，市财政局在市委、市政府的领导下，在省财政厅的指导和支持下，深入贯彻落实党的十八大、十八届三中全会、省第十次党代会和省委十届三次全会精神，紧紧围绕市第九次党代会确立的建设幸福攀枝花的宏伟目标和大力实施“三个加快建设”、倾力推进“三个走在全省前列”、全力打好“六大硬仗”、奋力实现“四个翻番”的总体思路和奋斗目标，坚定信心，迎难而上，充分履行公共财政职能，狠抓重点工作开展，采取切实有效的措施促发展、抓增收、保民生、强监管，全力确保财政稳健运行，推动了全市经济社会稳步发展。

一、强化预算执行，努力完成收支任务

2013年受宏观经济形势影响，全市经济处于低位徘徊，资源性产品价格回升困难，企业产能得不到有效释放，重点财源企业贡献减弱；“8·29”事件后部分煤矿仍处于停产状态，加之结构性减税政策及“营改增”政策实施，财政增收乏力。面对严峻而复杂的形势，全市各级财税部门一方面全力挖掘增收潜力，积极开辟新增税源，努力实现应收尽收，另一方面，充分向上级反映攀枝花市的实际困难，进一步加大向上争取资金工作力度，全年共向上争取资金63.6亿元，增长14.3%。

全市公共财政预算执行情况。2013年，全市公共财政收入完成585，450万元，增长2.4%；上级补助592，908万元；动用上年结转结余19，116万元；调入资金2，240万元。公共财政收入总量为1，199，714万元。全市公共财政支出实现1，150，075万元，增长6.3%；上解上级支出等28，874万元。公共财政支出总量为1，178，949万元。全市公共财政收支总量相抵后，年终滚存结余20，765万元，实现了收支平衡。

2013年1月29日，全市财政工作座谈会在会展中心举行，市委常委、常务副市长杨自力出席会议

市本级公共预算执行情况。市本级公共财政收入完成295，649万元，增长4.3%；上级补助592，908万元；县区上解收入5，070万元；动用上年结转结余7，411万元。公共财政收入总量为901，038万元。市本级公共财政支出实现464，319万元，增长5.8%；补助县区支出397，996万元；上解上级支出等21，634万元。公共财政支出总量为883，949万元。市本级公共财政收支总量相抵后，年终滚存结余17，089万元，实现了收支平衡。

二、发挥公共财政职能，助推经济社会发展

（一）支持产业发展，促进城市转型升级

多措并举，大力促进农村经济发展。按照市委、市政府对全市“三农”工作的安排和部署，市财政局进一步优化财政支农支出结构，加快产村相融、成片推进新农村建设，支持重点项目建设，推动攀枝花市国家现代农业示范区建设，促进农村经济社会全面发展。一是大力支持水利基础设施建设。全年安排水利建设资金4.5亿元，实施马鞍山水库、梅子箐水库和高效节水灌溉等水利项目，增强农业抗旱保收能力。二是安排资金4亿多元，及时兑现成品油价格补贴以及粮食直补、农资综合、农机购置、退耕还林、生态效益补偿等惠民补贴政策，增加城乡居民收入。三是大力推进新村和新农村示范片建设。整合资金4.3亿元，继续推进农民住房、基础设施、风貌打造、“1+6”村级公共服务设施为主的新村建设，改善了农民的生活环境，新建新村聚居点70个。四是做好扶贫开发工作。全年累计安排财政扶贫资金2，700万元，重点实施了产业化扶贫、二滩水库淹没区的脱贫帮扶和村道建设等扶贫工程。五是加快推进国家现代农业示范区建设。2013年共投入财政资金3，545万元重点支持市现代农业示范园区综合发展。六是进一步加大财政奖补投入力度。筹集资金1.2亿元，继续推进村级公益事业“一事一议”财政奖补工作，扩大农村公共服务运行维护机制试点范围，提升基层公共服务能力。

加大投入，着力优化产业结构。市财政局紧紧围绕省委十届三次全会确立的与全国同步全面建成小康社会的目标和深入实施多点多极支撑、“两化”互动统筹城乡、创新驱动发展的“三大发展战略”，会同市经信委制定《2013年度市级工业发展专项资金申报指南》，规范2013年市级专项资金的申报，积极筹集资金，推动全市工业转型发展。一是强力推进重大工业产业化建设；二是促进企业技术创新和科技成果转化；三是鼓励中小微企业产业升级；四是支持工业节水及“三废”综合治理利用；五是鼓励节能及新能源应用示范；六是支持产业园区平台建设；七是支持企业信息化建设；八是进一步加强中小企业融资平台建设，做大做强金源创投等融资平台公司，帮助成长型、骨干型和具有示范带动作用的企业解决融资困难。通过设立工业应急转贷资金，增强金鼎担保公司担保能力，成立政策性小贷公司等措施，

2013年7月26日，攀枝花市在会展中心首次举行预算听证会

发挥财政资金的放大效应，撬动社会资金近40亿元，加大对企业的支持力度，帮助企业渡过了难关。

注重效益，助推服务业发展。市财政局会同市服务业办、市发改委制定《2013年服务业发展引导资金项目申报指南》，规范服务业资金申报，积极安排落实旅游业及第三产业发展资金。大力实施“营改增”、小微企业减税、铁矿石价格调节基金缓缴等政策，全年共为企业减免税费约6亿元。安排资金3亿多元，采取贴息、补助、奖励等多种方式，全力支持企业发展。

（二）加大民生保障投入，促进社会事业发展

大力实施“十大民生工程”。市财政局在维护社会稳定、保障行政运行的基础上，充分体现“保民生、促发展”的要求，认真细化分解“贫有所助、学有所教、病有所医、老有所养、住有所居、人有所业、劳有所得、怨有所诉”的“八有”目标，全面推动民生保障工作。全年共投入“十大民生工程”资金近40亿元，比上年增加7.5亿元，增长23.1%。

进一步完善社会保障体系。一是加大保障性住房建设投入力度。积极开展住房公积金支持保障性住房建设工作，多形式多层次解决群众住房困难，投入资金14，140万元促进6，384套保障性住房建设和3，310户廉租房租赁补贴。二是继续深化医疗卫生体制改革。按政策提高新农合和居民医保的人均财政补助标准；继续落实基本公共卫生财政补助提标政策，全年下达补助资金2，239万元；确保村医补助落实到位，每个村卫生室每年财政补助平均7，500元得到落实。三是完善社会救助和社会福利制度。做好自然灾害生活救助工作，规范救灾资金使用管理；做好城乡低保资金管理工作，支持完善老年人、儿童、残疾人等重点群体社会福利政策。四是支持各项社会保险及就业体系建设。配合主管部门制定相关配套制度、办法，支持覆盖城乡的社会保障体系建设，加大对就业创业促进工作的资金投入。

持续加大社会事业投入。一是贯彻教育优先发展战略。2013年市财政继续按照教育支出法定增长要求，全力保障教育支出，全年市级财政安排教育支出71，490万元，推动教育事业全面快速发展。攀枝花学院“锁定扩招债务”化解任务圆满完成；城乡统一的义务教育“两免一补”政策在攀枝花市全面实现；率先在少数民族地区实施免费中等职业教育。二是支持交通事业发展。全面完成2013年成品油价格和税费改革收入返还支出的预算编制工作，安排交通转移支付专项资金4，622万元。三是支持科技事业发展。全年市级财政安排科技支出6，088万元，着力支持科技创新和科技成果转化。四是支持文化事业发展，市级财政整合拨付各项文化广电专项资金7，342万元，推动了“广播电视村村通”“公益电影放映”“农家书屋”等一系列文化惠民工程广泛开展。

（三）强化财政投融资，保障重大项目资金需求

按照“保重点、保民生、保收尾、保续建”的原则，市财政局通过创新融资方式、调整财政支出结构等措施，筹集资金43亿元，推进了成昆铁路新线、花城新区、沿江景观打造、国省干道改扩建、观音岩引水工程、龙密路建设、中心城区人行过街设施等重大项目的实施。

此外，为进一步提高财政资金使用效益。2103年，市财政局将涉及财政性资金安排的基本建设项目支出全部纳入评审范围，并将社会保障、农业、教育、节能环保、民生工程等重点领域项目列入评审工作的重点，实现项目评审全覆盖。全年共评审项目229个，评审资金39.7亿元，审减资金4.8亿元，审减率达到12.1%。

三、深化财政改革，促进财政管理科学化精细化

深化预算管理改革。一是全力推进绩效预算管理。建立起预算编制、中期评估、单位结余清理、支出绩效评价、信息公开等全过程的绩效预算管理体系，并在全省率先试行财政预算听证制度。在公共服务性强、社会关注度高、资金量较大的市本级财政支出项目中，确定10个政府投资项目和10项专项资金开展绩效评价工作，涉及市级财政资金14.8亿元，进一步提高了财政资金使用绩效；二是大力推进预决算公开，打造阳光财政。2013年，市财政继续将当年预算安排的涉及城乡居民最低生活保障、义务教育、城乡基础建设、农田水利建设、农业产业化、工业发展、旅游业发展、保障性安居工程建设等119项关系民生的389，894万元财政专项资金（公示资金总额较上年增长23.96%）在攀枝花财政网进行公示，扩大了部门预算送审范围，自觉接受人大监督；按照要求，及时向社会公布市“三公”经费的预决算，接受社会监督。三是开展乡镇财政所规范化建设。督促全市各县区完成了乡镇财政所的恢复工作，并做好乡镇财政规划的编制工作，进一步推进了乡镇财政所规范化建设。

2013年11月5日，四川省政府副秘书长赵学谦（前排右三）、省财政厅副厅长帅克（前排左四）一行到攀枝花专题调研太阳能提灌站建设

完善国库管理改革。一是继续深化国库集中收付制度改革。截至年底，市、县（区）级840个预算单位全部实施了国库集中支付改革，完成了会计集中核算向集中支付的并轨；各级财政预算资金、财政专户资金全部纳入国库集中支付，市及5个县区本级均已建立了比较规范的预算执行动态监控体系，日常实时监控工作有序开展。二是继续深入实施公务卡改革，制定并实施了市级公务卡强制结算目录制度。全年全市实施公务卡改革单位882户（含乡镇），共办理公务卡10，680张，改革覆盖面达到98%。三是继续清理规范财政专户管理，开展单位结余结转资金及财政对外借款的清查处理，提高了财政资金效益。

四、强化财政监管，加大检查力度

加强政府采购监督管理。市财政局进一步完善了政府采购制度，加强政府采购计划、采购预算管理。对采购方式的确定、采购信息的发布、评审专家的抽取、项目评审的程序、评审结果的公布等环节依法实行全程监控。2013年全市完成政府采购6.98亿元，比上年同期增加19，551万元，共节约资金6，108万元，资金节约率8%。其中市本级预计共完成政府采购金额4.32亿元，比上年同期增加16，626万元，节约资金2，848万元，资金节约率6.2%。

资产处置规范有序。市财政加大了国有资产信息化建设力度，将全市752家（含区县）纳入系统平台的预算单位国有资产全部置于财政有效的监管范围，制定《攀枝花市党政机关通用办公设备和办公家具配置限额标准》和《攀枝花市党政机关国有资产处置管理办法》，进一步规范了资产处置程序，特别是加大对国有资产处置残值收入的监管力度。全年完成全市91家单位资产处置审批工作，处置资产（车辆除外）10，370台（件），共计3，382.04万元。会同机关事务管理局对52家单位141台车辆进行了处置审批，监管处置收入1，400余万元上缴市财政非税专户，实现了国有资产的保值增值。

严把财政票据管理关。在实际工作中，市财政局严格实行票据领购证制度、验旧购新制度等，对收取的财政票据工本费实行公示制度，严把票据计划、领购、审验三道关口，确保票据的规范使用，强化非税收入管理，堵塞了“跑、冒、滴、漏”现象发生。

强化财政监督检查　一是以完善内控机制为重点，加大内部监督检查力度。在全局26个业务部门自查自纠的基础上，开展了全局内部监督交叉检查，检查面达100%。二是对全市乡村垫交税费债务化解工作开展情况、化债专项资金使用情况和化债资金专户管理情况进行了重点检查，累计检查项目44个，检查专项资金149.04万元，检查面100%。三是在全市范围内开展交通系统2012年非税收入管理情况的专项检查工作。对市级交通系统4个执收单位在资产管理、票据管理等方面进行重点检查，检查资金量11，499.21万元，占全市交通系统非税收入总量的91.69%。检查中针对个别违规行为，市财政部门依法下达了检查处理意见，收缴应缴市级非税收入391.48万元，收回财政预算资金150.72万元。四是市、县两级财政部门采取上下联动方式，抽调和聘请专业技术人员39人，对全市水利、粮食、教育等行业36户企事业单位（其中行政单位19户、事业单位14户、国有企业3户）开展了会计信息质量检查，累计处理违规违纪资金1，120.51万元。五是继续开展“小金库”专项治理工作。会同民政、国资委、审计等相关管理部门，将财政、审计、纪检监察等日常监督检查与“小金库”专项治理相结合，监督和指导社会团体和国有企业健全和完善各项制度，形成“小金库”专项治理的长效机制。

2013年12月19日，财政部科研所与市财政局合作共建科研基地签字暨揭牌仪式在市会展中心举行

五、加强干部队伍建设，工作效能不断提升

2013年，市财政局认真贯彻落实习近平总书记在中央政治局会议上关于作风建设的重要讲话精神，努力践行中央和省、市委关于改进工作作风、密切联系群众的各项规定，紧密联系财政实际工作，加强理论学习、实践探索，把干部队伍建设作为提高工作效能的重要抓手。

（一）认真组织开展主题教育活动

市财政局结合“思想大解放，作风大转变，工作大落实”主题教育活动和“实现伟大中国梦、建设美丽繁荣和谐四川”主题教育活动，抓好干部职工的政治理论学习，努力打造一支思想解放、勇于创新、遵纪守法、积极进取、充满朝气与活力的财政干部队伍。积极组织干部职工参加主题演讲比赛、征文比赛、知识竞赛活动。以党组理论学习中心组、党支部、处室部门为单位，组织党员和干部深入学习党的十八大和十八届三中全会精神，学习习近平总书记有关厉行节约、转变作风的批示要求。采取召开动员会、举行专题报告、开展专题讨论活动、参观建设成就展、邀请专家讲课、印发学习资料等方式，开展形式多样、不同层次的宣传学习。全局共组织各类培训200余人次。其中，县处级30人次、科级及以下170人次。参加组织调训33人次，参加干部选学150人次，参加网络培训17人次。通过认真落实2013年度党组中心组理论学习计划，坚持不懈地开展理想信念、宗旨意识、职业道德、党纪政纪教育和财政业务技能培训，不断提高了党员干部思想政治素质和业务工作能力。

（二）认真贯彻落实改进工作作风、厉行节约相关规定

《十八届中央政治局关于改进工作作风、密切联系群众的八项规定》颁布以来，市财政局切实把密切联系群众、改进工作作风、厉行勤俭节约的要求与加强机关效能建设和促进党风廉政建设相结合贯穿于各项工作之中，围绕法制型和服务型财政机关建设，广泛开展宣传动员，规范完善内部制度、措施，促进了部门工作作风转变。一是结合财政部门管理工作职能，进一步健全完善相关制度规定，着重对

“三公经费”支出以及会议费、办公费、培训费等制定严格的管理制度，明确标准和审批程序，切实做到有章可循、有规可依。二是围绕提升行政效能，开展机关作风纪律大检查，落实首问负责制、限时办结制和责任追究制，正文风、改会风、转作风、树新风，促进全局干部职工作风进一步转变。三是规范财政行政行为，开展行政权力清理工作，清理后的市级财政行政权力179项，其中，行政审批（行政许可）2项，行政处罚149项，行政征收3项，行政强制4项，行政裁决1项，其他行政权力20项，为市财政局行政权力公开透明运行工作顺利推进打下了坚实的基础。四是进一步巩固完善副县级以上领导干部对口联系市级人大代表、政协委员的联系制度。并及时做好人大代表、政协委员议案、提案办理。2013年，市财政局承办市第九届人大二次会议人大代表建议和市政协八届二次会议政协委员提案共41件，所有办件均在规定时间内按程序和要求办结，实现了办结率、联系率和满意率均达100%。五是做好信访维稳工作。2013年，全局未发生一起信访和涉稳事件，累计处理举报案件2项，其中移送市纪检机关1项，信访结案率100%。

（三）重视年轻干部的培养锻炼

市财政局高度重视年轻干部的推荐和培养。2013年严格按照推荐条件和程序，向市委组织部推荐了3名副县级后备干部、1名正县级后备干部，以及7名潜力型优秀年轻干部和4名培养型科级年轻干部，选派1名年轻中层干部到攀钢（集团）公司进行双向交叉挂职锻炼。结合上级部门重大工作安排，选派1名干部到木里县援藏挂职，选派1名干部到北京开展驻点招商工作，选派1名干部参加全市“挂包帮”工作，推荐1名干部参加群众路线主题教育活动筹备工作，推荐1名干部借调到省财政厅工作，进一步提升了干部的业务水平和工作技能。

总之，2013年是财政收入形势极为严峻的一年，全市地方煤矿全面停产整顿，造成煤炭采掘、加工、商贸等涉煤行业收入大幅下降；受全国三四线城市土地市场低迷的影响，全市土地市场需求不足，土地流拍现象严重，土地出让金出现大幅短收；铁矿石、钛白粉等主要工业产品价格出现大幅下滑，企业生产经营普遍较为困难，企业缴纳的税收同比大幅下降；实施“营改增”、落实小微企业税收优惠等结构性减税政策，致使全市公共财政收入出现较大的短收。面对前所未有的严峻收支形势，市政府多次召开专题会议，分析财税走势，完善政策措施，强化收入征管。一方面，大力加强矿业、房地产业、建筑业、金融业等重点行业税源管理，强化对企业欠税、关联交易和企业所得税汇算的审核工作，加大纳税评估力度，及时组织税收入库，做到应收尽收。另一方面，不断完善协调机制，继续加大对城市基础设施配套费、电力附加和土地出让金等重点收入的征管，非税收入实现预期目标。通过采取上述措施，市本级公共财政收入完成了年初预算目标，全市公共财政收入实现了正增长。

开拓创新　服务群众
努力推动住房和城乡规划建设事业健康发展

攀枝花市住房和城乡规划建设局

2013年，市住建局紧紧围绕市委、市政府工作大局，深入贯彻落实党的十八大和市委九届五次全会精神，进一步统筹城乡规划，奋力加快推进“急难险重”项目、城市基础设施和保障性安居工程建设，强化建筑行业和房地产市场监管，完成城乡基础设施投资4.6万元、房地产开发投资36.40亿元、建筑业总产值突破150亿元。住房城乡建设事业快速健康发展，为推进全市经济社会发展做出了新的贡献。

一、加强城乡规划工作，规划引领作用进一步增强

加快规划编制。按照多规衔接、城乡统筹和产城一体要求，科学编制城乡规划。一是在修编完成《攀枝花市城市总体规划（2011—2030）》的基础上，启动了全省首个市域城乡统筹规划编制工作。二是完成了《金沙江中心区段沿江景观规划》《花城新区控制性详细规划和城市设计编制》和《攀枝花市工业布局总体规划（2011－2030）》修编。三是组织开展普达、高梁坪等8个片区控制性详细规划的编制（修编）、评审、审查。四是开展花城新区干坝塘核心区街道景观、城市道路网络等8个专项规划。五是完成23个乡镇的总体规划修编和48个新村（聚居点）规划。

依法实施规划管理。一是充分发挥规划引导、技术支撑作用，着力推进银泰城、普达度假区等省、市重点项目建设，全年办理《建设工程项目规划选址意见书》等规划审批事项725项，对60余个项目方案总平面图进行公示。二是在乡村规划管理机构和人员未落实的情况下，积极开展乡村公益事业项目的规划管理，为同德、大龙潭、布德等乡镇的建设项目办理规划手续。三是配合国土部门开展土地资产运营前期工作，出具土地规划技术经济指标42份，为土地资产市场化顺利推进提供了保障。四是履行规委办工作职责，筹备召开了8次规委会，提请审议议题59项。

积极做好对口援建工作。完成对口支援雅安市石棉县灾后重建规划设计和15个集中安置点规划、5个集中安置点修建性总平面设计、8个农村住宅建筑单体方案设计，35个户型平面图及相应效果图，派遣专业规划人员常驻当地提供技术支持和服务。

二、加快推进城乡建设，城市承载能力进一步增强

大力推动基础设施建设。以推进“急难险重”、民生工程为抓手，加快城市基础设施建设。一是完成金沙江南岸仁和沟口大桥至密地桥段步行系统、密地桥南至龙箐大桥主干路、良友至人大转盘路段5处人行过街设施建设。二是马坎污水处理厂及截污干管工程、花城大道老黑地至龙塘沟及连接线道路建设进展顺利，完成年初确定的投资计划。

扎实推动新型城镇化建设。一是按照省、市加快推进新型城镇化工作要求，市住建局制定了《2013年攀枝花市加快推进新型城镇化工作实施方案》和《关于加快推进小城镇建设的实施意见》，为推进新型城镇化建设提供指导依据。二是深入开展全省“百镇建设试点行动”，盐边红格镇、米易普威镇作为重点镇和示范镇，着力打造了一批市政公用基础设施和公共服务设施，小城镇综合功能得到进一步完善，“全省百镇建设现场会”也在红格镇圆满召开。三是53个新村聚居点建设正有序进行，其中24个点基本建成，29个点正在加快建设。

三、加大住房保障工作力度，保障覆盖面进一步扩大

全力推进保障性住房建设。开工建设保障性安居工程6384套，超目标任务8.4%；已基本建成4348套，竣工3249套（含往年结转项目）；发放廉租住房补贴3520户，超目标任务13.55%；农村危房改造开工2728户，竣工2538户。同时，市住建局积极组织对上沟通，共争取到中央及省级保障性安居工程建设专项补助资金17498万元。

积极推进城区老旧房屋（含筒子楼）改造工作。一是制定了《关于加快推进城区老旧房屋（含筒子楼）改造有关政策的试行意见》和相关配套文件，为指导各区（县）旧改提供指导性意见。二是对全市城区老旧房屋（含筒子楼）进行摸底调查和统计，未来五年本市将逐实施48个旧改项目，2013年启动了东区创业路、瓜子坪人民商场片区等8个改造项目，用地面积约300亩，住户约1000户，目前已有4个项目完成拆迁，2个项目的安置房已开工建设。

开展“农民工住房保障行动”。2013年预计年底可建成2128套公共租赁住房（含续建项目），待分配房源中有1756套可定向提供给外来务工人员，比例为82.5%，其中1046套已分配入住。

四、狠抓行业监管，行业管理进一步规范

房地产业：在深入贯彻落实国家一系列宏观调控政策的前提下，本市房地产开发保持了平稳健康发展，住房供给结构基本合理，房地产市场价格基本稳定，完成房地产开发投资41.06亿元，同比下降9.2%，商品房销（预）售面积90.1万㎡，同比增长25%，商品住宅销售均价4226元/㎡，同比增长2%。在市场监管上，一是加强商品房预售许可管理，建立了商品房预售资金监管制度并出台实施办法，切实做到预售资金专户专款专用，全程监管，全年办理商品房预售许可28项，预售商品房面积134.36万㎡；二是加强房地产资质管理，完成54家房地产开发企业资质审核工作。三是开展房地产市场秩序专项整治，实地检查开发项目30个，查处房地产开发建设、交易、中介等环节的违法行为14项，并督促企业落实整改。四是加强房地产企业资质管理，对全市93家房地产企业逐一进行清理，规范房地产开发经营行为。五是积极化解房地产开发遗留问题，完成了鹭栖家园、观涛苑、华庆萧邦、社区办公楼“两证”办理等4项涉稳积案的化解工作，基本解决了东区国贸大厦、富麒大厦产权办理问题，有效维护社会稳定。

物业管理：全市共有物业企业101家，其中本市企业93家，管理项目170个，面积921.6万㎡。在规范和培育物业管理市场上，一是加强物服企业资质管理，完成47家物服企业资质审批和申报工作。二是完善物服企业信用信息平台，对物服企业经营活动进行动态监管。三是组织评选和复检市级优秀物业管理小区，通过争先创优提升全市物服企业的物业管理水平。

建筑业：全市完成建筑业总产值150亿元，建筑业增加值现价增速20%；建筑业地方税收56656万元，劳务输出3100人、劳务收入1.26亿元，新增城镇建筑业岗位3000个。为进一步规范建筑行业，一是严格市场准入和清出，大力整顿市场秩序，完善信用体系，建立动态机制，加强对企业资质、施工许可和建筑机构的管理。二是加强招投标监管，营造公开、公平、公正和诚实信用的氛围，完成了83个国有投资工程项目招标文件的审查备案，规范了建设工程合同签约和履约行为。三是全面实行“双卡一证”管理，从制度上杜绝拖欠现象，积极探索和建立新机制，开展专项执法大检查，处理了多起欠薪事件，加强农民工工资保障金的收取和退还工作，维护社会稳定。四是全面推进建筑施工企业安全生产标准化创建工作，施工现场环境综合治理取得阶段成效，未发生重特大质量安全事故。

测绘业：完成了“天地图？攀枝花”建设，实施与国家节点对接。完成滨江大道和斑鸠湾、西区循环经济园区4.14平方公里1：500地形图修补测。编制了《攀枝花市基础测绘“十二五”及中长期规划》。

勘察设计业：组织开展建设工程勘察设计质量及建筑节能实施情况联合执法检查，抽查了公共建筑、民用住宅、市政道路等不同类型、不同结构的项目19个、企业23家，有效保证工程勘察设计质量。制定下发了《关于贯彻〈四川省建设工程抗御地震灾害管理办法〉的实施意见》，在初设审查、施工图审查等环节加强抗震设防专项审查，有效提高房屋建筑和市政基础设施综合抗震防灾能力。

建设工程质量安全：为切实抓好本市房屋和市政基础设施建设工程质量安全工作，一是加大对参建各方责任主体质量安全行为的监管力度，对违法违规行为进行严厉查处，将日常监督与专项检查相结合，开展“安全生产月活动”、安全生产大检查等6次专项检查，重点查处了违反基本建设程序、强制性标准、擅自修改设计、施工安全违规违章等不良行为，查出安全隐患1304个，下发整改通知书162份，停工通知书46份。二是加大施工现场文明施工监管力度，确保扬尘治理监管常态化，并形成监管长效机制，使建筑施工扬尘得到切实有效的控制，进一步改善城区空气质量，不断提高文明施工水平。三是全面推行建筑工程施工现场图片（像）报告制度、“双交底”制度，强化建设工程施工质量过程监管，全年共监督工程634个，建筑面积502.6万㎡，竣工工程255个，面积151.02㎡，工程竣工验收合格率100%。

建筑节能与散装水泥推广：一是严格建筑节能监管，对286个项目节能施工隐蔽工程进行现场检查，节能标准执行率达100%，新型墙材使用比例约为78%。二是全市推广散装水泥110.119万吨，散装率57.91%；推广商品混凝土207.91万m^3，预拌砂浆0.07万吨，年节约标煤2.67万吨，减少粉尘排放

1.16万吨，产生综合经济效益5224万元。三是全面推广太阳能热水系统应用。四是完成散装水泥、新型墙体材料专项资金征收1545.6万元，返退206万元。

五、完善行政审批机制，行政效能进一步提高

行政审批在“两集中、两到位”的基础上，机制更加完善，效能不断提高。一是开通“绿色通道”，为25个重大项目提前介入质量安全监督，确保建设工程质量安全和快速推进。二是房改房和经济适用房上市交易实行“一条龙”服务，共办理经济适用房、房改房上市交易2182户，收缴房款2125余万元。三是整合服务事项，建立“内部流转”前后台联动、重大事项集体研究决策、信息反馈、特色服务等工作机制，优化内部审批流程，大幅度提高行政审批工作效率。2013年，市住建局窗口共办结行政审批服务事项8.7万余件，其中行政审批管理事项1.3万件，房屋权属登记4.3万件，房产档案3.1万件，“一站式”收费2.29亿元。

六、严格依法行政，执法水平进一步提升

在法制建设上，既注重普法，更注重执法。一是加强制度建设，研究制定《攀枝花市商品房预售管理办法》等26项规划性文件，以规范和指导行业管理工作。二是开展清理规范行政权力工作，局系统共清理行政权力466项，逐项制作工作流程图。三是认真部署“六？五”普法工作，深入社区、施工现场开展了《测绘法》《建筑法》等法制宣传活动。四是加大城市规划建设执法力度，依法拆除违章建筑4000余平方米，检查工程项目400余次，行政处罚18起，行政罚款133万元。五是贯彻落实依法行政法责任制，建立行政处罚自由裁量权考评制度和集体讨论制度，加强对行政执法监督，全年办理的案件中未发生行政诉讼和行政复议案件。

七、加强党风廉政和干部队伍建设，提高履职能力

继续把党风廉政建设摆在与业务工作同等重要的位置来安排部署、检查督促。一是全面落实中央、省、市“八项规定”“十项规定”，开展自查自纠，切实改进工作作风。二是创新廉政风险防控管理机制，强化对重点领域和重要环节的监管，严格实施了基础设施项目招投标制、双合同制、双交底制和廉政保证金制和“三重一大”监管机制。三是积极行动，贯彻落实各项规定和纪律，切实加强和规范公务用车管理，大力推进节约型机关建设，简化工作程序，严肃工作纪律，提高服务质量。四是强化督查，建立健全长效机制，认真落实党风廉政建设责任制，严格自律，依法行政，秉公办事，廉洁从政，进一步转变工作作风。

在干部队伍建设上，一是科学调配、任用干部，提升干部队伍战斗力。二是精心组织，突出重点，加强人事管理，三是严格把关，做好职称评审报批工作。四是创建学习型机关，开展多种形式的学习、交流、培训活动，制定完成了《攀枝花市住房和城乡规划建设局对口支援木里藏区2013年度人才培训方案》，为木里藏区培训专业技术管理人员29名。

八、大力开展机关党建工作，切实提高党员队伍素质

一是学习宣传贯彻十八大和十八届三中全会精神，切实加强党员干部思想政治建设。以各级党组织为主体，在全局组织开展学习型党组织、学习型机关、学习型城市创建活动。并采取多种形式，对广大干部职工开展政治理论和形势政策教育。二是加强基层党组织和党员队伍建设。继续深入开展创先争优，积极创建先进基层党组织，加强民主集中制教育和民主生活会制度，深入推进党务公开、“五创联动”进机关以及机关效能和作风建设，着力创建文明、整洁、高效、和谐的新型机关。三是组织开展“实现伟大中国梦、建设美丽繁荣和谐四川”暨“思想大解放，作风大转变，工作大落实”主题教育活动。认真践行“中国梦”和“三个代表”重要思想，大力开展社会主义精神文明建设工作。四是做好统战和群团工作。落实“健全机制、办好实事、突出重点、务求实效”的总体思路，切实发挥机关党委的职能作用，加强与各级党组织的对口联系，不断提高自身建设水平。

在做好上述工作的同时，市住建局还切实加强了信访维稳工作，采取大接访、大调解、领导包案等有力措施，突出对房地产市场、征地拆迁补偿、拖欠农民工工资等重点领域、重点环节的行政监管和矛盾纠纷的排查化解。此外，市住建局在编制规划研究、工程造价、目标管理、提案办理、科技教育、财务审计、政务信息目标考核、工会、妇委会、行业学会协会、劳资、统计、对外宣传、老干部、档案保密、计划生育、社会治安综合治理、卫生、绿化、史志、信息化建设及精神文明建设等方面的工作也取得了不同程度的成效和进步。

乘势而上　锐意进取
为迎接建市50周年再创佳绩

攀枝花市交通运输局

2013年，在市委、市政府的坚强领导下，在省交通运输厅的大力指导支持下，在县区和全市各部门的共同努力和大力支持下，全市交通运输系统紧密围绕市委、市政府的总体安排部署，牢牢把握稳中求进、好中求快的工作基调，结合本市交通运输发展新趋势、新特点，以交通枢纽建设为重点，紧抓项目不放松、强化服务不动摇、严守安全不懈怠，攻坚克难、锐意进取，全力破解交通瓶颈制约，奋力推进交通基础设施建设。

一、交通筹融资工作成效显著

创新思路、科学谋划，积极研究政策调整，想方设法筹措资金，确保了交通建设资金需要。一是在与市发改、财政、审计等相关部门的共同努力下，本市成功锁定取消二级公路收费债务余额。二是整合交投公司、道攀公司等投资公司，加大与各级金融机构的全面合作，多渠道、多方式扩大运用各类金融机构的信贷资金。全年通过银行贷款新增建设资金8900万元。三是积极争取部、省资金支持，全年共争取上级补助资金50137万元。四是运用市场机制，建立多元化的市场运作投融资渠道，在借鉴丽攀高速公路创新BOT建设模式的成功经验的基础上，成功实现在鱼塘至机场路、格福路后段等项目采取BT建设模式，在过境（绕城）高速公路项目采用创新BOT+EPC建设模式的形式，将抢抓发展机遇的理念始终贯穿于项目建设，不断拓展交通建设资金来源渠道。

5月23日上午，省交通运输厅党组书记、厅长彭琳莅临攀枝花，就我市交通建设情况进行了调研

二、固定资产投资持续增长

2013年以来，本市加快交通枢纽建设进程，克服项目多、融资难、任务重等困难，以交通基础设施建设项目为重点，以创新融资和建设方式为核心，着力抓在建、抓开工、抓前期，推进交通基础设施建设全面大发展。2013年全市交通完成投资19.95亿元，其中：丽攀高速公路建设完成项目征地拆迁和建设12.88亿元；干线公路完成投资3.79亿元，农村公路完成投资2.2亿元，路网改造完成投资1.08亿元。

三、交通规划衔接工作扎实开展

坚持以加快构建区域性交通枢纽为目标，按照全市战略发展对交通运输部门提出的新要求、新任务，对本市“十二五”交通运输发展规划以及公路、水运等各专项规划进行了进一步修改完善，并积极与本市产业规划、城镇规划的制定协调联动。目前，交通规划与项目落实工作正扎实开展。同时，积极争取省政府支持，省交通运输厅开展编制《攀枝花出川通道建设五年推进方案》专题规划，为攀枝花交通长远发展提供支撑。在《国家公路网规划（2013－2030年）》中，本市新增3条国字号公路，分别是国家高速公路G4216成都至丽江攀枝花段，普通国道G227和G353攀枝花段。

四、交通重点工程建设稳步推进

高速公路项目。2013年12月31日，丽攀高速公路攀枝花主城区段（庄上互通立交匝道收费站至金江枢纽立交段）正式通车。丽攀高速公路攀枝花川滇交界段10.7公里主线贯通，剩余工程正按要求迅速推进。攀枝花至大理（过境）高速公路项目已纳入省政府印发的《四川省高速公路建设推进工作方案（2013－2017年）》，并于2013年11月份招商成功，由四川省铁路产业投资集团有限责任公司具体承建。目前项目前期工作正加快推进，将于2014年年内开工建设。攀枝花至盐源高速公路项目前期工作正加快推进，已顺利完成方案研究报告送审稿编制工作。

国省干线公路改扩建“三年攻坚”活动。完成了新密地大桥、荷花池大桥、巴关河大桥、倮果大桥、纳拉河大桥、灰老沟桥左半幅等一大批危病桥的维修加固；完成了对国道108线拉鲊至干海子、省道310线倮果至渡口桥、省道310线红格至雅江桥、省道310线格福路前段（格里坪至504电厂）等部分路段的改建工程。全面改善了本市国省干线公路路况，进一步提升了本市的对外通行能力、抗灾害能力和服务社会经济发展的水平。

其它交通重点项目。沿江快速通道西区段Ⅰ、Ⅱ标段实现全线主体完工。鱼塘至机场连接线工程自8月1日开工建设以来，工程推进顺利。三堆子大桥前期工作稳步推进，项目开工前相关准备工作基本完成，计划到2013年10月开工建设。圆满完成机场路前段整治工程、凉风坳隧道消防维护工程。完成通乡油路建设64.8千米，通村公路建设135.4千米，

五、“急难险重”“民生工程”项目圆满完成

2013年市委市政府下达的涉及丽攀高速公路建设、攀大高速公路前期工作、国省干线改建、三堆子大桥前期工作，鱼塘至机场路连接线建设等5个“急难险重”项目，以及公交车辆更新、公交站点改造、农村公路建设、安保工程建设、国省干线公路养护、取消政府还贷二级公路收费等6项“民生工程”任务均超额完成。

六、运输服务水平进一步提高

发展现代交通运输业，推进城乡客运一体化，加快形成和完善客运“零”换乘和货运的无缝衔接。落实城市公共交通优先发展战略，开展运输管理服务提升年活动，道路运输服务保障能力不断提升。深入开展了道路运输市场专项整治、道路危险货物运输专项整治和非法违法生产经营活动专项整治活动，运输市场保持健康发展趋势。全市完成客运量0.63亿人、客运周转量16.3亿人公里、货运量1.25亿吨、货运周转量60.37亿吨公里。水路运输完成客运31万人次、货运量16万吨，客运周转量775万人公里，货运周转量960万吨公里。城市公交客运完成客运量1.52亿人次。

城市公共交通稳步发展。全面实施优先发展城市公共交通战略，不断加快公交车辆更新和线路优化，努力为公众提供安全、方便、经济、舒适的公共交通服务。2013年，改造完成沃尔玛和鸿海巷移动公司2个公交车、出租车停靠点。新开通公交线路4条，新增（更新）公交车132台，成功举办第7届“攀枝花城市公共交通周及无车日活动”，乘客满意率达到96.96%。出租汽车行业健康发展，为提升出租汽车行业形象，2013年全市向出租车驾驶员新配发服装9000件，并投入3000套新座套，更新顶灯

1417 个，同时开展了对出租车公司的质量信誉考核和驾驶员的教育培训工作。

班线客运、城乡客运健康发展。统筹兼顾，新开通攀枝花至巴中市际客运班线，高速公路客运线路发展到 19 条。盐边县投入 16 辆公交车新增 5 条公交线路，结束了无公交车的历史。

七、公路管养能力得到有效提升

2013 年 3 月 13 日上午，省委常委、省委宣传部部长吴靖平在攀调研，听取攀枝花至盐源高速公路建设规划

按照“协调发展，深化改革，强化管理，提高质量，保障畅通”的工作方针，进一步完善了干线公路和农村公路养护管理制度。加大桥梁安全管理和隐患排查整治力度，做好公路防汛和突发事件处置工作，结合全市开展的“五创联动”“城乡环境综合治理”工作和公路“养护管理年”活动，全面加强公路路面保洁，涵洞、水沟清理保畅，路肩带培土、清土、绿化美化等公路路容路貌的养护力度，提升公路养护社会形象。顺利完成城区公路、桥梁移交工作，确保了城市建成区交通基础设施管养工作的有效衔接。进一步强化“治超”力度，全市恶意超载行为得到有效遏制，超限率下降到 0.92%。

八、交通安全形势持续稳定

全年交通系统安全生产形势持续稳定，未发生因源头管理而引发的道路运输安全责任事故，交通建设、公路养护与管理、消防、抗震救灾等均未发生安全生产责任事故。各项安全生产指标均在省、市下达的目标控制范围内。重点组织开展了 2013 年春运、十一黄金周安全运输管理工作、交通运输行业防汛抗灾工作、道路客运企业安全生产状况评估、交通运输安全生产月活动。重点整治省际、市际客运班线和农村客运线路营运安全，共出动执法车 406 辆次，出动执法人员 1494 人次，检查营运车辆 2775 辆，查处违章客货车辆 215 辆次，查扣非法营运 52 辆。加大对公路桥梁的巡查密度，出动执法人员 2170 人次、执法车辆 630 台次，共排查安全隐患路段 289 处，设置警示标志 194 处，完成公路安全保障设施 50.2 千米，确保了公路安全、畅通。

九、行政执法能力明显提升

充分利用运政之声、新闻媒体为载体，分类开展了“法律六进”宣传活动，广泛宣传交通运输法律法规。扎实开展了“亲民和谐”文明执法、行政执法规范年活动，深入推进了“六五普法”工作。认真落实行政执法责任制，不断完善行政执法责任评议考评体系。通过邀请国家交通运输部专家到本市现场授课，开展了执法人员抽考等活动，进一步提升交通运输执法人员业务能力和知识水平。以案卷评查、明察暗访、预防腐败讲座等措施强化执法监督，进一步规范交通运输执法行为，规范和落实重大行政处罚案件集体讨论及行政处罚自由裁量制度。以推进创建示范单位和“四统一”建设为手段，有力地促进了各执法单位自身建设。2013 年，对行政权力事项进行了清理，清理后的行政权力共 531 项。其中行政许可 54 项、行政处罚 454 项、行政强制 15 项、行政征收 1 项、其他行政权力 7 项。市政务中心交通窗口全年受理各类交通行政许可项目 1253 件，非行政许可项目 6639 件。，现场办结率达 100%，群众评议率为 99.2%，群众满意度 100%，无投诉事件发生。

十、党风廉政建设深入发展

局党委始终坚持把业务工作与党风廉政建设工作同部署、同安排，确保了业务工作和党风廉政建设工作“两手抓、两手硬”。一是层层签订《党风廉政建设责任书》《行风建设责任书》，反腐倡廉建设各

2013 年 6 月 26 日，省政协副主席高烽视察攀枝花交通

项任务得到全面贯彻落实。二是在全系统纪检监察干部队伍中开展了能力素质、思想作风、基层组织建设活动，广大纪检监察干部履职能力和水平得到了进一步提升，惩防体系基本框架得到了进一步完善和细化。三是工程建设推进督导有力。落实“两靠两抓两看”工作要求，确保工程建设顺利推进，检交联动的“工程优良、干部优秀（双优活动）”继续深入开展。四是政风行风评议工作扎实推进。特聘 10 名社会各界人士为政风行风监督员，有计划有安排地开展评议工作，行业作风建设群众满意度不同程度提升。五是中央“八项规定”、省市“十项规定”得到全面贯彻落实。以狠抓学习教育、完善相关制度、形成长效机制、成立专项监督检查组等举措，全面营造交通运输系统良好环境。

十一、干部队伍和行业自身建设取得新成绩

以局党委和局属单位领导班子为重点，以中心组理论学习为主要形式，长期坚持抓好理论学习，努力提升思想政治理论素质，做到了在思想上、政治上、行动上与上级保持一致。切实抓好干部队伍建设，严格执行干部选任制度，大力推行了干部竞争上岗，切实加强了年轻干部培养力度。积极推进基层组织规范化建设，精心组织开展了作风整顿“三大主题”教育与“中国梦”主题教育活动。进一步强化精神文明宣传工作，系统涌现出一批以“攀枝花最美司机”喻维泉同志等为代表的先进人物。

2013 年 9 月 12 日，交通执法队伍换装仪式

“挂包帮”、交通战备、“五创联动”、信访维稳、科技教育等工作也取得了新的成效和进步。

一年来，本市交通运输工作取得的进展和成效，是市委、市政府和省交通运输厅高度重视和正确领导的结果，是县区各级党委政府、市级有关部门、各金融机构大力支持和共同努力的结果，是全市交通系统干部职工努力拼搏的结果。

十二、当前交通存在的主要困难和问题

近年来，交通运输部门虽然在加快本市交通建设工作中做了一些工作，也取得了一定的成效，但与本市经济社会发展对交通运输的需求还有一定的差距，需要研究解决的困难和问题还很多。主要体现在：

（一）项目建设受要素制约问题凸显。一是交通建设成本高、资金缺口大，配套资金不到位；二是项目前期工作审批程序复杂，审批周期长，影响整体工程进展；三是部分项目征地拆迁难。

（二）高速公路建设协调难度大。丽攀高速公路建设还存在不少遗留问题亟需解决；攀枝花—宜宾高速公路在本市境内里程较短，主导权有限，单靠本市力量推动难度大。

（三）农村公路养护资金严重不足。由于地方政府财力有限，难以落实农村公路养护配套资金，单单靠交通运输部门有限的资金投入，很难提高管养能力和路况水平。

（四）打击非法营运和治超难度大。由于本市交通综合行政执法具有点多、线长、面广的特点，一线执法力量相对不足，且在实施打击非法营运和治超过程中，普遍存在取证难的问题，加上源头治超的效果未能全面发挥，致使治理整顿不够彻底，非法营运现象没有得到有效遏制，需要进一步加大联合整治力度。

认真分析研究和认识当前交通工作面临的形势，对于抢抓机遇、加快区域性交通枢纽构建，具有十分重要的意义。

夯实发展基础　优化产业结构
不断提升国家现代农业示范区发展质量

攀枝花市农牧局

2013 年，市农牧局在市委、市政府的领导下，按照中央“保供增收惠民生，改革创新添活力”的总要求和“一水二路三产业四增收五新村六旅游”的建设思路，推进国家现代农业示范区建设，着手农业重大项目建设，促进了全市农业持续发展，确保了粮食、蔬菜、水果、肉类等农产品的稳定生产，实现了农业增效、农民增收、农村和谐稳定的良好局面。全年向上争取项目资金已超过 1.8 亿元，较 2012 年有了较大幅度的增加，承担的民生工程和急难险重目标任务顺利完成。2013 年实现农林牧渔业总产值 46.5 亿元，增长 4.8%；农民人均纯收入 9838 元，增长 12.7%。

一、优化产业结构，狠抓主导产业发展

2013 年，全市围绕晚熟芒果、设施蔬菜、草食性牲畜等主导产业，不断优化产业布局，大力推进新技术、新品种集成集约示范，积极开展万亩现代农业示范区创建，促进了主导产业不断发展壮大。尽管本市遭遇了前有干旱、后有冰雪霜冻的灾情，但全市农牧系统干部职工积极应对、努力工作，加上农民群众的辛勤劳动下，仍然保证了主要产业的年初既定目标顺利完成。

市委常委、市纪委书记李群林指导我市农业灾后恢复生产

一是粮食生产保持稳定。2013 年全市小春粮食播面 18.3 万亩、产量 3.55 万吨，大春粮食播面 41.83 万亩、产量 17.84 万吨，全年粮食产量 21.39 万吨，同比增加 0.08 万吨。

二是经济作物持续增产增收。全市早春蔬菜种植面积 12.36 万亩、同比增加 0.3 万亩，产量 39.54 万吨、同比增加 2.27 万吨、增长 6.1%，销售收入 11 亿元、同比增加 0.7 亿元。夏秋蔬菜种植面积 6.84 万亩，产量 23.3 万吨，比 2012 年增加 0.33 万亩、0.8 万吨。全年全市蔬菜产量 60.57 万吨，同比增加 3.6%。

全市水果产量 20.55 万吨、同比增加 2.21 万吨、增长 12%，其中：芒果新增 2 万亩，达到 28 万亩，产量 8 万吨，销售收入 5 亿元、同比增加 1 亿元；枇杷 3.27 万亩，产量 0.93 万吨，销售收入达 1.5 亿元，同比增加 0.36 亿元；石榴 1.25 万亩，产量 1.3 万吨、同比增产 2000 余吨，预计销售收入 0.8 亿元、同比增加0.16亿元。

三是畜牧业发展势头良好。全年全市出栏生猪62万头、同比增长3.3%；出栏肉牛2.95万头、同比增长21.1%；出栏肉羊30.3万只、同比增长24.7%；出栏家禽394万只、同比增长4.4%；禽蛋产量1.07万吨、同比增长5.8%；肉类总产量5.25万吨、同比增长6.7%。

二、强化发展基础，提升示范区发展活力

（一）加强现代农业产业基地强县建设

市委副书记、市长张剡调研农业受灾情况

2013年，米易县被确定为全省现代农业建设重点县的深化提升县、仁和区被确定为新增培育县，盐边县被确定为全省第二轮现代畜牧业建设重点县，完成了8个万亩示范区的建设，其中建设较好的有米易丙谷芭蕉箐万亩枇杷基地（改造中低产枇杷园1000亩，将过去的报纸套袋改为枇杷专用袋）、米易白马、弯丘万亩蔬菜基地（新建工厂化育苗场2个）、仁和区大龙潭乡新街村万亩芒果基地（种养结合，种草100亩，新建羊圈20户）、盐边县国胜乡万亩茶叶基地（建20亩苗圃大棚，开展绿色茶叶种植）。

（二）开展热作标准化示范园建设

根据省厅“现代农业产业基地标准化建设年”相关要求，大力推进标准化生产，加强田间管理和生产档案建设。2013年创建热作标准园5个，全市已开展芒果标准化生产示范面积1万亩、枇杷标准化生产示范面积1820亩、莲雾标准化生产示范面积1100亩、咖啡标准化生产示范3000亩、火龙果示范300多亩。标准化生产示范园以点带面，标准化生产技术得到广泛应用，农民技术得到明显提高，经济效益得到明显提升。

（三）做好高产创建工作

为实现示范片增产增收，紧扣“科技服务人民”主题，组织科技人员在春耕农忙季节，深入田间地头落实2013年水稻高产试验示范工作，米易水稻高产创建示范片和盐边玉米高产创建示范片面积各3万亩，核心示范面积6000亩。高产创建示范片实现水稻产量增产10%以上；核心示范面积水稻平均亩产达到800公斤。玉米高产创建示范片产量增产10%以上；核心示范面积玉米平均亩产达到650公斤以上。通过高产创建工作，水稻玉米增产效果显著。

（四）稳定发展畜牧经济

2013年，重点发展草食性牲畜，特别是开展芒果林下种草养畜，推行种养循环试点，加大中高山区牛羊的发展力度，大力推进种草养畜，做好示点示范，使之成为二半山区农民增收的主导产业，目前布点试验效果好，群众积极性高，如盐边县永兴镇发展种草养畜，现有100户示范户，标准化集中建羊圈，20只基础母羊配1只公羊，种草不低于2亩，主要是黑麦草，下一步将种蛋白含量更的黄花苜蓿、紫花苜蓿、柱花草等。和谐牧业、远实牧业2个种羊场已投产，存栏种羊都已达3000只以上。2013年市农牧局多方协调，以重点项目推动畜牧业发展，争取国家项目资金405万元建设生猪标准化规模养殖场（小区）、省级财政投入555万元促进盐边县建设现代畜牧业重点县、国家资金50万元进行米易鸡遗传资源保护、国家财政资金140万元支持米易县秸秆养畜、全市拟计划134.65万元开展畜禽养殖“以奖代补”等，这些项目的实施进一步推动了本市畜禽养殖规模化、标准化的发展步伐。

（五）强化市场营销和农产品品牌打造

加强农产品市场开拓，推进“农超对接”“直销直供”和物流冷链建设，拓宽农产品销售渠道。2012年，晚熟芒果外销5.1万吨，外销率达80%。2013年，攀枝花早春蔬菜外销超过31万吨，外销率近80%。特别是2013年8月11日，由市政府主办的“2013攀枝花金芒果季”营销活动在成都启动。目的不是一次卖多少，而是请国内电子商务几家大的来参加（以前多是与大的超市、商家合作进行产销对接），以适应年轻人的消费习惯。当日现场销售金额4.36万元，接受预定总值87万元。至8月22日，商超渠道销售62.68万元，批发流通渠道销售9.32万元，团购渠道销售及预定119万元，电商渠道销售11.58万元。接着攀枝花芒果陆续进入川渝永辉超市、卜蜂莲花和中百超市，电子商务渠道天猫和1号店商城也相继上线。同时，营销活动得到国内、省内主流媒体的广泛关注，全方位、多角度的宣传报道展示了攀枝花芒果产业发展成果，为叫响“攀芒”品牌、带动全市农产品营销、进一步开拓高端市场起到了积极的推动作用。下一步将加大营销宣传力度，既要有量的增加，也要规范引导企业和专业合作社，加大带动组织能力。

市委副书记、市长张剡陪同省农业厅厅长任永昌调研特色农业基地

（六）加强农业经营主体培育

市委书记刘成鸣在第十四届西博会上向省委常委、省委宣传部部长吴靖平介绍攀枝花特色农产品

坚持把加快发展农业经营主体作为推进农业产业化、带动农业产业结构调整、促进农民增收的重要手段，不断加大政策引导、资金扶持力度，培育了一批以农副产品加工、规模化种植养殖为主的农业经营主体，树立一批农业知名品牌，促进了农业产业化经营的协调、健康、稳定发展。

1. 农业龙头企业。全市农业龙头企业已发展到73家（其中省级12家）。这些企业大多已形成了“公司+基地+农户”的产业化经营格局，其中19家通过了ISO9001：2000国际质量认证、12家通过了绿色食品认证。全市农业龙头企业共辐射带动10.5万户农户共同发展，户均增收2000元，流转土地0.4609万亩，畜禽养殖1961.5万只（头）。

2. 农民专业合作社。攀枝花市现有农民专业合作社667个。据统计2012年全市农民专业合作社生产农产品总值为28304万元，培训成员数20941人次，通过利益联结、入股分红、订单生产、合同订购的生产经营方式，直接带动37005户农户发展，种植面积8549亩，畜禽养殖113万只（头）。通过专业合作社把农民组织进来，进行农业标准化生产，提高了农产品的产量和效益，特别是“摩挲沟”四季豆、“荷爱”莴笋、“益丰源”番茄等品牌获得了无公害产品证，有力促进本市农产品市场竞争力的提升。

3. 专业大户。全市现有羊、牛、鸡、猪等养殖大户2.6万余户和芒果、枇杷、石榴、蔬菜等种植大户1.2万余户。部分专业大户采取土地流转、合约收购等方式进一步扩大生产规模，通过示范引领、雇佣周边群众务工等方式带动6万余户发展，户均年增收2800元。

4. 家庭农场。加大新型农业经营主体培育，积极推进全市367家符合家庭农场经营条件的种植大户进行工商注册登记工作。攀枝花市工商局和市农牧局联合发文《关于开展家庭农场注册登记管理工作的意见（试行）》，初步规范了家庭农场注册登记管理工作，进一步的登记工作正在进行中。11月市农牧局举办了“攀枝花市首期家庭农场主知识培训班”，对各区县90余名从事粮食、水果、蔬菜、水产品、畜禽等农产品生产、加工、营销的“能人”“家庭农场主”“经营大户”等进行了培训，提升了他们的生产经营和管理水平。

三、强化质量安全，保障产业持续健康发展

（一）加强农产品质量安全监管

一是强化农产品质量安全例行监测。2013年市农牧局加大监测力度、扩大抽检范围、增加监测项目，组织开展蔬菜、水果、猪肉、鸡蛋、鸡肉质量安全的监测工作。完成市级农产品质量安全风险监测：农产品抽检样品435个（其中蔬菜415个，合格率为99.3%；水果20个，合格率为100%；畜产品194个，合格率为100%）。完成省级农产品质量安全风险监测、专项监测，农产品抽检样品510个，畜产品抽检样品515个。

二是开展食品非法添加和滥用食品添加剂专项整治。为加强“瘦肉精”专项监测工作。市农牧局采取日常监测和拉网式监测相结合的方式，重点加强养殖环节和屠宰运输环节“瘦肉精”监测工作。全年市政府下达“瘦肉精”监测目标任务34360头份，目前全市抽样监测样品35683头份，均为阴性，完成率103.85%。“瘦肉精”监测共配发试剂卡单卡24000头份，五联卡5000头份，及时开展了监测工作。

三是确保种子、肥料、农药等主要农资安全。2013年全市共出动执法人员1527人次，查获假劣农资795.4公斤，货值金额2.548万元，查处39起，结案31起，检查企业4095个次，整顿市场363个次，印发宣传资料10.62万份。未发生一起假冒伪劣农资的大案、要案，确保了农资市场的稳定健康。

四是开展“三品一标”认证和监督管理工作。大力发展“三品一标”。2013年市政府下达新增“二品一标”任务为10个（不包括无公害农产品），现已完成11个，完成率110%（7个绿色食品、4个地标）。2013年省厅下达本市“三品一标”新申报任务25个，现已完成28个，完成率112%（24个无公害农产品、2个绿色食品、2个地标）。已完成8个无公害食品申报。同时，做好“三品一标”证后监管工作，在全市范围内组织开展“三品一标”（无公害农产品、绿色食品、有机食品和地理标志农产品）标志使用专项检查，检查组出动27人次，检查农（畜）产品80个，重点检查了超市中所销售的“三品一标”产品是否具备有效证书、是否规范使用标志、是否伪造冒用等情况。

（二）加强重大动植物疫病防控

一是扎实开展重大动物疫病防控。严格执行四川省动物疫病强制免疫计划实施方案，对高致病性禽流感、口蹄疫、猪瘟、高致病性蓝耳病、山羊痘、鸡新城疫等动物疫病实施免费强制免疫，群体免疫密度维持在90%以上，其中应免畜禽集中免疫密度达到100%，免疫抗体合格率均达到70%以上。目前，本市动物检疫申报检点已完成规划和布点，已建立的检疫申报点正按规范化、标准化要求完善。全市动物产地检疫以乡为单位开展面达100%，动物产地检疫率达100%。基础免疫做得好，有外地动物带疫病传入时不易扩散，可迅速控制。

二是开展种植业病虫害统防统治。全年实施农作物病虫害专业化统防统治面积22.5万亩（目标任务为20万亩），超12.5%，其中水稻4.2万亩，小麦3.1万亩，玉米2.5万亩，水果、蔬菜12.7万亩。全年实施农作物病虫害绿色防控示范面积12.10万亩（目标任务为10万亩），超21%，其中水稻0.8万亩，蔬菜3.5万亩，芒果7.4万亩，茶叶0.30万亩，柑橘0.1万亩。全年农作物病虫害实际损失率为3.6%（目标任务为4%以下）。下一步拟组建专业植保队伍，促进“统防统治”。

四、重学习，抓廉建，增强集体领导能力

按照市委、政府的统一部署和要求，严格执行《党员领导干部廉洁从政若干准则》和中央“八项规定”及省、市“十项规定”，深入开展“三大主题”“中国梦”主题教育和“走基层”群众路线实践活动，全面加强领导班子建设，从严管理干部队伍，进一步加强了干部队伍作风建设，增强了领导班子和干部职工廉洁从政意识，综合素质显著提升。

（一）加强政治理论学习，提高领导班子执政能力

坚持把加强政治理论学习放在首位，以省、市主题教育活动和党的群众路线实践活动为契机，不断强化十八大和十八届三中全会精神学习。在学习制度上，坚持和完善了党组中心组学习制度和每周学习日制度，做到了有计划、有记录、有学习心得、有检查、有考核。在学习安排上，突出抓好中心组、中层干部、全体党员干部三个学习层面，认真组织学习教育活动。在学习内容上，突出党的十八大报告、十八届三中全会公报和决议、习总书记等党和国家领导人重要讲话、省十届三次全会和市九届三次全会重大部署等。通过政治理论学习，使领导班子和广大党员干部牢固树立正确的世界观、人生观、价值观和权力观，不断增强对现代特色农业发展的信心和廉洁从政意识。邀请四川大学教授邓玲讲授题为《“五位一体”建设中国特色社会主义与四川经济跨越式发展》专题讲座，邀请中国热带农业科学院副院长刘国道做了题为《金沙江干热河谷地区果园种草养畜配套技术讲座》的专题讲座，邀请攀枝花大学党委书记肖立军“解读中国梦”专题讲座，邀请攀枝花市委党校罗莲副教授“解读十八届三中全会”专题讲座。

（二）结合工作实际，落实党风廉政建设责任制

严格落实“一岗双责”，主要领导与领导班子成员，分管领导与各部门负责人分别签订党风廉政建设责任书，对党风廉政建设和反腐败工作进行责任任务细化分解，明确工作内容、考核细则和责任追究，使大家明确各自的党风廉政建设责任，从而形成党风廉政建设共保机制。组织召开党组党建、精神文明建设、党风廉政建设及机关作风建设等会议，坚持一年一次的领导班子民主生活会和党员组织生活会等，确保全局风清气正，进一步促进了党风廉政建设责任的落实。定期组织班子成员学习中央、省、市关于党风廉政建设各项规章制度，对班子成员加强党风党纪、理想信念、廉洁奉公教育，积极开展批评与自我批评。进一步规范差旅费报销和办公用品采购审核、固定资产管理、公务接待管理等日常监管机制。明确要求全局干部职工按职责、按制度、按程序开展各项工作，在涉及公务用钱、用物、理事等方面加强廉洁自律。在人事任免方面，实行中层干部竞争上岗制度，坚持任人为贤的原则，做到集体研究，规范操作，保证干部选拔任用工作公开、公平、公正。一年来，局班子成员中没有发生违反领导干部廉洁从政、廉洁自律规定的情况。

（三）坚持民主决策，提高班子科学决策水平

认真贯彻执行“集体领导、民主集中、个别酝酿、会议决定”的组织原则。在涉及人事、财务、重大项目等重大事务决策前，充分发扬民主，坚持做到班子成员相互沟通，广泛收集各方面的意见，集体讨论研究决策内容，最后由班子成员集体通过决策事项。在日常工作中，班子成员之间以诚相待、相互协作，做到工作分工不分家，大家心往一处想，劲往一处使，严格执行班子集体做出的各项规定，努力维护班子团结，使领导班子使终保持融洽的工作关系和浓厚的团结氛围。

提升服务　关注民生
不断推进商务粮食工作跨越发展

攀枝花市商务和粮食局

2013 年，市商务和粮食局紧紧围绕市委、市政府的总体工作部署和目标任务，以提高“三外”发展水平、培育服务业增长动力、构建现代商贸流通体系、保障粮食供需平衡为重点，创新工作思路，狠抓工作落实，在市委、市政府的坚强领导下，较好地完成了各项目标任务，重点工作推进成效明显，全市商务、服务业和粮食工作取得了新的成绩，呈现出了良好的发展势头，为全市经济社会的持续、快速、科学发展做出了积极的贡献。

一、2013 年主要指标完成情况

（一）社消零总额。2013 年，全市实现社会消费品零售总额 219.3 亿元，同比增长 14.2%，高于全省平均水平 0.3 个百分点。

（二）对外贸易。2013 年，全市实现外贸进出口总额 1.87 亿美元，其中外贸出口 1.2 亿美元。

（三）利用外资。2013 年，全市实际利用外资 11130 万美元，全省排第 5 位，完成省政府下达目标任务 10600 万美元的 105%。完成市政府下达目标任务 10000 万美元的 111%。

（四）外经合作。2013 年，全市实现外经合作营业额 1081 万美元，完成市政府下达目标任务 1000 万美元的 108%。

集中销毁假冒伪劣酒

（五）服务业发展。2013 年，攀枝花市第三产业增加值累计完成 175.81 亿元，同比增长 8%，第三方物流（样本）企业营业额同比增长 38.1%。

（六）粮食购销。2013 年，全市收购粮食 5.3 万吨，完成市政府下达目标任务 3 万吨的 176.67%；市外调入粮食 11 万吨，完成市政府下达目标任务 8 万吨的 137.5%；销售粮食 13.2 万吨。

二、重点工作开展情况

（一）“急难险重”工作有序推进

国家级经开区创建。2013 年以来，经省政府审议通过，正式向国务院上报了钒钛产业园区的升级请示，并已批转商务部会同有关部门研究办理；通过积极主动汇报、沟通和协调，向上争取最大支持，特别是成鸣书记带队向商务部王超副部长专题汇报创建工作后，得到了国家商务部的充分肯定和明确支持，创建工作完成了阶段性目标任务。目前，商务部已暂停了经开区的升级审批，正在修改完善新的审批标准、程序和要求。

农贸市场升级改造。仁和区南山农贸市场标准化升级改造按计划提前完成，已投入试运营阶段；截至 10 月中旬，东区华山农贸市场完成改造计划任务的 48%，下半年因该农贸市场纳入东区旧城改造范围，为避免投资浪费，根据东区政府计划，目前已向市政府请示停建，不纳入 2013 年“急难险重”目标任务管理。

柳康健副市长带队参加第二届物流博览会

（二）城市商业网点规划修编顺利完成

《攀枝花市城市商业网点规划》（2011－2020）已经市政府常务会审查通过，市商务粮食局根据《四川省国内贸易发展规划（2013－2015年）》的总体要求，落实《攀枝花市城市商业网点规划》的具体布局，研究制定《攀枝花市进一步加快国内贸易发展的实施意见》，把规划转化成为全市今后一段时期可操作的项目，以促进本市市场体系建设和国内贸易加快发展。

（三）服务业发展统筹协调明显增强

针对本市服务业受宏观经济低迷，下行压力增大，产能释放受工业、消费、政策的影响不充分，出现快速下滑的严峻形势。从2013年年初开始，进一步强化对全市服务业发展的统筹和协调力度，向市政府呈报了《关于进一步强化服务业发展考核激励机制的请示》，经市政府常务会议审定，设立了全市服务业发展奖励资金，会同市目标督查办、市统计局细分了服务业各行业发展任务，修改完善了《服务业发展考核实施细则》和服务业运行分析、统计联系、督查通报、项目推进等制度。重点开展了“挖掘服务业存量产能、释放服务业增量产能”工作，先后召开4次服务业发展工作会议。在督促市级各行业主管部门强化行业发展引导，确保实现年度目标任务的同时，开展2014年服务业发展调研，着手研究《攀枝花市加快服务业发展提升服务业水平的意见》，按照市委、市政府要求，筹备全市进一步加快服务业发展工作会议。

（四）对外开放合作水平不断提升

加大全市外贸主体企业队伍培育力度，全年新增新中钛科技、秉扬科技2户外贸实绩企业；突出外贸出口龙头企业和重点企业的带动、支撑作用，主动对接协调攀钢国贸公司，将钢轨出口合同主要安排在攀出口，服务支持东方钛业、钛海科技、四川长矶等重点企业的钛白粉、金属硅、钒钛铸件等优势产品出口，积极争取龙蟒集团实现在攀出口，努力扩大全市外贸出口总量；加快外贸转型升级专业型基地建设，充分发挥攀枝花学院公共技术研发平台、攀枝花市质监所公共检验检测平台和攀研院公共试验检测平台功能和作用，加快提升出口产品技术含量和附加值，促进基地外贸转型升级；加快引进世界500强企业步伐，围绕全市重大项目开展外资促进活动，加大仁和奔驰、路虎4S店引进力度，项目已开工建设；做好攀钢梅塞尔、恒鼎、华润燃气、开元气体等外资企业增资扩股服务工作，共实现外资增长1亿美元；牵头起草的《中共攀枝花市委攀枝花市人民政府关于进一步扩大和深化对外开放工作的实施意见》（攀委发〔2013〕13号）、《攀枝花市促进进出口稳增长、调结构十二条措施》（攀办发〔2013〕53号）已印发实施，国家、省、市三级促进外贸发展的政策体系加快构建，为全市外贸快速发展提供良好环境。

张剡市长率队检查节前市场供应情况

（五）会展活动成效明显

先后组织100余户企业参加京交会、昆交会、食博会、西博会等大型有影响力的会展活动，向外广泛推介钒钛铸件、苴却砚、国胜有机茶、芒果等本市特色产品，在城市营销、品牌宣传、市场拓展、订单销售等方面取得了明显成效，在各类国际级会展上实现签约金额2.8亿元。市、区两级节庆会展力度进一步加强，全年共举办市、区商业会展17次，会展现场销售额达20余亿元，有力地刺激了消费，扩大内需，丰富了城乡居民生活，促进城市品位提升，扩大了城市影响力。

（六）促进消费稳步增长

一是制定了《攀枝花市2013年下半年促进消费十条措施》，在全市范围内集中开展为期3个月“为民惠民促销”活动，指导全市促进消费工作的有序开展。二是举办了“2013四川（攀枝花）迎春购物月”、攀枝花第四届烹饪大赛、“2013. 攀西汽车联展 . 攀枝花（金秋）展”“2013年四川（攀枝花）啤酒节暨第九届乐堡啤酒摇滚音乐节”等市级会展活动，通过开展各项促销活动，吸引市民和周边城市游客参与购物和消费，推动本市消费稳步增长，取得了显著成效。三是做好2013年全市餐饮、住宿、美容美发达标创优评选活动，引导餐饮行业顺应市场需求，推进优化转型，适应在新的发展环境，及时遏制了大型餐饮企业销售快速下滑的不利趋势。四是做好清理和培育限上企业工作，代市政府草拟了《关于开展2013年度清理培育限额以上商贸流通企业的工作方案》，通过开展清理培育工作，确保全市限额以上企业数量在2012年在库企业276户的基础上新增80户以上，达到360户以上，实现限上企业总量较快增加，结构逐步优化，质量明显提升。

（七）市场监管有效开展

生猪定点屠宰场（点）资格审核清理工作有序推进，全市19家生猪定点屠宰场点整改工作已全面完成。积极推进“放心酒经营示范店”试点推进工作，已建设完成2户，并验收通过；完成“12312”市场监管公共服务体系项目验收申报工作，待省厅组织验收；加强药品流通行业管理，做好商务部《药品批发企业物流服务能力评估指标》《零售药店经营服务规范》《药品流通企业诚信经营准则》《药品流通行业职业经理人标准》《药品流通企业通用岗位设置规律》等五项标准的宣传贯彻工作，结合文明城市创建工作，督促5家连锁企业、16家批发企业贯彻实施；牵头开展打击侵权和制售假冒伪劣商品工作，举行攀枝花市2013年集中销毁假冒伪劣烟酒及商标现场会，集中销毁一批假烟假酒，价值400余万元；全年开展了各项执法检查行动48次，包括酒类经销、生猪屠宰及无害化处理、生猪私屠滥宰行为、单用途商业预付卡备案管理、清理零供关系等，扣押假酒7件，发出整改通知书三起。

目前，按照新一轮机构改革的要求，现承担的酒类食品安全监督管理职责已于11月12日移交市食药局，生猪定点屠宰环节质量安全监管已于11月20日移交市农牧局。下一步，将按照国家、省、市的相关要求，做好商务执法新领域的拓展和探讨工作，同时，继续做好生猪行业管理工作，做好工作移交后的协调配合。

（八）民生工作深入实施

一是建成大渡口街道大渡口社区、炳草岗街道湖光社区等蔬菜便民直销店13个，一定程度上解决了群众“买菜难、买菜贵”的问题；二是落实摩托车下乡政策，全年累计销售2961辆，销售金额约1484万元，已补贴177万元。三是发放农村科技储粮小粮仓4669个。

（九）向上争取工作成效明显

1. 成功申报四川省首批现代物流示范市。本市成功申报成为四川省现代物流示范市，并获得省级支持资金440万元。

2. 成功申报四川省现代服务业集聚区。炳草岗商贸流通集聚区被确认为四川省现代服务业集聚区，已获得省级支持资金200万元。

3. 成功办理铁合金出口许可。努力争取到国家商务部为攀钢集团国贸攀枝花有限公司办理了铁合金出口许可，为早日实现攀钢钒铁产品在攀出口，打下基础。

4. 积极争取中央临时粮食储备。争取到1万吨中央临时储备粮指标，有效扩大全市储备粮规模，一定程度上缓解企业费用来源短缺的压力，全市粮食安全保障能力有效增强。

5. 向上争取资金成效显著。1－11月，向上争取资金4080万元，同比实现增长，并超额完成年度目标任务。

三、重大项目推进情况

（一）重点项目建设有序推进

1. 物流项目：密地商贸物流园区一期工程有序推进，预计年内完成基础设施建设；格里坪鑫铁物流园区续建项目进展顺利，项目已完成鑫铁1、2号铁路专用线全面升级改造，并新建铁路货场堆场3.1万㎡，一期工程已建设完成；攀青物流货场煤炭货场等基础设施建设已基本完工；格里坪新启铁路物流项目一期建设6万平米的物流、钢材、集装箱货场，3万平米的怕湿货物仓库，预计明年元月完工。

2. 商贸项目：马来西亚最大的百货连锁机构“百盛”正式营业；奥林匹克城市商业综合体推进顺利，太平洋购物中心入驻成功签约。

3. 农产品现代流通项目：攀西农产品交易（物流）中心冷链配送体系项目冷链物流仓储中心、果疏冷链物流配送中心等相关配套设施建设完成。

4. 再生资源项目：加快推进攀枝花市利川废旧市场搬迁重建，目前已与钒钛产业园区正式签订协议入驻园区。

5. 粮食仓储项目：米易县青杠粮库维修改造工作全面完成，新建9000吨粮食储备仓容进展顺利，年内主体工程完工。

（二）重点项目引进成效明显

成功引进奔驰4S店、路虎4S店两个项目，总投资计划约2.2亿元，预计明年投入运营，将有效改善优化本市外资利用结构，成为外资增长新极。

四、机关自身建设得到有效强化

（一）政风行风建设有效强化

全局政风行风明显好转，党风廉政建设取得新的成绩，局主要领导坚持做到“四个亲自”和“五个带头、五个表率”，党风廉政建设“一岗双责”得到有效落实；深入开展了“挂包帮”及“百千万．干群心连心”活动，启动科级及以下干部直接服务联系群众，切实解决扶贫村的生产生活困难问题，拉近与群众之间的距离；信访维稳工作成效明显，历史遗留问题逐步解决；干部队伍素质、依法行政能力大幅提升，党性意识、服务意识和法制意识明显增强。

（二）主题教育活动效果显著

2013年，根据市委安排部署，深入扎实开展“实现伟大中国梦建设美丽繁荣和谐四川”主题教育活动和“三大”主题教育活动。

一是成立了以局党组书记、局长战立君同志为组长，其它局党组成员为副组长，各处室和直属企事业单位负责人为成员的主题教育活动领导小组，负责全局主题教育活动的组织领导工作。二是制定并印发了《深入开展“实现伟大中国梦建设美丽繁荣和谐四川”主题教育活动实施方案》，并层层落实责任。三是5月13日，全市商务粮食系统召开了“实现伟大中国梦建设美丽繁荣和谐四川”主题教育活动动员大会，积极宣传，层层动员，全员参与。四是汇编资料，明确学习内容，迅速在全系统掀起了学习热潮。五是领导带头作报告，5月24日，局党组召开理论学习中心组（扩大）会议，党组书记、局长战立君同志紧扣市商务和粮食局实际，作了题为“真抓实干，锐意进取为实现伟大中国梦建设美丽繁荣和谐四川努力奋斗”的专题报告。六是深入学习，广泛开展讨论交流会。七是组织实地参观，切身感受发展变化，5月30日，局组织机关干部职工、机关各支部党员、局属企事业单位班子成员、行业协会代表50

余人实地参观了“金色攀枝花”、国家粮食储备库、攀枝花市“万村千乡”市场工程农副产品加工及仓储物流配送中心。八是加强宣传，多措并举，丰富教育活动宣传形式，开展餐饮行业、小餐馆主题教育活动宣传工作，做到行业全覆盖，促使主题教育活动入脑入心。九是加强督查，狠抓落实，将督查工作贯穿于主题教育活动的始终。

通过主题教育活动的精心组织，扎实开展，有效推进，查找问题客观真实，整改措施针对性强，全局干部职工思想进一步解放，作风有效转变，工作执行力明显增强。

全面提升审计工作水平
为攀枝花市经济建设发挥促进保障作用

攀枝花市审计局

2013年，全市审计机关围绕市委市政府的工作中心，开拓进取，务实创新，充分发挥审计监督职能作用，努力提升依法审计、服务大局的能力和水平，为服务全市科学发展做出了积极贡献。全市审计系统共完成审计和审计调查项目183个，查出违规金额5117万元，查出管理不规范金额79840万元。审计处理后，已上交财政收入2218万元，已减少财政拨款和补贴638万元，已归还原渠道资金12837万元，已缴纳其他资金70万元，已调账处理金额20055万元，核减工程投资22765万元。向市委、市政府及省审计厅报送审计信息、审计专报及审计工作动态135篇。

一年来，攀枝花市审计局被中国审计报社表彰为2012年度通联宣传工作优秀单位，对攀枝花市金鼎融资担保有限公司2011年度资产、负债和损益审计项目被省审计厅评为2012年优秀审计项目，2012年度保密工作被攀枝花市委评为省一标单位，承担的《攀枝花年鉴（2012）》《中国共产党攀枝花执政实录》审计部分编纂工作被攀枝花市委办公室评为先进单位。市局连续多年保持“省级文明单位”称号。

2013年6月28日市审计局召开纪念建党92周年暨先进表彰会议

一、围绕公共财政运行效益，加强财政预算执行审计

2013年，审计局结合领导干部任期经济责任审计，对市财政局、市地税局、市发改委、市交警支队、市住建局、市公安局、市国资委（国有资本预算管理）、市交通运输局、市教育局、市农牧局、市水务农机局、市民政局、市疾控中心、市档案局等14个单位2012年预算执行情况开展了审计；对农民工工资保障金、市级政府采购情况进行了专项审计调查。

审计查出共管资金3，063万元未按规定时间下达、部门和单位以前年度预算指标结余较大（13，902万元尚未执行，项目执行进度缓慢）、2012年全市新注册工商户中资本金10万元以上的有581户未在规定时限内办理税务登记、改变资金用途94.46万元、会计核算不合规90.01万元、财务管理不规范111万元、公务卡推进效果不理想以及市级建设领域农民工工资保障金审计调查中发现的市城投公司未足额缴纳保障金等问题，并提出了相应的审计意见和建议。目前，违规和管理不规范资金已得到有效纠正，多数审计意见和建议被采纳。形成的《市级2012年度预算执行和其他财政收支情况的审计工作报告》《关于2012年度市级预算执行和其他财政收支审计整改情况的报告》通过人大常委会的审议，并得到人大代表的充分肯定。

二、围绕重大基础设施建设，加强政府投资项目审计

2013年8月13日省审计厅副厅长廖代永一行莅临攀枝花指导政府性债务审计工作

2013年，全市审计机关进一步加大对政府投资建设项目的审计监督力度。在审计项目的安排上，对投资规模大、党委政府关注和群众关心的民生项目优先审计，以大项目、热点项目、民生项目审计带动其他政府投资项目审计，采取跟踪审计，参与项目前期筹备等，适时跟进，规范过程，切实做到最大限度节约财政资金，提高投资效益，为政府财政资金支出把好“最后一道关口”。加强了对人才公寓、钒钛园区公路、马鞍山水库、恒德废物集中处理中心、喻家坪滑坡工程治理、阿署达景区新村等建设项目的现场跟踪审计，做好跟踪记录，及时发现问题提出审计建议。

2013年，全市固定资产投资审计项目共核减工程投资22，765万元，投资审减额创历史新高，为政府节省了大量建设资金。

三、整合审计资源，全面开展政府性债务审计工作

政府性债务审计工作是2013年国务院临时部署的一项重要工作，是全国审计机关的一项重要任务，也是进一步推动地方加快转变经济发展方式、实现科学发展的重大举措。按照审计署、省审计厅的统一部署和分工要求，市审计局负责全市各区县政府性债务审计工作，市本级政府性债务审计由省审计厅审计。为保证攀枝花市政府性债务审计工作的顺利开展，全面完成审计任务，市审计局抽调审计人员50余名，统一组成5个审计组，由市审计局领导担任各审计组组长，分别对攀枝花市的五个区县政府性债务进行了审计。一方面按照全省统一审计工作方案，对全市各级政府债务情况开展了审计，并重点审计各县区人民政府及其所属部门及机构、经费补助事业单位、公用事业单位和融资平台公司等单位。另一方面市审计局加强与省审计厅审计组的联系，及时协调各方关系，积极配合各相关审计工作，及时掌握市本级政府性债务审计情况。目前，审计局已全面完成对五个县（区）2012年和2013年6月政府性债务审计工作。此次审计将为市委、市政府相关决策提供重要的参考依据。

四、围绕领导干部履职尽职，加强经济责任审计

2013年，全市审计机关按照“积极稳妥、量力而行、提高质量、防范风险”的经济责任审计工作原则，不断探索审计模式、拓展审计内容，开拓审计思路、创新审计方式方法，积极开展领导干部经济责任审计工作。同时，主动加强与市经济责任审计联席会议成员单位的沟通和联系，通达经济责任审计工作开展情况，研究解决在经济责任审计工作中存在的困难和问题。有效发挥了“制约权力、揭示问题、改进工作”的职能作用。

2013年市审计局开展的经济责任审计，按照有关文件精神，认真做好牵头工作，成效明显，得到了市党风廉政建设办公室的高度评价。在项目具体实施过程中，加强制度建设，创新经济责任审计组织方式和方法。一是创新干部监督方法，试行“双责联审”工作；二是推行《四川省党政领导干部离任经济责任事项交接办法（试行）》，成效明显。2013年，全市审计机关共完成经济责任审计项目49个，通过审计查出违规金额229万元，管理不规范金额17，471万元。审计处理后，已上缴财政收入229万元，已归还原渠道资金92万元，已调账处理金额214.78万元。审计结果为组织部门考核、任用干部提供了参考，对促进党风廉政建设、推进依法行政、加强经营管理发挥了积极作用。

五、围绕民生民本效能转型，加强专项资金审计（调查）

2013年，全市审计机关继续加大对党委、政府重视、社会关注、群众关心的热点、难点资金的审计监督力度。围绕民生民本效能转型，加强专项资金审计（调查）。

2013年9月24日攀枝花市审计局党组书记、局长张雷一行到凉山州木里县看望慰问援藏审计干部并进行审计业务工作对接座谈

按照审计署、省审计厅的统一安排部署，审计局精心组织本市2012年城镇保障性安居工程跟踪审计。此项工作从2012年10月31日进场至2013年3月31日结束，按时向省审计厅报送了综合报告。并据此撰写了《对我市2012年城镇保障性安居工程建设管理情况的调研报告》，获得市政府2013年度政务调研报告一等奖。

按照省审计厅的统一安排部署，审计局及时牵头市发改委、市财政局、市交通运输局三家单位组成联合审计核实小组，克服诸多困难，及时完成了市政府收费还贷二级公路新增债务及里程审计核实工作，形成了审计综合报告，汇齐了相关原始资料，按时限要求报省上验收，经省审计厅、省发改委、省财政厅、省交通运输厅四家部门联合验收，锁定了攀枝花市政府收费还贷二级公路截至2013年8月20日的累计债务金额。为上级财政部门调拨资金偿还有关债务，有效防范和化解潜在风险提供了切实依据。

按照省审计厅的统一安排部署，审计局及时组织米易县、盐边县和仁和区审计局对民族地区教育发展十年行动计划2012年度专项资金进行了审计；及时组织米易县、盐边县和仁和区审计局对辖区内2013年春季学期农村义务教育学生、2013年秋季学期所有义务教育学生营养改善计划实施情况进行了专项审计调查，针对审计（调查）中发现的问题及存在的困难，审计局提出了有针对性、可操作性的审计建议。并按时向省审计厅报送了综合报告。

结合本市实际情况，审计局对攀枝花公路桥梁工程总公司2009年3月至2012年12月改制资金进行了专项审计。经审计核实，对被审计单位不应列入改制资金支出的300多万元列入改制资金支出的问题，及时协调各方予以整改，进行剔除，为国家节约了大量资金，减少了改制成本。

六、创新党建工作，促进审计事业发展

2013年，市审计局党组、总支高度重视党建工作，坚持以邓小平理论和“三个代表”重要思想为指导，坚持从严治党的方针，围绕审计抓党建，抓好党建促审计，全面推进了审计局党的建设。一是深入学习党的十八大和十八届三中全会和《中国共产党党和国家机关基层组织工作条例》等精神，结合工作实际狠抓贯彻落实；二是坚持从严治党，重视党的组织建设。坚持党组抓机关党的工作责任制，把机关党建工作纳入机关工作整体进行通盘考虑，与审计业务工作同安排、同检查、同考核；三是以帮助基层党组织、党员和群众解决具体问题为目的，先后开展了“四进一访”活动、城乡党组织互助工程、挂包帮活动，不断丰富帮扶内容、增强帮扶力度、扩大帮扶成效；四是以开展“三大主题教育”“实现伟大中国梦、建设美丽繁荣和谐四川”主题教育活动为载体，进一步加强和改进机关党的工作，不断提升机关党建科学化水平，发挥了机关党组织在服务和推动中心工作中的保证及战斗堡垒和党员的先锋模范作用。

七、加强纪检监察工作，促进机关党风廉政建设

一年来，审计局从思想教育、制度保障、责任追究三个方面入手，在干部队伍建设中构筑三条防线，全面推进机关的党风廉政建设。一是加强政治思想教育，构建自审计保护的基准线。认真组织学习关于廉政建设方面的文件、规定及党纪政纪条规；二是实行全过程监督，构建自我约束的警戒线。坚持把党风廉政建设融入审计工作的每个环节，做到“抓开局重部署、抓日常重落实、抓跟踪重反馈、抓典型重结合、抓机制重考核”；三是健全责任追究，构建自我监督的高压线。以审计局制定的各项制度为准绳，做到严格用制度约束全局干部的日常行为。通过实施廉政建设各项制度，促使审计人员依法审计、服务大局、谦虚谨慎、廉洁自律。

八、强化审计队伍自身建设，努力推进审计工作再上台阶

加强机关文化建设，提升审计队伍的精气神。通过“抓班子、带队伍、促发展”，增强审计队伍的凝聚力、向心力和战斗力。一是加强思想政治教育。实行年初培训月整训、定期举行中心组理论学习及积极开展主题教育活动并结合每季度处室政治理论学习等，树立审计干部队伍社会主义价值观和荣辱观，坚决贯彻落实“八项规定”，并突出审计工作特色，强化“监督者更要带头接受监督”的理念，从而进一步提升和转变全局干部职工的能力素质和工作作风；二是严格执行《党政领导干部选拔任用工作条例》，坚持正确的用人导向，继续实行竞争上岗及定期轮岗制度，激发审计人员好学向上、不断探索的能力；三是不断增强审计机关学习氛围，努力实现“三个提高”。即审计工作相关专业背景、大学本科以上文化程度、审计工作相关的中级以上专业技术资格的公务员比例不断提高。

加强法制建设，发挥审计法制工作服务保障作用。一是进一步规范流程，严把审理质量关，促进审理复核工作顺利开展。在2012年《攀枝花市审计局关于印发审计项目审理、审计复核及业务会议三项制度的通知》（攀审法〔2012〕89号）的基础上补充制定了相关规定，使审计局的审计业务文书流程更加规范，增强了审计质量控制水平；二是积极开展业务培训和业务指导。在年初培训月中，为本市审计人员就“审计项目质量反映出的常见问题及规范化要求”进行了全面详细的讲解。应市卫生局的邀请，结合卫生系统工作特点，对本市医疗卫生系统的财务人员和内审人员进行了“卫生系统案例及审计规范”培训，宣传了审计相关业务和法律法规，促进了卫生系统的财务人员和内审人员业务水平的提高，收到了较好的效果。根据市审计局的工作安排，到部分县区审计局通过查阅业务档案、交流审计业务经验、解答提出的审计执法和审计实务相关问题等方式进行审计业务指导，收到了较好的效果。

不断推进审计信息化建设。全市审计机关继续以金审工程二期建设为依托，不断加快审计信息化建设步伐，逐步把数字化技术应用到机关行政管理和审计质量控制的诸多环节。2013年，审计局采取年初安排计算机审计项目计划和跨处室安排人员参加计算机审计的方式，在计算机审计方式方法上有所突破，形成了计算机审计成果。一是在对攀枝花市地方税务局的审计中，在税收征管方面，利用计算机审查税务登记及漏征漏管情况，查找税源管理存在的薄弱环节和漏洞，促进地方税收加强征管质量；二是在对攀枝花市第二人民医院医院信息系统和2012年度财政财务收支情况审计中，使用计算机查询，查出涉及多次住院、多次影像检查、药品有效期、药品和医疗耗材加价收费、诊疗项目收费等情况的疑点数据记录。

加强审计理论研究，审计成果丰硕。审计成果是发挥审计职能作用的重要途径和载体，而加强审计理论研究，又是提高审计质量与水平的关键。自2007年以来，审计局为了推动审计理论研究工作，成立了由局长担任组长的市审计学会课题研讨小组，近几年来，审计局的审计理论研究工作取得了丰硕的成果。2011年申报的《环境效益审计研究》课题，2012年已向省审计厅报送结题报告，2013已全部顺利结题，全文在《现代审计》刊载，子课题《经济责任视角下的区域政府环境效益审计评价指标》被省审计厅评为2012年度中高级审计师研究能力培训优秀论文一等奖、被审计署评为2012年度中高级审计师研究能力培训优秀论文三等奖。2012年审计局向省审计厅申报的《审计如何促进文化建设》课题项目于2013年已完成，已向省审计厅提出了结项申请。通过审计理论研究，培养了审计人员勤于思考、勇于探索、大胆创新的科研精神。本市在审计理论研究工作中取得的成绩得到了省审计厅的充分认可。

统一思想　凝心聚力　开创国资国企改革发展新局面

攀枝花市政府国有资产监督管理委员会

2013年是全面贯彻落实党的十八大精神的第一年，也是国资监管工作推动转型加快发展的基础之年，市国资委在市委、市政府的领导及省国资委的指导监督下，坚持以邓小平理论、“三个代表”重要思想和科学发展观为指导，深入贯彻落实党的十八大、十八届三中全会、省委十届三次全会精神及市委九届四次、五次全体扩大会议精神，紧紧围绕“科学发展，加快发展”主题，以“思想大解放、作风大转变、工作大落实”暨“实现伟大中国梦、建设美丽繁荣和谐四川”主题教育活动为抓手，解放思想，求实创新，攻坚克难，奋力开拓，地方国有资产监管水平进一步提高，企业继续保持发展和稳定，为本市地方经济社会发展做出了新的贡献。

一、以党的十八大为指导，统一思想，凝心聚力

2013年4月18日 西南联合产权交易所攀枝花分所成立授牌仪式

按照市委的统一安排部署，结合本市地方国资监管和企业发展实际，通过党委中心组学习扩大会、党支部学习会、专题讲座等多种形式，认真组织委机关及企业职工深入学习党的十八大工作报告，省委十届三次全会，市委九届四次、五次全体扩大会议精神，学习习近平总书记关于党的群众路线主题实践活动及深化改革的系列讲话精神，学习省委多点多极发展支撑战略、省政府关于攀西战略资源创新开发试验区规划及本市的实施意见。尤其是重点学习研究了党的十八届三中全会关于“经济体制改革是全面深化改革的重点，核心问题是处理好政府和市场的关系，使市场在资源配置中起决定性作用和更好发挥政府作用”“公有制为主体、多种所有制经济共同发展的基本经济制度，是中国特色社会主义制度的重要支柱，也是社会主义市场经济体制的根基”“必须毫不动摇巩固和发展公有制经济，坚持公有制主体地位，发挥国有经济主导作用，不断增强国有经济活力、控制力、影响力”“国有资本、集体资本、非公有资本等交叉持股、相互融合的混合所有制经济，是基本经济制度的重要实现形式，有利于国有资本放大功能、保值增值、提高竞争力，有利于各种所有制资本取长补短、相互促进、共同发展”“完善国有资产管理体制，以管资本为主加强国有资产监管，改革国有资本授权经营体制，组建若干国有资本运营公司”“必须适应市场化、国际化新形势，以规范经营决策、资产保值增值、公平参与竞争、提高企业效率、增强企业活力、承担社会责任为重点，进一步深化国有企业改革”等与国资国企改革发展密切相关的系列重要论断，推动市国资委上下更进一步增

强了推动深化地方国资管理体制改革、做大做强市属国有企业的历史使命感和责任感，更进一步坚定了“推进转型、加快发展”的信心和决心。

二、克服困难，加快转型，监管企业实现新的发展

（一）企业继续保持发展态势

2013年，市国资委各监管企业紧紧围绕国资工作转型、发展主题，抱团发展，努力克服种种不利因素，继续保持了较好发展势头。1—12月实现经营收入95005万元，较上年同期增长21.02%，实现利润4261万元，较上年同期增长28.50%。资产总额33.1亿元，较上年同期增长4.75%，负债21.06亿元，较上年同期增加8.28%，所有者权益12.94亿元，较上年同期增长6.42%。

2013年度全市国资监管工作会议

（二）企业重大项目进展顺利

市水务集团公司花城新区供水工程已顺利实现通水，观音岩引水工程炳草岗大桥至密地桥段管道工程进展顺利，炳草岗污水厂升级改造及中水回用、小沙坝污水处理厂、水源地保护及备用水源地建设、钒钛园区污水厂托管等项目已全部实施完毕。市金泰房地产集团公司金泰。公园大地项目全面竣工交付业主使用。市国正投资公司市交通宾馆已按照协议完成还建，目前已启动酒店重建后运营招标工作；攀枝花宾馆、阳光影业公司安全隐患改造项目已全面实施。

（三）企业转型发展取得可喜进展

市水务集团公司积极实施“双轮驱动”战略规划，加强资本运作，完成了市商业银行增资扩股定向认购，成功参股金丰小额贷款公司和市民卡公司，参与银行投资理财，提高资金利用效率，成功投资金雅仙客改造旅游发展项目，进一步增强了公司的影响力和风险控制能力；市产业投资公司投资1500万元入股市金丰小额贷款公司，加快公司转型发展步伐。

（四）企业管理水平进一步提高

市国资委系统预防职务犯罪教育暨“中国梦”主题教育活动大会

攀枝花宾馆以建立完善服务标准体系为重点，编印《攀枝花宾馆企业管理标准》《攀枝花宾馆创建四川省旅游标准化示范企业迎检资料》，修订完善原服务标准34个，新制定标准42个，创建四川省旅游标准示范企业取得了阶段性成果。通过示范试点工作，实现了流程再造，整合了服务质量体系，员工标准化服务意识得到强化，综合素质得到锻炼提高，服务质量明显提升，旅游标准化工作多次受到省、市领导及同行的高度肯定。市水务集团公司继续推行“5+1”考核，积极沟通协调，成功争取到了西部大开发10年期企业所得税税收优惠及节能节水设备税收优惠等政策及重点项目地方配套资金，大幅降低了企业成本，缓解了花城新区、炳三区、炳二区等项目工程建设资金压力。市建设工程公司进一步加强代建管理，

继续保持本市代建工作第一名荣誉，着力打造的市政府救灾应急平台硬件设施建设上台阶，现保有成套救灾应急设备7套、架管156吨42042米、扣件16700套，具备了较强的承担市政府救灾应急的能力。

（五）服务企业水平进一步提高

针对2013年以来企业发展面临的不利因素，市委常委、市国资委党委书记李章忠、市国资委主任陈绍泉带领市国资委班子成员多次深入到监管企业调研，同时每季度召开经营运行分析会，了解企业生产经营状况，指导帮助企业理顺工作思路，分析存在困难和问题，想办法、添措施促进企业克服困难，全力帮助企业协调解决生产经营中的具体困难和问题。针对市艺术剧院公司事业单位改制转型较为困难的实际，市国资委党委研究制定了督促企业推进转型发展的工作方案，成立了领导小组，落实了班子成员及相关处室的责任，指导和推动市艺术剧院公司按照市场化转型方向对“干部队伍建设、内部管理、加快发展”等3个方面7项工作开展整改。目前市艺术剧院公司资产已清理完毕，进入移交程序，启动了公司党组织及工会、共青团等群团组织的组建工作；深化分配制度改革方案正在拟定之中。

三、转变观念，创新工作，全面融入市委、市政府中心工作取得新突破

（一）健全机制，强化责任，急难险重目标任务全面推进

1. 建立完善推进急难险重目标任务工作机制

按照市委、市政府要求，结合国资监管及企业实际，建立推动促进急难险重目标任务工作机制，将市委、市政府下达的涉及市国资委及监管企业的12项急难险重目标任务按照牵头办理类、参与办理类、关注配合类进行分类管理，同时将市国资委2013年度必须完成的6项重点工作纳入目标管理，成立推进急难险重目标任务领导小组，逐项落实班子成员和处室、企业工作责任，每月初召开工作会议，听取上月工作进展情况汇报，分析存在问题，安排落实本月工作。加强督办，定期印发工作通报，对责任领导和责任单位采取约谈方式对重点目标任务重点督办。

2. 全面完成市危险废弃物处置中心项目建设。

创新工作思路，通过引进实力雄厚的央企进入破解地方政府项目筹资难题，通过加强骨干力量，采取统筹方法，科学组织项目施工管理，破解项目任务繁重、工期极为紧张的难题，通过加强协调，破解项目土地征用、拆迁及运营筹备等难题，危废项目成功点火联动投料试生产。

3. 积极推进攀钢机制分公司移交及矿产资源开发。重点加强了对鸿舰公司深化改革的督促指导，加强对攀钢的协调沟通，移交划转相关材料通过国务院国资委的初审，由于鞍钢、攀钢发展战略的调整，攀钢已明确机制分公司不再移交，该项工作已停止办理。按照市委、市政府安排，组织骨干力量，通过大量的调查研究，同时积极咨询省发改委、经信委、国资委、国土资源厅，研究制定了组建矿业集团公司方案；同时积极加强与省内大的民营资本沟通，拟以民营资本共同组建矿业公司，在保证国有控股和国有资产安全的前提下，与民营资本合作，发挥民营资本在资金筹集及上层关系协调上的优势，先取得小的矿权，逐步扩大规模，掌握大的矿权，提升实力，增大话语权和控制权。鉴于条件不够成熟目前组建工作暂停。

4. 积极参与“五创联动”取得较好成效。市产业投资公司、市建设工程公司按照本市创模要求，结合西区辖区创模、环境整治和旅游项目打造，利用原白灰厂70亩土地与西佛寺片区开发商灵通物流公司合作，打造西区水上娱乐项目；市建设工程公司将原四川广厦建材公司二砖厂和硅酸盐厂近400亩土地和地面附着物采取开发式整治措施，引进攀创科技公司，计划投入1.5亿元进行环境整治开发，其中基础设施及环境整治投入6000万元，目前项目进展较为顺利。上述项目的实施对于西区辖区城市环境的改善、城市形象、商业服务水平及人民群众生活质量的提升都将起到极大的促进作用。

（二）主动融入市委、市政府中心工作取得成效

1. 全面贯彻落实好市委九届四次、五次全体扩大会议精神。组织市国资委系统对如何学习贯彻落实好市委九届四次、五次全体扩大会议精神，抢抓市场机遇、加强项目投资及争取各类支持政策机遇进行了深入的研究。加强了与相关部门的沟通，积极推动将市国资委及监管企业纳入相关责任单位和配合单位，发挥本市市属国有企业和市国资委职能部门的积极作用。印发了市国资委贯彻落实省委十届三次全会重大部署工作分工表和市国资委党委关于贯彻落实市委九届五次全体扩大会议安排意见，定期对各项责任落实情况进行检查。

2. 积极主动推动本市攀西战略资源创新开发试验区建设实施意见的贯彻落实。把充分发挥市国资委职能作用，全面积极主动参与推动促进攀西战略资源创新开发试验区建设作为推动国资工作新的突破的一个重要契机，深入学习研究，及早安排布置，同时积极主动开展工作，10 月中旬赴云南省向云南省国资委、昆明市国资委及昆明理工大、云冶集团宣传试验区建设的具体内容和各项优惠政策，云南省、昆明市国资委、昆明理工大、云冶集团对于与攀枝花市合作参与试验区建设表示了浓厚兴趣，昆明理工大拟近期到本市考察，与攀枝花市签署进一步深入战略合作协议，并在攀枝花市举办创新科技成果展。11 月下旬向省国资委专题汇报工作，争取省国资委支持，研究推进省属重点企业积极参与投入攀枝花攀西战略资源创新开发试验区的系统安排，建立执行及督导机制。

（三）积极主动服务，参与招商引资，促进央企、省企和其他国有资本入攀发展

一是继续推进市国资委 2012 年企业发展论坛及项目对接会签约项目的落实，7 个项目签约已有 5 个得到了全面落实；二是发挥国资委职能部门的特殊渠道，积极推动央企、省企入攀发展。与中节能清洁技术服务公司关于攀枝花市危废处置中心项目合作顺利，合作方较为满意，拟拓宽加深与攀枝花市在新能源、环保和资源开发等项目的合作，以攀枝花合作项目为基地，统筹集团公司在西南地区的发展。同时通过与中节能公司的合作尝试，初步形成了与央企、省企合作的模式：发挥央企、省企及其他国企在资金、技术、管理及上层协调上的优势和市国资委在本地协调服务上的优势，共同推动项目投资；并以此合作模式，加强了中科院下属中科实业公司的沟通谈判，推动其在攀枝花市进行项目投资。三是积极主动服务在攀央企、省企发展。围绕推动中共十八届三中全会精神及攀枝花市攀西战略资源创新开发实验区实施意见的贯彻实施目标，组织召开全市国有企业发展座谈会，听取在攀央企、省企生产经营情况、存在问题及贯彻落实中共十八届三中全会精神及攀枝花市攀西战略资源创新开发实验区实施意见的安排情况的汇报，推动建立服务在攀央企、省企日常联系机制、信息沟通机制和推动解决企业重大问题的协调机制，得到了省国资委，市委、市政府及在攀央企、省企的充分肯定。

四、深入调研，加强协调，全力推动市属企业国有资产规范监管取得新的进展

（一）积极推动出台市委、市政府《关于加强我市国有资产监督管理工作的意见》

组织力量对全市国有企业，包括央企、省企、市县区属国有企业资产、经营情况及存在问题进行了全面清理和梳理分析。赴四川省成都、德阳、绵阳、南充、泸州、乐山、凉山等重点市州学习考察国有资产规范管理经验，形成了《关于我市企业经营性国有资产管理情况的调研报告》《关于成都、德阳、绵阳等市州国有资产管理情况的考察报告》。在学习借鉴外地国资监管经验及征求县区党委政府、市级相关部门意见基础上，组织起草了市委、市政府《关于加强我市国有资产监督管理工作的意见》，明确了深化国资管理体制改革，加强本市地方企业国有资产统筹规范监管的思路、原则及推进工作的具体措施。

（二）积极组织开展对市属企业存在问题的专项整改

组织对市审计局市属国企专项审计报告反映问题进行了系统的清理，向市政府上报了《市属国有企业及经营性事业单位存在问题的整改建议意见》，按照市属国有企业及经营性事业单位存在问题整改工作专题会议要求和“四个一批”（注销一批、整改一批、整合一批、壮大一批）思路，督促各相关部门对所属企业和经营性事业单位存在问题进行整改，目前大部分问题已完成整改，3 户企业已完成注销工作，4 户企业已确定注销工作目标，对 2 户企业整合后进行了委托管理。

（三）进一步完善企业经营业绩考核制度办法

对监管企业经营业绩考核按照“绩效为主，综合考核”原则，增加党建、党风廉洁、监事会工作、安全维稳等考核指标，充分体现企业经营的难易程度和鼓励企业积极开拓市场加快发展导向。加大对企业完成目标任务的督促力度，监管企业除市艺术剧院特殊情况外，其余企业较好完成了目标任务。

（四）大力加强国有产权的基础管理

一是加强了企业产权公共交易平台建设。与西南联合产权交易所合作，组建西南联合产权交易所攀枝花分所，推动监管企业及县区国有资产产权交易在公开交易平台上进行，交易所成立以来，共完成了监管企业及西区格铁公司国有资产产权转让等 5 宗交易，实现资产增值率 47.52%；二是组织对监管企业土地、房屋存量资产进行了全面清理，推动企业全面加强低效资产的盘活和高效利用。市产业投资公司成功引进全国知名商务连锁酒店“锦江之星”，“锦江之星”现已投入 1800 万元进行高规格打造，发挥其管理优势，“锦江之星”攀枝花连锁店正在成为攀枝花市商务酒店的龙头企业，对带动攀枝花市商务酒店品质的提升发展起到了较好的示范带头作用。市建设工程公司按西区政府建设物流园区现代生产服务业的规划，将原金江水泥厂拆除后的 50 余亩土地对外招商，成功引进“北奔”重装生产线建设，计划投入 5000 万元，现已投入 3000 余万元，项目正在紧张建设之中，该项目的建成将有力推动西区机械制造行业的发展。同时该公司利用原市建二公司机关宗地与攀枝花市旧城改造重点项目东区华山金华巷改造项目大力合作，在改善改制企业职工生活条件的同时，充分发挥市属国有企业在支持推动攀枝花市旧城改造中的积极带头作用

（五）进一步强化了国有资产“三位一体”监督格局

进一步强化监事会监督，重点加强了对监管企业的财务运行状况的监督检查。进一步加强了审计监督工作力度，组织对原市产业投资公司董事长焦全国进行了离任经济责任审计，对市通力装饰公司董事长闫庸、市万珂房地产开发公司董事长张宗全进行了任期经济责任审计，加强了审计问题整改工作的监督落实；进一步加强了对企业小金库治理工作的督促检查，同时按照中央厉行勤俭节约的要求，对企业规范支出情况开展了全面检查。

（六）积极推动市属经营性资产的重组整合

组织专家小组，围绕攀枝花市地方经济社会发展目标和要求，编制攀枝花市国有经济发展（2013—2020）规划，进一步明确了地方国有资产布局结构调整方向、路径及推动实施的具体举措，统筹引导推进地方国有资产布局逐步向攀枝花市重要产业、新兴产业、金融业、公益服务行业等方向集中配置和发展。并按照市委安排，与市委组织部一起，起草了攀枝花市市属经营性国有资产重组整合组建集团公司初步方案，拟学习省政府及其他市州的先进经验，紧紧围绕市委、市政府目标，尤其是当前战略资源创新开发试验区建设的具体需要，对市属经营性国有资产进行全面整合，组建集团公司，同时建立市场化运营机制，大幅提高企业规模、实力和融投资能力，破解攀枝花市重大项目、城市基础设施及民生工程建设资金难题，同时全面提高国有资产推动促进产业发展、服务社会事业及民生改善的能力。

五、以人为本，加强协调，深化企业改革得到新的推进

（一）全面完成民生工程建设目标任务

加大沟通协调力度，支持督促市属改制企业继续加大职工安置房修建力度，市汽车运输总公司巴斯箐及五十一片区 190 套职工安置房大部分施工已基本完成，预计年底前通过验收，同时积极协调处理了原改制企业职工安置房修建工作中的遗留问题。截至 2013 年底攀枝花市已修建完成改制企业职工安置房建设 5278 套，基本解决了改制企业职工住房难问题。

（二）全年完成了万珂房地产公司和通力装饰公司进一步改制

组织对市通力集团公司下属万科房地产公司和通力装饰公司资产及职工安置问题存在问题进行了全面清理，彻底明晰了资产产权，落实了国有资产保值增值责任，对40余名职工进行了妥善安置。

（三）市属企业改制遗留问题得到进一步妥善解决

加强与国开行等金融机构的沟通协调，全面完成了9000万元国企改革资金筹措任务。组织对市属国企改制遗留问题进行了全面系统清理，上报市国企改制领导小组会议研究，对西区二砖厂片区开发式环境整治，市粮贸公司、市木材综合厂企业改制，大水井省粮食储备库改革资金、攀枝花影城二期资产移交、解除改制企业留守人员劳动关系资金筹集等9大突出遗留问题进行了妥善解决。协调市级相关部门妥善处理了市属国有改制企业各项社保欠费及离退休（职）人员、五年内托管人员死亡供养直系亲属生活困难补贴资金问题，督促企业清理核实，妥善处理了四川广厦建材公司、通力集团公司5300余名职工养老保险纠错问题及部分职工特繁工种提前退休问题。全面完成了改制企业13349户职工生活用电户表改造、5061户职工生活用水户表改造工程，为市属改制企业职工每年节约水电费支出1700多万元。组织对已出售职工的住房面积和帐存房屋维修金进行全面清理，安排资金700余万元妥善解决了职工住房帐存维修金不足问题。对市属改制企业留守组人员进行了全面清理和精简，进一步提高了工作效率。

（四）积极推进攀枝花市厂办大集体和城镇集体企业改革

组织对全市厂办大集体及城镇集体企业情况进行了深入调研，推动成立了市集体企业改革领导小组，落实了相关部门责任。结合实际，组织起草了《攀枝花市人民政府办公室关于开展厂办大集体改革工作的意见（代拟稿）》和《中共攀枝花市委攀枝花市人民政府关于开展城镇集体企业改革的工作意见（代拟稿）》报市委、市政府审议。

（五）积极推动落实攀枝花市国有企业职教幼教退休教师待遇调整

（六）按照省国资委、省教育厅要求，会同市教育局、市人社局和市财政局共同清理审核，并分批上报了380名职教幼教退休教师待遇调整申请资料

（七）全面完成了市属国有企业改革志编撰工作

组织成立市属国企改革志编撰工作领导小组，联合四川广聚律师事务所，邀请有关专家组织成立的改革志编撰小组和顾问小组，市属国企改革志全书共计5大部分，50余万字，已全面通过了市地方志专家组的审核，并在全市范围内发行。

六、强化责任，夯实基础，全面加强企业党的建设取得新的成效

（一）全面深入开展“两大”主题教育活动

按照市委统一安排部署，全面组织开展“思想大解放、作风大转变、工作大落实”三大主题教育活动、“实现伟大中国梦、建设美丽繁荣和谐四川”主题教育活动取得较好成效，机关及企业职工思想、作风、精神状态发生了较大转变。

（二）切实落实党建工作各项责任

组织召开市国资委系统党建工作会议，对国企党建、党风廉政建设、干部人才、宣传信息及关心下一代工作进行全面安排部署，分解落实年度党建工作各项目标任务，与监管企业党组织全面签订了党建工作目标责任书，同时将企业党建、党风廉政建设纳入企业经营业绩考核重要内容。

（三）全面加强企业基层党组织建设

进一步做好新党员发展工作，制定了委系统全年党员发展计划，对党员发展目标任务进行全面分解落实，全年共发展新党员9名，对5名预备党员进行了转正。深入监管企业调研，全面完成了各监管单位党员信息库建设。

（四）大力加强企业“两支”队伍建设

1. 进一步加强企业家队伍建设。一是加强了制度建设。制定了《攀枝花市国资委监管单位领导班子及领导人员年度考核暂行办法》《关于市国资委管理的监管单位干部任免有关问题的补充规定》。规范了各监管单位纳入市国资委任免并领取绩效考核薪酬的领导班子职数及各公司董事会和经理层换届制度。二是加大了监管单位领导班子调整交流及年轻干部的培养使用力度，全年新提拔企业领导人员 1 人，交流调整 6 人，选拔调整 6 名监管单位年轻干部到委机关上挂锻炼。三是加大企业领导干部的培训力度。组织监管企业和管班子企业班子成员 50 余人赴江西井冈山干部学院开展理想信念教育，参训的各位企业负责人普遍认为自身在思想信念上受到了教育，得到了升华。四是积极推进全市企业人才队伍建设。牵头组织修订了全市有突出贡献企业家奖评选办法、花市钒钛企业优秀企业家培养暂行办法，牵头完成了攀枝花市企业经营管理者队伍中长期发展规划编撰；牵头指导和督促十九冶作为全市首批五家人才优秀发展试验区建设工作。

2. 抓企业人才队伍。启动了市国资委系统企业到四川大学、重庆大学、云南大学等知名高校开展应届毕业生选聘工作，对人才队伍建设进行了全面调查和规划。截至 2013 年底，市国资委监管企业拥有各类人才 497 名，其中经营管理人才 191 人，专业技术人才 96 人，技能型人才 210 人。

（五）进一步加大了企业党风廉政建设工作力度

一是加大了企业党风廉政（洁）集中教育培训力度。两次组织对监管企业领导班子成员及资产、财务、人力资源管理等重点岗位负责人开展了系统的党风廉政建设教育培训。邀请市检察院专家开展了以“敬畏法律，远离职务犯罪”为主题的预防职务犯罪专题辅导；组织企业领导人员和重要岗位管理人员 40 余人到凉山监狱参观，进行现场警示教育。二是全面落实企业党风廉政建设责任制。将市国资委承担的 2013 年度全市党风廉政建设和反腐败工作的四项牵头任务和四十八项协办任务进行分工，印发《攀枝花市国资委 2013 年党风廉政建设和反腐败工作任务分工表》，委党委与委班子成员、机关处室主要负责人、监管单位和管班子企业党组织全面签订了党风廉政建设责任书，层层落实工作责任。三是突出效能监察和专项检查。结合实际，两次组织对委系统监管单位劳动纪律情况进行全面检查。按照中央、省、市关于切实转变工作作风的新的精神，以“治病救人”为目的，组织开展对监管企业党风廉政建设存在突出问题专项检查活动，为明年初党的群众路线实践活动奠定了坚实基础。四是认真组织开展“三项建设”。根据市纪委、市监察局对国资委纪委、监察室开展作风巡查的反馈意见和整改建议，制定整改方案，组织国资委系统纪检干部结合自身实际，查找不足、剖析原因，认真落实整改；全面建立完善纪检监察组织，各监管单位全部设立监察室，配备专用印章，确保基层纪检监察组织全覆盖。五是切实夯实企业廉洁文化建设。把廉洁文化建设纳入到构建惩防体系和企业文化建设的总体规划，组织召开“廉洁文化进企业”联席会议，对廉洁文化进企业活动进行安排部署，完成了市水务集团公司廉政文化示范点申报工作。

（六）积极牵头组织国有企业“挂帮包”工作取得较好成效

积极发挥牵头作用，协调组织推动促进在攀央企、省企和市属国有企业全面参与融入攀枝花市“挂帮包”工作，组织召开在攀国有企业“挂帮包”工作座谈会，对“挂帮包”三年以来工作进行全面总结，对下一步工作进行了系统安排，攀枝花市国有企业“挂帮包”工作得到了省国资委及市委领导的充分肯定。认真组织开展好对口帮扶活动，积极组织委班子成员和机关全体党员干部对米易县撒莲镇金花塘村开展对口帮扶，得到米易县及撒莲镇党委、政府及金花塘村群众的充分肯定。

七、突出重点，加强督导，监管企业继续保持安全稳定

以市委、市政府挂牌督办信访案件办理为抓手，对监管企业及改制企业、经营性事业单位不稳定因素进行全面排查，进一步落实委班子成员信访维稳工作包案责任制及企业信访稳定工作第一主体责任，重点加强了党的十八届三中全会，全国、省、市“两会”及春节、国庆等重要节假日的安全稳定。加强政策宣传及与职工群众的沟通，重点对市汽车运输总公司西区河石坝商场集体企业职工上访、交通宾馆重建、原市建筑机械化施工公司部分职工反映公司改制期间国有资产流失等群体信访问题的的妥善处理，市国资委系统实现了进京到省上访零记录。

继续落实省委、省政府，市委、市政府总结2012年8.30特大安全事故教训的相关要求，进一步加大了企业领导人、关键岗位负责人及工作人员的安全工作培训教育力度，加强了对企业落实安全生产工作责任制的监督检查，重点指导督促攀枝花宾馆、阳光影业公司等企业结合企业发展需要，全力组织实施好宾馆东楼、餐饮及会展中心、攀枝花影城的安全隐患的整改，监管企业继续保持了安全记录。

八、提升素质，强化服务，国资监管工作队伍建设取得新的进步

（一）大力加强委班子建设。按照“四好班子”要求，以中心组学习会为重点，大力加强班子成员的学习，重点组织学习了党的十八届三中全会、省十届三次全会、市委九届四次、五次全体扩大会议精神及攀枝花市攀西战略资源创新开发实验区实施意见的学习，通过学习讨论，统一了思想认识，增强了推进国资国企改革发展的使命感和责任感。安排组织班子成员参加了国务院国资委组织举办的地方国资委主任培训班及在江西井冈山举办的坚定党员领导干部理想信念教育培训班，进一步提高了班子成员的思想及理论政策修养。修订完善了市国资委党委会议制度，进一步落实了民主决策制度和民主集中制原则。认真组织开展班子民主生活会，开展批评与自我批评班子，建立了班子成员工作结对合作制度，班子成员间团结协作，相互尊重，保持了良好的精神状态。

（二）围绕“建家”目标，大力加强机关职工队伍建设。一是大力加强对机关干部的培训学习，着力提高干部队伍的政治及工作业务素质，积极组织机关职工参加江西井冈山干部学院理想信念教育活动及各类法制、国有资产管理培训班，全年参训干部职工80余人次，投入培训经费达20万余元。二是大力加强机关干部培养交流力度，对3名干部进行了提拔使用，对2名科级领导干部进行了交流。向市委组织部推荐优秀年轻干部5名，县级后备干部3名。三是组织对委机关干部职工进行了全面健康体检，组织开展职工体操赛及青少年职工子女专题读书活动，切实关心职工生活，增强机关干部队伍的凝聚力和向心力。

汲教训　抓重点　强监管　扭转安全生产形势

攀枝花市安全生产监督管理局

2013年，全市安全生产工作在市委、市政府正确领导下，按照中央、省、市安全生产工作部署，坚持科学发展、安全发展，以构建本质安全型城市为总目标，以安全生产大检查和“打非治违”为抓手，深刻吸取“8·29”事故教训，进一步增强安全生产意识，建立健全安全生产制度，落实安全生产责任，强化安全生产措施，提升企业本质安全水平，有效防范生产安全事故，安全生产形势持续稳定好转。

2013年，全市共发生各类（生产经营性道路交通、工矿商贸、火灾）伤亡事故180起，死亡44人，受伤52人，直接经济损失2015.6万元。同比事故起数减少13起，下降6.74%；死亡人数减少61人，下降58.09%；受伤人数减少72人，下降58.06%；直接经济损失减少5835.3万元，下降74.32%。死亡人数占省政府下达本市控制指标65人的67.69%。没有发生较大及以上事故（省下达本市较大事故控制指标3起）。其中：工矿商贸事故死亡25人，同比减少59人，下降70.24%；生产经营性道路交通事故死亡19人，减少1人，下降5.00%。

2013年，全市亿元GDP死亡率为0.054、工矿商贸10万从业人员死亡率为5.55、道路交通万车死亡率为0.919、煤矿百万吨死亡率为0.71，占省政府下达的指标0.140、9.00、2.8和1.889的38.57%、61.67%、32.82%和37.59%。“四项相对指标”实现了下降。

2013年2月5日，张剡市带队检查金江火车站安全工作

一、加强组织领导，强化责任落实

（一）党政高度重视。市委常委会、市政府常务会两次研究部署全市安全生产工作。市、县（区）党政主要领导亲自抓，把安全生产工作列入重要议事日程。市委、市政府主要领导20余次对安全生产工作作出重要批示、指示，带队明察暗访安全生产工作。市委、市政府其他领导也分别带队检查分管行业领域安全生产工作。

（二）加强目标管理。及时将省政府下达本市年度安全生产控制指标分解落实到县（区）政府、市级有关部门和大企业，签订《安全生产目标管理责任书》，印发《2013年攀枝花市安全生产工作重点任务分解表》。强化安全生产“一岗双责”，实行量化指标管理和“一票否决”。

（三）强化责任落实。坚持“党政同责，一岗双责，齐抓共管”。严格落实企业主体责任，认真执行安全生产法律、法规、规范和标准，企业安全生产条件不断改善。各级各部门坚持“安全第一、预防为主、综合治理”，安全责任不断强化。各行业主管部门加强对本行业领域安全生产工作的指导，安全监管水平不断提高。

二、狠抓基层基础，提升保障能力

（一）加强安全生产制度建设。一是建立了预防群死群伤事故机制、重点领域专项整治机制、提升基层基础工作机制，管理时段从事后转变为事前，管理对象从事故转变为隐患，管理方式从应急转变为预警。二是建立了《攀枝花市安全事故警示通报制度（试行）》《攀枝花市安全生产约谈制度（试行）》《煤矿安全生产违法行为举报奖励办法》等。三是建立了企业履行主体责任与生产要素配置、技改扩能、融资信贷、社保和商业保险、评先创优考核、税收优惠政策、从业资格相结合的安全生产激励约束机制。

2013年9月11日市安监局局长谭兴忠带队检查龙蟒矿业岔河煤矿

（二）加强安全生产保障能力建设。一是开展了“基于物联网的远程安全生产监管监察与事故应急处置系统”和“攀枝花市安全生产重大危险源监测监控系统”建设，强化安全生产信息监管平台建设。二是实行案件集中审理、限时办结、执法文书规范等制度，提高履行安全生产执法工作职责的能力。三是增人增编，强化工作保障。市、县（区）安监（煤管）系统增加各类编制人员30人，车辆5台。四是逐步形成“以政府应急救援队伍为主体、其他公共救援力量为辅助”的应急救援体系。五是加强安全生产检查、重大公共安全隐患排查治理、信息化建设等经费保障。

（三）强化安全生产源头管理。严把行政审批关，严格项目要件审查。依法简化程序，提高办事效率和服务质量，及时受理并办结行政审批事项，2013 年，共办结行政审批事项 14，743 件，办理提速 71.95%。实现了现场办结率、按时办结率、群众测评满意度 100%，有效投诉率为 0 的目标。

（四）扎实推进企业安全生产标准化。非煤矿山企业均达到三级以上标准化，其中二级标准化 30 家；冶金行业达三级标准化 5 家；危化企业达二级标准化 26 家，三级标准化 7 家。

2013 年 9 月 25 日，国家安全监管总局安全生产大检查非煤矿山组的第三小组莅攀督查非煤矿山组安全生产工作

（五）广泛开展宣传教育培训。一是利用广播电视、报刊杂志等宣传安全生产法律法规，通过“安全生产月”“8·29”警示教育日等活动，出动宣传人员 5500 余人次，发放资料 3 万余份，受教育群众达 20 多万人次，增强全社会安全意识。二是开展了“安康杯”“青安岗”等安全生产竞赛活动，参与职工达 29 万余人次。三是培训特种作业人员 4865 人，培训生产经营单位负责人 635 人，安全员 1852 人，从业人员安全生产技能不断提高。

（六）安全社区建设取得实效。纳入省级、市级民生工程 1 个，经四川省安全社区现场评审组 10 月 30 日至 11 月 3 日对本市红格镇、桐子林镇 2 个安全社区建设进行现场评定并予通过。12 月 23 日，经省政府安委会研究决定授予盐边县红格镇、桐子林镇两个乡镇“省级安全社区”的称号。安全社区建设超额完成年度目标任务。

三、狠抓隐患排查，加强治理防范

切实开展重点行业领域安全生产专项整治，对排查出的隐患，分类建档，整改到位。2013 年，排查出一般事故隐患 11，886 项已全部整改。特别开展了预防群死群伤事故隐患排查整治，纳入市政府年度安全生产目标管理考核。排查出群死群伤安全隐患 143 项，已全部落实责任单位限期整治。

四、狠抓专项整治，强化集中攻坚

按照全国、省、市统一部署，深入开展“百安活动”“打非治违”专项行动、安全生产大检查等。“百安活动”期间，出动检查人员 2681 人次，检查单位和场所 1491 处，查出隐患 981 项，下发整改指令书 188 份，处罚决定书 37 份，停产停业整顿 8 家。“打非治违”专项行动打击非法违法行为、治理纠正违规违章行为 4982 起。安全生产大检查按照“全覆盖、零容忍、严执法、重实效”的要求，全市共组织督查组 655 个，暗查、突击检查组 378 个，交叉检查组 169 个，检查人员 2501 人次，监督检查企业 1553 家次，责令改正、限期整改、停止违法行为为 544 起，责令停产停业、停止建设 29 家，罚款 51.7 万元。

五、突出工作重点，强化安全监管

认真贯彻落实习近平总书记、李克强总理有关安全生产工作重要指示精神，深刻吸取全国、全省重特大事故教训，强化重点行业领域安全监管。

（一）煤矿。一是加大煤矿整顿关闭力度，加快小煤矿关闭进度，全力推进兼并重组工作，地方煤炭企业 63 家减少到 16 家，矿井数 98 处减少到 41 处。超额完成了省政府下达本市 2013 年关闭 39 处煤矿任务。二是各县（区）、煤炭企业积极稳妥推进煤矿复产复工工作，大多企业春节后可申请复产复工。三是加快推进煤矿瓦斯治理示范矿井和煤矿瓦斯治理示范县建设工作（仁和区、西区属全国 50 个煤矿安全重点县区），打好遏制重特大事故攻坚战。四是泸县桃子沟煤矿“5.11”事故后，联合攀西煤监分局对攀煤集团4个煤矿重点检查，共查出隐患57项，下达执法整改文书5份。五是抓好地方煤矿停产期间安全监管，对县（区）所辖煤矿暗访、抽查12次，检查31矿次。

（二）非煤矿山。一是提前完成省政府下达2013年关闭10家金属非金属矿山企业的任务。二是集中对盐边和米易（省非煤矿山重点监管县）开展汛前重点督查，检查18座矿山和尾矿库，督促安全隐患整治。三是对12家企业安全生产主体责任落实情况、防汛工作等方面开展专项督查，查出并整改安全问题或隐患68项。四是针对非煤矿山企业同类型事故连续发生，制定了《攀枝花市非煤矿山领域专项安全管理工作要点》，促进安全生产。

2013年2月5日，张剡市带队检查金江火车站安全工作

（三）危险化学品、冶金、民爆物品和烟花爆竹。一是采取清理整顿、限期执行、及时办理等措施，确保安全设施“三同时”制度落到实处。二是开展省重点监管危险化学品企业摘牌验收工作。3家企业通过摘牌验收，1家企业（东方钛业）因存在不符合项，不予摘牌。三是深刻吸取吉林“6·3”特大事故、上海“8.31”重大事故和中石化“11·22”特大事故教训，及时开展了涉氨、涉氯、乙醇（除酒类）生产经营使用企业、烟花爆竹生产企业、民爆行业、石油化工企业、石油库安全专项检查、暗访，发现安全隐患和问题30项并全部整改。四是启动生产安全事故应急预案评审工作。审查应急预案82份，出具备案登记表92份。五是积极推进冶金企业安全生产标准化建设，全年共有12家冶金企业完成了三级安全标准化达标工作，其余多家企业正在进行安全标准化建设考评之中。

（四）园区。一是发挥园区安委会作用，建立园区安全生产联络员制度，及时掌握、协调、推进各行业领域安全生产工作，加强各行业领域安全管理。二是加强安全生产教育教训。编写《钒钛产业园区安全生产动态》《园区涉氯事故应急处置办法》，汇编《危险化学品安全法规规章和政策措施文件选编》《化学品生产单位作业安全规范》，免费向园区负有安全生产监管职责的部门、单位和园区企业发送，加

2013年9月11日市安监局局长谭兴忠带队检查龙蟒矿业岔河煤矿

为素材，制作了生产安全事故分析教育片，作为园区
进行安全培训并取得特种作业人员操作证。三是加强
负责人举办企业安全文化专题讲座，组织园区6户企
业安全生产意识、树立安全发展理念。督促企业把员
员工抓好安全生产正能量，实现企业和员工利益双丰
进规模以上工矿商贸企业安全生产标准化创建，全年
强安全生产检查，制定园区安监分局2013年安全监管（执法）工作计划，编制企业安全生产检查表，重点对企业安全生产行政许可、企业落实安全生产主体责任、安全生产标准化建设、安全教育培训、隐患排查治理、危险化学品“两重一大”管理等进行检查。全年共检查危化企业214家次、冶金及选矿企业检查132家次、其它行业

企业检查79家次，累计查出863项安全隐患，督促整改856项，对不能及时整改到位的安全隐患强化了安全监管措施。六是建立危化企业应急联动机制。推动攀钢海绵钛厂与金江钛业建立了厂级领导联系措施，向金江钛业提供了200套防毒面具及一些毒害物质应急处置宣传单；成立了园区综合应急救援大队危化行动组，选聘了8名涉氯事故应急处置专家为园区涉氯企业安全生产提供保障。七是深刻剖析典型安全事故，整理钒钛产业园区2008年以来涉氯事件，2013年4月10日，市委副书记赵辉主持召开园区涉氯事件典型案例分析会，剖析了园区典型涉氯事件原因、经验和教训，探讨加强和改善涉氯安全环保管理的思路、办法和措施。

（五）职业健康。一是加强职业卫生法律法规宣传。在《职业病防治法》宣传周、安全生产宣传月等期间，广泛开展职业病防治宣传，设立咨询台、设置展板、设置巨型横幅和发放宣传资料，积极宣传职业健康知识，发放《中华人民共和国职业病防治法》以及各种职业病防治宣传资料约2000份，现场接受群众咨询1000余人次。二是加强企业负责人和职业卫生管理人员培训。全年组织800余名企业负责人和职业卫生管理人员进行职业健康专项培训，经考试合格，发放了职业健康培训合格证，提高了企业对职业健康工作重要性的认识，有力推进职业健康工作的开展。三是积极推动职业病危害因素申报。2013年各县区扩大申报范围，全市700余户企业进行了申报。四是开展职业健康专项行动。开展了《作业场所职业病危害因素监测监管》《水泥生产企业职业病危害专项治理》等专项治理。2013年，全市400余户重点行业企业按要求进行了每年一次的职业病危害因素监检测，全市4家水泥生产企业全部按要求进行了现场整改、资料完善和检测工作。五是开展职业卫生“三同时”工作。本市在企业立项时，将职业卫生“三同时”与安全生产“三同时”同步推进。2013年专门对在市级立项但未按期履行职业卫生“三同时”手续的企业进行摸底排查，督查了65户企业，下达责令限期整改指令书35份。2013年，共开展职业卫生“三同时”审查29起，其中预评价21起，设施设计专篇3起，控制效果评价竣工验收5起。组织开展职业卫生现状评价4起。

六、努力开拓创新，积极稳妥推进

（一）创新监管模式。以检查带动执法，以评估引导执法，以整改推动执法，扩大安全执法覆盖面。聘请专家参与重点执法，及时发现企业带有特殊性的安全隐患。依靠乡镇、街办委托执法，条块结合检查更加全面深入，有效遏制安全生产违法行为。

（二）创新制度建设。推行安全生产提醒谈话、预警谈话和诫勉谈话制度。开展特查行动、抽检行动、技术服务行动、“1+1”帮扶行动。全面实行企业责任人安全生产承诺制和年度述评制度。安全生产管理人员记分制。在煤矿和非煤矿山推行企业首席技术服务顾问制度。完善《煤矿安全生产违法行为举报奖励办法》，给予最高50万元的奖励。

2013年9月25日，国家安全监管总局安全生产大检查非煤矿山组的第三小组莅攀督查非煤矿山组安全生产工作

（三）创新科技支撑。探索建立政府、科研机构、企业共同发展的科技、管理、服务创新体系。米易县与省安科院签订《创建省级安全生产示范县合作协议》，开展重大危险源监测监控、信息化建设、专业技术检查及标准化建设等。组织相关专家利用三维激光扫描技术对非煤矿山重大危险源进行动态扫描。盐边县与省安全技术中心签订《促进盐边县

煤矿行业安全发展合作协议书》，与攀钢集团矿业公司设计研究院签订了《盐边县非煤矿山安全发展与地质灾害防治战略合作协议书》及《非煤矿山规划编制合同书》。产煤县（区）建成了煤矿瓦斯监控平台，米易县建成了非煤矿山监控平台，钒钛产业园区建成了危险化学品监控平台。

七、存在问题

2013年，全市安全生产工作取得了一定成效，安全生产形势开始扭转，但也存在一些问题和薄弱环节。一是国有大企业安全生产事故控制较差。攀煤集团发生3起事故死亡3人；公交客运总公司连续发生2起事故死亡3人；攀钢矿山10月份连续发生2起事故死亡2人。二是隐患排查治理存在薄弱环节。群死群伤隐患排查治理机制尚不完善。隐患排查治理流于形式，排查、登记、整改、上报等工作脱节。三是企业非法违法生产经营建设行为尚未根治。对非法违法、违规违章行为打击查处与“四个一律”要求还有差距。四是监管责任落实不到位，行业监管责任、属地管理责任落实不够，齐抓共管的氛围不浓。五是部分企业安全发展理念不强，安全投入不足，现场管理不规范，安全生产设施、设备更新滞后。六是安全监管能力薄弱，监管力量还不能完全适应安全生产监管工作的需要，安全工作责任重，要求高，压力大，风险高，基层不愿管、不敢管、不会管的现象较为普遍。

聚合改革正能量　增创发展新优势
努力提高全市食品药品科学监管水平

攀枝花市食品药品监督管理局

2013年，市食品药品监督管理局以保障安全为首要任务，以体制改革为根本动力，以强化监管为主攻方向，以转变作风为重要保障，守住不发生重大食品药品安全问题的底线，巩固食品药品安全形势稳定向好的局面，增强人民群众对食品药品安全的信心，圆满完成市委、市政府赋予的各项工作，获得全省保健食品“打四非”专项整治先进集体，全市“四项重大活动”先进单位等荣誉。

2013年，市食品药品监管局按照监管制度化、标准化、痕迹化要求，大力推进日常监管工作规范化建设。按照提速增效要求，进一步规范行政审批，制定新的行政审批流程和标准规范，加强行政审批各环节的监督。全年全市办理餐饮服务、药品和医疗器械行政许可2597件次，其中，药品159件，餐饮服务2226件，医疗器械212件。实际办理提速91.71%，做到无一超时限办理，无一群众投诉，群众测评满意度为100%。

进一步加强监管的制度化建设，促进日常监督检查全覆盖。全年全市出动执法人员29224人次，检查药品经营使用单位4287家次，检查医疗器械经营使用单位2695家次，检查保健食品、化妆品经营单位1772家次，检查餐饮服务单位18705家次。积极推进餐饮量化分级管理，落实餐饮服务单位食品安全主体责任，对4750家持证餐饮单位进行量化分级管理，量化分级评审4584家，其中A级25家，B级559家，C级4000家，量化分级率达96.5%。

2013年，市食品药品监管局不断加强农村集体聚餐监督管理，完善农村集体聚餐申报程序，严格落实50人以上的群体性聚餐监管指导制度。加强重大活动餐饮服务食品安全保障，先后派驻30名执法人员对10个接待餐饮单位的食品加工进行全程监控，指定接待单位的蔬菜、大宗食品采购供应点，并对其食品主材开展快速检测，组织开展对接待餐饮单位从业人员的培训，确保全市“四项重大活动”接待及“两会”餐饮食品安全。

启动零售药店药品电子监管，在全省率先正式启动第一期药店电子监管终端试点工作，全市首批

250家零售药品企业终端电子监管联机入网，监管能力得到新的提升。加强药械企业分类管理工作，全面完成GSP（药品经营质量管理规范）认证，药品市场经营秩序进一步规范。全年对药品零售企业资料审查56家，完成认证56家，责令限期整改4家。

2013年4月28日李仁杰副市长带领市食品药品监督管理局相关人员深入农贸市场检查食品安全

2013年，市食品药品监管局不断规范执法行为，深入开展“行政执法规范年”活动，切实提高执法规范化水平。进一步完善行政执法集体审议、行政执法责任追究、行政执法评议考核、投诉举报等制度，规范自由裁量权、行政许可、行政处罚、行政强制等执法行为。建立健全执法人员法律知识培训、考试考核制度，全年组织20人参加通用法律知识和专业法律知识培训考试，组织2次公务员和执法人员法律知识培训。严格执法程序，做到亮证执法、程序合法、公正执法、文明执法，全年无一起行政复议案件，行政执法人员无一起违纪违规行为发生。全年立案225件，罚没款共计63万余元。

加强食品药品科普宣传。2013年，全市食品药品监管系统始终把宣传培训作为整个监管工作的重要方面，放在十分突出位置，给予高度重视。制定餐饮行业从业人员培训管理办法，指定定点培训机构。全年全市培训餐饮食品、保健食品化妆品经营单位法人代表、质量管理人员、重要岗位人员、从业人员5000余人，对14家医疗机构、250家零售药店负责人、质量管理人员进行培训。加大对公众的宣传教育，以“第十三届科技活动周”“六二六”禁毒宣传日、“食品安全宣传周”“安全生产宣传周”为契机，利用多种宣传形式，加大药品、医疗器械、食品管理法律法规的宣传教育，发放《农村群体聚餐特别提示》宣传画13万张，《饮食用药安全常识手册》1000多册，饮食用药安全扑克牌1000份，投放食品药品安全公益广告，开展“食品药品走基层活动”，“全国安全用药月”“食品药品安全知识大讲堂”等宣传活动。

2013年，市食品药品监管局坚持把开展专项整治作为集中治理食品药品安全隐患和突出问题的有效手段，大力开展食品药品专项整治。在餐饮服务环节开展春、秋两季学校食堂、食品非法添加和滥用食品添加剂以及鲜肉及其制品、食用油、调味品、酒类等专项整治和小餐饮整规。清理小餐饮1909家，出具监督意见书277份，处理小餐饮投诉举报70件，取缔无证小餐饮40户。在药品医疗器械方面，大力开展药品流通领域、农贸市场非法售药、中药饮片、特殊药品等专项整治，开展查处假冒数字电子体温计、定制式义齿、麻醉药品、一类精神药品区域性批发企业等专项检查，对7家违法违规诊所进行立案查处，责令16家诊所对使用药品存在的不规范行为进行整改。

根据国家食品药品监管总局、省食品药品监管局相关规定要求，市食品药品监管局在全市开展打击保健食品“非法生产、非法经营、非法添加、非法宣传”（简称“四非”）专项行动。2013年5月27日，四川省食品药品监管局打击保健食品“四非”专项行动工作电视电话会议召开后，市食品药品监管局第一时间召开全市打“四非”专项行动动员大会，市食品药品监管局领导小组成员、保化处、稽查支队相关人员，各区县局分管领导和保化工作人员参加会议，会议安排部署相关工作，明确攀枝花市打“四非”专项行动的工作思路。成立打“四非”专项行动领导小组，制定《攀枝花市开展打击保健食品“四非”专项行动工作方案》，切实保障打“四非”专项行动的速度和力度。打“四非”专项行动启动后，在攀枝花市公众信息网、《攀枝花日报》《攀枝花晚报》、市食品药品监督管理局网站、攀枝花市有线电视、攀枝花市电台等新闻媒体上发布《关于严厉打击保健食品“四非”的公告》，大力宣传开展打

2013 年 6 月 4 日，市食品药品监督管理局局长何昌文检查米易中学高考就餐点食品安全

击保健食品专项行动的决心和信心。编印《攀枝花市打击保健食品“四非”专项行动工作手册》供执法人员学习。结合监管工作实际，按照监管、规范、引导、便民的原则，以彻底检查辖区内保健食品经营企业为切入点，以规范市场秩序为基础，以拒绝假劣、净化市场、保障安全为目标，以重点产品、重点企业、重点区域、重点案件为突破口，以建立长效机制为最终方向，严厉打击违法犯罪行为，取得明显成效。全市共出动执法人员 997 人次，车辆 187 台次，检查经营企业 751 家次，责令限期整改 82 家次，立案 4 件，结案 3 件，罚没金额 49566 元，接投诉举报 3 件，处理 3 件，处理率 100%。

2013 年 7 月至 12 月，市食品药品监管局按照国家食品药品监督管理局的统一安排和部署，在全市集中开展以“严厉打击药品违法生产、严厉打击药品违法经营、加强药品生产经营规范建设和加强药品监管机制建设”（简称“两打两建”）为主要内容的专项行动。成立以局长何昌文任组长，副局长李继彬、杨文元任副组长，各业务处（室、队）负责人为成员的药品“两打两建”整治行动工作领导小组。制定《攀枝花市 2013 年药品“两打两建”整治工作方案》，专门成立以局长负总责、局党组成员分别任组长（四个督导小组）的药品“两打两建”专项行动督导组，适时召集相关处室人员分析、研究、总结“两打两建”专项行动遇到的问题和困难，及时了解、准确掌握全市“两打两建”专项行动进展情况和工作成效。专项行动展开之前，在本系统挑选 5 名工作能力强，实际经验丰富的职工担任教员对全市药品执法人员进行执法培训，提高专项整治实际工作能力。对全市 915 家诊所、522 家药品零售药店进行监督检查，对 7 家违法违规诊所进行立案查处，责令 16 家诊所对使用药品存在的不规范行为进行整改，与公安机关密切配合，成功捣毁 1 个非法贩卖二类精神药品和医疗器械的窝点，抓获犯罪嫌疑人 4 名，有力地震慑了违法犯罪分子，净化了药品市场。

党的十八大对食品药品监管体制改革作出明确要求，从中央到地方组建权威的食品药品监督管理部门，对食品药品实行集中统一监管。2013 年，市食品药品监督管理局按照中央、省、市关于食品药品监管体制改革的总体要求，坚持一手抓监管，一手抓改革，加强与相关部门的协调配合，有序开展职能职责和人员移交工作，确保各项工作的平稳过渡。2013 年 10 月 22 日，攀枝花市人民政府办公室下发《攀枝花市食品药品监督管理局主要职责内设机构和人员编制规定》（攀办发〔2013〕54 号），取消由市政府公布取消的行政审批事项和需要取消的其他职责，将原市食品药品监管局、原市食品安全办的职责、攀枝花质监局的生产环节食品安全监督管理职责、攀枝花市工商局的流通环节食品安全监督管理职责、市商务粮食局的酒类流通食品安全监督管理职责、市经信委的农产品加工环节涉及食品安全的职责整合划入市

2013 年 6 月 17 日，市食品药品监督管理局参加在市中心广场举行的食品药品安全宣传活动

食品药品监管局。将市卫生局贯彻实施药品法典、贯彻国家食品安全检验机构资质认定的条件和检验规范的职责，划入市食品药品监管局。将攀枝花质监局化妆品强制检验的职责，划入市食品药品监管局。核定攀枝花市食品药品监督管理局机关行政编制40名。其中：局长1名、副局长3名，纪检组长1名，机关党总支书记1名，食品安全总监1名；正科级领导职数13名（含监察室主任1名），副科级领导职数8名。机关后勤服务人员控制数（机关后勤事业编制）6名。设12个内设机构：办公室（规划财务处）、综合协调处（食安办综合处）、政策法规处（行政审批处）、食品生产监管处、食品流通监管处、餐饮服务食品监管处、医疗器械监管处、药品化妆品生产监管处、药品化妆品市场监管处、风险监测与应急管理处、科技与宣传处、人事处。市食品药品监督管理局、各县（区）食品药品监督管理局先后于2013年11月20日、2013年12月15日按时顺利完成食品职能职责移交、人员划转等工作。

2013年，完成药品抽样检验803批次，快检检测药品410批次，涉及品种228个，覆盖乡镇34个，医疗器械监督抽样36批次，食品监督抽样225批，餐饮服务食品安全快速检测139批次。完成外环境委托监测25批次，结果全部符合规定，药品委托检验16批次，医院制剂委托检验2批次，经营单位委托检验1批次，其它委托检验13批次。加强不良反应监测，收集、核实、评价321个基层监测单位上报的药品不良反应病例报告表959份，共收集上报6个药物滥用监测点的药物滥用监测调查表842份，收集、核实、评价111家医疗器械经营企业上报的医疗器械不良事件报告187份。

抢抓机遇改革发展　团结拼搏跳起摸高
努力开创园区转型发展新局面

四川攀枝花钒钛产业园区管理委员会

2013年，是园区开发建设历程中极其困难的一年。一年来，园区在市委、市政府的坚强领导下，在相关部门的大力支持下，在广大干部职工的共同努力下，实干争先、加压奋进，在宏观经济形势持续低迷的大背景下，坚持以科学发展观为统领，深入贯彻落实党的十八大、中共十八届三中全会和省、市会议精神，紧紧围绕全市加快建设中国“钒钛之都”战略，努力克服宏观经济下行的不利影响，在攻坚克难中实现了经济社会平稳较快增长。全年完成工业总产值203.74亿元；规上工业增加值增长率达到34%；完成固定资产投资24.92亿元；实现招商引资实际到位资金33.69亿元；实现出口创汇1908万美元；完成地方财政一般预算收入1.16亿元。

一、项目建设提质加速

强化项目带动，强力推进重大工业产业化项目建设，努力扩大投资规模，园区经济发展后劲逐步增强。一是预计实现新竣工项目20个，总投资21.2亿元，预计销售收入达68.3亿元。特别是随着兴中钛业脱硝钛白、助钛科技蜂窝式SCR脱硝催化剂等一批钒钛产业项目以及旭鼎机械10万吨发动机钒钛铸件、朵实工贸10万吨锻铸件及深加工、科陶特钢2.5万吨高强度特钢等一批机械加工项目的竣工，有效延伸了园区钒钛产业链，壮大了钒钛机械制造产业的规模和产品档次。二是实现新开工项目7个，总投资23.5亿元，预计实现销售收入72.8亿元。其中，黑沙钒钛400万套汽车板簧、四川特利小五金及钛制品深加工孵化园、乌拉风情谷阳光康养及观音崖寺AAAA景区等一批重点产业化项目实现开工，对于推动园区产业结构调整和转型升级将发挥积极的作用。三是新中钛钒钛系列项目二期、仁喜纸业10万吨高档纸品加工等18个建设项目（含新开工）加快推进，项目总投资达142.5亿元，预计实现销售收入356.5亿元。

二、招商引资成效显著

市委常委、宣传部部长沈钧陪同新华社四川分社社长房方调研园区

针对极其严峻的经济形势和直购电政策调整带来的不利影响，园区坚定不移地把招商引资作为经济工作的牛鼻子来抓，创新招商方式，瞄准钒钛、钒钛机械制造及相关配套产业、循环经济产业、三产服务业等重点领域，努力引进大企业、大集团、大项目，为经济社会发展注入了新活力。先后参加了“央企”“民企”“港澳企业”四川行项目合作洽谈会等重大招商活动，组建招商引资分队分赴天津、浙江杭州、永康等地招商考察，并邀请川威集团、渤海商品交易所、成都伟经集团、浙江森和种业、华西科技集团等知名企业考察园区，成功引进了中石化80万吨石油压裂支撑剂等重点项目。预计全年累计完成招商引资到位资金60亿元，完成全年目标任务100%。新签约工业项目7个，协议投资63.36亿元，协议年产值109亿元。十一届西博会签约项目23个，协议总投资126.28亿元。

三、基础设施不断完善

按照特色产业集群发展的要求，坚持规划引领，累计投入各项建设资金0.47亿元，加大水、电、路等基础设施建设力度，园区承载能力不断提升。在规划编制方面，围绕园区发展目标，完成了扩区控制性详细规划，园区工业区、城区控制性详细规划，以及园区斑鸠湾行政村总体规划，村民聚居点建设规划，2013年保障性住房项目规划等发展总规和修建性详规的修编和编制。在园区道路方面，迤马线工程A标段已基本完工，B标段除K1+925-K2+000段新增挡墙外，其余工程全部完成。园区道路照明工程累计完成施工产值134万元，占合同总价的71.38%。在电力设施方面，完成团山站至园区一号路周边企业10kV生产用电线路工程等8个项目，累计完成投资约0.28亿元。在水网建设方面，完成天民钛业、朵实工贸、海峰钒钛、奥磊工贸、旭鼎机械、钰烁工贸等企业生产用水管道建设工程，累计完成投资65万余元。

四、要素保障支撑有力

钟勉副省长到园区调研

做好统筹协调工作，全力破除土地、能源、资金、人力等要素制约瓶颈，为园区发展提供了有效的支撑。在资金争取上，重点做好了企业资金申报，组织天民钛业、圣地元科技、天盟建材等企业申报国家级中小企业发展资金等24类专项资金，预计为企业及园区争取到各类专款0.5亿元，有效缓解了发展资金压力；大力促进金融事业发展，新成立小贷公司1家并协助市商业银行成立金江支行，园区金融环境不断优化；按照“节支增效”的原则，大力推进园区部门预算、国库集中支付、政府采购、公务卡改革，接受了省审计厅投资绩效与财政运行管理情况审计，园区资金管理和使用更加规范。在用地保障方面，累计为勤通、恒豪、黑沙等7个项目提供工业用地497.3亩，为项目建设提供了支撑；进一步加强土地管理，对闲置用地进行清理，提高土地利用效益，

刘成鸣书记调研园区企业

实现卫片执法“零问责”。在人力资源配备方面，在各级党委政府和相关部门的关怀支持下，选派4名领导干部以调任、挂职等方式到园区工作，配齐了园区管委会领导班子，以特殊人才引进、调动、借调等方式补充了3名工作人员，并从攀枝花学院交流了5名高学历、高职称的专业技术人才到生产一线帮助企业解决生产难题，在保持人员总体稳定的基础上配强了干部职工队伍，缓解了园区管委会人手紧张局面。

五、安全环保形势稳定

坚持“安全至上，环保优先”理念，把安全环保工作作为经济社会发展的前提和保障，严格执行安全环保监管制度，全面落实安全环保责任制，保持了安全生产和环保形势持续稳定。

（一）安全工作。深刻吸取吉林宝源丰“6·3”等事故教训，采取有力措施，狠抓安全生产，全年发生安全生产事故4起，死亡4人，死亡人数占全年控制指标的67%。一是强化责任体系建设。确立了园区党组会、主任办公会专题研究安全生产，管委会领导挂牌联系重点企业等制度，先后召开9次安全生产会议研究部署工作。二是强化安全生产宣教培训。及时传达中央、省、市安全生产会议和领导指示精神，制作了园区2013年生产安全事故警示分析片，组织130余名一线煤气操作工及14家选矿企业负责人和职工参加安全知识技能培训。三是强化安全审批把关。督促新中钛等企业完成34个项目安全设施“三同时”评估报告审查，督促攀钢钛冶炼厂等企业完成12个项目的职业危害防护设施“三同时”审查，对川投化工等4家危化品企业重大危险源进行备案审查。四是强化隐患排查。制定安全监管细则，对不同行业企业有针对性地加强监管，累计开展安全生产全面大检查3次，对发现的10大项、813小项安全隐患逐一落实整改。完成对保安营村喻家坪等8个地质灾害隐患点的排查，制定了应急预案，明确了监测人员并发放了“两卡”。五是强化标准化体系建设。制定了企业安全生产标准化工作方案，预计全年25家企业完成安全生产标准化达标，超额完成14家达标的目标。

（二）环保工作。以创国模攻坚为抓手，积极开展大气污染、水污染、固废污染防治行动，减轻了园区环保压力。园区环境污染整治（2012－2014）三年攻坚项目46项，已完成32项，13项正在实施，1个项目因企业停产尚未实施（鼎泰化工磷炉烟气收集治理项目因企业停产暂缓实施）。其中，2012年22项攻坚项目，18项已完成，4项正在实施；2013年18项攻坚项目，12项已完成，5项正在实施，1项未开展（鼎泰化工）；2014年6项攻坚项目，2项已完成，4项正在实施。一是严把环评关，严格执行“三同时”制度，累计对23家企业下达限期整改通知、1家企业下达温情告知书，为18个新项目出具环评预审意见，指导企业完善了环保手续。二是严格环境执法，继续实行“5加2”“白加黑”的24小时环境监管模式，着力强化专项行动，累计检查企业5000多家次，立案处罚环境违法行为10起，下发责令停产通知书8份，限期整改决定书39份，并对发现的环境问题逐一进行了整改。三是实施污染物总量减排，通过关停玉典电冶冶金材料项目，对5家钛白粉厂实施废水深度治理、金江生活污水处理厂建设等项目，圆满完成市政府下达的总量减排目标。开展农村环境治理，金江镇10户农户被授予“市级生态家园”称号。

六、重点专项扎实开展

坚持把“急难险重”项目、“五创”联动等市级重点专项工作作为事关攀枝花经济社会发展全局的重要政治任务和破解园区发展难题的基础性和长远性工作来抓，取得了阶段性成效，完成了各项年度目标任务。

张剡市长陪同参加研讨会专家考察园区

（一）市级“急难险重”项目进展情况。对于直购电政策争取，园区已成功纳入全省24家直购电试点范围。针对新政策电价仍然较高问题，正积极争取2014－2015年度继续执行0.534元/千瓦时一口价政策，相关请示已由市政府报省政府。对于国家级高新技术产业园区创建，新增了9家国家高新技术企业，园区高新技术企业总数达到14家，成立了攀枝花国家级钒钛生产力促进中心，已获得省级高新技术产业园区称号。此外，2013年园区还参加了省发改委、省经信委组织的国家循环化改造试点示范园区、国家低碳试点园区的申报，并加紧申报省级出口工业产品质量安全示范区，确保在年底前创建成功。对于攀田高速鱼塘出口至园区连接线工程（一标段），除K0＋650－K0＋820段因出现地质滑坡工期暂时延缓外，其余工程全部完成。对于挂牌化解涉稳和信访积案，小鲊石安置房施工进展顺利，已完成总工程量的80%，预计12月底前完工。关于园区研发中心大楼建设工程施工合同纠纷问题，正加紧通过司法途径进行解决，相关材料已递至省高院。关于农村客运车辆报废更新问题，20辆不符合安全运营标准的车辆全部报废，剩余58辆客运车辆统一纳入攀枝花市顺强运输公司管理，线路许可和车辆换代工作有序推进。

（二）“五创”联动工作。创国模2013－2014年度28个整治项目中，钛白粉企业生产废水深度治理等19个项目基本完成，攀钢钛冶炼厂尾气治理等7个项目加快实施，鼎泰化工磷炉烟气收集治理等2个整治项目因企业关停或停产暂缓实施。创森累计完成封山育林7500亩、退耕还林2900亩，兑现补助资金70余万元，完成保安营村、金江村河沟沿线10亩桉树种植；金沙江干热河谷生态脆弱区生态修复工程（金江片）一期工程完成可研、立项、施工图设计和项目施工招投标。创园工作已完成金江开发区道路人行道等景观绿化工程87.75亩、园区道路及荒山造林绿化工程286.5亩，占2013年建设任务的100%，其中22家企业完成厂区内绿化8万余平米、厂区周边空地边坡等区域绿化7万余平方米。创建中国阳光康养旅游城市工作，完成了金江村万亩花卉苗木基地以及6个新村聚居点的规划设计，乌拉风情谷旅游公司阳光康养及观音崖寺AAAA景区项目加快推进。创建全国文明城市工作，制作了《钒钛产业园区员工手册》和园区形象宣传片；设立道德讲堂主会场1个、分会场2个，顺利通过四川省测评组对城市公共文明指数的暗访测评。

七、农村经济协调发展

坚持以农民增收为核心，落实惠农政策，强化科技支撑，加速农业产业化进程，促进了农业农村经济持续发展。全年累计生产大春粮食2600吨，蔬菜3488吨，水果2500吨，种植小春农作物3700亩，预计完成农业总值6100万元，完成任务101.4%，农业增加值3800万元，完成年度任务的104.1%，农民人均纯收入11200元，完成年度任务的101.8%。农业农村基础设施建设进一步加强，完成金江村小鲊石至麦田沟坝7.2公里、三堆子桥至河心水库3.2公里、山林窝至阿署达2.6公里、下淌皮至钛联3公里，机场路口至石板箐、豆地、瓦窑6.8公里，机场路至山林窝香元湾段3.6公里等乡村道路建设；完成保安营村3个山坪塘整治和金江、保安营村2个小二型水库整治工程；金江村社区便民大厅改造全面完成。村民饮用水工程完成了项目建设招投标工作，预计12月底前完工。

八、社会事业稳步推进

围绕建设和谐园区目标，以保障和改善民生为重点，统筹高效推进社会建设，促进了广大群众更多分享改革发展成果。

（一）社会事业。教育方面，完成阿基鲁幼儿园新建并实现招生，确保移民安置区的居民子女就近入学；金江中小学排洪沟工程、江林小学屋面防水维修工程全部完工。医疗卫生方面，加快推进金江镇卫生院基础设施建设项目，及时调整卫生院人员结构，杜绝了无证上岗行医现象；累计建立城乡居民健康档案18214份，并实现100%电子化管理。计生方面，严格落实国家计生政策，通过了人口计生工作年终考核；加强流动人口计划生育工作，建立了“园区流动人口计生信息平台”。就业方面，成功争取1200个就业岗位，完成转移农村劳动力1150人，动态消除了零就业家庭，城镇登记失业率控制在3%以内。文化体育方面，金江镇文化站省级示范点打造完成总建设进度的80%，完成“村村通”直播卫星接收设备发放安装。劳动社保方面，积极推动城镇职工社会保险和农村社会医疗保险工作，全年实现企业参保率100%，企业职工参保率达到70%，超年初任务20个百分点，新农合参保率达到100%；完成劳资纠纷投诉171件，完成办结165件。

（二）民生工程。两项市级民生工程进展如下：金江村饮水工程正加快推进，力争年内完成建设；金江村道路硬化全部完工，完成对7.14米水泥路面的铺筑。扎实开展“挂包帮”和“百千万·干群心连心”活动，园区对口援建盐边县箐河乡相关项目顺利完成，投入资金321万元，新建提灌站1座，解决了700余亩茶园的灌溉用水问题，受益农户20余户150余人；实现道路硬化9公里，解决了两个村2000余人出行难的问题；完成9.3公里尾堰整治，解决了900余人1200余亩田地生产生活用水问题，做到了当年投入当年见效。园区领导干部21次带队深入金江镇困难村（社）帮扶困难群众，提出发展意见8条，解决困难与问题5个；下派干部2名，提出发展意见6条，协调帮扶资金10万元。保障性住房建设方面，完成园区廉租房租赁补贴、公租房项目资金补助发放，园区保障性住房2012年378套主体工程完工，2013年558套中38套竣工、520套开工建设，初步完成2014年新开工283套保障性住房选址和规划，确定了金江镇2013年－2017年城中村、旧住宅区改造计划。

（三）综治维稳。针对经济形势低迷形势下，社会不稳定因素和突发事件增多的特点，把维稳处突作为保障经济建设的重要工作来抓。一是积极化解矛盾纠纷，累计调处化解矛盾纠纷946起，处置群体性事件42起，实现了“小事不出厂、大事不出园区”的目标。二是深入开展严打整治，制定了园区社会治安突出问题综合整治行动方案和园区2013年“综治、维稳、三电、普法”工作要点，共破获刑事案件56件，查处治安违法案件173件，调解处理治安纠纷126起；全力做好春运、暑运、重大节日安保和车站秩序综合整治，确保了金江火车站周边秩序持续良好。三是狠抓信访调解工作，共受理群众来信来访161件（批）次，调解率和调解成功率均达到97%以上；回复省长信箱8件，回复率100%，回复12345市民热线17件，回复率100%，未发生因信访件调解不及时而引起矛盾，维护了辖区稳定。四是重点抓好拆迁安置补偿工作，全面完成丽攀高速公路征地拆迁安置“三年攻坚”任务，累计发放被征地农户征地补偿款2，469万元，发放被征地农民园区社保939万元，分配60平米安置房100套，90平米安置房140套，累计安置438人，促进了园区社会和谐发展。

九、党建工作全面强化

深刻吸取园区部分党员干部违纪案件教训，认真查找管理漏洞，抓好整改规范，园区管委会党员干部队伍自身建设进一步加强。干部队伍建设方面，共组织中心组理论学习12次，深入学习《党章》、党的十八大、中共十八届三中全会精神等重要内容，进一步提高了认识，有力地推动了工作。坚持把落实中央“八项规定”、省委省政府“十项规定”作为改进作风的具体要求融入日常性工作中来抓，推动园区干部作风转变。注重在工作一线培养、锻炼和选拔干部，提升其服务发展的能力水平。党风廉政建设方面，严格执行《廉政准则》，围绕“8个严禁、52个不准”，深入治理领导干部廉洁自律方面的突出问题，健全监督方式方法，加强干部日常监督管理。加快推进信访举报排查调处机制建设，大力开展领导干部主动接访和主动寻访活动，广泛收集民意，切实抓好信访举报工作。基层党建方面，开展园区班子成员与重点企业结对活动，帮助指导非公企业开展党建工作。完成对所有非公企业支部党建工作的目标考核，兑现了考核奖励。深入推进党员干部远程教育“双创双争”活动，大沙坝社区成功创建“百千万”远程教育终端示范站点。主题教育活动方面，深入开展了“三大”“实现伟大中国梦，建设美丽繁荣和谐四川”等主题教育活动，启动了党的群众路线教育实践活动，以活动为载体达到了统一思想、凝聚力量、转变了作风和推动工作目的。

此外，园区坚持统筹抓好其他工作。一是认真做好目标督查，确保每月向上报市级民生工程项目、重点项目、“急难险重”项目推进情况和市领导批示落实情况。共办理市委、市政府督办件13件，办理人大代表、政协委员提案回复2件，办结率均达100%。二是积极做好接待工作，全年共接待中央、省、市领导、专家、学者考察调研91批次、2900余人次，圆满完成了接待任务。三是坚持做好信息工作，共向市委、市政府信息处上报信息251条、稿件121篇。武装、工会、共青团、妇女等工作都有新进步。

精心谋划　真抓实干　全面推进花城新区开发建设

攀枝花市花城新区开发建设管理委员会

2013年，花城新区管委会紧紧围绕市委、市政府“三个加快建设”“三个走在全省前列”、打好“六大硬仗”等重要发展战略，立足新区开发建设具体工作，按照“高起点规划、高标准建设”的总体要求，精心谋划、抢抓机遇，真抓实干、创新勇为，以筹融资为重点，以项目实施为核心，以要素保障为关键，以统筹管理为手段，扎实有力推进了各项工作。

一、认真谋划部署，建设思路更加明确

年初，在全面总结过去一年实践经验教训基础上，新区管委会将之前“全线启动、整体推进”的工作思路调整为“集中开发、重点突破、加快滚动”的工作思路，确定了围绕干坝塘核心区集中布局、成片开发、实现良性循环滚动发展的建设方案，制定了“道路引导、项目带动”和“突出重点、加快滚动”的工作策略。并在2013年4月12日新区开发建设工作报告会上做出专题汇报，得到了市委、市政府的充分肯定。

2013年7月16日黄彦蓉副省长视察新区

一年来各项工作取得的成果证明，2013年新区总体工作思路的调整符合新区开发建设的阶段特点和实际情况，对工作快速推进起到了决定性作用。

二、狠抓前期工作，要素保障明显加强

（一）着力抓好规划设计的编制报批

2013年5月，新区启动了《花城新区核心区景观规划设计方案》的征集，8月27日完成了方案评选，并委托第一名的设计单位核工业西南勘察设计研究院开展景观规划设计，在年底提交了达到工程方案深度的中间设计成果。同时，新区还完成了《花城新区渡仁片区人行过街设施规划研究报告》《花城新区渡仁片区公交中途站规划研究报告》《花城新区渡仁片区管线及防洪设施专项规划方案设计》等专项规划设计，以“规划为龙头”带动了各项工作。

（二）积极落实土地供应

2013 年，新区成功争取了600 亩的用地指标，完成了两条道路独立选址项目和三个批次（2013 年第八、九、十批次）城市建设用地的土地报批组卷工作，并获得《使用林地审核同意书》，获批林地 123.4985 公顷，同时在林业部门办理完成独立选址项目的采伐证。为满足项目建设所需，进行了 4 个项目的弃土场临时用地报批工作，获批临时用地 585 亩。

（三）全面加快项目前期手续办理

2013 年，新区 1020 亩土地整理、阳光大道商务办公区段、花城大道电子商务一条街段、三线建设博物馆等 9 个项目立项获批并开工。巴斯箐沟弃土场、天星坝干通路工程、中心湖区园林景观工程等 9 个项目获批开展前期工作（其中 2 个项目获得同意立项的批复、7 个项目已完成可研报告并通过评审，9 个项目规划拟选址获批，6 个项目完成社会稳定风险评估、2 个项目完成用地预审和节能评估）。

（四）持续推进“和谐拆迁”

2013 年 10 月 30 日刘成鸣书记、单荣主席调研新区

2013 年新区全年积极稳妥推进拆迁工作，一是及时制定完善了征地拆迁资金管理办法，从制度上强化了资金使用监管，确保征地拆迁费用按政策足额及时支付，保护了搬迁农民利益。新区全年拨付征地拆迁资金 3.6 亿元，累计拨付 4.5 亿元。二是根据项目开工时序和工程施工需要，编制了详细的拆迁进度计划表，明确了拆迁范围、顺序和时间节点，同时加强工作协调，发现问题及时研究解决。三是积极协调矛盾，营造良好施工环境。为减少因征地拆迁和工程施工对当地村民生活保障造成的影响，工程施工方优先租赁使用当地村民的运输车辆及相关机械设备达 100 余台，聘用30 余名村民负责路面的清扫等工作，借助当地村民集体力量，共同推进项目的实施。通过多方共同努力，拆迁工作顺利推进，截至 12 月底，新区渡仁片区干坝塘核心区域所涉及的 486 户中，已签补偿协议 415 户，已拆除房屋 117 栋；需完成迁坟 413 座，已签订坟墓搬迁协议 344 座，已搬迁 142 座。

三、多渠道筹融资，资金供给有效确保

（一）全力争取省市资金支持

新区以项目推进实绩，积极争取市财政对新区开发建设的资金倾斜，全年共到位资金 2.2 亿元；同时强化项目包装，积极向上争取补助资金，全年共获得省级城市新区建设专项补助 3200 万元。

（二）积极开拓银行信贷融资

2013 年，新区管委会带领下属国有企业花投公司从传统的银行信贷着手，先后与省市内外多家企业、银行、基金证券公司、投资信托机构、商会社团等进行交流磋商，对新区建设项目进行全面推广，并就私募债券、企业债等多种融资方式进行积极探索，取得了显著成效。一是与市农商行建立了合作关系，取得 1 亿元的综合授信；二是与市商行进行合作，获批 5000 万元项目贷款；三是在市土地储备中心的支持下，与兴业银行合作，积极推进土地储备贷款，通过了 6 亿元贷款审批；四是精心包装干坝塘至鱼塘高速公路出口连接线和阳光大道巴斯箐至市政务中心段道路工程上报申请亚行贷款，积极探索新区项目利用外资途径。

（三）充分利用项目 BT 建设融资

2013 年 5 月上旬，新区管委会牵头组织市发改委、住建局、财政局、国土资源局及招监等部门和花投公司组成谈判组，与多家有投资意向的企业进行项目 BT 建设竞争性谈判。成功引入攀枝花公路桥梁工程有限公司和成都倍特建筑安装工程有限公司投资建设阳光大道商务办公区段项目和花城大道电子商务一条街段项目，总投资约 7.1 亿元，有效解决了新区项目资金短缺问题。

2013 年 11 月 12 日常务副省长钟勉视察新区建设

（四）全面加大招商引资力度

1. 建立了花城新区招商引资项目库和企业库，编制了新区《融资项目说明书》，先后与 50 余家省市内外多家企业、银行、基金证券公司、投资信托机构、商会社团等进行对接交流，保持良好密切的沟通，及时共享相关讯息，为合作开启创造了条件。

2. 大力开展“请进来，走出去”。一方面广泛邀请有意投资新区的企业团体来攀考察，认真对接好考察活动；另一方面充分利用省市层面的各种招商会议、论坛等，主动出击，开展招商引资活动。10 月底，新区管委会抽调精干力量组成团队，远赴成都、德阳等地开展了系列招商引资活动。期间，先后与广东商会、西部证券、兴业银行德阳分行、国家开发银行四川分行等机构和金融企业进行洽谈，就新区开发建设及攀枝花投资做了详细的推广介绍，并针对合作建设项目、发行基金、办理土储贷款等进行了深入沟通。

四、强力推进项目建设，建设重点更加突出

（一）凝心聚力，攻坚克难，全力确保“急难险重”目标任务实现

2013 年年初，市委、市政府决定在新区集中启动 14 个项目。4 月，市委、市政府决定把其中三线建设博物馆、干坝塘大桥等 12 个重点项目纳入全市急难险重目标管理，并明确了部门责任。8 月，市目标督查办对部分项目目标任务再次细化调整。年底，所有项目基本完成目标任务。2013 年启动的上述项目，不但包括基础设施，还涉及民生及社会事业等重大公益设施，具有投资量大、基础性强、影响面广的特点，市委市政府以急难险重目标任务形式强力推进项目建设，使新区建设重点更加突出和具体，极大增强了工作的操作性。

1. 新区管委会负责的 6 个项目推进迅速

2013 年，新区 1020 亩土地整理项目于 3 月 1 日正式开工，全年完成产值 7214 万元，占合同金额的 47.7%；阳光大道商务办公区段和花城大道电子商务一条街段工程于 6 月 25 日顺利开工，全年分别累计完成产值约 2600 万元和 1900 万元，占合同金额（暂定）的 11.8% 和 9.2%；干坝塘到鱼塘高速路出口连接线道路 BT 项目（干坝塘大桥段）自 2013 年 3 月份全面实施以来，全年累计完成工程投资 4401 万元，占合同金额的 42%，超年度目标 10 个百分点；天星坝市政基础设施按照计划完成可研编制，至年底部分子项目已提前进入勘察设计阶段；新区排洪系统项目已完成总体规划设计，并整合在土地整理及其他基础设施项目中实施。

2. 其他部门负责项目齐头并进

2013 年，市文广新局负责的三线建设博物馆项目完成所有立项、工程招标等相关工作，在年底完成了主体工程的开工准备；市住建局负责的花城大道老黑地至龙塘沟段项目于 7 月 11 日开工建设，全年主要进行了地面清表和土石方开挖工作；市卫生局负责的花城新区医院项目于 12 月 20 日开工建设；市林业局负责的山地森林公园建设项目已与招商企业签订初步合作协议，完成树木种植及道路建设方案，新区干坝塘薰衣草景观项目于6月30日完成薰衣草的播种、移栽，至11月初景观初见成效，提前30天完成年度目标任务；市水务局负责的新区供水设施项目于8月底完成炳三区炳二水厂到干坝塘主干管铺设，9月2日实现干坝塘片区供水，并于年底完成干坝塘老黑地主干管铺设，全年累计完成投资5000万元；仁和区政府负责的老黑地安置房项目全年累计完成投资7000万元，完成安置房基坑及部分房屋结构施工。

（二）质量安全控制有效

一是按照“高起点规划、高标准建设”的要求，全面提升了勘察设计的质量和速度。与勘察设计单位建立定期交流机制，及时组织专家团队，对各阶段设计进行质量“把关”，做到进度随时掌握，问题及时解决；二是树立精品意识，狠抓了现场监督管理。以现场管理为核心，狠抓施工质量、进度管理，严肃处罚违规行为，在工程质量监督、过程监管上，做到“无监管真空、无障碍衔接、无间断巡查”，形成了常态化质量监督机制；三是全面加强了安全文明施工，制定了防汛、防火等各项安全专项实施方案，组织新区项目参建单位在旱季进行了消防演练，汛期进行了防洪演练，提高了新区的防范能力，同时立足现场，强化检查考核，安全管理工作实现常态开展，全年新区管委会负责的项目未发生任何安全事故。并结合本市“五创联动”工作、“安全生产大检查”活动和旱季集中治理扬尘专项工作，有针对性地组织开展防扬尘、文明施工等专项整治行动，强化监督检查，促进各项防范和整改措施有效落实，实现了文明施工。

五、着力推进管委会自身建设

（一）主题教育活动认真开展

全年按照市委统一部署，新区党工委认真组织开展了“三大”主题教育活动、“实现伟大中国梦、建设美丽繁荣和谐四川”主题教育活动等活动，全面深入学习贯彻省委十届三次全会精神，活动开展坚持与新区开发建设实践相结合，增强了活动的针对性和实效性，为加快新区开发建设提供了强大的精神动力和思想保障。一是加快了作风转变，有效破除了工作中存在的“怕、满、浮、慢、僵”的思想，增强了加快新区建设的责任感使命感，全体职工的主观能动性明显增强。二是进一步找准了新区发展定位、明确了发展目标、理清了发展思路，形成了抓项目就是抓关键的共识，抓投资就是抓发展的共鸣，全年把项目建设作为加快新区开发建设的着力点和落脚点，切实加强项目保障条件，全力推进项目建设。三是推动了工作落实，进一步完善了新区开发建设机制体制，加强了新区管委会内部科学、民主决策体系建设，全力破解了资金筹措渠道单一的问题。

（二）廉政建设长抓不懈

新区开发建设投资大，对廉政建设提出更高的要求。新区管委会高度重视廉政建设，一是切实加强制度建设，强化源头预防。新区管委会制定了《攀枝花市花城新区渡仁片区征地拆迁资金管理办法》等10项制度；花投公司全年共制定实施了28项制度（其中工程管理制度8项，财务管理制度3项，综合管理制度17项），工作中做到有章可循。二是严禁领导和职工与施工单位发生非业务来往，严禁接受施工单位吃请，并从日常工作的各个方面加以规范，对经费从预算、分配、使用、报销等各个环节的全过程跟踪监管，坚决堵塞漏洞，杜绝浪费。三是严格规范招标及合同管理，在招标工作中，严格按照招标程序对投标单位的资料进行审核，全年对2个违规参与投标的单位，报请相关监督管理部门进行处理。实施了严格的合同审批程序，采取多专业、多部门、多层次的联合把关，聘用法律顾问对合同条款进行审核，确保了合同签署的质量，降低了风险。合同执行中，严格把关工程计量审核、现场签证和设计变更。通过业务部门联合审核，严格按照合同的约定对工程量和综合单价进行审定；对工程建设中需要办理现场签证时，业务部门必须现场核对签证计量；对超过1万元的设计变更，必须由公司总经理办公会集体审核决策。四是把廉政工作作为合同执行的重要内容，坚持工程合同与廉政合同同步签署。

（三）公司调整及时跟进

根据新区开发建设和公司发展需要，2013 年新区相继完成了花投公司增资和股权结构调整以及市园林建设公司移交。1 月，经市政府批准，由市财政局对花投公司进行增资，注册资本增加至为 15000 万元；10 月，经市政府批准，通过股权转让，花投公司出资人由市财政局变更为市园林建设公司（持股 80%）和市国有资产投资经营有限责任公司（持股 20%）。10 月，新区管委会与市园林绿化处签订移交协议，由新区管委会行使市园林建设公司的出资人权利。

（四）切实加强文秘、档案、保密及信息宣传工作

一是保质保量的完成文秘工作。2013 年发工作简报 5 期，会议纪要 28 期。二是加强文件资料的档案管理工作。三是做好保密相关工作，进一步增强了保密意识。四是加强信息宣传工作。共向市级平台上报信息 70 条（其中被市委《每日晨报》采用 10 条、被市政府《攀政快讯》采用 18 条）；通过在《四川日报》《攀枝花日报》《攀枝花晚报》等报刊宣传新区工作，刊稿 10 余篇。

贯彻三中全会精神　全面深化改革
奋力推进税收现代化建设

攀枝花市国家税务局

2013 年，全市国税系统在省局和市委、市政府的正确领导下，紧紧围绕年初确定的目标任务，锐意创新，狠抓落实，圆满完成各项工作任务。

一、抓实组织收入工作，完成税收收入任务

2013 年，面对经济增长放缓、煤炭企业继续关停整顿，各项收入完成进度持续低于时间进度目标的不利情况，市国税局一方面主动向省局及市委市政府汇报税源情况，争取按实际预测税源下达全年收入目标任务，为系统组织收入工作松绑减压；另一方面，坚持组织收入原则，通过优化征管，注重服务，抓实组织收入工作。全年组织税收收入 50.35 亿元，实现地方公共财政收入 13.37 亿元、市本级收入 5.06 亿元，完成了省局和地方政府下达的收入目标任务。同时，市国税局不折不扣地落实各项税收优惠政策。全年累计 25100 户纳税人享受各种税收减免 8.99 亿元，审核办理出口货物退（免）税 2364 万元。为促进地方经济发展、产业结构合理调整和改善民生发挥了积极作用。

2013 年全市国税工作会议

二、抓实改革创新，征管服务质效全面提升

（一）全面推进以“五个集中”为主要内容的征管服务创新改革完成阶段性任务。全系统机构调整、团队组建、人员调配、职能职责等均到位并有序运转。进一步完善了全职能办税服务厅建设，以中心城区办税服务厅为代表的全市通办纳税服务格局基本形成，全市集中集约一级稽查模式如期建立，实现了车购税属地征管，市级收入企业及大企业相对集中管理。市、县区两级局均组建了风险管理团队，有效地发挥了税收风险分析、发起、推送、评估等牵引、统筹作用。各县区局全部完成了组建税款征收及纳税服务、税收基础事项管理、税收风险发起及应对、经济税源预测及收入监控分析、税务稽查、法律救济及监督、综合保障与考评等7个专业团队并稳步运行，以“五个集中”为主要内容的征管服务改革创新工作取得阶段性成果。以规范税收征管档案管理为目标，市局主导自主开发的税收基础事项管理系统（即：征管档案管理系统），规范了涉税审批事项的管理，减少了纳税人涉税审批事项的部分资料，提升了征管档案管理及运用的效率。组建了税源监控预测及收入分析团队，建立重点税源企业税源预测直报系统，提升了税收预测的准确度，提高了税源及组织收入工作的管理水平。

参加庆“七一”文艺晚会

（二）各项税收管理扎实有效。一是抓实税收风险管理。完善风险管理制度，搭建了市、县（区）局“一体两级”风险管理组织机构和制度体系，落实税收风险防控的重点防范、分级负责、差别应对等工作。加强风险管理统筹，建立风险管理团队，整合各级风险管理需求，开展数据集中管理和风险集中分析、应对，抓实风险管理工作。全年共完成23个风险项目分析工作，完成核查、评估风险任务1036户次，查实问题企业430户次，风险应对准确率达41.51%，查补税款3357.57万元，查减亏损12568.61万元。二是抓实大企业专业化管理。对7户列名企业（集团）进行摸底调查，初步掌握了集团的组织架构。开展50户重点企业风险评估，查补税款1021.33万元，调减亏损1515.37万元。三是抓实各项税收专项检查、涉税案件查处工作。全年开展税收检查181户，查补总额2844万元，调减企业申报亏损额4.37万元；查补额比上年增加16.60%。

（三）稳妥推进“营改增”试点工作。2013年，市国税局坚持将交通运输业和部分现代服务业的“营改增”试点工作作为重点来抓。2013年年底，全市3280户“营改增”纳税人，入库增值税4259万元，税负2.98%，下降1.03个百分点，减税1800万元，有效地落实了中央结构性减税政策，抓“营改增”试点工作经验被《国办要情》采用。

（四）抓优纳税服务。以全面提升办税服务厅纳税服务质效为重点，深化全职能办税服务厅建设，实施全市通办。统一纳税服务管理制度、工作标准和考核评价办法，建立涉税事项监控平台，对办税服务受理事项流转过程适时监控，对受理事项办结的质量、效率和纳税人满意度等进行考核。开展“问、查、抓、促”“三好一满意”和“我所需要的税收宣传”等促进纳税服务工作的专项活动，抓优做实纳税服务工作，不断提升纳税服务质效。2013年纳税人满意度测评中，市国税局名列全省系统第8位，同比提升了7位，提升了全市国税系统的美誉度。

三、抓实“活力工程”建设，干部队伍建设成效明显

一是制定并实施《意见》，激发干部职工活力。制订下发全系统《实施人才激励机制的指导意见》，从任职晋升、岗位选择、培训培养、劳动报酬、绩效考核、先进荣誉、情感交流等7个方面调动干部职工的工作激情，抓实干部队伍活力工程建设，努力营造“年轻同志努力成才，中年同志有为成长，年长同志活力不减”的氛围。二是用“好方法、好机制、好作风”选拔任用干部。在干部选拔任用工作中，严守选拔任用原则，严把选拔任用的标准，严明选拔任用的程序，严格选拔任用工作纪律，充分发挥民主推荐的基础性作用，并尊重干部群众的知情权、参与权、选择权和监督权。改进干部选拔任用工作，在2013年的正、副科级干部选拔中，分别采用了“两推一述”“两推一述加考试”的选拔方式，为干部职工的成长成才搭建了公正、平等的竞争平台，23名综合素质高、群众公认的同志分别走上了正、副科级领导岗位，“两个满意度”明显提升。三是多方面调动干部职工积极性。探索全系统业务骨干人才选拔和岗位交流制度，完成60余名干部交流轮岗。积极努力，争取省局支持，全系统13名科级干部调整职级，并享受地方相关政策。东区局、直属局进行了全员开放式竞争上岗，引入绩效目标考核和岗位系数等激励机制，实现了个人工作绩效与收入挂钩的有益探索。四是加强人才开发培养。组织培训《小企业会计准则》300余人，与省税校联合举办会计与税收业务培训班，培训35岁以下青年干部40人。选派15名优秀干部到省局机关、市局机关和基层及党政机关、国有大中型企业工作锻炼。

市国税局召开预防职务犯罪专题讲座

四、抓实文化建设，积极创建全国文明单位

市国税系统荣获市直机关第九套广播操比赛一等奖

以先进的税务文化引领人，倡导以“法治、公平、廉洁、文明”为核心的税务职业文化理念。以创建全国文明单位为载体，积极开展“实现伟大中国梦·建设美丽繁荣和谐攀枝花”和“思想大解放、作风大转变、工作大落实”等主题教育活动，做到主题教育活动与税收中心工作结合、与重点难点工作结合、与思想教育工作结合，营造了主题教育活动全覆盖、齐参与的良好氛围。抓实“一季一主题”、节日纪念、体育联赛等群众性文体活动，丰富税务文化建设，努力营造良好的工作环境，提升职工业余生活的质量，增强干部职工的凝聚力。建立志愿者服务队，使学雷锋活动常态化。市局机关团支部获得“攀枝花市五四红旗团支部”称号。扎实开展“挂包帮”活动，获全市“挂包帮”活动先进集体称号。

五、抓实党风廉政建设，政风行风工作作风明显改善

全市国税系统认真贯彻落实党风廉政建设各项工作部署，以法治思维为主线，狠抓各类风险防控，实现了“四个保障”“三个安全”“五个无”的目标。贯彻落实税务系统领导班子和领导干部监督管理办法实施细则，自觉建立领导班子和领导干部权力运行风险防控制度，促进权力依法规范公开运行。实行重要工作事项风险评估防控前置制度，对党组会、局长办公会研究的重大问题进行了风险前置评估。全面开展“强化责任、防范风险”活动，深入推进党务、政务、业务、财务、事务“五位一体”风险防控工作，认真排查各类廉政风险点，并积极应对。在全系统举办廉政教育巡讲、邀请市检察院领导专题授课、开展预防职务犯罪专项学习等方式强化廉政教育，筑牢反腐倡廉“防火墙”。开展“纪检组长下基层”活动，通过调研走访、集中接访、明察暗访等方式广泛收集纳税人意见，认真研究回复整改。落实中央八项规定、《党政机关厉行节约反对浪费条例》等系列规定，严控三公经费，禁止公款大吃大喝、挥霍浪费，规范公务用车。全系统接待费同比下降26.99%，公车运行及维护费同比下降12.5%，会议费同比下降53.66%，差旅费同比下降50.66%。进一步加强党风廉政建设，强化“两权”监督，落实领导干部个人重大事项报告制度，开展“商业预付卡专项治理”“清理公务用车、基本建设、办公用房”“违规参与涉税中介”等专项治理，营造风清气正的工作环境，确保了干部队伍廉洁从税。在组织纳税人“三评议”活动中，三方面满意度均达到95%以上。

逆势前行　改革创新　高位求进
奋力推动全市地税工作再上台阶

四川省攀枝花市地方税务局

2013年，在市委、市政府和省地税局的正确领导下，全市地税工作以科学发展观为指导，认真贯彻落实党的十八大和中共十八届二中、三中全会精神，全系统干部职工凝心聚力，知难而进，围绕中心抓收入，锐意进取强服务，改革创新促征管，强力推进各项工作，全面完成了各项目标任务，取得显著成绩，为地方经济社会发展作出了积极贡献。

一、抓攻坚、促增收，组织收入再创新高

全年全系统共组织各项收入52.66亿元，实现税收收入46.2亿元，同比增收2.1亿元，增长4.75%；入库基金附加收入6.44亿元。完成省级税收8.43亿元，同比增收0.57亿元，增长7.29%；实现市级收入13.99亿元，同比增收1.22亿元，增长9.54%，全面完成各级次收入任务。

本市地方税收规模在全省21个市州继续保持在12位次，比排名11位的资阳市少2.46亿元，比排名13位的内江市多8.1亿元。地税收入对地方财政的贡献更加突出。全年全市地税收入对市级财政的贡献率达到33.92%，比上年提高7.15个百分点，市本级税收增幅分别高中央级、省级、县区级18.38、1.7、2.67个百分点；完成市、县（区）两级税收31.74亿元，占全市公共财政预算收入的54.18%，比上年提高2.45个百分点，占全市公共财政预算税收收入的75.03%，比上年提高2.77个百分点。从三次产业看，税收仍然维持“二三一”格局。一、二、三产业分别入库地方税收1.1亿元、25.6亿元、19.5亿元，占比分别为2.38%、55.40%、42.22%。

在复杂严峻的经济形势下，全系统努力克服宏观经济下行的传导、煤炭行业停产、重点税源企业经营不佳、“营改增”等不利因素影响，严格落实组织收入责任制，加强税收预测，推行市局全面分析、县（区）局区域分析、税务所重点分析三级税收分析制度，牢牢把握组织收入的主动权；细化重点税种管理，强化重点税源管控，落实重大项目跟踪服务，稳重点保增量；抓好小税种管理，组织开展清理清算，大力清缴欠税，深入开展纳税评估，有效堵漏增收。攻坚克难，逆势前行，艰难实现了各项收入稳中有进。米易局高位求进，自我加压，税收保持了20%的高增长，增收1.3亿元，为全市地方税收增长做出了突出贡献；东区局克服基数最大、任务最重、税源不足等不利因素影响，上下齐心抓收入、促增收，巩固了“排头兵”地位；仁和局克服煤炭行业等重点税源萎缩、项目开工不足等多重因素叠加的影响，强化管理、加大稽查，稳定了收入；西区局、盐边局克服煤炭企业停产整顿、现实税源严重匮乏的困难，严管细查，清收清欠，缩小了收入差距；市局稽查局精心组织专项检查，抓好专项整治，查补各项收入1.17亿元，发挥了以查促收作用；一直局积极落实专业化管理要求，征管服务“两翼齐飞”，超额实现了预定目标；二直局落实改革、组织收入“两不误”，较好地完成了目标任务。

二、抓提升、促推进，服务大局成效显著

（一）找准路径，提升服务发展的能力

加强地方税体系建设，壮大地税规模。通过积极反映和争取，国家税务总局财产和行为税司副司长杨遂周、省地税局刘晓华局长等多位领导到攀枝花实地调研。国家税务总局原则同意攀枝花钒钛磁铁矿资源税实行从价计征试点，相关工作有序推进，促进攀西资源综合利用、壮大地方税源基础；省地税局已正式批准，成昆铁路米易至攀枝花段扩能改造工程的营业税按属地管辖原则由市地税局统一征管，预计将增加地方税收及附加4.7亿元；围绕争取二滩水电站的企业所得税在本市征管，做了大量工作，该问题已经引起省政府的高度关注，并为取得桐子林电站的企业所得税征管权打下基础；超前谋划，攀枝花至大理高速公路攀枝花段的税收征管工作已准备就绪。强化铁矿石和煤炭资源税管理，做好利用表外矿的资源税征管，全年资源税入库6.12亿元，同比增长35.31%，增收1.6亿元，成为全市第二大地方税种；积极挖掘小税种潜力，契税、烟叶税、土地增值税、车船税、房产税均实现了不同程度增长，共增收近亿元，成为本市地方税收的主要增长点。

彰显政策，服务发展，惠及民生。顶格落实税收优惠政策，全年减免税收1.44亿元，惠及49户企业、356户个体工商户。切实落实西部大开发、资源综合利用以及鼓励技术创新等优惠政策，促进结构调整、产业升级；抓好免征月销售（营业）额2万元以下的小微企业营业税、优惠小微企业所得税等政策的落实，支持小微企业发展壮大。加强工业服务，出台了《攀枝花市地方税务局关于贯彻落实进一步稳定工业经济增长若干措施的意见》，从税收层面切实加大扶持力度，帮助企业渡难关，支持支柱产业发展。围绕旅游新村建设，积极开展调研，制定方案，用活政策，按照低步入轨、逐步规范，集中管理、分户申报，核定征收、定额管理，主动作为、上门服务的要求落实工作举措，积极宣传相关税收政策，主动上门集中免费办理税务登记证、送优惠政策、配送发票，切实解决经营农户的涉税问题，支持旅游产业发展。全面取消行政收费，免收发票工本费130余万元；不折不扣落实促进就业、残疾人税收减免政策，直接帮助431人就业，市地税局被省政府表彰为全省就业创业成绩突出的先进集体，成为全省税务系统唯一获此殊荣的单位。

发挥优势，建言献策，主动作为。完成了攀西战略资源创新开发试验区资源税政策、推动全市服务业发展税收政策、促进就业税收政策等8项调研，向省、市报送了调研报告，提出工作建议；围绕全市重大决策，形成了进一步做大地税收入规模、支持攀钢发展、促进阳光康养服务业发展等5个专题报告，为领导决策提供价值参考。攀西战略资源综合利用税收政策调研成果作为整个试验区政策建议的重要内容，得到了中央和省、市领导的关注，推动攀枝花市服务业发展的税收政策研究成果得到自力常务副市长的充分肯定；4项成果在省、市刊发，2项成果分别荣获全市2013年度优秀政务调研成果一、二等奖，市地税局被市政府表彰为政务调研工作先进集体。调整全市地税征管范围、对营业税不达起征点的个体工商户不再征收个人所得税等工作建议得到采纳并转化为实际工作成果，形成推动税收征管的有效措施。

（二）强化举措，服务纳税的能力明显增强

纳税服务机制基本建立。建立完善了纳税服务标准和规范、督查及考评制度，全面推进全系统服务窗口电子监察，实行纳税服务通报，完善了国地税工作合作机制。纳税服务平台初步搭建。加强办税服务厅标准化建设，增强自助办税功能，实现办理税务登记证和发票兑奖全市通办，东区局办税服务厅成功创建“省级最佳办税服务厅”，5名职工荣获全省“服务明星”；开通了12366纳税服务热线人工座席，完善了门户网站功能，成立了纳税人学校，涉税信息服务渠道进一步畅通。继续扩大“一站式”服务的范围和内容，大力推进涉税事项集中办理，盐边局办税服务厅整体进驻政务中心；不断完善网上申报、邮寄申报、电子申报等多元化申报。

创新纳税服务形式。对全市12216户个体纳税人实行简易申报、简并征期征收管理。开展了“税法送万家”活动，免费赠送纳税人税法查询软件3630套；推行A级纳税人特别通道、“8小时外送发票上门”等服务方式，满足了纳税人的个性需求。推行“办税服务厅开放日”活动和“税务干部纳税服务体验日”活动，和谐了征纳关系。东区局率先将34项涉税事项前置到办税服务厅办理，缩短了办税时间；仁和局通过推行环境管理“6S”、每天班前10分钟召开晨会、按月对服务质量进行组合评价等方式，向纳税人提供更加贴心、更加人性化的服务；米易局简并了25个资料流程，各税务所编绘了贴近实际的税收政策主题黑板报，较好满足了纳税人需求；盐边局落实书面一次性告知、不让纳税人“跑来回”，实行欠缺资料补救、不轻易将纳税人“挡回”，推行代刷卡、不把纳税人“推回”。在2013年全市开展的投资软环境测评中，市地税局排名第9位，社会各界对地税工作的满意度明显提升。

三、抓创新、促管理，税收征管提质增效

（一）创新征管体系，征管基础更为牢固

打破按地域配置征管力量的思路，经市政府同意，实施了94年以来范围最广、规模最大、最为彻底的一次征管范围调整。从2013年10月1日起，将全市91户市级固定税源企业和重点纳税企业，由市财政拨款的市级行政事业单位纳入直属分局统一征管，构建了重点突出、掌控有力的税源管理格局。逐步推进按“规模+行业”“行业+属地”的先进征管模式，优化征管资源配置，提高了管理效率。对十大行业的纳税情况按月分析研判，对纳税排名前十位的企业实行专人服务、动态跟进，对重大项目、“急难险重”项目落实跟踪管理，提升了专业化管理水平。在全省率先建立《大企业税收专业化服务与管理工作办法》等三个制度，探索大企业税收管理迈出坚实步伐，得到省地税局充分肯定。纳税评估水平进一步提高，评估补缴税款7643万元，市地税局报送的铁矿石采选纳税评估模型及案例荣获全国“百佳”行业纳税评估模型及案例奖。

（二）推进信息管税，核心支撑明显增强

成功开展网上申报试点，100余户企业完成网上申报，共缴纳税款3500万元；推进税库银电子缴税扩围，共完成24万余户（次）、30.68亿元扣款，占总收入的63%；积极推行电子定税，稳步推进POS机刷卡缴税业务。信息管税平台建设成效明显，东区局开发了电子导税平台、资料管理系统和电子政务平台，促进政务管理、优化纳税服务；仁和局搭建了综合服务平台，建成网上办税服务厅，实现纳税申报、发票配售、税务登记等10余项涉税业务的网上办理；米易局利用征管系统开发查找疑点软件，从审计角度出发，对征管数据进行有效的分析、筛选、汇总，查找执法、征管过程中存在的漏洞和问题，减少执法风险。

（三）建立协作机制，部门联动更加有效

国地税工作合作稳步推进，范围进一步扩大，实现定期信息互换；与市中级人民法院签署了共建法院查控网窗口协议，进一步完善了法院与地税部门的执行联动机制；与市工商局联合发文，明确了信息交换的内容和时间，增强了对股权变更等登记信息的掌握，从源头上堵塞了“漏征漏管”户的问题；进一步巩固与公安、房管、国土等部门的联席工作制度，实现基础数据共享常态化。东区局与各街办社区建立了有效的信息交换机制，与30个单位签订了委托代征协议，进一步促进了个体零散税源管理。

四、抓改革、促保障，自身建设不断加强

（一）破除时弊，深化干部队伍建设

机构改革圆满完成，增设了市局、县（区）局纳税服务机构和直属分局内设机构，完成了市局稽查局升格，健全工会、共青团组织，为干部的成长搭建了更为广阔的空间。进一步落实党管干部的原则，修改完善了干部选拔任用的系列制度，形成了更加符合用人导向的干部选拔办法，让想干事、能干事的同志得到重用。全年新提拔任命科级干部20名，5名同志被省局提拔为县级领导干部，1名中层干部交流到地方重要部门提拔为县级领导，2 名科级干部晋升为副调研员，干部提拔任用创下新高；交流轮岗科级干部 21 人，首次选派干部上挂锻炼，上挂省局 3 人、市局 2 人，一般干部轮岗 15 人，干部交流探索出新路子。通过系列举措，让年轻干部有更大的舞台展示自己，获得多岗锻炼机会，增强了实践历练，培养了一批后备干部，优化了队伍结构，同时也激发了干部职工的干事热情，增强了队伍活力。

以主题教育活动为契机，在全系统开展“六个一”活动，抓好职工学习，加强思想锤炼，发挥道德引领，引导树立正确的人生观，坚定发展信心，促进人心思干，形成了百舸争流、比学赶超的良好氛围。注重教育培训，加强干部知识更新，做到有计划、有安排。组织 100 人（次）参加各级组织的调训，119 人赴浙江大学接受更新知识和能力提升专题培训，13 人次参加市里培训，有效弥补了知识缺陷。开展岗位练兵，组织了全系统“征管能手”选拔考试和专题培训，在全省地税系统“征管能手”考试中，市地税局获得了平均成绩全省第 4 名的好成绩，5 名同志入围全省前 57 名；举办内部业务培训 14 期、培训 400 余人次，提升了职工的业务水平。

（二）强本固基，加强税收法治建设

组织开展了建局以来最大规模的一轮制度建设，通过系统梳理原有制度，认真分析查找地税工作制度建设的薄弱环节，不断补充、完善、创新和整合，新建制度 19 个、修改 16 个、沿用 13 个、废止 36 个，基本形成了适应全市地税工作新要求的制度体系，夯实了科学发展的基础。市局聘请了法律顾问，为税收执法、行政管理的合法性把关，提供法律咨询，增强了法律保障。

落实税务行政执法责任制，抓好“六五”普法、法治机关创建活动，组织开展税收执法督察、执法案卷评查、税收优惠政策自查、税务行政执法责任制考核评议，规范自由“裁量权”行使，促进执法行为规范。完成了行政权力事项清理，制作了行政权力目录和行政权力流程图，上报市政府法制办备案并在网上公开。在较短的时间内完成了平台搭建，将 4 类 61 项权力事项纳入权力公开运行平台，促进行政权力公开透明运行。

（三）筑牢防线，扎实推进党风廉政建设

认真贯彻执行中央“八项规定”、省委省政府“十项规定”、省局“八项规定”、市委市政府“十项规定”，领导干部以身作则、全体干部自觉遵守“厉行节约、反对浪费”的各项规定，防止“四风”出现。严格落实党风廉政建设责任制，切实落实“一岗双责”。抓好源头防范，推进内控机制建设和廉政风险防控机制建设，加强对重点环节的监督制约，促进“两权”规范。关口前移，开展预防职务犯罪专题讲座和形势报告会、案情通报会、“思廉日”、典型案例剖析等警示教育活动，做到警钟长鸣；对新提拔、交流轮岗的干部按照管理权限开展任职前廉政谈话、落实领导干部任前廉政承诺制度。全年全市地税系统没有发现严重违反党风廉政规定的案例，党廉工作取得实效。

（四）凝聚力量，全面加强党建精神文明建设

贯彻落实《中国共产党党和国家机关基层组织工作条例》和省委《实施细则》，加强党建目标管理，完善考核评价制度，促进基层党组织建设，发挥战斗堡垒作用。积极做好树立典型、表彰先进活动，命名了一批“党员示范窗口”和“党员示范岗”，涌现了一批先进典型。积极推进“走基层”、对口帮扶活动，抓好援藏、群团组织和老干部工作。深化精神文明创建，切实做好双拥工作，弘扬传统美德，传递正能量，市局继续保持了省级最佳文明单位称号。

依法行政　科学监管
服务攀西地区经济社会发展

攀枝花出入境检验检疫局

2013 年，在四川局的正确领导下，攀枝花检验检疫局坚持以科学发展观为指导，紧紧围绕国家质检总局“抓质量、保安全、促发展、强质检”工作方针，认真贯彻落实上级各项工作部署，努力践行四川局“依法行政、科学监管、从善向上、创新发展”工作理念，创新工作举措，主动融入地方经济发展大局，服务地方经济社会发展，较好地完成了各项检验检疫工作任务。

2013 年，检验检疫进出口商品 1251 批、货值 23577 万美元，同比分别减少 33%、45%。收取检验检疫费 79 万元，减免检验检疫费共计 38.8 万元。共签发原产地证书 386 份，其中，一般原产地证书 51 份，其他各类优惠原产地证书 335 份，按平均减免关税 5% 的幅度计算，各类优惠原产地证书为辖区企业获得了 667 万元的关税优惠。

2013 年，攀枝花检验检疫局获“凉山州支持外贸出口先进单位”“攀枝花市学习型机关创建活动优秀单位”和“攀枝花年鉴（2013）先进单位”表彰。

2013 年，攀枝花检验检疫局认真贯彻落实质检总局和四川局工作部署，深入学习领会孙颖杰局长在工作会上的讲话精神，积极向两市州政府领导汇报上级工作要求，并到政府相关部门和企业走访调研，在广泛听取各方意见的基础上，针对四个方面的重点工作，提出了 24 条落实措施，全局同心同德，凝心聚力，狠抓落实，较好地完成各项工作任务。

一、深化服务举措，努力促进开放型经济发展

（一）服务外贸发展出实招。一是全力推动攀枝花钒钛产业园区“出口工业产品质量安全示范区”建设。与园区管委会签署了《创建国家级出口工业产品质量安全示范区合作备忘录》，成立了分管副市长为组长的创建工作领导小组，建立了有效的创建机制和工作制度。抓体系、抓培训，重规范、重帮扶，全面推进创建工作。二是实施“一对一”帮扶等八项服务举措。重点帮扶攀钢集团、豪吉食品等 10 家重点出口企业，积极落实与攀钢钒公司签署的《促进外贸稳定发展合作备忘录》各项任务。三是实现出口工业品生产企业分类管理全覆盖，积极推行出口食品农产品企业“3 +3G”监管模式。完成辖区 3 家实施“3 +3G”监管模式试点企业及产品的初评工作。四是全面实施电子监管，完成了集中审单系统、企业诚信系统的上线运行。五是主动跟进重点工程项目建设。加强对凉山州锦屏、溪洛渡、白鹤滩等大型水电站进口机电产品的检验监管及服务工作；深入攀钢西昌基地，对进口设备及时实施检验，对进口设备的安装、调试、运行等进行后续监管。六是协助市政府牵头承办前往重庆、宁夏考察调研“供港蔬菜基地”建设及检验监管工作。七是积极开展地理标志产品保护工作。指导攀西佳能达药业公司申请申报地理标志产品布拖附子通过了质检总局的专家评审，指导金阳县畜牧局申报地理标志产品金阳丝毛鸡的申报资料修改完善，已上报国家质检总局。

（二）融入地方经济发展见实效。一是主动向地方党委、政府领导专题汇报检验检疫工作 10 余次。攀枝花市委书记刘成鸣充分肯定了攀枝花检验检疫工作，市委副书记、市长张剡对检验检疫工作做出了肯定性的书面批示。攀枝花市委常委许健民、市委常委纪委书记李群林、副市长李仁杰，凉山州常委副书记赵世勇、州常委副州长藤中平、副州长杨卉也分别对检验检疫工作也给予了充分肯定。二是服务政府宏观决策，向地方政府提供质量分析季报、出口特色产品现状分析、检验检疫工作信息 40 余份。攀枝花市委常委许健民同志在会见实验室“二合一”评审组专家时，对攀枝花检验检疫工作给予高度评价：“2013 年以来，攀枝花检验检疫局主动服务攀枝花外向型经济发展大局，狠抓检验检疫技术保障能力建设，思路新、措施实、亮点多、效果好”。攀枝花市分管副市长李仁杰在攀枝花检验检疫局《关于支持进出口企业加快发展的服务举措的报告》上批示：“攀枝花检验检疫局围绕全市发展，服务意识强，工作措施明确具体，从实际出发善于创新，值得充分肯定。希望狠抓落实并不断完善提高，力争为全市进出口发展多做贡献，做更大贡献”。三是地方政府及相关部门在技术保障能力建设、事业发展等方面对检验检疫工作的支持力度进一步加大。

二、严密检验监管，守住质量安全底线

（一）大力宣贯《质量发展纲要》。一是采取多种形式学习《纲要》，深化对《纲要》的理解和认识。二是开展了《纲要》宣贯进企业活动，企业第一责任人的主体意识明显增强。三是推动市政府将进出口质量工作目标考核和出口商品质量奖励纳入了攀枝花市质量发展纲要实施规划。四是深入开展“质量月”活动，组织进出口企业参与市政府举办的“质量月”宣传活动。五是积极推进企业诚信建设。攀钢钒公司、豪吉食品公司建立了首席质量官制度，2 家企业获“中国质量诚信企业”。

（二）严密危化品及其包装检验监管。一是严格执行出口危险品及其包装检验监管相关规定要求，对外加大检验监管把关力度，认真排查质量安全风险；对内排查检验监管工作依据、工作流程、管理制度等，消除工作质量隐患，确保了黄磷等出口危化品及其包装的质量安全。二是进一步规范了危包企业档案，督促危包企业完善质量安全管理，切实落实了四川局出口危化品及其包装专项检查提出的整改意见。

（三）狠抓源头，严把出口食品农产品质量安全关。一是扎实开展出口食品农产品质量安全风险和出口食品安全领域“潜规则”排查整治行动，对出口食品、食品添加剂及动植物检疫、抽采样管理等进行了重点排查。二是强化出口食品生产企业备案管理，对辖区获得管理体系认证的重点出口食品生产企业开展了认证有效性抽查。三是帮扶食品农产品企业建立质量管理体系，提升质量管理水平。

（四）扎实抓好外来有害生物监测及残留监控。一是根据辖区果业发展布局，调整了实蝇监测布点，保证了监测的代表性、合理性和科学性。二是为进一步做好 4 个中央储备粮进口粮库及加工企业的检验检疫及监管工作，服务国家宏观调控计划。三是完成辖区鲜草莓、荞麦、鸡精等出口食品农产品的残留监控任务。四是按照《农产品安全质量无公害水果、蔬菜产地环境要求》，在凉山州冕宁县、攀枝花市米易县开展了土壤本底调查工作。五是针对媒体报道的果汁饮料行业存在以腐烂水果为原料进行加工的情况，开展了辖区出口浓缩果汁企业排查整治活动，确保了辖区出口浓缩果汁的安全卫生质量。

（五）严密检验监管进口机电设备。对攀枝花市中心医院等医疗机构进口的全身 X 射线断层扫描系统等大型医疗设备实施了现场开箱检验和后续监管，并按要求严格进行了 3C 查验，确保了医患者的安全。充分利用口岸内地联合执法系统，辖区进口机电设备无漏报漏检。

三、扎实推进实验室建设，增强技术保障能力

积极与攀枝花学院协调，确立了检校合作建设国家级钒钛检测重点实验室方案并报四川局获批，完成了钒铁 2 个项目的测量审核工作，实验室与新疆阿拉山口检验检疫局技术中心联合组织开展了“铁矿石中全铁、磷、硅、硫含量的测定”实验室能力验证项目。为推进实验室检测技术水平提升，本实验室与上海大学、墨尔本理工大学等知名大学重点实验室开展了学术交流，并签署了合作协议。积极参加 2013 攀枝花钒钛（国际）论坛活动，并承办了“钛应用检测学术交流会”分论坛活动。实验室人员在全国核心学术刊物发表论文一篇，同时在国家质检总局、国家认监委、攀枝花市获得科研制标项目 5 项。通过了“二合一”认证认可现场评审。此外，做好设备购置等相关工作，完成国家认监委关于实验室情况统计调查登记上报等工作。

四、自身建设得到显著增强

（一）践行发展理念，引领事业发展

一是在全局广泛开展发展理念及发展建议的征集活动。二是局党组及时组织开展发展理念的学习讨论，从事关检验检疫事业长远发展的高度出谋划策，形成共识。三是加强教育培养，努力建设一支高素质的干部队伍。2013 年，共送培工作人员 15 人次，派出工作人员外出考察学习调研 9 人次。四是积极营造发展氛围。制作了发展理念宣传专栏，利用 LED 等形式深入宣传和践行发展理念的深刻内涵。五是制定《省级文明单位三年创建规划》，启动省级文明单位的创建工作，凝聚从善向上的正能量。六是机关文化建设取得新进展。针对质检文化、法治文化、廉政文化等重点建设内容，制作悬挂宣传框 20 块，制作了检验检疫形象墙，制作了检验检疫宣传展板 8 块。结合窗口规范化建设，在办公场所设置了岗位牌、政务公示牌、人员去向告示牌等，对机要室、档案室、值班室进行了规范标识。

（二）认真学习贯彻党的十八大精神，扎实开展主题教育活动

一是认真开展党的十八大和中共十八届二中、三中全会精神学习活动，通过组织开展党组中心组（扩大）专题学习、党支部专题讨论、“道德讲堂”等形式，掀起学习热潮。二是按照攀枝花市委部署扎实开展“思想大解放，作风大转变，工作大落实”主题教育活动。三是有声有色地开展了“中国梦”主题教育活动。

（三）完善综合行政管理体系，各项工作运行更加规范

一是修订完善了综合行政管理体系。在四川局内审后，高度重视整改，邀请了 CCIC 体系专家对全体工作人员进行了体系知识培训，并帮助指导整改。二是扎实落实“六五”普法、业务督察、行政执法监督、行政执法责任制等法治质检建设重点工作，认真开展了依法行政示范单位创建活动。三是编制了局公共突发事件应急预案，投入资金完善了值班室设施，进一步加强了节假日和应急值守工作。四是查隐患、补漏洞，添措施，保平安，全面开展了安全生产大排查。五是加大投入，改造了机要室、档案室、财务室，完善了硬件设施，开展了保密、档案检查工作，进一步提升了信息、保密、档案等行政管理基础性工作水平。六是按计划完成了 2013 年窗口标准化建设工作任务。

（四）加强党风廉政建设和作风建设

以廉政教育为重点，进一步加强了廉政风险防控工作。深入开展了“纪律教育月”活动。严格执行中央“八项规定”和四川局党组《关于改进工作作风、密切联系群众的实施细则》等有关规定和措施。经自查，没有违反规定的情况。

凝心聚力争先进位
质监职能得到新诠释

攀枝花质量技术监督局

2013 年，攀枝花质监系统认真贯彻落实各级党委政府一系列重大决策部署，坚定不移地走质量效益型发展道路，凝心聚力抓质量、保安全、促发展、强质监，全力服务“三个加快建设”“三个走在全省前列”，各项工作都取得了新的进步和新的成效。攀枝花质监局获得攀枝花市工业经济工作先进单位一等奖、维护社会稳定工作目标先进单位和四川省质监局绩效管理工作先进单位等多项表彰，多位领导先后 8 次对质监工作做出肯定性批示。

一、质量基础工作成效明显

努力构建大质量工作机制。认真贯彻落实国务院《质量发展纲要》，代政府起草了相关工作计划和实施意见；成功承办了全市首届质量发展大会，联合市级相关部门高质量承办了《质量发展纲要》宣传贯彻、“质量月”“节能周”等大型宣传活动；完成首届“攀枝花市政府质量奖”评选工作，表彰获奖企业1家并奖励10万元，同时推荐参加省政府质量奖评选；丰富宣传载体，在电视、报刊等媒体发布专题报道及发表专题文章120余篇次，发放宣传资料5万余份；西区率先把质量工作纳入政府目标绩效考核，初步形成了“政府主导、部门联动、企业主体、行业自律、社会参与”的大质量工作机制。

深入实施质量提升工程。针对346家不同类别的生产单位和不同风险等级的产品，全面实施分类分级监管；按照“一标三关两符合”的工作思路，市局成立推进领导小组，制定工作方案，派出6个督导组，扎实推进全市71家企业开展“质量监管质量提升”示范推广工作，累计督导企业300余家次，指导和帮助企业整改涉及管理制度、原料把关、管理措施、过程控制、出厂检验等方面的问题400余项。通过活动开展，指导企业建立了比较完善的产品质量控制保障体系，质量管理水平得到明显提升。

2013年9月15日，由攀枝花市人民政府主办，市委宣传部和攀枝花质监局共同承办的全市2013年“质量月”暨《质量发展纲要》宣传活动启动仪式在市中心广场正式举行。

持续抓好质量发展基础工作。市计量所对全市1470台出租车计价器进行了100%的检定；免费检定集贸市场计量器具3000余台件，惠民金额25万元；四川省城市能源计量中心（攀枝花）取得省级能源审计机构资质。参与国家标准、行业标准制修订7个，制修订区域性地方标准24个，部门审批标准87个，获批筹建的国家级标准化组织1个，成立企业标准联盟1个，制定企业联盟标准1个；盐边省级无公害国胜茶农业标准化示范项目通过省局验收，米易省级普威雪梨农业标准化示范项目稳步推进；启动县（区）政务服务标准化工作，基本建成了本市政务服务标准体系；与省标院共同研发苴却砚产品质量溯源软件管理系统。认证认可方面，邀请专家对全市重点能耗企业开展低碳认证培训，强制性认证产品生产企业监督率达100%，盐边局对16个乡镇医疗卫生单位779台在用强检医疗器具进行了登记备案。

二、质量安全保持良好态势

全力保障产品质量安全。扎实开展产品质量抽查、风险监测和分类监管，累计完成10类产品1575个批次产品的监督抽查，平均合格率达97.14%，同比上升0.34个百分点。其中，牵头开展食品添加剂、白酒、奶粉等专项整治，完成食品监督抽查1063批次，平均合格率97.46%，同比上升0.84个百分点；按照食品监管职能划转的要求，加大了向政府的汇报力度，加强了对市编办、市药监局的衔接，至2013年12月15日，全市质监系统6名食品监管人员全部划转到位，食品安全监管职能按期划转、平稳交接；为保证食品检测工作无缝对接，对全市食品检验检测资源进行了调研摸底，向市政府提交了在质检所基础上对整合全市食品检测资源的建议。2013年全市生产领域未发生重大质量安全责任事故，获得杨自力常务副市长的高度肯定。

强化特种设备安全监察。派出5个督导组督查安全生产大检查活动，开展“今冬明春”、百日安全大检查、打非治违等专项整治活动，排查使用单位600余家，消除安全隐患289起。东区妥善解决了龙江明珠、阳光馨苑等100余部电梯维保难题，西区推行了特种设备风险评价、分类分级监管以及特种设备使用单位标准化建设，盐边开展了“送法进校园”活动，市特检所投入10万元探索建立了流动式起

2013 年 10 月 11 日至 12 日，省质监局党组书记、局长郭春英受攀枝花市委市政府的邀请，赴攀枝花市出席攀枝花市质量发展大会暨国家钒钛制品质量监督检验中心项目推介会。

重机械、流动式压力容器监察检验信息共享平台。全市未发生重特大特种设备安全事故。

始终不放松打假治劣力度。围绕群众关心、社会关注的食品、农资、建材、儿童玩具、汽车配件等产品，开展了"质检利剑""双打"和"打假保名"等专项行动。全年处理各类行政执法案件 730 件，受理各类投诉举报 65 件，查封不符合安全标准食品 2 吨，查获"地条钢"生产企业 3 家，没收地条钢及地条钢生产模具 56 余吨，查货涉案产品货值 36.33 万元，未出现行政复议、行政诉讼案件。

三、服务经济工作扎实推进

国家钒钛质检中心步入正轨。2013 年 2 月，国家质检总局、国家认监委批准正式成立国家钒钛制品质量监督检验中心。围绕国家攀西战略资源创新开发试验区建设，积极推进中心人才、项目、设备等软、硬件配套建设，成功申报了省新兴产业检测服务平台、省中小企业公共服务示范平台建设项目，圆满完成了四川省首次钒钛产品质量监督专项抽查工作；顺利通过了国家认证认可监督管理委员会实验室定期监督 + 扩项评审，举行了全市性的检测项目推介会。力求在服务企业、科技研发、学术交流、提升国内国际影响力等方面取得突破。

通过对检测仪器设备的完善、专业技术人才的引进、实验室的认证评审，检测能力得到不断提升，覆盖工业产品 12 大类 346 个产品 816 个参数，其中钒钛类 23 个产品 317 个参数。通过努力，争取到涉及全省 7 个市州的省级钒钛制品专项监督抽查 51 个批次，并于 2013 年 10 月全面完成；2014 年全国钒钛产品质量监督抽查任务正在争取中。成功承办了攀枝花钒钛资源综合利用院士行暨 2013 年攀枝花钒钛（国际）论坛钛应用检测学术交流会，承办了全国钒标准化工作组和钛标准化工作组 2013 年度年会，争取组建全国铁矿石与直接还原铁标准化技术委员会钒钛磁铁矿分技术委员会等活动，使中心的影响力不断提高。按照"优势互补、资源共享、合作运行、互惠双赢"的原则，与攀钢集团研究院有限公司、上海材料所等科研院所签订合作协议，从人才培养、科技研发、资源共享、机制运行等方面全方位合作，整体提升国家钒钛质检中心科技研发和检验检测能力。

强化质量数据统计分析。进一步完善质量分析报告制度，定期向四大班子提交涵盖工业产品、食品、特种设备、标准、计量工作在内的产品质量分析报告，为政府决策提供依据，质监工作先后得到刘成鸣书记等市委、市政府领导 5 次肯定性批示。

深入实施品牌带动战略。修订了品牌规划，印发了《攀枝花市强力推进品牌战略实施意见》；建立了质量发展奖励机制，对 2011 年以来获得的国家地标产品保护、四川省名牌、市政府质量奖等 44 家企业和组织进行了表彰奖励，兑现奖金 715 万元；指导和帮助 6 家企业的 6 个产品通过第 11 届四川省名牌初审；攀枝花苴却砚走出国门，在法国农博会上大绽光彩；张剡市长亲自抓"攀枝花块菌"争创国家地理标志产品保护工作，并于 2013 年 9 月成功争创，这是我国真菌类第一个国家地标产品。

创新服务区域经济发展举措。引导和帮助企业开展 QC 小组活动，企业上报"QC"成果 59 项、质量信得过班组 19 个；质监窗口开展"创七心、五个零距离"服务，全年为 26 家重点企业进行了代码证年检上门服务，为 312 家小微企业减免代码证书工本费 5616 元，2013 年被全国组织机构代码管理中心授予"文明服务窗口"称号；会同丽江质监局首次开展跨省重点项目观音岩水电站的安全把关服务；盐边在重点产业园区设立了质监服务点；米易着眼当地特色产业，县质监局负责推进了米易县检验检测中心建设。

四、质监履职能力不断提升

注重人才培养储备。大力实施素质提升工程，举办了质量管理、计量认证、标准化工作等9期质检大讲堂，人员质量管理水平、专业技术能力得到进一步提高；打破人员档案身份、拓宽选人渠道，树立全新的选人用人导向，班子得到进一步加强，队伍得到进一步充实。

2013年10月12日，攀枝花市政府召开了质量发展大会。

狠抓技术能力建设。投入749万元用于国家钒钛质检中心等技术机构能力建设，申报国家级科技项目3个、省级科技项目3个、市级科技项目3个，研究成果获得省、市级科技进步奖各1项，发表论文8篇，申报发明专利1项。市质检所被评为全国Ⅰ类产品质量检验机构，成为省内除成都、自贡外获此殊荣的市州级检验机构。

加强党风廉政建设和反腐败工作。以“中国梦”“群众路线教育”和“三大主题教育”等活动为契机，深入贯彻落实中央“八项规定”和省、市“十项规定”，坚持标本兼治、综合治理、惩防并举、注重预防的方针，认真落实“一岗双责”，进一步完善惩防体系，深入推进反腐倡廉工作。全年开展5次专题研究，制定下发了《全市质监系统2013年党风廉政建设工作要点与责任分工意见》，逐级签订了《党风廉政责任书》，形成了一级抓一级、层层抓落实、纵向到底、横向到边的责任体系和工作局面。其中，注重加强廉政警示教育，开展预防职务犯罪讲座1次，召开廉政教育专题会议5期；注重强化重点监督监察，成立监督巡查小组，对“三重一大”事项进行重点监督；注重加强源头反腐，积极推进行政权力依法规范公开运行电子监察点位设置工作，完善内部管理制度9个，梳理权力清单200余项，制作权力流程图200余个，查找风险点25个，完善防范措施25项；注重严格执行上级规定，及时对财务管理、车辆调度、办公用房等强化了要求。全年无违纪事件发生，为全市质监事业发展提供了纪律保证。

强化党建工作。开展了“五型”党支部、文明窗口、文明单位争创工作，保持了省级文明窗口1个，市级文明窗口1个，维权岗2个，党员示范岗2个，十星党组织达100%，五星党员达100%。组织开展了有奖问答、演讲比赛、运动比赛等一系列纪念建党周年活动，支持团支部、妇委会开展了系列活动，成立了工会职工业余活动小组，建立了职工活动室和阅读室，配置了一批体育健身设施，丰富了职工的业余文化生活，有效提高了职工的凝聚力。2013年，代表攀枝花市接受了四川省城乡环境综合治理“进机关”活动检查并得到省领导肯定。认真开展了“挂包帮”和“走基层”活动，为盐边县共和乡白草坪村、米易普威镇板棚村等困难家庭支持帮扶资金和慰问资金共计12万余元，实实在在解决了一些群众生产、生活和出行困难，被市委、市政府评为先进单位。

开拓创新　真抓实干　努力推动攀枝花海关“一流海关”建设迈上新台阶

中华人民共和国攀枝花海关

2013年，攀枝花海关在总关党组的正确领导下，在市委、市政府及各部门的大力支持下，以党的十八大、中共十八届三中全会精神为指导，切实贯彻“四好”总体要求，紧紧围绕“内陆一流”海关的工作目标，认真落实成都海关各项工作措施，着力加强队伍建设、业务建设、基础建设和党风廉政建设，坚持“大小齐抓，量质并举”的税收指导理念，狠抓“精、实、新”管理，立足市情、关情，求真务实，真抓实干，开拓创新，锐意进取，高质量完成了全年各项工作任务。

一

税收征管量质并举　2013 年，攀枝花海关认真贯彻总署、总关工作方针，一是加强税收形势分析，确定重点税源企业和税源产品，针对关区钒钛、矿产品等重要税源企业和项目，用高效优质的服务吸引税源，培植税源。二是着力夯实基础，切实加大调研，广泛开展“送政策、送服务”活动，拓展“属地申报，口岸验放”模式，提高通关效率，综合治税进一步完善，税收再创历史新高。截至 11 月，攀枝花海关监管进出口货运量 9275 吨，进出口货物总值 1.2 亿美元，同比增加 191.2%；征收税款 1.5 亿元人民币，同比增加 324.8%；三是积极鼓励攀枝花市钒钛产业项目、以及国家级、省市重点项目、重点企业、重点科研单位、院校等引进先进技术设备和技术，全年共审批减免税进口货物 41 批次，审批减免税货物总值 9112 万美元，减免税款共计 2651 万元人民币，有力支持了地方企业先进技术和设备引进，增强了企业竞争实力。

成都海关党组成员、缉私局局长王建元到攀送政策、送服务

二

后续监管能力进一步提升　充分发挥企业稽查、企业管理、减免税后续管理各项职能，切实做好减免税后续核查、贸易调查、企业分类等工作。2013 年，攀枝花海关共稽查企业 2 家，稽查按时完成率达到 100%，全年共巡查企业 15 家，巡查完成率达到 100%。加强一线监控，规范查验记录单，提高查获率。全年查验率为 8.06%，查获率为 33.33%。加强企业注册备案管理和分类，全年共为 20 家企业办理注册登记，为 35 家企业办理变更换证。

三

统计监督预警作用进一步强化积极开展统计调查，发挥执法评估、统计监督的辅助监督作用。充分利用海关统计资源，紧密结合国际国内形势特别是国家外贸政策调整变化，加强政策研究分析，适时分析攀枝花市进出口贸易现状、问题，积极参与地方有关部门课题调研。坚持进出口数据旬报、月报，全年撰写编辑并上报统计分析文章 11 篇，向地方政府报送分析简报 6 篇。

四

依法行政，法治型海关建设稳定推进“把好国门”是海关最基本、最重要的职责，攀枝花海关大力弘扬法治精神，牢固树立法治理念，始终把依法行政作为基本的工作准则，加强对《海关工作人员外出执法廉政监督办法》的贯彻执行，切实做到“明法、守法、执法”。业务管理中，狠抓业务岗位人员法律法规、岗位规范及作业流程的学习，提升整体执法水平。在监管、稽查等执法活动中，严格按照要求，做到执法公正、公开，杜绝人情，依法办事，把依法行政放在代表海关整体利益和整体形象的高度来看待，执法人员依法行政意识得到了不断的强化，执法行为更加规范，为稳步推进法治型海关建设奠定了基础。

成都海关党组书记、关长窦志民，杨泽军副关长在李仁杰副市长的陪同下到攀钢调研

五

促进攀西战略资源开发试验区建设更加务实，有针对性出台支持措施　认真落实国务院和总署出台的促进外贸稳定增长各项政策措施，积极主动作为，加强政策研究分析，针对攀西地区经济发展特点、重点行业、企业需求，及时制定实施了《支持攀西战略资源创新开发试验区建设五项措施》，全力支持攀西战略资源创新开发试验区建设，促进攀西（攀枝花、凉山州）外向型经济持续快速发展。《措施》报送地方党委政府后，得到了市委、市政府领导的高度重视，刘成鸣书记在报告上批示：很好，请仁杰同志牵头，支持海关为试验区建设多做贡献。李仁杰副市长批示：攀枝花海关围绕中心服务意识强，措施明确，值得肯定。希进一步在落实上下功夫，取得更大突破。围绕攀枝花市打造四川南向开放门户和“桥头堡”战略，同商粮局共同开展了攀西地区口岸建设、物流基地、进出口物资物流建设的专题调研并形成了《大力加快攀枝花铁路口岸建设，助推攀西战略资源创新开发试验区建设》调研报告。广泛开展“送政策、送服务”活动，先后多次会同市商务和粮食局、市检验检疫局到各区县龙头企业、攀钢集团、攀钢钛业、东方钛业、钢城集团等重点企业、科研单位、外贸企业进行专题调研，了解企业外贸发展现状、宣传海关法规政策、现场解答企业疑惑，鼓励企业属地报关。

六

扎实推进党风廉政建设，有效防范“三个风险”　一是强化组织领导，认真落实党风廉政建设责任制。成立了以党组书记为组长的党风廉政建设工作领导小组，签订年度党风廉政责任书，细化任务，明确责任，切实做到业务工作与党风廉政工作两手抓、两手硬，任务落实到位、责任落实到人。二是大力宣传教育加强《廉政准则》及《廉政准则〈实施办法〉》。将贯彻落实《廉政准则》及《廉政准则〈实施办法〉》作为全年党风廉政建设工作重要内容贯穿于民主生活会、述职述廉、民主评议党员干部和科室目标管理考核之中，加强监督，完善考核，加大检查，严格规范各级领导干部从政行为。三是加强廉洁自律意识的学习教育。利用全关会议、党组中心组学习、支部民主生活会等形式组织广大党员干部认真学习党的十八大、十八届三中全会精神，统一思想，端正态度，廉洁自律，防范风险。四是积极开展正反典型教育及预防渎职侵权警示教育。组织全关观看《关口浪

成都海关党组书记、关长窦志民同刘成鸣书记座谈

尖》警示录3次，接受警示教育；深刻剖析马明卓受贿事件，结合工作实际开展渎职侵权风险调研，通过查找风险点等活动促使关员进一步树立廉政勤政意识，防范渎职侵权风险，让全体关员时刻牢记全心全意为人民服务的宗旨，堂堂正正做人，踏踏实实做事。

七

以人为本带队伍，树立务实高效的工作作风　一是以身作则，率先垂范，抓好管好带好队伍。抓好干部队伍建设，关键在领导，“其身正，不令而行；其身不正，虽令不从”。作为队伍建设的组织者和主要责任人，攀枝花海关高度重视领导干部的作风养成。要求各级领导干部必须以身作则，率先垂范，以自己的先锋模范作用影响和带动干部自觉遵纪守法、执政为民。坚持管带队伍，切实负责，注意关心和解决干部思想、工作和生活中的困难，营造团结奋进、和谐融洽的工作氛围。坚持“一岗双责”、谁主管谁负责和分级负责的原则，一级抓一级，严格教育、严格要求、严格管理干部，对干部队伍中出现的苗头性、倾向性问题，及时提醒，及时纠正，把问题解决在萌芽状态。认真贯彻落实政务公开，事关全关的重要工作安排、党组会议决定、经费开支等重要事项均通过一定的方式给予通报公开。

二是为民服务，转变作风，服务意识不断强化。以切实解决工作作风中存在的突出问题，着力推进政治纪律建设，增强廉洁从政和依法行政意识，改进服务、提高通关效率为目的，结合攀枝花市委市政府要求，扎实开展了“思想大解放、作风大转变、工作大落实”和成都海关“改进工作作风专项建设”主题教育活动。切实加强对中央“八项规定”、总署党组“25条措施”以及《成都海关党组改进工作作风、密切联系群众的具体措施》学习，广泛开展了“党员示范岗”“四好基层单位”“四好关警员”“为民服务创先争优”等创建活动，充分发挥党员导向作用、带头作用和示范作用，增强了关员自觉服务意识、求实意识、创新意识、效率意识，改进了服务方式，提高了服务水平，进一步树立了海关良好形象。

攀枝花海关党组书记关长陶毅同商务粮食局负责任人到东方钛业调研

三是以深入学习十八大、中共十八届三中全会精神为契机，因人制宜，明心启智，努力培养勤学、善学风气。深入学习贯彻十八大和十八届三中全会精神，是当前及今后一项重要政治任务，攀枝花海关采取“学、听、讲、用”方式进行深入学习党的十八大和十八届三中全会精神，在全关党员干部中掀起了深入学习党的十八大精神的高潮，强化了十八大精神学习效果，真正做到了真学、真懂、真用，提高了工作的主动性和创造性。一是加强中心组学习。把集中学习和理论研讨、素质提升有机结合起来，建立学习档案，明确学习内容，保证学习时间，撰写学习心得，不断创新学习形式，完善学习制度，增强学习的规范性和可操作性。二是注重业务学习。结合岗位实际有针对性地开展学习培训，通过“请进来、走出去”“以老带新”“二次培训”等形式，开展自主式、启发式、互动式学习，提高关员专业知识和实际工作能力，并加强工作经验交流，促进业务水平整体提升。三是积极组织关员参加成都海关“读书会”活动，并鼓励参加读书会活动的同志参与到书评交流活动中。关领导带头学，带头投稿，攀枝花海关共向读书会投稿9篇，使“多读书、读好书”成为了关员的一种健康的生活习惯和养成。

四是身体力行践行“成都海关精神”。全关关员结合自身经历和工作实际积极参与“成都海关精神践行者”主题征文活动、演讲活动，阐释自己对成都海关精神的理解，畅谈感悟。在征文活动中，攀枝花海关13名关员共报送了6篇征文。

八

夯实基础，强化管理，提高综合保障能力一是围绕中心工作，加强综合管理。认真抓好机关内部管理和基础运行，坚持统筹兼顾、高效运作，确保各项改革建设有序开展。一是推行规范化管理，突出制度建设，进一步健全办文、办会、办事的各项制度，明确职责分工、工作流程、完成时限，确保各项工作有规范、程式可循。二是推进政务、事务精细化管理。进一步完善督办落实机制，认真细致做好值班应急、会务安排、活动接待等工作，确保事事有预案、有落实。三是信息宣传工作稳步推进。积极加强每日信息呈报的采编报送工作，及时向总关反映攀枝花海关重点工作开展情况。全年总关共刊载攀枝花海关每日信息324篇，工作通报3篇，海关简报1篇，互联网摘要332条，互联网综述525条；四是积极组织开展、全力加强新闻宣传策划活动，及时向地方党政和社会公众宣传攀枝花海关“把关”与“服务”的举措和成效，加强先进典型和海关工作的新闻宣传，在社会各界引起较好反响。

二是坚持制度建设，不断提升管理规范性和有效性。进一步完善了四项会议制度，重新修订和完善《攀枝花海关党组工作规则》《攀枝花海关关务会制度》《攀枝花海关财务管理办法》等13个制度，明确了党组会、关长办公例会、关务会、关长专题会办会的召开时间、召集人、参加人员等，力求规范、科学管理，形成以制度管人、以制度管事、以制度管权的良好局面。与此同时，进一步推进规范化科室创建活动，定期开展岗位规范化考试，并结合攀枝花海关工作实际，制定下发了《攀枝花海关岗位量化考核管理办法》，通过定量分析，加强对科室和关员岗位规范学习，全面考核关员工作落实情况，规范业务工作流程，提升了管理规范性和有效性，增强了关员的执行力，提高了工作效率。

三是切实改善民生，办实办好惠民利民工程。攀枝花海关党组高度关注民生、重视民生工作，切实解决干部职工的热点难点问题，积极研究国家相关政策，加强请示汇报和联系沟通，想方设法将关党组关心群众工作生活的决策落到实处。一是对食堂进行改造装修，更新设备设施，改善干部职工就餐环境；二是对办公大楼进行整体的维修、维护，改善关员的办公环境；三是对健身场所进行设备更换，为关员创造更好的锻炼场所；四是对阅览室进行书籍补充，共计为阅览室增加藏书200余本，丰富了关员的业余文化生活；五是积极筹措7万元资金为档案室配置了档案密集架，进一步提升了档案管理硬件设施。

四是精神文明建设硕果累累。长期以来，攀枝花海关高度重视精神文明建设工作，以文明创建、文体活动和社会公益等活动为载体，大力开展精神文明建设工作，巩固文明建设成果。成立了攀关文体活动小组，经常性开展篮球、乒乓球、羽毛球、游泳等具有群众性基础的文体活动，活跃干部职工业余文化生活，增强队伍凝聚力。建立“学雷锋志愿服务小分队”，定期开展志愿者服务活动；主动开展扶危济困，切实履行社会责任，全关关员为四川庐山“4·20”地震受灾群众捐款4600元；为帮扶对象——盐边县惠民乡银河村，捐赠了价值1.1万余元的办公用品，还为银河村第二批水渠建设争取了7万元的抗旱资金；在春节、“七一”等节日里，走访慰问12名困难群众，为他们送去大米、食用油、现金等慰问品，让生活困难的群众真切感受到党和政府的关心和温暖。通过物质文明、政治文明和精神文明的全面协调发展，培育了热爱工作、团结和谐、积极乐观、健康向上的工作环境和良好氛围。攀枝花海关在取得省级文明单位称号的基础上，仅用两年时间就获得了“最佳省级文明单位”的称号。

抓住改革新机遇　凝心聚力促发展
不断把工商行政管理工作推上新的台阶

攀枝花市工商行政管理局

2013年以来，全市工商系统认真贯彻省局工作会议和全市经济工作会议精神，以科学发展观和党的十八大精神为指导，围绕省委“中国梦·四川篇章”、市委“三大主题”教育活动和省局“257战略”，坚持“稳中快进，提质增效，争先进位，跨越提升”的工作基调，在服务发展、市场监管、食品安全专项整治、消费维权以及“红盾春雷行动”等工作中，获得了市委、市政府领导的17次批示肯定，全市工商系统取得了新的成绩。

一、以培育壮大市场主体为重点，提升服务效能，促进经济社会发展

（一）提高市场主体质量，促进地方经济发展。坚持把服务市场主体、壮大市场主体放在首位，全面贯彻落实国家、省、市各项优惠政策，注重放宽市场主体准入门槛与严格依法把关市场主体准入的有机结合。有效地激发了社会投资创业热情和各类市场主体发展新活力，较好地促进了攀枝花市市场主体总量增加，质量提高。截至2013年，全市新登记各类市场主体9469户，新登记注册资金39.63亿元；全市各类市场主体达到54444户，注册资金941.24亿元。积极开展动产抵押、股权出质出资登记、债转股服务，办理动产抵押、股权出质设立登记398件，企业向金融机构申请质押等融资94.04亿元，全市申请认定省著名商标7件。

（二）创新服务方式，提高服务水平和能力。

一是向社会发布市场主体发展状况。为进一步推进民营经济发展，促进市场主体增量提质，积极开展全市市场主体发展状况调研分析，向市委、市政府呈报了《2013年上半年攀枝花市市场主体发展状况报告》，得到了市委副书记赵辉的肯定性批示。联合市政府新闻办首次举办全市市场主体发展状况新闻发布会，为政府决策和企业发展提供信息服务，取得了良好效果，在社会引起强烈反响，受到了省、市20余家新闻媒体的关注。

二是出台促进地方经济发展20条意见。出台了《攀枝花市工商局关于促进本市在全省率先全面建成小康社会的实施意见》（20条），从服务新型工业化发展、服务园区企业、服务现代服务业发展、服务农业农村经济、服务民营经济等五大方面，提出了工商部门的具体实施意见。得到了市委书记刘成鸣的肯定批示。意见出台后，全市工商系统迅速落实，企业在融资、转型升级、新兴产业、商标致富等方面取得了明显成效。帮助193家企业冠四川省名，帮助3家企业设立企业集团，181户企业和个体业户获得了省市县（区）级“重合同守信用”称号等。

三是探索出台全市家庭农场注册登记意见。为全力支持地方经济发展，帮助农民增收致富，市工商局和市农牧局联合出台了《攀枝花市开展家庭农场注册登记管理工作的意见》（试行）。《意见》共十二条，围绕家庭农场由家庭成员为主要劳动力和适度规模经营的两大特点，分别从家庭农场的申请条件、字号名称、组织类型、经营场所、经营范围等方面做了具体的登记指导意见。此意见的出台为本市培育农村新型市场主体，进一步推动攀枝花农业发展，服务“三农”，提供了有力支持。目前，全市已登记注册家庭农场11户。

四是加大农民专业合作社发展支持力度。依托攀枝花市烟叶、茶叶、坚果、蔬菜、水果等经济作物和生猪、牛、羊、鱼等养殖特色农业，发展壮大农民专业合作社，把推进农专社的发展作为创新服务农村发展的重要举措。全市新增农专社145户、出资总额4.0亿元、农民成员3144人，与2012年同比分别增长19.83%、10.44%、23.29%。截至2013年，全市共有农民专业合作社702户、出资总额19.98亿元、农民成员14294人，与2012年同比分别增长30%、45.99%、38.52%。

二、围绕“红盾春雷行动”，加强执法监管，维护公平竞争市场秩序

（一）以“红盾春雷行动”为抓手，强化市场监管。按照省局2013年“红盾春雷行动”部署，及时组织，成立领导小组，细化方案，全系统迅速行动。“红盾春雷行动”期间，办结案件45件，受理咨询、申（投）诉、举报282件，取得较好的社会效益，受到了群众的欢迎和领导的好评，市政府领导6次对“红盾春雷行动”的做法和成效做出肯定性批示。2013年12月20日又精心安排部署“红盾春雷行动2014”，截至目前，全市工商系统在“红盾春雷行动2014”行动中立案查处案件7件，查获不合格化肥60吨、不合格液化石油气15吨、查办房地产开发企业利用格式条款侵犯消费者权益案涉案金额37.3万元等。2013年以来，全市工商系统共立案查处各类经济违法违章案件591件。流通环节食品安全监管方面，抽样检验食品547批次，查办食品经营违法案件169件，罚没款164.08万元，没收不符合食品安全标准食品740.32公斤，下架退市不合格食品货值12万元。培训流通环节食品经营人员7000余人次。立案查处违法广告19件。严厉打击侵犯注册商标专用权违法行为，查处商标侵权案件25件。7月25日，市工商局查办了西安陕鼓动力股份有限公司、杭州哲达科技股份有限公司向在攀的四川省富邦钒钛制动鼓有限公司销售涉嫌侵犯美国威尔思公司商标“威力巴”（流量计产品）商标专用权案件，维护了企业的合法权益。全系统共查办“双打”案件54件，没收侵权商品973件。立案查处涉及群众安全的无照经营191户，对一般无照行为引导规范办证279家。

（二）以群众和政府关注的热点问题为重点，净化民生环境

一是根据全省食品安全专项整治“百日行动”电视电话会议精神和市政府工作部署，深入开展食品安全专项整治活动，查办食品经营违法案件93件，下架退市不合格食品货值12万余元。此项工作得到分管副市长李仁杰的肯定批示。

二是针对媒体曝光的含肉毒杆菌问题乳制品，在全市范围内对涉事企业各批次问题乳制品进行了全面清查，对发现的“多美滋”4个批次共798罐涉嫌含肉毒杆菌的乳制品全部召回，并由经销商进行了封存处理。此次问题奶制品的清查工作行动迅速、部署有力、措施到位、收效明显，得到了分管副市长李仁杰的充分肯定。

三是迅速落实市委刘成鸣书记净化校园周边环境批示。10月11日下午4点15分，市工商局收到市委刘成鸣书记在422期《舆情摘报》上关于“请市工商局会同相关部门净化校园周边环境”的重要批示后，立即召开专题会议研究落实措施，并于当日下午5点迅速启动全市校园周边环境专项治理工作。受到市委刘成鸣书记的肯定批示。专项整治中，全市工商系统对全市173所中小学校、幼儿园和青少年宫、社会教育培训机构等场所周边经营户进行了集中排查，查缴“刮刮乐”儿童彩票3748张、揭开型奖票169张和用于玩具抽奖的专用奖票38张等。

四是依法行政，加强执法监督。严格实行行政审批首问责任制、限时办结制、责任追究制“三项制度”，开展重点领域行政执法监督检查，确保行政权力在法定范围内依法实施。为交流执法办案经验，开展了2013年上半年行政处罚案卷评查工作，对参评的42件案卷进行了集中点评，取得了良好的效果。2013年，市工商局参与市政府组织的案卷评查的2份行政处罚决定书，被攀枝花市人民政府法制办公室评为全市“说理式”优秀处罚决定书，并被通报表彰。

三、以消费维权组织建设为基础，保障和改善民生，维护人民群众切身利益

一是消费维权网络建设不断加强。通过整合“一会三站”、12315“五进”职能和网点，建设了一批规范化的“消费维权服务站”。目前“消费维权服务站”建成98个，在方便城乡消费者就近投诉、申诉和举报、就近化解各种消费纠纷等方面取得了显著效果。

二是加强消费纠纷调解维护稳定。全市12315网络和各级消委会共接待消费者来访和咨询1094人次，解决消费者投诉403件，为消费者挽回经济损失44.29万元。特别是市消费委会成功调解一起因美容美体引发的涉及消费者约2000余人的群体性消费纠纷，避免了事态扩大，维护了社会和谐稳定。

三是积极开展商品质量监测和消费教育。集中开展建材市场、消防产品市场等专项整治。加大商品质量监测力度，其中监测手机、卫生用品、润滑油、建材等重点商品质量192批次，严格查处了销售不合格商品案件21件。积极开展消费教育、消费引导，通过现场受理消费者咨询、投诉、假冒伪劣商品展示讲解、散发宣传资料等，举办了4000人次参加的3.15大型广场宣传活动，普及消费维权相关知识，提升消费者的维权意识和识假辨假能力。

四是发挥工商职能参与社会管理。立足工商职能，帮扶安置下岗失业人员、高校毕业生就业创业以及通过新登记个体工商户、私营企业吸纳就业人员共26334人。加强集贸市场整治规范，推进城乡环境改善和创建全国文明城市工作，开展创建诚信市场活动和“百城万店无假货”活动，取得良好成效。认真开展“挂帮包”“结对共建新村”“万名干部直接联系群众”和关心关爱下一代工作，进一步密切党群、干群关系。积极帮扶灾区人员，全市工商系统干部职工和个私会员自愿为雅安市芦山灾区群众捐助爱心资金100314元。

四、以实施“257”战略为核心，强化基层基础建设，为工商自身发展提供重要保障

一是深入开展各种主题教育活动。将省委“中国梦.四川篇章”、市委“三大主题”教育活动和省局部署实施“257战略”融入全市工商系统干部队伍思想建设、能力建设和作风建设之中，努力提高市、县、区工商机关班子和干部队伍服务科学发展的能力和水平。

二是加强班子队伍建设。完善了党组议事规则、党组会议、局长办公会议制度。按照干部选拔任免程序和规定，全年提拔科级领导干部11名。加强市局、县区局班子建设，提出和落实了领导干部学习创新、民主团结、勤政为民、清正廉洁的要求。建设一支“服务型、创新型、学习型、廉洁型”的“四型”干部队伍取得新的成效，全系统干部队伍精神面貌焕然一新。

三是全面推进“257战略”的实施。出台了《关于推进“257战略”两年（2013年-2014年）强基础工作的实施意见》。意见细化了队伍建设、制度建设、信息化建设和设施建设“四项工程”四个方案，为攀枝花局实现推进“257战略”两年强基础工作走在全省系统前列的目标任务奠定了基础。目前，系统“257战略”两年强基础工作扎实推进。队伍建设方面，在制作全员岗位说明书的基础上，科学确定岗位能手的内涵及考评规则，主要对公务员（职工）应当具备的思想道德、公共理论知识；岗位专业知识（专业理论、法律法规和操作实务）；工作岗位实绩考评（非在本岗位不纳入考评）；德能勤绩廉民主测评等4个方面的专业技能和综合素质进行评定。2014年1月3日，在全系统进行了文秘写作、信息化、执法办案、财务管理4个能手的在线考评中，有134人参加，占干部职工的38.4%。能手考评在推进激发干部队伍活力，增强能力等方面取得了初步成效。设施建设方面，按照新一轮工商标识标志规范要求，对东区大渡口所、西区机关大楼、仁和区平地所和同德所标识标志建设、米易宁华所改造及县局机关标志标识进行了完善，完成了渔门所的新办公楼的搬迁等。信息化建设进一步加大了投入，制度化建设也按进程有效推进。

四是稳步推进食品安全监管体制改革。按要求做好体制改革和人员划转工作，通过召开职工大会，宣传政策，对拟划转人员采取由“一把手”亲自个别谈话，领导集体多次反复研究等形式，及时掌握职工的思想动态，做到稳妥推进改革，全面完成市、县、区局两级相应的职能、编制、人员划转到食药部门工作。

五是加强党风廉政建设。在省工商局、市委、市政府和市纪委的正确领导下，深入推进党风廉政建设和反腐败斗争，贯彻党的十八大会议精神，积极推进惩防体系和廉政文化建设，坚持标本兼治、综合治理、惩防并举、注重预防，全面履行党章赋予的职责和任务，深入开展党风廉政建设和反腐败斗争，认真落实中央“八项”规定、省委“十项”纪律规定以及《党政机关国内公务接待管理规定》等，较好地完成了党风廉政建设和反腐败工作各项任务。2013 年，市局开展督查 16 次，未发现违规行为。

监管与服务并重　规范与发展并举
努力开创攀枝花邮政监管工作新局面

攀枝花市邮政管理局

2013 年，在上级邮政管理部门和攀枝花市委、市政府坚强领导下，在地方各级部门的关心和帮助下，攀枝花市邮政管理局立足三级邮政监管体制，以保障邮政普遍服务和规范快递市场运营为主要内容，以提升服务质量和管理水平、服务地方经济社会发展为目标，坚持“监管与服务并重，规范与发展并举”的基本原则，工作迅速步入正轨，在促进本地区邮政业持续、快速、健康发展发展方面积极作为，确保了开局工作顺利进行。

一、广泛开展市场调研，摸清行业发展情况

攀枝花市邮政管理局于 2012 年 11 月 15 日正式揭牌成立，2013 年是做好开局工作的重要一年。为了全面掌握攀枝花市邮政快递市场的发展现状，为后续监管工作提供基础支撑，攀枝花市邮政管理局于 2013 年年初开始，利用半个多月时间，由局长带队，对全市三区两县所有快递企业分支机构、营业网点、代理代办点展开全面清查，对经营许可证件、防火防盗设施配备、收寄验视制度落实情况等展开检查，逐一登记网点名称、详细地址、负责人信息、车辆人员情况、平均每日进出口快件量、存在的问题等内容，建立了快递企业信息资料库，为后续监管工作奠定了基础。为确保随时掌握企业动态，管理局制定了邮政快递市场监督检查工作制度，明确了各科室人员每月至少应参与的检查次数，确保了检查实效。2013 年，全年累计出动检查 110 次，共计 405 人次。通过多次深入基层走访调研，企业规范经营的意识逐步得到加强，企业信息资料库进一步完善。

管理局前往申通快递开展培训

二、认真履行监管职能，确保行业安全运营

一是落实企业责任，签订安全责任书。召开一系列安全工作会议，2013 年初与市邮政公司、12 家快递企业及分支机构签订了《攀枝花邮政行业服务和安全生产责任书》，明确了企业责任，强化了安全意识。

二是开展邮政行业安全生产大检查。根据上级邮政管理部门要求，制定了《攀枝花市邮政管理局邮政行业安全生产大检查工作方案》，明确和细化了工作流程、目标、范围、步骤、组织领导。前期着力于宣传，强调安全生产的重要性，要求各企业注重安全生产的责任落实，层层分解，落实到班组，落实到个人，实现有权有责、责任分明，同时印刷、发放邮政业法律法规、资料文书，以供各企业参考；后

期以检查督促落实为主，8 月 14 日至 16 日，市邮政管理局对东区、西区、仁和区、米易县、盐边县、密地工业园区及高耗能工业园区的邮政企业、快递企业及其分支机构、营业网点、代办点展开全面检查，督促落实安全生产各项要求，对未按要求经营的企业实施通报处理。

三是开展寄递服务信息安全专项整治行动。根据上级要求制定了《攀枝花市邮政管理局寄递服务信息安全专项整治行动实施方案》，联合市公安局、市国家安全局以及市工商行政管理局联合下发了《关于加强快递市场管理和邮政行业安全管理工作的通知》，专门成立了寄递渠道治安管理与信息安全工作协调领导小组，加大对寄递服务信息的监督检查力度，依法处理寄递企业非法泄密及买卖寄递服务信息的行为。为进一步促进寄递企业增强防范意识，强化寄递服务信息安全管理，落实安全责任，排除安全隐患，邮政管理局深入各企业进行了寄递服务信息安全专项检查及宣贯，现场核查，现场指导各企业如何保存寄递服务信息，要求他们做好回收、归档及信息保密工作，并重点就企业信息安全制度建设、企业信息安全隐患自查、企业信息安全管理措施以及企业配合信息安全整治工作等方面的工作做了检查和强调。市邮政管理局联合市公安局、市国家安全局、市工商行政管理局在 9 月份集中对全市邮政行业寄递服务信息进行专项检查，以督促各快递企业重视寄递服务信息的保存归档、妥善处理，保护广大用户的基本通信权益及通信秘密。

攀枝花市快递协会成立大会

四是重视应急管理工作。为了及时、高效、妥善地处置全市邮政业突发公共事件，指导和规范邮政和快递企业应对各类突发公共事件地应急工作，预防和减少突发公共事件造成的损失，保障邮政通信安全、邮（快）件畅通，保护公民生命和企业财产安全，维护社会稳定，根据省邮政管理局和市政府应急工作处理预案要求编制了《攀枝花市邮政管理局突发公共事件应急预案》，指导企业建立并完善相关应急机制，保障了春节、“两会”、汛期、高温天气、中秋国庆、“双十一”以及其他重要节假日期间的寄递渠道安全。

五是开展培训指导，提升服务意识。为了切实提高邮政快递企业的业务水平及服务意识，引导企业依法依规经营，管理局开展了形式多样的培训活动。成立了政策法规宣贯组，由分管局领导带队深入企业开展了包括《邮政法》《快递市场管理办法》等法律法规以及快递企业“十二五”规划等相关政策的宣传与解读。引导企业员工树立法律意识，自觉依法依规经营；为切实做好统计检查工作，完善邮政业务统计数据库，2013 年 9 月 12 日，管理局组织了由各快递企业统计负责人、统计经办人员参加的统计培训会议，会上，就统计的意义、统计的要求、需要上报的报表、统计报表具体操作、统计检查事宜以及统计的相关法律法规做了讲解。要求企业统计人员以认真负责的态度填写各月度、季度、年度报表，真实、准确、完整和及时地提供报表所需的资料，确保对行业进行准确研判；为了提高邮政和快递企业员工对禁限寄物品的识别与处理能力，提高安全意识，避免违禁品流入寄递渠道，切实把好收寄验视第一关，管理局邀请了市公安局治安支队、禁毒支队以及国家安全局老师开了两期安全生产培训；2013 年全年对邮政快递企业开展培训累计 10 余次，培训人数累计 600 余人次。

三、高度重视普遍服务，助推空白乡镇邮政局所补建

邮政普遍服务和特殊服务是一项关乎民生及保障人民基本用邮权益的重大工程，2013 年，攀枝花市邮政管理局不断深入贯彻实施《中华人民共和国邮政法》和邮政业发展“十二五”规划，全方位开展邮政普遍服务和机要通信监督检查工作，全面提升邮政普遍服务能力与水平，服务广大用邮用户。

一是依法开展邮政普遍服务营业场所行政审批及备案工作。要求邮政企业及时填写《邮政企业设置邮政营业场所登记表》或撤销不再提供邮政普遍的邮政营业场所等相关材料将向邮政管理局报备，以确保准确有效的掌握邮政营业场所的变化情况。

邮政行业安全生产培训会

二是全面开展邮政普遍服务基础设施普查和邮政普遍服务营业场所法定业务开办专项治理行动。2013 年 10 – 11 月，管理局组织专人对攀枝花市三区两县共 47 个邮政支局（所）开展实地核查，测量 GPS 定位，确保基础设施普查数据的真实准确。同时对每一处邮政普遍服务营业场所进行检查，确保国家规定的四项法定邮政普遍服务业务（信件、印刷品、包裹、邮政汇兑）全面开办。

三是督促空白乡镇邮政局所补建。根据国家邮政局下发的空白乡镇邮政局所补建任务，攀枝花市空白乡镇邮政所补建任务为 20 个，其中米易县 5 个，盐边县 9 个，仁和区 6 个。3 月中旬，市邮政管理局联合市发改委、市邮政局相关负责人和各区县相关部门负责人对米易县撒莲镇、新山傈僳族乡、盐边县鳡鱼乡、共和乡，仁和区总发乡、阿喇乡、中坝乡等 2 县 1 区 14 个乡镇开展了实地调研，对建设中存在的问题，交换了解决意见。6 月中旬，又联合市发改委、市邮政局相关负责人和各区县相关部门负责人验收并见证移交了中坝乡、阿喇乡两个网点。截至 2013 年底，攀枝花空白乡镇邮政局所补建共计已完成 13 个，3 个在建，1 个未动工，其余 3 个纳入新农村建设规划，完成验收 8 个，移交并投入运营 2 个。

四是开展邮政信报箱建设情况专项检查。通过与住建局沟通，就城镇居民楼信报箱设置情况进行了交流，市住建局提供了 2012 年 8 月 1 日后竣工并交付使用的住宅项目名单，2013 年 8 月市邮政管理局对“金海．学府花园小区”信报箱设置情况进行检查，核实该小区住宅总户数为 1187 家，信报箱设置户数为 1187 个，达到了一户一箱的要求，信报箱设置规格基本符合国家标准。

五是配合相关部门开展邮政业的“扫黄打非”工作。2013 年 3 月，攀枝花市邮政管理局被纳入攀枝花市“扫黄打非”办成员单位，参加了“全省扫黄打非工作电视电话会议”，明确了管理局“扫黄打非”工作负责人和联络员。要求企业严格执行收寄验视工作，严防各类禁寄、禁售出版物通过寄递渠道传播。邮政管理局分两个阶段对全市 23 个邮政报刊亭和三区两县 54 个快递营业场所、网点、代办点全面开展了包括“清源”“秋风”等行动在内的“扫黄打非”工作检查。

六是认真处理用户投诉、申诉事件。为了更好地保护广大消费者的合法权益，建立了攀枝花市邮政管理局网站并在网站上公布了投诉邮箱及投诉电话号码，加入了攀枝花“12345”市民热线平台，并在 2013 年 9 月 25 日的《攀枝花晚报》上公布了三种投诉方式。2013 年，共计收到各类投诉 25 件，申诉 0 件。其中，用户上门投诉 3 件，电话投诉 16 件，受理市政府“12345”热线转交投诉 1 件，快递企业投诉举报证件不全企业 5 件。邮政管理局安排专人负责受理各类用户投诉，制定了《攀枝花市邮政管理局限时办结制度》，及时处理客户投诉，保护用户合法权益。

四、多方努力协会成立，逐步形成监管合力

为了进一步加强和规范攀枝花市寄递渠道治安检查工作，及时发现和依法打击通过寄递渠道进行违法犯罪活动，2013 年 5 月 8 日，攀枝花市邮政管理局与市公安局治安支队、禁毒支队相关人员召开座谈会，探讨建立寄递渠道治安检查联合执法机制。双方就寄递渠道安全检查的内容、时间、方式等进行了磋商，共同探讨通过寄递渠道进行毒品犯罪的规律、特点和打击的方法、措施，就如何堵塞通过寄递渠道贩运毒品通道达成了共识。经过充分沟通，攀枝花市邮政管理局联合市工商局、国家安全局、市公安局共同成立了寄递渠道治安管理与信息安全协调领导小组，建立起多部门参与的寄递渠道治安管理工作联动机制。2013 年 6 月 27 日，四个部门联合下发《关于加强快递市场管理和邮政行业安全管理工作的通知》（攀邮管〔2013〕18 号），明确了协调领导小组各成员单位的具体职责、联席会议机制以及相关工作要求，为具体联合执法检查行动指明了方向。

根据国家邮政局“总量适度调整、结构逐步优化、工作重心下移”的基本思路的指导，聘请社会监督员有利于督促邮政企业加强和完善服务管理工作。2013 年 5 月，攀枝花市邮政管理局通过一系列方式方法重新确认社会监督员人选，调减了市区监督员的比重，提高了县及县以下监督员的比重。调整后的监督员队伍，层次更趋合理、结构更趋优化、作用更加突出。从攀枝花市邮政业实际情况出发，制定年度监督方案，将日常监督与专项监督有机结合起来，有计划、有重点、多层次、全方位的组织监督员开展各项社会监督工作。

2013 年 9 月 3 日，攀枝花市快递协会正式成立，成为全省第 3 个成立快递协会的市州。协会以“快捷、便利、诚信”为宗旨，“以规划为龙头、以园区为载体、以高效高质量的服务为核心”的指导方向，在加强行业自律，提高快递服务的效率和质量等方面开展工作。攀枝花快递协会的成立标志着攀枝花市快递管理体制和市场机制的有机对接，标志着“政府监管、行业自律、社会监督”三位一体的快递市场监管体系的初步建立，将对本市快递市场的规范、健康有序发展打下良好的基础。

五、加强舆论阵地建设，强化新闻宣传工作

为树立良好的邮政管理系统新形象，攀枝花市邮政管理局十分注重新闻宣传工作，积极上报新闻信息。2013 年，共发表政务信息 43 篇，国家局网站采用 6 篇，编辑月报 12 期，撰写新闻稿 5 篇，《快递杂志》《中国邮政快递报》刊登 2 篇。

为鼓励全局人员参与写作，制定了《攀枝花市邮政管理局新闻信息宣传考核办法》，邮政管理局 1 位同志撰写的《三级管理体制建立，快递服务大有可为》的文章获得国家邮政局邮政业“十二五”规划优秀征文活动二等奖，攀枝花市邮政管理局获得“优秀组织奖”。2013 年 10 月 9 日世界邮政日，市邮政管理局在攀枝花日报上发表了《立足三级监管体制，推进攀枝花市邮政业健康有序发展》的局长署名文章，向社会大众展现了新成立的邮政管理局的新姿态。

此外，邮政管理局局还与市邮政局签订合同策划了 3 期宣传活动。第一期（1—3 月），主要通过商业信函广告的形式对国家邮政业相关规章制度做宣传；第二期（3 –6 月）宣传管局职责和对快递企业的法规与要求；第三期（5 –6 月），利用《特别文摘》杂志宣传管局成立纪要、主要职责、快递常识和紧急物品清单等。同时，印制了《中华人民共和国邮政法》《中华人民共和国邮政法实施细则》《快递市场管理办法》《快递业务经营许可管理办法》《快递业务操作指导规范》等八种法律法规资料 2000 册以及“禁限寄物品目录清单”免费发放给全市各邮政企业快递企业，以提高其知法、懂法、守法、依法经营的意识。

夯实基础改革创新　稳中求好提质增效
奋力推进攀枝花烟草行稳致远

攀枝花市烟草专卖局（公司）

2013 年，攀枝花市烟草专卖局（公司）在市委、市政府和省烟草局（公司）的正确领导下，按照全市行业年初确定的“夯实基础、求实创新、高位求进、稳健发展”工作基调，稳步推动烟叶产业发展，扎实提升网建营销水平，严格规范“两烟”经营秩序，创新企业管理，优化内涵指标，各项工作稳步提升。全市生产收购烟叶36.44万担，销售卷烟4.5万箱，实现“两烟”销售收入18.09亿元，税利4.96亿元。

一、稳定规模，提升质量，烟叶生产实现良性发展

2013年，全市共落实烟叶种植计划14.08万亩，生产收购烟叶36.44万担，均价22.85元/公斤，其中上等烟比例占40.87%、中等烟比例占58.02%，烟农收入4.16亿元，同比上升12.2%。一是规范操作，突出标准化生产。优化种植品种，以云烟85、云烟87和红花大金元为主栽品种；落实适时早栽，较前年提前5天全面完成移栽；推行合理密植，烟叶偏大状态得到改善，适用烟叶比例增加；开展平衡施肥、病虫害统防统治，烟叶病害得到控制，内在品质不断改善，质量不断提升。2013年，全市收购等级合格率为80.75%，列全省第三，工商交接等级合格率62.85%，连续三年居全省第一。二是突出重点，推进现代烟草农业建设。推进单元建设，携手7家工业企业共建11个基地单元；推进生产组织方式转变，做实合作社服务，在土地流转、专业化育苗、烘烤、植保、分级上取得了实际性进展；着重加强烘烤技能培训，成功承办全省首届烘烤技能竞赛，市烟草公司参赛选手取得第二名和6名选手进入前十的优异成绩，为全国举办同类型竞赛提供了经验；强化规范运行，全面推广“一卡通”系统，主动开展站点收储分离管理；继续完善烟叶物流供应链信息系统，携手河南中烟、四川烟叶复烤公司共同开展烟叶收调选叶前置试点工作。三是注重科技，实现创新性突破。加强体系建设，建立县（站）技术推广体系，深化产学研合作机制，搭建资源共享互补的合作平台。积极开展技术研究，投入资金2600余万元，开展烟叶生产技术研究与应用项目39项，其中国家烟草专卖局项目3项，省烟草局（公司）项目9项，项目成果分获市科技进步一等奖、市科技协会三等奖、省烟草局（公司）三等奖等荣誉。在省烟草局（公司）组织的全省在研科技项目中期检查评估中，项目评分位列全省第一，被评估组认定具有较高的科技含量和较强的实用价值。

8月20日，攀枝花市委书记刘成鸣（左三）、市委常委、纪委书记李群林（右五）调研盐边县烟叶生产工作

二、破难求进，加强培育，卷烟营销呈现新的亮点

2013年，全市行业各项卷烟销售目标提质前行，网建工作水平持续提升，现代物流基础夯实显优。一是卷烟总销稳中有进。把握市场趋势、调整市场状态、探索营销方式，全年共销售卷烟45063箱，完成全年目标计划的100.14%，实现销售金额12.4亿元（含税），单箱均价27545元，同比增长9.16%。二是娇子卷烟进中求好。累计销售娇子卷烟6819.13箱，完成年计划6800箱的100.28%，同比增长3.1%，计划完成率列全省第五；娇子销售金额达到1.67亿元，同比增长13.41%，完成全年目标1.65亿元的100.93%；全市一类娇子卷烟销售1015.29箱，同比增长53.56%，完成全年目标900箱的112.81%，进度完成率居全省第一。三是营销管理好中求实。强化大客户管理，1000—1500条大客户户数比和销量比均按创优要求控制在1%和10%以内；全市电子结算金额占总额比重94.09%，电子结算成功率97.32%，市公司所在地电子结算率98.53%；网上订货率96.78%，网上订货成功率99.97%；零售客户分析维护面达100%，V3系统内全市零售户经营毛利率14.62%。四是现代物流建设快中求优。

9月22日，市长张剡（右一）调研仁和区烟叶收购工作，并在收购现场与烟农亲切交谈

围绕“安全、规范、标准、低耗、高效”的工作思路，深入开展精益物流建设，推行“9S”现场可视化管理、对标管理及定额管理，积极优化整合配送线路，仓储养护更加规范，运行成本有效降低，2013年全市卷烟物流可控费用降幅7.1%，扣除人工费用和折旧费用的单箱物流费用同比下降5.4元。

三、强力推进，注重规范，内管外打实现重大突破

强化内管外打，继续保持打假破网高压态势；坚持守土有责，守好“两个口子”，管好“四条线路”；进一步深化专卖管理跨区域、多部门合作模式。2013年，全市系统共查获各类违法案件1070起，同比增长67.2%；两烟总案值562.45万元，同比上升57.36%；查获非法卷烟670.2万支；查获非法烟叶3507担；刑事拘留18人，批捕4人，判刑6人；罚没款133.33万元，同比上升47.35%；案件查处率100%，无行政诉讼和行政复议。破获一类网络案件3起，二类网络案件1起，其中米易“12·20”网络案件受到国家烟草专卖局通报表彰，已连续第四年获得全省“打击制售假烟网络”特等奖。全市卷烟市场年均市场净化率为99.59%，持证经营率为99.39%，亮证经营率为100%，合法渠道进货率为99.15%。全市各县（区）烟草专卖局全面实现优秀县级烟草专卖局创建达标。优秀县（区）烟草专卖局验收工作进展顺利，盐边县局通过了标兵单位复验，东区局、西区局通过了标兵单位验收。深入推进烟草专卖内管委派制。2013年，全市内管机构开展专项检查11次，定期检查3次，专题培训3次，提出“两烟”工作改进建议72条，采纳70条；规范处理预警信息2058条，监销废弃烟叶2682.66担；受理8起举报案件，查实2起个人违纪行为。全市真烟外流案件数、外流数、案值同比2012年分别下降50%、73.74%、69.88%。

四、着眼精细，提质增效，企业管理再上新的台阶

市烟草局（公司）围绕省烟草局（公司）“着眼‘五个一流’，抓好‘五项工作’”的部署，深入开展各项企业管理工作，精细管理成效显著。一是整合管理工具，管理基础更加夯实。深入推进“三标”管理体系的整合提升，全面启动企业标准化建设工作，实现了各专业板块的体系文件标准化和体系间的整合提升；积极开展全覆盖内审和针对性管理评审，探索组织绩效管理新模式，QC成果在企业管理创新中持续发挥作用；完善建立岗位管理“五位一体”标准化管理体系，形成新的“以责定岗，以岗管人”的人力资源管理基础体系，使员工管理职责清晰、目标明确、流程优化、规则统一、考核科学；建立健全员工综合评价机制，形成系统、科学、全方位的员工综合评价和运用管理体系；全面落实安全生产责任制，全年无重大安全事故发生，为企业平稳发展保驾护航。二是切实改进作风，财审工作更加细致。强化财务管理，创新工作措施，预算管理水平大幅提升；加强资产管理，资产使用效率切实提高。加强

11月1日，攀枝花市烟草专卖局集中销毁近年来查获的假冒伪劣卷烟现场

会计基础管理，会计核算水平不断提升，再次荣获全省烟草商业系统会计信息质量先进单位。探索构建烟叶、卷烟、物流成本费用定额标准体系，努力降本增效。强化审计监督，注重审计整改。全年共完成审计项目339项，其中工程审计项目26个，送审10个，送审金额1703.64万元，审减金额160.34万元，审减率9.41%。围绕管理薄弱环节，积极开展烟叶站点审计调研，发现问题18项，落实整改项目15项。探索开展土地整理跟踪审计，创新开展大专院校科研经费使用延伸审计。三是注重宣传普法，法制建设取得实效。全年发放各类法制宣传资料5000余份，接受咨询1000余人次，审核各类案件1200余件，审核合同448份，涉及金额11.63亿元；成功举办全市生产经营管理人员法律考试，以考促学效果良好。四是持续推进信息化建设，信息保障更加坚实。完成零售终端建设前期准备工作，试行应用IT运维管理平台，重点推进新物流园区信息化建设；在试点基础上，深入推进烟叶数字化仓储建设，全面推行烟叶“一体化”平台工作。五是夯实基础，加强管理，投资工作规范开展。完成新物流、新物流园区信息化建设、烟叶站点新建及改扩建和其他建设等固定资产投资4519万元；完成烟叶生产基础设施建设2853项，涉及资金4350万元；稳步推进3个水源性工程援建项目；投资2000余万元开展6000亩的土地整理。落实“应招尽招，真招实招”的工作要求，共采购实物类项目80项，其中公开招标56项，公开招标比例70%；服务类项目62项，公开招标项目38项，公开招标比例61.29%。

五、改进作风，注重人本，政治保障工作增添强大动力

2013年，市局（公司）坚持以党的十八大、中共十八届三中全会精神为指导，按照打造“五型”烟草的要求，坚持求真务实，注重工作创新，认真开展思想政治保障工作，取得良好成效。一是转作风，重落实，党廉工作见成效。按照中央“八项规定”和国家局、省局（公司）关于改进工作作风、密切联系群众的相关规定，深化与市纪委、市检察院建立的“两个机制”，着力于领导模范带头效应，强化监督检查、突出过程管控，认真开展专项整顿自查整改，预防职务犯罪工作成效明显，烟草专卖局（公司）的做法在全市作为经验进行交流推广，全年无中层以上干部违纪违法行为被查处案件发生。效能建设成果巩固深化，精文简会成效明显，学会工作扎实开展，宣传工作有效推进。2013年累计收文726件（其中基层请示类文件144件，按时办结率达到90%以上），发文345件，召开会议167次，较2012年下降8.7%（其中电视电话会议35次，占比达到21%）；印发各类公文373份，较2012年减少16.18%，形成各类调研报告及论文20余篇，完成行业内外宣传报道260余篇。二是抓宣传，重教育，思想基础更加扎实。组织专题民主生活会和中心组学习，抓好领导干部思想教育；开展基层一线思想政治宣教活动，提高基层工作人员思想觉悟；切实做好“实现伟大中国梦、建设美丽和谐繁荣四川”主题教育实践活动各项宣贯工作，确保思想工作时刻紧扣发展主题。三是强文化，重人本，发展氛围更加和谐。以“改进作风年”活动为契机，做好“三个有机结合”，全面加强党工团组织建设。突出知行结合，激发文化活力，深入开展企业文化建设。关心员工生活需要，积极开展兴趣小组活动，完善市县两级职工活动中心建设，看望慰问困难员工，做好离退休各项工作，营造“愉快工作、幸福生活”的良好环境。累计投入2181万元重点用于基层单位、边远站点办公环境建设，有效解决了基层员工的“四难”问题；落实35.3万元用于“挂、包、帮”对口帮扶，224万元对烟叶生产灾害捐助，200万元对烟叶生产干旱捐助，对口支助75.7万元用于新农村建设。全年共计接到信访举报5件，对涉及的14名工作人员分别给予相应处理，行业稳定得到保障。

调结构、突特色、树形象、保增收
全力推进全市现代烟草农业稳定健康发展

攀枝花市烤烟办公室

2013年度，全市现代烟草农业按照市委、市政府确定的大力实施“三个加快建设”、大力推进“三个走在全省前列”、全力打好“六大硬仗”、奋力实现“四个翻番”、在全省率先全面建成小康社会的总体思路。紧紧围绕“调结构、突特色、树形象、保增收”的目标，狠抓任务落实、狠抓技术到位、狠抓目标考核、狠抓基础设施建设，现代烟草农业稳步发展。

全市种烟乡镇达到31个，种烟农户12440户。涵盖205个村，784个合作社。全市实现种植烤烟14万亩，收购烟叶36.5万担，烟农直接收入4.15亿元，上中等烟叶比例达到98.89%，烟叶均价22.85元/公斤，现代烟草农业生产的各项目标任务全面完成，有力地促进了农民增收。

一、围绕中心工作，促进产业发展

（一）落实各项政策，优化生产布局

为保护烟农利益，各级进一步加大支持力度，调动烟农的生产积极性，并健全完善生产保险等烟农利益保障体系建设，提高现代烟草农业抵御自然灾害的能力。一是继续执行现代烟草农业生产扶持政策，以提高生产质量和效益。凡与烟草公司签订烤烟种植合同，并成套购买烟用物资的烟农，可享受与种植品种相对应的物资性补贴。二是坚持“政府推动、龙头带动、烟农自愿”的原则，全面推进烤烟种植保险，维护广大烟农的利益。全市烟农参保面积达14万亩。全年有5033户烟农，累计受灾16683亩次，保险赔付636万余元。三是安排烟叶防雹减灾经费100万元，用于炮弹补贴、站点建设、管理经费等。同时，市级由市财政设立烤烟生产风险救助金，用于对因不可抗拒的自然灾害造成的生产损失的救助。

为贯彻落实国家“调减计划、优化结构、提高品质”的烟叶生产要求，本市适时调整工作思路，促进本市现代烟草农业由单纯量的扩张到量的增长和质的提升相结合的转变。实施品种结构和生产布局的“双优化”。

一是对县区烟叶生产规模（种植面积）进行适度调减，考核指标由以往的单纯“量”向“质和量”双考核，突出了“质”的考核。二是品种结构上，着力推广有市场前景的优势品种，进行扶持政策倾斜，重点突出“红大（红花大金元）”特色品种的规模化种植。三是利用产业结构优化调整之际，将计划任务重点向优质生产区域和“会种烟、想种烟、种好烟”的农户倾斜，并对产业前景和效益比较分析，培养和稳定一批职业烟农，夯实产业发展基础。

（二）优化生产措施，提升烟叶品质

为有效提高烟叶生产的质量，全市各级高度重视生产基础环节，狠抓过程控制。实际生产中，各级采取多种措施，全面贯彻落实全市预整地现场会、全市规范移栽现场会和大田管理现场会的相关精神和要求，严格现代烟草农业生产技术规范，实现提前整地起垄、规范物资投入、适时壮苗移栽、科学田管、成熟采收等技术措施的落实到位，提高标准化生产水平。

进一步优化技术方案，完善管理措施，着力提升烟叶质量。一是标准化生产技术的密度调整。根据攀枝花实际，因地制宜，在原来每亩1100株密度上适当增加，统一调整为每亩1200株，增加了上等烟叶数量；二是严格对不适用烟叶进行处理，减少低等次烟叶比例，提升等级结构。为保护烟农利益，对不适用烟叶处理后，由烟草行业按规定给予150元/每亩的补贴。三是严格预检预验，确保烟叶质量。乡村社干部、烟站及技术人员、烟农互助组等紧密协作，共同抓实分级扎把和预检预验，在提高烟叶纯度的同时，最大限度保护烟农利益。四是强化技术支撑，在“生态安全、控碱增钾、精准施肥、成熟采收、烘烤增香、生物防病虫、标准化应用”等方面开展研究和示范，提升烟叶品质。

（三）维持烟区秩序，规范烟叶收购

各级各有关部门认真贯彻全市烟叶收购现场会议精神，精心组织，统筹兼顾，全面协调，以保证烟农利益为重点，切实抓好烟叶收购政策落实，确保把烟农的利益实现好、发展好、维护好，把各方面的积极性调动好、发挥好、引导好，把各方面的矛盾协调好、处理好、解决好。地方党政和行业按照“思想同心、目标同向、工作同步”的要求，强化合力、团结一致，确保顺利完成收购任务。

在烟叶收购中，各级坚持合同收购为主，按照“提高纯度、靠限收购”的原则，全面推行入“质管前移”的入户预检制度，探索专业化集中预检、散叶收购制度和预检监督考核机制，健全和完善保证均衡收购、提高烟农收入的重要措施和保障，实行乡镇领导收购值班，维护烟叶收购的正常秩序。通过强化监督检查，规范收购眼光，积极构建前后一致、区域一致、毗邻一致的收购平台。全年未出现影响烟叶收购秩序的事件。

严格执行收购纪律，坚决打击违反烟叶收购政策的非法行为。对因领导不力、工作疏忽造成一定影响的，严格追究相关人员的责任，特别是发生社会热点问题、烟叶发生外流的，坚决进行问责。做到了守好自己的门，收好自己的烟。

（四）夯实基础设施，改善生产条件

各级密切结合现代烟草农业发展“十二五”规划，围绕“优质、特色、提高综合生产能力”三个目标，将基地单元建设工作与“新农村建设、现代烟草农业和工业品牌基地”相结合，在坚持烟草行业“三为主”（即项目报批、资金管理、质量验收以烟草行业为主）的前提下，各级政府切实加强对烟区基础建设的组织领导，并充分发挥各级政府、基层组织及广大烟农的积极性与主动性，强化对工程质量、工程进度、资金管理和生产安全等的监督与管理。

1. 烟基建设任务圆满完成。2013年度烟水配套项目涉及米易县、盐边县、仁和区三个区（县）、6个乡（镇）、8个行政村，项目总投资4359.63万元，修建水池54口，容积17381立方米；修建渠道28条，长度40.1千米；配套管网67条，长度70.36千米；修建烟田机耕道10条，长度20.36千米；新建密集式烤房762座；修建育苗设施1949座；推广农机具76台。2013年8月省烟草公司对本市2013年烟水配套工程进行了整体验收，工程顺利通过了验收组的各项考评，验收合格。

2. 水源性工程项目有序推进。经过努力争取，2013年7月，中国烟草总公司以《中国烟草总公司关于四川省2013年度烟草行业水源工程援建项目补贴资金的复函》（中烟办〔2013〕148号）文件，正式批复并同意对本市两个水源工程援建项目实施补贴，补贴资金共计15821.4万元，其中米易县麻陇至晃桥引水项目11751.19万元，仁和区跃进水库渠系配套项目4070.21万元，两个项目已开工建设。盐边县星秀坪水库已通过省烟草公司评审，并上报国家烟草总公司，有望明年能够得到批复并开工建设。

3. 切实搞好烟区土地整理。按照市委市政府的总体要求和烟区烤烟生产的实际需求，切实抓好烟区基本烟田土地整理工作，全年共整理土地2580亩，投入资金710万元。

4. 努力推动烟叶生产工作站点建设进程。为扎实推动构建现代烟草农业进程，按照市委市政府的安排部署，各县（区）及市级相关部门（单位）高度重视，强化领导，落实责任，通力协作，以明确烟叶工作站（点）土地权属及房屋产权为重点狠抓工作落实，有序有效推进全市20个烟叶工作站（点）建设进程。

（五）强化过程监督，严格目标考核

各级把发展现代烟叶生产纳入农业和农村经济发展的总体目标，由政府主要领导负责、分管领导具体抓，并健全和完善目标责任考核体系。以领导重点联系和领导小组成员单位定点帮助相结合，健全和完善市联系县（区）、县（区）联系乡镇、乡镇联系村社的目标责任体系，有效调动基层组织及村社干部在宣传发动、组织生产、服务指导、维护收购纪律等方面的积极性、主动性，共同推进现代烟草农业生产发展。

全面推行年度目标责任考核和生产全程监督相结合、并以生产流程监督为重点的目标责任考核机制。市级针对面积落实、标准化移栽质量、生产面积核实、生产管理、科学烘烤及预检预验、收购进展及相关政策落实等重点环节，由监察局组织进行重点督察，并及时查处违反有关政策和纪律的事件，追究有关人员的责任。继续执行烟农评烟技人员、烟农评干部的机制，维护烟农利益，维护烟区稳定。

二、转变工作作风，增强服务水平

根据《中共攀枝花市委关于在全市广泛开展“实现伟大中国梦、建设美丽繁荣和谐四川”主题教育活动实施方案》和《关于深入开展“思想大解放”主题教育活动的意见》等文件精神和省委市委的一系列安排部署，烤烟办紧密结合构建现代烟草农业的工作实际，注重思想发动，注重领导带头，注重边查边改，注重统筹兼顾。在认真开展好主题教育活动“规定动作”的同时，进一步丰富活动载体，创新“自选动作”，确保了主题教育活动取得实效。

工作举措概括起来，就是围绕一个主题，突出两大重点，树立三个自信，倡导五字品格。围绕一个主题：突出“现代烟草、生态烟叶、和谐烟区、幸福烟农”的发展主题。突出两大重点：一是大力实施基础设施建设，不断改善基础条件，为全市改善民生，扶贫攻坚，奠定基础。二是规模发展，提质增效，促进烟农增收，为实现全面建成小康社会尤其是少数民族地区全面建成小康社会贡献力量。树立三个自信：牢固树立“产业自信、机制自信、质量自信”。倡导五字品格：打破“怕、满、慢、浮、僵”问题，弘扬“闯、进、快、实、活”精神，重点倡导“忠、真、诚、亲、实”五字品格。

通过主题教育活动的开展，烤烟办干部职工思想进一步统一、力量进一步凝聚、作风进一步转变、工作进一步推动，达到了干部职工受教育、产业发展上水平、广大烟农得实惠的预期效果。

在全面加强党的十八大精神学习贯彻的同时，全面落实党风廉政建设责任制，并强化监督管理，确保党风廉政建设取得实效。全体同志始终坚持认真学习党风廉政建设的有关规定，积极构筑拒腐防变的思想防线，自重、自省、自警、自励，做到警钟长鸣，自觉遵守“中央八项规定”和省市“十项规定”。加强精神文明建设，积极搞好普法教育，做好扶贫帮乡、挂帮包等各项工作。

三、工作上的不足和现代烟草农业发展趋势研判

在产业发展上存在的主要不足：特色品种推广尤其是红大品种推广面临一定难度；现代烟草农业受制于天的局面仍很突出；基础设施无法适应现代烟草农业发展需要；科技普及、烟农技术培训亟待加强。在作风建设上，贯彻“八项规定”认识尚有待提高，落实执行力度有待加强。

现代烟草农业发展总趋势是：严格控制规模，控制总量。国家将用三年左右时间，将全国烟叶库存总量调整到合理水平，实现“调减计划、优化结构、提高品质”的烟叶生产工作目标。第二是稳定政策。基本稳定收购价格政策、烟叶补贴政策和烟田基础设施投资政策。第三是优化结构。继续坚持“上打两片，下打两片”的优化烟叶结构措施；引导扩种“红花大金元”和“K326”等品种。第四是提高水平。管好用好烟田基础设施和水源工程建设资金，提高基础设施建设水平；以探索推进烟叶精益生产为主要内容，提高基地单元建设水平；完善“种植大户（家庭农场）+合作社”发展模式，提高两个主体培育水平。

深入贯彻落实党的十八届三中全会精神
努力推动经济金融协调健康发展

中国人民银行攀枝花市中心支行

2013 年，人行攀枝花市中心支行在上级行的正确领导和市委、市政府的关心支持下，继续坚持以邓小平理论和“三个代表”重要思想为指导，深入贯彻落实科学发展观，认真学习贯彻党的十八大、十八届三中全会以及中央经济工作会议和上级行工作会议精神，紧紧围绕年初提出“强管理、抓创新、促履职、上台阶”的目标任务，牢牢把握稳中求进的工作总基调，紧密结合攀枝花实际，积极贯彻实施稳健的货币政策，保持合理适度的信贷增长，不断提升金融服务水平，改进金融管理，维护金融稳健运行，有力促进全市经济金融平稳较快发展。

一、抓好稳健货币政策贯彻落实，促进经济金融稳定协调发展

（一）认真执行稳健的货币政策。有效贯彻落实稳健的货币政策，积极引导金融机构落实各项信贷政策，改善对中小微企业的融资服务，加强对地方法人金融机构的管控，确保贷款投放均衡有度，既支持了地方经济平稳发展又确保了宏观调控的有效实施。2013 年末，全市银行机构本外币各项存款余额 785.7 亿元，较年初增长 3.54%，本外币各项贷款余额 611.6 亿元，较年初增长 14.54%。

（二）注重发挥好政策工具引导作用，提升调控有效性。全年共争取地方法人机构合意贷款新增额度 50.86 亿元，较上年多增 10.2 亿元，增幅达 25%。累计办理再贴现 5.48 亿元，有效改善了部分银行因资金不足造成支持企业特别是中小企业流动资金紧张的矛盾。

（三）注重创新调控方式，畅通政策传导机制。在全省率先创立《金融机构申请再贴现业务现场评估制度》，以评估强化政策工具导向作用。创新信贷政策与地方财政及产业政策的协作配合，与相关部门联合制定了《攀枝花市专利权质押贷款管理办法》，在全省率先建立了专利权质押贷款财政贴息制度。出台了《关于金融支持中小微企业走出困境的指导意见》，提出九项金融措施支持企业发展，向市委市政府专题上报了《金融有效支持地方经济可持续发展的对策和建议》，提出八项支持经济发展的政策建议，得到市委、政府的高度重视，市委书记作了批示。创新中小微企业融资促进机制，建立 400 户重点中小企业信贷培育库，每年重点培育 100 户诚信中小企业。深入推动中小企业“区域集优”直接债务融资工作。

二、强化金融综合管理，维护区域金融稳定

（一）进一步完善以“两管理、两综合、一保护”为重点的金融综合管理制度。修订完善了《攀枝花市金融机构重大事项报告制度》，实现重大事项报告银、证、保全覆盖。推动金融综合管理工作标准化和信息化，深化新设银行机构开业管理与服务。推进证券期货监管合作试点，在辖内率先制定了《攀枝花市证券期货业监管合作实施意见》，建立了证券期货行业信息监测共享与监管合作制度，牵头部分中支制定了《证券期货业机构风险定点监测制度实施方案》，建立了跨区域证券行业风险监管合作制度。建立了银行间债券市场、同业拆借市场、黄金市场等金融市场监测管理制度。探索建立小额贷款公司、融资性担保公司等非银行机构的评级、评估及监测制度，首次开展了小贷公司与融资性担保公司信用评级与稳健性评估工作，拓展了金融综合管理范围。

（二）加强金融风险管控，切实防范金融风险。拓展对证券、保险等非银行金融机构的风险监测与评估，建立银保产品风险监测制度及突发风险应急处置机制，有效化解银保产品风险。配合政府及相关部门创新建立工业企业应急转贷基金，累计为贷款集中到期重点企业转贷 55 户、101 笔、12.92 亿元，有效化解了企业贷款集中到期资金链断裂风险。切实加强煤炭、钢贸等重点领域信贷风险监测，配合政府出台五项金融措施防范企业资金链断裂风险，并将金融突发事件纳入市政府重大突发事件应急管理，切实增强金融风险防范机制，维护区域金融健康稳定运行。

（三）加大金融执法检查力度。除对交行攀枝花分行开展综合执法检查外，还组织开展了33项专项行政执法检查，累计实施行政处罚28.5万元。

三、坚持管理与服务并重，提升金融管理与服务水平

（一）强化支付结算监管职能。深入推进农村地区支付结算环境改善，在省内率先实现了农村支付结算“四有目标”，中心支行被分行评为“四川农村支付结算迅通工程建设工作”先进集体；确保了一代支付系统安全稳定运行和二代支付系统顺利上线；全面完成存量个人账户核实工作，成功为攀枝花农商行办理全省最大规模的账户撤销和迁移。

（二）有效发挥科技服务和保障作用。大力推动金融机构信息编码管理、金融IC卡多应用工作，金融IC卡发行量超过新增银行卡总量的50%，居全省前列，社保金融IC卡继续保持全省领先地位，做到城乡人口全覆盖；优化金融IC环境，全市ATM、POS等机具全部改造完毕，率先实现电子现金跨行圈存全覆盖。

（三）稳步推进国库现代化建设。持续推动财税库银横向联网建设，提高电子缴税业务量，推广银行端查询缴税，横向联网POS刷卡缴税采用网络（光纤）通讯连接试点在全省首获成功，创建本市首个单一征收机关无纸化缴库示范点，自主研发财政库款月度电子对账系统，提前完成了电子缴税业务量占比80%的工作目标任务，签约率、扣税率居全省前列。

（四）进一步加强货币发行管理。完善对商业银行现金供应的计划性管理，科学合理调拨发行基金。积极推动商业银行开展现金全额清分业务，加大小面额人民币投放力度，畅通商业银行残损人民币回收渠道，改善流通中人民币券别结构，提高整洁度。

（五）深化反洗钱监管。建立和完善风险为本、法人监管的反洗钱工作机制，全面实施金融机构洗钱风险评估，加强金融机构反洗钱制度建设，加大反洗钱现场检查力度，加强对重点可疑交易报告的管理。

（六）推动社会信用体系建设，加强征信管理。加强金融信用信息基础数据库建设，深入开展诚信中小企业培植计划，积极推进农村信用体系实验区建设，评选出信用农户6242户，信用村14个；进一步完善贷款卡管理制度，切实提高贷款卡年审工作质量，为358户企业和126户个人办理贷款卡，为1939户企业办理贷款卡年审。

（七）加强外汇管理与服务，促进贸易投资便利化。深入推动货物贸易外汇管理制度改革，大力推动跨境人民币业务。积极支持地方经济发展，开办了内保外贷、外保内贷、境外放款等多种业务，成为全省外管业务最全的中心支行，2013年全市跨境外汇收支33986万美元，跨境人民币结算累计金额5亿元人民币。

四、强化内控管理，为有效履职奠定基础

（一）提升内部审计质量，强化事后监督。认真开展内控风险防范工作，完善和规范落实各项规章制度，切实履行事后监督职责，增强风险防范能力。共梳理和厘清各类风险点384个。对发行库区货币交接区无完全封闭的风险隐患进行了整改。

（二）严格执行财务管理制度，提升财务管理水平。深入贯彻落实中央关于厉行节约、反对浪费的各项要求，严肃执行财经纪律，加强监督检查和工作指导，确保制度执行力。强化财务费用管理，合理安排、量入为出、保障重点，确保财务管理的前瞻性、统筹性和科学性。

（三）进一步提高办公效率。围绕中心工作，加强督查督办，促进重点工作取得实效。加强政务信息管理与考核，扎实开展编译工作，建立激励机制，以调研、信息为平台，调动职工参与调研的积极性，于三季度末提前超额完成成都分行及市委、市政府下达的信息目标任务。切实加强办文、档案、信访、保密、应急管理、政务值班、新闻宣传、政务公开、金融法制等工作，成功胜诉朱正信诉讼案。增强安全防范意识，确保安全无事故。加强后勤保障管理，努力改善职工工作、生活环境。深入开展文明创建，持续推进央行文化建设。继续保持“省级卫生单位”“市级文明标兵单位”。

（四）继续加强县支行建设。健全领导班子，科学配置人力资源，结合实际完善履职方式，落实内控要求，加强队伍建设，更好地适应新的履职需要。

五、加强党的建设和班子队伍建设，为履行职责提供坚强保障

（一）加强学习，不断增强履职能力。严格落实党委中心组学习制度，做到学习计划、时间、人员与内容落实，全年累计开展中心组学习12次，学习时间12天。认真落实中心支行行长调研制度，向分行上报行长调研6篇，被分行《中心支行行长调研摘要》采用3篇。

（二）坚持民主集中制原则，充分发挥党委的政治领导核心作用。党委书记带头执行民主集中制，对“三重一大”等有关事项，坚持党委集体研究、集体决策，加强与党委其他成员的沟通交流；党委其他成员按照党委整体工作部署，主动参与重大事项决策，及时向党委报告分管工作中的重要事项，涉及分管工作交叉的事项主动与其他党委成员沟通协调，促进形成共识、共同推动，增强工作合力，切实加强对分管工作的研究、指导、推动和督促，促进部门提升履职和管理水平；广泛拓展民主渠道，完善重要工作定期通报制度和党务、行务公开制度，采取召开职代会、开展职工合理化建议和行长信箱及纪委书记信箱、谈心交心、问卷调查、行风评议等形式，广泛征求和听取职工意见；认真开好民主生活会，开展批评与自我批评，解决好班子和班子成员存在的问题。

（三）切实抓好党建工作，强化基层党组织和党员队伍建设。深入学习贯彻《党章》、十八大和十八届二中、三中全会精神，增强履职能力。认真组织开展“实现伟大中国梦、建设美丽繁荣和谐四川”主题教育活动。开展了以“改进作风，服务群众，促进履职”为主题的作风建设大讨论、群众路线大家谈活动。严格党员发展，送培入党积极分子2名，预备党员转正1名，新发展党员1名。深入推进创先争优活动，表彰先进集体3个，优秀共产党员7人，优秀党务工作者8人。

（四）加强职工队伍建设，不断提高干部职工的政治素质和业务素质。充分发挥青年行员的积极作用，持续推进职工岗位轮岗交流与锻炼，发挥好正向激励作用。突出德的考核，采取组织考察方式配备米易县支行和外汇管理处正职2名，中心支行机关干部全年轮岗交流10人次。强化干部教育培训，2013年中支自行组织各种培训38项，参加人数达1681人次。

（五）扎实推进党风廉政建设和反腐败工作，全面落实《廉政准则》。认真贯彻落实十八届中央纪委第二次全会和国务院第一次廉政工作会议精神，认真贯彻落实中央关于改进工作作风、密切联系群众“八项规定”和总分行有关要求，坚决反对“四风”，切实正文风、改会风、转作风、树新风，不断改进工作作风。严格遵守领导干部廉洁从政各项要求。按照“一任一签”的要求，签订《党风廉政建设责任书》63份，切实落实党风廉政建设责任制。认真开展“岗位（廉政）风险防范年”活动，深入推进制度执行力长效机制建设。

服务实体　防范风险　推进改革
凝心聚力　开创银行监管工作新局面

中国银行业监督管理委员会攀枝花监管分局

2013年，攀枝花银监分局在四川银监局和市委、市政府的正确领导下，深入学习贯彻党的十八大、十八届三中全会和中央经济工作会议精神，紧紧围绕市委实施“三个加快建设”、推进“三个走在全省前列”、打好“六大硬仗”、实现“四个翻番”的战略部署，努力做实各项监管工作，支持地方经济发展。截至12月末，全市银行业各项存款余额939.60亿元，较年初增长4.65%；各项贷款余额666.99亿元，较年初增长16.10%，存贷比达到78.97%（剔除城商行异地分支机构），同比上升8.48个百分点；不良贷款4.76亿元，不良率0.71%，不良贷款余额达到全省最低水平，不良率继续保持全省第二低水平；实现净利润18.26亿元；上缴税收8.81亿元，同比增长31.49%。

一、监管为民，金融服务水平跃上新台阶

一是全力支持重点领域。支持攀西战略资源创新开发试验区建设授信余额409.08亿元、贷款余额225.27亿元，分别较年初增加102.70亿元和11.27亿元；支持全市“四个一批”重大项目授信余额59.86亿元、贷款余额54.41亿元，分别较年初增加12.72亿元和14.64亿元；大力推行绿色信贷，加大对节能减排、循环经济、非公经济的信贷支持，助推经济结构转型升级。交行、邮储银行、城商行、农商行支持非公企业成绩突出，获得市政府奖励。二是多渠道支持实体经济发展。协助市政府做好与省级银行机构银政企对接，签署战略合作协议并获授信1021.9亿元，企业获授信131.4亿元；截至12月末，辖内银行业承兑汇票、融资性保函等等同贷款业务的授信余额260亿元，代理企业发行债券、帮助企业融资127亿元。三是积极支持小微企业。开展小微企业服务收费调查，督促机构严格执行“七不准”“四公开”要求，协助政府研制出台《关于进一步支持小型微型企业发展的实施意见》。截至12月末，小微企业贷款220.10亿元，增量同比多增8.00亿元，增速高于各项贷款增速15.10个百分点，实现两个不低于目标。配合用好应急转贷专项资金，累计向55户资金周转困难企业提供转贷资金12.92亿元，帮助企业应对经济减速带来的融资困难。四是积极改善民生金融服务。引导银行业加大对涉农、水利、助学、妇女及青年创业等信贷支持力度，涉农贷款余额140.36亿元，增量同比多增10.21亿元，增速高于各项贷款增速0.64个百分点，实现两个不低于目标。强化县域、社区、乡镇金融服务力度，大型银行县支行存贷比达99.59%，无贷款为零的县支行；增投自助设备、EPOS机及助农取款点，助农取款服务实现行政村全覆盖，两个网点被推荐为“四川银行业百家文明规范服务示范单位”。市委书记刘成鸣、常务副市长杨自力分别批示：“2013年银监局围绕中心、服务大局，有力的促进了全市银行业健康持续发展来之不易！在此，谨向为之付出辛劳的同志们表示感谢！望巩固成果，提升监管水平，不断为攀枝花发展做出新贡献。”“2012年本市经济发展在极度困难的外部环境下取得了较好成绩，这与市银监局携同全市银行机构与企业‘共存共荣’、‘抱团取暖’是分不开的。在此代表市政府表示感谢！与此同时，银行业监管工作上了一个新台阶，有效地防范了风险，维护了银行业的健康运行，特此表示祝贺！望在新的一年里，在加强监管的同时，进一步指导各银行业机构支持本市经济转型升级，为攀西战略资源创新开发试验区建设做出新贡献！”

甘霖副省长、四川银监局王筠权局长到攀枝花农村商业银行调研

二、守土尽责，重点风险管控成效显著

一是平台贷款风险管控成效明显。截至12月末，全市银行业机构有存量贷款的平台仅8户、余额14.23亿元，较年初减少9户、5.04亿元，无不良贷款。二是房贷风险总体可控。截至12月末，全市房

地产贷款占比6.09%，不良贷款占比0.04%。三是信贷风险防控成效显著。持续跟踪监测重点行业、企业贷款风险，督促机构真实反映信贷质量，有效化解风险，全年新反映大额不良贷款12户、29996万元，成功化解10户、13862万元，核销不良贷款30290万元。四是流动性风险管理持续强化。截至12月末，城商行、农商行流动性比例、超额备付率、存贷比均达到监管要求，流动性状况良好。五是代理保险及理财业务进一步规范。平稳应对代理保险业务满期给付高峰；法人机构非标债权资产理财产品比例达到监管要求。六是信息科技风险应对能力进一步提升。督导城商行完成新核心系统上线和冗灾系统扩建，建成两地三中心模式，信息科技支持和保障能力进一步增强。七是案防维稳工作成效显著。坚持教育、制度、监督和处罚并重，大力推进案防长效机制建设，成功堵截案件7件，涉及金额2522万元，全辖连续八年实现零案件和零重大责任事故目标。稳妥处理涉及银行业机构投诉28件，办结率100%，及时组织相关部门和银行业机构强调协解人员维稳事宜，未发生进京赴省上访和个人恶性上访事件。分局被评为2013年银监会系统舆情工作先进单位，1名职工被评为银监会系统舆情工作先进个人。

积极组织银行业机构开展金融知识宣传活动

三、转变为先，银行业改革发展稳步推进

一是强化引领推进金融服务创新。引导大型银行创新符合农村特点的担保方式和融资工具，提升对县域经济的支持；鼓励邮储银行开办再就业小额担保贷款业务，拓展惠民金融服务；支持城商行免除银行卡异地及跨行ATM机取现、查询等相关费用，进一步减费让利；引导农商行拓宽金融服务覆盖面，创新推出林权抵押、“致富通”等贷款产品，加大支农惠农力度。二是引导法人机构加强内生动力建设。推动银监会薪酬监管和绩效考评两个《指引》和两个《意见》落地；落实《商业银行公司治理指引》，发挥好“三会一层”职能作用。督促城商行完成《公司章程》重检和董监事会换届，增设合规管理部；加快IT系统建设，顺利实现核心系统升级换代，监管评级连续两年保持2B级。督促农商行推动流程银行建设，新设小微金融部、金融市场部两个一级部门及事后监督、远程监控等9个二级中心，监管评级由3B级上升到2C级，被评为四川农合机构标杆银行。三是督促法人机构认真落实新资本管理办法，各项核心监管指标持续保持达标。截至12月末，城商行、农商行资本充足率、拨贷比、拨备覆盖率等均达到监管要求。四是改革发展不断深化。大型银行积极提高非公和小企业贷款占比，大力拓展中间业务。城商行积极开展社区金融探索，引进外部专业机构打造小微贷款核心竞争力；凉山、自贡分行和成都滨江、成华支行顺利开业，高升桥支行获批筹建，跨区域发展稳步推进。农商行积极筹建小贷专营支行、培养专业队伍，结合县区实际打造特色支行。

四、以人为本，监管能力建设呈现新气象

一是班子和队伍建设积极推进。深入推进“四好班子”建设，落实“八项规定”和改进作风要求，开好民主生活会，抓好省局巡视发现问题的整改；注重长远建设，抓实思想政治、廉政教育、业务培训、梯次培养等工作，班子和队伍的战斗力、凝聚力进一步增强。二是监管效能稳步提升。坚持市场准入与落实监管要求、防控重点风险情况挂钩；深挖数据内涵，服务监管决策，信息调研被银监会e报、省局及地方党政采用67篇/条。牵头完成的《关于对四川钢铁行业贷款调查情况的报告》获得四川银监局王筠权局长肯定批示。突出现场检查纠偏作用，责成机构针对内外部检查处罚责任人1049人次、扣积分1951分、处罚34.97万元。三是和谐监管环境持续巩固。做好向省局、地方党政及相关部门的汇报、沟通和联系；助推银行业清收公职人员不良贷款70.47万元，执结涉金融执行案件6件、收回财产1517.13万元。四是内部管理不断强化。修订采购、财务、公务用车等制度，抓实节能减排工作；改进文风会风，发文及简报同比下降19.59%和34%；梳理廉政风险防控风险点173项，制定防范措施150条；严格组织、财经、廉政和劳动纪律，全年无失职渎职、失泄密、安全责任事故及违法违纪行为发生。全年，分局先后荣获省局、市委市政府各类表彰20多项，5名职工受到银监会、省局书面表扬。

调整结构控风险　加强管理抓转型
助推地方金融事业跨越式发展

攀枝花市商业银行

2013年，面对错综复杂的国际国内经济金融形势，攀枝花市商业银行紧紧围绕年初确定的“控风险、调结构、强管理”的工作总基调，积极转变、主动作为、狠抓落实，较好地完成了年度各项经营管理目标任务。2012年度监管评级保持在二级B；2012年《银行家》发布的中资商业银行财务评价排名中，在总资产500—1000亿元的城市商业银行中排第2位；攀枝花市商业银行被《金融时报》评为2013年“年度最佳中小商业银行”。

一、全面完成了全年各项目标任务

截至2013年12月31日，全行资产总额590亿元，较年初下降22亿元，降幅3.64%；一般性存款余额384亿元，较年初增加20亿元，增加5.53%；各项贷款（含贴现）余额209亿元，较年初增加35亿元，增长20.25%，其中贴现余额23亿元，较年初增加7亿元；承兑余额153亿元，较年初减少45亿元；不良贷款余额1756万元，不良贷款占比0.08%；税前利润9.18亿元。全年未发生重大操作差错和经济案件。

二、以改革转型为抓手，着力推动结构调整工作

存款结构调整取得显著成效。一是储蓄存款实现大幅增长。年末，全行储蓄存款余额73.28亿元，较上年末增加23.62亿元，储蓄存款在一般性存款中占比增长5.48个百分点，达到19.11%；二是保证金存款比例按计划逐步下降。年末，全行保证金存款（含质押存款）占比为24.83%，较年初下降8.99个百分点；三是同业存款实现有序下降，资产业务拓展对同业资金的依赖性明显下降。

授信结构调整取得阶段性成效。全行全年退出授信客户114户，退出金额45.26亿元，退出授信均为有潜在风险、存在合规性问题的客户；中长期贷款占比下降至42.41%，下降6.14个百分点；结清平台贷款3亿元；自9月初办理首笔信用化小微贷款以来，四个月内累计发放该类贷款44笔，金额999万元。同时，全行的贷款和风险敞口等高权重风险资产的增速得到了有效控制。

总体盈利能力保持平稳。2013年，全行营业收入18.94亿元，在计提贷款损失准备4.54亿元后，实现税前利润9.18亿元。

三、以内部管理为抓手，全面提高风险管控能力

修订完善规章制度。按照新《资本管理办法》及监管要求，全年共修订《流动性风险管理暂行办法》《授信工作尽职问责实施细则》等制度办法26个，制定新业务制度10个。同时完善各项应急预案，规范采矿权抵押备案事项和面谈面签制度等，为提高风险管控能力夯实了基础。

加强授信风险管控。一是推行客户信用评级和统一授信，规范授信管理；二是建立融资性担保机构、评估机构及仓储监管机构的合作准入机制，规范与第三方中介机构的业务合作；三是精心组织，积极做好房地产贷款风险压力测试、大额风险预警系统报送工作；四是修改、完善贷前调查报告模板，切实提高调查质量和效率；五是加强贷后检查，“一户一策”有针对性提出风险防控措施；六是成立了授信风险防控工作组，进一步加强对重点授信风险的监测及风险化解工作。确保了全行授信风险总体可控，没有出现不良贷款大幅反弹的情况。

密切监控流动性风险。一方面大力调整业务结构，改进存款考核方式，提高储蓄存款考核权重，优化负债结构；另一方面在做好日常流动性指标监测和压力测试的同时，积极应对潜在流动性风险，全行流动性指标处于优良水平。

实现攀枝花本部守押社会化。从2013年5月31日起，攀枝花市商业银行与市保安公司签订的现金守押合同正式生效，委托市保安公司为攀枝花市商业银行攀枝花地区所辖支行守押现金，借助社会力量强化安全保障，现金守押社会化管理运行正常，下一步还将继续把炳草岗片区支行的现金守押移交市保安公司。

提高案件防控能力。一是通过与各分支行及机关各部门签署年度案防责任书，明确案防责任；二是加强合规文化建设，通过警示教育与正面引导相结合，提高员工的合规操作意识和业务处理能力；三是加大监督检查力度，加强对分支机构检查，严肃查处违规行为，全面提高全行的案件防控能力。

四、以项目研发为抓手，加快推进业务发展步伐

借记卡吸引力不断提高。继年初推出用卡免费等18项免费措施后，又于9月30日上线“ATM免费跨行转账”新业务，进一步提升攀枝花市商业银行借记卡的用卡便捷度；上线发行了工会联名卡、攀枝花学院校园联名卡、大凉山卡等4种专属银行卡，全年专属银行卡共发行2.02万张，丰富了攀枝花市商业银行卡类品种；2013年1月16日成功发行金融IC卡，并设计了普卡、金卡、钻石卡三种类型，同时制定了与之相配套的申领条件、增值服务等内容，进一步拓展了攀枝花市商业银行银行卡的增值服务内涵，有效增强了攀枝花市商业银行银行卡的市场竞争力。

个人金融产品进一步丰富。一是代销贵金属业务于2013年12月成功上线试点；二是设计开发了依托与交通银行进行银银合作平台的第三方存管转账业务；三是开展综合积分业务，目前一期系统已上线试运行，主要推出了综合积分平台、积分商城、积分消费平台、积分商户平台等功能。二期开发的微信银行、积分手机客户端应用正按计划实施。

五、以网点筹建为抓手，有序推进跨区域发展战略

一是成都分行顺利完成两家支行的发展规划，年末资产规模达191.49亿元，一般性存款156.19亿元，贷款余额46.68亿元；二是凉山及自贡分行自6月8日及11月9日先后开业以来，按总行确定的市场定位，齐心协力求生存、谋发展。年末，两家分行存款余额分别达到8.37亿元和1.5亿元；三是金都村镇银行各项业务继续呈现稳健发展势头。

六、以核心业务系统为抓手，不断提升信息科技水平

经过全行近一年半的共同努力，新一代核心业务系统于2013年5月5日21点顺利实现切换上线。新系统运行稳定，同时配合新系统后续设计开发了资金转移定价（FTP）系统、信贷系统、票据系统、统计系统等18个系统，为攀枝花市商业银行加强信息化建设，全面提升工作质量和效率打下基础。

七、以服务地方为抓手，加强企业社会形象建设

一是在信贷规模有限的情况下，千方百计满足地方经济发展和基础设施建设对资金的需求；二是与地方中小企业共渡难关，取消企业网银服务费、转账费等7个收费项目；严格控制贷款利率浮动水平，切实降低企业融资成本；三是继续做好“攀枝花市商业银行爱心助学金”工作，2013年度攀枝花市商业银行筹资超过80万元，资助市内家庭贫困大中小学生300余人；四是在雅安发生地震后，全行积极行动捐款捐物，在第一时间发动员工募款支援灾区抗震救灾。攀枝花市商业银行积极承担社会责任的行动，在攀枝花市社会各界引起良好反响，进一步提升了攀枝花市商业银行的社会形象和知名度。

主动作为　奋力前行
为助推攀枝花经济社会发展贡献力量

攀枝花农村商业银行

2013 年，攀枝花农村商业银行在省联社、市委市政府的领导下，在人民银行、银监部门和社会各界的关心支持下，全行上下研判形势，抢抓机遇，主动作为，奋力推进改革转型，各项工作取得较大成绩，亮点频现。攀枝花市农村商业银行成为四川中小金融机构唯一一家“标杆银行”，监管评级从 3B 上升至 2C 级，并连续 8 年保持“零案件，零重大责任事故”良好态势，连续两年获得省联社人均创利十强单位称号，并获得了最佳风险管理及最佳金融创新单位称号。

一、注重稳健经营，推动规模效益再上新台阶

（一）存贷增长迅猛，效益稳步提升

存款迅猛增长，持续领跑同业。2013 年末，各项存款余额 133.88 亿元，较年初增加 25.50 亿元，增幅 23.53%，净增额为全市同业净增总量的 1.14 倍，居全市同业第一位；市场份额占比 17.32%，较年初上升 3.03 个百分点，居全市同业第二位。

信贷份额扩大，排名实现升位。2013 年末，各项贷款余额 70.49 亿元，较年初增加 16.01 亿元，增量位居全市同业第二位；市场份额占比 11.56%，较年初上升 1.32 个百分点，排名升至第五位。

利润指标优良，效益稳步提升。2013 年，攀枝花市农村商业银行及时调整优化利率定价，大胆开拓金融市场业务，切实发展中间业务，多措挖掘利润增长潜力。全年实现拨备前利润 3.52 亿元，同比增加 4，687 万元，增幅 15.39%，连续两年跻身全省农信系统“人均创利十强”。

甘霖副省长到我行调研

（二）积极拓展业务，经营稳步发展

综合运用投资，提升资金收益。2013 年 5 月，攀枝花市农村商业银行金融市场部成立以来，打通了通往全省乃至全国的信息通道，通过对债券、同业存放、票据及非标投资等工具的综合运用，共计完成交易量 1，550 亿元，实现创收 1.08 亿元，资金收益率达 6.18%，在中债登排名上升至全国农商银行 27 位，攀枝花市农村商业银行市场活跃度和知名度不断提升。金融市场业务的崭露头角，为攀枝花市农村商业银行开展现代金融业务奠定了良好基础，为后续开展财务管理、投资顾问等高端业务做好了铺垫。

成立小微金融，倍受社会肯定。2013 年，攀枝花市农村商业银行成立小微金融部，下设微贷中心和小贷中心，半年多来发放贷款 414 笔，余额 1.42 亿元，其中小企业贷款 84 笔，余额 7，511 万元；微贷类贷款 330 笔，余额 6，684 万元，解决了小微企业融资难的问题，受到社会各界首肯。

拓宽应用渠道，票据局面打开。为不断满足企业融资需求，丰富融资品种，2013 年以来，攀枝花市农村商业银行以提高自主签票业务量为着力点，以贸易真实性审查为风控点，通过承诺保贴、拓宽应用渠道等措施，品牌认可度明显提升，票据市场局面打开，累计签票33.10亿元，其中，自签票1，359笔、20.81亿元，同比增长8.5倍。同时，应客户需求及时推出票据置换业务，市场反响较好。

自主研发产品，填补理财空白。2013年攀枝花市农村商业银行共发售理财产品37期，累计募集资金12.78亿元，占全年新增存款的21.42%，实现综合收益344万元，占中间业务净收入的23.14%。其中，发售“金信富．丰登”人民币理财产品34期、金额6.68亿元，销售量位居全省农信系统首位；发售攀枝花市农村商业银行自主研发“金信富．金沙”人民币理财产品3期、金额6.11亿元。成功填补了攀枝花市农村商业银行乃至全省农信系统理财产品空白。

完善用卡种类，拓展特约商户。2013年攀枝花市农村商业银行成功获得公务卡、金融IC卡发行资格以及住房公积金代理资格，尤其是公务卡发行资格是全省农信系统唯一获取该项业务资格的机构，对完善攀枝花市农村商业银行乃至全省农信系统银行卡种类具有重要意义。此外，攀枝花市农村商业银行还与百盛、德铭阳光等大型商场合作开展刷卡有礼活动，拓展了得天独厚酒楼等11家特惠商户，有效提升了攀枝花市农村商业银行蜀信卡的知名度。

金融社保IC卡发卡仪式

二、强化风险管控，促进内控能力持续提升

（一）加强风控措施，不良实现双降

攀枝花历经产能结构调整、重点企业生产下滑、煤炭企业全面停产等多重磨难，全市经济形势十分艰难，攀枝花市农村商业银行不良贷款管控压力倍增。为此，全行上下始终将风险防控放在首位，加强企业运行情况监测预警，开展不良贷款真实性核查和不良贷款清收处置攻坚战，资产质量有效提升。2013年累计现金收回不良贷款2，452万元，累计处置因利息逾期可能形成不良贷款1.5亿元；不良贷款余额10，334万元，占比1.47%，分别较年初下降296万元、0.48个百分点，成功实现不良双降。

（二）提升案防能力，荣获“市优”称号

攀枝花市农村商业银行始终保持案防高压态势，层层签订责任书，全员签订承诺书，确保责任落实。2013年累计修订规章制度56个；投入876万元，对18个网点进行了安防设施改造，加速推进网点、业务库达标；加大对违规违制行为的问责力度，全面提升人防技防水平。2013年攀枝花市农村商业银行荣获市级“安全防范优秀单位”称号。

三、加强文化建设，积极履行社会责任

攀枝花市农村商业银行以发展强行、文化强行，用坚固的思想基础为全面深化改革护航。以打造“百年企业”的发展观做好文化建设，构建“团结、创新、致远、合规、有为”为精神内核的企业文化，以优秀的企业文化教育员工、引领员工；打造“员工阳光、企业诚信、产品多元、运行高效、管理先进、服务一流”的品牌银行，全面提升软实力，增强企业发展内生动力。

（一）秉承服务理念，提升优服水平

攀枝花市农村商业银行始终秉承“为您而生、因您而变”的服务理念，通过优化服务网点、配备专职大堂经理、大堂保安，认真组织开展“服务质量提升年活动”，加强对特殊消费群体的服务等多项举措，全面提升金融服务水平，让现代金融企业的优质服务覆盖城乡。截至2013年末，攀枝花市农村商业银行成功架立起以64个营业网点，45万张蜀信卡，70台ATM机，270台POS机，921台EPOS机，599

个助农取款服务点为主要框架的金融服务网络；实现了全市44个乡镇、352个行政村、27个社区助农取款全覆盖，使农户足不出村即可享受便捷金融服务；承担了全市所有农户23项财政性补贴资金的代付业务，坚持为民办实事，为农民群众提供新农保资金的查询、转账、缴费及其他增值服务，实现了助农覆盖到村，惠民落实到户，为助推地方经济发展做出贡献。

助学金发放仪式

（二）加大人才培养，充实员工队伍

2013年攀枝花市农村商业银行通过新员工招聘、引进专业人才等不断注入新鲜血液，使员工队伍结构进一步优化。目前，攀枝花市农村商业银行在职职工中，大专及以上学历占比90.69%；通过实施"远航计划""雏鹰计划""精英计划"三大人才培养计划，加大条线、岗位、专业化培训力度，建立门类齐全、梯次合理、有专业水准和创新能力的专业及管理人才队伍。

（三）履行社会责任，构建和谐发展

攀枝花市农村商业银行始终不忘滴水恩情，坚实履行社会责任，助力经济发展，构建和谐社会。一是助圆贫困学子大学梦。全年向100名贫困学子提供50万元助学金，荣获市总工会"寒窗助学行动突出贡献单位"称号。二是动员全行干部员工向芦山地震灾区捐款65.30万元，向南充联社信息科技中心患癌症员工捐款3.23万元。三是向丹巴县联社岳扎分社提供网点及安防建设资金74.2万元。四是承担对口支援边远民族地区重任，全年累计投入340万元，用于米易县白坡彝族乡基础设施改建。

第二节　政治建设

聚力中心职责　坚守使命担当
为建设幸福攀枝花提供坚强纪律保障

中共攀枝花市纪委　攀枝花市监察局

根据省纪委省监察厅2013年6月19日召开贯彻落实中央纪委主要领导同志重要指示精神座谈会上明确提出"对进一步优化纪检监察机关的职能定位、全面加强自身建设等工作进行全面部署"的要求，市纪委、市监察局对机关内设机构进行调整和增设，经市纪委常委会同意，市委编办已下文批复。撤销党风廉政建设室和纠风室，成立党风政风监督室；撤销执法监察室，成立执法和效能监督室；设立纪检监察三室；监察综合法规室更名为监察综合室（加挂派出机构工作室牌子），法规工作职责调整到案件审理室；调研宣教室加挂预防腐败室牌子。同时，新设立市委巡视工作联络组办公室和市纪检监察教育培训中心。市纪检监察教育培训中心为市纪委、市监察局下属全额拨款事业单位，其职责是承担全市纪检监察干部培训和查办案件的后勤保障服务工作。市纪委、市监察局机关现共有13个内设室和机关党总支，分别是：办公室、监察综合室（派出机构工作室）、执法和效能监督室、信访室、纪检监察一室、纪检监察二室、纪检监察三室、案件审理室、调研宣教室（预防腐败室）、干部管理室、党风政风监督室、案件监督管理室、招投标监察室。市纪委、市监察局机关编制为55人，其中，行政编制41人，事业编制7人，工勤编制7人，实配专职人员50人。其中，副厅级干部1人，正县级干部5人，副县级干部14人，科级干部19人，工勤人员7人。无党派干部1人，女干部10人，少数民族干部5人。

2013年，市委、市政府团结带领全市人民攻坚克难、加快发展的同时，始终把党风廉政建设和反腐败工作摆到重要位置来抓，坚持不懈转变作风、坚定不移惩治腐败，反腐倡廉建设取得新成效。全市各级党委、政府认真落实党风廉政建设责任制，切实履行“一岗双责”。全市各级纪检监察机关履职担当，转职能、转方式、转作风，着力强化正风肃纪，着力抓好反腐倡廉建设七项重点工作，着力提升党风廉政建设群众满意度，全面落实党风廉政建设各项任务，为推动本市科学发展、加快发展做出积极贡献。

一

认真履行监督职责，加强对构建多点多极支撑、“三个加快建设”、推进转型发展、“四化”同步、新型城镇化等战略部署以及“四个八条措施”“急难险重”项目、木里藏区和“4·20”芦山地震灾区援建等重大决策部署贯彻落实情况的监督检查，严把政策落实关、项目建设关、资金管理关和干部履职关。开展执法和效能监督项目33项，牵头组织和参与环境保护、节能减排、退耕还林、住房保障等方面监督检查共261次，发现和纠正违规问题10个。参与各类安全生产事故调查33次，参与工程建设招投标、政府采购和土地矿权出让、国有资产处置招拍挂监督1080宗。受理招投标投诉举报并调查核实38件，督促有关部门取消中标候选人资格10家，没收投标保证金94万元，罚款35万元。切实抓好各级各部门落实党风廉政建设责任制情况的日常督促检查和重点抽查，对履职不到位的12名领导干部进行责任追究。

二

强化正风肃纪，坚持抓党风带民风促社风。认真落实中央八项规定、省市十项规定精神，相继印发关于反对“四风”进一步加强作风建设、明察暗访工作制度等系列文件，督促各级领导班子和领导干部带头执行改进作风各项措施。围绕“三公”经费支出、公车私用私驾、工作作风等问题，通过专项治理、明察暗访、视频检查等方式，对全市各级各部门开展5次拉网式全覆盖专项监督检查。针对发现问题，全市各级纪检监察机关召开通报会23次，印发通报49期，约谈部门主要领导、纪委书记（纪检组长）及存在苗头性问题的干部共142人，下发整改通知393份，责令整改通知书10份，监督检查意见书117份。查处涉及“四风”方面案件69件。全市各级领导干部95人主动上缴现金、有价证券、商业预付卡共128.68万元。

三

严肃惩治腐败，坚持有案必查有腐必惩。修订完善反腐败协调小组议事规则和案件协调办法，建立办案人员库，增强办案力量。建立实施“两规”“两指”措施工作责任、办案监控和指挥系统管理、乡镇（街道）纪委区域协作审理等制度，不断提高办案水平。全市纪检监察机关共受理信访举报1418件；初核线索353件；立案183件183人，比2012年同期上升19.6%；结案182件；其中大要案件74件，涉及民生领域案件54件；给予党政纪处分178人，其中县处级领导干部10人。在全市点名通报典型案件8件。严肃查处钒钛产业园区管委会原副主任陈勇及下属相关单位7人、攀钢（集团）矿业公司原总经理鞠崇文、朱矿原矿长周建平等一批重大违纪违法案件。配合国务院事故调查组完成“8·29”特别重大瓦斯爆炸事故调查处理工作，攀枝花管辖的56名涉案人员受到党纪政纪处分或司法处理。坚持惩处与保护相结合，实施提醒谈话87人（次）、信访诫勉谈话25人（次）；为174名党员干部澄清了是非。

四

坚持改革创新，积极夯实预防腐败工作。完善全市惩防体系基本框架及电子手册，新增制度12项，更新8项。积极推动招投标运行监管体制改革，以政府名义印发《市公共资源交易保证金集中统一管理规定》《市国有投资工程建设项目招标投标活动投诉处理办法》等制度，推进公共资源电子交易平台建设。进一步深化行政审批制度改革，取消行政审批项目14项，暂停7项，转为服务事项35项。初步建成省、市、县（区）三级联网的行政权力依法规范公开运行电子监察平台。全面开展规范性文件廉洁性审查，建立健全制度执行监督和问责机制。对22名县处级领导干部进行经济责任审计。对职务变动或其他需要谈话的57名县处级领导干部进行廉政谈话。对全市600余名县处级领导干部进行以案说纪警示教育。组织全市党员领导干部参加“加强作风建设，促进廉洁从业”知识测试活动和观看学习警示教育片、警示教育读本活动。精心打造省级廉政教育基地，新建市级廉政文化示范点5个，开展廉政文化作品和廉政漫画作品创作、传播活动。成立市委巡视工作联络组及办公室，积极配合省委第六巡视组对本市开展的巡视回访和对仁和区、盐边县的巡视工作。规范特约纪检员、特邀监察员管理使用办法，“两员”监督、咨询、联系和宣传作用进一步发挥。

五

立足民生民利，强化反腐倡廉为民导向。坚持对117个市直部门、公共服务行业和5个县（区）开展发展软环境季度测评。委托市社情民意调查中心采用计算机辅助调查系统对各级各部门开展党风廉政建设社会评价。召开新闻发布会通报反腐倡廉情况，广泛开展“纪委开放日”“纪委书记下基层”“纪检监察干部接访”等活动，搭建电话语音调查、手机短信互动、网络宣传和传统媒介等平台，不断拓宽群众参与、了解、评判反腐倡廉建设渠道。完成电子监察系统延伸到全市60个乡镇（街道）便民服务中心、国地税办税大厅、公安车管所大厅，实现对各基层窗口办件情况全覆盖实时监控。受理行政效能投诉51起，办结51起；播出效能热线27期，现场解答和解决群众问题216件，满意率均为100%；改版升级效能热线为“阳光政务—政风行风热线”广播节目。会同有关部门严肃查处各级各类学校乱收费问题17个，涉及金额207.81万元，清理违规收费49.77万元，对7名领导干部诫勉谈话；督促查处纠正医药购销和医疗服务中的不正之风问题183个，涉及金额69.81万元；纠正涉及民生的政府专项资金管理和使用中的突出问题5个，涉及金额61.4万元。2013年全市党风廉政建设群众满意度指数和社会评价全省排名较2012年大幅提升。

六

注重强基固本，着力加强纪检监察队伍自身建设。认真开展“实现伟大中国梦，建设美丽幸福攀枝花”主题教育活动、纪检监察系统“三项建设”活动和全市“三大主题”教育活动，深入打造“阳光纪检”品牌。扎实改进作风，大力精简会议文件，改进调查研究方式，厉行勤俭节约，建立纪检监察机关财务内部公开、接待预审、办公用品调拨公示等制度，严守工作纪律。全市纪检监察系统957人积极参与会员卡专项清退活动，做到零持有零报告。建立纪检监察机关作风巡察制度，对全市284个单位的纪检监察机构进行全面深入巡察。建立健全纪检监察干部直接联系群众制度及纪检监察系统约谈制度，“一对一”约谈干部147人次。优化纪检监察机关内设机构设置，全市各级纪检监察机关退出或不再参与议事协调机构（领导小组）307 个，全面规范各级纪委书记工作分工。推进市直机关纪检组织建设，增设派驻纪检组 18 个、派驻监察室 5 个。完善与驻攀单位纪检监察机构工作的管理指导、沟通协调、协作配合等机制建设。建成市县（区）两级纪检监察业务综合信息专网平台、信访远程接待、纪检监察智能化办公、互联网门户网站等系统，有效提升反腐倡廉工作信息化科学化水平。

努力开创攀枝花组织工作新局面

中共攀枝花市委组织部

中共攀枝花市委组织部主要负责领导班子和干部队伍建设、干部教育培训、干部人事制度改革、党的基层组织建设和党管人才（知识分子）工作，有机关党总支、办公室、研究室、信息管理处、组织一处、组织二处、干部一处（挂公务员处牌子）、干部二处、干部三处、干部监督处（挂举报中心牌子）、人才工作处等 11 个内设机构，行政编制 43 名。归口管理市委主管老干部工作的职能部门中共攀枝花市委老干部局；管理中共攀枝花市委党员干部现代远程教育中心（挂攀枝花市党员电化教育中心牌子、市委党员干部现代远程教育工作领导小组办公室牌子，机构级别为副县级，编制 11 名）；中共攀枝花市委党建领导小组办公室（机构级别为正县级）、中共攀枝花市委干部监督督查员办公室（机构级别为副县级）、攀枝花市人才开发工作领导小组办公室（机构级别为副县级）、中共攀枝花市委“两新组织”工作委员会（机构级别为正县级）设在市委组织部。2013 年，全市组织系统认真学习贯彻十八届三中全会和省委十届三次全会精神，以贯彻落实全国、全省组织工作会议精神为重点，紧扣市委中心大局，牢固树立“干部工作出人才、组织工作出经验、人才工作出成果”的工作理念，不断提升组织工作科学化水平，为推进攀枝花“两个跨越”提供坚强组织保证、人才支撑和要素保障。

一、紧扣中心大局，主动担当作为，进一步提高组织工作科学化水平

（一）认真学习贯彻全国、全省组织工作会议精神。采取理论中心组学习会、组织部长座谈会、务虚交流会等形式，扎实抓好全国、全省组织工作会议精神的学习贯彻。以市委名义出台了《关于大力推进“干部工作出人才、组织工作出经验、人才工作出成果”的意见》，以市委组织部名义出台了涵盖领导班子和干部队伍建设、基层组织建设、人才工作、从严管理与关心爱护干部及离退休干部工作的五个配套文件。

（二）扎实开展中国梦主题教育活动。认真履行市委“实现伟大中国梦、建设美丽繁荣和谐四川”主题教育活动领导小组办公室和组织组工作职责，紧紧围绕集中学习、讨论交流、总结提高三个阶段，召开十个领域、行业座谈会，开展“身边人讲身边事”的典型讲等活动，增强广大党员群众特别是领导干部对中国梦内涵的深刻认识。按照“规定动作一个不少，自选动作突出特色”的要求，在全省创新设立了普法宣传与社会管理创新工作组，得到省委活动办高度评价。活动期间，收集整理群众意见建议 300 多条，讨论成果 675 项，解决了一批影响和制约科学发展的问题，健全了一批务实管用的制度。

（三）深入推进“思想大解放、作风大转变、工作大落实”主题教育活动。按照市委总体部署，统筹抓好领导点评、教育培训、民主评议、公开承诺和考核问效等组织指导工作，创新推出以“自己找、群众提、成员评、领导点”为主要内容的“点评法”，帮助各级干部深入查找问题、深刻剖析原因、公开承诺整改，破除“怕、满、慢、浮、僵”等消极思想，弘扬“闯、进、快、实、活”的进取精神，形成了全市上下聚精会神搞建设、一心一意抓发展的强大正能量。

二、坚持好干部标准，深化干部人事制度改革，进一步加强领导班子和干部队伍建设

着力培养选拔党和人民需要的好干部，努力建设一支敢打硬仗、能打实仗、善打攻坚仗的高素质执政骨干队伍。

（一）鲜明选人用人导向。坚持“信念坚定、为民服务、勤政务实、敢于担当、清正廉洁”好干部标准，鲜明“重品行、重实干、重公认”用人导向，紧扣市委“崇尚实干”的用人理念，注重在“急难险重”任务、招商引资工作、边远民族地区、群众信访工作“四个一线”培养干部、锤炼干部、选用干部，突出“关心60后、重用70后、培养80后、储备90后”的工作思路，注重发挥各年龄段干部作用，重点抓好干部的作风养成和精神状态，引导各级干部真正把心思用在干事创业上，形成干部工作强大的气场和正能量。全市共调整补充县级领导干部343人次，其中，“50后”90人次，占26.2%；“60后”177人次，占51.6%；“70后”72人次，占21%；“80后”4人次，占1.2%。调整补充女干部60人次，占17.5%；少数民族干部16人次，占4.7%；党外干部21人次，占6.1%。新提拔县级干部121人，其中在“四个一线”提拔干部70人，占57.9%。

（二）实行领导班子结构控制和状态管理。紧扣资源型、工业型城市特点，分类建立领导班子结构模型，将县（区）划分为中央商务区、综合能源区、新材料产业基地、特色经济强县四大类型，将部门划分为党群部门、经济部门、社会管理部门、政法部门四种类别，综合考虑学历、专业、性格、工作经历等多种因素，进一步优化班子结构。建立健全领导班子综合分析研判机制，重点加强一把手等关键岗位干部选配，对3个县（区）的6个党政正职进行了调整，对31个市级部门（单位）的一把手岗位进行了重点配备。认真配合省委组织部做好省管干部推荐考察工作，积极向省委推荐攀枝花优秀干部人才。向省委推荐市厅级后备干部人选4名，县（区）党政正职后备干部人选5名。

（三）加强年轻干部递进培养。牢固树立“既要做好现有干部的选任配备，更要抓好年轻干部的长远储备”的理念，下功夫抓好年轻干部培养选拔。按照省委“优秀年轻干部人才递进培养计划”总体安排，认真制定优秀年轻干部人才公开遴选实施方案，积极组织开展县处级培养对象人选推荐、资格审查等基础工作，指导县（区）委做好公开遴选乡科级培养对象和村（社区）主要负责人后备人选相关工作。强力推进年轻干部“5211”工程，统筹开展了非定向推荐县级后备干部和潜力型、培养型优秀年轻干部建议人选推荐工作，初步掌握了500名潜力型、200名培养型、100名备用型和100名储备型干部。首次面向全国重点高校集中引进党政储备人才，重点到北京、上海等6个城市29所高校开展招聘。建立年轻干部“发芽式培养、发现式管理、发掘式使用”的递进培养机制，注重在“四个一线”中培养锤炼年轻干部，创新开展了市级部门、县（区）干部与攀钢、攀枝花学院等干部“一对一”双向交叉挂职，首批双向交叉挂职干部14名。继续深化拓展“友好市区”“市院合作”等干部实践锻炼平台，与北京西城区双向互派挂职干部6名；接收中国热带农业科学院第五批挂职干部3名。

（四）加强干部考核工作。开展跟踪考核、巡视考核、调研考核，及时了解掌握领导干部岗位胜任度，对作风漂浮、工作不在状态的干部进行谈心谈话，对个别不胜任现职的干部进行果断调整，充分发挥干部考核“指挥棒”作用。实施跟踪考核，围绕届前、届中、届末三个时间节点，开展领导班子及成员跟踪考核，动态掌握运行情况，采取自己评、群众提、干部测、组织核的方式进行，除设置“德、能、勤、绩、廉”等常态指标外，还增设“怕、满、慢、浮、僵”等反向指标，通过引入反向测评，重点掌握班子和干部存在的突出问题。实施巡视考核，通过实地检查、分散暗访、谈话考察、问卷调查、征求意见等形式，对市级部门县级领导干部进行全覆盖巡视考核。实施调研考核，采取个别访谈、上门面谈、座谈了解等形式，更加注重过程监督、日常考核、近距离观察，注重在工作实绩和群众口碑中了解干部德才表现。分期分批开展了5个县（区）领导班子换届后跟踪考核，76个市级部门领导班子巡视考核，政法、卫生、金融系统等9个领导班子调研考核。

（五）推进干部统筹联动交流。坚持全市干部“一盘棋”的整体思想，积极推进全市干部统筹联动交流，加大干部跨地区、跨层级、跨部门、跨行业交流力度。有计划地对5个县（区）、50个市级部门（单位）的92名县级领导干部进行了统筹联动交流，其中，横向交流61人，占66.3%；纵向交流31人，占33.7%。特别是对政府组成部门的一把手，采取7年为限，整体性地进行统一交流，在全市干部队伍中引起强烈反响。打破身份、区域、条块的限制，从企事业单位调任了2名优秀干部到市级部门（单位）主持工作。做实做细干部交流调整基础工作，首次集中开展了领导班子和干部队伍建设意见建议大征集活动，主动登门拜访17位市领导，当面听取意见建议，邀请5个县（区）和75个市级部门（单位）主要负责人面谈，对72名希望交流调整、离开领导岗位、提前退休、解决待遇的干部进行约谈，将组织意图和个人意愿有机结合，为加强班子配备和干部交流奠定了基础。

（六）开展大规模培训干部。坚持“干什么学什么、管什么训什么、缺什么补什么”的原则，大力推行模块式培训、差异化培训、菜单式培训，分级分类开展全覆盖的大规模干部培训。紧扣实施省委“三大发展战略”、推进攀枝花“两个跨越”目标，设置了“中国钒钛之都、阳光度假康养旅游、现代农业和新村建设”等6个培训模块，分批组织全市县级领导干部和优秀科级领导干部赴清华大学、浙江大学、广东省委党校开展异地培训，切实提高干部培训针对性和实效性，提升干部队伍谋发展、抓发展、促发展的能力水平。抓住省委组织部“送教下基层”契机，首次对全市乡镇（街道）党政正职进行全覆盖培训，分3批组织123名乡镇（街道）党政正职参加四川弘道管理学院“乡镇党委书记、乡镇长专题培训班”。累计培训党政领导干部11462人次，其中，厅级干部31人次，县级干部810人次，科级及以下干部10621人次；参加在线学习干部11415人次；选派参加上级调训领导干部124人。

（七）加强干部监督与关心爱护。坚持干部监督关口前移，加强干部跟踪管理，坚决克服重选拔、轻培养，重使用、轻管理，重任前、轻任后的倾向，切实解决干部管理失之于柔、失之于宽、失之于软、失之于放的问题。完善领导干部预防预警机制，着眼早发现、早提醒、早纠正，强化日常监督管理，实行“三个一律”，即对反映干部思想意识、工作作风、领导方法存在问题的，一律进行函询；对反映干部苗头性、倾向性问题的，一律进行约谈；对反映问题属实，但尚不构成处分的，一律予以诫勉。畅通干部监督举报渠道，积极开通手机短信举报，形成了信访、电话、网络、短信“四位一体”的12380信访举报平台。共受理“12380”群众监督举报54件。加强对领导干部权力运行的监督制约，创新一把手监督方式，试点开展领导干部履行干部选拔任用工作职责和任期经济责任“双责联审”，首次对4名市级部门一把手进行了“双责联审”。加强关心关爱干部，树立向基层倾斜、向主干线倾斜、向艰苦地区倾斜的导向，进一步激发干部干事创业活力。建立全覆盖的谈心谈话制度，做到岗位变动时、提职晋升时、上派下挂时、心理波动时“四必谈”。健全面向基层公开遴选公务员常态机制，继续加大面向基层公开招录公务员力度，进一步规范科级领导干部调任工作。从基层遴选了38名公务员进入市级机关，拿出14个公务员岗位面向具有两年以上基层工作经验人员公开招录，拿出13个乡镇机关公务员岗位面向优秀村（社区）干部和服务基层项目人员定向招录。关心关爱干部人才身心健康，认真做好干部人才体检、保健和健身活动，组织5200余名干部人才进行了健康体检。

（八）抓好对口援藏工作。坚持以“争取民心”为援藏工作基调，突出“改善民生”主题，会同木里县完善了《对口援藏五年规划》，明确了保障和改善民生、基础设施建设、产业培育优化、基层政权建设、创新社会管理等五大援建内容，涵盖7大援助工程、37个援助项目。投入资金2720万元，重点实施了医院设备购置、公安流动警务室和巡逻车购置、干部人才培训等项目，木里县微创泌尿外科技术中心、城市供水改扩建及管网改造等一批民生项目建成使用，实现了藏区群众直接受益，切实把项目建设过程做成争取民心工程。注重培养培训藏区本土人才，分批分期组织木里县各级干部及大学生村官等参加本市组织的各类干部集中培训和实践锻炼，共培训各类干部人才1100余名。务实推进藏区“9+3”

免费教育计划，在攀就读毕业的465名木里藏族学生全部落实就业岗位。在全省首推对口援藏logo，援藏工作经验得到省上充分肯定并刊发交流，驻甘孜县群众工作组被评为全省7个先进集体之一，在藏区2012年度考核中，本市40名援藏干部人才全部考核为“优秀”等次。

（九）做好离退休干部工作。牢固树立“多一点细心，多一点耐心，多一点恒心”的工作理念，以加强离退休干部思想政治建设为基础，以发挥老年组织和协会作用为抓手，以落实离退休干部待遇为保障，定期向离退休干部通报重大决策和重要工作情况，让离退休干部了解掌握攀枝花经济社会发展和市委、市政府重大部署决策部署情况。加快推进市老干部活动中心建设，组建棋牌娱乐、健康运动、休闲活动兴趣小组并积极组织开展活动，让离退休干部老有所乐、老有所为，努力实现让市委满意、让老干部满意的目标。

三、突出服务主题，加强群众工作，进一步加强基层党组织和党员队伍建设

结合攀枝花特殊党情市情，深度挖掘农村、社区、机关、国有企业、事业单位、“两新”组织等领域的党建经验，着力打造一批具有影响力的基层党建先进典型。

（一）推进基层服务型党组织建设。围绕加快推进服务型党组织建设，大力推进基层党建出典型、出经验，统筹推进基层党建各项工作。一是塑造基层党建先进典型。精心塑造了钒钛领军人等7组“群雕”共28个先进典型，在农村选树了以李德、李玉娇、渡口村、纳尔河村等为代表，在社区选树了以丁爱谱、王辉荣、湖光社区、高峰社区等为代表的一批“树得起、立得住、推得开”的党建工作典型，推荐丁爱谱、李德作为全省群众路线教育实践活动的先进典型；推荐东区湖光社区、西区把关河社区、米易县河西社区为省级服务型示范社区党组织；“盐边县纳尔河村党支部为民服务促发展”先进事迹被《四川日报》头版头条登载、《四川新闻联播》连续三天播出，在市内外引起广泛关注。二是推广“爱谱连锁”群众工作方法。深入挖掘十八大代表丁爱谱的先进事迹，借鉴连锁经营理念，按照“建设规程标准化、人员招募人性化、服务标准同质化、考核评价统一化”目标，首批建成10个爱谱工作室（站），成功注册攀枝花市东区爱谱连锁工作室联合会，形成了服务网络，搭建了社区党员联系服务群众的实践平台。三是打造安宁河流域党建长廊。采取统一规划新村项目、统一选训基层干部、统一调配实用人才、统一考核标准、统一奖惩制度等“五统一”措施，在空间和产业上形成由点及片、连片成带的“两化”互动、统筹城乡、农业现代化组团发展的党建示范带，推动了安宁河流域党建工作和经济社会发展相融互动。四是加强边远民族地区党建。创新边远民族地区党建作用发挥机制，紧扣产业发展、农民专合组织建立产业党支部或联合党支部，开展“三争当、三争做”活动，即争当产业发展先锋、争做致富带头人；争当项目推进先锋、争做项目落地助推者；争当为民服务先锋、争做和谐乡村促进员，服务和保障边远民族地区对口援助项目落地，推动边远民族地区跨越发展。五是探索“边界党建”模式。在全省率先探索“边界党建”模式，积极围绕城乡边界、地域边界、流域边界、产业边界、行业边界等找准基层党建工作的切入点和突破点。在盐边县与盐源县相邻区域组建边界“大党委”，建立“组织共抓共建、干部人才互派共训、致富信息互通共享、边界事宜共商共处”四大机制，开展矛盾联调、治安联防、工作联动、平安联创、应急联处“五联”活动，实现了资源共享、优势互补、相互促进、共同发展。“边界党建”模式得到省委组织部肯定，《四川组工信息》专题刊发本市经验做法。

（二）切实加强党员教育管理服务。一是抓好党员发展工作。按照“控制总量、优化结构、提高质量、发挥作用”的总体要求，分领域、分行业、分类别制定了“保、压、减、增”工作目标，严格实行发展党员工作记实制和“预审制”，建立“谁介绍、谁考察、谁审批、谁负责”的工作责任追究制。发展党员1780人，其中大专及以上学历较2012年上升4.61%，工人、农民分别较2012年提高5.12%、0.26%，学生党员较2012年下降1.82%，党员队伍结构得到改善。二是加强党员教育管理服务。开展以理想信念教育为主、实用技术培训为辅的远程教育培训活动，对基层党组织书记、新党员、大学生村官进行重点培训。加强教学课件的开发制作，摄制完成了十八大精神访谈录专题电视节目和基层党组织书记工作案例各两部，制作的“中国梦·我的梦”系列电视专题片获得全市主题教育活动优秀成果（优秀广播电视专题）奖。深化党员承诺践诺、窗口单位和服务行业“三亮三比三评”制度。广泛开展以“流动党员信息更新、《流动党员活动证》发放、流动党员服务中心（站、点）情况调查、流动党员先进典型推荐宣传活动、流动党员中优秀人才摸底、流动党员服务管理工作自查”为主要内容的“六个一”活动，提高流动党员管理服务工作水平。三是推进党建信息化建设。完成基层党组织和党员信息库建设，全市4617个基层党组织和109684名党员信息100%入库，实现了党组织和党员队伍基本情况、党员个人信息网上即时查询。推广东区党员数字化管理（红卡）工程，加快建设党建综合服务管理平台。四是积极开展党内帮扶。全年共组织走访慰问老党员、困难党员5584人次，发放走访慰问资金285.19万元。特别对在灾害中遇难党员和受灾党员进行了救助和帮扶，下拨各类党员帮扶资金和党费9.96万元，走访、帮扶受灾党员98名，修缮因灾受损村级活动场所10个。

（三）扎实推进两新党建“强基”工程。一是健全完善“4+2”分级分类管理机制。将“两新”党建工作责任和任务划分为571个责任区块，分解落实到市、县（区）、乡镇（街道）、村（社区）四级属地党组织和市、县（区）两级行业主管部门党组织，形成了“分级负责、分类指导、定职定责、示范晋级”的工作运行机制，切实加强对“两新”党建工作的组织领导。二是持续开展“百日攻坚”建党行动和工业园区建党行动。针对非公有制经济领域的复杂性和党员比例低、分布不均衡等情况，集中组建了一批“两新”基层党组织。针对产业园区入驻企业多、符合建党条件的企业少的情况，在单建、联建基础上，无党员企业和在建企业纳入“孵化”党组织管理，实现了园区入驻企业党的组织和工作全覆盖。新建“两新”基层党组织106个，全市“两新”基层党组织达到556个，党组织覆盖面达到69%，超省委保证目标任务9个百分点。其中，非公企业基层党组织445个，覆盖面达到68.5%；新社会组织党组织111个，覆盖面达到69.5%。三是着力打造金沙江流域“两新”党建示范集群。实施“先锋”行动和“金沙民生”党建工程，积极引导“两新”组织创新发展和回报社会。已命名16个市级示范党组织、19个县（区）示范党组织，使示范党组织沿着金沙江两岸分布，形成“以点带线、以线促面”的集群效应。

（四）认真做好村（社区）党组织换届工作。一是圆满完成换届试点工作。抓好西区河门口街道、仁和区大龙潭乡、务本乡三个试点乡镇（街道）的村（社区）党组织换届选举试点工作，在试点的12个村、3个社区新一届班子中，“一好双强”型干部占93%以上，群众满意率达87%以上。本市开展村（社区）党组织换届和西区开展社区党组织换届2篇经验材料在全省村（社区）“两委”换届工作会上进行了交流。二是有序推进换届面上工作。深入县（区）、乡镇（街道）开展村（社区）党组织换届集中调研和专项督查，安排42名换届工作指导员进行蹲点指导，坚持分类指导，对经济发展较快、班子团结有力、群众公认度高的村（社区），按照换届日程正常推进；对困难村、问题村、后进村以及家族势力、金钱势力影响较大的村，因地制宜制定方案，落实专人“一对一”指导；对个别班子软弱涣散的村（社区），实行先调整、再换届。二是选优训强基层党组织书记。坚持“一县（区）一策”“一乡镇（街道）一策”，农村根据所处位置、资源禀赋、产业发展等特点，社区根据基础条件、工作水平、辖区居民党员等特点，细化村（社区）干部资格条件。实施“万名人才回引工程”，注重从大学生村官、致富能手、回乡创业人才、复转军人中选拔党组织书记、委员，从上级机关选派16人担任村（社区）党组织第一书记。先后组织攀枝花、木里40名乡镇（村）党组织书记赴山东青岛、寿光等地学习考察，组织20名村党组织书记到省委党校培训。四是加强大学生村官队伍建设。将大学生村官作为村（社区）党组织书记的后备培养对象，召开全市大学生村官工作座谈会，组织23名村官参加中组部、农业部、省委组织部等举办的各类大学生村官示范培训班，提升大学生村官服务发展的综合能力。

（五）统筹推进“走基层”活动。一是强化组织领导。建立了市领导“走基层”活动联系点，确定了联系户。落实了工作机构、人员、集中办公场所，建立了“走基层”活动进展情况周报制度，动态掌握各单位开展走访、化解矛盾、办实事好事、建强基层组织等工作情况，掀起“走基层”活动热潮，为第二批群众路线教育实践活动预热升温。二是确定目标任务。巩固“三大主题教育”活动和中国梦主题教育活动两大活动成果，完成“倾听一次群众意见、走访一次困难户、开展一次感恩的法制教育、建立一套联系群众的长效机制、解决一批群众反映的热点难点问题”“五个一”工作任务，建立“三本台账”（村〈社区〉民生诉求台账、困难群众帮扶台账、维稳工作台账）。三是建立联系网络。将结对联系服务群众工作覆盖到科级干部和一般干部，做到了机关干部联系困难群众和困难群众得到联系帮扶“两个全覆盖”。

（六）切实抓好第二批群众路线教育实践活动筹备工作。一是做好组织准备，成立群众路线教育实践活动领导小组，提出市委活动办公室组成方案，抽调骨干力量着手活动前期筹备工作。二是做好工作准备。广泛征集社会各界及基层群众的意见和建议，梳理出攀枝花“四风”问题具体表现和集中治理事项，着手起草活动实施意见和学习调研阶段具体方案。三是做好思想准备。深入开展向兰辉同志学习活动，利用党校等教育阵地和信访谈话等方式，加大对各级领导干部的宣传教育力度。四是做好行动准备。准确把握“照镜子、正衣冠、洗洗澡、治治病”的总要求，聚焦“四风”问题，先学先查先改，开展明察暗访，引导各级党员干部努力践行中央和省、市委关于改进工作作风、密切联系群众的各项规定。

四、强化成果导向，加快建设人才优先发展试验区，进一步加强人才工作制度和人才队伍建设

围绕建设攀西国家级战略资源创新开发试验区，积极推进人才体制机制和政策创新，大力营造栓心留人的服务环境，形成了一批务实管用的人才工作制度成果、创新成果和实践成果。

（一）形成一批制度成果。在全面梳理本市有关人才工作制度办法的基础上，突出引进人才、留住人才、管理人才重点，制定出台了《关于进一步加强和改进人才工作服务全市经济社会发展大局的实施意见》《攀枝花市高层次人才引进稳定培养办法》和宣传文化系统“四个一批”人才和农村土专家选拔培养办法等制度办法，修订完善了《攀枝花市专家示范基地管理办法》，起草了《攀枝花市钒钛产业优秀企业家培养暂行办法》。建立科技成果转化激励制度，初步构建起涵盖人才引进、培养管理、作用发挥、成果转化、表彰激励等人才工作全过程的人才政策体系，为加强人才队伍建设提供了政策支撑和制度保障。

（二）形成一批创新成果。以创建人才优先发展试验区为抓手，大力推进人才工作体制机制创新，努力把后发优势转化为比较优势，着力破解本市在人才引进管理方面的瓶颈制约。在全省率先设立市州级人才奖的基础上，探索建立了人才综合奖、科技单项奖相结合的长效激励机制。针对高层次人才引进难、留住难的问题，建立“市长引才基金”，划出事业编制单列，专项用于高端、特需、关键岗位特殊类人才的引进。创新高层次优秀人才评价机制，采取邀请省级专家参评、现场随机抽签确定市级评委、两轮投票表决等方式，确保评审客观公正，受到高层次人才高度评价。新确定35名市委直接掌握联系高层次人才、200名市有突出贡献专家、市学术和技术带头人及其后备人选，4名高层次人才获得国务院政府特殊津贴。

（三）形成一批实践成果。围绕实施省委“四大人才”计划，突出钒钛资源综合开发利用，大力实施高层次人才“千人计划”“钒钛之光”人才培养工程和攀籍人才回归工程。培养取得新突破，十九冶高级技师周树春成为全省唯一的国家级技能大师工作室领办人，攀枝花学院崔旭梅教授成为本市入选国家“西部之光”访问学者培养计划的第一人。引进取得新成效，积极争取中科院工程研究所选派1名博士、第14批“博士服务团”2名博士到本市挂职，并与财政部、省农业厅达成选派科技副职来攀挂职意向。加大海外高层次人才引进力度，攀钢研究院、米易县白马工业园区和攀枝花学院分别从美国、加拿大、澳大利亚引进钒钛产业领域高层次科技领军型人才3名。院士（专家）工作站建设取得新进展，四川华铁钒钛科技股份有限公司入选省第二批院士（专家）工作站。理论研究成效突出，《攀枝花钒钛产业人才开发研究》获得全市第十次哲学社会科学优秀成果特等奖。全市刚性引进高层次人才172人，其中博士研究生8人，硕士研究生159人，副高职称5人；通过论坛、科技攻关、项目合作等方式柔性引进院士、海内外专家等高层次人才280余人。

五、争当“五好”干部，争创模范部门，进一步加强组织部门自身建设和组工干部队伍建设

坚持从严治部、从严律己、从严带队伍的要求，扎实推进组织部门自身建设，建设“讲政治、重公道、业务精、作风好”的模范部门。

一是实施重点工作项目化管理。坚持“重点工作重点推进、常规工作常规推进、日常工作日常推进”的工作方法，确定了10项重点任务，实行项目化管理，落实责任领导、责任处室、目标要求和完成时限，建立重点工作月报、定期分析、督查通报等工作机制，实行月自查、季通报、年考核，确保圆满完成各项重点工作目标任务。

二是着力打造“智慧组工”平台。认真落实《2012—2015年全省组织系统信息化工作规划》，整合攀枝花党员教育网、基层党建手机信息平台、党员数字化管理系统等智能平台资源，集成党员、干部、人才基础信息管理数据库，搭建组织工作核心业务平台，实现“管理数字化、手段信息化、平台智能化”，着力打造体现攀枝花特色的“智慧组工”现代化管理平台，提升组织工作科学化水平。

三是抓好组工干部教育培训。注重选派组工干部到“四个一线”实践锻炼，增强组工干部解决复杂问题能力，促进组工干部健康成长，深化“思考型、思维型、思想型”组工干部队伍建设。牢固树立“组工干部既要甘为人梯，又要健康成长”的理念，加大组工干部培养交流力度，激发队伍活力。认真落实中央和省、市委关于改进作风的各项规定，建立组工干部直接联系服务群众制度，做好迤沙拉村对口帮扶工作。

四是加大信息宣传力度。创新信息宣传工作方式方法，拓展信息宣传渠道，挖掘全市组织工作特色亮点和经验做法，提升攀枝花组织工作的知名度和影响力。组织工作信息被中组部基层动态采用16条，被省委组织部《四川组工信息》采用12条，《四川组工通讯》采用6条，被省委组织部基层动态采用141条；被《中国组织人事报》《当代组工干部》《四川日报》《四川党的建设》等中央、省级报刊上采用信息47条，《四川新闻联播》采用专题2个。实施网宣工作“增量提质”工程，全市原创网评文章2000余篇，被中组部采用和表扬5篇，省委组织部采用18篇，全省排名由末位水平提升到稳居前10位。

为在全省率先全面建成小康社会
提供强大的精神文化力量

中共攀枝花市委宣传部

2013年，中共攀枝花市委宣传部机关行政编制27人，工勤人员编制3人，实有干部27人，工勤人员3人。内设办公室、政策法规研究室、干部管理处（挂离退休人员工作处牌子）、理论处、宣传处、文艺教育处、新闻出版处、对外宣传处、网络文化和建设管理处、网络监管协调服务处。市精神文明建设办公室下设综合处（挂未成年人思想道德建设工作处牌子）、创建协调处。代管四川电台电视台攀枝花记者站、四川日报攀枝花记者站、市舆情信息中心（挂攀枝花市互联网不良与违法信息举报中心）。

鉴于上述职责要求，2013年，全市宣传思想战线高举中国特色社会主义伟大旗帜，以邓小平理论、“三个代表”重要思想、科学发展观为指导，以学习宣传贯彻党的十八大精神为主线，紧紧围绕市委中心工作，深入开展中国特色社会主义宣传教育，深入开展中华民族伟大复兴中国梦学习宣传教育，着力建设社会主义核心价值体系，着力巩固壮大主流思想舆论，着力深化文化体制改革，为率先在全省全面建成小康社会提供了强大的思想保证、精神动力、舆论支持和文化条件。

一、坚持政治引领、强化理论教育，筑牢全市人民团结奋斗的共同思想基础

深入开展理论学习。以市委理论学习中心组为龙头，以县级干部为重点，通过组织专题学习会、专题讲座、专题报告等形式，深入学习宣传贯彻党的十八大、十八届三中全会精神和习近平总书记系列重要讲话、全国、全省宣传思想工作会议、省委十届三次全会和市委九届五次全会精神。全年组织市委中心组专题学习15次，形成理论文章41篇。以“攀枝花发展讲坛”为平台，邀请厉无畏、黄苇町、王振耀、辛鸣、陈启清、解洪等知名专家、学者等来攀为市委中心组（扩大）作专题报告9场。以创建各类学习型组织为抓手，积极举办“攀枝花市第三届全民读书月”“全民读书节”系列读书活动。

广泛开展理论宣传。建立以市委宣讲团为主导，以行业系统专题宣讲团为支撑，以县（区）宣讲团为基础，以“攀枝花发展讲坛”“攀枝花市民讲坛”为平台的宣讲组织，深入机关、农村、社区、学校、企业，举办党的十八大、十八届三中全会、“中国梦”、省委十届三次全会精神等宣讲报告会10035场，参加人员达30多万人次。2013年，“攀枝花发展讲坛”共举办10期，受众7000余人次；“攀枝花市民讲坛”共举办47期，受众5000余人次。

扎实开展理论研究。开展了《注重创新、促进融合、突出特色，大力推动攀枝花文化产业发展》《一心为民，过好“三坎”—攀枝花群众工作创新实践》《牢固树立宗旨意识，密切党群干群关系》《攀枝花精神的继承和弘扬》等课题研究。组织了“我为发展献良策”“实现伟大中国梦、建设美丽繁荣和谐四川”主题征文活动，收到征文585篇。与市社科联联合召开“实现伟大中国梦、建设美丽繁荣和谐四川”主题教育座谈会，帮助干部群众从思想上认识到中国梦与爱国主义精神、改革创新的时代精神、社会主义核心价值体系等的关系，为谱写“中国梦”攀枝花篇章作出积极贡献。

二、坚持主动作为，强化新闻宣传，巩固壮大积极健康向上的主流思想舆论

抓好主题宣传增强凝聚力。一是全面深入开展党的十八大精神宣传，迅速掀起学习宣传贯彻党的十八届三中全会精神的热潮。深入开展中国特色社会主义道路和改革开放理论宣传，充分展示党的十八大以来党和国家事业的新进展新成就，为全面深化改革营造了良好的社会环境，提供了坚强有力的思想舆论支持。二是迅速启动省委十届三次全会和市委九届五次全会精神宣传，大力宣传本市在推动“三大发展战略”和“两个跨越”的新思路、新举措，充分展示本市在大力实施“三个加快建设”、大力推进“三个走在全省前列”、全力打好“六大硬仗”、奋力实现“四个翻番”经验做法，引导全市干部群众把思想和行动统一到省、市委的决策部署上来。三是集中开展经济发展主题宣传。大力宣传本市深入推进多点多极支撑发展战略，转变经济发展方式，深化经济结构战略性调整，奋力推进科学发展、加快发展的措施成效。重点关注攀西资源创新开发试验区、丽攀高速公路、沿江景观打造、花城新区、缅气入攀等重大项目推进情况。四是广泛开展“思想大解放、作风大整顿、工作大落实”主题教育活动宣传，及时宣传报道各级各部门针对自身存在的主要问题、不足等进行的公开答复、公开亮相承诺和整改落实的成效亮点。深入开展“实现伟大中国梦、建设美丽幸福攀枝花”主题教育活动，重点挖掘和宣传平凡人物的普通梦想。市级各新闻单位刊发、转载相关稿件1381条，发表系列评论员文章6篇，刊登公益广告133条。

加强重大宣传提升公信力。一是抓好“急难险重”工作宣传。开设“急难险重打硬仗、争先跨越惠民生”等相关专题专栏，及时跟踪报道2013年各项急难险重任务的推进情况、存在问题。二是精心组织好“两会”宣传。及时深入报道全国、全省和本市“两会”工作，让全市人民及时全面了解“两会”

最新动态。三是及时关注“4·20”雅安芦山地震等重大事件，先后对全省两个现场会、五创联动、第三次全国经济普查工作、创先争优、双拥、反腐倡廉、机关效能建设等重大活动展开宣传。

做好民生宣传凸显亲和力。大力宣传2013年全市十大民生工程进展情况，全面宣传各级党委、政府在解决住房、教育、就医、就业、抗旱、扶贫帮困、援藏、挂包帮、“百千万·干群心连心”等方面采取的惠民政策、工作措施和取得的成效。重点做好房价、物价、食品安全等社会热点问题的舆论引导，暑期学生安全宣传工作氛围浓厚，引导有力。

改进文风增强新闻报道吸引力。大力宣传中央、省、市关于改进工作作风、密切联系群众的规定，规范会议和领导活动报道。组织记者开展新春走基层活动、积极关注“一师一校”，推动“走转改”活动常态化。坚持贴近实际，贴近生活，贴近群众，将新闻视角对准基层、对准群众，推出大量反映基层生产、群众真实生活的专题专栏，在内容和方式上更多地关注民生、反映民意。

三、坚持以测促创，加强公民道德建设，强力推进文明城市创建工作

公民道德建设主题活动有声有色。一是广泛学习宣传社会主义核心价值观。综合运用各种传播手段、宣传阵地和精神文化产品，深入浅出地宣传阐释“三个倡导”的丰富内涵和实践要求，凝聚起建设美丽幸福攀枝花的共同精神力量。二是强势推出一批先进典型。隆重表彰11名市第二届道德模范，授予喻维泉市道德模范称号，徐刚、杨为之获评四川省第三届道德模范，陆学英获得“四川省首届最美志愿者”称号，杨为之获得第四届全国道德模范提名奖，开展形式多样的学习宣传和关爱帮扶活动，赞美崇高品质，传递社会正能量。三是深入开展群众性主题活动。建好用好道德讲堂，扎实推进道德领域突出问题专项教育和治理活动，常态化开展“公民道德宣传教育月”“公民道德宣传日”和“我们的节日”主题活动，大力传播“存好心、做好事、当好人、有好报”的价值导向。四是大力开展志愿服务活动。组建各类志愿服务支队43支、志愿服务大队269个，全市登记志愿者54739人，志愿服务队伍更加壮大。围绕“创建文明城市”和“关爱山川河流”等主题，组织开展便民利民服务、文明劝导、美化亮化家园等志愿服务活动，“学习雷锋奉献他人提升自己”的志愿服务理念更加深入人心。

未成年人思想道德建设不断深化。一是完善未成年人思想道德建设常态化的工作机制。做好未成年人思想道德建设工作测评的指标分解和任务落实，完善学校、社会、家庭“三结合”教育网络。二是搭建未成年人思想道德建设工作阵地。完成2013年度中央专项彩票公益金支持建设的4所乡村学校少年宫项目筹建，全市44个乡镇自建乡村学校少年宫实现全覆盖。建成攀枝花市未成年人心理成长指导中心，指导34所未成年人思想道德建设示范学校开展主题教育实践活动，向省文明办推荐“做一个有道德的人”联系点学校道德实践创新案例4例。三是深化拓展未成年人思想道德建设主题实践活动。“学习雷锋、做美德少年”网上签名寄语、“做一个有道德的人”、热爱祖国、热爱人民、热爱中华民族“三热爱”“我的中国梦”教育实践活动和美德少年推荐评选等主题活动蓬勃开展，向省文明办推荐10名候选人参加四川省“学习雷锋，争做美德少年”评选表彰和推荐优秀童谣20首。四是营造健康向上的社会文化环境。以网吧违规接纳未成年人、安装绿色上网软件、非法出版物、娱乐场所违规接纳未成年人、校园周边流动摊贩为整治重点，加大社会文化净化力度，为广大青少年营造了良好的学习和生活环境。

文明城市创建工作稳步推进。一是工作机制高效运转。准确掌握上级要求和工作动态，强化指挥部统筹总揽、牵头责任单位具体负责、成员部门密切配合的工作推进机制，建起科学有效调度有力的综合督查体系，确保创建工作强力推进。二是多措并举巩固提升。围绕测评反馈的薄弱环节抓整改，围绕创建工作的重点难点指标抓落实，围绕市民关注的热点焦点问题抓协调，围绕督查发现的问题抓督办，创建工作基础更加坚实。三是宣传引导强劲有力。在市级媒体进行集中、连续、有深度的宣传，在各类公共场所、繁华地段、重点区域等显著位置进行广泛有重点的宣传，借助先进典型、好人好事、主题系列活动等进行正面宣传，万众一心、齐心协力创建文明城市的氛围更加浓厚。四是考核测评组织有序。精选申报暗访点位，突强突优缺项弱项，协调各方力量打好了暗访测评攻坚战；集中力量严格对标收集437卷档案资料，受到省检查组好评；倾心打造迎检点位，精心筹办文艺演出，全方位、多角度、艺术性地展示了文明城市创建成果。五是加强米易县、盐边县创建文明城市工作指导，3家全国文明单位实现“五个一建设”全覆盖，86家省级文明单位复查登记合格，14家新申报省级文明单位通过考评验收，农村精神文明建设和乡风文明建设持续推进。

四、坚持文化惠民，以文化人，促进文化事业文化产业繁荣发展

创新公共文化服务方式。首批国家公共文化服务示范项目——“大地书香新农村家园工程”顺利通过国家验收，成为全省获此殊荣的2个项目之一。城市应急广播工程建设模式得到国家新闻出版广电总局重视和肯定，在全省、全国推广。

加强重大文化设施建设。强力推进“四川省攀枝花三线建设博物馆”建设。积极开展三线建设文物征集工作，目前已征集入库文物4000余件，完成口述历史采集68人。加快推进攀枝花市文学艺术创作中心建设，目前正加快推进主体框架基础建设。

深化文化体制改革。深化国有文艺院团改革，创新管理机制，积极探索企业运行机制。加快文化市场综合执法改革“三化”建设进程，深化文化市场综合执法改革，全面提升文化市场综合执法工作实效。深化“两台”合并改革，进一步调整完善攀枝花市广播电视台内部运行机制、管理办法。推进攀枝花日报社改革，指导攀枝花日报社制定改革方案，并报市委编办待审。

加强和扶持文艺精品创作。继续落实重点文艺创作扶持经费，扶持文学作品集《流淌的时光》、长诗《水边书》两部文艺作品。重点推进长篇小说《长河逐日》《黑丧鼓》、音乐舞蹈剧《迤沙拉》等一批重点文艺创作项目。围绕“四川省第七届少数民族艺术节”和“建市50周年”两大主题，组织精干力量积极策划文艺创作活动。文艺创作成果丰硕，长篇小说《一个说纳西话的人》获第五届四川民族文学奖、油画《雪域之路》获首届四川文华美术奖作品展二等奖、《傈僳欢歌》获四川省首届群众广场舞大赛银奖。

抓好重大文化活动。组织开展“花城春汛”2013年春节团拜电视文艺晚会。组织开展“本土知名作家集体签售会——攀枝花故事”活动。通过开设“书香攀枝花”和第三届读书节专题专栏节目，对钟少曦、周强、徐肇唤、马飚等四位作家进行了多角度的宣传报道。在“实现伟大中国梦、建设美丽繁荣和谐四川”主题教育活动中，通过开展文艺创作和公益广告创作、基层巡演活动、建党92周年庆《梦想·中国》专题文艺演出等活动，营造热烈喜庆、积极向上的文化活动氛围。

大力扶持文化产业发展。组织召开市文化产业统计暨文化产业发展工作会议。明确部门分工，强化协调联动，扎实推进文化产业统计工作。加大对苴却砚产业发展的支持和推广。成立了苴却砚文化产业暨文化产业发展推进领导小组，《攀枝花市文化产业发展扶持和奖励办法（试行）》和《攀枝花市人民政府关于加快推进苴却砚文化产业发展实施意见》等政策即将出台。积极申报仁和区苴却砚园区为国家级文化产业示范园区。苴却砚文化产业园、苴却砚文化艺术城、苴却砚特色小镇等纳入文化产业发展总体规划。加强对外文化交流与合作。鼓励、扶持本土文化企业和文化产品“走出去”，拓展发展空间。苴却砚等文化产品先后在“非遗节”、东盟博览会、“西博会”“文博会”等进行展示和交易。文化企业和产业项目引进取得成效。成都开源包装纸箱生产线项目投产，横店影城正式营业，成都融昇影立方院线成功签约等。

五、坚持整合资源、搭建传播平台，有效提升对外传播影响力

突出重点，积极开展外宣活动。一是围绕“阳光花城”主题文化定位，开展系列宣传推介活动。全面完成2012中国·攀枝花欢乐阳光节宣传工作；邀请四川电视台新闻资讯频道开展“阳光之旅——攀枝花”大型直播活动；举行“畅享阳光最美攀枝花”主题摄影展，深度展示攀枝花独特的地域文化，大力提升攀枝花“阳光花城康养胜地”的旅游城市形象。二是邀请央视7套“科技苑”栏目、“乡土”栏目和央视“永远的铁道兵”摄制组到攀枝花完成对米易县早春枇杷、攀枝花傈僳族婚礼习俗、城市建设历程等系列专题片的拍摄。三是积极筹划攀枝花旅游投资说明会。邀请川驻攀媒体、云南省级驻各地媒体和三地地方主流媒体、网站等22家媒体记者在大理、丽江先后开展多层次的宣传交流活动。四是邀请旅游卫视“文明中国行”摄制组来攀完成6集专题片的拍摄工作。该专题片在国庆节期间推出，引起社会广泛关注。五是积极参与报道第14届中国西部博览会、科技博览会、世界华商大会、“川、滇、黔10地市州峰会”和攀枝花钒钛资源综合利用院士行暨2013·攀枝花钒钛（国际）论坛活动的宣传报道工作。西博会期间，邀请中央、省级40余家媒体召开新闻发布会1场，在四川日报推出专题《阳光攀枝花财富“梦工厂”》，发稿11篇；在四川广播电视台播出新闻12条。科博会期间，在四川日报上推出专版《创新驱动支撑引领攀枝花跨越发展》，发稿6条。

拓宽渠道，努力构建大外宣格局。切实加强市委外宣办对外宣工作的统筹协调、宏观指导和归口管理，不断拓展对外宣传和对外文化交流的领域和渠道。加大与中央、省级主流媒体的沟通和供稿，1至11月，中央、省以上新闻媒体刊（播）攀枝花新闻稿件1935篇（条）。着力打造推广城市形象宣传“六个一”工程，在全社会公开征集城市标识和宣传口号，截至11月底，共收到宣传口号1209条，城市形象标识209件。

健全机制，积极推进政府信息公开规范化。健全外宣工作机制，每季度组织全市行业管理部门、工业园区、各县（区）宣传部定期召开外宣工作联系会，梳理重大外宣选题，会商下一阶段外宣工作要点。完善新闻发布制度，制作完成“攀枝花新闻发言人”手册。1—11月，有针对性地开展政务信息发布工作，召开新闻发布会17场。

六、坚持正确导向，强化互联网管理，着力构建大网络大舆情全媒体工作格局

加强互联网工作领导。成立了市互联网领导小组，出台了《攀枝花市重大网络舆情管控及突发网络舆情事件应对处置联动工作方案》，完善了网上舆情监测预警、风险评估、网络舆论引导、突发事件应急处置等工作机制，建立了网络发言人制度，制定了网管工作考核办法和考核细则。加强网络管理部门建设，独立成立了市互联网信息办公室，强化管理和协调职能。大力推进政务微博建设，建立了市级网评员队伍。2013年3月，顺利完成“攀枝花市手机报”的开通工作。目前，手机报用户数维持在1.6万余户。

注重舆情分析研判。积极推进全省统一的应急管理指挥分中心建设和技术平台建设，加强网上舆情信息的收集、分析、归纳和整理。加大对各网站互动栏目的管理，严格执行24小时值班制度、论坛先审后发制度、敏感字过滤制度、版主实名制制度，全力杜绝网络有害信息的出现。对重要社会舆情进行长期跟踪分析研究，准确判断舆情变化的走势，为领导的决策提供参考。截至11月底，编报网络舆情信息专报12期，编发《舆情摘报》36期，报送本市舆情信息158条，编辑国内社会舆情和网络舆情173条，外界网络舆情150条，领导批示167条。

积极应对重大舆情事件。积极推进全省统一的应急管理指挥分中心建设和技术平台建设，健全重大舆情快速反应机制和沟通协调机制，应急管理资源和渠道建设有较大进展。创新舆论管理引导方式，通过开通四川手机报攀枝花版、指导四川手机报米易版做好推广宣传工作，主动占领宣传阵地。重点关注民生、经济、科技、教育、医疗、卫生等涉及群众自身利益方面的敏感舆情，把握舆论主动权，及时将可能酿成重大舆情危机的不稳定舆情苗头化解在萌芽状态。

七、坚持能力提升，加强作风建设，着力提升宣传干部队伍整体素质

一是加强宣传文化系统各单位领导班子建设。加大人才流动力度和部内中层干部选拔力度，新提拔部内科级领导干部6人，推选出县级领导职务后备干部3人。二是进一步完善上挂下派工作机制。从市级媒体和企事业单位中选拔了4名同志到部机关上挂锻炼，选派2名同志到下属事业单位、乡镇挂职锻炼。三是加大干部教育培训力度。制定了《中共攀枝花市委宣传部2013－2017年全市宣传文化系统干部教育培训规划》。组织全市各县（区）、市级有关部门、有关企事业单位的新闻发言人、网络新闻发言人和部分副县级以上领导干部58人在省委党校进行专题培训。组织宣传文化系统干部参加了“第七期新任县委宣传部部长培训班”“2013年哲学社会科学教学科研骨干研修班”等各类培训班，进一步提高了系统内干部的综合能力和素质。四是全力推进“四个一批”人才队伍建设工程。出台《攀枝花市宣传文化系统“四个一批”人才选拔培养管理工作实施办法》，启动“四个一批”人才推荐选拔工作。五是加强机关党风廉政建设。认真落实中央“八项规定”，继续推进惩防体系建设，积极开展反腐倡廉教育，不断增强党员干部的廉洁自律意识。全面加强机关党的建设，党组织的凝聚力、吸引力、战斗力不断增强。

道德支撑发展　文明引领跨越
攀枝花市成功创建为四川省文明城市

攀枝花市精神文明建设办公室

2013年，全市精神文明建设战线牢牢把握社会主义核心价值体系建设这个根本，紧紧围绕“推进五创联动创建文明城市”这条主线，大力选树群众身边的道德楷模，扎实推进群众性精神文明创建活动，广泛开展未成年人思想道德建设，市民文明素质和社会文明程度显著提升，成功迈入四川省文明城市行列。

一、着力树典型、学先进，公民道德建设活动持续掀起热潮

（一）道德楷模频频涌现。一是推树道德模范。市文明委隆重表彰11名第二届道德模范，授予“攀枝花最美司机”喻维泉市道德模范称号，多形式、多角度生动再现道德模范的先进事迹，产生了广泛的社会影响。市文明办选报10人参评四川省第三届道德模范，组织干部群众和400多名“公众代表”参加全国和省道德模范评选投票活动，徐刚、杨为之被评为四川省第三届道德模范，3人被评为“四川好人”，杨为之获得第四届全国道德模范提名奖。二是开展道德模范学习宣传活动。市文明办制作1500盘第二届道德模范颁奖晚会光碟，发放至各行各业和社区村镇，深入传播道德模范的崇高品质；邀请道德模范走进道德讲堂，分享个人实践经历和心灵感悟；组织新闻媒体开设专题专栏，集中刊播近年来群众身边涌现的好人好事和道德模范先进事迹，推动学习宣传道德模范机制常态化、形式多样化、内容丰富化。三是大力关爱道德模范。市文明委出台《攀枝花市帮扶生活困难道德模范实施细则》，进一步规范了生活困难道德模范帮扶工作。市文明办动员社会力量捐款捐物，在春节期间关爱帮扶生活困难道德模范，累计向道德模范送去爱心捐款7万余元。

（二）专项行动稳步开展。一是建好用好道德讲堂。各级文明单位按照流程仪式化、对象大众化、队伍社会化、形式多样化、时间经常化的要求，迅速建起一批示范效应强、带动作用大的道德讲堂；通过自编自演情景剧、播放道德楷模事迹短片、点评生活中的道德现象等形式，广泛开展道德宣讲活动，大力传播“存好心、做好事、当好人、有好报”的价值导向。二是推进道德领域突出问题专项教育和治理活动。市文明委制订实施方案，成立领导小组，建立联席会议制度，加强对专项活动的组织指导。各级各单位依法惩处食品药品行业中存在的违法违规行为，开展社区食品药品安全知识宣传，加强食品药品经营单位日常监管，营造安全、放心、健康的消费环境；落实公共服务行业“八项”管理规定，提升服务质量、效率和能力；综合治理公共场所不文明行为，规范设置文明提示语，加大新闻媒体公开曝光不文明行为的力度，引导人们谦恭有礼、文明友善。

（三）群众活动有声有色。市文明办联合文化、教育、总工会、团委、妇联等部门和团体组织开展“公民道德宣传教育月”和“公民道德宣传日”主题活动，宣传学习各行各业涌现出来的先进典型，深化人们对先进典型人物感人事迹和崇高精神的认识和感悟。在传统节日期间，以“我们的节日”为主题，组织开展节日民俗展示、文艺表演、祭扫参观等活动，引导干部群众了解、热爱和继承中华民族的优秀传统文化。

二、着力攻难关、育新风，文明城市创建工作稳步迈进

（一）工作机制运行高效有序。一是上级支持有力。市文明办多次向省文明办专题汇报创建工作，保持与上级部门的密切沟通联系，准确掌握工作要求和工作动态，做到快速反应、应对到位，确保创建工作有效推进。二是统筹协调高效。市创文指挥部着力强化指挥部统筹揽总、牵头责任单位具体负责、成员部门密切配合的工作推进机制，建立重点指标任务和新闻线索直报制度，定期向市委常委会、市“五创”领导小组汇报创建工作情况，多次召开专题会议研究部署创建工作任务，确保创建工作有序推进。三是考核督查到位。市委、市政府把文明城市创建工作纳入经济社会发展规划统一部署，纳入年度“急难险重”目标任务进行考核；市创文指挥部健全工作点评、市民巡访、听证会等群众监督机制，构建人大和政协监督、社会监督、新闻监督和集中督办、挂牌督办、分区督办、专项督办的综合督查体系，经常性开展专项督查，确保创建工作有力推进。

（二）攻坚克难实现重点突破。一是突击薄弱点，打好攻坚战。针对城市基础设施、市场经营秩序、文明交通行为、社会文化环境、公共场所不文明行为、窗口行业规范服务等方面存在的突出问题，市创文指挥部协调责任单位加大投入、集中攻坚、狠抓管理、综合整治，城市功能不断完善、公共环境不断优化、公共秩序安全稳定、公共关系和谐融洽、创建基础更加坚实。二是盯住重难点，打好持久战。市创文指挥部指导责任单位坚持不懈地整治“垃圾乱扔、摊位乱摆、车辆乱停、广告乱贴、工地乱象、污水乱排”现象，营造了整洁优美、和谐文明的城市形象。深入持久地开展平安畅通交通建设，构建顺畅快捷、安全文明的交通秩序。锲而不舍地抓好“门前五包”制度落实，持续执行主城区禁烧蜂窝煤、禁燃烟花爆竹等环保措施，定期开展打击假冒伪劣、扫除黄赌毒行动，营造了安全稳定的社会环境。三是瞄准隐患点，打好阻击战。针对焦点性问题、危险性苗头、典型性隐患，市“四大班子”主要领导和分管领导适时开展专题调研、专项督查，及时有效地解决工作中遇到的各种难题。同时，市创文指挥部动员全民监督，及时发现问题，及时处理隐患苗头；引入第三方单位开展专业性评估，为有效推进文明城市创建提供科学、客观依据。

（三）全民共建氛围愈加浓郁。一是从“点”入手，广泛开展活动。市文明办以培育文明风尚、倡行公德规范、提升服务水平、改善城乡环境为重点，在全市80%以上的街道建立市民学校，在社区居委会普遍建立教学点，组织实施“事事关系城市文明、人人代表城市形象”文明礼仪教育普及行动、“文明在细节”行为养成实践行动、窗口行业优质服务竞赛评比活动，塑造出整洁优美、规范有序、安全稳定、和谐文明的城市形象。各级各单位大力开展创建文明城市集中宣传活动，免费发放1.5万册《攀枝花市民素质手册》、53万余份文明创建宣传单及2万副宣传扑克牌，张贴4万张公益招贴画和2万份公开信，做到机关、社区、服务窗口、公共场所等重点区域全覆盖，群众参与活动达60万余人次。二是按“线”推进，形成联动铺开。市文明办协调指导各级文明单位开展“发挥示范作用推进文明创建”主题活动，党政机关开展“创文明机关，做人民满意公务员”活动，窗口服务行业开展“礼貌待人、诚信服务”活动，各类企业开展“践行道德承诺、诚信做产品”活动，推动形成良好社会风尚。三是抓“面”深化，实现全域覆盖。市内媒体做到“电视有画面、报刊有版面、网站有页面”，各类公共场所、繁华地段、重点区域普遍设置宣传栏、电子显示屏等公益广告阵地，做到“月月有主题，时时发声音”，文明创建电话服务热线保持畅通优质服务，万众一心、齐心协力创建文明城市的氛围更加浓厚。

（四）多线并进抓好测评迎检。一是暗访测评无闪失。市创文指挥部根据《四川省文明城市考核测评细则（2013 年版）》的测评要求，迅速调整任务分工，督促责任单位按时完成新增指标。及时分解 2012 年度城市公共文明指数测评反馈问题，责成责任单位集中整治、抓好巩固提升，精选申报暗访点位，协调各方力量共同打好了暗访测评攻坚战。二是档案资料无缺失。市创文指挥部明确档案收集标准和要求，指导责任单位严格对照指标收集整理，组织专人集中审核检查，437 卷档案资料受到省考核检查组好评。三是明察考核无瑕疵。市创文指挥部科学制定迎检方案，倾心打造迎检点位，精心筹办文艺演出，全方位、多角度、艺术性地展示了创建文明城市的工作成果。在 2013 年全省城市公共文明指数测评中，攀枝花市在 17 个接受测评的市（州）中排名第二，成功创建为第三届四川省文明城市。

（五）文明细胞建设深化拓展。一是深化文明县城创建。市文明委指导米易、盐边两县完成创建第三届四川省文明城市的申报推荐、暗访测评和明察考核工作，强化城市公共文明指数测评反馈问题的督促整改，两县创建成为第三届四川省文明城市（县级城市）。二是加强文明单位动态管理。各级文明单位广泛开展“五个一”创建活动，3 家全国文明单位实现全覆盖，86 家省级文明单位复查登记合格并因地制宜开展“道德讲堂”建设。2013 年，全市新晋升省级最佳文明单位 3 个、省级文明单位 7 个、省级文明村镇（社区）6 个，2013 年度市级文明单位标兵、市级文明单位和市级文明社区评定工作正在有序推进。三是扎实推进农村精神文明建设。市委宣传部、市文明办等单位联合组织开展文化、科技、卫生“三下乡”集中服务活动，持续开展文明单位“结对共建新农村”活动，建成了一批富有特色、成效突出、群众认可的文明村镇，农村社会文明程度进一步提升。市文明办大力推广米易县“星级农户”评选先进经验，广泛开展文明集市、文明村镇、文明家庭和农村文化广场等创建活动，稳步推进农村精神文明建设和乡风文明建设。四是深入开展“讲文明树新风”主题活动。市级新闻媒体集中持续刊播“讲文明　树新风”公益广告。市文明办加强与四川文明网的沟通联系，完成攀枝花文明网的建立工作，初步建起攀枝花精神文明建设工作的新阵地；加强信息报送工作，在中央文明办、省文明办的简报、网站上刊载信息 270 余条（次），充分展示了攀枝花的城市文明气象。

三、着力建阵地、传美德，未成年人思想道德建设取得进展

（一）工作机制常态发展。市委常委会专题研究审议 2013 年未成年人思想道德建设工作要点，以攀委办文件下发执行。市文明办认真做好未成年人思想道德建设工作测评的指标分解和任务落实，协助市目标办对 57 个未成年人思想道德建设责任单位 2012 年的工作情况进行目标考核。各级各单位进一步发挥“五老”人员在加强思想道德教育、净化社会文化环境等方面的积极作用，调动全社会关心、支持未成年人健康成长的积极性和主动性，学校、社会、家庭“三结合”教育网络更加完善。在 2013 年全省未成年人思想道德建设工作测评中，攀枝花市在 21 个接受测评的市（州）中排名第三。

（二）工作阵地持续巩固。市文明办对 2011、2012 年度中央专项彩票公益金支持建设的乡村学校少年宫进行专项督查，做好项目总结及展示资料收集整理工作。完成 2013 年度中央专项彩票公益金支持建设的 4 所乡村学校少年宫项目的筹建工作，下达 2013 年度全市自建乡村（城市试点）学校少年宫项目建设任务，督促区县抓好任务落实，实现所有乡镇全覆盖。建成攀枝花市未成年人心理成长指导中心并正式投入运行，开展相关的心理辅导和学习交流活动。指导 34 所未成年人思想道德建设示范学校开展主题教育实践活动，发挥在构建社会主义核心价值体系方面的引领、带动、示范作用。向省文明办推荐“做一个有道德的人”联系点学校道德实践创新案例 4 例。做好《四川教育手机报》的宣传推介工作，建立信息报送联络员制度。

（三）实践活动广泛开展。市文明办联合教育、团委等部门和单位以“中国梦”为主题，组织中小学生参加“网上祭英烈”和“学习雷锋、做美德少年”网上签名寄语以及热爱祖国、热爱人民、热爱中华民族“三热爱”等活动，引导未成年人传承弘扬民族传统美德、践行社会主义核心价值观。开展第二届全省优秀童谣推荐活动，收到各区县上报的优秀童谣150余首，向省文明办推荐优秀童谣20首。指导中小学校开展学雷锋活动，组织未成年人参加“我当一天家”“我为父母洗洗脚”等活动，激励未成年人崇尚先进、见贤思齐。开展美德少年推荐评选活动，向省文明办推荐10名候选人参加四川省“学习雷锋，争做美德少年”评选表彰。

（四）社会文化环境健康向上。市文化、工商、互联网管理等单位以网吧违规接纳未成年人、安装绿色上网软件、非法出版物、娱乐场所违规接纳未成年人、校园周边流动摊贩为重点，加大净化社会文化环境力度，出动执法人员10783人次，检查经营单位9517家次，取缔无证经营游商41家，取缔无证经营单位29家次，取缔无证演出经营活动3次，取缔黑网吧14家，收缴游戏机及主板94台（块），累计收缴非法出版物840册，非法音像制品1998盘（张），立案查处和当场处罚案件99起，共计罚款211800元，为广大青少年营造了良好的学习和生活环境。

四、着力建队伍、利民生，学雷锋志愿服务活动实现突破

（一）志愿服务队伍不断壮大。一是加快发展志愿服务队伍。市文明委对志愿服务队伍的组织体系做出安排，组建志愿服务总队1支、志愿服务支队43支、志愿服务大队269个，全市登记志愿者54739人。二是规范管理志愿服务队伍。市文明委统一设置全市志愿服务标识，举行攀枝花市志愿服务集中行动启动仪式，向志愿服务支队授旗，完善志愿服务管理制度，促进志愿服务队伍规范化发展。三是壮大网络文明传播志愿者队伍。市文明办以各级文明单位为主体，建起由200余人组成的网络文明传播志愿者队伍，基本实现省级以上文明单位全覆盖。加强对网络文明传播志愿者的管理和考核，指导网络文明传播志愿者积极参与重大网络志愿服务活动。

（二）志愿服务氛围更加浓厚。一是加强新闻宣传。市级新闻媒体开设“学雷锋志愿者在行动”“弘扬雷锋精神倡导文明新风”等专栏，普及志愿服务知识，倡导志愿服务精神，报道各区县、相关单位和行业开展志愿服务活动的进展情况。二是推出先进典型。市文明办加大先进典型选树宣传力度，先后推出“花城大妈”“金牌志愿者”徐刚等先进志愿者典型和辉荣志愿者协会、东区青年志愿者协会等先进组织典型。推荐一批社区志愿服务项目、组织和社区志愿者参加2013年四川省志愿服务评选活动，广泛动员各界群众参加投票，陆学英被评为“四川省首届十大最美志愿者”之一，鹿雯立等5人被评为“四川省优秀志愿者”。三是营造社会氛围。市文明办、团市委等单位利用节假日等契机，通过市内报刊、网络等发出志愿服务倡议，号召广大市民参与志愿服务活动，推动形成良好社会氛围。

（三）志愿服务活动惠民利民。市文明办协调指导各县（区）、各单位结合实际，深化主题，创新形式，广泛开展形式多样的志愿服务活动。一是开展“红红火火过大年”志愿服务活动。组织志愿者开展春运、新春庙会、旅游志愿服务活动，为市民、游客提供信息咨询、乘车引导、行李搬运、道路指引、秩序维护、文明劝导等服务，累计服务11万余人次、服务时间1万余小时。二是开展主题日志愿服务活动。围绕“学雷锋日”“国际志愿者日”等，组织志愿者集中清理居民住宅楼外围的小广告，美化亮化公共场所环境，开展宣传教育和服务咨询、便民利民服务活动，掀起学雷锋志愿服务的热潮，累计参与志愿者5000余人、提供服务3万余人次。三是开展“创建文明城市”志愿服务活动。围绕“同创文明城共筑中国梦”等主题，组织志愿者宣传普及文明城市创建知识，向市民介绍文明城市创建的内容、措施和市民应知应晓的知识；开展“手机晒光盘行动”，累计发送手机彩信26700余条，倡导文明、理性、健康的生活习惯；成立常态化文明劝导队伍，定时段、定区域、定内容地开展文明劝导活动，引导市民遵守交通秩序；开展“欢乐阳光节”志愿服务活动，招聘培训60名阳光志愿者，为四川省旅游项目推进会、四川省百镇建设现场会、攀枝花欢乐阳光节、攀枝花市重点旅游项目开工典礼等节会提供礼仪引导、情况介绍、心理辅导、医疗急救等方面的志愿服务。四是开展“关爱山川河流”主题志愿服务活动。组织4万余名干部群众参加“关爱山川河流志愿服务知识竞赛”，迅速掀起关爱自然、保护环境志愿服务热潮，10名同志荣获省文明办授予的“知识竞赛优秀奖”；开展关爱山川河流公益广告和志愿服务心得征集活动，3篇志愿服务心得、2幅平面类公益广告获得省文明办表彰。五是开展关爱帮扶志愿服务活动。大力关爱弱势群体，组织志愿者开展法制宣传活动，向社区居民提供各类刑事、民事、行政等法律咨询，为社区弱势群体提供法律援助，解决困难群众实际问题；大力关爱留守儿童，组织志愿者深入社区、村镇、学校和福利机构，捐赠学习用品，进行学习辅导，提供心理咨询，帮助未成年人健康成长；大力关爱空巢老人，组织志愿者走进福利院、养老院、居民家庭，义务为老人理发、量血压、测血糖、打扫庭院、修剪树枝，与老人贴心交流，为老人们表演文艺节目，让他们能够安享晚年；各级文明单位广泛动员干部职工参加“4·20”芦山地震灾区大型募捐活动，募集到捐款39万余元。

以制度建设全面提升机关党建科学化水平
为攀枝花率先在全省全面建成小康社会贡献力量

中共攀枝花市直属机关工作委员会

2013年，在市委的坚强领导和省直机关工委的精心指导下，市直机关工委坚持以提升机关党建工作科学化水平为主线，以落实《中国共产党党和国家机关基层组织工作条例》为抓手，深入学习贯彻党的十八大、十八届三中全会和省、市重要会议精神，紧紧围绕“服务中心，建设队伍”两大任务，狠抓市直机关党组织思想、组织、作风、制度和反腐倡廉五大建设，进一步提升机关党员队伍综合素质，充分发挥机关党组织战斗堡垒作用，有力地促进了机关各项任务的完成，为全市经济社会全面发展提供组织保障。

一、以贯彻落实十八大精神为主线，不断强化“服务中心、建设队伍”的大局意识

（一）抓学习教育。一是举办专题培训。组织市直机关“中国梦”、贯彻十八届三中全会精神和市委九届五次全会精神等专题报告会。同时，以“实现伟大中国梦，建设美丽繁荣和谐新四川”为主题，大力开展“六个一”活动，市直机关党员干部广泛参与。二是组织业务学习。8月3日，就如何贯彻《中国共产党党和国家机关基层组织工作条例》和“如何当好机关党组织书记”等知识，对市直机关520余名党组织书记和组织委员进行培训，进一步提高了党务干部的业务工作水平。三是推进“学习型机关”创建活动。2013年4月，对2011—2012年度市直机关“学习型机关”创建活动进行了总结表彰，有15个市直单位继续保持“学习型机关”创建活动优秀单位称号，新命名16个市直单位为“学习型机关”创建活动优秀单位。

（二）抓宗旨意识教育。为进一步增强市直机关共产党员的党性意识，牢记党的宗旨和使命，提高政治觉悟，引导广大机关党员当模范、做表率，举办了一系列教育活动。年初，举办了市直机关“在党旗下成长”第32期入党积极分子培训班；10月中旬，组织35名党务干部赴井岗山江西干部学院学习培训；10月25日，组织300名机关新老党员参加“市直机关新党员入党宣誓暨老党员重温入党誓词仪式”。

二、以制度建设贯穿于五大建设，充分发挥机关党组织战斗堡垒作用

（一）思想建设抓针对性。一是加强对机关党员思想状况的动态掌握。制发了《市直机关党员思想政治工作分析报告制度》；加大与党员谈心谈话力度，形成“四必谈”工作制度，即：申请入党必谈、矛盾纠纷必谈、工作不在状态必谈、违反规章制度必谈。二是延伸学习平台，深化学习效果。指导市水务局机关党委拍摄电教专题片《水务党建谱新篇—攀枝花市水务局党建工作巡礼》。同时，组织党员干部参加征文、课题和评论撰写，工委机关上报的题为《一调二培三增、真情帮扶见实效》的征文获得三等奖，《普通党员的自信》获“实现伟大中国梦、建设美丽繁荣和谐四川”主题教育活动优秀评论。工委还形成了《浅谈加强服务型机关党组织建设工作》等课题。

（二）组织建设抓规范性。一是注重党务干部队伍建设。全年，各直属机关党组织新任专职书记7名，专职副书记2名，新任兼职书记4名，兼职副书记1名。实行新任机关党委、党总支专职书记谈话制度，并对今年新任7名专职书记进行了集体谈话；明确了机关党组织负责人岗位职责，制发了《市直机关基层党组织书记工作职责》。新成立机关党组织1个，共指导22个机关党组织按期换届。二是机关党建目标管理进一步规范。制发了《市直机关党建目标管理考核办法（试行）》及《2013年市直机关党建目标管理考核评分细则》，共四章11条，4个项目29条考核内容，细化了89个评分标准，内容涉及党组（党委）执行《条例》情况、服务中心工作、队伍建设和年度重点工作等方面，使机关党建目标考核工作更加科学规范。坚持召开了机关党委、党总支专职书记年度考核述职测评会。三是启动了“五彩花城党建”品牌创建工作。印发了《关于开展“五彩花城党建”品牌创建的实施意见》，把基层党建工作的五种基本理念总揽为抓手和载体，服务各项党建工作。四是党员发展工作进一步规范完善。按照“控制总量，优化结构，提升素质，发挥作用”的新要求，严格落实发展党员公示、票决、预审和责任追究等制度，认真做好发展党员工作，确保了新发展党员质量。2013年，市直机关新发展党员55名，预备党员转正69名。五是党内关怀机制不断健全。2013年，对市直机关困难党员基本情况进行重新摸底统计，更新了32名困难党员台账；完善生病住院党员和去世党员家属走访慰问制度，全年为196名生病住院党员和去世党员家属发放慰问金37320元。

（三）作风建设抓实效性。一是坚持深入一线做调研、掌实情。工委先后组织近40个直属机关党组织分别召开座谈会3次，并对8个机关党委、3个机关党总支和1个机关党支部等12个直属机关党组织进行实地走访调研，着重就市直机关党组织现状、机关党务干部履职情况、退休党员的管理等开展了调研，并形成《机关党建工作调研报告》；二是坚决贯彻落实中央八项规定、省市十项规定，认真执行反对“四风”的各项规章制度。工委机关在执行好规定的同时，积极参与全市开展的专项监督检查工作，派出2名工委领导和1名工委干部参与检查工作。三是大力推进市直机关党员志愿服务工作。启动机关基层党组织和在职党员到社区“双报到”试点工作。市委组织部、市民政局、团市委机关党组织作为试点单位，与结对共建社区党组织相继开展了各具特色的“双报到”志愿服务活动，为机关基层党组织践行党的群众路线，发挥骨干带头和示范表率作用搭建了平台。

（四）党风廉政建设抓严肃性。一是抓好市直纪工委自身建设。市直机关纪工委完成了“三项建设”工作任务，纪工委被评为全市“三项建设”主题教育活动先进单位。2013年，新选任纪工委委员5名，新调整配备纪工办主任1名。纪工委根据中纪委关于清退会员卡的要求，对纪工委纪检干部持会员卡问题进行了清理和自查。二是加大违纪案件办理力度，做好信访申诉办理工作。市直纪工委受理并办结党员申述1件；市廉政办转办的查报结果件1件。全年查办违纪案件1件，1名党员副科级干部给予党内严重警告处分，建议撤销行政职务。三是抓好廉政文化建设进机关工作。按照市纪委《关于反对“四风”进一步加强作风建设的通知》，定期组织机关干部学习《中国共产党纪律处分条例》《关于实行党风廉政建设责任制的规定》《中国共产党党员领导干部廉洁从政若干准则》等内容，并组织副科级以上党员干部进行了“加强作风建设，促进廉洁从政从业”党风廉政知识集中测试。同时，抓好警示教育，为直属机关党组织征订发放警示教育片10部、光碟420张。

（五）工委机关自身建设抓示范性。2013年，工委机关对内部管理制度进行了认真清理和修改完善，使其更加规范有序；重新明晰了工委各内设部委室工作职责，使各部门工作与新形势、新情况、新要求结合更加紧密；对各处室工作人员进行了调整优化，促进工作效率进一步提高。

三、抓好重大活动，提升机关党员综合素质

（一）全力推进“挂包帮”活动和“双联”工作的有效对接。一是做好第二轮“挂包帮”活动的组织工作。2013年，组织召开了全市首轮“挂包帮”活动总结大会，87个先进单位和49名优秀下派干部获得市委、市政府的表彰，并启动了第二轮“挂包帮”活动，市、县（区）两级“挂包帮”活动领导小组再次派出了234名“挂包帮”下派干部到基层开展工作，各级帮扶部门制定了新一轮“挂包帮”三年规划和年度计划，签订帮扶协议，各项帮扶工作进一步落实。整个活动做到“四个全覆盖”，即“市级领导参与挂点全覆盖、352个行政村和132个社区被帮扶全覆盖、市县（区）两级部门包村全覆盖、央属省属国有企业包村全覆盖”，并动员了民营企业参与其中。二是全力推进百千万·干群心连心活动，扎实做好统筹结对帮扶工作。工委牵头起草了《关于统筹结对帮扶工作的通知》（攀委〔2013〕39号），对全市各类结对帮扶工作进行了梳理和整合，以“挂包帮”活动结对关系为基础，把市领导联系指导县（区）和基层工作、百千万·干群心连心活动、城乡党组织互助、定点扶贫、新村共建、“扶贫帮困送温暖”活动、计划生育“三结合”等结对帮扶工作进行了统筹协调，明确一个单位结对帮扶一个村（社区），结对帮扶关系原则上稳定三年。2013年8月，全市以一帮一、几帮一的方式，启动了科级和一般干部结对联系服务群众工作。据统计，目前已完成了12932名干部与8048户群众的结对联系，其中1304名县级、厅级干部联系户有3644户；11628名科级和一般干部联系户有4404户。仅2013年，联户干部们为联系户提出发展建议2000多条，解决实际困难1200多个。三是制定“双联”工作实施方案，明确工作要求。目前，攀枝花“双联”工作实施方案和组织架构已经初步拟出，对目标任务、工作措施、工作责任等进一步细化的同时，明确把“六送三有四到位”作为具体工作要求抓好落实，即“切实开展以送温暖、送技术、送政策、送法律、送文化、送经验为内容的‘六送’活动；确保‘群众有干部联系卡、干部有民情记录本、单位有帮扶工作台账’；做到思想认识到位、组织协调到位、制度建设到位、监督考核到位”。四是完善考核工作。市“挂包帮”办对考核办法做了进一步的修改和完善，细化了措施，明确了责任，强化了考核的导向。

（三）深入开展“思想大解放，作风大转变，工作大落实”主题教育活动。一是加强领导。成立了市直机关工委主题教育活动领导小组，制定了《市直机关工委深入开展“思想大解放，作风大转变，工作大落实”主题教育活动方案》。二是精心组织。对主题学习教育、开展“五个是否”大讨论、征求意见、民主评议、整改落实等工作任务都进行了细化分解和落实。活动期间，征集意见和建议共23条，明确了5个整改事项，8条整改措施。三是健全完善机制。结合工作实际，进一步健全完善了《市直机关工委关于进一步改进工作作风、提高工作效能的规定》《市直机关工委课题调研管理办法》等制度。

（四）丰富了机关文化活动。一是组织了机关干部参加元旦健身跑活动。年初工委组织了30个单位300余人参加了攀枝花第39届元旦健身跑活动。二是举办了元宵节登山活动。联合市体育局，组织76个市直机关近千人开展了元宵节登山活动。三是举办了市直机关第九套广播操大赛。市直机关共有50支参赛队伍，近2000名选手参加比赛，充分展示了机关干部职工的新面貌、新精神，受到机关各单位的广泛认可。

四、坚持统筹兼顾，机关统战群团工作异彩纷呈

2013年，市直机关工委重视和加强统战工作理论宣传教育力度，加强市直机关优秀党外干部的调查统计和推荐工作，引导、调动和组织各民主党派人士和党外知识分子充分发挥各自优势力量，推进攀枝花市经济社会又好又快的发展。协助市委统战部、侨联、侨办和台办举办“三胞三属”中秋茶话会，安排8名侨眷和台属参加茶话会，按时为5名困难老归侨发放生活补助费。

市直机关工会工委积极开展“送温暖”活动，在元旦、春节和“七一”期间，组织机关干部走访慰问老干部、对口帮扶职工生活困难户、市直机关特困职工、死亡职工遗属等，慰问金总额33200元。

市直机关团工委全年共指导新建团组织2个，指导10个团组织顺利完成了换届选举。坚持在机关团员青年中开展手机团委团购打折活动，今年为机关团员青年节约开支12万余元。同时，坚持抓好关工委工作。今年以来，市直机关各部门在“五四”青年节和“六一”儿童节、暑假期间分别组织开展形式各样的关爱青少年活动70余次。

市直机关妇工委以建设“坚强阵地”和“温暖之家”为目标，以服务大局、服务妇女为根本，依托“幸福攀枝花、巾帼齐行动”活动和“五好文明家庭”“绿色家庭”等载体，在市直机关中深入开展“巾帼建功”活动和家庭建设工作，取得明显成效。2013年，牵头选举产生市直机关出席市第九次妇代会代表33名，获得了市妇联评选的年度业务目标综合考核一等奖，被授予“攀枝花市优秀妇女之家”“攀枝花市三八红旗集体”称号。

立足新起点　把握新要求
奋力营造和谐稳定的社会环境

中共攀枝花市委群众工作局（攀枝花市人民政府信访局）

2013年是全面贯彻落实党的十八大精神的开局之年，是“十二五”规划承前启后的关键一年，全年群众信访工作取得了新成效，迈出了新步伐。攀枝花市委群众工作局按照市委、市政府的总体部署，围绕中心、服务大局，认真贯彻落实中央、省关于加强群众信访工作的决策部署，以党的十八大精神为引领，紧紧围绕建设幸福攀枝花的工作大局，以确保打赢“年底前有显著变化”攻坚战为目标，在维护群众合法权益方面取得新的成效，全市未发生大规模群体性事件，未发生在全国全省有影响的信访恶性事件和个人极端事件，重大敏感时期实现集访“零赴蓉”、非访“零进京”，“急难险重”目标任务按进度完成较好。为全市实施“三个加快建设”、推进“三个走在全省前列”、打好“六大硬仗”、开展“五创联动”及在全省率先全面建成小康社会营造了和谐稳定的政治环境和社会环境。2013年，攀枝花市委群工局（市信访局）获党的十八期间全省维稳综治信访工作先进集体、全国“两会”期间全省信访工作先进集体、全市群众信访工作先进集体、维护社会稳定工作先进单位等称号。

一、围绕中心，服务经济社会发展取得新成效

市委群工局紧紧围绕建设幸福攀枝花的工作大局，全力为全国全省“两会”、2013成都财富全球论坛、第十二届世界华商大会、第十四届西博会、党的十八届三中全会和全省“两个现场会”等胜利召开营造和谐稳定社会环境，以强化群众工作实效为导向，以化解信访积案和解决突出信访问题为重点，以推进领导干部接访下访、矛盾纠纷排查调处和构建长效机制为抓手，压实各级责任，整合组织资源，创新工作方法，着力过程督导，全市信访形势继续保持了平稳向好的总体态势。

传统信访总量全面下降。全市信访部门受理信访总量2211件（批）次7970件（人）次，同比下降8.0%。其中，集体上访428件（批）5245件（人）次，同比下降3.8%；重信重访134件（批）次641件（人）次，同比下降36.4%。网上信访办理率实现“四个100%”。全年，受理网络、电话等形式信访15411件次，其中，“市长信箱”接收群众来信2758件，回复率100%；人民网书记留言69件，办结率100%；“省长信箱”留言141件，回复率100%；12345市民热线接收群众来信来电12369件，办结回复率100%；国投办交办74件，办结回复率100%。越级信访秩序有所好转。全年，全市群众到省上访75件（批）次189件（人）次，同比上升47.1%；进京访32件（批）次48件（人）次，同比下降5.9%；无进京重复非访，全市未发生信访恶性事件，未发生较大规模的信访群体性事件。实现重大活动及敏感时段非访“零进京”、集访“零赴蓉”目标。

二、明确责任，“急难险重”目标任务按期完成

市委、市政府将涉稳和信访积案化解纳入“急难险重”工作，市委群众工作局作为挂牌化解涉稳和信访积案工作牵头责任单位，会同市委维稳办将涉稳和信访积案梳理上报56件，报请市委办、市政府办印发《关于挂牌化解涉稳和信访积案的通知》（攀委办〔2013〕33号），明确召开一次积案交办会、开展一次专案攻坚行动、建立一批制度机制的主要措施和工作任务，将56件涉稳和信访积案全部交办、落实到各责任县（区）、部门，各责任单位全部逐一上报化解方案、办理时限、工作目标等，真正实现了方案明确、责任落实。在化解过程中，市委、市政府领导主动带头推进涉稳和信访积案化解，该项工作开展以来，市委、市政府分管领导召集督办会议12次、深入调研督导12人次，约谈有关责任领导10人次，市领导召开会议督办8人次、深入下访督导5人次，各责任单位领导每周听取工作推进情况汇报、做出工作安排、逐一督导案件化解。截至11月底，全市挂牌化解56件涉稳和信访积案，全部化解，化解率100%。

三、攻坚克难，深入推进重点信访积案妥善解决

按照省信访联席办交办的进京非访、进京到省集访、重信重访案件要求，市委常委会专题听取汇报，针对省上交办的信访案件，明确了17件重点信访案件由17名市级领导包案。对17件重点信访案件，要求提高办理质量，加快办理进度，努力实现省领导提出的“年底前要有显著变化”的工作目标。按照“领导亲自包案、一案一套班子、一案一套化解方案、一案一套稳控措施”的要求，各涉事县区、涉事单位对案件进行了再梳理、再核实，均制定上报了案件化解办理工作方案，明确了包案领导、责任单位、责任部门和责任人，明确了各阶段办理措施和办理时限。同时，市委群工局、市目标督查办和市委维稳办针对重点信访案件的化解办理进展情况联合进行了不定期督导检查，同时建立了每半月定期通报制度、定期督导制度和约谈制度，因案施策，逐案化解，强力推动“事要解决”。2013年年底，17件重点信访案件化解率100%。

四、联系群众，领导干部接访下访落到实处

经市委群众工作局上报市委、市政府同意，把领导接访下访工作纳入建设“幸福攀枝花”考核体系和各级、各部门的年度绩效目标考核，推动领导干部接访下访活动深入开展，实现了“由堵到疏”“由被动应对向主动下访”的转变，让群众诉求有地方讲、难事有地方反映、问题有地方解决。一是领导干部接访制度化。按照《关于印发2013年市领导接待日的通知》，坚持落实每周有1名市级领导在市群众工作中心接待群众，各县（区）保证每天有1名县级领导接访，每名县级领导坚持每月到联系乡镇下访，各乡镇（街道）领导干部和企事业单位负责同志随时接待群众来访，市、县（区）职能部门保证每个工作日有1名班子成员在本单位接访。主要领导成鸣书记、张剡市长，分管领导张伟书记、殷旭东副市长分别就重大节日、重要敏感节点和事关全市信访稳定的重大问题多次做出重要批示，并身体力行带头接访群众、下访基层、带头包案化解社会矛盾纠纷。全年，全市各级领导干部共416人次接访群众3318人次，解决842件信访问题，其中市领导接访43批301人次。二是领导干部下访常态化。要求市、县、乡三级领导干部积极主动“走下去”，每月至少1次定期不定期约访、下访群众，对挂包案件、分管范围内的越级上访案件及时进行预约接访或带案下访，推动信访问题就地解决，形成了“领导干部下去多、信访群众上来少”的良好局面。全年，全市各级领导干部共518人次下访群众4364人次，解决528件信访问题。三是接访下访责任明晰化。明确规定涉事主管部门是“第一时间处置第一现场”的责任主体，对影响较大的群体性上访，涉事单位主要负责同志必须第一时间到场，第一时间处置；对一般性群众上访，涉事分管领导必须第一时间处置第一现场；对因处理信访事项不力，发生进京赴省集体上访和重复进京赴省非正常访案件的，责任单位主要负责人要做出书面检查；对交办信访问题推诿扯皮、解决不力造成严重后果的，一律启动责任倒查机制，严肃追究相关领导和责任人的责任。全市各级领导干部174人次共132次第一时间到达第一现场接访群众713人次。四是信访包案规范化。认真仔细筛选信访案件，安排各级领导主动接访、啃“硬骨头”，接访疑难复杂、涉及面广、政策性强以及苗头性、群体性信访事项，确保接访下访的针对性和实效性；领导接访后进入包案程序，现场下发督办通知，要求相关单位在规定时限内上报处理结果。五是接访下访考核科学化。把做群众信访工作的情况纳入领导干部年度述职内容，与领导班子评价和干部考核任用挂钩。信访部门积极配合组织部门对涉事单位负责人到场协同接访的情况进行严格打表、记录和反馈；将群众信访工作作为保证目标和绩效目标列入对各县（区）、市级各部门、各大企业的考核内容，对工作成绩优秀、成效显著的单位和个人进行表彰奖励。

五、依法依规，认真办理群众来信来访来电

按照“属地管理、分级负责，谁主管、谁负责，依法、及时、就地解决问题与疏导教育相结合”的原则，以“五心四一样”为标杆，即：接待热心、交谈诚心、询问耐心、记录细心、息诉有信心；初访（信、电）重访（信、电）一样热情，干部群众一样真诚，辖区内外一样认真，本地外地一样对待，认真处理群众来信、接待群众来访，倾听人民群众的意见、建议和要求，帮助群众解决实际困难和问题。一是推动办信工作高质量办结。重点开展“重复信治理”活动，排查清理全市重复信，通过再调查、再核实、再处理、再答复，真正做到案结事了。二是建设“工作一流、群众满意”服务窗口，热情依法接待群众来访。围绕“联合接访”一个中心，为群众提供“一站式接待，一条龙办理，一揽子解决”服务。做到“初访必转送、重访必督办、集体访必交办、疑难访必会办”。三是搭建高效便民平台。依托12345市民热线服务平台，将市长信箱与12345市民热线整合，节约资源，提高工作效率，方便群众通过热线平台直接反映情况，解决群众诉求。大量问题在第一时间、第一地点得到妥善解决，全市初信初访2077件（批）次，当场及时妥善处置1823件（批）次，及时化解率为87.8%；市长信箱接收群众来信2758件，回复2565件，及时回复率为93.0%；“12345市民热线受理中心”受理群众来电12369件，办结12289件，及时办结率99.3%。

六、创新思路，积极探索化解矛盾新方法

关口前移、重心下移，注重从源头上预防和排查化解矛盾纠纷。一是联动排查社会矛盾纠纷。采取经常性排查和集中排查相结合、一般排查和重点排查相结合、块块排查和条条排查相结合等形式，建立了区、县和市级部门每月、乡镇（街道）每半月、村（社区）每周进行一次矛盾纠纷滚动排查制度，切实加强对涉及征地拆迁、劳动社保、企业改制、涉法涉诉、环境污染等信访突出问题的排查和掌控，特别是在元旦、春节、全国、全省“两会”、成都2013全球财富论坛和第十二届世界华商大会、“西博会”、全省“两个现场会”等重要时期和敏感时段前对可能发生非正常上访、大规模集访和群体性事件的苗头性、倾向性信访问题进行滚动排查，做到了排查矛盾纠纷“纵向到底、横向到边”，不留死角和空档。2013年以来，先后开展集中排查12次，排查出信访突出问题、重点信访问题108件次，重信重访问题33件次，对积极做好信访和稳控工作打下了坚实的基础。二是积极开展社会稳定风险评估。各区县、有关部门认真贯彻落实中央和省、市社会稳定风险评估的有关规定，坚持“三个在前”，即把群众利益想在决策之前、群众要求解决在实施之前、群众工作做在执行之前，切实做到有明显不稳定风险的决策不出台、大多数群众不支持的项目不实施、没有通过社会稳定风险评估的工作不推开，着力从源头上杜绝和减少信访问题。2013年全市开展稳定风险评估项目共168件，化解涉稳隐患276件。三是及时收集反馈情报信息。市委群工局对“12345”市民热线来信来电、市长信箱群众来信、到市上访集访、赴省进京非访等重要信访情况，通过《政法要情》《群工专报》《信访动态》等形式反馈给市县（区）党委、政府主要领导，分管领导和涉事部门，及时向党委政府和涉事责任主体单位提供快捷准确的信息，切实把各种已经显现的或潜在的矛盾隐患解决在初期。全年共编发各类情况通报141件，反馈信访信息487条。四是分类化解社会矛盾纠纷。坚持把抓好矛盾纠纷化解作为深化平安攀枝花建设的着力点，最大限度地减少影响社会和谐稳定的“诱发点”。对排查出来的矛盾纠纷逐一分类登记建档、逐件落实包案领导、逐案制定化解方案。对一般性矛盾纠纷，及时就地化解；对疑难矛盾和群体性矛盾，实行专案攻坚、联合调解；对重大涉稳隐患和信访积案，实行责任区（县）、责任部门“一包到底”和“一把手”负责制，不断提高社会矛盾纠纷调处成功率。全年排查矛盾纠纷1217件，化解1034件，化解率为85.0%。

七、夯实基础，着力群工信访部门自身建设

不断加强信访部门自身建设，挖掘内在潜能，积极有效应对严峻的信访形势和繁重的信访任务。一是开展“实现伟大中国梦、建设美丽繁荣和谐四川”教育实践活动，不断加强作风建设。严格落实中央“八项规定”、省委“十项规定”和市委“十项规定”，不断强化“机关就是服务，公务员就是服务员”理念，始终坚持群众路线，牢固树立群众观念，大力弘扬求真务实精神，带着责任和感情做好信访工作，把实现好、维护好、发展好最广大人民的根本利益作为一切工作的出发点和落脚点，把人民满意不满意作为检验工作的最高标准，以良好的作风、形象和成效赢得党和人民的信任。二是开展信访系统大调研活动，探索新时期群众信访工作新方法。以国家信访局开展的“贯彻十八大·开创新局面”大调研活动为契机，结合工作实际开展专题调研，采取现场观摩、实地查看、剖析案例、座谈交流等方式认真组织开展实地调查研究，撰写调研论文14篇，经层层筛选共推荐4篇论文上报省信访局，其中1篇一等奖、2篇三等奖、1篇优秀奖。针对信访工作中探索的有效做法和遇到的突出问题，通过深入调查研究，及时总结经验、固化制度，改进工作、破解难题，切实提高信访工作水平和效能。三是充实优化信访干部队伍。2013年新招录事业编制人员3名，均按要求配备到位。全市信访系统配备了一支思想政治素质比较好、理论水平比较高，业务能力比较强的信访干部队伍。

围绕中心大局扎实开展机构编制工作

中共攀枝花市委机构编制委员会办公室

2013年，在市委、市政府和市委编委的正确领导下，在省委编办的关心指导下，市委编办以科学发展观为统领，紧紧围绕市委、市政府的决策部署，不断加强机构编制管理，强化干部队伍建设，提高机构编制工作水平，较好地完成了各项工作任务，为本市经济和社会发展提供强有力的机构编制体制保障。

一、着眼于促进经济社会科学发展，围绕党委政府中心工作开展机构编制工作

始终将机构编制工作与党委、政府的工作大局联系起来，自觉地服从和服务于党委政府的中心工作和重大战略部署。一是围绕市委市政府中心工作，研究解决体制机制中存在的问题，如不断探索花城新区和盐边县北部管理体制问题；调剂增加住建局、林业局等单位编制、领导职数及调整机构设置，为“五创联动”提供机构编制服务。二是强化局部领域的体制和机制建设，如整合力量，设立市委市政府目标督查办，提升重大决策的监督检查和执行力；设立市委巡视办，畅通省委巡视工作联系渠道；设立市委政法委纪工委、钒钛产业园区管委会纪工委，进一步加强政法系统和产业园区党风廉政建设；理顺市级领导编制管理，缓解部门编制压力；加强和充实涉及社会管理、民生对应相关部门工作力量等。

二、着眼于满足人民群众日益增长的公益服务需求，积极稳妥推进各项改革

（一）继续深化行政体制改革。一是全面完成食品药品监管体制改革。严格执行国务院和省政府关于改革的总体要求，在12月15日前全面完成了市县两级改革任务。通过改革，整合调整了分散在7个部门的食品药品监管职责共7项，组建了新的食品药品监管局，按要求足额核定食品药品监管局和食品药品稽查机构的人员编制。同时，切实加强基层食品药品监管体系建设，仁和区、米易县、盐边县食品药品监管局均按片区设置了派出机构。二是认真做好新一轮政府改革的准备工作。根据《中共中央国务院关于地方政府职能转变和机构改革的意见》和《国务院机构改革和职能转变方案》，做好政府职能转变的前期准备工作，深入研究部门职能转变和卫生行政部门、人口和计划生育部门的机构和职责整合问题，提出了工作规划和安排。三是进一步深化行政审批制度改革。认真贯彻落实深化行政审批制度改革的要求，牵头做好非行政许可和资质资格许可、认定的清理工作，市本级清理出相关事项170余项。协同市法制办、市监察局等部门做好对全市各级行政审批项目、行政审批项目前置条件清理等工作，并积极指导区（县）委编办开展此项工作。四是完成市公安局“三定”修定工作。改革前市公安局设置情况十分复杂，对改革期望值高。通过一年多深入细致的工作，理清了市公安局管理体制现状，梳理出10个方面的突出问题并提出了处理意见。通过改革，市公安局与派出机构职责关系进一步理顺，各层级机构设置更加规范，人员编制配置更加合理。市公安局“三定”规定印发后，此轮市政府机构改革和部门“三定”工作全部完成。

省委组织部副部长、省委编办主任王川（左二）到攀调研，市委常委、市委组织部部长熊伟（右二）陪同参观钒钛园区建设

（二）扎实推进事业单位改革。根据《中共中央国务院关于分类推进事业单位改革的指导意见》（中发〔2011〕5号）和《中共四川省委办公厅四川省人民政府办公厅关于开展事业单位分类工作的实施意见》（川委办〔2013〕6号）精神，结合全市经济社会发展实际，先易后难、积极稳妥、有序推进市属事业单位分类工作。一是建立健全组织机构，及时调整了本市分类推进事业单位改革领导小组成员。二是按期启动市属事业单位分类工作，出台《关于开展市属事业单位分类工作的实施意见》，对市属事业单位分类工作进行了安排部署。三是举办了事业单位分类改革工作专题培训座谈会，对区（县）委编办主要负责人和相关工作人员进行了集中培训。四是起草了《攀枝花市市属事业单位第一批分类指导目录》，并按照省委编办反馈意见对市属事业单位分类目录进行完善。主管部门制订所属事业单位分类方案工作已完成。

三、着眼于优化执政资源配置，切实管住管好机构编制

（一）切实做好实名制管理工作。一是按照省委编办的要求，完成了全市机构编制实名制管理信息库建设，实现与省委编办数据库对接，相关文件信息和人员信息录入量已达到100%，并及时实行数据动态更新。二是加强了与组织、人社、财政的沟通协作，实现数据共享，对实现人员的科学流动、财政供养人员只减不增起到十分重要的作用。同时，通过实名制网加强了对区（县）的指导监督，及时纠正错误做法，对推进机构编制的科学化规范化管理起到了积极作用。三是以实名制管理建设为契机，及时处理历史遗留问题，规范机构编制管理。加强与组织部门的协调联动，制定了《中共攀枝花市委管理干部职务名称表》，并及时互通领导职数增减和干部调整配备情况，有效控制了超职数配备领导干部的情况。

（二）加强机构编制管理工作。认真贯彻执行《中共中央办公厅、国务院办公厅关于严格控制机构编制的通知》（厅字〔2011〕22号）、《中共中央、国务院关于地方政府职能转变和机构改革的意见》

（中发〔2013〕9号）等文件精神，不断加大宣传和督查力度，严格执行机构编制规定。4月，以市委编委的名义转发省委编办《关于转发中编督函字〔2013〕4号的通知》（攀编发〔2013〕19号）时，再次强调各个部门和单位必须坚持机构编制"一支笔"审批制度，并作出具体规定，即在起草领导同志讲话时，原则上不得涉及机构编制具体事宜，确需涉及的，应事先征求机构编制部门的意见；在制定规范性文件时，凡涉及机构编制的事项，必须经机构编制部门按程序批准才能写入。除党委、政府和机构编制部门外，任何业务部门的文件都不得作为审核、审批机构编制的依据。

（三）健全举报和查处机制。一是进一步健全12310举报电话受理制度，将12310举报电话与12345（市民服务热线电话）网络受理工作联通，拓宽了12310举报电话的举报方式，形成了电话、网络、书面三位一体的举报方式，并实行24小时电话开通，加大了机构编制监督检查工作力度。二是通过市电台效能热线等方式扩大了对"12310"举报电话宣传。同时通过"12310"举报电话，加强机构编制管理政策的宣传、咨询工作。全年及时妥善处理了机构编制信访和投诉问题。

四、着眼于依法行政，推进机构编制法制化规范化建设

（一）建立和完善机构编制议事规则。认真学习贯彻厅字〔2011〕22号精神，着力强化主体地位，认真落实机构编制"一支笔"审批制度。明确机构编制审批权限，规范议事程序，坚持副县级机构报省委编办审批，科级机构由市委编办审批的原则，严格按规定和程序设立、变更机构和核定编制。做到不突破机构编制规定，不超机构编制限额。全年全市批准设立的机构13个，撤销机构16个，没有出现越级审批等违规行为，同时没有出现混编、超职数配领导、超规格配备干部等违规现象，切实做到行政编制、事业编制总体不超限额。

（二）坚持机构编制前置核批制度。完善了机构编制部门对机关事业单位用编的前置审批制度，单位用编必须首先经编制部门核批，才能到组织、人社、财政办理相关手续，建立起机构编制、组织、人社、财政部门的联动机制，有效地控制了财政供养人员的增长，并初步实现人员编制的动态调整，积极推进机构编制的科学配置。全年在编制的使用上，主要以公开招录和引进人才为主，人员流动重点向"急难险重"任务重的部门和重要单位倾斜，如环保、工业园区等部门，对全市中心工作任务的完成起到了积极作用。同时，在调研评估的基础上，也对职能弱化的单位严控人员编制，对职能增强单位适当增加人员编制，逐步推进编制的动态调整。截至2013年底，市级行政编制的实有人员比2012年减少31名，市级事业编制的实有人员比2012年减少88名，有效控制了财政供养人员增长。同时，专门调剂出100名事业编制用于引进高层人才和紧缺人才，加大了引进人才的力度，人才引进成倍增加。

（三）实行目标绩效考核制度。本市机构编制工作已纳入市委、市政府对区（县）党委、政府的目标考核，并按照省委编办和市编委会要求，进一步完善了《考核办法》和《考核细则》。在考核内容上，对贯彻落实厅字〔2011〕22号情况，严格执行机构编制规定、强化机构编制的集中统一管理等内容提出了明确要求。各区（县）委也将机构编制工作纳入对部门和乡镇的绩效目标考核，形成机构编制工作省对市、市对区（县）、区（县）对部门和乡镇的目标绩效考核体系，并将区（县）委常委会一年至少一次听取机构编制工作汇报，也列入了考核内容。

（四）认真做好事业单位登记管理工作。为推进事业单位登记管理工作的规范化、程序化，全市各级事业单位登记管理局紧密结合工作实际，不断完善监管机制，事业单位监管水平得到较大提升。一是实行网上登记年检，制定和完善了登记、变更等工作程序，做到严格把关，认真受理。二是加大动态管理力度。对事业单位登记事项以及执行条例情况进行定期或不定期检查，特别是结合事业单位清理规范等工作，对存在的问题及时提出整改意见，做到动态管理。三是规范档案管理。配备标准的档案柜、档案盒，明确专人负责。登记的档案全部做到材料齐全、内容完整、编号统一、存档规范。2013年，事业单位登记率达93%，年检率为100%。

围绕社会经济发展目标积极做好对台工作

中共攀枝花市委台湾工作领导小组办公室

2013 年，在市委、市政府的领导和省台办的指导下，攀枝花市对台工作以邓小平理论、“三个代表”重要思想和科学发展观为指导，认真贯彻落实党的十八大、中共十八届三中全会、省委十届三次全会、市委九届四次、五次全会和全国、全省对台工作会议精神，不断拓展思路、创新工作，加强对台经济、对台交流交往和对台宣传工作，热情为台胞台属服务，为促进祖国和平统一大业和推进攀枝花“三个加快建设”“三个走在全省前列”的发展战略做出了积极贡献。

一、对台经济合作取得新实效

紧紧围绕“三个加快建设”“三个走在全省前列”的战略目标，加强对“工业园区”模式下对台招商的调查研究，探索切合攀枝花实际的对台招商新方式，以重点台商为主要工作目标，重点帮扶现有台资和台属企业，积极为其排忧解难，搞好协调服务，促使他们扩大投资，做大做强，希望通过他们的示范带动作用，吸引更多的台商来攀枝花投资兴业。与此同时，及时收集涉台经济政策、台商投资信息并向有关单位提供，协助有关单位搞好项目对接。

认真落实刘成鸣书记、张剡市长的批示和赵辉副书记、李仁杰副市长的工作要求，配合市农牧局、投促局、盐边县政府加快推进盐边台湾农民创业园核心区的建设工作，力推攀枝花永丰余农业开发有限公司引进芒果深加工项目。多次陪同台商洪肇铭前往盐边国胜乡、盐边益民乡新民村、红格镇大面山等地考察，多次与相关单位沟通，协调解决其所需土地。

积极推动四川东泰投资有限公司新增 2600 万美元投资建设铝基蓝钛膜平板太阳能集热器和搪瓷内胆水箱生产线项目，达产后企业将新增年销售收入 35000 万元，新增利税 6000 万元。该项目已于 2013 年 12 月投入正式生产。

积极利用攀枝花市矿产资源优势吸引台商来攀投资。西区的石灰石（大理石）品质优良、开采容易，经大力宣传，吸引台资企业上海谅兴石材制品有限公司前来投资石灰石装饰板材生产加工项目。为使其顺利试产，协调解决了该公司来攀办理注册手续，试开采期间的一些纠纷问题。该公司在 2013 年西博会上和西区正式签约，决定在西区投资进行石材加工、生产和销售。积极组织市农牧局、盐边县、盐边台湾农民创业园和攀枝花市部分农业龙头企业，参加由国务院台办、台盟中央联合在大连举办的首届两岸现代农业产业项目交流对接会。攀枝花市参会人员同与会客商进行了广泛交流，已有两家台商表示合适的时候将来攀进一步对接、洽谈。专程考察内江台资企业四川佳美食品工业有限公司，向其推介攀枝花市良好的投资环境，积极邀请其来攀投资水果深加工项目。

截至 2013 年底，攀枝花市已落户台资企业 9 家，注册资金约 1135 万美元，实际到位资金增加到 4666 万美元。2013 年，还争取到台湾中航集团董事长彭荫刚资助攀枝花市 50 名贫困小学生完成小学学业项目，把 3 万元捐资助学金及时分发给受助学生。

二、攀台各项交流取得新突破

认真贯彻执行《四川省对台交流管理办法》和省台办《关于做好新形势下对台交流工作的意见》，结合贯彻落实中央《关于改进工作作风的八条规定》、省市委和省市政府关于改进工作作风的十条规定、《党政机关厉行节约反对浪费条例》《党政机关国内公务接待管理规定》，进一步规范了攀枝花对台交流管理工作。突出“阳光花城、钒钛之都、四川南向开放门户”等自然、资源、地理优势，协同有关部门筛选包装了一批有特色、有价值、有一定吸引力的对台交流项目上报省台办，通过西部海峡两岸经贸合作交流会发给参会台商，为今后对台交流打下一定的基础；按照市委市政府主要领导和分管联系领导的批示和要求，围绕市委市政府中心工作，组织市级部门、区县的相关人员组成城市管理和景观建设、文化创意产业和教育、特色农业和乡村旅游业3个因公赴台团组赴台学习。在此过程中，联系台湾有关方面，妥善处理了一起突发事件。协助攀枝花苏铁自然保护区组织省市专家赴台，促进了两岸苏铁保育工作的学术交流和合作；为在攀台资企业有关人员去台学习办理相关手续、提供政策咨询等服务。积极救助因在大陆旅游途中丢失证件财物的台胞林献龙先生，使其顺利返台。全年接待台胞30人次，办理因公赴台手续56人次。

三、涉台宣传和涉台教育取得新进展

积极将宣传介绍攀枝花市情况和项目的资料，通过各种途径传送到台湾岛内，加强攀枝花入岛宣传。特别是利用参加首届两岸现代农业产业项目交流对接会和2013年西部海峡两岸经贸合作交流会宣传攀枝花的投资环境，重点介绍了攀枝花市发展特色农业和机械制造业的有利条件、发展前景。配合市委统战部，利用全市统一战线中秋国庆茶话会，及时向台胞台属通报攀枝花市经济和社会发展情况，征求他们的意见。及时向省台办所办刊物《四川对台工作》和《中国台湾网－四川网站》《锦绣四川》网站报送信息，反映攀枝花市对台工作动态。组织四川日报、华西都市报、四川新闻网攀枝花分频道、四川经济日报、攀枝花日报、攀枝花电视台等媒体，从平面、广电、网络等多角度对攀枝花的莲雾进行宣传，扩大了攀枝花莲雾的知名度。应邀为民革攀枝花成员作台海形势报告，收到了较好的宣传教育效果。市台办组织开展了3次专题走访调查研究，对东泰、大友和四川长矾复合材料有限公司等在攀台资企业情况进行调研，了解其生产经营和企业发展状况，认真分析其存在的问题，提出改进建议。2013年向省台办报送信息23条，汇报材料2篇，向市委办公室报送信息23条。

四、服务台胞台属和台资企业取得新成效

坚持从对台工作大局出发，站在巩固深化两岸关系的政治高度，传达贯彻落实全国、全省对台工作会议精神，认真做好服务台胞台属台资企业工作。积极开展春节走访慰问台胞台属台资企业活动，逐户走访全市台资和台属企业。对台胞台属和台资企业反映的生产、生活中的问题和诉求进行梳理，逐一协调解决或落实。帮助台胞关介玉妥善处理在“欢乐阳光美食节”上的纠纷问题；与市国资委共同努力，协调解决台属韩见秋长期反映的因原单位破产造成养老保险金接续问题，使其在2013年开始正常领取养老保险金；协调有关单位解决台属赵平经济纠纷案，退回其岳父台胞张耀德的保证金88.2万元；认真执行国台办《关于进一步加强台商投诉协调工作的意见》，做好台商投诉工作，帮助攀枝花大友农业开发有限公司，解决其与金江镇沟坝村的土地租赁纠纷；帮助台湾农民创业园核心区的种植户解决莲雾销售问题，解决了农户的实际困难；向省台办多次汇报，并与雅安市台办协调沟通，积极支持四川长矾复合材料有限公司，妥善解决其与雅安市荥经县福荥公司经济纠纷诉讼；帮助东泰农业科技有限责任公司办理了工商注册项目变更等事项。协助有关单位妥善处理了台湾客家党主席温锦泉来攀参加相关活动的事宜。

2013年共处理落实台胞台属台资企业信访5件次，结案率100%，做到件件有答复、事事有着落，没有一起因处理不当造成的涉台上访事件，没有重大涉台问题发生。

五、机关自身建设取得到新进步

组织干部职工学习贯彻党的十八大和十八届三中全会精神，认真贯彻落实中央“八项规定”和省委省政府、市委市政府“十项规定”，扎实开展反对“四风”活动，切实执行《党员领导干部廉洁从政若干准则》《关于实行党风廉政建设责任制的规定》和《党政机关厉行节约反对浪费条例》，积极开展预防职务犯罪等工作。按照省市委的安排部署，扎实开展“思想大解放，作风大转变，工作大落实”和

“实现伟大中国梦、建设美丽繁荣和谐四川”主题教育活动，围绕推进“三个加快建设”的总体要求，以建设高素质干部队伍为目标，努力加强领导班子和机关效能建设，采取多种形式，组织干部职工学习中央对台方针政策，学习党和国家领导人关于台湾问题的重要讲话，学习有关涉台法律法规和涉台业务知识，不断增强对台干部的政治敏锐性和政治鉴别力，全市台办系统干部职工的精神面貌明显进步，综合素质、办事效率和执行力明显提高，工作作风明显转变。市台办结合城乡环境综合治理进机关和“五创联动”工作，积极争创为四川省文明单位。深入开展“万名干部直接联系服务群众”“挂包帮”、新村共建和帮扶特殊青少年工作，各阶段工作有计划、有总结，有检查、有督促。按照培养一支“政治坚定、业务精通、纪律严明、作风过硬”的对台干部队伍要求，加大对台干部的送培力度，全市有18名对台干部参加了各级各类组织的各种培训活动，其中5名干部参加了国台办组织的业务培训。此外，按照相关单位要求，切实做好综治维稳、普法、保密、信访、档案等单项达标工作，完成了省台办交办的其他工作。

推进保密依法行政　加强保密工作

攀枝花市国家保密局

2013年，全市保密工作在市委、市政府的坚强领导下，在省委保密委和省国家保密局的正确指导下，遵照市委市政府有关领导的指示要求，坚持“打基础、抓重点、破难题、强队伍”的总体工作思路，着力加强指导管理、宣传教育、督查检查和自身建设，保密工作扎实开展，圆满完成了全年的目标任务。

一、突出重点抓落实，全面完成省委保密委部署的各项工作

（一）积极开展“调查研究年活动”。全市各级机关单位结合自身保密工作开展情况，共上报调研文章或调研报告65篇，涵盖内容包括涉密文件管理、涉密数据保存、信息化条件下防范泄密等多个方面。

（二）大力推进全市保密干部全员培训。由市委保密办（市国家保密局）牵头组织全市93家市直机关部门、人民团体、企事业单位的办公室负责同志、保密专兼职工作人员和5个县（区）党委保密委员会负责同志共125人参加省级培训。省级培训结束后，联合市委党校，组织本市所属各县区党政机关办公室有关负责同志及保密专兼职工作人员参加市级培训，培训4期共723人。培训工作圆满完成，取得了良好效果。

（三）高质量完成全市保密工作普查工作。这次全市保密普查工作，涉及17张表的百余项数据。本市共普查各级机关单位（含二级机构）592家，统计涉密文件4000余份（其中2012年产生300余份），涉密人员1750人，涉密单机127台，涉密U盘或移动硬盘61个。普查数据准确翔实，一次性顺利通过省委保密办（省国家保密局）审核。

（四）创新性地开展保密管理统计工作。在原有统计项目类别上，结合本市保密工作开展情况，增加了文件资料销毁情况的统计。2013年4月共统计全市各级机关单位451家，其中涉密或内部工作计算机600余台，与互联网连接的计算机26562台，部门门户网站78个，在用各种网络10个，销毁文件资料18456.8公斤。

二、大力推进保密依法行政，加强保密督查和考核

（一）认真做好2013年保密工作考核。全市纳入2013年保密工作考核的县级（含县级以上）单位共有111个，其中达省一标（95分以上）的单位有74个，占65.76%；达省二标（90分以上）的单位有21个，占19.82%；达省三标（85分以上）的单位有5个，占5.41%；未达标的单位有10个，占9.01%，考核结果总体与2012年基本持平。根据目标绩效考核办法，对未达到省一标的单位进行了相应的扣分处理。

（二）认真开展政府信息公开保密审查专项检查。全市共检查机关单位内设部门1142个，机关、单位网站53个，涉密网络2个，涉密计算机702台，非涉密7818台，检查涉密移动存储介质144个，非涉密移动存储介质2643个，删除敏感信息2条。

（三）加强国家统一考试保密管理。配合人事局、司法局做好2013年全市人事考试和司法考试工作，加强了试卷押送、试卷保密室的督促检查和指导。2013年全市各项国家统一考试未发生失泄密事件。

（四）强化出版物保密审查。2013年共审查了《攀枝花年鉴》等公开出版刊物共300多万字。

（五）加强涉密文件清退督查。对在2013年度清退涉密文件不齐的单位，依法追究有关人员责任，督促整改，加强保密教育。

三、加快保密新技术应用，提升技术防范水平和技术监管能力

（一）推进全市党政机关互联网集中统一接入建设。根据省委保密委关于减少党政机关互联网出口，做好网络防泄密的要求，市国家保密局组织电信、联通、移动等运营商多次召开项目协调会，共同制定了全市党政机关互联网集中统一接入技术规范。计划第一期将全市市级90余家党政机关单位纳入集中统一接入，届时将大幅度减少党政机关互联网出口上百个，集中管控计算机超万台。该项目由三家电信运营商共同合作，共建共享共管，这在全省保密系统范围内尚属首次。

（二）做好涉密计算机维修定点单位复查。为加强本市涉密计算机的维护维修管理，根据《四川省涉密计算机维修管理办法》的要求，市国家保密局通过实地检查，对相关技术人员进行保密培训，查阅维修任务记录等方式，对已确定为攀枝花市涉密计算机维修定点单位的攀枝花市宇森工贸有限公司和攀枝花市志林科技网络有限责任公司进行了复查，有效期到2014年4月止。

四、加强组织领导，充实保密工作队伍。

根据中央及省委保密委的有关要求，经2013年经市委编委研究同意，保密局增设总工程师领导职务。这在全省各地市州中尚属首例，为今后在信息技术条件下更好地开展保密工作打下坚实基础。

不断提高科学化水平　促进党校事业新发展

中共攀枝花市委党校

党校作为宣传党的理论创新、路线方针政策的主阵地，提高领导干部执政能力和水平的重要平台，加强领导干部党性锻炼的大熔炉，始终坚持以中国特色社会主义理论体系为指导，深入贯彻落实科学发展观，坚持“党校姓党”的原则，坚持正确的办学方向，坚持“从严治校、从严施教、从严管理”的办学方针。2013年党校全面贯彻落实《中国共产党党校工作条例》《行政学院工作条例》《2010－2020年干部教育培训改革纲要》以及《关于加强和改进基层干部教育培训工作的意见》，深化办学体制、教学内容、教学方法、教学管理的改革。加强“思想库”建设，充分发挥市委党校干部培训主渠道、主阵地作用，提高党校工作科学化水平，积极创建一流学校。

一、坚持“党校姓党”的原则，作为宣传党的理论创新、路线方针的主阵地，努力做好中央、省、市一系列重要精神的贯彻落实

把学习宣传贯彻党的十八大精神作为党校工作的头等大事，认真学习、精心准备，结合党校干部教育培训特点，着力推进党的十八大精神进教材、进课堂。

组织校（院）教研人员围绕“实现伟大中国梦，建设美丽繁荣和谐四川”主题教育活动和学习十八届三中全会精神以及全市中心工作撰写理论文章。积极参加各级各类理论研讨会、征文活动，扩大校院在全市社科理论研究方面的知名度和影响力。

积极开展“中国梦”主题教育活动和十八届三中全会精神宣讲，校（院）多名教研人员深入到区县、市级部门、企事业单位、部队、村社进行理论宣讲，共宣讲40余场。

二、围绕党委政府中心工作，做好干部教育培训，充分发挥党校在干部教育培训中的主渠道、主阵地作用

（一）认真完成党委、政府下达的各项培训任务

全年共完成21个培训班次，轮（培）训学员1556名。攀枝花市乡镇党委书记（乡镇长）、街道党工委书记（街道办主任）培训班3期，每期培训时间一周，共培训学员123名。举办第24期中青年干部理论培训班1期，培训时间为2个月，培训学员45名。举办2013年选调生岗前培训班1期，培训时间为1周，培训学员25名。与清华大学继续教育学院、浙江大学继续教育学院、广东省委党校联合举办攀枝花市“实施多点多极支撑发展战略”专题研讨班6期，每期培训时间为一周，培训学员286名。完成公务员初任培训班2期，培训学员172人。完成全市党外年轻干部培训班1期，培训学员48人。完成民主党派入党积极分子培训班1期，培训学员45人。与攀枝花市教育局委员会共同举办教育系统关于开展学习贯彻党的十八大精神培训班1期，培训时间为3天，培训学员72名。与市保密局共同举办攀枝花市保密干部培训班4期，每期培训时间为2天，共培训学员740名。

（二）努力搞好研究生和函授教育，为本市经济社会发展培养大批适用人才

大力加强研究生、东财的招生宣传和招生报名录取注册工作，2013年研究生招生注册63人，比上年增加74%。东财录取注册68人。

攀枝花市委党校被四川省委党校评为“在职研究生综合目标管理先进单位”“招生工作先进单位”。四川省干部函授学院攀枝花分院被四川省干部函授学院评为“学院网络教育先进学习中心”。

三、把服务大局作为党校办学的出发点和落脚点。坚持围绕推动党的中心任务、加强党的理论武装，开展党校干部教育。要把全市发展战略的实施与党员干部的培训结合起来，为本市经济社会发展提供人才支撑

（一）全力办好富有特色的县干班。按照市委“深入实施多点多极支撑发展战略，进一步提升攀枝花在攀西城市群和川滇结合部的战略地位”、全面打好“六大硬仗”的重大决定。市委党校分“实施多点多极支撑发展战略，建设中国钒钛之都”“实施多点多极支撑发展战略，推进阳光度假康养旅游目的地建设”“实施多点多极支撑发展战略，推进区域交通枢纽建设”“实施多点多极支撑发展战略，推进现代农业和新村建设”“实施多点多极支撑发展战略，建设中国阳光花城”“实施多点多极支撑发展战略，推进民生改善和社会事业发展”六个专题研讨班班次，对全市相关部门的人员进行异地培训。主要委托清华大学、浙江大学、广东省委党校培训。这六个班实行对口调训，以县级领导干部为主，还调训了与专题研讨班相关部门的科级干部，第一次对干部培训按工作性质进行混合培训，在培训工作中紧紧围绕市委的中心工作展开干部培训轮训，努力推进党委的重大决策部署进课堂、进教材、进头脑，引导广大党员干部凝心聚力，克坚奋进，实现攀枝花跨越式发展，在全省率先全面建成小康社会而积极投奋斗。培训工作达到了预期的目的。

（二）突出中青年干部理论培训班的实效性。在第24期中青年干部理论培训中，将市委重大工作安排进教学任务。组织学员对攀枝花市新农村建设进行专题调研。分5个小组对益民乡的益民村、总发乡的立新村、白马镇的马槟榔村、西区的庄上村、仁和大田片那里村进行现场调研。最后各小组汇总调研内容，讨论形成了《关于攀枝花新村建设的调查与思考》调研报告。

结合“实现伟大中国梦、建设美丽繁荣和谐四川”主题教育活动，第24期中青年干部理论培训班，以“实现伟大中国梦、建设美丽繁荣和谐四川及建设美丽幸福攀枝花”为主题组织了学员论坛，学员代表分别在论坛会上发言，从不同角度及方面，畅谈了“实现伟大中国梦、建设美丽繁荣和谐四川及美丽幸福攀枝花”的战略构想，并形成主题教育活动的思想成果10篇，刊登于2013年6月10日《攀枝花日报》。

（三）继续拓展办班形式。2013年对全市乡镇党委书记（街道党工委书记）、乡镇长（街道办主任）进行异地培训。这是十年之内，第一次大规模对乡镇党委书记（街道党工委书记）、乡镇长（街道办主任）进行的调训。通过培训，学员们对基层党建、社会管理创新、城乡统筹理论与实践、群体性与突发性事件、网络舆情管控等有了更全面的认识。通过学习，提升了学员的业务能力，加强了党性修养，增强了党性观念，树立了集体意识、纪律意识、奉献意识、大局意识。

四、发挥党校科研优势，打造科研精品，不断加强党校科研的生力军作用和党委政府决策的思想库作用

（一）党校科研工作坚持为提高教学质量服务、为地方党委政府决策服务、为“五大建设”服务、为理论创新服务，积极履行党的哲学社会科学研究机构的职能，充分发挥推进党的理论创新的生力军作用，主动成为党委政府重要的思想库，进一步提升党校的学术地位和社会影响力。

完成各级各类课题18项，包括四川省哲学社会科学研究规划项目1项（结项）、国家行政学院年度课题1项（在研）、攀枝花市2013年度重点软课题1项（结项）、2013年省党校重大研究课题（市州项目）1项、省党校系统调研课题9项（结项8项）、攀枝花市党校系统年度重点课题6项。此外，还承担多项市级部门课题撰写任务。

全校共发表各级各类理论文章84篇，其中核心期刊1篇（“执政党规律探索的中国路径”作者：吴宏放《中国共产党》2013年1期（全文转载）），省级公开刊物21篇，市级刊物62篇。

获四川省党校系统第八届优秀科研工作组织奖1项（市委党校已连续8次（十六年）获得此项殊荣。在全省21所地市州党校中，除成都市委党校外，攀枝花市委党校是唯一一所连续八届获此殊荣的党校）、优秀科研成果奖9项（二等奖5项、三等奖4项）、优秀科研个人奖1项、优秀科研管理工作者奖1项；获攀枝花市第十次哲学社会科学优秀成果奖12项，其中：一等奖2项（《论马克思主义中国化的主要特征》作者：吴宏放；《论民主的价值构成、价值量及评判标准》作者：赵厚钊），二等奖4项，三等奖6项。此外，多项成果在省、市研讨会、评奖活动和征文活动中获奖。

编发报送“调研咨询专报”二期，分别是：《攀枝花市“苴却砚文化产业园区”品牌建设研究》《基于国家级开发区转型背景下的攀西战略资源创新开发试验区发展探析》，得到主要领导批示和有关部门的认可。

按时编辑出版校刊《攀枝花新论》四期。

（二）图书、信息化建设提升服务质量，为学校教学、科研、管理工作顺利开展提供知识储备和技术支持校（院）2013年共采购图书280册、报纸15种、杂志239种。满足教研人员和学员的教学科研需求。

信息化建设为党校教学科研管理工作服务取得新进展。积极发展远程教育“中国西部开发远程学习网（英文缩写：CDDLN）”。借助该远程学习平台，为全市各级各类部门提供免费远程培训课程。2013年开设了“宏观经济热点”“改革专题”“新型城镇化问题研究”“城市管理热点问题研究”等7个专题，共计培训学员300人次。2013年攀枝花市委党校远程学习中心被国家发展和改革委员会西部开发司授予“中国西部开发远程学习网优秀学习中心”称号，全省10个学习中心只有三所市州党校获此殊荣。

五、实施人才强校战略，着力建设一支适应校院事业发展的人才队伍

校（院）注重加强职工队伍建设，始终坚持“人才强校”战略，按照“用好自己人才、培养现有人才、储备未来人才”的工作思路，注重以教师为龙头的职工队伍培训工作，加大对教师的培训力度，为中青年教师搭建学习深造平台。2013年选派22名教师以及教学管理骨干到省委党校、知名高校参加进修学习，开阔了年轻教师的眼界，提升他们的教学科研能力。

选派优秀青年教师到乡镇挂职锻炼，增添实际工作阅历和经验，提升理论联系实际的能力。学校关心下派挂职锻炼的青年骨干教师，与下派单位积极联系，密切关注他们在基层的工作生活情况，帮助年轻干部健康成长。

组织行政管理、后勤服务人员参加岗位培训，激发职工工作热情。

六、加强党的建设，建设和谐党校，校风学风更加优良

（一）认真组织学习活动。根据市委的统一部署，校（院）在全校教职工中深入开展“思想大解放，作风大转变，工作大落实”主题教育活动。认真解决干部思想作风中存在的突出问题和学校发展过程中迫切需要解决的一些实际问题。实现了“思想进一步统一、力量进一步凝聚、作风进一步转变、工作进一步推动”的目标。

按照市委开展“实现伟大中国梦、建设美丽繁荣和谐四川”主题教育活动的总体要求，校（院）结合“三大主题”教育活动和市委党校工作实际，开展了富有党校特点的学习宣传活动。

中共攀枝花市委党校荣获“中心组理论学习组织工作先进单位”“学习型机关创建活动优秀单位”荣誉称号。

（二）校委十分重视党风廉政建设，认真学习贯彻中央“八项规定”和省委、市委“十项规定”精神

校（院）结合学习贯彻中央“八项规定”和省委、市委“十项规定”精神的活动，积极完成“惩治和预防腐败体系基本框架构建”相关工作。全年召开4次党风廉政暨职工思想分析会，2次党员干部党风党纪和清正廉洁教育。校委领导以“八项”和“十项”规定严格要求自己，认真落实好廉洁自律的各项规定，保持了清正廉洁。

（三）重党的基础建设。发展党员和预备党员转正工作有计划地进行，选送3名同志参加入党积极分子培训班。认真开展“三会一课”活动，组织全校党员职工上党课4次。

（四）通过开展丰富多彩的文体活动，增强职工凝聚力。组织校（院）教职工参加全市广播体操比赛、全市乒乓球比赛。丰富了校（院）教职工的业余文化生活，增强了教职工凝聚力。市委党校有1户家庭被评为全市“十佳学习型”家庭，受到市级表彰。

（五）完成扶贫帮困工作。继续深入开展“干群心连心——万名干部直接联系服务群众活动”，与每名群众建立了联系卡，县级干部填写了民情记录本。市委党校8名县级干部多次看望慰问直接联系的22名困难群众，向困难群众送去关心慰问。积极开展挂包帮和结对共建新村活动，市委党校被市委、市政府授予全市“领导挂点、部门包村、干部帮户”活动先进单位荣誉称号。

（六）成立学校关心下一代工作委员会。在市关工委的指导下认真开展工作。校（院）34名同志与米易县草场乡明德小学30名困难学生结成了帮扶对子。送去学习用品和助学金。积极开展关心下一代的活动，让青少年感受到校院的关心和爱护。

七、提升管理水平，强化服务意识，工作水平不断提升

加强校（院）内部管理，保障各单项目标任务顺利完成，2013年校（院）认真抓好卫生、治安综合治理、安全、绿化、精神文明、保密、信访、法制等单项工作的日常管理。在后勤工作中，针对固定资产管理、政府采购、节能降耗、安全、卫生管理等方面实施精细化管理。积极开展公共节能宣传、“五创联动”、城乡环境综合治理“进机关”活动。

按照市委的要求，校（院）认真组织开展《党校志》编撰工作。各责任处室正按计划有序开展编撰工作，以确保《党校志》顺利完成。

加强离退休人员的服务管理工作，积极组织开展离退休支部学习活动，让老同志们了解全市工作大局、了解校（院）工作情况，引导老年同志过好积极健康的离退休生活。

市委党校、行政学院取得了一定的工作成效，但还存在需要进一步改进的问题。市委党校一定认真总结经验，加倍努力，在市委、市政府的坚强领导下，继续把校（院）的各项工作做得更好。

增强服务、资政理念 提高党史资政育人水平

中共攀枝花市委党史研究室

在市委的领导下，攀枝花市党史系统继续深入贯彻落实中央、省委、市委关于加强和改进新形势下党史工作的意见和会议精神，坚持服务大局、服务现实的原则，将服务理念、资政理念、精品理念始终贯穿在党史征编、专题研究、宣传教育等工作中，党史基础工作稳步推进，党史研究水平不断提高，党史宣传教育亮点纷呈，党史队伍逐步优化，自身建设得到提升，充分发挥了党史资政育人作用，党史工作取得了丰硕成果。

一、党史基础工作取得新进展

本室把编写党史基本著作作为党史征研的重中之重，围绕编写《中国共产党攀枝花历史》和《中共攀枝花执政实录》，按计划推进有关资料征编、专题研究和撰写工作，各县基础工作取得新进展。

（一）《中国共产党攀枝花历史》（第一、二合卷）编纂工作稳步推进。一是认真开展提纲修订。《〈中国共产党攀枝花历史〉（第一、二卷）编写提纲》（初稿）面向全市210家单位和个人广泛征求了意见，并在吸纳了相关合理化意见、建议的前提下进行了修订。10月《〈中国共产党攀枝花历史〉（第一、二卷）编写提纲》上市委常委会审议，并进行了再修订。二是积极开展史料征集。结合《中国共产党攀枝花历史》（第一、二卷）的编纂，切实开展史料征集工作。全年征集各种文字及图片材料100余份，并对相关史料进行了甄别、整理，为后期工作的展开奠定了基础。三是全力推进编纂进度。本着边纂边修的原则，全力推进《中国共产党攀枝花历史》（第一、二卷）的编纂工作，截至2013年底已纂写20余万字。同时，从提纲的拟定、内容的取舍、编纂的体例等方面，全方位指导区、县党史基本著作的编纂工作，助推区、县党史编纂工作进度。

（二）《中国共产党攀枝花执政实录》（第六卷）如期编纂出版。本室的党史资料征编的常规性、连续性工作，每年编纂出版1卷《中国共产党攀枝花执政实录》，在前5卷的基础上，多次征询市委常委、编委会成员和相关部门关于体例、内容和篇目设置意见，对部分章节进行了调整，更加符合政策和时代的要求。经过1年的资料收集和编纂，《执政实录（第六卷）》（共230万字）于2013年12月由中共党史出版社出版发行。该书是系统记述攀枝花市各级党组织执政实践的年度综合性资政参考文献，收录了2012年党和国家领导人（含市委常委）来攀活动情况、市委常委政务活动、市委的重要文件、会议及决策、各单位工作情况、组织史资料等各个方面，是对攀枝花详尽、全面的工作实录。该书从收录的内容、全书的体例等在全国来讲是一个创新，在省内外影响也不断扩大。省委主管部门对本书也作了高度

评价，在全省党史系统推荐了《攀枝花执政实录》，在省内外影响不断扩大，目前省内有成都、自贡、泸州、绵阳、德阳、宜宾等地已经开始出版本地《执政实录》，省外比如海南的海口等地也借鉴攀枝花市编纂《执政实录》的经验。

（三）按时完成大事记编修。全面完成了1965年至2012年”中共攀枝花历史大事记汇编”（历史上的今天）的编纂修订工作。同时，遵循“求实、完整、及时、简明”的基本原则，广泛收集资料加以核实取舍，每月按时编修2013年大事记，基本做到了“大事不漏，要事不丢，新事不放，小事不录”。内容涉及政治、经济（工业、农业、经贸）、军事、文化、教育、科技、卫生、体育、外交等各个领域，全方位、多层次地再现和展示了攀枝花市的发展轨迹和取得的成就。同时在市委机关刊物《攀枝花纪事》上连载，并及时报送攀枝花市电子政务内网门户网站，确保了网站上的连载。

二、党史资政育人有了新成绩

党史资政是党史工作的根本任务之一，是用党的丰富历史经验为党和政府提供决策咨询，提供历史借鉴和启示，是党史工作服务现时的途径之一。

一是开展攀枝花开发建设史专题研究，形成题为《从神秘走向辉煌——攀枝花启示录》的研究成果，该课题以攀枝花的开发建设和改革开放进程为样本，分析了攀枝花的开发建设和改革开放进程体现出的中国特色社会主义建设的若干典型特点，从中获得启示和收获，对不断深化改革起着重要的指导作用。二是由本室业务人员撰写的《从攀枝花开发建设的成功看中国共产党对中国特色社会主义工业化的思考与实践》已收录由中央党史研究室、中央文献研究室合编的《中国共产党与三线建设》一书，年内即将正式出版。同时，该文的作者被还列为该书的编委会成员，作为地市州一级的党史机构能够进入如此高规格的权威出版物编委会，这是颇为少见的。三是为纪念毛泽东诞辰120周年，撰写专题文章《毛泽东与开发建设攀枝花的战略决策》，该文已报省委党史研究室参评，并于2013年12月26日在《攀枝花日报》登载；四是是撰写2篇资政论文交省委党史研究室参评。五是《党史文化与社会主义核心价值体系建设》等2篇论文被中央党史研究室2013年编纂出版的《全国党史文化论坛论文集》（第一、四卷）收录。六是以《攀枝花纪事》为平台，结合市委、市政府中心工作，有针对性的开展专题研究，提高资政水平，2013年发表专题文章30余篇。

三、党史宣传教育亮点纷呈

（一）《攀枝花纪事》办刊质量明显提高。《攀枝花纪事》是本室承办的市委机关刊物，是四川省级内刊，大16开本、双月刊。一年来，本室坚持做到在继承中努力创新，无论在选题内容的取舍上，还是在表现手法的运用上，都开拓创新，锐意求索，以新的理念、新的视角、新的手段总结新的经验、宣传新的典型、提炼新的思路，深刻反映攀枝花在新时代的新创造、新发展、新形象；努力做到立足服务市委中心工作，把握时代主旋律，注重综合性，增强可读性，把“办出特色，办出品味，办成高质量、高水平的期刊”作为追求的目标。该刊全年出版6期，每期15万字，6期约100万字，发放范围从党政机关到中小学校、街道、乡镇、社区，不仅增加了人民群众对政府的了解，增强了政府和人民群众的沟通，而且丰富了干部群众的精神生活，取得了较好的办刊的社会效果，受到干部群众好评。

2013年，本室在杂志定位、选题、组织文章、审阅稿件等方面紧紧围绕市委中心工作狠下功夫，及时刊登了市委重要决策和工作思路、攀枝花经济建设的成果、攀枝花开发建设的历史，总结了加快发展的典型经验，研讨了对攀枝花经济建设和社会发展的探索、研究改革和发展中的现时问题等，展示了攀枝花市情和改革发展成效，回顾了攀枝花历史，宣传了建设攀枝花的风流人物。该刊常设栏目有：卷首语、世纪记载、前沿传真、裂谷奏鸣曲、特别报道、本刊特稿、绿原撷英、西部热浪、时代论坛、新世纪之光、西窗夜话、人事任免、信息视窗、金沙警苑、大观园、大事记等20多个栏目。

（二）2013年，党史宣传及成果转化取得新成绩。一是基本完成以二滩水电站建设题材的长篇小说

《长河逐日》的创作；二是完成攀枝花北京、成都推介会电视宣传片《好一朵美丽的攀枝花》的脚本撰写，完成攀枝花对外宣传画册《阳光眷恋的山川》文案编辑工作；三是继续开展党史进机关、进基层、进社区、进学校活动。本年度为团市委、市委党校等党政机关、党校中青班等作了攀枝花开发建设史讲座2场，将编纂的党史资料《执政实录》《攀枝花纪事》等书刊送进基层、送进社区、送进学校，作为街道、学校图书馆的藏书，让群众、青少年了解攀枝花历史，继承攀枝花精神。四是专门派出骨干参与三线建设博物馆外观方案设计、展陈内容设计、展陈资料收集等工作。五是与区县和相关部门合作，完成了米易历史文化展览展陈内容审定、全省第七届少数民族艺术节东道主专场文艺演出《金沙记忆》策划、编剧等工作。

四、党史队伍逐步优化

（一）建立党史联络员制度。为建立和完善党史工作网络，形成各级党委积极参与、紧密配合的“大党史”工作格局，市委党史研究室经市委同意建立党史工作联络员制度，要求每个部门、单位要明确一名党史工作联络员，并确定一名分管领导。2013年11月，以《中共攀枝花执政实录》执笔人为基础组建的党史工作联络员队伍正式建立，承担本部门党史资料并定期上报、党史宣传教育、党史专题研究、市委机关刊物发行等任务。截至2013年11月，已形成覆盖市、县（区）、乡镇的党史工作网络。12月，全市党史工作联络员培训会在攀枝花会展中心召开。会上，应邀在攀调研的省委党史研究室主任陈荣仲为党史联络员授课，他结合党史工作实际讲了党史工作的“八大优势”，为联络员们打气鼓劲，同时对本市党史工作和联络员提出了希望和要求。

（二）加强学习培训，提高业务水平。一是认真学习宣传贯彻十八大、十八届三中全会精神。全室干部职工召开了学习贯彻党的十八大精神座谈会，学习贯彻全会精神与厘清工作思路、推动党史工作科学发展结合起来，以全会精神为指导，统筹、谋划好今后一个时期的党史工作。二是派出多名党史干部参加全国、省级、市级各种培训。先后派出10余人次全省党史干部培训班、西部远程教育、清华大学培训等各级各类培训。三是对《执政实录》撰稿人进行了培训，提高了《执政实录》编纂水平。市级和各区县对本辖区内的主要部门、单位的撰稿人进行了培训，分解落实了党史工作任务并对执政实录编纂要求、体例、资料收集等有关问题进行了集中培训。

五、部门自身建设得到提升

（一）以活动为载体，抓好作风和效能建设。本年度，本室以“三大主题”教育活动和“实现伟大中国梦，建设美丽繁荣和谐四川”主题教育活动为载体，广泛征求意见，深入查找问题，结合领导点评，落实整改措施，实施有效监督，把改变作风和提高效能同日常工作、挂包帮、万名干部联系群众活动、精神文明建设等结合起来，有效的促进了机关各项工作的开展，各项工作均取得显著成效。

（二）以高效执行为目标，部门综合能力不断增强。对省委党史研究室和市委交派的任务，市委党史研究室都十分重视，并高效、保质地完成，从而不断提升党史部门的综合能力。本年度，积极参加了省委党史研究室组织的全省党史主任会议、全省党史部门党史资政经验工作会；圆满完成省委党史研究室主任陈荣仲率领的调研组对攀枝花的调研活动组织工作，对调研情况进行总结报市委领导批阅，并对领导批示认真贯彻落实；撰写了3篇论文报省委党史研究室参评；与市委宣传部等部门合作，完成了攀枝花建设成就展、纪念毛泽东同志诞辰120周年相关活动、三线建设博物馆资料收集等有关工作。

第三节　文化建设

凝心聚力　开拓进取
奋力推进区域文化高地建设

攀枝花市文化广播影视新闻出版局

2013年，全市文广新工作在市委、市政府的坚强领导下，以学习贯彻十八大精神和中共十八届三中全会精神为主线，以开展“思想大解放，作风大转变，工作大落实”主题教育活动和“实现伟大中国梦、建设美丽繁荣和谐四川”主题教育活动为抓手，紧紧围绕市委确定的“三个加快建设”、大力推进“三个走在全省前列”、全力打好“六大硬仗”的战略部署，突出宣传文化能力建设和完善公共文化服务体系两大主题，不断深化文化体制改革，奋力推进区域性文化高地建设，促进了各项事业全面发展。

一、攻坚克难，强力推进，“急难险重”任务进展顺利

按照抓大事、解难事、办急事，重点突破，整体推进的思路，加大工作协调力度，“急难险重”工作进展顺利。四川攀枝花三线建设博物馆建设步伐加快，场平工程已经完成，文物征集和口述历史采集工作全面展开，已征集到4000件文物，采集了100余人口述历史音像资料，文物展陈设计和招标等正在加快推进；四川省第七届少数民族艺术节筹备工作按计划推进，成立了本市筹备委员会及相关工作机构，启动了活动场馆改造工作，完成了总体方案报批，形成了演出方案；牵头实施的创省级文明城市“有利于青少年健康成长的社会文化环境工作组”工作全面完成。

2013年4月12日上午，市委书记刘成鸣、市长张剡、副市长贾德华等市级相关部门负责同志，到三线建设博物馆建设工地视察工作。

二、统筹发展，惠民乐民，公共文化服务成效显著

民生工程任务全面完成。图书馆、文化馆、纪念馆等公共文化服务场所全部免费开放；建成了9个省级示范乡（镇）综合文化站、14个社区书屋；“攀枝花市民讲坛”举办讲座40余场，广场“大家唱、大家跳”共举办了420场；完成621个20户以下自然村广播电视村村通工程；超额完成地面数字电视用户发展任务，新发展用户2.6万户；新建成180个城市应急广播接收终端，广播“村村响”工程建成30个村级广播室；全面完成公益电影放映任务，其中：农村4224场、社区792场、学校484场。

基层文化活动不断丰富。开展了第三届全民读书月、第四届《金沙放歌》活动；到盐边县新九乡、米易丙谷镇，仁和同德镇等开展送文化下乡活动20余场，为当地农民群众送去了精彩的文艺演出、书写春联、拍摄幸福照等，惠及群众3万余人；组织群众性演出48场、美术（书画）展览等6场；开展

“周日写生”52次、“摄影艺术沙龙”10次；专业院团完成公益性演出61场、各类重大演出项目13项。尤其是举全系统之力，成功承办“2013年春节团拜电视文艺晚会”，进行了现场直播，得到了群众的广泛赞许。

2013年6月15日至23日，攀枝花苴却砚雕刻艺术在第四届“中国成都国际非物质文化遗产节”上展览

公共文化服务亮点突出。由市图书馆承担的文化部首批国家公共文化服务示范项目——“大地书香新农村家园工程”顺利通过国家验收；整合了应急、人防、气象、公安、卫生、防震减灾等公共信息资源建设的城市应急广播工程，得到国家新闻出版广电总局重视和肯定，被认为是国家应急广播体系建设的“攀枝花模式”，正在全力推进二期工程建设；由于本市广电公共服务保持全省领先水平，在第12届“四川电视节”举行的第二届中国广播影视公共服务发展论坛上，本局受邀做了专题发言，是组委会邀请在论坛发言的唯一的地市级广电行政主管部门。

公共文化服务机构评估定级稳中有进。开展了对县以上公共图书馆第五次评估定级工作，根据文化部公示结果，市图书馆保留国家一级馆，米易县图书馆由二级馆升为国家一级馆，盐边县图书馆从三级馆升为国家二级馆，仁和区图书馆从无级别升为国家二级馆。完成了第一次全国乡镇综合文化站评估定级工作，对全市176家乡镇和社区进行了评审，本市自评一级综合文化站（社区）13个，二级综合文化站（社区）21个，三级综合文化站（社区）20个，已上报省文化厅。

三、主动出击，开拓创新，事业建设水平不断提升

广电媒体阵地建设进一步加强。以学习贯彻党的十八大精神为主线，紧紧围绕市委市政府的中心工作，弘扬主旋律，打好主动仗，为全市人民“实现伟大中国梦、建设美丽幸福攀枝花”营造了良好的舆论氛围；开展了“走基层、转作风、改文风”大型宣传报道活动，《攀枝花新闻》等新闻品牌栏目，《新闻天天看》《小科帮忙》等民生栏目受到群众普遍欢迎；举办了“首届迎春庙会”“小科帮忙七夕高端相亲汇”“唱响攀枝花群众歌唱大赛”等一系列广电媒体活动，在市民中反响较好。组织参加了云贵川三省毗邻11市州广播影视媒体六盘水市和楚雄州的协作会和采风活动，本市在“广电媒体传播力建设”“广播电视融合发展”做了交流发言；市广播电视台200平方米演播室建成投入使用，购置了高清电视现场直播车、应急广播指挥车，媒体装备水平得到提升；组织作品参加了2011、2012年度四川广播电视节目奖评选，全市有5件作品获优秀奖、18件作品获提名奖，由市广播电视台创作的电视综艺节目《列兵日记》被省上推选参加全国广播电视文艺“星光奖”评选。

文艺创作成果丰硕。油画《雪域之路》获首届四川文华美术奖作品展二等奖；参加全省群星璀璨美术书法摄影优秀作品展，有20件作品获奖；在四川省首届民歌大赛上获得了3个银奖、2个铜奖；《傈傈欢歌》获得四川省首届群众广场舞大赛银奖和组织奖；小品《明年夏天去看海》获得四川省第十四届戏剧小品（小戏）比赛优秀剧目、优秀编剧、优秀导演、优秀表演奖4个一等奖；长篇小说《一个说纳西话的人》获第五届四川民族文学奖；重点创作了剧本新编现代川剧《朱德与雷云飞》和儿童音乐剧《金沙童话》，均已完成初稿创作，拟推荐参加省文化厅“重点剧目签约”。

文化遗产保护迈上新台阶。全面启动了攀枝花市第一次全国可移动文物普查，全市共普查国有单位

2013 年 6 月 19 日下午，市委书记刘成鸣参加四川攀枝花三线建设博物馆项目推进情况汇报会。

1415 家，共调查到 6700 余件历史文物；完成了攀枝花开发建设纪念馆、西祝寺、湾丘“五·七”干校三个省级文物保护单位修缮工程；组织开展了第二批市级文物保护单位评审工作，市政府核定公布了攀枝花市第二批市级文物保护单位 18 处；组织开展第四批省级非物质文化遗产项目申报工作，申报了仁和区大田镇板凳龙、笮山锅庄 2 个项目；配合省文物局对本市金沙江水电站、成昆铁路线（米攀段）扩能改造工程等重点工程建设开展了文物调查；启动了 503 地下战备电厂、十三幢纪念广场等重点文物保护的储备工作；草拟完成了《攀枝花市文物保护管理办法》，对市级非物质文化遗产项目代表性传承人每人每年给予 3000 元专项补助资金，进一步完善了对文化遗产保护的法律保障和政策支持；参加了第四届“中国成都国际非物质文化遗产节”，在“国际非遗博览会”上搭建了“攀枝花苴却砚雕刻技艺专题展馆”，对苴却砚艺术进行了全面展示，荣获此届“非遗节”展览最高奖项——“最佳展览奖”，苴却砚雕刻、苴却砚“千砚工程”获得组委会授予的“太阳神鸟”最佳展览奖。

有线广播电视网络双向化和数字化改造工作全面推进。开通了高清电视和 3D 数字电视节目，新增数字电视用户 14446 户，其中高清用户 3459 户，全市有线电视数字化率达到 98%，即将开展互联网数据服务等增值业务。

四、重点突出，稳步推进，文化产业发展步伐加快

积极打造苴却砚龙头产业。市委、市政府高度重视文化产业，成立了苴却砚文化产业暨文化产业发展推进领导小组，设立了扶持苴却砚产业发展专项资金，《关于加快推进苴却砚文化产业发展的实施意见》《攀枝花市文化产业发展扶持和奖励办法（试行）》等政策即将出台；苴却砚文化产业园、苴却砚文化艺术城、苴却砚特色小镇等纳入了文化产业发展总体规划，将成为攀枝花市经济发展新的增长极；苴却砚等文化产品先后在“非遗节”、东盟博览会、“西博会”“文博会”等进行展示和交易，苴却砚“千砚工程”获得了各界好评；积极申报仁和区苴却砚园区为国家级文化产业示范园区；为苴却砚企业争取到省级宣传推广费用 220 万元，加大在省级以上媒体的宣传，宣传推广力度加大。

文化企业和产业项目引进取得成效，文化产业收到良好效益。成都开源包装纸箱生产线项目投产，横店影城正式营业，成都融昇影立方院线成功签约，本市文化产业的规模不断壮大。2013 年本市文化产业主营业务收入达到 60.29 亿元，产业增加值 14.41 亿元，占 GDP 的比重达到 1.95%。

五、加强管理，协调推进，文化市场规范有序

执法队伍素质不断提高。全市文化市场综合执法改革暨“三化”建设工作达到省厅检查验收标准，市、县区执法队伍基本配备了办公电脑、打印机、数码相机、执法用车等。执法队伍“岗位大练兵”活动全面完成，参加全省“首届文化市场综合执法业务技能大赛”，获得总成绩第 8 名，执法办案第 3 名。

文化市场管理严格规范。先后开展了知识产权保护、查处违法违规演出、校园周边环境整治、“扫黄打非”“创建文明城市”、打击非法“网络共享”网站及产品、广电广告专项治理等专项整治行动。取缔无证经营游商 41 家、单位 29 家次、演出经营活动 3 次，取缔黑网吧 14 家，立案查处和当场处罚案件 99 起。

绿色频率频道创建成效明显。在第二届四川省广播电视绿色频率频道创建活动中，本局被省委宣传部、省广电局表彰为创建活动“优秀组织单位”，市广播电视台新闻综合频率被授予“示范单位”称号。在第三届创绿活动中，已完成“绿色指数”专家考评工作。

广电安全播出监管到位，宣传管理科学严谨。强化了广电安全播出和电影放映管理工作，全年无安全播出事故发生。电影放映秩序规范，积极稳妥完成了乡（镇）、公社老放映员遗留问题解决工作。

六、解放思想、创新思路，党建和干部人才工作取得新成效

全面加强党的建设。严格党的民主集中制，抓好各级领导班子建设，抓好学习型党组织、学习型机关建设，加大了党委理论学习中心组学习，加强领导班子理论武装水平和政策业务水平。认真组织开展了“实现伟大中国梦、建设美丽繁荣和谐四川”和“思想大解放，作风大转变，工作大落实”主题教育活动，涌现出一批优秀党员、党务干部和先进基层党组织。完成了市广播电视台党委、局机关党总支组建工作，换届改选了市图书馆、市文化馆、市文化执法支队、市文物局、市创评室党支部。对离退休党员管理等基层党建工作开展了调研，按照要求统一了党费收缴比例和管理工作，发展了4名党员。“百千万工程”“挂帮包”等工作深入开展。通过调研座谈，广泛征求意见，对攀枝花市文化高地建设形成统一意见。

文化体制改革后续工作有序推进。市文广新局与市国资委就攀枝花市艺术剧院的改革工作多次协商，按照有利于积极稳妥地推进文化体制改革、有利于维护职工队伍稳定、有利于促进文化产业发展的原则，以市政府《关于攀枝花市艺术剧院体制改革方案的批复》（攀府函〔2012〕50号）和《攀枝花市艺术剧院体制改革方案》为依据，就积极推进市艺术剧院改革与发展工作达成了一致意见，形成了会议纪要。进一步明确了市文广新局和市国资委的管理和服务职责，市艺术剧院在编在岗职工的安置和管理，事业单位经费管理和使用，资产处置，政府公益性演艺任务以及党群组织建设等相关事宜。为便于具体的运行和管理，市文广新局和市国资委，市文化艺术中心与市艺术剧院演出有限公司建立联系会议制度，共同研究决定有关事项。

干部队伍建设规范有序。严格按照《党政领导干部选拔任用工作条例》和有关干部选拔任用工作有关要求，抓好和推进干部选拔任用和调整工作，完成了对市文化馆馆长选拔任用工作、市节广中心主任竞聘工作，完成了对市年轻干部、后备干部推荐上报工作及局机关新任命的中层干部集体谈话，年度对干部选拔任用工作进行了评议，从评议结果来看，文广新系统干部职工对局党委的选拔任用工作较为满意。

优秀人才不断涌现。加大了对本土文化人才的培养扶持，启动了攀枝花本土文化和地方文献传播工程，召开了杨斌、普光泉等本土作家作品研讨会。加大对文化人才的选拔、培养、包装和使用工作力度，开展了以学科带头人为重点的人才选拔培养，着力打造“文化名家”工程，为人才施展才华搭建平台。2013年，文广新系统有5人被评为市级有突出贡献专家，1人被评为市级学术技术带头人，5人被评为后备人选，2人被评为市委直接掌握联系的高层次人才，推荐了12人参加全市宣传文化系统“四个一批”人才评选，引进了2名高层次和紧缺专业人才，全年有25人晋升中高级职称。2名援藏干部在木里县的工作取得了积极成效，接收了2名木里藏区广电专业人员到本市短期培训，组织了15名文化专业人才分别赴凉山州三个贫困县支援文化建设。

“走基层”活动见实效。发挥工作优势，扎实抓好米易县得石镇马鹿寨村定点帮扶工作，在援建村级文化阵地建设、丰富人民群众精神文化生活、宣传新农村建设成就、扶贫帮困等方面落实好项目。为解决米易县得石镇马鹿寨村交通出行问题，市文广新局机关出资2万元，改善村级公路；市广播电视台、市文化市场综合执法支队充分发挥工作优势，积极为帮扶户发展致富出谋划策。制定《市文广新局统筹结对帮扶工作方案》，与米易县小得石镇马鹿寨村签订了帮扶协议。全系统共联系帮扶户和困难户59

户，通过走访联系户，填写了联系卡，互留电话号，了解联系户家庭经济情况，拟定了帮扶计划，并送去了帮扶资金。

党风廉政建设和反腐败工作进一步加强。抓好了《中共中央政治局关于改进工作作风、密切联系群众的八项规定》、“中央六条禁令”“四川省委十项规定”等文件材料的学习，认真落实党风廉政建设责任制，制定《关于2013年党风廉政建设和反腐败工作的意见》，与局属各单位、机关各处室签订了《廉政风险防范责任书》，班子成员认真履行“一岗双责”，加强以《廉政准则》为主要内容的宣传教育，开展了纪检监察系统“三项建设”活动，加强了对设备采购管理、严肃财经纪律、杜绝有偿新闻、虚假报道和不良广告播出等重点环节和关键领域的监管，开展了对局属各单位专项资金使用情况、民生工程实施情况等专项检查，制定了《专项资金使用管理办法》，完善廉政预警和内控防范机制，为文广新事业提供了坚实的纪律保障。

一年来，办理了人代表、政协委员建议和提案20件，办理满意率达到100%。圆满完成了精神文明建设、社会治安综合治理、计划生育、绿化、档案达标管理、安全、保密、信访、人民防线建设等各项工作目标。市文广新局荣获全市“挂、帮、包”工作先进集体、维稳工作先进单位、群众信访工作先进集体、《中国共产党攀枝花执政实录》编撰先进单位、政务信息工作先进单位、文化体制改革工作先进集体、应急管理工作成效显著单位等荣誉称号。

创新载体　丰富内容　提升能力　服务群众

攀枝花市体育局

2013年，攀枝花市体育事业不断繁荣，群众体育有了新发展，青少年体育有了新进步，体育产业有了新推动，依法治体有了新成效，体育民生工程惠及各类人群，各项体育服务能力和水平得到进一步提升。

一、扎实开展群众体育活动

一是开展“全民健身日”活动。积极开展庆祝“全民健身日”系列群众体育活动，举办9项全民健身活动或赛事，吸引1万余人次群众参加活动。二是开展日常群众健身活动。创新方式和方法，丰富活动形式，广泛开展日常群众健身活动，举行定向运动等全民健身赛事数十项，2万余人次群众参加活动。三是开展假日健身活动。在元旦、春节、五一、国庆、重阳节、欢乐阳光节等重大假日期间举行丰富多彩的群众体育活动，数万人次参加。四是组队参加省级以上群众体育赛事。积极组队参加全国及省级各项群众体育赛事，获得全国比赛4金、4银、4铜，省级比赛8金、16银、3铜。五是开展社会体育培训。积极开展各项社会体育骨干培训，承办全省社全体育项目骨干培训班4期，培训600余人次；举办全市社会体育项目骨干培训班8期，培训1000余人。六是承办川滇友邻市州男子篮球联赛。精心组织、周密部署、加强协调，发挥好牵头作用，积极做好赛事后期保障、竞赛组织、安全保卫、氛围营造等各项工作，圆满举办川滇友邻八市州“奥林匹克·太平洋购物中心”杯第九届男子篮球联赛，丰富了全市欢乐阳光节的内容，扩大了攀枝花的影响力。

二、提升青少年体育水平

一是深入贯彻落实国务院23号文件精神。积极改善学生运动员、教练员保障条件，落实伙食补助标准，确保学生运动员文化学习与业余训练两不误。二是以备战省运会为契机全面促进业余训练工作。强化责任，增强意识，营造良好的备战氛围；加强与有关部门沟通协调，保证学生训练时间；加强业训动态管理，科学开展日常训练；按照省高水平体育后备人才基地的认定办法、条件和细则，加强业余训练规范化建设；做好青少年运动员注册工作，全市本周期内注册运动员1400余名，达历史最高水平；认真组队参加全省青少年年度锦标赛，派出882名青少年运动员参加22个大项的比赛，取得50金、38银、35.5铜和3485.5分的好成绩。三是认真开展青少年体育竞赛工作。积极做好市七运会有关前期筹备调研工作；完善市级青少年体育竞赛平台，全年开展14个项目的青少年体育竞赛活动。四是做好传统项目示范学校和青少年体育俱乐管理工作。对所有市级传校实行动态管理，扩大业余训练基层覆盖面；加强青少年体育俱乐部的管理和建设，指导其认真开展体育训练，扩大学生训练范围，提高训练效果，真正建立起"资源共享，责任共担，人才共育，特色共建"的运行机制和多层次的业余训练网络体系。

三、推动体育产业发展

一是深入开展调查研究，与相关市级部门联合下发了《攀枝花市经营高危险性体育项目管理工作实施意见》。二是扎实整治体育彩票环境，根据国家有关整治体育彩票站点设置要求，结合本市实际对体育彩票站点设置进行了及时调整。三是认真做好体育彩票销售工作，积极指导体彩站做好彩票销售和管理，全市体彩销量达10104万元，再次突破亿元大关。四是积极发展体育竞训服务产业，全年吸引国家、省（市）10余支运动队来攀训练；引进举办全国皮划艇激流回旋春季冠军赛。

四、加强体育设施建设

抓好社区、农村体育基础设施建设，安装30套全民健身路径，维修了全市健身路径。大力推进"攀枝花市青少年活动中心"建设，目前该项目已正式动工；积极推进"攀枝花市老年体育活动中心"建设，目前该项目已完成选址和可研报告，正在开展立项等前期工作。

五、抓好依法行政工作

一是认真负责做好行政确认工作，完成81名二、三级裁判员，132名二、三级运动员，107名二级社会体育指导员的行政确认，审核上报14名国家一级运动员。二是加大行政执法力度，对全市16个经营性游泳场所进行了安全检查，举办了救生员培训，参训和年审人数63人，培训合格率达95%。三是加强普法宣传、行政权力清理、体育市场安全管理等工作。

六、实施体育民生工程

坚持体育惠民政策，认真实施体育民生工程。一是做好省级民生工程。争取省级体彩资助业余训练贫困学生运动员；实行公共体育场馆向群众免费开放。二是做好市级体育民生工程。向部分城市社区、乡村以及新建生活区安装30套全民健身路径，维修或更换部分损坏的全民健身路径；为全市农民体育健身工程更换篮球板100副；举办6场全民健身知识讲座，听众达5000人次，印制发放科学健身手册5000册；利用市级体彩公益金资助150名贫困体育特长学生和15名残疾体育特长学生；深入基层开展国民体质测试，认真开展科学健身指导，为2000人进行体质测试。

深化档案事业改革　服务社会与经济发展

攀枝花市档案局（馆）

2013年，在市委、市政府的正确领导下，在省档案局的精心指导下，中共攀枝花市档案局党组坚持以邓小平理论、"三个代表"重要思想和科学发展观为指导，以深入开展"三大主题教育活动"为契机，紧紧围绕市委市政府的工作大局，全面推进机关党的思想、组织、作风、制度和反腐倡廉建设，推动档案工作的全面开展，为推进攀枝花发展提供坚强保证。

一、继续加强学习教育，提高党员干部综合素质

加强学习型党组织和学习型社会建设，创新学习教育的形式和载体，中共攀枝花市档案局党组制定了《攀枝花市档案局关于2013年度局党组中心学习组理论学习安排意见》，以党的十八大、十八届三中全会精神为指导，认真学习贯彻中国特色社会主义理论体系，深入学习贯彻省委十届三次全会和市委第九届四次全会精神，根据年初学习安排，局党组中心学习组多次组织了中心学习组扩大会议，全局中层干部和各区、县档案局长参加了学习，局党组中心学习组全年集中学习13天，中心组成员参学率达到95%，每个中心组成员全年学习调研时间累计60天以上。共编写各种学习简报9期，在各类新闻媒体、网站上发表反映学习情况的宣传稿件7篇。局党组坚持“一手抓理论培训，一手抓业务培训”，积极开展现代经济、科技、社会管理、法律等知识和档案业务知识培训，全年共举办四期培训班，142人次参训。

二、广泛开展主题教育实践活动，着力促进有效履职

中共攀枝花市档案局党组按照上级要求精心组织开展了“三大主题教育活动”“实现伟大中国梦建设美丽繁荣和谐四川”主题教育活动、“回头看”活动等教育实践活动，制定了周密的时间安排表并严格按照规定来完成各项步骤，实现广泛征求意见、全员参与，起到了良好的教育效果。针对工作中存在的问题，提出了“以解放思想为先导，进一步推动档案工作创新”“抢抓机遇，加速推进档案基础设施建设”“加强档案干部队伍建设，推动档案事业持续健康发展”“加强作风建设，提高服务能力”“狠抓落实，提高工作执行力”的五条整改思路，围绕这五条整改思路，局组党组下大决心、费大力气、花大工夫对当前局内存在的一系列问题进行坚决整改，进一步完善便民服务措施和各项规章制度，为民服务，创先争优，力争档案工作走在全省前列。

三、强化服务意识，加强组织和作风建设

在认真落实中央“八项规定”、省市党委、政府“十项规定”和纠正“四风”的有关规定方面，中共攀枝花市档案局党组严格逗硬，切实做到了无公款吃喝、无公款娱乐、无公车私用、公车私驾。严格控制“三公经费”支出。切实加强制度建设，制定了《市档案局廉洁自律规定》，修改完善了局务会议等五项制度。严格遵守公务员行为规范，防止和纠正在行政审批、行政许可、行政执法中“不作为”“乱作为”现象，深入开展让群众满意、让服务对象满意，提高工作效率、提高服务水平的活动。针对窗口处部室的职责，设置了意见薄和举报投诉电话。凡是群众来馆查阅档案的，态度粗暴、服务不热情、借故不查的，或者查不到不说明原因的，均严肃查处。对业务处的同志下基层服务提出随喊随到的要求，确因有事的要承诺限时上门服务。坚决维护广大群众的切身利益，不断提高全行业的管理能力和服务水平。

四、狠抓各项工作落实，全市档案事业取得新成绩

（一）多渠道开展档案法制建设

1. 认真开展行政权力清理工作。经过清理，保留行政权力22项，精简行政权力8项，规范了各项行政权力运行流程和行政（法律）文书，完善依法行政各项制度，全面梳理行政权力运行廉政风险，切实加强对执法人员的教育和管理，做到持证执法、文明执法、规范执法，不断提高执法水平。

2. 切实加强档案执法检查。对全市17个单位开展了行政执法检查，发出限期整改通知书2份。

3. 不断加强档案法制宣传。全面落实“六五”普法规划。与市监察局、人社局联合对学习贯彻《档案违法违纪行为处分规定》（监察部30号令）进行了安排和检查。利用“国际档案日”“12·4”法制宣传日等重要时间节点和开展“法律六进”等活动，大力开展以宪法和档案法律法规为主要内容的法制宣传活动。

4. 扎实开展法治机关创建工作。法律“六进”活动成效明显，创建工作做到了经常化、制度化、规范化。

（二）进一步提升档案规范化管理水平

2013 年市委、政府首次将档案工作纳入年度目标管理范畴，市档案局及时制定印发了《档案工作目标考核细则》，极大地激发了各单位提升档案工作规范化管理水平的积极性。市档案局以目标考核为抓手，深入推进《四川省档案工作规范化管理办法》的贯彻落实，对全市 77 个（市级 58 个、区县 19 个）档案规范化管理到期的单位进行了认真复查。同时市级立档单位有 3 个晋升省级规范化管理等级、3 个新达到规范化管理等级。东区、西区档案馆通过省一级档案馆复查，米易县档案馆创建国家一级档案馆准备工作已全部就绪。

（三）重点推进民生档案建设

1. 积极开展民生档案调研工作和管理探索，制定了系列调研报告和管理办法。形成了《攀枝花市县乡村三级涉农档案资源建设情况调研报告》《攀枝花市人事档案管理情况调研报告》，与市人社局联合发布了《攀枝花市城乡居民养老保险业务档案管理实施细则（试行）》，与团市委联合转发了《四川省留守学生（儿童）档案管理办法》；与市水务局联合下发了《关于加强水利普查档案管理工作的通知》等文件。各县区档案局在民生档案管理方面做了大量探索，其中仁和区档案局制定了《仁和区住房保障档案整理规范》。

2. 加强民生档案的监督指导，从源头上抓好民生档案资源建设。市档案局先后与民政、教育、卫生等部门联合对 6 个民政事业单位、4 所学校、2 所医院的民生档案开展了监督、检查和指导。

3. 重点推动全市社保业务档案的规范化管理。编制了攀枝花市职工养老保险档案专题目录，制定了《攀枝花市城乡居民养老保险业务档案管理实施细则（试行）》。市档案局与市社保局对各县（区）社保档案进行了专项检查，召开了全市社会保险业务档案培训暨现场交流会，对仁和区、东区、西区的社保业务档案进行了规范化管理等级验收，全市的社保业务档案顺利通过省上验收。

4. 加大民生档案接收进馆力度。新接收劳动监察、养老保险等民生档案 27828 卷（件）。

5. 以方便利用、服务民生为先导，对农转非、转干、大中专毕业生分配、干部调动介绍和调资等民生档案优先开展全文数字化工作。

（四）加强重大项目和园区档案管理

1. 努力探索重大建设项目档案管理的新途径。推动建立了市政府重大项目档案工作联席会议制度，对全市项目档案管理工作实施统筹协调。《攀枝花市重大项目档案管理办法》经反复论证修改，已经市政府重大项目档案工作联席会议第一次会议讨论通过，正在按程序报市政府批准。在联席会议制度的框架下，本局主动作为，加强与项目主管部门的协作，形成对项目档案管理工作的共管合力。2013 年对全市 39 个项目进行了 54 次检查、指导，与交通、水务部门联合对 12 个交通、水利建设项目档案管理开展了监督检查，对 40 个重点建设项目档案进行了登记（其中：省级重点建设项目 24 个、市级重点建设项目 16 个），与市水务局、市交通局一起对“米易县湾滩水电工程”“米易县城南水电工程”“全国水利普查项目”“新密地大桥建设项目”4 个项目进行了档案专项验收。重大项目档案工作登记率、指导率、检查率、验收率在 2012 年基础上有较大提高。

2. 开展园区和国有企业档案工作调研。形成了《攀枝花市产业园区档案工作情况调研报告》和《攀枝花市国有企业档案工作情况汇报材料》。

3. 认真贯彻国家档案局 10 号令，推进企业档案规范化管理。举办了一期企业档案工作培训班，国有企业、民营企业的 53 名专（兼）职档案员参加了培训。开展了企业档案归档范围和保管期限表的审核工作，新验收规范化管理企业 1 家。市区（县）两级档案部门共对 24 个企业（其中民营企业 4 个）提供了 50 多次业务指导服务。开展了园区企业档案管理试点工作。市档案局选择了钒钛园区企业川投化学工业集团进行重点指导、培养和树立典型，以点带面推动园区企业的档案工作，各区县也开展了试点工作。完成了改制企业档案的接收，将市交通宾馆的3156卷文书、会计档案已收进市档案馆。

（五）做实做好档案的征集、接收、编研、保管、开放、展览等工作

1. 档案征集工作取得新突破。经过艰苦努力，共征集重点档案116件、城市记忆档案200余件图片、富有地方特色的苴却文化档案2000余件进馆。合计完成2300余件档案征集任务，是年度目标任务的2.3倍。对征集进馆的档案进行了划分全宗、保管期限、著录、装订、编制检索工具等规范化整理。围绕三线建设博物馆建设牵头开展的重要文献征集工作取得突破，正在与中央文献研究室办公厅衔接联合办展事宜。

2. 认真搞好档案接收工作。新接收市商务局等8个全宗共37099卷（件）纸质档案进馆，并完成了消毒、检查、登记、上架排列、编制存放索引和电子目录数据录入等工作。

3. 切实加强档案的保管保护工作，坚决守住安全底线。按照档案管理“九防”要求，开展了安全教育和安全演练，对电子监控系统进行了改造，对存在的消防安全重大隐患、用电安全隐患等及时研究、报告和整治。抽查各类档案5205卷，对用圆珠笔、复写纸书写的600余页档案进行了修复。

4. 档案的编研工作取得新成果。编制完成了3272卷开放档案目录，完成了1948卷应开放档案的初鉴审查工作。编印了《攀枝花市历届人代会文件选编》（第二集）。编辑了《攀枝花市“实现伟大中国梦，建设美丽繁荣和谐四川”主题教育活动重要文件汇集》。举办了“学习型干部的楷模— -杨文仲同志档案资料展”，参观群众已达800余人次。

5. 认真做好档案的利用服务工作。发挥档案存史、资政、育人作用，对近年来的档案利用情况进行了调查分析，制作、贴放馆藏档案存放索引卡近600张。积极开展电话查询、信函查询、预约查询等服务方式，方便利用者查询，不断提高档案尤其是民生档案的利用率。市县两级档案馆全年共接待利用者近8000人次、有效查找档案1.5万卷（件）。

（六）巩固和发展新农村档案工作

盐边县采取“以奖代补”方式推动村（社区）档案规范化管理，成功创建为新农村建设档案工作省级示范县。全市新农村档案工作省级示范县已占五个县区的60%。仁和区和米易县不断巩固新农村档案工作国家级示范县成果，其中仁和区下发了《关于开展2012年度新农村建设项目档案验收工作的通知》，将档案专项验收工作向农村拓展。市档案局在充分调研的基础上形成了《攀枝花市县乡村三级涉农档案资源建设情况调研报告》。在米易县开展了农村土地承包经营权确权登记试点档案管理工作，全市以服务“三农”档案信息资源共享为核心的新农村档案工作呈现良好的发展势头。

（七）逐步实现馆藏档案数字化

1. 完成馆藏档案年度全文数字化加工84.05万页任务，超额29%。为了进一步提高查全率和查准率，对已著录的部分档案电子目录进行了整理和修正。区（县）馆藏档案数字化工作也在加快推进。

2. 建立了以“四川电子文档管理系统（馆版）”软件为核心的市档案局档案综合业务管理网络平台，市馆馆藏档案案卷级目录及文件级目录、全文数据等均可挂接系统提供利用。切实加强局网站和网络的维护管理，对中心机房和数字化加工中心进行了改造，增添了安全措施，提高了网络运行的稳定性和可靠性。

3. 开展数字档案馆建设的调研论证，形成了《攀枝花数字档案馆建设情况调研报告》。

（八）不断加大宣传力度

1. 针对信息工作存在的突出问题，制定了市档案局《关于加强信息工作的意见》，对信息工作进行规范和引导。

2. 进一步加大政务信息公开力度。对局门户网站进行了板块优化，设有信息公开、互动服务两个一级栏目，局馆概况、局务公开、工作动态、法制建设、公告通知、网上展厅、开放档案、办事指南、学习园地、学会之家、投诉站、会客厅十二个二级栏目，建言献策、预约查档、业务咨询、网上调查、领导信箱、部门信箱等三级栏目，能满足信息公开、业务咨询、网上查档、档案文化展示功能等多种需求。制定发布了市档案局信息公开指南。发布各类信息160余条。

3. 加大对外宣传力度。在《中国档案报》发稿4篇、《中国档案》1篇、《四川档案》4篇、市级新闻媒体27篇，中国档案网21篇，四川档案网36篇。

4. 档案学会的编研和宣传工作取得新成果。组织了学会优秀论文成果评奖活动，召开了学会年会暨学术研讨交流会，编辑出版了一期《档案探索》，开展了“中国梦·兰台情”和“档案在你身边”征文活动，组织征文51篇。

五、围绕全局中心工作，加强机关党的建设

进一步完善了机关党组织建设，组建了党支部，及时调整充实了27个领导小组，明确了工作职责和任务。围绕依法行政、深化档案规范化建设、争创国家一级档案馆等中心工作，找准结合点，研究党建工作服务大局，推动档案事业发展的有效途径。

（一）“挂包帮”活动

1. 中共攀枝花市档案局党组会专题研究了2013年“挂包帮”活动的具体事项，成立了“领导挂点、部门包村、干部帮户”活动领导小组，认真组织单位干部职工与活动对口的米易县普威镇独树村的困难户“结对”，共有27人与23户困难户结对。

2. 中共攀枝花市档案局党组成员多次深入独树村调研指导工作，调研中对独树村的村情、产业发展、扶贫解困、基层党建等内容进行了深入分析研究，制定了三年帮扶规划和年度帮扶计划，明确了具体的工作思路和办法措施。

3. 开展了“送温暖、送技术、送政策、送法律、送文化、送经验”的“六送”活动，安排了1万元经费支持村里的发展，签订了“党组织结对共建协议书”，明确了结对共建活动的形式和内容，开展党课教育1次，集中走访村社干部和联系户4次，并做好民情记录民情日志。

4. 全年报送了活动信息4期。

（二）精神文明建设工作

1. 2013年根据工作需要重新调整了精神文明工作领导小组成员，党组书记杨星坪为组长，党组成员甘国龙为副组长，各处部室负责人为成员，具体事务由办公室安排管理，领导小组定期召开专题会议研究部署精神文明建设相关工作，把干部考核和精神文明建设活动的参与相结合，作为年度工作考核的重要依据，与业务工作同部署、同检查、同考核、同奖惩。

2. 紧紧围绕创建全国文明城市工作，积极组织职工参加“除陋习、讲文明、树新风”的文明劝导活动，2013年集中安排了4次文明劝导，共组织了20名职工参与劝导，为创建文明城市尽了自己的一份力。

3. 建有“道德讲堂”，并有针对性地组织全体职工开展了以社会公德、职业道德、家庭美德和个人品德为主要内容的“道德讲堂”2次，开展了道德领域突出问题专项教育治理活动。在有中国特色的重大节日，如春节、清明节、端午节、中秋节等期间开展“我们的节日”活动，弘扬中国古典文化特色。

4. 积极组织全局干部职工参加全国和四川省道德模范评选表彰投票活动，并以此为契机开展了1次“身边好人”专题学习活动。成立了志愿服务队，全局超过90%的干部职工积极加入。2013年共开展志愿者服务培训1次，开展志愿者活动1次.

5. 按时、高效、高质量的落实创建文明城市和城市文明程度指数测试的工作任务。保持了市档案局省级文明单位的荣誉称号，根据市委政府的统一安排，开展各项学习活动，网络文明传播活动等。

6. 以档案工作为基础，通过多方征集“学习型干部—杨文仲”的各种资料、实物档案等，制成展板，举办了《学习型干部—杨文仲》资料展。观展中，广大群众在解说员的引导下，认真听取讲解，仔细观看展板，为广大群众树立了学习榜样。

7. 进一步发挥了档案馆作为爱国主义教育基地重要作用，面向社会开放，以展览为主，开展多种形式教育。一方面促使档案馆逐步由封闭走向开放，一方面也使其成为开展社会教育的文化场所，尤其是使青少年通过展览充分认识历史档案的教育意义，在参观中潜移默化地提升了社会公德和文明意识。

（三）工会工作

1. 建立了对困难职工帮扶机制，多渠道筹措救助资金帮助本局退休、困难老职工鞠贵华、杨谟宏等同志家庭，及时帮助他们解决生活中的各种困难，为他们解决后顾之忧，在这些资金方面也进行公示制度并接受职工群众的监督。

2. 紧紧围绕局文化建设，大力开展和组织参与了“新春联谊活动”“全民健身日活动”“全市档案系统春、夏两季运动会”“职工工间操”等各项丰富多彩的活动，帮助职保持良好的工作状态。

3. 积极响应市委、市政府的“帮扶”号召，全面参与帮扶结对工作，落实本局的扶贫帮困计划，为米易县垭口镇的陈继华家庭送去600只鸡仔以及粮、油等日用品。使连续10年的副县级以上领导干部帮扶的家庭逐渐脱贫，真正把帮扶项目落到实处，增强各贫困家庭的造血功能。

4. 在“八一建军节”期间，工会和行政共同组织开展了拥军慰问活动，为武警中队送去水果、生活日用品。局行政、工会共同开展局内退伍老兵联欢活动。为长江造林、汶川地震、8·30地震灾区人民和受伤儿童积极捐款。进行文明城市创建文明劝导活动，同时积极参与本社区的各种活动。

（四）女工工作

1. 认真组织女职工参加“我与中国梦”主题活动，增强女职工对“中国梦”的理性认知和情感认同，统一思想、凝聚力量。以妇女节日、纪念日等为契机，在女职工中开展爱党、爱祖国、爱社会主义及社会主义核心价值体系宣传教育。

2. 开展了以“档案工作基本技能比赛”等为主要内容的活动，激发女职工学习积极性，单位女职工的精、气、神和整体素质得到进一步提高。

3. 到对口帮扶的米易县普威镇独树村开展访贫问苦活动，对考取大学的贫困学生给予资助。利用“六·一”儿童节等契机，精心设计和组织开展内容鲜活、形式新颖、吸引力强的活动，庆祝孩子们的节日。

4. 女工小组在节日期间，组织女职工开展了猜谜语、丢沙包、做广播体操等文体活动，丰富了女职工的文化生活受到了女职工的好评。

（五）关工委工作

1. 中共攀枝花市档案局党组多次组织女工小组成员、工会委员等认真学习《中华人民共和国未成年人保护法》《妇女儿童权益保障法》《市关工委2013年工作计划》等法律法规相关专题学习。

2. 与学校联合组织开展了参观市档案馆“感动攀枝花十位共产党员档案展”，利用“六·一”儿童节，精心设计和组织开展内容鲜活、形式新颖、吸引力强的活动，给予本单位14岁以下的职工子女发放适当的奖品。

3. 与团市委和市“留守学生关爱行动”领导小组办公室联合转发了《四川省留守学生（儿童）档案管理办法》，在全市范围内贯彻执行，进一步规范了留守学生（儿童）档案管理，完善和保护了留守学生（儿童）的基础信息的齐全、完整，为留守儿童的健康成长助了一臂之力。

4. 坚持实行对局机关职工子女优秀奖励制度的奖励。凡在读书期间受到国家、省级、市级奖励以及考取重点本科大学、一般本科大学的职工子女将分别给予奖励。鼓励孩子们奋发图强，努力成为对社会有用的人才。

（六）学会工作

1. 积极组织开展档案学术研讨与交流活动。2013 年各会员小组根据学会工作计划，积极组织会员开展了调查研究、业务学习培训、外出参观考察、参加学术讲座与研讨等交流活动。广大会员认真撰写论文，超额完成了论文撰写任务，确保了研讨与交流活动的正常开展。2013 年共收到论文 80 篇。其中，上报省学会 51 篇。入选《档案探索》49 篇。研讨与交流的 10 篇，档案与文化建设 3 篇，企业档案工作的 11 篇，档案资源建设 5 篇，专门档案 4 篇，档案征文 16 篇。从完成的论文数量来看：除电力小组未完成论文撰写任务外，其余各会员小组均完成了任务。

2. 组织会员参与了档案法制宣传教育活动。2013 年，学会根据要求，继续组织会员参与纪念“国际档案日”和“12·4”法制上街宣传、档案进校园展览及各种类型的档案业务培训活动，很好的履行了职责。全年学会共参与各种宣传培训档案和相关人员 1000 多人次，发放宣传资料 1000 多份（册）。

3. 组织了征文和论文评奖活动，发展了新会员。学会配合上级部门组织了“中国梦·兰台情”和“档案在你身边”两次大型征文活动，共收到征文 51 篇，其中 22 篇被《档案探索》采用。组织进行了优秀论文成果评奖活动并审批了新会员。共评选出 18 项优秀论文成果，并进行了表彰。其中，一等奖 1 项，二等奖 2 项，三等奖 4 项，优秀奖 11 项。根据市社科联的要求，学会转发了“关于全市优秀社科成果评奖的通知”到各会员小组，经会员小组申报，对符合申报评奖条件，由市档案局（馆）会员小组申报的《杨超在攀西》1 项编研成果，推荐上报市社科联代表本会参评。同时，审批了 9 名新会员入会。

4. 协助举办了“公文写作基础知识”专题讲座。学会协助主管部门于 2013 年 12 月 19 日举办了“公文写作基础知识”专题讲座，由学会理事长主讲。市档案局（馆）和各县、区会员小组近 50 名会员参加了讲座。通过讲座，使会员更加明确了常用公文的写作规范、技巧和要求，强化了会员善于总结工作、提炼经验的意识，也为提高公文质量奠定了基础。

5. 组织了外出参观考察与交流活动。根据工作需要，攀钢、东区会员小组分别组织了部分会员到马钢、宝钢集团、双流县档案馆等地学习考察了档案数字化加工、新农村建设档案、档案馆库基础设施建设等，并座谈相互交流了经验。借鉴其先进经验，攀钢及时组织开展了重要的竣工图的扫描和数字化加工工作；东区积极争取财政支持，采用外包方式，及时启动了对馆藏婚姻档案、烈士档案 12 万余页档案的全文数字化加工，有力地促进了档案现代化建设的发展。同时，学会不断创新交流的方式，将 30 本会刊《档案探索》分别发送川、滇 26 个地、市、州档案学会、省档案学会等进行交换赠阅。并积极向《四川档案》推荐会员文章，极大的拓展了交流的范围，扩大了本市档案工作的影响。

6. 完成了一期《档案探索》的编辑工作。在论文的收集、筛选上，本会本着鼓励、提高会员参与研讨的积极性为原则，对有一定水平或对实际工作有一定指导意义和参考价值的文章都采用了，论文的入选率达 95%，征文的入选率达 50%，为会员发表学术观点和参与学术交流提供了阵地。

7. 召开了一次理事会和学会年会。对省学会、市社科联、市社团管理部门等有关学会管理、社科评奖申报等的有关事宜、要求进行了传达，对学会论文年度评奖和年会召开的有关事宜进行了议定。

8. 基本完成了学会会费的收缴工作。按照有关规定向省档案学会上缴了 2000 元的年度会费。2012 年收缴了大部分会员小组缴纳的年度会费共计 23500 元，支出 31122 元，超支 7622 元。会费主要用于会刊印刷、优秀论文成果评奖、举办讲座、小组活动、理事会、学会年会会务等支出。

六、牢筑廉政堤坝，深入推进党风廉政建设

（一）切实加强领导，认真落实党风廉政责任制

中共攀枝花市档案局党组高度重视党风廉政工作，将党风廉政工作列入党组重要议事日程，健全了领导机构，制定了市档案局 2013 年党风廉政建设工作计划。及时召开党风廉政建设工作会议，传达学习贯彻了 2013 年各级政府关于党风廉政建设的各项规定，按照攀委发〔2013〕7 号文件精神，具体部署了本局2013年党风廉政建设工作，将全年党风廉政建设和反腐败主要工作任务分解到领导和各个处部室，明确了责任。党组成员一岗双责，在抓好分管业务工作的同时抓好党风廉政建设工作。年初时任党组书记、局长的李加强同志与党组成员、党组成员与各自分管部门的负责人签定了《2013年度党风廉政建设目标责任书》，形成了主要领导负总责，分管领导具体抓，一级抓一级，一级对一级负责，层层落实党风廉政建设目标责任的工作格局。2013年8月，主要领导调整后，及时党风廉政建设及反腐败工作领导小组和惩防体系建设工作领导小组组长进行了调整。在日常工作中，局党组切实做到“四个亲自”，工作有部署、有落实、有检查、有考核，使党风廉政建设责任制工作落到了实处。对重大决策、重要干部任免、重要项目安排和大额度资金使用等决策，均采用党组会议等形式讨论并通过。班子成员在各项工作中严格执行廉洁自律的有关规定，做廉政勤政的带头人，确保了党风廉政建设各项工作的落实。

（二）扎实推进廉政风险防范管理工作

建立以领导岗位和关键岗位为重点、覆盖各工作岗位和工作环节的廉政风险防范管理工作体系，认真落实“六公开”、廉政风险防范管理工作要求，形成完善的长效工作机制。认真分析权力运行中的风险和监督管理中的薄弱环节，梳理查找思想道德、岗位职责、业务流程和制度机制等方面可能发生不廉洁行为的风险点，大力开展岗位廉政教育，健全防范措施，强化监督检查和责任追究，有效防范各类腐败行为的发生。坚持标本兼治、综合治理、惩防并举、注重预防，以强化预防和监督为重点，以规范权力运行为核心，对预防腐败工作实行系统化、科学化管理，逐步建立健全超前预防、全程监督、制约有效的廉政风险防范体系，确保权力正确行使，建立廉洁勤政务实高效的干部队伍。

（三）坚持惩防并举，进一步推进惩防体系基本框架构建和预防腐败工作

为贯彻落实《建立健全惩治和预防腐败体系2013－2017工作规划》，切实落实廉政建设责任制，推动机关党风廉政建设和反腐败工作，积极预防职务犯罪的发生，制定下发了《攀枝花市档案局廉政自律的规定》（攀档发〔2013〕125号），完善了局惩防体系建设工作领导小组，加大对职务犯罪易发、多发环节的重点防范，努力形成防范机制。开展廉政风险防范管理工作，推进廉政风险防控机制建设，健全完善领导干部廉洁从政苗头性问题预警防范处置机制，构建机关惩防体系框架图；完善廉政风险防控体系，实行全员排查、全域覆盖、全程监控。加强党员干部理想信念教育、权力观教育、党风党纪教育和法律法规教育，深入开展示范教育、警示教育和岗位廉政教育。对违反纪律的4名干部给予了行政处分。严格执行党员领导干部报告个人有关事项等规定。

（四）以开展“三大主题教育活动”为契机，进一步强化效能建设

大力倡导“马上办、现场办、创新办、督促办”的作风，贯彻落实市委提出的“五个带头、五个表率”要求。加强对领导干部思想作风、工作作风、领导作风、生活作风和学风的监督检查。全面落实《廉政准则》，深入治理党员领导干部廉洁自律方面的突出问题。积极开展厉行节约的有关规定，杜绝奢侈浪费，严格执行公务接待及公务用车制度，无任何借开会、调研等形式的变相旅游。深入推进“思想大解放、作风大转变、工作大落实”主题教育活动，治理机关“庸懒散”现象，着力解决作风漂浮、执行不力、有令不行、有禁不止、中梗阻等问题，深入推进机关行政效能建设。

（五）加强教育，努力提高拒腐防变的能力

中共攀枝花市档案局党组高度重视开展廉洁从政教育，把《中国共产党党员领导干部廉洁从政若干准则》《中国共产党纪律处分条例》等作为学习的重要内容。在廉政风险防范的同时，把党风廉政教育纳入重要的议事日程。一是结合工作实际，深入开展反腐倡廉教育，以创建“学习型党组织、学习型机关”为契机，为干部职工订阅了《党风廉政建设》《廉政瞭望》《理性看　齐心办》《十八届三中全会读本》等书籍。同时，开展廉政文化进机关活动，将警言警句悬挂在正门和楼梯过道，促使广大党员干部群众在廉政文化熏陶中增强廉洁自律意识，使干部职工在学习中受益，不断提升修养。同时，利用职工大会、中心组学习和党内组织生活，组织全体党员和干部认真开展廉政学习，把全体党员干部的思想统一到市委、市政府的重大决策和要求上来，以务实创新的工作作风不断增强工作成效。二是组织全体职工参与中央、省、市廉政建设各项规定的知识竞赛。三是以树立正确的权力观为重点，加强廉洁从政教育，加强党性党风教育，增强党员干部的反腐倡廉意识，提高廉洁自律能力。四是加强反腐倡廉正反典型教育，一方面用杨善洲同志和兰辉同志的先进事迹对党员干部进行示范教育；另一方面开展警示教育，组织干部职工观看警示教育片《忏悔实录》《"象牙塔"里的蜕变》等，以案说纪，以案说法。通过形式多样的反腐倡廉宣传教育，增强教育的实效性，发挥教育的基础作用，做到警钟长鸣。

（六）认真做好责任制检查工作

对贯彻落实党风廉政建设责任制的检查，坚持平时检查和年终全面检查相结合的办法来推动落实。年终对领导干部履行责任制和廉洁自律的情况开展民主测评，落实党风廉政建设责任制已成为领导干部工作的基本要求。

面对档案工作的新形势、新任务，全市档案战线将进一步增强责任感和紧迫感，认真贯彻落实党的十八届三中全会精神，紧扣全市发展要务、恪守档案服务职责，进一步解放思想、与时俱进、淡泊名利、勇于奉献，认真实施全市档案事业发展"十二五"规划和年度计划，努力使档案工作服务全市中心工作更有为、服务群众更有形、服务社会更有效。

依法修志　强化督导
全面推进地方志工作

攀枝花市地方志办公室

2013年，市地方志办坚持以邓小平理论、"三个代表"重要思想和科学发展观为指导，在市委、市政府的坚强领导下，在省志编委的关心指导下，认真贯彻党的十八大、省委十届三次全会以及市委九届五次全会精神，结合"思想大解放、作风大转变、工作大落实"和"实现伟大中国梦建设美丽繁荣和谐四川"主题教育活动，切实加强机关作风建设，切实提高广大党员干部的责任意识、大局意识、服务意识和宗旨意识。紧紧围绕市委、市政府的工作大局和发展战略，认真落实各项工作任务，制定工作措施，强化依法修志，加强对各县区、各部门地方志工作的指导、督促，全面推进地方志编纂、研究和管理工作，科学合理地开发利用地方志资源和各类地情资料，充分发挥地方志工作在促进全市政治、经济、文化、社会发展中的重要作用。

一、以学习宣传贯彻十八大精神为主线，大力加强自身建设

一是组织全办党员干部深入学习领会党的十八大精神和市委书记刘成鸣同志在市委九届五次全会上的讲话精神和《中共攀枝花市委关于深入贯彻落实党的十八大精神为在全省率先全面建成小康社会而奋斗的决定》。通过学习，全面把握十八大的精神实质和深刻内涵，认真贯彻市委九届五次全会精神，变压力为动力，变挑战为机遇，在市委、市政府的坚强领导下，按照"抢抓机遇、加快发展"的要求，创新思路，坚定信心，以只争朝夕的精神，奋力推进攀枝花地方志工作再上新台阶。同时，党员干部还要结合方志工作实际，及时细化目标任务和措施，确保完成全年目标任务；在教育活动中，充分运用"三大"主题教育活动和"中国梦"主题教育活动成果，转变工作作风，扎实奋进，为谱写伟大中国梦攀枝花地方志工作新篇章做出新贡献。二是深入开展"思想大解放，作风大转变，工作大落实"主题教育活动。为贯彻落实《中共攀枝花市委　攀枝花市人民政府关于深入开展"思想大解放，作风大转变，工作大落实”主题教育活动的意见》精神，进一步解放思想、转变作风。市地方志办公室成立了由志办主任任组长，各科（室）主要负责人为成员的主题教育活动领导小组，领导小组下设办公室，负责对主题教育活动的组织指导、综合协调和监督检查。指定联络员负责日常工作的组织实施，结合实际制定活动方案。要求党员干部要从我做起，从现在做起，投入到活动中去。要突破“怕、满、慢、浮、僵”现象，要树立“创新、赶超、务实”观念，找准单位和个人存在的问题，解放思想、转变作风，推动工作迈上新台阶，使攀枝花市地方志办公室各项事业走在全省先进行列。三是稳步推进“实现伟大中国梦建设美丽繁荣和谐四川”主题教育活动。市地方志办认真分析重点工作进度、质量和困难，明确工作思路和措施；分析班子和个人在思想解放、工作作风、工作执行方面存在问题，明确整改方向、目标、措施通过开展各项学习教育活动，让“中国梦”活动入心入脑，使党员干部思想得到进一步统一，力量进一步凝聚、作风进一步转变、工作得到进一步推动。同时在活动中开展“抗震救灾精神和感恩奋进”主题学习教育。组织党员干部和职工学习“5·12”汶川特大地震抗震救灾和灾后重建取得的重大成就，学习抗击“4·20”芦山强烈地震取得的重大胜利成果，学习近年来四川省经济社会发展取得的新进展、新成效，引导党员干部和职工充分认识我们党的伟大光荣正确，充分认识社会主义制度的优越性，感恩党、感恩祖国、感恩社会，进一步弘扬伟大抗震救灾精神，立足各自岗位，自觉为“实现伟大中国梦、建设美丽繁荣和谐四川”作贡献。志办全体职工为雅安地震灾区捐款2200元。四是认真做好扶贫帮困工作。在元旦、春节、“七一”等重要节日，办领导带队走访慰问帮扶贫困户、退休老干部；认真开展“挂包帮”工作，为对口帮扶的马拉所村修建一条乡村公路筹措了两万多元的物质，对于村里约200户村民发展农业生产，特别是预防自然灾害影响发挥了积极作用。

二、统筹规划、精心组织，全力推动“十二五”修志工作

按照全市地方志“十二五”发展规划的要求，为全面推进攀枝花地方志编撰、研究和管理，更加科学、合理地开发利用地方志资源和各类资料，顺利完成市政府下达是地方志十二五工作任务。市地方志办统筹规划、精心组织，积极行动、主动出击，主要开展以下工作：一是组织召开了攀枝花市“十二五”修志工作推进会议，会议研究部署当前修志工作开展情况和存在的困难和问题，明确工作目标、落实工作任务，全力推动了全市部门志、专业志编修工作的开展。二是指导各承担编修任务的单位和部门开展编修；三是开展编修人员的业务培训工作；四是审定各部门志、专业志的篇目和框架结构；2013年市地方志办公室指导市级部门开展部门志、专业志编修工作，对《市委党校志》《市人口志》《市工商志》《市中心医院志》《市统战志》《市文联志》《十九冶志》《市检察志》《市人事志》《市国有企业改革志》《市计生志》《市残联志》《市团委志》《市工商联志》等志书编修开展业务指导和培训；组织开展部门志、专业志评审工作，先后对《市文联志》《市国有企业改革志》《市环保志》等志书组织开展评审工作。

大力指导和推动各县（区）志办开展部门志、专业志编修工作督促、指导力度，各县（区）政府均先后下发了关于地方志工作“十二五”规划的通知，全面启动地方志编修工作，仅米易县就启动了《米易县财政志》《米易县第一小学校志》《米易县民族宗教志》《米易县农牧志》《米易县档案志》《米易县交通志》等8部志书，为全市各级地方志事业的持续性发展奠定了基础。

三、加强管理、积极创新，努力提升年鉴编纂质量

2013年，市地方志办通过强化责任管理和目标管理，根据不同时期、不同阶段工作的性质和特点，制定目标措施，落实工作任务，确保年鉴编纂的质量。全市市、县（区）两级年鉴编纂均按“当年编纂、当年出版、公开发行”的要求顺利完成，《攀钢年鉴（2013）》《攀枝花统计年鉴（2013）》《钢城集团年鉴（2013）》也均于当年出版发行。同时，攀枝花市地方志办长期把全市各级年鉴编纂质量视作年鉴的生命力纳入重点管理范畴，强化编纂精品良志意识，即“坚持质量第一，树立精品意识，做到可信、可用、可读、可看"，并明确要求加强质量管理，建立内部质量负责制，确保编修质量，把精品意识贯穿到编纂工作的全过程和各个环节，严格把好质量关，努力做到思想性、科学性和资料性的统一。2013年8月，在中国出版工作者协会年鉴工作委员会主办的第七届全国年鉴编校质量评比活动中，《攀枝花年鉴（2012）》获全国年鉴编校质量评比一等奖，较2012年获得全国年鉴质量评比二等奖（全省参评市州唯一获得的）有了较大的提升，标志着攀枝花市地方志编纂工作水平跨入全国先进行列。

四、寻找途径、拓宽领域、开拓创新，积极探索地情资料的开发利用

围绕幸福攀枝花建设，市地方志办积极通过各种途径记录攀枝花、宣传攀枝花，让外界了解攀枝花，为攀枝花的经济建设和社会事业发展添砖加瓦。一是开展《中国苴却砚图志》编纂。按照市第九次党代会提出的"打造文化精品，丰富城市文化内涵，不断提升城市文化软实力"和市政府工作报告关于全力打造苴却砚文化等地方文化品牌的目标要求，为进一步发掘和整理本市地方特色文化资源，宣传推广攀枝花苴却石文化，为提升地方特色文化软实力和阳光花城的影响力发挥积极作用，2012年底，市地方志办与市苴却砚协会共同启动了《中国苴却砚图志》的编纂工作；由目前《中国苴却砚图志》编纂工作基本完成图志的资料收集和初稿编纂工作，现已组织开展图志的照排、送审和修改工作。二是开展《攀枝花史志》杂志编印。2013年《攀枝花史志》杂志的编纂较往年有所不同，2013年的编纂是每期确定1个专题，围绕本市的特色历史文化资源进行文稿征集，全年共收录文章80余篇，文字近24万字，彩图50余幅。三是开展市地方志办信息化建设评审工作。2013年，市地方志办认真贯彻《地方志工作条例》和《四川省信息化建设意见》的精神，根据2012年制定的工作目标明确工作任务，制订工作规划，按照全市信息化建设"统编、统建、统维"的要求，在充分调研的基础上，编写了攀枝花市地方志数字化综合管理平台建设方案，努力实现全市地情资源的全方位数字化整合，充分发挥数据库动态资源采集体系的优势，为编史修志和方志资源的开发利用，及时、可持续、全面规范地积累资料，促使地方志信息服务于全市经济建设和社会事业发展更加高效、便捷、优质。目前按照市政府的要求已经联合市财政、电子政务中心对前期各项准备工作完成了基础评审工作。

五、服务全市中心工作，不断深化资政研究

市地方志系统积极开发利用地方志资源在全市经济社会发展中的执政存史、工作研究、经验借鉴作用，为各级各部门等提供相关地情资料，为决策和工作参考。一是指导县（区）志办撰写《四川年鉴（2013）》《四川农村年鉴（2013）》县区情资料；市地方志办撰写政务调研报告两篇；二是参加市政府组织的块菌地理标识申报工作和市民政局组织的钒钛园区路名方案评审工作。三是为北京科技大学、市政协等单位提供有关地情资料。

六、加强地方志理论研究，开展地方志协会工作

积极开展地方志协会优秀成果评奖及学术研讨工作，推动攀枝花地方志事业的发展。2013年召开年度地方志协会学术研讨会，会上进行学术论文交流，评选优秀论文和表彰先进会员单位和先进会员的活动。

七、各项常规工作扎实推进

2013年，市地方志办公室安全生产、综合治理、计划生育、初级保健、卫生、档案、绿化、保密信访等常规工作均按达标要求完成。

第四节　社会建设

扎实推进区域教育高地建设步伐 努力办好人民满意的教育

攀枝花市教育局

2013年攀枝花教育工作深入贯彻落实党的十八大、十八届三中全会、省第十次党代会、省委十届三次全会和市委九届四次、五次全会精神，紧紧围绕全市工作大局，把握“稳中快进，提质增效，争先进位，跨越提升”的工作基调，以建区域性教育高地为目标，以提高质量为核心，以全面实施素质教育为主题，以改革创新为动力，以转变作风为保证，深入实施教育规划纲要，加大教育投入，加强队伍建设，提高教育质量，促进教育公平，维护教育和谐稳定，推进各级各类教育协调发展，努力办好人民满意的教育。

一、深入学习贯彻党的十八大和十八届三中全会精神，奋力推进教育规划纲要和“十二五”规划的实施

（一）贯彻省委教育工委和市委部署，把党的十八大和十八届三中全会精神学习贯彻活动引向深入。深入开展了“实现伟大中国梦，建设美丽繁荣和谐四川”主题教育活动和“思想大解放，作风大转变，工作大落实”主题教育活动。组织全市教育系统深入、系统地学习了十八届三中全会精神。

2013.9.10 攀枝花市庆祝第29个教师节大会

（二）大力推进教育规划纲要和“十二五”规划的实施。加强市教育规划纲要确定的“九大重点工程”和“九项改革试点”的分类指导和统筹推进力度，制定下发了2013年实施方案，落实了贯彻《市纲》的信息报送制度，编发教育体制改革简报三期。

（三）加强教育系统法制建设。深入推进依法行政，下发了《攀枝花市教育局2013年度全面推进依法行政工作安排》，认真开展“行政执法规范年”活动，再次对行政权力进行了清理，共有行政权力90项，其中行政审批7项，行政处罚67项，行政确认4项，其他行政行为12项；认真清理了规范性文件，落实了行政审批制度改革；认真做好法治机关创建工作，得到市法建办考核小组一致认可。深入推进依法治校，认真落实《全面推进依法治校实施纲要》，开展了“六五”普法中期检查、依法治校示范校第六批创建和第四批复查工作。认真落实现代学校制度建设改革试点工作，制定了《关于推进现代学校制度建设改革试点监测评估的实施意见》，对东、西区试点进行了监测评估。

（四）加强教育督导。贯彻落实《教育督导条例》，加强了督导机构和督学队伍建设。完成了义务教

2013.03 攀枝花市教育系统志愿服务集中行动启动仪式

育发展基本均衡县（区）复核申报工作，东区、西区顺利通过了省级评估，仁和区年底迎接省级评估。组织开展了县（区）、市直属学校年度目标责任综合督导评估；强化教育专项督导，联合开展了体育工作、语言文字工作、中等职业学校办学水平等专项督导工作。深入推进发展性督导改革试点工作，22 个子课题研究取得阶段性重要成果，初步构建了具有攀枝花特色的发展性督导体系。

（五）加强教育对外合作交流。批复同意市七中、市三中开办国际班。推荐 3 名教师分别赴泰国和文莱支教二年。向省教育厅推荐教师汉语教学志愿者 3 名；推荐“西部项目”人选 7 人，5 人被正式录取，西部项目工作在省教育厅 2013 年教育外事工作会上进行了交流发言。认真开展了外籍教师清理工作。对全市中小学校组织出国（境）参加夏（冬）令营情况进行了排查，向省厅报送了自查报告。

（六）加强语言文字工作。积极开展省级语言文字规范化示范校创建活动，已有 2 所学校进行了申报。积极开展“推普宣传周”活动，对东区部分城区社会用字进行了检查。加强经典诵读骨干教师培训。完成普通话检测 1675 人次。

二、加强统筹，进一步促进各级各类教育协调发展

2013.08 攀枝花市首批“百村支教行动”总结表彰及第二批动员“百村支教行动”动员会

（一）规范发展学前教育。全市学前一年幼儿毛入园率达 99% 以上，学前三年幼儿毛入园率达 95.97%。大力实施《攀枝花市学前教育三年行动计划》，新建 7 所乡镇中心幼儿园。出台了《攀枝花市幼儿园等级评定办法（试行）》，评选出市一级幼儿园 10 所、市二级幼儿园 1 所。加大对普惠性民办幼儿园的支持力度，市本级预算设立了公益性民办（企业办）幼儿园发展专项资金 180 万元。规范幼儿园保教工作，召开了全市《3—6 岁儿童学习与发展指南》培训暨首届幼儿园园长大会。进一步规范幼儿园收费，出台了《关于调整我市市级公办幼儿园保教费收费标准的通知》。

（二）均衡发展义务教育。全市小学、初中入学率分别为 100%、96.16%，毕业率分别为 99.98%、99.89%，辍学率分别为 0.05%、0.29%，15 周岁人口初等教育完成率分别为 99.75%、98.88%。大力实施《关于推进县域内义务教育学校携同发展的意见》，县（区）义务教育阶段优质学校与薄弱学校进行结对帮扶；东区、西区顺利通过省政府义务教育均衡发展督导评估，全市高标准通过省人大常委会“义务教育法”实施情况的执法检查。大力实施“一师一校”规范化建设，与市人社局、市编办共同出台了《攀枝花市关于加强“一师一校”规范化建设的意见》。完成攀枝花市农村义务教育学校布局调整调研，向省教育厅递交了《攀枝花市教育局关于申请批准〈攀枝花市农村义务教育学校布局专项规划

（2012～2015年）〉的请示》。加强学籍管理，进一步规范办学行为。

（三）进一步提高高中阶段教育发展水平。全市中职学校招生7230人，普通高中招生7328人，实现了招生比大体相当的目标。在普通高中教育方面，认真落实四川省普通高中课程改革各项政策措施，稳步推进普通高中课程改革，市七中首次在市九中设置了办学点、市民族中学少数民族宏志班；认真做好省级示范性普通高中复查工作，确保市三中、市七中通过“四川省一级示范校普通高中”验收，市十二中、市十五中、米易中学通过“四川省二级示范校普通高中”验收，力争市大河中学创建为“四川省二级示范校普通高中”；狠抓高三工作，与各高中学校签订了2014届高考任务及目标申报书。在中职教育方面，进一步推进中等职业教育改革发展示范学校建设工作，市建筑工程学校在全省17所第二批国示校建设学校中以排位第五的成绩顺利通过中期检查验收，市经贸旅游学校、十九冶高级技工学校成为第三批国家中等职业教育改革发展示范学校项目建设学校；加强普职沟通，召开了普职教育沟通与衔接工作研讨会；组织开展了各类中等职业学校学生技能大赛活动，4名同学分别荣获国家技能大赛两个第三名和世界技能大赛两个第五名的好成绩；做好藏区“9+3”工作，全年未发生群体性重大事件与安全事故；五是做好就业指导，中职毕业生一次性就业率达98.52%。

（四）加快发展民族地区教育。认真组织实施《攀枝花市民族地区教育发展十年行动计划（2011～2020年）》，指导两县一区做好省级民族十年行动计划项目库建设工作，2013年项目已全部完成。

攀枝花市委副书记、市长张剡到市实验学校视察了该校西侧堡坎滑坡治理工作

（五）不断提高特殊教育发展水平。做好适龄残疾儿童控辍保学工作，2013年秋季学期，全市共接受742名残疾儿童进入市特殊教育学校或普通学校随班就读。市特教学校首次开办了培智教育，并与市经贸旅游学校联合开办了聋教中职班。加强特教师资队伍建设，提升随班就读教师专业素养。

（六）支持和依法管理民办教育。加强民办教育的统筹、规划、综合协调和大力扶持工作。市本级设立民办教育发展专项资金20万。开展了民办学校年度审查和办学评估，切实规范民办学校办学行为。与市地税局、市民政局就民办教育机构税收政策达成了一致意见。建立了民办教育数据平台，实现了民办教育数据全省联网。积极配合有关部门做好校外午托管理办法的制定出台工作。依法依规做好市第一私立实验学校问题的解决工作。

（七）促进高等教育发展、办好成人教育。做好为攀枝花学院和四川机电职业技术学院的协调服务工作，积极推动攀枝花学院转变办学机制。办好攀枝花广播电视大学，加强成人学历教育，努力为构建终身教育体系和学习型城市创建平台。

三、全面实施素质教育，稳步提高教育教学质量

（一）加强和改进德育工作。坚持德育为首，组织全市中小学校结合节庆日、重大纪念日开展了一系列丰富多彩的主题教育活动。加强校园文化建设，在全市教育系统开展了校园文化建设展评活动，推荐市二小为“校园文化典范学校”、市十九小、仁和区平底中心校为“校园文化特色学校”。狠抓常规管理，在全市范围内各中小学广泛深入开展了节约教育。强化毒品预防教育，在市九中举办了禁毒教育成果展示，积极创建平安和谐校园。加强德育队伍建设，评选德育工作先进单位30个，优秀德育管理干部49名，师德标兵29名，优秀班主任101名。

（二）全面提高智育质量。进一步完善学校教育教学质量评价与监测体系，对教学质量实施有效监控。加强教学研究和科研课题研究，立项市级课题17项，省级课题6项，推荐1项申报国家级课题；10项成果获得四川省第五届教学成果奖，其中一等奖1项，二等奖5项，三等奖4项。三是积极开展教研活动，出版了《格萨拉传奇》连环画册；在市特教学校举行了以“聋校语言课堂教学研讨”为主题的两州一市跨区域教研活动，标志着特殊教育学校区域联盟的建立。深化义务教育课程改革，全面提高义务教育教学质量。全面推进普通高中课程改革，推进教学内容和教学方法改革，创新教学和考试方式，提高课堂教学效益，稳步提高普通高中教学质量。2013年全市普通高考成绩再次刷新历史记录，本科上线3161人，本科及重本上线率均远超全省平均水平，实现历史性突破。艺体、高职高考取得佳绩，艺体考生本科双上线384人，高职高考和高职单招上线212人，均比2012年大幅上升。

（三）加强学校体育、卫生、艺术和国防教育。在体育教育方面，全面贯彻四川省人民政府办公厅转发教育厅等部门《关于进一步加强学校体育工作的意见的通知》，制定了《攀枝花市人民政府关于印发攀枝花市关于加强学校体育的实施意见》。全市中心校以上学校全部推行了“学生体质健康标准数据管理系统”，本市实现了100%测试、100%上报的目标，上报率位居全省前列。大力实施学校体育三年行动计划，开齐开足课程，切实保证了学生每天在校锻炼一小时。大力开展学生阳光体育运动，市三中、市七中、市十五中成功创建为“四川省阳光体育示范学校”，大河中学、米易中学和第十二中学校已申报创建第二批省级阳光体育示范学校。改革高中阶段学校招生体育考试内容，将原有的三项固定体育考试内容改为“2+1”考试模式，充分发挥了考试的导向作用。加强体育竞赛管理，组织开展了全市中小学生篮球、足球、排球、乒乓球、羽毛球、武术、游泳、田径等比赛，组队参加了全省中学生体育比赛，市七中男子排球取得全省第二名。在卫生教育方面，深入贯彻实施《中小学生健康教育指导纲要》，开好健康教育课，注重培养学生养成良好的卫生行为，学生健康知识知晓率达80%以上；加强学校心理咨询室建设，攀枝花市未成年人心理成长指导中心在市二中挂牌成立；规范做好传染病防治工作，做到早发现、早排查、早报告、早处置，防治传染病在学校爆发流行；加强学生身体健康状况监测，将学生健康体检纳入各县（区）政府的年度目标考核任务，建立学生健康档案，及时掌握学生健康状况；强化督查，联合市卫生局组织开展了春、秋两季的学校卫生工作专项检查工作。在艺术教育方面，督促学校认真开足开齐和上好艺术课程；大力开展各类艺术活动，组织开展了四川省第九届中小学生优秀艺术人才大赛攀枝花赛区的比赛，全市共有6660人次参加，其中，837人次获全省一等奖，1202人次获二等奖，2670人次获三等奖；组织开展了主题为“我的童年，我的梦”的庆祝“六一”文艺汇演活动；积极参加全国艺术节活动，本市有两幅美术作品代表四川省参加全国比赛取得了1个一等奖和1个二等奖的好成绩。在国防教育方面，会同市国防教育委员会开展了国防教育活动，巩固开设国防教育课；指导少年军校开展有关工作；全市所有高中阶段学校和部分初级中学一年级新生开展了军训和国防教育。

四、加大投入，持续改善中小学办学条件

（一）努力增加教育投入，建立完善教育投入增长的长效机制。一是协调市级有关部门，做好2013年教育改善办学条件资金安排计划。下达落实2013年教育改善办学条件资金预算9300万元，其中地方教育附加3200万元，教育附加4800万元，财政专项资金1300万元。二是认真对接国家、省投资教育重大建设项目，争取上级资金支持。努力抓好农村义务教育校舍维修改造工程、农村初中改造工程、农村薄弱学校改造工程、学前教育幼儿园基本建设、农村教师周转房建设工程和中等职业学校基础能力建设等教育改革发展重点工程项目库建设。代市政府草拟了《攀枝花市人民政府关于加大对攀枝花学院经费投入的请示（代拟稿）》《攀枝花市人民政府关于提高中央在攀企业移交学校转移支付补助标准的请示（代拟稿）》。三是积极搭建融资平台，多渠道筹措资金。努力争取银行贷款3000万元，解决市直属学校基本建设等急难险重项目资金缺口。

（二）着力推进学校重大项目建设，努力改善办学条件。一是大力实施主城区教育资源配置，缓解城区入学压力。加快2012年开工的3所主城区学校项目工程续建，市第二十七中小学校预计年底完成教学楼主体施工，市第三十六中小学校异地重建项目进展顺利，仁和区五十一阳光家园小学已投入使用；启动实施新增的市第三十九小学校建设，预计明年6月份校舍主体完工；新建市第四十一中小学校项目已完成可研报告；协助县（区）落实主城区教育资源配置市级以奖代补资金的申报、审核和拨付工作，目前市财政局已拨付2013年以奖代补资金1000万元。二是继续推进实施全市中小学校舍安全工程。2013年全市中小学校舍安全工程目标任务为42个项目，规划建筑面积123369平方米，截至11月初，已开工项目39个，完工项目38个。三是积极推进中央财政支持的职业教育项目建设，加强中职学校基础能力建设。市建筑工程学校新建教学楼基础已完工；市经贸旅游学校江北校区实训楼项目及设备购置前期准备工作稳步推进。四是加快市三中、市九中等直属高中学校项目建设，进一步改善教育基础设施条件。五是加快推进市七中、市经贸旅游学校教师周转房建设。六是建立健全了重点项目工程建设督查督办和考核机制。

（三）进一步推进实施学生营养改善计划工作，确保食品安全和资金安全。春季学期，全市共有192所（小学32所，小学教学点140个，单设初中11所，九年一贯制学校9所）义务教育学校的50713名学生享受到了免费营养餐。及时下发了《攀枝花市教育局　攀枝花市财政局关于扩大本市民族地区义务教育学生营养改善计划实施范围的通知》，秋季学期全市新增24所营养改善计划试点学校，新增享受营养餐学生26713人，加上之前已实施营养改善计划学校的学生，全市享受营养餐的学生达到76070人。

（四）加快教育信息化建设。一是制定下发了《攀枝花市教育信息化十年发展规划》《攀枝花市幼儿园、义务教育学校标准化建设方案》和《攀枝花市教育局关于进一步加强现代教育技术装备工作的意见》。二是完成了市直属学校“班班通”建设目标，教育信息化迈出实质性步伐。三是共投入教育技术装备经费投入2757．04万元，农村薄弱学校改造项目资金投入376万；按新标准装备学校33所，装备微机1731台，新建网络教室16间；建有市教育城域网1个，县区教育城域网5个；图书投入116.42万元，生均新增图书0．5册；创建省级实验教学示范学校1所，市级实验教学示范学校3所，省级现代教育技术示范学校2所，市级现代教育技术示范学校2所。四是全市初、高中实验操作考试顺利进行，高中参考面达99.93%，合格率99.89%；初中参考面达99.16%。物理、化学合格率分别达97.6%和98.6%；6799名学生参加高一信息技术毕业会考，考试合格率达94.3%。五是组织开展或参加了各级各类电脑制作、信息化教学赛课、信息技术与课程整合大赛、教师论文（教具）评选、读书小明星大赛、教育技术装备展示等各级各类评选及竞赛活动，在国家级、省级等奖项上均有斩获。

五、加强教师队伍建设，着力提高教师师德水平和业务能力

（一）狠抓师德师风建设，教师职业道德水平有新提升。坚持把师德师风建设摆在首位，编印了《教师职业道德规范手册》15000册并及时发放到全市教育系统教职工的手中。组织1万余名中小学教师签订了不违规补课、不有偿家教承诺书。做好评优选模，8名教师被省政府表彰为四川省优秀教师8名，2名教师获四川省教育基金会“怡和烛光奖”，表彰攀枝花市教育系统优秀教师125名，优秀教育工作者23名；表彰攀枝花市优秀乡村教师、校长共计20名。

（二）深化人事制度改革，教育人事工作呈现新活力。一是启动“123工程”人才培养计划，共确定111名“123工程”培养人选。二是稳妥推进绩效工资改革，认真落实教师待遇。加强对学校绩效考核和奖励性绩效工资分配工作的指导，2013年5月直属学校绩效工资全部兑现。落实了骨干教师津贴，市本级共核拨各级骨干教师津贴384万余元。落实了市本级300万高中教育阶段教育质量奖、100万义务教育质量奖、100万教育督导奖。推荐攀枝花市第六批学术和技术带头人和后备人选35名，推荐攀枝花市第八批有突出贡献专家10名，推荐市委掌握的高层次人才5名。在全省率先制定实施一师一校教师外出疗养制度。三是在全省率先开展了中小学教师职称制度改革试点工作，建立统一的中小学教师职称职务制度，首次评定中小学正高级教师5名，新增专业技术岗位743个，解决评而未聘人员340人。四是落实中等职业学校特聘兼职教师制度，市经贸旅游学校和市建筑工程学校2013年共聘任兼职教师64名，市财政每年每人补助经费2万元。五是积极探索“县管校用”的新型教师管理体制。组织区（县）教育人事干部考察学习成都市“县管校用”教师人事改革经验，积极推动东区教育局、米易教育局“县管校用”试点工作。六是免费定向培养农村义务教育教师。向省厅报送本市免费师范生农村义务教育教师40名。七是做好人才引进工作。完成了直属系统2012年引进的硕士研究生和免费师范生等33名的各项手续办理工作，2013年直属系统计划引进高层次和急需紧缺人才13名、免费师范生20名。完成了攀枝花生源地免费师范生就业工作，就业率100%。公开招考直属系统工作人员33名。八是做好教师资格认定工作。开展2013年春秋两季教师资格认定工作，全市共认定498人。九是认真解决被辞退的民办教师及代课教师相关问题。

（三）在提高教师队伍整体素质上迈出新步伐。一是大力实施四川省中小学教师素质能力建设“三大计划”。通过加强对各级各类骨干教师的培养、培训、管理、使用和考核，充分发挥他们的骨干带头和引领示范作用；聘请成都市石室中学相关学科专家到本市开展了学科培训。继续开展城区教师支教制度和城乡学校干部、教师互派交流工作；认真实施“百村支教行动”，首批100名支教教师全部完成支教任务并考核合格，第二批100名城区小学教师已投入到100所边远地区、少数民族地区、师资力量薄弱地区村小开展支教。二是大力开展国家、省、市、县、校五级培训，有效地发挥了名师工作室和教师专业发展团队的作用，全年共培训教师5300余人次，本市在2012—2013学年度国家教育行政学院远程培训中被评为优秀组织单位。三是积极探索教师培训新路子，聘请攀枝花市政府特聘专家田间到本市开展了《中小学学校管理的讲座》，组织开展了“如何开展教育评价”的小学校长论坛。四是加大对市经贸旅游学校的市商贸人才培训基地和市建筑工程学校的市建筑人才培训基地建设力度。

（四）做好援助木里藏区各项工作。一是做好直属系统派出的6名援藏干部慰问、座谈及待遇兑现等工作。二是做好木里教师培训工作。制定了《攀枝花市教育局对口帮扶藏区木里专业技术人才2013年培训计划》，通过接收木里学校干部、教师到本市城区优质学校跟岗学习和培训、组织高中教研员对木里教师及高三学生进行试卷分析及考前指导培训、对木里中小学教研员、校长、幼儿教师进行培训，不断帮助木里县提升教育教学质量。三是应木里县教育局委托，承担了木里县考聘村小教师和考调城区教师考试的命题、制卷、阅卷、登分工作。四是免费为木里县中学提供期末考试试卷和高三年级统考试卷，帮助他们甄别、分析学生状况。

六、实施教育民生工程，促进教育公平

（一）全面落实学生资助政策。进一步完善以各级财政资金保障为主体的学生资助体系，实现了学前教育、义务教育、普通高中、中职教育、高等教育全面覆盖。一是率先在省内实施市属高校毕业生到艰苦边远地区基层单位就业学费奖补政策，奖补攀枝花学院毕业生17人23.38万元。同时完成省属高校毕业生到艰苦边远地区基础单位就业学费奖补工作，已上报174人，申请奖补资金233万元。二是率先在省内实施民族地区免费中职教育，惠及学生3835人。三是全面实施免除中职学生学费，享受免学费学生人数13300人。对中职家庭经济困难学生7858人发放国家助学金。四是对全市所有义务教育阶段学生全部免除了学杂费、免费提供教科书，实现了“两免一补”城乡全覆盖。向农村义务教育阶段家庭经济困难寄宿学生22139人发放生活费补助。五是建立了学前教育“三儿”资助制度和民族地区减免保教费政策，资助普惠性幼儿园符合条件儿童3132人。对民族地区在园18119名幼儿进行了减免保教费。六是对普通高中家庭经济困难学生实行每生每年1500元的国家助学金补助，2013资助普通高中家庭经济困难学生6754人。七是积极推进生源地信用助学贷款工作，办理生源地信用助学贷款829人。八是完成中央专项彩票公益金润雨计划专项资金高校新生入学资助项目，资助228人，发放资助金13.35万元。九是完成市2013－2014学年地震灾区学生“一免一减”工作，下达经费32.1万，“一免”资助学生6556人，“一减”资助学生802人。

（二）大力推进教育民生工程建设项目。按规划实施《学前教育三年基本建设规划》，农村公办幼儿园已开工建设6所，其中已完工投入使用1所；代市政府草拟了《攀枝花市人民政府关于进一步加强学生食堂建设和管理的意见》，新建、改扩建一批营养改善计划实施范围内的农村义务教育学校食堂，规划建设面积6005平方米，截至11月初已完工3441平方米；农村教师周转宿舍已完成44套。关爱特殊群体，全市义务教育阶段特殊教育学生达到742人。

（三）加强督查督办，积极推进“急难险重”工作

2013年纳入全市“急难险重”项目的是：市第三十六中小学校异地重建和仁和区五十一阳光家园小学建设项目。目前，五十一阳光家园小学建设项目进展顺利，一期已完成建设，已于2013年9月开学招生。三十六中小学校异地重建项目因资金和土地问题，项目建设滞后。在市领导强有力的领导下，市级奖补资金1000万已提前到位，各部门正积极配合，全力推进建设工作，力争2014年秋季学期投入使用。

（四）切实保障进城务工人员随迁子女就学权利，进一步加强农村“留守儿童”的教育和管理。共办理进城务工人员随迁子女就学3834人。

（五）做好招生考试工作。一是组织实施四川省普通高中新课程高考方案，共有8237人报名参加普通高考，录取6726人，录取率81%，高于全省五个百分点。二是深入实施招生“阳光工程”，出台了《攀枝花市2013年高中阶段教育学校招生实施规定》，对志愿填报进行了改革，增加了优秀考生就读国重的机会，一定程度上缓解了全市优质生源外流的状况。全市中考实现了网上阅卷。共有15400人报名参加高中阶段教育学校招生考试。三是完成6726名考生参加的全国成人高校招生考试。四是完成自学考试组织工作，共计报考8526人，15977科次。五是完成全国英语等级考试，全国大学英语四、六级考试，全国计算机等级考试的组织工作，共报考3万余人次。

七、抓好教育系统党的建设，维护学校安全稳定

（一）抓好教育系统党的建设。一是抓好基层党组织建设。制定下发了《市教育局直属系统基层党组织工作制度与操作方法》，建立了基层党组织“三分类三升级”活动长效机制。在全市教育系统开展了“抓基层、打基础，万名支部书记在行动”活动，举办了全市中小学校基层党组织书记培训班。实施党建“品牌工程”。继续推行党组织和党员在社区“双报到”工作。二是加强和改进党员队伍建设，截至11月底，直属系统共发展党员48名。认真开展了学习《党章》活动。扎实做好联系群众工作，起草了《中共攀枝花市教育局委员会　市教育局关于进一步改进工作作风提高工作效能的规定》。三是扎实做好联系群众工作。深入实施城乡党组织互助工程，认真做好新一轮“挂包帮”活动的干部联系服务群众工作；组织直属系统为芦山灾区捐款246626元。四是进一步加强领导班子和干部队伍建设，建立完善了加强直属学校领导班子和中层干部队伍建设的相关制度，深入开展以“三个自信”为主要内容的理想信念教育，举办了直属系统领导班子成员和局机关全体职工十八大精神集中培训班。局机关和直属系统提拔领导干部7名，交流领导干部10名，为3名干部办理了享受上一级工资、医疗待遇，为1名干部办理了享受副县级非领导职务待遇退休手续，办理了2名任职试用期满干部转正，办理2名到达任职年限干部的免职。五是以开展文明城市创建为契机，继续加强和改进教职工思想政治工作，扎实推进文明城市创建工作实现新目标，未成年人思想道德建设取得新成效，学雷锋社会志愿服务活动取得新进展，进一步推进了直属系统精神文明建设。六是认真抓好统战群团工作。

（二）抓好教育系统党风廉政建设和行风建设。一是加强监督检查，认真贯彻落实中央省市委重大决策部署，局直属系统没有违反中央“八项规定”、省委省政府及市委市政府“十项规定”的行为；进一步加强了对《市纲》《十二五规划》、2013年目标任务、教育惠民政策措施等执行情况的监督检查。二是切实改进工作作风，把作风建设纳入领导班子、领导干部述职述廉和绩效考核范畴；厉行勤俭节约，制止奢侈浪费，认真落实“三公”经费管理规定，市教育局2013年“三公经费”在2012年基础上下降47%；严格公车管理，目前本局系统无领导干部驾驶公车及公车私用行为。三是加强廉政宣传教育，通过举办廉政文化进校园专题文艺汇演、学习和解读《党章》、预防职务犯罪辅导报告、发送廉政格言和警句、订购纪检监察报刊杂志等形式夯实领导干部廉洁从政的思想道德基础。四是加大对高考、中考、自考及领导干部选拔考核、公开招考工作人员等工作督查力度，确保了各项工作任务的圆满完成。五是巩固深化专项治理，与各县区教育局、市直属事业单位（学校）签订了《教育乱收费治理工作责任书》，坚决纠正有令不行、有禁不止和在执行政策规定上有折扣、搞变通、做选择行为；进一步规范学校办学行为，核查处理信访举报15起，清退违规收费金额7.4万元。六是严格执行党风廉政建设责任制，与各县区教育局、市直属事业单位（学校）签订了《党风廉政建设责任书》，对直属系统落实党风廉政责任制情况进行了考核。完成纪检监察系统“三项建设”活动，市教育局获“三项建设”知识竞赛优秀组织奖，被评为“三项建设”先进集体，一名工作人员被评为先进个人。

（三）抓好学校安全工作，维护教育和谐稳定。一是全面加强学校安全工作。全面落实以“一岗双责”为核心的安全生产责任制度，与县（区）教育局和学校层层签订了安全稳定责任书；制定实施了《攀枝花市学校安全工作约谈制度》和《攀枝花市学校安全事故警示通报制度》；采取灵活多样的教育形式，抓好安全教育，有效的预防和减少安全事故发生，在四川省“三电杯”中小学生安全知识网络竞赛中，攀枝花市教育局被评为“市（州）教育局参赛突出奖”；认真做好应急管理工作，各学校积极开展校园防灾减灾应急疏散演练，向省教育厅申报了3所“四川省应急教育示范学校”；认真开展安全隐患排查，组织开展了“百日安全生产活动”“安全生产月活动”和“安全大检查行动”；实施了安全小黄帽行动。二是加强校园及周边环境整治。进一步完善“三防体系”；与市公安局、市综治办联合开展了“2013年全市中小学幼儿园护校安园行动”；协调、联合公安、工商、卫生、文化等多家部门全面清理整顿了校园周边环境。三是切实维护教育系统的稳定。认真开展了公办幼儿园收费标准调整工作的社会风险评估；积极开展关系群众切身利益的矛盾纠纷“大排查、大调处、大化解”活动，截至2013年10月，共办理来信96件，接待群众来访156批362人次，信访事项答复率达到了100%，结案率100%，形成了“畅通、有序、务实、高效”的信访工作新秩序；切实做好维稳、防邪及国家安全人们防线工作。

（四）加强和改进教育宣传工作。通过多层面突破，多角度展示，全方位宣传，本市教育形象和影响力得到极大提升，教育宣传工作再创佳绩。2013年，《攀枝花日报·教育专刊》共出版27期，刊出教育资讯150余条。《四川省教育导报》共采用30余条，是2012年同期的2倍；《攀枝花电视台·攀枝花教育》栏目共播出50期，教育资讯110余条；上报省视频信息50条，播出条数20余条，其中，专题6条。在第八届四川省中小学校园电视奖评选活动中，19件优秀校园电视作品获得省级奖励，其中金奖2件，银奖6件，市电教技装中心获得“最佳组织奖”，一名工作人员获得“优秀工作者”；“攀枝花教育”门户网站共发布各类信息2700余条，上报四川省教育厅信息153条，在省教育厅网站发布91条。

（五）加强学校后勤保障工作。一是进一步强化学校食品安全管理工作，确保了2013年学校食品安全零事故。二是深入推进城乡环境综合治理“进学校”活动，市教育局2012年度全市城乡环境综合治理单项目标考核再次排名全市第一，市七中、特教学校获得“花园单位”荣誉称号。三是认真开展节能降耗工作，大力推进节约型校园创建。市二中创建全国节约型公共机构示范单位工作已通过评审。评选并表彰了节能减排先进学校24所。四是推进学校后勤标准化建设，规范学校后勤管理，保障服务水平进一步提升。成功申报省级示范性标准化食堂四个，十六所学校学生食堂通过市级示范性标准化学生食堂评审。

（六）切实加强机关自身建设。贯彻落实省教育工委、市委、市政府关于改进工作作风，密切联系群众的各项规定，切实转变机关工作作风，积极转变会风、文风、精简会议活动，精简文件简报，改进调查研究，热情服务群众，减轻基层负担，厉行勤俭节约。深入开展学习型机关建设，积极构建和谐机关。加强机关效能建设。切实抓好机关及直属系统创建精神文明单位和卫生单位、社会治安综合治理、计划生育、离退休管理、双拥、绿化、保密、档案、劳资、年度考核、信访等工作。认真抓好人大建议和政协提案办理工作，共办理提案建议17件，主办15件，协办2件，已全部办结，满意率100%，被评为2013年人大、政协提案建议办理先进单位。做好教育系统关心下一代工作。

加大投入　力促稳定
努力实现攀枝花市民族宗教工作新发展

攀枝花市民族宗教事务委员会

2013年，在市委、市政府的正确领导和省民委、省宗教局的具体指导下，全市民宗系统认真落实中央和省、市关于民族宗教工作的决策部署，主动作为，积极争取，抓政策出台，促经济发展，抓民生改善，促社会和谐，全面贯彻执行党和国家的民族宗教政策，有力推进了民族地区的经济社会发展，有效维护了民族地区和宗教领域和谐稳定。据初步统计，2013年全市17个民族乡镇国内生产总值预计达232040万元，比2012年增加28496万元，增长14%；农民人均纯收入预计达8100元，比2012年增加1050元，增长15%。民族地区呈现出经济发展、社会稳定、人民安居乐业的良好局面，圆满完成了各项目标任务。

一、积极争取协调资金，加大民生投入力度，助推民族地区经济社会发展

2013年，市民宗委争取省级民族资金1853万元，安排市级民族资金700万元，按照“富民惠民、改善民生”的资金投入导向和“五个到位”的资金管理的要求，在民族地区实施了六件民生工程。

2013年4月2日，市委政法委书记张伟、副市长李仁杰参加2013年全市民族宗教暨两项资金管理工作会议。右三为张伟，右二为李仁杰

（一）“民族团结进步新村”建设工程。争取省三州开发资金500万元，启动实施了盐边县和爱乡团结村“民族团结进步新村”建设，目前，已完成民族水库除险整治、硬化7公里社道等产业扶持、基础设施项目，正在实施403户房屋风貌打造和20户精品彝家乐聚居点基础场平建设。全面完成了米易县麻陇乡中心村“民族团结进步新村”建设。

（二）小流域现代农牧业增收工程。争取省三州开发资金200万元，在米易县实施1.5万亩核桃基地建设，覆盖9个乡镇14个村6700余人。

（三）“四小”基础设施建设工程。争取省级资金900万元，安排市级资金420万元，在民族地区实施“小路、小桥、小水、小能源”四小基础设施建设工程。小路建设：投入资金885万元，道路硬化45公里、新建34公里、整治19.5公里，改善了3000余人的通行条件；小桥建设：投入资金47万元，新建人行便桥3座，改善了800余人的通行条件；小水建设：投入资金370万元，整治沟渠7.3千米，修建各类水池51口，架设各类管道38千米，新建提灌站2座，改善了7500余亩农田及芒果基地灌溉条件；小能源建设：投入资金18万元，实施90户“一户一厕”工程，改善了340余人的生活条件。

（四）自发迁居农民安置发展工程。争取省级资金200万元，完成自发迁居农民安置点9.5公里道路硬化、4公里道路新建，架设各类管道25千米，建各类水池6口，改善4500余名自迁农民的生产生活条件。

（五）民族教育十年行动计划工程。安排市级资金150万元，实施1所学校运动场改造，3所学校教学设施设备购置，1所学校科普实验基地建设，改善4000余名师生的教育教学条件。

2013年7月，市政协副主席、民宗委主任在仁和区同德镇检查两项资金项目落实情况。左二为吴文发

（六）民族地区培训和维稳工程。争取省级资金53万元，安排市级资金130万元，建成核桃、芒果科技成果转化示范基地各1个，培育核桃、芒果重点示范户32户，实施核桃嫁接25万株，建立苗圃基地15亩，开展实用技术培训35期4000余人次，发放技术资料8000份；开展旅游从业人员及民族干部培训4期200余人次。加强服务体系建设，组织好全市重大民族节日活动，做好民族地区救灾应急、特殊困难救助，维护了民族地区团结和稳定。

二、加大政策争取和落实力度，严格贯彻党的民族政策，强化对民族工作和民族地区发展的政策支持

（一）会同市教育局、市财政局推动出台了《关于我市少数民族地区实施免费中等职业教育的意见》（攀办发〔2013〕10号）。从2013年春季学期开始，对本市农村户籍的少数民族学生就读攀枝花中职学校，实行享受免除学费、补助生活费和杂费的中职免费教育政策，加快了民族地区中职教育发展。

（二）会同市委组织部、市人社局出台了《关于关于调整我市少数民族考生报考本市事业单位享受加分政策的意见》（攀组综〔2013〕47号）。对本市少数民族考生报考本市各级事业单位工作人员享受加分政策进行了调整、细化，进一步落实了少数民族招考事业单位的优惠政策。

（三）协调落实《关于全面推进民族地区跨越式发展的意见》（攀委发〔2012〕12号）中的相关投入政策。2013年，市级民族发展资金增加了50万元，市级民族教育十年行动计划资金增加了170万元；两县一区将八税分享收入的20%作为少数民族发展专项资金，纳入了财政预算，切实加大了对民族地区的投入力度。

（四）出台了《关于进一步加强和完善我市民族事务服务体系建设的实施意见》（攀民宗〔2013〕60号）。市、县（区）、乡镇（街道）、村（社区）成立少数民族事务服务中心、站、窗口、点，并在民族工作机动中安排专项经费作保障，切实加强了民族事务服务体系建设。

三、深入民族团结进步创建活动，加强民族事务管理，维护民族团结和社会稳定

（一）深入开展民族团结进步和民族政策宣传活动。认真抓好“民族团结宣传月”“民族地区法律法规、民族政策和爱国主义思想宣传教育”等活动，积极推动民族团结教育进课堂、进村寨、进机关、进企业、进社区，高举团结旗帜，唱响团结主旋律，营造了人人讲民族团结、维护民族团结的良好社会氛围。

（二）积极开展民族团结进步创建活动。制定出台本市民族团结进步示范乡镇、示范村、示范社区、示范单位、示范学校、示范企业等6个创建标准，明确创建活动组织领导、民族团结进步宣传教育、民族关系团结和谐等方面的具体要求。2013年，全市表彰命名了24个市级民族团结进步创建活动示范单位，米易县攀莲镇新北社区等5家单位分别被命名为第二批四川省民族团结进步创建活动示范单位。

2013年8月9日，市委政法委书记张伟督促检查盐边、米易、仁和、东区、西区政府贯彻落实民族地区跨越式发展攀委发〔2012〕12号文贯彻落实情况。左二为张伟

（三）切实做好涉及少数民族的纠纷矛盾排查。建立健全纠纷矛盾排查机制，实行不稳定因素定期排查报告制度，特别是抓好元旦、春节、中秋国庆黄金周、党的十八届三中全会召开前后等时段不稳定因素掌控，全年，共开展矛盾隐患排查40余次，接待来信来访41人次，未雨绸缪，把纠纷和矛盾化解决在了萌芽状态，特别是确保了重大节日及敏感时段的稳定。

（四）依法做好民族地区各类纠纷矛盾的处置。按照“团结、教育、疏导、化解”为主的方针，积极协同有关部门依法处理各类涉及少数民族的矛盾和纠纷问题，参与妥善协调和处理了盐源籍少数民族苏青发与市中心医院医患纠纷等20余起涉及少数民族纠纷。积极推进凉山籍滞留米易县湾丘基地人员问题信访积案化解工作，形成了《研究凉山籍滞留米易县湾丘基地人员问题会议纪要》，目前清理劝返工作正有序推进。全年，本市民族地区、少数民族没有发生大的影响民族关系的重大事件，保持了民族地区社会和谐稳定。

（五）认真做好民族成分更改更正和证明工作。按照民族成分更正更改的有关规定要求，依法办事，政务公开，严格审核审批，依法、公正办理民族成分更正更改248份。同时认真做好公招、公考民族成分复核审查工作，切实保障了少数民族合法权益。

四、认真贯彻党的宗教政策，依法管理宗教事务，积极引导宗教与社会主义社会相适应

（一）广泛宣传宗教政策法规。利用“宗教政策法规宣传月”、宗教界人士迎春座谈会中秋茶话会、重大宗教节日等活动和各类培训班，深入开展宗教政策法规宣传教育，在全市宗教界形成自觉学法、守法、用法的良好氛围。

（二）依法管理宗教事务。一是以“平安宗教活动场所”创建活动为契机，完善宗教活动场所安全预案和安全措施，强化平时安全检查隐患排查，全年宗教活动场所无安全事故发生。二是严格执行《宗教教职人员备案办法》和资格认定办法，做好教职人员基本情况登记并核定上报备案，强化教职人员管理。三是指导宗教场所建立健全内部管理制度，完善财务管理制度、宗教活动管理制度，不断规范宗教场所内部管理。四是督促指导各县区做好基督教私设聚会点和佛教乱建小庙进行治理，成功处置1起基督教非法组织成立活动。

（三）改善信教群众宗教生活条件。协调指导县区做好宗教活动场所改造、排危、重建等建设工作，全年协调筹集各类资金5400万元（其中市级财政安排宗教场所排危资金40万元），稳步推进了东区玉佛寺、东区江南基督教堂、米易县五锁沟清真寺、仁和区基督教伯利恒堂、西区西佛寺、西区基督教圣恩堂、西区平江天主教堂等重点建设项目，宗教活动场所自身建设不断加强，信教群众的宗教生活条件

2013年米易县麻陇乡民族新村建设图

不断改善。

（四）积极引导宗教与社会主义社会相适应。深入开展“宗教慈善周”等宗教界帮扶困难群众活动，为芦山地震灾区筹集善款65000元；为盐边县渔门镇核桃箐傈僳族村的村民募集善款5万元，帮扶发展核桃产业。

五、真抓实干，务求实效，主动参与各项中心工作

（一）自觉服务“五创联动”大局。一是围绕全国文明城市创建，深入开展民族团结进步创建活动，建立健全了民族事务服务体系网络，做好民族宗教领域不稳定因素排查和矛盾调处，保持了民族宗教领域大局稳定。二是围绕环保、园林城市建设，广泛宣传爱国卫生运动、城乡环境综合治理、节能减排工作，加强社会公德、文明生活方式和健康生活等常识教育，抓好机关环保、卫生、节能、绿化工作，按质按量完成红格癞山义务植树任务。三是围绕国家森林城市建设，结合产业结构调整，在民族地区发展核桃种植15000亩，助农增收同时积极为森林城市创建做贡献。四是围绕阳光康养旅游城市建设，开展民族地区旅游服务人员培训，加强了宗教活动场所的安全建设和旅游标准化建设，主动服务于旅游城市创建。

（二）主动参与“8+8”对口支援工作。把对口支援工作纳入民族工作的重要任务，指导受授民族乡镇做好对口支援项目规划，积极协调对口支援项目建设工作，并争取和安排民族资金386万元，支持受援乡镇发展产业和改善基础设施建设，与相关部门和支援单位齐心协力做好“8+8”对口支援工作。目前，2013年8个支援单位已投入对口支援项目资金2400余万元，带动投入达7000余万元。

（三）积极做好两个“节”“会”筹办准备工作。市民宗委配合市文广新局做好了省第八届少数民族艺术节承办的方案策划、场馆建设等准备工作；会同市体育局做好了省第十四届少数民族体育运动员会运动员选拔和训练工作。

（四）深入开展“挂包帮”等帮扶活动。将“万名干部直接联系服务群众”活动、城乡党组互助活动、“挂包帮”工作有机结合，市民宗委机关干部采取“一对儿”的方式直接联系54名群众。全年累计为困难群众带去了1.5万元慰问品，落实帮扶资金46万元（其中，盐边县高坪村道路硬化项目资金10万元，盐边县国胜乡民胜村道路硬化项目资金26万元，核桃箐村帮扶项目资金5万元）。2013年市民宗委被市委、市政府评为全市“领导挂点、部门包村、干部包户”先进单位。

（五）切实做好计生三结合帮扶工作。争取和安排资金42万元投入仁和区务本乡大火山村开展计生三结合帮扶，为该村新建31口小水池、新建道路1.8公里，改善了400余名帮扶群众的生产生活条件。2013年市民宗委被四川省人口和计生领导小组评四川计划生育“三结合”工作先进集体。

六、加强机关自身建设，强化机关内部管理，为民族宗教工作提供坚实保障

（一）着力抓好干部思想教育。结合“三大主题”教育活动、“中国梦”主题教育活动，针对民族宗教工作部和民族宗教干部思想、作风、工作存在突出问题，以中心组学习、“三会一课”、专题教育活动为载体，组织干部职工深入系统学习邓小平理论、“三个代表”重要思想、科学发展观、党的十八大精神，用马克思主义思想武装干部头脑，坚定理想信念，切实增强了干部职工思想政治素质。

（二）着力抓好干部教育和培训。结合民族宗教工作实际，采取“走出去、请进来”的培训方式，组织干部参加了职业道德、行政执法、信息安全、保密知识、民族地区多点多极支撑发展、民族宗教知识等业务技能培训30余人次，进一步提高了干部职工的业务素质。

（三）着力抓好机关效能建设。把“三大主题”教育活动、“中国梦”主题教育活动与机关效能建设紧密结合，以治庸、治懒、治散为切入点，以落实首问责任制、限时办结制、公开承诺制为抓手，开展经常性的职业道德教育和行风政风督查，健全和完善机关工作制度、内控制度，细化量化机关的岗位职责，建立健全奖惩激励机制，进一步调动了干部职工的工作积极性主动性，促进了机关作风面貌转变。

（四）着力抓好机关党建工作。以深入开展“三大主题”教育活动、“中国梦”主题教育活动为契机，认真履行一把手抓党建责任制，不断丰富组织生活形式，扎实推进基层党组织创先争优活动、城乡党组互助活动、党员志愿活动等实践活动，充分发挥党员先锋模范作用，进一步增强了党组织的凝聚力、战斗力。

（五）着力抓好党风廉政建设。以纪检监察系统“三项”建设活动为契机，深入开展党风廉政建设学习宣传教育活动，认真贯彻中央“八项”规定和省、市“十项”规定，做好廉政风险点排查防控，加强对民族宗教专项资金管理使用的监督和指导，严格推行机关政务、财务公开，落实“廉洁自律”五项承诺、“两项资金管理十不准”，进一步增强了干部队伍拒腐防变能力。

（六）着力抓好机关常态工作。进一步抓好群团、妇儿、关工委工作和保密、档案、信息安全、社会治安综合治理、精神文明、信息调研等各项工作，按时按质完成好上级交办的各项工作任务，切实保障了机关正常高效运转。

求真务实保民生　攻坚克难促发展

攀枝花市民政局

2013年，全市各级民政部门在市委、市政府的坚强领导和省民政厅的大力支持下，紧紧围绕“服务民生、创新管理、夯实基础”的发展目标，以“解决民生、落实民权、维护民利”为出发点，在完善城乡社会救助体系、提升综合防灾减灾能力、促进社会福利事业发展、创新社会管理和公共服务等5个方面大胆探索、强力推进，多项工作走在全省前列。在群众关心的热点问题、社会关注的焦点问题、社会管理的难点问题上花大力气，下真功夫，稳步推进民政事业“十二五”规划各项目标。

一、完善社会救助体系，惠及更多困难群众

2013年10月，市委、市政府印发了《中共攀枝花市委办公室、攀枝花市人民政府办公室关于进一步完善城乡社会救助体系建设的意见》（攀委办发〔2013〕42号），按照“三个走在全省前列”和加快推进全面小康社会建设的要求，统筹整合部门救助资源，加强体制机制建设，充分发挥救助体系整体效益，实现机制体制创新，社会管理创新，按照“政府主导，社会参与；保障基本，促进发展；统筹城乡，水平适度”的原则到2020年全面建成以最低生活保障为核心，以医疗、住房、教育、就业、法律、临时等专项救助配套，与公益慈善和社会帮扶有效衔接，覆盖城乡困难群众的社会救助体系。市民政局按照市委、市政府的统一部署，在城乡低保，城乡医疗救助，农村五保供养，

一是进一步健全城乡低保制度。2014年12月，市政府出台了《攀枝花市人民政府关于加强最低生活保障工作的实施意见》（攀府发〔2013〕42号），一是明确规范建立最低生活保障标准调整机制。以确保困难群众基本生活为核心，充分考虑城市居民人均消费支出、城镇居民人均可支配收入、最低工资标准，以及经济发展水平、物价指数、财政状况等因素，运用基本生活费用支出法、恩格尔系数法、消

费支出比例法，科学合理地制定城市居民最低生活保障标准。农村居民最低生活保障标准按不低于城市居民最低生活保障标准的55%确定，并随全市统筹城乡发展、城镇化进程，以及经济发展水平，逐步实现城乡最低生活保障标准一体化。同时，进一步完善城市居民最低生活保障分类施保制度，建立农村居民最低生活保障分类施保制度，建立城乡居民最低生活保障分类施保标准与城乡居民最低生活保障标准同步调整机制。二是明确加强最低生活保障能力建设。县（区）人民政府根据最低生活保障对象数量和社会救助工作情况，通过政府购买服务等方式，按照工作人员与最低生活保障对象1：2000的比例招聘（配备）专职调查员，充实加强县（区）民政部门和社会救助机构工作力量。在乡镇人民政府（街道办事处）根据社会救助工作量，通过政府购买服务等方式，招聘（配备）1－2名专职调查员，负责最低生活保障申请、调查、居民家庭经济状况核对、评议、公示、管理、信访，以及落实其他社会救助政策等工作。县（区）政府将社会救助专职调查员纳入机关和事业单位聘用人员统一招聘和考核管理，工资福利待遇参照社区工作人员报酬待遇落实。三是明确开展最低生活保障工作所需工作经费纳入市、县（区）财政预算，保障低保工作的正常开展。

截至2013年12月，城乡低保累计保障588117人次，支出10452.81万元，累计月人均补差分别达到259.38元和118.23元，完成目标任务的117.9%和118.23%。另有588户城乡困难家庭获得了总计26.52万元的临时救助。

二是进一步加强城乡医疗救助。2013年，为进一步完善全市城乡社会救助体系，加大医疗救助力度，缓解困难群众看病难问题，按照省、市关于“十二五”深化医药卫生体制改革有关意见，市民政局对《关于进一步完善城乡医疗救助制度的意见》（攀办发〔2010〕71号）的部分政策提出调整意见，并由市政府（攀办函〔2013〕208号）发文，一是将孤儿、城市低收入家庭成员中的60周岁以上老年人和未成年人纳入资助参保参合范围；二是救助对象在医保定点医院发生的本自然年度的住院医疗费用，扣除参加各种社会保险赔付的医疗保险金、相关部门补助和社会各界捐赠的资金后，其医保报销范围内个人承担部分，按医院级别予以救助。救助比例三级医院由50%提高到60%，二级医院由60%提高到70%，一级及其以下定点医疗机构由70%提高到80%。三是城乡低收入家庭成员每人每年累计最高住院救助金额由5000元提高到10000元；城乡低保对象每人每年累计最高住院救助金额由10000元提高到15000元。四是对经救助后自负医疗费用仍然较重，影响基本生活的城乡低保对象、城乡低收入家庭成员，一个自然年度内可给予的一次性医疗救助由2000元提高到3000元。

全年，城乡医疗救助累计救助19753人次，支出2314.29万元，城市困难群众门诊救助人次均标准360.83元，完成省政府目标任务的164.02%，住院救助人次平均水平1873.71元，完成省政府民生工程目标任务的133.84%；农村困难群众门诊救助人次平均标准341元，完成省政府目标任务的213.13%，住院救助人次平均水平1852.52元，完成省政府民生工程目标任务的154.39%。

三是努力提高农村五保供养水平。2013年，攀枝花市共有3639名符合条件的农村居民纳入了五保供养，做到了应保尽保。市、县（区）民政部门从五保供养标准和农村敬老院建设两个方面努力提高五保对象的生活水平，取得了实效。在供养的标准方面。各县区民政局根据市政府建立农村五保供养标准自然增长机制的有关规定，及时会同本级财政部门认真测算基数，全面完成了农村五保供养标准调整。调整后，市东区农村五保集中供养标准6840元/年，分散供养标准5400元/年；西区农村五保供养标准6240元/年；仁和区农村五保集中供养标准5760元/年，分散供养标准4680元/年；米易县农村五保集中供养标准6400元/年，分散供养标准5500元/年；盐边县农村五保集中供养标准5520元/年，分散供养标准4560元/年。全市农村五保集中供养平均标准、散居供养平均标准分别达到5876元/年、4853元/年，稳居全省前列。在改善农村敬老院基础设施条件方面，截至2013年底，攀枝花市共成功创建三星级敬老院2所，两星级敬老院3所，一星级敬老院5所，星级敬老院所占比例居于全省前列。

四是全面铺开城乡困难群众重特大疾病医疗救助。2013 年 9 月，市民政局按照省民政厅等四部门《关于全面推进城乡困难群众重特大疾病医疗救助工作的通知》（川民发〔2013〕87 号）精神，会同市人社局、市财政局、市卫生局制定了《关于在全市开展重特大疾病医疗救助工作的实施方案》（以下简称《方案》），一是除城乡低保对象、农村五保对象外，全市将城乡低收入家庭成员（家庭月人均收入在本地区城乡居民低保标准的 2 倍之内的困难人员）纳入城乡困难群众重特大疾病医疗救助，资助其参保、参合；二是在国家医改方案 20 种重特大疾病的基础上，全市将其他癌症、儿童白血病和先心病也纳入了救助范围；三是根据省、市政府医药卫生体制改革“十二五”规划有关规定，对城乡困难群众重特大疾病医疗救助对象在医保定点医院发生的（当年）住院医疗费用，扣除参加各种社会保险赔付的医疗保险金、相关部门帮扶、社会各界捐赠的资金后，基本医疗保险报销范围内个人承担部分按 70% 的比例进行救助，每人每年累计救助最高不超过 5 万元；四是救助对象直接到街道办事处或乡（镇）人民政府申请救助，街道办事处或乡（镇）人民政府审核后报县（区）民政局审批；五是城乡困难群众重特大疾病医疗救助资金除中央、省财政补助外，市、县（区）财政都将此项资金列入本级预算。

五是加速推进居民家庭经济状况核对机制建设。市民政局与成都电子第十一研究院有限公司根据市委、市政府就全市居民家庭经济状况核对制度建设提出的要求开展了可行性研究。全市工作目标是建设攀枝花市社会救助信息平台（含居民家庭经济状况核对信息系统、医疗救助与医保支付“一站式”结算系统、救助实施各部门信息数据共享接口系统），为全市最低生活保障对象和低收入家庭核（认）定打下坚实基础。2013 年 10 月，市编委批复市民政局成立市居民家庭经济状况核对信息中心，下达全额事业编制 3 人；2013 年 12 月 25 日，可研报告经专家评审通过，估算投资 524 万元。同时明确了建设思路：一是在民政部最低生活保障信息系统基础上进行二次开发，减少投资，并与省民政厅工作要求一致；二是在本地建立服务器，实现与省民政厅实时数据对联对接，并解决本地核对工作基础数据问题；三是先期与市住建局、市人社局、公积金管理中心、工商等参与核对工作部门建立数据逻辑交换，开展核对工作；四是与优抚安置、社会福利、社会事务等专业数据和市总工会等帮扶部门建立数据共享机制。

二、增强救灾应急能力，有效保障受灾群众基本生活

救灾应急工作扎实有效。2013 年，攀枝花市遭受了严重旱灾、洪涝、风雹、低温冷冻等多种自然灾害侵袭。据统计，灾害造成攀枝花市 5 个县（区）44.1 万人（次）受灾，因灾死亡 2 人，因灾倒塌房屋 161 间。损坏 518 间，有 4.43 万人和 4.96 万头大牲畜出现不同程度的饮水困难，农作物受灾面积 3.95 万公顷，绝收面积近 0.84 万公顷，灾害直接经济损失达 4.25 亿元。攀枝花市针对严重旱灾和低温冷冻灾害启动自然灾害救灾应急响应 2 次，全年下拨救灾资金 862.5 万元，下拨救灾棉被 3000 床，棉衣裤 1000 套。

扎实开展防灾减灾工作。2013 年，攀枝花市民政局、攀枝花市减灾委员会办公室完成《攀枝花市自然灾害救助应急预案》修订；全面完成攀枝花市综合减灾救灾应急指挥体项目系建设工作。2013 年，攀枝花市民政局、攀枝花市减灾委员会办公室修订了《攀枝花市自然灾害救助应急预案》（攀办法〔2013〕22 号）；积极推进“减灾进社区”工作，攀枝花市仁和区仁和镇大河社区和盐边县桐子林镇城南社区被命名为“全国减灾示范社区”。2013 年 5 月 11 日，攀枝花市民政局、攀枝花市减灾委员会办公室组织市减灾委员会各成员单位、部门开展 2013 年“国家减灾日”大型宣传活动，取得了良好的社会效应。

全力支援雅安地震灾区。2013 年 4 月 20 日，四川省雅安市发生“4·20”芦山 7.0 级强烈地震。攀枝花市于 4 月 20 日调集民政制式救灾帐篷 1000 顶，救灾棉被 3000 床，由副市长殷旭东带领紧急支援雅安地震灾区。同时抽调攀枝花市民政局救灾处人员参加四川省民政厅工作组参与抗震救灾应急工作。

有力保障受灾群众安全温暖过冬。市民政局按照省委、省政府受灾群众安全温暖过冬工作要求，在入冬之际及时召开了受灾困难群众冬春生活救助工作会议，要求各县（区）民政局对受灾困难群众需救助情况进行再次排查，确保受灾群众无遗漏；针对重点对象（留守老人、留守儿童、残疾人、五保户）确定联系人，实行重点关注；针对重点地区（受灾严重地区、边远山区、少数民族地区）实施重点救助。市民政局于2013年10月下拨市本级救灾资金50万元，11月下拨救灾资金445万元，12月针对低温领导灾害下拨救灾资金25万元，12月下拨冬春救助资金14万元，下拨棉被3500床，下拨棉衣裤1000套；截至1013年12月31日，攀枝花市共对受灾困难群众发放棉被9572床，棉衣裤3930套，毛毯、绒衣裤、棉毛裤、毛线衣、保暖棉鞋、棉袜等物资14360件（套、双）；救助受灾困难群众25919人，受灾群众无挨饿受冻情况。

三、构筑福利慈善体系，孤老残幼得到更多关怀

切实为孤残儿童提供服务。2013年11月，积极争取市、县、区编制部门的支持，在市级、仁和区、米易县、盐边县分别设立4个儿童福利服务指导中心。按照社会散居孤儿每人每月678元，机构集中供养1130元的新标准向全市各县（区）219名（盐边县除外）孤儿发放孤儿保障金223.36万元；对7名艾滋病感染儿童发放基本生活费每月每人678元。组织开展攀枝花市2010年—2013年孤儿管理工作及基本生活保障金使用专项自查活动。出台《关于建立孤儿医疗保障工作的暂行意见》（攀民政〔2013〕97号），建立与攀枝花市经济社会发展水平相适应的孤儿保障制度。在全市范围内开展对个人和民办机构收留孤儿情况进行排查。筹措资金，对全市45名贫困家庭患儿进行康复治疗帮扶，解决了由于资金缺乏导致无法就诊治疗的实际困难。开展全市事实无人抚养儿童特别关爱帮扶行动，安排资金10万元对全市67名儿童进行帮扶。推荐13名品学兼优的孤儿就读于四川省志翔职业技术学校。开展全市孤儿家庭代养工作情况调研。继续实施“残疾孤儿手术康复明天计划”，确保符合条件的患儿及时得到救治。认真落实孤儿医疗保障政策，解决了市儿童福利院15万元的孤儿医疗保障资金缺口。做好对失依失学少年蒋帅帅的救助活动。

积极开展为老福利服务工作。截至2013年底，攀枝花市60周岁及以上常住人口18.8万人，百岁及以上人口27人。攀枝花市民政局努力推进社会养老服务体系建设，一是成立了局长任组长，分管副局长、市老龄办主任为副组长的社会养老服务体系建设领导小组，并于年内推动市政府出台了《攀枝花市老龄事业发展规划（2013—2020年）》（攀办发〔2013〕51号）和《关于加快老龄事业和养老服务业发展的意见》（攀府发〔2013〕37号）等2个重要的社会养老服务体系建设指导性文件。二是成功创建东区民乐社区、东区民建社区、西区小宝鼎社区、仁和区弯腰树社区、仁和区大河社区等5个社区为省级养老服务社会化示范社区。三会同移动攀枝花分公司和川大金键信息公司，共同搭建攀枝花市“12349”居家养老服务信息平台，推出了“一键通”定位手机，为老年人提供GPS定位查询、紧急救援、情感关怀和信息咨询等智能养老服务。针对低保、重点优抚对象、高龄等特殊困难群体，投入133万元采取“政府购买服务”的形式免费发放“一键通”定位手机，并给予居家养老信息服务费补贴共计78万元。此外，攀枝花市还未为14826名80—89岁的老年人发放高龄津贴860万元。2013年8月，四川省民政厅罗平恩副厅长到攀枝花市开展社区养老服务社会化工作调研，对攀枝花市开展工作的情况给予了高度评价。

举办慈善活动，浓厚城市慈善氛围。“在同一片蓝天下·2013慈善助学、慈善助医”活动帮扶力度进一步加大，按照公开、公正、公平和信息共享、标准统一、不重不漏的原则，对攀枝花市921名品学兼优的贫困家庭学生进行慈善助学，资助总金额达556.9737万元；慈善助医1048人，使用善款1000万元左右。2013年8月，与攀枝花市志林网络科技有限责任公司合作并建成攀枝花市慈善会网站。开展慈善募捐活动，全年接收社会捐助款合计1480万元（含“芦山4·20”地震募得的捐款455.81万元）。2013年，全市福利彩票实现销售17977.14万元。建成社区慈善爱心超市3个。

四、落实优抚安置政策，提高双拥工作水平

2013年全市共下达各类抚恤补助经费共计1660万元，3000多名优抚对象得到保障。发放优抚对象抚恤补助自然增长经费361万元，最高的达到2678元/人·年；提高义务兵家属优待金标准，对攀枝花市义务兵家庭优待金发放标准实行城乡统一，2013年发放标准为8728元/年．户，共发放优待金472万元，639户（人）获益；为1000多名优抚对象发放医疗补助135.05万元；投入经费46万元解决优抚对象的“住房难”问题，为51户住房困难的优抚对象新建、维修了住房。为褒扬烈士精神，发挥烈士陵园教育基地的作用，重点做好烈士纪念建筑物的规划建设和加强对零散烈士纪念设施的保护工作，接待本市及外来祭扫的人员达7500余人（次）。2013年6月起，各县（区）对所有优抚数据库在库人员进行摸底排查，陆续按照优抚信息管理系统所设条目，全面、准确、及时地录入优抚对象各项数据信息，完成优抚对象电子照片、身份证等资料的采集上传工作。全市共审核上报新调（评）残人员共9人。组织20名高龄在乡老复员军人和伤残军人参加了省民政厅组织的优抚对象疗养。广泛开展优抚对象走访慰问活动，春节、元旦期间共发放慰问金217万余元。

做好过渡时期的安置工作。攀枝花市根据新的《兵役法》和《退役士兵安置条例》出台了《攀枝花市人民政府关于发放自主就业退役士兵地方经济补助的通知》（攀府函〔2012〕188号），对补助对象、补助标准、管理职责及经费保障、发放方式和时间，特别是对过渡时期的执行办法等都予以明确，确保政策实施前后的平稳过渡。2013年，全市共接收安置2012年度退役士兵304人，其中，自主就业/自谋职业243人，符合新政策安置工作的5人（服役12年以上的转业士官4人，烈士子女1人）已妥善进行了岗位安置，55名符合按照老政策安置工作的退役士兵，已推荐安置到攀钢、攀煤等大企业就业；共发放退役士兵自主就业地方经济补助（自谋职业）金724万元。开展退役士兵就业技能培训。市民政局积极与市人社局、市教育局、市财政局等部门协调，联合出台《关于加强退役士兵职业教育和技能培训工作的通知》（攀民政〔2013〕64号）进一步加强退役士兵培训工作，对符合培训条件的退役士兵纳入享受职业培训、职业技能鉴定补贴和中等职业教育免学费政策范围。全市2012年度退役士兵参加短期培训人员有193人、1-2年中等教育培训为7人、3年以上高等教育的退役士兵人数为3人。此外，市民政局与市转业军官培训中心共同为攀枝花市有创业意愿的59名退役士兵免费举办为期半个多月创业专题培训班，为他们更好的实现就业创造了有利条件。指导军供站、军休所做好军供、军休相关工作。协助做好市军休所办公用房、军休干部活动中心的项目建设和市军供站维修改造工作。

五、创新社会管理，加强社会建设

基层群众自治组织和社区建设富有成效。一是全面完成2013年18个城市社区和20个农村社区的建设任务。攀枝花市东区凤凰社区服务站被纳入国家社区服务体系建设项目，国家下拨资金50万元，改善社区基础设施。二是提高社区干部待遇。攀枝花市政府出台《关于调整村（社区）人员基本报酬、办公经费及党建经费的通知》（攀办发〔2013〕13号）文件。调整后，全市的社区书记、主任每人每月2400元，委员2200元，社工2000元，办公经费不低于2.3万元；村书记、主任每人每月1220元，文书980元，其他一职980元，村办公经费不低于1万元，农村社区办公经费不低于1.5万元，村党总支办公经费不低于2.3万元。三是启动第九届村（居）委会换届选举工作。市委、市政府于10月28日印发执行《攀枝花市第九届村（居）委会换届选举工作实施方案》（攀委办发〔2013〕41号），对换届选举工作进行了全面安排部署，整个换届选举工作将于2014年3月底结束。四是推进村（居）务监督委员会建设，全市351个村委会、129个社区居委会均已建立村（居）务监督委员会。

行政区划和地名管理积极稳妥。一是按照市委、市政府的要求，市民政局认真做好行政区划调整调研、征求意见工作，反复修改、补充、完善了行政区划调整方案。二是完成了米易县与盐源县的平安边界创建及申报工作，组织西区、仁和区民政局对梅子箐水库扩建工程中的争议问题进行了协调处理。三是认真做好地名命名、地名规划和楼门牌编制工作，2013年攀枝花市新命名5条道路，编制楼门牌2.6

万个。

社会组织管理创新推进。结合国家民政部和四川省民政厅有关社会组织管理创新的有关要求，市民政局起草了《关于培育发展和规范管理社会组织的意见》，提出了创新社会组织管理“降低门槛、简化程序；加强指导、积极培育；部门联动、加强监管”的3项原则；“抓好社会组织党建工作；分类培育发展社会组织；建设社会组织孵化发展中心；建立政府向社会组织购买服务机制”4大工作重点和“提高认识，切实加强领导；确保投入，加大扶持力度；降低门槛，试行直接登记；部门联动，加强培育监管；开展评估，激励督促发展；改进年检，实现有序退出；抓好培训，完善法人治理；拓宽渠道，引导有序参与”等8条具体措施。全年共审批成立9个市级社会组织，注销4个市级社会组织，并为为12个社会团体，3个民办非企业单位办理了有关变更登记。

专项社会事务管理有序开展。一是落实殡葬惠民政策，努力提高殡葬服务水平。市殡仪馆全年火化遗体3171具，全年享受惠民殡葬政策1611人，减免费用36.58万元，全市各公墓共销售墓穴1536座，经营收入2574万元。加大殡葬法规、殡葬知识宣传力度，帮助群众树立正确的殡葬意识，市民政局采取正反两面宣传报道的方式，通过报纸、电视、广播多种宣传形式让群众真正了解殡葬、正确认识殡葬、理性对待殡葬；市殡仪馆积极开展“殡葬服务知识进社区”活动，向社区干部群众发放了殡葬服务宣传资料10000余份。二是加强救助管理，建立救助服务网络“四级（市、县、乡、村）联动”工作机制。2013年全市共救助流浪乞讨人员5022人（次），其中老年人419人（次），未成年人106人（次），残疾人596人（次）。在冬季，开展“寒冬送暖”活动，派出人员车辆对街头流浪乞讨人员实行上街主动劝导，及时发放食品和御寒衣物。四是依法开展婚姻、收养登记，全市依法办理结婚登记11061对，离婚登记4373对，补领结婚证9140对，补领离婚证580人/次，出具婚姻登记记录证明18538人/次，办理国内收养登记24个。

社会工作者人才队伍建设破难前行。一是加强宣传，积极推动社工职业水平考试工作。2013年，全市共有397人报名参加社会工作者职业水平考试，其中：11人取得社会工作师职业水平证书、28人取得助理社会工作师职业水平证书。二是强化培训，提升社会工作者素质能力。争取市财政资金5万元，邀请国内知名专家就社会工作价值伦理、通用社会工作过程、个案工作方法与技巧三个专题对进行全市社会工作者教育培训。组织全市12名取得职业资格证的社会工作者参加了由国家社会工作师协会、省民政厅举办的社工人才培训。三是科学设岗，强化社工专业岗位人力资源管理。指导局属事业单位进行社会工作者岗位设置，截至2013年底，市民政局直属事业单位共设置专业技术岗位34个，占事业单位总岗位数的27%；专业技术主体岗位为社会工作岗位，设岗数30个，占专业技术岗位数的88%，并实现了局属事业单位社会工作类专业技术岗位设置全覆盖。四是积极探索，开拓社工服务项目。完成2个省级福利彩票公益金社会工作补助项目，即在市社会福利院、市救助管理站开展社工介入福利机构收养人员心理疏导、医疗康复工作和社工介入流浪乞讨人员（未成年人）救助管理工作。申报实施攀枝花市首个“政府购买社会工作服务进社区”项目。2013年8月，市民政局指导炳草岗街道红星社区与绵竹青红社工服务中心签订“政府购买社会工作服务进社区”服务协议，该项目的设施将有效实现对辖区老年人社区管理服务的多样化、精细化。

六、强化内部建设，增强服务能力

深入开展“三大”主题教育活动。一是认真查找存在问题，广泛开展讨论交流。组织干部职工全面学习26篇市委推荐学习资料。二是广开言路，开门纳谏，开展领导点评。共收到意见、建议82条。三是进行民主评议。2013年2月20日市民政局党组召开领导干部民主生活会暨“三大主题教育”活动领导点评会，市委常委、常务副市长杨自力到会指导并发言。四是制定整改措施，落实整改事项，通过多种措施解决干部职工在精神状态、责任心、执行力、工作效率等方面的问题，取得了一定实效。

加强党风廉政建设。认真落实党风廉政建设责任制，进一步加强惩治和预防腐败体系建设。市民政局根据中共中央《八项规定》的有关要求，在市级民政系统掀起一场以“查问题、找不足、建制度、堵漏洞”为主题的反腐倡廉活动，将预防腐败关口置前，加强党员干部日常监督，确保党员干部特别是领导干部廉洁自律意识不松懈。紧密结合实际，加强社会救助、优抚安置、孤儿保障等政策落实的指导、监督和检查工作，重点开展流浪乞讨人员救助、城乡低保政策落实及专项资金管理使用情况、福利彩票公益金管理使用情况及救灾资金物资管理使用的专项执法监管，确保了民政领域保障和改善民生政策措施的落实以及民政专项资金物资的科学、安全、合理使用。

加强干部队伍建设。一是切实抓好干部职工的继续教育、学历教育和各种形式的知识更新培训。2013 年组织干部职工参加省、市调训 73 人次；组织会计继续教育培训 22 人、统计从业资格和继续教育培训 10 人。二是分两期组织局机关干部职工和县区民政局、局属事业单位负责人共 78 人，赴江西干部学院开展民政干部“强信念锤党性提素质增能力”主题培训班。三是抓好党员的培养教育工作，2013 年新发展党员 9 人，转正预备党员 1 人。四是注重抓好局系统年轻干部的引进、培养和使用。局系统新录用公务员 1 人、面向基层遴选参公管理人员 1 人、新录用事业单位专业技术人员 3 人、调入公务员及事业单位管理人员 3 人；新提拔任用正、副科级领导干部 4 名。实行局机关新录用、调入科级以下公务员上岗前先到综合处室协助熟悉工作的制度，有计划地选派直属事业单位年轻干部上挂局机关锻炼，通过以上措施，使年轻干部进一步吃透上情，了解政策，熟悉民政行政机关办事程序，提升政治理论水平，提高处理具体问题和解决复杂问题的能力，加快年轻干部的成长步伐。

规范机关内部事务管理。修订出台了新的《攀枝花市民政局公务接待管理办法》，认真执行机关议事决策制度、财务管理制度、公文档案管理制度、车辆及驾驶员管理制度等各项规章制度。机关内部运转协调高效，政令畅通，有效保障了各项工作的正常开展。

2013 年攀枝花市民政局被评为 2010 年—2012 年“领导挂点、部门包村、干部帮户”活动先进单位、攀枝花市仁和区 3 所敬老院获评省二级农村敬老院，2 所敬老院获评省三级敬老院。攀枝花市军供站获评全国重点军用饮食供应站。攀枝花市仁和大河社区、东区民建社区、民乐社区获得省养老服务社会化示范社区称号。攀枝花市仁和区大河社区和盐边城南社区被国家减灾委、民政部评为全国综合减灾示范社区。

保民生　稳增长　促和谐
2013 年全市人力资源社会保障工作成绩突出

攀枝花市人力资源和社会保障局

2013 年，全市人力资源社会保障系统认真贯彻落实省委、省政府的决策部署，始终围绕市委、市政府的总体思路和目标要求，重点实施就业促进攻坚、社会保障统筹、人才人事优化、和谐劳动关系建立等工作，主动改善民生、维护稳定、助推发展，圆满和超额完成了全年各项目标任务。

一、就业促进攻坚工作取得新成效

（一）就业工作成效明显。2013 年，攀枝花市人力资源和社会保障局千方百计稳岗位，保民生，促就业，努力实现就业服务事业新发展。就业促进民生工程顺利推进。坚持实施更加积极的就业政策，统筹推进就业促进工程，不断拓宽就业渠道，改善就业结构和就业环境，进一步扩大和稳定就业。全市全年城镇新增就业人数 17683 人，完成全年目标任务的 110.52%；失业人员和失地无业农民实现再就业

8015人，完成全年目标任务的160.3%；其中就业困难对象再就业2186人，完成全年目标任务182.16%；保证每户“零就业”家庭至少已安置1名登记失业人员实现就业，动态消除了当期“零就业”家庭；城镇登记失业率为3.52%，全市就业局势基本稳定。促进各类重点群体实现就业。将促进城市低收入群体和就业困难人员实现就业作为急难险重”目标任务，积极建立公益性岗位托底安置制度，把公益性岗位优先用于安排符合条件的就业援助对象。结合全市“五创联动”工作，大力开发文明劝导、交通协管、数字化城管、社会治安协管等公益性岗位，开发公益性岗位360个，安置就业困难人员360人。全年认定低收入家庭人员1477人，帮扶1060名城市低收入群体实现就业。继续扎实开展“千人就业援助”活动，通过送政策、送岗位、送技能、送服务、送资金“五送”活动，初步建立起规范化、精细化和长效化的就业援助制度和“就业、培训、社保、维权、服务”五位一体的工作机制。帮助就业困难对象再就业2186人，完成全年目标任务的182.16%。为16133人次落实各项补贴政策，使用资金

2523.48万元。其中社会保险补贴1764.37万元，职业培训补贴660.68万元，见习补贴71万元。推进高校毕业生就业创业，做好高校毕业生就业见习工作。组织开展高校毕业生创业意识培训1125人次，创业能力培训510人次。帮助161名高校毕业生实现创业，完成全年目标任务160人的100.63%。建立大中专毕业生见习基地42个，完成目标任务40个的105%，组织516名高校毕业生参加就业见习。扎实开展藏区“9+3”学生就业工作。加强与教育局、国资委等成员单位协调，督促中职学校加强校企合作，鼓励学生顶岗实习企业吸纳学生就业。145名藏区“9+3”毕业学生全部实现初次就业，就业率达100%。

（二）积极推进创业带动就业工作。将创建国家级创业型城市工作推向纵深，基本形成促进创业带动就业工作长效机制。认真落实各项创业政策，创业环境进一步优化。全年发放小额担保贷款808笔，合计发放金额11910.5万元（其中：个体工商户小额贷款780笔，发放金额7350.5万元；中小企业小额贷款27笔，发放金额4560万元），完成目标任务7500万元的158.81%，申报贴息资金共计656万元，创历史新高。贷款直接扶持812人自主创业，带动吸纳31500人实现就业。进一步实施税收优惠、市场准入、资金补贴、场租补贴、费用减免等政策，重点抓好对符合条件的创业成功大学生人员一次性给予5000元创业扶持补贴，对失业人员在领取失业金期间创业成功一次性给予3000元补贴等扶持等政策的落实。强化创业服务，创业服务体系进一步完善。逐步在各级就业服务机构建立创业指导中心（站），并积极发挥各级创业指导机构功能和作用。健全创业信息服务网络和信息发布制度，加强创业项目库建设，及时发布、更新创业项目667个。推进创业基地建设，为创业者提供专业化开业指导、培训推介、税费减免、跟踪扶持等创业服务。强化宣传，创业活跃度进一步提升。召开全市就业创业工作暨2013年度高校毕业生就业工作会，对全市就业创业成绩突出集体、个人及第二届创业明星进行隆重表彰。同时，通过报纸、电视、广播、宣传栏、互联网等多种媒体，积极宣传各项创业扶持政策，营造浓厚的创业氛围，极大调动市民的创业激情。全市全年新增创业实体10452户，新增创业者10028人，带动就业31025人。

（三）职业能力建设工作有新起色。积极开展各类职业技能培训、岗位技能提升培训、创业培训、职业技能鉴定、高技能人才培养工作，取得明显工作成效。按照“政府引领、社会参与、竞赛推动”的工作思路，以提升职业素质和职业技能为核心，以技师和高级技师为重点，加强对工业优势产业发展有重要影响的主要专业技能人才、通用基础专业技能人才的培训和培养，大力推进技能人才队伍建设。全市建成市级技能大师工作室5个，省级技能大师工作室1个。按照“攀枝花市高技能人才培养计划”，已确定21名高级技师培养对象，25名技师培养对象，培养对象已经全部建档完毕，正式进入培养程序。全力指导十九冶高级技工学校参加第42届世界技能大赛，参赛选手获得优胜奖。积极指导十九冶高级技

工学校备战第43届世界技能大赛，首批入围选手进入紧张训练之中。四川机电职业技术学院先后被国家和省确定为国家和省级高技能人才培训基地建设单位，获得国家500万元，省级300万元资金支持。创新工作机制，全面抓好职业培训，推进城乡统筹发展。制定《攀枝花市职业培训超市工作方案》，采取“两个平台、三级网络”的运作体系，收集、整理、发布培训机构、项目、课程等培训信息，做到全市培训信息实时公布，帮助全市劳动者，重点是“城镇登记失业人员、农村转移就业劳动者、毕业年度高校毕业生、城乡未能继续升学的应届初高中毕业生”及时掌握培训动态。培训超市网络已经建设完毕，上网试运营。各项技能培训任务圆满完成。组织城镇登记失业人员技能培3450人，完成目标任务的127.8%；农村劳动力技能培训5764人，完成目标任务的122.6%。对攀钢集团、十九冶、钢城集团等企业新招收965员工开展了岗位技能提升培训。组织创业意识培训4876人，完成目标任务的152.3%；创业能力培训3910人，完成目标任务的144.8。强化培训机构管理。重新认定了20家职业培训定点机构。稳步推进了高校毕业生和社会各类人员的培训和职业技能鉴定工作。组织电工、焊工、人力资源、物流等15个职业的鉴定考试工作，10000余人报名参加了考试，有8726人取得了职业资格证，初级工1244人，中级工7142人，高级工340人，高级工1420人，技师（含高级技师）516人（其中高级技师102人）。960余名机关事业单位工人报名参加考试，各项考试工作已经全部完成。加强4所技工学校学生学籍注册、助学金、零时价格补贴等管理和向上申报工作。和教育部门一道，做好学校加强师资配备、课程设计、教学科研、考试考核、教材使用、学生安全等方面的日常教学监督管理。及时办理其它技校学生咨询、投诉事件。及时作好技工学校实习指导教师技术职称评定的申报组织工作。支持十九冶技工学校申报技师学院、高技能人才培养基地等项目。加强全市公务员和事业单位人员培训工作。开展2010年至2012年全市新录用公务员培训，培训168人；组织100名优秀公务员和事业单位管理骨干赴四川省国家公务员培训中心学习；事业单位公需科目培训考试工作稳步推进，全年共完成9615名事业管理人员和专业技术人员《职业道德和创新能力》的培训考试工作。

（四）公共服务体系建设进一步加强。2013年，攀枝花市人力资源和社会保障局以推进平台建设为基础，健全基层劳动就业和社会保障公共服务体系。积极争取市委市政府的支持。将基层平台建设纳入了市委、市政府2013年度“急难险重”目标任务。加强制度建设。制定《关于进一步加强基层劳动就业和社会保障公共服务平台和网络建设的实施意见的通知》《关于调整劳动就业和社会保障公共服务平台规范化建设工作联系指导组的通知》和《关于进一步加快推进劳动就业和社会保障公共服务平台规范化建设工作有关问题的通知》，统筹规划基层平台规范化建设。建立健全工作机制。成立劳动就业社会保障公共服务平台规范化标准化建设工作联系指导组，由主要领导统一指挥，分管领导、直属单位、机关各处（室）分别组成县（区）联系指导组督促和检查各自负责的县（区）基层平台规范化标准化建设工作，同时明确了各县区联系领导、责任单位和处室，并实行季度会议分析、月度通报工作进展情况制度。在25个街道（乡镇）、社区（行政村）打造了基层劳动就业社会保障公共服务平台建设规范化、标准化、信息化示范点。召开了全市基层平台建设工作现场会，相关单位主要领导参加了会议并参观了示范点，有力的推动基层平台建设规范化建设。全市建立街道、乡镇服务中心60个，建立社区服务站128个，建立行政村服务站275个，基本构建起了市、县（区）、街道（乡镇）、社区（村）四级就业服务体系。通过“金保工程”建设，全市基层平台实现了联网运行。

（五）积极推进高校毕业生就业创业工作。进一步做好高校毕业生就业创业工作。年初联合市教育局等相关部门召集高校、中职学校召开座谈会，了解高校毕业生的就业状况及服务需求，提早准备高校毕业生就业工作。同时对各县（区）相关负责部门进行走访调研，随时掌握和解决全市高校毕业生创业工作中的重点、难点问题。在此基础上制订工作计划，安排部署全年高校毕业生就业工作。灵活应对形势，加大高校毕业生就业政策支持力度。出台《攀枝花市人民政府办公室关于进一步做好普通高等学校毕业生就业工作的通知》，并筹备召开了全市就业创业暨高校毕业生就业工作会。强化就业援助，稳步实施离校未就业高校毕业生就业促进计划。在高校毕业生报到的同时进行实名制登记，并且建立离校未就业高校毕业生工作台账。指派专人做好“一对一”的跟踪服务工作，切实促进离校未就业学生就业。深化创业引领，全力促进高校毕业生创业。借助攀枝花日报、晚报、广播电台等新闻媒体发布宣传创业政策、创业成功典型，营造良好的创业氛围；积极开展创业培训，同时组织成功创业者参加省厅组织的提升培训；切实落实各项创业扶持政策，鼓励高校毕业生自主创业；强化创业服务，加强创业指导，完善创业孵化基地管理，为创业高校毕业生提供低成本的生产经营场所和企业孵化服务。加强就业见习，缓解就业困难学生压力。再次认定一批就业见习基地，扩大见习单位数量，优化见习单位结构。同时加强与见习基地的沟通联系与日常管理。密切同高校联系，组织就业见习专场招聘会，积极组织有见习意愿的未就业高校毕业生参加就业见习，落实好高校毕业生就业见习基本生活补助的政策，将就业见习期限从“6个月”调整为“最长不超过一年”，一定程度上缓解了就业困难学生的就业压力。

（六）认真做好藏区“9+3”学生就业安置工作。全力落实藏区“9+3”免费教育计划学生的就业安置任务。制定《攀枝花市藏区“9+3”免费教育计划学生就业促进工作协调小组关于印发2010级“9+3”学生就业促进工作实施方案的通知》，并组织召开“9+3”就业协调小组成员单位会议，安排部署“9+3”学生就业促进工作。与攀钢、水务集团等大型国有企业对接，收集就业岗位400余个（次）。积极协调市“9+3”学生就业协调领导小组相关成员单位根据自身的职责，收集所属企业空岗情况，向“9+3”学生提供就业岗位1000余个（次）。举办招聘会，扩大就业空间。在攀西人才市场，专门为中职学生举办专场招聘会，邀请市内外多家企业到场招聘。做好学生信息登记、交接工作。同时加强对在我市就业学生的跟踪服务，将在我市就业的“9+3”学生信息按照属地管理的原则通报给县（区）就业局。随时掌握其就业情况，做好跟踪服务。

（七）农民工工作全面落实。全面推进劳务开发和农民工工作，确保目标任务的全面完成。全市全年转移和输出农村劳动力11.03万人，其中：省内输出9.75万人，省外输出1.27万人。实现劳务收入12.8亿元。外出务工人均劳务收入9972元，同比增加532元，农民人均劳务收入2214元，同比增加32元。农民人均劳务收入占农民人均纯收入的26%。全面完成省市下达的各项民生工程培训任务。完成“农村劳动力技能培训”4576人，为目标任务的114.4%，转移就业率93%；“农民工在岗培训”9650人，为目标任务的101.5%；完成“劳务品牌培训”650人，为目标任务的100%；“新型农民培训”5034人，为目标任务的100.7%；“农村实用技术培训”30.2万人次，为目标任务的100.7%；“阳光工程培训”3890人。

二、社会保障统筹工作取得新进展

（一）积极推进社会保障城乡统筹建设。2013年，全市社会保障工作重心进一步由“扩基数、保增长”向“广覆盖、提质效”的转变，社会保障综合水平进一步提高，开创了工作新局面。在不断完善各项社会保险市级统筹、“五险合一”经办管理和“强征缴、保发放”的基础上，重点推进市统筹城乡一体社会保障制度建设。将建立统筹城乡一体的养老保险制度和医疗保障制度纳入“急难险重”工作重点推进。出台实施针对城市低收入群体的社会保障方案，最大限度的动员和帮助城市低收入群体参加养老和医疗保险，从制度上根本解决他们“老有所养”“病有所医”的问题，努力实现城市低收入群体共同奔小康的目标。

（二）社会保险扩面征缴成效明显。2013年，攀枝花市人力资源和社会保障局狠抓社会保险扩面征缴，着力完善社会保障体系建设。全市城镇企业职工养老保险参保职工人数达309267人，完成目标任务的110.45%；城乡居民社会养老保险覆盖人数达235169人，完成目标的123.77%；其中参保缴费人数达140188人，完成目标任务的111.26%；城镇职工基本医疗保险参保人数达428729人，完成目标任务的 108.54%；城镇居民基本医疗保险参保人数达 255844 人，完成目标任务的 115.77%；失业保险参保人数达 217580 人，完成目标任务的 114.52%；工伤保险参保人数达 217003 人，完成目标任务的 102.85%；生育保险参保人数达 232445 人，完成目标任务的 102.85%。全年全市城镇企业职工养老保险基金征缴额达 232646 万元，完成目标任务的 105.75%；城镇职工基本医疗保险基金征缴额达 97400 万元，完成目标任务的 133.42%；失业保险基金征缴额达 26782 万元，完成目标任务的 153.04%；工伤保险基金征缴额达 12659 万元，完成目标任务的 126.59%；生育保险基金征缴额达 3867 万元，完成目标任务的 101.76%。

（三）社会保险待遇不断提高。认真做好社会保险待遇计发工作，向上争取资金 11.58 亿元，确保了各项社会保险待遇按时足额发放，全市支付各项社会保险待遇 538340 万元。其中：企业职工基本养老金 401121 万元、基本医疗保险金 97373 万元、工伤保险金 16188 万元、失业保险金 15657 万元、生育保险金 2485 万元，城乡居民社会养老保险金 5516 万元。对全市 152687 名企业退休人员调整增加了基本养老金，调待后全市企业退休人员平均基本养老金达到 2052.5 元，高于全省平均水平近 500 元。扩大职工医保个人账户支出范围，再次调整提高了城镇居民医保参保补助标准和待遇水平，职工和居民医保年度最高支付额度分别达到 35 万元和 30 万元，政策范围内报销比例已分别达到 86.9% 和 70.8%。

（四）认真做好各项社会保障服务工作。2013 年，攀枝花市人力资源和社会保障局认真做好各项社会保障服务工作，灵活运用社会保障政策支持企业发展。针对 2013 年经济大环境依然严峻的问题，积极争取省厅支持，采取阶段性缓缴部分社会保险费、降低生育保险费率、实施社会保险补贴、岗位补贴及职业培训补贴的“四缓、一降、三补贴”特殊政策。共缓缴社会保险费 24715.84 万元，涉及参保人员 82098 人。降低全市 224 家工业企业生育保险征缴费率，涉及参保人员 97782 人，减少基金收入 1174 万元。实施三项补贴支出失业保险基金 12056.31 万元，涉及 99817 人。该政策的实施为帮助工业企业渡过难关、稳定就业岗位发挥了积极的作用。

（五）扎实推进统筹城乡养老和医疗保险工作。将城乡各类符合条件的群体纳入制度，不断扩大养老保险覆盖范围，提高参保率。企业职工养老保险参保人数 465899 人，其中在职参保人员 309267 人，完成年度目标任务的 101.2%；调整增加基本养老金。为全市 152687 名企业退休人员调整增加了待遇，人均月增加基本养老金 184 元，达到 2052.5 元，高于全省平均水平近 500 元。推进城乡居民养老保险市级统筹。在全省率先实现了新型农村和城镇居民社会养老保险的市级统筹。城乡居民社会养老保险参保人数 235169 人，完成民生工程目标任务的 117.58%，其中参缴费人数 140188 人，完成民生工程目标任务的 140.19%。不断完善社保制度。打破城乡户口限制，允许本市农村户籍有缴费能力人员可按自由职业者身份自愿选择参加城镇职工养老保险。

全面提升医保“规范化、精细化、人性化”管理服务，工作有新突破。全年全市基本医疗保险参保人数达到 68.78 万人，其中，城镇居民医保参保 25.58 万人，参保率继续稳固在 95% 以上。积极推进统筹城乡居民医疗保险制度建设。出台《关于建立攀枝花市统筹城乡居民基本医疗保险制度的实施意见》，将现行城镇居民医保和新型农村合作医疗制度合二为一，建立全市统收统支、市级统筹的城乡居民医疗保险制度。稳步提高医保待遇。规定新生儿 90 日内办理参保手续的，自出生之日享受医疗待遇，真正实现“服务一生、保障一生”；出台政策降低困难人群缴费标准，提高政府补助力度和门诊统筹报销限额，惠及 1.8 万困难居民，减轻医疗负担近 100 万元；首次扩大城镇职工个人账户支付范围，扩展保障范围，已在全市定点零售药店实施；城镇职工医保和城镇居民医保政策范围内报销比例分别稳定在 86% 和 71% 以上，统筹基金最高支付限额达到“两个六倍”要求，城镇职工基本医疗保险年度最高支付限额已达到 40 万元。进一步规范管理规定。出台《攀枝花市基本医疗保险付费总额控制方案》，新增十九冶医院、铁路医院等四家医院，推行总额控制预付费考核、结算试点；实行基本医疗保险个人权益记录保密承诺制，全市医疗保险经办人员签订《基本医疗保险个人权益记录保密承诺书》达340份；加强了对“两定点”的管理，严格考核了全市125家定点医疗机构、166家定点零售药店，违规单位分别比2012年下降7和8个百分点，医保监管成效显著。经办管理更加精细。异地就医结算定点医院已达17家，就医结算有突破；建立《攀枝花市城镇居民医保首诊及双向转诊指导意见（试行）》，引导患者向基层卫生服务机构合理分流。服务更加人性。出台《关于我市开展儿童先天性心脏病和白血病救治工作居民医保费用报销流程的通知》，使管理服务更加人性化，全年全市报销儿童先天性心脏病6人，费用16.48万元，报销儿童白血病1人，费用2.26万元；在米易、盐边、仁和四家县级公立医院取消药品加成，由医保承担相应提高的诊查费等费用，让利于民，工作得到好评。

（六）失业保险工作进一步加强。通过开展重点工作专项检查，强化稽核、监控，顺利推进扩面征缴工作。失业保险参保人数达21.58万人，完成目标任务21万人的102.76%；全年共征收失业保险费26115.74万元，完成目标任务17500万元的149.23%，滚存结余基金6.21亿元，实现参保人数稳步增加，保费收入稳步增长。及时按政策规定调整失业保险金发放标准，按时足额发放失业人员失业保险待遇，认真落实领取失业保险金人员参加基本医疗保险的有关规定，做好失地无业农民失业保险工作，切实维护其合法权益。全年全市共保障9059名失业人员基本生活，发放失业金3548.79万元。扎实开展扩大失业保险基金支出使用范围试点工作，促进就业，帮扶创业。面对全球经济下滑的不利趋势，失保扩支缓解企业资金异常紧张的困难局面，起到“及时雨”的作用。灵活运用社保政策补贴困难工业企业拨付基金3793.37万元。弥补就业专项资金2595.59万元，拨付特定就业政策补助2559万元，参加失业保险失业人员自主创业一次性补贴3万元。积极推进基金非现场监督，实现实时监控，进一步确保了失业保险基金安全。

（七）失业预警试点工作全面铺开。建立完善就业失业登记制度。累计录入单位采集信息9739条，个人采集信息65.63万条，个人就业登记信息23.52万条，个人失业登记信息12534条。办理《就业失业登记证》61280本，认定援助对象7296人，其中累计新增登记就业困难人员6797人。基本实现就业、失业人员基础数据登记和就业失业动态管理，建立城乡劳动者就业、失业信息基础数据库，为失业预警工作奠定坚实基础。探索建立失业预警工作机制。出台《攀枝花市失业预警试点工作实施方案》，不断完善失业预警工作机制，建立以分管副市长为组长、相关职能部门参加的失业预警工作领导小组，成立失业预警专家委员会，建立失业预警专家会商制度。积极开展失业动态监测，将监测样本企业扩大到100家，监测人数达130579人；探索开展对攀钢、钢城集团、攀煤三大企业的案例监测；将原来10个失业预警调查点扩充至21个，开展调查失业率采集工作，基本形成具有本市特色的失业预警指标采集体机制。积极做好就业形势研判和调控工作，每季度上报失业预警分析报告，并提出对策建议，为政府采取预防措施和调控失业提供了决策依据。

（八）基金监管工作扎实推进。认真开展社保基金现场监督和非现场监督工作，切实履行部门监管职责职能，各单位的现场监督面不低于50%，非现场监督面达到100%。狠抓审计发现问题整改。回收专项治理中盐边县基本养老保险基金历史欠费355.47万元；整改审计发现的基金多头开户2户；解决151名被征地农民、272名农民工未纳入社会保障问题；收回银行少计基金利息427.1万元、各项社保基金历史欠费4.19亿元，追回重复领取失业保险、养老保险等待遇10.22万元。积极探索完善制度建设。开展社保基金安全责任制全省先行试点工作，建立起主要领导负总责，分管领导负监督、管理责任；部门主要领导和社保经办机构负责人负直接责任、经办人员各司其职的社保基金安全责任体系，按照社保基金安全与业务工作“一岗双责”原则，进一步完善和创新社保基金监督管理制度和体系。公布纪律规定和监督举报电话。在160个社保窗口公布纪律规定，在267个窗口公布监督举报电话。开展纪律规定宣传教育活动40次，接受纪律规定宣传教育1059人次。突出重点深入开展专项检查。对全市各县

（区）居民医保参保缴费、参保扩面奖补考核和基本医疗保险监管工作经费财务核算情况进行现场检查；省市联动开展全市城乡居民养老保险基金专项检查，针对检查中发现的问题，提出整改要求，进一步规范了业务经办和内控制度。采取多种措施抓好稽核工作。积极扩大实地稽核面，完成51户企业54201名参保人员五个险种的实地稽核，占参保人数的21%，通过稽核，查出少报参保人数205人，少报缴费工资241万元，少缴社会保险费101万元。确保基金的应收尽收。加强定点医疗机构、药店的监管力度，管好用药医保基金。查处并追回违规医保基金18万元，处罚违规医院9家，违规零售药店5家，取得了良好的监管成效和社会反响。

（九）劳动能力鉴定工作全面推进。加强劳动能力鉴定程序规范化建设。在实行按业务流程分工和岗位责任制的基础上，突出抓好鉴定材料申请的审核、医院医检和专家组评议、鉴定结论书制作和送达等方面的规范运行，努力实现鉴定程序规范化目标。加强劳动能力鉴定依据标准化建设。正确贯彻执行和统筹掌握运用鉴定标准；结合工作实际，在鉴定工作中遇到疑难的鉴定问题和鉴定标准中存在的条款内容表述相互矛盾和无条款案例时，积极和省里进行沟通，真正做到每一案例都有章可循，使鉴定结论公正、客观、准确，努力实现鉴定依据标准化的目标。加强劳动能力鉴定人员专业化的建设。定期开展专业化培训和理论研讨，安排专家参加省里的典型案例分析会，不断提高劳动能力鉴定专业化水平；加强专家库的充实调整和规范管理，以保证鉴定结论的公正性、准确性。不断深化劳动能力鉴定服务人性化建设。坚持以人为本，服务至上宗旨，不断改进工作作风，提升服务水平，针对重症和高龄伤病者实行“上门鉴定”。真正做到既服务到用人单位和工伤职工“门口”，又实现规范、廉洁、高效的服务目标。全年组织劳动能力鉴定体检20批，共计1658人。其中工伤鉴定体检1338人；职业病鉴定体检107人；因病丧失劳动能力鉴定166人。中性鉴定体检47人；达到1－4级的工伤人员有157人；享受护理依赖的人员有37人；与2012年相比，鉴定总人数减少242人次。基本实现依法、及时、公正、准确的受理和办理，工作规范率达到100%。

三、人才人事优化工作取得新突破

（一）公务员管理管理工作进一步加强。2013年，攀枝花市人力资源和社会保障局按照科学化、规范化和专业化要求，进一步促进公务员管理工作。以公平公正为生命线抓考试录用。圆满完成2012年公务员公招、定向招录乡镇公务员、政法干警试点班招录体检、考察、录用等后续工作以及2013年定向招录乡镇公务员工作，共招录公务员（参公人员）270名；出台了《攀枝花攀枝花市公务员录用体检实施细则（试行）》，下发了《关于印发公务员录用体检操作手册（试行）有关修订内容的通知》，进一步规范细化体检工作，提高了公务员招录体检工作的社会公信力。以细化规范为大方向抓考核奖惩，完成2012年公务员考核工作。根据2012年考核结果，评选出优秀公务员657名，并为连续三年获得优秀的167名公务员记三等功，在公务员队伍中掀起向优秀学习、争当攀枝花建设排头兵的热潮。继续巩固清理规范评比达标表彰活动成果，按规定做好表彰工作，会同有关部门向国家、省推荐先进集体55个、先进个人196名。以科学有序为主旋律抓职位管理。办理公务员转正登记128人，重新确定职务19人，晋升副主任科员、主任科员非领导职务226人，为2人办理了享受上级非领导职务待遇审批。同时，组建了攀枝花市级机关公务员申诉公正委员会，公正及时地处理公务员申诉、再申诉案件，保障公务员合法权益。以务实严格为总基调抓遴选调任。公开遴选了38名基层公务员进入市级机关。立足公务员管理工作，主动融入中心大局，以服务攀西国家级战略资源创新开发试验区建设服务为切入点，推动攀枝花在全省多点多极战略实施中实现次级突破。积极向省公务员局汇报请示，衔接落实行政机关紧缺急需的高层次人才，按照特殊职位招录或按照《聘任制公务员管理办法（试点）》进行聘任的人才引进政策，为试验区建设提供人才保障。

（二）事业单位人事管理得到深化。深入推进事业单位人事制度改革工作。切实加强对事业单位岗位设置管理情况的监督、检查，进一步规范了事业单位岗位设置和岗位聘用管理，基本实现事业单位人员实名制和全员聘用合同制管理；加快事业单位人事管理制度化、科学化、规范化建设，认真贯彻执行事业单位工作人员公开招聘、流动、晋升、处分、申诉等政策规定；积极探索事业单位人员年度考核管理办法，全面推行绩效考核制度。全市有事业单位961个，编制数25674个，实有人数24565人，核准设置岗位25674个。完成人员聘用岗位24565个，聘用面达100%，其中管理岗位2309人，专业技术岗位19898人，工勤技能岗位2358人；市属事业单位岗位聘用9752人，县区岗位聘用14813人，共变动岗位2232人/次。全市组织开展公开考试招聘14次（含区县），考试招聘计划数641个，实际考试招聘409人；考核招聘计划数311个，实际考核招聘206人。政策性安置事业单位工作人员6名。进一步规范了人员流动条件和程序，全年办理169人的流动手续。24482名工作人员参加2012年年度全市事业单位考核，其中：考核为优秀的3330人，占13.6%。

（三）全面推进专业技术人员管理工作。以加强服务专业技术人才为重点，以发挥专业技术人才作用为核心，拓展工作思路，创新工作方法，强化工作落实，全面完成专业技术人员管理工作。按照《攀枝花市“高层次专业技术人才培养计划”实施意见》要求，组织开展首批高层次专业技术人才培养人选的遴选工作，经推荐申报、资格审查、专家评审（议）、市人才工作领导小组会议审定，确定首批高层次专业技术人才培养对象30人。根据《关于实行导师制度试行办法》，组织开展了第四批各类别专家承担导师任务的结对工作。经推荐申报，资格审查，批准95名专家承担新一批次导师结对辅导任务，结对辅导对象共131名，均为基层和农村的专业技术骨干人才。开展新一批次市级专家推荐选拔。经推荐申报、资格审查、专家评审（评议）、市人才工作领导小组审核、面向社会进行公示和市委、市政府审定，确定第六批市学术和技术带头人50人、第六批市学术和技术带头人后备人选100人、第八批市有突出贡献专家50人，涵盖自然科学、工程科学技术（技能型人才）、农业科学技术、卫生科学技术、人文社会科学、中小学教育等学科、专业领域。为加强卫生行业人才队伍建设，攀枝花会展中心举办了护理质量管理和医院绩效管理高级讲座，邀请四川省人民医院护理部主任温贤秀主任护师和成都市第三人民医院院长赵聪教授进行主讲，通过培训、交流和研讨，提升了卫生行业专业技术人员和管理人员的业务水平和实践能力。组织工程、农业、教育、卫生等领域的专家代表赴新疆进行了为期8天的短期休假考察，促进了不同学科领域专家之间的沟通交流。做好专业技术职称评定工作。全面完成中小学教师职称制度改革扩大试点工作，全市149所中小学校（单位）10052名中小学教师职称（职务）实现过渡，新增专业技术岗位743个（其中高级岗位316个、一级岗位353个、二级岗位74个），推荐评审正高级教师6人，评聘教师专业技术（职称）职务932人（其中高级教师213人、一级教师449人、二级和三级教师270人），解决聘而未聘人员340（其中高级教师53人、一级教师287人）。按照《攀枝花市中级专业技术职称评审委员会管理暂行办法》要求，对全市中级专业技术职称评审委员会专家库成员进行了清理、调整和补充。经资格审查，批准16个专业系列中级职称评审委员会委员398人，为中级专业技术职称的评审工作提供了保障。组织召开非公有制企业职称评定工作座谈会。会议听取了有关部门（单位）、非公有制企业代表对非公有制企业专业技术职称（称号）评定工作的意见和建议。深入各县（区）和企业，加强职称政策宣传，使广大专业技术人员及时准确了解职称评审政策、申报条件、申报渠道、申报程序、申报材料、申报时间等规定和要求。积极做好职称申报评审有关政策的解答释疑工作。安排布置了全市2013年度中、初级专业技术职务任职资格的推荐申报和评审工作。全年通过评审和确认取得专业技术职务任职资格1531人（高级402人、中级301人、初级828人），其中民营企业367人，占取得评审类职称人数的24%；评审民营企业中级专业技术称号38人；通过考试取得各类专业技术资格、职业（执）资格887人；办理各级评审类证书681本，办理考试类资格证书5400余本。加强对职称考试工作的管理、指导和协调，强化报名组织和资格审查，严肃考风考纪，协调解决职称考试中反映出的问题。

做好专家下基层行动和专家示范基地建设工作。一是修订完善专家服务示范基地管理办法。重新修订《攀枝花市专家服务示范基地管理办法》，规范和完善基地的申报及审批程序，明确了基地相关主管部门、基地项目承担单位和基地单位的工作职责，建立了基地考核指标体系和服务专家激励保障机制。研究制定《攀枝花市专家下基层行动实施方案》，明确从2014年起，每年组织200名专家和高层次人才深入基层和农村，转化科技成果，推广实用技术，解决技术难题，培养基层人才；规划教育、科技、城乡建设和旅游、文化、农业、医疗卫生等7个重点工程，并制定了相关激励保障措施。经推荐申报，资格审查，专家评审（议），批准建设11个专家示范基地，其中农业专家示范基地4个、林业专家示范基地2个、卫生专家示范基地2个、教育专家示范基地3个。参与服务的专家和专业技术人员共计139人。为切实做好市人社局定点扶贫村—米易普威镇西番村的扶贫帮困工作，针对西番村近5000亩核桃种植规划，将其纳入2013年度专家示范基地建设计划，建立了西番村核桃标准化种植技术示范基地，由市农林科学院等8名农林专家组成专家团队，为基地提供技术支持、技术指导和技术服务，实现专家示范基地建设与扶贫帮村工作紧密结合，探索出了科技扶贫的新路子。

（四）整体推进各类人才队伍建设。以科学人才观为指导，大力实施“人才强市”战略，以重点行业重点领域人才开发为抓手，整体推进各类人才队伍建设。研究制定三个专业人才队伍建设规划。即《攀枝花市专业技术人才队伍建设中长期规划（2012－2020年）》《攀枝花市高技能人才队伍建设中长期规划（2012－2020年）》《攀枝花市农村实用人才发展中长期规划（2012－2020年），提出攀枝花市专业技术人才队伍、高技能人才队伍、农村实用人才队伍中长期发展目标、主要任务和重点人才项目。总结评估攀枝花市人才队伍建设“十二五”发展规划，确保规划目标任务全面实现。修改完善攀枝花市高层次人才引进稳定培养暂行办法。针对2010年《攀枝花市高层次人才引进稳定培养暂行办法》实施过程中出现的政策不尽合理、政策覆盖面不全、以及政策碎片化等问题，对《办法》进行修改完善，使人才类别更加合理，待遇设置更加科学，特别是对现有人才津贴政策进行整合，解决了人才政策“碎片化”问题。研究制定攀枝花市引进领军型创新创业人才及其项目团队办法。为切实解决顶尖创新创业人才及其项目团队引进难的问题，在广泛借鉴国内各地，特别是领军型创新创业人才集聚较快城市的经验和措施，结合攀枝花市实际，拟定《攀枝花市引进领军型创新创业人才及其项目团队办法》，构建具有区域竞争力的领军人才特惠激励机制。修改完善《“攀枝花市十佳技术能手”评选奖励办法》和《“攀枝花市农村优秀人才奖”评选奖励办法》，已上报市人才办。拟定《攀枝花市银发人才奖”评选奖励办法》（征求意见稿），待征求各部门、单位、专家意见后，提交市人才工作领导小组审议。落实兑现高层次人才优惠政策，做好高层次人才申报认定和待遇兑现工作。兑现经认定的首批300名高层次人才2012年1月至2012年12月的安家补助、工作津贴、租房补贴共600余万元。启动2013年度高层次人才申报、初审工作，提出初审意见，市人才工作领导小组审核认定132名第二批高层次人才，待公示后兑现相关待遇。推进人才优先发展实验区建设。市人社局在米易县建立人才优先发展试验区，定期沟通交流，市、县携手共推试验区建设。统筹推进高层次人才开发。引进高层次人才172名。其中：市本级共引进74名（博士研究生4名、硕士研究生68名、副高职称2名）；各区（县）及攀钢、攀煤、十九冶、钢企共引进98名（博士研究生4名，硕士研究生91名，副高职称3名）。加强柔性引进国内外专家力度。聘请政府顾问和政府特聘专家44名。获准国家、省引智项目计划10项，获得资助经费94万元，引进哈萨克斯坦、以色列、奥地利、乌克兰、芬兰、泰国等国外专家8名。加强重点优势领域海外高层次人才引进力度。攀钢集团有限责任公司引进1名加拿大蒙特利尔大学工学院冶金工程博士缪辉俊，从事钛资源原料的开发与利用技术研究。市中西医结合医院引进1名具有海外留学经历的骨科专家秦宏敏博士，带动医院骨科技术的发展。加强医疗卫生专业技术人员队伍建设。经市政府同意，2013年向国家外专局申报了一期卫生专业技术人员出国培训项目。统筹推进农村人才开发。积极开展低收入群体技能培训和农村劳动力技能培训工作，全年培训低收入群体220人，农村劳动力476人。实施高校毕业生“三支一扶”计划，为盐边县补充3名“支医”人员，开展“三支一扶”计划征文活动，西区第三十二中学一名支教大学生撰写的“让青春在基层闪光”的文稿入选获奖。进一步加强对“三支一扶”大学生的管理，及时兑现绩效工资及生活补贴经费，按照规定购买各项社会保险，完善大学生服务农村的长效机制。加强和规范机关事业单位编外用工管理。制定《攀枝花市市级机关和市财政全额保障事业单位编外合同制用工管理办法（试行）》，按照规定办理“交通协管员”“城监协管员”“天网工程图像监控员”等13个部门、单位130余名编外聘用人员与《办法》接轨手续。经第一次编外合同制用工管理工作联系会议研究同意，市交警支队新补充交通协管员105名，市建设工程质量安全监督站编外聘用25名专业技术人员。

（五）强化人力资源市场监督管理工作。2013年，市人力资源和社会保障局开展了2012年全市人力资源服务机构年度检查工作。对41家人力资源服务机构的《人力资源服务许可证》《工商营业执照》、场地使用情况、从业人员职业资格证书、学历情况、劳动合同签订、保险缴纳情况等进行检查，并将年检结果在攀枝花日报上进行了公示。2家人力资源服务机构因未按要求开展业务活动，申请注销，其余39家机构均具备相关的资质条件，能够严格按照国家法律法规及相关政策的规定，依法开展人力资源服务活动，年检合格。开展人力资源服务机构统计工作。对全市年检合格的39家人力资源服务机构情况进行统计，全面掌握全市人力资源服务机构的机构、人员、业务发展情况，对有效促进人力资源公共服务机构和人力资源市场经营性服务机构的协调发展，进一步加强全市人力资源市场建设管理起到了基础性作用。开展推进人力资源市场整合调研工作。组织开展市、区（县）两级人力资源市场整合调研摸底工作。对全市人才服务机构和就业服务机构的现状、主要开展的工作、整合后相关问题的意见和建议等进行调研分析，为健全统一规范灵活的人力资源市场，推动人力资源市场整合奠定了基础。

（六）人才服务工作有效推进。积极开展高校毕业生就业指导及服务工作，成功举办“人社局长、人力资源经理进校园活动”，市人社局领导宣讲就业形势、就业政策；来自攀枝花钢城集团有限公司、四川省富邦钒钛制动鼓有限公司的人力资源经理就企业文化、职场环境和职业生涯规划建议等内容进行宣讲。做好2013年高校毕业生报到及就业指导服务工作，制发《关于2013年高校毕业生报到有关事项的通知》，就高校毕业生报到流程、组织关系接转、档案管理和人事代理、就业指导服务等方面进行了明确规定。开设“高校毕业生政策咨询和职业指导”服务窗口，积极为高校毕业生进行政策咨询和职业指导。接待政策咨询和职业指导的高校毕业生1000余人，发放《高校毕业生就业政策百问》宣传手册1200余份。全力做好未就业高校毕业生实名制登记服务工作。接收2013年毕业生报到登记1925人，成功帮助605人实现就业。加强对困难家庭高校毕业生的就业援助工作，成功帮助254名高校毕业生实现就业。超额完成高校毕业生就业见习工作目标任务。建立见习基地45个，超额完成目标任务，派遣516名高校毕业生到各见习基地参加就业见习，有144人通过就业见习被单位录用，留用率为82.76%。严格资金管理，按时兑现见习生活补贴，为436人兑现了见习补贴116.09万元。160名高校毕业生实现创业人数，全面完成高校毕业生创业目标任务。市场促就业成绩突出。与攀枝花学院联合举办2013和2014届毕业生双选会，461家单位入场招聘，提供了3415个职位，进场求职人数达4526人，达成意向性人数为1508人。举行高校毕业生就业见习专场招聘会，192家单位入场招聘，提供4600个见习岗位，招聘见习人员777人。开展民营企业招聘周”活动。177家单位入场招聘，提供295个职位，进场求职人数达244人，达成意向性人数为714人。严密组织日常招聘会。举办95场现场招聘会，434家招聘单位入场招聘，提供50771个职位，进场求职人数达61502人，达成意向性人数为12328人。根据企业需要开展专场和专区招聘会。为中国平安股份有限公司和四川省富邦钒钛制动鼓有限责任公司举办专场和专区招聘会。专场招聘会，提供100个职位，进场求职人数达500人，达成意向性人数为80人；专区招聘会提供70个职位，有56人达成意向性协议。大力发展网络招聘。在攀西人才网发布招聘信息的用人单位达9009家，为求职人员提供12245个职位；求职人员在攀西人才网上发布了8920条求职信息，为招聘单位查询1503条求职人员信息。进一步加强人事人才服务工作。档案管理及人事代理进一步规范；人事代理服务不断加强。全年接收档案4492份，转出档案1234份，接收归档材料5497份，更换个人防潮袋2721份，为635人提供了档案查询、查阅、借阅服务。办理人才流动手续158人，为200余人办理了转正定级手续，出具各类证明856份，办理工资审批215人，代办职称评审37人，为40家企事业单位170人缴纳五项社会保险费240余万元。成功组织攀枝花市2013年党政储备人才招聘工作。通过进高校直接招聘和在攀枝花设点进行招聘两种渠道进行，计划引进党政储备人才45名左右。进高校招聘分南、北两个招聘组，分赴北京、上海、重庆、成都、武汉、南京、昆明，走进清华、北大、中国人大、复旦、上海交大、同济等29所“985”“211”重点高校，开展党政储备人才招聘活动。在攀枝花人才服务中心设点开展招聘活动。本次招聘活动共吸引了全国各地的811名大学本科及以上优秀毕业生前来竞聘并参加了面试。811名应聘人员中，博士研究生16人，硕士研究生737人，本科生58人。完成高层次人才申报资格初审工作。初审人数达127人。做好证书发放工作，办理和发放全市考试类专业技术、职（执）业资格证书6160本；审核并整理高层次人才申报资料127份。

（七）有效组织各项人事考试。认真贯彻落实“人才强市”战略，增强服务意识和责任意识，有效组织各项人事考试。完成全市公务员、事业单位公招及职称考试。组织完成9项（笔试5项，面试4项）公务员考试，参考人数7154人，科次13089科。组织完成5项（笔试2项，面试3项）事业单位考试，参考人数2628人，科次2923科。顺利组织实施各类专业技术资格（水平）考试22项，参考人数11665人，科次23335科，其中，全国外语职称考试2514人，二级建造师及相应专业执业资格考试1904人，全国会计专业技术资格考试1983人。高质量完成社会化代理和其他考试5项，参考人数544人，科次563科。全年完成各类人事考试41项，参考人数21991人，39910科次。加强题库建设，提升自主命题能力，确保考试安全、科学。完成题库系统建设一期工程，题库达到2000道试题的最低保有量，初步具备自主命题保障能力；实现人事考试“命题－制卷－考试实施－阅卷－登分”一条龙工作流程。以人事考试指挥系统建设和人事考试网站建设为抓手，大力推进人事考试信息化建设。制定完善考试指挥系统建设方案，完成工程招标工作；顺利恢复攀枝花市人事考试网，服务平台得到完善，提高了服务质量。

（八）圆满完成工资福利工资工作。2013年，攀枝花市人力资源和社会保障局积极思考、严格落实，圆满完成工资福利工资任务。按照《人力资源和社会保障部财政部关于调整艰苦边远地区津贴标准的通知》精神，完成全市机关事业单位艰苦边远地区津贴标准调整工作。根据事业单位实施绩效工资相关政策规定，完成市属事业单位2012年度绩效工资总量和奖励性绩效工资审核工作。配合市财政部门完成市级机关公务员进一步规范津贴补贴的审核工作，并结合市属事业单位实际，制定市属事业单位同步提高收入水平的实施意见并组织实施。根据相关文件精神，完成2013年市级机关（含参公管理事业单位）工作人员按年度考核结果晋升级别、机关（含参公管理事业单位）工作人员正常晋升级别（岗位）工资档次、事业单位工作人员正常增加薪级工资和机关（含参公管理事业单位）工作人员年终一次性奖金审核工作。积极配合有关部门做好市直机关公务员2012年度预留津贴补贴部分（目标考核奖）审核发放工作。按照市政府的统一安排，审核、兑现市级机关、事业单位2012年度目标绩效奖。审核、兑现市级机关事业单位职工2012年度应休未休年休假酬金。按照《人力资源社会保障部、财政部关于人民法院和人民检察院工作人员法定工作日之外加班发放补贴的通知》精神，完成人民法院和人民检察院工作人员法定工作日之外加班补贴发放工作。根据《中共攀枝花市委办公室攀枝花市人民政府办公室关于调整市级机关事业单位按照攀委办〔2005〕90号文聘用的工勤岗位人员管理政策的通知》（攀委办〔2012〕86号）文件精神，开展攀枝花市市级机关事业单位按攀委办〔2005〕90号文聘用人员改签劳动合同后的工资增长工作以及攀枝花市市级机关事业单位按攀委办〔2005〕90号文聘用的退役士兵并轨后工资确定工作。

（九）积极做好军转干部安置解困维稳工作。按省军转办要求接收安置军转干部12名，其中：计划分配军转干部10名，自主择业军转干部2名。随调家属安置1名。计划分配团职干部干部2名，均安置在公务员岗位并落实相应领导职务；计划分配营职干部5名、连职干部1名及技术干部2名，全部安置在公务员岗位；自主择业军转干部2名，分别安置在仁和区、东区；随调家属1名，对口安置在市属全额拨款事业单位。按月发放退休军转干部的生活困难补助，在省调整政策后及时兑现补助。为4000余人次退休军转干部、失业军转干部、在岗（再就业）军转干部发放了生活困难补助，补助金额达736.74万元；个案补助特别困难人员100人次。为失业军转干部、再就业军转干部代缴养老保险。对所有企业军转干部（不包括离休人员）进行了建军节、春节慰问。

四、和谐劳动关系等工作全面推进

（一）全面推进人力资源和社会保障依法行政。建立健全人力资源和社会保障行政执法有关制度；明确规定行政执法法律、法规、规章依据；明确规定行政执法主体、执法内容、执法类别三方面的内容；严格规定行政执法机构及其执法权限；建立人力资源和社会保障行政执法监督检查制度和执法责任制的考核奖惩制度。严格依法配备执法人员，按照规定申领行政执法证件，确保执法人员的合法性。切实加强对执法证件的管理，对调进、调出的执法人员及时办理执法证件的注销和申领。全年新报和更换执法证15人，行政执法监督证2人，并拟上报公布31名行政执法人员和5个执法主体。把好抽象行政行为即规范性文件的合法关；把好具体行政行为合法关，对行政审批、行政许可、行政确认、行政处罚、行政复议等具体行政行为以及对作出行为的过程都建立了行为规范准则，公布上墙，严格执行。清理2013年之前颁布的行政权力事项，清理后的行政权力104项。依法办理复议案件，做好行政应诉工作。共参与省、市政府法制办提出行政复议答复10件，参加行政应诉17件。依法开展行政审批工作。办理工伤性质认定163件、提前退休审批885件、审查集体合同35份、特殊工时审批3户件。

（二）积极构建和谐劳动关系。2013年，攀枝花市人力资源和社会保障局把“构建和谐劳动关系年”活动作为重要工作来抓，采取积极措施，全力推进工作开展，保持劳动关系和谐稳定。借助社会力量合力推动和谐年建设活动。有效整合组织、宣传、国资、交通、工商等部门参与活动，形成党委重视、政府支持、多部门配合、企业和职工积极参与活动的工作格局。参与活动单位将收入分配改革、企业工资集体协商、基层劳动保障平台建设、基层非公企业党组织建设等纳入全市急难险重工作和民生工程，积极争取党委政府的重视和支持；将劳动保障法律法规宣传、劳动关系协调、维权保障等列入各部门目标任务考核，确保活动的顺利开展。加强形势研判和矛盾处置。妥善处理攀钢清退9000余名劳务派遣人员、关停并转30万吨以下煤矿企业人员分流等有关人员的安置问题。全力推进劳动关系协调，全市劳动合同签订率达到90%以上，劳动关系和谐企业创建面达到90%以上，完成东区弄弄坪和西区玉泉街道两个省级和谐劳动关系街道创建工作。深化收入分配制度改革。全市最低工资标准调整为1140元/月，低收入群体收入稳固增长；发布全市年度企业工资指导线，指导企业建立正常工资增长机制。贯彻落实企业工资集体协商办法。全市单独签订工资集体协议3335份，涵盖企业共5711家。

（三）依法推进劳务派遣行政许可工作。按照部、省关于贯彻实施新修订劳动合同法严格规范劳务派遣的安排部署，依法推进劳务派遣行政许可工作。下发《关于成立实施劳务派遣行政许可工作领导小组的通知》和《关于对实施劳务派遣行政许可工作进行任务分工的通知》，成立由行政审批、劳动关系和监察仲裁等相关职能处（室）和直属单位组成的工作领导小组，统筹负责市本级劳务派遣行政许可工作，各县（区）人社部门也相应成立领导小组及其办公室。市县两级人社部门同时将政策答复、人员培训、定期报告、诚信评价、信息公开、日常监管等具体工作分解落实到相应的工作机构和办事人员，加强内部职能机构和直属单位的协调配合，形成工作合力，依法做好了本行政区域内劳务派遣行政许可工作。下发《关于贯彻落实〈劳务派遣行政许可实施办法〉的实施意见》《关于劳务派遣经营许可证有关事宜的通知》等5个文件。按照分级管理、属地管理相结合的原则，明确各级人社部门的管辖分工，提出经办工作的具体要求，细化行政许可的审批流程，规范行政许可的法律文书。对21家劳务派遣公司进行了行政许可。

（四）依法开展劳动保障监察工作。加大劳动保障监察执法力度，及时妥善地处理了各种举报投诉案件和群体突发事件，有力地促进了整个劳动保障工作的开展。主动监察用人单位645户，涉及劳动者19210人。审查用人单位报送书面材料55户，涉及劳动者2.217万人；参与处理突发事件4件，涉及劳动者人数135人；追发劳动者工资待遇459万元，涉及劳动者220人；督促3户用人单位为4名劳动者缴纳社会保险费15.6万元；督促1户用人单位为2名劳动者办理社会保险登记；受理举报投诉案件34件，立案30件，结案30件，结案率100%。

（五）全面加强劳动人事争议仲裁工作。牢固树立法制观念，把程序是否完整、处理是否合法、效果是否明显作为判断仲裁办案质量的重要标准；牢固树立权威观念，着力提升仲裁的社会公信力和发挥仲裁前置“过滤网”作用；牢固树立联动观念，努力促进仲裁工作的社会化。全年处理劳动争议2042件，涉及劳动者2468人，涉及标的8803万元。劳动争议增长势头得到有效遏制，处理绝对数量减少22件，下降1%，立案受理绝对数减少30件，下降4%。

（六）加强人力资源和社会保障信息工作。2013年，攀枝花市人力资源和社会保障局进一步推进信息化建设工作。制发社会保障卡206295张，圆满完成20万张发卡指标任务，发卡总量达807234张。启动新农保的发行工作，通过对全市近20万人的新农保参保群体进行集中发卡，基本实现了社会保障卡全覆盖。组织第三方安全公司对金保系统进行全面安全检测，努力发现并修复系统漏洞，保障金保系统安全稳定运行。处理个人数据合并30605户，合并单位142家。认真做好12333话务工作来电总量达160121人次，超过年初制定的10万目标。

（七）积极推进攀枝花市民卡建设。12月17日，在市中心广场举行攀枝花市民卡首发仪式暨现场体验活动。市委书记刘成鸣，市委常委、常务副市长杨自力，市人大副主任许秀峰，市政协副主席庞向东，成都天府通金融服务有限责任公司董事长蒲自力出席活动仪式。市政府副秘书长李兴华主持仪式。攀枝花市民卡工程建设项目，是市委、市政府为加快智慧城市建设，提高城市综合管理能力，强化政府公共服务，提升市民幸福指数而实施的一项重要的惠民工程、民生工程。工程建设纳入了2013年“急难险重”项目管理和督查督办。经过一年的努力，攀枝花市民卡工程一期建设任务如期完成，胜利实现市民卡首发。攀枝花市民卡将陪伴广大市民，在为市民生活提供方便、快捷、优惠、优质服务的同时，承担为广大市民“记录一生、管理一生、服务一生”的重任，真正成为市民的放心卡、温馨卡、贴心卡。市委市政府授权攀枝花市民卡公司负责市民卡的发放、管理、服务和应用拓展。市民卡公司将通过利用安全、快捷、可靠的平台，为市民提供政府公共服务、公用事业服务、商务服务和金融服务。为满足市民的个性化需求，同步推出了功能一致、服务一致、优惠便捷一致的政务卡、商务卡、手机卡和金融IC卡，供市民自由选择。市民卡首批加载的功能，初步实现了市民卡在社保、门诊挂号、公交刷卡、超市、商场、餐饮消费、通信业务缴费等便民支付领域的应用服务，并同步实现了与成都的互联互通，攀枝花、成都两地的市民持本地市民卡均可以在对方城市畅通使用，并享受同城市民的同等优惠待遇。市民卡的首发仅仅是一个开始，作为通往智慧城市的金钥匙，市民卡在未来还将搭载民政、卫生、公安、教育、物业等多种功能，通过庞大的后台数据库，和遍布全省的交易网络真正实现“一卡在手通花城，惠民利民行天府”的目的。

（八）积极开展信访、维稳、综治、行政“大调解”工作。认真贯彻落实中央、省、市关于信访、维稳、综治、行政“大调解”工作的指示精神，按照“全员信访、全程维稳、主动应对、提前介入、及时处理和疏导”的工作举措，有效化解涉及人力资源和社会保障方面的不稳定因素，切实维护广大劳动者、用人单位的合法权益。以“事要解决”为主要抓手，不断创新工作方法，狠抓信访“骨头案”“钉子案”排查化解，严格实行责任追究制，使信访形势逐步好转，信访秩序不断规范，为妥善处理复杂疑难信访案件和群体性问题投入较大资金支持，信访存量大幅减少，信访人满意率明显上升。全年受理群众来信、《国家投诉网》《人民网》《市长信箱》《12345 市民热线》《局长信箱》件 524 件次、涉及人数 669 人次；接待来访群众 2046 批次，涉及群众 5198 人次；及时化解集体访 55 批次，涉及农民工等群众 1981 人次。圆满完成市政府交办的 13 件信访案件，配合有关部门化解信访积案 24 件。专题召开有关部门参加的研究信访人诉求联席会议 18 次，召开人社系统信访维稳工作布置会议 5 次。

五、党风廉政、队伍建设工作全面加强

（一）抓廉政防风险筑牢预防腐败思想防线。细化任务分解，明确工作职责。制定了《中共攀枝花市人力资源和社会保障局 2013 年党风廉政建设和反腐败工作意见》，局党委书记、局长认真履行党风廉政建设和反腐败工作第一责任人职责，切实践行“四个亲自”，局领导班子成员按照“一岗双责”和“谁主管、谁负责”的要求，各司其职，各负其责，加强组织协调和监督检查，及时制止和纠正分管范围内出现的不正之风苗

开展反腐倡廉教育，促进干部廉洁自律。一是通过理论中心组学习会、支部学习会、职工学习会、工作座谈会、领导干部讲党课、作廉政报告、办廉政专栏、在办公区区域张贴廉政警示语等形式，对干部职工进行党性党风党纪教育；二是强化对重点部门和关键岗位党员干部职工的岗位廉政教育，以先进典型为榜样加强示范教育，以反面教材强化警示教育；三是以“为民、务实、清廉”为主题，扎实开展廉政文化进机关、进家庭活动，积极营造学廉崇廉氛围。

加大制度机制建设，狠抓廉政风险防范。认真落实和补充完善惩治和预防腐败体系基本框架的各项支撑制度，并常态化抓好制度的执行，使框架的教育、监督、改革、纠风、惩治等五大机制的系统防止腐败功能得到充分发挥。同时，强化了腐败风险的前期预防、中期监控和后期处置工作，加强了廉政风险动态化管理，适时完善廉政风险防控措施，不断推进权力规范运行，努力把廉政风险降到最低。

（二）抓党建强队伍全面提升干部队伍整体素质。深化政治思想工作，增强党员干部创新能力。政治理论学习做到了多样化、系统化和经常化。通过报告会、辅导会、专题讲座、党课、中心组（扩大）理论学习等多种形式，全面宣传学习党的十八大、十八届三中全会和省、市委重要会议以及省、市人力资源和社会保障工作会议精神。坚持党委中心组学习制度，进一步发挥党委中心组及直属单位班子在建设学习型党组织和学习型机关中的示范带头作用。在系统内推广“每月一课”活动，组织全系统干部职工开展形式多样的培训教育。

创新党建体制机制，提高党建工作科学化水平。一是坚持落实党建工作责任制，坚持每季度召开一次支部书记工作例会，及时传达贯彻上级党组织和局党委的工作部署和工作安排，及时指导各党支部开展工作。二是积极推进党务公开，改进中心组学习的方式方法，及时公开局党委的决定和有关活动开展情况。三是积极推进党内民主。组织召开了 2013 年度县级党员领导干部民主生活会，继续推进基层党组织信息化建设，督促各党支部邀请党员旁听支委会议。四是加强基层党组织规范化建设，督促引导任期届满基层党组织进行换届选举，坚持和创新“三会一课”制度，进一步健全党员基础台账。开展了建党 92 周年纪念教育活动，组织入党积极分子培训，严格把关做好党员发展工作。

加强干部队伍建设，提高队伍整体实力。严格按照《党政领导干部选拔任用工作条例》做好科级领导干部选任工作，开展了县级后备干部、优秀年轻干部推荐和新提拔科级领导干部到信访处锻炼工作。继续组织选派干部参加各类业务学习，认真落实《领导干部谈心谈话制度》。争取到科级直属单位领导干部高配，开展直属事业单位改革的前期分类工作。继续关心在职职工和离退休老同志，看望慰问生

病、困难职工。指导局工会、妇委会、团委开展了健康向上的文体活动和社会公益活动。

开展主题教育活动，切实转变工作作风。一是按照市委的统一安排部署，继续对全系统“思想大解放、作风大转变、工作大落实”主题教育活动中梳理出的问题和公开承诺事项进行督促整改，完成了活动总结和资料整理工作。二是组织开展了“中国梦”主题教育活动。召开了局系统动员会，对全系统活动开展进行了安排部署，组织了主题征文和演讲比赛，制作了专题宣传资料和宣传展板，组织了主题参观和形式多样的宣传活动。三是根据中央关于改进工作作风、密切联系群众八项规定和省市委十项规定，结合人社工作实际，提出了局党委贯彻实施意见，开展了专项检查，梳理出问题并进行了整改。四是启动了“走基层”和党员双报到活动。对“走基层、解难题、办实事、惠民生”活动进行了安排部署，开展了建账工作。启动了党组织和党员到社区双报到工作。组织开展了“挂包帮”和扶贫帮村活动。

把握重点　开拓创新
奋力开创攀枝花医疗卫生工作新局面

攀枝花市卫生局

2013 年，在市委、市政府的领导下，在各部门的大力支持下，全市卫生系统深入贯彻落实党的十八大精神，牢牢把握全市“稳中快进，提质增效，争先进位，跨越提升”的总体工作基调，按照市委九届四次全会和全省卫生工作会议的部署，解放思想，团结奋进，开拓创新，重点推进医药卫生体制改革，不断完善城乡卫生服务体系，着力提升公共卫生和基本医疗卫生服务能力，大力建设区域医疗卫生高地，进一步提高人民健康水平，促进全市卫生事业健康持续发展。全市法定传染病报告发病率 279. 17/10 万，同比下降 15. 54%，低于全省传染病平均发病率 14. 58%，创历史新低。全市孕产妇死亡率下降到 19. 11/10 万，同比下降 31. 28%；婴儿和 5 岁以下儿童死亡率分别下降到 6. 12‰和 8. 51‰，同比分别下降 20. 42% 和 16. 57%。2013 年，全市成功创建全国示范社区卫生服务中心 1 家，省级示范社区卫生服务中心 5 家，累计创建国家级、省级示范中心 9 家，排名全省第二。

一、区域医疗卫生高地建设有力推进

2013 年 7 月召开的市委九届五次全体会议提出打造区域卫生高地，为全市和周边地区群众提供更加优质的医疗卫生服务，这对卫生系统提出了更新更高要求。市卫生局加大落实市委决策部署的力度，开展卫生工作大调研，深入全市卫生系统和本市周边的凉山州、楚雄州、丽江市、大理州等地区以及北京、广东等先进地区的医疗卫生机构进行调研，摸清本市和周边区域医疗卫生事业发展状况，学习借鉴先进经验，在调研考察，座谈研讨、论证评审的基础上，基本形成了《攀枝花市打造区域医疗卫生高地规划（2013 - -2020）》，明确了打造医疗卫生高地的主要目标、重点任务，为下一步推进区域医疗卫生高地的打造奠定了坚实的基础。

二、深化医改取得明显成效

完善新型农村合作医疗制度。2013 年，全市新型农村合作医疗制度（以下简称“新农合”）参合人数 48. 41 万人，参合率 99. 36%，新农合人均筹资标准提高到 340 元，其中，各级财政补助标准提高到每人每年 280 元，个人缴费标准提高到每人每年 60 元；年度筹资总额达 1. 72 亿元，其中，各级政府补助 1. 36 亿元。当年，全市新农合基金支出总额 17310 万元，受益 60. 84 万人次，政策范围内补偿比达 77. 54%，实际补偿比达 62. 06%。结合民生工程，开展了 55 - 65 周岁连续三年参合而未享受报销的农村居民免费体检工作，实际体检 8309 人，对体检单位补助新农合基金 41. 55 万元。

巩固完善基本药物制度。2013 年，攀枝花市利用四川省药械集中采购监管平台，加强对全市基本药物采购情况进行实时监控；建立健全市县两级基本药物监管制度，培训基层药学人员；落实现场督查、定期考核、药品集中采购通报等监控制度；执行通报制、约谈制、限时整改制和责任追究制等管理措施。基本药物制度全面覆盖所有政府办基层医疗卫生机构和村卫生室。2013 年，基层医疗机构网上采购基本药物 3400 万元，同比增长 48%。90% 的非政府办基层医疗机构实施了基本药物制度，扩大了基本药物制度实施范围。

推进公立医院改革。2013 年，攀枝花市开展了以取消药品加成为重点的县级医院公立医院改革。在米易县医院于 2012 年先行试点的基础上，全市 5 家县级公立医院（仁和区人民医院、米易县人民医院、米易县中医医院、盐边县人民医院、盐边县中医医院）从 2013 年 10 月 1 日起全面取消了药品加成，除中药饮片外的所有药品实行按实际进价零差率销售。至 12 月，5 家县级公立医院共计为患者减少了 600 余万元的药品加成费用。

三、医疗服务水平显著提高

深入开展“三好一满意”和“服务百姓健康行动”活动，促进了医疗服务质量全面加强、医德医风全面改进、群众满意度全面提升。通过开展“质量万里行”和抗菌药物专项整治等行动，加强医疗质量管理，医疗行为进一步规范，门诊和住院病人抗菌药物使用比例明显下降。医学重点专科建设力度加大，3 个专科通过省级医学重点专科建设立项评审，1 个医学重点专科通过省级验收；市级科研立项 36 个，获市科技进步奖二等奖 5 个，三等奖 8 个。心内科、急诊急救科、眼科、儿科等 25 个市级质控分中心相继建立。继续实现全市临床用血 100% 来自无偿献血和自愿无偿献血达到 100% 的“双百”目标，确保了无偿献血工作在全省的领先地位。开展“万名医师”、城乡对口支援、牵手强基层活动，选派 164 名城市骨干卫技人员支援基层医疗卫生机构，对 60 个基层受援单位从人才、技术、设备、管理、培训等方面给予帮扶，构建逐级纵向合作机制，基层医疗机构能力进一步提升，实现了优质资源共享，通过帮扶县级医院的门诊、住院人次分别比上年增长 17.3% 和 21%。成功创建国家级、省级示范社区卫生服务中心 6 家。积极开展基层医疗卫生机构清理专项整治行动和打击非法行医专项行动，累计查处取缔无证行医 93 户次，医疗服务市场监管得到加强，行业内部管理进一步规范。

四、公共卫生服务再创佳绩

通过加强传染病报告管理、建立儿童预防接种信息平台、实施重大传染病防治工作目标责任制、强化重性精神疾病管理治疗等措施，公共卫生工作取得新的成效。全市法定传染病报告发病率 279.17/10 万，同比下降 15.54%，低于全省传染病平均发病率 14.58%，创历史新低。认真落实艾滋病防治目标责任制，全面完成国家防艾工作考核指标。全市报告国家免疫规划疫苗接种率均在 95% 以上。米易县建成全市首个免疫规划数字化门诊，西区成功创建省级结核病防治示范区，本市在全省率先达到消除疟疾标准并成为全国第一个以市为单位通过考核验收的城市。全市城乡居民健康档案规范化电子建档率达 92.17%，高血压、糖尿病患者健康管理率分别达到 53.5%、42.3%，均高于全省平均水平。农村孕产妇住院分娩补助和降消项目顺利实施。住院分娩率提高到 99.84%，产前筛查率达 64.33%，孕产妇和 3 岁以下儿童健康管理率分别提高到了 95.4% 和 95.45%。全市孕产妇死亡率下降到 19.11/10 万，较 2012 年下降 31.28%；婴儿和 5 岁以下儿童死亡率分别下降到 6.12‰和 8.51‰，较 2012 年分别下降 20.42% 和 16.57%。加强了医疗机构、公共场所、学校卫生监督力度，强化基本公共卫生服务和基药制度落实情况监督检查，全年累计行政处罚 152 起，较 2012 年增加 58%。积极开展卫生应急综合示范县创建，及时有效处置仁和区流行性腮腺炎疫情。共派出疾病控制和卫生监督人员 6 批 62 人赴“4·20”雅安灾区对口支援，确保了驻点区域无传染病暴发流行及突发公共卫生事件发生。大力巩固国家卫生城市创建成果，全市新增省级卫生乡镇 4 个、省级卫生村 46 个。加强行政审批工作，市卫生局政务服务窗口现场办结率、按时办结率、群众满意率均达100%。

五、中医药服务能力进一步提升

贯彻落实扶持和促进中医药发展的政策，启动实施基层中医药服务能力提升工程，中医药适宜技术得到广泛应用，中医药服务体系进一步完善。市、县级中医类医院基础设施建设初具规模，全市93%的乡镇卫生院、85%的社区卫生服务中心均设有中医科（室），100%乡镇卫生院和社区卫生服务中心均能开展10项以上中医药适宜技术，农村和社区中医药服务量达到40%以上；中药在新农合中的报销比例提高5个百分点；市传染病医院承担的“四川省中医药治疗艾滋病项目”先后收治病人达240例。市中西医结合医院的“治未病”中心建成投入使用，“肺病科”被省中医药管理局授予“四川省重点中医专科建设单位”，全市已建成的国家和省级中医重点专科达到6个，在建的国家和省级中医重点专科3个。积极推进米易县、盐边县中医医院创建国家二级甲等中医医院工作并取得阶段成效。

六、重点项目建设和民生工程按计划完成

卫生基础设施建设成效显著，城乡居民就医条件进一步改善。市中心医院第二住院大楼顺利投入使用，市第二人民医院外科住院大楼、市第四人民医院门诊医技办公综合楼、全科医生临床培养基地主体封顶并内外装修，攀西职业病防治中心主体建设进展顺利。列入2013年全市急难险重任务的花城新区医院项目场平工程开工。市妇幼保健院异地新建方案已初步形成。争取2013年中央预算内投资项目75个，其中县级项目1个，乡镇卫生院及村卫生室建设74个。仁和区人民医院整体搬迁投入使用。通过学习考察、组织研讨、完善规划等一系列措施，形成了区域卫生信息平台建设规划，区域卫生信息平台建设前期工作有序推进。在4家惠民医院实行了“十免、十减、两优惠、一方便”的惠民措施，全市有5674人次享受惠民政策，减免费用19.36万元。由市卫生局承担的参合老年人健康体检等12项民生工程项目全面完成。

七、卫生发展保障更加有力

1. 党的建设全面加强。坚持全心全意为人民服务根本宗旨，以人为本，结合卫生实际，大力开展思想大解放、作风大转变、工作大落实“三大主题”教育活动和“实现伟大中国梦、建设美丽繁荣和谐四川”活动，面向社会公开承诺4项重点工作，全部得到有效落实，荣获全市“实现伟大中国梦、建设美丽繁荣和谐四川”及“思想大解放、作风大转变、工作大落实”主题教育活动优秀组织奖，为推进全市卫生改革与发展提供了坚强的思想、政治和组织保证。

2. 党风廉政和卫生行风建设得以深化。坚持“一岗双责”和“两手抓、两不误、两促进”，严格执行了党风廉政建设责任制和纠风工作责任制。认真贯彻中央“八项规定”和省市相关规定，治理“四风”问题见到明显成效。反腐倡廉建设和医德医风教育不断深化，市三医院被命名为了全市首批廉政文化示范点。认真开展建设“五型”机关、争做“五型”干部活动，狠抓典型案例教育，用鲜活的教训警示干部职工，切实提升“三种能力”，努力做到“三不伤害”。积极构建行政权力依法规范公开运行监察平台，接受上级和群众监督。加强对项目建设、设备采购、药械购销等重点工作的专项督查，着力抓了守规提醒。全力开展“你我心连心·共圆健康梦”优质服务主题活动，通过开展换位体验、宾至如归、提升技能、便民惠民、廉洁从业、选树典型“六大专项行动”，不断提升群众满意度。市卫生局在2013年37个市级部门发展软环境测评中的排名位居第27位，较上年度上升了8位；市卫生监督局在21个市级执法机构发展软环境测评中的排名位居第2位，较上年度上升了7位；在全省首次开展的第三方对21个市州卫生局政风行风建设综合满意度测评中名列第5，其中服务发展位居全省第一。

3. 人才队伍建设成效明显。完成了23名后备干部的选拔工作，选派26名卫生干部人才参加省上培训。引进高学历、高职称、急需紧缺卫生人才159名。引进基层医疗卫生人才38名。先后引进3名外国专家到攀指导，聘请5名特聘专家定期到攀医疗开展技术指导。新增8个住院医师规范化培训基地。全年培训15名全科医生，有370名学员正在接受住院医师规范化培训，有8540人参加继续医学教育培训；选派39名民族待遇县（区）在职卫技人员参加专科学历教育免费培养。结合木里藏区卫生实际，加强沟通与帮扶，援助木里县医院微创泌尿外科等卫生人才培养和学科建设。

围绕加快确立人才优先发展战略布局的总体部署，2013年，市卫生局以市中心医院被确定为攀枝花市“人才优先发展实验单位”为契机，积极探索人才管理体制改革新机制。一是创新思路，完善人才引进、培养、稳定、使用管理办法，指导医院出台了《关于高级职称内聘管理办法》《关于高层次人才考核管理暂行办法》等办法，深化人事制度改革，建立灵活机动的用人机制，调动优秀业务骨干人员的工作积极性，促进学科发展和专业技术的整体提升。各级各类专业技术人才汇聚效应逐步呈现。二是深化临床教学工作，助力医院人才培养。加强医院与医学高校联系与合作，承担了成都中医药大学7年制硕士研究生、重庆医科大学、大理医学院本科生等医学院校的临床工作，为医学生临床阶段的培养搭建更多平台。三是发挥优质医疗资源作用，开展好医学人才毕业后继续教育工作。依托攀枝花被全省认定的首批住院医师规范化培训基地，大力开展规培工作，截至2013年底，培训学员198人，已有三批64人通过省厅组织的结业考试。

4. 信息化建设稳步推进。基层医疗卫生机构管理信息系统加快实施，市级数据中心建立运行，卫生信息专网初步构建。在完成仁和区试点应用的基础上，东区7家社区卫生服务中心推广启用该系统。数字化医院建设进一步加快，全市7家二级以上医院接受了省厅数字化医院的评审。医院信息化水平进一步提高，服务能力和服务方式进一步提升，市中心医院、市中西医结合医院就医自助终端投入运行，群众就医更为快捷便利。区域卫生信息化建设前期工作加快推进，攀枝花区域卫生信息平台建设规划初步完成，卫生信息化工作交流合作机制逐步建立，卫生信息化人才储备进一步增强。

围绕中心　服务大局
不断提升老干部工作科学化水平

中共攀枝花市委老干部局

2013年，全市老干部工作以围绕学习贯彻党的十八大、十八届三中全会精神为主线，紧扣全市“稳中快进、提质增效、争先进位、跨越提升”工作基调，以加强和改进离退休干部思想政治建设、全面落实离退休干部政治生活待遇、充分发挥好离退休干部作用、推进市老干部活动中心建设为重点，以“让党委放心、让老干部满意”为目标，切实为老干部办实事、解难事，不断提升老干部工作科学化水平。

一、进一步抓好离退休干部思想政治建设

注重加强离退休干部的政治教育、政治要求、政治管理，使他们始终与党中央保持高度一致。充分调动离退休干部的积极性和主动性，理解、支持、参与市委的重大决策部署。

（一）抓好离退休干部政治理论学习。党的十八大、十八届三中全会召开以来，全市各级老干部工作部门通过主题宣讲、学习座谈、支部组织生活等多种形式组织离退休干部党员学习领会党的十八大、十八届三中全会精神。在离退休干

2013春节团拜会

部队伍中广泛开展“我与老干部工作——我省老干部工作30年历程回顾”主题征文以及“学党章、守党纪、强党性”“我为‘多点多极支撑’发展战略作贡献”和“同心共筑中国梦”等主题教育活动，向省委老干部局报送征文稿件67篇，向省委老干部局报送“我所经历的党的群众路线教育——老干部谈党的群众路线教育”稿件4篇。

（二）不断完善离退休干部学习活动形式。组织市老干部学习活动小组每两个月开展一次学习活动，集中学习中央、省、市委文件，省、市“多点多极支撑”发展战略和“中国梦”主题教育活动内容，让老干部了解全国、全省、全市的经济社会发展、党的建设等各方面情况。各县区、市级各单位（部门）老干部工作部门组织本县区、单位离退休老同志参观重点工程建设项目、旅游新村建设，让广大离退休老同志深切感受攀枝花的发展变化和旅游新村建设等方面取得的新成绩。一年来，市委老干部局组织居住在攀枝花的市级老领导开展学习活动小组活动6次，并向老领导发送了十八大、十八届三中全会学习资料，组织居住在成都的市级老领导开展学习活动小组活动5次。

春节期间市领导看望慰问市老领导

（三）宣传老干部先进典型事迹。2013年9月本市离休干部杨为之获第四届全国道德模范提名奖，杨为之的典型事迹被中央、省、市媒体报道。

二、认真落实离退休干部政治生活待遇

进一步完善和落实离退休干部情况通报、阅读文件、理论学习、参观考察、重大活动参与、重大决策征求意见、重大节日走访慰问等制度，巩固离休干部“两费”保障“三个机制”，加强和改进离退休干部服务管理工作。抓好老干部工作各项政策的贯彻落实。

春节期间市委组织部部长熊伟看望慰问生病不能回家过年的老干部

（一）全面落实离退休干部的政治待遇。一是精心组织，扎实开展好2013年春节慰问老干部系列活动。市委市政府隆重举行老干部春节团拜会，刘成鸣书记向全市广大离退休干部致以新春的祝福，张剡市长向老干部通报全年经济社会发展情况；春节前夕，刘成鸣书记、张剡市长、王海波秘书长和熊伟部长到成都看望慰问居住在成都干休所的老干部和老干部遗孀；刘成鸣书记、张剡市长、赵辉副书记、王海波秘书长和熊伟部长到家中看望慰问韩国宾、孙本先两位老市委书记；熊伟部长到市中心医院看望慰问生病住院的33名离退休老干部及干部病房医护人员；市委老干部局走访慰问县区厅级离退休干部、市级老领导老红军遗孀，对有特殊困难的老干部帮扶。通

春节团拜会书记讲话

过春节系列走访慰问活动的开展，送去市委、市政府对老干部的关怀和温暖。二是组织召开市级机关老干部情况通报会。2013 年 8 月 1 日，刘成鸣书记、张剡市长向市级机关老干部通报情况。成鸣书记代表市委、市政府，向全市广大离退休干部致以亲切问候和崇高敬意，并向老干部们通报了市委的主要工作情况，张剡市长通报了全市上半年经济社会发展情况和下半年重点工作。在攀的离退休市级老领导，市级机关离退休党支部书记、副书记，市级机关离退休干部代表近 200 人参加会议。三是组织开展“学党章、守党纪、强党性”主题教育活动。9 月初，组织市级老领导及老伴一行 60 余人赴西柏坡、北京开展“学党章、守党纪、强党性”主题教育活动，通过参观当年中央机关的驻地、大型展览“复兴之路”，老领导们深切地感受到中国革命和建设的艰辛历程以及改革开放所取得的巨大成就，接受了深刻的党性教育。

（二）认真落实老干部生活待遇。一年来，全市各级老干部工作部门对中央、省、市涉及老干部生活待遇不折不扣全面落实到位。离退休干部的离退休费、生活补助、离休干部的护理费、活动费、特需费、增发 3 到 1 月不等的基本离休费等政策按照规定和要求严格执行。2013 年对本市有特殊困难的老干部和老干部遗孀 27 人给予帮扶，发放特殊困难帮扶资金共 3.1 万元。

（三）加快推进市老干部活动中心建设。市老干部活动中心在做好大量前期准备工作的基础上，于 2013 年 5 月 10 日正式开工建设。自开工建设以来，多次与代建单位、施工单位、监理单位一起，协调解决建设过程中的困难和问题，工程进展顺利。市委编委批复了设立市老干部活动中心为正科级全额拨款事业单位的机构，招考的 2 名工作人员的工作正在按规定程序进行中。

（四）不断提升离退休干部服务管理水平。一是积极向市委报告离退休干部的建议意见。根据 2013 年下半年本市部分离退休干部对市目标考核奖发放的意见，经市委组织部部长办公会、部务会多次研究，在做好相关情况和意见收集后，市委老干部局以“老干部情况反映”向市委报告。市委高度重视，刘成鸣书记、张剡市长等领导都作出了明确批示。目前市级相关部门正在研究中。市委老干部局在市老干部学习活动会上向老领导报告了市委高度重视的情况。二是积极为老干部办实事、解难事。根据部分老领导反映门诊看病时挂号、检查、交费、拿药排队等待时间长的实际困难，积极与市卫生局、市中心医院和市五医院协调，在两家医院的大力支持下，各专门安排一房间、专人负责老领导们的门诊，并制作“就医温馨提示卡”便于联系。根据老领导们反映家中水电气等日常维修不便的实际，经与七家部门协调，制作了市级老领导“家中日常维修服务联系卡”，为老干部办的这两件实事，得到了老领导的充分肯定和好评。三是规范离退休干部工作。在贯彻全国、全省组织工作会议精神中，制订了《关于进一步做好离退休干部工作的实施意见》，使全市离退休干部工作更具有可操作性。四是开展好老干部评价老干部工作。按照本市老干部评价老干部工作的办法，开展好

老干部赴西柏坡进行主题教育活动

2012 年市县区老干部评价老干部工作。把老干部评价老干部工作作为对照检查老干部工作的一面镜子，作为收集老干部批评、建议意见的一个途径，作为听取老干部所思所思、所盼的一个渠道，找出老干部工作的不足，不断总结改进工作方法。

三、有组织地发挥好老干部作用

省委组织部副部长、老干部局局长彭德秋看望慰问我市老干部

抓好《关于组织引导全省离退休干部参加志愿服务活动的暂行办法》的贯彻落实。结合“党的群众路线教育实践活动”“中国梦”等主题教育实践活动，依托各级涉老组织和协会，有组织地引导离退休干部面向社会、面向基层、面向群众，就近方便有效地开展志愿服务活动。

（一）发挥好涉老组织和协会中老干部的作用。以老科协、关工委、老体协、老年书画、摄影等涉老组织和协会为载体，积极组织引导老干部为服务全市经济社会发展，在开展关心教育下一代、建言献策、科技咨询、技术服务、信息交流、党的建设、文化建设等方面发挥作用。重阳节前夕，熊伟部长参加市老年科技工作者协会会员大会时，对近年来市老科协卓有成效的工作给予高度肯定，更加激发了广大老科技工作者们发挥余热的激情。市老年书画研究会、老年诗词协会、老年摄影协会的老干部参加中组部老干部局和《晚霞》杂志联合举办的“诗书画影抒情怀、喜迎党的十八大”主题活动，选送的作品获得嘉奖 7 个，其中一等奖 1 个、二等奖 6 个。2013 年市老年科技工作者协会、市老年体育协会、市老年摄影协会被市民政局评为优秀市级社会组织。本市离休干部何云获全国健康老人称号，离休干部柳宗敏获四川省第 12 届健康老人称号。

（二）发挥好市老年大学的作用。搭建好市老年大学服务老年朋友的平台，让广大老年朋友老有所乐，安享退休生活，让广大老年朋友老有所学，丰富退休生活，让广大老年朋友老有所为，力所能及为社会再作贡献。市老年大学的学员积极参加街道、社区文化广场娱乐活动。

四、进一步加强老干部工作部门自身建设

（一）夯实调研信息宣传和信访等基础性工作。一是做好省委老干部局和市委组织部的重点调研课题工作。开展了对如何把离退休干部工作融入老龄事业发展大格局、把离退休干部服务管理融入社会管理大格局的探索研究。协助省委老干部局重点课题调研，在本市组织了“离退休干部在全面建成小康社会中发挥的积极作用”问卷调查，并就问卷结果进行深入分析，形成书面意见上报省委老干部局。广泛收集意见，不断提炼总结，完成本市子课题《老干部工作在发挥作用方面的有益探索对积极老龄化的正性影响和推动作用》的编写，同时完成市委组织部调研课题《离退休干部在全面建成小康社会中发挥积极作

市级机关离退休干部情况通报会

用的实践与探索》。二是加强宣传信息。及时掌握信息动态，有针对性地挖掘基层上报信息的深层价值，做好信息报送工作，向省委老干部局报送本市老干部工作的开展情况。三是做好老干部信访工作。认真做好老干部的来信来访工作，对老干部的来信来访做好政策解释和说明，全年没有老干部到上级机关上访的情况，切实维护了老干部队伍的稳定。

（二）加强局机关干部职工党性教育，打造过硬队伍。扎实开展“思想大解放、作风大转变、工作大落实”和“实现伟大中国梦、建设美丽和谐四川”主题教育活动，按照始终坚持政治上尊重、思想上关心、生活上照顾、精神上关怀老干部，服务老干部做到十分用心、十分细心、十分耐心，对老干部的诉求做到百听不厌、百求不厌、百见不厌的要求，带着政治责任、满怀深厚感情地做好老干部工作，切实为老干部做实事、办好事、解难事，努力建设一支高素质的老干部工作队伍。进一步提升老干部工作人员的政治素质、理论水平和业务能力，强化学习培训，组织老干部工作人员参加全省老干部工作人员的业务骨干培训，积极参与“我与老干部工作——我省老干部工作30年来的历程回顾”主题征文活动和“用真情、讲责任、作奉献”老干部工作职业道德演讲比赛等。选派1名干部参加攀枝花市围绕全市“六大硬仗”组织到清华大学的专门培训。关心爱护老干部工作人员，努力为他们健康成长创造条件。

凝心聚力服务发展
努力开创攀枝花统计工作新局面

攀枝花市统计局

2013年，攀枝花市统计局紧紧围绕市委、市政府的中心工作，全面贯彻落实市委九届四次全会、市九届人大二次会议和全省统计工作会议精神，结合市委三大主题教育活动和“中国梦”主题教育活动，持续加强能力建设，着力提高数据质量，不断深化优质服务，全力推进第三次经济普查各项工作，锐意进取、真抓实干，各项工作取得了明显的进步和成效，为全省统计事业发展和攀枝花加快建设中国钒钛之都、中国阳光花城、四川南向开放门户作出了一定的贡献。

一、常规任务圆满完成，专项监测卓有成效

2013年，全市统计系统始终坚持统计数据的准确性、及时性和完整性，规范专业数据的审核、评估、上报和发布程序，密切加强与上级业务主管部门的协调沟通，认真组织开展了各项常规统计调查工作。按照国家GDP核算方法，按季测算全市地区生产总值、民营经济增加值等主要统计指标。圆满完成了工业、农业、能源、服务业、贸易外经、劳动工资、社会科技、投资、建筑业、综合等涉及一、二、三产业，国民经济行业20个门类、96个大类、432个中类、1094个小类，20个专业，40余套统计月报、季报和年报，230多张定期报表，共1万多个统计指标。

2013年7月15日，攀枝花市委、市政府召开全市第三次全国经济普查工作动员大会，市委常委、常务副市长杨自力出席会议并讲话

一年来，市统计局圆满完成了城乡居民收入调查、投入产出、单位清查、“两纲”监测、民营经济、文化产业、非公有制经济、五创联动、“6+2”

重点产业运行监测、工业景气指数、劳动力抽样调查等统计监测和统计调查工作。较高的数据质量也得到了上级的认可，2013 年各项统计业务工作在省局各专业的考评中获得可喜成绩。其中建设领域统计、项目投资统计等 10 项工作在省局考核中获得一等奖；GDP 核算、综合统计等 14 项工作在省局考核中获得二等奖；工业统计、服务业分析信息等 11 项工作在省局考核中获得三等奖。其他多项专业统计工作在省局考评中也获得较好成绩。

二、参谋咨询作用凸显，优质服务水平提升

强化对宏观经济形势的预测预警，参谋助手作用进一步凸显。2013 年，市统计局紧跟市委、市政府主要领导的工作思路，特别注重加强统计分析和预测预警，按季度召开经济运行形势分析会，密切关注经济运行过程中的苗头性、趋势性问题，不断提高对宏观经济形势的把握能力和预判能力。在深入解读 2012 年经济指标的基础上，切实做好 2013 年一季度"开门红""时间过半任务过半"各项统计指标的预警预测工作，及时对数据、信息等资料进行整理分析，以统计快报、统计专报、统计内参等形式呈报市委、市政府领导参阅；以统计月报、统计季刊、统计年鉴等方式发送各部门，做好资源共享；以专题编印两会专刊的方式呈送人大代表、政协委员，为其履行职责，参政议政提供资料；以新闻发布会、统计公报、统计外网信息公开等方式及时向社会发布信息，满足公众需求。

加大统计信息咨询服务力度，统计信息质量进一步提升。2013 年，国家局内网采用 4 篇工作动态；省统计网站"市州工作"栏目采用工作动态 90 条，省局内网经济分析文章采用 62 篇，经济信息采用 418 条，《四川省情》采用 3 篇；市统计局网站"工作动态"栏目加载 153 条，市局内网加载经济信息 348 条。市统计局报送的统计分析、统计专报、统计信息被市级领导批示 16 篇，市统计局发布的信息被省市各大媒体采用 87 篇。市统计局报送的信息被市委办公室《每日晨报》40 条；被市政府办公室《攀政快讯》采用 52 条，《省内要情》采用 1 条，2 篇统计分析被《四川省情》杂志采用，超额完成了两办下达的政务信息目标任务。

2013 年 8 月 23 日，全省重点服务业与信息化统计数据质量检查与数据评审会议在攀枝花召开

加大统计资料的开发利用力度，统计优质服务水平不断提高。2013 年，改版编印了《攀枝花统计月报》《攀枝花统计年鉴—2013》《攀枝花乡镇统计年鉴》《攀枝花统计》季刊。制定新闻发布制度，确定新闻发言人，召开半年和全年两次新闻发布会，在攀枝花市各主流媒体上及时发布各项统计数据，受到社会各界的高度关注。在两会召开之际，及时编印《攀枝花统计－两会专刊》，赢得两会代表的一致好评，统计优质服务水平不断提升。

三、重点工作推进顺利，督查督办落实有力

稳步推进全市第三次经济普查各项工作。第三次经济普查工作是本年各项统计工作的重中之重，市委、市政府将经济普查工作纳入了"急难险重"目标管理。本局对此高度重视，倾力而为，按照方案要求，结合自身实际，创造性地开展工作，目前整体工作正有序推进。一是市政府成立了以市委常委、常务副市长为组长、26 个成员单位主要负责人为成员的"三经普"领导小组。二是切实保证普查"五落实"。目前，市经普办落实普查工作人员 115 人，五个县（区）经普办落实普查工作人员 160 人，各乡镇（街道）落实普查人员 377 人。经济普查经费预算总体上也比"二经普"有所提高。三是广泛开展普查宣传工作。市委宣传部和市经普办联合下发了《攀枝花市第三次全国经济普查宣传工作方案》，多形式、多渠道宣传经济普查工作。12 月 7 日在市中心广场隆重举行攀枝花市第三次全国经济普查宣传月活动启动仪式，市政府副市长殷旭东出席并宣布宣传月活动正式启动。四是认真作好普查综合试点。五是扎实开展单位清查。9 月中旬启动单位清查工作，工商、民政、编办、国税、地税、质监部门将进行资料搜集、整理和比对，经信、住建、商务粮食和统计部门对“三上企业”和房地产开发企业进行审核和确认。六是强化业务技能培训。

圆满完成各重大专项社会调查任务。除完成常规统计调查工作外，为夯实社情民意调查工作基础，在有关部门大力支持下，2013 年市、县（区）两级统计部门均成立了社情民意调查机构，配备了专兼职工作人员，开展了相关调查工作。全市社情民意调查机构共建设了 80 个访问（管理）坐席的计算机辅助电话访问系统（CATI）。攀枝花市成为最先完成省统计局提出的建立全省社情民意调查“1 + N”工作机制的市州，社情民意调查基础工作走在全省前列。在社情民意调查中心建设完成后，切实了加强社情民意调查工作；扎实做好平安建设群众满意度调查、警民亲活动满意度调查、“三大”主题教育活动问计于民调查等各项专项调查。

2013 年 9 月 5 -6 日，国家统计局核算司张冬佑副司长（左三）一行莅攀调研第三次全国经济普查工作。

认真抓好督查督办。对省局和市领导交办的事项，做到即交即办，大事不拖拉，小事不推诿。对局党组决定的重要工作和全局重点工作实行定期督查通报制度。加强机关效能建设，认真贯彻落实首问负责制、限时办结制、服务承诺制三项制度，局纪检组和办公室作为制度和效能建设的监督者，年终按制度和考核办法进行考核，奖惩分明，确保了工作没有疏漏，有力推动了工作的落实。本年度，圆满完成各级领导和上级部门交办的各项工作任务，没有一件遗漏的工作，没有一件因不及时办理而被省局和市委、市政府督办通报的事件发生。

四、重心下移苦练“内功”，“四大工程”成果巩固

1. 严格准入，基本单位名录库系统向基层延伸。2013 年，市统计局严格贯彻“先入库、后有数”的工作要求，不断健全工作机制，完善工作制度，细化工作职责。一年来，根据《四川省基本单位名录库建设管理办法》，出台了《攀枝花市调查单位入库申报审批管理工作考核评比办法》，规范开展“四上”企业入库审批管理工作，进一步明确和强化政府、部门和企业名录库工作职责，健全名录库工作制度机制。全市各区县名录办也建立健全了相关工作制度，基本构建了上下联动、部门配合、齐抓共管的工作格局，并按照统一单位标准、统一单位管理、统一工作流程、统一软件平台的原则，开展全市名录库建设、维护、使用和管理。全市名录库延伸实现了所有乡镇、街道全覆盖，乡镇、街道延伸覆盖率达 100%，社区延伸覆盖率为 99%，村委会延伸覆盖率近 11%；法人单位覆盖率达 81%，产业活动单位覆盖率达 79%。

2. 畅通渠道，“一套表“联网直报工作步入正轨。在 2012 年 9 月组织市局专业人员参加全省一套表平台切换培训后，2013 年又多次组织了对区县和直报单位相关人员的培训。培训采用多媒体平台现场演示方式及上机模拟报送等方式，分别对登陆、数据录入、报表查询、功能模块、审核（修改）和实际操作中可能遇到的问题进行了详细的讲解和操作演示，保证了区县和企业统计人员人人熟悉直报工作流程，操作准确、规范，为联网直报并轨工作奠定了基础。深入开展”统计人员进万家企业督导联网直报

“活动，力促“一套表”平台切换工作顺利完成。

日常联网直报工作中，本局不断优化统计数据采集流程，着力加强对数据采集处理系统内容的更新、维护和管理，积极构建”QQ 工作群群“、”微信工作群“等各种形式的信息交流平台，在录入、审核、查询、汇总等各环节均注重上下级综合用户之间、综合用户和直报用户之间的沟通和交流，成效显著。2013 年以来，全市各级“一套表”综合用户和直报用户恪守“四条红线”，不断增强网上直报意识，加强联网直报系统建设，保证了较高的上报率和直报率。700 多家联网直报用户 2013 年各月直报率均保持在 98% 以上。2013 年 9 月，全市联网直报率达 98.5%，名列全省前列。

3. 立柱架梁，基层规范化建设框架初成。一是加快推进县乡统计机构规范化建设。按照《乡镇统计工作规范（试行）》和《县级统计机构规范化建设考核实施细则》以及《攀枝花市县级统计机构工作规范化管理办法》《攀枝花市乡镇统计基础工作规范化管理办法》的具体要求，建立了“领导包片、干部包点”的工作机制。2013 年 5 月至 6 月局领导班子深入到五县（区）局指导督促规范化建设，切实帮助县（区）统计局和乡镇（街道）、社区规范统计行为，提高统计履职能力。在 2012 年东区被评为全省统计机构规范化建设先进单位的基础上，2013 年力争全市两个县（区）统计机构规范化建设工作达省级标准。二是以统计工作联络员制度为载体强化对企业统计工作的指导检查。根据《攀枝花市部门、企业统计工作联络员制度》要求，制定下发《攀枝花市统计局领导联系大企业、园区企业及职工联系“三上”企业及房地产开发企业工作制度》，加强市、县（区）、乡镇（街道）统计机构业务人员一对一联系部门、企业的统计工作机制，常态化开展统计人员进万家企业督导企业统计工作，进一步完善统计基础，确保源头数据真实有效。建立和完善了规模以上工业企业、能源统计电子台账，规范基层基础，不断提高“四上企业”的注册登记率和持证率，截至 10 月，“四上企业”注册登记率已达 97%，统计从业人员持证上岗率达 62.4%。通过持续加强基层规范化建设，全市统计系统部门联动，上下互动，企业主动的工作机制初步建立。

五、依法行政强化宣传，统计法制深入人心

2013 年，全市统计法规工作按照《2013 年四川省统计法规工作要点》的统一部署，采取有效措施，努力营造“依法统计”的良好工作氛围。

一是在全市范围内继续推行统计法律事务告知制度，规范统计调查行为，提高调查对象配合程度，保障统计一套表改革顺利实施。二是围绕统计“六五”普法平台要求，全方位多层次抓好法制培训，尤其是面向各级领导人员的培训。使系统内外部人员学法、知法、守法。三是继续清理规范行政权力，对市级行政权力进行了全面认真的清理，清理规范后的行政权力共60 项，并将清理结果及时通过网络等多种渠道向社会公布，接受社会的广泛监督，推进行政权利公开透明运行。四是积极开展统计法制宣传工作，强化统计法制宣传力度。制定下发《开展〈统计法〉颁布 30 周年纪念宣传活动方案》，进一步加大《统计法》《四川省统计管理条例》等统计法律法规的宣传力度。利用经济普查、中国统计开放日、企业一套表联网直报等载体，切实做好普法宣传工作，扩大宣传范围，进一步提升各级领导和社会公众对统计的认识。五是深入开展执法检查。制定并下发《关于加强联网直报平台日志监管的通知》《关于开展全市联网直报专项执法检查工作方案》等文件，开展了企业“一套表”联网直报“三查”工作、联网直报专项执法检查工作、全市重点服务业企业数据质量核查工作，突出查办企业“一套表”联网直报中的违法行为，继续将“四条红线”执行情况作为执法检查的重中之重，加大统计专项执法检查，围绕名录库维护、工业能源统计、投资统计、住户调查等重点领域、重点单位，主动地、有计划地开展统计专项执法检查。通过开展统计执法检查，强化对基层和企业的服务和指导，不断夯实统计基层基础工作。

六、贯彻执行“八项规定”，推进统计行风建设

一是按照中央“八项规定”、省委省政府、市委市政府“十条规定”，结合工作实际，制定印发了

《攀枝花市统计局关于贯彻落实市委市政府关于进一步改进工作作风、提高工作效能的规定的实施意见》(攀统计〔2013〕16号)。在深入开展调查研究、联系基层服务基层、精简会议、切实改变文风、提高工作效率、规范学习考察活动、规范请销假手续、厉行勤俭节约、加强监督检查等九个方面作出了明确规定。二是认真抓好督查督办。对省局和市领导交办的事项，做到即交即办，大事不拖拉，小事不推诿。对市委、市政府和省统计局安排的工作任务不折不扣地执行，对局党组决定的重要工作和全局重点工作实行定期督查通报制度。三是加强机关效能建设。认真贯彻落实首问负责制、限时办结制、服务承诺制三项制度，认真修订和完善了局机关内部管理制度，规范了局机关内部管理标准和流程。修订完善了《攀枝花市统计局绩效考核办法（试行)》和《攀枝花市县区统计工作绩效考评办法（试行)》和《攀枝花市统计系统政务信息管理办法（试行)》，对局机关各处（室)、直属事业单位和县（区）统计局绩效进行量化考核，进一步提高各项工作的制度化、规范化水平。四是进一步规范“六公开”工作，推进权利公开透明运行。充分利用网站、公告栏、通讯设施、办公室桌牌等多种载体和形式，把机构职能、规范性文件、便民服务措施、统计工作动态等群众普遍关心，涉及群众切身利益的事项作为平时政务公开的重要内容，充分保证公民、法人和其他组织依法获取本市统计政务信息，并将能公开的制度规定及时向社会公开，主动接受群众和新闻舆论的监督。优化服务流程，简化办事程序，提升统计行政服务能力。全年未发生违纪违规和群众举报情况。

七、强化建设创先争优，队伍能力全面提升

加强干部队伍建设。一是加强班子建设，增强核心作用。在班子中开展“四好”活动，坚持和健全民主集中制，坚持中心组理论学习和领导干部上廉政党课，坚持和健全民主集中制，每周一班子办公例会上，通达情况，汇报工作，反映重大事项，解决实际问题，确保政令畅通。二是加强干部队伍建设，提升业务能力。按照《党政领导干部选拔任用条例》规定，加强对优秀干部的培养，本年度推荐了2名正科级干部作为后备干部，推荐了6名符合条件的正科级领导干部参加全市干部遴选，进一步激发了年轻同志的工作积极性和主动性，为本市统计工作提供了人才保证。

加强局机关工作规范化建设。认真修订和完善了局机关内部管理制度，规范了局机关内部管理标准和流程。修订完善了《攀枝花市统计局绩效考核办法（试行)》和《攀枝花市县区统计工作绩效考评办法（试行)》和《攀枝花市统计系统政务信息管理办法（试行)》，对局机关各处（室)、直属事业单位和县（区）统计局绩效进行量化考核，进一步提高各项工作的制度化、规范化水平。

加强各种业务培训。继续开展学习型机关建设活动，推行“学习日”制度，要求各处轮流开展专题讲座，培养干部的学、说、写的能力。积极组织人员参加相关业务培训，积极组织人员参加相关业务培训，着力提高统计队伍分析问题和解决问题的能力。组织1名县级领导干部到复旦大学学习，组织1名县级领导干部参加全省统计系统赴美国学习考察活动；组织2名县（区）统计局长参加国家统计局举办的业务培训。全市组织了86人参加全国统计中、初级职称考试，756名统计人员参加统计从业资格培训和考试，有869人参加统计继续教育，统计继续教育培训人数创新高。

加强党风廉政建设和党建工作。严格执行中央“八项规定”的要求，认真学习贯彻省、市纪委全会精神和《廉政准则》，制定党风廉政建设实施方案，层层落实分解目标责任。加强机关党建工作，扎实开展以“三大”主题教育活动和“中国梦”学习实践活动。城乡环境综合治理、“挂、包、帮”、新村结对帮扶、关心下一代等各项工作稳步推进。

凝心聚力　勇于担当　主动作为
奋力谱写“二次创业”的攀枝花调查新篇章

国家统计局攀枝花调查队

2013 年，攀枝花调查队在总队党组的坚强领导下，在市委市政府的关心支持下，始终坚持“为国调查，为民服务”宗旨，正确把握“二次创业”基本要求，在“三个转型”上狠下功夫，努力争创“三个一流”奋斗目标，着力提高数据质量，不断优化内部管理，积极拓展服务领域，深入开展调查研究，全面加强组织保障，着力提高服务水平，奋力推进调查事业“二次创业”，保质保量完成了全年各项工作目标任务，为幸福攀枝花建设做出了积极贡献。

一、强化活水源头，夯实基层基础，调查业务建设取得明显成效

2013 年 5 月 17 日 四川调查总队党组成员、纪检组长李文海指导主题教育活动 右一：四川调查总队党组成员、纪检组长李文海

（一）抓基层打基础，农业监测注重向服务转型。农业监测工作是一项长期性基础工作。攀枝花队注重基层基础建设，强化活水源头，保障农业监测数据质量，准确把握农业生产形势，着力为农业产业政策制定、市场供应、维护养殖户切身利益等提供数据参考。一是加强畜禽监测工作规范化建设。及时召开全市畜禽监测工作培训会，组织调查员和养殖规模户围绕规范操作、建立台账、汇总上报、生产记录进行专业化培训。强化国家调查品牌意识，继续向畜禽养殖规模户（单位）颁发“主要畜禽国家监测点”铭牌，增强调查对象的荣誉感和使命感，为畜禽监测顺利开展奠定了良好基础。主动服务调查对象，通过“攀枝花养殖调查 QQ 群”，以网络普法和信息交流等方式，将畜禽监测信息及时反馈给种养殖户。二是加强农业调查基层基础建设。加强样本网点维护，确保样本稳定性，加强农业调查业务知识规范化培训。认真开展中间消耗调查和早春蔬菜产、供、销监测工作，开展农业生产效益分析。加强对米易队的业务指导，高效完成县域农产量夏播调查、夏粮实割实测调查、农产品集贸市场价格调查、主要农产品中间消耗调查、畜禽监测调查等各项调查工作。三是加强农业信息分析研究，畅通信息渠道服务领导决策。新开辟了“国家农业监测信息”专报，及时向地方党委、政府报送真实、有效、含金量高的农业及畜禽监测信息，形成了较高质量的《2012 年攀枝花市畜禽监测调查报告》《2012 年攀枝花生猪规模养殖利润大幅收窄》等 5 篇分析研究报告，获市领导批示肯定 4 次。四是深化与涉农部门的合作交流。坚持共同发文、共同安排布置、共同检查指导、共同考核的“四共”原则，与市农牧局共同扩充农业监测样本，协同开展特色农业和畜牧业监测工作，加强信息畅通和资源共享。

（二）抓队伍重内功，住户调查注重向质量转型。攀枝花队将一体化改革作为 2013 年的头等大事要事来抓，始终把提高质量作为一体化改革的根本，积极推进质量型调查建设。一是打造专业高效的调查队伍。面向社会公开招聘了 3 名 30 岁左右、具大专及以上学历的住户专职调查员，并建立了具有较强吸引力的待遇报酬、考核管理及奖惩激励机制，营造团结和谐的工作氛围，着力调动工作积极性、激发专

2013 年 3 月 27 日与盐边县委政府商讨战略合作事项

业队伍潜能为我所用。二是建立数据质量定期检查机制。按月及时回收和汇总账本，确保账本回收的及时性；督促记账户逐日记账，查看家庭收支数据是否真实，逻辑是否合理，确保记账内容的真实性；核实编码归类和数据录入环节，复查账本与微机数据是否一致，确保账本数据处理的准确性。通过“以查代训”培训模式，纠正对调查方案的理解错误及习惯性思维错误，提高业务水平和处理特殊情况能力，确保数据质量。三是建立集中访户机制。利用年初集中培训、节日走访慰问、召开座谈会等多种形式，加大访户工作力度，加强与调查户、社区联络员的良性互动，主要从方法制度的执行情况、调查样本的代表性验证和记帐质量与误差检查等方面进行访查，向市政府争取每户记账户每月 100 元的生活补助，建立了 100 万元农村住户发展扶持基金，着力提高记账户“经济上的实惠感、发展上的优越感、政治上的荣誉感、工作上的责任感”。四是开展农民工监测工作。严格执行国家农民工监测调查方案，认真组织开展调查员培训及调查摸底工作，入点入户开展调查，夯实基础，提升数据质量，面向调查对象构建新型调查合作关系，准确反映农民工数量、流向、结构、就业、收支、生活、社会保障及创业等情况，切实为制定科学的农民工政策、加强和改善农民工工作提供科学依据。

（三）主动对接企业，产业调查注重监测企业运营。一是为进一步发挥国家调查作用，加强对钒钛产业活动的监测与预警，更好地服务于宏观调控和钒钛产业发展，认真筹备钒钛产业 PMI 调查平台建设。主动联系市级相关部门，走访全市 43 家规模以上钒钛生产企业摸底调研，制定了《攀枝花市钒钛产业 PMI 调查方案》。为了更好的做好钒钛企业 PMI 调查工作，攀枝花队申请成立钒钛产业园区国家调查点办公室，获市委政府高度重视，并已获总队批复。调查点办公室主要负责钒钛 PMI 调查工作，实行双重管理，经费由园区财政解决，人员选配由攀枝花队负责。二是扩充调查样本，大力推进旅游新村调查监测工作。制定了《攀枝花市旅游新村调查监测方案》，针对市民到新村旅游的动因、停留时间、消费需求、服务评价、经营业主的经营状况等对 16 个新村开展定期检测，为党委政府指导旅游发展、拓展旅游市场提供咨询服务。三是主动开展调查分析研究。在当前经济增速回落、行业结构调整加剧的状态下，研究和探索支柱产业企业拉动行业的集群效应，开展了《攀枝花市工业支柱产业对小微工业企业运行状况影响分析》课题研究。针对转变作风“八项规定”出台后对住宿餐饮、烟酒零售等服务行业发展带来的影响，开展了主要消费品市场问卷调查分析研究，撰写了《八项规定对攀枝花服务行业影响调查》。

（四）强化数据分析，价格调查注重规范化建设。一是采取“一查二审三整改”的企业检查制度和“二访三问四要求”的企业走访制度，深入工价调查企业开展基础工作检查，着力规范基层基础工作，提高调查企业领导重视程度，确保工价调查数据质量。通过加强企业走访联系和开展专题调查的方式，全方位了解企业生产经营中面临的困难、存在的问题，及时撰写相关工业生产者价格运行情况分析及信息，积极向地方党委政府反映情况、建言献策。二是进一步修改完善《攀枝花市固定资产投资价格调查》，绘制了工作流程图，增加了调查程序的科学性和规范性。建立调查队与调查单位直接联系制度，选择 3 家重大投资项目单位进行直接联系，实地了解企业生产经营、价格数据采集及市场价格变化情况等，加强对价格调查数据、市场走势的分析研究。三是“背靠背”检查制度保障消价数据真实性，组建课题兴趣小组提升数据分析质量。针对2013年初气候干旱情况，专业人员定期、不定期到超市、农贸市场了解价格变动情况，重点检查与居民生活息息相关的蔬菜、粮食、猪肉等生活必需品价格变动情况，保证消价源头数据质量。在调查网点布局到位、规格品选择准确、“三定”原则严格落实的基础上，建立“背靠背”检查制度，通过采价日随机抽查、互查、不定期重点抽查的方式，加强食品等重要商品价格变动监测，坚持即采即报即审制度，定时准确上报月度报表及市场物价分析。采取组建课题兴趣小组的方式，撰写高质量分析报告，全方位提升调查人员分析水平。四是数据解读分析能力不断提升，参谋部、晴雨表、信息窗作用不断发挥。多篇分析报告、调查报告被采用获批示。分析报告《攀枝花市煤炭生产经营情况调查报告》和《工业生产者价格下行对攀枝花市工业经济的影响》被国家局采用；《攀枝花煤价指数创30个月新低》被国办要情采用；《“国五条”后攀枝花市房地产市场运行情况分析》《攀枝花市工业生产者价格五连阳》被市委书记刘成鸣批示。

2013年5月20日 与兄弟市州巴中调查队交流学习

二、拓宽调查领域，打响一流品牌，服务地方发展渐向纵深推进

（一）优化调查方式，保质保量完成常规专项调查。建立健全责任分组、调查日志、调查员激励等国家调查制度，率先开发集自动处理数据、分类型分条件汇总数据，自带余漏纠错、逻辑纠错等功能于一体的通用调查软件，针对电视收视率调查，开发运用收视率专项程序；改变以往点对点实地跑的调查方式，结合现代科技手段，采用电话调查、邮件调查、党政网公文交换等多种现代信息化调查方式，优化调查方式，提高调查效率，圆满完成了总队布置的机关转变作风民意调查，市委、市政府委托的2013年攀枝花市发展软环境测评调查，2012年攀枝花市党风廉政建设满意度调查，攀枝花市错峰上下班调查，攀枝花市社会治安和公安队伍满意度调查等专项调查。

（二）对接地方所需，主动服务本地经济社会发展。一是加强“决策咨询”平台机制建设，服务县域经济社会发展。在开展东区服务业发展研究、西区老百姓最关心的问题调查研究、宜居仁和城市建设调查研究的基础上，开展了盐边县经济社会发展现状调查研究，通过米易队全面参与米易县的县域经济社会发展调查的形式，建立起与每个区县的长期合作机制。二是加强“质量效率”评价平台机制建设，服务市级部门。召开上半年经济形势分析会，形成经济形势分析报告并获市委政府主要领导批示。发挥专项调查职能，深入开展与市级部门的合作，加强与市委宣传部、市文广新局、攀枝花电视台的合作，开辟了全新调查领域——收视率调查，进一步证明了国家调查的独特优势。三是与科研院校建立优势互补、资源共享的合作平台，与攀枝花学院经管学院建立起50余人的专业调查队伍和研究团队，其中教授、副教授、讲师11人，聘请了软件设计、统计分析方面的研究人员，增强了国家调查实力。四是发挥专业优势，主动开展课题研究服务地方发展。攀枝花队以科室为单位，“一把手”亲自负责、分管领导具体负责，科室负责人作为课题项目负责人，结合地方所需，全年开展了《提升群众幸福指数研究》《攀枝花市工业支柱产业对小微工业企业运行状况影响分析》《攀枝花市农民专业合作社现状调查报告》等7个涉及不同方面的课题研究。目前，7个课题基本完成并报市委政府参阅。五是服务县域发展，米易队注重提高调查工作针对性和实效性。先后完成2012下半年米易县公安机关作风和队伍建设调查、2012年米易县创优经济发展软环境行风政风满意度调查、米易县党风廉政建设满意度调查、第四届米易灯会满意度调查、农民最关心的问题调查等8项专题调查。多篇调查报告获米易县党政领导高度肯定。其中，第四届米易灯会满意度调查报告被呈送全县“四大班子”研阅；农民最关心问题的调查报告被呈送所有县领导研阅，并印发全县各机关、乡镇学习。

三、严格执法工作，加强宣传报道，调查环境氛围得到较大改善

开展数据质量执法检查和综合立体性宣传是维护国家调查权威、扩大国家调查影响的有效手段。

（一）深入开展统计执法工作。一方面，在所有专业全面推行法律关系告知书制度，将统计调查法律关系告知书送达各调查对象法定代表人处，队企关系更加和谐，工作配合度显著提高。另一方面，持续开展执法检查工作。根据国家局和总队关于坚决制止和严肃查处编造统计数据等弄虚作假行为的相关工作要求，攀枝花队对各专业数据质量进行专项检查，重点抽查了67家企业，对其中3家企业进行了执法检查，对企业存在虚报调查数据、不按规定建立原始台账或记录的，发现一家查处一家，绝不姑息，切实维护国家调查的权威性。配合总队执法检查组到攀的统计执法和数据质量检查工作。派员到成都、巴中等兄弟市州学习执法知识和技巧经验，切实提高了攀枝花队的执法水平和办案能力。

（二）不断加大宣传报道力度。一是认真办好《攀枝花调查》《国家调查专报》《国家农业监测信息》等宣传刊物，提高领导批示率和在市级部门、区县的影响力。编撰完成《攀枝花调查》3期，向市委、政府报送《国家调查专报》12篇，《中国农业监测信息》5篇，获市领导批示17篇次。共撰写工作信息195篇、经济信息123篇、调查报告32篇。二是开展与中央、省驻攀媒体和市级主流媒体的合作。加强了与广播、电视媒体的合作力度，分别制作了14秒的品牌宣传，在车载电台分六个时段播出，制作了“国家调查、人人有责”20秒的公益形象宣传片在攀枝花电视台黄金时段滚动播出。每月12日定时在攀枝花日报、攀枝花晚报、电视台发布CPI、PPI等调查数据，营造了正面积极、奋发向上、争做贡献的攀枝花调查良好形象。积极主动向《中国信息报》《四川调查》投稿，《调查梦的攀枝花路径探索》等4篇文章在《中国信息报》发表，《自加压力用于担当取得调查事业新成就》等5篇文章被《四川调查》采用。《中国信息报》统计合作部主任、四川调查系统新闻宣传顾问王前海还专程到攀枝花队指导新闻宣传工作。三是大力开展《中华人民共和国统计法》颁布30周年暨第四届“中国统计开放日”活动，着力做好调查员和调查网点的宣传，通过街头宣传、统计法知识讲座与竞赛、走访慰问等形式开展内容鲜活多样、群众喜闻乐见的系列宣传活动，做到宣传与调查并行，长抓不懈，积极营造了社会大众关心统计、支持统计的良好氛围。

2013年以来，攀枝花调查队积极开拓创新，努力增强自身实力，不断拓展外围空间，在已有的基础上，进行了一些大胆的探索和有益的尝试，本队将发扬“自信、敢想、善为”的精神风貌，努力打造“三个一流”，直面困难，自加压力，勇于探索，团结奋进，借力党的群众路线教育实践活动契机，确保实现“四个走在全省前列”，为推进“二次创业”和国家调查事业新发展做出积极贡献！

围绕目标　把握重点
推进全市人口计生工作取得新进展

攀枝花市人口和计划生育委员会

2013年，市人口计生委在市委、市政府的领导下，在省人口计生委的指导下，紧紧围绕全市工作大局和全省人口计生工作重点，坚持计划生育基本国策，着力改善计生民生，努力提高人口素质，在复杂环境中努力奋进，在各种压力下砥砺前行，依法行政、计生民生、信息化建设、人口文化宣传、流动人口服务管理等工作均取得新进展。全市全年出生9040人，人口自然增长率2.63‰，符合政策生育率

90.77%，省、市目标任务圆满完成，无“一票否决”事项发生，党政、业务目标全省一等奖，实现了人口计生事业的持续健康发展。

十多年以来，攀枝花市人口计生工作均排在全省第一方阵。2013 年 1 月和 4 月，现全国政协副秘书长、时任省人口计生委主任刘家强及现省人口计生委主任姚义贤分别来攀考察、调研，对本市人口计生工作给予了充分肯定。

一、围绕基本国策，抓依法行政

1. 坚持目标考核督查。市委、市政府与各县（区）签订了目标责任书，完善了成员部门的考核办法，细化了“一票否决”内容，深化了部门协作，强化了工作督查，确保“三个不变”精神的贯彻落实。

2. 加强社抚费征收管理。在当前社会抚养费成为社会舆论热点的背景下，市人口计生委在 2013 年 4 月开展了社会抚养费征收管理工作调研，并完成调研报告上报省人口计生委；10 月在全市开展了社会抚养费征收管理督查，及时发现工作中存在的不足并进行整改，严格落实“收支两条线”规定，促进工作规范化。

3. 严格依法行政。严格执行人口计生行政执法“七不准”“十禁止”及群众工作纪律等相关规定，做到依法行政、文明执法、正确执法，全市全年未发生一起因违法行政引发的计生恶性案件；严格坚持依法服务，依法进行行政告知，保障群众避孕节育措施的知情权和选择权，认真落实公民妊娠期间权利义务行政告知规定；认真开展依法行政示范活动，通过示范单位培育，加强检查指导，西区成功创建为全省依法行政示范县（区），并培育东区向阳村街道、西区陶家渡街道、仁和区务本乡为全国依法行政示范乡镇（街道）。

4. 加强执法规范督查。深入全市各乡镇开展封闭式检查，重点对全市各县（区）、大企业的执法文书、“三项制度”档案进行案卷评查，发现问题立即督促整改；组织各县（区）准备执法文书集中到市人口计生委，由市人口计生委组织开展集中评查，对执法文书的优劣进行打分，并评出等级，合格率达 95% 以上。

5. 加强出生人口性别比偏高问题综合治理。市政府出台了《关于综合治理出生人口性别比偏高问题的意见》，建立健全了依法打击“两非”联动机制，召开了部门联席会议，完善了信息共享和工作协调制度，初步形成了综合治理工作格局。作为综合治理出生人口性别比偏高问题省级重点县的盐边县，在县委、县政府统一部署下，多部门联合开展了整治“两非”专项行动，对 30 家医疗机构进行了专项监督检查。仁和区重点抓好“关爱女孩行动”，继续实施“助学奖励计划”，投入 7.1 万元对独女户和双女户考上本科院校的 63 人进行一次性奖励，在全社会形成关爱女孩的共识和舆论环境。

6. 强化信访管理。切实做好关键节点和特殊时期的涉稳排查和维稳工作，将矛盾解决在基层；建立了网络舆情处置工作网络，全年未发生一起网络舆论事件；加大政策和便民维权渠道宣传，落实隐患排查和积案化解，及时解决基层和群众存在的困难和问题；认真办理群众来信来访，各类举报、来访结案率 100%，市级“12356”共接受电话来访 631 人/次，无投诉。全市连续 5 年无进京上访，受到国家卫计委充分肯定。

二、围绕计生民生，抓政策落实

1. 积极完善计生奖励扶助政策。按照全省全面提高独生子女父母奖励金和特别扶助金标准的要求，分别于 8 月和 10 月，将全市独生子女父母奖励金标准提高到每对夫妇每年不低于 120 元，将独生子女死亡父母特别扶助金标准由每人每月不低于 135 元提高到不低于 350 元，伤残父母特别扶助金标准由每人每月不低于 110 元提高到不低于 280 元，三项标准分别同比提高 100%、160%、155%。

2. 认真落实各项奖扶政策。确认农村计生家庭奖扶对象 5191 人，兑现奖励金 498.4 万元；确认计生家庭特扶对象737人，兑现扶助金297.6万元；实施计划生育“少生快富”扶贫工程，6户纳入工程对象，兑现奖励金1.8万元；继续实施农村独生子女意外伤残、夭折家庭特殊困难家庭特别扶助制度，全市137人纳入了城镇企业职工基本养老保险，21人开始领取每月1000余元的养老金；全面开展手术并发症人员纳入特扶工作，全市1001人纳入特扶范围，兑现特扶金121万元。同市财政局、市人社局等八部门联合下发《关于进一步做好独生子女伤残死亡家庭扶助工作的通知》，明确了攀枝花市从2014年开始，对全市独生子女伤残死亡家庭给予落实低保政策、解决居住困难、解决养老和医疗保障、提供医疗和养老方便、开展心理慰藉和社会关怀等方面的帮扶。东区对农村落实长效绝育措施的育龄群众一次性奖励2000元；在征地拆迁补偿中，对征地农户未满18岁的独生子女，且持有独生子女证的，拆迁安置多30平米的平价房，按1100元/m^2购买。

3. 扎实开展国家免费孕前优生健康检查项目。免费孕前优生健康检查项目纳入全市民生工程；邀请川大华西附二院和省人口计生委的权威专家对全市60余名技术服务人员进行了培训；将孕前优生健康检查服务窗口前移，让更多群众从中受益；开展了两次临床检验室间质评活动，提高了检验水平。全市完成参检人数4911人，占目标人群的108%，同比提高26个百分点，超额完成省市下达80%的目标任务，获得四川省2013年度免费孕前优生健康检查项目工作单项业务目标考核一等奖。

4. 坚持开展计生“三结合”帮扶。全市共下达帮扶任务7953户，其中新增的1410户全部完成，新建成基地45个；积极争取省计生协专项资金10万元用于仁和区生育关怀行动，惠及该区126名计生困难群众。由于工作扎实，本市荣获四川省计划生育“三结合”先进集体。

5. 认真开展服务百姓健康活动。全市结合避孕节育服务，继续抓好生殖道感染及常见妇女病的普查普治工作，围绕生育、节育、不育开展生殖健康系列服务，市人口计生指导所完成门诊5963人次，生殖健康咨询治疗近560人；市计生协、攀钢计生协等均开展了大型的义诊活动。市、县（区）计划生育服务机构结合下乡“查环、查孕、查病”服务、“服务百姓健康”“健康服务进企业”等时机，对育龄妇女进行生殖道疾病的知识宣传、免费妇科检查等，查出妇科疾病的免费发放药物，对退出育龄期的妇女安排到服务站进行取环，提高基本技术服务的广度和深度，全市育龄妇女基本技术服务率达100%；对全市药具发放网点进行了重新核实、选点，将免费发放网点信息进行网络公示和在村（居）务专栏公开，全市发放点从原来的900多个增加到1029个，最大限度提高药具的易得性，全市已婚育龄妇女综合避孕率83.02%。组织完成两次病残儿医学鉴定工作，82人参加鉴定，并对24例原参加鉴定的病残儿进行调查，配合国家计生科研所对部分病残儿进行采样分析研究。按照市级部门在娱乐场所摆放安全套的职责分工，免费提供2万只安全套在娱乐场所摆放。

三、围绕人口信息化，抓信息工程

1. 在全省率先普推“计生e通”人口信息系统采集平台。市人口计生委与中国电信攀枝花分公司合作并签订战略合作协议，从10月起开通574部“计生e通”人口计生信息采集终端，实现了市、县（区）、乡镇（街道）、村（居）“四级”人口数据信息实时采集、上报和全员人口数据状况监控，提高了人口数据的及时性、准确性和管理效率。

2. 强化人口信息公共服务平台运用。继续修改、完善市人口计生委自主开发的“攀枝花人口信息公共服务平台”，依据“人口信息公共服务平台”开展人口统计、奖扶对象、优质服务、流动人口、人事管理等业务工作。该系统被省人口计生委推荐参加了“中国信息化（人口计生领域）成果”评选。

3. 建立全员人口信息共享协同采集机制。积极开展“金人工程”试点项目探索，加强部门协作，建立和完善了信息共享和联席会议制度等，基本实现了人口计生数据同民政的婚姻登记和死亡人口信息、卫生的出生婴儿信息、人社的新农合等相关数据的共享，提升了全员人口基础数据质量。

四、围绕人口文化宣传，抓阵地建设

1. 加强了人口文化阵地建设。强化对全市人口文化宣传阵地建设规划和目标管理，及时对各县（区）、大企业的人口文化设施建设情况开展督查。西区蓝湖国际人口文化公园、仁和区迤沙拉彝族人口文化广场、米易弯丘人口文化大院等重点建设项目均已完成；东区、西区服务站搬迁新建工程项目进展顺利，东区服务站已完成主体建设，西区服务站建设正加速全力推进。

2. 加强了人口计生对外宣传。出台了《关于进一步加强人口和计划生育宣传工作的意见》，并将宣传工作纳入了人口计生党政目标和业务目标考核内容。全市人口计生部门完成各类上稿230余篇。其中，在国家级行业媒体上稿18篇，在省级主要媒体刊播稿件16篇，同比均大幅增加。省人口计生宣教中心和市人口计生委联合摄制的《接地情》《传递温暖　传递爱》《一路上有我》在四川电视台公共平台播出；省级行业媒体77篇，同比增加13篇，获《中国人口报》发行工作先进集体和四川省人口计生新闻宣传工作二等奖。同时，还通过网络做好生育政策、奖扶政策、民生工程进展、工作动态等方面的宣传，发布各类信息260条。

3. 加强了青春健康教育活动。利用计生协会平台，开展人口文化宣传活动。一是与《攀枝花讲坛》签约，举办了3场青春健康教育专题讲座，近300名学生及家长参与。二是东区强化了“五期教育”，在大、中、小学均开设青春健康教育课程；盐边县在7所中学开展“青少年生殖健康”校园行活动，为近万名在校学生开展青少年生殖健康知识讲座；仁和区金江中小学、大河中学、太平中学，东区早教基地等也组织青春健康教育系列讲座，受益学生及家长上万人。三是在“三下乡”“科技之春”、5·29计生协会员活动日、世界人口日、男性健康日、“世界防艾日”等节庆日宣传活动中，融入了青春健康教育内容。四是在四川机电学院“青春健康教育基地”开设男女生专题班，为青少年提供高质量的性与生殖健康教育，参训学生达2500余人。同时，还在各社区和计生服务机构建立青春健康俱乐部等，深化了谈心式、互动式青春健康教育。

五、围绕流动人口，抓公共服务

1. 积极推进公共服务均等化。一是开展流动人口计生基本公共服务均等化示范单位建设工作。按照“网格化管理，零距离服务”要求，各县（区）积极开展了示范单位选点和建设工作，目前全市创建18个流动人口计生公共服务均等化示范社区，新建流动人口计生协会139个。全市流动人口个人信息登记管理率和更新及时率、免费技术服务覆盖率、避孕药具覆盖率等几个重要指标同比均有大幅提高。二是开展了送药具、送政策、送服务“三送”活动和“药具服务均等化”、流动人口药具服务年等活动。以流动人口登记、查证验证、计生政策宣传、生殖健康检查、进企业送服务为契机，向流动育龄群众免费发放计生药具，最大限度地实现计生药具服务均等化。三是创新服务管理方式。各县区、大企业利用春节流出人口集中返乡开展服务管理工作。东区的网格化管理进一步深化，实现了“人房一致”的精确定位和“以房找人、查人知住”的双向互联；西区在部分社区建立了流动人口视频交流平台；钒钛园区创建“流动计生群”，已有42家企业加入该群，大大提高管理及时率和工作效率。

2. 切实做好网络办理流动人口一孩生育服务登记。10月1日启动，实现户籍地和现居住地的信息互通和生育信息核查，改变了过去流动人口在办理一孩生育服务证时“两头跑，程序多，手续繁”的困境。全年累计为2396人发放外出流动人口《婚育证明》，为跨省流入人口落实免费手术33例，查环查孕6778例。

3. 圆满完成流动人口动态监测任务。按照国家流管司统一安排部署，积极做好本市被抽中的36个样本点动态监测工作。完成了覆盖三区两县共计720份流动人口个人问卷和34份社区问卷的入户调查和信息录入。截至2013年9月30日，全市全员流动人口总数256449人，其中跨省流入人口37152人，省内流入人口155297人，流出人口64000人。由于工作扎实，攀枝花市的流动人口服务管理工作在2013年全省流动人口工作会上作了经验交流。

六、围绕工作决策，抓创新服务

1. 按照统一部署，开展了户籍制度改革试点。按照全市户籍制度改革工作统一部署，市人口计生委结合实际，在对仁和区、钒钛产业园区开展前期调研的基础上，在仁和区开展了户籍制度改革计生政策配套试点。重点对户籍迁移过渡期的生育政策、利导政策、违法生育行为处理及信息共享等方面进行明确和指导，为农村人口办理城镇落户手续提供绿色通道。

2. 理顺计生管理体制，启动了钢城集团改革试点。为了理顺大企业人口计生管理体制，市人口计生委以深化依法行政为导向，以服务便民为目的，在2012年开展专题调研的基础上，选择具有代表性的钢城集团公司作为试点单位，制定了计划生育管理体制改革试点实施方案，启动了改革试点，为下一步全面理顺大企业人口计生管理体制奠定基础。

3. 围绕人口发展，开展了四大重点调研。一是完成花城新区人口现状调研。历时近1年，通过花城新区“红线”范围实地确认、PIP数据和六普数据采集、入户调查、600份问卷抽样、数据分析等过程，2013年8月形成了《花城新区人口现状调查报告》，为市委、市政府及有关部门推进花城新区建设以及百万人口特大城市打造等重点工作提供决策参考。二是完成“全省5‰人口发展状况抽样调查”。本次调查全市共完成对6个样本点5653名15－49周岁育龄妇女的婚姻、家庭情况、生育及生育意愿等信息采集。为全省和本市摸清育龄妇女总量、结构、总和生育率和研究制定相关人口政策提供了数据支持。三是完成了全国生育意愿调查。按国家卫计委和中国人口发展研究中心安排，2013年8月攀枝花市启动全国生育意愿调查工作。调查对象涉及东区、西区、盐边县15－44周岁的户籍人口和流动人口100人。四是完成了“单独”家庭生育意愿调查。选择东区和攀钢作为调查点，通过问卷形式，调查了含机关干部、事业单位和企业人员、农村人口及进城务工人员等人群的2000户单独家庭，为四川省调整完善生育政策提供参考。

七、围绕素质提升，抓队伍建设

1. 开展“两项”教育实践活动。以“三大主题教育”和“中国梦”教育实践活动为契机，组织了系列集中学习、知识竞赛、演讲比赛和实地教育活动，丰富了学习载体和形式，力促干部职工在教育实践活动中提升思想境界、政治素养和创新能力。同时，把主题教育活动同“挂包帮”“百千万·干群心连心”、党建、精神文明建设、关爱未成年人等工作相结合，扎实开展基层走访、民生服务和道德提升活动。在2013年攀枝花市基本公共服务满意度测评中，人口和计划生育工作位列12项基本公共服务工作的第2名，同比提高3位；市人口计生指导所位列全市42个公共服务单位的第16名。

2. 开展队伍素质培训。以依法行政、信息化和计生技术服务为重点，组织参加省级培训30余人次，提升了业务能力；通过邀请省上专家来攀授课，狠抓岗位大练兵等，提高培训覆盖面和频度，受训干部2000余人次，全面提升人口计生工作人员的业务素质。

3. 认真做好队伍稳定工作。市委、市政府领导高度重视队伍稳定，在各种会议上连续对计生战线做好机构队伍稳定提出要求，市人口计生委及时召开全市工作会和相关专题会议，对贯彻落实领导指示精神进行安排部署和工作落实；下基层召开座谈会7场，对基层计生干部的思想状况等进行调研和释疑解惑，确保基层工作、队伍稳定；针对基层少数技术服务人员流失的情况，及时开展了全市技术服务队伍稳定工作。

4. 切实加强反腐倡廉建设。积极推进机关管理规范化、制度化和机关效能建设，重点建立和完善贯彻落实中央“八项规定”，省、市“十项规定”的配套制度，对委机关及直属事业单位开展内部审查。委纪检组、党支部常态化组织党员干部职工通过听报告、观看警示教育片、走进看守所开展警示教育等形式，促进反腐倡廉警钟长鸣。

规范提升　改革创新
稳步推进扶贫移民工作迈上新台阶

攀枝花市扶贫和移民工作局

2013年，在市委、市政府的坚强领导和省扶贫移民局的有力指导下，全市扶贫移民系统紧紧围绕年度目标任务，认真学习党的十八大精神，以科学发展观为指导，以推进在建水利水电工程移民搬迁安置为重点，以稳定解决扶贫对象温饱并实现脱贫致富为主线，以加大移民后期扶持力度为中心，以推进扶贫移民机构队伍建设为保障，以维护扶贫移民区社会稳定为目标，奋力拼搏，扎实工作，全面推进攀枝花市经济社会发展，各项工作取得了明显的成效。截至目前，完成了省下达的脱贫解困1.05万人任务，贫困人口由2010年底的8.5万人，减少到6.3万人。

一、以移民安置工作为保障，推动全市大中型水利水电工程建设

桐子林电站：农村部分的移民搬迁安置工作按规划报告要求有序推进。专业项目完成了1.7公里改造和异地选址复建安宁河大桥交通设施复建项目，机耕道复建项目完成了90%的工程量；完成了店里、通讯设施迁复建项目。指导督促长江造林局委托米易县代建的500套38865平方米安置职工住房建成并移交使用，已有417户完成了的选房工作，占总搬迁户的86%；办公综合楼已完成主体工程目标任务；苗圃场生产功能恢复项目已开工建设。多次就桐子林水电站移民搬迁安置工作进展情况、困难及下一步工作打算，向省扶贫移民局和市政府作出详细报告。积极协调二滩公司、综合监理、综合设代做好桐子林水电站移民工作实施过程中出现的问题。

乌东德电站：通过各方密切配合，征地移民安置搬迁前期工作进展顺利，已完成攀枝花区域移民规划大纲编制征求意见稿。作好各县（区）对《规划大纲》（攀枝花部分）的意见征求工作，并对各县（区）的合理意见进行整理分析。由于乌东德水电站建成蓄水后，库尾进入本市主城区，对全市生产生活影响较大，多次协调设计院、三峡集团公司、国家规划总院、省扶贫移民局，力求帮助解决好因本市属山地性城市，存在土地资源十分紧缺，保护城市有限的建设用地，有效降低移民安置工作难度，化解移民搬迁安置矛盾等问题。目前，大多数问题已得到解决，正在就防护工程方案、专业项目复建和100家企业的处理方案等问题分别沟通协商之中。

观音岩电站：参与协调处理电站移民搬迁前置过程中的有关问题。督促指导仁和区完成移民安置点环保项目、移民工程增量、增项的处理。

金沙电站：完善“封库令”申报的基础资料及“封库令”通告的下发工作；协调长江设计院、能投攀枝花公司开展金沙水电站实物指标调查的准备工作，协调两区政府启动了实物指标调查工作，下拨前期工作经费90万元；配合两区政府对建设征地实物指标进行调查，协调处理调查中出现的相关问题。对金沙电站建设征地范围内的实物指标进行了实地调查登记，并作好了三榜公示的相关工作；督促钢城集团作好瑞钢公司的迁建工作，实地查看新建厂房的建设进度，下拨补偿款2亿8千余万元；完成了《金沙水电站可研阶段建设征地补偿临时控制标准》的制定；完成总规的编制咨询工作，完成大纲编制，目前进入征求意见阶段。

银江电站：协调长江设计院、华润集团公司作好预可研的审查工作；协调长江设计院作好银江电站拟建库区指标与乌东德电站库区实物指标重叠部分进行区分和估算；协调办理“封库令”申请的相关准备工作。

梅子箐水库：下达2013年梅子箐水库扩建工程建设征地移民安置资金计划，下拨移民补偿资金

1100万元，兑现了施工枢纽区的青苗补偿；启动了梅子箐组安置点的规划设计工作；与项目业主共同完成了对综合监理、综合设代的委托工作，促成召开了梅子箐水库第一次监理例会；与西区、仁和区政府、梅子箐水库工程建设管理局签订征地补偿和移民安置协议，明确工作任务、资金管理、各方职责，积极协调处理枢纽区移民搬迁过程中的相关问题。

马鞍山水库：完成了移民综合设计代表、移民综合监理的确定工作；召开了年度资金及工作计划会，讨论确定了年度工作计划及投资计划；督促米易县扶贫移民局开展了因工程变更及设计漏项新增的实物指标补充调查工作。征地补偿、专项设施复建等工作有序推进。下拨移民补偿费用5177.9万元，占年度计划的100%（1. 农村移民补偿4898.1万元，其中：青苗补偿1378.5万元，土地补偿3519.6万元；2. 电力专项37.3万元；3. 移动通信复建14.5万元；4. 交通专项118万元；5. 管理费等110万元）。指导米易县扶贫移民局完善移民安置政策措施，制定了《马鞍山水库工程建设征地补偿及移民搬迁安置补充规定》。

二、以完善基础设施为重点，以产业发展为核心，切实做好移民后期扶持工作

项目资金安排及完成情况。2013年，省下达本市移民后期扶持资金4404万元。一是重点项目移民后扶整村推进示范片项目资金3400万元，其中：盐边县2300万元，仁和区1100万元。具体项目包括基础建设、新村建设、产业发展、农户人居环境建设、社会事业等方面内容。二是一般项目资金916万元，其中：盐边县663万元，米易县253万元。盐边县安排下达一般项目19个，目前已完成15个，完成投资530万元，项目完成率80%。米易县一般项目全部安排在白坡彝族乡，5个项目已全面完成。三是培训资金88万元。全年共举办培训12期（次），培训移民7118人次，发放培训资料15000余份。

全力抓好移民后扶整村推进示范片建设工作。盐边县投入资金4757万元，其中：省级移民后扶资金2300万元、县级整合资金720万元、群众自筹资金1737万元。已划拨到项目责任部门和项目乡（镇）资金2765万元，资金拨付率91%。完成硬化村道6.5公里、产业路12公里、连户路4公里，新建机耕道14.58公里、新建沟堰（排水沟）14公里、架设生产用水管道48公里、新建蓄水池16口4600立方米、新建狮子社聚居点基础设施；完成新种芒果400亩、新种枇杷485亩、培养养鸡大户10户；农户人居环境建设，完成农户住房风貌打造635户，狮子码头管理房风貌打造210平方米，安装太阳能路灯8盏。项目实施完成率为85%，未完成项目正按年度工作目标和要求推进。仁和区投入资金3535.7万元，其中：省级移民后扶资金1100万元，整合项目资金1095.85万元，群众自筹（含投劳折资）1339.85万元。已完成4公里村道、14.2公里社道路面硬化项目，新建蓄水池12口共计2000立方米，6座提灌站建设基本完成，解决饮水不安全人口1270人；产业发展项目中，3000亩板栗和3000亩核桃改良项目已完成，完成实用技术培训2600人次；完成农房改扩建150户，白拉古村学校围墙建设、学校操场硬化，村卫生室建设、健身设施建设等已全部完工。

稳步推进移民后期扶持直发直补工作。对享受后期扶持直补政策的农村移民，坚持做好人口核增核减工作，按时报送移民后期扶持人口动态管理表，与市财政局搞好移民直补资金发放数额的衔接，确保每个移民按时足额领到直补资金，充分维护移民的利益，保证了移民稳定。全年共发放移民后期扶持直补资金1659.64万元。

抓好二滩库区滑坡塌岸移民安置工作。对二滩库区2009－2010年新增滑坡塌岸进行了地质鉴定、对象认定和实物指标调查，形成了《攀枝花市二滩库区米易、盐边县2009－2010年新增滑坡塌岸地址灾害调查专题报告》和《二滩水电站攀枝花库区2009－2010年新增滑坡影响区移民安置实施规划设计报告》，上报省扶贫移民局审定并批准下达实施。争取并落实到位省级滑坡塌岸移民安置专项资金1763万元。该项目于2012年启动，截至2013年7月，除盐边县惠民乡银河村滑坡塌岸移民韩继发1户尚未搬迁到位外，其余70户全部搬迁安置到位，完成计划任务的98%，其中后靠安置49户，外迁安置6户，进镇进城购房安置15户。11.9公里机耕道等专业项目建设完成并恢复功能。

认真开展后扶项目监测评估、移民工程统计报表工作。一是组织各县区开展了移民扶持项目检测评估工作，为领导决策提供依据。二是开展移民工程统计报表培训2次，按时完成了省扶贫移民局安排布置的填报工作任务。

三、注重创新，扶贫开发工作有新进展

加大扶贫资金投入力度。2013年全市投入各类扶贫开发资金1.2亿元，其中：无偿扶贫资金5800万元（省级扶贫专项资金2300万元、市级扶贫资金含民族发展资金1100万元、“8+8”帮扶投入2400万元），捆绑或带动其它扶贫投入6200多万元（带动贷款投入4000万元、打捆交通公路建设资金1600万元、其它资金及投工600万元）。在市级扶贫投入大幅度增加的同时，各县区财政的扶贫专项投入也在持续增长。盐边、米易县扶贫专项投入分别达到了1500万元和200万元，在2012年基础上翻了一番。

大力开展“8+8”对口援边。2013年，帮扶单位投入资金2400多万元，帮助边远民族贫困地区改善基础条件，培训技术人员，发展农业产业，已经取得显著成效。一是启动实施交通建设项目近100公里，完成了56公里，已开工23.6公里的盐宁路，年底前还可开工22公里米易南七路。二是市钒钛产业园区对口帮扶项目箐河乡9公里长的作房堰三面光硬化工程和钢城集团帮扶平地镇迤萨拉880多米扬程的太阳能光伏提水工程已经竣工，改善2000多人的饮水和生产灌溉，帮助群众解决了多年急切盼望而又长期制约生产发展的难题。十九冶帮扶温泉乡建设的农户聚居点，年底前全面完成，改造33户群众居住环境，配套完成了饮水直供、体育设施等公共服务，生活条件上了一个台阶，完成了人畜分居这个历史性跨越。

以贫困村为主战场，实施整村推进。一是继续推行了干部包村帮户责任制，落实了驻村干部，签订了帮扶责任书。二是继续落实扶贫工作到村到户，在帮扶的措施、帮扶的项目和扶贫资金安排上切实做到了到村入户，使贫困村、贫困户直接收到了帮助和扶持，保证了贫困户“有资金扶、有办法干”。三是在扶贫中不仅帮扶生产和基础条件，而且还对教育、卫生、环境、人畜饮水等进行综合改造，切实做到扶贫一个村，见效一个村，受益一村群众，为2020年实现小康提供保障。

着力完善贫困地区基础设施。2013年，全市在贫困地区启动了盐边县红宝共和三谜路、盐宁路、箐河乡村道、鳡鱼乡产业路、米易南七路、碗厂村道和仁和区贫困地区产业路建设，共计138公里。年底前可以完成93公里，受益群众达2万多人。特别是三谜路、南七路建设项目，将形成贫困地区交通大环线，有效解决4个乡镇经济社会发展根本制约问题。完成了箐河沟渠整治项目，平地太阳能提灌等水利建设项目，解决了1万多人的生产生活用水难的问题。完成了共和集镇建设项目。

大力发展增收致富支柱产业。全面在林果业方面共投入专项扶贫资金800万元，新发展群众增收支柱产业1.6万亩，其中核桃1.1万亩，枇杷1200亩，芒果4000亩，使项目区群众人均拥有5亩以上增收产业，为实现2020年前收入翻番打下基础。

实施智力扶贫，增强贫困群众科技意识。2013年，科技扶贫投入达130万元，对贫困地区的干部群众进行了4次科技培训，受训的村社干部420人次。市、县、乡还采取分级培训、以会代训等形式对贫困户进行实用技术培训，培训贫困农民约1.3万人次，使贫困户实用科技资料1.8万余册，转移就业培训贫困劳动力300人。

在高寒山区引进的20只杜泊羊种种羊已饲养成功，试验试种小仔洋芋并获成功。2个新品种的成功试验，为2014年进行大面积推广打好了基础，可望成为高寒山区贫困群众脱贫致富的新经济增长点。

社会力量帮扶活动有效开展。依靠大企业，大力开展社会扶贫工作，动员全市社会各界力量加入到扶贫开发工作中来，整合壮大社会扶贫力量，开创了依靠大企业、推动社会扶贫工作的新局面。在具体工作中，市扶贫移民局积极搞好协调，推动双向互动、建立长效机制，坚持形式多样、量力而行、倾尽全力这个方针。各帮扶单位把帮扶工作与本单位的实际工作紧密结合起来，做到了有钱出钱、有力出力，深入村社、真帮实扶。据不完全统计，2013 年，全市定点帮扶单位下乡村开展帮扶工作达 1985 人次，其中领导干部下乡 925 人次，帮扶项目 211 个（社会扶贫专项活动 18 个），直接支援无偿资金 2685 万元，其中，帮扶物资（以资折款）26 万元，协调引入资金 1500 万元，建成扶贫新村聚居点 3 个，科技培训 15887 人次，送科技资料 12550 册，有力地推动了贫困地区经济和社会事业的发展。

四、采空沉陷区居民安置工作有序推进

2013 年，全市安置居民 152 户 508 人，安置资金投入 3483.3 万元（两区自筹），居民房屋受损地质成因鉴定 606 户，资金投入 45.24 万元（市财政）。

西区安置居民 132 户 455 人，资金投入 2295.5 万元。1、货币安置居民 4 户 9 人，资金投入 16 万元；2、过渡居民 62 户，拆除搬空居民房屋 1500 平方米，过渡费、检测费资金投入 27.5 万元；3、格里坪安置点一期安置采空区居民 75 户 252 人，资金投入 1000 万元；河门口二期 96 户 278 人，该项目立项投资概算 1809 万元，到位资金 1252 万元。居民房屋受损地质成因鉴定 313 户，资金投入 19.48 万元（市财政投入）。

仁和区安置居民 20 户 53 人，资金投入 1187.8 万元。1、花山分插、货币资金投入 530 万元；2、花山安置点二期建设安置房 60 套，建筑面积 6120 平米，资金投入 620 万元；3、过渡费、检测费资金投入 37.8 万元。落实了前进镇胜利村、布德镇老村子集中安置点资源。居民房屋受损地质成因鉴定 303 户，资金投入 25.76 万元（市财政投入）。

五、机关建设进一步得到加强

狠抓“三大主题教育”活动和“实现伟大中国梦，建设美丽繁荣和谐四川”教育活动及十八大精神的学习。成立主题教育活动领导小组，制定了实施方案，并严格按照方案分步骤进行了落实。干部职工积极参与到这次活动中，并在认真学习的同时，围绕教育活动的具体内容，对照自己平时的实际工作及思想动态，认真查摆了在思想作风、工作态度等方面存在的问题，并对其成因以及危害进行更深层次的剖析。通过活动的开展，全局干部职工切实转变工作作风，从贫困地区和贫困群众的角度考虑问题，移民热点、焦点、难点问题，积极开展调查研究，及时拿出解决问题的新措施和新办法，为市委、市政府当好参谋、出好点子。对于上级安排部署的重点工作，严格按时间节点高质量完成，并及时报告办理结果，切实做到事事有人抓，件件有回音。

深入开展城乡环境综合治理、“挂、包、帮”及创先争优活动。按照市委、市政府安排，市扶贫移民局分别制定了城乡环境综合治理、“挂、包、帮”、干群心联心活动方案，对负责“挂、包、帮”的盐边县红果彝族乡白沙沟村进行了年度基本情况调查，对其环境治理和基础设施改造进行谋划和指导，并与干群心联心活动结合起来，每个党员干部落实了“包户”责任，主动到农民家中了解情况、出谋划策、捐款捐物或资助子女上学，真心实意为基层办实事、办好事，受到农民群众好评。同时，认真做好移民区新农村建设、城乡党组织互动工程、计划生育“三结合”等各项工作，全年共投入资金 15.2 万元，帮助新建烤烟房 15 座，为新增的 20 户计生“三结合”家庭每户购买了一袋生产肥料，支持他们发展产业。

重视党风廉政建设。认真落实贯彻中央“八项规定”和省市“十项规定”，把学习中央的“八项规定”和省市“十项规定”与学习贯彻十八大精神结合起来，与学习贯彻党章结合起来，与学习贯彻习总书记一系列重要讲话结合起来，切实转变和改进工作作风。按照中央、省、市关于反腐倡廉各项工作的具体要求，坚持标本兼治、综合治理、惩防并举、注重预防的方针，以干部廉洁从政为抓手，加强干部职工的学习；从优化机关效能建设出发，开展了廉政风险防范岗位风险点的排查与梳理，通过建立健全机关管理制度，推行处（室）行政管理事项、业务流程、制度执行等诸多风险点的排查工作，查找个人在思想道德、履行职责、执行制度等方面存在或潜在的岗位风险及其表现形式，强化干部职工遵纪守法和防范风险管理的自觉性和主动性。通过定期或不定期地对扶贫移民资金使用，公务接待等方面的情况开展自查自纠，切实做到“看好自己的门，管好自己的人，办好自己的事”。2013年，没有因干部职工推诿扯皮，造成工作延误或失误事件，也没有发现干部职工因利用职务上的便利，谋取不正当利益而被廉政档案记录在案的情况。

加强扶贫移民资金管理，确保资金使用效率。一是对移民资金实行专户存储，专账核算，专款专用，建立健全严格的拨付资金审批程序和手续制度，为移民工作的正常开展提供了资金保障。二是按规定时限和要求编制上报移民资金年度使用计划和有关财务报表，及时将省下达和业主划拨的移民资金下拨到位，并加强监督管理，确保移民资金安全运行。三是按照省、市统一部署，组织财政、审计、监察、扶贫移民、民宗等部门开展了2次全市扶贫资金大检查，保持了扶贫资金按章使用的高压态势，有效地保证了扶贫资金安全；四是发挥扶贫资金监管联席会作用，召开2次联席会议，加强了资金监控，全年未出现一例扶贫移民资金违规操作，提高了资金使用效益，保障了资金安全。

高度重视移民信访维稳。一是制定和实行了信访工作制度，实行了与两县政府、移民、信访、维稳等部门以联席会议制形式研究处理移民上访反映的突出问题、疑难案件和突发事件。二是在深入基层调查、掌握真实情况基础上，带案下访与信访人面对面座谈，认真做好信访人的答疑解惑工作，动真格、献真情，为群众排忧解难。2013奶奶带案下访32批、68人次，因桐子林电站小得石林场搬迁安置问题集中下访达3批20人次。三是坚持每月对移民区和采空沉陷区的矛盾纠纷进行一次排查，对梳理出的重大疑难信访问题落实领导“五定、五包”，坚持依法、按政策解决群众合理诉求。本年度以来，先后化解了4件时间跨度长、情况复杂的信访积案，其中2件实行了信访三级终结，结案率达100%，三级终结息访息诉率达100%。《四川扶贫与移民》专题转发了本市信访三级终结经验材料。2013年，共接待来信来访30件（其中来信14件，来访16件），办结30件，办结率为100%。市信访联席会议及办公室、市委群工局交办的案件有6件，办理网上投诉信访件3件，已全部按时办理，无退回案件。

2013年，尽管本局工作认真履职尽责，但还依然存在一些困难和问题。一是移民搬迁安置任务重。由于补偿政策变化、安置难度大等因素，导致少数移民对征地拆迁搬迁安置工作存在抵触情绪和对移民政策理解较为片面的现象。二是保障移民长远生计任重道远。项目扶持由于受各部门资金投入规定和工作程序所限，捆绑资金整合难，实际操作受到不同程度的影响。大部分库区和移民安置区基础设施建设仍然比较薄弱，部分水库移民稳定的增收门路不多，结构单一，物价上涨，发展后劲不足，生产生活条件相对落后。三是煤炭采空沉陷区居民安置资金缺口较大。四是移民维稳形势依然严峻。二滩库区遗留问题较多，矛盾突出，移民信访维稳仍需高度重视。

抢抓机遇求发展　人防融合谱新篇

攀枝花市人民防空办公室

2013年，攀枝花市人防工作在市委、市政府和攀枝花军分区的关怀和领导下，始终以军事斗争人防应急准备为牵引，遵循“长期准备、重点建设、平战结合”的方针和“与经济建设协调发展，与城市建设相结合”的原则，推进防空防灾一体化建设，走融合式发展道路，积极融入政府应急管理体系，融入社会经济发展，加强民防知识宣传教育，扎实推进基层人防建设，完善人防应急救援指挥平台，不断充实人防工作的内涵，拓展民防工作的外延。

一、组织指挥体系保障应急

一是因地制宜搞建设。针对攀枝花山地城市的特点，继续强化以地面站、市机动通信系统以及盐边县、米易县为依托的全市人防应急机动通信系统建设，形成以卫星地面站、短波通信、超短波通信、3G图传和警报信号发放等多手段一体化的网络体系，确保全市人防（民防）卫星通信、短波通信、视频会议和警报统控系统的统一性和互联互通，使人防战备资源更好地为政府应急救援发挥作用。

2013年4月1日 攀枝花市民防志愿者队伍成立

二是整合资源促发展。攀枝花市应急联动中心的设立，将各部门现有的应急指挥平台进行整合，实现统一高效的组织指挥，使人防战备资源更好地为政府应急救援发挥作用。

三是危难关头保通讯。2013年4月20日8时02分，雅安芦山发生“7.0”级强烈地震，人防办立即成立由纪检组长李付军、信保中心主任陈亮带队的机动应急通信分队，紧急驰援灾区确保通信。在为期9天的遂行任务中，人防应急救援分队充分展现出人防不怕困难、勇于担当、团结协作的精神，完成了与国务院总值班室、国家人防、北京民防、省应急办、省人防、省军区等部门指挥中心的灾情传输任务，协助北京电视台在芦山的现场直播报道（直播时常达30分钟）等；民防志愿者队伍完成了自筹救灾物资（矿泉水3000件、食品1吨及药品等物资）的发放、协助红十字会搭建帐篷等任务。由于在雅安“芦山”抗震救灾中通信保障工作的突出表现，攀枝花市人防办获四川省人民防空办公室表彰，记集体三等功1次。

二、人防工程建设密切民生

一是坚持“以建为主，以收促建”的原则，认真执行《人民防空工程建设管理规定》等法规制度，严格执行“两集中、两到位”（推进一个行政机关的审批事项向一个处室集中、行政审批处室向行政审批服务中心集中，保障进驻行政审批服务中心的审批事项到位、审批权限到位），认真执行首问责任制、一次告知制、限时办结制，实现“咨询一人清楚，进一门办好，按承诺时限办结”。

2013年7月25日 副省长、公安厅厅长侍俊调研人防（民防）工作

二是完成审批“流程优化”工作，将人防工程的质量监督和竣工验收的非行政审批项目纳入中心窗口服务，把20个工作日的审批流程精简到5个工作日，实行事前施工图交底，事中跟踪上门服务，事后分步工程验收及工程竣工验收，为办件提速提供实质性的保障。

三是依法开展结合民用建筑修建防空地下室工作，至2013年底，全市易地建设审批及工程建设审批项目共79件，审批人防结建工程面积35330平方米，竣工验收人防工程13件，建筑面积23155平方米，完成年度竣工验收计划的110%。

四是严格按照《关于规范和调整防空地下室易地建设收费的通知》收取易地建设费1500多万元，超额完成本年初下达目标任务（600万元）。对廉租住房、公共租赁房、经济适用房、棚户区改造等保障性住房项目免收人防易地建设费，其他所有项目全部按照《中华人民共和国人民防空法》的要求，应建必建。

五是继续发挥人防工程单位面积效益，走分散化向集约化转变道路。2013年银泰城规模化人防工程和万友·香榭丽都规模化人防工程开工建设，建设面积共35000平方米。

三、通信警报体系灵敏可靠

2013年“4·20雅安芦山地震”攀枝花市人防应急救援分队保障北京电视台直播

一是逐步完善攀枝花市人防应急指挥中心指挥信息系统工程及城市二级短波指挥通信网，进一步巩固市人防指挥所、三区两县、大企业、社区人防工作站之间的通信联络。全年累计组织业务训练共20余次，固定卫星地面站开通时间长达368小时；省级短波网联络次数328次，沟通316次，收报300份7000组（字），发报3份共1000组（字）；市级短波二级网全年共联络25次，沟通25次，发送报文30份共600组（字），沟通率为100%。组织全市短波网电台人员野外业务培训班一期，时间4天，参训人员50人，地域为全市及周边地区，通信距离5000米~18000米，收发报文共1800组，未发生安全性事故。

二是将人防通信警报体系与政府灾害预警系统相融合，完善新型无线统控警报器和车载移动式警报器建设，实现防空警报网络的无线统控以及电视、广播等多媒体警报发放的报知。紧扣防空防灾“两防一体化”建设，固定报警和移动报警相互结合，强化警报音响的覆盖，预警报警体系建设向村（社）延生，保证了战时群众掩蔽和平时应急抢险的报警需要。2013年4月中旬和9月初，完成全市防空警报设备设施的普查、抽查工作；全年新增电声警报器1台、改造电动警报控制器1台；备份大黑山警报差转台1套、新购5台电动警报控制终端；维修电声警报控制终端8台，电声警报主机5台；完成全市警报“九·一八”试鸣工作，鸣响率达98%。

四、平战结合实现融合发展

一是为了不断提高人防工程设备设施开发利用程度和服务民生的能力水平，市人防办重点突出主城区平战结合人防工程建设，完成社会投入人防工程建设资金13879.2万元；开发利用人防工事3.2万平方米，累计创工事产值（营业额）1亿元，平战结合收入120万元，人防“结建”工程平战结合利用率达90%，超额完成市委、市政府下达的新增1500个停车位民生工程建设任务，提供就业岗位1050个。

二是人防工程开发利用与日常维护管理并行，强化全市148000平方米公共人防工程的维护管理，按照“一把手亲自抓、分管领导具体抓，安全问题责任到人”的原则，对地下宫、竹湖园人防工程分别建立防火档案，制定灭火、应急疏散预案，坚持做好安检记录；坚持重大节假日，旱、雨季现场检查与不定期检查相结合的方法，发现问题，及时查找原因，制定措施，限期督促整改，彻底消除安全隐患。全年对攀枝花市人防应急指挥中心、竹湖园人防工程、中心广场地下宫等人防工程的消防设施进行检查，包括对报警联动、启动水泵、冲水放水等系统功能的测试和抽查。除人防应急指挥中心屋顶消防水管漏水，需要更换排水管及补防水外，其余安全防卫系统均运行正常，完好有效。

五、疏散基地建设保障有力

结合新农村建设，对口帮扶，加大了疏散基地建设力度，切实加强战时（应急）人口疏散基地规范化建设。

在硬件建设上，不断完善疏散基地的交通、通信、生活等设施建设，提高人员防护掩蔽保障能力，加大城市应急避难场所建设，积极利用体育场所、广场、绿地、公园、人防工程等建设应急避难场所，落实疏散场所标识牌，完善平战转换方案。

在软件建设上，按照《四川省人防战时疏散基地建设意见》的有关要求，继续加快推进防空防灾人口疏散方案分解工作，将人口疏散方案具体落实到每个乡镇（街道）、每个社区（村居）以及每个住户和个人，并在社区建立起人口疏散志愿者队伍，负责紧急情况下引导居民有序疏散，逐步构建起市、县（区）、乡镇、社区四级人口疏散体系。推进城市人口疏散地域（基地）建设融入城乡统筹发展战略，统筹规划城市人口疏散地域（基地）建设与新农村建设相结合的实施计划，实现疏散地域（基地）建设和新农村建设双向互动、互利双赢。

2013 年新建成达标疏散基地 2 个，即仁和区的中坝乡和米易县的白马镇，可疏散 30000 人。截至目前，全市建有 4 个战时（应急）人口疏散基地和 39 个接收安置点，可疏散安置人口 39 万。

六、群防组织建设服务于民

一是根据攀枝花市政府、军分区《关于加强人民防空专业队伍建设的意见》要求，整合了抢险抢修、医疗救护、防化防疫、通信、运输、消防、治安 7 支专业队伍，2013 年完成了全市 1767 人的人防专业队伍整组；结合民兵训练开展骨干训练 300 余人。

二是 2013 年 4 月 1 日，成立由 30 名志愿者组成的攀枝花市民防志愿者队伍。该队伍坚持奉献社会的宗旨，塑造良好的民防志愿者形象，积极开展扶贫济困、捐资助学等奉献社会服务，如：参加“4·20”雅安芦山抗震救灾、到米易县湾丘乡青山村帮扶困难群众，并担负起了全市民防知识宣传、应急交通、医疗救护、心理咨询等志愿服务工作。

三是加强了志愿者队伍的业务培训，培训内容主要包括民防理论知识和专业技能训练两部分，确保志愿者队伍能够拉得出、用得上，并结合民防志愿者自身特点，发挥其特长，积极开展各种丰富多彩的民防宣传教育及公益活动，把民防知识传播到千家万户。

七、宣传教育密切联系群众

一是认真落实《关于加强人防宣传教育工作的意见》，充分发挥各种宣传平台的作用，广泛宣传防空防灾知识。

二是通过及时更新和完善攀枝花市防空防灾信息网、攀枝花人防官方微博，组织拍摄长达 15 分钟的《融合式发展的攀枝花人防》宣传片，展示人防工作情况，普及人防（民防）知识，交流人防经验。

三是运用传统宣传阵地作用，在攀枝花公园、机场路等地，建立图文宣传教育阵地，制作人防法律法规和民防知识宣传栏，悬挂宣传标语，为广大市民提供学习人防法律和民防知识的平台。

四是全年在《攀枝花日报》《晚报》《阳光花城》等，开辟《关注民防、平安生活》公民避难知识宣传系列专栏 48 期。

五是坚持以重大活动为载体，抓住契机搞好人防宣传。“两会”期间，向人大代表、政协委员提供 500 余份《人防（民防）应急手册》，作为人防（民防）知识宣传读本供其阅读；“三一”国际民防日，组织干部、职工在竹湖园广场向全市群众发放宣传手册和宣传单 3000 余份。

六是组织开展学校民防教育，向全市部分中学生发放由四川省应急办、省教育厅、省人防办组织有关专家编写的《人防防空与应急防护》教材近 2000 本。

八、廉政风险防控树队伍新风

加强组织协调，整合部门资源，强化监督检查工作力度，不断提高党风廉政工作实效。

一是加强财务监督，严格执行国家财政法规和本单位制定的各项内控制度，从制度上强化和规范各类资金的使用和管理，不断提高资金使用的效能，节俭用好资金，杜绝铺张浪费、大手大脚。

二是重点加强干部任用、项目审批、工程建设、经济合同、政府采购等重点处（站）、重要岗位、重点环节的监管，严格执行干部人事、行政审批等有关制度规定，坚持用制度管权、管人、管事，推进反腐倡廉建设。

三是开展廉政风险防控管理工作。根据人防行政权力运行流程，逐一查找相关监察点位及廉政风险点位，并提出监察点位及风险点位设置需求。

四是组织干部职工学习《关于印发〈关于开展贯彻落实中央“八项规定”，省委、“十项规定”，市委“十项规定”专项监督检查工作方案〉的通知》（攀廉办〔2013〕6 号），认真对贯彻落实中央“八项规定”，省、市“十项规定”进行全面自查。

五是加大效能建设力度，积极转变工作作风，提高工作效率和服务水平。整治“庸懒散、虚假浮”现象，坚决克服不作为、缓作为和乱作为等行为，保持党员、干部作风纯洁，全面提升人防系统整体管理能力水平。

六是做好人防工程建设监察力度，严格审批程序和办结时限，防止缓办、拖办、超时间、不按规定条件和程序办事，坚决杜绝吃拿卡的问题。加强对人防易地建设费的监督管理，做到专款专用。

七是加强廉政文化建设。为提高廉政文化的吸引力、渗透力和感染力，精心挑选以梅、竹、松、莲等内容为背景并附有格言警句的图片、屏保安装在领导干部的办公电脑里，创新廉政文化载体。

统筹协调　规范流程
为攀枝花经济社会发展服好务

攀枝花市委市政府接待办公室

2013 年，市接待办在市委、市政府的正确领导下，坚持党的十八大精神指导工作，牢固树立“接待工作为社会经济发展服务”的理念，紧紧围绕全市的中心工作，为攀枝花市经济发展做出贡献。市接待办办认真执行党的路线、方针、政策和省委、市委工作部署，坚持接待工作为中心工作服务、为大局服务、为友好交往服务、为领导服务的指导思想，在各协作部门的通力合作下，在全体接待人员共同努力下，圆满完成了各批次接待任务。

一、领导高度重视，统筹协调，圆满完成各项接待任务

市委、市政府高度重视接待工作，把接待工作做为展示攀枝花经济社会发展的重要窗口，做为联系上级机关和友好城市交往的桥梁纽带。凡是重要接待任务，主要领导亲自审定方案，分管领导亲自主持召开协调会，各区（县）、市级有关部门、大企业、机场车站、参观考察点、接待点以强烈政治责任感，各司其职、相互配合，保证了每一批接待任务的圆满完成，充分展现和宣传攀枝花美好的城市形象。

2013 年全年，共完成市委、市人大、市政府、市政协、市纪委及相关部门的接待任务 439 批 4925 人次，其中省部级以上 39 批次 938 人次，厅局级接待 85 批次 1585 人次。

在接待过程中，市接待办坚决执行中央“八条规定”和省委、省政府的“十条规定”，严格控制接待标准，在新形势下转变观念，做到节约不显寒酸，简单不失周到，在 2013 年接待费用比 2012 年同期明显下降，效果十分明显，为我市节约了相当数额的资金，为社会经济发展做出了积极贡献。将全市接待工作做出了新面貌、新风尚，切实为我市经济发展做好了服务工作。

二、顺应时势，逐步规范接待流程

党的十八大召开以来，关于公务接待等规范和规定逐条推出，全党上下厉行节约之风正在形成，对此，市接待办严格按照中央“八项规定”、省委“十条规定”、《党政机关厉行节约反对浪费条例》等规定，不断修订完善接待规章制度，逐步规范接待流程，同时加强执行力度，严格按照有关规定开展工作。对前期制定的《市级对内政务接待规定》和《市级对内政务接待操作规程》等全部予以修改，坚持以政策规定为主，坚持以形势发展为需要，在接待过程中，坚持总值班制度，统一安排接待任务，严格执行“三通知”“三签字”“三定”制度，做到了每批接待任务有批示、有通知，每项费用开支有经手人、审核人，避免了超范围接待和铺张浪费。严格执行《接待“六不准”规定》（不准超范围、超标准安排接待活动；不准个人单独批量采购公用物资；不准报销无“三签字”的接待费用；不准利用职务之便以私人名义安排接待活动；不准铺张浪费、大手大脚搞接待；不准公车私用或不经允许搭载与任务无关之人）杜绝了接待过程中违纪违规行为的发生。

三、严格管理，确保安全

接待工作，安全第一，行车安全更是是我们紧绷不放松的一根弦。近年来，确保行车100万公里安全无责任事故，“安全生产先进单位”年年榜上有名。总结起来，主要是做到了三个到位：一是认识到位。交通事故事关人的生命和国有财产，从我们班子到每个驾驶员在思想上都高度重视，不断增强了责任心。二是教育到位。坚持学习《道路交通安全法》，经常进行警示教育，教育驾驶员严格遵守法律法规，不断增强安全防范意识。三是管理到位。制定《车队岗位责任制》和《车辆管理制度》，实行调度“三签字”，定人定车，严禁出私车，进一步加强人员和车辆管理；安全行驶里程实行月报、年报制度，并与个人绩效挂钩，既调动驾驶员的工作积极性，又有利于促进安全生产。

四、加强培训，严管队伍，提升人员素质

2013年，市接待办通过抓组织建设、学习培训、能力培养，接待人员综合素质不断提高。一是抓好党建工作，要求职工在政治上进步，积极向党组织靠拢，现有党员13名，党员队伍不断壮大。二是抓好政治理论学习和政治思想教育，要求接待人员在工作中讲政治、讲奉献、爱岗敬业，接待人员政治素质不断提高；三是抓业务素质培训，围绕市情市况和接待礼仪的学习，在办内组织了多门类知识的培训，接待人员业务素质不断提高；四是在实践中培养接待工作能力，有意识的安排接待人员在重大接待任务中担当重要角色，在小型接待中独当一面，通过参加重要接待和大型活动的锻炼和对日常接待业务的不断熟悉，接待人员的工作能力不断提高。

切实履行服务保障职能　确保党政机关正常运行

攀枝花市机关事务管理局

2013年，在攀枝花市委、市政府的坚强领导下，市机关事务管理局切实加强机关后勤管理、保障、服务职能，认真贯彻落实《机关事务管理条例》《公共机构节能条例》等法律法规，优质、高效地完成市委、市政府下达的各项工作任务，取得明显工作成效。

一、基本情况

2013年市机关事务管理局设置办公室、房地产管理处、车辆管理处、节能管理处、物业管理处5个处室及一个下属事业单位（政府采购中心），共有工作人员23人。主要负责攀枝花市本级党政机关、事业单位的房地产管理、公务车辆管理、公共机构节能管理和政府采购等工作。2013年共组织实施办公用房维修、新建工程28项，预计投资7，083万元，完成745万元投资项目。完成跨年新建人才公寓和干部周转房（炳三区廉租房）工程2项，总建筑面积59，000㎡，累计投资14，473万元。继续开展全市公务用车问题专项治理工作。报经中央批准专项治理全市历史遗留的违规公务车352台，其中，超标车214台，超编车111台，清退违规借车27台。

二、“三大”主题教育活动

按照《中共攀枝花市委攀枝花市人民政府关于深入开展“思想大解放，作风大转变，工作大落实”主题教育活动的意见》（攀委发〔2012〕15号）要求，开展“思想大解放，作风大转变，工作大落实”（“三大”）主题教育活动第二、三阶段工作。通过发放调查表、交心谈心、民主生活会等方式查找梳理问题，撰写剖析材料，建章立制，形成整改方案，狠抓工作落实，切实进行整改。全局干部职工思想进一步解放，工作作风有较大转变，工作效率明显提高。

三、公务车辆管理

2013年，纳入管理的市级公共机构公务车2，022台，其中小轿车1，176台，越野车320台，特种专业技术用车58台，其它车辆468台。继续开展全市公务用车问题专项治理工作。攀枝花市公务用车问题专项治理工作领导小组重新认定全市历史遗留的违规车辆352台，核实超标车214台，再次报经中央批准可继续使用的超标车总共143台，其中可留用的125台，可调剂使用的18台，其余71台超标车作报废处置。再次核定全市超编车111台，其中62台继续使用，待达到报废条件后作报废处置，44台调剂使用，5台作拍卖处置。清退违规借车27台。

（一）按政策切实加强统计和宣传。2013年对全市公务车辆进行全面统计，统计内容涉及全市公务车辆总数、类别、新增数量及金额，做到车辆管理“数据准确、管理有序”。配合市纪委在国庆期间进行公务用车使用检查、贯彻落实中央“八项”规定和省委“十项”规定专项监督检查，大力宣传公务用车使用管理规定，提高各部门（单位）依法、依规使用公务用车的意识。

（二）按标准严格规范公务车辆购置。2013年1月，根据四川省公务用车问题专项治理工作领导小组办公室《关于购置公务用车有关事项的通知》（川公车办〔2013〕1号）文件，攀枝花市恢复公务车的正常购置，严格执行中央规定的市（州）配备标准，杜绝超编、超标配备使用公务车。

自攀枝花市公务用车问题专项治理工作开展以来，全市未新增公务车，公务车老化严重，要求更新、新增公务车辆的单位众多。通过召开市机关事务管理局、市发改委、市财政局三家联席会议，严格按照公务车辆配备标准，在编制范围内为部分单位更新、新增一批车辆，解决了部分单位的用车需求。

（三）按标准严格核定公务车辆编制。2013年初，攀枝花市公务用车领导小组对全市医院、学校进行新一轮公务车辆编制核定，并分别制发核编文件。2013年5月，根据四川省公务用车问题专项治理工作领导小组办公室下发《关于填报执法执勤单位公务用车相关数据的通知》（川公车办〔2013〕30号），攀枝花市公务用车问题专项治理工作领导小组对全市纪检、公安、检察院、法院、司法、林业、森林公安、农业、畜牧、水产、药监、交通等中央认定的执法执勤系统的一般公务车辆和执法执勤车辆进行全面清理，并在四川省财政厅核定其执法执勤车辆编制的基础上，开展一般公务车辆编制的核定工作，报经四川省公车办批准，攀枝花市12家执法执勤部门一般公务用车编制数为354台。

（四）按规定严格处置公务车辆。深入开展违规公务车辆的处置，确保实现中央和省公务用车领导小组制定的公务用车“总量减少、费用下降、管理规范”的公务用车专项治理目标。根据《四川省公务用车问题专项治理工作领导小组办公室关于做好党政机关公务用车问题专项治理后续工作的通知》（川公车办〔2013〕4号），攀枝花市公务用车问题专项治理工作领导小组对全市历史遗留的违规车辆进一步清理，重新认定。全市历史遗留的违规车辆总数为352台，具体处置情况如下：

1. 报批超标车214台。全市“回头看”活动中超标车202台，加上补充认定的12台，全市超标车共计214台。根据《关于攀枝花市部分超标车调剂（继续使用）的批复》（川公车办〔2012〕182号）

和《四川省公务用车问题专项治理工作领导小组办公室关于做好党政机关公务用车问题专项治理后续工作的通知》（川公车办〔2013〕4号）文件精神，两次报经中央批准，攀枝花市可继续使用的超标车共143台，其中可留用125台，调剂使用18台。其余71台超标车相继作报废处置。

2. 处置超编车111台。经过新一轮车辆编制核定工作，攀枝花市机关事务管理局根据车辆超编单位实际情况，对超编车进行处置，其中60台作报废处置，44台调剂使用，7台拍卖。

3. 按规定清退违规借车27台。

（五）按程序办理公务车辆拍卖、报废和划拨工作。公开拍卖公务车辆9台，拍卖资金总计25.24万元。处置废旧公务车辆10批，共计195台，收回报废资金3.46万元。调拨车辆18台。共向财政上缴回收资金28.7万元。

（六）结合实际，制定购车计划。2013年6月，攀枝花市市级部门申请购置车辆总计115台，按照“统筹平衡、先急后缓，突出重点、兼顾一般”的原则，以保障各单位顺利开展工作为目标，经反复平衡，拟订2013年公务车辆购置计划，并报攀枝花市政府审核批准。

（七）稳步推进公务车辆管理信息化平台建设。根据《四川省省直机关事务管理局关于建设四川省行政事业单位公务用车信息化管理平台的通知》（川机管函〔2012〕1175号）和《四川省省直机关事务管理局关于四川省行政事业单位公务用车信息化管理平台建设工作的补充通知》（川机管函〔2012〕1528号），报经攀枝花市政府批准，市财政投资20万元建设攀枝花市公务用车信息化管理平台，由成都清华高科信息技术有限公司进行信息化平台硬件的建设安装，2013年10月底，硬件安装完毕，并顺利通过检测。12月完成对全市党政机关和直属事业单位的培训，各单位逐步通过信息化平台上报公务车辆信息。

四、办公用房维修管理

2013年，攀枝花市市级机关纳入管理办公用房552处，面积50.6万平方米；办公地产159宗，面积1，069，483.06平方米，均与2013年持平。全年开展经营性房地产委托管理，共向财政上缴收益资金75.7万元，同比增长81.5%。

（一）市级机关办公用房维修改造及新建工作。制定2013年度办公用房维修改造计划，组织实施办公用房维修、新建工程28项，预计总投入7，083万元。

一是编制完成年度市级行政事业单位办公用房维修改造计划。

根据2013年度47个部门（单位）提出的2，137万元的维修资金需求，按照工程轻重缓急和财政资金情况，与市发改委、市财政局召开联席会议，筛选出13个维修项目，制定年度维修计划，投入年度维修资金300万元。对计划外存在严重安全隐患的办公（业务）用房，采取一事一议的形式向市政府专项请示解决。共解决市民政局办公楼电梯更换、市档案馆消防改造等三项工程。投入有限的资金解决大量的房屋设备设施维修改造，满足用房单位基本需要，保证安全运转。

二是组织实施计划内和计划外办公用房维修、新建工程28项，其中计划内工程13项，计划外工程15项，预计总投入7，083万元，实际完成投资745万元，其余6，338万元投资项目因工程前期程序性工作及资金投入不足等因素，纳入2014年跨年度项目实施。

1. 组织实施计划内维修工程13项，计划投资300万元，已全部完成投资及项目建设。分别是：中共攀枝花市委办公楼维修改造工程，计划投资18万元；攀枝花市政府大楼变电房、车队和干部公寓门卫室维修改造工程，19万元；攀枝花市人大、政协办公楼维修改造工程，8万元；攀枝花市民族宗教事务委员会维修改造工程，26万元；攀枝花市城市管理局维修改造工程，54万元；攀枝花市国资委办公楼屋面维修改造工程，12万元；攀枝花市防震减灾局维修改造工程，8万元；攀宾南楼维修改造工程，57万元；攀枝花市政务中心办公用房及附属设施维修工程，20万元；攀枝花市住房和城乡规划建设局维修改造工程，12 万元；攀枝花市法院办公楼屋面维修改造工程，12 万元；攀枝花市安全生产远程监控中心维修改造工程，4 万元；各项工程前期费用及零星抢险工程，50 万元。

2. 组织实施计划外工程共 15 项，计划投资 6，783 万元，完成 445 万元投资及项目建设。

其中组织实施计划外专项资金应急维修整改工程 6 项，计划共投资 1，378 万元。2013 年完成 5 项，共投资 429 万元，分别是：原攀枝花市质量技术监督局试验楼维修改造工程，181.8 万元；攀枝花会展中心议事厅改造工程，34.77 万元；攀枝花市民政局办公楼电梯更换工程，36.8 万元；攀枝花市档案局消防改造工程，96 万元；攀枝花市教育局变压器增容工程，42.82 万元；待完成工程 1 项，即攀枝花市会展中心安全隐患整治工程，计划投资 949 万元，已完成设计，立项，清单编制，招投标前期工作，因投入资金缺口，延迟到 2014 年实施。

实施计划外应急零星工程 6 项，计划共投资 16 万元，已全部完成投资建设。分别是攀枝花市住建局空调井改造、原土地储备中心变压器抢修、攀枝花市直机关工委办公楼粉刷、攀枝花会展中心冷却塔维修等计划外应急零星工程。

实施新建工程 1 项，计划总投资 4，267 万元，未完成投资建设，2014 年继续组织实施建设。即组织开展攀枝花市政府交办的攀枝花市人防战备应急物资储备库、司法业务用房综合楼新建工程，总建筑面积 10，724 ㎡，计划总投资 4，267 万元，已开展前期方案设计。

实施攀枝花市政府交办的四川省民族艺术节场馆改造工程，组织开展现场踏勘评估、施工设计、调整改造内容等前期工作，2014 年继续实施建设，计划投资 1，122 万元。

代攀枝花市煤气总公司组织其新建办公楼项目的招投标工作，由该公司投资 40.04 万元完成建设。

（二）完成跨年新建人才公寓和干部周转房（炳三区廉租房）工程 2 项，室内外装修及附属工程全部竣工。总建筑面积 59，000 ㎡，总绿化面积 8，000 ㎡，累计共投资 14，473 万元，共 6 栋高层电梯公寓、757 户，配备 12 部电梯，地下车库配备 96 个机动车位，小区内绿化、道路、运动场等附属设施工程全部竣工，室内外装修工程完毕，水、电、气均已开通，具备入住基本条件。其中干部周转房（炳三区廉租房）建筑面积 35，000 ㎡，投资 7，677 万元，4 栋高层电梯，共 700 户；人才公寓建筑面积 24，000 ㎡，投资 6，796 万元，其中地下车库 3，000 ㎡，1 栋管理用房 3 层附楼 1，000 ㎡，2 栋高层电梯公寓 20，000 ㎡，共 257 户。

（三）加强资产及物业管理工作。2013 年，为解决攀枝花市文广新局、教育局等 13 家市级党政机关、事业单位办公用房困难，外租办公用房 10，150 平方米，比 2012 年减少 1，273 平方米，同比下降 11%，共投入财政资金 300.46 万元，比 2012 年减少 41.34 万元，同比下降 12.1%。

1. 成功处置成都武侯区闲置房产。通过拍卖公司精心策划，大力宣传，以 1，383 万元的高价成功拍卖，在最初 502 万元评估价基础上，溢价 881 万元，溢价率达 175%。

2. 开展市级党政机关、事业单位办公业务用房普查工作，涉及 201 个普查单位，测绘房屋 26 万平方米，收录房屋平面布置图，并建立相应数据库，基本摸清市级党政机关、事业单位办公业务用房情况。

3. 改造调配办公用房。为进一步缓解部分单位办公用房的紧张状况，市机关事务管理局组织改造腾空的原技监局实验楼和攀宾南楼等房屋 3 处，改造面积 8，601 ㎡，既解决攀西无公害检测中心业务用房不达标的问题；同时也解决市农牧局有关下属单位、市纪委等 9 家单位办公房不足或外租房屋分散办公的问题。

4. 盘活闲置房屋 26 处，出租利用面积 4，286 ㎡，为财政增收 90 余万元。并加强对承租户（人）消防安全、卫生的监督管理。

5. 组织市人才公寓和职工周转房家电采购，积极探索办公用房社会化管理、专业化服务等工作。完成市人才公寓和职工周转房入住报名统计、物业管理公司的公开招选等工作。

五、政府采购

（一）圆满完成市财政下达的采购任务。2013 年政府采购中心共编制招标文件 322 个，同比增加 63 个，共组织 298 次采购，同比增加 39 次。实际采购金额达 21，946.4 万元，同比增长 45.4%，创历史新高；节约资金 2，591.4 万元，节支率 10.56%，完成攀枝花市财政局下达的全年采购目标任务。

顺利完成五大重点采购项目。市政府采购中心克服时间紧，任务重，人手少的困难，组织完成《市城管局数字化城市信息服务项目》（攀政采 2013137 号）、《市公安局警基础信息管理平台软件项目》（攀政采 2013118 号）、《市政工程管理处金沙江中段路灯改造》（攀政采 2013123 号、攀政采 2013126 号）、《市机关事务管理局购财政局办公楼节能改造工程》（攀政采 2013140 号）、《市电子政务办公室行政权力公开透明运行平台》（攀政采 2013147 号、攀政采 2013148 号）所列五大采购项目。

（二）严格执行政府采购法规，提高规范化程度和公开透明度。

一是贯彻执行《四川省政府采购评审工作规程》（川财采〔2012〕54 号）文件。依据该文件和川财采〔2011〕64 号文件，制作出公开招投标、竞争性谈判、询价、单一来源评审工作规程和招标文件范本，提高规范化程度。

二是与公共资源交易中心联合制发《关于政府采购项目开标评标工作流程（试行）办法》规范开标、评标现场纪律。

三是加大公告力度，进行双网公告。攀枝花市政府采购中心将所有招标公告等采购信息在四川政府采购网和攀枝花市公共资源交易网上同时公告，加大公告力度，提高政府采购公开透明度。

四是坚持投标供应商在网上报名，网上交缴报名费和投标保证金，坚持投标供应商资格性审查和符合性审查由评标专家评审。有效防止围标、串标行为的发生。

（三）不断提高服务质量，加强反腐倡廉教育。

1. 坚持上门回访制度，虚心听取采购人对政府采购中心工作的意见和建议。

2. 坚持每季度撰写《季度市级政府采购信息统计分析》，供领导参阅。

3. 加强学习培训。对从业人员加强《政府采购评审规程》《政府采购供应商质疑处理》《政府采购电子化管理交易系统操作》《政府采购反腐倡廉》等的学习和培训，不断提高业务技能和反腐倡廉意识。

（四）面临的困难和不足。

由于攀枝花市财政局未实行年度政府采购预算计划，以流水的形式给攀枝花市政府采购中心下达政府采购任务，其时间紧，任务重，政府采购中心处于无工作计划，疲于应付的被动工作局面。

按照 2013 年四川政府采购网升级更新要求，在原政府采购工作的基础上增加招标文件预公告、抽取专家等多项程序性工作，鉴于攀枝花市政府采购中心电子化程度不高，局域网带宽较窄，协议供货采购处于原始手工操作状态等因素，工作效率难以提高。建议加快攀枝花市电子化政府采购平台建设，以提高工作效率。

六、公共机构节能管理

按照中央、省、市公共机构节能工作的安排部署，2013 年攀枝花市公共机构节能工作围绕节水、节电、节油、节气等重要工作环节，认真开展公共机构节能宣传和公共机构能耗统计分析，及时制定工作制度，落实节能措施，推进节能改造项目，加强用能管理，公共机构节能工作取得一定实效。

（一）加强组织领导和协调。按照本市调整后的公共机构节能工作协调小组的组织协调，各区（县）也相应调整公共机构节能工作协调小组成员单位，文化、教育、卫生、体育等部门也成立相应的公共机构节能协调小组，各级各类公共机构节能协调小组及时安排部署 2013 年公共机构节能工作，认真贯彻执行国家节能减排政策，对各地区、各部门、各系统节能工作进行有效的组织领导和安排部署。

（二）狠抓能耗基础数据统计工作。认真贯彻落实国管局制订的《公共机构能源资源消耗统计制度》，制订并印发《攀枝花市公共机构能源资源消耗统计实施方案》，督促各公共机构建立和完善公共机构节能统计台账。按时完成并向省里上报全市公共机构2012年能耗统计年报及2012年能耗分析报告。

（三）扎实开展节能业务工作培训。一是开展能耗统计平台建设及学习培训。2013年4月，本局组织100余家市级公共机构进行平台建设业务培训和发放统计软件。2013年6月26日至28日，东区、西区、仁和区、米易县机关事务管理局各组织辖区内共331家公共机构分四场次开展公共机构能耗统计平台建设培训会。通过对《公共机构能源资源统计制度》的学习和能耗统计平台软件的安装、使用，本市初步建成公共机构能耗统计软件联网平台，能耗数据统计和分析及汇总、传输等工作基本走上信息化和网络化道路，为全市贯彻落实公共机构节能措施提供科学依据及推进本市公共机构节能工作再上一个新台阶奠定了坚实基础。二是组织各区（县）开展全市公共机构名录库统计软件使用培训。

（四）及时分解和落实节能目标任务。按照《攀枝花市公共机构节能十二五规划》确定的“十二五”公共机构节能目标任务，督促各（县）及时编制本地区公共机构“十二五”节能工作规划，并分解和落实2013年节能目标任务。

（五）积极探索和实施办公楼节能改造工作。开展市疾控中心既有建筑节能改造和市财政局办公楼中央空调节能改造示范项目的申报、节能诊断、委托设计、设计审查、投资财评、立项、招投标、委托工程监理、施工建设等工作。市疾控中心办公楼节能改造工程和市财政局办公楼中央空调节能改造工程按施工计划进行施工，两项工程项目总投资约300万元。通过节能改造示范，探索总结经验，为全面推动全市公共机构节能改造工作奠定基础。

（六）推进节约型示范单位创建工作。按照国管局、省管局颁布的节约型公共机构示范单位建设标准，通过攀枝花市教育局推荐，经攀枝花市发改委、财政局、住建局、机关事务管理局审核，将攀枝花市二中列为国家第一批节约型公共机构示范单位进行创建，并上报四川省省直机关事务管理局转报国务院机关事务管理局审核批准。通过制定示范单位创建工作方案，开展节水、节电、节气、节油、办公用品节支等一系列创建活动。目前，创建的自评工作已完成，接受评审的相关资料已上报四川省省直机关事务管理局进行初评，在创建工作中获得四川省省直机关事务管理局支持节能改造补助资金15万元。

（七）按市发改委和市财政局相关文件精神，积极协调公共机构落实节能灯具的推广和使用工作。

（八）积极开展节能宣传周活动。于2013年6月15日至21日组织全市1，000余个公共机构采取办讲座、制作宣传栏、张贴宣传画报、书写宣传标语、悬挂宣传横幅、发送宣传短信等形式对《中华人民共和国节约能源法》《公共机构节能条例》和我国能源状况以及节能降耗的目的意义、节能方式方法进行了广泛的学习宣传，培养广大干部职工树立节能意识，形成“节约光荣，浪费可耻”的良好风尚，充分发挥党政机关事业单位在全社会节能工作中的表率作用。宣传周期间，共发放公共机构节能宣传画3，000张，共印发节能常识宣传资料1，500余份，悬挂宣传横幅、标语1，000余条，公共机构宣传覆盖面达100%。向党政机关干部职工发送节能宣传短信35，000余条，部分区（县）还通过有线电视向广大观众宣传公共机构节能方针政策及节能小常识，倡导党政机关、事业单位干部职工积极响应国家号召，大力践行国家节能减排政策，在全社会节能中起到较好的示范带头作用。

（九）积极推广新能源示范利用。协调相关部门将炳三区廉租房、人才公寓太阳能供热示范项目纳入建筑主体工程一并设计，同步施工，两个太阳能热水供应系统集热面积达到0.24万平方米，该太阳能利用示范项目已经进入施工阶段，将随住房一并投入使用。

（十）开展节水型单位建设。结合节约型示范单位建设，按照节水型单位建设要求，组织公共机构更换节水型龙头和节水器具，开展节水常识和节水技术的宣传，落实节水管理措施，开展节水意识的培养。

（十一）认真进行全市公共机构名录库建设。在组织各区（县）进行名录库建设培训的基础上，经过收集整理公共机构基本信息，利用省里下发的公共机构名录库建设软件，建立全市公共机构名录库，共收录全市1，484个公共机构基本信息，并按照四川省省直机关事务管理局的要求，将攀枝花市公共机构名录库数据及时上报，为下一步公共机构节能工作信息化奠定坚实的基础。

七、扶贫帮村工作

市机关事务管理局先后对口帮扶盐边县和爱乡联合村、仁和区啊喇乡啊喇村、平地镇白拉古村。投资近30万元为和爱乡联合村修建800米引水渠、人蓄通行桥及通车公路桥各1座，并对通村公路路面进行硬化处理，投资近5万元支持对口帮扶户卢树红家发展养殖业和烤烟业，捐助5千元给联合村党支部开展城乡党支部共建活动，对该村13名60岁以上老党员开展走访慰问活动；与市体育局、市水务集团公司筹集2万元资助阿喇乡阿喇村2名贫困大学新生入学；深入平地镇白拉姑村开展帮扶工作调研对接，现场解决部分实际问题，并对整体帮扶工作进行认真研究，落实帮扶项目、资金需求、制定工作措施，签订帮扶协议。

八、党风廉政建设

2013年，针对市机关事务管理局"人员不多、事情不少，单位不大、权力不小，地位不高、风险不低"等实际情况，加强正风肃纪工作，真正做到警钟长鸣、常抓不懈。一是组建党风廉政建设、惩防体系建设、预防职务犯罪、治理商业贿赂"四位一体"领导小组，完善工作方案，制定实施细则，两级班子逐级签订《目标责任书》，职工向组织签订《承诺书》；二是严格执行中央"八项规定"和省、市"十项规定"，坚决反对和切实纠正"四风"；三是以深化"三大"主题教育活动和"实现伟大中国梦"主题教育活动为契机，集中开展转作风、抓落实和弘扬主旋律、传递正能量等方面工作；四是邀请市纪委原副书记吴体友、市检察院副检察长周洪涛两位同志，分别以《加强党廉建设，筑牢两条底线》《敬畏法律，远离党风廉政建设，做清廉公职人员》为主要内容，为全市机关事务管理系统干部职工宣讲党风廉政建设和预防职务犯罪专题辅导课；五是组织全局干部职工集中观看《失德之害》《"象牙塔"里的蜕变》等警示教育片，并前往攀枝花市看守所接受相关内容的现场警示教育。通过上述工作，全局干部职工的工作作风、精神面貌、综合素质明显改观，大局意识、服务意识、廉洁意识明显增强。

深化改革　探索创新
全面推进政务服务工作

攀枝花市人民政府政务服务中心

2013年，攀枝花市人民政府政务服务中心（以下简称中心）按照中央、省、市关于进一步深化行政审批制度改革的意见和省、市政务服务建设的一系列指示精神，继续深化行政审批体制改革，做好行政审批的取消和承接工作，探索解决行政审批服务环节普遍面对的问题，推进窗口服务标准化体系建设，创新行政审批服务方式，加强并联审批服务工作，深化政务公开，全方面推进审批服务实效和水平提高。

2013年，中心共进驻行政审批管理部门、公共服务单位、公共资源交易部门、代理收费银行和监督管理部门共66个，进驻项目614项，进驻人员450人。2013年共办理事项近328万件，按时办结率100%，现场办结率96.7%，办理提速92.45%，群众满意率99.99%。

攀枝花市公共资源交易中心开展建设工程招投标537个项目，总交易金额288774.53万元，中标价

246406.45 万元，节约率达 14.67%。

一、深入行政审批服务改革

按照国家、省、市行政审批制度改革的要求，全面推进行政审批事项的调整。2013 年国家、省级对行政审批事项进行了大幅度的下放、取消，市政府于 12 月对市级保留的行政审批事项进行了清理和公告，保留的审批事项 358 项（含市级部门、省直部门）、取消 13 项、暂停 7 项、转为服务的 35 项。中心据此提出了调整要求：部门新增行政审批事项必须严格按照“两集中、两到位”的要求全部进驻中心；审批转服务的事项解必须以服务类面向群众；取消的事项一律在中心停止办理，在办件系统中清除；暂停事项向暂停办理，待市政府指令，并对申办人做好宣传说明工作；对省级下放和市级下放事项在部门上下系统、部门与中心间进行了承接安排和跟踪。目前此项工作除下放事项外已全面完成。全面清理中心进驻事项，规范办理。在公告行政审批事项的基础上，中心对所有进驻事项进行了清理、规范。目前中心进驻事项 614 项，其中，行政审批事项 352 项（除交警机动车审批的 6 项外）、服务事项 143 项、其它管理事项 113 项。中心对照省市新公告的项目名称进行全面的修改规范，对原不规范的办理事项进行规范。此项工作攀枝花走在全省前列。优化审批流程。对建设项目审批流程、市场准入审批流程进行了再次梳理和时间压缩，建设项目承诺时间由原 433 个工作日压缩为 150 天，市场准入项目时间由原 5 天压缩为 3 天。进驻政务服务中心事项在 2012 年承诺时限的基础上总体再提速 20%。二手房交易“国五条”出台时，中心将与房产交易有关的 7 个部门全部纳入中心提供“一站式”服务，共同梳理优化办事流程，在全省率先编制一次性告知的办事指南并发放 1 万余份，有效引导办事群众高效办事；市国土局将受理、审核、制证办理时限由原来的 5 个工作日压缩为即办即取；市工商局的一般、简易事项变一审一核为 1 人审核；市住建局的十余个审批事项打捆一次性告知、受理、办理；市安监局的职业病防护设施与安全设施“三同时”审批同步推进；深化进驻部门“两集中、两到位”。在继续加强审批部门“两集中、两到位”监督管理的基础上，深化公共服务的“两集中、两到位”，将市主城区（东区）的 11 个派出所 30 余万人的户籍办理全部集中在市政务服务中心大厅现场办理，使中心有关事项涉及户籍问题、不同派出所之间户籍转移、各种有关证照办理领取实现一条龙服务。形成建设项目和市场准入项目 2 个并联审批，房产交易、社会保障、公安市民管理、惠民帮扶 4 个公共服务一条龙。

二、推进窗口服务标准化体系建设

攀枝花市政务服务标准化建设一直走在全省前列，2010 年全省政务服务标准化建设现场会在攀召开，2011 年成功申报并获准为“全省政务服务标准化试点城市”，探索政务服务标准化如何向窗口操作程序延伸、向基层延伸。2013 年，全面完成市级政务服务标准体系的搭建和评审备案，市级政务服务标准囊括了 6 个服务通用基础标准、36 个服务保障标准、88 个服务提供标准（即操作程序标准）共计三大部分 130 个区域性地方标准，对审批操作程序、服务规范、服务质量、运行管理、环境、人员、安全与应急、职业健康、信息、财物、设施设备及用品、人力资源等 16 个方面进行了规定；指导各县（区）完成县（区）政务服务标准体系搭建、评审，指导政务服务共性标准向乡镇（街道）延伸。目前，市级政务服务 42 个共性标准已在市、县（区）、乡镇（街道）全面实施，全市政务服务系统按相同的标准为办事群众提供共性服务。此二项工作走在全国前列；不断提高中心管理服务的设施功能标准，采用脸谱识别考勤、安装应用智能排号叫号机、扩建 1.3 万平米免费停车场、设立失物招领处等，提高服务质量和标准。

三、加强并联审批服务工作

2013 年 6 月中心组织 13 个主要并联审批部门的首席代表赴杭州余杭区、秦皇岛市、天津市政务服务（行政许可）中心进行学习考察，受到很大启发，着手开展了以下几方面工作。完善并联审批综合窗口。加强对窗口人员的咨询、一次性告知、办理、督办、综合协调培训，以适应网上审批、联合审批的需要；扩大并联审批范围。将涉及到二个以上部门的审批（工商部门与有关部门、住建部门与有关部门等）、企业变更登记均纳入并联审批，并梳理所涉5个部门的办事流程、编制办事指南。在全省率先编制并完善投资建设项目并联审批工作手册、市场准入并联审批手册；完善重点项目跟踪、督查、通报制度。将市级急难险重、重大工业产业化、四个一批、花城新区建设、第十三届西博会、沿江景观打造、安居工程等243个项目中，按照属地、类别等原则，选择43个项目作为中心重点跟踪项目，按项目报建的各审批阶段，确定牵头责任窗口及前期准备服务时限、审批办理时限，下发各并联审批窗口，并积极督导各窗口做好项目前期服务和审批服务。对重点跟踪项目实行窗口一月一报，由中心收集、整理、汇总各并联审批窗口项目办理信息并及时向各相关审批部门进行通达传递，方便其全面及时掌握项目报建进度情况；建立市、县（区）上下联动，部门之间、部门内部平行互动的并联审批机制。比如对炳草岗六个人行通道项目，中心组织市住建局、市国土局、市发改委、市水务局、市城管局和东区有关部门实行一次性告知、联合审查、联合踏勘、联合出证，高效完成市委、市政府交办任务。市住建局内部10余个项目一个窗口对外一次性告知的内部小并联；五是创新并联审批服务方式。变在家坐等企业上门为主动提前介入，为企业提供保姆式服务。中心和各并联审批窗口指定专人与跟踪项目联系，通过上门、邮寄或电话告知的方式，向企业提供告企业通知书、办事流程和办事指南等相关资料，并随时根据企业需求，组织开展预约、上门等各种特殊服务。组织召开阿署达花舞人间、与仁和区互动的跃鹿汽车销售（陆虎、捷豹）4S连锁店等的联合咨询、联合审查。

四、深化政务公开

中心通过加强政务公开平台建设和丰富政务公开形式深化政务公开。以群众更加便捷获取政务信息为目标，对中心门户网站进行全面改版，充实政策动态、工作动态、进驻项目及其办事指南等方面的内容，增加主任信箱、意见征集等互动功能，并加强网站的日常更新维护，保证政务公开更加全面及时。中心梳理出企业和群众经常办理的90余类事项，将各类别事项涉及的所有进驻事项的办事指南予以综合，编制90余个类别事项的办事指南“一卡通”，企业和群众只需手持“一卡通”，就可清晰全面地知晓办事流程、申报材料和联系方式，这种系统化的公开告知方式，更加贴近企业和群众的办事实际，得到省政务服务中心的肯定和建议推广。中心不断提高政务大厅办事能力，网上办理事项和网上预审事项分别占进驻事项的78%和100%。同时将96196政务服务热线扩展为公共服务热线，在全省范围内率先突破行政审批服务的局限，在提供行政审批服务的同时，还提供医疗卫生、餐饮住宿等10余类社会中介信息服务，各进驻部门也在逐步开通专业网上办理业务。工商、社保、房管等窗口在中心增设了触摸屏查询系统。

五、规范公共资源交易平台

中心对集中交易建立以“三个公开”（信息公开、过程公开、结果公开）、“三个必须”（所有国家投资的建设项目、政府采购项目、国有土地矿权拍卖项目必须在交易中心统一进行）、“四个统一”（公共资源交易活动统一进场交易、统一工作流程、统一电子监察监控、统一交易资料）为主要内容的工作运行机制，2013年共完成交易项目共计537项（不包括交易失败项目），总交易金额288774.53万元，中标价为246406.45万元，节约率达到14.67%。2013年11月，经市政府第25次常务会议审议并通过《攀枝花市公共资源交易保证金集中统一管理规定（试行）》。根据规定对攀枝花市内政府投资的建设工程招投标，国有建设用地使用权招拍挂，探矿权、采矿权招拍挂，政府采购及国有资产转让项目的保证金采取“集中收取、统一管理、分步实施、全面到位”的原则，实行“统一收取、统一退还”的管理体制。

六、强化中心效能监督

按时保质完成全省行政效能电子监察系统延伸工程。在市委、市政府的领导下，组织、指导各县

（区）政务服务中心、各乡镇（街道）便民服务中心，配合有关部门，进行进驻部门和进驻事项的全面清理，分类进行进驻部门、进驻项目、项目依据、申报材料、制度规定的“五统一”和办理程序、办理时限的部分统一；对5个县（区）60个乡镇（街道）、两个税务大厅、公安车管所核心工作人员进行管理和业务培训；指导督促网络需求、采购、安装、调试，在2013年9月30日前全面完成行政效能电子监察系统的延伸；加强内部监督管理。中心将效能监督与本市创建省级文明城市、三大主题教育活动结合起来，广开言路，开门纳谏，电话、网上、问卷等多种形式征求的办事群众意见，召开前台、党员、后台、管理人员多次上百人的中心座谈会。对照各级明察暗访、反馈意见、自查问题，及时进行整改：与市效能办建立联合巡查制，聘请10个政务服务监督员，采用屏蔽软件屏蔽窗口游戏炒股视频，实行大厅值班长制，加大巡查监督力度，并视违规违纪者情形通过警示教育大会、通报、批评、扣分等多种形式进行处理。增强考核力度：将政务服务工作纳入市级目标考核，努力使考核分值由2分升至5分。通过开展文化建设切实加强自身建设，本着中心引导、适当支持、个人自愿的原则，窗口工作人员自发组成登山社、羽毛球社、瑜伽社、读书社、歌舞社、棋牌社6个社团，自主开展有益于身心健康的活动；定期举办文化讲坛。中心与窗口工作人员骨干在广泛征求意见的基础上，每月有针对性的举办各类专题讲座培训。

改善服务　改革创新
发挥住房公积金政策作用

攀枝花市住房公积金管理中心

2013年，攀枝花市住房公积金管理中心在市委、市政府的领导下，认真贯彻落实党的十八大、十八届二中、三中全会精神，以科学发展观为指导，以改善服务为抓手，以改革创新为动力，强化对住房公积金的监管，住房公积金政策作用进一步体现，为改善职工住房条件、推动攀枝花市房地产市场平稳健康发展做出积极贡献。

一、住房公积金政策作用进一步体现

2013年，我市住房公积金无论是资金规模还是运营效益都呈现出快速发展的势头，有力地推动了职工改善住房条件，促进了我市房地产市场的健康快速发展。

2013年9月 我市利用住房公积金贷款支持的位于炳二区地龙箐的十九冶棚户区改造项目已建成并投入使用

（一）住房公积金缴存持续增长

2013年通过加大政策宣传和改善公积金服务，强化缴存管理，全年新增缴存人数6975人（其中：新建公积金单位52户、1300人），比2012年新增缴存人数3275人增加3700人，同比增长112.97%。但因2013年离退休人员较多，2013年末实际缴存人数166779人，比年初下降2172人。

2013年全市单位和职工个人住房公积金缴存比例为各5%－12%，单位和职工个人月缴存上限1424元，月缴存下限是57元。2013年人均缴存额

867.23 元/月（单位 + 个人），比 2012 年 757.09 元/月（单位 + 个人）增加 110.14 元，增长 14.55%。2013 年末职工个人住房公积金余额 3.99 万元/人，比 2012 年末 3.47 万元/人增加 0.52 万元/人。

2013 年实现住房公积金新增缴存 17.36 亿元，同比增长 13.08%。截至 2013 年末，缴存总额达到 102.93 亿元，缴存余额达 66.63 亿元。

（二）住房公积金使用额大幅增长，超过同期缴存额

2013 年全年缴存职工使用住房公积金 18.64 亿元，超过同期缴存额 1.29 亿元，住房公积金使用率达到 107.41%，同比增加 15.99 个百分点。其中：职工因购房、偿还住房贷款等原因提取住房公积金 9.33 亿元，比 2012 年增长 49.47%；向 5025 户缴存职工家庭发放住房公积金个人住房贷款 9.31 亿元（平均 18.53 万元/户），比 2012 年增长 77.38%。截至 2013 年末，累计向 31141 户缴存职工家庭发放公积金个人住房贷款 39.39 亿元。2013 年末个人贷款余额 24.60 亿元，比 2012 年增长 33.04%。

（三）支持保障性住房建设成效明显

认真做好"利用住房公积金贷款支持保障性住房建设"第一批试点及扩大试点工作。2013 年 1 月，省住房和城乡建设厅《关于攀枝花市公积金中心完成公积金扩大试点贷款任务的通报》（川建金管〔2013〕50 号）对攀枝花市提前完成贷款发放任务、顺利收回贷款本息，无一逾期，试点工作走在全国前列进行了通报表扬。

2013 年，本中心重点工作是加强贷后管理。截至 2013 年末，已经有 14 个住房公积金贷款支持的项目共 8311 套保障性住房建成陆续投入使用，解决了共 2.6 万余人的住房问题，其中：攀煤清香坪小区 3120 套、十九冶地龙箐安置房 1536 套、西区格里坪一期棚户区改造 400 套、西区格里坪二期棚户区改造 160 套、西区西贵金沙棚户区改造 200 套、西区河门口二期棚户区改造 96 套、西区宗意书香御景 80 套、盐边县经济适用住房 480 套、米易经济适用住房 900 套、米易城北城中村改造 165 套、米易弯丘攀钢基地棚户区改造 220 套、仁和老街棚户区改造 420 套、仁和弯庄棚户区改造 336 套、炳三区市人才公寓公租房 198 套。

（四）住房公积金运营效益大幅增长

住房公积金运营效益增长，住房保障能力和抗风险能力不断增强。2013 年住房公积金实现增值收益 11825 万元，比 2012 年增加 2982 万元，增长 33.72%。至 2013 年 12 月末贷款风险准备金余额达到 27028.82 万元，累计提取廉租房补充资金 10037.03 万元。

2013 年 10 月 22 日 国家住房和城乡建设部稽查办主任王早生率督查组督查我市住房公积金贷款支持保障性住房建设试点工作

（五）住房公积金资金充足，资金安全完整

住房公积金可用资金充足。2013 年 12 月末，缴存余额 66.63 亿元，贷款余额 28.11 亿元（含项目贷款），剩余资金 38.52 亿元。加上已提取的贷款风险准备金和增值收益存款，2013 年 12 月末，住房公积金在银行的存款达 41.13 亿元。

个人贷款风险得到有效控制。2013 年 12 月末个人贷款逾期余额 56.7 万元（其中：担保公司 54.2 万元，单位担保 2.5 万元）。个人贷款逾期率为 0.23‰。

按期收回项目贷款本息。截至 2013 年 12 月末，按期收回攀煤清香坪小区、十九冶地龙箐安置房、西区格里坪一期、西区西贵金沙、市人才公寓公租房项目、盐边县经济适用住房、米易经济适用住房项目 7 个项目贷款本金共 61440 万元，2013 年末项目贷款余额 35160 万元。西区格里坪一期棚户区改造、西贵金沙、盐边县经济适用住房、攀煤清香坪小区、十九冶地龙箐安置房、米易经济适用住房 6 个项目贷款本息偿还完毕，已经解除监管。截至 2013 年 12 月末，按合同约定累计收回 17 个项目到期贷款利息 8238.95 万元，未发生一笔逾期贷款和逾期利息，为“贷得出、用得好、收得回”开了一个好头，实现了住房公积金闲置资金的良性循环。

二、积极推进个人贷款管理模式改革

为进一步改进服务、提高办事效率、降低贷款费用、防范化解资金风险，市住房公积金管理中心组织联合考察组对省内成都市公积金中心、省直机关公积金分中心、德阳市公积金中心、绵阳市公积金中心进行了学习考察。积极与本市房地产开发商、担保公司、各经办银行和公积金业务系统软件开发商协商，在充分调查研究的基础上，结合全市实际，提出“建立贷款服务大厅、采用开发商或担保公司阶段性担保、房产抵押给银行”的贷款管理模式改革方案。起草了《关于改革个人贷款管理模式的实施意见》，交由市住房公积金管委会审议，已原则通过。市住房公积金管理中心结合管委会成员单位的意见和建议进一步修改完善后报市政府常务会批准后实施。

三、加强住房公积金规范管理

（一）加强内部稽核审计

2013 年市住房公积金管理中心新成立了内部稽核审计组，定期对各部门、办事处落实规章制度情况进行监督检查，督促业务经办人员按制度规范办理各项住房公积金业务。

（二）规范业务办理流程、提高工作效率

按照国务院、住建部、财政部、四川省对住房公积金监管的要求，结合市住房公积金管理中心制定的《住房公积金服务指南》对业务办理提出的具体要求，2013 年对业务办理流程进行了梳理，进一步优化了住房公积金缴存、提取和贷款流程，实现了公积金缴存、提取、贷款一条龙服务，减少了申请要件、缩短了办理时间，方便了职工办理住房公积金业务。同时，对“住房公积金管理信息系统”按照优化的业务办理流程进行了修改完善，不仅便于监管、减少差错，也提高了工作效率。

2013 年 12 月 25 日下午 住房公积金管理委员会三届三次会议 市政府副市长、市住房公积金管理委员会主任贾德华作重要讲话

（三）加强对大额度资金使用的决策管理

个人贷款的发放需经管理中心贷审会集体讨论通过；公积金中心大额度的管理费用开支需经中心党组会议研究决定；年度住房公积金增值收益分配方案需经市住房公积金管委会审议通过。

（四）加强个人贷款资金风险管理

市公积金管理中心始终把资金安全放在重要位置，突出抓好贷款资金安全管理。一是落实担保措施，要求借款人提供充分足额抵押担保，确保按期偿还贷款本息。二是明确受委托银行和担保公司的责任，严格执行国家利率，按规定和借款合同的约定收回贷款本息。三是严格贷款审批，每笔个人贷款的发放需经公积金中心贷审会集体讨论通过。四是加强贷后管理和逾期催收，2013 年个贷逾期率始终控制在 0.02% 以内。

（五）加强住房公积金缴存、提取、个贷审核，严防骗取骗贷

市住房公积金管理中心建立面谈制度和责任追究制度，通过现场核查、网上查询等多种方式，加强对申请贷款资料和提取资料的真实性审查，严防虚假交易使用住房公积金的行为。对因把关不严、失职渎职甚至徇私舞弊造成住房公积金被骗取骗贷的，本中心将依照相关规定追究有关人员的责任。

（六）加强住房公积金支持的保障性住房项目资金管理

加强贷后检查，及时发现并研究解决试点中出现的问题。严格按照国家住建部、省住建厅和相关部门的要求，对试点工作进行全程监管。市财政、监察、审计等监管部门充分履行职能职责，每季度进行一次贷后检查。重点监督试点项目工程质量和进度，贷款资金使用，销售收入和租金收入回收，还款资金准备等重点环节，督促规范借款人行为，确保保障性住房工程进度和质量、确保销售收入优先用于偿还住房公积金贷款。贷后检查后形成季度《贷后检查报告》，指出试点工作中出现的问题，研究提出工作措施，上报省住建厅和市住房公积金管委会。

落实工作措施，确保贷款资金安全。一是落实足额抵押措施。要求借款人把符合条件的抵押物优先用于住房公积金项目贷款抵押，确保抵押物合法、足额、充分、有效；二是落实兜底还款措施。对县（区）政府指定借款人申请的住房公积金贷款项目，要求财政从项目申请阶段就参与并出具还款计划和兜底承诺，监督并协助借款人偿还到期贷款，保证贷款按期归还。大型企业申请的保障性住房建设项目贷款，当项目收益不足偿还贷款时安排企业生产经营资金偿还；三是落实资金封闭管理规定。签订监管协议，建立监管账户，对贷款资金全程封闭管理。四是落实受托银行的催款责任。要求受托银行提前一个月催收即将到期的项目贷款，提前掌握还款资金筹备情况，确保还款资金按期回收。

（七）维护职工合法权益

严格执行住房公积金缴存“控高保低”政策规定，对超过当年最高月缴存金额1424元职工进行了纠正，对达不到最低缴存额57元的职工进行了补缴。对重点欠缴住房公积的单位下达了催缴通知单，对未达到最低缴存标准的单位督促其进行整改。

四、以人为本、改善服务

（一）积极推进建立个人贷款“一站式”服务大厅

积极与工商银行协商，拟租用工商银行三楼约400平方米的大厅，引入担保公司、经办银行入驻，完善业务系统功能，实现公积金个人住房贷款“一站式”服务。

（二）推出七大便民措施

以开展“三大主题教育活动”为契机，出台了《攀枝花市住房公积金管理中心关于“三大主题教育活动”落实便民措施的通知》（攀住金〔2013〕14号），在发挥住房公积金政策作用、减轻职工负担上推出了7大便民利民新措施，得到了广大职工的欢迎和肯定。一是继续发放职工个人公积金对账单，方便缴存职工了解自己的公积金缴存使用情况和有关住房公积金缴存、使用方面的政策规定及办理流程。二是提高提取额度，缴存职工符合住房公积金提取条件，要件齐全的，可申请提取本人和配偶的住房公积金，提取额不超过本人和配偶住房公积金账户的上年度储存余额。三是放宽提取范围。如果职工购买首套自住住房时已经提取过住房公积金（5万元以内的福利房不算），在购买第二套（含）以上住房时可以支取第二次，但第一次和第二次支取金额不能超过第一套房的购房款总额；如果职工已经以购房名义提取过住房公积金，还可以申请还贷名义提取，但还贷提取额要扣除已提取的住房公积金额；除列入医保范围的重大疾病外，对年医疗费用自费部分超过1万元的其他疾病也可以申请提取住房公积金。四是简化公积金提取手续。完善住房公积金管理信息系统和住房公积金联名卡功能，对住房公积金贷款还贷提取时逐步实现自动提取还贷功能（需签订受托银行、借款人、公积金中心三方协议）。五是延长提取时限。从购房合同在房管部门备案之日起至办妥房屋产权证一年以内，职工均可凭相关资料，申请以购房名义提取住房公积金。六是提高住房公积金贷款额度。职工家庭只有一方缴存公积金的最高贷款额度由20万元提高到25万元。七是取消个人贷款保证金。取消向借款人按贷款总额的1%收取的贷款保证金，已经收取的贷款保证金逐步清退。

（三）建成12329公积金服务热线

本市12329服务热线采用外包给中国移动公司办理，现已经开通，可接受职工来电咨询，要求满意率达90%以上。

五、开展主题教育活动，推进自身建设

（一）深入开展“三大”主题教育活动

按照市委的统一部署，认真开展“思想大解放，作风大转变，工作大落实”主题教育活动并取得了实效。一是破除了“怕、满、慢、浮、僵”的思想，强化了“闯、进、快、实、活”的激情。二是做到了在思想观念上先行引领，在精神面貌上敢争一流，在工作推进上务实高效，在攻坚克难上积极有为。三是公开亮相承诺践诺。重点从创新发展意识、为民惠民措施、住房公积金规范管理三个方面进行公开亮相承诺践诺。对每个方面确定了整改目标、制定了具体措施、明确了完成时限、落实了责任领导。通过认真亮相承诺践诺，取得了成效。四是制定和落实了便民措施。

（二）开展“实现伟大中国梦、建设美丽繁荣和谐四川”主题教育活动

通过开展“实现伟大中国梦、建设美丽繁荣和谐四川”主题教育活动。一是增强了实现中国梦的信心，把党员干部职工的思想统一到实现“两个一百年”目标和伟大中国梦上来，统一到建设美丽幸福攀枝花的共同愿景上来的要求。二是挖掘先进典型，进一步激发了党员干部职工干事创业的活力。三是抓好公开承诺事项的整改落实，促进服务工作进一步改善。四是推进了我中心制度建设。

（三）落实中央“八项规定”、省市“十项规定”，进一步改进工作作风

为认真贯彻落实中央政治局《关于改进工作作风、密切联系群众八项规定》、省委省政府《关于改进工作作风、密切联系群众的规定》和市委市政府《关于进一步改进工作作风、提高工作效能的规定》，本中心结合实际，制定了《关于进一步改进工作作风，提高工作效能的制度》（攀住金党组〔2013〕30号）。通过执行改进工作作风，提高工作效能的制度，中心党员干部职工队伍的作风得到进一步改进，提高了工作效能，推进了单位的各项工作和全市的重点工作。

（四）加强党的建设和开展反腐倡廉建设工作

一是以开展领导班子“四好”活动为载体，以《党章》为标准，以开展“创先争优”活动为平台，发挥机关党支部战斗堡垒作用和党员的先锋模范作用。二是严格执行党风廉政建设责任制。中心党组在年初与各部门（办事处）签订了《管理中心2013年度反腐倡廉建设责任书》，并进行了严格考核。三是深入开展廉洁自律教育活动，扎实推进廉政风险防范管理。针对2013年梳理出的廉政风险点，中心各部门（办事处）认真落实中心制定的防范措施，实现了住房公积金管理的安全、高效运行，没有出现廉政风险。四是党组成员带头讲廉政党课，提高了党员干部廉洁从政意识。

（五）开展干部直接联系服务群众和“挂包帮”活动

一是开展“一帮多”活动。中心3名副县级以上领导干部按市委、市政府、市总工会安排每人对口帮扶3户困难群众，1名退居二线的干部帮扶2户困难群众。二是开展“多帮一”活动。科级以下干部职工采取“多帮一”形式对大龙潭乡立柯村5户困难群众进行对口帮扶。三是中心党组成员多次赴立柯村调研，同村两委、乡政府共商立柯村扶贫解困大计，制定了三年帮扶工作规划，签订了年度帮扶工作协议书，认真协助落实帮扶项目。四是派出一名年轻科级干部到同德镇党委和下属某村党支部挂职，协助当地经济社会发展。2013年中心干部职工帮扶困难群众的资金已达9000余元。

六、强化信息公开

（一）上报市委信息被采用量增加。全年上报市委信息分值为54分，完成市委信息目标任务的270%。

（二）上报政务信息被使用量创新高。全年上报政务信息得分为59分，完成市政府政务信息目标任务的236%。

（三）及时回复市长信箱、12345市民热线转来信件60余件，得到市政府的通报表扬。

（四）及时在市公众信息网、住房公积金网站上公开本单位党务、政务信息，自觉接受群众监督。

第五节　生态文明建设

尽职尽责保资源　优质高效保发展

攀枝花市国土资源局

2013年，攀枝花市国土资源局在市委、市政府和省国土资源厅的正确领导下，牢牢把握全市工作基调，以新的视角审视市情，以新的理念指导发展，以新的机制推动工作，在严守耕地保护“红线”、保障经济社会发展、促进经济发展方式转变、服务和改善民生等方面积极主动作为、严格规范管理，较好地完成了国土资源管理各项目标任务。

一、保障能力全面提高

一是发展用地保障有力。按照“保落地、保开工、保重点”的要求，千方百计保障区域性中心城市建设、攀西战略资源创新开发实验区建设、“急难险重”等重大项目和民生工程的用地需求。全年共上报农用地征（转）用面积755公顷，获省政府批准用地面积529公顷。全年供应国有建设用地256宗，面积472.2392公顷，合同价款179788.1855万元（其中市本级供应国有建设用地106宗，面积261.2720公顷，合同价款123759.5344万元）。

省国土资源厅杨冬生厅长调研攀枝花，刘成鸣书记和张剡市长陪同

二是地质找矿成效突出。攀西钒钛磁铁矿整装勘察成效明显，2013年本市获省地勘基金批准4个整装勘察项目（新立1个，续作3个），共投入基金8075.39万元，预获铁矿石8亿吨、煤1.18亿吨。完成全市矿业权设置方案的初审及报批，米易县和三区的矿业权设置方案已经省国土资源厅审查通过公示；有序推进矿业权配置及出让，《中干沟勘察区规划功能调整方案暨论证报告》获国土资源部批复；飞机湾钒钛磁铁矿普查项目已通过基金验收，并经省储量评审中心审查备案，该两宗矿权正在进行出让的前期准备工作。积极支持推进社会项目办理探矿权转采矿权工作，2013年本市4宗钒钛磁铁矿探矿权完成了地质工作，查明资源储量共7.588亿吨，投资约1.15亿元，该4宗探矿权正在办理探转采手续，为企业的后续

发展提供了足够的资源保障。攀西国家级战略资源创新开发实验区建设有新的进展，编制完成《攀枝花市国土资源局攀西国家级战略资源创新开发实验区建设实施方案》。

二、资源保护扎实有效

一是严格落实耕地保护责任。将耕地和基本农田保护工作纳入到政府目标考核，层层签订了耕地保护暨国土资源管理目标责任书，明确了监管责任、保护措施和考核办法。2013 年，全市耕地保有量 7.52 万公顷，基本农田面积 4.32 万公顷，在用地需求量剧增的形势下，坚守耕地保护“红线”。

二是加快推进高标准基本农田建设。2013 年建设 10.88 万亩高标准基本农田建设已纳入省级民生工程考核（省国土资源厅已将目标任务调整为 5.51 万亩），涉及 4 个县区 41 个项目（其中西区 0.0929 万亩、仁和区 1.2953 万亩、米易县 2.7458 万亩、盐边县 1.3706 万亩），现已按计划完成建设任务。

三是全面实施“二调”耕地显化项目建设。本市可实施的“二调”显化项目共 48 个，总面积 51.1495 万亩，预计新增耕地 15.4062 万亩，其中 34 个“二调”耕地显化项目已进入省国土资源厅项目库，总面积 37.7348 万亩，预计新增耕地 12.696 万亩，总投资 57090 万元。3 个“二调”耕地显化项目（米易县攀莲镇、仁和区大龙潭乡、盐边县温泉乡）已立项，总面积 1.4509 万亩，预计新增耕地 1.2288 万亩，总投资 6673.04 万元，已到位资金 6281.08 万元。

四是认真开展耕地占补平衡项目建设和验收。仁和区总发乡板桥村芭蕉湾土地开发项目建设规模 165 公顷，预计新增耕地 50 公顷；盐边县永兴土地整理项目及高标准基本农田建设项目建设规模 786.19 公顷，预计新增耕地 82.55 公顷；混撒拉 A 和 B、板桥 A 和 B、啊喇乡官房村、太平乡大坝村、福田镇金龟村、永兴镇苍蒲田村等 8 个土地开发项目通过省国土资源厅终验，取得耕地占补平衡指标 189.3973 公顷。

五是不断加大执法监管力度。认真开展 2012 年度土地矿产卫片执法检查，顺利通过省国土资源厅交叉检查验收；切实加强国土资源动态巡查，共开展动态巡查 2544 次，一、二级区域巡查覆盖率达 100%，其他区域巡查覆盖率达 92% 以上。通过动态巡查依法制止土地、矿产违法行为 382 起，制止率 100%；全市立案查处土地违法行为 24 件，结案 22 件，立案查处矿产违法行为 21 件，结案 16 件，共计罚没款 241.35 万元。

三、地质灾害防治成效显著

一是认真开展地质灾害防御。汛期期间，共发布地质灾害预警预报信息 34 次，发布短信 60704 条；开展地质灾害汛期巡查工作 50 余次、应急调查 67 次；共组织开展应急演练 70 余次，参加演练人数 5000 余人；举办 4 期地质灾害防治知识培训班，培训各类人员 500 余人；在报纸刊登地质灾害防治知识 10 期，发放《地质灾害应急手册》等资料 9000 余册（份），有效提高隐患点群众防灾意识和避灾能力；对全市排查出的 270 处隐患点均建立了市、县（区）、乡（镇）、村、社五级防灾网络，切实将防灾职责落实到基层一线；完成了 50 户分散农户地质灾害避险搬迁安置。

二是积极开展重大地质灾害工程治理。2013 年，本市共实施 13 处重大地质灾害治理项目，其中仁和区平地镇迤布苦泥石流治理等 4 处民生工程项目已完成目标任务。经过全市上下的共同努力，本市平稳度汛，没有因地质灾害造成人员伤亡或失踪。

四、改革试点取得突破

本市工矿废弃地复垦利用试点工作取得突破性进展。2013 年 1 月，省政府批准《攀枝花市工矿废弃地复垦利用专项规划（2012—2015 年）》，67 宗 2761 公顷工矿废弃地纳入规划。完成了第一批试点 8 个项目（面积 553 公顷）的实施方案及立项申报资料编制，省国土资源厅批准 5 个项目立项，面积 252.7678 公顷。5 个立项项目中已有 3 个项目开工建设。经协调，12 月 30 日，省国土资源厅批准 3 个因土地权属问题项目（仁和区、西区格里坪镇、东区红旗坡排土场）立项，下一步即将组织实施。

五、服务民生措施有力

一是信访维稳形式持续向好发展。及时稳妥处理和解决群众来信来访问题，着力化解征地安置补偿方面的信访积案，畅通信访群众诉求表达渠道。全年共办理"12345 市民热线"31 件，办理"市长信箱"18 件，受理群众来信 15 件，6 月、9 月、10 月实现零上访、零信访，在全省国土资源系统信访量排名长期靠后，没有因国土资源事项引发群体性事件和恶性事件，确保了重点时段社会和谐稳定。

二是切实保障被征地农民合法权益。加强征地拆迁补偿安置指导与监督，进一步规范征地拆迁行为，完成征地拆迁专项检查市级自查工作，没有发现拖欠、截留、挪用征地拆迁安置资金、违法违规征地拆迁等现象。完成青苗和地上附着物补偿标准修订，维护被征地农民的切身利益和长远生计。

三是落实保障性住房用地。2013 年，中央下达本市保障性安居工程任务 2918 套，需落实用地 9.3 公顷。全年，本市共落实保障性安居工程用地 15.67 公顷，实际用地保障套数 4224 套，开工率达 100%，用地落实率达到 100%，为改善城市低收入居民的居住条件，改善民生、促进社会和谐稳定提供了强有力的用地保障。

六、基础业务全面完成

一是国土资源规划体系基本建立。建成市、县（区）、乡（镇）三级土地利用总体规划（2006－2020 年）体系，完成市、县（区）土地整治规划编制与审批。

二是地籍服务不断强化。共组织完成 13 个批次和其他单独选址项目的勘测定界成果检查验收工作；顺利完成 2012 年度土地利用现状变更调查工作，共完成 649.61 公顷、709 个遥感监测图斑的内、外业调查核实和数据库更新上报工作；全面查清了全市所有农村集体土地的权属、面积和空间位置，实现了全域覆盖，共调查完成集体土地所有权 2349 宗，集体建设用地使用权 1209 宗，农村宅基地使用权 137236 宗，并已完成了数据库建设基础数据入库工作。

三是信息化建设成果突出。积极推进无纸化办公建设，对局办公自动化系统进行了调整，进一步规范公文审批程序，减少中间环节，减少纸质公文数量，提高公文办理实效；启动了全市宗地统一代码编制、农村集体土地确权登记及数据库管理系统建设、城镇地籍管理信息系统升级工作。

四是矿政管理全面加强。办理采矿权抵押备案 3 起，授信金额达 2500 万元，拓宽了中小矿山企业的融资渠道；全面完成对 2012 年度全市 234 个矿山企业的采矿许可证年检和三率指标考核工作；钒钛磁铁矿综合利用示范基地项目接受了国土资源部、财政部对 2011－2012 年度专项资金使用情况的评估检查，接受了省国土资源厅对示范基地三家依托企业 2012 年基地项目建设投入资金和专项资金使用情况的专项审计；本市 7 家矿山企业全部通过 2010、2011 年度共计 6400 万元的矿产资源节约与综合利用专项资金使用情况以奖代补绩效评估检查和示范工程验收，又新增 2 家企业获得中央以奖代补资金 1200 万元；编制完成《攀枝花市钒钛磁铁矿开发利用排土场、尾矿库选址规划》；继续推进矿业权市场建设，共征收采矿权价款 2.65 亿元，征收入库矿产资源补偿费 3312.35 万元。

五是政务服务优质高效。全年共办理土地、矿产行政审批及服务事项 17112 件，上门服务 18 次，窗口现场办结率 100%，按时办结率 100%，窗口工作群众评议满意率 100%。

六是依法行政全面推进。对行政权力事项进一步清理，重新梳理适合权力运行实际办理需要的内部业务流程；严格执行听证、行政复议制度，参与听证 2 次，实施行政复议决定履行监督 1 件，实施行政监督 1 件；坚持重大问题内部会审制度，全年形成会议纪要 46 件。

七、自身建设不断强化

一是完善机构和编制管理。对全市国土资源系统机构、编制、人员的总体情况进行了梳理；启动了市国土资源局事业单位分类改革工作，制定事业单位分类改革方案；主动加大与地方党委、政府、编办等部门的沟通和协调，在增加领导职数、调整处室职能、增加人员编制、改善办公条件等方面获得了上级部门的大力支持，能有效缓解系统内人少、事多、编满的不利局面。

二是干部队伍建设取得新进展。开展了全市国土资源系统队伍建设专项调研；按照分级管理、分类实施、分层次培训的原则，组织系统广大干部职工参加了部、省、市开展的各类教育培训；加强干部选拔交流，协助厅党委选配了1名县级领导干部，办理1名县级领导干部试用期满任职，开展系统内9名科级领导干部的任免工作，为两县国土资源局配备2名领导班子成员，开展了2名科级干部轮岗交流，办理7名科级领导干部试用期满任职；通过公开招考新引进1名公务员、3名参公人员以及2名事业单位人员，充实了国土资源人才队伍。

三是党风廉政建设不断加强。全面贯彻落实党风廉政建设责任制，深化领导干部廉洁从政教育，切实加强党性修养；严格执行和贯彻落实中央、省、市关于改进工作作风、密切联系群众的有关规定，深化政风行风建设；强化权利监督制约，推进惩防体系建设，对全市国土资源系统廉政风险点进行再排查，制定防控措施共计210条；加大案件查办力度，严肃党纪国法，及时对肖家湾煤矿“8·29”特别重大瓦斯爆炸事故3名责任人进行了处理。

改革创新环保工作思路　推动生态文明建设新成效

攀枝花市环境保护局

2013年，攀枝花市的环境保护工作，坚持以“三个代表”重要思想和科学发展观为指导，认真贯彻落实党的十八大和十八届三中全会精神以及省委、市委重大战略部署，紧紧围绕“稳中快进、提质增效、争先进位、跨越提升”工作基调，始终坚持以国模创建工作为总抓手总载体，以“巩固和改善环境质量、支持和保障科学发展、防范和控制环境风险”为目标，不断创新工作思路，严把新增污染关口，全面加强污染治理，深入推进总量减排，加强生态建设保护，严格环境执法监管，严防严控环境风险，促进了经济社会又好又快发展，保障了环境质量持续改善。

一、积极争取上级支持，助推经济加快发展

为抢抓攀西国家级战略资源创新开发试验区建设和省委“四个八条”措施的战略机遇，市环保局加强了与环保部和省环保厅的对接沟通和汇报工作，从政策、项目和资金等方面获得了上级支持、理解和帮助，为推动本市经济社会发展和生态文明建设营造了良好氛围，提供了有力保障。

一是省环保厅同意在2010年10月已经下放环评审批范围和权限的基础上，将应属省环保厅审批的鼓励类工业建设项目（包括资源综合利用、钒钛产业链及其相关产业）、基础设施类建设项目、污染治理及生态保护类建设项目、现代服务业类建设项目、民生工程项目以及《四川省人民政府关于支持攀西国家级战略资源创新开发试验区建设的政策意见》（川府发〔2013〕45号）明确的试验区内属省级核准、备案权限已下放攀枝花的鼓励类产业投资项目全部下放攀枝花市环保局审批。

二是省环保厅加大对本市的环保专项资金支持，持续推进污染防治。2013年省环保厅下达给予本市污染治理、生态建设、环保能力建设等各类环保专项资金2400多万元。同时，承诺从2014年起连续三年每年另外安排专项资金不低于1000万元，用于攀枝花市区域污染综合整治试点示范项目实施。将原由省环保厅收取的30万千瓦火电机组排污费交由攀枝花市环境保护局征收，征收的排污费按照市级征收排污费进行管理和使用。

三是省环保厅强化了对本市总量减排政策支持。在确保环境质量持续改善、区域环境容量许可的情况下，省厅原则同意支持本市总量减排指标实施单独控制和考核。对支撑攀枝花市攀西国家级战略资源创新开发试验区建设的重大项目，在具备条件的情况下考虑全省统筹平衡解决总量指标。

四是争取环保部和省环保厅领导定期或不定期到攀枝花指导国模创建及环保工作，加强技术服务和指导，支持国家环保模范城市创建。局主要领导到省环保厅汇报环保工作8次，到环保部汇报工作2次，邀请环保部、省环保厅处级和司级领导到本市检查指导环保工作6次。重点汇报了攀枝花市环保工作特别是创国模工作存在的问题和困难，以及本市创模的示范带动意义，争取国家和省的理解和支持。争取到环保部和省环保厅与本市双向选派干部挂职锻炼，环保部选派了1名干部到市政府任市长助理，省环保厅选派了1名干部到市环保局挂职任副局长，市环保局向环保部和省环保厅各选派了1名干部上挂锻炼。

二、科研支撑环保发展，提升工作能力水平

针对本市特定的自然地理气候条件和资源秉性特点、突出环境问题解决、环境执法监管、污染治理遇到的基础性瓶颈难题，加强了科技支撑和科研保障工作，探索推动以人为主的监管方式向科技化信息化监管方式转变，提升科技化监管能力和水平。

一是以加强信息系统建设龙头，全面提高环境管理科技化信息化数字化水平。投入200多万元加强了全局计算机信息、网络、国家环境信息与统计、国控省控重点污染源自动监控、OA办公自动化、视频会议、环境信息业务专网、12369和排污收费、污染源监管信息发布、环境空气质量发布、机动车环保标志核发系统的建设及管理维护工作，健全了运行维护工作制度。污染源监控中心建设自动监控系统联网企业数58家，连通在线监测设备108套。通过加强污染源监控中心的建设和维护，为及时发现环境问题、及时快速处置突发环境事件提供了有力保障。

二是围绕重点难点问题，开展环境科研工作。结合新时期出现的突出环境问题，组织开展了《攀枝花市城区环境空气质量达标方案》《攀枝花市环境应急监测系统的研究与应用》《攀枝花市$PM_{2.5}$污染现状及防治研究》《攀枝花市钛白粉行业特征污染、环境风险及对策研究》等课题的研究工作并取得阶段性成果，为环境管理提供了科技支撑，为政府科学决策环保工作提供了技术保障。同时，市环保局恳请国内科研院校针对本市污染防治工作遇到的钒钛磁铁矿选矿前端脱硫技术，球团、烧结行业SO_2高效治理技术，低品位钒钛磁铁矿、煤矸石及其生产利用过程中产生的“三废”综合利用技术，绿色经济、循环经济和低碳技术等技术难题开展相关科研攻关工作。

三、创新环保工作思路，提升环保地位作用

在总结本市环保发展历史经验教训的基础上，通过深入调研和思考，抓住全市当前环保工作的主要矛盾和问题，认真谋划当前和今后一个时期的环保工作新思路，创新环保管理模式，探索环保新道路。

一是发挥环保目标考核引领作用。按照党的十八大、十八届三中全会提出的要求和市委部署，改变以牺牲环境为代价换取经济增长现状，实现经济增长与环境保护并重目标，通过深入调研，提出了强化对县区政府、产业园区、市级相关部门和相关大企业的环保目标考核机制，制定了全新的考核目标、考核奖惩措施，印发了《攀枝花市2013年县（区）政府环境保护责任目标考核办法》《2013年度攀枝花钒钛产业园区环境保护工作考核办法》，把环境质量、主要污染物总量减排、国家环保模范城市创建、环境风险防控、环保能力建设纳入了考核内容，对不能完成总量减排和发生较大及以上突发环境事件处理不力而造成严重后果的，严格执行一票否决。

二是探索污染防治新途径。为改变过去在污染防治上重点源治理轻面源、线源、区域、流域污染防治的现状，提出以“三片一线一企”为重点的综合污染防治新举措、新办法。提出了西区、东区倮果－五道河、安宁－钒钛产业园区、金沙江攀枝花市城区段沿江和攀钢的区域流域污染防治三年攻坚方案并精心组织实施，列出了总共231项污染防治攻坚项目，2013年重点实施75项攻坚项目。开展了大宗物料运输方式环境污染现状调查研究，提出了大宗物料集散中转、铁路水运、皮带管道运输等多种运输方式，减轻单一道路方式造成的二次扬尘污染。提出了工业扬尘污染整治方案，开展了货场、原料堆场、晒矿场、配料场的综合整治。

三是创新环评审批新机制。为规范建设项目环评审批行为，提高科学决策水平，防范审批风险，制定并印发了《攀枝花市建设项目环评审批管理办法》，改变过去由部门和分管领导决定项目环评审批现状，提出了环评审批、项目竣工验收局务会集体研究决定新模式，进一步分解审批压力，提高审批效率，更好服务科学发展。

四是创新执法监管模式。在环境监察执法上，在推行科技化、信息化执法监管的技术上，实施环保专业、环保管理功能执法机制，有现在的分片包抓执法改为按环保管理业务专业化管理，分别实行排污费稽查征收、机动车排气污染防治、环境影响评价、农村生态环境、核与辐射、危险废物、污染防治与总量减排环境监察执法体制。

五是创新了污染源在线监测设施管理权移交试点。通过深入调查研究，找准了企业在线监测监控设施运行管理中的致命弱点，要求全市所有球团企业完善在线监控监测系统，钛白粉厂酸解、锻烧尾气脱硫设施建设，完成比对监测，并向环保部门移交管理，确保实现稳定达标排放。

四、加强法制宣传教育，严格规范依法行政

认真宣传贯彻全国依法行政纲要、全国环境宣传教育纲要，以全面推行行政执法责任制和宣传国家环保模范城市工作成效为重点，以建设法制机关、提升环保形象为目标，为服务发展和民生提供坚强的法制保障，以全面服务环保中心工作为支点，取得了较好的成绩。

一是全面清理规范了行政权力。为使环保行政工作做到有法可依、依法行政、规范行政，组织对环保法律法规和政策涉及的市级环保行政主管部门行政权力实施主体、依据、运行流程图、收费依据、收费标准、维权渠道进行了全面梳理，共清理规范 247 行政许可、行政处罚、行政强制、行政征收、行政确认权力，全部向社会进行了公示和公布，主动接受社会监督。

二是以开展环保依法行政规范年活动为契机，全面推行了行政执法责任制。加强了组织领导，健全了执法制度，分解了目标任务，严格考核奖惩。印发了规范行政执法行为的排污费征收使用规定、环评审批管理办法、行政处罚程序规定、环境监察执法行为规则等制度、办法。

三是开展法规知识培训。针对执法人员法制知识欠缺、法律文书制作不规范、执法程序不合法等问题，开展了以环保系统《环境行政处罚办法》、“两高司法解释”、法律文书制作实务为主要内容的法制培训班，全年共举办 6 期，参训人数达到了 210 人次。为提高企业法人和环境管理人员环保社会责任、依法经营法律意识，举办了 2 期企业环保法规培训班，参训人数达到 196 人。

四是开展了形式多样环保宣传活动。发挥新闻媒体的主渠道宣传作用，在中国环境报、四川日报、四川新闻网、市内新闻媒体及各类相关网站撰写、刊发宣传本市环境保护及国模创建成效的综述类、新闻类、专访类文章 276 篇。利用“6·5”世界环境日节日活动，开展了 3 场声势浩大、内容丰富多彩的环保主题宣传活动。与市教育局、团市委合作分别开展了中小学创模作文大赛和漫画大赛活动。

五是持续推进了环境污染责任保险工作。按照环保部和省环保厅的统一安排，为将推动环境污染责任保险新环境经济政策落到实处，加强了政策宣传和工作措施，助推了环境风险防患。53 家工业企业参加了投保，保额达到了 165 万元。

五、全面加强污染治理，持续改善环境质量

为巩固和改善环境质量，解决突出环境问题，维护和保障群众环境权益，强化了污染治理工作。狠抓超标排放污染源挂牌督办和限期治理，扎实推进总量减排，全面开展区域流域污染综合整治，突出环境空气质量保障，加强饮用水源保护，开展了环境风险防患与控制，实现了市委市政府提出的初见成效目标。通过创模攻坚和污染治理的全面实施，促进了环境质量稳定和持续改善。全市环境空气质量达标率92.6%，水环境质量继续保持较好水平，噪声环境质量相对稳定。

一是狠抓污染源督办和限期治理。针对污染源超标排放、在线监控监测设施运行不正常的问题，加大了挂牌督办和限期治理工作力度。下达65个工业企业污染综合治理挂牌督办项目，推进2个民生工程污染治理项目稳步开展治理工作。纳入民生工程的攀钢集团攀枝花钢钒有限公司煤化工厂新3、4号焦炉装煤除尘改造工程进展顺利，主体工程已经完成；攀钢集团钒业公司五氧化二钒焙烧工序除尘改造项目已立项，设备已到场，正加紧安装调式，预计年底前可完成治理任务。完成了钢企球团脱硫、瑞丰水泥脱硝、瑞达水泥脱硝工程治理任务。

二是总量减排扎实推进。分解下达了年度总量减排目标任务，落实了部门、县区和大企业的总量减排工作职责。细化了年度目标，严格落实责任，强化减排措施，严格三大体系建设，总量减排工作有序开展。持续深化烧结、球团、钛白粉企业SO_2治理，完善在线监测监控设施。通过“关、停、并、转、迁”等方式，加大了落后产能、落后工艺淘汰力度，恒鼎焦化、圣达焦化已按期关闭。30项水泥、球团、发电和钛白粉行业二氧化硫（SO_2）、氮氧化物（NO_X）重点污染治理工程减排和管理减排项目推进顺利，23项化学需氧量（COD）、氨氮（$N-NH_3$）重点污染治理和管理减排项目稳步推进，28项规模化畜禽养殖污染治理减排项目基本完成。

三是加强突出环境问题整治。切实加强饮用水水源地、地下水系环境监管，确保饮用水安全。加强倮果和炳三区污水处理厂配套管网建设，提高污水处理效率，确保稳定达标排放。结合沿江景观打造开展了金沙江沿江环境综合整治，实施了金沙江东区段工业企业废水排污口规范化整治。推进了仁和区纳拉河、盐边县巴拉河等“五河五沟”小流域水环境综合整治。实施了扬尘污染综合治理，33家工业企业扬尘污染治理进展顺利。全面加强重金属、医疗废物、危险废物、持久性有机污染物、特殊行业固体废物污染防治，确保环境安全。

四是推进城乡环境综合整治。开展了生态县区、环境优美乡镇创建和生态细胞建设，加强了农村环境污染连片整治。盐边县省级生态县创建已通过验收，仁和区省级生态区创建通过了技术评估。东区银江镇创建省级和国家级生态乡镇规划，已通过专家评审和审批。米易县启动了国家级生态县创建工作，已有3个乡镇通过省环保厅技术核查。启动了钒钛产业园区生态产业园区创建工作，编制完成了生态产业园区建设规划。农村环保和生态细胞建设工作取得新成效。全市13个项目被列入“十二五”中央农村环境综合整治中央项目库。

五是有序开展清洁生产审核。全市49家工业企业按照国家清洁生产审核法规要求，开展清洁生产审核工作。其中已完成清洁生产审核报告通过专家评审并确定中/高费方案企业27家次、6家完成报告编制工作待省厅审核、2家企业报告正在编制、14家企业自主开展了清洁生产审核工作。

六、加强环评审批服务，严格控制新增污染

环评审批服务坚持支持和保障科学发展宗旨，以环境优化科学发展和促进发展方式转变为目标，严格环境准入条件和标准，为实现科学发展目标提供了有力保障。

一是积极服务规划环评工作。充分发挥攀枝花市发展战略环评工作成果引领和指导作用，切实加强工业园区发展规划、工业布局规划、城市总体规划、旅游发展规划、产业园区并园规划环评工作进行专业指导和服务，进一步推动工业企业向园区集中，促进工业的合理布局，及时预防和减轻规划在实施过程中由于调整产生新的环境问题。当前，攀枝花市城市发展总体规划（2011－2030年）规划环评、普达阳光国际康养度假区规划环评、四川攀枝花钒钛产业园区并园规划环评和四川米易白马工业园区规划修编环评已取得批复，花城新区规划环评已通过技术审查，目前正在按专家意见修改中，四川攀枝花格里坪工业园区调规的规划环评正在送审。

二是强化重大产业化项目环评服务。认真贯彻落实省政府“四个八条措施”和市委、市政府工作部署，加大服务力度，加强工作对接，全力推进全市重大产业化项目的环评服务，促进项目尽快落地，发挥应有效益。目前，全市51个重大工业产业化项目中，开展环评工作的项目有39个，占总项目的76.5%，其中，环评文件已通过审批的项目有24个，占总项目的47.1%，环评文件已通过专家审查正在报请审批的项目有2个，环评文件正在送审的项目有6个，正在编制环评文件的项目有8个。另外有11个项目正开展可行性研究等前期工作。在“四个一批”100个重大项目中，开展环评工作的项目有74个，占总项目的74%，其中，环评文件已通过审批的项目有54个，占总项目的54%，环评文件正在送审的项目有4个，正在编制环评文件的项目有19个。另外有23个项目正开展可行性研究等前期工作。

三是严格规范建设项目环评审批。按照“企业入园”和“企业集中布置、污染集中防控”的原则，根据城市总体规划、工业布局规划、园区产业定位以及区域环境承载力等合理确定项目选址。严格落实“环评”和“三同时”两项制度，采取有力措施防范未批先建、超期试生产等问题产生。对不符合产业政策、不符合工业布局规划、不符合环保要求的项目和没有环境容量的区域，不得批准新上项目。对东区高梁坪片区，盐边安宁工业园区，钒钛产业园区的团山、马店河片区以及攀钢弄弄坪片区等环境敏感区域和二氧化硫超标区域，不得新上二氧化硫排放项目，对以上片区既有的二氧化硫排放企业逐步实施淘汰。

2013年，省市两级环保部门审批本市建设项目69个，总投资72.65亿元，环保投资2.4亿元。其中，市环保局审批建设项目60个，编制报告书项目21个，编制报告表项目26个，编制登记表项目13个，总投资36.44亿元。市级检查并同意试生产项目25个，完成环保竣工验收项目23个。

七、加大环境执法监管，切实规范环境行为

为解决突出环境问题，维护群众环境权益，打击环境违法行为，加大了环境监察执法力度，有效防范和控制了环境风险，保障了环境安全。

一是开展执法专项行动，保障环境安全。以全面深入开展整治违法排污企业保障群众健康环保专项行动为手段，强力开展了环境空气质量保障和饮用水源安全环境专项排查行动、环境隐患排查专项行动、中高考禁噪工作专项行动、汛期环境安全隐患排查专项行动、环境安全百日大检查等10余项环境专项执法检查活动，保持环境执法监管高压态势，消除环境安全隐患，保障群众环境权益。2013年，市县（区）环境监察执法机构共出动执法人员9000余人次，检查企业6700余家次，约谈企业23家次，提出整改要求900余条，下发限期整改通知书、环境监察意见通知书、环境监察督查通知书等各类专项执法文书300余份；立案查处环境违法案件12件，已经办结6件，共处罚金24万元。

二是认真办理群众举报投诉和信访案件，维护群众环境权益。围绕化解矛盾、保障民生、服务大局、推动发展、促进社会和谐稳定重点，强化大排查、大调解工作，努力化解关系群众切身利益的矛盾纠纷，不断推进环境信访工作。全市环保系统受理群众来信、来访、来电和网上投诉共计1126件，其中来信176件，来访50件88人次，电话投诉894件（其中，“12369”投诉582件），网上投诉6件。其中水污染95件，大气污染455件，固废污染18件，噪声污染524件，三产污染12件，生态破坏2件，电磁辐射1件，建设项目1件，其他18件。信访办结率达100%。

三是严格核与辐射监管，确保辐射环境安全。按照底数清楚、全程可控的总体要求，全面加强了辐射环境监管。对全市102家核技术利用单位、27个涉源单位221枚放射源、13个密封性非密封性放射性物质使用单位和工作场所、19家废旧金属回收熔炼单位开展了执法监督检查，排查环境安全隐患，对存在问题提出了整改要求，确保了辐射环境安全，维护了社会和谐稳定。

四是严格排污申报，强化排污费征收管理。以国控、省控、市控和涉危、涉重等企业为重点，不断拓宽新、改、扩建项目和“小型三产”等污染企业排污申报范围。加强排污申报核查和数据汇审工作，确保申报数据完整性、准确性、真实性。以排污申报为基础，强化排污费征收工作。截至2013年11月

18 日，全市排污费到账 4421 万元（不含盐边县），预计年底前能够圆满完成年初制定的 5400 万元目标任务。

五是加强环境应急管理和环境风险评估，保障了社会稳定。开展了环境应急体系和环境应急体系标准化建设，充实了环境应急专家库，配备了必要的应急物资，编制完成了全市突发环境事件应急预案，开展环境应急演练，夯实了环境应急基础保障条件。全市 45 家重点工业企业编制了突发环境事件应急预案。组织 95 家重点风险源单位开展了环境风险评估，编制了环境风险评估报告，提出了环境风险防患措施，做到了有备无患。

八、环境监测保障有力，服务水平显著提高

科研监测工作坚持以“科学、严谨、准确、高效”为宗旨，围绕中心、服务大局，以重点污染源监督性监测和减排监测工作为重点，以环境质量监测为基础，加快建设项目环评与环保设施竣工验收工作，积极做好环境污染应急监测，不断加强监测能力建设，在提供技术支持、技术服务与技术监督方面做了大量卓有成效的工作。

一是全面完成环境监测任务。全年共完成现场监测任务并出据报告 1142 份，完成 600 多批次样品分析，获得 12 万余个分析数据，编报传输各种监测数据 23000 多个。

二是积极开展污染源监测。完成了对国省控污染源、国省控重金属污染源、减排重点污染源每季度一次的监督性监测，完成沿江沿河化工企业监测。完成国、省控及减排重点源废水监测 408 家次、废气监测 214 家次，市控重点污染源废水监测 76 家次、废气监测 63 家次、噪声监测 13 家次。完成项目验收及委托监测 383 份，收到竣工验收监测任务 51 份，已完成的竣工验收监测报告和竣工验收监测表 40 份。

三是监测技术大比武活动完满完成。成功举办首届“国模”杯环境监测技术大比武活动，全市 4 个区县环境监测站、攀钢劳研所和市环境监测站均选出优秀选手参赛，参与常规分析、重金属分析、有机物分析和应急监测操作技能项目竞赛。通过大比武活动，提升了监测能力和水平。

九、建立健全监督机制，加强党风廉政建设

党建工作始终坚持“抓班子带队伍、强素质树形象、转作风促发展”思想，以“主题教育”“五型机关”创建和党风廉政责任制为手段，全面推进机关党的思想、组织、作风、制度建设和反腐倡廉工作，发挥了党组织战斗堡垒作用，为国模创建和环保工作上台阶上水平提供了坚强的组织保障和纪律保证。

一是深入开展主题教育活动。按照省委、市委的统一安排部署，科学谋划、精心组织、深入扎实地开展了“实现伟大中国梦、建设美丽繁荣和谐四川”和“思想大解放，作风大转变，工作大落实”主题教育活动，取得实际成效。

二是加强学习培训教育。充分发挥党支部的战斗堡垒作用，深入开展经济形势、环境形势、党风廉政形势教育、环保专业知识教育，将干部职工的思想和行动统一到中央、省委、市委的战略决策部署上，教育干部职工牢固树立宗旨意识、服务大局意识、厉行节约意识、反腐倡廉意识，分类分层次抓好党员干部政治学习和依法执法、文明执法、公正执法教育，促进了干部廉政勤政，用实际行动推动环保工作上台阶。

三是整顿作风，开展“五型机关”创建。认真贯彻落实中央关于改进作风、密切联系群众的“八项规定”和省市“十项规定”为契机，出台了《攀枝花市环保局关于贯彻落实厉行勤俭节约反对铺张浪费精神的意见》，明确提出“六个严禁”的规定，规范了机关内部管理。针对机关作风建设中存在的突出问题，开展了“学习型、服务型、高效型、廉洁型、和谐型”五型机关创建活动，促进了干部职工的思想观念进一步转变，工作积极性和创造性进一步增强，工作作风和工作方法进一步改进，工作效率和服务质量进一步提高，树立环保队伍“忠于职守、业务过硬、作风优良、纪律严明、务实求真、清正廉洁”的形象。

四是以完善监督制约机制为手段，进一步加强了环保部门惩防体系建设。建立完善了排污费征收局务会集体审核机制和建设项目审批会商机制，同时，组织开展了行政权力依法规定公开运行平台建设和电子监察平台建设相关工作，梳理了行政权力运行基础数据，针对权力运行各环节确认了廉政风险防控信息和监察点信息，确保年底并网运行。基本建立起了与全局发展相适应、具有环保特色的融教育、制度、监督于一体的惩治和预防腐败的基本框架。

存在问题和困难：

尽管本市的环境保护及国模创建工作取得了较好的成绩，环境质量保持持续改善势头。但市环保局也清醒地看到，环保工作与市委市政府高要求相比还有很多的工作要做，离市民对人居环境的迫切要求还有较大的距离，主要表现在：

一是环境质量持续改善压力增加。尽管近年环境质量的巩固和改善取得了较大的进步，取得了较好的成效。但作为资源型城市，受产业结构现状、资源禀赋特征、特殊的自然地理气象条件制约、治理技术不成熟等因素影响，本市烧结、球团、钢铁冶炼、焦化、钛白粉、火电、水泥等行业主要污染物排放总量大，大气、水体承载、净化污染物能力处于极限饱和状态，特别是二氧化硫、PM_{10}等主要污染物排放总量长期处于超极限、过饱和状态，对环境空气质量构成很大威胁。

二是部分企业环保设施不配套、不完善。受企业资金压力、经济不景气、治理技术不成熟等因素制约，致使部分企业环保设施不配套、不完善，环保设施与生产负荷和实际产能不匹配，不能做到持续稳定达标排放。经过多年持续开展污染治理，基本解决了企业“有”环保设施的问题，但还没有从根本上解决环保设施功能配套和完善问题，导致污染治理不彻底，企业不能实现长期稳定达标排放，对环境质量持续改善造成重要影响。同时，一些企业环保设施年久失修、严重老化，也影响了功能和作用发挥。

三是部分企业环境行为失范。个别企业擅自停运环保处理设施、甚至蓄意偷排；个别企业违反工业布局和环保准入要求，未批先建，个别企业未通过试生产检查违法生产；大部分企业不正常使用在线监测设施，变相逃避环保部门监管。

四是城市综合污染叠加对环境质量构成较大压力。随着城市开发建设加快，城市基础建设及商业开发的施工扬尘、道路运输抛洒污染、餐饮油烟污染以及机动车尾气污染等城市综合污染快速增长，特别是机动车数量的告诉增长，使环境空气质量进一步恶化。

五是环保监管执法能力不足未得到根本改变。环保部门受机构、编制、人员素质等因素影响，无法适应和满足当前党和政府以及全市人民对环保工作的要求。客观上导致了无法实现对企业全天候无盲点监管。

对以上存在的问题和困难，需要在今后的工作中进一步理清工作思路和工作方法，创新加强环境监管工作体制机制，完善工作制度，加大执法监管，加强督查督办，采取强力有效措施，促进环保工作上台阶上水平。

开拓创新　攻坚克难
开创水务工作新局面

攀枝花市水务局

2013 年，在市委、市政府的坚强领导下，市水务局紧紧围绕全市经济社会发展中心工作和重点工作，坚持“大中小微结合、蓄引节提并举”的治水思路，不断开拓创新，攻坚克难，圆满完成或超额完成各项水务工作。

2013 年全市投入各类水务建设资金 80038 万元，较上年增长 11%。已争取省级以上财政资金 28759.4 万元，完成市政府目标任务的 108.52%。全年解决农村人饮安全 4.32 万人，完成目标任务的 108%；小农水重点县建设方面，新增有效灌面 3.5 万亩、新增节水灌溉面积 6.36 万亩，分别完成目标任务的 116.7%、106%；完成中小河流治理项目 3 条，综合治理河道 13.6 公里，完成目标任务的 100%。全年完成新增和恢复蓄引提能力 1560 万 m^3，完成目标任务的 130%；新增和改善灌面 5.8 万亩，完成目标任务的 123.9%；综合治理水土流失面积 117.5 平方公里，完成目标任务的 117.5%；渔业增加值不变价增速 5%、现价增速 6.5%，分别完成目标任务的 106.4% 和 104.8%。

一、抗旱工作

2013 年 1 月 30 日，市水务局党组书记局长马泽林深入仁和区大龙潭调研“挂包帮”工作，看望慰问困难户

实现了市委、市政府制定的“确保受灾群众和受灾地区生活不难、人心不散、社会不乱、林果不死、收入不减”的抗旱工作目标。抗旱投入持续增长，通过努力争取，2013 年共投入抗旱资金 4249.7 万元（含 2013 年实施项目资金），其中，省级以上 2850 万元、市本级 243 万元、县（区）522.70 万元、群众自筹 582 万元。抗旱能力不断提升，集中投入国家资金 470 万元探索性的新建金沙江提灌站以解决该片区抗旱水源，工程扬程 507 米，输水管道长 5000 米，出水量 102 立方米/小时，3 月 15 日建成并投入使用，一次性集中解决 1425 人生活用水和 15600 亩耕地生产用水。管理方式采取用水户协会自治管理，每立方米水费 3.8 元，实现了建得成、管得好、用得起的良性循环机制。整合抗旱和其它项目资金近 500 万元，实施断梁子隧道尾水渠建设。主要工程为新建引水主管道 9696 米、支管 3900 米，新建渠道 260 米，新建 1 条长 24 米渡槽，新建蓄水池 7 口（200 立方 6 口、500 立方 1 口）。该项目将一次性解决撒莲镇金花塘、湾洡 2 个村 22 个村民小组 4000 余人生活用水、5000 余头牲畜和 4500 耕地和 1800 余亩经济果木用水。投资 484 万元，扩建盐边县红格供水工程，由三源供水公司实施红格水厂工程扩建。新建 2000 立方蓄水池 1 口，新建 2000 立方沉清池 1 口，260 米取水深井 1 口，供水管道延伸 1046 米，新建泵站 1 座。一次性解决 7000 人生活用水。投入国家资金 500 万元（其中，西区 100 万元、仁和区 100 万元、米易县 100 万元、盐边县 200 万元），实施提灌等小微型抗旱水源工程建设，解决旱片死角抗旱水源问题。投入国家资金 600 万元（其中，西区 200 万元、仁和区 200 万元、米易县 200 万元），购置皮卡车 7 台（送水车）、打井洗井设备、挖掘机、移动式节水灌溉设备等抗旱设备，提高应急抗旱能力。不断完善体制机制，整合项目资金，从源头上破解重旱区抗旱水源难题；建立科学的运行管理体制，通过用水者协会或公司作为项目建设与管理主体，在乡（镇）水管单位的指导下负责项目建设、设施设备管理和运行维护；探索和推进抗旱用水有偿使用机制，做到工程建得成、管得好、用得起，确保工程的良性运行并长期发挥效益。

二、防汛工作

扎实做好汛前准备工作，各县（区）防汛指挥部、市防汛指挥部成员单位和住攀大企业均按照防汛工作目标和任务要求，及时开展了防汛自查和隐患整改。市防指派出了 5 个防汛检查组对各县（区）政府、各行各业的防汛准备工作进行了全面检查。对水库防汛责任人、山洪灾害严重威胁区责任人进行了公示，接受社会监督。储备了价值100余万元的市级防汛抢险物资。抓好防汛工作落实，市委书记刘成鸣、市长张剡多次进行督察，省委督导组对本市的防汛各项工作给予了高度评价。各级领导对重点区域、重点地段、重点工程的防汛备汛情况进行了检查，召开了全市防汛工作会议，对主汛期防汛隐患再排查、责任措施再落实进行了再次部署。各县（区）在每个乡镇开展了防汛应急培训和演练，武警攀枝花支队在胜利水库开展了冲锋舟编队救援演练，仁和区大竹河水库组织开展了水库防汛抢险演练。加强已成水利工程的安全管理，全面落实度汛方案、抢险预案、汛情监测、巡查值守和抢险队伍、物资等各项抢险准备工作。在建水利水电工程和正在除险加固的水库，严格按照施工组织设计和安全度汛方案要求安排施工，各地均建立了辖内在建项目工程单位的汛期联动机制。加强防汛能力建设，总投资3000万元，完成了57个自动雨量站、1个视频站、8个六要素气象站、4自动水位站、7自动水位雨量站、216简易雨量站建设，5个县（区）会商中心建设和市县（区）共享系统建设，并在3月28日通过市级初步验收，汛期投入试运行。总投资241万元，完成中小河流水文监测系统“一期工程”建设，新建水位站5个、雨量站23个、信息中心3个。

三、高效节水工作

（一）超额完成2012年全市高效节水灌溉项目建设任务。2012年度，本市高效节水灌溉项目在米易县、仁和区、盐边县的7个乡12个村实施，全市计划下达资金15609.1万元（财政资金12400万元、群众投资和投劳折资3209.1万元），实际到位资金15888.06万元（财政资金12502万元、群众投资和投劳折资3386.06万元）；计划建设6.1563万亩高效节水灌溉面积（米易县2.131万亩、仁和区2万亩、盐边县计2.0253万亩），截至2013年5月，实际完成6.3128万亩（米易2.1572万亩，仁和2.1万亩，盐边2.0556万亩），超计划2.5%完成目标任务。

2013年2月5日，市委刘成鸣书记调研观音岩引水工程建设

（二）完成2013年高效节水灌溉实施方案编制工作。本市在全力实施2012年高效节水灌溉项目工程建设的同时，组织力量，认真开展2013年高效节水灌溉项目实施方案编制工作，5月初已完成实施方案编制工作，并于5月8日和9日组织专家对米易、盐边仁和三县（区）的实施方案进行了初步审查，三县（区）根据专家意见对实施方案进行了修改完善，目前报省水利厅和财政厅审查的全部资料已准备就绪。

（三）完成高效节水灌溉项目建管典型调查工作。为了发现典型，总结经验，推动发展，市高节办与县（区）高节办合作，深入项目区进行调查，完成了《民办公助创新推动——米易县龙华村枇杷高效节水灌溉建设管理纪实》《联户开发公司运作－－杨家村蔬菜高效节水灌溉实现规模化种植效益明显》《高效节水技术给仁和区大龙潭乡旱区带来增收的希望》等文章，在中国水利报发表了《四川攀枝花市节水带来增收的希望》。市高节办把上述材料发给了县（区）高节办，要求对好的做法进行推广。

（四）完成对2012年项目的市级绩效考评工作。根据省财政厅和水利厅安排，攀枝花市成立专家组，从2013年5月17日开始，严格按照《四川省2012年度小型农田水利重点县建设资金绩效考评工作方案》，对已完成年度建设任务，并实行了县级自评的米易县、仁和区、盐边县三个小型农田水利重点县7个乡12个村高效节水灌溉试点项目进行了建设资金绩效考评，5月23日完成考评工作。专家组通过听取汇报、查阅资料、检查工程、与重点县党委、政府及财政局、水务局座谈，形成了三县区的“建设资金绩效考评市级考评资料”上报。2012年，全市项目已经省级绩效考核为良好，获省级财政900万元奖补资金。

（五）完成对2012年度项目验收工作。2012年11月，市水务局、市财政局受省水利厅和省财政厅委托，对米易、盐边、仁和区2012年度项目进行验收，从抽查的工程和资料检查情况看，资金到位、工程目标任务完成、建后管护等情况都较好。也存在部分工程内容没建、部分工程和设备没完善、实用的管护制度没形成、账物不符等问题。验收组在验收现场与被验收单位交流意见时已明确提出了整改意见，要求被验收单位及时整改，并以市高效节水灌溉领导小组办公室的名义，给项目县区水务局和财政局下发“整改通知”，要求在规定时间内进行整改，整改完成后及时通知验收组复验。

（六）完成高效节水灌溉论文集等相关资料编辑出版。《攀枝花高效节水灌溉论文集》收集了本市从事高效节水灌溉工作的相关领导、管理工作者和工程技术人员的14篇论文和部分图片，比较系统总结了项目建设必要性、建设管理、资金管理、新技术应用、建后管护、社会经济效益等内容，是近三年来高效节水灌溉工作的理论成果，对指导本市高效节水灌溉工作具要重要意义。《高效节水技术手册》和《高效节水灌溉使用手册》是宣传、普及和应用高效节水技术的基础资料，是直接指导农民使用高效节水技术不可或缺的重要资料。高效节水灌溉系统资料的出版发行，将有力推进本市高效节水灌溉事业健康发展。

开展市政设施雨、污水井病媒消杀

四、规划建设工作

（一）抓好水利发展规划。一是按照市委、市政府关于《全面推进民族地区跨越式发展的意见》（攀委发〔2012〕12号）和市委边远民族地区座谈会的讲话精神，组织党员干部，编制完成了8个对口支援民族乡镇水利规划。二是继续抓好协调水规总院江河咨询中心修改完善了《攀枝花市水资源总体规划》并通过市政府初审。三是督促县区编制完成了2013—2015年中小河流治理项目实施规划，并得到省厅批复，西区巴关河已列入2014年实施计划。四是配合省水利厅将本市大河沟、小河沟、老街子、三道门等23座小型水库建设工程纳入了《四川省小型水库规划》。

（二）推进重点水利工程实施。对年度投资计划实行动态管理，及时督促检查各重点水利工程项目实施，重点加强中央投资项目实施进度的管理，督促大竹河水库工程加快“上堵下排”方案实施进度；督促马鞍山水库工程、梅子箐水库扩建工程开工建；督促米易县和仁和区加快中水河流治理项目的建设进度，严格控制工程质量和施工安全；争对重点水利工程项目实施进度滞后，为推进中型水利工程建设进度，确保工程建设质量和安全，市委、市政府建立了“中型水利工程建设推进联席会议制度”，及时研究协调解决工程建设中存在的问题，为加快项目实施创造了有利条件。

（三）严格建设管理，确保工程安全。水利工程建设管理严格实行“三制”，即项目业主负责制、招投标制和建设监理制。加强项目质量安全和资金监督，建全质量与安全管理体系，完善工程质量与安全监督措施，落实参建各方的质量与安全责任，加大检查力度，督促施工企业和项目业主规范管理，确保工程安全、资金安全和干部安全。

（四）依法统计，提高统计数据质量。水利统计月报是水利统计工作的基础，水利统计年报是水利统计成果的集中反映，为做好水利统计报表工作，在日常工作中，严格统计报表制度，按照《统计法》

和《水利统计管理办法》及时、全面、准确地报送各类统计报表，对重点水利工程项目实行周报制度，要求报工程完成投资、实物工作量和有关统计信息数据，必须客观反映水利建设和运行情况及存在的问题。通过认真、扎实的工作，及时、准确地完成了2012年年报和2013年定期报表的统计上报工作，提高了统计数据质量。

（五）努力完成勘察设计任务。2013年重点围绕梅子箐水库工程招标及技施设计、大竹河水库工程技施设计及设代、东区大河沟水库工程可研设计、新秀坪水库工程可研设计、全市水资源总体规划、普达阳光水域整理工程可研设计、大河河道整治工程等项目，完成攀枝花市饮用水水源地保护规划、金沙江滨水新空间堤防工程、攀枝花钢城集团瑞钢工业有限公司整体搬迁项目取水工程、盐边县得天矿业有限责任公司350万吨/年钒钛磁铁矿采选项目、金台子移民安置点生产区田间水系尾段工程等项目，加快推进米易县城北安宁河段生态湖工程、仁和大河宝灵寺至阳光家园桥段河道整治工程、菩萨岩风景区堤防工程、米易中驿车旅休闲度假中心柳溪河堤防工程、东区弄弄沟流域中上段水利发展规划等项目。2013年签订合同44个，合同金额2326.37万元，收回合同款446.9万元，收回往年合同款999.4万元。

五、水土保持工作

（一）水土保持行政管理工作。在社会加强了《中华人民共和国水土保持法》《四川省〈中华人民共和国水土保持法〉实施办法》，通过张贴《中华人民共和国水土保持法》图解、会议、检查等多种形式广泛宣传水土保持法律法规，全方位普及水土保持生态文明理念，营造良好的水土保持工作氛围。全面清理2005年至2012年市级审批水土保持方案，包括审批方案数量、完成验收数量、补偿费总额及缴纳情况，进一步规范了水土保持方案档案管理工作，为水土保持监督检查工作奠定了基础。完成治理面积达117.5km^2，达到了目标任务的117.5%，圆满完成了全年治理任务。争取省级及省级以上水土保持财政专项资金120万元，其中中央预算内水土流失治理资金100万元，省级财政水土保持专项资金20万元。认真研究政策、积极与省水利厅、省水保局汇报衔接，帮助观音岩引水工程减少水土保持补偿费124.83万元，为重点水利工程建设节省了资金。强化服务意识，依法审批29个开发建设项目水土保持方案（含2012年底审查项目）。为加快审批流程，强化服务意识，所有项目均利用休息时间组织技术审查。针对国道108线技改工程、四川有色金砂选矿药剂等重点建设项目，采取预约服务，开通“绿色审批通道”，依法完成审批，为重点建设项目立项建设赢得了宝贵的时间。加强监督检查，继续加大开发建设项目水土保持监督检查力度，完成10个开发建设项目水土保持监督检查，针对个别项目未编报水土保持方案，印发了限期编报通知，督促市胜利公司依法缴纳拖欠水土保持设施补偿费69.73万元。2013年，配合局审批处征收水土保持补偿费征收333.6万元。组织水系森林廊道建设规划编制培训会，汇总编制完成了全市水系森林廊道建设规划，制定了《2013年全市水系森林廊道建设宣传工作方案》及《2013年全市水系森林廊道建设宣传职责分工方案》，严格按照创省级森林城市的有关要求收集整理水系森林廊道建设的相关资料，并顺利通过省级考核验收组的验收。

（二）综合试验和监测工作。加强生产建设项目水土保持监测，继续履行已签订合同的生产建设项目水土保持动态监测，如：攀枝花市云钛实业有限公司钛锭项目、白马球团二期、丽江至攀枝花高速公路攀枝花段等多个项目水土保持监测工作，完成攀枝花中禾矿业公司腾家梁子铁矿、白马铁矿二期工程水土保持监测总结报告，并顺利通过省水利厅组织的水土保持设施验收，签订了重庆至贵阳铁路扩能改造项目水土保持监测、富邦1000万件载货汽车钒钛制动鼓项目、龙蟒红格钒钛磁铁矿北矿区东矿段一期开采工程、800万t/年红格钒钛磁铁矿矿山开采技改工程等7个监测合同。认真做好水土保持方案编制及竣工验收技术报告编制工作，完成了攀枝花钢城集团瑞达水泥有限公司日产2500吨熟料新型干法水泥生产线技改项目、攀枝花钢城集团有限公司轧钢分公司搬迁工程、四川金沙水泥股份有限公司铁路专用线改扩建等12个生产建设项目水土保持方案编制，并顺利通过了水行政主管部门审批；完成了仁和区小村堰小流域水土流失综治工程实施方案编制；完成米易湾滩水电开发有限公司湾滩水电站等5个项目水土保持设施竣工验收技术（评估）报告编制工作。新签订了攀枝花龙蟒矿产品有限公司800万吨矿山、新建攀枝花市妇女儿童医院等27个项目技术报告编制合同。加强专项课题研究，完成了水土保持一期公益性监测专题报告，按照进度推进攀枝花市干热河谷地区坡耕地水土流失成因、防治措施及示范课题试验研究工作，已完成阶段性成果。

六、农田水利基本建设

（一）农建工作。2013年度，争取的水利建设资金为1508万元（盐边县2013年度“五小水利工程”项目中央资金500万元，盐边县规模化节水灌溉增效示范项目2013年度中央资金800万元，中央财政统筹土地出让收益中计提的农田水利建设资金200万元〈仁和、盐边各100万元〉，农业综合开发项目工作经费5万元，农建示范区标识标牌宣传费3万元）。实现新增和恢复蓄引提水能力1560万m^3，新增和改善灌面5.8万亩，新增节水灌溉面积6.82万亩，新增节水能力865万m^3。仁和区、米易县2012年底争取到、2013年1—3月实施的“五小水利”工程项目已全面完成建设任务并通过市级验收，新建水池（窖）959口，改造渠道58.51km，整治塘坝12处，整治小型泵站13处364KW，完成投资2933.69万元。盐边县2013年度“五小水利”项目建设方案已通过省厅批复，工程已全面动工，拟新建水池（窖）200口、改造渠道13.75km，架设管道190.61km。跃进水库农发中型灌区节水配套改造项目全面动工，中央、省、市建设资金1660万元足额到位，隧洞洞挖已掘进1310m，完成投资530万元。盐边县规模化节水灌溉增效示范项目2012年度5000亩的建设任务已完成95%，2013～2015年的建设计划已获国家发改委、水利部立项，三年总体方案和2013年度实施方案已编制完成并通过省发改委、省水利厅审查批复。仁和、米易、盐边3个县（区）农业综合开发国家土地治理项目和东区、西区、仁和区、米易县地方立项项目水利措施全面完工，完成渠道整治90.55km，新建蓄水池101口、新建深井1口、新建提灌站6座、整治山坪塘5口，架设管道21.84km，完成投资2430.1万元。米易县、仁和区现代农业生产发展项目的水利设施全面完工，完成渠道整治134.5km，新建蓄水池23口、新建提灌站7座、整治山坪塘5口，架设管道5.5km，完成投资1316万元。5个县（区）一事一议财政奖补水利项目全面完工，完成渠道整治30km，新建水池45口、新建机井2眼、新建及整治提灌站21座、整治山坪塘3口，架设农村饮水安全管道57.58km，完成投资1993.25万元（财政补助资金1141.23万元）。抗旱救灾“共青水池（窖）”修建的160口水池（窖）全部建成投入使用并通过省级验收，省级补助40万元。新村基础设施水利项目全面开工建设，拟于2014年2月底竣工，财政补助资金2414万元。首次启动实施的美丽乡村建设试点项目获批开建，在米易县丙谷镇雷窝村、白马镇马槟榔村、仁和区大龙潭乡混撒拉村、平地镇迤沙拉村等4个村整治山坪塘、架设管网、修建水池等项目，财政补助资金148万元。完成了本市太阳能光伏提灌站发展前景的调研，启动了太阳能光伏提灌站试点建设方案的编制，近几年拟实施新建16座太阳能光伏提灌站。出台了《攀枝花市2013年度农田水利基本建设考核办法》，制定了《绩效考核考核标准》，组织开展了全市2013年度“农建杯”绩效考核工作，按时上报了2013年度省“李冰杯”水利和综合管理项目绩效考核材料。

（二）病险水库除险加固工作。2013年病险水库除险加固工作任务20座，总投资1800万元，往年未竣工验收的病险水库35座，使2013年的病险水库除险加固工作异常艰难，任务较重。市水务局积极帮助县（区）解决工作中的困难，督促各区县狠抓病险水库项目开工，在各区县将设计报上来后第一时间组织设计审查，2013年20座病险水库的已完成审批工作，并已全面开工建设。2013年计划完成重点小（二）型以上的水库竣工验收工作，一般小（2）型病险水库除险加固项目42座于2014年4月底前完成竣工验收工作。

（三）工程维修养护工作。为进一步提高全市水库管理水平，切实加强管理能力建设，编制了《进一步加强全市小型水库规范化、标准化管理的意见》，将芭蕉箐、纸房和平地水库3座水库确定为全市2013年规范化、标准化试点，第一批3个示范水管单位于2014年6月份完成。根据省农水局对水利工程维修养护项目管理精神要求，编制了全市工程维修养护实施方案，积极组织开展了全市水利工程维修养护工作，较好地完成了水库维修养护项目。2013年度水利工程维修养护资金项目分别在本市的3个县（区）15个水库工程实施，共完成总投资252.62万元。

（四）积极做好水库蓄水管理工作。

近年来，由于本市持续干旱，面对旱情，积极采取多种举措做好全市水库工程蓄水保水工作。本市在雨季开始时就要求各水库工程在确保水利工程安全的前提下抓住一切机会蓄水工作，2013年末水库蓄水1.05亿立方米，比前二年较好。

（五）发展农民用水者协会，推进新农村水利建设。近年来，国家加大了对农业基础设施的投入，让农民用水户直接参与工程管理，成立用水者协会效果十分明显。工作中积极推动县（区）发展农民用水者协会，摸索水者协会的管理模式，最大限度地调动农民参与管理工程，目前全市共建立用水者协会42个。

（六）认真抓好水库安全工作。牢固树立安全第一的思想，充分认识做好水库安全管理工作的极端重要性，增强政治意识、责任意识，狠抓水库安全管理，积极进行了水库汛前、汛期和汛后全面、深入的检查，督促各县（区）做好水库工程安全管理工作，加强水库值班，提高警惕，强化各项监管措施，确保了2013年全市安全度汛。

七、水产渔政工作

（一）水产工作。2013年，本市水产工作得到了全方位的重视和支持。着力推进水产健康养殖，一是抓好农业部水产健康养殖示范场建设工作。认真做好米易拿虎湾渔场农业部健康养殖示范场标准化建设，同时积极申报，2013年新增农业部健康养殖示范场一个（米易益满达水产健康养殖示范场）。二是扎实推进攀枝花二滩库区取消网箱养鱼，推进生态渔业发展工作。通过考察学习，多次入户走访等方式深入调研，从养殖户利益出发，提出合理、科学、有序的取消库区网箱的指导意见，引导养殖生产者走健康、生态养殖道路。三是继续推进水库施肥养鱼的整治工作，结合本市城乡环境综合治理——水环境综合治理工作，对全市33座饮用水源水库，24座备用水源水库进行了清理和整顿，库区水质进一步好转。四是加快盐边县西北部地区、米易县麻陇、观音乡溪河流水资源的开发利用，以盐边县新毕村种养殖专合社利用天然河道发展渔业生产，带领农户增收为成功案例，全面推广渔业专合社溪河生态养殖模式。2013年全市新增渔业专合社5个，新增保护溪河3条。继续推进渔业产业带和重点工程建设。一是重点抓好全市早苗生产，利用本市光热资源优势，推广亲鱼温棚育种技术，同时利用米易益满达渔业有限公司的资金和技术等优势，发展早苗订单销售模式，大大提升了早苗生产能力，全年实现早苗生产16亿尾，较2012年增长了33%。二是继续培育和发展水产龙头养殖企业。盐边县流水养鱼示范基地已建成标准化流水养鱼池30余亩，投资200余万元，年生产优质裂腹鱼、鲟鱼等150余吨，产值800余万元。米易县三文鱼流水养鱼场建成标准化流水苗种培育池10亩，成鱼池40亩，投资1000余万元，年生产优质三文鱼200余吨，苗种50余万尾。产值1000余万元。四川益满达渔业有限公司完成了与米易跨越渔业有限公司的资产重组，并全力推进“鱼米阳光度假村酒店工程项目”多功能休闲渔业建设，现已验收，共投入资金3000余万元，预计2014年5月正式挂牌营业。切实加强水产品质量安全监管和水生动物防疫工作。一是继续加大宣传力度，贯彻落实《食品安全法》《农产品质量安全法》，通过多种形式，各种途径，针对性地开展宣传教育和培训工作，不断增强从业者的食品安全意识和遵纪守法意识，同时针对性地对全市有影响的水产龙头企业、专合社、养殖大户、监管人员等进行培训，培训人员超过80余人次，签订质量安全承诺书50余份。结合三下乡、三结合、对口帮扶等活动对全市范围内的养殖户进行了渔业培训，培训人数超过400余人次。二是认真开展专项整治工作。根据省、市食品安全要求，结合部门实际，制定方案，抓紧落实，重点抓了：一是做好市场准入制的前期准备工作，包括建立具体实施方案及相关制度的建立等。二是强化养殖投入品的监管工作。重点对苗种生产和饲料、渔药的监管，同时指导苗种场、养殖场建立健全生产记录、渔饲料、渔药使用记录、销售记录，建立苗种场、养殖场登记备案制度，从源头上把好质量安全关。共出动执法人员60余人次；执法车辆30余车次；检查鱼药鱼饲料经营户10余户；水产养殖大户35户；共发放宣传资料600余份，。三是加强了水产质检队伍建设，为盐边县、米易县、仁和区分别争取资金8万元用于水产品质量安全检测。四是做好水生动物疫情监测和预警预报，加强水产苗种产地检疫和出镜检疫，按期测报疫情情况，从源头上预防控制水产养殖疫病。全年疫情测报12次。五是实施水产品质量安全随机抽样检查，抽样点包括生产基地、水产品批发市场、农贸市场、超市等，样品包括全市30多个水产养殖品种，170个水产品样（其中实验室检测90个样，快速检测80个样），检测指标包括孔雀石绿、硝基呋喃、氯霉素共510项，合格率100%。确保了水产品质量安全。

（二）渔政管理工作。2013年，市水务局坚持“依法治渔、依法兴渔”的工作方针，突出重点，狠抓渔业法律法规宣传、渔船安全和渔业资源保护管理，强化渔政队伍素质及能力建设，切实为全市渔业资源保护和渔业生产发展保驾护航。一是加强法律法规宣传。充分利用世界水日活动、效能热线问答、禁渔检查、安全巡查、渔船检验及安全生产培训等工作时机，向广大市民、渔船主、渔业生产者大力宣传渔业法律法规，发放安全告知书、安全生产管理及操作要求等资料200余份。二是加强建章立制，制定完善了渔政站《渔业安全生产检查记录》《渔业执法巡查记录》《渔业安全会议记录》《群众来信来访、渔业违法举报记录》等，管理进一步规范。三是认真开展春季禁渔工作。组织各县（区）渔政部门开展了1次联合检查和6次不定期检查，参加执法检查人员计118余人次。禁渔期间收缴并销毁违法网具102张，收缴电捕鱼器17台（套），撤除1500米违规渔具支架，没收并放生江河野生鱼5千克（价值800元），有力打击了违法渔业行为，基本实现“江中无渔船、水中无网具、市场无江鱼”的春禁管理目标。四是抓好安全管理工作。重新修订、完善并印发了《攀枝花市渔业船舶水上突发事件应急预案》；对全市205艘渔船按期开展了年度检验，向船主发放了安全告知书；为渔民续办渔业人身平安互保100余份；组织开展2次全市渔船安全管理培训，受训近百人；根据国家法律赋予县（区）渔业行政主管部门的职能、渔船安全监管的要求和渔业生产发展现状，多次发文督促盐边、米易两县及仁和区，要求必须立即组织成立相应渔船检验机构，强化渔船安全管理；组织对县（区）开展了2次渔船安全专项检查和8次常规检查，检查船（人）215艘（次），督促县（区）落实安全生产责任制，签订安全生产责任书，严格落实救生衣“双100%”（100%配备，100%穿戴）要求，确保渔业船舶安全，全年无渔船安全事故发生。五是开展渔业资源管理保护。追收米易湾滩水电站渔业资源补偿资金30万元，已缴至市财政代管专户；组织开展本市2013年度渔业资源增殖放流工作，在二滩库区放流鱼种220余万尾，米易组织在安宁河放流鱼种37万余尾；强化对观音岩水电站渔业资源补偿措施落实的监督、指导工作。已开展1次网捕过坝（计捕获、放流鱼类19种，494尾，42.64kg）、1次人工增殖放流（放流岩原鲤、四川白甲鱼、长薄鳅、圆口铜鱼四类省重点保护或省重要经济鱼类10万尾）工作，丰富、补充了金沙江珍稀鱼类资源，年底前开展第2次网捕过坝工作；集中开展天然水域违规渔具渔法专项清理整治和严厉打击电、毒、炸违法渔业行为；对本市水生野生动物经营利用单位办理了年审手续，缴纳入市财政资源保护费13200元，管理进一步规范；开展金沙江攀枝花段渔业资源监测和水质监测，计监测106船次（资料212份），收集标本7个，采集水样18份。六是抓好渔船燃油补贴监管。加大燃油补贴政策宣传，提高公开度、知晓度；督促县（区）加强对机动渔船是否持有合法船舶证书以及渔船主机功率大小进行严格审查，防止虚报冒领，对年检不合格和存在安全隐患的渔船限期整改，整改合格方可领取补贴；监督县（区）公开、公正进行登记、公示，增加补贴发放透明度。全年市县（区）渔用燃油补贴工作未发生错、漏事件，得到群众好评。同时，通过该项工作进一步促进了渔船的规范管理。

八、质量监督工作。

2013年，市水务认真贯彻执行部、省有关水利工程质量管理的规定，切实履行政府对水利工程实行质量监督的职能，认真抓好全市水利工程质量监督管理工作，对仁和区大竹河水库枢纽及灌区渠系工程、米易县马鞍山水库工程、西区梅子箐水库扩建工程、米易县断梁子隧洞工程、米易县丙谷镇小河防洪治理工程、米易县普威镇普威河防洪治理工程、米易县攀莲典所段堤防工程（二期）、米易县红旗河坝段堤防工程（二期）、仁和区跃进水库节水配套改造项目共9个在建工程项目进行了质量监督，较好地完成了年初确定的各项目标任务，全年总共出具质量监督意见38份，检测、抽检报告100余份，有效的控制了工程质量。

（一）进一步完善质量监督工作制度，规范工程质量监督管理程序。为使水利工程质量监督逐步制度化、程序化、规范化，通过实践逐步形成了一系列行之有效的质量监督工作制度，主要包括“质量监督申请制度”“项目划分申报审批制度”和“质量评定申请制度”等三项程序性制度和“质量监督责任人制度”“质量监督工作实施计划制度”“质量监督活动台账制度”等三项规范性制度。具体做法为：一是质量监督申请制度。要求项目法人（建设单位）在工程进行招标前（不用招标的工程在开工前），必须办理质量监督申请手续，否则不予质量监督。明确了申请中必须提供的资料及申请的受理及审批等内容，取得了明显的效果，全年受监工程质量监督申请率为100%。二是项目划分申报审批制度。要求项目法人（建设单位）在监理、施工单位选定后，并在主体工程施工前，及时办理项目划分申报审批申请，明确工程项目的重要隐蔽工程和关键部位。三是质量评定申请制度。要求项目法人（建设单位）在工程竣工验收前，及时提出质量等级评定申请，在接到质量评定申请报告后原则上在10日内完成质量等级评定。四是质量监督责任人制度。质监站在收到项目法人的质量监督申请后，一般在14天内以文件形式（一般在质量监督申请批复中）明确项目质量监督组织形式和质量监督人员安排，明确质量监督责任人。对规模较大或需由不同质量监督机构联合履行质量监督职责的工程，一般设立工程质量监督项目站开展质量监督工作，而对于中小型工程一般明确质量监督责任人开展质量监督工作。五是质量监督工作实施计划制度。对规模较大的工程，一般在项目划分后工程开工前，由项目质量监督责任人对照施工进度安排，制订质量监督实施计划，并据此安排质量监督活动，对中小型工程则明确重要隐蔽工程、关键部位和阶段验收、竣工验收前必须质量监督到场。六是质量监督活动台账制度。每次质量监督活动，均要求质量监督人员做好质量监督活动台账，对发现的重大问题则要单独出质量监督纪要（或质量监督整改意见），下发给各参建单位，并要求项目法人组织各参建单位研究整改，并书面回复本站备案。全年共记录质量监督活动台账30余次，下发质量监督纪要（包括质量监督整改意见）等38份，出具质量检测、抽检报告100余份，为参建各方提出了许多好的意见和建议，得到了工程参建各方的肯定和好评。

（二）加强对各参建单位的质量行为的监督检查。重点检查工程实施过程中，各参建单位是否建立质量管理网络，工程质量责任制的落实情况和人员到位情况，以及它们履行相应的质量责任和义务的行为。以前在质量监督中常常偏重于对工程实体质量的监督，而对工程参建各方质量行为的监督往往忽视了。客观原因是行为监督没实体监督实在、具体。现在在质量监督工作中做到既重视工程实体质量监督，又重视行为监督，基本做到工程实体监督与行为监督并重。

（三）加大受监工程的质量监督巡查力度，做好工程实体质量监督工作。2013年全市受监工程项目9个，其中中型水库项目达3个。尽管受监工程投资大、数量多、分布广、时间又紧，质监站克服了人员少的困难，扎扎实实做好工程质量监督工作，做到“监、帮、促”相结合，以监督为主，通过帮助督促建立健全质量保证、质量检查和质量监督三个体系来提高工作质量、促进工序质量、保证工程质量。

平时在做好基础验槽、隐蔽部位、关键分部、阶段验收、竣工验收前等质量监督必查环节的同时，还根据各个项目的建设进度，加大质量监督活动频率，经常组织有关质量监督人员深入施工第一线，巡查施工现场涉及工程质量的一切行为和工程实体质量。出现问题的，该整改的坚决整改，该返工的坚决返工。

（四）依法认真把好工程质量等级评定关，客观反映工程质量。水利工程质量评定是水利工程质量监督机构的一项重要工作职责。为依法客观准确地做好工程质量等级评定工作、把好工程质量评定关，平时就要求质量监督工作人员经常深入施工现场，广泛收集工程质量有关信息，记好质量监督活动台账，形成第一手资料；质量评定时要求质量监督工作人员能严格按照国家、省颁布的有关质量检验、评定标准及实体工程质量检验检测成果进行客观评定，以数据说话。

九、供排水工作

（一）抓重点、克难点。2013 年，市水务局紧紧围绕市政府急难险重目标任务，以重点为攻坚口，以难点为突破口，克服人手少、时间短、任务重等困难，圆满完成两项急难限重任务。一是科学安排，精心组织，加班加点，高效工作，按时完成急难险重工程项目的勘察、初设审批、图设审复、财评、工程招投标等各项前期工作，有力确保急难险重工程项目顺利开工。二是未雨绸缪，想方设法，攻坚克难，累次与城建、城管、国土、交通、交警等部门沟通协商，及时协调规划许可、施工许可、施工占道、绿地破除与恢复、路面破除与恢复等各种施工条件，及时有力保障了急难险重工程项目顺利施工。三提前完成炳二水厂至干坝塘核心区供水主干管网工程项目建设，累计完成投资 8000 余万元，铺设供水管道 13 公里，实现了联网供水，有力促进了花城新区开发。四是按时完成金沙江南岸渡口桥至密地桥南岸沿江 21 处排污口整治工作，累计完成投资 1400 余万元，新建污水管道近 2.5 公里、新建 $25m^3/h$ 污水提升泵站 1 座、$300m^3/h$ 污水提升泵站 1 座，扩建 $600m^3/h$ 污水提升泵站 1 座，累计增收生活污水量近 1 万余 m^3/d，有力促进了沿江景观打造工作。

（二）抓民生，促和谐。一是超额完成民生任务，2013 年市政府下达市水务局农村饮水不安全民生任务 4 万人，截至 11 月底，累计完成投资 2160 多万元，兴建农村饮水安全工程 210 余处，共解决农村 4.32 万人饮水不安全问题。二是加强农村饮水安全工程前期准备工作，积极向上争取工程项目资金任务，全年共争取到上级资金 2556 万元（其中中央补助资金 1756 万元、省级财政补助资金 800 万元）。三是深入细致调查了解，及时与东区政府、攀钢集团公司生活服务分公司、十九冶物业公司沟通协商，妥善处置了东区弄弄坪片区夜间停水、供水水质、消火栓维护管理等相关问题。四是情系米易得石镇彝族群众人蓄饮水问题，深入草坝村二社八屯桥、杨柳湾、马鹿村四社现场指导人畜饮水工程改造项目，帮助群众筹集资金 30 多万元，有效解决了过去八屯桥 21 户 79 人、杨柳湾 12 户 65 人和马鹿村四社 7 户 30 人人畜饮水保障率不高的问题。五是深入仁和区啊喇乡，合理处置了旺牛村大丙别合作社取水纠纷。六是投资 2000 万元，加快推进炳仁路、清乌复线排水设施项目建设，减小洪涝灾害影响。七是全力推进全市污水处理厂省级改造和扩建工作，确保了全市“节能减排”目标的完成，积极有效改善了人居环境。八是认真处理群众急件，接受回复、处理群众市民热线 38 件。

（三）抓规划、储项目。一是根据国家住建部新供水、排水（污）编制大纲要求，重新修编《攀枝花市主城区十二五供水专项规划》《攀枝花市城区十二五雨水及内涝专项规划》《攀枝花市城区污水处理及再生水利用专项规划》。二是努力推动供排水中长期专项规划与城市总规、区域控制性规划相结合统一，强化本市供排水设施建设的指导性、规范性、控制性。三是积极根据供排水专项规划，编制 13—17 年供排水基础设施项目库，加强供排水基础设施项目储备。

（四）抓安全，促生产。一是认真做好城市排水汛前准备工作，组织各县区排水行政主管部门、市供排水所、攀钢集团公司、攀煤集团公司、市水务局集团公司，按照属地管辖原则，对全市近 800 公里排水沟渠、管网、涵洞开展拉网式检查。对88公里排水干管逐线巡查摸排，对干管上的2665座排水井逐一开井检查，对人民街、新华街、竹湖园、良友等重点路段共1600个平面雨水口、侧立雨水口逐一进行清洗除杂工作，对98条近42公里的城市排洪涵洞以及机场路、攀枝花大道、人民路、格萨拉大道等13条近38公里城市干道的排水设施逐一进行疏通清淤工作，共清运淤积物近1000余方，更换雨、污检查井井圈盖61套、井盖6套，有力确保了汛期城市排水设施功能正常。二是委托专业设计单位，编制全市供水应急预案、排水应急预案。三是防微杜渐，狠抓节假日供排水安全生产工作。四是完成全市2000余座消火栓安全大检查和维护工作。

（五）抓管理，促服务。一是认真完成2012年城市统计供排水专项统计工作。二是进一步规范供排水建设项目规划、建设管理程序，强化工程项目可研、勘察、设计、施工、竣工验收监管职能。三是强化对供排水运营单位生产监督管理，全年共收集6个运营单位共16座水厂月生产报表192张、出厂水42项常规水质月监测报表192张，6座污水处理厂月生产报表72张，深入供排水运营单位现场检查4次，确保供排水运营单位规范管理、安全生产、优化服务。四是强力推行排水许可，坚持对新建、改建、扩建项目室外排水进行论证和许可，进一步规范城市排水户行为，禁止乱排、散排、混排、超排行为，坚持雨污分排，杜绝管网、沟渠、涵洞超负荷运行，确保本市排水安全，全年排水许可共接件9件，批复4件；

（六）倾心力，抓“五创”。一是精心准备，顺利通过国家卫生城市、省级环保模范城市复检工作。二是认真完成“国家文明城市创建各项工作指标，制定涉水指标工作方案，收集整理水质达标率、生活污水收集处理率等创建指标支撑材料，提前组织人员对考核必检点位进行全面检查，明确任务、整改落实。全年完成雨、污水检查井有机生物病媒消杀4次，累计投药达3800座/次，确保了本市创建省级文明城市顺利通过。三是按照国家园林城市创建指挥部要求，认真研究城市蓝线管理办法和城市河道管理办法，制定攀枝花市城市水系、水域岸线管理细则，认真完成国家园林城市创建档案资料收集整理工作。

十、水资源管理工作

（一）认真抓好宣传工作，紧紧围绕落实最严格的水资源管理制度这一主题，严格水资源管理，强力推进水资源节约、保护。协助政策法规处做好“3·22”世界水日和“3·22－3·28”中国水周宣传活动，发放宣传资料1000余份；结合水资源日常管理现场监督检查，送法到企业到基层，发放《取水许可和水资源费征收管理文件汇编》、取水计量器具管理的相关文件资料35份。

（二）继续推进水资源严格管理，促进水资源的优化配置。紧扣用水总量控制红线，全面落实项目水资源论证、取水验收和取水许可证核发等制度。完成了攀鑫炉料、南方工业供水、东区大河沟、瑞钢工业公司整体搬迁、九荣工贸等项目水资源论证审查5个、批复3个、取水验收3个、核发取水许可新证1个、续证5个、变更5个，完善取水计量设施4个。监管中，始终坚持注重过程监管、事前把关与用水全过程服务。并完成了攀枝花市水资源公报编制和攀枝花用水总量控制指标修订及向上争取等各项工作。

（三）全力推进水资源费征缴工作，努力提高水资源费到位率，市级水资源费进账1400余万元。为维护法律尊严，严防国家规费流失，推进了米易石峡水电开发有限公司拖欠水资源费立案查处一系列工作，目前已进入法院强制执行阶段。

（四）狠抓水资源保护。修改上报了攀枝花江河湖泊水功能区划；配合西昌水文局编制完成了攀枝花全国重要江河湖泊水功能区纳污能力核定和分阶段限制排污总量控制方案编制工作；完成了57座饮用备用水源水库水质检测工作；完成了金安桥、龙开口、鲁地拉水电站蓄水发电对本市沿江取用水巨大影响的繁重协调任务，力保沿江取用水安全；全力推进国模创建涉水部分、观音岩水库水源地保护、沿江环境综合整治等各项工作任务。

（五）抓水资源日常管理工作，按时保质完成了水务、水资源、水资源费征缴、取水许可台账等一系列统计年报工作，完成了水资源管理之上传下达、横向协调与层级督导等各项任务。

十一、水政监察工作

一是制定了水行政执法检查方案，同时下发给各县（区）水务局要求同步执行，坚持有法必依、执法必严、违法必究的原则，大力推进严格执法，切实加大执法力度，严厉打击侵占河湖水域。违法设障、非法采砂等违法行为，从而确保各项执法检查工作扎实有序开展。二是切实开展河湖专项执法检查活动。市水务局明确执法检查登记范围，开展定期巡查和不定期抽查工作，同时指导县（区）水政监察大队对辖区内执法检查，对发现的问题，按照分级管理权限进行了处理。对检查过的河道制作了统一格式的登记表及巡查记录并建立了电子档案。执法检查过程中对流域范围重要路口及视野区域进行重点检查，坚决遏制河湖违法案件频发势头，保障河湖管理法律的全面贯彻实施，加快推进水生态文明建设。开展巡查检查过程中加大水法宣传，提高全民水法意识，在流域或河道显著位置张贴喷绘了文明宣传标语。针对执法检查中查出个别企业存在的问题，检查组也提出了相应的要求，对于提出的要求企业进行了整改，整改后市水务局将依照水行政相关法规继续跟踪督促。三是积极协助防洪渡讯，确保安全。进入主汛期后，积极协助管理河道，维护河道畅通，确保行洪安全。联合相关部门，对金沙江、雅砻江进行了检查清理，对土地和岸线不利于行洪、输水要求河道、水库范围内有妨碍行洪的建筑物、构筑物，以及从事影响河势稳定、危害河岸提放安全的行为，以监察队伍为主跟踪督办，限期整改。四是强化宣传，营造法制氛围。全市水务系统充分利用“世界水日”“中国水周”、法制宣传日等，本着“因地制宜、力求实效、开拓创新”的原则，紧紧围绕宣传主题，采取设立永久性宣传警示牌、悬挂横幅、张贴标语，开展学习培训和法律咨询等多种方式，择重以新《水法》《防洪法》《水土保持法》《渔业法》《四川省河道管理实施办法》等进行有计划广泛开展法制宣传活动。五是严查违法行为。坚持有法必依、执法必严、违法必究的原则，严厉打击侵占河湖水域、违法设碍、非法采砂等违法行为。截至目前，市水务局共巡查 25 次，参加检查执法人员 118 余人次，立案查处 1 件，下达责令停止违法行为通知书 7 份，责令整改通知书 7 份，下达处罚决定通知书 1 份。

十二、行政审批工作

一是认真组织开展了 3·22 第二十一届世界水日，第二十六届中国水周宣传活动。为切实搞好宣传活动，紧紧围绕“世界水日”的宣传主题“水合作”和“中国水周”活动的宣传主题“节约保护水资源、大力建设生态文明”，提前制定了宣传活动方案，认真开展了一系列内容丰富、突出特色的宣传活动。网络媒体宣传：3 月 22 日当日，利用市效能热线上线日，通过广播电台宣传 2013 年世界水日和中国水周宣传主题、介绍了世界水日的由来和目的，宣传水务法律法规政策，积极解答市民提出的各种来电咨询，与市民进行热线互动；在攀枝花电视台流动字幕宣传；通过中国移动发送手机宣传短信 3 万条。3 月 22 日至 28 日，利用市内出租车广告“水是生命之源，生产之要、生态之基”，“珍惜水、节约水、保护水”，进行宣传。通过开展内容丰富、形式多样的宣传活动，增强了全社会和广大市民惜水、节水、保护水资源和保护水环境的意识，为依法治水和加快水务改革发展，营造浓厚了社会舆论氛围和法治环境。

二是加强了依法行政有关信息公开和执法证件管理。完成了对全局行政执法证的年审和行政执法人员信息对外公布工作，年审行政执法证件 31 本（含在省水利厅办证 6 本），对外公布执法人员信息 31 人（含渔政执法 6 人）。申报了新办行政执法证 1 人基本资料。

三是年初制定了市水务局 2013 年普法和推进依法行政计划，完成了 2013 年依法行政评估考核自查报告及档案资料的报送。起草了攀枝花市水务局普法依法治理及创建法治机关责任分工，修改了攀枝花市水行政执法程序规定，待修改后印发执行。

四是认真开展清理规范行政权力工作，进一步优化行政权力运行流程。按照国务院和省政府关于深化行政审批改革和简政放权的要求，按市里部署，对照省取消和下放行政许可项目，做好承接工作，取消水利工程开工行政审批，暂停水利工程管理范围内建设项目审查等五项行政审批，对保留的行政审批事项，进一步疏理优化行政权力内部运行流程等规范工作，落实行政权力信息公开，及时报送行政权力清理工作有关材料。完成了行政调解法规依据的梳理报送工作。

五是完成了“市水务局六五普法中期自查报告”，接受了市法制建设领导小组办的检查。按市法制办、市监察局要求，组织牵头完成了清理规范行政权力运行基础数据和行政权力公开透明运行平台数据录入报送工作。

六是本着“全民、高效、廉洁、规范”的服务宗旨，秉持“服务企业、方便群众、奉献社会”的服务理念，以“打造示范窗口，争做服务标兵”作为行政审批窗口工作的最高标准，认真完成行政审批工作。截至十二月底止，窗口受理行政审批事项 76 件，办结 76 件，按时办结率 100%。群众满意率 100%，归档率 100%。窗口共收取行政性事业收费（水土保持设施补偿费和河道砂石资源费）352.471 万元（其中水土保持设施补偿费 346.771 万元，河道砂石资源费 5.7 万元）。

努力提升生态林业民生林业发展水平
充分发挥攀枝花生态文明建设主力军作用

攀枝花市林业局

2013 年，全市林业工作大胆探索、勇于实践，实施以生态建设为主的林业发展战略，创建森林城市、保护森林资源、发展林业产业，努力提升生态林业民生林业发展水平，充分发挥生态文明建设主力军作用，为建成美丽幸福攀枝花作出新的贡献。全年共完成各类营造林 31.46 万亩，新增森林面积 1.65 万亩，新增森林蓄积 34 万立方米，完成义务植树 234.27 万株，实现林业总产值 24.8 亿元，农民人均从林业上获得的收入达 1508 元。

一、全面开展生态治理，持续改善城乡人居环境，森林城市创建取得阶段性成果

森林城市创建工作继续按照“山水宜居林城·生态康养花城”的理念，努力改善城乡人居环境，全面开展金沙江城区段、花城新区视野范围以及“两江一河”沿岸生态治理，顺利通过省级森林城市现场考核验收，为创建国家森林城市打下坚实基础。

“6·29”群众义务植树日植树现场

（一）落实任务，生态治理有序展开。年初，市创森指挥部将全年创森工作任务分解落实到相关部门和县区，并签订目标任务责任书，明确了全市年度生态修复、生态治理开工建设项目 75 个，规划编制项目 2 个。年内，完成花城新区干坝塘薰衣草景观建设项目，栽种薰衣草 9237 平方米，景观效应初显；金沙江大道东段绿化景观工程项目通过验收，栽植攀枝花树、小叶榕 1.5 余万株；签订了干坝塘、炳三区两个山地森林公园投资合作意向协议，公园规划着手编制；完成金沙江干热河谷生态脆弱区生态修复工程马坎片区项目防火通道建设 2.1 公里、边坡防护网建设 3500 平方米；完成金沙江干热河谷生态脆弱区生态修复工程金江片区项目招投标；完成盐边县高速公路出口绿化、跃进水库库区周围树木补植等69个项目，新增（改造）绿化面积5.93万亩。

（二）加大投入，七大创森工程纵深推进。花城景观建设工程：投入资金2.09亿元，编制完成《花城景观打造建设项目可行性研究报告》，新建米易河西中央公园、仁和滨河廊道等城市景观，改建攀枝花公园、竹湖园、仁和公园景观绿地1831亩。环城生态景观林建设工程：投入资金1.64亿元，对金沙江沿江两岸的马坎、黄家湾等视野区进行绿化改造提升，建设南山园区防护景观林、钒钛园区生态景观林8183亩。森林廊道建设工程：投入资金5616万元，新建、改建森林廊道2102亩，初步实现重点地段绿脉贯通的目标。矿山迹地植被恢复工程：投入资金581万元，建成摩挲河、大宝鼎、魔芋湾、金谷煤矿等10个示范点，完成矿山迹地植被恢复治理面积800亩。山地森林保育工程：投入资金4918万元，结合天然林资源保护、自然保护区建设、退耕还林等林业重点工程开展森林保育工作，着力绿色生态屏障建设，提高区域内森林生态、经济和社会效益。生态产业建设工程：投入资金2830万元，新建核桃、芒果、石榴基地和种苗、花卉产业基地4.5万亩。生态文化建设工程：重点打造和推介“中国阳光花城”“山水、宜居、生态、康养”两个生态文化品牌。

（三）全民参与，义务植树成果逐步扩大。在2012年义务植树工作的基础上，新增金沙江中心区段沿江两岸视野区部分地块和盐边县红格癞山义务植树点，并将1000亩义务植树任务落实到191个责任单位，责任单位一包三年，包成活保成效。继续组织“6·29”全市义务植树日活动，栽植树木5000余株。全市全年完成义务植树234.27万株，参加人数72万，义务植树尽责率92%。

创森机场路景观打造工人正在栽植冬樱树

（四）积极迎检，通过省级森林城市现场考核验收。创建省级森林城市是创建国家森林城市的阶段目标，为确保通过现场考核，市委、市人大、市政府、市政协领导多次召开协调会安排布署创森工作，市创森指挥部根据《四川省森林城市考核评选办法》规定和考核标准，制定了详尽的创森迎检工作方案，开展了资料收集、宣传片拍摄、申报材料编写等具体迎检工作。9月13日，攀枝花市顺利通过省检查验收组现场考核验收，省检查验收组将按程序上报省绿委审定后，正式批准攀枝花市为省级森林城市。

二、继续深入实施林业重点工程，着力提升生态林业水平，生态建设再谱新篇章

抓质量、重效益，继续深入实施天然林资源保护二期工程，有效巩固退耕还林工程成果，不断加强生物多样性保护，营造林和城乡绿化面积稳步增长。

（一）天保二期工程完成既定目标。960名巡山管护人员对350.4万国有林和134.8万亩集体林实施精心管护。完成森林资源二类调查市级成果汇总并通过市政府发布，发布数据显示：全市国土幅员面积1116.06万亩，林业用地面积838.3965万亩，占幅员面积75%；非林地277.6635万亩，占幅员面积25%；活立木蓄积量4065.833万立方米，森林覆盖率60.03%。对全市天保工程“四到县区（局）”情况进行考核检查，发现问题限期整改。组织开展天保公益林生态效益补偿工作，完成集体公益林生态效益补偿134.81万亩。开展天保工程一次性安置人员568人两项保险补贴工作，全市国有林业职工五项保险参保率达100%。

（二）退耕还林成果有效巩固。实施退耕还林工程目标、任务、资金、责任“四到县（区）”管理，市政府与县、县与乡、乡与农户层层签订退耕还林目标责任书，将巩固27.5万亩退耕还林成果任务分解落实到各县区，并加强检查验收。全面兑现2012年退耕还林资金5673.28万元。落实2012年新增巩固退耕还林成果项目资金300万元，在米易县实施产业基地建设1.15万亩。落实2013年退耕还林工程后续产业建设项目资金107.3万元，建设完成1272亩原料、经果林，改、扩、新建牲畜圈舍3211平方米。

（三）生物多样性保护不断加强。自然保护区建设方面，争取中央补助资金760万元用于攀枝花苏铁国家级自然保护区基础设施建设；修改上报攀枝花苏铁国家级第三期基本建设项目可研报告；完成白坡山自然保护区麻陇保护站、二滩鸟类自然保护区4个大型标牌500个标桩建设；为支持乌东德水电站建设，调整仁和区平地猕猴自然保护小区边界线，自然保护小区总面积由原来的3.92万亩调整到4.1万亩。野生动植物保护方面，利用“湿地日”“爱鸟周”“野保宣传月”等专项宣传活动，广泛宣传湿地保护、鸟类保护及野生动植物保护法律法规，救助野生动物300余只（条）并全部放生，加强野生动物疫源疫病监测防控，采集野生鸟类咽试子和肛试子样品50份，未发现H7N9禽流感病毒。

（四）营造林和城乡绿化面积增加。全市各级林业部门结合森林城市创建，大力推进重点区域造林和社会造林，全年完成营造林31.46万亩，其中人工造林0.44万亩，中幼林抚育23.20万亩，低产低效林改造7.82万亩。全市新增森林面积1.65万亩，新增森林蓄积30.4万立方米，实现森林面积、森林蓄积双增长。城乡绿化活动蓬勃开展，结合“五创联动”和阳光花城建设，全面推进城市、城周、集镇、通道和乡村绿化，新增（改造）绿化面积5.93万亩，创建省绿化模范单位6个、绿化示范村6个，新申报绿化模范单位5个、绿化示范村5个。严厉打击制售假劣林木种苗和保护植物新品种权工作，开展专项检查36次，出动执法人员150人次，检查种苗生产、种苗经营场所50余家。

三、做精做好特色优势产业，做强做大民生林业，林业产业发展取得新突破

充分依托天保和退耕还林两大林业重点工程，做精核桃、林下种植等林业优势产业，做好块菌、咖啡等林业特色产业，逐步做大做强以兴林富民为目标的民生林业，林业产业发展取得新的突破：全市经济林种植面积累计101.9万亩，全年实现林业总产值24.8亿元，农民从林业获得的收入达1508元。

（一）以核桃产业为代表的优势产业规模壮大。加快核桃良种繁育基地和标准化种植示范基地建设，建立核桃科技示范基地1个，面积200亩；建立核桃标准化栽培示范基地3个，面积1500亩；建立本地核桃良种采穗圃2个，面积384亩，新增核桃种植基地面积4万亩。全市核桃种植面积累计34.65万亩，全年产量11437吨，突破万吨大关，实现产值4亿元，项目区农民人均增收322元。林下中药材、森林蔬菜种植面积逾4万亩，林下畜禽养殖出栏71.8万头（只）。

（二）以块菌、咖啡为代表的特色产业发展势头良好。继续实施夏块菌人工培育及栽培示范、块菌菌根苗人工培育及栽培推广示范项目，加快块菌人工培育基地建设，成功举办攀枝花块菌国际学术交流会，交流会上，块菌系列产品销售良好，实现产值1.2亿元。经过不懈努力，“攀枝花块菌”取得国家质监局地理标志认证，“攀枝花块菌”成为攀枝花呈现世界的继“苴却砚”后又一张新名片。加强全市5家咖啡产业的扶持引导，推动“半坡”“秦氏”等咖啡品牌培育壮大，全市咖啡种植面积1.2万亩，产值600余万元。森林生态旅游发展态势良好，实现产值6.03亿元。

（三）着手建设现代林业产业重点县。编制完成《米易县现代林业重点县建设（2013年－2015年）实施规划》，按《规划》完成新造核桃林2万亩，低改核桃林3万亩，建设蓄水池3000立方米、改造林区道路30公里，新建机耕道20公里，全县现代林业产业基地面积、林业总产值、农民人均从林业获得的收入等指标均达到林业产业重点县要求。随着米易县现代林业产业重点县建设辐射面的不断扩大，其示范带动作用将更加明显。

（四）扶持涉林专合组织和涉林企业。继续加大对林业专合组织、涉林企业的扶持力度，全市林业专合组织已发展至23家，涉林企业和个体工商户400余家。支持川滇林产品交易市场发展，年内入驻川滇林产品交易市场木材企业58家，全年销售木材4.4万立方米，产值6500余万元。

四、严格“三防”体系建设，全力维护森林资源安全，森林资源保护管理取得新成效

坚持依法治林，更加严格、更加规范地开展以防火、防病虫害、防乱砍滥伐为主要内容的林业“三防”体系建设，不断提升森林防灾减灾能力，森林资源保护管理取得新的成效。

森林防火宣传进校园

（一）预防得力、措施到位，森林防火成效明显。落实森林防火责任制，开展防火宣传、火源管控等森林防火预防工作，进入防火期，立即组建专业扑火队26支424人，半专业扑火队49支892人，落实专兼职巡山护林员、了望员487人，对他们进行火灾扑救专业培训，并结合计划烧除开展实战练兵、实战演练。为做好后勤保障，要求各县区、各乡镇加大森林防火经费投入，迅速补充防火物资，东区投入200万元防火经费，米易县投入168万元防火经费；米易县采购37万元森防物资，仁和区采购23万元森防物资；市森防指挥部向各县区、各单位发放各类扑火机具800余套（件）。针对林下可燃物急剧增加，火灾发生机率偏高的情况，在云南松林区开展计划烧除，在重点地段、重要林区、关键地段的山脊开设防火隔离带，完成云南松林区计划烧除面积75万亩，烧铲防火隔离带400公里。全市全年共发生森林火灾105起，其中，一般森林火灾93起，较大森林火灾12起，火场总面积1.7万亩，受害森林面积3071亩，森林火灾损失率0.48‰，无重大、特别重大森林火灾发生。

（二）打防结合、专项整治，严厉打击破坏森林资源违法犯罪行为。全市森林公安机关始终保持对涉林违法犯罪的高压态势，加强情报信息收集、坚持林区巡逻守护、建立特勤耳目，密切掌握、有效维护林区社会治安秩序。针对林区火案高发、破坏野生动植物违法犯罪行为频发的严峻形势，精心组织，周密部署，开展了“森林火灾案件侦破和查处专项行动”“打击破坏野生动物资源违法犯罪活动专项行动”“林区禁种铲毒”“亮剑行动”等一系列专项整治行动，严厉打击涉林违法犯罪行为。全年全市森林公安机关共发现、受理各类破坏森林和野生动植物案件781起，其中立森林刑事案件72起，破获53起，立重特大案件21起，破获17起；立森林行政案件709起，查处709起。依法打击处理违法犯罪人员772人，收缴木材184.67立方米，收缴野生动物2266只（头），林业行政罚款305.7万元，累计挽回经济损失332.7万元。

（三）科学防控、执法检疫，有效遏制林业有害生物蔓延。全市各级森林病虫害防治检疫部门认真贯彻“预防为主、科学治理、依法监管、强化责任”的工作方针，积极开展林业有害生物调研，强化预测预报体系建设，加强检疫执法，启动检疫示范点建设，建立松材线虫病初检试验室，有效遏制了外来有害生物的入侵和危险性有害生物的传播蔓延。全年林业有害生物无公害防治面积2.21万亩，防治率100%；林业有害生物预测预报准确率99.54%，林业有害生物成灾率仅0.0008‰；实施种苗产地检疫0.11万亩，种苗产地检疫率100%。

（四）查处治理、强化管理，规范严格保护好林地和森林资源。认真开展对“四个一批”“重大工业产业化项目”“急难险重”等省、市重点项目占用征收林地的协调、服务、指导和监督工作，为全市重点工程建设和急难险重任务的顺利推进作出贡献。全市全年共审批征收占用林地120宗，使用林地面积1.8万亩，收取森林植被恢复费8711.77万元。完成2012年度森林采伐限额执行情况监查，经监查，全市各项指标均未超限额。加强松脂采集管理，及时处置违规采集和越界采集行为7起，全市依法采集

森林公安和森林植物检疫人员在木材加工厂联合进行执法检查

松脂600余吨，采集面积11余万亩。大力开展木材检查站及木竹材经营加工检查，全市12个木材检查站均充分发挥监督检查职能，无公路“三乱”现象发生。各级林业行政执法部门依法查处林业行政案件，共受理林业行政案件683起，查处683起，查处率100%。没收非法所得38.81万元，罚款341.701万元，赔偿损失11.63万元，没收木材188.43立方米，补种树木11147株，行政处罚731人次。

五、创新体制机制，加快推进林权制度改革和国有林场改革，现代林业改革取得新成就

集体林权制度改革和重点国有林区、国有林场改革已扎实推进多年，取得丰硕成果，进入创新体制机制，深化各项改革的关键阶段，林业深化改革迈出坚实步伐，取得新的成就。

（一）强化林权监管，集体林权制度改革继续深化。为有效遏制林权制度改革后出现的林权流转时间过长、流转价格过低、流转程序不合法等行为，按照《四川省林权流转管理办法（暂行）》和《四川省林权抵押贷款管理办法》，在全市范围内组织开展了集体林权流转清理检查工作。为确保清理工作顺利进行，清理检查期间暂停全市集体林权流转和抵押贷款登记工作，督促、指导县区建立和完善了林权流转台账，并对全市集体林权流转进行调研，形成《集体林权流转情况专题报告》，报送市政府。经清理检查，东区、西区、盐边县、米易县均发生集体林权流转行为，其流转工作较为规范，流转程序基本符合政策规定，但也存在流转价格低、林权流转后林木管护不力、林权流转平台建设滞后等问题，清理检查组督促各县区对存在的问题进行了限期整改。集体林权制度改革至今，东区、西区、米易县、盐边县已依法流转林地3.31万亩，流转宗数113宗，流转金额1076.79万元。全市共计林权抵押贷款4宗，面积6259亩，抵押贷款金额2911万元。为保护林农合法权益，继续组织实施森林保险的参保和理赔工作，全市全年森林参保面积282.8万亩，参保金额273.1万元；开展森林保险至今，全市森林保险报案73起，受灾面积9.33万亩，获得理赔款204.46万元。

（二）因地制宜，国有林场和森工企业第三产业迅速发展。市国营林场总场加大资金投入，加强技术革新和产业指导，降低生产成本，提高产品质量，第三产业发展迅速，现有红砖生产经营、花卉苗木及绿化工程、紫胶生产经营、亚热带特色水果种植业等多种经营项目，全年多种经营收入2932.66万元，实现利润153万元。普威林业局大力发展块菌酒、生态养鸡等林下产业，充分利用白坡山、红碧滩、马鹿寨等景观资源，大力发展生态旅游业，全年实现第三产业产值110万元，利润15万元。鸿森园林公司培育苗木4.5万株，实现产值2400万元，利润20万元。

六、以夯实基础为导向，认真开展各类基层基础工作，林业支撑保障能力取得新进展

围绕中心工作，认真细致地开展人才强林、科技兴林、设施建设、安全生产、维稳综治等基层基础工作，为发展生态林业民生林业提供强大的支撑保障能力。

（一）人才支持，努力建设高素质的林业党员干部人才队伍。市林业局党委提出“抓班子、带队伍、促发展”，建设林业党员、干部、专业人才三支队伍的要求，为发展生态林业民生林业提供人才支持。深入开展“四好班子”建设活动，各级领导班子带头学习提高，带头从严要求，带头维护团结，坚持民主集中制，坚持党委理论中心组学习制度，坚持履职尽责、身体力行，林业各级领导班子的凝聚力、战斗力和科学决策能力、综合执行能力进一步增强。坚持党管干部原则，结合林业实际研究制定了《中共攀枝花市林业局委员会关于干部培养交流管理的实施意见》，从林业干部的任免管理、培养交流、监督考核三个方面有针对性地提出了11条具体措施，努力营造风清气正的选人用人环境，通过公开选拔任用程序，推荐产生了2名副县级领导干部、6名正科级领导干部，轮岗交流7名科级领导干部，向市委组织部推荐30岁以下优秀年轻干部8名，推荐优秀正科级以上干部7名。坚持党管人才原则，加强林业专业人才队伍建设，通过举办木材检尺、核桃栽培、森林病虫防治检疫培训班、送科技下乡等方式培训基层林业技术人员；按照《2011－－2015年攀枝花市乡镇林业站站长能力测试计划》，对8名基层林业站站长进行了能力测试，提升基层林业管理人员综合能力；对有突出贡献的林业科技人才和优秀科研成果进行表彰，进一步激发了林业专业技术人员干事创业热情。加强党员队伍建设，按照党员发展和党员管理新要求，结合林业实际，研究制定了《中共攀枝花市林业局党委关于发展党员和党员管理工作的实施意见》，规范了党员发展和党员管理工作，全年共发展党员6名，预备党员转正7名；建立健全党员信息库，完成全局4个党委、29个党（总）支部、534名党员的基础信息录入工作；建立健全流动党员管理台账，流动党员持证率100%。

（二）科技支撑，开展林业实用技术科研成果推广研究。邀请台湾大学胡宏道教授、新西兰皇家植物和食品研究所王云教授、法国黑孢块菌栽培专家PierreSourzat教授来攀作学术报告，并为攀枝花块菌培育加工提供技术服务。林业科研人员经技术攻关，顺利完成省发改委块菌产业建设项目、块菌人工菌根苗培育、欧洲块菌菌种分离扩繁技术研究与应用、云南梧桐培育技术研究4个科研项目；正在实施黄牡丹保护性种植试验、四川攀枝花苏铁国家级自然保护区科普基地建设项目、夏块菌人工培育项目、魔芋繁育及高产栽培技术研究、咖啡在金沙江河谷区的套种试验与示范、攀枝花市适生核桃品系筛查及核桃良种引种试验研究、攀枝花苏铁保护技术研究、攀枝花城市森林建设乡土景观植物筛选8个科研项目；新申报攀枝花市特色花卉培育、攀枝花城市森林建设乡土景观植物筛选2个科研项目。

（三）改善民生，推进国有林区棚户区改造。全市国有林区棚户区及国营林场危旧房改造工程建设顺利推进，林区民生条件不断改善。全市林业棚户区改造工程下达建设计划1001户，已完成盐边林业局新建311户、市国营林场总场新建132户和普威林业局旧房维修109户安置房建设，且分房到户。普威林业局新建371户及米易坪山林场新建78户主体工程完工，正在进行内外墙装修。

（四）防患未然，林业未发生安全生产事故。按照“一岗双责”要求，全面落实安全生产领导责任制，积极推行安全生产目标管理，完善安全生产目标考核措施和办法，完善《林业安全生产事故应急预案》，组织林业生产企业开展“安全生产月”“百日安全”活动，定期进行安全生产隐患排查治理，定期报送安全生产信息，加大对山洪、泥石流等自然灾害的预防工作，全年无林业安全事故发生。

（五）扩大宣传，生态文化建设广泛深入。充分利用攀枝花日报社、攀枝花广播电视台等宣传媒体，开展了森林城市创建、天保工程、退耕还林、湿地保护、爱鸟周、野保宣传月、森林防火等系列宣传，大力弘扬生态文明理念和低碳绿色的健康生活理念。野保宣传月期间，出动车辆80台（次），人员200人（次），悬挂宣传横幅、挂图、标语250余张，摆放宣传展板80余张，发放宣传小册子4.53余万份，接受群众咨询1400余人次。森林防火期间，印发森林防火告知书15余万份，发放防火宣传日历、挂历6.2万份，书写森林防火标语7300余幅，发放防火宣传环保袋1.8万个、草帽3000个、围裙5000个，先后在《攀枝花日报》《攀枝花晚报》分5期刊发森林火灾典型案例10例。大力开展创森宣传工作，在全市营造森林城市创建氛围，开通了创森专题网站，印制创森宣传画册800本，城区重要街路出入口设置大型宣传牌20块，电视台滚动播出森林城市建设公益宣传广告千余次，《攀枝花日报》刊登创森专刊20期，张贴创森宣传招贴画2万张，印发创森知识手册2万本。

（六）稳控化解，抓好林区综治维稳工作。全市各级林业部门深入林区、林业企事业单位，认真开展调查研究，尤其在全国两会、党的十八届三中全会等特殊时段，充分发挥党的思想政治工作优势，发挥群团组织联系纽带作用，发挥大排查、大调解、大化解机制优势，开展矛盾纠纷大排查、大化解工作，深入开展平安林区建设活动，及时掌控动态，调整工作部署，解决影响林业系统社会稳定的突出问题，整治影响林区群众安全感的社会治安问题，将矛盾化解在基层、解决在单位内部、消除在萌芽状态，切实加强综治维稳工作，维护林业系统和谐稳定。

创建中国阳光康养旅游城市
取得阶段性成果

攀枝花市旅游局

2013 年，攀枝花市旅游局按照市委、市政府的决策部署，紧紧围绕创建中国阳光康养旅游城市的目标任务，创新思路求突破，科学规划谋布局，筑巢引凤抓招商，全力以赴抓建设，强力营销抢市场，强化服务抓提升，确保了在困难局面下全市创建中国阳光康养旅游城市工作有序、快速推进，取得了阶段性成果。2013 年 12 月，省政府在攀枝花市红格镇召开全省百镇建设暨重点旅游项目推进工作现场会，攀枝花市的重点旅游项目建设工作得到了省委、省政府的充分肯定，其成功经验与做法，在全省起到了示范引领作用。

一、创新思路求突破

创建中国阳光康养旅游城市是攀枝花市产业升级和城市转型的必然选择，更是推进旅游业大发展的重要抓手。全市瞄准国内外庞大的休闲、运动、康养消费市场，通过“政府主导、企业主体、整合资源、统筹发展”等措施，坚持走差异化、错位化发展路子，围绕“一心一轴两翼”的旅游产业布局，挖掘开发本市恣意扬洒的阳光气候资源、雄伟俊美的大山大水的资源，独特丰富的温泉资源、弥足珍贵的自然生态资源、丰富多彩的民族风情资源、五彩缤纷的花卉和蔬果资源，着力突出“春赏花、夏避暑、秋品果、冬养生”的旅游特色，推动了全市旅游业升级发展。实践证明，这一创建思路及目标定位，充分展现了攀枝花的旅游资源禀赋，顺应了当前国际、国内发展休闲度假旅游的大趋势，得到了全市各界大力支持和广大游客的充分认同。

2013 年 4 月 9 日，全市旅游工作会议在攀枝花会展中心国际厅召开。

二、科学规划谋布局

攀枝花市旅游局遵循“城旅一体、整体发展、相互依托”的原则，坚持“高起点定位、高标准规划、高水平开发”的理念，对全市旅游资源重新开展普查，邀请全国多家知名的高规格的规划单位，对本市旅游发展和项目开发进行规划、策划。编制完成《中国阳光康养旅游城市规划》《二滩小环线得石镇片区核心景区修建性详细规划》《米易龙潭溶洞中国龙文化主题景区旅游文化策划方案》和“中国阳光康养旅游城市”的概念征集评审，完成米易龙潭溶洞景观设计及专题动漫设计、《二滩湖区旅游开发总体策划》《阿署达花舞人间景区总体规划（2012－2030）及控制性规划》。

三、筑巢引凤抓招商

全市按照“科学规划、适度包装、整体推出、各个突破、着眼效果”原则，坚持把招商引资作为打造旅游精品的第一要务，转变观念和思路，创新方式和举措，完善机制和体制，优化投融资环境、搭建投融资平台，在招大商、选优商、大招商基础上，优选项目、优化环境、优质服务，引资与引智紧密结合，大力实施以会招商、上门招商、友情招商，成效显著。在成都、广州、重庆及丽江、大理等地举办一系列旅游投资说明会、洽谈会。编制《旅游产业投资项目计划表（2013－2020）》《攀枝花市旅游重大投资项目会商暂行办法》，建立招商项目数据库和旅游投资“客商库”。尤其在丽江、大理旅游举办的投资说明会、洽谈会上，与23家企业和商会签订了旅游合作、项目建设框架协议，投资金额约18亿元；努力促成澳大利亚斯德威尔公司与华西希望集团合作建设阿署达项目，积极协调米易县与香港动蛋王国文化娱乐有限公司签订项目投资协议、与香港精英联合会洽谈四驱车项目、与香港观澜集团洽谈推进在建高尔夫项目、与香港中旅集团洽谈温泉开发项目。

2013年6月22日，全市创建中国阳光康养旅游城市暨旅游新村建设攻坚大会在会展中心国际厅召开。

四、全力以赴抓建设

重大旅游项目建设是创建工作的重点。全市按照市委、市政府“急难险重”的目标要求，进一步健全了旅游重大项目建设领导机制、协调机制、监督机制、奖励机制，加强协调督办，落实绩效考评，加大问责力度。实行一把手亲自抓、负总责，分管领导具体抓、抓落实；落实“一个重大项目、一名领导牵头、一班专门人员、一个奖惩制度”的组织领导机制；坚持“定责到人、定期到月、半月督察、每月分析、季度考评、及时通报、即时奖惩、现场协调、现场落实”制度；分解细化任务，层层落实责任，及时掌控工程进度和质量，形成封闭的项目建设管理服务链条，确保旅游重大项目建设的顺利推进。

五、强力营销抢市场

2013年12月6日，攀枝花市委书记刘成鸣陪同四川省人民政府副省长黄彦蓉视察红格温泉旅游度假区。

攀枝花市旅游局围绕“阳光花城·康养胜地”的城市旅游品牌形象的树立，提出“阳光攀枝花·悠然康养城”宣传口号，务实高效地开展了一系列营销工作。一是以各类媒介为载体，强化“阳光花城”旅游新形象的宣传。首次在央视4套进行为期一个月的旅游形象广告播出，在川台卫视、旅游卫视、四川新闻资讯频道播出了专题片，在省内外大型报刊、全国大型网站开展了专题宣传，开通了攀枝花旅游官方微博。二是以旅游节庆和各种活动为载体，增强攀枝花旅游影响力。举办攀枝花欢乐阳光节、格萨拉索玛花节等节庆活动6个；组织举办传统客源市场专题宣传及系列自驾游、阳光旅游志愿服务行动等各类活动10个。三是以各类会展为载体，加强对外交流。参加西博会、旅游交易会、经济体合作年会、旅游营销论坛会等各类会展12次。

六、强化服务抓提升

质量是旅游业的生命。攀枝花市旅游局注重提升旅游产品质量。一是加强旅游标准化建设。创建全省旅游标准化试点城市工作通过初检，新增2A级景区2个、等级农家乐（乡村酒店）6家、等级旅游餐馆6家，完成了红格温泉旅游度假区省级验收和4A级景区市级初检、金海开元名都大酒店5星级酒店和绿色饭店省级初评工作。二是加强服务能力提升。组织了2013年全市涉旅企业服务技能大赛；开展旅游服务技能等培训、讲座65期，培训4329人次，完成全年任务的144%；在高速公路完成了34块旅游新村标牌的建设；盐边自驾游营地建设完成了策划并开展招商；积极协调企业加大投入，健全服务基础设施，提升服务质量和档次。三是加强旅游市场综合整治。制定和完善应急预案、加大安全生产检查和隐患排查力度；精心组织实施各类专项整治活动3次，开展各种检查共计8次，共出动检查人员200余人次。成功应对了春节、国庆黄金周游客"井喷"。全年无一例行政责任事故和案件发生，无一起行政复议和行政诉讼案件。

七、政策支持促发展

攀枝花市旅游局积极争取上级部门对创建工作在政策、技术、智力、资金等方面的大力支持。一是争取技术、智力支持。通过积极汇报、沟通协调，省政府"两个现场会"于12月5日在攀枝花成功召开，全市创建工作的带动、示范、推动作用，受到了省委、省政府的充分肯定。省旅游局多次派出工作组到攀枝花调研指导，形成《攀枝花市旅游业发展调研报告》，并派出师资120人次到本市组织的各类培训班授课。二是争取重大旅游项目支持。完成了"二滩国家森林公园旅游基础设施建设投入项目"向省旅游产业发展领导小组和国家旅游局申报工作。三是争取旅游发展专项资金支持。省旅游局对攀枝花欢乐阳光节、全省重大旅游项目推进现场会补助资金75万元，向国家旅游发展基金申请到"普达阳光国际康养度假区项目"贷款贴息补助260万元。

2013年12月6日，全省百镇建设暨重点旅游项目推进现场会在攀枝花市红格温泉假日酒店召开。

八、创建工作结硕果

（一）旅游经济快速增长。全年实现旅游总收入102亿元，同比增长52.6%，超额完成四川省旅游局和攀枝花市政府下达的旅游总收入目标。

（二）旅游规划形成体系。全市完成阳光康养、运动健身、观光休闲、文化体验、乡村旅游等多个板块规划、策划28项，较好地解决了旅游发展的定位、目标、路径、政策、营销、保障等重大问题，旅游规划基本形成体系。

（三）重大旅游项目建设快速推进。全市旅游在建项目43个（其中，5000万元以上项目37个、1亿元以上项目20个、10亿元以上项目11个、100亿元以上项目2个），总体进展顺利，八大旅游项目群建设有序推进。

（四）招商引资成效显著。旅游招商引资合同项目19个，完成项目签约金额141亿多元，实际到位资金26.95亿元，旅游投资总金额50.43亿元，各项指标均创历史新高。

（五）市场营销取得实效。进一步巩固成、渝、昆核心传统客源市场及丽江、大理、楚雄等周边客源市场，有效拓展北方及长江中下游客源市场。攀枝花"阳光花城·康养胜地"城市旅游品牌的美誉度大幅提升，知名度日益扩大、影响力逐步增强。

（六）接待能力全面提升。全市现有国家AA级以上景区13个，有国家工农业旅游示范点3个，国家级自然保护区和国家历史文化名村各1个，国家、省级森林公园各1个，风景名胜区2个，国家级竞训基地2个；有星级宾馆18家，星级农家乐（乡村酒店）116家，接待床位数24550张；有国内国际旅行社26家，旅游纪念品生产厂家15家，旅游业直接从业人员达2.3万余人。

以党的十八精神为指导
全力推进攀枝花气象事业又好又快发展

攀枝花市气象局

2013年是贯彻落实党的十八大精神的开局之年，是攀枝花气象事业加快发展的重要一年。一年来，全市气象部门认真贯彻落实省气象局和市委市政府各项工作部署，按照重质量，强管理，转作风的工作要求，集中力量抓了六方面的大事。

一、扎实开展省市主题教育活动

全市气象部门紧紧围绕地方经济和攀枝花气象事业发展全局，深入学习贯彻十八大和十八届三中全会精神，积极开展“实现伟大中国梦、建设美丽繁荣和谐四川”和“思想大解放、作风大转变、工作大落实”主题教育活动。通过教育活动，全局干部职工思想进一步统一，力量进一步凝聚，作风进一步转变。教育活动形成的成果，对解决制约气象事业发展的突出问题、瓶颈问题起到了很好的推动作用。认真组织学习中央党的群众路线教育实践活动精神和习近平总书记一系列讲话精神，为开展全市气象部门党的群众路线教育实践活动奠定了基础。

二、全面深化气象服务工作

一是认真开展了节假日及重大活动保障等专题气象服务、旅游气象服务、交通气象服务和空气污染气象条件预报和霾站点预报试报等气象服务。二是加强旱情、雨情、墒情、灾情等监测和评估，积极开展常规和特色农业气象服务。三是认真组织做好了全市Ⅲ级干旱应急响应服务工作。密切监视天气变化，争取有利时机开展人工增雨作业和防雹作业，为全市烤烟生产获得特大丰收等提供了有力的气象保障。四是加强与国土、水务和林业等部门合作，扎实做好山洪地质灾害监测预报和风险预警工作。

2013年3月23日，攀枝花市气象局开展“3·23世界气象日”气象开放周科普宣传活动。市气象台台长毛家勋为学生们讲解了“3·23世界气象日”的由来、活动主题和气象知识。（拍摄：陶洪福）

年内发布重要天气警报、干旱监测报告和重大信息专报等决策气象服务材料119期，市委书记刘成鸣、副市长李仁杰多次在市气象局呈报的决策气象服务材料上做出重要批示，对气象服务工作作出充分肯定。

三、提升基础业务质量与管理水平

一是牢固树立质量第一的观念，通过建立和完善业务规章制度，加强业务培训，实行业务质量季度通报和业务工作月检查等一系列措施，全市传输数据及时率和可用率均高于考核指标要求，地面气象测报质量错情率为0.02‰，农气、日辐射和酸雨观测均无错情。二是有3人（次）创250班无错，18人（次）创百班无错，有一人获全省重大气象服务先进个人。在三次全省综合地面观测竞赛中，市气象局分别获团体第六、第三和第八的好成绩。三是精心组织、周密部署，扎实推进地面气象观测改革调整工作，顺利完成全市地面观测业务切换。四是准确预报了寒潮、高温、暴雨等天气过程，雨季开始期、旬、月中长期预报质量较高。

四、大力推进业务能力建设

一是建成了全市山洪灾害防治县级非工程措施监测预警平台，推进了全市现代业务平台建设。开展了高速公路气象服务工作；二是建设了农业气象监测预报技术系统、农业气象观测示范基地和农业气象服务平台。完成了《米易县农业气象服务标准和规范》的编制，建立了特色农产品气象服务的指标体系；三是建立了公共应急广播体系气象信息独立发布终端。建成11个气象防灾减灾标准乡镇；四是召开人影暨气象灾害防御工作现场会，与市财政局开展人影基础工作现场调研工作，完成了6个标准化炮点的建设。五是攀枝花气象站迁建项目顺利进行，米易县气象局防灾减灾中心建设项目建成，仁和区气象局迁建工作启动，雷达站道路硬化项目得到市发改委立项。六是全面推进气象现代化试点县米易县局的基础设施、业务一体化、管理科学化、气象文化等建设；七是积极推进气象工作政府化。年内争取市政府、市发改委下发了4个规范性文件，三个县（区）政府也出台了3个配套文件。

五、稳步发展气象科技服务

认真研判全年气象科技服务形势，克服市场疲弱环境，增添举措，加强管理，完成了全市防雷技术服务标准化建设，加强了科技服务工作专项检查和审计，进一步规范和发展了全市科技服务工作。

2013年4月15至18日，攀枝花市2013年人工影响作业人员培训会在攀枝花市盐边县召开。市气象局局长肖仲民、盐边县政府副县长魏渠河出席会议。(拍摄：周立军)

六、加强基础基层工作

一是全市县级气象机构综合改革各项工作稳步推进，完成了“三定”、机构设置、参公管理等工作。二是狠抓人才和科技创新。接收应届大学毕业生2名，下派交流干部3名，招录地编人员2名。干部职工参加各类培训200余人次。制定了《气象科技创新管理办法》，发表科技创新论文9篇。三是切实加强了气象科普宣传、气象文化和精神文明建设，在全省气象部门弘扬气象精神征文和演讲比赛中分获三等奖。加大投入，市气象局职工荣誉室和阅览室建设全面完成，文明标兵单位称号继续保持，盐边县气象局被命名为第三批全省气象部门局务公开示范单位。

2013年，攀枝花市气象局获省气象局目标考核优秀达标单位。

心系民生　服务发展
打造西部一流全国领先城市管理

攀枝花市城市管理局

攀枝花市城市管理局内设办公室、政策法规处、计划财务处、市政设施管理处、公用事业管理处（安全处）、城市绿化管理处、城市容貌管理处、劳动人事处以及行政审批处等9个职能处室，有市市政工程管理处、市园林绿化处、市城建管理监察支队、市煤气总公司、市数字化城市监督指挥中心5个下属单位。2013年，市城管局在市委、市政府的正确领导下，深入学习贯彻党的十八大精神，以科学发展观为指导，紧紧围绕“打造中国钒钛之都，建设特色经济强市”战略目标和“四个倾力打造”战略重点，以人民群众满意为标准，以“五创联动”工作为抓手，以推进管理精细化为重点，进一步改善城市容貌，进一步完善城市功能，进一步关注民生需求，进一步优化管理机制，进一步提升队伍形象，着力推进和实现城市管理精细化、标准化、长效化，为全市经济社会发展创造良好的城市环境。通过努力，圆满完成了2013年年度目标任务。

一、务实创新，统筹兼顾，党务群团工作齐头并进

以创先争优活动为契机，以创建学习型机关（党组织）、“挂、包、帮”为抓手，强化党的组织建设和作风建设，为实现各项工作目标提供了强有力的思想保障和组织保障。

（一）开展“创先争优”活动，夯实基层组织

制定了《深入开展“创先争优”活动的实施方案》，在局系统扎实开展创先争优，推动基层组织建设年活动不断深入。确定了4个党支部和16名优秀共产党员为党员示范岗，设立党员先锋岗39个，党员责任区13个。31个基层党组织作出并履行公开承诺281项，386名共产党作出并履行公开承诺1604项；化解矛盾纠纷17件，收集整理并解决群众反映强烈的突出问题9个，评选党员服务标兵12人。按照“五好四强”的要求，以班子建设和党员干部队伍建设为重点，本着“先进党组织上水平、一般党组织上台阶、后进党组织换新貌”的目标，开展了“三分类三升级”活动，采取现状调查研究、分类评定级次的办法，对局系统31个基层党组织进行了分类，确定了先进党组织10个，一般党组织21个，并要求一般党组织积极争创先进。

（二）推进扶贫帮村工作，转变机关作风

按照市委办、市政府办《关于开展“百千万·干群心连心”活动的实施意见》和市“挂包帮”办公室《关于进一步深化“挂包帮”活动以优异的成绩迎接党的十八大胜利召开的通知》精神，多渠道、多形式、全方位组织局机关和局属各单位开展扶贫帮村工作，切实改进和转变机关作风。

1. 有序推进“挂包帮”活动。下派5名年轻优秀干部驻村开展帮扶工作；领导干部与群众结成帮扶对子31个，为群众办实事好事84件。为米易县草场乡克朗村提供帮扶项目资金5万元，为仁和区干坝塘村送去8吨水泥，用于修建蓄水池和改扩建现有水渠设施；为米易县得石镇草坝村修建了400米的乡村道路；帮助西区格里坪镇新庄村架设供水管道7公里，从根本上解决了该村600户居民的长期用水问题。加强示范村建设，共投入360余万元，将龙头村作为“村变居”试点单位，完善龙头村村委会办公设施，修建村民健身场所；对龙头村大坪社110户村民家进行了风貌塑造；修建生活垃圾收集房7个；开展节水农业工作，修建蓄水池8口共1700立方米，铺设PE管道10300米；建设了优质芒果种植基地800亩；硬化乡村公路8.47公里；改造了供水管道1200米。

2. 认真开展“万名干部直接联系服务群众”活动。按照“下基层、访实情，办实事、解民忧，转作风、增感情”的工作要求，局系统副县级领导干部分别在中秋和2013年元旦前到对口“结亲戚”的35户联系户家进行家访，详细询问了解他们的家庭生活、生产工作情况，听取他们的愿望和需求；宣传党和国家的富民政策及十八大精神，鼓励他们勤劳致富，并发放了联系卡，送去了慰问金、慰问品共计10500余元。还以常态服务和特别服务、集中服务与分散服务相结合的形式，多渠道开展服务群众工作。如成立党员应急突击队、先锋队、志愿服务队10支，参与抢险救灾、农技培训、法律援助、扶贫帮困等志愿服务1754人次；在2012年高温酷暑期间，开展了“送清凉、传关爱”活动，为局系统生产一线室外作业人员发放价值18余万元的清凉饮品。

（三）加强党风廉政建设，筑牢思想防线

将党风廉政和反腐败教育作为理论学习的重要内容常抓不懈，扎实开展廉政文化“五进两上”活动和党风廉政建设宣传教育月活动，促使党员干部树立和坚持正确的事业观、工作观和政绩观。继续执行党风廉政建设目标管理责任制、党员领导干部廉政承诺制度、个人重大事项报告制度、廉政谈话、述职述廉等一系列廉洁自律规定，进一步建立健全规章制度，努力构建惩治和预防腐败工作体系。严格执行换届纪律规定，认真开展“三项建设活动”，不断提升纪检干部素质和能力。运用党内监督、舆论监督、社会监督等多种方式，加强对党员干部的监督。

（四）发挥群团组织作用，增强队伍活力

注重发挥工会、共青团和妇女组织的桥梁和纽带作用，认真开展遵守社会公德、弘扬职业道德和坚持家庭美德教育和老少共建活动，扎实推进劳动技能和职工队伍建设，进一步扩大“创先争优”的群众基础和精神文明创建工作的参与覆盖面，干部职工综合素质不断加强，职工队伍更加和谐稳定。举办了市城管系统第二届职工运动会。

（五）扎实推进局系统精神文明、安全保密、爱国卫生、计划生育等其它各项工作，全面完成了相关的年度目标任务

二、强化措施，巩固成果，城乡环境治理稳步推进

强化城乡环境综合治理工作长效机制建设，突出重点、综合治理，不断提升城乡环境质量。

（一）深化“五乱”治理。按照“疏堵结合，标本兼治”的要求，深入开展文明劝导，强化联合执法，督导区、县对摊位乱摆、广告乱贴、车辆乱停、垃圾乱扔（倒）、工地乱象实施常态化治理。在竹湖园地下通道、东风一条街等7处主次干道、背街小巷设置便民摊位，为下岗失业人员、创业大学生及进城自产自销农民提供就业岗位280个；协调完成城区交通管辖132.84万平方米公路路面清扫保洁移交辖区政府，加强了公路保洁力度。“五乱”治理中清除卫生死角876处，共清理积存垃圾3800吨；清洗人行道和公路路面361.5万平方米；治理乱摆摊2968起、户外广告（店招）389块；纠正治理占道经营3456起、坐商不归店3614起，文明劝导436起；出动警力8100人次，警车8680余台次，纠正各类交通违法行为37125起，超速8522起，货车超载296起；检查在建工地300余次，规范乱象行为60余起。

（二）强化基础设施建设。围绕大力推进生态文明建设的新要求和民生工程建设的总体要求，继续巩固乡村环卫“五个一”（每个乡镇建立一支保洁队伍、配备一辆生活垃圾清运专用车辆、建设一处生活垃圾处理设施、修建一座公厕和每一个村集中居住区至少修建一座垃圾收集房）工程建设成果，完成新建垃圾处理厂的项目选址等前期工作，全面启动仁和滨河风貌塑造、雷窝新村风貌塑造、丙谷小河垃圾填埋场、总发乡污水治理等10个城乡环境综合治理民生工程项目，进一步提高了城乡环卫治污硬件水平。

（三）狠抓城乡风貌塑造。以建筑立面、色彩装饰、店招设置和门前绿化等为重点，开展特色示范街区打造。共完成城乡风貌塑造项目60余个，集中治理街道225条，打造特色街道20条，清理建筑立面2.1万平方米，改造绿化面积达2万平方米，种植紫薇、黄花槐、驳骨丹等20余种开花常绿植物1.2

万余株。以农房立面美化和庭院绿化为重点，根据“外部突出特色、内部优化功能”的要求，完善乡镇（村庄）基础设施，狠抓背街小巷、城乡结合部、“城中村”、边远偏僻乡镇（村落）新农村综合体风貌建设，改造特色农房2000余户，完成乡村风貌塑造项目10个。

（四）强力推进示范创建。在巩固环境优美示范城市、示范县、示范乡镇和示范村庄创建成果的基础上，推荐盐边县、仁和区务本乡等三个乡镇纳入2013年度省级环境优美示范城镇实施范围，大田村等40个村庄纳入2013年度省级环境优美示范村庄实施范围。同时，对尚未参加创建的区域，参照示范标准，从规划体系、设施建设、环境面貌、城镇形象、居民素质等方面高标准严要求，形成你追我赶、竞相示范的良好局面，促进城乡环境治理工作水平整体提升。目前，全市所有县区、75%以上的乡镇、65%以上的村庄基本上达到“清洁化、秩序化、优美化、制度化”标准。

三、突出重点，狠抓落实，城市管理成效更加明显

严格按照城市管理相关法律法规和标准规范要求，立足城市管理职能职责，紧扣民生，创建和谐，全面推进市政设施、市容环卫、园林绿化、公用事业、城监执法等城市管理业务工作，不断夯实工作基础，创新机制，完善制度，城市管理质量和水平不断提高，城市保障能力不断增强，城市面貌焕然一新，市民对城市的满意度逐步提升。

（一）创“国园”工作纵深推进。在巩固省园复检成果的基础上，明确了工作重点，强化了工作措施，夯实了工作基础，将创“国园”工作深入推进。一是查找差距、完善方案。在对本市建成区绿化覆盖率、绿地率及人均公园绿地面积三大园林绿化指标进行卫星遥感测试，全面分析指标达标现状的基础上，制定《攀枝花市国家园林城市建设规划》《攀枝花市创建国家园林城市2013年度攻坚项目计划》《攀枝花市2013年创建国家园林城市工作方案》，明确了本市创园工作目标和工作重点。二是加强指导，督促检查。通过召开攻坚会、推进会、培训会，组织调研，接受市人大督查等形式，督促检查各区、市级各部门创“国园”项目进展情况及工作推动情况，针对存在问题，及时提出整改意见，全力解决创“国园”工作中遇到的困难。三是狠抓项目，提升指标。以增加绿量为工作目标，以抓项目建设为工作重点，全面推进东华山公园景观及配套设施建设、西佛寺景区40公顷绿地建设等28项创“国园”攻坚项目。目前，提前完工和超计划推进的项目有12项，占2013年项目的43%，其他项目按计划顺利推进，年底能够顺利完成。

（二）花城景观打造强力推进。按照《花城景观打造5年规划方案》要求，2013年全市花城景观打造共12个项目。目前大渡口休闲广场等老旧小区绿化改造提升、金沙江大道东段绿化景观改造、仁和电影院滨河绿地及亲水广场绿化、米易县河西滨河路等8个项目已完成；攀枝花大道东段、花城下街等地段更换蓝花楹、攀枝花、黄槐等开花行道树930株；城市主干道沿线挡墙边坡立体绿化工程、西区凉风坳洞口至清乌复线沿线边坡挡墙及乌龟井、清香坪转盘垂直立体绿化项目正在施工，花城特色景观效果日益突显。

（三）全力实施民生工程。投资4900余万元，将全长8.04公里的金沙江大道中段（滨江大道）砼路面改沥青路面，为沿江景观建设打造出一条快速通道；在310省道倮果至渡口桥路段新安装路灯670杆，为市民营造了一个安全、舒适的出行环境。

（四）认真办理建议提案。2013年市城管局承办市九届人大二次会议代表建议和市政协八届二次会议委员提案共40件（主办26件，会办14件），其中增加一线环卫工人高温补贴建议和木棉路改造提案被列为市人大常委会、市政协重点督办建议（提案）。本局对每一份建议和提案中提出的问题进行了认真梳理，组织相关单位研究、协商，逐项逐条抓好落实，代表、委员满意率100%。

（五）强化市政设施建设。按照“路平、灯亮、保畅通”的原则，完成了金沙江大道东段和中段路灯改造工程及8个公交站台建设，渡口桥、密地桥、倮果大桥亮化工程；强化城市道路“病害”治理，重点实施了木棉路路面大修，共铺筑沥青路面1.4万平方米，人行道1785平方米；督促实施了交警二大队出入巷道路改造、金江机电学院至金江水厂人行道改造和路灯安装、路歇桥至仁和桥河道两侧路灯安装工程；在五十四攀百天桥至六小路口、攀矿游泳池至攀矿医院、东风、阳光骊景至地龙井加油站等8条路段新安装道路中间隔离栏4300米；在攀枝花公园、竹湖园、中心广场、商业街、阳光大梯道沿线等城市主干道范围内繁华路段安装便民座椅640套。5万立方米稀油密封干式煤气柜项目、小区老旧煤气管道改造项目、格萨拉大道团山隧道北侧边坡灾害治理工程正按计划推进。

（六）规范户外广告管理。按照“统一规划、规范管理”的要求，着眼于美化城市环境，塑造城市形象，提升城市内涵，严格把好单立柱广告及大型户外广告设置的审批关。在机场路沿线设立了四根单立柱广告，在密地桥南堡等区域试点安装了LED广告位；采取市场化的方式，机场路学园隧道两块户外广告位经营权共拍得97万元；清理拆除了城区道旗广告、未批乱建各类店招、指示牌等2.2万余块（个）。

（七）强化数字化城管建设。组建了攀枝花市数字化城市指挥中心，完成了数据普查标准规范编制、单元网格与监督网格划分、城市实景影像数据采集、数据处理与建库等数据普查工作，顺利通过了由省建设厅组织的专家组的初步验收；通过购买服务方式，将市数字化城市指挥中心信息采集服务外包，并协调开展对全市34个市级事、部件处置相关部门的信息接收终端的连接和调试工作；大部分单位的信息接收终端已协调连通，主城4个区指挥中心与市指挥中心的系统连接也已完成，指挥系统网络已经基本形成并正式开始运行。

（八）“五创”联动工作。认真落实“五创”联动月报季会制度，梳理细化“五创”共同指标并印发实施。公布市“五创”联动相关工作热线电话，营造全民参与、齐抓共管的氛围。印发《关于开展“五创”联动督查工作的通知》，组织人员对创模、创园、创康工作进行了督查。共承办会议16次，印发月报12期，其他文件21份。

（九）扬尘治理工作。对照“攀枝花市扬尘污染防治管理标准”，牵头制定了扬尘污染防治管理评分办法、标准和工作方案，并将扬尘治理纳入城乡环境综合治理日常考核重点范围进行检查。共清理绿地垃圾废土680吨，检查车辆1.2万台次，查处超载809起，车辆洒飘、泄漏、未密闭遮盖1220起，污染公路车辆128台次，清理路面污染共计4.3万平方米；首批33家工业扬尘整治单位初步完成整治方案的编制。

（十）节日氛围营造工作。督促各区认真开展节日氛围营造工作，2013年元旦、春节期间在主要街道、广场用灯笼、满天星等美化城市空间；在独松梁子隧道、建工天桥段、三角游园、政府游园等重要路段、节点摆放、栽植各类花木共计10万余盆，营造了浓郁的节日氛围。

加快推进防震减灾体系建设
努力提高防震减灾综合能力

攀枝花市防震减灾局

2013年，在市委、市政府和省地震局的正确领导下，市防震减灾局坚持以党的十八大和十八届三中全会精神为指导，严格执行中央“八项规定”和省委、市委十项规定，厉行节约，反对铺张浪费，紧紧围绕市委、市政府确定的目标任务，以健全防震减灾工作体系为主线，坚持防震减灾服务于经济建设，积极主动应对各种困难和挑战，认真抓好法制建设、监测预报、灾害预防、应急救援等工作，各项工作取得明显成效，圆满完成了既定目标和任务。

一、召开专题会议部署年度工作

为进一步贯彻落实国务院防震减灾领导小组联席会议和省防震减灾领导小组扩大会议精神，2013 年 4 月 21 日，攀枝花市召开防震减灾领导小组工作会议。来自市防震减灾工作领导小组成员单位、县（区）政府分管领导、防震减灾部门负责人等 50 余人参加了会议。会议对 2012 年度工作进行总结，对 2013 年度工作进行安排，通达了本市未来地震活动趋势意见和“4·20”芦山地震对本市波及情况。市防震减灾领导小组组长、市政府分管副市长出席会议并作了工作部署。

二、地震监测预报工作进一步加强

1. 加强台站管理，确保地震监测质量。

继续加强台站管理，以确保观测质量稳中有升。一是对各地震监测台进行了全面的排查，对仪器、设备进行了检查检修；二是对观测技术人员进行了专业培训；三是对观测数据进行了认真分析研究，及时、准确上报省地震局。

2. 切实抓好各阶段监测预报工作。

一是坚持召开周、月、季度、半年度震情会商会，及时向市政府、省地震局上报预测意见；二是强化短临跟踪，重视群测群防工作，坚持“内紧外松”的原则，领导高度重视短临跟踪工作，制定了《攀枝花市 2013 年度震情跟踪工作方案》，对各方面工作进行了部署和安排；三是继续重视和加强震情联防工作，继续与本市周边地震监测机构建立协作关系，及时交换资料和研究成果，携手合作，联手监视本市和周边地区的地震动态，提高短临跟踪能力；四是及时跟踪核实异常，快速处理有感地震，截至 2013 年 12 月 5 日，本市台网监测到地震 279 次。其中 2.0 级以下 18 次，2.0－2.9 级 159 次，3.0－3.9 级 87 次，4.0－4.9 级 11 次，5.0 级以上 4 次；五是完成了《攀枝花市 2013 年年中地震趋势研究报告》和《攀枝花市 2014 年地震趋势研究报告》。

3. 强化震情跟踪，加强区域联防，培训职工业务知识。

2013 年 10 月 28 日至 30 日，市防震减灾局在学府酒店组织召开了攀枝花及邻区地震趋势会商会及培训会。丽江、楚雄、凉山等毗邻市（州）防震减灾兄弟单位和西昌中心站、攀枝花基准台等 90 余人参加会议，会上，各单位代表作了研究分析报告，经过激烈讨论，对未来 3 个月攀枝花及邻区地震趋势作出判定，并研讨制定了震情跟踪措施，形成了会议纪要。业务培训邀请专家对抗震设防、应急救援、地震基础知识等内容进行了深入的讲解。

4. 对地震监测手段进行数字化改造。

经本局申请，市政府同意投资 106 万元对马兰山地震台 DD－2 型测震仪、金属水平摆大地形变观测仪，地龙井地震台金属水平摆大地形变观测仪，乌龟井地震台水氡观测仪进行数字化改造，同时增加乌龟井地震台高精度地温观测。目前，该项目已通过招投标，正编制施工方案，有望在年底全面完成。为进一步提高台网运行率，提高地震观测能力，经本局申请，获省局地震监测中心技术支持，市政府同意投资 57 万元对市数字化遥测地震台网进行改造，目前正在进行招投标。

三、震害防御工作进一步推进

1. 开展防震减灾科普宣传，提高市民防震减灾能力。

利用“科技之春”科普宣传活动月、“5·12”防灾减灾日、科技活动周、“4·20”芦山地震等时机，广泛开展防震减灾科普宣传活动。通过设立宣传站、发放资料、广播《防震减灾法》、开办讲座、组织中小学生参观科普教育基地、接受报社、电视台专访、在市电视台播放以“防震减灾”为主题的宣传片、与社区和学校联动开展应急演练活动等方式多次开展科普宣传。在本局的指导下，全市各单位各部门全年共计开展防震减灾科普宣传 25 场、发放各类宣传资料 50 余万册（份）、展示展板 200 块（次）、悬挂横幅 20 幅，125 万余人（次）直接或间接受到教育。“4·20”芦山地震后，按照市委、市政府领导要求，市财政投资印制了专题的科普资料 30 余万册，发放到每个家庭以及每个学生手中。

2. 加强地震安全性评价工作的监督管理。

充分发挥部门的职能作用，加强地震安全性评价工作的监督管理。近年来，在本局的积极监督和协调下，完成了《攀枝花公园索道原址重建项目》《仁和区党政办公楼项目》和《花城新区》等重大工程项目地震安全性评价及地震小区划工作，项目经费近200万元。“抗震设防管理办法”已同城乡住建局、国土局及县（区）政府20多个部门进行商讨，广泛征求了市级有关部门的意见，拟将抗震设防要求纳入基本建设管理程序。

四、应急救援工作进一步提高

1. 举行防震减灾系统地震应急演练。

2013年1月29日，市防震减灾局组织各县（区）防震减灾局（办）、攀钢抗震办、攀煤地震办、基准台等单位领导及业务人员共计70余人，在仁和区岩神山开展地震应急综合演练。此次地震应急演练的目的主要是让地震应急工作人员学习野外帐篷的搭建，熟练掌握GPS、对讲机、流动照明系统、流动电台等应急工具的使用，快速开展灾害调查、灾情初评估及上报。

2. 应急交通、通讯工具进一步完善。

在省、市、县（区）三级防震减灾部门的共同努力下，全市地震应急交通、通讯得到了进一步完善和提升，海事卫星电话、应急车辆、应急电台、数码照相机（摄像机）等应急工具一应俱全。此外，市政府2013年投资2.7万元对本局2部座机终端和1部手持式终端卫星电话进行升级换代。

3. 对《攀枝花市地震应急预案》进行修订。

按照市委、市政府主要领导调研防震减灾工作时的讲话精神，并结合“5·12”汶川地震、“4·20”芦山地震和攀枝花“8·30”6.1级地震应急工作经验，由本局牵头，各单位（部门）配合，多次召开会议，反复征求意见，对《攀枝花市地震应急预案》进行了修订，使之科学合理、简洁精练、操作性强。修改后的预案已下发各单位贯彻执行。

五、依法行政工作取得突破性进展

认真贯彻实施防震减灾法律、法规，坚持走依法行政，依法执法的防震减灾法制化道路。按照深化行政管理体制改革、转变政府职能的要求，本局对行政审批事项进行了全面清理，经市政府同意，保留了建设项目抗震设防要求审批、危害地震监测设施和地震观测环境建设工程项目审批等3项行政审批项目和违反防震减灾法律、法规的18项行政处罚权。依法将防震减灾工作纳入各县（区）人民政府、市级各部门综合目标考核；依法处理了多起地震台遭干扰影响事件。

六、党政领导干部防震减灾意识进一步增强

多年来，在向广大民众宣传防震减灾工作的同时，注重向领导干部宣传，采取多汇报、多请示、多形式向领导干部宣传防震减灾法律法规及科普知识，防震减灾工作受到市委、市政府、市人大、市政协高度重视。2013年4月22日上午，市委书记、市长、市委宣传部长、分管副市长同时莅临本局调研防震减灾工作，并在听取汇报后，立即召开现场办公会。会议决定，自2013年起，每年9月1日为全市中小学校“应急演练日”，并先期拨款50万元用于宣传资料编印，同时在台站数字化改造上给予大力支持，干部人事配备、交通工具更新等方面将尽快给予完善。

2013年8月至9月，市人大、市政协相关领导先后率队深入本市各地震台站、应急避难场所等地开展专题调研。在听取近年来本市防震减灾工作情况及《四川省防震减灾条例》贯彻实施情况的汇报后，各位领导一致认为，“5·12”汶川地震和“8·30”攀枝花6.1级地震后，通过正确的宣传引导，广大干部群众防震减灾法制意识明显增强，全社会的防震减灾意识进一步提高，防震减灾各项工作取得了明显成效。对工作中存在的问题和薄弱环节，市政协又专题向政府提交了《健全地震应急防御体系，提升综合防范应对》调查报告，助推全市防震减灾事业发展。

第二章 民主执政

围绕中心履职 突出重点监督

攀枝花市人大常委会

2013 年，市人大常委会在市委的坚强领导下，紧紧围绕市委的工作部署，认真履行宪法和法律赋予的各项职责，依法召开常委会议 9 次、主任会议 16 次，听取和审议“一府两院”工作报告 27 项，作出决议决定 9 个，提出审议意见 16 件，组织调研视察、执法检查 58 次，任免国家机关工作人员 62 人次，为全市经济社会发展和民主法治建设做出了积极贡献。

一、围绕中心抓监督，在推动经济社会发展上更加到位

常委会紧扣经济和社会发展大局，找准结合点，把握着力点，积极主动融入，有力有效作为。

全力促进经济平稳增长。密切关注宏观经济运行，深入攀钢、攀煤、钢企等大企业和钒钛产业园区、县（区）调研视察，听取和审议国民经济和社会发展计划执行、市政府上半年工作情况、打好“六大硬仗”等工作报告。针对工业经济增长乏力、重大项目建设进展缓慢、地方煤矿停产整合、全年目标任务完成难度较大等突出问题，提出了加强“一企一策”分类指导、做好企业要素保障、强化项目攻坚、统筹完善县（区）域合作与利益分享机制、加快煤炭资源整合进度等 36 条建议，支持市政府按照省政府“四个八条措施”的要求，及时制定更加具体的办法和措施，加强中小微企业升规培育，从金融、财税、保障、服务、减负等方面加大扶持力度，增强发展信心和抗风险能力，不断提高经济运行质态。着力公共财政体系完善，出台《攀枝花市人大常委会财政预算审查监督暂行办法》，积极探索加强政府全口径预算审查监督的途径和措施，确保预算审查监督有章可循；听取和审议 2012 年财政预算执行及其他财政收支审计、2013 年上半年财政预算执行和预算调整等专项工作报告，提出了尽力而为、量力而行、用好财税政策杠杆、打好财税金融“组合拳”、大力培植和壮大财源、严格预算支出管理、强化预算执行审计等 13 条建议；开展财政投资评审工作决议执行情况检查，听取和审议相关工作报告，有效推动财政投资项目评审，全年共审查各类项目 229 个，审查资金 396811 万元，审减资金 47881 万元，审减率达 12.07%；强化对重大项目资金使用的审计监督，跟踪督促审计查出问题的整改落实，切实发挥审计“免疫系统”功能。

努力推进三次产业协调发展。着眼攀西战略资源创新开发试验区建设，深入白马、迤资和安宁等工业园区以及龙蟒、富邦等重点企业进行调研视察，详细了解政策对接、体制机制等方面存在的困难和问题，听取相关工作报告，提出了创新用电用地机制、加大重大技术攻关投入等 8 条建议；专题视察钒钛产业园区打造千亿园区推进情况，督促支持加快构建现代产业体系、提高科技含量、突破核心技术、形成聚集效应。高度关注现代服务业转型发展，跟踪督办相关审议意见后续办理，督促市政府积极应对提升城市综合竞争力的挑战，努力在扩大规模、提升速度和质量上下功夫，在优化布局、明晰业态和完善功能配套上添措施，在发展生产性服务业和“总部经济”上出实招。组织全国、省、市人大代表，对实施“两化”互动、推进城乡统筹发展、旅游新村打造、国家现代农业示范区建设、“阳光花城·康养胜地”创建等进行调研视察，提出了加强层级对接、提高规划质量、强化产业培育、化解瓶颈制约、落实政策保障等意见和建议。听取和审议林业产业发展报告，就坚持规划和政策引领，完善林业产业管理体制和发展机制，提高林业科技研发、科技推广和服务水平提出了意见和建议。在深入部分民族乡镇调研的基础上，听取和审议民族工作报告，督促市政府加大民族地区财政资金投入、强化产业结构调整、引导企业定点扶贫，进一步增强了民族地区的发展能力。组织开展渔业、烤烟生产等调研，提出了解决问题的11条对策和建议，为政府推动相关工作发挥了积极作用。

着力推进民生事业发展。听取和审议高中阶段教育改革发展情况的报告，配合省人大开展义务教育法执法检查，对主城区教育资源配置和学前教育审议意见后续办理继续跟踪督办，督促市政府从攀枝花产业发展需求和群众愿望出发，完善投入机制，推进普通高中教育均衡发展，促进了城乡教育资源合理配置、公办学前教育保障水平不断提高。听取农村医疗卫生事业改革发展的报告，重点督办完善乡镇卫生院改革的代表建议，督促市政府加大对农村医疗卫生机构基础设施改善的投入，建立引进和留住农村医技人才激励机制，完善农村公共医疗卫生体系和保障制度。继续跟踪问效文化产业发展、社区文化建设审议意见的落实，开展偏远少数民族乡镇广播电视工程推进情况调研，促进经济与文化相互融合、互动发展。开展道路交通基础设施建设情况视察，提出完善配套设施、加强日常监管与重点整治、提升交通安全管理水平和抓紧解决通村公路建设资金缺口等建议。听取和审议民生工程完成情况的报告，督促市政府选准选好民生工程项目，完善项目建管机制，加强项目资金保障。常委会还对就业和再就业工作开展、征地拆迁安置补偿、旧城改造、农村五保供养政策落实、户籍制度改革、地质灾害防治等进行了调研，跟踪督促了食品安全法和专利法贯彻执行情况审议意见的后续办理，促进了这些工作的更好开展。

强力推进“五创联动”工作开展。常委会按照市委要求，认真履行对“五创联动”工作的督导检查职责，迅速调整年度监督工作计划，及时成立了五个代表督查小组和协调办公室，快速制定下发了督查工作方案，动员组织机关干部和全市各级人大代表全力参与督推“五创联动”工作。在推进创模工作中，重点督查了企业污染物达标排放、扬尘污染防治、铁路货场综合整治、大宗物料运输污染治理和环保基础设施建设等工作，深入开展了以“让空气更清新，让生命更健康”为主题的环保世纪行活动，促进环境空气质量不断改善；在推进创森工作中，重点督查了花城景观建设、山地森林保育等“七大工程”，促进城市森林绿化面积大幅增加；在推进创园工作中，重点督查了园林景观打造、城市公园新建等“六大系统工程”，促进城市绿地总量明显提升；在推进创康旅工作中，重点督查了阳光康养旅游标准化体系建立、旅游产业项目群建设，促进旅游景点建设加快推进和旅游服务功能逐步完善；在推进创文工作中，重点督查了“脏乱差”等严重影响城市形象突出问题的治理、城市公共服务基础设施建设，促进城市管理水平显著增强和市民文明素质稳步提高。一年来，针对“五创联动”工作审议政府专项报告8个，开展调研视察29次，现场督查22次，听取汇报23次，召开专题推进会、研究会8次，作出决议4个，重点督办与“五创联动”有关的代表建议7件。在全市上下的共同努力下，创建工作的群众基础更加坚实，体制机制更加健全，社会氛围更加浓厚，重点项目推进更加有力，过程效果逐步彰显，人民群众的满意度、认同度不断提升。2013年度68个重点攻坚项目全面完成，顺利通过创建省级文明城市、省级森林城市考核验收。

二、依法行权重治理，在推进民主法制建设上更加务实

常委会通过执法检查、监督司法等多种形式，有力促进了法治攀枝花建设。

督促政府依法行政。采取听汇报、查资料、召开座谈会等方式，对“六五”普法决议贯彻实施情况进行督导检查，督促进一步完善普法工作机制，强化依法治理，努力提升公民依法维权、政府依法行政、“两院”公正司法的能力和水平。听取和审议关于加强法治政府建设的报告，提出牢固树立依法行政理念，加强法制机构队伍建设，加大行政执法力度，强化对行政行为的监督，完善行政决策机制，深化行政体制改革等建议，督促法治政府建设扎实推进。开展全民健身条例贯彻情况执法检查，督促市政府进一步完善群众体育经费和公共体育设施财政预算制度，加强群众健身设施的建设、管理和维护，重视科学健身宣传和培训指导，保障群众体育健身权益。开展防震减灾条例贯彻情况执法检查，督促市政府进一步增强市民防震减灾意识，推进应急救援工作体系建设，改善防震减灾工作软硬件条件，提高防震减灾工作能力。认真开展规范性文件备案审查工作，对市政府和各县区人大报送的32件规范性文件进行了合法性审查，维护了法制的统一。积极配合上级人大开展可再生能源法、消防法等9部法律的执法检查，参与长江水源涵养地建立生态补偿制度、资源型城市物流业发展等7个课题调研视察，做好城镇住房保障条例、法律援助条例等21部地方性法规的立法征求意见工作。

督促“两院”公正司法。坚持听取法检“两院”半年工作情况报告，组织代表旁听案件庭审、观摩出庭公诉、参与案件执行等活动，强化对“两院”的日常工作监督。在深入“两院”及部分基层院调研的基础上，听取和审议市法院关于创新和加强审判管理工作的报告，提出了加强审判管理队伍建设、完善审判管理制度、健全法官履职激励机制等建议，促进全市法院审判管理水平的提高；听取和审议市检察院关于民事行政检察工作的报告，提出了加强民事行政检察队伍建设、完善民事行政检察工作机制、加大民事行政检察工作宣传力度等建议，推进了全市检察机关民事行政检察职能的规范高效运行。

三、丰富形式增活力，在发挥代表作用上更加充分

常委会注重加强对代表工作的组织引导，促进代表更好履职，为建设美丽幸福攀枝花聚能量、增合力。

代表履职条件更优化。通过人大网站、会刊、代表工作通讯、手机短信等形式，及时向代表通报常委会和“一府两院”的工作信息，为代表履职创造了有利条件。邀请1590余人次代表参加调研视察和执法检查活动，邀请25人次代表列席常委会会议，直接听取代表对“一府两院”工作的意见建议。组织710余人次代表参加政风行风评议、民主测评和法院庭审活动，不断拓宽代表履职渠道。采取专题培训、以会代训、委托培训等形式，培训代表79人次，进一步增强了代表履职的责任感和主动性，有效地提高了代表履职的能力和水平。

代表融入群众更深入。认真落实代表工作“五项制度”，深入开展“四个一”活动，组织代表进村组、进企业、进社区，通过走访座谈、电话询问等形式，问民情、听民意、聚民计、解民困。活动中，有的代表主动为联系帮扶对象出实招、解难题，在引进项目、筹措资金、改善环境等方面办实事；有的代表积极捐款捐物，主动帮助贫困群众解决增收、就医、就学、饮水、行路等困难和问题；有的代表主动为基层群众送知识、送科技、送医疗、送文化，开展智力帮扶、健康帮扶和文化帮扶，努力提高人民群众脱贫致富的能力；绝大多数代表立足岗位，敬业奉献，为民务实，创先争优，充分发挥在本区域、本单位、本部门工作中的示范带动作用，深受群众的信赖和拥护。

代表履职行权更管用。坚持把督办代表建议作为保障代表权利、督促“一府两院”改进工作的重要途径，继续健全完善领导重点督办、委室归口督办、邀请代表共同督办制度，通过听取审议专项报告、调研视察、召开督办会等方式进行全程跟踪问效。市政府进一步重视办理工作，建立量化考评办法，提高目标考核分值，完善督办协商会议制度，明确“三讲清、三避免”答复要求，使办理工作取得了明显成效。市九届人大二次会议期间代表提出的112件建议中，年度内被采纳、当年解决或基本解决的有60件，占53.6%，比上年提高20个百分点；列入规划正在逐步解决的有45件，占40.2%；因政策或客观条件不允许，需向代表解释说明缓办的有7件，占6.2%。经共同努力，沿江景观打造主城区段基本完工，木棉路实现全面改造，村道建设补助资金从25万元/公里提高到了45万元/公里，成功创建18个热作标准化生产示范园，规划的9座金沙江提水工程已建成2座、开工1座，12349居家养老服务信息平台在全省率现启动，182个社区实现网格化管理，一批群众关心、代表呼吁的重点、难点问题得到切实解决。

四、夯实基础促创新，在提升工作水平上更加有效

常委会积极适应新形势新任务要求，多措并举加强自身建设。

强学习提素质。自觉把理论武装放在首位，认真落实各项学习制度，重点学习了习近平总书记系列重要讲话精神以及省、市委全会精神。结合“五创联动”等重点工作，邀请相关专家学者作创模、创森专题辅导报告。坚持把学习十八大和十八届二中、三中全会精神与学习贯彻中央和省、市委各项决策部署结合起来，与学习人大依法履职所需的法律、经济、社会管理等相关知识结合起来，与开展调查研究、专题培训结合起来，做到融会贯通、学以致用，进一步增强了发展社会主义民主政治、做好人大工作的责任感和使命感，提高了履职的能力和水平。

强作风提效能。扎实抓好“两个主题教育”活动，把坚持群众路线作为改进领导作风、工作作风的根本办法，深入基层和一线，开展调查研究，共形成调研报告29篇；积极开展“挂、包、帮”“百千万·干群心连心”“走基层、解难题、办实事、惠民生”活动，积极为群众做好事、为企业解难题。把加强人大信访工作作为改进作风、服务群众的有效举措，共受理群众来信132件、来访245批543人次，督促依法解决了一批涉及征地拆迁、工伤医疗、劳动保障、合同纠纷等群众反映强烈的问题。把完善制度规范作为改进作风、提高效能的重要保证，改进常委会审议意见办理的程序和方法，两次对审议意见办理结果进行满意度测评；制定厉行节约、规范机关财务管理等相关制度，提高机关工作规范化水平。加强对基层人大的联系和指导，开展工作联动，增强工作合力。

强宣传提形象。紧扣人大工作重点和群众关注热点，充分发挥“人大宣传周”、《攀枝花日报》专版、人大专刊等宣传主阵地作用，展示人大工作成效和代表履职风采。加强网络平台建设，提高人大信息和宣传报道质量，在各类媒体发表稿件260余篇，信息和宣传工作名列全省人大前茅，推荐稿件首获中国人大新闻奖一等奖。通过加强对外交流和友好往来、承办全省人大内司委工作会议和攀丽人大工作经验交流会等，进一步宣传推介攀枝花、宣传本市人大工作。

第三章　依法行政

全面履行维稳第一责任　助力护航两个跨越发展
为建设幸福攀枝花营造和谐稳定社会环境

中共攀枝花市委政法委员会

2013年，重大敏感节点密集交错，急难险重目标接连不断，维护稳定任务十分繁重。一年来，在市委、市政府的正确领导下，全市政法机关及相关部门面对纷繁复杂的严峻形势，充分发挥职能作用，打赢了一场又一场硬仗，有力地维护了全市社会大局和谐稳定，为全市推进“三个加快建设”“三个走在全省前列”和“幸福攀枝花”建设营造了良好的社会环境。先后荣获了全省维护稳定工作优秀市、全省综合治理工作优秀市等荣誉称号。

一、统筹“两手抓”，预防和化解矛盾纠纷取得显著成效，社会大局总体稳定持续向好

（一）抓积案挂牌攻坚化解，工作实际成效明显。2013 年以来，首次将涉稳信访积案作为“急难险重”目标任务、纳入目标督查范围、实施挂牌攻坚化解。全年共挂牌涉稳信访积案 136 件，有效化解了一大批“骨头案”“钉子案”，减少长期缠访、闹访、集访群体 90 余个近 50000 人。积案挂牌化解工作在预防大规模群体性事件，减少越级访、集体访、重复访和进京到省非访方面发挥了重要作用。

（二）抓“三大调解”协调联动，矛盾纠纷有效化解。坚持“大调解”促“大和谐”，不断深化“三联两进”工作机制，推进“大调解”工作向基层延伸、向纵深发展。2013 年以来，共调解各类矛盾纠纷 5076 件，调解成功 4841 件，调解成功率达 95.4%，推动了各类矛盾纠纷及时有效化解。

（三）抓群众诉求渠道畅通，信访工作持续向好。坚持以“事要解决”为核心，大力拓展网、电、信、12345 市民热线等诉求渠道，扎实推进领导干部接访、下访活动，较好地维护了群众合法权益。全市信访总量、集体访、重信重访、进京访同比分别下 3.8%、5.8%、32.9%、5.9%；网、信、电诉求量在信访总量中的占比上升 10.3%，信访形式持续向好变化。

二、推动“三个转变”，维稳工作理念和方式发生可喜变化，维稳工作步入良性循环

（一）抓滚动排查，形势研判的先导性作用充分发挥。坚持把矛盾纠纷滚动排查作为主动创稳工作的切入点，督促各区县和市级部门每月、乡镇（街道）每半月、村（社区）每周，对矛盾纠纷和不稳定因素进行滚动排查、对稳定形势进行综合研判、对突出问题进行逐案化解。2013 年以来，共组织开展集中排查、调研督导、形势研判 43 次，排查矛盾纠纷 2061 件，疏理突出问题 130 余个，向市委常委会专题汇报维稳形势 3 次，切实增强了信访维稳工作的前瞻性、针对性。

（二）抓源头预防，社会稳定风险评估工作全面深化。坚持把社会稳定风险评估作为重大事项出台、实施的前置条件，推动风险评估向更广领域、更深层次延伸覆盖。针对项目建设进程中伴生矛盾日益增多的趋势，在全市范围内探索开展了项目节点“五查”活动，既确保项目顺利推进，又实现社会和谐稳定。2013 年以来，共实施稳定风险评估及“五查”活动 380 余次，提出改进建议 120 余条，化解隐患 360 余件，逐步实现了维稳工作关口前移。

（三）抓防范控制，坚决防止突发涉稳问题扩大升级。修订完善了群体性事件和大规模暴力犯罪应急处置预案，组建了市、区（县）两级 500 人应急处突预备分队，推进了应急处置工作制度化和规范化建设。积极做好“6·4”“7·5”“9·18”等应对工作，没有出现群众聚集游行事件和非法聚集活动。立邪教案件 8 起，破 8 起，抓获人员 15 人，有力遏制了邪教组织的嚣张气焰和非法传教活动。严格执行应急处置有关规定，没有发生一起处置不当、不及时致使事态升级扩大的情况，最大限度地减少了社会危害。

三、狠抓“五个第一”，大平安和大维稳工作格局不断完善，工作合力进一步增强

（一）逐级压实责任，层层抓落实体系有效建立。依托维稳领导责任制，与各级各部门层层签订了目标责任书，切实将责任逐级、逐项细化分解落实到部门、落实到岗位、落实到人头。党政领导、综治维稳信访协调、部门负责、社会协同、公众参与的“大维稳”“大平安”“大应急”工作格局初步形成，上下联动、齐抓共管的强大合力有效发挥。

（二）发动群众参与，群众安全感满意度有效提升。本着“什么问题突出整治什么问题、哪里问题突出整治哪里”的原则，按照“整治哪里征求群众意见、整治方案群众认同、整治过程群众参与、整治效果群众评议”的要求，深入开展了治安突出问题整治、“法治基层行”等专项行动，形成了平安建设人人参与、平安成果人人共享的生动局面。2013 年以来，共排查整治治安重点地区 9 处，启动或建成社会管理项目11个，影响群众安全感的八类暴力犯罪案件及两抢一盗案件同比下降7.7%、24.8%。社会治安满意率居全省第三，平安建设群众满意度居全省第二。

（三）夯实基层基础，工作规范化程度进一步提高。牢固树立固本强基思想，在对“社会管理居（村）民满意社区（村）”试点工作进行充分论证评估的基础上，探索开展了“五规范五减少社区（村）”创建活动。目前，全市11个街道完成职能转变，16个乡镇实现重心转移，182个社区（村）实施网格化管理，试点社区（村）治安案件、可防性侵财案件同比分别下降11.8%、8%。

四、提高“五个能力”，主题教育实践活动全面开展，政法队伍整体素质有效提升

（一）强化主题教育，政法干警业务素质进一步增强。坚持把“三大主题”“中国梦”“警民亲”“转变作风，司法为民”等主题教育实践活动与提升政法队伍“五个能力”要求相结合（提升群众工作、维护社会公平正义、新媒体时代舆论引导、科技信息化应用、队伍拒腐防变能力），全市政法系统共组织开展主题学习、专题讨论300余次，开展岗位练兵、实战演练100余次，培训政法干警6000余人次，新任领导参训率、新进干警培训率达到100%，全年政法系统受省以上表彰先进集体76个、个人172名，实现了主题教育活动与政法业务工作双促进、双提升。

（二）改进工作作风，政法队伍亲和力进一步提升。认真贯彻落实关于改进工作作风、密切联系群众的相关规定，深入开展群众观念、宗旨意识、服务意识教育，全市各级政法干警深入基层、深入一线进行调查研究1566次，听取群众意见351条，整改群众反映问题68个，完善便民利民措施156条，群众对政法机关的满意度居全省第三，转变作风、执法为民的思想基础进一步筑牢。

（三）严格公正执法，维护公平正义能力进一步提高。全市各级政法机关破获审结各类经济、民商事及职务犯罪案件8705件，挽回经济损失16亿余元；受理法律援助案件1248件，减、免、缓交诉讼费180余万元，为困难群众挽回和避免经济损失300余万元。“法院开放日”“警营开放日”“检察开放日”“攀枝花警界”“现在开庭”“每周一案”等政法公开活动及栏目有序开展，执法司法公信力进一步提升。

明责厉行创新攻坚　以一流业绩和一流队伍服务保障全市经济社会发展

攀枝花市中级人民法院

2013年，全市法院在各级党委坚强领导、人大有力监督、政府大力支持、政协民主监督和上级法院指导下，以保障全市改革发展稳定大局为己任，以“明责厉行、创新攻坚”为基调，以争创“两个一流”为平台，为全市中心工作提供了有力司法保障。受理各类案件16579件，同比上升5.88%；办结16231件，同比上升6.61%。其中市中院办结1710件，同比上升20%。全市法院共有69个集体、83名个人受到市级以上表彰。

一、强化依法履职意识，执法办案水平不断提升

有力惩处刑事犯罪，维护“平安攀枝花”。受理刑事案件1393件，审结1376件，同比分别下降7.25%、8.02%。强化人民群众安全感，依法审结杀人、抢劫等严重暴力犯罪案件62件，群众反映强烈的盗窃、抢夺、诈骗等多发性犯罪案件329件。切实保障生产安全，妥善审理“8·29”事故系列案件，35人被依法追究刑事责任。净化社会环境，审结毒品犯罪案件106件。努力推动反腐败，审结贪污、受贿、挪用公款等案件52件。重视人权保障，用好宽严相济，消除社会对抗，适用缓刑、罚金等非监禁刑

726 人，免予刑事处罚 22 人。预防和减少重新犯罪，参与社区矫正 482 人（次），回访帮教刑释解教人员 235 人（次）。

倾力调判民商纠纷，营造“和谐攀枝花”。受理民商事案件 9968 件，审结 9712 件，同比分别上升 11.87%、12.54%。促进平等交易，审结买卖、借款、建筑工程等合同纠纷案件 4416 件。维护市场信用，审结融资、股权纠纷、民间借贷等案件 924 件。保护自主创新，审结知识产权案件 23 件。倡行“和谐司法”，坚持自愿合法原则，调撤率达 67.23%。推进整体联动，加强“诉非衔接”，精心指导人民调解、行政调解成功调解矛盾纠纷 1589 件。

春节后上班第一天，市中院举行法官新年宣誓暨廉洁司法教育会

全力妥处行政争议，助推“法治攀枝花”。受理行政案件 59 件，审结 58 件，同比分别下降 37.29%、28.75%。促进依法行政和保护相对人合法权益并重，判决维持 18 件、赔偿 1 件，驳回起诉和诉讼请求 9 件，以其他方式处理 16 件。优化行政案件协调和解机制，撤诉 14 件，撤诉率达 23.73%；非诉案件自动履行率达 87.5%。强化行政审判与行政执法互动，继续发布《行政审判白皮书》，有关部门积极回应。

强力破解“执行难”，建设“诚信攀枝花”。受理执行案件 4621 件，执结 4551 件，标的额 4.29 亿元，同比分别上升 18.46%、20.52%、58.88%。开展“推公开、转作风、强执行、树公信”专项活动，强化主体责任和队伍素质，树立“穷尽执行手段”理念，最大限度让打赢官司的当事人及时实现权益。加大强制执行力度，依法拘留“老赖”25 人，罚款 20 万元，限制出境 12 人，限制高消费 379 人，公开曝光 119 人，纳入失信“黑名单”77 人。合力攻克“执行难”，主动协助召开全市执行工作联席会，与银行、工商、税务、国土等部门签订“点对点”共建协议，查询 4393 次。上级挂牌督办案件全部执结。市中院、米易县、盐边县法院获全省集中清理积案专项活动先进。

二、强化能动司法意识，服务大局水平不断提升

占位担当服务大局。坚持“大局是中心、大局在心中”，自觉将法院工作融入全市大局定位谋划，紧紧围绕市委重大决策部署，悉心研究司法保障的务实举措。将贯彻市委九届四次全会任务分解成 22 个大项，实行“目标化管理、项目化实施、工程化推进”，明确责任、创新方法、加强督查、确保落实。恪守司法职能，用好司法手段，依法审理涉及“三大发展战略”的案件 2360 件，大力促进转型升级、稳中求进。审理非法采矿、合同诈骗等破坏市场经济秩序犯罪案件 62 件，切实维护经济安全。审理资金拆借、承包租赁等案件 362 件，助推企业克难发展。审理劳动就业、社会保障等案件 1351 件，有力推动社会事业进步。

延伸职能服务大局。前瞻参与社会治理创新。针对重点、难点问题主动思对策、提建议，报送关于本市煤矿整顿关闭等司法调研报告，为党政决策提供有益参考；开展涉诉信访改革试点，大力推动在法治轨道内化解矛盾纠纷，来信来访同比下降 19.36%；主动服务机关企事业单位防范法律和诉讼风险、提升依法办事水平，在全省率先发布三大审判白皮书和实施“两法”专题报告，发放《司法服务联络卡》400 余张，走访攀钢等“三上”企业 300 余人（次），编赠《钒钛产业园区典型案例选编》400 余册，提出司法建议 100 余条。切实体现“主人翁”社会责任。“三大主题教育”20 项公开承诺全部兑现；选派中层正职到木里县法院挂职援藏；认真开展“挂包帮”“走基层”等活动，一线调研 200 余人

（次）、办实事150多起、慰问贫困群众76户、资助贫困学生46人。两级法院捐助款物共计47万余元。

三、强化宗旨意识，司法为民水平不断提升

保障合法权益，司法更加贴近民生。精心审理涉民生案件。审结未成年人犯罪，生产销售有毒有害食品、假药等案件52件，回应社会关切；审结医疗纠纷23件，促进医患关系和谐；审结离婚、赡养、抚养、继承等纠纷1253件，弘扬公德美德。开展以“涉民生案件专项执行”为主题的“司法为民大拜年”活动，兑付农民工工资300余万元，赢得群众称道。

坚持每季度开展“法院开放日”活动，邀请人大代表、政协委员、民主党派代表、群众代表和媒体记者等走进法院，零距离接触法官、了解法院，满足人民群众对司法的知情权、参与权和监督权。

提高服务质量，司法更加贴近民意。全市法院均建成诉讼服务中心，实现法律咨询、起诉立案、信访接待等“一站式”服务，接待群众2万余人（次）。加强诉讼指导，切实尊重群众对司法公正的普遍认知和共同感受，开展“菜单式”法制宣传100余场（次），受教育群众1万余人（次）。米易县法院高度关注未成年人成长，开展法制副校长讲座10次。注重发挥人民法庭解决基层民间纠纷的特殊优势，在全省率先将诉讼服务站建在每个人民法庭之上，着力打造司法为民“升级版”。

降低诉讼成本，司法更加贴近民愿。大力减轻群众诉累，积极探索小额速裁和简易程序适用，推进简案快审，一审简易程序适用率85.51%，同比增长16.22个百分点。在社区、乡镇、企业、学校建立“法官便民工作室”“便民工作岗”107个，开展巡回审判400余场（次）。通知法律援助机构为符合条件的刑事被告人指派辩护人92人，为符合法律规定的当事人缓、减、免诉讼费154.88万元，努力让有理无钱的人打得起官司。

夯实基层基础，司法更加贴近民情。打造服务型法院。仁和区法院推动建立“无讼村”18个、“无讼社区”4个，在全省“大调解”负责人培训班作交流发言。盐边县法院“动态化跟踪”服务重点民生项目建设，落实司法服务措施23条，解决涉法涉诉难点问题9个。西区法院开展“警民半月谈”，社区司法便民全覆盖，提供法律咨询200余人（次），参与化解矛盾纠纷173件（次）。打造阳光型法院。基层法院全部建成门户网站，在前沿阵地通过多种方式大力推进司法公开，不断增进司法亲和力；人民陪审员参审案件1332件，陪审率同比上升7.74%；开展“法院开放日”10次，参与群众300余人（次）。打造效能型法院。东区法院积极探索案件繁简分流，在全市率先成立的速裁法庭月均办案80件以上，81.55%的案件在10天内结案；创建“三型法院”事迹被《人民法院报》头版头条专报。米易县法院全年实现“零发回”“零重大改判”，多项核心指标位居全市法院前茅。仁和区法院被省高院荣记集体三等功，米易、仁和各1个基层法庭被评为全省优秀人民法庭。

四、强化公正意识，司法公信水平不断提升

提升审判质效强公信。坚持把办案质量作为生命线，确保让有理有据的人打得赢官司。加强审判管理和质效评估，创新开展“五个一”“三提高”等专项活动，实行办案进度“月通报、周督促、日推进”。公正指数不断向好。二审开庭审理率70.19%，同比上升26.65%；再审审查询问（听证）率78.13%，同比上升22.96%；启动再审9件，改判、发回重审4件，坚决让确有错误的裁判依法得到纠正。审判效率大幅提高。法官人均结案70.51件，同比增加8.13件；民事、执行案件平均审执时间分别缩短13.4天、8.3天。三年以上未结案件全部审结。办案效果更加明显。全市审判质效均达一流值，实际执行率99.1%，均衡结案率65.49%，同比分别上升2.83%和3.21%。市中院被评为全省法院审判管理和化解长期未结疑难案件先进单位。

深化队伍建设树公信。以思想政治建设为先。深化社会主义法治理念和司法核心价值观教育，强化司法良知和职业伦理操守训导，用科学理论武装人。远学“背兜法官”郭兴利，近学“田坎法官”胡华元、“花城守望人”卢志坤，树推顾玉、肖春富等本土“业务专家”，评选表彰争创一流“十大之星”“创新突破十大亮点”“优势品牌项目二十强”，用先进典型鼓舞人。以素质能力建设为本。内涵式发展与外向型锻造互动相促，开展网络、在职、专题培训等上千人（次），组织70余名干警赴外单位学习取经。以干部队伍建设为重。坚持“好干部”标准、重品行重实干重公认、大力引人才育新秀，审判事业活力后劲不断增强。在市委关怀下，市中院充实调整领导班子6人，选任、交流中层干部9人。全市遴选公招37人，新增硕士研究生7人。经各方努力，基层法庭干警职级待遇取得历史新突破。以法院文化建设为核。和市委宣传部联合下发《进一步加强全市法院文化建设的意见》，积极弘扬攀枝花法院精神，引领法官职业修养和形象塑造。打造“文化四室”，组建学习兴趣团队，市中院顺利通过省级文明单位考核验收。全市1名干警被表彰为全国法院先进个人，6人荣获全省办案标兵、调解能手称号，13人在全省法院学术讨论会获奖。

狠抓司法廉洁保公信。警示教育自始至终，全市法院召开警示教育大会30余次、院领导上廉政课40余次、廉政谈话60余人（次）。狠抓作风由表及里，细化落实中央“八项规定”，省、市“十项规定”和各项禁令；扎实开展“转变作风，司法为民”活动，针对“庸懒散拖”“冷硬横推”，全员逐字查找共性、个性问题30个，制定整改措施90余条，建立完善制度机制50余项。出台专门文件着力解决“退费难”“立案难”等问题；向当事人发放《审判作风监督卡》5000余份；梳理24条干警日常行为规范并制成标牌发到每人，常提醒，严自律，省高院予以高度评价。严格查究防微杜渐，聘任15名廉政监督员和16名作风评查员，邀请参加庭审评查、作风巡查等60余人（次）。通报批评和诫勉出现“苗头”问题的各4人。

雅安芦山地震发生后，攀枝花中院及时将全市法院捐助的21万元爱心捐款和近4万元的救灾物资运往雅安灾区法院，并带去对灾区法院干警的慰问。

加大司法公开促公信。积极推进审判流程公开。利用电子公告屏、触摸屏、诉讼指南等形式，公开机构信息、审判人员、诉讼须知、案件排期、法律法规等信息。推进诉讼档案电子化方便当事人检索。利用官方微博公开直播重大庭审。加快推进裁判文书公开。制定《裁判文书上网公布办法》，明确公开范围、责任、方式和程序。指定专门机构，负责裁判文书公布的管理指导。大力推进执行信息公开。开通执行服务窗口，设置执行案件查询触摸屏，建成执行信息公开网。

五、强化接受监督意识，依法行权水平不断提升

自觉接受人大政协监督。思想自觉，始终坚持接受监督是维护公正高效权威、确保依法独立行权的根本保障，全体干警认识清、态度正；行动自觉，始终坚持重要工作向人大政协报告通报制度，将提升司法公信的殷切希望转化为强大动力。认真落实市人大常委会专题审议审判管理工作的意见要求，有效促进了司法公正。自觉就赢得支持，两级人大、政协十分关心、专题调研法院队伍和基层基础建设，有力推动了相关困难问题的解决。

密切加强代表委员联络。对“两会”和闭会期间收集的25条类型化意见建议，逐项制定改进措施，全面反馈落实情况。“一对一”走访代表、委员500余人（次），寄送《重大事项通报》《工作剪影》4800余份，发送手机彩信周报6000余条，邀请旁听庭审、监督执行、参加重要会议和活动140余人（次）。代表委员对法院工作更加理解帮助，以人民法院人民建设、人民法院人民爱护的模范履职，极大促进了审判事业的科学发展。

“开门”迎接社会各方监督。广泛推进司法民主，与市委统战部联合下发《关于进一步加强人民法院与民主党派、工商联和知联会联系的意见》。依法支持配合检察机关法律监督。大力拓宽接受监督渠道，每季度专题举行“法院开放日”。注重新媒体时代新闻舆论监督和引导。在全省法院率先成立新闻处，开通法院微博；适时召开新闻发布会；播发“现在开庭”“每周一案”和“法庭聚焦”130余期，发表宣传稿件500余篇；在全省政法宣传工作会上，市中院作典型交流发言。

围绕中心　服务大局
为在全省率先全面建成小康社会提供有力司法保障

四川省攀枝花市人民检察院

2013年，攀枝花市检察机关在中共攀枝花市委和四川省人民检察院的领导下，以邓小平理论、“三个代表”重要思想和科学发展观为指导，紧紧围绕在全省率先全面建成小康社会的奋斗目标和实施“三个加快建设”、推进“三个走在全省前列”、打好“六大硬仗”、实现“四个翻番”的战略部署，紧扣“率先”“全面”和“小康”三大核心要求，主动将检察工作融入全市发展大局，全面强化法律监督、自身监督和队伍建设，努力为攀枝花经济社会健康发展提供有力的司法保障。

一、围绕大局抓保障，不断提升服务实效

（一）维护市场经济秩序，促进经济健康发展。努力优化发展环境，依法打击金融诈骗、合同诈骗、非法集资、侵犯知识产权等经济犯罪，批准逮捕22件25人，提起公诉47件67人；重点打击盗窃工业器材、影响企业发展刑事犯罪，批准逮捕7件8人；突出查办商业贿赂犯罪，查办工程建设、资源开发、重点投资等领域职务犯罪20件23人；以“两法”衔接为平台，加强与市场管理等部门的联系，促其移送涉嫌破坏市场经济秩序案件13件18人。依法平等保护各种所有制经济合法权益，办理合同纠纷、产权纠纷等民事行政监督案件20件；关注企业发展，走访企业20家，商讨服务企业发展之计；大力加强涉农检察工作，促进农村经济健康发展。

（二）维护社会和谐稳定，促进平安攀枝花建设。严厉打击刑事犯罪。共批准逮捕608件901人，提起公诉1421件2252人。突出打击邪教组织和危害公共安全犯罪，批准逮捕33件38人，提起公诉263件300人；坚决打击严重暴力、“两抢一盗”和毒品等刑事犯罪，切实增强人民群众安全感，批准逮捕501件731人。

依法化解矛盾纠纷。完善执法办案风险评估预警机制，健全检调对接机制，深化释法说理机制，加强上下联动，整合资源，把矛盾化解贯穿到执法办案每一环节，开展释法说理500余件次，促成当事人在审查起诉阶段达成刑事和解107件，促成民事行政申诉案件当事人和解5件。立足检察职能，努力协助有关单位化解涉稳信访积案10件。

推动社会治理创新。进一步规范社区矫正法律监督，提出纠正脱管漏管建议9件（次）；加强检察门户网站建设和管理，健全舆情引导、应对机制，积极引导群众理性合法表达诉求；认真研究社会治理中的突出问题，形成检察调研报告7份，为党委政府提供决策参考；以“四点一线”为主线，创新开展检察环节维稳工作成效明显，得到省检察院肯定；丰富载体培养公民法治意识，通过媒体渠道及“举报宣传周”“法律宣传日”等活动营造法治氛围。

（三）维护民生民利，服务幸福攀枝花建设。严厉打击危害食品药品安全及制假售假犯罪，批准逮捕生产销售假药及有毒有害食品犯罪2件6人、提起公诉3件7人，批准逮捕制售假农资犯罪1件2人、提起公诉1件1人。围绕生态文明建设，批准逮捕破坏环境资源犯罪4件5人；集中开展涉农惠民领域职务犯罪专项整治行动，共立案查办3件3人。不断完善便民利民措施，畅通和规范群众诉求渠道，通过12309举报电话、网上信访、来信、来访等途径共受理控告、申诉、举报329件，坚持做到件件有着落、事事有回音。

关注维护特殊人群合法权益。探索建立未成年人案件“捕、诉、监、防、教”一体化工作机制，适用适合未成年人身心特点的办案模式，提起公诉57件127人，封存未成年人犯罪记录38件76人。深入开展送法进校园活动，促进依法治校。认真贯彻“少捕、慎诉、少监禁”和“两减少、两扩大”政策，共决定不批准逮捕103件193人，不起诉35件51人。加大对弱势群体特殊保护力度，开展法律援助85人（次），开展刑事被害人救助8件16人。认真开展清理拖欠农民工工资专项行动，为农民工诉求开辟绿色通道，通过检察建议、法律援助等监督途径共清理拖欠工资370余万元，涉及农民工130多人。

（四）坚持惩防并举，促进反腐倡廉。共立案查办职务犯罪54件60人，其中贪污案件5件9人，贿赂案件43件43人，挪用公款案件1件3人，玩忽职守案件3件3人，滥用职权案件2件2人，通过办案挽回经济损失3200余万元。共查办大案50件56人，要案8件8人。集中开展查办发生在群众身边、损害群众利益的职务犯罪专项活动，立案查办3件3人。共查办行政部门、重点领域和关键环节职务犯罪10件10人。加大惩治行贿犯罪力度，共查办7件7人。

深化职务犯罪预防效果。积极创新预防机制，在部分单位的内部局域网探索开辟预防职务犯罪专栏，在政府采购领域试行廉洁准入制度，在全省率先与同级纪委建立职务犯罪预防协作机制，共同制定的《关于建立预防党员干部职务犯罪专项协作机制的实施意见》被市委转发、省检察院推广。创新预防宣教方式，使用三维动画、卡通形象和电子演示课件等大众化形式开展预防宣传教育；组建预防职务犯罪宣讲团，深入国有企业、党政机关、行政执法等单位宣讲60余场（次），受众达5000余人（次）。扎实推进丽攀高速等重点项目跟踪服务，加强与烟草、电业、税务等重点行业和单位的共建预防。全年共提出预防建议13件；开展专项预防调查10件，预防咨询52件；开展职务犯罪个案预防14件，推动建立制度6项；深入重点工程开展跟踪服务29次，受理并提供行贿犯罪档案查询198次。

二、围绕公正抓监督，努力推进法治进程

（一）强化诉讼监督，切实维护司法公正。加强立案侦查监督。办理立案监督案件26件，依法纠正侦查违法情形9件（次），纠正漏捕犯罪嫌疑人11件14人；督促行政执法机关移送涉嫌犯罪案件17件23人；深化对公安机关基层派出所执法活动监督，经验做法在省检察院作交流发言。

加强诉讼活动监督。追诉遗漏罪行7件20人、遗漏同案犯13人；提出刑事抗诉7件7人，法院已审结3件，均获改判；向法院发出纠正审判活动违法通知书4份，均得到纠正；坚持做好量刑建议，对1031人提出量刑建议；简易程序刑事案件100%派员出庭。受理各类民事行政申诉案件71件，其中提请民事抗诉4件，省检察院全部采纳；向法院发出个案再审检察建议17件，法院已采纳14件；办理执行监督案件25件，支持起诉8件，督促起诉6件，办理刑事附带民事诉讼案件12件。

加强刑罚执行和监管活动监督。监督减刑案件1件，开展入所检察1578人次、出所检察1237人次，纠正监管场所各类违法5人次。开展各类安全检查80余次，发现、消除各类安全隐患20余起。继续保持全市各诉讼环节“零超期”成果。加强社区矫正工作监督，提出检察纠正意见 7 件次。

（二）强化自身监督，促进公正廉洁执法。扎实推进规范化建设，以规范促公正。一是全力推进案件集中管理工作。以统一业务软件应用为基础，使案件办理实现“全员、全面、全程、规范”的集中管理、动态监督。二是进一步完善相关执法规范和配套制度，继续强化办案责任制和案件评查工作。三是进一步加强信息化建设。全面推行网上办公办案、检委会案件网上讨论、远程讨论案件等工作，加快推进远程侦查指挥中心、远程视频接访系统建设，以信息化促规范化。四是进一步完善执法环节交叉监督双向制约机制，全面落实讯问职务犯罪嫌疑人同步录音录像、职务犯罪审查逮捕上提一级和一审判决“两级同步审查”，促进案件质量不断提升。五是坚持重大案件回访考察及“一案三卡”等制度，加大对重点执法岗位、环节的监督力度。

（三）深入推进阳光检察，自觉接受外部监督。一是不断强化走访代表、委员的力度，逐步使之常态化。二是坚持向代表、委员及社会各界通达检察机关重大安排部署、工作动态、重大社会影响案件办理情况，向人大常委会专题报告了近三年来全市民事行政检察工作情况。三是邀请人民监督员对重大职务犯罪案件讯问进行全程监督，组织特约检察员监督强制措施变更审查，邀请各界代表参与“检察开放日”、案件评查、不起诉听证、观摩评议公诉出庭、涉检信访接待、执法检查等活动。四是充分利用网络载体，加强与群众的交流互动；在攀枝花电视台播放“阳光检察”栏目 54 期，不断提升检察工作透明度。

（四）强化配合制约，增强新法贯彻实效。以《刑事诉讼法》和《民事诉讼法》修改实施为契机，加强与其他政法部门的联系沟通，细化刑事诉讼规范，与公安、法院建立联席制度，会签规范性文件 19 项，解决司法实践相关问题，确保“分工负责、互相配合、互相制约”的诉讼原则落实到位；邀请律师代表座谈，听取意见建议，共同探讨承担社会责任、维护公平正义之策；依法保障犯罪嫌疑人、被告人诉讼权利和律师执业权利。

三、围绕能力抓建设，不断夯实基层基础

（一）深入加强思想政治建设。认真学习贯彻党的十八大、十八届三中全会和市委系列重要会议精神，坚持重大事项和重要问题及时向市委请示报告制度，保证党的路线方针政策在检察工作中不折不扣地贯彻执行。坚持民主集中制，努力营造班子良好氛围；统一思想，形成认识，开创齐心协力干事业的良好局面。深入开展“实现伟大中国梦、建设美丽繁荣和谐四川”和“思想大解放、作风大转变、工作大落实”主题教育活动，坚决破除检察干警“怕、满、慢、浮、僵”的消极思想，保持“闯、进、快、实、活”的进取激情，促进干警作风明显转变，效率明显提高，业绩明显提升。广泛开展调研活动，倾听群众呼声，深入查摆问题，分析原因，为开展党的群众路线教育实践活动做好充分准备。

（二）大力加强队伍职业化专业化建设。继续深入开展领导素能、任职资格、专项业务、岗位练兵等活动，检察干警知识水平和能力素质不断提升。大力开展检察人员职业信仰、职业精神、职业道德教育，加强检察文化及检务保障建设，以实际成效彰显攀枝花检察新形象。全面深化公诉见习制度，建立完善 10 余项配套机制，全面促进并带动公诉人及检察队伍整体发展。加大培养选拔优秀年轻干部力度，建设高素质、专业化领导干部和业务骨干队伍。探索实行“双岗双责”制度，缓解人少案多矛盾，共有 100 余名干警参加第二岗位锻炼，此项工作得到省检察院充分肯定。积极对案件管理工作中形成的经验和遇到的问题进行调研总结，形成了一批高质量的理论调研文章，如市检察院案件管理办公室撰写的《困惑与突破：检察机关个案管理的流程配置》在最高人民检察院“姑苏杯”征文活动中获得优秀奖；《刑事诉讼在管理过程中的影像》在中国政法大学组织的首届司法管理学征文中获得优秀奖。

（三）深入开展纪律作风建设。认真贯彻执行中央关于改进工作作风、密切联系群众的八项规定和省、市委相关规定，着力营造为民务实清廉的良好作风。全面推进检察机关自身惩治和预防腐败体系建设，严格执行党风廉政建设责任制，加大监督检查和问责追究力度，严格规范检察人员对外交往行为，建立廉政隐患摸排预警制度，检察人员谈心谈话制度，重点岗位轮岗交流制度。加强和改进检务督察、专项检查工作，严格执行各项禁令规定。

（四）切实加强基层基础建设。市检察院领导班子深入基层、深入实际开展调研，帮助解决问题困难。认真总结基层检察院建设经验，加强区、县检察院之间的交流学习，促进整体提升。稳步推进派驻检察室建设，延伸法律监督触角，最大限度将矛盾化解在基层，消除在萌芽状态。更加重视检察人才培养工作，积极派员参加最高人民检察院、省检察院各类素质培训。加强检察计财装备工作，推动完善公用经费正常增长机制，提高检务保障总体水平。加快科技强检步伐，加强基础网络建设，不断提升信息化水平。采取更加有效措施深化检察文化建设，在廉政文化、工会文化、检察精神文化等方面取得新进展。

四、以服务法律监督职能为目标，其他各项工作科学发展

（一）综合服务工作。紧紧围绕全市检察工作重点，领导关注的热点、难点问题，加强综合信息调研。全年共撰写重要文稿、综合性文稿352篇，共编发检察简报信息149期306条。向市委、市人大、市委政法委书面汇报各项检察工作15次。严格对照《四川省档案工作规范化管理办法》标准要求，完成了2012年档案整理归档工作。目前有文书档案8215件，诉讼档案3586卷，会计档案2512卷，声像档案300张。按时完成了检察专网分级保护建设工程，建立了全市检察干警和检察机关的身份认证系统、电子印章系统和个人签章系统。认真做好机要保密工作，完善32项保密工作制度，严格落实机要通道的使用、管理工作，做到了及时、高效、无失泄密事件发生。积极参与社会管理综合治理，统筹做好重要环节、重点人员、重点时段等各项维稳工作；牵头做好检察志编修的各项工作。

（二）检察宣传工作。全年共制作播出“阳光检察”电视栏目50期，收到较好反响。加大平面和网络媒体宣传报道力度，稿件被国家级媒体采用10篇，省级媒体采用70余篇，扩大了检察机关影响力。大力培养宣传先进典型，注重先进典型的示范引领作用，积极挖掘、培养、树立、宣传体现检察特色、弘扬时代精神、具有人格魅力的先进集体和模范人物。全年共有22个集体，17名先进个人受到市级（含市级）以上表彰，展示了检察干警的时代风采。继续开展各种类型的读书活动，办好内部刊物，为干警学习交流提供平台，营造好学奋进的检察文化氛围。

（三）法律政策研究工作。针对攀枝花实际，围绕三项重点工作的推进，积极开展专题调研，为领导决策做好服务工作。全年共完成调研文章122篇，其中被市级刊物采用16篇，被省级刊物采用19篇，被国家级刊物采用5篇。全年共向“全省检察理论研究年会”“执法公信力论坛”“未成年人检察制度”论坛等各类征文活动报送论文50余篇，其中《新刑诉法下就犯罪嫌疑人身体状况进行羁押适宜性审查之探索》获得“全省检察理论研究年会”优秀奖。《当前米易县检察院检察工作站面临的问题与思考》《对有效推进基层检察院管理科学化建设的思考》等4篇调研论文被国家级公开刊物采用。组织两级检察院检委会成员通过网络集体学习、讨论修改后的刑事诉讼法、民事诉讼法，坚持网上议事议案，规范了检委会的工作程序和管理办法，全市两级检察院及时完成了检委会记录和纪要，执行上级和本院检委会决定100件，执行率达100%。

（四）检察技术工作。进一步加大检察技术监督力度，有效地保障了证据的客观性、关联性、合法性。全年共办理检察技术案件210件，其中法医文证审查和司法会计检验鉴定案件共168件，技术协助42件。不断完善“同步录音录像”保障机制，建立对职务犯罪案件讯问过程实行远程网上安全巡查通道，有效提高了对办案现场的监督，深化“检医联动”，建立了“法医介入自侦讯问”机制。深入推进视频会议系统、网上办公、办案系统的应用，加强网络的规范化管理工作。积极参加由国家认可委员会和公安部刑事侦查局联合组织的实验室能力验证，其中法医人体损伤程度鉴定（CNAST0695）获得专家组“满意”评审结果，法医学死亡原因鉴定（CNAST0694）获得专家组“基本满意”评审结果。

（五）司法警察工作。全市检察机关司法警察全面参与自侦办案，保障办案安全。全年共参与查办职务犯罪案件54件60人，其中，执行看管348人（次），执行拘传12人（次），执行传唤26人（次），协助执行逮捕25人（次），执行提押74人（次），参与搜查出警46人（次），参与扣押（查封）36人（次），参与查询出警291人（次），协助调查取证出警388人（次），协助执行监视居住房108人（次），送达法律文书174人（次）。在涉黑、涉恶以及有重大影响案件的提押、出庭公诉工作中，参与刑事检察案件出警727人（次），切实保护检察官人身安全，维护正常办案秩序。高度重视办案安全防范工作，加强办公办案工作区规范化建设，不断完善办公办案工作区审批、出入登记、交接、执勤等规章制度，进一步提高机关安全保卫工作水平。

（六）检务保障工作。严格执行财务管理制度。切实做好年初预算和年终决算，确保重点支出和办公、办案经费；严格执行收支两条线的规定，对赃款赃物的管理做到了一案一账、一物一卡，账物清楚，无坐支和挪用情况。严格执行最高人民检察院、省检察院关于警车、警灯、警报器的使用规定，严禁公车私用、酒后驾车以及开特权车、霸道车，进一步提高车辆使用管理的规范化、制度化。严格管理枪弹，全市检察机关连续17年无枪弹管理事故。

服务大局　提升质效
倾力打造平安幸福攀枝花

攀枝花市公安局

2013年，市公安局在市委、市政府和省公安厅的领导下，深入学习贯彻党的十八大及十八届三中全会精神，紧紧围绕市委九届四次、五次会议要求，牢牢盯住全市战略重点和“率先全面建成小康社会”奋斗目标，以人民群众安全感持续提升为指引，以深化“平安攀枝花”建设为载体，以队伍“规范化、职业化、现代化”建设为保障，全力应对复杂多变的维稳治安态势，圆满完成了各项公安工作任务，积极营造了稳定、平安的治安环境。

一、工作成效

一是有力维护了社会政治稳定。圆满完成了全国“两会”、党的十八届三中全会、成都“财富”全球论坛和全省“两个现场会”等重大时段的安保维稳工作，妥善处置各类群体性非访事件，初信初访、上级交办案件办结率分别达93.7%、100%，未发生较大影响的群体性事件和非法聚集活动，有效维护了全市社会稳定。

全省公安机关特巡警暨应急处突预备队合成演练

二是全力确保了治安总体平稳。始终保持主动进攻、严打高压的态势，成功侦破部督案件2起、省督案件6起；现行命案破案率95%；刑事立案总数同比下降4.9%，影响群众安全感的八类主要案件，以及抢劫、抢夺、入室盗窃案件同比分别下降7.6%、14.5%、36.2%、20.7%；全市治安案件查处率、违法人员处罚数分别同比上升0.2、1.3个百分点。全市治安形势继续保持总体平稳，群众安全感达到95.15%，同比上升0.27个百分点。

三是切实推动了安全形势好转。加大安全隐患排查整治力度，全市交通事故、死亡人数、受伤人数、经济损失“四项指标”同比分别下降12.1%、11.3%、23.8%、18.1%；连续10年未发生一次死亡10人的特大交通事故，预防重特大事故工作经验得到省公安厅肯定；全市发生火灾事故71起，死1人，受伤0人，直接经济损失290.6万元，事故起数同比下降35.5%，火灾形势保持平稳；全市未发生因公安监管不到位而造成的涉枪涉爆、在押人员非正常死亡等安全责任事故。

四是积极回应了民生改善需求。坚持把保障和改善民生作为出发点和落脚点，围绕市委、政府的重大决策部署，全力推进户籍制度改革，及时总结仁和区试点工作经验，做好推广前期准备；主动改进行政审批措施，落实便民利民举措，实行主城区户籍业务进驻政务中心，受理、办结行政审批服务事项2.4万余件，办理证照3.2万余份；积极应对城市基础设施建设带来的交通管理压力，优化交通组织，缓解城区道路拥堵问题；积极回应民意需求，高效办理人大建议、政协提案、“12345”市民热线、市长信箱意见建议，得到相关单位的肯定。2013年全省公安机关政风行风建设群众满意度测评名列第三。

五是扎实推进了职业警队建设。通过深入开展“中国梦”和“三大主题”教育活动，切实改进工作作风，牢固树立“忠诚、专业、服务、奉献”的攀枝花人民警察核心价值观；通过推进队伍“规范化、职业化、现代化”建设，全面打造“一支很强专业素质能力的警队，一支遵纪守法、公正廉洁的警队，一支深受市民喜爱和信任的警队”，有效提升了队伍专业化水平和执法公信力。一年来，全市公安机关共有64个集体、420名个人受到部、省、市级表彰，78人次获三等功以上表彰，绩效管理工作被省委政法委作为全省政法队伍建设创新成果通报表扬，在全省公安系统政风行风建设群众满意指数测评中位列第三。同时，在省公安厅组织的各项比武竞赛活动中，取得了全省特巡警“五项”比武团体第六名、“网上作战”比武竞赛第七名、法制民警和法制员业务技能大比武团体“优胜单位”的较好成绩。

仁和大田村民感谢攀枝花公安破命案

二、工作措施

（一）贯穿“两个始终”，全力维护重要敏感期的社会稳定。一是始终把握工作主动。紧盯维稳形势和治安态势，精心组织、提前启动以“两会”“两节”安保为重点的“春季平安战役”，以及以党的十八届三中全会安保为重点的全市严打整治行动，有效形成阶段性打防管控声势，掌握了工作的主动权。二是始终做好应急准备。分级分类推进了突发公共事件处置预案体系的修订工作，加强了应急处突预备队伍和常备力量建设，组建了市、县（区）两级500人的公安应急处突预备队，建立了150人应急常备力量，强化了技能培训、战术训练和实战演练，充分做好遂行应急处突任务的准备。

（二）立足“四个着力”，全面深化“平安攀枝花”建设。一是着力提高“打准打狠”能力。集中力量以“破现案、攻积案、挖隐案、追逃犯”为目标，紧盯杀人、绑架等恶性案件和“两抢”、入户盗窃、盗窃机动车、扒窃、毒品等突出违法犯罪，加大季节性、阶段性发案规律把握，加大情报研判、科技办案、合成作战，增强破案打击的实效性。一年来，相继侦破了东区“7·17”劫持人质案、“8·15”故意杀人案等恶性案件，成功破获米易“7·12”、仁和“8·14”等一批特大运输毒品案及盐边“1·10”特大贩运合成毒品专案，串并破获东区街头抢夺黄金项链、西区钻锁芯入户盗窃、仁和砸车窗盗窃、盐边盗窃机关单位等一批系列案件，有力打击了违法犯罪活动。二是着力增强“三网防控”实效。

以治安“大巡防”为核心，深入推进街面、社区、校园“三张防范网络”建设，针对易发、多发的街面“两抢”、公共场所扒窃、居民区入户盗窃等案件，加强日常警情监测和发案规律分析，采取网格布警、机关增援、电子巡更、蹲坑守候等灵活措施，最大限度地把警力摆到防范薄弱的深夜、凌晨时段，摆到案件高发的居民小区、背街小巷，实现打防衔接，提升防范实效。三是着力开展突出治安问题“专项整治”。采取主要领导亲自抓、分管领导具体抓、警种牵头推进、定期排名通报等措施，统筹推进夏秋治安整治、“肃毒害、创平安”百日攻坚、“打假”、打击涉网违法犯罪“破案会战”“刑侦五项行动”、深化“平安四川”等各类专项行动，集中开展涉稳因素、安全隐患、治安问题的排查整治，重点整治了西区太平矿、仁和回龙湾、盐边北部片区等涉毒重点区域，重点打击了容易滋生黑恶势力的殴打他人、寻衅滋事和“黄赌毒”等治安突出问题，提高了治安整治的频率、深度和效果，净化了治安环境。四是着力强化公共安全监管“源头治理”。深刻吸取全国、全省发生的重特大案事件教训，严格按照全省安全生产大排查、大整治工作的部署要求，认真对照18类47项排查重点，全面开展危爆物品、道路交通、消防安全、内部监所的大检查、大整治，加强对可能铤而走险、报复社会人员的重点排查和重点管控，坚持隐患排查与源头治理、专项整治与机制健全、严查重处与广泛教育“三个有机结合”，边查边改、边整边建，有效防范了重特大事故和案事件的发生。

殷旭东市长参加效能热线

殷旭东市长与企业家座谈

（三）强化“三个重点”，不断夯实公安工作发展根基。一是重点谋划警务发展思路。在深刻领会中央、省、市重要会议和省厅党委决策部署精神的基础上，研究制订了全市公安机关《2013—2015年工作规划》，明确了全市公安机关“12345”的总体工作思路和2013年的“十个方面重点工作”。通过组织召开党委中心组理论学习（扩大）会议，深入学习把握省委常委、政法委书记刘玉顺与副省长、省公安厅厅长侍俊在攀调研期间的重要指示精神和市委九届五次全体（扩大）会议精神，进一步找准了公安工作与省委省政府“四个八条措施”、市委市政府战略目标和省厅领导具体要求的契合点，提出了“十个加强”举措和服务经济发展、稳定工业经济增长的系列具体措施，全力服务中心工作，努力打造平安攀枝花建设的“升级版”，确保了公安工作重点与党政中心工作、上级决策部署同频共振。二是重点加强基层基础工作。按照规范、统一的要求，推进了派出所外观形象标识、功能分区设置、基础台账建设；着力配齐配强基层刑事技术专业力量，加快推进刑侦专业实验室、市级标准化法医尸体解剖室建设，米易“狱侦仓”建设通过省厅验收；借助党政之力高位推动“一标三实”基础信息采集，采集标准地址47万余条、实有人口29万余条、实有单位1.6万余条及从业人员12万余条；持续推进新版警综应用、实名信息登记、旅店网吧实地测试、刑事基础信息标准化采集、案事件网上如实录入，倒逼基础工作规范、扎实。三是重点加强综合保障支撑。强力推动“210

工程”建设，指挥中心二期、监管中心、车管所科目三考场、市局装备及应急物资库房等重点基建项目，350M二期工程、公安智能安全系统等重点信息化建设项目按计划快速推进，采购了“动中通”卫星通信车、执法记录仪、特警训练配备装备、手持金属探测仪等一批执法技术装备和执法执勤车辆，重点充实一线执法单位，保证了援甘警队、“三项比武”等重点工作开展。

（四）突出“四个狠抓”，持续强化队伍正规化建设。一是狠抓职业能力培养。以全省主要警种、网络破案、实战破案“三项比武活动”为引擎，建立了领导干部带头讲、业务骨干专题讲、精品课程集中讲“三讲制度”，全方位地推进全警岗位技能大练兵、专业技能大比武活动；精心选拔了22名特警比武选手、136人的应急处突预备队伍进行全封闭式集训，参加了“特警五项比武”和川西片区应急处突队远程拉动演练，先后举办了国保、治安、刑侦、网监、情报等警种专业技术培训讲座，组织开展了命案、盗案模拟现场勘察培训和考核。二是狠抓规范管理。严格规范日常警务礼仪，认真落实“每月要升旗、大会要唱歌、见面要致礼、日常穿警服、内务要整洁”五句话要求，实行了每周队列训练、每月会操评比，凝聚了队伍的“精、气、神”；严格规范执勤执法行为，深入贯彻落实中央“八项规定”、公安部“五条禁令”及“三项纪律”等纪律铁规，开展了枪支、协警管理“两个不规范”问题和未结未破案件清理，以及交警、治安执法办案突出问题整治，紧盯装备管理、公车使用、接处警规范、日常行为养成等重要环节开展专项检查、现场督查，提升了执法公信力。三是狠抓作风转变。严格落实中央、省、市关于改进工作作风、密切联系群众的各项规定，深入开展“思想大解放、作风大转变、工作大落实”“实现伟大中国梦，建设美丽繁荣和谐四川”等系列主题教育活动，紧密结合政风行风建设、服务企业发展工作，通过召开“民营企业家座谈会”等多种形式，广泛收集社会各界对公安机关的意见建议，真诚倾听、全面掌握人民群众最迫切的需求、最急切的期待，逐条梳理、认真研究服务和保障经济发展的具体措施，针对性转变“四风”、改进工作。四是狠抓绩效考核。进一步完善了全局《绩效考核办法》《绩效考核结果运用办法（试行）》，进一步落实了主要领导负责和层级考核制度，兑现了绩效考核结果与立功受奖、公务员年度考核、离岗培训的直接挂钩，对10名2012年度四级绩效民警和连续两年三级绩效的民警进行了离岗培训，绩效考核奖勤罚懒、奖优罚劣作用进一步显现。

筑牢有为有位理念　大力提升司法行政服务能力

攀枝花市司法局

2013年，攀枝花市司法行政系统全面贯彻落实党的十八大和中央、省、市政法工作、司法行政工作会议精神，紧紧围绕市委九届五次全会做出的重大决策部署，牢固树立有为有位、争创一流工作理念，以服务发展、服务稳定、服务民生为主线，创新思路，打造亮点，强化基础，多办实事，努力为全市经济社会发展创造和谐稳定的社会环境、公平正义的法治环境和优质高效的服务环境。

一、着力开展普法依法治理，法治攀枝花建设强力推进

大力推进法治攀枝花建设，将普法依法治理和法治创建工作纳入全市目标绩效考核，对全市普法依法治理和法治创建活动实行同步考评。有针对性的强化领导干部、公务员、青少年、企事业经营管理人员、流动人口和农民等重点对象法制宣传教育，促进和带动全社会各类群体的法制宣传教育深入开展。开展“六五”普法中期督导检查，现场抽查了5个县（区）、14个县（区）所属单位和28个市级部门，集中检查了51个市级部门，全面推动法治城市创建活动。组织开展“法治基层行”、法制宣传进万家、法律顾问进万村等送法下乡进社区活动，充分利用报刊、杂志、广播、电视、LED等大众媒体和互联网、移动通讯等新兴媒体开展以宪法为核心的中国特色社会主义法律体系宣传活动，加大与促进经济社会发展、保障改善民生和维护稳定相关的政策法规的宣传力度，营造良好的法治氛围。本以来，深入基层开展普法宣讲38场次，辅导干部群众2万余人次，提供法律咨询7800余人次。

2013年5月9日，市司法局党组书记、局长陈志峰同志到仁和区司法局调研

二、着力推进平安攀枝花建设，维护社会稳定能力不断提升

强化人民调解功能。进一步健全调解组织、优化调解队伍、完善工作机制、创新调解方法，努力增强社会矛盾纠纷的调处化解能力，筑牢维护社会稳定的第一道防线。2013年以来，共排查调解矛盾纠纷8066件，调处成功7988件，调解成功率99%；防止民间纠纷引起的自杀8件9人，防止民转刑案件47件231人，制止群体性械斗7件205人，防止群体性上访127件1745人。

加强特殊人群管控。认真贯彻落实《社区矫正实施办法》，推进执法程序规范化、文书档案统一化、矫正方案个性化、学习教育常态化、宽严相济人性化，预防和减少重新违法犯罪。开展社区矫正人员清理交接工作，接收公安派出所移交社区矫正人员865人，移交给派出所剥夺政治权利类社区矫正人员26人，有效避免了人员脱管、漏管。截至目前，全市在册社区矫正对象1166人，成功教育改造解除社区矫正740人，无重新违法犯罪。大力推进刑释解教人员安置帮教工作，开展走访回访，全面掌握刑释解教人员的日常表现，整合社会资源，举办培训班，提高其就业能力，加强安帮基地建设，帮助解决就业难题，促进其尽快融入社会。全年共接收刑释解教人员559人，安置519人，安置率92%，帮教559人，帮教率100%，重新违法犯罪率控制在1%以下。

2013年9月26日，市律协举行2013年新执业律师宣誓仪式

维护场所安全稳定。以“百日安全活动”为载体，加强隐患排查整改，对23项安全隐患逐一进行整改，确保场所安全稳定。深入开展教育质量年活动，构建“大教育”工作机制，积极推进“常青藤四分管理模式”，对戒毒人员进行“分类编队、分期戒治、分区管理、分级处遇”管理，提高矫治质量。2013年，全所累计收治强戒人员120人，办理提前解除35人，按期解除156人，变更社区戒毒8人。强制隔离戒毒人员在册285人，所外就医5人，社会适应性考验1人，实现了全年无毒品流入所内和复吸毒事件发生，所内毒瘾戒断达100%，无脱逃、无所内案件、无非正常死亡、无重大安全事故发生。

三、着力拓展法律服务工作，服务经济社会成效突出

不断发挥法律服务优势。巩固律师担任政府和街道、镇、村居法律顾问制度，加强民生领域服务，深入参与矛盾纠纷化解和涉法信访工作，律师共办理各类案件3742件，担任政、企事业和社会团体法律顾问500余家，开展公益事业和社会活动1200余人次，提供法律援助336件。发挥基层法律服务贴近基层、了解民意的优势，积极为基层提供法律服务，引导群众依法合理表达诉求，维护社会和谐稳定，担任法律顾问 162 家，代理各类案件 1112 件，解答法律咨询 3930 余件，为当事人避免和挽回经济损失 1000 余万元。

不断延伸公证服务领域。积极参与重点工程和项目建设、招投标、土地使用权转让、房屋拆迁、城市改造、基础设施建设等领域的公证，共办理各类公证 5300 余件，办证合格率达到 99% 以上，无错证、假证，公证质量有效投诉为零。

全市司法行政系统"实现伟大中国梦，建设美丽繁荣和谐四川"主题教育活动动员大会在攀宾召开

不断规范司法鉴定监管。加强司法鉴定执业行为监管，提升司法鉴定公信力，全年办理司法鉴定案件 2024 件，办理司法鉴定援助案件 40 件，案件办结率、合格率达 100%，鉴定结论采信率达 98% 以上，案件限时办结率 100%，提前办结率达 50% 以上。

不断做好国家司法考试。坚持"从严治考、热情服务"的总原则做好 2013 年国家司法考试工作，实现了"零违纪、零投诉、零举报、零差错"，达到了"规范有序，万无一失"的总目标。2013 年本市 442 名报名参考者中，有 106 人过地方分数线，

不断深化外来企业投诉。探索外投工作机制，积极筹建外企投诉中心，整合司法行政资源服务外来企业发展。全年共为外来企业开展法制宣传 170 场次，举办法制讲座 97 场次，解答投资商法律和政策咨询 714 人次；担任外来企业常年法律顾问 166 家、处理外来企业法律事务 412 件；帮助外来企业申请仲裁 2 件、提起民事诉讼 7 件、提供公证法律服务 2 件、提供法律援助 51 件，避免和挽回经济损失 200 余万元。

不断提升法律援助能力。从群众最关心、最直接、最现实的利益问题入手，不断加强和改进法律援助工作，进一步扩大援助范围，降低受援条件，提高法律援助覆盖人群比例，建立法律援助对象和受援人动态数据资料，切实做到应援尽援，为建设幸福攀枝花建设发挥了积极作用。全年共办理各类法律援助案件 1288 件，提供法律咨询 16234 人次，为困难群众挽回经济损失 300 余万元，免收困难群众各项法律服务费用 100 余万元，争取到中央、省法律援助中心转移经费 56 万元，同比增长 42%；获得"中央专项彩票公益金"补助 12 万元；率先完成全市"规范化法律援助接待受理大厅"建设，建成 2 个乡镇（街道）规范化法律援助工作站、成立"市级法律援助流动工作站"，各类新闻媒体共宣传报道法律援助 183 期，其中"四川省人民政府网""四川新闻网""中国法律援助网"等省（市）级网站宣传报道本市法律援助工作 11 期，"律师支招"栏目录播 147 期，全面完成了省、市法律援助民生工程任务及各项目标任务。

四、着力实现"四高"要求，专题活动成效显著

坚持"四高"要求，认真组织开展各项专项活动。

高起点落实组织保障。做到超前谋划、精心组织、周密实施。成立了活动领导小组和活动办公室等机构，抽调专人负责实施，制订了切实可行的活动方案，建立了学习培训、信息报送、联系指导等制度，做到目标明确、组织严密、安排合理、重点突出，内容丰富，保障了活动有序、有力、有效推进。

高质量组织理论学习。按照"方法求活、形式求新、理解求深、效果求实"的思路，主动推出原文读本学、网上专栏学、电化教育学、专题讲座学、集体讨论学等多种学习形式，局机关和直属单位先后开展集中学习活动 34 次，按照省委政法委要求全员参加"四川政法大讲堂"专题讲座培训 6 期，专题

召开了市司法局中心组（扩大）专题学习会，以党支部为单位分别开展“争做中国梦的参与者、实践者、推动者”的专题座谈讨论会4次。大家畅所欲言、集思广益，收到良好效果。

高要求突出职能特色。市司法局及时启动“与法同行”行动，成立了以陈志峰局长为团长的“攀枝花市中国梦法制宣讲团”，深入到企业、学校、机关、社区（村）等单位，结合全市政治经济社会发展的现实需求，深入开展普法宣传教育。向市民免费发放了《“六五”普法宣传系列丛书——百姓生产生活常用法律知识手册（教育·卫生篇）》和惠民金卡。全市司法行政系统开展“法治基层行”活动中，牢牢把握“弘扬法治精神，共建和谐社会”主题，充分发挥法制宣传、法律服务和法律保障职能作用。组织法律顾问人员进村开展法制宣传、送法下乡312人次；成立法律服务小分队60名；组织基层司法所长、司法助理员进村入户231家，司法行政机关干部进社区500人次；化解矛盾纠纷1123个；对社区服刑人员、刑释解教人员教育帮扶2156人次；对劳教（戒毒）学员集中开展了“感恩亲情”帮教活动93人次；印发《公民应知应会法律宣传手册》6万份；组织干警313人次走上街头，摆设宣传摊点25个，发放法治宣传资料9.5万余份，开展法律宣讲38场次，提供法律咨询和服务1830人次。举办法治夜校1期、受教育群众65人次；邀请人大代表、政协委员以及其他各界代表人士参观政法机关或参与执法司法过程8人次，组织召开座谈1场次。

高标准实施检查督促。在三个活动中，市司法局主动采取上门走访、召开座谈会、书面信函征求、广场咨询、媒体交流、网络互动等多种形式，广泛征求社会各界的意见建议。针对查找存在的问题，制定了整改措施，并对18项管理制度进行了清理。坚持内外结合、上下结合的原则，建立党组成员联系指导工作制度，要求党组成员和各单位“一把手”以身作则、率先垂范，带头学习、带头调研、带头实践。市局督查组及时深入各区县司法局、直属单位，对专项活动开展情况进行督促指导，使专项活动收到实效。

五、着力强化班子队伍建设，推动发展活力显著提升

坚持把建设复合型人才作为人才队伍建设有效手段，以“打造过硬队伍”为目标，通过抓班子带队伍，不断提升司法行政队伍的综合素质和履职能力。

抓住工作主题。始终抓住人才建设这一主题，建立了以局长为组长、相关职能部门主要负责同志为成员的市司法局人才工作领导小组，下设办公室，形成主要领导亲自抓、分管领导直接抓、职能部门具体抓的工作格局。坚持定期召开领导小组会议，听取各县区司法局、局直属单位、机关各处室以及行业协会的人才工作汇报，及时掌握人才动向，预测人才趋势，研究工作对策，强化对人才工作的领导，构建重才爱才新格局。

健全完善机制。紧扣培训、引入、激励三项机制，努力为全市司法行政事业发展提供人才保障。一是加大人才培训力度。针对公务员、人民警察和法律服务人员三支队伍的不同特点，采取业务培训、外出进修、专家讲座、实地观摩、举办研讨班等多种形式，分期分批开展教育培训工作，增强教育培训的时效性和实用性。努力培养干部队伍服务中心工作的大局意识，责任意识，增强队伍的凝聚力，提高队伍的政治素质。着力提高队伍的理念创新能力、专业技术水平和解决问题的能力。2013年，全系统参加各级各类培训3936人次。本市法律服务人才中有市级人大代表1人，党代表1人，区（县）人大代表1人，区（县）政协委员2人。二是提高人才引入力度。司法行政系统通过每年的司法考试为法院、检察院、律师、公证队伍遴选优秀的法律服务人才，提高了整个政法干警队伍的整体素质。2013年，全市有39人次的干部在司法行政系统进行了交流，其中交流到司法行政系统的干部有8人，交流到其他单位、部门的干部有3人。市司法强戒所、各区县司法局通过公开召录的方式选拔了优秀人才进入司法行政队伍。三是加强人才激励力度。通过公开推荐、竞职上岗、竞争上岗、基层锻炼、项目挂职、岗位交流、办班培训等形式，加强对党政人才的培养。局党组和律协党委加强对律师的跟踪服务，及时了解律师生活及工作中遇到的困难和问题，积极协调有关部门予以解决，并每年为每位律师办理了人身保险，解除后顾之忧，创造良好的工作环境，为本市经济、社会发展发挥了律师人才的重要作用。

强化廉政建设。坚持“问事必问人，问人必问责”，用严明的工作纪律带好队伍，确保令行禁止。坚持公正执法、廉洁执法、文明执法，进一步规范干警执法行为。完善队伍监督管理制度，用制度管人管事，不断提升司法行政系统队伍建设规范化、制度化、常态化的工作水平。加强作风教育整顿，认真贯彻落实中央“八项规定”和省市“十项规定”，严格执行厉行节约、制止奢侈浪费的规定，加强监督检查，切实转变作风。严格落实党风廉政责任制，强化内部管理和外部监督机制，做到干警清正、机关清廉、执法清明，营造浓郁的廉政文化氛围。

第四篇

统一战线

发挥优势　凝心聚力　为经济社会发展献计出力

政协攀枝花市委员会

2013年，市政协高举中国特色社会主义伟大旗帜，坚持团结民主主题，在中共攀枝花市委的领导下，牢牢把握“稳中快进、提质增效、争先进位、跨越提升”的工作基调，围绕中心，服务大局，发挥优势，履职尽责，努力使政协工作更加紧扣中心任务，更加符合决策需求，更加体现群众意愿，进一步开创了全市政协工作新局面。

一、加强学习，凝心聚力，夯实思想政治基础

市政协把思想理论建设摆在各项工作的首位，通过中心组学习、主席会议、常委会议、经济形势报告会和委员学习活动等多种形式，组织推动市政协各参加单位、广大政协委员认真学习中共十八大、中共十八届三中全会和习近平总书记一系列重要讲话精神，深刻理解关于完善协商民主制度的新论述、新要求。深入开展“实现伟大中国梦、建设美丽繁荣和谐四川”和“思想大解放、作风大转变、工作大落实”主题教育活动。充分发挥政协党组的领导核心作用，坚持民主协商、平等议事，求同存异、体谅包容，推动参加人民政协的各民主党派、工商联、无党派人士以及各人民团体和各族各界人士自觉拥护中国共产党的领导。通过学习，增进共识，凝心聚力，不断增强中国特色社会主义的道路自信、理论自信、制度自信，筑牢团结合作的思想政治基础，把思想和行动统一到中央和省、市委的重大决策部署上来，自觉做到与党委同心、同向、同行，为实现伟大中国梦、建设幸福攀枝花献计出力。

二、紧扣中心，发挥优势，力促经济协调发展

协商议政建诤言。市政协围绕全市经济社会发展重大问题和涉及群众切身利益的实际问题开展各种协商议政活动31次，就建设阳光康养旅游城市、推进钒钛产业发展等整理55条意见和建议报送市委、市政府，很多意见和建议在全市年度工作中得到采纳。2013年共召开5次常委会议、13次主席会议，分别听取市政府关于提案办理情况通报，法检“两院”、市纪委（监察局）工作情况通报，听取市发改委、市公安局等20余个部门专题情况通报，围绕国民经济和社会发展计划执行情况、党风廉政建设、政法工作等进行面对面协商，提出了许多切实可行的意见建议。各专委会针对新农村建设、院士专家工作站建设、政法人才队伍建设等方面积极与对口部门开展协商12次，促进了工作。

助推攀西试验区建设。2013年3月，国家发改委批准设立攀西战略资源创新开发试验区。为抢抓机遇，市政协把加快试验区建设的政策研究和政策争取作为工作重点，主动向省政协专题汇报试验区建设情况，省政协将试验区建设作为全省多点多极战略重要组成部分向省委、省政府作了汇报，受到省委、省政府主要领导高度重视，确定将试验区建设提升到国家战略层面强力推动。为此，省政协向全国政协主席俞正声作了专题汇报，全国政协决定赴川专题调研试验区建设。按照市委安排，承担了攀枝花市加快试验区建设的政策研究工作，多次召开专题座谈会和协商会，认真研究，反复讨论，围绕高层推动机制、直供电政策、矿产资源开发、差别化产业政策、重大科技攻关等核心问题形成11条意见，经市委、市政府主要领导审阅后，作为本市的汇报材料向全国政协和省政协调研组汇报。继2013年5月，十届省政协副主席解洪率省政协调研组莅攀调研后，8月，全国政协常委、经济委副主任彭小枫上将率全国政协调研组莅攀开展调研。在详细了解试验区建设相关情况后，调研组高度认可本市提出的意见建议，尤其是建立高层推动机制、实行差别化产业政策、恢复直供电等事关攀枝花加快试验区建设的关键问题的建议，被全国政协调研组吸收纳入调研报告。在全国政协上报中共中央、国务院的报告上，李克强、俞正声、张高丽等中央领导作出重要批示。李克强总理要求国家发改委“会同有关部门认真研究，采取有效支持措施”，加快攀西战略资源创新开发试验区建设。省委王东明书记批示要求政府、政协从不同角度跟进，推动落实。

投身急难险重任务。在市委统一部署下，市政协主要领导牵头负责2013年“急难险重”任务交通项目，八位副主席作为协助领导，积极参与5大具体项目推进工作。政协承担急难险重任务是一项全新工作，市政协创新工作方式，把协商监督与中心工作相结合，在支持中监督，在监督中支持，做到在一线协商问题，在一线建言献策，在一线推动工作。如现场督导鱼塘至机场路连接线工程，针对项目管理、征地拆迁等方面存在的困难和问题及时提出建议，刘成鸣书记作出批示，有力推进了连接线如期开工。在市委、市政府强力推动下，在政协积极参与支持下，攀枝花机场地质灾害综合治理、丽攀高速公路攀枝花段建设、国省干道建设等一批重点工程年度目标任务如期完成。

推动企业转型升级。针对攀钢现状，组织政协常委进行视察，让大家了解攀钢、理解攀钢，支持攀钢改革创新、走出困境。市政协提出的攀钢由钢铁向钒钛转型、构建地企双赢局面等建议得到市委、市政府重视和采纳，对攀钢调整产业结构、加快转型升级起到促进作用。为帮助地方企业提高融资能力，市政协开展金融部门支持地方企业发展专题调研，邀请有关银行和部门与企业家专题协商，寻求银企对接最佳方式，找准结合点，共破难题。

献计“五创联动”工作。组织政协常委和相关专家视察沿江景观打造项目，对沿江景观打造给予充分肯定并对今后管理提出建议，刘成鸣书记非常重视，指示相关县（区）和部门认真吸纳政协常委会意见，使沿江景观更加造福市民；张剡市长批示要求相关部门在完善、整改、管理中采纳市政协常委会提出的建议，打造出具有攀枝花特色的沿江景观带。相关部门认真抓执行、抓落实，推动沿江景观建设工作。市政协还围绕创建中国阳光康养旅游城市、环境空气质量、创建国家森林城市等“五创联动”项目开展视察调研，积极提出意见建议，宣传动员社会各方面支持市委、市政府中心工作。

三、关注民生，体察民情，践行履职为民宗旨

提案督办抓落实。市政协把提案工作作为服务民生的有力抓手，民主监督的有效形式，着力完善提案办理协商机制，通过走访、座谈、视察和重点提案督办等形式，认真办理提案，切实为民办实事、解难事。如木棉路路面破损严重，直接影响企业生产和群众生活，相关提案交办后，张剡市长高度重视，要求市级相关部门作为民生工程抓紧抓落实。市政府投入一千万元对该路段进行大修，工程已于2013年10月底完工，整修一新的木棉路，得到群众交口称赞。据统计，2013年共征集提案281件，经审查立案269件，比2012年度增加6.8%；提案办理满意率达95.2%，比2012年度增加5.5%。通过提案办理，达到了群众得实惠、委员增信心、政府讲诚信的目的。

调研视察促和谐。一年来，开展专题调研11项，常委、委员视察20余次，提交调研视察报告16份，得到市委、市政府领导批示30人次。为提高困难群众生活质量和幸福指数，市政协对城镇困难群众帮扶救济工作进行专题调研，提出建立健全帮扶救济体系、进一步发展慈善事业等意见和建议。市委、市政府领导作出批示，有关部门积极采纳建议，相继出台了《关于进一步完善城乡社会救助体系建设的意见》《关于健全城乡困难群众临时生活救助制度的意见》等文件，切实提高帮扶救助水平，推动形成有效覆盖城乡困难群众的社会救助体系。为推进医药卫生事业发展，开展攀枝花市医药卫生体制改革与发展课题研究，对深化本市医药卫生体制改革的现实基础及存在的问题作了详尽分析，提出了医药卫生体制改革的目标、重点任务和保障措施。市委、市政府领导十分重视，相继作出批示，市级相关部门认真落实，将报告内容吸纳到《攀枝花市打造区域医疗卫生高地规划》（2013—2020）中，对加快全市医疗卫生改革和发展起到重要推动作用。市政协还针对继续教育发展、健全地震应急防御体系、农村无户籍人口情况等问题进行专题调研，充分反映群众意愿，提出建设性意见和建议。

畅通渠道述民意。市政协把每季度一次的政协委员无题座谈会，作为收集社情民意的重要渠道，认真整理委员反映的交通、人才、教育、文化卫生、食品安全、城市建设、环境污染等方面的意见和建议，向省政协报送信息40余条，编发《政协信息》6期，共提出26个方面68条意见建议。市委、市政府主要领导高度重视，要求相关部门针对委员反映的问题进行整改。各部门迅速行动，积极与委员沟通，认真提出整改意见和落实方案，并书面反馈市政协，促进了一些具体问题的解决。

四、突出主题，加强联谊，营造团结合作氛围

成功举办联席会议。2013年6月，遵循“热情、周到、节俭、务实”的原则，按照中央和省、市厉行节约、反对浪费有关规定，结合攀枝花实际，市政协承办了川滇黔赣冀五省二十市州政协第三十三次联席会议。会议受到省政协和市委高度重视，得到市人大、市政府大力支持，各参会市州政协交流了新形势下发挥人民政协作为协商民主重要渠道作用的做法，探讨了推进人民政协协商民主工作的途径，会议取得圆满成功，并为政协系统今后办会提供了有益经验。

密切联谊交流合作。联谊交友是政协的一项重要工作，市政协坚持“上下联动”理念，密切政协系统交流合作，对上多联系，对下多指导，横向多交往，整体合力不断增强。采取“走出去、请进来”的方式，赴外地学习工业园区建设、文化产业发展、政协自身建设等方面的先进经验；组织市政协书画院成员赴巴中老区采风，与当地书画家进行书画交流。

做好宣传文史工作。市政协加大政协宣传力度，在各类媒体发表宣传政协工作的稿件420余篇（幅），评选宣传中国共产党领导的多党合作和政治协商制度好稿件36篇，荣获2013年度全省政协新闻宣传报道先进单位。攀枝花文史资料第17辑《天堑变通途》被国家图书馆文史资料库永久收藏。

五、完善机制，增强活力，加强政协自身建设

发挥民主党派优势。2013年，市委、市政协领导率部分民主党派负责人，专程赴京拜访民主党派中央，受到热情接待。各民主党派中央领导纷纷表示，将通过实地调研，发挥民主党派“直通车”优势，协助攀枝花争取国家层面支持。厉无畏、张梅颖等党派中央领导先后到攀实地调研和指导工作。本市各民主党派主动作为，从助推攀西战略资源创新开发试验区建设、建立钒钛产业高技能人才培养基地、金沙江干热河谷流域生态恢复治理等方面，通过党派中央向中共中央、国务院及相关部委提出意见和建议，得到李克强、张德江、俞正声、张高丽等中央领导批示，直接推动了这些工作的开展。

优化委员服务管理。通过形势报告会、学习培训、邀请列席主席会议和常委会议等多种形式，为委员知情明政、履职尽责搭建平台；完善委员服务管理机制，实行常委会议通报制度，严格委员请销假制度，建立完善激励、联系制度；根据工作需要，对10名委员进行调整补充。动员和组织委员为“4·20”芦山地震捐款献爱心，释放出一方有难，八方支援的巨大正能量。

加强专委会工作。市委十分关心政协专委会干部队伍建设，结合工作实际，提拔、交流4名专委会主任、副主任，增加3名特邀副主任、2名兼职副主任。主席、副主席按分工加强对专委会领导，各专委会积极开展工作，调研视察更加深入，对口协商更富成效，联系委员更为紧密，建言立论更重实效。

强化政协机关建设。认真落实中央和省、市关于党风廉政和厉行节约的规定，修订完善市政协机关资产管理、车辆管理等制度，进一步加强“三公”经费管理，严格执行公务接待有关规定。选派机关干部42人次赴全国政协培训中心、省委党校等地学习，加大年轻干部培养使用。深入开展“五创联动”进机关、“挂包帮”“百千万·干群心连心”和结对共建新村等活动。加强机关党的建设，完成市政协机关党委换届。机关工作作风进一步改善，服务意识显著增强，机关工作更具活力。

中共十八届三中全会拉开了新一轮改革发展的序幕，新的航程已经开启，奋进的号角已经吹响。市政协将紧密团结在以习近平同志为总书记的党中央周围，在中共攀枝花市委的领导下，坚定信心，凝聚力量，认真履职，务实创新，为在全省率先全面建成小康社会而努力奋斗，以优异成绩迎接建市50周年！

凝聚统战合力　服务科学发展

中共攀枝花市委统战部

2013 年，在市委的正确领导下，市委统战部认真贯彻落实党的十八大、十八届三中全会、市委九届五次全会精神和全国、全省统战部长会议精神，组织和动员统一战线紧紧围绕全市中心工作，围绕“争创一流业绩，打造活力统战”的目标，深化“四大同心实践”服务科学发展，狠抓“四个关键环节”推进队伍建设，强化“四个着力加强”提升工作水平，进一步巩固和发展统一战线团结、和谐、开拓、活跃的良好局面，为助推全市科学发展和促进社会和谐做出了积极贡献。

一、深化“四大同心实践”，服务全市科学发展取得新成效

按照市委的工作部署，组织和引导统一战线坚持围绕中心、服务大局的工作定位，突出重点，创新思路，着力深化开展“四大同心实践”活动，发挥统一战线在经济社会发展中的独特优势和作用，为全市科学发展、加快发展聚集正能量，“四大同心实践”活动品牌效益凸显。

2013 年 5 月，全国政协原副主席、民革中央原第一副主席、经济学家厉无畏先生应邀到攀，以“十二五规划与发展创意产业、促进经济发展方式的转变”为题作专题讲座，全市共 600 余位领导干部现场聆听报告。（市委统战部提供）

（一）以争取民主党派、工商联上级组织支持为重点，深化开展“同心·共推发展”主题活动，打造助推发展品牌。按照市委的要求，强化与各民主党派、工商联上级组织联系和合作，向上呼吁争取支持，邀请民主党派中央领导到攀调研视察，为攀枝花市在破解经济社会发展难题、争取上级政策支持、扩大攀枝花影响力等方面办实事。2013 年 5 月、8 月、12 月，受市委书记刘成鸣委托，市委副书记赵辉带队分别拜访了省级各民主党派、工商联以及民革中央、民盟中央、民进中央、致公党中央、九三学社中央，拜访得到了陈昌智、张宝文、严隽琪、齐续春、陈晓光等国家领导人的亲切接见。通过努力，拜访工作取得了新的成绩。一是民主党派中央、省委莅攀专题调研成果丰硕。九三学社中央向国务院报送的《关于促进钒钛资源综合利用产业发展的建议》得到了时任国务院副总理，现任中共中央政治局常委、全国人大常委会委员长张德江的批示；关于《金沙江干热河谷生态恢复与治理的建议》作为九三学社中央的集体提案于 2013 年初提交全国政协；通过九三学社中央和省委会帮助向上争取的“攀枝花市农产品质量安全监督检验检测中心”的建设项目，在市级相关部门的共同努力下，被纳入农业部 2013 年支持四川省该项目建设的首批计划，第一批项目资金 500 万元；民盟中央向国务院上报的《关于试点建设攀枝花国家级“钒钛产业高技能人才培养基地”的建议》，得到了国务院总理李克强，副总理刘延东、马凯的批示，经过各方的共同努力，四川机电学院被纳入省级、国家级高技能人才培养基地建设项目，并获得 800 万元资金支持。二是民主党派与攀枝花市定点联系合作成效显著。深化“农攀合作”，助推全市医疗卫生事业发展，2013 年 10 月，省政协副主席、农工党省委主委王正荣率队莅攀，就攀枝花市农村医疗卫生工作进行调研，并向米易县医院捐赠了价值60 万元的药品和医疗器械；经农工党市委的积极联系和争取，国际欧亚科学院院士、北京大学人民医院心研所所长胡大一及大医博爱协会专家一行莅攀，代表大医博爱志愿者服务总队向全市各乡镇卫生院捐赠了价值100 余万元的30 台心电图仪，并在本市授牌成立了“胡大一院士工作站”和“攀枝花市心脏康复中心”；2013 年 11 月，省政协副主席、农工党省委主委王正荣邀请中国西部研究与发展促进会社会扶贫委员会执行主任兼秘书长狄森一行赴盐边县，就把盐边县纳入“全国社会扶贫创新试点县”进行调研，12 月，市委副书记赵辉带队赴京，与中国西促会社会扶贫委员会进行对接，目前后续工作进展顺利。三是争取各级到攀开展捐资助学培训讲学等取得实效。2013 年 5 月，全国政协原副主席、民革中央原第一副主席、经济学家厉无畏先生应邀莅攀，就“十二五规划与发展创意产业”做了专题讲座，助推攀枝花市经济转型升级发展，全市共600 名领导干部到场聆听报告；2013 年 6 月，民建中央委员、新浪网创始人、民建中央中华思源工程扶贫基金会理事汪延，民建省委原秘书长秦启光一行专程莅攀，对盐边县渔门中学开设的“扬帆”班建设情况进行考察，并与市委宣传部就建立对外宣传合作事宜进行座谈并达成共识。与此同时，充分发挥工商联桥梁纽带作用，通过强化对非公企业的服务等措施，助推非公企业转型升级、加快发展，组织全市 50 余名民营企业家到复旦大学举办了 2013 年高管培训班，并组织由张剡市长带队，到东部沿海地区进行了学习考察；举办了由省委统战部、省工商联组织的“非公经济人士理想信念教育暨助推民营经济发展流动学校攀枝花培训班”，邀请省商会副会长陈波等 4 位专家及教授为全市的非公企业管理人员等开展了为期一天的助推民营经济发展培训，全市共有 200 余名企业负责人参加培训。

（二）以专题调研为重点，深化开展“同心·共献良策”主题活动，打造调研议政品牌。引导支持统一战线围绕实施“三个加快建设”，推进“三个走在全省前列”，打好“六大硬仗”，实现“四个翻番”等重大战略课题以及人民群众关心的热点难点问题，深入开展调研，积极建言献策。2013 年，各民主党派、工商联在市政协八届二次全会上共提交大会交流发言和书面发言 9 篇，提交集体提案 50 余件；在全市统一战线专题调研成果汇报上，全市各民主党派、工商联、知联会共向市委、市政府提交涉及阳光花城建设、四川南向门户建设、区域性文化中心城市建设、桥梁建设、设立钛精矿收储调节库、现代特色农业发展、区域交通枢纽建设、助推非公经济发展、建设宜居城市等 9 个调研报告，调研成果得到了市委、市政府主要领导的充分肯定。

2013 年 8 月，民革中央专职副主席、全国人大外事委员会副主任委员修福金（右一）亲切会见赵辉副书记一行。（市委统战部提供）

（三）以统一战线集中三下乡活动为重点，深化开展“同心·共促民生”主题活动，打造服务民生品牌。发挥统战资源优势，积极推进光彩事业、对口帮扶、捐资助学和“挂包帮”等工作，服务民生改善。发挥统一战线优势，集中开展“挂包帮”工作，帮助盐边县新九乡柳树村改善生产生活条件，争取交通部门建设资金 40 万用于改善柳树村道路建设，捐赠价值 6 万元的心电图仪 1 台。2013 年 11 月，在西区路南社区举行了 2013 年全市统一战线“同心·服务民生”活动，组织统一战线专家成员现场捐赠物资价值 23.7 万元，并现场为群众提供医疗义诊、法律咨询、培训讲座、文艺演出、就业指导等服务，受到社区群众热烈欢迎。与此同时，各民主党派、工商联还结合自身实际，积极开展捐资助学、扶贫帮困、送医送药、科技服务等社会服务活动，打造社会服务的品牌。如民革市委开展的捐建“同心书屋”活动；民盟市委开展的“情系山区、扶智惠民”农民工免费职业技能技术培训活动；民进市委开展的助教助学活动；农工党市委开展的定点帮扶县级医院活动；致公党市委的捐建“致公爱心鼓号队”、以捐资助学为主的“致福工程”活动；九三学社市委的“国际科学与和平周”活动；民建基层委员会积极推进的“思源·天使计划”医疗培训、“思源·扬帆”夏令营计划、“思源·扬帆”公益助学项目等活动；市工商联在非公企业中开展的“村企互动、共谋发展”活动等，均形成了一定品牌效应。

（四）以参与和服务社区社会管理为重点，深化开展“同心·共建和谐”主题活动，打造构建和谐品牌。动员统一战线参与和服务社会管理创新工作，继续在东区、西区、仁和区试点社区深化开展统一战线服务社区社会管理试点工作，建立了民主党派、工商联定点联系社区工作机制，在社区开展“社区为统战成员服务，统一战线为社区建设添彩”主题活动，为社区建设、收集社情民意等搭建平台。会同有关部门继续深化民族团结进步和和谐寺观教堂创建活动，评选表彰了一批民族团结进步示范村、社区、学校、企业、单位。密切与宗教界代表人士联系，坚持定期走访慰问代表人士，召开了2013年宗教界代表人士座谈会，加强对宗教界代表人士的政治引导，充分发挥其作为联系广大信教群众的主渠道作用。加强矛盾隐患排查，切实做好抵御渗透、藏区反分裂斗争和维护稳定工作，及时排查、调处不稳定因素，民族宗教领域保持了和谐稳定。

二、狠抓“四个关键环节”，党外代表人士队伍建设取得新进展

认真贯彻落实中发〔2012〕4号文件及川委发〔2012〕16号文件精神，未雨绸缪，采取积极举措，推进党外代表人士队伍建设。市委书记刘成鸣专题听取了市委组织部、市委统战部关于党外干部工作的汇报，对如何进一步抓好党外代表人士队伍建设提出具体要求。市委常委会两次听取并研究党外干部队伍建设工作，市委出台了《关于加强新形势下党外代表人士队伍建设的工作意见》。2013年9月，召开了全市党外代表人士队伍建设工作座谈会、全市党外代表人士座谈会，对加强党外代表人士队伍建设工作进行部署。一年来，按照市委的部署和要求，市委组织部、市委统战部采取有力措施，着力从发现、培养、使用、管理“四个关键环节”入手，全力推进各项工作，全市党外代表人士队伍建设取得了新进展。

2013年8月，民建中央主席、全国人大常委会副委员长陈昌智（右四）亲切会见赵辉副书记一行。

（一）强化人才储备，党外干部来源渠道不断拓宽。市委组织部、市委统战部开展了党外干部调查统计工作，打破身份、区域、部门、行业和所有制限制，共收集了931名党外干部的基本信息，经归纳和分析，建立了灵活多样、简便易用的党外干部数据库。制定出台了《关于进一步规范党外代表人士加入中国共产党工作的通知》，贯彻执行“把一部分优秀人士留在党外”的政策规定。起草制定了《2013—2017党外代表人士队伍建设规划》，加强对党外代表人士队伍建设的宏观培养和管理。

（二）强化培养教育，党外干部教育培训力度不断加大。推动党外干部挂职锻炼，全年上挂党外厅级干部1名，县级干部1名，推荐党外科级干部（双千工程）5名，下派党外干部2名。将党外干部的培训纳入党委干部教育培训总体规划，党外干部培训程序不断规范和完善。采取多种形式，加强党外干部“四个能力”的培训，推荐了5名党外中青年干部参加市委组织部的中青班培训，17名党外干部参加省社会主义学院的各种培训班，举办了全市党外优秀年轻干部培训班，培训党外干部48人，全市党外干部教育培训逐步规范化。

（三）强化举荐使用，党外干部安排使用不断推进。按照市委常委会的部署，市委组织部、市委统战部组成联合考察组对46名党外干部进行了联合考察，在此基础上提出进一步的培养、锻炼工作措施，共同提出近期、中期可使用和重点培养人选，并作为党外干部使用的重要依据。全年提拔使用党外县级领导干部5名，其中正县级2名。全市党外县级以上领导干部达到65人。目前，本市党外干部在市人大、市政府、市政协领导班子中的安排均达到了中央、省委文件规定比例，党外人士在人大、政协中的安排比例，均达到了规定比例。

（四）强化规范管理，党外干部工作机制不断完善。加强组织部门与统战部门关于党外干部工作的联动机制和会商机制建设，坚持并完善两部门每年至少召开一次的党外干部联席会议制度、每年召开一次的党外干部座谈会制度、每年举办一次的党外干部培训班制度、每两年开展一次的党外干部摸底调查制度、每五年制定一次的党外干部队伍建设规划等制度，全面落实“四个共同”机制，党外干部工作形成了良好工作局面。

三、强化“四个着力加强”，统一战线自身建设取得新提高

把加强统一战线自身建设摆在重要位置，切实加强政治引导、加强民主协商、加强队伍建设、加强作风建设，统一战线的履职能力不断增强，统战工作科学化水平不断提升。

（一）加强对统一战线的政治引导，团结奋斗的思想政治基础进一步夯实。组织深入学习贯彻党的十八大、十八届三中全会精神，先后召开了统一战线统一战线十八大精神通报会、非公经济人士学习十八大精神报告会、学习十八届三中全会精神等活动，结合纪念“五一口号”发布65周年和开展“实现伟大中国梦·建设美丽繁荣和谐四川”主题教育活动，举办了统一战线“同心·共建幸福攀枝花”征文演讲比赛，组织各民主党派、工商联、知联会负责人开展第22期暑期教育活动，举办了全市统一战线各界人士迎中秋茶话会，引导统一战线广大成员增强对中国特色社会主义道路自信、理论自信和制度自信。在非公经济人士理想教育活动活动中，邀请市委书记刘成鸣为全市民营企业家作专题报告，坚定民营企业发展信心和决心。按照中共四川省委统战部《关于开展民主党派代表人士综合评价试点工作的通知》（川统发〔2013〕39号）文件精神，在省委统战部的指导下，组织开展了民主党派代表人士综合评价试点工作，为全省开展综合评价工作进行探索，试点工作得到了省委统战部高度评价。

2013年8月，民盟中央主席、全国人大常委会副委员长张宝文（左四），民盟中央常务副主席、全国政协副主席陈晓光（左五）亲切会见赵辉副书记一行。（市委统战部提供）

（二）加强协商民主建设，政治协商进一步规范。坚持按照政治协商的内容、原则和程序，规范有序地开展政治协商。2013年，党委、政府、政协组织各民主党派、工商联负责人和无党派人士参加的各种征求意见会、情况通报会、协商会、座谈会共6次，就政府工作报告等听取意见和建议。充分发挥民主党派和无党派人士参政议政、民主监督作用，坚持落实民主党派与政府部门联系机制，强化对口联系实效，协商民主制度建设不断完善。

（三）加强自身建设，统一战线的履职能力进一步提升。协助民主党派加强基层组织规范化建设、制度建设，规范机关管理，举办了2013年各民主党派入党积极分子培训班，组织召开了各民主党派领导班子建设座谈会，印发了《攀枝花市各民主党派关于加强领导班子建设座谈会纪要》，圆满完成了民革市委、民进市委换届工作。加强工商联建设，充分发挥工商联职能作用，在2013年10月召开的全国工商联系统先进集体和先进工作者表彰会上，市工商联被国家人力资源和社会保障部、全国工商联授予“全国工商联系统先进集体”荣誉称号，这也是全省工商联系统唯一获此殊荣的单位。加强统战部门自身建设，加强机关规范化建设，加大对县区、大企业、院校统战工作的指导、督促、检查和考核，进一步加强统战信息、宣传、调研等基础工作，启动了首部《攀枝花统战志》编纂工作。加强统战干部培养和锻炼，首次在省社院举办了全市统战系统科级干部统一战线理论与实践培训班，统战干部队伍建设不断得到加强。

2013年8月，致公党中央常务副主席、全国政协副秘书长蒋作君（右二）亲切会见赵辉副书记一行。（市委统战部提供）

（四）加强作风建设，统一战线执行力进一步加强。按照中央和省市委关于改进作风、密切联系群众的有关规定，制定了市委统战部关于改进作风、密切联系群众的各项规定，进一步完善了车辆管理等制度，按照省委和市委部署，牵头在统一战线开展了“实现伟大中国梦、建设美丽繁荣和谐四川”和“思想大解放，作风大转变，工作大落实”主题教育活动，在统一战线实施了“同心共筑中国梦、攀枝花统战在行动”活动，加强统一战线思想、作风、执行力建设，树立统一战线良好社会形象，统一战线抓执行、抓落实的工作作风得到全面加强。

围绕中心抓落实　服务大局促发展

攀枝花市工商业联合会

2013年，市工商联高举中国特色社会主义伟大旗帜，以邓小平理论、“三个代表”重要思想和科学发展观为指导，深入贯彻落实党的十八大和十八届三中全会精神，围绕“两个健康”工作主题，凝心聚力，求实奋进，开拓创新，为全市实施“三个加快建设”，大力推进“三个走在全省前列”，全力打好“六大硬仗”，奋力实现“四个翻番”目标做出积极贡献。10月，在国家人社部与全国工商联开展的工商联系统先进评选表彰活动中，攀枝花市工商联被评为先进集体，成为全省工商联系统唯一获此殊荣的单位，也是市工商联首次荣获的全国工商联系统最高集体荣誉，实现了建成一流工商联的目标。

一、以非公经济人士理想信念教育活动为契机，切实加强和改进非公经济人士思想政治工作。有计划、有步骤地在全市工商联系统学习宣传贯彻党的十八大和十八届三中全会精神，按照上级要求扎实开展非公经济人士理想信念教育活动并形成长效机制，认真选树一批“两个健康”先进企业和先进人士，切实加强对非公有制经济人士的思想政治引导，加强民营经济转型升级服务引导，继续开展非公经济人士专业技术职称（称号）评审工作，大力推进民营企业文化建设并获得省工商联表彰（先进单位）。

二、以推动民营骨干企业的发展为抓手，推动民营经济健康发展。优选并确定了2013年市级领导联系重点企业，充分发挥设在市工商联的骨干企业办公室作用，全力促进骨干企业发展；认真完成民营企业年度50强评选工作，深入推进钢城集团公司与会员企业的战略合作；推动市委市政府发文（攀委办发〔2013〕9号）开展“企村互动，共谋发展”工作，组织首期30户企业与36个村社结对并着力推动工作开展。进一步建立健全维权服务工作体系，认真做好民营企业的维权服务工作，全年为企业维权47次。6月，市工商联获得攀枝花市政府2012年度工业工作先进单位一等奖。

三、以加强对外联络为平台，全力助推招商引资工作。争取上级工商联支持，积极推进省工商联和市政府的战略合作工作，借助全国工商联、省工商联举办的“西博会”知名企业家四川行会务活动，向全国、全省100余位知名企业家宣传、推介攀枝花投资项目并热诚邀请到攀枝花考察投资；结合全市欢乐阳光节活动，成功举办川滇黔毗邻市州工商联第九次联席会和欢乐阳光节民营企业家攀枝花行活动，邀请相关市州40多位知名企业家随团到攀考察并与攀枝花市有关企业家对接；组织骨干民营企业负责人参加“西博会”攀枝花展区活动；认真完成市政府到大理、丽江举办旅游招商活动的有关工作；按照市委、市政府安排，组织民营企业家到雅安名山地震帮扶区开展有关项目对接活动；加强与外地工商联和行业商（协）会的联系，资阳、六盘水等地工商联、四川省矿业商会等先后组织企业家到攀对接，推动了民间商会往来活动的开展；进一步深化企业家领导班子成员轮值制度，创新主席（会长）会、常委会开会模式，把有关会议与促进招商引资和银企合作相结合，切实助推工作开展。

四、以强化专项调研工作为主题，推动非公发展环境改善。全年开展“稳增长、谋转型”等主题调研活动，形成《攀枝花市民营骨干企业的现状及建议》等专题调研报告；在市政协八届一次大会期间，提交《关于继续加强民营企业家培训工作的建议》等9个集体提案，做出《优化环境，加大扶持，促进民营经济良性发展》的大会发言；积极探索并开展的“非公有制经济要情”编发工作，拓展了工商联反映问题的直通车渠道，获得非公有制经济人士一致好评，如：某期要情反映就为企业减负2.5亿元以上。认真完成全国工商联、省工商联组织的上规模民营企业调研工作、小微民营企业现状及发展的调研工作；积极配合市级有关部门完成相关调研；结合实际，从促进民营企业健康发展的目的出发，对市政府和有关部门出台的《最低工资调整方案》《构建和谐劳动关系年工作方案》《攀枝花市“十二五”主要污染总量减排考核办法》等文件进行认真研究并提出意见建议。

五、以抓好重点宣传为抓手，营造非公经济发展的良好环境。以培养和树立先进典型为抓手，推动形成工商联系统学习典型、崇尚先进、争先创优的生动局面。做好四川省非公经济促进“两个健康”工作先进、攀枝花首届中国特色社会主义优秀建设者等有关先进典型推选工作的同时，进一步建立完善了非公荣誉体系并开展好相关工作；加强与市委宣传部等单位的联系，开展好“民营经济集中宣传”活动；办好“攀枝花市总商会网站”全年发布信息100多条，编辑出版《金沙商界》会刊4期，利用信息平台“工商手机时报”时时发送有关时政信息，不断加大宣传力度，努力在非公企业中营造比、学、赶、超的浓厚氛围。

六、以夯实组织建设为基础，推动自身建设全面加强。进一步加大会员发展力度，积极吸纳优秀的私营企业、股份制企业和社会中介机构入会，不断加强会员发展工作制度化、规范化建设，确保会员队伍总量增加、质量提高、结构优化；继续加强行业商（协）会的培育、培养，组建成立攀枝花市泸州商会、攀枝花市广安商会、攀枝花市会快递协会，并加大对已建行业商（协）会的指导和管理；大力指导各县区工商联做好乡镇、街道等基层商会的组建工作。

七、以培训工作为载体，促进民营经济人士健康成长。按照形式多样、经费多元、效果明显的原则，开展分级负责、多渠道、多层次、多形式的教育培训，做好规划，完善制度，认真实施，确保非公企业人才教育培训有序进行。积极探索和创新培训机制，切实组织开展好党的十八大及十八届三中全会精神宣贯、民营经济人士务实培训等各类培训活动5期，实现培训非公经济人士1000多人次，组织企业家赴革命圣地井冈山开展坚定理想信念，坚定不移跟党走的主题教育活动，引导民营经济代表人士争做优秀的中国特色社会主义事业建设者。

八、以转变作风为突破，不断开创工作新业绩。按照市委”三大教育活动”及“中国梦主题教育活动”的部署，扎实开展有关活动，认真做到规定动作不走样，自选动作有创新，经过努力，全面完成工作目标要求并获得市委表彰（优秀组织奖）。积极参与社会管理服务工作，认真做好关心下一代、保密、普法、“双拥”“挂包帮”等工作，积极参与非公有制经济组织有关社会管理服务工作，建立健全工作机制，形成工商联服务社会管理的宽领域、多层次工作格局。进一步加强班子思想建设、组织建设、作风建设、党风廉政建设、制度建设，加强机关干部职工的教育培训，努力提高干部的综合素质，牢固树立服务意识，切实增强研究能力、办事能力、执行能力，倾听基层的意见建议，热心为会员排忧解难，进一步增强了工商联吸引力、凝聚力和战斗力，努力建设一支勤奋学习、业务精良、求实创新、廉洁自律、团结奉献的干部队伍，不断开创新形势下工商联工作新局面。

第五篇

群团建设

深入学习贯彻党的十八届三中全会精神
在攀枝花转型跨越中充分发挥工人阶级主力军作用

攀枝花市总工会

2013年，全市各级工会牢牢把握市委九届四次、五次全委会提出的“稳中快进，提质增效，争先进位，跨越提升”工作基调和大力实施“三大发展战略”、加快推进“两个跨越”主题，坚持“工会工作实务化，重点工作项目化，项目推进科学化，反馈评价社会化”工作思路，突出“三服务一强化”打造服务型工会要求，充分发挥组织职工、引导职工、服务职工和维护职工合法权益重要作用，在服务攀枝花发展大局中彰显工会新作为。

一、贯彻上级各项决策部署，在争先进位进程中明确前进方向

深入学习贯彻中央、省、市重要会议精神。全市各级工会及时学习宣传贯彻党的十八届三中全会、中国工会十六大、省工会十三大及市委九届四次、五次、六次全委会等会议精神和习近平总书记“4·28”“10·23”重要讲话精神。充分利用网站、杂志、简报、微博等媒介广泛宣传，在全市工会系统通过召开学习会、组织宣讲、举办讲座、开展微博大赛和板报比赛等形式，将中央、省、市对改革发展的谋划、对职工群众的关怀送到一线，有力推动了上级精神在全市职工中的入脑入心，并有效转化成为对上级各项决策部署的主动贯彻落实。

农商银行助学金发放仪式

成功召开攀枝花市工会第九次代表大会。深入总结过去五年取得的成绩和经验，围绕党的十八大和市委、省总的决策部署，提出了今后五年工会工作的指导思想和“确保四川一流、争创全国先进”的奋斗目标，进一步明确了强化打造服务型工会的前进方向。

扎实开展主题教育活动。深入开展“三大”主题教育及“实现伟大中国梦，建设美丽繁荣和谐四川”主题教育活动，通过领导垂范、上行下效、建章立制、督促落实，全市各级工会干部职工作风进一步转变，实现“中国梦”的信心进一步坚定。

二、服务中心激发职工活力，在助推经济社会发展中发挥有效作用

经济技术活动蓬勃开展。成立攀枝花市劳动竞赛委员会，健全劳动竞赛机制。围绕市委、市政府确定的急难险重任务深入开展重点工程竞赛和“五比五赛”，为化解影响全市经济社会发展的瓶颈问题发挥积极作用。“钒钛之光”经济技术创新工程广泛实施，全市职工围绕节能减排、降本增效共提合理化建议2.8万余条，被采纳实施2.2万余条，节约可计算经济价值上亿元。成功举办首届职工百项经济技术成果展示暨技术交流会，促进了职工劳动热情的焕发和创造潜能的释放。

职工技能素质不断提升。“百岗万人”职工职业技能大赛持续开展，全年共吸引8.9万人（次）参加。探索建立“企业订单，职工选单，工会供单”培训模式，定向培训123名职工，实现培训资源的高效利用。高技能职工不断涌现，攀钢选手参加第八届国际网络炼钢大赛获“东亚—大洋洲”赛区冠军，十九冶选手参加第42届世界技能大赛获焊接项目优胜奖。“安康杯”竞赛强力推进，主动介入职工安全生产宣传教育，发放5万件安全生产宣传品到一线，强化机制建设，加强监督检查，筑牢巩固安全生产“第一防线”。

攀枝花市工会第九次代表大会开幕

劳模示范作用切实发挥。联合市科知局、市社科联创建12个市级劳模创新工作室，全年共产出新技术成果15项，创经济效益近亿元。大力弘扬劳模精神，认真落实劳模待遇，充分发挥劳模示范带头作用，新推选产生省级以上“五一”劳动奖状先进单位1个、“工人先锋号”班组3个、“五一”劳动奖章获得者2人。联合市委宣传部在全省首创“劳模网络工作室”，为发挥劳模作用开辟新平台。

积极主动参与中心工作。牵头实施主要职业危害防治研究工作，按计划完成全部基础调查工作；成功承办首次市政府与市级群团组织联席会；引导广大职工积极参与“五创联动”活动；开展“劳模为旅游新村献计策”、新村从业人员技能培训及技术比武系列活动；“关于将外来务工及进城务工人员纳入我市保障性住房政策覆盖范围的建议”被市政协评为优秀提案，积极为市委、市政府中心工作献计出力。

三、服务职工健全工作体系，在民生工程中积极主动作为

攀枝花市首届百项职工经济技术创新成果展示暨技术交流会

深化帮扶“四季送”活动。全市各级工会大力实施“春送岗位”活动，全年共举办50余场招聘会，为1.8万余人（次）提供免费职介服务，开展下岗失业职工、困难职工、农民工技能培训3275人（次），发放培训补贴128.15万元；推进“夏送清凉”活动，深入攀枝花机场地质灾害治理工程等地慰问酷暑中坚守岗位的一线职工38516人（次），共送去价值628.28万元的防暑用品；抓好“秋送助学”活动，“寒窗助学”共筹集助学金409.8万元，资助1091名家庭经济困难的学生圆梦大学，“圆梦行动”更是在2013年极其困难的情况下，通过创新工作方法成功筹集助学金181万元，“圆梦行动”宣传片被评为“全省优秀公益广告”在四川卫视展播；开展“冬送温暖”活动，2013年春节走访慰问困难职工、下岗失业职工、农民工等43349户（人），发放慰问款物价值1477.13万元。

夯实帮扶工作基础。帮扶调查工作全面细化、深化，2013年新增50余个调查指标，对全市困难职工群体的情况了解得更加全面、及时。推动帮扶中心建设向基层延伸，目前全市已有困难职工帮扶中心（工作站）181个，其中乡镇（街道）55个、社区100个、企业21个。启动“特困职工帮扶计划”，发放临时困难、大病医疗、专项生活救助金548.15万元，救助10385人（次）。拓展帮扶服务领域，在继续为职工群众提供物质、生活服务，做大做强传统帮扶工作品牌同时，提供更多职工医疗互助、职工心灵驿站、女职工关爱行动等精神性、发展性服务。扩大帮扶服务对象，创新“爱心家教”方式，与苏州科技学院22名大学生志愿者合作，为119名农村留守学生、困难家庭子女进行免费学业辅导。

四、服务和谐汇聚正能量，在维护和谐攀枝花中发挥组织优势

攀枝花市迎庆元旦职工运动会

不断强化职工文化建设。广泛开展社会主义核心价值体系和形势政策宣传教育，结合市工会九大开展“五个一”宣传活动，全年组织报告宣讲会10场，发放宣传资料6000余份。推进企业和职工文化建设四年工作规划落实，组织开展以弘扬“中国梦·劳动美”时代主旋律为主题的歌曲征集、文艺展演、排舞培训、国学讲座、全市职工运动会、节日送话剧送邮展送游园等多项活动，丰富职工文化生活。深化职工书屋建设，目前全市有全国“职工书屋”示范点134个、全国职工教育培训示范点10个。市工人文化宫突出公益性和服务性，实施18个惠民公益项目，并承办多项国家级、省级活动，共接待职工1.3万余人（次），职工“学校和乐园”作用进一步显现。

深入推进企业民主管理。召开全市厂务公开民主管理工作总结暨推进会，努力发挥民主管理在凝聚人心、群策群力、促进发展、维护稳定等方面的独特优势和作用。实施“工资集体协商质量提升年”活动，牵头起草本市《贯彻〈四川省企业工资集体协商办法〉实施细则》，并围绕“四个100%”目标，有效推动全市工资集体协商工作持续深入、高效开展，目前全市签订工资集体协议3335份，涵盖企业5711家，建制率达95.3%，有力推动了工资正常增长机制的建立。

全面维护职工合法权益。健全维护职工合法权益机制，“一小时法律援助圈”初具规模，全市乡镇（街道）及社区、企业工会职工法律援助分中心（援助站）已分别建成50家和201家，组建率达83%和67%。维权机制规范化建设加速，全市已建劳动争议调解委员会3023个、劳动法律监督委员会3031个，与市中院建立劳动争议协调联系制度，全年共排查和化解劳动纠纷849起。基层工会法律顾问和维权基地作用充分发挥，全年接待职工来信来访1985件（次），提供个案援助、法律咨询、法律代书等服务427件（次），共清理拖欠农民工工资及帮助追讨赔偿金6617.92万元。

攀枝花市政府与市级群团组织第一次联席会召开

健全工会维稳预警机制。抓好不稳定因素排查，坚持召开工会系统信访工作季度分析会和县（区）农民工维权季度联席会，及时掌握职工动态和诉求。落实重点时段维稳信息日报制度，反映事关职工切身利益的热难点问题，及时接收和处理省总职工舆情周报。加强对职工的人文关怀和心理疏导，引导职工通过理性合法方式表达诉求，有效维护职工队伍稳定。

五、强化自身建设增强凝聚力，在打造服务型工会中迈出坚实一步

全面推进工会组织建设。狠抓工会组织建设，着重激发基层工会组织活力，增强工会组织凝聚力。重点推进“两新”组织工会组建和会员发展工作，加强建会台账检查、报表报送情况通报力度，着力解决了一些“钉子户”“遗漏户”“挂名户”的建会难题。截至目前，全市基层工会组织达4945个，会员50.4万人，建会率、入会率均达97%。

省总工会党组书记、常务副主席罗茂乡（左一）调研鼎好太阳能科技开发工程公司及走访困难职工

切实加强队伍建设。围绕转变工作作风，着力培养有服务意识、群众意识、忧患意识、实干意识、创新意识的工会“五有”干部队伍。印发市总工会《转变工作作风、提高工作效能的实施办法》，杜绝浪费，提倡节俭。在工会机关努力增添“三气”，开展“读好书”活动启智，一年来，班子成员读书笔记达2万字以上，中层干部达1万字以上。全市各级工会干部全年参加培训达3000余人（次），其中组织全市乡镇（街道）工会主席等150名基层干部到中国劳动关系学院培训，做到严格考勤、不安排任何与学习无关的活动，保障了学习效果。健全各项管理制度，坚持领导带头，在工会系统大力弘扬新风正气。一年来，全市工会干部职工对服务型工会的认识进一步加深，精神面貌进一步改观，群众满意度日益提高。

工会经费收入持续增长，支出结构更加优化，财务管理水平不断提升。经审工作在绩效审计、以审代训等方面取得较大成效。机关党建、产业工会、女职工工作进一步提升，作用进一步发挥。

2013年攀枝花市工会工作亮点纷呈、各有突破：全年工会工作获各种表彰奖励29项，其中获全总表彰3项。市建设建材工会“双卡一证”有效保障建筑行业农民工权益机制、市总经济技术部“五项具体行动”推动工会劳动保护工作被全总推广。经审、教育、财贸等工会工作在全省作经验交流。全年在《工人日报》《四川工人日报》及市级主流媒体共发布新闻380余条（次），刊发综述宣传稿件30余篇，工会信息工作首次排名全省第一。

坚定理想信念　牢记使命宗旨
团结带领广大团员青年为建设幸福攀枝花作出新贡献

中国共产主义青年团攀枝花市委员会

2013年，攀枝花共青团在市委和团省委的正确领导下，深入学习贯彻党的十八大、十八届三中全会精神、省第十次党代会、市委九届五次全会精神，认真落实省十三次团代会、市十次团代会部署，紧扣党政中心大局，切实履行四项职能，狠抓团的自身建设，圆满完成了年初各项工作任务，为攀枝花经济社会发展作出了积极贡献。

一、围绕中心，着力服务党政工作大局

（一）重点服务全力打好“六大硬仗”中心工作。一是深入开展创新创效活动。围绕省委“三大发展战略”“两个跨越”战略部署，切实服务全市全力打好“六大硬仗”中心，以“青春建功新跨越”为主题，开展了青年创新创效、科技攻关、技能比武等活动，发挥青年文明号、青安岗等“青字号”品牌作用，助推经济社会科学发展、加快发展。继续开展了青年突击队建功竞赛活动，组织动员工业生产、招商引资、工程建设、安全生产、科技创新等6大类72支青年突击队，通过赛增效增收、增值增效、到位资金、安全防范、创新成果，在全市急难险重任务和重大项目建设中，发挥了团组织和青年的生力军作用。二是深入开展“争作五创志愿者，共建幸福攀枝花”志愿服务活动和“同创文明城市，共建幸福家园”演讲比赛。组织开展了春运、庙会节庆日服务、“五创联动”宣传、文明风尚引导、城乡环境治理、植绿护绿实践、生态环境保护、阳光旅游等志愿服务3万余人次，服务群众30余万人次；国庆期间，直接招募组织84名青年志愿者在全市重要旅游景区、交通要道开展旅游志愿服务工作，累计接待游客20754次、便民服务15535次、应急服务42次，向来攀游客发放旅游手册27151册，获得社会各界一致好评；在欢乐阳光节期间，组织60余名志愿者服务于欢乐阳光节开幕式、全省百镇建设暨重点旅游项目推进现场会，主要从事跟车讲解、旅游宣传、现场引领、秩序维护、站点咨询等志愿服务，较好地展示了攀枝花青年良好的精神面貌和青春风采，并得到了市委市政府的表彰奖励。

（二）认真抓好青少年民生工程。一是大力服务抗旱救灾。组织志愿者为受灾群众送水、铺设水管等，向旱区中小学校和农户捐赠饮用水等，完成了160口共青水池捐建工作。二是积极支援“4·20”芦山地震抗震救灾。配合有关部门组织救援、卫生、心理专业的青年骨干驰援灾区，第一时间向灾区团组织捐赠特殊团费3万元，动员青联委员、各级团队组织为灾区捐款捐物，传递爱心结对贺卡等。三是积极争取社会资源，向上争取青少年校外活动阵地、青少年宫建设等项目，申报了3所“希望工程”学校援建项目，持续开展社会力量捐资助学；坚持帮扶本市边远贫困山区，组织青联委员、企业家等走访慰问盐边北部山区，帮助困难群众制定发展规划，对接发展项目，向市委报送情况报告，为扶贫解困提意见建议。

“共筑中国梦 青春勇担当”演讲比赛暨宣讲活动

（三）切实服务社会事业发展。一是加强对青年社会组织的联系、服务和管理。积极推进枢纽型团组织建设，重点发现、培育了1个青年社会组织——攀枝花义工联合会，帮助其依法注册登记成立。二是加强对青年社会组织骨干的培养管理和服务。积极向党政部门争取政策、资金和项目，支持援少会等青年社会组织实施流动儿童管理、留守儿童关爱等公益活动服务项目。三是积极筹建攀枝花市青年志愿服务支队，继续抓好志愿服务站、志愿者队伍建设，并依托“手机团委”平台推出志愿者注册登记、分层分类等管理制度，围绕党政中心，丰富服务内容，创新开展各类志愿服务活动；新招募大学生西部计划志愿者62名，全市共有104名西部计划志愿者服务于本市基层一线的教育、卫生及基层社会管理等事业，为改善基层人才结构，推动当地经济社会发展发挥了积极作用。

二、把握根本，引导青少年坚定理想信念

（一）深入学习贯彻党的十八大、十八届三中全会精神。一是通过团日活动、学习交流、专题培训等形式，运用团属网站、金色攀枝花展览馆等青少年宣传活动阵地和新媒体手段，用青年喜闻乐见、易于接受的方式和语言进行宣讲，引导青少年广泛知晓、理解认同、自觉践行十八大、十八届三中全会精神。二是深入开展“三观”“三热爱”主题教育实践活动，在大学、中职、中小学校广泛开展了“与信仰对话”“与人生对话”“迈入青春门”“成人礼”等主题教育活动，以实践体验方式学习贯彻十八大、十八届三中全会精神。三是抓住建市纪念日、“五四”“六一”“七一”等重要时间节点，广泛开展“从身边变化说发展”“红领巾心向党”“传承攀枝花精神”“学习兰辉事迹、领悟奉献精神”等主题教育活动，加强理想信念和思想道德教育，坚定青少年永远跟党走中国特色社会主义道路的信心和决心。金色攀枝花展览馆不断更新完善解说内容，弘扬攀枝花精神，充分发挥了爱国主义教育基地和廉政教育基地的作用，接待观众5万余人次。

（二）广泛开展“中国梦”主题教育活动。一是深入企业、农村、机关、学校、社区等，以“实现中国梦，青春勇担当”为主题，通过选树典型、举办演讲赛、报告会、座谈会等活动，引导广大青少年深刻领会“中国梦”内涵，为实现伟大中国梦、建设美丽幸福攀枝花凝心聚力。二是广泛开展“中国梦·家乡美”系列活动，创新活动内容和载体，举办了“共创环保模范城、共建美丽攀枝花”环保漫画大赛、少儿美术、书法及摄影大赛、“同创文明城、共筑中国梦”演讲赛、“我是阳光花城小导游——城乡少年手拉手”实践活动、“实现伟大中国梦，建设美丽繁荣和谐四川”“追寻中国梦，少年走军营”青少年夏令营、“红领巾相约中国梦”主题微队会课评比等主题活动，以活动开展凝聚青春力量，提供发展动力。三是依托“手机团委”平台，运用网站、微博、QQ群等新媒体方式，引导青少年以“中国梦，我的梦”等主题，发微博，谈体会，传递青春正能量，吸引带动身边的青少年投身“中国梦”的伟大实践，为实现梦想而奋斗。

7月4日，“实现伟大中国梦，建设美丽繁荣和谐四川”四川省万名青少年夏令营主营暨攀枝花米易分营在米易中学正式开营

三、整合资源，切实服务青少年成长成才

（一）大力服务青年就业创业。一是联合金融机构推进青年小额贷款项目，开展“农村青年信用示范户”评选、“送金融知识下乡”等活动，发放青年贴息小额贷款200万元，为252名青年发放贷款252笔、2500万元。指导县（区）团委建立青年就业创业见习基地，组织青年见习上岗150人。大力开展就业创业培训，累计培训农村青年2500人次，落实培训资金10万元，其中农村青年技能培训320人。

（二）依托“手机团委”平台有效服务青年。一是采取行政手段和社会化运作的方式，不断扩大“手机团委”覆盖面和影响力，巩固联盟商户和手机团委用户。二是继续开展消费打折、团购、“安全短信”等活动，2万余名团员青年申请消费打折认证资格并享受了日常生活消费打折服务；开展“手机团委”团购活动两次，新增3D观影券、温泉消费券、怡康水券等商品，团购商品价值近280万元，为青年节约生活成本200余万元；利用“手机团委”短信平台直接发布服务青年就业创业宣传信息5次，共计10万余条。

（三）整合力量，深入开展重点和特殊困难青少年群体关爱工作。成立了攀枝花市关心下一代基金会，争取财政资金400万元，落实社会第一批捐赠资金100万元。新建“七彩小屋”1所、留守学生之家3所，深入开展关爱留守学生和进城务工人员子女行动，组织实施了暑期“快乐学校”专项志愿服务行动。深化“阳光小梦想，快乐微公益”爱心圆梦活动。直接帮助600余名贫困青少年“圆梦”，积极搭建关爱帮扶平台，联系复旦大学EDP乐益会、川北医学院支教队、长江商学院EMBA第21期学员、壹基金等公益组织到边远民族地区开展帮扶活动，直接捐助超过42万元的物资，并促成部分人员建立长期结对援助关系。积极向团省委争取到“我要上大学”“芙蓉学子”“国酒茅台”等贫困学子捐助项目65名，捐助资金32.5万元，配合民政、工会等部门作好捐赠贫困大学生各项工作。发挥少年宫作为青少年校外活动主阵地的作用，加强校外素质教育培训，培训学员近15000人次，更加注重公益性、服务性和体验性，创作《金沙童话》儿童音乐剧，开展了拥军慰问、流动少年宫科技暖春爱心行动、少年军校等活动。

（四）强化未保、预青工作职能，积极开展青少年维权行动。以青少年法制宣传、自护教育为重点，结合禁毒、防艾宣传、校园周边环境治理等，深化未成年人维权行动。继续建好12355心理服务平台，举办12355心理健康专栏进校园，依托微博发布关爱青少年心理健康小常识，直接组织开展中高考“减压讲座”进校园21场次。围绕青年职工在城市融入、婚恋交友、情感关怀等方面的需求，举办了单身青年联谊会、共青影院免费观影等活动，推进关爱行动。推进与人大代表、政协委员“面对面”活动，推动有关青少年提案落实，拟定《关于深入开展“共青团与人大代表（政协委员）面对面”活动的实施意见》等，积极探索畅通青少年实现有序政治参与的诉求渠道。

志愿者服务

四、固本强基，切实加强团的自身建设

（一）继续狠抓团的基层建设和基层工作。一是紧紧依靠党建带团建，抓住《中共四川省委关于进一步加强和改进新时期工会、共青团、妇联工作的意见》下发契机，修改完善共青团工作的考核实施细则，重点督导了“县级财政按照青少年人数人均不低于1元标准，在预算中安排县级团委工作经费”“每个乡镇（街道）团委经费每年不低于3万元并列入预算”和“县级团委的全体机关干部和班子配备率达到90%以上”三项指标落实情况。二是加强基层团组织建设，新建非公有制经济组织团组织25个，市级行业团组织1个，积极推进规模以上企业建团，建团率达到70%；按规模、分层级拓宽对非公企业团组织的直接联系管理，全市现有70家市级联系企业，210家区县级联系企业；指导推进全市16个街道，按照常住人口进行团建覆盖，采取兴趣小组建团、楼栋建团等方式建立团组织385个。

（二）着力加强团员、团干部队伍建设。一是开展“学习型团组织”建设和“争当学习型团干部”活动。对全市团干部进行集中培训，邀请青年工作专家、老团干、经济工作主战线领导为团干部解读“中国梦”、攀枝花发展战略、团干部成长规律、基础团务知识等内容，组织团干部赴江西井冈山开展党性教育培训。二是作好团干部转岗、挂职、驻点等工作。转岗交流4人，选调2人充实机关工作力量，2名学校团干到团市委机关挂职，派出1人到基层挂职，派出3人驻点指导基层共青团工作，使团干部接受多岗位锻炼，提升综合素质。

“共筑中国梦 青春勇担当”演讲比赛暨宣讲活动

（三）狠抓作风建设。一是认真践行中央、省、市委关于改进工作作风、密切联系群众各项规定。深入开展市委“思想大解放，作风大转变，工作大落实”主题教育活动。活动期间，刊登学习资料25篇，向广大团干部、团员青年、人大代表、政协委员、NGO组织代表等征集“共青团提案”34个、“共青团工作金点子”36个，向省、市“两会”提交提案、建议6个，完成了4个整改项目，落实了整改措施9条。建立健全了办文、议事、办事制度，健全了改进工作作风、密切联系青年有关制度。二是深化“挂包帮”和“百千万·干群心连心”活动，组织机关团干部带头深入到乡镇、社区，深入开展“两深入、四同、一带头”活动，围绕党政大局，开展生产发展、防汛减灾指导、扶贫助困等工作，团市委机关干部带头结对贫困青少年27人、贫困户80户。

汇聚巾帼正能量　共建幸福攀枝花

攀枝花市妇女联合会

2013年，全市妇联组织以学习贯彻党的十八大及十八届三中全会精神为主线，围绕中心、服务大局，立足基层、服务妇女，团结引领全市妇女在助推攀枝花加快发展、科学发展中贡献智慧和力量。

一、创新工作思路，推进妇女儿童发展纲要实施

强化“两纲”目标管理。2013年3月，市妇儿工委组织召开全市新一轮“两纲”实施推进会，重点将10年的“两纲”任务分解落实到各成员单位，市妇儿工委与30个市级成员单位和5个县（区）签订了目标责任书。市级各成员单位及各县（区）结合工作实际，分别制定了“两纲”10年规划和年度计划。全市新“两纲”涉及的教育、卫生、社会保障等重点工作有序推进。并将“两纲”实施工作纳入市委、市政府对各县（区）的年度一级目标考核和对市级有关成员单位的年度业务目标考核内容。

加大“两纲”宣传力度。市妇儿工委办印制了“两纲”手册10000册、“两纲”解读资料3000份、“两纲”宣传画100份，利用“三·八”妇女节、“安全宣传日”“法治宣传月”“6·26”国际禁毒宣传日等活动进行“两纲”知识宣传。市电视台和市有线电视台等市内多家新闻媒体对我市新“两纲”实施情况报道10余次。

市妇联启动“维权 心理热线”

实施惠民关爱项目。强化免费婚检工作。推动市委、市政府办公室印发了《攀枝花市关于进一步加大婚前保健服务工作力度提高出生人口素质的意见》，市妇儿工委办、市民政局、市卫生局等部门制定了具体工作方案，实行年度目标管理责任制；规范覆盖范围、工作流程，统一检查项目，提高财政补助标准。全市婚检率达79.46%，较2012年增长15.34%，该项工作走在全省前列。启动攀枝花市事实无人抚养儿童特别关爱帮扶行动。市妇儿工委办在专题调研的基础上，联合市民政、教育、卫生等六部门制定了《攀枝花市事实无人抚养儿童特别关爱帮扶行动工作方案（试行）》，对认定为事实无人抚养的儿童，建立了基本生活补助、教育就学、看病就医三大保障机制。2013年全市认定事实无人抚养儿童67人，从8月起发给每人每月300－400元的生活救助，采取市、县（区）财政各承担50%的方式，年底到位救助资金10万元。据悉全省只有攀枝花和凉山两地实施了对事实无人抚养儿童的关爱项目。

二、规范小贷工作，促进妇女创业就业

为助推全市产业发展和旅游新村建设，市妇联加强妇女财政贴息小额贷款工作。2013年1月至6月，全市发放妇女小额贷款37807.35万元，完成省、市下达的7000万元目标任务的540%。下半年因政策调整，暂缓放贷。全年获贷妇女5986名，其中城市妇女282名，获贷金额2880万元；农村妇女5704名，获贷金额34927.35万元。为创业妇女申请财政贴息资金2761.58万元，帮扶带动了17000余名城乡妇女创业就业。2013年，市妇联被市政府评为“就业创业工作先进单位”。主要作法是：

制定目标，强化督导。2013年3月1日，召开市妇女贴息小贷联席会议，总结2012年工作情况，安排部署2013年工作，对县（区）和金融机构进行目标分解，要求纳入各县（区）、成员单位年终目标考核。

攀枝花市妇女第九次代表大会

开展调研，规范运行。2013年3月至4月组织部分成员单位及区县妇联，深入基层围绕妇女小贷与产业发展、与扶贫攻坚、与居家灵活就业工作相结合的情况，就贷款对象的遴选和审核是否体现“扶小扶弱”原则、规范操作上是否存在转贷行为和提前扣息、贷款资金的使用是否与贷款发展项目相符及资金风险防控等方面开展专题调研，推动惠民政策扶持创业就业行动，增强家庭自我发展能力，变“输血”式扶贫为“造血”式扶贫。

政策解读，宣传培训。2013年3月，以“推动男女平等共建幸福家庭”为主题开展“三送”（即送十八大精神、送政府惠民政策、送幸福健康理念）宣传培训活动，分别在攀煤、钢企、渔门镇等地开展了12场巡回宣传和培训，2000余名妇女参加培训，发放宣传品5000余份，妇女小贷知识等宣传资料10000余份。

加强联动，督导检查。2013年6月，市妇女小贷联席会议办公室组织市财政局、市人社局、市妇联及相关金融单位对全市妇女小贷工作政策执行情况进行全面检查。通过听取各县（区）妇联、经办银行的工作汇报、查阅贷款户档案资料、现场抽查贷款户等方式，认真询问、核实贷款使用、项目进展收益情况，提出工作建议，总结工作中存在的问题，形成专题报告向市委、市政府及省联席会议办公室报告。12月，按照省联席会议及市政府的要求，开展小贷清理核实工作，对贴息贷款进行逐户检查，准确掌握全市贴息贷款的真实情况，为政府贴息工作安排提供决策依据。

掌握动向，专题汇报。因2013年年底部分贴息资金未兑现，贷款群众对政府和金融机构公信力产生质疑，在部分地区负面舆情较为突出，出现了集中不付银行利息的现象。针对这一情况，一方面及时有效地与媒体进行沟通，做好政策解释，同时做好群众的安抚解释工作，另一方面及时向市委、政府分管领导汇报，使困难和问题得以解决。

三、突出发展目标，引领妇女建功立业

深化“双学双比”和“巾帼建功”活动。各级妇联以“幸福攀枝花巾帼齐行动”为主题，积极开展“双学双比”“巾帼建功”等活动。举办“农家女大课堂”，开展科普宣传教育活动，发放环保袋、宣传团扇等有关绿色环保的宣传资料20000余份，组织部分有条件的农村妇女参加全国农村妇女科学素质网络知识竞赛。联合相关部门组织农业专家送科技进村入户，为农村妇女开展烟草、果树、蔬菜、畜牧等种养殖农村实用技术培训。组织女职工“争创一流岗位，争创一流业绩”，积极参加业务培训、技能大赛、安全协管、技术革新、节能减排、提合理化建议等活动，全面提升素质，促进女职工岗位练兵、岗位成才。深入开展“岗村联动”，发挥巾帼示范岗资源优势，帮助农村妇女不断提高自主发展能力。

组织实施“母亲水窖”项目。与省妇基会签订项目管理协议，督促、指导县（区）实施好“母亲水窖”项目。米易县白马镇中心校10万元和仁和啊喇乡中心校40万元的“母亲水窖”——校园饮水安全项目工程已实施80%，资金和相关设施设备全部到位。另外完成并落实了60万元的项目实施报告。

市福利院儿童在市妇联做爱心沙盘游戏

——开展巾帼现代农业示范基地创建。通过项目开发建设，水利、农业与科技措施的综合开发，项目区生产环境得到有力改善，妇女综合生产技能和组织化程度明显提高，致富能力增强，经济收入增加。已实施的丙谷镇雷窝村全国巾帼现代农业科技示范基地成效明显，全年妇女人均纯收入增加1300元，实现“发展一个点，带动一大片”的目标。

实施计生“三结合”帮扶和“挂包帮”工作。市妇联深入帮扶基地调研，交流座谈，了解计生“三结合”和“挂包帮”结对帮扶户的生产、生活、生育情况，组织领导、专家深入帮扶基地为村民们做“中国梦”主题报告。与20户新增户签订了帮扶协议，兑现了帮扶经费，送去了抗旱救灾资金，同时还发放了市妇联征订的《分忧》杂志及“中国梦”倡议书等宣传资料。

市妇联到基层举办“推动男女平等 共建幸福家庭”宣传培训会

做好女企业家联谊会工作。以“商海流芳绽放女性正能量”为主题举办2013年攀枝花市女企业家年会，女企业家们就如何积极有效应对复杂严峻的宏观经济形势进行了分享。组织优秀女企业家参加幸福教练培训和女性人才座谈会，开阔女企业家视野，提高综合素质。完成了女企业家联谊会换届相关工作，选举产生了新一届理事、会长和副会长。

四、加强思想引领，抓好“五家”建设工作

开展“家”字号品牌活动。各级妇联围绕“以德治家、以学兴家、以法护家、以俭持家、以洁美家”五家建设活动，以“五创联动　两化互动　巾帼齐行动”为主题，大力开展“爱心家庭”“学习家庭”“平安家庭”“低碳家庭”“洁美家庭”“星级农户”创评示范工作，以创评促参与。市第九次妇代会上表彰了全市十佳“五家”建设家庭50户。

实施“幸福教练”工程。市妇联联合市纪委、市委组织部、宣传部等12个部门实施为期3年的“做幸福教练建幸福家园”宣传培训工程，让大家了解幸福的含义、提升感知幸福的能力，掌握营造幸福的方法，推动幸福攀枝花建设。“三八”节举办启动仪式，邀请上海幸福教练联盟专家对全市各级妇女组织推荐的900余名妇女进行了培训，为首批“幸福教练”颁发了证书，确定了21个“幸福教练工作站”。在省妇女干部学校举办了四期幸福教练培训班，培训骨干220人。通过幸福教练辐射所在的部门、县（区）、企事业单位、学校和基层群众，提升广大女性及家庭的幸福指数。组织幸福家庭建设、普法维权志愿者队伍深入机关、企业、社区、农村开展10场巡回宣传培训，引导广大家庭和妇女积极参与“文明、健康、优生、致富、奉献”的幸福家庭建设。

市妇联举办举办维权技能培训

组织家庭教育公益讲座。市妇联联合市关工委、市教育局、市文明办以“立德树人　用智慧提升孩子生命质量”为主题，邀请省家庭教育讲师团专家打造家庭教育精品公益讲座。就孩子在幼小衔接、小初衔接、初高衔接等不同阶段家长所要做的准备工作，以生动的案例讲解技巧和方法，让孩子顺利渡过每一个关键期。巡回讲座63场次，受益家长2.5万人次。

发挥巾帼志愿者队伍作用。根据文明城市创建以及省妇联要求，市、县区妇联采取全面动员与重点发动相结合的方式，把热心社会公益事业，乐于奉献的女党员、女干部、女知识分子、女私营业主吸引到巾帼志愿者队伍中来，建立健全志愿者档案。成立攀枝花市巾帼志愿者服务支队，各县区、市直机关和企业等妇女组织成立了巾帼志愿者服务大队，全市登记在册的巾帼志愿者5000余人。巾帼志愿服务者们依托“妇女之家”广泛开展政策宣传、知识传播、信息传递、服务妇女等活动，引导妇女提升综合素质，积极投身社会主义新农村建设、和谐社区建设。

举办第五届“小科帮忙相亲汇”活动。以“牵手七夕　相约幸福”为主题，为600余名适婚单身男女搭建婚恋平台，邀请幸福教练、专家举办婚恋交友培训，帮助广大单身男女树立正确的价值观、婚恋观，建立幸福家庭。自2009年活动举办以来，已有200余对新人喜结良缘，携手走进婚姻殿堂，助推和谐社会建设。

做好“母亲节”宣传活动。母亲节期间，积极倡导尊重母亲、感恩母亲、孝敬母亲的良好社会风气。开展了“感恩母亲”寄贺卡活动。市妇联联合邮政局精心制作了“感恩母亲”贺卡，发动五个县区妇联组织了1200余名妇联登记在册的“留守儿童”为自己的母亲和“爱心妈妈”寄贺卡，以表达感恩之情和节日的祝福。

市妇联举办幸福教练培训

五、创新社会治理，努力维护妇女儿童权益

拓展维权服务新途径。市妇联于2013年1月正式开通“维权心理热线”3316065，7位专业志愿者每天轮流值班，答疑解惑，一年来，群众打进热线150人次，接待来访群众367件次，来访群众395人次，心理帮扶120人次。2013年8月，在社会爱心人士的捐赠下市妇联成立的“爱心沙盘工作室”，通过沙盘技术对遭受伤害的儿童和妇女进行心理辅导与创伤修复，已接待80余人次，同时通过“爱心沙盘”每周定期为儿童福利院8名儿童做成长性辅导，效果良好。

着力解决信访突出问题。2013年市妇联接待群众来访280件，结案率达100%。在信访工作中，坚持解决实际问题与加强教育相结合，引导群众正确处理婚姻家庭矛盾和利益关系，维护改革发展稳定大局。对于信访重大问题，及时与县（区）妇联联系，积极与公安、司法、心理卫生中心等部门协调沟通，切实维护妇女儿童合法权益。

推动未成年人思想道德建设。开展优秀“小公民”评选表彰宣传活动。对2006年至2012年表彰过的优秀“小公民”开展回头看调研活动，向市文明办推荐“美德少年”4名。“六·一”期间，举办“我是阳光花城小导游”主题活动、“我的童年，我的梦”文艺晚会，展示攀枝花少年儿童朝气蓬勃、勇于探索、健康向上的精神风貌。

大力开展扶贫济困活动。实施“两癌”筛查项目，全市全年筛查11851人，查出“两癌”患者109人，有13人获得“两癌”项目每人1万元的救助，新申报救助22人。全市各级妇女组织利用春节、“三八”节、母亲节走访慰问贫困母亲150余名，发放慰问金55000元；利用“六·一”节到市儿童福利院、特殊教育学校等开展困难儿童关爱慰问活动。

六、加强组织建设，增强活力提高水平

开展“中国梦”主题教育活动。各级妇联组织广泛开展“实现伟大中国梦，建设美丽繁荣和谐四川”宣传教育活动。以“奉献巾帼情　共筑中国梦”为主题，体现妇联特色，将主题活动与全年工作任务结合，与建设美丽幸福攀枝花结合。向全市妇女发出“实现中国梦巾帼勇担当”倡议书。专题召开各界妇女代表座谈会，讲梦想，谈发展，说行动。通过学习宣传，动员广大妇女融入“中国梦”、传承“中国梦”、共筑“中国梦”。

巩固发展村（居）换届选举成果。在全市第九届村（居）换届选举中，为进一步推进女性进“两委”，提高村（居）“两委”中女性比例，确保完成两个100%工作目标，注重源头参与，积极与民政部门衔接，将村（居）民选举委员会中应有女性成员、女性成员“专职专选”、确保“两委”班子中至少有1名女性成员等相关规定纳入市里换届选举工作实施办法中。同时积极与基层沟通，了解工作进展，帮助解决存在的困难和问题。

促进女性成长成才。开展全市女干部相关情况调研，形成攀枝花妇女参政议政情况分析报告。进一步完善女干部人才信息库，向省妇联推荐6名正县级优秀女干部和13名杰出女性人才。举办女性人才座谈会，促进学习交流，增强参政议政能力，激励女性人才为幸福攀枝花建设作出积极贡献。

加强培训提高素质。2013年市、县（区）妇联举办维权信访工作、能力提升、和谐家庭建设、参与社会治理与创新、妇女之家建设、换届选举、旅游新村建设、“两纲”实施等相关业务培训班20余次，700余人（次）参加培训。组织28名妇联干部参加省妇联岗位培训班，组织70余名妇女干部参加清华大学“四川省优秀女干部能力提升研修班”。

加强“妇女之家”建设。在做好“妇女之家”规范化管理基础上，充分发挥“妇女之家”作用。“妇女之家”组织开展倡导文明礼仪、建设美丽幸福家园，做幸福女人、建幸福家庭、共筑中国梦等活动，参与妇女达10万余人。

七、成功召开攀枝花市妇女第九次代表大会

按照市委“节俭办会，注重实效”的要求，积极做好第九次妇代会的各项筹备工作。2013年11月7日至8日，在市会展中心成功举行攀枝花市妇女第九次代表大会，来自全市各条战线的320名妇女代表聚集一堂，建言献策，共商妇女事业发展大计。大会全面总结过去五年工作，制定了今后五年全市妇女工作的目标任务，表彰了妇女先进集体和先进个人，选举产生新一届领导机构，圆满完成了各项议程。

2013年，市妇联被省妇联评为四川省基层组织建设先进单位、四川省家庭教育工作、关爱留守儿童（特殊困难儿童工作）先进集体，在各市州2013年业务目标综合考核中获一等奖。多项工作受到市委、市政府表彰。但全市妇女发展和妇女工作中还存在一些困难和问题：男女平等基本国策的宣传贯彻力度还需进一步加大，保障妇女儿童权益的措施还需进一步完善，妇女参与科学发展的能力有待进一步提升，妇联自身建设水平还需进一步提高。对此，必须在今后的工作中采取更加有力的措施，切实加以解决。

围绕中心　把握大局
促进攀枝花社会科学事业大发展大繁荣

攀枝花市社会科学界联合会

2013年，市社科联认真贯彻党的十八大和十八届三中全会精神，紧紧围绕省社科联的工作要求和市委、市政府的工作中心，牢牢把握市委市政府提出的“稳中快进，提质增效，争先进位，跨越提升”的工作基调和大力推进“三个加快建设”“三个走在全省前列”、继续打好“六大硬仗”的总体安排，充分发挥社科界的“思想库”“智囊团”作用，扎实推动各项工作开展，为攀枝花市在全省率先全面建成小康社会出谋划策。

一、以宣传十八大精神为重点，积极发挥精神引领作用

（一）围绕十八大精神，重点开展社科界“实现伟大中国梦、建设美丽繁荣和谐四川”主题教育活动座谈会。组织市委党校、攀枝花学院、四川机电职业技术学院（攀钢党校）等单位的26位社科专家以及市委办公室、市委组织部、市委宣传部、市委政法委的有关领导从不同的角度对“中国梦”进行解读，就如何谱写“中国梦”攀枝花篇章畅谈看法，并将部分发言内容推荐给《攀枝花日报》摘登，供大家学习交流。

20130524 攀枝花社科界“实现伟大中国梦，建设美丽繁荣和谐四川”座谈会

（二）将《攀枝花社会科学》刊物等作为学习宣传平台，紧密结合党的十八届三中全会精神，组织社科理论界围绕坚定不移沿着中国特色社会主义道路、道路决定前途命运、我们前进在正确的道路上、坚持和发展中国特色社会主义的必由之路等内容，撰写宣传阐释文章、学习体会文章，为攀枝花市贯彻想落实十八届三中全会精神提供理论支撑。

（三）积极发挥社科界的人才智力优势，组织社科专家，深入机关、企业、学校、街道、社区、农村，分群体、分领域、有侧重地开展党的十八届三中全会精神宣讲。

二、以服务科学决策为导向，形成高质量的研究课题

（一）围绕攀枝花市经济社会发展实际，组织社科课题申报，并针对党的群众路线教育实践活动，下达了《进一步加强攀枝花市机关党建工作研究》《新时期党的群众路线探索与实践的研究报告》《把党的群众路线贯穿于人大工作的始终》《先秦玉文化研究—以饰玉为研究线索》《基于制度创新的人才优先发展试验区建设研究》《我国公司章程自治的缺陷及完善研究》《大事件档案收集、管理和利用研究》等7项2013年度市级社科研究课题。所有研究课题于2014年12月中旬完成评审验收。

（二）攀枝花市向省社科联申报的课题《文化产业英语人才建设与成都市城市文化较实力发展的研究》被列为四川省哲学社会科学研究“十二五”立项课题，获得课题资助经费1.5万元，计划于2014

20131112 四个一批理论人才初评会

（二）启动全市第十一次社会科学优秀成果评奖工作。将攀枝花市作者2010年1月1日至2011年12月31日期间公开出版的学术专著、编著、译著、古籍整理、工具书、社科普及读物；公开发表的或经市级及其以上新闻出版部门批准的刊型内部资料刊发的研究报告、论文；未曾公开发表但被市级及其以上党政机关采用、推广的调研报告、对策研究；已经结题的市级及其以上社科规划项目纳入申报参评范围。

四、以征文活动为载体，有力推动群众理论研讨活动

（一）针对全市“思想大解放、作风大转变、工作大落实”、三大主题教育活动和“实现伟大中国梦”主题教育活动，分别于2013年2月和6月组织开展了“我为攀枝花发展献良策”征文活动和“实现伟大中国梦、建设美丽繁荣和谐四川”征文活动。就如何加强经济建设、政治建设、文化建设、社会建设、生态文明建设等方面问题进行理论研究。两次征文活动共收到社会各界征文600余篇，内容涉及经济、农业、文化、教育、旅游、社会管理、医疗卫生、环境保护、城市建设、交通运输等各个方面，评选出了《关于设立攀枝花钛精矿收储调节库的建议》《用中国梦凝聚智慧和力量把攀枝花建成川西南新兴经济增长极》等68篇优秀作品，并编辑专版刊发在攀枝花日报和《攀枝花社会科学》刊物上。

年12月前完成。

三、以社科成果评奖为平台，促进哲学社会科学繁荣

（一）完成攀枝花市第十次（2008—2009年度）哲学社会科学优秀成果评奖工作。经过组织申报、初评、评委会终审3个阶段，共评出70项优秀社科成果。其中《攀枝花钒钛产业人才开发研究》荣获特等奖，《攀钢钢钒创新上市公司党建考核评价机制的实践与启示》等8项成果荣获一等奖，《攀枝花6.1级地震》等20项成果荣获二等奖，《攀枝花历史人物》等41项成果荣获三等奖。获奖成果中论文类62件，专著类6项，资料书2项。

20131120 市社科联常务副主席杜非到米易县德石镇草坝村困难户家中走访

（二）围绕学习贯彻党的十八届三中全会精神和习近平总书记系列讲话精神，2013年12月与市委宣传部联合开展“学习贯彻党的十八届三中全会精神”征文活动，征文内容紧密结合攀枝花实际，围绕深入实施多点多极支撑发展战略，全力打造四川发展新的经济增长极；深入实施“两化”互动、统筹城乡发展战略，努力开创城乡和谐相融的一体化发展新格局；深入实施创新驱动发展战略，切实增强转型发展、跨越发展的新动力；大力保障和改善民生，始终保持社会和谐稳定四个方面提出谱写“中国梦”攀枝花篇章的新思路、新对策、新举措。

五、以服务大众为目的，加大科普工作宣传力度

（一）科普主题活动丰富多彩。在 2013 年 3 月“科技之春”科普宣传月和五月“科技活动周”科普宣传活动中，市社科联以及各社科学会、协会、研究会共组织科普讲座 12 次，制作科普展板 190 块，悬挂横幅 105 幅，上街布点 23 处，送科技下乡 19 次，发送社科科普资料 15000 册，举行社区活动 10 次，举办培训班 6 期，培训 700 余人次，提供社科咨询 3500 件次，累计受教育面达到 36000 余人次。

20131120 市社科联常务副主席杜非到米易县德石镇草坝村困难户家中走访

（二）学会协会活动成效明显。如检察官协会通过现场讲解、发放相关法律资料和图片展示等形式，大力宣传社会治安综合治理的各项规章制度，帮助群众解决征地拆迁、移民安置、劳动者权益保护、侵犯个人财产权益违法犯罪等突出问题，同时发放各类宣传手册、资料 6000 余册。律师协会开展“服务外来企业”专项活动。深入外来企业开展法制宣传、讲座 120 余次，培训外来企业员工 2800 人（次），解答各类咨询 205 人（次），担任外来企业常年法律顾问 153 家，处理外来企业法律事务 276 件，提供法律援助 22 件，避免和挽回经济损失 350 余万元。

20131120 市社科联常务副主席杜非到米易县德石镇草坝村困难户家中走访 z

六、以健全社科队伍为抓手，全面夯实社科管理工作

（一）加强社科专家库建立。攀枝花市社科联下发通知，对全市社科专家信息进行统计并建立市社科专家数据库。在此项工作中，共有 520 名社科类具有副高及以上专业技术职称的学术和技术带头人、有突出贡献的优秀专家、教学名师、其他获市级荣誉称号的社科专家及市创新人才纳入专家库管理。

（二）开展理论人才推荐。市社科联按照市委宣传部《关于开展攀枝花市宣传文化系统“四个一批”人才推荐选拔工作的通知》要求，组织开展理论类人才推荐选拔工作。全市一共推荐 21 人，经资格审查和初评程序，上报市委宣传部 6 名理论专业人才。

（三）加强学会程序化管理。按照攀枝花市民政局关于社会团体年检的有关要求，对市社科联管理的 29 个学会协会根据《社会团体登记管理条例》有关规定进行初审，报攀枝花市民政局审批后，全部予以通过。

七、以《攀枝花社会科学》为阵地，打造理论交流平台

办好《攀枝花社会科学》，全年共刊发 4 期，编辑各类文章 101 篇，形成了《学习贯彻党的十八大精神理论专辑》《我为发展献良策获奖征文专辑》《实现伟大中国梦、建设美丽繁荣和谐四川获奖征文专辑》等三本专辑。

转变作风　创新思路
扎实推进攀枝花文艺事业发展繁荣

攀枝花文学艺术界联合会

2013年，市文联在市委、市政府的领导下，深入学习贯彻党的十七届六中全会和党的十八大精神，紧紧围绕市委、市政府确定的战略目标，以“思想大解放、作风大转变、工作大落实”和“实现伟大中国梦、建设美丽繁荣和谐四川”主题教育活动为契机，进一步转变作风、创新思路，开拓进取，扎实推进攀枝花文艺事业发展，各项工作取得了新成效。

一、加强思想政治学习，切实转变工作作风。

2013年，市文联通过多种渠道，从思想观念、工作作风、工作落实和对照“满、慢、浮、僵”等方面查找出的能力不足、作风不实、事业心、责任心不强的问题，注重整改措施的指向性和针对性，明确责任主体、时限和目标，取得了阶段性整改的新实效。

一是加强政治业务学习，提升综合素质。进一步健全完善市文联党组理论学习中心组学习制度，不断改进学习方式、增加学习次数、结合实际，丰富学习内容、提高学习质量。推动学习型机关、学习型党组织建设。通过学习，抓好班子，带好队伍，增强班子活力；以提升能力为重点，提高理论创新、创意策划、市场运作、应急处置、媒体公关、决策执行和联系群众的能力；二是增强事业心、责任心，提高工作效率。在市文联领导班子内部推行《市文联领导班子成员年度目标责任制》，各班子成员按照市文联年度总体工作目标，对照各分管领域的工作拟出年度计划，把年度工作目标任务项目化、明细化、具体化，以此作为年终述职考核主要内容，进行考核，以破除被动等待的观念；三是深入基层，密切联系群众。制定了《市文联班子成员联系制度》，明确每个成员每年联系10位骨干文艺创作者，联系3—5个文艺创作项目，联系1—2个区县（企业）文联。通过这种方式，进一步密切联系群众，深入基层调查研究，加强对基层文联、社团的指导管理，培养文艺骨干创作队伍，推动重点题材创作。与文艺工作者交朋友、解困难、办实事、办好事，把尊重知识、尊重人才、尊重文艺创作的个人创造与艺术创新落到实处。引导广大文艺工作者多创作反映国计民生、时代主流、人民大众喜闻乐见的优秀文艺作品，促进人民群众共享文化建设成果。

2013年1月5日和3月6日，市政府分管领导张敏副市长、市委分管领导市委常委、市委宣传部部长沈钧先后对市文联领导班子及成员进行了点评，并提出了要求和意见。点评采取书面点评和集中点评相结合的方式进行。

二、创新工作思路、拓展工作空间，积极为城市文化塑造和地方文化打造建言献策。

2013年，市文联组织完成了全市性的城市文化形象塑造的课题研究，为市委、市政府指导全市城市文化形象塑造提供了《攀枝花城市文化形象塑造策划方案》；配合市旅游局进行了攀枝花市百里生态长廊旅游文化策划，挖掘雅砻江流域的历史文化、民族文化、自然生态文化，整合城市旅游营销资源，以两江流域百里生态长廊为依托，为确立百里生态长廊旅游文化主题提供参考；以“颛顼诞生地，迷易养生谷”为文化主题，完成了《米易县旅游文化主题策划方案》，初步确立了米易龙文化建设和重点景区提升、打造的基本思路，并纳入市委、市政府2013年旅游文化重点项目。2013年7月，盐边县政府、县旅游局委托攀枝花市文联组织知名专家、学者、作家、艺术家，前往格萨拉生态旅游区进行实地考察调研，对格萨拉旅游品质的提升进行咨询服务。参加考察调研的专家组成员先后对石林景区、影视城景区、红土地景区、接待中心和格萨拉主景区进行实地旅游和考察。在专家咨询会上，大家畅所欲言，对格萨拉生态旅游区品质的提升建言献策，提出许多建设性的意见和建议。

2013年11月15日，应西区政府邀请，市文联有关专家在党组书记、主席李平的带领下到市西区实地考察调研，对西区城市和旅游文化形象提升进行咨询服务。参加考察调研的专家们先后对蓝湖国际开发、西佛寺景区规划和庄上新村建设等项目进行实地考察。根据西区的人文旅游资源和历史文化，初步提炼出“看金沙东去拜佛祖西来”的旅游文化主题。

2013年12月底，市文联承办了市政府与中国书法家协会联合举办的中国阳光花城“中国苴却砚之乡中国书法名家精品展”“中国阳光花城”全国花卉摄影大赛、以名家书法展和攀枝花特色花卉摄影大赛，宣传攀枝花，提升攀枝花的美誉度、增强攀枝花文化影响力。

同时，市文联还牵头组织策划了攀枝花首次电视春节晚会“花城春汛”，以歌舞、小品、相声、魔术等多种艺术形式，讴歌了攀枝花市经济社会发展所取得的重大成就，展示了全市广大干部群众团结奋进、开拓创新、昂扬向上的精神风貌，表达了全市人民喜迎新春的美好心情。

三、坚持以人民为中心的价值取向，广泛开展文艺惠民行动。

2013年，市文联坚持以人民为中心的价值取向，不断创新思维、转变工作作风，把文艺进校园、进社区作为文艺面向群众、面向社会，服务社会、服务人民的新路径，结合学习型城市、文明城市的创建，切实开展形式多样的文艺惠民活动，不断取得良好的社会效益。

（一）深化文学艺术进校园活动。“文学艺术进校园”以《金色校园》为媒介和平台，以文艺讲座、作文点评、现场笔会等形式，与学校广泛开展互动交流，不仅为攀枝花青少年的思想道德建设和文艺素养提升提供有效辅助，也将为攀枝花文艺队伍建设提供后备力量。近年来，这一活动已成为市文联文艺惠民活动中较为知名的活动品牌，已向常态化、纵深化和广泛化方向发展。2013年，市文联将进一步深化这一活动，取得了新的进展。7月14日至17日，为丰富广大青少年暑假生活，发现和培养文学新人，攀枝花文学院在攀枝花图书馆演讲大厅举办大型公益“未来作家”讲习班，吸引全市200多位文学爱好者。市文联主席李平以《诗歌漫步》为题，就诗歌与社会、诗歌与人性、诗歌与语言，诗歌与灵感作了深刻解读；著名诗人刘成东、市三中教师作家陈建文、攀枝花文学院院长作家周强分别以《诗歌解析》《散文欣赏与创作》《小说创作中的几个问题》为题，向学员们进行深入浅出、生动别致的讲解，受到师生们的好评。

2013年5月28日，市委宣传部、市文联、市教育局在会展中心召开“学校文学社团工作会”。市文联党组书记、主席李平，市文联党组成员、副主席、作协主席冯中云，市委宣传部文教处副处长苏祥慧、市教育局基教处副处长蔡晓涵、攀枝花文学院院长、市作协副主席周强、市文联组联部负责人马光全，《金色校园》杂志社主编、市作协副主席徐肇焕等同志出席本次工作会。四川省机电职业技术学院、市建工学校、市经贸旅游学校等17所大中专院校、中学的学生社团工作分管领导、指导教师、学生社团负责人等30余人参加了本次工作会。

（二）上下联动，“走基层”系列活动情暖民众。

2013年，市文联结合全市文化下乡、对口联系扶贫帮村、“挂、包、帮”、新村共建和“百千万”干部心连心活动，先后组织文艺工作者深入到盐边县渔门、益民乡水坪村，仁和区平地镇迤沙拉村，米易县麻陇乡，西区新庄等地以送春联、书籍、慰问演出、等形式送文化送欢乐下乡，把党和政府的温暖送到千家万户，受到广大群众的欢迎。

“七·一”前后，市文联党组书记、主席李平同志带领市文联中层以上党员干部深入盐边县益民乡水坪村开展“挂、包、帮”和走访慰问活动，与水坪村党支部、村委会进行交流座谈，了解水坪村的产业发展、群众的生产、生活状况、支部党建和经济社会发展情况，明确帮扶的基本思路，与该村签订了帮扶责任书。市文联领导班子及成员还看望慰问了8户联系户。

2013年11月27日，市文联党组书记、主席李平一行赴米易县，就米易县文联工作进行了调研，听取米易县文联的工作汇报和意见、建议。米易县文联全年的主要工作，并就拟建全省文学艺术创作基地、依托基地发展米易文化艺术事业的构想进行了说明。

2013年12月26日，市文联协助中国文联、中国戏剧家协会在攀枝花市会展中心大会堂内，举办梅花奖艺术团“送欢乐、下基层”赴攀慰问演出，攀枝花市民在家门口，欣赏了一台中国优秀传统文化的视听盛宴。

三、不断创新文艺工作管理机制，推动文艺创作繁荣。

（一）以签约作家制促进文学创作

2013年底将推出四部以攀枝花建设发展为背景的长篇小说。其中，反映少数民族题材的长篇小说《阿依乌芝》已经完稿；以反映攀枝花苴却砚文化的长篇小说《空谷》已完成初稿并交专家组审阅；以反映三线建设的工业题材长篇小说《长河逐日》和以朱德在攀事迹为背景的历史题材长篇小说，计划年底完稿。上届签约作家召唤完成的长篇小说《黑丧鼓》成功晋级为湖北省作家协会10部重点作品出版扶持计划。

（二）以组织开展攀枝花开发建设历史题材美术创作为平台，促进美术创作的繁荣

2013年，攀枝花美术届随着一大批新生代画家崭露头角，攀枝花美术已走出新老换代低谷，呈现出一种强劲崛起的态势。攀枝花重大历史题材美术创作有两幅作品被省美术家协会列入四川省重大题材美术创作工程项目。吴汉怀的《丰碑》、陈景峰的《太阳雨》、杨绍刚的《天堑通途》3幅油画作品入选由中国美术家协会举办的“风域西南‘吾土吾民’全国油画展”；有两位画家在北京今日美术馆举办个人画展；吴汉怀的油画作品《巢》参加国际双年展并获得巴蜀文艺奖银奖；梁云彬、杨绍刚等人入选中国美协主办的全国性大展并获奖；蔡光明受邀到成都市、内江市举办画展，《成都航空》专版推介其岩彩画作品。5月，由中国文化部主管，中国艺术研究院主办的艺术专业刊物《中国艺术时空》007期专版对攀枝花美术群体作了全面的集中展示，对攀枝花的美术创作整体艺术特色和个人风格进行了深入分析并给予高度肯定。

（三）顺应文艺创作规律，为文艺家外出采风写生创造条件

市文联顺应文艺创作规律，先后制定了《关于个人参与市外文学艺术活动的规定》《攀枝花市书画院画师外出采风写生创作管理制度》，为文艺家的外出采风写生活动创造了良好的制度基础。2013年4月9日至12日，由攀枝花市文联组织的“攀枝花市文联赴木里学习采风团”一行15人，在木里藏族自治县进行学习采风活动；7月9日至10日，米易县文联组织协会创作骨干13人到麻陇彝族乡和新山傈僳族乡开展了“中国梦·米易情”主题采风活动。

（四）着力抓好人才培养，夯实文艺创作基础

市文联采取“送出去引进来”的方式抓人才培养。邀请文艺名家对攀枝花文艺创作者的作品提出意见和建议，努力提高攀枝花文学创作者的创作水平。2013年5月8日，市文联特请邀请巴金文学院专业作家罗伟章来为攀枝花文学创作把脉。罗伟章与攀枝花文学院2013年鉴约的五部长篇小说作者进行了面对面交流，对他们的创作提出了针对性的建议，解答了创作中的困惑。此外，还举办了一场小说创作讲座，罗伟章就“文学的特殊性”“艺术的力量”以及“艺术的自我出发”等写作经验，与攀枝花市作家进行了交流，开阔了本市作家的眼界。8月19日，中国作家协会创联部副主任尹汉胤，四川省作家协会党组成员、机关党委书记郭中朝，四川省作家协会创联部主任殷世江一行莅临攀枝花市文联指导工作。同日，四川省美协副主席张国忠、省美协创研室主任税关键一行来到攀枝花，和攀枝花美术创作群体就美术创作进行了较深入的探讨。10月30日至11月2日，湖南省作家协会名誉主席、著名作家、长篇小说《第二次握手》作者张扬先生一行在攀枝花进行考察采风活动。陪同张扬先生考察采风的有新华文轩出版传媒股份有限公司出版管理部主任邓兴先生、四川人民出版社副社长骆晓平先生和四川人民出版社三编室主任、编审、《第二次握手》终极版编辑陈小梅女士。

（五）以文艺展览（联展）、创作交流等形式，推动对外文艺交流

2013 年，市文联以文艺展览、创作交流等形式，积极推动对外文艺交流。2 月 1 日，由市委宣传部、市农牧局、市文联共同举办的攀枝花市“芬芳大地”农村题材摄影大赛部分摄影作品展在市中心广场隆重举行。此次展期为 2 天，共展出优秀作品 100 幅。这些作品多角度的反映了本市在开展新农村建设以来所取得的丰硕成果，也为本市春节的文化活动增添了一缕浓浓的乡土气息，受到了广大市民和摄影爱好者的一致好评。6 月 2 日下午，攀枝花市美术家协会会员王文革和墙里两位艺术家的画展在北京今日美术馆举行。

（六）以文艺研讨为平台，促进文艺理论研究和文艺创作互动发展

2013 年，市文联充分利用笔会、研讨会等平台和载体，积极推动文艺理论研究和文艺创作互动发展，为深入学习文艺理论、把握文艺规律、拓宽文艺视野、增强交流互动，积极创造良好条件，并取得可喜成绩。

2013 年 8 月 17 日，本市盐边县红格镇，汇聚了来自全国各地的 100 多名作家、诗人、艺术家和学者，共同拉开了第二届金沙江彝族文学笔会暨阿库乌雾诗歌研讨会帷幕。本次笔会由中国作家协会少数民族文学委员会、四川省作家协会、四川省文艺评论家协会、四川省中国现当代文字研究会主办，由攀枝花市盐边县人民政府、攀枝花文学艺术界联合会承办。中国作家协会创联部副主任尹汉胤，四川省作家协会党组成员、机关党委书记郭中朝，市委常委、市委宣传部长沈钧出席开幕式。本届笔会是继首届金沙江彝族文学笔会之后向外界展示攀枝花城市形象的又一次文学盛会。本届金沙江彝族文学笔会以“全球化语境下中国多民族文学叙述的价值和意义、彝族文化艺术研究与批评理论当代建设、阿库乌雾的诗歌如何捍卫地域文化精神与族群历史性格”等为主题，以科学的态度和创造精神，推动多元民族文化交流。

9 月 5 日，由市文联组织的《格萨拉传奇》作品首发及研讨会在市文化馆会议室举行。市委宣传部文教处、市文化馆、攀枝花文学院、攀枝花书画院、市作家协会、市美术家协会以及相关媒体的领导和朋友参加作品首发及研讨会。攀西神话叙事诗连环画《格萨拉传奇》由四川出版集团、四川美术出版社出版，著名作家赖俊熙撰文、美术家康林先生绘画，系攀枝花市第一部公开出版发行的叙事诗连环画册。作品以攀枝花著名旅游景区格萨拉地区流传的神话故事为题，用叙事诗和连环画的方式巧妙结合，艺术再现了格萨拉神秘的历史文化和秀美的山川景色。

9 月 20 日，市文联组织召开刘余嘉的《咏木棉》《木棉诗话》创作研讨会。研讨会对刘余嘉诗词的文学、艺术价值和创作特色进行了点评和赏析。

四、文联自身建设和综合工作取得新成效

2013 年，市文联切实加强文联自身建设和文艺队伍建设，进一步完善市文联机关工作制度，作风进一步转变，文联影响力、凝聚力进一步增强。一是顺应文化体制改革，进一步推进市文联所属事业单位改革，目前事业单位分类改革方案已上报市委编办。二是文艺基础设施建设方面，攀枝花文艺中心已经完成建筑主体，即将进入建筑初装和园林景观工程。三是市文联“创先争优”“城乡环境综合治理”“五创联动”、计生、安全、卫生、社会治安综合治理、保密、劳资、人事、统计、档案等综合工作也取得了新的进展，成效明显。

五、以重要会议为契机，总结经验，听取指导，增强战略意识、大局意识、使命意识和服务意识

2013 年，市文联精心组织六次代表大会、年度文学艺术创作工作会议和《攀枝花文学》创刊四十周年座谈会，并以此为契机，认真总结经验，听取指导意见，增强战略意识、大局意识、使命意识和服务意识。

（一）攀枝花市文学艺术界联合会第六次代表大会召开

2013 年 12 月 22 日至 23 日，攀枝花市文学艺术界联合会第六次代表大会在攀枝花会展中心举行。来自全市 360 多名文艺家代表欢聚一堂，为攀枝花文学艺术事业发展献言献策。市委副书记、市长张剡出席，省文联党组书记、常务副主席蒋东生，省作协党组成员、机关党委书记郭中朝出席开幕式。市委副书记赵辉代表市委、市政府讲话。市领导沈钧、张伟、熊伟、张敏、庞向东、周治端到会祝贺。

大会选举产生了攀枝花市文学艺术界联合会第六届委员会和主席团。第六届委员会委员 68 名。主席：李平，副主席：冯中云、刘虹，兼职副主席：吴汉怀、焦崎、曹习斌、张治杰、郑守全、廖德军，秘书长：李吉顺。

（二）2013 年度文学艺术创作工作会召开

2013 年 2 月 28 日，攀枝花市文学艺术创作工作会在市会展中心召开。会议总结了 2012 年文学艺术创作取得的成就，部署 2013 年文学艺术创作工作，表彰 2012 年文学艺术创作先进个人及 2012 年度《攀枝花文学》优秀作品。中共攀枝花市委宣传部副部长赖小红出席会议并讲话。会议由文联党组成员、秘书长李吉顺主持。市文联党组成员、副主席冯中云，副主席刘虹分别总结了 2012 年文学、艺术工作，并对 2013 年的文学、艺术工作作出安排部署。

（三）《攀枝花文学》创刊 40 周年座谈会

2013 年 12 月 9 日上午，《攀枝花文学》创刊 40 周年座谈会在攀枝花会展中心举行。四川省作家协会副主席、《星星诗刊》主编梁平，市委常委、市委宣传部部长沈钧出席座谈会。《攀枝花文学》创刊于 1974 年，是四川省第一家由地市州级创刊的杂志，至年底已累计出刊 306 期。《攀枝花文学》经过 40 年的发展，在攀枝花历史的进步中，造就了文学的进步，参与了城市文化的构建和城市精神的构建。新时期的《攀枝花文学》还要进一步拓宽办刊思路，提高办刊质量，构建一批在文学界有影响力的作家群，通过各种文学活动来扩大这个刊物的影响，以文学的形式，更好地突显攀枝花的形象。

2013 年，一批优秀文艺作品入选省级、国家级展赛、展演，并分获四川少数民族文学奖、巴蜀文艺奖、全国散文学会散文奖等省级、国家级奖项。中国文化部主管的刊物《中国艺术时空》专版对攀枝花美术群体进行展示；四川省文联《四川文艺报》以《攀枝花文联：阳光花城的美丽蝴蝶》专题报道了攀枝花文艺事业发展取得的新成就。2013 年 1 月中旬第七届四川文学奖和第五届四川少数民族文学创作优秀作品奖、第七届巴蜀文艺奖颁奖大会先后在成都召开，本市作家普光泉、美术家吴汉怀双双获奖。本市作家普光泉创作的长篇小说《一个说纳西话的人》获得第五届四川少数民族文学创作优秀作品奖；美术家吴汉怀创作的油画《巢》获得第七届四川巴蜀文艺奖，填补了攀枝花市多年没有文学奖、艺术奖同时获省奖的空白。

开拓创新　扎实工作
为攀枝花加快发展　创新发展再做贡献

攀枝花市科学技术协会

2013 年，全市科协系统高举中国特色社会主义伟大旗帜，以邓小平理论、“三个代表”重要思想、科学发展观为指导，深入贯彻党的十八大和中国科协、省科协、市科协代表大会精神，准确把握中央书记处关于科协工作的意见，认真开展“思想大解放、作风大转变、工作大落实”和“实现伟大中国梦，建设美丽繁荣和谐四川”主题教育活动，围绕大力实施“三个加快建设”，大力推进“三个走在全省前列”，全力打好“六个硬仗”，奋力实现“四个翻番”的全市工作大局，坚持“三服务一加强”的工作定位，坚持“搭建平台、资源共享”的工作思路，坚持“大联合、大协作”的工作格局，坚持“围绕中心、服务大局，抓住机遇、乘势而上，搭建平台、搞好协作，重心下移、深入基层”的工作方式，深入实施科教兴攀和人才强市战略，动员和组织各级科协组织和广大科技人员，为助推加快幸福攀枝花建设，率先在全省全面建成小康社会做出了新贡献。

一、强化督导检查，推进《全民科学素质纲要》稳步实施

2013年1月29日至2月1日，市《纲要》办会同市政府目标督查办组成联合督查组，对全市各县（区）2012年度实施《全民科学素质纲要》工作进行了专项督查。通过实地察看、查阅资料、听取汇报、询问情况等形式，重点从组织领导、工作成效、服务能力、保障措施和特色指标等方面，对各县（区）政府进行检查督导。督查组认为：2012年，各县（区）对《纲要》实施工作认识到位、行动自觉、责任落实、保障有力，重点工作特色鲜明、主题活动亮点突出，科技助推地方经济社会发展作用明显；“政府推动、部门协作、社会参与”的“大联合、大协作”工作机制进一步健全，全民科学素质建设社会化工作格局运行良好；政策法规、经费保障得到落实，各项重点工程深入推进，工作基础更加牢固；各类重点人群的整体科学素养明显提高，具备基本科学素质人口的比例明显上升。督查组对各县（区）政府把《纲要》实施工作纳入本区域国民经济和社会发展总体规划和政府目标管理体系，创新工作方式，呈现各具特色、亮点纷呈的工作成效给予高度评价。特别对东区整合社会资源举办全民科学素质知识家庭大奖赛、西区开展领导干部素质轮训、仁和区着力建设“三新”（新知识普及、新技术示范、新产品应用）社区、米易县“以考促学”保证各类培训效果、盐边县人大将《纲要》工作列入专项审议等创新举措予以充分肯定。

3月28日，全民科学素质工作领导小组（扩大）会议召开，22家成员单位负责同志及各县（区）全民科学素质工作领导小组组长及办公室负责人、大企业代表40余人参加会议。会议传达了国务院听取《全民科学素质行动计划纲要》实施情况汇报会和全国《全民科学素质行动计划纲要》实施工作会议主要精神，审议通过了《攀枝花市实施〈全民科学素质行动计划纲要〉2012年工作总结和2013年工作要点》，通报了2012年度《纲要》实施工作目标督查情况。市委常委许健民出席会议并讲话。

根据《攀枝花市人民政府办公室关于清理调整市政府设立的各类领导小组的通知》（攀办发〔2012〕48号），调整充实了全民科学素质工作领导小组及其办公室成员，各有关牵头单位相继出台了全民科学素质工作十一项重点任务“十二五”实施方案。

6月5日至6日，市科协党组书记、副主席林智深应邀向全市268名初任公务员专题讲授《领导干部和公务员科学素质建设问题》，深入浅出地分析了提高全民科学素质与落实科学发展观的辩证关系，阐述了领导干部和公务员应当具备的科学素质内容，勉励年轻同志注重提升自身科学素质，为谱写伟大中国梦攀枝花篇章凝聚共识、积蓄力量、贡献才智。

二、群众性科普活动创新发展，重点科普工作成效显著

基础科普宣传蓬勃开展，科普工作主要社会力量作用日益凸显。发挥各级科协科普工作主要社会力量作用，结合科技文化卫生“三下乡”“科普之春”科普活动月、“科技活动周”等全民科普活动的开展，积极整合社会资源，努力搭建社会化科普平台，深入农村、城镇、社区和学校，广泛开展群众性科普活动。共举办各类科普宣传51次，宣传活动到达17个乡（镇）、30个社区，发放科普资料10.3万份、科普年历2500张、环保购物手袋1800个、科普漫画扑克900副。展出主题科普展板400余块，受益群众17.5万人（次）。开放科技馆科教展厅12次，800人次参观。开展移动科技馆进校园活动7次，

8000多名师生参与参观和体验。举办“专家进校园”科普报告会5场，1600余名师生聆听报告。动员科协系统力量，收集、整理、制作了一批科普资源作品，参加了在省科技馆举办的“四川首届科普资源双年展”，4件作品获优秀奖，市科协被评为优秀组织单位。为加大对“挂包帮”联系点米易县麻陇乡红岩村核桃产业发展的支持力度，2013年，市科协主要领导及相关工作人员先后4次前往该村，与乡、村、社干部共同商定深化核桃产业发展的工作方案，组织专家对种植户进行技术指导并开展栽培管理技术培训，督促防洪救灾工作落实，拨付15000元帮扶资金用于核桃产业品种改良、扩大规模、规范管理、强化培训，加快示范基地建设。市科协领导及相关工作人员多次深入盐边县渔门镇岩郎村开展计划生育“三结合”帮扶工作，向该村少年儿童捐赠价值近千元的科普图书，安排4000元专项资金，用于20户新增户发展生产，安排2000元专项资金，用于该村科技示范基地建设，以促进当地群众生产、生活、生育观念转变和科技文化素质全面提升。市科协主要领导先后深入对口扶贫联系点米易县得石镇马鹿寨社区和新村建设联系点仁和区大田镇上糯禾组调研指导扶贫帮困和新村建设工作。

积极培育“科普惠农兴村”项目，纵深实施“基层科普行动计划”。为扎实推进“科普惠农兴村计划”的实施，2012年底，市科协制定下发了《关于申报2013年度“科普惠农兴村计划”预备项目的通知》，积极开展典型培育、示范带动、项目储备，扎实做好项目预申报工作。经市科协、市财政局筛选和审核，共推荐7个农村专业技术协会、4个农村科普示范基地、5名农村科普带头人和3个科普示范社区参与全国和全省2013年度“基层科普行动计划”申报评选。仁和区啊喇乡苍蒲地水果协会、西区芒果协会、米易县农村专合组织协会、盐边县安宁果蔬协会、米易县生猪标准化养殖科普示范基地分别被中国科协、财政部授予“科普惠农兴村计划先进单位”，东区弄弄坪街办民乐社区被授予“科普示范社区”，东区银江镇攀枝花村曹安国被授予“农村科普带头人”称号。米易县果蔬专业技术协会、西区格里坪镇苦荞椪柑协会、仁和区绿圃种养殖协会、盐边县惠民无公害西瓜种植科普示范基地被四川省科协、四川省财政厅授予“科普惠农兴村计划先进单位”，仁和区仁和镇仁和街社区被授予科普示范社区”，盐边县永兴镇新民村张祥林、东区银江镇攀枝花村杨作伟、米易县新山傈僳族乡中山村彭愈被授予“农村科普带头人”称号。以上单位和个人共获国家和省级奖补资金181万元。

探索农村专合组织发展新模式，促进农技协健康稳步发展。按照抓示范、树典型、重服务、促发展的工作思路，始终把农技协工作作为科普工作的重要内容长抓不懈。市科协通过向2012年获得全国“科普惠农兴村计划先进单位”授牌等方式，深入各县（区）实地调研，培育农技协新典型，大力宣传农技协在传播和普及先进农村实用技术，开展农村科普服务，依靠科技增产增收，帮助农民提高素质等工作中的典型经验；鼓励和支持农技协进一步发挥示范带动作用，不断增强发展能力，提升服务水平；为农技协发展提供服务，尽力帮助解决农技协实际困难。推荐米易县草场乡枇杷专业技术协会和盐边县益民乡水果协会申报省级示范专合组织。按照中国农技协和省科协《关于开展农技协党建工作情况调查的通知》要求，认真开展农技协党建情况调查，组织撰写《发挥党员示范带动作用，推动农技协健康发展》经验材料上报交流。

夯实科普示范县（区）创建基础，确保工作顺利达标。指导米易县、盐边县、仁和区政府按照《全国科普示范县（市、区）创建办法》和《全国科普示范县（市、区）标准》，认真开展2011－2015年度全国科普示范县（市、区）中期评估工作，为迎接中国科协和省科协中期抽查评估作准备。东区2013年被列入省级科普示范区创建单位，东区党委、政府和科协组织按照创建标准，加强科普组织、科普队伍和科普阵地建设，工作运行和考核机制进一步健全，党委领导、政府推动、部门协作、社会参与的科普工作格局逐步形成，创建活动正深入、有序推进。市科协全年争取省级科普专项补助经费80余万元，全部用于基层科普站、栏、员建设，有力推动科普设施阵地建设的发展。

科普示范社区创建活动蓬勃开展，社区科普工作迈上新台阶。为推进和深化社区科普工作制度化、群众化、经常化，全面提升社区公众科学素质，构建和谐文明社区，市科协、市科知局、市文明办联合出台了《攀枝花市科普示范社区认定办法（试行）》，首批命名17个社区为“攀枝花市科普示范社区”（示范期5年）。培育推荐的东区弄弄坪街道民乐社区、米易县攀莲镇城北社区、西区摩梭河街办太平社区等3个社区被省科协命名为第二批“四川省科普示范社区”。至此，本市成功创建省级科普示范社区已达7个。通过科普示范社区创建活动的开展，各相关单位切实加大指导和扶持力度，社区科普设施、科普阵地和科普网络建设得到有效强化，科普人才和科普志愿者队伍进一步壮大，形式多样、各具特色的科普活动蓬勃展开，有力促进了社区居民科学文化素质的提高和文明和谐社区建设。

三、以青少年科技竞赛为载体，推动青少年科技教育创新发展

开展攀枝花市第二十八届青少年科技创新大赛作品的征集、整理、评审和申报，推荐参加四川省第二十八届青少年科技创新大赛终评展示会的项目，2项科技创新成果获一等奖、14项获二等奖、11项获三等奖；1项优秀科技实践活动获一等奖、1项获二等奖、4项获三等奖；7幅少儿科学幻想绘画获二等奖、10幅获三等奖；3项科技辅导员创新成果获三等奖；2项科学DV作品获二等奖、3项获三等奖。仁和区五十一公里小学的“防滑落高脚杯托盘”项目获安捷伦科技英才奖，并被选送参加第二十八届全国青少年科技创新大赛。

举办攀枝花市第七届青少年电脑机器人创新大赛，来自东区、西区、仁和区、米易县和校外青少年科技活动机构的300余名中小学生参加比赛。

市三中、市二十五中小学、仁和区大河中学等12所学校的65名学生组成的24支代表队，在参加第十一届四川省青少年机器人创新实践活动中，3支代表队获一等奖、12支代表队获二等奖、9支代表队获三等奖。

组织开展攀枝花市第五届青少年科技创新市长奖推荐评选。4月27日，市政府在会展中心隆重举行颁奖大会，市第二十五中小学的王湘杰、市第一小学的段思丞、王荣国、米易县第一初级中学的王开福、仁和区金江中小学的姚源彪、仁和区民族初级中学的段鉴津、卢阳帆7名同学，市第二十五中小学的冯德强、市第一小学的张川云、米易县第一初级中学的刘勇、仁和区金江中小学的王从有、仁和区民族中学的李徽、赵茂臣6名科技辅导教师和市第一小学、米易县第一初级中学、仁和区金江中小学获本届青少年科技创新市长奖。市委副书记、市长张剡亲自为获奖者颁奖。组织开展攀枝花市第六届青少年科技创新市长奖评审。

四、以服务基层和广大科技工作者为本，切实加强科技工作者之家建设

组织学术交流1002次，交流论文3893篇，参加人员18115人（次）；举办学术报告会61次，5090人（次）听取报告。广大科技工作者自觉围绕第四届攀枝花科技论坛“生态与环保，共筑攀枝花梦”这一主题，向论坛提交优秀科技论文127篇，为攀枝花生态环保建设群策群力，贡献才智。市科协聘请有关专家组成评审委员会，对所征集到的论文进行了评审，评出优秀论文一等奖5篇，二等奖10篇，三等奖19篇，评出优秀组织单位9个。

6月20日和10月17日，市科协两次邀请台湾现代农业专家廖树宏先生来攀开展学术交流活动，向全市各级干部和广大农业科技工作者作了2场台湾现代休闲农业专题报告会，为规范攀枝花现代农业发展模式和提升发展品质提供了很好的借鉴，深受市委、市政府相关领导肯定和市县农口部门、基层农技协的赞扬。廖树宏先生被市政府聘请为现代农业发展科技顾问。

12月10日，由市人民政府、省科协、中国环境科学学会联合举办，市科协、市委组织部、市环保局联合承办，市“创模”办、市钒钛产业园区管委会共同协办的第四届攀枝花科技论坛在会展中心举行。中国环境科学学会理事长、国家环保总局原副局长王玉庆，中国工程院院士金鉴明，中国环境科学研究院研究员孙启宏，中国社会科学院城市发展与环境研究所研究员朱守先，中国环境科学学会科技与产业委员会副主任杨秋生，环保部环境规划院研究员孙宁，环保部污染防治司综合处副处长吕春生，环保部环境与经济政策研究中心环境政策部主任沈晓悦，中国环境科学学会王叶等领导、院士、专家出席论坛开幕式。市委副书记、市长张剡，省科协党组成员、副主席黄竞跃在开幕式上致辞。副市长张敏，市政协副主席伍维根和市委各部委、市级各部门、有关人民团体、各县区人民政府、各县区科协、有关企事业单位负责人和部分学会、企事业科协的科技人员代表近200人出席会议。王玉庆、金鉴明、孙启宏、朱守先分别围绕“生态与环保，共筑攀枝花梦”这一主题，向全市各级领导干部和广大科技工作者作学术报告。会上，宣读了《第四届攀枝花科技论坛倡议书》，表彰了第四届攀枝花科技论坛优秀论文和组织单位。论坛由市委常委、市科协主席许健民主持。论坛会前，外地来攀的领导、院士、专家参观了《金色攀枝花》展览馆，考察了攀枝花市区及钒钛产业园区，并与市委、市政府和市、县区相关部门、企业人士进行了座谈交流。

开展学会、企事业科协2012年度目标管理考核和优秀活动项目评选。全市35家学会、企事业科协参加年度考核，33家学会、企事业科协申报项目73项，评出优秀学会、企事业科协9家、达标26家，一等优秀学术活动4项、二等9项、三等11项，优秀活动项目27项。

召开学会、企事业科协、金桥工程、院士专家服务中心工作会，全面总结2012年度相关工作，安排部署2013年工作，表彰奖励了2012年度优秀学会、企事业科协和优秀活动项目及“金桥工程”优秀项目、优秀组织单位和“讲、比”活动先进集体、先进院士专家工作站。

按照市民政局《关于开展市级民间组织2012年度年检工作的通知》（攀民政〔2013〕42号）要求，对归口市科协为业务主管单位的31家学会、协会进行了年检初审，提出了年检意见。四川机电职业技术学院科协、钒钛产业园区科协正式成立，攀枝花学院等高等院校、科研院所和工业园区、重点民营企业科协正紧锣密鼓筹建。

在建市48周年之际，市老科协举办老专家座谈会，回忆过去峥嵘岁月，展望攀枝花美好明天。市委副书记赵辉到会看望老专家，充分肯定他们在攀枝花开发建设中做出的突出贡献，希望他们在全市实施生态建设发展战略中进一步发挥作用。2013年中国科协会员日前后，市科协主要领导前往市老科协、攀钢轨梁厂、攀枝花学院、市农林科学研究院，看望慰问了4位科技工作者。攀钢集团攀钢钒公司轨梁厂高级工程师王代文荣获第十二届四川省青年科技奖。

五、凝聚科技人才，为攀枝花加快发展、创新发展、科学发展献计出力

市委、市政府历来十分重视院士专家服务中心和工作站建设，2013年又将院士专家工作站建设列入政府工作报告。自攀钢院士专家工作站、四川华铁钒钛科技股份有限公司院士专家工作站成立以来，市科协和市院士专家服务中心在认真做好项目跟踪服务的同时，加强与签约院士的联系，积极做好与院士专家工作团队的协调沟通，主动汇报服务中心和工作站工作进展情况。目前，各院士专家工作团队在以上两家企业实施的签约项目进展顺利，主要科研项目即将结题。

市科协、市院士专家服务中心负责同志深入钒钛产业园区、钢城企业集团摸排调研，指导和督促建站筹备工作稳步推进。11月14日，市政协教科文卫体委员会20名委员，在市政协副主席庞向东的率领下，对本市院士专家工作站建设运行情况进行了专题调研考察，形成市政协主席建议案报市委、市政府。

深入实施“金桥工程”，大力开展“讲、比”竞赛活动。完成“金桥工程”市级立项25项，完成投资18.4亿元、新增产值16.5亿元、新增效益5.6亿元、新增利税1.9亿元、节约资金1.5亿元。9600名企业职工和科技人员参与“讲、比”竞赛和献计献策活动，“讲、比”活动企业立项达982项，完成468项，提出合理化建议23459条，被采纳17875条，实现经济效益4亿元。

凝心聚力　务实创新
不断提高侨务工作科学化水平

攀枝花市归国华侨联合会（攀枝花市人民政府侨务办公室）

2013年，市侨联（侨办）认真学习贯彻党的十八大和十八届三中全会精神及全省第七次侨代会精神，紧紧围绕市委、市政府的中心工作，发挥侨务优势，积极为侨服务，依法维护侨益，努力开展招商引资引智工作，发挥好桥梁纽带作用，各项工作取得了新成绩，为攀枝花市改革发展贡献了力量。

一、切实转变机关作风，全面推进全市侨务工作

2013年，市侨联（侨办）认真学习贯彻党的十八大精神，大力加强政治理论和业务学习，先后深入开展了“推动思想大解放、作风大转变、工作大落实”和“实现伟大中国梦、建设美丽繁荣和谐四川”等主题教育活动，以“中国梦”为引领，把全市侨务干部和侨界群众的思想统一起来，力量凝聚起来，充分发挥侨务优势，主动为攀枝花市三个加快建设贡献力量，在2013年公布的2012年度全市84个市级单位党风廉政建设社会满意度调查中，市侨办位居第四名。积极组织归侨侨眷参加各级归侨侨眷代表大会，有1名侨眷代表参加第九次全国归侨侨眷代表大会；有11名归侨侨眷代表参加四川省第七次归侨侨眷代表大会，在此次大会上，本市代表中有3名当选为省侨联六届委员会委员，1名当选为常委。分管市领导在2013年3月对市侨联（侨办）工作点评意见中指出：一是市侨联（侨办）的工作政策性很强，全面完成了各项工作任务，特别是在贯彻落实《侨法》和党的侨务方针政策，包括侨务扶贫、涉侨维稳和信访等方面做了大量的卓有成效的工作；二是市侨联（侨办）结合省里的一些大型涉侨活动认真组织，积极参加，促进了攀枝花市经济社会事业发展，取得了初步的效果。

2013年8月20日，市侨联五届八次全委扩大会召开

二、密切联系侨界群众，关注改善侨界民生

主动帮扶农村贫困侨眷家庭发展生产。2013年3月，市侨联（侨办）积极帮扶仁和区和米易县3户农村贫困侨眷家庭发展生产，并送去了9000元专项生产帮扶资金。这3户侨眷家庭近年来在市侨联（侨办）坚持不懈地帮扶下，努力发展牛羊养殖，葡萄种植等致富项目，如今，他们有的子女已经建起了新房，有的子女还考上了公务员，家庭生活面貌得到了较大改善。

努力为归侨侨眷解难事，办实事。2013年1月，市侨联（侨办）在得知仁和区一户侨眷家庭缺少打井抗旱资金后，积极争取省侨办支持专项资金6000元，帮助他们度过难关，发展生产。在新年来临之际，市侨联（侨办）先后走访慰问了三区两县及攀钢等企业贫困归侨侨眷家庭16户，代表党和政府及侨务部门送上了慰问品和慰问金近万元，同时继续为本市49名老归侨发放生活补助费41160元。让归侨侨眷感受到了党和政府的关怀。

积极争取海外侨胞参与攀枝花市捐资助学等公益事业。一是争取香港侨胞在攀枝花市开展助学公益活动，15名香港同胞资助了仁和区大龙潭乡干坝子侨心小学20名贫困学生，捐赠助学金14000元。二是争取到海外侨胞为米易县丙谷镇卫生院捐赠救护车1辆，改善当地的医疗卫生条件。

攀枝花侨办组团参加第12届世界华商大会，期间，攀枝花主办了与世界华商合作交流座谈会

广泛宣传侨法，维护侨益。一是利用机关会议、工会活动等时机学习法律法规，并且利用办理归侨侨眷身份证明、开展侨务走访慰问、举办归侨侨眷茶话会等联谊活动、在市侨办互联网页登载侨法宣传内容等多种途径广泛宣传侨法，机关学侨法、用侨法，依法行政意识进一步增强。二是2013年12月4日，市侨办组织开展形式多样的12？4”全国法制宣传日活动，民建社区、攀钢矿业公司等以法律宣传展板、挂图、法律咨询、有奖答题、发放“常用侨务法律法规汇编”宣传册等形式，开展法制宣传活动，进一步增强侨法宣传的广度和深度。全年，接待、处理归侨侨眷来信、来访10件（次），涉及归侨侨眷在住房、升学等诸多方面的困难和问题，经多方协调为2户侨眷解决住房困难，做到事事有落实，件件有结果，化解矛盾，维护侨益、维护稳定，得到攀枝花市归侨侨眷和海外侨胞的赞誉。

三、加大侨务联谊和对外经济文化交流力度，努力攀枝花市经济建设服好务

认真组团参加第十一届东盟华商投资西南项目推介会暨亚太华商论坛。东盟华商会是国务院侨务办公室和云南省人民政府联合主办的涉侨招商引资活动。为充分利用这个平台，服务攀枝花市打造四川南向开放门户战略，市侨办认真组织了攀枝花市3个县区19个重点招商引资项目参加会议。会议期间，参会人员和来自美国、印尼、缅甸等多个国家和地区的20余名华商进行了交流洽谈，并就中老年保健药物种植及药品加工项目等项目达成了初步合作意向，同时与多个海外侨社负责人建立了联系，取得了较好效果。

省侨办副主任薛斌到攀调研，参观东区民建社区侨法宣传角

精心组团参加在成都举行的第十二届世界华商大会。世界华商大会每两年举办一次，是全球最具规模和影响力的华人商界盛会。本届大会共有100多个国家和地区的3000多名海内外嘉宾参会，创下历届之最，也是市侨联（侨办）近年来首次组团参加如此大规模的国际性会议。市侨联（侨办）为了做好此次组团参会工作，一方面主动向市委市政府和省侨办侨联领导汇报工作进展，积极争取上级领导的支持指导；另一方面努力克服人员少、经费紧、任务重等诸多困难，用真诚热情、耐心细致的工作感动了许多海外侨领。会议期间，攀枝花市市委书记刘成鸣、市委常委许健民率领由市侨办、市投促局等7个市级部门和5个县、区负责人组成的攀枝花市代表团参加了会议。攀枝花市领导及代表团成员参加了会议主办方组织的开幕式及中国经济论坛、四川省投资合作项目推介暨签约仪式、城市形象展示等投资促进、商贸合作系列活动，并专门组织开展了攀枝花市与华商大会企业座谈会、攀枝花市与世界华商合作交流座谈会等活动，百多名华商参加，深化与世界华商的对接合作，主动寻觅发展良机，攀枝花市共有7个项目成功签约，总金额32.5亿元人民币，取得了丰硕成果。

积极参加2013海外高新科技暨高端人才洽谈会。海外高新科技暨高端人才洽谈会由国务院侨办和四川省委、省政府主办，是国家侨务系统围绕西部大开发战略，发挥资源优势支持区域经济协调发展，引进海外人才智力、推动地方科技创新发展的一项重要平台活动，市侨联（侨办）积极利用这个平台开展侨务引智工作，共在会议上发布攀枝花市海外高层次引智项目1个，海外高层次人才需求7人，主动为攀枝花学院等单位引进海外高层次人才牵线搭桥。

进一步加强对外文化交流。一是选派华文教师赴海外任教，是拓展攀枝花市对外文化交流的一个重要渠道。2013年，通过市侨联（侨办）的努力争取，国侨办共选派了攀枝花市3名优秀教师赴泰国等2个东南亚国家任教。二是市侨联（侨办）认真做好攀枝花市第十五届世界华人学生作文大赛的参赛组织工作，通过认真组织和筛选，共报送了攀枝花市9所学校82篇作文参加大赛评选。

2013年9月，与市委统战部等单位共同召开“2013年全市统一战线各界人士迎中秋茶话会”，中共攀枝花市委副书记赵辉出席茶话会，并代表中共攀枝花市委向全市三胞三属等统一战线人士表示节日的祝贺及亲切的问候。赵辉希望全市统一战线人士始终不渝坚定政治信念不断凝聚共识；继续发挥自身优势，深度服务攀枝花发展；坚持维护祖国统一，切实加强海外联谊交流；继续发扬优良传统，不断加强自身建设，共同谱写攀枝花跨越发展新篇章。本市23名侨眷代表参加了会议，侨眷代表在发言中表示将充分发挥优势，围绕中心，服务大局，积极建言献策，为建设幸福攀枝花作出新的更大贡献。

四、增强侨务工作合力，积极为全市发展建言献策

主动加强了与市投促局、市人社局、市信访局、市公安局等市级部门的沟通协调，通过凝聚力量进一步加强了侨务引资引智和侨务信访等工作的力度和实效，同时继续提升“五侨”联动水平，定期召开“五侨联席会议”，延伸了工作手臂，增强了侨务工作合力。如：在归侨钱学森诞辰100周年之际，市侨联牵头与市委组织部、市直机关工委、市教育局等6个市级部门联合下发《关于认真组织观看电影故事片〈钱学森〉的通知》，全市近千人观看此电影；市侨办与市公安局联合转发《四川省华侨回国定居实施办法》，规范攀枝花市华侨回国定居办理工作；参加“市政府与市级群团组织联席会”。

充分发挥侨务优势，积极为攀枝花市发展建言献策。2013年初，市侨联在市政协八届二次大会上做了题为《以我市“三个加快”建设为载体、整合城市营销、提升城市竞争力》的大会发言，并获得大会发言鼓励奖，市侨联同时提交的《关于公开征集我市城市标志的建议》集体提案也已经被攀枝花市采纳实施。市侨联（侨办）还加强与本市侨界人大代表和政协委员的联系，鼓励他们积极参政议政，本市侨界人大代表和政协委员2013年共提交了人大建议案和政协提案20余份，其中本市侨眷、市人大代表赵鸥在市人大九届二次会议上提交16份建议案，主动为攀枝花市发展建言献策。

2013年12月，在第九次全国归侨侨眷代表大会上攀枝花市侨联被中国侨联评为“全国侨联系统先进组织”，侨眷丁爱谱被授予“全国归侨侨眷先进个人”荣誉称号；6月，在四川省第七次侨代会上攀枝花侨联办公室被四川省人社厅、四川省侨联评为“四川省侨联系统先进集体”；张穗蓉、温滔、黄跃邦3人被评为“四川省侨联系统先进工作者”；《攀枝花年鉴》《中共攀枝花执政实录》侨务部分的编撰工作先后被市委办、市政府办评为优秀单位。

发展残疾人事业　努力建设美丽和谐攀枝花

攀枝花市残疾人联合会

2013年，攀枝花市残疾人联合会（以下简称“市残联”）在攀枝花市委、市政府的领导下，在四川省残疾人联合会的指导下，紧紧围绕全市中心工作，抓住“一个中心、两个体系、三大重点”（“一个中心”指以深入推进“量体裁衣”式个性化服务、为残疾人谋幸福为中心，“两个体系”指残疾人社会保障体系和服务体系，“三大重点”指以四川省委下达的绩效保证目标、残疾人民生工程和攀枝花市人民政府下达的业务目标3项工作为重点），扎实开展残疾人康复、教育、就业、扶贫、文体、维权等各项工作，推动全市残疾人事业持续健康发展，为建设美丽和谐攀枝花做出了积极贡献。

一、加强队伍建设，为残疾人事业发展提供组织保障

（一）成功召开攀枝花市残疾人联合会第六次代表大会，圆满完成残联换届工作

根据中国残联章程，经攀枝花市委、市政府同意，2013年5月28日上午，攀枝花市残疾人联合会第六次代表大会在攀枝花会展中心国际厅隆重召开。出席会议代表115人，其中残疾人代表79人，占68.7%。四川省残疾人联合会（以下简称“省残联”）巡视员齐乐生，攀枝花市委副书记赵辉，市委常委、市政府常务副市长杨自力，市委常委、市总工会主席许健民，市人大常委会副主任唐建民，市政协副主席马晓凤出席会议；攀枝花市总工会、团市委、市妇联、市社科联、市科协、市文联、市侨联应邀出席会议；四川省凉山州残联到会祝贺。

2013年1月24日，攀枝花市委常委许健民在市残联理事长李维忠陪同下，走访慰问东区银江镇脑瘫儿童何权（摄影者：张吉莲）

大会听取和审议了过去5年工作，部署了今后5年工作。选举产生攀枝花市残疾人联合会第六届主席团委员58名，其中残疾人委员33名，占56.9%。

同日上午，召开攀枝花市残疾人联合会第六届主席团第一次会议，选举攀枝花市委常委、市政府常务副市长杨自力为第六届主席团主席，王永蓉（女、精神残疾人亲友）、刘树学（智力残疾人亲友）、孙超、李维忠、李朝金（听力语言残疾）、罗梓丹（女、视力残疾）、李兴华、钱卫、雷武岷、缪锐（肢体残疾）等10人为第六届主席团副主席。推举李维忠为第六届主席团执行理事会理事长，杨关云为执行理事会副理事长。

同日上午，召开攀枝花市各类残疾人代表会议，选举产生攀枝花市残疾人5个专门协会委员会。各专门协会委员会分别选举王永蓉为攀枝花市残疾人联合会第六届精神残疾人亲友协会主席，罗梓丹为盲人协会主席，李朝金为听力语言残疾人协会主席，缪锐为肢残人协会主席，刘树学为智力残疾人亲友会主席。

大会推举王永蓉等7人为攀枝花市出席四川省残疾人联合会第六次代表大会代表，推举刘树学等4人为四川省残疾人联合会第六届主席团委员候选人。

大会确定今后五年工作奋斗目标为：进一步建立和完善社会保障制度，将贫困残疾人全部纳入社会保障范围，保障他们的基本需求；全面推进残疾人“人人享有康复服务”工作，使有康复需求的残疾人得到不同程度的康复，配备残疾人用品用具；培训有就业愿望的残疾人2000名以上，扶持农村贫困残疾人4000名，新增城镇就业人员1200名；进一步加强残疾人事业法制建设，丰富残疾人文化生活，进一步普及残疾人体育活动；基层残疾人组织和基础设施建设进一步完善，服务能力进一步增强，关爱残疾人氛围更加浓厚。

（二）调整充实市政府残疾人工作委员会成员，明确各成员单位职责

经市政府同意，市政府办公室于2013年9月15日印发《关于调整市政府残疾人工作委员会成员的通知》（攀办函〔2013〕161号，以下简称“《通知》”），调整充实攀枝花市人民政府残疾人工作委员会（以下简称“市残工委”）成员。调整后，市残工委主任由市委常委、常务副市长杨自力担任，成员单位由市民政局等30个与残疾人工作联系密切的单位组成。《通知》同时明确各成员单位的职责和任务，要求各成员单位于每年底向市残工委办公室报送工作总结。调整充实市残工委成员，有利于全市残工委成员单位更好地发挥作用，有利于推动全市残疾人事业更好发展。

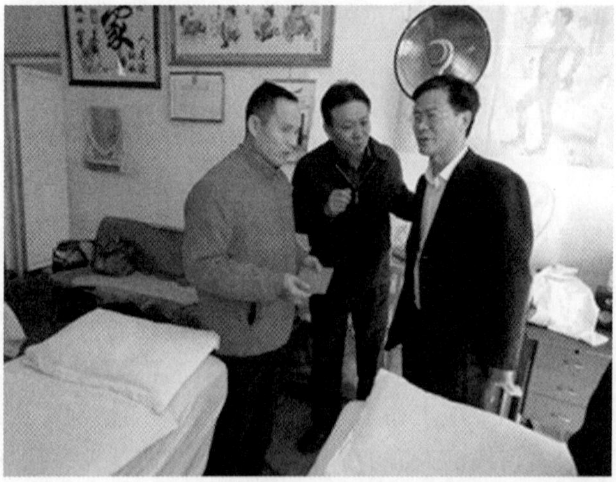

2013年1月25日，攀枝花市委常委、市政府常务副市长杨自力（右一）在市残联理事长李维忠（中）陪同下，来到仁和区仁和镇沙沟村，走访慰问视力残疾人邓斌（左一）（摄影者：骆登志）

（三）深入开展政治学习，提高残联干部队伍思想素质

按照全市统一部署，全市残联系统认真开展“思想大解放，作风大转变，工作大落实”和“实现伟大中国梦、建设美丽繁荣和谐四川”主题教育活动；认真贯彻落实中央“八项规定”，省委、省政府“十项规定”，市委、市政府“十项规定”和习近平同志关于厉行勤俭节约反对铺张浪费重要批示；加强党风廉政建设、机关效能建设等。通过学习，把残联干部的思想统一起来、力量凝聚起来，汇聚成建设美丽幸福攀枝花、全心全意为残疾人服务的强大正能量。

（四）继续开展残疾人组织建设“强基育人”工程，进一步提高残疾人组织规范化和服务型建设水平

2013年，全市残联系统继续开展残疾人组织建设“强基育人”工程，强基础，育人才，巩固全市基层残疾人组织规范化建设成果，为加快推进残疾人社会保障体系和服务体系建设提供组织保障和人才支撑。全市5个县（区）残联全部实现单列，16个街道、44个乡镇有残联理事长和专兼职干事，129个社区、351个村有残协主席和专兼职委员。全年市、县（区）、乡镇（街道）残联组织各类培训42期，培训残疾人工作者640人次。

二、各级领导亲切关怀，为全市残疾人事业发展带来新机遇

2013年，各级党委、政府和社会各界领导关心、支持残疾人事业，为全市残疾人事业发展带来了新的挑战和新的机遇。

（一）省委高度重视，将残疾人工作纳入省委绩效保证目标进行考核

2013年，四川省委将残疾人工作纳入绩效保证目标，与群团工作一起考核。年初，攀枝花市目标督查办公室下达给市残联2013年度省委绩效保证目标3项（基层残疾人组织建设、残疾人居家灵活就业、“量体裁衣”式个性化服务）。市残联认真组织实施，抓好落实，确保省委绩效保证目标圆满完成。全年全市基层残疾人组织规范化、服务型建设达标率超过90%；帮助6000名城乡残疾人实现居家灵活就业；对有需求的残疾人全面开展“量体裁衣”式个性化服务，对1.93万办证残疾人服务实现全覆盖。

（二）省残联领导莅临，检查指导全市残疾人工作

2013年，省残联领导加强了对市（州）残联工作的指导，省残联党组书记、理事长毛大付，副理事长黄卫德，巡视员丁二中，巡视员齐乐生等省残联领导先后莅临攀枝花，检查指导残疾人工作。省残联领导的莅临，不仅鞭策全市残联系统更好地服务残疾人，鼓舞全市残疾人工作者干劲，还在充分肯定全市残疾人工作取得成绩的同时，为全市残疾人事业更好发展出谋划策。

（三）市委、市政府加强对残疾人事业的领导

1. 继续关注残疾人民生

2013 年，攀枝花市委、市政府继续加大残疾人民生工程力度，在省委、省政府已将关系残疾人民生的 7 项工作纳入省级民生工程的情况下，结合全市残疾人需求，自主筹资，将两项关系残疾人民生的工作纳入市级民生工程。同时，加强了对 9 项残疾人民生工程的督促、检查等工作，确保民生工程取得实效，切实让残疾人受益。

2013 年 4 月 17 日，四川省残联党组书记、理事长毛大付（右二）莅攀检查指导攀枝花市残疾人工作（摄影者：骆登志）。

2. 关心全市残疾人事业发展，重视残联工作

2013 年 12 月 5 日，市政府与市级群团组织在攀枝花会展中心综合厅召开联席会议。会议由市委常委、常务副市长杨自力主持，市委副书记、市长张剡，市委常委、市总工会主席许健民，市政府秘书长徐明义，副秘书长杨明勇，市总工会、团市委、市妇联、市科协、市残联、市侨联等 6 家市级群团组织主要负责人，市委编办、市政府金融办、市发改委、市教育局、市经信委、市公安局、市民政局、市司法局、市财政局、市住建局等单位主要负责人，各县（区）政府分管领导参加会议。

会议听取了残联工作汇报。会上，市残联提出“关于请求解决市残疾人康复中心用房的建议”。会议对此进行认真研究，形成“先租赁一个场所使用，如果确实没有符合条件的，再选址新建，所需经费由财政拨付”的意见。解决了攀枝花市残疾人康复教育中心长期以来租房办公的难题。会后，攀枝花市残疾人康复教育中心按照会议精神，在市区积极寻找合适房源。

3. 分管领导重视，及时解决残联工作中遇到的具体困难

2013 年，攀枝花市委常委、常务副市长杨自力，市委常委、总工会主席许健民分管残疾人工作。两位领导定期听取残疾人工作汇报，及时解决残疾人工作中遇到的困难，还多次与残联干部一起，深入基层，走访慰问困难残疾人，调研残疾人工作。为全市残疾人事业发展指明方向、铺平道路。

三、更加关注残疾人民生，切实解决好残疾人最关心、最直接、最现实的利益问题

2013 年，攀枝花市委、市政府将保障和改善残疾人民生放在更加突出的位置，全市 10 大项、118 个分项民生工程项目中残疾人专项民生工程 13 个分项，较 2012 年增加了 2 个分项。其中，由市残联负责牵头组织实施的民生工程 9 个分项（其中省级民生工程 7 项，市级民生工程 2 项），较 2012 年增加了 1 个分项。

2013 年，市残联在市委、市政府的领导和关心下，在全市各级有关部门的密切配合和全市残联系统的共同努力下，坚持以民生工程为重点，认真做好 9 项涉及残疾人民生工程的项目申报、实施、督查、验收、后续管理等工作，确保各项民生工程全面完成，切实改善残疾人民生状况。

（一）省级民生工程

1. 城乡残疾人居家灵活就业

为帮助城乡残疾人实现就业，全年全市下达残疾人居家灵活就业任务 6000 人。年内，市残联带领基层残疾人组织，采取资金补贴、技能培训、举办招聘会、自主创业、发展种养殖业、就近从事家政服务等多种方式，帮助 6000 名城乡残疾人实现居家灵活就业，完成目标任务的 100%。

2. 贫困残疾人扶贫解困

为帮助农村贫困残疾人增收，全年全市下达帮助农村贫困残疾人改善生产生活条件任务720名。年内，全市投入资金72万元（市、县两级各投入50%），给予720名贫困残疾人资金和技术支持（每人补助资金1000元），以帮助其发展种养殖业为主，帮助残疾人增加收入，完成目标任务的100%。

3. 辅助器具适配

为帮助残疾人补偿和改善功能，全年全市下达帮助贫困残疾人适配亟需的基本型辅助器具任务700名。年内，全市投入资金35万元（市、县两级各投入50%），根据残疾人的残疾类别、障碍程度及残疾人需求开展辅助器具评估，帮助残疾人选购或量身定制合适的辅助器具。全年为700名贫困残疾人配备轮椅、座便器、助行器等辅助器具700件，完成目标任务的100%。

2013年5月28日上午，攀枝花市残疾人联合会第六次代表大会在攀枝花会展中心国际厅隆重召开。四川省残联巡视员齐乐生（主席台左四），攀枝花市委副书记赵辉（主席台左三），市委常委、市政府常务副市长杨自力（主席台左二），市委常委、市总工会主席许健民（主席台左五），市人大常委会副主任唐建民（主席台左一），市政协副主席马晓凤（主席台左六）出席会议（摄影者：杨凯）。

4. 贫困家庭脑瘫儿童康复救助

为了让贫困家庭脑瘫儿童得到及时的康复服务，全年全市下达贫困家庭脑瘫儿童康复服务任务100名。全年投入资金119万余元，在全市6个脑瘫儿童康复站康复训练脑瘫儿童100名（其中：东区25名、西区20名、仁和区25名、米易县10名、盐边县14名、市残疾人康复教育中心6名），为其中的6名脑瘫儿童实施矫治手术，为14名有需求的脑瘫儿童适配辅具，完成目标任务的100%。

5. “阳光家园”计划

为减轻智力、精神和重度残疾人家庭负担，全年全市下达居家托养智力、精神和重度残疾人任务740人，资助残疾人托养服务机构任务1家。年内，全市筹集资金44.4万元，居家托养智力、精神和重度残疾人740人（居家托养护理补贴600元/人·年）；争取国家资金10.5万元，继续资助仁和区大河中路街道阳光社区残疾人托养服务站，完成目标任务的100%。

6. 残疾人家庭无障碍改造

为改善残疾人居家生活条件，提高残疾人生活质量，全年全市下达为有需求的残疾人家庭实施无障碍改造任务200户。年内，全市筹集资金60.5万元（其中：国家投入10.5万元、省级投入15.2万元、市级投入16万元、县区级投入18.8万元），本着“制度公开化、设计个性化、改造科学化、实施集中化”原则，认真组织实施，为235户有需求的残疾人家庭实施了无障碍改造，完成目标任务的117%。

7. 人工耳蜗助听救助

为帮助贫困听力残疾儿童早日恢复听力，实现能听会说，回归主流社会，全年全市下达救助贫困听力残疾儿童任务23名。年内，全市筹集资金72万余元，为4名贫困听力残疾儿童实施人工耳蜗手术、为5名贫困听力残疾儿童开展听力语言康复训练、为17名贫困聋儿免费适配助听器30台，完成目标任务的113%。

（二）市级民生工程

1. 关爱贫困精神病患者

为了让更多重性精神疾病患者得到及时、规范治疗和康复，减轻患者家庭及社会负担，全年全市下达救助贫困精神病患者任务600人，其中：补贴服药500人，补贴一次性住院100人。年内，市、县（区）两级投入资金110万元，全市残联系统在市第三人民医院的大力协助下，为500名贫困精神病患者补贴口服药费用，为100名重症精神病患者提供一次性住院治疗补助，完成目标任务的100%。

2. 资助残疾学生

为保障适龄残疾儿童、少年接受义务教育的权利，攀枝花市将“资助残疾学生”工作纳入全市民生工程，下达资助义务教育阶段残疾学生继续上学任务500人。年内，全市投入资金50万元（市、县两级各投入50%），资助500名正在接受义务教育的困难家庭残疾学生继续上学（其中：东区60人、西区195人、仁和区80人、米易县85人、盐边县80人），完成目标任务的100%。

四、认真落实残疾人社会保障措施，不断完善残疾人社会保障制度

2013年，攀枝花市在抓好现有各项残疾人社会保障措施落实工作的同时，继续完善残疾人社会保障制度，给予残疾人“普惠”加“特惠”照顾，不断缩小残疾人生活状况与社会平均水平的差距，努力使残疾人同全市人民一道率先向着小康社会迈进。

（一）各项残疾人社会保障措施落实到位

2013年，全市残疾人社会保障制度落实。全市符合最低生活保障条件的城乡残疾人家庭实现“应保尽保”，全年有5686名残疾人纳入城乡低保，其中农村低保对象3800人，城市低保对象1886人。城市低保对象中有1335人享受了“重度残疾分类施保”。

全市城乡社会养老保险工作全覆盖，残疾人参保优惠政策落实，全市参加新型农村社会养老保险的残疾人7410人，参加城镇居民养老保险的残疾人1864人；城乡基本医疗保险制度全覆盖，残疾人参保及报销优惠政策落实，全市参加城镇居民基本医疗保险的残疾人4453人，参加新型农村合作医疗的残疾人9903人。

（二）加大残疾居民参加城镇居民基本医疗保险优惠力度

2013年8月29日，攀枝花市人民政府办公室印发《关于调整城镇居民基本医疗保险相关政策规定的通知》（攀办函〔2013〕148号），加大对残疾参保对象的优惠力度。具体包括：

1. 提高困难人群参保政府补助。从2014统筹年度起，凡持有《残疾人证》的学生儿童、在校大学生、低收入家庭的未成年残疾人参加城镇居民医疗保险，每人每年由政府财政补助340元，个人不缴费；持有《残疾人证》的重度成年残疾人、持有《残疾人证》《低保证》的三无对象和重点困难家庭中的非重度成年残疾人参加城镇居民基本医疗保险，每人每年由政府财政补助560元，个人不缴费；持有《残疾人证》《低保证》的一般困难、临时困难家庭中的非重度成年残疾人参加城镇居民基本医疗保险，每人每年由政府财政补助540元，个人缴纳20元；其他持有《残疾人证》的非重度成年残疾人参加城镇居民基本医疗保险，每人每年由政府财政补助480元，个人缴纳80元。与2013统筹年度相比，新增持有《残疾人证》的重度成年残疾人为免费参保对象，减少了持有《残疾人证》非重度成年残疾人个人缴费额。

2. 提高困难居民普通门诊医保待遇。从2014年1月1日起，除大学生外，参保居民中的残疾人，一个统筹年度内，在居民医保普通门诊定点医疗机构发生的符合报销范围的门诊医疗费用（含一般诊疗费），居民医保基金累计最高报销限额每人由400元调整为500元。

五、全面深化“量体裁衣”式个性化服务，残疾人康复、教育、就业、扶贫、维权等服务更具针对性

2013年是四川省“量体裁衣”式个性化服务（以下简称“量服”）工作深化年。市残联根据全省“量服”工作总体安排，带领全市残联系统为全市残疾人提供更具针对性、更加实用的康复、教育、就业、扶贫、维权等服务。

2013年，市、县两级残联加强了对“量服”工作的督查：市残联每位中层以上干部分别深入到80

户残疾人家中指导督查“量服”工作，县（区）残联每位中层以上干部分别深入到100户残疾人家中指导督查“量服”工作，确保“量服”工作落到实处。全市全年为1.93万残疾人提供“量体裁衣”式个性化服务100242次，实现对已办证残疾人服务“全覆盖”，人均提供服务3.84项次。

（一）大力开展残疾人康复服务，不断满足残疾人康复需求

2013年，全市残联系统以贫困残疾人辅助器具适配、贫困家庭脑瘫儿童康复救助、“聆听世界”人工耳蜗助听救助和贫困精神病患者救助4项涉及残疾人康复项目的民生工程为重点，全面开展各项康复工作，帮助残疾人恢复或补偿功能，减轻残疾人痛苦和家庭负担。

1. 积极开展残疾预防宣传。2013年，市残联以“爱耳日”“助残日”“爱眼日”“世界精神卫生日”“国际残疾人日”等节日为契机，利用报纸、电台、电视台、网络等媒体，向社会公众，特别是残疾人及其亲友普及康复知识，提高公众残疾预防和康复意识。

2. 持续开展白内障患者复明工作。继续巩固“全国白内障无障碍市（县）”成果，全市按照“当年白内障患者新发现1例、手术1例”的要求开展白内障患者复明工作。2013年，攀枝花市人民政府将“实施贫困白内障患者复明手术150例”列为市残联业务目标任务。全年，全市残联系统在全市卫生系统的协助下，为200名贫困白内障患者免费实施复明手术，完成目标任务的133.3%。同时，市残联继续指导盐边县“全国白内障无障碍县”创建工作（全市仅盐边县未建成“全国白内障无障碍县”）。

3. 认真做好国家残疾人事业专项彩票公益金康复项目。全年为享受医疗保险报销的100名（其中：仁和区50名、盐边县50名）贫困精神病患者提供购买基本治疗药品补贴，为仁和区40名贫困精神病患者提供一次性住院医疗救助；为仁和区7名贫困成年听力残疾人免费配戴助听器；资助7名（其中：东区2名、西区1名、仁和区2名、米易县1名、盐边县1名）贫困智力残疾儿童进行系统康复训练。

4. 认真组织实施残疾儿童康复救助“七彩梦行动计划”。全年为2名贫困聋儿免费配戴助听器4台，并实施日常康复训练；为4名贫困脑瘫儿童进行系统康复训练；为4名贫困残疾儿童配发儿童轮椅。

5. 继续开展轮椅捐赠工作。全年为200名贫困肢体残疾人（其中：东区48名、西区52名、仁和区60名、米易县20名、盐边县20名）配送轮椅200辆（其中：“台北曹仲植基金会”捐赠65辆、攀枝花市人民政府匹配135辆）。

6. 组织开展盲人定向行走训练。2013年12月18日~23日，市残联在攀枝花市特殊教育学校举办攀枝花市第三期盲人定向行走培训班。来自全市5个县（区）的31名视力残疾人参加培训，并取得结业证书。

（二）发展特殊教育，努力实现残疾人“学有所教”

2013年，特殊教育工作在市教育系统的辛勤努力下，取得了可喜成绩。全市残联系统在做好“资助残疾学生”民生工程的同时，协助教育部门做好残疾人教育工作。

1. 启动残疾人中等职业教育。2013年9月，攀枝花市特殊教育学校（以下简称“市特校”）开办攀枝花市经贸旅游学校中职聋教办学点，面向聋教应往届初中毕业生，开设全日制3年制中餐烹饪与膳食营养专业。9名聋教应往届初中毕业生报名入学。这标志着攀枝花市残疾人中等职业教育启动，延伸了全市特殊教育办学层次。

2. 市特校增设培智教育。2013年9月，市特校培智班开班，9名智力残疾儿童进入该班学习。至此，市特校招生对象由原来的盲、聋哑两类儿童教育扩展为盲、聋哑、培智三类教育，这不仅解决了攀枝花市智力障碍儿童就学难题，而且完善了全市特殊教育办学体系，为做好全市随班就读指导工作打下实践基础。

3. 继续支持残疾人教育。一是协助市特校做好盲、聋哑、智残学生招生工作，帮助残疾适龄儿童入学。二是2013年5月、10月，市残联组织市特校教师分两批到乐山师范学院特殊教育学院进行专业培训。7月，市残联组织市特校校长到重庆师范大学进行培训。

（三）持续开展残疾人就业、扶贫工作，努力帮助残疾人实现“自食其力”

2013 年，全市残联系统以城乡残疾人居家灵活就业、贫困残疾人扶贫解困、“阳光家园”计划 3 项民生工程为重点，全面开展残疾人就业、扶贫工作，帮助残疾人增加收入。

1. 残疾人就业工作。一是继续开展残疾人求职登记、职业指导、职业介绍等服务，全年组织残疾人就业招聘会 2 次，为 170 名残疾人进行了求职登记，提供就业咨询 320 多人次，开展残疾人就业推荐 200 多人（次）。二是全年投入资金 100 余万元，开展残疾人职业培训，培训残疾人 806 人（完成攀枝花市人民政府下达业务目标任务 700 人的 115%）。三是配合市地税和市财政部门，做好 2013 年残保金征收工作，圆满完成年度征收任务。四是协助有关部门监督检查残疾人福利企业残疾职工用工情况，督促安置残疾人就业的单位为残疾职工足额缴纳社会保险费用，保障了残疾人合法权益。

2. 残疾人扶贫工作。一是 2013 年元旦、春节期间，全市残联系统继续开展“温暖万家行”活动，走访慰问困难残疾人。活动期间，攀枝花市、县（区）政府残工委成员单位和攀钢集团有限公司等大企业走访慰问贫困残疾人和困难联系户 2387 户（完成攀枝花市人民政府下达业务目标任务 1800 户的 132%），赠送慰问金及慰问品价值约合 57 万元。二是为米易县 21 户贫困残疾人家庭实施农村贫困残疾人危房改造，每户补贴资金 1.2 万元（其中四川省补贴 6000 元，市、县各补贴 3000 元）。三是继续对盐边县惠民乡兴隆村、凉山州木里县残联开展对口帮扶工作。

（四）积极开展残疾人文化体育活动，丰富残疾人文体生活

2013 年，全市残疾人文体活动日益丰富，残疾人大文化体育方面取得可喜成绩，全市残疾人文体工作取得可喜进步。

1. 残疾人文化艺术取得可喜成绩。一是 2013 年 7 月 5 日，四川省作家协会发展攀枝花市残疾作家于彬（女，肢体残疾）为会员。二是 8 月 24 日，攀枝花市盲童博史尼撒（彝族）、博史琛嫫（女，彝族）代表四川省参加全国第八届残疾人艺术汇演（甘肃赛区），参演的手风琴合奏《快乐的罗嗦》获赛区一等奖。三是 8 月～12 月，残疾人画家张扬先后在石家庄、北京、上海三地举办个人画展。

2. 稳步推进残疾人社区文化阵地建设。继续打造残疾人基层文化体育活动示范站点 3 个，即：东区炳草岗湖光社区、仁和区总发乡立新村社区和市图书馆盲人有声读物阅览室。

3. 积极备战残运会。继续备战 2015 年在四川省举行的第九届全国残运会和 2014 年第八届四川省残疾人运动会暨第三届四川省特殊奥林匹克运动会。市残联在攀枝花市体育局、市特校的协助下，选拔残疾人运动员开展游泳、硬地滚球、飞镖、象棋等项目日常训练。

4. 选送残疾人参训参赛。4 月 7 日，选送市特校 6 名听力残疾学生到成都参加四川省残疾人游泳队第一阶段集训（为期 50 天）。4 月 22 日，攀枝花市残疾人运动员商俊峰（肢体残疾）代表国家队参加中国残疾人田径公开赛暨 IPC 田径大奖赛（北京站），获男子 100 米、跳远两枚金牌。

5. 组织开展“残疾人健身周”活动。8 月 5 日～9 日，市残联组织开展以“养成健身习惯，享受健康生活”为主题的第三届“残疾人健身周”活动。活动期间，邀请体育专业技术人员向残疾人讲解健身知识，推广健身方法；组织街道（乡镇）、市特殊教育学校的残疾人开展趣味运动会；利用市残联与市广播电台联办的《同在一片蓝天下》残疾人专题节目宣传全市“残疾人健身周”活动情况。

6. 建立攀枝花市体育训练特殊教育学校基地。8 月 7 日，经攀枝花市教育局、市体育局、市残联批准，建立攀枝花市体育训练特殊教育学校基地。9 月 1 日，该基地组建游泳、篮球、门球、地滚球、轮滑、飞镖、乒乓球等运动队，并有序开展训练工作。

7. 建立残疾人体育示范社区。争取省级资金 10 万元，在攀枝花市东区炳草岗街道民建社区建立残疾人体育示范社区。

（五）做好残疾人维权工作，维护好残疾人权益

1. 残疾人信访工作。从维护社会稳定，保障残疾人权益出发，耐心、细致地做好残疾人信访工作，妥善化解矛盾。2013 年，全市残联系统办理残疾人来信来访 364 件（次），其中市本级接待残疾人来访 52 人（次），领导批示件和信访件办结率为 100%。未发生残疾人赴省、赴京集体上访事件。

2. 申报残疾人机动轮椅车燃油补贴。2013 年，市残联向上级残联申请 2013 年残疾人机动轮椅车燃油补贴 80.12 万元，2195 名残疾人机动轮椅车车主受益（每辆补贴 365 元）。该补贴已于 2013 年 10 月底前发放至残疾人手中。

3. 残疾人驾驶汽车工作。2013 年，由于机动车驾驶证申领和使用施行新规定，全市仅有 1 名残疾人领取 C5（残疾人专用小型载客汽车）车型驾驶证，截至 2013 年底全市有 36 名残疾人领取 C5 车型驾驶证。2013 年 8 月，市残联为 11 名取得 C5 车型驾驶证的残疾人申领一次性辅助装置和技能培训补助费每人 1500 元，为 1 名取得 C2 车型驾驶证的残疾人申领技能培训补助费 1000 元，此笔款项已于 2013 年底向残疾人兑现。

4. 残疾人状况监测。市残联于 11 月 1 日起开展 2013 年度残疾人状况监测工作，对东区瓜子坪街道青年路社区 25 户残疾人家庭和东区长寿路街道冶金东街社区 20 户残疾人家庭进行监测。

（六）开展残疾人宣传工作，营造良好扶残助残社会氛围

1. 积极与新闻单位联系，加大残疾人工作宣传力度。全年在攀枝花市电视台、市广播电台和市级报刊播放、刊登反映残疾人事业和自强不息残疾人信息 50 余次（篇），四川省人民政府网站报道本市残疾人信息 2 条，四川省残联网站报道本市残疾人信息 10 条。

2. 继续办好《同在一片蓝天下》残疾人专题节目。2013 年，市残联与攀枝花市广播电台继续联办《同在一片蓝天下》残疾人专题节目，向广大市民，特别是残疾同胞宣传残疾人法律法规、政策和相关知识，介绍自强不息残疾人事迹，促进全市残疾人事业发展。全年联办节目 24 期。

一年来，市残联在市委、市政府的领导和省残联的指导下，在市级有关部门的支持、基层残联的积极配合下，残疾人各项工作取得可喜成绩。2014 年，市残联将继续解放思想、改革创新、拼搏实干，为残疾人生活更加幸福美好，为不断建设美丽和谐攀枝花作出新的更大贡献！

第六篇

党管武装

牢记强军目标　坚定强军信念　献身强军实践　奋力开创军分区部队建设科学发展新局面

攀枝花军分区

2013年是学习贯彻十八大精神的开局之年，面对特殊的形势任务和要求，军分区党委在省军区党委和市委、市政府的坚强领导下，紧紧围绕党在新形势下的强军目标要求，坚持持之以恒抓作风、统筹结合抓落实、开拓进取抓创新、跟踪问效抓质量，中心工作成效明显，重大任务完成出色，军分区部队和国防后备力量建设呈现整体推进、持续发展的良好态势。

思想政治建设有新成效

持续抓好党的创新理论武装，广泛掀起学习宣传贯彻十八大、十八届三中全会精神热潮，先后4次聘请地方专家教授为部队官兵和民兵授课，军分区党委常委和人武部主官30多次深入地方企事业单位、民兵常驻分队进行宣讲。深入开展“坚定信念、铸牢军魂”主题教育和“强军梦、官兵梦”“学习全会精神，拥护支持改革”专题学习教育。加强隐蔽斗争，及时针对国际国内形势开展“四反”和警示性法纪教育，切实好牢意识形态领域主动仗。开展了形式多样的军营文化活动，积极推进先进军事文化建设，组织了“迎春杯”运动会，及时完善营区政治环境，不断浓厚健康向上、特色鲜明的军营文化氛围。持续推进“优秀图书漂流”活动，经验做法被《政治工作通讯》刊载。抓好新闻报道工作，军分区部队在省级以上媒体上稿380篇，其中解放军报上稿11篇，战旗报上稿38篇，其他中央级媒体上稿11篇，中央电视台2条。军分区政治部、东区人武部被四川省军区表彰为“新闻宣传工作先进单位”。

军事斗争准备有新拓展

认真贯彻《战备工作条例》，及时修订完善1个作战预案、6个应急预案和30个保障预案，完成军分区作战室挂图制作和指挥作业器材补充。持续深化战备值班综合整治，加强对重大节假日督查和平时战备检查，战备秩序进一步正规。扎实抓好军事训练，完成了首长机关政策法规、军事理论、参谋“六会”等课目学习训练任务，组织48名专武干部、62名民兵连（排）长、1481名基干民兵完成了基础训练和专业训练。军分区在省军区范围内首批完成手榴弹实投训练任务，参加省军区应急指挥所紧急拉动考核，总评成绩优秀，受到上级好评。协调经费500余万元，启动了轻武器射击场建设。扎实抓好以基干民兵应急力量为核心的国防后备力量队伍建设，有效提升了应急应战能力。顺利完成14名直招士官、28名应届高中毕业生报考军队院校、国防生和315名新兵（其中10名女兵）征集任务。圆满完成雅安“4·20”芦山抗震救灾任务，东区人武部司洋同志被成都军区表彰为抗震救灾先进个人，安洪志、斯建斌2名同志被省军区表彰为抗震救灾先进个人，赵存武同志被省军区记三等功一次。

党委班子和干部队伍建设有新进步

坚持每季度组织党委中心组带机关、带人武部理论学习，军分区、人武部班子带领部队科学发展能力进一步提升。认真学习民主集中制，修订党委常委会议事规则，强化集体领导，班子凝聚力战斗力进一步加强。认真学习贯彻军委、军区党委机关改进作风“十条规定”和省军区党委机关改进作风的规定，制定了具体措施，并抓好了贯彻落实。扎实抓好党委机关“学习贯彻党章、弘扬优良作风”教育活动和纠治“四风”、基层风气专项整治教育。持续纠治酗酒、违规驾车、赌博、乱告状、乱议论、乱交往、收受钱物和奢侈浪费等倾向性问题。狠抓干部队伍建设，组织了参谋业务培训和政工干部集训，干部履职能力不断提升。严格落实干部选拔任用制度规定，加强干部宏观调控和精确管理，调整了人武部党委班子2个，提升任正团职干部1名、副团职干部2名、正营职干部5名，选送2名干部培训深造，完成1名转业干部安置；全年走访慰问老干部及遗孀40余人（次），移交地方安置老干部1人。

基层全面建设有新突破

深入开展“学纲要、知纲要、用纲要”活动，始终坚持按《纲要》抓建基层，部队建设整体水平不断提高。集中组织了人武部党委（支部）正副书记培训，开展岗位练兵活动，增强了党委（支部）按纲抓建、自主抓建能力。深化两个经常性工作能力培训成果，以“如何推进基层按纲抓建”课题为牵引，开展了“1名常委挂钩联系1个单位”和机关干部当兵锻炼及蹲点调研活动，帮助部队解决制约发展的突出问题。东区人武部被省军区表彰为“全面建设先进人武部”，仁和区人武部政委李兆春被省军区评为“优秀人武部主官”。

后装保障能力有新提高

搞好后勤战备建设，修订完善保障预案8个，投资30余万元补充调整了各种救灾物资和战备物资设备。严格落实党委理财制度，定期分析形势和核查银行存款、库存现金，对年度经费预决算、重大建设项目、大项经费开支等重要财经事项坚持党委集体研究、集体决策。坚持厉行节约、反对铺张浪费，规范财经秩序，大力压缩行政消耗性开支。修订《军分区经费管理实施细则》《军分区公务接待管理办法》。组织财务干部业务培训，集中编制年度预算，规范经费管理。圆满完成3名退休职工移交安置和“2012”新式军车号牌换发、公务用车专项治理工作，出色完成雅安“4·20”芦山抗震救灾保障任务。持续推进营区绿化建设，军分区被评为全军绿色生态营区。

安全管理工作有新加强

深入贯彻“眉山会议”精神，扎实开展正规化建设达标活动，军分区机关正规化建设通过省军区达标验收考核，完成了全区1/3基层武装部建设达标任务。完善了防范重大安全问题预案体系，细化了安全管理规定。以“六个管好”为抓手，扎实开展“条令学习月”“三互”“三责”和“百日安全‘三无’竞赛”活动。持续抓好安全教育和安全隐患排查。开展武器装备普查，圆满完成2类1579发（枚）约2吨新增民兵报废弹药调运任务。军分区被省军区表彰为安全稳定工作先进单位。

参建参治工作有新发展

紧紧围绕攀枝花市经济社会建设的战略定位，积极参与和支持地方经济社会建设，广泛开展双拥共建系列活动，军政军民关系进一步融洽。全年出动民兵10200余人（次），圆满完成了打击煤炭私挖盗采、保护苴却矿、护林防火、抗旱救灾、重大活动维稳执勤、维护征地拆迁秩序等任务，受到市委、市政府肯定和人民群众信赖。深入开展“挂、包、帮”“走基层、解难题、办实事、惠民生”和“百千万·干群心连心”等系列帮扶活动，全年协调解决帮扶资金50余万元。扎实推进国防后备力量建设目标考核工作落实，逐级考核各级党委、政府党管武装工作落实情况。扎实开展全民国防教育，仁和区委被省国教委表彰为“四川省全民国防教育‘十佳’杰出单位”。

深入贯彻党的十八大精神　扎实抓经常打基础
全面提高部队建设科学发展水平

武警攀枝花市支队

2013 年，武警攀枝花市支队始终聚焦强警目标，深入贯彻党的十八大精神，认真落实习主席建军治军一系列重要指示，在武警四川省总队党委和攀枝花市委、市政府的正确领导下，围绕坚持在加强班子和干部队伍建设上使长劲、坚持在加强经常性基础性工作上求突破、坚持在加强依法从严治警上出实效、坚持在加强文化建设上创特色、坚持在营造风清气正好环境上鼓士气的思路要求，切实转变作风，狠抓工作落实，较好实现了“两个确保”。2013 年，支队被武警四川省总队表彰为“基层建设先进支队”和“安全工作先进单位”。

一、深入学习贯彻党的十八大精神，切实打牢部队“三个绝对”的思想政治基础。坚持把听党指挥这个强军之魂作为最高政治要求，努力在思想政治建设这个根本性建设上下功夫，确保部队绝对忠诚、绝对纯洁、绝对可靠

一是注重在用党的创新理论武装上下功夫。充分运用热点讨论、板报宣传、实践感悟等方法，扎实抓好《党的十八大基本思想、基本观点、基本要求》的学习宣讲，组织部队重点学习习主席关于国防和军队建设及武警部队建设的一系列重要指示，组织理论骨干培训，切实筑牢忠诚可靠的思想理论基础；结合建国 64 周年和纪念毛泽东等为雷锋题词 50 周年，广泛开展党史军史警史专题讲座、党章知识竞赛和“升国旗”爱国主义教育等系列活动，不断铸牢官兵强军之魂。

根据总队统一安排，5 月 21 日至 23 日，武警支队参加总部“卫士－13”演习。图为武警官兵处理防暴防冲撞演习现场。

二是注重在铸牢警魂上下功夫。充分运用“1＋3”教育模式，采取讨论辨析、体会交流、演讲比赛等手段，深入开展“坚定信念、铸牢军魂，永远做党和人民的忠诚卫士”主题教育活动，贴近实际抓好“中国梦、强军梦、我的梦”学习教育，切实筑牢官兵听党话、跟党走的思想根基；组织芦山“4·20”抗震救灾事迹报告会，激励官兵立足岗位为支队建设增光添彩；突出抓好意识形态领域工作，采取常委每人上党课、邀请市国安局专家辅导授课等形式，专题开展时事政治、形势政策、防间保密、防范邪教等教育，制定《做好“四反”斗争意见》，严格落实“三个半小时”制度，加强网络和手机管控，确保官兵政治坚定、内部纯洁巩固。

三是注重在推动经常性政治工作落实上下功夫。大力开展“真知兵、深知兵、细知兵”交心谈心活动，认真研究分析官兵思想心理、行为方式和价值取向，组织对官兵思想状况、现实表现、实际困难定期调查分析，梳理问题、研究对策，着力解决官兵困难疑惑、关爱官兵身心健康；深化巩固支队文化建设成果，广泛开展群众性读书学习、岗位成才活动，组织“情暖警营”文艺晚会、“军魂永驻”读书演讲、“优秀摄影师进警营”和战斗精神优秀影视片展播等系列文化活动，积极打造军乐队、腰鼓队、威风锣鼓队等特色队伍，举办文艺骨干、新闻报道员、篮球裁判员培训和“八一杯”篮球通讯赛，着力促进官兵成长进步；认真研究新训时间调整带来的新情况，严密组织新兵“三查一除”工作，以总部首长“一封信”精神为指导，以开展“真知、真爱、真帮、真训新兵”的“四真”活动为载体，扎实抓好新兵“第一适应期”教育训练工作落实，不断打牢新兵“四个基础”，确保部队内部纯洁巩固。年内，181名秋季新兵思想稳定、安心部队、服从管理、训练积极。不断加强任务中政治工作研究，搞好实战化实案化演练和检验评估，提高政治工作实战水平，确保政治工作服务保障有力。

二、着眼有效履行职责使命，不断提高部队能打胜仗的能力。认真贯彻习主席“武警部队首先是一个战斗队”的重要指示，努力在加强部队战斗力建设上下功夫，确保以执勤处突为中心的各项任务圆满完成

一是坚持以战斗力标准统领。结合党委机关学习教育活动和贯彻总队参谋长集训精神，开展战斗力标准学习讨论，围绕思想观念、组织领导、方法手段、制度机制等方面查找反思战斗力建设的问题教训，从思想上把战斗力标准唯一性根本性统领性的意识确立起来；结合每月检查、季度抽考、抽点会操、军事比武、演习演练等，在真训实训中把“能打仗、打胜仗”的标准确立起来；结合抓思想政治保证、部队基础保障、官兵全面发展、战斗精神支撑，把各项工作向战斗力聚焦用力的观念确立起来，确保能打胜仗贯穿到各项建设、体现在各项工作中。

2013年，武警支队习主席关于“能打仗、打胜仗”的要求，紧贴实战要求，狠抓反恐训练。图为武警反恐队员进行体能训练场面。

二是坚持以提高遂行任务能力牵引。大力强化当兵打仗、带兵打仗、练兵打仗思想，突出基础训练、专勤专训、技战术训练以及人装结合训练，严密组织军事比武、冬季新兵野营拉练、“卫士－13”演习和防汛抗洪检验性实兵演练，提高部队遂行任务能力；以季度会操为载体，突出干部、士官这个重点，每季度随机抽点官兵进行军事业务技能会操，带动和促进部队训练质量提升；以季度考核为手段，积极探索全员训练、分层训练、过关训练、达标训练的方法路子；以教导队为支撑，严密组织反恐、勤训轮换和预提指挥士官集训，2013年冬季新兵训练在总队考核中取得总评优秀的成绩，较好发挥了随营警校作用；积极推进信息化条件下的训练改革，组织网上训练集成箱操作使用演示现场会，着力推行网上训、网上教、网上考、网上管。

三是坚持以中心任务检验。认真贯彻总部中心工作网上集训精神，采取网络覆盖全程管、不打招呼随机查、跟踪督导末端抓、通报讲评限期改等方法，落实常委编组查勤、值班干部网上录相、每日网络通报、每周交班会汇报、每月常委会分析、大交班会讲评的运行机制，深入开展勤务“六查”专项治理活动，查找执勤隐患、规范勤务值班、正规执勤秩序，确保了目标绝对安全。始终保持“箭在弦上、引而待发”的戒备状态，充分做好全国“两会”“3·10”“3·14”“6·4”等特殊敏感时期和重大节日战备工作，扎实抓好情报收集、形势研判、方案修订和经常性战备工作，提高了部队战备水平。认真做好雅安市芦山县“4·20”抗震救灾增援准备工作，参加总队军事业务集训的8名官兵在芦山抗震救灾中，出色完成了任务。强力推进“四防一体化”建设，组织对所有执勤目标摄像头安装位置进行重新调整，完成了机关营门卫兵执勤方式调整部署，协调二滩电站与五中队完善了进入目标人员联合查证查验制度和米易县看守所监门哨上勤工作。精心组织各类临时勤务，先后出动兵力1892人次、车辆上百台次，圆满完成了“肃毒一号”社会治安综合治理行动、领导警卫和重大活动安保、火车站春运执勤、武装巡逻设卡、押运押解、三中队撤勤搬迁等任务16起。

三、认真贯彻依法治警从严治警方针，努力实现作风优良安全稳定。始终扭住强警之基，切实把依法治警、从严治警作为全局性、基础性、长期性工作抓紧抓实，努力培养部队严守纪律、令行禁止、步调一致的优良作风

一是大力强化依法治警、从严管理意识。深刻领悟习主席关于“依法治军、从严治军是强军之基”的重要指示，反复学习上级关于依法从严治警的指示要求，认真贯彻总队参谋长集训精神，采取授课辅导、观看《警钟长鸣》系列警示片和举案说法等措施，扎实抓好警示教育，结合召开会议、组织各类集训，不断培养各级依法治警、严格教育、精细管理、正规秩序的意识和能力。

二是下功夫培养部队优良作风。着眼解决问题、注重实效，深入开展“条令学习月”活动，突出条令法规经常性学习，从严落实每周条令课、每月条令日制度，通过条令知识竞赛、士官集中整训、组织队列会操、纠治突出问题、抓规范促养成，进一步正规秩序、严明纪律；充分发挥综治办发现问题、督导整改、促进落实的作用，认真筹备精细化管理现场会，3次组织对机关进行保密检查和办公秩序整治，部队精细化管理的作风得到培养和巩固。

三是狠抓重大安全问题防范。认真落实总队《关于加强部队安全管理工作的紧急通知》精神，深入开展安全大检查活动，及时召开常委会分析安全形势、进行风险评估、研究贯彻意见，两次下派常委带队的工作组指导中队开展隐患排查治理、进行安全教育和安全检查，综治办每月对所有基层单位全面覆盖检查2次，活动领导小组及时组织“回头看”，根据排查情况拿出“时间表”，落实挂账销号，形成从排查整治到跟踪问效的“闭合回路”。活动中，共分析排查各类隐患45处，整治35处，10处需长期关注的安全隐患有对策措施、专人跟踪。严密组织“严管理、正秩序、保安全”隐患排查整治和“严格车辆管理，维护良好形象”专项整顿，修订完善干部、兵员、车辆管理和综治工作实施细则等规定，严格人车枪弹酒、水火电毒密、小散远直差等重点部位、重点人员、重点环节的管控，认真落实对在外人员中队每天电话联系、业务股室每周抽查和专人负责、专人跟踪、专人管控措施，健全和落实节假日例行查、敏感时期经常查、值班值日定时查、综治办全时查、业务部门对口查和岗位问责等机制，确保安全管理工作全覆盖、零容忍、重实效。2013年，各类在外人员425人，没有发生任何问题，部队实现了“两个确保”。

四、扎实抓好经常打牢基础，着力推进基层建设全面发展全面进步。牢固树立强基固本思想，始终扭住抓基层打基础的工作不放松，努力推动基层建设质量效益的提升

一是树立抓基层打基础的鲜明导向。结合专题学习和各类培训，用习主席关于武警部队建设重要指示和武警党委1号文件、总队贯彻1号文件《措施》精神统一思想；结合召开推进会、现场会、讲评会，研究制定以精细化规范化落实经常性基础性工作为突破口、推动基层建设质量效益提升的具体措施；结合开展“双争双创”活动，每月大交班会表扬好人好事，每季度评选表彰优秀干部和士兵，大力弘扬作表率、抓落实、建功业的好风气。

二是认真做好帮建支部帮带干部的工作。围绕提高各级干部愿干、会干、能干的素质能力，严密组织基层党支部岗位练兵活动，举办党支部书记和新任委员网上培训，开展机关公文写作和研讨交流活动；围绕提高组织生活质量，坚持常委每月上党课，每季度制定党（团）日活动计划；围绕提高帮建质量，制定一队一案的帮建计划，落实蹲点调研、常委包队、股室挂钩制度，突出大队党委建设，加强对第四、勤务中队党支部的帮扶。严格干部队伍管理教育，狠抓总队《从严教育管理干部规定》落实，制定《进一步加强干部队伍建设的意见》，深入开展政策法纪、“四个正确对待”、纠治不良风气、“强化法纪观念、反对拜金主义”等系列教育，认真落实在外干部“一定五包”责任制（定专人负责、包传达上级指示要求、包了解在外表现、包接受情况汇报、包做思想工作、包不发生问题），建立和完善组织监督个人、上级监督下级、群众监督干部、干部相互监督和家庭、部队互通情况为一体的管理机制，全面了解掌握干部情况，促进各级干部安心岗位、尽心工作、遵纪守规。

三是切实提高精细化规范化落实经常性基础性工作质量。认真落实总队精细化管理现场会精神，坚持把精细化规范化落实经常性基础性工作作为抓经常打基础的主线，围绕“工作规范化、建设标准化、管理精细化”的目标要求，先后开展了经常性基础性工作精细化规范化落实活动，组织了精细化规范化落实经常性基础性工作现场观摩会和正规化管理工作现场会，对一些经常性基础性工作开展、登记统计和库室设置进行规范，对部队管理工作重难点问题进行研讨，编印下发工作规范手册，研究制定深化推进的实施意见，修订完善季度考评细则和平时检查办法，4 次派出专项检查组对精细化规范化落实经常性基础性工作情况进行督导，每月大交班会进行分析讲评，促使各级真正注重经常、打牢基础、精细落实、规范运转、全面抓建。

五、全面加强现代后勤建设，着力增强综合保障的质量效益。坚持以“保中心、保基层、保生活”为重点，加强科学精细管理，注重勤俭节约，下功夫增强后勤综合保障的质量效益

一是积极搞好综合服务保障。按照规范经费保障、优化伙食保障、拓宽卫勤保障、改良应急保障的思路，突出官兵心理卫生、生活服务，加强预测、咨询、治疗和“四配套”体系建设，大力推进警营饮食文化建设，提高保障科学化水平。强力推进支队机关、教导队和盐边县中队后续工程建设，有针对性地开展后勤业务综合检查。

二是大力加强规范化管理。认真贯彻上级关于厉行勤俭节约、反对铺张浪费的指示规定，修订完善经费物资、公务接待、会议集训等管理规定，简化迎来送往，规范接待范围权限；严格落实公务卡结算、大额结算集中支付、信息回访和“一事一票一报”等制度，每月组织司务长集体办公，每季度组织对基层后勤管理情况进行检查考评，对大宗物资、办公用品进行集中采购，提高了保障效益。2013 年，支队较去年同期集中采购经费相比节约3 万余元，公务接待经费相比节约近30 万元。积极与交警部门联系，建立军车违纪周通报制度，严格车辆派遣程序，健全干部带车、车场值班、营门哨兵监督“四证齐全”的全员全时管控制度，确保车辆运行安全。

三是不断提升应急保障能力。深入研究应急保障特点规律，修订完善各类应急保障方案，加强应急保障物资储备，与驻地医院建立官兵就医绿色通道，每月下基层巡诊，加大应急力量建设和能力训练，扎实开展实兵实装演练，深化后勤专业岗位练兵成果，加强专业人才队伍分类培训，不断提高应急保障能力。

忠诚奉献　铸造辉煌

攀枝花市公安消防支队

2013 年，攀枝花市公安消防支队在市委、市政府、省消防总队和市公安局党委的正确领导下，以十八大和十八届三中全会精神为指导，以实现在全省消防部队“争先进位”为目标，以“风气先导、建设先行、铁军先进、文化先锋”和“执法最阳光、队伍最和谐”为要求，凝心聚力、加鞭快进，创造了“两个稳定万无一失、重点工作亮点纷呈、部队作风气象一新”的喜人局面。尤其让全市消防官兵深受鼓舞、倍感骄傲的是，习近平总书记在雅安灾区视察时亲切慰问了支队援建官兵，省委常委、省政法委书记刘玉顺，副省长、省公安厅厅长侍俊到攀调研指导工作时专门慰问部队。

一、抓根本，强素质，大力提升班子和队伍攻坚克难、和谐发展的执政能力

支队始终坚持抓班子、带队伍、促发展的指导思想，牢牢把握领导班子和队伍建设这一根本，以能力和素质建设为核心，强力推进部队执政能力建设。

一是着力提升各级班子领率能力。严格落实支队级党委班子“四项配套制度”，重点强化了学习制度、民主集中制、党委成员定点联系指导基层制度的落实，切实提高了支队党委班子核心领导能力，全年召开党委会15次，研究解决重大议题155个，中心组学习16次，民主生活会2次，为基层解决实际困难38件，其中为筹备“反四风、改作风”专题民主生活会，支队派出工作组历时两个多月走访所有机关部门和基层单位，共征集突出问题30余个，支队党委专门召开会议逐一制定整改措施并挂网公示。以落实总队新“145”工程要求为抓手，组织开展“行动大响应，措施大落地，工作大推动”专项整治活动，健全以考在平时、争在平时的夺旗争星评比竞赛机制，调整充实9个基层班子，举办基层党组织书记培训班和入党积极分子培训班，基层组织的战斗堡垒作用显著增强，年内攀枝花大道特勤中队党支部被公安部消防局表彰为先进基层党组织。以党建带团建，年内，支队团委荣获全市“五四红旗团委”，米易县城北新区中队团支部荣获全省“五四红旗团支部”。

二是着力加强人才队伍建设。出台《成才在警营指导意见》，固化战士考学、干部师徒结对、干部异岗异地锻炼、基层骨干人才培养、两用人才培养等方面的工作流程，并积极创造条件，切实从制度机制层面关心爱护官兵的成长进步，年内支队战士考学录取人数位居全省第二，创建队以来新高。进一步规范建立防火监督、灭火救援、文体骨干等各类人才库，并明确相关专家人才的传帮带责任和后备人才建设的工作要求。制定《营职领导干部竞争选拔工作办法》，严格落实营职干部“双考”要求，推行机关干部“公选”，年内共有7名优秀干部调配到营职行政领导岗位，1名干部公选到支队机关工作，形成了“凭实干进步、靠业绩用人”的导向。加强干部教育培训，分两期组织干部全员轮训，开展政工干部岗位练兵和“四会”政治教员评比，分岗位举办4期干部业务培训班。

三是着力抓好思想政治教育。继续完善支队特色的“三课”制度，充分发挥其统揽思想教育、为基层政治工作减负增效的作用，全年邀请党校教授及其他专家学者上“大课”18次，组织部队内部教员上“串课”39次。重点部署开展“坚定信念，铸牢警魂”、中国梦和党的群众路线三大主题教育活动和“为何从警、如何做警、为谁用警”大讨论活动，牵头抓好全省第四教育片区工作，主题教育经验被省消防总队《政工简报》刊载反映，并先后获得全市“中国梦”演讲比赛第一名和省消防总队主题演讲比赛第二名，1名官兵被评为全省“最美青工”并推荐为全国“最美青工”候选人。结合部队出现的一些不良倾向，开展以“比表现、比训练、比安全、比存款、有孝道”为主要内容的“四比一有”活动，邀请攀钢困难职工到部队现身说法，组织官兵到生产一线开展“珍惜岗位、履职尽责”见学实践。抓好经常性思想和心理服务工作，对全市官兵开展了心理健康“巡诊”，对防火干部和新兵进行了专题心理辅导。严格落实党委议教、教育准备会、推门听课等政治工作制度，切实推进了“法制政工”建设。

四是着力构建和谐警营。突出文化育警，以打造攀枝花消防英雄主核文化为主线，投入45余万元完成新街社区中队“为民”、金沙大道中队“忠诚”、攀枝花大道中队“战斗”等分核文化硬件建设，推出了城北社区中队“一米阳光”乐队、钢城大道中队舞龙、攀枝花大道中队腰鼓等特色亮点节目，开展了主题征文、书画摄影比赛、主题警营体育运动会等活动，部队警营文化建设出现硬件更硬、软件不软的良好态势。加强从优待警，制定落实支队党委《2013年为基层办实事计划》，修订完善支队从优待警具体措施，健全发挥党员济困帮扶基金机制，年内共投入350余万元改善官兵工作生活条件、为官兵体检购买保险和安排优秀士官学驾驶等，并为21名困难官兵发放帮扶慰问金。落实机关基层联动“五个必须”，开展“最具活力幸福警队”和“十大和谐家庭”评选，部队“家”的氛围进一步营造。加强拥政爱民工作，积极开展捐资助学、扶贫帮困等活动，年内支队被市总工会表彰为爱心助学先进单位。

二、抓责任，明方向，大力构筑火灾防控全民动员、全员参与的防火墙工程

支队始终坚持“政府统一领导、部门依法监管、单位全面负责、公民积极参与”的消防工作原则，不断深化传播平安消防的理念，集全警之智，保大局之安。全市连续8年未发生较大以上火灾事故，火灾形势持续稳定。

一是全面落实消防工作责任。市委市政府市人大主要领导专题听取消防工作汇报，市委九届五次全体（扩大）会议和11月15日市委常委（扩大）会议先后专门强调消防工作，市政府第27次常务会议审议通过《攀枝花市重大火灾隐患整改指导意见》和政府落实消防责任“五个一”机制，据统计，一年来市、县两级党委政府就消防工作召开专题会议20余次，各级党政和公安机关领导带队检查消防安全工作53次。充分发挥市政府消安委平台作用，推动市级各部门督促抓好本部门本系统消防安全工作，其中市住建局积极配合支队初步完成“三制”工作试点、市水务集团新建59具市政消火栓、市教育局在学校消防工作方面与支队联合开展了“六个一”活动、督促5个乡镇购置9辆消防摩托车。以精细化、标准化、常态化为目标，深入推进社会单位消防安全“四个能力”建设、“户籍化”管理和消防安全“三提示”工作，目前人员密集场所的“四个能力”建设达标率、重点单位消防安全“户籍化”档案建档率、重点人员密集场所的“三提示”工作覆盖率均达到100%。

二是全力优化消防安全环境。强化火灾隐患排查整治，开展了“消防安全大排查大整治”活动、“平安四川”消防安全隐患整治行动、“畅通生命通道”“养老院医院等场所”“人员密集场所及彩钢板建筑”等专项活动，极大减少了火灾“存量”、控制了火灾“增量”，全年共检查单位场所5471家，开展夜间错时检查1200余次，发现及督促整改火灾隐患及违法行为2563处，办理消防行政案件247件，罚款210余万元，责令“三停”45家，临时查封29家，行政拘留17人。强力推进重大火灾隐患整改，采取市、县政府定期检查、工作组驻点督导、消防部门集中指导等做法，有力地推动了西海岸宾馆、盐边县红果棚户区等政府挂牌重大火灾隐患整改销案，并通过总结经验做法形成了《攀枝花市重大火灾隐患整改指导意见》。加强消防服务地方经济建设能力，秉承“服务防火，以民为天；法治防火，以德执法”的理念，推行执法依据、办事程序、办理时限、审批流程、审批结果和执法主体“六个公开”，建立消防安全重点单位消防特派员、首接责任和审核、验收结果“短信、电话告知”制度，开发行政许可办理机选消防技术审核人软件，开通互联网在线平台为广大群众提供各类消防服务，并在米易大队召开执法现场会加强执法规范化，切实为人民群众营造出和谐的消防服务环境。

三是全民参与消防宣传教育。建立“一报（攀枝花晚报）一台（市电视台）一讯（腾讯QQ）一网（攀枝花消防信息网）一博（攀枝花消防微博）一电（市广播电台）”六大宣传主阵地，大力宣贯《全民消防安全宣传教育纲要》，广泛宣传《消防安全常识二十条》等防火灭火知识，并引导各行业各层次的广大群众共同参与消防宣传。积极开展新闻发布会、消防疏散演练、消防“119”消防宣传周等活动，不断掀起消防宣传热潮，年内共召开新闻发布会2次，指导开展疏散逃生演练近200次，发放消防知识宣传单5.5万余份、《防火宝典》1.8万册、短信10万余条。开办“流动消防学校”和“消防网络培训学校”加强消防培训工作，共举办培训17期，培训人员1900余人，特别是首次组织市委机关工作人员开展培训引起较大社会反响。充分发挥“96119”作用，共接到投诉举报电话68个，查处火灾隐患67处，“全民消防”理念逐渐树立。

三、抓管理，铸铁军，大力锻造部队官兵英勇善战、敢打必胜的血性雄风

支队始终坚持“责任消防，为民护航；行动要快，作为要大”的工作理念，坚持向管理要战斗力，向训练要战斗力，向信息化要战斗力，着力打造英勇善战、敢打必胜的钢城消防铁军。全年部队保持高度安全稳定、灭火救援无失误，其中成功处置“6·12”运达钛业公司液氯泄漏事故，在场指挥的柳康健副市长连口称赞；圆满完成“4·20”抗震救灾任务，人民日报头版刊登支队官兵千里奔赴灾区的图片新闻。

一是狠抓部队管理。建立党委统揽、主官主抓、分管专司、机关合力、上下协同、综合治理的运行机制，依法依规从严抓好部队管理工作，先后开展了条令条例执行年、严格车辆管理维护良好形象及官兵职业精神建设等整肃活动。坚持试点引路，突出精细规范，在试点单位规范营区秩序、规范档案材料、固化工作流程，高标准抓正规化建设，并在9月份召开了部队精细化管理现场会。加强管理创新，在深化部队网格化管理、安全员“11113”等特色机制的基础上，建立了安全风险保证金、党委成员联系点安全工作承诺、士兵探亲休假回执及公务手机使用管理等制度。扎实推进“安全建设夺旗争先”活动，制定《安全管理目标量化考核暂行办法》，下发《安全工作制度汇编》和《安全文化建设电子画册》，并结合实际开展各种安全创建活动，官兵的安全意识和部队安全管理水平进一步提升。

二是狠抓战斗力生成。以铁军中队创建为抓手，大力开展体能、业务技能、实战演练等练兵活动，不断拓展攻坚班组训练，先后举办基层骨干队伍能力建设、基层指挥员暨攻坚组、制图员、驾驶员复训等培训班，重新选拔任命44名攻坚队员，全年开展跨区域实战演练2次、支队级实战演练11次、技体能考核6次，官兵训练优良率均达90%以上。夯实战训基础工作，总结战训工作经验做法提出“断、占、看、比、路”五字诀并认真组织各级学习贯彻，开展基层战训基础资料集中评审活动，抓好水源调查和防护排烟装备实际测试工作，组建各类“战训兴趣爱好小组”，开展“战训大讲堂”活动，年内共开展战训基础资料集中评审活动3次、战例研讨5次、战训大讲堂8次，各级指战员撰写战训论文110余篇，并培养出一大批“水源通”“器材通”“单位通”的基层官兵。

三是狠抓信息化应用。不断加大信息化硬件投入力度，在部分中队安装电子岗哨管控系统和营区视频监控系统，购置9套3G单兵图传设备，完善支队行政车辆GPS定位监控管理系统建设，报请市政府同意将支队指挥中心改造纳入城市智能化建设范畴。完善执勤实力、道路水源、预案、重点单位等基础信息的采集入库，建立网络巡检、安全防护、数据备份和系统更新等长效工作机制，年内部队无网络违规行为发生。加强支队级通信保障，按照模块化要求配齐应急通信装备器材，制定周器材训练计划、月器材操作考核制度，大力开展贴近实战、贴近应用的“合成化”通信保障演练，切实提高应急通信保障能力。

四、抓发展，破瓶颈，大力践行后勤工作服务中心、着眼长远的政绩观

支队始终将强化后勤保障能力建设作为重中之重，积极争取市委、市政府及财政等职能部门的重视支持，有力确保了部队各项任务的圆满完成。

一是注重完善经费保障机制。紧紧抓住落实《四川省地方消防经费管理实施办法》的良好契机，积极奔走、多方汇报、逐个攻关，推动地方政府主动履行消防经费保障责任，支队本级执行消防业务经费最新保障标准，消防文员、应急救援支队保障经费纳入财政常规预算，并与市财政局联合下发《攀枝花市多种形式消防队伍经费基本保障标准》，消防经费保障长效体系初步形成。

二是注重夯实基层基础建设。培训基地暨战勤保障大队和盐边县消防站动工开建，投入640余万元改造钢城大道中队迁建营房和加固钒钛产业园区特勤中队营房堡坎，投入230余万元完善攀枝花大道特勤中队、金沙大道中队、瓜子坪消防站工作生活设施。投入3750余万元购置城市主战消防车、登高平台车等车辆11台、个人防护装备及灭火救援器材5300余件/套、各类消耗性灭火药剂72.5吨，圆满完成省消防总队下达的目标任务。

三是注重提升保障效益。按照“权在党委、钱在财务、事在部门”的经费管理要求，严把经费的投向投量，压缩三公经费等消耗性支出，制订《公务卡管理实施细则》，年内审减行政消耗性经费近百万元。按照公安部消防局要求，强力开展土地房屋专项治理工作，共补办1宗土地证、7栋房屋产权证，确保了部队土地房屋相关证件如期全部办完。推进战勤保障社会化，与地方单位签订联勤保障协议15

份，组织开展大型战勤保障实战演练2次。

五、抓作风，树清风，大力夯实廉政消防预防为主、惩防并举的工作基础

支队紧紧围绕省公安厅纪委和省消防总队党委提出的党风廉政建设责任制任务和目标，始终把惩治和预防腐败作为一项重要政治任务，努力从源头上预防和治理腐败，建立了党委书记负总责、纪委书记具体抓、党委成员分工抓的责任体系，坚持用制度管权，用制度管人。全年部队无违法违纪行为发生。

一是加强责任落实。支队新一届党委坚持严人先严己、严下先严上，履新之际向部队做出了“管好自己、管好家属、严守党的纪律、严格遵守党章”的公开承诺。执行党风廉政建设“一票否决”制度，与机关各部门、各大中队逐级签订《党风廉政建设责任书》，并健全《干部廉政档案》。落实党委定期“议廉制”，每季度召开党风廉政建设和队伍形势分析会。明确党委班子党风廉政建设责任分工，推进落实“一岗双责”。

二是加强教育整顿。贯彻落实各级改进作风要求，开展了厉行勤俭节约反对铺张浪费专题教育排查活动。开展正反两面教育，组织官兵学习刘鹏、兰辉等先进典型的事迹，进一步扬正气、驱歪风；组织官兵观看警示教育片，实地参观看守所，增强教育的震撼力。定期组织官兵学习“五条禁令”“三项纪律”等法纪铁规，增强“高压线”意识。强力开展消防监督执法突出问题专项整治活动，督促每名执法干部对照“十项内容”严格查摆剖析，做出廉政承诺，期间支队军政主官、纪委书记都亲自开展了廉政集体谈话和廉政授课，工作做法在省消防总队《政工简报》刊载反映。

三是加强监督制约。结合实际重新排查各岗位廉政风险点，完善防控措施，堵塞漏洞。进一步推进纪委全程介入大宗物资采购、工程建设、士官选改、干部调整等重大事项，全面推行消防监督网上执法。全面落实消防监督执法回执和面向社会公开述职述廉制度，年内支队全体执法干部均开展了公开述职述廉活动。以执法服务对象走访问廉活动为抓手，走访群众500余人，企事业单位100多家，发放问卷500余份，征求各类意见建议68条。完善党风廉政特邀监督员制度，坚持每半年召开一次座谈会，每季度征求一次意见建议。抓好督察审计，年内开展督察38次，编发《督察通报》10期，下发整改通知书8份，整改问题42个，并对2个大队进行离任审计、对4个大队进行常规审计。

围绕强警目标　坚持真抓实干
全面提升部队建设标准质量

武警攀枝花市森林支队

2013年，支队深入学习实践党的十八大、十八届三中全会和习主席重要讲话精神，紧紧围绕强军目标，始终坚持正规抓建、依法抓建，圆满完成以防火灭火为中心的各项任务，高标准实现“两个确保”目标。

一、思想政治建设富有成效。着眼高举旗帜、听党指挥、筑牢军魂这个统领，深入学习党的十八大、十八届三中全会精神和习主席重要指示，组织参加2批次基层干部网上理论培训，突出抓了“两尽三想”“四个正确对待”“三守两满意”，以及指挥部规定的“四个专题”教育，召开6次党委议教、12次教育准备会，规范教育秩序，广泛开展“绿色卫士心向党”系列活动，取得总队“学习贯彻党章知识竞赛”第一名。全年，支队在省部级以上媒体刊发稿件476篇，武警政工网刊稿23篇。做好落榜考生和新兵“第二适应期”政治工作，做法被武警总部转发。年内，有5份工作做法被上级转发，攀枝花大队比机拉贵获武警部队“士官优秀人才二等奖”。

二、多样化任务完成圆满。全年，先后出动兵力2720人次，圆满完成22次灭火作战，35次防火执勤任务。突出“防”字当头，动用兵力1865人，铲烧防火隔离带近13公里，深入校园、社区、村寨开展防火宣传，受教育群众达6万人次。派出35名官兵靠前米易县驻防，受到省防火指挥部表扬。投入3650余人次，建成近150亩“绿色卫士林”基地。圆满完成总队“常态化战备工作评估”试点任务，积极探索“五种力量”建设，加快推进“五个转变”，为战斗力生成打下了坚实基础。支队靠前驻防、野外驻训和常态化战备评估试点3份经验做法分别被指挥部和总队转发。

三、依法从严治警持续强化。在全部队组织了2次作风纪律教育整顿，突出“人车枪弹酒、水火电毒密、小远散直差”和“七不”控制性目标抓治理，投入8.2万元加强正规化建设，不断固牢部队发展基础，支队被武警总部表彰为“连续8年预防事故案件工作先进单位”。新训成效明显，做法被总队转发。扎实开展安全隐患排查，坚持按纲施训、以训促管，连续4年举办新选晋士官骨干培训，规范训练秩序，条令学习月、安全保密和按纲施训等4篇做法被总队转发。

四、综合保障能力不断增强。积极探索现代后勤建设路子，按照灭火作战应急保障“五项要求”，加强经常性战备演练。严格后勤规范化管理，广泛开展“六节”“两多两少”和“五不一有”活动，增强官兵勤俭意识。加强车辆安全、战备物资管理，改装移动战备物资库完善战备要素，在全部队推广试行。全面落实伙食管理“五项制度”，大力发展“两业”生产，改善官兵物质生活。集中组织驾驶员复训和基层后勤队伍培训，为后勤发展提供人才支撑。投入826万元建成攀枝花大队食堂综合楼、盐边大队运动训练场和机关灭火装备综合楼等工程，逐步完善配套设施。

五、按纲建队质量全面提升。着眼“三个一线”建设，扎实开展“三学”、大练基本功和岗位练兵活动，举办基层党委（支部）书记和“三类组织”培训，严格落实挂钩帮带责任机制，先后派出6批次工作组蹲点帮建，安排6名党委和17名机关干部当兵住班，提高了按纲抓建质量，促进部队全面建、整体上，盐边大队和三中队被表彰为基层建设先进单位。

六、党委班子建设进步明显。注重理论武装，组织党委中心组带机关理论学习38次，支队常委撰写的4篇研讨文章被全军和武警部队刊物刊用，2份廉政体会文章被总队转发学习。坚持民主集中制原则和“十六字”方针，保证决策质量。结合“党纪条规”学习月活动，狠抓党委班子、机关作风纪律和民主集中制建设，营造崇尚廉洁的良好氛围。持续开展除“四风”、治“五超”活动，先后清理超占公寓住房7套，腾退4户，压缩行政消耗性开支22.8%，节约经费57.8万元。党委班子带头弘扬“四心”队风和“五种精神”，影响和带动官兵拼搏进取，埋头苦干。

第七篇

地方纵横

振奋精神　坚定信心
努力建设生态特色文明和谐幸福盐边

中共盐边县委　盐边县人民政府

2013年是全面贯彻落实党的十八大精神的开局之年，也是实施“十二五”规划承前启后的关键一年。盐边县牢牢把握“解放思想、抢抓机遇、攻坚克难、加快发展”工作基调，大力实施南北发展战略，努力克服宏观经济持续下行的传导影响，迎难而上，奋力拼搏，国民经济和各项社会事业基本保持了平稳健康发展态势。全年完成县域生产总值103.86亿元，同比增长8.5%；全社会固定资产投资75.77亿元，同比增长41.6%；非公有制经济增加值44.91亿元，同比增长10.2%；地方财政收入7.5亿元，同比下降21.9%；城镇居民人均可支配收入21897元，同比增长9.1%；农民人均纯收入达到9028元，同比增长12.9%。

一、坚持科学发展，南北发展战略深入实施

深刻领会中央、省、市委决策部署，立足县情，在充分调查研究的基础上，深入分析盐边发展的机遇、基础和条件，努力把握盐边发展阶段性特征，按照“两化”互动、统筹城乡发展的本质要求，围绕“五个盐边”建设，启动实施南北发展战略，进一步丰富和完善了盐边发展的路径、对策和重点。按照全域规划的理念，科学编制了《盐边县南部发展战略总体规划》《盐边县北部地区跨越发展规划（2013~2020）》等中长期规划。召开南北发展大会，形成了共识，把思路转化为决策，并在工作中转化成行动。南北发展战略正在逐步、分阶段的完善和实施中，取得了初步成效。

二、坚持“两化”互动，统筹城乡发展取得新突破

（一）工业经济企稳回升。坚持县级领导对口联系帮扶重点企业，“靠前、提前、超前”服务项目，帮助企业渡难关。全力推进南部供水工程、桐子林电站等攻坚克难任务和重点项目建设，培育水能、太阳能、风能等战略性新兴产业。强化招商引资，全年招商引资到位资金75.6亿元。全年实现工业增加值74.1亿元，增长8%。在困难局面下，稳住了企业、稳住了工业、稳住了财政。

（二）新型城镇化建设取得实质性进展。充分依托生态和阳光资源，加快阳光康养旅游业发展，大力推进红格温泉旅游度假区、二滩桐子林山水休闲度假区等重大项目建设，持续打造“阳光、温泉、运动、休闲、康养”旅游品牌。围绕全省百镇建设暨重点旅游项目推进现场会、攀枝花欢乐阳光节、二滩山地徒步大会，全力推进红格景观大道、主街业态调整等“攻坚克难”任务，不断提升红格特色集镇品位。抓好新民旅游新村、纳尔河新村、犀牛村狮子社等8个新村点建设，“产村相融”取得明显成效，极大地激发了群众发展产业、建设美丽新村的热情。

（三）特色农业培育取得重大进展。因地制宜，大力发展设施蔬菜、现代畜牧业、特色水果、优质烤烟、现代林业等主导产业，和爱、永兴、惠民、国胜设施蔬菜规模化生产迈出实质性步伐，锐华公司、和谐牧业、龙腾四海等农业龙头企业带动作用充分发挥，农民专合组织不断发展。完成县级农产品质量检测中心、14个乡（镇）农业技术服务站建设。农业产业布局初步形成，绿色生态农业建设有序推进。农业总产值完成15.4亿元，增长4.8%。

（四）北部跨越发展迈出坚实步伐。把握全市对口帮扶机遇，投入各类帮扶资金5240.4万元，加快北部六个帮扶乡的基础设施建设，大力发展特色产业，美化人居环境，着力提升农民的主体意识和致富能力。通过实施一系列帮扶项目，在很大程度上解决了北部边远民族地区的人饮安全、交通出行、农产品销售等困难，改善了教育、就医、科技服务等问题，北部加快发展的步伐更加坚实，党群干群关系进一步密切。

三、坚持民生为本，社会事业明显进步

投入资金6.05亿元，深入实施“十大民生工程”。新增就业岗位1775个，城镇登记失业率控制在3.4%以内，参加城乡居民养老保险人数达54146人，覆盖城乡的社会保障体系不断完善。实施艰苦地区教师特殊津贴、少数民族地区免费中等职业教育、北部地区高中生交通补贴等惠民政策，校安工程全面完成，办学条件明显改善，荣获市教育督导评估二等奖。全面实施国家基本药物制度，药品零差价销售全覆盖，成功申报为社会扶贫创新协作试点县，扎实推进省级卫生综合应急示范县创建，成功创建国家免费孕前优生健康检查示范县。群众性文体活动深入开展。深入挖掘“大笮”文化，县图书馆评为“国家二级馆”，欧方营地等8处文物保护单位列为第二批市级文物保护单位。文化软实力不断提升。

四、坚持综合治理，和谐盐边建设取得新成效

以大走访活动为载体，深化接访、下访、约访、包案化解制度，完善信访维稳、风险评估、应急处置机制，全年受理群众来信来访428件750人次，有力维护了社会稳定。深入开展“六五”普法，打好治安整治、禁毒、防邪攻坚战。扎实开展矿产资源、安全生产领域“打非治违”行动，在全市率先成功创建2个省级安全社区，全县安全生产呈现总体向好态势。深入推进“五创联动”工作，省级文明城市通过检查、省级生态县通过验收，社会治理能力进一步加强。

五、践行党的群众路线，执政基础更加稳固

以党的十八大和习近平总书记一系列重要讲话精神为指导，践行党的群众路线，认真开展“三大主题”“中国梦”、大走访等活动，认真梳理群众反映的意见和建议，研究制定了针对性解决方案。实行工业、农业、旅游、城镇、新村建设工作例会制度，定期研究全县重点项目（工作），工作执行力不断提升。坚持县委常委会专题学习党纪法规制度，严格执行中央“八项规定”，省、市、县“十项规定”，坚持不懈纠正“四风”。鲜明“重品行、重实干、重公认”的选人用人导向，加强年轻干部培养，选派大批优秀年轻干部到“四个一线”锻炼。基层组织建设全面加强。认真落实“一岗双责”，党风廉政建设进一步加强。人大、政协履职富有成效。宣传、统战、民族、宗教和台侨工作取得新成绩，工、青、妇等人民团体作用得到有效发挥，党管武装工作水平进一步提升。

全面贯彻党的十八届三中全会精神
奋力争当率先全面建成小康社会的排头兵

中共米易县委　米易县人民政府

2013年，面对异常困难的宏观形势、你追我赶竞相发展的逼人态势和全面建成小康社会的强烈愿望，在市委的坚强领导下，县委团结带领全县人民，稳定增势谋发展，同心实干抓落实，克难奋进求突破，众志成城促跨越，圆满完成了县十三届二次党代会确定的目标任务。

一、明方向，厘思路，建章立制营造好环境

一张蓝图绘到底，方向和目标更加明确。围绕贯彻中央和省、市委关于加快发展、改善民生、促进和谐等系列精神，县委先后召开了5次全委会、18次常委会和7次县级领导联席会，分别就实施“三大战略”、推进“两个跨越”、对接“四个八条”措施、推进重点项目、开展主题教育、基层组织建设和贯彻十八届三中全会精神等重大问题进行了决策部署，提出了“目标不变、任务不减、力度不松”的工作要求，明确了“建设阳光、激情、活力、生态米易”的努力方向，锁定了“率先全面建成小康社会”的奋斗目标，确定了“打造经济社会发展升级版、建设全省县域经济强县”的发展路径。

千方百计保目标，任务和举措更加扎实。围绕确保实现年度目标任务，建立了分季度、分系统、分区域推进目标任务落实的常态机制，制定了《加快米易经济发展的意见》等系列政策文件，出台了帮扶促工业、三产促消费、农业促增收的系列措施，兑现了招商引资、项目推进、企业发展等方面的系列政策。特别是在市委、市政府调整提高发展目标任务后，县委立即作出了“振奋精神不松懈、顾全大局抓落实、全力以赴保目标”的工作要求，奋力推进全县经济社会加快发展。

6月19日，县委副书记、县长许军峰参加米易县人民政府与四川省安全科学技术研究院合作共建省级安全生产示范示范县签约仪式

主动应对求突破，信心和决心更加坚定。针对宏观经济的不利形势，出台了“保工业、保企业、保生产、保就业、保增长、保稳定”的系列帮扶政策，落实了“一企一策”的系列帮扶措施，实施了“企业大走访、政策大落实、银企融资对接、政企专责服务”等系列帮扶行动，开展了表彰突出贡献企业、集中兑现奖补政策等系列帮扶活动；按照省政府“四个八条”措施，组织了“强工业、扩投资、促消费、抓城镇”4个专题的对接落实，制定了争取项目、落实资金、扩大招商和要素保障、人才支撑等系列对接措施。

凝心聚力谋发展，思想和行动更加统一。按照凝聚正能量、提振精气神、打好总体战的要求，县委提出了建设“四个米易”的部署，完善了“四大班子”主要领导联席会议等议事决策机制，构建了财经、人事、公共资源监督管理等规范透明高效的基础性制度框架，完善了督查督办、目标考核等重在推进工作落实的运行机制，制定了后备干部培养等崇尚实干、导向鲜明的选人用人机制，探索了手机报、民调中心、“金点子”征集等听民声、聚民心的信息互动机制，强化了道德模范、巾帼标兵等树先进、学先进、争先进的氛围营造，竭力把智慧和力量凝聚成一心一意谋发展、群策群力抓落实的强大合力。

二、抓发展，稳增势，县域经济迈上新台阶

8月15日王飚书记参加主题教育活动总结表彰暨工业经济工作会

县域经济跃上百亿台阶。《促进工业经济平稳较快发展的意见》等经济工作推进机制初见成效，《项目和资金争取工作目标考核办法》等对接落实政策措施效果明显，县域综合实力稳步提升，预计全年完成县域生产总值108亿元以上，地方财政收入首次突破10亿元大关，分别比上年增长（下同）15%以上；城镇居民人均可支配收入和农民人均纯收入分别达到22710元和10034元，分别增加1989元和1075元。

工业经济实现止滑企稳。落实企业帮扶措施55项，通过“政银企”对接帮助企业融资5亿余元，表彰兑现企业奖励和补助资金3500余万元，企业服务中心等协调机构组建运行，白马三期、鸿舰重机等项目前期工作加紧开展，东方钛二期、司普瑞一期等项目建成投产，正源偏钛酸、磷酸铁锂电池等项目加快推进，立宇钒钛综合利用中试项目通过调试，青杠货站、输变电工程等要素项目基本完工，安宁选矿系统能量优化等3个项目首获中央财政奖励，被纳入全省采矿用地改革试点县，预计实现工业增加值70.6亿元、增长21%以上，在困难局面下实现了“生产不停、市场不丢、人员不减、企业不倒”的目标。

农业产业全面提质增效。《农民增收考核办法》等农业农村工作目标管理体系进一步完善，国家农综开发现代产业园试点成功申报，国家现代农业示范区、省级现代林业产业发展重点县等项目建设任务全面完成，马鞍山水库、小河流域治理等农业设施加快建设，农产品交易中心被认定为国家级农产品标准批发市场，抗旱保收、防汛减灾工作成效显著，新建高标准农田5040亩，新增高效节水灌溉面积2.1万亩，发展农民专合组织22个，申报认证无公害农产品25个，实现烤烟产值2.2亿元，建设新村聚居点15个，新建农房1075户、惠及农民4085人，预计实现第一产业增加值10.1亿元以上，被评为全省三农工作先进县和全省农田水利基本建设先进县。

康养休闲载体加快构建。城乡规划建设中心、安宁城建公司等城乡建设管理和融资机构进一步完善，“米易时光”度假区前期论证、城北闸坝及湖面景观设计、城乡文化提升和旅游形象策划等工作有力推进，健身绿道、克朗滨河景观、光都打造、花园县城建设等城市精品工程成效凸显，海棠花语等城市建设项目加快建设，阳光车旅、岐黄养生大院、迷阳湖大桥等康养项目及配套设施加速推进，若水国际度假区、龙文化风景区等旅游项目前期工作加紧开展，鱼米阳光度假村等乡村度假项目基本建成，普威省级小城镇试点全面启动，全省“两个现场会”、第二届米易中华养生论坛等活动取得实效。预计完成旅游收入16.5亿元、实现第三产业增加值22.7亿元以上。

9.17 王飚书记参加全县干部大会

改革开放力度不断加大。农村土地承包经营权确权、事业单位分类改革、公立医院改革、“营改增”等工作有序推进，议事决策、政府投资、旧城改造等制度机制创新规范，《重点督办项目管理办法》《招商引资考核办法》等制度切实完善，西博会、农博会等招商推介活动成果丰硕。全年重点项目完成率达78%，争取专项补助资金6亿元以上，签约引进项目19个，完成招商引资到位资金77亿元、固定资产投资88.9亿元。

三、保基本，重统筹，民生改善取得新进展

以富民惠民为核心的民生工程取得实效。累计投入7亿余元，实施市、县民生工程项目209项。《棚户区和老旧危房屋改造指导意见》《安置房建设意见》等民生政策制定出台，就业、社保、扶贫等基础性民生工作取得实效。全年新增就业1800人，城镇登记失业率控制为3.5%，累计发放社会救助资金3708万元；成昆铁路扩能改造工程开工建设，新改建通乡通村公路86公里；白马二期移民安置工作取得突破，建成保障性住房841套，实施残疾人等农村危房改造2065户；争取省级大中型水库移民解困试点项目资金6500万元。

以教育卫生为重点的社会事业协调发展。学生营养改善计划扩面实施，中高考成绩名列全市前茅，初中学校标准化建设基本完成，教育基础设施累计投入6000万元以上；县乡医疗信息共享工程加快建设，药品零差价销售实现全覆盖，县医院托管乡镇卫生院模式全面启动，省级免疫规划示范县通过验收，符合政策生育率达 89.2%；国家科技进步先进县成功创建，申报国家、省市科技项目 62 项；首届电视歌手大奖赛、皮划艇春季冠军赛等文体活动蓬勃开展，国家一级综合档案馆、国家县级一级图书馆、县历史文化展览馆全面建成，《傈僳欢歌》荣获全省首届广场舞大赛银奖，率先在全省实现城乡数字电视整体转换，被评为全国群众体育先进单位；省级环保模范县通过复查验收，全国第二届国土资源节约集约模范县成功创建。

11 月 13 日王飚书记陪同省农业厅厅长任永昌一行进行调研

以和谐稳定为取向的平安建设稳步推进。“六五”普法通过督导检查，创新社会管理扎实推进，维稳联席会议等制度机制切实改进，“书记县长信箱”正式开通，湾丘基地滞留人员等信访突出问题妥善处置，开展稳定风险评估 61 项、调处矛盾纠纷 1456 件、办结信访 1223 件。省级安全生产示范县加快创建，省安科院米易工作站正式成立，打非治违、食药安全等专项行动扎实开展，公共事件应急处置能力切实增强。平安建设成效显著，治安防范力度加大，群众安全感满意率达 96.3%。

四、抓统揽，聚合力，民主政治呈现新风貌

12 月 7 日王飚书记参加第二届中华养生高端论坛

《四大班子主要领导联席会议制度》《加强政协提案办理工作实施意见》等制度机制建立完善，人大监督权、决定权、任免权得到充分保障，政府推进发展、依法行政的水平明显提升，政协政治协商、民主监督、参政议政的职能切实履行。《加强新形势下党外代表人士队伍建设的意见》制定出台，新时期统一战线工作切实加强。各人民团体依照章程扎实开展工作，县总工会第八次和县妇联第十三次代表大会成功召开，妇女小额贷款工作走在全市前列，省级“两纲”示范县正式授牌，四川万名青少年夏令营米易主营活动成功举办。党管武装工作切实加强，首次夏季征兵工作圆满完成，第七届省级双拥模范县加快创建。老干部、民族、宗教、对台、侨务、党史、文联、残疾人和关心下一代等工作取得新成效。

五、改作风，强基石，党风政风展现新气象

主题教育活动扎实开展。“三大主题”和“实现伟大中国梦”主题教育活动成效明显，组织开展宣讲报告 65 场次、专题培训 55 期、重大课题调研 29 项、理论知识测试 13600 余人次，开通了“问政于民”网络微博和手机互动平台，开展了“亮身份、作承诺”电视公开承诺，兑现“一句话承诺”2386 项，落实整改事项 371 项，改进便民服务措施 282 项，完善规章制度 301 项，群众意见建议办结率、满意率分别达 100% 和 98%。

思想政治建设全面加强。围绕贯彻党的十八大和十八届二中、三中全会及省委十届三次、市委九届五次全会精神，组织县委理论学习中心组集中学习 17 次，举办“米易发展论坛”3 期，评选优秀理论成果40篇。《党委信息工作十项规定》等制度建立完善，第三届省级文明城市通过考核，县志愿服务队正式组建，首届米易道德模范评选活动获得广泛好评。

选人用人导向更加鲜明。“重品行、重实干、重公认”的干部选拔任用机制建立完善，全年提拔干部36名、交流干部48人次、公开竞争选拔后备干部34名、选派干部挂职锻炼15名。加大干部培训力度，选派干部到北大、清华、江西干部学院等院校培训301人次，累计开展干部培训2774人次。推进市级人才优先发展试验区建设，引进各类人才137名。

基层组织活力不断增强。重品牌示范，安宁河流域党建示范长廊加快创建；重素质提升，基层党组织书记培训实现全覆盖；重典型引领，“十佳村（社区）书记”和“十佳村（居）主任”评选表彰活动取得实效；重固本强基，村（社区）党组织换届工作顺利完成，村（居）民委员会换届有序推进，村（社区）干部报酬调整提高；重凝心聚力，“挂包帮”“双报到”等为民服务活动扎实开展，群众路线实践活动准备工作基本就绪。

党风廉政建设扎实推进。中央“八项规定”和省市委“十项规定”等廉政制度从严执行，《改进工作作风提升工作效能规定》《机关工作纪律“十不准”》等行为规范建立完善，《政府性基本建设管理办法》等预防机制不断健全，“米易效能建设网”等监督平台率先开通，廉政警示教育、党风廉政建设社会评价、预防职务犯罪等工作扎实开展，对4个单位、36名干部实施了过错责任追究，查处违纪违法案件46件46人。

回顾一年的工作，我们深深体会到：立足县情、明晰思路、明确路径是加快发展、科学发展的根本前提。只有坚持在纵观横比中找准定位、在审时度势中理清思路、在深度谋划中明确路径、在争先进位中实现跨越，一张蓝图绘到底，一以贯之抓落实，才能夯实基础、创新发展、赢得未来。勇于争先、善于创新、敢于破难是加快发展、科学发展的根本动力。只有坚持在思想观念上与时俱进、在工作推进上真抓实干、在攻坚克难上奋发有为，变压力为动力，化挑战为机遇，才能争得主动、抢得先机、走在前列。执政为民、以人为本、改善民生是加快发展、科学发展的根本目的。只有时刻把为民的宗旨铭记脑中、把人民的需求放在心上、把人民的福祉落在实处，在引导群众中凝聚民心、在联系群众中汇聚民智、在服务群众中集聚民力，才能赢得信赖、获得支持、共享成果。同心同德、同向同行、风清气正是加快发展、科学发展的根本保障。只有坚持在勤政务实中为民服务、在创先争优中固本强基、在清正廉洁中塑好形象、在同心同德中干群同心，以党风带动民风、以事业凝聚人心、以目标统合力量，才能上下一心、众志成城、铸就辉煌。

在肯定成绩的同时，我们更要清醒地看到前进道路上存在的问题：一是发展不足、发展不够、发展不平衡仍是米易最大县情，总量还偏小、结构还不优、质量还不高，部分重大项目推进不力，招商引资力度不够，投资拉动后劲不足，抵御风险能力不强，与全省先进县相比还有较大差距；二是工业化水平还不高、城镇化进程仍较慢、服务业载体偏少、城乡发展还不够协调、资源环境约束仍趋紧、社会事业欠账还较多、边远地区发展仍然滞后，这些仍是我们在推进转型发展上面临的瓶颈；三是利益诉求日趋多样、社会矛盾相互叠加、收入差距仍然较大、民生投入渠道单一、安全生产形势不容乐观，仍是我们在推进和谐发展上面临的难点；四是我们一些干部信念仍不够坚定、思想还不够解放、执行力仍需增强、作风还需改进，个别干部心态仍不阳光、正气还显不足、精气神还应提振，这些仍制约着推进米易加快发展的进程。

针对存在的困难和问题，在今后的工作中，我们务必引起高度重视，并着力予以克服和解决。

全面贯彻落实党的十八届三中全会精神
奋力谱写伟大中国梦的富民强区仁和篇章

中共攀枝花市仁和区委　攀枝花市仁和区人民政府

2013年，是仁和区经济社会发展异常艰难且极不平凡的一年。区委、区政府牢牢把握“高位求进、超常作为、加快发展”的工作基调，全力推进经济健康发展，全面促进社会和谐稳定，较好地完成了区十一届人大第三次会议确定的各项目标任务。全年实现地区生产总值178亿元，同比增长14.5%，其中：第一产业完成7.5亿元，同比增长4.3%；第二产业完成148.5亿元，同比增长17%；第三产业完成22亿元，同比增长7.1%。完成地方财政收入13.06亿元，同口径增长8.25%。完成固定资产投资113亿元，同口径增长0.4%。实现社会消费品零售总额26亿元，同比增长15%。城镇居民人均可支配收入达到21472元，农民人均纯收入达到10351元，同比分别增长10%和11%。

2013年，宏观经济复杂多变，市场供求疲软乏力，企业运行举步维艰，经济下行压力加大。在经济寒冬大背景下，仁和区又因消化过剩产能和煤矿关停整改等政策因素叠加，影响了三产业增加值、固定资产投资、地方财政收入和城乡居民收入等预期目标的实现。但在如此艰难的形势下，全区上下共同努力，逆势奋进，超常作为，地区生产总值、社会消费品零售总额、招商引资到位资金等主要经济指标均高于全市平均水平，县域经济综合实力预计在全省排名20位左右，保持了经济社会的平稳健康发展。

一、着力集聚优势，促进调整转型，工业经济稳中向好

企业生产保持平稳。积极应对国家淘汰过剩产能影响，主动对接省、市政府工业经济稳增长措施，全力帮助企业破解难题，稳定生产。共兑现技改、奖励扶持资金1.08亿元，协助9户企业申报周转金1.5亿元，协助25户企业融资18亿元。新培育三圣机械和吉源科技等19户规模以上企业，32户规模以上企业恢复生产，88户正常生产。转型升级步伐加快。富邦1000万件钒钛制动鼓项目一期、钢城集团渣钢渣铁钒钛资源综合利用项目一期顺利建成并实现调试性生产，贝特风机、汉风物流钢材剪切线和东泰平板太阳能热水器生产线投产，宏基商品混凝土、钒制品加工等项目顺利推进。淘汰落后产能，拆除恒鼎、圣达6座落后焦炉。园区集聚作用更加明显。投入1.15亿元，完成迤资园青富路改造和富邦、钢城集团项目临时供水、供电设施建设，橄榄坪园道路、供电和绿化设施进一步完善。入园企业达59家，预计实现增加值16.3亿元，同比增长21.5%。煤炭安全生产能力提升。强化安全监管力度，整改隐患308条。积极推进煤矿兼并重组，工作方案和方式得到省、市政府认可，煤矿企业由36个减少到10个，矿井数由53个减少到25个。全年预计实现工业总产值366亿元，同比增长21.7%。

二、着力突出特色，促进增收增效，三农工作扎实推进

农业基础进一步夯实。国家现代农业示范区建设顺利推进，建成19000亩高产农田、7200亩高标准芒果基地。投入水利资金1.82亿元，实施大竹河水库枢纽及渠系建设、跃进水库中型灌区节水配套改造、高效节水灌溉、“五小”水利等工程和项目，在混撒拉村建成每小时100立方的大流量提灌站，在迤沙拉村建成世界扬程最高的太阳能提灌站，改善灌面18000亩。产业规模进一步壮大。新增水果种植面积7000亩，养殖户260户，烟叶产值和蔬菜、粮食产量实现稳定增长。加强农业专合组织建设，龙头企业增至21家，农民专业合作社增至212家，协会增至13家。新农村建设进一步扩面。筹资3.04亿元，集中打造18个新村聚居点，全面实施产业扶持、基础设施建设和村落民居改造项目212个。农产品安全和效益进一步保障。加强农产品质量安全监管，抽检合格率保持在98%以上，全年无重大农产品安全事件。采取以奖代补和农超对接的办法，拓宽销售渠道，提高农产品市场占有率，扩大了农业效益。惠农政策进一步落实。转移农村富余劳动力2.87万人，实现劳务收入3.52亿元。兑现惠农补贴3168万元。采用“一事一议”方式建设农村公益事业50项，财政奖补2023万元，12.2万人直接受益。全年预计实现农业总产值12.9亿元，同比增长4.5%。

三、着力培育产业，促进提档升级，第三产业不断壮大

城市经济持续繁荣。对接促进消费措施，研究制定第三产业发展规划和奖励办法，兑现扶持资金910万元，全年新增18户限上企业。科学规划商业网点，改造升级五金机电和钢材交易市场，起辰·和瑞汽车文化广场投入运营，新增商业经营面积4万平方米。成功举办美食节、苴却砚文化艺术节和汽车联展、商品展销会等节庆活动，实现交易额近1.75亿元。上城、泰悦居、御景城和浩远兰庭等精品楼盘实现预售，房地产业占税收收入的22%。阳光康养产业取得突破。普达阳光国际康养度假区累计投资3.4亿元，征地拆迁、规划设计和业态招商等工作顺利推进，安置新村建设完成80%工程量，重点基础设施和门户花海景观建设全面开工。花城大酒店基本建成，即将投入运营。建成6个2A级景区、98个旅游新村农家乐及乡村酒店，旅游接待能力进一步提高。大力推广城市形象，加强城市营销，“这里仁和”品牌知名度进一步提升。全年实现旅游收入16亿元，同比增长49%。

四、着力提升品质，促进基础配套，城乡建设统筹推进

规划编制不断完善。科学规划城区，对接成昆铁路新线、花城新区规划，基本完成城区控规修编，城市控规面积达67.5平方公里；高标准完成城区给排水和电网通道专项规划。加强乡镇规划，啊喇、布德和同德等6个乡镇总体规划及34个行政村规划通过专家评审。基础建设有力推进。改造城区道路3.4公里、国道18.6公里、县乡道15公里、村道30公里，大河南路改线段基本建成，渡仁西线复线莲花村段道路建设前期工作顺利启动，成昆铁路新线开工建设，丽攀高速攀枝花城区段建成通车。推进主城区污水管网和排水设施改造，建成3000米城区供水管网。完成大河两岸3000米河道景观建设，宝灵寺河道景观打造项目全面推进。改造农村电网14.8公里，缅气入攀、成品油管道入攀等能源工程扎实推进。城市经营管理更加规范。健全土地运营机制，普达、干坝塘和四号地块二期土地整理顺利推进。成立综合执法队伍，处置违法建设和违法用地行为68起。实行数字化城市管理，办理市民投诉及建议286件。公共服务进一步完善。建成5个乡镇中心幼儿园、2个示范综合文化站、9套健身路径，安装18个地面数字电视基站、1726套卫星电视直播设备，放映公益电影972场，4个乡镇建成农村综合广播信息系统，文化馆、图书馆和文化站全部免费开放，11项基本公共卫生服务正常开展，教育、文化、卫生惠民政策全面落实。城市创建联动推进。重点开展金属非金属矿山整治和扬尘治理，完成省、市节能减排任务，治理水土流失面积30平方公里，空气质量优良率保持在96%以上。统筹推进“五创联动”，顺利通过省级文明城市、森林城市考核验收和生态区创建技术评估。

五、着力增强活力，促进开放合作，改革创新成效显著

项目建设进展顺利。主动对接抓投资稳增长措施，落实项目专责制，加强统筹协调，全力推进83项政务类“急难险重”项目，普达阳光国际康养度假区、弯腰树汽车产业城和钢城集团渣钢渣铁钒钛资源综合利用等项目按计划推进。加强项目包装，310个重大项目纳入储备库。对外开放取得成效。完成招商引资建设项目45个，其中新开工26个，协议投资上亿元的在建项目33个，实现到位资金71.8亿元。创新招商方式，积极招大引强，中国重汽矿用车生产线和北京天润集团风力发电等项目在第十四届西博会上签订投资协议，全年成功签约项目41个，协议投资额达253.7亿元。鼓励企业开拓新兴市场，预计完成外贸出口2000万美元。各项改革扎实推进。实施乡镇财政体制改革，完善激励保障机制，乡镇抓项目建设和增收节支的积极性进一步提高。推进城乡户籍制度改革试点，放宽城镇户籍限制条件，促进农村人口向城镇集中。深入开展林权流转遗留问题清理和农村集体土地、宅基地确权登记工作，农民群众的财产权得到保障。事业单位分类改革有序开展，食品药品监督管理机构改革工作顺利完成。

六、着力保障民生，促进和谐发展，社会事业全面进步

民生工程全面实施。共投入资金7.98亿元，完成民生实事173项。建成保障性住房1302套、失地农民居住安置房1188套、生活安置房81660平方米、煤炭采空区安置房60套，农村危房改造278套。不断拓宽就业渠道，新增城镇就业3120人，失业人员再就业1567人，城镇登记失业率控制在3.55%。发放妇女财政贴息贷款1.3亿元，带动6924名妇女创业就业。社会保障覆盖面不断扩大，养老、失业、医疗、工伤、生育保险参保人数达7.06万人。贫困救助体系进一步健全，发放16万人次城乡低保金3112万元。为4393户残疾人家庭提供个性化服务，农村五保对象集中供养率达65%。社会保持和谐稳定。建成社区网格化管理系统，完成信息化建设试点工作，社区流动人口服务管理和重点人员帮教安置工作进一步加强。第九届村（居）民委员会换届工作全面推进，仁和镇大河社区通过全国和谐社区省级验收。着力化解信访突出问题，信访总量明显下降，信访秩序进一步好转。深化国防教育，健全国防动员体制，加强民兵预备役建设，认真落实优抚安置政策，“双拥”工作深入开展，军政军民更加团结和谐。持续开展严打整治和安全隐患排查治理，全年无重大治安事件和安全事故发生，获得“省级平安建设先进区”称号。各项社会事业协调发展。完成186个校安工程项目，五十一小学阳光家园校区投入使用，实施7所农村教师周转房和5所中心幼儿园建设，教育基础设施进一步完善。积极探索高效课堂教学模式，教学质量稳步提升，通过义务教育发展基本均衡县省级督导评估。实施科技项目21个，申请专利62项，转化科技成果7项，青少年科技创新成绩名列全市第一，顺利通过国家科技进步县考核。制定并实施苴却砚文化产业发展规划，积极参加西博会、法国农业博览会等国内外展出，苴却砚文化品牌的影响力进一步扩大。深化医药卫生体制改革，新区人民医院顺利建成并投入使用，区卫生监督所和福田镇卫生院主体完工，仁和社区卫生服务中心成功创建为省级示范中心，区、乡、村三级医疗卫生网络更加健全，艾滋病、肺结核等重大传染病防控有力有效。全面落实计划生育利益导向机制，人口自然增长率控制在3.24‰。切实保障妇女、儿童合法权益，“两纲”工作顺利实施。同时，人事、编制、物价、档案、保密、人防、气象、老龄、工会、共青团、妇联、地方志、防震减灾、经济普查、机关事务管理等工作取得了新进步，国土、工商、税务、质监、电力、金融、保险、通讯等单位为全区发展作出了新贡献。

七、着力转变作风，促进环境优化，自身建设不断加强

政务服务环境有力改善。进一步精减行政审批，政务中心集中入驻审批事项179个。实行一站式标准化服务，推行并联审批，简化办理流程，行政审批效率提高50%，窗口直接办理率达100%。依法治区工作全面落实。主动接受区人大法律监督、工作监督和区政协民主监督，及时办理人大常委会对专项工作的审议意见，全年办理市、区人大代表建议105件，政协委员提案85件，建议办理满意率达99.6%，提案办理满意率达100%。实行政府常务会会前学法制度，开展“六五”普法中期督导，干部职工的法律意识和依法行政能力进一步提高。完善重大项目管理办法，组织集中采购131次，节约资金1798万元；加大对重点项目、专项资金的审计监督力度，审减投资额4147万元，行政权力运行进一步规范。廉政建设全面加强。扎实开展“思想大解放、作风大转变、工作大落实”和“实现伟大中国梦，建设美丽繁荣和谐四川”主题教育活动，强化中央八项规定和省、市、区十项规定的落实，坚决反对“四风”，切实改进作风，机关效能进一步提升。

八、党的各项建设在务实创新中开创新局面

2013年，仁和区始终牢牢把握加强党的执政能力建设、先进性和纯洁性建设这条主线，以改革创新的精神全面推进党的思想建设、组织建设、作风建设、反腐倡廉建设和制度建设，形成推进加快发展的坚强保障。

（一）坚定理想信念，形成奋进力量。紧扣科学发展需要，以广大党员干部政治纪律教育和理想信念教育为重点，以深入开展“实现伟大中国梦、建设美丽繁荣和谐四川”和“思想大解放，作风大转变，工作大落实”主题教育活动为契机，深化学习型组织建设，创新学习形式，丰富学习内容，准确把握中央、省、市的各项方针政策，深入理解精神实质，进一步增强了党性，理想信念和政治立场更加坚定。

（二）鲜明用人导向，严格干部选任。坚持“重品行、重实干、重公认”用人导向，加强领导班子和干部人才队伍建设。集中力量对乡镇、街道和重点部门进行跟踪考察，以“定向＋非定向”公开推荐方式选用了一批干部，及时选优配强乡镇基层、急难险重项目一线干部队伍。认真贯彻落实市委要求，强力推进“5211”年轻干部培养工程，重点掌握了125名优秀年轻干部，面向高校引进了31名急需紧缺人才，积极构建年轻干部“成长链”。坚持大规模培训干部，组织169名副科级干部到井冈山开展了“坚持三个自信”党性教育，进一步提高干部队伍的综合素质和执政能力。更加关心干部人才，组织1216名干部人才进行了健康体检。

（三）创新基层党建，夯实组织基础。强化基层党建工作责任，深化基层党建“联述联评联考”制度，科学构建村（社区）干部报酬和经费激励保障机制，努力提升党的基层组织建设工作水平。以村（社区）党组织换届为契机，深入推进“选好一个带头人，建强一个党组织，培育一项主导产业，壮大一支人才队伍，健全一套运行机制”为总抓手的基层党建“五个一工程”，大力培育一批推动发展、服务群众、促进和谐的基层服务型党组织和党组织书记、党员典型。结合创新社会治理工作，积极构建以街道“大工委”、社区“大党委”为框架的区域化党建格局，进一步扩大“两新组织”的组织覆盖和工作覆盖，有效促进了城市社区党建和“两新组织”党建工作的规范化和科学化。

（四）严格执行规定，狠抓作风建设。严格执行《党政机关厉行节约反对浪费条例》、中央“八项规定”和省、市“十项规定”，深入开展纪律作风教育活动，反对“四风”成效明显。统筹推进结对互助共建、“挂、包、帮”“百千万·干群心连心”等活动，强化了党员干部执政为民的宗旨意识，进一步密切了党群、干群关系。切实改进文风会风，狠抓工作作风建设，机关效能进一步提高。

（五）构建惩防体系，推进反腐倡廉。认真开展岗位廉政教育、典型示范教育、警示教育和预防职务犯罪教育，深入推进廉政文化“八进”活动，严格执行领导干部述职述廉、诫勉谈话、经济责任审计等制度，切实增强了干部从思想上、行动上廉洁自律、反腐倡廉的紧迫感和责任感。通过重大项目建设廉政承诺、规范自由裁量权、点题公开等多种方式，将权力运行过程置于“阳光”之下，实现了对权力运行的有效制约。始终保持惩治腐败的高压态势，立案查办各类违纪违法案件23件23人。充分发挥案件查办“以案促教、以案促建、以案促防”的综合效应，加强对典型案例的剖析，及时填补制度漏洞，做到查处一案、治理一线、教育一片、规范一面。注重发挥保护功能，为16名受到失实举报的党员干部澄清是非，有效保护了党员干部干事创业的积极性。

回顾一年的发展，前进的步伐坚实有力，面对的困难依然不少，主要表现在：一是在加快发展上，稳定增势、做大总量、优化结构、提升质量的任务依然艰巨。二是在转型发展上，城乡发展还不均衡，联动推进新型工业化、新型城镇化和农业现代化的任务仍然艰巨。三是在和谐发展上，边远少数民族地区和城区低收入群众的生活还比较困难，群体利益诉求更趋多样，给仁和的工作提出了更高的要求。四是在保障发展上，干部的进取意识、创新意识、服务意识和执行能力、攻坚能力、协作能力仍需增强，党建科学化水平有待进一步提升。对此，仁和区将高度重视，并切实加以改进，努力把各项事业不断推向前进。

锐意改革创新 加速转型升级
朝着率先全面建成小康社会的目标奋勇前进

中共攀枝花市东区委员会 攀枝花市东区人民政府

2013 年，东区区委、区政府在市委、市政府的坚强领导下，认真贯彻落实党的十八大和十八届三中全会、省委十届三次全会和市委九届五次全体（扩大）会议精神，紧紧围绕市委实施“三个加快建设”、推进“三个走在全省前列”、打好“六大硬仗”、实现“四个翻番”的战略部署，牢牢把握“科学发展、加快发展”的工作基调，更加突出加快转变发展方式主线，立足中央商务区发展定位，全力推动经济建设、政治建设、文化建设、社会建设、生态文明建设以及党的建设协调发展，全区经济平稳发展、民生持续改善、社会和谐稳定，为在全市率先全面建成小康社会奠定了坚实的基础。

一、审视区情明思路，发展方向更加清晰

围绕建设“五个东区”的战略部署，结合贯彻落实党的十八大和十八届三中全会、省委十届三次全会和市委九届五次全会精神，通过问计基层、问计社会、问计企业等多种渠道，对区情进行再研判、再分析、再认识，在反复征求各方意见建议的基础上，召开了区委九届五次全体（扩大）会议，作出了《关于深入贯彻落实党的十八大精神为在全市率先全面建成小康社会而奋斗的决定》，确定了在全市率先全面建成小康社会的阶段性目标，明确了“五个翻番、两个突破”的目标任务，提出了建设区域性中央商务区、实施“双千工程”、打造“四个中心”、打造区域教育文化卫生发展高地、实施“补短板”工程等具体路径，规划出“全面小康、率先小康”的宏伟蓝图，进一步明确了东区今后一段时期的发展方向。

二、凝心聚力促发展，经济保持平稳运行

面对世界经济复苏放缓、国内经济下行压力加大、辖区主导产业市场疲软的严峻形势，区委、区政府牢牢把握“稳增长、调结构、促转型”的工作主题，动员各方力量推动经济健康平稳发展。预计全年实现地区生产总值320 亿元，同比增长8.1%（下同）；地方财政收入9.1 亿元，增长18.1%；社会消费品零售总额133 亿元，增长13.6%；城镇居民人均可支配收入27450 元，增长10%；农民人均现金收入12070 元，增长12%。

（一）全力推进项目建设。坚持工作载体化、载体项目化，以项目建设量的积累推动经济发展质的飞跃。结合贯彻落实中央“稳增长、调结构、促转型”系列措施和省委、省政府“四个八条措施”，编制《攀枝花市东区重大项目规划（2013－2017 年）》，梳理出重点项目99 个、对接上级政策项目57 个，全年共争取上级资金1.64 亿元。坚持区委、区政府主要领导亲自抓招商，通过小分队招商、以商招商、节会招商等方式，积极开展招商宣传和项目推介，炳四区城市综合体、菩提苑阳光康养示范基地等27 个项目落户东区，完成招商引资实际到位资金80 亿元。优化区委和区政府领导牵头包抓、区人大和区政协督促推进等机制，充分发挥“两办”、目标办、效能办等部门的作用，实行一月一督查、一月一通报，确保项目按进度推进。截至目前，沿江景观打造、阿署达花舞人间景区建设成效初显，密地物流园区建设加快推进，炳四区安置房建设进展顺利，年初推出的78 个重点项目均按进度推进，完成固定资产投资142 亿元。

（二）加快城市开发建设。坚持把城市建设作为经济发展的载体，不断做大城市、做强功能、做优环境。加快城市基础设施和公共服务设施建设，丽攀高速公路东区段建成通车，鱼塘至机场路连接线开工建设，社区休闲文化广场、沙坝三社建筑垃圾场、炳草岗片区排水设施等项目建设进展顺利。稳步推进新区开发和旧城改造，金海5A写字楼等项目相继建成，炳草岗十九冶棚户区改造基本竣工，金联·御都、市建二公司片区旧城改造等项目推进顺利。统筹推进“五创联动”，扎实抓好“五乱”治理、道路扬尘治理、风貌打造等工作，城市生活垃圾集中处理率达100%，城乡环境持续改善。

（三）大力发展第三产业。坚持把推动服务业大发展作为产业结构优化升级的战略重点。加快发展商贸流通、住宿餐饮等生活性服务业，金沙公园一期具备初步接待能力，曼哈顿百盛购物广场顺利开业，金雅仙客等项目建设推进顺利。大力发展现代物流、金融保险等生产性服务业，东成生活资料配送中心等企业持续壮大，中国西南国际物流信息平台进入调试阶段。加快现代服务业集聚区建设，炳草岗商贸流通集聚区成功申报为“省级现代服务业集聚区”。全面推进阳光康养旅游区建设，菩提苑康养基地项目开工建设，玉佛寺主寺院区基本建成并对外开放。探索推行“政府搭台、企业唱戏、市场运作、社会参与”的办会模式，成功举办首届迎春庙会、第九届啤酒节、第四届金沙江汽车展、“魅力东区”周边行等节庆会展活动，消费拉动经济增长作用进一步凸显。全年实现三产增加值93亿元，增长7.5%。

（四）调整优化工业结构。坚持把第二产业作为经济发展的重要支撑。按照“4+2”产业发展体系，加快工业结构优化调整步伐，丰源100万吨选矿扩能技改项目、攀枝花学院2.1兆瓦太阳能屋顶电站建成运行，亿丰瑞表外矿综合利用项目、银晨刹车鼓精密铸造等项目加快推进。加强园区基础设施建设，高梁坪至五道河规划修编通过评审，五桐路建设加快推进，攀枝花高新技术产业园区列入省政府重点扶持发展的“一基地两园区”，为建设“千亿园区”奠定了基础。探索创新与驻区大企业的合作机制，深入推进地企在协作贸易、新建项目、主辅分离、科技研发等方面的合作，以大企业的发展带动地方经济快速发展，实现地企协作贸易额35亿元。全年实现工业增加值213亿元，增长8.5%；区属地方规模以上工业增加值61亿元，增长26%。

（五）统筹城乡协调发展。以在全市率先实现城乡一体化为目标，加快推进城乡统筹发展步伐。坚持以科学规划引领新村建设，阿署达、大湾丘、小箐沟、沙坝五社等新村聚集点建设加快推进。加强农村基础设施建设，弄弄沟村公路改扩建、攀枝花三社公路硬化工程全面完成，大河沟水库建设推进顺利。加快发展现代农业，半坡咖啡、立新养殖等特色种植和规模养殖企业持续壮大，成功培育国家级农业标准化示范园2个、国家绿色食品认证品牌1个。发挥龙头企业和农村专业合作组织的引领作用，带动农民发展现代农业，促进农民增收致富。编制了《东区扶贫规划（2012—2020）》，扶持农村扶贫对象改善生产生活条件735人。全年实现第一产业增加值0.56亿元，增长0.8%。

三、统筹兼顾惠民生，群众生活持续改善

坚持把社会建设摆在与经济发展同等重要的位置，通过发展社会事业、实施民生工程、创新社会管理等措施，进一步提升了群众幸福生活指数。

（一）大力实施民生工程。围绕市委确定的民生工作“八有”目标，投入资金1.9亿元，实施促进就业、扶贫解困、教育助学等“十大民生工程”，解决了一批群众关心的热点、难点问题。加快推进保障性住房建设，新开工建设廉租房108套、公租房60套，发放廉租住房补贴202万元。丰富创业型城市建设内涵，加大就业扶持力度，城镇新增就业5812人，城镇登记失业率控制在3.3%以内，“零就业”家庭实现当期消零。城乡社会保障体系健全，社会救助工作为困难群众的基本生活提供保障。群众生产生活条件持续改善。扎实抓好盐边县共和乡对口援建工作，投入资金300余万元，完成了集镇改造项目建设。

（二）全面发展社会事业。坚持教育优先发展，安排资金1.5亿元，持续加强教育基础设施建设，校安工程全面完成，市二十七中小改扩建工程、中小学运动场改造等项目推进顺利。加强教师队伍建设，全面提升教育质量，义务教育阶段教学质量继续保持全市领先地位。深化医药卫生体制改革，完善社区卫生服务体系，社区卫生服务水平不断提升，成功创建国家级示范社区卫生服务中心1个。科技事业健康发展，成功创建国家级科普示范社区1个。广泛开展全民健身运动，社区艺术节、登山节、风筝节等群众性文体活动蓬勃开展。加强社区文体基础设施建设，新建、改扩建社区生活休闲文化广场12个。全面启动第三次全国经济普查。加大对社会事业的投入，坚持计划生育基本国策，人口与计生工作取得新成效。科技、文化、党史、地方志、关心下一代、老龄、残疾人等工作取得了新成绩。

（三）切实维护社会稳定。以“长安杯”创建为牵引，健全不稳定因素排查化解机制、预警和应急管理机制，建立更加科学有效的利益协调、诉求表达、矛盾调处和权益保障机制，全力做好党的十八届三中全会等重要敏感时期的维稳工作，辖区社会大局保持和谐稳定。大力开展“六五”普法、法律援助、矛盾隐患排查、信访积案化解等工作，调处矛盾纠纷2400余件，信访总量下降49%。扎实开展“雷霆行动”“肃毒害、创平安”等专项行动，社会治安形势持续好转。加强生产安全、食品药品安全、消防安全的监督管理，全年未发生重特大安全责任事故。

（四）突出团结和谐主题。社会主体核心价值体系建设扎实，群众性精神文明创建活动广泛开展。支持人大依法履职，支持政协广泛参政议政，人大、政协在现实政治中的地位越来越重要。政府依法行政能力进一步增强，为各项事业发展提供保障。广泛凝聚各方力量，爱国统一战线得到巩固。工会、共青团、妇联等人民团体联系群众的桥梁纽带作用有效发挥。党管武装、国防后备力量建设、双拥共建富有成效，巩固军政军民共促发展良好局面。

（五）加强和创新社会管理。牢固树立“大平安”的理念，依托经济社会综合管理服务平台，全面推行项目化、网格化和信息化“三化”互动，社会管理和服务体系进一步健全，社会管理科学化水平进一步提升，“大调解”工作网络进一步完善，社会治安持续好转，继续保持“全国平安建设先进区”称号。建立健全党委领导的基层群众自治制度，发挥群众社会管理的主体作用，引导群众实现自我约束、自我管理、自我教育、自我服务。以社区建设推进社会建设，改扩建社区办公用房6个、建成未成年人活动中心4个，通过全国和谐社区建设示范城区创建省级评审。

四、与时俱进抓党建，基层基础更加牢固

围绕执政能力建设和先进性建设，坚持以改革和创新精神推进党的建设，全面提高党建科学化水平，为经济社会发展提供坚强的组织保证。

（一）加强基层组织建设。认真落实基层党建工作责任制，全面推行“2+N+1”区域化党建工作模式，扩大了党的组织和工作覆盖。深入开展“实现伟大中国梦、建设美丽繁荣和谐四川”和“思想大解放，作风大转变，工作大落实”两个主题教育活动，基层党组织的创造力、凝聚力、战斗力进一步增强，区委被市委授予“优秀组织奖”。开展“一格三制”党员干部直接联系服务群众工作，推进党建工作的科学化和信息化。扎实抓好社区（村）“两委”换届工作，面向社会公开遴选83名人才充实到社区“两委”队伍。深入开展“挂包帮”“百千万·干群心连心”等活动，为群众办好事、实事近500件，区“挂包帮”活动小组被市委、市政府评为“先进单位”。

（二）加强干部队伍建设。严格执行民主集中制，进一步规范规范干部选拔任用程序，认真落实领导班子工作制度。鲜明“重品行、重实干、重公认”的用人导向，坚持在完成重大项目、重大任务中锻炼培养和选拔使用干部，选派了31名年轻干部到一线培养锻炼；调整科级领导班子7个，交流、提拔、调整干部11名，其中来自“四个一线”的干部占63.6%。按照“分级分类、全员培训”原则和“请进来、走出去”思路，组织干部专题培训、领导报告暨专家讲座10次，累计培训干部1800余人次。加强人才队伍建设，通过直接引进、社会公招等方式，新招录（聘）各类人才139名。

（三）加强党风廉政建设。把反腐倡廉建设放在更加突出位置，健全惩治和预防腐败体系，为全区各项工作顺利推进提供坚强纪律保障。以党风廉政社会评价工作为抓手，完善社情民意调查工作机制，丰富对外宣传形式，全面提升群众对党风廉政建设“知晓率”和“满意率”，全年受理并办结群众信访举报97件，立案9件，信访诫勉谈话10人。加强廉政文化建设、领导干部从政道德教育，筑牢拒腐防变思想道德防线。深入推进惩防体系建设和廉政风险防范管理，加强对工程建设、资金使用等重点岗位、重点领域的监管，从严查处违纪违法案件，促进干部廉洁从政。认真落实中央“八项规定”和省市“十项规定”，对区级各部门、各街道（镇）工作作风、工作纪律以及公车使用管理情况进行明察暗访，对违反规定的7个单位、7名工作人员进行了严肃处理。加强对重点项目、重点工作的效能监督，对工作推进情况进行全过程跟踪追效，对13个单位、6人（次）进行了效能问责，提升了各级干部抓执行、抓落实的能力。

一年来，东区各项工作取得了新的成绩，经济社会实现了较快发展，民生有了一定改善，社会保持和谐稳定，但也存在一些问题：发展不足、发展不够的问题仍然突出，转型发展任务艰巨；社会建设步伐亟须加快，公共服务供给还不能及时满足群众不断增长的多元化需求；社会管理任务繁重，维护社会和谐稳定任重道远；部分党员干部的精神状态、工作作风和推动工作的能力与形势要求相比还有存在差距，等等。在下一步工作中，我们将采取有效措施，切实加以改进。

迎难而上　合力攻坚
稳步推进西区社会经济发展

中共攀枝花市西区委员会　攀枝花市西区人民政府

2013年，西区处于历史上阶段性的特殊困难时期。面对宏观经济形势下行压力、产业结构单一和煤矿停产整顿等多重因素的叠加影响，在市委、市政府和区委的坚强领导下，在区人大、区政协的监督支持下，区政府团结和带领全区人民，以党的十八大精神为指导，坚持把发展作为第一要务，按照“止滑提速调结构、平安惠民促和谐、攻坚克难见成效”的工作基调，以三个“三年攻坚”和三个“加快建设”为重点，以“急难险重”项目推进为抓手，全面启动三年“脱困攻坚”战略，着力破解经济和社会发展中的突出问题，坚定信心，主动应对，脱困攻坚，经济和社会发展在艰难中推进。2013年，全区完成地区生产总值92亿元，同比增长8.7%，其中，第一产业增加值0.8亿元，第二产业增加值77.85亿元，第三产业增加值13亿元；完成地方财政收入1.87亿元，同比同口径下降21%；完成固定资产投资76亿元，同比增长25.4%；实现社会消费品零售总额25.28亿元，同比增长13.2%；农民人均纯收入、城镇居民人均可支配收入分别达到11645元、23748元，分别增长11.2%、8.7%；万元GDP综合能耗下降2.8%以上。

一、迎难而上，突围脱困，经济发展艰难运行

面对严峻的经济形势，把止滑提速作为经济工作的切入点，突出恢复生产、煤矿整合和项目推动，千方百计遏制经济下滑态势。

难中求进，工业经济艰难运行。始终坚持“工业强区”战略，把“稳增长、调结构、促发展”摆在更加重要的位置，加快重大项目建设、工业园区建设、企业复工复产和生产要素保障等工作，工业经济在艰难中推进。第一，加快推动重大项目建设。按照“急难险重”的目标任务要求，加大重点项目的推进力度，完成恒达板簧、恒泰雅化等9个技改扩容项目，启动席草坪片区环境整治和产业换代升级改造项目，开工建设攀钢1×300兆瓦煤矸石综合利用技改项目。紫茎泽兰一期、攀创一期投产达效，邦钛科技术质纤维素试生产，攀创二期铸件生产线、10万吨钛白粉等项目加快推进。扬驰胶业、博信化工等一批循环经济技改项目建成投产。第二，加快园区基础设施建设。完成园区总体规划修编和产业发展规划编制，启动田华路建设，全面启动大水井变电站升压工程，枣子坪220千伏输变电站工程、工业园区电网工程建设即将完工。园区入驻规模以上工业企业35户，巩固“百亿园区”成果，完成园区销售收入150亿元，同比增长21.7%。第三，加快煤矿兼并重组工作。按照“四大板块”的要求，加快区属煤矿的兼并重组，关闭6个矿井，区属煤矿企业由9家减少到4家，矿井由16个减少到8个。2013年，全区规模以上工业总产值完成200亿元，同比增长15.4%。其中，地方工业总产值175亿元，攀煤25.69亿元；地方规模以上工业增加值完成56.44亿元，同比增长18.2%。

丽新园艺花卉基地生产大棚

着力培育，第三产业稳步推进。坚持把第三产业作为拉动经济的新引擎，突出区域特色，加快推进步伐。第一，积极培育现代物流业。把现代物流业作为第三产业的龙头来抓，按照“一区多点”的规划，加快推进鑫铁物流、攀青物流和新启物流的建设，格里坪省际物流园区建设初具规模。三产对经济发展的拉动作用明显增强，全年服务业增加值完成13.37亿元，增速达6.8%。第二，着力打造精品旅游景区。积极推进乡村旅游和生态旅游，重点打造庄上精品旅游新村和西佛寺旅游景区，西佛寺后山景观带初步建成，庄上旅游新村形成接待能力，格里坪大酒店、青瓦台、菊花台成功创建三星级乡村酒店。全年累计接待游客119万人次，同比增长43.4%，实现旅游收入8.5亿元，同比增长50.13%。

突出特色，统筹城乡协调发展。强化全域发展理念，突出农民增收，打造精品农业，推动农村经济发展。第一，特色农业发展良好。按照“一村一品、突出特色”的思路，加快发展特色现代农业。农业品牌效益日渐增强，优质晚熟芒果、苏铁山药、虎泉椪柑等特色种植业规模不断扩大，国家地理标志产品—攀枝花噹噹鸡品牌效益初见成效。农业产业化有序推进，重点打造庄上村高端花卉基地，拥有市级龙头企业3家、农民专业合作社19家、协会组织4个、家庭农场2家。第二，加快新村建设步伐。按照“统筹城乡、产村融合”的要求，整体推进新庄、大水井、格里坪和庄上四大片区的组团式新村建设，重点打造全市乡村旅游示范村—庄上·梅子箐彝家水寨项目，完成8个新村聚居点规划编制，田家湾、庄上村、金沙滩等新村聚居点加快建设。全面启动梅子箐水库扩建工程。

2013年2月26日，西区举办宝鼎金沙安置房分房仪式

二、突出重点，合力攻坚，城乡面貌持续改善

以城市建设、环境整治和交通建设为重点，加大片区开发、旧城改造、生态修复、环境整治和交通路网等重点城乡基础设施建设力度，城乡面貌得到进一步改善。

规划先行，城市建设稳步推进。纵深推进城市建设“三年攻坚”，进一步完善文化岛新城、大水井通江大道、大水井城市景观中轴线及周边地块的城市设计规划，加快推进以专项规划、征地拆迁、招商引资等为重点的大水井、文化岛新城和新庄三个片区开发建设的前期工作。铸钢厂、福广金城、老法院等旧城改造项目前期工作基本完成，文化岛农贸市场宗地成功拍卖，大水井片区“宜水金沙”项目签订意向性投资协议。商品房建设进度加快，蓝湖国际A区二期、西贵金沙交付使用，书香御景开盘销售，玉泉华庭加快建设。加快推进城市公共配套设施建设，建立健全城乡环境综合治理长效机制，“五创联动”扎实推进，苏铁中路、清乌复线“花城”景观打造成效明显，蓝湖森林公园建设加快推进，城市面貌显著改善。

攻坚克难，环境整治初见成效。加快推进环境综合整治“三年攻坚”，继续实施环境综合整治44个攻坚项目，加快实施隆鑫冶炼厂原址重金属污染整治，完成10家堆混煤场专项整治，加快广厦采石场工矿迹地生态恢复，实现生态修复近千亩，完成席草坪片区、清乌复线15家企业“关停并转迁”工作，积极推广干雾抑尘、挡风抑尘等先进环保技术。成功探索了生态修复和景区建设相结合的“西佛寺模式”，环境整治和新村建设相结合的“金家村模式”，环境治理和产业升级相结合的“席草坪模式”，环境综合整治成效明显。截止12月31日，环境空气质量达标天数322天，优良率达到88.95%，同比提高10.5%，PM_{10}日均浓度同比下降0.008，SO_2日均浓度同比下降0.03。

突出重点，交通条件逐步改善。大力实施畅通工程，“四纵多横”路网结构初见形态。城市道路建设提质加速，完成格福路一期改造，丽攀高速西区段及沿江快速通道1、2标段建成通车，巴关河大桥维修加固工程提前3个月通车，沿江快速通道与省道310连接线完成路基施工，全面启动格福路二期、玉巴路下段、502厂区道路维修改造工程，积极推进西贵金沙东向连接线、通江大道等道路前期工作。农村路网进一步完善，金竹路路基施工基本完成，庄上村新村连接线一、二标段完工，大水井尖山通村公路建设加快。全区公路通车里程达210公里，同比增长14.2%，公路网密度达到1.37公里/平方公里，同比增长14.3%。

2013年6月5日，中国重汽商用车产品推介会暨交车仪式在西区金沙来酒店举办

三、深化改革，抢抓机遇，招商引资成效显著

进一步加大重点领域改革力度，围绕重点产业、重点工程和重点项目加快招商引资，围绕上级政策支持动态，抢抓机遇，争取资金、政策和项目取得明显成效。

创新机制，改革开放不断深化。积极稳妥的推进政府机构改革，完成对煤炭、食品药品等监管职能的整合，城市管理、医药卫生、文化体育、户籍管理等体制改革积极推进。稳步推进事业单位分类改革、临聘人员社会化改革，在全市率先启动事业单位法人治理结构建设试点工作。进一步理顺区、镇财政管理体制，财政运行机制进一步优化。不断深化行政审批制度改革，全面推进并联审批。国有企业改革继续深化，河门口商场改制遗留问题处理工作取得突破，区属其他改制企业遗留问题妥善解决。

强化合作，招商引资成效明显。把招商引资作为加快产业结构调整的“门槛”和拉动经济增长的“牛鼻子”，充分挖掘西区资源优势，围绕煤化工、钒钛化工、装备机械制造和现代物流等重点产业，加大重点项目的招商。先后考察淮北、徐州、西安等地现代装备制造业发展经验，在重庆成功举办西区招商项目推介会。2013 年，招商引资履约项目 80 个，实际到位资金 62.34 亿元。十四届西博会签约项目 12 个，签约总金额 130 亿元。大力推动项目落地，加大帮办服务力度，积极化解要素制约，项目建设取得新进展。全年“四个一批”重大项目开工 43 个，其中新开工 29 个，完成投资 30.2 亿元，竣工 5 个，完成投资 2.7 亿元。

抢抓机遇，争取资金实现突破。牢牢把握上级对地方支持的动向这个中心，抓住特殊区情和特殊困难这两个关键环节，突出环境治理、住房保障和循环经济这三个重点，紧紧抓住全国老工业基地试点区、全国资源枯竭型城市试点区、全国循环经济示范园区和全省区域污染防治示范试点区四个目标，采取部门联动和集中争取的方式全力争取支持。争取上级资金取得重大突破，2013 年，争取上级资金 6.1 亿元，同比增加 2074 万元，为西区经济和社会发展提供有力的支持和保障。

2013 年 11 月 23 日，福广金城奠基典礼在清香坪举行

四、民生优先，稳步实施，社会事业不断发展

突出民生重点，转变工作思路，全力筹措资金，扎实推进就业帮扶、社会保障、住房保障和教育卫生等重点民生工程建设，进一步提升辖区老百姓的幸福指数。

强化保障，民生工程稳步推进。投入 7.5 亿元，其中，区级资金 2.3 亿元，其他资金 5.2 亿元，全力推进 10 大项 150 个分项的民生工程，重点推进就业帮扶、社会保障、住房保障等民生工程。第一，突出就业保障。突出解决好就业问题，城镇新增就业 4302 人，城镇登记失业率控制在 4% 以内，在全市创新开展城市低收入群体就业工作，为低收入群体提供就业岗位 1875 个，动态消除零就业家庭。社会保障工作进一步加强，实现了社会保险制度的全覆盖。第二，突出住房保障。加快推进安居工程建设，启动龙洞片区居民自愿搬迁工程，围绕棚户区改造和失地农民安置两个重点，建设保障性住房 2880 套，其中建成 1144 套、在建 1736 套，发放廉租住房租赁补贴 1200 户，补助金额 225 万元，改造农村危房 46 户。继续加快推进廉租住房共有产权试点，滚动推进廉租住房建设。

统筹协调，社会事业稳步发展。认真落实教育优先的发展战略，校安工程建设任务全面完成，市 18 小改扩建工程完工并交付使用，市 36 中小异地重建加快推进。西区被省教育厅列为省教育信息化建设综合试点示范区，达到国家义务教育发展基本均衡县要求，办学条件明显改善，教学质量明显提升。7 个基层医疗卫生机构全部实现政府举办，推进格里坪镇卫生院、陶家渡社区卫生服务中心建设，成功创建省结核病防治示范区。大力实施创新驱动发展战略，累计完成专利申报 47 件。严格落实国家计生政策，符合政策生育率达 93.01%，建成蓝湖人口文化公园，被省人口计生委列为省人口计生工作依法行政示范区。省级文明城市创建活动广泛深入开展，积极备战省第十二届运动会。顺利完成第一次全国可移动文物普查，启动第三次全国经济普查。进一步加大市场监管力度，有效杜绝食品药品安全问题发生。

五、转变作风，加强管理，发展环境不断优化

突出抓好安全生产、维护稳定和勤政廉政建设，牢牢把握廉政准则，时刻警钟长鸣，全力维护全区社会和谐稳定，为干事创业创造良好的环境和条件。

廉洁勤政，依法行政深入推进。严格执行中央“八项规定”，出台领导干部状态管理办法，在全市率先完成行政效能电子监察延伸工作。全面落实党风廉政建设责任制，深入开展惩防体系建设，牢固树立勤政为民、廉洁高效的政府形象。坚持依法行政，全面开展“六五”普法各项工作。健全行政决策机制，修订政府工作规则、政府投资项目管理办法等制度。建立健全依托电子政务平台加强政务公开和政务服务试点工作的长效机制，创建工作亮点纷呈，试点工作走在全国前列。自觉接受人大法律监督和政协民主监督，办理人大代表建议47件、政协提案74件，办复率均为100%。

庄上新村全貌

创新管理，平安西区稳步推进。紧紧围绕“平安西区”的创建，进一步推行社区网格化管理，对信访积案、征地拆迁工作实行领导包案制，建立警民半月谈、社区平安建设联席会议和矛盾纠纷排查调处等机制，保持了社会的持续稳定。养老托幼、家政服务等社区服务发展迅速，在省内率先成立社区居民服务公司。完善区、镇（街道）、村（社区）、村民小组（居委会）四级群众工作网络，启动安全社区建设，全力构建“大巡防”工作格局。

加强监管，安全生产不断强化。坚持把安全生产放在首要位置，加强安全责任体系建设，出台进一步加强煤矿安全生产的意见等16项煤矿安全管理制度。强化安全保障体系建设，将煤炭工业管理职能划转安监局，通过引进、选派等方式派驻驻矿安监员，进一步充实安监力量。强化安全生产监管，制定“一矿一策”的煤矿监管细则，深入开展“打非治违”和安全隐患大排查，统筹抓好非煤矿山、道路交通、建筑施工、消防、防汛、地质灾害等领域安全监管。加大预防和打击私挖盗采煤炭资源违法犯罪行为工作力度。全年共发生安全事故2起，死亡2人，事故起数和死亡人数同比分别下降71.4%、96.3%，有效扭转了安全生产被动局面。

六、加强领导，服务群众，党的建设不断加强

精心组织开展“中国梦”及“三大主题”教育活动，广泛宣传教育引导党员群众，汇聚发展正能量；创新思路，主动亮丑，深入整改干部队伍在思想、状态、作风、能力等方面存在的突出问题。坚持“二十字”好干部标准和“三重”用人导向，加大优秀年轻干部培养力度，全年选派27名干部到基层挂职锻炼，研究调整干部9批次131名，领导班子及干部队伍结构不断优化。加强领导干部状态管理，根据状态表现加大了对干部的交流提拔和职务调整力度。切实贯彻中央“八项规定”和省、市“十项规定”，坚决查处和纠正“四风”问题，着力解决突出问题49个，提出整改意见74条，通报违反相关纪律的行为13起。严厉查处一批违纪违法案件，党纪政纪处分27件27人，组织处理1件1人，移送司法1件1人，营造了风清气正的发展环境。

第八篇

特稿视窗

转变观念　深化改革
打好控亏扭亏增效攻坚战

攀钢集团有限公司

2013年是攀钢改革发展进程中极不平凡的一年，各级党组织深入学习贯彻党的十八大和十八届三中全会精神，深入学习贯彻鞍钢集团首次党代会精神，认真落实攀钢二届二次职代会的工作部署，紧紧围绕亏损减半目标，动员干部职工积极践行“六种发展理念”，解放思想，转变观念，攻坚克难，全面打响控亏扭亏增效攻坚战，各项工作取得显著成绩。控亏扭亏增效取得阶段性重大成果，营业收入首次突破600亿元，达到625亿元；成本控制力和竞争力有所提升，六大降本增效措施累计增利51.18亿元，可比产品成本降低率达到3.38%，为近年来最好水平；深化改革和精细化管理实现重要突破，建立板块化管理新模式，顺利完成机关改革，全面推行货币结算，稳步实施人力资源优化，降低劳务费用3.5亿元；转型升级迈出坚实步伐，完善“做大矿业、做好钒钛、做精钢铁、做活非钢”发展战略，西昌钢钒冷轧等重点项目开工建设，钒钛战略联盟列入国家试点；着力保障和改善民生取得新进展，在完成控亏目标基础上努力提高职工收入，在岗职工人均收入增长11.35%。

一、打好控亏扭亏增效攻坚战，生产经营平稳运行

2013年，严格落实“均衡、稳定、经济、高效”生产组织原则，狠抓高炉等关键工序稳定顺行，完成铁1128.41万吨、钢1067.65万吨、钢材979.38万吨，同比分别增长16.43%、15.41%和14.16%；优化资源配置，做大盈利产品产销规模，完成铁精矿1206.84万吨、钛精矿55.58万吨、重轨123.11万吨、钒制品3.65万吨，均创历史最好水平。

强化目标责任管理，牢固树立“只有依靠自己的力量才能战胜困难”理念，坚持两眼向内，制定下发控亏扭亏增效倒逼方案，建立全员目标成本管理责任体系，突出控亏扭亏增效问责制，开展专项工作督导，强化了责任落实。

攀枝花市与攀钢合作座谈会

供销工作成绩突出。狠抓低成本保供，坚持把降低大宗原燃料价格作为主攻方向，推行“统谈分签”模式，强化招标采购、竞价采购，最大限度降低采购成本；实行供应商动态管理机制，重点优化战略供应链，累计清退中间商714家，直供金额比例达到90%。

突出抓好市场开拓，综合产销率99.38%；进一步巩固区域市场优势，热轧产品在西南市场的比例达到92%，同比增加2.08%。

深入开展全员成本目标管理活动，坚持以生铁成本为龙头，强化工序成本控制，大幅压缩非生产性支出，全方位全系统实施对标挖潜，圆满完成降本增效目标任务。

二、坚持向改革要红利，体制机制变革创新稳步实施

按照“不能养懒人、不应有闲人、激励勤快人、奖励有功人”原则，研究制定人力资源优化三年滚动规划，有序开展定岗定编定员工作；采取减少岗位用工、正式职工顶替、优化外包项目等综合手段，全面清理劳务用工，清退劳务用工12000余人，劳务费降低幅度达到30%左右。

建立健全以正激励为导向的收入分配制度，完善绩效考核模式，坚持收入向贡献突出单位和人员倾斜，对控亏效果显著的单位实行工资总额自主管理，确立了“工资靠效益、收入凭贡献”的政策导向。

实施集团公司机关改革，对机关职能及机构编制作了必要的调整。公开招聘部门负责人，剥离挂靠机构，精简机关人员38名。

实行板块化管理新模式，将所属单位划分为矿山、普钢、钢管、特钢、钒钛与科技、工程技术、生产服务、综合实业八大业务板块，建立权责对等的板块管理新机制，落实了经营责任，提高了企业运营效率和抗风险能力。

大力推进非钢产业转型发展，编制《2013－2015年非钢产业发展规划》，制定《非钢企业多创效益的鼓励政策及奖励办法》，非钢产业自主发展和创效能力有所增强。

三、全面加强企业基础管理，精细化管理水平明显提升

坚持“一级管一级、一级管住一级、一级管好一级”原则，狠抓制度和流程体系建设与执行。按板块、分层级、持续深入地推进专项对标工作，着力消除生产经营管理中的短板和瓶颈问题。完成集团公司办公系统升级改造，积极推进采购销售数据分析系统建设，持续提升信息化水平。

王东明视察攀钢

强化财务集中管理，实施财务负责人委派制；集团公司内部全面推行货币结算，实行资金有偿使用，强化资金成本意识；清理银行账户，提高资金集中度及使用效率；直接融资比例达到协会规定上限；采取贸易融资、降低贴现利息、调整长期贷款利率浮动时点、存款理财等组合措施降低财务费用。持续抓好存货管理，完善定额体系，存货周转天数较上年加速24天。

成立物流优化专项工作组，加强物流成本监控，降低物流成本4.8亿元。深刻吸取攀成钢“1·16”事故教训，深入开展安全生产大检查，狠抓隐患排查整治，安全工作总体受控。

四、坚定实施科技兴企战略，核心竞争力有所增强

2013年，攀钢围绕提高钒钛磁铁矿资源综合利用率目标，积极推进钒钛资源综合利用重大工艺技术研发，钒钛铁精矿提质、高炉渣高温炭化和低温氯化、钒电解液制取等重点科研项目取得阶段性成果。

狠抓科技创新能力建设，进一步完善科技创新体制、机制，加强科技人才队伍建设，积极推进研发平台建设，加强工艺管理与提升。深化技术交流与合作，与中科院、东北大学等科研机构和高等院校深入开展战略合作，与长虹、美的、东风车轮等用户共建联合实验室。

编制钒、钛、钢铁产品发展规划，加大新产品开发力度，提高钢铁独有领先产品占比，成立铁道用钢、热轧汽车用钢、家电用钢、机械制造用钢、管线用钢EVI小组，PG5钢轨、高强车轮钢、耐蚀合金油套管等优势品种开发进展顺利，全年完成新产品产量358万吨，独有和领先产品301.8万吨。全年累计通过科技成果鉴定132项，获省级及以上奖励16项，获得专利授权390项，其中国际专利10项。组织制定国际标准1项。

五、切实抓好重点项目建设，产业转型升级步伐加快

抓住攀西国家级战略资源创新开发试验区建设的机遇，研究制定攀钢千亿企业发展规划。加强项目建设过程管控，实行项目建设责任制和后评估机制，完成固定资产投资41.86亿元。

狠抓矿产资源开发，表外矿利用破碎工程、密地选矿厂全尾矿深度回收利用等项目投入生产，白马矿扩能、朱兰采场开拓运输系统等项目正抓紧实施。

积极发展钒钛特色优势产业，东方钛业扩能项目进入投产准备阶段，白马选钛、钒氮合金扩能、重庆钛业环保搬迁硫酸法钛白等项目按计划积极推进。

加快钢铁产业结构调整步伐，实施攀长特“AOD+连铸+模铸”冶炼技改项目，西昌钢钒冷轧、重庆高强汽车镀锌板、攀钢钒950生产线改造等项目进展顺利。

六、开展党的群众路线教育实践活动，党员干部作风转变成效突出

根据鞍钢集团党委的统一部署，深入开展以为民务实清廉为主题的党的群众路线教育实践活动。加强组织领导，2013年7月17日召开动员大会，制定活动实施方案，专门成立领导小组和工作机构；实行领导干部联系点制度，建立督查机制，自觉把接受职工监督贯穿于活动全过程。做好舆论宣传引导工作，在报纸、电视台开设专栏，并利用简报、知识竞赛等载体，营造了浓厚的舆论氛围。

狠抓学习教育，采取集中研讨学、专家辅导学、现场观摩学、交流互动学、个人自学等形式，组织党员领导干部认真学习习近平总书记系列重要讲话精神和中央及鞍钢集团规定的文件材料，攀钢党委中心组召开了6次专题学习会。通过书面、座谈会、职工在线等渠道，累计征集意见建议700余条，梳理出反映“四风”方面的问题60条。领导班子成员深入28家联系点单位开展调研30多次，开展“大下访”活动20多次。深入开展谈心交心活动，认真撰写并反复修改对照检查材料，以整风精神召开专题民主生活会，共提出批评意见220条，取得了找准问题、明确方向、增进团结、推动工作的实效。

制定详细的整改落实方案，攀钢党委确定了285项整改任务，集中开展了重点亏损企业整治等10项专项整治工作，加快健全解决“四风”问题的制度体系。坚持即知即改、立行立改，已完成取消攀钢领导小食堂、选钛厂职工吃饭洗澡难等整改46项，党员干部的作风进一步转变，党群干群关系进一步密切。西昌钢钒积极解决职工关心的热点问题，完成住房分配工作。

七、全面抓好党建工作，提供坚强的组织保证

（一）深入学习贯彻党的十八大和十八届三中全会精神

坚持把学习贯彻十八大和十八届三中全会作为首要的政治任务，开展集中培训工作。举办攀钢领导人员党的十八大精神轮训班，培训领导人员796名，各子分公司（单位）形成了单位问题诊断书，领导人员全部撰写了个人诊断书，共征集意见建议3257条。深入学习贯彻党的十八届三中全会精神，通过主题报告会、专题讲座、学习与创新论坛等形式，把干部职工的思想和行动统一到《中共中央关于全面深化改革若干重大问题的决定》上来。弘扬理论联系实际的学风，完善“做大矿业、做好钒钛、做精钢铁、做活非钢”战略思路，确立改革、转型、创新工作主基调，明确了改革发展的具体目标任务。

（二）学习践行“六种发展理念”，解放思想转变观念

认真学习贯彻鞍钢集团首次党代会精神，大力宣传鞍钢集团的发展战略，鼓舞士气、提振信心、攻坚克难。广泛开展“深入践行‘六种发展理念’，奋力推进控亏扭亏增效”主题实践活动，向全体职工发出“关于积极投身控亏增效攻坚战为确保实现全年奋斗目标做贡献的倡议书”。通过举办先进事迹报告会、有奖征文等多种形式和载体，引导干部职工进一步解放思想转变观念，队伍的思想观念和精神面貌发生了明显变化。

（三）积极探索推动党建工作理念、机制和载体创新，党的建设科学化水平迈上新台阶

贯彻落实《关于中央企业党委在现代企业制度下充分发挥政治核心作用的意见》，修订党委常委会议事规则，进一步完善了企业权力制衡、运转协调、科学民主的决策机制。攀钢党委坚持把方向、议大事、管本行，科学决策扭亏控亏增效方案、领导人员任免等重大事项。健全党建工作标准化管理体系，推行党委年度工作任务分解落实责任制，促进党建工作制度化、规范化、科学化。

坚持不懈抓基层打基础。切实做好党组织达标升级工作，完善党组织分类定级标准，推行党支部专项评比考核，开展党支部对标学习、创建样板党支部等活动，基层党组织的凝聚力和战斗力明显提升。狠抓党支部书记队伍建设，举办党支部书记培训班，实行党组织负责人任职资格制度。完善党内激励关怀帮扶机制，走访慰问老党员、一线工人党员、生活困难党员和优秀人才等3000多人次，发放慰问金1479万元。深入开展“共产党员工程”活动，实施640多项攻关项目，在岗党员参与面超过90%。继续抓好“降本增效党员先行”“党员身边无违章”“党员突击队”等活动，广大党员共提合理化建议4792条，实施创效12392万元；完成急难险重任务556件，义务献工20324天。加强“双向培养”工作，发展新党员420名，党员队伍结构更趋合理。

（四）认真履行抓班子带队伍职责，领导班子和人才队伍建设进一步加强

深化“四好”领导班子创建活动，突出建机制、强能力、促廉洁、改作风，提升各级领导班子的整体合力。深化干部人事制度改革，调整领导干部任职到龄退出领导岗位相关规定，加大竞争性选人用人力度，加快建立干部能上能下新机制。严格领导人员监督管理，建立板块化管理新模式，攀钢经营班子成员增加了板块管理职责，并与主管领导、二级领导班子签订经营目标责任书，对未完成经营目标的相关单位领导班子进行了调整。完善领导人员考评体系，构建形成了利润、降成本和提高职工收入三个维度的考核机制。加强领导人员能力素质建设，选派优秀干部参加鞍钢集团中青年干部培训班，与攀枝花市、鞍山钢铁互派领导人员挂职交流锻炼。

加强科技人才队伍建设，借助博士后工作站、院士工作站等平台，培养科技领军人才。加强职工素质工程，举办第五届职工技术运动会，命名表彰职工先进操作法，建立16个技能大师工作室，其中二氧化钛制备和炉前工技能大师工作室被命名为市首批技能大师工作室；组织职工参加第八届国际网络模拟炼钢挑战赛，荣获东亚－大洋洲地区企业组冠军。深化“五型”红旗班组创建活动，推广班组成本核算经验，举办班组长素质培训班，提升了基层管理水平。

八、加强和改进新形势下的思想文化工作，企业“软实力”持续提升

推动思想政治工作重心下移，严格落实职工思想状况分析制度、领导干部与职工谈心制度、组织与职工家属沟通联系制度等，进一步畅通了职工诉求反映渠道。遵循职工价值取向多元化等新形势下的特点和规律，理顺情绪，化解矛盾，引导职工理解改革、支持改革、参与改革，理性合法表达利益诉求。建立重大事件职工心理危机干预机制，分层次、分类别做好“一人一事”思想工作。巩固思想政治工作网络阵地，建立网络发言人制度，正面引导网络舆情，处理“党委书记、总经理信箱”意见建议233条，回复率达到100%。

积极推进鞍攀文化融合，统一规范攀钢中英文名称等标识，进一步增强了干部职工的归属感和凝聚力。制作《攀钢－高钛型钒钛磁铁矿综合利用开创者》电视专题片，启动攀钢网上形象展示厅建设，宣传弘扬攀钢的核心价值理念。参加第八届中国（北京）国际矿业展览会和第十四届西部国际博览会，塑造和展示了良好的企业形象。加强精神文明建设，深入开展“学习郭明义先进事迹”“评选攀钢最美妈妈”“攀钢职工最美劳动摄影大赛”“劳模宣传周”等活动，引导职工践行社会主义核心价值理念；结合实际做好“六五”普法，增强了职工群众的法律意识。

九、深入推进惩治和预防腐败体系建设，反腐倡廉工作取得新进展

坚持关口前移，着力打造廉洁文化“五项”工程：开通“廉洁攀钢”信息网、建成“攀钢勤政树廉”展览馆、成立“廉洁攀钢”研究会、聘请党风廉政监督员、选树攀钢勤廉兼优典型。突出抓好廉洁从业教育，构建“良好风气主题教育”“鞍钢攀钢光荣传统教育”等十大教育体系，摄制《廉洁攀钢·央企风范》专题片，编发《读书思廉》和《攀钢大案要案警示录》，组织200余名领导人员、重点岗位及“三管六外”人员参加案件庭审旁听和参观看守所，筑牢拒腐防变思想防线。攀钢领导班子成员公开做出廉洁承诺，带头廉洁从业，自觉接受监督，营造了风清气正的良好氛围。

建立健全纪检监察、审计、上市公司监事会“三位一体”的监督机制，构建事前、事中、事后与动态、过程、结果并重的监督体系。开展转供能源专项清查，查出欠费主体5400余家，追回欠款674万元；开展土地、房屋建（构）筑物监察，盘活了资产，增加了收益。探索“攀钢纪委主导、上级纪委支持、司法机关配合”的办案模式，建立“七个对接”办案机制。坚持“苍蝇老虎一起打”，全年共受理信访举报178件，立案查办38件，给予党纪政纪处分22人，其中处级管理岗位9人，挽回经济损失1200余万元。

十、坚持以人为本和共建共享，和谐攀钢建设开创新局面

加强群团组织建设，工会系统开展主题劳动竞赛、群众性经济技术创新等活动，有效激发了职工群众的创新创造活力。共青团系统开展“我身边的安全隐患变形记”微博微信征集等活动，举办第三届青年英语风采大赛，强化团员青年的生力军和突击队作用，彭一村、梁恩荣两人荣获钢铁行业“最美青工”称号。统战系统开展“爱、献、做”主题活动，为改革发展做出了积极贡献。

深入推进民主管理，开展“网络问企”活动，收集意见建议90余条；完善职工代表大会制度，职工代表人数从202人增加至302人，基层一线职工代表占比由29.20%增加至54.63%，更有效地保障职工的知情权、参与权和监督权；抓好厂（事）务公开，职工代表全过程监督保障性住房摇号，审议了调整单身宿舍及公寓收费标准方案。

努力提高职工群众物质文化生活水平。上调在岗职工基本岗薪标准120元/月，在岗职工人均年收入达到46819元，增长率为11.35%；做好困难职工帮扶工作，坚持开展“送温暖”“金秋助学”等活动，走访慰问职工近5000人次，累计发放帮困救助金、助学款598万元；举办职工群众喜闻乐见的文体活动，满足职工群众精神文化需求。

深入开展“大走访”“领导人员联系基层车间、班组和一线职工”等活动，畅通职工诉求表达渠道。落实领导人员信访接待和包案制度，做好重大事项稳定风险评估工作，加强矛盾纠纷排查调处，确保了生产秩序和工作秩序。抓好离退休（内退）职工管理、保密、民政、武装保卫、社会治安综合治理等工作，维护了和谐稳定大局。

十一、认真履行企业社会责任，生态文明建设取得较好成效

加大环保投入力度，采取“BOO、BOT”等模式，投资1.2亿元实施西昌钢钒和攀钢钒烧结机烟气脱硫装置改造，攀钢钒6号烧结机脱硫改造项目已投入运行；启动攀钢钒新3、4号焦炉装煤除尘改造、钒业公司V_2O_3焙烧炉除尘改造、西昌钢钒富余煤气发电等重点节能减排项目，年可节约能源9.5万吨标准煤，减少烟粉尘排放950吨，减少SO_2排放4000吨。积极抓好“三废”资源回收利用，钛业公司钛冶炼厂铁水循环利用项目已开工建设。积极做好厂区绿化美化工作，集团公司机关带头开展义务植树活动。加强环保和用能设施管理，有效改善厂区及周边生态环境。全年吨钢综合能耗为662.05公斤标准煤、吨钢耗新水为4.25吨，同比分别降低1.53%和7.6%。

做好扶贫帮乡及周边关系协调工作，组织相关对口单位对7个县、区开展扶贫帮乡工作，2013年投入资金640万元，实施21个项目，同时对市内37个村开展了“领导挂点、部门包村、干部帮户”活动。

攻坚克难　突出重围　全面完成中冶集团各项考核指标

中国十九冶集团

2013 年是中国十九冶集团发展历史上极不寻常而又极不平凡的一年。在这一年里，面对经济增速放缓、钢铁全面亏损，冶建市场持续萎缩，民建市场竞争激烈，房地产市场严控加剧，生产要素成本明显增加等多重严峻的不利形势，在市委、市政府和中冶集团的正确领导下，中国十九冶集团党委切实以党的十八党精神为指导，紧紧围绕企业改革稳定发展大局，以加强党的先进性、纯洁性、执政能力建设和“党建工作出生产力”为根本抓手，团结带领全体职工千方百计拓市场、促改革、保项目、调结构、抓转型、降“双高”，努力突出重围，全面完成了中冶集团下达的营业收入和利润等各项考核指标，成为攀枝花市保持赢利和利润持续增长的少数国有大型企业之一。

一、主要经济指标完成情况

2013 年，中国十九冶集团完成市场签约 93.31 亿元，实现年度计划的 93%，同比减少 17%；营业收入 81.99 亿元，实现内部考核目标的 82%，完成中冶集团下达计划的 102%，同比减少 18%；利润总额 2.01 亿元，实现内部考核目标的 101%，完成中冶集团下达计划的 134%，同比增长 11%。

虽然市场签约和营业收入出现近 10 年来首度“双负增长”，但仍然全面完成了中冶集团下达的营业收入和利润等各项考核指标。

在市场签约方面，全集团 22 家考核单位有 10 家完成了年度考核目标。其中，凉山分公司完成 627%，宁波分公司完成 203.66%，煤气柜公司完成 190.89%，成都有限完成 179.5%，深圳分公司完成 171.4%；市场签约超过 10 亿元的分子公司有凉山分公司、成都有限、南京分公司、深圳分公司。12 家未完成年度目标，其中完成年度目标不足 50% 的单位有 5 家：工业炉窑分公司、路桥分公司、北方分公司、市场营销部、国际工程部。

在营业收入方面，全集团 25 家考核单位有 11 家完成了年度考核目标，14 家未完成，其中完成年度目标不足 50% 的单位有工业炉窑分公司和重庆分公司。

在利润总额方面，全集团 24 家考核单位有 7 家完成了年度考核目标，其中，勘察设计分公司完成年度考核目标的 148%；17 家未完成年度考核目标，其中完成年度目标不足 50% 的单位有：深圳分公司、重庆分公司、昆明分公司、凉山分公司、工安分公司、工业炉窑分公司、设备分公司、成都有限；设备分公司亏损 360 万元。

在费用上缴方面，全集团 25 家考核单位有 15 家完成了年度考核目标，其中超交管理费的单位有：工业炉窑分公司（150%）、北方分公司（138%）、勘察设计分公司（117%）、置业公司（107%）、深圳分公司（102%）；10 家未完成年度考核目标，其中完成年度目标不足 50% 的单位有：昆明分公司、凉山分公司、工安分公司、钢构分公司、设备分公司。

在应收账款和存货方面，应收账款中，工程类 20.39 亿元，占 88%（其中 BT 项目 7.66 亿元，占 33%）；其他类 2.8 亿元，占 12%。存货余额中，已完工未结算存货 7.85 亿元，占 42%；房地产存货 8.78 亿元，占 47%；钢构、商砼等存货 2.17 亿元，占 11%。

二、主要行政工作

（一）奋力开拓市场，转型初见成效

2013 年，在市场环境极为不利的情况下，中国十九冶集团实现市场签约 93.31 亿元，其中非钢市场占73.47%。

在钢铁项目上，借助品牌影响力，抓住不可多得的机遇，中标了青钢环保搬迁2号高炉及连铸工程、日照转炉炼钢工程、北海诚德不锈钢120万吨冷轧工程等大型冶建项目，巩固了冶金市场地位。

在非钢市场上，加大了对城市综合体、大型公共建筑、有色、电力、石油、轻轨等领域的开发力度，中标了腾冲恒达自在山居旅游综合体、航利·星海湾北区项目、玉溪得胜家居商业中心、深圳新世界松岗红星村旧城改造等一批大型非钢项目，非钢市场比重首次超过70%，市场结构转型初见成效。

1. 统一思想认识，落实“第一要务”。

面对上半年市场签约只有22亿元、完成全年任务不足四分之一的严峻形势，集团公司多次召开市场营销专题会，特别强调统一思想认识，特别强调做到“五个区分、六个结合”，特别强调责任落实，特别强调把市场开拓真正作为企业发展第一要务，特别强调紧贴国家经济热点，创新工作思路。广大营销人员共同努力，奋起直追，市场签约实现了较大突破，更为2014年市场营销工作打下了坚实基础。

2. 调整营销战略，打好“四个硬仗”。

面对冶建市场的萎缩，及时调整营销战略。加大实施“西部市场核心”战略的力度，抢占西部市场高地；落实措施，打好“四个硬仗”，即“冶金市场的保卫硬仗，非冶金市场的扩域硬仗，现场保市场的拓展硬仗，资质升级的攻坚硬仗”。

3. 深度挖掘市场，拓展市场空间。

集团公司新成立了上海、广西、青岛、海南等区域性市场营销分公司，其主要任务是依托区域分公司实现重点区域市场的深度挖掘，开发客户，洽谈项目，提高区域市场的占有率。

（二）狠抓项目履约，重点工程进展顺利

重点工程完成情况良好，项目履约能力进一步提升。集团公司首次承建的中心城市大型市政工程——成都市二环路东段改造工程EPC2合同段项目，“西部铁军”将士夜以继日的鏖战，创造了二环路全线16项第一，提前25天达到通车条件，被誉为“十九冶速度”。该项目无论在项目策划、项目组织、文明施工，还是资源利用、专业协作、队伍建设等方面，都作了一些新的尝试，也取得了显著的成效。二环路项目充分展示了企业实力，积累了施工经验，锻炼了人才队伍，进一步弘扬了“西部铁军”的拼搏精神，得到了政府有关部门和社会各界的高度评价。泰钢1800mm炉卷轧机技改项目按期投产，创造了全球领先的三台轧机整体机架推移技术，这是公司继邯郸高炉推移后完成的又一重大推移工程项目，标志着公司拥有完全知识产权、全球首创的三连轧机推移成套技术成功应用。越南台塑项目克服当地资源严重匮乏、气候条件恶劣等种种困难，工程稳步推进，特别在钢结构制作上，“削足适履”适应台塑严格管理规范，整个工程无论是施工进度，还是施工质量、安全管理、文明施工都得到了业主的充分肯定，各项工作在整个台塑工地走在前列。其他重点项目如南疆高炉工程项目，在条件十分困难的情况下，3月28日实现点火试车、一号高炉投产的重大节点目标；武钢四冷轧项目在工期严重压缩、设备到货不及时的情况下，项目部克服困难，倒排工期，大力开展劳动竞赛，保证了一号连退机组按时投产，二号连退机组进入调试阶段；陕西汉钢棒线工程项目8月18日顺利投产。这些项目的顺利实施，为企业树立了良好的社会形象。

国际工程进展顺利，巴新瑞木项目9月份完成工程收尾，纳米比亚公路项目、阿富汗孔子学院项目等总体进展顺利，正按计划有序推进。

（三）坚决落实项目结算和清欠责任，“双高”风险管控明显加强

集团公司采取强有力措施，狠抓项目结算和应收账款清欠。全年完成工程项目结算411项，结算金额66.19亿元；应收账款和存货余额共计41.99亿元，控制在年度预算内，“双高”风险管控明显加强。

1. 坚决落实“一把手”抓项目结算和清欠工作。集团公司领导包括董事长在内都分派了清欠任务，人人有清欠单子，个个有清欠责任。各分子公司也层层落实，把每一笔应收账款、每一个项目结算责任具体落实到人，定期检查清欠和结算进展情况，采取积极的应对措施。

2. 强化奖惩考核。集团公司将2013年度“双高”考核在绩效兑现中的权重提高到20%（项目部30%），对应收账款及清欠工作中产生的坏账损失建立责任追究制度，强化了奖惩考核。

3. 突出加强对3年以上长账龄应收账款的管理。对3年以上长账龄应收账款建立专项档案，实行动态跟踪监控，并建立追索责任制，根据各阶段催收进度更新方法，采取“步步升级”措施突出对长账龄应收账款的清欠，其中利用法律手段清欠回收4，000余万元，一些长达10年的应收账款也通过艰苦努力实现了回收。

（四）深化人事制度改革，着力优秀技能人才培养

以配强配优领导班子、减少管理层级和干部职数、取消与政府对应的干部序列为重点，深化人事制度改革。全公司有52名助理（副总）以上干部不再聘任，科级岗位减少152个，组织机构减少40个；新聘任的助理（副总）以上干部中，70后干部30人，80后干部15人，其中，近年招聘的2名工程博士凭借出色的能力和过硬的专业水平被选拔到分、子公司领导岗位，年轻化、专业化、充满生机与活力的领导干部队伍已显雏形。

优秀技能人才培养取得新成绩。创建国家和省级“周树春焊接技能大师工作室”、市级“刘建川电气安装调试技能大师工作室”，树立了技能人才“标杆”，带动技术工人成才。充分发挥优秀高技能人才在“急难险重”工程施工中的技术优势和攻关能力，使优秀技能人才在重点工程建设中展才献技。“周树春焊接工程队”近40名青年技术工人在孟加拉工程、越南台塑工程和龙蟒矿冶铁精矿输送管线管道安装工程中攻坚克难，为项目的顺利实施作出了贡献。集团公司再次荣获“四川省技能人才培育突出贡献奖”，周树春被国务院批准享受政府特殊津贴并荣获中央企业劳模称号。选派2名选手代表中国参加德国莱比锡第42届世界技能大赛，在建筑金属加工、焊接两个项目的最终角逐中，双双获得第五名的佳绩，为国家和企业增了光。组织开展集团公司第四届职业技能竞赛，电调工、电焊工、安装钳工和冷作工四个工种的76名选手参加了决赛阶段的竞技角逐，展现了蓝领队伍的才华技艺，促进了技术工人岗位成才。

（五）夯实管理基础，促进管理提升，扎实推进企业改革创新

按照国资委对中央企业的要求，全面开展管理提升活动，努力转变企业发展方式，进一步提升发展质量和效益。集团公司紧紧围绕“强基固本、控制风险、转型升级、保值增值、做强做优、科学发展”这一主题，突出重点，抓住关键，着力提升企业管理水平。

1. 强化基础管理。围绕“一大不足、两大瓶颈、三大短板”等突出问题，在基础管理上挖掘成因，对标寻找差距，明确提升方向，提出专项整改措施，其中对“集中管控不足”提出整改措施10条；对“人才瓶颈制约工程总承包能力的提升”提出整改措施8条；对“资金瓶颈问题突出，资金链脆弱”提出整改措施7条；对“工程总承包能力不适应市场发展需要”提出整改措施6条；对“开源节流、降本提效、成本管控不足、基础工作仍然薄弱”提出整改措施13条。每条措施都落实到责任部门，已陆续出台《市场营销若干不准》等30多项新的管理办法，通过修订、完善规章制度，狠抓落实，加强内控，强化了企业基础管理。

2. 强化资金集中管理，推进财务信息化建设。2013年集团公司新增授信30亿元，并荣获中行、农行、建行2013年度3A信用等级证书，综合授信已达到115.8亿元，为集团公司生产经营提供了有力支持。在继续利用票据、信用证等债务融资手段的基础上，联合银行、信托等金融机构，实施应收账款保理，通过商业票据贴现回收资金。这些融资手段的创新，降低了应收账款余额，提高了资金安全。与此同时，完成了财务用友NC系统的升级和资金、预算模块的实施工作，实现了预算、资金、核算等业务的集合，并将授信、票据、内部借款等管理纳入财务信息化系统，完善了以资金集中为主的资金管理模式，资金集中度位居中冶集团前列。

3. 全面推进集中采购。通过积极与先进企业开展对标学习，加强制度建设，实行阳光采购，全年集中采购额6.67亿元，采购成本降低率为1.63%，取得了实实在在的效益。

4. 强化合同评审，项目管理推行策划先行。强调合同评审和项目策划是项目实施的基础，针对工程的特点、难点，理顺工作思路，明确目标，加强计划性、预见性和可执行性，努力实现项目管理目标；加强项目实施全程控制，特别是加强对进度、质量、安全的管理，杜绝管理不善增加的成本和损失。

5. 加强内控管理和风险控制。一是加强市场风险管控，制定《工程投标若干陷阱及对策》等管理制度，有效防范营销风险；二是加强内控及风险管理，建立风险库并逐步完善，开展重大风险辨识评估工作，指定主责部门编制重大风险解决方案，组织完成了2013年度全面风险管理报告、2013年风险管理计划、季度风险管控报告及风险案例分析报告；三是滚动确定“五个六”特别监管单位，对综合风险高、“双高”突出、管理销售费用较高的分子公司进行重点监管，突出管控针对性。

6. 提高资产运营效率，努力实现降本增效。一方面积极推进资产盘活和低效资产处置工作。由于历史原因，大量低效闲置资产占用了大量的资金，且无法产生效益，严重影响了集团公司的整体资产运营效率和经营绩效。2013年，集团公司采取进场交易、公开竞价拍卖等方式，处置低效资产实现资金收入5.6亿元，提高了资产的运营效率。另一方面持续开展开源节流，降本增效活动，扶持特色业务单元做强，如维检、商砼、钢构、设计和检验等，强化“造血”功能，提升盈利能力，一些原来需要补贴的业务单元，成为了集团公司创效的优质资产。职工医院被攀枝花市人民政府授予“攀枝花市第六人民医院”牌匾，医疗质量得到公认，医疗市场得到拓展；职教中心成功迈入“国家中等职业教育改革发展示范学校”建设行列，毕业生得到用人单位好评，办学及对内对外培训取得良好效果；物业公司积极开拓物业管理市场，持续做好大后方服务，造福一方百姓。实行工资总额包干，严格执行职务消费规定，严控费用成本；实行工程分包价格评审与分包结算三审制，对15个项目开展了分包结算审计，降低了工程分包成本，审检效果明显；编制内部定额标准，以标准控成本。

（六）强化质量技术、科技创新和安全管理工作，促进企业健康发展

在质量管理上，以工程实体质量监控为重点，加大监督检查力度，争创精品工程，工程实体质量管理加强，工程创优创奖屡获佳绩，施工技术管理进一步规范有序，三标管理体系有效运行。2013年，单位工程一次性竣工合格率100%，获省（部）以上优质工程12项，优秀QC成果25项。集团公司荣获“2013年全国实施满意工程先进单位”“全国用户满意企业”称号，三标一体化监督审核顺利通过。

在安全管理上，以落实安全生产“一岗双责”、强化安全生产风险管理、加强监督检查为重点，深入施工现场进行督查，全年共检查在建项目27个，下达书面整改指令56份，涉及各种安全隐患182条。对集团公司的重点项目，采取派驻安全管理骨干到现场进行安全风险管控的方式，确保施工安全生产。集团公司荣获“2013年贯彻实施建筑施工安全标准示范单位”称号，全年工亡事故为零，无新增职业病，无环境污染与破坏事故，职业健康安全和环境管理等指标控制在管控范围内，安全生产形势明显好转。

科技创新成果丰硕。2013年集团公司共确定重点课题32项，科技总投入9，087万元。全年实现专利受理120项（其中发明专利44项），《大型步进式加热炉机械设备安装综合成套技术研究》等11项科技成果通过了中冶集团和攀枝花市联合鉴定，其中5项达到国内领先水平，6项达到国内先进水平；获得省部级工法14项，《热带雨林长输矿浆管道安装工法》等三项国家级工法通过评审；集团公司作为受邀的唯一施工单位，参加了第十四届全国大高炉炼铁学术年会并在会上作交流发言，与会专家和冶金企业代表给予高度评价；完成主编国家标准1项（报批稿），行业标准1项（征求意见稿）；出版发行冶炼施工专著《高炉炼铁工程管理与施工技术》，成功申报著作权；集团公司通过了第二批四川省知识产权优势培育企业验收，并被授予“四川省知识产权示范企业”；攀枝花钢城大厦项目被列为全国建筑业绿色施工示范工程；45项课题获认定享受减税990余万元。

三、主要党建工作

2013年，中国十九冶集团党委紧紧围绕企业改革稳定发展大局，以加强党的先进性、纯洁性、执政能力建设和“党建工作出生产力”为根本抓手，努力促进企业科学发展。

（一）深入学习宣贯十八大和十八届三中全会精神

开年之际，公司党委即把宣贯党的十八大精神作为首要政治任务，进行全面安排部署。各级党组织通过会议、橱窗、网站、报刊、讲座、知识竞赛等多种途径、方式，组织全体党员学习十八大报告和党章，并重点要求党员、干部结合国际国内市场形势、冶建和非冶建行业形势、企业面临的“四场硬仗”和“西部铁军”文化品牌的强大优势，学懂学深学透，全面准确把握精神实质，从而坚定克服困难的决心，增强跟上国家、中冶发展步伐和建设“实力、魅力十九冶”的勇气和信心。

三中全会召开后，公司党委迅即发布实施宣传工作方案。党委书记、董事长田野亲自作宣传动员，并深入项目部宣传会议精神。各单位结合实际认真组织学习，做到学习贯彻与生产经营相促进。在年末两个月的学习贯彻落实中，全体职工斗志昂扬、精神倍增，使全公司的营业收入和市场签约增长了20多亿元。

（二）开展主题教育实践活动

1.“查找十大思想病”活动

“北上东进”完成后，收入多了，住房好了，工作条件改善了，孩子上学解决了，干部队伍里出现了自比自满、怕担风险、慢待机遇、浮而不实、思想僵化的现象，严重阻碍了企业发展。为此公司党委及时组织开展“查找十大思想病”活动。

这“十大思想病”是：市场意识不强，不能适应转型发展需要；危机意识不强，不能正确认识发展差距；全局意识不够，不能正确认识全局与长远关系；创新意识不强，不能突破思维定势；安全质量意识不强，不能落实“一岗双责”；责任意识不强，不能用心谋事；实干苦干意识不强，不能讲奉献；人才意识不强，没有能者上、平者让、庸者下的理念；群众意识不强，不能消除长官思想；科学发展意识不强，不能清除片面发展思想。

全体党员和干部结合岗位业务、思想实际和企业发展大局，认真查找病症，深入分析病根，开出治病良方。田野同志不仅立足自身撰写查病治病报告，还给全体干部以《治病强企谱写“中国梦”中国十九冶篇章》为题，开出了根治“十大思想病”的综合药方，并刊发在《中国冶金报》等媒体上。

活动普遍净化了党员、干部心灵，促进了全体员工在思想和行动上的统一和一致，增添了正能量，促进了企业的健康发展

2. 实现伟大中国梦、建设美丽繁荣和谐四川主题教育活动

对这项活动，公司提出了“接地气、破难题、求实效”的九字要求，将打造“实力、魅力十九冶”作为实现伟大中国梦的目标和奋斗方向

5至7月份的主题活动，促进了营业收入及利润的加快增长；三项制度改革、五创联动、沿江改造、扶贫帮乡加快推进；“一大不足、两大瓶颈、三大短板”进一步解决；“四场硬仗”有了新突破；攀枝花银泰、棚户区改造等五大项目取得新进展。

活动强化了“树、讲、比”氛围，实现了“思想进一步统一、力量进一步凝聚、作风进一步转变、工作进一步推动”四个目标，汇聚起建设“实力、魅力十九冶”的强大力量。

3. 党的群众路线主题教育实践活动

活动中，按照聚集“四风”、以为民务实清廉为主题和“照镜子、正衣冠、洗洗澡、治治病”的总要求，集团公司党委把进一步查找“十大思想病”作为自选动作，组织广大党员深入开展主题教育实践活动。

集团公司成立了12个督导组，对各单位学习动员、群众监督、查找问题、专题民主生活会、落实整改等进行督导，并通过报刊、网站进行专栏宣传。田野同志的根治“十大思想病”的综合药方，把主题教育实践活动推向了高潮。

特别是在公司领导班子专题民主生活会上，班子成员对照“四风”、分管业务和企业发展大局等，查摆问题很到位；批评和自我批评气氛十分坦诚、融洽；对下步工作及措施交换意见很充分；实现了思想高度统一，形成了坚强领导合力；把会议开成了近10多年来最好的一次班子民主生活会，得到了中冶集团督导组副组长林锦珍同志的充分肯定。

活动促进了思想作风大转变，降“双高”取得明显成效，“三大短板”进一步改善，市场签约达全年六成以上；完成棚户区改造等民生工程，受到职工群众好评。

（三）做好群众工作

集团公司党委十分重视群众工作，并重点通过政研会、工会、共青团、信访、劳资、统战等部门，不断探索新形势下企业群众思想政治工作的新途径、新方法。

在具体工作中，两级党委领导班子成员认真执行领导干部联系群众制度，带头深入职工群众，了解生产生活情况及思想状况，对联系困难户适时看望走访慰问并给予困难帮扶，受到广大群众拥护。在三项制度改革、岗位调整、薪金升降、裁职减员、棚户区改造等事关全局工作中，各级党员干部一是起好模范作用，二是依法行政，三是认真做好深入、热情、耐心、细致的群众工作，有效稳固了基本骨干和基本人才，确保了企业发展大局稳定。

在信访工作中，各级党组织认真以群众工作统揽信访工作，在事要解决上狠下功夫，接待办结群众信访382起、552人次。尤其认真处理了棚户区安置、环污搬迁、职教幼教退休人员调待、城市乱搭乱建、农民工工资等信访突出问题，缓解、化解了矛盾，促进企业与地方的稳定和谐发展和“两个文明建设”。

攀枝花市连续第八年授予中国十九冶集团“群众信访工作先进集体”荣誉。

（四）提供组织保证

集团公司党委始终把创建学习型党组织作为党建基础工作抓紧抓实，坚持以领导干部为重点，采取党委中心组、报告会、研讨会、专家讲座等多种形式，进一步加强政治理论、法律法规等多方面的学习。努力创建四好班子，积极参与企业重大问题决策，认真执行党管干部和党管人才政策，发挥好党委的政治核心作用；通过董事会、办公会、党政联席会和积极参与公司“三重一大”问题决策等形式，保证了企业决策的科学性和党的路线方针政策在企业的贯彻执行。

按照党章规定和工作需要，对分子公司5个党委班子进行增补、调整，保证了日常工作正常开展。积极开展创先争优活动，让党支部的战斗堡垒和党员的先锋模范作用在各项工作中得到充分展现。按照“控制规模、优化结构、提高质量、发展作用”的总要求，做好党员发展工作，共培训入积极分子69名，发展党员60名（含深圳和成都公司）。全面完成186个基层党组织和4151名党员信息建库任务，促进党组织和党员管理科学化。加强和改进对2119名离退休党员管理，通过理顺组织关系、优化组织活动、强化阵地建设、保证工作经费和关心帮扶，使他们“老有所为”，在维护社会和谐、促进科学发展中发挥余热，体现价值。

（五）搞好党风廉政建设

2013年，集团公司开展了一系列党风廉政建设工作。

与分子公司签订了《党风廉政建设责任书》。并制发了《党风廉政建设责任分工和任务分工》，将反腐倡廉工作细分为12大项56小项，明确了牵头和配合单位，确保了责任主体明确、责任界限清晰，保障了反腐倡廉工作顺利开展。

制定实施了《2013年反腐倡廉宣传教育工作方案》，紧紧围绕反腐倡廉宣传教育和廉洁文化建设，将宣传教育纳入党风廉政建设责任考核，列入惩防体系建设检查范围。

邀请专家为230名中层以上干部讲授预防职务犯罪知识，送阅领导干部《从政道德启示录》和《忏悔实录》，教育广大干部坚守道德底线，远离职务犯罪，做一名廉律好干部。

纠风正纪。针对管理费开支、工程分包、吃拿卡要、材料采购、劳动纪律等进行专项治理，开展清退领导干部收受会员卡工作，对“五个六”实施特别监管。对某公司班子以“书报费”名义发放补贴的问题给予通报批评，并收缴违规资金35.6万元。

落实中央“八项规定”和集团公司“九条措施”，共减少会议费用61.05万元、差旅费315.57万元、办公费531.43万元、业务招待费239.33万元。

（六）加强工会和共青团等群团工作

2013年，工会组织结合“树、讲、比”“查找十大思想病”“党的群众路线主题教育实践”等活动，积极推进企业民主管理和厂务公开；努力加强集体合同履行情况监督；广泛开展提合理化建议和降本增效活动；以东二环等工程项目为载体，开展群众性经济技术活动，推进班组建设纵深发展；抓好职工法制教育和劳动保护工作，切实维护职工的合法权益；继续做好困难职工帮扶；切实关爱劳模和树立先进典型；办好工会信访、努力化解矛盾；积极开展职工文体活动，丰富职工文化生活。

共青团紧密结合企业发展实际和青年特点，深化形势任务教育，弘扬传承五四精神；结合具体业务和党、团法规，加强青年人文关怀、先进典型选树、推优表彰和“师带徒”助推青年成才工作；开展多种形式的“主题团日”活动，做实“岗、号、队、手”等团青特色工作；持续开展“青春在奉献中闪光”学雷锋主题实践活动，抓好“践行雷锋精神、共建文明辖区”志愿者服务和“爱心助学”志愿活动。

（七）强化企业文化建设

2013年，集团公司把“聚焦中冶主业、建设美好中冶”和建设“实力、魅力十九冶”有机联系起来，继续推进中冶文化、品牌与中国十九冶文化、“西部铁军”品牌的融合提升，继续深度打造“西部铁军”品牌，强化企业文化建设。并积极探索思想政治工作与企业文化建设紧密结合的新途径和新办法。

围绕中心工作办好《中国十九冶报》、中国十九冶网站等企业媒体，重点宣传了党的十八大和三中全会精神，传达“查找十大思想病”“群众路线主题教育实践”等活动信息，报道了企业生产经营、改革管理等各方面的先进事迹、经验等。

作好对外宣传，在《中国冶金》《中冶月刊》、国资委网站和中冶集团网站、《中国冶金报》《攀枝花日报》《企业文明》杂志等外媒投稿用稿800余篇，积极树立了“西部铁军”良好文化品牌形象。

编辑出版了《中国十九冶视觉识别系统》；撰写2013年工作通讯；编印《跨越2012》画册、《见证2012》资料汇编；制作《追梦之路》等专题片；做好两地机关办公大厅视频宣传等。

通过深度打造“西部铁军”品牌文化，激发出全体员工搞好企业各项工作的强大热情和干劲，为企业科学发展优化了内、外部环境。

四、存在的主要问题

回顾2013年的工作，存在的问题也还不少。

主要表现在：市场开拓的能力不足，特别是一些分子公司面对冶建市场的萎缩，不知所措，市场打不开局面，生产经营面临困难；人力资源结构不合理，高级专家和注册人员严重不足，制约了集团公司的总承包能力提升和转型发展；存货和应收账款、带息负债过高，与规模、效益不匹配；管理基础工作仍然薄弱，战线管控存在不深入、难落实的现象，业务管理战线人员配置、业务能力建设亟待加强；项目策划、项目风险管控有待加强，项目管理现代化手段应用不够，特别是出现了几个亏损较大的项目，直接影响了集团公司的盈利能力；个别项目部质量管理失控，出现了较大的质量事故，给公司造成重大经济损失，严重损害了公司的形象；“党建工作出生产力”需要进一步通过党的先进性、纯洁性建设来得到加强，发展中存在和各种困难和问题需要进一步通过加强党的执政能力建设来得到更好的克服和解决。

改革创新　迎难而上
企业发展保持总体稳定

攀枝花煤业（集团）有限责任公司

2013 年，面对煤炭市场持续低迷，产品价格大幅下降，各种问题多重叠加等不利形势，攀煤（集团）公司在各级党委政府和川煤集团领导下，牢牢把握“增盈增效、改革创新”工作主题，迎难而上，团结进取，企业发展在困境中保持了总体稳定，各项工作难中有为、危中有机。全年生产原煤 420.18 万吨，同比增加 22.69 万吨；产销精煤 177.54 万吨，同比增加 12.33 万吨；焦炭 41.21 万吨，同比减少 14.74 万吨；矸石发电 11.78 亿度，同比减少 2.91 亿度；矸石砖（含蒸压砖）14185 万块，同比增加 422 万块。全年实现营业收入 28 亿元，同比减少 6.7 亿元；利润亏损 1.8 亿元，同比多亏 4000 万元。安全生产控制在川煤集团下达指标之内。全年在岗职工人均收入 4.16 万元，同口径与去年基本持平，采掘一线员工同比增长 3.9%。

一、煤炭生产实现稳中有升。建立完善生产管理考核办法，着力在提高采掘正规循环、工时利用、设备开机效率和优化采掘布置、减少搬家倒面时间、改进采煤工艺等方面落实责任、细化措施，各矿基本完成计划任务，全年原煤、精煤产量同比分别增产 22.69 万吨、8.8 万吨；全公司机械化程度、全员工效、单产、单进水平较上年均有所提高。太平矿首个综采工作面取得成功，3 月份产量达 9.67 万吨，创该矿历史最好成绩，综放、刨运综采 10 月、11 月分别投入试生产，机械化发展取得历史性突破；花山矿 4238 大采高综采“双重”项目 6 月底投入试生产，10 月份通过川煤验收，各项指标达到预期目标，全年完成矿井产量 173.75 万吨，创该矿历史新高；精煤分公司新系统运转正常，中断生产事故大幅减少，精煤产率和介质消耗攻关成效显著，为实现全年生产目标发挥了重要作用。

川煤－盐边战略合作签约暨川煤华荣红坭公司授牌仪式

二、相关产业努力扭亏增盈。实施一企一策、一点一策，转机建制努力扭亏增盈，电力、建材、机制等相关产业，包括费用单位经济运行较为平稳，基本实现了减亏目标。矸石发电厂在全年累计仅有一个月双机运行的情况下，努力节支降耗，增加上网电量，全年实现盈利 4800 万元。九鼎公司采取与经销商代销和自销相结合的方式，产品产销量有所增加，同比减亏 620 万元。机制公司加大 730 重型刮板机和截齿产品的产销力度，全年实现销售收入 4920 万元，同比增加 370 万元。恒威公司在市场持续低迷的情况下，参股周边民爆企业，努力拓展市场，爆破收入达到 1750 万元。焦化公司从 3 月 1 日起，引进合作方实施经营托管，攀煤公司进行经营监管，从实际运行情况看，焦化公司在系统改造、设备维护、理顺管理、减人提效、降本增效等方面取得较好效果，但由于市场进一步恶化，亏损仍然较为严重。

三、安全生产保持总体稳定。认真落实《煤矿矿长保护矿工生命安全七条规定》，组织开展系列安全大检查，细化安全管理措施，强化安全责任意识，深化安全专项整治，突出“一通三防”、防治水、顶板、机电运输等重点领域管理，狠抓质量标准化建设和隐患排查整治，加大以六大系统改造为重点的安全技改投入，矿井综合信息化系统通过验收，六大系统改造上半年基本完成，小宝鼎矿、大宝顶矿固定瓦斯抽放系统年底相继竣工。针对下半年安全事故多发情况，制定了加强后期安全生产的特别规定，重点加大了节假日、双休日安全检查监督，严格落实业务保安责任，在夯实基层基础、强化责任落实、规范作业行为、加大安全奖罚等方面进一步细化措施。公司层面全年组织节假日、双休日入井检查达350余人次，下发隐患单600余份，共查出隐患2800余条，安全罚款500余万元，处理人员67人次，安全生产总体保持稳定。

攀煤公司花山矿4238工作面

四、资源整合取得新的进展。宝鼎矿区完成了深部接替资源勘探，预计获得煤炭资源3.25亿吨；云南基地桃树坪、信德煤矿正在开展项目建设前期矿权变更、项目报批、新井设计等工作。根据省、市资源整合政策，形成了攀枝花地区煤炭资源整合总体方案，6月份与三维公司合作成立了川煤华荣红坭公司，8月初与盐边县签订了资源开发合作协议，同时与盐边、仁和、西区等区县11家企业18个煤矿（19个井）初步达成合作意向并完成尽职调查，目前正在开展部分煤矿的资产评估审计和三维公司所属煤矿的复工复产工作，并规划三到五年时间在宝鼎矿区周边、攀西地区形成200万吨以上生产能力。

五、经营管理难中有为。突出经营目标考核，在坚持开展月度、季度经营目标考核和审计、效能监察的基础上，对完不成经营目标的单位实施重点监管，限期整改。突出内部挖潜增收，从工资分配、节支降耗、经营创收等方面进一步细化措施，增添办法，全年物流贸易实现收入5800余万元；实施泥煤招标统销增加销售收入1500余万元。突出成本费用控制，以太平矿、精煤分公司为试点，启动推行全面预算管理，进一步理顺和完善物资供应管理体制和考核办法，各单位供应站划归原单位管理，除总医院外，所有单位自购物资全部实行招采分离，公开招标后价格平均下调20%左右。加大清仓查库、回收复用力度，在全公司开展了清仓查库专项活动，全年物资回收2800万元，复用2200万元，清查出库存物资9000余万元（含国债物资3000余万元）。工程管理方面，制定出台新的工程建设、招投标等六个管理办法，严禁计划外、超预算工程，控制外委工程，鼓励自营工程，全年安排重点项目13项，完成投资1.6亿元，同比减少2亿元。工资分配方面，修订完善工资结算考核办法，工资收入实行不同系数比考核，体现效益质量、规模收入与贡献薪酬相结合的原则。水电消耗及回收方面，合理调整供电运行系统，逐步清理大功率设备，减少设备空运转，降低水电消耗，同时针对矿区民用水电实际，组织实施智能化改造，提高了水电回收率，全年减少外购电支出1200万元，水电回收率同比提高20%。非生产费用控制方面，严格执行川煤集团及攀煤公司“十项规定”，严禁超标开支、铺张浪费，全年三项费用同比下降722万元，为近年来最好水平。

六、内部改革平稳推进。启动实施定岗、定员、定编工作，大力清理临时用工和不在岗人员，先行试点对部分费用单位控制管理岗职数和机构编制，出台管理岗转操作岗提前内退的实施办法，进一步完善了干部考核及结果运用办法。2013年，全公司净减人员946人，同时清退外来劳务用工278人，办理内部退养278人。焦化公司、成都投资公司、总医院、机关事务公司先行试点的四个单位，机构设置由原来的88个减少到73个，科级岗位职数由原来的177人减少为112人。2012年以来，集团公司处级干部内退17人，提拔5人，净减12人。扎实开展科技攻关活动，全年申报川煤科技成果21项，获省、市科技进步奖8项，授权专利数量17项，申请科技研发抵税和科技项目各级补助资金700余万元，为近年最好水平，攀煤公司被确定为四川省第三批知识产权试点企业。继续实施职工素质工程，广泛开展岗位练兵和技术比武活动，全年培训职工14624人次（含安全培训），技能鉴定716人，建立大师工作室10个，招收大中专毕业生57人，职工队伍素质进一步提高。

七、和谐建设不断深入。注重关心职工生产生活，继续实施低收入和特困职工帮扶，全年走访慰问28000余户、慰问金824.85万元，组织职工疗养922人次，职工体检17857人次。棚户区改造工程有序推进，累计完成投资9.6亿元，安置居民11000余户，整个工程基本结束。认真开展党的群众路线教育实践活动，广泛开展“解放思想、转变作风、挖潜增收”主题教育，制订落实改进工作作风、密切联系群众的“十项规定”，开展十佳敬业、十佳道德模范评比，公司干部作风、职工精神面貌进一步改观。重视加强信访维稳工作，重点对棚户区、集体工、工伤残及机构改革、减人提效等难点问题加大了信访调处力度，基本保持矿区稳定。

攀煤公司首届“十佳道德模范”和“十佳敬业模范”颁奖会

2013年，钢城集团在艰难困苦中前行

攀枝花钢城集团有限公司

当时间的脚步匆匆跨过2013年，蓦然回首，这一年，艰难困苦是钢城集团生产经营的真实写照。一年来，面对复杂多变的市场形势和艰巨繁重的改革发展任务，以及攀钢产品及服务量价齐跌、资源涨价，轧钢分公司因限电限气和待料陆续停产达半年之多，因海绵钛产品价格低于成本导致亏损而减产、停产，瑞钢公司因金沙水电站开工建设而搬迁停产等诸多不利因素，钢城集团上下一心，审时度势，落实措施，砥砺奋进，保持了生产经营总体平稳，发展的基础没有动摇，发展后劲仍然强劲。全年实现经营总收入176.39亿元，同比增长1.07%；实现工业总产值94.18亿元、工业增加值27.52亿元、税费总额4.48亿元，同比分别下降7.91%、17.93%、16.9%。公司入围“2013中国制造业500强”，位列第292位，比2012年下降18位；入围“2013中国民营企业500强，位列第175位，比2012年下降23位；入围“2013中国民营企业制造业500强”，位列第116位；入围四川企业100强，位列第21位，与2012年持平；入围2013四川制造企业100强，位列第12位；位列“2013攀枝花企业50强”第2位、“2013攀枝花制造业50强”第2位、“2013攀枝花纳税50强”第2位；荣获“四川省优秀民营企业”“四川省文明单位”“四川省民营企业文化建设工作先进单位”“攀枝花市创新发展优秀企业”等荣誉称号。

纵观全年，国内经济下行，宏观经济趋势着力于调结构、转方式、淘汰过剩产能上；钢铁市场“寒冬”继续蔓延，产能严重过剩，将长期处于微利甚至亏损状态。这给与钢铁行业关联度大的钢城集团带来极大的困难和挑战。外部环境持续变化和攀钢控亏减亏力度持续加大，导致钢城集团效益大幅下滑。面对这些重大而深刻的变化，钢城集团采取一系列重大举措力争实现全年目标，努力提高经济运行质量和效益。年初，对全年工作计划重点任务进行周密部署；年中，召开生产经营分析会，以大幅降低成本为核心，部署下半年工作措施；年末，召开产业结构调整和转型升级专题会，以协力业务整合拉开了新阶段调整转型和深化改革的大幕。

攀枝花川煤华荣红坭煤业有限公司授牌

多管齐下降成本

如何在严峻形势下提高企业发展质量和效益？这是2013年钢城集团必须面对的最艰难、最核心的问题。公司采取强力措施，降低采购成本和人工成本，并努力消灭独家供货。从年初到年末，公司降成本的步伐从未停止，以前所未有的降成本力度，积极应对艰难的生产经营形势。

进一步加大降成本力度。年初，公司首届六次职代会提出“加强成本控制，深挖潜力，降低成本”这一要求，并要求各单位要形成成本倒逼机制，向供应商传递成本压力，大幅降低采购成本和生产成本；从严从紧对费用支出进行刚性控制，大幅降低劳务费、招待费等；同时，坚持以现金为王，强化财务管理，加大资金管控力度，降低资金成本。公司“7·17”生产经营分析会提出，低成本是企业的“生命线”，强调要把有效降低成本作为控亏增效的首要工作抓落实，全年辅料、原材料、备品备件费用必须降成本10%上，用两个月时间消灭独家供货现象。各单位按照公司统一部署，召开成本分析会，找原因、定措施，通过技术攻关降低物耗成本；加大原材料的组织力度，优化生产组织，提高劳动生产率。集团公司加强对招投标和比价议价的审计，降低库存，减少资金占用；加大监管力度，成立联合检查组对各单位招投标、比价议价、库存、独家供货等情况进行专项检查，对不符合要求的单位，下达通知，要求限期整改，推动各单位降低采购成本和物耗成本。全年降低采购成本1.2亿元，主导产品物耗下降3.65%，加工成本下降4.47%；降低经营费、招待费3238万元；组织集中招标62项，较投标均价减少995万元；组织比价议价项目445个，比经过单位和部门审核的估算金额减少4306万元。在重大项目建设中，创新设备采购模式，以提高设备性价比为目标，实现由业主方与总承包方联合招标采购设备，对降低的采购金额由双方分成，实际采购价格比总承包合同价格平均降低14%，降低设备采购成本5686万元。

2013年9月4日，攀枝花市委书记刘成鸣、市委副书记赵辉，市委常委、市国资委党委书记李章忠一行调研渣钢渣铁钒钛资源综合利用项目——（钢城集团提供）

降低人工成本也是2013年降成本工作的一个重点。钢城集团要求各分子公司积极降低人工成本，彻底清退非生产人员、劳务人员，精简两级机关人员，切实降低劳务费，提高劳动生产率。

各单位积极行动，采取各种措施减少劳务用工。共清理劳务派遣用工3775人，除攀钢协力业务外，基本实现劳务用工“零”目标，压缩劳务费用8586万元。

项目建设增后劲

渣钢渣铁钒钛资源综合利用暨瑞钢公司整体搬迁项目，是钢城集团钢铁产业转型升级的重大骨干项目，该项目将实现热送热轧，形成年产5万吨钒渣、100万吨钢、15万吨铸锻钢件的生产能力。项目从2012年10月16日破土动工、11月30日全面开工以来，就受到钢城集团上下的期待，被列为2013年“天字一号”工程。重压之下，项目所属的瑞钢公司积极履行“小甲方”职能，与总包方和各参战单位一道，克服了雨季施工所造成的公路运输及通行困难、设备进场难、220千伏安输变电站建设难度大等外部困难，确保工程建设整体受控：2013年3月30日进行主厂房钢结构吊装；9月30日一号主线具备试车条件；11月8日启动送点程序；11月28日正式投料，29日出钢；12月28日，2号EBT电炉成功实现热负荷试车。该项目从开工到具备单机试车条件，比常规工期提前4个月，工程建设投资省、效率高、质量好，成为钢城集团重大项目建设的样板工程。项目建成后，使公司钢铁产品由全部生产普钢向合理配置优钢、特钢转变，实现钢铁产业转型升级。10月，引进芬兰先进技术建设的渣钢铁高效回收系统项目建成投产，精料产品品位可达70%以上，选后剩余尾渣含铁量降到1.08%，使资源综合利用能力和水平上了一个新台阶；普达阳光国际康养度假区项目进展顺利，一期主干道路、花海景观等基础建设按网络进度有序推进；阳城龙庭、龙潭技术研发中心大楼、瑞海公司技术研发中心、钢城经贸大厦等房地产项目按计划顺利推进，其中钢城经贸大厦销售面积超3万平方米；与中石油四川销售分公司合作建立仁和橄榄坪园区和迤资园区加油、加气站项目取得积极进展。这些项目都将为公司提供发展后劲。

紧跟变化拓市场

强化服务攀钢意识，以产品开发满足攀钢需要，做好球团矿、煤炭、铁精矿、盐酸、烧碱等产品的组织、生产和运输，不断巩固攀钢市场；全力维护和拓展西昌钢钒、攀成钢、攀长钢、新钢业等钢铁市场，瑞海公司成功嵌入西昌钢钒的生产链条，形成良好的战略合作伙伴关系。积极应对市场变化，贸易、物流产业着力开发新市场、新项目，多次中标攀钢钒铁合金项目，形成新的效益增长点；煤炭贸易量同比增长59.5%；钢材贸易量同比增长45%。多渠道开展贸易工作。一方面加大资源寻找和沟通协调力度，将攀钢需求市场和攀西地区资源供应市场有效衔接，实现增值服务。另一方面，贸易、瑞海、瑞城等单位利用集团公司内外部资源及地域优势，广泛开展贸易、物流业务，拓宽了钢材、建材、钒钛、化工等产品的外销渠道。

2013年11月8日下午，钢城集团公司总经理吴强陪同市委副书记、市长张剡调研瑞钢工程建设工地——（钢城集团揭供）(1)

积极拓展球团、螺纹钢、电工钢、商品砼等产品的销售渠道。在巩固原有市场份额的同时，紧跟市场变化，灵活制定行业领先战略，与有实力的合作伙伴组建联合体开拓市场，采取产品配套销售、区域差异定价、寻找有实力的代理商等营销策略，不断扩大市场份额。累计销售商品砼120余万立方，同比增长32%；螺纹钢产品销售，紧抓重点工程和重点市场不放松，巩固了观音岩、丽攀高速公路各标段等原有市场的同时，及时收集攀西及周边地区重点工程建设情况，开拓了乌东德水电站工程和昆明地铁等新市场。在做好保供的同时，抓好富余球团外销工作，积极联系德胜、水钢等企业，拓展了外销渠道，全年实现外销球团30余万吨。

科技进步取得新成果

2013年，钢城集团以科技创新带动产业发展，积极开展知识产权工作，加大专利产品、专利技术开发力度，全年获授权专利80余件。荣获“四川省第二批企业知识产权示范工作先进单位”和“四川省知识产权示范企业”称号。加强技术攻关和新产品、新项目开发，镁电解氯气化系统优化研究和攀钢含铁二次资源综合利用技术研究分获攀枝花市科技进步二等奖；钛硅合金在品种钢中的应用研究取得突破性进展，成功开发出各项性能全部满足国家标准要求的HRB400高强度螺纹钢，成为国内首家生产这一产品的厂家；瑞地公司被认定为“四川省企业技术中心”，不仅能获得国家专项技术资金扶持，还能争取到有利的税收及进出口政策；“起重”“西磁”商标被认定为四川省著名商标；瑞海冶金渣综合利用分公司、冶金材料分公司被认定为四川省科技型中小企业；瑞通制冷有限公司通过国家节能服务公司评审，成为国家发改委备案的888家节能服务公司之一。围绕钢铁、钒钛、冶金原辅料等重点产业，大力开展经济技术指标优化、技术升级、品种质量改善等科技攻关，改进和优化了酸性氧化球团、螺纹钢、炼钢等生产工艺。瑞钢公司独立完成的科技成果《采用含钒渣钢铁生产HRB400连铸坯关键技术研究》和瑞城公司完成的《连续脱碳退火及涂层无取向硅钢系列产品开发》项目，通过四川省科技厅组织的成果鉴定；白马球团吨球煤耗平均降低3.9千克，全年降低成本1000余万元。钢城集团各二级单位加大技术创新力度，不断开发新产品新技术，欣宇化工公司与青海北辰科技有限公司共同完成的科研项目《多极镁电解槽产业化技术及装备应用研究》，获2012年度攀枝花市科技进步一等奖；起重运输机械厂与钛业公司合作研发的的“不锈钢复合板反应器”获2012年攀枝花市科技进步二等奖。

2013年11月11日，四川省委常委、常务副省长钟勉，在攀枝花市委副书记、市长张剡陪同下，调研钢城集团渣钢渣铁钒钛资源综合利用项目——（钢城集团提供）(1)

深化各项改革

已经发生深刻变化的宏观环境逼迫钢城集团必须以强烈的责任感和使命感，以“壮士断腕”的勇气调整转型、深化改革，以实现自我更新完善和持续发展。面对生死存亡的考验，钢城集团果断而迅速地实施了一系列改革：劳务用工“清零”成效显著，调整转型重拳出击；机关部门整合升级，用人机制改革取得突破。

优化人力资源推出新举措。钢城集团立足实际，确定实现劳务派遣用工为“零”的目标，打造人力资源竞争优势。8月13日，公司总经理主持召开精简压缩劳务派遣用工工作会并出台《精简压缩劳务派遣用工方案，确定了以实现劳务派遣用工为“零”的目标。实现劳务派遣用工“零”目标，其关键点是要精简机构、精干机关、精简人员，把挖潜出来的人力资源改革分流到生产一线。为实现人力资源优化，提高劳动生产率，各单位苦练内功，狠抓管理：直接减少劳务用工数量，降低劳务费支出；优化组织结构，实现扁平化管理，降低非生产岗位劳动合同制员工数量，实施合理分流顶岗，降低非生产性费用支出；推行技术革新，提高自动化水平。各单位按照集团公司对时间节点的规定，于8月16日前完成现有劳务用工情况摸底，提出劳务用工清退方案；8月20日前集团公司提出清退方案审核意见；8月23日前下达清退方案批复；8月25日各单位开始分批次清退劳务用工，10月31日前完成全部清退工作，实现了除攀钢协力以外的劳务用工“清零”目标。

2013年12月30日，市委书记刘成鸣率队考察普达阳光国际康养中心项目——（钢城集团提供）

产业结构调整谱新篇。产业结构调整和转型升级，是关系到钢城集团生死存亡、可持续发展和出资人及员工根本利益的重大战略举措。年初，完成对欣宇化工公司和钛业分公司的整合，优化化工产业，形成专业化管理优势和规模优势；注销瑞远冷弯型钢有限公司；成立工程技术中心，较好地把科研项目与新建、技改项目衔接起来，使集团公司更好地集中力量攻关、突破技术瓶颈，推动产业链、价值链由中低端向高端跃升，加快转型升级。同时，加大行业（产业）的合作范围，完成了攀瑞康钛业、西昌提钒、贵州恒鼎煤炭、西区冠帛公司（煤矸石）合作等7个项目的研究与调查，推进钢城集团向多元化发展。

10月31日，钢城集团召开产业结构调整和转型升级专题会，研究产业结构调整和转型升级的指导思想、主要方向、总体思路、主要目标和总体架构；11月1日，专题研究协力整合方案，11月4日，召开协力分公司、冷轧协力分公司、瑞海协力分公司领导班子会议，部署和启动对三家单位的业务整合，将协力分公司、冷轧协力分公司合并成立协力有限公司，并托管瑞海协力分公司。为形成上下联动的良好态势，钢城集团着手调整机关职能，决定撤销投资规划部、工程部，成立发展部承接其相关业务。为建立科学合理、高效有序的管理工作机制，决定成立审计法务部（监察处、纪委办），将原审计部、监察处（纪委办）的全部职能及企管部的法律事务职能纳入审计法务部管理。

用人机制改革迈出新步伐。对协力业务重组整合，拉开了钢城集团新阶段调整转型和深化改革的大幕，而对协力业务原有经营管理者实行“全体起立，重新找座位”的公开竞聘方式，彻底打破了以前的用人机制，由“相马”变为“赛马”，进一步按照市场化原则选择人才，深化能上能下的用人机制。12月，相继完成了对阳城实业公司、建筑安装公司、审计法务部、瑞海实业公司等9家单位的经营管理者公开竞聘。同时，面向社会公开选拔专业能力强、德才兼备的人员。从“点将”到“选将”，由内部到面向社会，钢城集团打破了传统用人模式，真正实现了管理人才“能上能下”的市场化用人机制。用人机制的重大转变彰显出钢城集团通过深化改革扭转当前困局，实现持续稳定发展的决心。

凝聚发展正能量

过去的2013年，面对道路更加曲折、局面更加复杂、挑战更加严峻的新形势，钢城集团两级党组织坚持以党的十八大和十八届三中全会精神为指导，深入贯彻落实科学发展观，坚持“融入中心、进入管理、推动发展”的思路，紧扣深化改革、加快发展主题，在各项工作中发挥好政治优势，为公司改革发展提供有力保障。

解放思想，推进改革发展。2013年，钢城城集团紧扣改革发展主题开展思想建设工作，突出思想政治工作实效，为推动改革发展提供坚实的思想保障。坚持学以致用的原则，加强重要方针政策、宏观经济政策、现代管理知识、廉政知识等方面的学习，提高管理人员理论水平，努力把理论成果转化为实践能力，推动企业改革发展。围绕生产经营中心和改革发展稳定大局，加强形势任务教育，增强全员加快发展的责任感和使命感，编发《2013年形势报告》读本，对公司内外形势进行认真分析，引导员工认清形势，明确任务，理解措施。分片区召开形势任务教育推进会，系统总结分析面临的形势。开展“深入学习十八大，凝心聚力促发展”形势任务教育知识竞赛活动。在全公司范围内发起“降成本、增效益”的劳动竞赛活动，调动职工积极性、主动性。结合新形势发展要求，围绕员工思想实际，注重加强日常思想工作。按照“深入生产一线、贴近生活实际”原则，全面做好职工热点、难点问题的解疑答惑工作，针对相关单位的具体情况，开展调研，就相关问题进行一对一的指导，并提出具体解决方案，形成万众一心渡难关的和谐局面。

2014年1月26日，市委书记刘成鸣慰问欣宇化工职工——（钢城集团提供）

强化组织建设，永葆队伍活力。钢城集团以“实现伟大中国梦”主题教育活动为契机，引导广大党员职工认清形势、转变观念、坚定信心、努力拼搏，与公司共渡难关。2013年5月，启动了“实现伟大中国梦、建设美丽和谐四川”主题教育活动，提高了党员、群众，特别是领导干部对“中国梦”内涵的认识，活动紧密联系实现，服务中心大局，突显企业特点。以创建“四好”领导班子活动为载体，继续强化班子建设。进一步明确“四好”领导班子的标准和工作内容，注重活动的过程控制。以领导班子专题民主生活会、中心组学习和党员领导干部读书活动为载体，强化领导班子政治思想建设。严格领导班子和经营管理者日常管理考核，举办两级经营管理者高端培训，开展全方位绩效考评，并进行集中讲评，全力推动经营管理者队伍建设。切实加强基层党总支（支部）建设，有效发挥党组织的战斗堡垒作用。坚持用目标管理体系引导基层党组织建设，修订完善2013年党总支（支部）工作竞赛方案，制定量化评比标准，细化考核内容，强化目标引领作用，促进基层党支部在推动和促进本单位生产经营工作中的作用发挥。以深入实践科学发展观和“创先争优”活动为契机，紧密结合生产经营实际，开展模范共产党员评比活动，实施党员素质提升工程，着力把党员培养成生产经营能手、创新创业模范、效益提高标兵。广泛开展“党员身边无违章”“先锋旗帜”、互助工程等专项活动，组织党员提合理化建议，使两级党组织在企业安全、生产、稳定保驾护航中发挥了更大的作用。

建设群团纽带，构筑和谐企业。钢城集团群团组织坚持融入企业中心工作助力发展大局，抓好职工素质工程建设，维护职工利益。团结动员职工、青年积极投身企业生产经营和改革发展，发挥主力军作用。集团工会广泛开展“实现全年收入目标”和“降成本、增效益”劳动竞赛，并紧盯重点工程建设，与市总工会联合开展了“渣钢渣铁钒钛资源综合利用”劳动竞赛；两级工会共开展劳动竞赛175项，突出了实效性，收效显著。团组织以“双争双创”、青工创新创效、青安杯竞赛等活动为载体，深化实践建功活动，发挥好青年生力军和突击队作用，紧紧围绕企业生产经营、改革发展中心，团结带领广大团员青年大力开展青年科技攻关、技术革新活动、提合理化建议，努力为公司全面完成各项奋斗目标作出新的更大贡献。

不断深化素质工程建设，为职工学习成长营造氛围。集团工会开展了“先进操作法”挖掘、培养工作，探索利用职工技能提升的契机，发现职工的绝技、绝活，形成规范化的操作流程，发动职工学技术、钻业务，为职工学习成长创造条件。两级工会把“流动书箱”作为深化读书活动的重点，发挥了书箱在班组职工学习中的作用，为职工学习创造条件。团组织坚持将“名师带高徒”“导师带徒”“师带徒”活动作为培养青年岗位能手的重要载体，加强活动与实践建功活动的结合，提高青年岗位能手的培养实效。注重岗位能手的推选、培养和业绩评价，督促老能手在工作、学习中充分发挥“传、帮、带”作用。

加大关心关怀力度，为职工办实事、办好事。两级工会把送温暖工程作为促进共建共享、增强凝聚力的重要载体，深化职工权益源头维护，扎实推进职工劳动保护，坚持走访慰问，坚持每季度困难补助、春秋两季入学补助、温暖工程基金救助、为职工办理集体意外伤害保险。两级工会和团组织坚持开展丰富多彩的文体活动，丰富职工文化生活、陶冶青年情操。

集团公司两级党组织把党员干部和职工队伍凝聚成一股强大的力量，破除了一个个困难和挫折，为企业平稳发展做出了重要贡献。展望未来，新的困难和挑战依然存在，企业发展任重道远，两级党组织应进一步巩固好、发展好、发挥好党组织的政治优势，引导党员职工队伍以奋发有为的精神状态、求真务实的工作作风、永不懈怠的创新勇气，为集团公司稳定快速发展提供坚强保障。

强化质量建设　注重内涵提升
奋力推进地方高水平特色大学建设

攀枝花学院

2013年是学校“十二五”发展承上启下的关键之年，也是喜迎三十年华诞的喜庆之年。学校以邓小平理论、“三个代表”重要思想和科学发展观为指导，深入贯彻落实党的十八大、《国家中长期教育改革和发展规划纲要》和学校第一次党代会精神，以地方高水平特色大学建设为统领，稳步推进“十二五”规划，强化质量建设，注重内涵提升，教育教学改革不断深化，人才培养质量不断提高，科研和服务地方取得新成绩，人才队伍和校园文化建设成效显著，基本办学条件进一步改善，内部管理体制与运行机制改革稳步推进，党的建设不断加强，各项常规工作狠抓落实，学校改革发展局面不断推进。

一、加强党建工作，推进校园精神文明建设，为学校事业可持续发展提供思想保障

（一）深入开展主题教育活动，切实抓好作风建设

2013年，深入学习贯彻党的十八大和十八届三中全会精神，组织专家开展十八大理论宣讲活动，组织开展教职工十八大征文活动。贯彻落实“思想大解放，作风大转变，工作大落实”活动精神，通过领导点评、民主评议、公开亮相承诺、考核问效等形式组织开展主题教育学习。开展“实现伟大中国梦、建设美丽繁荣和谐四川”主题教育活动，组织召开攀枝花市主题教育活动高校座谈会，制作主题网站，开展主题征文活动、大型主题宣传活动等形式营造浓厚氛围。开展党的群众路线教育实践活动，通过党委中心组学习扩大会、组织大讨论、邀请典型和专家作报告、校领导先学一步作专题辅导等形式强化集体学习

2013年11月11日，攀枝花学院建校30周年庆祝大会在会堂举行。

讨论，确保学习教育取得实效。

（二）加强基层组织建设，增强党组织生机与活力

2013年，抓好党务工作人员培训，组织200余人参加发展党员工作专题培训。全面推行党员管理信息系统，基本实现全校基层党组织、党员和申请入党人的入库管理工作。开设入党积极分子培训班2期，培训学员1000余人。做好庆祝建党九十二周年评选表彰活动，机械工程学院党委获得“四川省高等学校先进基层党组织”称号，2名共产党员、1名党务工作者、1名党支部书记获省级表彰。

（三）做好干部管理工作，助推学校快速健康发展

加强与地方的合作与交流，加大干部挂职锻炼力度，完成2012年到区县挂职锻炼的13名干部和1名“双千工程”干部的考察工作；做好第二批6名挂职干部到区县挂职工作；完成双向交流任职干部的推荐工作，学校有2名干部到区县任职，接收党政部门2名干部到学校任职。做好2013年全校123名副县级以上干部联系服务群众工作，形成《攀枝花学院联村帮户计划》。加强干部教育和培训工作，选送13名干部（10名县级干部，3名科级干部）到四川省高校干训中心学习；向省委组织部推荐厅级后备干部2名，推荐外派挂职干部8名（其中厅级干部1名，县处级干部7名）；向市委组织部报送潜力型优秀年轻干部50名、培养型科级年轻干部50名。做好127名副县以上干部在企业兼职（任职）情况摸底排查工作。

（四）加强校园文化内涵建设，创建和谐文明校园

2013年，以校庆为抓手，开展校园文化建设，拍摄学校建设发展成就宣传片，编印建校三十周年校报特刊，组织开展“30年30人”“30年30事”评选活动，攀枝花学院建校30周年校庆知识竞赛、“我与攀枝花学院共成长”主题征文活动，“我的青春正大学”微电影剧本大赛等活动；制作完成校园歌曲2首，组织完成校旗、二级学院办院理念、各部门工作理念的凝练，二级学院院旗、院徽的设计，香樟大道堡坎文化墙的设计和制作、各二级学院文化石的设计和制作等工作；组织省、市校园文化建设优秀成果申报工作，2个学院获奖。组织开展明德讲堂、博学讲堂、社团文化节、课外科技文化艺术节、阳光讲坛等校园文化活动。做好2013年文明单位考核和全国精神文明单位复检工作，为三年一次的全国文明单位复审奠定基础。

二、深化改革，促进教育教学质量、人才培养质量稳步提升

（一）坚持内涵发展，召开第六届本科教育教学工作研讨会

2013年7月2日，学校召开第六届本科教育教学工作研讨会，会议围绕“培养高素质应用型人才，建设地方高水平特色大学”这一主题，就人才培养、学科建设、实践教学、课程建设、教风学风建设等问题进行探讨。会议收集学校各单位交流论文75篇，汇编为《攀枝花学院第六届本科教学工作研讨会论文集》。

（二）加强内涵建设，提升学科专业建设水平

2013年，编制完成“攀枝花学院2013——2015年专业设置规划一览表”，完成无机非金属材料工程、新能源科学与工程、交通设备与控制工程等3个本科专业，高等级公路维护与管理1个专科专业的预设工作；截至年底，学校具有招生资格的本科专业（含预设）49个、专科专业41个。经教育部及省教育厅批准，“冶金工程”列为国家级专业综合改革建设项目，“物流管理”“环境设计”列为四川省专业综合改革建设项目进行立项建设。

（三）实施卓越计划，推进人才培养模式改革

2013年，新增材料成型及控制工程、工程管理等2项省级卓越工程师教育培养计划建设项目，临床医学1项省级卓越医师培养计划建设项目，截至年底，学校共建设卓越人才培养计划12项，其中省级卓越人才培养计划10项。制定《攀枝花学院关于扎实推进“卓越工程师、法律人才、医生教育培养计划”项目建设的实施办法》，各建设项目制定相应的卓越人才培养标准、完善卓越人才培养实施方案，并按年度建设任务表启动建设工作。

（四）坚持实践育人，强化创新创业能力培养

2013年，材料科学实践教学中心、电工电子实验中心、计算中心、艺术设计实践教学中心、力学实验中心、物理实验中心和机械工程实训中心等7个省校级实验教学示范中心通过学校组织的合格验收。投入中央财政专项资金及省市校配套资金共计1200万元，对钒钛资源综合开发人才培养实践平台进行升级改造。与176个校外实习基地签订正式协议。开展实验教学工作各类实验项目2310项，完成实验教学任务10010余学时。开展创新创业训练计划，开放实验项目634个，开放人时数113120人学时；组织教学单位完成211项综合性、设计性实验项目的立项工作；立项开展77个学生校级创新实验项目的研究，启动10个国家级大学生创新创业训练计划、30个省级大学生创新创业训练计划项目的实施。

2013年11月16~17日，攀枝花钒钛检测实验室顺利通过国家认监委专家组“二合一”现场评审。

（五）加强质量监控，促进人才培养质量提高

2013年，学校普通本专科毕业生3865人，毕业率93.17%；本科毕业生3010人，本科毕业生授位率87.5%。137名本科毕业生考取硕士研究生，其中考取211类学校的学生45名。开展各类素质拓展活动460余项；组织学生参加各级各类竞赛60余项，其中获得国家级一等奖19人次、国家级二等奖35人次、国家级三等奖76人次、四川省二等奖12人次、四川省三等奖27人次，共169人次获得团体或个人奖项。表彰省级优秀大学毕业生41人，校级优秀大学毕业生、三好学生、优秀学生干部、优秀共青团员1100余人。

（六）坚持阳光招生，促进全面就业

2013年，学校面向全国23个省（市、自治区）招生，实际录取报到新生4005人，其中本科3417人，高职专科588人。生源数量充足，生源质量良好，生源结构趋于合理，部分专业调档线高出省控线41分。构建全程化就业指导教育工作体系，加强就业创业指导教育，完善就业工作信息化建设，建立稳定的“四位一体”信息资源基地。截至7月初，举办大中型就业“双选会”7场、专场招聘会146场，提供就业岗位需求计划近14000个，就业信息平均供需比3.71：1；2013届毕业生3771人，就业总人数3523人，就业率达93.42%；学校获得“四川省普通高等学校毕业生就业工作先进单位”称号。

（七）完善学生资助模式，帮助学生全面和谐发展

2013年，做好生源地信用助学贷款工作，为1127人办理约630万元的生源地助学贷款；为5034人发放国家奖助学金约1660万元，其中获得国家奖学金23人、国家励志奖学金548人；完成东泰奖学金、众一化工助学金等社会奖助学金的评审发放工作；为11名入伍学生办理学费补偿手续；459名贫困新生通过“绿色通道”入学。

（八）研究生联合培养、国际交流与培养工作有序开展

2013年，招收联合硕士研究生15人，在校研究生人数达到48人，招生专业拓展为计算机、数学、马克思主义中国化、食品工程等15个专业。组织17人赴瑞士、美国考察学习或实习；招收第二批外国留学生2人学习汉语；聘请2名美中友好志愿者从事外教工作。

（九）坚持服务地方，继续教育持续发展

2013 年，招收学历教育学生 5151 人，其中录取成人高考学生 4420 人、应用型自学考试学生 611 人、远程网络教育学历生 120 人；学校自考办获得四川省高等院校自学考试工作目标考核三等奖。推广非学历教育考试，全年报考全国计算机等级考试 14022 人、全国英语等级考试 901 人。开展非学历教育培训工作，为攀枝花市各单位举办各类培训 28300 人次；学校被选定为攀枝花市餐饮服务从业人员食品安全培训机构。新开辟攀枝花市华森职业学校、眉山卫生职业学校、乐山职业技术学院等 3 个成人教育办学点和四川建筑职业技术学院 1 个工程管理专业自考办学点。

三、培养科研能力，强化校企合作，促进地方建设

（一）拓展科研平台，拓宽合作领域

2013 年，建立“钛及钛合金创新团队”市级创新团队 1 个，“钒钛产业发展研究中心”“资源型城市发展研究中心”等 2 个教育厅人文社会科学重点研究基地，“干热河谷特色生物资源开发重点实验室”“工业固体废弃物在土木工程结构中开发应用重点实验室”“太阳能应用推广集成技术重点实验室”等 3 个四川省高校重点实验室，省级“冶金矿产二次资源高效利用研发中心”1 个。四川省科技厅授予钒钛检测中心为“四川省重大科技成果转化分析测试平台钒钛行业分平台”。

2013 年 11 月 22 日～24 日攀枝花学院成功承办攀枝花钒钛（国际）论坛——钛应用检测学术交流会。

（二）转变观念、创新思路，促进科研项目发展

截至 11 月 28 日，在教育厅项目还未审批的情况下，学校获得各级各类科研立项 68 个，其中国家自然科学基金项目 2 项（1 项学校教师独立获得，1 项联合其他单位获得）、省级项目 7 个、市厅级项目 48 个、横向项目 11 项，科研经费总额 908 万元。申报科技成果奖励 7 项，获得市级科技进步二等奖 3 项、三等奖 1 项。申报并获得受理专利 240 项，7 项专利实现科研成果向现实生产力的转化。

（三）协同服务，产学研联合成绩显著

2013 年，与四川攀枝花市钒钛产业园区签定战略合作框架协议，协助园区成功申报四川省攀枝花钒钛产业高新技术产业园区，负责钒钛园区国家级出口工业产品质量安全示范区创建工作；为园区企业策划、包装和申报专利 31 项，合作申报重大科技项目 3 项，涉及项目资金 600 余万元；组织园区企业申报省市科技项目 20 余项，涉及项目资金 800 余万元；为钒钛园区成功申报 9 家国家级高新技术企业；计划与学校孵化园合作筹建省级科技企业孵化器；成立攀枝花钒钛生产力促进中心（国家级）；协助钒钛园区、商粮局完成国家外贸转型服务示范平台验收工作。

（四）承办“2013 攀枝花钒钛（国际）论坛”，提升学校在钒钛领域的研究影响力

2013 年 11 月 16～17 日，学校国家钒钛检测重点实验室通过国家计量认证（CMA）和实验室认可（CNAS）“二合一”现场评审。11 月 22 日～24 日，国家钒钛检测重点实验室（筹）牵头，与国家钒钛制品质量监督检验中心、四川钒钛产业技术研究院、四川省钒钛材料工程技术研究中心、攀枝花钛及钛合金研究所承办“2013 攀枝花钒钛（国际）论坛”之“钛应用检测学术交流会”。交流内容覆盖钛产业尤其是钛及钛合金在研发、检测方面的前沿理论与技术，促进攀西地区钒钛检测技术水平、国家创新开发试验区钒钛资源开发等起到强力助推作用。

四、加强办学条件建设，夯实人才培养基础

（一）引进和培养并重，优化师资结构

2013 年，学校引进博士研究生 7 名，硕士研究生 31 名，公开招考 6 名；截至年底，学校有在编教师 1023 名，其中具有硕士学（历）位专任教师 533 名，博士学位的专任教师 58 名；在正博士 36 名。全年选送 10 名教师到国内知名高校做高级访问学者，6 人到国外进行学术交流，3 人进博士后工作站。组织 20 余人次参加四川省哲学社会骨干教师培训，25 人参加四川省青年教师岗前培训，800 名在职职工参加继续教育培训工作。

（二）积极推荐，各级专家队伍建设取得新突破

2013 年，1 人获得"享受国务院政府特殊津贴专家"称号；1 人被评为第十一批四川省有突出贡献的优秀专家，7 人被评为第十批四川省学术和技术带头人后备人选；3 人被确定为攀枝花市首批高层次专业技术人才"省级及以上有突出贡献优秀专家、学术和技术带头人培养对象"，7 人被确定为攀枝花市首批高层次专业技术人才"市有突出贡献专家、学术和技术带头人培养对象"；学校高层次人才认定工作，认定第三类高层次人才 2 人，第四类高层次人才 11 人，第五类高层次人才 2 人，第六类高层次人才 1 人。学校被中共攀枝花市委组织部确定为攀枝花市首批人才优先发展实验区。

（三）程序规范，专技评审推荐和省级学科评议权申报工作成绩明显

2013 年，省高评委批准通过教授 14 名，副教授 30 名，高级实验师 1 名；市职改组评审通过中级专业技术职务人员 44 人。学校"材料科学与工程"获得教授（研究员）任职资格学科评议权，"化学工程与技术""机械工程"获得副教授（副研究员）任职资格学科评议权。截至年底，学校共有"工商管理""材料科学与工程"等 2 个教授（研究员）任职资格学科评议权，"工商管理""材料科学与工程""电气工程""英语语言文学""化学工程与技术""机械工程"等 6 个副教授（副研究员）任职资格评议权。

（四）做好建设与维护，提高后勤保障能力

2013 年，学校完成校史馆、恒温游泳馆、学校西门、香樟大道文化墙、各二级学院文化石、校内公园等的建设，勤服务综合大楼建设进展顺利，启动医学实验综合大楼、交汽学院实训楼、科技综合大楼（攀西试验区科技创新中心）和干热河谷特色生物资源研发中心等项目建设。利用中央财政支持地方高校发展专项资金，启动交通与汽车工程学院汽车实验室等 6 个实验室建设与改造。

五、加强附属医院建设，打造医院质量品牌

2013 年，入编专技人员 4 名（硕士 2 人，本科 2 人），招聘专技管理人员 120 名；完成 141 名招聘专业技术人员的聘任工作；完成 6 名中层管理岗位干部选拔聘任工作。组织中层干部管理能力提高培训 2 期，护理人员人文素养培训 2 期，机关后勤职工素质培训 2 期。8 月，开展绩效改革方案的制定工作；完成新住院大楼和设备购置资金的筹集工作。

2013 年，附属医院有国家级重点专科 1 个，省级重点专科 5 个；成功申报省中医药管理局重点专科建设单位 1 个（呼吸科），省卫生厅重点专科建设单位 1 个（攀西骨科医院）。科研立项 7 项，其中省级 1 项，市科技局立项 6 项；5 项课题通过攀枝花市科技成果结题鉴定，其中美容科课题"自体眶脂肪瓣转移矫正上睑凹陷的临床研究"获 2012 年度攀枝花市科技进步二等奖，肿瘤科课题"中医消法联合高强度超声聚焦对子宫肌瘤进行无创治疗的临床研究"获 2012 年度攀枝花市科技进步三等奖。组织申报科研课题 13 项，其中省教育厅 2 项，省医学会 1 项，科技厅 4 项，市科技局 6 项；在各级科技期刊发表论文 45 篇，其中 A 类期刊 18 篇。完成攀枝花学院医学院 2013 级本、专科及中专课程共 69 门的教学大纲修订，共计 5024 学时的教学任务课；接收攀枝花学院、泸州医学院等实习医生、护生 203 人；安排攀枝花学院医学院学生见习任务 293 次（约 1026 学时）；组织实习生教学讲座 12 次，共计 900 余人次

参加。

2013年，规范各种设备物资采购程序，截至10月31日，新增医疗设备201台件3002万元（不计双源CT和大型C臂X光机）、一般设备468台件248万元。推进基础设施建设，2月完成治未病中心改造装修工程并投入使；3月完成炳委线高压线路改造工程，保证医院双线路供电；4月完成综合楼配电房带电改造工，完成门诊医技楼项目建设地址涉及人社局旧办公楼拆除工程；7月完成新大C机房改造并投入使用；8月完成直线加速器机房修建工程；10月完成新住院的土建工作，预计明年6月份投入使用，完成了双源CT机房改造工程；11月完成门诊医技楼的设计方案。

加压奋进　科学引领
全力推进供销合作事业跨越发展

攀枝花市供销合作社联合社

2013年，攀枝花市供销合作社联合社按照市委、市政府的安排部署及省供销社的工作要求，紧紧围绕年初确定的目标任务，全面贯彻落实市委农村工作会议、全市经济工作会议精神，突出抓好农业社会化服务体系建设；规范发展农村农民专业合作经济组织；加大项目建设推进工作，努力为攀枝花市“新村”建设、推动农村经济发展和促进农民增收做贡献，各项工作取得了新的成绩。

一、认真开展“思想大解放、作风大转变、工作大落实”和“实现伟大中国梦、建设美丽繁荣和谐四川”主题教育活动

为全面贯彻落实党的十八大精神，认真学习中央关于改进作风、密切联系群众的八条规定，按照《中共攀枝花市委攀枝花市人民政府关于深入开展“思想大解放、作风大转变、工作大落实”主题教育活动的意见》（攀委发〔2012〕15号）和《中共攀枝花市委关于在全市广泛开展“实现伟大中国梦、建设美丽繁荣和谐四川”主题教育活动实施方案》（攀委发〔2013〕8号）文件要求，市供销社党组认真开展了“思想大解放、作风大转变、工作大落实”和“实现伟大中国梦、建设美丽繁荣和谐四川”主题教育活动。

（一）加强组织领导，落实职责任务。市供销社党组高度重视主题教育活动，召开党组专题会议，认真讨论供销社如何开展好“思想大解放、作风大转变、工作大落实”和“实现伟大中国梦、建设美丽繁荣和平谐四川”主题教育活动的工作思路，成立了市供销社党组书记、主任袁斌为组长，党组成员、副主任刘立凡、周智勇、谢智涌为副组长的领导小组，下设办公室，抽调相关工作人员，负责日常工作，明确了职责和任务。

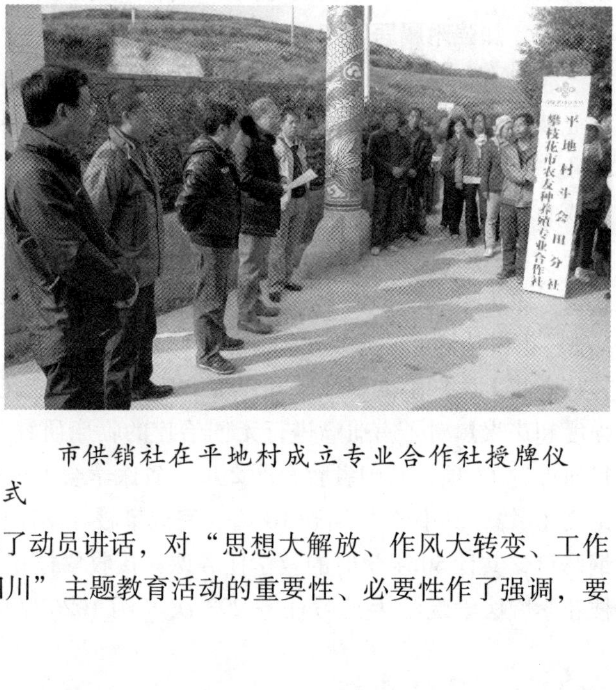

市供销社在平地村成立专业合作社授牌仪式

（二）搞好宣传动员、统一思想认识。根据市供销社主题教育活动《实施方案》的安排，市供销社及时召开了动员大会，党组书记、主任袁斌作了动员讲话，对“思想大解放、作风大转变、工作大落实”和“实现伟大中国梦、建设美丽繁荣和谐四川”主题教育活动的重要性、必要性作了强调，要求全体干部职工要积极投身到“思想大解放、作风大转变、工作大落实”和“实现伟大中国梦、建设美丽繁荣和谐四川”主题教育活动中，牢固树立发展观，鼓足发展劲，通过两个主题教育活动提升自身素质、业务能力，推动供销社各项工作上新台阶。

（三）按照市社制定的主题教育活动《实施方案》的工作步骤，扎实推进“思想大解放、作风大转变、工作大落实”和“实现伟大中国梦、建设美丽繁荣和谐四川”主题教育活动。一是重视组织学习，强化理论引导。为使主题教育活动务实有效，印发了《市供销社关于“思想大解放，作风大转变，工作大落实”主题教育活动学习教育安排的通知》和《“实现伟大中国梦、建设美丽繁荣和谐四川”主题教育活动学习资料推荐篇目》，明确了学习篇目，具体落实了学习时间、方式，保证学习取得实效。二是加强宣传，营造氛围。市供销社组织下属公司所属幼儿园师生，围绕主题教育活动，举行了“实现伟大中国梦欢度六一”为主题的文艺汇演，通过文艺汇演的形式，让市供销社全体干部职工、社会群众更进一步了解主题教育活动，为主题教育活动的深入开展积极营造氛围。组织了党员干部职工参观了攀钢提钒炼钢厂和热轧板厂，通过参观学习，使广大党员干部职工充分了解攀枝花40多年建设的艰辛历程和取得的巨大成就，进一步树立起建设美丽繁荣攀枝花的信心和决心。三是开门纳谏，广泛征求意见。为了更清楚的认识工作中存在的问题，市供销社通过向市级其他部门、县区供销社、直属企业发放征求意见表、设立征求意见箱、召开座谈会等方式，广泛征求意见，为下一步在整改落实中能突出重点、有的放矢打下基础。四是切实开展领导点评。市供销根据自身工作特点，坚持实事求是，采取分层次开展领导点评工作，市社主要领导点评各分管领导工作，各分管领导点评分管处室。点评中客观地指出了各部门存在的问题，实事求是地分析了症结所在，有针对性地提出了整改建议和要求，更好地促使干部职工清醒地认识工作中存在的问题及自我整改的方向。五是公开亮相承诺。市供销社通过广泛征求意见、开门纳谏和领导点评，客观地找出了存在的问题，并结合实际，研究制定了《市供销社领导班子“三大”主题教育活动整改方案》。2013年4月19日，市供销社通过攀枝花日报向社会公开承诺了整改事项，对公开承诺的整改事项，明确了整改目标，提出了具体整改措施、责任领导及完成时限，并接受社会监督。

（四）围绕市供销社中心工作，抓整改落实，促工作成效。市供销社紧密结合贯彻落实攀枝花市委“大力实施‘三个加快建设’、大力推进‘三个走在全省前列’、全力打好‘六大硬仗’、奋力实现‘四个翻番’”的总体思路和决策部署，通过学习、讨论和深入基层调研，认真查找供销社改革发展稳定各项工作中存在的主要问题和薄弱环节，切实解决机关、处室、个人存在的各类问题，增强凝聚力，提高执行力，推动工作有力、有序、有效开展。一是建立健全供销社工作制度。通过两个主题教育活动，市供销社建立完善了一系列工作制度，制定规范了《市供销社请假销假制度》《市供销社信息报送制度》《市供销社政务督查督办制度》；进一步补充了《市供销社传阅文件制度》《市供销社要害部位安全管理制度》《市供销目标考核制度》《市供销社安全责任制》《市供销社统计报表报送制度》《市供销社中心组学习制度》等。充实完善了市供销社网站，设立了网上意见投诉箱、主任意见反馈信箱、办公室投诉电话等，努力提升服务质量，提高服务效率。二是切实解决实际问题。结合“三大”主题教育活动“回头看”，着力抓好公开承诺事项的整改落实。1. 认真做好农资供应服务工作，发挥农资流通主渠道作用。全市供销社和农资企业提早、主动采取措施，安排旺季供应工作，切实做到“四保一提高”（保数量足、保质量优、保品种齐、保价格稳，提高服务水平），保障春耕生产需求，确保全市旱灾之年不减产。2. 积极领办和规范农村专业合作经济组织，推进农业产业化经营。2013年，市供销社积极抓好农村合作经济组织相关人员的合作经济知识培训和农民实用技术知识培训，推动专业合作社规范管理。积极支持、鼓励专业合作社的优质农产品与专业批发市场、连锁超市对接工作，努力尝试建立鲜活农产品直销店，并与攀枝花东城超市、北京华联超市等大型超市签订了鲜活农产品产销对接业务。米易摩挲沟四季豆专业合作社、绿怡种养殖专业合作社、盐边茂盛果蔬专业合作社、仁和农友种养殖专业合作社等通过订单方式将生产的特色优质农产品远销北京、上海、南京等全国近十多个大中城市，解决了农民卖难，实现了农民增收。3. 积极加大项目建设推进力度，夯实供销社发展基础。根据供销社系统实际，在全市系统按照总社和省社要求建立、完善和充实了“新网工程”“农业综合开发”“农村社会化服务体系建设”等专项资金申报项目储备，着手对盐边县喜安福农牧林专业合作社优质核桃推广、示范基地建设项目、盐边县龙腾种养殖专业合作社生猪品种改良、圈舍改造项目和仁和高坤种植养殖专业合作社咖啡、芒果种植基地等项目进行包装、申报总社项目库工作，努力为供销社事业的发展夯实服务基础。4. 做好“三公”经费预（决）算公开工作。按照相关规定对供销社“三公”经费在单位外网上进行了公开，进一步推进了财务工作，做到单位依法理财、民主理财、科学理财。5. 清理掌握市级社属企业资产状况。2013 年，市供销社成立了资产清理办公室，对市级社属企业固定资产进行清理、盘点，清楚掌握供销社资产状况，为供销社管理资产、编制资产管理办法提供了准确的原始基础资料，促进了社有资产保值增值。

二、继续做好“百千万·干群心连心”活动和“挂包帮”工作

按照《中共攀枝花市委办公室攀枝花人民政府办公室关于开展“百千万·干群心连心”活动的实施意见》（攀委办发〔2012〕24 号）文件及《关于深化“万名干部直接联系服务群众”工作的通知》（攀挂包帮组〔2013〕4 号）文件精神，市供销社党组高度重视，结合自身工作实际，制定了活动实施方案，进一步落实了保障措施和考核机制。

（一）制定方案，明确目标。根据市委、市政府开展“挂包帮”活动及“万名干部直接联系服务群众”工作要求，市供销社前期多次深入帮扶村开展调研，实地调查了解当地经济发展状况，制定了《市供销社开展“挂包帮”活动调研报告》《市供销社开展“挂包帮”活动三年规划》《市供销社 2013 年“挂包帮”活动工作计划》和《市供销社 2013 年开展“万名干部直接联系服务群众”工作实施方案》等，对帮扶工作的指导思想、目标任务、帮扶要求、保障措施等进行了明确。

（二）突出重点，分类帮扶。市供销社在开展“挂包帮”活动及“万名干部直接联系服务群众”工作中，突出 5 个重点：宣传党的惠民政策，帮助理清发展思路；开展扶贫解困，发展致富产业；帮助搞好基础设施建设，改善生产生活条件；帮助搞好教育培训，培养造就新型农民；帮助搞好村级组织建设，提高基层民主管理水平，切实为结对困难群众办好事、办实事、解难题。同时在针对农村实际情况开展调查研究、走访慰问、倾听诉求、征求意见的基础上，提出了具体帮扶措施。一是加强平时、重大节日慰问工作。通过送慰问金、慰问物品，解困难群众的一时之需，传递党的关怀与温暖。二是完善帮扶村群众生活设施，努力丰富农民群众文化生活。三是发挥优势，立足长远，根据当地产业优势，帮助寻找新的发展方向。

（三）落实保障，帮扶到位。市供销社党组在工作中主动与帮扶村加强沟通，根据帮扶对象需求，发挥自身优势，整合各方资源，突出工作重点，落实帮扶措施，确保活动取得实效。2013 年，市供销社将 5 名县级干部和 8 名科级干部确定为帮扶干部，县级干部每人联系 3 户困难群众，科级干部联系帮扶 1 户困难群众，11 名干部共联系帮扶了 22 户困难群众。一是协助平地村修建斗会田文化广场。为加强新村建设，改善乡村环境，提高村民人居环境质量，吸引更多游客，市供销社免费提供水泥，协助村委会组织村民修建斗会田文化广场。2013 年底，修建工作已准备就绪，即将开始动工。二是帮助成立并发展平地村农友杨梅种植专业合作分社。2013 年 12 月 26 日，市供销社帮助组建的攀枝花市仁和区平地村斗会田杨梅专业合作社正式挂牌成立。三是免费为村里“一对一”帮扶困难户提供鸡苗。为帮助村里困难户发展生产，增加收入，由市供销社干部出资，为村里困难户提供鸡苗，并保证鸡苗长成后的销售。2013 年底，鸡苗已即将长成，市供销社正在加紧联系回收事宜。四是持续开展扶贫帮困活动。2013 年，市供销社帮扶干部共为帮扶村困难户送去慰问资金 11740 元，慰问物品 3360 元。

三、继续抓好党风廉政建设责任制的落实

2013年，市供销社党组始终把党风廉政建设放在首位。一是坚持把中央、省、市关于党风廉政建设的相关文件精神、会议精神及时传达、宣传、贯彻，并在系统内结合实际抓好落实。让党员干部及时了解上级指示精神，及时知晓各项纪律规定，从而增强遵纪守法的自觉性。二是突出重点，学议结合。2013年，重点组织党员干部学习中央八项规定、省、市十项规定、《廉政准则》等。组织党员干部对照检查，自查自纠，有则改之，无则加勉。三是加强警示教育。多次组织党员干部观看反腐倡廉碟片，动员有写作能力的党员干部撰写心得体会，促使党员干部加强廉政学习，提高拒腐防变的自觉性。四是明确责任，确保党风廉政建设工作落到实处。市社党组对2013年党风廉政建设责任进行了分工。党组书记对全系统党风廉政建设负总责，党组成员按照职责分工对分管的科室、联系的直属企业负责，各支部负责人、各科室负责人对所辖支部（科室）党员廉政建设负责，并层层签订党风廉政建设责任书，确保有据可查，有责可究。同时，市社党组把廉政建设工作情况纳入工作目标考核的主要内容。明确规定，凡在党风廉政建设方面出现问题的企业、党员、个人均不能评先表彰，对于违纪违法的党员、干部要按照党风廉政建设责任制规定和《廉政准则》规定实行责任追究。通过明确责任，努力营造供销系统风清气正的良好氛围。

四、精神文明建设工作

一是继续落实领导干部联系特困职工制度。七一、国庆春节等节假日期间，市供销社领导亲自慰问特困职工、生活困难党员、离退休老同志，看望生病住院职工、慰问去世职工家属等，送去米、油等生活用品及慰问金。二是开展丰富多彩的文体活动，定期组织机关职工开展登山、棋牌、乒乓球、羽毛球比赛等健康有益的活动，丰富机关职工业余生活。三是认真做好关心下一代工作。暑假里组织机关职工子女参观了金色攀枝花展览馆、大田展览馆等，接受爱国主义教育。发放了历史、科普等方面的书籍，鼓励他们多看书、看好书。

改进新闻报道方式　推进报业改革发展
为加快推进攀枝花“两个跨越”提供舆论支撑

攀枝花日报社

2013年，攀枝花日报社按照“高举旗帜、围绕大局、服务人民、改革创新”的总要求，在市委、市政府的坚强领导和市委宣传部的具体指导下，坚持政治家办报，落实中央政治局“八项规定”、省委省政府“十项规定”和市委市政府“十项规定”，围绕市委、市政府中心工作，深化“走基层、转作风、改文风”活动，改进创新新闻报道方式，唱响“科学发展、加快发展”主旋律，进一步提升了市委机关报的传播力公信力影响力，为大力实施“三大发展战略”，加快推进攀枝花“两个跨越”营造浓厚的舆论氛围，提供强大的精神力量。

一、坚持政治引领，进一步增强主流媒体的公信力和引导力，积极为全市经济社会发展营造良好的新闻舆论氛围

2013年，攀枝花日报社统筹所辖《攀枝花日报》等主流新闻媒体，全方位、多层次围绕市委市政府中心工作，深化“走基层、转作风、改文风”活动，以典型报道、重点报道和重大主题报道为主线，积极报道全市学习贯彻党的十八大精神、市委九届四次五次全会精神和十八届三中全会精神等的相关情况，大力推进全市开展“三大主题教育”活动和“中国梦”主题教育活动、落实中央省市“八项规定”和“十项规定”、完成急难险重、“五创联动”、沿江景观打造、旅游新村建设工作任务等重点宣传报道，取得了优异成绩，完成了目标任务，进一步提升了市委机关报的传播力公信力影响力，为攀枝花经济社会发展营造了浓厚的舆论氛围，提供了强大的精神力量。

（一）《攀枝花日报》实施新一轮改版战略，改进创新新闻报道方式，进一步提升办报质量和办报水平，切实发挥市委机关报的权威性、思想指导性和舆论引领作用

1. 改进创新版面编排和内容设置，从“阅读党报”向“悦读党报”转变。修订完善了《攀枝花日报版式设计规范（试行）》，对沿用多年的一版报头和其它版面的报眉进行了重新设计包装。版式风格一改过去“粗黑呆板、密不透风”的面貌，尽量以留白替代线条，精心制作题花、图表强化报道内容，使版面显得大气庄重、疏朗清秀。同时，对版面内容进行了整合，调整了版序，新推出了“学习与实践”“财富”“荟萃”等版块，着力打造了“大裂谷·康养/乐活/微观/闲情”文化系列版块，丰富了报道内容，增强了报纸的服务性、可读性、知识性。改版后，采用目前国内质量上乘的新闻纸印刷，攀枝花日报面貌一新，使读者实现了从“阅读”到“悦读”的转变。

2. 改进创新言论评论，转文风，强气场，高举“思想引领”旗帜。围绕市委市政府的重大决策部署和重大发展主题，始终坚持鲜明的政治立场，高举“思想引领”的旗帜，推出社论或系列评论员文章，在传播事实信息的基础上指出方向，强化思想舆论引领。“三大主题教育”活动、“中国梦”主题教育活动，全市“两会”、市委九届五次全会精神、五创联动、急难险重任务等重大主题宣传报道和重点宣传报道，都配发了数篇质量较高的评论员文章，更加鲜明地亮出市委观点、阐明市委意图，充分发挥市委机关报的权威性、指导性和舆论引领作用。言论评论要求以调查的深度提升高度，言论评论撰写要谈具体问题，说实在道理，写自然文章，改变生硬灌输、居高临下、空洞说理的文风。如围绕谱写中国梦攀枝花篇章，《攀枝花日报》推出了《梦想在前方　花开在路上》等5篇视角独特、见解独到、思维方式新颖、文风清新的系列言论。特别是在刊发通讯反映民企普通驾驶员俞维泉用生命挽救乘客安全报道时，配发的评论《好心人走过的地方开满鲜花》体现了以小见大、知微见著特色和思想。

3. 改进创新时政报道，跳出“会议”“活动”抓“活鱼”。

制定《攀枝花日报贯彻落实中央政治局〈八项规定〉、省委省政府〈十项规定〉和市委市政府〈十项规定〉及实施细则具体办法》，不断改进创新时政报道。一是做强重大主题报道重点报道，突出处理市内重要时政新闻，及时传达中央的权威声音，适度报道国际重大政经新闻。如开展“三大主题教育”活动时，开设栏目“思想大解放、作风大转变、工作大落实”，分设子栏目“动员·行动”和“关注·参与”，评论、消息、通讯、图片等轮番上阵，进行强势宣传报道。《“真正做企业的贴心人”》《社会各界希望市级部门用实际行动兑现承诺》《楼房“带帽子”》等稿件体现了活动取得的阶段性成效；用20多个整版刊登市级部门在活动中征集到的意见、建议和整改措施，强化了宣传效果。全市召开重大会议作出重大决策部署时，我们除在一版突出报道会议精神外，还在其它版面进行有现场、有事实、有故事、有人物、有图片的延伸报道，让会议报道接地气。如报道市委九届五次全会时，用3个整版进行了图文并茂的延伸报道，更加凸显了会议精神；二是大幅压缩一般性会议报道和领导日常工作报道，摈弃简单化、程式化，跳出会议和领导活动抓“活鱼”。时政新闻从民生角度切入，用群众熟悉的语言和喜闻乐见的方式进行报道，彰显了时政新闻的民生情怀。

4. 改进创新典型报道，抢“鲜货”捞“干货”，增强可读性、感染力。典型报道要突出时新性——抢“鲜货”，狠刹长风——捞“干货”，让读者愿看、爱看、看有所获。“攀枝花钛白产业创新发展观察”系列典型报道——《“菜帮子”也能变“开胃菜”》《用好“酵母”发好“面”》等三篇，平均每篇字数1200字，事例鲜活、文风清新、标题抢眼，将枯燥乏味的工业生产表现得通俗易懂。《做食品就是做良心》《社区小广场撬动文化大舞台》《国胜河唱响绿色之歌》等典型报道，则突出深度和高度，给予读者启迪和思考。新开设具有开拓性、时代性和独特性的精品栏目《小人物　大情怀》，反映基层一线党员、干部的先进事迹。探索典型群像的报道方式，以《先进典型群雕》为栏目，以典型人物的共同点谋篇分类，推出了七个系列的典型人物群像报道，如《钢城“螺丝钉”：拧在哪里都闪闪发光》反映了五位不同行业敬业奉献模范的感人事迹。这些典型报道内容实、形式新，可读性、感染力增强了。

5. 改进创新头版头条视野，让“小人物”民生“小事”走上头版头条。过去，“小人物”难上一版、难上头版头条现在改进创新头版头条视野，将新闻放在时代的天平上称量，不拘一格选头条。村支书、村民委员会主任、社区的“小事”等冲上了头版头条：记者采写的通讯《乡土中国梦从荒山破土》讲述了村支书带领村民埋头苦干，书写中国梦农民篇章的故事；《坪山社区居民评选身边的十大新闻》，则用乡土语言生动地表现了农村居民因惠农政策带来增产增收、生活质量提高的喜悦心情；农村基层通讯员采写的通讯《楠木河畔弄潮人》，文章主人公也是小人物，米易县离退休干部就此报道致信市委书记刘成鸣，表示对攀枝花改革发展“很高兴，有希望，有信心”。

6. 改进创新“走转改”，实行记者驻点制度，路上找精彩，点上接地气，实现“人的转变”。2013年，报社以锤炼队伍、实现“人的转变”为出发点和落脚点，进一步完善了记者驻点联系制度，实现了在全市所有县区派驻记者的构想。驻县区记者路上找精彩、点上接地气，发回了大量散发着泥土芬芳、带着村民体温的新闻报道，受到县区的高度评价。驻县区记者反映说，精彩总是在路上，地气打通新理念，驻点增强时效性。

7. 推进“党报进社区”工程，发展有前景的新媒体，把党的声音传递到基层社区，尤其是传递到困难群众中去。2013年，报社主动作为，自筹资金，积极占领舆论阵地，推进“党报进社区”工程。与各区县宣传部紧密合作，在三区两县16个棚户区改造小区、廉租房小区、经济适用房小区安装电子阅报栏17台，将《攀枝花日报》直接送到困难群众集中居住的地方。这一举措受到群众的高度好评，也取得了良好的效果。同时，报社积极面对新形势，主动争取话语权，大力发展有前景的新媒体，进一步办好攀枝花新闻网，开通了攀枝花日报官方新浪微博、腾讯微博和微信，增加了信息发布和传递的平台，为打造有前景的新媒体，构建全媒体奠定了基础。2013年，《攀枝花日报》共获得省级以上新闻奖一等奖2件，二等奖14件，三等奖19件，好版面1个，好专栏1个；市级新闻一等奖8件，二等奖21件，三等奖28件，好版面2个，好专栏1个。

（二）《攀枝花晚报》坚持时政新闻贴近民生、社会新闻更重人文关怀、文体副刊关注本土、主题报道突出重点、经济专刊注重服务、经营发展与市场接轨，改版成果得到进一步巩固

1. 把握正确舆论导向，强化民生视角，突出主题报道

从民生关注突出宣传十八大、十八届三中全会精神。党的十八大召开以后，围绕教育、就业、就医、收入、住房、环境、社会保障等市民普遍关心的民生问题，《攀枝花晚报》以大题材、小切口的形式，通过普通人的故事愿景，部门访谈、数据印证等形式，推出“贯彻十八大精神　建设幸福攀枝花”专栏，刊发了《让每一个孩子都成为有用之才》《工作稳定　人人都端上金饭碗》《在这里　病有所医不是梦》《市民最盼腰包鼓起来》《让社会保障体系覆盖城乡居民》等8篇深度报道，此系列稿件紧紧围绕习近平总书记的讲话，紧扣老百姓最关心的热点话题，既展示成就，又有市民期盼，对我市学习贯彻落实党的十八大精神进行全方位解读，受到读者好评。十八届三中全会召开后，晚报连续半个多月推出“踏上改革开放伟大新征程　党的十八届三中全会晚报特别报道”专版或专栏，对会议的意义、精神等作了详细报道。同时，对于《中共中央关于全面深化改革若干重大问题的决定》中涉及的热点问题进行解读，选取土地流转、户籍制度改革、简政放权等热点问题，结合攀枝花的具体措施和做法，进行新闻落地报道，让市民感受到十八届三中全会带来的实实在在的好处。

从百姓视角全面深度报道攀枝花“两会”。攀枝花“两会”召开后，晚报创新报道形式，多版面互动，及时对会议动态、“两会”现场、委员提案进行重点关注和反映，在重要版面推出“2013攀枝花两

会·特别报道”专版，开设“两会新气象”“两会标题新闻”“两会微博议政”“两会人物、“两会热点”等栏目，从百姓视角对“两会”进行全面深度报道。新闻采写方面，在注重时政信息传递的同时，加大与会外普通群众信息的联系；版面编辑方面，注重活跃版面语言，创新版面编排形式。2013 攀枝花“两会”期间，晚报共刊发 10 个专版 60 余篇（幅）稿件及图片。

做好“三大主题教育”和“中国梦”主题教育活动宣传报道。《攀枝花晚报》以民生视角对各区县、单位开展“三大主题教育”和“中国梦”主题教育活动的成效进行报道，并围绕各部门、企事业单位所做的公开承诺，开设“思想大解放　作风大转变　工作大落实”专栏，先后刊发了《市委工作会三小时部署全年六方面工作》《工商上门办照　百余商户受益》《市长信箱助“风中男孩”讨薪》《“百姓呼声有了回应，挺好”》《宣讲队到西区闹市区　加强与群众沟通交流》《言而有信才更好》等多篇稿件。推出了“实现伟大中国梦　建设美丽幸福攀枝花”专栏，先后刊发了《谱写中国梦的攀枝花恢弘篇章》《中国梦　我的梦》《推动文化高地建设　实现伟大中国梦》《把成功梦发展梦融入中国梦》《中央党校解读“中国梦”》《“梦想菜单”凝聚青春力量》《畅通路　快捷路　幸福路》等 70 多篇稿件，充分展示了每一位老百姓、每一个行业为了“中国梦”努力拼搏、奋勇向前的昂扬斗志和努力实践，起到了正确的舆论导向作用，营造了良好的社会舆论氛围。

2. 营造积极舆论氛围，紧扣中心工作，突出重点宣传。

关注重大项目建设，展示经济发展成果。2013 年，《攀枝花晚报》重点关注加快重大项目建设，开设“全面实施‘三大战略’，奋力推进攀枝花‘两个跨越’”等专栏，先后刊发了《银江水电站前期工作有序推进》《金江水电站确定明年截流》《桐子林电站主体工程浇筑混凝土》《中缅天然气管道攀枝花支线预计年底通气》《签约金额约 1.3 亿元　我市装备制造业驶入快车道》《攀大高速合作意向协议签订》《花城新区又一工程开工，将整理 700 余亩商业用地》等系列稿件，展示了全市重大项目建设和经济发展成果。

及时跟进，做好“急难险重”的宣传报道。《攀枝花晚报》高度关注全市重点项目建设，及时跟进，全面做好“急难险重”宣传报道。先后开设了“打硬仗　惠民生　推进急难险重　实现跨越提升”“推进三大战略　实现两个跨越”等栏目，宣传报道从普通老百姓的真切感受入手，向读者娓娓讲述我市实施“急难险重”项目对老百姓生活带来的变化，先后推出了《上市，白云铸造进入辅导期》《12 项花城景观打造项目，今年年底以前完成》《西区沿江快速通道，即将进行路面施工》《8 个老旧房屋改造项目启动》《三产项目招大引强，推动人居环境改善》等稿件，图文并茂，正面反映了全市经济社会发展成果，取得了良好的宣传效果。

坚持做好“五创联动”的宣传报道，营造良好的舆论氛围。2013 年，晚报进一步做好“五创联动”宣传报道工作，开设并推出“掀起五创联动高潮　全面建设幸福攀枝花”专栏，围绕全市全面开展的“五创联动”工作，先后在重点版面刊发了《创建文明城市　本月起开展五大专项整治》《10 月底前空气质量监测迈入 AQI 时代》《首支常态化文明劝导队上岗》《沿江景观打造工程　具备全面启动条件》等多篇稿件，充分展示我市深入推进“五创联动”、建设幸福攀枝花所取得的工作成效，从而在全市上下掀起了深入开展“五创联动”活动的高潮。

3. 关注老百姓身边事，强化舆论监督，突出社会责任

持续做好民生工程宣传。2013 年，《攀枝花晚报》重点关注保障性安居工程、丽攀高速、缅气入攀等重点项目建设情况，注重节点和时效。主要刊发了《48 项民生工程　接受检查验收》《新密地大桥下幅主桥桥面　浇筑完成》《八大省重点项目今年开工》《成昆铁路攀枝花段扩能改造　拆迁安置项目正式开建》《红格风情小镇雏形展现》《丽攀高速城区段　下月贯通》《机场路口　过街设施开建》等稿件，8 月份，晚报开设“2013 十民生工程系列报道”专栏，对就业扶贫、社会保障等方面的民生工程项目半

年进展成效进行报道。推出了《一笔小额贷款　解决赵老板的大问题》《小郭老板和他的装饰设计室》等稿件。稿件均以普通人的故事为落脚点，用提要、正文、数据印证三种手法搭配，既增强了稿件的可读性，又丰富了版面语言。

认真做好群众来电来信来访，及时化解矛盾。在信访工作中，《攀枝花晚报》十分注意工作态度和方式方法，既热情接待信访群众，认真听其倾诉，又用党的路线、方针、政策和法律法规积极做好疏导工作，化解矛盾，遇事不推诿，问题不上交、不扩大，不激化矛盾。晚报全年共处理来信来电1500多个(封)，接待上访群众近百人。特别是晚报《金沙热线》版面将关注的目光投向老百姓身边的小事上。比如，街头随处可见的按摩店，到底有没有资质？是否符合卫生管理条例？该哪个部门监管？针对这些问题，推出了《按摩之乱》系列报道，对这些现象逐一进行报道。对超市、农贸市场销售的冰冻鱼虾裹着厚厚的冰，记者通过亲自到市场进行采访调查，刊发了《我买的是鱼　不是冰　为啥不能敲掉冰》等稿件，受到读者好评。针对那些与群众利益密切相关、反映强烈的热点难点问题，《攀枝花晚报》重点关注学生安全问题，在暑期开始时，推出《暑期安全手册》系列报道，记者通过走访学校、医院等单位的专家，详细向读者列举了可能出现的安全隐患以及防范知识；关注市民不文明行为，推出了《亲，这些举止你有木有?》特别报道，对我们身边常见的不文明行为进行一一曝光，希望引起读者的注意；关注以街为市、占道经营致使环境“脏乱差”的问题，如桃源街上水果车长期占据停车位，影响交通和环境卫生，市民对此意见很大。晚报记者在深入调查了解的基础上进行了采访报道，并促使相关部门协调解决。

中高考宣传注重政策性、及时性和服务性。中高考期间，《攀枝花晚报》推出“教育专刊·关注高考”专版20余个，采写了《保考工作正在进行时》《考试期间天气闷热　注意防暑》《百辆出租车“爱心送考”》《今天，攀枝花8237名学子赶考》《高考期间　交警全力保畅》《平衡的生活！平衡的作文?》《高考成绩本月22日揭晓》《我市15400名考生参加2013年中考》《中考结束，预计6月19日公布成绩》等大批稿件，从高校咨询会、部门保考、高考新政策、高考试题解读、高考成绩、志愿填报等方面入手，一方面给考生和家长答疑解惑，一方面全面反映我市对保考工作的重视，最终助推全市中高考圆满结束。攀枝花首个由新闻媒体与社会团体发起的公益慈善行动——“圆梦行动”已成功开展9年，公益爱心品牌“圆梦行动”累计收到捐款1000多万元，先后资助900多名贫困学子圆梦大学。

4. 创新发展，“金沙”副刊杂志化，扩大了晚报影响力

一年来，《攀枝花晚报》秉承“副刊杂志化”的办报理念，吸收杂志好的方法，关注本地文化，努力做到以优秀的作品鼓舞人，先后推出了《以戏剧　守望本土》《三尺天堂》《天籁传奇》《主旋律的回响》等本土文化人物的故事；推出了《砚遇》《朝颜闲抄》等优秀散文作品；推出了《请到我们队里来》《她们跃马楚河汉界》等本土特别报道；推出了吴汉怀、杨绍刚、吴晓蓉等本土画苑人物报道。重点策划了“芳菲·女诗人访谈录”等系列报道；著名作家张扬来攀、杨斌和普光泉作品研讨会的专访等。如今，“金沙·悦读”“金沙·花雨”“金沙·故事”等系列版面以其清新雅致的风格获得读者的认可，已成为我市的一张城市文化名片。从2013年6月开始，《攀枝花晚报》重点推出“教育·作文”版，每两周一期，版面内容丰富，既有学生优秀作文选登，又有老师点评，还有专家讲述的写作技巧。为进一步搭建平台，晚报编采人员还不定期地深入全市各中小学校，与孩子们一起交流座谈，激发孩子们的写作兴趣。截至目前，晚报共刊发中小学生优秀作文50余篇，受到广大学生、老师及家长的好评。2013年，晚报共获得省级以上新闻奖24篇（个），其中一等奖3篇，二等奖10篇，三等奖9篇，优秀版面2个；市级新闻奖28篇（个），其中一等奖5篇，二等奖9篇，三等奖10篇，好栏目3个，好版面1个。

二、加强机关建设，进一步强化攀枝花日报社新闻宣传的组织保障，为党报更好地履行新闻宣传使

命奠定坚实基础

2013 年，攀枝花日报社紧密结合党报新闻工作实际，切实加强领导班子和干部队伍的思想建设和作风建设，深入开展十八大、省第十次党代会、市第九次党代会、十八届三中全会精神的学习，为进一步增加主流媒体的舆论引导力提供了组织保障。

（一）抓关键，进一步加强领导班子思想政治建设

1. 切实开展“三大主题教育活动”“中国梦”主题教育活动和“抗震救灾精神和感恩奋进”等三项专题教育活动。攀枝花日报社领导班子本着舆论先行的要求，第一时间组织报社领导班子成员开展活动在先、学习领会在先、运用实践在先。报社党委牵头，及时研究制定活动开展的实施方案，在全体党员干部和广大采编人员中积极开展活动，边学边议，边学边用，让“教育活动”立足于新闻报道实践，让“教育活动”促进长效机制的建立和完善。“活动”促进了报社新闻宣传成效显著，《日报》突出了政治意识、大局意识、责任意识、阵地意识，《晚报》彰显了责任、民生、公信力、影响力。队伍建设不断加强，干部选拔任用机制得到强化，报业发展稳步推进。

2. 领导班子的思想建设、作风建设和制度建设进一步加强。攀枝花日报社领导班子 5 位成员讲政治、讲党性、讲团结、讲协作，切实落实中央省市“八项规定”“十项规定”和解决“四风”问题，特别是在“三大主题教育活动”中正视问题，对照“怕、满、慢、浮、僵”查找存在的问题和不足，郑重承诺，积极整改，坚守新闻职业道德、依法办报、依法行政、关爱职工；落实“走转改”“挂包帮”和“百千万干群心连心”活动，深入仁和区太平乡江边村进村入户，让媒体与村民老乡直接对接听心声。

3. 加强廉政风险防控，落实党风廉政建设责任制。

2013 年，攀枝花日报社贯彻落实党风廉政建设责任制始终坚持标本兼治、综合治理、惩防并举、注重预防的方针，将“三早机制”落实到新闻工作的全过程。按照报社惩治和预防腐败体系基本框架设置，根据各部门风险点管理情况，结合报社新闻宣传工作实际，以廉政风险防控管理为载体，严防领导集体和干部贪污受贿、失职渎职、违反政治纪律、违反组织人事纪律等案件的发生；严查重点领域和重点岗位；严查以权谋私、以稿谋私、以版面谋私等行为。一年来，在攀枝花日报社党风廉政建设责任制领导小组的总体部署下，各职能部门坚决按照《攀枝花日报社廉政风险防范管理实施方案》的精神，强化责任意识，加强责任追究，报社领导班子成员、各部门中层干部层层签订《党风廉政建设责任书》，强化防范意识，加强监督检查、考核和责任追究机制。坚持“三重一大”事项集体研究决策制度、党委中心组学习制度、党支部“三会一课”制度、中层以上干部年终述职述廉制度、职工代表大会等，从思想教育、制度管理上防范各类腐败现象发生，促进领导干部廉洁自律，保证廉政风险防范管理工作落到实处。

（二）抓基础，进一步加强报业发展人才队伍支撑

1. 在干部选拔任用工作中坚持公开公正，严格纪律。攀枝花日报社党委在干部选拔作用工作中始终坚持“党委讨论决定干部任免事项守则”的相关规定，集体讨论、充分酝酿，在公开竞聘工作开展之前，报社利用党支部学习会、编前会、内网平台、公告栏等多种形式和渠道对广大职工群众进行广泛宣传，组织大家学习“严肃换届纪律保证换届风清气正”的相关规定，在报社中层领导干部的选任工作中，营造风清气正的选人用人环境。

2. 在干部选拔任用工作中加强制度建设，不断探索选人用人新机制。针对攀枝花日报社干部队伍结构、人员身份的复杂性和报刊新闻宣传工作的专业性，攀枝花日报社在积极贯彻落实《2010—2020 年深化干部人事制度改革规划纲要》的精神的过程中，不断探索针对自主聘用身份的人才培养机制。目前，报社自主聘用身份人员已占新闻采编总体人数的 50% 以上，如何解决自主聘用身份的中层干部成长的“天花板”问题成为摆在面前的现实。报社的办法是打破干部选拔任用的传统格局，摒弃中层领导干部能上不能下的旧模式，建立了干部能上能下的选人用人新机制。目前，报社中层领导干部结构得到进一步的优化，报业发展人才基础得到进一步夯实。

（三）抓保障，进一步加强报社干部工作日常管理

1. 加强领导班子建设，严格县级干部管理。报社高度重视县级领导干部自身建设，切实加强党性修养，注重团结协作。严格按照县级管理的相关规定，组织班子5名成员和1名退出领导岗位尚未办理退休手续的同志，及时填报领导干部报告个人有关事项。年终领导班子每位成员必须撰写书面总结，在全体中层干部大会上述职，必须参加县级领导干部年终考核，必须按照“一岗双责”的要求填写年度领导干部履行党风廉政建设职责情况自查表，必须做到重大事项报告无遗漏。

2. 结合报社发展实际加强年轻后备干部的培养。攀枝花日报社认真贯彻落实《攀枝花市关于强力推进培养选拔年轻干部工作的意见》（攀委发〔2013〕9号）精神，特别是在年轻的记者编辑中积极培养管理干部，充分激发创新活力。培养了编委5名，中层领导干部30名。选报了正科级以上后备领导干部3名，推荐了2名科级干部作为四川省2013年面向全社会公开遴选优秀年轻干部人才上报，评聘了中级职称2人，向区县派驻了5名记者挂职锻炼。推荐江潇等8名同志作为攀枝花日报社潜力型年轻干部人选，推荐陈帆等5名同志作为攀枝花日报社培养型科级年轻干部人选。

3. 加强职工教育培训工作和年度考核工作。报社确定一名班子成员负责职工培训工作，2013年，报社组织职工开展“新闻采编人员岗位培训”等培训工作5场（次），内容包括马克思主义新闻观、新闻采编技巧、报刊版式设计、内部规章制度和报业发展趋势等，进一步加强职工思想教育和新闻采编业务能力素质提升。年终报社分四大部分对全体新闻从业人员和全体职工进行年度考核，将考核结果作为评定职称、评选优秀职工和优秀党员、干部选拔的重要条件。

4. 强化报业经营实效，夯实新闻宣传工作基础。2013年，报社党委以推进报业发展为总揽、以搞好新闻宣传为目标，以改善职工生产生活条件为基础，克服广告经营的严峻困难，继续狠抓广告和发行两个关键，进一步加强管理，积极开拓市场，进一步扩大党报覆盖面，强化了新闻舆论引导的正能量。一年来，报社在市委、市委宣传部和全市各行各业的支持下，在全体职工的共同努力下，完成了《攀枝花日报》《攀枝花晚报》的征订发行工作。同时，报社借鉴外地报纸的成功模式，对广告设计等进行了大胆尝试，更有针对性地对广告客户进行定身设计，积极打造高质量的广告投放平台。在今年经济持续低迷，广告市场极度紧缩，加之报社经济结构单一和历史遗留问题等没有得到有效解决，今年报业经济发展形势依然十分严峻。即使如此，报社在履行社会职责，打造纯洁广告投放平台也不惜遗力，报社党委严格广告制度建设，坚持做负责任的报纸，以打造纯洁广告投放平台为目标，认真按照国务院和有关部门的规定，对一些特殊广告实行限额和准入制度，拒绝刊登各类虚假广告，全年报社所属媒体“三报一网”没有刊登任何虚假广告，没有出现任何广告纠纷，所辖媒体起到了主流媒体的积极作用。

攻坚克难，狠抓科技工作
为攀枝花市国家级现代农业示范区建设提供强力科技支撑

攀枝花市农林科学研究院

2013年，攀枝花市农林科学研究院在研项目76项（其中新上19项）；成果鉴定3项，成果登记7项（其中省级4项，市级3项）；获2012年度国家科技进步二等奖1项，获2013年度农业部中华神农科技奖一等奖1项，获省科技进步三等奖1项，获市科技进步一等奖1项，市科技进步二等奖1项，市科

技进步三等奖1项；申报专利11个，授权实用新型专利4个；1个品种和1项技术分别被省农业厅推荐为2013年度全省主导品种和主推技术。科技人员发表论文22篇，参与编著专著2本；开展科技培训和科技服务2537人次，培训农业从业人员9221人次，发放技术资料11.7万册。新品种、新技术在市内外累计推广45.64万亩，创社会经济效益2.5亿元。攀枝花市农林科学研究院获集体荣誉33项，个人荣誉143人次。新闻媒体报道攀枝花市农林科学研究院科技信息37条次，刊发农林科技简报16期。

一、积极参与攀枝花市市现代农业示范区建设

我院积极参与攀枝花市市现代农业示范区建设，一是参与现代农业高效节水示范项目建设。同省水利厅、省财政厅、市水务局组成专家组对攀枝花市盐边县、米易县和仁和区2012年度高效节水灌溉项目进行调研，针对实施中的问题提了七个方面的建议，以确保工期，顺利迎省考。派出专业技术人员深入到仁和区高效节水项目各建设区域，指导节水设施设备的安装、调试，发现问题，及时解决。二是参与国家现代农业示范区项目的实施工作。围绕国家现代农业示范区建设，院在米易县现代农业示范区继续开展了蔬菜新品种、高效套作模式、水肥一体化、小型太阳能杀虫灯、小型农业机械、研企合作新模式等现代农业生产重点要素的集中展示和推广运用工作。三是扎实开展现代农业重点产业技术研究。深入开展了苦瓜、丝瓜、豇豆、菜豆等蔬菜新品种种质资源的引进、收集与保存，加大了设施蔬菜生产关键技术的研究。开展了芒果、石榴、枇杷等特色水果的资源收集、保护与新品种筛选及选育工作，加大了芒果测土施肥技术、防冻技术、采后处理技术等的研究工作。2013年，院在芒果延迟成熟、延后采收技术研究取得了突破。重点开展了山羊杂优利用、羔羊成活率、快速育肥、疫病防控、饲草饲料开发等技术的熟化研究与集成。四是加快农业科技成果示范转化。汇编完成《攀枝花市农林科学研究院主要推介品种和技术》，共推介果树、蔬菜、畜牧、牧草、烟草、林业、农业节水等方面的品种58个、单行技术39项，以指导农业生产，促进农民增收。在大龙潭等乡镇开展了节水技术培训，发放《膜下滴灌技术》等资料，推广节水技术。在盐边县示范推广了意选菜豆0810－1－2优良品种200亩。在总发、大龙潭、福田、米易4个示范点，示范热农10号、热研16号、金百花、攀育2号4个芒果品种，示范规模400株。在东区阿署达、银江，米易坪山安排了100余亩的芒果低产田改造示范点等。

二、科技工作取得新进展

（一）科技成果档次再创新高。2013年，院参与申报的“特色热带作物种质资源收集评价与创新利用”成果荣获国家科技进步二等奖。院主持的“清甜香型烤烟优质、高效、节能生产技术研究与应用”项目获四川省科技进步三等奖；“攀枝花市芒果农业专家系统的建立与应用研究”项目获攀枝花市科技进步二等奖；“芒果种质资源收集评价与创新利用”项目获2013年度农业部中华神农科技奖一等奖。

（二）项目实施质量显著提升

——蔬菜研究方面：开展了58个蔬菜新品种的引种筛选试验，初步筛选出适宜攀枝花市生产栽培的品种16个，平均增产达20.45%；开展了自育的3个苦瓜新品系的全省区域性试验，都表现出了长势好，采收期早而且长，产量高，果形好，田间发病率低，适应性强的特点；进行了4个丝瓜组合的全省多点试验，结果表明4个组合在早期产量和总产量上都明显高于对照，总产量最高的组合1达到了4566.8公斤/亩，比对照增产108%；优选出了4个菜豆品系，其中2个品系菜豆种植区品种占有率达到了20%以上。开展了番茄、辣椒嫁接试验，成活率都达到90%以上；进行了60亩的茄子嫁接技术生产示范，嫁接茄子抗土传病害能力显著增强，且增产10－20%；引进了套管嫁接技术和双断根嫁接技术，并进行了试点。研究总结出了攀西地区塑料大棚苦瓜、番茄、黄瓜、茄子、辣椒水肥一体化栽培技术，并在米易、盐边、仁和、西昌、德昌示范了2000亩，平均节水35%，肥料利用率提高20%，亩节约劳动成本480元，亩增效益达3534.6元。

——果树研究方面：共引进和收集芒果资源11份，保存数量已达135份，开展了47份资源的评价工作；在福田镇、总发乡、中坝乡、白马镇、国胜乡、银江镇等地建立了品种示范园，示范优良品种10个。芒果延迟成熟和延后采收取得突破，成功地将芒果成熟期从8月至10月延长到了12月至翌年1月中下旬；全面地完成了攀西地区芒果病虫害调查，编撰的《攀西地区芒果病虫害图谱》已交付出版社，准备出版；通过四年的研究，芒果畸形病防治研究已初见成效，畸形病发病率在逐年降低，产量在逐渐恢复；研究集成了攀西地区芒果病虫害绿色综合防控技术，并在攀枝花市示范推广了4.6万亩，取得了较好的防治效果。开展了石榴新品种选育工作，初步筛选出了突尼斯软籽石榴作为攀枝花市下一步主推品种；同时还开展了火龙果、番木瓜、枇杷、莲雾、番荔枝（释迦）、杨桃、大樱桃等特色水果的引种示范。

——畜牧研究方面：在啊喇乡开展的“优质肉羊生产技术推广与产业化示范”项目，全面完成了项目总体目标任务，共发展山羊标准化养殖示范户63户，修建（或改建）山羊标准化圈舍946.85m^2，示范户山羊年均饲养量达4977只，山羊良种改良面达90.32%，羔羊成活率达95.25%，成年羊的平均死亡率为4.4%，周岁出栏体重达30.40公斤，户均养羊收入达33504.10元，较项目实施前的4926.15元增收28577.95元。在山羊主要疾病研究方面，确诊了山羊地方性鼻内肿瘤及伪结核棒状杆菌病，为疾病的防治提供了依据；山羊脑包虫综合防治技术应用收效明显，2013年为养殖场（户）挽回了近50余万的直接经济损失；在山羊肺部疾病防控中对绵羊肺炎支原体灭活疫苗应用效果显著，试验羊成活率达100%；对腹泻病的治疗效果明显，试验羊成活率达94.45%；疥螨羊最高治愈率达到100%。在肉牛养殖研究方面，建成了2个肉牛标准化养殖场，永兴镇密地罗社核心示范户肉牛杂交改良面达100%，肉牛日增重达2公斤，出栏肥牛50头，获经济收入40余万元。在本地黑山羊品种资源调查中，彻底摸清了攀枝花市本地黑山羊与周边黑山羊之间的基因差异。

——烟草研究方面：开展了17个烤烟品种的品种比较试验，有12个品种比对照云85增产；开展了红花大金元品种的嫁接育苗技术研究，嫁接成活率达98%，嫁接苗成本高出51.93元/亩，但产值提高554.4元/亩；开展了50亩云85品种亩栽1200株示范，平均产量达206.87kg/亩，平均产值3956.34元/亩，较常规栽培密度为1100株产量增加72.87kg/亩，产值增加740.04元/亩。在碳氢有机质热裂解炉在烤烟烘烤上的应用研究上，调整了燃料棒的加工原料，重点使用菌包和烟杆分别与污泥进行配比生产，其中菌包+污泥比在现行推广的节能型烘烤设备中使用块煤节约了0.81元/kg；在太阳能在烤烟烘烤上的应用研究上，整个太阳能烘烤系统已经研制成功，并获专利授权3项，用太阳能加辅助燃料烤烟，其烘烤成本平均为0.93元/kg，比现有密集烤房的烘烤成本2.38元/kg（粉炉）、2.61（标煤）分别节约1.45元/kg和1.68元/kg，分别节约60.9%和64.4%。

——林业研究方面：开展了何首乌、川牛膝、重楼、川续断等几种道地中药材的人工栽培技术研究。研究总结出了林下何首乌、川牛膝人工种植技术，确定了林下种植适宜的郁闭度、密度以及基、追肥比例与施用方法，何首乌最高产量达843.57公斤/亩，川牛膝最高产量达456.24公斤/亩；成功将重楼种子萌芽时间由两年缩短到了8个月，萌芽率由40%左右提高到80%以上。开展了核桃、花椒两种经济林作物研究。引进的22个核桃品种，有17个品种已初挂果，通过综合检测分析，初步筛选出了3个适宜攀枝花市推广的品种；收集地方优良单株52株，通过综合评价，初步筛选出了9个优良单株；核桃低效林改造示范效果明显，经改造后的低效林实现了持续丰产；在攀枝花市的花椒主产区，建立了花椒品种园和丰产栽培技术示范园，引进了花椒采摘器，收集了3个地方优良品种。在块菌研究上，持续做好人工块菌试验林的管护工作，块菌菌根量在持续增加；新培育了印度块菌、夏块菌、攀枝花块菌、波氏块菌菌根苗1400株，新营建了块菌种植示范林30亩。完成了攀枝花市生态主体功能区建设规划。

——农机与节水技术研究方面：重点开展了大棚番茄、苦瓜、茄子、辣椒以及陆地甘蓝和菜豆的高效节水灌溉制度研究。通过2013年的验证试验，研究总结出番茄、苦瓜、茄子、甘蓝和菜豆不同生育期的灌水次数、全期总灌水次数、灌水周期、单次灌水量、全期灌水定额，实现了节水20%以上，增产

5%以上，亩增效益500元以上。初步研究出了大棚辣椒不同生育期的灌水周期和灌水量。

（三）科技成果转化和科技服务工作进一步增强。院根据农业生产周期长、农民掌握吸收慢等特点，探索建立了“一点多年、一年适时多期”的成果转化推广模式，推进攀枝花市农林科学研究院的科技成果转化。一是强化项目设计，从源头上增强成果转化意识。二是多方协调，上下联动，共同推动科技成果转化。2013年，院和市人社局联合共建农业专家示范基地5个，和市民宗委联合共建民族地区科技成果转化示范基地2个，和市科知局联合共建了山羊标准化养殖示范村、本地山羊良种纯繁场、煤矿采空区植被恢复示范基地、核桃低效林改造示范基地，和仁和区林业局联合启动了块菌产业化示范基地建设，和湖南中烟、河南中烟以及市烟草公司等联合共建了企业烟草基地单元科技示范园区，共同推动芒果、烤烟、山羊、核桃和干热河谷植被恢复5个方面的成果转化工作。院2011年在福田启动的芒果科技成果转化基地建设项目成效十分显著，23户示范户2011年芒果产值只有19.28万元，2013年芒果产值增加到85.78万元，产值增加344.88%，全镇2011年芒果产值仅140.8万元，2013年增加到417.86万元，产值增加196.74%。三是以科技成果为支撑，助推地方农业产业和企业的发展。院协同西区政府开展了省科技厅科技富民强县专项；协同米易县政府和仁和区政府开展了国家高效节水示范县建设工作；和绿生公司联合实施了省科技厅成果转化项目；协助锐化公司实施了省科技成果转化项目。帮助盐边县国胜乡制订和实施产业发展规划，为盐边县格萨拉乡马铃薯产业和人工草场建植提供技术服务。为和谐牧业公司、远实公司提供山羊养殖技术服务。

（四）科技合作与交流取得新进展。一是持续加强与中国热带农业科学院的合作。院和中国热科院热带作物品种资源研究所联合实施了农业部芒果公益性行业科技项目，联合申报了农业部中华神农奖1项；和中国热科院南亚热带作物研究所签订了联合建设攀枝花芒果科技创新中心合作协议，通过联合共建芒果科技研发基地、联合攻关、成果共享、人才培养等，共同助推攀枝花市芒果产业的良性发展；和中国热科院生物所联合开展了国家重点实验室体系金沙江干热河谷特色农业观测试验站的建设工作。二是以院为载体，攀枝花市人民政府和海南大学达成了市院科技合作意向，院具体承担协议中农业科技合作事宜。三是继续拓展与省农科院的合作领域。在持续加强省农作物育种公关合作的基础上，今年又联合承担了野生食（药）用菌方面的省科技支撑计划项目。四是切实做好与攀枝花学院联合办学事宜，完成了院授课教师的配备与资格认证，完成了人才培养方案和双方授课科目的分配，目前已连续招生两届。五是积极实施外国专家智力引进项目，成功引进泰国芒果专家1名。六是先后派人到中国热科院、省农科院、四川农业大学等科研院所和大专院校进行了交流学习。七是与和谐牧业公司达成了科技合作意向协议，与盐边国胜乡签订了科技合作协议。

三、人才工作得到进一步强化

院继续实施人才培养计划，进一步强化了选拔、培养和使用工作。2013年，新引进6名硕士研究生；从畜牧水产研究所遴选了1名科技人员到科基部轮岗锻炼；1人新当选为省人大代表，1人成为市委直接掌握的高层次人才，3人被评为市学术和技术带头人，2人被评为市有突出贡献专家，12人被评为市学术和技术带头人后备人选，10人被攀枝花学院聘为兼职教师。1人荣获攀枝花市优秀创新人才奖。

四、科研条件得到进一步改善

攀枝花市农林科学研究院在充分利用和加强管护好攀枝花市及周边地区建立的蔬菜、水果、畜牧、生态林业、节水、烤烟等方面的试验、示范点（片）的基础上，继续抓好了院麻疯树采穗圃、品种收集园，亚热带植物标本园、火龙果引种试验示范园、南亚热带特色果树示范园、芒果种质资源圃、攀枝花市草食家畜科技示范基地和烤烟烘烤试验场等已有研发平台的维护和管理工作。根据现代农业科研的需求，启动了综合实验室建设工作。拟进行植物生理、植物病理、土壤肥料、采后处理等方面的综合实验室建设，现已完成建设初步方案和仪器设备的采购计划。开展了本地黑山羊良种纯繁场、番木瓜引种示范园、高效节水示范基地、中草药种源收集圃、南亚热带观赏植物示范园、乡土植物展示园等试验示范平台的建设工作。完成了科研楼的室内装修，新添置了一批办公设备，更新了工作用车。

坚定信心 抢抓机遇 稳中有为 创新求进 努力推进攀枝花邮政持续健康转型发展

四川省邮政公司攀枝花市分公司

2013年，是全面贯彻落实党的十八大精神的开局之年，是实施“十二五”规划的关键一年，是攀枝花邮政共克时艰、砥砺奋进的一年。这一年，全局上下牢牢把握稳中求进、科学发展的工作基调，始终坚持转变观念、谋划长远的发展思路，始终保持积极有为、斗志昂扬的精神状态，立足实际、攻坚克难、多措并举、稳中求进，各项工作取得新进展。

一、生产经营平稳发展

（一）总体经营稳中有升

2013年，全局实现业务收入完成省公司计划的101.59%，同比增幅8.02%，其中，邮务类业务完成省公司计划的102.18%，同比增幅11.16%，；代理金融类业务完成省公司计划的95.71%，同比增幅为1.22%，；代理速递物流类业务完成省公司计划进度的85.20%，同比增幅为-9.93%。

（二）重点业务稳中向好

集邮业务突破千万大关，完成省公司计划的114.55%，同比增幅为28.25%，特别是承办四川省第十一届集邮展取得良好效果。函件业务完成省公司计划目标的100.74%，同比增幅为8.17%，函件各重点项目竞相发展。代理金融转型发展取得新实效，业务结构调整和网点转型成效显著；保费规模大幅增长，提前两个月完成全年目标，市场占有率位居攀枝花银保渠道第二名，中邮占比达到36.15%，尤其是举办中邮PTS专项竞赛活动成为全省亮点；理财业务同比增长达267%。电子商务战略新业务取得新进展，全市24个网点实现了火车票、汽车票、机票“三票联售”，并在全省率先开展车驾管业务试点，全市8个网点开通交警便民证照业务。分销业务同比增幅达40.84%，特别是“粽香情”项目取得跨越发展，较上年度增幅达67.5%。机要通信连续27年保持质量全红。

（三）市场拓展稳步推进

板块联动机制逐步健全，各板块在资源共享、合作共赢方面迈出了新步伐，既注重联动发展，又实施错位经营，业务发展相互渗透、相互促进；营销效能逐步提升，通过客户经理升降级管理、加强总部客户开发、创新项目营销，进一步优化营销体系建设，完成省公司计划的128%，大客户收入占比为40.18%；各区县局地方融入度大幅提升，新开发政府土地赔偿款、养老金补贴代发及邮政农资介入政府帮扶工程等项目进一步挖掘了邮政服务深度，拓展了市场份额。

二、企业转型逐步深化

（一）专业转型成效初显

代理金融项目型业务发展成效显著，盐边县局认真收集项目信息成功代发政府土地赔偿款，米易县局抓住早熟蔬菜资金回笼的机会实现新的跨越、密地区局成功签下就业局的养老金补贴代发项目；同时，省级示范网点大水井的转型工作稳步推进，网点综合实力、服务质量、经营业绩均得到显著提升。函件专业积极应对市场环境变化，结合地方实际，融入民生需求，新开发便民电亲民卡、笔记本、大闸蟹贺礼卡、选民证等业务。

（二）渠道建设步伐加快

以服务民生、融入地方为切入点，引入社会力量整合渠道资源，加快推进邮政社会综合服务平台建设，实现多种业务叠加，以“一点接入多点铺开”模式提升网点有效率。建成便民服务站36个，三农服务站15个，空白乡镇邮政局所补建完成并移交3个。

（三）经济质量持续好转

以利润为导向增收节支，各项质量指标、效益指标进一步好转。有效收入增长3.07%，超额完成利润计划。成本费用结构控制较好，11项重点成本费用有6项负增长，通信费、会议费、修理费等10项业务管理费用均不同程度下降。全员劳动生产率同比增长9.77%。

三、企业管理更加科学

（一）财务管理更加规范

通过加强成本管控、固定资产和业务欠费清理、工程管理流程规范，建立规范、严谨、精细的财务管理体系，有条不紊地推进会计集中核算、集中采购、“营改增”等工作，财务管控更加科学有效；企业资金状况进一步好转；对6个区县局和9个专业公司进行了重点检查和欠费专项检查，规范了财务行为；对全局房屋、车辆、设备等共计3000余张固定资产卡片进行清查核对，对发现的盘盈、盘亏、毁损报废资产按照有关规定进行处理，确保最终账、卡、实相符。

（二）人力资源管理更加优化

劳动用工结构不断优化，全局14名优秀劳务工转为合同用工，使用工进一步规范，用工总数得到控制；培训支撑作用进一步增强，将专业培训与素质培训相结合，组织内部培训、外部送培、下基层培训以及远程培训共100余项；大专及以上学历员工占比48.4%，较上年提高4.2个百分点；从岗位轮换、强制休假和行为排查等方面，进一步加强对关键岗位员工从业行为的规范和管理，以防范操作风险和道德风险；通过放权各单位绩效管理，提升了全局职工立足岗位、主动作为的责任意识、经营意识。

（三）基础管理更加扎实

扎实开展合规行动、安全评估、网点风险等级评价、风险管控现状调查等工作，抵御风险能力进一步提高；审计工作的“免疫”作用进一步凸显，共开展审计项目18项，综合审减率19.68%；修订了关于会议、车辆等多个管理办法，使相关日常管理工作进一步规范；着力加强视察体系建设，全面提升了视察检查水平；进一步完善客户投诉相关管理办法，全面落实“首问负责制”和“有理由投诉一次待岗制”，用户满意度稳步提高。

四、能力建设持续推进

（一）网点运营能力不断提高

扎实推进营业网能力建设，网点布局持续优化、盈利能力逐步提高，购置邮政营业网点2处，网点标准化改造7处，金融网点优化布局调整1处。网点覆盖面不断扩大，空白乡镇补建邮政局所开业运营2处。全年新增报刊亭4个，报刊亭总数达到55个，报刊零售经营户达到124户。加大信息网终端能力建设和金融自助机具投入，新布放ATM、CRS7台，总量达到23台，电子服务渠道进一步拓宽。

（二）投递能力日益增强

投递机动化和信息化水平不断提高，揽投网建设进一步推进，商业化揽投部组建工作逐步展开；增配投递车辆2台，并根据辖区用户变动情况优化投递段道；不断创新投递模式，“自取+代投”模式日益完善，智能包裹投递柜建设选址已初步定在攀大和学府花园；加大投递基础管理、作业流程优化及规范化服务培训，有效提升了投递效率和投递质量，投递服务能力进一步提升。“双11”“双12”期间，我局共投递国内小包17753件，妥投率达100%。

（三）信息及网运能力稳步提升

信息网建设方面，全年新增生产、办公设备约100多台（套）；对6个区县局的通信网络进行了改造，统一了接口配置，提高了网络运行能力；开通15个储蓄网点WIFI，提高了客户体验度；完成5个区县局的电视电话会议及全局OA系统的安装上线工作，行政办公、办会效率进一步提高。网运能力建设方面，通过到段封发进一步优化流程，实现了进口窗投邮件封发无纸化；进一步调整生产作业人员和作业时间，加强业务技能学习，全程时限达标率稳步提高；整合现有资源，规范生产作业流程，调整不合理作业计划，全面提升网路运行质量和效率。

五、构建和谐不断深入

（一）融入地方有所作为

一是在“中国梦”教育实践活动中，举办四川省第十一届集邮展览广受好评，市领导亲自到场视贺并致辞。二是借助邮品首发、世界邮政日等活动契机，进一步宣传现代邮政多元化服务项目和功能，邮政普遍服务、商业服务、便民服务进一步深入人心。三是进一步加大邮政服务“三农”力度，发挥渠道优势推动特色水果出攀，邮政农资分销联姻政府帮扶工程取得实效。四是认真落实市委“挂包帮”工作任务，积极帮扶米易县水塘村困难户，并利旧赠送村委会会议桌椅1套。五是以党代会、人大、政协会议为平台，积极参政议政，为邮政发声，进一步取得各级政府支持和社会各界关注。

（二）党建工作扎实推进

一是深入学习十八大、十八届三中全会精神，认真执行中央“八项规定”和集团公司、省公司实施意见，陆续开展“中国梦”和三大主题教育活动，党员干部作风持续好转。二是组织全局四级副以上领导人员参与廉政知识考试，合格率达100%，加强反腐倡廉警示教育，领导人员廉洁从业意识进一步增强；三是完善“三重一大”决策制度暂行办法及配套制度，规范了决策行为，防范了决策风险。四是积极监督全局各项工程建设、集中采购招投标及检查验收，把廉洁从业要求贯穿到权力运行全过程，确保了工程及产品质量；五是认真对待来信来访工作，通过明察暗访着力解决职工群众反映的热点、难点问题。

（三）职工幸福度不断提高

一是职工收益稳步增长。2013年，全局合同用工人均收入比上年增长11.37%；劳务用工人均收入比上年增长14.62%。二是劳务工与合同工在各项福利待遇及津补贴发放上做到了标准一致，同时根据劳务工工作年限不同，逐步调整劳务工各项社会保险的缴费基数。三是圆满完成职工福利性疗休养计划，继续推行职工体检，共享企业发展成果进一步体现。四是职工兴趣活动小组开展文体活动实现常态化，职工精神文化生活更加丰富，促进了企业和谐发展。五是在已建成14个职工之家的基础上，新建仁和职工食堂和西区投递部休息室，并开展职工小家建设“回头看”活动，使建成的职工小家持续有效地发挥作用。六是员工医疗互助项目稳步推进，发展会员546人，为18名重病员工支付补助金；同时完善机制持续开展“送温暖”“金秋助学”等扶贫助困活动。

夯实基础　创新机制
推动企业持续、健康、稳定发展

中国电信攀枝花分公司

2013年，中国电信攀枝花分公司有效承接集团公司‘一去两化新三者’战略，深化省公司“012”战略，推进机制创新，激发活力；夯实基础，支撑企业快速发展，继续坚持以创新和服务双领先为主线，积极推进“宽带中国．光网攀枝花”的建设工作，着力将攀枝花打造为全省首个“全光城市”。分公司党委坚持以科学发展观为指导，求真务实、以群众路线教育实践活动为触发点，深入践行“情系客户、情系员工，加快转变发展方式”的治企理念，初显成效。紧密结合攀枝花市委、市政府‘未来五年的总体目标’，认真落实“加快发展上规模，创新机制求转变，夯实基础强运营，精确管理出效益”的工作举措，圆满完成各项目标任务，用实际行动推动企业步入持续、健康、稳定发展。

作为攀枝花市光纤宽带网络、光通信规模最大、覆盖最广、技术最先进、技术能力和服务能力最强、网络数据处理能力处于攀枝花市领先地位的电信运营商，中国电信攀枝花分公司在面临市场激烈竞争的情况下，发展、责任承担两不误，抽调精干力量精心维护、优化调整网络结构，圆满完成党、政、军各项机要通信保障，以及两会、三中全会、市两会等重要会议通信保障任务。

电信攀枝花分公司党的群众路线教育实践活动——我与老总面对面沟通会

一、宽带中国．光网攀枝花建设工作稳步推进

2013年8月28日，中国电信攀枝花分公司领导班子积极响应攀枝花市《攀枝花市智慧城市总体规划》建设“全光网城市”的目标，促成中国电信四川公司和攀枝花市政府达成“宽带中国？光网攀枝花”战略合作。双方在攀枝花宾馆会展中心隆重举行了“宽带中国？光网攀枝花”战略合作协议签署仪式。战略合作协议的签订，标志着攀枝花市政府与中国电信的密切合作又更进一步；标志着攀枝花“光网智慧城市”目标达成，有了可靠保障。攀枝花市人民政府与中国电信四川公司作为战略合作伙伴，双方本着“政府主导、电信主体、市场导向，服务社会、合作创新”的原则，在“十二五”规划期内实施“宽带中国？光网攀枝花”工程，携手推进“宽带中国？光网攀枝花”建设，将在基础建设、数字小区、三网融合及民生等领域开展广泛深入的合作，双方共同推进“宽带中国·光网攀枝花”建设工作，努力将攀枝花建设为全省首个“全光网城市”。

截至2013年底，攀枝花分公司累计已投入5.73亿元建设资金，建成互联网出口带宽80G、高清影视出口带宽20G、光缆总长度1万芯公里，全市光网络FTTH端口总体覆盖率达90%，光网综合质量为全省前5名，目前光纤入户带宽最高达可到100M；三区两县城区的光纤通信网络覆盖率已达96.7%，已走在了全省前列，为攀枝花市建设“宽带中国．光网攀枝花”奠定了坚实基础。

电信四川公司赵麦庆总经理向张剡市长介绍光纤高清影视方案

截止2013年，中国电信攀枝花分公司根据集团部署，在攀枝花全区完成3G无线通信基站建设799个，通过无线技术人员、网络建设人员的不断优化、调试，覆盖率达98%，全市区域内电信3G手机通信、无线互联达到最佳状态，让攀枝花市民充分享受3G无线互联新生活。特别是3G带动的手机电子商务急剧发展的2013年，电信3G为攀枝花全区电信用户带来了随时随地购物的便捷，以及随时随地使用手机QQ、微信等各种无线智能应用的快乐。

2013年随着国家4G牌照的发放，中国电信攀枝花分公司已经按计划投入4G基站建设。脚踏实地、务实推进4G基站的建设调测、网络优化工作，确保能顺利投入使用，让攀枝花广大市民在3G应用的基础上，体验电信更快更好更便捷的4G网速，让市民真正享受4G无线畅游新生活。为攀枝花信息服务水平提升做出应用贡献。

三、优化队伍建设有效加强

（一）公司党委继续落实基层“四小（小食堂、小浴室、小洗手间、小活动室）”建设，改善员工生产生活环境，在往年建设的基础上，新建职工食堂5个，职工浴室4个，购置各区域食堂和职工浴室物品累计金额1.86万元，用于小食堂补贴金额累计4.8万元。11、12月按照省公司安排，落实完成18各分支局员工工作环境及办公环境设施改善工作。

公司党委多渠道收集员工意见及建议，收集员工思想动态40余条，百分之百进行回复。在公司整体工资水平下降的情况下，保证基层一线员工人均工资收入降幅最小，并坚持多劳多得，确保员工本部利益。落实情系员工十项重点举措，坚持推进“五必访、五必贺”工作，共投入关爱资金14万元，慰问员工1230人次，增加了员工对企业的归属感和幸福感。

（二）结合群众路线活动，加快管理机制体制创新，加快企业职能和员工服务理念的转变，在全省电信分公司中率先启动开展管控部门瘦身工作，通过岗位公开竞聘形成干部能上能下、员工岗位自由决策的争先机制和“小机关、强支撑、大前端”的良好状态。挖掘优秀的管理人才，管理岗位公开选拔，中层正职19个岗位实行双向选聘，择优录取，公平、公正、公开竞争上岗，减少中层干部6人，其中调整到前端7人。84名员工充实到前端各部门，其中从后端优化到前端56名，从管控和机关到基层28名。打破了以往机关冗员过多、人浮于事的状况，使公司人员结构得到了合理调整，管理步入良性循环轨道。

宽带中国·光网攀枝花签约仪式现场

四、立足服务抓培训、落实服务到基层

2013年，结合市委市政府‘实现伟大中国梦、建设美丽繁荣和谐四川’主题教育活动指引下，坚持执行“始于客户需求，终于客户满意”的工作标准，重点提升服务开发、服务过程的客户感知，坚持落实“用户至上、用心服务”的服务理念。提供客户从产品、网络、服务到关怀回馈的全过程愉悦体验，实现客户满意，提升客户感知，从而提升企业价值。

持续企业所有员工能力提升，做好岗位任职资格和岗位胜任能力培训，促进员工队伍转型。优化和完善岗位技能认证体系，开展技能认证人员733人/次。通过公司工会组织组织员工技能比武，增强员工技能；新技术、典型案例、经验交流、业务能力提升及岗位技能认证等培训75次，培训员工2000人/次；班子成员还建立创先争优活动联系点，深入基层，与基层员工一道现场办公，通过现场办公共同探讨提升企业运营效率、内部管理的有效方法，全面提升企业运营管理能力。

为有效解决客户服务中的难点、热点问题，全年共组织各党支部、广大党员、入党积极份子和团员青年，深入开展“实现伟大中国梦”党员服务客户活动。150余名党员深入机关、企业、社区、农村，通过摆摊设点、现场走访、电话访问形式，广泛开展走访慰问、服务客户活动，走访1000余户、电话访问1800余户，座谈会10多场次，开展服务活动1800多人次，为用户解决难题200多件次。落实提升客户接触窗口的服务能力、提升FTTH装维服务能力、提升透明服务放心消费的能力为目标，树立国有企业窗口单位和服务行业的良好形象。

五、求真务实，落实党的群众路线教育实践活动见成效

根据集团公司、省公司党组安排，紧紧围绕“照镜子、正衣冠、洗洗澡、治治病”的总要求，组织实施党的群众路线教育实践活动在攀枝花分公司的开展。按“三个环节”工作步骤，精心组织，周密安排，在深入学习的基础上，班子成员对照党章、对照中央和集团、省公司的有关规定、对照先进典型，深入一线，广泛收集意见建议，认真开展批评和自我批评，认真查摆在“四风”方面存在的突出问题，并对其根源进行深刻剖析，拿出具体整改方向和措施。

（一）开门评风落实群众路线活动

认真学习宣传党的路线方针政策，坚定不移地在思想上、行动上、政治上与党中央保持高度一致。通过中央各项文件精神，领会党中央的精神，利用党章作镜子，对照、反思和查找领导班子在工作中的不足。利用党委会、周例会、月度生产经营会等，分层分级的宣贯学习党的群众路线教育实践活动，并对各级党员干部提出明确要求，确保群众路线教育实践活动的有效开展。公司领导班子带头，深入基层定点联系单位实事求是做基层调研，班子成员分别对口各区县公司，要求每周至少一次到对口单位了解情况，及时解决员工在生产经营过程中遇到的问题。教育实践活动开展以来，公司采取召开干部座谈会、员工座谈会、总经理与员工面对面沟通会、基层调研、发放征求意见表、开通电子邮箱等多种形式，共搜集归纳为工作作风、生产经营、服务创新、员工薪酬、关爱员工等方面的有效意见和建议30余条，落实责任部门，逐条加以落实整改。

领导班子在省公司督导组指导下，组织召开民主评议会、民主生活会，不留情面，深刻开展批评和自我批评，特别是针对企业在八项规定、“四风问题”中突出存在的“形式主义、官僚主义”两风，找准原因和不足，采用具体措施落实整改，建章立制。

（二）转变作风取得成效

解决企业四风、八项规定问题，关爱员工，积极解决他们面临的工作、生活环境问题、个人收入方面问题。

1. 精简会议、活动，严格控制会议时间，提高会议效率和质量，压缩会议次数和会议规模，尽可能降低会议成本。同比减少会务、活动40%，文件简报减少10%。

2. 厉行节约，从简接待，降低业务招待费。出台接待管理规定，规范公司接待管理，有效控制成本这些方面进行了大力整改，转变了工作作风和行业服务。“三公经费”处于全省电信分公司最优水平，招待费下降37.25%，会议费用下降36.78%；办公费用下降13.74%。

3. 采取加强服务能力培训，服务风险管控，加大考核力度，管理人员基层指导等措施，着力解决在光网络城市建设加速发展过程中出现的装移维方面服务问题，尽力避免因光网络高速发展带来的人手不足、服务人员素质参差不齐问题。继续抓好厅店服务人员的服务水平，落实以“三亮、三比、三评”为基本形式，务实推进党员“创先争优”服务先锋行动。落实并荣获“青年文明号”“优秀示范岗”等团组织荣誉，促进青年员工中争赶比超的服务风气形成，提高员工群众服务能力。

2013年，中国电信攀枝花分公司继续秉承“用户至上、用心服务”的服务理念和“两情系，一转变”的治企理念，以为民服务为突破口，以追求卓越，勇创一流为立足点，充分履行中央企业的经济责任、政治责任和社会责任，展现全心全意为人民服务的企业形象，推动企业融入地方经济发展大局，切实增强服务意识，改进工作作风，促进创先争优活动成为群众满意工程。将“为民服务”具体体现到对外情系客户，对内情系员工，加快转变发展方式，提升发展能力，实现企业经济效益与社会效益的统一。

2014年，将在2013年取得的成绩上，继续改进不足，立足公司技术优势，发扬自身服务优势，通过推进光网城市建设，推动社区数字化；推进智慧政务、智慧产业、智慧民生三大工程，加速攀枝花市国民经济、民生工程和政务服务的智能化，推动信息化与工业化深度融合，加快攀枝花市中国钒钛之都，中国阳光花城，四川南向开放门户的建设工作，为推进信息攀枝花再立新功。

聚焦发展能力、竞争能力、管理能力实现公司运营提升

中国移动攀枝花分公司

攀枝花移动把“以贯彻十八大精神为契机，深入落实求真务实工作作风，以高效运营

组织为保障，通过创新推动发展，通过转型强化市场主导，通过管理提升效率，聚焦发展能力、竞争能力、简单管理能力，实现分公司运营提升。”作为2013年总体工作要求。经过公司全体干部员工一年辛勤工作，公司各项目标基本完成。

一、网络等基础设施建设有序推进

2007年至今，G网基站数由353个增长到1172个，载频数由2135个增加到11333个；光缆由2170皮长公里增长到9189皮长公里。CMNET城域网设备由5台设备增长到17台，汇聚节点节点覆盖由东区增加到三区两县；攀枝花移动公司着力为集团客户提供互联网、语音等服务，截止目前为攀枝花各类企事业单位提供光纤专线达千余条；自2011年底与铁通联合启动铁通宽带业务建设，截止2013年11月，已建成光纤小区近420个，无线宽带乡镇40个，总覆盖用户超过25万户，接近攀枝花城镇住户的80%。

2013年新投入村通基站45个，截至目前，攀枝花移动公司“村村通”工程累计投入基站510个，已覆盖全市三区两县2037个自然村，行政村网络覆盖率达到100%，自然村网络覆盖率达到99%。

承担民族产业发展重任，深入开展具有自主知识产权的4G建设运营

在攀枝花市委、市政府和各级主管部门的大力支持下，2009年以来，攀枝花移动全力以赴推进TD网络建设，截止目前，分公司TD六期工程已顺利完工，工程累计投入超过1.55亿元，共计建设TD基站251个。LTE工程已进入工程建设阶段，预计明年3月建成基站214个。随着TD网络的不断优化，陆续为全市人民提供了丰富多彩的3G/4G服务，履行着公司对全市人民“移动改变生活”的承诺。

二、勇担急难险重、通信应急保障任务，坚决履行社会责任

在急难险重方面，自市委市政府实行急难险重任务以来，攀枝花移动始终坚持按照全市统一部署，积极配合支撑全市急难险重工作开展，先后对沿江景观打造、市区地下过街通道、花城新区基础设施建设等多个项目，涉及的管道、杆路进行及时搬迁，确保急难险重项目施工不受通信线路影响。

在网络保障方面，2013年攀枝花移动投入大量人力物力，对通过本地通信网进行多次全面排查，通过更换网络设备、增加备线等方式，消除网络安全隐患；通过整合网络值班形成大监控模式，保障工作负责人保持7×24小时通信畅通，密切监视网络运行状况，及时处理网络故障和投诉，确保分公司网络正常运行；2013年攀枝花移动共为全省两个现场会等8项全市重大活动提供现场通信保障。

2013年汛期，我市范围内出现大面积停电28次，涉及基站停电累计1455次。攀枝花移动第一时间启动汛期应急预案，出动通信保障抢险人员1086人次，抢险车辆489余台次，使用应急油机发电1286台次，保障了基站的正常运行，履行了对全市人民“打造放心网络、保障通信畅通”的郑重承诺。

三、服务政府、服务企业、服务社会，推动攀枝花无线智慧城市建设

2013年，攀枝花移动坚持面向政府、面向企业、面向个人，以提升政府服务信息化水平，提高企业客户工作效率，提升个人客户生活便利为己任。2013年实施了市消防支队视频会议及监控信息化项目、市民政局12349居家养老平台项目、攀钢集团总医院移动综合应用系统项目、攀钢兰尖铁矿井下监控项目、四川省富邦公司信息化项目等多项影响力大、效益好的重点项目。在全市各级政府单位、各类企业中逐渐树立起综合信息化服务提供商形象。民政局12349项目获四川移动“年度CSR十佳实践奖”和“最佳CSR创意奖”荣誉称号。

四、关注民声，提高客户服务满意度，服务全市人民

2013年，攀枝花移动通过整合投诉受理及服务提供渠道，开展“总经理服务日”活动，聘请各行业移动客户代表作为客户“服务质量监督员”方式提升客户服务质量，截止2013年12月客户综合满意度达到81%，较上年有较大提升。全年共受理消费者投诉1.5万余件，办理率达到100%，处理结果均得到客户满意评价，无一例重大升级投诉。

五、开展企业效率提升活动，公司竞争力、发展力得到提升

攀枝花移动始终坚持有效率才能赢得竞争，才能赢得发展。2013年根据四川移动统一部署，深入开展了效率提升专项活动，通过活动梳理优化了15项制约公司效率提升的关键流程，变革了7项关键业务流程，减少公司发文数量20%，分公司运营效率得到明显提升，企业竞争力、发展力得到较大提升，科学可持续发展能力得到增强。

六、加强安全管理，为企业生产经营保驾护航

2013年，攀枝花移动认真贯彻落实市政府、省公司有关安全会议精神，坚持“安全第一、预防为主、综合治理”的方针，以安全生产五个“零”为目标，完善防灾应急体系，深入推进“安全管理达标验收”模式，形成安全管理标准化、制度化，实现了2013年安全生产零事故。

七、夯实企业党建、工会工作，促进企业发展

2013年，攀枝花移动各级党组织共计发展预备党员2名，转正党员2名，培养入党积极分子14名。截止2013年12月，攀枝花移动党员人数已经达到190名。

2013年，攀枝花移动围绕增强企业工会凝聚力为目标，开展了一些列主题活动，工会在企业生产运营中影响力日益提升。全年共计组织工会劳动竞赛3期，组织各级工会活动25次，组织工会干部培训5期。

攀枝花移动通过持续实施“基层党建积分办法”，坚持“三会一课”制度，把各基层党支部建设成为学习型党支部；通过开展中国梦聚行动“梦想导师及圆梦计划”活动，坚定党员全心全意为人民服务的宗旨；通过开展员工梦想征集讨论、“提升效率聚焦发展”员工意见建议征集、建立梦想墙、承诺践诺等活动，力促党员做创先争优的表率；通过贯彻落实中央八项规定，保持公司内风清气正的廉洁局面。

真抓实干务求实效科学发展服务社会

中国联通攀枝花市分公司

2013攀枝花联通在攀枝花市委、市政府的正确领导下，抓住政府信息化、新兴工业信息化、商业信息化的商机，深入贯彻落实科学发展观，积极开展“中国梦”与“党的群众路线教育实践活动”，坚持以用户为中心，加快网络建设、业务发展，提升服务质量，以“理性、务实、积极和有效”为发展策略，发挥融合优势，创新经营，培育良好企业文化，打造素质过硬、执行力强的员工队伍，实现了企业可持续发展。在加强自身发展的同时，继续坚持做好扶贫帮扶工作，努力实现企业价值最大化，并以完善的网络、齐全的业务、优质的服务为攀枝花经济发展作出贡献。

一、优化组织机构，有效促进公司业务快速发展

一是成立了风险管理部，进一步加强风险管控，增强了风险管控能力；二是对集团客户事业部营销体系进行了改革，中小企业集团营销工作下沉到了区县，成立了校园营销管理中心；三是对运维体系进行改革，对专业维护中心进行优化配置，对固网装移机业务实施了经营性外包，推动了网络运行质量和运行维护效率的全面提升，增加了一线销售人员数量；四是对区县营销体制进行了改革，撤销了瓜子坪分公司，建立了网格化营销体系，完善了区县中小企业集团营销体制，优化了人员配置，为推动公司快速业务发展奠定了基础。

二、加强人才队伍建设，提升公司执行能力

着力建设一支“懂管理、善经营、作风硬、思想强”的管理团队和一支“能力素质优异、充满生机与活力、高绩效高贡献”的员工队伍，全方位多元化促进干部员工能力素质提升：一是采取“走出去”和“请进来”相结合的方式，组织干部到四川省其他分公司进行考察交流，对照先进标杆，吸取先进管理经验，提升管理能力；外聘管理专家进行授课，通过专项培训及轮岗锻炼等方式，强化对管理人才队伍的培养。全年参与管理能力提升培训的人员达100多人，轮岗位交流的骨干人员30多人，促进了核心员工管理能力快速提升。多渠道提升员工学习能力和学历水平，全年组织开展了内外部培训400余期，参陪人员达到4000多人次。二是多种渠道选拔和培养管理人才，全年通过系统内外招聘选拔管理人员2名，在公司内部骨干员工中提拔6名；加强管理人员梯队建设，在骨干员工中选拔后备干部10人，建维中心主任5人，安排到一线营销及服务支撑岗位培养锻炼；对维护建设线和营销线开展了核心岗位的公开竞聘和普通岗位的双选；补充高素质员工队伍，分四次择优对销售线和技术线补充60人。

三、优化绩效考核与薪酬分配激励机制，确保一线员工薪酬水平的增长

进一步完善了“绩效优先，兼顾公平”的绩效考核与薪酬分配体系，完善了公司整体绩效、部门绩效与员工绩效上下挂钩的考核体系。在薪酬分配上，加大了向一线营销岗位倾斜的力度，通过优化，一线销售人员人均薪酬水平保持了近20%的增长。

四、深化思想解放，形成加快发展的整体合力

以党的群众路线教育实践活动深化党建工作，进一步完善党建工作责任制，把党建工作融入到生产经营的各个环节和发展的全过程中。以建设学习型、发展型党组织为引领，进一步健全基层党组织，下力气抓好党的基层组织建设年活动、创先争优活动；认真执行“三重一大”决策制度，强化对权力的监督约束，筑牢拒腐防变的思想防线，扎实开展反腐倡廉工作；强化学习，进一步提高党员政治修养和业务素质，通过党员示范岗等有效形式，充分发挥党员在公司生产经营建设中的主心骨作用，形成了领导干部带头转变作风，带头查找问题，带头整改落实。坚决反对形式主义、官僚主义、享乐主义、奢靡之风的良好氛围，充分发挥了党组织的政治核心作用和党员的先锋模范作用，促进公司的和谐稳定发展。

五、增强责任意识，进一步提高工作效率

一是进一步贯彻落实中央关于改进工作作风、密切联系群众的“八项规定”，严格执行党风廉政建设责任制和有关规定，坚决做到令行禁止，增强干部职工的廉洁自律意识，提高防腐拒变能力；二是坚决整治庸、懒、散现象，查找纪律作风建设方面存在的薄弱环节和突出问题，提振分公司上下干事创业的精气神，激励党员干部真正把心思用在事业上，把精力用在工作上，把劲头用在发展上，进一步增强责任意识，提高工作效率，确保开展实践活动与推进业务发展“两不误，两促进”。

六、加强企业文化建设，积极投身社会公益事业

一是攀枝花联通在不断加强自身发展同时，也勇于承担企业公民责任，注重回馈社会，积极参与挂包帮扶等社会公益活动。按照市国资委统一安排部署，攀枝花联通负责挂点仁和区沙沟村、西区格里坪镇金家村进行帮扶建设，公司领导对两村的生产发展和农民生活情况进行了深入调研，在节日期间，为所挂点的村民送去了米、油等慰问物资。二是进一步加强企业文化建设，充分发挥工会职能作用，成立羽毛球、篮球、钓鱼、摄影等工会兴趣小组，积极组织开展各项技能竞赛活动等，扎实推进精神文明建设，员工士气和工作激情空前高涨，凝聚力、向心力明显提高，企业活力显著提升。

2013 年攀枝花主营业务收入同比增幅 8.91%。回顾过去的一年，成绩的取得来之不易，这是市委市政府亲切关怀、社会各界大力支持的结果，当前和今后一个时期，攀枝花联通将以科学发展观为指导，弘扬“上下一心的团队精神，百折不挠的拼搏精神”，打造“求真务实和艰苦奋斗的作风”，认真落实市委、市政府和管委会的各项决策部署，为全市经济、社会各项事业快速健康发展做出应有的贡献。

第九篇

人事任免

一、省管干部职务变动

6 月

刘先伟同志任中共攀枝花市东区委员会委员、常委、书记；

王飚同志任中共米易县委员会委员、常委、书记。

免去：

贾德华同志中共攀枝花市东区委员会书记、常委、委员职务；

刘先伟同志中共米易县委员会书记、常委、委员职务。

8 月

罗军同志任中共攀枝花市西区委员会委员、常委、书记；

免去赵中同志中共攀枝花市西区委员会书记、常委、委员职务。

12 月

张青同志任中共攀枝花市委委员、常委；

艾磊同志任中共攀枝花市委委员、常委（挂职）；

免去程少华同志中共攀枝花市委常委、委员职务。

二、市管干部职务变动

1 月

张大德、陈向东同志任攀枝花市人大常委会委员；

罗岚同志任攀枝花市妇女联合会副主席（兼）；

郑世平同志任米易县人大常委会主任；

黄礼松同志任米易县人大常委会副主任；

免去刘敏同志米易县人大常委会主任职务。

2 月

赵忠义同志任中共政协攀枝花市委员会党组副书记（正县级）；

田川同志任攀枝花市政府研究室主任（兼，正县级）；

张驰同志任攀枝花市环境保护局总工程师；

黄小平同志任攀枝花市环境保护局钒钛产业园区分局局长；

王勇同志任攀枝花市统计局副局长；

柳建康同志任中共攀枝花市中级人民法院党组成员；

唐成斌同志任中共攀枝花市花城新区工作委员会委员、常务副书记，攀枝花市新区建设工作委员会副主任；

朱明高同志任攀枝花市烤烟办公室副主任；

沙万友同志任中共攀枝花市国营林场总场委员会书记。

免去：

闫水玉同志攀枝花市人民政府市长助理、攀枝花市新区建设工作委员会副主任职务；

赵忠义同志攀枝花市人民政府副秘书长，中共攀枝花市花城新区工作委员会常务副书记、委员，攀枝花市新区建设工作委员会副主任职务；

刘周晓同志攀枝花市公安局直属分局政委职务；

王头进同志攀枝花市民政局副局长职务；

王勇同志攀枝花市统计局总统计师职务；

刘正祥同志攀枝花学院离退休管理处处长职务。

3 月

田川同志任攀枝花市人民政府副秘书长；

张林同志任攀枝花市林业局总工程师；

杨礼文同志任中共攀枝花市东区委员会委员、常委、副书记；

龙勇同志任中共攀枝花市西区委员会委员、常委、副书记；

许军峰同志任中共米易县委员会委员、常委、副书记。

免去：

杨礼文同志中共攀枝花市林业局委员会书记、委员职务；

龙勇同志中共攀枝花市旅游局党组书记、成员职务；

许军峰同志共青团攀枝花市委员会书记，中共共青团攀枝花市委员会党组书记、成员职务；

陈忠恕同志中共攀枝花市东区委员会副书记、常委、委员职务；

李兴华同志中共攀枝花市西区委员会副书记、常委、委员职务；

陈力同志中共米易县委员会副书记、常委、委员职务。

4 月

夏应云同志任中共攀枝花市委副秘书长、政策研究室主任；

张玲同志任中共攀枝花市委副秘书长（兼），中共攀枝花市直属机关工作委员会委员、常务副书记；

蔡鸥同志任中共攀枝花市委常委办公室主任；

曾学军同志任中共攀枝花市委综合调研室主任；

孔炜同志任中共攀枝花市委宣传部常务副部长；

赖小红同志任攀枝花市精神文明建设办公室主任；

谢安德同志任攀枝花市人民政府副秘书长（兼），攀枝花市住房公积金管理中心主任、中共攀枝花市住房公积金管理中心党组书记；

侯大同同志任攀枝花市人民政府副秘书长（兼），攀枝花市投资促进局局长、中共攀枝花市投资促进局党组书记；

李兴华、庞德同志任攀枝花市人民政府副秘书长（副县级）；

李声强同志任攀枝花市政府应急管理办公室主任；

董之云同志任攀枝花市教育局局长，中共攀枝花市教育局委员会委员、书记；

陈志峰同志任攀枝花市司法局局长，中共攀枝花市司法局党组书记；

凌永航同志任攀枝花市林业局局长，中共攀枝花市林业局委员会委员、书记；

战立君同志任攀枝花市商务和粮食局局长，中共攀枝花市商务和粮食局党组书记；

杨军同志任攀枝花市文化广播影视新闻出版局局长，中共攀枝花市文化广播影视新闻出版局委员会委员、书记；

徐翠同志任攀枝花市卫生局局长，中共攀枝花市卫生局委员会委员、书记，攀枝花市中医药管理局局长（兼）；

张雷同志任攀枝花市审计局局长，中共攀枝花市审计局党组书记；

谭兴忠同志任攀枝花市安全生产监督管理局局长，中共攀枝花市安全生产监督管理局党组书记；

柳建红同志任攀枝花市统计局局长，中共攀枝花市统计局党组书记；

李福惠同志任攀枝花市旅游局局长，中共攀枝花市旅游局党组书记；

吕小平同志任攀枝花市扶贫和移民工作局局长，中共攀枝花市扶贫和移民工作局党组书记；

胡湘川同志任中共政协攀枝花市委员会机关委员会书记；

彭维滨同志任攀枝花市中级人民法院常务副院长，中共攀枝花市中级人民法院党组副书记；

贾德华同志任中共攀枝花市花城新区工作委员会委员、书记（兼）；

杨礼文同志任攀枝花市东区人民政府代理区长；

龙勇同志任攀枝花市西区人民政府代理区长；

许军峰同志任米易县人民政府代理县长。

免去：

夏应云同志中共攀枝花市委办公室副主任，中共米易县委员会常委、委员，中共米易县纪律检查委员会书记职务；

董之云同志中共攀枝花市委宣传部副部长、攀枝花市精神文明建设办公室主任职务；

雷兴全同志中共攀枝花市直属机关工作委员会常务副书记、委员职务；

张玲同志攀枝花市人民政府副秘书长，攀枝花市投资促进局局长，中共攀枝花市投资促进局党组书记、成员职务；

凌永航同志攀枝花市人民政府副秘书长职务；

孔炜同志攀枝花市教育局局长，中共攀枝花市教育局委员会书记、委员职务；

彭维滨同志攀枝花市司法局局长，中共攀枝花市司法局党组书记、成员，攀枝花市劳教所第一政委职务；

战立君同志攀枝花市财政局副局长，中共攀枝花市财政局党组副书记、成员职务；

杨礼文同志攀枝花市林业局局长职务；

陈远俊同志攀枝花市商务和粮食局局长，中共攀枝花市商务和粮食局党组书记、成员职务；

张雷同志攀枝花市文化广播影视新闻出版局局长，中共攀枝花市文化广播影视新闻出版局委员会书记、委员职务；

杨军同志攀枝花市卫生局局长，中共攀枝花市卫生局委员会书记、委员，攀枝花市中医药管理局局长职务；

柳建红同志攀枝花市人口和计划生育委员会主任，中共攀枝花市人口和计划生育委员会党组书记、成员职务；

谢安德同志攀枝花市审计局局长，中共攀枝花市审计局党组书记、成员职务；

庞德同志攀枝花市安全生产监督管理局局长，中共攀枝花市安全生产监督管理局党组书记、成员职务；

徐翠同志攀枝花市统计局局长，中共攀枝花市统计局党组书记、成员职务；

龙勇同志攀枝花市旅游局局长职务；

韦美辉同志攀枝花市扶贫和移民工作局局长，中共攀枝花市扶贫和移民工作局党组书记、成员职务；

陈志峰同志攀枝花市中级人民法院副院长，中共攀枝花市中级人民法院党组成员职务；
柳康健同志中共攀枝花市花城新区工作委员会书记、委员职务；
侯大同同志攀枝花市人民政府驻北京联络处主任职务；
李向前同志攀枝花市住房公积金管理中心主任，中共攀枝花市住房公积金管理中心党组书记、成员职务；
陈忠恕同志攀枝花市东区人民政府区长职务；
李兴华同志攀枝花市西区人民政府区长职务；
吕小平同志中共攀枝花市仁和区委员会常委、委员职务；
陈力同志米易县人民政府县长职务；
谭兴忠同志中共盐边县委员会副书记、常委、委员职务。

5 月

张玲同志任中共攀枝花市委、攀枝花市人民政府目标督查办公室主任；
彭本瑜同志任中共攀枝花市委宣传部副部长；
陈忆同志任中共攀枝花市委统战部常务副部长；
张存岭同志任中共攀枝花市科学技术和知识产权局党组成员；
王福庆同志任攀枝花市科学技术和知识产权局局长助理（挂职）；
高洁同志任攀枝花市人力资源和社会保障局局长助理（挂职）；
唐明怡同志任中共攀枝花市委保密委员会办公室（市国家保密局）主任（局长）；
闵滟同志任中共攀枝花市投资促进局党组成员；
起光勇同志任中共攀枝花市委党史研究室主任；
杨礼文同志任攀枝花市东区人民政府区长；
赵华同志任中共攀枝花市东区委员会委员、常委、副书记（挂职）；
朱静伟同志任中共攀枝花市东区委员会委员、常委，攀枝花市东区人民政府区长助理（挂职）；
龙勇同志任攀枝花市西区人民政府区长；
田红领同志任中共攀枝花市仁和区委员会委员、常委、副书记（挂职）；
李乃东同志任中共攀枝花市仁和区委员会委员、常委，攀枝花市仁和区人民政府区长助理（挂职）；
许军峰同志任米易县人民政府县长。
免去：
陈忆同志中共攀枝花市委副秘书长，中共攀枝花市委攀枝花市人民政府接待办公室主任职务；
起光勇同志中共攀枝花市委副秘书长职务；
高雅同志中共攀枝花市直属机关工作委员会副书记、委员职务；
彭本瑜同志中共攀枝花市委党史研究室主任职务；
张存岭同志中共攀枝花市农林科学研究院委员会副书记、委员职务；
闵滟同志中共攀枝花市东区委员会常委、委员职务；
吕小平同志攀枝花市仁和区人民政府副区长职务。

6 月

张存岭同志任攀枝花市科学技术和知识产权局副局长；
黄进同志任政协攀枝花市委员会经济委员会副主任（兼）；
肖昌福同志任政协攀枝花市委员会学习文史委员会副主任（兼）；
闵滟同志任攀枝花市投资促进局副局长；

张洪祥同志任攀枝花市农林科学研究院院长。

免去：

王飚同志中共攀枝花市委副秘书长、办公室主任职务；

骆景山同志政协攀枝花市委员会学习文史委员会副主任职务；

张存岭同志攀枝花市农林科学研究院院长职务。

7 月

递补杨礼文、张雷同志为中共攀枝花市第九届委员会委员；

杨晓东同志任中共攀枝花市委、攀枝花市人民政府目标督查办公室副主任（兼）；

蒋光忠同志任中共攀枝花市委群众工作局（攀枝花市人民政府信访局）局长；

唐刚同志任攀枝花市人民政府副秘书长（正县级）；

余斌同志任攀枝花市人民政府副秘书长（挂职）；

冉从富同志任中共攀枝花市城市管理局党组书记；

安宗平同志任攀枝花市安全生产监督管理局副局长、中共攀枝花市安全生产监督管理局党组成员；

王兵同志任攀枝花学院技术装备处（检测中心）处长（主任）；

王明辉同志任攀枝花学院党委宣传部部长；

张勤同志任攀枝花学院发展规划处（高教研究所办公室、评估办）处长（主任）；

李珲同志任中共攀枝花学院生物与化学工程学院委员会书记；

唐锐同志任中共攀枝花学院材料工程学院总支部委员会书记；

徐嘉同志任攀枝花学院离退休管理处处长；

崔旭梅同志任攀枝花学院图书馆馆长；

廖红同志任中共攀枝花学院艺术学院委员会书记；

刘松同志任攀枝花市煤气总公司总经理。

免去：

蒋光忠同志攀枝花市社会管理综合治理委员会办公室副主任职务；

罗洪荣同志中共攀枝花市纪委派驻市农牧局纪检组长、中共攀枝花市农牧局党组成员职务；

冉从富同志攀枝花市城市管理局副局长职务；

王京山同志中共攀枝花市城市管理局机关委员会书记、中共攀枝花市城市管理局党组成员职务；

安宗平同志四川攀枝花钒钛产业园区管理委员会副主任、中共四川攀枝花钒钛产业园区工作委员会委员职务；

李巍同志攀枝花学院发展规划处（高教研究所办公室、评估办）处长（主任）职务；

袁继敏同志攀枝花学院数学与计算机学院院长职务；

张万忠同志攀枝花市中心血站站长职务；

何春琼同志政协攀枝花市西区委员会副主席职务。

8 月

肖光辉同志任中共攀枝花市委副秘书长、办公室主任；

鲜荣同志任攀枝花市互联网信息办公室副主任；

王世全同志任攀枝花市人大常委会副秘书长；

文静同志任攀枝花市人民政府副秘书长（兼）；

熊启高同志任攀枝花市经济和信息化委员会主任、中共攀枝花市经济和信息化委员会党组书记；

刘华太同志任攀枝花市环境保护局局长、中共攀枝花市环境保护局党组书记；

缪泰同志任中共攀枝花市中级人民法院党组成员、攀枝花市中级人民法院院长助理（挂职）；

赵中同志任四川攀枝花钒钛产业园区管理委员会主任，中共四川攀枝花钒钛产业园区工作委员会委员、副书记；

付建忠同志任中共四川攀枝花钒钛产业园区工作委员会委员；

张孝铭同志任攀枝花市人民政府驻北京联络处副主任（主持工作）；

杨星坪同志任攀枝花市档案局（馆）局（馆）长、中共攀枝花市档案局党组书记；

甘国龙同志任中共攀枝花市档案局党组成员；

庞超同志任中共攀枝花市教育科学研究所总支部委员会书记（副县级）；

冉从富同志任中共攀枝花市煤气总公司总支部委员会书记（兼）；

吴明坤同志任中共米易县委员会委员、常委；

钱志彬、龚跃俊同志任中共盐边县委员会委员、常委。

免去：

谭进同志中共攀枝花市委组织部副部长、中共攀枝花市委新经济组织和新社会组织工作委员会常务副书记职务；

鲜荣同志中共攀枝花市委对外宣传办公室副主任职务；

张孝铭同志中共攀枝花市直属机关工作委员会副书记、委员职务；

杨星坪、刘华太同志攀枝花市人民政府副秘书长职务；

罗军同志攀枝花市经济和信息化委员会主任，中共攀枝花市经济和信息化委员会党组书记、成员职务；

柳耀炜同志攀枝花市司法局副局长、中共攀枝花市司法局党组成员，攀枝花市劳动教养管理所（市司法强制隔离戒毒所）所长、中共攀枝花市劳动教养管理所（市司法强制隔离戒毒所）委员会书记职务；

肖光辉同志攀枝花市环境保护局局长，中共攀枝花市环境保护局党组书记、成员职务；

唐明同志攀枝花市水务局副局长、中共攀枝花市水务局党组成员职务；

熊启高同志四川攀枝花钒钛产业园区管理委员会主任，中共四川攀枝花钒钛产业园区工作委员会副书记、委员职务；

李加强同志攀枝花市档案局（馆）局（馆）长，中共攀枝花市档案局党组书记、成员职务；

庞超同志攀枝花市第七高级中学校副校长职务；

汤德坤同志中共攀枝花市教育科学研究所总支部委员会书记职务；

王福光同志中共攀枝花市煤气总公司总支部委员会副书记职务；

周波同志中共米易县委员会常委、委员职务；

吴明镜、王纯凯同志中共盐边县委员会常委、委员职务。

9 月

李海同志任中共攀枝花市委、攀枝花市人民政府目标督查办公室副主任；

李文义同志任中共攀枝花市直属机关工作委员会委员、副书记；

冯广宇同志任中共攀枝花市委群众工作局（攀枝花市人民政府信访局）副局长；

李少昆同志任中共攀枝花市经济和信息化委员会党组成员；

陈建伟同志任中共攀枝花市人力资源和社会保障局委员会委员；

刘波、龙小强同志任中共攀枝花市住房和城乡规划建设局党组成员；

曾建泉同志任攀枝花市人民政府防汛抗旱指挥部专职副指挥长兼办公室主任（副县级）；

黄卫同志任中共攀枝花市卫生局委员会委员；

陈绍泉同志任中共攀枝花市国有资产监督管理委员会委员会副书记；

白朝聪同志任中共攀枝花市国有资产监督管理委员会委员会委员；

贾炜同志任中共攀枝花市统计局党组成员；

吴明镜同志任中共攀枝花市扶贫和移民工作局党组成员；

余敦一同志任政协攀枝花市委员会社会和法制委员会副主任；

李光功同志任攀枝花市人民检察院检察委员会专职委员；

高中林同志任中共攀枝花市委保密委员会办公室（市国家保密局）总工程师；

王焕红同志任中共攀枝花市委攀枝花市人民政府接待办公室副主任（主持工作）；

卢瑜同志任共青团攀枝花市委员会副书记（主持工作）；

罗岚、任文同志任中共攀枝花市妇女联合会党组成员；

邓静同志任中共攀枝花市工商业联合会党组成员（副县级）；

蔡兰同志任攀枝花市中心血站站长；

刘志鸿同志任攀枝花仲裁委员会秘书处秘书长；

段建华同志任中共攀枝花市仁和区委员会常委；

钱志彬同志任盐边县人民政府副县长。

免去：

冯广宇同志中共攀枝花市委办公室机关委员会书记职务；

卢国胜同志中共攀枝花市委新经济组织和新社会组织工作委员会副书记、中共攀枝花市工商业联合会党组成员职务；

税军同志中共攀枝花市经济和信息化委员会党组成员职务；

王永才同志中共攀枝花市纪委派驻市民族宗教事务委员会纪检组长、中共攀枝花市民族宗教事务委员会党组成员职务；

宁宏同志中共攀枝花市财政局党组成员职务；

苏自友同志中共攀枝花市水务局党组成员职务；

白朝聪同志中共攀枝花市商务和粮食局党组成员职务；

朱明建同志中共攀枝花市安全生产监督管理局党组成员职务；

黄卫同志中共攀枝花市统计局党组成员职务；

杨青中同志政协攀枝花市委员会经济委员会主任职务；

解庆民同志政协攀枝花市委员会联谊民族宗教委员会主任职务；

杨柳平同志中共攀枝花市纪委派驻市中级人民法院纪检组长、中共攀枝花市中级人民法院党组成员职务；

孙成宁同志中共攀枝花市投资促进局党组成员职务；

龙小强、任文同志共青团攀枝花市委员会副书记、中共共青团攀枝花市委员会党组成员职务；

李文义同志攀枝花市妇女联合会副主席、中共攀枝花市妇女联合会党组成员职务；

贾炜同志中共攀枝花市委党校副校长、校委委员职务；

谢智涌同志中共攀枝花市供销合作社联合社党组成员职务；

林伟同志攀枝花市大学中专招生委员会办公室（攀枝花市高等教育自学考试委员会办公室）副主任职务；

李华同志中共攀枝花市西区委员会常委、委员职务；

杨兰同志中共攀枝花市仁和区委员会常委、委员职务；

田锋同志中共盐边县委员会副书记、常委、委员职务；

钱志彬同志盐边县人大常委会副主任职务。

10 月

李少昆同志任攀枝花市经济和信息化委员会副主任；

龙小强同志任攀枝花市住房和城乡规划建设局副局长；

刘波同志任攀枝花市住房和城乡规划建设局总规划师；

黄卫同志任攀枝花市卫生局副局长；

白朝聪同志任攀枝花市政府国有资产监督管理委员会副主任；

贾炜同志任攀枝花市统计局副局长；

吴明镜同志任攀枝花市扶贫和移民工作局副局长。

免去：

邢东林同志攀枝花市人大常委会农业民族宗教侨务工作委员会副主任职务；

宁宏同志攀枝花市财政局副局长职务；

卢海滨同志攀枝花市住房和城乡规划建设局总规划师职务；

白朝聪同志攀枝花市商务和粮食局副局长职务；

朱明建同志攀枝花市安全生产监督管理局副局长职务；

黄卫同志攀枝花市统计局副局长职务；

罗春梅同志攀枝花市人民检察院副检察长职务；

孙成宁、张全振同志攀枝花市投资促进局副局长职务。

11 月

郑秋蕾同志任中共攀枝花市委统战部机关总支部委员会书记；

王钢同志任攀枝花市社会管理综合治理委员会办公室副主任；

钟礼彬同志任中共攀枝花市直属机关工作委员会委员、副书记；

陈建新同志任中共攀枝花市委机构编制委员会办公室主任、中共攀枝花市委组织部副部长；

蒋光忠同志任攀枝花市人民政府副秘书长（兼）；

李国宏同志任中共攀枝花市公安局委员会委员；

唐堃杰同志任攀枝花市公安局政治部主任、中共攀枝花市公安局委员会委员；

刘镇同志任中共攀枝花市司法局党组成员，攀枝花市劳动教养管理所（市司法强制隔离戒毒所）所长、中共攀枝花市劳动教养管理所（市司法强制隔离戒毒所）委员会书记；

刘毅同志任攀枝花市司法局副局长、中共攀枝花市司法局党组成员；

张敏同志任攀枝花市司法局副局长；

王军同志任中共攀枝花市财政局机关委员会书记、中共攀枝花市财政局党组成员；

李强同志任中共攀枝花市住房和城乡规划建设局机关委员会书记、中共攀枝花市住房和城乡规划建设局党组成员；

李杨同志任中共攀枝花市城市管理局机关委员会书记、中共攀枝花市城市管理局党组成员；

朱仕阳同志任中共攀枝花市旅游局机关总支部委员会书记、中共攀枝花市旅游局党组成员；

何昌文同志任中共攀枝花市食品药品监督管理局党组书记；

张爱民、李继彬、钟正明、杨文元同志任攀枝花市食品药品监督管理局副局长、中共攀枝花市食品药品监督管理局党组成员；

池勇同志任攀枝花市食品药品监督管理局副局长（兼）；

张桂武同志任中共攀枝花市食品药品监督管理局机关总支部委员会书记、中共攀枝花市食品药品监督管理局党组成员；

陈开清同志任攀枝花市食品药品监督管理局食品安全总监、中共攀枝花市食品药品监督管理局党组成员；

税军同志任政协攀枝花市委员会经济委员会主任；

李泽文同志任政协攀枝花市委员会社会和法制委员会副主任；

卢国胜同志任政协攀枝花市委员会联谊民族宗教委员会主任；

刘建华同志任攀枝花市中级人民法院政治部主任、中共攀枝花市中级人民法院党组成员；

费强同志任中共攀枝花市中级人民法院机关委员会书记、中共攀枝花市中级人民法院党组成员；

邱刚同志任中共攀枝花市纪委派驻市投资促进局纪检组长、中共攀枝花市投资促进局党组成员；

赵路同志任中共四川攀枝花钒钛产业园区工作委员会委员、常务副书记；

张林、张瑞莉同志任中共四川攀枝花钒钛产业园区工作委员会委员；

汤国军同志任中共四川攀枝花钒钛产业园区纪律检查工作委员会书记、中共四川攀枝花钒钛产业园区工作委员会委员；

刘道泸同志当选为攀枝花市妇女联合会第九届主席；

王朝辉、任文同志当选为攀枝花市妇女联合会第九届副主席；

罗岚、汤帮梅、蔡雪梅同志当选为攀枝花市妇女联合会第九届兼职副主席；

陈洪同志任中国国民党革命委员会攀枝花市委员会秘书长；

钟海峰同志任攀枝花市纪检监察教育培训中心主任（兼）；

宋玉霞同志任攀枝花市第三高级中学校副校长；

杨鸿同志任攀枝花市第七高级中学校副校长；

邓志坚同志任中共攀枝花市商业银行党组成员；

王勇同志任中共攀枝花市东区委员会委员、常委、副书记；

高应华同志任攀枝花市东区人民政府副区长；

阿央青同志任攀枝花市东区人民政府副区长（挂职）；

蔡永光同志任攀枝花市西区人民政府副区长；

宋建忠同志任攀枝花市西区人民政府副区长，攀枝花市公安局西区分局局长；

王万华同志任中共米易县委员会委员、常委，中共米易县纪律检查委员会书记；

董明远同志任米易县人民政府副县长；

张大奇同志任中共盐边县委员会委员、常委、副书记；

彭黎同志任中共盐边县委员会委员、常委，中共盐边县纪律检查委员会书记。

免去：

彭黎、汤国军同志中共攀枝花市纪律检查委员会副县级室主任职务；

张大奇同志中共攀枝花市委组织部常务副部长职务；

唐堃杰同志中共攀枝花市委干部监督督查员办公室主任职务；

刘镇同志攀枝花市社会管理综合治理委员会办公室副主任职务；

张云忠同志中共攀枝花市委机构编制委员会办公室主任、中共攀枝花市委组织部副部长职务；

税军同志攀枝花市经济和信息化委员会副主任职务；

邱刚同志中共攀枝花市经济和信息化委员会机关委员会书记、中共攀枝花市经济和信息化委员会党组成员职务；

刘建华同志攀枝花市公安局政治部主任、中共攀枝花市公安局委员会委员职务；

宋建忠同志攀枝花市公安局治安管理支队政委职务；

张敏同志中共攀枝花市纪委派驻市司法局纪检组长职务；

苏自友同志攀枝花市水务局副局长职务；

李泽文同志中共攀枝花市中级人民法院党组成员职务；

赖卫国同志攀枝花市人民检察院反贪污贿赂局局长职务；

谢智涌同志攀枝花市供销合作联合社副主任职务；

杨峰同志攀枝花市医疗保险管理局局长职务；

李强同志中共攀枝花市房地产管理局委员会书记职务；

赵牧同志攀枝花市中西医结合医院（攀枝花学院附属医院、临床医学院）副院长职务；

赵路同志中共攀枝花市东区委员会副书记、常委、委员职务；

谢仁祟同志攀枝花市东区人大常委会副主任职务；

钟礼彬同志中共攀枝花市西区委员会常委、委员职务；

刘毅同志攀枝花市西区人民政府副区长、攀枝花市公安局西区分局局长职务；

陈建新同志中共攀枝花市仁和区委员会副书记、常委、委员职务；

张林同志中共米易县委员会常委、委员，米易县人民政府副县长职务；

郭长利、黄跃邦同志政协米易县委员会副主席职务；

王万华同志中共盐边县委员会常委、委员，中共盐边县纪律检查委员会书记职务；

陈勇四川攀枝花钒钛产业园区管理委员会副主任、中共四川攀枝花钒钛产业园区工作委员会委员职务；

李俊四川攀枝花钒钛产业园区管理委员会建设开发局局长职务。

12 月

递补何昌文同志为中共攀枝花市第九届委员会委员；

王珊、赵锐同志任中共攀枝花市委组织部部务委员；

田锋同志任中共攀枝花市委宣传部副部长（挂职）；

程桂兰同志任中共攀枝花市直属机关工作委员会委员、常务副书记；

梁学功同志任攀枝花市人民政府市长助理（挂职）；

李明同志任攀枝花市人民政府副秘书长（正县级）；

居松存同志任攀枝花市人民政府副秘书长、攀枝花市花城新区开发建设管理委员会副主任（挂职）；

余斌同志任攀枝花市科学技术和知识产权局副局长（挂职）；

李国宏同志任攀枝花市公安局副局长；

刘镇同志任攀枝花市司法局副局长（兼）；

顾民同志任攀枝花市审计局总审计师、中共攀枝花市审计局党组成员；

卢开南同志任攀枝花市人民防空办公室（市民防局）主任（局长）、中共攀枝花市人民防空办公室党组书记；

何昌文同志任攀枝花市食品药品监督管理局局长；

廖成莉同志任中共攀枝花市纪委派驻市中级人民法院纪检组长、中共攀枝花市中级人民法院党组成员；

赖卫国同志任攀枝花市人民检察院副检察长；

赵路、张林、张瑞莉同志任四川攀枝花钒钛产业园区管理委员会副主任；

李平同志当选为攀枝花市文学艺术界联合会第六届主席团主席；

冯中云、刘虹同志当选为攀枝花市文学艺术界联合会第六届主席团副主席；

吴汉怀、张治杰、郑守全、曹习斌、焦崎、廖德军同志当选为攀枝花市文学艺术界联合会第六届主席团兼职副主席；

李吉顺同志当选为攀枝花市文学艺术界联合会第六届主席团秘书长；

胥刚同志任攀枝花学院工会主席；

邬明辉同志任攀枝花学院工会常务副主席；

杜勇进同志任攀枝花市防震减灾局局长；

谢仲清同志任攀枝花市医疗保险管理局局长；

唐龙同志任攀枝花市人力资源和社会保障信息中心主任（副县级）；

李丽桂同志任攀枝花市城乡规划编制研究中心主任；

邓志坚同志任攀枝花市商业银行副董事长；

陈膑同志任中共攀枝花市东区委员会常委；

蒋启君同志任中共米易县委员会常委；

柴德华同志任中共米易县委员会委员、常委（挂职）；

张涛同志任盐边县人民政府副县长（挂职）；

李建平同志任攀西大裂谷格萨拉生态旅游区管理委员会主任。

免去：

汪波同志中共攀枝花市委政策研究室副主任职务；

张玲同志中共攀枝花市直属机关工作委员会常务副书记、委员职务；

高应华同志攀枝花市人民政府办公室副主任职务；

程桂兰同志攀枝花市文化广播影视新闻出版局副局长、中共攀枝花市文化广播影视新闻出版局委员会委员职务；

薛少波同志攀枝花市政府国有资产监督管理委员会副主任、中共攀枝花市国有资产监督管理委员会委员会委员职务；

杜勇进同志攀枝花市人民防空办公室（市民防局）主任（局长）、中共攀枝花市人民防空办公室党组书记、成员职务；

李泽文同志攀枝花市中级人民法院副院长职务；

张小平同志中共攀枝花学院电气信息工程学院委员会书记职务；

卢开南同志攀枝花市防震减灾局局长职务；

彭建华同志攀枝花钢城集团有限公司董事长职务；

李明、陈膑同志攀枝花市东区人民政府副区长职务；

杨德元同志攀西大裂谷格萨拉生态旅游区管理委员会主任职务。

三、垂直管理部门和中央、省直属单位干部职务变动

1 月

黄长彬同志任中共国家统计局攀枝花调查队党组成员、纪检组长；

免去潘元昌同志攀枝花市地方税务局局长、中共攀枝花市地方税务局党组书记、成员职务。

4 月

陈远俊同志任攀枝花市地方税务局局长，中共攀枝花市地方税务局党组书记；

吕敏强同志任攀枝花市地方税务局纪检组组长、中共攀枝花市地方税务局党组成员；

免去赵昌同志攀枝花市地方税务局纪检组组长、中共攀枝花市地方税务局党组成员职务。

5 月

陈力同志任攀枝花质量技术监督局局长、党组书记；

陈忠恕同志任攀枝花市国土资源局局长、党委书记；

免去唐刚同志攀枝花质量技术监督局副局长、党组副书记职务。

6 月

姜文彬同志任攀枝花市工商行政管理局局长、党组书记。

免去：

钟乾刚同志中国银行业监督管理委员会攀枝花监管分局局长、党委书记职务；

许城萌同志攀枝花市工商行政管理局局长、党组书记职务。

10 月

余国军同志任中共攀枝花市国家税务局机关委员会书记；

王代华同志任攀枝花市地方税务局副局长；

免去王代华同志攀枝花市地方税务局总经济师职务。

12 月

李勇同志任中国人民银行攀枝花市中心支行行长、党委书记；

侯伟同志任攀枝花市地方税务局总经济师、中共攀枝花市地方税务局党组成员；

彭骏同志任中共攀枝花市地方税务局党组成员；

免去陈开清同志攀枝花市工商行政管理局副局长、中共攀枝花市工商行政管理局党组成员职务。

第十篇

大事记

2013 年

1 月

4 日 攀枝花市与省级银行机构银政企对接会在成都世纪城新会展中心举行。会上，攀枝花市政府获得授信金额 1021. 9 亿元，攀枝花 9 户企业获得授信金额 131. 4 亿元。副省长甘霖出席会议并讲话。市委书记刘成鸣出席会议并致辞，市委副书记、市长张剡作项目推介并代表市政府与省级银行机构签署战略合作框架协议。省政府副秘书长吴显奎出席会议，省政府金融办主任陈跃军主持会议，人民银行成都分行行长周晓强，四川银监局局长王筠权，市委常委、常务副市长杨自力出席会议。

△ 攀枝花市人民政府与成都铁路局在四川铁道大酒店会议中心举行战略合作框架协议签字仪式。市委书记刘成鸣，市委副书记、市长张剡，成都铁路局局长武勇，成都铁路局党委书记王晓州，市委常委李章忠，市副市长柳康健、刘建明，成都铁路局副局长黎宏、荆世明出席会议。张剡、武勇分别代表攀枝花市政府、成都铁路局签订战略合作框架协议。

5 日 下午，市委书记刘成鸣主持召开中共攀枝花市委九届第三十三次常委会议。市领导张剡、赵辉、杨自力、李群林、程少华、沈钧、许健民、张伟、李章忠、熊伟出席会议；市领导单荣、赵勇列席会议；市领导柳康健参加了有关议题的讨论。1、会议审议并原则通过了“刘成鸣同志在中共攀枝花市委九届四次全体（扩大）会上的讲话”“张剡同志在中共攀枝花市委九届四次全体（扩大）会上的讲话”和关于“市委九届四次全体（扩大）会暨市委经济工作会议“的相关材料；2、审议并原则通过了市政府党组《关于〈市政府工作报告〉、〈攀枝花市 2012 年国民经济和社会发展计划执行情况及 2013 年计划草案报告〉、〈攀枝花市 2012 年财政预算执行情况和 2013 年财政预算草案报告〉的请示》；3、审议并原则通过了市人大党组《关于攀枝花市人大常委会工作报告（送审稿）的报告》；4、审议并原则通过了市政协党组《关于中国人民政治协商会议第八届攀枝花市委员会常务委员会工作报告（送审稿）的报告》；5、审议并原则通过了市法院党组《关于市中级人民法院工作报告（送审稿）的报告》；6、审议并原则通过了市检察院党组《关于市人民检察院工作报告（送审稿）的报告》；7、听取了市关工委关于“2012 年工作情况和 2013 年工作打算”的汇报，对相关事宜进行了研究；8、研究了干部问题。

△ 上午，花城新区管委会“思想大解放、作风大转变、工作大落实”主题教育活动领导点评会在学府酒店二楼会议室召开。市委副书记赵辉到场进行了点评。

6 日 省委组织部副部长、老干部局局长彭德秋一行莅攀，代表省委、省政府慰问在攀省级离休干部及其遗孀，并调研本市老干部工作。

△ 市委理论学习中心组 2013 年第一季度集中学习会在攀枝花会展中心召开。市委书记刘成鸣主持会议并强调，要高起点谋划 2013 年全市各项工作，集中力量攻克和推进一批事关攀枝花加快发展的难点工程和重点项目，形成推动工作的强大合力，以扎实工作和实际成效向全市人民群众交上一份满意的答卷。市委副书记、市长张剡，市人大常委会主任谢道全，市政协主席单荣，市委副书记赵辉等市委理论学习中心组成员参加集中学习。

△ 上午，市“思想大解放、作风大转变、工作大落实”主题教育活动巡查组工作会在市委三楼会议室召开。市领导刘成鸣、李群林、沈钧、熊伟到场听取了相关情况汇报。

△ 市科知局“思想大解放、作风大转变、工作大落实”主题教育活动领导点评会在市科知局会议

室召开。市委副书记赵辉到场进行了点评。

7 日 中共攀枝花市委九届四次全体（扩大）会议暨市委经济工作会议在攀枝花会展中心举行。会议应到市委委员 45 名，市委候补委员 10 名；实到市委委员 44 名，市委候补委员 10 名，符合规定人数。会议深入学习贯彻落实党的十八大、中央和省委经济工作会议精神，客观回顾总结了 2012 年工作，研究部署了 2013 年工作，并动员全市上下抢抓机遇、攻坚克难，全力促进社会经济持续快速发展，朝着在全省率先全面建成小康社会的目标奋勇前进。会议由市委常委会主持。市委书记刘成鸣代表市委常委会向全委会报告 2012 年工作并安排部署 2013 年工作。市委副书记、市长张剡安排 2013 年经济工作。市领导谢道全、单荣、赵辉、杨自力、李群林、程少华、沈钧、许健民、张伟、王海波、李章忠、熊伟等出席会议。会上，与会人员分组对刘成鸣代表市委常委会所作的报告进行了讨论，会议审议并通过了《中共攀枝花市委九届四次全会决议》。

△ 下午，市 2012 年度干部选拔任用工作“一报告两评议”暨市级党政领导班子和领导干部年度考核述职测评会在会展中心召开。市领导刘成鸣、张剡、谢道全、单荣、赵辉、杨自力、李群林、程少华、沈钧、许健民、张伟、王海波、李章忠、熊伟出席会议。

8 日 市委书记刘成鸣与 10 位公交车驾驶员和 10 位出租车驾驶员在市交通运输局会议室面对面座谈，诚恳地请大家为城区治堵“出招”。座谈会后，刘成鸣与相关部门负责人一道，在第一时间对驾驶员朋友提出的意见建议进行梳理，安排部署治堵工作。市领导柳康健、殷旭东参加座谈。

△ 市委副书记、市长张剡主持召开全市重大工业产业化项目推进会，分析并协调解决部分重大项目在推进过程中遇到的问题和困难。市委常委李章忠、副市长刘建明出席会议。

△ 上午，米易县委、县政府民主生活会暨“思想大解放、作风大转变、工作大落实”主题教育活动领导点评会在米易县政府会议室召开。市委副书记赵辉到场进行了点评。

△ 全市义务植树、森林防火工作安排会召开。市委常委、市纪委书记李群林出席会议，副市长李仁杰主持会议。会上，李仁杰代表市政府与县区政府签订了 2013 年森林防火目标责任书。

△ 下午，市委组织部召开干部职工大会，专题学习贯彻市委九届四次全体（扩大）会议暨市委经济工作会议精神。市委常委、市委组织部部长熊伟出席会议并讲话。

△ 市九届人大常委会第九次会议在攀枝花会展中心召开。市人大常委会主任谢道全主持会议并讲话。市人大常委会副主任张如英、唐建民、张国民、许秀峰、王向阳，秘书长钟国元出席会议。市政府常务副市长杨自力，市中级人民法院院长祝鸿，市人民检察院相关负责人列席会议。市政协副主席庞向东应邀列席会议。会议讨论修改了攀枝花市人大常委会工作报告；讨论通过了市九届人大二次会议有关事项。当天，市九届人大常委会还召开了第十七次主任会议。

9 日 市委、市政府在攀枝花会展中心召开会议，专题研究加快推进银江水电站建设工作。市委书记刘成鸣出席会议并讲话。市委副书记、市长张剡，市委副书记赵辉，市委常委李章忠，副市长柳康健、贾德华出席会议。

△ 市九届人大二次会议民主协商会在攀枝花会展中心举行。市委常委、市委组织部部长熊伟出席会议，市政协副主席、市委统战部部长赵勇主持会议。

10 日至 14 日 中国人民政治协商会议第八届攀枝花市委员会第二次会议在攀枝花会展中心举行。10 日，中国人民政治协商会议第八届攀枝花市委员会第二次会议开幕。大会应到委员 299 人，实到 273 人，符合《政协章程》规定。市政协主席单荣，市政协副主席赵勇、庞向东、伍维根、何群、吴文发、刘德顺、马晓凤、周治端，秘书长唐云城出席开幕大会并在主席台前排就座。大会由赵勇主持。市领导刘成鸣、张剡、谢道全、赵辉出席开幕大会并在主席台就座。大会的执行主席是单荣、赵勇、庞向东、伍维根、何群、吴文发、刘德顺、马晓凤、周治端、唐云城。单荣作《中国人民政治协商会议第八届攀枝花市委员会常务委员会工作报告》。吴文发作《中国人民政治协商会议第八届攀枝花市委员会常务委员会关于八届一次会议以来提案工作情况的报告》。应邀参加大会并在主席台就座的还有中共攀枝花市委、市人大、市政府、攀枝花军分区、市纪委、市中级人民法院、市人民检察院的领导同志和原市领导：李群林、沈钧、许健民、王海波、李章忠、张如英、张汝林、张国民、许秀峰、王向阳、刘建明、李仁杰、贾德华、祝鸿、卢旭东和韩国宾、孙本先、高方芹、赵世华、徐采洪、邓可兴、严文洪等。应邀参加开幕大会的还有驻攀第十一届四川省政协委员。市委、市政府有关部门及有关单位负责人，市级各民主党派、工商联负责人，有关企业分管统战工作的领导，大企业、攀枝花学院、市直机关工委统战部（科）负责人，市政协机关县级干部列席大会。11 日，市政协召开八届十六次主席会议。市政协主席单荣主持会议。市政协副主席赵勇、庞向东、伍维根、何群、吴文发、刘德顺、马晓凤、周治端，秘书长唐云城出席会议。会议听取了各小组负责人关于审议八届市政协常务委员会工作报告和提案工作报告的情况汇报。12 日，市政协八届七次常委会议第一次会议在攀枝花会展中心召开。市政协主席单荣主持会议。市委书记刘成鸣，市委副书记、市长张剡，市委副书记赵辉，市委常委、常务副市长杨自力，市委常委李章忠，副市长柳康健应邀到会。市政协副主席赵勇、庞向东、伍维根、何群、吴文发、刘德顺、马晓凤、周治端，秘书长唐云城出席会议。会议听取了市政协八届二次会议各小组讨论《政府工作报告》和计划、财政报告情况汇报，审议通过了《政协第八届攀枝花市委员会第二次会议决议（草案)》，并提请各小组审议。13 日，市政协八届七次常委会议第二次会议在攀枝花会展中心召开。市政协主席单荣主持会议。市委副书记赵辉，市委常委、常务副市长杨自力，市委常委、市委政法委书记张伟应邀到会。市政协副主席赵勇、庞向东、伍维根、何群、吴文发、刘德顺、马晓凤、周治端，秘书长唐云城出席会议。会议听取了市政协八届二次会议各小组讨论“两院”工作报告情况汇报；审议通过了《政协第八届攀枝花市委员会提案委员会关于八届二次会议提案审查情况的报告（草案)》；审议通过了《政协第八届攀枝花市委员会第二次会议决议（草案)》。14 日上午，中国人民政治协商会议第八届攀枝花市委员会第二次会议顺利完成各项议程后，在攀枝花会展中心闭幕。大会应到委员 299 人，实到 269 人，符合《政协章程》规定。出席闭幕大会并在主席台前排就座的有市政协主席单荣，市政协副主席赵勇、庞向东、伍维根、何群、吴文发、刘德顺、马晓凤、周治端，秘书长唐云城。市领导刘成鸣、张剡、谢道全、赵辉等应邀参加闭幕大会并在主席台就坐。闭幕大会的执行主席是单荣、赵勇、庞向东、伍维根、何群、吴文发、刘德顺、马晓凤、周治端、唐云城。大会由单荣主持。大会审议并通过了《政协第八届攀枝花市委员会第二次会议决议》《政协第八届攀枝花市委员会第二次会议提案委员会关于提案审查情况的报告》。中共攀枝花市委书记刘成鸣在闭幕大会上发表讲话。应邀参加大会并在主席台就座的还有中共攀枝花市委、市人大、市政府、市纪委、攀枝花军分区、市中级人民法院、市人民检察院的领导杨自力、李群林、程少华、沈钧、许健民、王海波、李章忠、熊伟、张如英、张汝林、张国民、许秀峰、王向阳、柳康健、殷旭东、张敏、刘建明、李仁杰、贾德华、陈向东、祝鸿、卢旭东，原市领导韩国宾、孙本先、高方芹、赵世华、徐采洪、邓可兴、严文洪、王庆友等。应邀参加闭幕大会的还有驻攀第十一届四川省政协委员。市委、市政府有关部门及有关单位负责人，市级各民主党派、工商联负责人、有关企业分管统战工作的领导，大企业、攀枝花学院、市直机关工委统战部（科）负责人，市政协机关县级干部列席大会。

11 日至 14 日 攀枝花市第九届人民代表大会第二次会议在攀枝花会展中心大会堂举行。11 日下午，市九届人大二次会议举行预备会议。会议应到代表 277 人，实到代表 243 人，符合法定人数。市人大常委会主任谢道全主持会议。市人大常委会副主任张如英、唐建民、张汝林、张国民、许秀峰、王向阳，秘书长钟国元出席会议并在主席台就坐。市人大代表、市领导刘成鸣、张剡、单荣、赵辉等出席会议。会议表决通过了《攀枝花市第九届人民代表大会第二次大会主席团和秘书长名单》和《攀枝花市第九届人民代表大会第二次大会议程》。同日，市九届人大二次会议举行主席团第一次和第二次会议。主席团第一次会议应到主席团成员 53 人，实到 48 人；主席团第二次会议应到主席团成员 53 人，实到 48 人，均符合法定人数。主席团常务主席谢道全分别主持主席团第一、二次会议。主席团第一次会议推选了市九届人大二次会议主席团常务主席；通过了市九届人大二次会议日程；通过了市九届人大二次会议执行主席分组名单；决定了市九届人大二次会议副秘书长；通过了市九届人大二次会议选举办法（草案），决定提交各代表团审议；通过了市九届人大二次会议表决议案办法；通过了关于议案的规定，决定提出议案的截止日期为 2013 年 1 月 13 日 12 时。主席团第二次会议听取了大会秘书处关于各代表团审议市九届人大二次会议选举办法（草案）的情况汇报，并决定提交大会表决。12 日，市九届人大二次会议开幕。主席团常务主席、大会执行主席刘成鸣主持会议。大会执行主席谢道全、赵辉、熊伟、张如英、唐建民、张汝林、张国民、许秀峰、王向阳、钟国元在主席台前排就座。主席团成员在主席台就座。大会应到代表 277 名，实到代表 255 名，符合法定人数。出席和应邀出席大会并在主席台就座的有：张剡、单荣、杨自力、李群林、程少华、沈钧、许健民、张伟、王海波、李章忠、柳康健、殷旭东、张敏、刘建明、李仁杰、贾德华、赵勇、庞向东、伍维根、何群、吴文发、刘德顺、马晓凤、周治端、祝鸿、卢旭东。在主席台就座的还有：原市领导韩国宾、孙本先、高方芹、赵世华、徐采洪、邓可兴、严文洪，市级各民主党派、工商联、攀枝花学院负责人。大会 4 项议程：听取市人民政府市长张剡作攀枝花市人民政府工作报告；审查《关于攀枝花市 2012 年国民经济和社会发展计划执行情况及 2013 年计划草案的报告》（书面）；审查《关于攀枝花市 2012 年财政预算执行情况和 2013 年财政预算草案的报告》（书面）；表决通过市九届人大二次会议选举办法。列席大会的有：不是市九届人大代表的市政府组成部门负责人，市委、市政府副秘书长，市政协正、副秘书长，市人大机关有关负责人，市法院的副院长、市检察院的副检察长，市委、市政府工作部门、机构及有关单位负责人，市级群团和人民团体负责人，驻攀部队领导，垂直管理部门负责人，市政府驻外机构负责人，外地驻攀单位的负责人，不是市九届人大代表的在攀的全国人大代表和省人大代表及县（区）法院、检察院负责人。参加市政协八届二次会议的全体委员应邀列席大会。同日，市九届人大二次会议举行主席团第三次和第四次会议。主席团第三次会议应到主席团成员 53 人，实到 50 人；主席团第四次会议应到主席团成员 53 人，实到 48 人，均符合法定人数。主席团常务主席谢道全先后主持主席团第三、四次会议。主席团第三次会议通过了攀枝花市出席四川省第十二届人民代表大会代表候选人名单、攀枝花市第九届人大常委会委员候选人建议名单和候选人联合提名日期的决定草案。会议决定将两个候选人名单作为主席团提名，提交各代表团酝酿。主席团第四次会议听取了大会秘书处关于各代表团审查《政府工作报告》和计划、财政报告的情况汇报；通过了《政府工作报告》、计划报告、财政预算报告的决议草案，决定提交各代表团审查；通过了市人大财政经济委员会关于计划和财政预算审查报告，决定印发各代表。13 日，市九届人大二次会议举行第二次全体会议。主席团常务主席、大会执行主席张如英主持会议。大会执行主席李群林、程少华、沈钧、许健民、张伟、王海波、李章忠、余自甦、李文池、林双庆、吴强在主席台前排就座。主席团成员在主席台就座。大会应到代表 277 名，实到代表 253 名，符合法定人数。出席和应邀出席大会并在主席台就座的有：刘成鸣、张剡、谢道全、单荣、赵辉、杨自力、熊伟、张汝林、张国民、许秀峰、王向阳、柳康健、殷旭东、张敏、刘建明、李仁杰、贾德华、赵勇、庞向东、伍维根、何群、吴文发、刘德顺、马晓凤、周治端、祝鸿、卢旭东。在主席台就座的还有：市级民主党派、工商联、市级有关方面负责人。

会议三项议程：听取市人大常委会主任谢道全作攀枝花市人大常委会工作报告；听取市中级人民法院院长祝鸿作攀枝花市中级人民法院工作报告；听取市人民检察院检察长卢旭东作攀枝花市人民检察院工作报告。列席大会的有：不是市九届人大代表的市政府组成部门负责人，市委、市政府副秘书长，市政协正、副秘书长，市人大机关有关负责人，市法院的副院长、市检察院的副检察长，市委、市政府工作部门、机构及有关单位负责人，市级群团和人民团体负责人，驻攀部队领导，垂直管理部门负责人，市政府驻外机构负责人，外地驻攀单位的负责人，不是市九届人大代表的在攀的全国人大代表和省人大代表及县（区）法院、检察院负责人。参加市政协八届二次会议的全体委员应邀列席大会。同日，市九届人大二次会议举行主席团第五次会议。主席团常务主席谢道全主持会议。会议应到主席团成员53人，实到45人，符合法定人数。会议听取了大会秘书处关于各代表团酝酿攀枝花市出席四川省第十二届人民代表大会代表候选人建议名单的情况汇报；通过了主席团、代表联名提出的攀枝花市出席四川省第十二届人民代表大会代表候选人名单，决定提交各代表团酝酿；听取了大会秘书处关于各代表团酝酿攀枝花市九届人大常委会委员候选人建议名单的情况汇报；通过了主席团、代表联名提出的攀枝花市九届人大常委会委员候选人名单，决定提交各代表团酝酿；听取了大会秘书处关于各代表团审议市人大常委会工作报告、市中级人民法院工作报告、市人民检察院工作报告的情况汇报；通过了市人大常委会工作报告、市中级人民法院工作报告、市人民检察院工作报告的决议草案，决定提交各代表团审议。14日下午，市九届人大二次会议完成各项议程，在攀枝花会展中心闭幕。大会应到代表277名，实到代表261名，符合法定人数。下午举行了市九届人大二次会议第三次全体会议。主席团常务主席、大会执行主席谢道全主持会议。大会执行主席刘成鸣、赵辉、熊伟、张如英、唐建民、张汝林、张国民、许秀峰、王向阳、钟国元在主席台前排就座。出席和应邀出席昨天大会并在主席台就座的有：张剡、单荣、杨自力、李群林、程少华、沈钧、许健民、王海波、李章忠、柳康健、殷旭东、张敏、刘建明、李仁杰、贾德华、赵勇、庞向东、伍维根、何群、吴文发、刘德顺、马晓凤、周治端、祝鸿、卢旭东。在主席台就座的还有：原市领导韩国宾、孙本先、高方芹、赵世华、徐采洪、邓可兴、严文洪，市级各民主党派、工商联负责人。会议以投票方式选举产生了刀丽平（女、彝族）、卢旭东、史志伦、刘卫东、刘成鸣、刘晓华、李洪琼（女、苗族）、肖佑嘉（女）、吴强、余自甦、张剡、张汝林、陈可红、陈素清（女）、范晓红（女）、林双庆、罗阳勇、赵琪（女）、姜晓亭、祝鸿、郭永祥、覃发树、谢道全、雷雨、熊学琴（女）、潘世伟26名本市出席四川省第十二届人民代表大会代表和补选了张大德、陈向东2名市九届人大常委会委员，当选代表的代表资格将报四川省人大常委会代表资格审查委员会审查，省人大常委会确认。会议通过了关于攀枝花市人民政府工作报告的决议；通过了关于攀枝花市2012年国民经济和社会发展计划执行情况及2013年国民经济和社会发展计划的决议；通过了关于攀枝花市2012年财政预算执行情况和2013年财政预算的决议；通过了关于攀枝花市人民代表大会常务委员会工作报告的决议；通过了关于攀枝花市中级人民法院工作报告的决议；通过了关于攀枝花市人民检察院工作报告的决议。　市委书记刘成鸣在会议结束时讲话。列席大会的有：不是市九届人大代表的市政府组成部门负责人，市委、市政府副秘书长，市政协正、副秘书长，市人大机关有关负责人，市法院的副院长、市检察院的副检察长，市委、市政府工作部门、机构及有关单位负责人，市级群团和人民团体负责人，驻攀部队领导，垂直管理部门负责人，市政府驻外机构负责人，外地驻攀单位的负责人，不是市九届人大代表的在攀的全国人大代表和省人大代表及县（区）法院、检察院负责人。同日，市九届人大二次会议举行主席团第六次会议。主席团常务主席谢道全主持会议。会议应到主席团成员53人，实到48人，符合法定人数。会议听取了市九届人大二次会议大会秘书处关于各代表团酝酿攀枝花市出席四川省第十二届人民代表大会代表候选人名单的情况汇报，通过了正式候选人名单，决定提交大会选举；听取了大会秘书处关于各代表团酝酿攀枝花市第九届人大常委会委员候选人名单的情况汇报，通过了正式候选人名单，决定提交大会选举；通过了总监票员、监票员，总计票员、计票员名单，决定提交大会表决；听取了大会秘书处关于代表团审查市政府工作报告、计划报告、财政预算报告、市人大常委会工作报告、市中级人民法院工作报告、市人民检察院工作报告决议（草案）的情况汇报，并通过了以上六个工作报告的决议（草案），决定提交大会表决；通过了大会秘书处关于议案处理意见的报告，决定印发各代表。

11 日 出席市九届人大二次会议和市政协八届二次会议的近 500 名市人大代表、市政协委员兵分两路，深入农村、园区、道路施工现场开展集中视察。市人大代表、市领导谢道全、赵辉、沈钧、许健民、张伟、王海波、李章忠等参加市人大代表视察活动。市政协主席单荣，市政协副主席赵勇、庞向东、伍维根、何群、吴文发、马晓凤参加市政协委员视察活动。

12 日 市人大代表、市委书记刘成鸣先后参加了市九届人大二次会议盐边县代表团、东区代表团审查和市政协八届二次会议联组讨论。

△ 市人大代表、市委副书记、市长张剡先后参加了市九届人大二次会议东区代表团审查、市政协八届二次会议联组讨论、市九届人大二次会议西区代表团审查。

△ 市人大代表、市委副书记赵辉参加市九届人大二次会议仁和区代表团、盐边县代表团审查和市政协八届二次会议第一组讨论

△ 参加市九届人大二次会议的代表和市政协八届二次会议的委员对《政府工作报告》和计划、财政报告进行了审查、讨论。市人大代表、市领导杨自力、李群林、程少华、沈钧、许健民、张伟、王海波、李章忠、熊伟等参加了分团组审查和讨论。

13 日 市人大代表、市委书记刘成鸣先后来到市九届人大二次会议仁和区代表团、米易县代表团和西区代表团，与代表们共同对《政府工作报告》等进行审查。

△ 市人大代表、市委副书记、市长张剡先后参加了市九届人大二次会议仁和区代表团和米易县代表团的审查。

△ 上午，市委常委、市委组织部部长熊伟，副市长殷旭东前往攀枝花市 2012 年度公务员面试市实验学校考点，巡视考务工作并看望慰问考务人员及考生。

14 日 省委、省政府召开全省安全生产工作电视电话会。市委副书记、市长、市安委会主任张剡，副市长、市安委会副主任殷旭东在攀枝花分会场参加会议。

15 日 市委、市政府在攀枝花宾馆举行 2013 年老干部春节团拜会。市委书记刘成鸣致辞，市委副书记、市长张剡通报了 2012 年全市经济社会发展情况和 2013 年经济社会发展预期目标。市人大常委会主任谢道全，市政协主席单荣，市委副书记赵辉，市老领导韩国宾、孙本先等出席团拜会。市委常委、市委组织部部长熊伟主持团拜会。

△ “2012 中国・攀枝花欢乐阳光节”活动版块之一——“行远牧业”杯电视厨艺争霸赛在市中心广场正式开赛。市委常委许健民、市人大常委会副主任张汝林、市政协副主席刘德顺出席活动。副市长柳康健为活动致辞。

△ 市委常委、市总工会主席许健民在市级相关部门负责人陪同下，先后走访慰问了攀枝花公交客运总公司和川煤集团攀煤公司部分困难职工，为他们送去党委、政府的关怀和节日祝福。

△ 2012 年全市关心下一代工作目标考核总结会召开。市委常委、市总工会主席许健民，市关工委执行主任赵世华出席会议。

△ 本市举行 2013 年党外干部座谈会。市委常委、市委组织部部长熊伟出席会议并讲话。市政协副主席、市委统战部部长赵勇主持会议。

16 日 市委书记刘成鸣，市委副书记、市长张剡在深圳华润大厦会见了华润（集团）有限公司副总经理、华润电力控股有限公司董事局主席周俊卿。双方就进一步深化合作，共同推进银江水电站建设达成共识。市委常委李章忠，长江勘察设计研究院副院长程卫民，市级相关部门、华润电力及攀枝花华润水电开发有限公司相关负责人参加会见。

△ 市委副书记赵辉率交通、公安、商粮等市级有关部门负责人，前往本市汽车流通商会和部分汽车销售服务企业，就汽车销售行业发展状况进行专题调研和座谈。

△ 攀枝花市钒钛产业园区2012年工作总结表彰和2013年工作部署会召开。市委常委、攀枝花钒钛产业园区党工委书记许健民，副市长刘建明出席会议。

17日 攀枝花军分区党委九届二次全体（扩大）会议召开。会议总结了军分区2012年度工作，对2013年工作任务进行安排部署，对2012年度工作先进单位和个人进行了表彰。市委副书记赵辉，市委常委、攀枝花军分区党委副书记、司令员程少华，攀枝花军分区党委书记、政治委员陈向东出席会议。

18日 武警攀枝花支队召开2012年度先进集体和个人表彰大会。市委副书记赵辉出席会议并讲话。市委常委、市委政法委书记张伟到会宣读市委书记刘成鸣的表彰批示。

△ 九三学社攀枝花市委员会成立30周年纪念大会在攀枝花学院举行。中共攀枝花市委副书记赵辉，市政协副主席赵勇、伍维根、何群、吴文发、周治端应邀参加大会。副市长、九三学社攀枝花市委主委刘建明主持大会。

△ 国家主要污染物总量减排第十九核查组组长、国家环保部总量司司长刘炳江一行莅攀核查2012年污染物总量减排工作，并听取市政府关于攀枝花市2012年主要污染物总量减排工作的有关汇报。市委副书记赵辉主持汇报会。副市长贾德华作汇报。省环保厅副厅长隋川成出席汇报会。

△ “榜样的力量”攀枝花第二届道德模范颁奖晚会在市中心广场举行。市委副书记赵辉、市人大常委会副主任王向阳、副市长张敏、市政协副主席庞向东、攀枝花军分区政委陈向东出席晚会。

△ 畅想阳光·最美攀枝花主题摄影展在成都宽窄巷子“宽窄光影”摄影长廊举行。市委常委、市委宣传部部长沈钧到现场参观展览。

19日 省人口计生委“三下乡”送温暖活动走进攀枝花。省人口计生委主任刘家强一行走访慰问了本市部分计生女儿户和困难家庭，并看望了基层人口计生干部。副市长张敏陪同走访慰问。

20日 下午，市委副书记、市长张剡与鞍钢集团公司董事长、党委书记张广宁一行座谈，双方就深入推进攀钢改革，携手加快地企发展进行了交流。市委副书记赵辉，市委常委、常务副市长杨自力，副市长刘建明参加座谈会。

21日 下午，本市举行欢送会，为25名前往成都参加省政协第十一届一次会议的驻攀省政协委员送行。市政协主席单荣，中共攀枝花市委副书记赵辉，中共攀枝花市委常委、常务副市长杨自力，市人大常委会副主任王向阳，市政协副主席庞向东、何群、马晓凤、周治端，市政协秘书长唐云城出席欢送会。

△ 四川钒钛产业技术研究院筹建工作会召开。 市委副书记赵辉出席会议，副市长刘建明主持会议。

△ 晚7时30分，仁和·上城灯会在仁和区亮灯。市委常委、市委宣传部部长沈钧出席当晚举行的灯会启动仪式。

△ 为期5天的“2012中国·攀枝花欢乐阳光节”首届电视厨艺争霸赛在市广播电视台演播厅圆满落下帷幕。 市委常委李章忠、副市长柳康健出席颁奖典礼并为获奖选手颁奖。

22日 市委副书记、市长张剡在调研本市交通在建项目及道路沿线环境。副市长柳康健、殷旭东陪同调研。

△ 本市举行欢送会，为前往成都参加四川省第十二届人大一次会议的在攀省人大代表送行。市委副书记赵辉，市委常委、常务副市长杨自力，市人大常委会副主任王向阳，市政协副主席马晓凤为在攀省人大代表送行。省人大代表、市人大常委会副主任张汝林出席欢送会。

△ 本市在会展中心举行高层次人才代表2013年新春联谊会。市委常委、常务副市长、市人才工作领导小组副组长杨自力出席联谊会，市委常委、市委组织部部长熊伟主持联谊会。

△ 市委常委、市纪委书记李群林，市委常委、市委宣传部部长沈钧分别看望了生活困难的老党员

及职工，为他们送去党和政府的温暖和祝福。

△ 全市组织部长座谈会暨组织工作经验交流会召开。 市委常委、市委组织部部长熊伟出席会议并讲话。

23日 省工商局党组书记、局长万鹏龙一行7人来本市检查工商行政管理工作。市委副书记赵辉出席工作汇报会。

△ 全市2013年春节、寒假旅游工作部署会召开。市委常委、市委宣传部部长沈钧出席会议并讲话。副市长柳康健出席会议。

24日 出席四川省十二届人大一次会议的攀枝花代表团召开全体会议。省人大代表、市领导刘成鸣、张剡、谢道全、张汝林出席会议。会议推选刘成鸣为代表团团长，张剡、谢道全为副团长；传达了大会各代表团召集人会议精神；讨论了省十二届人大一次会议议程（草案）等。

△ 市委书记刘成鸣，市委副书记、市长张剡，前往攀枝花市成都干休所，看望慰问居住在这里的市离休老干部。当天，本市还举行了座谈会，听取离休老干部们对市委、市政府工作的意见和建议。市委常委、市委秘书长王海波，市委常委、市委组织部部长熊伟陪同看望慰问。

△ 下午，本市在成都举行新春座谈会，来自成都片区的21位市政府顾问和特聘专家齐聚一堂，共商攀枝花发展大计。市委副书记、市长张剡出席座谈会，并代表市委、市政府向与会人员致以新春的问候。副市长刘建明出席座谈会。

△ 市委副书记赵辉前往仁和区，看望慰问部分有生活困难的老党员、下岗失业职工。

△ 全市国税工作会议召开。市委常委、常务副市长杨自力出席会议并讲话。

25日 上午，四川省第十二届人民代表大会第一次会议开幕。下午，出席此次会议的攀枝花代表团的代表们紧紧围绕“科学发展、加快发展”，认真审议了省《政府工作报告》等。省人大代表、市委书记刘成鸣强调，着力构建多点多极支撑发展格局，努力促进优势产业发展壮大，加快赶超跨越，奋力推进“三个加快建设”。省人大代表，省地税局局长、党组书记刘晓华，省人大代表、省人大财经委副主任委员史志伦，省人大代表、市领导张剡、谢道全、张汝林参加审议。

△ 创建国家高新技术产业园区汇报会在攀枝花会展中心召开。国家科技部高新司巡视员耿战修，市委副书记赵辉出席汇报会。市委常委、攀枝花钒钛产业园区党工委书记许健民主持汇报会。当天，省科技厅和省生产力促进中心向钒钛产业园区授牌，这标志着攀枝花钒钛产业园区创建国家高新技术产业园区工作进一步提速。

△ 市委常委、常务副市长杨自力，市委常委、市委政法委书记张伟分别走访慰问了东区、仁和区部分生活有困难的党员、群众及退休职工。

△ 全市农田水利基本建设暨高标准农田建设现场会和抗旱工作会在米易县召开。市委常委、市纪委书记李群林，市人大常委会副主任张国民，副市长李仁杰，市政协副主席马晓凤出席会议。

△ 全市文化产业统计暨文化产业发展工作会召开。市委常委、市委宣传部部长沈钧，副市长张敏出席会议。

26日 省人大常委会副主任彭渝参加了省十二届人大一次会议攀枝花代表团审议。省人大代表、市领导刘成鸣、张剡、谢道全、张汝林参加审议。

△ 省关工委传达贯彻落实全国关工委工作会议精神电视电话会议召开。市委常委、市关工委主任许健民，市关工委执行主任赵世华在攀枝花分会场参加会议。

27日 省十二届人大一次会议攀枝花代表团举行全体会议，审议省政府工作报告、计划报告、财政报告和省人大常委会工作报告。省人大常委会副主任郭永祥，市委书记刘成鸣，市委副书记、市长张剡，市人大常委会主任谢道全，省环保厅厅长姜晓亭，市人大常委会副主任张汝林等省人大代表参加审议。

28 日　省人大代表、省委副书记、代省长魏宏来到攀枝花代表团，看望参会代表，审议省政府工作报告等。魏宏指出，攀枝花要在多点多极支撑中突出重点、加快发展。市委书记刘成鸣，市委副书记、市长张剡，市人大常委会主任谢道全，市人大常委会副主任张汝林等省人大代表参加审议。

29 日　市委副书记赵辉前往花城新区、银江镇等地，调研本市太阳能应用示范项目。

△　市委常委、市纪委书记李群林，市委常委、攀枝花军分区司令员程少华，市委常委、市委组织部部长熊伟，副市长李仁杰分别前往东区、仁和区和盐边县，看望慰问了森警官兵、老党员和生活困难群众。

△　攀枝花市三线建设时期文物及本土文物征集工作会召开。市委常委、市委宣传部部长沈钧出席会议，副市长张敏主持会议。

△　欢乐阳光节第四次组委会工作会议召开。　市委常委、市委宣传部部长沈钧，副市长柳康健出席会议。

30 日　本市召开 2013 年全市工业经济“开门红”工作会。市委副书记赵辉出席会议。

31 日　全市党外人士迎春座谈会在攀枝花会展中心召开。中共攀枝花市委副书记赵辉，中共攀枝花市委常委、常务副市长杨自力，市人大常委会副主任张如英，市政协副主席、中共攀枝花市委统战部部长赵勇出席会议。　中共攀枝花市委常委、市委组织部部长熊伟主持会议。民盟市委主委伍维根，民进市委主委周治端，致公党市委主委何群，九三学社市委主委刘建明，市工商联主席吴文发出席会议。参加会议的还有市委办、市政府办、市委统战部、市委编办、市财政局、市人力资源和社会保障局、市机关事务管理局，以及各民主党派市委、民建攀枝花市基层委员会、市工商联相关负责人和无党派人士代表。会前，赵辉、杨自力、熊伟、张如英、赵勇看望慰问了各民主党派市委、民建攀枝花市基层委员会、市工商联机关干部。

△　市总工会、市商业银行联合举办“让会员证香起来”活动启动仪式暨工会联名卡发放仪式，标志着全市近 50 万工会会员拥有了一张属于自己的优惠卡、实惠卡和贴心服务卡。市委常委、市总工会主席许健民出席发放仪式。

△　市委常委、市委组织部部长熊伟代表市委、市政府看望慰问了本市干部保健基地的保健工作者和在市中心医院住院的离休干部。

2 月

1 日　上午，省纪委十届二次全会在成都金牛宾馆召开。市领导刘成鸣、张剡、李群林在成都主会场参加了会议。市领导赵辉、杨自力、程少华、沈钧、许健民、张伟、王海波、李章忠、熊伟在攀枝花分会场收听收看了会议实况。

△　下午，市委副书记赵辉主持召开专题会议，对本市汽车行业发展中存在的问题进行督办。市政协副主席吴文发出席会议。

△　全市党史工作会召开。市委常委、市委组织部部长熊伟出席会议。

2 日　市委书记刘成鸣看望慰问生活困难的群众、职工和党员。下午，刘成鸣在副市长贾德华的陪同下，还对沿江景观慢行系统示范工程、新密地大桥工程、金沙江大道东段绿化景观工程、东区阿署达“花舞人间”项目、仁和区大河景观工程等进行了调研。

3 日　省委书记、省人大常委会主任王东明率省委、省政府慰问团，在本市看望基层干部群众。省委常委、秘书长陈光志，武警四川省总队司令员肖凤合一同看望慰问并调研。上午，王东明在攀枝花市委书记刘成鸣，攀枝花市委副书记、市长张剡的陪同下，来到东区大花地社区和东风社区的困难职工钟家广、秦广义家中慰问。慰问期间，王东明还前往攀钢集团轨梁厂，调研企业生产经营情况。省委、省政府慰问团在攀期间，市领导谢道全、单荣、赵辉、杨自力、许健民、王海波、殷旭东、刘建明、贾德华陪同慰问或参加工作汇报会。

4 日　中共攀枝花市委常委（扩大）会议在攀枝花会展中心召开。市委书记刘成鸣主持会议。市委副书记、市长张剡在会上传达了王东明书记在本市慰问和调研时的重要指示精神。市领导谢道全、单荣、赵辉、杨自力、李群林、程少华、沈钧、许健民、张伟、王海波、李章忠、熊伟等出席会议。

△　市委书记刘成鸣看望慰问了驻攀部队官兵、优抚对象、军队离退休老同志、部分一线职工和民警。市领导谢道全、杨自力、程少华、王海波、李章忠、殷旭东、刘建明、贾德华一同看望慰问。

△　市委副书记、市长张剡看望慰问消防、武警官兵，部分生活有困难的党员、职工和劳模。市政协主席单荣，市委副书记赵辉，市委常委、市纪委书记李群林，市委常委、市委政法委书记张伟，副市长李仁杰一同看望慰问。

△　市“思想大解放、作风大转变、工作大落实”主题教育活动征求意见分析会在会展中心召开。市领导赵辉、沈钧、王海波出席会议。

5 日　上午，市委书记刘成鸣先后到观音岩水电站城乡取水工程现场、桐子林水电站施工现场，看望慰问一线施工人员和武警水电部队官兵。市领导李章忠陪同看望慰问。

△　下午，市委书记刘成鸣，市委副书记、市长张剡看望慰问了市老领导韩国宾、孙本先。市领导赵辉、王海波、熊伟一同看望慰问。

△　晚，由市委宣传部、市重大节日办、市文广新局主办的“攀枝花市 2013 年春节团拜电视文艺晚会”拉开帷幕。市委书记刘成鸣，市委副书记、市长张剡，市人大常委会主任谢道全，市政协主席单荣，市委副书记赵辉等市领导现场观看了文艺晚会。

△　市委常委、市委宣传部部长沈钧，副市长张敏分别走访慰问了仁和区同德校区优秀贫困教师毛远华和在攀冬训队伍，并为他们送去节日的祝福。

6 日　市委书记刘成鸣到盐边北部山区看望慰问渔门镇朵古村龙洞湾组的傈僳族村民。

△　市委书记刘成鸣，市委副书记、市长张剡，市人大常委会主任谢道全，市政协主席单荣来到攀煤宝鼎矿区棚户区改造清香坪小区安置房的住户中间，为棚户区居民送上新房钥匙。市委常委、市委秘书长王海波出席交钥匙仪式。副市长贾德华主持仪式。

△　市委常委、市委宣传部部长沈钧，副市长张敏前往位于仁和区务本乡大黑山的市广播电视台发射台，看望慰问职工，并送上新春佳节的问候。

7 日　市委书记刘成鸣先后来到市广播电视台、攀枝花日报社、12345 市民热线受理中心和市委综合调研室，看望慰问辛勤工作的基层干部职工。市委常委、市委宣传部部长沈钧，市委常委、市委秘书长王海波，副市长殷旭东参加看望慰问。

△　大宗物资运输方式转变推进会在市委三楼会议室召开。市委副书记赵辉出席会议。

8 日　攀枝花阿署达花舞人间花香果园区游客接待中心落成投用。市委常委、市委宣传部部长沈钧，副市长贾德华，市政协副主席赵勇出席攀枝花花舞人间花香果园区游客接待中心落成仪式。

10 日　市委书记刘成鸣深入本市部分景区景点检查节日期间旅游工作和城市亮化工程。

18 日　中共攀枝花市委书记刘成鸣看望慰问市级各民主党派、工商联机关和市党外知识分子联谊会工作人员。市人大常委会主任谢道全，市政协主席单荣，市委副书记赵辉，市委常委、常务副市长杨自力，市委常委、市委秘书长王海波，市委常委、市委组织部部长熊伟，市政协副主席、市委统战部部长赵勇陪同看望慰问。

△　市委书记刘成鸣来到市委群众工作局，走进市委市政府来访接待室，与来访群众进行面对面交

流，了解他们的困难和要求，切实解决他们反映的问题。市委常委、市委政法委书记张伟参加接访。

△　下午，市“急难险重”项目工作研究会在市委三楼会议室召开。市领导刘成鸣、赵辉出席会议。

19日　上午，市委书记刘成鸣在市委三楼会议室主持召开攀枝花市“四大班子”主要领导联席会2013年第一次会议。市领导张剡、谢道全、单荣、赵辉出席会议；市领导王海波等列席会议。会议听取了“春节期间全市的旅游、安全、治安和值班工作情况”的汇报，通报了市委、市人大、市政府、市政协近期工作情况，对下一步的相关工作进行了研究和安排部署。

△　下午，市委书记刘成鸣在市委三楼会议室主持召开九届第三十六次常委会议。市领导张剡、赵辉、杨自力、李群林、程少华、沈钧、许健民、张伟、王海波、李章忠、熊伟出席会议；市领导谢道全、单荣、赵勇列席会议。1、会议传达学习了“习近平同志在第十八届中央纪律检查委员会第二次全体会议上的讲话”（中办通报〔2013〕第7期）精神，就深入贯彻落实好“习近平同志的讲话”精神进行了研究和安排部署；2、审议并原则通过了由市委办公室草拟的《关于进一步改进工作作风、提高工作效能的规定》；3、审议并原则通过了《市纪委九届三次全会工作报告》；4、审议并原则通过了《市委宣传部关于攀枝花市突发网络舆情事件管控及应对处置联动工作方案的报告》；5、听取了市委政法委关于“全省政法工作会议”精神的情况汇报，审议并通过了我市的相关贯彻落实意见和建议；6、听取了市委政法委关于“当前我市涉稳和信访突出问题”的情况汇报；7、听取了市委统战部关于“全省统战部长会议”精神的情况汇报，审议并通过了我市的相关贯彻落实意见和建议；8、听取了市委组织部关于“全省组织部长会议”精神的情况汇报，审议并通过了我市的相关贯彻落实意见和建议；9、对近期全市的重点工作进行了研究和安排部署；10、研究了干部问题。

20日　市委、市政府在攀枝花会展中心召开会议，为驻点招商工作组成员送行。市委书记刘成鸣，市委副书记、市长张剡出席会议，鼓励驻点招商干部珍惜机遇，不辱使命，在各自岗位上实现更大作为。市领导许健民、熊伟、李仁杰出席会议。

△　本市召开“三大主题教育”活动集中巡查工作汇报会，各巡查组负责人如实通报了在巡查中查找出的各项问题以及收集到的意见建议。市委书记刘成鸣出席会议并讲话。市领导赵辉、李群林、沈钧、王海波、熊伟出席汇报会。

△　市委副书记赵辉到西区调研大宗物资运输方式转变工作推进情况。

21日　市委书记刘成鸣在参加2012年度西区区委常委班子及成员民主生活会暨“三大主题教育”活动领导点评会时强调，广大领导干部要深刻反思不足，勇于面对挑战，踏踏实实干事创业，把为人民群众办好事、办实事作为不懈的追求，在攀枝花加快发展的各项事业中展现风采，再创佳绩。

△　本市召开加快推进银江电站及沿江打造建设工作会。各有关方汇报了相关工作进展情况、年度计划及存在的问题和困难。市委书记刘成鸣，市委副书记、市长张剡出席会议并讲话。市领导李章忠、熊伟、柳康健、贾德华出席会议。

△　晚，市委副书记、市长张剡出席仁和区“三大主题教育”活动领导点评会并讲话。

△　市长张剡主持召开市政府第17次常务会议。会议审议并原则通过了《关于我市少数民族地区实施免费中等职业教育的意见》《关于开展创建国家环保模范城市工作的决定》《攀枝花市炳草岗人大转盘至良友路段交通改善实施方案》《攀枝花市智慧城市总体规划》《攀枝花市通信保障应急预案》等。

22日　上午，全市民营企业家新春座谈会在金沙明珠大酒店举行。市委书记刘成鸣，市委副书记、市长张剡出席座谈会。市人大常委会主任谢道全，市政协主席单荣出席座谈会。市委副书记赵辉主持座谈会。市领导杨自力、程少华、沈钧、许健民、张伟、王海波、李章忠、熊伟等出席会议。

△　晚，市委常委、市委宣传部部长沈钧，副市长柳康健前往市体育场，对“2012中国·攀枝花欢

乐阳光节”闭幕式晚会各项准备工作进行检查。

△ 攀枝花市创建四川省文明城市工作推进会召开，市委常委、市委宣传部部长沈钧，市人大常委会副主任张汝林出席会议，副市长张敏主持会议。

△ 全国、全省未成年人思想道德建设工作电视电话会议相继召开。会议对各地各部门落实中央8号文件和全国未成年人思想道德建设工作视讯会议精神的经验进行了总结交流，并对下一阶段工作进行了研究部署。市委常委、市委宣传部部长沈钧在攀枝花分会场参加会议。

△ 市直机关第十二届元宵节登山活动在攀枝花公园举行。市委常委、市委秘书长王海波为登山活动发令，副市长张敏出席活动启动仪式。

24日 晚，中国米易龙潭溶洞龙文化主题公园专题研究会在米易县委会议室召开。市委副书记赵辉出席会议。

25日 省委常委、省委宣传部部长吴靖平在市委书记刘成鸣，市委副书记、市长张剡的陪同下，深入本市部分企业、社区和重点工程建设现场调研。省纪委常委、监察厅副厅长贾瑞云，省委组织部副部长戴允康参加调研。市领导沈钧、王海波、贾德华陪同调研。

△ 市政府召开第三次全体会议。市长张剡主持会议并就当前工作提出要求。常务副市长杨自力，副市长柳康健、殷旭东、张敏、刘建明、李仁杰、贾德华出席会议。

△ 市九届人大常委会第十八次主任会议举行。市人大常委会主任谢道全主持会议并讲话。市人大常委会副主任张如英、张汝林、张国民、许秀峰、王向阳，秘书长钟国元出席会议。会议讨论了市人大常委会2013年工作要点；听取了市人大常委会代表资格审查委员会关于个别代表的代表资格审查的报告；听取了市人大常委会办公室关于市九届人大常委会第十次会议召开时间和建议议题的情况报告。会议决定，市九届人大常委会第十次会议于2月28日下午在攀枝花会展中心召开。会议建议议题为：审议通过攀枝花市人大常委会2013年工作要点；审议通过市人大常委会代表资格审查委员会关于个别代表的代表资格审查的报告。

26日 上午，2012年度市委常委民主生活会在会展中心召开。省委常委、宣传部长吴靖平，省纪委常委、监察厅副厅长贾瑞云，省委组织部副部长戴允康，省委第六巡视组副组长黄桂花，省委宣传部秘书长李江，市领导刘成鸣、张剡、谢道全、单荣、赵辉、杨自力、李群林、程少华、沈钧、许健民、张伟、王海波、李章忠、熊伟等出席会议。

26日至27日 全市县区工作暨急难险重任务推进会召开。26日，市委书记刘成鸣，市委副书记、市长张剡与出席全市县区工作暨急难险重任务推进会的代表们，走进本市部分急难险重任务项目一线看亮点、比成效、学经验，谋划发展新思路，探讨工作新举措。市领导谢道全、单荣、赵辉、杨自力、李群林、许健民、张伟、王海波、李章忠、熊伟等参加考察。27日，全市县区工作暨急难险重任务推进会在攀枝花会展中心举行。会议确定了2013年度全市急难险重任务，涉及重大基础设施建设、“五创联动”、花城新区建设等14类项目，相关责任县（区）负责人在会议现场签订目标考核责任书，明确责任，逗硬奖惩。市委书记刘成鸣，市委副书记、市长张剡出席会议并讲话，市领导杨自力、李群林、程少华、沈钧、许健民、张伟、王海波、李章忠、熊伟等出席会议。会上，刘成鸣、张剡先后与市委、市政府分管领导和部分县区、市级部门负责人签订了2013年急难险重目标考核责任书。

27日 中国共产党攀枝花市第九届纪律检查委员会第三次全体会议在攀枝花会展中心召开。全会应到委员33人，实到委员29人，符合规定人数。全会由市纪委常委会主持。市委书记刘成鸣出席全会并讲话。市委常委、市纪委书记李群林代表市纪委常委会作工作报告。全会传达学习了省纪委十届二次全会精神，总结了2012年全市党风廉政建设和反腐败工作，研究部署了2013年工作任务。全会还审议通过了市纪委工作报告和市纪委九届三次全会决议。市领导张剡、谢道全、单荣、赵辉、杨自力、程少华、沈钧、许健民、张伟、王海波、李章忠、熊伟等出席会议。

28日 中共攀枝花市委工作会议在攀枝花会展中心召开。市委书记刘成鸣出席会议并讲话。市领导谢道全、单荣、杨自力、李群林、程少华、沈钧、许健民、张伟、王海波、李章忠、熊伟出席会议并在主席台就坐。市委副书记赵辉主持会议。会上，市委分管领导分别就全市统战工作、反腐倡廉建设工作、宣传思想文化工作、政法维稳信访工作、机关党的建设工作、组织工作进行了总结部署。刘成鸣代表市委与各区县委、部分派出党工委签订了党建工作目标责任书。

△ 市总工会召开八届十次全委（扩大）会议。市委常委、市总工会主席许健民出席会议并讲话。

△ 市九届人大常委会第十次会议在攀枝花会展中心举行。会议审议通过了《攀枝花市人大常委会2013年工作要点》《市人大常委会代表资格审查委员会关于个别代表的代表资格审查的报告》。市人大常委会主任谢道全主持会议。市人大常委会副主任张如英、张汝林、张国民、许秀峰、王向阳，秘书长钟国元出席会议。市人民政府常务副市长杨自力，市中级人民法院、市人民检察院相关负责人列席会议。5位市人大代表应邀列席会议。

△ 市政协召开八届十七次主席会议。市政协主席单荣主持会议。市政协副主席赵勇、庞向东、伍维根、何群、吴文发、刘德顺、周治端，秘书长唐云城出席会议。会议学习传达了省政协十一届一次会议精神；审议通过了政协第八届攀枝花市委员会2013年工作要点；审议通过了政协第八届攀枝花市委员会2013年工作安排。

△ 市委书记刘成鸣来到攀枝花机场地质灾害综合治理工程现场，实地了解工程进度和推进中存在的问题，并现场办公，协调解决制约工程推进的具体问题。市委常委李章忠，副市长柳康健陪同调研。

3月

1日 市委副书记、市老科协会长赵辉与20多名建市初期有贡献的老专家在市老年科学技术协会办公室内亲切交流，探讨加快美丽幸福攀枝花建设等重点问题，共同庆祝建市48周年。

4日 市委书记刘成鸣在攀枝花会展中心会见广东海一投资有限公司董事长、总经理陈超和香港动蛋王国文化娱乐有限公司创作总监赵崇邦一行。市领导赵辉、沈钧、柳康健参加会见。

△ 全市宣传部长工作会议召开上获悉。市委常委、市委宣传部部长沈钧，副市长张敏出席会议。

5日 市委书记刘成鸣在金海开元名都大酒店会见成都海关党组书记、关长窦志民一行。成都海关副关长杨泽军，市委常委、市委秘书长王海波，副市长李仁杰会见时在座。

△ 本市“推进‘五创联动’建设幸福攀枝花”——志愿服务集中行动启动仪式在市中心广场举行。市委副书记赵辉，市委常委、市委宣传部部长沈钧，市委常委许健民，市政协副主席何群出席启动仪式。

6日 市委书记刘成鸣率市党政代表团赴云南省楚雄彝族自治州学习考察。当天，在楚雄州委书记张太原的陪同下，刘成鸣一行来到楚雄州部分重点企业，学习借鉴当地推动改革发展的成功经验。考察期间，两地在楚雄州公务中心举行交流座谈会。攀枝花市委常委、常务副市长杨自力，楚雄州委常委、常务副州长杨照辉，州委常委、州委秘书长赵克义，副州长周兴国出席座谈会。

△ 在京参加十二届全国人大一次会议的全国人大代表、攀枝花市委副书记、市长张剡应邀接受人民网记者专访，张剡畅谈了强力推进钒钛战略资源的创新开发利用。

△ 本市举行纪念“三八”妇女节103周年女性人才座谈会。市委常委、市总工会主席许健民，副市长张敏出席会议。

7日 市委书记刘成鸣率市党政代表团前往云南省大理白族自治州考察，学习大理在旅游产业发展、城市新区建设等方面的先进经验。当天下午，市党政代表团一行与大理州党政领导在大理国际会议中心进行交流座谈，进一步推动两地深化合作、共赢发展。攀枝花市委常委、常务副市长杨自力，大理州州委副书记李雄，大理州州委常委、州委秘书长岳黎松，副州长程云川出席座谈会。

△ 市纪委召开派驻纪检组长（纪委书记）2012 年度考核述职测评会。市委常委、市纪委书记李群林出席会议并讲话。

△ 全市教育、卫生、文化工作会议召开。市委常委、市委宣传部部长沈钧主持会议。副市长张敏，市政协副主席庞向东出席会议。

△ 全市人口和计划生育工作会召开。市委常委李章忠、副市长张敏出席会议。

△ 市 2013 年服务业发展领导小组第一次会议在市委三楼会议室召开。会议就进一步提高本市服务业发展水平等事宜进行了研究。市领导李章忠、柳康健出席会议。

8 日 市委书记刘成鸣率领市党政代表团前往云南省丽江市学习考察，并与丽江市委书记罗杰等丽江市党政领导就增进友谊、加强合作，共同推动区域重大项目建设、加快产业结构调整升级等进行了交流探讨。攀枝花市委常委、常务副市长杨自力，丽江市委常委、常务副市长吉宏龙佳，丽江市委常委、市委秘书长和春雷参加考察。

△ 2013 年全市“两化”工作领导小组第一次会议在攀枝花会展中心召开。市委副书记赵辉出席会议并讲话。市领导李群林、殷旭东、刘建明、李仁杰出席。

10 日至 11 日 市委副书记赵辉率队到成都考察成都北部城区老旧城市形态和生产力布局（城市业态）改造工程经验。市领导贾德华陪同考察。

11 日 市委书记刘成鸣在攀枝花会展中心会见中国石油西南油气田公司四川华油集团董事长、总经理白华一行。市领导李章忠、柳康健参加会见。

△ 2013 年市委农村工作暨新村建设、烤烟生产会议在攀枝花会展中心召开。会议全面总结 2012 年全市农业农村工作取得的成绩和经验，安排部署了今年农业农村工作。市委书记刘成鸣出席会议并讲话。市领导谢道全、单荣、杨自力、张国民、李仁杰、刘德顺出席会议。市委常委、市纪委书记李群林主持会议。会上，市委常委、常务副市长杨自力宣读了 2012 年度新农村建设先进单位和 2012 年度国家现代农业示范区建设工作先进单位的表彰决定。副市长李仁杰代表市政府与相关区（县）签订了 2013 年烤烟生产目标责任书。当日上午，刘成鸣率与会代表参观了仁和区大龙潭乡混撒拉村的产业与新村建设相融互动，盐边县益民乡新民一组旅游新村建设。

12 日 《笮山若海旅游区全案策划》汇报会在攀枝花会展中心举行。市委书记刘成鸣出席会议并讲话。市领导杨自力、沈钧、柳康健出席会议。

12 日至 14 日 省委常委、省委宣传部部长吴靖平率省委宣传部、省发展和改革委员会、省交通运输厅等部门的同志，在市委书记刘成鸣的陪同下，深入本市重点项目建设现场、企业、村组调研，看望慰问边远民族地区少数民族干部群众。市领导赵辉、李群林、沈钧、王海波、李章忠、刘建明、李仁杰陪同调研。

13 日 市文联五届五次全委会召开。市委常委、市委宣传部部长沈钧出席会议。

14 日 上午，省政府安全生产综合督查组一行，在会展中心听取了市政府相关工作汇报。省政府副秘书长、省参事室主任、督查组组长蔡竞出席汇报会，市委常委、常务副市长杨自力主持汇报会，副市长、市安委会常务副主任殷旭东代表市政府汇报本市安全生产工作情况。

△ 上午，攀枝花保安营机场公司与四川机场集团公司座谈会在成都召开。会议对攀枝花机场地质灾害治理工程及新航线开通工作有关事宜进行了研究。四川机场集团公司总经理潘校军，市领导李章忠出席会议。

14 日至 15 日 省委常委、省纪委书记王怀臣在市委书记刘成鸣陪同下，深入本市部分村组、企业、重点项目建设现场调研纪检监察等工作，看望慰问基层干部群众。市委常委、市纪委书记李群林陪同调研。

15 日　上午，市“急难险重”任务考核工作研究会在市委三楼会议室召开。市领导刘成鸣、张剡、赵辉出席会议。

△　全市民政工作会议召开。市委常委、常务副市长杨自力出席会议并讲话。

18 日　下午，“攀枝花钒钛资源综合利用战略研究”项目启动会在北京召开。这不仅是攀枝花钒钛资源综合利用院士行活动取得的丰硕成果之一，更标志着我国钒钛资源综合利用开启了新的历史篇章。中国工程院副院长干勇主持会议，市委书记刘成鸣，市委副书记、市长张剡出席会议。余永富、殷国茂、张懿、周国治、屠海令、刘炯天等六位院士，市委副书记赵辉，副市长刘建明，省科技厅副巡视员孟爱国及来自四川省决策咨询委员会、钢铁研究总院、中国钢铁工业协会、中国金属学会、上海大学、北京科技大学、攀钢集团公司、龙蟒集团公司等单位的 40 余名专家出席会议。

19 日　市委、市政府与中国国际经济交流中心在京举行《攀西战略资源创新开发试验区》战略合作座谈会。中国国际经济交流中心常务副理事长、中央政策研究室原副主任郑新立，市委书记刘成鸣，市委副书记、市长张剡出席座谈会。座谈会结束后，本市与中国国际经济交流中心控股子公司——国经咨询股份有限公司签署了《关于共同推进中国城市德国医疗谷国际合作项目的框架协议》。中国国际经济交流中心秘书长、国经咨询股份有限公司董事长、商务部原副部长魏建国出席签约仪式。市委副书记赵辉出席座谈会及签约仪式。副市长刘建明代表市政府与中国国际经济交流中心党委委员、国经咨询股份有限公司总经理韩易虎签署协议。

△　全市统计工作会议召开。市委常委、常务副市长杨自力出席会议。

20 日　市政协主席单荣前往省道 310 线格福路改建工程、沿江快速通道西区段工程等施工现场，对本市国省干线公路扩建及交通重点建设项目实施情况进行调研。市委常委李章忠参加调研。当天，单荣一行还对巴关河大桥维修加固工程、荷花池大桥维修加固工程等进行了调研。

21 日　攀枝花市传达全国“两会”精神大会召开。市委书记刘成鸣出席会议并讲话。市委副书记、市长张剡传达了十二届全国人大一次会议和全国政协十二届一次会议主要精神，介绍了“两会”新风、四川代表团参加会议情况等。市人大常委会主任谢道全出席。市委副书记赵辉主持。市领导杨自力、李群林、程少华、许健民、张伟、王海波、李章忠等出席会议。

△　上午，市委书记刘成鸣在会展中心主持召开市“四大班子”主要领导联席会议。市领导张剡、谢道全、赵辉出席会议；市领导杨自力、王海波、赵勇列席会议。会议通报了市委、市人大、市政府、市政协近期工作情况，对做好下一步相关工作进行了研究和安排部署。

△　市长张剡主持召开市政府第 18 次常务会议。会议审议并原则通过了《关于进一步加强水上交通安全管理的通知》《关于全市安全生产工作情况的报告》《关于切实加强学生乘船安全管理的通知》《关于进一步深化涉农资金整合工作的贯彻意见》《关于实施多点多极支撑发展战略的意见》（讨论稿）等。

△　下午，市太阳能工作领导小组会议在市委三楼会议室召开。市委副书记赵辉出席会议。

22 日　上午，市委书记刘成鸣主持召开中共攀枝花市委九届第三十七次常委会议。市领导张剡、赵辉、杨自力、李群林、程少华、许健民、张伟、王海波、李章忠出席会议；市领导谢道全、单荣、殷旭东、赵勇等列席会议。会议审议并原则通过了市政府党组《关于进一步深化户籍制度改革意见的请示》；听取了市政府党组关于“当前我市安全生产形势”“2013 年全市安全生产工作要点”和“省政府安全生产综合督查组近期对我市安全督查情况及我市整改措施”的情况汇报，对相关事宜进行了研究；审议并原则通过了市政府党组《关于实施多点多极支撑发展战略的意见的请示》；审议并原则通过了市委目标督查办、市政府目标督查办《关于攀枝花市2012年度“急难险重”项目考核结果和兑现奖励的请示》；审议并原则通过了市委目标督查办、市政府目标督查办《关于攀枝花市2013年度“急难险重”项目的请示》；审议并通过了市纪委《关于攀枝花市规范性文件廉洁性审查工作办法的请示》。

26日 市委书记刘成鸣主持召开会议，专题听取全市“三大主题教育”活动开展情况汇报。市委副书记赵辉，市委常委、市纪委书记李群林，市委常委、市委秘书长王海波出席会议，并就下一步开展“三大主题教育”活动分别做出安排部署。

△ 市人力资源和社会保障工作会议召开。市委常委、常务副市长杨自力出席会议。

△ 市政协八届十八次主席会议召开。市政协主席单荣主持会议并讲话。市政协副主席赵勇、伍维根、何群、吴文发、刘德顺，秘书长唐云城出席会议。会上，驻攀全国政协委员孙朝晖传达了全国政协十二届一次会议精神；市政协副主席赵勇传达了全国政协主席俞正声在政协第十二届全国委员会第一次会议闭幕会上的讲话精神。

27日 市委书记刘成鸣前往部分工业企业、园区、居民生活区进行调研，并召开专题研究会，就深入实施国家环保模范城市创建工作进行安排部署。市委副书记、市长张剡，市人大常委会主任谢道全，市委副书记赵辉，市委常委、常务副市长杨自力，市委常委许健民出席研究会。副市长贾德华主持研究会。

△ 全市政务服务工作座谈会召开。市领导杨自力、李群林、吴文发出席会议。

△ 市“妇女儿童发展纲要”实施推进会召开。市领导许健民、张如英、张敏出席会议。

28日 “攀枝花发展讲坛”首场报告会开讲。北京师范大学公益研究院院长王振耀围绕十八大后的民生事业格局与中国社会管理转型的主题，为本市领导干部作了一场精彩的辅导讲座。市委书记刘成鸣主持报告会并讲话。市人大常委会主任谢道全，市政协主席单荣，市委副书记赵辉等市委理论学习中心组成员，各县（区）委理论学习中心组成员，市级各部门、各人民团体、各企事业单位理论学习中心组成员共600余人到现场聆听报告。

△ 市委书记刘成鸣在攀枝花会展中心会见了鞍钢集团公司董事长、党委书记张广宁一行。市委副书记赵辉，市委常委、常务副市长杨自力，市委常委、市委秘书长王海波，鞍钢集团公司总经理张晓刚，鞍钢集团公司副总经理、总会计师于万源，攀钢集团有限公司董事长、党委书记姚林，攀钢集团有限公司总经理张大德参加会见。

△ 市委书记刘成鸣率队前往炳三区、炳二区，对本市城市道路建设工作进行专题调研。市委常委、市委秘书长王海波，副市长贾德华参加调研。

△ 全市统战工作第一次联席会议召开。中共攀枝花市委副书记赵辉，市政协副主席、中共攀枝花市委统战部部长赵勇出席会议。

△ 全市金融工作会召开。市领导杨自力、刘德顺出席会议。

△ 市科协七届二次全委会议召开。市委常委、市科协主席许健民主持会议并就做好今年科协各项工作提出要求。

29日 上午，2013年攀枝花市环境保护暨创国模攻坚大会在会展中心召开。 市委书记刘成鸣出席会议并讲话。市委副书记、市长张剡主持会议并代表市政府与相关县（区）和企业签订目标责任书。市人大常委会主任谢道全，市政协主席单荣，市委副书记赵辉，市委常委、常务副市长杨自力，副市长贾德华出席会议。省环保厅副厅长杨雪鸿出席会议并对本市创国模工作提出具体要求。

△ 全市“思想大解放，作风大转变，工作大落实”主题教育活动集中点评会在攀枝花会展中心召开。市委书记刘成鸣主持会议并进行点评。市委副书记、市长张剡，市人大常委会主任谢道全，市政协主席单荣，市委副书记赵辉出席会议并进行点评。市领导杨自力、李群林、张伟、王海波、李章忠、柳

康健、殷旭东、张敏、贾德华出席会议。分管市领导对6个部门进行了点评。

30日 市委书记刘成鸣利用周末时间，深入米易县得石镇草坝村八屯桥组，实地查看旱情、灾情，暗访抗旱工作落实情况和基层干部工作状态。市委常委、市纪委书记李群林参加暗访。

△ 下午，市委书记刘成鸣在市委三楼会议室主持召开中共攀枝花市委九届第三十八次常委会议。市领导张剡、赵辉、杨自力、李群林、许健民、张伟、王海波、李章忠出席会议；市领导单荣、赵勇列席会议。会议研究了干部问题。

31日 全国政协常委、中国文联原党组书记、副主席胡振民率领中国剧协“梅花奖”艺术团一行，调研本市苴却砚文化产业发展等情况。中国文联原党组副书记、副主席李牧，中国剧协分党组书记、驻会副主席季国平，省人大常委会原副主任、省文联主席郭永祥参加调研。市委书记刘成鸣，市委常委、市委秘书长王海波，副市长张敏陪同调研。当天，胡振民一行还参观了二滩游客中心、二滩水电站大坝。

4月

1日 下午，市“两化”互动新农合工作专题研究会在市经信委会议室召开。市委副书记赵辉出席会议。

2日 上午，市委副书记赵辉到盐边县金谷一号煤矿督导煤矿复工复产工作。

△ 下午，二滩风景区打造工作研究会在市旅游局会议室召开。市委副书记赵辉出席会议。

△ 市委常委李章忠，副市长柳康健率相关部门负责人，就丽攀高速公路攀枝花段建设情况进行调研。

4日 团市委在攀枝花英雄纪念碑组织开展“缅怀革命先烈传承攀枝花精神”祭扫活动。市领导张伟、张如英、张敏、周治端，原市领导赵世华出席活动。本市劳动模范、道德模范、优秀共产党员、武警攀枝花支队官兵、各界青年代表、团员代表和少先队员代表等350余人参加了此次祭扫活动。

7日 市委书记刘成鸣，市委副书记、市长张剡实地踏勘三堆子跨江大桥选址等前期工作推进情况。市领导单荣、王海波、柳康健陪同踏勘。当日，刘成鸣一行还调研了倮果大桥维修加固工程进展情况。

△ 市委副书记、市长张剡率市级相关部门负责人前往攀钢钒业公司、银江金勇工贸有限责任公司，现场了解企业目前发展情况、存在问题等，帮助企业走出发展困境。

8日 省委第六巡视组组长杨素一行莅临本市，就攀枝花市和东区、米易县对巡视组巡视反馈意见整改落实情况进行回访。当天上午，省委第六巡视组巡视攀枝花市反馈意见整改落实情况汇报会在攀枝花会展中心召开。省委第六巡视组副组长黄桂花出席。市委书记刘成鸣作汇报，市委副书记、市长张剡主持，市人大常委会主任谢道全、市政协主席单荣、市委副书记赵辉出席。市领导杨自力、李群林、程少华、沈钧、张伟、王海波、熊伟等出席会议。参会人员还填写了整改情况满意度测评表。

△ 下午，市钒钛磁铁矿开发利用规划研究会在会展中心召开。市委副书记赵辉出席会议。

8日至9日 水利部新闻宣传中心主任郭孟卓带领由人民日报、新华社、中国新闻社、农民日报等12家中央、省级新闻媒体组成的采访报道团，深入本市盐边县红格镇金河村、仁和区平地镇平地村等旱情严重地区，对抗旱保供水工作进行了为期一天半的集中采访。市委常委、市纪委书记李群林，副市长李仁杰陪同采访。

9日 市委书记刘成鸣，市委副书记、市长张剡率市级相关部门负责人前往炳三区、五十四、瓜子坪、炳草岗片区进行视察，并召开专题研究会，就加快推进城市宜居工程建设工作进行了安排部署。市委副书记赵辉参加调研并主持研究会。市领导杨自力、柳康健、贾德华参加调研或研究会。

△ 市政协主席单荣率市政协常委会组成人员、驻攀省政协委员和部分市政协委员，前往国家钒钛

制品质量监督检验中心、攀钢研究院国家重点钒钛实验室和攀钢钒业公司，通过实地察看、听取汇报等方式，对钒钛资源综合开发利用情况进行了视察。市政协副主席赵勇、伍维根、何群、吴文发、刘德顺、马晓凤，秘书长唐云城参加视察。市委常委、常务副市长杨自力陪同视察。

△　全市旅游工作会议召开。市委常委、市委宣传部部长沈钧出席会议并就做好今年旅游工作提出了具体要求。市人大常委会副主任许秀峰、副市长柳康健、市政协副主席庞向东出席会议。

10 日　下午，市委书记刘成鸣主持召开中共攀枝花市委九届第三十九次常委会议。市领导张剡、赵辉、杨自力、李群林、程少华、沈钧、张伟、王海波、熊伟出席会议；市领导谢道全、单荣、赵勇列席会议。会议研究了干部问题；审议并通过了市纪委《关于对市安监局局长庞德等二人实行责任追究立案的请示》；审议并通过了市委政法委《关于加强管理防范进一步做好新形势下国家安全工作的意见的请示》；审议并通过了市总工会《关于召开攀枝花市总工会第九次代表大会的请示》；传达了《中共四川省纪委办公厅关于对贯彻落实习近平同志重要批示精神和中央及省委、省人民政府改进工作作风有关规定情况开展抽查的通知》（川纪办〔2013〕44 号）精神，对我市进一步贯彻落实好有关精神并切实做好自查自纠工作等事宜进行了研究和安排部署；审议并通过了市委宣传部《关于攀枝花市 2013 年未成年人思想道德建设工作要点的报告》。

11 日　全市融资工作研究会在攀枝花会展中心召开。市委书记刘成鸣，市委副书记、市长张剡出席会议，并对进一步做好全市融资工作进行了研究部署。市委副书记赵辉出席，市委常委、常务副市长杨自力主持。

△　市长张剡主持召开市政府第 19 次常务会议，会议审议并原则通过了《关于全市林业产业发展情况的报告》《2013 年攀枝花市十项民生工程实施方案》《关于贯彻落实财政投资评审工作的决议情况的报告》《攀枝花市宣传文化系统“四个一批”人才选拔培养管理工作实施办法》等。

△　四川钒钛产业技术研究院首届理事会成立暨第一次会议在攀枝花会展中心召开。市委副书记赵辉出席会议。

△　市级部门（单位）机关党委（党总支）专职书记 2012 年度述职测评会在攀枝花会展中心召开。市委常委、市委秘书长、市直机关工委书记王海波出席会议。

12 日　市委书记刘成鸣，市委副书记、市长张剡率队调研花城新区建设工作，并召开专题会议，就加快推进花城新区建设工作进行了安排部署。市委常委、市委秘书长王海波出席专题会议，副市长贾德华主持。

△　市人大常委会主任谢道全在“五创联动”工作推进汇报会上要求，各相关单位部门要进一步找准差距、完善细化实施方案，将创建工作引向深入，再掀“五创联动”工作新高潮。市委常委、常务副市长杨自力主持会议。市领导沈钧、张如英、唐建民、张汝林、殷旭东、李仁杰出席会议。

△　本市召开会议讨论由市政协编写的《关于加快推进“攀西战略资源创新开发试验区”建设的汇报材料》。市政协主席单荣主持会议。市领导杨自力、柳康健、赵勇、何群出席会议。

13 日　国家发改委副秘书长赵家荣莅攀调研循环经济发展情况。调研中，赵家荣对攀枝花延长钒钛产业链、提高资源利用率等方面所取得的成绩给予了充分肯定。市委书记刘成鸣，省发改委副主任代永波，副市长柳康健陪同调研。

14 日至 15 日　国家水利部农村水利司司长王爱国率队前往本市部分山区实地了解项目实施情况，听取基层干部群众意见和建议。国家水利部农村水利司相关负责人、省水利厅副厅长张强言、省农田水利局局长王华等随同调研，市领导李群林、李仁杰陪同调研。

15 日　市委书记刘成鸣在成都与上海复星高科技（集团）有限公司副董事长兼首席执行官梁信军举行座谈。双方就加强在机械制造产业、旅游产业、康养产业等领域的合作进行了深入交流和探讨。省政府驻上海办事处主任李成平、副主任徐群会见时在座。

△ 市委副书记、市长张剡在成都先后与日照钢铁控股集团有限公司、浙江森禾种业股份有限公司、江苏三木集团有限公司相关负责人举行座谈，就进一步加强交流合作进行了深入探讨。

△ 全省一季度经济形势分析电视电话会议召开。市委常委、常务副市长杨自力，副市长柳康健在攀枝花分会场参加会议。

16日 市委书记刘成鸣率队在陕西考察钛材深加工期间，专程前往西安拜会陕西省原副省长吴登昌，并介绍了攀枝花钒钛资源综合利用的相关情况。陕西省国资委党委书记孙安会，四川省国防科工委主任李宏志，市委副书记赵辉，陕西有色集团、宝钛集团等企业负责人会见时在座。

△ 省残联理事长毛大付率督查组抵攀，对本市残联开展“量体裁衣”式个性化服务残疾人情况进行督查。市委常委、常务副市长杨自力出席市残联向省残联工作汇报会，就进一步加大全市残疾人工作力度提出具体要求。

△ 四川省机关事务管理局副局长黎兵莅临本市，就贯彻实施国务院《机关事务管理条例》工作进行调研。市委常委、常务副市长杨自力出席汇报会。

17日 市委书记刘成鸣率队前往陕西宝鸡，考察宝钛集团，并与企业负责人进行洽谈。双方就合作的具体事宜进行了深入探讨并达成共识，将合力推动中国钛产业迈向高端。四川省国防科工委主任李宏志，陕西省国防科工办副主任闫录芳，市委副书记赵辉参加活动。

△ 本市举行2013年烤烟标准化移栽现场会。市委常委、市纪委书记李群林，副市长李仁杰先后前往米易县、盐边县、仁和区了解烤烟标准化移栽工作情况。

18日 市委书记刘成鸣率攀枝花市党政代表团赴重庆市万州区考察，并与重庆市委常委、万州区委书记吴政隆座谈，学习万州区在城市建设方面的先进经验，探索山地城市规划建设的新路子。万州区领导阳秋冬、蒲承明，攀枝花市领导王海波、贾德华参加相关活动。当天，代表团还前往万州体育场、望江大梯道、大桥溪音乐广场、江南新区、万州城乡规划展示厅等地，就万州城市规划建设，尤其是旧城改造和新区建设等方面探索形成的成功经验和做法进行了实地学习考察。

△ 本市召开一季度经济形势分析会。市委副书记、市长张剡出席会议并讲话。市委常委、常务副市长杨自力主持会议。

△ 本市召开全市重点项目推进工作会。市委副书记、市长张剡出席会议并讲话。

△ 市政府与中国热带农林科学院举行交流座谈会。市委常委、市纪委书记李群林，中国热带农林科学院副院长刘国道出席会议。

△ 省旅游局局长郝康理率队莅临攀枝花，实地考察调研本市重大旅游项目建设情况，并对本市旅游产业发展进行指导。省旅游局副局长郑学炳，市委常委、市委宣传部部长沈钧，副市长柳康健陪同调研。

19日 市委书记刘成鸣率攀枝花市党政代表团前往重庆市涪陵区，在该区区委书记秦敏的陪同下，对涪陵区部分城市建设重点项目进行实地考察，学习涪城区在城市建设中的成功经验。市领导王海波、贾德华参加考察。

△ 全省旅游多点多极发展攀西片区座谈会议在攀召开。攀枝花市委副书记、市长张剡致辞，省旅游局副局长郑学炳主持会议。攀枝花市委常委、市委宣传部部长沈钧，副市长柳康健出席会议。会上，雅安市、凉山州、攀枝花市政府分管领导及攀西片区各市州旅游局局长作交流发言。

△ 本市与北京京城机电控股有限责任公司举行项目对接座谈会。会上，西区与该公司签订了共同打造攀西工业贸易集中区的合作框架协议。市委常委、常务副市长杨自力出席会议。

△ 市九届人大常委会第十九次主任会议举行。市人大常委会主任谢道全主持会议并讲话。市人大

常委会副主任张如英、唐建民、张国民、许秀峰、王向阳，秘书长钟国元出席会议。市人民政府常务副市长杨自力列席会议。会议听取了市人大常委会相关专（工）委会关于个别代表资格审查的报告（草案）、常委会视察方案的报告、常委会审议意见办理情况的报告（书面）、常委会第十一次会议召开时间和建议议题的情况汇报；听取了市人民政府、市中级人民法院有关人事事项的报告；讨论了《攀枝花市人大常委会审议意见办理情况满意度测评办法》（草案）。会议决定，市九届人大常委会第十一次会议于4月26日在攀枝花会展中心召开，会议建议议题为：听取和审议市人民政府关于贯彻落实财政投资评审工作决议情况的报告；听取和审议市人民政府关于本市林业产业发展情况的报告；审议通过市人大常委会代表资格审查委员会关于个别代表的代表资格审查的报告（草案），以及相关人事任免。同时，5月中旬，市人大常委会组成人员和部分市人大代表将视察全市城乡交通基础设施建设情况。

20日 市委书记刘成鸣率攀枝花市党政代表团，前往重庆市主城区进行实地考察，并与重庆市城乡建委党组书记、主任程志毅会谈，就加强城市规划建设、推动城市转型进行了深入探讨。重庆市开发办主任徐千里陪同考察，攀枝花市领导王海波、贾德华参加考察。

△ 国家环境保护部政策法规司司长李庆瑞一行，在市委副书记、市长张剡的陪同下，就本市国模创建工作进行了调研。

20日下午和21日上午 市委副书记、市长张剡深入攀钢所属地龙箐生活小区，对群众在《小科帮忙》栏目反映的问题进行调研，与小区居民代表就该小区安全防护、卫生保洁、周边环境改善等具体问题进行了座谈。

22日 市委书记刘成鸣，市委副书记、市长张剡前往市防震减灾局，调研防震减灾工作。市领导沈钧、贾德华陪同调研。

△ 市人大常委会主任谢道全先后前往攀钢钒公司炼铁厂、攀钢焦化厂、河门口二砖厂、攀钢504电厂等地，对本市国模创建重点攻坚项目进行督导检查。市委常委、常务副市长杨自力，市人大常委会副主任许秀峰，副市长贾德华陪同督导检查。

23日 市委书记刘成鸣前往本市沿江景观打造工作重点项目进行现场调研，并召开会议，就加快推进沿江景观打造工作进行安排部署。市领导熊伟、柳康健、李仁杰、贾德华参加调研或出席会议。

△ 上午，市领导刘成鸣、张剡、谢道全、单荣、赵辉、杨自力等带头向地震灾区捐款献爱心，市委、市人大、市政府、市政协机关干部职工也纷纷慷慨解囊，短短10多分钟就募集捐款120510元。

24日 市委书记刘成鸣前往仁和区调研苴却砚产业发展情况，并召开研究会，就加快苴却砚产业发展、建设中国苴却砚文化主题公园进行了安排部署。市领导赵辉、沈钧、柳康健、张敏、贾德华参加调研或出席会议。当天，刘成鸣一行还前往攀西阳光酒业有限公司进行了调研，就如何壮大产业、提升品牌提出了要求。

△ 下午，国家发改委副主任、国家能源局局长吴新雄在北京就攀枝花钒钛产业园区申请直购电事宜，听取了市委副书记、市长张剡的专题汇报。

25日 第二届“攀枝花市人才奖”表彰大会在攀枝花会展中心举行，5家单位和34名个人受到表彰。市委书记刘成鸣出席会议并讲话。市人大常委会主任谢道全、市政协主席单荣出席会议。市委常委、常务副市长杨自力主持会议。市委常委、市委组织部部长熊伟宣读表彰决定。

△ 本市召开“挂包帮”活动第一阶段总结暨市领导联系基层工作会议。市委书记刘成鸣出席会议并讲话。市人大常委会主任谢道全、市政协主席单荣出席会议。市委副书记赵辉主持会议。市领导杨自力、王海波、熊伟出席会议。

△ 攀枝花市非公有制企业党的建设工作会议在攀枝花会展中心召开，总结安排部署本市非公企业党建工作。市委书记刘成鸣出席会议并讲话。市人大常委会主任谢道全、市政协主席单荣出席会议。市

委常委许健民宣读2012年度攀枝花市“两新”组织党建示范单位命名决定。市委常委、市委组织部部长熊伟主持会议。

△ 市委书记刘成鸣在红格假日酒店会见天津渤海商品交易所董事长阎东升一行。市领导许健民、王海波等会见时在座。

△ 上午，市委副书记、市长张剡率市级相关部门负责人，在蓉拜会国家开发银行四川省分行行长王中，重点就开发性金融支持攀枝花建设攀西战略资源创新开发试验区、国家现代农业示范区、中国阳光康养旅游城市等事宜进行了对接。

△ 市政协召开八届19次主席会议。市政协主席单荣主持会议并讲话。市政协副主席赵勇、庞向东、何群、吴文发、刘德顺、马晓凤、周治端，秘书长唐云城出席会议。会议学习传达了《政协四川省委员会办公厅关于配合做好抗震救灾工作的通知》精神。会议要求全市各级政协组织把支援抗震救灾作为当前的一项重要工作抓紧抓实。会议审议通过了市政协主席会议成员督办的重点提案。

25日至26日 天津渤海商品交易所董事长阎东升一行对本市物流项目及商贸市场建设发展情况进行了考察。市委常委许健民，市委常委、市委秘书长王海波参加考察。

26日 市委、市政府与攀钢集团有限公司举行地企对接合作工作座谈会。市委书记刘成鸣，市委副书记、市长张剡出席会议并讲话。市委副书记赵辉，攀钢集团有限公司董事长、党委书记姚林出席会议。攀钢集团有限公司总经理张大德汇报相关情况。

△ 市委在攀枝花会展中心召开人才工作会。市委书记刘成鸣出席会议并讲话。市委常委、常务副市长杨自力出席会议，市委常委、市委组织部部长熊伟主持会议。

△ 市委常委、市纪委书记李群林前往仁和区布德镇，对基层党风廉政建设和反腐败工作进行实地调研，同时记录、收集民情，帮助该镇解决发展中遇到的实际困难。

△ 市九届人大常委会第十一次会议在攀枝花会展中心举行。会议听取和审议了市人民政府关于贯彻落实财政投资评审工作决议情况的报告、市人民政府关于本市林业产业发展情况的报告，审议通过了市人大常委会代表资格审查委员会关于个别代表的代表资格审查的报告，通过了有关人事任免。市人大常委会主任谢道全主持会议并讲话。市人大常委会副主任张如英、唐建民、张汝林、张国民、许秀峰、王向阳，秘书长钟国元出席会议。市委常委、常务副市长杨自力，市中级人民法院副院长李泽文，市人民检察院副检察长罗春梅列席会议。市政协副主席庞向东应邀列席会议。

△ 创建国家级出口工业产品质量安全示范区合作备忘录签约仪式在钒钛产业园区管委会会议室举行。市委常委许健民出席签约仪式。

27日 市委书记刘成鸣，市委副书记、市长张剡，市人大常委会主任谢道全，市政协主席单荣，市委副书记赵辉等市领导在市政府大楼前，与全市人民一道，深切哀悼“4·20”芦山7.0级地震遇难同胞和在抗震救灾中牺牲的英雄。

△ 攀枝花市科学技术奖励大会在攀枝花会展中心举行。市委书记刘成鸣出席会议并讲话，市委副书记、市长张剡主持会议。 市委副书记赵辉宣读表彰决定，市委常委、常务副市长杨自力作全市科技和知识产权工作报告。市人大常委会副主任张汝林、市政协副主席庞向东出席会议。

△ 市委、市政府在攀枝花会展中心召开攀枝花市创建国家森林城市、国家园林城市和全国文明城市攻坚大会，就2013年度创建攻坚工作进行了安排部署。市委书记刘成鸣出席会议并讲话。市委副书记、市长张剡，市人大常委会主任谢道全，市政协主席单荣，市委副书记赵辉，市委常委、市委宣传部部长沈钧，市委常委许健民，市人大常委会副主任张汝林、张国民、王向阳，副市长张敏、李仁杰、贾德华出席会议。市委常委、常务副市长杨自力主持会议。

△ 市委书记刘成鸣前往盐边县红格镇，实地察看红格温泉旅游集镇打造工作涉及的部分重点项目

进展情况，督导各级各有关部门进一步强化措施，加快项目建设进度。市领导赵辉、李群林、沈钧、柳康健随同调研。

△ 第五届攀枝花市青少年科技创新市长奖颁奖大会举行。市委副书记、市长张剡为获奖学生颁奖。市委常委许健民宣读表彰决定及获奖名单。市人大常委会副主任张汝林、市政协副主席马晓凤出席大会。

28 日 上午，市委书记刘成鸣深入仁和区带金煤矿，就安全生产情况进行突击检查。副市长殷旭东随同调研。

△ 团市委召开“榜样力量托起中国梦”道德讲堂暨“五创联动”志愿服务工作推进会，安排部署“五创联动”青年志愿服务工作。会上，四川省十大杰出青年志愿者、省雷锋式优秀志愿者、攀枝花市第二届助人为乐道德模范徐刚作了《我的志愿梦想》专题讲座。市委常委许健民出席会议，并对“五创联动”志愿服务工作提出要求。

5 月

2 日 2013 年全市民族宗教暨两项资金管理工作会召开。市委常委、市委政法委书记、市委民工委书记张伟，副市长、市两项资金管理小组组长李仁杰出席会议。市政协副主席、市民宗局局长吴文发主持会议。

3 日 上午，市委副书记赵辉在市委三楼会议室主持召开煤矿复工复产工作会，市领导殷旭东出席会议。

△ 市委常委，宣传部长沈钧先后到市中心医院第二住院大楼、全科医生培养基地、花城新区等地调研医院建设项目进展情况。

△ 市委组织部组织本市部分大学生村官进行座谈，并为他们搭建相互交流学习的平台，帮助大学生村官尽快成长成才。市委常委、市委组织部部长熊伟出席座谈会。

△ 下午，市老工业基地调整改造工作研究会在市委三楼会议室召开。市领导李章忠、柳康健出席会议。

5 日 市委书记刘成鸣深入米易县部分正在实施新村建设的村组，围绕新村规划、产业发展、基础设施建设、公共服务设施配套和运行机制等工作进行调研。副市长李仁杰参加调研。

6 日 市委召开常委会议，传达贯彻中共中央总书记、国家主席、中央军委主席习近平同志关于抗震救灾工作重要批示精神和省委常委会议、全省市州长专题会议精神，研究部署贯彻落实的具体举措和本市近期重点工作。市委书记刘成鸣主持会议并讲话。市委副书记、市长张剡在会上传达了全省市州长专题会议精神。市领导谢道全、单荣、赵辉、杨自力、李群林、程少华、沈钧、张伟、王海波、李章忠、熊伟、赵勇出席会议。

△ 市长张剡主持召开市政府第 21 次常务会议。会议学习传达了全省市州长专题会议精神。

△ 市委常委、市委宣传部部长沈钧，副市长柳康健率队前往盐边县，调研本市自驾游营地和桐子林山水休闲旅游区项目群建设情况。

△ 上午，攀枝花市赴大理、丽江旅游投资说明会动员会在市政府三楼一会议室召开。沈钧、柳康健同志出席会议。

△ 市委组织部、市委统战部召开第二次党外干部工作联席会，研究进一步加强新形势下全市党外代表人士队伍建设工作。市委常委、市委组织部部长熊伟，市政协副主席、市委统战部部长赵勇，市委组织部、市委统战部负责人及相关处室同志参加会议。

7 日 下午，“实现伟大中国梦、建设美丽繁荣和谐四川”主题教育活动专题研究会在会展中心召开。市领导刘成鸣、李群林、王海波、熊伟出席会议。

△ 市委书记刘成鸣在红格温泉假日酒店会见了全国政协委员、中国民间商会副会长、四川宏达集团董事局主席、党委书记刘沧龙一行。双方就加快推动合作项目进程等事宜进行了交流洽谈。市领导赵辉、王海波、李仁杰会见时在座。

7日至8日 十届省政协副主席解洪率省政协调研组莅攀调研。7日，调研组一行深入本市东区、西区、盐边县和钒钛产业园区，就加快推进攀西战略资源创新开发试验区建设工作进行调研。市政协主席单荣，市委常委、常务副市长杨自力等陪同调研。当日，应市委、市政府邀请，解洪在攀枝花会展中心为本市领导干部作了一场题为《加快试验区建设努力实现跨越突破》的专题报告。市委书记刘成鸣主持报告会。市委副书记、市长张剡，市人大常委会主任谢道全，市政协主席单荣，市委副书记赵辉等市委理论学习中心组成员，各县（区）相关领导，市级相关单位和有关企事业单位主要领导共100余人聆听报告。8日，调研组听取了本市加快推进攀西战略资源创新开发试验区建设汇报。解洪出席会议。刘成鸣出席会议。单荣主持会议。杨自力做汇报。

△ 下午，市委书记刘成鸣在红格温泉假日酒店会见全国政协委员、中国民间商会副会长、四川宏达集团董事局主席、党委书记刘沧龙一行。市领导赵辉、王海波、李仁杰参加会见。

8日 上午，市委书记刘成鸣主持召开市委九届第四十一次常委会议。市领导张剡、赵辉、杨自力、李群林、张伟、王海波、李章忠、熊伟出席会议；市领导谢道全、单荣、赵勇同志列席会议。会议审议并原则通过了市委组织部《关于在全市广泛开展“实现伟大中国梦、建设美丽繁荣和谐四川”主题教育活动的工作方案的请示》；审议并通过了市委办公室《关于成立攀枝花市“实现伟大中国梦、建设美丽繁荣和谐四川”主题教育活动领导小组的请示》。

△ 上午，全市开展“实现伟大中国梦、建设美丽繁荣和谐四川”主题教育活动动员大会在攀枝花会展中心召开，会议对省委的部署要求进行了传达贯彻，动员全市上下紧密联系攀枝花实际，扎实开展主题教育活动，以更加良好的精神状态，更加务实的工作作风，开拓进取，扎实工作，奋力开创攀枝花科学发展、加快发展新局面，为建设美丽繁荣和谐四川做出攀枝花应有的贡献。市委书记刘成鸣出席动员大会并讲话。市委副书记、市长张剡主持大会并就贯彻落实会议精神提出要求。市人大常委会主任谢道全出席大会。市委副书记赵辉在会上通报全市开展“实现伟大中国梦、建设美丽繁荣和谐四川”主题教育活动方案。市领导李群林、张伟、王海波、李章忠、熊伟、张如英、张敏、赵勇、庞向东，市委各部委、市政府各部门及各人民团体、有关企事业单位主要负责同志，在位于攀枝花会展中心大会堂的主会场参加会议。各县（区）负责同志在分会场参加会议。会前，与会人员收听收看了全省“实现伟大中国梦、建设美丽繁荣和谐四川”主题教育活动动员大会。

△ 市委常委、攀枝花军分区司令员程少华一行驱车赶往雅安市芦山县和宝兴县，代表市委、市政府看望慰问奋战在救灾一线的攀枝花市公安干警、武警官兵、民兵、卫生医疗救护和防疫人员。

8日至10日 攀枝花市委、市政府主办的攀枝花旅游投资说明会先后在云南省大理白族自治州、丽江市召开。说明会上，100多家企业负责人到场了解本市旅游资源概况和政策、投资环境。大理、丽江工商联及23家企业与攀枝花市旅游局、市工商联以及东区、仁和区、盐边县政府签订了近18亿元的投资协议。8日，攀枝花旅游投资说明会在云南大理白族自治州召开。市委常委、市委宣传部部长沈钧，副市长柳康健，市政协副主席、市工商联主席吴文发参加会议。大理州州委常委、常务副州长王以志，大理州相关部门负责人及50余家企业负责人参加会议。10日，攀枝花旅游投资说明会在云南省丽江市举行沈钧，柳康健，吴文发参加会议。丽江市委常委、常务副市长吉宏龙佳，丽江市相关部门负责人及60余家企业负责人参加会议。会后，沈钧，柳康健会见了丽江市客栈商会会长王立东，并盛情邀请丽江市客栈商会组团到攀枝花考察和投资。

9 日 市委书记刘成鸣率市级相关部门负责人深入企业调研，实地了解企业生产经营情况，与企业负责人共同谋划工业经济发展之策。刘成鸣强调，信心比黄金重要，坚持就是胜利，面对困境，企业更要坚定发展信心，迎难而上，以优化产品结构、优化成本结构、优化区域销售的实际举措，确保企业资金链条不断裂、现有市场不丢失、发展机会不错过、就业人员不裁减。

△ 全市招商引资工作会在攀枝花会展中心召开。市委副书记、市长张剡在会上指出，各相关部门要进一步解放思想、转变作风、抓好落实，锐意进取，突出重点，奋力开创招商引资工作新局面。副市长李仁杰出席会议。会议表彰了2012年度招商引资工作先进集体和先进个人。

△ 市安委会第二次（扩大）会暨安全生产形势分析会在攀枝花会展中心召开。市委副书记、市长张剡出席会议并讲话。副市长殷旭东出席会议，并对下一阶段安全生产工作提出具体要求。

10 日 市委书记刘成鸣率市级有关部门负责人，对城市绿化工作进行调研。强调要精心组织、科学实施，全方位提升绿化效果，凸显阳光花城独特魅力，为市民营造美丽舒适的生活环境。副市长殷旭东参加调研。

△ 下午，市委书记刘成鸣在会展中心主持召开市委九届第四十二次常委会议。市领导张剡、赵辉、杨自力、李群林、程少华、张伟、王海波、熊伟出席会议；市领导谢道全、单荣、赵勇列席会议。会议研究了干部问题。

△ 市行政效能电子监察延伸工作领导小组召开专项工作会。根据会议安排，本市将全面实施行政效能电子监察延伸工作，促进高效、服务型政府建设。市委常委、常务副市长杨自力出席会议并讲话。市委常委、市纪委书记李群林主持会议。

△ 市委常委、市委组织部部长熊伟率市级相关部门负责人，前往攀枝花公园，实地察看市老干部活动中心建设情况，并就加快项目建设提出要求。

13 日 市人大常委会主任谢道全率部分市人大常委会组成人员和市人大代表前往攀枝花钒钛产业园区，视察园区扩区升级打造千亿园区推进情况。市委常委、常务副市长杨自力陪同视察。市人大常委会副主任张如英、唐建民、张国民、许秀峰、王向阳，秘书长钟国元参加视察。

△ 2013年“急难险重”任务督办会召开。会议就乌东德电站移民规划、库岸整治，花城新区基础设施建设，森林城市创建等10个项目涉及的目标任务进行了研究分析，并分别确定了实施时间表。市委常委、市纪委书记李群林主持会议，副市长李仁杰出席会议。

△ 市委宣传部召开动员大会，对开展“实现伟大中国梦、建设美丽繁荣和谐四川”主题教育活动进行安排部署。市委常委、市委宣传部部长沈钧出席会议并讲话。

△ 市委政法委召开“实现伟大中国梦、建设美丽繁荣和谐四川”主题教育活动动员大会，传达学习省委、市委决策部署，对活动开展进行安排。市委常委、市委政法委书记张伟出席会议并讲话。

△ 市委组织部召开动员大会，对组织部机关开展“实现伟大中国梦、建设美丽繁荣和谐四川”主题教育活动进行动员部署。市委常委、市委组织部部长熊伟出席会议并讲话。

14 至 15 日 市委常委、纪委书记李群林率市级相关部门负责人，先后深入盐边县共和乡、箐河乡，实地察看东区、攀枝花钒钛产业园区对口帮扶项目建设情况。

14 日 市委宣传部召开攀枝花市“实现伟大中国梦、建设美丽繁荣和谐四川”主题教育活动宣传组工作会，就做好主题教育活动宣传工作进行部署。市委常委、市委宣传部部长沈钧出席会议。

15 日 下午，市委书记刘成鸣前往本市部分地质灾害隐患点察看、了解防治情况，并强调要继续坚持“以防为主，防治结合”的原则，建立健全防灾、避灾机制和预案，科学制定、精心组织地质灾害治理工程，最大程度消除地质灾害对群众生命财产安全的威胁。副市长贾德华陪同调研。

△ 市人大常委会主任谢道全率队前往本市创建国家园林城市、创建国家森林城市、创建全国文明

城市的部分重点攻坚项目进行督导检查，就加快推进创建工作进行安排部署。市委常委、常务副市长杨自力，市人大常委会副主任张汝林、张国民、王向阳参加督导检查。

△ 市委常委、市委秘书长、市直机关工委书记、市“挂包帮”活动领导小组组长王海波前往仁和区福田镇金台子村调研当地经济社会发展情况，走访慰问联系户，与基层干部群众共同探讨致富发展思路。

16 日 中共攀枝花市委常委（扩大）会议在攀枝花会展中心召开。会议就省委十届三次全会精神进行了传达学习，并结合攀枝花实际研究贯彻落实的具体措施。市委书记刘成鸣主持会议并讲话。市领导谢道全、单荣、赵辉、杨自力、李群林、程少华、沈钧、张伟、王海波、李章忠、熊伟出席会议并在主席台就座。

△ 市委书记刘成鸣在会展中心主持召开市委九届第四十四次常委会议。市领导赵辉、杨自力、李群林、程少华、沈钧、张伟、王海波、李章忠、熊伟出席会议；市领导谢道全、单荣列席会议。会议研究了干部议题。

△ 晚，市委副书记、市长张剡在成都会见了鞍钢集团公司董事长、党委书记张广宁。双方就开展地企合作相关事宜深入交换了意见。副市长李仁杰参加会见。

△ 攀枝花市与中国水利水电建设股份有限公司在成都举行项目促进会。会上，盐边县与中国水电建设集团新能源开发有限责任公司签订合作协议，双方将共同打造总投资约 110 亿元的中国水电盐边太阳能光伏发电项目。市委副书记、市长张剡，副市长李仁杰出席签约仪式。

16 日至 17 日 以“同舟共济、携手奋进”为主题的“央企入川”活动在成都锦江宾馆举行。16 日下午，市委副书记、市长张剡先后与参加“央企入川”活动的中国机械工业集团有限公司、中国第一汽车集团有限公司相关负责人进行座谈，就加强合作、共谋发展，进行深入交流。副市长李仁杰主持座谈会。17 日，四川攀枝花钒钛产业园区、西区人民政府分别与中石化石油工程公司、攀钢（集团）公司签订了总投资达 50 亿元的项目开发协议。张剡出席。

17 日 上午，市委主题教育活动工作会在市委三楼会议室召开。市领导赵辉、王海波、熊伟出席会议。

△ 全省召开纪检监察工作电视电话会议。市委常委，市纪委书记李群林同志在攀枝花分会场收听收看了会议实况。电视电话会议结束后，李群林同志就本市贯彻落实好会议精神提出了具体要求。

△ 市委常委、市委宣传部部长沈钧率市级相关部门负责人，前往花城新区干坝塘和东区流沙坡三线文物库房，实地调研四川攀枝花三线建设博物馆项目推进和文物征集情况，并就加快项目建设提出要求。副市长张敏参加调研。

18 日 本市 2013 年“中国旅游日”活动暨涉旅企业服务技能大赛决赛在市中心广场举行。市委常委、市委宣传部部长沈钧到场观看比赛。

19 日至 23 日 市委副书记、市长张剡率队前往广东、浙江，实地考察恒大集团、浙江森禾种业股份有限公司等知名民营企业及永康五金城，并与恒大集团董事局主席许家印等企业负责人进行座谈，就携手推进攀枝花城市建设、景观打造、钢铁深加工等方面达成共识，围绕加快推进相关项目落地交换了意见。

19 日 2013 年攀枝花市科技活动周开幕式在市中心广场举行。市委副书记赵辉到场为活动致辞。

20 日 全市“实现伟大中国梦，建设美丽繁荣和谐四川”主题教育活动专题报告会在攀枝花会展中心举行。市委书记刘成鸣为与会的 200 余名民营企业家作专题报告。市政协副主席、市工商联主席吴文发主持报告会。

△ 本市启动创省文明城市集中攻坚专题督查工作。市委常委、市委宣传部部长、市创建全国文明

城市指挥部指挥长沈钧，副市长、市创建全国文明城市指挥部副指挥长张敏分别参加了第一组、第二组的督查。

△　市九届人大常委会第二十一次主任会议召开。会议听取了市政府关于攀西战略资源创新开发试验区建设情况的报告；讨论通过了关于提请市九届人大常委会第十二次会议审议《攀枝花市人大常委会预算审查监督暂行办法（草案）》的报告；听取了相关专（工）委会关于市人大常委会会议审议意见初稿的情况报告和常委会审议意见办理情况的报告。市人大常委会主任谢道全主持会议并讲话。市人大常委会副主任张如英、唐建民、张国民、许秀峰、王向阳，秘书长钟国元出席会议。副市长柳康健列席会议。

21 日　应市委、市政府邀请，中央党校教授辛鸣走上攀枝花会展中心大会堂的讲台，以“中国梦的理论逻辑与实践要求”为主题，为本市领导干部作了一场精彩的报告。市委书记刘成鸣主持报告会。市人大常委会主任谢道全，市政协主席单荣，市委副书记赵辉等市委理论学习中心组成员，各县（区）委理论学习中心组成员，市级各部门、各企事业单位理论学习中心组成员共600余人到场聆听报告。

22 日　被誉为“中国创意产业之父”的十一届全国政协副主席、民革第十一届中央委员会常务副主席厉无畏应邀莅攀为本市领导干部授课。市委书记刘成鸣主持报告会。省政协副秘书长、民革四川省委副主委何一立应邀出席报告会。市人大常委会主任谢道全、市政协主席单荣、市委副书记赵辉等市委理论学习中心组成员，各级党委、党组理论学习中心组成员，市级各部门机关干部及相关企事业单位干部共600余人在现场聆听报告。

△　攀枝花市人民政府与华润（集团）有限公司合作座谈会在成都锦江宾馆举行。市委常委李章忠，副市长柳康健、李仁杰，华润（集团）有限公司副总经理、华润电力控股有限公司董事局主席周俊卿参加座谈。

23 日　上午，省交通运输厅党组书记、厅长彭琳莅临攀枝花，就本市交通建设情况进行了调研。省交通运输厅党组成员、副厅长鲜雄、张晓燕等参加调研。市委书记刘成鸣，市政协主席单荣，市委常委、常务副市长杨自力，市委常委、市委秘书长王海波陪同调研。

△　市委书记刘成鸣与盐边北部山区群众畅谈“中国梦”。

△　十一届全国政协副主席、民革第十一届中央委员会常务副主席厉无畏，先后前往攀钢轨梁厂、金色攀枝花展览馆等地参观考察。中共攀枝花市委副书记赵辉、市政协副主席赵勇，攀钢有关负责人陪同参观考察。

△　市委常委、市委组织部部长熊伟率队前往仁和区迤沙拉村，就“实现伟大中国梦，建设美丽和谐四川”主题教育活动，向该村100余名村民作了宣讲。

24 日　市委副书记赵辉前往东区，就开展“实现伟大中国梦、建设美丽繁荣和谐四川”主题教育活动，为东区干部群众作辅导报告。副市长贾德华主持报告会。

△　市委宣传部、市社科联组织召开“实现伟大中国梦、建设美丽繁荣和谐四川”主题教育活动座谈会。市委常委、市委宣传部部长、市社科联主席沈钧出席座谈会。

27 日　市政协主席单荣主持召开市政协八届二十次主席会议。会议听取了市国土资源局关于攀枝花市钒钛磁铁矿矿产资源配置情况的通报，审议通过了市政协经济委员会的调查报告；听取了市民政局关于本市城镇困难群众帮扶救济工作情况的通报，审议通过了市政协社会和法制委员会的调查报告；审议通过了市政协主席会议成员督办的重点提案；研究筹备召开市政协八届八次常委会议有关事宜。会议还审议了相关人事事项。市政协副主席赵勇、庞向东、伍维根、何群、吴文发、刘德顺、马晓凤、周治端，秘书长唐云城出席会议。

28 日　香港中文大学首席教授、著名经济学家郎咸平应邀来攀，在攀枝花会展中心大会堂做了题为

“中国梦·这里仁和：区域经济发展与展望”主题演讲。市委副书记、市长张剡，市委副书记赵辉等到场聆听演讲。

△ 下午，市委副书记、市长张剡前往仁和区调研煤炭资源整合、防汛等工作。副市长殷旭东陪同调研。

△ 市残疾人联合会第六次代表大会在攀枝花会展中心召开。会议听取并审议了市残疾人联合会第五届主席团工作报告；选举产生了新一届主席团委员、主席、副主席；推举了执行理事会理事长、副理事长；选举了专门协会委员、主席；选举了本市出席四川省残疾人联合会第六次代表大会代表。省残联巡视员齐乐生受省残联委托为大会致贺词，市委副书记赵辉出席会议并讲话。市领导杨自力、许健民、唐建民、马晓凤出席会议。市委常委、常务副市长杨自力当选为市残联第六届主席团主席，并就进一步做好残疾人工作提出要求。

29日 全省交通运输工作暨交通重点项目建设推进工作电视电话会议召开。市委副书记、市长张剡，副市长柳康健在攀枝花分会场参加会议。

△ 市委副书记、市长张剡前往民营企业最为集中的攀枝花钒钛产业园区访企问“苦”，并主持召开座谈会，听取企业意见建议，共商应对举措。

△ 市委副书记赵辉前往东区银江镇阿署达村，为当地干部群众作“实现伟大中国梦、建设美丽繁荣和谐四川”主题教育活动宣讲报告。宣讲前，赵辉还走访慰问了居住在阿署达村的杨国成、谢永强和罗世银等3位“挂包帮”联系户。

△ 市委常委、市纪委书记李群林在攀枝花会展中心报告厅作“实现伟大中国梦、建设美丽繁荣和谐四川”主题教育活动宣讲报告。市纪委监察局、农口部门干部职工共200余人聆听了报告。

△ 市委常委、市委宣传部部长沈钧为市体育局、文广新系统干部职工，作题为“实现伟大中国梦、建设美丽幸福攀枝花”的主题报告。

△ 下午，市委宣传部机关举行“实现伟大中国梦、建设美丽繁荣和谐四川”主题教育活动专题报告会。市委常委、市委宣传部部长沈钧出席报告会。

△ 下午，市总工会在攀枝花会展中心召开八届十一次全委（扩大）会暨全市工会代表会议，会议决定，攀枝花市工会第九次代表大会于6月中旬召开。市委常委、市总工会主席许健民出席会议并讲话。会议讨论通过了攀枝花市工会第九次代表大会代表资格审查委员会委员建议名单；选举出了攀枝花市出席四川省工会第十三次代表大会代表。

△ 省委组织部副部长、省人才办主任刘东一行莅攀，就攀枝花钒钛产业园区人才队伍建设工作进行调研。市委常委、市委组织部部长熊伟陪同调研。

30日 省政府机构职能转变、深化行政审批制度改革暨推进依法行政工作电视电话会议召开。市委副书记、市长张剡，市委常委、常务副市长杨自力在攀枝花分会场参加会议。

△ 省委省政府决策咨询委员会主任甘道明率调研组莅临本市，通过实地考察、召开座谈等方式，就本市推进新型城镇化建设情况进行调研。省委省政府决策咨询委员会工业组副组长、省经济发展研究院院长王小刚，省委省政府决策咨询委员会交通城建组副组长、省政府原副秘书长崔广义，省委省政府决策咨询委员会委员、省政府原副秘书长辜仲江，省委省政府决策咨询委员会委员、省发改委巡视员杨世佐等参加调研。市委副书记、市长张剡主持座谈会，市委副书记赵辉作汇报，市委常委、常务副市长杨自力，市委常委、市委秘书长王海波参加座谈会或陪同调研。当天上午，调研组一行还前往米易县攀莲镇、盐边县红格镇等地进行了实地调研。

△ 省委组织部专题调研组听取了本市学习贯彻省委十届三次全会精神和开展“实现伟大中国梦、建设美丽繁荣和谐四川”主题教育活动情况汇报。省委组织部副部长、省人才办主任刘东出席会议。

市委副书记赵辉作汇报，市委常委、市委组织部部长熊伟主持会议。

△ 市委常委、市委宣传部部长沈钧来到盐边县红宝苗族彝族乡干坪子村村民候兴雄家的院坝里，为这里的村民作“实现伟大中国梦、建设美丽繁荣和谐四川”主题教育活动宣讲。

△ 市委常委、市总工会主席许健民，市委常委、市委秘书长王海波分别作了“实现伟大中国梦、建设美丽繁荣和谐四川”主题教育活动宣讲。

△ 下午，市委常委、市总工会主席许健民前往市儿童福利院看望慰问生活在这里的小朋友，并向全市少年儿童致以节日的问候，祝大家快乐生活，快乐学习，快乐成长。

31 日 由市政府、省经信委、省科技厅联合主办，市经信委、四川省技术转移中心、四川省机械研究设计院、攀枝花市科知局、攀枝花学院共同承办的攀枝花装备制造业科技成果转化对接推进会召开。市委常委、常务副市长杨自力，省科技厅副巡视员孟爱国，省经信委党组成员、副主任张国斌等出席会议。

△ 市委常委、市纪委书记李群林前往仁和区布德镇猛粮坪社区，向 100 余名农村干部党员作了“实现伟大中国梦、建设美丽繁荣和谐四川”主题教育活动宣讲，并与党员干部一起探讨如何结合实际，发展农村经济，实现“中国梦”。

△ 攀枝花军分区党组织召开“中国梦、强军梦、官兵梦”专题教育电视会议。市委常委、攀枝花军分区司令员程少华及军分区各区县人武部部分官兵参加会议。

△ 市委常委、市委秘书长王海波前往仁和区福田镇，向农村党员干部进行“实现伟大中国梦、建设美丽繁荣和谐四川”主题教育活动宣讲。

6 月

3 日 市长张剡主持召开市政府第 22 次常务会议。会议审议并原则通过了《中国阳光康养旅游城市发展规划》《四川省攀枝花市创建国家环境保护模范城市规划》《四川省攀枝花市创建环保模范城市实施方案（2013 – 2014 年度）》《攀枝花市发展和改革委关于申报国家级新能源示范城市的请示》《攀枝花诚信政府建设实施意见》《关于攀枝花市数字化城市管理运行维护工作有关事宜的请示》《关于贯彻落实全民健身条例的情况报告》等。

△ 本市召开全市金融形势分析座谈会，分析当前存在的问题，研究部署下阶段的工作。市委副书记、市长张剡强调，各金融机构要科学研判当前形势，以有效的措施，务实的作风，强大的合力，为攀枝花发展提供强有力的金融服务与支持。市委常委、常务副市长杨自力主持。

△ 省财政厅党组副书记、副厅长帅克率队前往盐边县桐子林镇纳尔河村、益民乡鲊石村等地，实地调研、指导了本市高效节水灌溉项目建设工作，并听取相关工作汇报。 市委常委、市纪委书记李群林，副市长李仁杰陪同调研。

4 日 “中国梦 · 我的梦——砥砺奋进”攀枝花市直属机关党员科级干部轮训班在市委党校开班。市委副书记赵辉作全市经济形势专题报告。

△ 四川省政协副主席、民盟四川省委主委赵振铣前往盐边县温泉乡调研经济社会发展情况，看望慰问基层少数民族干部群众，并鼓励大家依靠勤劳的双手实现致富梦想。省政协相关负责人，市政协副主席、民盟攀枝花市委主委伍维根等陪同调研。

5 日 市委副书记、市长张剡前往攀枝花市高梁坪工业集中发展区调研，并召开座谈会，详细了解企业生产经营等情况，为企业发展出谋划策。

△ 市委常委、市委政法委书记张伟前往盐边县鳡鱼彝族乡，为 60 余名乡镇党员干部、农民代表，作了“实现伟大中国梦、建设美丽繁荣和谐四川”主题教育活动宣讲。

△ 由市委常委、市委组织部部长熊伟为团长的攀枝花市慰问团赴木里县看望慰问本市第二批援藏干部人才。

6日 下午，市委副书记、市长张剡前往“挂包帮”活动联系点米易县撒莲镇海塔村调研并走访看望联系户。

△ 市委副书记、市长张剡前往米易县，就开展好“实现伟大中国梦、建设美丽繁荣和谐四川”主题教育活动，为米易县440余名干部职工作宣讲。

△ 市委副书记、市长张剡率队前往米易县，检查米易中学考点的高考准备工作，并听取今年高考的考点分布、交通指挥、安全保卫等工作情况汇报。副市长张敏陪同检查。

△ 市委常委、市委宣传部部长沈钧与民建中央委员、新浪网创始人汪延进行座谈，双方就增进了解、共话合作进行了沟通交流。民建四川省委秘书长秦启光，市政协副主席、市委统战部部长赵勇参加座谈。

△ 攀枝花·凉山州（木里县）对口援藏工作座谈会在木里藏族自治县举行。市委常委、市委组织部部长熊伟出席会议。

7日 市委副书记、市长张剡前往盐边县调研煤炭资源整合、防汛工作等。副市长殷旭东参加调研。

△ 全国全省安全生产电视电话会议召开。市委副书记、市长张剡，副市长殷旭东在攀枝花分会场参加会议。

△ 市委常委、常务副市长杨自力前往攀枝花钒钛产业园区，开展“实现伟大中国梦、建设美丽繁荣和谐四川”主题教育活动宣讲。当天，杨自力还听取了钒钛产业园区经济社会发展情况汇报，实地察看了保安营村新村建设情况，看望慰问了“挂包帮”联系户，并就帮助困难群众解决实际问题提出了具体意见。

△ 市委常委、攀枝花军分区司令员程少华深入米易县，实地调研攀枝花东方钛业公司，并召开座谈会，详细了解企业生产情况、面临的困难和需要协调解决的问题。

△ 市委常委、市委宣传部部长沈钧，副市长张敏率市级有关部门负责人，巡视了本市部分高考考点。

△ 市直机关工委召开“实现伟大中国梦、建设美丽繁荣和谐四川”主题教育活动座谈会，市直机关干部、职工代表立足本职，畅谈“事业梦”。市委常委、市委秘书长、市直机关工委书记王海波出席座谈会。

8日 市委副书记、市长张剡前往西区调研交通建设、安全生产工作等，看望慰问一线干部职工和建设者。副市长殷旭东参加调研。

△ 下午，市委副书记、市长张剡在金海开元名都大酒店会见了由达州市市委副书记、市长包惠带队的达州市考察团一行。达州市市委常委、常务副市长段再青，攀枝花市副市长贾德华参加会见。

△ 以“同创文明城、共筑中国梦”为主题的集中宣传活动在市中心广场举行。 市人大常委会主任谢道全，市委常委、市委宣传部部长沈钧，市政协副主席庞向东参加宣传活动。

△ 市委常委、市委政法委书记张伟为全市政法系统干部职工作了“实现伟大中国梦、建设美丽繁荣和谐四川”主题教育活动宣讲。

9日 攀枝花市政府与四川省铁路产业投资集团有限责任公司在成都签订攀枝花至大理（过境）高速公路合作意向协议。市委书记刘成鸣，省铁建办副主任、省铁投集团董事长、党委书记孙云出席签约仪式。市委副书记、市长张剡与省铁投集团副董事长、总经理何兴江在合作意向协议上签字。省国资委党委副书记雷建，省交通运输厅副巡视员黄兴棣，省铁投集团董事、党委副书记、副总经理杨川出席签约仪式。省铁投集团副总经理陈大智主持签约仪式。签约仪式前，刘成鸣、张剡与孙云、何兴江就进一步深化合作，加快项目推进等进行了对接。

△ 省委省政府召开全省安全生产工作电视电话会议。会议主要贯彻落实中央领导对当前安全生产工作的重要指示批示精神和全国安全生产电视电话会议精神，并以煤矿领域为重点，全面安排部署全省安全生产工作。会上，省政府与全省15个产煤市州政府签订了煤矿整顿关闭目标任务责任书。市委书记刘成鸣在主会场参加会议。市委副书记、市长张剡代表市政府在主会场签订煤矿整顿关闭目标任务责任书。副市长殷旭东在攀枝花分会场参加会议。

△ 本市组织召开机械加工制造行业骨干企业座谈会。市经信委、住建、环保、人社、质监等部门共同为企业"会诊"，与企业商讨如何解决机械加工制造行业发展受阻、经营业绩下滑等问题。市委常委、常务副市长杨自力出席座谈会。

△ 由省委宣传部、成都军区政治部联合主办的"4·20"芦山强烈地震抗震救灾先进事迹报告会在攀枝花会展中心举行。省文化厅党组成员、机关党委书记、报告团第二分团团长严飒爽出席报告会。受市委书记刘成鸣委托，市委常委、市纪委书记李群林，市委常委、攀枝花军分区司令员程少华，市委常委、市委宣传部部长沈钧在报告会前会见了报告团全体成员，并代表市委对报告团来攀表示热烈欢迎。沈钧主持报告会。市直部门机关干部代表，驻攀部队、武警部队官兵和公安干警代表，社区群众代表，攀枝花学院及四川机电职业技术学院学生代表，企业员工及社会各界代表约640人聆听报告。

△ 上午，市委宣传部、市安监局、市公安局等7个部门在市中心广场开展了"安全生产宣传咨询日"活动。市委常委、市委秘书长王海波，市人大常委会副主任张如英，副市长殷旭东，市政协副主席刘德顺参加活动。

△ 市直机关工委开展"中国梦·我的梦——幸福花城"演讲比赛。市直各机关单位的32名党员干部职工参加比赛。市委常委、市委秘书长、市直机关工委书记王海波观看比赛。

12日 市委书记刘成鸣率市级有关部门负责人，深入沿江景观打造重点工程施工现场调研。副市长贾德华参加调研。

13日 上午，市委书记刘成鸣在市委三楼会议室主持召开市"四大班子"主要领导联席会议。市领导张剡、谢道全、单荣、赵辉出席会议，市领导王海波等列席会议。会议听取了2013年端午节期间全市旅游、安全、治安和值班情况汇报，通报了市委、市人大、市政府、市政协近期工作情况，对做好下一步相关工作进行了研究和安排部署。

△ 全省就业创业工作暨2013年高校毕业生就业电视电话会议召开。市委副书记、市长张剡，市委常委、常务副市长杨自力在攀枝花分会场参加会议。

13日至14日 攀枝花市工会第九次代表大会召开。13日下午，市工会第九次代表大会在攀枝花会展中心大会堂开幕。市委书记刘成鸣出席会议并讲话。省总工会副主席胥纯到会祝贺。市领导张剡、谢道全、单荣、赵辉、李群林、程少华、许健民、张伟、王海波、李章忠、熊伟、何群、马晓凤、周治端出席会议。市委常委、市总工会第八届委员会主席许健民代表市总工会第八届委员会向大会报告工作。市总工会有关负责人作市总工会第八届委员会经费审查委员会工作报告和财务工作报告。部分群团组织代表和民主党派、工商联代表在会上致辞；来自攀钢集团有限公司的劳模在会上宣读劳动竞赛倡议书；会议为参加"急难险重"任务劳动竞赛参赛单位和"工人先锋号"创建单位授牌，为市职工文明志愿服务队授旗，并对市先进工会组织、优秀工会工作者、优秀工会之友、优秀工会积极分子进行了表彰。14日下午，攀枝花市工会第九次代表大会完成各项议程后，在会展中心闭幕。在闭幕大会后举行的市总工会九届一次全委会上，许健民当选为市总工会主席，张开锋、谢强、汤帮梅当选为市总工会副主席。在闭幕大会后举行的市总工会九届一次经费审查全委会上，郑红当选为市总工会经费审查委员会主任。闭幕前，攀枝花市工会第九次代表大会召开第三次全体会议，选举产生了攀枝花市总工会第九届委员会，通过了《关于攀枝花市总工会第八届委员会工作报告》的决议、《关于攀枝花市总工会第八届委员会财务工作报告》的决议、《关于攀枝花市总工会第八届经费审查委员会工作报告》的决议和《关于攀枝花市总工会第九届委员会委员、经费审查委员会委员替补、增补的办法》。

13 日至 14 日 省委主题教育活动办公室督查组副组长、第三督查组组长、省总工会副主席胥纯一行莅临攀枝花，就本市开展“实现伟大中国梦、建设美丽繁荣和谐四川”主题教育活动情况进行督查。13 日，胥纯一行前往米易县人民医院、中国移动四川攀枝花分公司、东区炳草岗街道湖光社区，对主题教育活动开展情况进行了督查。当日，胥纯一行还参观了“明天的攀枝花”展览。市领导赵辉、李群林、许健民、熊伟陪同督查或参观展览。14 日，胥纯一行先后前往仁和区、东区，就本市开展“实现伟大中国梦、建设美丽繁荣和谐四川”主题教育活动情况进行现场检查，并听取了本市开展主题教育活动的工作汇报。市委副书记赵辉作汇报，市委常委、市委组织部部长熊伟主持汇报会并陪同检查。

14 日 市委书记刘成鸣率市级有关部门负责人，深入马鹿箐杨家屋基义务植树点和江北生态功能区治理项目现场，调研沿江两岸视野区绿化工作。市委常委、市纪委书记李群林参加调研。

△ 攀西战略资源创新开发试验区科技攻关工作汇报暨咨询会在京召开。国家科技部高新技术发展及产业化司副司长胡世辉、社会发展科技司副司长田保国、发展计划司副巡视员董丽娅，省科技厅副厅长周孟林、副巡视员孟爱国，攀枝花市副市长刘建明出席会议。中国科学院院士曹春晓，中科院过程所、中国钢研科技集团科技信息战略研究所等专家到会咨询。国家科技部计划司攻关处，四川省科技厅计划处、高新处、社发处，攀枝花市科学技术和知识产权局等相关人员参加会议。

15 日至 24 日 第四届中国成都国际非物质文化遗产节在成都举行。15 日，文化部部长蔡武，省委副书记、省长魏宏等参观了本市省级非物质文化遗产生产性保护示范基地展示的苴却砚雕刻技艺。非遗节开幕当天，市委常委、市委宣传部部长沈钧，副市长张敏先后前往“全国非遗生产性保护示范基地保护成果展”“中国工艺品艺术博览会”参观本市苴却砚展厅。16 日上午 11 时许，省委书记、省人大常委会主任王东明参观、了解了本市苴却砚雕刻工艺流程及展品。17 日，文化部非物质文化遗产司司长马文辉一行前往省非遗保护中心，参观攀枝花苴却砚雕刻工艺流程及展品。

17 日 市政协八届八次常委会议在攀枝花会展中心召开。市政协主席单荣主持会议并讲话。市人大常委会副主任王向阳应邀参加会议。市政协副主席赵勇、伍维根、何群、吴文发、刘德顺、马晓凤、周治端，秘书长唐云城出席会议。会议听取了市环保局关于本市环境空气质量现状的通报，审议通过了市政协人口资源环境委员会的调查报告；听取了市教育局关于本市继续教育发展情况的通报，审议通过了市政协教科文卫体委员会的调查报告；听取了市民宗委关于本市民族地区农业产业结构调整情况的通报，审议通过了市政协联谊民族宗教委员会的调查报告；通过了有关人事事项。

18 日 市委书记刘成鸣在攀枝花机场调研复航工作时强调，攀枝花机场是全市对外开放的重要窗口，要把恢复营运作为当前机场各项工作的头等大事，争分夺秒推进复航前各项准备工作，以早日复航的实际行动，为增强攀枝花城市吸引力和辐射力做出积极贡献。市领导李章忠、柳康健参加调研。

△ 省委宣讲团成员、省委党校教授裴泽庆在攀枝花会展中心大礼堂为本市干部职工作“学习贯彻省委十届三次全会精神奋力谱写中国梦四川篇章”宣讲报告。市人大常委会主任谢道全等到场聆听报告。市委副书记赵辉主持报告会。

△ 全市政法系统“共建平安家园、同创法治攀枝花”主题宣传日活动在市中心广场举行。市委常委、市委政法委书记张伟参加活动。

△ 市九届人大常委会召开第二十三次主任会议。市人大常委会主任谢道全主持会议并讲话。会议决定，市九届人大常委会第十二次会议于 6 月 25 日召开，建议议程为：听取和审议市人民政府关于贯彻执行全民健身条例情况的报告、创建国家环保模范城市工作进展情况的报告并作出决议；审议通过《攀

枝花市人大常委会预算审查监督（暂行）办法》；听取和审议市中级人民法院关于全市法院创新和加强审判管理工作情况的报告；听取和审议市人民检察院关于全市检察机关民事行政检察工作情况的报告；部分常委会审议意见办理结果摘登公告；对常委会审议意见办理情况进行满意度测评；人事任免事项。会议听取并研究了上述事项。市人大常委会副主任张如英、唐建民、张汝林、张国民、王向阳，秘书长钟国元出席会议。

19 日　市委书记刘成鸣在攀枝花会展中心听取了三线建设博物馆项目推进情况汇报。市委常委、市委宣传部部长沈钧主持汇报会。

△　中共攀枝花市委常委（扩大）会议在攀枝花会展中心召开。会议传达学习了全省学习贯彻党的十八大和省委十届三次全会精神读书班的主要精神，并结合攀枝花实际，研究贯彻落实的具体措施。市委书记刘成鸣主持会议并讲话。市委副书记、市长张剡传达全省学习贯彻党的十八大和省委十届三次全会精神读书班的主要精神。会议还对“6·29”义务植树活动等工作进行了安排部署。市领导谢道全、单荣、杨自力、程少华、沈钧、许健民、张伟、李章忠等出席会议。

△　省委“实现伟大中国梦，建设美丽繁荣和谐四川”主题教育活动第六巡视组莅攀检查指导工作。省委第六巡视组组长杨素、副组长黄桂花分别带队前往东区、西区和攀枝花钒钛产业园区了解企业、社区主题教育活动开展情况。市委副书记赵辉陪同检查。

20 日　全市工业经济形势分析暨先进表彰工作会在攀枝花会展中心召开。市委书记刘成鸣出席会议并讲话。市委副书记、市长张剡主持会议。市人大常委会主任谢道全，市政协主席单荣，市委常委、常务副市长杨自力出席会议。会议还表彰了 2012 年度工业经济、非公经济工作先进单位和首届攀枝花市优秀中国特色社会主义事业建设者。

△　上午，市委书记刘成鸣深入普达阳光国际康养度假区和花舞人间景区项目建设现场，察看项目进度，协调解决项目建设中面临的问题。市领导沈钧、柳康健参加调研。

△　本市与攀钢集团有限公司举行地企合作协调会。市委副书记、市长张剡出席会议并讲话。市委副书记赵辉，市委常委、常务副市长杨自力，市委常委、市委政法委书记张伟，攀钢集团有限公司董事长、党委书记姚林，攀钢集团有限公司总经理张大德出席会议。

△　本市分别组织高校师生代表、青年代表、妇女代表、企业代表召开座谈会，畅谈中国梦。市委常委、市委宣传部部长沈钧，市委常委、市总工会主席许健民，市委常委、市国资委党委书记李章忠分别参加座谈。

△　全市禁毒工作会召开。市委常委、市委政法委书记、市禁毒委主任张伟出席会议。

△　下午，莅攀的省交通厅党组成员、纪检组长、监察专员李传林一行，在对本市交通运输建设工作进行综合调研督导后，分别听取了攀枝花市过境高速公路建设可行性研究报告编制方案和交通运输工作情况汇报。市委常委李章忠出席汇报会，副市长柳康健主持会议。

21 日　市委书记刘成鸣深入东区、西区和仁和区部分旧城改造项目现场调研，细化落实宜居工程建设任务。当天下午，结合在调研中发现的问题，刘成鸣与相关部门负责人就加快城市宜居工程建设工作进行了专题研究，进一步明确了目标责任和工作举措。市委副书记赵辉主持工作研究会。副市长贾德华参加调研。

△　市委副书记、市长张剡深入本市人才服务中心、大学生科技创业孵化园、炳草岗街道民建社区等地，就人力资源和社会保障工作开展情况进行调研。市委常委、常务副市长杨自力参加调研。

△　市委副书记、市长张剡前往攀枝花学院进行调研，协调解决学院发展中存在的问题。副市长张敏陪同调研。

△　市人民政府第三次全国经济普查领导小组第一次全体会议在攀枝花会展中心召开。市委常委、

常务副市长杨自力出席会议并对做好相关工作提出要求。

△ 全市2013年上半年统计工作联系会议召开。市委常委、常务副市长杨自力出席会议并讲话。

△ 下午，台湾现代农业专题报告会在攀枝花会展中心举行。市委常委许健民主持会议，市政协副主席马晓凤参加会议。

△ 由市委宣传部、团市委、市教育局等部门联合主办的“同创文明城市共建幸福家园”演讲比赛决赛在攀枝花会展中心举行。市委常委、市青联名誉主席许健民为获奖者颁奖。

22日 全市创建中国阳光康养旅游城市暨旅游新村建设攻坚大会召开。市委书记刘成鸣出席会议并讲话。市委副书记、市长张剡，市人大常委会主任谢道全分别对创建工作提出要求。市政协主席单荣出席会议。市委副书记赵辉主持会议。市领导杨自力、李群林、沈钧、张如英、唐建民、柳康健、李仁杰、贾德华、庞向东、吴文发出席会议。

23日 全市交通枢纽建设攻坚大会召开。市委书记刘成鸣出席会议并讲话。市委副书记、市长张剡，市人大常委会主任谢道全，市政协主席单荣出席会议。市领导杨自力、李章忠、张如英、柳康健、贾德华、赵勇、庞向东、伍维根、何群、刘德顺、马晓凤出席会议。会上，市政府与责任部门（单位）和责任县（区）签订了目标责任书。会议期间，刘成鸣、张剡等市领导还带领与会代表实地察看了省道214线攀枝花段改造工程、丽攀高速倮果特大桥工程、省道310保渡北线改建工程、荷花池大桥维修加固工程和巴关河大桥维修加固工程等实施情况。

△ 全市2013年度全民义务植树工作动员大会召开。市委常委、市纪委书记李群林，市人大常委会副主任张国民，副市长李仁杰，市政协副主席庞向东出席动员大会。

△ 为期两天的攀枝花市第九届“安全杯”桥牌团体赛暨双人赛在攀枝花会展中心落下帷幕。市委常委李章忠出席开赛仪式。

24日 市委书记刘成鸣，市委副书记、市长张剡和400余名广大干部职工、驻攀部队官兵一道，在东区银江镇阿署达村附近的荒坡上开展义务植树活动。市人大常委会主任谢道全，市政协主席单荣等市委、市人大、市政府、市政协和攀枝花军分区领导参加义务植树活动。

△ 全省党外代表人士队伍建设工作电视电话会议在成都举行。市委副书记赵辉在成都主会场参加会议。市政协副主席、市委统战部部长赵勇，农工党市委主委张汝林，致公党市委主委何群在攀枝花分会场参加会议。

△ 市纪委监察局组织召开“三项建设”活动总结大会，会议对本市“三项建设”活动中涌现出的22个先进集体、33名先进个人进行了表彰。市委常委、市纪委书记李群林出席会议并讲话。

25日 市九届人大常委会第十二次会议召开。市人大常委会主任谢道全主持会议并讲话。市人大常委会副主任张如英、唐建民、张汝林、张国民、许秀峰、王向阳，秘书长钟国元出席会议。市人民政府副市长张敏、贾德华，市中级人民法院院长祝鸿，市人民检察院相关负责人列席会议。3名市人大代表应邀列席会议。会议听取和审议了市人民政府关于本市创建国家环保模范城市工作进展情况、全民健身条例贯彻执行情况的报告和市中级人民法院关于全市法院创新和加强审判管理工作情况的报告、市人民检察院关于全市检察机关民事行政检察工作情况的报告等。审议通过了《攀枝花市人民代表大会常务委员会关于广泛动员全市人民积极投入创建国家环保模范城市的决议》《攀枝花市人大常委会预算审查监督暂行办法》、人事事项。会议还对常委会审议意见办理情况进行了满意度测评。

26日 川滇黔赣冀五省二十市州政协第三十三次联系会议在攀枝花会展中心举行。会议围绕深入学习贯彻中共十八大精神，交流探讨了新形势下发挥人民政协协商民主重要渠道作用的做法和经验。四川省政协副主席、秘书长高烽出席会议，并代表四川省政协讲话。市委书记刘成鸣致辞。市人大常委会主任谢道全出席会议，市政协主席单荣主持会议。副市长柳康健，市政协副主席赵勇、庞向东、何群、刘德顺、马晓凤，秘书长唐云城出席会议。会议商定川滇黔赣冀五省二十市州政协第34次联系会议将于今年下半年在贵州省六盘水市举行。根据会议安排，单荣与六盘水市政协主席唐方信交接了会议承办书。唐方信代表第34次联系会议承办单位作讲话。会上，四川省乐山市政协、云南省昆明市政协、贵州省安顺市政协、江西省新余市政协和四川省攀枝花市政协分别作大会交流发言。会议还通过了《川滇黔赣冀五省二十市州政协第三十三次联系会议纪要》。

△　省政协副主席、秘书长高烽在市委书记刘成鸣陪同下，实地调研本市区域交通枢纽建设、钒钛产业发展等情况。市领导柳康健、殷旭东、赵勇、庞向东陪同调研。

△　下午，全市创建第三届四川省文明城市攻坚大会召开。市人大常委会主任谢道全出席会议并讲话。市委常委、市委宣传部部长沈钧，市人大常委会副主任张汝林，副市长张敏，市政协副主席庞向东出席会议。

27日　本市在攀枝花会展中心召开全市庆祝中国共产党成立92周年暨主题教育活动先进典型座谈会。市委书记刘成鸣出席会议并讲话。市人大常委会主任谢道全，市委常委李章忠，副市长贾德华出席会议。市委常委、市委组织部部长熊伟主持座谈会。当天，市委书记刘成鸣与60余名“80后”县（科）级年轻干部代表坐在一起，畅谈年轻干部的成长。市委常委、市委宣传部部长沈钧，副市长贾德华出席座谈会。市委常委、市委组织部部长熊伟主持座谈会。

△　晚，由市委办公室主办的全市党委办公室系统庆祝中国共产党成立92周年文艺演出在攀枝花会展中心大会堂里举行。市委书记刘成鸣，市人大常委会主任谢道全，市政协主席单荣等市委、市人大、市政府、市政协和攀枝花军分区领导来到演出现场，与600余名观众一起，重温中国共产党所走过的92年辉煌历程。

△　市委副书记、市长张剡在北京开展招商引资项目对接工作，与中国电力建设集团主要负责人进行座谈，就携手推进攀枝花钒钛资源综合利用、新能源开发、交通基础设施建设三方面达成共识，并围绕加快相关项目推进和落地交换了意见。中国电力建设集团董事长、党委副书记范集湘，中国电力建设集团副总经理、党委常委王民浩，副市长刘建明，攀枝花钢城集团有限公司负责人等出席座谈会。

28日　市委书记刘成鸣深入花城新区部分骨干道路建设现场调研。副市长贾德华参加调研。

△　市委副书记、市长张剡在北京与中国铁路物资股份有限公司主要负责人进行座谈，双方就加快钒钛资源综合利用、机械制造业发展达成共识，并交换了意见。中国铁路物资股份有限公司董事长、党委书记宋玉芳，中国铁路物资股份有限公司党委副书记、纪委书记符岳岩，中国铁路物资股份有限公司副总裁冉昶，副市长刘建明出席座谈会。

△　市政协主席单荣主持召开市政协八届二十一次主席会议，听取全市公安工作情况的通报。市政协副主席庞向东、伍维根、何群、刘德顺、马晓凤，秘书长唐云城参加会议。副市长、市公安局局长殷旭东通报全市公安工作情况。

29日　市委宣传部的志愿者和东区炳草岗街道二街坊社区工作人员一道走上炳草岗街头，通过清理垃圾、文明劝导等方式开展文明城市创建志愿服务活动。市委常委、市委宣传部部长沈钧参加志愿服务活动。

30日至7月1日　按照省委统一部署和要求，省委常委、省委宣传部部长吴靖平率省委宣传部相关同志，在市委书记刘成鸣，市委副书记、市长张剡的陪同下，深入本市部分高校和边远民族乡镇调研，征求广大干部群众对即将开展的党的群众路线教育实践活动的意见建议，看望慰问联系点的基层干部和父老乡亲。30日，吴靖平一行还前往攀枝花市大学生科技创业孵化园和攀枝花学院调研，了解本市大学生就业创业情况和攀枝花学院发展情况，并广泛听取学院师生对即将开展的党的群众路线教育实践活动的意见建议。7月1日，吴靖平一行来到扶贫联系点——盐边县温泉彝族乡，为当地少数民族群众送去了省委、省政府的关怀。市领导沈钧、张敏、吴文发陪同调研。

7月

1日 20时许，由市委宣传部、市直机关工委主办的攀枝花市庆祝中国共产党成立92周年暨“实现伟大中国梦、建设美丽繁荣和谐四川”主题教育活动专题文艺晚会《迎风飘扬的旗》在市中心广场举行。市委常委、市委秘书长王海波观看演出。

2日 上午，银江水电站工程建设项目推进情况汇报会在会展中心举行。市领导刘成鸣、张剡、李章忠、柳康健出席会议并听取项目推进情况汇报。

△ 攀枝花市“共筑中国梦青春勇担当”演讲比赛暨宣讲活动在会展中心大会堂举行，13名来自本市各行各业的参赛选手畅谈梦想、共话青春。市委常委、市委宣传部部长沈钧，副市长张敏，市政协副主席马晓凤观看比赛。

△ 下午，随着国家电网四川攀枝花供电公司负责人下达合闸指令，国内最大民用光伏发电项目——攀枝花学院2.1兆瓦太阳能屋顶光伏发电项目正式并网投运。该项目的投运，将进一步推动全国分布式光伏发电产业发展，对本市新能源开发应用具有重要意义。市委常委、市委秘书长王海波出席投运仪式。

△ 省台办副主任赵宇一行莅攀，就本市对台交流联络工作进行调研。调研中，赵宇听取相关工作汇报，对本市近年来对台交流联络工作取得的成绩给予了肯定。副市长李仁杰陪同调研。

3日 四川省党的群众路线教育实践活动工作会议在成都召开。会议贯彻中央党的群众路线教育实践活动工作会议和习近平总书记重要讲话精神，对全省开展党的群众路线教育实践活动进行动员部署。会议以电视电话会议形式召开。攀枝花市委书记刘成鸣，市委副书记、市长张剡在成都主会场参加会议。谢道全、单荣、杨自力、程少华、沈钧、张伟、王海波、李章忠、熊伟等市领导及相关部门主要负责人在攀枝花分会场参加会议。

△ 攀枝花市关心下一代基金会成立大会在攀枝花会展中心召开。原省长、省关工委常务副主任张中伟出席成立大会并讲话。省关工委副主任雷新乾、安春华，市委常委、常务副市长杨自力，市委常委、市关工委主任许健民，市政协副主席马晓凤，市老领导、市关工委执行主任赵世华出席大会。会议还为捐款单位颁发了捐赠证书，并授予攀枝花钢城集团有限公司、四川龙蟒矿冶有限责任公司“关心下一代模范企业”称号。成立大会前，张中伟一行在许健民的陪同下前往东区炳草岗街道西海岸社区进行调研。

△ 市委组织部召开“智慧组工”（党建）项目策划工作会。市委常委、市委组织部部长熊伟出席会议并指出，组织工作必须与时俱进，工作方法要由传统向现代转变，工作方式由简单向智慧转变。

4日 市委书记刘成鸣深入部分生产经营困难企业调研，并与15家企业负责人座谈，具体分析企业面临的难题，研究“一企一策”的实际举措，让企业吃下了“定心丸”。市委常委、常务副市长杨自力参加调研。

△ 国家发改委、四川省人民政府在北京召开攀西战略资源创新开发试验区首次部省联席会议，标志着攀西战略资源创新开发试验区建设正式启动。会议听取了四川省关于攀西战略资源创新开发试验区建设有关情况的汇报，审议了《攀西国家级战略资源创新开发试验区建设规划（2013—2017年）》《攀西国家级战略资源创新开发试验区建设重点工作方案（2013—2014年）》，并对试验区建设重点工作进行了安排部署。国家发改委副主任胡祖才，四川省副省长王宁出席会议并讲话。攀枝花市委副书记、市长张剡参加会议。

△ 市人大常委会主任谢道全率队前往东区、西区、仁和区和攀钢集团有限公司，通过现场查看、

召开座谈会等方式，对本市创建文明城市工作进行督导检查。市委常委、市委宣传部部长沈钧，副市长张敏，市人大常委会秘书长钟国元参加督查。

△ “实现伟大中国梦、建设美丽繁荣和谐四川”四川省万名青少年夏令营主营暨攀枝花米易分营举行开营仪式，800 名青少年将参加为期 5 天的活动。原省长、省关工委常务副主任张中伟宣布夏令营开营。市委常委、市关工委主任许健民在开营仪式上致辞。此次夏令营活动由省关心下一代工作委员会、省精神文明办、团省委、省教育厅、省关心下一代基金会主办。参加此次夏令营活动的营员来自米易县 12 个乡镇的 21 所中小学校，包括边远山区儿童、特殊青少年、留守学生、农民工子女、困难职工子女、事实无人抚养儿童及优秀学生代表共 800 人。

△ 全市商务粮食暨服务业发展工作会召开。市委常委李章忠出席会议并指出，全市商务粮食系统要认真研判当前经济形势，把握经济发展趋势，高水平做好规划，以重大项目引进为抓手，做强物流、旅游产业，进一步落实扶持服务业发展的政策，强化目标考核，推动本市生产性、民生性服务业提档升级。

5 日 市委书记刘成鸣深入金勇工贸、汉风物流、润莹齿轮和白云铸造等企业调研，了解企业应对危机的举措、面临的困难和转型升级的思路，并与企业负责人座谈，共谋发展之策。市委常委、常务副市长杨自力参加调研。

6 日 市委书记刘成鸣深入米易县新山傈僳族乡，调研农村产权制度改革工作。副市长李仁杰参加调研。

7 日 市委书记刘成鸣率市级相关部门负责人，深入沿江景观打造部分重点项目施工现场，详细了解各个项目进展情况，就加快推进沿江景观打造工作进行安排部署。副市长贾德华参加调研。

8 日 中共攀枝花市委常委（扩大）会议在攀枝花会展中心召开。会议传达贯彻了中共中央政治局专门会议精神、《中共四川省委关于认真学习贯彻习近平总书记来川视察重要讲话精神的通知》精神、全省党的群众路线教育实践活动工作会议精神等中央、省委重要精神，并结合攀枝花实际，研究贯彻落实的具体措施。市委书记刘成鸣主持会议并讲话。市委副书记、市长张剡对中央、省委相关精神和攀西战略资源创新开发试验区首次部省联席会议精神进行了传达。市领导谢道全、单荣、赵辉、杨自力、李群林、沈钧、张伟、王海波、李章忠、熊伟等出席会议。

9 日 攀枝花市城市形象营销工作调研会在攀枝花会展中心召开。市委书记刘成鸣出席会议并强调，要高起点、高层次、高标准、高频率、大手笔进行攀枝花城市形象营销，对外提升本市辐射力、影响力，对内增强市民归属感、自豪感，充分展示当代攀枝花新形象。市委常委、市委宣传部部长沈钧主持会议，副市长张敏出席会议。

△ 市委副书记、市长张剡前往花城新区调研基础设施建设推进情况，强调要立足长远、着眼全局、创新工作，全力筑牢花城新区开发建设基础。副市长贾德华参加调研。

△ 攀枝花学院召开深入开展党的群众路线教育实践活动动员大会，就深入开展教育实践活动进行动员部署，标志着攀枝花学院党的群众路线教育实践活动正式启动。省委党的群众路线教育实践活动督导组组长傅志康出席动员大会并提出要求。攀枝花学院党委书记肖立军做了题为《深入开展党的群众路线教育实践活动、大力推进地方高水平特色大学建设》动员报告。

10 日 中共攀枝花市委九届五次全体（扩大）会议在攀枝花会展中心举行。会议应到市委委员 43 名，市委候补委员 10 名；实到市委委员 40 名，市委候补委员 7 名，符合规定人数。全会由市委常委会主持。全会听取和讨论了市委书记刘成鸣受市委常委会委托作的工作报告，审议通过了《中共攀枝花市委关于深入贯彻落实党的十八大精神为在全省率先全面建成小康社会而奋斗的决定》。市委副书记、市长张剡就《决定（审议稿）》向全会做了说明，并对全市经济工作作了总结和安排。市领导谢道全、单荣、赵辉、杨自力、李群林、程少华、沈钧、张伟、王海波、李章忠、熊伟等出席会议。

△ 四川省军区宣布攀枝花军分区班子调整命令大会召开。省军区副司令员地的古火宣读中央军委命令和省军区党委通知。原攀枝花军分区司令员程少华达到服役最高年龄退休，张青担任攀枝花军分区司令员。市委副书记赵辉参加会议并讲话，攀枝花军分区政委陈向东主持会议。程少华、张青分别在大会上讲话。攀枝花军分区党委、机关干部、各县（区）人武部干部参加大会。

11 日 市委书记刘成鸣深入本市部分城市景观打造工作重点工程现场调研，强调要认真贯彻市委九届五次全会精神，围绕在全省率先全面建成小康社会的目标，对照加快建设中国阳光花城的工作要求，把牢城市规划的质量关，注重对城市景观节点的精雕细刻，充分利用好有限的土地资源，合理布局公共服务设施，加速新型城镇化步伐，为人民群众营造更加优美舒适的生活环境。市领导殷旭东、贾德华参加调研。

△ 下午，白云铸造与华西证券 IPO 合作项目签约仪式在金海开元名都酒店举行。市领导赵辉、许健民出席签约仪式。

12 日 市委书记刘成鸣，市委副书记、市长张剡前往市防汛抗旱指挥部，详细了解近期雨情、汛情，检查防汛工作，要求各级各部门绝不能掉以轻心，要加强预警预测，完善应急预案，坚持 24 小时值班，有针对性地做好重点地区、重点部位的防汛工作，确保人民群众生命财产安全。市委常委、市纪委书记李群林参加检查。

△ 本市召开城区老旧房屋改造工作会。会上，各相关部门就攀枝花市老旧房屋改造的规划管理、土地利用、房屋征收、财政税收等相关政策内容进行了讨论，并提出了意见和建议。市委副书记赵辉、副市长贾德华出席会议。

△ 攀枝花钛白产业降本挖潜提质增效研讨会在攀枝花会展中心举行。会上，来自市决策咨询委员会、市钛产业协会等部门、机构的专家，就本市钛白产业发展现状、问题及对策，与到会钛白企业负责人展开了研究讨论。市委副书记赵辉出席会议并讲话。

13 日 2013 攀枝花欢乐阳光节策划方案征求意见会在攀枝花会展中心召开。征求意见会上，来自北京的 3 家文化传播企业提交了欢乐阳光节策划方案。市委常委、常务副市长杨自力，市委常委、市委宣传部部长沈钧，副市长柳康健，市政协副主席吴文发、马晓凤出席会议并就进一步完善策划方案提出了要求。

14 日 全省防汛减灾电视电话会议召开。会议总结了近段时间全省防汛减灾工作经验，研究部署新一轮防汛减灾工作。市委副书记、市长张剡，副市长李仁杰、贾德华在攀枝花分会场参加会议。

15 日 本市召开第三次全国经济普查工作动员大会，标志着攀枝花市第三次全国经济普查工作全面启动。此次普查的标准时间为 2013 年 12 月 31 日，分普查准备、登记、数据发布和资料开发应用四个阶段。市委常委、常务副市长、市政府经济普查领导小组组长杨自力，市人大常委会副主任王向阳，市政协副主席何群出席会议。

15 日至 16 日 按照省委、省政府统一部署和要求，省委常委、省委宣传部部长吴靖平率领的省委、省政府督导组在市委书记刘成鸣，市委副书记、市长张剡陪同下，深入本市部分地质灾害隐患点、水利工程、道路交通运输单位督查安全工作。吴靖平对本市地质灾害防治、防汛减灾、矿山安全生产等工作给予了充分肯定。在攀督导期间，吴靖平还组织召开了防汛减灾工作会，听取本市相关工作情况汇报。省委宣传部巡视员郝跃南、省人防办巡视员李春华；市领导李群林、王海波、柳康健、贾德华参加调研或工作会。16 日 10 时许，省委在省防汛指挥中心召开全省防汛减灾工作视频会，了解部分市州防汛减灾、恢复重建工作进展情况及存在的问题、困难，并对近期防汛减灾工作进行再动员、再部署。吴靖平、刘成鸣、张剡、郝跃南、李春华等在攀枝花防汛指挥部参加会议，并就攀枝花贯彻会议精神，做好防汛减灾工作提出要求。

16 日 副省长黄彦蓉在市委副书记、市长张剡陪同下，深入本市部分厂矿、高校、重点项目建设工地，调研安全生产、城市建设、教育发展情况。黄彦蓉充分肯定、高度评价攀枝花的工作，并指出攀枝花要加强向上对接，争取更多支持，不断夯实全力实施“三大发展战略”、奋力推进“两个跨越”的底部基础，巩固壮大发展成果，积极探索，走出一条在全省率先全面建成小康社会的特色之路。省教育厅厅长朱世宏、省住房和城乡建设厅厅长何健，市领导沈钧、贾德华陪同调研。

△ 攀枝花市泸州商会成立大会在攀枝花会展中心召开，这是第二个在攀落户的异地商会。四川省工商联副主席陈建，泸州市委副书记曹建国，攀枝花市委副书记赵辉，攀枝花市政协副主席赵勇出席成立大会。攀枝花市政协副主席、市工商联主席吴文发主持会议。

△ 下午，市委常委、市委秘书长王海波率市直机关工委、仁和区相关部门负责人来到“挂包帮”活动联系点仁和区福田镇，督促指导防汛减灾工作。

16 日至 18 日 根据省委、省政府对全省防汛抗洪减灾工作的安排部署，市委、市政府决定市级领导及市级各部门赴联系单位（点）进行指导、督促和检查，推动各地全面履行防汛减灾的工作主体、责任主体，结合实际抓落实，把防汛减灾工作做得更加扎实，确保安全度汛。期间，市政协主席单荣到西区格里坪镇格里坪村暗访督导防汛工作；市委副书记赵辉到东区银江镇阿署达村督导防汛工作；市委常委、常务副市长杨自力到钒钛产业园区金江镇喻家坪雨量监测点、保安营村和阿基鲁社区督导防汛工作；市委常委、市委宣传部部长沈钧到盐边县红宝乡督导防汛工作；市委常委许健民到仁和区啊喇乡督导防汛工作；市委常委、市委政法委书记张伟到盐边县鳡鱼乡督导防汛工作；市委常委李章忠到米易县草场乡督导防汛工作；副市长李仁杰到米易督导防汛工作；副市长贾德华到盐边县格萨拉乡督导防汛工作。

17 日 市委书记刘成鸣深入盐边县共和乡，实地察看防汛工作和对口支援工作情况，强调要坚决落实省委、省政府部署和要求，扎实做好各项防汛工作，确保人民群众生命财产安全。同时推动对口支援工作不断取得新的成效，让边远民族地区的群众真正享受到改革发展的成果，补齐全面建成小康社会的“短板”。当天，刘成鸣还对鳡鱼大桥等交通项目进行了调研。市政协副主席吴文发参加调研。

△ 市委副书记、市长张剡深入盐边县和爱彝族乡、新九乡，米易县撒莲镇、攀莲镇等地督查暗访，突击检查各乡镇、各企业的防汛及地质灾害防治等工作。当天，张剡还实地查看了民族水库和米易县防汛指挥中心。

△ 四川省装备生产企业协作配套交流会在成都举行，本次会议的主题是省内装备产业企业协作配套及外省采购配套信息发布。四川省经信委副主任张支铁在会上讲话。市委常委、常务副市长杨自力作交流发言，副市长刘建明出席会议。

△ 市委常委、市纪委书记李群林带队前往仁和区、西区督导防汛减灾工作。当日，李群林还前往布德镇猛粮坪村，看望了龙华军、江中祥、吴长贵等三户生活困难的群众。

18 日 上午，市委书记刘成鸣率市级有关部门负责人，和省委宣传部巡视员郝跃南等省委省政府工作组成员在盐边北部山区，督查防汛减灾工作。市领导贾德华、吴文发随同督查。

△ 市委副书记、市长张剡冒雨前往“挂包帮”联系点米易县撒莲镇海塔村，检查指导防汛工作。张剡强调，各级党委政府、相关部门要立足于防大汛、抗大洪、抢大险，严密部署、科学防范，充分做好各项准备，切实做到有备无患。

△ 全市政法系统、综治和维稳成员单位贯彻市委九届五次全会精神工作会议在攀枝花会展中心召开。市委常委、市委政法委书记张伟，副市长殷旭东出席会议。会议传达了省深化平安四川建设工作会议精神，学习了市委九届五次全会精神，并对会议精神的贯彻落实进行了安排部署。

△ 市九届人大常委会第二十四次主任会议召开。市人大常委会主任谢道全主持会议并讲话。市人大常委会副主任张如英、张汝林、张国民、许秀峰、王向阳出席会议。副市长柳康健，市中级人民法院院长祝鸿、市人民检察院检察长卢旭东列席会议。会议听取了市人民政府2013年上半年工作情况报告；听取了市中级人民法院、市人民检察院2013年上半年工作情况报告；听取了市人大法委、市人大城环资委、市人大常委会教科文卫工委关于市人大常委会审议意见的情况汇报。

18日至20日 第十七届中国西部国际装备制造业博览会在成都世纪城新国际会展中心举行。本市鸿舰重型机械制造公司、富邦钒钛制动鼓公司、大西南实业有限公司等11家机械制造加工企业参展，产品涉及钒钛制动毂、汽车齿轮等种类。副市长刘建明出席开幕式。

19日 市委书记刘成鸣在攀枝花会展中心会见了来攀考察的耀贵集团董事长董平一行，双方重点围绕推动攀枝花机械制造业加快发展进行了深入交流。市委常委许健民参加会见。

△ 全市就业创业工作暨2013年高校毕业生就业工作会召开。市委副书记、市长张剡强调，各级各部门要发展产业增加就业，扶持创业带动就业，让就业更加充分，让创业活力竞相迸发。市委常委、常务副市长杨自力，市人大常委会副主任张如英，市政协副主席马晓凤出席会议。会议还表彰了攀枝花市第二届创业明星，表扬了全市就业创业先进集体和个人。

△ 攀枝花市2013年征兵工作会议召开。市委常委、常务副市长杨自力，攀枝花军分区司令员张青出席会议。攀枝花军分区政委陈向东主持会议。会议总结了全市去年冬季征兵工作情况，部署了今年征兵工作任务，强调了今年征兵工作新变化、新要求。会上，攀枝花市政府、攀枝花军分区与各县（区）签订了《2013年征兵工作责任书》。

△ 市政协主席单荣主持召开攀枝花鱼塘至机场路连接线工程建设专题研究会。会上，相关部门、区县汇报了项目推进中存在的困难和问题，并提出了解决方案。市委常委李章忠，副市长柳康健，市政协副主席吴文发出席会议。

21日至22日 省委常委、省委组织部部长范锐平深入本市厂矿、农村、园区，围绕党的群众路线教育实践活动和省委十届三次全会精神贯彻落实情况等进行调研。市委书记刘成鸣，市委常委、市委组织部部长熊伟陪同调研。

22日 下午，市委书记刘成鸣在会展中心主持召开中共攀枝花市委九届第四十九次常委会议。市领导张剡、赵辉、杨自力、李群林、沈钧、许健民、张伟、王海波、李章忠、熊伟出席会议；市领导谢道全、单荣、赵勇列席会议。会议传达学习了"全省'4·20'芦山强烈地震灾后恢复重建工作会议"和"王东明、魏宏同志在'4·20'芦山强烈地震灾后恢复重建工作会议上的讲话"精神，对本市深入贯彻落实好有关精神进行了研究和安排部署；传达学习了《中共四川省委关于深入学习贯彻张高丽同志在四川省调研指导党的群众路线教育实践活动时的重要讲话精神的通知》（川委发〔2013〕7号）精神，审议并通过了《市委办公室关于成立市委党的群众路线教育实践活动领导小组的请示》；传达学习了"全省主题教育活动领导小组办公室主任会议"精神，对我市深入贯彻落实好有关精神进行了研究和安排部署；传达学习了"全省组织系统贯彻全国组织工作会议精神专题研讨会"和"省委常委、组织部长范锐平同志来攀调研重要指示"精神，对我市深入贯彻落实好有关精神进行了研究和安排部署；传达学习了"全省党外代表人士队伍建设工作电视电话会议"精神，对本市深入贯彻落实好有关精神进行了研究和安排部署；审议并通过了《市妇联关于召开攀枝花市妇女第九次代表大会的请示》；审议并通过了《市委统战部关于两个民主党派换届有关干部问题的请示》；研究了干部问题。

23日 市委书记刘成鸣率本市对口援建工作领导小组成员，赴雅安市名山区开展对口援建工作。当天下午，在名山区委会议室，刘成鸣与雅安市委书记徐孟加等雅安市党政领导就援建工作进行了对接，对援建工作进行了再细化、再落实。雅安市委副书记兰开驰，市委常委，市委宣传部部长姜小林，市委常委、副市长黄剑东，市委常委、市委秘书长戴华强，副市长谢忠华，攀枝花市委常委、市委秘书长王海波参加工作对接。

△　全省上半年经济运行和社会事业工作分析电视电话会议召开。市委副书记、市长张剡，市委常委、常务副市长杨自力，副市长柳康健、张敏在攀枝花分会场参加会议。会议总结了上半年全省经济运行和社会事业工作，并就下半年工作进行部署。

△　下午，市第五次规划委员会会议在会展中心召开。市领导张剡、赵辉、杨自力、贾德华出席会议。

△　市委常委、市委组织部部长熊伟前往联系点仁和区平地镇检查指导防汛工作，并对部分村组产业发展情况进行调研。当天，熊伟还前往迤沙拉村就产业发展情况进行了调研。

△　市政协八届二十二次主席会议召开，市政协主席单荣主持会议并讲话。市政协副主席赵勇、伍维根、何群、吴文发、刘德顺、马晓凤、周治端，秘书长唐云城出席会议。会议传达学习了市委九届五次全体（扩大）会议精神；听取了市中级人民法院2013年上半年工作情况的通报、市人民检察院2013年上半年工作情况的通报、市纪委（监察局）2013年上半年党风廉政建设情况的通报、市政协各工作机构上半年工作汇报；通报了市委、市政府领导对市政协上半年报送的调查、视察报告、政协信息的批示情况。

23日至25日　国务院安委会安全生产综合督查第十一组莅攀，对本市安全生产工作进行督导检查。23日下午，国务院国资委综合局副局长刘源等督查组成员听取了本市安全生产工作情况汇报。省安全生产委员会办公室副主任、省安全监管局副局长苏国超等陪同。副市长殷旭东代表市政府汇报全市安全生产工作情况。汇报会后，督查组还查阅了本市安全生产工作相关资料。24日，国务院安委会安全生产综合督查第十一组分煤矿、非煤矿山，电力消防、建筑施工和危险化学物品四个小组，前往本市相关区县、企业和单位进行现场督导检查。刘源率第一小组督导检查本市煤矿、非煤矿山安全生产工作。市委副书记、市长张剡，省安全生产委员会办公室副主任、省安全监管局副局长苏国超陪同第一小组督查。25日上午，国务院安委会安全生产综合督查第十一组向本市反馈了督查意见。督查组认为，攀枝花安全生产形势总体稳定。国务院国资委综合局副局长刘源等督查组成员，省安全生产委员会办公室副主任、省安全监管局副局长苏国超，副市长柳康健出席会议。

24日　市长张剡主持召开市政府第23次常务会议，会议审议并原则通过了《关于调整全市最低工资标准的请示》《关于启动攀枝花市民卡工程建设的请示》《攀枝花市钒钛磁铁矿开发利用排土场、尾矿库统筹规划》《攀枝花市抗震减灾规划》《关于加快推进城区老旧房屋（含筒子楼）改造有关政策的试行意见》《关于进一步支持小型微型企业发展的实施意见》《攀枝花市2013～2017年重大项目规划》等。

24日至26日　省委常委、省委政法委书记刘玉顺，副省长、省公安厅厅长侍俊率省调研组，深入本市部分基层政法单位和街道、社区进行调研，看望慰问基层政法干警和干部群众。市委书记刘成鸣陪同。省委政法委秘书长潘奇峰、省公安厅副厅长王雄、省公安厅禁毒总队政委晏长林参加调研。市委常委、市委政法委书记张伟，市委常委、市委秘书长王海波，副市长、市公安局局长殷旭东，副市长贾德华陪同调研或出席汇报会。

25日　市委副书记、市长张剡主持召开全市经济运行重点工作推进会。张剡强调，各级各部门要科学研判当前形势，继续提振信心，进一步突破发展瓶颈，创新发展举措，奋力实现全年既定发展目标。市委常委、常务副市长杨自力；副市长李仁杰出席会议。

26日　本市“挂包帮”活动第二批下派干部动员、培训会在会展中心召开。据了解，第二批下派干部共49名，将分别在本市三区两县村（社区）挂职，下派锻炼时间为2013年8月至2015年7月。市委常委、市委秘书长、市“挂包帮”活动领导小组组长王海波出席会议并讲话。

△ 市财政局预算听证委员会组织召开全省首个财政预算听证会，听取14名听证人员对全市红绿灯及相关基础设施改造工程项目的意见建议。此次听证会共确定了14名听证人员，其中：项目陈述人2名，公众陈述人12名，范围涵盖了市人大代表、政府相关部门、社会公众代表等。听证会上，市公安局交警支队作为项目陈述人，介绍了全市红绿灯及相关基础设施改造工程项目具体内容。

27日 东区创业路老旧小区房屋自主改造项目正式启动。市委书记刘成鸣出席启动仪式，现场了解改造工作进展情况，并向在场的街坊邻居们表示祝贺。副市长贾德华陪同。

28日 上午，市领导刘成鸣、张剡在成都参加省委中心组党的群众路线教育实践活动第二次专题学习会。

△ 本市召开苴却砚文化区建设工作推进会，重点对苴却砚文化区的设计方案进行了论证。市委书记刘成鸣出席会议并强调，要深入挖掘攀枝花苴却砚文化的内涵，把苴却砚文化的精气神与文化产业发展有机融合，把苴却砚文化区建设成为产业文化展示区、旅游产品展示区、文化休闲区、阳光度假区，为攀枝花打造区域文化高地提供新的支撑。市委常委、市委宣传部部长沈钧主持会议。副市长贾德华出席会议。

29日 市委常委、市纪委书记李群林，副市长李仁杰在市水务局等相关部门负责人陪同下，看望慰问了武警攀枝花市森林支队官兵。李群林代表市委、市政府和全市人民向武警攀枝花市森林支队官兵们致以亲切的问候和节日的祝福，并充分肯定了官兵们在攀枝花森林防火、维护社会稳定和抢险救灾等工作中做出的突出贡献。

△ 仁和区平地镇迤沙拉太阳能提灌站建成投入使用。该太阳能提灌站扬程高达882米，为全世界最高。

30日 市委、市政府在攀枝花会展中心召开全市经济形势报告会暨主题教育活动总结表彰大会，提炼经验做法，深化活动成果，为开展好党的群众路线教育实践活动谋篇布局。市委书记刘成鸣出席会议并讲话。市委副书记、市长张剡主持表彰大会并就运用好主题教育活动经验，扎实推动各项工作提出具体要求。市领导单荣、赵辉、李群林、沈钧、许健民、王海波、李章忠、熊伟出席表彰大会。会议对活动中涌现出来的19个优秀组织和45项优秀成果进行了表彰。表彰大会召开前，中央党校经济学教研部宏观经济学教研室主任陈启清教授为与会人员做了题为《全球大格局下的中国经济》的报告。

△ 中国人民解放军军事科学院原副院长、中国三线建设研究会筹备领导小组组长钱海皓中将，原国家计委三线建设调整办公室主任、中国三线建设研究会筹备领导小组副组长王春才，在攀枝花会展中心会见了市委书记刘成鸣，市委副书记、市长张剡。钱海皓对攀枝花改革发展取得的成绩给予充分肯定，希望攀枝花继续传承和发扬三线建设精神，加快四川攀枝花三线建设博物馆的各项建设工作，为参与三线建设的历代建设者营造一个共同的精神家园。市委常委、市委宣传部部长沈钧，副市长张敏，攀枝花军分区司令员张青参加会见。

△ 下午，市“四大班子”主要领导联席会2013年第4次会议在市委三楼会议室召开。市领导刘成鸣、张剡、单荣、赵辉出席会议，市领导王海波、张如英列席会议。会议通报了市委、市人大、市政府、市政协近期工作情况，对下一步的相关工作进行了研究和安排部署。

△ 全国钛白粉产业技术创新战略联盟首届理事会第三次全体会议暨攀枝花钛白粉产业发展研讨会在攀枝花会展中心举行，会期2天。市委副书记赵辉应邀出席会议并致辞。国家化工行业生产力促进中心钛白分中心主任毕胜，全国钛白粉产业技术创新战略联盟理事长、攀钢集团钛业有限责任公司副总经理郑少华出席会议。

31日 本市召开会议传达贯彻中央政治局会议精神。市委书记刘成鸣强调，各级各部门要把思想和行动统一到中央对经济形势的判断和要求上来，查找差距，增添措施，强力推进，确保完成全年目标任务。市委副书记、市长张剡传达中央政治局会议精神。市政协主席单荣、市委副书记赵辉等市委、市人大、市政府、市政协领导出席会议。

△　市委书记刘成鸣，市委副书记、市长张剡来到武警攀枝花市支队教导队，看望慰问驻攀部队官兵，并向驻攀部队和武警全体官兵、民兵预备役人员致以节日的问候，向全市军烈属、革命伤残军人、转业复员退伍军人、军队离退休干部表示亲切的慰问，致以崇高的敬意。市领导张伟、王海波、熊伟、许秀峰、柳康健、殷旭东、贾德华、赵勇参加慰问活动。

△　本市召开“2013 攀枝花企业 50 强”发布暨攀枝花企业高峰会。会上，攀枝花市企业联合会、攀枝花市企业家协会发布了“2013 攀枝花企业 50 强”名单，其中，一产企业首次进入 50 强、排 45 名。市委副书记、市长张剡，市政协主席单荣，市委副书记赵辉，市人大常委会副主任张如英出席会议并为企业代表颁发证书。会上还发布了“2013 攀枝花制造业企业 50 强”“2013 攀枝花企业纳税 50 强”名单，并首次发布了“2013 攀枝花服务业企业 30 强”“2013 攀枝花农牧业企业 20 强”名单。9 家企业代表分别在会上做了交流发言。

△　西区梅子箐水库扩建工程的水库枢纽工程中的大坝新建工程开工。市委常委、市纪委书记李群林，副市长李仁杰到现场检查指导工作。

△　本市召开欢送会，欢送 23 名即将启程赴成都出席四川省第十二次妇女代表大会的代表。市委常委、市总工会主席许健民出席欢送会并讲话。

8 月

1 日　鱼塘至机场路新建道路工程开工。市委书记刘成鸣，市委副书记、市长张剡前往施工现场调研，强调要在保证质量和安全的前提下，全力打好项目攻坚战，确保工程按期保质建成通车。在随后举行的工程开工动员会上，刘成鸣宣布工程开工。市领导单荣、李章忠、张如英、柳康健、赵勇、吴文发参加调研，并出席动员会。

△　市委在攀枝花会展中心召开市级机关离退休干部情况通报会，向全市的老前辈、老干部、老同志长期以来对市委、市政府各项工作的关心、帮助和支持表示感谢。市委书记刘成鸣出席会议并讲话，市委副书记、市长张剡通报了上半年全市经济社会发展情况和下一步工作部署。市委常委、市委组织部部长熊伟主持会议。市老领导韩国宾、孙本先、赵世华等在攀的离退休市级老领导，市级机关离退休党支部书记、副书记，市级机关离退休干部代表近 200 人参加会议。

△　盐边县政府与四川省煤炭产业集团有限责任公司战略合作签约暨攀枝花川煤华荣红坭有限公司授牌仪式，在红格温泉假日酒店举行。川煤华荣红坭有限公司将代表川煤集团，依法开展盐边县境内煤炭资源整合及相关工作，力争用 5 年时间完成盐边县煤矿整合开发。这标志着盐边县在全省率先推进煤矿企业兼并重组。省政府副秘书长蔡竞代表省政府向双方合作表示祝贺。市委副书记、市长张剡出席会议并讲话，川煤集团董事长、党委书记肖天任致辞。会上，蔡竞、张剡为攀枝花川煤华荣红坭有限公司授牌。省经信委副主任唐浩、省国资委副主任任丁、市委副书记赵辉、川煤集团总经理景宏年、副市长殷旭东等出席。

2 日　攀枝花对外开放和招商引资领导小组在会展中心召开 2013 年第二次会议，总结上半年招商引资工作，安排下半年工作和本市参加第十四届西博会的相关筹备工作。市委书记刘成鸣出席会议并强调，要立足资源特色和产业优势，坚持把招大引强作为招商引资工作的重点，全力引进大企业、大集团和高端项目，为加快攀枝花“两个跨越”增添动力活力。市委副书记、市长张剡出席会议并对招商引资工作提出具体要求。市领导赵辉、许健民、李仁杰出席会议。

△　市委书记刘成鸣，市委副书记、市长张剡，在攀钢南山宾馆会见鞍钢集团公司董事长、党委书

记张广宁，鞍钢集团公司总经理张晓刚一行。双方一致认为，加快发展，实现共赢，是地方和企业共同的目标，双方应继续加强沟通协调、深化合作、抱团取暖，携手推动企业走出困境、重振辉煌，为地方经济社会发展做出新的更大的贡献。参加会见的还有市委副书记赵辉，市委常委、常务副市长杨自力，鞍钢集团公司党政领导尹利、唐复平、于万源、姚林、余自甦、白静瀑、苏文生，攀钢总经理张大德。

△ 市委书记刘成鸣深入本市部分重点交通基础设施项目建设现场，督导项目建设，强调要加快市域内国省道干线公路和城市道路建设，形成城市道路网、干线公路网与高速公路网有效衔接的路网，不断满足经济社会发展和人民群众日益增长的交通需求，为建设中国钒钛之都、中国阳光花城、四川南向开放门户提供强劲支撑和有力保障。市委常委、市委政法委书记张伟随同督导。

△ 市委副书记、市长张剡前往本市部分重点行业、重点单位、重点场所进行消防安全大检查，推动全市安全措施的落实，防止重特大安全事故发生。

△ 攀枝花质监局与攀钢集团研究院签订了深化合作协议，标志着国家钒钛制品质量监督检验中心与攀钢集团研究院攀研院检测中心将在钒钛制品的科研、检测、标准、信息等方面展开深度合作。市委副书记赵辉出席签字仪式并讲话。

△ 市政协办公室和市委统战部在攀枝花会展中心联合举办全市经济形势报告会。市政协主席单荣出席会议。市委常委、常务副市长杨自力做报告。市政协副主席赵勇主持会议，市政协副主席庞向东、何群、刘德顺、马晓凤、周治端，秘书长唐云城出席会议。

△ 市委常委、市委宣传部部长沈钧和10名新闻监督员，前往攀枝花广播电视台，对其采编流程、多功能演播厅进行了调研。调研中，沈钧听取了本市各媒体单位相关工作汇报，以及10名新闻监督员对新闻宣传舆论导向把握、新闻质量提升、记者作风转变等方面的意见和建议。

2日至4日 由全国人大外事委员会副主任委员陆浩率队的中央党的群众路线教育实践活动第七督导组先后到金色攀枝花展览馆、攀钢集团管控中心、万能轧机重轨生产线、二滩水电站和仁和区大龙潭乡混撒拉村调研党的群众路线教育实践活动开展工作。省委常委、组织部长范锐平，市领导刘成鸣、李群林、熊伟陪同调研。

5日 市委书记刘成鸣率队来到北京，与中石化石油工程技术服务有限公司进行了对接，双方就加快推动前期合作项目、拓展合作领域、创新合作模式等进行了深入交流。当天，刘成鸣一行还前往中国航空工业集团公司北京航空材料研究院考察学习。市委常委许健民，副市长刘建明参加座谈和相关对接工作。

△ 中国国民党革命委员会攀枝花市第三次代表大会在攀枝花会展中心召开。中共攀枝花市委副书记赵辉到会祝贺，市人大常委会副主任张国民，副市长李仁杰、市政协副主席、市委统战部部长赵勇出席会议。中国国民党革命委员会四川省委员会副主委、省旅游局副局长郑学炳，市政协副主席、民盟攀枝花市委主委伍维根，市政协副主席、民进攀枝花市委主委周治端，市政协副主席、致公党攀枝花市委主委何群出席会议。会议听取并审议了民革攀枝花市第二届委员会工作报告，讨论通过了《民革攀枝花市第三次代表大会决议》，选举魏渠河为民革攀枝花市第三届委员会主任委员，陈伟、杨映弘为副主任委员。

△ 全市烟叶收购工作会召开。今年计划收购烟叶35.5万担，全市烟叶收购开秤日期为8月15日，结束日期为10月20日，收购总时间控制在65天以内。市委常委、市纪委书记李群林，市人大常委会副主任张国民，副市长李仁杰，市政协副主席马晓凤出席会议。

6日 商务部副部长王超在北京会见市委书记刘成鸣，就钒钛产业园区相关创建工作作出具体指导。王超指出，国家十分重视钒钛产业发展，商务部支持攀枝花钒钛产业园区的相关创建工作，希望攀枝花发挥好比较优势，扎实做好基础工作，加强与四川省委、省政府及相关国家部委的对接，有力有序推进创建工作。商务部外资司副司长邱丽新，省商务厅副厅长刘欣，市委常委许健民参加会见。

△ 市委书记刘成鸣与中国重型汽车集团有限公司董事长、党委书记马纯济会见，双方围绕进一步深化合作，加快项目建设进行了深入交流。

△ 市委副书记、市长张剡前往市国土资源局进行调研，并听取当前本市国土资源管理工作情况汇报，就下一步工作进行安排部署。副市长贾德华参加调研。

△ 市委副书记、市长张剡率公安、住建、城管等市级部门负责人，前往东区、西区、仁和区，检查本市城市管理工作。副市长殷旭东参加检查。

△ 中国民主促进会攀枝花市第七次代表大会在攀枝花会展中心召开。民进中央副主席、民进四川省委主委、省政协副主席张雨东到会指导，中共攀枝花市委副书记赵辉到会祝贺。民进四川省委副主委刘激涛，民进云南省委副主委、民进昆明市委主委、昆明市政协副主席汪叶菊，民进四川省委秘书长张宏，攀枝花市人大常委会副主任张国民，副市长李仁杰，市政协副主席、市委统战部部长赵勇，民盟市委主委、市政协副主席伍维根，致公党市委主委、市政协副主席何群等领导到会祝贺。大会选举产生了民进攀枝花市第七届委员会主任委员、副主任委员，任命了秘书长，通过了民进攀枝花市第七次代表大会决议。周治端当选民进攀枝花市第七届委员会主任委员。

△ 红格特色风情小镇旅游要素完善座谈会召开。省旅游局副局长郑学炳，市委常委、市委宣传部部长沈钧，副市长贾德华出席会议。

△ 下午，炳草岗街道办事处与绵竹青红社工服务中心在红星社区签订《社会工作服务进社区项目合同》，该项目以政府购买社会服务的方式，由民办社会工作服务机构承接运营，向社区居民提供社会服务。这是攀枝花市第一个由政府购买社会服务的项目。

7日 攀枝花市政府与中国重汽在济南市签订战略合作框架协议，中国重汽西南地区矿用车生产基地正式落户本市。市委书记刘成鸣，中国重汽集团有限公司总经理蔡东出席签约仪式。市委常委许健民在签约仪式上致辞。副市长刘建明代表攀枝花市政府与中国重汽副总经理于有德签约。四川省政府驻北京办事机构和山东省政府驻北京办事机构负责人出席签约仪式。签约仪式后，刘成鸣一行还前往中国重汽济南复强动力有限公司、中国重汽（香港）有限公司济南动力部考察学习。

△ 市委副书记、市长张剡前往市住房和城乡规划建设局，就住房保障、房地产业发展等情况进行专题调研。副市长贾德华参加调研。

△ 市委副书记、市长张剡从桐子林大桥沿雅砻江而上，调研桐子林山水休闲度假区建设情况。张剡强调，要坚持错位发展的思路，加强协调、会商，精心打造一批个性鲜明、特色突出的旅游度假休闲项目，丰富、壮大攀枝花旅游产业内涵和规模，加快推动城市、产业双转型。

△ 全市2013年“五创联动”工作半年分析会在攀枝花会展中心举行。市人大常委会主任谢道全出席会议并讲话。市委常委、常务副市长杨自力主持会议，市委常委、市委宣传部部长沈钧，市人大常委会副主任张如英、唐建民、张国民、许秀峰、王向阳出席会议。

8日 市委副书记、市长张剡前往本市部分重大项目建设现场，就项目建设情况进行调研。张剡强调，项目是全市经济社会发展的重要支撑，要全力以赴抓好项目特别是重大项目建设，确保项目建设顺利推进，夯实全市经济稳定增长基础。

△ 本市第三次全国经济普查办公室主任会议召开。本市第三次全国经济普查准备工作已进入关键阶段，8月底前，全市各县（区）、乡镇（街道）将建立经济普查机构，落实普查人员。市委常委、常务副市长杨自力出席会议。

9日 全市旅游重点工作汇报研究会召开。市委副书记、市长张剡出席会议并强调，要牢固树立发展是为了更好地解决民生的理念，坚持高效务实和“乐民、惠民、富民”，多建惠民生的项目，多办

“接地气”的活动，多开“查漏补缺”的现场会，推动旅游产业持续发展，壮大中国阳光花城的产业基础。市领导杨自力、沈钧、李章忠、柳康健、李仁杰、贾德华出席会议。

△　市委副书记、市长张剡前往市政务服务中心调研并强调，要以人民群众满意为标尺，不断提高服务质量和效率，努力打造全省一流的政务服务环境，助推攀枝花跨越发展。

△　全市中小企业融资培训对接会议在攀枝花会展中心举行。100余户中小企业相关负责人接受了融资方面的培训。市委常委、常务副市长杨自力出席会议并讲话。

△　作为攀枝花市建市50周年系列讲座之一的“西行漫记”讲座在攀枝花会展中心举行。讲座邀请了4名重庆大学、香港大学的专家，为本市城市规划建设支招。市委常委、市委宣传部部长沈钧，市人大常委会副主任许秀峰，副市长贾德华，市政协副主席庞向东出席讲座。

11日　下午4点，“2013攀枝花金芒果季”在成都市青羊区宽窄巷子东广场正式启动。在为期一个季度的活动中，将以芒果营销和推广为重点，宣传攀枝花城市形象、农业成就和旅游资源。省委农工委副主任刘铁、省农业厅副厅长涂建华、省商务厅副厅长杨春轩、省旅游局副局长郑学炳、省农科院副院长刘建军，攀枝花市委常委、市纪委书记李群林，副市长李仁杰出席启动仪式。此次金芒果季以“芒果过节，快乐聚会”为主题，由攀枝花市政府主办，市农牧局、市投资促进局、市旅游局、市商务和粮食局等协办。“2013攀枝花金芒果季”活动还将在上海开展。

12日　市委书记刘成鸣率市级有关部门负责人，深入银江水电站大坝修建点，对银江水电站项目建设工作进行督导，并与攀枝花华润水电开发有限公司相关负责人商讨项目建设具体事宜。市领导李章忠、柳康健、贾德华参加督导。

13日　市委书记刘成鸣在攀枝花会展中心会见了华润新能源控股有限公司副总经理刘凡顺一行，双方就加快银江水电站建设交换了意见。市领导李章忠、柳康健参加会见。

△　市委书记刘成鸣听取了马坎生态治理和机场路绿化景观改造工程相关规划汇报，强调要抓住国家大力实施生态文明建设的机遇，按照“生态自然、四季有花、绿道缠绕、阳光温馨”的原则，提升城市重点部位的绿化景观水平，为人民群众休闲康养开辟新的空间。市领导李群林、李章忠、殷旭东、李仁杰出席汇报会。

△　沿江景观建设工作推进会召开。会上，设计单位介绍了金沙江中心区段沿江景观设计方案，相关责任单位汇报了近期工作进展情况。市委常委、市委组织部部长熊伟，副市长贾德华出席会议。

△　市九届人大常委会第二十五次主任会议举行。市人大常委会主任谢道全主持会议并讲话。市人大常委会副主任张如英、唐建民、张汝林、张国民、许秀峰、王向阳，秘书长钟国元出席会议。会议讨论修改了《攀枝花市人民代表大会常务委员会关于举全市之力深入推进“五创联动”工作的决议》，听取了市九届人大常委会第十三次会议召开时间和建议议题的情况汇报。会议决定，市九届人大常委会第十三次会议于8月28日至29日召开，建议议题为：听取和审议市政府《关于“五创联动”工作进展情况的报告》《关于我市民族工作情况的报告》《关于我市2012年度财政预算执行及其他财政收支审计工作情况的报告》《关于2012年财政决算和2013年1至6月预算执行情况的报告》《关于我市2013年上半年国民经济和社会发展计划执行情况的报告》；审查和批准《2012年度市本级财政决算》；通过“五创联动”工作决议。会上，谢道全还传达了省委书记、省人大常委会主任王东明在省第十二届人大常委会第四次会议结束时的讲话精神。

13日至14日　受中共攀枝花市委书记刘成鸣委托，赵辉率市委统战部以及部分民主党派市委、民建攀枝花市基层委员会负责人，并特邀各民主党派四川省委相关领导一道前往北京，专程拜访部分民主党派中央。市政协副主席、市委统战部部长赵勇，民盟市委主委、市政协副主席伍维根，致公党市委主委、市政协副主席何群，民革市委主委魏渠河，民建攀枝花市基层委员会主委李绍华等陪同拜访。此次拜访受到了各民主党派的热情欢迎，民盟中央主席、全国人大常委会副委员长张宝文，民建中央主席、全国人大常委会副委员长陈昌智，民盟中央常务副主席、全国政协副主席陈晓光，致公党中央常务副主席、全国政协常委、副秘书长蒋作君，民革中央专职副主席、全国人大常委会委员、外事委员会副主任委员修福金等部分民主党派中央领导会见了赵辉一行，并进行了座谈。民主党派中央领导对攀枝花近年来经济社会发展取得的显著成就给予了充分肯定，对中共攀枝花市委多年来给予各民主党派工作的高度重视和大力支持表示感谢。对于攀枝花市提出的希望得到民主党派中央帮助支持的具体项目，将立足于各自的界别和资源优势，深入开展实地调研，发挥民主党派中央“直通车”优势，协助攀枝花争取国家层面支持。同时，也殷切希望中共攀枝花市委继续关心和支持民主党派在攀组织的各项工作，帮助民主党派加强自身建设，为其履行好职能、助推地方经济社会发展创造更好的条件。

14 日　市委、市政府召开会议，对全市旅游重点工作进行研究部署。市委书记刘成鸣出席会议并讲话。市领导杨自力、沈钧、柳康健、贾德华、吴文发出席会议。

△　攀枝花市人民政府与成都天府通金融服务有限责任公司就攀枝花市民卡项目签订了合作协议。市委常委、常务副市长杨自力出席签约仪式，并代表市政府与成都天府通公司签约。

△　市委常委许健民对本市创建国家园林城市工作进行了调研。当天，许健民一行先后前往炳三区学府游园、独松树梁子绿地、仁和区大河河道整治二期工程景观建设项目、西区西佛寺景区等地，详细了解各项工程推进情况。

15 日　市委书记刘成鸣深入东区炳草岗街道湖光社区和弄弄坪街道东风社区，对社区文化广场建设情况进行调研。市委常委、市委宣传部部长沈钧参加调研。

△　全市 2013 年深化医药卫生体制改革工作会召开。市委常委、常务副市长、市医改领导小组组长杨自力，副市长、市医改领导小组副组长张敏出席会议并讲话。会上，市政府与各县区政府签订了工作目标责任书。市卫生局、市人力资源和社会保障局以及部分区县进行了交流发言。

△　省委、省政府决策咨询委员会调研组莅攀调研，并就攀西战略资源的科学开发与本市相关部门、专家进行座谈。调研组认为，攀枝花应发挥“主力军”作用，加快推进攀西战略资源创新开发试验区建设。省决咨委资源环境组副组长倪师军、陈国阶等出席座谈会。市委常委、常务副市长杨自力向调研组各位专家介绍了攀枝花经济社会发展情况，希望专家多为本市在攀西战略资源创新开发试验区建设中发挥主力作用出谋划策。

△　上午，位于西海岸农贸市场三楼的恒力·辉荣春芽书屋正式建成投用。市委常委、市总工会主席许健民为书屋揭牌。

15 至 16 日　省旅游局副局长陈加林率调研组莅攀，实地考察调研本市重大旅游项目建设情况，并召开座谈会。调研组指出，攀枝花要强化市级层面的政策支撑，抓好旅游产业软件设施建设，做好康养旅游课题研究，助推全省康养旅游产业发展壮大。市委常委、市委宣传部部长沈钧，副市长柳康健出席座谈会。

17 日　第二届金沙江彝族文学笔会暨著名彝族诗人阿库乌雾诗歌研讨会在盐边县红格镇举行。中国作家协会创联部副主任尹汉胤，四川省作家协会党组成员、机关党委书记郭中明，市委常委、市委宣传部部长沈钧出席会议。

18 日　市委书记刘成鸣率市级有关部门负责人深入部分沿江景观打造重点工程施工现场调研，强调要精益求精抓设计，精雕细琢抓施工，将沿江两岸的自然景观与人文景观有机融合，突出展现整体项目的亲水性、自然性、娱乐性，使沿江两岸成为攀枝花城市景观的新亮点，成为市民和游客休闲娱乐的好去处。副市长贾德华参加调研。

19 日　市委召开常委会议，传达全省加快推进新型城镇化工作现场会和全省推进产业园区发展大会精神，研究部署本市相关贯彻措施。市委书记刘成鸣主持会议。市委副书记、市长张剡出席会议。市领导谢道全、单荣、赵辉、杨自力、李群林、程少华、沈钧、许健民、王海波、李章忠、熊伟、赵勇出席会议。

△ 由成都天诚谢非联俱乐部名誉主席肖星华、顾问黄容生等一行组成的中国天诚（集团）总公司考察团莅攀寻求合作机遇，市委书记刘成鸣，市委副书记、市长张剡在攀枝花会展中心会见了考察团一行。当天，考察团一行还前往花城新区、米易县等地，实地考察城市建设、旅游等项目。市委常委许健民、副市长李仁杰陪同考察并参加会见。

△ 市委、市政府召开会议，专题研究商业网点规划编修和亿元商品交易市场建设工作。市委书记刘成鸣出席会议并讲话。市委副书记、市长张剡出席会议并对规划编修等工作提出具体要求。市领导李章忠、柳康健出席会议。

20 日 四川省推进民营经济发展工作会议在成都召开。会议要求，全省上下要充分认识新形势下加快民营经济发展的重大意义，进一步统一思想认识，明确发展思路，加大支持力度，优化发展环境，推动民营经济更好更快发展。会议以电视电话会议形式召开。市委书记刘成鸣，市委副书记、市长张剡，市政协主席单荣，市委副书记赵辉，市人大常委会副主任唐建民，市政协副主席赵勇在攀枝花分会场参加会议。

△ 市人大常委会组织第十二届全国人大代表攀枝花代表小组、第十二届四川省人大代表攀枝花代表团的部分代表深入攀枝花钒钛产业园区、红格镇，通过实地察看、听取汇报、召开座谈会等方式，就本市推进“两化”互动、城乡统筹发展情况进行调研。全国人大代表、省人大代表、市委副书记、市长张剡，省人大常委、市人大常委会主任谢道全，省人大常委、省人大常委会法制委员会主任委员史志伦，省人大代表、市人大常委会副主任张汝林参加调研。市人大常委会副主任王向阳、副市长贾德华、市人大常委会秘书长钟国元陪同调研。

△ 全市服务业经济运行、目标分解和普查动员工作会在攀枝花会展中心召开。会议提出，本市将结合省政府有关要求，对服务业目标考核办法进行修改完善，落实目标责任，加大奖惩力度。市委常委李章忠、副市长柳康健出席会议。

20 日至 21 日 由全国政协常委、全国政协经济委员会副主任、第二炮兵原政治委员彭小枫上将任组长的全国政协调研组深入本市企业、厂矿和科研机构，通过实地察看、听取汇报等方式，对攀枝花加快建设攀西战略资源创新开发试验区的各项工作进行了深入细致的调研。调研组认为，试验区建设对加快我国发展方式转变，提升国家综合竞争力，推动四川及攀西地区经济社会发展具有重要意义。攀枝花要将试验区建设作为改革发展的新起点、新机遇，以转变发展方式为主线，在完善政策保障、创新体制机制、落实推进措施等方面着力，助力攀西地区新一轮崛起，为全国资源富集地区改革发展树立样板，提供借鉴。十一届全国政协常委、原铁道部副部长、中国工程院院士孙永福，十一届全国政协常委、国家发改委原副主任、国家能源局原局长张国宝，全国政协委员孙朝晖、许强，全国政协经济委员会办公室主任陈惠丰，国家发改委地区司副巡视员沈叙健参加调研。省政协主席李崇禧，十届省政协副主席解洪，市委书记刘成鸣，市委副书记、市长张剡，市人大常委会主任谢道全，市政协主席单荣，市委副书记赵辉陪同调研。市领导王海波、李章忠、柳康健、赵勇、刘德顺陪同调研。

22 日 市委书记刘成鸣在攀枝花会展中心听取工作汇报，强调要把贯彻落实“四个八条措施”作为当前的一项重点工作，积极抢抓政策机遇，强化工作对接，确保稳增长、调结构、惠民生取得新成效，最大限度发挥“四个八条措施”对攀枝花发展的推动作用。市领导谢道全、单荣、赵辉、李章忠、柳康健、贾德华出席汇报会。

△ 攀枝花市中心区金沙江沿江景观设计方案汇报暨市城乡建筑及环境艺术咨询委员会召开会议，

组织专家听取设计方案汇报。市委副书记赵辉，副市长贾德华，市政协副主席庞向东出席会议。

△ 在大医博爱协会捐赠暨胡大一院士工作站、攀枝花市心脏康复中心授牌仪式上，大医博爱协会向本市捐赠了30台、总价值百余万元的心电图仪，用于改善本市基层卫生院医疗条件。市委副书记赵辉出席仪式并讲话。市人大常委会副主任、市中心医院院长张汝林，市政府副市长张敏出席仪式。市政协副主席、市委统战部部长赵勇主持仪式。

△ 2013年“寒窗助学”行动暨“攀枝花市商业银行助学金”集中资助仪式举行。今年，“寒窗助学”行动将资助全市601名城乡贫困学生读大学。资助仪式上，共向32名贫困学子发放助学金15.1万元。市委常委、市委宣传部部长沈钧，市政协副主席马晓凤出席资助仪式。

△ 四川省重大科技成果转化分析测试平台攀枝花分平台、四川省分析测试职业资格攀枝花培训站挂牌成立，同时，四川省生物医药攀枝花远程测试STRT服务站正式开通。这标志着本市在重大科技成果转化分析测试、生物医药远程测试和分析测试职业资格三个领域正式加入全省最高水平测试平台。

22日至23日 副省长曲木史哈率队调研本市农业和农村工作，强调攀枝花要加强农业基础设施建设，抓好扶贫工作，加快推进农业产业化发展，多渠道、多层次帮助群众致富增收。省政府副秘书长赵学谦参加调研。市委书记刘成鸣，市委副书记、市长张剡，市委常委、市纪委书记李群林，副市长李仁杰陪同调研。省发改委、财政厅、水利厅、农业厅、扶贫和移民局、农水局相关负责人参加调研。

23日 市委副书记、市长张剡主持召开市城市管理委员会2013年第二次主任会议。会议审议了《攀枝花中心区金沙江沿江景观设计—植物景观专项方案》《天娇房地产开发公司关于投资修建湾丘巷天娇名城社区巴士站的请示》《东区人民政府关于新设单立柱广告位的请示》等内容。副市长殷旭东、贾德华出席会议。

△ 市九届人大常务委员会第二十六次主任会议召开。市人大常委会主任谢道全主持会议并讲话。市人大常委会副主任唐建民、张汝林、张国民、王向阳，秘书长钟国元出席会议。副市长柳康健列席会议。会议听取了市人民政府、市中级人民法院、市人大常委会人事代表工委有关人事事项的汇报；传达学习了市委贯彻落实省政府出台的“四个八条措施”的会议精神。

23日至26日 由8家企业组成的北京旅游投资考察团莅攀考察旅游投资项目，并与本市相关部门、县（区）交流投资意向，寻求合作机遇。市委副书记赵辉，市委常委、市委宣传部部长沈钧，市委常委许健民出席座谈会。在攀期间，考察团还对红格温泉旅游度假区、阿署达花舞人间景区、米易南部新城休闲度假核心区和金沙江中心区段景观带等旅游项目进行了考察。

24日 省政府副秘书长、省政府参事室主任蔡竞率领的省政府参事室调研组莅攀，通过听取汇报、实地察看等方式，调研本市现代农业发展、农业基层服务站建设等情况。市委副书记、市长张剡出席相关汇报会。省政府参事、省烟草局原局长龚锦华，省政府参事、省国土资源厅执法监察局原局长张红梅参加调研，市委常委、市纪委书记李群林陪同调研。当天下午，调研组还前往米易县白马镇农业基层服务站、草场乡横山烟站等地开展了实地调研。

26日 攀枝花市与雅安市名山区正式签订《攀枝花市对口支援雅安市名山区“4·20”地震灾后重建框架协议》。根据协议，本市将为名山区提供资金、人才、项目、产业等方面的援建支持。攀枝花市委副书记、市长张剡，雅安市委副书记、市长陈越良，市委副书记兰开驰，副市长谢忠华出席签约仪式。

△ 上午，市旅游产业发展领导小组会议在会展中心召开。市领导赵辉、沈钧出席会议。

27日 市委副书记、市长张剡主持召开专题会议，传达贯彻中共中央、国务院有关通知精神。张剡强调，全市各级各部门要进一步强化发展意识和责任意识，以更大的决心、更强的力度、更有力的举措推动工作落实，促进经济持续健康发展。市人大常委会主任谢道全、市政协主席单荣、市委副书记赵辉等市委、市人大、市政府、市政协领导及离退休老领导出席会议。

△ 下午，市安委会召开第三次（扩大）会，分析当前全市安全生产形势，安排部署今年后四个月各项安全生产工作。市委副书记、市长、市安委会主任张剡出席会议并讲话。会议还就8月29日在全市范围内开展“安全生产警示日”教育活动做出了具体安排。盐边县政府、市公安局、市交通运输局、市住房和城乡规划建设局和西区政府的相关负责人分别就做好安全生产工作在会上进行了交流发言。

△ 本市召开花城新区核心区景观规划设计方案评比会，来自规划、园林、林业、水利等领域的9名市内外专家对3家参选设计单位提交的规划设计方案进行了评比。最终，2号方案脱颖而出。按照该方案，2015年前后，一个由湖区、绿地、循环小气候等多种元素构成的花城新区核心区景观将呈现在世人面前。市委副书记、市长张剡出席会议。市领导赵辉、唐建民、贾德华、庞向东出席评比会，并对设计方案提出了指导性建议。

28日 本市与中国电信四川公司在攀枝花会展中心签署“宽带中国·光网攀枝花”战略合作协议。根据协议，本市将与中国电信四川公司携手打造全省首个“全光网城市”。市委副书记、市长张剡，市委常委、常务副市长杨自力，中国电信四川公司总经理赵麦庆等出席签署仪式。

△ 市委副书记、市长张剡深入金沙江中心区段沿江景观打造工作涉及的重要节点调研。张剡强调，相关部门要优化方案、精心施工、密切配合，加快把金沙江中心城区段两岸打造成独具特色、风景亮丽的景观带、生态带、休闲带和娱乐带。副市长贾德华陪同调研。

△ 四川民主党派代表人士综合评价试点工作启动会召开。为适应新形势下党外代表人士队伍建设，中共四川省委统战部决定将攀枝花市作为全省首个开展民主党派代表人士综合评价工作的试点城市。中共四川省委统战部副部长刘建军出席会议，并围绕开展民主党派代表人士综合评价试点工作应把握的重点和关键，提出了具体要求。中共攀枝花市委副书记赵辉，市政协副主席、中共攀枝花市委统战部部长赵勇，以及民盟攀枝花市委主委伍维根、民进攀枝花市委主委周治端、致公党攀枝花市委主委何群等市级民主党派负责人参加会议。

△ 下午，省道310线格里坪至福田段改建一期工程建成通车，较原计划提前3个月。市委常委、常务副市长杨自力出席建成通车仪式。

△ 上午，市委宣传部组织全市宣传文化系统的相关负责人，传达学习习近平总书记在全国宣传思想工作会议上的讲话精神。市委常委、市委宣传部部长沈钧主持会议并就做好下一步全市宣传思想工作提出了要求。

28日至29日 市九届人大常委会在攀枝花会展中心召开第十三次会议。28日，会议召开，市人大常委会主任谢道全主持会议。市人民政府市长张剡、常务副市长杨自力，市中级人民法院、市人民检察院相关负责人列席会议。市人大常委会副主任张如英、唐建民、张汝林、张国民、许秀峰、王向阳出席会议。市政协副主席庞向东、3名市人大代表应邀列席会议。会议听取和审议了市人民政府关于本市“五创联动”工作进展情况、民族工作情况、2012年度财政预算执行和其他财政收支审计工作情况、2012年财政决算和2013年1至6月预算执行情况的报告；审查和批准了2012年市级财政决算；通过了《攀枝花市人民代表大会常务委员会关于举全市之力深入推进“五创联动”工作的决议》。29日，会议结束。谢道全出席会议并讲话。张剡，市中级人民法院、市人民检察院相关负责人列席会议。张如英、唐建民、张汝林、张国民、许秀峰、王向阳出席会议。3名市人大代表应邀列席会议。会议听取和审议了市人民政府关于本市2013年上半年国民经济和社会发展计划执行情况的报告；人事任免。

29日 市委书记刘成鸣率市发改委相关负责人在北京拜访了国家发改委东北振兴司副司长江世清，沟通协调老工业基地调整改造、攀西战略资源创新开发试验区建设等事关本市改革发展的重大问题，积极争取国家发改委对攀枝花的工作指导和政策支持。

△ 第三次全国经济普查电视电话会议在京召开。会议强调，要提高认识、统筹安排、精心组织，坚持依法、科学、求是、创新普查，摸清底数、搞准情况，做到心中有数，为有效应对风险和挑战、推动经济持续健康发展提供基础信息依据。市委常委、常务副市长杨自力在攀枝花分会场参加会议，并就本市贯彻电视电话会议精神提出具体要求。

△ 市政协召开八届二十三次主席会议。市政协主席单荣主持会议。市政协副主席赵勇、庞向东、伍维根、何群、刘德顺、周治端出席会议。会议研究了筹备召开市政协八届九次常委会议有关事宜；听取了市政协专门委员会学习考察汇报；审议了人事事项。会议决定，市政协八届九次常委会将于9月下旬召开，建议会议议程为：听取人民银行攀枝花中心支行关于本市金融部门支持地方企业发展情况的通报，审议市政协经济委员会的调查报告（草案）；听取市中级人民法院关于法院系统人才队伍建设情况的通报，审议市政协社会和法制委员会的调查报告（草案）；审议通过人事事项。

30日 市委副书记、市长张剡前往本市部分重大项目建设现场，就项目建设情况及安全生产工作进行调研，并协调解决项目建设中存在的问题。张剡强调，各级各部门要加大统筹协调力度，加快项目建设步伐，以此推动全市经济平稳较快增长。

△ 下午，国家钒钛制品质量监督检验中心实验室定期监督及扩项评审会在位于攀枝花的国家钒钛质检中心召开。市委副书记赵辉出席评审会。

△ 全省贯彻落实《旅游法》暨加快建设旅游经济强省工作电视电话会议召开。会议要求，全省各级各相关部门要不断创新招商引资形式，加强执法队伍建设，提升服务质量，努力实现建设旅游经济强省的目标。市委常委、常务副市长杨自力，市人大常委会副主任许秀峰在攀枝花分会场参加会议。

9月

2日 下午，市委书记刘成鸣在市委三楼会议室主持召开2013年第五次市“四大班子”主要领导联席会议。市领导张剡、谢道全、单荣、赵辉出席会议；市领导王海波列席会议。会议通报了市委、市人大、市政府、市政协近期工作情况，对下一步的相关工作进行了研究和安排部署。

△ 省地税局副局长邓国建率队调研本市地税征管、纳税服务等工作，并就地税工作和地方经济发展等情况进行座谈。市委副书记、市长张剡出席座谈会。

△ 全市交通运输行政执法人员换装仪式在市中心广场举行，交通运输行政执法人员着装向市民群众展示了新式制服。从即日起，本市交通运输系统的路政、运政、质监和交通综合等单位的400余名行政执法人员全部换装为统一的中国交通执法新式服装2010式。

3日 市委、市政府召开会议，研究部署重大项目推进工作。会议指出，全市上下要集中精力狠抓项目开工，认真谋划一批对城市转型和产业升级具有重大推动作用的重点项目，强化项目前期工作、要素保障工作和督查考核，为加快推进攀枝花由资源大市向经济强市跨越，由总体小康向在全省率先全面建成小康社会跨越提供强有力支撑。市委书记刘成鸣，市委副书记、市长张剡出席会议并讲话。市领导赵辉、王海波、李章忠出席会议。

△ 市委、市政府对欢乐阳光节筹备工作进行了细化部署，市委书记刘成鸣出席会议并强调，要以特色节庆活动为载体，进一步提升城市风貌，扩大攀枝花阳光、休闲、康养、运动的旅游品牌影响力，彻底改变攀枝花的钢城形象，加快把攀枝花打造成全国著名阳光康养旅游目的地。市委副书记、市长张剡，市委副书记赵辉出席会议。

4日 全省加快服务业发展工作电视电话会议召开。电视电话会议指出，今年以来，全省服务业继续保持平稳增长态势，但增势明显放缓，距离全年目标任务存在一定差距。市委副书记、市长张剡在攀枝花分会场参加会议。

△　全省政法专项编制管理工作座谈会议在攀枝花会展中心召开。会议听取了部分市州落实全省下达的第三批政法专项编制分配、使用情况及实际效果的汇报，交流加强和规范政法专项编制管理和机构设置等方面的经验和做法，研究进一步强化全省政法专项编制管理工作。成都、自贡、内江、乐山、宜宾和攀枝花等部分市州编办负责人参加会议。市委常委、市委组织部部长、市委编委会副主任熊伟出席会议并致辞。

4日至6日　市委书记刘成鸣率调研组走进全市各产业园区，围绕园区发展总体定位、发展现状、存在的主要问题及下一步的发展思路等进行了深入细致的调研，站在全市经济社会发展大局的战略高度总结园区发展经验，审视园区现存差距和面临的问题，探寻在新起点上推动园区跨越发展的新路径。市领导赵辉、李章忠参加调研。

5日　市委书记刘成鸣在攀枝花会展中心会见了银泰置地（集团）董事长辛向东一行，双方就加快银泰在攀商业项目建设交换了意见。市领导赵辉、许健民参加会见。

△　市委副书记、市长张剡在成都拜会了成都铁路局局长武勇，重点就成都铁路局支持攀枝花建设四大物流园区有关事宜进行了对接。

△　市委副书记、市长张剡在成都双流机场与省机场集团董事长李伟座谈，双方就攀枝花机场航班运行、航线开发等情况进行了深入交流。副市长柳康健参加座谈。

△　省食品药品监督管理局调研组第七组一行，在会展中心与本市相关部门就加快推进食品药品监管体制改革工作进行座谈。省食品药品监督管理局调研组第七组组长、省食品药品监督管理局副局长王涛，副市长张敏出席座谈会。

5日至6日　国家统计局核算司副司长张冬佑率队莅攀，检查指导本市第三次全国经济普查工作，并对本市工作给予肯定。副市长张敏汇报本市相关工作情况。

9日　市委书记刘成鸣前往西区格里坪镇中小学校竹林坡办学点和格里坪镇中小学校，看望慰问一线教师，向在教育战线上辛勤耕耘的广大教师和教职工致以崇高敬意和衷心感谢，给他们送去党和政府的亲切关怀和节日的问候。市委常委、市委宣传部部长沈钧参加看望慰问。

△　下午，市委书记刘成鸣在会展中心主持召开中共攀枝花市委九届第五十二次常委会议。领导赵辉、李群林、沈钧、许健民、张伟、王海波、李章忠、熊伟出席会议；市领导谢道全、单荣列席会议。会议传达学习了“全省组织工作会议”精神，对省委“2+6”文件进了专题讨论，审议并原则通过了我市的有关贯彻落实意见建议；传达学习了“全省信访工作电视电话会议”精神，审议并原则通过了我市的相关贯彻落实意见建议；传达学习了“全省党内法规工作会议”精神，审议并原则通过了我市的相关贯彻落实意见建议；审议并原则通过了《市委办公室关于加强和改进党委信息工作的实施意见的请示》。

9日至11日　市委副书记、市长张剡率市委统战部、市经信委、产业园区及本市重点非公有制机械制造企业负责人，赴南京、昆山、太仓考察学习。此行目的是学习东部地区在发展非公经济，特别是机械制造、汽车及零部件制造等产业的先进经验和做法，进一步推动本市机械制造业等非公企业不断延伸产业链，提升产业层次和综合竞争实力。市政协副主席、市委统战部部长赵勇陪同考察。

10日　市委书记刘成鸣深入各交通设施建设施工现场，查找施工过程中存在的问题，督促指导各责任单位强化工程管理，狠抓施工进度，最大限度减小施工对群众出行造成的影响，营造安全、整洁、有序的交通环境。市领导殷旭东、贾德华参加现场办公。

△　下午，全市庆祝第29个教师节大会召开。市委书记刘成鸣出席大会并强调，要始终把教育放在优先发展的位置，努力办好人民满意的教育，建设区域性教育高地，为攀枝花在全省率先全面建成小康社会提供坚强的人才和智力支撑。市人大常委会主任谢道全，市政协主席单荣，市委常委、市委秘书长王海波出席会议。市委常委、市委宣传部部长沈钧主持会议并就贯彻落实会议精神提出要求。会上，市

领导向受市委、市政府表彰的优秀乡村教师和校长代表颁奖。副市长张敏宣读表彰决定，市教育局、米易县、优秀乡村教师代表、优秀教育工作者代表发言。

△ 本市在市三中体育馆举办市教育系统教职工趣味运动会，全市448名教职工代表在趣味运动中欢度教师节。市委常委、市总工会主席许健民出席运动会并宣布比赛开始。

△ 本市召开2013年攀枝花市专家评审工作会议。即日起，本市正式启动为期3天的第六批学术和技术带头人及其后备人选、第八批有突出贡献专家评审工作。市委常委、市委组织部部长熊伟出席会议，并就做好2013年度专家评审工作提出要求。

11日 市委书记刘成鸣在攀枝花会展中心听取了苴却砚文化项目的概念性设计方案汇报，强调要准确把握苴却砚文化项目的定位，建设与苴却砚文化品牌相匹配的高端展示平台，打造特色文化品牌，丰富阳光康养旅游城市的文化内涵。市领导赵辉、沈钧、许健民、柳康健、张敏、贾德华出席汇报会。

△ 攀枝花市创建省级森林城市迎检工作会在攀枝花会展中心召开。市人大常委会主任谢道全，市委常委、市纪委书记李群林，副市长李仁杰，市政协副主席庞向东出席会议。李群林、李仁杰就做好迎检相关工作提出了要求。

12日 市委副书记赵辉在攀枝花会展中心会见中国邮政集团公司党的群众路线教育实践活动第七督导组组长李永康、四川省邮政公司总经理韩广岳一行。副市长柳康健参加会见。

△ 市九届人大常委会召开第二十七次主任会议。市人大常委会主任谢道全主持会议并讲话。市人大常委会副主任张如英、张汝林、王向阳出席会议。副市长贾德华列席会议。会议听取了市政府关于打好"六大硬仗"工作推进情况、贯彻执行《四川省防震减灾条例》情况的汇报；听取了市人大相关专（工）委关于常委会审议意见的情况汇报。

△ 攀枝花市第三期非公有制企业高管人员培训班在上海复旦大学开班。来自本市机械制造业、汽车及零部件制造业、第三产业的代表性企业负责人共计40余人参加培训。副市长刘建明，复旦大学副校长陆昉，复旦大学继续教育学院院长方晶刚，市政协副主席、市委统战部部长赵勇出席开班仪式。本次培训由攀枝花市委统战部、市经信委、市工商联牵头组织，为期6天。

13日 本市召开创建省级森林城市工作汇报暨检查验收会。会上四川省绿委办主任、省林业厅副厅长、省创森检查验收组组长包建华宣布，攀枝花市初步通过省级森林城市检查验收。市人大常委会主任谢道全，市委常委、市纪委书记李群林，副市长李仁杰、市政协副主席庞向东出席会议。截至目前，本市城市区绿化覆盖率38.7%，绿地率35.61%，人均公园绿地8.8平方米，市辖区森林覆盖率60.03%，各项指标均达到了省级森林城市的创建要求。

14日 为期两天的2013年国家司法考试开考，攀枝花考区共有442名考生参考，比去年增长11%。考试期间，市委常委、市委政法委书记张伟，副市长殷旭东，市政协副主席马晓凤到市二中考点巡视。

15日 市委书记刘成鸣率市级有关部门负责人深入部分沿江景观打造重点工程施工现场调研。刘成鸣强调要围绕加快建设中国阳光花城的总体要求，准确把握自然、亲水、休闲、运动四大要素，坚持不懈地做好沿江两岸绿化、建筑风貌整治、景观节点打造和公共服务设施建设等工作，构建展现攀枝花独特城市风貌的多功能立体滨江休闲带。副市长贾德华参加调研。

△ 上午，攀枝花市2013年"质量月"活动暨《质量发展纲要》宣传启动仪式在市中心广场举行。今年本市"质量月"活动的主题为"打造经济升级版，实现质量强市梦"。活动将更加注重深入群众、贴近群众，发动群众积极参与到本市的质量建设和质量发展中来。市委副书记赵辉、副市长柳康健参加启动仪式。

16日 市委书记刘成鸣来到盐边县红格旅游集镇，就小城镇建设工作进行督导。刘成鸣强调要以实现"人的城镇化"为核心，拿出敢啃"硬骨头"的工作劲头，集中力量，重点提升和优化小城镇的基础设施、风貌形象、业态结构，形成推进小城镇建设的强大阵势，培育推动县域经济发展新的增长极，推进新型城镇化发展质量和水平全面提升。市领导赵辉、沈钧、柳康健、贾德华参加督导。

△ 晚，参加第四届川滇黔十二市州合作与发展峰会的攀枝花市政府代表团与丽江市政府代表团在贵州省毕节市召开座谈会。双方就推进丽攀高速公路建设、加强资源开发利用、确保观音岩水电站坝前取水水质安全等进行了座谈。攀枝花市委副书记、市长张剡与丽江市委副书记、市长和良辉出席座谈会。

17日 云南省委常委、常务副省长李江率考察团莅临本市。在市委书记刘成鸣的陪同下，考察团一行重点对本市钒钛产业发展、城市建设等进行了考察。云南省政府副秘书长黄立新，云南省发改委副主任海文达，云南省工信委副主任周赤，云南省楚雄州委副书记、州长李红民参加考察。攀枝花市委常委、常务副市长杨自力，市委常委、市委秘书长王海波，副市长张敏陪同考察。

△ 市委书记刘成鸣对本市部分民生工程项目建设情况进行调研。刘成鸣强调要坚持问需于民、问政于民，不断增加对民生工程的投入，不断扩大民生工程惠民利民的覆盖面，解决群众最关心、最直接、最现实的利益问题，不折不扣地兑现对人民群众的承诺，以保障和改善民生的实际成效取信于民。市委常委、常务副市长杨自力参加调研。

△ 第四届川滇黔十二市州合作与发展峰会在贵州省毕节市召开。攀枝花市委副书记、市长张剡出席会议，并作题为《联动推进新型城镇化共同建设川滇黔活力城市圈》的主题演讲。峰会成员十二市州围绕“深化合作共谋发展”这一主题，在构建立体交通网络、深化旅游文化合作等六个方面达成共识。峰会成员攀枝花市、昆明市、凉山州、大理州、六盘水市、毕节市、丽江市、宜宾市、昭通市、楚雄州、曲靖市、黔西南州组团参会。峰会上，十二市州就合作事项达成六点共识：构建立体交通网络；深化旅游文化合作；共推经济贸易发展；加快构筑生态屏障；推动产业协作互补；建立长效协调机制。共同签署了《川滇黔十二市州区域规划发展及交通基础设施合作备忘录》《川滇黔十二市州投资促进工作备忘录》《川滇黔十二市州经贸合作备忘录》《川滇黔十二市州文化旅游合作备忘录》等文件。

△ 全市统一战线各界人士迎中秋茶话会在攀枝花会展中心召开。中共攀枝花市委副书记赵辉出席茶话会，并代表中共攀枝花市委向全市各民主党派、工商联、无党派人士和三胞三属、民族宗教界等统一战线人士表示节日的祝贺及亲切的问候。市人大常委会副主任王向阳、副市长贾德华出席茶话会，市政协副主席、市委统战部部长赵勇主持茶话会。致公党市委主委、市政协副主席何群参加会议。会上，侨胞侨属代表刘正祥、台胞台属代表杨红、宗教界代表邱林分别发言。

△ 全市宗教界代表人士座谈会在攀枝花会展中心召开。市委副书记赵辉出席座谈会，并代表市委向全市宗教界人士、信教群众和宗教工作者，致以亲切的问候和良好的祝愿。市政协副主席、市委统战部部长赵勇主持座谈会。

△ 本市召开花城新区重点项目推进会。市委常委、市委宣传部部长沈钧，副市长贾德华出席会议。今年以来，花城新区建设以路、水、电等基础设施建设为核心，以基础性、骨干性、联动性强的项目为带动，抓好项目建设重点，努力实现良性循环滚动发展。目前，花城新区干坝塘供水管网工程（炳二水厂至干坝塘核心区主干管网）顺利完工；三线建设博物馆项目场平完成，施工图已完成设计、审查，预计将在今年11月开工，2014年9月进行布展，2015年3月4日正式开馆；花城新区医院项目预计将在年内进行场平。

△ 市委常委、市委宣传部部长沈钧在市级相关部门负责人陪同下，前往东区部分社区调研社区公共文化服务体系建设情况。座谈会上，沈钧指出，社区公共文化服务体系建设要从满足群众需求出发，立足实际、着力创新，通过政府购买服务等方式，不断满足群众日益增长的文化需求。

△ 市政协主席单荣主持召开市政协八届二十四次主席会议。市政协副主席赵勇、庞向东、伍维

根、何群、吴文发、刘德顺、马晓凤、周治端出席会议。会议听取了市民宗委关于全市农村无户籍人口问题的情况汇报；审议通过了市政协联谊民宗委关于全市农村无户籍人口问题的调查报告；听取了市政协社会和法制委员会外出学习考察的汇报。

18 日　市委书记刘成鸣前往渡仁片区，实地察看花城新区建设情况，并与各责任单位就景观规划设计方案进行了深入研究。市领导王海波、贾德华参加调研。

△　攀枝花钒钛产业园区邀请市级相关部门、部分入园企业，召开振奋精神、团结拼搏、奋力建设千亿园区中秋茶话会，共商企业“雄鹰重生”之策。市委常委、攀枝花钒钛产业园区党工委书记许健民出席茶话会并讲话。

△　莅攀督察安全生产工作的省政府安委会综合督导第八组一行，在攀枝花会展中心听取了本市的相关工作汇报。省政府安委会综合督导第八组组长、省国土资源厅副巡视员李水清，副市长张敏出席汇报会。今年以来，本市全面开展各行业领域安全生产大检查专项行动，切实抓好安全隐患排查自查自纠工作，全市安全生产形势保持了总体平稳态势。1—8 月，全市共发生各类生产安全伤亡事故 86 起，死亡 14 人，同比事故起数减少 15 起，下降 14.85%，没有发生较大及以上事故。

21 日　市委书记刘成鸣前往位于仁和区总发乡的大竹河水库，就本市水利和防汛工作进行调研。刘成鸣强调，要把水利建设和防洪抗灾放在更加重要的位置，充分发挥水利工程灌溉、防洪、供水等作用，进一步强化各项防汛措施，确保全市安全度汛。市委常委、常务副市长杨自力参加调研。

22 日　市委书记刘成鸣深入本市部分交通重点项目建设现场，就加快推进项目建设进行督导。刘成鸣强调，各级各部门必须牢固树立交通先行理念，按照全市打好交通枢纽建设攻坚战的总体部署，加大重点项目攻坚力度，推进交通基础设施建设，努力破解交通瓶颈，切实改善全市交通环境。市政协主席单荣、市委常委李章忠、副市长柳康健参加督导。

△　下午，市委书记刘成鸣在会展中心主持召开中共攀枝花市委九届第五十三次常委会议。市领导张剡、赵辉、杨自力、沈钧、许健民、张伟、王海波、李章忠、熊伟出席会议；市领导单荣、李仁杰、赵勇等列席会议。会议审议并原则通过了《市政府党组关于创新农业发展体制机制加快建设现代农业促进农民增收的意见的请示》；审议并原则通过了《市政府党组关于进一步扩大和深化对外开放合作的实施意见的请示》；审议并通过了《市外事工作领导小组办公室关于中共攀枝花市委外事工作领导小组职责和工作规则的请示》；审议并通过了《市外事工作领导小组办公室关于攀枝花市因公出国（赴港澳）审批程序的请示》；学习了“省纪委、省监察厅 4 期关于涉及‘四风’问题等典型案件的通报”（川纪通〔2013〕1 号、川纪通〔2013〕2 号、川纪通〔2013〕3 号、川纪通〔2013〕4 号），对我市相关工作进行了研究和安排部署；审议并通过了《市委组织部关于开展优秀年轻干部双向交叉挂职工作的请示》；研究了干部问题。

△　市委副书记、市长张剡前往仁和区，实地调研烟叶收购工作。张剡强调，要进一步调动农民生产积极性，推动全市烤烟产业发展，促进农民持续增收。当天，张剡还前往大竹河水库，就水利设施建设和管理工作进行了调研。副市长李仁杰陪同调研。

23 日　市政协八届九次常委会议在攀枝花会展中心举行。市政协主席单荣主持会议并讲话。市政协副主席赵勇、庞向东、伍维根、何群、吴文发、刘德顺、马晓凤出席会议。会议听取了中国人民银行攀枝花市中心支行关于金融部门支持全市企业发展情况的通报，审议通过了市政协经济委员会的调查报告；听取了市中级人民法院关于全市法院人才队伍建设情况的通报，审议通过了市政协社会和法制委员会的调查报告；传达了省纪委、监察厅关于涉及“四风”问题典型案件的通报；通过了相关人事任免决定。

△　攀枝花市精神文明建设委员会全体会议提出，全市上下要深入宣传学习喻维泉等道德模范先进

典型事迹，全面提升攀枝花城市文明程度和公民道德素质。市委常委、市委宣传部部长沈钧出席会议并讲话。会上，与会人员共同回顾了“攀枝花最美司机”喻维泉的感人事迹，并表达了对他的敬佩与哀思。

23 日至 24 日 省国土资源厅厅长杨冬生先后前往喻家坪滑坡（泥石流）地质灾害工程治理项目现场、川煤集团攀煤小宝鼎矿、省地矿局 106 地质队红格钒钛磁铁矿项目普查部、红格钒钛磁铁矿矿区，就本市地质灾害防治、矿产资源开发利用等方面工作进行调研。市委书记刘成鸣，市委副书记、市长张剡，副市长贾德华陪同调研。

24 日 市委常委、市委组织部部长熊伟，副市长贾德华前往金沙江密地桥至渡口桥段，调研沿江景观打造各项目工程实施情况。熊伟一行先后来到密地桥垂直交通系统、新客运中心立交系统、观音岩引水工程等项目实施现场，详细了解工程进展情况，察看视野区绿化、沿江美化亮化、公共服务设施等项目的建设情况，熊伟对沿江景观打造各项目工程进度表示满意。

24 日至 26 日 全球最具规模和代表性的华人商界盛会——第十二届世界华商大会在成都市举行。24 日，市委书记刘成鸣率攀枝花代表团前往成都报到。这是本市首次组团参加华商大会。在本届华商大会上，本市拟推出项目 55 个，总金额约 620 亿元。25 日上午 9 时 30 分，第十二届世界华商大会在成都新会展中心开幕，攀枝花代表团与众多参会企业展开了对接交流。当天下午，刘成鸣率攀枝花代表团成员，在成都锦江宾馆先后与三菱商事（中国）有限公司、宗申产业集团、中国水利水电建设集团公司、韩国 SK 集团、卡特彼勒（中国）投资有限公司、中国天诚（集团）总公司等世界 500 强和中国 500 强企业负责人进行洽谈。市委常委许健民出席对接活动。26 日，第十二届世界华商大会圆满闭幕。本届华商大会，在四川——世界华商交流合作暨项目签约仪式上，本市 5 个项目成功签约，总金额 21.5 亿元。大会闭幕式举行前，市委、市政府在成都新国际会展中心举行合作交流座谈会，搭建与世界华商携手合作、互利共赢的友谊之桥。刘成鸣在座谈会上致辞，向全世界华商广发“英雄帖”，热忱欢迎广大华商到攀枝花考察指导，加强交流，增进友谊，深化合作。四川省侨办侨联机关党委书记孙胜应邀出席座谈会。许健民主持座谈会。当天，许健民在成都锦江宾馆先后会见了参加第十二届世界华商大会的佛山市泰裕达钢业集团有限公司副总裁王军勇和广西华晨集团西南区域总裁张天诚，双方就深化合作交换了意见。

25 日 全市党外代表人士队伍建设工作座谈会在攀枝花会展中心召开。中共攀枝花市委副书记赵辉要求，要建设一支高素质党外代表人士队伍，为全市经济社会发展服务。市委常委、市委组织部部长熊伟出席座谈会并讲话。市政协副主席、市委统战部部长赵勇主持座谈会。

△ 以省政府督查室副主任范德荣为组长的省第三次全国经济普查督查组莅攀，检查指导本市相关工作。督查组通过听汇报、座谈交流、查阅资料、走访普查对象等方式，了解了本市第三次全国经济普查工作进展情况，并就下一步工作提出指导意见。市委常委、常务副市长杨自力代表市政府与省政府签订了攀枝花市第三次全国经济普查工作目标责任书。

△ 本市召开会议专题研究部署省级文明城市创建工作。市委常委、市委宣传部部长沈钧，副市长张敏出席会议。

△ 市委常委、市委宣传部部长沈钧在市级相关部门负责人陪同下，前往西区调研社区公共文化服务体系建设情况。

△ 本市召开花城新区工作研究会。市委常委、市委秘书长王海波，副市长贾德华出席会议并提出具体要求。

△ 国家安全监管总局第三小组（非煤矿山组）莅临攀枝花，就本市安全生产工作进行检查。检查组要求，要牢固树立安全发展理念，毫不松懈、持之以恒地做好安全生产工作；要落实责任，强化措

施，促进安全生产形势稳定好转。

26日 市“两化”工作领导小组召开第三次专题会议。市委副书记赵辉出席会议并指出，在深入实施“两化”互动、统筹城乡发展战略中，各级各部门要进一步统一思想、提高认识，走出特色发展新路子，推动全市经济社会科学发展、加快发展。副市长贾德华出席会议。

△ 攀枝花市建成区环境空气质量达标方案汇报会在攀枝花会展中心举行。会上，市环保局结合本市环境空气质量现状和环境空气质量新检测标准，向与会部门、企业详细汇报了本市建成区环境空气质量达标方案制定情况，并征求意见和建议。市委副书记赵辉，副市长贾德华出席会议。

27日 本市召开市医改领导小组会议，专题讨论并审议了《攀枝花市县级公立医院取消药品加成经费补偿实施方案》和《攀枝花市疾病应急救助制度实施方案》。市委常委、常务副市长杨自力，副市长张敏出席会议。

28日 本市举行恒大城等66个项目开工动员大会。当天，包括民生及社会事业、产业发展、基础设施在内的66个新项目正式开工建设。这批集中开工的项目总投资达75.25亿元，今年计划投资15.83亿元。市委书记刘成鸣、市政协主席单荣、市委副书记赵辉、市委常委李章忠、市人大常委会副主任张如英、副市长柳康健出席动员大会。

△ 市委书记刘成鸣深入本市部分景区景点、旅游新村检查旅游安全和接待准备工作，强调要以大方实用和游客满意度为标准，不断提升景区景点品质和旅游接待能力，充分展示攀枝花形象和魅力，确保游客度过一个温馨舒适的佳节。市委常委、市委秘书长王海波，副市长柳康健参加调研。

△ 下午，市委副书记、市长张剡带队深入本市部分企业和重点桥梁现场，就企业安全生产和道路安全畅通等工作进行了检查。张剡强调，要切实落实安全责任，进一步加强安全监测监管，建立健全安全预警预报机制，认真做好节日期间的值守应急等工作，坚决防范和遏制安全事故发生。副市长殷旭东参加检查。

29日 本市召开迎接“全省百镇建设现场会和重点旅游项目推进现场会”六十天奋战动员大会。市委书记刘成鸣出席会议并强调，全市上下要以饱满旺盛的精神状态、昂扬奋发的工作作风、扎实有效的工作举措，全力以赴积极奋战六十天，向党和人民交一份满意答卷，向全省展示攀枝花近年来推进新型城镇化建设和重点旅游项目建设取得的新成就。市委副书记、市长张剡传达省委、省政府相关精神，并代表市政府与责任单位签订目标责任书。会议还对国庆期间旅游接待和安全生产工作做出了部署，对确保完成年度目标任务、加快推进“急难险重”任务和重大招商项目落地、推进攀西战略资源创新开发试验区建设等工作提出了要求。市领导单荣、赵辉、王海波、张如英、柳康健、殷旭东、贾德华出席动员大会。

△ 市委书记刘成鸣率队前往温州商城农贸市场、百盛购物中心、滨江大道等地，就本市节日期间市场供应、食品安全卫生情况和沿江景观打造情况进行调研。刘成鸣强调，各级各部门和企业要周密部署，精心准备，抓好市场保供工作，加大食品安全监测力度，全力营造一个安全、祥和、喜庆、热烈的节日氛围，让全市人民欢度国庆。市委常委、市委秘书长王海波，副市长张敏参加调研。

△ 市城管委召开会议，审议《东区政府沿江打造美化方案》《东区、仁和区花城示范街打造方案》等三大类九项方案。市委副书记、市长张剡强调，各级各部门要从细节入手，加强城市精细化管理，为全市经济社会发展营造更加良好的环境。副市长殷旭东、贾德华出席会议。会议还审议了《2014年元旦、春节城区节日氛围营造方案》《攀枝花公园便民利民设施实施方案》《炳三区学园隧道旁小二楼立面整治方案》等。参会人员围绕提交审议的各项方案提出了意见建议。

△ 本市召开党委系统办公室主任会议。会议要求，及时学习贯彻习近平总书记系列讲话精神，推动本地区、本部门不断取得新进展、新成效，确保学习贯彻活动取得扎实成效。市委常委、市委秘书长

王海波传达了全国全省党委系统秘书长和办公室主任会议精神，并结合实际提出要求。

30日 市委书记刘成鸣率队深入本市部分重点场所，就节日安全生产工作进行检查。刘成鸣强调，各级各部门要认真做好节日期间的安全生产工作，务必把安全生产工作的各项措施和责任落实到每一个细节，落实到每一个操作层面，全力营造安全有序的社会环境，确保全市人民过一个欢乐、祥和、喜庆的国庆佳节。市领导殷旭东、贾德华参加检查。

△ 全省村（社区）“两委”换届工作电视电话会议召开。随后，本市召开电视电话会议，就全市村（社区）“两委”换届工作进行安排部署。市委常委、市委组织部部长熊伟在攀枝花分会场参加会议，并就本市村（社区）“两委”换届工作提出要求。

10月

8日 中共攀枝花市委常委（扩大）会议在攀枝花会展中心召开。会议传达贯彻了习近平总书记关于贯彻落实中央八项规定的重要批示精神和省委“学习贯彻习近平总书记重要批示深入学习兰辉同志先进事迹”座谈会精神等中央、省委重要精神，对第四季度工作进行了安排部署。会议强调，广大党员干部要以兰辉同志为榜样，把党和人民的事业放到心中的崇高位置，继续发扬干实事、打硬仗的工作作风，以决战决胜的姿态和强有力的举措，向全年目标任务奋力冲刺。市委书记刘成鸣主持会议并讲话。市领导张剡、单荣、赵辉、杨自力、李群林、沈钧、许健民、张伟、李章忠、熊伟等出席会议。

△ 上午，市委书记刘成鸣在市委三楼会议室主持召开2013年第六次市四大班子主要领导联席会议。市领导张剡、单荣、赵辉出席会议；市领导王海波、张如英等列席会议。会议听取了国庆期间全市的旅游、安全、治安和值班工作情况的汇报，通报了市委、市人大、市政府、市政协近期工作情况，对下一步的相关工作进行了研究和安排部署。

9日 市委市政府在攀枝花会展中心召开会议，对全市工业园区建设和新型城镇化工作进行深入研究，进一步明确了工业园区建设和新型城镇化工作的目标、定位、原则和重点。会议提出，要继续在提高新型工业化和新型城镇化的质量和水平上下功夫，奋力实现“两个力争”的目标，即力争到2017年，钒钛产业园区成功创建成为国家级园区，建成1个“千亿园区带”，建成3个“500亿园区”和2个“300亿园区”；力争每年城镇化率提高1.5%左右，到2017年达到70%。市委书记刘成鸣，市委副书记、市长张剡出席会议并讲话。市委副书记赵辉主持会议。市领导杨自力、李章忠、柳康健、贾德华出席会议。

△ 市委书记刘成鸣对银江水电站的开工筹备工作进行调研，强调要围绕2015年3月实现截流的目标，紧盯加快项目建设进度的关键环节，突出工作重点，强化督查跟踪，把建设任务细化落实到每一个时间节点，扎实推进项目建设。市领导李章忠、柳康健参加调研。

△ 市长张剡主持召开市政府第二十五次常务会议。会议审议并原则通过《攀枝花市促进进出口稳增长调结构十二条措施》《攀枝花市城市商业网点规划（2011～2020）》《关于创建国家园林城市工作情况的报告》《攀枝花市老龄事业（2013～2020年）发展规划》《关于公布攀枝花市第一次全国水利普查公报的请示》《关于开展廉租住房和公共租赁住房并轨运行有关事宜的请示》等。会前，与会人员围绕法治政府建设学习了相关法律。

△ 本市召开第十四届西博会筹备会。本届西博会，本市将与香港商会、澳门商会、台湾商会、宝钛、中航工业等签署战略合作备忘录。同时，将开展6场重大项目促进会及4场客商会见会，积极对接香港蔬菜协会、波鸿集团、通用航空等知名大企业的项目，会见广州天渊投资集团、香港世茂集团、日本银河株式会社等重点企业客商。市委常委许健民出席会议并提出具体要求。

10日 市委、市政府在攀枝花会展中心召开会议，研讨本市加快建设攀西战略资源创新开发试验区的具体工作方案。市委书记刘成鸣出席会议并强调，要切实肩负起历史赋予的重大责任，把试验区建设规划细化成具体的年度目标、细化成落地实施的项目、细化成扎实的工作措施，充分释放政策“红利”，以试验区建设加快攀枝花产业升级、城市转型步伐，增强攀枝花经济社会发展动力，推动攀枝花在全省率先全面建成小康社会的进程。市委副书记、市长张剡出席会议并对加快攀西战略资源创新开发试验区建设提出具体要求。市领导赵辉、杨自力、李章忠、柳康健出席会议。

△ 带着市委、市政府对全市老年朋友的祝福和关爱，市委书记刘成鸣先后来到仁和区仁和镇老街社区、东区人民街南部小区和东区新亚街一居民楼，走访慰问本市部分老年朋友，并通过他们向全市老年朋友致以节日的美好祝愿。市委常委、常务副市长杨自力参加看望慰问。

△ 在重阳节即将到来之际，市委副书记、市长张剡在相关部门负责人的陪同下前往西区，看望慰问部分生活困难老人，向他们致以节日的祝福和亲切的问候。

△ 花城新区山地森林公园招商、规划及市干热河谷区林业生态建设总体策划工作会在市委三楼会议室召开。市领导赵辉、李群林、李仁杰出席会议。

10 日至 11 日 新华通讯社四川分社党组书记、社长房方率新华社四川分社采访组来本市调研采访。市委常委、市委宣传部部长沈钧陪同调研，向采访组介绍了本市近年来经济社会发展情况和今后一段时期的发展思路，并同采访组进行交流探讨。

11 日 市委副书记、市长张剡前往金江物流园区、密地现代商贸物流园区，就项目规划建设工作进行调研。张剡强调，各级相关部门要统筹规划，分步实施，大力建设现代物流园区，努力推动攀枝花物流产业发展迈上一个新台阶。当天，张剡还对炳三区君临江山项目施工弃土点、市实验中学西侧边坡垮塌应急抢险及治理工程进行调研，要求相关单位科学施工、尽快消除安全隐患，确保人民生命财产安全。

△ 市老年科技工作者协会举办 2013 年重阳节会员大会，本市上百名老年科技工作者欢聚一堂，共庆重阳。市委常委、市委组织部部长熊伟，市政协副主席庞向东，老领导孙本先参加大会。

△ 攀枝花市优秀年轻干部双向交叉挂职交接会召开。本市共选派 14 名优秀年轻干部分别到地方、企业、高校挂职锻炼一年。这是本市首次开展地企、地校互派优秀年轻干部双向交叉挂职锻炼工作。市委常委、市委组织部部长熊伟出席会议。

12 日 市委书记刘成鸣对沿江景观打造工作进行调研，并与前来散步休闲的部分群众交谈，征求他们的意见建议。副市长贾德华参加调研。

△ 下午，市委副书记、市长张剡在成都与四川航空集团公司党委书记、四川航空股份公司总经理李海鹰，就攀枝花机场航线与航班工作进行座谈。双方决定，从本月 27 日起，新开攀枝花——重庆——北京航线。副市长柳康健参加座谈会。

△ 攀枝花市质量发展大会暨国家钒钛制品质量监督检验中心服务项目说明会召开。市委副书记、市长张剡出席会议并讲话。省质监局党组书记、局长郭春英，省质监局副局长周传军出席会议。市委常委、常务副市长杨自力，市人大常委会副主任张如英，市政协副主席马晓凤出席会议。会议对 2011 ~ 2013 年度获得中国驰名商标等品牌企业及组织进行了表彰；国家钒钛制品质量监督检验中心负责人就国检中心服务项目进行了推介。

△ 本市“全省百镇建设现场会和重点旅游项目推进现场会”工作督办会议在盐边县红格镇召开。市委副书记赵辉出席会议并讲话。市委常委、市委宣传部部长沈钧，副市长柳康健就相关工作作了安排。

△ 市九届人大常委会召开第二十八次主任会议。市人大常委会主任谢道全主持会议并讲话。市人大常委会副主任唐建民、张汝林、张国民、许秀峰、王向阳，秘书长钟国元出席会议。会议听取了市人

大常委会办公室关于《攀枝花市重大项目管理办法》备案审查意见的报告、关于市九届人大常委会第十四次会议召开时间和建议议题的情况汇报，审议通过了《攀枝花市人大常委会组成人员出席常委会会议请假规定》《攀枝花市人大专委会、常委会工作委员会组成人员参加会议和活动请假规定》。会议决定，市九届人大常委会第十四次会议于10月30日在会展中心召开，会议建议议题为：听取和审议市人民政府关于国家森林城市和国家园林城市创建，市九届人大二次会议代表建议、批评和意见办理，加强法治政府建设，高中阶段教育改革发展情况的报告，市人大代表资格审查委员会关于个别代表资格审查的报告，人事任免。

13日 本市举行“牵手强基层·服务百姓健康行动”启动仪式。全市16家医疗机构和60家受援方签订了对口帮扶协议，将承担起对社区卫生服务中心和乡镇卫生院的业务指导、技术支持、人才培养、管理提升等任务。市委常委、市委宣传部部长沈钧，市人大常委会副主任张汝林，市政协副主席庞向东出席启动仪式。

14日 上午，市委书记刘成鸣到成都先后参加省委常委班子专题民主生活会情况通报会、全省党的群众路线工作经验交流会。

△ 为期3天的2013年中国科技博览会在四川绵阳举行。当天，攀西经济区展馆正式开馆。市委副书记、市长张剡，市委常委许健民视察了攀西经济区展馆攀枝花展区开展情况。

14日至15日 省人大内务司法委员会主任委员严铁桥率调研组，先后深入本市部分机关、单位、学校、社区，开展《禁毒法》《四川省禁毒条例》执法调研和课题调研，听取本市贯彻实施法律法规工作的情况汇报，并与相关部门负责人和部分市人大代表座谈。市人大常委会主任谢道全陪同调研。市委常委、市委政法委书记、市禁毒委主任张伟，市人大常委会副主任唐建民，副市长、市公安局局长、市禁毒委副主任殷旭东分别陪同调研或参加汇报座谈会。

15日 市委书记刘成鸣深入西区，通过实地察看、听取汇报等方式就西区经济社会发展情况进行调研。刘成鸣强调，西区广大领导干部要切实肩负起历史使命，振奋精神、坚定信心，直面发展难题，找准发展定位，扭住工作重点，牢固树立“每年干成几件事”的工作信念，以更加奋发有为的精神状态，开创西区经济社会发展新局面。市领导杨自力、李群林、熊伟参加调研。

△ 2013年中国科技城科技博览会在四川绵阳正式开幕。开幕前，全国政协副主席、科技部部长万钢，四川省委书记、省人大常委会主任王东明，四川省委副书记、省长魏宏莅临攀西经济区展馆，参观了攀枝花展区。攀枝花市委副书记、市长张剡，市委常委许健民陪同参观。

△ 下午，攀西经济区科技投资推介会在绵阳召开。推介会上，攀枝花成功签约重大投资项目12个，重大科技成果转化项目5个，签约金额达57亿余元，该批签约项目主要集中在攀枝花市重点发展的钒钛、机械制造、新能源等产业。副省长曲木史哈出席推介会并致辞。攀枝花市委副书记、市长张剡出席推介会并致辞，市委常委许健民主持。

△ 四川省文明办专职副主任张亚平率第三届省文明城市明查考核测评组莅临攀枝花，对本市创建省级文明城市各项工作展开检查测评。市委常委、市委宣传部部长沈钧，副市长贾德华陪同检查。检查测评结束后，本市还将向省文明城市明查考核测评组汇报相关工作。

△ 晚上，由攀枝花市创建全国文明城市指挥部主办的《与文明同行》群众文艺汇演在市中心广场举行。四川省文明办专职副主任张亚平，市委常委、市委宣传部部长沈钧，副市长贾德华到场观看演出。

15日至16日 以省人大常委会副主任刘道平为组长的省人大常委会执法检查组深入本市米易县、仁和区，通过现场查看、听取汇报等方式，就本市贯彻实施《中华人民共和国义务教育法》情况开展检查。市人大常委会主任谢道全陪同检查，省人大教科文卫委主任委员涂文涛、省人大常委会法工委主任田万国、省人大常委会人代工委副主任李江参加检查。市人大常委会副主任张汝林、副市长张敏、市人大常委会秘书长钟国元陪同检查。

16日 由省文明办专职副主任张亚平任组长的第三届省文明城市明查考核测评组一行，在攀枝花会展中心听取了本市创建省级文明城市的工作汇报。市委书记、市文明委主任刘成鸣出席汇报会。市人大常委会主任谢道全主持汇报会。市委常委、市委宣传部部长、市创建全国文明城市指挥部指挥长沈钧向考评组汇报本市创建工作。市领导贾德华、庞向东参加座谈会。汇报会结束后，考评组对本市创建工作的档案测评资料进行了核查。

△ 是2013年中国科博会的最后一天。当天，副省长刘捷莅临攀枝花展区，参观了解了本市钒钛重点企业及其产品。市委副书记、市长张剡，市委常委许健民等陪同参观。

△ 全省前三季度经济形势分析电视电话会议召开。会议分析了全省前三季度经济运行情况，并对下一步工作进行了安排部署。市委常委、常务副市长杨自力在攀枝花分会场参加会议。

16日至17日 宜宾市党政代表团一行莅攀考察。16日，宜宾市党政代表团一行前往攀钢轨梁厂、沿江景观打造项目现场、钒钛产业园区、红格旅游集镇等地进行了考察。17日上午，攀枝花—宜宾区域经济合作会在攀枝花会展中心召开，双方在会上签订战略合作框架协议书。此举是本市和宜宾市共同落实省委“三大发展战略”的具体举措，随着协议的签署，本市将与宜宾市全面深化区域合作，形成“1+1>2”的聚合效应，携手谱写两地合作发展的新篇章。市委书记刘成鸣，宜宾市委书记王铭晖出席会议并讲话。市委副书记、市长张剡，宜宾市委副书记、市长徐进代表两市人民政府签署协议。市大常委会主任谢道全，市政协主席单荣，宜宾市人大常委会主任陆振华，宜宾市政协主席葛燎原出席会议。攀枝花市领导赵辉、杨自力、贾德华，宜宾市领导吕晓莉、周宇、袁兵、谢杰、肖渭明、李学焦出席会议。

17日 下午，市委书记刘成鸣率队深入盐边县红格镇，就“全省百镇建设现场会和重点旅游项目推进现场会”的筹备工作进行调研，强调要把现场会的召开作为提升攀枝花城乡风貌水平的重要契机，进一步加强城乡基础设施建设，加快对重点环节和薄弱部位的风貌改造，科学调整旅游集镇的产业形态，不断提升城镇化发展质量和水平，改善城乡居民生活环境。市委副书记赵辉参加调研。

18日 市委书记刘成鸣率队深入本市部分旅游新村，就全市乡村旅游发展工作进行调研。刘成鸣强调，各级党委政府要顺应群众新期待，深入挖掘乡土文化，重点培育特色品牌，努力探索符合本市乡村旅游业发展实际的管理模式，切实提高旅游新村入住率，带动农民群众增收致富奔小康。市领导赵辉、李群林、李仁杰参加调研。

△ 2013攀枝花阳光康养旅游推介会及自驾游发车仪式在成都锦江宾馆举行。当天，30余辆满载游客的自驾游车辆，驶向“阳光花城、康养胜地”攀枝花。省旅游局副局长郑学炳，市委常委、市委宣传部部长沈钧出席推介会。

△ 本市举行执行工作联席会暨“点对点”网络查控机制建设签字仪式，本市将继续推进执行工作联席会议制度，进一步解决“执行难”问题。市委常委、市委政法委书记张伟，市人大常委会副主任唐建民，市政协副主席马晓凤出席会议。

19日 市委书记刘成鸣对东区经济社会发展情况进行调研。刘成鸣强调，东区各级领导干部要切实承担起推动主城区率先全面建成小康社会的历史重任，当好“科学发展、加快发展”的模范，主动作为、奋力攻坚，把主城区的比较优势转化为经济社会的发展优势，努力走出一条推动老工业城市主城区经济社会全面发展的创新之路。市领导杨自力、李群林、张伟、王海波、熊伟参加调研。

20日 市委召开常委会议，传达贯彻习近平总书记在参加河北省委常委班子专题民主生活会时的重要讲话精神、全省党的群众路线工作经验交流会议精神和全省推动战略性新兴产业加快发展座谈会精神，研究部署本市贯彻落实的具体举措。市委书记刘成鸣主持会议并讲话。市委副书记、市长张剡在会上发言。市领导谢道全、单荣、赵辉、杨自力、李群林、程少华、沈钧、张伟、王海波、李章忠、熊伟出席会议。

△ 本市在攀枝花会展中心召开环境空气质量保障工作研究会，就当前环境空气质量存在的问题进行分析，并对进一步提升全市环境空气质量进行安排部署。市人大常委会主任谢道全出席会议并讲话。市人大常委会副主任许秀峰、副市长贾德华出席会议。

21 日 上午，市委书记刘成鸣在会展中心主持召开中共攀枝花市委九届第五十六次常委会议。张剡、赵辉、杨自力、李群林、沈钧、许健民、张伟、王海波、李章忠、熊伟出席会议；谢道全、单荣列席会议。会议研究了干部问题。

△ 市委、市政府邀请相关专家，会同市级有关部门和部分县（区）负责人，就城市路网规划工作进行了深入探讨。市委书记刘成鸣，市委副书记、市长张剡出席会议并共同研究部署了规划建设工作，强调要加快构筑畅通高效、方便快捷的现代综合交通体系，努力实现客运“零换乘”和货运“无缝衔接”的目标，解决群众在出行方面反映强烈的突出问题，确保道路网络建设服务于发展、服务于民生。市领导王海波、贾德华出席会议。

22 日 第十四届中国西部国际博览会·2013 年四川农业博览会开幕。农业部副部长于康震，全国工商联专职副主席、中国民间商会副会长黄荣，省委常委、省委农工委主任李昌平，副省长曲木史哈到攀枝花展馆检查指导工作。省农业厅领导、市领导李群林、李仁杰等陪同。下午，李群林、李仁杰就西博会攀枝花展区布展情况进行了检查。

△ 本市在成都举行媒体见面会，介绍攀枝花参加第十四届中国西部国际博览会、2013 年四川省农业博览会和举办 2013 中国·攀枝花欢乐阳光节的准备情况。市委常委、宣传部部长沈钧致辞，李仁杰、市级相关部门负责人分别介绍有关情况。来自境内外的 40 余家新闻媒体参加见面会。

23 日 下午，市委、市政府在成都举行攀枝花城市推介会暨项目签约仪式。会上，30 个项目集中签约，投资总额达 316 亿元。省委常委、宣传部部长吴靖平到会祝贺，并诚邀企业家们到中国来、到西部来、到四川来、到阳光最好的攀枝花来投资兴业，共谋发展。市委书记刘成鸣，市委副书记、市长张剡作城市推介。市委副书记赵辉主持推介会，市领导沈钧、李仁杰出席。中新社、香港卫视、四川日报、四川电视台等媒体记者对此次活动进行了采访报道。

△ 下午，省委常委、宣传部部长吴靖平在市委书记刘成鸣，市委副书记、市长张剡陪同下，走进位于成都世纪新城国际会展中心 1 号馆的西博会攀枝花展区，巡视参展情况。市领导赵辉、沈钧、李仁杰陪同巡视。下午，刘成鸣、张剡，走进位于成都世纪新城国际会展中心 9 号馆，巡视 2013 年四川农业博览会攀枝花参展情况。市领导沈钧陪同巡视。

△ 下午，市委书记刘成鸣，市委副书记、市长张剡在成都世纪新城国际会议中心会见了日本株式会社全球执行董事、中国总代表大野滋，日中经济协会总代表横山达也，久保田（中国）投资公司总经理魏杰，就合作发展清洁能源、机械制造、电化工等产业交换了意见。市领导赵辉、李仁杰参加会见。

△ 上午，市人大常委会主任谢道全率队深入攀钢、钢城集团等大企业，就创国模攻坚项目推进情况进行调研。市委常委、常务副市长杨自力，市人大常委会副主任许秀峰，副市长贾德华参加调研。市人大常委会秘书长钟国元参加调研。

24 日 上午，市委书记刘成鸣，市委副书记、市长张剡在成都锦江宾馆就促进重大项目在攀落地，分别与投资商深入交换了意见，并对全市各级各部门相关工作提出要求。会上，川威集团就米易县城南新区建设、钒钛制品物流中心和交易中心 3 个项目与本市签订框架合作协议。当日，张剡先后与中国重汽、中国水利水电建设集团新能源开发有限责任公司、香港蔬菜协会、天诚集团、成都伟经投资集团等企业负责人进行了座谈。市领导赵辉、李群林、沈钧、李仁杰参加相关项目促进会。

△ 下午，本市在成都锦江宾馆举行攀枝花阳光康养产业恳谈会，向国内外企业展示攀枝花的魅力和阳光康养产业发展优势及潜力，借此平台加强与各方的交流沟通，共同搭建携手合作、互利共赢的友谊之桥。市委书记刘成鸣，市委副书记、市长张剡，市委副书记赵辉，省旅游局副局长郑学炳，市领导沈钧、李仁杰，省旅游协会，河南省旅游局有关负责人出席会议。市领导许健民主持会议。会上，市旅游局、市交通局分别介绍了攀枝花市重点旅游项目和交通枢纽建设情况。广禾投资、中国天诚集团等企业代表先后发言，并提出许多意见建议。香港世茂集团、首旅集团等众多知名旅游康养企业代表应邀参会。

△ 市委书记刘成鸣，市委副书记、市长张剡在成都锦江宾馆会见了四川省铁路产业投资集团有限公司等企业负责人。当日，省铁投公司与本市正式签订《攀枝花至大理（过境）高速公路投资合作框架协议》。

△ 省政府监督检查组组长、省政府政务服务中心主任牛建平一行在攀枝花会展中心听取本市重点领域行政执法监督检查工作情况汇报。他强调，要认真总结经验，突出抓好行政执法队伍建设、行政行为监督检查、行政处罚自由裁量权规范行使三方面工作，全面推进依法行政。市委常委、常务副市长杨自力作汇报。

25 日 省委书记、省人大常委会主任王东明，省委副书记、省长魏宏来到位于成都新国际会展中心的第十四届西博会主展场巡展，并到攀枝花展馆参观。参观中，王东明、魏宏对攀枝花在本届西博会上取得的丰硕成果给予了充分肯定，并强调，攀枝花要抢抓重大发展机遇，大力实施充分开放合作战略，努力构建区域合作新格局；要大力实施创新驱动发展战略，努力激发发展新活力，不断提高钒钛资源综合开发利用的水平和质效，奋力向全面建成小康社会的目标迈进。市领导刘成鸣、张剡、赵辉陪同参观。

△ 东区、西区、米易县、盐边县分别在蓉开展专题招商活动。市委书记刘成鸣出席米易县装备制造业发展项目推介会。会上，四川省机械研究院与米易县签订建设攀西分院（分港）的投资协议。省经信委、省投促局相关负责人出席推介会。市领导赵辉、许健民、李仁杰分别参加相关招商活动，并同相关区县就商贸流通、产业升级、城市建设等，与太平洋百货、天成集团等企业代表进行座谈。二重机械集团、成飞工业集团、成发集团等企业代表参加推介会。

△ 市委副书记、市长张剡在成都先后会见了成都铁路局局长武勇，四川省能源投资集团党委书记、董事长郭勇，就攀枝花格里坪到丽江石龙坝铁路线、金沙水电站建设等情况进行会谈。丽江市委副书记、市长和良辉，成都铁路局党委书记王晓州参加会见。

△ 攀枝花市企业联合会在会展中心举行成立三十周年座谈会。市人大常委会主任谢道全，市政协主席单荣，市委常委、常务副市长杨自力出席会议。市老领导韩国宾、孙本先等出席座谈会。会议对“攀枝花市创新发展优秀企业”和“推动市企联与企业共成长优秀工作者”进行了表彰。

△ 市直机关基层党组织和机关在职党员到社区“双报到”试点工作启动仪式在攀枝花英雄纪念碑前举行。市民政局机关党委、市委组织部机关党总支和团市委机关党支部作为试点单位，与结对共建的社区党组织进行了“双报到”交接工作。市直机关基层党组织和机关在职党员到社区“双报到”试点工作启动仪式在攀枝花英雄纪念碑前举行。市民政局机关党委、市委组织部机关党总支和团市委机关党支部作为试点单位，与结对共建的社区党组织进行了“双报到”交接工作。市委常委、秘书长王海波出席仪式并讲话。

25 日至 27 日 省人力资源和社会保障厅厅长王建军一行就本市就业工作、社会保障工作和金保工程等方面进行调研。省就业局局长田杰参加调研，市委常委、常务副市长杨自力陪同调研。

27日 省政协副主席、农工党四川省委主委王正荣率队莅临攀枝花，对本市农村医疗卫生工作进行视察指导，并与本市进行了座谈。此次来攀，农工党四川省委向米易县医院捐赠了价值60万元的药品和医疗器械。市委副书记赵辉，副市长贾德华，农工党市委主委张汝林出席捐赠仪式。市政协副主席、市委统战部部长赵勇主持捐赠仪式。

28日 市委书记刘成鸣对机场路绿化景观改造工程和马坎生态功能区建设工程进行督导，强调要按照“生态自然、四季有花、绿道缠绕、阳光温馨”的原则，加快推进工程，为攀枝花城区视野范围内的荒山荒坡披上“绿装”，展现阳光花城新风貌，让人民群众共享生态文明建设成果。市委常委、市纪委书记李群林参加调研。

△ 市委书记刘成鸣，市委副书记、市长张剡在攀枝花会展中心会见省电力公司总经理王抒祥一行。双方表示将继续紧密合作，进一步加快攀枝花电网建设，为攀枝花经济社会发展提供坚强的电力保障。市委常委、常务副市长杨自力会见时在座。当日，王抒祥一行在张剡的陪同下，前往花城新区、普达阳光国际康养度假区，调研了电力保障等情况。

△ 农工党四川省2013年机关工作研讨会暨工作人员培训会议在攀枝花会展中心举行。农工党中央常委、四川省政协副主席、农工党四川省委主委王正荣，中共攀枝花市委副书记赵辉，农工党四川省委驻会副主委张庆文，农工党四川省委副主委夏华祥，攀枝花市政协副主席、中共攀枝花市委统战部部长赵勇，农工党攀枝花市委主委张汝林，农工党四川省委秘书长邓蓉玲出席会议。会议对今年农工党四川省机关建设工作进行了安排部署，提出要努力建设一支团结协作、求真务实、高效服务的机关队伍，把各级机关建设和机关工作提高到一个新的水平。

△ 攀枝花市政协主席单荣主持召开市政协八届二十五次主席会议。市政协副主席赵勇、庞向东、伍维根、何群、吴文发、马晓凤、周治端出席会议。会议听取了市防震减灾局关于防震减灾工作情况的通报；审议通过了市政协教科文卫体委员会《关于我市防震减灾工作情况的调查报告》；审议通过了《关于评选优秀提案、提案办理先进单位和先进个人有关问题的方案》。会议还审议通过了其他有关人事事项。

29日 下午，省政府在攀枝花召开攀西国家级战略资源创新开发试验区建设工作会议。省委副书记、省长魏宏出席会议并讲话，强调要抓好用好“金字招牌”，探索创新体制机制，努力打破行政壁垒，走出一条试验区战略资源创新开发、综合利用的新路子，推进攀西地区科学发展、加快发展。上午，魏宏还前往迤资工业园区富邦1000万件钒钛制动鼓项目和丽攀高速攀枝花段金江互通立交建设现场调研。副省长王宁主持会议并参加调研。省政协副主席、凉山州委书记翟占一出席会议。攀西试验区建设工作会上，市委书记刘成鸣发言时建议，试验区范围内的各市、州应进一步强化一家亲的地域观、一体化的发展观、一条船的奋进观和一盘棋的大局观，共同建立重大项目会商机制，从而优化试验区整体产业布局，形成区域发展合力，避免同质化竞争。市委副书记、市长张剡汇报了本市加快建设攀西战略资源创新开发试验区的工作进展情况。市领导杨自力、王海波陪同调研。

30日 市委书记刘成鸣率队深入本市部分交通重点项目施工现场，察看工程进展，研究城市路网建设工作，协调解决项目推进过程中遇到的具体问题。市政协主席单荣、市委常委李章忠、副市长贾德华参加调研。

△ 上午，中央统战部和全国工商联以电视电话会的形式，举行了全国非公有制经济人士理想信念报告会，本市组织相关部门和部分企业负责人收看收听了报告会实况。市委副书记赵辉，市政协副主席、市委统战部部长赵勇，市政协副主席、市工商联主席吴文发在攀枝花分会场收看收听报告会实况。

△ 市九届人大常委会第十四次会议在攀枝花会展中心召开。市人大常委会主任谢道全主持会议。市人大常委会副主任张如英、唐建民、张汝林、张国民、许秀峰、王向阳出席会议。副市长柳康健，市

中级人民法院、市人民检察院有关负责人列席会议。市政协副主席庞向东、5名市人大代表应邀列席会议。会议听取和审议了市政府关于创建国家森林城市工作、创建国家园林城市工作、加强法治政府建设、高中阶段教育改革发展情况的报告，关于办理市人大代表在市九届人大二次会议上所提建议、批评和意见情况的报告；通过了《关于进一步动员全市人民积极投入创建国家森林城市工作的决议》和《关于进一步动员全市人民积极投入创建国家园林城市工作的决议》；审议通过了《攀枝花市第九届人民代表大会常务委员会代表资格审查委员会关于个别代表资格的审查报告》，人事事项。

31日 市委书记刘成鸣对米易经济社会发展情况进行调研。刘成鸣强调，面对新形势、新任务、新挑战，米易各级领导干部要继续振奋精神、坚定信心、开拓创新，团结带领全县干部群众心往一处想，劲往一处使，力争使米易县成为攀枝花在全省率先全面建成小康社会的标兵和阳光康养产业发展的排头兵，再铸县域经济社会发展新辉煌。市领导杨自力、李群林、熊伟、吴文发参加调研。

△ 市委副书记赵辉率队前往东区、仁和区和盐边县，就“全省百镇建设现场会和重点旅游项目推进现场会”筹备工作进行实地察看，并召开督办会议。市委常委、市委宣传部部长沈钧，副市长柳康健、贾德华就具体工作作了相关安排部署。

△ 本市在红格温泉假日酒店举办2013年“全省百镇建设现场会和重点旅游项目推进现场会”红格镇涉会人员动员培训会。来自盐边县、红格镇的相关干部群众、旅游企业负责人和全市部分酒店、学校师资人员等共200余人接受了礼仪礼貌、产品营销、诚信经营等方面的培训。市委副书记赵辉作动员并授课。

△ 上午，市委常委、市委秘书长王海波在市直机关工委、市交通局、市水务局、市环保局相关负责人的陪同下，到“挂包帮”活动联系点仁和区福田镇调研。王海波要求，要充分发挥帮扶部门的指导作用、地方政府的主体作用和各相关部门的职能作用，帮助基层群众解决实际困难，实现增收致富，争取早日全面实现与全市人民同步小康。

△ 本市举行第十四届西博会总结暨招商引资工作会。会议要求，抓好签约项目督办工作，争取更多项目早日落地，做大开放合作平台，让西博会的招商引资成果融入到攀枝花经济社会发展中。市委常委许健民，副市长李仁杰出席会议。本届西博会上，本市推介项目数、投资总额和签约金额均创历史新高，共签约项目119个，金额突破千亿，达到1119.31亿元。

11月

1日 上午，市领导刘成鸣、张剡在成都参加全省领导干部会议。

△ 市国有企业改革领导小组工作会在市委三楼会议室召开。市领导赵辉、李章忠出席会议。

△ 本市召开2013年第四季度“五创联动”工作推进会。市“五创联动”总牵头人、市人大常委会主任谢道全在会上要求，全心投入、全力投入，紧扣目标，奋战60天，打好攻坚战，奋力推进年度各项创建目标任务全面完成。市委常委、常务副市长杨自力主持会议。市领导沈钧、许健民、张如英、唐建民、张国民、许秀峰、王向阳、柳康健、李仁杰、贾德华出席会议。会上，市创模办、市创文办、市创森办、市创园办、市旅游局和各区县政府、钒钛产业园区相关负责人分别汇报了工作推进情况、存在的困难和问题及下步工作安排。

△ 市委常委、宣传部长沈钧在市政府三楼二会议室主持召开会议研究“中国苴却砚之乡书画名家作品展”及三线建设博物馆建设工作。

△ 全国召开转变地方政府职能和机构改革电视电话会议。市领导王海波、熊伟在攀枝花分会场收听收看了会议实况。

△ 全市2014年度中央和省市委机关报刊宣传发行工作会议召开。会议要求，全市各级党组织要提

前安排部署，切实加强领导，抓好督查落实，创新订阅模式，拓展发行领域，不折不扣地完成中央和省、市委机关报刊订阅任务。

4日 市委书记刘成鸣在攀枝花会展中心专题听取二滩国家森林公园旅游开发策划工作汇报，强调要认真落实多点多极支撑发展战略，围绕中国阳光康养旅游城市建设，科学有序地实施二滩国家森林公园旅游开发工作，把“待字闺中”的优秀旅游资源转化为产业优势、发展优势，彻底转变攀枝花的“钢城”形象。市领导赵辉、沈钧、柳康健、李仁杰、贾德华出席汇报会。

△ 下午，市委书记刘成鸣在市委三楼会议室主持召开2013年第七次市“四大班子”主要领导联席会议。市领导张剡、谢道全、单荣、赵辉出席会议；市领导王海波列席会议。会议通报了市委、市人大、市政府、市政协近期工作情况，对下一步的相关工作进行了研究和安排部署。

5日 上午，市委书记刘成鸣在会展中心主持召开中共攀枝花市委九届第五十七次常委会议。市领导张剡、赵辉、杨自力、李群林、沈钧、张伟、王海波、李章忠、熊伟出席会议；市领导谢道全、单荣、贾德华列席会议。会议传达学习了“省委书记王东明同志在全省领导干部大会的讲话”精神，对近期的相关工作进行了研究和安排部署；审议并原则通过了《市政府党组关于加快推进小城镇建设的实施意见的请示》；传达学习了“全省宣传思想工作会议精神”，审议并原则通过了本市的相关贯彻落实意见建议；审议并原则通过了《市委组织部关于年轻干部“5211”工程实施情况的报告》；研究了干部问题。

△ 全市学习兰辉同志先进事迹干部大会在攀枝花会展中心召开。市委书记刘成鸣主持会议并强调，要认真学习兰辉同志的先进事迹和精神品质，把兰辉同志的精神转化为推动科学发展、加快发展的内在动力，提振精神、坚定信心，全力推动各项任务的落实，确保全市各项目标任务的顺利实现。市委副书记、市长张剡，市人大常委会主任谢道全，市政协主席单荣，市委副书记赵辉等市委理论学习中心组成员出席大会。

△ 全市组织工作会议在攀枝花会展中心召开，会议贯彻落实全国、全省组织工作会议精神，部署当前和今后一个时期全市党的建设和组织工作。市委书记刘成鸣出席会议并讲话，市委副书记、市长张剡主持会议并就贯彻会议精神提出要求。市人大常委会主任谢道全，市政协主席单荣，市委副书记赵辉出席会议。市委常委、组织部长熊伟在会上总结了市委九届三次全会以来的组织工作，就贯彻落实全国、全省组织工作会议精神进行了安排部署。

6日 市委、市政府在攀枝花会展中心召开会议，就银江水电站建设工作进行督导。市委书记刘成鸣出席会议并强调，企业要充分认识到项目建设的重大意义，更加积极主动地发挥在工程建设中的主体作用，与攀枝花携手解决项目建设面临的问题，共同加快工程进展。市委常委李章忠出席会议。

△ 市委书记刘成鸣就城市路网规划建设进行调研，强调要紧扣“打通进出口、客货运分流、片区间道路成环、片区内道路成网、逐步形成立体交通”的要求，科学规划，攻坚克难，加快构筑畅通高效、方便快捷的综合交通体系。市领导王海波、李章忠、贾德华参加调研。

△ 市委副书记、市长张剡在昆明与中国水电水利规划设计总院副院长彭程一行，就本市水电开发相关事宜进行专题座谈。座谈会上，针对乌东德、金沙、银江、观音岩等各水电站移民搬迁工作情况和项目推进需解决的重点问题，双方交换了意见。副市长李仁杰出席座谈会。

△ 全省党风廉政建设和反腐败宣传教育暨互联网政务平台建设工作视频会召开。会议提出省纪委监察厅互联网政务平台“廉洁四川”（http：//www. scjc. gov. cn）11月6日正式启动运行。市委常委、市纪委书记李群林在攀枝花分会场参加会议。

△ 本市召开2013年党政储备人才赴外招聘工作行前动员会。市委常委、组织部长熊伟到会并作行前动员讲话。

△ 上午，市九届人大常委会召开第二十九次主任会议。市人大常委会主任谢道全主持会议。市人

大常委会副主任张如英、唐建民、张国民、王向阳出席会议。会议分别听取了市人大相关专（工）委会关于加强法治政府建设工作、本市高中阶段教育改革发展情况、本市森林城市创建工作、本市国家园林城市创建工作进展情况的审议意见。

7 日 全市小城镇建设暨产业园区发展工作会在攀枝花会展中心召开。市委书记刘成鸣出席会议并讲话。市委副书记、市长张剡主持会议。市人大常委会主任谢道全，市政协主席单荣，市委副书记赵辉，市委常委、常务副市长杨自力，副市长贾德华出席会议。会上，四川攀枝花钒钛产业园区、西区格里坪工业园区、米易县普威镇、盐边县红格镇代表进行了交流发言；市政府与相关区（县）、园区签订了目标责任书。

△ 市委书记刘成鸣，市委副书记、市长张剡在攀枝花会展中心就城区夜景照明总体规划编制工作听取了设计单位的初步规划方案汇报，并共同就规划的理念、思路等与设计单位进行了交流，明确了本市夜景规划的原则、重点和目标。市领导赵辉、贾德华出席会议。

△ 省住建厅副厅长杨光一行莅攀，调研指导本市国家园林城市创建工作。市人大常委会副主任王向阳、副市长殷旭东陪同调研。

8 日 攀枝花市妇女第九次代表大会在攀枝花会展中心召开。上午，攀枝花市妇女第九次代表大会在攀枝花会展中心大会堂开幕。会议应到代表 320 名，实到 291 名，符合规定人数。市领导刘成鸣、张剡、谢道全、单荣、赵辉、杨自力、许健民、张如英、张敏、马晓凤出席会议。省妇联副主席李静到会祝贺并讲话。市妇联主席刘道泸代表市妇联第八届执行委员会向大会做工作报告。会议指出，市妇女第八次代表大会以来的五年，是全市广大妇女解放思想、锐意进取，为攀枝花又好又快发展做出突出贡献的五年；是各级妇联组织主动作为、开拓创新，妇女工作取得显著成绩，妇女事业蓬勃发展的五年。五年来，在市委、市政府的高度重视下，全市广大妇女奋发进取，“半边天”作用更加凸显；各级妇联组织主动作为，为经济社会发展做出了积极贡献。会议指出，今后五年，全市妇联工作的总体思路和主要任务是：贯彻落实党的十八大精神，以科学发展观为指导，始终坚持男女平等基本国策，围绕市委、市政府中心工作和妇女需求，充分发挥妇联的政治优势和组织优势，深入实施素质提升、巾帼建功、幸福家庭、维权服务、强基固本“五大行动”，组织引领全市妇女积极参与“五位一体”建设，着力把妇女工作阵地做实、品牌做优、队伍做强，以在全省争创一流为目标，全力推动攀枝花妇女工作实现新发展，再上新台阶。大会还为本市“幸福教练”工作站授牌，向评选出的报市“优秀妇女之家”“巾帼建功标兵”代表、“双学双比能手”、十佳“五家”建设家庭、爱心家庭代表等颁奖。下午，市妇女第九次代表大会在完成会议各项议程后闭幕。大会选举产生的市妇联九届执行委员会召开了第一次全体会议，选举产生了市妇联九届领导班子。刘道泸当选为市妇联主席，王朝辉、罗岚（兼）、任文、汤帮梅（兼）、蔡雪梅（兼）当选为市妇联副主席。

△ 下午，市委副书记、市长张剡率市级相关部门负责人，到攀枝花钒钛产业园区、仁和区迤资工业园区调研企业转型升级及相关重大工业项目建设情况。

△ 本市举行李锐先生为“攀枝花开发建设纪念馆”题写馆名赠送仪式，李锐先生委托友人、著名作家王春瑜向报市赠送其题写的馆名。李锐，1917 年生，湖南平江人，原中组部副部长，曾担任毛泽东同志秘书。市委常委、宣传部长沈钧出席赠送仪式。王春瑜向本市转达了李锐对四川攀枝花三线建设博物馆、攀枝花开发建设纪念馆建设及修缮等攀枝花历史文物保护工作的关切之情。

△ 《攀枝花市国家园林城市建设规划》通过省市专家评审。根据规划，到 2017 年末，攀枝花建成区绿地率将达 40%、绿化覆盖率达 45%、人均公园绿地面积达 10 平方米。省住建厅副厅长杨光，市委常委许健民出席会议，分别就进一步完善规划，构建生态、和谐、节约、特色型城市绿地系统等提出了具体要求。市人大常委会副主任王向阳，副市长殷旭东出席会议。

9日 全市统一战线2013年“同心·服务民生”社会服务活动在西区清香坪街道路南社区启动。中共攀枝花市委副书记赵辉出席并讲话，市政协副主席、中共攀枝花市委统战部部长赵勇主持活动仪式。民盟市委主委、市政协副主席伍维根，致公党市委主委、市政协副主席何群以及各民主党派、工商联、知联会负责人参加活动。

10日 市委书记刘成鸣率市级相关部门先后前往广东佛山、东莞，深入广东美涂士建材股份有限公司、东莞双瑞钛业有限公司，学习考察钛产业链延伸发展情况，并与企业负责人进行洽谈，就加强合作交换了意见。当晚，刘成鸣还前往深圳，与深圳市庆鹏实业集团有限公司、香港中乔集团有限公司相关负责人进行了座谈，就加强农业、物流业等方面的合作进行了商讨，并初步达成了合作共识。市委常委许健民参加考察。

△ 市委副书记、市长张剡前往西区，就西区经济社会发展情况进行调研。张剡强调，要坚持不懈加大产业转型升级力度，做好交通、环保等民生项目建设，走出一条产业转型升级与生态环保并重的发展之路。

11日 市委书记刘成鸣率市级相关部门负责人前往海南省海口市，考察了海航集团有限公司，并与海航集团执行副总裁黄琪珺进行了座谈对接，双方就航空、旅游、物流等领域合作达成共识。当天，刘成鸣还针对海口市的旅游景区建设、管理、服务等进行了学习考察。市委常委许健民参加考察。

△ 攀枝花学院召开建校30周年庆祝大会。市委副书记、市长张剡出席大会并讲话。市人大常委会主任谢道全，市政协主席单荣，市委常委、宣传部长沈钧，副市长张敏，市政协副主席马晓凤出席会议。

11日至12日 省委常委、副省长钟勉先后前往本市东区、仁和区、钒钛产业园区、西区等地，实地调研战略资源开发、产业园区建设、地质灾害防治和保障改善民生等方面工作。钟勉强调，要认真贯彻落实省委、省政府推进科学发展、加快发展的决策部署，深入实施创新驱动发展战略，深化体制机制改革，增强转型发展、跨越提升新动力；注重资源节约和环境保护，强化节能减排，在推动经济跨越发展中保护自然生态、创造优美环境。省财政厅厅长王一宏，省国土资源厅厅长杨冬生参加调研。市委副书记、市长张剡陪同调研。市委常委、常务副市长杨自力，副市长贾德华陪同调研。

12日 市委书记刘成鸣率市级相关部门负责人在海南省海口、万宁，先后前往中国热带农业科学院、中国热带农业科学院香料饮料研究所，学习考察现代特色农业发展情况，并与中国热带农业科学院党组书记雷茂良进行座谈，就进一步加强合作，尤其是共同加快推动攀枝花市国家现代特色农业示范区建设深入交换了意见，达成合作共识。市委常委许健民参加考察，中国热带农业科学院副院长张以山、孙好勤出席座谈。

△ 本市2013年市直机关第九套广播体操比赛在市体育馆举行，干部职工们以广播体操的形式，展示英姿、参与健身活动。市委常委、秘书长王海波，副市长张敏出席开赛仪式。

13日 市委副书记、市长张剡与中国水利水电建设股份有限公司副总经理刘明江一行在攀枝花会展中心进行座谈，就加快推进盐边县120万千瓦光伏发电项目交换了意见。

△ 四川省农业厅厅长任永昌对本市现代农业发展情况进行调研。他指出，攀枝花要充分发挥自身优势特色，坚持规划引领，不断提升农业现代化水平，推动农业持续健康发展。市委副书记、市长张剡，市委常委、市纪委书记李群林，副市长李仁杰陪同调研。

△ 市委常委李章忠、副市长柳康健率市级相关部门负责人，实地踏勘了成昆铁路扩能改造工程攀枝花段各子项目规划建设选址现场。目前，成昆铁路扩能改造工程攀枝花段的前期准备工作正扎实推进，已进入招投标工作阶段，预计年底前可全线开工建设。

△ 市政协主席单荣主持召开市政协八届二十六次主席会议。市政协副主席赵勇、庞向东、伍维

根、何群、刘德顺、马晓凤出席会议。会议听取了市林业局关于创建国家森林城市工作情况的通报；审议通过了市政协人口资源环境委员会关于本市国家森林城市创建工作的调查报告；研究讨论了筹备召开市政协八届三次会议和市政协八届十次常委会议的有关事宜。会议还审议了有关人事事项。

14 日 市委书记刘成鸣，市委副书记、市长张剡在攀枝花会展中心与莅攀调研的省交投集团公司董事长朱以庄一行座谈。双方围绕共同加快推动丽攀高速攀枝花段建设，进一步深化合作深入交换了意见，并达成了共识。市政协主席单荣，市委常委李章忠，副市长柳康健，省交投集团公司董事、川高公司董事长唐勇参加座谈。

△ 市委书记刘成鸣率市级有关部门负责人，对部分城市道路建设项目进行调研。刘成鸣强调，要按照“总体规划、分段实施、急用先修、抓紧推进”的总体要求，把推进交通项目建设与产业优化升级、城市扩容提质相结合，全面提升路网通行能力和服务水平，加快形成城市道路网、干线公路网与高速公路网有效衔接的立体交通网络。市领导王海波、贾德华参加调研。

△ 全省宣传文化系统学习宣传贯彻全国宣传部长会议精神电视电话会议召开，会议传达学习了党的十八届三中全会精神。市委常委、宣传部长沈钧在攀枝花分会场收听收看了电视电话会议。

△ 市政协八届十次常委会议在攀枝花会展中心召开。市政协主席单荣主持会议并讲话。市政协副主席赵勇、庞向东、伍维根、何群、刘德顺、马晓凤出席会议。会议传达学习了全国政协经济委《关于加快攀西战略资源创新开发试验区建设的调研报告》主要内容及领导批示；审议通过了有关人事任命事项；总结了今年市政协完成的重点工作，并对明年工作提出了要求。

15 日 中共攀枝花市委在攀枝花会展中心召开常委（扩大）会议，传达学习贯彻十八届三中全会精神，研究部署本市贯彻落实全会精神的举措。会议强调，当前和今后一个时期，要把学习宣传贯彻十八届三中全会精神作为全市工作的重中之重，坚持以十八届三中全会精神为指导，立说立行，主动作为，迅速在贯彻落实全会精神上见行动、见实效。市委书记刘成鸣主持会议并讲话。市委副书记、市长张剡传达了十八届三中全会精神。会议还对年末各项具体工作做了安排部署。市领导谢道全、单荣、李群林、程少华、沈钧、许健民、张伟、王海波、李章忠等出席会议。

△ 市委副书记、市长张剡在成都与省烟草专卖局（公司）局长（总经理）、党组书记胡存忠就本市现代烟草农业工作举行座谈。省烟草专卖局（公司）领导肖瑞、唐强，市领导李群林、李仁杰出席会议。

△ 市委副书记赵辉在重庆出席攀枝花市阳光康养推介会和西区招商引资推介会。

△ 四川省政协副主席、农工党四川省委主委王正荣，中国西部研究与发展促进会社会扶贫工作委员会执行主任兼秘书长狄森，率考察团一行莅攀，开展社会扶贫及调研工作。农工党四川省委驻会副主委张庆文，副市长张敏，市政协副主席、市委统战部部长赵勇，农工党攀枝花市委主委张汝林陪同调研。

16 日 市委书记刘成鸣率市级相关部门负责人深入仁和区平地镇、盐边县桐子林镇，就新村建设工作进行调研。市委常委、市纪委书记李群林，副市长李仁杰参加调研。

△ 本市现代烟草农业工作座谈会在成都举行。市委副书记、市长张剡与省烟草专卖局（公司）局长（总经理）、党组书记胡存忠出席座谈会并讲话。市委常委、市纪委书记李群林介绍了本市现代烟草农业发展情况。副市长李仁杰，省烟草专卖局领导肖瑞、唐强等出席座谈会。

17 日 下午，市委书记刘成鸣率队深入攀枝花钒钛产业园区调研，强调要以十八届三中全会精神为指引，正确认识园区发展中面临的困难和问题，进一步振奋精神、坚定信心、抢抓机遇，努力将园区建设成为中国钒钛之都的示范区和攀西战略资源创新开发试验区的示范区，“两化”互动和产城一体的样板区，对外开放和引进高端产业的前沿区，体制机制创新和科技成果转化的先行区，城乡统筹和繁荣和谐的首善区。市领导杨自力、李群林、许健民、熊伟参加调研。

△ 市委书记刘成鸣来到沿江景观打造工作涉及的重要节点调研，强调要以群众的满意度为“标尺”，继续实施好沿江景观打造工作，增强市区至沿江景观带的通达性，扎实开展环境综合整治，让群众真切感受沿江景观的变化，充分享受环境改善的成果。市领导殷旭东、贾德华参加调研。

18日 上午，市委、市政府在攀枝花会展中心召开会议，专题研究铁路建设工作。市委书记刘成鸣，市委副书记、市长张剡听取相关汇报，并对成昆铁路扩能改造工程攀枝花南站站房建筑概念方案、全市铁路物流体系项目规划和全市轨道交通线网规划进行了研究。市领导赵辉、杨自力、李章忠、柳康健、贾德华出席会议。

△ 下午，市委书记刘成鸣，市委副书记、市长张剡在攀枝花会展中心会见了武警四川省总队政委黄志远少将一行。市领导杨自力、王海波参加会见。

19日 上午，市委书记刘成鸣在市委常委会议室主持召开中共攀枝花市委九届第五十九次常委会议。市领导张剡、赵辉、杨自力、李群林、沈钧、许健民、王海波、李章忠、熊伟出席会议。市领导谢道全、单荣列席会议。会议研究了干部问题。

△ 本市召开党风廉政建设领导小组会议。市委书记、市党风廉政建设领导小组组长刘成鸣出席会议并讲话。市委副书记、市长、市党风廉政建设领导小组副组长张剡，市委常委、常务副市长杨自力等市党风建设领导小组全体成员出席会议。市委常委、市纪委书记李群林主持会议。会议通报了今年以来本市党风廉政建设工作情况，听取了市党风廉政建设领导小组办公室关于省纪委检查组就本市部分部门单位贯彻落实中央“八项规定”，省委、省政府“十项规定”明察暗访反馈意见的情况汇报，讨论研究并通过了《攀枝花市党风廉政建设责任制考核办法》。

△ 市财经工作领导小组会议在会展中心召开。市领导刘成鸣、张剡、杨自力出席会议。

△ 全国保密干部全员培训攀枝花首期培训班在市委党校阶梯教室举行开班仪式。市委常委、秘书长王海波出席开班仪式并提出要求。按照国家保密局要求，全国保密干部全员培训由中央、省和市三级负责组织开展，本市实行市区两级集中培训，由市保密局和市委党校，负责培训全市各级党政机关办公室有关负责同志和保密工作人员，并统一通过考试后，颁发全国保密干部全员培训证书。

20日 上午，应市委、市政府邀请，著名经济学家、党建研究专家、反腐理论研究专家、《求是》杂志研究员黄苇町在攀枝花会展中心为本市领导干部作十八届三中全会精神的专题学习辅导报告，帮助全市领导干部进一步深入学习领会全会精神，全面准确把握全会精神实质，切实增强全面深化改革的责任心和使命感。市委书记刘成鸣主持报告会。市委副书记、市长张剡，市人大常委会主任谢道全，市政协主席单荣，市委副书记赵辉等市委理论学习中心组成员，市级各部门、各人民团体、各企事业单位的600余名县级干部聆听报告。

△ 下午，市委、市政府在攀枝花会展中心召开攀西战略资源创新开发试验区建设座谈会，听取部分大企业关于加快试验区建设的真知灼见，研究在全面深化改革的时代背景下，发挥试验区“火车头”牵引作用，推动经济社会跨越发展的破题之举。市委书记刘成鸣，市委副书记、市长张剡勉励企业，要深刻理解十八届三中全会的精神实质，敏锐捕捉加快试验区建设的各项政策所蕴涵的重大机遇，切实担当起历史赋予的责任，大力推进改革创新，以加快试验区建设的实际成效，书写地企共同发展的辉煌篇章。市委副书记赵辉，市委常委、常务副市长杨自力，市委常委李章忠出席座谈会。

△ 晚，市长张剡主持召开市政府常务会议，会议审议并原则通过了《攀枝花市人民政府关于保留、取消、调整行政审批项目的通告》等，会议决定取消调整57项行政审批项目。会议还审议并原则通过了《关于调整我市城乡医疗救助政策的通知》《攀枝花市促进充分就业实现居民增收工作规划（2013～2020年）》《关于推进攀枝花市商业银行改革与发展的意见》等。

△ 四川省军区宣布攀枝花军分区领导班子调整命令大会在攀枝花军分区举行，省军区副司令员丁忠汉宣读中央军委命令并讲话。市委副书记赵辉出席会议。攀枝花军分区司令员张青主持会议。根据中央军委命令，攀枝花军分区政治委员陈向东调整任云南省大理军分区政治委员；成都军区政治部组织部副部长李钊任攀枝花军分区政治委员。

20 日至 21 日 本市召开座谈会，专题研究二滩库区网箱养殖转型升级问题。市委常委、市纪委书记李群林，副市长李仁杰出席座谈会。库区范围部分村组干部、养殖户代表，涉及网箱养殖的盐边县、米易县及 9 个乡镇的参会人员在座谈发言中一致赞成二滩库区网箱养殖转型升级，认为此举有利于今后二滩库区的养殖业实现可持续发展，并表示支持配合。

21 日 市委书记刘成鸣，市委副书记、市长张剡在攀枝花会展中心专题听取全市中心城区山体保护与利用规划汇报。刘成鸣和张剡强调，要坚持以人为本的理念，多方借鉴先进经验，提高规划的指导性和可操作性，展现攀枝花山地城市的自然之美，让人民群众充分享受到生态文明建设的成果，给子孙后代留下一片森林花海。副市长贾德华主持汇报会。

△ 省政府副秘书长王七章率省政府调研组莅攀，前往东区、仁和区、盐边县查看全省百镇建设现场会和重点旅游项目推进现场会筹备情况。省住建厅副厅长田文、省旅游局副局长郑学炳参加调研。市委副书记赵辉、副市长贾德华陪同。

△ 省统计局党组书记、局长范秋美率队调研本市城市建设和工业经济工作，并对本市城市建设工作取得的成果给予了充分肯定。市委常委、常务副市长杨自力陪同调研。

△ 上午，市九届人大常委会召开第三十次主任会议。市人大常委会主任谢道全主持会议。市人大常委会副主任张如英、唐建民、张国民、王向阳出席会议。市政府副市长张敏列席会议。会议听取了市政府关于攀枝花农村卫生事业改革与发展情况的报告、市人大财经委关于攀枝花市国民经济和社会发展第十二个五年规划实施情况的中期评估报告审议工作方案（草案）的报告。会议决定，市九届人大常委第十五次会议于 12 月 20 日在会展中心召开，会议建议议题为：听取和审议市政府关于 2013 年民生工程实施情况的报告、关于 2012 年度审计查出问题整改情况的报告；审查市政府关于攀枝花市 2013 年市本级预算调整的报告，批准攀枝花市 2013 年市本级预算调整方案；对常委会审议意见办理情况进行满意度测评；其他。

22 日 市委理论学习中心组（扩大）学习会在攀枝花会展中心召开。省统计局党组书记、局长范秋美应邀到会作“经济发展的速度与效益”专题辅导报告。市委书记刘成鸣主持会议。市人大常委会主任谢道全等市委理论学习中心组成员出席会议。

△ 省统计局局长范秋美应邀为本市党员干部作《谈“文化”》专题讲座，全市各区县、市级各相关单位共 120 余人在攀枝花会展中心聆听了讲座。市委常委、常务副市长杨自力，副市长张敏参加讲座。

△ 市召开全市贯彻落实中央“八项规定”和省市“十项规定”专项监督检查工作会议。市委常委、市纪委书记李群林出席会议并指出，各级各部门要提高对加强中央和省市关于改进工作作风、密切联系群众有关规定的认识，进一步端正态度，增强监督检查的责任感和紧迫感，精心组织，查找并纠正有关问题，达到纠风正纪效果，保证中央和省市规定不折不扣地落实。

△ 本市召开政法系统开展“转变作风司法为民”活动动员大会，贯彻落实党的十八届三中全会精神，对全市政法系统“转变作风司法为民”活动进行动员部署。市委常委、政法委书记张伟出席会议并讲话。副市长殷旭东出席会议。

22 日至 23 日 国家林业局政策法规司司长刘永范率调研组在攀调研，就野生动物保护法修改等问题征求意见和建议。副市长李仁杰陪同调研。

23 日 攀枝花钒钛资源综合利用院士行暨 2013 · 攀枝花钒钛（国际）论坛在红格温泉假日酒店隆

重举行。当天，260余位钒钛科研领域的专家学者，从全球各地汇聚到本市红格镇，共赴世界钒钛产业科研盛会——攀枝花钒钛（国际）论坛。中国工程院院士、中国工程院副院长干勇，中国工程院院士、长沙矿冶研究院教授级高工余永富，中国工程院院士、中国科学院过程工程研究所研究员张懿，中国工程院院士、攀成钢公司教授殷国茂，澳大利亚墨尔本大学教授马前，乌克兰巴顿焊接研究院副主任科瓦尼斯基·维克多、韩国生产技术研究院江源圈地区本部长金元镕，哈萨克斯坦吉姆坎苏达尔斯科选矿厂技术局冶金工程师叶甫图赫·安德烈·马利杨诺维奇出席论坛。第十届四川省政协副主席、第五届致公党四川省委主委陈杰，市委书记刘成鸣出席论坛。省委、省政府决策咨询委员会常务副主任李成云，省科技厅副厅长周孟林分别为四川攀枝花钒钛高新技术产业园区和四川钒钛产业技术研究院授牌。论坛上，干勇、张懿院士团队、马前、科瓦尼斯基·维克多、金元镕和攀钢集团研究院教授陈永先后作主题报告。会议通报了攀西战略资源创新开发试验区重大科技攻关工作信息。市人大常委会主任谢道全，市政协主席单荣，市政协副主席何群，省发改委、省经信委、省委省政府决策咨询委员会办公室等省级有关部门负责人出席论坛。论坛由市委副书记赵辉主持。参加论坛的还有相关高校、科研院所、企业的领导和专家，钒钛资源综合利用产业技术创新战略联盟的成员单位、攀西战略资源创新开发试验区兄弟市州科技部门及攀枝花市、县区相关部门、企事业单位的领导及科技人员。下午，参加攀枝花钒钛资源综合利用院士行暨2013·攀枝花钒钛（国际）论坛的部分院士、专家，对相关重大科技攻关项目进行了深入研讨，中国工程院课题组就攀枝花钒钛资源综合利用战略研究课题作中期汇报。干勇主持会议。余永富、张懿、殷国茂出席会议。省科技厅副巡视员孟爱国，省发改委副巡视员吴应伟，市领导刘成鸣、赵辉、杨自力出席会议。

25日 市委书记刘成鸣在成都与国家开发银行四川分行行长王中举行会谈。王中表示，国家开发银行四川分行将与攀枝花携手合作，为攀枝花城市转型和产业升级提供支持。国家开发银行四川分行副行长邵立波，市委常委许健民参加会谈。

△ 下午，市对口援建雅安市名山区地震灾后恢复重建工作领导小组会议在会展中心召开。会议就进一步落实省委部署、搞好援建工作等事宜进行了研究和安排部署。市领导刘成鸣、李章忠出席会议。

△ 上午，全省学习贯彻习近平总书记安全生产工作重要讲话精神电视电话会议召开。会议要求，要将安全生产工作的所有要求务必落实到操作层面，安全生产工作责任务必落实到每个环节、每个工作岗位，努力实现监管无缝隙，责任全覆盖。市委副书记、市长张剡在攀枝花分会场参加会议。

△ 下午，市委副书记、市长张剡前往仁和区、西区，深入到企业、工地等生产建设一线，暗访检查安全生产工作。

△ 中国铸造协会耐磨分会组织客商、专家莅攀考察本市耐磨铸造产业发展情况。当天下午，市委副书记赵辉在攀枝花会展中心会见了考察团一行。市委常委许健民，副市长李仁杰参加会见。

26日 中央宣讲团党的十八届三中全会精神报告会在成都举行。中央宣讲团成员、全国政协社会和法制委员会副主任施芝鸿为全省领导干部作辅导报告。市委书记刘成鸣，市委副书记、市长张剡，市政协主席单荣，市委副书记赵辉等市委、市人大、市政府、市政协、攀枝花军分区领导在攀枝花分会场参加会议。

△ 全市统一战线专题调研成果汇报会在攀枝花会展中心举行。中共攀枝花市委书记刘成鸣，中共攀枝花市委副书记、市长张剡听取了各民主党派、市工商联和市知联会的专题调研汇报。市政协主席单荣，市人大常委会副主任张如英，市政协副主席、中共攀枝花市委统战部部长赵勇出席会议。中共攀枝花市委副书记赵辉主持会议。民盟攀枝花市委主委伍维根、民进攀枝花市委主委周治端、农工党攀枝花市委主委张汝林等参加会议。

△ 全市厂务公开民主管理总结暨推进会召开。市委常委、市总工会主席许健民出席会议。许健民

要求，全市各级厂务公开领导机构、企事业单位要认真履行工作职责，及时总结、交流和推广好经验、好做法，进一步推动厂务公开民主管理工作创新发展；要充分尊重职工主人翁地位，问计于职工，让广大职工真正参与到企业管理中，为提高质量和效益贡献智慧和力量。

△　攀枝花市铁路物流体系规划审查会在攀枝花会展中心举行。本市和成都铁路局共同审查通过了《攀枝花铁路物流体系规划研究（含货运通道专项研究）》。市委常委李章忠出席会议并讲话。

27 日　市委书记刘成鸣，市委副书记、市长张剡对全省百镇建设现场会和重点旅游项目推进现场会的筹备情况进行督导。市领导赵辉、沈钧、王海波、贾德华参加督导。

△　上午，中国铸造协会耐磨分会考察团一行考察了本市机械加工制造产业发展情况，并为本市机械加工制造业发展把脉，就进一步加大耐磨铸件产品研发生产力度，推动本市机械加工制造产业做大做强，与相关部门和企业的负责人进行了座谈。市委常委许健民，副市长李仁杰出席座谈会。

28 日　市委书记刘成鸣对本市部分建筑工地、货场、工业企业、货运公路等扬尘污染治理重点区域进行突击检查。市领导殷旭东、贾德华参加突击检查。

△　国家发改委副主任胡祖才一行莅临攀枝花，对本市钒钛资源综合利用工作进行调研。胡祖才对本市抢抓机遇、加快推进攀西战略资源创新开发试验区建设的举措给予充分肯定。调研期间，市委书记刘成鸣向胡祖才简要汇报了本市加快攀西战略资源创新开发试验区建设的工作进展情况。当天，在鞍钢集团公司董事长、党委书记张广宁，市委副书记、市长张剡的陪同下，胡祖才一行深入攀钢钒生产管控中心和轨梁厂、钒业公司，攀枝花钒钛产业园区等地进行调研。国家发改委产业协调司司长陈斌、副巡视员李忠娟，国家发改委价格司副司长李才华，省政府副秘书长范波，省发改委副主任邵小龙，市委副书记赵辉、市委常委许健民等陪同调研。

△　市委副书记、市长张剡在东区和市级相关部门负责人陪同下，前往丽攀高速公路攀枝花段 C11、C9 等合同段施工现场进行调研。市委常委、政法委书记张伟参加调研。

△　上午，市委宣传部、市总工会、市科知局、市社科联和市职工技术协会在市工人文化宫共同举办了攀枝花市首届职工经济技术创新成果展示活动，全面展示了“十二五”以来的 100 项职工经济技术创新成果。市领导杨自力、许健民、张如英、马晓凤参观职工经济技术创新成果展示，并在随后召开的全市首届职工经济技术创新成果展示暨技术交流会上，为被确认的本市首批 12 个“劳动模范创新工作室”授牌。

△　市直机关各单位党组织负责人、市直机关工委全体干部在攀枝花会展中心集体学习党的十八届三中全会精神，交流贯彻全会精神的工作思路和具体措施。市委常委、市委秘书长、市直机关工委书记王海波作了学习辅导。

29 日　下午，国家发改委在西昌市召开攀西战略资源创新开发试验区建设专题座谈会。国家发改委副主任胡祖才在讲话中指出，要牢牢把握试验区建设的目标定位，加快把攀西地区建设成为世界级钒钛产业基地。省政府副秘书长范波、省发改委主任唐利民等出席会议。国家发改委产业协调司司长陈斌主持会议。市委副书记、市长张剡率相关部门、县（区）、大企业和高校负责人参加会议，并就本市加快推进攀西战略资源创新开发试验区建设情况做了专题汇报。胡祖才对攀枝花在试验区建设方面所做的工作给予了充分肯定，对下一步工作提出了具体要求。

△　攀枝花特利小五金产业孵化园等总投资达 68.7 亿元的 38 个项目在攀枝花钒钛产业园区集中开工。市委书记刘成鸣出席开工动员大会，并宣布项目开工。市委副书记、市长张剡在开工动员大会上致辞。开工动员大会由市委副书记赵辉主持。市领导许健民、张如英、赵勇出席开工动员大会。

12 月

1 日　四川省国道 108 线示范工程验收意见交换会在本市举行。交通运输部专家验收组对国道 108

线攀枝花段示范改造工程给予肯定，希望攀枝花在总结经验的基础上，进一步优化道路格局，不断提升道路建设管理水平，打造一条“畅安舒美”、极具地方特色的示范路。四川省交通运输厅副厅长张琪，四川省交通运输厅公路局局长朱学雷、副局长蒲宜仙，副市长柳康健出席会议。四川省交通运输厅副厅长张琪，四川省交通运输厅公路局局长朱学雷、副局长蒲宜仙，副市长柳康健出席会议。

2日 市委书记刘成鸣，市委副书记、市长张剡与省政府秘书长、雅安市委书记叶壮，雅安市委副书记、市长陈越良，共同深入雅安市名山区考察，推进产业援建工作。在下午召开的座谈会上，张剡代表攀枝花市政府与名山区政府负责人签订雅攀蒙顶山茶产业园区框架协议。攀枝花市政协副主席、市工商联主席吴文发，雅安市政协副主席岑刚参加考察并出席座谈会。

△ 下午，2013攀枝花欢乐阳光节开幕式演出节目在市体育馆进行了第一次带妆彩排。市委常委、宣传部长沈钧到场观看彩排并指出，本次欢乐阳光节开幕式的表演节目，旨在向兄弟市州、自驾游客等宣传攀枝花，打出攀枝花品牌，展示攀枝花人的良好风貌。

3日 市委、市政府在攀枝花会展中心召开专题调研工作汇报会，会议就2013年全市目标任务完成情况及重点工作推进情况进行了汇报交流，并围绕贯彻落实十八届三中全会精神，结合本市实际，对明年工作基本思路、主要目标及重点工作安排进行初步研究，听取关于明年目标任务安排的意见建议，科学谋划全面深化改革思路，为市委、市政府提供决策参考。市委书记刘成鸣主持会议并讲话。市委副书记、市长张剡对明年工作提出具体要求。市人大常委会主任谢道全，市政协主席单荣出席会议。会上，市领导杨自力、李群林、沈钧、许健民、张伟、王海波、李章忠、熊伟、柳康健、殷旭东、张敏、贾德华分别就2013年“急难险重”任务推进情况、重大项目落地情况及各自分管工作向会议做出详细深刻的汇报，并就明年工作提出意见建议。

4日 市委书记刘成鸣，市委副书记、市长张剡在攀枝花会展中心会见了省电力公司党委书记刘勤一行。双方就深化合作，推动地企共同发展进行了深入交流。市委常委、常务副市长杨自力参加会见。

△ 市委副书记、市长张剡率市级相关部门及县（区）负责人，对全市基础教育工作情况进行了调研。张剡要求，要深入推进基础教育工作，加快实现基础教育优质均衡发展，努力办好群众满意的教育。市委常委、宣传部长沈钧，副市长张敏参加调研。

△ 市政协主席单荣主持召开市政协八届二十七次主席会议。市政协副主席赵勇、庞向东、伍维根、何群、马晓凤、周治端出席会议。会议研究了筹备召开市政协2014年新年茶话会方案；审议通过了政协攀枝花市委员会关于表彰优秀提案、办理提案先进单位和个人的决定；研究了筹备召开市政协八届十一次常委会议有关事宜；听取了市政协各工作机构2013年工作总结及2014年工作要点；通报了市委、市政府领导对市政协2013年下半年报送的调查、视察报告、情况专报、政协信息的批示情况。

5日 全省百镇建设暨重点旅游项目推进现场会在本市召开。当天，副省长黄彦蓉，攀枝花市委书记刘成鸣和部分与会代表一道，集中考察本市重点旅游项目推进情况。省政府副秘书长王七章，省旅游局局长郝康理，攀枝花市副市长柳康健参加现场考察。

△ 市政府与市级群团组织联席会在攀枝花会展中心举行。市委副书记、市长张剡出席会议并讲话。市委常委、常务副市长杨自力主持会议，市委常委、市总工会主席许健民出席会议。会议通报了2013年全市经济社会发展情况，听取了市总工会、团市委、市妇联、市科协、市残联、市侨联等6个市级群团组织的工作情况汇报。市级相关部门就进一步支持群团组织工作做了发言。

△ 市委副书记、市长张剡前往丽攀高速公路攀枝花段C11、C9合同段施工现场调研。张剡指出，相关部门必须狠抓责任落实，加强路地沟通配合，营造和谐建设环境，确保丽攀高速公路攀枝花主城区段通车目标顺利实现。市委常委、政法委书记张伟参加调研。

△ 全市党史工作联络员培训会在攀枝花会展中心召开。省委党史研究室主任陈荣仲出席会议，并

为联络员授课。市委常委、秘书长王海波出席会议并讲话。市委党史研究室，各区、县党史研究室，全市党史工作联络员100余人参加会议。

△ 上午10时许，2013年全市“急难险重”项目之一的攀枝花市危险废物处置中心实现成功点火。市委常委李章忠参加点火仪式并指出，企业要争取各级支持，积极探寻合理且规范的运营模式，建立长效机制，确保稳定安全营运。

6日 全省百镇建设暨重点旅游项目推进现场会在红格温泉假日酒店召开大会。副省长黄彦蓉出席会议并指出，攀枝花以新理念、大手笔推进小城镇建设和重点旅游项目建设，正在实现由工矿型城市向阳光康养旅游城市的华丽转身，在城市转型和产业升级等方面取得了突出的成效。全省各地各有关部门要认真领会十八届三中全会精神，学习借鉴攀枝花的先进经验，坚持走中国特色新型城镇化道路，加快推动“百镇建设试点”工作取得新成效，加快推动四川由旅游资源大省向旅游产业强省跨越。市委书记刘成鸣在大会上致辞。省政府副秘书长王七章主持会议并就贯彻落实会议精神提出要求。市委副书记、市长张剡在大会上作交流发言。省住房城乡建设厅厅长何健，省旅游局局长郝康理分别对全省“百镇建设试点”工作和重点旅游项目推进工作做出具体部署。全省各市（州）政府，省级相关部门，各市（州）住建、旅游部门负责人，部分重点旅游企业和全省“百镇试点行动”中50个代表镇的相关负责人参加会议。会上，成都市、南充市、广安市和凉山州西昌市相关负责人做了交流发言。

7日 第二届米易中华养生健康产业发展高端论坛在米易县开幕，来自国内养生健康文化界、医学界的专家学者齐聚安宁河畔，与阳光鲜花为伴，以养生健康产业为题，共同为本市阳光康养旅游事业的蓬勃发展出谋划策。成都中医药大学校长梁繁荣，四川省决策咨询委员会人口医卫组组长、省计生委原主任王在银出席开幕式。市委常委、宣传部长沈钧宣布论坛开幕，市人大常委会副主任许秀峰，副市长张敏，市政协副主席伍维根出席开幕式。省社科院、南京中医药大学、广州中医药大学、山西中医药学院等科研院所和企业的领导及专家出席开幕式。开幕式结束后，部分与会专家学者先后作专题讲座。

8日 市委副书记、市长张剡在盐边县接待中心与数十位从成都来盐边县过冬的“候鸟”老人们座谈。当天，张剡与老人们就攀枝花打造阳光康养旅游城市过程中的优势和需要改进的地方进行了交流。

△ 市委副书记赵辉率队到北京拜访民革中央和民进中央相关领导及部门，并就本市创建中国阳光康养旅游城市、加强长江上游生态环境保护等问题进行了汇报。全国人大常委会副委员长、民进中央主席严隽琪，全国政协副主席、民革中央常务副主席齐续春，民进中央副主席、民进四川省委主委张雨东，市领导赵勇、周治端出席汇报会。

△ 参加第四届攀枝花科技论坛的院士专家乘飞机抵达攀枝花。下午，院士专家们考察了攀枝花阿署达花舞人间项目，并参观了金色攀枝花展览馆。市委常委许健民陪同考察。

9日 下午，市委副书记、市长张剡率市级相关部门负责人前往米易县，实地调研成昆铁路扩能改造工程攀枝花段进展情况。张剡在调研中要求，米易县要结合全县发展状况，统筹考虑制定控制性规划，相关部门要尽快拿出具体实施方案以确保工程如期开工。

△ 本市作家欢聚一堂，同贺《攀枝花文学》创刊40周年。市委常委、宣传部长沈钧出席座谈会并讲话。

△ 上午，应邀参加第四届攀枝花科技论坛的院士、专家实地考察了四川攀枝花钒钛产业园区和本市沿江景观打造项目。下午，院士、专家们在攀枝花会展中心，与本市相关部门负责人、环保领域专家以及部分企业负责人进行座谈，专题指导本市创建国家环保模范城市工作。市委常委、市科协主席许健民主持专题座谈会，副市长张敏介绍了本市创建国家环保模范城市工作情况。

10日 由攀枝花市人民政府、中国环境科学学会、省科协联合主办的第四届攀枝花科技论坛在攀枝花会展中心开幕。本届论坛以“生态与环保，筑就攀枝花梦”为主题，旨在凝聚与会院士、专家的智慧，推动本市生态文明建设和环保事业发展。中国环境科学学会理事长、国家环保部原副部长王玉庆，中国工程院院士金鉴明，中国环境科学研究院研究员孙启宏，中国社会科学院城市发展与环境研究所研究员朱守先出席开幕式并先后做学术报告。省科协党组成员、副主席黄竞跃，市委常委、常务副市长杨自力出席开幕式并致辞。市委常委、市科协主席许健民主持开幕式并宣布论坛开幕。副市长张敏，市政协副主席伍维根出席开幕式。开幕式上，部分优秀科技论文和优秀组织单位获通报表彰。

△ 市人大常委会主任谢道全率常委会组成人员及部分市人大代表，视察民生工程实施情况和“五创联动”工作推进情况。市人大常委会副主任张如英、许秀峰、王向阳参加视察。市委常委、常务副市长杨自力陪同视察。

△ 10日至11日，省广电局党组书记、局长赵勇到攀枝花调研广播影视公共服务体系建设。市领导沈钧、李章忠、张敏陪同调研。

11日 市委召开常委会议，传达学习习近平同志在党的十八届三中全会上的讲话精神、习近平总书记系列重要讲话精神、全省“走基层”活动现场会议精神，研究部署本市贯彻落实的具体举措。市委书记刘成鸣主持会议并讲话。市委副书记、市长张剡出席会议。市领导谢道全、杨自力、沈钧、许健民、张伟、王海波、李章忠、熊伟出席会议。

△ 市委书记刘成鸣在攀枝花会展中心会见农业银行四川省分行党委书记、行长张军洲一行，双方就深化合作、推动地企共同发展进行了深入交流。市委常委、常务副市长杨自力，副市长李仁杰参加会见。

△ 市长张剡主持召开市政府第27次常务会议。会议审议并原则通过《关于报送攀枝花市攀西国家级战略资源创新开发试验区建设实施方案的请示》《关于进一步加强最低生活保障工作的实施意见》《攀枝花市重大火灾隐患整改指导意见》《全市消防工作情况的报告》等。会上，与会人员还围绕法治政府建设学习了相关法律。

△ 省委宣讲团继续在本市开展“学习贯彻党的十八届三中全会精神”宣讲，各县（区）、涉农部门、市级有关单位、市委宣讲团等200余名党员干部在攀枝花会展中心聆听了宣讲报告。市委常委、宣传部长沈钧主持报告会。

△ 本市在攀煤运销公司货场召开创模攻坚铁路货场环境整治现场推进会。市“五创联动”总牵头人、市人大常委会主任谢道全在会上强调，要针对铁路货场环境综合整治进度滞后的情况，积极找问题、添措施、加马力、鼓干劲，以强有力的执行力和战斗力推动货场环境整治目标任务圆满完成，为全市创国模工作深入开展奠定坚实的基础。市委常委、秘书长王海波主持现场推进会，市人大常委会副主任许秀峰、成都铁路局相关负责人出席现场推进会。

12日 全市集中开展“走基层、解难题、办实事、惠民生”活动的第一天，市委书记刘成鸣前往盐边县北部山区，走村入户、蹲点调研、问计于民，帮助乡亲们解决难题，部署落实惠民项目。市委常委、秘书长王海波陪同。

△ 上午，第十二届全国人大代表攀枝花代表小组、第十二届四川省人大代表攀枝花代表团的部分代表在对本市阳光康养旅游业发展情况进行视察。全国和省人大代表、市委副书记、市长张剡，省人大代表、市人大常委会主任谢道全，省人大代表、省人大常委会法制委员会主任委员史志伦参加视察。市人大常委会副主任王向阳、副市长李仁杰陪同视察。

△ 攀枝花市重大基础设施建设推进协调领导小组第一次会议在攀枝花会展中心召开。市委副书记、市长张剡在会上指出，各部门、各县（区）要树立大局意识，高度重视成昆铁路米易至攀枝花段扩能改造工程建设工作，主动作为，加快推进重大基础设施建设，努力把攀枝花打造成为四川南向开放门户。市委常委、政法委书记张伟，市委常委李章忠出席会议。副市长柳康健主持会议。会上，市目标督

查办、市发改委、市铁建办等部门及相关区县政府负责人，分别围绕工程建设、项目推进等内容进行了发言。

13 日 市委书记刘成鸣率市级有关部门负责人，来到部分重点交通基础设施建设项目现场，察看工程进展，了解项目推进过程中的困难和问题，研究部署加快项目建设等具体工作。市领导李章忠、柳康健参加调研。

△ 省委宣传部常务副部长邹吉祥一行来到海拔 1700 米左右的盐边县温泉彝族乡道角村寨子山组，走入村民家中，了解村民的实际困难，并与市、县、乡、村相关负责人共同研究讨论道角村的发展。市委常委、宣传部长沈钧一同走访。

△ 攀枝花市人民政府与成都市人民政府《农业区域合作框架协议》在红格假日酒店签订，双方将加强农业区域合作，推动两市农业发展。成都市副市长谢瑞武、攀枝花市副市长李仁杰代表双方签署协议。

14 日 长江商学院 EMBA 第 21 期学员投资合作恳谈会在本市红格镇举行，42 位参会学员对攀枝花丰富的自然资源、良好的投资环境表现出浓厚兴趣。国家发改委直属机关党委副书记赵晨昕、市委常委许健民出席恳谈会。

15 日 长江商学院 EMBA 第 21 期学员在本市开展了“长江情暖童心”关爱特殊少儿公益活动，对本市 100 名贫困少儿进行一次性资助或长期结对帮扶活动。市委常委、市关工委主任许健民出席捐赠仪式，并代表市关工委接受捐赠。

16 日 市委书记刘成鸣深入市农林科学研究院部分基地调研，强调要把科研优势转化为产业优势，互动推进农业科研和农业开发，探索一条现代农业发展新路。市领导李群林、李仁杰参加调研。

△ 市九届人大常委会召开第三十一次主任会议。市人大常委会主任谢道全主持会议。市人大常委会副主任张如英、唐建民、许秀峰、王向阳出席会议。市委常委、常务副市长杨自力列席会议。会议分别听取了“一府两院”有关人事事项的汇报，市人大常委会人事代表工委有关情况的汇报，市人大常委会代表资格审查委员会关于个别代表的代表资格审查的汇报，市人大财经委关于市人民政府请求调整攀枝花市 2013 年市本级预算的情况说明，市人大法委、财经委、市人大常委会教科文卫工委、农业民族宗教侨务工委关于市人民政府办理市人大常委会审议意见（第 15、16、17、19、20 号）情况的汇报，市人大常委会研究室关于 2013 年下半年市人大常委会审议意见及市政府办理情况进行摘登的汇报，市人大常委会办公室关于市人大常委会审议意见（第 15、16、17、19、20 号）测评方案的汇报，市人大常委会办公室关于召开市九届人大三次会议的决定（草案）的汇报；讨论了市人大常委会工作报告（讨论稿）。

17 日 市委书记刘成鸣深入市区部分地下通道建设现场，了解工程进展，督促指导各责任单位认真吸纳群众意见，接受群众监督，采取有效措施，抢工期、抓进度，尽快缓解交通拥堵，营造安全、整洁、有序的交通环境。副市长殷旭东参加督导。

△ 本市在市中心广场开展了主题为“一卡在手通花城，便民惠民行天府”的攀枝花市民卡首发及运用体验活动。市委书记刘成鸣出席活动。市委常委、常务副市长杨自力，市人大常委会副主任许秀峰，市政协副主席庞向东出席活动。

△ 攀枝花欢乐阳光节城市推介会暨川滇黔毗邻市州工商联（总商会）第九次联席会议在红格温泉假日酒店召开，来自安顺市、楚雄州、凉山州等川滇黔 9 市州的工商联（总商会）及企业家代表齐聚一堂，相互交流，共谋发展。四川省工商联主席、省商会会长陈放，云南省工商联秘书长苏桃平，攀枝花市委常委、宣传部部长沈钧，副市长柳康健出席会议。攀枝花市政协副主席、市工商联主席吴文发主持会议。会议通过了有关决议。

△ 市委常委、组织部部长熊伟深入平地镇迤沙拉村开展“走基层”活动，走访慰问了3户困难户，并在农户家中召开坝坝会，听取村组干部及群众代表对迤沙拉村的发展规划和发展建议。

△ 省军区学习贯彻党的十八届三中全会精神宣讲团第五宣讲组在攀枝花军分区举行巡回宣讲报告会。会议以电视电话会的形式，对十八届三中全会提出的新思想、新论断、新举措进行了深入翔实的分析解读，坚定了广大官兵扎根部队，建设国防的决心与使命感。市委常委、攀枝花军分区司令员张青，攀枝花军分区政治委员李钊及各区（县）人武部全体官兵、职工聆听了报告会。

△ 市委常委李章忠，副市长柳康健前往银江水电站渣场选址地点实地踏勘渣场选址，协调解决选址过程中遇到的问题，确保项目有序推进。

17日至20日 市委常委、政法委书记张伟率市综治办、市司法局等相关单位人员，深入全市部分区县、乡镇、街道，调研司法所规范化建设工作，探索建立矛盾纠纷排查化解新机制。

18日 “资源型城市可持续发展——打造中国经济升级版”高层研讨会在本市举行。国家相关部委领导、国内资源型城市可持续发展研究领域的部分权威专家学者、国内部分转型发展成效显著的资源型城市代表齐聚盐边县红格镇，共同探寻我国资源型城市可持续发展的崭新路径。第十一届全国政协副主席阿不来提·阿不都热西提向研讨会发来贺信。中国经济体制改革研究会会长、原国务院振兴东北办副主任宋晓梧，市委书记刘成鸣出席研讨会并致辞。国家发改委东北振兴司副司长姜四清，东北师范大学资源型城市研究中心主任支大林，市委副书记、市长张剡先后在研讨会上作主题演讲研讨会由中国经济体制改革研究会副秘书长、中国经济体制改革杂志社社长兼总编辑马克主持。市领导谢道全、单荣、杨自力、沈钧、王海波、柳康健，四川省相关部门和企业负责人，山西省、山东省和河南省的部分资源型城市有关负责人出席研讨会。新华社、中央电视台、人民日报、光明日报等十余家国内主流媒体对此次研讨会进行了采访报道。本次研讨会由中国经济体制改革研究会主办，攀枝花市委、市政府和中国经济体制改革杂志社联合承办。研讨会将全面总结我国资源型城市转型发展的巨大成就，权威解读国务院发布的《全国资源型城市可持续发展规划（2013—2020）》，引导和推动资源型城市加快转变经济发展方式，提升发展质量和效益，为国内资源型城市和其他国家资源型城市可持续发展提供支持和借鉴。

△ 本市召开“走基层、解难题、办实事、惠民生”活动工作会议，对“走基层”活动做出安排部署。市委常委、组织部部长熊伟出席会议并讲话。

19日 中国经济体制改革研究会会长、原国务院振兴东北办副主任宋晓梧等参加“资源型城市可持续发展——打造中国经济升级版”高层研讨会的专家们，在市委书记刘成鸣，市委副书记、市长张剡的陪同下，进园区、访企业、看景观，沿途“丈量”攀枝花城市可持续发展步伐，在企业车间里感受产业升级速率，在花城景观中品味人与自然和谐共处。当天，专家们还前往东区阿署达，对花舞人间等本市重大旅游项目进行了考察。市委常委、宣传部部长沈钧陪同。

△ 省政协副主席、省委统战部部长崔保华一行来攀检查指导本市统战工作，并听取了本市党外代表人士队伍建设、工商联工作等方面的情况汇报。市委书记刘成鸣，市政协主席单荣，市委常委、组织部部长熊伟，市政协副主席、市委统战部部长赵勇，市政协副主席、市工商联主席吴文发参加汇报会。赵勇就攀枝花统战工作情况，特别是党外代表人士队伍建设、工商联工作情况向省委统战部进行了汇报。熊伟对党外干部培养提拔工作做补充汇报。

△ 花城新区核心区景观专项规划中间成果汇报会在攀枝花会展中心召开。市委副书记、市长张剡听取汇报后指出，花城新区核心区景观专项规划要突出攀枝花亮点、特色，在完善城市基础设施建设的基础上，充分展现城市文化魅力。副市长贾德华参加会议。会上，市住建局、市水务局等部门分别就花城新区渡仁片区景观规划设计、渡仁片区中心湖区域景观商业建筑设计、市民广场地下空间设计等提出了意见建议。

△ 财政部科研所与市财政局合作共建科研基地签字暨揭牌仪式在攀枝花会展中心举行，标志着攀枝花成为四川省首个财政科研基地。财政部财政科学研究所所长贾康，市委常委、常务副市长杨自力，以及省财政厅财科所相关负责人出席签字仪式。

△ 财政部财政科学研究所所长贾康应邀来到攀枝花，以“在全面改革中深化财政改革”为主题，为本市党员干部作党的十八届三中全会精神专题报告。市委常委、常务副市长杨自力主持报告会。市领导张如英、刘德顺，市级部门党委中心组成员，各县（区）分管财政领导和财政系统共100余人参加了报告会。

△ 市委常委、市纪委书记李群林就观音岩引水工程建设推进情况进行了调研。目前，该工程已完成城区密地桥—渡口桥间6公里的主管道铺设工作，坝前取水工程及1.6公里的管道铺设工作已全面铺开，预计2014年底将形成坝前取水能力。

△ 晚，市委、市政府召开会议，研究分析当前灾情，进一步部署落实应对低温雨雪灾害各项工作。市委常委、市纪委书记李群林主持会议。副市长李仁杰出席会议。

△ 国家发改委东北振兴司副司长姜四清对本市老工业基地调整改造有关情况进行了调研。市委常委、宣传部部长沈钧陪同调研。

△ 中国民主促进会攀枝花市委员会召开成立三十周年纪念大会。民进四川省委副主委、省政协副秘书长刘激涛，中共攀枝花市委常委、市委秘书长王海波，市人大常委会副主任张国民，市政府副市长贾德华，市政协副主席庞向东出席会议。市政协副主席、民进攀枝花市委主委周治端作主题报告。

20日 全市宣传思想工作会议在攀枝花会展中心召开。市委书记刘成鸣出席会议并强调，面对新形势、新任务、新要求，要牢记使命，不负厚望，开拓进取，扎实工作，不断提升宣传思想工作的战斗力和影响力，努力营造科学发展、共创和谐的良好环境，为加快推进“两个跨越”和在全省率先全面建成小康社会做出更大贡献。市委副书记、市长张剡主持会议。市人大常委会主任谢道全，市政协主席单荣，市委常委、宣传部部长沈钧，市委常委、组织部部长熊伟，副市长张敏出席会议。

△ 民盟第十八次川西南片区盟务工作研讨会在本市举行。四川省政协副主席、民盟四川省委主委赵振铣出席会议并讲话。中共攀枝花市委副书记、市长张剡致辞。民盟四川省委驻会副主委田继万主持会议。民盟四川省委秘书长姚其清，市政协副主席、市委统战部部长赵勇，市政协副主席、民盟攀枝花市委主委伍维根参加会议。

△ 市九届人大常委会第十五次会议在攀枝花会展中心召开。市人大常委会主任谢道全主持会议。市人大常委会副主任张如英、唐建民、张汝林、张国民、许秀峰、王向阳出席会议。市人民政府常务副市长杨自力，市中级人民法院、市人民检察院有关负责人列席会议。市政协副主席庞向东、2名省人大代表应邀列席会议。会议审议通过了市九届人大常委会代表资格审查委员会关于个别代表的代表资格的审查报告、市九届人大常委会第15、16、17、19、20号审议意见及“一府两院”办理情况摘登公告的报告和人事事项；听取和审议了市政府关于2013年民生工程实施情况、2012年度审计查出问题整改情况的报告；审查了市政府关于攀枝花市2013年市本级预算调整的报告，批准了攀枝花市2013年市本级预算调整方案；对市人大常委会审议意见办理情况进行了满意度测评。会议决定，市第九届人民代表大会第三次会议于2014年2月10日在攀枝花会展中心召开，预计会期3天。

23日 中共攀枝花市委在攀枝花会展中心召开常委（扩大）会议，传达学习中央、省委经济工作、城镇化工作会议精神，并就贯彻落实工作进行安排部署，研究谋划明年经济工作。市委书记刘成鸣主持会议并讲话。市委副书记、市长张剡传达中央、省委经济工作、城镇化工作会议精神。会议还对做好岁末年初的各项工作做了安排部署。市领导谢道全、单荣、赵辉、杨自力、李群林、沈钧、许健民、张伟、王海波、李章忠、熊伟、张青等出席会议。

△ 市委、市政府在攀枝花会展中心召开总结表彰大会，总结“全省两个现场会”等四项重大活动工作经验，表彰先进，激励全市干部群众大力弘扬“服务大局、攻坚克难、团结协作、真抓实干、开拓创新”的精神，进一步巩固工作成果，全力推进全市城镇化建设和旅游产业发展再上新台阶。市委书记刘成鸣出席总结表彰大会并讲话。市人大常委会主任谢道全、市政协主席单荣出席会议。市委副书记赵辉对有关工作进行总结。市委常委、常务副市长杨自力主持会议并宣读表彰决定。市委常委、市委秘书长王海波，副市长殷旭东、贾德华出席会议。

△ 市文学艺术界联合会第六次代表大会在攀枝花会展中心举行。市委副书记、市长张剡，省文联党组书记、常务副主席蒋东生，省作协党组成员、机关党委书记郭中朝出席大会开幕式，向大会的召开表示祝贺。市委副书记赵辉代表市委、市政府讲话。市领导沈钧、张伟、熊伟、张敏、庞向东、周治端出席会议。会议认为，市文联第五次代表大会召开以来的五年，市文联围绕中心，服务大局，不断拓展工作空间，创新工作内容，繁荣文艺创作，加强队伍建设，为攀枝花文化事业发展做出了积极贡献。未来五年，市文联将以区域性文化高地建设为着眼点，繁荣文学艺术创作，广泛开展文艺惠民活动，为全市经济社会发展做出更大贡献。会议选举产生了市文联第六届委员会主席、副主席、兼职副主席，李平当选为主席，冯中云、刘虹、吴汉怀、焦崎、曹习斌、张治杰、郑守全、廖德军当选为副主席，李吉顺当选为秘书长。

△ 市委副书记、市长张剡在攀枝花会展中心会见四川省能源投资集团有限责任公司董事长郭勇一行。双方围绕金沙水电站建设、盐边县风电项目开发等内容深入交换了意见。市委常委李章忠参加会见。

24 日 市委书记刘成鸣，市委副书记、市长张剡分赴仁和区和盐边县部分灾区，检查指导防灾减灾工作。刘成鸣和张剡强调，要认真分析此次霜冻灾害对农业生产造成的不利影响，落实“种植损失畜牧补、粮食损失经作补、农业损失劳务补”等多种补救工作，积极组织受灾群众开展灾后自救，建立健全气象灾害防灾减灾工作体系，千方百计将损失降到最低程度，全力以赴保障灾区群众温暖过冬、收入不减。市委常委、市纪委书记李群林参加检查指导。

△ 市委副书记、市长张剡对本市空气质量监测及空气污染防治工作进行调研。张剡强调，各级各部门要认真贯彻落实十八届三中全会对生态文明建设做出的重要部署，把空气污染防治工作摆在更加突出的位置，严格监管、铁腕治污，确保空气污染防治工作取得明显成效，不给“中国钒钛之都”“中国阳光花城”抹黑，还人民群众一片洁净的生活空间。

△ 市委副书记、市长张剡前往仁和区前进镇，调研纳拉河桥和灰老沟桥右半幅桥通车情况。当天下午 6 点，纳拉河桥和灰老沟桥右半幅桥正式通车。副市长柳康健陪同调研。

△ 市委常委、秘书长、市直机关工委书记王海波前往仁和区福田镇金台子村开展“走基层、解难题、办实事、惠民生”活动，通过走访慰问联系的困难户，聆听基层群众诉求，摸清当地发展难题，共商解决办法。

△ 市政协主席单荣主持召开市政协八届十一次常委会议。市政协副主席赵勇、庞向东、伍维根、何群、吴文发、刘德顺、马晓凤、周治端出席会议。市委常委、常务副市长杨自力，市人大常委会副主任王向阳应邀参加会议。会议听取了市政府关于市政协八届二次会议以来提案办理情况的通报，市政协提案委员会关于市政协八届二次会议以来提案工作情况的汇报；听取了本市 2013 年经济社会发展目标完成情况及 2014 年经济社会发展目标的初步安排的通报；听取了关于党风廉政建设情况的通报；审议通过了政协攀枝花市委员会关于表彰优秀提案、办理提案先进单位和个人的决定；听取了市政协各专门委员会 2013 年工作总结及 2014 年工作要点。会议还通过了有关人事事项。

25 日 市政协在攀枝花宾馆举行 2014 年新年茶话会。中共攀枝花市委书记刘成鸣在会上发表了热情洋溢的讲话。中共攀枝花市委副书记、市长张剡，市人大常委会主任谢道全出席茶话会。市政协主席单荣主持茶话会。民盟攀枝花市委主委伍维根代表各民主党派、工商联在会上发言。应邀出席茶话会的有中共攀枝花市委、市人大、市政府、市纪委、攀枝花军分区、市中级人民法院、市人民检察院的领导，市级老领导，市级有关部门和有关方面的负责同志。出席茶话会的有市政协副主席、秘书长，部分在攀市政协原主席、副主席，驻攀全国政协委员和省政协委员，各民主党派、工商联、人民团体负责人，市政协副秘书长、各工作机构负责人。

△ 市委书记刘成鸣率工作组深入米易县受霜冻灾害影响较严重的部分村组，检查指导防灾减灾工作。

△ 攀枝花市迎庆元旦职工运动会在市工人文化宫广场拉开序幕。当天，由市、各县（区）、市直机关、部分大企业等单位组成的18支代表队近500名职工参赛。市委常委、市总工会主席许健民，市人大常委会副主任张如英，副市长张敏出席开幕式。

25日至26日 副省长甘霖在市委书记刘成鸣，市委副书记、市长张剡的陪同下，深入本市部分金融机构、产业园区、重点企业、小集镇和旅游新村，对本市推动产业升级、城市转型的相关工作进行调研。甘霖对本市深入推进资源综合开发利用，着力构建金融经济良性互动发展的格局，致力城乡统筹发展等举措给予了充分肯定。省政府副秘书长吴显奎，四川银监局局长王筠权，省投资促进局局长刘中伯，四川博览事务局局长慕新海随同调研。市领导杨自力、许健民、刘德顺陪同调研。

26日 晚，由中国文联、中国剧协梅花奖艺术团组织的“送欢乐、下基层”慰问演出在攀枝花会展中心大会堂上演。中国文联副主席、中国剧协副主席、梅花奖获得者裴艳玲等17位著名戏曲艺术家先后登台献艺。市委书记刘成鸣到场观看演出。市委副书记赵辉致欢迎辞。市领导沈钧、王海波、张敏、赵勇、庞向东、马晓凤观看了演出。

△ 上午，丽攀高速公路攀枝花城区段建成现场工作会在丽攀高速公路庄上互通立交收费站前举行。会上，市委副书记、市长张剡宣布丽攀高速公路攀枝花城区段基本建成。市领导谢道全、单荣、张伟、王海波、李章忠、柳康健出席现场会。

27日 上午，2013年度市委常委民主生活会在会展中心召开。副省长甘霖、省委组织部副部长戴允康，市领导刘成鸣、张剡、谢道全、单荣、赵辉、杨自力、李群林、沈钧、许健民、张伟、王海波、李章忠、熊伟、张青出席会议。

△ 成昆铁路米易至攀枝花段扩能改造工程等总投资达158亿元的30个项目在花城新区集中开工。市委书记刘成鸣宣布项目开工。市委副书记、市长张剡在开工动员大会上致辞。省发改委副巡视员田源，成昆铁路公司董事长、总经理兼成都铁路局副局长王斌，市人大常委会主任谢道全，市政协主席单荣，市委常委李章忠，副市长贾德华出席开工动员大会。开工动员大会由副市长柳康健主持。

△ 晚，由中国文联、中国剧协梅花奖艺术团组织的“送欢乐、下基层”慰问演出在会展中心上演。市领导刘成鸣、赵辉、沈钧、王海波、张敏、赵勇、庞向东、马晓凤到场观看了演出。

△ 全省道路交通安全综合整治攻坚年行动电视电话会议召开。市委副书记、市长张剡，副市长柳康健、殷旭东在攀枝花分会场参加会议。全省电视电话会后，张剡要求切实贯彻落实会议精神，全市各县区要按照全省道路交通安全综合整治攻坚年的整治内容尽快制定有效措施，迅速组织力量到一线进行检查督促，确保行动取得实效。

△ 由省委省政府决策咨询委员会常务副主任、省县域经济学会顾问李成云，省县域经济学会会长、省政府参事张成明带领的省县域经济学会调研组一行莅临本市进行调研。市委常委、常务副市长杨自力，副市长李仁杰陪同调研。

△ 本市召开女企业家联谊会第二次会员大会，大会通过了《攀枝花市女企业家协会联谊会章程》，

选举产生了新一届联谊会领导班子。市委常委、市总工会主席许健民，市人大常委会副主任张如英，副市长张敏、市政协副主席赵勇出席会议。

29日至30日 市委、市政府召开县区工作现场会暨急难险重任务推进会。会议组织与会代表先后参观考察了米易县城滨河健身步道、盐边县红格镇昔格达村、攀西亚高原冬季体育训练基地、迤资园区渣钢渣铁钒钛资源综合利用项目、金沙纳米、天民钛业项目、沿江景观打造绿化工程、丽攀高速攀枝花段工程、庄上？梅子箐阳光生态度假区项目、普达阳光国际康养度假区项目、花城新区干坝塘大桥工程、龙密路工程等2013年部分急难险重项目，并于30日下午在会展中心召开县区工作现场会暨急难险重任务推进大会。市领导刘成鸣、张剡、谢道全、单荣、赵辉、杨自力、李群林、许健民、张伟、王海波、熊伟、张如英、唐建民、张汝林、张国民、许秀峰、王向阳、柳康健、殷旭东、张敏、刘建明、李仁杰、贾德华、赵勇、庞向东、伍维根、何群、吴文发、刘德顺、马晓凤、周治端出席会议。

30日 下午，市委常委、常务副市长杨自力在市级相关部门负责人的陪同下，亲切看望慰问了中国人民银行攀枝花市中心支行、攀枝花市商业银行、攀枝花农村商业银行等12家金融机构参与年终结算工作的一线工作人员。

△ 本市与四川科瑞得实业集团有限公司100MW屋顶光伏签约仪式在金海开元名都大酒店举行。100兆瓦屋顶光伏项目将分5期滚动完成开发建设，项目建成后，预计每年可为本市节约电费成本650万元。市委常委许健民，副市长李仁杰出席签约仪式。

31日 中共攀枝花市委九届六次全体（扩大）会议暨市委经济工作会议在攀枝花会展中心举行。会议应到市委委员44名，市委候补委员8名；实到市委委员44名，市委候补委员8名，符合规定人数。全会深入学习贯彻党的十八大、十八届二中、三中全会精神和中央、省委经济工作会议暨城镇化工作会议精神，客观回顾总结了2013年工作，深刻分析了当前形势，明确了2014年全市工作总体要求、主要目标和重点任务，动员全市干部群众坚定信心，抢抓机遇，乘势而上，奋力开创攀枝花各项事业发展新局面，以优异的成绩向建市50周年献礼。全会由市委常委会主持。全会听取和讨论了市委书记刘成鸣受市委常委会委托作的工作报告，审议通过了《中共攀枝花市委九届六次全会决议》。市委副书记、市长张剡安排2014年经济工作。市人大常委会主任谢道全，市政协主席单荣，市委副书记赵辉出席会议。市委常委，市人大常委会副主任，市政府副市长，市政协副主席，攀枝花军分区主要负责同志出席会议。

△ 市政府召开全市道路交通安全综合整治攻坚年行动会议。根据省上统一部署，本市决定将2014年作为全市“道路交通安全综合整治攻坚年”，并明确六大工作任务，着力解决道路交通安全工作存在的薄弱环节和突出问题，使各类道路交通违法行为明显下降，道路交通秩序明显好转。市委副书记、市长张剡出席会议并讲话。副市长柳康健、殷旭东出席会议并提出具体要求。

综　述

据《攀枝花市2013年国民经济和社会发展统计公报》

2013年，面对复杂多变的国内外环境，全市坚持“稳中求进、提质增效、争先进位、跨越提升”的工作基调，积极克服宏观经济持续下行等不利因素，迎难而上，奋力拼搏，经济社会发展稳中有进、稳中向好，保持了平稳发展的态势，各项社会事业全面进步。

一、综合

地区生产总值全年全市实现地区生产总值（GDP）800.88亿元，按可比价计算，增长10.7%。其中：第一产业增加值27.88亿元，增长4.5%，对经济增长的贡献率为1.4%，拉动经济增长0.2个百分点；第二产业增加值597.19亿元，增长11.7%，对经济增长的贡献率为83.2%，拉动经济增长8.9个百分点；第三产业增加值175.81亿元，增长8.0%，对经济增长的贡献率为15.4%，拉动经济增长1.6个百分点。人均地区生产总值65001元，增长10.1%。三次产业结构由上年的3.5：75.8：20.7调整为3.5：74.6：21.9。全市非公有制经济实现增加值368.90亿元，增长13.0%，占GDP的比重为46.1%，非公有制经济对全市经济的贡献率51.4%。

区县经济东区全年实现地区生产总值326.86亿元，增长8.8%；西区92.07亿元，增长8.7%；仁和区170.02亿元，增长14.5%；米易县108.08亿元，增长15%；盐边县103.86亿元，增长8.5%。

二、农业

全年全市农林牧渔业总产值48.08亿元，增长4.6%。其中：农业产值28.22亿元，增长5.1%；林业产值0.78亿元，增长4.3%；牧业产值14.55亿元，增长3.7%；渔业产值3.87亿元，增长4.2%；农林牧渔服务业产值0.66亿元，增长5.6%。

种植业全年农作物播种面积6.91万公顷，增长0.9%。其中，粮食播种面积4.0万公顷，增长1.3%；油料播种面积0.24万公顷，增长1.4%；烟叶播种面积0.95万公顷，下降3.1%；蔬菜播种面积1.31万公顷，增长4.1%。

全年粮食总产量21.39万吨，增长0.4%；油料产量0.36万吨，增长3.8%；烟叶产量1.93万吨，下降4.0%；蔬菜产量64.65万吨，增长6.7%；水果类产量19.77万吨，增长7.8%。

林业当年完成造林面积1040公顷，封山育林面积20067公顷，育苗面积4.3公顷，森林覆盖率达60.03%。

畜牧业全年生猪出栏61.05万头，增长2.2%；牛出栏2.50万头，增长3.0%；羊出栏24.91万只，增长2.9%；家禽出栏358.30万只，增长4.8%。肉类总产量5.17万吨，增长6.8%，其中，猪肉产量3.88万吨，增长7.8%；牛肉产量0.29万吨，增长3.2%；羊肉产量0.42万吨，增长3.0%；禽肉产量0.53万吨，增长5.2%，禽蛋产量0.96万吨，增长2.3%；蚕茧产量0.32万吨，下降1.5%。

渔业水产品产量3.07万吨，增长1.1%。

农业生产条件继续改善。全年农业机械总动力达653137千瓦，增长1.8%；机耕负担面积48.55千公顷，增长10.2%；年末有效灌溉面积22.76千公顷，排灌机械保有量4354台。

三、工业和建筑业

工业全年规模以上工业累计完成工业总产值1437.12亿元，增长12.8%；实现增加值452.90亿元，增长12.8%。分轻重工业看，重工业实现增加值433.44亿元，增长13.0%；轻工业实现增加值19.46亿元，增长9.1%。分登记注册类型看，国有工业完成增加值18.45亿元，下降6.2%；集体工业完成增加值3.99亿元，增长51.1%；股份制工业完成增加值412.33亿元，增长13.0%。规模以上工业企业实现销售产值1393.63亿元，增长12.5%；产销率为97.0%，回落0.2个百分点；实现利润总额13.52亿元，增长125.9%；利税总额69.74亿元，增长6.3%。

建筑业全市年末资质等级以上总承包和专业承包建筑企业（含劳务分包）91个，建筑企业实现总产值182.10亿元，增长14.9%。

四、固定资产投资

固定资产投资全年全社会固定资产投资完成额545.74亿元，增长17.8%，其中，固定资产投资完成额524.94亿元，增长16.1%。从管理渠道看，基本建设完成投资247.74亿元，增长23.2%；更新改造完成投资222.87亿元，增长14.7%；房地产开发完成投资51.16亿元，下降6.4%。从投资主体看，完成国有投资262.63亿元，增长48.0%，完成民间投资271.65亿元，增长3.7%。从三次产业看，第一产业完成投资15.79亿元，增长116.7%；第二产业完成投资250.43亿元，增长12.1%；第三产业完成投资279.51亿元，增长20.2%。

房地产业房屋施工面积645.29万平方米，增长36.9%。房屋竣工面积95.49万平方米，增长84.7%。商品房销售面积133.86万平方米，增长65.7%，其中，住宅销售面积122.69万平方米，增长60.8%。

五、国内贸易及旅游

国内贸易全年社会消费品零售总额219.33亿元，增长14.2%，其中，限上企业实现零售额104.86亿元，增长19.1%。按行业分，批发业10.27亿元，增长8.1%；零售业180.91亿元，增长14.5%；住宿业1.47亿元，增长46.0%；餐饮业26.68亿元，增长13.3%。

旅游全年旅游总收入102.18亿元，增长52.8%。接待旅游总人数1039.58万人次，增长21.9%。全市共有名胜风景区和文物保护区13个，星级饭店、宾馆18个。

六、对外经济

招商引资全年招商引资到位资金434.65亿元。

进出口全年实现进出口总额18714万美元，下降29.0%。其中，出口总额12306万美元，下降44.1%；进口总额6408万美元，增长47.8%。

七、交通、通讯和邮电

交通全市等级公路2958.33公里，其中高速公路144.72公里。全年完成公路旅客运输量6257万人，增长6.1%；客运周转量162978万人公里，增长20.5%；货物运输量12513万吨，增长9.3%；货物周转量603741万吨公里，增长6.2%。全市机动车保有量20.66万辆，其中，汽车11.78万辆，私人汽车9.39万辆；摩托车8.86万辆；营运车辆2.22万辆，出租汽车1477辆。

境内铁路营运里程181.6公里，与上年持平；境内火车站个数16个；全年完成铁路客运量194.29万人，下降5.1%；铁路货运量3089.64万吨，增长9.6%。水路旅客周转量780万人公里，下降0.6%；水路货运周转量996万吨公里，下降1.2%。

通讯、邮电全年邮电主营业务收入12.21亿元，其中，电信业务主营收入11.38亿元，邮政业务主营收入0.82亿元。年末拥有邮电局（所）47处；全年报刊发行量2841.49万份；函件296.54万份；特快专递13.36万件；邮路长度（单程）1048公里。年末固定电话用户33.08万户；年末移动电话用户数128.04万户，其中，3G移动电话用户数40.41万户；国际互联网用户数24.24万户。

八、财政、税收、金融和保险

财政全年地方财政收入 82.96 亿元，增长 0.02%。其中，公共财政预算收入 58.55 亿元，增长 2.4%。地方财政支出 143.62 亿元，增长 5.8%。其中，公共财政预算支出 115.05 亿元，增长 6.3%。

税收全年国税组织收入 51.42 亿元，下降 4.0%，其中，税收收入 51.64 亿元，下降 4.7%；增值税 39.87 亿元，下降 4.6%；消费税 0.63 亿元，增长 6.4%。地税组织收入 52.66 亿元，增长 2.6%，其中，税收收入 46.23 亿元，增长 4.7%；营业税收入 14.22 亿元，增长 11.3%。

金融年末金融机构人民币各项存款余额 784.18 亿元，比年初增加 26.42 亿元，增长 3.5%。其中，储蓄存款余额 395.94 亿元，比年初增加 36.95 亿元，增长 10.3%。金融机构人民币各项贷款余额 608.93 亿元，比年初增加 76.74 亿元，增长 14.4%。

保险年末共有保险公司 16 家。全年实现保费收入 16.60 亿元。其中，财产保险保费收入 6.94 亿元；人寿保险保费收入 9.66 亿元。保险赔款支出 6.50 亿元，其中，财产保险赔款支出 3.39 亿元；人寿保险赔款支出 3.11 亿元。

九、教育和科学技术

教育全市拥有普通高等学校 2 所，普通中等学校 60 所，中等专业学校 7 所，小学学校数 64 所，幼儿园 201 所。全市普通高等学校在校生 24689 人；普通中等学校在校生 86314 人，其中，普通中学在校生 70698 人，小学在校生 79729 人。幼儿在园儿童数 31094 人。全市专任教师总数 12047 人，其中，普通中等学校专任教师 5540 人，小学专任教师 5055 人。学龄儿童入学率 100%，初中毕业生升学率 96.3%，小学教师学历合格率 100%。

科技全年各项专利申请数 1627 项。高新技术产业实现产值 121.46 亿元。安排科技项目 1552 项，其中，安排高新技术项目 220 个，当年新上高新技术项目 161 个。各类科技项目获市级以上科技成果奖 93 项，其中省部级奖 18 项。新增国家高新技术企业 16 户，科技新增经济效益 29.6 亿元。

全年拥有国内专业技术人员 62776 人，增加 57 人。其中，具有中级职称以上人员 24327 人，农业技术人员 892 人。

十、文化、卫生和体育

文化全市拥有博物馆和展览馆 2 个；文化（艺术）馆 50 个，其中，文化站 44 个；剧场影院 5 个；公共图书馆 6 个，全年公共图书馆藏书总量 83.85 万册。乡镇广播电视站 44 个，352 个行政自然村全部开通广播和电视。有线电视用户入户率达 68%；广播节目综合人口覆盖率 98.02%，比上年提高 1.02 个百分点；电视节目综合人口覆盖率 98.5%，比上年提高 0.9 个百分点。

卫生全市拥有医院、卫生院 72 个，疾病预防控制中心 6 个，妇幼保健站 6 个。医院、卫生院技术人员 6993 人，其中：执业医师 2395 人，注册护师、护士 3221 人。年末卫生机构床位数 9249 张，5 岁以下儿童死亡率 8.5‰，产妇住院分娩比例 99.8%。

体育全市拥有体育场（馆）6 个，各级体育社会团体 56 个，全民健身路径 30 条，社会体育指导站 261 个。全市各类运动队夺得全国比赛银牌 2 枚，铜牌 4 枚；省级比赛金牌 52 枚、银牌 40 枚、铜牌 37 枚。全年举办了 38 次全民健身活动，参加活动人数 45310 人。

十一、生态建设和环境保护

生态建设全年完成义务植树 234.27 万株，落实 485 万亩天然林管护任务，巩固历年退耕还林成果 27.5 万亩。全市 SO2 浓度较去年同期下降 25.6%，NO2 浓度较去年同期下降 7.5%。

环境保护全市环境空气质量优良率达 92.6%，建成区绿化覆盖率为 38.47%，城市及集中式饮用水源地达标率 100%，城市生活污水集中处理率为 84.25%，生活垃圾无害化处理率为 96.75%。全年单位 GDP 能耗下降 3.3%。

十二、人口

人口年末户籍总人口 112 万人，其中，农业人口 52.14 万人，非农业人口 59.86 万人；男性人口 57.20 万人，女性 54.80 万人。当年出生人口 9639 人，当年死亡人口 6094 人，人口自然增长率 3.17‰。年末常住人口 123.33 万人，城镇化率为 63.43%，比上年提高 0.42 个百分点。全市全年结婚 11061 对，离婚 4373 对。

十三、人民生活和社会保障

收入及消费全市城镇居民人均可支配收入 24906 元，增长 9.2%。其中：工资性收入 17232 元，增长 5.8%；财产性收入 540 元，增长 60.8%；转移性收入 8032 元，增长 12.9%。城镇居民人均消费支出 16553 元，增长 8.3%。其中，食品支出 6755 元，增长 3.9%，恩格尔系数为 40.8%；衣着支出 1436 元，增长 8.3%；居住支出 1497 元，增长 14.5%；家庭设备用品及服务支出增长 39.4%；交通和通讯支出增长 7.4%；医疗保健支出增长 23.4%；教育文化娱乐服务支出下降 0.3%。

全市农村居民人均纯收入 9838 元，增长 12.7%。其中，家庭经营纯收入 6356 元，增长 12.7%；工资性收入 2698 元，增长 12.5%；财产性纯收入 163 元，增长 13.4%；转移性纯收入 622 元，增长 13.8%。农村居民人均生活消费支出 8481 元，增长 19.2%。其中，食品支出 3941 元，增长 16.0%；衣着支出增长 16.0%；家庭设备用品及服务支出增长 17.6%；居住支出增长 38.4%；交通和通讯支出增长 33.2%；文化教育及娱乐支出增长 11.8%；医疗保健支出下降 4.3%。

物价水平全年居民消费价格总水平（CPI）上涨 1.3%，其中：食品类价格上涨 3.0%，家庭设备用品及维修服务上涨 1.2%，医疗保健和个人用品上涨 1.1%，衣着、娱乐教育文化用品及服务、居住类价格分别上涨 0.3%、0.1% 和 0.8%，烟酒和交通通信类价格分别下降 0.7% 和 0.1%。工业生产者出厂价格（PPI）下降 3.4%，工业生产者购进价格下降 3.0%。

居住条件抽样调查表明，年末城镇居民人均住房建筑面积 29.04 平方米，增长 1.1%；86.2% 的城镇居民家庭拥有自有房屋产权；96.8% 的城镇居民家庭住进单元房。

社会保障全市参加养老保险的人数 49.61 万人，增加 3.09 万人；参加医疗保险人数 65.67 万人，减少 0.29 万人；参加失业保险人数 21.59 万人，减少 0.6 万人；参加工伤保险人数 22.23 万人，增加 0.64 万人；参加生育保险人数 23.52 万人，增加 0.35 万人。城镇登记失业率为 3.57%，比上年下降 0.03 个百分点。

全市享受城镇居民最低生活保障人数 20715 人，减少 139 人；享受农村居民最低生活保障人数 28654 人，减少 743 人；社会救济对象人数 53008 人，减少 909 人。全市拥有社会福利收养性单位 32 个，床位 3279 张；社会福利院 7 个，床位数 787 张；敬老院 25 个，床位数 2492 张。

第十一篇

中共攀枝花市组织史资料

第一章　中共攀枝花市委组织机构

第一节　市委领导机构

2013年1月至12月，市委领导机构仍为2011年9月中国共产党第九次代表大会选举产生的领导班子主持工作。

一、中共攀枝花市委员会

2013年12月，因攀枝花军分区主要领导调整，省委同意免去程少华同志市委常委、委员职务，张青同志任市委委员、常委；2013年12月省委同意艾磊同志挂职任市委委员、常委。

市委领导人名录

书　记	刘成鸣（2013.01—2013.12）
副书记	张　剡（2013.01—2013.12）
	赵　辉（2013.01—2013.12）
常　委	杨自力（2013.01—2013.12）
	李群林（2013.01—2013.12）
	程少华（2013.01—2013.12）
	沈　钧（2013.01—2013.12）
	许健民（2013.01—2013.12）
	张　伟（2013.01—2013.12）
	王海波（2013.01—2013.12）
	李章忠（2013.01—2013.12）
	熊　伟（2013.01—2013.12）
	张　青（2013.12—2013.12）
	艾　磊（2013.12—2013.12）

二、中共攀枝花市纪律检查委员会

从2013年1月至2013年12月，市纪委仍由市第九次党代会选举产生的领导班子主持工作。

市纪委领导人名录

书　记	李群林（2013.01—2013.12）
副书记	姚　宏（2013.01—2013.12）

	王岩辞（女，2013.01—2013.12）
	杨吉斌（2013.01—2013.12）
常　委	付明强（2013.01—2013.12）
	王汉军（2013.01—2013.12）
	陆继虎（2013.01—2013.12）
	杨仕国（白族，2013.01—2013.12）
	郑明祥（2013.01—2013.12）

第二节　市委工作部门

一、中共攀枝花市委秘书长、副秘书长

秘书长	王海波（2013.01—2013.12）
副秘书长	王　飚（2013.01—2013.06）
	肖光辉（2013.08—2013.12）
	起光勇（2013.01—2013.05）
	唐明怡（2013.01—2013.12）
	夏应云（2013.01—2013.12，1月至4月为挂职）
	张　玲（2013.04—2013.12）

二、中共攀枝花市委办公室

主　任	王　飚（2013.10—2013.06）
	肖光辉（2013.08—2013.12）
副主任	夏应云（2013.01—2013.12，1月至4月为挂职）
	戴道云（2013.01—2013.12）

三、中共攀枝花市委组织部

部　长	熊　伟（2013.01—2013.12）
副部长	张大奇（常务，2013.01—2013.11）
	熊培元（2013.01—2013.12）
	张云忠（2013.01—2013.11）
	谭　进（2013.01—2013.08）
	陈建新（2013.11—2013.12）
	申　剑（2013.01—2013.12）
	陈星钢（2013.01—2013.12）

部务委员　　王　珊（女，2013.12—2013.12）
　　　　　　赵　锐（2013.12—2013.12）

四、中共攀枝花市委宣传部

部　长　　沈　钧（2013.01—2013.12）
副部长　　孔　炜（常务，2013.04—2013.02）
　　　　　董之云（2013.01—2013.04）
　　　　　赖小红（2013.01—2013.12）
　　　　　彭本瑜（2013.05—2013.12）
　　　　　李　燕（女，2013.01—2013.12）
　　　　　田　锋（挂职，2013.12—2013.12）

五、中共攀枝花市委统战部

部　长　　赵　勇（2013.01—2013.12）
副部长　　陈　忆（常务，2013.05—2013.12）
　　　　　陈计全（2013.01—2013.12）
　　　　　钟毅刚（2013.01—2013.12）
　　　　　黄武明（2013.01—2013.12）

六、中共攀枝花市委政法委员会

书　记　　张　伟（2013.01—2013.12）
副书记　　周元明（常务，2013.01—2013.12）
　　　　　解超怀（2013.01—2013.12）

七、中共攀枝花市直属机关工委

书　记　　王海波（兼，2013.01—2013.12）
副书记　　雷兴全（常务，2013.01—2013.04）
　　　　　张　玲（女，常务，2013.04—2013.12）
　　　　　程桂兰（女，常务，2013.12—2013.12）
　　　　　高　雅（2013.01—2013.04）
　　　　　鲜　明（2013.01—2013.12）
　　　　　张孝铭（2013.01—2013.08）
　　　　　李文义（女，2013.09—2013.12）
　　　　　钟礼彬（2013.11—2013.12）
纪工委书记　鲜　明（2013.01—2013.12）
工委委员　　龙　维（2013.01—2013.12）

张晓梅（女，彝族，2013.01—2013.12）

八、中共攀枝花市委台湾工作领导小组办公室
（市政府台湾事务办公室）

主　任	代兴强（2013.01—2013.12）
副主任	王　敏（2013.01—2013.12）

九、中共攀枝花市委保密委员会办公室
（市国家保密局）

主　任（局　长）	唐明怡（2013.05—2013.12）
副主任（副局长）	文　波（2013.01—2013.12）

十、中共攀枝花市委老干部局

局　长	熊培元（2013.01—2013.12）
副局长	李明涛（2013.01—2013.12）

十一、中共攀枝花市委群众工作局
（攀枝花市人民政府信访局）

局　长	蒋光忠（2013.07—2013.12）
副局长	陈德香（女，傣族 2013.01—2013.12，1 月至 6 月主持工作）
	冯广宇（2013.09—2013.12）

十二、中共攀枝花市委机构编制委员会办公室

主　任	张云忠（2013.01—2013.11）
	陈建新（2013.11—2013.12）
副主任	靳阳山（2013.01—2013.12）
	肖文兴（2013.01—2013.12）
	寇洪博（2013.01—2013.12）
纪检员	李　勇（2013.01—2013.12）

十三、中共攀枝花市委党史研究室

主　任	彭本瑜（2013.01—2013.05）
	起光勇（2013.05—2013.12）
副主任	钟少曦（2013.01—2013.12）

十四、中共攀枝花市委党校
（攀枝花行政学院、攀枝花市社会主义学院）

校　长	熊　伟（兼，2013.11—2013.12）
副校长	李国庆（常务，2013.01—2013.12）
	甘国江（2013.01—2013.12）
	陈宇波（2013.01—2013.12）
	贾　炜（2013.01—2013.09）

第三节　市委直属党（工）委、党组

一、市委派出党（工）委

（一）攀枝花钒钛产业园区管委会工委

书　记	许健民（兼，2013.01—2013.02）
	李章忠（兼，2013.02—2013.12）
副书记	赵　路（常务，2013.11—2013.12）
	赵　中（2013.08—2013.12）
	熊启高（2013.01—2013.08）
	刘邦炳（2013.05—2013.12）
	陈　林（兼，2013.01—2013.12）
委　员	杜毅华（2013.01—2013.12）
	陈　勇（2013.01—2013.11）
	安宗平（2013.01—2013.07）
	付建忠（2013.08—2013.12）
	张　林（2013.11—2013.12）
	张瑞莉（女，2013.11—2013.12）
	汤国军（2013.11—2013.12）
纪委书记	汤国军（2013.11—2013.12）

（二）攀枝花市花城新区工委

书　记	柳康健（兼，2013.01—2013.04）
	贾德华（兼，2013.04—2013.12）
副书记	赵忠义（常务，2013.01—2013.02）
	唐成斌（常务，2013.02—2013.12）

（三）攀枝花市教育局党委

书　记	孔　炜（2013.01—2013.04）

	董之云（2013.04—2013.12）
副书记	杜仁安（2013.01—2013.12）
委　员	田　龙（2013.01—2013.12）
	徐　璐（女，2013.01—2013.12）
	陈晓翔（2013.01—2013.12）
	周云才（2013.01—2013.12）
	刘自力（2013.01—2013.12）
	张　鸣（2013.01—2013.12）
纪委书记	徐　璐（女，2013.01—2013.12）

（四）攀枝花市公安局党委

书　记	殷旭东（2013.01—2013.12）
副书记	尚　建（2013.01—2013.12）
委　员	张森荣（2013.01—2013.12）
	胡世明（2013.01—2013.12）
	樊泽凤（2013.01—2013.12）
	王和平（2013.01—2013.12）
	刘建华（2013.01—2013.11）
	李国宏（2013.11—2013.12）
	唐堃杰（2013.11—2013.12）
纪委书记	王和平（2013.01—2013.12）

（五）攀枝花市人力资源和社会保障局党委

书　记	刘忠杰（女，2013.01—2013.12）
副书记	王祥东（2013.01—2013.12）
委　员	贾幼谊（2013.01—2013.12）
	谭　克（2013.01—2013.12）
	蔡雪梅（女，2013.01—2013.12）
	朱川刚（2013.01—2013.12）
	杨　峰（回族，2013.01—2013.12）
	杨新平（2013.01—2013.12）
	张光杰（2013.01—2013.12）
	陈建伟（2013.11—2013.12）
纪委书记	杨新平（2013.01—2013.12）

（六）攀枝花市国土资源局党委

书　记	邓浙林（2013.01—2013.02）
	陈忠恕（2013.05—2013.12）
副书记	郑　翔（2013.01—2013.12）
委　员	曾　勇（2013.01—2013.12）
	乔　毅（2013.01—2013.12）
	肖良民（2013.01—2013.12）
	彭如邦（2013.01—2013.12）

邓　毅（土家族，2013.01—2013.12）
余晓琴（女，2013.01—2013.12）
纪委书记　乔　毅（2013.01—2013.12）

（七）攀枝花市交通运输局党委

书　记　雷　雨（2013.01—2013.12）
副书记　苟顶才（2013.01—2013.12）
委　员　朱良清（2013.01—2013.12）
王　勇（彝族，2013.01—2013.12）
朱·斌（2013.01—2013.12）
刘应贵（2013.01—2013.12）
强兴林（2013.01—2013.12）
胡昱冰（2013.02—2013.12）
纪委书记　强兴林（2013.01—2013.12）

（八）攀枝花市林业局党委

书　记　杨礼文（2013.01—2013.04）
凌永航（2013.04—2013.12）
副书记　杜维雄（2013.01—2013.12）
委　员　曾顺强（2013.01—2013.12）
孙彦彬（2013.01—2013.12）
仲吉鑫（2013.01—2013.12）
包小强（2013.01—2013.12）
纪委书记　仲吉鑫（2013.01—2013.12）

（九）攀枝花市文化广播影视新闻出版局党委

书　记　张　雷（2013.01—2013.04）
杨　军（2013.04—2013.12）
副书记　罗　毅（2013.01—2013.12）
委　员　程桂兰（女，2013.01—2013.12）
刘仿宁（2013.01—2013.12）
焦　崎（2013.01—2013.12）
王　海（2013.01—2013.12）
杨文慧（2013.01—2013.12）
刘　斌（2013.01—2013.12）
姚荣祥（2013.01—2013.12）
何金华（2013.01—2013.12）
纪委书记　姚荣祥（2013.01—2013.12）

（十）攀枝花市卫生局党委

书　记　杨　军（2013.01—2013.04）
徐　翠（2013.04—2013.12）
副书记　张学东（2013.01—2013.12）
委　员　范春如（2013.01—2013.12）

	李永祥（2013.01—2013.12）
	陈建军（2013.01—2013.12）
	黄　卫（2013.09—2013.12）
纪委书记	陈建军（2013.01—2013.12）

（十一）攀枝花市国有资产监督管理委员会党委

书　记	李章忠（兼，2013.01—2013.12）
副书记	胡汉军（常务，2013.01—2013.12）
	陈绍泉（2013.09—2013.12）
委　员	杨　君（2013.01—2013.12）
	蹇俊林（2013.01—2013.12）
	陈绍泉（2013.01—2013.09）
	张明德（2013.01—2013.12）
	薛少波（2013.01—2013.12）
	白朝聪（2013.09—2013.12）

（十二）攀枝花国家安全局党委

书　记	蒋德民（2013.01—2013.12）
委　员	廖成波（2013.01—2013.12）
	谢　凌（女，2013.01—2013.12）
纪委书记	田　彬（2013.04—2013.12）

二、市委直属党组

（一）攀枝花市人大常委会党组

书　记	谢道全（2013.01—2013.12）
副书记	张如英（女，2013.01—2013.12）
成　员	唐建民（2013.01—2013.12）
	张国民（彝族，2013.01—2013.12）
	许秀峰（2013.01—2013.12）
	王向阳（2013.01—2013.12）
	钟国元（2013.01—2013.12）

（二）攀枝花人民政府党组

书　记	张　剡（2013.01—2013.12）
副书记	杨自力（2013.01—2013.12）
成　员	柳康健（2013.01—2013.12）
	殷旭东（2013.01—2013.12）
	张　敏（女，2013.01—2013.12）
	李仁杰（2013.01—2013.12）
	贾德华（2013.01—2013.12）

（三）政协攀枝花市委员会党组

书　记	单　荣（2013.01—2013.12）

副书记　　赵　勇（2013.01—2013.12）
成　员　　庞向东（2013.01—2013.12）
刘德顺（2013.01—2013.12）
马晓凤（女，2013.01—2013.12）
唐云城（2013.01—2013.12）

（四）攀枝花市人民检察院党组

书　记　　卢旭东（2013.01—2013.12）
成　员　　周洪涛（2013.01—2013.12）
龚建元（2013.01—2013.12）
马明林（回族，2013.01—2013.12）
赖卫国（彝族，2013.01—2013.12）
熊开培（2013.01—2013.12）
周远军（2013.01—2013.12）
卢建军（2013.01—2013.12）
纪检组长　　周远军（2013.01—2013.12）

（五）攀枝花市发展和改革委员会党组

书　记　　覃发树（2013.01—2013.12）
成　员　　冯正伦（2013.01—2013.12）
白治民（2013.01—2013.12）
耿立文（2013.01—2013.12）
蔡　泽（2013.01—2013.12）
罗启武（2013.01—2013.12）
谢官林（2013.01—2013.12）
何国燕（2013.01—2013.12）
李星星（2013.01—2013.12）
纪检组长　　冯正伦（2013.01—2013.12）

（六）攀枝花市科学技术和知识产权局党组

书　记　　丁建高（2013.01—2013.12）
成　员　　羊肇兴（2013.01—2013.12）
罗昌轶（2013.01—2013.12）
唐秋林（2013.01—2013.12）
李宏波（2013.01—2013.12）
张存岭（2013.05—2013.12）
纪检组长　　羊肇兴（2013.01—2013.12）

（七）攀枝花市经济和信息化委员会党组

书　记　　罗　军（2013.01—2013.08）
熊启高（2013.09—2013.12）
成　员　　胡开斌（2013.01—2013.12）
陈继川（2013.01—2013.12）
税　军（2013.01—2013.12）

罗庆宽（2013.01—2013.12）
李少昆（2013.11—2013.12）
邱　刚（2013.01—2010.12）

（八）攀枝花市民族宗教事务委员会党组

书　记	段怀云（彝族，2013.01—2013.12）
成　员	陈先强（2013.01—2013.12）
	罗文跃（彝族，2013.01—2013.12）
	王永才（彝族，2013.01—2013.12）
纪检组长	王永才（彝族，2013.01—2013.12）

（九）攀枝花市民政局党组

书　记	钱　卫（2013.01—2013.12）
成　员	吴红霞（女，2013.01—2013.12）
	王　健（2013.01—2013.12）
	章　俊（2013.01—2013.12）
	李林宝（2013.01—2013.12）
	邓　锐（2013.01—2013.12）
	秦胜永（2013.01—2013.12）
纪检组长	邓　锐（2013.01—2013.12）

（十）攀枝花市司法局党组

书　记	彭维滨（2013.01—2013.04）
	陈志峰（2013.04—2013.12）
成　员	柳耀炜（2013.01—2013.08）
	刘　镇（2013.11—2013.12）
	梁光富（2013.01—2013.12）
	刘　毅（2013.11—2013.12）
	张　敏（2013.01—2013.12）
	杨　俊（彝族，2013.01—2013.12）
	周显顺（2013.01—2013.12）
纪检组长	张　敏（2013.01—2013.11）

（十一）攀枝花市财政局党组

书　记	刘元海（2013.01—2013.12）
副书记	战立君（2013.01—2013.04）
成　员	王玖斌（2013.01—2013.12）
	孙　超（2013.01—2013.12）
	魏　东（2013.01—2013.12）
	贺云海（2013.01—2013.12）
	严　莉（女，2013.01—2013.12）
	宁　宏（挂职，2013.01—2013.09）
	王　军（2013.11—2013.12）
纪检组长	杨兆雄（2013.01—2013.12）

（十二）攀枝花市环境保护局党组

书　记　　肖光辉（2013.01—2013.08）
　　　　　刘华太（2013.08—2013.12）
成　员　　宋　刚（2013.01—2013.12）
　　　　　彭科国（2013.01—2013.12）
　　　　　胡建荣（2013.01—2013.12）
　　　　　尹虹水（2013.01—2013.12）
　　　　　张　驰（2013.01—2013.12）
纪检组长　尹虹水（2013.01—2013.12）

（十三）攀枝花市住房和城乡规划建设局党组

书　记　　刘志君（2013.01—2013.12）
成　员　　卢海滨（2013.01—2013.12）
　　　　　李兴尧（2013.01—2013.12）
　　　　　付朴忠（2013.01—2013.12）
　　　　　于淑英（女，2013.01—2013.12）
　　　　　曾光富（2013.01—2013.12）
　　　　　刘可亮（2013.01—2013.12）
　　　　　刘　波（2013.01—2013.12）
　　　　　龙小强（2013.01—2013.12）
　　　　　李　强（2013.01—2013.12）
纪检组长　刘可亮（2013.01—2013.12）

（十四）攀枝花市水务局党组

书　记　　马泽林（回族，2013.01—2013.12）
成　员　　苏自友（2013.01—2013.09）
　　　　　廖　杰（2013.01—2013.12）
　　　　　唐　明（2013.01—2013.08）
　　　　　高仕飞（2013.01—2013.12）
　　　　　林兆东（2013.01—2013.12）
纪检组长　高仕飞（2013.01—2013.12）

（十五）攀枝花市农牧局党组

书　记　　李春华（白族，2013.01—2013.12）
成　员　　付刚强（2013.01—2013.12）
　　　　　罗洪荣（2013.01—2013.07）
　　　　　李仲全（2013.01—2013.12）
　　　　　伍从银（2013.01—2013.12）
　　　　　陈　宏（2013.01—2013.12）
纪检组长　罗洪荣（2013.01—2013.07）

（十六）攀枝花市商务和粮食局党组

书　记　　陈远俊（白族，2013.01—2013.12）
　　　　　战立君（2013.04—2013.12）

成　员	杨　旋（2013.01—2013.12）
	张国良（2013.01—2013.12）
	白朝聪（2013.01—2013.09）
	余　宓（女，2013.01—2013.12）
	班　宏（2013.01—2013.12）
纪检组长	余　宓（女，2013.01—2013.12）

（十七）攀枝花市人口和计划生育委员会党组

书　记	柳建红（2013.01—2013.04）
成　员	贺云明（2013.01—2013.12）
	鲜　克（2013.01—2013.12）
	杨正彤（2013.01—2013.12）
纪检组长	杨正彤（2013.01—2013.12）

（十八）攀枝花市审计局党组

书　记	谢安德（2013.01—2013.04）
	张　雷（2013.04—2013.12）
成　员	万启树（2013.01—2013.12）
	程兴国（2013.01—2013.12）
	曾妍妍（女，2013.01—2013.12）
	杨兴华（2013.01—2013.12）
	顾　民（2013.12—2013.12）
纪检组长	万启树（2013.01—2013.12）

（十九）攀枝花市城市管理局党组

书　记	唐晓华（2013.01—2013.12）
	冉从富（2013.07—2013.12）
成　员	冉从富（2013.01—2013.07）
	王京山（2013.01—2013.07）
	于淑英（女，2013.01—2013.12）
	李　杨（2013.11—2013.12）

（二十）攀枝花市体育局党组

书　记	刘　跃（2013.01—2013.12）
成　员	赵燕鸣（2013.01—2013.12）
	杨镇华（彝族，2013.01—2013.12）
	彭　格（2013.01—2013.12）
纪检组长	赵燕鸣（2013.01—2013.12）

（二十一）攀枝花市安全生产监督管理局党组

书　记	庞　德（2013.01—2013.04）
	谭兴忠（2013.01—2013.04）
成　员	宋光钦（2013.01—2013.12）
	向光华（2013.01—2013.04）
	敬书鸿（2013.01—2013.12）

严　碧（2013.01—2013.12）
朱明建（挂职，2013.01—2013.09）
李永胜（2013.01—2013.12）
安宗平（2013.07—2013.12）

纪检组长　李永胜（2013.01—2013.12）

（二十二）攀枝花市统计局党组

书　记　徐　翠（女，2013.01—2013.04）
柳建红（女，2013.04—2013.12）

成　员　黄　卫（2013.01—2013.09）
戴仕军（2013.01—2013.12）
刘谋辉（2013.01—2013.12）
何建跃（2013.01—2013.12）
王　勇（2013.02—2013.12）
贾　炜（2013.09—2013.12）

纪检组长　刘谋辉（2013.01—2013.12）

（二十三）攀枝花市旅游局党组

书　记　龙　勇（2013.01—2013.03）
李福惠（女，2013.04—2013.12）

成　员　刘连志（2013.01—2013.12）
李福惠（女，2013.01—2013.04）
彭德清（2013.01—2013.12）
杨国庆（2013.01—2013.12）
朱仕阳（2013.11—2013.12）

纪检组长　杨国庆（2013.01—2013.12）

（二十四）攀枝花市扶贫和移民工作局党组

书　记　韦美辉（2013.01—2013.04）
吕小平（2013.04—2013.12）

成　员　张永初（2013.01—2013.12）
赵锌华（2013.01—2013.12）
杨志勇（2013.01—2013.12）
李朝刚（2013.01—2013.12）
吴明镜（2013.09—2013.12）

纪检组长　杨志勇（2013.01—2013.12）

（二十五）攀枝花市人民防空办公室党组

书　记　杜勇进（2013.01—2013.12）
卢开南（2013.12—2013.12）

成　员　吕万平（2013.01—2013.12）
苏　毅（2013.01—2013.12）
李付军（2013.01—2013.12）

纪检组长　李付军（2013.01—2013.12）

（二十六）攀枝花市食品药品监督管理局党组

书　记　　何昌文（2013.01—2013.12）

成　员　　张爱民（2013.01—2013.12）

李继彬（女，2013.01—2013.12）

钟正明（2013.01—2013.12）

张桂武（2013.01—2013.12）

杨文元（2013.01—2013.12）

（二十七）攀枝花市国家税务局党组

书　记　　陈力功（2013.01—2013.12）

成　员　　李红伟（女，2013.01—2013.12）

黄平银（2013.01—2013.12）

邹林踊（2013.01—2013.12）

李泓渝（2013.01—2013.12）

徐自远（2013.01—2013.12）

邓　浪（2013.01—2013.12）

纪检组长　　邓　浪（2013.01—2013.12）

（二十八）攀枝花市工商行政管理局党组

书　记　　许城萌（2013.01—2013.06）

姜文彬（2013.06—2013.12）

副书记　　于本龙（2013.01—2013.10）

成　员　　张忠明（2013.01—2012.10）

刘　文（2013.01—2013.12）

谭国庆（2013.10—2013.12）

陈开清（2013.01—2013.12）

纪检组长　　谭国庆（2013.01—2013.10）

（二十九）攀枝花市地方税务局党组

书　记　　潘元昌（2013.01—2013.04）

陈远俊（2013.04—2013.12）

副书记　　杜西蜀（2013.01—2013.12）

成　员　　赵　昌（2013.01—2013.04）

杨清富（2013.01—2013.12）

杨立孝（2013.01—2013.12）

王代华（2013.01—2013.12）

蒋　曦（2013.01—2013.12）

戈　兰（2013.01—2013.06）

吕敏强（2013.04—2013.12）

彭　骏（2013.12—2013.12）

侯　伟（2013.12—2013.12）

纪检组长　　赵　昌（2013.01—2013.04）

吕敏强（2013.04—2013.12）

（三十）攀枝花市气象局党组

书　记　　肖仲民（2013.01—2013.12）
成　员　　关　宏（2013.01—2013.12）
　　　　　朱召勇（2013.01—2013.12）
　　　　　代湘勇（2013.06—2013.12）
纪检组长　关　宏（2013.01—2013.12）

（三十一）攀枝花质量技术监督局党组

书　记　　陈　力（2013.05—2013.12）
成　员　　唐　刚（2013.01—2013.05）
　　　　　刘志清（2013.01—2013.12）
　　　　　池　勇（2013.01—2013.12）
　　　　　刘宗跃（2013.01—2013.12）
　　　　　何秋明（2013.01—2013.12）
　　　　　蒋治虎（2013.01—2013.12）
　　　　　李英勇（2013.12—2013.12）
纪检组长　刘宗跃（2013.01—2013.12）

（三十二）攀枝花出入境检验检疫局党组

书　记　　李明春（2013.01—2013.12）
成　员　　叶丘陵（2013.01—2013.12）
　　　　　李　实（2013.01—2013.12）

（三十三）攀枝花海关党组

书　记　　陶　毅（2013.01—2013.12）
成　员　　宋卫红（2013.01—2013.12）

（三十四）国家统计局攀枝花调查队党组

书　记　　景培朗（2013.01—2013.12）
成　员　　段晓静（女，2013.01—2013.12）
　　　　　黄长彬（2013.01—2013.12）
纪检组长　黄长彬（2013.01—2013.12）

（三十五）市总工会党组

书　记　　张开锋（2013.01—2013.12）
成　员　　谢　强（2013.01—2013.12）
　　　　　汤帮梅（女，2013.01—2013.12）
　　　　　于庆成（2013.01—2013.12）
　　　　　郑　红（2013.01—2013.12）
　　　　　王红梅（女，2013.01—2013.12）
纪检组长　于庆成（2013.01—2013.12）

（三十六）共青团攀枝花市委党组

书　记　　许军峰（2013.01—2013.03）
成　员　　卢　瑜（2013.09—2013.12）
　　　　　王　莉（女，2013.01—2013.12）

龙小强（2013.01—2013.09）
任　文（女，2013.01—2013.09）
徐　通（2013.01—2013.12）

（三十七）攀枝花市妇女联合会党组

书　记　刘道沪（女，2013.01—2013.12）
成　员　李文义（女，2013.01—2013.09）
王朝辉（女，2013.01—2013.12）
罗　岚（女，2013.09—2013.12）
任　文（女，2013.09—2013.12）

（三十八）攀枝花市科学技术协会党组

书　记　林智深（2013.01—2013.12）
成　员　许礼华（2013.01—2013.12）
田常明（2013.01—2013.12）
潘学才（2013.01—2013.12）

（三十九）攀枝花市档案局（馆）党组

书　记　李加强（2013.01—2013.08）
杨星坪（女，2013.08—2013.12）
成　员　曹修源（2013.01—2013.12）
杨兴武（2013.01—2013.12）
甘国龙（2013.08—2013.12）

（四十）攀枝花市烟草专卖局党组

书　记　项瑞明（2013.01—2013.12）
成　员　郭明全（2013.01—2013.12）
陈　宏（2013.01—2013.12）
旷远东（2013.01—2013.12）
何小平（2013.01—2013.12）
余　伟（2013.06—2013.12）
冯长春（2013.06—2013.12）
纪检组长　何小平（2013.01—2013.12）

（四十一）攀枝花市工商业联合会党组

书　记　陈计全（2013.01—2013.12）
成　员　卢国胜（彝族，2013.01—2013.09）
刘宝林（2013.01—2013.12）
谢　宇（2013.01—2013.12）
邓　静（2013.09—2013.12）

（四十二）攀枝花市文学艺术界联合会党组

书　记　李平（2013.01—2013.12）
成　员　冯中云（壮族，2013.01—2013.12）
李吉顺（2013.01—2013.12）

（四十三）攀枝花市残疾人联合会党组

书　记　　　　　　　李维忠（2013.01—2013.12）
成　员　　　　　　　杨关云（2013.01—2013.12）

（四十四）攀枝花市住房公积金管理中心党组

书　记　　　　　　　李向前（2013.01—2013.04）
　　　　　　　　　　谢安德（2013.04—2013.12）
成　员　　　　　　　张治文（2013.01—2013.12）
　　　　　　　　　　钟世森（2013.01—2013.12）
　　　　　　　　　　杜　江（2013.01—2013.12）

（四十五）攀枝花市商业银行股份有限公司党组

书　记　　　　　　　杨宗林（2013.01—2013.12）
成　员　　　　　　　黄　进（2013.01—2013.12）
　　　　　　　　　　文慧明（2013.01—2013.12）
　　　　　　　　　　冯　健（2013.01—2013.12）
　　　　　　　　　　谢林华（2013.01—2013.12）
　　　　　　　　　　石　磊（2013.01—2013.12）
　　　　　　　　　　胥　锋（2013.01—2013.12）
　　　　　　　　　　邓志坚（2013.11—2013.12）
纪检组长　　　　　　谢林华（2013.01—2013.12）

（四十六）攀枝花市供销合作社联合社党组

书　记　　　　　　　袁　斌（2013.10—2013.12）
委　员　　　　　　　周智勇（2013.01—2013.12）
　　　　　　　　　　刘立凡（2013.01—2013.12）
　　　　　　　　　　谢智涌（2013.01—2013.09）

（四十七）攀枝花市人民政府侨务办公室、攀枝花市归国华侨联合会党组

书　记　　　　　　　陈君仁（2013.01—2013.12）

（四十八）攀枝花市邮政管理局党组

书　记　　　　　　　雷云平（2013.01—2013.12）
成　员　　　　　　　蒋　浏（2013.01—2013.12）
　　　　　　　　　　刘正林（傣族，2013.01—2013.12）

第四节　地方党委组织机构

一、中共盐边县委

2013 年 1 月至 12 月，盐边县委领导机构仍为 2011 年 11 月中共盐边县委第十三次代表大会选举产生的第十三届委员会主持工作。

（一）县委领导人名录

本年度县委领导人有过调整。4 月，市委免去谭兴忠中共盐边县委副书记、常委、委员职务；8 月，市委免去吴明镜、王纯凯中共盐边县委常委、委员职务；任命钱志彬、龚跃俊为中共盐边县委委员、常委；9 月，市委免去田锋中共盐边县委副书记（挂职）、常委、委员职务；11 月，市委免去王万华中共盐边县委常委、委员、中共盐边县纪律检查委员会书记职务；任命张大奇为中共盐边县委委员、常委、副书记；任命彭黎为中共盐边县委委员、常委、中共盐边县纪律检查委员会书记。

书　记	杨　林（2013. 01—2013. 12）
副书记	邓　斌（2013. 01—2013. 12）
	谭兴忠（2013. 01—2013. 04）
	田　锋（2013. 01—2013. 09）
	张大奇（2013. 11—2013. 12）
常　委	蔡　君（女，2013. 01—2013. 12）
	李发开（彝族，2013. 01—2013. 12）
	肖方敏（2013. 01—2013. 12）
	吴明镜（2013. 01—2013. 08）
	王万华（2013. 01—2013. 11）
	王纯凯（2013. 01—2013. 08）
	刘　敏（女，2013. 01—2013. 12）
	刘　琳（2013. 01—2013. 12）
	彭　黎（2013. 11—2013. 12）
	石西平（2013. 01—2013. 12）
	钱志彬（2013. 08—2013. 12）
	龚跃俊（2013. 08—2013. 12）

（二）县纪委领导人名录

书　记	王万华（2013. 01—2012. 11）
	彭　黎（2013. 11—2013. 12）

二、中共米易县委

2013 年 1 月至 12 月，中共米易县委领导机构仍为 2011 年 11 月选举产生的第十三届委员会主持工作。

（一）县委领导人名录

本年度，县委领导人有过调整。4 月，市委决定免去夏应云、陈力中共米易县委员会委员、常委、副书记职务，许军峰任中共米易县委员会委员、常委、副书记；6 月，市委决定王飚任中共米易县委员会委员、常委、书记，免去刘先伟中米易县委员会委员、常委、书记职务；8 月，市委决定免去周波中共米易县委员会委员、常委职务，吴明坤任中共米易县委员会委员、常委；11 月，市委决定王万华任中共米易县委员会委员、常委，免去张林中共米易委员会常委、委员职务；12 月，市委决定蒋启君、柴德华任中共米易县委员会常委。

书　记	刘先伟（2013. 01—2013. 06）
	王　飚（2013. 06—2013. 12）
副书记	陈　力（2013. 01—2013. 03）

	许军峰（2013.03—2013.12）
	王永祥（2013.01—2013.12）
常　委	张　林（2013.01—2013.11）
	董明远（白族，2013.01—2013.12）
	夏应云（2013.01—2013.04）
	王万华（2013.11—2013.12）
	曾　科（2013.01—2013.12）
	周　波（2013.01—2013.08）
	吴明坤（2013.08—2013.12）
	李　彬（2013.01—2013.12）
	周国顺（2013.01—2013.12）
	刘书岑（女，2013.01—2013.12）
	蒋启君（2013.12—2013.12）
	柴德华（挂职锻炼，2013.12—2013.12）

（二）县纪委领导人名录

书　记	夏应云（2013.01—2013.04）
	王万华（2013.11—2013.12）

三、中共攀枝花市仁和区委

2013年1月至12月，中共攀枝花市仁和区委领导机构仍为2011年9月29日选举产生的第十届委员会主持工作。

（一）区委领导人名录

区委领导人本年度有过调整。2013年5月，吕小平调离到市扶贫和移民工作局工作；2013年9月，杨兰挂职期满，回省政府办公厅工作；2013年9月，市委任命段建华为区委常委；2013年12月，陈建新调离到市委编办工作。

书　记	陈可红（2013.01—2013.12）
副书记	任礁军（2013.01—2013.12）
	陈建新（2013.01—2013.12）
常　委	魏胜利（2013.01—2013.12）
	白春林（2013.01—2013.12）
	李云洲（彝族，2013.01—2013.12）
	刘亚玲（女，2013.01—2013.12）
	谭明安（2013.01—2013.12）
	王雪松（2013.01—2013.12）
	吕小平（2013.01—2013.05）

（二）仁和区纪委领导名录

书　记	谭明安（2013.01—2013.12）

四、中共攀枝花市东区区委

从2013年1月至12月，东区区委领导机构仍为2011年11月中国共产党攀枝花市东区第九次代表大会选举产生的领导班子主持工作。

（一）区委领导人名录

本年度区委领导人有过调整。2013年3月，市委任命杨礼文为中共东区区委委员、常委、副书记，免去陈忠恕中共东区区委委员、常委、副书记职务。2013年5月，市委任命赵华为中共东区区委委员、常委、副书记，任命朱静伟为中共东区区委委员、常委职务，免去闵滟中共东区区委委员、常委职务，调市投资促进局工作。2013年6月，省委任命刘先伟为中共东区区委委员、常委、书记，免去贾德华中共东区区委委员、常委、书记职务。2013年8月，因挂职到期，市委免去赵华中共东区区委委员、常委、副书记职务，免去杨文才、朱静伟中共东区区委委员、常委职务。2013年11月，市委任命王勇为中共东区区委委员、常委、副书记职务，免去赵路中共东区区委委员、常委、副书记职务，调攀枝花钒钛产业园区工作。

书　记　贾德华（2013.01—2013.06）
刘先伟（2013.06—2013.12）

副书记　陈忠恕（2013.01—2013.03）
杨礼文（2013.03—2013.12）
赵　路（2013.01—2013.11）
赵　华（2013.05—2013.08挂职）
王　勇（彝族，2013.11—2013.12）

常　委　刘　霄（彝族，2013.01—2013.12）
李双全（2013.01—2013.12）
林廷华（2013.01—2013.12）
张华凯（2013.01—2013.12）
闵　滟（女，2013.01—2013.05）
康　敏（2013.01—2013.12）
李孝彬（彝族，2013.01—2013.12）
何峻峰（2013.01—2013.12）
陈　膑（2013.12—2013.12）
刘　波（2013.01—2013.12挂职）
杨文才（2013.01—2013.08挂职）
朱静伟（2013.05—2013.08挂职）

（二）区纪委领导人名录

书　记　刘　霄（彝族，2013.01—2013.12）

五、中共攀枝花市西区区委

2013年1月至12月，中共攀枝花市西区区委领导机构仍为2011年9月中共攀枝花市西区第九次代表大会选举产生的第九届领导班子主持工作。

（一）区委领导人名录

本届区委领导本年度有过调整。2013 年 4 月，中共攀枝花市市委决定龙勇同志任中共攀枝花市西区委员会委员、常委、副书记；免去李兴华同志中共攀枝花市西区委员会副书记、常委、委员职务。2013 年 8 月，中共攀枝花市市委决定罗军同志任中共攀枝花市西区委员会委员、常委、书记；免去赵中同志中共攀枝花市西区委员会书记、常委、委员职务。2013 年 9 月，免去李华同志中共攀枝花市西区委员会常委、委员职务。2013 年 11 月，免去钟礼彬同志中共攀枝花市西区委员会常委、委员职务。

书　记	赵　中（2013. 01—2013. 08）
	罗　军（2013. 08—2013. 12）
副书记	李兴华（2013. 01—2013. 04）
	龙　勇（2013. 04—2013. 12）
	邓孝良（2013. 01—2013. 12）
常　委	邱小平（2013. 01—2013. 12）
	熊锦成（2013. 01—2013. 12）
	蔡永光（2013. 01—2013. 12）
	高继兵（2013. 01—2013. 12）
	秦福贵（2013. 01—2013. 12）
	尚滟佳（女，2013. 01—2013. 12）
	钟礼彬（2013. 01—2013. 11）
	鲍俊华（2013. 01—2013. 12）
	李　华（挂职，2013. 01—2013. 09）

（二）区纪委领导人名录

书　记	秦福贵（2013. 01—2013. 12）

第二章　政权组织机构

第一节　市级政权领导机构

2013 年 1 月至 12 月，市级政权领导机构仍为 2012 年 3 月攀枝花市第九届人民代表大会第一次会议选举产生的领导班子主持工作。

一、攀枝花市人大常委会

主　任	谢道全（2013. 01—2013. 12）
副主任	张如英（女，2013. 01—2013. 12）

唐建民（2013.01—2013.12）
张汝林（2013.01—2013.12）
张国民（彝族，2013.01—2013.12）
许秀峰（2013.01—2013.12）
王向阳（2013.01—2013.12）
秘书长 钟国元（2013.01—2013.12）
副秘书长 徐明磊（女，2013.01—2013.12）
王世全（2013.08—2013.12）

二、攀枝花市人民政府

市　长 张　剡（2013.01—2013.12）
副市长 杨自力（2013.01—2013.12）
柳康健（2013.01—2013.12）
殷旭东（2013.01—2013.12）
张　敏（女，2013.01—2013.12）
刘建明（2013.01—2013.12）
李仁杰（2013.01—2013.12）
贾德华（2013.10—2013.12）
秘书长 李仁杰（2013.01—2013.02）
徐明义（2013.02—2013.12）
副秘书长 赵忠义（2013.01—2013.02）
杨秋林（2013.01—2013.12）
李安明（2013.01—2013.12）
杨星坪（女，2013.01—2013.08）
尹　森（2013.01—2013.12）
唐成斌（2013.01—2013.12）
杨明勇（2013.01—2013.12）
张　玲（女，兼，2013.01—2013.04）
凌永航（2013.01—2013.04）
刘华太（2013.01—2013.08）
蒋德民（2013.01—2013.12）
田　川（2013.03—2013.12）
谢安德（兼，2013.04—2013.12）
侯大同（兼，2013.04—2013.12）
李兴华（2013.04—2013.12）
庞　德（2013.04—2013.12）
唐　刚（2013.07—2013.12）
余　斌（挂职，2013.07—2013.12）
文　静（兼，2013.08—2013.12）

蒋光忠（兼，2013.11—2013.12）
李　明（2013.12—2013.12）
居松存（挂职，2013.12—2013.12）
市长助理　闫水玉（挂职，2013.01—2013.02）
梁学功（挂职，2013.12—2013.12

三、攀枝花市中级人民法院

院　长　祝　鸿（2013.01—2013.12）
副院长　彭维滨（常务，2013.04—2013.12）
李泽文（2013.01—2013.11）
陈志峰（2013.01—2013.04）
陈远奎（2013.01—2013.12）
李怀胜（2013.01—2013.12）

四、攀枝花市人民检察院

检察长　卢旭东（2013.01—2013.12）
副检察长　周洪涛（2013.01—2013.12）
罗春梅（女，彝族，2013.01—2013.10）
龚建元（2013.01—2013.12）
马明林（回族，2013.01—2013.12）
赖卫国（彝族，2013.12—2013.12）

第二节　市级政权组织工作机构

一、攀枝花市人民政府办公室
（市投资促进局、市政府法制办公室、市政府金融办公室）

主　任　徐明义（2013.01—2013.12）
副主任　高　翔（2013.01—2013.12）
牟志平（2013.01—2013.12）
刘贞康（2013.01—2013.12）
郭　勇（2013.01—2013.12）
高应华（2013.01—2013.12）
杨晓东（2013.01—2013.12）
纪检组长　王晓东（女，2013.01—2013.12）

二、攀枝花市发展和改革委员会
（市物价局）

主　任	覃发树（2013.01—2013.12）
副主任	白治民（2013.01—2013.12）
	耿立文（2013.01—2013.12）
	蔡　泽（2013.01—2013.12）
	罗启武（2013.01—2013.12）
	谢官林（2013.01—2013.12）
	何国燕（2013.01—2013.12）

三、攀枝花市教育局

局　长	孔　炜（2013.01—2013.04）
	董之云（2013.04—2013.12）
副局长	田　龙（2013.01—2013.12）
	陈晓翔（2013.01—2013.12）
	周云才（兼，2013.01—2013.12）
	刘自力（2013.01—2013.12）

四、攀枝花市科学技术和知识产权局

局　长	丁建高（2013.01—2013.12）
副局长	罗昌轶（2013.01—2013.12）
	张存岭（2013.06—2013.12）
	肖鹏举（2013.01—2013.12）
	李宏波（2013.01—2013.12）

五、攀枝花市经济和信息化委员会
（市中小企业局）

主　任	罗　军（2013.01—2013.08）
	熊启高（2013.08—2013.12）
副主任	胡开斌（2010.01—2010.12）
	税　军（2010.01—2010.11）
	罗庆宽（2013.01—2013.12）
	陈继川（2013.01—2013.12）
	李少昆（2013.10—2013.12）

六、攀枝花市民族宗教事务委员会
（市委民族工作委员会）

主　任	吴文发（彝族，2013. 01—2013. 12）
副主任	陈先强（2013. 01—2013. 12）
	罗文跃（彝族，2013. 07—2013. 12）

七、攀枝花市公安局

局　长	殷旭东（2013. 01—2013. 12）
副局长	尚　建（常务，2013. 01—2013. 12）
	张森荣（2013. 01—2013. 12）
	胡世明（2013. 01—2013. 12）
	樊泽凤（2013. 01—2013. 12）
	李国宏（2013. 12—2013. 12）

八、攀枝花市监察局

局　长	姚　宏（2013. 01—2010. 12）
副局长	饶晓东（2013. 01—2010. 12）
	陆继虎（2013. 01—2010. 12）

九、攀枝花市民政局

局　长	钱　卫（2013. 01—2013. 12）
副局长	吴红霞（女，2013. 01—2013. 12）
	王　健（2013. 01—2013. 12）
	章　俊（2013. 01—2013. 12）
	秦胜永（2013. 01—2013. 12）
	王头进（2013. 01—2013. 02）

十、攀枝花市司法局

局　长	彭维滨（2013. 01—2013. 04）
	陈志峰（2013. 04—2013. 12）
副局长	柳耀炜（2013. 01—2013. 08）
	刘　镇（2013. 12—2013. 12）
	梁光富（2013. 01—2013. 12）
	刘　毅（2013. 11—2013. 12）
	张　敏（2013. 11—2013. 12）

十一、攀枝花市财政局

局　长	刘元海（2013.01—2013.12）
副局长	战立君（2013.01—2013.04）
	王玖斌（2013.01—2013.12）
	孙　超（2013.01—2013.12）
	魏　东（2013.01—2013.12）
	宁　宏（挂职，2013.01—2013.06）

十二、攀枝花市人力资源和社会保障局

局　长	刘忠杰（女，2013.01—2013.12）
副局长	贾幼谊（2013.01—2013.12）
	谭　克（2013.01—2013.12）
	蔡雪梅（女，2013.01—2013.12）
	朱川刚（2013.01—2013.12）
	杨　峰（回族，2013.01—2013.12）
	张光杰（2013.01—2013.12）

十三、攀枝花市国土资源局

局　长	邓浙林（2013.01—2013.02）
	陈忠恕（2013.05—2013.12）
副局长	曾　勇（2013.01—2013.12）
	肖良民（2013.01—2013.12）
	邓　毅（2013.01—2013.12）
	余晓琴（女，2013.01—2013.12）

十四、攀枝花市环境保护局

局　长	肖光辉（2013.01—2013.08）
	刘华太（2013.08—2013.12）
副局长	宋　刚（2013.01—2013.12）
	胡建荣（2013.01—2013.12）
	彭科国（2013.01—2013.12）
	赵　磊（挂职，2012.05—2013.12）

十五、攀枝花市住房和城乡规划建设局

局　长	刘志君（2013.01—2013.12）

副局长　卢海滨（2013.01—2013.12）
付朴忠（兼，2013.01—2013.12）
李兴尧（2013.01—2013.12）
龙小强（2013.10—2013.12）

十六、攀枝花市交通运输局

局　长　雷　雨（2013.01—2013.12）
副局长　朱良清（2013.01—2013.12）
王　勇（彝族，2013.01—2013.12）
朱　斌（2013.01—2013.12）
胡昱冰（2013.01—2013.12）

十七、攀枝花市水务局

局　长　马泽林（回族，2013.01—2013.12）
副局长　苏自友（2013.01—2013.11）
廖　杰（2013.01—2013.12）
唐　明（2013.01—2013.08）
张天辉（2013.01—2013.12）

十八、攀枝花市农牧局
（市农业机械管理局）

局　长　李春华（白族，2013.01—2013.12）
副局长　付刚强（2013.01—2013.12）
李仲全（2013.01—2013.12）
伍从银（2013.01—2013.12）
吴　雨（女，2013.01—2013.12）

十九、攀枝花市林业局

局　长　杨礼文（2013.01—2013.04）
凌永航（2013.04—2013.12）
副局长　曾顺强（2013.01—2013.12）
孙彦彬（2013.01—2013.12）
包小强（2013.01—2013.12）

二十、攀枝花市商务和粮食局

局　长　陈远俊（白族，2013.01—2013.04）

	战立君（2013.04—2013.12）
副局长	杨　旋（2013.01—2013.12）
	张国良（2013.01—2013.12）
	白朝聪（2013.01—2013.10）
	班　宏（2013.08—2013.12）

二十一、攀枝花市文化广播影视新闻出版局

局　长	张　雷（2013.01—2013.04）
	杨　军（2013.04—2013.12）
副局长	程桂兰（女，2013.01—2013.12）
	刘仿宁（2013.01—2013.12）
	焦　崎（2013.01—2013.12）
	王　海（2013.01—2013.12）
	杨文慧（2013.01—2013.12）
	刘　斌（2013.01—2013.12）

二十二、攀枝花市卫生局
（市中医药管理局）

局　长	杨　军（2013.01—2013.04）
	徐　翠（女，2013.04—2013.12）
副局长	范春如（2013.01—2013.12）
	李永祥（2013.01—2013.12）
	雷武岷（2013.01—2013.12）
	黄　卫（2013.10—2013.12）

二十三、攀枝花市人口和计划生育委员会

主　任	柳建红（女，2013.01—2013.04）
	徐　翠（代理，女，2013.05—2013.12）
副主任	贺云明（2013.01—2013.12）
	鲜　克（2013.01—2013.12）

二十四、攀枝花市审计局

局　长	谢安德（2013.01—2013.04）
	张　雷（2013.04—2013.12）
副局长	程兴国（2013.01—2013.12）
	汪沛川（2013.01—2013.12）

曾妍妍（女，2013. 01—2013. 12）

二十五、攀枝花市城市管理局

局　长　赵　琪（女，2013. 01—2013. 12）
副局长　冉从富（2013. 01—2013. 07）
刘　松（2013. 01—2013. 12）
于淑英（女，2013. 12—2013. 12）

二十六、攀枝花市政府国有资产监督管理委员会

主　任　陈绍泉（2013. 01—2013. 12）
副主任　杨　君（2013. 01—2013. 12）
薛少波（2013. 01—2013. 12）
白朝聪（2013. 10—2013. 12）

二十七、攀枝花市体育局

局　长　刘　跃（2013. 01—2013. 12）
副局长　杨镇华（彝族，2013. 01—2013. 12）
彭　格（2013. 01—2013. 12）

二十八、攀枝花市安全生产监督管理局
（市安全生产委员会办公室）

局　长　庞　德（2013. 01—2013. 04）
谭兴忠（2013. 04—2013. 12）
副局长　宋光钦（2013. 01—2013. 12）
向光华（2013. 01—2013. 12）
敬书鸿（2013. 01—2013. 12）
安宗平（2013. 07—2013. 12）
朱明建（挂职，2013. 01—2013. 10）

二十九、攀枝花市统计局

局　长　徐　翠（女，2013. 01—2013. 04）
柳建红（女，2013. 04—2013. 12）
副局长　黄　卫（2013. 01—2013. 10）
戴仕军（2013. 01—2013. 12）
王　勇（2013. 02—2013. 12）

贾　炜（2013.10—2013.12）

三十、攀枝花市旅游局

局　长	龙　勇（2013.01—2013.04）
	李福惠（女，2013.04—2013.12）
副局长	刘连志（2013.01—2013.12）
	李福惠（女，2013.01—2013.04）
	彭德清（2013.01—2013.12）

三十一、攀枝花市扶贫和移民工作局

局　长	韦美辉（2013.01—2013.04）
	吕小平（2013.04—2013.12）
副局长	张永初（2013.01—2013.12）
	赵锌华（2013.01—2013.12）
	李朝刚（2013.01—2013.12）
	吴明镜（2013.10—2013.12）

三十二、攀枝花市人民防空办公室
（市民防局）

主　任	杜勇进（2013.01—2013.12）
	卢开南（2013.12—2013.12）
副主任	吕万平（2013.01—2013.12）
	苏　毅（2013.01—2013.12）

三十三、攀枝花市食品药品监督管理局

局　长	何昌文（2013.01—2013.12）
副局长	张爱民（2013.01—2013.12）
	李继彬（女，2013.01—2013.12）
	钟正明（2013.01—2013.12）
	杨文元（2013.01—2013.12）
	池　勇（兼，2013.11—2013.12）

三十四、攀枝花市委市政府接待办公室

主　任	陈　忆（2013.01—2013.04）
副主任	王焕红（2013.09—2013.12）

张　洁（女，2013.01—2013.12）
刘　丰（女，2013.01—2013.12）

三十五、攀枝花钒钛产业园区管理委员会

主　任　　熊启高（2013.01—2013.08）
　　　　　赵　中（2013.08—2013.12）
副主任　　赵　路（2013.12—2013.12）
　　　　　杜毅华（2013.01—2013.12）
　　　　　陈　勇（2013.01—2013.11）
　　　　　安宗平（2013.01—2013.07）
　　　　　张　林（2013.12—2013.12）
　　　　　张瑞莉（女，2013.12—2013.12）

三十六、攀枝花市花城新区开发建设管理委员会

根据2013年10月29日，攀枝花市人民政府《关于组建攀枝花市花城新区开发建设管理委员会的通知》（攀府函〔2013〕161号）文件精神，市委、市政府同意，决定在攀枝花市红格温泉旅游度假开发区管理委员会基础上组建攀枝花市花城新区开发建设管理委员会，为市政府派出机构，不再保留攀枝花市红格温泉旅游度假开发区管理委员会称谓。

主　任　　张　剡（兼，2013.01—2013.12）
常务副主任　　柳康健（兼，2013.01—2013.04）
　　　　　贾德华（兼，2013.04—2013.12）
副主任　　赵忠义（2013.01—2013.02）
　　　　　闫水玉（挂职，2013.01—2013.02）
　　　　　唐成斌（2013.02—2013.12）
　　　　　居松存（挂职，2013.12—2013.12）
　　　　　龙　勇（兼，2013.01—2013.12）
　　　　　刘华太（兼，2013.01—2013.12）
　　　　　覃发树（兼，2013.01—2013.12）
　　　　　刘元海（兼，2013.01—2013.12）
　　　　　肖光辉（兼，2013.01—2013.12）
　　　　　杨礼文（兼，2013.01—2013.12）
　　　　　刘志君（兼，2013.01—2013.12）
　　　　　卢海滨（兼，2013.01—2013.12）

三十七、攀枝花市人民政府政务服务中心

主　任　　杨秋林（2013.01—2013.12）
副主任　　朱　燕（女，2013.01—2013.12）

王　喆（2013.01—2013.12）

三十八、攀枝花市人民政府驻成都办事处

主　任　孙承春（2013.01—2013.12）
副主任　何　军（2013.01—2013.12）

三十九、攀枝花市人民政府驻北京联络处

主　任　侯大同（2013.01—2013.04）
副主任　张孝铭（主持工作，2013.08—2013.12）

四十、攀枝花市档案局（馆）

局　长（馆　长）　李加强（2013.01—2013.08）
杨星坪（2013.08—2013.12）
副局长（副馆长）　曹修源（2013.01—2013.12）
杨兴武（2013.01—2013.12）

四十一、攀枝花市防震减灾局

局　长　卢开南（2013.01—2013.12）
杜勇进（2013.12—2013.12）
副局长　彭建兵（2013.01—2013.12）

四十二、攀枝花市机关事务管理局

局　长　毛　明（2013.01—2013.12）
副局长　杨　维（2013.01—2013.12）

四十三、攀枝花市住房公积金管理中心

主　任　李向前（2013.01—2013.04）
谢安德（2013.04—2013.12）
副主任　张治文（2013.01—2013.12）

四十四、攀枝花市烤烟办公室

主　任　谢　军（2013.01—2013.12）
副主任　刘文礼（2013.01—2013.12）

朱明高（2013.02—2013.12）

四十五、攀枝花市地方志办公室

主　任　　李冠华（2013.01—2013.12）

四十六、攀枝花市供销合作社

主　任　　袁　斌（2013.01—2013.12）
副主任　　刘立凡（2013.01—2013.12）
　　　　　周智勇（2013.01—2013.12）
　　　　　谢智涌（2013.01—2013.11）

四十七、攀枝花市商业银行

董事长　　杨宗林（2013.01—2013.12）
副董事长　　邓志坚（2013.12—2013.12）
行　长　　文慧明（2013.01—2013.12）
监事长　　黄　进（2013.01—2013.12）
副行长　　谢林华（2013.01—2013.12）
　　　　　石　磊（2013.01—2013.12）
董事会秘书　　胥　锋（2013.01—2013.12）

第三节　垂直管理部门和中央、省直属机构

一、攀枝花市工商行政管理局

局　长　　许城萌（2013.01—2013.06）
　　　　　姜文彬（2013.06—2013.12）
副局长　　于本龙（2013.01—2013.12）
　　　　　张忠明（2013.01—2013.12）
　　　　　刘　文（2013.01—2013.12）
　　　　　陈开清（2013.01—2013.12）

二、攀枝花市地方税务局

局　长　　潘元昌（2013.01—2013.01）

	陈远俊（2013. 04—2013. 12）
副局长	杜西蜀（2013. 01—2013. 12）
	杨清富（2013. 01—2013. 12）
	杨立孝（2013. 01—2013. 12）
	王代华（2013. 10—2013. 12）

三、攀枝花市国家税务局

局　长	陈力功（2013. 01—2013. 06）
副局长	李红伟（女，2013. 01—2013. 12）
	黄平银（2013. 01—2013. 12）
	邹林踊（2013. 01—2013. 12）
	李泓渝（2013. 05—2013. 12）

四、攀枝花质量技术监督局

局　长	陈　力（2013. 05—2013. 12）
副局长	唐　刚（主持工作，2013. 01—2013. 05）
	刘志清（2013. 01—2013. 12）
	池　勇（2013. 01—2013. 12）
	何秋明（2013. 12—2013. 12）
	李英勇（2013. 12—2013. 12）

五、攀枝花市气象局

局　长	肖仲民（2013. 01—2013. 12）
副局长	朱召勇（2013. 01—2013. 12）
	代湘勇（2013. 01—2013. 12）

六、攀枝花出入境检验检疫局

局　长	李明春（2013. 01—2013. 12）
副局长	叶丘陵（2013. 01—2013. 12）
	李　实（2013. 01—2013. 12）

七、攀枝花海关

关　长	陶　毅（2013. 06—2013. 12）
副关长	宋卫红（2013. 06—2013. 12）

八、中国人民银行攀枝花市中心支行

（一）行政领导人名录

行　长　　　　　李　勇（2013.01—2013.12）
副行长　　　　　李　睿（2013.01—2013.12）
　　　　　　　　陈利英（女，2013.01—2013.12）

（二）党委领导人名录

书　记　　　　　李　勇（2013.12—2013.12）
副书记　　　　　李　勇（主持工作，2013.01—2013.12）
委　员　　　　　张志久（2013.01—2013.12）
　　　　　　　　李　睿（2013.01—2013.12）
　　　　　　　　陈利英（女，2013.01—2013.12）
纪委书记　　　　张志久（2013.01—2013.12）

九、中国银行业监督管理委员会攀枝花监管分局

（一）行政领导人名录

局　长　　　　　钟乾刚（2013.01—2013.06）
副局长　　　　　康跃辉（2013.01—2013.12，6—12 月主持工作）
　　　　　　　　林鹏程（2013.05—2013.12）

（二）党委领导人名录

书　记　　　　　钟乾刚（2013.01—2013.06）
副书记　　　　　康跃辉（主持工作，2013.06—2013.12）
委　员　　　　　康跃辉（2013.01—2013.06）
　　　　　　　　李易恒（2013.01—2013.12）
　　　　　　　　林鹏程（2013.05—2013.12）
纪委书记　　　　李易恒（2013.01—2013.12）

十、攀枝花国家安全局

局　长　　　　　蒋德民（2013.01—2013.12）
副局长　　　　　廖成波（2013.01—2013.12）

十一、攀枝花市烟草专卖局

局　长　　　　　郭明全（2013.01—2013.12）
副局长　　　　　陈　宏（2013.01—2013.12）

十二、国家统计局攀枝花调查队

队　长　　景培朗（2013. 01—2013. 12）
副队长　　段晓静（女，2013. 01—2013. 12）

十三、攀枝花市邮政管理局

按照国务院办公厅《关于完善省级以下邮政监管体制的通知》（国办发〔2012〕6 号）和四川省人民政府办公厅《关于印发四川省完善省级以下邮政监管理体制工作实施的通知》（川办发〔2012〕37 号）要求，设置攀枝花市邮政管理局，管理体制由中央垂直管理调整为中央和地方双重管理，以中央为主，省及市（州）邮政管理局由上级邮政管理部门与所在地政府双重管理，邮政业务、机构编制、干部、财务等以上级邮政管理部门管理为主。2012 年 11 月 15 日，攀枝花市邮政管理局正式揭牌成立。

局　长　　雷云平（2013. 01—2013. 12）
副局长　　刘正林（傣族，2013. 01—2013. 12）

第四节　地方政权组织机构

一、盐边县政权组织机构

2013 年 1 月至 12 月，盐边县政权领导机构仍为 2011 年 11 月盐边县第十七届人民代表大会第一次会议选举产生的领导班子主持工作。

（一）县人大常委会领导人名录

本年度县人大常委会领导人有过调整。9 月，市委免去钱志彬县人大常委会副主任职务。

主　任　　任　平（2013. 01—2013. 12）
副主任　　张　林（2013. 01—2013. 12）
　　黄大洲（2013. 01—2013. 12）
　　钱志彬（2013. 01—2013. 09）
　　陈关伍（2013. 01—2013. 12）

（二）县人民政府领导人名录

本年度县人民政府领导人有过调整。9 月，市委任命钱志彬为县人民政府副县长；12 月，市委任命张涛为县人民政府副县长（挂职）。

县　长　　邓　斌（2013. 01—2013. 12）
副县长　　蔡　君（女，2013. 01—2013. 12）
　　王纯凯（2013. 03—2013. 12）
　　石西平（2013. 01—2013. 12）
　　钱志彬（2013. 09—2013. 12）

魏渠河（2013.01—2013.12）
谢文辉（彝族，2013.01—2013.12）
苟　军（2013.01—2013.12）
申建佳（2013.01—2013.12）
黄大宣（2013.01—2013.12）
陈　华（挂职，2013.01—2013.12）
张　涛（挂职，2013.12—2013.12）

（三）县人民法院领导人名录

院　长　杜　新（2013.01—2013.12）

（四）县人民检察院领导人名录

检察长　亢　锋（2013.01—2013.12）

二、米易县政权组织机构

2013年1月至12月，米易县政权领导机构仍为2011年11月米易县第十七届人民代表大会第一次会议选举产生的领导班子主持工作。

（一）县人大常委会领导名录

本年度，人大常委领导人有过调整。1月，第十七届人民代表大会第三次会议上刘敏主任任职年满，郑世平同志当选为米易县人民代表代会常务委员会主任、黄礼松新当选为副主任。

主　任　刘　敏（2013.01—2013.01）
郑世平（2013.01—2013.12）

副主任　肖玉莲（女，2013.01—2013.12）
方建中（2013.01—2013.12）
李祖福（2013.01—2013.12）
黄礼松（2013.01—2013.12）

（二）县人民政府

本年度县政府领导人有过调整。4月，县第十七届人大常委会第十一次会议决定接受陈力辞去米易县人民政府县长职务。第十七届人大常委会第十一次会议决定任命许军峰为米易县人民政府副县长、代理县长。5月，米易县第十七届第四次人民代表大会上补选为米易县人民政府县长。11月，县第十七届人大常务委员会第十六次会议决定同意免去张林米易县人民政府副县长职务，任命董明远为米易县人民政府副县长。

县　长　陈　力（2013.01—2013.04）

代理县长　许军峰（2013.04—2013.05）

县　长　许军峰（2013.05—2013.12）

副县长　张　林（常务，2013.01—2013.11）
董明远（白族，2013.11—2013.12）
刘淑蓉（女，2013.01—2013.12）
李国宏（2013.01—2013.12）
张光明（2013.01—2013.12）
谢永胜（2013.01—2013.12）

胡健康（2013. 01—2013. 12）
范志伟（2013. 01—2013. 12）

（三）县人民法院领导人名录

院　长　蒋　毅（土家族，2013. 01—2013. 12）

（四）县人民检察院

检察长　梁　兵（2013. 01—2013. 12）

三、攀枝花市仁和区政权组织机构

2013 年 1 月至 12 月，仁和区政权组织机构仍为 2011 年 11 月 9 日仁和区第十一届人民代表大会第一次会议选举产生的政权领导机构主持工作。

（一）区人大常委会领导人名录

主　任　杜春文（2013. 01—2013. 12）

副主任　盛庆书（彝族，2013. 01—2013. 12）
李建萍（女，2013. 01—2013. 12）
赖忠能（2013. 01—2013. 12）
陈庆文（2013. 01—2013. 12）

（二）区人民政府领导人名录

本年度区人民政府领导人有调整。5 月 24 日，仁和区第十一届人民代表大会常务委员会第十二次会议，决定免去：吕小平同志攀枝花市仁和区人民政府副区长职务。

区　长　任礎军（2013. 01—2013. 12）

副区长　魏胜利（2013. 01—2013. 12）
吕小平（彝族，2013. 01—2013. 05）
杨清国（2013. 01—2013. 12）
唐旭光（2013. 01—2013. 12）
莫萃芳（女，2013. 01—2013. 12）
温　强（2013. 01—2013. 12）
段建华（2013. 01—2013. 12）
王松标（2013. 01—2013. 12）

（三）区人民法院领导人名录

院　长　许朝晖（2013. 01—2013. 12）

（四）区人民检察院领导人名录

检察长　周树明（2013. 01—2013. 12）

四、攀枝花市东区政权组织机构

从 2013 年 1 月至 12 月，东区政权领导机构仍为 2011 年 11 月东区第十届人民代表大会第一次会议选举产生的领导班子主持工作。

（一）区人大常委会领导人名录

本年度区人大常委会领导人有过调整。2013 年 11 月 27 日，区十届人大常委会第十八次会议接受谢仁崇辞去攀枝花市东区人大常委会副主任职务。

主　任	何先春（2013.01—2013.12）
副主任	谢仁崇（2013.01—2013.11）
	罗世平（2013.01—2013.12）
	黄海山（2013.01—2013.12）
	王文彬（2013.01—2013.12）

（二）区人民政府领导名录

本年度区政府领导人有过调整。2013年4月16日，区十届人大常委会第十三次会议决定接受陈忠恕辞去东区人民政府区长职务，任命杨礼文为东区人民政府副区长、代理区长职务，2013年5月10日，东区十届人大三次会议选举杨礼文为东区人民政府区长。2013年11月27日，区十届人大常委会第十八次会议决定任命阿央青、高应华为东区人民政府副区长。2013年12月11日，东区政府第三十五次常务会议决定任命王俊晖为区人民政府区长助理。2013年12月26日，区十届人大常委会第二十次会议决定免去李明、陈膑东区人民政府副区长职务。

区　长	陈忠恕（2013.01—2013.04）
	杨礼文（2013.05—2013.12）
副区长	杨礼文（代理区长，2013.04—2013.05）
	李双全（2013.01—2013.12）
	林廷华（2013.01—2013.12）
	刘　波（2013.01—2013.12 挂职）
	刘文权（2013.01—2013.12）
	李　明（女，2013.01—2013.12）
	陈　膑（2013.01—2013.12）
	魏国民（2013.01—2013.12）
	王川江（2013.01—2013.12）
	高应华（2013.11—1013.12）
	阿央青（女，藏族，2013.11—2013.12 挂职）
区长助理	王俊晖（2013.12—1013.12 挂职）

（三）区人民法院领导人名录

院　长	任群贤（2013.01—2013.12）

（四）区人民检察院领导人名录

检察长	庄　严（2013.01—2013.12）

五、攀枝花市西区政权组织机构

2013年1月至12月，攀枝花市西区政权领导机构仍为2011年11月西区第十届人民代表大会选举产生的领导机构主持工作。

（一）区第十届人大常委会领导人名录

主　任	叶　勇（2013.01—2013.12）
副主任	杨康林（2013.01—2013.12）
	谢　铭（2013.01—2013.12）

张惠芳（女，2013. 01—2013. 12）

郝　刚（2013. 01—2013. 12）

（二）区人民政府领导人名录

本届区人民政府领导班子，于2011年11月西区第十届人一次会议选举产生。本年度本届区政府领导人有过调整。2013年4月，攀枝花市西区第十届人民代表大会第十二次常务委员会免去李兴华区长职务，任命龙勇副区长、代理区长职务；5月，攀枝花市西区第十届人民代表大会第四次会议任命龙勇区长职务；11月，攀枝花市西区第十届人民代表大会第十八次常务委员会免去刘毅副区长职务，任命蔡永光、宋建忠副区长职务。

区　长　李兴华（2013. 01—2013. 04）

龙　勇（2013. 05—2013. 12）

副区长　龙　勇（代理区长，2013. 04—2013. 05）

邱小平（常务，2013. 01—2013. 12）

蔡永光（2013. 11—2013. 12）

罗文玉（女，2013. 01—2013. 12）

余万兵（2013. 01—2013. 12）

刘　毅（2013. 01—2013. 11）

廖助龙（苗族，2013. 01—2013. 12）

宋建忠（2013. 11—2013. 12）

（三）区人民法院领导人名录

院　长　黄仕林（2013. 01—2013. 12）

（四）区人民检察院领导人名录

检察长　张克难（2013. 01—2013. 12）

第三章　政协组织机构

第一节　政协市级领导机构

2013年1月至12月，政协攀枝花市委员会仍由2012年1月政协攀枝花市第八届委员会第一次会议选举产生的领导班子主持工作。

市政协领导人名录

主　席　单　荣（2013. 01—2013. 12）

副主席　赵　勇（2013. 01—2013. 12）

庞向东（2013. 01—2013. 12）

伍维根（2013. 01—2013. 12）

何　群（2013. 01—2013. 12）

吴文发（彝族，2013. 01—2013. 12）

刘德顺（2013.01—2013.12）
马晓凤（女，2013.01—2013.12）
周治端（2013.01—2013.12）

秘书长 唐云城（2013.01—2013.12）

副秘书长 唐超雄（2013.01—2013.12）
黄武明（2013.01—2013.12）
刘　岚（2013.01—2013.12）

第二节　政协地方组织机构

一、政协盐边县委员会

2013年1月至12月，盐边县政协领导机构仍为2011年11月政协盐边县第十三届委员会第一次会议选举产生的领导班子主持工作。

政协盐边县委员会领导人名录

主　席 沈　昌（2013.01—2013.12）

副主席 杨德元（彝族，2013.01—2013.12）
周光轴（2013.01—2013.12）
刘兴伦（2013.01—2013.12）

二、政协米易县委员会

2013年1月至12月，米易县政协领导机构仍为2011年11月政协米易县第十三届委员会第一次会议选举产生的领导班子主持工作。本年度，米易县政协领导人名录有调整。2013年11月28日县政协十三届十五次常委会决定免去郭长利米易县政协副主席职务。2013年11月28日县政协十三届十五次常委会决定免去黄跃邦米易县政协副主席职务。

政协米易县委员会领导人名录

主　席 杨卒欣（2013.01—2013.12）

副主席 王纪伦（2013.01—2013.12）
郭长利（2013.01—2013.11）
黄跃邦（2013.01—2013.11）
马世珊（女，2013.01—2013.12）

三、政协攀枝花市仁和区委员会

2013年1月至12月，仁和区政协领导机构仍为2011年11月8日政协仁和区第八届一次会议选举产生的领导班子主持工作。

政协攀枝花市仁和区第八届委员会领导人名录

主　席 孙永发（2013.01—2013.12）

副主席　　李林松（2013.01—2013.12）
　　　　　李举清（2013.01—2013.12）
　　　　　王游国（2013.01—2013.12）
　　　　　游明甫（2013.01—2013.12）

四、政协攀枝花市东区委员会

2013年1月至12月，政协攀枝花市东区领导机构仍为2011年11月政协东区第五届委员会第一次会议选举产生的领导班子主持工作。

区政协领导人名录

主　席　　艾光临（2013.01—2013.12）
副主席　　吴跃生（2013.01—2013.12）
　　　　　杨　毅（2013.01—2013.12）
　　　　　黄鸿宇（2013.01—2013.12）
　　　　　周永明（2013.01—2013.12）

五、政协攀枝花市西区委员会

2013年1月至12月，西区政协领导机构仍为2011年11月21日至24日政协西区第六届委员会第一次会议选举产生的政协西区第六届委员会第一次会议产生的领导班子主持工作。本年度本届领导班子有过调整。7月26日，政协攀枝花市西区第六届委员会第十次常委会议同意何春琼辞去区政协第六届委员会委员和副主席职务，离岗待退休。

政协西区第六届委员会领导人名录

主　席　　袁大勇（2013.01—2013.12）
副主席　　何春琼（女，2013.01—2013.07）
　　　　　张书川（2013.01—2013.12）
　　　　　刘保宁（2013.01—2013.12）
　　　　　杨华友（2013.01—2013.12）

第四章　群众团体组织机构

一、攀枝花市总工会

2013年1月至6月，市总工会领导机构仍由2008年7月市工会第八次代表大会选举产生的领导班子主持工作。其主要领导成员名录如下：

主　席　　许健民（2013.01—2013.06）

副主席　　张开锋（2013.01—2013.06）
谢　强（2013.01—2013.06）
汤帮梅（女，2013.01—2013.06）

2013年6月至12月，市总工会领导机构由2013年6月13日市工会第九次代表大会选举产生的市总工会第九届委员会主持工作，其主要领导成员名录如下：

主　席　　许健民（2013.06—2013.12）
副主席　　张开锋（2013.06—2013.12）
谢　强（2013.06—2013.12）
汤帮梅（女，2013.06—2013.12）

二、共青团攀枝花市委

2013年1月至12月，共青团攀枝花市委领导机构仍为共青团攀枝花市第十次代表大会选举产生的领导班子主持工作。本年度团市委领导人有过调整，3月，书记许军峰调至米易县委工作；9月，副书记龙小强、任文分别调至至市住建局、市妇联工作。其主要领导成员名录如下：

书　记　　许军峰（2013.01—2013.03）
副书记　　卢　瑜（主持工作，2013.09—2013.12）
王　莉（女，2013.01—2013.12）
龙小强（2013.01—2013.09）
任　文（女，2013.01—2013.09）
徐　通（2013.01—2013.12）

三、攀枝花市妇女联合会

（一）第八届妇女联合会

从2013年1月至2013年11月，继续由市妇联第八届领导班子主持工作。本年度妇联领导人有过调整：2013年1月，市妇联八届六次执委（扩大）会议选举罗岚为副主席；2013年9月，李文义调市直机关工委工作。

妇联八届领导人名录

主　席　　刘道泸（女，2013.01—2013.11）
副主席　　王朝辉（女，2013.01—2013.11）
罗　岚（女，2013.01—2013.11）
李文义（女，2013.01—2013.09）

（二）第九届妇女联合会

2013年11月7日至8日，攀枝花市妇女第九次代表大会召开，选举产生攀枝花市妇女联合会第九届执行委员会委员43名。九届一次执委会选举产生常委13人选举刘道泸为主席，王朝辉、罗岚、任文为副主席。

九届妇联领导人名录

主　席　　刘道泸（女，2013.11—2013.12）
副主席　　王朝辉（女，2013.11—2013.12）

罗　岚（女，2013. 11—2013. 12）
任　文（女，2013. 11—2013. 12）

四、攀枝花市社会科学界联合会

从2013年1月至12月，市社科联领导机构仍由2010年10月市社会科学界联合会第六次代表大会选举产生的理事会主持工作，其主要领导成员名录如下：

主　席　沈　钧（兼，2013. 01—2013. 12）
副主席　杜　非（常务，2013. 01—2013. 12）
王玖斌（兼，2013. 01—2013. 12）
田　川（兼，2013. 01—2013. 12）
吴宏放（兼，2013. 01—2013. 12）
李　燕（女，兼，2013. 01—2013. 12）
李尚志（兼，2013. 01—2013. 12）
谢玉先（兼，2013. 01—2013. 12）

五、攀枝花市科学技术协会

2013年1月至12月，市科协领导机构由2012年7月市科协第七次代表大会选举产生的领导班子主持工作，其主要领导成员名录如下：

主　席　许健民（兼，2013. 01—2013. 12）
副主席　林智深（2013. 01—2013. 12）
许礼华（2013. 01—2013. 12）
田常明（2013. 01—2013. 12）
丁建高（兼，2013. 01—2013. 12）
孔　炜（兼，2013. 01—2013. 12）
杨秀亮（兼，2013. 01—2013. 12）
杨　军（兼，2013. 01—2013. 12）
唐　历（兼，2013. 01—2013. 12）
李春华（兼，2013. 01—2013. 12）
陈　勇（兼，2013. 01—2013. 12）
赵茂森（兼，2013. 01—2013. 12）
石维富（兼，2013. 01—2013. 12）
张存岭（兼，2013. 01—2013. 12）
邓冰蓉（女，兼，2013. 01—2013. 12）

六、攀枝花市文学艺术界联合会

从2013年1月至12月，市文联领导机构仍由2008年12月市文学艺术界联合会第五次代表大会选举产生的领导班子主持工作。其主要领导成员名录如下：

主　席　　李　平（2013.01—2013.12）
副主席　　冯中云（壮族，2013.01—2013.12）
　　　　　刘　虹（女、回族，2013.01—2013.12）
　　　　　何　洪（兼，2013.01—2013.12）
　　　　　吴汉怀（兼，2013.01—2013.12）
　　　　　刘新会（兼，2013.01—2013.12）
　　　　　李文池（兼，2013.01—2013.12）
　　　　　廖德军（兼，2013.01—2013.12）
　　　　　王　海（兼，2013.01—2013.12）

2013 年 12 月，市文联领导机构由 2013 年 12 月 22 日至 23 日攀枝花市文学艺术界联合会第六次代表大会选举产生的领导班子主持工作，其主要领导成员名录如下：

主　席　　李　平（2013.12—2013.12）
副主席　　冯中云（壮族，2013.12—2013.12）
　　　　　刘　虹（女、回族，2013.12—2013.12）
　　　　　吴汉怀（兼，2013.12—2013.12）
　　　　　张治杰（兼，2013.12—2013.12）
　　　　　郑守全（兼，2013.12—2013.12）
　　　　　曹习斌（兼，2013.12—2013.12）
　　　　　焦　崎（兼，2013.12—2013.12）
　　　　　廖德军（兼，2013.12—2013.12）

七、攀枝花市归国华侨联合会
（市政府侨务办公室）

从 2013 年 1 月至 12 月，市侨联领导机构仍由 2008 年 10 月市第五次归侨侨眷代表大会选举产生的领导班子主持工作。其主要领导成员名录如下：

（一）市归国华侨联合会

主　席　　王　棣（2013.01—2013.12）
副主席　　黄道理（兼，2013.01—2013.12）
　　　　　曹旭东（兼，2013.01—2013.12）
　　　　　汤　铁（兼，2013.01—2013.12）
　　　　　郭成雄（兼，2013.01—2013.12）

（二）市政府侨务办公室

主　任　　陈君仁（2013.01—2013.12）
副主任　　王　棣（兼，2013.01—2013.12）

八、攀枝花市残疾人联合会

2013 年 1 月至 5 月，市残联领导机构仍由 2008 年 2 月市残联第五次代表大会选举产生的领导班子主持工作。其主要领导成员名录如下：

理事长　　李维忠（2013.01—2013.05）
副理事长　　杨关云（2013.01—2013.05）

2013 年 5 月至 12 月，市残联领导机构由 2013 年 5 月攀枝花市残疾人联合会第六次代表大会选举产生的市残联第六届主席团执行理事会主持工作。其主要领导成员名录如下：

理事长　　李维忠（2013.05—2013.12）
副理事长　　杨关云（2013.05—2013.12）

九、攀枝花市工商业联合会

2013 年 1 月至 12 月，市工商联领导机构仍由市工商联第五届执行委员会主持工作，其主要领导成员名录如下：

市工商联第五届执行委员会领导人名录

主　席　　吴文发（彝族，兼，2013.01—2013.12）
副主席　　陈计全（常务副主席，2013.01—2013.12）
卢国胜（彝族，2013.01—2013.12）
谢　宇（2013.01—2013.12）
吴　强（兼，2013.01—2013.12）
王中明（兼，2013.01—2013.12）
方万林（兼，2013.01—2013.12）
冯辉阳（兼，2013.01—2013.12）
邢晓艳（兼，女，2013.01—2013.12）
刘栓宁（兼，2013.01—2013.12）
罗　江（兼，2013.01—2013.12）
罗阳勇（兼，2013.01—2013.12）
周　燊（兼，2013.01—2013.12）
钟方祥（兼，2013.01—2013.12）
秦吉中（兼，2013.01—2013.12）
雷在荣（兼，2013.01—2013.12）
虞振糯（兼，2013.01—2013.12）
熊学琴（兼，女，2013.01—2013.12）
秘书长　　刘宝林（2013.01—2013.12）

第五章　军事组织机构

一、攀枝花军分区

2013 年 1 月至 12 月，攀枝花军分区领导机构仍为 2012 年 7 月中共攀枝花军分区第九次代表大会选举产生的领导班子主持党政工作。

（一）党委领导人名录

第一书记	刘成鸣（2013.01—2013.12）
书　记	陈向东（2013.01—2013.11）
	李　钊（2013.11—2013.12）
副书记	程少华（2013.01—2013.07）
	张　青（2013.07—2013.12）
常　委	郑　强（2013.01—2013.06）
	陈升德（2013.06—2013.12）
	张德勇（2013.01—2013.12）
	李以林（2013.01—2013.12）
纪委书记	张德勇（2013.01—2013.12）

（二）军政领导人名录

司令员	程少华（2013.01—2013.07）
	张　青（2013.07—2013.12）
政治委员	陈向东（2013.01—2013.11）
	李　钊（2013.11—2013.12）
参谋长	郑　强（2013.01—2013.06）
	陈升德（2013.06—2013.12）
政治部主任	张德勇（2013.01—2013.12）
后勤部部长	李以林（2013.01—2013.12）

二、中国人民武装警察部队攀枝花市支队

（一）支队党委领导人名录

第一书记	殷旭东（2013.01—2013.12）
书　记	李顺杰（2013.01—2013.12）
副书记	赖生洪（2013.01—2013.12）
纪委书记	曹建平（2013.01—2013.03）
	王　宏（2013.03—2013.12）
纪委副书记	冯　华（2013.01—2013.03）
	陈勇军（2013.03—2013.12）

（二）支队领导人名录

第一政治委员	殷旭东（2013.01—2013.12）
支队长	赖生洪（2013.01—2013.12）
政治委员	李顺杰（2013.01—2013.12）
副支队长	吴国忠（2013.01—2013.12）
副政治委员	曹建平（2013.01—2013.03）
	王　宏（2013.03—2013.12）

三、攀枝花市公安消防支队

（一）支队党委领导人名录

书　记	张步权（2013.01—2013.05）
	陈　琳（2013.05—2013.12）
副书记	陈　琳（2013.01—2013.05）
	罗　军（2013.05—2013.12）
委　员	李　林（2013.01—2013.12）
	邹登全（2013.01—2013.12）
	余盛贤（2013.01—2013.08）
	代祖庆（2013.01—2013.12）
	赵　伟（2013.01—2013.12）
	霍建鑫（2013.01—2013.12）
	伍文松（2013.01—2013.12）
纪委书记	余盛贤（2013.01—2013.08）

（二）支队领导人名录

支队长	陈　琳（2013.01—2013.05）
	罗　军（2013.05—2013.12）
政治委员	张步权（2013.01—2013.05）
	陈　琳（2013.05—2013.12）
副支队长	李　林（2013.01—2013.12）
	邹登全（2013.01—2013.12）
副政治委员	余盛贤（2013.01—2013.08）

四、武警攀枝花市森林支队

（一）支队党委领导人名录

第一书记	李群林（兼，2013.01—2013.12）
第二书记	杨礼文（兼，2013.01—2013.08）
	凌永航（兼，2013.08—2013.12）
书　记	李昌德（2013.01—2013.12）
副书记	李　林（2013.01—2013.12）
纪委书记	李建红（2013.01—2013.03）
	李泽江（2013.03—2013.12）

（二）支队领导人名录

第一政委	李群林（兼，2013.01—2013.12）
支队长	李　林（2013.01—2013.12）
政　委	李昌德（2013.01—2013.12）
副支队长	徐昌兵（2013.01—2013.12）

参谋长　　刘佰利（2013.01—2013.12）
政治处主任　　李建红（2013.01—2013.03）
　　李泽江（2013.03—2013.12）
后勤处处长　　何小平（2013.01—2013.12）

第六章　基层党委

一、攀钢集团有限公司党委

书　记　　余自甦（2013.01—2013.02）
　　姚　林（2013.02—2013.12）
副书记　　张大德（2013.04—2013.12）
　　张治杰（2013.01—2013.12）
　　胡乃民（2013.04—2013.12）
常　委　　陈　勇（2013.01—2013.12）
　　周一平（2013.01—2013.12）
　　尚洪德（2013.01—2013.12）
　　刘　宇（2013.01—2013.12）
　　段向东（2013.01—2013.12）
纪委书记　　张治杰（2013.01—2013.04）
　　胡乃民（2013.04—2013.12）
附：行政领导人名录
董事长　　张晓刚（2013.01—2013.02）
　　姚　林（2013.02—2013.12）
董　事　　姚　林（2013.01—2013.02）
　　于万源（2013.01—2013.12）
　　余自甦（2013.01—2013.12）
　　白静瀑（2013.01—2013.12）
　　张大德（2013.01—2013.12）
　　陈　平（2013.11—2013.12）
　　张治杰（职工董事，2013.11—2013.12）
　　刘新会（职工董事，2013.01—2013.11）
监事会主席　　苏文生（2013.01—2013.11）
　　许质武（2013.11—2013.12）
监　事　　胡乃民（2013.11—2013.12）
　　畅　嵘（职工代表，2013.11—2013.12）

	王保军（2013.01—2013.11）
总经理	余自甦（2013.01—2013.02）
	张大德（2013.02—2013.12）

二、中国十九冶集团有限公司党委

书　记	田　野（2013.01—2013.12）
副书记	刘　伟（2013.01—2013.12）
委　员	蔡仲斌（2013.01—2013.12）
	欧成华（2013.01—2013.12）
	丁晓波（2013.01—2013.12）
	林朝盛（2013.01—2013.12）
	赵志云（2013.01—2013.12）
纪委书记	刘　伟（2013.01—2013.12）
纪委副书记	赵志云（2013.01—2013.12）
附：行政领导人名录	
董事长	田　野（2013.01—2013.12）
董　事	蔡仲斌（2013.01—2013.12）
	刘　伟（2013.01—2013.12）
	赵志云（2013.01—2013.12）
	李　潇（2013.01—2013.12）
总经理	蔡仲斌（2013.01—2013.12）
副总经理	欧成华（2013.01—2013.12）
	丁晓波（2013.01—2013.12）
	林朝盛（2013.01—2013.12）
	杜正华（2013.01—2013.12）
	寇　伟（2013.01—2013.12）
	李　潇（2013.01—2013.12）
	黄太平（2013.03—2013.12）

三、攀枝花煤业（集团）有限责任公司党委

书　记	李文池（2013.01—2013.12）
副书记	郑守全（2013.01—2013.12）
委　员	李文池（2013.01—2013.12）
	郑守全（2013.01—2013.12）
	欧　钦（2013.01—2013.12）
	辛大平（2013.01—2013.12）
	张　清（2013.01—2013.12）
	赵茂森（2013.01—2013.12）

李德华（2013.01—2013.05）
李德富（2013.01—2013.12）
纪委书记 张　清（2013.01—2013.12）

附：行政领导人名录

董事长 李文池（2013.01—2013.12）
总经理 欧　钦（2013.01—2013.12）
副总经理 辛大平（2013.01—2013.12）
李德富（2013.01—2013.12）
彭新旗（2013.01—2013.12）
黄　敬（2013.01—2013.12）
总工程师 赵茂森（2013.01—2013.12）

四、攀枝花钢城集团有限公司党委

书　记 王继光（2013.01—2013.12）
副书记 郑义全（2013.01—2013.12）
委　员 彭建华（2013.01—2013.06）
吴　强（2013.01—2013.12）
廖德军（2013.01—2013.12）
胡建新（2013.01—2013.12）
李　坚（2013.01—2013.12）
纪委书记 郑义全（2013.01—2013.12）

附：行政领导人名录

2013 年 12 月 6 日，钢城集团召开第二届董事会第二十次会议，同意彭建华辞去公司董事、董事长、董事会战略委员会主任委员等职务。根据公司章程相关规定，由副董事长吴强召集并主持董事会会议，直到公司董事会选举产生新任董事长。

董事长 彭建华（2013.01—2013.06）
副董事长 吴　强（2013.01—2013.12）
王继光（2013.01—2013.12）
董　事 段向东（2013.01—2013.12）
李　坚（2013.01—2013.12）
胡建新（2013.01—2013.12）
孙　斌（2013.01—2013.12）
简蓉蓉（女，2013.01—2013.12）
陈启斌（2013.01—2013.12）
独立董事 李　军（2013.01—2013.12）
董事会秘书 车　平（2013.01—2013.12）
监事会主席 廖德军（2013.01—2013.12）
监　事 郑义全（2013.01—2013.12）
郑兴柱（2013.01—2013.12）

	纪凤丝（女，2013.01—2013.12）
	许　松（2013.01—2013.12）
总经理	吴　强（2013.01—2013.12）
常务副总经理	王继光（2013.01—2013.12）
副总经理	李　坚（2013.01—2013.12）
	胡建新（2013.01—2013.12）
	孙　斌（2013.01—2013.12）
	简蓉蓉（女，2013.01—2013.12）
	陈启斌（2013.01—2013.12）
总经理	助理　车　平（2013.01—2013.12）
	殷国民（2013.01—2013.12）
	苏显真（2013.01—2013.12）

五、攀枝花学院党委

书　记	肖立军（2013.01—2013.12）
副书记	黄双华（2013.01—2013.12）
	李尚志（2013.01—2013.12）
	胥　刚（2013.01—2013.12）
委　员	刘立新（2013.01—2013.12）
	朱波强（2013.01—2013.12）
	何永斌（2013.01—2013.12）
	石维富（2013.01—2013.12）
	湛红艳（2013.01—2013.12）
	王　军（2013.01—2013.12）
	欧美强（2013.01—2013.12）
	王明辉（2013.01—2013.12）
	史仕新（2013.01—2013.12）
	朱云生（2013.01—2013.12）
	杜正聪（2013.01—2013.12）
	张旭辉（2013.01—2013.12）
	钟玉泉（2013.01—2013.12）
	殷光义（2013.01—2013.12）
	唐　锐（2013.01—2013.12）
纪委书记	李尚志（2013.01—2013.12）
附：行政领导人名录	
院　长	黄双华（2013.01—2013.12）
副院长	伍维根（2013.01—2013.12）
	刘立新（2013.01—2013.12）
	何永斌（2013.01—2013.12）

	朱波强（2013.01—2013.12）

六、攀枝花日报社党委

书　记	张　春（2013.01—2013.12）
副书记	肖昌福（2013.01—2013.12）
委　员	彭宗云（2013.01—2013.12）
	曹习斌（2013.01—2013.12）
	魏　岗（2013.01—2013.12）
纪委书记	肖昌福（2013.01—2013.12）

附：行政领导人名录

总编辑	张　春（2013.01—2013.12）
副总编辑	彭宗云（2013.01—2013.12）
	曹习斌（2013.01—2013.12）
	魏　岗（2013.01—2013.12）

七、攀枝花市农林科学研究院党委

书　记	张洪祥（2013.01—2013.12）
副书记	张存岭（2013.01—2013.05）
	王广林（2013.01—2013.12）
委　员	唐　平（2013.01—2013.12）
	韦雷飞（壮族，2013.01—2013.12）

附：行政领导人名录

院　长	张存岭（2013.01—2013.06）
	张洪祥（2013.06—2013.12）
副院长	唐　平（2013.01—2013.12）
	韦雷飞（壮族，2013.01—2013.12）

八、攀枝花市邮政公司党委

书　记	杨　军（2013.01—2013.12）
委　员	刘　成（2013.01—2013.12）
	黄攀荣（2013.01—2013.12）
	蒋益平（2013.01—2013.12）
	魏秀丽（2013.01—2013.12）

附：行政领导人名录

局　长	杨　军（2013.10—2013.12）
副局长	刘　成（2013.01—2013.12）
	黄攀荣（2013.12—2013.12）

九、攀枝花农村商业银行股份有限公司党委

书　记	刘德顺（2013.01—2013.12）
副书记	周　海（2013.01—2013.12）
委　员	谢志祥（2013.01—2013.12）
	徐永康（2013.01—2013.12）
	杨　凯（2013.01—2013.12）
	李秀勤（女，2013.01—2013.12）
纪委书记	盛晓萍（女，2013.01—2013.12）

附：行政领导人员名录

董事长	刘德顺（2013.01—2013.12）
副董事长	周　海（2013.01—2013.12）
监事长	盛晓萍（女，2013.01—2013.12）
副行长	谢志祥（2013.01—2013.12）
	徐永康（2013.01—2013.12）
	杨　凯（2013.01—2013.12）
董事会秘书	李秀勤（女，2013.01—2013.12）

十、中国电信股份有限公司攀枝花分公司党委

书　记	于永川（2013.01—2013.12）
副书记	姚大江（2013.01—2013.09）
委　员	莫晓斌（2013.01—2013.12）
	宋光兰（2013.01—2013.06）
	李兴强（2013.06—2013.12）
	陈启林（2013.06—2013.12）
纪委书记	姚大江（2013.01—2013.09）

附：行政领导人员名录

总经理	于永川（2013.01—2013.12）
副总经理	姚大江（2013.01—2013.09）
	莫晓斌（2013.01—2013.12）
	许毅明（2013.09—2013.12）
	李兴强（2013.01—2013.12）
总经理助理	陈启林（2013.01—2013.12）

十一、中国移动通信集团四川有限公司攀枝花分公司党委

书　记	彭加文（2013.01—2013.12）
委　员	周　逊（2013.01—2013.12）

	杨　莉（女，2013.01—2013.12）
	胡　斌（女，2013.01—2013.12）
	罗　滔（2013.01—2013.12）
纪委书记	杨　莉（女，2013.01—2013.12）
附：行政领导人名录	
总经理	彭加文（2013.01—2013.12）
副总经理	周　逊（2013.01—2013.12）
	杨　莉（女，2013.01—2013.12）
	胡　斌（女，2013.12—2013.12）

十二、中国联通攀枝花市分公司党委

书　记	刘　华（2013.01—2013.12）
委　员	谢正映（2013.01—2013.03）
	邓　勇（2013.01—2013.03）
	陈仕荣（2013.10—2013.12）
	刘化频（2013.03—2013.12）
纪委书记	谢正映（2013.01—2013.03）
	陈仕荣（2013.10—2013.12）
附：行政领导人名录	
总经理	刘　华（2013.01—2013.12）
副总经理	谢正映（2013.01—2013.03）
	邓　勇（2013.01—2013.07）
	刘化频（2013.03—2013.12）
	陈仕荣（2013.07—2013.12）

第十二篇

附　录

一、攀枝花市2012年党组织基本情况统计资料

<table>
<tr><th colspan="2">类　别</th><th>数量</th><th colspan="2">类　别</th><th>数量</th><th colspan="2">类　别</th><th>数量</th></tr>
<tr><td colspan="2">党的地方委员会</td><td>6</td><td colspan="2">党的基层组织数</td><td>4654</td><td rowspan="5">城市街道、社区、镇乡、建制村法人单位建立基层党组织数</td><td>城市街道</td><td>16</td></tr>
<tr><td rowspan="3">其中</td><td>省辖市委</td><td>1</td><td rowspan="3">其中</td><td>党　委</td><td>266</td><td>乡　镇</td><td>44</td></tr>
<tr><td>县　委</td><td>2</td><td>党总支</td><td>371</td><td>城市社区</td><td>86</td></tr>
<tr><td>市辖区委</td><td>3</td><td>党支部</td><td>4017</td><td>乡镇社区</td><td>43</td></tr>
<tr><td colspan="2">市委直属党（工）委</td><td>25</td><td rowspan="6">其中</td><td>城市街道</td><td>335</td><td>建制村</td><td>351</td></tr>
<tr><td rowspan="4">其中</td><td rowspan="2">工　委</td><td rowspan="2">4</td><td>乡　镇</td><td>952</td><td colspan="3" rowspan="5">补充资料：城市街道党工委16个；建制村党支部（总支部）书记351名，其中女性12名；村民委员会主任351名，其中女性10名。</td></tr>
<tr><td>企　业</td><td>2210</td></tr>
<tr><td>派出党委</td><td>10</td><td>机　关</td><td>764</td></tr>
<tr><td>基层党委</td><td>11</td><td>事业单位</td><td>679</td></tr>
<tr><td colspan="2">市委直属党组</td><td>51</td><td>其　他</td><td>1001</td></tr>
</table>

二、攀枝花市2012年党员基本情况统计资料

<table>
<tr><th colspan="2">类　别</th><th>数　量</th><th colspan="2">类　别</th><th>数　量</th></tr>
<tr><td colspan="2">党员总数</td><td colspan="4">108273</td></tr>
<tr><td rowspan="5">其中</td><td rowspan="2">预备党员</td><td rowspan="2">2491</td><td rowspan="5">职业</td><td>在岗职工党员数</td><td>51656</td></tr>
<tr><td>农牧渔民党员数</td><td>15246</td></tr>
<tr><td rowspan="2">女党员</td><td rowspan="2">28253</td><td>学生党员</td><td>1488</td></tr>
<tr><td>离、退休（退职）人员</td><td>34059</td></tr>
<tr><td>少数民族党员</td><td>7534</td><td>其　他</td><td>5824</td></tr>
<tr><td rowspan="6">年龄</td><td>35岁及以下</td><td>18727</td><td rowspan="6">学历</td><td>研究生</td><td>1878</td></tr>
<tr><td>36岁至45岁</td><td>30931</td><td>大学本科</td><td>22620</td></tr>
<tr><td>46岁至54岁</td><td>17092</td><td>大学专科</td><td>21620</td></tr>
<tr><td>55岁至59岁</td><td>8010</td><td>中　专</td><td>12254</td></tr>
<tr><td rowspan="2">60岁及以上</td><td rowspan="2">33513</td><td>高　中</td><td>12191</td></tr>
<tr><td>初中及以下</td><td>37710</td></tr>
</table>

三、光荣园地

（一）中共四川省委

1.《中共四川省委　四川省人民政府关于表扬四川省牧民定居行动计划暨帐篷新生活行动工作突出贡献集体和个人的通报》（川委〔2013〕351号）

2009年以来，各地、各有关部门按照省委、省政府部署，在藏区加快实施牧民定居行动计划暨帐篷新生活行动，经过4年攻坚克难、扎实苦干，新建1243个现代牧民定居新村、10万余户牧民定居房，使50余万牧民实现了千年定居梦想；配送10万顶新型帐篷、10万套棚内设施等，使牧民在传承传统游牧文化的同时享受现代文明，有力改善了藏区民生，提高了牧民生活品质，推进了藏区跨越式发展，受到藏区广大干部群众热烈拥护。在实施过程中，涌现出一批作出突出贡献的集体和个人。为激励先进，促进民族团结进步事业实现新发展，推动民族地区跨越式发展和长治久安，省委、省政府决定，对阿坝州财政局等86个突出贡献集体和雷刚等222名突出贡献个人予以表扬。

突出贡献集体

攀枝花市住房和城乡规划建设局

突出贡献个人

唐晓东　　攀枝花市城乡规划编制研究中心工程师

康必昌　　攀枝花市财政局综合处处长

2.《中共四川省委办公厅　四川省人民政府办公厅关于对完成2012年度全省维护社会稳定和社会管理综合治理工作目标优秀、先进单位进行表扬的通报》（川委厅〔2013〕9号）

2012年，在党中央、国务院和省委、省政府的坚强领导下，各地、各部门紧紧围绕党和国家工作大局和全省中心工作，严格落实维稳综治工作责任制，深入推进社会稳定风险评估，着力完善不稳定因素排查调处机制和应急处置机制，不断加强和创新社会管理，积极开展社会矛盾纠纷排查化解，全力稳控解决突出涉稳问题，切实维护藏区稳定，深入开展平安四川建设，有力维护了全省社会稳定和治安大局平稳，为全省经济社会发展创造了良好的社会环境。

为激励先进、推动工作，经省委维稳领导小组、省综治委综合考评，并报省委、省政府领导同意，决定对完成2012年度全省维护社会稳定和社会管理综合治理工作目标优秀、先进单位予以通报表扬。

完成2012年度全省维护社会稳定工作目标优秀市（州）、先进省直部门（单位）和先进县（市、区）名单

优秀市（州）

攀枝花市委、市政府

先进县（市、区）

攀枝花市：东区

完成2012年度全省社会管理综合治理工作目标优秀市（州）、先进省综治委成员单位和平安建设先进县（市、区）名单

优秀市（州）

攀枝花市委、市政府

平安建设先进县（市、区）

攀枝花市：东区、仁和区

3.《中共四川省委办公厅　四川省人民政府办公厅关于表扬为第十二届世界华商大会、第十四届中

国西部国际博览会成功举办作出突出贡献的部门（单位）的通报》（川委厅〔2013〕49号）

在党中央、国务院的亲切关怀下，在省委、省政府的坚强领导下，在各主办（支持）单位及社会各界的大力支持和各地、各有关部门（单位）的共同努力下，第十二届世界华商大会和第十四届中国西部国际博览会相继在成都成功举办，取得了一系列丰硕成果，为我省进一步提高对外开放合作水平、提升国际影响力、加快承接产业转移发挥了重要作用，取得了重大经济效益和社会效益。

在筹备过程中，各市（州）党委、政府和省直有关部门（单位）通力合作，为第十二届世界华商大会、第十四届中国西部国际博览会的成功举办作出了突出贡献。经省委、省政府领导同意，现对为第十二届世界华商大会、第十四届中国西部国际博览会成功举办作出突出贡献的部门（单位）予以通报表扬。

为第十二届世界华商大会成功举办作出突出贡献的部门（单位）

六、在大会投资促进活动和展览展示中作出突出贡献的部门（单位）

攀枝花市委、市政府

为第十四届中国西部国际博览会成功举办作出突出贡献的部门（单位）

一、在承办重大活动和专项活动中作出突出贡献的部门（单位）

攀枝花市委、市政府

二、在招商招展、展场管理及保障服务工作中作出突出贡献的部门（单位）

攀枝花市委、市政府

（二）中共攀枝花市委

1.《中共攀枝花市委　攀枝花市人民政府关于表彰2010年—2012年“领导挂点、部门包村、干部帮户”活动先进单位和优秀下派干部的通报》（攀委〔2013〕17号）

自2010年全市“领导挂点、部门包村、干部帮户”活动开展以来，各县（区）、各帮扶部门（单位）和下派干部按照市委、市政府的统一部署，紧紧围绕扶贫解困、新农村建设、干部作风转变、基层组织建设和精神文明建设等工作，科学谋划，精心组织，统筹协调，稳步推进，确保了“挂包帮”活动深入基层，深入实际，深入人心，深受欢迎，并取得了实实在在的成绩，涌现出了一大批先进帮扶单位和优秀下派干部。

为充分发挥先进典型的示范引领作用，切实把“三大主题教育”活动成果转化到直接联系服务群众的工作中去，扎实、深入、有效推动新一轮“挂包帮”活动和“百千万·干群心连心”活动，进一步塑造“务实、为民、清廉”的良好形象，市委、市政府决定对活动中涌现出的市纪委（监察局）等87个先进帮扶单位和王兴全等49名优秀下派干部予以表彰通报。

2010年—2012年“领导挂点、部门包村、干部帮户”活动先进单位名单

一、市级部门及企事业单位

市纪委（监察局）	市法院
市检察院	市委办公室
市人大办公室	市政府办公室
市政协办公室	市委组织部
市委宣传部	市委统战部（含市工商联）
市委政法委	市直机关工委
市委群工局	市发改委
市教育局	市科知局
市经信委	市民宗委

市公安局
市民政局
市司法局
市财政局
市人社局
市国土资源局
市环保局
市住建局
市交通运输局
市水务局
市农牧局
市林业局
市商务粮食局
市文广新局
市卫生局
市人口计生委
市审计局
市城管局
市国资委
市体育局
市安监局
市统计局
市旅游局
市扶贫移民局
市人防办
市药监局
市接待办
市国税局
市地税局
市工商局
攀枝花质监局
攀枝花学院
市委党校
攀枝花日报社
市机关事务管理局
市档案局
市住房公积金管理中心
市农林院
攀枝花军分区
市总工会
团市委
市妇联
市科协
攀枝花银监分局
农发行攀分行
市商业银行
攀钢集团公司
攀煤（集团）公司
钢城集团有限公司
攀枝花电业局
烟草专卖局
中国石油四川攀枝花销售分公司
中国移动四川攀枝花分公司
市水务（集团）有限公司
市建设工程质量安全监督站
市广播电视台
市经贸旅游学校
市广播电视大学
市第三人民医院

二、县（区）部门

东区“挂包帮”活动领导小组办公室
东区检察院
西区“挂包帮”活动领导小组办公室
西区检察院
仁和区“挂包帮”活动领导小组办公室
仁和区水务局
米易县“挂包帮”活动领导小组办公室
米易县检察院
盐边县“挂包帮”活动领导小组办公室

盐边县扶贫移民局

2010年—2012年“领导挂点、部门包村、干部帮户”活动优秀下派干部名单

市纪委（监察局）	尹 磊
市检察院	安世东
市人大办公室	汪 嘉
市政协办公室	杨 可
市委组织部	王兴全
市直机关工委	李 楠
市委农工委	谭厚强
市委群工局	廖东明
市教育局	汝云红
市商务粮食局	卓汶建
市林业局	张 林
市环保局（环境监测站）	龚兴涛
市财政局	陈 利
市财政局	李 磊
市城管局（市政工程管理处）	田沂军
市审计局	奉 勇
市住建局（散装水泥办公室）	王养磊
市旅游局	杨 麟
市水务局	胡 嘉
市交通运输局	秦 帆
市科知局	蒲江涛
市民宗委	马 灏
市公安局	韩卫平
市司法局	郑 超
市人口计生委	母小琴
市人防办	冉 杰
市档案局	何 睿
市供销社	王克红
攀钢矿业兴茂公司	李学军
攀煤（集团）公司	郭 峰
攀煤（集团）物房公司	崔玉国
中国石油四川攀枝花销售分公司	陈振华
东区教育局（市第十八中小）	柏 灿
东区市容环境卫生管理局	张 驰
仁和区扶贫移民局	段守凤
仁和区住建局	游 青
仁和区环保局	欧炳洪
仁和区财政局	张莉萍

米易县水务局	杨德付
米易县地税局	李朝勇
米易县政协办公室	邓翔文
米易县国税局	刘　倩
米易县人社局	杨　力
盐边县财政局	陈关德
盐边县农牧局	冯正才
盐边县地税局	包朝东
盐边县检察院	张桂林
盐边县环保局	代道明
盐边县住建局	黄元禄

2.《中共攀枝花市委办公室攀枝花市人民政府办公室关于表彰财政贴息妇女小额贷款工作先进单位的通报》（攀委办〔2013〕6号）

自2009年国家财政部、人力资源和社会保障部、人民银行、全国妇联联合出台妇女小额担保贷款财政贴息政策以来，全市各级党委、政府高度重视，市级相关部门通力配合，全力推进财政贴息妇女小额担保贷款工作，累计发放人均数为387.35元，位居全省第一，取得了显著成效。2012年，全市共发放妇女财政贴息小额贷款4.07亿，完成目标任务的1017%，获贷妇女6503名，全年争取财政贴息资金455万元，帮扶带动了近两万名妇女创业就业。贴息贷款切实帮助广大妇女实现成功创业，提高了妇女和家庭的可持续发展能力，实现家庭增收致富，得到了各级党委政府的肯定，为我市新村建设、社会经济发展做出了重要贡献。

为了表彰先进，鼓励各级各部门更加扎实地做好财政贴息妇女小额贷款工作，市委、市政府决定对市财政局等35个先进单位予以通报表彰。

市级部门（单位）

市财政局　　市人社局　　市妇联
人行攀枝花中心支行　　攀枝花农村商业银行

县（区）

东区　　西区　　仁和区　　盐边县　　米易县

县（区）部门（单位）

（一）县（区）党政部门

米易县委宣传部　　米易县财政局　　仁和区财政局
盐边县财政局　　东区财政局　　仁和区人社局
东区人社局　　仁和区妇联　　盐边县妇联
东区妇联　　西区妇联

（二）县（区）金融单位

农商行米易支行　　农商行仁和支行　　农商行东区支行
农商行西区支行　　农商行盐边支行　　邮储行西区支行
邮储行盐边支行　　农行盐边支行

乡镇

米易县攀莲镇　　米易县丙谷镇　　米易县垭口镇
仁和区大田镇　　仁和区啊喇乡　　西区格里坪镇

3.《中共攀枝花市委办公室攀枝花市人民政府办公室关于表彰〈中国共产党攀枝花执政实录〉编纂工作先进单位的通报》（攀委办〔2013〕7号）

由市委主办、市委党史研究室承办的年度综合性资政参考书《中国共产党攀枝花执政实录》（第五卷）已于2012年12月由中共党史出版社公开出版发行。该书采用归类综述的方法，翔实记载了2011年中央领导、中共四川省委常委来攀活动情况，市委常委政务活动，市委重要文件、会议及决策，各单位工作情况，组织史资料等各个方面的工作，充分展示了2011年我市各级党组织所取得的成绩。在该书编纂过程中，经过各责任单位的通力协作，各单位执笔人精心撰稿，编纂质量得到进一步提高。为了激励先进，不断提高《攀枝花执政实录》编纂质量，市委、市政府决定，对市纪委等95个先进单位和市委群工局等13个达标单位予以通报表彰。

先进单位

市纪委（监察局）	市法院
市检察院	市委办公室
市人大办公室	市政府办公室
市政协办公室	市委组织部
市委宣传部	市委统战部
市委政法委	市直机关工委
市委保密办	市委编办
市委台办	市委老干局
市发改委	市教育局
市经信委	市民宗委
市公安局	市民政局
市司法局	市财政局
市人社局	市住建局
市交通运输局	市农牧局
市林业局	市商务粮食局
市文广新局	市卫生局
市人口计生委	市审计局
市城管局	市国资委
市体育局	市安监局
市统计局	市旅游局
市扶贫移民局	市人防办
市药监局	市接待办
市国安局	市国税局
市地税局	市工商局
攀枝花质监局	市气象局
攀枝花海关	攀枝花检验检疫局
市政务服务中心	钒钛产业园区管委会
花城新区管委会	市精神文明办
市政府法制办	国家统计局攀枝花调查队
攀枝花学院	市委党校

市委党史研究室	攀枝花日报社
市机关事务管理局	市档案局
市防震减灾局	市住房公积金管理中心
市供销社	市农林院
市烤烟办	市地方志办
军分区	武警支队
消防支队	市总工会
团市委	市妇联
市文联	市科协
市社科联	市工商联
市侨联	市残联
市邮政局	人行攀中心支行
攀枝花银监分局	攀钢集团公司
中国十九冶集团公司	攀煤（集团）公司
钢城集团有限公司	烟草专卖局
盐边县	米易县
仁和区	东区
西区	

达标单位

市委群工局	市科知局
市国土资源局	市环保局
市水务局	武警森林支队
成都办事处	北京联络处
市商业银行	川投化工
中国移动攀枝花分公司	中国联通攀枝花分公司
中国电信攀枝花分公司	

4. **《中共攀枝花市委办公室攀枝花市人民政府办公室关于2012年度全市人口和计划生育党政责任目标考核结果的通报》（攀委办〔2013〕9号）**

2012年，各县（区）、钒钛产业园区和有关大企业在市委、市政府的领导下，坚持以邓小平理论、“三个代表”重要思想和科学发展观为指导，以“全面做好人口工作、统筹解决人口问题、促进人口长期均衡发展”为目标，认真履行人口和计划生育工作职责，确保了全市人口和计划生育目标任务的圆满完成。按照《中共攀枝花市委办公室、攀枝花市人民政府办公室关于实施“十二五”期间人口和计划生育工作目标管理责任制的通知》（攀委办发〔2012〕41号）要求，市委、市政府对2012年度人口和计划生育党政责任目标完成情况进行了考核。现将考核结果通报如下：

一等奖

东区　　西区　　仁和区　　米易县　　盐边县

攀钢集团公司　　攀煤（集团）公司

二等奖

钒钛产业园区　　十九冶集团公司

5. **《中共攀枝花市委办公室攀枝花市人民政府办公室关于表彰2012年度新农村建设工作先进单位**

的通报》（攀委办〔2013〕15 号）

2012 年，市委、市政府将新村建设列为全市“六大硬仗”之一和“急难险重”任务，建设时间紧，目标任务艰巨。全市上下在市委、市政府的统一领导下，认真贯彻落实各级对新农村建设工作的部署，结合实际，勇于探索，不断攻坚克难，扎实有效地推进了新农村建设，极大地改善了农村生产生活面貌。一年来，经过我市各方面共同努力，新农村建设工作取得明显成效。

为彰显先进，推广经验，促进2013 年新农村建设工作全面推进，市委、市政府决定对以下单位进行通报表彰：

一、米易县获得“第一轮省级新农村建设示范片优秀单位”；

二、盐边县获得“第一轮省级新农村建设示范片优良单位”；

三、仁和区被评为“攀枝花市 2012 年度新农村建设优秀单位”；

四、2012 年新农村建设结对共建市级先进单位：市委农工委、市财政局、市住建局、市国土资源局、市交通运输局、市水务局、市农牧局、市林业局、市卫生局、市旅游局、市扶贫移民局、攀枝花电业局、烟草专卖局、消防支队、交通银行攀枝花分行、攀枝花农商银行。

6.《中共攀枝花市委办公室攀枝花市人民政府办公室关于表彰 2012 年度国家现代农业示范区建设工作先进单位的通报》（攀委办〔2013〕16 号）

2012 年，农业部正式批复攀枝花国家现代农业示范区，市委、市政府将国家现代农业示范区建设纳入“急难险重”任务。在市委、市政府的坚强领导下，各级各部门干部职工抢抓机遇，狠抓落实，扎实工作，战胜严重干旱，圆满完成粮食生产任务，实现农业增加值增长 6.3%，农民人均纯收入增长 14.4%，现代农业示范区项目有序推进，取得初步成效，全市农业农村经济呈现持续稳定发展的良好态势。经研究，市委、市政府决定对国家现代农业示范区建设工作先进单位进行通报表彰：

一、县（区）：仁和区、米易县、盐边县。

二、部门（单位）：市委农工委、市发改委、市民宗委、市农牧局、市财政局、市水务局、市扶贫移民局、市统计局、市科知局、市林业局、市商务粮食局、市投资促进局、市气象局、市烤烟办、市农林科学院。

7.《中共攀枝花市委办公室关于表彰 2012 年度党委信息工作先进单位和先进个人的通报》（攀委办〔2013〕19 号）

2012 年，全市党委信息工作在市委的正确领导下，紧紧围绕实施“三个加快建设”、推进“三个走在全省前列”、打好“六大硬仗”、实现“四个翻番”等全市中心工作，按照“第一手情况、第一道研判、第一时间报送”的总体要求，开拓进取、勇于创新，为省、市委了解情况、科学决策和指导工作提供了有效信息服务。为总结经验，鼓励先进，经市委领导同意，决定对西区区委办、市纪委等25 个信息工作先进单位、对罗婷婷、林莉等 25 名信息工作先进个人予以通报表彰。

先进单位

（一）县（区）

西区区委办　　盐边县委办

米易县委办　　东区区委办

仁和区委办

（二）市级部门

市纪委　　市委组织部

市委宣传部　　市委政法委

市委统战部　　市公安局

市发改委	市经信委
市住建局	市商务粮食局
市农牧局	市水务局
市财政局	市旅游局
市投资促进局	市科知局
市林业局	市药监局
市总工会	市直机关工委

先进个人

西区区委办	罗婷婷
盐边县委办	郭成峰
米易县委办	孟　玮
东区区委办	谢　宇
仁和区委办	马　燕
市纪委	林　莉
市委组织部	彭晓丽
市委宣传部	李继明
市委政法委	敬　波
市委统战部	高　雷
市公安局	张新宇
市发改委	丁瑞澜
市经信委	羊辅军
市住建局	李　和
市商务粮食局	柴亮娟
市农牧局	李　恒
市水务局	景志飞
市直机关工委	胡婧秀
市财政局	张浩东
市投资促进局	陈斌良
市科知局	潘国娟
市林业局	樊　建
市旅游局	张志明
市药监局	蒋劲松
市总工会	张　磊

8. **《中共攀枝花市委办公室攀枝花市人民政府办公室关于表彰2012年度群众信访工作先进集体和先进个人的通报》（攀委办〔2013〕21号）**

2012年，全市群众信访工作按照市委、市政府的总体部署，深入贯彻落实科学发展观，扎实深入开展领导干部接访下访，集中力量化解信访积案，积极主动做好信访源头治理，下大力气强化基层基础，进一步健全维护群众权益机制，大量群众合理诉求得到妥善解决，切实维护了群众权益，全市未发生大规模群体性事件，未发生在全国全省有影响的信访恶性事件和个人极端事件，全国“两会”、全省“两会”、省党代会、“党的十八大”等重大敏感时期实现集访“零赴蓉”、非访“零进京”，为全市实施

“三个加快建设”、推进“三个走在全省前列”、打好“六大硬仗”、开展“五创联动”营造了和谐稳定的政治环境和社会环境。为表彰先进，激励全市各级各部门进一步做好群众信访工作，市委、市政府决定对市纪委等43个先进单位和杜晓蓉等67名先进个人予以表彰。

2012年度群众信访工作先进集体名单

市纪委（监察局）	市法院
市委办公室	市人大办公室
市政府办公室	市政协办公室
市委组织部	市委政法委
市委维稳办	市委群工局
市教育局	市民宗委
市公安局	市民政局
市司法局	市财政局
市人社局	市国土资源局
市环保局	市住建局
市交通运输局	市林业局
市文广新局	市卫生局
市人口计生委	市城管局
市国资委	市扶贫移民局
市国安局	市综治办
市政府驻北京联络处	市政府驻成都办事处
钒钛产业园区管委会	东区
西区	仁和区
米易县	盐边县
攀钢集团公司	攀煤（集团）公司
中国十九冶集团公司	钢城集团有限公司
攀枝花电业局	

2012年度群众信访工作先进个人名单

市纪委（监察局）	杜晓蓉
市法院	曹　宇
市检察院	陈　宁
市委组织部	杨　茜
市委宣传部	李玉华
市委政法委	付　郑
市委政法委	潘亮宇
市直机关工委	曾继红
市委群工局	陈永红
市委群工局	曾文胜
市委群工局	王莉波
市委编办	邹　明
市委农工委	张　鹏

市发改委	许蓉梅
市经信委	魏　波
市水务局	景志飞
市国土资源局	周祖骥
市住建局	沈　荣
市交通运输局	何文钦
市国资委	郝薪铭
市统计局	牛朝伟
市环保局	苏长青
市商务粮食局	王治忠
市机关事务管理局	陈咏梅
攀枝花质监局	夏犹攀
市司法局	何红英
市公安局	秦　勤
市公安局	陈　钢
市工商局	罗　鑫
市审计局	胡昌惠
市人社局	蔡秀英
市人社局	王建章
市农牧局	孟　辉
市卫生局	田维新
市旅游局	杨冬梅
市扶贫移民局	宁秀蓉
市药监局	陈华林
市政府法制办	刘　源
市残联	邹　俊
市妇联	徐　沛
市总工会	吴俊起
东区群工局	李贵品
东区人社局	罗渝滨
东区大渡口街办	张述平
西区群工局	杨成志
西区群工局	邱天珍
西区群工局	黄秀杰
仁和区仁和镇人民政府	徐　波
仁和区群工局	盛德钰
仁和区群工局	刘胜英
仁和区委政法委	何汉红
米易县住建局	朱光华
米易县白马镇人民政府	李登才

米易县群工局	张大华
盐边县群工局	李晓红
盐边县群工局	张清英
盐边县新久乡维稳办	李华东
市政府驻北京联络处	文廷玉
市政府驻成都办事处	邱利军
攀钢集团公司	王小伟
攀钢集团公司	董 红
攀煤（集团）公司	陈敬东
攀煤（集团）公司	李 科
中国十九冶集团公司	江秉洪
钢城集团有限公司	何璧聿
钢城集团有限公司	孙庆玲
攀枝花电业局	赖小红

9.《中共攀枝花市委办公室攀枝花市人民政府办公室关于表彰2012年全民义务植树工作先进集体和达标集体的通报》（攀委办〔2013〕23号）

义务植树是每个适龄公民应尽的法定义务，全市各级领导及相关部门历来高度重视义务植树工作，积极履行植树义务，带头当好植绿护绿爱绿、践行低碳生活、倡导生态文明的实践者、宣传者、组织者。在市委、市政府的统一安排和部署下，2012年我市全面启动国家级森林城市创建活动，各级政府、相关部门及广大市民积极行动，深入开展义务植树活动，通过努力，共完成义务植树2.4万亩，栽植树木227.59万株，涌现出一批义务植树先进集体和达标集体。市委、市政府决定对市检察院等31个先进集体和市纪委等30个达标集体予以通报表彰。

2012年全民义务植树工作先进集体名单

市检察院	市委统战部
市委编办	市委台办
市体育局	市审计局
市城管局	市药监局
市经信委	市地税局
市人防办	市发改委
市民宗委	市安监局
市水务局	市国资委
市国土资源局	市农牧局
市教育局	市交通运输局
市林业局	武警森林支队
人行攀中心支行	攀枝花农商银行
市商业银行	中国电信攀枝花分公司
钢城集团有限公司	攀枝花电业局
东区	西区
盐边县	

2012年全民义务植树工作达标集体名单

市纪委（监察局）	市法院
市委办公室	市人大办公室
市政府办公室	市政协办公室
市委组织部	市委宣传部
市委政法委	市委群工局
市直机关工委	市文广新局
市财政局	市扶贫移民局
市人口计生委	市统计局
市人社局	市民政局
市住建局	市旅游局
市公安局	市科知局
市司法局	市环保局
市卫生局	市商务粮食局
钒钛产业园区管委会	消防支队
仁和区	米易县

10. **《中共攀枝花市委办公室攀枝花市人民政府办公室关于对2012年度全市维护社会稳定和社会管理综合治理工作目标优秀、先进单位进行表彰的通报》（攀委办〔2013〕28号）**

2012年，在省委、省政府和市委、市政府的坚强领导下，各县（区）、各部门紧紧围绕幸福攀枝花建设的客观需求，以为全国“两会”、省第十次党代会和党的十八大胜利召开营造稳定和谐的社会环境为工作目标，严格落实维稳综治工作责任制，深入推进社会稳定风险评估，着力完善不稳定因素排查调处机制和应急处置机制，不断加强和创新社会管理，积极开展社会矛盾纠纷排查化解，深入开展平安攀枝花建设，建立健全社会管理工作格局，有力维护了全市社会稳定和治安大局平稳，为全市经济社会发展、建设幸福攀枝花创造了良好的社会环境。

为激励先进、推动工作，经市委维稳领导小组、市综治委综合考评，并报市委、市政府领导同意，决定对完成2012年度全市维护社会稳定和社会管理综合治理工作目标的优秀、先进单位予以通报表彰。

完成2012年度全市维护社会稳定工作目标优秀县（区）和先进单位名单

优秀县（区）

东区	西区
仁和区	米易县
盐边县	钒钛产业园区管委会

先进单位

市纪委（监察局）	市法院
市检察院	市委办公室
市人大办公室	市政府办公室
市政协办公室	市委组织部
市委宣传部	市委统战部
市委政法委	市委维稳办
市综治办	市委防邪办
市直机关工委	市委群工局
市发改委	市教育局

市科知局	市经信委
市民宗委	市公安局
市民政局	市司法局
市财政局	市人社局
市国土资源局	市环保局
市住建局	市交通运输局
市水务局	市农牧局
市林业局	市商务粮食局
市文广新局	市卫生局
市审计局	市城管局
市国资委	市安监局
市扶贫移民局	市药监局
市国安局	市国税局
市地税局	市工商局
攀枝花质监局	市政府法制办
市总工会	攀枝花军分区
武警支队	攀枝花学院
攀枝花银监分局	人行攀中心支行

完成2012年度全市社会管理综合治理工作目标优秀县（区）、先进单位和维稳综治先进乡镇（村）、街道（社区）名单

优秀县（区）

东区	仁和区
米易县	盐边县
钒钛产业园区管委会	

先进单位

市纪委（监察局）	市法院
市检察院	市委办公室
市人大办公室	市政府办公室
市政协办公室	市委组织部
市委宣传部	市委统战部
市委政法委	市综治办
市委维稳办	市委防邪办
市直机关工委	市委群工局
市委编办	市委台办
市委农工委	市发改委
市教育局	市科知局
市经信委	市民宗委
市公安局	市民政局
市司法局	市财政局
市人社局	市环保局

市住建局　市交通运输局
市水务局　市农牧局
市林业局　市商务粮食局
市文广新局　市人口计生委
市审计局　市城管局
市国资委　市体育局
市统计局　市旅游局
市扶贫移民局　市人防办
市药监局　市国安局
市国税局　市地税局
市工商局　攀枝花质监局
市气象局　攀枝花检验检疫局
市政务服务中心　市精神文明办
市投资促进局　市政府法制办
市档案局　市防震减灾局
市烤烟办　攀枝花军分区
武警支队　消防支队
武警森林支队　市总工会
团市委　市妇联
市社科联　市工商联
市侨办（侨联）　民革攀枝花市委
民盟攀枝花市委　民进攀枝花市委
农工党攀枝花市委　致公党攀枝花市委
九三学社攀枝花市委　民建攀枝花基层委员会
市邮政局　攀枝花银监分局

维稳综治先进乡镇（村）、街道（社区）

东　区

街　道：弄弄坪街道　大渡口街道

社　区：东风社区　光明社区　健康路社区

西　区

街　道：清香坪街道　陶家渡街道

社　区：蓝湖社区　高家坪社区　太平社区

仁和区

乡　镇：仁和镇　总发乡

社　区：仁和镇弯庄社区

村：总发乡立新村

米易县

乡　镇：白马镇　垭口镇

村：湾丘乡热水村　草场乡龙华村

盐边县

乡　镇：渔门镇　　　国胜乡

村：国胜乡淘水村　　益民乡益门村

11.《中共攀枝花市委办公室关于表彰全市“实现伟大中国梦、建设美丽繁荣和谐四川”暨“思想大解放，作风大转变，工作大落实”主题教育活动优秀组织奖的决定》（攀委办〔2013〕53号）

全市“实现伟大中国梦、建设美丽繁荣和谐四川”暨“思想大解放，作风大转变，工作大落实”主题教育活动开展以来，各单位思想上高度重视，活动安排部署有力，各环节活动进展有序。市委决定，授予东区区委、市委主题教育活动督查小组、中国移动攀枝花分公司等19个积极组织参与、群众公认、活动成效明显的单位“优秀组织奖”荣誉称号。希望获奖单位再接再厉、发扬成绩，各部门（单位）要学习先进、相互借鉴，将此次活动中的好经验、好做法充分运用到下一步群众路线教育实践活动中去，进一步巩固和深化主题教育活动成果，切实为建设美丽幸福攀枝花做出新的更大的贡献。

东区区委　　　　　　仁和区区委
市经信委　　　　　　市民政局
市住建局　　　　　　市水务局
市卫生局　　　　　　市工商局
团市委　　　　　　　市工商联
市委党校　　　　　　市委主题教育活动督查小组
市公安局交警支队　　攀枝花日报社
攀枝花公交客运总公司　市第三高级中学
中国移动攀枝花分公司　攀钢矿业公司白马铁矿
钢城集团公司

12.《中共攀枝花市委办公室　攀枝花市人民政府办公室关于对攀枝花市第十次哲学社会科学优秀成果进行表彰奖励的决定》（攀委办〔2013〕66号）

为繁荣发展我市哲学社会科学事业，调动广大社会科学工作者的积极性和创造性，根据《攀枝花市社会科学奖励条例》，我市组织开展了第十次哲学社会科学优秀成果评奖活动。经过严格、规范的评审，共评出2008—2009年度全市哲学社会科学优秀成果70项，其中：特等奖1项，一等奖8项，二等奖20项，三等奖41项。市委、市政府决定对评出的优秀成果进行表彰奖励。

攀枝花市第十次哲学社会科学优秀成果评奖获奖项目（2008—2009年度）

特等奖（1项）

序号	成果名称	成果形式	申报单位	作　者
1	攀枝花钒钛产业人才开发研究	论文	市委组织部	张祖芸、杨玉茗、史仕新、王建国、高文兵

一等奖（8项）

序号	成果名称	成果形式	申报单位	作　者
1	攀钢钢钒创新上市公司党建考核评价机制的实践与启示	论文	攀钢集团公司	张英民、蔡章云、彭彬秀、胥茂林
2	资源型城市经济转型的财政研究	论文	市财政局	王玖斌、曾　真

序号	成果名称	成果形式	申报单位	作　者
3	交通运输如何支撑区域性中心城市建设—攀枝花现代运输业发展对策研究	论文	市交通运输局	苟顶才、唐升宏、张宇
4	发挥财政职能打造区域性中心城市	论文	市财政局	王玖斌、曾　真、蒋大忠、李正红
5	鲜活农产品物流与供应链：理论与实践	专著	攀枝花学院	张旭辉、杨勇攀、肖　亮、赵　萍、马光霞
6	西川羌族特殊载体档案史料研究	专著	攀枝花学院	何永斌
7	论马克思主义中国化的主要特征	论文	市委党校	吴宏放
8	论民主的价值构成、价值量以及评判标准	论文	市委党校	赵厚钊

二等奖（20 项）

序号	成果名称	成果形式	申报单位	作　者
1	攀枝花 6.1 级地震	专著	市防震减灾局	卢开南、彭建兵、王建立、崔春斌、李鲁让
2	高校教师专业发展的学校保障研究	专著	攀枝花学院	李　巍
3	英语教育特色研究	专著	攀枝花学院	孙　鹏
4	英语阅读理解策略与技巧	专著	攀枝花学院	周荣辉
5	近年来大学生政治社会化研究综述	论文	市委党校	陈宇波
6	我国现代乡村治理的问题解析与探索	论文	攀枝花学院	王明中、汪大喹
7	档案理论与实践的对话	论文	攀枝花学院	邹吉辉、何永斌
8	政治文件中“不忽悠”的英文翻译刍议	论文	攀枝花学院	廖　红、张　春
9	低碳导向下的资源型城市转型	论文	市委党校	罗　莲
10	试析金沙江文化的精神特质	论文	市委党校	代发君
11	教学反思视角：从成功走向成功	论文	市七中	庞　超
12	论和谐文化的基本属性	论文	攀枝花学院	蒋　莲、李　真
13	历史文化名村在乡村建设中的困境与保护——对四川攀枝花平地镇迤沙拉的调查》	论文	攀枝花学院	李仲先
14	农民视野中的四川新农村建设研究——以四川攀西地区研究为例（上、下）	论文	攀枝花学院	朱云生
15	攀枝花市政府投资管理方式改革研究	论文	市财政局	刘德顺、杨兆雄、王　军、司海平

序号	成果名称	成果形式	申报单位	作　者
16	攀枝花市行政事业单位国有资产管理若干问题研究	论文	市财政局	杨兆雄、司海平、蒋大忠、刘亚男、李　沫
17	攀枝花市文献信息资源共建共享的调查与思考	论文	市委党校	冯国权、杨曦宇、谢　军
18	5.12 汶川大地震的启示和建议	论文	市防震减灾局	卢开南、吴海燕、王建立
19	攀枝花市二半山区水果发展现状、存在问题及对策——二半山区水果生产调查报告	论文	市农林院	尧美英、李华兵、杨应东、祝毅娟、周文静
20	关于攀枝花市孤儿福利保障状况的调研报告	论文	市民政局	吴红霞、孙晓蓉

三等奖（41 项）

序号	成果名称	成果形式	申报单位	作　者
1	攀枝花市劳动和社会保障志	资料书	市人社局	肖礼荣
2	攀枝花历史人物	资料书	市政协	市政协学习文史委员会
3	金沙江文化之攀枝花特性	论文	米易县委党校	吴兴刚、姜　程
4	以居家养老为主要方式，科学应对老龄化社会	论文	市民政局	章　俊
5	城乡图书馆信息服务的协调发展	论文	市委党校	冯国权
6	评孙隆基《中国文化的深层结构》	论文	攀枝花学院	张秀成
7	彝族支系俚濮人的山神崇拜及其文化特征——对四川省攀枝花市仁和区啊喇么的调查	论文	攀枝花学院	李仲先、邬明辉
8	攀枝花学院高水平教学型大学建设的定位与对策探析	论文	攀枝花学院	王　宇
9	改革开放要建设服务型政府	论文	市委党校	廖魁星
10	以村民自治为视角，看基层民主政治建设	论文	市委党校	黄　彪
11	攀枝花精神是独具特色的城市精神	论文	市委党校	李卫民
12	大学科学教育与人文教育的融合	论文	四川机电职业技术学院	戴光明
13	构建和谐社会　重塑公平正义	论文	市委党校	周　群
14	落实科学发展观构建和谐图书馆	论文	攀枝花学院	马　莎、蒲　科

序号	成果名称	成果形式	申报单位	作　者
15	论郭沫若的“创作论”翻译学思想	论文	攀枝花学院	卢丙华
16	论人民监督员制度存在的问题及对策	论文	攀枝花学院	付晓梅
17	论梭罗生态自然观的成因	论文	攀枝花学院	崔朝晖
18	加强农村广播电视“村村通”工程建设　切实保障农民群众基本文化权益	论文	市政协	市政协教科文卫体委员会
19	从美国本科课程改革看我国高校图书馆服务创新	论文	攀枝花学院	赵大志
20	未成年人思想道德素质影响因素及对策	论文	攀枝花学院	李　玲、柯昌林
21	复合图书馆业务流程管理	论文	攀枝花学院	蒲V科
22	凉山彝族装饰图形艺术研究	论文	攀枝花学院	宋来福
23	以党建工作标准化促进企业文化创新	论文	攀钢（集团）矿业有限公司党委	攀钢（集团）矿业有限公司党委
24	引导粮食经营者参与市场有序竞争促进攀枝花市粮食经济协调发展	论文	市商务粮食局	吴天华
25	从米易现象探索山区县经济社会发展的新模式——关于米易发展之路的理论思考	论文	米易县委党校	吴兴刚
26	加快产业结构调整促进民区经济发展——关于攀枝花市民族地区农业产业结构现状的调查报告	论文	市政协	市政协联谊民族宗教委员会
27	攀枝花市城乡居民社区心理卫生服务现状及对策研究	论文	攀枝花学院	李　玲、柯昌林、唐雪梅
28	把攀枝花建设成为区域性中心城市的几点思考	论文	四川机电职业技术学院	黎定政
29	攀枝花市畜牧业面临的问题及对策建议	论文	市农林院	杨应东、尧美英、邓　勇、万　洁
30	攀枝花市招商引资理论分析	论文	市委党校	李靓婧
31	历史文化古村落“迤沙拉”震后村域环境文化恢复与保护研究	论文	攀枝花学院	宋来福
32	关于我市农村公共文化建设的现状与对策研究	论文	市政协	市政协教科文卫体委员会
33	提升城市文化软实力是打造区域中心城市的必然之路	论文	攀枝花学院	何　青、何　雯
34	依托野生资源优势，抓住机遇发展攀枝花油茶产业	论文	市农林院	顾国栋、和献锋、蒋　祺、安　杰
35	加强农业人才队伍建设，为倾力打造现代特色农业基地提供强力支撑	论文	市农林院	潘海平
36	资源型城市攀枝花旅游发展面临的主要问题及对策研究	论文	四川机电职业技术学院	王联勋

序号	成果名称	成果形式	申报单位	作　者
37	促进盐边经济社会又好又快发展的思考	论文	盐边县委党校	盐边县委党校课题组
38	对政府主导地方旅游产业发展过程中职务犯罪预防问题的思考	论文	攀枝花学院	邬明辉、常慧丽
39	米易县乡镇领导班子贯彻落实科学发展观调查研究	论文	米易县委党校	米易县委党校课题组
40	关于我市科技支撑攀枝花资源综合利用情况的调查报告	论文	市政协	市政协教科文卫体委员会
41	攀枝花市旅游发展模式研究	论文	四川机电职业技术学院	王联勋

13.《中共攀枝花市委办公室攀枝花市人民政府办公室关于表彰“四项重大活动”先进单位的通知》（攀委办〔2013〕85号）

全省百镇建设现场会、重点旅游项目推进现场会及攀枝花市2013年欢乐阳光节开幕式、重点旅游项目开工仪式“四项重大”活动，于12月5日至6日在我市成功举办。我市城镇建设、创建阳光康养旅游城市特别是推进重点旅游项目建设的经验和做法，得到了省政府、参会代表的充分肯定和高度评价，得到了全体市民和旅游者的一致赞扬，在全省起到了示范引领作用。“四项重大活动”的成功举办，得益于各级各部门的高度重视、科学谋划、指挥有力、组织严密；得益于相关单位顾全大局、密切配合、大力支持、强力执行；得益于各条战线的同志们无私奉献、创新思路、主动作为、辛勤工作。为弘扬先进，激励全市各级继续解放思想，开拓创新，凝心聚力推动各项“急、难、险、重”任务圆满完成，市委、市政府决定，对下列单位予以表彰：

县（区）、市级部门

东区、西区、仁和区、米易县、盐边县，市委办公室、市政府办公室、市委宣传部、市住建局、市交通运输局、市公安局、市卫生局、市文广新局、市城管局、市安监局、市商务粮食局、市旅游局、市食药监局、攀枝花质监局、市目标督查办、团市委、市委市政府接待办

乡（镇）、有关单位

红格镇、攀枝花钢城集团有限公司、攀枝花日报社、市广播电视台、四川机电学院、国网攀枝花供电公司、市艺术剧院有限公司、市经贸旅游学校、市公交客运总公司、市运业有限公司、西攀高速公路攀枝花管理处、攀枝花宾馆、市少年宫、四川省运动技术学院红格训练基地、红格假日酒店、攀枝花宏义投资有限公司

14.《中共攀枝花市委办公室攀枝花市人民政府办公室关于表彰编纂出版〈攀枝花年鉴（2013）〉先进单位的通报》（攀委办〔2013〕86号）

由市委、市政府主办的《攀枝花年鉴》是全面反映攀枝花市政治、经济和各项事业发展并公开出版发行的大型综合资料性工具书。在编纂出版《攀枝花年鉴（2013）》的过程中，年鉴编委会按照市委、市政府的安排部署，精心组织，各撰稿单位认真撰稿，圆满完成了编纂出版任务。经研究，决定对市委办公室等127个优秀单位和攀枝花电业局等17个达标单位予以表彰。

优秀县、区及部门单位

县（区）

东　区	西　区
仁和区	米易县

盐边县

市级各相关部门、单位

市纪委（市监察局）
市法院
市检察院
市委办公室
市人大办公室
市政府办公室
市政协办公室
市委组织部
市委宣传部
市委统战部
市委政法委
市直机关工委
市委保密办
市委群工局
市委编办
市教育局
市发改委
市经信委
市民宗委
市公安局
市民政局
市司法局
市财政局
市人社局
市国土资源局
市环保局
市住建局
市水务局
市农牧局
市林业局
市商务和粮食局
市卫生局
市人口和计生委
市审计局
市城管局
市国资委
市体育局
市安监局
市统计局
市旅游局
市交通运输局
市文广新局
市科知局
市投资促进局
花城新区管委会
市人防办
市食药监局
市工商局
攀枝花质监局
市气象局
市国税局
市地税局
攀枝花海关
攀枝花检验检疫局
钒钛产业园区管委会
四川机电学院
市政府法制办
市接待办
市外事办
市精神文明办
市老龄委
市五创联动办
攀枝花学院
市委党校
市委党史研究室
攀枝花日报社
市机关事务管理局
市档案局
市防震减灾局
市公积金管理中心
市供销社
市地方志办
攀枝花军分区
武警攀枝花市支队
市公安消防支队
市总工会

团市委
市妇联
市科协
市社科联
市工商联
市侨联
市残联
市文联
市邮政局
市委台办
人民银行市中心支行
攀枝花银监分局
工商银行攀枝花分行
建设银行攀枝花分行
交通银行攀枝花分行
农业银行攀枝花分行
农业发展银行攀枝花市分行
市商业银行
邮政储蓄银行攀枝花分行
攀枝花农村商业银行
中国人保攀枝花分公司
中国人寿攀枝花分公司
攀钢集团公司
钢城集团有限公司
中国十九冶集团公司
市农林科学研究院
市农业综合开发办
民革攀枝花市委
民盟攀枝花市委
九三学社攀枝花市委
致公党攀枝花市委
市电子政务中心
市国投公司
中石油四川攀枝花分公司
中国电信攀枝花分公司
中国移动攀枝花分公司
中国联通攀枝花分公司
市烟草专卖局（公司）
四川盐业攀枝花分公司
华西证券攀枝花营业部
中国太平洋财产保险攀枝花中心支公司
中国太平洋人寿保险攀枝花中心支公司
中华联合财产保险攀枝花中心支公司
天安保险攀枝花中心支公司
华安保险攀枝花中心支公司
阳光财险攀枝花中心支公司

达标单位

攀枝花电业局
市扶贫移民局
市政务服务中心
武警攀枝花市森林支队
中国银行攀枝花分行
民进攀枝花市委
民建攀枝花市基层委员会
农工民主党攀枝花市委
攀煤（集团）公司
二滩水力发电厂
华电四川发电公司攀枝花分公司
市交投公司
市城投公司
市保安营机场公司
西昌车务段
平安财险攀枝花支公司
平安寿险攀枝花支公司